한 번에 합격, 자격증은 이기적

# 이렇게 기막힌 적중률

 함께 공부하고 특별한 혜택까지!
이기적 스터디 카페

 구독자 약 15만 명, 전강 무료!
이기적 유튜브

오직 스터디 카페 멤버에게만
주어지는 특별 혜택!

# 이기적 스터디 카페

이기적 스터디 카페

 합격을 위한 기적 같은 선물
**또기적 합격자료집**

 혼자 공부하기 외롭다면?
**온라인 스터디 참여**

 모든 궁금증 바로 해결!
**전문가와 1:1 질문답변**

 1년 내내 진행되는
**이기적 365 이벤트**

 도서 증정 & 상품까지!
**우수 서평단 도전**

 간편하게 한눈에
**시험 일정 확인**

합격까지 모든 순간 이기적과 함께!

# 이기적 365 EVENT

**QR코드를 찍어 이벤트에 참여하고 푸짐한 선물 받아가세요!**

### 1. 기출문제 복원하기
이기적 책으로 공부하고 시험을 봤다면 7일 내로 문제를 제보해 주세요!

### 2. 합격 후기 작성하기
당신만의 특별한 합격 스토리와 노하우를 전해 주세요!

### 3. 온라인 서점 리뷰 남기기
온라인 서점에서 책을 구매하고 평점과 리뷰를 남겨 주세요!

### 4. 정오표 이벤트 참여하기
더 완벽한 이기적이 될 수 있게 수험서의 오류를 제보해 주세요!

※ 이벤트별 혜택은 변경될 수 있으므로 자세한 내용은 해당 QR을 참고해 주세요.

# 기출 복원 EVENT

기적의 적중률, 여러분의 참여로 완성됩니다

**영진닷컴 쇼핑몰 30,000원**

**전원지급**

**N Pay** 네이버페이 포인트 쿠폰 최대 20,000원

기출 복원하기 ▶

1. 이기적 수험서로 공부하고 시험에 응시했다면 누구나 참여 가능

2. 응시일로부터 7일 이내 복원 문제만 인정(수험표 첨부 필수!)

3. 중복, 누락, 허위 문제는 당첨 대상에서 제외

※ 이벤트별 혜택은 변경될 수 있으므로 자세한 내용은 해당 QR을 참고해 주세요.

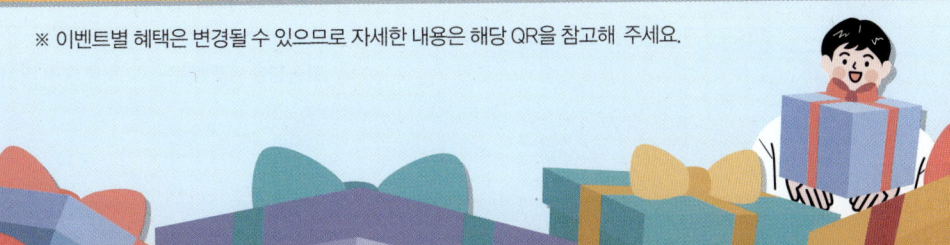

# 도서 인증하면 고퀄리티 강의가 따라온다!
# 100% 무료 강의

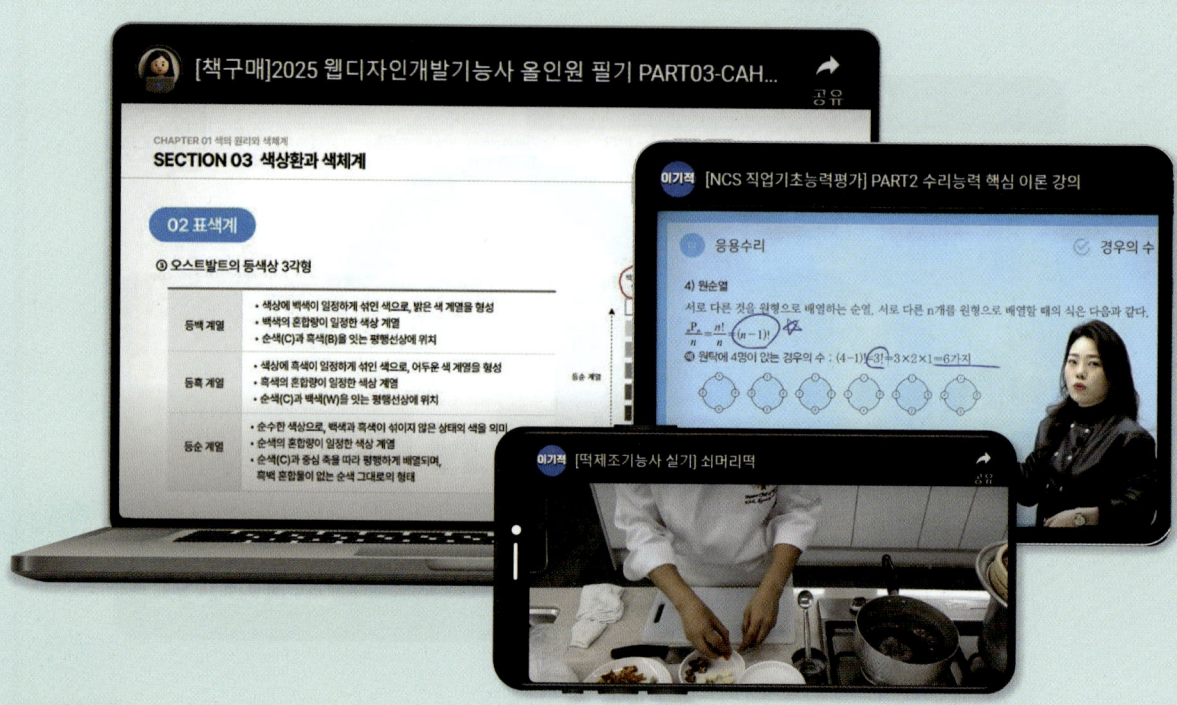

## 이용방법

### STEP 1

이기적 홈페이지
(https://license.
youngjin.com/) 접속

### STEP 2
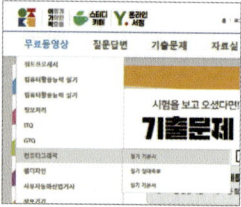

무료 동영상
게시판에서 도서와
동일한 메뉴 선택

### STEP 3
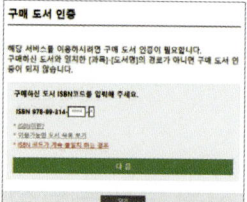

책 바코드 아래의
ISBN 코드와
도서 인증 정답 입력

### STEP 4

이기적 수험서와
동영상 강의로
학습 효율 UP!

※ 도서별 동영상 제공 범위는 상이하며, 도서 내 차례에서 확인할 수 있습니다.

◀ 이기적 홈페이지 바로가기

영진닷컴 이기적

# 합격을 위해 모두 드려요.
# 이기적 합격 솔루션!
### 이기적이 여러분을 위해 준비했어요

**저자가 직접 알려주는, 무료 동영상 강의**

도서와 연계된 동영상 강의 제공!
책으로만 이해하기 어려웠던 내용을 영상으로 쉽게 공부하세요.

**무엇이든 물어보세요, 1:1 질문답변**

1:1 질문답변부터 다양한 이벤트까지~
이기적 스터디 카페에 접속하여 시험에 관련된 정보들을 받아 가세요.

**마지막까지 이기적과 함께, 핵심요약 PDF**

시험장에서 많이 떨리실 거예요.
마지막으로 가장 많이 출제되었던 핵심 개념을 정리해 보세요.

**더 많은 문제를 원한다면, 시험대비 모의고사**

문제를 더 풀고 연습하고 싶으시다고요?
걱정마세요. 적중률 100% 모의고사까지 아낌없이 드립니다.

※ 〈2026 이기적 컴퓨터활용능력 1급 실기 기본서〉를 구매하고 인증한 회원에게만 드리는 자료입니다.

정오표 바로가기 ▶

## 또, 드릴게요! 이기적이 준비한 선물
# 또기적 합격자료집

**도서구매자 신청 시 100% 증정**

**PDF 파일 제공**

**1** 시험에 관한 A to Z 합격 비법서
책에 다 담지 못한 혜택은 또기적 합격자료집에서 확인

**2** 편리하고 똑똑한 디지털 자료
PC · 태블릿 · 스마트폰으로 언제든 열람하고 필요한 부분만 출력 가능

**3** 초보자, 독학러 필수 신청
혼자서도 충분한 학습 플랜과 수험생 맞춤 구성으로 한 번에 합격

※ 도서 구매 시 추가로 증정되는 PDF용 자료이며 실제 도서가 아닙니다.

◀ 또기적 합격자료집 받으러 가기

**이렇게 기막힌 적중률**

# 컴퓨터활용능력
## 1급 실기 기본서
1권 · 스프레드시트

"이" 한 권으로 합격의 "기적"을 경험하세요!

# 차례

난이도에 따라 분류하였습니다.
- 상 : 반드시 보고 가야 하는 이론
- 중 : 보편적으로 다루어지는 이론
- 하 : 알고 가면 좋은 이론

▶ 합격 강의

동영상 강의가 제공되는 부분을 표시했습니다.
이기적 수험서 사이트(license.youngjin.com)에 접속하여 시청하세요.
- ▶ 본 도서에서 제공하는 동영상은 1판 1쇄 기준 2년간 유효합니다.
  단, 출제기준안에 따라 내용은 변경될 수 있습니다.

| | |
|---|---|
| 이 책의 구성 | 1-12 |
| 시험의 모든 것 | 1-14 |
| 작업별 구성 요소 및 배점 | 1-15 |
| 시험 출제 경향 | 1-16 |
| 회별 숨은 기능 찾기 | 1-20 |
| 자동 채점 서비스 | 1-22 |
| Q&A | 1-24 |
| 실습 파일 사용 방법 | 1-27 |

## PART 01 스프레드시트 합격 이론 ▶

1권

### CHAPTER 01 기본작업 ▶

| | |
|---|---|
| 중 SECTION 01 셀 서식 | 1-30 |
| 상 SECTION 02 고급 필터/자동 필터 | 1-36 |
| 중 SECTION 03 조건부 서식 | 1-42 |
| 중 SECTION 04 시트 보호와 통합 문서 보기 | 1-50 |
| 중 SECTION 05 페이지 레이아웃 | 1-56 |

### CHAPTER 02 계산작업 ▶

| | |
|---|---|
| 하 SECTION 01 계산식 | 1-62 |
| 상 SECTION 02 데이터베이스 함수 | 1-65 |
| 중 SECTION 03 수학과 삼각 함수 | 1-69 |
| 중 SECTION 04 통계 함수 | 1-75 |
| 상 SECTION 05 찾기/참조 함수 | 1-83 |
| 하 SECTION 06 날짜/시간 함수 | 1-95 |
| 중 SECTION 07 텍스트 함수 | 1-103 |
| 상 SECTION 08 논리 함수 | 1-114 |

- ⓒ SECTION 09 재무 함수 … 1-122
- ⓢ SECTION 10 정보 함수 … 1-127
- ⓢ SECTION 11 배열 수식 … 1-131
- ⓒ SECTION 12 사용자 정의 함수 … 1-142

## CHAPTER 03  분석작업 ▶

- ⓢ SECTION 01 피벗 테이블 … 1-152
- ⓒ SECTION 02 데이터 유효성 검사 … 1-169
- ⓒ SECTION 03 중복된 항목 제거 … 1-174
- ⓒ SECTION 04 데이터 표 … 1-176
- ⓢ SECTION 05 목표값 찾기 … 1-179
- ⓒ SECTION 06 통합 … 1-182
- ⓗ SECTION 07 정렬 … 1-187
- ⓒ SECTION 08 부분합 … 1-192
- ⓒ SECTION 09 시나리오 … 1-197
- ⓒ SECTION 10 텍스트 나누기 … 1-203

## CHAPTER 04  기타작업 ▶

- ⓗ SECTION 01 차트 … 1-208
- ⓢ SECTION 02 매크로 … 1-216
- ⓢ SECTION 03 프로시저 작성 … 1-224

# PART 02  스프레드시트 대표 기출 따라하기

**대표 기출 따라하기** ▶ … 1-240

## PART 03 스프레드시트 상시 기출문제

### 상시 기출문제 ▶

- 상시 기출문제 01회 — 1-270
- 상시 기출문제 02회 — 1-289
- 상시 기출문제 03회 — 1-310
- 상시 기출문제 04회 — 1-326
- 상시 기출문제 05회 — 1-345
- 상시 기출문제 06회 — 1-365
- 상시 기출문제 07회 — 1-383
- 상시 기출문제 08회 — 1-400
- 상시 기출문제 09회 — 1-418
- 상시 기출문제 10회 — 1-437

## PART 04 스프레드시트 기출 유형 문제

### 기출 유형 문제 ▶

- 기출 유형 문제 01회 — 1-456
- 기출 유형 문제 02회 — 1-470
- 기출 유형 문제 03회 — 1-485
- 기출 유형 문제 04회 — 1-502
- 기출 유형 문제 05회 — 1-517
- 기출 유형 문제 06회 — 1-532
- 기출 유형 문제 07회 — 1-550
- 기출 유형 문제 08회 — 1-565
- 기출 유형 문제 09회 — 1-580
- 기출 유형 문제 10회 — 1-598

## PART 01 데이터베이스 합격 이론

### CHAPTER 01 DB 구축
- SECTION 01 테이블 완성 — 2-10
- SECTION 02 필드 조회 속성 설정 — 2-25
- SECTION 03 관계 설정 — 2-34
- SECTION 04 외부 데이터 가져오기 — 2-43

### CHAPTER 02 입력 및 수정 기능 구현
- SECTION 01 폼 속성 지정 — 2-58
- SECTION 02 컨트롤 속성 지정 — 2-65
- SECTION 03 콤보 상자 컨트롤 속성 — 2-91
- SECTION 04 컨트롤 하위 폼 삽입 — 2-98

### CHAPTER 03 조회 및 출력 기능 구현
- SECTION 01 보고서 완성 — 2-104
- SECTION 02 조회 작업 — 2-115
- SECTION 03 출력 처리 작업 — 2-132

### CHAPTER 04 처리 기능 구현
- SECTION 01 쿼리 작성 — 2-140
- SECTION 02 처리 기능 구현 — 2-166

## PART 02 데이터베이스 대표 기출 따라하기

- 대표 기출 따라하기 — 2-186

## PART 03 데이터베이스 상시 기출문제

### 상시 기출문제 ▶

- 상시 기출문제 01회 — 2-218
- 상시 기출문제 02회 — 2-234
- 상시 기출문제 03회 — 2-250
- 상시 기출문제 04회 — 2-264
- 상시 기출문제 05회 — 2-279
- 상시 기출문제 06회 — 2-294
- 상시 기출문제 07회 — 2-312
- 상시 기출문제 08회 — 2-326
- 상시 기출문제 09회 — 2-341
- 상시 기출문제 10회 — 2-356

## PART 04 데이터베이스 기출 유형 문제

### 기출 유형 문제 ▶

- 기출 유형 문제 01회 — 2-372
- 기출 유형 문제 02회 — 2-387
- 기출 유형 문제 03회 — 2-401
- 기출 유형 문제 04회 — 2-416
- 기출 유형 문제 05회 — 2-433
- 기출 유형 문제 06회 — 2-451
- 기출 유형 문제 07회 — 2-468
- 기출 유형 문제 08회 — 2-484
- 기출 유형 문제 09회 — 2-497
- 기출 유형 문제 10회 — 2-512

## PART 01 스프레드시트 계산작업 　　　　　　　　　　　　　　　함수공략집

### 계산작업 문제 ▶

- 계산작업 문제 01회 　　　　　　　　　　　3-4
- 계산작업 문제 02회 　　　　　　　　　　　3-7
- 계산작업 문제 03회 　　　　　　　　　　　3-10
- 계산작업 문제 04회 　　　　　　　　　　　3-13
- 계산작업 문제 05회 　　　　　　　　　　　3-16
- 계산작업 문제 06회 　　　　　　　　　　　3-19
- 계산작업 문제 07회 　　　　　　　　　　　3-22
- 계산작업 문제 08회 　　　　　　　　　　　3-25
- 계산작업 문제 09회 　　　　　　　　　　　3-28
- 계산작업 문제 10회 　　　　　　　　　　　3-31

## PART 02 스프레드시트 함수사전

### 자주 출제되는 함수사전 ▶ 　　　　　　　　　　　3-36

## BONUS 부록  또기적 합격자료집 　　　　　　　　　　　PDF

- 시험대비 모의고사 01~02회
- 계산작업 문제 01회~06회
- 핵심 이론

※ 참여 방법 : '이기적 스터디 카페' 검색 → 이기적 스터디카페(cafe.naver.com/yjbooks) 접속 → '구매 인증 PDF 증정' 게시판 → 구매 인증 → 메일로 자료 받기

# 이 책의 구성

### STEP 1 핵심만 정리한 이론

전문가가 핵심만 정리한
완벽 이론

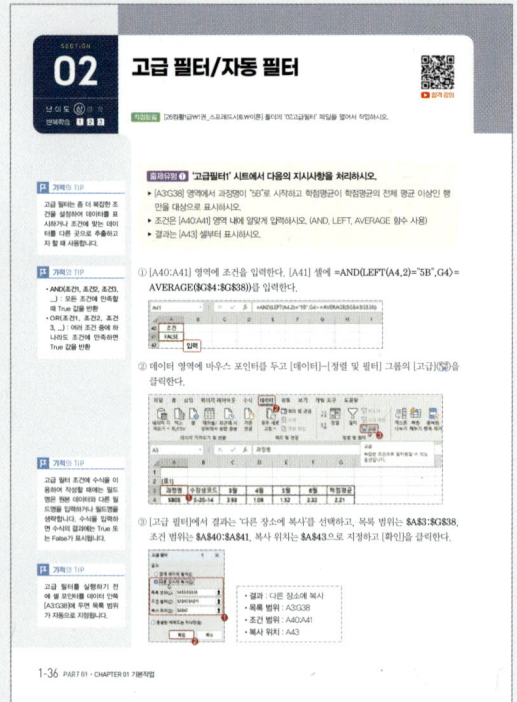

- 출제유형 확인
- QR 코드로 동영상 강의 바로 시청
- 다양한 팁으로 학습 능률 상승

### STEP 2 이론 복습 & 기출문제

대표 기출 따라하기 &
상시 기출문제 10회분 &
기출 유형 문제 10회분

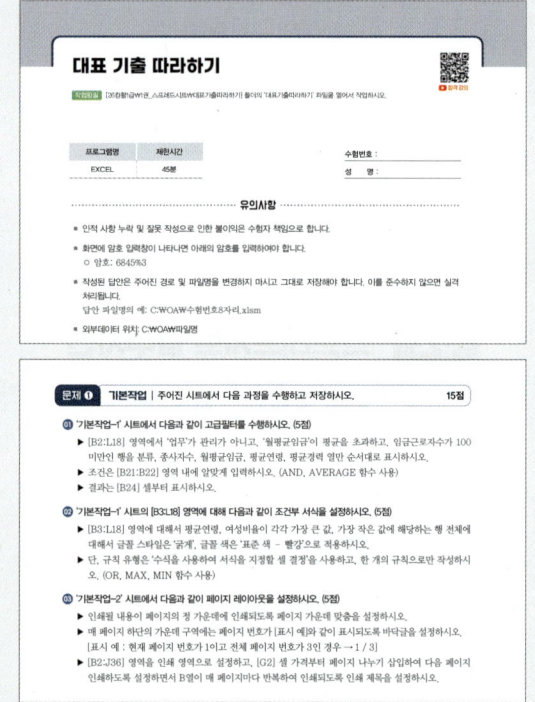

- 기출문제로 이론 복습
- QR 코드로 풀이 강의 바로 시청
- 엄선한 대표 기출문제로 기출 유형 확인

## STEP 3 함수 완벽 마스터

  BONUS 또기적 합격자료집

계산작업 문제 10회분 & 자주 출제되는 함수사전

도서 구매자 특별 제공
시험대비 모의고사 + 핵심요약집

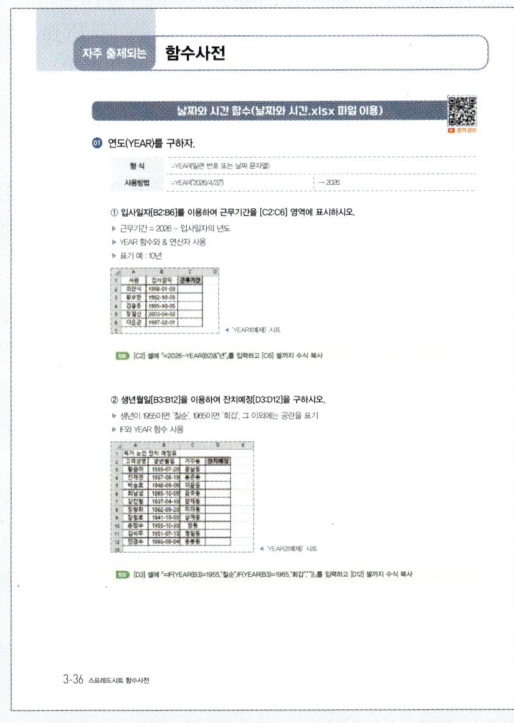

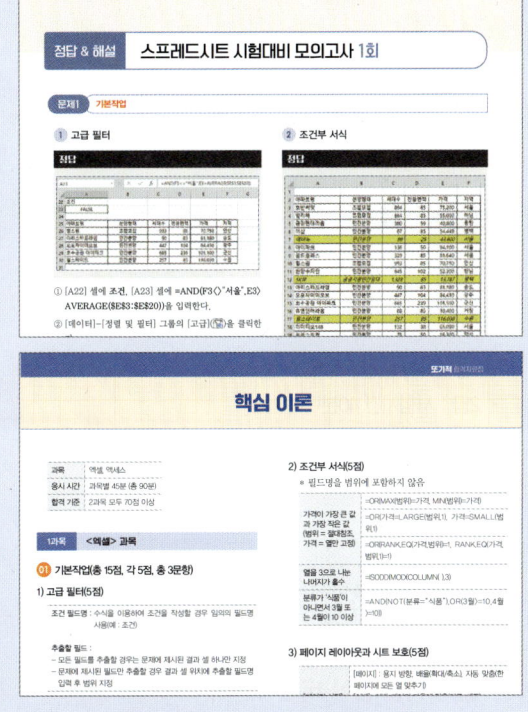

- 다양한 함수 유형 확인
- 계산작업 문제 반복 학습
- QR코드로 동영상 강의 바로 시청

- 시험대비 모의고사 2회분
- 계산작업 문제 6회분
- 이론 핵심요약집

# 시험의 모든 것

## 시험 알아보기

### ● 자격 소개 및 이슈
〈컴퓨터활용능력〉 검정은 사무자동화의 필수 프로그램인 스프레드시트(SpreadSheet), 데이터베이스(Database) 활용능력을 평가하는 국가기술자격 시험

### ● 시행처
대한상공회의소(license.korcham.net)

### ● 응시 자격
자격 제한 없음

### ● 시험 형식
- 1급 : 시험 시간 90분(과목별 45분)
- 2급 : 시험시간 40분
- 컴퓨터 작업형

### ● 합격 기준
100점 만점에 70점 이상(1급은 두과목 모두 70점 이상)

### ● 실기 시험 공식 버전
- Windows 10, MS Office LTSC Professional Plus 2021
- 사용자의 프로그램의 버전에 따라(업데이트 버전 포함) 공식 버전과 일부 명칭 및 메뉴가 다를 수 있습니다.

## 접수 및 합격 발표

### ● 접수 기간
개설일로부터 시험일 4일 전까지

### ● 시험 접수
- 시행처 홈페이지 license.korcham.net에서 접수
- 시험 시간 조회 후 원하는 날짜/시간에 접수(21년부터 상시 검정만 시행)

### ● 합격 기준
각 과목 100점 만점에 과목당 40점 이상, 전체 평균 60점 이상 합격

### ● 합격 발표
대한상공회의소 홈페이지에서 상시 검정 시험일 다음날 오전 10:00 이후 발표

### ● 자격증 발급
- 휴대할 수 있는 카드 형태의 자격증 발급(신청자)
- 취득(합격)확인서를 필요로 하는 경우 취득(합격)확인서 발급
- 인터넷(license.korcham.net)을 통해 자격 증 발급 신청 가능
- 자격증 신청 기간은 따로 없으며 신청 후 10~15일 후 수령 가능

### ● 자격 특전
- 공무원 채용 가산점
  - 소방공무원(사무관리직) : 컴퓨터활용능력1급(3%), 컴퓨터활용능력2급(1%)
  - 경찰공무원 : 컴퓨터활용능력1, 2급(2점)
  - 해양경찰공무원 : 컴퓨터활용능력1, 2급(1점)
- 학점은행제 학점인정 : 1급 14학점, 2급 6학점
- 100여개 공공기관 · 공기업 등 채용 · 승진 우대

# 작업별 구성 요소 및 배점

## 문제1 기본작업 (15점)

| 구성 요소 | 세부 항목 |
|---|---|
| 고급 필터 | 함수식을 입력하여 다른 위치에 자료 추출 |
| 조건부 서식 | 수식을 이용하여 전체 행에 조건부 서식 지정 |
| 시트 보호와 통합 문서 보기 | 셀 잠금, 시트 보호, 통합 문서(창, 구조) 보호, 페이지 나누기 미리 보기 |
| 페이지 레이아웃 | 인쇄 영역 설정, 머리글/바닥글 편집, 페이지 가운데 인쇄 |

## 문제2 계산작업 (30점)

| 함수 | 1급 |
|---|---|
| 날짜와 시간 함수 | DATE, DATEVALUE, DAY, DAYS, EDATE, EOMONTH, HOUR, MINUTE, MONTH, NETWORKDAYS, NOW, SECOND, TIME, TODAY, WEEKDAY, WEEKNUM, WORKDAY, YEAR |
| 논리 함수 | AND, FALSE, IF, IFS, IFERROR, NOT, OR, TRUE, SWITCH |
| 데이터베이스 함수 | DAVERAGE, DCOUNT, DCOUNTA, DGET, DMAX, DMIN, DPRODUCT, DSTDEV, DSUM, DVAR |
| 문자열 함수 | CONCAT, EXACT, FIND, FIXED, LEFT, LEN, LOWER, MID, PROPER, REPLACE, REPT, RIGHT, SEARCH, SUBSTITUTE, TEXT, TRIM, UPPER, VALUE |
| 수학과 삼각 함수 | ABS, EXP, FACT, INT, MDETERM, MINVERSE, MMULT, MOD, PI, POWER, PRODUCT, QUOTIENT, RAND, RANDBETWEEN, ROUND, ROUNDDOWN, ROUNDUP, SIGN, SQRT, SUM, SUMIF, SUMIFS, SUM-PRODUCT, TRUNC |
| 재무 함수 | FV, NPV, PMT, PV, SLN, SYD |
| 찾기와 함수 | ADDRESS, AREAS, CHOOSE, COLUMN, COLUMNS, HLOOKUP, INDEX, INDIRECT, LOOKUP, MATCH, OFFSET, ROW, ROWS, TRANSPOSE, VLOOKUP, XLOOKUP, XMATCH |
| 통계 함수 | AVERAGE, AVERAGEA, AVERAGEIF, AVERAGEIFS, COUNT, COUNTA, COUNTBLANK, COUNTIF, COUNTIFS, FREQUENCY, GEOMEAN, HARMEAN, LARGE, MAX, MAXA, MEDIAN, MIN, MINA, MODE. SNGL, PERCENTILE.INC, RANK.EQ, SMALL, STDEV.S, VAR.S |
| 정보 함수 | CELL, ISBLANK, ISERR, ISERROR, ISEVEN, ISLOGICAL, ISNONTEXT, ISNUMBER, ISODD, ISTEXT, TYPE |

## 문제3 분석작업 (20점)

| 구성 요소 | 세부 항목 |
|---|---|
| 피벗 테이블 | 외부 데이터 가져오기, 그룹, 계산 필드 추가, 옵션, 피벗 스타일 |
| 데이터 유효성 검사 + 필터 | 제한 대상, 설명 메시지, 오류 메시지, 자동 필터를 이용한 설정 |
| 중복 데이터 제거 + 부분합(조건부 서식) | 중복된 값을 포함한 행 삭제, 부분합, 조건부 서식 지정 |

## 문제4 기타작업 (35점)

| 구성 요소 | 세부 항목 |
|---|---|
| 차트 수정 | 차트 제목, 범례, 차트 영역, 축, 그림 영역에 서식 지정 |
| 매크로 | 매크로를 기록하고 양식 컨트롤 단추 또는 도형에 매크로 지정 |
| 프로시저 작성 | 폼 호출, 종료 버튼, 입력 버튼, 조회 버튼, 시트 활성화 |

# 시험 출제 경향

## 컴퓨터활용능력 1급 실기 [스프레드시트] 문제 분석

| 작업유형 | 출제 문제 | | 배점 | 최소 목표 점수 |
|---|---|---|---|---|
| 기본작업 | 기본작업 1 | 고급 필터 | 5점 | 10점 이상 |
| | 기본작업 2 | 조건부 서식 | 5점 | |
| | 기본작업 3 | 페이지 레이아웃 또는 시트 보호 | 5점 | |
| 계산작업 | 함수 2문항, 배열 수식 2문항, 사용자 정의 함수 1문항 | | 30점 | 18점 |
| 분석작업 | 분석작업 1 | 피벗 테이블 | 10점 | 20점 |
| | 분석작업 2 | 데이터 도구 | 10점 | |
| 기타작업 | 기타작업 1 | 차트 수정 5문항 | 10점 | 30점 |
| | 기타작업 2 | 매크로 2문항 | 10점 | |
| | 기타작업 3 | 프로시저 작성 3문항 | 15점 | |
| 합계 | | | 100점 | 78점 |

## 01 기본작업

기본 작업은 총 3문항으로 구성되며, 고급 필터(5점), 조건부 서식(5점), 페이지 레이아웃 또는 보호 기능(5점)으로 배점됩니다.

고급 필터는 조건 작성이 핵심이며, 함수 사용 지시가 있는 경우 반드시 해당 함수를 사용해야 합니다. 조건부 서식은 범위 지정과 혼합 참조에 유의해야 합니다. 페이지 레이아웃 문제는 실습을 통해 문서 작성 및 인쇄 기능을 직접 익히는 것이 효과적입니다. 보안 기능은 시트 보호, 통합 문서 보기로 한정되어 출제되므로, 연습을 통해 쉽게 익힐 수 있습니다.

| 구성 요소 | 세부 출제 내역 |
|---|---|
| 고급 필터 | AND, OR 조건 지정, 수식 또는 함수로 조건 지정, 특정 필드만 추출 |
| 조건부 서식 | 수식 또는 함수로 조건 지정 |
| 페이지 레이아웃 | 인쇄 영역 지정, 반복할 행/열 지정, 머리말/꼬리말 지정, 페이지 가운데 맞춤 |
| 보호 | 시트 보호, 통합 문서 보기 |

## 02 계산작업

계산 작업은 총 5문항으로, 각 6점씩 총 30점으로 비중이 큽니다. 주로 배열 수식 2문항, 일반 함수식 2문항, 사용자 정의 함수 1문항이 출제됩니다.

시험장에서는 자신 있는 문제부터 풀고, 어려운 문제는 기타 작업까지 모두 작성한 후 다시 도전하는 것이 좋습니다. 계산 작업에만 집중하다가 분석 및 기타 작업을 놓치는 경우가 있으니 주의해야 합니다.

| 구분 | 주요 함수 |
|---|---|
| 날짜와 시간 함수 | DATE, DATEVALUE, DAY, DAYS, EDATE, EOMONTH, HOUR, MINUTE, MONTH, NETWORKDAYS, NOW, SECOND, TIME, TODAY, WEEKDAY, WEEKNUM, WORKDAY, YEAR |
| 논리 함수 | AND, FALSE, IF, IFS, IFERROR, NOT, OR, TRUE, SWITCH |
| 데이터베이스 함수 | DAVERAGE, DCOUNT, DCOUNTA, DGET, DMAX, DMIN, DPRODUCT, DSTDEV, DSUM, DVAR |
| 문자열 함수 | CONCAT, EXACT, FIND, FIXED, LEFT, LEN, LOWER, MID, PROPER, REPLACE, REPT, RIGHT, SEARCH, SUBSTITUTE, TEXT, TRIM, UPPER, VALUE |
| 수학과 삼각 함수 | ABS, EXP, FACT, INT, MDETERM, MINVERSE, MMULT, MOD, PI, POWER, PRODUCT, QUOTIENT, RAND, RANDBETWEEN, ROUND, ROUNDDOWN, ROUNDUP, SIGN, SQRT, SUM, SUMIF, SUMIFS, SUMPRODUCT, TRUNC |
| 재무 함수 | FV, NPV, PMT, PV, SLN, SYD |
| 찾기와 참조 함수 | ADDRESS, AREAS, CHOOSE, COLUMN, COLUMNS, HLOOKUP, INDEX, INDIRECT, LOOKUP, MATCH, OFFSET, ROW, ROWS, TRANSPOSE, VLOOKUP, XLOOKUP, XMATCH |
| 통계 함수 | AVERAGE, AVERAGEA, AVERAGEIF, AVERAGEIFS, COUNT, COUNTA, COUNTBLANK, COUNTIF, COUNTIFS, FREQUENCY, GEOMEAN, HARMEAN, LARGE, MAX, MAXA, MEDIAN, MIN, MINA, MODE.SNGL, PERCENTILE.INC, RANK.EQ, SMALL, STDEV.S, VAR.S |
| 정보 함수 | CELL, ISBLANK, ISERR, ISERROR, ISEVEN, ISLOGICAL, ISNONTEXT, ISNUMBER, ISODD, ISTEXT, TYPE |

## 분석작업

피벗 테이블은 외부 데이터를 이용해 작성하는 문제로 출제되며, 부분 점수가 없기 때문에 세부 옵션을 정확히 설정해야 10점을 받을 수 있습니다. 그리고 데이터 유효성 검사, 중복 제거, 자동 필터, 부분합 등의 기능을 활용한 문제가 출제됩니다.

| 구성 요소 | 세부 출제 내역 |
|---|---|
| 피벗 테이블 | 피벗 테이블 위치, 레이아웃, 그룹, 옵션(빈 셀, 행/열 총합계 표시), 피벗 스타일 |
| 부분합 | 데이터 정렬, 단일 필드를 기준으로 부분합 작성, 2개의 이상의 부분합 표시 |
| 데이터 통합 | 분산된 데이터를 하나로 통합, 함수 선택, 통합할 필드명 직접 입력 |
| 데이터 표 | 하나의 변수에 의한 값의 변화, 두 개의 변수에 의한 값의 변화 |
| 목표값 찾기 | 단일 셀의 값의 변화 |
| 자동 필터 | 조건에 만족한 데이터 현재 위치에 추출 |
| 데이터 유효성 검사 | 셀에 입력할 수 있는 데이터 형식과 내용을 제한 |
| 중복 데이터 제거 | 특정 필드를 기준으로 중복된 데이터를 찾아 행을 삭제 |

## 기타작업

차트 수정은 미리 작성된 차트에 서식을 지정하는 문제로, 5문항 각 2점씩 총 10점입니다. 간혹 차트를 직접 작성하는 문제가 나올 수 있으므로 차트 작성 방법도 익혀두어야 합니다.

VBA 프로시저는 폼 보이기 및 초기화, 등록 또는 조회, 폼 종료 문제로 각 5점씩 총 15점입니다. 폼 보이기, 초기화, 종료는 반드시 작성할 수 있도록 연습하고, 등록·조회는 다양한 실습을 통해 문제 해결 능력을 길러야 합니다. 시험장에서는 시간을 고려해 끝까지 작성하는 것이 중요합니다.

| 구성 요소 | 세부 출제 내역 |
|---|---|
| 차트 | 차트 종류 변경, 차트 제목, 축 제목, 축 서식, 데이터 레이블 추가, 범례 서식, 차트 영역 서식, 보조 축, 표식 기호, 데이터 추가, 범례 항목 수정, 추세선 추가, 도형 스타일 |
| 매크로 | 매크로를 기록하고 양식 컨트롤 단추 또는 도형에 매크로 지정 |
| VBA 프로시저 | 폼 보이기(.show), 폼 초기화(Initialize) / 등록 또는 조회 / 종료(unload me), 날짜와 시간 표시, 메시지 박스 |

### 컴퓨터활용능력 1급 실기 [데이터베이스] 문제 분석

| 작업유형 | | 출제 문제 | 배점 | 최소 목표 점수 |
|---|---|---|---|---|
| DB구축 25점 | ❶ | 테이블 완성 | 15점 | 20점 이상 |
| | ❷ | 조회 속성 설정, 관계 설정, 외부 데이터 가져오기 등 | 5점 | |
| | ❸ | | 5점 | |
| 입력 및 수정 기능 구현 20점 | ❶ | 폼 완성 | 9점 | 15점 |
| | ❷ | 콤보 상자, 조건부 서식, 컨트롤(단추) 생성, 이벤트 프로시저 및 매크로 작성 | 6점 | |
| | ❸ | | 5점 | |
| 조회 및 출력 기능 구현 20점 | ❶ | 보고서 완성 | 15점 | 15점 |
| | ❷ | 이벤트 프로시저 및 매크로 작성 | 5점 | |
| 처리 기능 구현 35점 | ❶~❺ | 쿼리 작성 | 7점 | 25점 |
| 합계 | | | 100점 | 75점 |

## 01 DB구축

DB 구축 작업은 난이도가 낮은 편이지만 배점이 높아 가능한 한 고득점을 목표로 해야 합니다. 특히 관계 설정처럼 이후 문제에 영향을 주는 항목은 반드시 정확히 풀어야 합니다.

테이블 완성은 교재에 필수 필드 속성이 모두 정리되어 있어, 해당 유형만 익혀도 충분히 대비할 수 있고, 나머지 문제는 주로 관계 설정, 외부 데이터 가져오기, 조회 속성 설정 등에서 출제되며, 반복 학습을 통해 익숙해지면 쉽게 해결할 수 있습니다.

| 구성 요소 | 세부 출제 내역 |
|---|---|
| 테이블 완성 | 입력 마스크, 유효성 검사 규칙, 필드 추가, 기본값, 기본 키 설정 등 |
| 관계 설정 | 항상 참조 무결성 유지, 관련 필드 모두 업데이트, 관련 레코드 모두 삭제, 조인 유형 등 |
| 조회 속성 | 행 원본, 바운드 열, 열 개수, 열 너비, 행 수, 목록 값만 허용 등 |

## 02 입력 및 수정 기능 구현

폼 작업은 주어진 폼을 지시사항에 따라 완성하고, 컨트롤에 주어진 조건으로 제한하여 표시하는 것이 주로 출제됩니다.

자주 출제되는 이벤트 프로시저의 속성, 메서드, 개체는 반드시 암기해야 하며, 조건식 작성법도 필수로 익혀야 합니다. 교재의 조건식 작성법을 충분히 학습하면 쉽게 익힐 수 있습니다.

| 구성 요소 | 세부 출제 내역 |
|---|---|
| 폼 완성 | 컨트롤 생성, 컨트롤 원본, 글꼴 관련 설정, 컨트롤 크기 및 순서 조정, 탭 순서(탭 인덱스) 등 |
| 조건부 서식 | Left, Is Null 등으로 조건부 규칙을 만들어 서식 지정 |
| 함수 | Format, Count, Sum, DLookup 등 |
| 이벤트 프로시저 | DoCmd, OpenForm, OpenReport, Close, RunSQL, Filter, FilterOn, RecordsetClone, FindFirst, Bookmark, RecordSource 등 |
| 콤보 상자 변경 | 콤보 상자로 변경 후 행 원본, 바운드 열, 열 너비, 목록 값만 허용 등 설정 |
| 하위 폼 | 기본 필드와 하위 필드 선택 후 연결, 하위 폼 마법사 이용 |

## 03 조회 및 출력 기능 구현

보고서 작업은 테이블이나 쿼리에 바인딩된 보고서를 완성하는 1문항과, 이벤트 프로시저 또는 매크로를 활용해 정보를 표시하는 2문항으로 구성됩니다.

컴퓨터활용능력 1급 실기의 핵심은 조건식(Where 조건절)을 정확히 이해하고 작성하는 능력입니다. 조건식 작성법을 다시 학습하고, 교재의 다양한 예제와 문제를 반복해 풀어보는 것이 중요합니다.

| 구성 요소 | 세부 출제 내역 |
|---|---|
| 보고서 완성 | 그룹화 및 정렬, 컨트롤 원본 설정, 입력 마스크, 반복 실행 구역, 누적 합계, 중복 내용 숨기기 등 |
| 이벤트 프로시저 | DoCmd, OpenForm, OpenReport, Close, RunSQL, Filter, FilterOn, RecordsetClone, FindFirst, Bookmark, RecordSource 등 |
| 매크로 | OpenReport, OpenForm, ExportWithFormatting, CloseWindow, MessageBox 등 |

## 04 처리 기능 구현

쿼리 작성은 데이터베이스에 대한 종합적인 이해가 필요한 영역이지만, 대부분 쿼리 디자인 창에서 필드를 끌어다 놓는 방식으로 쉽게 해결할 수 있습니다. 교재 예제를 반복 학습하면 충분히 익숙해질 수 있습니다.

| 구성 요소 | 세부 출제 내역 |
|---|---|
| 쿼리 작성 | Where 조건절을 포함한 선택쿼리, 매개 변수 쿼리, 집계 함수를 활용한 요약 쿼리<br>테이블 만들기 쿼리, 추가 쿼리, 업데이트 쿼리, 크로스탭 쿼리, 하위 쿼리 등 |

# 회별 숨은 기능 찾기

## 대표 기출 따라하기

※ (배) → 배열수식

| | 기본작업 | 계산작업 | 분석작업 | 기타작업 |
|---|---|---|---|---|
| 기출문제 따라하기 | 고급필터(AND, AVERAGE)<br>조건부서식(OR, MAX, MIN)<br>페이지 레이아웃 | ROUNDUP/AVERAGEIF, TEXT/FREQUENCY(배), INDEX/MATCH/MAX/IF(배), 사용자, VLOOKUP/SUMPRODUCT | 피벗 테이블(accdb, 그룹, 계산 필드, 피벗 스타일), 데이터 도구(데이터 유효성 검사, 자동 필터) | 차트(차트 종류 변경, 데이터 레이블, 데이터 계열 서식, 축 서식, 차트 영역 서식), 매크로(서식, 단추), VBA(폼 보이기, 폼 초기화, 등록) |

## 상시 기출문제

| | 기본작업 | 계산작업 | 분석작업 | 기타작업 |
|---|---|---|---|---|
| 1회 | 고급필터(ISNUMBER, AND, FIND), 조건부 서식(AND, RIGHT, AVERAGE), 페이지 레이아웃 | VLOOKUP/MID/MATCH/VALUE,IF/VALUE/RIGHT/SUBSTITUTE, TEXT/SUM/IF/LEFT/RIGHT(배), AVERAGE/LARGE/SMALL(배), 사용자 | 피벗 테이블(accdb, 빈 줄 삽입, 피벗 스타일), 데이터 도구(데이터 유효성 검사, 통합) | 매크로(서식, 단추), 차트(차트 제목, 데이터 선택, 차트 종류, 축 값), VBA(폼 초기화, 등록, 종료) |
| 2회 | 고급필터(AND, YEAR, NOT, ISERROR, FIND), 조건부 서식(AND, AVERAGE, MONTH), 페이지 레이아웃 | IF/COUNTIFS, REPT, TEXT/IFERROR/SUM/LARGE/IF/MONTH, FREQUENCY/COUNT(배), INDEX/MATCH/MAX(배), 사용자 | 피벗 테이블(accdb, 열 합계 비율, 옵션), 데이터 도구(시나리오, 데이터 표) | 매크로(서식, 단추), 차트(차트 종류, 차트 제목, 데이터 선택, 데이터 레이블, 차트 색상), VBA(폼 초기화, 등록, 종료) |
| 3회 | 고급필터(AND, YEAR, LEFT), 조건부서식(AND, DAYS, FIND), 페이지 레이아웃(행/열 머리글, 첫 페이지) | VLOOKUP/COUNTIF/IF/&, SUM/IF/&(배), AVERAGE/IF/LARGE(배), MAX/IF(배), 사용자 | 피벗 테이블(csv, 총합계 비율, 피벗 스타일), 데이터 도구(데이터 유효성 검사, 자동 필터) | 차트(데이터 선택, 차트 종류, 차트 제목, 눈금선, 데이터 레이블), 매크로(서식, 단추), VBA(폼 보이기, 폼 초기화, 등록, 종료) |
| 4회 | 고급필터(AND, WEEKDAY), 조건부서식(ISEVEN, DAY), 페이지 레이아웃(메모 표시, 서식) | IF/REPT, TEXT/ SUMIFS/LEFT/&,MAX/IFERROR/FIND/DAY(배), AVERAGE/LARGE(배), 사용자 | 피벗 테이블(accdb, 표시 형식, 피벗 스타일), 데이터 도구(정렬, 통합) | 차트(차트 제목, 데이터 선택, 축 서식, 데이터 레이블, 추세선), 매크로(서식, 단추), VBA(폼 보이기, 폼 초기화, 등록, 종료) |
| 5회 | 고급 필터(ISBLANK, OR, MEDIAN), 조건부 서식(AND, COLUMN, ISODD, MONTH), 시트 보호 | CONCAT/VLOOKUP, INDEX/MATCH, FREQUENCY/ TEXT(배), AVERAGE/IF/ IFERROR(배), 사용자 | 피벗 테이블(csv, 값 필드 설정, 옵션), 데이터 도구(중복된 항목 제거, 부분합) | 차트(데이터 추가, 축 제목 연동, 축 옵션, 표식 변경), 매크로(서식, 조건부 서식, 단추), VBA(폼 보이기, 폼 초기화, 등록, 종료) |
| 6회 | 고급 필터(AND, ISBLANK, NOT), 조건부 서식(ROW, MOD), 페이지 레이아웃 | IF/ISERROR/MATCH, IFERROR/REPLACE/VLOOKUP, IF/SUM/TEXT(배), IF/LARGE/SMALL(배), 사용자 | 피벗 테이블(accdb, 계산 필드), 데이터 도구(데이터 유효성 검사, 자동 필터) | 차트(차트 제목 연동, 그림 영역 서식), 매크로(서식, 단추), VBA(폼 보이기, 폼 초기화, 등록, 종료) |
| 7회 | 고급필터(AND, LARGE, YEAR), 조건부 서식(AND, OR, LEFT), 페이지 레이아웃 | IF/OR/PMT, IFS/MATCH/VLOOKUP, LARGE/RIGHT(배), COUNT/IF/YEAR/MID(배), 사용자 | 피벗 테이블(accdb, 그룹, 값 필드 설정, 스타일), 데이터 도구(유효성 검사, 데이터 표) | 차트(데이터 범위, 가로 축, 범례 서식), 매크로(서식, 빗면), VBA(폼 보이기, 폼 초기화, 등록, 종료) |
| 8회 | 고급필터(AND, LEFT, RIGHT), 조건부 서식(MOD, ROW), 페이지 레이아웃 | IF/AND/YEAR, XLOOKUP/PMT, 사용자, SUM/LARGE/IF/LEFT(배), RANK.EQ/MIN/IF(배) | 피벗 테이블(csv, 총합계 비율, 부분합 표시), 데이터 도구(유효성 검사, 부분합) | 차트(행/열 전환, 계열 겹치기, 간격 너비), 매크로(서식, 단추), VBA(폼 보이기, 폼 초기화, 등록, 종료) |
| 9회 | 고급 필터(AND, COUNTA), 조건부 서식(AND, MOD, RIGHT, YEAR), 페이지 레이아웃 | IF/AND/COUNTIF, IF/AVERAGE/VLOOKUP/&, 사용자, IF/COUNT/FIND(배), INDEX/MATCH/MAX(배) | 피벗 테이블(accdb, 그룹, 피벗 테이블 스타일, 별도 시트 추출), 데이터 도구(정렬, 통합) | 차트(행/열 전환, 레이블 표시, 간격 너비), 매크로(서식, 단추), VBA(폼 보이기, 폼 초기화, 등록, 종료) |
| 10회 | 고급 필터(AND, ISODD), 조건부 서식(AND, OR, WEEKDAY), 페이지 레이아웃 | VLOOKUP/MATCH, 사용자, QUOTIENT/CHOOSE/RIGHT/&, CONCAT/SUM/AVERAGE(배), MAX/VALUE/RIGHT(배) | 피벗 테이블(csv, 열 합계 비율), 데이터 도구(유효성 검사, 데이터 표) | 차트(레이아웃, 축 제목 연동, 세로 눈금선), 매크로(서식, 단추), VBA(폼 보이기, 폼 초기화, 등록, 종료) |

## 기출 유형 문제

| | 기본작업 | 계산작업 | 분석작업 | 기타작업 |
|---|---|---|---|---|
| 1회 | 고급 필터(AND, FIND)<br>조건부 서식(AND, IFERROR, SEARCH)<br>시트 보호와 통합 문서 보기 | IF/VALUE/MID/REPLACE, HLOOKUP/SUMPRODUCT/OFFSET/MATCH, DCOUNTA/IFERROR/DGET/&, SUM/CHOOSE/WEEKDAY(배), 사용자 | 피벗 테이블(accdb, 계산 필드, 셀 서식, 피벗 테이블 스타일), 데이터 도구(데이터 유효성-목록, 자동 필터) | 차트(행/열 전환, 차트 종류, 차트 제목, 차트 제목 서식, 추세선, 도형 삽입), 매크로(서식, 단추), VBA(폼 보이기, 활성화, 조회 프로시저) |
| 2회 | 고급 필터(AND, LEFT, AVERAGE)<br>조건부 서식(OR, YEAR, MONTH)<br>페이지 레이아웃 | AVERAGEIF/ROUNDDOWN, TEXT/PERCENTILE.INC, REPT/SUM/IF(배), FREQUENCY/COUNTA(배), 사용자 | 피벗 테이블(accdb, 그룹, 계산 필드, 피벗 테이블 스타일), 데이터 도구(데이터 유효성-MOD, 자동 필터) | 차트(차트 종류 변경, 데이터 값 표시, 데이터 요소 서식, 축 서식, 차트 영역 서식), 매크로(서식, 조건부 서식, 단추), VBA(폼 보이기, 폼 초기화, 등록) |
| 3회 | 고급 필터(AND, ISEVEN)<br>조건부 서식(AND, OR, WEEKDAY)<br>페이지 레이아웃 | QUOTIENT/MOD/&, COUNT/IFERROR/FIND/&(배), COUNTIFS/&, AVERAGE/IF/YEAR/LEFT/TRIM(배), 사용자 | 피벗 테이블(accdb, 계산 필드, 셀 서식, 피벗 스타일), 데이터 도구(중복 데이터 제거, 부분합) | 차트(차트 종류 변경, 데이터 레이블, 데이터 계열 서식, 축 서식, 차트 영역 서식), 매크로(서식, 조건부 서식, 단추), VBA(폼 보이기, 폼 초기화, 등록, 종료) |
| 4회 | 고급 필터(AND, MEDIAN)<br>조건부 서식(MAX, MIN)<br>페이지 레이아웃 | IF/LEFT/COUNTIF/&, HLOOKUP/MATCH, REPT/FREQUENCY(배), ROUNDDOWN/LARGE(배), 사용자 | 피벗 테이블(accdb, 그룹, 부분합 표시, 셀 서식, 피벗 스타일), 데이터 도구(정렬, 시나리오) | 차트(차트 종류 변경, 둘째 영역, 레이블, 도형 효과), 매크로(서식, 조건부 서식, 단추), VBA(폼 보이기, 폼 초기화, 등록) |
| 5회 | 고급 필터(AND, QUOTIENT)<br>조건부 서식(COLUMN)<br>시트 보호와 통합 문서 보기 | IFERROR/REPT/ABS, TEXT/MIN/IF(배), AVERAGE/IF/MONTH(배), CONCAT/SUM(배), 사용자 | 피벗 테이블(accdb, 그룹, 셀 서식, 스타일), 데이터 도구(중복 데이터 제거, 조건부 서식, 자동 필터) | 차트(행/열 전환, 스타일, 차트 제목, 레이블, 간격 너비, 차트 영역 서식), 매크로(사용자 지정 서식, 서식 해제), VBA(폼 보이기/폼 초기화, 등록, 종료) |
| 6회 | 고급 필터(AND, RIGHT, FIND)<br>조건부 서식(OR, WEEKDAY)<br>페이지 레이아웃 | SUM/IF/LEFT/RIGHT/&(배), TEXT/AVERAGE/IF(배), REPT/FREQUENCY/MAX/&(배), SUM/IF/&, 사용자 | 피벗 테이블(csv, 셀 서식, 옵션), 데이터 도구(텍스트 나누기, 데이터 통합) | 차트(추세선, 종류 변경, 보조 세로 축, 차트 제목 서식, 눈금선), 매크로(서식, 단추), VBA(폼 보이기, 폼 초기화, 드롭 버튼, 등록) |
| 7회 | 고급 필터(AND, LARGE, YEAR)<br>조건부 서식(OR, AND, LEFT)<br>페이지 레이아웃 | CONCAT/SUM/IF(배), COUNTIF/ROUNDDOWN/AVERAGE/IF/&(배), VLOOKUP/MATCH/RIGHT/LEN/FIND, IF/RANK.EQ/RELACE/&, 사용자 | 피벗 테이블(accdb, 그룹, 정렬, 셀 서식, 새로운 시트 추출), 데이터 도구(데이터 유효성, 목표값 찾기) | 차트(차트 종류 변경, 보조 축 서식, 차트 제목, 축 서식, 범례), 매크로(서식, 사각형), VBA(폼 보이기, 폼 초기화, 스핀, 등록) |
| 8회 | 고급 필터(AND, DAY, HOUR)<br>조건부 서식(MONTH, MOD)<br>페이지 레이아웃 | IF/LARGE/RANK.EQ/SMALL/&, TEXT/INDEX/MATCH, FREQUENCY/MONTH/COUNTA(배), SUM/ROUND/&(배), 사용자 | 피벗 테이블(accdb, 그룹, 셀 서식, 피벗 테이블 스타일), 데이터 도구(데이터 유효성, 데이터 표) | 차트(차트 종류 변경, 범례, 보조 세로 축, 차트 영역), 매크로(서식, 단추), VBA(폼 보이기, 폼 초기화, 조회, 종료) |
| 9회 | 고급 필터(AND, ISEVEN, RIGHT)<br>조건부 서식(QUOTIENT, ROW, ISEVEN)<br>페이지 레이아웃 | IF/QUOTIENT/VLOOKUP/LEFT/DAY, REPLACE/FIND/LEN/&, SUM/COUNTA(배), SUM/IF/NOT/ISERROR/SEARCH/RIGHT(배), 사용자 | 피벗 테이블(accdb, 계산 필드, 셀 서식, 피벗 테이블 스타일), 데이터 도구(텍스트 나누기, 정렬) | 차트(차트 제목 서식, 레이블, 차트 영역), 매크로(서식, 단추), VBA(폼 보이기, 폼 초기화, 등록, 종료) |
| 10회 | 고급 필터(AND, OR, YEAR)<br>조건부 서식(OR, LEFT, MONTH)<br>페이지 레이아웃 | IFERROR/VLOOKUP/MATCH, IF/RANK.EQ/REPT/&, TEXT/SUM/&(배), ROUND/PERCENTILE.INC/IF(배), 사용자 | 피벗 테이블(csv, 셀 서식, 옵션), 데이터 도구(정렬, 통합) | 차트(축 서식, 레이블, 차트 제목, 차트 효과), 매크로(부분합, 단추), VBA(폼 보이기, 폼 초기화, 활성화, 조회) |

# 자동 채점 서비스

## 01 설치 용

① 다운로드받은 '채점프로그램.exe' 파일에서 마우스 오른쪽 버튼을 클릭한 후 **[관리자 권한으로 실행]**을 선택합니다.

② 설치 대화상자에서 [다음], [설치시작]을 클릭하여 설치를 완료합니다.

③ [시작]-[모든 프로그램]-[영진닷컴]-[2026컴활1급 채점프로그램]을 선택합니다.

④ '정답파일선택'에서 회차를 선택, '작성파일선택'에서 [찾기]를 클릭하여 사용자가 작성한 파일을 가져옵니다. [채점시작]을 클릭하여 채점합니다.

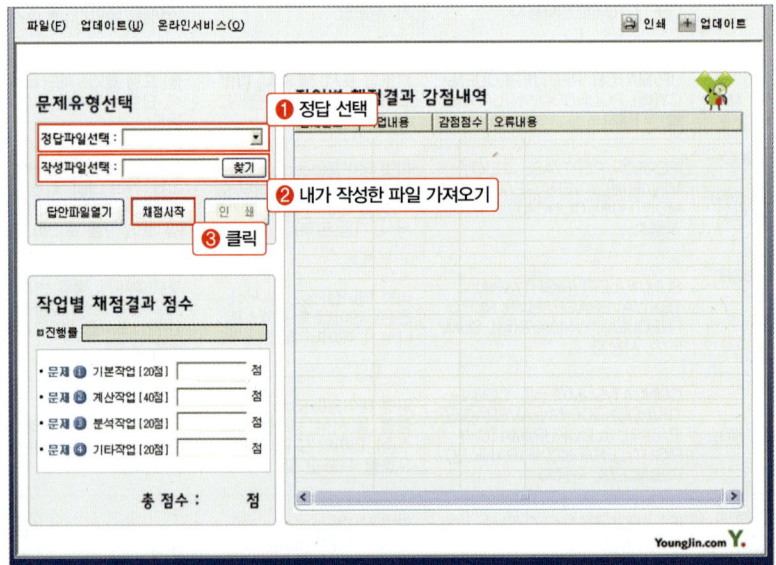

※ 엑셀, 액세스 전부 채점 가능합니다.

> ⚠ **PC 버전 채점 프로그램 주의사항**
> - 채점 프로그램은 참고용으로 사용해주세요. 일부 결과가 정확하지 않을 수 있습니다. 이럴 땐 정답 파일을 열어 비교해보시기 바랍니다.
> - 컴퓨터 환경에 따라 채점 프로그램 아이콘을 더블클릭했을 때 설치 및 실행이 안 될 수도 있습니다. 이런 경우 채점 프로그램 아이콘에서 마우스 오른쪽 버튼을 눌러 [관리자 권한으로 실행]을 클릭하세요.
> - 자동 채점 프로그램을 사용하려면 windows 프로그램 및 MS Office 정품이 설치되어 있어야 합니다. 정품이 아닐 경우 설치 및 실행 시 에러가 발생할 수 있습니다.
> - 업데이트가 있을 경우, 인터넷이 연결되어 있지 않은 컴퓨터는 채점 프로그램이 업데이트되지 않습니다.

##  웹 용

① 인터넷 검색 창에 comlicense.co.kr 또는 이기적컴활.com을 입력하여 사이트에 접속합니다.

② '년도선택: 2026', '교재선택: 이기적 컴퓨터활용능력 1급 기본서'를 선택한 후 [교재 선택 완료]를 클릭합니다.

③ '회차선택'에서 정답 파일을 선택, '작성파일선택'에서 [찾아보기]를 클릭하여 수험자가 작성한 파일을 가져온 후, [채점시작]을 버튼을 클릭합니다.

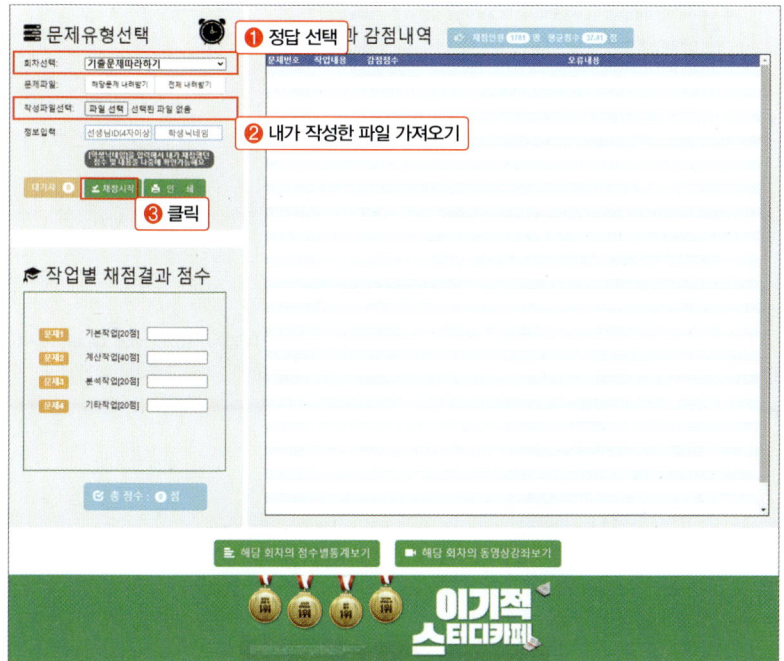

※ 엑셀, 액세스 전부 채점 가능합니다.

> ⚠ **웹 사이트 채점 프로그램 주의사항**
> - 채점 프로그램은 참고용으로 사용해주세요. 일부 결과가 정확하지 않을 수 있습니다. 이럴 땐 정답 파일을 열어 비교해보시기 바랍니다.
> - 인터넷이 연결되어 있지 않은 컴퓨터는 웹 사이트 채점을 이용할 수 없습니다.
> - 개인 인터넷 속도, 수험생의 접속자 수에 따라 채점 속도가 다를 수 있습니다.
> - 웹 채점 서비스는 부가 서비스로 제공되는 부분이며, 업체 등의 변경으로 웹 채점 프로그램 제공이 중단될 수 있습니다.
> - 본 도서에서 제공하는 웹 채점 서비스는 1판 1쇄 기준 2년간 유효합니다.

# Q&A

### 엑셀 작업 방법에 관련된 사항

**Q** MS Office 업데이트로 인해 [데이터] 탭의 [데이터 가져오기]–[기타 원본에서]–[Microsoft Query 에서] 메뉴가 보이지 않을 때 어떻게 해야 하나요?

**A** ① [파일]–[옵션]을 클릭하여 [데이터]의 'Microsoft Query에서(레거시)'를 체크하고 [확인]을 클릭합니다.

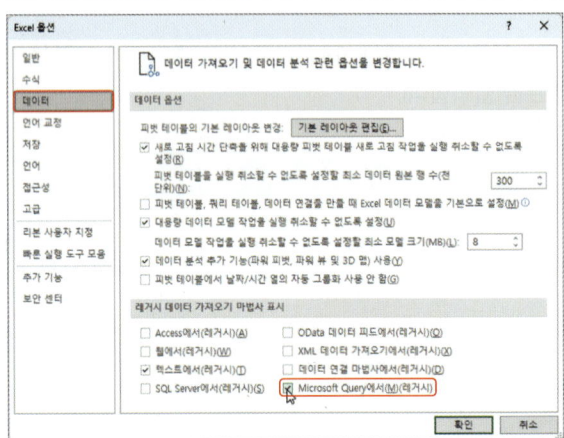

② [데이터]–[데이터 가져오기 및 변환] 그룹에서 [데이터 가져오기]–[레거시 마법사]–[Microsoft Query에서(레거시)] 메뉴를 이용하세요.

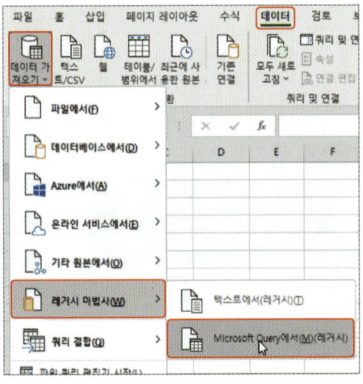

※ [데이터 가져오기]–[레거시 마법사]–[Microsoft Query에서(레거시)]와 [데이터 가져오기]–[기타 원본에서]–[Microsoft Query에서]의 기능이 동일합니다. 실제 시험장에서는 교재처럼 작성하면 되므로, 따로 '레거시' 메뉴를 설정하지 않도록 주의하여 주세요.

**Q** 매크로가 실행되지 않는데 어떻게 해야 하나요?

**A** [파일] 탭의 [옵션]을 선택합니다. [Excel 옵션]에서 [보안센터]-[보안센터 설정]을 클릭하여 '매크로 설정'에서 'VBA 매크로 사용(권장 안 함, 위험한 코드가 시행될 수 있음)'에 체크해주세요.

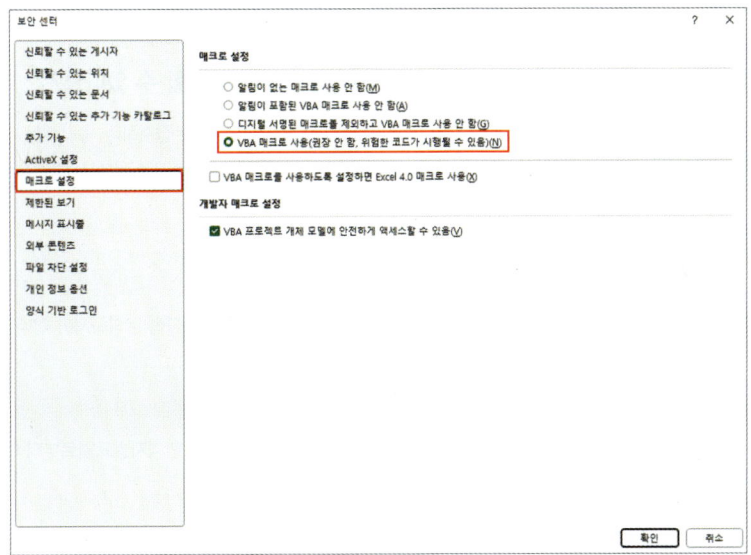

**Q** 원하는 셀로 가기 위해 방향키를 눌렀는데 스크롤바가 움직여요. 어떻게 해야 하나요?

**A** 키보드의 Scroll Lock 이 켜져있기 때문입니다. 다시 한번 Scroll Lock 을 눌러 꺼주세요.

**Q** 함수 입력 시 도움을 주는 스크린 팁이 보이게 하려면 어떻게 하나요?

**A** [파일]-[옵션]-[고급]-[표시]에 '함수 화면 설명 표시'에 체크해주세요.

**Q** 셀에 서식을 지정하거나 함수를 입력하고 나니 값이 '####'으로 되었습니다. 어떻게 하나요?

**A** 문제에서 별도의 지시사항이 없으면 그대로 두거나, 해당 열의 너비를 조정하여 데이터가 보이게 해도 됩니다.

**Q** 색상이나 차트 등에 마우스를 올렸을 때 이름이나 설명이 표시되지 않는 경우는 어떻게 해야 하나요?

**A** [Excel 옵션]-[일반] 탭에서 '실시간 미리보기 사용'에 체크, 화면 설명 스타일을 '화면 설명에 기능 설명 표시'를 선택하세요.

## 실기 시험에 대한 일반 사항

**Q 필기와 실기는 서로 다른 지역에서 응시 가능한가요?**

A 필기 합격 지역과 관계없이 실기를 접수한 지역에서 응시하실 수 있습니다.

**Q 필기시험에 합격 후 실기시험에 불합격하면 실기시험을 몇 회까지 응시할 수 있나요?**

A 필기시험 면제기간은 2년이며 실기시험은 횟수에 관계없이 필기시험 면제기간동안 계속 접수하여 응시하실 수 있습니다. 필기시험 합격 후 시간이 많이 지나 면제기간이 지났는지의 여부를 확인하려면 대한상공회의소 검정사업단 홈페이지에 접속하여 이름, 주민등록번호를 입력하면 알 수 있습니다.

**Q 점수 및 채점 확인은 어떻게 하나요?**

A 당락여부는 합격자발표를 통해 이루어지며, 점수 및 채점 확인을 위해서는 상공회의소에 직접 문의하셔야 합니다.

**Q 실기 점수 확인은 어떻게 하나요?**

A 인터넷 '대한상공회의소 홈페이지 > 마이페이지 > 시험결과'에서 확인할 수 있습니다. 단, 합격자발표일로부터 60일 동안만 제공되며 60일이 경과하면 대한상공회의소에 직접 문의해야 합니다.

**Q 컴퓨터활용능력시험의 응시수수료는 얼마인가요?**

A 필기시험은 20,500원, 실기시험은 25,000원이고 급수에 관계없이 동일합니다.(인터넷 접수 시 수수료 별도)

**Q 컴퓨터활용능력 실기시험의 과목과 합격하기 위해 필요한 점수는 몇 점인가요?**

A 컴퓨터활용능력 2급 실기 시험의 경우에는 '스프레드시트 실무' 한 과목이며 70점 이상 득점하면 합격입니다. 1급 실기 시험은 '스프레드시트 실무'와 '데이터베이스 실무'의 두 과목으로 구성되어 있으며 각 과목당 70점 이상 득점해야 합격할 수 있습니다.

**Q 상시 검정은 무엇인가요?**

A 상시 검정은 수시로 접수하여 상공회의소에 마련된 상시 시험장에서 시험을 볼 수 있도록 한 제도입니다. 상시 검정은 원칙적으로 인터넷으로만 접수할 수 있으며 접수일 현재 개설되어 있는 시험일자 및 시험시간 내에서 선택하여 응시할 수 있습니다.

**Q 컴퓨터활용능력 실기시험에서 사용하는 프로그램의 버전은 어떻게 되나요?**

A 2024년 1월부터 시행되는 시험은 Microsoft Office LTSC Professional Plus 2021으로 응시할 수 있습니다.

**Q 실기시험 응시 후 합격자 발표 이전에 다시 상시 검정에 응시할 수 있나요?**

A 상시 검정은 합격자 발표 전까지는 얼마든지 접수하여 응시할 수 있습니다. 그리고 이미 실기시험에서 합격이 되었다면 그 이후에 응시한 시험결과는 무효처리 됩니다.

# 실습 파일 사용 방법

## 01 다운로드 방법

① 이기적 영진닷컴 홈페이지(license.youngjin.com)에 접속하세요.

② [자료실]-[컴퓨터활용능력] 게시판으로 들어가세요.

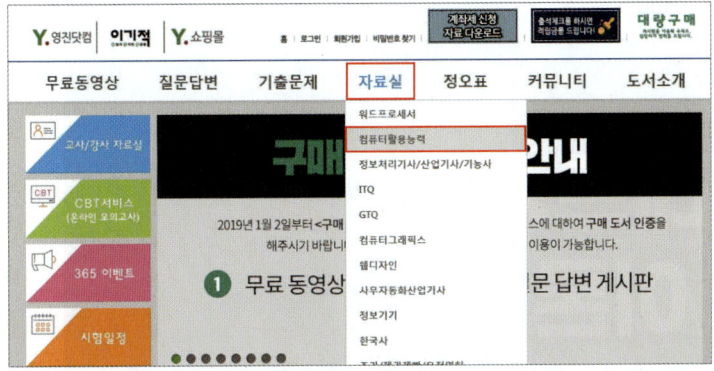

③ '[8008] 2026년 컴퓨터활용능력 1급 실기 기본서_부록 자료' 게시글을 클릭하여 첨부파일을 다운로드하세요.

## 02 사용 방법

① 다운로드받은 '8008' 압축 파일에서 마우스 오른쪽 버튼을 눌러 '8008'에 압축풀기를 눌러 압축을 풀어주세요.

② 압축이 완전히 풀린 후에 '8008' 폴더를 더블 클릭하세요.

③ 압축이 제대로 풀렸는지 확인하세요. 아래의 그림대로 파일이 들어있어야 합니다. 그림의 파일과 다르다면 압축 프로그램이 제대로 설치되어 있는지 확인해 주세요.

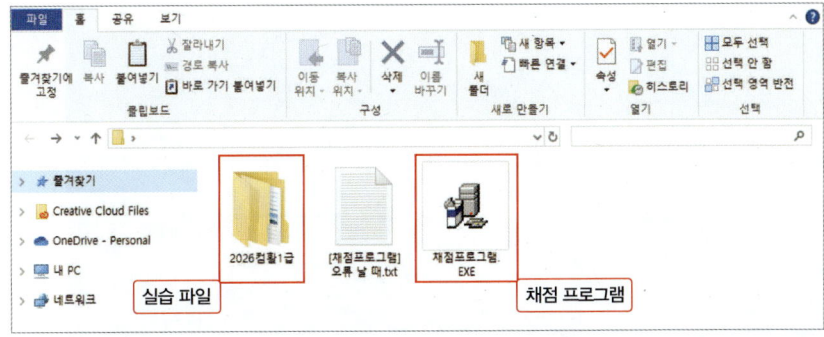

PART

# 01

# 스프레드시트
# 합격 이론

CHAPTER

# 01

# 기본작업

**학습 방향**

고급 필터에서는 함수식을 활용해 데이터를 추출하는 조건을 입력하는 방법을 연습하고, 조건부 서식에서는 지정한 범위 내에서 함수와 혼합 참조를 적절히 사용해 조건을 설정하는 방법을 익히세요. 또한, 페이지 레이아웃 기능을 통해 용지 방향, 여백, 인쇄 영역 등을 설정하는 방법과, 시트 보호 기능을 이용해 셀의 내용이 수정되지 않도록 설정하는 방법도 함께 연습해 보세요.

**난이도**

| 중 | SECTION 01 셀 서식 | 1-30 |
| 상 | SECTION 02 고급 필터/자동 필터 | 1-36 |
| 중 | SECTION 03 조건부 서식 | 1-42 |
| 중 | SECTION 04 시트 보호와 통합 문서 보기 | 1-50 |
| 중 | SECTION 05 페이지 레이아웃 | 1-56 |

# SECTION 01 셀 서식

난이도 상 중 하
반복학습 1 2 3

**작업파일** [26컴활1급₩1권_스프레드시트₩이론] 폴더의 '01셀서식' 파일을 열어서 작업하시오.

### 출제유형 ❶ '셀서식1' 시트에서 다음의 지시사항을 처리하시오.

❶ [A3:A12] 영역의 셀 값이 0과 같은 경우 "●", 나머지는 공백으로 표시하시오.
 [표시 예 : 0 → ●, 1 → 공백, -1 → 공백]

❷ [B3:B12] 영역의 값이 양수인 경우 기호 없이 천 단위 구분와 함께 표시, 음수인 경우 '-'를 제외하고 빨강색으로 '■' 기호와 함께 천 단위 구분 기호와 함께 표시, 0일 때 검정색으로 '★', 텍스트일 때 '○' 기호만 표시하시오.
 [표시 예 : 2000 → 2,000, -2454 → ■ 2,454, 0 → ★, 나비 → ○]

❸ [C3:C12] 영역의 값이 1000 이상이면 파랑색으로 "@"와 함께 천 단위 구분 기호를 표시하고, 셀 너비만큼 "@"와 숫자 사이에 공백을 표시하시오.
 [표시 예 : 1250 → @      1,250]

❹ [D3:D12] 영역의 셀 값이 700 미만이면 파랑색으로 숫자와 함께 "Small", 700 이상이면 빨강색으로 숫자와 함께 "Large"로 표시하고 숫자와 텍스트 사이에 셀 너비만큼 공백을 입력하시오.
 [표시 예 : 255 → 255    Small, 900 → 900    Large]

❺ [E3:E12] 영역의 셀 값이 0일 때는 파랑색으로 "○"과 정수로 표시, 셀 값이 -1일 때 자홍색으로 "☆"와 정수로 표시, 그 외에는 "■"로 표시하시오.
 [표시 예 : 0 → ○0, 1 → ■, -1 → ☆1]

### 기적의 TIP

**실행 방법**
1. 바로 가기 키 : Ctrl + 1
2. 바로 가기 메뉴 : 마우스 오른쪽 버튼을 눌러 [셀 서식] 메뉴
3. [홈] 탭 : [표시 형식] 그룹의 [옵션](ⓘ)을 클릭

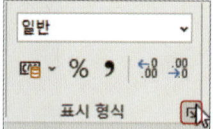

### 기적의 TIP

**사용자 지정**
형식1) 세미콜론(;)을 이용하면 양수, 음수, 0, 문자 순으로 서식 지정

| 형식 | 양수 서식 ; 음수 서식 ; 0 서식 ; 문자 서식 |

형식2) 대괄호[ ]를 이용하여 조건과 색을 지정
[조건1]①; 조건1에 만족하면 ①의 서식을 적용
[조건1]①; ② : 조건1에 만족하면 ①의 서식, 나머지는 ② 서식 적용
[조건1]①; [조건2]② : 조건1에 만족하면 ①의 서식, 조건2에 만족하면 ②의 서식 적용

① [A3:A12] 영역을 범위 지정한 후 Ctrl + 1 을 눌러 [셀 서식]의 [표시 형식] 탭에서 '사용자 지정'에 """;""";●를 입력하고 [확인]을 클릭한다.

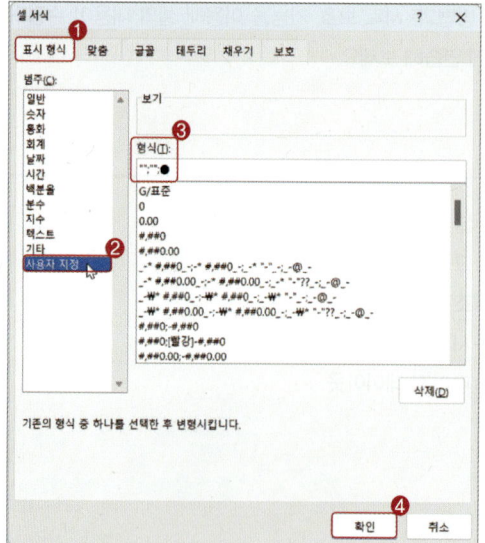

> **기적의 TIP**
>
> **"";"";● 또는 "";"";●"**
> 사용자 지정 서식은 양수;음수;0으로 서식을 지정하여 양수, 음수 숫자에 대해서 공백으로 표시하고 0의 값에만 '●'만 표시 또는 [=0]●;"";"" 으로도 가능합니다.

② [B3:B12] 영역을 범위 지정한 후 Ctrl+1 을 눌러 [셀 서식]의 [표시 형식] 탭에서 '사용자 지정'에 #,##0;[빨강]"◨" #,##0;[검정]★;"○"를 입력하고 [확인]을 클릭한다.

> **기적의 TIP**
>
> ●, ◨, ★, ☆, …은 한글 자음 'ㅁ'을 입력하고 키보드의 한자 를 눌러 특수문자를 입력합니다.

> **기적의 TIP**
>
> **#,##0;[빨강]"◨" #,##0;[검정]★;"○"**
> • 사용자 지정 서식은 양수;음수;0;문자 순으로 서식을 지정합니다.
> • [빨강]"◨" #,##0 : 빨강색으로 천 단위 구분 기호가 표시되고, 왼쪽에 ◨를 표시합니다.

③ [C3:C12] 영역을 범위 지정한 후 Ctrl+1 을 눌러 [셀 서식]의 [표시 형식] 탭에서 '사용자 지정'에 [파랑][>=1000]"@"* #,##0을 입력하고 [확인]을 클릭한다.

> **기적의 TIP**
>
> **[파랑][>=1000]"@"* #,##0**
> • 숫자가 1000 이상이면 파랑색으로 @와 천단위 구분을 표시하는데, @와 숫자 사이는 공백을 채워서 표시됩니다.
> • [파랑][>=1000]"@"* #,##0을 입력하고 [셀 서식] 대화상자를 확인하면 '[파랑][>=1000]"@"* #,##0;G/표준'으로 표시됩니다.
> • 조건에 만족한 데이터는 '[파랑][>=1000]"@"* #,##0' 서식으로 표시되고, 나머지는 'G/표준'으로 일반 서식으로 표시됩니다.

④ [D3:D12] 영역을 범위 지정한 후 Ctrl+1 을 눌러 [셀 서식]의 [표시 형식] 탭에서 '사용자 지정'에 [파랑][<700]0* "Small";[빨강][>=700]0* "Large"를 입력하고 [확인]을 클릭한다.

> **기적의 TIP**
>
> **[파랑][<700]0* "Small";[빨강][>=700]0* "Large"**
> • 700보다 작으면 파랑색으로 숫자와 Small를 붙여서 표시, 700 이상이면 빨강색으로 숫자와 Large를 표시합니다.
> • * : * 뒤에 내용을 반복하는데 * 뒤에 공백이라면 숫자와 Small 사이에 셀 너비만큼 공백으로 채우는 것을 의미합니다.

⑤ [E3:E12] 영역을 범위 지정한 후 Ctrl+1 을 눌러 [셀 서식]의 [표시 형식] 탭에서 '사용자 지정'에 [파랑][=0]"○"0;[자홍][=-1]"☆"0;"■"를 입력하고 [확인]을 클릭한다.

> **기적의 TIP**
>
> **[파랑][=0]"○"0;[자홍][=-1]"☆"0;"■"**
> 0이면 파랑색으로 ○와 숫자를 표시, -1이면 자홍색으로 ☆와 숫자를 표시, 그 외는 ■를 표시합니다.

| | A | B | C | D | E | F |
|---|---|---|---|---|---|---|
| 1 | | | | | | |
| 2 | 서식1 | 서식2 | 서식3 | 서식4 | 서식5 | |
| 3 | | 1,600 | | 100 550 | Small ■ | |
| 4 | | ■ 1,200 | | 300 810 | Large ☆1 | |
| 5 | ● | ★ | | 500 690 | Small ○0 | |
| 6 | | ○ | | 700 950 | Large | |
| 7 | ● | 1,700 | @ | 1,000 920 | Large ☆1 | |
| 8 | | 1,500 | @ | 1,200 770 | Large ○0 | |
| 9 | ● | ■ 1,100 | @ | 1,500 900 | Large ■ | |
| 10 | | ■ 1,600 | @ | 2,000 650 | Small ☆1 | |
| 11 | | ★ | @ | 2,500 550 | Small ○0 | |
| 12 | | ○ | @ | 3,000 730 | Large ■ | |
| 13 | | | | | | |

◀ '셀서식1(결과)' 시트

## 더 알기 TIP

### 사용자 지정 서식

① 숫자와 문자에 관한 코드

| 서식 코드 | 의미 | 서식 지정 | 결과 |
|---|---|---|---|
| # | 유효 자릿수만 표시하고 유효하지 않은 0은 표시하지 않음 | #"개"<br>#.##<br>### | 0 → 개<br>123.4 → 123.4<br>1 → 1 |
| 0 | 유효하지 않은 자릿수는 0으로 표시 | 0"개"<br>0.0<br>000 | 0 → 0개<br>123 → 123.0<br>1 → 001 |
| ,(쉼표) | 1,000 단위 구분 기호 | #,###<br>#,"천원" | 10000 → 10,000<br>10000 → 10천원 |
| ? | 유효하지 않은 자릿수에 공백으로 표시 | 0.0#"개"<br>0.00"개"<br>0.0?"개" | 3 → 3.0개<br>3 → 3.00개<br>3 → 3.0 개 |
| ;(세미콜론) | 섹션 구분 서식<br>양수;음수;0;문자서식 | [파랑];[빨강];--;[녹색] | 양수는 파랑, 음수는 빨강, 0은 --(하이픈), 문자는 녹색 |
| [ ](대괄호) | 조건이나 글꼴 색을 지정할 때에는 대괄호 안에 입력 | [>=80]"합격";"불합격" | 90 → 합격<br>70 → 불합격 |
| @ | 문자를 대신하는 기호 | @"님" | 홍길동 → 홍길동님 |
| *(애스터리스크) | * 뒤에 있는 문자(공백)을 셀의 너비만큼 반복하여 채움 | 0*♥<br>*★0<br>"Small"* 0 | 5 → 5♥♥♥♥♥♥♥<br>5 → ★★★★★★★5<br>5 → Small     5 |

② 날짜에 관한 코드

| 서식 코드 | 의미 | 서식 코드 | 의미 |
|---|---|---|---|
| yy | 연도를 2자리로 표시 (25) | d | 일을 1 ~ 31 |
| yyyy | 연도를 4자리로 표시 (2025) | dd | 일을 01 ~ 31 |
| m | 월을 1 ~ 12 | ddd | 요일을 Sun ~ Sat |
| mm | 월을 01 ~ 12 | dddd | 요일을 Sunday ~ Saturday |
| mmm | 월을 Jan ~ Dec | aaa | 요일을 한글로 일 ~ 월 |
| mmmm | 월을 January ~ December | aaaa | 요일을 한글로 일요일 ~ 월요일 |

### 출제유형 ❷ '셀서식2' 시트에서 다음의 지시사항을 처리하시오.

❶ [A3:A12] 영역의 셀 값이 10000 이상이면 동 1자리, 호 4자리, 10000 미만인 경우 동 1자리, 호 3자리로 표시하시오.
  [표시 예 : 21001 → 2동 1001호, 2101 → 2동 101호]

❷ [B3:B12] 영역의 값이 0이면 소수 이하 1자리 백분율로 표시, 0 미만이면 자홍색으로 '적립'과 함께 소수 이하 1자리 백분율로 표시하는데 셀 너비만큼 공백으로 표시, 그 외는 정수로 표시하시오.
  [표시 예 : 0 → 0.0%, -3 → 적립   300.0%, 5 → 5]

❸ [C3:C12] 영역의 값이 1000000 이상이면 백만원 단위로 표시, 1000 이상은 천단위로 표시, 그 외는 정수로 [표시 예]와 같이 표시하시오.
  [표시 예 : 1250000 → 1백만원, 1200 → 1천원, 0 → 0]

❹ [D3:D12] 영역의 셀 값이 0이면 파랑색으로 '무료'로 표시, -1이면 '※'로 표시, 그 외는 천 단위 구분기호와 '원'을 붙여서 [표시 예]와 같이 표시하시오.
  [표시 예 : 0 → 무료, -1 → ※, 1900 → 1,900원]

❺ [E3:E12] 영역의 셀 값이 0 보다 크면 소수 이하 1자리로 표시, 문자이면 '●', 그 외는 공백으로 [표시 예]와 같이 표시하시오.
  [표시 예 : 5 → 5.0, 미응시 → ●]

① [A3:A12] 영역을 범위 지정한 후 [Ctrl]+[1]을 눌러 [셀 서식]의 [표시 형식] 탭에서 '사용자 지정'에 [>=10000]0"동" 0000"호";[<10000]0"동" 000"호"를 입력하고 [확인]을 클릭한다.

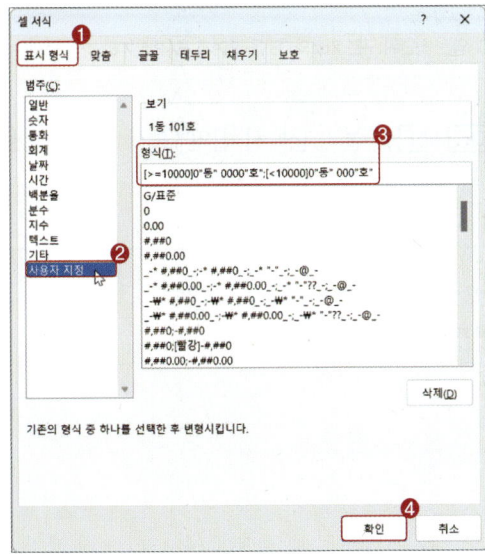

> 기적의 TIP
>
> [>=10000]0"동" 0000"호";[<10000]0"동" 000"호"
> 숫자가 10000 이상이면 '0동 0000호', 10000 미만이면 '0동 000호'로 표시됩니다.

② [B3:B12] 영역을 범위 지정한 후 Ctrl+1을 눌러 [셀 서식]의 [표시 형식] 탭에서 '사용자 지정'에 [=0]0.0%;[자홍][<0]"적립"* 0.0%;0을 입력하고 [확인]을 클릭한다.

> **기적의 TIP**
>
> [=0]0.0%;[자홍][<0]"적립"* 0.0%;0
> 0이면 소수 이하 1자리로 백분율로 표시하고, 0 미만이면 자홍색 글꼴로 '적립'은 왼쪽에 오른쪽에 소수 이하 1자리로 백분율로 표시, 나머지는 정수로 표시합니다.

③ [C3:C12] 영역을 범위 지정한 후 Ctrl+1을 눌러 [셀 서식]의 [표시 형식] 탭에서 '사용자 지정'에 [>=1000000]0,,"백만원";[>=1000]0,"천원";0을 입력하고 [확인]을 클릭한다.

> **기적의 TIP**
>
> [>=1000000]0,,"백만원";[>=1000]0,"천원";0
> - ,는 000을 생략
> - ,,는 000000을 생략
> - 1000000 이상이면 000000을 생략하고 '백만원'을 붙여서 표시, 1000 이상이면 000을 생략하고 '천원'을 붙여서 표시, 나머지는 0을 표시합니다.
> - [>=1000000]#,,"백만원";[>=1000]#,"천원";0으로 입력이 가능합니다.

④ [D3:D12] 영역을 범위 지정한 후 Ctrl+1을 눌러 [셀 서식]의 [표시 형식] 탭에서 '사용자 지정'에 [파랑][=0]"무료";[=-1]"※";#,##0"원"를 입력하고 [확인]을 클릭한다.

> **기적의 TIP**
>
> [파랑][=0]"무료";[=-1]"※";#,##0"원"
> 0이면 파랑색으로 '무료'를 표시, -1이면 '※'를 표시, 그 외는 천단위 구분 기호와 '원'을 붙여서 표시됩니다.

⑤ [E3:E12] 영역을 범위 지정한 후 Ctrl+1을 눌러 [셀 서식]의 [표시 형식] 탭에서 '사용자 지정'에 [>0]0.0;;;"●"를 입력하고 [확인]을 클릭한다.

> **기적의 TIP**
>
> [>0]0.0;;;"●"
> - 또는 0.0;;;"●" 가능 (양수;음수;0;문자 서식 순으로)
> - 0 보다 크면 '0.0' 소수 이하 1자리로 표시, 문자는 '●'로 표시, 나머지는 표시하지 않습니다.

▶ '셀서식2(결과)' 시트

| | A | B | C | D | E |
|---|---|---|---|---|---|
| 2 | 서식1 | 서식2 | 서식3 | 서식4 | 서식5 |
| 3 | 1동 101호 | 8 | 220천원 | 8,524원 | ● |
| 4 | 1동 102호 | 적립 700.0% | 110천원 | ※ | 89.9 |
| 5 | 2동 102호 | 7 | 2백만원 | 6,527원 | 87.4 |
| 6 | 2동 104호 | 0.0% | 0 | 무료 | |
| 7 | 3동 105호 | 7 | 2백만원 | 7,500원 | 87.8 |
| 8 | 3동 206호 | 적립 600.0% | 550천원 | ※ | |
| 9 | 4동 305호 | 6 | 88천원 | 2,650원 | 91.2 |
| 10 | 4동 508호 | 적립 800.0% | 0 | 8,546원 | ● |
| 11 | 5동 1202호 | 8 | 4백만원 | 1,580원 | 66.0 |
| 12 | 5동 1808호 | 적립 400.0% | 1백만원 | ※ | 90.6 |

## 25년 출제

### 서식 코드

| 문제 | 서식 코드 |
|---|---|
| 0 이상이면 파랑으로 천 단위 표시, 0이면 정수에 '원' 표시, 0보다 작으면 '▼' 기호 뒤에 공백 한자리와 천 단위 표시, 텍스트는 공백으로 표시 [예 : –1000 → ▼ 1,000] | [파랑]#,##0;"▼" #,##0;0"원";" " |
| 0 일 경우 '◆' 기호와 소수 1자리까지 표시, 나머지는 공백, 텍스트는 '◇'로 표시 | [=0]"◆"0.0;" ";" ";"◇" |
| 1일 때 '검사', 0일 때 빨강으로 '미검사', 그 외는 공백으로 표시 | [=1]"검사";[빨강][=0]"미검사";" " |
| 80 이상이면 빨강으로 숫자 앞에 '♣' 기호 입력, 0 이면 '※', 그 외는 숫자 표시, 문자는 파랑으로 표시(단, 숫자는 2자리로 표시) [예 : 85 → ♣85, 0 → ※, 5 → 05] | [빨강][>]=80]"♣"00;[=0]"※";00;[파랑]@ |
| 2000 이상이면 파랑으로 '★' 기호와 천 단위 구분 기호를 표시하고 숫자 뒤에 '명'을 표시, 그 외는 천 단위 구분 기호와 숫자 뒤에 '명'을 표시, 0일 경우 기호. '@'로 표시 [예 : 2000 → ★2,000명, 1000 → 1,000명, 0 → @] | [파랑][>=2000]"★"#,##0"명"; [>0]#,##0"명";"@" |
| 1000 이상이면 파랑색으로 '♠'와 천단위 구분 기호 표시, 100 미만이면 빨강색으로 숫자 앞에 '♤' 표시, 그 외는 숫자만 표시 [예 : 1500 → ♠1,500, 90 → ♤90, 100 → 100] | [파랑][>=1000]"♠"#,##0;[빨강][<100]♤0;0 |
| 1000000 이상이면 백만 단위로 절삭하여 1,234백만원 형식, 값이 0일 때는 '※', 그 외는 1,234원처럼 표시 [예 : 1000000000 → 1,000백만원, 0 → ※, 50 → 50원] | [>=1000000]#,##0,,"백만원";[=0]"※";#,##0"원" |
| 숫자가 5글자이면 00동 000호, 그 외는 0동 000호로 표시 [예 : 15101 → 15동 101호, 1204 → 1동 204호] | ##동 ###호 |
| 300 이상이면 파랑으로 '@'와 함께 숫자를 표시하고, 셀 너비만큼 '@'와 숫자 사이에 공백을 표시 [예 : 300 → @    300, 100 → 100] | [파랑][>=300]"@"* 0 |
| 0 이상이면 천단위 구분 기호를 표시, 0 미만이면 자홍색으로 '▼' 기호와 숫자 사이에 너비만큼 공백을 표시 [예 : 1000 → 1,000, –1000 → ▼    1,000] | [>=0]#,##0;[자홍][<0]"▼"* #,##0 |
| 1 이상이면 천단위 기호, 0 미만이면 자홍색으로 '▼' 표시하고 숫자와 텍스트 사이에 셀 너비만큼 공백을 표시, 그 외는 표시하지 마시오. [예 : 1000 → 1,000, –15 → ▼    15] | [>=1]#,##0;[자홍][<0]"▼"* 0;; |
| 260 이상이면 빨강으로 숫자 앞에 'Big'을 표시, 220 미만이면 파랑으로 숫자 앞에 'Small'을 표시(단, 숫자와 텍스트 사이에 셀 너비만큼 공백으로 입력) [예 : Big    270] | [빨강][>=260]"Big"* 0;[파랑][<220]"Small"* 0;* 0 |
| 0.5 이상이면 파랑색으로 '★'와 백분율 표시, 0.1 이하는 자홍색으로 '★'와 백분율 표시, 그 외는 백분율로 표시 [예 : 0.7 → ★70%, 0.15 → 15%] | [파랑][>=0.5]"★"0%;[자홍][<=0.1]"★"0%;0% |
| 날짜를 '2012년 03월 14일 수요일' 형식으로 표시 | yyyy년 mm월 dd일 aaaa |

# SECTION 02

## 고급 필터/자동 필터

난이도 상중하
반복학습 1 2 3

작업파일 [26컴활1급₩1권_스프레드시트₩이론] 폴더의 '02고급필터' 파일을 열어서 작업하시오.

### 출제유형 ❶ '고급필터1' 시트에서 다음의 지시사항을 처리하시오.

▶ [A3:G38] 영역에서 과정명이 "5B"로 시작하고 학점평균이 학점평균의 전체 평균 이상인 행만을 대상으로 표시하시오.
▶ 조건은 [A40:A41] 영역 내에 알맞게 입력하시오. (AND, LEFT, AVERAGE 함수 사용)
▶ 결과는 [A43] 셀부터 표시하시오.

> **기적의 TIP**
>
> 고급 필터는 좀 더 복잡한 조건을 설정하여 데이터를 표시하거나 조건에 맞는 데이터를 다른 곳으로 추출하고자 할 때 사용합니다.

① [A40:A41] 영역에 조건을 입력한다. [A41] 셀에 =AND(LEFT(A4,2)="5B",G4>=AVERAGE($G$4:$G$38))를 입력한다.

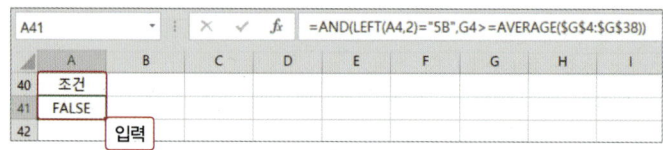

> **기적의 TIP**
>
> • AND(조건1, 조건2, 조건3, ...) : 모든 조건에 만족할 때 True 값을 반환
> • OR(조건1, 조건2, 조건3, ...) : 여러 조건 중에 하나라도 조건에 만족하면 True 값을 반환

② 데이터 영역에 마우스 포인터를 두고 [데이터]-[정렬 및 필터] 그룹의 [고급]을 클릭한다.

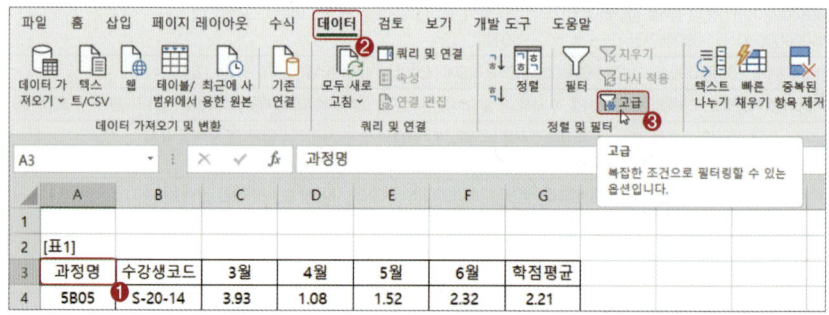

> **기적의 TIP**
>
> 고급 필터 조건에 수식을 이용하여 작성할 때에는 필드명은 원본 데이터와 다른 필드명을 입력하거나 필드명을 생략합니다. 수식을 입력하면 수식의 결과에는 True 또는 False가 표시됩니다.

③ [고급 필터]에서 결과는 '다른 장소에 복사'를 선택하고, 목록 범위는 $A$3:$G$38, 조건 범위는 $A$40:$A$41, 복사 위치는 $A$43으로 지정하고 [확인]을 클릭한다.

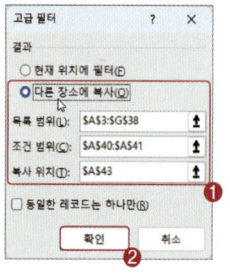

- 결과 : 다른 장소에 복사
- 목록 범위 : A3:G38
- 조건 범위 : A40:A41
- 복사 위치 : A43

> **기적의 TIP**
>
> 고급 필터를 실행하기 전에 셀 포인터를 데이터 안쪽 [A3:G38]에 두면 목록 범위가 자동으로 지정됩니다.

풀이결과

| | A | B | C | D | E | F | G | H | I |
|---|---|---|---|---|---|---|---|---|---|
| A41 | | | | fx | =AND(LEFT(A4,2)="5B",G4>=AVERAGE($G$4:$G$38)) | | | | |
| 39 | | | | | | | | | |
| 40 | 조건 | | | | | | | | |
| 41 | FALSE | | | | | | | | |
| 42 | | | | | | | | | |
| 43 | 과정명 | 수강생코드 | 3월 | 4월 | 5월 | 6월 | 학점평균 | | |
| 44 | 5B00 | S-34-15 | 3.99 | 3.97 | 4.15 | 3.50 | 3.90 | | |
| 45 | 5B01 | S-50-14 | 4.50 | 4.20 | 3.70 | 4.36 | 4.19 | | |
| 46 | 5B07 | S-76-71 | 3.95 | 3.78 | 4.10 | 3.57 | 3.85 | | |
| 47 | | | | | | | | | |

▲ '고급필터1(결과)' 시트

> **기적의 TIP**
>
> 고급 필터 실행 순서
> 1. 조건 입력
> 2. 특정 필드명만 추출한다면 필드명을 작성(만약, 모든 필드명을 추출한다면 따로 작성하지 않음)
> 3. [데이터]-[정렬 및 필터] 그룹의 [고급]을 클릭

## 더 알기 TIP

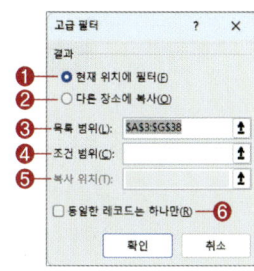

❶ 현재 위치에 필터 : 결과 데이터를 현재 원본 데이터가 위치한 곳에 표시한다.
❷ 다른 장소에 복사 : '복사 위치'로 지정한 위치에 결과 데이터를 표시한다.
❸ 목록 범위 : 필터 기능이 적용될 원본 데이터가 있는 위치를 지정한다.
❹ 조건 범위 : 사용자가 지정한 조건이 입력된 위치를 지정한다.
❺ 복사 위치 : 결과가 추출될 위치를 지정한다.
❻ 동일한 레코드는 하나만 : 조건을 만족하는 행 중에서 같은 내용의 행이 있을 경우 한 행만 표시한다.

---

**출제유형 ❷** '고급필터2' 시트에서 다음의 지시사항을 처리하시오.

[A2:G30] 영역에서 '생년월일'의 연도가 1987 이상이고, 진료시간이 12시 이상인 데이터의 '성명', '생년월일', '진료과목', '진료시간' 필드만 순서대로 표시하시오.

▶ 조건은 [I2:I3] 영역 내에 알맞게 입력하시오. (AND, YEAR 함수 사용)
▶ 결과는 [I5] 열부터 표시하시오.

> **기적의 TIP**
>
> 하루는 24시간으로 6시는 0.25, 12시는 0.5, 18시는 0.75, 24시는 1로 표현합니다. 시간을 입력한 후, [셀 서식]의 [표시 형식] 탭에서 '일반'을 클릭하여 확인할 수 있습니다.

① [I2:I3] 영역에 조건을 입력한다. [I3] 셀에 =AND(YEAR(C3)>=1987,G3>=0.5)를 입력하고 [I5:L5] 영역에 추출할 필드명을 작성한다.

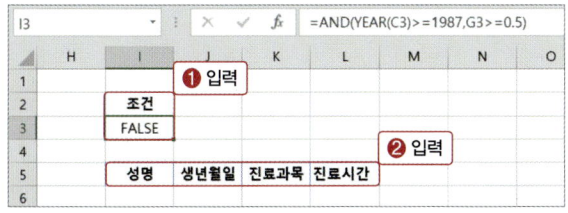

> **기적의 TIP**
>
> 추출할 필드명은 실제 데이터와 동일해야 합니다. 예를 들어 '진료과목'을 '진료 과목'으로 띄어쓰기를 해서 작성하면 정확한 결과를 추출할 수 없습니다. 가장 좋은 방법은 직접 입력하는 것보다 필드명을 복사해서 사용하는 것이 좋습니다.

### 기적의 TIP

문제에 제시된 문구에 따라

〈AND 조건〉
~ 이고 ~
~ 이면서 ~
~ 그리고 ~
~ 인 ~

〈OR 조건〉
~ 이거나 ~
~ 또는 ~

② 데이터 영역에 마우스 포인터를 두고 [데이터]-[정렬 및 필터] 그룹의 [고급](📋)을 클릭한다.

③ [고급 필터]에서 결과는 '다른 장소에 복사'를 선택하고, 목록 범위는 $A$2:$G$30, 조건 범위는 $I$2:$I$3, 복사 위치는 $I$5:$L$5로 지정하고 [확인]을 클릭한다.

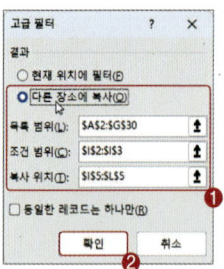

- 결과 : 다른 장소에 복사
- 목록 범위 : A2:G30
- 조건 범위 : I2:I3
- 복사 위치 : I5:L5

**풀이결과**

| | H | I | J | K | L | M | N | O |
|---|---|---|---|---|---|---|---|---|
| 1 | | | | | | | | |
| 2 | | 조건 | | | | | | |
| 3 | | FALSE | | | | | | |
| 4 | | | | | | | | |
| 5 | | 성명 | 생년월일 | 진료과목 | 진료시간 | | | |
| 6 | | 소금진 | 1988-04-01 | 피부과 | 13:00 | | | |
| 7 | | 이수만 | 2000-11-03 | 흉부외과 | 15:20 | | | |
| 8 | | 김서우 | 2001-03-12 | 산부인과 | 14:00 | | | |
| 9 | | 이유라 | 1998-09-04 | 산부인과 | 16:20 | | | |
| 10 | | 김창무 | 1999-08-16 | 신경외과 | 13:50 | | | |
| 11 | | 유경수 | 2005-11-23 | 정형외과 | 14:20 | | | |
| 12 | | | | | | | | |

I3 수식: =AND(YEAR(C3)>=1987,G3>=0.5)

▲ '고급필터2(결과)' 시트

### 더 알기 TIP

#### 고급 필터 조건

AND 조건 : 조건을 같은 행에 입력한다.

| 구분 | 할인금액 |
|---|---|
| 비회원 | <=70000 |

← 구분이 '비회원'이면서 할인금액이 70000 이하

| 상품명 | 구분 | 할인금액 |
|---|---|---|
| 일반 | 비회원 | <=70000 |

← 상품명이 '일반'이고 구분이 '비회원'이면서 할인금액이 70000 이하

OR 조건 : 조건을 다른 행에 입력한다.

| 상품명 | 구분 |
|---|---|
| 일반 | |
| | 비회원 |

← 상품명이 '일반'이거나 구분이 '비회원'

| 상품명 | 구분 | 할인금액 |
|---|---|---|
| 일반 | | |
| | 비회원 | |
| | | <=70000 |

← 상품명이 '일반'이거나 구분이 '비회원'이거나 할인금액이 70000 이하

| 상품명 |
|---|
| 일반 |
| 골드 |

← 상품명이 일반이거나 골드

AND와 OR 결합 조건 : 하나의 필드에 여러 조건을 지정할 수 있다. AND 조건이 먼저 계산된다.

| 상품명 | 인원수 |
|---|---|
| 일반 | <=4 |
| 골드 | <=4 |

← 상품명이 '일반'이면서 인원수가 4 이하이거나 상품명이 '골드'이면서 인원수가 4 이하

---

**출제유형 ❸** '자동필터' 시트에서 다음의 지시사항을 처리하시오.

▶ [필터] 기능을 이용하여 '지역' 기준으로 오름차순 정렬하고, '판매수량'[E4:E12]이 200 이상인 자료만 검색하시오.

◀ '자동필터' 시트

### 기적의 TIP

**관계 연산자**

| 같다 | = |
|---|---|
| 이상 | >= |
| 이하 | <= |
| 크다(초과) | > |
| 작다(미만) | < |
| 같지 않다 | <> |

① [E3] 셀을 클릭한 후 [데이터]-[정렬 및 필터] 그룹의 [필터](▽)를 클릭한다.

### 기적의 TIP

**자동 필터 범위 지정**

자동 필터를 설정할 때 표 전체를 범위 지정하지 않고, [B3:H12] 영역 내에 아무 셀을 클릭하고 [데이터]-[정렬 및 필터] 그룹의 [필터]를 클릭합니다.

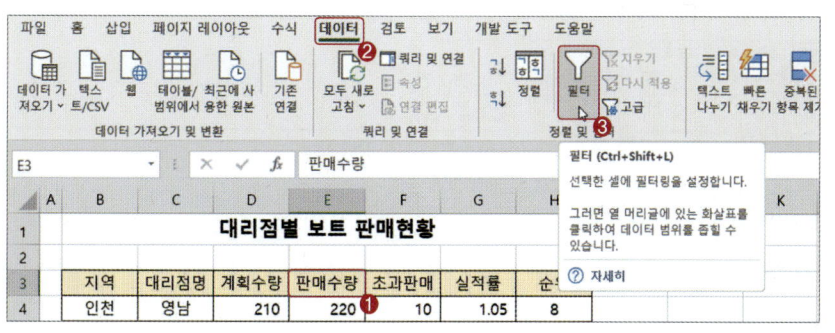

② [B3] 셀의 목록 단추를 클릭하여 [텍스트 오름차순 정렬]을 클릭한 후 판매수량[E3] 셀의 목록 단추(▼)를 클릭하여 [숫자 필터]-[크거나 같음]을 선택한다.
③ [사용자 지정 자동 필터]에서 '>='을 선택하고, 200을 입력한 후 [확인]을 클릭한다.

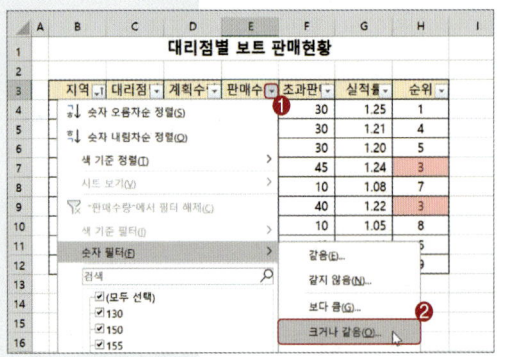  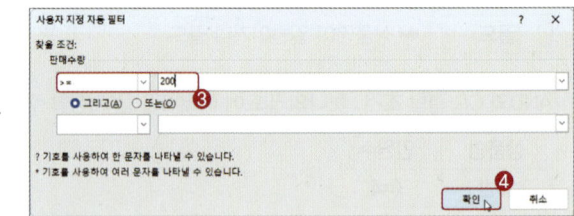

> **기적의 TIP**
>
> 자동 필터는 입력한 목록에서 기존에 입력되어 있는 셀 값이나 사용자 정의를 이용하여 간단하게 필터를 적용하고자 할 때 사용합니다.

**풀이결과**

◀ '자동필터(결과)' 시트

---

### 더 알기 TIP

## 자동 필터 취소

1. 하나의 필드에 대한 조건을 취소할 때는 필터를 적용했던 필드명 셀의 목록 단추(▼)를 클릭하여 ["판매수량'에서 필터 해제] 메뉴를 선택한다.

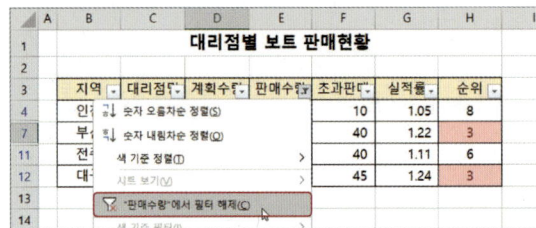

2. 여러 필드에 적용한 자동 필터를 취소할 때에는 [데이터]-[정렬 및 필터] 그룹의 [지우기]를 클릭한다.

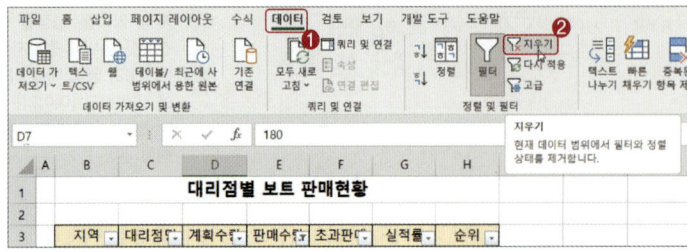

## ➕ 더 알기 TIP

### 상위 10 (판매수량이 상위 50%만 추출하기)

1. 판매수량[E3] 셀의 목록 단추를 클릭하여 [숫자 필터]-[상위 10]을 클릭한다.
2. [상위 10 자동 필터]에서 상위, %를 선택하고 「50」을 입력하고 [확인]을 클릭한다.

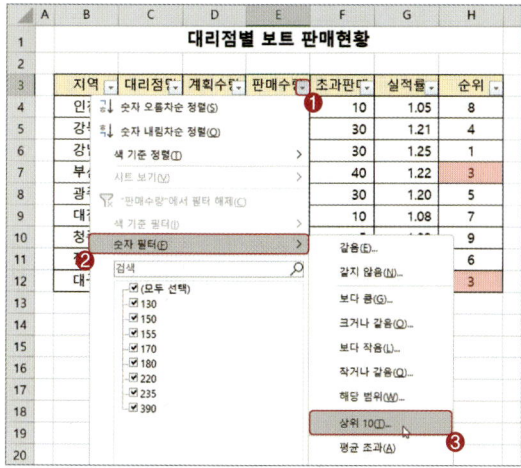
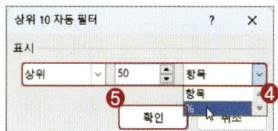

## ➕ 더 알기 TIP

### 사용자 지정 자동 필터

자동 필터에서는 하나의 필드에 대하여 AND 또는 OR 조건으로 지정할 수 있다.
만능 문자(?, *)를 사용하여 데이터를 추출할 수 있다.

- AND 조건 : **예** 판매수량이 100 이상 200 미만의 데이터  — OR 조건 : **예** 판매수량이 100 초과하거나 300 미만의 데이터

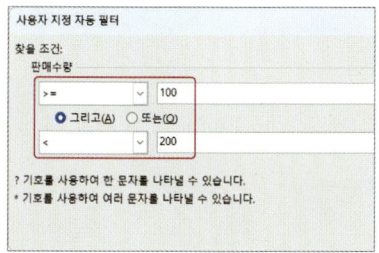 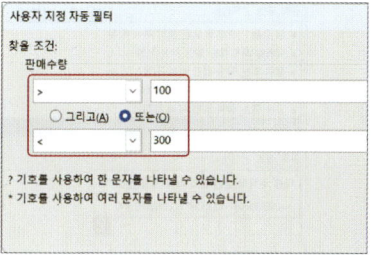

### 색 기준 필터

셀에 적용된 색에 대해서 필터하는 기능이다.

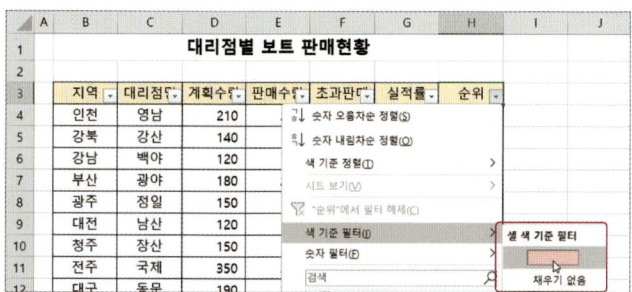

고급 필터/자동 필터 SECTION 02  1-41

# SECTION 03 조건부 서식

난이도 상 중 하
반복학습 1 2 3

**작업파일** [26컴활1급₩1권_스프레드시트₩이론] 폴더의 '03조건부서식' 파일을 열어서 작업하시오.

### 기적의 TIP

조건부 서식을 지정하기 할 때 주의할 부분
1. 필드명[B2:H2]은 포함하지 않습니다. (필드명에 서식을 지정하지 않기 때문에 포함하지 않음)
2. 첫 번째 데이터 [B3] 셀부터 드래그하여 [H30] 셀까지 드래그합니다.

### 기적의 TIP

- AND(조건1, 조건2, 조건3, …) : 모든 조건에 만족할 때 True 값을 반환
- RIGHT(텍스트, 글자수) : 텍스트의 오른쪽에서 시작하여 글자 수만큼 텍스트를 추출
- LEN(텍스트) : 텍스트의 글자 수를 세어서 반환

### 기적의 TIP

- RIGHT($B3,1)에서 B열만 고정
  환자코드(B3, B4, B5, B6, B7, …)에서 오른쪽 한 글자를 추출하여 비교하기 위해서 B열은 고정, 행의 위치는 바뀔 수 있도록 행은 고정하지 않습니다.
- LEN($F3)에서 F열만 고정
  진료과목(F3, F4, F5, F6, F7, …)의 글자 수를 구하기 위해 F열은 고정, 행은 고정하지 않습니다.

### 기적의 TIP

조건부 서식을 지정한 후에 ####으로 표시가 된다면 열과 열 사이의 경계라인에서 더블클릭하거나 드래그하여 열 너비를 조절해 줍니다. 물론, 조절하지 않아도 감점이 되는 것은 아닙니다.

---

**출제유형 ❶** '조건부서식1' 시트에서 다음의 지시사항을 처리하시오.

[B3:H30] 영역에서 대해서 '환자코드'의 끝자리가 "1"로 끝나고 '진료과목'의 전체 글자 수가 네 글자인 행 전체에 대하여 글꼴 스타일을 '굵게', 글꼴 색을 '표준 색 – 연한 파랑'으로 적용하시오.

▶ 단, 규칙 유형은 '수식을 사용하여 서식을 지정할 셀 결정'을 사용하고, 한 개의 규칙으로만 작성하시오.
▶ AND, RIGHT, LEN 함수 사용

① [B3:H30] 영역을 범위 지정한 후 [홈]-[스타일] 그룹의 [조건부 서식]-[새 규칙]을 선택한다.
② [새 서식 규칙]에서 '▶ 수식을 사용하여 서식을 지정할 셀 결정'을 선택하고, =AND(RIGHT($B3,1)="1",LEN($F3)=4)를 입력하고 [서식]을 클릭한다.

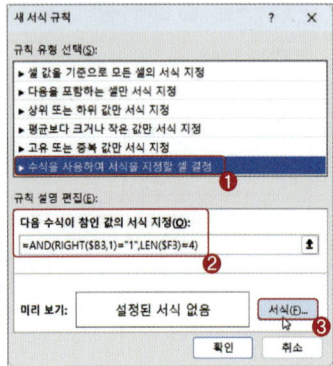

③ [셀 서식]의 [글꼴] 탭에서 글꼴 스타일 '굵게', 색은 '표준 색 – 연한 파랑'을 선택하고 [확인]을 클릭한다.
④ [새 서식 규칙]에서 [확인]을 클릭한다.

| | A | B | C | D | E | F | G | H | I |
|---|---|---|---|---|---|---|---|---|---|
| 1 | [표1] | | | | | | | | |
| 2 | | 환자코드 | 성명 | 생년월일 | 성별 | 진료과목 | 담당의사 | 진료시간 | |
| 3 | | A014 | 성애연 | 1987-05-03 | 여 | 호흡기내과 | 김지수 | 09:10 | |
| 4 | | B215 | 소금진 | 1988-04-01 | 남 | 피부과 | 김종남 | 13:00 | |
| 5 | | A018 | 강말순 | 1985-12-05 | 여 | 흉부외과 | 박종식 | 10:20 | |
| 6 | | F302 | 김상호 | 1975-05-06 | 남 | 소화기내과 | 남민종 | 13:50 | |
| 7 | | B216 | 김병철 | 2004-05-07 | 남 | 피부과 | 김종남 | 10:20 | |
| 8 | | A051 | 전만호 | 1975-05-08 | 남 | 신경외과 | 임지영 | 17:30 | |
| 9 | | C109 | 전준호 | 1958-04-07 | 남 | 흉부외과 | 박종식 | 11:30 | |
| 10 | | D210 | 용화숙 | 1980-04-02 | 여 | 피부과 | 김종남 | 13:30 | |
| 11 | | A011 | 이수만 | 2000-11-03 | 남 | 흉부외과 | 박종식 | 15:20 | |
| 12 | | D371 | 이종호 | 1995-05-14 | 남 | 정형외과 | 하석태 | 11:20 | |
| 13 | | C101 | 진보람 | 1948-10-05 | 여 | 신경외과 | 임지영 | 09:30 | |
| 14 | | F301 | 오현정 | 1994-09-30 | 여 | 호흡기내과 | 김지수 | 11:50 | |
| 15 | | C229 | 이태백 | 1953-07-01 | 남 | 가정의학과 | 편영표 | 10:00 | |
| 16 | | D372 | 김서우 | 2001-03-12 | 여 | 산부인과 | 곽수지 | 14:00 | |
| 17 | | D051 | 양경숙 | 1988-05-04 | 여 | 피부과 | 김종남 | 11:00 | |
| 18 | | A013 | 이영덕 | 1973-06-04 | 남 | 흉부외과 | 박종식 | 10:00 | |
| 19 | | D052 | 강진희 | 1993-05-08 | 여 | 산부인과 | 곽수지 | 09:30 | |
| 20 | | B217 | 이샛별 | 2001-05-09 | 여 | 가정의학과 | 편영표 | 11:20 | |
| 21 | | C228 | 김정근 | 1978-04-09 | 남 | 호흡기내과 | 김지수 | 16:30 | |
| 22 | | A017 | 임효인 | 1959-09-08 | 여 | 소화기내과 | 남민종 | 17:50 | |
| 23 | | D213 | 이유라 | 1998-09-04 | 여 | 산부인과 | 곽수지 | 16:20 | |
| 24 | | D331 | 장길산 | 1952-02-12 | 남 | 소화기내과 | 남민종 | 14:00 | |
| 25 | | B219 | 김창무 | 1999-08-16 | 남 | 신경외과 | 임지영 | 13:50 | |
| 26 | | A015 | 유경수 | 2005-11-23 | 남 | 정형외과 | 하석태 | 14:20 | |
| 27 | | C106 | 이남석 | 1974-08-25 | 남 | 가정의학과 | 편영표 | 16:20 | |
| 28 | | D217 | 황귀영 | 1943-07-25 | 남 | 흉부외과 | 박종식 | 15:00 | |
| 29 | | B218 | 심수미 | 1986-12-12 | 여 | 산부인과 | 곽수지 | 16:00 | |
| 30 | | F491 | 박철수 | 1977-08-15 | 남 | 정형외과 | 하석태 | 10:40 | |
| 31 | | | | | | | | | |

▲ '조건부서식1(결과)' 시트

출제유형 ❷ '조건부서식2' 시트에서 다음의 지시사항을 처리하시오.

[A3:H24] 영역에 대해서 '주문일자'의 월이 5월이고, '할부기간(월)'이 6 이상 12 이하인 행 전체에 대하여 글꼴 스타일 '굵은 기울임꼴', 글꼴 색 '표준 색 – 녹색'으로 적용하시오.

▶ 단, 규칙 유형은 '수식을 사용하여 서식을 지정할 셀 결정'을 사용하고, 한 개의 규칙으로만 작성하시오.
▶ MONTH, AND 함수 사용

① [A3:H24] 영역을 범위 지정한 후 [홈]-[스타일] 그룹의 [조건부 서식]-[새 규칙]을 클릭한다.

**기적의 TIP**

- AND(조건1, 조건2, 조건3, ...) : 모든 조건에 만족할 때 True 값을 반환
- MONTH(날짜) : 날짜에서 월만 추출

② [새 서식 규칙]에서 '▶ 수식을 사용하여 서식을 지정할 셀 결정'을 선택하고, =AND(MONTH($A3)=5,$H3>=6,$H3<=12)를 입력하고 [서식]을 클릭한다.

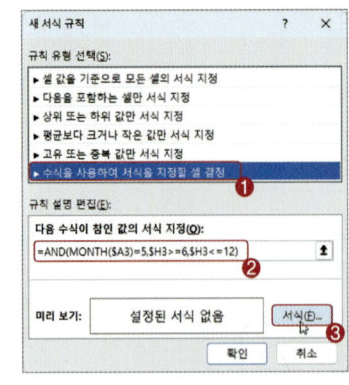

> **기적의 TIP**
>
> - MONTH($A3)에서 A열만 고정
>   주문일자(A3, A4, A5, A6, A7, ...)에서 월만 추출하기 위해 A열은 고정, 행은 고정하지 않습니다.
> - 할부기간($H3)에서 H열만 고정
>   할부기간(H3, H4, H5, H6, H7, ...)을 비교하기 위해 H열은 고정, 행은 고정하지 않습니다.

③ [셀 서식]의 [글꼴] 탭에서 글꼴 스타일 '굵은 기울임꼴', 색은 '표준 색 - 녹색'을 선택하고 [확인]을 클릭한다.

④ [새 서식 규칙]에서 [확인]을 클릭한다.

> **기적의 TIP**
>
> **조건부 서식**
> - 엑셀 : '='으로 시작
> - 액세스 : '=' 없이 시작

| | A | B | C | D | E | F | G | H |
|---|---|---|---|---|---|---|---|---|
| 1 | [표1] | | | | | | | |
| 2 | 주문일자 | 구매자 | 물품코드 | 수량 | 단가 | 판매금액 | 등급 | 할부기간(월) |
| 3 | 2025-04-09 | 강한후 | JJ2222 | 95 | 3,000 | 285,000 | 비회원 | 6 |
| 4 | 2025-05-18 | 고진웅 | JJ2222 | 55 | 3,000 | 165,000 | 준회원 | 3 |
| 5 | 2025-04-24 | 권충수 | SS3333 | 90 | 2,500 | 225,000 | 정회원 | 9 |
| 6 | 2025-04-18 | 김새롬 | SS2222 | 25 | 5,300 | 132,500 | 비회원 | 6 |
| 7 | *2025-05-30* | *김성완* | *JJ1111* | *80* | *1,500* | *120,000* | *정회원* | *6* |
| 8 | 2025-06-18 | 김솔오 | JJ2222 | 50 | 3,000 | 150,000 | 정회원 | 6 |
| 9 | 2025-03-05 | 김온소 | JJ1111 | 55 | 1,500 | 82,500 | 정회원 | 2 |
| 10 | 2025-05-19 | 김중건 | SS2222 | 25 | 5,300 | 132,500 | 준회원 | 3 |
| 11 | 2025-05-15 | 김진상 | SS2222 | 90 | 5,300 | 477,000 | 비회원 | 24 |
| 12 | 2025-05-15 | 민병욱 | JJ1111 | 60 | 1,500 | 90,000 | 준회원 | 3 |
| 13 | 2025-04-15 | 박호영 | SS1111 | 20 | 2,000 | 40,000 | 준회원 | 2 |
| 14 | *2025-05-24* | *배사공* | *SS1111* | *100* | *2,000* | *200,000* | *준회원* | *6* |
| 15 | 2025-04-12 | 설진성 | SS3333 | 120 | 2,500 | 300,000 | 비회원 | 9 |
| 16 | *2025-05-12* | *안대훈* | *SS2222* | *32* | *5,300* | *169,600* | *비회원* | *6* |
| 17 | 2025-06-21 | 오덕우 | JJ2222 | 110 | 3,000 | 330,000 | 정회원 | 12 |
| 18 | 2025-03-23 | 유벼리 | SS2222 | 21 | 5,300 | 111,300 | 비회원 | 2 |
| 19 | 2025-05-13 | 이구롬 | SS1111 | 30 | 2,000 | 60,000 | 준회원 | 3 |
| 20 | *2025-05-02* | *임원이* | *SS3333* | *55* | *2,500* | *137,500* | *정회원* | *6* |
| 21 | 2025-06-21 | 임유승 | SS3333 | 50 | 2,500 | 125,000 | 정회원 | 3 |
| 22 | 2025-03-12 | 임채빈 | JJ2222 | 20 | 3,000 | 60,000 | 준회원 | 2 |
| 23 | 2025-06-20 | 한마식 | JJ1111 | 45 | 1,500 | 67,500 | 준회원 | 2 |
| 24 | 2025-03-20 | 한아름 | SS1111 | 20 | 2,000 | 40,000 | 비회원 | 2 |
| 25 | | | | | | | | |

▲ '조건부서식2(결과)' 시트

## ➕ 더 알기 TIP

### 여러 개의 조건부 서식을 한 번에 지우는 방법

조건부 서식이 적용된 영역을 범위 지정한 후 [홈]-[스타일] 그룹의 [조건부 서식]-[규칙 지우기]-[선택한 셀의 규칙 지우기]를 클릭한다.

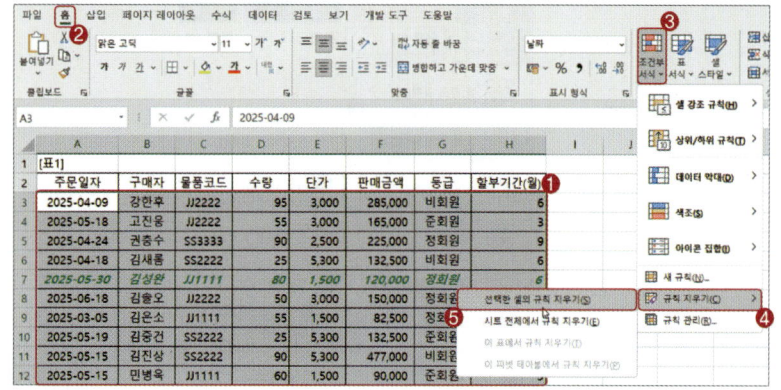

### 조건부 서식을 한 개씩 지우는 방법

조건부 서식을 적용한 영역을 범위 지정한 후 [홈]-[스타일] 그룹의 [조건부 서식]-[규칙 관리]를 클릭한다. 삭제할 서식을 선택한 후 [규칙 삭제]를 클릭한다.

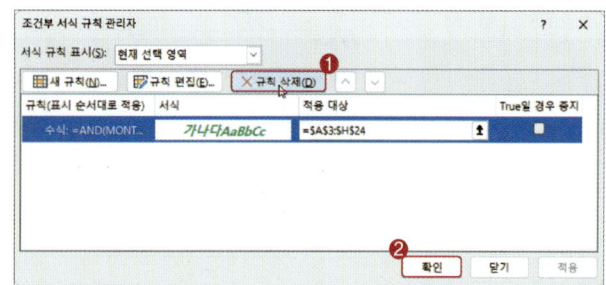

---

> **출제유형 ❸** '셀강조' 시트에서 다음의 지시사항을 처리하시오.
> 
> ▶ 조건부 서식의 셀 강조 규칙을 이용하여 [C3:C24] 영역의 중복 값에 대해 '진한 녹색 텍스트가 있는 녹색 채우기' 서식이 적용되도록 설정하시오.
> ▶ 조건부 서식의 상위/하위 규칙을 이용하여 [F3:F24] 영역에 평균을 초과하는 데이터에 '연한 빨강 채우기' 서식이 적용되도록 설정하시오.

① [C3:C24] 영역을 범위 지정한 후 [홈]-[스타일] 그룹의 [조건부 서식]-[셀 강조 규칙]-[중복 값]을 클릭한다.
② [중복 값]에서 '적용할 서식'은 '진한 녹색 텍스트가 있는 녹색 채우기'를 선택하고 [확인]을 클릭한다.

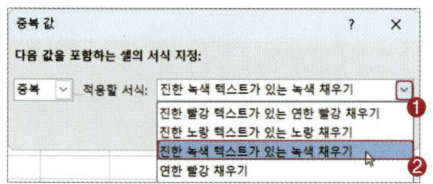

> **기적의 TIP**
> 
> 조건부 서식을 사용하면 손쉽게 특정 조건에 해당하는 셀이나 셀 범위를 강조 표시하고, 특수한 값을 강조하고, 데이터를 데이터의 특정 변형에 해당하는 데이터 막대, 색조, 아이콘 집합 등으로 시각화할 수 있습니다.

③ [F3:F24] 영역을 범위 지정한 후 [홈]-[스타일] 그룹의 [조건부 서식]-[상위/하위 규칙]-[평균 초과]를 클릭한다.

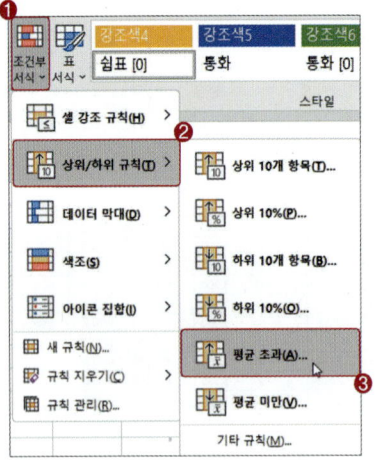

④ [평균 초과]에서 '적용할 서식'은 '연한 빨강 채우기'를 선택하고 [확인]을 클릭한다.

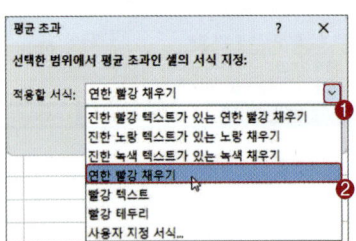

풀이결과

| | A | B | C | D | E | F | G | H |
|---|---|---|---|---|---|---|---|---|
| 1 | [표1] | | | | | | | |
| 2 | 주문일자 | 구매자 | 물품코드 | 수량 | 단가 | 판매금액 | 등급 | 할부기간(월) |
| 3 | 2025-04-09 | 강한후 | JJ2221 | 95 | 3,000 | 285,000 | 비회원 | 6 |
| 4 | 2025-05-18 | 고진웅 | JJ2222 | 55 | 3,000 | 165,000 | 준회원 | 3 |
| 5 | 2025-04-24 | 권충수 | SS3333 | 90 | 2,500 | 225,000 | 정회원 | 9 |
| 6 | 2025-04-18 | 김새롬 | SS2222 | 25 | 5,300 | 132,500 | 비회원 | 6 |
| 7 | 2025-05-30 | 김성완 | JJ1112 | 80 | 1,500 | 120,000 | 정회원 | 6 |
| 8 | 2025-06-18 | 김슬오 | JJ2225 | 50 | 3,000 | 150,000 | 정회원 | 6 |
| 9 | 2025-03-05 | 김온소 | JJ1111 | 55 | 1,500 | 82,500 | 정회원 | 2 |
| 10 | 2025-05-19 | 김중건 | SS2222 | 25 | 5,300 | 132,500 | 준회원 | 3 |
| 11 | 2025-05-15 | 김진상 | SS2222 | 90 | 5,300 | 477,000 | 비회원 | 24 |
| 12 | 2025-05-15 | 민병욱 | JJ1113 | 60 | 1,500 | 90,000 | 준회원 | 3 |
| 13 | 2025-04-15 | 박호영 | SS1114 | 20 | 2,000 | 40,000 | 비회원 | 2 |
| 14 | 2025-05-24 | 배사공 | SS1115 | 100 | 2,000 | 200,000 | 준회원 | 6 |
| 15 | 2025-04-12 | 설진성 | SS3333 | 120 | 2,500 | 300,000 | 비회원 | 9 |
| 16 | 2025-05-12 | 안대훈 | SS2222 | 32 | 5,300 | 169,600 | 비회원 | 6 |
| 17 | 2025-06-21 | 오덕우 | JJ2223 | 110 | 3,000 | 330,000 | 정회원 | 12 |
| 18 | 2025-03-23 | 유벼리 | SS2222 | 21 | 5,300 | 111,300 | 비회원 | 2 |
| 19 | 2025-05-13 | 이구룸 | SS1111 | 30 | 2,000 | 60,000 | 준회원 | 3 |
| 20 | 2025-05-02 | 임원이 | SS3333 | 55 | 2,500 | 137,500 | 정회원 | 6 |
| 21 | 2025-06-21 | 임유승 | SS3333 | 50 | 2,500 | 125,000 | 정회원 | 3 |
| 22 | 2025-03-12 | 임채빈 | JJ2224 | 20 | 3,000 | 60,000 | 준회원 | 2 |
| 23 | 2025-06-20 | 한마식 | JJ1116 | 45 | 1,500 | 67,500 | 준회원 | 2 |
| 24 | 2025-03-20 | 한아롬 | SS1112 | 20 | 2,000 | 40,000 | 비회원 | 2 |
| 25 | | | | | | | | |

▲ '셀강조(결과)' 시트

## 출제유형 ④ '데이터막대' 시트에서 다음과 같이 조건부 서식을 처리하시오.

▶ [G3:G31] 영역에 대하여 규칙 유형은 '셀 값을 기준으로 모든 셀의 서식 지정'으로 선택하고, 서식 스타일 '데이터 막대', 최소값은 백분위수 10, 최대값은 백분위수 90으로 설정하시오.
▶ 막대 모양은 채우기를 '그라데이션 채우기', 색을 '표준 색-노랑'으로 설정하시오.

① [G3:G31] 영역을 범위 지정한 후 [홈]-[스타일] 그룹의 [조건부 서식]-[새 규칙]을 클릭한다.
② [새 서식 규칙]에서 다음과 같이 지정하고 [확인]을 클릭한다.

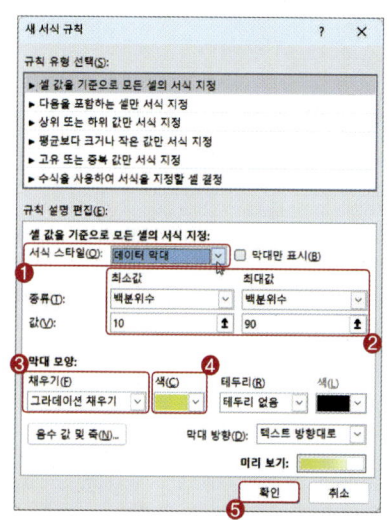

- 서식 스타일 : 데이터 막대
- 최소값 : 백분위수(10)
- 최대값 : 백분위수(90)
- 채우기 : 그라데이션 채우기
- 색 : 표준색 – 노랑

### 기적의 TIP

**데이터 막대**
데이터 막대를 사용하여 다른 셀을 기준으로 셀 값을 확인할 수 있습니다. 데이터 막대의 길이는 셀의 값을 나타냅니다. 긴 막대는 더 높은 값을 나타내고, 짧은 막대는 더 낮은 값을 나타냅니다.

### 기적의 TIP

**백분위수**
주어진 자료를 크기순으로 나열하여 백등분하였을 때 해당되는 관찰 값을 말합니다.

### 풀이결과

| | A | B | C | D | E | F | G | H |
|---|---|---|---|---|---|---|---|---|
| 1 | [표1] | | | | | | | |
| 2 | 과정명 | 수강생코드 | 3월 | 4월 | 5월 | 6월 | 학점평균 | |
| 3 | 5B05 | S-20-14 | 3.93 | 1.08 | 1.52 | 2.32 | 2.21 | |
| 4 | 6B00 | S-37-29 | 4.32 | 2.76 | 4.29 | 3.71 | 3.77 | |
| 5 | 5B05 | S-81-88 | 3.18 | 1.16 | 1.55 | 1.07 | 1.74 | |
| 6 | 7B06 | S-25-61 | 4.13 | 4.25 | 3.93 | 3.90 | 4.05 | |
| 7 | 6B06 | S-20-53 | 4.20 | 4.35 | 4.15 | 3.99 | 4.17 | |
| 8 | 7B08 | S-73-72 | 3.48 | 2.06 | 2.34 | 3.25 | 2.78 | |
| 9 | 7B02 | S-94-36 | 4.20 | 3.96 | 3.92 | 3.98 | 4.02 | |
| 10 | 5B06 | S-45-19 | 2.65 | 3.88 | 2.02 | 1.36 | 2.48 | |
| 11 | 5B08 | S-07-69 | 4.00 | 1.98 | 1.32 | 3.92 | 2.81 | |
| 12 | 5B00 | S-34-15 | 3.99 | 3.97 | 4.15 | 3.50 | 3.90 | |
| 13 | 7B04 | S-56-35 | 3.86 | 1.61 | 2.20 | 3.92 | 2.90 | |
| 14 | 7B04 | S-23-37 | 2.05 | 4.23 | 1.51 | 3.61 | 2.85 | |
| 15 | 5B02 | S-26-80 | 1.11 | 3.97 | 4.40 | 1.38 | 2.72 | |
| 16 | 5B01 | S-50-14 | 4.50 | 4.20 | 3.70 | 4.36 | 4.19 | |
| 17 | 7B07 | S-60-36 | 2.66 | 1.55 | 1.31 | 1.71 | 1.81 | |
| 18 | 5B04 | S-11-86 | 2.18 | 3.33 | 3.99 | 1.08 | 2.65 | |
| 19 | 7B07 | S-01-13 | 4.50 | 3.09 | 2.80 | 3.78 | 3.54 | |
| 20 | 6B01 | S-74-94 | 4.21 | 4.07 | 3.23 | 4.39 | 3.98 | |
| 21 | 6B04 | S-40-27 | 2.69 | 2.99 | 2.61 | 3.01 | 2.83 | |
| 22 | 8B08 | S-17-41 | 4.09 | 4.15 | 3.96 | 4.16 | 4.09 | |
| 23 | 7B01 | S-46-51 | 2.38 | 4.20 | 4.00 | 4.23 | 3.70 | |
| 24 | 8B06 | S-55-43 | 4.30 | 3.35 | 1.47 | 2.27 | 2.85 | |
| 25 | 8B01 | S-94-99 | 1.64 | 1.28 | 2.30 | 3.07 | 2.07 | |
| 26 | 5B07 | S-76-71 | 3.95 | 3.78 | 4.10 | 3.57 | 3.85 | |
| 27 | 5B01 | S-54-77 | 2.63 | 3.19 | 2.62 | 4.11 | 3.14 | |
| 28 | 8B01 | S-19-08 | 4.06 | 3.34 | 3.16 | 2.80 | 3.34 | |
| 29 | 5B02 | S-10-69 | 2.97 | 3.07 | 4.12 | 1.43 | 2.90 | |
| 30 | 6B03 | S-07-41 | 4.09 | 3.95 | 3.96 | 4.16 | 4.04 | |
| 31 | 8B04 | S-59-51 | 2.38 | 3.95 | 4.00 | 2.97 | 3.33 | |
| 32 | | | | | | | | |

◀ '데이터막대(결과)' 시트

### 기적의 TIP

음수 막대 채우기 색, 음수 값 축 설정에 대한 옵션은 [음수 값 및 축]을 클릭하여 지정할 수 있습니다.

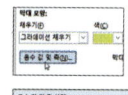

출제유형 ❺ '아이콘집합' 시트에서 다음과 같이 조건부 서식을 처리하시오.

[D3:D20] 영역에 대하여 규칙 유형은 '셀 값을 기준으로 모든 셀의 서식 지정'으로 선택하고, 서식 스타일 '아이콘 집합', 아이콘 스타일은 '별 3개'로 조건부 서식을 지정하시오.
▶ '채워진 별'은 숫자 80 이상, '반 채워진 별'은 숫자 80 미만 65 이상, 나머지는 '빈 별'로 설정하시오.

[C3:C20] 영역에 대하여 규칙 유형은 '셀 값을 기준으로 모든 셀의 서식 지정'으로 선택하고, 서식 스타일 '아이콘 집합', 아이콘 스타일은 '5가지 원(흑백)'으로 조건부 서식을 지정하시오.
▶ '검정색 원'은 90 이상 백분율, '1/4 흰색 원'은 90 미만 70 이상 백분율, 그 외는 기본 설정값으로 설정하시오.

① [D3:D20] 영역을 범위 지정한 후 [홈]-[스타일] 그룹의 [조건부 서식]-[새 규칙]을 클릭한다.

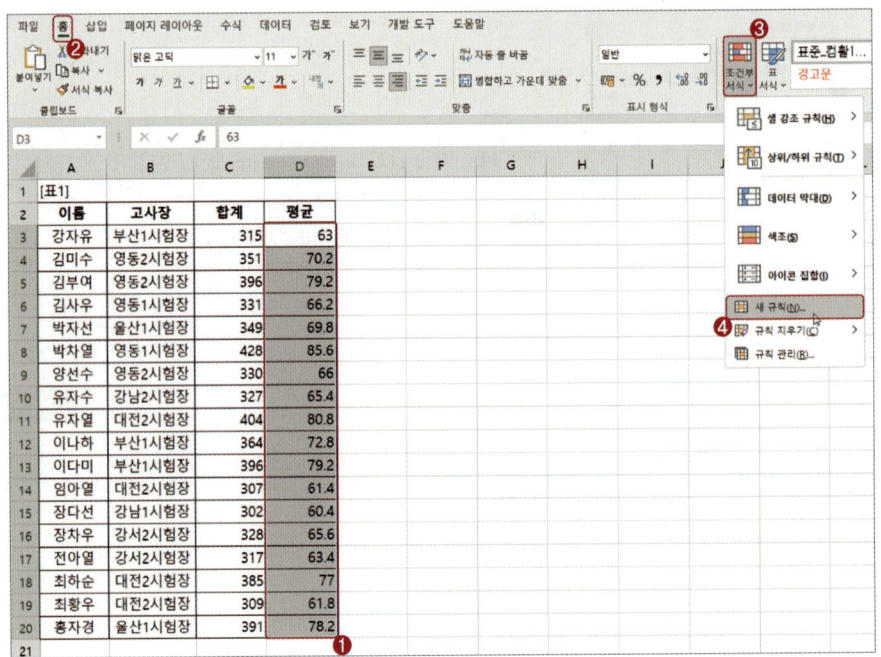

② [새 서식 규칙]에서 다음과 같이 지정하고 [확인]을 클릭한다.

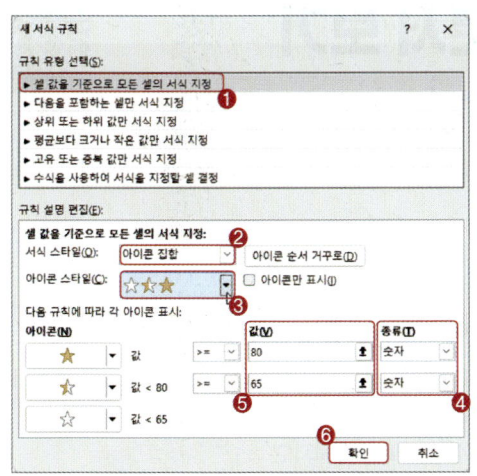

- 서식 스타일 : 아이콘 집합
- 아이콘 스타일 : 별 3개
- 종류 : 숫자
- 값1 : >= 80
- 값2 : >= 65

③ [C3:C20] 영역을 범위 지정한 후 [홈]-[스타일] 그룹의 [조건부 서식]-[새 규칙]을 클릭하여 [새 서식 규칙]에서 다음과 같이 지정하고 [확인]을 클릭한다.

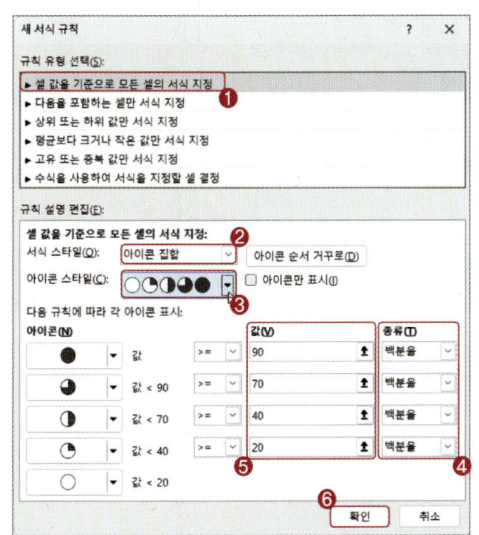

- 서식 스타일 : 아이콘 집합
- 아이콘 스타일 : 5가지 원(흑백)
- 종류 : 백분율
- 값1 : >= 90
- 값2 : >= 70

풀이결과

◀ '아이콘집합(결과)' 시트

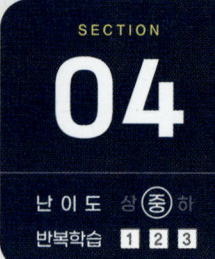

# SECTION 04 시트 보호와 통합 문서 보기

작업파일 [26컴활1급₩1권_스프레드시트₩이론] 폴더의 '04시트보호' 파일을 열어서 작업하시오.

> 출제유형 ① '보호1' 시트에서 다음과 같이 시트 보호를 설정하시오.
> ▶ [F4:F12] 영역에 셀 잠금과 수식 숨기기를 적용한 후 잠김 셀의 내용과 워크시트를 보호하시오.
> ▶ 차트에 잠금을 적용한 후 차트를 편집할 수 없도록 보호하시오.
> ▶ 잠긴 셀 선택과 잠기지 않은 셀의 선택, 정렬은 허용하고, 시트 보호 해제 암호는 지정하지 마시오.
> ▶ '보호1' 시트를 페이지 나누기 보기로 표시하고, [B2:H26] 영역만 1페이지로 인쇄되도록 페이지 나누기 구분선을 조정하시오.

① [F4:F12] 영역을 범위 지정한 후 마우스 오른쪽 버튼을 클릭한 후 [셀 서식]을 선택한다.
② [셀 서식]의 [보호] 탭에서 '숨김'을 체크하고 [확인]을 클릭한다.

> 🅿 기적의 TIP
>
> 모든 셀에 기본적으로 셀 잠금이 설정되어 있습니다.

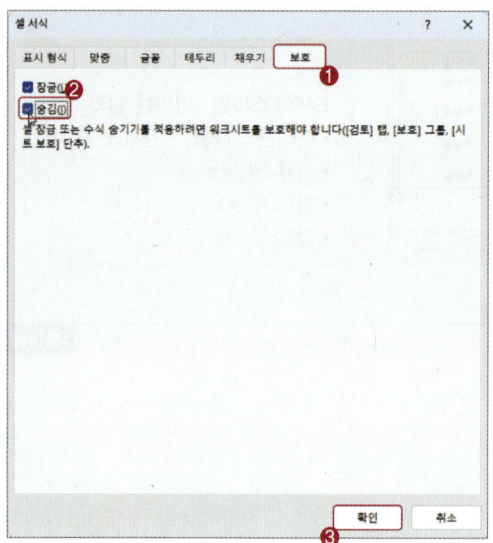

③ 차트에서 마우스 오른쪽 버튼을 눌러 [차트 영역 서식]을 선택한다.

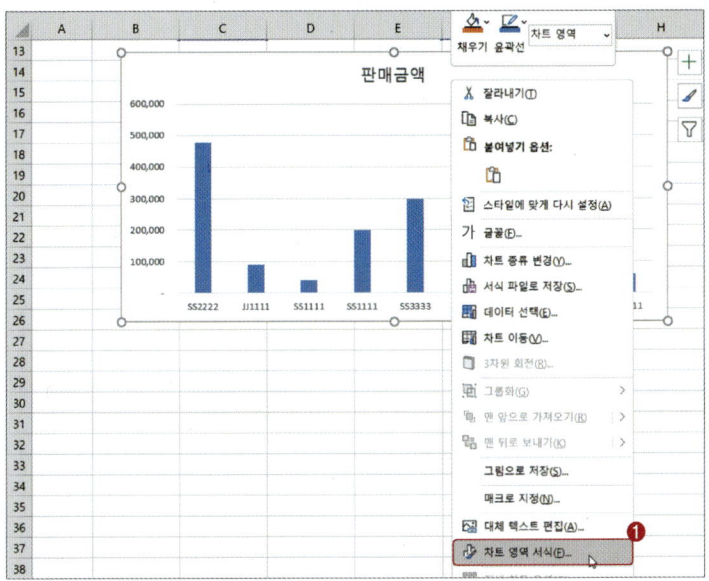

> **기적의 TIP**
>
> 셀 잠금과 수식 숨기기를 적용하려면 워크시트를 보호해야 합니다.

④ [차트 영역 서식]의 [크기 및 속성]에서 '속성'에 '잠금'이 체크가 되어 있는지 확인하고 [닫기]를 클릭한다.

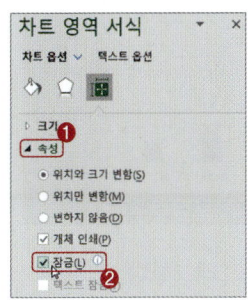

⑤ [검토] 탭의 [보호] 그룹에서 [시트 보호](🔒)를 클릭한다.

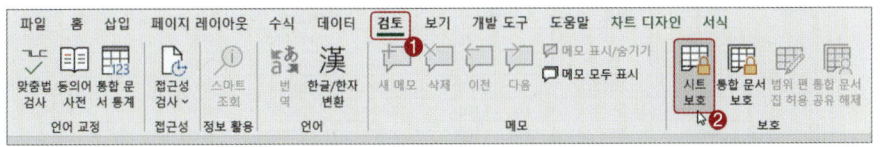

> **기적의 TIP**
>
> 시트 보호를 해제하려면 [검토]-[보호] 그룹에서 [시트 보호]를 클릭해야 합니다.

⑥ [시트 보호]에서 '잠긴 셀의 내용과 워크시트 보호'가 체크가 되어 있는지 확인하고, '잠긴 셀 선택', '잠기지 않은 셀 선택', '정렬'을 체크하고 [확인]을 클릭한다.

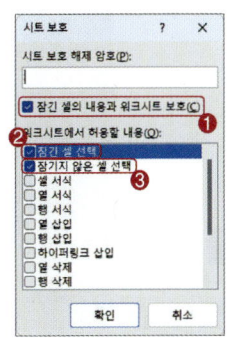 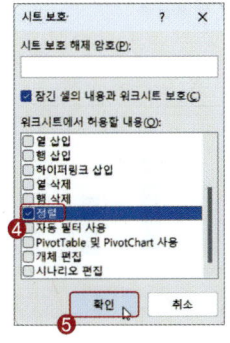

> **기적의 TIP**
>
> - [시트 보호] 대화상자에는 기본적으로 '잠긴 셀의 내용과 워크시트 보호'가 설정되어 있습니다.
> - 시트 보호를 설정하면 기본적으로 셀 선택만 가능합니다.

> **기적의 TIP**
> '페이지 나누기 미리 보기'를 클릭하고 인쇄하면 흰색으로 밝게 표시된 부분만 인쇄가 됩니다.

⑦ [B2:H26] 영역을 범위 지정한 후 [보기]-[통합 문서 보기] 그룹의 [페이지 나누기 미리 보기]를 클릭한 후 [확대/축소] 그룹에서 [100%]를 클릭한다.

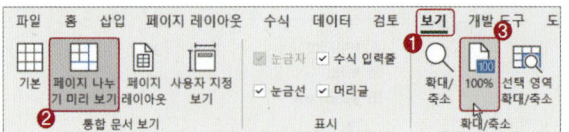

⑧ 페이지 나누기 경계선을 드래그하여 2행, B열로 이동한다.

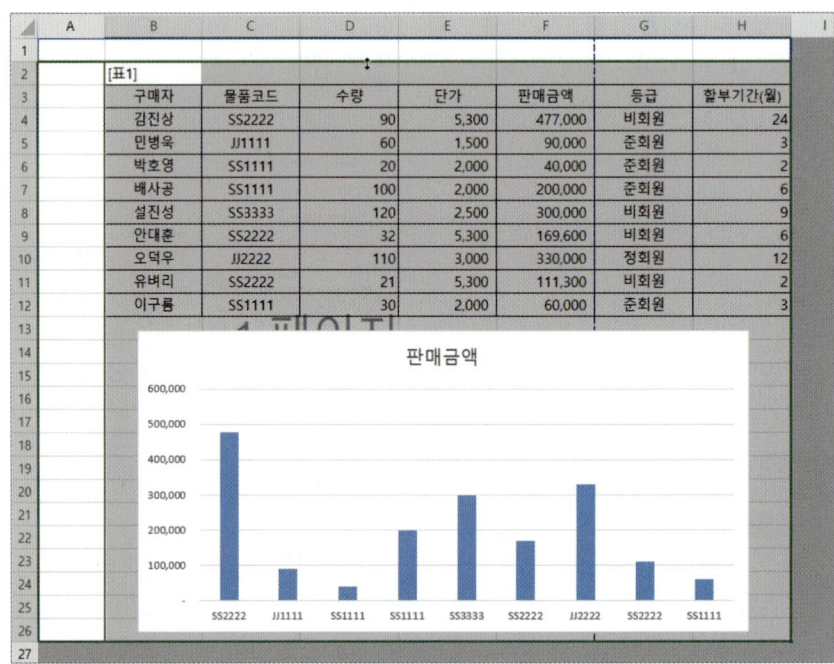

> **기적의 TIP**
> 페이지 구분선은 맨 아래 또는 맨 오른쪽 테두리선으로 드래그하면 페이지 구분선이 제거됩니다.

⑨ G와 H열 사이의 페이지 경계라인을 드래그하여 H열 뒤로 드래그한다.

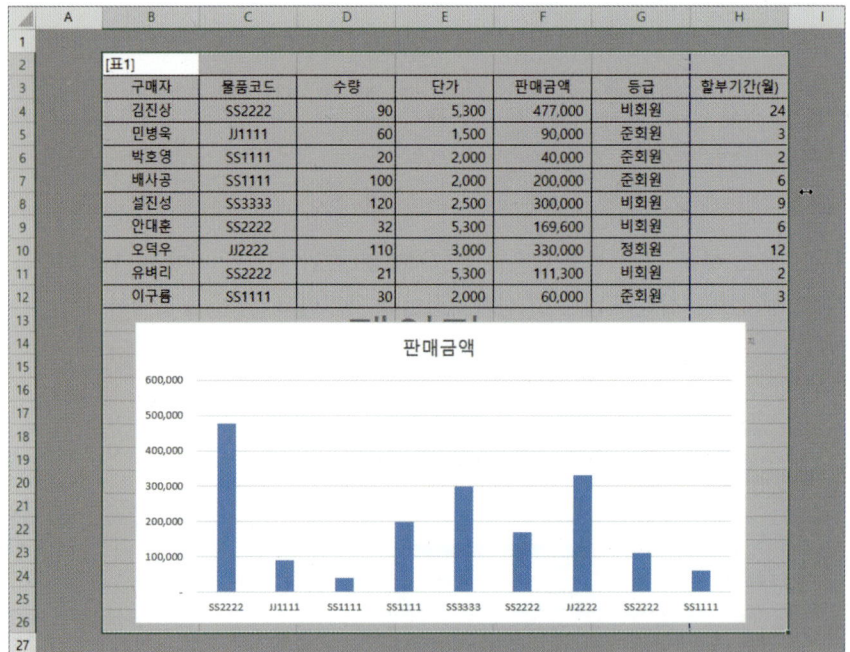

풀이결과

[F4:F12] 영역의 데이터를 수정하면 아래와 같은 메시지가 표시된다.

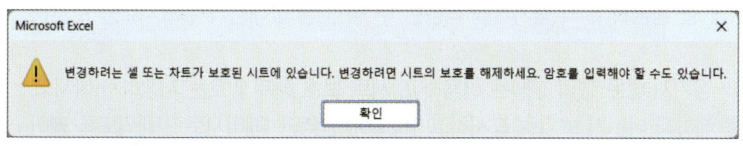

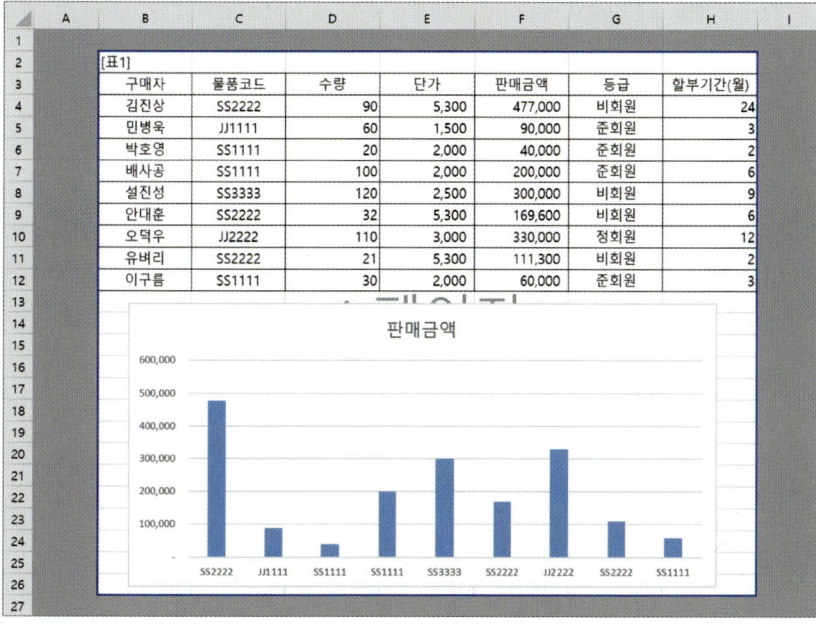

▲ '보호1(결과)' 시트

### 더 알기 TIP

**[시트 보호] 대화상자**

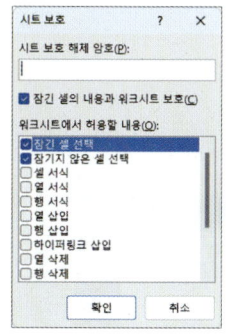

① 잠긴 셀의 내용과 워크시트 보호 : 시트 보호의 적용 여부를 지정할 수 있다.
② 시트 보호 해제 암호 : 시트 보호를 해제할 때 입력할 암호를 지정한다. 암호를 지정하지 않으면 누구나 시트 보호를 해제할 수 있다.
③ 워크시트에서 허용할 내용 : 시트 보호 시 제외할 항목을 지정할 수 있다. 허용한 내용에 체크된 부분은 시트가 보호된 상태에서도 그 기능을 수행할 수 있다.

**[통합 문서 보호] 대화상자**

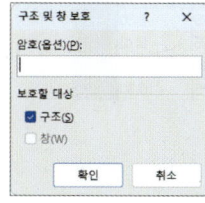

① 구조 : 워크시트의 추가, 삭제, 숨기기, 그리고 통합 문서의 구조를 변경할 수 없도록 보호한다.
② 창 : 통합 문서의 창의 크기나 위치 등을 변경할 수 없도록 보호한다.
③ 암호(옵션) : 통합 문서 보호를 해제할 때 입력할 암호를 지정한다. 암호를 지정하지 않으면 누구나 통합 문서 보호를 해제할 수 있다.

**출제유형 ❷** '보호2' 시트에서 다음과 같이 시트 보호와 통합 문서 보호를 설정하시오.

▶ [B10:J41] 영역에 셀 잠금과 수식 숨기기를 적용한 후 잠긴 셀의 내용과 워크시트를 보호하시오.
▶ 잠긴 셀 선택과 잠기지 않은 셀의 선택은 허용하고, 시트 보호 해제 암호는 지정하지 마시오.
▶ '보호2' 시트를 페이지 나누기 보기로 표시하고, [B2:J41] 영역만 1페이지로 인쇄되도록 페이지 나누기 구분선을 조정하시오.

① [B10:J41] 영역을 범위 지정한 후 마우스 오른쪽 버튼을 눌러 [셀 서식]을 클릭한다.
② [셀 서식]의 [보호] 탭에서 '잠금', '숨김'을 체크한 후 [확인]을 클릭한다.
③ [검토]-[보호] 그룹에서 [시트 보호]를 클릭한 후 [시트 보호]에서 '잠긴 셀 선택'과 '잠기지 않은 셀 선택'을 체크한 후 [확인]을 클릭한다.

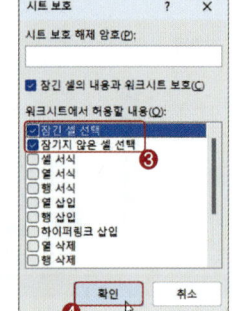
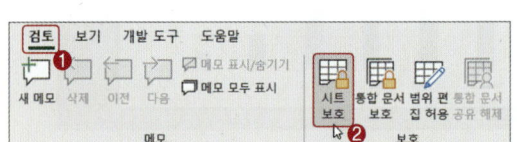

④ [B2:J41] 영역을 범위 지정한 후 [보기]-[통합 문서 보기] 그룹의 [페이지 나누기 미리 보기]를 클릭한 후, [확대/축소] 그룹에서 [100%]를 클릭한다.

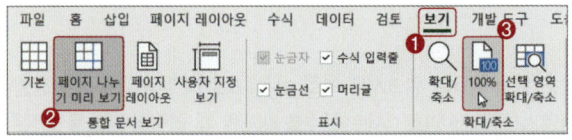

⑤ 페이지 나누기 경계선을 드래그하여 2행, B열로 이동한다.

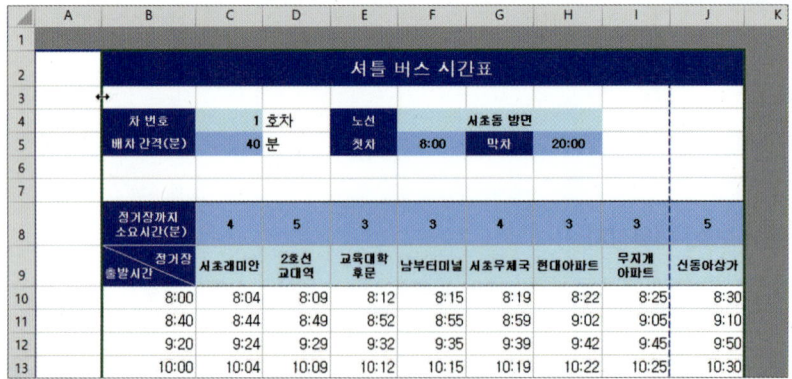

⑥ I와 J열 사이의 페이지 경계라인을 드래그하여 J열 뒤로 드래그한다.

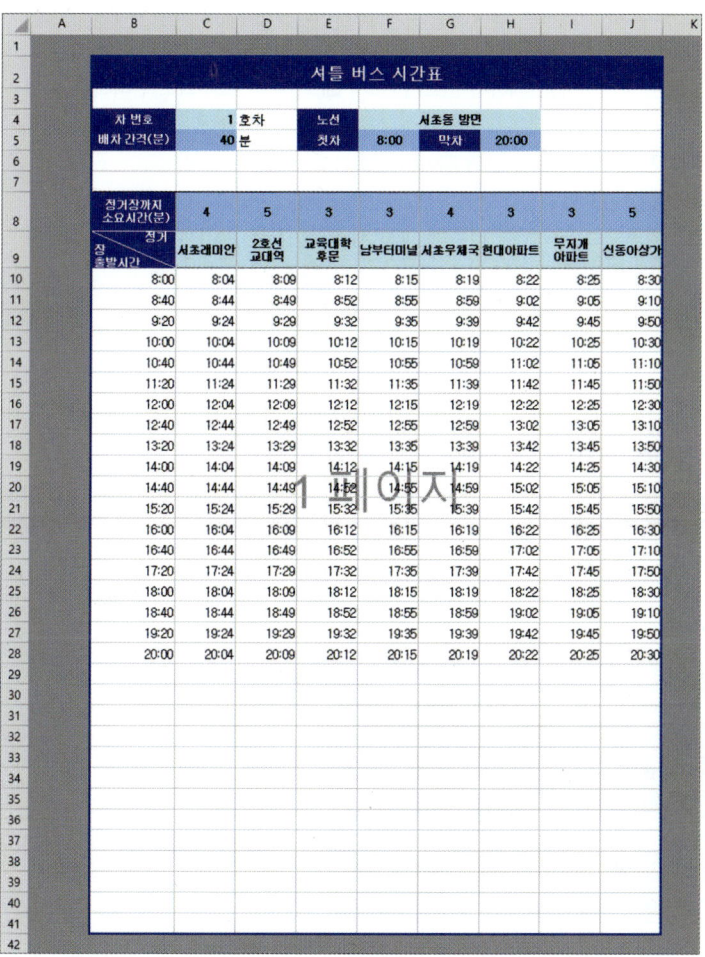

▲ '보호2(결과)' 시트

▲ '보호2(결과)' 시트

# SECTION 05 페이지 레이아웃

난이도 상 **중** 하
반복학습 1 2 3

**작업파일** [26컴활1급₩1권_스프레드시트₩이론] 폴더의 '05페이지레이아웃' 파일을 열어서 작업하시오.

**출제유형 ①** '인쇄1' 시트에서 다음과 같이 페이지 레이아웃을 설정하시오.

▶ 기존 인쇄 영역에 [A25:G30] 영역을 인쇄 영역으로 추가하고, 2행이 매 페이지마다 반복하여 인쇄되도록 인쇄 제목을 설정하시오.
▶ 매 페이지 상단의 오른쪽 구역에는 페이지 번호가 [표시 예]와 같이 표시되도록 머리글을 설정하시오.
  [표시 예 : 현재 페이지 번호가 1이고, 전체 페이지 번호가 2인 경우 → 1/2]
▶ 90% 축소 인쇄되도록 설정하시오.
▶ [A2:G16], [A17:G30] 영역으로 페이지를 나누어 1페이지, 2페이지로 페이지 나누기를 설정하시오.

① [A25:G30] 영역을 범위 지정한 후 [페이지 레이아웃]-[페이지 설정] 그룹에서 [인쇄 영역]-[인쇄 영역에 추가]를 클릭한다.

> **기적의 TIP**
>
> [인쇄 영역에 추가]를 실행하기 전에 [파일]-[인쇄]를 클릭하여 확인하면 다음과 같이 인쇄되는 것을 확인할 수 있습니다.
>
> 〈1페이지〉
>
> 〈2페이지〉

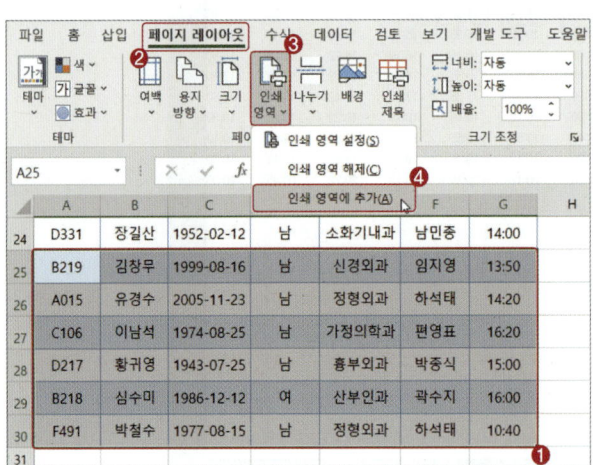

② [페이지 레이아웃]-[페이지 설정] 그룹의 오른쪽 하단 [옵션](□)을 클릭한다.

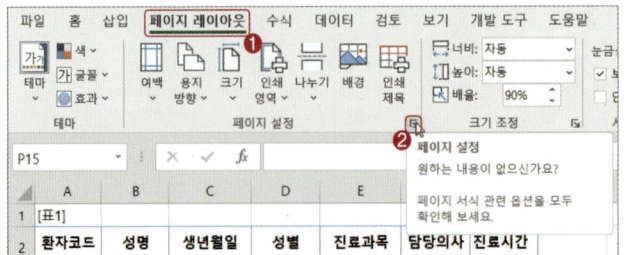

③ [페이지 설정]의 [시트] 탭에서 '반복할 행'에 커서를 두고 행 머리글 2를 클릭한다.

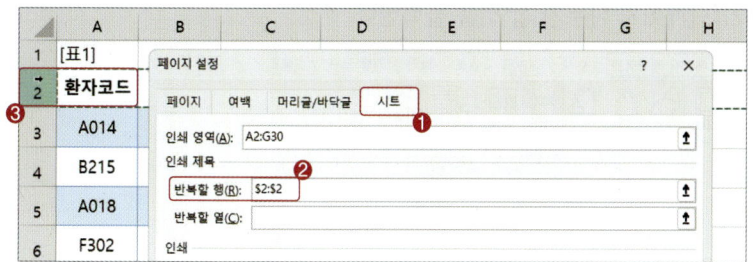

④ [머리글/바닥글] 탭의 [머리글 편집]을 클릭한 후 '오른쪽 구역'에 커서를 두고 [페이지 번호 삽입](圖) 도구를 클릭한 후 /를 입력하고 [전체 페이지 수 삽입](圖) 도구를 클릭한 후 [확인]을 클릭한다.

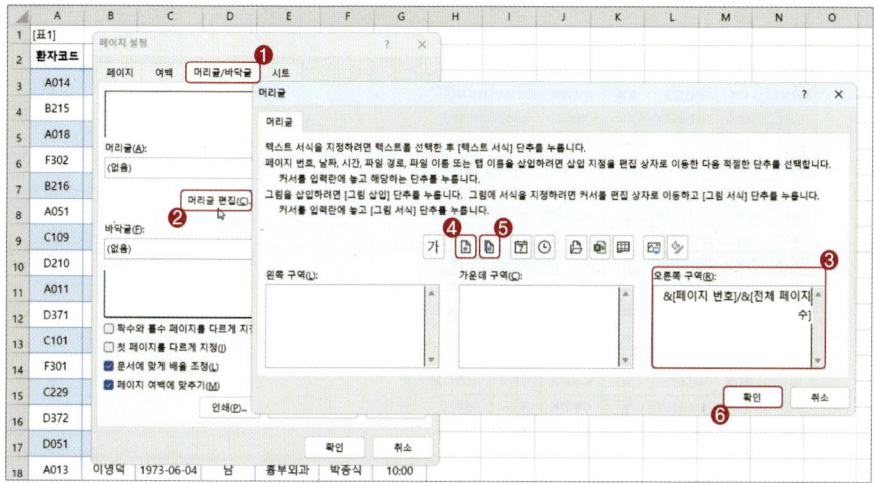

⑤ [페이지 설정]의 [페이지] 탭에서 '확대/축소 배율'에 90을 입력하고 [확인]을 클릭한다.

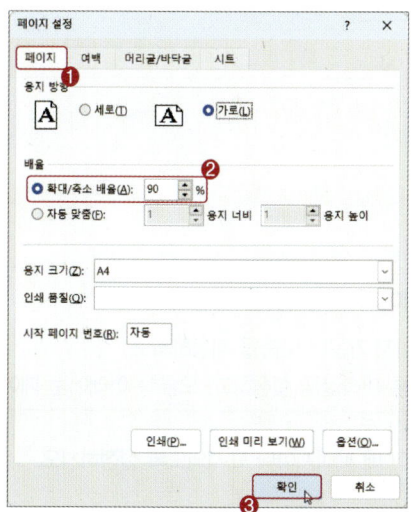

> **기적의 TIP**
>
> **[페이지 설정]의 [시트] 탭**
> - **인쇄 영역** : 특정 부분만 인쇄할 경우 범위를 지정
> - **인쇄 제목** : 모든 페이지에 반복해서 인쇄할 행 또는 열을 지정
> - **눈금선** : 시트에 표시된 셀 눈금선의 인쇄 여부
> - **흑백으로** : 데이터를 흑백으로 인쇄
> - **간단하게 인쇄** : 차트, 도형, 그림 등 모든 그래픽 요소를 제거하고 텍스트만 인쇄
> - **행/열 머리글** : 행/열 머리글의 인쇄 여부
> - **메모** : 시트에 포함된 메모의 인쇄 여부 및 인쇄 위치 지정
> - **셀 오류 표시** : 오류의 표시 방법
> - **페이지 순서** : 인쇄될 방향의 우선 순위를 지정

⑥ 2 페이지가 시작하는 [A17] 셀을 선택한 후 [페이지 레이아웃]–[페이지 설정] 그룹에서 [나누기]–[페이지 나누기 삽입]을 클릭한다.

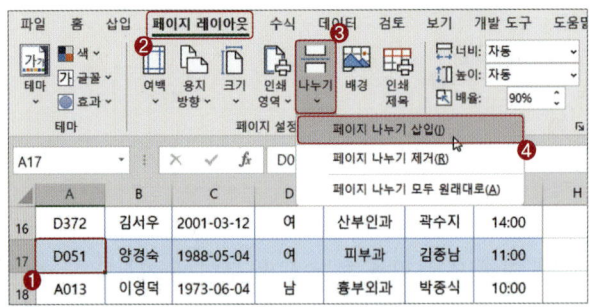

▲ '인쇄1(결과)' 시트

### 출제유형 ❷ '인쇄2' 시트에서 다음과 같이 페이지 레이아웃을 설정하시오.

▶ 페이지가 가로방향의 가운데에 출력되도록 페이지 가운데 맞춤을 지정하시오.
▶ 매 페이지 왼쪽 위에는 시트 이름이 표시되도록 머리글을 설정하고, 오른쪽 아래에는 페이지 번호가 표시되도록 바닥글을 설정하시오.
▶ [A3:H38] 영역을 인쇄 영역으로 설정하고, 3행이 매 페이지마다 표시되도록 설정하시오.

① [페이지 레이아웃]-[페이지 설정] 그룹의 오른쪽 하단 [옵션]을 클릭한다.
② [페이지 설정]의 [여백] 탭에서 '페이지 가운데 맞춤'을 '가로'로 선택한다.

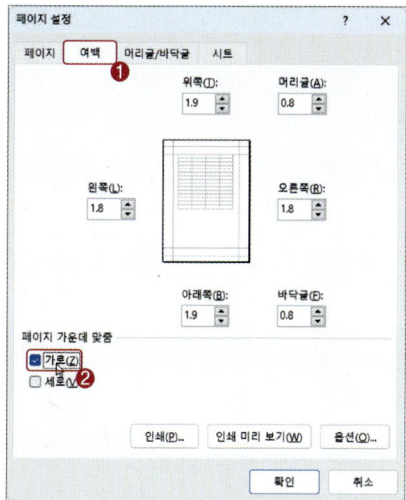

③ [머리글/바닥글] 탭의 [머리글 편집]을 클릭한 후 '왼쪽 구역'에 커서를 두고 [시트 이름 삽입](▦) 도구를 클릭한 후 [확인]을 클릭한다.

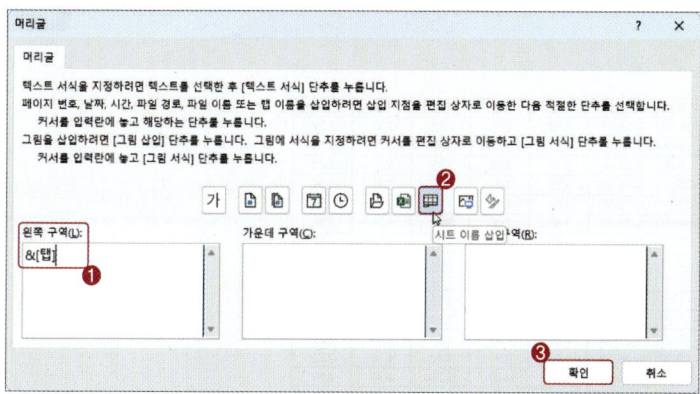

④ [바닥글 편집]을 클릭한 후 '오른쪽 구역'에 커서를 두고 [페이지 번호 삽입](▣) 도구를 클릭한 후 [확인]을 클릭한다.

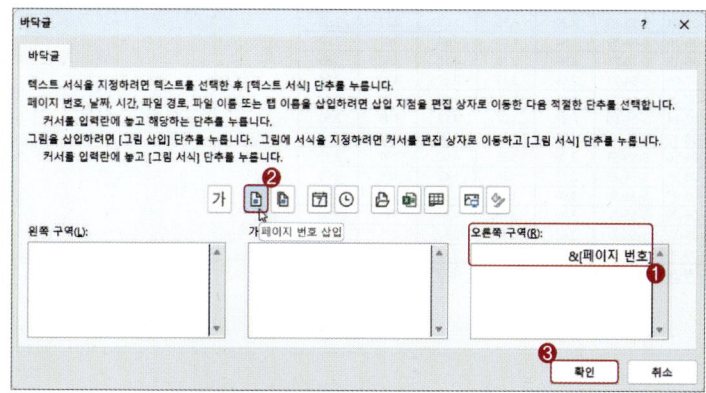

⑤ [페이지 설정]의 [시트] 탭에서 '인쇄 영역'에 커서를 두고 [A3:H38] 영역으로 수정한다. [시트] 탭에서 '반복할 행'을 클릭한 후 행 머리글 3을 클릭하고 [확인]을 클릭한다.

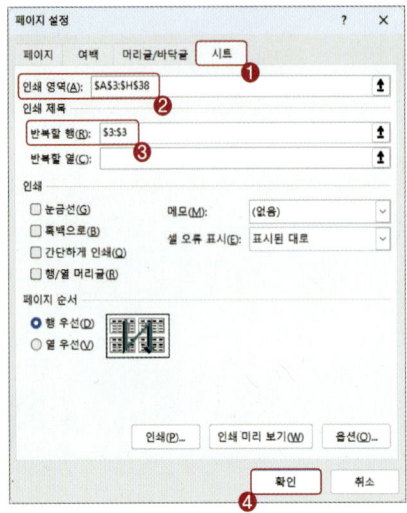

**풀이결과**

▲ '인쇄2(결과)' 시트

# CHAPTER 02

# 계산작업

### 학습 방향

자주 출제되는 함수(VLOOKUP, INDEX, MATCH, 데이터베이스 함수 등)의 종류를 파악하고, 다양한 예제를 통해 충분히 연습하세요. 또한 배열 수식의 개념을 정확히 이해하고, 시험에 자주 출제되는 배열 수식 유형을 파악하는 연습도 필요합니다. 아울러 VBE(Visual Basic Editor)를 활용해 사용자 정의 함수를 만드는 방법과 IF 구문, Select Case 구문도 반드시 숙지해야 합니다.

### 난이도

| | 섹션 | 페이지 |
|---|---|---|
| 하 | SECTION 01 계산식 | 1-62 |
| 상 | SECTION 02 데이터베이스 함수 | 1-65 |
| 중 | SECTION 03 수학과 삼각 함수 | 1-69 |
| 중 | SECTION 04 통계 함수 | 1-75 |
| 상 | SECTION 05 찾기/참조 함수 | 1-83 |
| 하 | SECTION 06 날짜/시간 함수 | 1-95 |
| 중 | SECTION 07 텍스트 함수 | 1-103 |
| 상 | SECTION 08 논리 함수 | 1-114 |
| 중 | SECTION 09 재무 함수 | 1-122 |
| 상 | SECTION 10 정보 함수 | 1-127 |
| 상 | SECTION 11 배열 수식 | 1-131 |
| 중 | SECTION 12 사용자 정의 함수 | 1-142 |

# SECTION 01 계산식

작업파일 [26컴활1급₩1권_스프레드시트₩이론] 폴더의 '06계산작업' 파일을 열어서 작업하시오.

● **산술 연산자** : 수치 데이터에 대한 사칙 연산을 수행한다.

| 연산자 | 기능 | 연산자 | 기능 | 연산자 | 기능 |
|---|---|---|---|---|---|
| + | 더하기 | * | 곱하기 | ^ | 거듭제곱 |
| − | 빼기 | / | 나누기 | % | 백분율 |

● **비교 연산자** : 데이터의 크기를 비교하여 식이 맞으면 TRUE(참), 그렇지 않으면 FALSE(거짓)으로 결과를 표시한다.

| 연산자 | 기능 | 연산자 | 기능 | 연산자 | 기능 |
|---|---|---|---|---|---|
| 〉 | 크다(초과) | 〈 | 작다(미만) | = | 같다 |
| 〉= | 크거나 같다(이상) | 〈= | 작거나 같다(이하) | 〈〉 | 같지 않다 |

● **데이터 연결 연산자(&)** : 두 개의 데이터를 하나로 연결하여 표시한다.

| 수식 | 결과 | 수식 | 결과 |
|---|---|---|---|
| ="박달"&"나무" | 박달나무 | =100&"점" | 100점 |

---

**＋ 더 알기 TIP**

### 상대참조 · 절대참조 · 혼합참조

1. 수식에서 다른 셀에 입력된 데이터를 사용할 때 셀 주소를 입력하는 것을 참조라고 한다.

| 상대참조 | 수식이 복사되는 위치에 따라 입력된 수식이 자동으로 참조 범위가 변경된다. |
|---|---|
| 절대참조 | 특정 셀을 고정하게 되면 수식을 복사하여도 참조하고 있는 셀이 변경되지 않게 하는 참조 방식으로 F4를 사용하여 $ 기호를 붙여준다. (例 $F$10) |
| 혼합참조 | 열 문자와 행 번호 중 하나에만 $ 기호를 붙여 셀을 참조하는 것으로, $ 기호가 붙은 부분만 변하지 않는다. (例 $F10, F$10) |

2. 상대참조를 절대참조 등으로 형식을 변경하려면 F4를 누른다.
3. F4를 누를 때마다 다음 순서대로 '$' 기호가 자동으로 붙여진다.
   H3 → F4 → $H$3 → F4 → H$3 → F4 → $H3 → F4 → H3

**출제유형 ❶** '계산' 시트에서 다음 과정을 수행하고 저장하시오.

❶ [표1]에서 이익금액[D3:D8]을 계산하시오.
  ▶ 이익금액 = 판매금액 × 마진율[C9]
❷ [표2]에서 누계비율[I3:I7]을 계산하시오.
  ▶ 누계비율 = 누적인원수 ÷ 합계[G8]
❸ [표3]에서 수당[E13:E17]을 계산하시오.
  ▶ 수당 = 기본급 + 기본급 × (상여비율 + 추가 상여율)
❹ [표4]에서 매출총액[I12:I17]을 계산하시오.
  ▶ 매출총액 = (판매량 × 단가[G20]) × (1 − 할인율[H20])
❺ [표5]에서 대출포인트[C28]와 연체포인트[C29]에 따른 포인트 총계[D22:D27]을 구하시오.
  ▶ 포인트 총계 = 대출권수 × 대출포인트[C28] + 연체권수 × 연체포인트[C29]

① [D3] 셀에 =C3*$C$9를 입력하고 채우기 핸들을 이용하여 [D8] 셀까지 수식을 복사한다.

> **기적의 TIP**
>
> **상대참조**
> 상대참조는 '결과 셀의 위치에 따라 참조할 값의 위치를 바꾼다.'의 의미로 이익금액[D3]은 [D3] 셀의 바로 왼쪽에 있는 셀인 [C3]을 참조하여 이익금액을 계산합니다. [D3] 셀의 수식을 채우기 핸들을 이용하여 [D8] 셀까지 채우면 자동으로 참조하는 셀의 위치도 바뀝니다.

② [I3] 셀에 =H3/$G$8을 입력하고 채우기 핸들을 이용하여 [I7] 셀까지 수식을 복사한다.

> **기적의 TIP**
>
> **절대참조**
> 절대참조는 '결과 셀의 위치에 따라 참조할 값의 위치가 바뀌지 않는다.'의 의미로 이익금액은 바로 왼쪽의 값을 마진율[C9]로 곱하여 계산합니다. 마진율[C9]은 모든 값에 같은 값을 곱하기 때문에 고정된 값으로 절대참조를 해야 합니다. F4를 눌러 절대참조를 하면 행과 열 값 앞에 $ 기호가 붙게 됩니다.

③ [E13] 셀에 =C13+C13*(D13+$C$18)를 입력하고 [E17] 셀까지 수식을 복사한다.
④ [I12] 셀에 =(H12*$G$20)*(1−$H$20)를 입력하고 [I17] 셀까지 수식을 복사한다.
⑤ [D22] 셀에 =B22*$C$28+C22*$C$29를 입력하고 [D27] 셀까지 수식을 복사한다.

## 풀이결과

### 기적의 TIP

**수식**

Ctrl+~를 누르면, 수식의 참조 셀을 확인할 수 있습니다. 다시 Ctrl+~를 누르면, 결과값으로 표시됩니다.

| | A | B | C | D | E | F | G | H | I |
|---|---|---|---|---|---|---|---|---|---|
| 1 | [표1] | 품목별 판매 현황 | | | | [표2] | 고공 낙하 회수별 인원 | | |
| 2 | 품목명 | 판매수량 | 판매금액 | 이익금액 | | 낙하회수 | 인원수 | 누적인원수 | 누계비율 |
| 3 | 샤프 | 327 | 981,000 | 245,250 | | 3000이상 | 5 | 5 | 10.0% |
| 4 | 연필 | 370 | 129,500 | 32,375 | | 1000이상 | 20 | 25 | 50.0% |
| 5 | 만년필 | 450 | 2,925,000 | 731,250 | | 500이상 | 15 | 40 | 80.0% |
| 6 | 색연필 | 900 | 306,000 | 76,500 | | 100이상 | 7 | 47 | 94.0% |
| 7 | 볼펜 | 789 | 173,580 | 43,395 | | 10이상 | 3 | 50 | 100.0% |
| 8 | 플러스펜 | 670 | 368,500 | 92,125 | | 합계 | 50 | | |
| 9 | | 마진율 | 25% | | | | | | |
| 10 | | | | | | | | | |
| 11 | [표3] | 사원별 수당지급현황 | | | | | [표4] | 펜던트 판매 현황 | |
| 12 | 성명 | 근무년수 | 기본급 | 상여비율 | 수당 | | 월 | 판매량 | 매출총액 |
| 13 | 홍기재 | 15 | 2,550,000 | 15% | 3,085,500 | | 1월 | 75 | 15,000,000 |
| 14 | 이민찬 | 9 | 1,500,000 | 10% | 1,740,000 | | 2월 | 65 | 13,000,000 |
| 15 | 가영수 | 10 | 2,000,000 | 12% | 2,360,000 | | 3월 | 56 | 11,200,000 |
| 16 | 류민완 | 8 | 2,200,000 | 10% | 2,552,000 | | 4월 | 76 | 15,200,000 |
| 17 | 강슬래 | 4 | 1,300,000 | 7% | 1,469,000 | | 5월 | 56 | 11,200,000 |
| 18 | 추가 상여율 | | 6% | | | | 6월 | 85 | 17,000,000 |
| 19 | | | | | | | 단가 | 할인율 | |
| 20 | [표5] | 도서 포인트 관리 | | | | | 250000 | 20% | |
| 21 | 대출자 | 대출권수 | 연체권수 | 포인트 총계 | | | | | |
| 22 | 이원섭 | 50 | 23 | 4.12 | | | | | |
| 23 | 최준기 | 72 | 14 | 7.08 | | | | | |
| 24 | 구현서 | 85 | 29 | 7.61 | | | | | |
| 25 | 안유경 | 15 | 2 | 1.53 | | | | | |
| 26 | 강홍석 | 78 | 7 | 8.16 | | | | | |
| 27 | 조용욱 | 56 | 5 | 5.86 | | | | | |
| 28 | | 대출포인트 | 11% | | | | | | |
| 29 | | 연체포인트 | -6% | | | | | | |
| 30 | | | | | | | | | |

▲ '계산(결과)' 시트

# SECTION 02 데이터베이스 함수

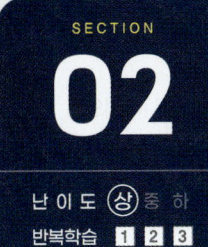

**작업파일** [26컴활1급₩1권_스프레드시트₩이론] 폴더의 '06계산작업' 파일을 열어서 작업하시오.

- DSUM 　　　　　　조건에 맞는 데이터의 합계를 구함
- DAVERAGE 　　　　조건에 맞는 데이터의 평균을 구함
- DCOUNT 　　　　　조건에 맞는 데이터에서 숫자 개수를 구함
- DCOUNTA 　　　　 조건에 맞는 데이터에서 공백이 아닌 데이터의 개수를 구함
- DMAX 　　　　　　조건에 맞는 데이터의 최대값을 구함
- DMIN 　　　　　　조건에 맞는 데이터의 최소값을 구함
- DSTDEV 　　　　　조건에 맞는 데이터의 표준편차를 구함
- DVAR 　　　　　　조건에 맞는 데이터의 분산을 구함
- DGET 　　　　　　조건에 맞는 고유한 데이터를 추출함
- DPRODUCT 　　　　조건에 일치하는 값들을 곱함

### ➕ 더 알기 TIP

**데이터베이스의 형식**

=DSUM(데이터베이스 범위, 필드, 조건 범위)
　　　　　①　　　　　　②　　③

① 데이터베이스 범위 : 필드 제목과 데이터로 구성되어 있는 범위
② 필드 : 계산을 수행하고자 하는 필드(열)의 번호(첫 번째 열부터 1로 시작하여 번호가 매겨짐) 필드 번호 대신에 필드명을 지정해도 가능함('5' 대신에 [E2])
③ 조건 범위 : 필드 제목과 조건으로 구성되어 있는 범위

| 예 제 | =DSUM(A2:E10,5,D12:D13)
| 결 과 | 8,283,000

|   | A | B | C | D | E |
|---|---|---|---|---|---|
| 1 |  |  | 제품 판매 현황 |  |  |
| 2 | 제품분류 | 품명 | 판매가 | 판매량 | 매출액 |
| 3 | 화장품 | 립스틱 | 13,524 | 45 | 608,580 |
| 4 | 가전제품 | 면도기 | 7,200 | 89 | 640,800 |
| 5 | 사무용품 | 만년필 | 2,900 | 230 | 667,000 |
| 6 | 사무용품 | 타자기 | 18,000 | 30 | 540,000 |
| 7 | 가전제품 | 선풍기 | 30,625 | 120 | 3,675,000 |
| 8 | 화장품 | 비누 | 2,600 | 120 | 312,000 |
| 9 | 화장품 | 샴푸 | 5,460 | 325 | 1,774,500 |
| 10 | 가전제품 | 전기담요 | 66,120 | 60 | 3,967,200 |
| 11 |  |  |  |  |  |
| 12 |  |  |  | 제품분류 | 매출액 |
| 13 |  |  |  | 가전제품 |  |
| 14 |  |  |  |  |  |

① 데이터베이스 범위 → E2
② 필드 → E열
③ 조건 범위 → D12:D13

출제유형 ❶ '데이터베이스' 시트에서 다음 과정을 수행하고 저장하시오.

❶ [표1]에서 구분[A3:A10]이 '무용'인 예매량[E3:E10]의 합계를 계산하여 [E11] 셀에 표시하시오.
  ▶ 조건은 [G9:G10] 영역에 입력
  ▶ 계산된 무용 예매량 합계 뒤에 '매'를 포함하여 표시 [표시 예 : 3매]
  ▶ DSUM, DCOUNT, DAVERAGE 함수 중 알맞은 함수와 & 연산자 사용

❷ [표2]에서 지점[I3:I10]이 "강북"이면서 판매량[K3:K10]이 700 이상인 사원들의 판매총액 [L3:L10] 평균을 [L11] 셀에 계산하시오.
  ▶ 조건은 [M9:N10] 영역에 입력
  ▶ DSUM, DCOUNT, DAVERAGE 중 알맞은 함수를 선택하여 사용

❸ [표3]에서 사랑의 집[C15:C24]에 봉사활동을 지원한 부서명[B15:B24] 중 "홍보부"의 사원수를 [E25] 셀에 계산하시오.
  ▶ 조건은 [G24:G25] 영역에 입력
  ▶ DCOUNT, DCOUNTA, DSUM 중 알맞은 함수와 & 연산자 사용
  ▶ 숫자 뒤에 "명"을 표시 [표시 예 : 2명]

❹ [표4]에서 제조회사[J15:J25]가 '상공전자'인 스마트폰의 판매가[L15:L25] 최고와 최저 판매가의 차이를 [M25] 셀에 계산하시오.
  ▶ DMAX와 DMIN 함수 사용

❺ [표5]에서 지역[C29:C38]이 '안산'인 동호회 회원수를 [D39] 셀에 계산하시오.
  ▶ DSUM, DCOUNT, DMAX 함수 중 알맞은 함수와 & 연산자 사용
  ▶ 숫자 뒤에 "명"을 표시 [표시 예 : 2명]

❻ [표6]에서 성별[J29:J37]이 "남"이면서 영어[L29:L37]가 90 이상이거나 성별[J29:J37]이 "여"이면서 수학[M29:M37]이 90 이상인 학생의 총점[N29:N37]에 대한 평균[L40]을 구하시오.
  ▶ [I39:K41] 영역에 조건 입력
  ▶ DAVERAGE, DSUM, DCOUNTA, DCOUNT 중 알맞은 함수 사용

> 🅕 기적의 TIP
> 
> **함수의 형태**
> 
> = SUM(A1:A10)
>   함수이름  인수
> 
> • 함수는 반드시 괄호를 포함하고 있으며 괄호 안에 인수를 지정하고 인수가 여러 개인 경우에는 콤마(,)로 구분하고, 연속된 범위인 경우에는 콜론( : )을 입력합니다.
> • 함수 삽입(fx) : 함수에 사용된 인수의 정확한 뜻과 순서를 모르는 경우에 사용하면 도움이 됩니다.

① [G9:G10] 영역에 **구분, 무용**을 차례로 입력한다.

| | F | G | H |
|---|---|---|---|
| 7 | | | |
| 8 | | <조건> | |
| 9 | | 구분 | |
| 10 | | 무용 | |
| 11 | | | |

> 🅕 기적의 TIP
> 
> =DSUM(A2:E10,E2,G9:G10)&"매"로 입력해도 됩니다.

② [E11] 셀에 =DSUM(A2:E10,5,G9:G10)&"매"를 입력한다.

> 💡 **함수 설명** =DSUM(A2:E10,5,G9:G10)&"매"
> 
> [A2:E10] 영역에서 [G9:G10] 영역에 입력된 조건(구분이 '무용')에 만족한 값을 5번째 열(예매량)에서 찾아 합계를 구한 후 '매'를 붙여서 표시한다.

③ [M9:N10] 영역에 **지점, 판매량, 강북, >=700**을 차례로 입력한다.

| | M | N | O |
|---|---|---|---|
| 8 | | | |
| 9 | 지점 | 판매량 | |
| 10 | 강북 | >=700 | |
| 11 | | | |

④ [L11] 셀에 =DAVERAGE(I2:L10,4,M9:N10)를 입력한다.

> 💬 **함수 설명** =DAVERAGE(I2:L10,4,M9:N10)
> [I2:L10] 영역에서 [M9:N10] 영역에 입력된 조건(지점이 '강북'이면서 판매량이 700 이상)에 만족한 값을 4번째 열(판매총액)에서 찾아 평균을 구한다.

🚩 **기적**의 TIP

=DAVERAGE(I2:L10,L2,M9:N10)으로 입력해도 됩니다.

⑤ [G24:G25] 영역에 **부서명, 홍보부**를 차례로 입력한다.

⑥ [E25] 셀에 =DCOUNTA(A14:E24,3,G24:G25)&"명"를 입력한다.

> 💬 **함수 설명** =DCOUNTA(A14:E24,3,G24:G25)&"명"
> [A14:E24] 영역에서 [G24:G25] 영역에 입력된 조건(부서명이 '홍보부')에 만족한 값을 3번째 열(사랑의 집)에서 찾아 개수를 구한 후에 '명'을 붙여서 표시한다.

🚩 **기적**의 TIP

=DCOUNTA(A14:E24,C14,G24:G25)&"명"로 입력해도 됩니다.

⑦ [M25] 셀에 =DMAX(I14:L25,4,J14:J15)-DMIN(I14:L25,4,J14:J15)를 입력한다.

> 💬 **함수 설명** =DMAX(I14:L25,4,J14:J15)-DMIN(I14:L25,4,J14:J15)
> [I14:L25] 영역에서 [J14:J15] 영역에 입력된 조건(제조회사가 '상공전자')에 만족한 값을 4번째 열(판매가)에서 찾아 최대값을 구한 후에 다시 최소값을 구하여 차액을 구한다.

🚩 **기적**의 TIP

=DMAX(I14:L25,L14,J14:J15)-DMIN(I14:L25,L14,J14:J15)로 입력해도 됩니다.

⑧ [D39] 셀에 =DCOUNT(A28:D38,4,C28:C29)&"명"를 입력한다.

> 💬 **함수 설명** =DCOUNT(A28:D38,4,C28:C29)&"명"
> [A28:D38] 영역에서 [C28:C29] 영역에 입력된 조건(지역이 '안산')에 만족한 값을 4번째 열(가입년도)에서 찾아 개수를 구한 후에 '명'을 붙여서 표시한다.

🚩 **기적**의 TIP

=DCOUNT(A28:D38,D28,C28:C29)&"명"로 입력해도 됩니다.

⑨ [I39:K41] 영역에 **성별, 영어, 수학, 남, >=90, 여, >=90**을 차례로 입력한다.

| | H | I | J | K |
|---|---|---|---|---|
| 38 | | | | |
| 39 | | 성별 | 영어 | 수학 |
| 40 | | 남 | >=90 | |
| 41 | | 여 | | >=90 |
| 42 | | | | |

⑩ [L40] 셀에 =DAVERAGE(I28:N37,6,I39:K41)를 입력한다.

> 💬 **함수 설명** =DAVERAGE(I28:N37,6,I39:K41)
> [I28:N37] 영역에서 [I39:K41] 영역에 입력된 조건(성별이 '남'이면서 영어가 90 이상이거나 성별이 '여'이면서 수학이 90 이상)에 만족한 값을 6번째 열(총점)에서 찾아 평균을 구한다.

🚩 **기적**의 TIP

=DAVERAGE(I28:N37,N28,I39:K41)로 입력해도 됩니다.

## + 더 알기 TIP

### '조건' 입력 시 주의사항

1. 데이터베이스에서 '조건'을 입력할 때에는 '필드명'과 '조건'을 같이 입력해야 한다.
2. 둘 이상의 '조건'을 부여하는 경우에는 'AND'와 'OR'조건을 명시해야 하는데, 'AND' 조건은 두 조건을 같은 행에 부여하고, 'OR' 조건은 두 조건을 다른 행에 부여한다.

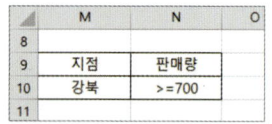

3. '조건'에 '수식'을 입력할 경우에는 '필드명'을 다르게 입력해야 한다.

---

**풀이결과**

▲ '데이터베이스(결과)' 시트

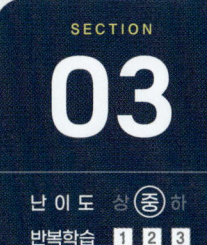

# SECTION 03 수학과 삼각 함수

작업파일 [26컴활1급₩1권_스프레드시트₩이론] 폴더의 '06계산작업' 파일을 열어서 작업하시오.

## 01 총합(SUM)을 구한다.

SUM(인수1, 인수2, …) : 인수들의 합을 구함
예제) =SUM(1,2,3)   결과) 6

## 02 반올림(ROUND), 올림(ROUNDUP), 내림(ROUNDDOWN)을 한다.

ROUND(인수, 자릿수) : 인수를 자릿수로 반올림한 숫자를 구함
예제) =ROUND(3.14156,2)   결과) 3.14

ROUNDUP(인수, 자릿수) : 인수를 자릿수로 올림한 숫자를 구함
예제) =ROUNDUP(3.14456,2)   결과) 3.15

ROUNDDOWN(인수, 자릿수) : 인수를 자릿수로 내림한 숫자를 구함
예제) =ROUNDDOWN(3.14956,2)   결과) 3.14

| 반올림할 자릿수 | 의미 | 함수식 | 결과 |
|---|---|---|---|
| 1 | 소수 첫째 자리까지 표시 | =ROUND(3856.578,1) | 3856.6 |
| 2 | 소수 둘째 자리까지 표시 | =ROUND(3856.578,2) | 3856.58 |
| 0 | 정수로 표시 | =ROUND(3856.578,0) | 3857 |
| −1 | 일의 자리에서 반올림 | =ROUND(3856.578,−1) | 3860 |
| −2 | 십의 자리에서 반올림 | =ROUND(3856.578,−2) | 3900 |

### 25년 출제

입주일[B3:B9] 년도와 면적[C3:C9]을 이용하여 년도별 오름차순 순위를 구하여 순번[A3:A9]에 표시하시오.
▶ 입주일의 년도가 같을 경우 면적이 작은 순으로 번호를 작성하여 년도와 면적 번호 사이에 "−" 기호를 추가하여 표시[표시 예 : 2001-4 ]

| | A | B | C |
|---|---|---|---|
| 1 | [표1] | | |
| 2 | 순번 | 입주일 | 면적 (㎡) |
| 3 | 2001-3 | 2001-04-09 | 49.5 |
| 4 | 2001-1 | 2001-12-02 | 19.8 |
| 5 | 2005-1 | 2005-03-22 | 33 |
| 6 | 2014-2 | 2014-10-18 | 49.5 |
| 7 | 2001-2 | 2001-01-28 | 23.1 |
| 8 | 2007-1 | 2007-11-26 | 19.8 |
| 9 | 2014-1 | 2014-04-09 | 19.8 |

=YEAR(B3)&"−"&SUM((YEAR($B$3:$B$9)=YEAR(B3))*($C$3:$C$9<C3))+1

▲ 'TIP 함수.xlsx' 파일의 'SUM' 시트

## 03 조건에 맞는 값의 총합(SUMIF)을 구한다.

SUMIF(범위, 조건, 합계 범위) : 범위에서 조건을 검사하여 합계 범위에 해당하는 셀 합계를 구함
예제) =SUMIF(A1:A10,">=40",C1:C10)
결과) [A1:A10] 영역에서 40 이상의 데이터를 찾아 [C1:C10] 영역에 대응하는 값의 합계를 구함

## 04 절대값(ABS)을 구한다.

ABS(숫자) : 숫자의 절대값을 구함
예제) =ABS(−2002)   결과) 2002

## 25년 출제

일수[B3:B9]를 한 달 30일로 나눈 값의 몫을 개월 수로 지정하고, 나머지는 일수로 표시하여 근무일수[A3:A9]를 표시하시오. [표시 예 : 45개월 5일]

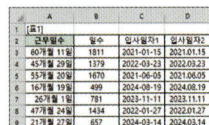

=QUOTIENT(B3,30)&"개월 "&MOD(B3,30)&"일"

▲ 'TIP 함수.xlsx' 파일의 'MOD' 시트

## 기적의 TIP

**TRUNC, INT 함수**
양의 값은 같은 값을 산출하지만, 음의 값에서는 INT(수치) = TRUNC(수치) −1 로 산출됩니다.
- INT(−4.5) = −5
  TRUNC(−4.5) = −4

## 25년 출제

맛[A3:A9], 가격[B3:B9], 포장[C3:C9] 값을 [표2]의 가중치에 각각 곱하여 더한 값을 총점[D3:D9]에 표시하시오.

=SUMPRODUCT(A3:C3, TRANSPOSE($G$4:$G$6))

▲ 'TIP 함수.xlsx' 파일의 'SUMPRODUCT' 시트

---

### 05 나눗셈의 나머지(MOD)를 구한다.

MOD(인수, 제수) : 인수를 제수로 나눈 결과의 나머지를 구함

| 예제 | =MOD(4,2) | 결과 | 0 |

### 06 소수 부분을 버리고 정수(TRUNC, INT)로 한다.

TRUNC(인수, 자릿수) : 지정한 자릿수만 소수점 아래에 남기고 나머지 자리를 버림

| 예제 | =TRUNC(−4.5) | 결과 | −4 |

INT(인수) : 인수를 넘지 않는 가장 가까운 정수를 구함

| 예제 | =INT(−4.5) | 결과 | −5 |

### 07 제곱근(SQRT), 계승(FACT)을 구한다.

SQRT(숫자) : 숫자의 양의 제곱근을 구함

| 예제 | =SQRT(9) | 결과 | 3 (=√9) |

FACT(숫자) : 숫자의 계승값(1*2*3*…*N)을 구함

| 예제 | =FACT(3) | 결과 | 6 (=1 X 2 X 3) |

### 08 거듭제곱승(POWER), 자연로그의 밑 e의 거듭제곱승(EXP)을 구한다.

POWER(인수1, 인수2) : 인수1을 인수2만큼 거듭제곱한 값을 구함

| 예제 | =POWER(2,4) | 결과 | 16 (=2×2×2×2) |

EXP(수치) : 자연로그의 밑수인 e(e=2.71828183)를 수치만큼 거듭제곱한 값으로 계산함

| 예제 | =EXP(2) | 결과 | 7.3890561 (=2.71828183×2.71828183) |

### 09 수치를 모두 곱(PRODUCT)한 결과와 배열의 해당 요소를 모두 곱한 합(SUMPRODUCT)을 계산한다.

PRODUCT(수치1, 수치2, …) : 수치를 모두 곱한 결과를 구함

| 예제 | =PRODUCT(2,3,5) | 결과 | 30 (=2*3*5) |

SUMPRODUCT(배열1, 배열2, …) : 수치 배열에 각각 대응하는 요소의 곱을 구하고, 그 결과의 합을 구함

| 예제 | =SUMPRODUCT({1,2,3},{7,8,9}) | 결과 | 50 (=1*7+2*8+3*9) |

### 10 0~1 사이의 난수(RAND), 최소치~최대치 사이의 난수(RANDBETWEEN)를 발생시킨다.

RAND( ) : 0 이상 1 미만인 난수를 구함

| 예제 | =RAND( ) | 결과 | 0.700791 (이 값은 실행할 때마다 다름) |

RANDBETWEEN(최소치, 최대치) : 수치 이상 ~ 이하의 수치를 분포로 하는 실수를 난수로 발생

| 예제 | =RANDBETWEEN(1,4) | 결과 | 1과 4 사이의 난수를 발생 |

**⑪ 원주율(PI)을 구한다.**

PI( ) : pi의 값(3.14159265)을 표시함
[예제] =PI( )　　　　　　　　　　　　[결과] 3.1415

**⑫ 정방행렬의 행렬식(MDETERM), 역행렬(MINVERSE), 배열의 행렬곱(MMULT)을 구한다.**

MDETERM(배열) : 배열의 행렬식을 구함
[예제] =MDETERM({3,2,3;4,5,6;7,8,9})　　[결과] −6

$\begin{bmatrix} 3 & 2 & 3 \\ 4 & 5 & 6 \\ 7 & 8 & 9 \end{bmatrix}$ 의 행렬식을 계산

MINVERSE(배열) : 배열의 역행렬을 구함
[예제] =MINVERSE({3,2,3;4,5,6;7,8,9})　　[결과] 0.5

$\begin{bmatrix} 3 & 2 & 3 \\ 4 & 5 & 6 \\ 7 & 8 & 9 \end{bmatrix}$ 의 역행렬식을 계산

MMULT(배열1, 배열2) : 두 배열의 행렬곱을 구함
[예제] =MMULT({1,2;3,4;5,6},{6,5,4;3,2,1})　　[결과] 12

$\begin{bmatrix} 1 & 2 \\ 3 & 4 \\ 5 & 6 \end{bmatrix}$, $\begin{bmatrix} 6 & 5 & 4 \\ 3 & 2 & 1 \end{bmatrix}$ 의 행렬곱을 계산

**⑬ 여러 조건을 만족하는 셀(SUMIFS)을 더한다.**

SUMIFS(합계를 구할 범위, 조건 범위1, 조건1, 조건 범위2, 조건2, …) : 여러 조건에 만족하는 셀의 합계를 구함
[예제] =SUMIFS(A1:A20, B1:B20, "〉0", C1:C20, "〈10")
[결과] [B1:B20] 영역의 숫자가 0보다 크고, [C1:C20] 영역의 숫자가 10보다 작은 경우에 [A1:A20] 영역에서 합계를 구함

> **🏠 25년 출제**
>
> 납세자유형[A3:A9]별 납부일[C3:C9]의 연별 납부금액의 합계[B13:C14]를 표시하시오.
>
> | | A | B | C |
> |---|---|---|---|
> | 1 | [표1] | | |
> | 2 | 납세자유형 | 납부금액 | 납부일 |
> | 3 | 개인 | 182,100 | 2022.06.15 |
> | 4 | 법인 | 1,189,800 | 2023.07.20 |
> | 5 | 개인 | 281,300 | 2023.08.10 |
> | 6 | 법인 | 2,292,600 | 2024.09.05 |
> | 7 | 개인 | 801,700 | 2023.10.12 |
> | 8 | 개인 | 605,200 | 2022.11.25 |
> | 9 | 개인 | 1,464,500 | 2024.12.30 |
> | 10 | | | |
> | 11 | [표2] | | |
> | 12 | | 2023 | 2024 |
> | 13 | 개인 | 1,083,000 | 1,464,500 |
> | 14 | 법인 | 1,189,800 | 2,292,600 |
>
> =SUMIFS($B$3:$B$9,$A$3:$A$9,$A13,$C$3:$C$9,B$12&"*")
>
> ▲ 'TIP 함수.xlsx' 파일의 'SUMIFS' 시트

[출제유형 ❶] **'수학삼각1' 시트에서 다음 과정을 수행하고 저장하시오.**

❶ [표1]에서 호봉[C3:C12]과 기본급[D3:D12]을 이용하여 성과금[E3:E12]을 계산하시오.
　▶ 성과금 = √호봉 × 기본급
　▶ 성과금은 소수점 이하는 버리고 정수로 표시
　▶ TRUNC와 SQRT 함수 사용

❷ [표2]에서 구분[G3:G11]이 '음악'인 제품들의 판매총액[K3:K11] 합계를 계산하여 [K12] 셀에 표시하시오.
　▶ 판매총액 합계는 백의 자리는 올림하여 천의 자리까지 표시
　▶ [표시 예 : 12,300 → 13,000]
　▶ ROUNDUP과 SUMIF 함수 사용

❸ [표3]의 구입수량[D16:D24]에서 가장 높은 빈도를 가진 고객들의 구입총액[E16:E24] 합계를 [E25] 셀에 계산하시오.
- ▶ SUMIF와 MODE.SNGL 함수 사용

❹ [표4]에서 장르[H16:H25]가 "드라마"이면서 관람등급[I16:I25]이 "15세이상"인 영화들의 일간 [K16:K25] 합계를 계산하여 [L25] 셀에 표시하시오.
- ▶ 숫자 뒤에 "만원"을 표시 [표시 예 : 123만원]
- ▶ COUNTIFS, SUMIFS, AVERAGEIFS 중 알맞은 함수와 & 연산자 사용

① [E3] 셀에 =TRUNC(SQRT(C3)*D3)를 입력한 후 [E12] 셀까지 수식을 복사한다.

> 💬 **함수 설명** =TRUNC(SQRT(C3)*D3)
> [C3] 셀의 제곱근(SQRT(C3))을 구한 후에 [D3] 셀을 곱한 값을 소수 자릿수는 버리고 정수로 표시한다.

② [K12] 셀에 =ROUNDUP(SUMIF(G3:G11,"음악",K3:K11),-3)를 입력한다.

> 💬 **함수 설명** =ROUNDUP(SUMIF(G3:G11,"음악",K3:K11),-3)
>                                   ①
> ① SUMIF(G3:G11,"음악",K3:K11) : 구분 [G3:G11] 영역에서 '음악'을 판매총액 [K3:K11] 영역에서 음악과 같은 행에 해당 값을 찾아 합계를 구한다.
>
> =ROUNDUP(①,-3) : ①의 값을 백의 자리에서 올림하여 표시한다.

③ [E25] 셀에 =SUMIF(D16:D24,MODE.SNGL(D16:D24),E16:E24)를 입력한다.

> 💬 **함수 설명** =SUMIF(D16:D24,MODE.SNGL(D16:D24),E16:E24)
>                                         ①
> ① MODE.SNGL(D16:D24) : 구입수량 [D16:D24] 영역에서 빈도수가 높은 숫자를 구한다. 4는 3번, 9와 4는 2번, 1과 7은 한 번으로 빈도수가 높은 숫자는 '4'가 된다.
>
> =SUMIF(D16:D24,①,E16:E24) : 구입수량 [D16:D24] 영역에서 '4'에 해당한 값을 찾고 구입총액 [E16:E24] 영역에서 4와 같은 행에 해당 값을 찾아 합계를 구한다.

④ [L25] 셀에 =SUMIFS(K16:K25,H16:H25,"드라마",I16:I25,"15세이상")&"만원"를 입력한다.

> 💬 **함수 설명** =SUMIFS(K16:K25,H16:H25,"드라마",I16:I25,"15세이상")&"만원"
> 일간 [K16:K25] 영역은 합계를 구할 범위이다.
> 장르 [H16:H25] 영역에서 '드라마'이고, 관람등급 [I16:I25]에서 '15세이상' 조건을 찾아 조건에 만족한 자료의 일간 [K16:K25] 영역의 값 합계를 구한 후에 '만원'을 붙여서 표시한다.

> 풀이결과

|   | A | B | C | D | E | F | G | H | I | J | K | L | M | N | O |
|---|---|---|---|---|---|---|---|---|---|---|---|---|---|---|---|
| 1 | [표1] | 성과금 지급 현황 | | | | | [표2] | 제품 판매 현황 | | | | | | | |
| 2 | 사원명 | 직급 | 호봉 | 기본급 | 성과금 | | 구분 | 제품명 | 판매가 | 판매량 | 판매총액 | | | | |
| 3 | 한국민 | 과장 | 6 | 2,500,000 | 6,123,724 | | 미술 | 붓 | 2,800 | 62 | 173,600 | | | | |
| 4 | 조윤아 | 과장 | 7 | 2,600,000 | 6,878,953 | | 음악 | 멜로디언 | 15,600 | 28 | 436,800 | | | | |
| 5 | 이희선 | 과장 | 5 | 2,400,000 | 5,366,563 | | 체육 | 훌라후프 | 4,500 | 57 | 256,500 | | | | |
| 6 | 김지영 | 대리 | 2 | 1,800,000 | 2,545,584 | | 음악 | 탬버린 | 5,600 | 65 | 364,000 | | | | |
| 7 | 김석준 | 대리 | 4 | 2,000,000 | 4,000,000 | | 미술 | 파스텔 | 6,500 | 48 | 312,000 | | | | |
| 8 | 이가인 | 대리 | 3 | 1,900,000 | 3,290,896 | | 체육 | 축구공 | 12,500 | 65 | 812,500 | | | | |
| 9 | 권성철 | 사원 | 4 | 1,600,000 | 3,200,000 | | 음악 | 리코더 | 8,300 | 27 | 224,100 | | | | |
| 10 | 안덕성 | 사원 | 2 | 1,400,000 | 1,979,898 | | 체육 | 줄넘기 | 7,200 | 65 | 468,000 | | | | |
| 11 | 오연주 | 사원 | 3 | 1,500,000 | 2,598,076 | | 미술 | 물감 | 6,300 | 45 | 283,500 | | | | |
| 12 | 김도연 | 사원 | 1 | 1,300,000 | 1,300,000 | | | 음악용품 판매총액 합계 | | | 1,025,000 | | | | |
| 13 | | | | | | | | | | | | | | | |
| 14 | [표3] | 고객별 구입 현황 | | | | | [표4] | 영화예매 현황 | | | | | | | |
| 15 | 고객명 | 성별 | 등급 | 구입수량 | 구입총액 | | 영화명 | 장르 | 관람등급 | 누적 예매량 | 일간 | | | | |
| 16 | 허영욱 | 남 | 골드 | 4 | 1,208,000 | | 생일 | 드라마 | 전체 | 414,603 | 39,139 | | | | |
| 17 | 최주원 | 여 | 일반 | 9 | 2,214,000 | | 샤잠 | 판타지 | 12세이상 | 529,541 | 28,880 | | | | |
| 18 | 이수학 | 남 | 골드 | 5 | 1,425,000 | | 돈 | 범죄 | 15세이상 | 3,144,537 | 27,171 | | | | |
| 19 | 안혜경 | 여 | 골드 | 1 | 265,000 | | 어스 | 스릴러 | 15세이상 | 1,363,686 | 19,120 | | | | |
| 20 | 김신성 | 남 | VIP | 4 | 1,168,000 | | 장난스런 키스 | 로맨스 | 12세이상 | 328,043 | 9,255 | | | | |
| 21 | 양의정 | 여 | 일반 | 5 | 1,500,000 | | 캡틴 마블 | 액션 | 12세이상 | 5,656,789 | 6,842 | | | | |
| 22 | 김태희 | 여 | 일반 | 9 | 2,493,000 | | 한강에게 | 드라마 | 15세이상 | 1,578 | 128 | | | | |
| 23 | 선기섭 | 남 | 일반 | 9 | 1,020,000 | | 텀보 | 판타지 | 전체 | 298,095 | 1,842 | | | | |
| 24 | 정신영 | 여 | VIP | 7 | 1,967,000 | | 러브리스 | 드라마 | 15세이상 | 983 | 151 | | 드라마-15세이상 일간 합계 | | |
| 25 | | 구입빈도 높은 고객의 구입총액 합계 | | | 3,396,000 | | 콜레트 | 드라마 | 15세이상 | 36,253 | 1,029 | | 1308만원 | | |
| 26 | | | | | | | | | | | | | | | |

▲ '수학삼각1(결과)' 시트

---

**출제유형 ②** '수학삼각2' 시트에서 다음 과정을 수행하고 저장하시오.

❶ [표1]에서 학과[A3:A10]가 '정보통신과'인 학생들의 평점에 대한 평균을 [D11] 셀에 계산하시오.
  ▶ 평균은 소수점 이하 셋째자리에서 반올림하여 둘째자리까지 표시
    [표시 예 : 3.5623 → 3.56]
  ▶ 조건은 [E9:E10] 영역에 입력하시오.
  ▶ DAVERAGE, ROUND 함수 사용

❷ [표2]에서 과일별 총개수[H3:H11]를 상자당개수[I3:I11]로 나눠 상자(묶)수와 나머지를 구하여 상자(나머지)[J3:J11]에 표시하시오.
  ▶ 상자(묶)수와 나머지 표시 방법 : 상자(묶)수가 10이고, 나머지가 4 → 10(4)
  ▶ INT, MOD 함수와 & 연산자 사용

❸ [표3]에서 교통비[C15:C20], 숙박비[D15:D20]의 합계를 구하여 출장비합계[E15:E20] 영역에 표시하시오.
  ▶ 출장비합계는 천의 자리에서 내림하여 만 단위까지 표시 [표시 예 : 123859 → 120000]
  ▶ SUM과 ROUNDDOWN 함수 사용

❹ [표4]에서 1차[H15:H20], 2차[I15:I20]의 차이를 구하여 절대값으로 점수차이[J15:J20] 영역에 표시하시오.
  ▶ 점수차이 : 1차 − 2차
  ▶ ABS 함수 사용

① [E9:E10] 영역에 **학과, 정보통신과**를 차례로 입력한다.
② [D11] 셀에 =ROUND(DAVERAGE(A2:D10,D2,E9:E10),2)를 입력한다.

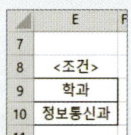

> 💡 **함수 설명** =ROUND(DAVERAGE(A2:D10,D2,E9:E10),2)
>                           ①
>
> ① DAVERAGE(A2:D10,D2,E9:E10) : [A2:D10] 영역에서 [E9:E10] 영역에 입력된 조건(학과가 '정보통신과')에 만족한 값을 D열(평점)에서 찾아 평균을 구한다.
>
> =ROUND(①,2) : ①의 값을 소수 이하 2자리까지 표시한다.

③ [J3] 셀에 =INT(H3/I3)&"("&MOD(H3,I3)&")"를 입력한 후 [J11] 셀까지 수식을 복사한다.

> 💬 **함수 설명** =INT(H3/I3)&"("&MOD(H3,I3)&")"
>                    ①              ②
>
> ① INT(H3/I3) : [H3] 값을 [I3]으로 나누어 값(몫)을 정수로 구한다.
> ② MOD(H3,I3) : [H3] 값을 [I3]으로 나눈 나머지를 구한다.
>
> =①&"("&②&")" : 몫(나머지) 형식으로 ( )를 표시한다.

④ [E15] 셀에 =ROUNDDOWN(SUM(C15:D15),-4)를 입력한 후 [E20] 셀까지 수식을 복사한다.

> 💬 **함수 설명** =ROUNDDOWN(SUM(C15:D15),-4)
>                              ①
>
> ① SUM(C15:D15) : [C15:D15] 영역의 합계를 구한다.
>
> =ROUNDDOWN(①,-4) : ①의 값을 천의 자리에서 내림하여 표시한다.

⑤ [J15] 셀에 =ABS(H15-I15)를 입력한 후 [J20] 셀까지 수식을 복사한다.

> 💬 **함수 설명** =ABS(H15-I15)
>
> [H15]에서 [I15]의 값을 뺀 차이값을 부호를 뺀 절대 값만 표시한다.

**풀이결과**

| | A | B | C | D | E | F | G | H | I | J |
|---|---|---|---|---|---|---|---|---|---|---|
| 1 | [표1] | | | | | | [표2] | 과일출고현황 | | |
| 2 | 학과 | 성명 | 생년월일 | 평점 | | | 과일명 | 총개수 | 상자당개수 | 상자(나머지) |
| 3 | 컴퓨터학과 | 유창상 | 2000-10-20 | 3.45 | | | 파인애플 | 329 | 25 | 13(4) |
| 4 | 경영학과 | 김현수 | 1999-03-02 | 4.02 | | | 키위 | 574 | 45 | 12(34) |
| 5 | 경영학과 | 한경수 | 1998-08-22 | 3.67 | | | 자몽 | 346 | 30 | 11(16) |
| 6 | 컴퓨터학과 | 정수연 | 2000-01-23 | 3.89 | | | 사과 | 618 | 50 | 12(18) |
| 7 | 정보통신과 | 최경철 | 2001-05-12 | 3.12 | | | 석류 | 485 | 35 | 13(30) |
| 8 | 정보통신과 | 오태환 | 1999-07-05 | 3.91 | <조건> | | 복숭아 | 507 | 35 | 14(17) |
| 9 | 컴퓨터학과 | 임장미 | 1998-10-26 | 4.15 | 학과 | | 귤 | 597 | 40 | 14(37) |
| 10 | 경영학과 | 이민호 | 2000-06-27 | 3.52 | 정보통신과 | | 자두 | 605 | 45 | 13(20) |
| 11 | 정보통신과 평균 평점 | | | 3.52 | | | 오렌지 | 535 | 30 | 17(25) |
| 12 | | | | | | | | | | |
| 13 | [표3] | 국내출장비 지급현황 | | | | | [표4] | 예선 결과표 | | |
| 14 | 성명 | 출장지 | 교통비 | 숙박비 | 출장비합계 | | 응시번호 | 1차 | 2차 | 점수차이 |
| 15 | 최준기 | 대구 | 35,000 | 150,000 | 180,000 | | 14001 | 94 | 92 | 2 |
| 16 | 김문환 | 대전 | 32,000 | 170,000 | 200,000 | | 14002 | 81 | 76 | 5 |
| 17 | 송준호 | 광주 | 39,000 | 120,000 | 150,000 | | 14003 | 82 | 55 | 27 |
| 18 | 전광일 | 제주 | 78,000 | 210,000 | 280,000 | | 14004 | 80 | 86 | 6 |
| 19 | 정태은 | 철원 | 72,000 | 110,000 | 180,000 | | 14005 | 75 | 79 | 4 |
| 20 | 지명섭 | 영월 | 68,000 | 150,000 | 210,000 | | 14006 | 91 | 88 | 3 |

▲ '수학삼각2(결과)' 시트

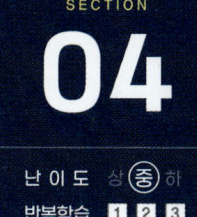

# SECTION 04 통계 함수

작업파일 [26컴활1급₩1권_스프레드시트₩이론] 폴더의 '06계산작업' 파일을 열어서 작업하시오.

## 01 평균값(AVERAGE, AVERAGEA)을 구한다.

AVERAGE(인수1, 인수2, …) : 인수들의 평균값을 구함
예제  =AVERAGE(10,20,30)    결과  20

AVERAGEA(인수1, 인수2, …) : 문자열이나 논리값 등이 있는 인수들에서 평균값을 구함
예제  =AVERAGEA(80,25,45,70,TRUE)    결과  44.2(TRUE를 포함하여 평균을 구함)

## 02 최대값(MAX), 최소값(MIN)을 구한다.

MAX(인수1, 인수2, …) : 인수들 목록 중 최대값을 구함
예제  =MAX(10,20,30)    결과  30

MIN(인수1, 인수2, …) : 인수들 목록 중 최소값을 구함
예제  =MIN(10,20,30)    결과  10

## 03 데이터 범위에서 몇 번째 큰 값(LARGE), 작은 값(SMALL)을 구한다.

LARGE(배열, K) : 배열에서 K번째로 큰 값을 구함
예제  =LARGE(A1:A10,3)    결과  [A1:A10] 영역의 데이터에서 3번째로 큰 값을 구함

SMALL(배열, K) : 배열에서 K번째로 작은 값을 구함
예제  =SMALL(A1:A10,3)    결과  [A1:A10] 영역의 데이터에서 3번째로 작은 값을 구함

## 04 수치의 순위(RANK.EQ)를 구한다.

RANK.EQ(값, 참조 영역, [순위 결정 방법]) : 참조 영역 중에서 순위를 구함(순위가 같으면 값 집합에서 가장 높은 순위가 반환됨)

옵션  순위 결정 방법
• 0 이나 생략 : 내림차순(큰 숫자가 1등)
• 0이 아닌 값 : 오름차순(작은 숫자가 1등)

예제  =RANK.EQ(D3,$D$3:$D$9)
결과  [D3] 셀이 [D3:D9] 영역에서 순위를 구함(공동 1등일 때 둘 다 1로 반환)

> **기적의 TIP**
>
> **분산과 표준편차**
> 평균이나 중간값은 데이터의 중심을 표현하는데 사용하는 값이라면, 분산과 표준편차는 데이터가 얼마나 넓게 퍼져있는지를 나타내는 값을 말합니다.
> 분산은 변수의 흩어진 정도를 계산하는 지표입니다.
> 표준편차는 분산에 루트를 씌운 양의 제곱근으로 계산합니다.

## 05 표본의 분산(VAR.S), 표준 편차(STDEV.S)를 구한다.

VAR.S(표본의 범위) : 표본의 범위에서 분산을 구함

| 예제 | =VAR.S(A1:A5) | 결과 | [A1:A5] 영역의 분산을 구함 |

STDEV.S(표본의 범위) : 표본의 범위에서 표준편차를 구함

| 예제 | =STDEV.S(A1:A5) | 결과 | [A1:A5] 영역의 표준편차를 구함 |

## 06 중간값(MEDIAN)을 구한다.

MEDIAN(인수1, 인수2, ⋯) : 인수들의 중간값을 구함

| 예제 | =MEDIAN(10,15,20,30,35) | 결과 | 20 |

## 07 최빈값(MODE.SNGL)을 구한다.

MODE.SNGL(인수1, 인수2, ⋯) : 인수들 중 가장 많이 나오는 최빈값을 구함

| 예제 | =MODE.SNGL(10,20,40,40,40) | 결과 | 40 |

## 08 수치 데이터 개수(COUNT), 공백이 아닌 개수(COUNTA), 공백 셀의 개수(COUNTBLANK)를 구한다.

COUNT(인수1, 인수2, ⋯) : 인수들에서 숫자가 들어 있는 개수를 구함

| 예제 | =COUNT(10,20,30) | 결과 | 3 |

COUNTA(인수1, 인수2, ⋯) : 인수들에서 공백을 제외한 인수의 개수를 구함

| 예제 | =COUNTA(가,나,다) | 결과 | 3 |

COUNTBLANK(범위) : 범위에서 공백인 셀의 개수를 구함

| 예제 | =COUNTBLANK(B3:B10) | 결과 | [B3:B10] 영역에서 공백의 개수를 구함 |

> **25년 출제**
>
> 상품코드[A3:A9]가 'S' 또는 'M'으로 끝나는 리뷰[B3:B9] 합계의 리뷰수 분포수 [F4:F8]를 표시하시오.
>
> [표 이미지]
>
> =FREQUENCY(IF((RIGHT(A3:A9,1)="S")+(RIGHT(A3:A9,1)="M"),B3:B9),E4:E8)
>
> ▲ 'TIP 함수.xlsx' 파일의 'FREQUENCY' 시트

## 09 조건에 맞는 셀의 개수(COUNTIF)를 구한다.

COUNTIF(조건 범위, 조건) : 조건 범위에서 조건에 맞는 셀의 개수를 구함

| 예제 | =COUNTIF(A1:A10,"영진") | 결과 | [A1:A10] 영역에서 "영진" 문자열이 입력된 셀 개수를 구함 |

## 10 도수 분포(어떤 구간에서 어느 정도 있는지)를 세로 배열 형태(FREQUENCY)로 구한다.

FREQUENCY(데이터 배열, 구간 배열) : 데이터의 도수 분포를 구함 (Ctrl + Shift + Enter로 완성)

| 예제 | =FREQUENCY(A1:A5,B1:B5) | 결과 | [A1:A5] 자료가 [B1:B5] 간격에 해당하는 분포수를 구함 |

⑪ 양수 데이터 집합의 기하 평균(GEOMEAN), 조화 평균(HARMEAN)을 구한다.

GEOMEAN(인수1, 인수2, …) : 양수 데이터 집합의 기하 평균을 구함
※ 기하 평균이란? ($\sqrt{AB}$)
여러 개의 수를 연속적으로 곱하여 그 개수의 거듭제곱근을 구한 수를 말하며, 보통 인구 성장률이나 경제 성장률을 구할 때 많이 사용한다.

예제) =GEOMEAN(1,49,8,7,11)    결과) 7.869649

HARMEAN(인수1, 인수2, …) : 양수 데이터 집합의 조화 평균을 구함
※ 조화 평균이란? (2AB/(A+B))
움직인 거리가 일정할 때의 평균 속력이나 음악에서 현의 길이와 음정 사이의 관계를 수로 표현했을 때 가장 조화로운 음의 탄생을 구할 때 사용한다.

예제) =HARMEAN(4,5,8,7,11,4,3)    결과) 5.028376

⑫ 범위에서 K번째 백분위수(PERCENTILE.INC)를 구한다.

PERCENTILE.INC(배열, K) : 배열(범위)에서 K번째 백분위 값을 구함
예 상위 20% 안에 든 사람만 합격시키기 위한 커트라인 성적을 구할 때 사용
예제) =PERCENTILE.INC({1,2,3,4,5},0.8)    결과) 4.2

 25년 출제

친환경인증[A3:A11]별 판매량[B3:B11]의 백분위수 [E4:H6]를 구하시오.

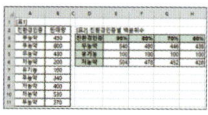

=PERCENTILE.INC(IF($A$3:$A$11=$D4,$B$3:$B$11),E$3)

▲ 'TIP 함수.xlsx' 파일의 'PERCENTILE' 시트

⑬ 조건을 만족하는 모든 셀의 평균(AVERAGEIF)을 반환한다.

AVERAGEIF(범위, 조건, 평균을 구할 범위) : 조건을 만족하는 모든 셀의 평균을 구함
예제) =AVERAGEIF(A2:A5,")250000",B2:B5)
결과) [A2:A5] 영역에서 250,000보다 큰 데이터의 [B2:B5] 영역에서 평균을 구함

⑭ 여러 조건을 만족하는 모든 셀의 평균(AVERAGEIFS)을 반환한다.

AVERAGEIFS(평균범위, 조건범위1, 조건1, 조건범위2, 조건2, …) : 여러 조건을 만족하는 모든 셀의 평균을 구함
예제) =AVERAGEIFS(B2:B5,B2:B5,"=>70",B2:B5,"=<90")
결과) [B2:B5] 영역에서 70 ~ 90의 조건에 해당된 데이터의 평균을 구함

⑮ 여러 범위에 걸쳐 조건을 적용하고 모든 조건에 만족하는 셀의 개수(COUNTIFS)를 반환한다.

COUNTIFS(조건 범위1, 조건1, 조건 범위2, 조건2, …) : 여러 범위에 걸쳐 조건을 적용하고 모든 조건에 만족하는 셀의 개수를 구함
예제) =COUNTIFS(B5:D5,"=예",B3:D3,"=예")
결과) 모든 조건에 만족한 셀의 개수를 구함

⑯ 숫자, 텍스트, 논리 값 등 인수 목록에서 최대값(MAXA)을 반환한다.

> MAXA(값1, 값2, 값3 ...) : 숫자, 텍스트, 논리 값 등 인수 목록에서 최대값을 구함
> 예제  =MAXA(0,0.1,TRUE)    결과  1 (True가 1임)

⑰ 숫자, 텍스트, 논리 값 등 인수 목록에서 최소값(MINA)을 반환한다.

> MINA(값1, 값2, 값3, ...) : 숫자, 텍스트, 논리 값 등 인수 목록에서 최소값을 구함
> 예제  =MINA(0.1, FALSE, 1)    결과  0(False가 0임)

---

**출제유형 ❶** '통계1' 시트에서 다음 과정을 수행하고 저장하시오.

❶ [표1]에서 직급[C3:C11]이 '대리'가 아닌 사원수를 [D11] 셀에 계산하시오.
  ▶ 계산된 사원수 뒤에 "명"을 포함하여 표시 [표시 예 : 3명]
  ▶ SUMIF, COUNTIF, AVERAGEIF 함수 중 알맞은 함수와 & 연산자 사용

❷ [표2]에서 커뮤니케이션[H3:H9], 회계[I3:I9], 경영전략[J3:J9]이 모두 80 이상인 학생 수를 [J11] 셀에 계산하시오.
  ▶ COUNT, COUNTIF, COUNTIFS 함수 중 알맞은 함수 사용

❸ [표3]에서 상여금[E15:E22]이 1,500,000 보다 크면서 기본급이 기본급의 평균 이상인 인원수를 [E24] 셀에 표시하시오.
  ▶ 계산된 인원 수 뒤에 '명'을 포함하여 표시 [표시 예 : 2명]
  ▶ AVERAGE, COUNTIFS 함수와 & 연산자 사용

❹ [표4]에서 홈런[I15:I23]이 40개 이상인 선수들의 삼진[K15:K23] 평균을 계산하여 [K24] 셀에 표시하시오.
  ▶ COUNTIF, SUMIF, AVERAGEIF 중 알맞은 함수를 선택하여 사용

❺ [표5]에서 생산품(C)[D29:D38]의 표준편차[E30]를 구하시오.
  ▶ 표준편차는 소수점 이하 2자리에서 내림하여 1자리까지 표시 [표시 예 : 123.45 → 123.4]
  ▶ ROUNDDOWN과 STDEV.S 함수 사용

❻ [표6]에서 점수[I29:I38] 중 세 번째로 높은 점수를 3위점수[J29]에 표시하시오.
  ▶ 숫자 뒤에 "점"을 표시 [표시 예 : 90점]
  ▶ LARGE, MAX, SMALL, MIN 중 알맞은 함수와 & 연산자 사용

① [D11] 셀에 =COUNTIF(C3:C11,"〈〉대리")&"명"를 입력한다.

> 💬 **함수 설명**  =COUNTIF(C3:C11,"〈〉대리")&"명"
> [C3:C11] 영역에서 '대리'가 아닌 값의 개수를 구한 후에 '명'을 붙여서 표시한다.

② [J11] 셀에 =COUNTIFS(H3:H9,">=80",I3:I9,">=80",J3:J9,">=80")를 입력한다.

> 💬 **함수 설명** =COUNTIFS(H3:H9,">=80",I3:I9,">=80",J3:J9,">=80")
> [H3:H9] 영역에서 80 이상이고, [I3:I9] 영역에서 80 이상이고, [J3:J9] 영역에서 80 이상인 개수를 구한다.

③ [E24] 셀에 =COUNTIFS(E15:E22,">1500000",D15:D22,">="&AVERAGE(D15:D22))&"명"를 입력한다.

> 💬 **함수 설명** =COUNTIFS(E15:E22,">1500000",D15:D22,">="&AVERAGE(D15:D22))&"명"
> [E15:E22] 영역에서 1500000 보다 크고, [D15:D22] 영역에서 평균 이상인 개수를 구한 후에 '명'을 붙여서 표시한다.

④ [K24] 셀에 =AVERAGEIF(I15:I23,">=40",K15:K23)를 입력한다.

> 💬 **함수 설명** =AVERAGEIF(I15:I23,">=40",K15:K23)
> 홈런 [I15:I23] 영역에서 40 이상인 삼진 [K15:K23] 영역의 값의 평균을 구한다.

⑤ [E30] 셀에 =ROUNDDOWN(STDEV.S(D29:D38),1)를 입력한다.

> 💬 **함수 설명** =ROUNDDOWN(STDEV.S(D29:D38),1)
>        ①
> ① STDEV.S(D29:D38) : [D29:D38] 영역의 표준편차를 구한다.
>
> =ROUNDDOWN(①,1) : ①의 값을 내림하여 소수 이하 한자리로 표시한다.

⑥ [J29] 셀에 =LARGE(I29:I38,3)&"점"를 입력한다.

> 💬 **함수 설명** =LARGE(I29:I38,3)&"점"
> 점수 [I29:I38] 영역에서 3번째로 큰 값을 구한 후에 '점'을 붙여 표시한다.

## 풀이결과

| | A | B | C | D | E | F | G | H | I | J | K | L |
|---|---|---|---|---|---|---|---|---|---|---|---|---|
| 1 | [표1] | 사원 관리 현황 | | | | | [표2] | 학생별 성적 | | | | |
| 2 | 성명 | 부서명 | 직급 | | | | 학생명 | 커뮤니케이션 | 회계 | 경영전략 | | |
| 3 | 최진희 | 생산부 | 부장 | | | | 유창상 | 75 | 85 | 98 | | |
| 4 | 이종철 | 생산부 | 대리 | | | | 김현수 | 68 | 86 | 88 | | |
| 5 | 서경화 | 생산부 | 사원 | | | | 한경수 | 78 | 80 | 90 | | |
| 6 | 이상연 | 관리부 | 부장 | | | | 정수연 | 63 | 79 | 99 | | |
| 7 | 김광연 | 관리부 | 대리 | | | | 최경철 | 83 | 85 | 97 | | |
| 8 | 손예진 | 관리부 | 사원 | | | | 오태환 | 65 | 77 | 98 | | |
| 9 | 정찬우 | 판매부 | 과장 | | | | 임장미 | 105 | 99 | 89 | | |
| 10 | 한국인 | 판매부 | 대리 | 대리가 아닌 사원수 | | | | | | | | |
| 11 | 김영환 | 판매부 | 사원 | | 6명 | | 모든 과목이 80 이상인 학생 수 | | | 2 | | |
| 12 | | | | | | | | | | | | |
| 13 | [표3] | 급여 현황 | | | | | [표4] | 선수별 성적 현황 | | | | |
| 14 | 이름 | 부서 | 직위 | 기본급 | 상여금 | | 선수명 | 안타 | 홈런 | 도루 | 삼진 | |
| 15 | 박명덕 | 영업부 | 부장 | 3,560,000 | 2,812,000 | | 이승엽 | 165 | 45 | 9 | 120 | |
| 16 | 주민경 | 생산부 | 과장 | 3,256,000 | 2,126,000 | | 이용규 | 148 | 12 | 35 | 94 | |
| 17 | 태진형 | 총무부 | 사원 | 2,560,000 | 1,582,000 | | 최형욱 | 117 | 48 | 12 | 106 | |
| 18 | 최민수 | 생산부 | 대리 | 3,075,000 | 1,868,000 | | 박해만 | 135 | 19 | 42 | 97 | |
| 19 | 김평주 | 생산부 | 주임 | 2,856,000 | 1,540,000 | | 김태굴 | 142 | 51 | 11 | 114 | |
| 20 | 한서라 | 영업부 | 사원 | 2,473,000 | 1,495,000 | | 나선범 | 135 | 49 | 16 | 108 | |
| 21 | 이국선 | 총무부 | 사원 | 2,372,000 | 1,453,000 | | 박병훈 | 145 | 29 | 21 | 84 | |
| 22 | 송나정 | 영업부 | 주임 | 2,903,000 | 1,500,000 | | 강중호 | 135 | 22 | 10 | 106 | |
| 23 | | | | | | | 유한중 | 185 | 16 | 24 | 113 | |
| 24 | 상여금이 1,500,000원 보다 크면서, | | | | 3명 | | 홈런타자들의 평균 삼진수 | | | | 112 | |
| 25 | 평균기본급이상인 인원수 | | | | | | | | | | | |
| 26 | | | | | | | | | | | | |
| 27 | [표5] | 월별생산현황 | | | | | [표6] | 영어 듣기 평가 | | | | |
| 28 | 월 | 생산품(A) | 생산품(B) | 생산품(C) | 생산품(C) 표준편차 | | 성명 | 성별 | 점수 | 3위점수 | | |
| 29 | 1월 | 5535 | 6021 | 4831 | | | 강동구 | 남 | 87 | 95점 | | |
| 30 | 2월 | 5468 | 6871 | 5001 | 327.5 | | 우인정 | 여 | 95 | | | |
| 31 | 3월 | 5724 | 6278 | 4835 | | | 손수진 | 여 | 87 | | | |
| 32 | 4월 | 5689 | 6389 | 4297 | | | 염기일 | 남 | 99 | | | |
| 33 | 5월 | 5179 | 6172 | 5017 | | | 신민해 | 여 | 84 | | | |
| 34 | 6월 | 5348 | 6008 | 4983 | | | 양신석 | 남 | 95 | | | |
| 35 | 7월 | 5493 | 6217 | 4998 | | | 유해영 | 여 | 68 | | | |
| 36 | 8월 | 5157 | 6397 | 4328 | | | 이민호 | 남 | 78 | | | |
| 37 | 9월 | 5537 | 6284 | 4682 | | | 조정식 | 남 | 82 | | | |
| 38 | 10월 | 5399 | 6316 | 4179 | | | 심수연 | 여 | 67 | | | |
| 39 | | | | | | | | | | | | |

▲ '통계1(결과)' 시트

### 출제유형 ❷ '통계2' 시트에서 다음 과정을 수행하고 저장하시오.

❶ [표1]에서 승점[E3:E12]을 기준으로 순위를 구하여 1위, 2위, 3위는 "결승진출", 나머지는 공백으로 결승[F3:F12]에 표시하시오.
  ▶ IF와 RANK.EQ 함수 사용

❷ [표2]에서 성별[I3:I11]이 "여"이면서 직위[J3:J11]가 "과장"인 사원들의 성과급 평균을 계산하여 [L12] 셀에 표시하시오.
  ▶ 성과급 평균은 천의 자리에서 반올림하여 만의 자리까지 표시
    [표시 예 : 123,456 → 120,000]
  ▶ ROUND와 AVERAGEIFS 함수 사용

❸ [표3]의 출석부[B16:E24] 영역에 "○"로 출석을 체크했다. "○" 개수가 1개이면 "25%", 2개이면 "50%", 3개이면 "75%", 4개이면 "100%"로 출석률[F16:F24] 영역에 표시하시오.
  ▶ CHOOSE와 COUNTA 함수 사용

❹ [표4]에서 하프 마라톤 기록[J16:J24]이 빠른 3명은 "입상"을, 그 외에는 공백을 결과 [K16:K24]에 표시하시오.
  ▶ IF와 SMALL 함수 사용

❺ [표5]에서 수금액[C28:C33]이 존재하는 수금건수를 산출하고 값 뒤에 '건'이 표시되도록 [C34] 셀에 표시하시오.
  ▶ COUNT와 & 연산자 사용
❻ [표6]에서 1일차부터 3일차까지의 기간[I28:K34]을 이용하여 방학 중 연수 기간 동안의 총 출석 횟수를 구하여 [J36] 셀에 표시하시오.
  ▶ [표시 예 : 3 → 3회]
  ▶ COUNTBLANK 함수와 & 연산자 이용

① [F3] 셀에 =IF(RANK.EQ(E3,$E$3:$E$12)<=3,"결승진출","")를 입력한 후 [F12] 셀까지 수식을 복사한다.

> **함수 설명** =IF(RANK.EQ(E3,$E$3:$E$12)<=3,"결승진출","")
>                        ①
> ① RANK.EQ(E3,$E$3:$E$12) : [E3] 셀의 값이 [E3:E12] 영역에서 순위를 구한다.
>
> =IF(①<=3,"결승진출","") : ①의 값이 3 이하이면 '결승진출'을 표시하고, 그 외에는 공백(" ")으로 표시한다.

② [L12] 셀에 =ROUND(AVERAGEIFS(L3:L11,I3:I11,"여",J3:J11,"과장"),-4)를 입력한다.

> **함수 설명** =ROUND(AVERAGEIFS(L3:L11,I3:I11,"여",J3:J11,"과장"),-4)
>                                    ①
> ① AVERAGEIFS(L3:L11,I3:I11,"여",J3:J11,"과장") : 성과금 [L3:L11] 영역의 평균을 구한다. 조건은 성별 [I3:I11]이 '여'이고, 직위 [J3:J11]가 '과장'인 조건에 만족한 성과금의 평균을 구한다.
>
> =ROUND(①,-4) : ①의 값을 천의 자리에서 반올림하여 천의 자리까지 0으로 표시한다.

📌 **기적의 TIP**

=ROUND(숫자, 자릿수)
자릿수(반올림하여 표시)
-1 : 55555 → 55560
-2 : 55555 → 55600
-3 : 55555 → 56000
-4 : 55555 → 60000

③ [F16] 셀에 =CHOOSE(COUNTA(B16:E16),"25%","50%","75%","100%")를 입력한 후 [F24] 셀까지 수식을 복사한다.

> **함수 설명** =CHOOSE(COUNTA(B16:E16),"25%","50%","75%","100%")
>                              ①
> ① COUNTA(B16:E16) : [B16:E16] 영역에서 공백이 아닌 셀의 개수를 구한다.
>
> =CHOOSE(①,"25%","50%","75%","100%") : ①의 1이면 '25%', 2이면 '50%', 3이면 '75%', 4이면 '100%'로 표시한다.

📌 **기적의 TIP**

"25%" 대신에 25%로 입력을 하였을 때 큰 따옴표("")로 묶어서 입력하지 않으면 숫자로 입력되어 0.25로 입력이 됩니다.

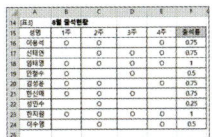

▲ '=CHOOSE(COUNTA(B16: E16),25%,50%,75%, 100%)'의 결과

④ [K16] 셀에 =IF(J16<=SMALL($J$16:$J$24,3),"입상","")를 입력한 후 [K24] 셀까지 수식을 복사한다.

> **함수 설명** =IF(J16<=SMALL($J$16:$J$24,3),"입상","")
>                              ①
> ① SMALL($J$16:$J$24,3) : [J16:J24] 영역에서 3번째로 작은 값을 구한다.
>
> =IF(J16<=①,"입상","") : [J16] 셀의 값이 ①보다 작거나 같다면(이하) '입상', 그 외에는 공백으로 표시한다.

⑤ [C34] 셀에 =COUNT(C28:C33)&"건"를 입력한다.

> **함수 설명** =COUNT(C28:C33)&"건"
> [C28:C33] 영역의 숫자들의 들어 있는 셀의 개수를 구한 후에 '건'을 붙여서 표시한다.

⑥ [J36] 셀에 =COUNTBLANK(I28:K34) & "회"를 입력한다.

> **함수 설명** =COUNTBLANK(I28:K34) & "회"
> [I28:K34] 영역에서 비어 있는 셀의 개수를 구한 후에 '회'를 붙여서 표시한다.

**풀이결과**

| | A | B | C | D | E | F | G | H | I | J | K | L |
|---|---|---|---|---|---|---|---|---|---|---|---|---|
| 1 | [표1] | 축구 경기대회 | | | | | | [표2] | 성과급 지급 현황 | | | |
| 2 | 팀명 | 승 | 무 | 패 | 승점 | 결승 | | 성명 | 성별 | 직위 | 호봉 | 성과급 |
| 3 | 바로세나 | 15 | 13 | 10 | 58 | 결승진출 | | 고회식 | 남 | 과장 | 4 | 4,800,000 |
| 4 | 레전드 | 7 | 15 | 16 | 36 | | | 조광회 | 남 | 대리 | 5 | 4,000,000 |
| 5 | 저스티스 | 24 | 9 | 5 | 81 | 결승진출 | | 이진녀 | 여 | 대리 | 5 | 4,000,000 |
| 6 | 잘차부러 | 14 | 12 | 12 | 54 | | | 최중성 | 남 | 과장 | 3 | 4,600,000 |
| 7 | 맨날차유 | 9 | 13 | 16 | 40 | | | 권지향 | 여 | 과장 | 2 | 4,500,000 |
| 8 | FC첼로 | 14 | 9 | 15 | 51 | | | 김영택 | 남 | 대리 | 1 | 3,200,000 |
| 9 | 레알와유 | 8 | 16 | 14 | 40 | | | 고인숙 | 여 | 과장 | 3 | 4,600,000 |
| 10 | AC미러 | 17 | 9 | 12 | 60 | 결승진출 | | 변효정 | 여 | 대리 | 2 | 3,400,000 |
| 11 | 발냄새로 | 13 | 11 | 14 | 50 | | | 정은경 | 여 | 대리 | 3 | 3,800,000 |
| 12 | 맨홀시티 | 7 | 13 | 18 | 34 | | | 직위가 과장인 여사원 성과급 평균 | | | | 4,550,000 |
| 13 | | | | | | | | | | | | |
| 14 | [표3] | 8월 출석현황 | | | | | | [표4] | 하프 마라톤 결과 | | | |
| 15 | 성명 | 1주 | 2주 | 3주 | 4주 | 출석률 | | 참가번호 | 나이 | 기록 | 결과 | |
| 16 | 이용석 | O | O | | | 75% | | 1001 | 29 | 1시간08분 | 입상 | |
| 17 | 신태연 | | O | O | O | 75% | | 1002 | 43 | 1시간32분 | | |
| 18 | 임태영 | O | O | O | O | 100% | | 1003 | 52 | 1시간24분 | | |
| 19 | 안철수 | | O | | O | 50% | | 1004 | 35 | 1시간21분 | | |
| 20 | 김성윤 | O | O | | O | 75% | | 1005 | 31 | 1시간03분 | 입상 | |
| 21 | 한신애 | O | O | O | | 75% | | 1006 | 34 | 1시간15분 | 입상 | |
| 22 | 성민수 | | O | | | 25% | | 1007 | 28 | 1시간26분 | | |
| 23 | 한지원 | O | O | O | O | 100% | | 1008 | 42 | 1시간19분 | | |
| 24 | 이수영 | | O | | O | 50% | | 1009 | 44 | 1시간21분 | | |
| 25 | | | | | | | | | | | | |
| 26 | [표5] | | | | | | | [표6] | 방학 중 연수 참석 현황 | | (결석표시 : X) | |
| 27 | 청구 번호 | 주문자 | 수금액 | | | | | 성명 | 1일차 | 2일차 | 3일차 | |
| 28 | A5024 | 김병수 | 193,908 | | | | | 김성호 | | X | X | |
| 29 | A7008 | 차인태 | | | | | | 고준명 | | | | |
| 30 | B8036 | 정구왕 | | | | | | 강길자 | X | | | |
| 31 | B3025 | 정재현 | 2,697,000 | | | | | 공성수 | | | X | |
| 32 | B7145 | 황진하 | | | | | | 박달자 | X | | | |
| 33 | A3096 | 이윤태 | 5,000,000 | | | | | 정성실 | | | | |
| 34 | 수금 건수 | | 3건 | | | | | 장영순 | X | X | X | |
| 35 | | | | | | | | | | | | |
| 36 | | | | | | | | 연수 기간 중 총 출석 횟수 | | 13회 | | |
| 37 | | | | | | | | | | | | |

▲ '통계2(결과)' 시트

# SECTION 05 찾기/참조 함수

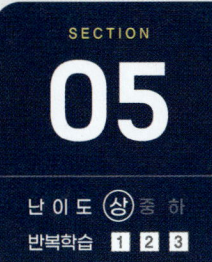

난이도 상 중 하
반복학습 1 2 3

**작업파일** [26컴활1급₩1권_스프레드시트₩이론] 폴더의 '06계산작업' 파일을 열어서 작업하시오.

## 01 검색값을 범위에서 찾아서 해당 위치에 있는 값을 추출한다.
### (VLOOKUP, HLOOKUP, LOOKUP, XLOOKUP)

VLOOKUP(검색값, 범위, 열번호, [검색 유형]) : 범위의 첫 열에서 검색값을 찾아, 지정한 열번호에서 같은 행에 있는 값을 표시

**옵션** 검색 유형
- TRUE(또는 생략) : 정확한 값이 없는 경우 근사값(검색값보다 작은 값 중에서 최대값을 찾음)을 표시
- FALSE(또는 0) : 정확하게 일치하는 값을 표시(없을 때 #N/A 에러값이 표시됨)

**예제** =VLOOKUP("배",A1:B3,2,0)　　**결과** 200
A열에서 "배"를 찾아 B열에서 같은 행에 있는 값(200)을 나타냄

| | A | B | C |
|---|---|---|---|
| 1 | 감 | 100 | |
| 2 | 배 | 200 | |
| 3 | 귤 | 300 | |
| 4 | | | |

HLOOKUP(검색값, 범위, 행번호, [검색 유형]) : 범위의 첫 행에서 검색값을 찾아, 지정한 행번호에서 같은 열에 있는 값을 표시

**예제** =HLOOKUP("귤",A1:C2,2,0)　　**결과** 300
1행에서 "귤"을 찾아 2행에서 같은 열에 있는 값(300)을 나타냄

| | A | B | C | D |
|---|---|---|---|---|
| 1 | 감 | 배 | 귤 | |
| 2 | 100 | 200 | 300 | |
| 3 | | | | |

LOOKUP(검색값, 검사범위, 대응범위) : 검사범위에서 검색값을 찾아 대응범위에서 같은 위치에 있는 값을 표시
LOOKUP(검색값, 배열) : 배열에서 첫째 행이나 열에서 검색값을 찾아 마지막 행이나 열의 같은 위치에 있는 값을 표시

**예제** ① =LOOKUP("감",A1:A3,B1:B3)　　**결과** 100
② =LOOKUP("감",A1:B3)
① [A1:A3]에서 "감"을 찾아 [B1:B3]에서 같은 위치에 있는 값(100)을 나타냄
② 첫째 열에서 "감"을 찾아 마지막 열의 같은 행에 있는 값(100)을 나타냄

| | A | B | C |
|---|---|---|---|
| 1 | 감 | 100 | |
| 2 | 배 | 200 | |
| 3 | 귤 | 300 | |
| 4 | | | |

=XLOOKUP(검색값, 검색할 범위, 반환할 범위, [if_not_found], [일치 모드], [검색 모드]) : 검색할 범위에서 검색값을 찾아 반환할 범위에서 값을 반환

**예제** =XLOOKUP("배",A2:C2,A1:C1)　　**결과** 200
[A2:C2]에서 "배"를 찾아 [A1:C1]에서 같은 위치 있는 값(200)을 나타냄

| | A | B | C | D |
|---|---|---|---|---|
| 1 | 100 | 200 | 300 | |
| 2 | 감 | 배 | 귤 | |
| 3 | | | | |

---

**🚩 기적의 TIP**

**VLOOKUP 검색 유형**
- TRUE(생략) : 참조하는 범위의 첫 번째 열이 정렬된 경우에 사용
- FALSE(0) : 참조하는 범위의 첫 번째 열이 정렬되지 않은 경우에 사용

**🚩 기적의 TIP**

- 참조하는 표가 수직(Vertical)으로 작성되어 있으면 VLOOKUP
- 참조하는 표가 수평(Horizontal)으로 작성되어 있으면 HLOOKUP
- VLOOKUP의 참조하는 표는 찾는 값이 첫 번째 열이 될 수 있도록 범위 지정
- HLOOKUP의 참조하는 표는 찾는 값이 첫 번째 행이 될 수 있도록 범위 지정

**🏛 25년 출제**

코드[A3:A9]에 납세자유형[B3:B9] 셀이 '개인'이면 11, '법인'이면 22로 표시하시오.

| | A | B |
|---|---|---|
| 1 | [표1] | |
| 2 | 코드 | 납세자유형 |
| 3 | 11 | 개인 |
| 4 | 22 | 법인 |
| 5 | 11 | 개인 |
| 6 | 22 | 법인 |
| 7 | 11 | 개인 |
| 8 | 11 | 개인 |
| 9 | 11 | 개인 |

=LOOKUP(B3,{"개인","법인"},{11,22})

▲ 'TIP 함수.xlsx' 파일의 'LOOKUP' 시트

## 02 참조의 행 수를 반환(ROWS)한다.

ROWS(배열) : 참조의 행 수를 반환함

예제) =ROWS(C1:E4)   결과) 4(1, 2, 3, 4의 행)

## 03 배열의 행과 열을 바꾸어(TRANSPOSE) 나타나게 한다.

TRANSPOSE(배열) : 배열의 수평/수직 방향을 서로 바꾸어 나타나게 함

예제) =TRANSPOSE(A1:B3)
(단, [D1:F2] 영역을 범위 지정하고 수식을 입력하고 Ctrl + Shift + Enter 를 눌러 완성)

| | A | B | C |
|---|---|---|---|
| 1 | 1 | 4 | |
| 2 | 2 | 5 | |
| 3 | 3 | 6 | |
| 4 | | | |

결과)

| | D | E | F | G |
|---|---|---|---|---|
| 1 | 1 | 2 | 3 | |
| 2 | 4 | 5 | 6 | |
| 3 | | | | |

> **25년 출제**
>
> 가중치[B3:B5]의 값을 열에서 행으로 바꾸어 [표2]에 표시하시오.
>
> =TRANSPOSE(B3:B5)
>
> ▲ 'TIP 함수.xlsx' 파일의 'TRANSPOSE' 시트

## 04 범위(배열)의 값에 대한 참조영역(INDEX), 지정한 행/열 수만큼 떨어진 참조영역(OFFSET)을 구한다.

INDEX(범위, 행 번호, 열 번호, 참조 영역 번호) : 표나 범위의 값이나 값에 대한 참조 영역을 구함

예제) =INDEX({1,2,3;4,5,6;7,8,9},1,3)   결과) 3 ($\begin{bmatrix} 1 & 2 & 3 \\ 4 & 5 & 6 \\ 7 & 8 & 9 \end{bmatrix}$ 에서 1행, 3열의 값)

OFFSET(기준, 행수, 열수, [높이], [폭]) : 기준으로부터 행 또는 열 수만큼 떨어진 곳에 있는 특정 높이와 너비의 참조 영역을 표시

예제) =OFFSET(A1,2,2,1,1)   결과) 9

[A1] 셀로부터 2행 아래로 이동[A3], 2열 이동하면 [C3] 셀에서 1행, 1열이므로 [C3] 셀의 값

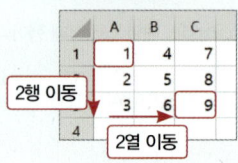

> **25년 출제**
>
> [표2]를 참조하여 행 위치[B3:B9], 열 위치[C3:C9] 값을 이용하여 제품명[D3:D9]을 찾아 표시하시오.
>
> =INDEX($B$13:$D$15,B3,C3)
>
> ▲ 'TIP 함수.xlsx' 파일의 'INDEX' 시트

> **25년 출제**
>
> [표2]를 참조하여 부서별[A3:A9] 평가항목[C3:H9]별 비율을 곱한 값의 합을 계산하여 평가결과[I3:I9]를 표시하시오.
>
>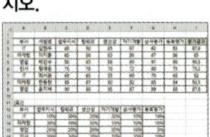
>
> =SUMPRODUCT(C3:H3, OFFSET($A$12,MATCH(A3, $A$16:$A$19,0),1,1,6))
>
> ▲ 'TIP 함수.xlsx' 파일의 'OFFSET' 시트

## 05 리스트에서 값을 선택(CHOOSE)한다.

CHOOSE(인덱스 번호, 값1, 값2, …) : 인덱스 번호에 위치에 있는 값을 구함

예제) =CHOOSE(2,"월","화","수")   결과) 화 (2번째에 해당하는 값)

## 06 일치하는 값의 상대 위치를 나타낸다.(MATCH, XMATCH)

- MATCH(검사값, 검사범위, [검사유형]) : 검사값을 검사범위에서 검색하여 대응하는 값이 있는 경우 상대적 위치를 나타냄

  옵션 검사유형
  - 1 : 검사값보다 작거나 같은 값 중에서 최대값을 찾음(단, 검사범위가 오름차순 정렬된 상태)
  - 0 : 검사값과 같은 첫째 값을 찾음
  - −1 : 검사값보다 크거나 같은 값 중에서 최소값을 찾음(단, 검사범위가 내림차순 정렬된 상태)

  예제 =MATCH("감",{"귤","감","배"},0)  결과 2

- =XMATCH(검색값, 검색 범위, [일치 모드], [검색 모드]) : 검색할 범위에서 검색값의 상대적 위치를 나타냄

  예제 =XMATCH("감",{"귤","감","배"})  결과 2

> **기적의 TIP**
>
> [일치 모드]
> 0 : 정확하게 일치하는 값(생략하면 0)
> −1 : 정확하게 일치하거나 다음으로 작은 항목
> 1 : 정확하게 일치하거나 다음으로 큰 항목
> 2 : 와일드카드 문자가 일치
>
> [검색 모드]
> 1 : 오름차순 검색(생략하면 1)
> −1 : 내림차순 검색
> 2 : 오름차순으로 이진검색
> −2 : 내림차순 검색으로 이진검색

## 07 행 번호, 열 번호를 이용하여 셀 주소(ADDRESS)를 확인한다.

- ADDRESS(행번호,열번호,참조유형) : 행 및 열 번호가 지정되었을 때 워크시트에서 셀의 주소를 확인함

  예제 =ADDRESS(2,3)  결과 $C$2(2행3열)

> **25년 출제**
>
> 상품코드[A3:A9]가 [A13:A15] 영역에서의 상대적인 위치 값을 구하시오.
>
>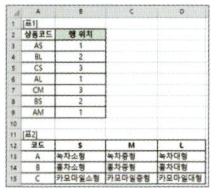
>
> =MATCH(A3, $A$13:$A$15,1)
>
> ▲ 'TIP 함수.xlsx' 파일의 'MATCH(행)' 시트

## 08 참조의 영역에 있는 영역 수(AREAS)를 반환한다.

- AREAS(참조) : 참조 영역에 있는 영역 수를 반환함

  예제 =AREAS((A1:B3,C1))  결과 2

## 09 참조 영역의 열 번호(COLUMN)를 나타낸다.

- COLUMN(참조) : 참조의 열 번호를 반환함

  예제 =COLUMN(C10)  결과 3(C는 세 번째 열)

## 10 참조 영역의 열 개수(COLUMNS)를 구한다.

- COLUMNS(배열) : 참조의 열 수를 반환함

  예제 =COLUMNS(C1:E4)  결과 3(C, D, E 3개의 열)

> **25년 출제**
>
> 상품코드[A3:A9] 오른쪽 한 글자가 [B12:D12] 영역에서의 상대적인 위치 값을 구하시오.
>
>
>
> =MATCH(RIGHT(A3,1), $B$12:$D$12, 0)
>
> ▲ 'TIP 함수.xlsx' 파일의 'MATCH(열)' 시트

## 11 텍스트 문자열로 지정된 참조(INDIRECT)를 반환한다.

- INDIRECT(참조할 텍스트) : 텍스트 문자열로 지정된 셀 주소를 돌려줌

  예제 =INDIRECT(A2)

  결과 [A2] 셀의 주소에 입력된 셀 주소를 찾아 입력된 값을 반환

**25년 출제**

세원코드[A3:A9]에 현재 행 번호 앞 뒤에 '-'를 연결하여 표시하시오.

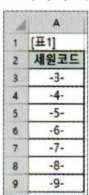

="-"&ROW()&"-"

▲ 'TIP 함수.xlsx' 파일의 'ROW' 시트

⑫ **참조의 행 번호를 반환(ROW)한다.**

- ROW(참조) : 참조의 행 번호를 반환함

 =ROW(C10)　　　　　　　　 10

> **출제유형 ❶** '찾기참조1' 시트에서 다음 과정을 수행하고 저장하시오.
>
> ❶ [표1]에서 주민등록번호[C3:C10]의 왼쪽에서 8번째 문자가 '1' 또는 '3' 이면 '남', '2' 또는 '4' 이면 '여'를 성별[D3:D10]에 표시하시오.
>   ▶ CHOOSE, MID 함수 사용
> ❷ [표2]에서 구입액[H3:H10]과 등급표[K7:L10]를 이용하여 등급[I3:I10]을 표시하시오.
>   ▶ VLOOKUP, HLOOKUP, INDEX 함수 중 알맞은 함수 사용
> ❸ [표3]에서 판매량[C14:C22]과 가격표[B25:D27]를 이용하여 판매총액[D14:D22]을 계산하시오.
>   ▶ 판매총액 = 판매량 × 할인가
>   ▶ 할인가는 의류코드와 〈가격표〉를 이용하여 산출
>   ▶ INDEX와 MATCH 함수 사용
> ❹ [표4]에서 직위[H14:H22]와 직위표[G25:J27]을 이용하여 직위별 수령액[J14:J22]을 구하시오.
>   ▶ 수령액 : 기본급 + 직위수당 + 가족수당
>   ▶ HLOOKUP, VLOOKUP, INDEX 중 알맞은 함수 사용

① [D3] 셀에 **=CHOOSE(MID(C3,8,1),"남","여","남","여")** 를 입력한 후 [D10] 셀까지 수식을 복사한다.

> **함수 설명** =CHOOSE(MID(C3,8,1),"남","여","남","여")
>                        ①
> ① MID(C3,8,1) : 주민등록번호[C3]에서 8번째부터 시작해서 1글자를 추출한다.
>
> =CHOOSE(①,"남","여","남","여") : ①의 값이 1이면 '남', 2이면 '여', 3이면 '남', 4이면 '여'로 표시한다.

② [I3] 셀에 **=VLOOKUP(H3,$K$7:$L$10,2)** 를 입력한 후 [I10] 셀까지 수식을 복사한다.

> **함수 설명** =VLOOKUP(H3,$K$7:$L$10,2)
> [H3] 셀의 값을 [K7:L10] 영역의 첫 번째 열에서 찾아 2번째 열(등급)에서 값을 찾아 표시한다.

③ [D14] 셀에 =C14*INDEX($B$26:$D$27,2,MATCH(A14,$B$25:$D$25,0))를 입력한 후 [D22] 셀까지 수식을 복사한다.

> **함수 설명** =C14*INDEX($B$26:$D$27,2,MATCH(A14,$B$25:$D$25,0))
>                                    ②                    ①
>
> ① MATCH(A14,$B$25:$D$25,0) : [A14] 셀의 값을 [B25:D25] 영역에서 일치하는 상대 위치 값을 반환한다.
> ② INDEX($B$26:$D$27,2,①) : [B26:D27] 영역에서 2번째 행에 ① 값의 열에 교차하는 값을 반환한다.
>
> =C14*② : [C14] 셀의 값에 ②를 곱한다.

④ [J14] 셀에 =HLOOKUP(H14,$G$25:$J$27,2,FALSE)+HLOOKUP(H14, $G$25:$J$27,3,FALSE)+I14를 입력한 후 [J22] 셀까지 수식을 복사한다.

> **함수 설명**
> =HLOOKUP(H14,$G$25:$J$27,2,FALSE)+HLOOKUP(H14,$G$25:$J$27,3,FALSE)+I14
>                   ①                                    ②
>
> ① HLOOKUP(H14,$G$25:$J$27,2,FALSE) : [H14] 셀의 값을 [G25:J27] 영역에서 첫 번째 행에서 값을 찾아 2번째 행에서 정확하게 일치하는 값을 찾는다.
> ② HLOOKUP(H14,$G$25:$J$27,3,FALSE) : [H14] 셀의 값을 [G25:J27] 영역에서 첫 번째 행에서 값을 찾아 3번째 행에서 정확하게 일치하는 값을 찾는다.
>
> =①+②+H14 : ①과 ②, [I14] 셀 값을 모두 더한다.

**풀이결과**

| | A | B | C | D | E | F | G | H | I | J | K | L | M |
|---|---|---|---|---|---|---|---|---|---|---|---|---|---|
| 1 | [표1] | | | | [표2] | 고객 관리 현황 | | | | | | | |
| 2 | 학번 | 이름 | 주민등록번호 | 성별 | | 고객명 | 구입횟수 | 구입액 | 등급 | | | | |
| 3 | M1602001 | 이민영 | 050218-4304567 | 여 | | 이유정 | 5 | 2,310,000 | 일반 | | | | |
| 4 | M1602003 | 박수진 | 071115-4356712 | 여 | | 김영아 | 4 | 3,564,000 | 실버 | | | | |
| 5 | M1602004 | 최만수 | 040723-3935645 | 남 | | 원유준 | 3 | 1,200,000 | 일반 | | <등급표> | | |
| 6 | M1602005 | 조용덕 | 061225-3328650 | 남 | | 안영환 | 7 | 3,756,000 | 실버 | | 금액 | 등급 | |
| 7 | M1602006 | 김태훈 | 051222-3264328 | 남 | | 조재현 | 9 | 5,550,000 | 골드 | | 1,000,000 | 일반 | |
| 8 | M1602007 | 편승주 | 070123-3652942 | 남 | | 손예진 | 11 | 7,542,000 | VIP | | 3,000,000 | 실버 | |
| 9 | M1602008 | 곽나래 | 041015-4685201 | 여 | | 김상식 | 8 | 4,685,000 | 실버 | | 5,000,000 | 골드 | |
| 10 | M1602002 | 도홍진 | 060802-3065821 | 남 | | 한승연 | 10 | 4,112,000 | 실버 | | 7,000,000 | VIP | |
| 11 | | | | | | | | | | | | | |
| 12 | [표3] | 의류 판매 현황 | | | [표4] | 급여지급현황 | | | | | | | |
| 13 | 의류코드 | 사이즈 | 판매량 | 판매총액 | | 사원명 | 부서 | 직위 | 가족수당 | 수령액 | | | |
| 14 | mk-101 | S | 315 | 8,032,500 | | 강백호 | 생산부 | 부장 | 500,000 | 4,180,000 | | | |
| 15 | mk-101 | M | 294 | 7,497,000 | | 김박사 | 경리부 | 대리 | 300,000 | 2,820,000 | | | |
| 16 | mk-101 | S | 357 | 9,103,500 | | 한국남 | 자재부 | 사원 | 250,000 | 2,150,000 | | | |
| 17 | mk-102 | M | 248 | 6,851,000 | | 현상범 | 생산부 | 대리 | 300,000 | 2,820,000 | | | |
| 18 | mk-102 | L | 323 | 8,922,875 | | 장애우 | 경리부 | 사원 | 250,000 | 2,150,000 | | | |
| 19 | mk-102 | M | 355 | 9,806,875 | | 금태우 | 기획부 | 과장 | 400,000 | 3,550,000 | | | |
| 20 | mk-103 | S | 385 | 11,365,200 | | 박대중 | 경리부 | 사원 | 250,000 | 2,150,000 | | | |
| 21 | mk-103 | M | 366 | 10,804,320 | | 김상염 | 기획부 | 부장 | 500,000 | 4,180,000 | | | |
| 22 | mk-103 | L | 374 | 11,040,480 | | 전환수 | 생산부 | 대리 | 300,000 | 2,820,000 | | | |
| 23 | | | | | | | | | | | | | |
| 24 | <가격표> | | | | [직위표] | | | | | | | | |
| 25 | 의류코드 | mk-101 | mk-102 | mk-103 | | 직위 | 사원 | 대리 | 과장 | 부장 | | | |
| 26 | 판매가 | 30,000 | 32,500 | 36,000 | | 기본급 | 1,800,000 | 2,400,000 | 3,000,000 | 3,500,000 | | | |
| 27 | 할인가 | 25,500 | 27,625 | 29,520 | | 직위수당 | 100,000 | 120,000 | 150,000 | 180,000 | | | |
| 28 | | | | | | | | | | | | | |

▲ '찾기참조1(결과)' 시트

### 출제유형 ❷ '찾기참조2' 시트에서 다음 과정을 수행하고 저장하시오.

❶ [표1]에서 사원코드[A3:A10]와 부서코드[B13:D14]를 이용하여 부서명[D3:D10]을 표시하시오.
  ▶ XLOOKUP와 LEFT 함수 사용
❷ [표2]에서 중간고사[G3:G9], 기말고사[H3:H9]와 학점기준표[G12:K14]를 참조하여 학점[I3:I9]을 계산하시오.
  ▶ 평균은 각 학생의 중간고사와 기말고사로 구함
  ▶ AVERAGE, HLOOKUP 함수 사용
❸ [표3]에서 [A18:A27] 영역에 함수를 이용하여 1, 2, 3 … 의 일련번호를 작성하고, [B17:D17] 영역에 함수를 이용하여 7월, 8월, 9월로 표시하시오.
  ▶ COLUMN, ROW 함수와 & 연산자 이용
❹ [표4]의 [G18:J21] 영역을 이용하여 부산에서 목포까지의 요금을 구하여 [H28] 셀에 표시하시오. 단, 출발지 [F18:F21]은 행, 도착지 [G17:J17]은 열로 참조한다.
  ▶ INDEX, XMATCH 함수 사용
❺ [표5]의 학년, 과목과 [표6]의 할인율표를 이용하여 [O3:O30] 영역에 학년과 과목에 따른 수강료 할인율을 계산하여 표시하시오.
  ▶ HLOOKUP, MATCH 함수 사용

① [D3] 셀에 =XLOOKUP(LEFT(A3,1),$B$13:$D$13,$B$14:$D$14)를 입력한 후 [D10] 셀까지 수식을 복사한다.

> 💬 **함수 설명** =XLOOKUP(LEFT(A3,1),$B$13:$D$13,$B$14:$D$14)
>                          ①
> ① LEFT(A3,1) : [A3] 셀의 값에서 왼쪽에서 한 글자만 추출한다.
>
> =XLOOKUP(①,$B$13:$D$13,$B$14:$D$14) : ①의 값을 [B13:D13] 영역에서 찾아 [B14:D14] 영역에서 같은 위치에 있는 값을 반환한다.

> 📌 **기적의 TIP**
> HLOOKUP(lookup_value, table_array, row_index_num, [range_lookup])
> • lookup_value : 찾을 값
> • table_array : 표 범위
> • row_index_num : 가져올 행 번호
> • [range_lookup] : [ ] 기호는 생략 가능, 단 정확하게 일치하는 값을 찾을 때에는 0 또는 false 입력

② [I3] 셀에 =HLOOKUP(AVERAGE(G3:H3),$G$12:$K$14,3,TRUE)를 입력한 후 [I9] 셀까지 수식을 복사한다.

> 💬 **함수 설명** =HLOOKUP(AVERAGE(G3:H3),$G$12:$K$14,3,TRUE)
>                              ①
> ① AVERAGE(G3:H3) : [G3:H3] 영역의 평균을 구한다.
>
> =HLOOKUP(①,$G$12:$K$14,3,TRUE) : ① 셀의 값을 [G12:K14] 영역에서 첫 번째 행에서 값을 찾아 3번째 행에서 근사 값을 찾는다. (0~59.9는 'F', 60~69.9는 'D', 70~79.9는 'C', 80~89.9는 'B', 90~100는 'A'.)

③ [A18] 셀에 =ROW()−17을 입력한 후 [A27] 셀까지 수식을 복사한다.

> 💬 **함수 설명** =ROW()−17
> ROW( )는 현재 셀의 행의 번호를 구한다. 현재 행(18)의 번호에 17을 빼서 숫자 1로 표시한다.

④ [B17] 셀에 =COLUMN()+5&"**월**"를 입력한 후 [D17] 셀까지 수식을 복사한다.

> 💬 **함수 설명** =COLUMN()+5&"**월**"
> COLUMN( )는 현재 셀의 열의 번호를 구한다. 현재 열(B)의 번호에 5를 더하여 '월'을 붙여서 7월을 표시한다.

⑤ [H28] 셀에 =INDEX(G18:J21,XMATCH(F28,$F$18:$F$21),XMATCH(G28, $G$17:$J$17))를 입력한다.

> 💬 **함수 설명** =INDEX(G18:J21,XMATCH(F28,$F$18:$F$21),XMATCH(G28,$G$17:$J$17))
>                                                    ①            ②
>
> ① XMATCH(F28,$F$18:$F$21) : [F28] 셀의 값을 [F18:F21] 영역에서 상대적 위치 값을 반환한다.
> ② XMATCH(G28,$G$17:$J$17) : [G28] 셀의 값을 [G17:J17] 영역에서 상대적 위치 값을 반환한다.
>
> =INDEX(G18:J21,①,②) : [G18:J21] 영역에서 ①의 값의 행 위치, ②의 값의 열 위치에 교차하는 값을 구한다.

⑥ [O3] 셀에 =HLOOKUP(M3,$R$3:$T$5,MATCH(N3, {"영어","수학"},−1)+1)를 입력하고 [O30] 셀까지 수식을 복사한다.

> 💬 **함수 설명** =HLOOKUP(M3,$R$3:$T$5,MATCH(N3,{"영어","수학"},−1)+1)
>                                                      ①
>
> ① MATCH(N3,{"영어","수학"},−1) : [N3] 셀의 값을 [영어, 수학] 순서에 값을 찾아 일치하는 순서의 값을 반환한다. [N3] 셀의 값이 영어는 1, 수학은 2, 국어는 2로 값이 반환된다.
>
> =HLOOKUP(M3,$R$3:$T$5,①+1) : [M3] 셀의 값을 [R3:T5] 영역의 첫 번째 행에서 값을 찾아 ①+1의 행에서 값을 찾아 반환한다.

## 풀이결과

| | A | B | C | D | E | F | G | H | I | J | K |
|---|---|---|---|---|---|---|---|---|---|---|---|
| 1 | [표1] | | 사원 관리 현황 | | | [표2] | | | | | |
| 2 | 사원코드 | 성별 | 직위 | 부서명 | | 성명 | 중간고사 | 기말고사 | 학점 | | |
| 3 | P-101 | 여 | 부장 | 생산부 | | 김미정 | 85 | 90 | B | | |
| 4 | E-301 | 여 | 부장 | 관리부 | | 서진수 | 65 | 70 | D | | |
| 5 | B-501 | 남 | 부장 | 영업부 | | 박주영 | 70 | 95 | B | | |
| 6 | P-103 | 남 | 대리 | 생산부 | | 원영현 | 90 | 75 | B | | |
| 7 | B-503 | 여 | 대리 | 영업부 | | 오선영 | 60 | 75 | D | | |
| 8 | B-504 | 남 | 사원 | 영업부 | | 최은미 | 95 | 85 | A | | |
| 9 | E-303 | 여 | 사원 | 관리부 | | 박진희 | 70 | 85 | C | | |
| 10 | P-104 | 여 | 사원 | 생산부 | | | | | | | |
| 11 | | | | | | 학점기준표 | | | | | |
| 12 | <부서코드> | | | | | 평균 | 0 이상 | 60 이상 | 70 이상 | 80 이상 | 90 이상 |
| 13 | 코드 | P | B | E | | | 60 미만 | 70 미만 | 80 미만 | 90 미만 | 100 이하 |
| 14 | 부서명 | 생산부 | 영업부 | 관리부 | | 학점 | F | D | C | B | A |
| 15 | | | | | | | | | | | |
| 16 | [표3] | 평균기온 | | | | [표4] | 시외버스 요금표 | | | | |
| 17 | 번호 월 | 7월 | 8월 | 9월 | | | 서울 | 청주 | 부산 | 목포 | |
| 18 | 1 | 25.9 | 26.7 | 21.2 | | 서울 | 3,000 | 8,000 | 25,000 | 28,000 | |
| 19 | 2 | 26.1 | 26.6 | 23.3 | | 청주 | 8,000 | 2,000 | 18,000 | 20,000 | |
| 20 | 3 | 27.8 | 28.4 | 24.7 | | 부산 | 25,000 | 18,000 | 2,500 | 15,000 | |
| 21 | 4 | 26.1 | 27.9 | 24.3 | | 목포 | 28,000 | 20,000 | 15,000 | 2,000 | |
| 22 | 5 | 26.6 | 27.2 | 21.9 | | | | | | | |
| 23 | 6 | 25.8 | 27.1 | 23.2 | | <지역코드표> | | | | | |
| 24 | 7 | 24.2 | 25.3 | 21.3 | | 지역 | 서울 | 청주 | 부산 | 목포 | |
| 25 | 8 | 24.6 | 25.6 | 20.5 | | 코드 | 1 | 2 | 3 | 4 | |
| 26 | 9 | 26.1 | 25.9 | 22.3 | | | | | | | |
| 27 | 10 | 25.9 | 26.3 | 21.9 | | 출발지 | 도착지 | 부산-목포 요금 | | | |
| 28 | | | | | | 부산 | 목포 | 15,000 | | | |
| 29 | | | | | | | | | | | |

| | M | N | O | P | Q | R | S | T | U |
|---|---|---|---|---|---|---|---|---|---|
| 1 | [표5] | | | | | | | | |
| 2 | 학년 | 과목 | 수강료할인율 | | [표6] 할인율표 | | | | |
| 3 | 고1 | 수학 | 25% | | 과목 | 고1 | 고2 | 고3 | |
| 4 | 고3 | 영어 | 5% | | 영어 | 15% | 10% | 5% | |
| 5 | 고1 | 국어 | 25% | | 기타 | 25% | 20% | 10% | |
| 6 | 고3 | 수학 | 10% | | | | | | |
| 7 | 고2 | 영어 | 10% | | | | | | |
| 8 | 고2 | 수학 | 20% | | | | | | |
| 9 | 고2 | 수학 | 20% | | | | | | |
| 10 | 고3 | 수학 | 10% | | | | | | |
| 11 | 고3 | 국어 | 10% | | | | | | |
| 12 | 고3 | 수학 | 10% | | | | | | |
| 13 | 고2 | 국어 | 20% | | | | | | |
| 14 | 고1 | 영어 | 15% | | | | | | |
| 15 | 고1 | 영어 | 15% | | | | | | |
| 16 | 고3 | 국어 | 10% | | | | | | |
| 17 | 고1 | 국어 | 25% | | | | | | |
| 18 | 고2 | 국어 | 20% | | | | | | |
| 19 | 고3 | 국어 | 10% | | | | | | |
| 20 | 고2 | 영어 | 10% | | | | | | |
| 21 | 고3 | 영어 | 5% | | | | | | |
| 22 | 고3 | 영어 | 5% | | | | | | |
| 23 | 고3 | 영어 | 5% | | | | | | |
| 24 | 고3 | 국어 | 10% | | | | | | |
| 25 | 고3 | 국어 | 10% | | | | | | |
| 26 | 고3 | 수학 | 10% | | | | | | |
| 27 | 고3 | 수학 | 10% | | | | | | |
| 28 | 고3 | 국어 | 10% | | | | | | |
| 29 | 고2 | 영어 | 10% | | | | | | |
| 30 | 고2 | 수학 | 20% | | | | | | |
| 31 | | | | | | | | | |

▲ '찾기참조2(결과)' 시트

## + 더 알기 TIP

### MATCH 함수의 참조할 영역 {영어, 수학}에 대해 이해하기

과목은 영어, 수학, 국어
영어는 학년별 할인율 선택
수학, 국어는 기타 학년별 할인율 선택

MATCH 함수에 참조할 영역으로 영어, 기타[Q4:Q5]로 지정하면 정확한 값이 나오지 않는다.

예를 들어 =MATCH(N3,$Q$4:$Q$5,-1)
찾을 값 : 수학[N3]
참조 범위 : 영어, 기타[Q4:Q5]
타입 : 내림차순(-1)
수학을 '영어', '기타'에서 내림차순으로 참조하게 되면 '보다 큼'으로 영어의 상대적 위치 값(1)을 반환한다.

문제에서 '기타'라고 제시하는 것은 수학과 국어는 기타 할인율을 적용하라고 제시한 문구이지 꼭 그 부분을 참조해서 작성하는 것은 아니다. 물론, 앞에서 실습한 예제에서는 범위를 참조하여 값을 찾을 수 있는 문제였지만, 난이도를 높여서 직접 참조할 값을 입력하여 작성할 수 있는지를 평가하기 위해 출제된 문제이다.

영어는 따로 분리하여 MATCH 함수를 통해 1의 값이 반환되고, 수학, 국어는 2의 값이 반환이 되려면 영어, 수학, 국어로 내림차순으로 나열하였을 때, 영어는 1의 값을 반환, 수학은 2의 값을 반환, 국어는 보다 큼을 참조하여 2의 값을 반환될 수 있도록 참조영역에 {영어, 수학}을 작성한다.
MATCH 함수에서 타입에 -1을 넣으면 내림차순으로 보다 큰 값을 참조하여 값을 반환한다.

---

**출제유형 ③** '찾기참조3' 시트에서 다음 과정을 수행하고 저장하시오.

❶ [표1]의 결제방법, 할부기간과 [표2]의 할부기간별 수수료율을 이용하여 [F3:F13] 영역에 지불수수료를 계산하여 표시하시오.
  ▶ 지불수수료 = 매출액 × 수수료율
  ▶ 결제방법에서 "한국카드"를 제외한 나머지 카드는 "기타카드"로 처리
  ▶ HLOOKUP, MATCH 함수 사용

❷ [표5]의 지역, 전용면적과 [표3]의 청약가능액을 이용하여 [J3:J20] 영역에 지역과 전용면적에 따른 청약가능액을 계산하여 표시하시오.
  ▶ INDEX, MATCH 함수 사용

❸ [표4]를 참조하여 [표6]의 [I25:I29] 영역에 타이틀명을 구하여 표시하시오.
  ▶ 타이틀명은 DVD코드의 마지막 두 문자에 따라 다르며, [A28:E29] 영역의 [표4]를 참조하여 계산
  ▶ RIGHT, LOOKUP, VLOOKUP, HLOOKUP 중 알맞은 함수 사용

❹ [표7]의 TOEIC, 컴퓨터, 전공2와 [표8]을 이용하여 [Q3:Q25] 영역에 평가를 계산하여 표시하시오.
  ▶ 평가는 [표8]의 [M28:Q29]을 참조하여 계산
  ▶ 평균은 TOEIC에 0.3, 컴퓨터에 0.2, 전공2에 0.5를 곱해 더한 값으로 계산
  ▶ SUMPRODUCT, HLOOKUP 함수 이용

❺ [표9]의 회원코드와 [표10]을 이용하여 [T3:T20] 영역에 직업과 지역을 계산하여 표시하시오.
- 직업은 회원코드의 앞 두 글자와 [표10]을 이용하여 계산
- 지역은 회원코드의 뒤 세 글자를 4로 나눈 나머지가 0이면 "동부", 1이면 "서부", 2이면 "남부", 3이면 "북부"로 표시
- [표시 예 : 자영업(동부)]
- VLOOKUP, CHOOSE, MOD, RIGHT, LEFT 함수와 연산자 사용

> **기적의 TIP**
> - 결제방법은 한국카드, 대한카드, 나라카드
> - 대한카드, 나라카드는 기타카드 영역을 참조
> - MATCH 함수에 한국카드는 1
> - 대한카드, 나라카드는 2가 반환이 되려면 {한국카드,대한카드}로 작성하여 나라카드는 MATCH 함수 타입에 −1(내림차순)으로 보다 큼을 참조하여 대한카드를 참조하여 2의 값을 반환합니다.

① [F3] 셀에 =B3*HLOOKUP(E3,$B$16:$E$19,MATCH(C3,{"한국카드","대한카드"},−1)+2)를 입력한 후 [F13] 셀까지 수식을 복사한다.

> 💬 **함수 설명** =B3*HLOOKUP(E3,$B$16:$E$19,MATCH(C3,{"한국카드","대한카드"},−1)+2)
>                                                              ①
>
> ① MATCH(C3,{"한국카드","대한카드"},−1) : [C3] 셀의 값을 '한국카드', '대한카드'의 값에서 위치 값을 구한다. 한국카드이면 1, 대한카드 또는 그 외 내용은 2로 반환한다.
>
> =B3*HLOOKUP(E3,$B$16:$E$19,①+2) : [E3] 셀의 값을 [B16:E19] 영역의 첫 번째 행에서 찾아 ①값에 +2를 더한 행에서 값을 추출한 후에 [B3] 셀을 곱한 값을 구한다.

② [J3] 셀에 =INDEX($B$23:$E$25,MATCH(H3,$A$23:$A$25,0),MATCH(I3,$B$22:$E$22,1))를 입력한 후 [J20] 셀까지 수식을 복사한다.

> 💬 **함수 설명** =INDEX($B$23:$E$25,MATCH(H3,$A$23:$A$25,0),
>                                                ①
>                          MATCH(I3,$B$22:$E$22,1))
>                                    ②
>
> ① MATCH(H3,$A$23:$A$25,0) : [H3] 셀의 값이 [A23:A25] 영역에서 일치하는 값을 위치 값을 반환한다.
> ② MATCH(I3,$B$22:$E$22,1) : [I3] 셀의 값이 [B22:E22] 영역에서 작거나 같은 값 중에서 최대값을 찾아 위치 값을 반환한다.
>
> =INDEX($B$23:$E$25,①,②) : [B23:E25] 영역에서 ① 값의 행과 ② 값의 열에 교차하는 값을 반환한다.

> **기적의 TIP**
> - [B22:E22] 영역에 50㎡ 이상, 86㎡ 이상, ... 으로 표시되어 있지만, 실제로 입력된 값은 50, 86… 입력되어 있고, 셀 서식을 이용하여 서식이 적용되어 있습니다.

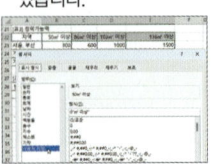

> - 마찬가지로 [I3:I20] 영역도 85㎡, 108㎡, ... 으로 표시되어 있지만, 실제로 입력된 값은 85, 108, … 으로 입력되어 있고, 셀 서식을 이용하여 서식이 적용되어 있습니다.

③ [I25] 셀에 =LOOKUP(RIGHT(H25,2)*1,$A$29:$E$29,$A$28:$E$28)를 입력한 후 [I29] 셀까지 수식을 복사한다.

> 💬 **함수 설명** =LOOKUP(RIGHT(H25,2)*1,$A$29:$E$29,$A$28:$E$28)
>                              ①                ③
>                          ②
>
> ① RIGHT(H25,2) : [H25] 셀의 값에서 오른쪽에서부터 2번째 값을 추출한다.
> ② ①*1 : ①의 값을 숫자 형식의 데이터로 변환한다.
> ③ LOOKUP(①*1,$A$29:$E$29,$A$28:$E$28) : ②의 값을 [A29:E29]에서 찾아 같은 열의 [A28:E28] 영역에서 값을 찾는다.

④ [Q3] 셀에 =HLOOKUP(SUMPRODUCT(N3:P3,{0.3,0.2,0.5}),$M$28:$Q$29,2)를 입력한 후 [Q25] 셀까지 수식을 복사한다.

> 💬 **함수 설명**  =HLOOKUP(SUMPRODUCT(N3:P3,{0.3,0.2,0.5}),$M$28:$Q$29,2)
> ①
>
> ① SUMPRODUCT(N3:P3,{0.3,0.2,0.5}) : [N3:P3]과 {0.3,0.2,0.5}을 곱한 값의 합을 구한다.
> (예 : [N3] * 0.3 + [O3] * 0.2 + [P3] * 0.5)
>
> =HLOOKUP(①,$M$28:$Q$29,2) : ①의 값을 [M28:Q29] 영역의 첫 번째 행에서 값을 찾아 2번째 행의 값을 반환한다.

⑤ [T3] 셀에 =VLOOKUP(LEFT(S3,2),$S$25:$T$29,2,FALSE)&"("&CHOOSE(MOD(RIGHT(S3,3),4)+1,"동부","서부","남부","북부")&")"를 입력한 후 [T20] 셀까지 수식을 복사한다.

> 💬 **함수 설명**  =VLOOKUP(LEFT(S3,2),$S$25:$T$29,2,FALSE)&
> ② ①
>             ④
>  "("&CHOOSE(MOD(RIGHT(S3,3),4)+1,"동부","서부","남부","북부")&")"
>                  ③
>                ⑤
>
> ① LEFT(S3,2) : [S3] 셀의 왼쪽에서부터 2글자를 추출한다.
> ② VLOOKUP(①,$S$25:$T$29,2,FALSE) : ①의 값을 [S25:T29] 영역에서 첫 번째 열에서 찾아 같은 행의 2번째 열에서 정확하게 일치하는 값을 추출한다.
> ③ RIGHT(S3,3) : [S3] 셀의 오른쪽에서부터 3글자를 추출한다.
> ④ MOD(③,4) : ③의 값을 4로 나눈 나머지를 구한다.
> ⑤ CHOOSE(④+1,"동부","서부","남부","북부") : ④의 값에 1을 더한 값이 1이면 '동부', 2이면 '서부', 3이면 '남부', 4이면 '북부'로 표시한다.
>
> =②&"("&⑤&")" : ②(⑤) 형식으로 표시한다.

> 🚩 **기적의 TIP**
>
> VLOOKUP(lookup_value, table_array, col_index_num, [range_lookup])
> • lookup_value : 찾을 값
> • table_array : 표 범위
> • col_index_num : 가져올 열 번호
> • [range_lookup] : [ ] 기호로 표시된 부분은 생략이 가능. 단 정확하게 일치하는 값을 찾을 때에는 0 또는 false를 입력합니다.

| | A | B | C | D | E | F | G | H | I | J |
|---|---|---|---|---|---|---|---|---|---|---|
| 1 | [표1] | | | | | | | [표5] | | |
| 2 | 주문코드 | 매출액 | 결제방법 | 적립률 | 할부기간 | 지불수수료 | | 지역 | 전용면적 | 청약가능액 |
| 3 | T004 | 1,650,000 | 나라카드 | 2% | 6 | 66,000 | | 서울, 부산 | 85㎡ | 300 |
| 4 | C005 | 1,560,000 | 한국카드 | 1% | 12 | 109,200 | | 기타광역시 | 108㎡ | 700 |
| 5 | V006 | 1,280,000 | 한국카드 | 3% | 3 | 38,400 | | 기타지역 | 59㎡ | 200 |
| 6 | C005 | 2,540,000 | 대한카드 | 2% | 12 | 152,400 | | 서울, 부산 | 108㎡ | 1000 |
| 7 | T001 | 3,210,000 | 나라카드 | 2% | 6 | 128,400 | | 서울, 부산 | 98㎡ | 600 |
| 8 | C003 | 6,210,000 | 한국카드 | 3% | 3 | 186,300 | | 기타광역시 | 98㎡ | 400 |
| 9 | V005 | 2,840,000 | 나라카드 | 1% | 12 | 170,400 | | 기타광역시 | 50㎡ | 250 |
| 10 | T005 | 5,130,000 | 나라카드 | 3% | 12 | 307,800 | | 기타지역 | 98㎡ | 300 |
| 11 | C005 | 857,000 | 대한카드 | 2% | 3 | 17,140 | | 기타지역 | 69㎡ | 200 |
| 12 | V006 | 5,840,000 | 한국카드 | 3% | 12 | 408,800 | | 기타광역시 | 59㎡ | 250 |
| 13 | V007 | 3,540,000 | 대한카드 | 1% | 6 | 141,600 | | 기타지역 | 84㎡ | 200 |
| 14 | | | | | | | | 서울, 부산 | 151㎡ | 1500 |
| 15 | [표2] 할부기간별 수수료율 | | | | | | | 기타광역시 | 104㎡ | 700 |
| 16 | 할부기간 | 0 | 3 | 6 | 12 | | | 서울, 부산 | 105㎡ | 1000 |
| 17 | | 2 | 6 | 11 | | | | 기타지역 | 98㎡ | 300 |
| 18 | 한국카드 | 0% | 3% | 5% | 7% | | | 서울, 부산 | 69㎡ | 300 |
| 19 | 기타카드 | 0% | 2% | 4% | 6% | | | 서울, 부산 | 105㎡ | 1000 |
| 20 | | | | | | | | 기타지역 | 113㎡ | 400 |
| 21 | [표3] 청약가능액 | | | | | | | | | |
| 22 | 지역 | 50㎡ 이상 | 86㎡ 이상 | 103㎡ 이상 | 136㎡ 이상 | | | | | |
| 23 | 서울, 부산 | 300 | 600 | 1000 | 1500 | | | [표6] | | |
| 24 | 기타광역시 | 250 | 400 | 700 | 1000 | | | DVD코드 | 타이틀명 | |
| 25 | 기타지역 | 200 | 300 | 400 | 500 | | | DVD-11 | 반지의 제왕 | |
| 26 | | | | | | | | DVD-22 | 해리포터 | |
| 27 | [표4] DVD 타이틀명 | | | | | | | DVD-33 | 호빗 | |
| 28 | 반지의 제왕 | 해리포터 | 호빗 | 토이스토리 | 박물관은 살아 있다 | | | DVD-44 | 토이스토리 | |
| 29 | 11 | 22 | 33 | 44 | 55 | | | DVD-55 | 박물관은 살아 있다 | |

| | L | M | N | O | P | Q | R | S | T |
|---|---|---|---|---|---|---|---|---|---|
| 1 | [표7] | | | | | | | [표9] | |
| 2 | 이름 | 학과코드 | TOEIC | 컴퓨터 | 전공2 | 평가 | | 회원코드 | 직업 |
| 3 | 최옥자 | B2 | 61 | 98 | 68 | C | | JA140 | 자영업(동부) |
| 4 | 송현우 | B1 | 86 | 66 | 87 | B | | JB571 | 회사원(북부) |
| 5 | 이욱현 | C2 | 84 | 70 | 59 | D | | JD367 | 공무원(북부) |
| 6 | 이창섭 | C2 | 64 | 59 | 53 | F | | JC664 | 의사(동부) |
| 7 | 김영란 | A2 | 92 | 87 | 90 | A | | JA188 | 자영업(동부) |
| 8 | 민들레 | B1 | 89 | 90 | 92 | A | | JC268 | 의사(동부) |
| 9 | 황유선 | B2 | 92 | 64 | 76 | C | | JA845 | 자영업(서부) |
| 10 | 손범수 | C2 | 79 | 94 | 69 | C | | JD977 | 공무원(서부) |
| 11 | 진양혜 | A1 | 65 | 73 | 82 | C | | JE386 | 변호사(남부) |
| 12 | 김건남 | B2 | 74 | 92 | 73 | C | | JC663 | 의사(북부) |
| 13 | 박성미 | C2 | 87 | 84 | 63 | C | | JC864 | 의사(동부) |
| 14 | 김광배 | A1 | 50 | 84 | 79 | C | | JA165 | 자영업(서부) |
| 15 | 이무열 | B2 | 76 | 80 | 89 | B | | JB398 | 회사원(남부) |
| 16 | 양창석 | B2 | 52 | 56 | 92 | C | | JC741 | 의사(서부) |
| 17 | 배유정 | C1 | 56 | 99 | 75 | C | | JB661 | 회사원(서부) |
| 18 | 심상섭 | A2 | 97 | 98 | 85 | A | | JA219 | 자영업(북부) |
| 19 | 권은영 | B2 | 68 | 50 | 89 | C | | JB336 | 회사원(동부) |
| 20 | 이숙영 | B1 | 77 | 89 | 92 | B | | JB643 | 회사원(북부) |
| 21 | 한영희 | C1 | 55 | 68 | 66 | D | | | |
| 22 | 오성식 | A1 | 52 | 78 | 60 | D | | | |
| 23 | 김상철 | B1 | 76 | 65 | 88 | C | | [표10] | |
| 24 | 서호형 | A1 | 85 | 97 | 89 | B | | 코드 | 직업 |
| 25 | 이창명 | C1 | 71 | 97 | 68 | C | | JA | 자영업 |
| 26 | | | | | | | | JB | 회사원 |
| 27 | [표8] | | | | | | | JD | 공무원 |
| 28 | 평균 | 0 | 60 | 70 | 80 | 90 | | JC | 의사 |
| 29 | 평가 | F | D | C | B | A | | JE | 변호사 |

▲ '찾기참조3(결과)' 시트

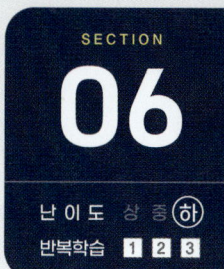

# 날짜/시간 함수

**작업파일** [26컴활1급₩1권_스프레드시트₩이론] 폴더의 '06계산작업' 파일을 열어서 작업하시오.

## 01 연(YEAR), 월(MONTH), 일(DAY)을 구한다.

YEAR(일련번호 또는 날짜 문자열) : 날짜의 연도 부분만 구함
예제  =YEAR("2026/4/22")    결과  2026

MONTH(일련번호 또는 날짜 문자열) : 날짜의 월 부분만 구함
예제  =MONTH("2026/4/22")    결과  4

DAY(일련번호 또는 날짜 문자열) : 날짜의 일자 부분만 구함
예제  =DAY("2026/4/22")    결과  22

## 02 시(HOUR), 분(MINUTE), 초(SECOND)를 구한다.

HOUR(일련번호 또는 시간 문자열) : 시간의 시 부분만 구함
예제  =HOUR("16:13:15")    결과  16

MINUTE(일련번호 또는 시간 문자열) : 시간의 분 부분만 구함
예제  =MINUTE("16:13:15")    결과  13

SECOND(일련번호 또는 시간 문자열) : 시간의 초 부분만 구함
예제  =SECOND("16:13:15")    결과  15

## 03 현재 날짜(TODAY), 현재 날짜와 시간(NOW)을 구한다.

TODAY( ) : 컴퓨터 시스템의 현재 날짜를 구함
예제  =TODAY( )    결과  2026-01-01 (현재 날짜가 출력됨)

NOW( ) : 컴퓨터 시스템의 현재 날짜와 시간을 구함
예제  =NOW( )    결과  2026-01-01 12:30(현재 날짜와 시간이 출력됨)

## 04 날짜(DATE)와 시간(TIME)을 구한다.

DATE(연,월,일) : 지정한 연, 월, 일로 날짜 데이터를 만듦
예제  =DATE(2026,5,10)    결과  2026-5-10

TIME(시,분,초) : 지정한 시, 분, 초로 시간 데이터를 만듦
예제  =TIME(12,30,30)    결과  12:30 PM

**05** 요일(WEEKDAY)의 일련번호를 구한다.

WEEKDAY(날짜 문자열, 종류) : 날짜 문자열의 요일 일련 번호를 구함
[옵션] 종류
• 1 : 일요일을 1로 시작    • 2 : 월요일을 1로 시작    • 3 : 월요일을 0으로 시작
[예제] =WEEKDAY("2026-10-19",2)    [결과] 1(1은 월요일을 뜻함)

---

> **25년 출제**
>
> 기준일자(2025-12-31)와 입사일자1[B3:B9]의 일수의 차이를 계산하여 일수[A3:A9]에 표시하시오.
>
> | 일수 | 입사일자1 | 입사일자2 |
> |---|---|---|
> | 1811 | 2021-01-15 | 2021.01.15 |
> | 1379 | 2022-03-23 | 2022.03.23 |
> | 1670 | 2021-06-05 | 2021.06.05 |
> | 499 | 2024-08-19 | 2024.08.19 |
> | 781 | 2023-11-11 | 2023.11.11 |
> | 1434 | 2022-01-27 | 2022.01.27 |
> | 657 | 2024-03-14 | 2024.03.14 |
>
> =DAYS("2025-12-31",B3)
>
> ▲ 'TIP 함수.xlsx' 파일의 'DAYS' 시트

**06** 두 날짜 사이의 일 수(DAYS)를 반환한다.

DAYS(종료 날짜, 시작 날짜) : 종료 날짜에서 시작 날짜를 빼서 두 날짜 사이의 일 수를 계산
[예제] =DAYS("2026-10-30","2026-10-10")    [결과] 20

**07** 날짜 문자열(DATEVALUE)에 해당하는 일련 번호를 구한다.

DATEVALUE(날짜 문자열) : 문자열로 입력한 날짜에 해당하는 일련 번호를 구함
[예제] =DATEVALUE("2026-4-22")    [결과] 46134

**08** 개월 수를 더한 날짜(EDATE)의 일련번호를 구한다.

EDATE(시작 날짜, 개월 수) : 시작 날짜에 개월 수를 더한 날짜(EDATE)의 일련번호를 구함
[예제] =EDATE("2026-10-19",1)    [결과] 46345

**09** 개월 수를 더한 달의 마지막 날짜(EOMONTH)의 일련번호를 구한다.

EOMONTH(시작 날짜, 개월 수) : 시작 날짜에 개월 수를 더한 달의 마지막 날짜(EOMONTH)의 일련번호를 구함
[예제] =EOMONTH("2026-10-19",1)    [결과] 46356

**10** 두 날짜 사이의 전체 업무일 수(NETWORKDAYS)를 구하자.

NETWORKDAYS(시작 날짜, 끝 날짜, [휴일]) : 휴일을 제외한 시작 날짜와 끝 날짜 사이의 업무일 수를 구함
[예제] =NETWORKDAYS("2026-5-1","2026-5-31")    [결과] 21

**11** 날짜가 일 년 중 몇 번째 주인지 나타내는 숫자(WEEKNUM)를 구하자.

WEEKNUM(날짜, 요일을 결정할 숫자) : 특정 날짜의 주 번호를 반환함
[예제] =WEEKNUM("2026-1-1",1)    [결과] 1

⑫ 날짜 수를 더한 평일 수를 적용한 날짜(WORKDAY)의 일련번호를 구한다.

WORKDAY(시작 날짜, 날짜 수, [휴일]) : 시작 날짜에 날짜 수에서 주말이나 휴일을 제외한 평일 수를 적용한 날짜(WORKDAY)의 일련번호를 구함

예제  =WORKDAY("2026-1-1",31)  결과  46066

---

**출제유형 ❶** '날짜1' 시트에서 다음 과정을 수행하고 저장하시오.

❶ [표1]에서 주민등록번호[C3:C11]를 이용하여 생년월일[D3:D11]를 표시하시오.
 ▶ DATE와 MID 함수 사용

❷ [표2]에서 기준일[J1]과 입사일[H3:H11], 주민등록번호[I3:I11]를 이용하여 년차와 나이를 [J3:J11] 영역에 표시하시오.
 ▶ 년차 : 기준일 년도 − 입사일 년도
 ▶ 나이 : 기준일 년도 − (1900 + 주민등록번호 앞 2자리)
 ▶ [표시 예 : 입사일이 '2013년'이고 주민등록번호 '900101-123****'이면 '7년차(27)'로 표시]
 ▶ YEAR, LEFT 함수와 & 연산자 사용

❸ [표3]에서 휴가출발일[B15:B24]과 휴가일수[C15:C24]를 이용하여 회사출근일[D15:D24]를 표시하시오.
 ▶ 주말(토, 일요일)은 제외
 ▶ EDATE, WORKDAY 중 알맞은 함수를 선택하여 사용

❹ [표4]에서 생년월일[I15:I24]과 요일구분표[L16:M22]를 이용하여 태어난요일[J15:J24]을 표시하시오.
 ▶ VLOOKUP과 WEEKDAY 함수 사용
 ▶ 단, 월요일이 1로 시작하는 유형

---

① [D3] 셀에 =DATE(MID(C3,1,2),MID(C3,3,2),MID(C3,5,2))를 입력한 후 [D11] 셀까지 수식을 복사한다.

함수 설명  =DATE(MID(C3,1,2),MID(C3,3,2),MID(C3,5,2))
                    ①            ②            ③

① MID(C3,1,2) : 주민등록번호 [C3] 셀에서 첫 번째 시작하여 2글자를 추출한다.
② MID(C3,3,2) : 주민등록번호 [C3] 셀에서 3번째 시작하여 2글자를 추출한다.
③ MID(C3,5,2) : 주민등록번호 [C3] 셀에서 5번째 시작하여 2글자를 추출한다.

=DATE(①,②,③) : ①년 − ②월 − ③일의 날짜 형식으로 표시한다.

② [J3] 셀에 =YEAR($J$1)-YEAR(H3)&"년차("&YEAR($J$1)-(1900+LEFT(I3,2))&")"를 입력한 후 [J11] 셀까지 수식을 복사한다.

> **함수 설명** =YEAR($J$1)-YEAR(H3)&"년차("&YEAR($J$1)-(1900+LEFT(I3,2))&")"
> ② ④
> ① ③
>
> ① YEAR($J$1) : 기준일 [J1] 셀에서 년도를 추출한다.
> ② ①-YEAR(H3) : 기준일 년도 - 입사일자 년도를 뺀 값을 구한다.
> ③ 1900+LEFT(I3,2) : 1900에 주민등록번호[I3]에서 왼쪽의 2글자를 추출하여 더한다.
> ④ YEAR($J$1)-(③) : 기준일 [J1]에서 태어난 년도(1900 + 주민번호 2자리) 4자리를 뺀 값을 구한다.
>
> =②&"년차("&④&")" : ②년차(④) 로 년차와 나이를 표시한다.

③ [D15] 셀에 =WORKDAY(B15,C15)를 입력한 후 [D24] 셀까지 수식을 복사한다.

> **함수 설명** =WORKDAY(B15,C15)
> [B15]와 [C15] 사이의 주말과 휴일을 제외한 평일 수를 구한다.

④ [J15] 셀에 =VLOOKUP(WEEKDAY(I15,2),$L$16:$M$22,2,0)를 입력한 후 [J24] 셀까지 수식을 복사한다.

> **함수 설명** =VLOOKUP(WEEKDAY(I15,2),$L$16:$M$22,2,0)
> ①
>
> ① WEEKDAY(I15,2) : 생년월일[I15]의 요일 값을 숫자로 반환한다. 단, 월요일이 1, 화요일 2, 수요일 3, 목요일 4… 로 반환된다.
>
> =VLOOKUP(①,$L$16:$M$22,2,0) : ① 값을 [L16:M22] 영역의 첫 번째 열에서 찾아 2번째 열(등급)에서 값을 찾아 표시한다.

**풀이결과**

| | A | B | C | D | E | F | G | H | I | J | K | L | M | N |
|---|---|---|---|---|---|---|---|---|---|---|---|---|---|---|
| 1 | [표1] | 동호회 회원 현황 | | | | [표2] | 사원 관리 현황 | | | 기준일 : | 2025-01-02 | | | |
| 2 | 성명 | 지역 | 주민등록번호 | 생년월일 | | 사원명 | 직위 | 입사일 | 주민등록번호 | 년차(나이) | | | | |
| 3 | 윤정민 | 노원구 | 881201-1****** | 1988-12-01 | | 오장동 | 사원 | 2022-03-25 | 990621-123**** | 3년차(26) | | | | |
| 4 | 조인성 | 관악구 | 830725-1****** | 1983-07-25 | | 박한송 | 부장 | 2015-06-01 | 850101-235**** | 10년차(40) | | | | |
| 5 | 유현진 | 서초구 | 860903-1****** | 1986-09-03 | | 이하임 | 과장 | 2018-10-25 | 890511-257**** | 7년차(36) | | | | |
| 6 | 현상화 | 마포구 | 920817-2****** | 1992-08-17 | | 김진연 | 부장 | 2016-05-07 | 841204-154**** | 9년차(41) | | | | |
| 7 | 유시연 | 관악구 | 841113-2****** | 1984-11-13 | | 신명우 | 대리 | 2018-04-09 | 971012-146**** | 7년차(28) | | | | |
| 8 | 신선미 | 노원구 | 811023-2****** | 1981-10-23 | | 최은정 | 사원 | 2023-11-15 | 990725-248**** | 2년차(26) | | | | |
| 9 | 이동현 | 노원구 | 910103-1****** | 1991-01-03 | | 유선미 | 과장 | 2010-01-16 | 860904-215**** | 15년차(39) | | | | |
| 10 | 김강준 | 마포구 | 880802-1****** | 1988-08-02 | | 김소영 | 대리 | 2019-09-08 | 920424-242**** | 6년차(33) | | | | |
| 11 | 박혜리 | 서초구 | 900617-2****** | 1990-06-17 | | 한상진 | 대리 | 2017-08-13 | 931119-138**** | 8년차(32) | | | | |
| 12 | | | | | | | | | | | | | | |
| 13 | [표3] | 휴가 일정표 | | | | [표4] | 학생회 회원 정보 | | | | | | | |
| 14 | 성명 | 휴가출발일 | 휴가일수 | 회사출근일 | | 학년 | 반 | 성명 | 생년월일 | 태어난요일 | | [요일구분표] | | |
| 15 | 성소민 | 2025-04-01 | 4 | 2025-04-07 | | 5 | 1 | 김기영 | 2014-03-05 | 수요일 | | 구분 | 요일 | |
| 16 | 이수양 | 2025-04-01 | 8 | 2025-04-11 | | 5 | 2 | 황효주 | 2014-09-18 | 목요일 | | 1 | 월요일 | |
| 17 | 박세현 | 2025-04-01 | 5 | 2025-04-08 | | 5 | 3 | 강만석 | 2014-06-21 | 토요일 | | 2 | 화요일 | |
| 18 | 김성찬 | 2025-04-10 | 6 | 2025-04-18 | | 5 | 4 | 이유영 | 2014-12-01 | 월요일 | | 3 | 수요일 | |
| 19 | 장선욱 | 2025-04-10 | 7 | 2025-04-21 | | 5 | 5 | 최온경 | 2014-07-25 | 금요일 | | 4 | 목요일 | |
| 20 | 유석일 | 2025-04-10 | 9 | 2025-04-23 | | 6 | 1 | 조현우 | 2013-04-05 | 금요일 | | 5 | 금요일 | |
| 21 | 박수홍 | 2025-04-10 | 4 | 2025-04-16 | | 6 | 2 | 박지섭 | 2013-08-13 | 화요일 | | 6 | 토요일 | |
| 22 | 이수아 | 2025-04-16 | 8 | 2025-04-28 | | 6 | 3 | 김민희 | 2013-11-09 | 토요일 | | 7 | 일요일 | |
| 23 | 최수현 | 2025-04-16 | 5 | 2025-04-23 | | 6 | 4 | 이성영 | 2013-07-11 | 목요일 | | | | |
| 24 | 김송혁 | 2025-04-16 | 7 | 2025-04-25 | | 6 | 5 | 이동진 | 2013-08-08 | 목요일 | | | | |
| 25 | | | | | | | | | | | | | | |

▲ '날짜1(결과)' 시트

출제유형 ❷ '날짜2' 시트에서 다음 과정을 수행하고 저장하시오.

❶ [표1]에서 응시일[C3:C9]이 월요일부터 금요일이면 '평일', 그 외에는 '주말'로 요일[D3:D9]에 표시하시오.
  ▶ 단, 요일 계산 시 월요일이 1인 유형으로 지정
  ▶ IF, WEEKDAY 함수 사용
❷ [표2]에서 입사일자[H3:H9]와 현재날짜를 이용하여 근무년수[I3:I9]를 표시하시오.
  ▶ 근무년수 = 현재날짜의 연도 − 입사일자의 연도
  ▶ YEAR, TODAY 함수 사용
❸ [표3]에서 오늘부터 시험일시[B13:B20]까지의 남은 일수를 잔여일수[C13:C20]에 표시하시오.
  ▶ TODAY, DAYS 함수 사용
❹ [표4]에서 수업시간을 이용하여 입실시간[I13:I17]을 계산하고, 시간 뒤에 '시'를 포함하여 표시하시오.
  ▶ 입실시간은 매시 정각이며, 수업시간의 시에 해당
  ▶ [표시 예 : 23시]
  ▶ MONTH, HOUR 중 알맞은 함수와 연산자 & 사용

① [D3] 셀에 =IF(WEEKDAY(C3,2)<=5,"평일","주말")를 입력한 후 [D9] 셀까지 수식을 복사한다.

> 💬 **함수 설명** =IF(WEEKDAY(C3,2)<=5,"평일","주말")
>                           ①
> ① **WEEKDAY(C3,2)** : 응시일[C3]의 요일 값을 숫자로 반환한다. 단, 월요일이 1, 화요일 2, 수요일 3, 목요일 4... 로 반환된다.
>
> =IF(①<=5,"평일","주말") : 요일의 일련번호 값이 5보다 작거나 같으면(이하) '평일', 나머지는 '주말'로 표시한다.

② [I3] 셀에 =YEAR(TODAY())−YEAR(H3)를 입력한 후 [I9] 셀까지 수식을 복사한다.

> 💬 **함수 설명** =YEAR(TODAY())−YEAR(H3)
>                         ①
> ① **TODAY()** : 실습하는 날짜의 오늘 날짜를 구한다. (결과는 교재 내용과 다를 수 있다.)
>
> =YEAR(①)−YEAR(H3) : ①의 년도를 추출하여 입사일자[H3]의 년도를 추출하여 뺀 값을 구한다.

③ [I3:I9] 영역을 범위 지정한 후 마우스 오른쪽 버튼을 클릭한 후 [셀 서식]을 클릭한다.
④ [표시 형식]의 '일반'을 선택한 후 [확인]을 클릭한다.

⑤ [C13] 셀에 =DAYS(B13, TODAY())를 입력한 후 [C20] 셀까지 수식을 복사한다.

> 💬 **함수 설명** =DAYS(B13,TODAY())
>                                    ①
> ① TODAY() : 실습하는 날짜의 오늘 날짜를 구한다. (결과는 교재 내용과 다를 수 있다.)
>
> =DAYS(B13,①) : 시험일시에서 ①의 날짜를 뺀 일수를 구한다.

⑥ [I13] 셀에 =HOUR(H13)&"시"를 입력한 후 [I17] 셀까지 수식을 복사한다.

> 💬 **함수 설명** =HOUR(H13)&"시"
> [H13] 셀에서 시간만 추출하여 '시'를 붙여서 표시한다.

**기적의 TIP**

결과는 실습하는 년도와 날짜에 따라 달라질 수 있습니다. TODAY 함수는 실습하는 날짜를 이용하여 계산하기 때문에 달라집니다.

**풀이결과**

| | A | B | C | D | E | F | G | H | I |
|---|---|---|---|---|---|---|---|---|---|
| 1 | [표1] | 자격증 응시일 | | | | [표2] | 회원 관리 현황 | | |
| 2 | 응시지역 | 성명 | 응시일 | 요일 | | 이름 | 부서 | 입사일자 | 근무년수 |
| 3 | 광주 | 김종민 | 2025-05-15 | 평일 | | 공호철 | 영업부 | 2002-06-21 | 21 |
| 4 | 서울 | 강원철 | 2025-10-24 | 평일 | | 강장환 | 관리부 | 2017-06-14 | 6 |
| 5 | 안양 | 이진수 | 2025-03-05 | 평일 | | 신동숙 | 영업부 | 2001-10-07 | 22 |
| 6 | 부산 | 박정민 | 2025-08-17 | 주말 | | 이창명 | 총무부 | 2011-12-01 | 12 |
| 7 | 인천 | 한수경 | 2025-11-12 | 평일 | | 채경휘 | 경리부 | 2015-03-25 | 8 |
| 8 | 제주 | 유미진 | 2025-12-12 | 평일 | | 김길수 | 관리부 | 2012-04-09 | 11 |
| 9 | 대전 | 정미영 | 2025-02-25 | 평일 | | 강정미 | 총무부 | 2016-04-19 | 7 |
| 10 | | | | | | | | | |
| 11 | [표3] | | | | | [표4] | 대한학원 수강시간표 | | |
| 12 | 성명 | 시험일시 | 잔여일수 | | | 과목 | 요일 | 수업시간 | 입실시간 |
| 13 | 한가람 | 2026-05-21 | 1124 | | | 피아노 | 수요일 | 13:10 | 13시 |
| 14 | 김은철 | 2026-04-22 | 1095 | | | 바이올린 | 월요일 | 15:10 | 15시 |
| 15 | 고사리 | 2026-01-23 | 1006 | | | 주산 | 금요일 | 14:10 | 14시 |
| 16 | 박은별 | 2026-07-24 | 1188 | | | 영어 | 목요일 | 15:10 | 15시 |
| 17 | 성준서 | 2026-03-25 | 1067 | | | 미술 | 토요일 | 13:10 | 13시 |
| 18 | 이성연 | 2026-04-28 | 1101 | | | | | | |
| 19 | 박한나 | 2026-07-29 | 1193 | | | | | | |
| 20 | 이미리 | 2026-06-30 | 1164 | | | | | | |
| 21 | | | | | | | | | |

▲ '날짜2(결과)' 시트

**출제유형 ❸** '날짜3' 시트에서 다음 과정을 수행하고 저장하시오.

❶ [표1]의 시작일, 행사일과 [표2]를 이용하여 시작일과 행사일 사이의 작업일[D3:D18]을 계산하여 표시하시오.
  ▶ 공휴일은 [표2]를 이용
  ▶ 작업일이 0보다 작으면 공백으로 표시
  ▶ 작업일은 세 자리로 표시 [표시 예 : 작업일이 43일인 경우 → 043]
  ▶ NETWORKDAYS, TEXT, IF 함수 사용

❷ [표3]의 판매일과 [표2]의 공휴일을 이용하여 [표3]의 [J3:J19] 영역에 수선일을 계산하여 표시하시오.
  ▶ 수선일은 판매일에서 주말과 공휴일을 제외한 3일 후의 날로 계산
  ▶ 공휴일은 [표2]를 이용
  ▶ TEXT, WORKDAY 함수 이용
  ▶ [표시 예 : 판매일 2025-01-03 → 수선일 2025년 1월 8일 수요일]

❸ [표4]의 검침일을 이용하여 [M3:M18] 영역에 사용기간을 계산하여 표시하시오.
   ▶ 사용기간은 검침일의 한 달전 다음 날에서 검침일까지로 계산
     [표시 예 : 검침일이 03-05이면 사용기간은 02/06~03/05로 표시]
   ▶ EDATE, TEXT 함수와 & 연산자 이용
❹ [표6]의 판매가, 제조일, 보존기간(개월)과 [표5]를 이용하여 [S3:S24] 영역에 할인가를 계산하여 표시하시오.
   ▶ 할인가 = 판매가 × (1-할인율)
   ▶ 할인율은 (유통기한 - 기준일)/30을 기준으로 [표5]에서 찾아 계산
   ▶ 유통기한은 제조일에서 보존기간(개월)이 지난날로 계산
   ▶ VLOOKUP, EDATE, QUOTIENT 함수 사용

① [D3] 셀에 =IF(NETWORKDAYS($D$1,C3,$F$3:$F$10)<0,"",TEXT(NETWORKDAYS($D$1,C3,$F$3:$F$10),"000"))를 입력한 후 [D18] 셀까지 수식을 복사한다.

> 💬 **함수 설명** =IF(NETWORKDAYS($D$1,C3,$F$3:$F$10)<0,"",
>                                        ②
> TEXT(NETWORKDAYS($D$1,C3,$F$3:$F$10),"000"))
>                            ①
>
> ① NETWORKDAYS($D$1,C3,$F$3:$F$10) : 시작일[D1]에서 행사일[C3]까지 일수를 구하는데, [F3:F10] 영역의 공휴일을 뺀 일수를 구한다.
> ② TEXT(①,"000") : ①의 값을 숫자 세 자리로 표시한다.
>
> =IF(①<0,"",②) : ①의 값이 0보다 작으면 공백으로, 0보다 크거나 같으면 ② 형식으로 표시한다.

② [J3] 셀에 =TEXT(WORKDAY(I3,3,$F$3:$F$10),"yyyy년 m월 d일 aaaa")를 입력한 후 [J19] 셀까지 수식을 복사한다.

> 💬 **함수 설명** =TEXT(WORKDAY(I3,3,$F$3:$F$10),"yyyy년 m월 d일 aaaa")
>                            ①
>
> ① WORKDAY(I3,3,$F$3:$F$10) : [I3] 셀 날짜에서 작업일수(3일)에 해당한 날짜를 표시하는데, 작업일수에 주말과 휴일[F3:F10]은 포함하지 않는다.
>
> =TEXT(①,"yyyy년 m월 d일 aaaa") : ①의 날짜를 'yyyy년 m월 d일 aaaa' 형식으로 표시한다.

③ [M3] 셀에 =TEXT(EDATE(L3,-1)+1,"mm/dd") & "~" & TEXT(L3,"mm/dd")를 입력한 후 [M18] 셀까지 수식을 복사한다.

> 💬 **함수 설명** =TEXT(EDATE(L3,-1)+1,"mm/dd") & "~"& TEXT(L3,"mm/dd")
>                                  ②
>                         ①
>
> ① EDATE(L3,-1) : [L3] 셀에서 -1달 경과한 날짜를 구한다.
> ② TEXT(①+1,"mm/dd") : ①의 값에 +1을 해서 'mm/dd' 형식으로 표시한다.

④ [S3] 셀에 =P3*(1-VLOOKUP(QUOTIENT(EDATE(Q3,R3)-$S$1,30),$L$22:$M$25,2))를 입력한 후 [S24] 셀까지 수식을 복사한다.

> **함수 설명** =P3*(1-VLOOKUP(QUOTIENT(EDATE(Q3,R3)-$S$1,30),$L$22:$M$25,2))
> 
> ① EDATE(Q3,R3) : [Q3] 셀 날짜에서 [R3] 달 경과한 날짜를 구한다.
> ② QUOTIENT(①-$S$1,30) : ①-S1의 값을 30으로 나누어 몫을 구한다.
> ③ VLOOKUP(②,$L$22:$M$25,2) : ②의 값을 [L22:M25] 영역의 첫 번째 열에서 찾아 같은 행의 2번째 열에서 값을 찾아온다.
> 
> =P3*(1-③) : [P3]셀에 (1-③)을 곱한다.

**풀이결과**

| | A | B | C | D | E | F | G | H | I | J | K |
|---|---|---|---|---|---|---|---|---|---|---|---|
| 1 | [표1] | | | 시작일 : | 2025-02-01 | [표2] 공휴일 | | | [표3] 수선일 | | |
| 2 | 성명 | 행사내용 | 행사일 | 작업일 | | 날짜 | 공휴일 | | 판매일 | 수선일 | |
| 3 | 김기완 | 돌잔치 | 2025-04-05 | 045 | | 01월 01일 | 신정 | | 2025-01-17 | 2025년 1월 22일 수요일 | |
| 4 | 성정아 | 돌잔치 | 2025-02-09 | 005 | | 03월 01일 | 삼일절 | | 2025-01-25 | 2025년 1월 29일 수요일 | |
| 5 | 이기봉 | 돌잔치 | 2025-12-09 | 217 | | 05월 05일 | 어린이날 | | 2025-02-03 | 2025년 2월 6일 목요일 | |
| 6 | 안산진 | 돌잔치 | 2025-05-03 | 065 | | 06월 06일 | 현충일 | | 2025-03-12 | 2025년 3월 17일 월요일 | |
| 7 | 이석호 | 결혼식 | 2025-04-04 | 045 | | 08월 15일 | 광복절 | | 2025-03-23 | 2025년 3월 26일 수요일 | |
| 8 | 양미진 | 돌잔치 | 2025-02-05 | 003 | | 10월 03일 | 개천절 | | 2025-03-30 | 2025년 4월 2일 수요일 | |
| 9 | 유인하 | 결혼식 | 2025-03-02 | 020 | | 10월 09일 | 한글날 | | 2025-04-21 | 2025년 4월 24일 목요일 | |
| 10 | 김경지 | 결혼식 | 2025-01-03 | | | 12월 25일 | 크리스마스 | | 2025-05-01 | 2025년 5월 7일 수요일 | |
| 11 | 이신호 | 돌잔치 | 2025-02-20 | 014 | | | | | 2025-05-17 | 2025년 5월 21일 수요일 | |
| 12 | 최익현 | 돌잔치 | 2025-02-06 | 004 | | | | | 2025-05-20 | 2025년 5월 23일 금요일 | |
| 13 | 김상중 | 돌잔치 | 2025-05-03 | 065 | | | | | 2025-06-04 | 2025년 6월 10일 화요일 | |
| 14 | 윤미화 | 결혼식 | 2025-04-20 | 055 | | | | | 2025-08-20 | 2025년 8월 25일 월요일 | |
| 15 | 이연경 | 결혼식 | 2025-03-15 | 030 | | | | | 2025-09-27 | 2025년 10월 1일 수요일 | |
| 16 | 김호야 | 결혼식 | 2025-04-25 | 060 | | | | | 2025-09-28 | 2025년 10월 1일 수요일 | |
| 17 | 이슬비 | 결혼식 | 2025-05-30 | 084 | | | | | 2025-10-17 | 2025년 10월 22일 수요일 | |
| 18 | 김은희 | 결혼식 | 2025-02-19 | 013 | | | | | 2025-12-18 | 2025년 12월 23일 화요일 | |
| 19 | | | | | | | | | 2025-12-22 | 2025년 12월 26일 금요일 | |
| 20 | | | | | | | | | | | |

| | L | M | N | O | P | Q | R | S | T |
|---|---|---|---|---|---|---|---|---|---|
| 1 | [표4] 사용기간 | | | [표6] | | | 기준일 : | 2025-05-10 | |
| 2 | 검침일 | 사용기간 | | 제품코드 | 판매가 | 제조일 | 보존기간(개월) | 할인가 | |
| 3 | 03-05 | 02/06~03/05 | | KL0133LI | 198,000 | 2025-04-01 | 12 | 158,400 | |
| 4 | 03-20 | 02/21~03/20 | | NL0244PO | 126,000 | 2025-04-25 | 36 | 113,400 | |
| 5 | 03-05 | 02/06~03/05 | | JL0322PO | 200,000 | 2025-01-30 | 12 | 160,000 | |
| 6 | 03-20 | 02/21~03/20 | | KL5444PO | 35,000 | 2025-01-03 | 24 | 29,750 | |
| 7 | 03-15 | 02/16~03/15 | | SK1233PO | 70,000 | 2024-11-05 | 12 | 49,000 | |
| 8 | 03-05 | 02/06~03/05 | | NL1211LI | 100,000 | 2025-01-20 | 12 | 80,000 | |
| 9 | 03-10 | 02/11~03/10 | | SK2922PJ | 35,000 | 2025-02-10 | 24 | 29,750 | |
| 10 | 03-20 | 02/21~03/20 | | NL2522KY | 59,000 | 2024-12-25 | 12 | 47,200 | |
| 11 | 03-05 | 02/06~03/05 | | KL2133PO | 50,000 | 2025-04-19 | 12 | 42,500 | |
| 12 | 03-20 | 02/21~03/20 | | JL2033LI | 30,000 | 2024-12-09 | 12 | 24,000 | |
| 13 | 03-20 | 02/21~03/20 | | KL2133LI | 120,000 | 2025-04-25 | 12 | 96,000 | |
| 14 | 03-10 | 02/11~03/10 | | JL3211LI | 35,000 | 2024-10-23 | 12 | 24,500 | |
| 15 | 03-15 | 02/16~03/15 | | JL0144PO | 40,000 | 2024-01-05 | 24 | 32,000 | |
| 16 | 03-10 | 02/11~03/10 | | SK0133PI | 165,000 | 2024-12-05 | 12 | 115,500 | |
| 17 | 03-10 | 02/11~03/10 | | NL2311KY | 140,000 | 2024-11-05 | 12 | 98,000 | |
| 18 | 03-20 | 02/21~03/20 | | NL1244PO | 51,000 | 2025-04-23 | 24 | 43,350 | |
| 19 | | | | JL2044PO | 20,000 | 2024-08-09 | 24 | 17,000 | |
| 20 | [표5] 할인율 | | | JL2211LI | 99,000 | 2025-03-19 | 12 | 79,200 | |
| 21 | 남은기간 | 할인율 | | NL2033PO | 290,000 | 2025-02-20 | 12 | 232,000 | |
| 22 | 1 | 30% | | SK2111LI | 84,000 | 2025-02-27 | 12 | 67,200 | |
| 23 | 7 | 20% | | SK2022KY | 53,000 | 2025-01-09 | 36 | 47,700 | |
| 24 | 12 | 15% | | NL2111PO | 27,000 | 2024-09-20 | 24 | 22,950 | |
| 25 | 24 | 10% | | | | | | | |
| 26 | | | | | | | | | |

▲ '날짜3(결과)' 시트

# 텍스트 함수

**작업파일** [26컴활1급₩1권_스프레드시트₩이론] 폴더의 '06계산작업' 파일을 열어서 작업하시오.

## 01 문자열의 길이(LEN)를 구한다.

LEN(텍스트) : 텍스트의 문자 수를 구함
**예제** =LEN("컴퓨터활용능력1급")  **결과** 9

## 02 문자열의 일부(왼쪽에서 – LEFT, 중간에서 – MID, 오른쪽에서 – RIGHT)를 추출한다.

LEFT(텍스트, 문자수) : 텍스트의 왼쪽에서 지정한 문자수만큼 텍스트를 추출함
**예제** =LEFT("KOREA",3)  **결과** KOR

MID(텍스트, 시작 위치, 문자수) : 텍스트의 시작 위치에서부터 지정한 문자수만큼 텍스트를 추출함
**예제** =MID("KOREA",3,2)  **결과** RE

RIGHT(텍스트, 문자수) : 텍스트의 오른쪽에서 지정한 문자수만큼 텍스트를 추출함
**예제** =RIGHT("KOREA",3)  **결과** REA

## 03 영문자의 소문자(LOWER), 대문자(UPPER), 첫 글자만 대문자(PROPER)로 변환한다.

LOWER(텍스트) : 텍스트를 소문자로 변환함
**예제** =LOWER("KOREA")  **결과** korea

UPPER(텍스트) : 텍스트를 대문자로 변환함
**예제** =UPPER("korea")  **결과** KOREA

PROPER(텍스트) : 텍스트를 첫 문자만 대문자로 변환하고, 나머지는 소문자로 변환함
**예제** =PROPER("KOREA")  **결과** Korea

## 04 여분의 공백(TRIM)을 삭제한다.

TRIM(텍스트) : 단어 사이에 있는 한 칸의 공백을 제외하고 텍스트의 공백을 모두 삭제함
**예제** =TRIM("KOREA  2009")  **결과** KOREA 2009

### 25년 출제

납부일[B3:B9]에서 '.'는 공백으로 바꾸어 코드[A3:A9]에 표시하시오.

| | A | B |
|---|---|---|
| 1 | [표1] | |
| 2 | 코드 | 납부일 |
| 3 | 20220615 | 2022.06.15 |
| 4 | 20230720 | 2023.07.20 |
| 5 | 20230810 | 2023.08.10 |
| 6 | 20240905 | 2024.09.05 |
| 7 | 20231012 | 2023.10.12 |
| 8 | 20221125 | 2022.11.25 |
| 9 | 20241230 | 2024.12.30 |

=SUBSTITUTE(B3,".","")

▲ 'TIP 함수.xlsx' 파일의 'SUBSTITUTE(1)' 시트

### 25년 출제

일사입자[B3:B9]에서 '.'를 '-'로 바꾸어 날짜형식[A3:A9]으로 표시하시오.

| | A | B |
|---|---|---|
| 1 | [표1] | |
| 2 | 날짜형식 | 입사일자 |
| 3 | 2021-01-15 | 2021.01.15 |
| 4 | 2022-03-23 | 2022.03.23 |
| 5 | 2021-06-05 | 2021.06.05 |
| 6 | 2024-08-19 | 2024.08.19 |
| 7 | 2023-11-11 | 2023.11.11 |
| 8 | 2022-01-27 | 2022.01.27 |
| 9 | 2024-03-14 | 2024.03.14 |

=SUBSTITUTE(B3,".","-")

▲ 'TIP 함수.xlsx' 파일의 'SUBSTITUTE(2)' 시트

### 25년 출제

입사일자[B3:B9]에서 왼쪽의 4글자를 추출하여 숫자로 변환하여 년도숫자[A3:A9]에 표시하시오.

| | A | B |
|---|---|---|
| 1 | [표1] | |
| 2 | 년도숫자 | 입사일자 |
| 3 | 2021 | 2021.01.15 |
| 4 | 2022 | 2022.03.23 |
| 5 | 2021 | 2021.06.05 |
| 6 | 2024 | 2024.08.19 |
| 7 | 2023 | 2023.11.11 |
| 8 | 2022 | 2022.01.27 |
| 9 | 2024 | 2024.03.14 |

=VALUE(LEFT(B3,4))

▲ 'TIP 함수.xlsx' 파일의 'VALUE' 시트

---

**05** 문자열의 일부를 다른 문자열(REPLACE, SUBSTITUTE)로 바꾼다.

REPLACE(텍스트1, 시작 위치, 문자수, 텍스트2) : 텍스트1의 시작 위치로부터 해당 문자수만큼 텍스트2로 바꿈

예제  =REPLACE("WIN10",4,2,"11")   결과  WIN11

SUBSTITUTE(텍스트1,텍스트2,텍스트3) : 텍스트1에서 텍스트2를 텍스트3으로 바꿈

예제  =SUBSTITUTE("WIN10","10","11")   결과  WIN11

**06** 문자열을 수치(VALUE)로 수치를 지정한 서식의 문자열(TEXT, FIXED)로 바꾼다.

VALUE(텍스트) : 텍스트를 숫자로 변환함

예제  =VALUE("2026-4-22")   결과  46134

TEXT(숫자 값, 표시 형식) : 숫자 값을 표시 형식을 지정하여 텍스트로 변환함

예제  =TEXT(46134,"YYYY-MM-DD")   결과  2026-04-22

FIXED(수치, 소수점 이하 자릿수, 콤마 표시 여부) : 수를 반올림하여 텍스트로 만듦

예제  콤마 표시 여부
- FALSE(또는 생략) : 콤마를 천 단위마다 표시
- TRUE : 콤마를 표시하지 않음

예제  =FIXED(2345.67,1,FALSE)   결과  2,345.7

**07** 여러 문자열을 합한다(CONCAT).

CONCAT(텍스트1, 텍스트2, …) : 여러 텍스트를 한 텍스트로 합침

예제  =CONCAT("EXCEL",2021,"함수")   결과  EXCEL2021함수

**08** 두 텍스트 값이 동일한지 검사(EXACT)한다.

EXACT(텍스트1, 텍스트2) : 대/소문자를 구분하여 텍스트 값에서 다른 텍스트 값을 찾음

예제  =EXACT("EXCEL","EXCEL")   결과  TRUE

**09** 텍스트 값에서 다른 텍스트 값(FIND)의 시작위치를 찾는다.(대/소문자 구분)

FIND(찾을 텍스트, 찾을 텍스트를 포함한 텍스트) : 대/소문자를 구분하여 텍스트 값에서 다른 텍스트 값의 시작위치를 찾음
=FIND( ) 함수는 문자 단위

예제  =FIND("X","EXCEL")   결과  2

⑩ **텍스트를 주어진 횟수만큼 반복(REPT)한다.**

REPT(반복할 텍스트, 반복할 횟수) : 텍스트를 반복할 횟수만큼 표시
[예제]  =REPT("*",5)        [결과]  *****

⑪ **텍스트 값에서 다른 텍스트 값(SEARCH)을 찾아 시작 위치를 구한다.(대/소문자 구분 안 함)**

SEARCH(찾을 텍스트, 찾을 텍스트를 포함한 텍스트) : 텍스트 값에서 다른 텍스트 값(SEARCH)을 찾아 시작 위치를 구함(대/소문자 구분 안 함)
=SEARCH( ) 함수는 문자 단위
[예제]  =SEARCH("n","printer")        [결과]  4

> **25년 출제**
>
> 평점[E3:E9]은 총점[D3:D9]의 정수만큼 '★'을 표시하고, 그 외는 5에서 총점[D3:D9]의 정수를 뺀 만큼 '☆'로 표시하시오. [표시 예 : 총점 3 → ★★★☆☆]
>
>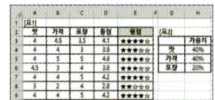
>
> =REPT("★",INT(D3))&REPT("☆",5-INT(D3))
>
> ▲ 'TIP 함수.xlsx' 파일의 'REPT' 시트

> **25년 출제**
>
> 세원유형[A3:A9]에서 '주택'을 찾아 시작 위치를 기타[B3:B9]에 표시하시오.
>
> | | A | B |
> |---|---|---|
> | 1 | [표1] | |
> | 2 | 세원유형 | 기타 |
> | 3 | 승용 | #VALUE! |
> | 4 | 부가가치세 | #VALUE! |
> | 5 | 재산세(주택) | 5 |
> | 6 | 부가가치세 | #VALUE! |
> | 7 | 주택(개별) | 1 |
> | 8 | 주민세(재산분) | #VALUE! |
> | 9 | 종합소득 | #VALUE! |
>
> =SEARCH("주택", A3)
>
> ▲ 'TIP 함수.xlsx' 파일의 'SEARCH' 시트

### 출제유형 ① '텍스트1' 시트에서 다음 과정을 수행하고 저장하시오.

❶ [표1]에서 선수명의 첫 문자를 대문자로 변환하고, 팀명[C3:C12]의 전체 문자를 대문자로 변환하여 선수명(팀명)[E3:E12]에 표시하시오.
  ▶ [표시 예 : 선수명이 'kimji', 팀명이 'lions'인 경우 'Kimji(LIONS)'로 표시]
  ▶ UPPER, PROPER 함수와 & 연산자 사용

❷ [표2]의 E-메일[J3:J11]에서 '@' 앞의 문자열만 추출하여 닉네임[I3:I11]에 표시하시오.
  ▶ [표시 예 : abc@naver.com → abc]
  ▶ MID와 SEARCH 함수 사용

❸ [표3]에서 제품코드[A16:A23]의 마지막 문자가 'M'이면 '남성용', 'W'이면 '여성용', 'O'이면 '아웃도어'로 구분[D16:D23]에 표시하시오.
  ▶ IF와 RIGHT 함수 사용

❹ [표4]에서 학과[G16:G23]의 앞 세 문자와 입학일자[H16:H23]의 연도를 이용하여 입학코드[I16:I23]를 표시하시오.
  ▶ 학과는 소문자로 표시
    [표시 예 : 학과가 'HEALTHCARE', 입학일자가 '2025-03-02'인 경우 → hea2025]
  ▶ LEFT, LOWER, YEAR 함수와 & 연산자 사용

❺ [표5]에서 코드, 생산일자, 인식표를 이용하여 제품코드를 구한 후 [D27:D33]에 표시하시오.
  ▶ 제품코드는 코드 뒤에 '-', 생산일자 중 월 뒤에 '-', 인식표를 연결한 후 대문자로 변환한 것임
  ▶ [표시 예 : 코드가 jh, 생산일자 2025-10-2, 인식표 ek이면 → JH-10-EK]
  ▶ UPPER, MONTH와 & 연산자 사용

❻ [표6]에서 도서코드[G27:G33]의 앞뒤에 있는 공백을 제거한 후 전체 문자를 대문자로 변환하고, 변환된 문자열 뒤에 '-KR'을 추가하여 변환도서코드[J27:J33]에 표시하시오.
  ▶ [표시 예 : mng-002 ⇒ MNG-002-KR]
  ▶ TRIM, UPPER 함수 & 연산자 사용

① [E3] 셀에 =PROPER(D3)&"("&UPPER(C3)&")"를 입력한 후 [E12] 셀까지 수식을 복사한다.

> 함수 설명 =PROPER(D3)&"("&UPPER(C3)&")"
>                    ①              ②
> ① PROPER(D3) : 선수명[D3]을 첫글자만 대문자로 표시한다.
> ② UPPER(C3) : 팀명[C3]은 모두 대문자로 표시한다.
>
> =①&"("&②&")" : ①(②) 형식으로 표시한다.

② [I3] 셀에 =MID(J3,1,SEARCH("@",J3,1)-1)를 입력한 후 [I11] 셀까지 수식을 복사한다.

> 함수 설명 =MID(J3,1,SEARCH("@",J3,1)-1)
>                              ①
> ① SEARCH("@",J3,1) : 왼쪽에서 오른쪽으로 검색하면서 @가 처음으로 발견되는 곳의 문자 개수를 구한다.(대/소문자 구분은 안 함)
>
> =MID(J3,1,①-1) : E메일[J3]에서 첫 번째부터 시작하여 ①-1을 한 글자수만큼 추출한다.

③ [D16] 셀에 =IF(RIGHT(A16,1)="M","남성용",IF(RIGHT(A16,1)="W","여성용","아웃도어"))를 입력한 후 [D23] 셀까지 수식을 복사한다.

> 함수 설명 =IF(RIGHT(A16,1)="M","남성용",IF(RIGHT(A16,1)="W","여성용","아웃도어"))
>                        ①                            ①
> ① RIGHT(A16,1) : 제품코드[A16]에서 오른쪽 한글자를 추출한다.
>
> =IF(①="M","남성용",IF(①="W","여성용","아웃도어")) : ①의 값이 'M'이면 '남성용', ①의 값이 'W'이면 '여성용', 그 이에는 '아웃도어'로 표시한다.

④ [I16] 셀에 =LOWER(LEFT(G16,3)&YEAR(H16))를 입력한 후 [I23] 셀까지 수식을 복사한다.

> 함수 설명 =LOWER(LEFT(G16,3)&YEAR(H16))
>                        ①              ②
> ① LEFT(G16,3) : 학과[G16]에서 왼쪽에서부터 3글자를 추출한다.
> ② YEAR(H16) : 입학일자[H16] 셀의 년도를 추출한다.
>
> =LOWER(①&②) : ①&②의 값을 모두 소문자로 표시한다.

⑤ [D27] 셀에 =UPPER(A27) & "-" & MONTH(B27) & "-" & UPPER(C27)를 입력한 후 [D33] 셀까지 수식을 복사한다.

> 💬 **함수 설명** =UPPER(A27) & "-" & MONTH(B27) & "-" & UPPER(C27)
>           ①              ②                ③
>
> ① UPPER(A27) : 코드[A27]은 모두 대문자로 표시한다.
> ② MONTH(B27) : 생산일자[B27]에서 월만 추출한다.
> ③ UPPER(C27) : 인식표[C27]은 모두 대문자로 표시한다.
>
> =① & "-" & ② & "-" & ③ : ①-②-③ 형식으로 영문은 모두 대문자로 표시한다.

> 🏁 **기적의 TIP**
> 함수식은 문제에 제시된 함수를 사용하여 다른 식으로 작성하여 결과가 똑같다면 틀리지 않습니다.
> **예**
> =UPPER(A27) & "-" & MONTH(B27) & "-" & UPPER(C27)
> =UPPER(A27 & "-" & MONTH(B27) & "-" & C27)

⑥ [J27] 셀에 =UPPER(TRIM(G27))&"-KR"를 입력한 후 [J33] 셀까지 수식을 복사한다.

> 💬 **함수 설명** =UPPER(TRIM(G27))&"-KR"
>                        ②
>                        ①
>
> ① TRIM(G27) : 도서코드[G27]에서 글자 사이의 한 칸의 여백을 남기고 텍스트의 공백을 모두 삭제한다.
> ② UPPER(①) : ①의 값을 모두 대문자로 표시한다.
>
> =②&"-KR" : ②-KR 형식으로 표시한다.

**풀이결과**

| | A | B | C | D | E | F | G | H | I | J |
|---|---|---|---|---|---|---|---|---|---|---|
| 1 | [표1] | 홈런 순위 | | | | [표2] | 카페 신입회원 정보 | | | |
| 2 | 순위 | 홈런수 | 팀명 | 선수명 | 선수명(팀명) | 성명 | 지역 | 닉네임 | E-메일 | |
| 3 | 1 | 45 | eagles | kimkh | Kimkh(EAGLES) | 최정예 | 서울 | love99 | love99@naver.com | |
| 4 | 2 | 43 | heroes | leesy | Leesy(HEROES) | 심일훈 | 경기 | muakiea | muakiea@nate.com | |
| 5 | 3 | 40 | lions | parkjm | Parkjm(LIONS) | 이아랑 | 인천 | starcmk | starcmk@nate.com | |
| 6 | 4 | 39 | bears | kimjk | Kimjk(BEARS) | 김정필 | 부산 | 99023 | 99023@gmail.com | |
| 7 | 5 | 34 | ktwiz | yoonbw | Yoonbw(KTWIZ) | 홍현서 | 대전 | yses | yses@daum.net | |
| 8 | 6 | 32 | tigers | ohsh | Ohsh(TIGERS) | 이재훈 | 대구 | newlive | newlive@naver.com | |
| 9 | 7 | 30 | twins | songhm | Songhm(TWINS) | 김지민 | 광주 | 0908ar | 0908ar@naver.com | |
| 10 | 8 | 29 | dinos | jangjb | Jangjb(DINOS) | 정해선 | 강원 | tenhour | tenhour@daum.net | |
| 11 | 9 | 27 | giants | haneh | Haneh(GIANTS) | 정우현 | 제주 | kji1004 | kji1004@gmail.com | |
| 12 | 10 | 26 | wyverns | jinch | Jinch(WYVERNS) | | | | | |
| 13 | | | | | | | | | | |
| 14 | [표3] | 의류 판매 현황 | | | | [표4] | | | | |
| 15 | 제품코드 | 판매가 | 판매량 | 구분 | | 학과 | 입학일자 | 입학코드 | | |
| 16 | C-01-M | 35,000 | 65 | 남성용 | | HEALTHCARE | 2024-03-02 | hea2024 | | |
| 17 | S-03-W | 42,000 | 24 | 여성용 | | HEALTHCARE | 2021-03-03 | hea2021 | | |
| 18 | B-03-W | 31,500 | 22 | 여성용 | | COMPUTER | 2024-03-02 | com2024 | | |
| 19 | A-01-M | 28,000 | 28 | 남성용 | | COMPUTER | 2021-03-02 | com2021 | | |
| 20 | H-03-W | 30,000 | 19 | 여성용 | | DESIGN | 2025-03-02 | des2025 | | |
| 21 | N-01-M | 40,000 | 43 | 남성용 | | DESIGN | 2023-03-02 | des2023 | | |
| 22 | P-05-O | 29,500 | 33 | 아웃도어 | | ARTS-THERAPY | 2022-03-02 | art2022 | | |
| 23 | L-05-O | 37,000 | 27 | 아웃도어 | | ARTS-THERAPY | 2023-03-02 | art2023 | | |
| 24 | | | | | | | | | | |
| 25 | [표5] | 생산품목 현황 | | | | [표6] | | | | |
| 26 | 코드 | 생산일자 | 인식표 | 제품코드 | | 도서코드 | 출판사 | 출판년도 | 변환도서코드 | |
| 27 | ag | 2025-11-11 | w | AG-11-W | | mng-002 | 한국산업 | 2023 | MNG-002-KR | |
| 28 | rf | 2025-08-30 | e | RF-8-E | | psy-523 | 민음사 | 2024 | PSY-523-KR | |
| 29 | dk | 2025-12-30 | f | DK-12-F | | mng-091 | 두란노 | 2018 | MNG-091-KR | |
| 30 | ik | 2025-10-15 | d | IK-10-D | | psy-725 | 에코의 서재 | 2019 | PSY-725-KR | |
| 31 | wd | 2025-11-22 | e | WD-11-E | | nov-264 | 마티 | 2020 | NOV-264-KR | |
| 32 | od | 2025-12-10 | w | OD-12-W | | lan-183 | 상공사 | 2022 | LAN-183-KR | |
| 33 | uf | 2025-09-03 | h | UF-9-H | | lan-184 | 민음사 | 2021 | LAN-184-KR | |

▲ '텍스트1(결과)' 시트

## 25년 출제

미래 가치[C3:C9]가 매매가 [B3:B9]보다 클 경우 미래 가치 뒤에 "★", 그렇지 않을 경우 미래 가치 뒤에 "☆" 표시하여 미래 가치 표시 [D3:D9]에 표시. 단, 미래가치는 반올림하여 만의 자리까지 표시하시오. [표시 예 : ₩368,120,000 ★]

=IF(C3)B3,TEXT(ROUND (C3,-4),"₩ #,##0 ★"),TEXT (ROUND(C3,-4),"₩ #,##0 ☆"))

(참고 : FV 함수 예제)

▲ 'TIP 함수.xlsx' 파일의 'TEXT' 시트

### 기적의 TIP

★은 한글 자음 「ㅁ」을 입력한 후 [한자]를 눌러 입력합니다.

---

**출제유형 ②** '텍스트2' 시트에서 다음 과정을 수행하고 저장하시오.

❶ [표1]의 보험자를 이용하여 [B3:B30] 영역에 피보험자를 계산하여 표시하시오.
  ▶ 보험자의 가운데 글자를 '*'로 변경하고 뒤에 "가족"을 표시
  ▶ 보험자가 "이은주"일 경우 [표시 예 : 이*주 가족]
  ▶ CONCAT, MID, SUBSTITUTE 함수 사용

❷ [표2]의 판매량을 이용하여 [G3:G27] 영역에 다음과 같이 "★"를 표시하시오.
  ▶ 판매량이 8,400일 경우 : ★★★★★★★★☆☆
  ▶ 판매량이 5,700일 경우 : ★★★★★☆☆☆☆☆
  ▶ CONCAT, REPT, QUOTIENT 함수 사용

❸ [표3]의 '홈페이지주소'에서 '.kr'을 '@상공.kr'로 변경하고, 첫 글자는 대문자로 변경하여 메일 주소[J3:J21]를 구하시오.
  ▶ SUBSTITUTE, UPPER, PROPER, CONCAT 중 알맞은 함수를 선택하여 사용

❹ [표4]의 제품ID를 이용하여 비고[M3:M16]를 계산하여 표시하시오.
  ▶ 제품ID 뒤의 네 글자를 4로 나눈 나머지가 0이면 "수동녹화", 1이면 "수시/충격감지", 2이면 "충격감지", 3은 "수시감지"로 표시하시오.
  ▶ CHOOSE, VALUE, RIGHT, MOD 함수 사용

① [B3] 셀에 =CONCAT(SUBSTITUTE(A3,MID(A3,2,1),"*")," 가족")를 입력한 후 [B30] 셀까지 수식을 복사한다.

> **함수 설명** =CONCAT(SUBSTITUTE(A3,MID(A3,2,1),"*")," 가족")
>     ②                    ①
> 
> ① MID(A3,2,1) : [A3] 셀에서 2번째에서 시작하여 1글자를 추출한다.
> ② SUBSTITUTE(A3,①,"*") : [A3] 셀에서 ①의 값을 '*'으로 텍스트를 바꾸기 한다.
> 
> =CONCAT(②," 가족") : ② 가족으로 연결하여 표시한다.

② [G3] 셀에 =CONCAT(REPT("★",QUOTIENT(F3,1000)),REPT("☆",10-QUOTIENT(F3,1000)))를 입력한 후 [G27] 셀까지 수식을 복사한다.

> **함수 설명** =CONCAT(REPT("★",QUOTIENT(F3,1000)),
>                              ②           ①
>            REPT("☆",10-QUOTIENT(F3,1000)))
>                      ③
> 
> ① QUOTIENT(F3,1000) : [F3] 셀을 1000으로 나눈 몫을 정수로 구한다.
> ② REPT("★",①) : '★'을 ①만큼 표시한다.
> ③ REPT("☆",10-①) : '☆'을 10-①만큼 표시한다.
> 
> =CONCAT(②,③) : ②와 ③을 연결하여 표시한다.

③ [J3] 셀에 =PROPER(SUBSTITUTE(I3,".kr","@상공.kr"))를 입력한 후 [J21] 셀까지 수식을 복사한다.

> 💬 **함수 설명** =PROPER(SUBSTITUTE(I3,".kr","@상공.kr"))
>                                          ①
>
> ① SUBSTITUTE(I3,".kr","@상공.kr") : [I3] 셀의 'kr'을 '@상공kr'로 텍스트를 바꾸어 표시한다.
>
> =PROPER(①) : ①의 값을 첫글자만 대문자로 표시한다.

④ [M3] 셀에 =CHOOSE(MOD(VALUE(RIGHT(L3,4)),4)+1,"수동녹화","수시/충격감지","충격감지","수시감지")를 입력한 후 [M16] 셀까지 수식을 복사한다.

> 💬 **함수 설명** =CHOOSE(MOD(VALUE(RIGHT(L3,4)),4)+1,"수동녹화","수시/충격감지","충격감지","수시감지")
>
> ① RIGHT(L3,4) : [L3] 셀에서 오른쪽부터 시작하여 4글자를 추출한다.
> ② VALUE(①) : ①의 값을 숫자로 변환한다.
> ③ MOD(②,4) : ②의 값을 4로 나눈 나머지를 구한다.
>
> =CHOOSE(③+1,"수동녹화","수시/충격감지","충격감지","수시감지") : ③+1의 값이 1이면 '수동녹화', 2이면 '수시/충격감지', 3이면 '충격감지', 4이면 '수시감지'로 표시한다.

**출제유형 ③** '텍스트3' 시트에서 다음 과정을 수행하고 저장하시오.

❶ [표1]의 수량과 등급을 이용하여 [G3:G24] 영역에 포인트점수를 계산하여 표시하시오.
- ▶ 포인트점수 = 판매금액 × 할인율
- ▶ 할인율은 [표2]의 할인율표를 참조
- ▶ TEXT, VLOOKUP, MATCH 함수 사용
- ▶ [표시 예 : 1234 → 1,234점, 0 → 0점]

❷ [표3]의 행사내용, 인원과 [표4]를 이용하여 행사내용과 인원에 따른 홀이름[L3:L12]을 표시하시오.
- ▶ 홀이름의 영문 첫글자는 대문자로 표시
  [표시 예 : 행사내용이 '돌잔치', 인원이 230명인 경우 → Crystal Hall]
- ▶ HLOOKUP, MATCH, PROPER 함수 사용

❸ [표5]의 학생코드의 3~5번째와 6~8번째 글자를 이용하여 [K22:K26] 영역에 반-번호를 계산하여 다음과 같이 표시하시오.
- ▶ '학생코드'가 J1009021인 경우 : 9-21
- ▶ '학생코드'가 J1010003인 경우 : 10-3
- ▶ CONCAT, MID, VALUE 함수 사용

❹ [표6]의 지역과 [표7]를 이용하여 [N3:N29] 영역에 번호를 계산하여 표시하시오.
- ▶ 번호는 지역에 따른 코드와 일련번호를 연결하여 표시
- ▶ 일련번호는 수식이 입력된 행 번호에서 2를 뺀 값으로 표시
- ▶ 지역이 "서울, 부산"이고, 수식이 3행에 입력된 경우 : SB-1
- ▶ 지역이 "기타광역시"이고, 수식이 4행에 입력된 경우 : KY-2
- ▶ CONCAT, ROW, VLOOKUP 함수 사용

❺ [표8]의 코드와 강의년도를 이용하여 [R3:R30]의 영역에 강의코드를 계산하여 표시하시오.
- ▶ 강의코드는 코드 중간에 강의년도의 뒤에 두 글자를 삽입하여 표시
- ▶ 코드가 "S001", 강의년도가 "2025"일 경우 : S-25-001
- ▶ RIGHT, REPLACE 함수와 & 연산자 사용

---

① [G3] 셀에 =TEXT(E3*VLOOKUP(C3,$A$27:$E$33,MATCH(F3,$C$27:$E$27,0)+2),"#,##0점")를 입력한 후 [G24] 셀까지 수식을 복사한다.

> 💡 **함수 설명** =TEXT(E3*VLOOKUP(C3,$A$27:$E$33,MATCH(F3,$C$27:$E$27,0)+2),
>                       ②
>             ①
>    "#,##0점")
>
> ① MATCH(F3,$C$27:$E$27,0) : [F3] 셀의 값이 [C27:E27] 영역에서 일치하는 상대적 위치 값을 반환한다.
> ② VLOOKUP(C3,$A$27:$E$33,①+2) : [C3] 셀의 값을 [A27:E33] 영역의 첫 번째 열에서 값을 찾아 같은 행의 ①+2를 한 열에서 값을 찾아 반환한다.
>
> =TEXT(E3*②,"#,##0점") : E3*②한 결과 값을 '#,##0점' 형식으로 표시한다.

② [L3] 셀에 =PROPER(HLOOKUP(K3,$J$15:$L$18,MATCH(J3,$I$17:$I$18,0)+2))를 입력한 후 [L12] 셀까지 수식을 복사한다.

> 💬 **함수 설명** =PROPER(HLOOKUP(K3,$J$15:$L$18,MATCH(J3,$I$17:$I$18,0)+2))
> 　　　　　　　　　　　　　　　　　②　　　　　　　　　　　①
>
> ① **MATCH(J3,$I$17:$I$18,0)** : [J3] 셀의 값을 [I17:I18] 영역에 일치하는 값의 상대적 위치 값을 반환한다.
> ② **HLOOKUP(K3,$J$15:$L$18,①+2)** : [K3] 셀의 값을 [J15:L18] 영역의 첫 번째 행에서 값을 찾아 같은 열의 ①+2를 한 행에서 값을 찾아 반환한다.
>
> **=PROPER(②)** : ②의 값을 첫 글자만 대문자로 표시한다.

③ [K22] 셀에 =CONCAT(VALUE(MID(J22,3,3)),"-",VALUE(MID(J22,6,3)))를 입력한 후 [K26] 셀까지 수식을 복사한다.

> 💬 **함수 설명** =CONCAT(VALUE(MID(J22,3,3)),"-",VALUE(MID(J22,6,3)))
> 　　　　　　　　　　　　　③　　①　　　　　　　　④　　②
>
> ① **MID(J22,3,3)** : [J22] 셀의 값을 3번째에서 시작하여 3글자를 추출한다.
> ② **MID(J22,6,3)** : [J22] 셀의 값을 6번째에서 시작하여 3글자를 추출한다.
> ③ **VALUE(①)** : ①의 값을 숫자로 반환한다.
> ④ **VALUE(②)** : ②의 값을 숫자로 반환한다.
>
> **=CONCAT(③,"-",④)** : ③-④ 형식으로 연결하여 표시한다.

④ [N3] 셀에 =CONCAT(VLOOKUP(O3,$I$30:$J$32,2,FALSE),"-",ROW()-2)를 입력한 후 [N29] 셀까지 수식을 복사한다.

> 💬 **함수 설명** =CONCAT(VLOOKUP(O3,$I$30:$J$32,2,FALSE),"-",ROW()-2)
> 　　　　　　　　　　　　　②　　　　　　　　　　　　　　①
>
> ① **ROW()-2** : 현재 행의 번호에 -2를 뺀 값을 구한다.
> ② **VLOOKUP(O3,$I$30:$J$32,2,FALSE)** : [O3] 셀의 값을 [I30:J32] 영역의 첫 번째 열에서 찾아 2번째 열에서 정확하게 일치하는 값을 찾아 표시한다.
>
> **=CONCAT(②,"-",①)** : ②-① 형식으로 연결하여 표시한다.

⑤ [R3] 셀에 =REPLACE(Q3,2,0,"-"&RIGHT(S3,2)&"-")를 입력한 후 [R30] 셀까지 수식을 복사한다.

> 💬 **함수 설명** =REPLACE(Q3,2,0,"-"&RIGHT(S3,2)&"-")
> 　　　　　　　　　　　　　　　　①
>
> ① **RIGHT(S3,2)** : [S3] 셀에서 오른쪽부터 시작하여 2글자를 추출한다.
>
> **=REPLACE(Q3,2,0,"-"&①&"-")** : [Q3] 셀에서 2번째 다음에 -①- 내용을 삽입하여 표시한다.

풀이결과

| | A | B | C | D | E | F | G | H | I | J | K | L |
|---|---|---|---|---|---|---|---|---|---|---|---|---|
| 1 | [표1] | | | | | | | [표3] | | | | |
| 2 | 구매자 | 물품코드 | 수량 | 단가 | 판매금액 | 등급 | 포인트점수 | | 성명 | 행사내용 | 인원 | 홀이름 |
| 3 | 김은소 | JJ1111 | 55 | 1,500 | 82,500 | 정회원 | 413점 | | 김기완 | 돌잔치 | 230 | Crystal Hall |
| 4 | 염채빈 | JJ2222 | 20 | 3,000 | 60,000 | 준회원 | 90점 | | 성정아 | 돌잔치 | 390 | Diamond Hall |
| 5 | 한아름 | SS1111 | 20 | 2,000 | 40,000 | 비회원 | 20점 | | 이기봉 | 돌잔치 | 120 | Crystal Hall |
| 6 | 유벼리 | SS2222 | 21 | 5,300 | 111,300 | 비회원 | 56점 | | 안산진 | 돌잔치 | 350 | Diamond Hall |
| 7 | 강한후 | JJ2222 | 95 | 3,000 | 285,000 | 비회원 | 855점 | | 이석호 | 결혼식 | 150 | Diamond Hall |
| 8 | 설진성 | SS3333 | 120 | 2,500 | 300,000 | 비회원 | 1,200점 | | 양미진 | 돌잔치 | 452 | Ruby Hall |
| 9 | 박호영 | SS1111 | 20 | 2,000 | 40,000 | 준회원 | 60점 | | 유인하 | 결혼식 | 210 | Diamond Hall |
| 10 | 김새롬 | SS2222 | 25 | 5,300 | 132,500 | 비회원 | 66점 | | 김경지 | 결혼식 | 215 | Diamond Hall |
| 11 | 권충수 | SS3333 | 90 | 2,500 | 225,000 | 정회원 | 1,350점 | | 이신호 | 돌잔치 | 153 | Crystal Hall |
| 12 | 임원이 | SS3333 | 55 | 2,500 | 137,500 | 정회원 | 688점 | | 최익현 | 돌잔치 | 412 | Ruby Hall |
| 13 | 이구름 | SS1111 | 30 | 2,000 | 60,000 | 준회원 | 120점 | | | | | |
| 14 | 김중건 | SS2222 | 25 | 5,300 | 132,500 | 준회원 | 199점 | | [표4] | | | |
| 15 | 배사공 | SS1111 | 100 | 2,000 | 200,000 | 준회원 | 900점 | | | 100 이상 | 300 이상 | 400 이상 |
| 16 | 김진상 | SS2222 | 90 | 5,300 | 477,000 | 비회원 | 1,431점 | | | 300 미만 | 400 미만 | 600 미만 |
| 17 | 고진웅 | JJ2222 | 55 | 3,000 | 165,000 | 준회원 | 413점 | | 돌잔치 | crystal hall | diamond hall | ruby hall |
| 18 | 안대훈 | SS2222 | 32 | 5,300 | 169,600 | 비회원 | 170점 | | 결혼식 | diamond hall | ruby hall | emerald hall |
| 19 | 민병욱 | JJ1111 | 60 | 1,500 | 90,000 | 준회원 | 225점 | | | | | |
| 20 | 김슬오 | JJ2222 | 50 | 3,000 | 150,000 | 정회원 | 750점 | | [표5] | | | |
| 21 | 오덕우 | JJ2222 | 110 | 3,000 | 330,000 | 정회원 | 2,310점 | | 이름 | 학생코드 | 반-번호 | |
| 22 | 한마식 | JJ1111 | 45 | 1,500 | 67,500 | 준회원 | 135점 | | 이민정 | J1009021 | 9-21 | |
| 23 | 염유승 | SS3333 | 50 | 2,500 | 125,000 | 정회원 | 625점 | | 강호민 | J2012019 | 12-19 | |
| 24 | 김성완 | JJ1111 | 80 | 1,500 | 120,000 | 정회원 | 720점 | | 김영길 | J1010003 | 10-3 | |
| 25 | | | | | | | | | 민호선 | J1007029 | 7-29 | |
| 26 | [표2] 할인율표 | | | | | | | | 김종희 | J2013031 | 13-31 | |
| 27 | 수량 | | 정회원 | 준회원 | 비회원 | | | | | | | |
| 28 | 0 이상 | 10 미만 | 0.20% | 0.10% | 0.03% | | | | [표6] | | | |
| 29 | 10 이상 | 30 미만 | 0.35% | 0.15% | 0.05% | | | | 지역 | 코드 | | |
| 30 | 30 이상 | 50 미만 | 0.50% | 0.20% | 0.10% | | | | 서울, 부산 | SB | | |
| 31 | 50 이상 | 70 미만 | 0.50% | 0.25% | 0.20% | | | | 기타광역시 | KY | | |
| 32 | 70 이상 | 100 미만 | 0.60% | 0.35% | 0.30% | | | | 기타지역 | KT | | |
| 33 | 100 이상 | | 0.70% | 0.45% | 0.40% | | | | | | | |

| | N | O | P | Q | R | S |
|---|---|---|---|---|---|---|
| 1 | [표7] | | | [표8] | | |
| 2 | 번호 | 지역 | | 코드 | 강의코드 | 강의년도 |
| 3 | SB-1 | 서울, 부산 | | S001 | S-24-001 | 2024 |
| 4 | KY-2 | 기타광역시 | | S002 | S-24-002 | 2024 |
| 5 | KT-3 | 기타지역 | | S003 | S-24-003 | 2024 |
| 6 | SB-4 | 서울, 부산 | | S004 | S-24-004 | 2024 |
| 7 | SB-5 | 서울, 부산 | | S005 | S-24-005 | 2024 |
| 8 | KY-6 | 기타광역시 | | S006 | S-24-006 | 2024 |
| 9 | KY-7 | 기타광역시 | | S007 | S-24-007 | 2024 |
| 10 | KT-8 | 기타지역 | | S008 | S-24-008 | 2024 |
| 11 | KT-9 | 기타지역 | | S009 | S-24-009 | 2024 |
| 12 | KY-10 | 기타광역시 | | S010 | S-24-010 | 2024 |
| 13 | KT-11 | 기타지역 | | S011 | S-24-011 | 2024 |
| 14 | SB-12 | 서울, 부산 | | S012 | S-24-012 | 2024 |
| 15 | KY-13 | 기타광역시 | | S013 | S-24-013 | 2024 |
| 16 | SB-14 | 서울, 부산 | | S014 | S-24-014 | 2024 |
| 17 | KT-15 | 기타지역 | | S015 | S-24-015 | 2024 |
| 18 | SB-16 | 서울, 부산 | | S016 | S-24-016 | 2024 |
| 19 | SB-17 | 서울, 부산 | | S017 | S-24-017 | 2024 |
| 20 | KT-18 | 기타지역 | | S018 | S-24-018 | 2024 |
| 21 | SB-19 | 서울, 부산 | | S019 | S-24-019 | 2024 |
| 22 | KY-20 | 기타광역시 | | S020 | S-25-020 | 2025 |
| 23 | KT-21 | 기타지역 | | S021 | S-25-021 | 2025 |
| 24 | SB-22 | 서울, 부산 | | S022 | S-25-022 | 2025 |
| 25 | KY-23 | 기타광역시 | | S023 | S-25-023 | 2025 |
| 26 | KT-24 | 기타지역 | | S024 | S-25-024 | 2025 |
| 27 | SB-25 | 서울, 부산 | | S025 | S-25-025 | 2025 |
| 28 | KY-26 | 기타광역시 | | S026 | S-25-026 | 2025 |
| 29 | KY-27 | 기타광역시 | | S027 | S-25-027 | 2025 |
| 30 | | | | S028 | S-25-028 | 2025 |

▲ '텍스트3(결과)' 시트

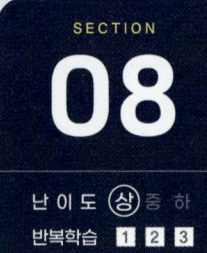

# 논리 함수

**작업파일** [26컴활1급₩1권_스프레드시트₩이론] 폴더의 '06계산작업' 파일을 열어서 작업하시오.

### 01 조건을 판단(IF)한다.

IF(조건식, 값1, 값2) : 조건식이 참이면 값1을 표시, 거짓이면 값2를 표시
**예제** =IF(C4>=20,5,0)  **결과** [C4] 셀의 값이 20 이상이면 5, 그렇지 않으면 0을 표시

### 02 논리곱(AND)을 구한다.

AND(조건1, 조건2, …) : 모든 조건이 참이면 TRUE, 나머지는 FALSE를 표시
**예제** =AND(10>5, 5>2)  **결과** TRUE

### 03 논리합(OR)을 구한다.

OR(조건1, 조건2, …) : 모든 조건이 거짓이면 FALSE, 나머지는 TRUE를 표시
**예제** =OR(10<5, 5<2)  **결과** FALSE

### 04 논리값(TRUE, FALSE)을 구한다.

TRUE( ) : 논리값을 TRUE로 표시
**예제** =TRUE( )  **결과** TRUE

FALSE( ) : 논리값을 FALSE로 표시
**예제** =FALSE( )  **결과** FALSE

### 05 논리식의 역(NOT)을 구한다.

NOT(논리식) : 논리식의 결과를 역으로 표시
**예제** =NOT(30>=10)  **결과** FALSE

### 06 수식에서 오류가 발생할 경우 지정한 값(IFERROR)을 반환한다.

IFERROR(수식, 값) : 수식에서 오류가 발생할 경우 지정한 값을 반환하고, 그렇지 않으면 수식 결과를 반환함
**예제** =IFERROR(4/가,"수식오류")  **결과** 수식오류

**07 여러 조건에 대한 다른 결과 값(IFS)을 반환한다.**

IFS(조건식1, 값1, 조건식2, 값2, ....) : 조건식1에 만족하면 값1, 조건식2에 만족하면 값2, ...를 표시

[예제] =IFS(A2>=90, "A", A2>=80, "B", TRUE, "C")

[결과] [A2] 셀의 값이 90 이상이면 'A', 80 이상이면 'B', 80보다 작은 모든 값의 경우에는 'C'를 표시

**08 조건식의 결과에 따라 다른 값(SWITCH)을 반환한다.**

SWITCH(조건식, 결과값1, 반환값1, 결과값2, 반환값2, ....) : 조건식의 값이 결과값1과 같으면 반환값1, 결과값2와 같으면 반환값2, ...를 표시

[예제] =SWITCH(A2, 1, "일요일", 7, "토요일", "평일")

[결과] [A2] 셀의 값이 1이면 '일요일', 7이면 '토요일', 그 외는 '평일'로 표시

**🏠 25년 출제**

년도숫자[B3:B9]가 2021이면 "EA", 2022이면 "EB", 2023이면 "EC", 2024이면 "ED"로 사원ID[A3:A9] 표시하시오.

| | A | B | C |
|---|---|---|---|
| 1 | [표1] | | |
| 2 | 사원ID | 년도숫자 | 입사일자 |
| 3 | EA | 2021 | 2021.01.15 |
| 4 | EB | 2022 | 2022.03.23 |
| 5 | EA | 2021 | 2021.06.05 |
| 6 | ED | 2024 | 2024.08.19 |
| 7 | EC | 2023 | 2023.11.11 |
| 8 | EB | 2022 | 2022.01.27 |
| 9 | ED | 2024 | 2024.03.14 |

=SWITCH(B3,2021,"EA",2022,"EB",2023,"EC",2024,"ED")

▲ 'TIP 함수.xlsx' 파일의 'SWITCH' 시트

**[출제유형 ❶] '논리1' 시트에서 다음 과정을 수행하고 저장하시오.**

❶ [표1]의 총휴가일수[E1]에서 사용일수[D3:D11]을 뺀 일수가 8일 이상이면 "휴가독촉", 8일 미만 4일 이상이면 "휴가권장", 4일 미만이면 공백으로 비고[E3:E11]에 표시하시오.
▶ IF, COUNTIF, AVERAGEIF 중 알맞은 함수 사용

❷ [표2]에서 1차[H3:H11], 2차[I3:I11], 3차[J3:J11] 점수 중 하나라도 80점 이상이면 "합격", 그렇지 않으면 "불합격"을 결과[K3:K11]에 표시하시오.
▶ IF와 OR 함수 사용

❸ [표3]에서 근무[B15:B23]나 출근[C15:C23]이 80 이상이면서 외국어[D15:D23]가 90 이상이면 "해외근무", 그렇지 않으면 "국내근무"를 결과[E15:E23]에 표시하시오.
▶ IF, AND, OR 함수 사용

❹ [표4]에서 판매량[I15:I23]이 150 이상이고, 총판매액[J15:J23]이 전체 총판매액의 중앙값 이상이면 '효자상품'을, 그렇지 않으면 공백을 비고[K15:K23]에 표시하시오.
▶ IF, AND, MEDIAN 함수 사용

① [E3] 셀에 =IF($E$1-D3>=8,"휴가독촉",IF($E$1-D3>=4,"휴가권장",""))를 입력한 후 [E11] 셀까지 수식을 복사한다.

💬 함수 설명 =IF($E$1-D3>=8,"휴가독촉",IF($E$1-D3>=4,"휴가권장",""))
총휴가일수[E1]에서 사용일수[D3]를 뺀 값이 8보다 크거나 같다면(이상)이면 '휴가독촉', 총휴가일수[E1]에서 사용일수[D3]를 뺀 값이 4보다 크거나 같다면(이상)이면 '휴가권장', 그 외에는 공백(" ")으로 표시한다.

② [K3] 셀에 =IF(OR(H3>=80,I3>=80,J3>=80),"합격","불합격")를 입력한 후 [K11] 셀까지 수식을 복사한다.

> 💬 **함수 설명** =IF(OR(H3>=80,I3>=80,J3>=80),"합격","불합격")
>                          ①
>
> ① OR(H3>=80,I3>=80,J3>=80) : 1차[H3]가 80 이상이거나 2차[I3]가 80 이상이거나 3차[J3]가 80 이상이면 TRUE 값이 반환된다. 1차 ~ 3차 중에서 하나라도 80 이상이면 TRUE 값이다.
>
> =IF(①,"합격","불합격") : ①의 값이 TRUE이면 '합격', 그 외에는 '불합격'으로 표시한다.

③ [E15] 셀에 =IF(AND(OR(B15>=80,C15>=80),D15>=90),"해외근무","국내근무")를 입력한 후 [E23] 셀까지 수식을 복사한다.

> 💬 **함수 설명** =IF(AND(OR(B15>=80,C15>=80),D15>=90),"해외근무","국내근무")
>                               ②
>                          ①
>
> ① OR(B15>=80,C15>=80) : 근무[B15]가 80 이상이거나 출근[C15]가 80 이상이면 TRUE 값이 반환된다. 근무 또는 출근 중에서 하나라도 80 이상이면 TRUE 값이다.
> ② AND(①,D15>=90) : ①이 TRUE이고 외국어[D15]가 90 이상이면 TRUE 값이 반환된다.
>
> =IF(②,"해외근무","국내근무") : ②의 값이 TRUE이면 '해외근무', 그 외에는 '국내근무'로 표시한다.

④ [K15] 셀에 =IF(AND(I15>=150,J15>=MEDIAN($J$15:$J$23)),"효자상품","")를 입력한 후 [K23] 셀까지 수식을 복사한다.

> 💬 **함수 설명** =IF(AND(I15>=150,J15>=MEDIAN($J$15:$J$23)),"효자상품","")
>                          ②
>                                      ①
>
> ① MEDIAN($J$15:$J$23) : 총판매액[J15:J23]의 중간값을 구한다.
> ② AND(I15>=150,J15>=①) : 판매량이 150 이상이고 총판매액이 ① 이상이면 TRUE 값이 반환된다.
>
> =IF(②,"효자상품","") : ②의 값이 TRUE이면 '효자상품', 그 외에는 공백(" ")으로 표시한다.

풀이결과

| | A | B | C | D | E | F | G | H | I | J | K | L |
|---|---|---|---|---|---|---|---|---|---|---|---|---|
| 1 | [표1] | 휴가 사용 현황 | | 총휴가일수 | 16 | [표2] | 자격증 시험 결과 | | | | | |
| 2 | 성명 | 성별 | 부서명 | 사용일수 | 비고 | | 응시코드 | 1차 | 2차 | 3차 | 결과 | |
| 3 | 유삼호 | 남 | 영업부 | 15 | | | A-0001 | 79 | 76 | 58 | 불합격 | |
| 4 | 최서진 | 여 | 영업부 | 10 | 휴가권장 | | A-0002 | 88 | 95 | 89 | 합격 | |
| 5 | 이상배 | 남 | 영업부 | 8 | 휴가독촉 | | A-0003 | 56 | 42 | 55 | 불합격 | |
| 6 | 한미진 | 여 | 생산부 | 12 | 휴가권장 | | A-0004 | 71 | 75 | 73 | 불합격 | |
| 7 | 김동우 | 남 | 생산부 | 14 | | | A-0005 | 90 | 92 | 94 | 합격 | |
| 8 | 김도균 | 남 | 생산부 | 13 | | | A-0006 | 81 | 86 | 71 | 합격 | |
| 9 | 이나은 | 여 | 경리부 | 11 | 휴가권장 | | A-0007 | 80 | 79 | 83 | 합격 | |
| 10 | 정상은 | 여 | 경리부 | 5 | 휴가독촉 | | A-0008 | 48 | 59 | 62 | 불합격 | |
| 11 | 신병규 | 남 | 경리부 | 14 | | | A-0009 | 76 | 54 | 62 | 불합격 | |
| 12 | | | | | | | | | | | | |
| 13 | [표3] | 해외근무 응시 현황 | | | | [표4] | 쇼핑몰 판매 현황 | | | | | |
| 14 | 사원명 | 근무 | 출근 | 외국어 | 결과 | | 상품코드 | 판매가 | 판매량 | 총판매액 | 비고 | |
| 15 | 강용성 | 93 | 85 | 77 | 국내근무 | | CMK-01 | 12,000 | 124 | 1,488,000 | | |
| 16 | 이경심 | 72 | 99 | 86 | 국내근무 | | HJH-01 | 11,500 | 193 | 2,219,500 | 효자상품 | |
| 17 | 박훈석 | 93 | 75 | 91 | 해외근무 | | KES-01 | 8,500 | 199 | 1,691,500 | 효자상품 | |
| 18 | 전우회 | 82 | 89 | 47 | 국내근무 | | HJH-02 | 12,500 | 145 | 1,812,500 | | |
| 19 | 원유성 | 57 | 94 | 85 | 국내근무 | | KES-02 | 7,500 | 195 | 1,462,500 | | |
| 20 | 기상천 | 69 | 88 | 77 | 국내근무 | | CMK-02 | 10,000 | 188 | 1,880,000 | 효자상품 | |
| 21 | 박명훈 | 79 | 86 | 96 | 해외근무 | | HJH-03 | 9,500 | 167 | 1,586,500 | 효자상품 | |
| 22 | 변희영 | 86 | 96 | 68 | 국내근무 | | KES-03 | 5,500 | 155 | 852,500 | | |
| 23 | 이보민 | 72 | 88 | 52 | 국내근무 | | CMK-03 | 8,000 | 168 | 1,344,000 | | |

▲ '논리1(결과)' 시트

**출제유형 ❷** '논리2' 시트에서 다음 과정을 수행하고 저장하시오.

❶ [표1]에서 점수[D3:D12]를 기준으로 순위를 구하여 1위는 "대상", 2위는 "금상", 3위는 "은상", 4위는 "동상", 나머지는 공백으로 결과[E3:E12]에 표시하시오.
   ▶ IFERROR, CHOOSE, RANK.EQ 함수 사용

❷ [표2]에서 원서번호[G3:G10]의 왼쪽에서 첫 번째 문자와 [H12:J13] 영역을 참조하여 지원학과 [J3:J10]을 표시하시오.
   ▶ 단, 오류 발생 시 지원학과에 '코드오류'로 표시
   ▶ IFERROR, HLOOKUP, LEFT 함수 사용

❸ [표3]에서 판매총액[C17:C26]이 많은 5개의 제품은 "재생산", 나머지는 "생산중단"으로 결과 [D17:D26]에 표시하시오.
   ▶ IF와 LARGE 함수 사용

❹ [표4]에서 총점[J17:J24]이 가장 높은 사람은 '최고점수', 가장 낮은 사람은 '최저점수', 그렇지 않은 사람은 공백을 점수[K17:K24]에 표시하시오.
   ▶ IF, MAX, MIN 함수 사용

❺ [표5]에서 주문일[B30:B37]의 요일번호를 이용하여 주문일[D30:D37] 영역에 '월', '화', … 형식으로 표시하시오.
   ▶ SWITCH, WEEKDAY 함수 사용
   ▶ 단, 요일 계산 시 월요일이 1인 유형으로 지정

❻ [표6]에서 사원번호[G30:G37]의 왼쪽에서 첫 번째 문자가 'P'이면 '생산부', 'B'이면 '영업부', 'E'이면 '관리부'로 부서명[J30:J37] 영역에 표시하시오.
   ▶ IFS, LEFT 함수 사용

① [E3] 셀에 =IFERROR(CHOOSE(RANK.EQ(D3,$D$3:$D$12),"대상","금상","은상","동상"),"")를 입력한 후 [E12] 셀까지 수식을 복사한다.

> 💬 **함수 설명** =IFERROR(CHOOSE(RANK.EQ(D3,$D$3:$D$12),"대상","금상","은상","동상"),"")
> ②
> ①
> ① RANK.EQ(D3,$D$3:$D$12) : [D3] 셀의 점수를 [D3:D12] 영역에서 순위를 구한다.
> ② CHOOSE(①,"대상","금상","은상","동상") : ①의 값이 1이면 '대상', 2이면 '금상', 3이면 '은상', 4이면 '동상'으로 표시한다.
>
> =IFERROR(②,"") : ②의 값에 오류가 없다면 값을 그대로 표시하고, 만약 오류가 있다면 공백(" ")으로 표시한다.

② [J3] 셀에 =IFERROR(HLOOKUP(LEFT(G3,1),$H$12:$J$13,2,FALSE),"코드오류")를 입력한 후 [J10] 셀까지 수식을 복사한다.

> 💬 **함수 설명** =IFERROR(HLOOKUP(LEFT(G3,1),$H$12:$J$13,2,FALSE),"코드오류")
> ②
> ①
> ① LEFT(G3,1) : 원서번호[G3] 셀에서 왼쪽에서 한 글자를 추출한다.
> ② HLOOKUP(①,$H$12:$J$13,2,FALSE) : ①의 값을 [H12:J13] 영역의 첫 번째 행에서 값을 찾아 같은 열의 2번째 행에서 정확하게 일치하는 값을 반환한다.
>
> =IFERROR(②,"코드오류") : ②의 값에 오류가 없다면 값을 그대로 표시하고, 만약 오류가 있다면 '코드오류'로 표시한다.

③ [D17] 셀에 =IF(C17>=LARGE($C$17:$C$26,5),"재생산","생산중단")를 입력한 후 [D26] 셀까지 수식을 복사한다.

> 💬 **함수 설명** =IF(C17>=LARGE($C$17:$C$26,5),"재생산","생산중단")
> ①
> ① LARGE($C$17:$C$26,5) : 판매총액[C17:C26] 영역에서 5번째로 큰 값을 구한다.
>
> =IF(C17>=①,"재생산","생산중단") : 판매총액[C17]의 값이 ①보다 크거나 같다면(이상) '재생산', 그 외에는 '생산중단'으로 표시한다.

④ [K17] 셀에 =IF(J17=MAX($J$17:$J$24),"최고점수",IF(J17=MIN($J$17:$J$24),"최저점수",""))를 입력한 후 [K24] 셀까지 수식을 복사한다.

> 💬 **함수 설명** =IF(J17=MAX($J$17:$J$24),"최고점수",IF(J17=MIN($J$17:$J$24),"최저점수",""))
> ①                                              ②
> ① MAX($J$17:$J$24) : 총점[J17:J24] 영역에서 가장 큰 값을 구한다.
> ② MIN($J$17:$J$24) : 총점[J17:J24] 영역에서 가장 작은 값을 구한다.
>
> =IF(J17=①,"최고점수",IF(J17=②,"최저점수","")) : 총점[J17]이 ①하고 같다면 '최고점수'로 표시하고, 총점[J17]이 ②하고 같다면 '최저점수'로 표시하고, 그 외에는 공백(" ")으로 표시한다.

⑤ [D30] 셀에 =SWITCH(WEEKDAY(B30,2),1,"월",2,"화",3,"수",4,"목",5,"금",6,"토",7,"일")를 입력한 후 [D37] 셀까지 수식을 복사한다.

> 📢 **함수 설명** =SWITCH(WEEKDAY(B30,2),1,"월",2,"화",3,"수",4,"목",5,"금",6,"토",7,"일")
>                              ①
>
> ① WEEKDAY(B30,2) : [B30] 셀의 날짜 요일을 숫자로 반환('월'이 1, '화'가 2, …)
>
> =SWITCH(①,1,"월",2,"화",3,"수",4,"목",5,"금",6,"토",7,"일") : ①의 값이 1이면 '월', 2이면 '화', 3이면 '수', 4이면 '목', …으로 결과를 반환한다.

⑥ [J30] 셀에 =IFS(LEFT(G30,1)="P","생산부",LEFT(G30,1)="B","영업부",LEFT(G30,1)="E","관리부")를 입력한 후 [J37] 셀까지 수식을 복사한다.

> 📢 **함수 설명** =IFS(LEFT(G30,1)="P","생산부",LEFT(G30,1)="B","영업부",LEFT(G30,1)="E","관리부")
>                        ①
>
> ① LEFT(G30,1) : [G30] 셀의 왼쪽의 1글자를 추출함
>
> =IFS(①="P","생산부",①="B","영업부",①="E","관리부") : ①의 값이 'P'이면 '생산부', 'B'이면 '영업부', 'E'이면 '관리부'로 표시한다.

**풀이결과**

| | A | B | C | D | E | F | G | H | I | J | K | L |
|---|---|---|---|---|---|---|---|---|---|---|---|---|
| 1 | [표1] | 교내 미술경시대회 | | | | [표2] | | | | | | |
| 2 | 학년 | 성명 | 성별 | 점수 | 결과 | 원서번호 | 이름 | 거주지 | 지원학과 | | | |
| 3 | 1 | 전세권 | 남 | 78 | | M-120 | 이민수 | 서울시 강북구 | 멀티미디어 | | | |
| 4 | 1 | 노숙자 | 여 | 86 | | N-082 | 김병훈 | 대전시 대덕구 | 네트워크 | | | |
| 5 | 1 | 하나토 | 여 | 90 | | S-035 | 최주영 | 인천시 남동구 | 소프트웨어 | | | |
| 6 | 1 | 육해공 | 남 | 91 | 동상 | M-072 | 김미라 | 서울시 성북구 | 멀티미디어 | | | |
| 7 | 2 | 정인간 | 남 | 92 | 은상 | S-141 | 나태후 | 경기도 김포시 | 소프트웨어 | | | |
| 8 | 2 | 방귀남 | 남 | 82 | | N-033 | 전영태 | 경기도 고양시 | 네트워크 | | | |
| 9 | 2 | 구주희 | 여 | 94 | 대상 | M-037 | 조영선 | 강원도 춘천시 | 멀티미디어 | | | |
| 10 | 3 | 이재휘 | 남 | 89 | | A-028 | 박민혜 | 서울시 마포구 | 코드오류 | | | |
| 11 | 3 | 유회지 | 여 | 93 | 금상 | | | | | | | |
| 12 | 3 | 한산의 | 여 | 87 | | 학과코드 | S | N | M | | | |
| 13 | | | | | | 학 과 명 | 소프트웨어 | 네트워크 | 멀티미디어 | | | |
| 14 | | | | | | | | | | | | |
| 15 | [표3] | 신제품 출시 현황 | | | | [표4] | | | | | | |
| 16 | 제품코드 | 판매량 | 판매총액 | 결과 | | 이름 | 국사 | 상식 | 총점 | 점수 | | |
| 17 | BH001 | 642 | 8,025,000 | 재생산 | | 이후정 | 82 | 94 | 176 | | | |
| 18 | BH002 | 241 | 3,012,500 | 생산중단 | | 백천경 | 63 | 83 | 146 | | | |
| 19 | BH003 | 289 | 3,612,500 | 생산중단 | | 민경배 | 76 | 86 | 162 | | | |
| 20 | BH004 | 685 | 8,562,500 | 재생산 | | 김태하 | 62 | 88 | 150 | | | |
| 21 | BH005 | 917 | 11,462,500 | 재생산 | | 이사랑 | 92 | 96 | 188 | 최고점수 | | |
| 22 | BH006 | 862 | 10,775,000 | 재생산 | | 곽난영 | 85 | 80 | 165 | | | |
| 23 | BH007 | 571 | 7,137,500 | 재생산 | | 장채리 | 62 | 77 | 139 | 최저점수 | | |
| 24 | BH008 | 295 | 3,687,500 | 생산중단 | | 봉천미 | 73 | 68 | 141 | | | |
| 25 | BH009 | 384 | 4,800,000 | 생산중단 | | | | | | | | |
| 26 | BH010 | 166 | 2,075,000 | 생산중단 | | | | | | | | |
| 27 | | | | | | | | | | | | |
| 28 | [표5] | | | | | [표6] | 사원 관리 현황 | | | | | |
| 29 | 주문번호 | 주문일 | 주문금액 | 주문요일 | | 사원코드 | 성별 | 직위 | 부서명 | | | |
| 30 | 50123 | 2025-10-03 | 120,000 | 금 | | P-101 | 여 | 부장 | 생산부 | | | |
| 31 | 50124 | 2025-10-06 | 320,000 | 월 | | E-301 | 여 | 부장 | 관리부 | | | |
| 32 | 50125 | 2025-10-18 | 180,000 | 토 | | B-501 | 남 | 부장 | 영업부 | | | |
| 33 | 50126 | 2025-10-22 | 150,000 | 수 | | P-103 | 남 | 대리 | 생산부 | | | |
| 34 | 50127 | 2025-10-31 | 510,000 | 금 | | B-503 | 여 | 대리 | 영업부 | | | |
| 35 | 50128 | 2025-11-04 | 420,000 | 화 | | B-504 | 남 | 사원 | 영업부 | | | |
| 36 | 50129 | 2025-11-09 | 740,000 | 일 | | E-303 | 여 | 사원 | 관리부 | | | |
| 37 | 50130 | 2025-11-20 | 654,000 | 목 | | P-104 | 여 | 사원 | 생산부 | | | |
| 38 | | | | | | | | | | | | |

▲ '논리2(결과)' 시트

## 출제유형 ❸ '논리3' 시트에서 다음 과정을 수행하고 저장하시오.

❶ [표1]의 주문코드를 이용하여 [B3:B25] 영역에 주문방법별 누적개수를 계산하여 표시하시오.
   ▶ 주문방법은 주문코드의 첫 글자는 "T"이면 "전화", "C"이면 "온라인", "V"이면 "방문"임
   ▶ [표시 예 : 전화(1), 온라인(1), 전화(2)]
   ▶ IF, LEFT, COUNTIF 함수와 & 연산자 사용

❷ [표2]의 감상시간(분)을 이용하여 [E3:E17] 영역에 환산을 계산하시오.
   ▶ 환산은 '감상시간(분)'을 시간과 분으로 환산하여 계산
   ▶ 감상시간(분)이 120 미만이면 시간으로만 표시하고, 감상시간(분)이 120 이상이면 시간과 분으로 나누어 표시 [표시 예 : 105 → 2시간, 128 → 2시간 8분]
   ▶ IF, MOD, ROUNDUP, TEXT, & 연산자 사용

❸ [표3]의 현재강의수와 전체강의수를 이용하여 [K3:K30] 영역에 진행율을 계산하여 다음과 같이 표시하시오.
   ▶ '현재강의수/전체강의수'의 값이 0.75일 경우 : ■■■■■■■75.0%
   ▶ '현재강의수/전체강의수'의 값이 0.40일 경우 : ■■■■40.0%
   ▶ '현재강의수/전체강의수'의 값이 오류일 경우 : 신생강의
   ▶ REPT, TEXT, IFERROR 함수와 & 연산자 사용

❹ [표4]의 사업자명과 [표5]를 이용하여 [N3:N12] 영역에 사업자번호를 표시하시오.
   ▶ 사업자번호의 5~6번째 숫자는 '○○'으로 표시한다. [표시 예 : 127-○○-20122]
   ▶ [표4]에 없는 사업자번호는 공백으로 표시한다.
   ▶ VLOOKUP, REPLACE, IFERROR 함수 사용

① [B3] 셀에 =IF(LEFT(A3,1)="T","전화("&COUNTIF($A$3:A3,"T*")&")",IF(LEFT(A3,1)="C","온라인("&COUNTIF($A$3:A3,"C*")&")","방문("&COUNTIF($A$3:A3,"V*")&")"))를 입력한 후 [B25] 셀까지 수식을 복사한다.

> 💬 **함수 설명** =IF(LEFT(A3,1)="T","전화("&COUNTIF($A$3:A3,"T*")&")",IF(LEFT(A3,1)="C",
>                         ①                    ②
>        "온라인("&COUNTIF($A$3:A3,"C*")&")","방문("&COUNTIF($A$3:A3,"V*")&")"))
>                          ②                                ②
>
> ① LEFT(A3,1) : [A3] 셀의 왼쪽 1글자를 추출한다.
> ② COUNTIF($A$3:A3,"T*"), COUNTIF($A$3:A3,"C*"), COUNTIF($A$3:A3,"V*") : [A3:A3] 영역에서 T로 시작하는 셀의 개수, C로 시작하는 셀의 개수, V로 시작하는 셀의 개수를 구한다.
>
> =IF(①="T","전화("&②&")",IF(①="C","온라인("&②&")","방문("&②&")")) : ①의 값이 T이면 전화(②의 값), ①의 값이 C이면 온라인(②의 값), 나머지는 방문(②의 값) 형식으로 표시한다.

② [E3] 셀에 =IF(D3<120,TEXT(ROUNDUP(D3/60,0),"0시간"),TEXT((D3-MOD(D3,60))/60,"0시간")&TEXT(MOD(D3,60)," 0분"))를 입력한 후 [E17] 셀까지 수식을 복사한다.

💬 **함수 설명** =IF(D3<120,TEXT(ROUNDUP(D3/60,0),"0시간"),TEXT((D3−MOD(D3,60))/60,"0시간")&TEXT(MOD(D3,60)," 0분"))

① ROUNDUP(D3/60,0) : [D3] 셀의 값을 60으로 나눈 값을 정수로 구한다.
② TEXT(①,"0시간") : ①의 값에 시간을 붙여 표시한다.
③ MOD(D3,60) : [D3] 셀의 값을 60으로 나눈 나머지를 구한다.
④ (D3−③)/60 : [D3] 셀의 값에서 ③을 뺀 값을 60으로 나눈 값을 구한다.
⑤ TEXT(④,"0시간") : ④의 값에 시간을 붙여 표시한다.
⑥ TEXT(③," 0분") : ③의 값에 분을 붙여 표시한다.

=IF(D3<120,②,⑤&⑥) : [D3] 셀의 값이 120 미만이면 ② 형식으로 표시하고, 그 외는 ⑤&⑥ 형식으로 표시한다.

③ [K3] 셀에 =IFERROR(REPT("■",(H3/J3)*10)&TEXT(H3/J3,"0.0%"),"신생강의")를 입력한 후 [K30] 셀까지 수식을 복사한다.

💬 **함수 설명** =IFERROR(REPT("■",(H3/J3)*10)&TEXT(H3/J3,"0.0%"),"신생강의")

① REPT("■",(H3/J3)*10) : '■'을 [H3]/[J3]*10을 한 값만큼 반복해서 표시한다.
② TEXT(H3/J3,"0.0%") : [H3]/[J3]의 값을 0.0% 형식으로 표시한다.

=IFERROR(①&②,"신생강의") : ①&②의 값에 오류가 있다면 "신생강의"로 표시한다.

④ [N3] 셀에 =IFERROR(REPLACE(VLOOKUP(M3,$M$16:$N$20,2,FALSE),5,2,"○○"),"")를 입력한 후 [N12] 셀까지 수식을 복사한다.

💬 **함수 설명** =IFERROR(REPLACE(VLOOKUP(M3,$M$16:$N$20,2,FALSE),5,2,"○○"),"")

① VLOOKUP(M3,$M$16:$N$20,2,FALSE) : [M3] 셀을 [M16:N20] 영역의 첫 번째 열에서 찾아 같은 행의 2번째 열에서 정확하게 일치하는 값을 구한다.
② REPLACE(①,5,2,"○○") : ①의 값에서 5번째부터 시작하여 2글자 위치에 '○○'로 바꾼다.

=IFERROR(②,"") : ② 값에 오류가 있다면 공백(" ")으로 표시한다.

▲ '논리3(결과)' 시트

# SECTION 09 재무 함수

**작업파일** [26컴활1급₩1권_스프레드시트₩이론] 폴더의 '06계산작업' 파일을 열어서 작업하시오.

### 📌 25년 출제

연이율은 4%이고, 매월 월세 [A3:A9]를 받아 적립할 경우 10년 후 찾게 되는 금액을 미래 가치[B3:B9]에 표시하시오.

=FV(4%/12,120,−A3)

▲ 'TIP 함수.xlsx' 파일의 'FV' 시트

## 01 일정 금액 납입 후의 미래가치(FV)를 구한다.

FV(이율, 납입횟수, 정기납입액, [현재가치], [납입시점]) : 정기적으로 일정 기간 동안 은행에 적립할 때의 미래가치를 구함(흔히 알고 있는 적금을 말함)

**옵션** 납입시점
• 0(또는 생략) : 월말    • 1 : 월초

**예제** =FV(6%/12,36,−440000,0,1)

**결과** ₩17,394,426
매월초 440,000원씩 연이율 6%로 계산되어 3년 뒤의 금액

## 02 대출금(투자총액)에서 정기적으로 납입되는 금액(PMT)을 구한다.

PMT(이율, 불입총횟수, 현재가치, [미래가치], [납입시점]) : 일정금액을 대출 받았거나 투자했을 때 정기적으로 매월 또는 매년 납입하거나 수령할 금액을 구함

**예제** =PMT(4%/12,36,0,−10000000,0)

**결과** ₩261,907
이율이 4%일 때 3년 동안 10,000,000을 모으려면 매달 입금해야 할 금액

## 03 투자액의 현재가치(PV)를 구한다.

PV(이율, 납입횟수, 정기납입액, [미래가치], [납입시점]) : 매월이나 매년 일정한 금액을 일정 기간 동안 지불해주는 연금이나 보험의 지급 총액에 대한 현재가치를 구함

**예제** =PV(9%/12,30*12,−300000)

**결과** ₩37,284,560
이율이 9%일 때 매월말에 300,000원씩 30년 동안 지급해 주는 연금의 현재가치

## 04 투자액과 그 후의 수익에서 투자의 현재가치(NPV)를 구한다.

NPV(할인율, 값1, 값2, ...) : 특정한 금액을 투자하고 매월 일정한 수입이 보장될 때 해당 투자의 현재가치를 구함

**예제** =NPV(12%,−900,630,242,360,63,190)

**결과** ₩232
할인율은 12%로 1년 후에 900을 투자하고, 앞으로 5년 동안 630, 242, 360, 63, 190의 연간 수입을 얻었다면 5년 후의 현재가치

**05** 단위 기간 동안 정액법에 의한 자산의 감가 상각액을 반환(SLN)한다.

SLN(비용, 잔존가치, 내용연수) : 연수에 상관없이 매년 동일한 액수를 감가 상각함
예제  =SLN(30000,7500,10)  결과  2250(각 연도의 감가 상각 준비금)

**06** 지정된 감가 상각 기간 중 자산의 감가 상각액을 연수 합계법(SYD)으로 반환한다.

SYD(취득가치, 잔존가치, 내용연수, 기간) : 마지막 연차의 감가 상각액을 구한 다음 이를 계속 더해 가면서 그 이전 연차의 감가 상각을 구함
예제  =SYD(30000,7500,10,1)  결과  4,091(1년차 연간 감가 상각 준비금)

> **기적의 TIP**
>
> **감가 상각**
> - **정액법** : 기계장치와 같은 고정자산을 내용년수 동안 균일하게 감가 상각하는 것
> - **정률법** : 시간이 갈수록 감가상각비가 줄어드는 경향
> - **이중 체감법** : 감가상각비의 계산방법이 정률법의 경우와 같고 단지 상각률을 간편하게 정액법에 의한 상각률을 두 배로 적용하는 방법
> - **연수 합계법** : 상각초기에 많은 상각을 하고 매년 상각비가 줄어드는 가속 상각법

**출제유형 ❶** '재무1' 시트에서 다음 과정을 수행하고 저장하시오.

❶ 앞으로 1년 동안 연이율이 6%인 저축예금에 매월 300,000원씩을 적립하려고 할 때 1년 후에 찾게 되는 금액이 얼마인지 [C7] 셀에 구하시오.
▶ FV 함수 사용

❷ 30년 동안 매달 말에 100,000원씩 수령할 수 있는 연금보험에 가입하려고 한다. 보험회사에 일시불해야 할 연금보험 가격은 15,000,000원이고 적용이자율은 연이율 8%이다. 과연 보험에 가입하는 것이 유리할지 연금의 현재가치[F7]를 구하시오.
▶ PV 함수 사용

❸ 집을 구입하기 위해 50,000,000원을 대출받았다. 3년 동안 연 7.5%의 이자와 함께 원금을 상환하려면 매월 얼마씩 불입해야 하는지 [C15] 셀에 구하시오.
▶ PMT 함수 사용

❹ 결혼 비용 5천만원을 모으기 위해 연이율 4.5%인 은행에 매월 얼마를 적립해야 5년 후에 5천만원을 찾을 수 있는지 [F15] 셀에 구하시오.
▶ PMT 함수 사용

① [C7] 셀에 =FV(C3/12,C4*12,-C5)를 입력한다.
② [F7] 셀에 =PV(F3/12,F4*12,-F5)를 입력한다.
③ [C15] 셀에 =PMT(C11/12,C12*12,-C13)를 입력한다.
④ [F15] 셀에 =PMT(F11/12,F12*12,0,-F13)를 입력한다.

| | A | B | C | D | E | F | G |
|---|---|---|---|---|---|---|---|
| 1 | | • FV 함수 | | | • PV 함수 | | |
| 2 | | | | | | | |
| 3 | | 연이율 | 6% | | 연이율 | 8% | |
| 4 | | 기간 | 1년 | | 수령 기간 | 30년 | |
| 5 | | 월불입액 | 300,000 | | 매월 수령액 | 100,000 | |
| 6 | | | | | | | |
| 7 | | 만기금액 | ₩3,700,669 | | 연금의 현재가치 | ₩13,628,349 | |
| 8 | | | | | | | |
| 9 | | • PMT 함수 | | | • PMT 함수 | | |
| 10 | | | | | | | |
| 11 | | 연이율 | 7.5% | | 연이율 | 4.5% | |
| 12 | | 기간 | 3년 | | 기간 | 5년 | |
| 13 | | 대출금액 | 50,000,000 | | 저축총액 | 50,000,000 | |
| 14 | | | | | | | |
| 15 | | 월상환액 | ₩1,555,311 | | 월불입액 | ₩744,651 | |
| 16 | | | | | | | |

▲ '재무1(결과)' 시트

### 출제유형 ❷ '재무2' 시트에서 다음 과정을 수행하고 저장하시오.

❶ [표1]의 회원코드, 대출금액, 대출기간을 이용하여 [E3:E26] 영역에 월상환액을 계산하여 표시하시오.
  ▶ 이율은 회원코드의 앞 두 글자와 대출기간을 이용하여 [표2]에서 찾아 계산
  ▶ 이율과 대출기간은 연 단위임
  ▶ 대출이 없을 경우 "대출없음"을 표시
  ▶ IFERROR, PMT, OFFSET, MATCH, LEFT 함수 사용

❷ [표3]의 판매금액과 할부기간(월)을 이용하여 [L3:L24] 영역에 PMT를 계산하여 표시하시오.
  ▶ 연이율은 3%이고, 결과는 양수로 내림하여 십의 자리까지만 표시되도록 설정하시오.
  ▶ ROUNDDOWN, PMT 함수 사용

❸ [표4]의 대출금액, 대출기간, 이율을 이용하여 월상환액[Q3:Q21]을 계산하여 표시하시오.
  ▶ 이율은 대출기간과 [표5]를 이용하여 계산
  ▶ PMT, HLOOKUP 함수 사용

❹ [표6]의 연이율, 기간(년), 월납입액을 이용하여 현재가치를 [O31:T31] 영역에 계산하여 표시하시오.
  ▶ 현재가치가 20,000,000 이상이면 '한도초과' 그렇지 않으면 현재가치를 반올림하여 천의 자리까지 표시
  ▶ IF, PV, ROUND 함수 사용

① [E3] 셀에 =IFERROR(PMT(OFFSET($B$30,MATCH(LEFT(A3,2),$A$31:$A$35,0),D3)/12,D3*12,-C3),"대출없음")를 입력한 후 [E26] 셀까지 수식을 복사한다.

> **함수 설명**
> =IFERROR(PMT(OFFSET($B$30,MATCH(LEFT(A3,2),$A$31:$A$35,0),D3)/12,D3*12,-C3),
> "대출없음")
>
> ① LEFT(A3,2) : [A3] 셀의 왼쪽 2글자를 추출한다.
> ② MATCH(①,$A$31:$A$35,0) : ①의 값을 [A31:A35] 영역에서 정확하게 일치하는 위치값을 반환한다.
> ③ OFFSET($B$30,②,D3) : [B30] 셀을 기준으로 ②만큼 행으로 이동, [D3] 셀의 값만큼 열로 이동한 값을 추출한다.
> ④ PMT(③/12,D3*12,-C3) : ③의 값을 12로 나눈 이자, [D3] 셀에 12를 곱한 기간, -대출금을 넣어 월 상환액을 구한다.
>
> =IFERROR(④,"대출없음") : ④의 값에 오류가 있을 때 "대출없음"으로 표시한다.

② [L3] 셀에 =ROUNDDOWN(PMT(3%/12,K3,-J3),-1)를 입력한 후 [L24] 셀까지 수식을 복사한다.

> **함수 설명** =ROUNDDOWN(PMT(3%/12,K3,-J3),-1)
>
> ① PMT(3%/12,K3,-J3) : 3%를 12로 나눈 이자, [K3] 셀 기간, -[J3] 판매금을 넣어 월납부액을 구한다.
>
> =ROUNDDOWN(①,-1) : ①의 값을 일의 자리에서 내림하여 표시한다.

③ [Q3] 셀에 =PMT(HLOOKUP(O3,$O$24:$S$25,2)/12,O3*12,-P3)를 입력한 후 [Q21] 셀까지 수식을 복사한다.

> **함수 설명** =PMT(HLOOKUP(O3,$O$24:$S$25,2)/12,O3*12,-P3)
>
> ① HLOOKUP(O3,$O$24:$S$25,2) : [O3] 셀의 값을 [O24:S25] 영역의 첫 번째 행에서 찾아 같은 열의 2번째 행에서 값을 추출한다.
>
> =PMT(①/12,O3*12,-P3) : ①의 값을 12로 나눈 이자, [O3] 셀의 값을 12로 곱한 기간, -[P3] 대출금을 넣어 월상환액을 구한다.

④ [O31] 셀에 =IF(PV(O28/12,O29*12,O30)>=20000000,"한도초과",ROUND(PV(O28/12,O29*12,O30),-3))를 입력한 후 [T31] 셀까지 수식을 복사한다.

> **함수 설명** =IF(PV(O28/12,O29*12,O30)>=20000000,"한도초과",
> ROUND(PV(O28/12,O29*12,O30),-3))
>
> ① PV(O28/12,O29*12,O30) : O28 셀의 값을 12로 나눈 이자, [O29] 셀의 값을 12로 곱한 기간, [O30] 셀의 월납입액에 투자에 대한 현재가치를 구한다.
> ② ROUND(①,-3) : ①의 값을 백의 자리에서 반올림하여 표시한다.
>
> =IF(①>=20000000,"한도초과",②) : ①의 값이 20,000,000 값 이상이면 "한도초과", 그 외 경우는 ②를 표시한다.

---

**기적의 TIP**

OFFSET(reference, rows, cols, [height], [width])
• reference : 참조 셀
• rows : 행 수
• cols : 열 수
• [height] : [ ] 기호로 표시된 부분은 생략이 가능. 높이
• [width] : 너비

=OFFSET(B30,3,2)

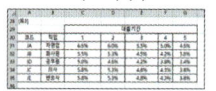

[B30] 셀에서 아래로 3행 이동하여 [B33] 셀, 다시 오른쪽으로 2열 이동하여 [D33] 셀에 있는 값을 가져옵니다.

height와 width를 입력하면 영역을 가져올 수 있습니다.

## [표1]

| 회원코드 | 성명 | 대출금액 | 대출기간 | 월상환액 |
|---|---|---|---|---|
| JA140 | 이찬진 | ₩ 5,000,000 | 3 | ₩ 150,980 |
| JB571 | 채경찬 | ₩ 7,000,000 | 2 | ₩ 308,041 |
| JD367 | 임종래 | ₩ 5,500,000 | 2 | ₩ 240,309 |
| JC664 | 정종수 | ₩ 2,000,000 | 4 | ₩ 45,427 |
| JA188 | 서현명 | ₩ 5,000,000 | 1 | ₩ 431,482 |
| JC268 | 고광섭 | - | - | 대출없음 |
| JA845 | 김은조 | - | - | 대출없음 |
| JD977 | 권장영 | ₩ 23,000,000 | 5 | ₩ 417,381 |
| JE386 | 김영민 | ₩ 10,000,000 | 3 | ₩ 298,812 |
| JC663 | 명노찬 | ₩ 7,000,000 | 1 | ₩ 601,822 |
| JC864 | 박지원 | ₩ 5,000,000 | 1 | ₩ 429,873 |
| JA165 | 윤선종 | ₩ 10,000,000 | 5 | ₩ 186,430 |
| JB398 | 이민준 | ₩ 20,000,000 | 5 | ₩ 366,528 |
| JC741 | 오수진 | - | - | 대출없음 |
| JB661 | 이영민 | ₩ 5,000,000 | 2 | ₩ 220,029 |
| JA219 | 강진구 | ₩ 15,000,000 | 1 | ₩ 1,294,446 |
| JB336 | 김현민 | ₩ 2,000,000 | 4 | ₩ 45,337 |
| JB643 | 배종숙 | - | - | 대출없음 |
| JB578 | 이영숙 | ₩ 10,000,000 | 3 | ₩ 297,469 |
| JC509 | 강동희 | ₩ 10,000,000 | 4 | ₩ 227,135 |
| JC590 | 김숙자 | ₩ 10,000,000 | 2 | ₩ 440,059 |
| JA649 | 홍민국 | ₩ 10,000,000 | 1 | ₩ 862,964 |
| JB583 | 배진찬 | ₩ 10,000,000 | 2 | ₩ 440,059 |
| JB523 | 이성국 | ₩ 10,000,000 | 3 | ₩ 297,469 |

## [표3]

| 구매자 | 수량 | 단가 | 판매금액 | 할부기간(월) | PMT |
|---|---|---|---|---|---|
| 김은소 | 55 | 1,500 | 82,500 | 2 | ₩41,400 |
| 임채빈 | 20 | 3,000 | 60,000 | 2 | ₩30,110 |
| 한아름 | 20 | 2,000 | 40,000 | 2 | ₩20,070 |
| 유벼리 | 21 | 5,300 | 111,300 | 2 | ₩55,850 |
| 강한후 | 95 | 3,000 | 285,000 | 6 | ₩47,910 |
| 설진성 | 120 | 2,500 | 300,000 | 9 | ₩33,750 |
| 박호영 | 20 | 2,000 | 40,000 | 2 | ₩20,070 |
| 김새롬 | 25 | 5,300 | 132,500 | 6 | ₩22,270 |
| 권충수 | 90 | 2,500 | 225,000 | 9 | ₩25,310 |
| 임원이 | 55 | 2,500 | 137,500 | 6 | ₩23,110 |
| 이구름 | 30 | 2,000 | 60,000 | 3 | ₩20,100 |
| 김증건 | 25 | 5,300 | 132,500 | 3 | ₩44,380 |
| 배사공 | 100 | 2,000 | 200,000 | 6 | ₩33,620 |
| 김진상 | 90 | 5,300 | 477,000 | 24 | ₩20,500 |
| 고진웅 | 55 | 3,000 | 165,000 | 3 | ₩55,270 |
| 안대훈 | 32 | 5,300 | 169,600 | 6 | ₩28,510 |
| 민병욱 | 60 | 1,500 | 90,000 | 3 | ₩30,150 |
| 김솔오 | 50 | 3,000 | 150,000 | 6 | ₩25,210 |
| 오덕우 | 110 | 3,000 | 330,000 | 12 | ₩27,940 |
| 한마식 | 45 | 1,500 | 67,500 | 2 | ₩33,870 |
| 임유승 | 50 | 2,500 | 125,000 | 3 | ₩41,870 |
| 김성완 | 80 | 1,500 | 120,000 | 6 | ₩20,170 |

## [표4]

| 성명 | 대출기간 | 대출금액 | 월상환액 |
|---|---|---|---|
| 고광섭 | 3 | ₩ 5,000,000 | ₩150,980 |
| 권장영 | 2 | ₩ 7,000,000 | ₩310,244 |
| 김동진 | 2 | ₩ 5,500,000 | ₩243,763 |
| 김병준 | 4 | ₩ 2,000,000 | ₩46,059 |
| 김영희 | 1 | ₩ 5,000,000 | ₩431,482 |
| 김은조 | 2 | ₩ 10,000,000 | ₩443,206 |
| 마동탁 | 1 | ₩ 2,000,000 | ₩172,593 |
| 서현명 | 5 | ₩ 23,000,000 | ₩428,789 |
| 오동진 | 3 | ₩ 10,000,000 | ₩301,959 |
| 이민정 | 1 | ₩ 7,000,000 | ₩604,075 |
| 이상민 | 1 | ₩ 5,000,000 | ₩431,482 |
| 이진영 | 5 | ₩ 10,000,000 | ₩186,430 |
| 이찬진 | 5 | ₩ 20,000,000 | ₩372,860 |
| 임종례 | 1 | ₩ 2,000,000 | ₩172,593 |
| 정수만 | 2 | ₩ 5,000,000 | ₩221,603 |
| 정중수 | 1 | ₩ 15,000,000 | ₩1,294,446 |
| 진대준 | 4 | ₩ 2,000,000 | ₩46,059 |
| 채경찬 | 2 | ₩ 5,000,000 | ₩221,603 |
| 하민지 | 4 | ₩ 10,000,000 | ₩230,293 |

## [표5]

| 대출기간 | 1 | 2 | 3 | 4 | 5 |
|---|---|---|---|---|---|
| 이율 | 6.5% | 6.0% | 5.5% | 5.0% | 4.5% |

## [표6]

| 연이율 | 2% | 3% | 4% | 5% | 6% | 7% |
|---|---|---|---|---|---|---|
| 기간(년) | 2 | 2 | 2 | 2 | 2 | 2 |
| 월납입액 | -₩ 500,000 | -₩ 600,000 | -₩ 800,000 | -₩ 900,000 | -₩ 1,000,000 | -₩ 1,100,000 |
| 현재가치 | ₩ 11,754,000 | ₩ 13,960,000 | ₩ 18,423,000 | 한도초과 | 한도초과 | 한도초과 |

▲ '재무2(결과)' 시트

# 정보 함수

**작업파일** [26컴활1급₩1권_스프레드시트₩이론] 폴더의 '06계산작업' 파일을 열어서 작업하시오.

## 01 공백 셀인지를 조사(ISBLANK)하자.

ISBLANK(검사 대상) : 검사 대상 셀이 공백 셀인지를 조사

| 예제 | =ISBLANK(I5) | 결과 | FALSE(공백 셀이면 TRUE) |

## 02 에러 값인지를 조사(ISERROR)하자.

ISERROR(검사 대상) : 검사 대상에 에러 값인지를 조사

| 예제 | =ISERROR(SUM(가,나,다)) | 결과 | TRUE(SUM 인수가 잘못되어서) |

## 03 셀의 서식, 위치 또는 내용에 대한 정보를 반환(CELL)한다.

CELL(정보 유형 텍스트, [참조할 주소]) : 참조 범위에서 시트를 읽는 순서에 따라 첫째 셀의 서식이나 위치, 내용에 대한 정보를 제공함

| 예제 | =CELL("row", A20) | 결과 | 20 |

| 정보 유형 텍스트 | 내용 |
| --- | --- |
| "address" | 참조 영역에 있는 첫째 셀의 참조를 텍스트로 반환 |
| "col" | 참조 영역에 있는 셀의 열 번호를 반환 |
| "color" | 음수에 대해 색으로 서식을 지정한 셀에 대해서는 1을 반환하고, 그렇지 않은 셀에 대해서는 0을 반환 |
| "contents" | 참조 영역에 있는 왼쪽 위 셀의 수식이 아닌 값을 반환 |
| "filename" | 텍스트로 참조가 들어 있는 파일의 전체 경로를 포함한 파일 이름을 반환 |
| "format" | 셀의 숫자 서식에 해당하는 텍스트 값 |
| "parentheses" | 양수 또는 모든 값에 괄호로 서식을 지정한 셀에 대해서는 1을 반환하고, 그렇지 않은 셀에 대해서는 0을 반환 |
| "prefix" | 셀의 "레이블 접두어"에 해당하는 텍스트 값으로 셀이 왼쪽 맞춤의 텍스트를 포함하면 작은 따옴표(')를, 오른쪽 맞춤의 텍스트를 포함하면 큰 따옴표(")를, 가운데 맞춤의 텍스트를 포함하면 캐럿(^)을, 양쪽 맞춤 텍스트를 포함하면 백슬래시(\)를, 그 밖의 경우는 빈 텍스트("")를 반환 |
| "protect" | 셀이 잠겨 있지 않으면 0을 반환하고, 셀이 잠겨 있으면 1을 반환 |
| "row" | 참조 영역에 있는 셀의 행 번호를 반환 |
| "type" | 셀의 데이터 형식에 해당하는 텍스트 값으로 셀이 비어 있으면 "b"를, 텍스트 상수를 포함하면 "l"을, 그 밖의 경우에는 "v"를 반환 |
| "width" | 셀의 열 너비를 정수로 반올림하여 반환 |

## 04 #N/A를 제외한 오류 값의 경우 TRUE를 반환(ISERR)한다.

ISERR(값) : 값이 #N/A를 제외한 오류인지 확인하고 TRUE 또는 FALSE를 반환함
[예제] =ISERR("가"/0)　　　　　[결과] TRUE

## 05 숫자가 짝수이면 TRUE를 반환(ISEVEN)한다.

ISEVEN(숫자) : 숫자가 짝수이면 TRUE, 홀수이면 FALSE를 반환함
[예제] =ISEVEN(6)　　　　　[결과] TRUE

## 06 논리값의 경우 TRUE를 반환(ISLOGICAL)한다.

ISLOGICAL(값) : 값이 논리값이면 TRUE를 반환함
[예제] =ISLOGICAL(7)　　　　　[결과] FALSE

## 07 텍스트 값이 아니면 TRUE를 반환(ISNONTEXT)한다.

ISNONTEXT(값) : 값이 텍스트가 아니면 TRUE를 반환함
[예제] =ISNONTEXT(7)　　　　　[결과] TRUE

## 08 숫자 값의 경우 TRUE를 반환(ISNUMBER)한다.

> **25년 출제**
>
> 기타[B3:B9] 셀 값의 숫자 여부[C3:C9]를 표시하시오.
>
> | | A | B | C |
> |---|---|---|---|
> | 1 | [표1] | | |
> | 2 | 세원유형 | 기타 | 숫자? |
> | 3 | 승용 | #VALUE! | FALSE |
> | 4 | 부가가치세 | #VALUE! | FALSE |
> | 5 | 재산세(주택) | 5 | TRUE |
> | 6 | 부가가치세 | #VALUE! | FALSE |
> | 7 | 주택(개별) | 1 | TRUE |
> | 8 | 주민세(재산분) | #VALUE! | FALSE |
> | 9 | 종합소득 | #VALUE! | FALSE |
>
> =ISNUMBER(B3)
> (참고 : SEARCH 함수 예제)
>
> ▲ 'TIP 함수.xlsx' 파일의 'ISNUMBER' 시트

ISNUMBER(값) : 값이 숫자이면 TRUE를 반환함
[예제] =ISNUMBER(7)　　　　　[결과] TRUE

## 09 숫자가 홀수이면 TRUE를 반환(ISODD)한다.

ISODD(숫자) : 숫자가 홀수이면 TRUE를 반환함
[예제] =ISODD(7)　　　　　[결과] TRUE

## 10 텍스트 값의 경우 TRUE를 반환(ISTEXT)한다.

ISTEXT(값) : 값이 텍스트이면 TRUE를 반환함
[예제] =ISTEXT("김")　　　　　[결과] TRUE

⑪ 값의 데이터 형식을 나타내는 숫자를 반환(TYPE)한다. (값이 숫자 '1', 텍스트 '2', 논리 값 '4', 오류 값 '16')

TYPE(값) : 값의 유형을 나타내는 수를 구함
[예제] =TYPE("김")   [결과] 2

---

**출제유형 ❶** '정보1' 시트에서 다음 과정을 수행하고 저장하시오.

▶ 규격과 단가는 IF와 ISBLANK 함수를 이용하여 품명이 공백일 경우에는 공백으로 처리하고 품명이 공백이 아니면, VLOOKUP 함수를 이용하여 제품목록[I4:K13]에서 찾아 표시하시오.
▶ 공급가액은 IF와 ISERROR 함수를 이용하여 '수량 * 단가'의 계산식에 오류가 발생하면 공백으로 처리하고, 오류가 없을 경우에는 '수량 * 단가'를 계산하여 표시하시오.

① [D4] 셀에 다음과 같이 입력하고 [D10] 셀까지 수식을 복사한다.

[함수 설명] =IF(ISBLANK(C4),"",VLOOKUP(C4,$I$4:$K$13,2,0))
                    ①              ②

① ISBLANK(C4) : [C4] 셀이 공백이면 True, 공백이 아니면 False 값을 구함
② VLOOKUP(C4,$I$4:$K$13,2,0) : [C4] 셀의 값을 [I4:K13] 영역의 첫 번째 열에서 찾아 같은 행의 2번째 열에서 정확하게 일치하는 값을 추출함

=IF(①,"",②) : ①의 값이 True이면 공백("")으로, False 이면 ②의 값을 표시함

② [F4] 셀에 =IF(ISBLANK(C4),"",VLOOKUP(C4,$I$4:$K$13,3,0))를 입력하고 [F10] 셀까지 수식을 복사한다.
③ [G4] 셀에 =IF(ISERROR(E4*F4),"",E4*F4)를 입력하고 [G10] 셀까지 수식을 복사한다.

---

**풀이결과**

| | A | B | C | D | E | F | G | H | I | J | K |
|---|---|---|---|---|---|---|---|---|---|---|---|
| 1 | | | | | | | | | | | |
| 2 | | | | | | | | | | 제품목록 | |
| 3 | | 번호 | 품명 | 규격 | 수량 | 단가 | 공급가액 | | 품명 | 규격 | 단가 |
| 4 | | 1 | A001 | Box | 10 | 235,000 | 2,350,000 | | A001 | Box | 235,000 |
| 5 | | 2 | A003 | 개 | 15 | 203,000 | 3,045,000 | | A002 | 개 | 127,000 |
| 6 | | 3 | | | | | | | A003 | 개 | 203,000 |
| 7 | | 4 | | | | | | | A004 | 개 | 67,000 |
| 8 | | 5 | | | | | | | A005 | Box | 103,000 |
| 9 | | 6 | | | | | | | A006 | 개 | 54,000 |
| 10 | | 7 | | | | | | | A007 | 개 | 135,000 |
| 11 | | | 합계 | | | | ₩ 5,395,000 | | A008 | 개 | 113,000 |
| 12 | | | | | | | | | A009 | 개 | 114,000 |
| 13 | | | | | | | | | A010 | 개 | 192,000 |
| 14 | | | | | | | | | | | |

▲ '정보1(결과)' 시트

출제유형 ❷ '정보2' 시트에서 다음 과정을 수행하고 저장하시오.

❶ 주민번호[C4:C12]의 8번째 자리가 홀수이면 '남', 짝수이면 '여'로 표시하시오.
  ▶ ISODD, IF, MID 함수 사용
❷ 주민번호[C4:C12]에서 홀수년도에 태어난 사람은 '1분단', 짝수년도에 태어난 사람은 '2분단'으로 표시하시오.(주민번호 왼쪽의 2자리 숫자 이용)
  ▶ ISEVEN, IF, LEFT 함수 사용

① [D4] 셀에 =IF(ISODD(MID(C4,8,1)),"남","여")를 입력하고 [D12] 셀까지 수식을 복사한다.

> 💬 함수 설명  =IF(ISODD(MID(C4,8,1)),"남","여")
>                        ②
>                        ①
> ① MID(C4,8,1) : [C4] 셀의 8번째 문자 중 한 글자만을 추출함
> ② ISODD(①) : ①이 홀수이면 TRUE, 짝수이면 FALSE를 반환함
>
> =IF(②,"남","여") : ②가 TRUE이면 "남", 그렇지 않으면 "여"를 표시함

② [E4] 셀에 =IF(ISEVEN(LEFT(C4,2)),"2분단","1분단")를 입력하고 [E12] 셀까지 수식을 복사한다.

**풀이결과**

| | A | B | C | D | E | F | G | H |
|---|---|---|---|---|---|---|---|---|
| 1 | 컴퓨터 특기적성 입금 | | | | | | | |
| 2 | | | | | | | 수강코드 | A2225-5 |
| 3 | 번호 | 이름 | 주민번호 | 성별 | 좌석 | 구분 | 할인률 | 수강료 |
| 4 | A2225-5-1 | 김은미 | 14xxxx-412xxxx | 여 | 2분단 | 일반 | 0 | 20,000 |
| 5 | A2225-5-2 | 장희진 | 11xxxx-431xxxx | 여 | 1분단 | 생활보호대상자 | 0.2 | 16,000 |
| 6 | A2225-5-3 | 김원민 | 10xxxx-312xxxx | 남 | 2분단 | 일반 | 0 | 20,000 |
| 7 | A2225-5-4 | 이해미 | 13xxxx-412xxxx | 여 | 1분단 | 일반 | 0 | 20,000 |
| 8 | A2225-5-5 | 한장수 | 11xxxx-302xxxx | 남 | 1분단 | 일반 | 0 | 20,000 |
| 9 | A2225-5-6 | 노민혁 | 14xxxx-306xxxx | 남 | 2분단 | 기초생활수급자 | 0.1 | 18,000 |
| 10 | A2225-5-7 | 이기화 | 14xxxx-415xxxx | 여 | 2분단 | 국가유공자 | 0.05 | 19,000 |
| 11 | A2225-5-8 | 황인서 | 11xxxx-414xxxx | 여 | 1분단 | 일반 | 0 | 20,000 |
| 12 | A2225-5-9 | 성연정 | 10xxxx-424xxxx | 여 | 2분단 | 일반 | 0 | 20,000 |
| 13 | | | | | 합계 | | | 173,000 |
| 14 | | | | | | | | |
| 15 | 할인 대상자 | 수강료할인 | | 수강료 | 20,000 | | | |
| 16 | 생활보호대상자 | 20% | | | | | | |
| 17 | 기초생활수급자 | 10% | | | | | | |
| 18 | 국가유공자 | 5% | | | | | | |
| 19 | | | | | | | | |

▲ '정보2(결과)' 시트

# SECTION 11 배열 수식

작업파일 [26컴활1급₩1권_스프레드시트₩이론] 폴더의 '06계산작업' 파일을 열어서 작업하시오.

● 배열 수식의 계산 원리
- 조건을 나열할 때 AND 조건은 *, OR 조건은 +를 사용한다.
- 조건에 만족하면 TRUE 값이, 만족하지 않으면 FALSE 값이 반환된다.

| 조건 | | 결과 | |
|---|---|---|---|
| (조건1) | (조건2) | AND(*) | OR(+) |
| TRUE | TRUE | TRUE | TRUE |
| TRUE | FALSE | FALSE | TRUE |
| FALSE | TRUE | FALSE | TRUE |
| FALSE | FALSE | FALSE | FALSE |

- TRUE는 '1', FALSE는 '0'으로 변환되어 계산에 사용할 수 있다.

| 조건 | | 결과 | |
|---|---|---|---|
| (조건1) | (조건2) | AND(*) | OR(+) |
| 1 | 1 | 1 | 1 |
| 1 | 0 | 0 | 1 |
| 0 | 1 | 0 | 1 |
| 0 | 0 | 0 | 0 |

> **기적의 TIP**
>
> 배열 수식을 사용하는 이유는 함수로 풀 수 없는 복잡한 계산을 수행하거나 워크시트의 다른 셀에 데이터를 입력하지 않고 하나의 식으로 값을 구하고자 할 때 사용합니다.

● 시험에 출제되는 배열 수식 유형

| 결과 | 함수 | 조건 | 형식 |
|---|---|---|---|
| 합계 | SUM | 조건1 | =SUM( (조건) * 값을 구할 범위 ) |
| | | 조건2 | =SUM( (조건1) * (조건2) * 값을 구할 범위 ) |
| | SUM,IF | 조건1 | =SUM( IF (조건, 값을 구할 범위) ) |
| | | 조건2 | =SUM( IF (( 조건1) * (조건2), 값을 구할 범위) ) |
| 개수 | SUM | 조건1 | =SUM( (조건) * 1 ) |
| | | 조건2 | =SUM( ( 조건1) * (조건2) ) |
| | SUM,IF | 조건1 | =SUM( IF (조건,1) ) |
| | | 조건2 | =SUM(IF( ( 조건1) * (조건2), 1 ) ) |
| | COUNT,IF | 조건1 | =COUNT( IF( 조건1, 1 ) ) |
| | | 조건2 | =COUNT( IF( (조건1) * (조건2),1 ) ) |
| 평균 | AVERAGE,IF | 조건1 | =AVERAGE( IF( 조건1, 값을 구할 범위) ) |
| | | 조건2 | =AVERAGE( IF( ( 조건1) * (조건2), 값을 구할 범위) ) |

| | | 조건1 | =MAX( ( 조건1) * 값을 구할 범위 ) |
|---|---|---|---|
| 최대값 | MAX | 조건2 | =MAX( ( 조건1) * (조건2) * 값을 구할 범위 ) |
| | MAX,IF | 조건1 | =MAX( IF( (조건1), 값을 구할 범위) ) |
| | | 조건2 | =MAX( IF( (조건1) * (조건2), 값을 구할 범위 ) ) |
| N번째 큰 값 | LARGE | 조건1 | =LARGE( (조건1) * 값을 구할 범위, N ) |
| | | 조건2 | =LARGE( (조건1) * (조건2) * 값을 구할 범위, N ) |
| | LARGE,IF | 조건1 | =LARGE( IF( (조건1), 값을 구할 범위 ), N ) |
| | | 조건2 | =LARGE( IF( (조건1) * (조건2), 값을 구할 범위 ), N ) |
| 행(열)에 값을 찾을 때 | INDEX,MATCH | | =INDEX( 범위, MATCH( 찾을 값, 찾을 값을 포함한 범위, 0) ) |
| | INDEX,MATCH,MAX | | =INDEX( 범위, MATCH( MAX( ( 조건) * 관련범위), (조건) * 관련범위, 0) ) |

> **기적의 TIP**
>
> 다중 조건일 때
> 합계 : {=SUM((조건1)*(조건2)*…*(조건N)*(합계를 구할 범위)}
> 개수 : {=SUM((조건1)*(조건2)*…*(조건N))}

> **기적의 TIP**
>
> SUM 함수를 이용하여 합계 구하기
> =SUM((조건) * 합계를 구할 범위)

**출제유형 ❶** '배열수식' 시트에서 다음 과정을 수행하고 저장하시오.

❶ 성별이 '남'에 해당한 금액의 합계를 배열 수식을 이용하여 구하시오. (SUM 함수 사용)
❷ 성별이 '남'에 해당한 인원수를 배열 수식을 이용하여 구하시오. (SUM 함수 사용)

① [C8] 셀에 =SUM((B2:B6="남")*C2:C6)를 입력한 후 Ctrl + Shift + Enter 를 누른다.

💬 **함수 설명** =SUM((B2:B6="남")*C2:C6)
                         ①            ②
조건①이 만족하는 행에 대응되는 ② 영역 행들의 합을 구함

❶ 조건 확인
[B2:B6] 영역이 "남"인지 비교
    ([B2] = "남") * [C2]
    ([B3] = "남") * [C3]
SUM ([B4] = "남") * [C4]
    ([B5] = "남") * [C5]
    ([B6] = "남") * [C6]

❷ 실제 데이터 확인
실제 데이터가 "남"인지 비교
    ("여"="남") * 10000
    ("남"="남") * 15000
SUM ("남"="남") * 10000
    ("여"="남") * 20000
    ("남"="남") * 17000

❸ 비교 결과 확인
참이면 TRUE, 거짓이면 FALSE 반환
    FALSE * 10000
    TRUE * 15000
SUM TRUE * 10000
    FALSE * 20000
    TRUE * 17000

❹ 연산
(TRUE=1), (FALSE=0)을 나타내며, ❸의 결과로 반환된 값을 [C2:C6] 영역의 값과 곱함
    0 * 10000
    1 * 15000
SUM 1 * 10000
    0 * 20000
    1 * 17000

❺ 곱하기 연산 결과

$$SUM \begin{pmatrix} 0 \\ 15000 \\ 10000 \\ 0 \\ 17000 \end{pmatrix}$$

❻ SUM 함수에 적용
=SUM(0,15000,10000,0,17000)

② [C10] 셀에 =SUM((B2:B6="남")*1)를 입력한 후 Ctrl + Shift + Enter 를 누른다.

> **기적의 TIP**
> 
> SUM 함수를 이용하여 개수 구하기
> =SUM((조건) * 1)

💬 **함수 설명** =SUM((B2:B6="남")*1)
                           ①
조건①이 만족하는 행의 수를 구함

❶ 조건 확인
[B2:B6] 영역이 "남"인지 비교

$$SUM \begin{pmatrix} ([B2] = "남") * 1 \\ ([B3] = "남") * 1 \\ ([B4] = "남") * 1 \\ ([B5] = "남") * 1 \\ ([B6] = "남") * 1 \end{pmatrix}$$

❷ 실제 데이터 확인
실제 데이터가 "남"인지 비교

$$SUM \begin{pmatrix} "여"="남" * 1 \\ "남"="남" * 1 \\ "남"="남" * 1 \\ "여"="남" * 1 \\ "남"="남" * 1 \end{pmatrix}$$

❸ 비교 결과 확인
참이면 TRUE, 거짓이면 FALSE 반환

$$SUM \begin{pmatrix} FALSE * 1 \\ TRUE * 1 \\ TRUE * 1 \\ FALSE * 1 \\ TRUE * 1 \end{pmatrix}$$

❹ 연산
(TRUE=1), (FALSE=0)을 나타내며, ❸의 결과로 반환된 값을 1과 곱함

$$SUM \begin{pmatrix} 0 * 1 \\ 1 * 1 \\ 1 * 1 \\ 0 * 1 \\ 1 * 1 \end{pmatrix}$$

❺ 곱하기 연산 결과
참인 경우에만 1을 곱하여 1을 반환하므로 조건에 만족하는 개수가 세어짐

$$SUM \begin{pmatrix} 0 \\ 1 \\ 1 \\ 0 \\ 1 \end{pmatrix}$$

❻ SUM 함수에 적용
=SUM(0,1,1,0,1)

**풀이결과**

| | A | B | C | D |
|---|---|---|---|---|
| 1 | 이름 | 성별 | 금액 | |
| 2 | 강희정 | 여 | 10,000 | |
| 3 | 김민수 | 남 | 15,000 | |
| 4 | 민성민 | 남 | 10,000 | |
| 5 | 박정아 | 여 | 20,000 | |
| 6 | 나인성 | 남 | 17,000 | |
| 7 | | | | |
| 8 | 남자 금액 합계 | | 42,000 | |
| 9 | | | | |
| 10 | 남자 인원수 | | 3 | |
| 11 | | | | |

◀ '배열수식(결과)' 시트

> **출제유형 ❷** '배열1' 시트에서 다음 과정을 수행하고 저장하시오.
>
> ❶ [표2]를 이용해서 부서별 직무수행 평균을 [표1]의 [B4:B7] 영역에 계산하여 표시하시오.
>   ▶ 부서는 [A11:A33]을 기준으로 하고, 직무수행은 [C11:C33]을 이용하여 계산
>   ▶ IF와 AVERAGE 함수를 사용한 배열 수식
> ❷ [표2]를 이용하여 부서별 인원수를 [표1]의 [C4:C7] 영역에 표시하시오.
>   ▶ SUM과 IF 함수를 사용한 배열 수식

> **기적의 TIP**
>
> AVERAGE, IF 함수를 이용하여 평균 구하기
> =AVERAGE(IF(조건,평균을 구할 범위))

① [B4] 셀에 아래와 같이 수식을 입력하고 Ctrl + Shift + Enter 를 눌러 수식을 완성한 후 [B7] 셀까지 수식을 복사한다.

> **함수 설명** =AVERAGE(IF($A$11:$A$33=A4,$C$11:$C$33))
>                         ①                 ②
>
> ① $A$11:$A$33=A4 : [A11:A33] 영역과 [A4] 셀이 같은지 비교
> ② IF(①,$C$11:$C$33) : ①을 만족하면 해당 행과 대응되는 [C11:C33] 영역의 값을 반환
>
> =AVERAGE(②) : ②의 결과로 반환된 값들의 평균을 구함
>
> ❶ 조건 확인
> [A11:A33] 영역과 [A4] 셀이 같은지 비교
>
> AVERAGE
> ⎛ IF($A$11=A4,$C$11)  ⎞
> ⎜ IF($A$12=A4,$C$12)  ⎟
> ⎜ IF($A$13=A4,$C$13)  ⎟
> ⎜         ⋮              ⎟
> ⎜ IF($A$31=A4,$C$31)  ⎟
> ⎜ IF($A$32=A4,$C$32)  ⎟
> ⎝ IF($A$33=A4,$C$33)  ⎠
>
> ❷ 비교 결과 확인
> 실제 데이터가 참인지 거짓인지 확인
>
> AVERAGE
> ⎛ FALSE  ⎞
> ⎜ FALSE  ⎟
> ⎜ FALSE  ⎟
> ⎜   ⋮     ⎟
> ⎜   81    ⎟
> ⎜   76    ⎟
> ⎝ FALSE  ⎠
>
> ❸ AVERAGE 함수에 적용
> 참인 경우 [A11:A33] 영역에 대응되는 [C11:C33] 영역의 값을 함수에 적용
> =AVEAGE(0,0,0...81,76,0)
>
> ❹ 결과 확인
> 결과 : 80

> **기적의 TIP**
>
> 참조할 데이터가 입력된 [A11:A33], [C11:C33] 영역은 수식을 복사하더라도 같은 영역을 참조하기 때문에 절대참조를 합니다. 만약, 절대참조를 하지 않으면 첫 번째 데이터 [B4] 셀의 수식은 =AVERAGE (IF(A11:A33= A4, C11:C33)), [B5] 셀의 수식은 =AVERAGE(IF (A12:A34 =A5, C12:C34)) …로 위치가 변경되어 정확한 값을 구할 수 없어요.

② [C4] 셀에 아래와 같이 수식을 입력하고 Ctrl + Shift + Enter 를 눌러 수식을 완성한 후 [C7] 셀까지 수식을 복사한다.

> **함수 설명** =SUM(IF($A$11:$A$33=A4,1))
> ①
> ②
>
> ① $A$11:$A$33=A4 : [A11:A33] 영역과 [A4] 셀이 같은지 비교
> ② IF(①,1) : ①을 만족하면 1을 반환
>
> =SUM(②) : ②의 결과로 반환된 값들의 합을 구함(최종적으로 개수가 구해짐)
>
> ❶ 조건 확인
> [A11:A33] 영역과 [A4] 셀이 같은지 비교
>
> $$SUM \begin{pmatrix} IF(\$A\$11=A4,1) \\ IF(\$A\$12=A4,1) \\ IF(\$A\$13=A4,1) \\ \vdots \\ IF(\$A\$31=A4,1) \\ IF(\$A\$32=A4,1) \\ IF(\$A\$33=A4,1) \end{pmatrix}$$
>
> ❷ 비교 결과 확인
> 실제 데이터가 참인지 거짓인지 확인
>
> $$SUM \begin{pmatrix} FALSE \\ FALSE \\ FALSE \\ \vdots \\ TRUE \\ TRUE \\ FALSE \end{pmatrix}$$
>
> ❸ SUM 함수에 적용
> 참인 경우에만 1을 곱하여 1을 반환하므로 조건에 만족하는 개수가 세어짐
> =SUM(0,0,0,...,1,1,0)
>
> ❹ 결과 확인
> 결과 : 5

> 🏁 **기적의 TIP**
>
> [A11:A33] 영역을 범위 지정할 때 [A11] 셀을 클릭한 후 Ctrl + Shift + ↓ 를 누르면 [A33] 셀까지 범위를 지정하여 입력할 수 있습니다.

> 🏁 **기적의 TIP**
>
> SUM, IF 함수를 이용하여 개수 구하기
> =SUM(IF(조건,1))

**풀이결과**

|   | A | B | C | D |
|---|---|---|---|---|
| 1 | [표1] | | | |
| 2 | | 부서별 성적분포 | | |
| 3 | 부서 | 직무수행 평균 | 인원수 | |
| 4 | 관리부 | 80 | 5 | |
| 5 | 기술부 | 91.8 | 5 | |
| 6 | 기획실 | 86 | 7 | |
| 7 | 인사부 | 80.83333333 | 6 | |
| 8 | | | | |

◀ '배열1(결과)' 시트

출제유형 ❸ '배열2' 시트에서 다음 과정을 수행하고 저장하시오.

❶ [표1]의 결제방법, 사용내역, 금액을 이용하여 [표2]의 [B29:B31] 영역에 결제방법별 일반의료비의 금액 합계를 계산하여 천 단위로 표시하시오.
  ▶ 합계가 56000인 경우 : 56
  ▶ IF, SUM, TEXT 함수를 적용한 배열 수식 사용

❷ [표1]의 결제방법과 금액을 이용하여 [표2]의 [C29:C31] 영역에 결제방법별 금액의 최대값과 최소값의 차이를 계산하여 표시하시오.
  ▶ IF, LARGE, SMALL 함수를 적용한 배열 수식 사용

❸ [표3]의 지역과 무주택을 이용하여 [표4]의 [G27:G29] 영역에 지역별 무주택 평균을 계산하여 다음과 같이 표시하시오.
  ▶ 무주택 평균이 5.7일 경우 : ■■■■■
  ▶ REPT, IF, AVERAGE 함수를 적용한 배열 수식 사용

❹ [표3]의 현재예치금을 이용하여 [표5]의 [K27:K31] 영역에 각 범위에 해당하는 비율을 계산하여 표시하시오.
  ▶ 비율 : 각 범위의 인원수/전체 인원수 ×100
  ▶ FREQUENCY, COUNT 함수를 적용한 배열 수식 사용

❺ [표6]의 행사내용, 인원과 [표7]을 이용하여 행사내용과 인원에 따른 빈도수[T4:U8]을 계산하여 표시하시오.
  ▶ FREQUENCY, IF 함수를 이용한 배열 수식 사용

❻ [표6]의 행사일과 [표8]를 이용하여 월별 행사건수를 구한 후 해당 개수만큼 "♥"를 [S12:S17] 영역에 반복하여 표시하시오.
  ▶ [표시 예 : 4 → ♥♥♥♥, 2 → ♥♥]
  ▶ IF, SUM, MONTH, REPT 함수를 이용한 배열 수식

> **기적의 TIP**
>
> SUM, IF 함수를 이용하여 합계 구하기
> =SUM(IF((조건1)*(조건2),합계를 구할 범위))

① [B29] 셀에 =TEXT(SUM(IF(($B$3:$B$25=$A29)*($C$3:$C$25=B$28),$D$3:$D$25)),"#,##0,")를 입력한 후 Ctrl+Shift+Enter를 눌러 수식을 완성한 후 [B31] 셀까지 수식을 복사한다.

> **함수 설명** =TEXT(SUM(IF(($B$3:$B$25=$A29)*($C$3:$C$25=B$28),$D$3:$D$25)),"#,##0,")
>                              ①              ②
>                                    ③
>                              ④
>
> ① ($B$3:$B$25=$A29) : [B3:B25] 영역과 [A29] 셀이 같은지를 비교한다.
> ② ($C$3:$C$25=B$28) : [C3:C25] 영역과 [B28] 셀이 같은지를 비교한다.
> ③ IF(①*②,$D$3:$D$25) : 조건①과 조건②가 모두 만족하는 경우에 [D3:D25] 영역의 대응되는 행의 값을 반환한다.
> ④ SUM(③) : ③의 값의 합계를 구한다.
>
> =TEXT(④,"#,##0,") : ④의 값을 #,##0, 형식으로 표시한다.

> **기적의 TIP**
>
> 운영체제는 매우 중요하므로 반드시 개념과 특징, 운영 방식을 전반적으로 파악해 두세요.

② [C29] 셀에 =LARGE(IF($B$3:$B$25=A29,$D$3:$D$25),1)-SMALL(IF($B$3:$B$25=A29,$D$3:$D$25),1)를 입력한 후 Ctrl+Shift+Enter를 눌러 수식을 완성한 후 [C31] 셀까지 수식을 복사한다.

> **함수 설명**
> =LARGE(IF($B$3:$B$25=A29,$D$3:$D$25),1)-SMALL(IF($B$3:$B$25=A29,$D$3:$D$25),1)
>          ①                                    ①
>                  ②                                    ③
>
> ① IF($B$3:$B$25=A29,$D$3:$D$25) : [B3:B25] 영역과 [A29] 셀이 같은지를 비교하여 만족한 경우 [D3:D25] 영역의 대응되는 행의 값을 반환한다.
> ② LARGE(①,1) : ①의 값에서 첫 번째로 큰 값을 구한다.
> ③ SMALL(①,1) : ①의 값에서 첫 번째로 작은 값을 구한다.
>
> =②-③ : ②의 값에서 ③의 값을 뺀 차이값을 구한다.

**기적의 TIP**

**LARGE, IF 함수를 이용하여 K번째 큰 값 구하기**
=LARGE(IF(조건,값을 구할 범위),K)

**SMALL, IF 함수를 이용하여 K번째 작은 값 구하기**
=SMALL(IF(조건,값을 구할 범위),K)

**기적의 TIP**

[B3:B25] 영역을 범위 지정할 때 [B3] 셀을 클릭한 후 Ctrl+Shift+↓를 누르면 [B25] 셀까지 범위를 지정하여 입력할 수 있습니다.

③ [G27] 셀에 =REPT("■",AVERAGE(IF($G$3:$G$23=F27,$J$3:$J$23)))를 입력한 후 Ctrl+Shift+Enter를 눌러 수식을 완성한 후 [G29] 셀까지 수식을 복사한다.

> **함수 설명** =REPT("■",AVERAGE(IF($G$3:$G$23=F27,$J$3:$J$23)))
>                              ②           ①
>
> ① IF($G$3:$G$23=F27,$J$3:$J$23) : [G3:G23] 영역과 [F27] 셀이 같은지를 비교하여 만족한 경우 [J3:J23] 영역의 대응되는 행의 값을 반환한다.
> ② AVERAGE(①) : ①의 평균값을 구한다.
>
> =REPT("■",②) : ②의 값만큼 ■을 표시한다.

**기적의 TIP**

**AVERAGE, IF 함수를 이용하여 평균 구하기**
=AVERAGE(IF(조건,평균을 구할 범위))

④ [K27:K31] 영역을 범위 지정한 후 =FREQUENCY(I3:I23,J27:J31)/COUNT(I3:I23)*100을 입력한 후 Ctrl+Shift+Enter를 눌러 수식을 완성한다.

> **함수 설명** =FREQUENCY(I3:I23,J27:J31)/COUNT(I3:I23)*100
>                      ①                    ②
>
> ① FREQUENCY(I3:I23,J27:J31) : [I3:I23] 영역의 값을 [J27:J31] 영역의 빈도수를 구한다.
> ② COUNT(I3:I23) : [I3:I23] 영역의 개수를 구한다.
>
> = ①/②*100 : ①의 값을 ②로 나눈 값에 곱하기 100을 한 값을 구한다.

**기적의 TIP**

[G3:G23] 영역을 범위 지정할 때 [G3] 셀을 클릭한 후 Ctrl+Shift+↓를 누르면 [G23] 셀까지 범위를 지정하여 입력할 수 있습니다.

⑤ [T4:T8] 영역에 =FREQUENCY(IF($N$3:$N$31=T$3,$O$3:$O$31),$S$4:$S$8)를 입력한 후 Ctrl+Shift+Enter를 눌러 수식을 완성한 후 [U8] 셀까지 수식을 복사한다.

> **함수 설명** =FREQUENCY(IF($N$3:$N$31=T$3,$O$3:$O$31),$S$4:$S$8)
>                          ①
>
> ① IF($N$3:$N$31=T$3,$O$3:$O$31) : [N3:N31] 영역과 [T3] 셀이 같은지를 비교하여 만족한 경우 [O3:O31] 영역의 대응되는 행의 값을 반환한다.
>
> =FREQUENCY(①,$S$4:$S$8) : ① 영역의 값을 [S4:S8] 영역의 빈도수를 구한다.

**기적의 TIP**

**FREQUENCY 함수**
값 범위 내에서 값이 발생하는 빈도를 계산하는 함수

FREQUENCY(값이 입력되어 있는 범위, 각 구간의 최댓값이 입력되어 있는 범위)

각 구간의 최댓값이 입력되어 있는 범위
: [표5]에서는 [J27:J31], [표8]에서는 [S4:S8] 영역을 범위로 지정합니다.

> **기적의 TIP**
>
> SUM, IF 함수를 이용하여 개수 구하기
> =SUM(IF(조건,1))

⑥ [S12] 셀에 =REPT("♥",SUM(IF(MONTH($P$3:$P$31)=R12,1)))를 입력한 후 Ctrl+Shift+Enter를 눌러 수식을 완성한 후 [S17] 셀까지 수식을 복사한다.

> 💬 함수 설명  =REPT("♥",SUM(IF(MONTH($P$3:$P$31)=R12,1)))
>                                        ②
>                              ①
>                         ③
>
> ① MONTH($P$3:$P$31) : [P3:P31] 영역에서 월을 추출한다.
> ② IF(①=R12,1) : ①의 값이 [R12]와 같으면 1의 값을 반환한다.
> ③ SUM(②) : ②의 값의 합계를 구한다.
>
> =REPT("♥",③) : ♥의 ③ 개수만큼 표시한다.

> **기적의 TIP**
>
> [P3:P31] 영역을 범위 지정할 때 [P3] 셀을 클릭한 후 Ctrl+Shift+↓를 누르면 [P31] 셀까지 범위를 지정하여 입력할 수 있습니다.

**풀이결과**

| | A | B | C | D | E | F | G | H | I | J | K |
|---|---|---|---|---|---|---|---|---|---|---|---|
| 1 | [표1] | | | | | [표3] | | | | | |
| 2 | 성명 | 결제방법 | 사용내역 | 금액 | | 번호 | 지역 | 전용면적 | 현재예치금 | 무주택 | 부양가족수 |
| 3 | 김라희 | 직불카드 | 일반의료비 | 6,800 | | SB-1 | 서울, 부산 | 85㎡ | 250 | 5 | 2 |
| 4 | 김라진 | 일반카드 | 교육비 | 200,000 | | KY-2 | 기타광역시 | 108㎡ | 800 | 5 | 5 |
| 5 | 김라희 | 일반카드 | 교육비 | 110,000 | | KT-3 | 기타지역 | 59㎡ | 200 | 3 | 4 |
| 6 | 김라희 | 직불카드 | 일반의료비 | 4,500 | | SB-4 | 서울, 부산 | 108㎡ | 1500 | 5 | 5 |
| 7 | 김인호 | 직불카드 | 식비 | 123,000 | | SB-5 | 서울, 부산 | 98㎡ | 550 | 8 | 2 |
| 8 | 강숙희 | 직불카드 | 일반의료비 | 53,200 | | KY-6 | 기타광역시 | 98㎡ | 400 | 6 | 1 |
| 9 | 김인호 | 법인카드 | 교통비 | 31,100 | | KY-7 | 기타광역시 | 50㎡ | 300 | 5 | 2 |
| 10 | 강숙희 | 현금영수증 | 식비 | 62,140 | | KT-8 | 기타지역 | 98㎡ | 250 | 9 | 3 |
| 11 | 김석진 | 현금영수증 | 일반의료비 | 7,800 | | KT-9 | 기타지역 | 69㎡ | 350 | 4 | 4 |
| 12 | 이효인 | 현금영수증 | 일반의료비 | 15,000 | | KY-10 | 기타광역시 | 59㎡ | 300 | 3 | 2 |
| 13 | 김라희 | 일반카드 | 보험료 | 52,500 | | KT-11 | 기타지역 | 84㎡ | 100 | 5 | 1 |
| 14 | 김석진 | 일반카드 | 일반의료비 | 132,000 | | SB-12 | 서울, 부산 | 151㎡ | 2000 | 8 | 3 |
| 15 | 김라진 | 현금영수증 | 교육비 | 200,000 | | KY-13 | 기타광역시 | 104㎡ | 500 | 2 | 2 |
| 16 | 이효인 | 직불카드 | 일반의료비 | 12,500 | | SB-14 | 서울, 부산 | 105㎡ | 800 | 8 | 2 |
| 17 | 김인호 | 현금영수증 | 보험료 | 123,900 | | KT-15 | 기타지역 | 98㎡ | 250 | 3 | 1 |
| 18 | 김라희 | 현금영수증 | 교육비 | 110,000 | | SB-16 | 서울, 부산 | 69㎡ | 450 | 2 | 5 |
| 19 | 김라진 | 일반카드 | 보험료 | 62,400 | | SB-17 | 서울, 부산 | 105㎡ | 1500 | 9 | 3 |
| 20 | 이효인 | 현금영수증 | 일반의료비 | 3,400 | | KT-18 | 기타지역 | 113㎡ | 500 | 9 | 2 |
| 21 | 김석진 | 현금영수증 | 일반의료비 | 2,900 | | KY-23 | 기타광역시 | 105㎡ | 800 | 5 | 2 |
| 22 | 김인호 | 법인카드 | 회식 | 562,000 | | KT-24 | 기타지역 | 69㎡ | 300 | 13 | 2 |
| 23 | 이효인 | 현금영수증 | 일반의료비 | 13,900 | | SB-25 | 서울, 부산 | 98㎡ | 500 | 1 | 1 |
| 24 | 이효인 | 현금영수증 | 일반의료비 | 5,700 | | | | | | | |
| 25 | 강숙희 | 직불카드 | 교육비 | 100,000 | | [표4] 지역별 무주택 평균 | | | [표5] 현재예치금 비율 | | |
| 26 | | | | | | 지역 | 무주택 평균 | | 현재예치금 | | 비율 |
| 27 | [표2] | | 단위 : 천원 | | | 서울, 부산 | ■■■■■ | | 0 ~ | 200 | 9.5 |
| 28 | 결제방법 | 일반의료비 | 최대값과 최저값의 차이 | | | 기타광역시 | ■■■■ | | 201 ~ | 400 | 38.1 |
| 29 | 일반카드 | 132 | 147,500 | | | 기타지역 | ■■■■■■■ | | 401 ~ | 600 | 23.8 |
| 30 | 직불카드 | 77 | 118,500 | | | | | | 601 ~ | 1000 | 14.3 |
| 31 | 현금영수증 | 49 | 197,100 | | | | | | 1001 ~ | 3000 | 14.3 |
| 32 | | | | | | | | | | | |

| | Q | R | S | T | U | V |
|---|---|---|---|---|---|---|
| 1 | | | | | | |
| 2 | [표7] 행사내용과 인원에 따른 빈도수 | | | | | |
| 3 | 인원수 | | | 돌잔치 | 결혼식 | |
| 4 | 0 ~ | | 200 | 2 | 1 | |
| 5 | 201 ~ | | 300 | 3 | 6 | |
| 6 | 301 ~ | | 400 | 4 | 5 | |
| 7 | 401 ~ | | 500 | 3 | 2 | |
| 8 | 501 ~ | | 600 | 1 | 2 | |
| 9 | | | | | | |
| 10 | [표8] 월별 행사건수 | | | | | |
| 11 | 월 | 행사건수 | | | | |
| 12 | 1월 | ♥♥ | | | | |
| 13 | 2월 | ♥♥♥♥♥ | | | | |
| 14 | 3월 | ♥♥♥♥♥ | | | | |
| 15 | 4월 | ♥♥♥♥♥ | | | | |
| 16 | 5월 | ♥♥♥♥♥♥ | | | | |
| 17 | 6월 | ♥♥♥ | | | | |
| 18 | | | | | | |

▲ '배열2(결과)' 시트

## 출제유형 ④ '배열3' 시트에서 다음 과정을 수행하고 저장하시오.

❶ [표1]의 수량과 단가를 이용하여 [C24:D25] 영역에 지역별 수량과 단가의 평균을 계산하여 표시하시오.
  ▶ 지역은 물품코드의 앞에 두 글자를 이용할 것
  ▶ AVERAGE, IF, LEFT 함수를 이용한 배열 수식

❷ [표1]의 물품코드와 판매금액을 이용하여 [B29:B33] 영역에 물품코드별 판매금액의 합계를 100,000으로 나눈 몫만큼 "★"을 반복하여 표시하시오.
  ▶ QUOTIENT, SUM, REPT 함수를 이용한 배열 수식
  ▶ [표시 예 : 4 → ★★★★, 2 → ★★]

❸ [표4]의 결제방법과 할부기간을 이용하여 [H23:J25] 영역에 할부기간과 결제방법별 카드 사용 빈도를 계산하여 표시하시오.
  ▶ 카드 사용 빈도수만큼 "★" 표시
  ▶ SUM, IF, REPT 함수를 사용한 배열 수식

❹ [표4]의 모델명, 매출액, 결제방법을 이용하여 [표6]의 [H29:J32] 영역에 모델번호와 결제방법별 매출액의 평균을 계산하여 표시하시오.
  ▶ 모델번호는 모델명의 뒤 2글자임
  ▶ AVERAGE, IF, RIGHT 함수를 사용한 배열 수식

❺ [표7]의 가입나이와 [표8]의 나이를 이용하여 나이대별 가입자수를 [표8]의 [S4:S10] 영역에 표시하시오.
  ▶ 가입자수가 0보다 큰 경우 계산된 값을 숫자 뒤에 "명"을 추가하여 표시하고, 그 외는 "미가입"으로 표시 [표시 예 : 0 → 미가입, 7 → 7명]
  ▶ IF, FREQUENCY, TEXT 함수를 이용한 배열 수식

❻ [표7]의 가입나이, 코드, 가입기간을 이용하여 코드별 나이별 평균 가입기간을 [표9]의 [R15:V18] 영역에 계산하시오.
  ▶ 단, 오류 발생 시 공백으로 표시
  ▶ AVERAGE, IF, IFERROR 함수를 이용한 배열 수식

---

① [C24] 셀에 =AVERAGE(IF(LEFT($B$3:$B$20,2)=$B24,C$3:C$20))를 입력한 후 Ctrl + Shift + Enter 를 눌러 수식을 완성한 후 [D25] 셀까지 수식을 복사한다.

> 💬 **함수 설명** =AVERAGE(IF(LEFT($B$3:$B$20,2)=$B24,C$3:C$20))
>                                        ①              ②
>
> ① LEFT($B$3:$B$20,2) : [B3:B20] 영역에서 왼쪽에서부터 시작하여 2글자를 추출한다.
> ② IF(①=$B24,C$3:C$20) : ①의 값이 [B24] 같은 경우에 [C3:C20] 영역의 대응하는 행의 값을 반환한다.
>
> =AVERAGE(②) : ②의 평균값을 구한다.

> 🚩 **기적의 TIP**
>
> **AVERAGE, IF 함수를 이용하여 평균 구하기**
> =AVERAGE(IF(조건 ,평균을 구할 범위))

> 🚩 **기적의 TIP**
>
> [B3:B20] 영역을 범위 지정할 때 [B3] 셀을 클릭한 후 Ctrl + Shift + ↓를 누르면 [B20] 셀까지 범위를 지정하여 입력할 수 있습니다.

> 🚩 **기적의 TIP**
>
> **SUM 함수를 이용하여 합계 구하기**
> =SUM((조건)*합계를 구할 범위)

② [B29] 셀에 =REPT("★",QUOTIENT(SUM(($B$3:$B$20=A29)*$E$3:$E$20), 100000))를 입력한 후 Ctrl+Shift+Enter를 눌러 수식을 완성한 후 [B33] 셀까지 수식을 복사한다.

> **함수 설명** =REPT("★",QUOTIENT(SUM(($B$3:$B$20=A29)*$E$3:$E$20),100000))
>                                                        ②
>                                      ①
>                                       ③
>
> ① ($B$3:$B$20=A29) : [B3:B20] 영역과 [A29] 셀이 같은지를 비교한다.
> ② SUM(①*$E$3:$E$20) : ①의 값과 [E3:E20] 영역에 대응하는 행의 값을 반환된 값들의 합계를 구한다.
> ③ QUOTIENT(②,100000) : ②을 100000으로 나눈 몫을 정수로 반환한다.
>
> =REPT("★",③) : ★ 값을 ③만큼 표시한다.

> **기적의 TIP**
>
> SUM, IF 함수를 이용하여 개수 구하기
> =SUM(IF((조건1)*(조건2),1))

③ [H23] 셀에 =REPT("★",SUM(IF(($K$3:$K$19=$G23)*($I$3:$I$19=H$22), 1)))를 입력한 후 Ctrl+Shift+Enter를 눌러 수식을 완성한 후 [J25] 셀까지 수식을 복사한다.

> **함수 설명** =REPT("★",SUM(IF(($K$3:$K$19=$G23)*($I$3:$I$19=H$22),1)))
>                                              ③
>                                ①          ②
>                                   ④
>
> ① ($K$3:$K$19=$G23) : [K3:K19] 영역과 [G23] 셀이 같은지를 비교한다.
> ② ($I$3:$I$19=H$22) : [I3:I19] 영역과 [H22] 셀이 같은지를 비교한다.
> ③ IF(①*②,1) : 조건①과 조건②가 모두 만족하는 경우에 1의 값을 반환한다.
> ④ SUM(③) : ③의 합계를 구한다.
>
> =REPT("★",④) : ★ 값을 ④ 만큼 표시한다.

> **기적의 TIP**
>
> AVERAGE, IF 함수를 이용하여 평균 구하기
> =AVERAGE(IF((조건1)*(조건2),평균을 구할 범위))

④ [H29] 셀에 =AVERAGE(IF((RIGHT($G$3:$G$19,2)=$G29)*($I$3:$I$19=H$28),$H$3:$H$19))를 입력한 후 Ctrl+Shift+Enter를 눌러 수식을 완성한 후 [J32] 셀까지 수식을 복사한다.

> **함수 설명** =AVERAGE(IF((RIGHT($G$3:$G$19,2)=$G29)*($I$3:$I$19=H$28),$H$3:$H$19))
>                             ②
>                             ①          ③
>                             ④
>
> ① RIGHT($G$3:$G$19,2) : [G3:G19] 영역에서 오른쪽에서부터 시작하여 2글자를 추출한다.
> ② ①=$G29 : ①의 값과 [G29] 셀이 같은지를 비교한다.
> ③ ($I$3:$I$19=H$28) : [I3:I19] 영역과 [H28] 셀이 같은지를 비교한다.
> ④ IF(②*③,$H$3:$H$19) : 조건①과 조건②가 모두 만족하는 경우에 [H3:H19] 영역의 대응하는 행의 값을 반환한다.
>
> =AVERAGE(④) : ④ 값의 평균값을 구한다.

⑤ [S4:S10] 영역을 범위 지정한 후에 =IF(FREQUENCY(M3:M33,R4:R10)>0, TEXT(FREQUENCY(M3:M33,R4:R10),"0명"),"미가입")를 입력한 후 Ctrl + Shift + Enter 를 눌러 수식을 완성한다.

> **함수 설명**
> =IF(FREQUENCY(M3:M33,R4:R10)>0,TEXT(FREQUENCY(M3:M33,R4:R10),"0명"),"미가입")
>       ①                                  ②
>
> ① FREQUENCY(M3:M33,R4:R10) : [M3:M33] 영역의 값을 참조하여 [R4:R10] 영역의 빈도수를 구한다.
> ② TEXT(①,"0명") : ①의 값을 0명으로 표시한다.
>
> =IF(①>0,②,"미가입") : ①의 값이 0보다 크면 ②로 표시하고, 그 외는 "미가입"을 표시한다.

⑥ [R15] 영역을 범위 지정한 후에 =IFERROR(AVERAGE(IF(($N$3:$N$33=$Q15) *($M$3:$M$33>=R$13)*($M$3:$M$33<R$14),$O$3:$O$33)),"")를 입력한 후 Ctrl + Shift + Enter 를 눌러 수식을 완성한 후 [V18] 셀까지 수식을 복사한다.

> **기적의 TIP**
> AVERAGE, IF 함수를 이용하여 평균 구하기
> =AVERAGE(IF((조건1)*(조건2)*(조건3),평균을 구할 범위))

> **함수 설명** =IFERROR
> (AVERAGE(IF(($N$3:$N$33=$Q15)*($M$3:$M$33)>=R$13)*($M$3:$M$33<R$14),$O$3:$O$33)),"")
>              ①                  ②                ③                    ④
>                                  ⑤
>
> ① ($N$3:$N$33=$Q15) : [N3:N33] 영역과 [Q15] 셀이 같은지를 비교한다.
> ② ($M$3:$M$33>=R$13) : [M3:M33] 영역보다 [R13] 셀과 크거나 같은지를 비교한다.
> ③ ($M$3:$M$33<R$14) : [M3:M33] 영역보다 [R14] 셀보다 작은지를 비교한다.
> ④ IF(①*②*③,$O$3:$O$33) : 조건①, 조건②, 조건③이 모두 만족하는 경우에 [O3:O33] 영역의 대응되는 행의 값을 반환한다.
> ⑤ AVERAGE(④) : ④의 평균값을 표시한다.
>
> =IFERROR(⑤,"") : ⑤의 값을 표시하고, 오류가 발생할 때에는 공백("")으로 표시한다.

**풀이결과**

| | Q | R | S | T | U | V |
|---|---|---|---|---|---|---|
| 1 | | | | | | |
| 2 | [표8] 나이대별 가입자수 | | | | | |
| 3 | 나이 | | 가입자수 | | | |
| 4 | 1세 ~ | 10세 | 3명 | | | |
| 5 | 11세 ~ | 20세 | 6명 | | | |
| 6 | 21세 ~ | 30세 | 10명 | | | |
| 7 | 31세 ~ | 40세 | 미가입 | | | |
| 8 | 41세 ~ | 50세 | 7명 | | | |
| 9 | 51세 ~ | 60세 | 3명 | | | |
| 10 | 61세 ~ | 70세 | 2명 | | | |
| 11 | | | | | | |
| 12 | [표9] 코드별 나이별 평균 가입기간 | | | | | |
| 13 | 코드 | 0세 이상 20세 미만 | 20세 이상 30세 미만 | 30세 이상 40세 미만 | 40세 이상 60세 미만 | 60세 이상 80세 미만 |
| 14 | | | | | | |
| 15 | BM | 7.33 | 16.75 | | 8.00 | |
| 16 | BW | 20.50 | 21.00 | | 5.00 | 23.00 |
| 17 | SM | 9.00 | 8.67 | | 13.00 | |
| 18 | SW | 7.67 | 16.50 | | 5.00 | 7.00 |
| 19 | | | | | | |

| | A | B | C | D | E | F | G | H | I | J | K |
|---|---|---|---|---|---|---|---|---|---|---|---|
| 21 | | | | | | | [표5] 할부기간별 카드 사용 빈도 | | | | |
| 22 | [표2] 지역별 평균 | | | | | | 할부기간 | 한국카드 | 대한카드 | 나라카드 | |
| 23 | 지역 | 물품코드 | 수량평균 | 단가평균 | | | 3개월 | ★★ | ★★★★ | ★★ | |
| 24 | 국내 | SS | 57 | 3,082 | | | 6개월 | ★★ | | ★ | |
| 25 | 국외 | JJ | 66 | 2,143 | | | 12개월 | ★★ | ★★ | ★★ | |
| 26 | | | | | | | | | | | |
| 27 | [표3] 물품코드별 합계 | | | | | | [표6] 모델별 평균 매출액 | | | | |
| 28 | 물품코드 | 판매금액합계 | | | | | 모델번호 | 한국카드 | 대한카드 | 나라카드 | |
| 29 | SS1111 | ★★★ | | | | | 01 | 3,700,000 | 2,540,000 | 2,840,000 | |
| 30 | JJ1111 | ★★★ | | | | | 03 | 1,040,000 | 3,512,000 | 6,500,000 | |
| 31 | SS2222 | ★★★★★★★ | | | | | 04 | 985,200 | 803,500 | 1,000,000 | |
| 32 | JJ2222 | ★★★★★★ | | | | | 06 | 7,410,000 | 150,000 | 5,130,000 | |
| 33 | SS3333 | ★★★★★★★ | | | | | | | | | |
| 34 | | | | | | | | | | | |

▲ '배열3(결과)' 시트

# SECTION 12 사용자 정의 함수

난이도 상(중)하
반복학습 1 2 3

작업파일 [26컴활1급₩1권_스프레드시트₩이론] 폴더의 '06계산작업' 파일을 열어서 작업하시오.

▶ 합격 강의

[기적의 TIP]

[사용자 정의 함수]
① Alt + F11
② [삽입]-[모듈]
③ 함수 정의
④ 시트에 함수 적용

출제유형 ① '사용자정의' 시트에서 다음 과정을 수행하고 저장하시오.

❶ 사용자 정의 함수 'fn적립금'을 작성하여 [표1]의 [E3:E15] 영역에 적립금을 계산하여 표시하시오.
  ▶ 'fn적립금'은 매출액, 적립률을 인수로 받아 값을 되돌려줌
  ▶ 적립금 = 매출액 × (적립률 + 추가적립률)
  ▶ 추가적립률은 매출액이 1,000,000 이상일 경우 2%를 적용함
  ▶ IF~ELSE문 사용

  Public Function fn적립금(매출액, 적립률)

  End Function

❷ 사용자 정의 함수 'fn배송비'를 작성하여 [표2]의 배송비[L3:L15]를 표시하시오.
  ▶ 'fn배송비'는 판매금액과 등급을 인수로 받아 값을 되돌려줌
  ▶ 배송비는 판매금액이 100,000원 이상이거나 등급이 "정회원"이면 1000, 판매금액이 50,000원 이상이거나 등급이 "준회원"이면 3000, 그 외에는 4000으로 표시
  ▶ IF문 사용

  Public Function fn배송비(판매금액, 등급)

  End Function

❸ 사용자 정의 함수 'fn가입상태'를 작성하여 [표3]의 가입상태[R3:R15]를 표시하시오.
  ▶ 'fn가입상태'는 가입기간, 미납기간을 인수로 받아 값을 되돌려 줌
  ▶ 미납기간이 가입기간 이상이면 "해지예상", 미납기간이 가입기간 미만인 경우 중에서 미납기간이 0이면 "정상", 미납기간이 2 초과이면 "휴면보험", 그 외는 미납기간과 "개월 미납"을 연결하여 표시 [표시 예 : 1개월 미납]
  ▶ IF문 & 연산자 사용

  Public Function fn가입상태(가입기간, 미납기간)

  End Function

❹ 사용자 정의 함수 'fn할인금액'을 작성하여 [표4]의 [E19:E31] 영역에 할인금액을 계산하여 표시하시오.
  ▶ 'fn할인금액'은 사용내역, 관계, 금액을 인수로 받아 할인금액을 계산하는 함수이다.
  ▶ 할인금액은 사용내역이 '일반의료비'이고, 관계가 '본인', '처', '자'인 경우는 금액의 80%, 사용내역이 '일반의료비'이고 관계가 '부'와 '모'인 경우는 금액의 50%, 그 외는 공백으로 표시하시오.

  Public Function fn할인금액(사용내역, 관계, 금액)

  End Function

❺ 사용자 정의 함수 'fn기타'를 작성하여 [표5]의 [L19:L31] 영역에 기타를 계산하여 표시하시오.
   ▶ 'fn기타'는 반영점수를 인수로 받아 기타를 계산하는 함수이다.
   ▶ 반영점수가 10 이상이면 '반영점수/10'의 값만큼 "■"를 반복하여 표시하고, 그 외에는 "노력요함"으로 표시하시오.
   ▶ 반영점수가 64일 경우 : ■■■■■■
   ▶ 반영점수가 7.2일 경우 : 노력요함
   ▶ IF문과 FOR문 이용

   Public Function fn기타(반영점수)
   End Function

❻ 사용자 정의 함수 'fn비고'를 작성하여 [표6]의 [R19:R31] 영역에 비고를 계산하여 표시하시오.
   ▶ 'fn비고'는 현재강의수와 수강인원을 인수로 받아 비고를 계산하는 함수이다.
   ▶ 수강인원/현재강의수가 30 이상이면 "강의추가", 15 이상이면 공백, 그 외에는 "강의축소"로 표시하시오.
   ▶ SELECT CASE문 이용

   Public Function fn비고(현재강의수, 수강인원)
   End Function

### ➕ 더 알기 TIP

## 메뉴에 [개발 도구] 탭을 표시하려면?

1. [파일]-[옵션]을 클릭한다.
2. '리본 사용자 지정' 탭에서 '개발 도구'를 체크하고 [확인]을 클릭한다.

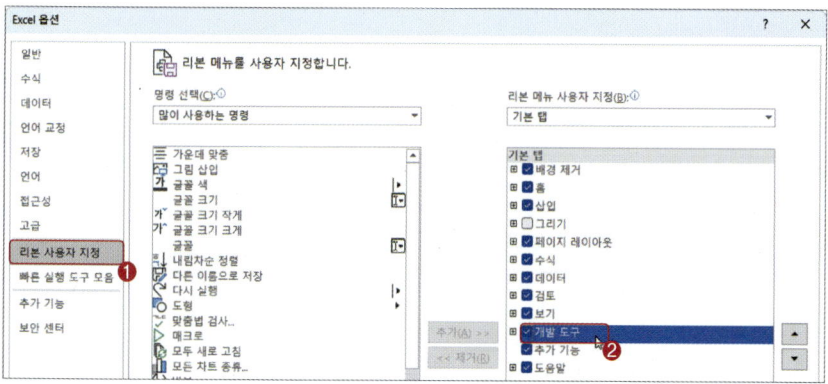

3. [개발 도구] 탭이 표시된다.

## 01 'fn적립금' 사용자 정의 함수

① [개발 도구]-[코드] 그룹의 [Visual Basic](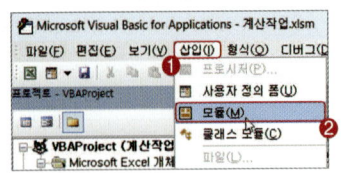)을 클릭한다.
② [삽입]-[모듈]을 선택한다.

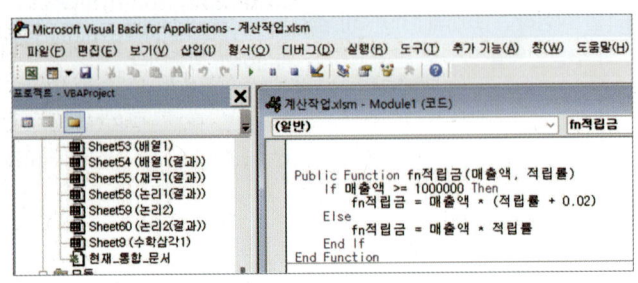

③ 아래 그림과 같이 내용을 입력한다.

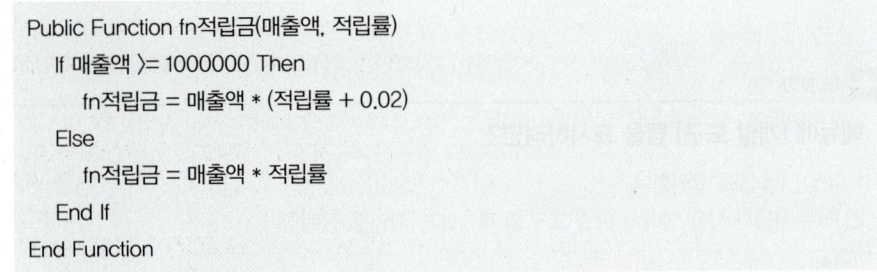

```
Public Function fn적립금(매출액, 적립률)
    If 매출액 >= 1000000 Then
        fn적립금 = 매출액 * (적립률 + 0.02)
    Else
        fn적립금 = 매출액 * 적립률
    End If
End Function
```

④ Visual Basic Editor 창의 오른쪽 [닫기]를 클릭하여 엑셀로 돌아온 후 [E3] 셀을 클릭한 후 [함수 삽입](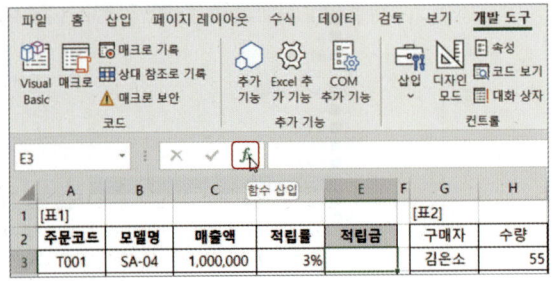)을 클릭한다.

### 기적의 TIP
바로 가기 키 : Alt + F11

### 기적의 TIP
모듈이란?
실행 가능한 프로그램입니다.

### 기적의 TIP
- Function : 함수의 시작
- End Function : 함수의 끝
- Public : 작성한 함수를 프로젝트 내의 다른 모듈에서도 참조할 수 있도록 선언
  (대소문자 상관없이 입력하면 됩니다. 단, 함수 이름은 대소문자 구분해서 작성해야 합니다.)

### 기적의 TIP
- Tab : 들여쓰기
- Shift + Tab : 내어쓰기
- 사용자 정의 함수를 작성할 때 Tab, Shift + Tab 를 이용하여 작성하면 코드를 보기 편하게 작성할 수 있습니다.

⑤ [함수 마법사]의 범주 선택에서 '사용자 정의'를 선택하고, 'fn적립금'을 선택한 후 [확인]을 클릭한다.

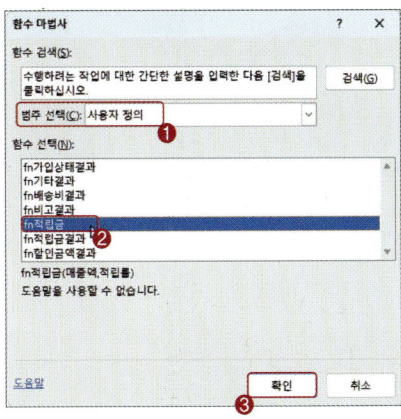

⑥ [함수 인수]에서 그림과 같이 각각 셀을 지정한 후 [확인]을 클릭한다.

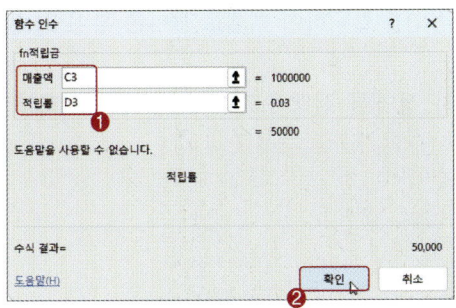

⑦ [E3] 셀의 수식을 [E15] 셀까지 복사한다.

### + 더 알기 TIP

**IF 구문**

- IF 구문은 특정한 조건을 검사하여 조건이 참일 때와 거짓일 때의 실행되는 명령문이 다르도록 해주며 기본 구조는 다음과 같다.

- 조건이 만족할 때에는 '명령문1'이 실행되고, 조건이 만족하지 않을 때에는 '명령문2'가 실행된다.

- 조건이 여러 개일 때에는 구조는 다음과 같다.

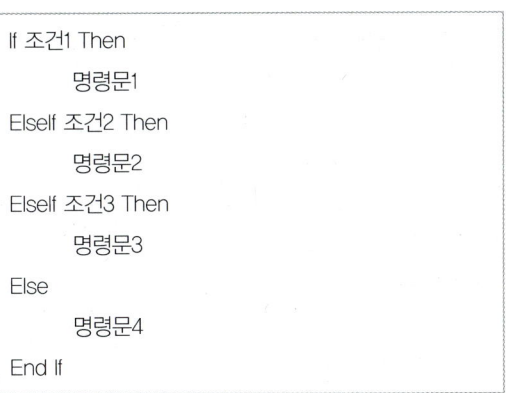

- '조건1'에 만족하면 '명령문1'을 조건1에 만족하지 않으면 다시 '조건2'와 비교하여 만족하면 '명령문2'를 … 어느 조건에도 만족하지 않으면 Else 다음에 있는 '명령문4'를 실행한다.

## 02 'fn배송비' 사용자 정의 함수

① [개발 도구]-[코드] 그룹의 [Visual Basic](  )을 클릭한다.
② [삽입]-[모듈]을 선택한다.
③ 아래 그림과 같이 내용을 입력한다.

```
Public Function fn배송비(판매금액, 등급)
    If 판매금액 >= 100000 Or 등급 = "정회원" Then
        fn배송비 = 1000
    ElseIf 판매금액 >= 50000 Or 등급 = "준회원" Then
        fn배송비 = 3000
    Else
        fn배송비 = 4000
    End If
End Function
```

④ Visual Basic Editor 창의 오른쪽 [닫기]를 클릭하여 엑셀로 돌아온 후 [L3] 셀을 클릭한 후 [함수 삽입]( )을 클릭한다.
⑤ [함수 마법사]의 범주 선택에서 '사용자 정의'를 선택하고, 'fn배송비'를 선택한 후 [확인]을 클릭한다.

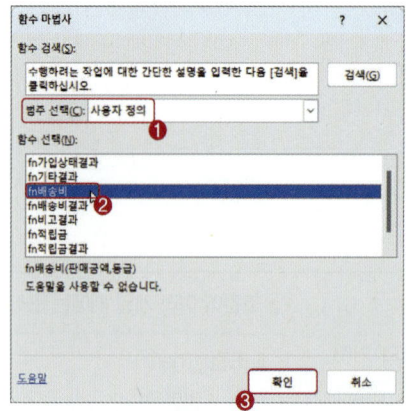

⑥ [함수 인수]의 그림과 같이 각각 셀을 지정한 후 [확인]을 클릭한다.

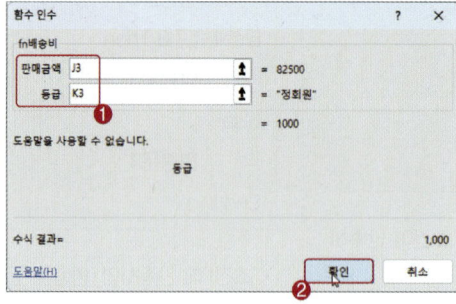

⑦ [L3] 셀의 수식을 [L15] 셀까지 복사한다.

> **기적의 TIP**
>
> **OR**
> - 엑셀 : OR(조건1, 조건2)
> - 배열 수식 : (조건1) + (조건2)
> - VBE : 조건1 OR 조건2
> - 액세스 : 조건1 OR 조건2
>
> **AND**
> - 엑셀 : AND(조건1, 조건2)
> - 배열 수식 : (조건1) * (조건2)
> - VBE : 조건1 AND 조건2
> - 액세스 : 조건1 AND 조건2

## 03 'fn가입상태' 사용자 정의 함수

① [개발 도구]-[코드] 그룹의 [Visual Basic](　)을 클릭한다.
② [삽입]-[모듈]을 선택한다.
③ 아래 그림과 같이 내용을 입력한다.

> **기적의 TIP**
>
> & 연산자 앞뒤에는 한 칸의 스페이스를 띄어서 작성합니다.

```
Public Function fn가입상태(가입기간, 미납기간)
    If 미납기간 >= 가입기간 Then
        fn가입상태 = "해지예상"
    Else
        If 미납기간 = 0 Then
            fn가입상태 = "정상"
        ElseIf 미납기간 > 2 Then
            fn가입상태 = "휴면보험"
        Else
            fn가입상태 = 미납기간 & " 개월 미납"
        End If
    End If
End Function
```

If 미납기간이 가입기간 이상이면
　　가입상태 ="해지예상"
그 외에
미납기간이 가입기간보다 작은 상태에서 미납기간에 따라 최종 결과가 달라질 수 있도록 If문을 한 번 더 입력해서 작성한다.
If 미납기간 = 0이면
　　가입상태 = "정상"
미납기간 2보다 크면
　　가입상태 = "휴면보험"
그 외에
　　가입상태 = 미납기간 & "개월 미납"
End if
End if

④ Visual Basic Editor 창의 오른쪽 [닫기]를 클릭하여 엑셀로 돌아온 후 [R3] 셀을 클릭한 후 [함수 삽입](　)을 클릭한다.
⑤ [함수 마법사]의 범주 선택에서 '사용자 정의'를 선택하고, 'fn가입상태'를 선택한 후 [확인]을 클릭한다.

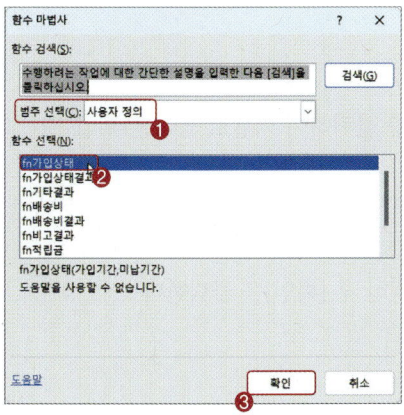

⑥ [함수 인수]에서 그림과 같이 각각 셀을 지정한 후 [확인]을 클릭한다.

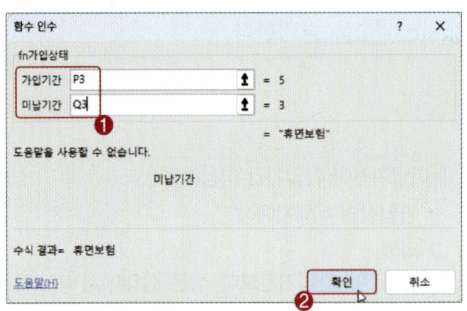

⑦ [R3] 셀의 수식을 [R15] 셀까지 복사한다.

## 04 'fn할인금액' 사용자 정의 함수

① [개발 도구]-[코드] 그룹의 [Visual Basic](  )을 클릭한다.
② [삽입]-[모듈]을 선택한다.
③ 아래 그림과 같이 내용을 입력한다.

```
Public Function fn할인금액(사용내역, 관계, 금액)
    If 사용내역 = "일반의료비" And (관계 = "본인" Or 관계 = "처" Or 관계 = "자") Then
        fn할인금액 = 금액 * 0.8
    ElseIf 사용내역 = "일반의료비" And (관계 = "부" Or 관계 = "모") Then
        fn할인금액 = 금액 * 0.5
    Else
        fn할인금액 = ""
    End If
End Function
```

④ Visual Basic Editor 창의 오른쪽 [닫기]를 클릭하여 엑셀로 돌아온 후 [E19] 셀을 클릭한 후 [함수 삽입](  )을 클릭한다.
⑤ [함수 마법사]의 범주 선택에서 '사용자 정의'를 선택하고, 'fn할인금액'을 선택한 후 [확인]을 클릭한다.
⑥ [함수 인수]에서 그림과 같이 각각 셀을 지정한 후 [확인]을 클릭한다.

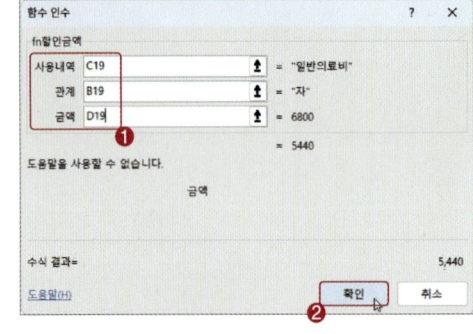

⑦ [E19] 셀의 수식을 [E31] 셀까지 복사한다.

> **기적의 TIP**
>
> %를 입력할 수 없기 때문에 80%는 0.8, 50%는 0.5로 입력합니다.

> **기적의 TIP**
>
> 하나의 필드에 조건이 2개 이상일 경우에는 분배법칙이 성립될 수 있도록 괄호()로 묶어서 작성합니다.
> A×(B+C+D) = (A×B) + (A×C) + (A×D)
>
> 사용내역이 ="일반의료비" And (관계 ="본인" Or 관계 ="처" Or 관계 ="자")
>
> 사용내역이 '일반의료비' 이면서 관계가 '본인'
> 사용내역이 '일반의료비' 이면서 관계가 '처'
> 사용내역이 '일반의료비' 이면서 관계가 '자'
> 로 작성하기 위해서는 관계(OR 연산자)가 먼저 처리될 수 있도록 괄호()를 묶어서 처리한 후 AND 연산을 처리할 수 있도록 작성합니다. 만약, 괄호를 묶어서 처리하지 않으면 순서대로 처리가 되어 원하는 값이 나오지 않습니다.

## 05 'fn기타' 사용자 정의 함수

① [개발 도구]-[코드] 그룹의 [Visual Basic](圖)을 클릭한다.
② [삽입]-[모듈]을 선택한다.
③ 아래 그림과 같이 내용을 입력한다.

```
Public Function fn기타(반영점수)
    If 반영점수 >= 10 Then
        For a = 1 To 반영점수 / 10
            fn기타 = fn기타 & "■"
        Next a
    Else
        fn기타 = "노력요함"
    End If
End Function
```

④ Visual Basic Editor 창의 오른쪽 [닫기]를 클릭하여 엑셀로 돌아온 후 [L19] 셀을 클릭한 후 [함수 삽입](fx)을 클릭한다.
⑤ [함수 마법사]의 범주 선택에서 '사용자 정의'를 선택하고, 'fn기타'를 선택한 후 [확인]을 클릭한다.
⑥ [함수 인수]에서 그림과 같이 셀을 지정한 후 [확인]을 클릭한다.

⑦ [L19] 셀의 수식을 [L31] 셀까지 복사한다.

> **기적의 TIP**
>
> **For문은 반복문 작성**
> For 반복변수 = 시작값 To 마지막 값 [Step 증감값]
>   실행문
> Next 반복변수
> : 조건이 맞는 동안 지정한 횟수만큼 반복
>
> For a =1 to 반영점수/10
>   fn기타 = fn기타 & "■"
> Next a
>
> 1번째(a=1)일 때
> fn기타 : ■
> 2번째(a=2)일 때
> fn기타 : ■■
> 3번째(a=3)일 때
> fn기타 : ■■■
> …
> 반영점수를 10으로 나눈 횟수만큼 반복하여 표시

> **기적의 TIP**
>
> **평균**
> • 엑셀 : AVERAGE
> • VBE : 합계/개수
> • 액세스 : AVG

## 06 'fn비고' 사용자 정의 함수

① [개발 도구]-[코드] 그룹의 [Visual Basic](圖)을 클릭한다.
② [삽입]-[모듈]을 선택한다.
③ 아래 그림과 같이 내용을 입력한다.

```
Public Function fn비고(현재강의수, 수강인원)
    Select Case 수강인원 / 현재강의수
        Case Is >= 30
            fn비고 = "강의추가"
        Case Is >= 15
            fn비고 = ""
        Case Else
            fn비고 = "강의축소"
    End Select
End Function
```

> **기적의 TIP**
>
> **If구문으로 작성할 경우**
> Public Function fn비고(현재강의수, 수강인원)
>   If (수강인원/현재강의수) >=30 Then
>     fn비고 = "강의추가"
>   ElseIf (수강인원/현재강의수) >=15 Then
>     fn비고 = ""
>   Else
>     fn비고 = "강의축소"
>   End If
> End Function

④ Visual Basic Editor 창의 오른쪽 [닫기]를 클릭하여 엑셀로 돌아온 후 [R19] 셀을 클릭한 후 [함수 삽입](fx)을 클릭한다.
⑤ [함수 마법사]의 범주 선택에서 '사용자 정의'를 선택하고, 'fn비고'를 선택한 후 [확인]을 클릭한다.
⑥ [함수 인수]에서 그림과 같이 각각 셀을 지정한 후 [확인]을 클릭한다.

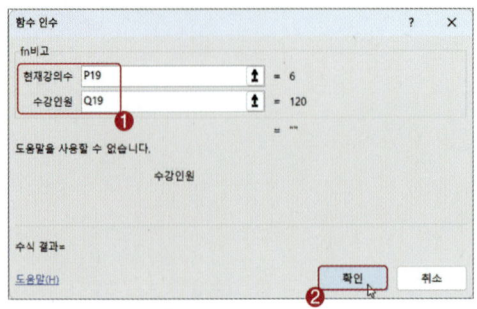

⑦ [R19] 셀의 수식을 [R31] 셀까지 복사한다.

▲ '사용자정의(결과)' 시트

CHAPTER

# 03

# 분석작업

### 학습 방향

외부 데이터를 활용하여 피벗 테이블을 작성하고, 작성된 피벗 테이블에 수식 필드 추가, 항목을 그룹화, 서식을 지정하는 등 기능을 연습해야 합니다.

### 난이도

| | | |
|---|---|---|
| 상 | SECTION 01 피벗 테이블 | 1-152 |
| 중 | SECTION 02 데이터 유효성 검사 | 1-169 |
| 중 | SECTION 03 중복된 항목 제거 | 1-174 |
| 중 | SECTION 04 데이터 표 | 1-176 |
| 상 | SECTION 05 목표값 찾기 | 1-179 |
| 중 | SECTION 06 통합 | 1-182 |
| 하 | SECTION 07 정렬 | 1-187 |
| 중 | SECTION 08 부분합 | 1-192 |
| 중 | SECTION 09 시나리오 | 1-197 |
| 중 | SECTION 10 텍스트 나누기 | 1-203 |

# SECTION 01 피벗 테이블

난이도 상 중 하
반복학습 1 2 3

작업파일 [26컴활1급₩1권_스프레드시트₩이론] 폴더의 '07피벗테이블' 파일을 열어서 작업하시오.

### 출제유형 ❶ '피벗테이블1' 시트에서 다음의 지시사항에 따라 피벗 테이블 보고서를 작성하시오.

▶ 외부 데이터 가져오기 기능을 사용하여 〈행사.accdb〉의 〈행사일정〉 테이블을 '행사일', '행사내용', '인원', '홀이름' 필드만을 이용하시오.
▶ 홀이름이 'Diamond Hall' 또는 'Ruby Hall'에 해당한 데이터만 이용하여 작성하시오.
▶ 피벗 테이블 보고서의 레이아웃과 위치는 〈그림〉을 참조하여 설정하고, 보고서 레이아웃을 개요 형식으로 표시하시오.
▶ '행사일'은 〈그림〉과 같이 그룹을 설정하고, 행의 총합계만 표시하시오.
▶ '인원' 필드는 표시 형식을 값 필드 설정의 셀 서식에서 '숫자' 범주를 이용하여 〈그림〉과 같이 지정하시오.
▶ 피벗 테이블 스타일은 '밝은 회색, 피벗 스타일 밝게 15', 피벗 테이블 스타일 옵션은 행 머리글, 열 머리글, 줄무늬 열을 지정하시오.

|   | A | B | C | D | E | F |
|---|---|---|---|---|---|---|
| 1 |   |   |   |   |   |   |
| 2 |   | 평균 : 인원 | 행사내용 ▼ |   |   |   |
| 3 |   | 행사일 ▼ | 결혼식 | 돌잔치 | 총합계 |   |
| 4 |   | 1월 | 215 |   | 215 |   |
| 5 |   | 2월 | 360 | 418 | 404 |   |
| 6 |   | 3월 | 297 | 458 | 337 |   |
| 7 |   | 4월 | 239 |   | 239 |   |
| 8 |   | 5월 | 344 | 424 | 384 |   |
| 9 |   | 6월 | 261 | 394 | 305 |   |
| 10 |   |   |   |   |   |   |

※ 작업 완성된 그림이며 부분점수 없음

▲ '피벗테이블1(결과)' 시트

### 📌 기적의 TIP

피벗 테이블 작성 시 날짜 데이터가 있을 경우 사용하는 엑셀 버전에 따라 레이블 이름이 다르게 표시될 수 있습니다.

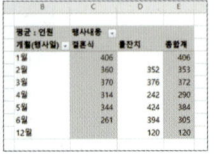

### 📌 기적의 TIP

파일을 불러온 후 보안 경고에서 〈컨텐츠 사용〉을 클릭한 후 실습합니다.

① [B2] 셀을 선택한 후 [데이터]-[데이터 가져오기 및 변환] 그룹에서 [데이터 가져오기]-[기타 원본에서]-[Microsoft Query에서]를 클릭한다.
② [데이터 원본 선택] 대화상자에서 'MS Access Database*'를 선택하고 [확인]을 클릭한다.

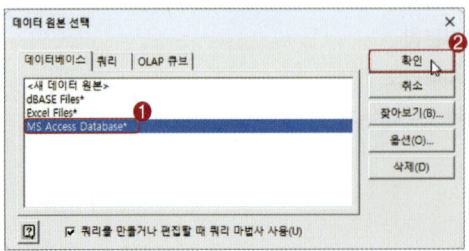

③ '26컴활1급₩1권_스프레드시트₩이론' 폴더에서 '행사.accdb'를 선택하고 [확인]을 클릭한다.

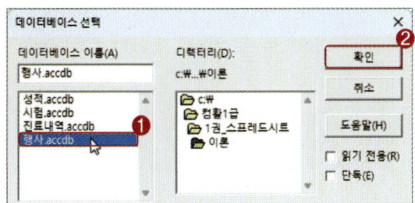

④ [열 선택] 대화상자에서 '행사일정' 테이블을 더블클릭하여 다음과 같이 지정하고 [다음]을 클릭한다.

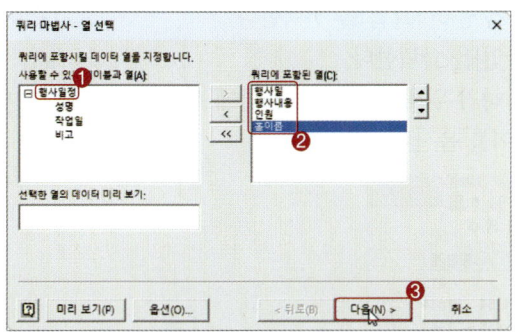

행사일, 행사내용, 인원, 홀이름

⑤ [데이터 필터]에서 '홀이름'을 선택하고 'Diamond Hall' 또는 'Ruby Hall'을 선택하고 [다음]을 클릭한다.

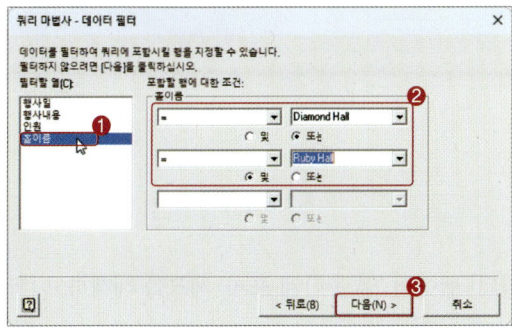

⑥ [정렬 순서]에서는 설정 없이 [다음]을 클릭한다.
⑦ [마침]에서 'Microsoft Excel(으)로 데이터 되돌리기'를 선택하고 [마침]을 클릭한다.
⑧ [데이터 가져오기] 대화상자에서 '피벗 테이블 보고서'를 선택한 다음, '기존 워크시트'는 [B2] 셀을 지정하고 [확인]을 클릭한다.

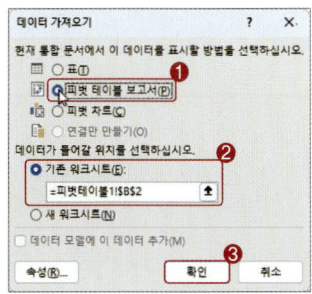

**기적의 TIP**

피벗 테이블 작성 시 날짜 데이터가 있을 경우 사용하는 엑셀 버전에 따라 필드 이름이 다르게 표시될 수 있습니다.

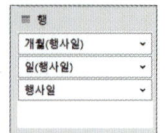

⑨ 오른쪽 '피벗 테이블 필드 목록'에서 '행사일'은 '행', '행사내용'은 '열'로, '인원'은 'Σ 값'으로 드래그한다.

**기적의 TIP**

피벗 테이블 작성 시 날짜 데이터가 있을 경우 사용하는 엑셀 버전에 따라 레이블 이름이 다르게 표시될 수 있습니다.

⑩ [디자인]-[레이아웃] 그룹의 [보고서 레이아웃]-[개요 형식으로 표시]를 클릭한다.
⑪ [B3] 셀에서 마우스 오른쪽 버튼을 눌러 [그룹]을 선택한다.
⑫ [그룹화]에서 '월'만 선택하고 [확인]을 클릭한다.
⑬ 열의 총합계는 나타나지 않도록 하기 위해 피벗 테이블 안에 셀 포인터를 두고 마우스 오른쪽 버튼을 눌러 [피벗 테이블 옵션]을 클릭한다.

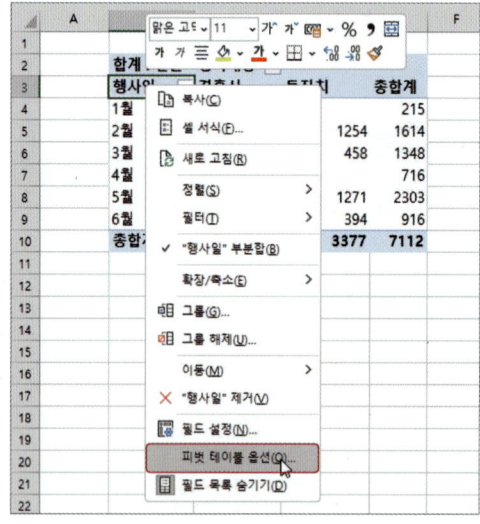

**기적의 TIP**

[피벗 테이블 분석]-[피벗 테이블] 그룹의 [옵션]을 클릭하여 실행할 수 있습니다.

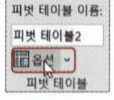

⑭ [피벗 테이블 옵션]의 [요약 및 필터] 탭에서 '열 총합계 표시' 체크를 해제하고 [확인]을 클릭한다.

**기적의 TIP**

[디자인]-[레이아웃] 그룹의 [총합계]-[행의 총합계만 설정]을 클릭하여 실행할 수 있습니다.

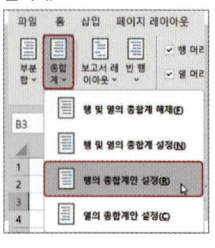

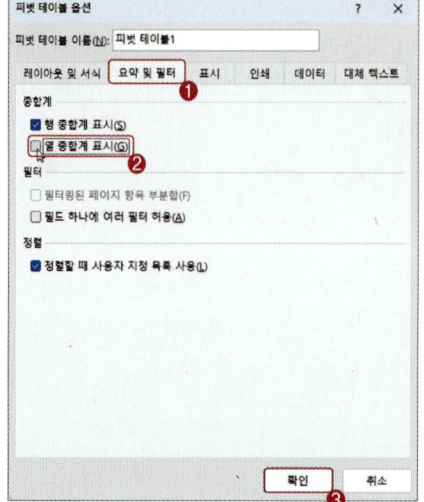

⑮ 값 영역의 표시 형식을 지정하기 위해서 [B2] 셀에서 마우스 오른쪽 버튼을 눌러 [값 필드 설정]을 선택한다.

⑯ [값 필드 설정]에서 '평균'을 선택하고, [표시 형식]을 클릭한다.

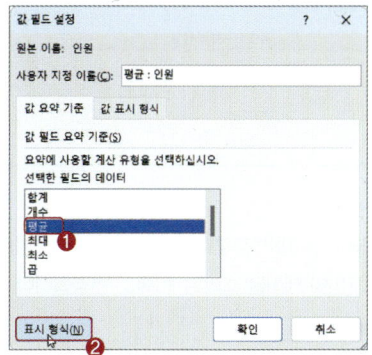

> 📌 **기적의 TIP**
>
> **함수 변경(예 : 평균)**
> 함수를 변경할 필드[B2] 셀에서 마우스 오른쪽 버튼을 눌러 [값 요약 기준]-[평균]을 선택하여 변경해도 됩니다.

⑰ [셀 서식]의 '숫자'를 선택하고 [확인]을 클릭하고 [값 필드 설정]에서 다시 한 번 [확인]을 클릭한다.

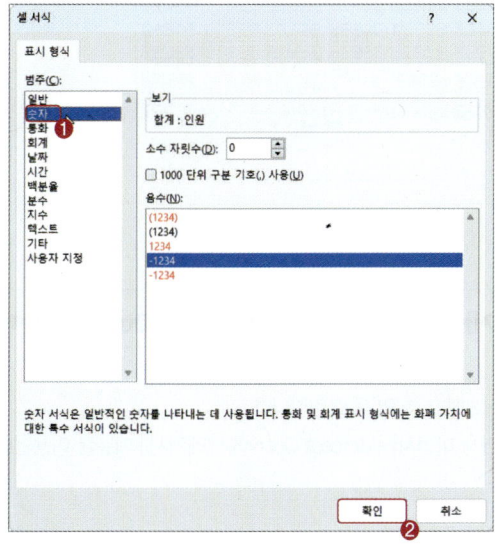

⑱ 피벗 테이블 안에 셀 포인터가 놓여 있는 상태에서 [디자인]-[피벗 테이블 스타일] 그룹의 '밝은 회색, 피벗 스타일 밝게 15'를 선택한다.

⑲ [디자인]-[피벗 테이블 스타일 옵션] 그룹의 '줄무늬 열'을 체크한다.

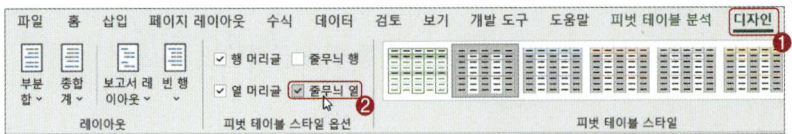

---

### 더 알기 TIP

**[디자인]-[피벗 테이블 스타일]**

'흰색, 피벗 스타일 밝게 23, 24, 26, 27, 28'을 선택한 후 [피벗 테이블 스타일 옵션]의 '줄무늬 행'이나 '줄무늬 열'을 체크하면 피벗 테이블 스타일 이름이 '연한 파랑~', '연한 주황~', '연한 노랑~', '연한 녹색~'으로 바뀌며, [피벗 테이블 스타일] 목록도 변경됩니다.

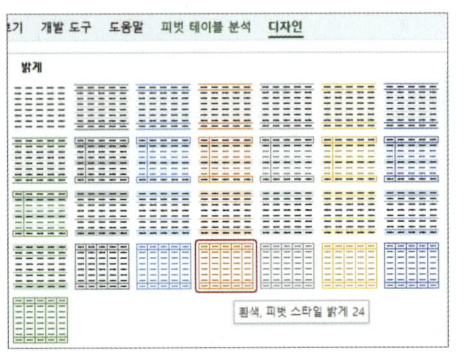 →

---

### 더 알기 TIP

**MS Office 업데이트로 인해 [데이터] 탭의 [데이터 가져오기]-[기타 원본에서]-[Microsoft Query에서] 메뉴가 보이지 않을 때**

① [파일]-[옵션]을 클릭하여 '데이터'의 'Microsoft Query에서(레거시)'를 체크하고 [확인]을 클릭합니다.
② [데이터]-[데이터 가져오기 및 변환] 그룹에서 [데이터 가져오기]-[레거시 마법사]-[Microsoft Query에서(레거시)] 메뉴를 이용합니다.

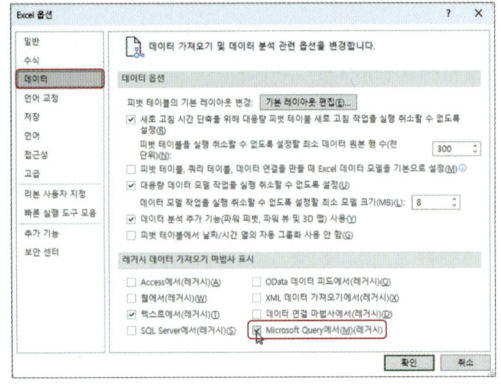 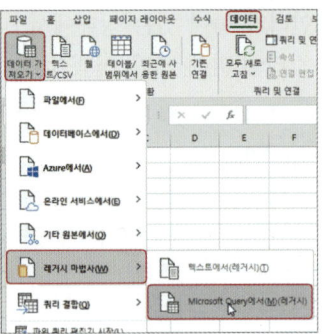

※ 실제 시험장에서는 교재처럼 작성하면 되므로, 따로 '레거시' 메뉴를 설정하지 않도록 주의하여 주세요.

출제유형 ❷ '피벗테이블2' 시트에서 다음의 지시사항에 따라 피벗 테이블 보고서를 작성하시오.

▶ 외부 데이터 원본으로 〈주소록.xlsx〉 파일의 〈반〉 테이블을 사용하여 '데이터에 첫 행에 열 머리글'을 포함하시오.
▶ 피벗 테이블 보고서의 레이아웃과 위치는 〈그림〉을 참조하여 설정하고, 보고서 레이아웃을 개요 형식으로 표시하시오.
▶ '출석수' 필드는 표시 형식을 값 필드 설정의 셀 서식에서 '숫자' 범주를 이용하여 〈그림〉과 같이 지정하시오.
▶ '이름' 필드는 개수로 계산한 후 '학생수'로 이름을 변경하시오.
▶ 그룹 하단에 모든 부분합이 표시 되도록 설정하시오.
▶ 피벗 테이블 스타일은 '연한 파랑, 피벗 스타일 밝게 9'로 설정하고, 확장(+)/축소(-) 단추가 표시되지 않도록 설정, 반 명을 기준으로 내림차순으로 정렬하시오.
▶ 2학년 자비반 남학생의 자료를 별도 시트에 생성하고, 시트 이름을 '2-자비반(남)'으로 하여 '피벗테이블2' 시트 오른쪽에 위치시키시오.

| 학년 | 반 | 성별 | | | | | | 전체 평균 : 출석수 | 전체 학생수 |
|---|---|---|---|---|---|---|---|---|---|
| | | 남 | | | 여 | | | | |
| | | 평균 : 출석수 | 학생수 | | 평균 : 출석수 | 학생수 | | | |
| 1 | | | | | | | | | |
| | 희락반 | 13 | 2 | | 6 | 4 | | 8 | 6 |
| | 화평반 | 11 | 5 | | | | | 11 | 5 |
| | 사랑반 | 8 | 3 | | 4 | 4 | | 6 | 7 |
| 1 요약 | | 10 | 10 | | 5 | 8 | | 8 | 18 |
| 2 | | | | | | | | | |
| | 충성반 | 11 | 6 | | 14 | 2 | | 12 | 8 |
| | 자비반 | 14 | 3 | | 6 | 4 | | 9 | 7 |
| | 오래참음반 | 7 | 4 | | 10 | 3 | | 8 | 7 |
| | 양선반 | 8 | 4 | | 1 | 3 | | 5 | 7 |
| 2 요약 | | 10 | 17 | | 7 | 12 | | 9 | 29 |
| 3 | | | | | | | | | |
| | 절제반 | 12 | 5 | | 4 | 3 | | 9 | 8 |
| | 온유반 | 11 | 4 | | 8 | 4 | | 9 | 8 |
| | 소망반 | 10 | 4 | | 10 | 6 | | 10 | 10 |
| | 믿음반 | 8 | 5 | | 15 | 2 | | 10 | 7 |
| 3 요약 | | 10 | 18 | | 9 | 15 | | 9 | 33 |
| 총합계 | | 10 | 45 | | 7 | 35 | | 9 | 80 |

※ 작업 완성된 그림이며 부분점수 없음
▲ '피벗테이블2(결과)' 시트

① [B3] 셀을 선택한 후 [삽입]-[표] 그룹의 [피벗 테이블](📊)을 클릭한다.

### 25년 출제

피벗 테이블을 통해 작성된 데이터 중에서 특정 데이터만을 새로운 시트로 추출하고자 할 때에는 해당 셀에서 더블클릭하면 현재 작성하는 시트 바로 왼쪽에 새로운 시트가 삽입됩니다.

예를 들어
① 1학년 사랑반 남자의 정보만을 추출하고자 할 때 [D7] 셀에서 더블클릭하면

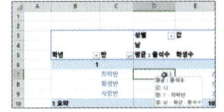

② 현재 작업하는 시트 바로 왼쪽에 새로운 시트로 데이터가 추출됩니다.

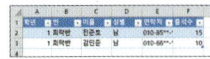

### 기적의 TIP

사용하는 엑셀 버전에 따라 [피벗 테이블] 대화상자에서 작성할 수 없는 경우, [삽입]-[표] 그룹의 [피벗테이블]-[외부 데이터 원본에서]를 클릭하여 작성할 수 있습니다.

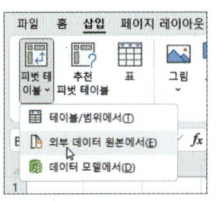

② '외부 데이터 원본 사용'을 선택하고, [연결 선택]을 클릭하여 [더 찾아보기]를 클릭한 후, '26컴활1급₩1권_스프레드시트₩이론' 폴더에서 '주소록.xlsx' 파일을 선택하고 '반' 테이블을 선택하고 '데이터의 첫 행에 열 머리글 포함'을 체크되어 있는지 확인하고 [확인]을 클릭하고, [피벗 테이블 만들기]에서 [확인]을 클릭한다.

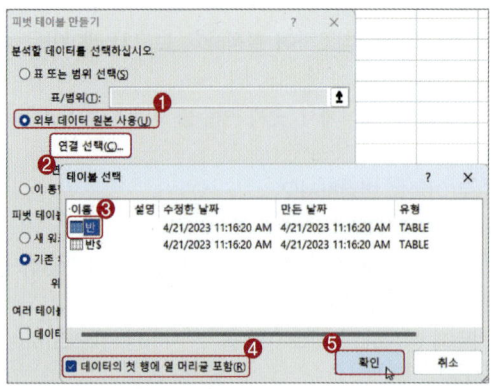

③ '피벗 테이블 필드 목록'에서 다음과 같이 지정한다.

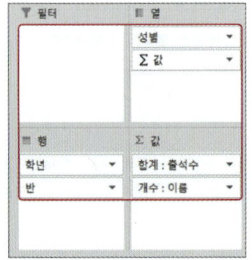

④ [디자인]-[레이아웃] 그룹의 [보고서 레이아웃]-[개요 형식으로 표시]를 클릭한다.
⑤ '값' 부분에 '출석수' 합계가 계산되는데, 합계를 평균으로 변경하기 위해서 [D5] 셀에 마우스 오른쪽 버튼을 눌러 [값 필드 설정]을 클릭한다.

> **기적의 TIP**
>
> [D5] 셀에서 더블클릭하여 [값 필드 설정]을 실행할 수 있습니다.

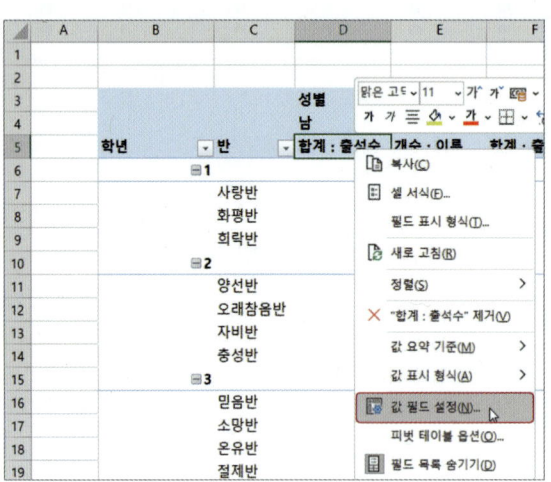

⑥ [값 필드 설정]에서 '평균'을 선택하고 [표시 형식]을 클릭한다.

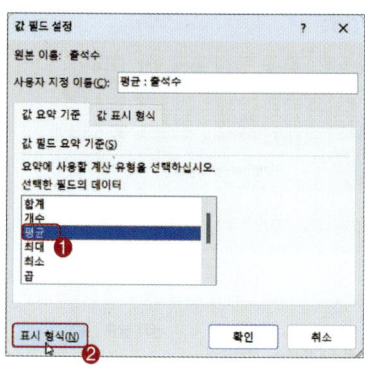

⑦ [셀 서식]에서 '숫자'를 선택하고 [확인]을 클릭하고 [값 필드 설정]에서 다시 한 번 [확인]을 클릭한다.

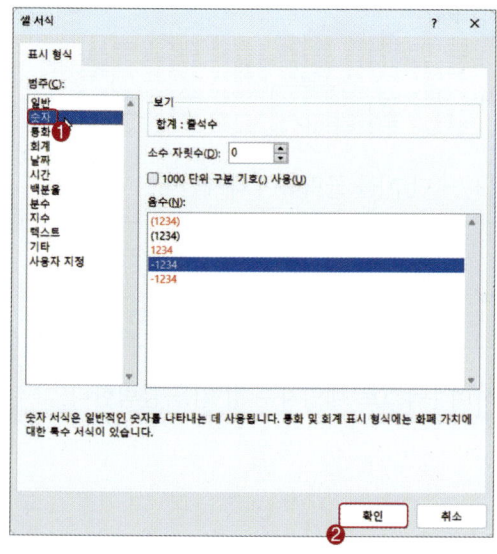

⑧ 값 영역의 표시 형식을 지정하기 위해서 [E5] 셀에서 마우스 오른쪽 버튼을 눌러 [값 필드 설정]을 클릭한다.

⑨ [값 필드 설정]에서 '사용자 지정 이름'에 **학생수**를 입력하고 [확인]을 클릭한다.

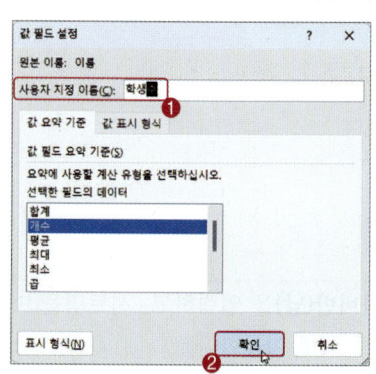

> **기적의 TIP**
>
> [E5] 셀에서 더블클릭하여 [값 필드 설정]을 실행할 수 있습니다.

⑩ 피벗 테이블 안에 셀 포인터가 놓여 있는 상태에서 [디자인]-[레이아웃] 그룹의 [부분합]-[그룹 하단에 모든 부분합 표시]를 선택한다.

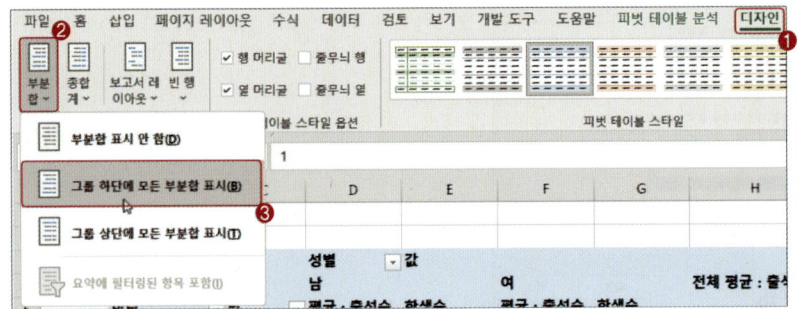

⑪ [디자인]-[피벗 테이블 스타일] 그룹의 [연한 파랑, 피벗 스타일 밝게 9]를 선택한다.

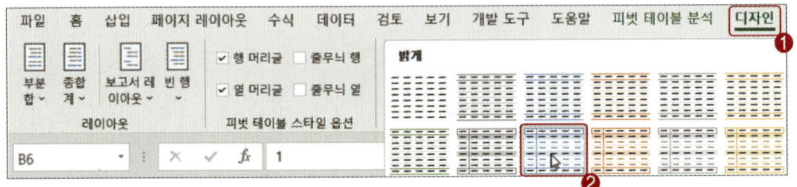

⑫ [피벗 테이블 분석]-[표시] 그룹의 [+/- 단추]를 클릭하여 해제한다.

⑬ [C5] 셀의 목록 단추(▼)를 클릭하여 [텍스트 내림차순 정렬]을 클릭한다.

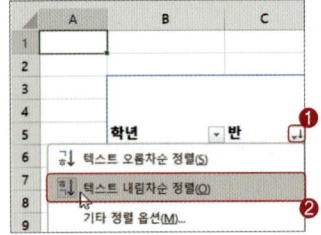

> **기적의 TIP**
> 
> 2학년 : [D12:I15] 영역
> 2학년 자비반 : [D13:I13] 영역
> 2학년 자비반 남자 : [D13:E13] 영역으로 문제에서 요구한 영역을 확인하고 그 안쪽에 하나의 셀만 더블클릭하면 해당 데이터를 다른 시트에 추출할 수 있습니다.

⑭ [D13] 또는 [E13] 셀에서 더블클릭한다.

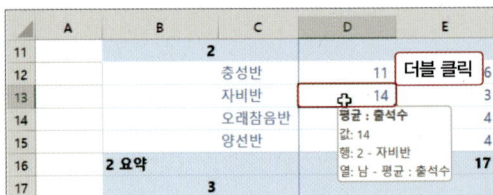

> **기적의 TIP**
> 
> 더블클릭하면 기본적으로 현재 시트 왼쪽에 새로운 시트로 추가가 됩니다. 문제에서 특별한 지시사항이 없으면 생성된 왼쪽 그대로 두시면 되고, 만약 시트의 위치가 문제에서 요구한 다른 위치라면 마우스로 드래그하여 이동하면 됩니다.

⑮ 새롭게 삽입된 시트 이름을 더블클릭하여 **2-자비반(남)**을 입력하고, 시트명을 마우스로 클릭한 채로 드래그하여 '피벗테이블2' 시트 뒤로 이동한다.

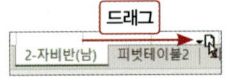

⑯ 2학년 자비반 남학생의 자료가 별도의 시트에 추출된 결과

---

출제유형 ❸ '피벗테이블3' 시트에서 다음의 지시사항에 따라 피벗 테이블 보고서를 작성하시오.

▶ 외부 데이터 원본으로 〈구매내역.csv〉의 데이터를 사용하시오.
  – 원본 데이터는 구분 기호 쉼표(,)로 분리되어 있으며, 내 데이터에 머리글을 표시하시오.
  – '주문일자', '물품코드', '수량', '단가', '등급' 열만 가져와 데이터 모델에 이 데이터를 추가하시오.
▶ 피벗 테이블 보고서의 레이아웃과 위치는 〈그림〉을 참조하여 설정하고, 보고서 레이아웃을 개요 형식으로 표시하시오.
▶ '수량', '단가' 필드의 표시 형식은 값 필드 설정의 셀 서식에서 '숫자' 범주를 이용하여 천 단위 콤마(,)를 지정하고, '물품코드'는 '사용자 지정' 범주를 이용하여 〈그림〉과 같이 지정하시오.
▶ 피벗 테이블의 옵션을 이용하여 '레이블이 있는 셀은 병합하고 가운데 맞춤' 되도록 설정하시오.
▶ 등급은 정회원, 준회원만 표시되도록 설정하시오.

▲ '피벗테이블3(결과)' 시트

> **기적의 TIP**
> 엑셀 버전에 따라 필터 부분에 'All'이라고 나오지 않고 '(모두)'로 표시되는 경우가 있습니다.

① [B4] 셀을 선택한 후 [삽입]-[표] 그룹의 [피벗 테이블]()을 클릭한다.

> **기적의 TIP**
> 사용하는 엑셀 버전에 따라 [피벗 테이블] 대화상자에서 작성할 수 없는 경우, [삽입]-[표] 그룹의 [피벗테이블]-[외부 데이터 원본에서]를 클릭하여 작성할 수 있습니다.

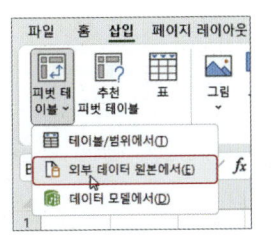

> **기적의 TIP**
> **피벗 테이블의 시작 위치는 [B4] 셀을 선택하는 이유?**
> 피벗 테이블을 이용하여 행/열/값이 표시되는 데이터의 시작 위치를 지정합니다.
> 필터 부분(예 : 등급)은 데이터의 시작 위치로부터 2행 위에 표시됩니다.

② [피벗 테이블 만들기]에서 '데이터 모델에 이 데이터 추가'를 체크하고, '외부 데이터 원본 사용'에서 [연결 선택]을 클릭한다.

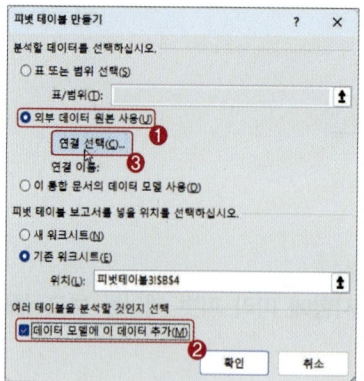

> **기적의 TIP**
>
> **CSV 파일이란?**
> CSV(Comma Separated Value)는 쉼표로 나눠진 값을 저장한 데이터를 의미합니다. CSV 파일 형식은 엑셀 형식과 달리 텍스트 기반으로 서식 정보가 저장되지 않습니다.

③ [연결 또는 표 선택]에서 [더 찾아보기]를 클릭한다. '26컴활1급₩1권_스프레드시트₩이론' 폴더에서 '구매내역.csv'를 선택하고 [확인]을 클릭한다.

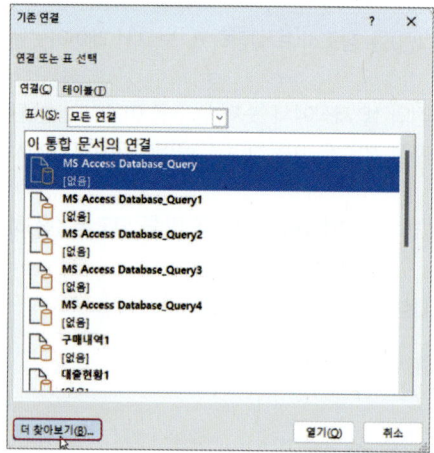

④ [1단계]에서 '내 데이터에 머리글 표시'를 체크하고, '구분 기호로 분리됨'을 선택하고 [다음]을 클릭한다.

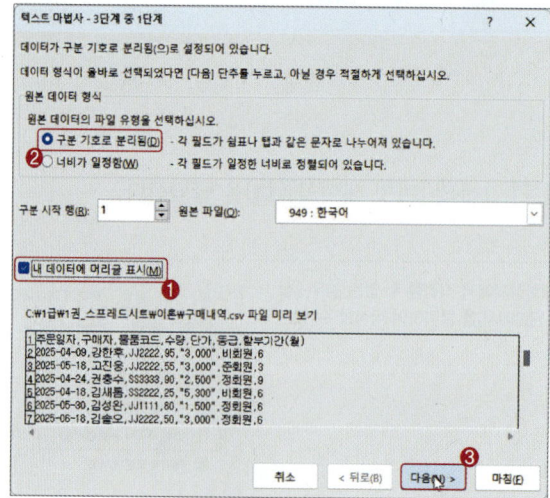

⑤ [2단계]에서 구분 기호 '쉼표'만 체크하고 [다음]을 클릭한다.

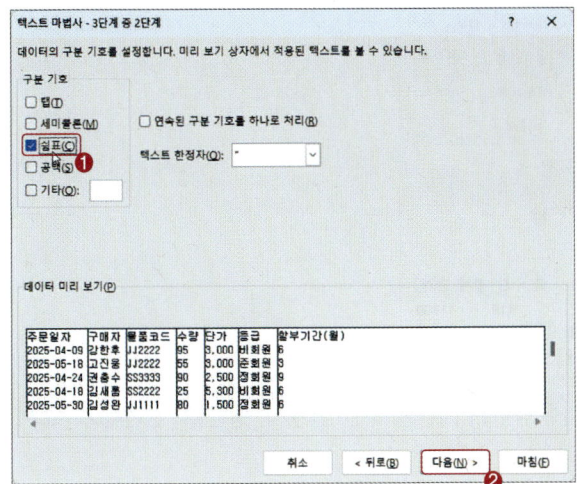

⑥ [3단계]에서 '구매자' 필드를 선택한 후 '열 가져오지 않음(건너뜀)'을 선택하고 같은 방법으로 '할부기간(월)'도 열 가져오지 않음(건너뜀)으로 지정한 후 [마침]을 클릭한다.

> **기적의 TIP**
>
> 문제에서 제시된 열만 가져오기 위해서 '구매자', '할부기간(열)'은 열 가져오지 않음을 이용하여 제외합니다.

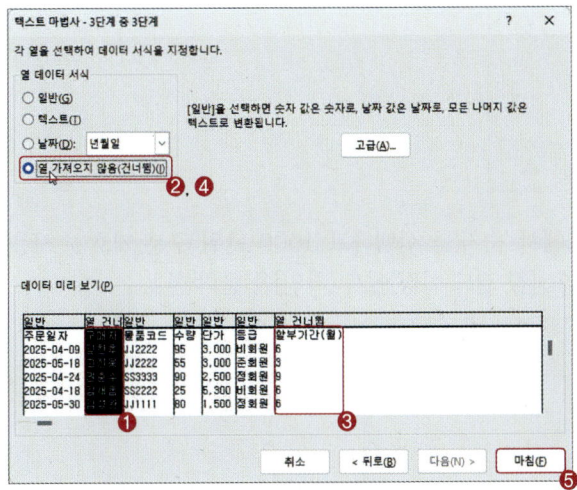

⑦ [피벗 테이블 만들기]에서 [확인]을 클릭한다.
⑧ 다음과 같이 보고서 레이아웃을 지정한다.

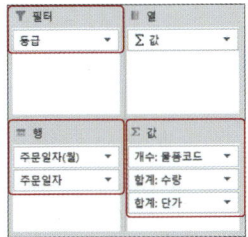

> **기적의 TIP**
>
> 'csv' 파일의 데이터를 이용하여 작성할 때 '데이터 모델에 이 데이터 추가'를 체크하지 않고 [확인]을 클릭하면 다음과 같은 메시지 상자가 표시되고 피벗 테이블을 작성할 수 없습니다.
>
>

⑨ [디자인]-[레이아웃] 그룹의 [보고서 레이아웃]-[개요 형식으로 표시]를 클릭한다.

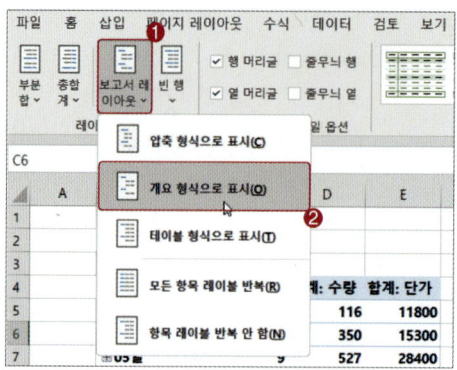

⑩ 합계: 수량[E4] 셀에서 더블클릭하여 [값 필드 설정]에서 '평균'을 선택하고 [표시 형식]을 클릭한다.

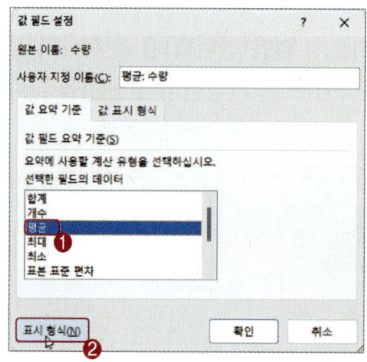

⑪ [셀 서식]의 [표시 형식] 탭에서 '숫자'를 선택하고 '1000 단위 구분 기호(,) 사용'을 체크하고 [확인]을 클릭한 후, [값 필드 설정]에서 [확인]을 클릭한다.

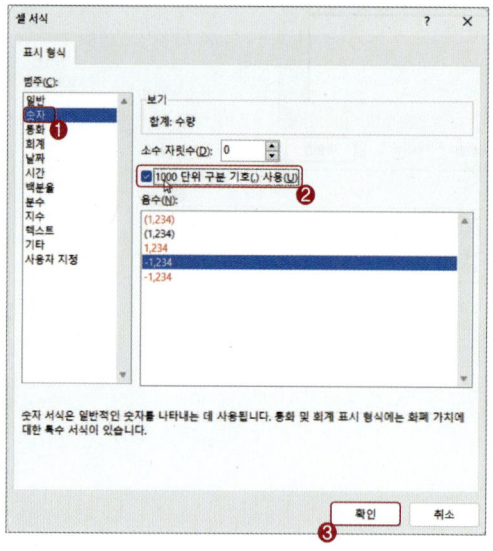

⑫ 같은 방법으로 합계: 단가[F4] 필드도 '평균', [표시 형식] 탭에서 '숫자', '1000 단위 구분 기호(,) 사용'을 체크한다.

⑬ 개수: 물품코드[D4] 셀에서 더블클릭하여 [값 필드 설정]에서 '사용자 지정 이름'에 **물품개수**를 입력하고 '개수'를 선택한 후 [표시 형식]을 클릭한다.

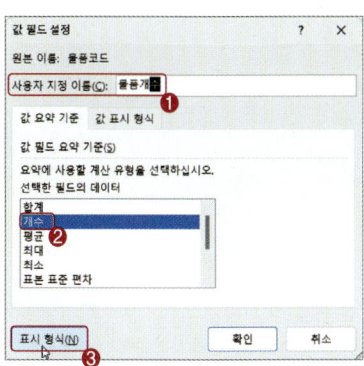

⑭ [셀 서식]의 [표시 형식] 탭에서 '사용자 지정'을 선택하고 **#건**을 입력하고 [확인]을 클릭한 후, [값 필드 설정]에서 다시 한 번 [확인]을 클릭한다.

> **기적의 TIP**
>
> #건 또는 0건으로 입력해도 됩니다.
> 문제에서 숫자에 대한 서식 언급이 없다면 둘 다 맞습니다.

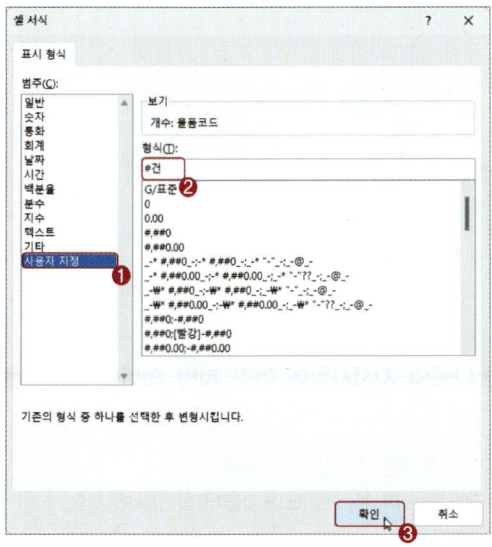

⑮ [피벗 테이블 분석]-[피벗 테이블] 그룹을 클릭하여 [옵션](옵션)을 클릭한다.
⑯ [레이아웃 및 서식] 탭에서 '레이블이 있는 셀 병합 및 가운데 맞춤'을 체크하고 [확인]을 클릭한다.

> **기적의 TIP**
>
> 피벗테이블 안에서 마우스 오른쪽 버튼을 눌러 [피벗 테이블 옵션]을 클릭하여 실행할 수 있습니다.

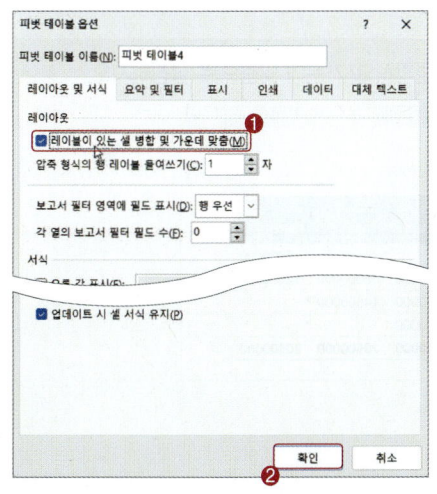

⑰ [C2] 셀의 목록 단추를 클릭하여 'All'의 선택을 해제한 후 '정회원', '준회원'을 선택한다.

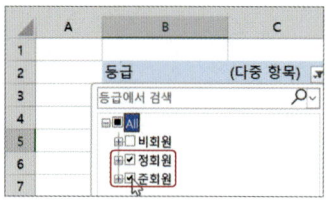

### + 더 알기 TIP

**계산 필드와 [그룹] 비활성화**

**txt, csv 파일**
: 피벗 테이블을 작성할 때에는 '데이터 모델에 이 데이터 추가' 옵션을 체크해야만 피벗 테이블을 작성할 수 있고, 피벗 테이블에서 '계산 필드'와 '그룹' 메뉴가 비활성화가 되어 지정할 수 없고, 그룹은 기본 '월'만 지정할 수 있다.

**xlsx, xlsm**
: '데이터 모델이 이 데이터 추가'를 체크하지 않으면 '계산 필드'와 '그룹' 메뉴를 이용하여 지정할 수 있지만, 체크를 하면 마찬가지로 '계산 필드'와 '그룹' 메뉴가 비활성화가 되어 지정할 수 없다.
따라서, 문제의 지시사항 '데이터 모델이 이 데이터 추가' 옵션을 정확하게 파악해야만 한다.

---

**출제유형 ④** '피벗테이블4' 시트에서 다음의 지시사항에 따라 피벗 테이블 보고서를 작성하시오.

▶ 외부 데이터 가져오기 기능을 이용하여 〈대출현황.txt〉 파일을 이용하시오.
  – 원본 데이터는 '세미콜론'으로 분리되어 있으며, 내 데이터에 머리글을 표시하시오.
  – 데이터 모델에 이 데이터를 추가하시오.
▶ 피벗 테이블 보고서의 레이아웃과 위치는 〈그림〉을 참조하여 설정하고, 보고서 레이아웃을 '개요 형식'으로 표시하시오.
▶ 열의 총합계만 표시하시오.
▶ 피벗 테이블 스타일은 '연한 파랑, 피벗 스타일 보통 9'를 지정하고, '줄무늬 행' 피벗 테이블 스타일 옵션을 설정하시오.
▶ 빈 셀은 '*'로 표시하고, 레이블이 있는 셀은 병합하고 가운데 맞춤으로 설정하시오.

| | A | B | C | D | E | F | G | H |
|---|---|---|---|---|---|---|---|---|
| 1 | | | | | | | | |
| 2 | | 고객명 | All | | | | | |
| 3 | | | | | | | | |
| 4 | | 합계: 대출금액 | 대출상품 | | | | | |
| 5 | | 대출기간 | 결혼자금 | 일반대출 | 자유대출 | 출산 | 학자금 | |
| 6 | | 12 | * | 5000000 | * | * | 7800000 | |
| 7 | | 24 | * | * | 9000000 | 6000000 | 12500000 | |
| 8 | | 36 | * | 39000000 | 12500000 | 14500000 | * | |
| 9 | | 60 | * | 45000000 | 57000000 | * | * | |
| 10 | | 총합계 | 5000000 | 84000000 | 78500000 | 20500000 | 20300000 | |
| 11 | | | | | | | | |

▲ '피벗테이블4(결과)' 시트

① [B4]셀을 클릭한 후 [데이터]-[데이터 가져오기 및 변환] 그룹의 [텍스트/CSV]을 클릭한다.
② '26컴활1급₩1권_스프레드시트₩이론' 폴더에서 '대출현황.txt' 파일을 선택하고 [가져오기]를 클릭한다.
③ 구분 기호 '세미콜론'을 확인하고 [로드]-[다음으로 로드]를 클릭한다.

> **기적의 TIP**
>
> 사용하는 엑셀 버전에 따라 [데이터]-[데이터 가져오기 및 변환] 그룹의 [텍스트/CSV에서]로 표시될 수 있습니다.

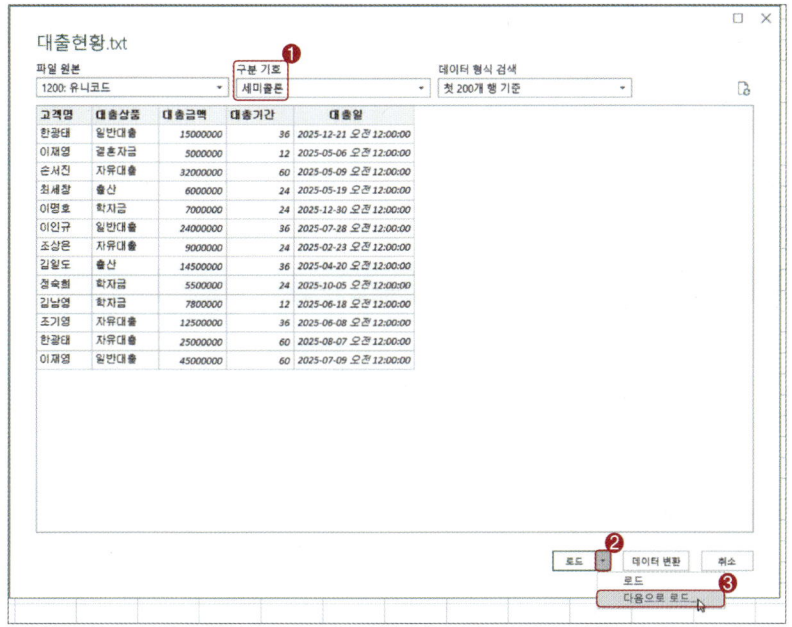

> **기적의 TIP**
>
> **[삽입]-[피벗 테이블]을 이용하는 방법**
> ① [B4] 셀을 클릭한 후 [삽입]-[표] 그룹에서 [피벗 테이블]을 클릭한다.
> ② [연결 선택]을 클릭한 후 [더 찾아보기]를 클릭하여 '대출현황.txt' 파일을 선택하고 [열기]를 클릭한다.
> ③ [1단계]에서 '구분 기호로 분리됨'과 '내 데이터에 머리글 표시'를 선택하고 [다음]을 클릭한다.
> ④ [2단계]에서 '세미콜론'을 선택하고 [다음]을 클릭한다.
> ⑤ [3단계]에서 [마침]을 클릭한다.
> ⑥ [피벗 테이블 만들기]에서 '데이터 모델에 이 데이터 추가'를 체크하고 [확인]을 클릭한다.

④ [데이터 가져오기]에서 '데이터 모델에 이 데이터 추가'를 체크하고, '피벗 테이블 보고서'를 선택하고 [확인]을 클릭한다.

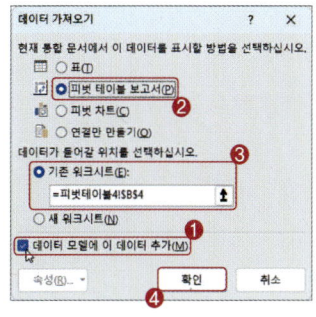

⑤ 피벗 테이블 필드 목록에서 다음과 같이 지정한다.

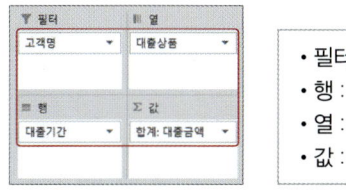

- 필터 : 고객명
- 행 : 대출기간
- 열 : 대출상품
- 값 : 대출금액

⑥ [디자인]-[레이아웃] 그룹의 [보고서 레이아웃]-[개요 형식으로 표시]를 클릭한다.

⑦ [디자인]-[레이아웃] 그룹의 [총합계]-[열의 총합계만 설정]을 클릭한다.

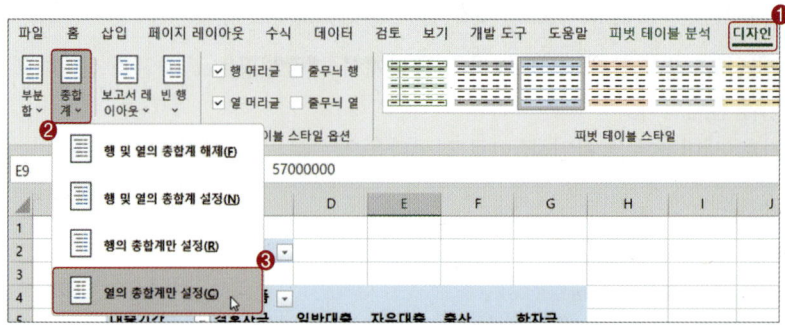

⑧ [디자인]-[피벗 테이블 스타일] 그룹의 [연한 파랑, 피벗 스타일 보통 9]를 선택하고, '줄무늬 행'의 옵션을 체크한다.

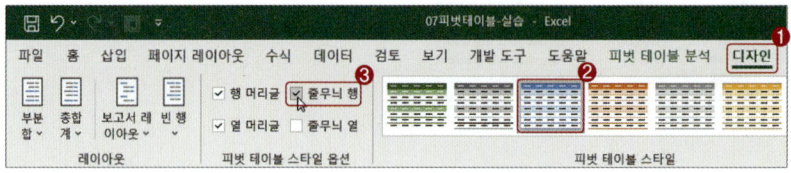

⑨ [피벗 테이블 분석]-[피벗 테이블] 그룹의 [옵션](옵션)을 클릭하여 [피벗 테이블 옵션]에서 '레이블이 있는 셀 병합 및 가운데 맞춤'을 체크하고, 빈 셀 표시에 *를 입력하고 [확인]을 클릭한다.

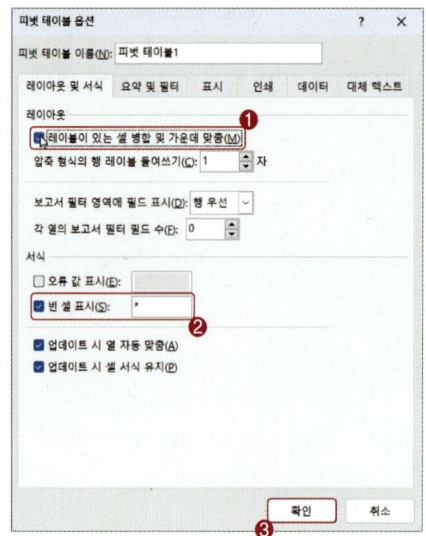

# 데이터 유효성 검사

작업파일 [26컴활1급₩1권_스프레드시트₩이론] 폴더의 '08유효성검사' 파일을 열어서 작업하시오.

출제유형 ① '유효성1' 시트에 대하여 다음의 지시사항을 처리하시오.

- [A4:A12] 영역에는 데이터 유효성 검사 도구를 이용하여 2025-03-01부터 2025-03-31까지의 날짜만 입력되도록 제한 대상을 설정하시오.
- [A4:A12] 영역의 셀을 클릭한 경우 〈그림〉과 같은 설명 메시지를 표시하고, 유효하지 않은 데이터를 입력한 경우 〈그림〉과 같은 오류 메시지가 표시되도록 설정하시오.

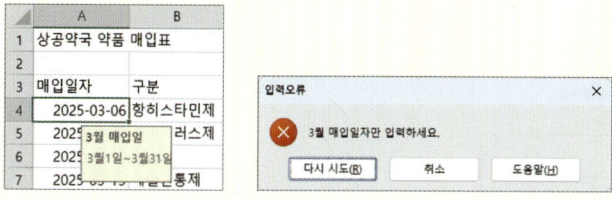

① [A4:A12] 영역을 범위 지정한 후 [데이터]-[데이터 도구] 그룹의 [데이터 유효성 검사](□)를 클릭한다.

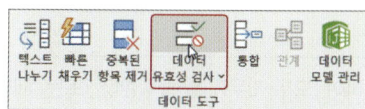

② [데이터 유효성]의 [설정] 탭에서 제한 대상은 '날짜', 제한 방법은 '해당 범위', 시작 날짜는 2025-03-01, 끝 날짜는 2025-03-31을 입력한다.

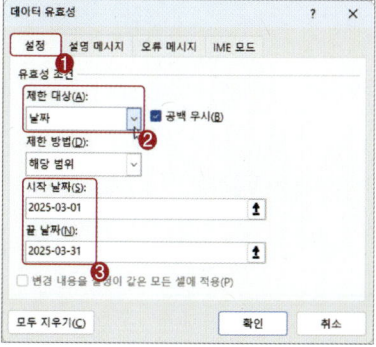

③ [설명 메시지] 탭에서 제목은 **3월 매입일**, 설명 메시지는 **3월1일~3월31일**을 입력한다.

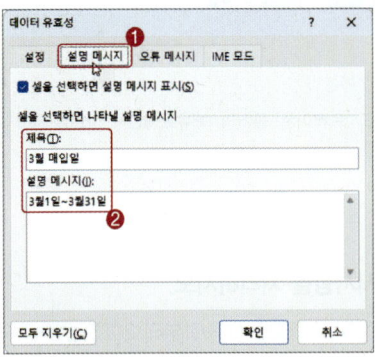

④ [오류 메시지] 탭에서 스타일은 '중지', 제목은 **입력오류**, 오류 메시지는 **3월 매입일자만 입력하세요.**를 입력하고 [확인]을 클릭한다.

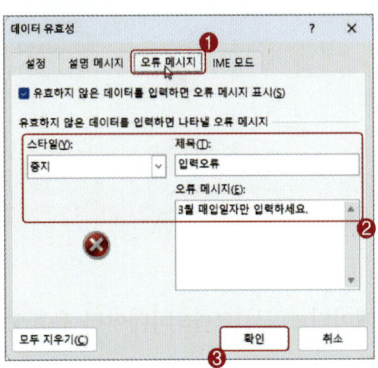

## 🔼 더 알기 TIP

데이터 유효성을 지울 때에는 [데이터]-[데이터 도구] 그룹의 [데이터 유효성]을 클릭하여 [모두 지우기]를 클릭한다. (또는 '제한 대상'에서 '모든 값'을 선택해도 지울 수 있다.)

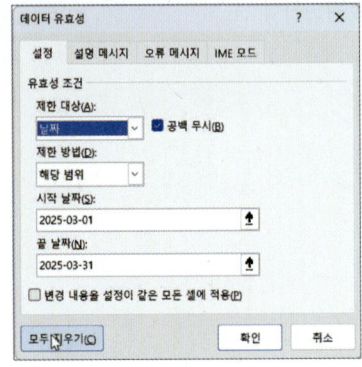

**출제유형 ❷** '유효성1' 시트에 대하여 다음의 지시사항을 처리하시오.

▶ [D4:D12] 영역에는 데이터 유효성 검사 도구를 이용하여 '하나약품', '한국제약', '튼튼제약' 목록만 입력되도록 제한 대상을 설정하시오.
▶ [D4:D12] 영역의 셀을 클릭한 경우 〈그림〉과 같은 설명 메시지를 표시하고, 유효하지 않은 데이터를 입력한 경우 〈그림〉과 같은 오류 메시지가 표시되도록 설정하시오.

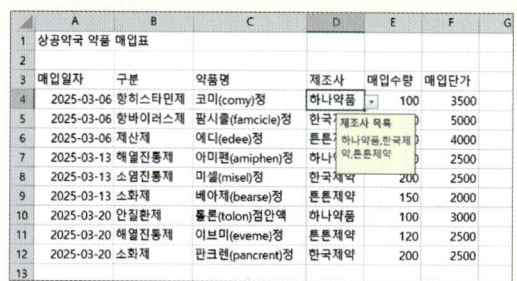
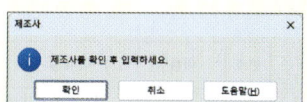

① [D4:D12] 영역을 범위 지정한 후 [데이터]-[데이터 도구] 그룹의 [데이터 유효성 검사](를 클릭한다.
② [데이터 유효성]의 [설정] 탭에서 제한 대상은 '목록', 원본은 **하나약품,한국제약,튼튼제약**을 입력한다.

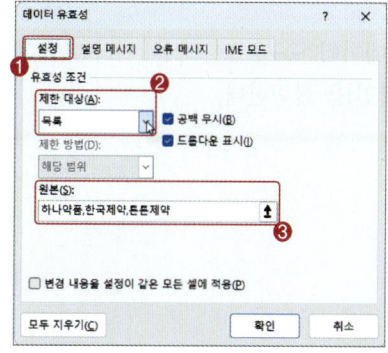

③ [설명 메시지] 탭에서 제목은 **제조사 목록**, 설명 메시지는 **하나약품,한국제약,튼튼제약**을 입력한다.
④ [오류 메시지] 탭에서 스타일은 '정보', 제목은 **제조사**, 오류 메시지는 **제조사를 확인 후 입력하세요.**를 입력하고 [확인]을 클릭한다.

> **기적의 TIP**
>
> • 설명 메시지
> • 오류 메시지
>
>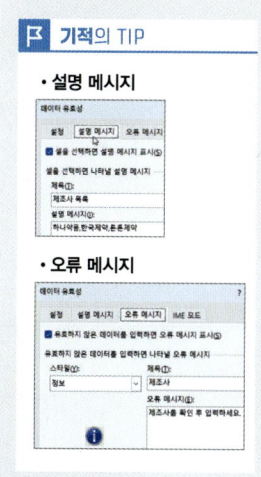

**출제유형 ③** '유효성2' 시트에 대하여 다음의 지시사항을 처리하시오.

▶ [B4:B12] 영역에는 데이터 유효성 검사 도구를 이용하여 12의 배수만 입력되도록 제한 대상을 설정하시오. (MOD 함수 이용)
▶ [D4:D12] 영역에는 데이터 유효성 검사 도구를 이용하여 '@' 문자가 포함하여 입력되도록 제한 대상을 설정하시오. (@가 2번째부터 입력될 수 있도록 SEARCH 함수를 이용하여 작성)
▶ [E4:E12] 영역에는 데이터 유효성 검사 도구를 이용하여 3.3으로 나누었을 때 몫이 34 이하의 값만 입력되도록 제한 대상을 설정하시오. (QUOTIENT 함수 이용)
▶ [F4:I12] 영역에는 데이터 유효성 검사 도구를 이용하여 1차~4차의 합이 100%가 입력되도록 제한 대상을 설정하시오. (SUM 함수 이용)

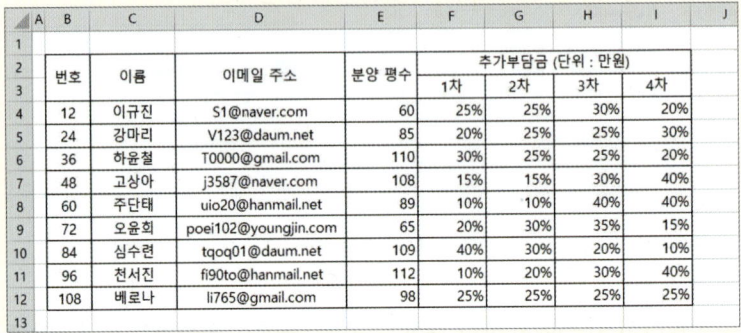

① [B4:B12] 영역을 범위 지정한 후 [데이터]-[데이터 도구] 그룹의 [데이터 유효성 검사]를 클릭하여 다음과 같이 지정하고 [확인]을 클릭한다.

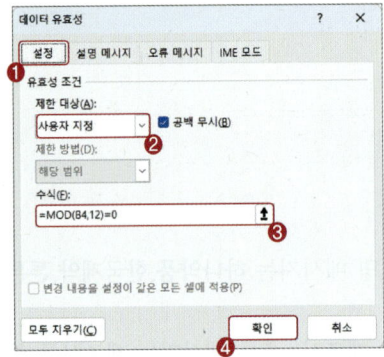

[설정] 탭
• 제한 대상 : 사용자 지정
• 수식 : =MOD(B4,12)=0

② [D4:D12] 영역을 범위 지정한 후 [데이터]-[데이터 도구] 그룹의 [데이터 유효성 검사](📋)를 클릭하여 다음과 같이 지정하고 [확인]을 클릭한다.

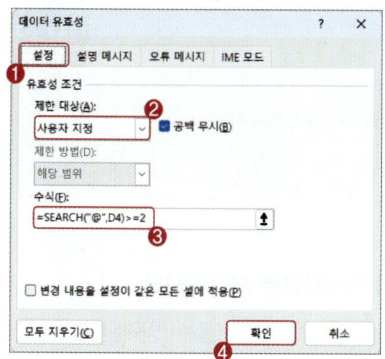

[설정] 탭
- 제한 대상 : 사용자 지정
- 수식 : =SEARCH("@",D4)>=2

> **기적의 TIP**
> - SEARCH(찾을 텍스트, 찾을 텍스트를 포함한 텍스트, [시작 위치]) : 왼쪽에서 오른쪽으로 검색하여 찾을 텍스트가 처음 발견되는 위치를 반환(대/소문자 구분 안 함)
> - =SEARCH("@",D4) : '@'를 [D4] 셀에서 위치를 구함

③ [E4:E12] 영역을 범위 지정한 후 [데이터]-[데이터 도구] 그룹의 [데이터 유효성 검사](📋)를 클릭하여 다음과 같이 지정하고 [확인]을 클릭한다.

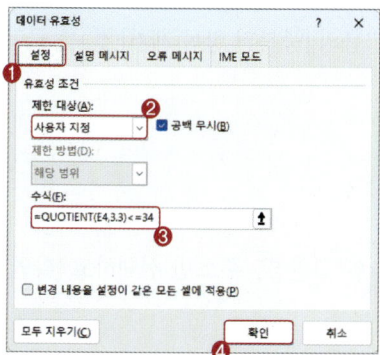

[설정] 탭
- 제한 대상 : 사용자 지정
- 수식 : =QUOTIENT(E4,3,3)<=34

> **기적의 TIP**
> - QUOTIENT(피제수, 제수) : 나눗셈의 몫을 정수로 구함
> - =QUOTIENT(E4,3,3) : [E4] 셀의 값을 3.3으로 나눈 몫을 구함

④ [F4:I12] 영역을 범위 지정한 후 [데이터]-[데이터 도구] 그룹의 [데이터 유효성 검사](📋)를 클릭하여 다음과 같이 지정하고 [확인]을 클릭한다.

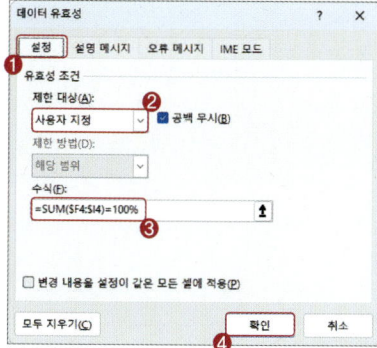

[설정] 탭
- 제한 대상 : 사용자 지정
- 수식 : =SUM($F4:$I4)=100%

> **25년 출제**
> 
> 시험에 출제된 데이터 유효성 검사
> 
> | | |
> |---|---|
> | 12의 배수만 입력되도록 설정 | =MOD(셀 주소, 12) =0 |
> | 20의 배수만 입력되도록 설정 | =MOD(셀 주소, 20) =0 |
> | @를 포함하여 입력되도록 설정(@가 2번째부터 입력) | =SEARCH("@", 셀 주소)>=2 =SEARCH("@", 셀 주소, 2) |
> | 3.3으로 나누었을 때 몫이 34 이하의 값만 입력 | =QUOTIENT(셀 주소, 3,3)<=34 |
> | 4과목 점수의 합이 100%가 입력되도록 설정 | =SUM(과목1:과목4)=100% |

# SECTION 03 중복된 항목 제거

작업파일 [26컴활1급₩1권_스프레드시트₩이론] 폴더의 '09중복데이터' 파일을 열어서 작업하시오.

출제유형 ❶ '중복데이터1' 시트에 대하여 다음의 지시사항을 처리하시오.

데이터 도구를 이용하여 [표1]에서 '회원명', '주소' 열을 기준으로 중복된 값이 입력된 셀을 포함하는 행을 삭제하시오.

① [A2] 셀을 클릭한 후 [데이터]-[데이터 도구] 그룹의 [중복된 항목 제거]( )를 클릭한다.

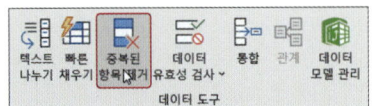

② [중복 값 제거]에서 [모두 선택 취소]를 클릭한 후 '회원명', '주소'만 선택하고 [확인]을 클릭한다.

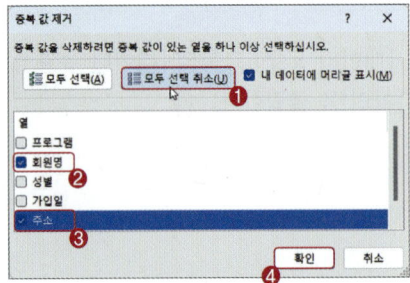

③ 메시지가 표시되면 [확인]을 클릭한다.

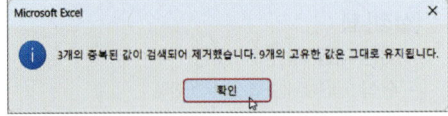

풀이결과

| | A | B | C | D | E | F | G |
|---|---|---|---|---|---|---|---|
| 1 | [표1] | | | | | | |
| 2 | 프로그램 | 회원명 | 성별 | 가입일 | 주소 | 연락처 | |
| 3 | Health | 김용성 | 남 | 2016-03-05 | 서초구 서초동 | 010-9214-6842 | |
| 4 | Health | 한정훈 | 여 | 2018-01-03 | 서초구 방배동 | 010-4561-3541 | |
| 5 | Health | 유하은 | 여 | 2017-12-18 | 서초구 양재동 | 010-7488-4618 | |
| 6 | Health | 김예소 | 여 | 2016-11-27 | 서초구 내곡동 | 010-5431-6865 | |
| 7 | Yoga | 김지혜 | 여 | 2018-06-07 | 서초구 반포동 | 010-1654-0847 | |
| 8 | Yoga | 유가은 | 여 | 2018-10-22 | 서초구 잠원동 | 010-2435-6789 | |
| 9 | Boxing | 이향기 | 여 | 2017-06-21 | 서초구 내곡동 | 010-7238-4155 | |
| 10 | Boxing | 김어중 | 남 | 2017-07-29 | 서초구 반포동 | 010-3481-2986 | |
| 11 | Boxing | 윤소정 | 여 | 2016-10-09 | 서초구 우면동 | 010-1678-3534 | |
| 12 | | | | | | | |

▲ '중복데이터1(결과)' 시트

**출제유형 ❷** '중복데이터2' 시트에 대하여 다음의 지시사항을 처리하시오.

데이터 도구를 이용하여 [표1]에서 '신청대상', '수강요일' 열을 기준으로 중복된 값이 입력된 셀을 포함하는 행을 삭제하시오.

① [A2] 셀을 클릭한 후 [데이터]-[데이터 도구] 그룹의 [중복된 항목 제거](🔲)를 클릭한다.
② [중복 값 제거]에서 [모두 선택 취소]를 클릭한 후 '신청대상', '수강요일'만 선택하고 [확인]을 클릭한다. 메시지가 표시되면 [확인]을 클릭한다.

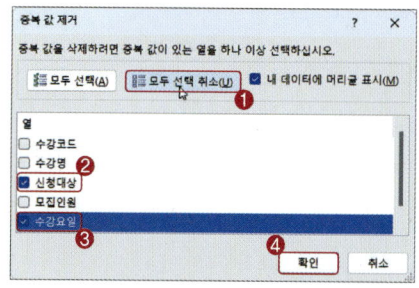
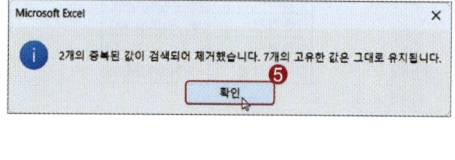

풀이결과

| | A | B | C | D | E | F | G |
|---|---|---|---|---|---|---|---|
| 1 | [표1] | | | | | | |
| 2 | 수강코드 | 수강명 | 신청대상 | 모집인원 | 수강요일 | 수강비 | |
| 3 | SANG-001 | Hot Music School | 전체 | 30 | 월요일 | 120000 | |
| 4 | SANG-002 | 어린이 발리 댄스 | 초등학생 | 25 | 목요일 | 80000 | |
| 5 | SANG-003 | High Easy English | 고등학생 | 30 | 월요일 | 100000 | |
| 6 | SANG-004 | 수학의 정석 | 중학생 | 35 | 금요일 | 100000 | |
| 7 | SANG-005 | 집밥! 어렵지 않아요! | 전체 | 20 | 수요일 | 120000 | |
| 8 | SANG-008 | 톡톡 튀는 독서 토론 논술 | 고등학생 | 30 | 토요일 | 100000 | |
| 9 | SANG-009 | 좋은 습관 독서법 | 중학생 | 25 | 토요일 | 120000 | |
| 10 | | | | | | | |

▲ '중복데이터2(결과)' 시트

# 데이터 표

작업파일 [26컴활1급₩1권_스프레드시트₩이론] 폴더의 '10데이터표' 파일을 열어서 작업하시오.

출제유형 ❶ '데이터표1' 시트에 대하여 다음의 지시사항을 처리하시오.

[데이터 표] 기능을 이용하여 감가상각액을 계산한 [D3:D6] 영역을 참조하여, 잔존가치와 수명년수의 변동에 따른 감가상각액의 변화를 [D10:I15] 영역에 계산하시오.

① 감가상각액을 복사하기 위해 [D6] 셀을 선택한 후 '수식 입력줄'의 수식 '=SLN(D3,D4,D5)'을 드래그하여 범위 지정한 후 Ctrl + C 를 눌러 복사한다.

> 🅿️ **기적의 TIP**
>
> [C9] 셀에 계산식을 복사하지 않고 연결해서 사용해도 됩니다.
>
>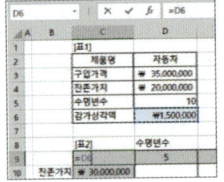

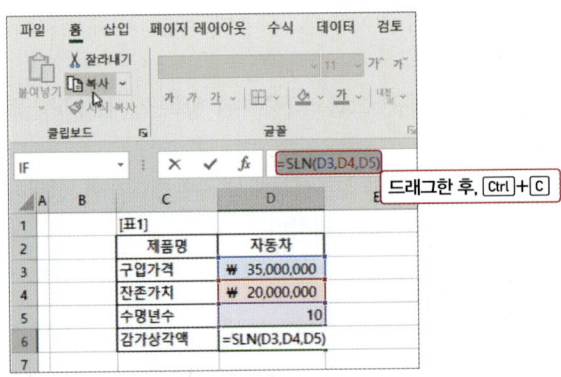

② 범위 지정한 것을 해제하기 위해서 Esc 를 누른 후 [C9] 셀을 선택한 후 Ctrl + V 를 눌러 붙여넣기를 한다.

> 🅿️ **기적의 TIP**
>
> • Esc 를 누르지 않고 붙여넣기 위치 [C9] 셀을 클릭하면 [D6] 셀의 수식이 =C9로 바뀌면서 함수식을 지우게 됩니다. 반드시 Esc 를 누른 후에 [C9] 셀을 클릭하여 붙여넣기 합니다.
> • 행과 열의 변수가 만나는 [C9] 셀에 수식을 입력하거나 수식을 연결하여 작성합니다.

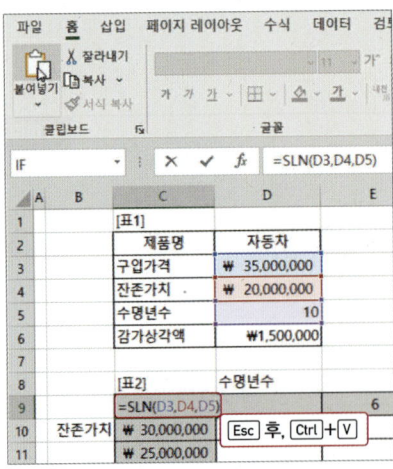

③ [C9:I15] 영역을 범위 지정한 후 [데이터]-[예측] 그룹의 [가상 분석]-[데이터 표]를 선택한다.

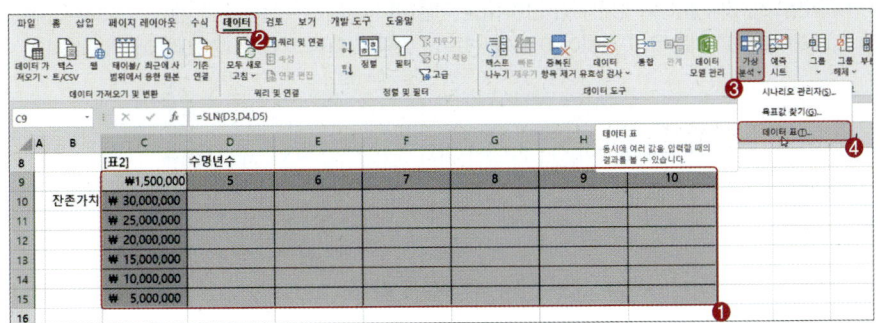

④ 행에 입력된 수명년수(5, 6, 7, 8, 9, 10)를 [D5] 셀에 대입하고, 열에 입력된 잔존가치(30,000,000~5,000,000)는 [D4] 셀에 대입하여 계산하기 위해 [데이터 테이블]에서 '행 입력 셀'은 [D5] 셀, '열 입력 셀'은 [D4] 셀을 지정하고 [확인]을 클릭한다.

> **기적의 TIP**
> - **행 입력 셀** : 행 방향으로 나열된 값을 대입할 셀
> - **열 입력 셀** : 열 방향으로 나열된 값을 대입할 셀

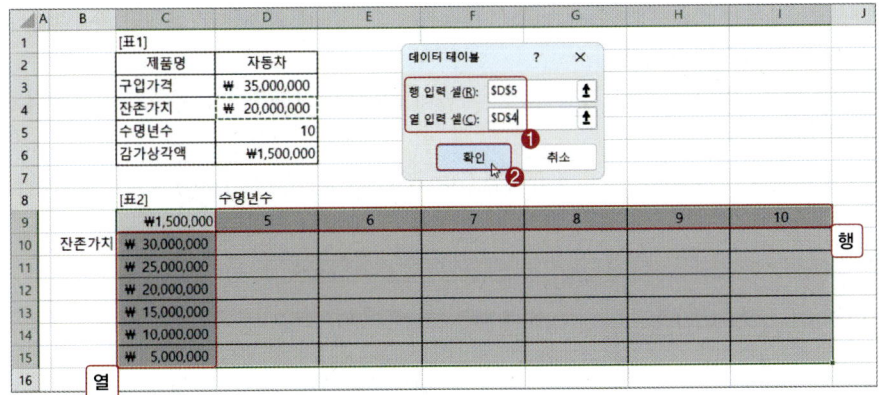

**풀이결과**

|   | A | B | C | D | E | F | G | H | I | J |
|---|---|---|---|---|---|---|---|---|---|---|
| 1 | | | [표1] | | | | | | | |
| 2 | | | 제품명 | 자동차 | | | | | | |
| 3 | | | 구입가격 | ₩ 35,000,000 | | | | | | |
| 4 | | | 잔존가치 | ₩ 20,000,000 | | | | | | |
| 5 | | | 수명년수 | 10 | | | | | | |
| 6 | | | 감가상각액 | ₩1,500,000 | | | | | | |
| 7 | | | | | | | | | | |
| 8 | | | [표2] | 수명년수 | | | | | | |
| 9 | | | ₩1,500,000 | 5 | 6 | 7 | 8 | 9 | 10 | |
| 10 | | 잔존가치 | ₩ 30,000,000 | ₩ 1,000,000 | ₩ 833,333 | ₩ 714,286 | ₩ 625,000 | ₩ 555,556 | ₩ 500,000 | |
| 11 | | | ₩ 25,000,000 | ₩ 2,000,000 | ₩ 1,666,667 | ₩ 1,428,571 | ₩ 1,250,000 | ₩ 1,111,111 | ₩ 1,000,000 | |
| 12 | | | ₩ 20,000,000 | ₩ 3,000,000 | ₩ 2,500,000 | ₩ 2,142,857 | ₩ 1,875,000 | ₩ 1,666,667 | ₩ 1,500,000 | |
| 13 | | | ₩ 15,000,000 | ₩ 4,000,000 | ₩ 3,333,333 | ₩ 2,857,143 | ₩ 2,500,000 | ₩ 2,222,222 | ₩ 2,000,000 | |
| 14 | | | ₩ 10,000,000 | ₩ 5,000,000 | ₩ 4,166,667 | ₩ 3,571,429 | ₩ 3,125,000 | ₩ 2,777,778 | ₩ 2,500,000 | |
| 15 | | | ₩ 5,000,000 | ₩ 6,000,000 | ₩ 5,000,000 | ₩ 4,285,714 | ₩ 3,750,000 | ₩ 3,333,333 | ₩ 3,000,000 | |
| 16 | | | | | | | | | | |

▲ '데이터표1(결과)' 시트

출제유형 ❷ '데이터표2' 시트에서 다음의 지시사항을 처리하시오.

대출금[C3], 연이율[C4], 상환기간(년)[C5]을 이용하여 상환금액(월)[C6]을 계산한 것이다. [데이터]-[데이터 표] 기능을 이용하여 이자율 변동에 따른 상환금액(월)을 [G6:G12]에 계산하시오.

> **기적의 TIP**
>
> 변수가 하나인 데이터 표는 값을 표시할 첫 번째 셀 위 (앞)에 수식을 작성합니다.
>
>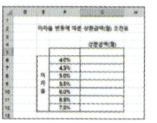
>
> 변수가 열일 때에는 [G6] 셀에 수식 작성
>
>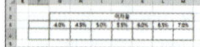
>
> 변수가 행일 때에는 [E6] 셀에 수식 작성

① 수익금 계산식을 복사하기 위해 [C6] 셀을 선택한 후 '수식 입력줄'의 수식 '=PMT($C$4/12,$C$5 *12,-$C$3)'을 드래그하여 범위 지정한 후 Ctrl + C 를 복사한다.

② 범위 지정한 것을 해제하기 위해서 Esc 를 누른 후, [G5] 셀을 선택한 후 Ctrl + V 를 눌러 붙여넣기를 한다.

③ [F5:G12] 영역을 범위 지정한 후 [데이터]-[예측] 그룹의 [가상 분석]-[데이터 표]를 클릭한다.

④ 열에 입력된 이자율(4.0%, 4.5%, 5.0%, 5.5%, 6%, 6.5%, 7%)을 [C4] 셀에 대입하여 계산하기 위해 '열 입력 셀'에 [C4] 셀을 지정하고 [확인]을 클릭한다.

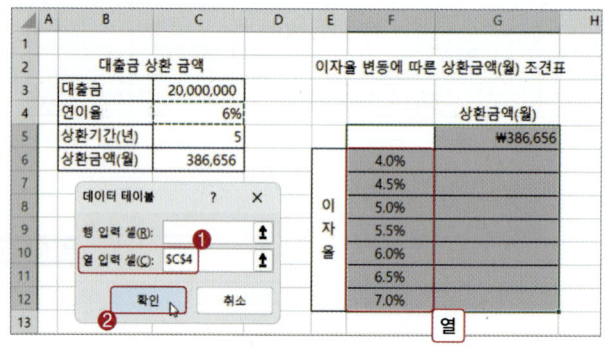

**풀이결과**

▲ '데이터표2(결과)' 시트

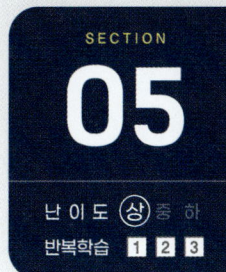

# 목표값 찾기

▶ 합격 강의

작업파일 [26컴활1급₩1권_스프레드시트₩이론] 폴더의 '11목표값찾기' 파일을 열어서 작업하시오.

출제유형 ❶ '목표값찾기1' 시트에 대하여 다음의 지시사항을 처리하시오.

[목표값 찾기] 기능을 이용하여 청바지 판매금액[B7]이 100,000이 되려면 청바지 할인율[E5]이 얼마가 되어야 하는지 계산하시오.

① 수식으로 계산된 판매금액 100,000이 되기 위해서 [B7] 셀을 선택한 후 [데이터]-[예측] 그룹의 [가상 분석]-[목표값 찾기]를 선택한다.

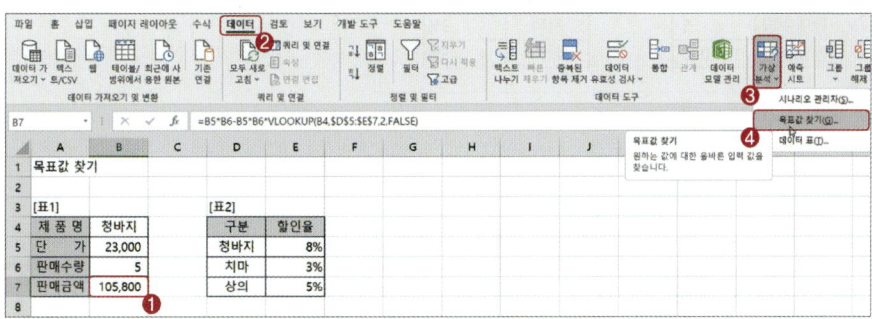

② [목표값 찾기]에서 수식으로 계산된 셀은 [B7], 찾는 값은 100,000을 입력하고, 값을 바꿀 셀은 [E5] 셀을 지정하고 [확인]을 클릭한다.

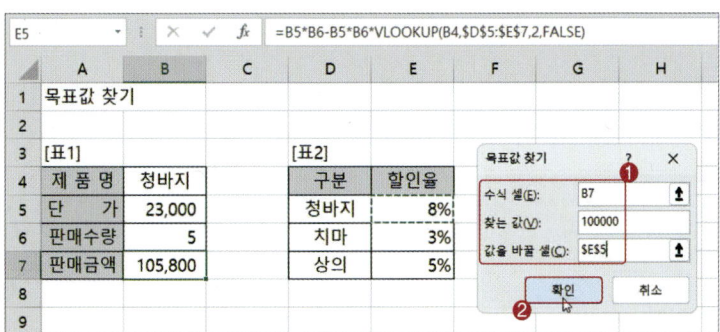

③ [목표값 찾기 상태]에서 결과가 표시되고, 워크시트에도 변경되어 있는 내용을 확인한 후 [확인]을 클릭한다.

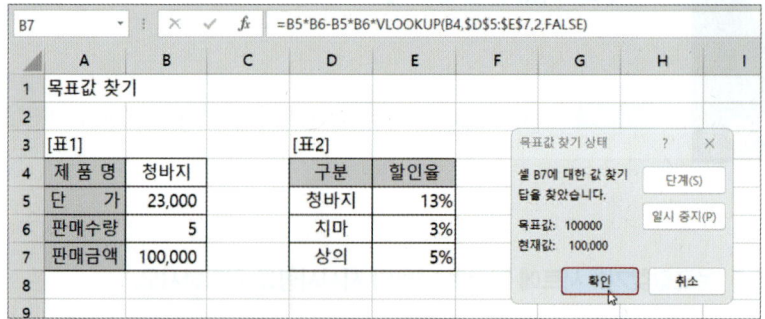

풀이결과

▲ '목표값찾기1(결과)' 시트

출제유형 ❷ '목표값찾기2' 시트에서 다음의 지시사항을 처리하시오.

[목표값 찾기] 기능을 이용하여 '지점별 가전제품 판매 현황' 표에서 서초점의 냉장고 판매총액[E10]이 100,000,000이 되려면 판매량[D10]이 얼마가 되어야 하는지 계산하시오.

① 수식으로 계산된 서초점의 냉장고 판매총액이 100,000,000이 되기 위해서 [E10] 셀을 선택한 후 [데이터]-[예측] 그룹의 [가상 분석]-[목표값 찾기]를 클릭한다.

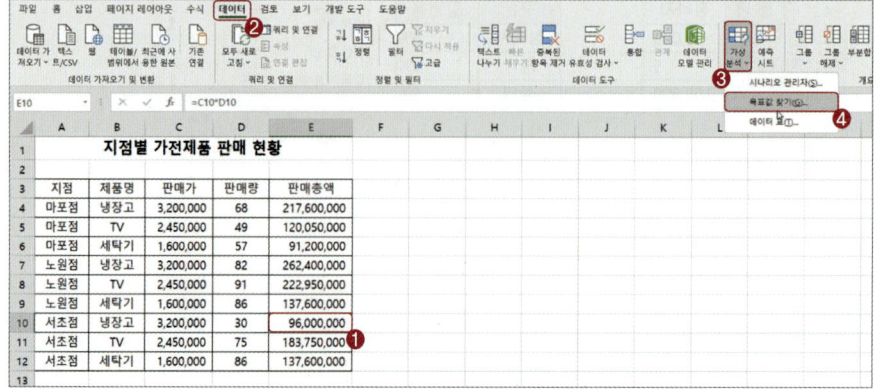

② [목표값 찾기]에서 수식으로 계산된 셀은 [E10], 찾는 값은 100,000,000을 입력하고, 값을 바꿀 셀은 [D10] 셀을 지정하고 [확인]을 클릭한다.

③ [목표값 찾기 상태]에서 결과가 표시되고, 워크시트에도 변경되어 있는 내용을 확인한 후 [확인]을 클릭한다.

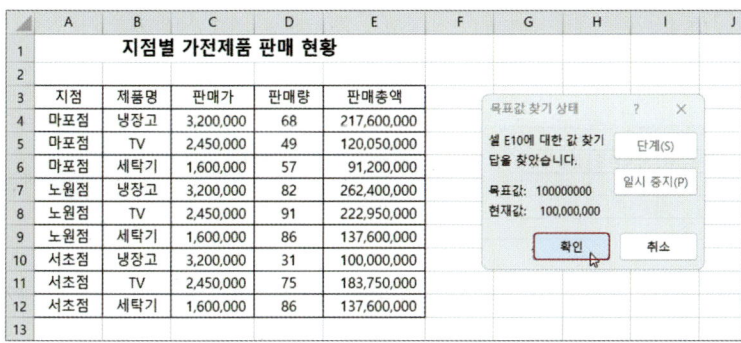

▲ '목표값찾기2(결과)' 시트

# 통합

▶ 합격 강의

**작업파일** [26컴활1급₩1권_스프레드시트₩이론] 폴더의 '12통합' 파일을 열어서 작업하시오.

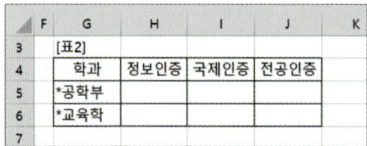

**'통합1' 시트에서 다음의 지시사항을 처리하시오.**

데이터 도구 [통합] 기능을 이용하여 [표1]의 대한 '공학부', '교육학'으로 끝나는 학과와 '정보인증', '국제인증', '전공인증'의 평균을 [표2]의 [H5:J6] 영역에 계산하시오.

① [G5:G6] 영역에 다음과 같이 조건을 입력한다.

| | F | G | H | I | J | K |
|---|---|---|---|---|---|---|
| 3 | | [표2] | | | | |
| 4 | | 학과 | 정보인증 | 국제인증 | 전공인증 | |
| 5 | | *공학부 | | | | |
| 6 | | *교육학 | | | | |
| 7 | | | | | | |

② 데이터 통합 결과를 표시할 영역 [G4:J6]을 범위 지정한 후 [데이터]-[데이터 도구] 그룹의 [통합](📋)을 클릭한다.

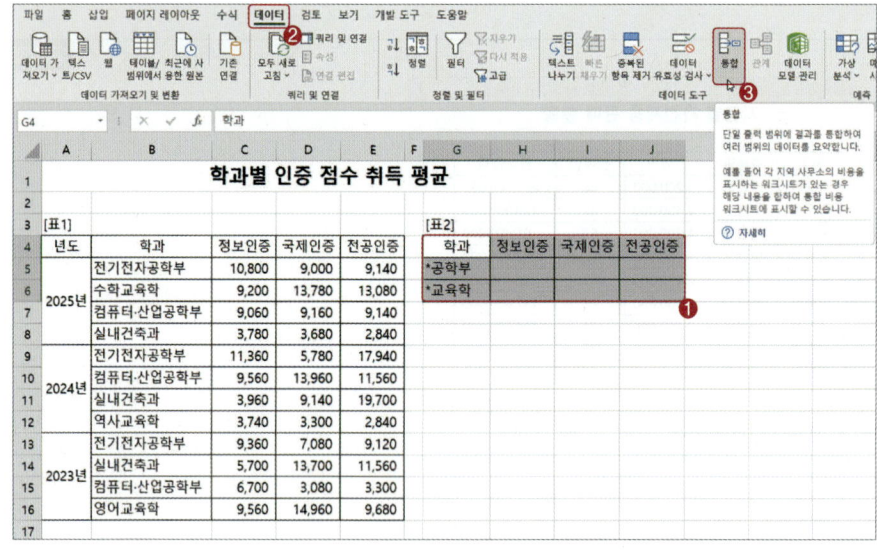

③ [통합]에서 함수는 '평균'을 선택한다.

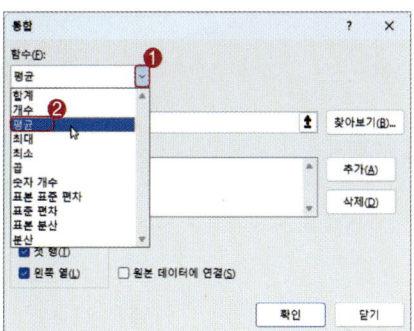

④ 데이터 통합을 할 범위를 지정하기 위해 '참조'의 입력란을 클릭한 후 마우스로 [B4:E16] 영역을 드래그한 후 [추가]를 클릭한다.

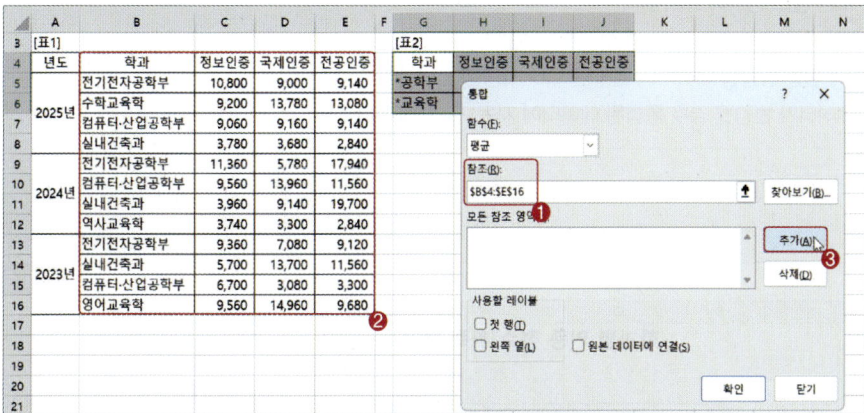

> **기적의 TIP**
>
> 참조하는 영역을 범위 지정할 때 결과를 표시할 왼쪽 열에 있는 데이터가 첫 번째 열이 될 수 있도록 범위를 지정합니다.

⑤ 사용할 레이블은 '첫 행', '왼쪽 열'을 체크하고 [확인]을 클릭한다.

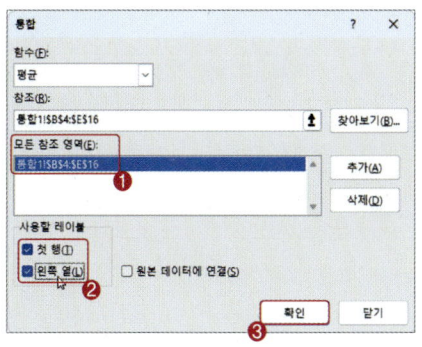

### 더 알기 TIP

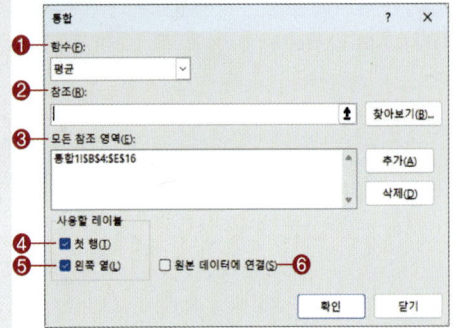

❶ **함수** : 사용할 함수를 선택한다.
❷ **참조** : 통합할 데이터 영역을 지정한다.
❸ **모든 참조 영역** : 지정한 모든 참조 영역이 표시된다.
❹ **첫 행** : 참조 영역 중 첫 행을 통합될 데이터의 행 이름으로 사용한다.
❺ **왼쪽 열** : 참조 영역 중 왼쪽 열을 통합될 데이터의 열 이름으로 사용한다.
❻ **원본 데이터 연결** : 원본 데이터가 변경될 경우 통합된 데이터에 자동으로 반영된다.

풀이결과

| | A | B | C | D | E | F | G | H | I | J | K |
|---|---|---|---|---|---|---|---|---|---|---|---|
| 1 | | | 학과별 인증 점수 취득 평균 | | | | | | | | |
| 2 | | | | | | | | | | | |
| 3 | [표1] | | | | | | [표2] | | | | |
| 4 | 년도 | 학과 | 정보인증 | 국제인증 | 전공인증 | | 학과 | 정보인증 | 국제인증 | 전공인증 | |
| 5 | 2025년 | 전기전자공학부 | 10,800 | 9,000 | 9,140 | | *공학부 | 9,473 | 8,010 | 10,033 | |
| 6 | | 수학교육학 | 9,200 | 13,780 | 13,080 | | *교육학 | 7,500 | 10,680 | 8,533 | |
| 7 | | 컴퓨터·산업공학부 | 9,060 | 9,160 | 9,140 | | | | | | |
| 8 | | 실내건축과 | 3,780 | 3,680 | 2,840 | | | | | | |
| 9 | 2024년 | 전기전자공학부 | 11,360 | 5,780 | 17,940 | | | | | | |
| 10 | | 컴퓨터·산업공학부 | 9,560 | 13,960 | 11,560 | | | | | | |
| 11 | | 실내건축과 | 3,960 | 9,140 | 19,700 | | | | | | |
| 12 | | 역사교육학 | 3,740 | 3,300 | 2,840 | | | | | | |
| 13 | 2023년 | 전기전자공학부 | 9,360 | 7,080 | 9,120 | | | | | | |
| 14 | | 실내건축과 | 5,700 | 13,700 | 11,560 | | | | | | |
| 15 | | 컴퓨터·산업공학부 | 6,700 | 3,080 | 3,300 | | | | | | |
| 16 | | 영어교육학 | 9,560 | 14,960 | 9,680 | | | | | | |
| 17 | | | | | | | | | | | |

▲ '통합1(결과)' 시트

**출제유형 ❷** 다음 시트에서 지시사항을 처리하시오.

▶ '통합2' 시트의 [C4:F10] 영역에 데이터 도구 [통합] 기능을 이용하여 '중간고사' 시트의 [표1], '기말고사' 시트의 [표2]의 데이터를 참조하여 성명별 데이터의 '국어', '영어', '수학', '총점'의 평균을 계산하시오.
▶ '통합3' 시트의 [C4:F10] 영역에 데이터 도구 [통합] 기능을 이용하여 중간고사, 기말고사 시트의 원본 데이터가 변경될 경우 통합 시트의 데이터도 자동으로 변경되도록 적용하여 평균을 계산하시오.

① '통합2' 시트의 [B3:F10] 영역을 범위 지정한 후 [데이터]-[데이터 도구] 그룹의 [통합](📊)을 클릭한다.
② [통합]에서 함수는 '평균'을 선택하고, 참조에 커서를 두고 '중간고사' 시트를 클릭하여 [B3:F10] 영역을 드래그한 후 [추가]를 클릭한다.

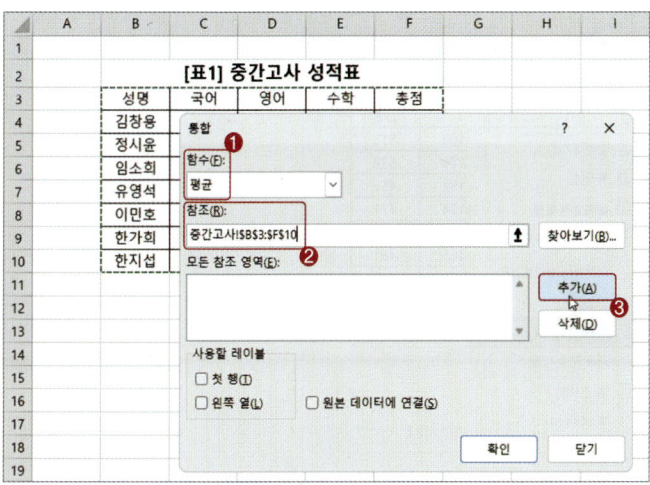

③ 참조에 커서를 두고 '기말고사' 시트를 클릭한 후 [B3:F10] 영역을 확인하고 [추가]를 클릭한 후 '첫 행', '왼쪽 열'을 체크하고 [확인]을 클릭한다.

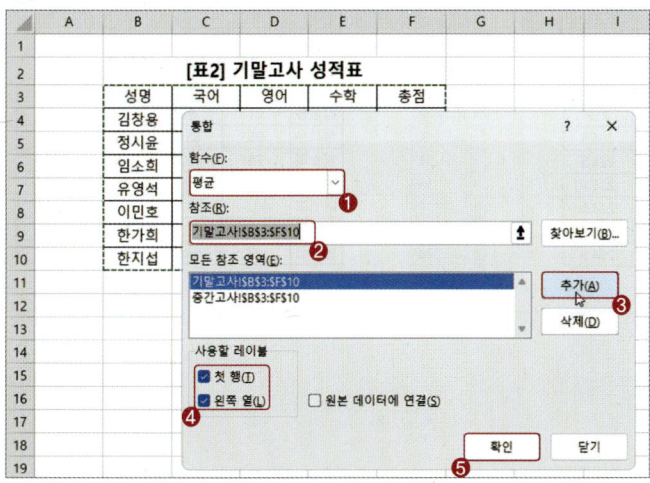

④ '통합3' 시트의 [B3:F10] 영역을 범위 지정한 후 [데이터]-[데이터 도구] 그룹의 [통합]을 클릭하여 동일하게 참조 영역을 추가한 후 '원본 데이터에 연결'을 체크하고 [확인]을 클릭한다.

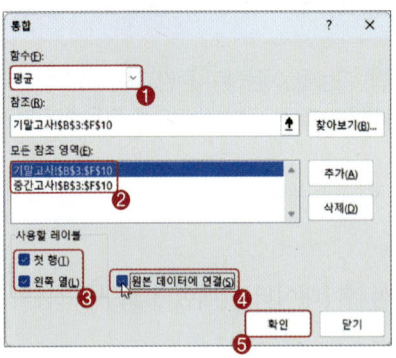

⑤ 열 머리글 C열을 선택한 후 마우스 오른쪽 버튼을 눌러 [삭제]를 클릭한 후 열 머리글 B와 C 사이의 경계라인에서 더블클릭하여 열 너비를 조절한다.

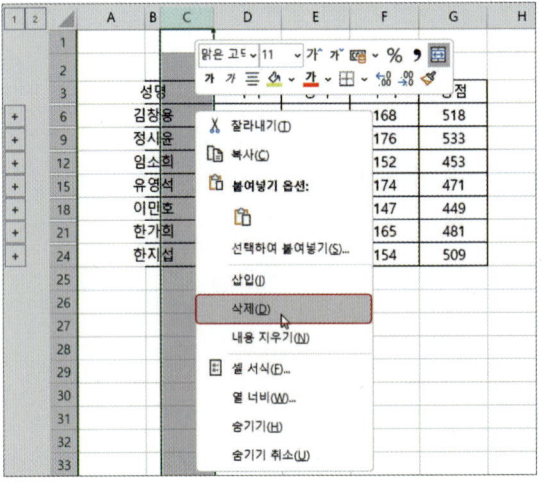

**풀이결과**

▲ '통합2(결과)' 시트

▲ '통합3(결과)' 시트

# 정렬

▶ 합격 강의

**작업파일** [26컴활1급₩1권_스프레드시트₩이론] 폴더의 '13정렬' 파일을 열어서 작업하시오.

**출제유형 ①** '정렬1' 시트에서 다음의 지시사항을 처리하시오.

[정렬] 기능을 이용하여 부서명을 기준으로 오름차순으로 정렬하고, 동일한 부서명인 경우 '중형차'의 셀 색이 'RGB(183,222,232)'인 값이 위에 표시되도록 정렬하시오.

① [B3:H14] 영역을 범위 지정한 후 [데이터]-[정렬 및 필터] 그룹의 [정렬](🔲)을 클릭한다.

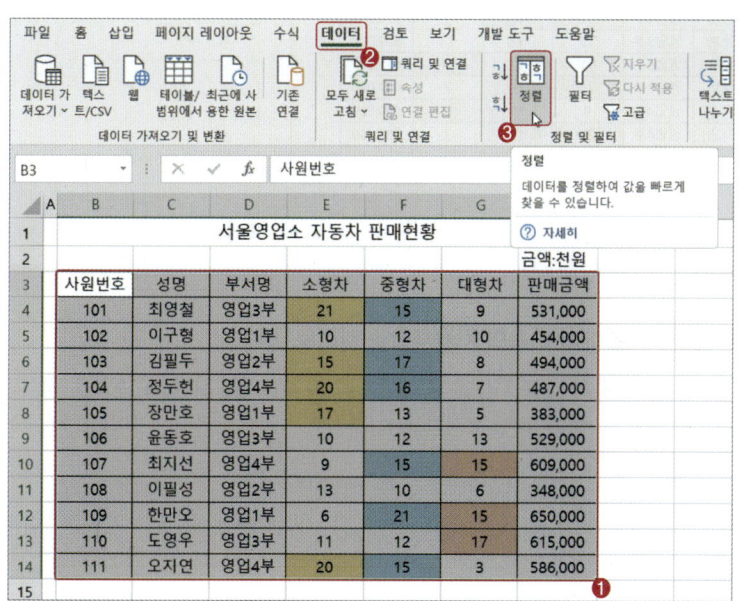

> **기적의 TIP**
> 
> 데이터 정렬을 할 때 데이터 안쪽에 커서를 두고 실행하면 자동으로 범위가 지정이 되는데, 현재 예제에서는 1행 제목과 2행 '금액:천원'까지 자동으로 범위로 인식하여 제대로 정렬을 실행할 수 없어 정렬할 영역을 범위 지정한 후 실행합니다.

② 첫 번째 정렬 기준은 [정렬]에서 정렬 기준 '부서명', '셀 값', '오름차순'을 선택하고 두 번째 정렬 기준을 추가하기 위해서 [기준 추가]를 클릭한다.

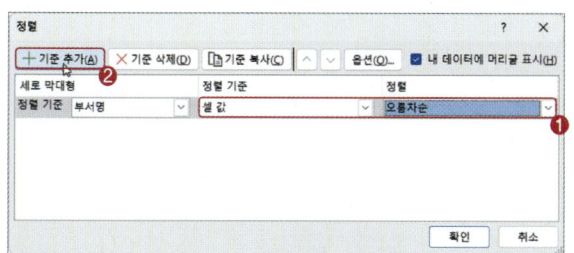

③ 다음 기준에 '중형차', '셀 색', 색에서 'RGB(183,222,232)'을 선택하고, '위에 표시'를 선택하고 [확인]을 클릭한다.

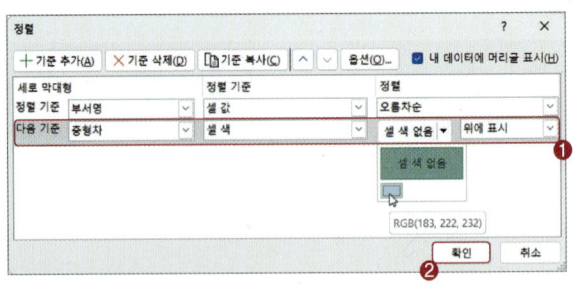

▶ 풀이결과

◀ '정렬1(결과)' 시트

**출제유형 ❷** '정렬2' 시트에서 다음의 지시사항을 처리하시오.

[정렬] 기능을 이용하여 [표1]에서 '포지션'을 공격수-골키퍼-미드필드-수비수 순으로 정렬하고, 동일한 포지션인 경우 나이에 따른 '조건부 서식 아이콘' 기준으로 '★'은 '위에 표시'하고, '☆'은 '아래쪽에 표시'되도록 정렬하시오.

① [A3:G17] 영역을 범위 지정한 후 [데이터]-[정렬 및 필터] 그룹의 [정렬](🔲)을 클릭한다.
② [정렬]에서 첫 번째 정렬 기준은 '포지션', '셀 값', '사용자 지정 목록…'을 선택한다.

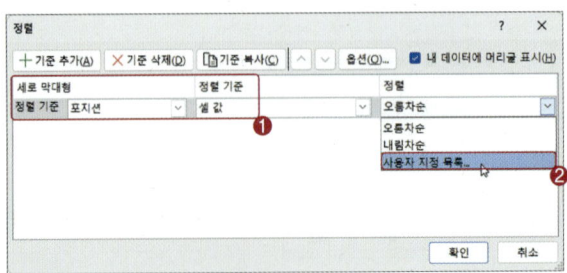

③ 목록 항목에 **공격수, 골키퍼, 미드필드, 수비수** 순으로 입력한 후 [추가]를 클릭하고 [확인]을 클릭한다.

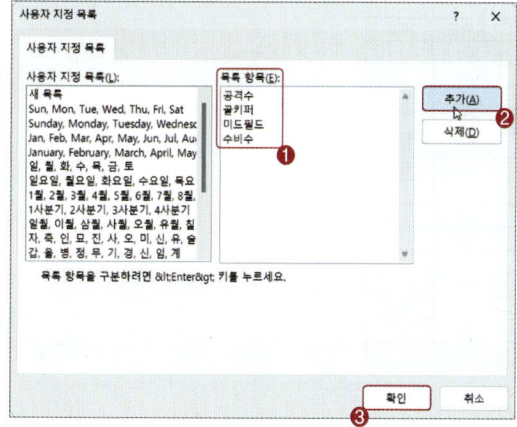

④ 정렬에 '공격수, 골키퍼, 미드필드, 수비수'가 표시되면 [기준 추가]를 클릭한다.

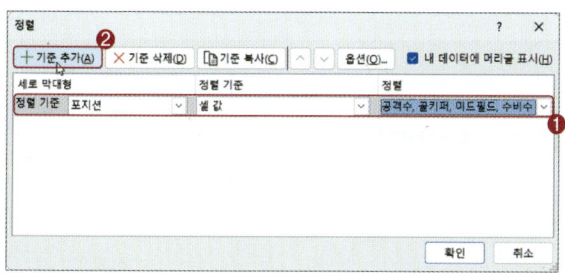

⑤ 다음 기준에 '나이', '조건부 서식 아이콘'의 '⭐'이 '위에 표시'를 선택한다.

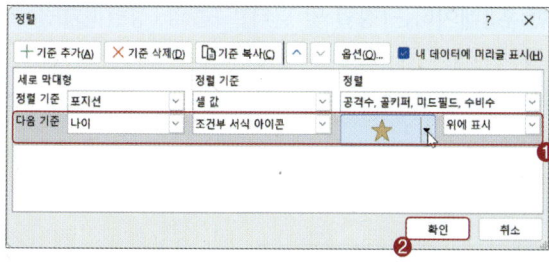

⑥ 다음 기준에 '나이', '조건부 서식 아이콘'의 '☆'이 '아래쪽에 표시'를 선택하고 [확인]을 클릭한다.

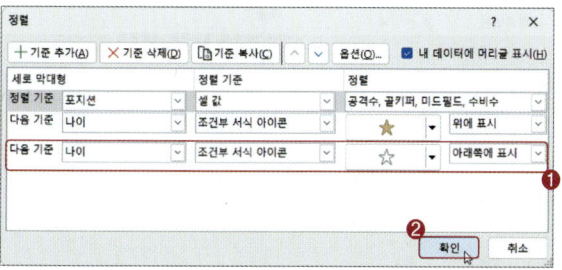

풀이결과

▲ '정렬2(결과)' 시트

**출제유형 ③** '정렬3' 시트에서 다음의 지시사항을 처리하시오.

[정렬] 기능을 이용하여 [B3:D12] 영역에 대해 왼쪽에서 오른쪽으로 '회화-듣기-독해' 순으로 데이터를 정렬하시오.

① [B3:D12] 영역을 범위 지정한 후 [데이터]-[정렬 및 필터] 그룹의 [정렬]을 클릭한다.
② [정렬]에서 [옵션]을 클릭하여 [정렬 옵션]에서 '왼쪽에서 오른쪽'을 선택하고 [확인]을 클릭한다.

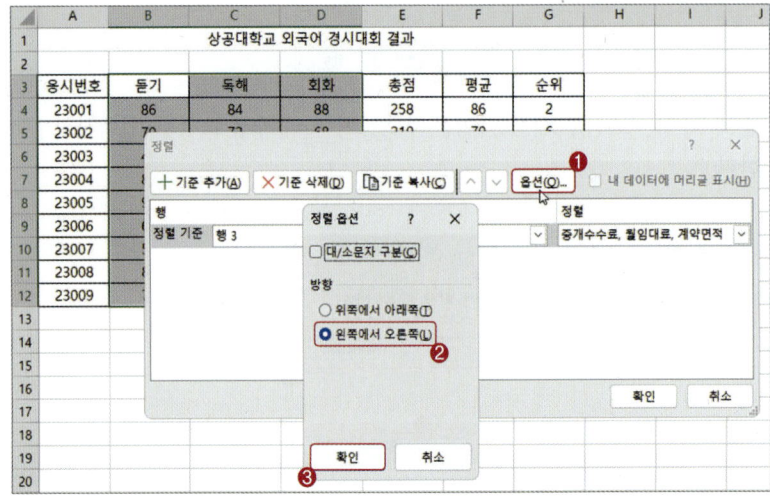

③ 정렬 기준은 '행 3'을 선택하고, 정렬에서 '사용자 지정 목록…'을 선택한다.

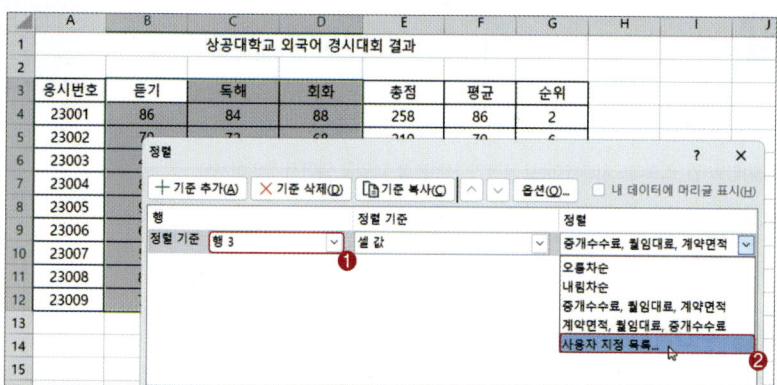

④ **회화, 듣기, 독해** 순으로 입력하고 [추가]를 클릭한 후 [확인]을 클릭한다.

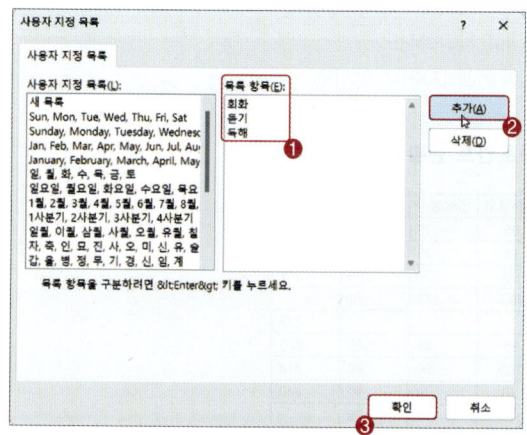

⑤ [정렬]에서 [확인]을 클릭한다.

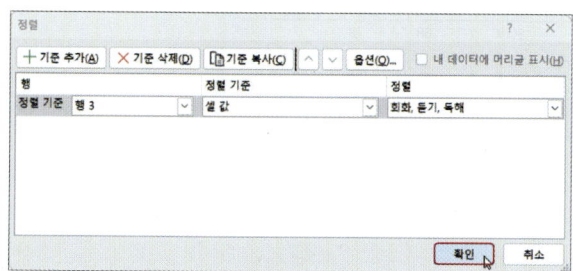

풀이결과

◀ '정렬3(결과)' 시트

# 부분합

작업파일 [26컴활1급₩1권_스프레드시트₩이론] 폴더의 '14부분합' 파일을 열어서 작업하시오.

출제유형 ① '부분합1' 시트에서 다음의 지시사항을 처리하시오.

[부분합] 기능을 이용하여 '소양인증포인트 현황' 표에 〈그림〉과 같이 학과별 '합계'의 최소값을 계산한 후 '기본영역', '인성봉사', '교육훈련'의 평균을 계산하시오.

▶ 정렬은 '학과'를 기준으로 오름차순으로 처리하시오.
▶ 최소값과 평균은 위에 명시된 순서대로 처리하시오.
▶ 기본영역의 평균 소수 자릿수는 소수 이하 1자리로 하시오.

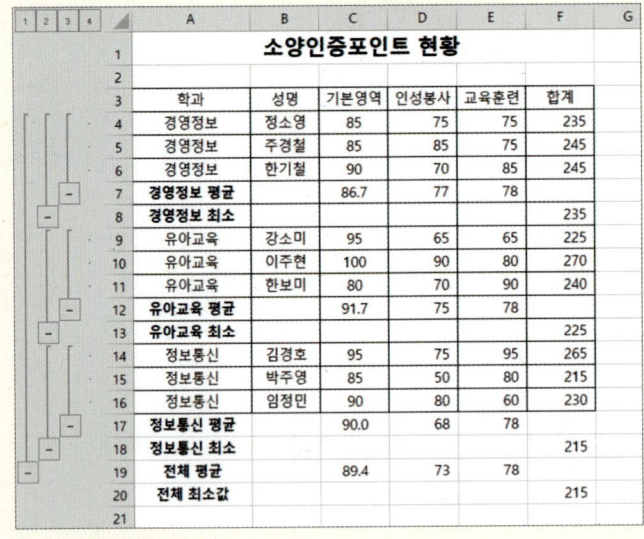

▲ '부분합1(결과)' 시트

기적의 TIP

정렬을 하지 않고 부분합을 실행한 화면

① 학과별로 오름차순 정렬하기 위해서, [A3] 셀을 클릭하고 [데이터]-[정렬 및 필터] 그룹의 [텍스트 오름차순 정렬](🔽)을 클릭한다.

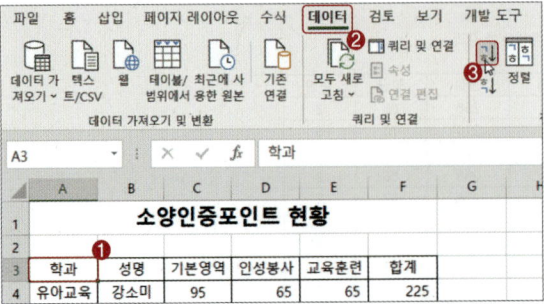

② 데이터 안에 마우스 포인터가 놓여 있는 상태에서 [데이터]-[개요] 그룹의 [부분합](🗂)을 클릭한다.
③ 학과별 '합계'의 최소값을 구하기 위해서 [부분합]에서 그룹화할 항목은 '학과', 사용할 함수는 '최소', 부분합 계산 항목은 '합계'를 체크하고 [확인]을 클릭한다.

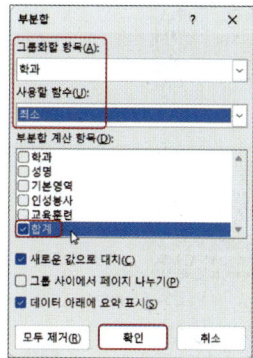

- 그룹화할 항목 : 학과
- 사용할 함수 : 최소
- 부분합 계산 항목 : 합계

> **기적의 TIP**
>
> 부분합을 취소하고자 할 때에는 [데이터]-[개요] 그룹의 [부분합]을 클릭하여 [모두 제거]를 클릭합니다.

④ 다시 한 번 '기본영역', '인성봉사', '교육훈련'의 '평균'을 계산하기 위해서 [데이터]-[개요] 그룹의 [부분합](🗂)을 클릭한다.
⑤ 최소값과 평균을 둘 다 표시히기 위해서 '새로운 값으로 대치' 체크를 해제하고, [부분합]에서 그룹화할 항목은 '학과', 사용할 함수는 '평균', 부분합 계산 항목은 '기본영역', '인성봉사', '교육훈련' 만 체크하고 [확인]을 클릭한다.

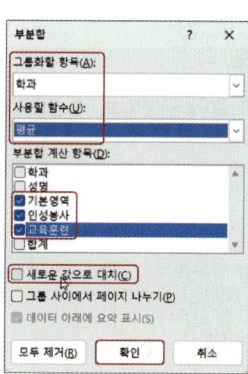

- 그룹화할 항목 : 학과
- 사용할 함수 : 평균
- 부분합 계산 항목 : 기본영역, 인성봉사, 교육훈련
- '새로운 값으로 대치' 체크 해제

> **기적의 TIP**
>
> 두 번째 부분합을 작성할 때에는 '새로운 값으로 대치'의 체크를 해제하지 않으면 처음에 작성한 최소값을 구한 부분합이 제거됩니다.

> **기적의 TIP**
>
> Ctrl + 1 은 [셀 서식]을 실행하는 바로 가기 키입니다. 범위를 지정한 후 마우스 오른쪽 버튼을 눌러 [셀 서식]을 클릭하여 실행할 수 있습니다.

⑥ 기본영역의 평균을 소수 이하 1자리로 표시하기 위해서 [C7], [C12], [C17], [C19] 셀을 선택한 후 Ctrl + 1 을 눌러 [표시 형식] 탭의 '사용자 지정'에 **#.0**을 입력하고 [확인]을 클릭한다.

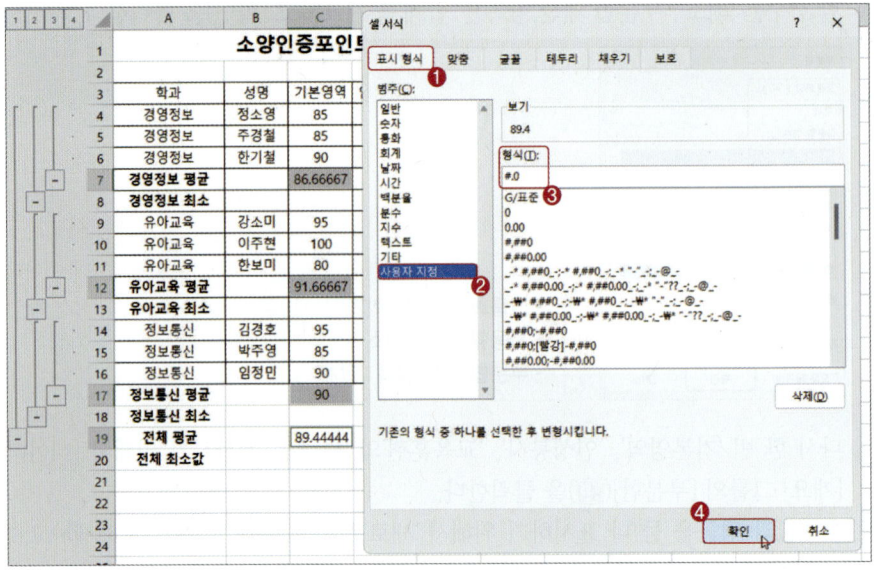

### 출제유형 ❷ '부분합2' 시트에서 다음의 지시사항을 처리하시오.

[부분합] 기능을 이용하여 '상공 문화센터 수강 현황' 표에 〈그림〉과 같이 구분별로 '수강료'의 평균과 '모집인원'의 합계를 구하시오.

▶ 정렬은 '구분'을 기준으로 오름차순하고 같은 '구분'이라면 '수강료'를 기준으로 내림차순으로 처리하시오.
▶ 부분합 실행 결과에 나타나는 'ㅇㅇ 요약'을 'ㅇㅇ 합계'의 형태로 표시하시오.
▶ 평균과 합계는 위에 명시된 순서대로 처리하시오.

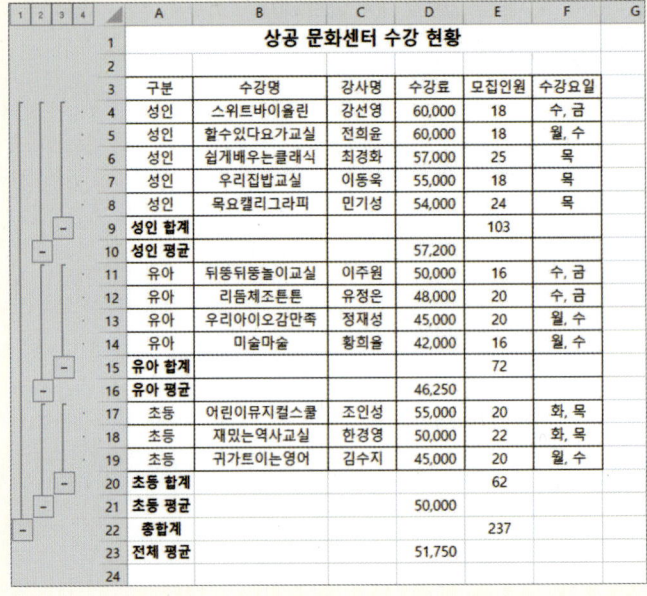

◀ '부분합2(결과)' 시트

① 데이터를 정렬하기 위해서 [A3] 셀을 클릭하고 [데이터]-[정렬 및 필터] 그룹의 [정렬]()을 클릭한다.

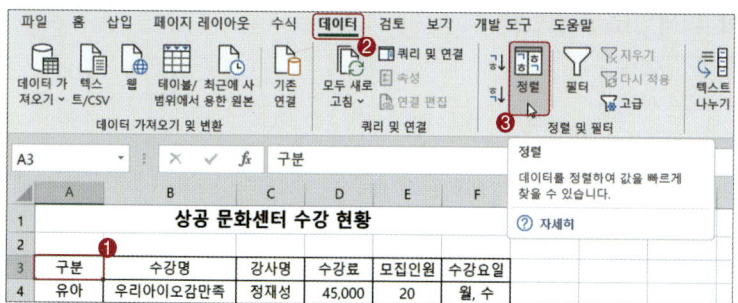

② 첫 번째 정렬 기준은 '구분', '셀 값', '오름차순'을 선택하고, [기준 추가]를 클릭하여 두 번째 정렬 기준은 '수강료', '셀 값', '내림차순'을 선택한 후 [확인]을 클릭한다.

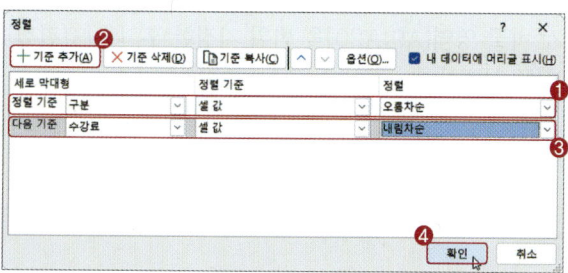

③ 데이터 안에 마우스 포인터가 놓여 있는 상태에서 [데이터]-[개요] 그룹의 [부분합]()을 클릭한다.

④ 구분별로 '수강료'의 평균을 구하기 위해서 [부분합]에서 그룹화할 항목은 '구분', 사용할 함수는 '평균', 부분합 계산 항목은 '수강료'만 체크하고 [확인]을 클릭한다.

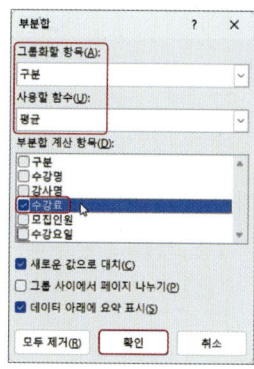

- 그룹화할 항목 : 구분
- 사용할 함수 : 평균
- 부분합 계산 항목 : 수강료

⑤ 다시 한 번 '모집인원'의 '합계'를 계산하기 위해서 [데이터]-[개요] 그룹의 [부분합]()을 클릭한다.

> 기적의 TIP
> 
> 두 번째 부분합을 작성할 때에는 '새로운 값으로 대치'의 체크를 해제하지 않으면 처음에 작성한 평균을 구한 부분합이 제거됩니다.

⑥ 평균과 합계를 둘 다 표시하기 위해서 '새로운 값으로 대치' 체크를 해제하고, [부분합]에서 그룹화할 항목은 '구분', 사용할 함수는 '합계', 부분합 계산 항목은 '모집인원'만 체크하고 [확인]을 클릭한다.

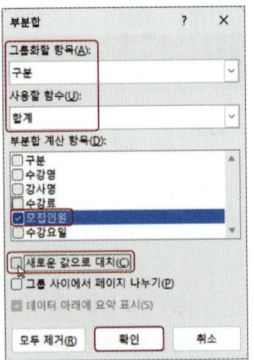

- 그룹화할 항목 : 구분
- 사용할 함수 : 합계
- 부분합 계산 항목 : 모집인원
- '새로운 값으로 대치' 체크 해제

⑦ 요약을 합계로 바꾸기 위해서 바꿀 영역[A9:A20]을 범위 지정한 후, [홈]-[편집] 그룹의 [찾기 및 선택]-[바꾸기]를 선택한다.

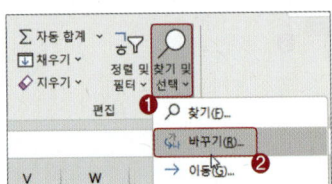

⑧ [찾기 및 바꾸기]에서 찾을 내용에 **요약**, 바꿀 내용에 **합계**를 입력하고 [모두 바꾸기]를 클릭한다.

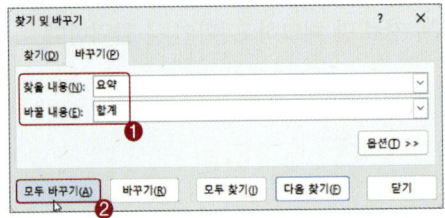

⑨ 바꾸기를 실행한 후 3개의 항목이 바뀌었다는 메시지 상자가 표시되면 [확인]을 클릭한 후 [찾기 및 바꾸기]에서 [닫기]을 클릭한다.

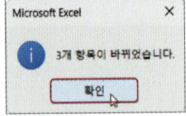

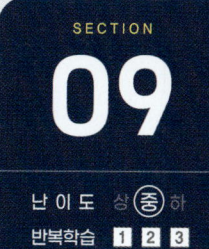

# SECTION 09 시나리오

▶ 합격 강의

작업파일 [26컴활1급₩1권_스프레드시트₩이론] 폴더의 '15시나리오' 파일을 열어서 작업하시오.

### 출제유형 ❶ '시나리오1' 시트에 대하여 다음의 지시사항을 처리하시오.

'영업 현황 분석' 표에서 판매수량[C4]이 다음과 같이 변동하는 경우 영업이익[C15]의 변동 시나리오를 작성하시오.

▶ 셀 이름 정의 : [C4] 셀은 '판매수량', [C15] 셀은 '영업이익'으로 정의하시오.
▶ 시나리오1 : 시나리오 이름은 '판매수량 증가', 판매수량을 '4000'으로 설정하시오.
▶ 시나리오2 : 시나리오 이름은 '판매수량 감소', 판매수량을 '2000'으로 설정하시오.
▶ 시나리오 요약 시트는 '시나리오1' 시트의 바로 뒤에 위치시키시오.
※ 시나리오 요약 보고서는 작성 시 정답과 일치하여야 하며, 오자로 인한 부분점수는 인정하지 않음

> **기적의 TIP**
>
> **셀 이름 정의 방법**
> - 이름은 문자나 밑줄, \ 중 하나로 시작하여야 합니다.
> - 이름은 공백을 포함할 수 없습니다.
> - 이름은 'A1'과 같은 셀 주소 형식이 될 수 없습니다.
> - 이름은 255자까지 지정할 수 있습니다.

| | A | B | C | D | E | F | G | H |
|---|---|---|---|---|---|---|---|---|
| 1 | | | | | | | | |
| 2 | | 영업 현황 분석 | | | | | | |
| 3 | | | | | | 제품원가 | 3200 | |
| 4 | | 판매수량 | 3000 | | | 판매가 | 4600 | |
| 5 | | 매출액 | 13800000 | | | | | |
| 6 | | 매출원가 | 9600000 | | | | | |
| 7 | | 판매수익 | 4200000 | | | | | |
| 8 | | | | | | | | |
| 9 | | 총비용 | 1242000 | | | | | |
| 10 | | 인건비 | 414000 | | | | | |
| 11 | | 광고비 | 345000 | | | | | |
| 12 | | 일반관리비 | 276000 | | | | | |
| 13 | | 운송비 | 207000 | | | | | |
| 14 | | | | | | | | |
| 15 | | 영업이익 | 2958000 | | | | | |
| 16 | | | | | | | | |

▲ '시나리오1' 시트

① [B4:C4] 영역과 [B15:C15] 영역을 범위 지정하고 [수식]-[정의된 이름] 그룹의 [선택 영역에서 만들기]를 클릭한다. '왼쪽 열'을 체크하고 [확인]을 클릭한다.

> **기적의 TIP**
> 떨어져 있는 셀의 범위를 지정하려면 Ctrl 을 이용합니다.

> **기적의 TIP**
> [C4] 셀을 클릭하고 '이름 상자'에 「판매수량」이라고 입력해도 이름이 정의됩니다.

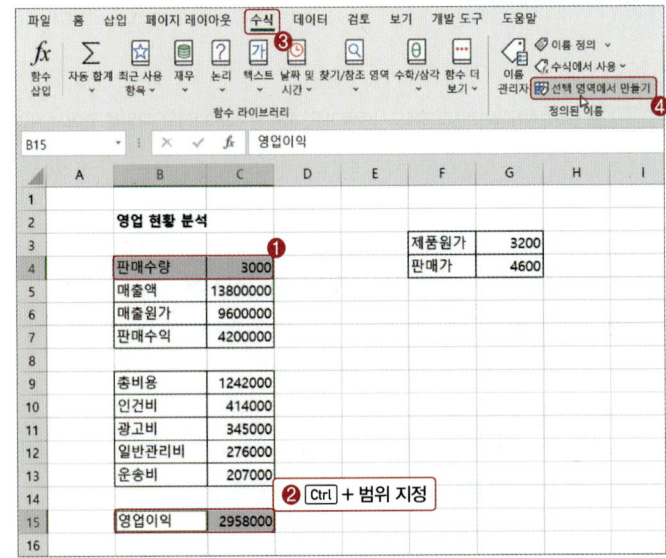
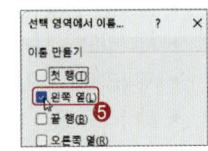

② [데이터]-[예측] 그룹의 [가상 분석]-[시나리오 관리자]를 클릭한 후 [시나리오 관리자]에서 [추가]를 클릭한다.

③ [시나리오 추가]에서 '시나리오 이름'은 **판매수량 증가**를 입력하고 '변경 셀'은 [C4] 셀을 지정한 후 [확인]을 클릭한다. [시나리오 값]에서 '판매수량'은 4000을 입력하고 [추가]를 클릭한다.

> **기적의 TIP**
> 정의된 이름 수정/삭제하고자 할 때
> [수식]-[정의된 이름] 탭의 [이름 관리자]를 클릭한 후 수정/삭제하고자 하는 이름을 선택하고 [편집] 또는 [삭제]를 클릭합니다.
>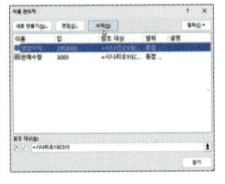

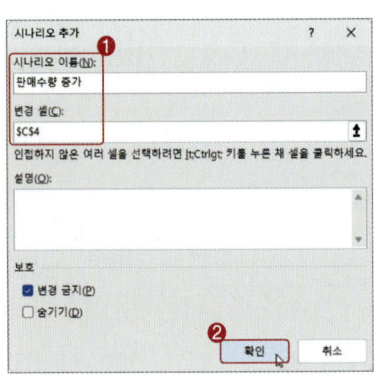
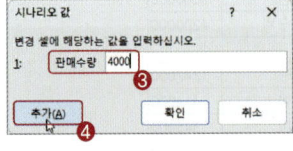

④ 같은 방법으로 [시나리오 추가]에서 '시나리오 이름'은 **판매수량 감소**를 입력하고 [확인]을 클릭한다. [시나리오 값]에서 '판매수량'은 2000을 입력하고 [확인]을 클릭한다.

> **기적의 TIP**
> 이름 상자를 이용하여 이름을 정의할 수 있다. [C4] 셀을 클릭한 후 '이름 상자'에 「판매수량」을 입력하고 Enter 를 누르면 이름을 정의할 수 있습니다.
>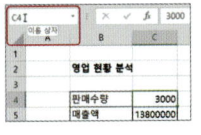

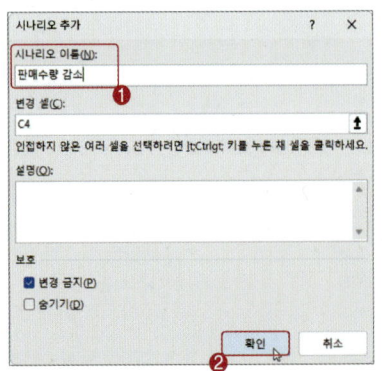
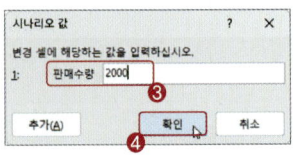

⑤ [시나리오 관리자]에서 [요약]을 클릭하고, [시나리오 요약]에서 '시나리오 요약'을 선택한 후, '결과 셀'은 [C15] 셀을 지정하고 [확인]을 클릭한다.
⑥ '시나리오 요약' 시트를 클릭하고 '시나리오1' 시트 뒤로 드래그하여 이동한다.

> 기적의 TIP
>
> **시나리오 삭제**
>
> [데이터]-[데이터 도구] 그룹의 [가상 분석]-[시나리오 관리자]를 클릭한 후 [시나리오 관리자]에서 삭제하고자 하는 시나리오를 선택하고 [삭제]를 클릭합니다.
>
>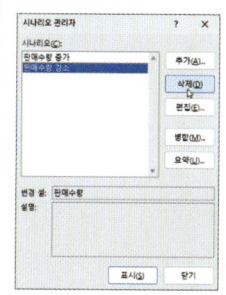

풀이결과

▲ '시나리오1(결과)' 시트

### 출제유형 ❷ '시나리오2' 시트에서 다음의 지시사항을 처리하시오.

'월별 주문 내역서' 표에서 세율[B18]이 다음과 같이 변동하는 경우 월별 세금 합계[G7, G12, G16]의 변동 시나리오를 작성하시오.

▶ 셀 이름 정의 : [B18] 셀은 '세율', [G7] 셀은 '소계1월', [G12] 셀은 '소계2월', [G16] 셀은 '소계3월'로 정의하시오.
▶ 시나리오1 : 시나리오 이름은 '세율인상', 세율을 15%로 설정하시오.
▶ 시나리오2 : 시나리오 이름은 '세율인하', 세율을 9%로 설정하시오.
▶ 위 시나리오에 의한 '시나리오 요약' 보고서는 '시나리오2' 시트 바로 앞에 위치시키시오.
※ 시나리오 요약 보고서 작성 시 정답과 일치하여야 하며, 오자로 인한 부분점수는 인정하지 않음

▲ '시나리오2' 시트

① 이름을 정의하기 위해 [B18] 셀을 클릭한 후 이름 상자에 **세율**을 입력하고 Enter 를 누른다.

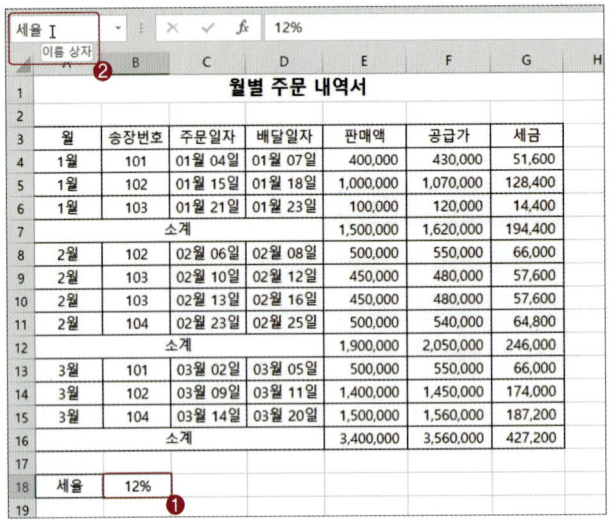

② [G7] 셀을 클릭한 후 이름 상자에 **소계1월**을 입력하고 Enter 를 누른다. 같은 방법으로 [G12] 셀은 '소계2월', [G16] 셀은 '소계3월'으로 이름을 정의한다.

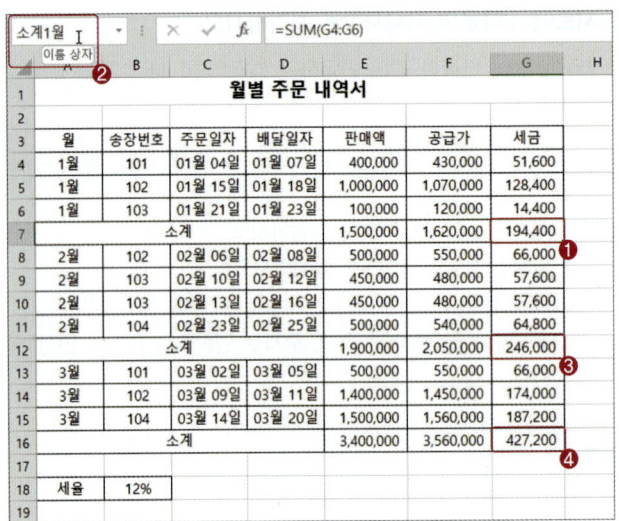

③ [데이터]-[예측] 그룹의 [가상 분석]-[시나리오 관리자]를 클릭한다.

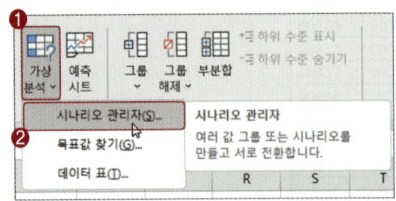

④ [시나리오 관리자]에서 [추가]를 클릭한다.

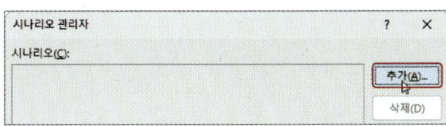

⑤ [시나리오 추가]에서 시나리오 이름은 **세율인상**을 입력하고, 변경 셀의 입력란을 클릭한 후 [B18] 셀을 클릭한 후 [확인]을 클릭한다.

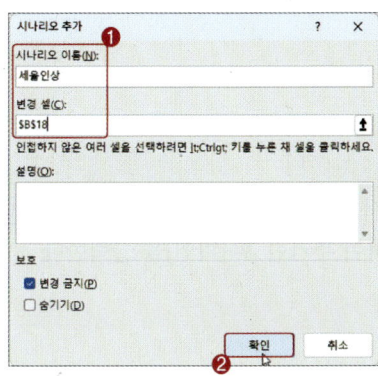

⑥ [시나리오 값]에서 15%를 입력하고 [추가]를 클릭한다.

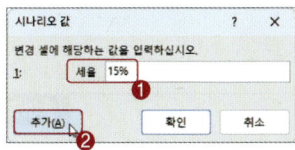

> 🚩 **기적**의 TIP
>
> 15% 대신에 0.15를 입력해도 됩니다.

⑦ 두 번째 시나리오를 작성하기 위해 [시나리오 추가]에서 시나리오 이름은 **세율인하**를 입력하고 [확인]을 클릭한다.

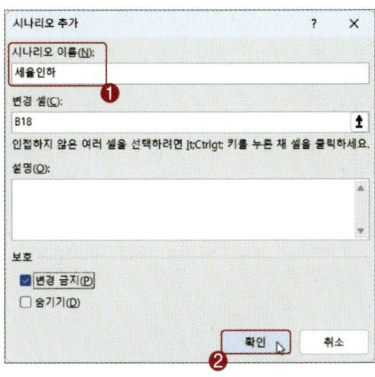

> 🚩 **기적**의 TIP
>
> 시나리오는 수식을 복사하는 것이 아니라서 [변경 셀], [결과 셀]에 상대참조, 절대참조 둘 다 상관이 없습니다.

⑧ [시나리오 값]에서 9%를 입력하고 [확인]을 클릭한다.

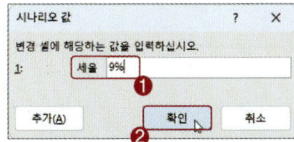

> 🚩 **기적**의 TIP
>
> 9% 대신에 0.09를 입력해도 됩니다.

⑨ 시나리오 결과를 표시하기 위해 [시나리오 관리자]에서 [요약]을 클릭한다.

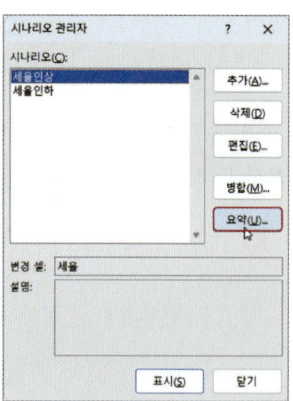

⑩ [시나리오 요약]에서 결과 셀의 입력란에 커서를 두고 [G7] 셀을 클릭한 후 Ctrl 을 누른 상태에서 [G12], [G16] 셀을 각각 클릭하여 추가한 후 [확인]을 클릭한다.

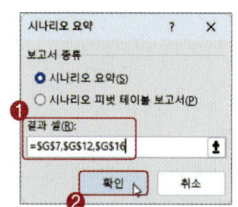

풀이결과

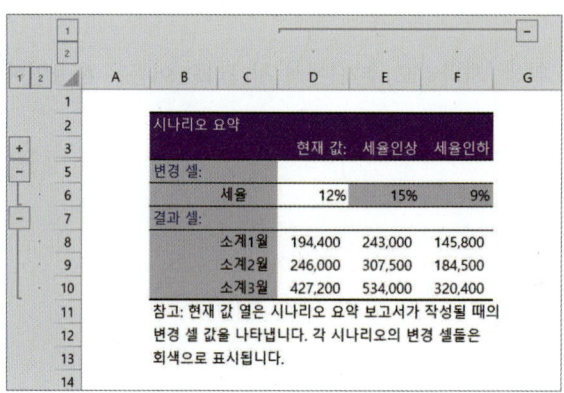

▲ '시나리오2(결과)' 시트

# SECTION 10 텍스트 나누기

난이도 상 **중** 하
반복학습 1 2 3

작업파일 [26컴활1급₩1권_스프레드시트₩이론] 폴더의 '16텍스트나누기' 파일을 열어서 작업하시오.

▶ 합격 강의

출제유형 ❶ '텍스트1' 시트에 다음의 지시사항을 처리하시오.

[B4:B19] 영역의 데이터를 텍스트 나누기를 실행하여 나타내시오.

▶ 데이터는 슬래시(/)로 구분되어 있음
▶ '번역' 열은 제외할 것

① [B4:B19] 영역을 범위 지정한 후, [데이터]-[데이터 도구] 그룹의 [텍스트 나누기](圖)를 클릭한다.

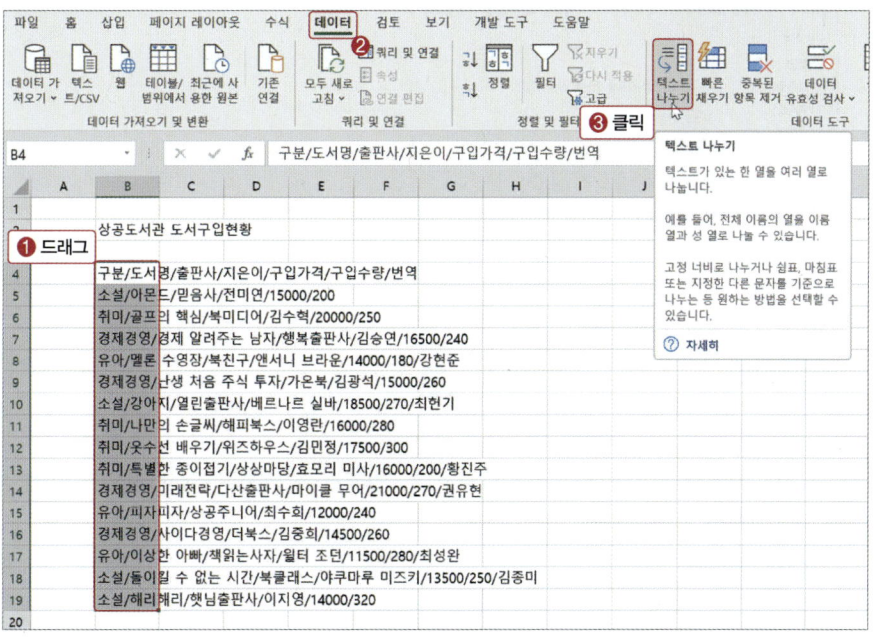

② [텍스트 마법사 – 3단계 중 1단계] 중에서 '구분 기호로 분리됨'을 선택하고 [다음]을 클릭한다.

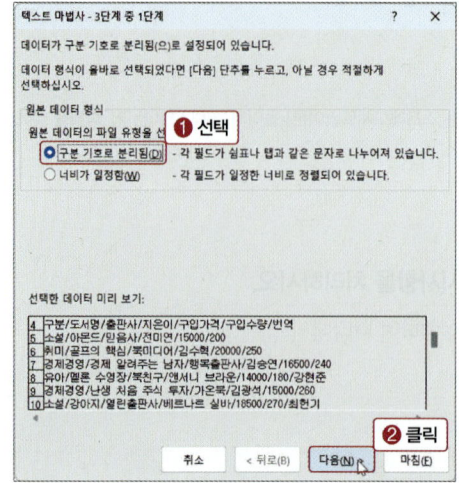

③ [텍스트 마법사 – 3단계 중 2단계] 중에서 구분 기호 '기타'를 선택하고 /를 입력한 후 [다음]을 클릭한다.

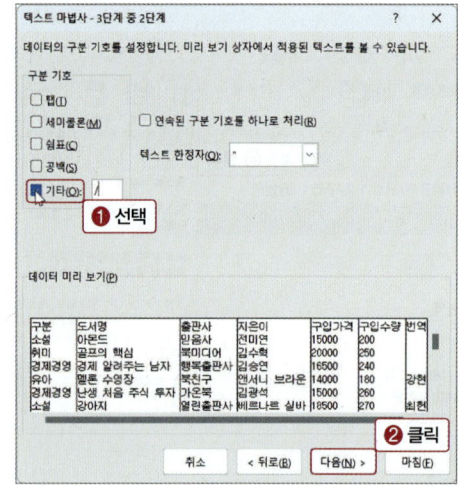

④ [텍스트 마법사 – 3단계 중 3단계] 중에서 '번역'을 선택하고 '열 가져오지 않음(건너뜀)'을 선택한 후 [마침]을 클릭한다.

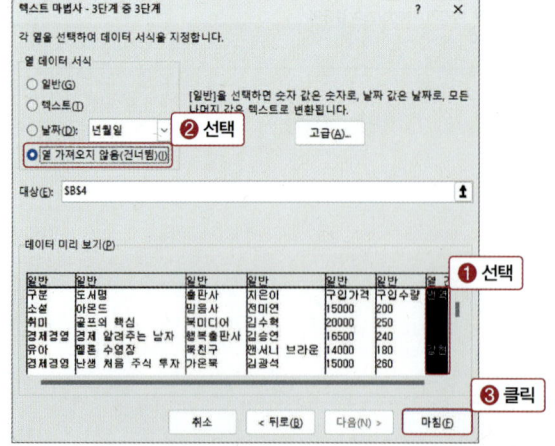

⑤ 열 머리글(C, D, E)을 이용하여 내용이 표시되지 않은 열의 경계라인을 더블 클릭하여 모든 내용을 표시한다.

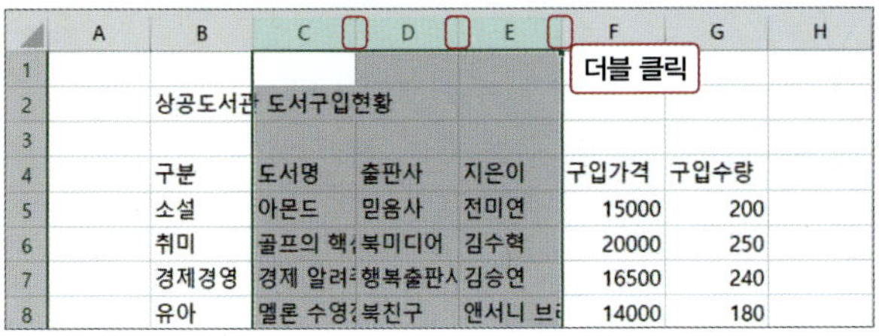

| | A | B | C | D | E | F | G | H |
|---|---|---|---|---|---|---|---|---|
| 1 | | | | | | | | |
| 2 | | 상공도서관 | 도서구입현황 | | | | | |
| 3 | | | | | | | | |
| 4 | | 구분 | 도서명 | 출판사 | 지은이 | 구입가격 | 구입수량 | |
| 5 | | 소설 | 아몬드 | 믿음사 | 전미연 | 15000 | 200 | |
| 6 | | 취미 | 골프의 핵 | 북미디어 | 김수혁 | 20000 | 250 | |
| 7 | | 경제경영 | 경제 알려 | 행복출판사 | 김승연 | 16500 | 240 | |
| 8 | | 유아 | 멜론 수영 | 북친구 | 앤서니 브 | 14000 | 180 | |



풀이결과

| | A | B | C | D | E | F | G | H |
|---|---|---|---|---|---|---|---|---|
| 1 | | | | | | | | |
| 2 | | 상공도서관 도서구입현황 | | | | | | |
| 3 | | | | | | | | |
| 4 | | 구분 | 도서명 | 출판사 | 지은이 | 구입가격 | 구입수량 | |
| 5 | | 소설 | 아몬드 | 믿음사 | 전미연 | 15000 | 200 | |
| 6 | | 취미 | 골프의 핵심 | 북미디어 | 김수혁 | 20000 | 250 | |
| 7 | | 경제경영 | 경제 알려주는 남자 | 행복출판사 | 김승연 | 16500 | 240 | |
| 8 | | 유아 | 멜론 수영장 | 북친구 | 앤서니 브라운 | 14000 | 180 | |
| 9 | | 경제경영 | 난생 처음 주식 투자 | 가온북 | 김광석 | 15000 | 260 | |
| 10 | | 소설 | 강아지 | 열린출판사 | 베르나르 실바 | 18500 | 270 | |
| 11 | | 취미 | 나만의 손글씨 | 해피북스 | 이영란 | 16000 | 280 | |
| 12 | | 취미 | 옷수선 배우기 | 위즈하우스 | 김민정 | 17500 | 300 | |
| 13 | | 취미 | 특별한 종이접기 | 상상마당 | 효모리 미사 | 16000 | 200 | |
| 14 | | 경제경영 | 미래전략 | 다산출판사 | 마이클 무어 | 21000 | 270 | |
| 15 | | 유아 | 피자피자 | 상공주니어 | 최수희 | 12000 | 240 | |
| 16 | | 경제경영 | 사이다경영 | 더북스 | 김중희 | 14500 | 260 | |
| 17 | | 유아 | 이상한 아빠 | 책읽는사자 | 월터 조던 | 11500 | 280 | |
| 18 | | 소설 | 돌이킬 수 없는 시간 | 북클래스 | 야쿠마루 미즈키 | 13500 | 250 | |
| 19 | | 소설 | 해리해리 | 햇님출판사 | 이지영 | 14000 | 320 | |
| 20 | | | | | | | | |

▲ '텍스트1(결과)' 시트

**출제유형 ❷ '텍스트2' 시트에 다음의 지시사항을 처리하시오.**

[A3:A10] 영역의 데이터를 텍스트 나누기를 실행하여 나타내시오.

- 데이터는 세미콜론(;)으로 구분되어 있음
- '연고지' 열은 제외할 것

① [A3:A10] 영역을 범위 지정한 후, [데이터]-[데이터 도구] 그룹의 [텍스트 나누기]( )를 클릭한다.

② [텍스트 마법사 – 3단계 중 1단계] 중에서 '구분 기호로 분리됨'을 선택하고 [다음]을 클릭한다.

③ [텍스트 마법사 – 3단계 중 2단계] 중에서 구분 기호 '세미콜론(;)'만 선택하고 [다음]을 클릭한다.

**기적의 TIP**

열 머리글 C에서 E까지 드래그한 후 E와 F 사이의 경계라인을 더블클릭하면 한 번에 조절할 수 있다.

④ [텍스트 마법사 – 3단계 중 3단계] 중에서 '연고지'를 선택하고 '열 가져오지 않음(건너뜀)'을 선택한 후 [마침]을 클릭한다.

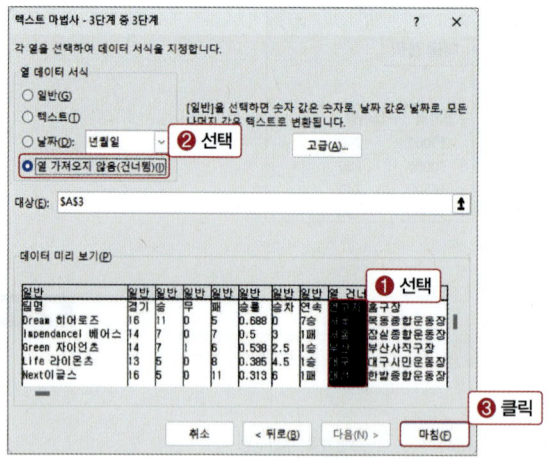

⑤ 열 머리글 A와 B, I와 J 사이의 경계라인을 이용하여 모든 내용이 표시되도록 조절한다.

**풀이결과**

| | A | B | C | D | E | F | G | H | I | J |
|---|---|---|---|---|---|---|---|---|---|---|
| 1 | 한국프로야구 팀별 성적 | | | | | | | | | |
| 2 | | | | | | | | | | |
| 3 | 팀명 | 경기 | 승 | 무 | 패 | 승률 | 승차 | 연속 | 홈구장 | |
| 4 | Dream 히어로즈 | 16 | 11 | 0 | 5 | 0.688 | 0 | 7승 | 목동종합운동장 야구장 | |
| 5 | Impendancel 베어스 | 14 | 7 | 0 | 7 | 0.5 | 3 | 1패 | 잠실종합운동장 야구장 | |
| 6 | Green 자이언츠 | 14 | 7 | 1 | 6 | 0.538 | 2.5 | 1승 | 부산사직구장 | |
| 7 | Life 라이온츠 | 13 | 5 | 0 | 8 | 0.385 | 4.5 | 1승 | 대구시민운동장 야구장 | |
| 8 | Next이글스 | 16 | 5 | 0 | 11 | 0.313 | 6 | 1패 | 한밭종합운동장 야구장 | |
| 9 | Mirror 타이거즈 | 17 | 7 | 0 | 10 | 0.412 | 4.5 | 2패 | 광주-Mi 챔피언스 필드 | |
| 10 | Seoul 트윈스 | 14 | 4 | 1 | 9 | 0.308 | 5.5 | 1승 | 잠실종합운동장 야구장 | |
| 11 | | | | | | | | | | |

▲ '텍스트2(결과)' 시트

CHAPTER

# 04

# 기타작업

**학습 방향**

차트의 데이터 범위를 수정하는 방법과 차트 옵션에서 제목, 보조 축, 레이블, 범례 위치 등을 설정하는 방법, 그리고 데이터 계열 서식에서 겹치기와 같은 서식을 지정하는 방법을 연습해야 합니다.
또한, VBA 프로그래밍에서는 사용자 정의 폼을 활용하여 폼을 표시하고 데이터를 입력하거나 조회하는 등의 프로시저에 대해 충분한 연습이 필요합니다.

**난이도**

| 하 | SECTION 01 차트 | 1-208 |
| 상 | SECTION 02 매크로 | 1-216 |
| 상 | SECTION 03 프로시저 작성 | 1-224 |

# SECTION 01 차트

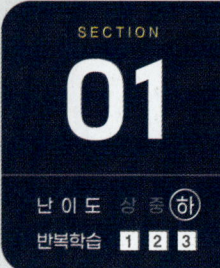

작업파일 [26컴활1급₩1권_스프레드시트₩이론] 폴더의 '17기타작업' 파일을 열어서 작업하시오.

출제유형 ❶ '차트1' 시트에서 다음의 지시사항에 따라 차트를 수정하시오.

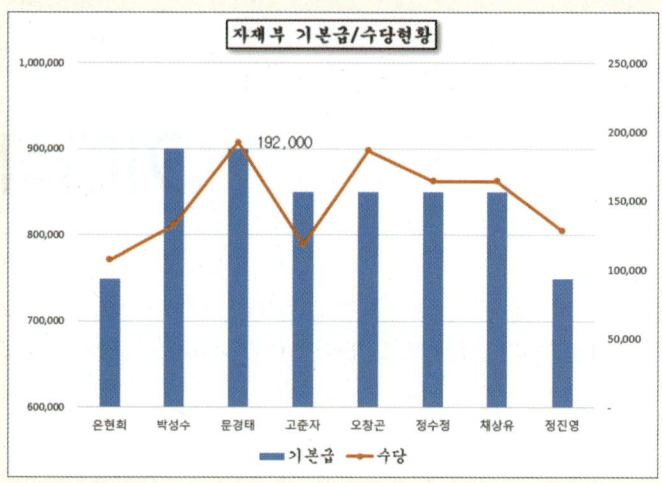

▲ '차트1(결과)' 시트

※ 차트는 반드시 문제에서 제공한 차트를 사용하여야 하며, 신규로 차트 작성 시 0점 처리됨

❶ 차트의 제목은 '자재부 기본급/수당현황'으로 설정하시오.
❷ 차트 제목은 글꼴 '궁서체', 글꼴 스타일 '굵게', 글꼴 크기 '14'로 표시하고, 그림자(오프셋: 오른쪽 아래), 테두리 색(실선–검정)을 설정하시오.
❸ 범례 서식은 글꼴 '궁서체', 크기 '12', 배치 '아래쪽'으로 지정하시오.
❹ 세로(값) 축 서식에서 눈금값의 최소값은 '600,000', 기본 단위는 '100,000', 최대값은 '1,000,000'으로 설정하시오.
❺ '수당' 계열의 '문경태' 요소에 '값'을 표시하고, 데이터 레이블은 '굴림체', 크기 '12'로 지정하시오.

### 기적의 TIP

**차트**
• 리본 메뉴 : [삽입]-[차트]

### 기적의 TIP

예제 파일을 불러온 후 [보안 경고]에서 〈컨텐츠 사용〉을 클릭한 후 실습합니다.

### 기적의 TIP

[콘텐츠 사용]을 클릭한 후 실습합니다.

① 차트를 선택한 후 [차트 요소](⊞)-[차트 제목]-[차트 위]를 클릭한다.

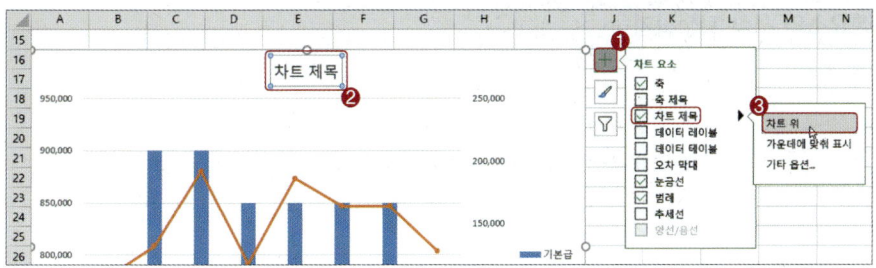

② '차트 제목'에 **자재부 기본급/수당현황**이라고 입력한다.

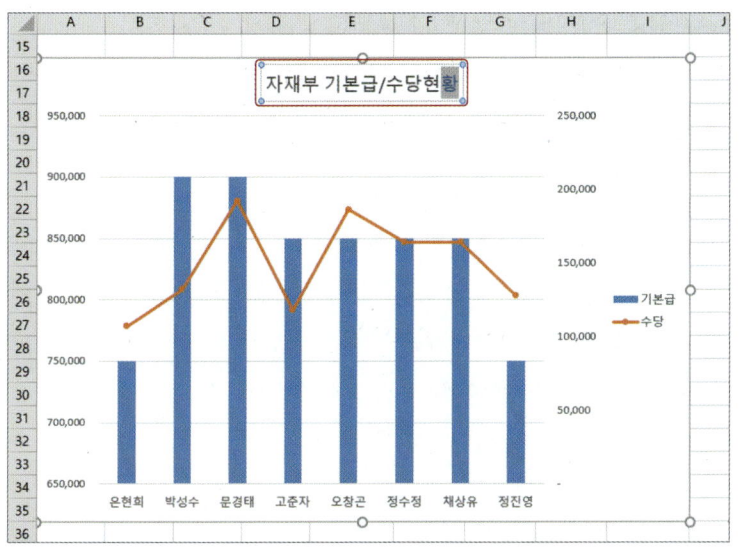

③ '차트 제목'을 선택하고 [홈]-[글꼴] 그룹에서 '궁서체', '굵게', 크기는 '14'로 지정한다.

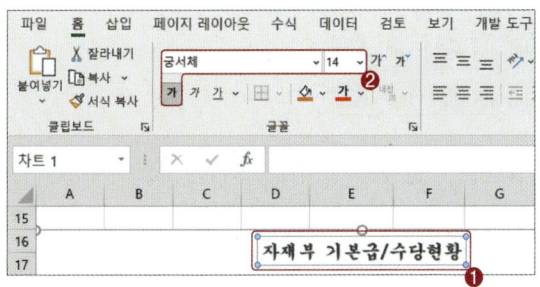

④ '차트 제목'을 선택하고 마우스 오른쪽 버튼을 눌러 [차트 제목 서식]을 선택한다.

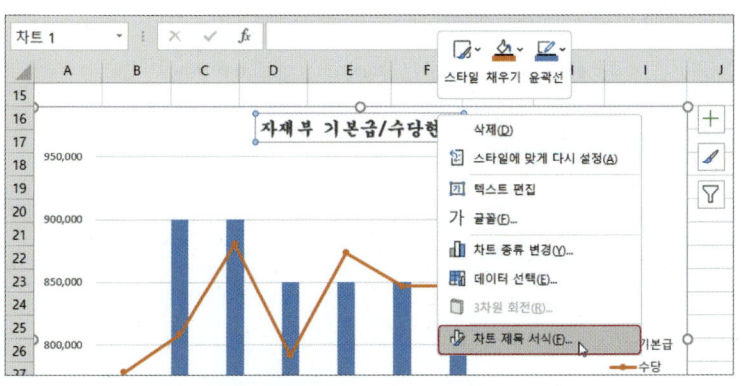

> **기적의 TIP**
> 차트를 선택하면 [차트 디자인], [서식] 메뉴가 화면에 나타납니다.

> **기적의 TIP**
> [차트 디자인] 탭의 [차트 레이아웃] 그룹에서 [차트 요소 추가]-[차트 제목]을 클릭해도 가능합니다.

### 25년 출제

세로(값) 축 제목을 [F3] 셀, 보조 세로(값) 축 제목을 [G3] 셀과 연동한 후 축 제목의 텍스트 방향을 '스택형'으로 설정하시오.

① [차트 요소]-[축 제목]-[기본 세로], [보조 세로]를 체크한다.
② 세로(값) 축 제목을 선택한 후 수식 입력줄에 '='를 입력한 후 [F3] 셀을 클릭한 후 Enter 를 누른다.

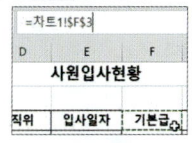

③ 세로(값) 축에서 마우스 오른쪽 버튼을 눌러 [축 제목 서식]을 클릭한다.
④ [크기 및 속성]에서 '맞춤'에서 '텍스트 방향'에서 '스택형'을 선택한다.

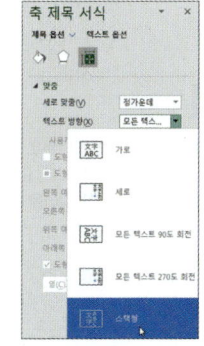

⑤ 같은 방법으로 보조 세로(값) 축 제목도 [G3] 셀과 연동하고 '스택형'으로 지정한다.

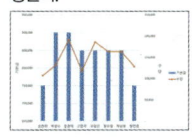

## 더 알기 TIP

### 메뉴 이용하여 차트 구성요소의 서식 지정하기

**1** '글꼴', '글꼴 색', '크기' 등 지정

[홈]-[글꼴] 그룹을 이용하여 서식을 지정할 수 있다.

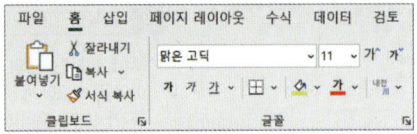

**2** '채우기', '테두리 색', '그림자' 지정

[서식]-[도형 스타일] 그룹의 [도형 채우기](🖌), [도형 윤곽선](✏), [도형 효과](🔲) 도구를 이용하여 서식을 지정할 수 있다.

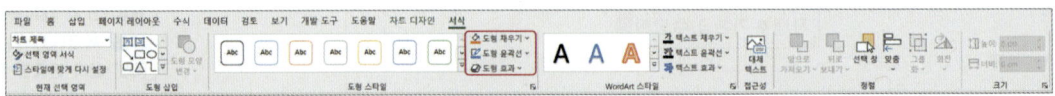

---

**25년 출제**

'기본급' 계열의 간격 너비를 100 %로 설정하시오.

'기본급' 계열을 선택한 후 [데이터 계열 서식]의 '계열 옵션'에서 '간격 너비' `100`을 입력한다.

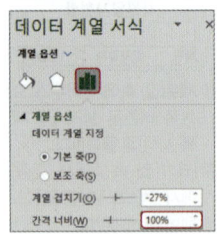

⑤ [차트 제목 서식]의 [채우기 및 선]을 클릭한 후 '테두리'는 '실선', '색'은 '검정, 텍스트 1'을 선택하고 [효과]를 클릭한 후 '그림자'의 '미리 설정'에서 '오프셋: 오른쪽 아래'를 선택한다.

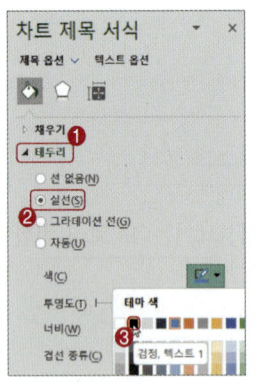 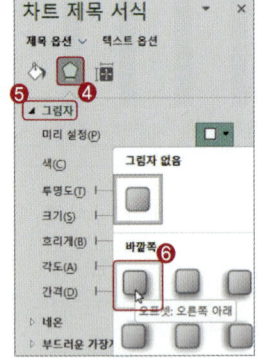

⑥ '범례'를 선택한 후 [홈]-[글꼴] 그룹에서 글꼴은 '궁서체', 크기는 '12'로 지정한다.
⑦ '범례'를 선택한 후 [차트 요소](➕)-[범례]-[아래쪽]을 클릭한다.

**기적의 TIP**

[차트 디자인] 탭의 [차트 레이아웃] 그룹에서 [차트 요소 추가]-[범례]-[아래쪽]을 클릭해도 가능합니다.

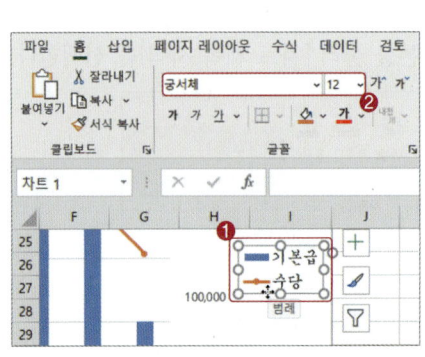 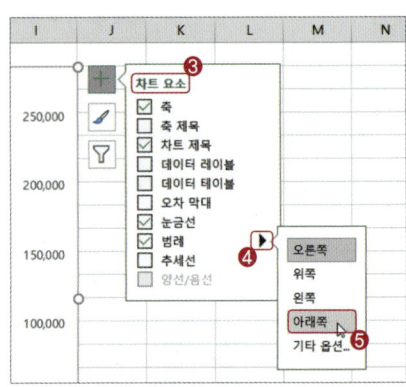

⑧ '세로(값) 축'을 선택한 후 [축 서식]의 [축 옵션]에서 '최소값'은 600000, '최대값'은 1000000, 단위 '기본'은 100000을 입력한다.

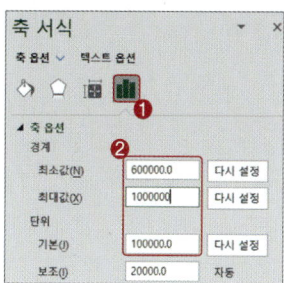

> **25년 출제**
> '기본급' 계열에 대해서 '기본 설정 2'로 적용하시오.
> '기본급' 계열을 선택한 후 [서식] 탭의 [도형 효과]-[기본 설정]-[기본 설정2]를 선택한다.
>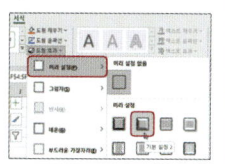

⑨ '수당' 계열의 '문경태' 요소를 마우스로 클릭하면 '수당' 계열 전체가 선택된다.

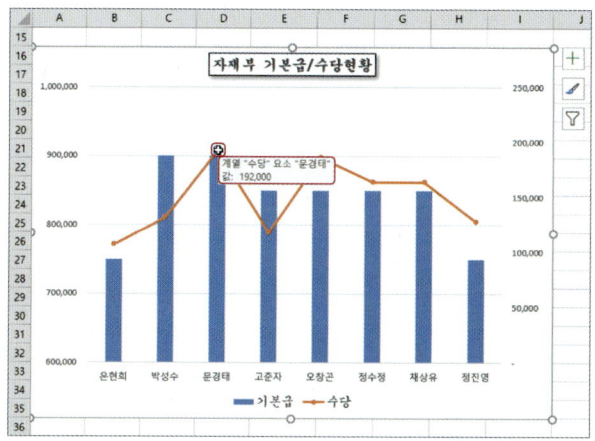

⑩ 다시 한 번 '수당' 계열의 '문경태' 요소를 마우스로 클릭하여 하나의 요소만 선택한 후, 마우스 오른쪽 버튼을 눌러 [데이터 레이블 추가]를 클릭한다.

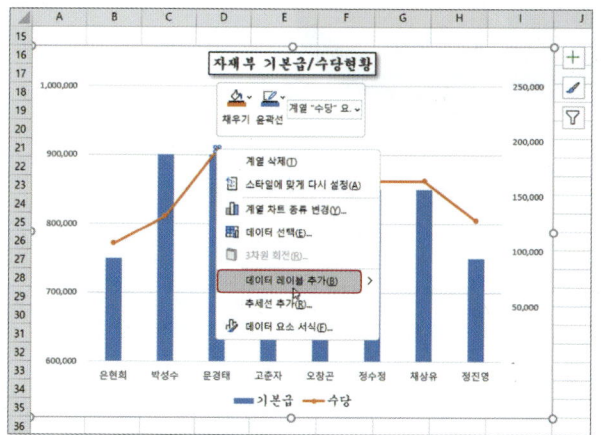

> **25년 출제**
> '기본급' 계열의 '2구간 이동 평균' 추세선을 추가하시오.
> ① '기본급' 계열을 선택한 후 [차트 디자인] 탭의 [차트 요소 추가]-[추세선]-[이동 평균]을 클릭한다.
>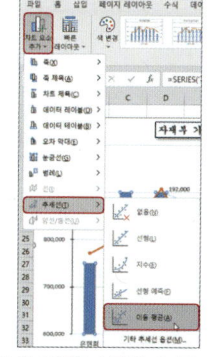
> ② '추세선'을 선택한 후 [추세선 서식]에서 '추세선 옵션'에서 '이동 평균'이 구간 '2'로 되어 있는지 확인한다.
>

⑪ '데이터 레이블'을 선택한 후 [홈]-[글꼴] 그룹에서 '굴림체', 크기 '12'로 지정한다.

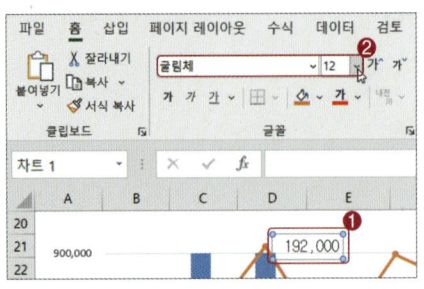

출제유형 ❷ '차트2' 시트에서 다음의 지시사항에 따라 차트를 수정하시오.

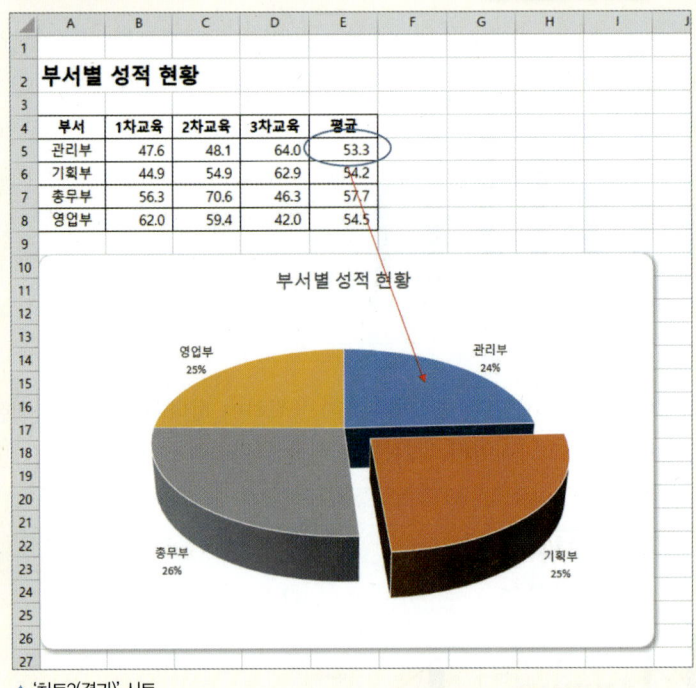

▲ '차트2(결과)' 시트

※ 차트는 반드시 문제에서 제공한 차트를 사용하여야 하며, 신규로 차트 작성 시 0점 처리됨

❶ 차트 제목은 [A2] 셀의 내용이 그대로 표시되도록 설정하고, 크기는 '14'로 지정하시오.
❷ 차트 영역에 그림자(오프셋 : 오른쪽 아래)를 표시하고, 둥근 모서리로 설정하시오.
❸ 데이터 레이블을 백분율과 항목 이름이 표시되도록 설정하시오.
❹ '기획부' 계열의 원형 조각을 돌출시키시오.
❺ [삽입]-[도형]의 '타원'과 '화살표'를 그림과 같이 나타내시오.(단, '타원'은 '채우기 없음'으로, '화살표'는 '표준 색 - 빨강'으로 지정하시오.)

① 차트 제목 '평균'을 선택하고 수식 입력줄에 =을 입력하고 [A2] 셀을 선택한 후 Enter 를 누른다.

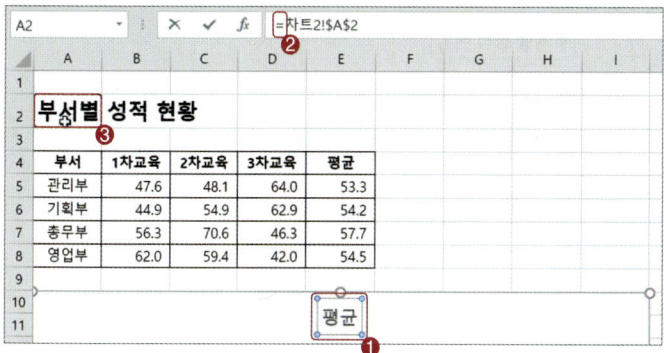

② '차트 제목'이 선택된 상태에서 [홈]-[글꼴] 그룹에서 글꼴 크기 '14'를 선택한다.

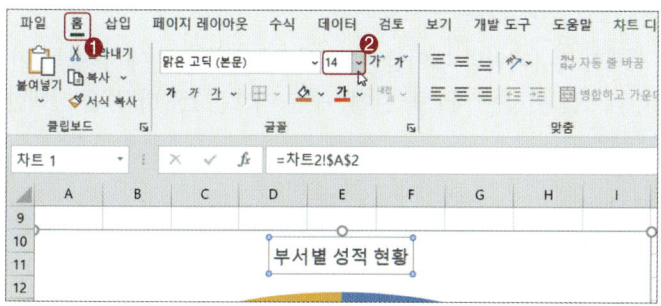

③ '차트 영역'에서 마우스 오른쪽 버튼을 눌러 [차트 영역 서식]을 클릭한 후, [채우기 및 선]을 클릭한 후 '테두리'에서 '둥근 모서리'를 체크한다.

④ [효과]를 클릭한 후 '그림자'의 '미리 설정'에서 '오프셋: 오른쪽 아래'를 선택한다.

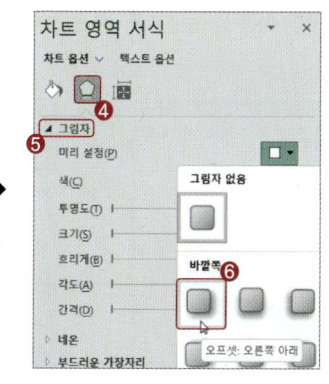

> 🏠 **25년 출제**
>
> 차트 제목의 도형 스타일 '색 윤곽선 – 파랑, 강조1'을 적용하시오.
>
> ① 차트 제목을 선택한 후 [서식] 탭의 '도형 스타일'에서 '색 윤곽선 – 파랑, 강조1'을 선택한다.
>
> ② 결과
>
>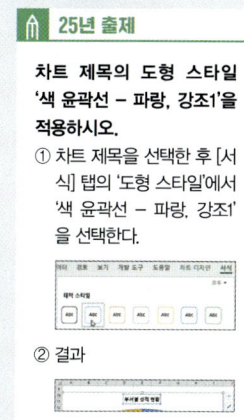

> **25년 출제**
>
> 데이터 레이블 도형을 '타원형 설명선'으로 변경하시오.
>
> ① 데이터 레이블을 선택한 후 마우스 오른쪽 버튼을 눌러 [데이터 레이블 도형 변경]을 클릭하여 '타원형 설명선'을 선택한다.
>
>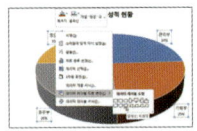
>
> ② 결과
>
>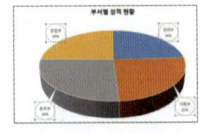

⑤ '원형 차트' 안에서 마우스 오른쪽 버튼을 눌러 [데이터 레이블 추가]를 클릭한다.

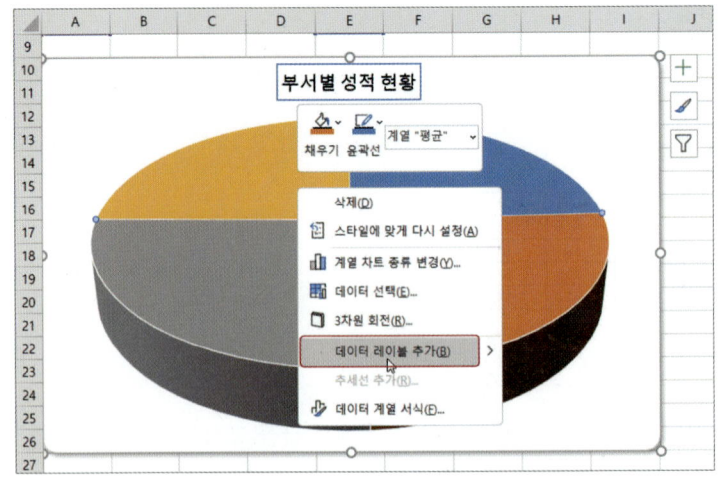

⑥ '데이터 레이블'을 선택한 후 [데이터 레이블 서식]의 [레이블 옵션]에서 '항목 이름', '백분율'을 체크하고, 레이블 위치는 '바깥쪽 끝에', 구분 기호는 '(줄 바꿈)'을 선택한다.

⑦ '기획부'에 해당하는 원형 조각을 클릭한 다음, 다시 클릭하여 하나의 조각만 선택된 상태에서 마우스 왼쪽 버튼을 누른 채 차트 중심의 반대 방향으로 드래그하여 이동한다.

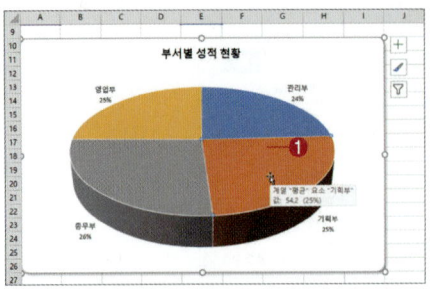
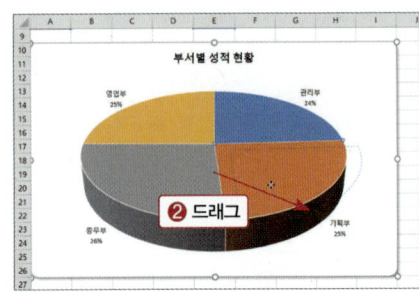

⑧ [삽입]-[일러스트레이션] 그룹의 [도형]-[타원](○) 도구를 선택한 다음, [E5] 셀의 '53.3'을 감싸도록 마우스 끌기로 타원을 그린 후 [셰이프 형식]-[도형 스타일] 그룹의 [도형 채우기](◇)-[채우기 없음]을 클릭한다.

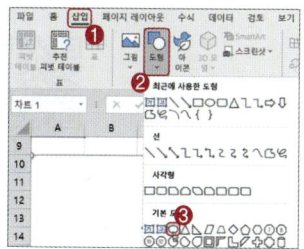 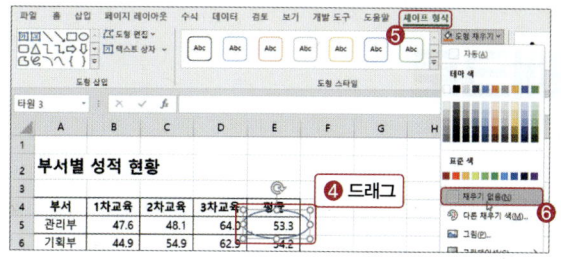

> **기적의 TIP**
>
> 사용자의 엑셀 버전에 따라 [셰이프 형식] 탭이 [도형 서식]으로 표시될 수 있습니다.

⑨ [도형 삽입] 그룹에서 [화살표](\) 도구를 선택한 다음 타원에서부터 차트까지 마우스 끌기로 화살표를 그린다.

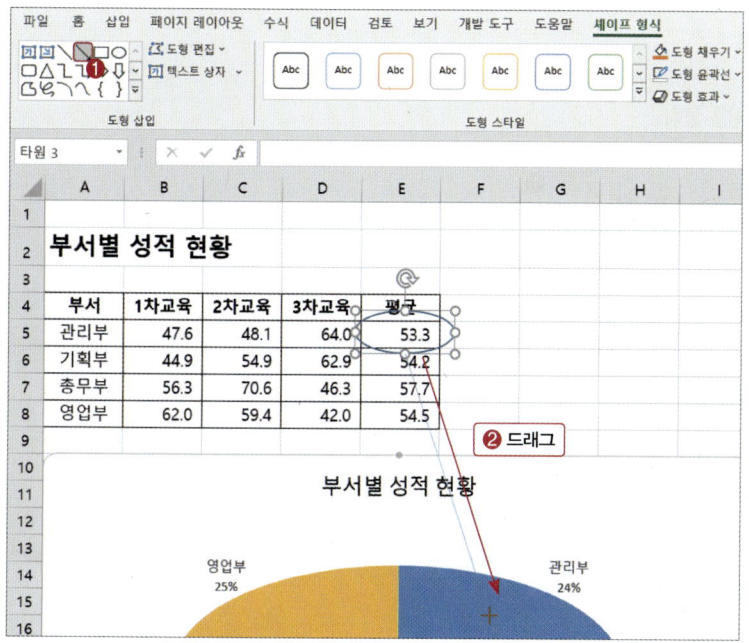

> **기적의 TIP**
>
> 도형을 선택하면 메뉴에 [셰이프 형식]이 화면에 나타납니다.

> **25년 출제**
>
> 3차원 회전의 X회전을 10, Y회전을 50으로 지정하시오.
> ① 차트 안에서 마우스 오른쪽 버튼을 눌러 [3차원 회전]을 클릭한다.
> ② '3차원 회전'에서 X회전에 「10」, Y회전에 「50」을 입력한다.
> ※「10」을 입력해도「10˚」로 표시된다.
>
>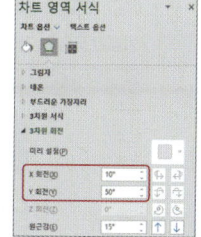
>
> ③ 결과
>
>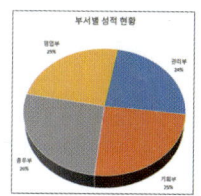

⑩ 화살표를 선택한 후 [그리기 도구]-[서식]-[도형 스타일] 그룹의 [도형 윤곽선](☑)에서 '표준 색 – 빨강' 색을 지정하여 화살표의 색상을 변경한다.

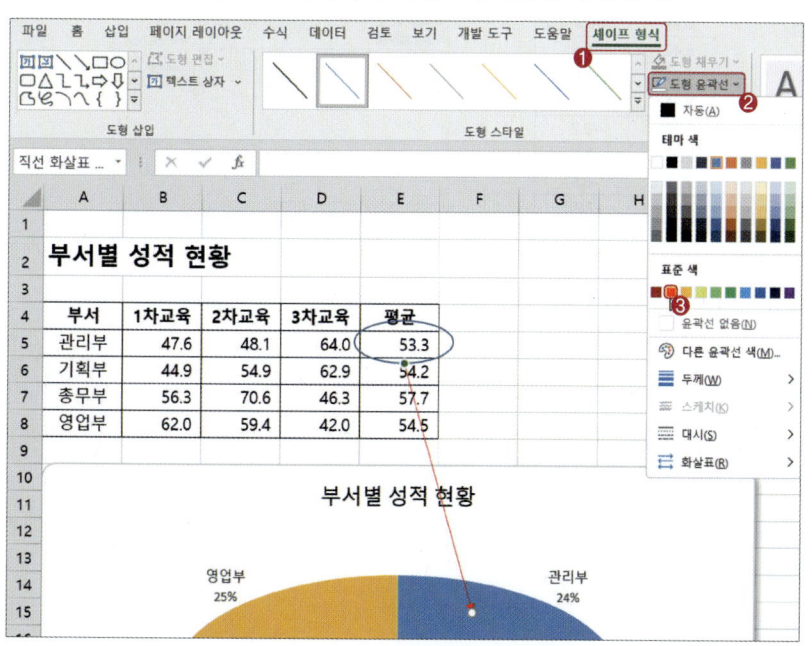

차트 SECTION 01 **1-215**

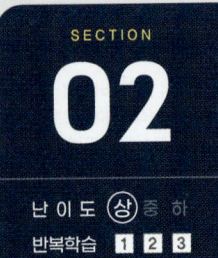

# SECTION 02 매크로

난이도 상 중 하
반복학습 1 2 3

작업파일 [26컴활1급₩1권_스프레드시트₩이론] 폴더의 '17기타작업' 파일을 열어서 작업하시오.

▶ 합격 강의

## ➕ 더 알기 TIP

### 매크로 작업 순서

**1 매크로 기록**

[개발 도구]-[코드] 그룹의 [매크로 기록]을 클릭

### 🚩 기적의 TIP

**'매크로 기록'하는 또 다른 방법**

방법1) 상태 표시줄에 [새 매크로 기록]( ) 도구를 클릭

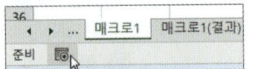

방법2) 도형의 가장자리를 선택하고 마우스 오른쪽 버튼을 눌러 [매크로 지정]을 선택한다. 그 다음 [매크로 지정]에서 [기록]을 클릭

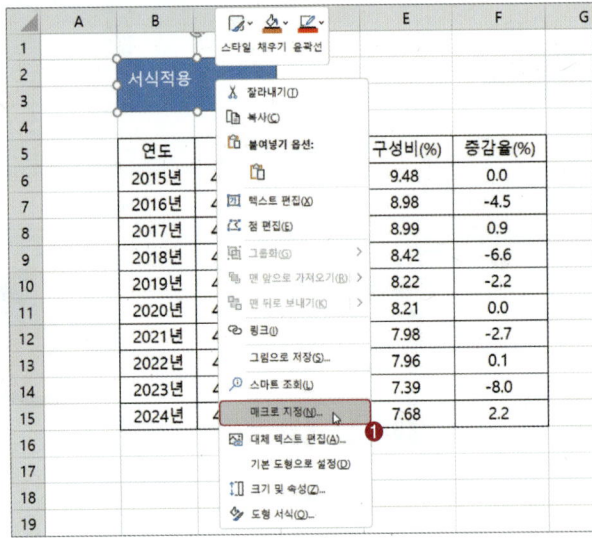
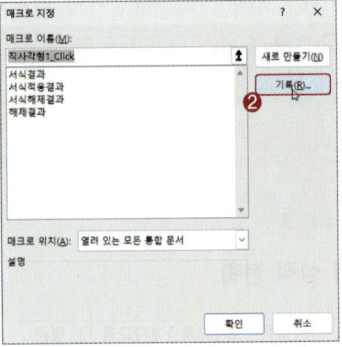

**2 [매크로 기록] 대화상자**
- 매크로 이름 : 기록할 매크로 이름을 지정하는데, 공백은 포함할 수 없음

- 바로 가기 키 : 영문 대문자, 소문자 모두 가능하며 대문자를 입력하면 저절로 Shift 와 조합됨

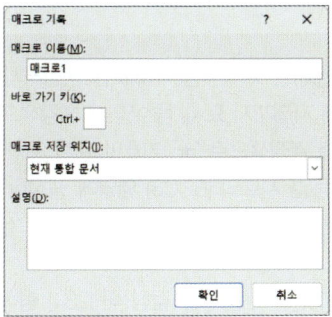

### 3 매크로 기록 중

매크로 기록을 시작하면 화면 하단의 상태 표시줄에 [기록 중지](□)가 나타남

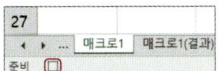

### 4 매크로 기록 종료

상태 표시줄에서 [기록 중지](□)를 클릭

> **기적의 TIP**
>
> **메뉴에 [개발 도구] 탭을 표시하려면?**
> 화면에 [개발 도구] 탭이 보이지 않는다면, [파일]–[옵션]을 클릭하여 '리본 사용자 지정' 탭에서 '개발 도구'를 체크

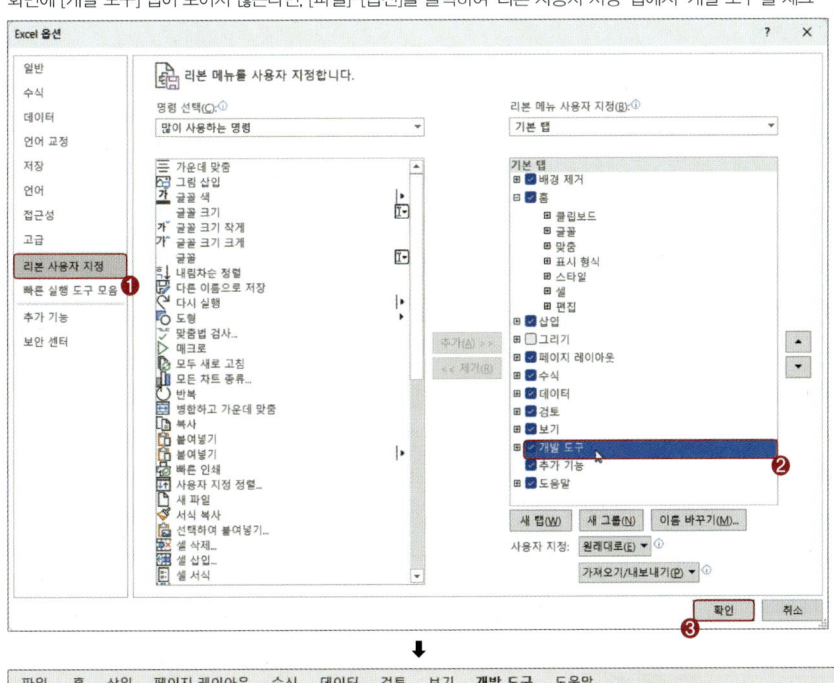

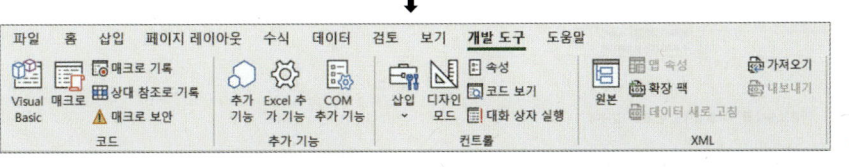

◀ [개발 도구] 탭

### 출제유형 ❶ '매크로1' 시트에 대하여 다음과 같은 기능을 수행하는 매크로를 현재 통합문서에 작성하시오.

❶ [F6:F15] 영역에 대하여 사용자 지정 표시 형식을 설정하는 '서식적용' 매크로를 생성하시오.
   ▶ 양수일 때 파랑색으로 기호 없이 소수점 이하 첫째 자리까지 표시, 음수일 때 빨강색으로 기호 없이 소수점 이하 첫째 자리까지 표시, 0일 때 검정색으로 "★" 기호만 표시
   ▶ [개발 도구]-[삽입]-[양식 컨트롤]의 '단추(□)'를 동일 시트의 [B2:C3] 영역에 생성한 후 텍스트를 '서식적용'으로 입력하고, 단추를 클릭하면 '서식적용' 매크로가 실행되도록 설정하시오.

❷ [F6:F15] 영역에 대하여 표시 형식을 '숫자'의 소수 자릿수 '1', 음수는 검정색(-1234) 형식으로 적용하는 '서식해제' 매크로를 생성하시오.
   ▶ [개발 도구]-[삽입]-[양식 컨트롤]의 '단추(□)'를 동일 시트의 [E2:F3] 영역에 생성한 후 텍스트를 '서식해제'로 입력하고, 단추를 클릭하면 '서식해제' 매크로가 실행되도록 설정하시오.
   ※ 셀 포인터의 위치에 관계없이 매크로가 실행되어야 정답으로 인정됨

> **기적의 TIP**
> 매크로 이름은 공백과 기호를 사용할 수 없고, 첫 글자는 반드시 문자여야 합니다.

① 비어 있는 셀을 클릭한 후 [개발 도구]-[코드] 그룹의 [매크로 기록](□)을 클릭한다.
② [매크로 기록]에 **서식적용**을 입력하고 [확인]을 클릭한다.

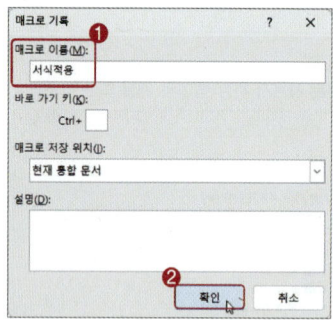

> **기적의 TIP**
> • 서식 지정할 때 세미콜론 (;)을 이용하여 양수서식, 음수서식, 0의 값 서식, 문자 서식을 구분
> • 음수 서식에 음수 부호를 따로 지정하지 않으면 음수 부호는 표시되지 않음
> • 세미콜론(;)으로 분리하지 않으면 원본 데이터 그대로 표시
> • 세미콜론(;)으로 분리했으나 형식을 지정하지 않은 경우 원본 데이터가 표시되지 않음
> • '%'는 숫자에 곱하기 100을 한 뒤에 '%'를 붙여서 표시 (예 : 0.75 → 0% → 75%)
> • 대괄호([ ])를 이용하여 색깔, 조건 지정 : [색깔][조건]은 순서가 바뀌어도 상관이 없습니다. (예 : [조건][색깔])

③ [F6:F15] 영역을 범위 지정한 후 Ctrl+1을 눌러 [표시 형식] 탭의 '사용자 지정'을 선택한 후 **[파랑]0.0;[빨강]0.0;[검정]"★"**를 입력하고 [확인]을 클릭한다.

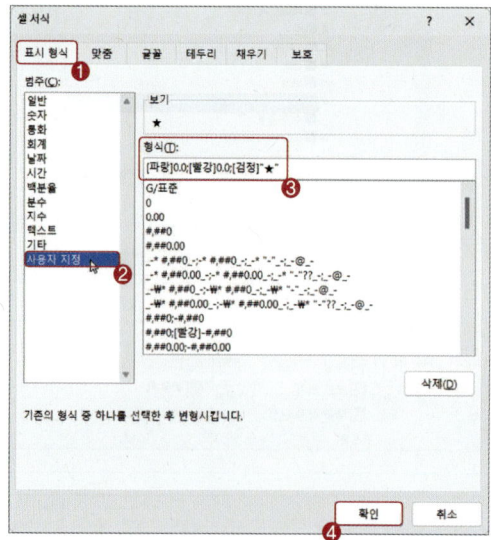

> **기적의 TIP**
> 사용자 지정 서식은 '양수;음수;0;문자' 값 형식으로 서식을 지정합니다. '[색깔][조건]서식' 형식으로 작성합니다.

④ [개발 도구]-[코드] 그룹의 [기록 중지](□)를 클릭한다.

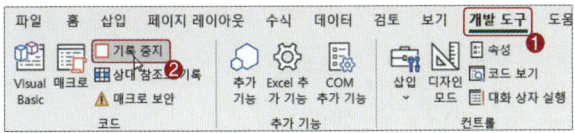

⑤ [개발 도구]-[컨트롤] 그룹의 [삽입]-[단추(양식 컨트롤)](□)을 클릭한다.
⑥ 마우스 포인터가 '+'로 바뀌면 [B2:C3] 영역에 드래그하면 [매크로 지정] 대화상자가 나타난다.
⑦ [매크로 지정]에 '서식적용'을 선택하고 [확인]을 클릭한다.

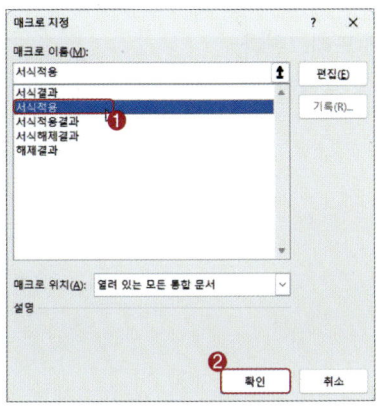

> **기적의 TIP**
>
> '단추'에 매크로를 지정하고 바로 텍스트를 수정하면 수정할 수 있는데, 만약 바로 수정하지 않았다면 '단추'에서 마우스 오른쪽 버튼을 눌러 [텍스트 편집]을 클릭하여 수정할 수 있습니다.

⑧ 단추에 입력된 '단추 1'을 지우고 **서식적용**을 입력한다.

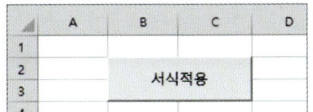

> **기적의 TIP**
>
> 단추를 그릴 때 [B2] 셀을 클릭한 후 [C3] 셀 정도에서 [Alt]를 누르면 셀 눈금선에 맞추어 그릴 수 있습니다.

⑨ 비어 있는 셀을 클릭한 후 [개발 도구]-[코드] 그룹의 [매크로 기록](□)을 클릭한다.
⑩ [매크로 기록]에 **서식해제**를 입력하고 [확인]을 클릭한다.
⑪ [F6:F15] 영역을 범위 지정한 후 [Ctrl]+[1]을 눌러 [표시 형식] 탭의 '숫자'를 선택하고 소수 자릿수 '1'로 지정한 후 음수는 검정색(-1234)를 선택하고 [확인]을 클릭한다.

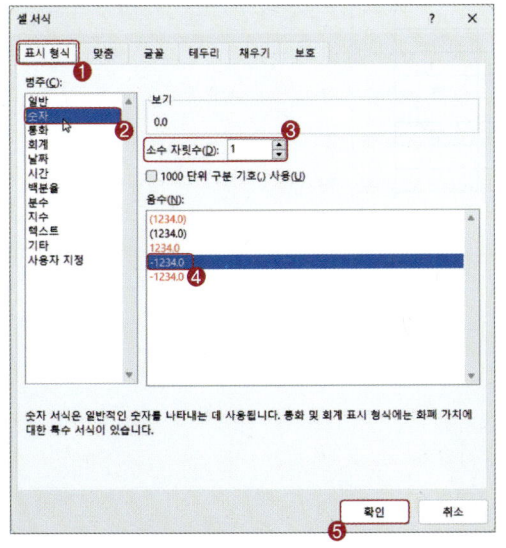

## 기적의 TIP

**매크로 삭제 방법**
1. [개발 도구]-[코드] 그룹의 [매크로]를 클릭합니다.
2. [매크로]에서 삭제하고자 하는 매크로 이름을 선택한 다음 [삭제]를 클릭합니다.

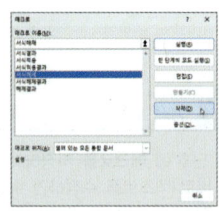

⑫ [개발 도구]-[코드] 그룹의 [기록 중지](□)를 클릭한다.
⑬ [개발 도구]-[컨트롤] 그룹의 [삽입]-[단추(양식 컨트롤)](□)을 클릭한다.

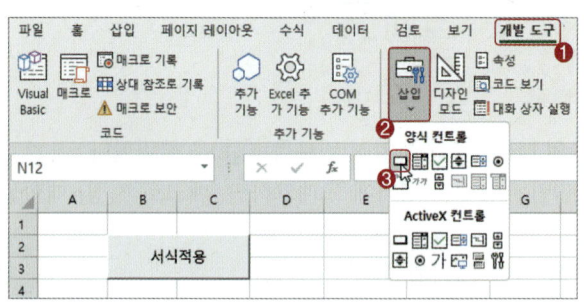

⑭ 마우스 포인터가 '+'로 바뀌면 [E2:F3] 영역에 드래그한다.
⑮ [매크로 지정]에 '서식해제'를 선택하고 [확인]을 클릭한다.

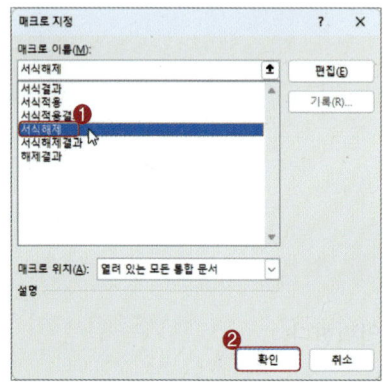

⑯ 단추에 입력된 '단추 2'를 지우고 **서식해제**를 입력한다.

**풀이결과**

| | A | B | C | D | E | F | G |
|---|---|---|---|---|---|---|---|
| 1 | | | | | | | |
| 2 | | 서식적용 | | | 서식해제 | | |
| 3 | | | | | | | |
| 4 | | | | | | | |
| 5 | | 연도 | 인구 | 소계 | 구성비(%) | 증감율(%) | |
| 6 | | 2015년 | 46,430 | 4,400 | 9.48 | ★ | |
| 7 | | 2016년 | 46,858 | 4,210 | 8.98 | 4.5 | |
| 8 | | 2017년 | 47,275 | 4,250 | 8.99 | 0.9 | |
| 9 | | 2018년 | 47,300 | 3,985 | 8.42 | 6.6 | |
| 10 | | 2019년 | 47,450 | 3,900 | 8.22 | 2.2 | |
| 11 | | 2020년 | 47,500 | 3,900 | 8.21 | ★ | |
| 12 | | 2021년 | 47,600 | 3,797 | 7.98 | 2.7 | |
| 13 | | 2022년 | 47,730 | 3,800 | 7.96 | 0.1 | |
| 14 | | 2023년 | 47,650 | 3,520 | 7.39 | 8.0 | |
| 15 | | 2024년 | 46,895 | 3,600 | 7.68 | 2.2 | |
| 16 | | | | | | | |

▲ '매크로1(결과)' 시트

**출제유형 ❷** '매크로2' 시트에 대하여 다음과 같은 기능을 수행하는 매크로를 현재 통합문서에 작성하시오.

❶ [E6:E13] 영역에 대하여 사용자 지정 표시 형식을 설정하는 '서식' 매크로를 생성하시오.
  ▶ 셀 값이 1과 같은 경우 "유"로 표시, 셀 값이 0과 같은 경우 "무"로 표시
  ▶ [개발 도구]-[삽입]-[양식 컨트롤]의 '단추(□)'를 동일 시트의 [B2:C3] 영역에 생성한 후 텍스트를 '서식'으로 입력하고, 단추를 클릭하면 '서식' 매크로가 실행되도록 설정하시오.
❷ [E6:E13] 영역에 대하여 표시 형식을 '일반'으로 적용하는 '해제' 매크로를 생성하시오.
  ▶ [개발 도구]-[삽입]-[양식 컨트롤]의 '단추(□)'를 동일 시트의 [E2:F3] 영역에 생성한 후 텍스트를 '해제'로 입력하고, 단추를 클릭하면 '해제' 매크로가 실행되도록 설정하시오.
※ 셀 포인터의 위치에 관계없이 매크로가 실행되어야 정답으로 인정됨

① 비어 있는 셀을 클릭한 후 [개발 도구]-[코드] 그룹의 [매크로 기록](□)을 클릭한다.
② [매크로 기록]에 **서식**을 입력하고 [확인]을 클릭한다.
③ [E6:E13] 영역을 범위 지정한 후 Ctrl + 1 을 눌러 [표시 형식] 탭의 '사용자 지정'을 선택한 후 [=1]"유";[=0]"무"를 입력하고 [확인]을 클릭한다.

> **25년 출제**
> 양수는 파랑색 #,##0,
> 음수는 빨강색 ▼  #,##0(▼
> 과 #,##0 사이에는 열 너비
> 만큼 공백으로 처리)
> 나머지는 공백으로 표시
>
> [셀 서식]의 '사용자 지정'에 아래와 같이 정의
> [파랑] #,##0;[빨강] "▼"* #,##0;;

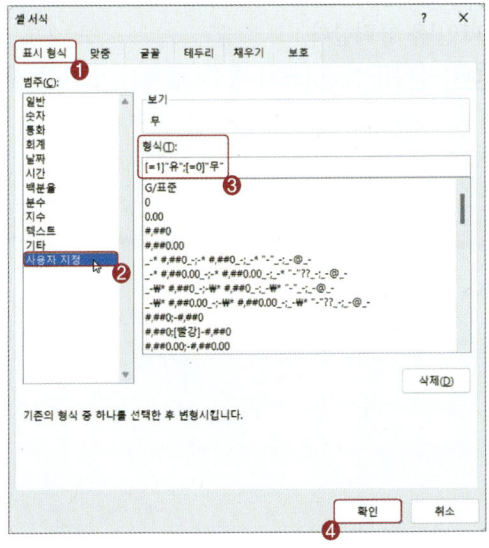

④ [개발 도구]-[코드] 그룹의 [기록 중지](□)를 클릭한다.

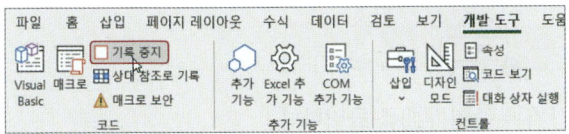

⑤ [개발 도구]-[컨트롤] 그룹의 [삽입]-[단추(양식 컨트롤)](□)을 클릭한다.
⑥ 마우스 포인터가 '+'로 바뀌면 [B2:C3] 영역에 드래그하면 [매크로 지정] 대화상자가 나타난다.

> **기적의 TIP**
> 매크로를 종료하기 전에 범위를 해제하거나 범위를 해제하지 않아도 감점이 되지 않습니다.

⑦ [매크로 지정]에 '서식'을 선택하고 [확인]을 클릭한다.

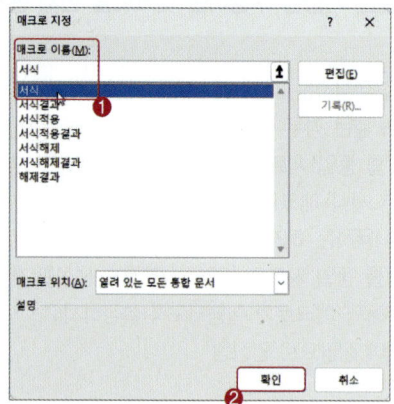

> **기적의 TIP**
> Alt를 누른 상태에서 [B2] 셀을 클릭한 후 [C3] 셀로 드래그하면 셀 눈금선에 맞추어 그릴 수 있습니다.

⑧ 단추에 입력된 '단추 1'을 지우고 **서식**을 입력한다.

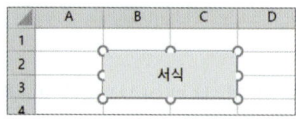

⑨ 비어 있는 셀을 클릭한 후 [개발 도구]-[코드] 그룹의 [매크로 기록](🔴)을 클릭한다.
⑩ [매크로 기록]에 **해제**를 입력하고 [확인]을 클릭한다.
⑪ [E6:E13] 영역을 범위 지정한 후 Ctrl + 1 을 눌러 [표시 형식] 탭에서 '일반'을 선택하고 [확인]을 클릭한다.

> **기적의 TIP**
> • [셀 서식]에서 '일반'을 선택하면 'G/표준'으로 적용됩니다.
> • 일반(G/표준)은 특정 표시 형식을 지정하지 않은 서식을 의미합니다.

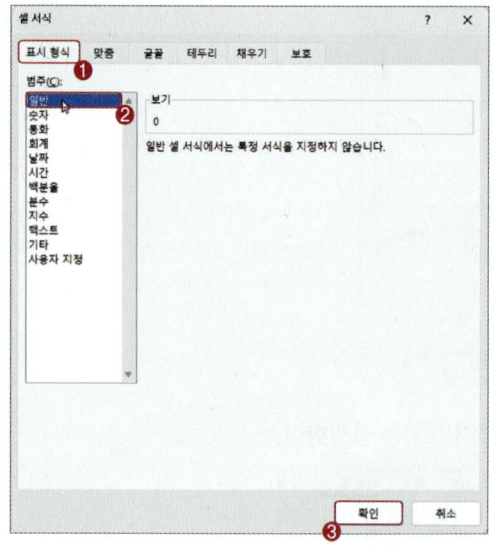

⑫ [개발 도구]-[코드] 그룹의 [기록 중지](□)를 클릭한다.
⑬ [개발 도구]-[컨트롤] 그룹의 [삽입]-[단추(양식 컨트롤)](□)을 클릭한다.
⑭ 마우스 포인터가 '+'로 바뀌면 [E2:F3] 영역에 드래그한다.

⑮ [매크로 지정]에 '해제'를 선택하고 [확인]을 클릭한다.

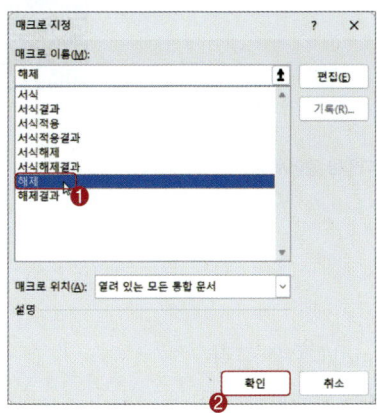

⑯ 단추에 입력된 '단추 2'를 지우고 **해제**를 입력한다.

> 풀이결과

| | A | B | C | D | E | F | G |
|---|---|---|---|---|---|---|---|
| 1 | | | | | | | |
| 2 | | 서식 | | | 해제 | | |
| 3 | | | | | | | |
| 4 | | | | | | | |
| 5 | | 학교명 | 이름 | 결석일수 | 자격증 | 내신등급 | |
| 6 | | 서초고 | 박유진 | 1 | 무 | 3 | |
| 7 | | 양재고 | 엄정아 | 0 | 유 | 1 | |
| 8 | | 반포고 | 전수아 | 2 | 유 | 0 | |
| 9 | | 잠원고 | 김정림 | 3 | 유 | 2 | |
| 10 | | 노원고 | 강남길 | 1 | 무 | 5 | |
| 11 | | 논현고 | 이진욱 | 0 | 유 | 9 | |
| 12 | | 우면고 | 오안국 | 0 | 유 | 18 | |
| 13 | | 방배고 | 성경수 | 1 | 무 | 6 | |
| 14 | | | | | | | |

▲ '매크로2(결과)' 시트

> **기적의 TIP**
>
> **매크로 기록 다른 방법**
> ① [개발 도구]-[컨트롤] 그룹의 [단추](□)를 [B2:C3] 영역에 드래그하면 [매크로 지정] 대화상자가 표시됩니다.
> ② [기록]을 클릭하면 [매크로 기록] 대화상자가 표시되면 「서식」을 입력합니다.
> ③ [E6:E13] 영역을 범위 지정한 후 Ctrl+1를 눌러 「[=1]"유";[=0]"무"」를 입력하고 [확인]을 클릭합니다.
> ④ [개발 도구]-[코드] 그룹에서 [기록 중지]를 클릭합니다.
> ⑤ '단추'에서 마우스 오른쪽 버튼을 눌러 [텍스트 편집]을 클릭하여 「서식」으로 수정합니다.

# 프로시저 작성

작업파일  [26컴활1급₩1권_스프레드시트₩이론] 폴더의 '17기타작업' 파일을 열어서 작업하시오.

## 01 VBE(Visual Basic Editor)의 실행 방법

- 메뉴 : [개발 도구]-[코드] 그룹의 [Visual Basic](🗔)을 클릭

- 바로 가기 키 : Alt + F11

## 02 VBE(Visual Basic Editor)의 종료 방법

- 메뉴 : [파일] – [닫고 Microsoft Excel(으)로 돌아가기]를 클릭

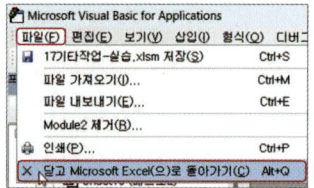

- 도구 모음 : [보기 Microsoft Excel] 도구를 클릭

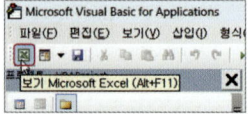

- 제목 표시줄 : 오른쪽 상단의 [닫기] 단추를 클릭

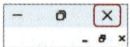

- 바로 가기 키 : Alt + Q

## 03 VBE(Visual Basic Editor) 살펴보기

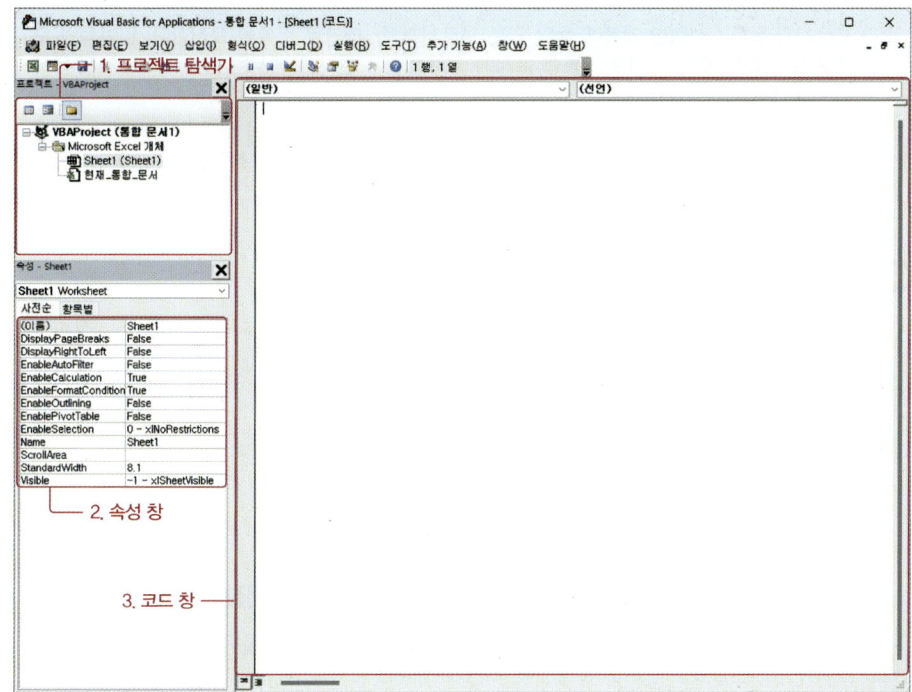

### 1. 프로젝트 탐색기([Ctrl]+[R])

열려 있는 엑셀 통합 문서 목록과 현재 통합 문서에 포함되어 있는 시트 목록, 매크로가 기록되어 있는 모듈 시트 등 작업을 구성하고 있는 개체를 계층적으로 표시한다.

- ▣(코드 보기) : 현재 선택한 개체의 VBA 코드를 오른쪽 코드 창에 표시
- ▣(개체 보기) : 선택한 개체를 엑셀 프로그램 창에 표시하고 그 곳으로 이동
- ▣(폴더 설정/해제) : 개체 목록을 폴더 별로 표시할지 폴더를 표시하지 않고 개체 목록만 표시할 것인지를 선택

### 2. 속성 창([F4])

속성이란 개체의 특징을 말한다.

### 3. 코드 창([F7])

VBA 코드를 나타내는 곳으로 코드 창에서 매크로를 편집하고 새로 만들 수 있다. 하나의 매크로는 『Sub 매크로이름( )』으로 시작하여 『End Sub』로 끝나게 되며, 코드 창에 여러 개의 매크로가 기록될 수 있다.

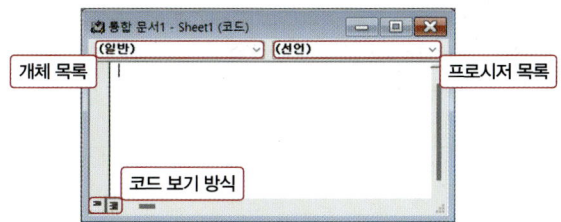

- 개체 목록 : 모듈 시트에서는 '(일반)'항목만 나타나지만 컨트롤 개체를 사용한 경우 개체 목록이 나타난다.
- 프로시저 목록 : 선택한 개체에 들어 있는 프로시저 즉, 매크로 목록을 표시한다. 일반적인 모듈 시트가 아닌 각 워크시트나 통합 문서에 딸려 있는 모듈 시트에서는 이벤트 프로시저 목록이 나타난다.
- 코드 보기 방식 : ▣(프로시저 보기) 상태이면 현재 프로시저 하나의 코드만 나타낸다. ▣(전체 모듈 보기) 상태이면 해당 모듈에 들어 있는 모든 프로시저의 코드를 나타낸다.

### 04 변수

- 변수란 프로그램에서 그 값이 변할 수 있는 수를 의미하며 정확히 말하면 특정한 값을 지정할 수 있도록 할당된 기억 공간을 말한다. 이에 반해 항상 값이 정해져 있는 수를 상수라 한다.

**출제유형 ①** '사원현황' 시트에서 다음과 같은 작업을 수행하고 저장하시오.

'사원입력' 버튼을 클릭하면 〈신입사원입력〉 폼이 나타나도록 프로시저를 작성하시오.

① [개발 도구]-[컨트롤] 그룹의 [디자인 모드](📐)를 클릭하여 편집할 수 있는 상태로 만든다.

② 〈사원입력〉 버튼을 더블클릭하여 **신입사원입력.show**를 입력한다.

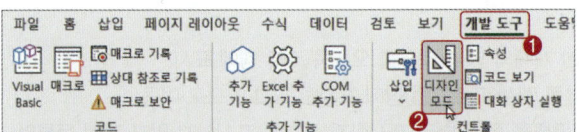

Private Sub cmd사원입력_Click()
    신입사원입력.Show
End Sub

> **코드 설명**
>
> ① Cmd사원입력_Click() : 〈Cmd사원입력〉 버튼을 클릭했을 때 수행해야 할 작업을 기술
> ② 신입사원입력.Show : '신입사원입력'은 폼의 이름이고, 'Show'는 폼을 화면에 표시하는 메소드

---

**기적의 TIP**

**속성 자동 입력**

「신입사원입력.Sh」까지 입력한 후 [Tab]를 누르면 'Show'를 입력할 수 있습니다.

**기적의 TIP**

- 폼이름.Show : 유저폼을 화면에 표시
- Unload 폼이름 또는 Unload me : 유저폼을 완전히 닫음
- 폼이름.Hide : 유저폼을 일시적으로 숨김

③ 폼이 표시되는지 확인하기 위해 화면 왼쪽의 [보기 Microsoft Excel]을 클릭한 후, 엑셀로 돌아와서 [개발 도구]-[컨트롤] 그룹의 [디자인 모드]()를 클릭하면 디자인 모드가 해제된다.

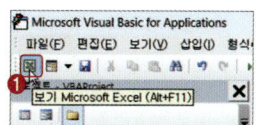 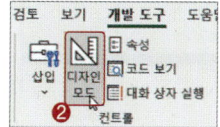

> **기적의 TIP**
>
> • [디자인 모드]가 눌러져 있는 상태로 편집 상태
>
> • [디자인 모드]가 해제된 상태로 실행 가능한 상태

④ 〈사원입력〉 버튼을 클릭하여 화면에 〈신입사원입력〉 폼이 나타나는지 확인한다.

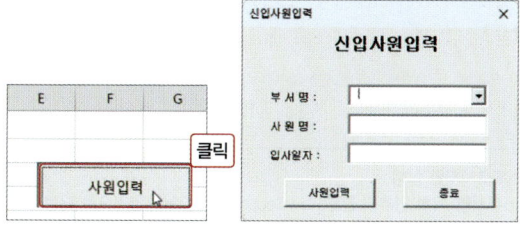

> **기적의 TIP**
>
> **코드를 실행할 때**
> 방법1. 엑셀 시트로 돌아가서 [디자인 모드]를 해제한 후 실행
> 방법2. VBE(비주얼베이직에디터) 창에서 [실행] 도구를 클릭하여 실행

⑤ 〈신입사원입력〉 폼의 오른쪽 상단의 [닫기]를 클릭하여 폼을 닫는다.

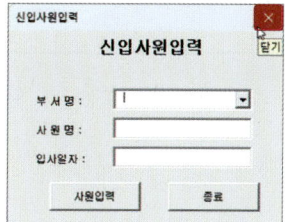

---

**출제유형 ❷** 다음과 같은 작업을 수행하고 저장하시오.

폼이 실행되면 목록 단추(cmb부서명)의 목록에 '사원현황' 시트의 [H3:H7]에 입력된 '부서명(총무부, 인사부, 영업부, 전산부, 관리부)'가 추가되도록 프로시저를 작성하시오.

① 엑셀에서 [개발 도구]-[코드] 그룹의 [Visual Basic]()을 클릭한다.
② 화면 왼쪽의 [프로젝트-VBAProject] 탐색기에서 '폼'을 더블클릭하고, '신입사원입력'을 선택한 후 [코드 보기](□)를 클릭한다.

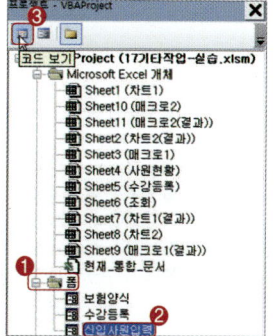

> **기적의 TIP**
>
> 프로젝트 탐색기에 [폴더 설정/해제]가 해제되어 있으면 개체, 폼, 모듈로 분리되지 않고, 한꺼번에 표시되므로 '신입사원입력'을 바로 선택합니다.
>
>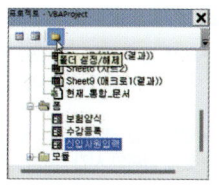

③ 코드 창에서 '개체 목록'은 'UserForm', '프로시저 목록'은 'initialize'를 선택한다.

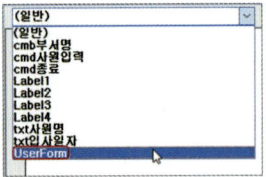 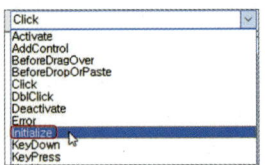

④ 코드 창에서 다음과 같이 입력한다.

> 기적의 TIP
>
> 「cmb부서명.ro」까지 입력한 후 Tab 또는 Ctrl + Enter 를 누르면 'RowSource'를 입력할 수 있습니다.

```
Private Sub UserForm_Initialize()
    cmb부서명.RowSource = "H3:H7"
End Sub
```

💬 코드 설명

① UserForm_Initialize() : 폼이 활성화 되면 프로시저를 실행
② cmb부서명.RowSource = "H3:H7" : 'cmb부서명' 목록 단추의 원본(RowSource)을 [H3:H7] 영역으로 지정

⑤ 결과를 확인하기 위해서 화면 왼쪽의 [보기 Microsoft Excel]을 클릭한다.

> 기적의 TIP
>
> '424' 런타임 오류가 발생하였습니다.
> 라는 오류 메시지는 오타가 있을 때 발생할 수 있습니다.

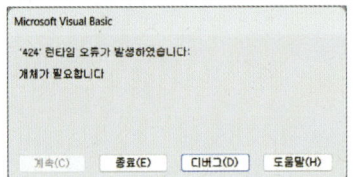

🔧 cmb부서명.RowSource ⇒ cmd부서명.RowSource

⑥ 〈사원입력〉 버튼을 클릭한 후 〈신입사원입력〉 폼에 '부서명'의 목록 단추(▼)를 클릭하여 목록이 나타나는지 확인한다.

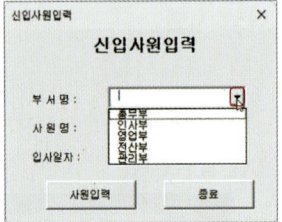

> 기적의 TIP
>
> RowSource 원본의 데이터가 현재 시트가 아닌 다른 시트의 영역일 때
> 예를 들어 'ABC' 시트의 [A1:C1] 영역으로 지정할 때에는
> cmb부서명.RowSource = "ABC!A1:C1"
> 시트명과 !을 입력한 후 셀 주소를 입력합니다.
> 단, 시트명에 공백이나 기호가 있을 때에는 작은 따옴표를 시트명 앞 뒤에 붙여서 입력합니다.
> cmb부서명.RowSource = "'시트이름'!참조주소"
> 🔧 "'AB C'!A1:C1", "'A-BC'!A1:C1"

> 기적의 TIP
>
> • 현재 날짜 : Date (VBE에서는 Today 함수를 사용하지 않음)
> • 현재 시간 : Time
> • 현재 날짜와 시간 : Now

⑦ 〈신입사원입력〉 폼의 오른쪽 상단의 [닫기]를 클릭하여 폼을 닫는다.

**출제유형 ❸** 다음과 같은 작업을 수행하고 저장하시오.

폼이 실행되면 〈신입사원입력〉 폼의 '입사일자(txt입사일자)'에 현재 날짜가 표시되도록 프로시저를 작성하시오.

▶ 날짜는 Date 사용

① Alt + F11 을 눌러 화면 왼쪽의 [프로젝트-VBAProject] 탐색기에서 '폼'을 더블클릭하고, '신입사원입력'을 선택한 후 [코드 보기](🗔)를 클릭한다.
② 코드 창에서 'Private Sub UserForm_Initialize()'에 다음의 내용을 추가한다.

```
Private Sub UserForm_Initialize()
    cmb부서명.RowSource = "H3:H7"
    txt입사일자 = Date
End Sub
```

### 💬 코드 설명

txt입사일자 = Date : txt입사일자 텍스트 상자에 Date 함수를 이용하여 오늘 날짜를 표시

③ 실행 결과를 확인하기 위해서 [보기 Microsoft Excel]을 클릭한 후 〈사원입력〉 버튼을 클릭하고 '입사일자'에 현재 날짜가 표시되는지 확인한다.

### ▶ 기적의 TIP

**날짜와 시간 형식 지정**
- Format(Date, "yyyy-mm-dd aaa") : 2025-03-01 토
- Format(Date, "yyyy-mm-dd aaaa") : 2025-03-01 토요일
- Format(Date, "yyyy-mmm-dd ddd") : 2025-Mar-01 Sat
- Format(Date, "yyyy-mmmm-dd dddd") : 2025-March-01 Saturday
- Format(Time, "hh:nn:ss ampm") : 09:05:55 오전(Format(Time, "hh:mm:ss ampm")도 가능
- Format(Time, "hh:nn:ss am/pm") : 09:05:55 am(Format(Time, "hh:mm:ss am/pm")도 가능

### ▶ 기적의 TIP

**cmb부서명에 셀을 참조하지 않고 직접 값을 입력할 때**
cmb부서명.AddItem "총무부"
cmb부서명.AddItem "인사부"
cmb부서명.AddItem "영업부"
으로 AddItem 메서드를 이용할 수 있습니다.
(단, 메서드 뒤에는 =이 들어가지 않고 한 칸의 스페이스를 띄어줍니다.)

**출제유형 ❹** '사원현황' 시트에서 아래 그림을 참조하여 다음과 같은 작업을 수행하고 저장하시오.

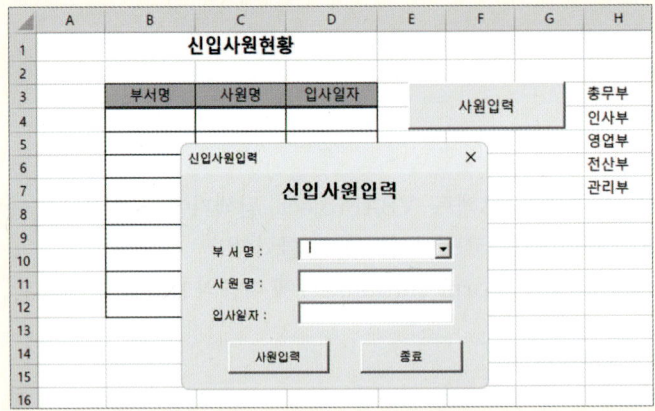

그림과 같이 사용자 정의 폼 〈신입사원입력〉의 '사원입력(cmd사원입력)' 버튼을 클릭하면 폼에 입력된 부서명(cmb부서명), 사원명(txt사원명), 입사일자(txt입사일자)의 데이터가 '사원현황'시트에 입력되어 있는 마지막 데이터 행에 연속해서 추가되도록 프로시저를 작성하시오.

▶ 자료는 [B3] 셀부터 입력되어 있음
※ 데이터를 추가하거나 삭제하여도 항상 마지막 데이터 다음에 입력되어야 함

① 엑셀에서 [개발 도구]-[코드] 그룹의 [Visual Basic](圖)을 클릭한 후, 화면 왼쪽의 [프로젝트-VBAProject] 탐색기에서 '폼'을 더블클릭하고 〈신입사원입력〉을 더블클릭하여 화면 오른쪽에 〈신입사원입력〉 폼이 보이면, 〈사원입력〉 버튼을 더블클릭한다.

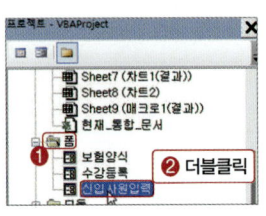 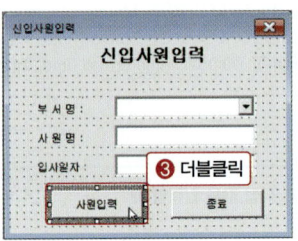

### 기적의 TIP

문제에서 컨트롤 이름이 제시되지 않았을 때에는
① 프로젝트에서 폼 선택(예 : 신입사원입력)
② 해당 컨트롤 선택(예 : 사원입력)
③ 속성 창에서 (이름) 확인(예 : cmd사원입력)

만약, 프로젝트와 속성 창이 표시되지 않았다면 [보기] 메뉴를 이용하여 표시할 수 있습니다.

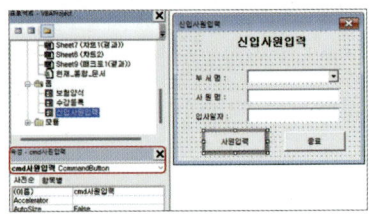

② 코드 창에서 다음과 같이 입력한다.

```
Private Sub cmd사원입력_Click()
    Dim i As Integer
    i = Range("B3").CurrentRegion.Rows.Count + 3
    Cells(i, 2) = cmb부서명
    Cells(i, 3) = txt사원명
    Cells(i, 4) = txt입사일자.Value
End Sub
```

> **기적의 TIP**
>
> **CurrentRegion**
> CurrentRegion(현재 영역) 위에 빈 셀(행)이 있다면 다른 영역으로 분리된 것으로 간주합니다.

> **기적의 TIP**
>
> - Cells(행번호, 열번호)로 입력합니다.
> - Cells(2, 3)은 [C2] 셀, Cells(4, 2)은 [B4] 셀, Cells(6, 1)은 [A6] 셀을 의미합니다.

### 💬 코드 설명

① Dim i As Integer
  → 변수 선언(i 라는 변수를 정수형으로 사용). i는 행의 위치를 대신하는 변수로 사용자가 다른 변수(예로 '입력행', '행' 등)를 사용해도 됨(생략이 가능함)

② i = Range("B3").CurrentRegion.Rows.Count + 3
  → i는 [B3] 셀과 연결된 범위에 있는 데이터 범위의 행의 수에 '3'을 더해서 행의 위치로 반환
  → CurrentRegion : 지정된 셀과 연결된 범위를 말함
  → Rows : 범위의 행들을 의미
  → Count : 개수를 말함
  → +3 : [B3] 셀 위에 연결되지 않은 2행과 새롭게 데이터를 추가할 1행을 더해서 +3이 됨

> **기적의 TIP**
>
> - Cells(4,3) = txt사원명
>   우변의 'txt사원명'의 값을 좌변의 [C4] 셀에 입력합니다.
>
> - txt사원명 = Cells(4,3)
>   우변의 [C4] 셀의 값을 좌변의 'txt사원명' 컨트롤에 표시합니다.

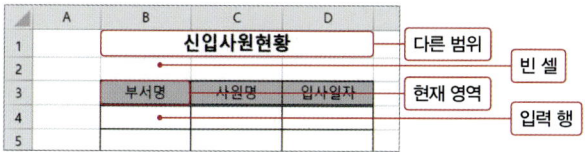

③ Cells(i, 2) = cmb부서명
  Cells(i, 3) = txt사원명
  Cells(i, 4) = txt입사일자.Value
  → 위에서 구한 행(i)과 2번째 B열(부서명), 3번째 C열(사원명), 4번째 D열(입사일자)에 각각 cmb부서명, txt사원명, txt입사일자 텍스트 상자에 입력된 값을 입력함

### 🚩 기적의 TIP

**1. 변수 이름**
i = Range("B3").CurrentRegion.Rows.Count + 3
입력행 = Range("B3").CurrentRegion.Rows.Count + 3
으로 i라는 변수 대신에 '입력행'으로 사용해도 됩니다. 변수는 사용자가 임의로 만들어서 사용할 수 있습니다.
(한글 변수를 사용하면 이해를 돕기에 좋은데, 입력할 때 '한글', '영문' 변환을 하면서 입력해야 하는 번거로움이 조금 있습니다.)

**2. [B3].Row 와 +3**
i = Range("B3").CurrentRegion.Rows.Count + 3
i = [B3].Row + [B3].CurrentRegion.Rows.Count
둘 다 동일한 결과 값을 반환합니다.
[B3].Row를 통해 3행의 값을 반환하여 +3과 같은 결과를 구합니다.
(사용자가 편하신 방법을 사용하시면 됩니다.)

③ 실행 결과를 확인하기 위해서 [보기 Microsoft Excel]을 클릭한 후 〈사원입력〉 버튼을 클릭하고 〈신입사원입력〉 폼에서 '부서명', '사원명'에 임의의 값을 넣은 후 〈사원입력〉 버튼을 클릭하여 '사원현황' 시트에 '신입사원현황' 표에 값이 입력되는지 확인한다.

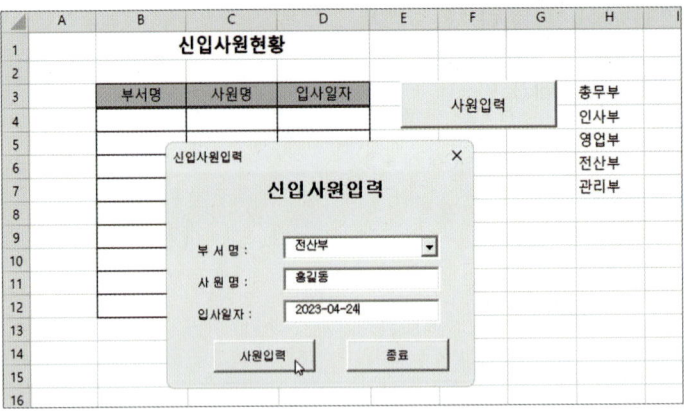

④ '신입사원입력' 폼의 오른쪽 상단의 [닫기]를 클릭하여 폼을 닫는다.

> **25년 출제**
>
> 〈종료〉 버튼을 클릭하면 현재 날짜와 시간을 이용하여 〈그림〉과 같은 메시지 박스를 표시하고, 폼을 화면과 메모리에서 사라지도록 프로시저를 작성하시오.
>
>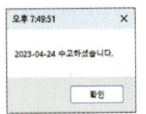
>
> Private Sub Cmd종료_Click()
>     MsgBox Date & " 수고하셨습니다.", , Time
>     Unload Me
> End Sub

**출제유형 ⑤** '사원현황' 시트에서 다음과 같은 작업을 수행하고 저장하시오.

'사원현황' 시트에서 사용자 정의 폼 〈신입사원입력〉의 '종료(cmd종료)' 버튼을 클릭하면 폼 화면이 화면과 메모리에서 사라지도록 프로시저를 작성하시오.

① 엑셀에서 [개발 도구]-[코드] 그룹의 [Visual Basic](圖)을 클릭한다.
② 화면 왼쪽의 [프로젝트-VBAProject] 탐색기에서 '폼'을 더블클릭하고 〈신입사원입력〉을 더블클릭하여 화면 오른쪽에 〈신입사원입력〉 폼이 보이면, 〈종료〉 버튼을 더블클릭한다.

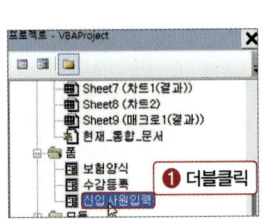 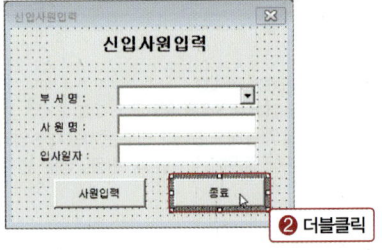

③ 아래와 같이 입력한다.

```
Private Sub cmd종료_Click()
    Unload Me
End Sub
```

### 💬 코드 설명

① cmd종료_Click() : 'cmd종료' 버튼을 클릭했을 때 수행해야 할 작업 기술
② Unload Me : 현재 폼을 화면과 메모리에서 제거

④ 실행 결과를 확인하기 위해서 [보기 Microsoft Excel]을 클릭한 후 〈사원입력〉 버튼을 클릭하고 〈신입사원입력〉 폼에서 〈종료〉 버튼을 클릭하여 〈신입사원입력〉 폼이 사라지는지 확인한다.

> **기적의 TIP**
>
> Me : 현재의 개체를 의미합니다. ('신입사원입력' 폼의 개체를 말합니다.)

**출제유형 ❻** '사원현황' 시트에서 다음과 같은 작업을 수행하고 저장하시오.

'사원현황' 시트에서 셀의 데이터가 변경(Change)되면 해당 셀의 글꼴이 '바탕체', '굵게' 변경되도록 이벤트 프로시저를 작성하시오.

> **기적의 TIP**
>
> 굵게 : [A1].Font.Bold = True
> 굵은 기울임꼴 :
> [A1].Font.Bold = True
> [A1].Font.Italic = True
> 밑줄 : [A1].Font.Underline = True
> 글꼴 변경 : [A1].Font.Name = "글꼴 이름"
> 글꼴 색 :
> [A1].Font.Color = VbRed
> [A1].Font.Color = RGB(255, 0, 0)
> (예 : 빨강색 글꼴)

① 엑셀에서 [개발 도구]-[코드] 그룹의 [Visual Basic](圖)을 클릭한 후, 화면 왼쪽의 [프로젝트-VBAProject] 탐색기에서 'Sheet4(사원현황)'을 더블클릭한다.

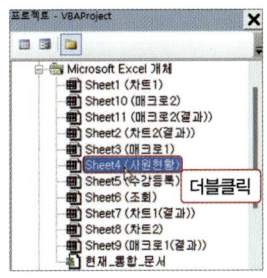

② '개체 목록'은 'Worksheet', '프로시저 목록'은 'Change'를 선택한다.

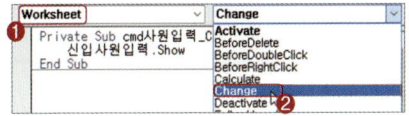

> **기적의 TIP**
>
> [A1] 셀에 서식을 적용한다면
> • 기울임꼴 : [A1].Font.Italic = True
> • 글꼴 크기 : [A1].Font.Size = 숫자

③ 코드 창에서 다음과 같이 입력한다.

```
Private Sub Worksheet_Change(ByVal Target As Range)
    With Target
        .Font.Name = "바탕체"
        .Font.Bold = True
    End With
End Sub
```

> **기적의 TIP**
>
> Target은 대상을 의미하는 것으로 바뀌는 대상을 말합니다.

> **기적의 TIP**
>
> With ~ End With를 사용하지 않고, 아래와 같이 입력해도 됩니다.
>
> Target.Font.Name = "바탕체"
> Target.Font.Bold = True

**💬 코드 설명**

① Worksheet_Change(ByVal Target As Range) : 워크시트에 데이터가 변경되었을 때 의미
② With ~ End With : Target의 반복을 줄여줌
③ .Font.Name = "바탕체" : 변경된 범위의 글꼴은 '바탕체'로 수정
④ .Font.Bold = True : 변경된 범위의 글꼴 스타일은 '굵게'로 수정

> **기적의 TIP**
>
> With는 반복되는 컨트롤 이름(Target)을 생략할 때 사용합니다.

④ 실행 결과를 확인하기 위해서 [보기 Microsoft Excel]을 클릭한 후 '사원현황' 시트에 임의의 값을 입력하여 글꼴이 '바탕체', '굵게' 변경되는지 확인한다.

출제유형 ❼ '사원현황' 시트가 활성화(Activate)되면 [H2] 셀에 '부서명'이 입력되도록 프로시저를 작성하시오.

① 엑셀에서 [개발 도구]-[코드] 그룹의 [Visual Basic](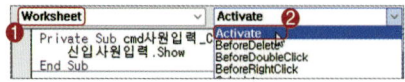)을 클릭한 후, Sheet4(사원현황)를 더블클릭하고, '개체 목록'은 'Worksheet', '프로시저 목록'은 'Activate'를 선택한다.

② 코드 창에서 다음과 같이 입력한다.

```
Private Sub Worksheet_Activate()
    [H2] = "부서명"
End Sub
```

💬 코드 설명

① Worksheet_Activate() : 워크시트를 활성화
② [H2] = "부서명" : [H2] 셀에 "부서명" 문자열을 입력

③ [Microsoft Visual Basic] 창에서 오른쪽 상단에서 [닫기]를 클릭한다.
④ 엑셀에서 다른 시트를 클릭한 후 '사원현황' 시트를 다시 클릭하면 [H2] 셀에 **부서명**이 입력되었는지 확인한다.

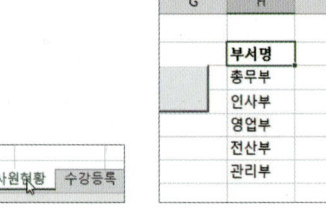

🏁 기적의 TIP

[H2] = "부서명" 대신에 Cells(2, 8) = "부서명"을 입력해도 됩니다.

🏁 기적의 TIP

프로시저 적용이 정확히 테스트되지 않는다면, 저장 후 파일을 다시 열어서 작업해 보세요.

출제유형 ❽ '수강등록' 시트에서 다음과 같은 작업을 수행하고 저장하시오.

▲ '수강등록' 시트

접수코드(C접수코드)를 선택하고 접수자(t접수자), 수강개월(t수강개월) 입력 후 등록(C등록) 버튼을 클릭하면 폼에 입력된 데이터가 [표1]에 입력되어 있는 마지막 행 다음에 연속해서 추가 입력되도록 작성하시오. ('폼의 등록버튼 클릭 후 추가될 프로시저 작성' 아래에 작성하시오.)

▶ 수강료 = 수강개월 × 월수강료
▶ 폼에서 선택된 접수코드(C접수코드)에 해당하는 과목, 과목강사, 월수강료는 [참조표]에서 찾아 [표1]의 과목, 과목강사, 수강료에 표시하시오. (ListIndex 속성을 이용)
▶ 워크시트에 데이터를 입력할 때 표의 제목 행과 입력 내용이 일치하도록 작성하시오.
※ 데이터를 추가하거나 삭제하여도 항상 마지막 데이터 다음에 입력되어야 함

① Alt + F11 을 누른다.
② [프로젝트 - VBAProject] 탐색기에서 '폼'의 〈수강등록〉을 더블클릭하여 [등록]을 더블클릭한다. 코드창이 나타나면 다음과 같이 입력한다.

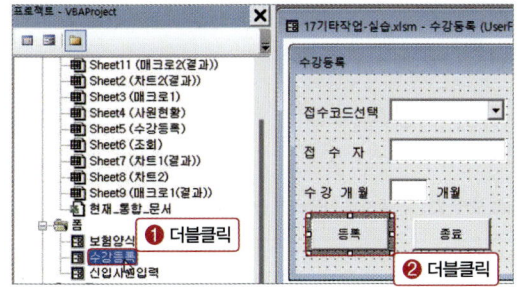

> **기적의 TIP**
>
> - ListIndex는 목록에서 선택한 항목을 숫자로 변환해 줍니다.
> - 첫 번째 값을 선택하면 0, 두 번째 값을 선택하면 1, ...으로 반환됩니다.

- A100을 선택하면 7번째 행에서 데이터를 찾아야하기 때문에 +7을 합니다.

```
iRow = C접수코드.ListIndex + 7
i = Range("A2").CurrentRegion.Rows.Count + 1
  Cells(i, 1) = t접수자
  Cells(i, 2) = t수강개월.Value
  Cells(i, 3) = C접수코드
  Cells(i, 4) = Cells(iRow, 9)
  Cells(i, 5) = Cells(iRow, 10)
  Cells(i, 6) = Cells(i, 2) * Cells(iRow, 11).Value
```

💬 **코드 설명**

① iRow = C접수코드.ListIndex + 7
→ iRow는 참조표[H6:K15] 영역에서 찾아올 행 위치를 기억할 변수
→ 'C접수코드' 콤보상자에서 선택한 값의 위치 값에 7을 더한 값을 이용
→ 'C접수코드' 콤보상자에서 'A100'을 선택하면 '0', 'A200'을 선택하면 '1', 'B100'을 선택하면 '2'... 로 Listindex를 통해 값이 반환된다.
→ Listindex 의 반환된 값에 +7을 해서 참조표의 행의 위치를 구함

② i = Range("A2").CurrentRegion.Rows.Count + 1
→ i는 [A2] 셀과 연결된 범위에 있는 데이터 범위 행의 수에, [A2] 셀 위의 비어 있는 행이 없어서 새롭게 입력할 '1행'을 더해서 +1을 해서 행의 위치를 계산하여 반환

③ Cells(i, 4) = Cells(iRow, 9)
→ 과목(D열)은 참조표의 iRow를 통해 구한 행 위치의 9열(과목)에 있는 값을 입력

③ 실행 결과를 확인하기 위해서 [보기 Microsoft Excel]을 클릭한 후 〈수강등록〉 버튼을 클릭하고, '접수코드선택'을 선택한 후 접수자, 수강개월을 입력한 후 [등록]을 클릭하여 확인한다.

④ '수강등록' 폼의 [종료]을 클릭하여 폼을 닫는다.

> **기적의 TIP**
>
> 값을 숫자 형식으로 입력받아 계산하고자 할 때(셀에 오른쪽 정렬)
> Val(t수강개월) 또는 t수강개월.Value 로 작성합니다.

> **기적의 TIP**
>
> i = Range("A2").CurrentRegion.Rows.Count +1
> 을
> i = [A1].Row + [A1].CurrentRegion.Rows.Count
> 으로 작성해도 됩니다.
>
> **둘의 차이점**
> Range("A2")로 작성하는 경우에는 「.cu」를 입력하면 목록에서 선택하여 입력할 수 있는 장점이 있는 반면 연결되지 않은 행의 개수와 새롭게 입력할 개수를 직접 카운트해서 더해주어야 합니다.
>
>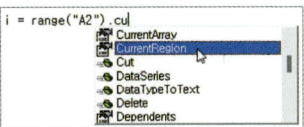
>
> [A1]로 작성할 경우 CurrentRegion.Rows.Count를 오타 없이 정확하게 입력해야 합니다.

**출제유형 ⑨** '조회' 시트에서 다음과 같은 작업을 수행하도록 프로시저를 작성하시오.

'보험종류(Cmb종류)' 컨트롤에서 조회할 보험종류를 선택한 후 '조회(cmd조회)' 단추를 클릭하면 월납부액(Txt월납액), 납부총액(Txt납부총액), 이자총액(Txt이자총액)에 해당하는 자료를 폼에 표시하는 프로시저를 작성하시오. (ListIndex 속성을 이용)

① **Alt** + **F11** 을 누른다.
② [프로젝트 - VBAProject] 탐색기에서 '폼'의 〈보험양식〉을 더블클릭하여 [조회]을 더블클릭한다. 코드창이 나타나면 다음과 같이 입력한다.

```
iRow = Cmb종류.ListIndex + 3
Txt월납액 = Cells(iRow, 2)
Txt납부총액 = Cells(iRow, 3)
Txt이자총액 = Cells(iRow, 4)
```

### 코드 설명

① iRow = Cmb종류.ListIndex + 3
  → iRow는 참조표[A2:D7] 영역에서 찾아올 행 위치를 기억할 변수
  → 'Cmb종류' 콤보상자에서 선택한 값의 위치 값에 3을 더한 값을 이용
  → 'Cmb종류' 콤보상자에서 '건강저축보험'을 선택하면 '0', '주택저축보험'을 선택하면 '1', …로 ListIndex를 통해 값이 반환된다.
  → ListIndex의 반환된 값에 +3을 해서 참조표의 행의 위치를 구함
② Txt월납액 = Cells(iRow,2)
  → 'Txt월납액'에 iRow를 통해 구한 행 위치에 2번째 열(B)의 값을 표시한다.

③ 실행 결과를 확인하기 위해서 [보기 Microsoft Excel]을 클릭한 후 〈보험조회〉 버튼을 클릭하고, '보험종류'를 선택한 후 [조회]을 클릭하여 확인한다.
④ '보험양식' 폼의 [종료]을 클릭하여 폼을 닫는다.

PART

# 02

# 스프레드시트
# 대표 기출 따라하기

# 대표 기출 따라하기

**자동 채점 서비스(웹 용)**

① comlicense.co.kr 접속
② '도서' 확인 후, [채점하기] 클릭
③ '회차'와 '채점할 파일' 선택
④ [채점시작] 클릭

# 대표 기출 따라하기

**작업파일** [26컴활1급₩1권_스프레드시트₩대표기출따라하기] 폴더의 '대표기출따라하기' 파일을 열어서 작업하시오.

| 프로그램명 | 제한시간 |
|---|---|
| EXCEL | 45분 |

수험번호 : _____

성    명 : _____

································· 유의사항 ·································

- 인적 사항 누락 및 잘못 작성으로 인한 불이익은 수험자 책임으로 합니다.

- 화면에 암호 입력창이 나타나면 아래의 암호를 입력하여야 합니다.
  ○ 암호: 6845%3

- 작성된 답안은 주어진 경로 및 파일명을 변경하지 마시고 그대로 저장해야 합니다. 이를 준수하지 않으면 실격 처리됩니다.
  답안 파일명의 예: C:₩OA₩수험번호8자리.xlsm

- 외부데이터 위치: C:₩OA₩파일명

- 별도의 지시사항이 없는 경우, 다음과 같이 처리 시 실격 처리됩니다.
  ○ 제시된 시트 및 개체의 순서나 이름을 임의로 변경한 경우
  ○ 제시된 시트 및 개체를 임의로 추가 또는 삭제한 경우
  ○ 외부데이터를 시험 시작 전에 열어본 경우

- 답안은 반드시 문제에서 지시 또는 요구한 셀에 입력하여야 하며 다음과 같이 처리 시 채점 대상에서 제외됩니다.
  ○ 제시된 함수가 있을 경우 제시된 함수만을 사용하여야 하며 그 외 함수사용시 채점대상에서 제외
  ○ 수험자가 임의로 지시하지 않은 셀의 이동, 수정, 삭제, 변경 등으로 인해 셀의 위치 및 내용이 변경된 경우 해당 작업에 영향을 미치는 관련문제 모두 채점 대상에서 제외
  ○ 도형 및 차트의 개체가 중첩되어 있거나 동일한 계산결과 시트가 복수로 존재할 경우 해당 개체나 시트는 채점 대상에서 제외

- 수식 작성 시 제시된 문제 파일의 데이터는 변경 가능한(가변적) 데이터임을 감안하여 문제 풀이를 하시오.

- 별도의 지시사항이 없는 경우, 주어진 각 시트 및 개체의 설정값 또는 기본 설정값 (Default)으로 처리하시오.

- 저장 시간은 별도로 주어지지 않으므로 제한된 시간 내에 저장을 완료해야 하며, 제한 시간 내에 저장이 되지 않은 경우에는 실격 처리됩니다.

- 출제된 문제의 용어는 MS Office LTSC Professional Plus 2021 기준으로 작성되어 있습니다.

대 한 상 공 회 의 소

## 문제 ❶ 기본작업 | 주어진 시트에서 다음 과정을 수행하고 저장하시오. 15점

**01** '기본작업-1' 시트에서 다음과 같이 고급필터를 수행하시오. (5점)
- ▶ [B2:L18] 영역에서 '업무'가 관리가 아니고, '월평균임금'이 평균을 초과하고, 임금근로자수가 100 미만인 행을 분류, 종사자수, 월평균임금, 평균연령, 평균경력 열만 순서대로 표시하시오.
- ▶ 조건은 [B21:B22] 영역 내에 알맞게 입력하시오. (AND, AVERAGE 함수 사용)
- ▶ 결과는 [B24] 셀부터 표시하시오.

**02** '기본작업-1' 시트의 [B3:L18] 영역에 대해 다음과 같이 조건부 서식을 설정하시오. (5점)
- ▶ [B3:L18] 영역에 대해서 평균연령, 여성비율이 각각 가장 큰 값, 가장 작은 값에 해당하는 행 전체에 대해서 글꼴 스타일은 '굵게', 글꼴 색은 '표준 색 – 빨강'으로 적용하시오.
- ▶ 단, 규칙 유형은 '수식을 사용하여 서식을 지정할 셀 결정'을 사용하고, 한 개의 규칙으로만 작성하시오. (OR, MAX, MIN 함수 사용)

**03** '기본작업-2' 시트에서 다음과 같이 페이지 레이아웃을 설정하시오. (5점)
- ▶ 인쇄될 내용이 페이지의 정 가운데에 인쇄되도록 페이지 가운데 맞춤을 설정하시오.
- ▶ 매 페이지 하단의 가운데 구역에는 페이지 번호가 [표시 예]와 같이 표시되도록 바닥글을 설정하시오.
  [표시 예 : 현재 페이지 번호가 1이고 전체 페이지 번호가 3인 경우 → 1 / 3]
- ▶ [B2:J36] 영역을 인쇄 영역으로 설정하고, [G2] 셀 가격부터 페이지 나누기 삽입하여 다음 페이지 인쇄하도록 설정하면서 B열이 매 페이지마다 반복하여 인쇄되도록 인쇄 제목을 설정하시오.

## 문제 ❷ 계산작업 | 주어진 시트에서 다음 과정을 수행하고 저장하시오 30점

**01** [표1]의 학과, 중간고사, 기말고사를 이용하여 [표2]의 [M7:N9] 영역에 학과별 중간고사, 기말고사의 평균을 계산하시오. (6점)
- ▶ 산출된 평균을 소수 둘째자리에서 올림하여 소수 첫째자리까지 표시 [표시 예 : 81.1828 → 81.2]
- ▶ AVERAGEIF와 ROUNDUP 함수 사용

**02** [표1]의 출석을 이용하여 [표3]의 출석수별로 학생수[M15:M20]를 계산하시오. (6점)
- ▶ 산출된 학생수는 숫자 뒤에 '명'을 추가하여 표시 [표시 예 : 5명]
- ▶ TEXT와 FREQUENCY 함수 사용, 단 TEXT 함수의 서식 문자열은 '#'을 사용

**03** [표1]의 성명, 학과, 중간고사를 이용하여 학과별 중간고사의 점수가 가장 높은 학생의 이름을 [표4]의 [M26:M28] 영역에 표시하시오. (6점)
- ▶ INDEX, MATCH, MAX, IF 함수를 이용한 배열 수식 사용

**04** 사용자 정의 함수 'fn총점'을 작성하여 점수[I4:I43]를 계산하시오. (6점)

▶ 'fn총점'은 출석, 과제, 중간고사, 기말고사를 인수로 받아 총점을 계산하는 함수임
▶ 총점 = 출석 + 과제 + 중간고사 × 0.3 + 기말고사 × 0.3 으로 계산하되 출석, 중간고사, 기말고사 중에 하나라도 0이면 총점은 0으로 하시오.

```
Public Function fn총점(출석, 과제, 중간고사, 기말고사)

End Function
```

**05** [표5]에서 학기별 총점에 따른 등급을 [표6]에서 찾아 [I49:I54] 영역에 표시하시오. (6점)

▶ 학기별 총점은 [표5]의 학점[D48:H48]과 각 학기별 점수를 곱한 값의 합임
▶ VLOOKUP, SUMPRODUCT 함수 사용

---

## 문제 ❸ 분석작업 | 주어진 시트에서 다음 과정을 수행하고 저장하시오. 20점

**01** '분석작업-1' 시트에서 다음의 지시사항에 따라 피벗 테이블 보고서를 작성하시오. (10점)

▶ 외부 데이터 가져오기 기능을 사용하여 〈편의점.accdb〉의 〈주문내역〉 테이블의 '주문일자', '거래구분', '가격', '포인트' 열을 이용하시오.
▶ 피벗 테이블 보고서의 레이아웃과 위치는 〈그림〉을 참조하여 설정하고, 보고서 레이아웃을 개요 형식으로 표시하시오.
▶ '주문일자' 필드는 그룹을 '일' 단위 10으로 설정하시오.
▶ '가격비율' 필드는 추가된 계산필드로서, '가격'을 '열 합계 비율'로 지정한 것임
▶ 피벗 테이블 스타일은 '흰색, 피벗 스타일 밝게 11'로 설정하시오.

| | A | B | C | D | E | F | G |
|---|---|---|---|---|---|---|---|
| 1 | | | | | | | |
| 2 | | 주문일자 ▼ | 거래구분 ▼ | 합계 : 가격 | 합계 : 포인트 | 합계 : 가격비율 | |
| 3 | | ⊟ 2025-01-01 - 2025-01-10 | | 18980 | 197 | 7.03% | |
| 4 | | | 카드 | 2480 | 32 | 0.92% | |
| 5 | | | 현금 | 16500 | 165 | 6.11% | |
| 6 | | ⊟ 2025-01-11 - 2025-01-20 | | 230200 | 22 | 85.30% | |
| 7 | | | 카드 | 60000 | 60 | 22.23% | |
| 8 | | | 쿠폰 | 10000 | 0 | 3.71% | |
| 9 | | | 포인트 | 0 | -200 | 0.00% | |
| 10 | | | 현금 | 160200 | 162 | 59.36% | |
| 11 | | ⊟ 2025-01-21 - 2025-01-27 | | 20700 | 117 | 7.67% | |
| 12 | | | 카드 | 20700 | 117 | 7.67% | |
| 13 | | | 현금 | 0 | 0 | 0.00% | |
| 14 | | 총합계 | | 269880 | 336 | 100.00% | |
| 15 | | | | | | | |

※ 작업 완성된 그림이며 부분점수 없음

## 02 '분석작업-2' 시트에 대하여 다음의 지시사항을 처리하시오. (10점)

▶ [C3:D41] 영역에는 데이터 유효성 검사 도구를 이용하여 06:00부터 23:50까지의 시간만 입력되도록 제한 대상을 설정하시오.

▶ [C3:D41] 영역의 셀을 클릭한 경우 〈그림〉과 같은 설명 메시지(제목 : 입력시간범위, 설명 메시지 : 06시~23시50분)을 표시하고, 유효하지 않은 데이터를 입력한 경우 〈그림〉과 같은 오류 메시지가 표시되도록 설정하시오.

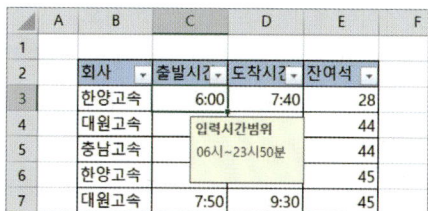 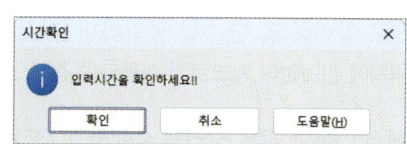

▶ 자동 필터를 이용하여 '출발시간'이 09:00 이후부터 11:00 이전인 경우의 데이터 행만 표시되도록 숫자 필터를 설정하시오.

---

## 문제 ④ 기타작업 | 주어진 시트에서 다음 과정을 수행하고 저장하시오. 35점

### 01 '기타작업-1' 시트에서 다음의 지시사항에 따라 차트를 수정하시오. (각 2점)

※ 차트는 반드시 문제에서 제공한 차트를 사용하여야 하며, 신규로 차트 작성 시 0점 처리됨

① '평균온도' 데이터 계열만 차트 종류를 '표식이 있는 꺾은선형'으로 변경하고, 데이터 레이블을 '값'으로 설정하시오.
② 차트 제목은 그림과 같이 표시되도록 하고, 범례는 서식을 이용하여 '아래쪽'으로 배치하시오.
③ '지면' 데이터 계열의 '계열 겹치기'를 '90%'로 설정하시오.
④ 세로 (값) 축의 최대값을 '5', 최소값을 '-6', 기본 단위를 '1'로 설정하시오.
⑤ 차트 영역의 테두리 스타일은 '둥근 모서리'를 설정하시오.

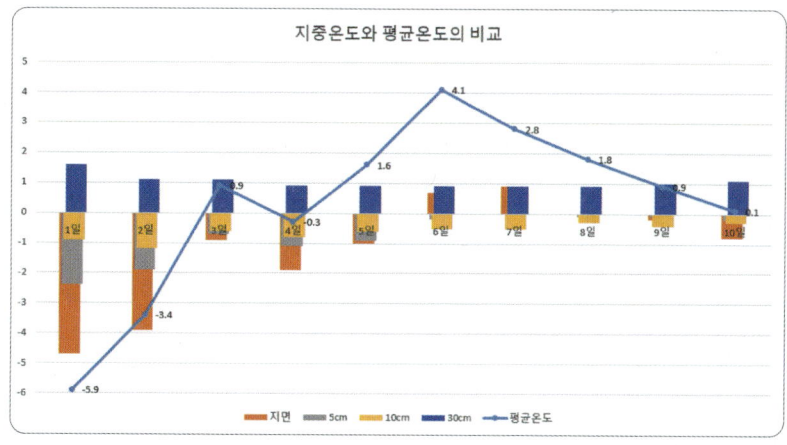

## 02 '기타작업-2' 시트에서 다음과 같은 기능을 수행하는 매크로를 현재 통합문서에 작성하시오. (각 5점)

① [E6:H36] 영역에 대하여 사용자 지정 표시 형식을 설정하는 '서식적용' 매크로를 생성하시오.
- ▶ 셀 값이 1과 같은 경우 빨강색 정수로 표시, 셀 값이 0과 같은 경우 파랑색 정수로 표시, 나머지는 천 단위 구분 기호로 표시
- ▶ [개발 도구]-[삽입]-[양식 컨트롤]의 '단추(□)'를 동일 시트의 [B2:C3] 영역에 생성한 후 텍스트를 '서식적용'으로 입력하고, 단추를 클릭하면 '서식적용' 매크로가 실행되도록 설정하시오.

② [E6:H36] 영역에 대하여 표시 형식을 '회계'로 적용하는 '서식해제' 매크로를 생성하시오.
- ▶ [개발 도구]-[삽입]-[양식 컨트롤]의 '단추(□)'를 동일 시트의 [E2:F3] 영역에 생성한 후 텍스트를 '서식해제'로 입력하고, 단추를 클릭하면 '서식해제' 매크로가 실행되도록 설정하시오.

※ 셀 포인터의 위치에 관계없이 매크로가 실행되야 정답으로 인정됨

## 03 '기타작업-3' 시트에서 다음과 같은 작업을 수행하고 저장하시오. (각 5점)

① '중고차입력' 버튼을 클릭하면 〈중고차입력화면〉 폼이 나타나도록 프로시저를 작성하시오.
② 폼이 초기화되면(Initialize) 모델(Cmb모델) 목록에 [K4:L8] 영역의 값이 설정되고, 등록일(Text등록일)에는 현재날짜의 년도가 표시되도록 프로시저를 작성하시오.
- ▶ 등록일은 Year, Date 함수 사용

③ 〈중고차입력화면〉 폼의 입력(Cmd입력) 버튼을 클릭하면 폼에 입력된 모델(Cmb모델), 년식(Text년식), 등록인(Text등록인), 등록일(Text등록일)과 신차량가격과 감가차량가격을 계산하여 [표1]에 입력되도록 프로시저를 작성하시오.
- ▶ 감가차량가격 = 신차량가격 × 0.8 ^ (등록일 - 년식) 으로 계산하시오.
- ▶ 단, 년식을 입력하지 않았거나, 등록일이 년식보다 작으면 감가차량가격에 '등록오류'로 입력하시오.

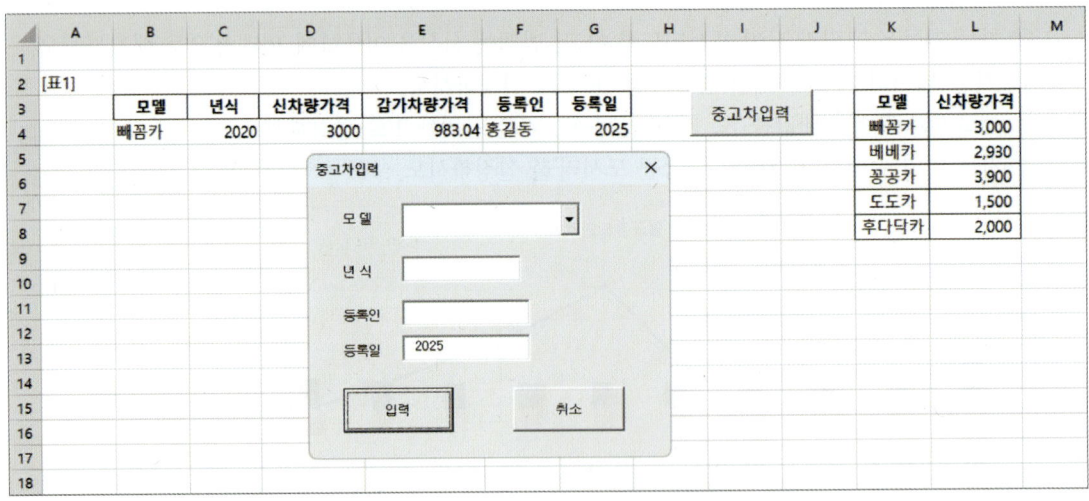

※ 데이터를 추가하거나 삭제하여도 항상 마지막 데이터 다음에 입력되어야 함

# 대표 기출 따라하기 정답

## 문제 ❶ 기본작업

### 01 고급 필터

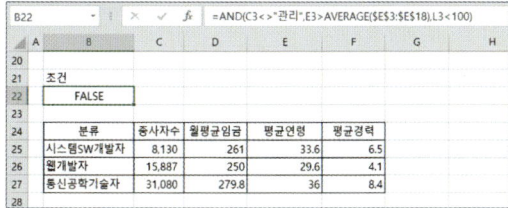

### 02 조건부 서식

### 03 페이지 레이아웃

## 문제 ❷ 계산작업

### 01 중간고사, 기말고사 평균

| | K | L | M | N | O |
|---|---|---|---|---|---|
| 4 | | | | | |
| 5 | | [표2] | | | |
| 6 | | 학과 | 중간고사 | 기말고사 | |
| 7 | | 경영과 | 59.7 | 46.3 | |
| 8 | | 건축과 | 64.6 | 49.7 | |
| 9 | | 전자과 | 81.2 | 57.9 | |
| 10 | | | | | |

[M7] 셀에 「=ROUNDUP(AVERAGEIF($D$4:$D$43,$L7,G$4:G$43),1)」를 입력하고 [N9] 셀까지 수식 복사

### 02 학생수

| | K | L | M | N |
|---|---|---|---|---|
| 12 | | | | |
| 13 | | [표3] | | |
| 14 | | 출석수 | 학생수 | |
| 15 | | 15 이하 | 7명 | |
| 16 | | 16 | 1명 | |
| 17 | | 17 | 1명 | |
| 18 | | 18 | 1명 | |
| 19 | | 19 | 12명 | |
| 20 | | 20 | 18명 | |
| 21 | | | | |

[M15:M20] 영역에 「=TEXT(FREQUENCY(E4:E43,$L$15:$L$20),"#명")」를 입력하고 Ctrl + Shift + Enter 를 누름

### 03 이름

| | K | L | M | N |
|---|---|---|---|---|
| 23 | | | | |
| 24 | | [표4] | | |
| 25 | | 학과 | 이름 | |
| 26 | | 경영과 | 윤희수 | |
| 27 | | 건축과 | 조현수 | |
| 28 | | 전자과 | 김보미 | |
| 29 | | | | |

[M26] 셀에 「=INDEX($C$4:$C$43,MATCH(MAX(IF($D$4:$D$43=L26,$G$4:$G$43)),($D$4:$D$43=L26)*($G$4:$G$43),0))」를 입력하고 Ctrl + Shift + Enter 를 누른 후 [M28] 셀까지 수식 복사

## 04 총점

| | A | B | C | D | E | F | G | H | I | J |
|---|---|---|---|---|---|---|---|---|---|---|
| 1 | | | | | | | | | | |
| 2 | | [표1] | | | | | | | | |
| 3 | | 번호 | 성명 | 학과 | 출석 | 과제 | 중간고사 | 기말고사 | 총점 | 비고 |
| 4 | | 1 | 김민률 | 경영과 | 20 | 20 | 80 | 100 | 94 | |
| 5 | | 2 | 김민찬 | 건축과 | 15 | 8 | 71 | 0 | 0 | |
| 6 | | 3 | 김보미 | 전자과 | 20 | 20 | 100 | 94 | 98.2 | |
| 7 | | 4 | 김선국 | 전자과 | 19 | 20 | 75 | 28 | 69.9 | |
| 8 | | 5 | 김영원 | 전자과 | 20 | 20 | 84 | 48 | 79.6 | |
| 9 | | 6 | 김영지 | 건축과 | 19 | 17 | 58 | 84 | 78.6 | |
| 10 | | 7 | 김채원 | 건축과 | 20 | 20 | 73 | 50 | 76.9 | |
| 11 | | 8 | 나웅선 | 전자과 | 19 | 19 | 63 | 32 | 66.5 | |
| 12 | | 9 | 노민혁 | 경영과 | 20 | 19 | 48 | 62 | 72 | |
| 13 | | 10 | 노유진 | 경영과 | 14 | 11 | 60 | 10 | 46 | |
| 14 | | 11 | 박세원 | 전자과 | 19 | 20 | 56 | 38 | 67.2 | |
| 15 | | 12 | 박소연 | 경영과 | 20 | 20 | 90 | 73 | 88.9 | |
| 16 | | 13 | 박희원 | 경영과 | 0 | 0 | 0 | 0 | 0 | |
| 17 | | 14 | 서준원 | 경영과 | 20 | 20 | 65 | 62 | 78.1 | |
| 18 | | 15 | 서중표 | 건축과 | 18 | 10 | 55 | 48 | 58.9 | |
| 19 | | 16 | 송명신 | 건축과 | 20 | 20 | 74 | 74 | 84.4 | |
| 20 | | 17 | 송성빈 | 건축과 | 20 | 20 | 95 | 76 | 91.3 | |
| 21 | | 18 | 심선민 | 경영과 | 20 | 20 | 75 | 70 | 83.5 | |
| 22 | | 19 | 유성진 | 경영과 | 13 | 0 | 45 | 0 | 0 | |
| 23 | | 20 | 윤예진 | 경영과 | 15 | 9 | 35 | 26 | 42.3 | |
| 24 | | 21 | 윤희수 | 경영과 | 19 | 20 | 93 | 46 | 80.7 | |
| 25 | | 22 | 이가은 | 경영과 | 19 | 20 | 55 | 86 | 81.3 | |
| 26 | | 23 | 이슬 | 전자과 | 19 | 20 | 78 | 76 | 85.2 | |
| 27 | | 24 | 이시환 | 전자과 | 20 | 20 | 97 | 100 | 99.1 | |
| 28 | | 25 | 이용현 | 전자과 | 20 | 20 | 98 | 72 | 91 | |
| 29 | | 26 | 이윤서 | 건축과 | 12 | 13 | 30 | 0 | 0 | |
| 30 | | 27 | 이하늘 | 건축과 | 20 | 20 | 98 | 97 | 98.5 | |
| 31 | | 28 | 이형연 | 건축과 | 19 | 20 | 50 | 30 | 63 | |
| 32 | | 29 | 장민상 | 전자과 | 20 | 18 | 88 | 50 | 79.4 | |
| 33 | | 30 | 장승우 | 전자과 | 20 | 20 | 88 | 38 | 77.8 | |
| 34 | | 31 | 정용진 | 전자과 | 20 | 20 | 66 | 60 | 77.8 | |
| 35 | | 32 | 조현수 | 건축과 | 19 | 20 | 99 | 91 | 96 | |
| 36 | | 33 | 최문규 | 건축과 | 19 | 19 | 77 | 56 | 77.9 | |
| 37 | | 34 | 최영준 | 경영과 | 19 | 20 | 60 | 30 | 66 | |
| 38 | | 35 | 최예원 | 경영과 | 20 | 19 | 69 | 36 | 70.5 | |
| 39 | | 36 | 한승호 | 건축과 | 20 | 20 | 41 | 44 | 65.5 | |
| 40 | | 37 | 한준규 | 건축과 | 16 | 19 | 70 | 42 | 68.6 | |
| 41 | | 38 | 홍태광 | 건축과 | 0 | 0 | 0 | 0 | 0 | |
| 42 | | 39 | 황중우 | 건축과 | 19 | 20 | 82 | 64 | 82.8 | |
| 43 | | 40 | 황혜진 | 건축과 | 17 | 0 | 60 | 38 | 46.4 | |
| 44 | | | | | | | | | | |

[I4] 셀에 「=fn총점(E4,F4,G4,H4)」를 입력하고 [I43] 셀까지 수식 복사

```
Public Function fn총점(출석, 과제, 중간고사, 기말고사)
    If 출석 = 0 Or 중간고사 = 0 Or 기말고사 = 0 Then
        fn총점 = 0
    Else
        fn총점 = 출석 + 과제 + 중간고사 * 0.3 + 기말고사 * 0.3
    End If
End Function
```

## 05 등급

| | A | B | C | D | E | F | G | H | I | J | K | L | M | N |
|---|---|---|---|---|---|---|---|---|---|---|---|---|---|---|
| 47 | | [표5] | | | | | | | | | | [표6] | | |
| 48 | | | 학점 | 4 | 3 | 2 | 1 | 0 | 등급 | | | 총점 | 등급 | |
| 49 | | | 1학기 | 1 | 1 | 3 | | | C | | | 0 | F | |
| 50 | | | 2학기 | | | 1 | 1 | 2 | F | | | 5 | D | |
| 51 | | 점수 | 3학기 | | 1 | 2 | | 1 | D | | | 10 | C | |
| 52 | | | 4학기 | 2 | 2 | | 1 | | B | | | 15 | B | |
| 53 | | | 5학기 | 1 | 1 | 1 | 1 | 1 | C | | | 20 | A | |
| 54 | | | 6학기 | 5 | | | | | A | | | | | |
| 55 | | | | | | | | | | | | | | |

[I49] 셀에 「=VLOOKUP(SUMPRODUCT(D49:H49,$D$48:$H$48),$L$49:$M$53,2)」를 입력하고 [I54] 셀까지 수식 복사

## 문제 ❸ 분석작업

### 01 피벗 테이블

| | A | B | C | D | E | F | G |
|---|---|---|---|---|---|---|---|
| 1 | | | | | | | |
| 2 | | 주문일자 | 거래구분 | 합계 : 가격 | 합계 : 포인트 | 합계 : 가격비율 | |
| 3 | | ⊟2025-01-01 - 2025-01-10 | | 18980 | 197 | 7.03% | |
| 4 | | | 카드 | 2480 | 32 | 0.92% | |
| 5 | | | 현금 | 16500 | 165 | 6.11% | |
| 6 | | ⊟2025-01-11 - 2025-01-20 | | 230200 | 22 | 85.30% | |
| 7 | | | 카드 | 60000 | 60 | 22.23% | |
| 8 | | | 쿠폰 | 10000 | 0 | 3.71% | |
| 9 | | | 포인트 | 0 | -200 | 0.00% | |
| 10 | | | 현금 | 160200 | 162 | 59.36% | |
| 11 | | ⊟2025-01-21 - 2025-01-27 | | 20700 | 117 | 7.67% | |
| 12 | | | 카드 | 20700 | 117 | 7.67% | |
| 13 | | | 현금 | 0 | 0 | 0.00% | |
| 14 | | 총합계 | | 269880 | 336 | 100.00% | |
| 15 | | | | | | | |

### 02 데이터 도구

| | A | B | C | D | E | F |
|---|---|---|---|---|---|---|
| 1 | | | | | | |
| 2 | | 회사 | 출발시간 | 도착시간 | 잔여석 | |
| 11 | | 충남고속 | 9:30 | 11:10 | 41 | |
| 12 | | 한양고속 | | | 39 | |
| 13 | | 대원고속 | 입력시간범위 06시~23시50분 | | 21 | |
| 14 | | 충남고속 | | | 18 | |
| 15 | | 한양고속 | 10:50 | 12:30 | 26 | |
| 42 | | | | | | |

## 문제 ❹  기타작업

### 01 차트 수정

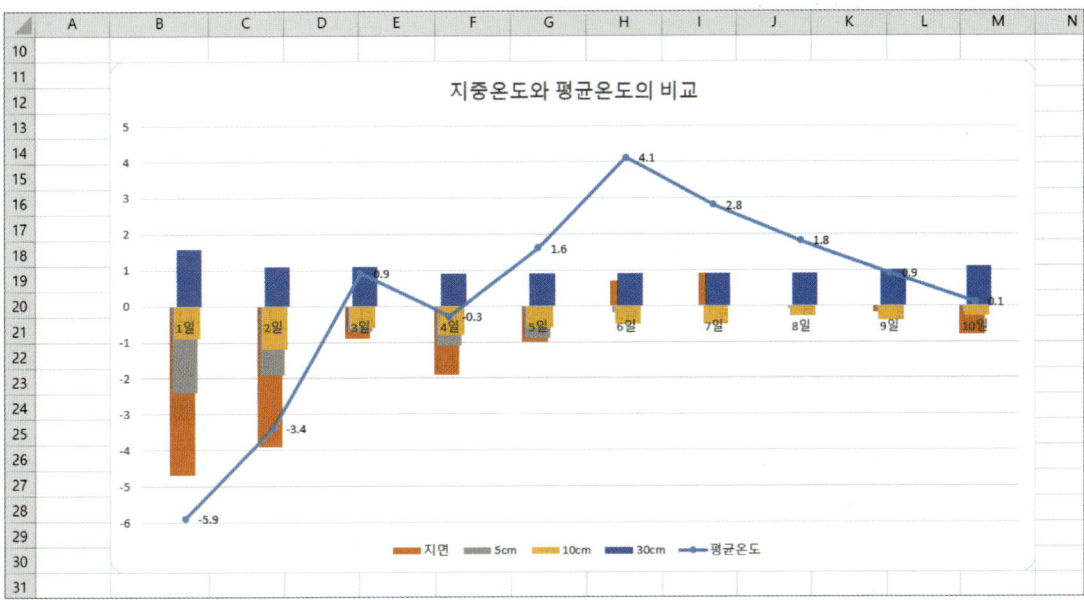

### 02 매크로

| | A | B | C | D | E | F | G | H |
|---|---|---|---|---|---|---|---|---|
| 1 | | | | | | | | |
| 2 | | 서식적용 | | | 서식해제 | | | |
| 3 | | | | | | | | |
| 4 | | | | | | | | |
| 5 | 주문순서 | 주문코드 | 거래구분 | 상품명 | 주문수량 | 판매수량 | 가격 | 포인트 |
| 6 | 1 | 27904896 | 카드 | 쉴드 | 1 | 1 | 500 | 5 |
| 7 | 2 | 27904896 | 카드 | 바나나 | 1 | 1 | 200 | 2 |
| 8 | 3 | 27904896 | 카드 | 먹구름 | 1 | 1 | 100 | 1 |
| 9 | 4 | 28999990 | 현금 | 미사일 | 5 | 5 | 1,000 | 10 |
| 10 | 5 | 28999990 | 현금 | 부스터 | 100 | 100 | 10,000 | 100 |
| 11 | 6 | 28999990 | 현금 | 물파리 | 10 | 10 | 2,000 | 20 |
| 12 | 7 | 28999990 | 현금 | 물폭탄 | 5 | 5 | 1,500 | 15 |
| 13 | 8 | 28999990 | 현금 | 자석 | 5 | 5 | 2,000 | 20 |
| 14 | 9 | 33900000 | 카드 | 우주선 | 1 | 1 | 600 | 6 |
| 15 | 10 | 33900000 | 카드 | 대마왕 | 1 | 1 | 50 | 5 |
| 16 | 11 | 35009820 | 카드 | 닥터R | 1 | - | - | - |
| 17 | 12 | 35009820 | 카드 | 전자파 | 2 | 2 | 30 | 3 |
| 18 | 13 | 35009820 | 카드 | 사이렌 | 5 | 5 | 1,000 | 10 |
| 19 | 14 | 55555555 | 쿠폰 | 물파리 | 50 | 50 | - | - |
| 20 | 15 | 36897682 | 현금 | 바나나 | 10 | 10 | 20,000 | 20 |
| 21 | 16 | 36897682 | 현금 | 자석 | 10 | 10 | 40,000 | 40 |
| 22 | 17 | 36897682 | 현금 | 우주선 | 5 | 5 | 30,000 | 30 |
| 23 | 18 | 55555550 | 쿠폰 | 먹구름 | 10 | 10 | 10,000 | - |
| 24 | 19 | 38983780 | 카드 | 미사일 | 5 | 5 | 10,000 | 10 |
| 25 | 20 | 38983780 | 카드 | 부스터 | 10 | 10 | 10,000 | 10 |
| 26 | 21 | 55555005 | 포인트 | 물파리 | 50 | 50 | - | 200 |
| 27 | 22 | 38983780 | 카드 | 물폭탄 | 20 | 20 | 40,000 | 40 |
| 28 | 23 | 39000000 | 현금 | 자석 | 15 | 15 | 60,000 | 60 |
| 29 | 24 | 39000000 | 현금 | 바나나 | 1 | 1 | 200 | 2 |
| 30 | 25 | 39000000 | 현금 | 부스터 | 10 | 10 | 10,000 | 10 |
| 31 | 26 | 39978390 | 카드 | 부스터 | 10 | 10 | 10,000 | 10 |
| 32 | 27 | 39978390 | 카드 | 먹구름 | 1 | 1 | 100 | 1 |
| 33 | 28 | 39978390 | 카드 | 우주선 | 1 | 1 | 600 | 6 |
| 34 | 29 | 39978390 | 카드 | 물파리 | 40 | 40 | 8,000 | 80 |
| 35 | 30 | 39978390 | 카드 | 자석 | 5 | 5 | 2,000 | 20 |
| 36 | 31 | 40030000 | 현금 | 대마왕 | 1 | - | - | - |
| 37 | | | | | | | | |

## 03 VBA 프로그래밍

- 폼 보이기 프로시저

```
Private Sub 중고차입력_Click()
    중고차입력화면.Show
End Sub
```

- 폼 초기화 프로시저

```
Private Sub UserForm_Initialize()
    Cmb모델.RowSource = "K4:L8"
    Cmb모델.ColumnCount = 2
    Text등록일 = Year(Date)
End Sub
```

- 입력 프로시저

```
Private Sub Cmd입력_Click()
    i = Range("B3").CurrentRegion.Rows.Count + 2
    Cells(i, 2) = Cmb모델.List(Cmb모델.ListIndex, 0)
    Cells(i, 3) = Text년식.Value
    Cells(i, 4) = Cmb모델.List(Cmb모델.ListIndex, 1)
    If Text년식 = "" Or Text등록일 < Text년식 Then
        Cells(i, 5) = "등록오류"
    Else
        Cells(i, 5) = Cells(i, 4) * 0.8 ^ (Text등록일 - Text년식)
    End If
    Cells(i, 6) = Text등록인
    Cells(i, 7) = Text등록일.Value
End Sub
```

## 대표 기출 따라하기 해설

### 문제 ① 기본작업

#### 01 고급 필터('기본작업-1' 시트)

① [B21:B22] 영역에 '조건'을 입력하고, [B24:F24] 영역에 '추출할 필드명'을 입력한다.

> **기적의 TIP**
> 추출할 필드명을 직접 입력하지 않고, 원본 필드명에서 복사해서 사용할 수 있습니다. 오타도 줄일 수 있어서 더 좋습니다.

|   | A | B | C | D | E | F | G | H |
|---|---|---|---|---|---|---|---|---|
| 20 |   |   |   |   |   |   |   |   |
| 21 |   | 조건 |   |   |   |   |   |   |
| 22 |   | FALSE |   |   |   |   |   |   |
| 23 |   |   |   |   |   |   |   |   |
| 24 |   | 분류 | 종사자수 | 월평균임금 | 평균연령 | 평균경력 |   |   |
| 25 |   |   |   |   |   |   |   |   |

B22의 수식: =AND(C3<>"관리",E3>AVERAGE($E$3:$E$18),L3<100)

[B22] : =AND(C3<>"관리",E3>AVERAGE($E$3:$E$18),L3<100)

② [데이터]-[정렬 및 필터] 그룹의 [고급](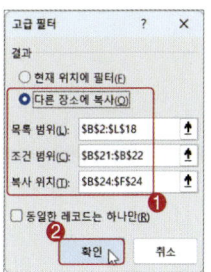)을 클릭한다.
③ [고급 필터]에서 다음과 같이 지정한 후 [확인]을 클릭한다.

> **기적의 TIP**
> 평균값은 모든 셀에 동일한 값을 비교할 수 있도록 F4를 눌러 절대참조를 합니다.
> 초과 : >, 미만 : <

- 결과 : '다른 장소에 복사'
- 목록 범위 : [B2:L18]
- 조건 범위 : [B21:B22]
- 복사 위치 : [B24:F24]

#### 02 조건부 서식('기본작업-1' 시트)

① [B3:L18] 영역을 범위 지정한 후 [홈]-[스타일] 그룹의 [조건부 서식]-[새 규칙]을 클릭한다.
② [새 서식 규칙]에서 '▶ 수식을 사용하여 서식을 지정할 셀 결정'을 선택하고 =OR($G3=MAX($G$3:$G$18),$G3=MIN($G$3:$G$18),$K3=MAX($K$3:$K$18),$K3=MIN($K$3:$K$18))를 입력하고 [서식]을 클릭한다.

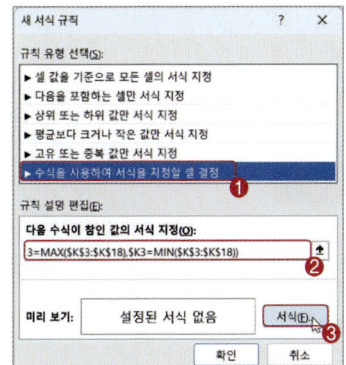

> 💡 **함수 설명**  =OR($G3=MAX($G$3:$G$18),$G3=MIN($G$3:$G$18),$K3=MAX($K$3:$K$18),$K3=MIN($K$3:$K$18))
> ① ② ③ ④
>
> ① $G3=MAX($G$3:$G$18) : [G3] 셀의 값이 [G3:G18] 영역의 최대값과 같으면 TRUE 값을 반환
> ② $G3=MIN($G$3:$G$18) : [G3] 셀의 값이 [G3:G18] 영역의 최소값과 같으면 TRUE 값을 반환
> ③ $K3=MAX($K$3:$K$18) : [K3] 셀의 값이 [K3:K18] 영역의 최대값과 같으면 TRUE 값을 반환
> ④ $K3=MIN($K$3:$K$18) : [K3] 셀의 값이 [K3:K18] 영역의 최소값과 같으면 TRUE 값을 반환
>
> =OR(①,②,③,④) : ①,②,③,④ 중 하나라도 만족하면 TRUE 값을 반환

③ [셀 서식]의 [글꼴] 탭에서 글꼴 스타일은 '굵게'를 선택하고, 색은 '표준 색 - 빨강'을 선택한 후 [확인]을 클릭한다.

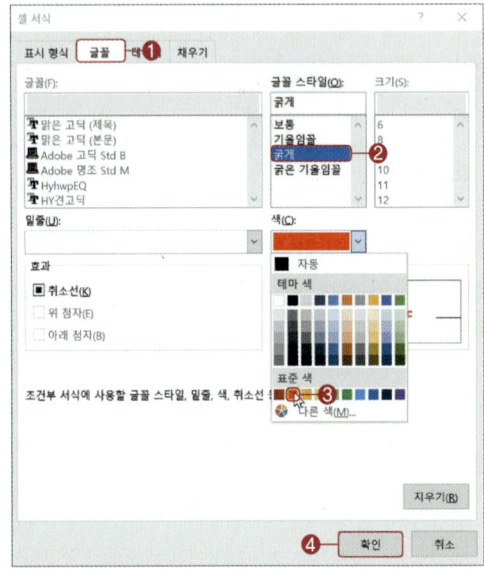

④ [새 서식 규칙]에서 다시 [확인]을 클릭한다.

### 03 페이지 레이아웃('기본작업-2' 시트)

① [B2:J36] 영역을 범위 지정한 후 [페이지 레이아웃]-[페이지 설정] 그룹에서 [인쇄 영역]-[인쇄 영역 설정]을 선택한다.
② [페이지 레이아웃] 탭의 [페이지 설정]에서 [옵션]( )을 클릭한다.

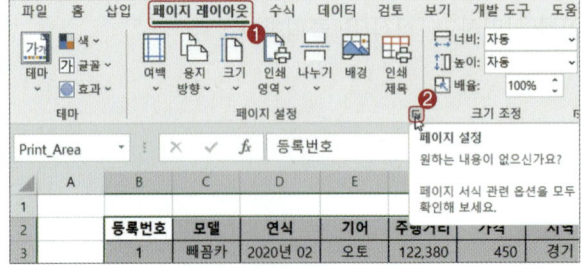

③ [여백] 탭에서 페이지 가운데 맞춤 '가로', '세로'를 체크한다. [머리글/바닥글] 탭을
클릭하여 [바닥글 편집]을 클릭한다.

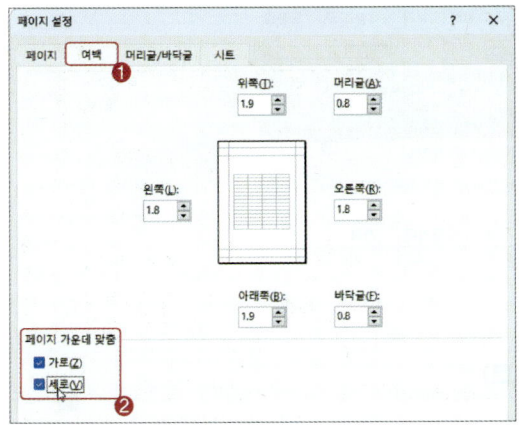 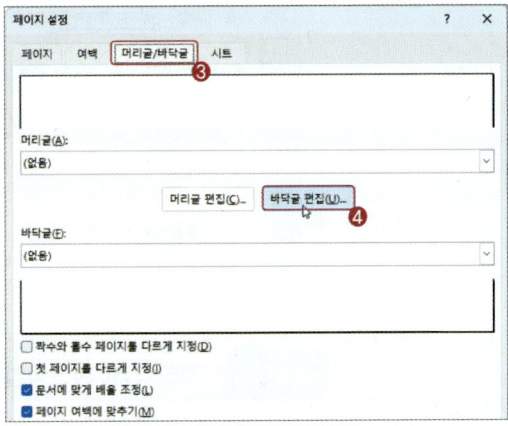

④ 가운데 구역에 커서를 두고 [페이지 번호 삽입]( )을 클릭한 후 / 을 입력한 후
[전체 페이지 수 삽입]( )을 클릭하고 [확인]을 클릭한다.

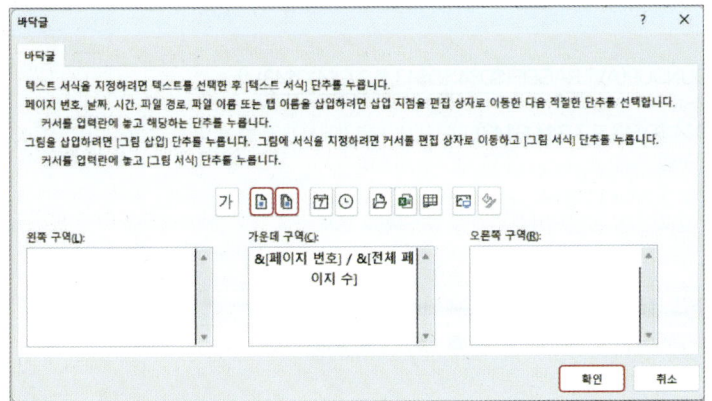

⑤ [시트] 탭에서 반복할 열에 커서를 두고 열 머리글 B를 클릭하고 [확인]을 클릭한다.

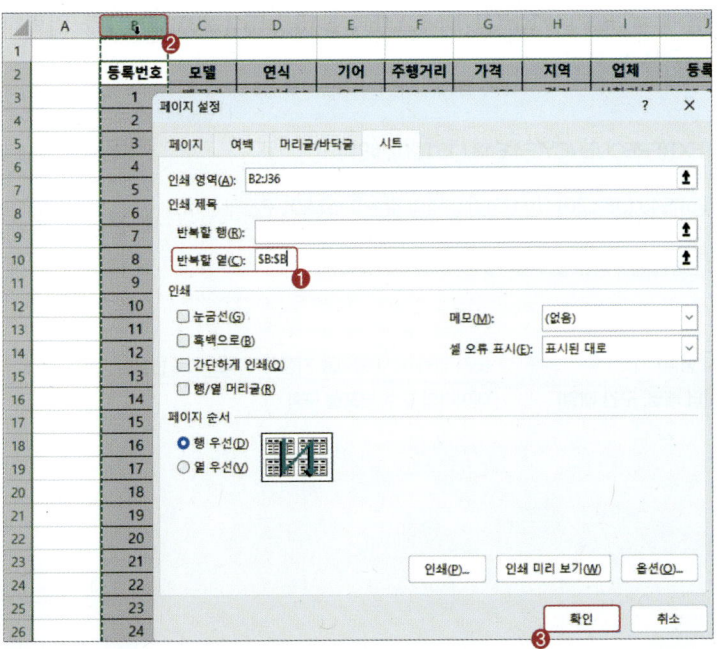

> **기적의 TIP**
>
> 실습한 내용을 [파일]-[인쇄]를 클릭하여 미리 보기할 수 있다.

⑥ [G2] 셀에 커서를 두고 [페이지 레이아웃]-[페이지 설정] 그룹에서 [나누기]-[페이지 나누기 삽입]을 선택한다.

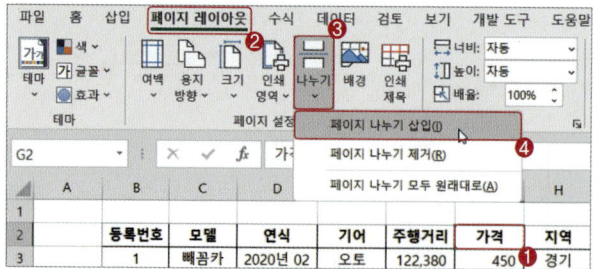

> **문제 ❷** 계산작업('계산작업' 시트)

### 01 학과별 중간고사, 기말고사 평균[M7:N9]

[M7] 셀에 =ROUNDUP(AVERAGEIF($D$4:$D$43,$L7,G$4:G$43),1)를 입력하고 [N9] 셀까지 수식을 복사한다.

> **기적의 TIP**
>
> $L7 : L열은 고정하고 행의 위치는 바뀔 수 있도록 설정 (L7, L8, L9)
> G$4:G$43 : [4:43] 행은 고정하고 열은 바뀔 수 있도록 설정(G4:G43, H4:H43)

> 💬 **함수 설명** =ROUNDUP(AVERAGEIF($D$4:$D$43,$L7,G$4:G$43),1)
>                                      ①
>
> ① AVERAGEIF($D$4:$D$43,$L7,G$4:G$43) : [D4:D43] 영역에서 [L7] 셀에 있는 값을 찾아 [G4:G43] 영역에서 평균을 구함
>
> =ROUNDUP(①,1) : ①의 값을 올림하여 소수 이하 1자리까지 표시

| =AVERAGEIF(범위, 조건, 평균을 구할 범위) | 조건에 만족한 셀의 평균을 구함 |
|---|---|
| =ROUNDUP(숫자, 올림할자릿수) | 숫자를 자릿수만큼 올림 |

### 02 학생수[M15:M20]

[M15:M20] 영역에 =TEXT(FREQUENCY(E4:E43,L15:L20),"#명")를 입력하고 Ctrl + Shift + Enter 를 누른다.

> 💬 **함수 설명** =TEXT(FREQUENCY(E4:E43,L15:L20),"#명")
>                            ①
>
> ① FREQUENCY(E4:E43,L15:L20) : [E4:E43] 영역의 값을 [L15:L20] 구간의 분포를 구함
>
> =TEXT(①,"#명") : ①의 값에 '명'을 붙여서 표시

| =TEXT(숫자 값, 표시 형식) | 숫자 값을 표시 형식을 지정하여 텍스트로 변환함 |
|---|---|
| =FREQUENCY(데이터 배열, 구간 배열) | 데이터의 도수 분포를 구함 |

## 03 이름[M26:M28]

[M26] 셀에 =INDEX($C$4:$C$43,MATCH(MAX(IF($D$4:$D$43=L26,$G$4:$G$43)),($D$4:$D$43=L26)*$G$4:$G$43,0))를 입력하고 Ctrl + Shift + Enter 를 누른 후 [M28] 셀까지 수식을 복사한다.

> 💡 **함수 설명** =INDEX($C$4:$C$43,
> ②
> MATCH(MAX(IF($D$4:$D$43=L26,$G$4:$G$43)),($D$4:$D$43=L26)*$G$4:$G$43,0))
> ①
> ③
>
> ① IF($D$4:$D$43=L26,$G$4:$G$43) : [D4:D43] 영역의 값이 [L26]과 같은지 비교하여 같다면 [G4:G43] 영역에서 같은 행의 값을 반환함
> ② MAX(①) : ①의 값에서 최대값을 구함
> ③ MATCH(②,($D$4:$D$43=L26)*$G$4:$G$43,0) : ②의 값을 [D4:D43] 영역의 값이 [L26]과 같은 행의 [G4:G43] 영역에서 몇 번째 위치하는지 위치값을 구함
>
> =INDEX($C$4:$C$43, ③) : [C4:C43] 영역에서 ③의 결과 값에 해당한 행의 값을 구함

| =INDEX(범위, 행 번호, 열 번호) | 범위에서 행 번호와 열 번호가 교차하는 값을 찾음 |
| --- | --- |
| =MAX(범위) | 범위에서 최대값을 구함 |
| =MATCH(값, 범위, 방법) | 범위에서 지정한 값의 위치 번호를 구함. 방법이 0으로 지정하면 범위에서 값을 찾을 때 정확하게 일치하는 값을 구함 |
| =IF(조건, 참, 거짓) | 조건이 참이면 참 값을 출력하고, 거짓이면 거짓 값을 출력함 |

## 04 fn총점

① [개발 도구]-[코드] 그룹의 [Visual Basic](📄)을 클릭한다.
② [삽입]-[모듈]을 클릭한다.
③ Module 창에 다음과 같이 입력한다.

```
Public Function fn총점(출석, 과제, 중간고사, 기말고사)
    If 출석 = 0 Or 중간고사 = 0 Or 기말고사 = 0 Then
        fn총점 = 0
    Else
        fn총점 = 출석 + 과제 + 중간고사 * 0.3 + 기말고사 * 0.3
    End If
End Function
```

④ [파일]-[닫고 Microsoft Excel(으)로 돌아가기]를 클릭하여 [Visual Basic Editor]를 닫는다.
⑤ [I4] 셀을 클릭한 후 [함수 삽입](𝑓ₓ)을 클릭한다.
⑥ 범주 선택에서 '사용자 정의', 함수 선택에서 'fn총점'을 선택한 후 [확인]을 클릭한다.

⑦ [함수 마법사]에서 그림과 같이 셀을 지정한 후 [확인]을 클릭한다.

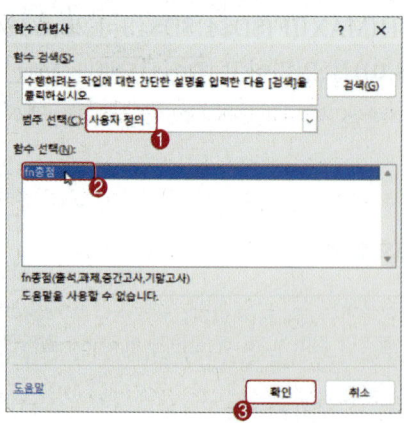

> **기적의 TIP**
>
> **보안 수준**
>
> 사용자 정의 함수는 나타나지만 인수를 입력하는 화면이 나타나지 않는다면, [개발 도구]-[코드] 탭의 [매크로 보안] 메뉴에서 [보안 센터]의 '매크로 설정'의 'VBA 매크로 사용(권장 안 함, 위험한 코드가 시행될 수 있음)'으로 지정해 주세요. 필요에 따라서는 파일을 닫고 재시작해 주세요.

⑧ [함수 인수]에서 출석은 [E4], 과제는 [F4], 중간고사는 [G4], 기말고사는 [H4]를 지정한 후 [확인]을 클릭한다.

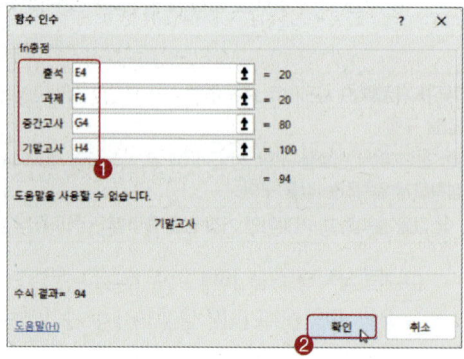

⑨ [I4] 셀을 선택한 후 [I43] 셀까지 수식을 복사한다.

### 05 등급[I49:I54]

[I49] 셀에 =VLOOKUP(SUMPRODUCT(D49:H49,$D$48:$H$48),$L$49:$M$53,2)를 입력하고 [I54] 셀까지 수식을 복사한다.

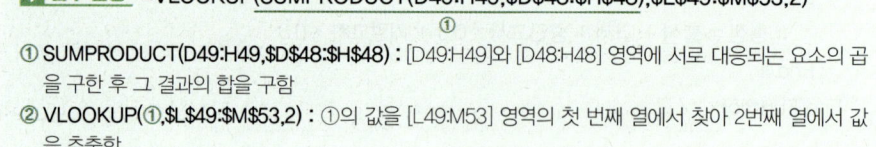

💬 **함수 설명** =VLOOKUP(SUMPRODUCT(D49:H49,$D$48:$H$48),$L$49:$M$53,2)

① SUMPRODUCT(D49:H49,$D$48:$H$48) : [D49:H49]와 [D48:H48] 영역에 서로 대응되는 요소의 곱을 구한 후 그 결과의 합을 구함

② VLOOKUP(①,$L$49:$M$53,2) : ①의 값을 [L49:M53] 영역의 첫 번째 열에서 찾아 2번째 열에서 값을 추출함

| =VLOOKUP(찾을값, 배열범위, 열번호) | 배열의 첫 열에서 값을 검색하여, 지정한 열의 같은 행에서 데이터를 구함 |
|---|---|
| =SUMPRODUCT(배열1, 배열2) | 배열1과 배열2에 각각 대응하는 요소의 곱의 합을 구함 |

## 문제 ❸ 분석작업

### 01 피벗 테이블('분석작업-1' 시트)

① [B2] 셀을 선택한 후 [데이터]-[데이터 가져오기 및 변환] 그룹에서 [데이터 가져오기]-[기타 원본에서]-[Microsoft Query에서]를 클릭한다.
② [데이터 원본 선택]의 [데이터베이스] 탭에서 'MS Access Database *'를 선택하고 [확인]을 클릭한다.
③ '편의점.accdb'를 선택하고 [확인]을 클릭한다.
④ [쿼리마법사 - 열선택]에서 〈주문내역〉 테이블을 더블클릭하여 '주문일자', '거래구분', '가격', '포인트'를 선택하고 [다음]을 클릭한다.

> **기적의 TIP**
>
> 피벗 테이블의 시작 위치는 데이터 영역의 첫 번째 셀을 지정하면 됩니다. [B2] 셀을 지정하고 피벗 테이블을 작성하면 [3단계]에서 별도로 셀을 지정하지 않아도 됩니다.

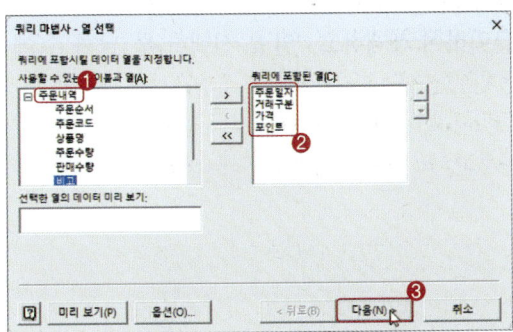

주문일자, 거래구분, 가격, 포인트

⑤ [데이터 필터]와 [정렬 순서]에서는 설정 없이 [다음]을 클릭한다.
⑥ [마침]에서 'Microsoft Excel으로 데이터 되돌리기'를 선택하고 [마침]을 클릭한다.
⑦ [피벗 테이블 필드]에서 '주문일자', '거래구분' 필드는 '행', '가격', '포인트' 필드는 값으로 드래그한다.

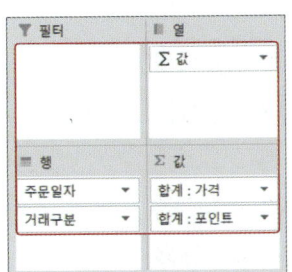

⑧ 주문일자 필드에서 마우스 오른쪽 버튼을 눌러 [그룹]을 클릭한다.

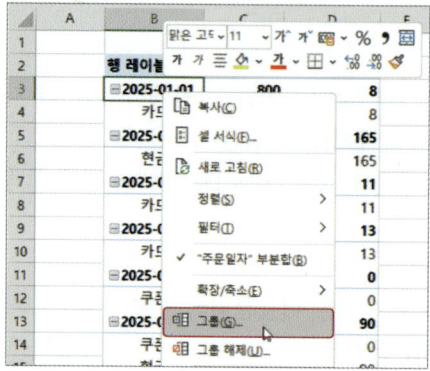

⑨ [그룹화]에서 '월'을 다시 한 번 클릭하여 해제하고, '일'을 선택한 후 '날짜 수'에 10을 입력하고 [확인]을 클릭한다.

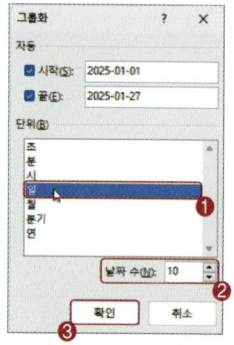

⑩ [디자인]-[레이아웃] 그룹의 [보고서 레이아웃]-[개요 형식으로 표시]를 선택한다.

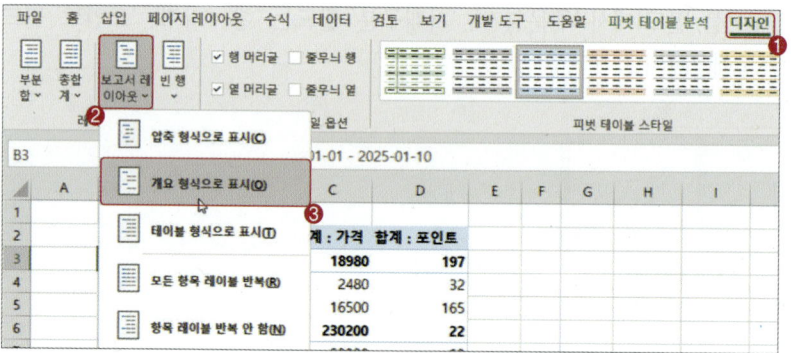

⑪ 피벗 테이블 안쪽에 커서를 두고 [피벗 테이블 분석]-[계산] 그룹의 [필드, 항목 및 집합]-[계산 필드]를 선택한다.

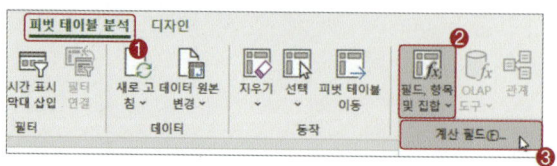

⑫ [계산 필드 삽입]에서 '이름'에 **가격비율**을 입력하고, '수식'에 **=가격**을 입력한 후 [확인]을 클릭한다.

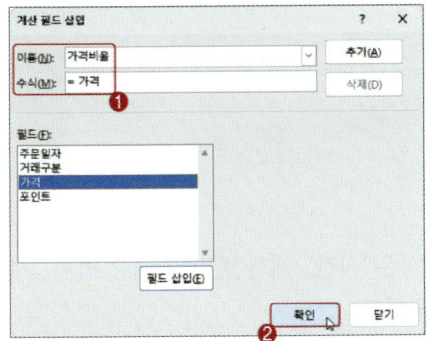

⑬ '합계 : 가격비율[F2]'에서 마우스 오른쪽 버튼을 눌러 [값 필드 설정]을 선택한다.

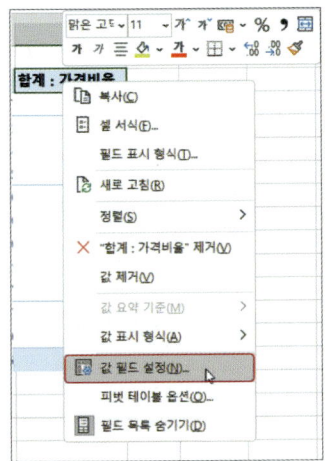

⑭ [값 필드 설정]의 [값 표시 형식] 탭에서 '열 합계 비율'을 선택하고 [확인]을 클릭한다.

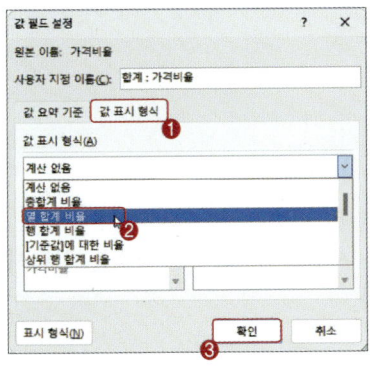

> **기적의 TIP**
>
> 사용자의 엑셀 버전에 따라 피벗 테이블 작성 시 날짜 데이터가 있을 경우 레이블 이름이 다르게 표시될 수 있습니다.

⑮ [디자인]-[피벗 테이블 스타일] 그룹의 '흰색, 피벗 스타일 밝게 11'을 선택한다.

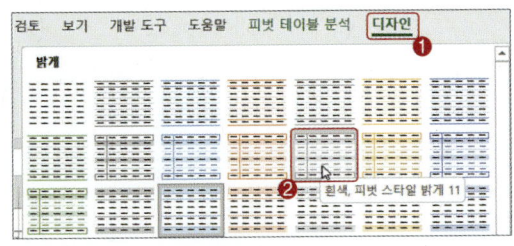

### 02 데이터 도구('분석작업-2' 시트)

① [C3:D41] 영역을 범위 지정한 후 [데이터]-[데이터 도구] 그룹의 [데이터 유효성 검사](를 클릭한다.

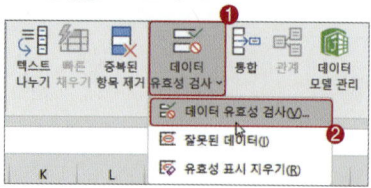

② [데이터 유효성]의 [설정] 탭에서 제한 대상은 '시간', 제한 방법은 '해당 범위', 시작 시간은 06:00, 종료 시간은 23:50을 입력한다.

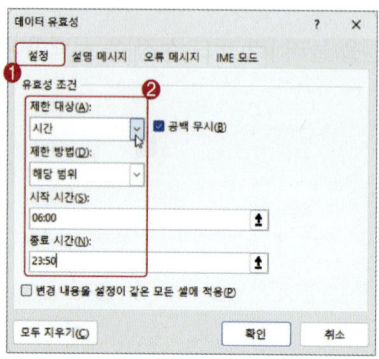

③ [설명 메시지] 탭에서 제목은 **입력시간범위**, 설명 메시지는 **06시~23시50분**을 입력한다.

> **기적의 TIP**
>
> 오피스 버전에 따라 화면에 표시될 때 제목과 설명 메시지 사이에 한 줄의 스페이스가 있는 것처럼 표시가 되지만, 설명 메시지 안에서 한 줄을 띄고 입력하지 않습니다.

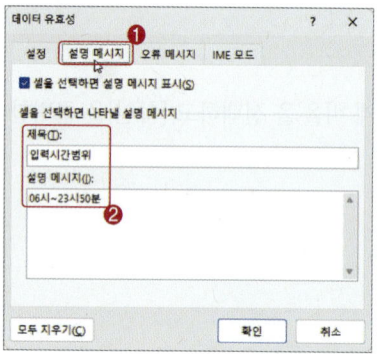

④ [오류 메시지] 탭에서 스타일은 '정보', 제목은 **시간확인**, 오류 메시지는 **입력시간을 확인하세요!!**를 입력하고 [확인]을 클릭한다.

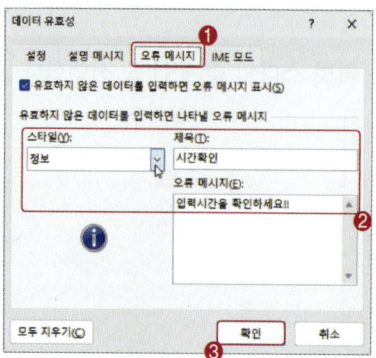

⑤ [데이터]-[정렬 및 필터] 그룹에서 [필터](▽)를 클릭한 후, 출발시간 목록단추 (▼)를 클릭하여 [숫자 필터]-[사용자 지정 필터]를 클릭한다.

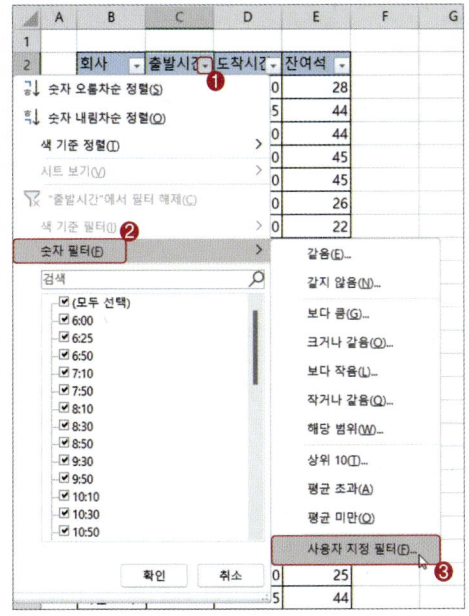

⑥ [사용자 지정 자동 필터]에서 '>=', 09:00, '그리고', '<=', 11:00을 입력하고 [확인]을 클릭한다.

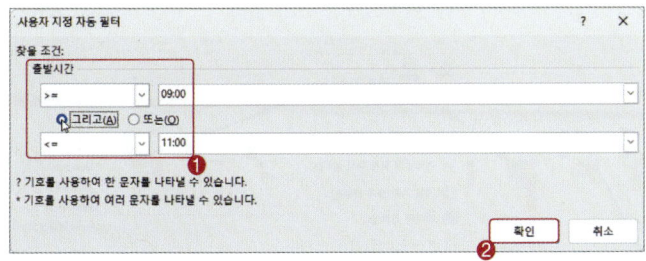

## 문제 ④ 기타작업

### 01 차트('기타작업-1' 시트)

① '평균온도' 계열을 선택한 후 마우스 오른쪽 버튼을 눌러 [계열 차트 종류 변경]을 선택한다.

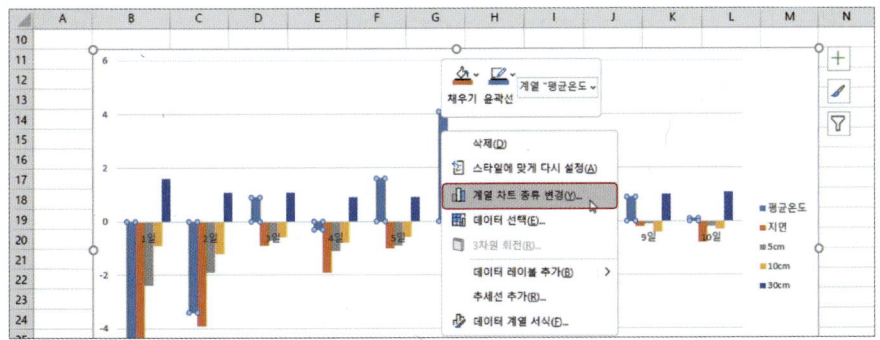

② [차트 종류 변경]에서 '평균온도' 계열을 선택한 후 '꺾은선형'의 '표식이 있는 꺾은선형'을 선택하고 [확인]을 클릭한다.

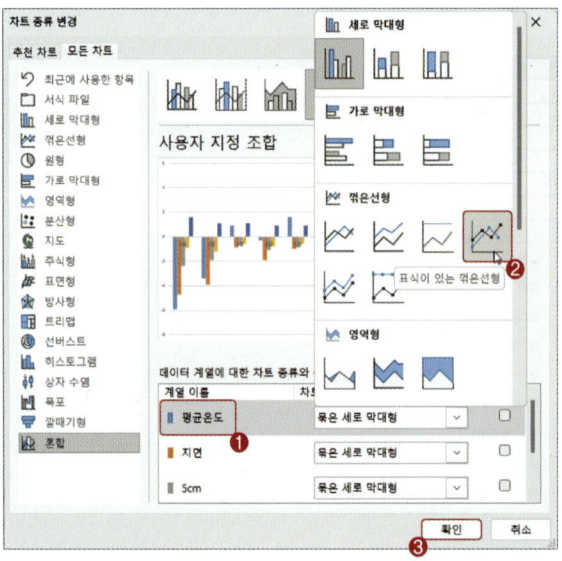

③ '평균온도(꺾은선형)'에서 마우스 오른쪽 버튼을 눌러 [데이터 레이블 추가]를 선택한다.

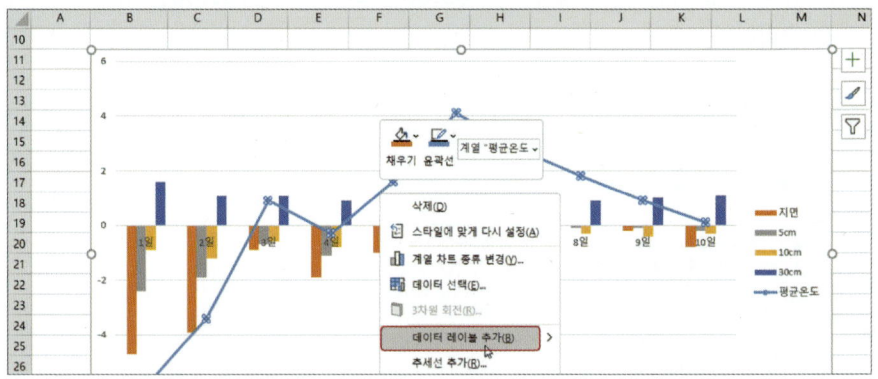

> **기적의 TIP**
>
> [디자인]-[차트 레이아웃] 그룹에서 [차트 요소 추가]-[차트 제목]-[차트 위]를 클릭해도 가능합니다.

④ 차트를 선택하고 [차트 요소](⊞)-[차트 제목]을 체크하여 차트 제목에 **지중온도와 평균온도의 비교**를 입력한다.

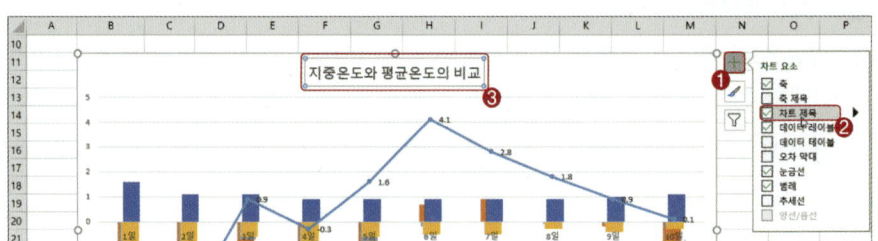

⑤ 차트를 선택하고 [차트 요소](田)-[범례]-[아래쪽]을 선택한다.

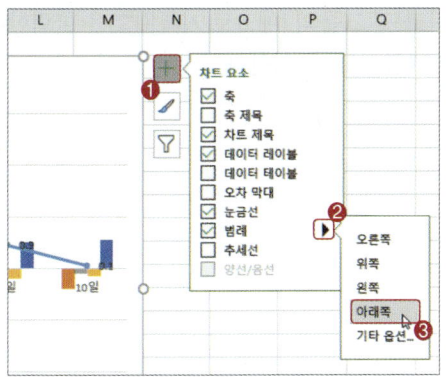

⑥ '지면' 데이터 계열에서 마우스 오른쪽 버튼을 눌러 [데이터 계열 서식]을 선택한다.

⑦ [데이터 계열 서식]의 '계열 옵션'에서 계열 겹치기는 90%를 입력한다.

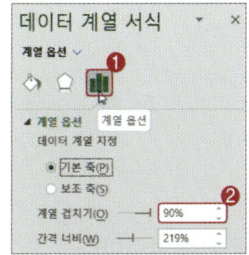

⑧ 세로(값) 축을 선택한 후 [축 서식]에서 '축 옵션'을 선택하여 최소값은 '-6', 최대값은 '5', 단위는 '기본'에 1을 입력한다.

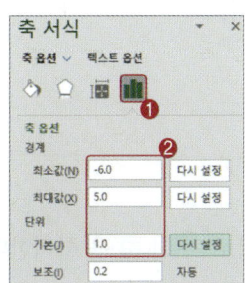

⑨ 차트 영역을 선택한 후 [채우기 및 선]의 '테두리'의 '둥근 모서리'를 체크하고 [닫기]를 클릭한다.

## 02 매크로('기타작업-2' 시트)

① 비어 있는 셀을 클릭한 후 [개발 도구]-[코드] 그룹의 [매크로 기록](🔲)을 클릭한다.
② [매크로 기록]에서 **서식적용**을 입력하고 [확인]을 클릭한다.

③ [E6:H36] 영역을 범위 지정한 후 Ctrl+1을 눌러 [표시 형식] 탭의 '사용자 지정'을 선택한 후 **[빨강][=1]0;[파랑][=0]0;#,##0**을 입력하고 [확인]을 클릭한다.

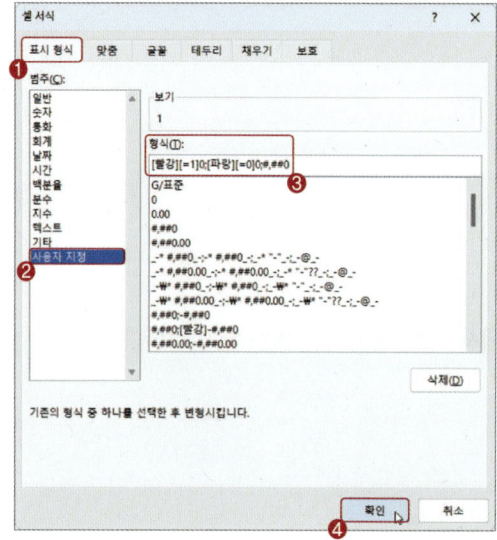

④ [개발 도구]-[코드] 그룹의 [기록 중지](🔲)를 클릭한다.
⑤ [개발 도구]-[컨트롤] 그룹의 [삽입]-[단추(양식 컨트롤)](🔲)을 클릭한다.
⑥ 마우스 포인터가 '+'로 바뀌면 Alt 를 누르면서 [B2:C3] 영역에 드래그하면 [매크로 지정] 대화상자가 나타난다.
⑦ [매크로 지정]에서 **서식적용**을 선택하고 [확인]을 클릭한다.
⑧ 단추에 입력된 '단추 1'을 지우고 **서식적용**을 입력한다.

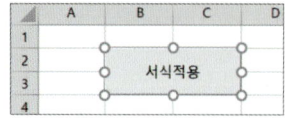

⑨ 비어 있는 셀을 클릭한 후 [개발 도구]-[코드] 그룹의 [매크로 기록](🔲)을 클릭한다.
⑩ [매크로 기록]에서 **서식해제**를 입력하고 [확인]을 클릭한다.

⑪ [E6:H36] 영역을 범위 지정한 후 Ctrl+1을 눌러 [표시 형식] 탭의 '회계'를 선택
하고 [확인]을 클릭한다.

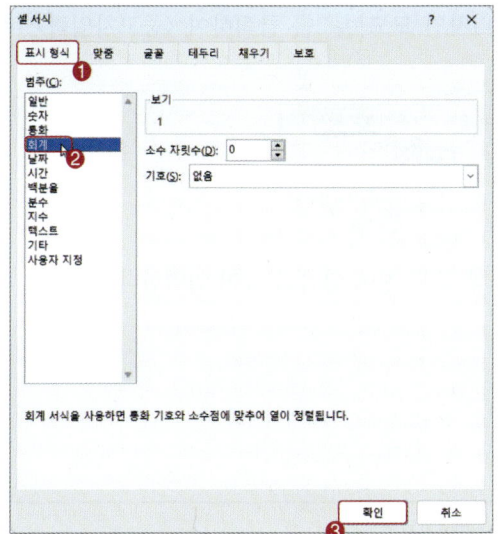

⑫ [개발 도구]-[코드] 그룹의 [기록 중지](□)를 클릭한다.
⑬ [개발 도구]-[컨트롤] 그룹의 [삽입]-[단추(양식 컨트롤)](□)을 클릭한다.
⑭ 마우스 포인터가 '+'로 바뀌면 Alt를 누르면서 [E2:F3] 영역에 드래그한다.
⑮ [매크로 지정]에서 **서식해제**를 선택하고 [확인]을 클릭한다.

⑯ 단추에 입력된 '단추 2'를 지우고 **서식해제**를 입력한다.

## 03 VBA 프로그래밍('기타작업-3' 시트)

### ① 폼 보이기

① [개발 도구]-[컨트롤] 그룹에서 [디자인 모드](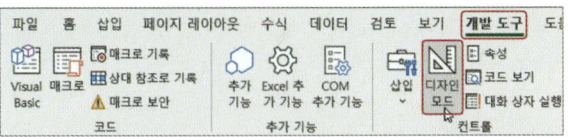)를 클릭하여 〈중고차입력〉 버튼을 편집 상태로 만든다.

② 〈중고차입력〉 버튼을 더블클릭한 후 코드 창에 다음과 같이 입력한다.

```
Private Sub 중고차입력_Click()
    중고차입력화면.Show
End Sub
```

> **기적의 TIP**
> 
> 〈중고차입력〉 버튼에서 마우스 오른쪽 버튼을 눌러 [코드 보기] 메뉴를 클릭하여 입력할 수 있습니다.

🗨 **코드 설명**

중고차입력화면.Show : 〈중고차입력화면〉 폼을 화면에 표시

### ② 폼 초기화

① [프로젝트-VBAProject] 탐색기에서 '폼'을 더블 클릭하고 〈중고차입력화면〉을 선택한다.
② [프로젝트-VBAProject] 탐색기의 [코드 보기](🔲)를 클릭한다.
③ '개체 목록'은 'UserForm', '프로시저 목록'은 'Initialize'를 선택한다.
④ 코드 창에 다음과 같이 입력한다.

```
Private Sub UserForm_Initialize()
    Cmb모델.RowSource = "K4:L8"
    Cmb모델.ColumnCount = 2
    Text등록일 = Year(Date)
End Sub
```

🗨 **코드 설명**

① UserForm_Initialize() : 폼이 열리기 바로 직전(Initialize)에 동작
② Cmb모델.RowSource = "K4:L8" : Cmb모델에 데이터 범위[K4:K8]의 내용을 연결
③ Cmb모델.ColumnCount = 2 : Cmb모델에 연결하는 열의 개수가 '2'
④ Text등록일 = Year(Date) : Text등록일에 오늘 날짜의 연도를 표시

## ③ 입력 프로시저

① '개체 목록'에서 'Cmd입력', '프로시저 목록'은 'Click'을 선택한다.
② 코드 창에 다음과 같이 입력한다.

```
Private Sub Cmd입력_Click()
    i = Range("B3").CurrentRegion.Rows.Count + 2
    Cells(i, 2) = Cmb모델.List(Cmb모델.ListIndex, 0)
    Cells(i, 3) = Text년식.Value
    Cells(i, 4) = Cmb모델.List(Cmb모델.ListIndex, 1)
    If Text년식 = "" Or Text등록일 < Text년식 Then
        Cells(i, 5) = "등록오류"
    Else
        Cells(i, 5) = Cells(i, 4) * 0.8 ^ (Text등록일 - Text년식)
    End If
    Cells(i, 6) = Text등록인
    Cells(i, 7) = Text등록일.Value
End Sub
```

> **기적의 TIP**
> [B3] 셀을 기준으로 연결된 행의 수는 2
>

> **기적의 TIP**
> Text년식 = ""에서 "" 사이에 공백(스페이스) 없이 입력합니다.

> **기적의 TIP**
> iROW는 임의로 만든 이름이에요. 다른 이름을 사용해도 됩니다. 한글로 '조회행'이라고 해도 됩니다. (iROW를 변수라고 합니다.)

### 💬 코드 설명

① i = Range("B3").CurrentRegion.Rows.Count + 2
→ 'i'는 새로운 데이터를 입력할 행의 위치를 구하여 기억하는 변수이다. 'i' 대신에 사용자가 다른 문자를 사용해도 상관없다.
Range : 셀 하나 또는 셀의 범위를 말함
CurrentRegion : 지정된 셀과 연결된 범위를 말함
Rows : 범위의 행들을 의미
Count : 개수를 말함
Range("B3").CurrentRegion.Rows.Count : [B3] 셀과 연결된 행의 개수를 구함

> +2
> 새롭게 데이터를 입력할 마지막 행의 위치를 구하기 위해서 더해주는 값이다. [B3] 셀 위쪽에 연결되지 않은 행의 개수 1행과 새롭게 데이터를 입력할 1행을 더한 값이다. (참고로 [A2] 셀의 [표1]이 입력되어 있어서 2행은 연결된 행으로 인식함)

② Cells(i, 2) = Cmb모델.List(Cmb모델.ListIndex, 0) : Cmb모델에 연결된 [K4:L8] 영역에서 선택한 데이터의 행과 첫 번째 열에 있는 값을 Cells(i, 2)에 입력
③ Cells(i, 4) = Cmb모델.List(Cmb모델.ListIndex, 1) : Cmb모델에 연결된 [K4:L8] 영역에서 선택한 데이터의 행과 두 번째 열에 있는 값을 Cells(i, 4)에 입력
④ If Text년식 = "" Or Text등록일 < Text년식 Then
→ 'Text년식'이 공백이거나 'Text등록일'이 'Text년식'보다 작다면
⑤ Cells(i, 5) = "등록오류"
→ Cells(i, 5) 셀에는 '등록오류'가 입력됨

> **기적의 TIP**
>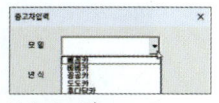
> Listindex 값

# PART 03

# 스프레드시트 상시 기출문제

# 상시 기출문제

**자동 채점 서비스(웹 용)**

① comlicense.co.kr 접속
② '도서' 확인 후, [채점하기] 클릭
③ '회차'와 '채점할 파일' 선택
④ [채점시작] 클릭

# 상시 기출문제 01회

**작업파일** [26컴활1급₩1권_스프레드시트₩상시기출문제] 폴더의 '상시기출문제1회' 파일을 열어서 작업하시오.

## 문제 ❶ 기본작업 | 주어진 시트에서 다음 과정을 수행하고 저장하시오.   15점

**01** '기본작업-1' 시트에서 다음과 같이 고급 필터를 수행하시오. (5점)
- ▶ [B2:L36] 영역에서 '시설명'에 "강"이 포함되며, '총저수용량'이 400 이상인 행에 대해 '시설명', '종류', '준공일', '총저수용량', '유역면적', '저수위' 열을 순서대로 표시하시오.
- ▶ 조건은 [N2:N3] 영역에 입력하시오. (ISNUMBER, AND, FIND 함수 사용)
- ▶ 결과는 [N6] 셀부터 표시하시오.

**02** '기본작업-2' 시트에서 다음과 같이 조건부 서식을 설정하시오. (5점)
- ▶ [B3:J52] 영역에 대해서 '구분'은 "시" 와 "구"가 아니고 '2024'는 '2017~2023'의 평균보다 큰 행 전체에 대해 채우기 색 '표준 색 – 자주', 글꼴 색 – '흰색, 배경1'로 적용하시오.
- ▶ 단, 규칙 유형은 '수식을 사용하여 서식을 지정할 셀 결정'을 사용하고, 한 개의 규칙으로만 작성하시오.
- ▶ AND, RIGHT, AVERAGE 함수 사용

**03** '기본작업-3' 시트에서 다음과 같이 페이지 레이아웃을 설정하시오. (5점)
- ▶ [B2:I52] 영역을 인쇄 영역으로 설정하고, 2행이 매 페이지마다 반복되도록 인쇄 제목을 설정하시오.
- ▶ [B27] 셀에 페이지 나누기를 삽입하고, 인쇄 용지는 가로 방향이며 너비를 1페이지로 맞추어 인쇄되도록 설정하시오.
- ▶ 매 페이지 하단의 오른쪽에 오늘 날짜가 표시되도록 바닥글을 설정하고, 글꼴 색을 '표준색 – 자주'로 지정하시오.

## 문제 ❷ 계산작업 | '계산작업' 시트에서 다음 과정을 수행하고 저장하시오. 30점

**01** [표1]의 지역/팀과 [표2]를 이용하여 담당자[D4:D41]를 표시하시오. (6점)
- ▶ [표2]의 지역과 팀을 참조하여 담당자 표시
- ▶ VLOOKUP, MID, MATCH, VALUE 함수 사용

**02** [표1]의 '구분'을 이용하여 식별[K4:K41] 값을 [표시 예]와 같이 표시하시오. (6점)
- ▶ 구분의 오른쪽 세 자리 숫자를 추출하여 100 이하인 경우 "A"를 "A▷"로 변경, 101~200 이하인 경우 "B"를 "B▷▷"로 변경, 그 외는 원래 값을 표시 [표시 예 : GSA050→ GSA▷050, GSB190 → GSB▷▷190, KGE200 → KGE200]
- ▶ IF, VALUE, RIGHT, SUBSTITUTE 함수 사용

**03** [표1]의 '지역/팀', '트랙터수'를 이용하여 [표3]의 비율[O13:Q17]을 계산하여 표시하시오. (6점)
- ▶ '지역/팀'에서 지역과 팀 번호를 추출한 후, 해당 지역의 팀 '트랙터' 합계가 전체 합계에서 차지하는 비율을 구하여 백분율로 소수 첫째 자리까지 표시 [표시 예 : 8.4%]
- ▶ TEXT, SUM, IF, LEFT, RIGHT 함수를 이용한 배열 수식

**04** [표1]의 '트랙터수'를 이용하여 [표4]의 평균[O20]을 계산하여 표시하시오. (6점)
- ▶ '트랙터수'가 가장 많은 상위 3개와 가장 작은 하위 3개를 추출하여 평균을 계산하여 표시
- ▶ AVERAGE, LARGE, SMALL 함수를 이용한 배열 수식

**05** 사용자 정의 함수 'fn상태'를 작성하여 [표1]의 기타[L4:L41]에 표시하시오. (6점)
- ▶ fn상태는 지역/팀, 이앙기수, 트랙터수, 콤바인수, 관리기수를 인수로 받아 값을 되돌려줌
- ▶ 이앙기수, 트랙터수, 콤바인수, 관리기수의 합이 80 이상이면 지역/팀에서 지역만 추출하여 '(여유)', 40 이하이면 '(부족)'을 붙여서 표시하고, 그 외는 공백으로 표시 [표시 예 : 80이상이면 → 경기(여유), 40이하이면 → 경기(부족)]
- ▶ IF ~ ELSE 문 사용

```
Public Function fn상태(지역, 이앙기수, 트랙터수, 콤바인수, 관리기수)
End Function
```

## 문제 3 | 분석작업 | 주어진 시트에서 다음 과정을 수행하고 저장하시오. 20점

**01** '분석작업-1' 시트에서 다음의 지시사항에 따라 피벗 테이블 보고서를 작성하시오. (10점)

- '데이터 가져오기' 기능을 이용하여 <배출현황.accdb>에서 <음식물쓰레기> 테이블의 '시군구명', '배출월', '배출량(g)' 데이터를 가져오되, '시군구명'이 '수원', '성남'으로 시작하는 데이터는 제외하시오.
- 피벗 테이블 보고서의 레이아웃과 위치는 <그림>을 참조하여 설정하고, 보고서 레이아웃을 개요 형식으로 표시하시오.
- '시군구명'이 '가평군, 고양시, 구리시, 남양주시, 동두천시, 양주시, 연천군, 의정부시, 파주시, 포천시'는 '경기 북부'로 그룹을 설정하고, 나머지는 '경기 남부'로 설정하시오.
- 그룹 하단에 '합계'와 '평균'의 부분합을 표시하고, 배출월은 '월'을 붙여서 표시하고, 각 항목 다음에 빈 줄 삽입을 삽입하고, '배출량(g)' 필드는 값 필드 설정에서 '숫자' 범주의 셀 서식을 적용하고, 천 단위 구분 기호를 표시하시오.
- 열의 총합계는 표시되지 않도록 설정하고, 레이블이 있는 셀은 병합하고 가운데 맞춤을 설정하고, 피벗 테이블 스타일은 '흰색, 피벗 스타일 밝게 8'로 설정하고, '경기 북부'의 하위 데이터만 표시하시오.

| | A | B | C | D | E | F | G | H |
|---|---|---|---|---|---|---|---|---|
| 1 | | | | | | | | |
| 2 | | | | | | | | |
| 3 | | 합계 : 배출량(g) | | 배출월 | | | | |
| 4 | | 시군구명2 | 시군구명 | 8월 | 9월 | 10월 | 총합계 | |
| 5 | | ⊟ 경기 북부 | | | | | | |
| 6 | | | 가평군 | 14,134,300 | 14,151,650 | 12,493,400 | 40,779,350 | |
| 7 | | | 고양시 | 607,213,000 | 594,587,400 | 560,654,000 | 1,762,454,400 | |
| 8 | | | 구리시 | 666,098,551 | 678,503,330 | 606,131,060 | 1,950,732,941 | |
| 9 | | | 남양주시 | 1,399,149,209 | 1,406,639,300 | 1,286,531,989 | 4,092,320,498 | |
| 10 | | | 동두천시 | 214,080,800 | 211,983,000 | 190,748,600 | 616,812,400 | |
| 11 | | | 양주시 | 810,453,550 | 802,488,800 | 737,023,519 | 2,349,965,869 | |
| 12 | | | 연천군 | 3,328,000 | 3,078,650 | 2,863,900 | 9,270,550 | |
| 13 | | | 의정부시 | 378,294,450 | 375,639,350 | 348,058,150 | 1,101,991,950 | |
| 14 | | | 파주시 | 952,046,890 | 927,551,150 | 853,191,450 | 2,732,789,490 | |
| 15 | | | 포천시 | 224,922,500 | 223,089,600 | 199,123,500 | 647,135,600 | |
| 16 | | 경기 북부 합계 | | 5,269,721,250 | 5,237,712,230 | 4,796,819,568 | 15,304,253,048 | |
| 17 | | 경기 북부 평균 | | 16,999,101 | 17,459,041 | 15,473,612 | 16,635,058 | |
| 18 | | | | | | | | |
| 19 | | ⊞ 경기 남부 | | 9,528,156,873 | 9,448,424,745 | 8,630,765,080 | 27,607,346,698 | |
| 20 | | | | | | | | |

**02** '분석작업-2' 시트에 대하여 다음의 지시사항을 처리하시오. (10점)

- [데이터 유효성 검사]기능을 이용하여 [B4:B25] 영역에 [K4:K15]의 데이터 값만 입력할 수 있도록 제한하시오.
- 유효하지 않은 데이터를 입력하면 <그림>과 동일한 오류 메시지가 표시되도록 설정하시오.

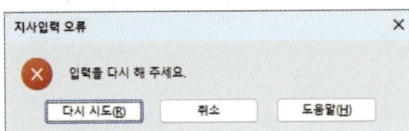

- 데이터 도구 [통합] 기능을 이용하여 [표1]에서 '선박명'이 "1호" 또는 "2호"로 끝나는 항목의 '7월~12월' 합계를 계산하고, 결과를 [표3]의 [K19:Q20] 영역에 표시하시오.

**문제 ④** **기타작업** | 주어진 시트에서 다음 과정을 수행하고 저장하시오. **35점**

**01** '기타작업-1' 시트에서 다음과 같은 기능을 수행하는 매크로를 현재 통합문서에 작성하시오. (각 5점)

① [F4:J23] 영역에 대하여 사용자 지정 표시 형식을 설정하는 '서식적용' 매크로를 생성하시오.
▶ 혼잡도가 30 미만이면 글꼴 색은 '표준 색 - 파랑'으로 소수 이하 한자리에 '%(여유)'를 표시하고, 혼잡도가 60 미만이면 소수 이하 한자리에 '%(보통)'을 표시하고, 혼잡도가 60 이상이면 글꼴 색은 '표준 색 - 빨강'으로 소수 이하 한자리에 '%(혼잡)'을 표시하시오.
 [ 표시 예 : 12.1 → 12.1%(여유), 38.6 → 38.6%(보통), 64.4 → 64.4%(혼잡) ]
▶ [개발 도구]-[삽입]-[양식 컨트롤]의 '단추(□)'를 동일 시트의 [L6:M7] 영역에 생성한 후 텍스트를 '서식적용'으로 입력하고, 단추를 클릭하면 '서식적용' 매크로가 실행되도록 설정하시오.

② [F4:J23] 영역에 대하여 표시 형식을 '일반'으로 적용하는 '서식해제' 매크로를 생성하시오.
▶ [개발 도구]-[삽입]-[양식 컨트롤]의 '단추(□)'를 동일 시트의 [L9:M10] 영역에 생성한 후 텍스트를 '서식해제'로 입력하고, 단추를 클릭하면 '서식해제' 매크로가 실행되도록 설정하시오.

**02** '기타작업-2' 시트에서 다음의 지시사항에 따라 차트를 수정하시오. (각 2점)

※ 차트는 반드시 문제에서 제공한 차트를 사용하여야 하며, 신규로 차트작성 시 0점 처리됨

① 차트 제목은 [B2] 셀과 연동하여 표시되도록 설정하고, 차트 범위를 〈그림〉을 참조하여 원본 데이터를 수정하시오.
② '충돌' 계열은 '표식이 있는 꺾은선형'을 이용하여 보조 축으로 표시하고, 보조 세로 (값) 축의 최소값 100, 최대값 180으로 설정하고, 기본 단위는 10으로 설정하시오.
③ '기본 세로(값) 축'은 가로 축 교차의 축 값을 10으로 설정하시오.
④ 데이터 레이블은 〈그림〉과 같이 값을 표시하고, 범례는 위쪽으로 표시하시오.
⑤ 차트 영역 서식은 테두리 색은 표준 색 - 주황 , 너비는 2pt, '둥근 모서리'로 지정하시오.

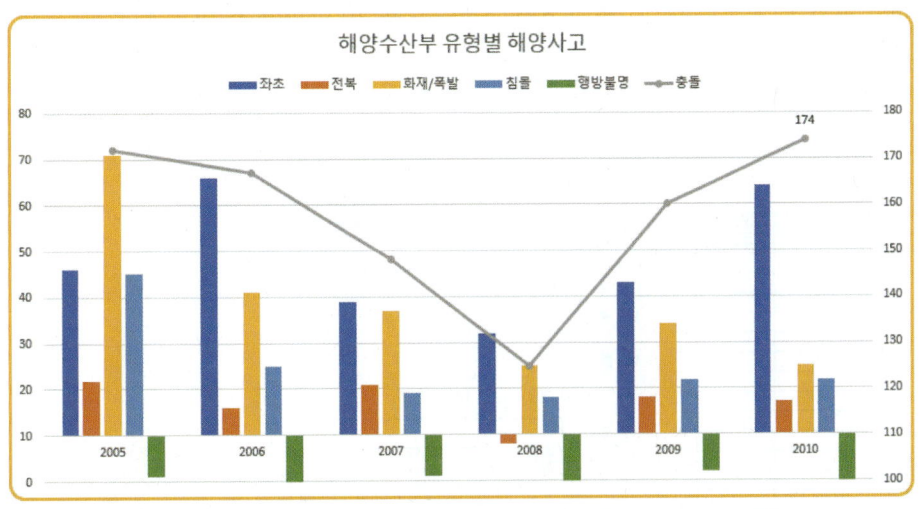

## 03 '기타작업-3' 시트에서 다음과 같은 작업을 수행하도록 프로시저를 작성하시오. (각 5점)

① '수목원요금 등록' 단추를 클릭하면 〈수목원요금관리〉 폼이 나타나도록 설정하고, 폼이 초기화(Initialize)되면 구분/기본요금(cmb구분) 목록에는 [K5:L7] 영역의 값이 표시되고, 개인(opt개인)이 초기값으로 선택되도록 하고, txt날짜에는 오늘 날짜가 표시되도록 프로시저를 작성하시오.

② '수목원요금관리' 폼의 '등록'(cmd등록) 단추를 클릭하면 폼에 입력된 데이터가 [표1]에 입력되어 있는 마지막 행 다음에 연속하여 추가되도록 프로시저를 작성하시오.

▶ 개인(opt개인)을 클릭(Click)하면 구분(cmb구분) 목록에 [K5:L7] 영역의 값을 표시하고, 단체(opt단체)를 클릭(Click)하면 구분(cmb구분) 목록에 [N5:O7] 영역의 값을 표시되도록 프로시저를 작성하시오.

▶ 구분(cmb구분)을 변경(Change)하면 구분(cmb구분)에서 선택한 요금이 txt요금에 표시되도록 프로시저를 작성하시오. (List, Listindex 이용)

▶ 개인(opt개인)을 선택한 경우
 - 입력한 인원수가 20명 이상이면 〈그림1〉과 같은 메시지 박스를 표시한 후, 인원(txt인원)에 커서를 두고, 요금(txt요금)은 공백으로 설정한 후 프로시저를 종료하시오.
 - 인원수가 20명 미만이면, 분류에 '개인'을 입력하시오.

▶ 단체(opt단체) 선택한 경우
 - 입력한 인원수가 20명 미만이면 〈그림2〉와 같은 메시지 박스를 표시한 후, 인원(txt인원)에 커서를 두고, 요금(txt요금)은 공백으로 설정한 후 프로시저를 종료하시오.
 - 인원 수가 20명 이상이면, 분류에 '단체'를 입력하시오.

▶ '금액 = 요금 × 인원'으로 계산하여 통화 형식으로 표시(Format 함수)
▶ 번호는 일련번호(1, 2, 3, …)로 입력하시오.
▶ If ~ Else문 사용

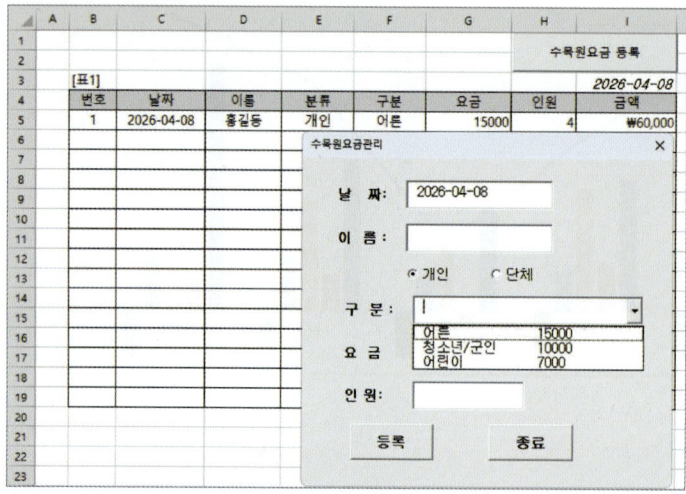

③ 종료(cmd종료) 단추를 클릭하면 [I3] 셀에 오늘 날짜와 글꼴은 '굴림', 글꼴 스타일은 '기울임꼴'로 표시하고 종료하는 프로시저를 작성하시오.

# 상시 기출문제 01회 정답

## 문제 ❶ 기본작업

### 01 고급 필터

N3: `=AND(ISNUMBER(FIND("강",B3)),K3>=400)`

| 조건 |
|------|
| FALSE |

| 시설명 | 종류 | 준공일 | 총저수용량 | 유역면적 | 저수위 |
|---|---|---|---|---|---|
| 소양강 | 다목적댐 | 1973-12-31 | 2900 | 2703 | 150 |
| 섬진강 | 다목적댐 | 1965-12-31 | 466 | 763 | 154.54 |

### 02 조건부 서식

| 구분 | 2017 | 2018 | 2019 | 2020 | 2021 | 2022 | 2023 | 2024 |
|---|---|---|---|---|---|---|---|---|
| 평택시 | 108 | 40 | 80 | 95 | 205.4 | 241.5 | 106.1 | 103 |
| 안산시 | 1231.2 | 432.9 | 444.4 | 251.7 | 355 | 348.3 | 275.7 | 575 |
| 시흥시 | 386.9 | 246.8 | 133.9 | 114.1 | 224 | 181.9 | 155.7 | 132 |
| 김포시 | 54.7 | 105 | 47.4 | 94.6 | 175 | 23.6 | 207.9 | 357 |
| 화성시 | 706.2 | 425.3 | 530.7 | 712.4 | 524 | 561.8 | 985.7 | 703 |
| 기타 | 0 | 107.4 | 144 | 97 | 0 | 81.5 | 129.6 | 397.3 |
| 중구 | 381.4 | 143.1 | 380.1 | 318.7 | 205.9 | 59 | 268 | 481.4 |
| 남동구 | 15 | 732.1 | 699 | 0 | 27.8 | 0 | 719.7 | 842 |
| 동구 | 0 | 0 | 0 | 0 | 0 | 0 | 0 | 0 |
| 서구 | 0 | 0 | 0 | 25.4 | 0 | 0 | 33.3 | 33.5 |
| 강화군 | 1512 | 27.9 | 1585.3 | 0 | 60.2 | 51.6 | 1530.8 | 1417.7 |
| 옹진군 | 222.5 | 319 | 99.9 | 2070.1 | 202.8 | 1789 | 3053.8 | 2639.8 |
| 연수구 | 0 | 0 | 0 | 0 | 0 | 0 | 0 | 117.9 |
| 기타 | 1044 | 1087 | 1101.7 | 1086 | 1081.3 | 1091.3 | 1772.6 | 2256.2 |
| 강릉시 | 994.7 | 797.6 | 1315 | 1288 | 4082.3 | 1912 | 1190.1 | 821 |
| 속초시 | 175.8 | 207.1 | 241.4 | 889.6 | 834 | 2655.7 | 1126 | 996.2 |
| 고성군 | 496.8 | 181.6 | 319.5 | 422.9 | 274.3 | 611.1 | 777.6 | 538.9 |
| 동해시 | 1326.4 | 326.3 | 157.5 | 333.4 | 338.9 | 165 | 401.6 | 398 |
| 삼척시 | 275.2 | 362.5 | 142.2 | 949 | 1011.5 | 4636.3 | 570.3 | 487.7 |
| 양양군 | 58 | 144.7 | 408.5 | 889 | 1228.1 | 2745 | 663 | 904 |
| 기타 | 0 | 25.5 | 27 | 43 | 502.3 | 2985 | 14.6 | 413.5 |
| 보령시 | 1706.7 | 1620.3 | 1967.8 | 2190.4 | 2935.4 | 3029.1 | 1891.5 | 2241.5 |
| 아산시 | 20.4 | 12 | 37 | 31 | 25.3 | 85.3 | 12.5 | 21.4 |
| 서산시 | 310.2 | 547.6 | 312 | 291.6 | 428.2 | 550.3 | 375 | 276 |
| 서천군 | 619.4 | 2282.6 | 1405.9 | 2241.4 | 2407.3 | 2742.1 | 2814.3 | 2576.3 |
| 홍성군 | 293.2 | 234 | 365.8 | 480 | 209 | 245.3 | 467.7 | 302.6 |
| 태안군 | 2550 | 4899.3 | 6637 | 6161.6 | 6064.8 | 7428 | 7190.5 | 6784.7 |
| 당진시 | 157 | 97 | 280.5 | 325 | 295.1 | 571.7 | 697 | 716.2 |
| 기타 | 0 | 43.9 | 39 | 71.1 | 49.9 | 968 | 59.3 | 796.4 |
| 중구 | 0 | 328.7 | 0 | 0 | 0 | 132.8 | 0 | 0 |
| 서구 | 0 | 0 | 0 | 0 | 20 | 84.9 | 259 | 350.5 |
| 동구 | 0 | 0 | 0 | 0 | 0 | 0 | 0 | 0 |
| 영도구 | 0 | 283 | 279.6 | 56.1 | 75.6 | 107.5 | 62.6 | 398.2 |
| 남구 | 0 | 0 | 0 | 0 | 0 | 0 | 15.1 | 11 |
| 해운대구 | 0 | 144 | 206.7 | 278.2 | 228.3 | 63.1 | 40.5 | 82.6 |
| 사하구 | 1076 | 445.4 | 601.9 | 138 | 85.9 | 1290.8 | 3289.7 | 778.6 |
| 강서구 | 1167.2 | 484.3 | 0 | 73.2 | 116.6 | 25.9 | 982.4 | 1419.7 |
| 수영구 | 0 | 0 | 45.4 | 19.8 | 20 | 37 | 43.9 | 59.9 |
| 기장군 | 1794.9 | 2032 | 2250.1 | 3045.4 | 3534.5 | 2037.2 | 2420.7 | 2795.3 |
| 항만관리사업소 | 0 | 0 | 0 | 0 | 32.9 | 0 | 0 | 0 |
| 기타 | 1129.1 | 1342.6 | 956.7 | 1207 | 1204.9 | 1246.9 | 1222.2 | 1224.7 |
| 남구 | 22.7 | 137 | 0 | 0 | 0 | 0 | 0 | 0 |
| 동구 | 480 | 541 | 477.7 | 468.9 | 169.9 | 536.7 | 558.7 | 591.8 |
| 북구 | 372.8 | 942.4 | 520.1 | 755.3 | 112.3 | 914.4 | 889.7 | 1050.2 |
| 울주군 | 373.2 | 315.7 | 152.6 | 528.3 | 861.7 | 856.5 | 864.3 | 1395.7 |
| 기타 | 160.2 | 296.4 | 287.1 | 204.3 | 218.6 | 220.1 | 247.7 | 295.9 |
| 포항시 | 417.9 | 679.1 | 2676 | 1045.1 | 1345.9 | 6864.1 | 4445.3 | 93644 |
| 경주시 | 122 | 1453.4 | 210.6 | 412.3 | 1222.9 | 1383.3 | 869.8 | 1246.9 |
| 영덕군 | 340.5 | 396.1 | 712.4 | 588.8 | 2214.2 | 989.2 | 1523.9 | 1273.5 |
| 울진군 | 576.7 | 822.9 | 739.6 | 786.8 | 1925.8 | 1262.2 | 446.9 | 680 |

## 03 페이지 레이아웃

| 년도 | 사업명 | 수거물량 계획 | 수거물량 실적 | 정화면적 계획 | 정화면적 실적 | 사업기간(시작일) | 사업기간(종료일) |
|---|---|---|---|---|---|---|---|
| 2023 | 군산시 군산항 | 80 | 115 | 1000 | 1000 | 2023-04-05 | 2023-05-20 |
| 2023 | 인천대교 주변해역 | 42 | 51 | 2100 | 2100 | 2023-11-28 | 2023-12-26 |
| 2023 | 새만금방조제 주변해역 | 116 | 297 | 1000 | 1000 | 2023-04-05 | 2023-06-21 |
| 2023 | 여수 소호동천동 | 401 | 636 | 2100 | 2100 | 2023-10-30 | 2023-12-28 |
| 2023 | 인천 율치도 주변해역 | 60 | 125 | 1000 | 1000 | 2023-08-09 | 2023-09-27 |
| 2023 | 목포시 외달도 및 목포대교 | 80 | 88 | 2100 | 2100 | 2023-08-18 | 2023-10-16 |
| 2023 | 완도군 고금도 | 61 | 86 | 574 | 574 | 2023-11-10 | 2023-12-29 |
| 2023 | 배타적경제수역(EEZ) | 300 | 35 | 50000 | 50000 | 2023-09-13 | 2023-12-11 |
| 2023 | 독도 | 12 | 11 | 370 | 370 | 2023-10-04 | 2023-11-12 |
| 2023 | 인천 대소청도 | 17 | 24 | 7 | 7 | 2023-08-08 | 2023-09-06 |
| 2023 | 포항 신구항 | 96 | 192 | 340 | 340 | 2023-08-09 | 2023-09-27 |
| 2023 | 인천내항 | 442 | 659 | 177 | 177 | 2023-08-11 | 2023-10-26 |
| 2023 | 새만금방조제(2차) | 250 | 382 | 300 | 300 | 2023-08-18 | 2023-09-26 |
| 2023 | 속초시 속초항 | 131 | 148 | 119 | 119 | 2023-10-30 | 2023-12-18 |
| 2023 | 부산항 5부두(2차) | 150 | 237 | 25 | 25 | 2023-10-30 | 2023-12-08 |
| 2023 | 여수시 여수항 | 78 | 104 | 200 | 200 | 2023-11-01 | 2023-12-10 |
| 2023 | 여수시 거문도항 | 38 | 58 | 16 | 16 | 2023-10-27 | 2023-12-05 |
| 2023 | 신안군 흑산도항 | 202 | 208 | 87 | 87 | 2023-10-30 | 2023-12-18 |
| 2023 | 강진군 강진항(2차) | 19 | 28 | 1 | 1 | 2023-10-30 | 2023-12-05 |
| 2023 | 사천시 삼천포항 | 78 | 222 | 35 | 35 | 2023-10-30 | 2023-12-08 |
| 2023 | 부산항 묘박지 | 158 | 186 | 2793 | 2793 | 2023-10-30 | 2023-12-18 |
| 2023 | 사하구 물운대 | 63 | 67 | 1260 | 1260 | 2023-10-30 | 2023-12-08 |
| 2023 | 낙동강 하구 무인도서 및 주변해역 | 109 | 502 | 70 | 70 | 2023-08-11 | 2023-11-18 |
| 2023 | 먼바다 해양쓰레기 수거지원 | 700 | 1298 | 0 | 0 | 2023-01-01 | 2023-12-31 |

2025-04-04

| 년도 | 사업명 | 수거물량 계획 | 수거물량 실적 | 정화면적 계획 | 정화면적 실적 | 사업기간(시작일) | 사업기간(종료일) |
|---|---|---|---|---|---|---|---|
| 2022 | 부산 부산신항 | 270 | 381 | 900 | 900 | 2022-02-18 | 2022-05-18 |
| 2022 | 옹진군 덕적도 주변해역 | 73 | 127 | 1100 | 1100 | 2022-03-24 | 2022-05-22 |
| 2022 | 창원 마산항 | 37 | 62 | 32 | 32 | 2022-03-24 | 2022-05-22 |
| 2022 | 목포외항 | 67 | 99 | 1360 | 1360 | 2022-03-24 | 2022-05-22 |
| 2022 | 부산 가덕도 주변해역 | 87 | 108 | 902 | 902 | 2022-05-17 | 2022-07-25 |
| 2022 | 신안 홍도·장도 | 34 | 36 | 35 | 35 | 2022-05-18 | 2022-07-16 |
| 2022 | 제주 성산포항 | 26 | 26 | 8 | 8 | 2022-05-16 | 2022-07-27 |
| 2022 | 부산남항 | 43 | 42 | 60 | 60 | 2022-05-17 | 2022-09-01 |
| 2022 | 고창갯벌 | 73 | 4 | 1500 | 1500 | 2022-06-27 | 2022-08-25 |
| 2022 | 서천 비인항 | 60 | 95 | 700 | 700 | 2022-06-28 | 2022-08-11 |
| 2022 | 인천 영종항 | 89 | 120 | 800 | 800 | 2022-06-30 | 2022-08-28 |
| 2022 | 창원 진해항 | 44 | 67 | 63 | 63 | 2022-06-27 | 2022-08-10 |
| 2022 | 통영 하항도 | 158 | 203 | 93 | 93 | 2022-06-15 | 2022-08-23 |
| 2022 | 포항 구룡포항 | 93 | 113 | 6 | 6 | 2022-10-17 | 2022-11-15 |
| 2022 | 여수 화양면 | 325 | 438 | 332 | 332 | 2022-10-21 | 2022-12-19 |
| 2022 | 여수 소호동 | 215 | 347 | 541 | 541 | 2022-11-07 | 2022-12-31 |
| 2022 | 제주 애월항 | 14 | 25 | 8 | 8 | 2022-12-05 | 2022-12-31 |
| 2022 | 제주 한림항 | 42 | 45 | 33 | 33 | 2022-12-05 | 2022-12-31 |
| 2022 | 사천 신수도 | 77 | 113 | 1300 | 1300 | 2022-10-17 | 2023-03-23 |
| 2022 | 인천 남북항 | 40 | 135 | 60 | 60 | 2022-12-02 | 2023-04-13 |
| 2022 | 제주 서귀포항 | 31 | 30 | 8 | 8 | 2022-12-12 | 2023-01-15 |
| 2022 | 통영 동호항 | 83 | 117 | 22 | 22 | 2022-12-12 | 2023-01-20 |
| 2022 | 보령시 외연도항 | 41 | 2 | 300 | 300 | 2022-12-12 | 2023-03-04 |
| 2022 | 제주 제주항 | 40 | 34 | 36 | 36 | 2022-01-17 | 2023-03-07 |
| 2022 | 여수 가막만 죽도 | 51 | 84 | 40 | 40 | 2022-01-04 | 2023-02-12 |
| 2022 | 부산시 감만시민부두 등 | 26 | 30 | 23 | 23 | 2022-01-25 | 2023-03-05 |

2025-04-04

## 문제 ❷ 계산작업

1. [D4] 셀에 「=VLOOKUP(MID(B41,1,2),$N$5:$Q$9,MATCH(VALUE(MID(B41,4,1)),$O$4:$Q$4,0)+1,0)」를 입력하고 [D41] 셀까지 수식 복사

2. [K4] 셀에 「=IF(VALUE(RIGHT(J4,3))<=100,SUBSTITUTE(J4,"A","A▷"),IF(VALUE(RIGHT(J4,3))<=200,SUBSTITUTE(J4,"B","B▷▷"),J4))」를 입력하고 [K41] 셀까지 수식 복사

3. [O13] 셀에 「=TEXT(SUM(IF((LEFT($B$4:$B$41,2)=$N13)*(RIGHT($B$4:$B$41,2)=O$12),$F$4:$F$41))/SUM($F$4:$F$41),"0.0%")」를 입력하고 Ctrl+Shift+Enter를 누른 후에 [Q17] 셀까지 수식 복사

4. [O20] 셀에 「=AVERAGE(LARGE(F4:F41,{1,2,3}),SMALL(F4:F41,{1,2,3}))」를 입력하고 Ctrl+Shift+Enter를 눌러 수식 입력

5. [L4] 셀에 「=fn상태(B4,E4,F4,G4,H4)」를 입력하고 [L41] 셀까지 수식 복사

```
Public Function fn상태(지역, 이앙기수, 트랙터수, 콤바인수, 관리기수)
    합 = 이앙기수 + 트랙터수 + 콤바인수 + 관리기수
    If 합 >= 80 Then
        fn상태 = Left(지역, 2) & "여유"
    ElseIf 합 <= 40 Then
        fn상태 = Left(지역, 2) & "부족"
    Else
        fn상태 = ""
    End If
End Function
```

## 문제 ❸ 분석작업

### 01 피벗 테이블

| | A | B | C | D | E | F | G | H |
|---|---|---|---|---|---|---|---|---|
| 1 | | | | | | | | |
| 2 | | | | | | | | |
| 3 | | 합계 : 배출량(g) | | 배출월 | | | | |
| 4 | | 시군구명2 | 시군구명 | 8월 | 9월 | 10월 | 총합계 | |
| 5 | | ⊟ 경기 북부 | | | | | | |
| 6 | | | 가평군 | 14,134,300 | 14,151,650 | 12,493,400 | 40,779,350 | |
| 7 | | | 고양시 | 607,213,000 | 594,587,400 | 560,654,000 | 1,762,454,400 | |
| 8 | | | 구리시 | 666,098,551 | 678,503,330 | 606,131,060 | 1,950,732,941 | |
| 9 | | | 남양주시 | 1,399,149,209 | 1,406,639,300 | 1,286,531,989 | 4,092,320,498 | |
| 10 | | | 동두천시 | 214,080,800 | 211,983,000 | 190,748,600 | 616,812,400 | |
| 11 | | | 양주시 | 810,453,550 | 802,488,800 | 737,023,519 | 2,349,965,869 | |
| 12 | | | 연천군 | 3,328,000 | 3,078,650 | 2,863,900 | 9,270,550 | |
| 13 | | | 의정부시 | 378,294,450 | 375,639,350 | 348,058,150 | 1,101,991,950 | |
| 14 | | | 파주시 | 952,046,890 | 927,551,150 | 853,191,450 | 2,732,789,490 | |
| 15 | | | 포천시 | 224,922,500 | 223,089,600 | 199,123,500 | 647,135,600 | |
| 16 | | 경기 북부 합계 | | 5,269,721,250 | 5,237,712,230 | 4,796,819,568 | 15,304,253,048 | |
| 17 | | 경기 북부 평균 | | 16,999,101 | 17,459,041 | 15,473,612 | 16,635,058 | |
| 18 | | | | | | | | |
| 19 | | ⊞ 경기 남부 | | 9,528,156,873 | 9,448,424,745 | 8,630,765,080 | 27,607,346,698 | |
| 20 | | | | | | | | |

### 02 데이터 도구

| | J | K | L | M | N | O | P | Q | R |
|---|---|---|---|---|---|---|---|---|---|
| 16 | | | | | | | | | |
| 17 | | [표3] | | | | | | | |
| 18 | | 선박명 | 7월 | 8월 | 9월 | 10월 | 11월 | 12월 | |
| 19 | | *1호 | 57.4 | 228.8 | 43.3 | 37.6 | 47.15 | 44.8 | |
| 20 | | *2호 | 575.28 | 357.3 | 285.55 | 96.4 | 72.85 | 11 | |
| 21 | | | | | | | | | |

## 문제 ❹ 기타작업

### 01 매크로

| | A | B | C | D | E | F | G | H | I | J | K | L | M | N |
|---|---|---|---|---|---|---|---|---|---|---|---|---|---|---|
| 1 | | | | | | | | | | | | | | |
| 2 | | | | | | | | | | | | | | |
| 3 | | 호선 | 역번호 | 출발역 | 상하구분 | 7시30분 | 8시00분 | 8시30분 | 9시00분 | 9시30분 | | | | |
| 4 | | 1 | 150 | 서울역 | 상선 | 61.1%(혼잡) | 66.1%(혼잡) | 86.1%(혼잡) | 63.8%(혼잡) | 62.7%(혼잡) | | | | |
| 5 | | 1 | 151 | 시청 | 상선 | 46.4%(보통) | 53.9%(보통) | 56.6%(보통) | 49.1%(보통) | 51.6%(보통) | | | | |
| 6 | | 1 | 152 | 종각 | 상선 | 27.3%(여유) | 32.7%(보통) | 32.1%(보통) | 31.3%(보통) | 36.5%(보통) | | 서식적용 | | |
| 7 | | 1 | 153 | 종로3가 | 상선 | 27.6%(여유) | 37.0%(보통) | 31.6%(보통) | 31.1%(보통) | 34.5%(보통) | | | | |
| 8 | | 1 | 154 | 종로5가 | 상선 | 21.2%(여유) | 28.1%(여유) | 22.2%(여유) | 25.9%(여유) | 25.3%(여유) | | | | |
| 9 | | 1 | 155 | 동대문 | 상선 | 19.9%(여유) | 25.8%(여유) | 23.6%(여유) | 24.6%(여유) | 23.7%(여유) | | 서식해제 | | |
| 10 | | 1 | 156 | 신설동 | 상선 | 14.1%(여유) | 19.7%(여유) | 19.9%(여유) | 18.4%(여유) | 27.5%(여유) | | | | |
| 11 | | 1 | 157 | 제기동 | 상선 | 12.1%(여유) | 17.8%(여유) | 17.0%(여유) | 15.1%(여유) | 23.1%(여유) | | | | |
| 12 | | 1 | 158 | 청량리 | 상선 | 9.9%(여유) | 15.2%(여유) | 13.7%(여유) | 11.1%(여유) | 14.8%(여유) | | | | |
| 13 | | 1 | 159 | 동묘앞 | 상선 | 17.1%(여유) | 23.1%(여유) | 21.8%(여유) | 18.5%(여유) | 23.7%(여유) | | | | |
| 14 | | 1 | 150 | 서울역 | 하선 | 36.1%(보통) | 38.6%(보통) | 23.3%(여유) | 27.8%(여유) | 20.3%(여유) | | | | |
| 15 | | 1 | 151 | 시청 | 하선 | 37.5%(보통) | 35.6%(보통) | 27.0%(여유) | 30.4%(보통) | 22.1%(여유) | | | | |
| 16 | | 1 | 152 | 종각 | 하선 | 46.2%(보통) | 49.7%(보통) | 43.8%(보통) | 39.1%(보통) | 28.0%(여유) | | | | |
| 17 | | 1 | 153 | 종로3가 | 하선 | 61.0%(혼잡) | 66.0%(혼잡) | 71.3%(혼잡) | 56.4%(보통) | 38.7%(보통) | | | | |
| 18 | | 1 | 154 | 종로5가 | 하선 | 63.1%(혼잡) | 73.8%(혼잡) | 74.7%(혼잡) | 64.4%(혼잡) | 41.6%(보통) | | | | |
| 19 | | 1 | 155 | 동대문 | 하선 | 67.8%(혼잡) | 79.4%(혼잡) | 81.4%(혼잡) | 69.3%(혼잡) | 44.6%(보통) | | | | |
| 20 | | 1 | 156 | 신설동 | 하선 | 60.8%(혼잡) | 74.7%(혼잡) | 67.6%(혼잡) | 50.1%(보통) | 43.5%(보통) | | | | |
| 21 | | 1 | 157 | 제기동 | 하선 | 58.0%(보통) | 68.4%(혼잡) | 66.5%(혼잡) | 49.0%(보통) | 39.4%(보통) | | | | |
| 22 | | 1 | 158 | 청량리 | 하선 | 65.9%(혼잡) | 61.5%(혼잡) | 63.4%(혼잡) | 47.4%(보통) | 38.7%(보통) | | | | |
| 23 | | 1 | 159 | 동묘앞 | 하선 | 66.6%(혼잡) | 82.4%(혼잡) | 75.8%(혼잡) | 53.9%(보통) | 49.7%(보통) | | | | |
| 24 | | | | | | | | | | | | | | |

## 02 차트

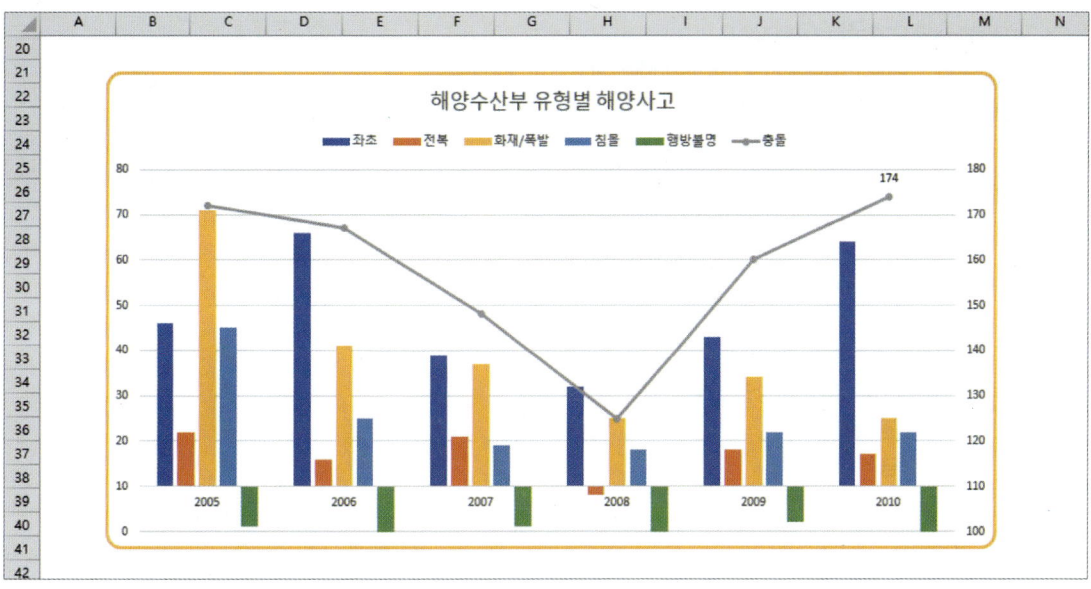

## 03 VBA 프로그래밍

- 폼 보이기 프로시저

```
Private Sub 수목원요금등록_Click()
    수목원요금관리.Show
End Sub
```

- 폼 초기화 프로시저

```
Private Sub UserForm_Initialize()
    cmb구분.RowSource = "K5:I7"
    opt개인.Value = True
    txt날짜 = Date
End Sub
```

- 'opt개인' Click 이벤트 프로시저

```
Private Sub opt개인_Click()
    cmb구분.RowSource = "K5:L7"
End Sub
```

- 'opt단체' Click 이벤트 프로시저

```
Private Sub opt단체_Click()
    cmb구분.RowSource = "N5:O7"
End Sub
```

- Change 이벤트 프로시저

```
Private Sub cmb구분_Change()
    txt요금 = cmb구분.List(cmb구분.ListIndex, 1)
End Sub
```

- 등록 프로시저

```
Private Sub cmd등록_Click()
  i = Range("B4").CurrentRegion.Rows.Count + 3
  If opt개인.Value = True Then
      If txt인원 >= 20 Then
          MsgBox " 20명 이상일 경우 단체를 선택하세요."
          txt인원.SetFocus
          txt요금 = ""
          Exit Sub
      Else
          Cells(i, 5) = "개인"
      End If
  Else
    If txt인원 < 20 Then
        MsgBox " 단체 인원수는 20명 이상이여야 합니다."
        txt인원.SetFocus
        txt요금 = ""
        Exit Sub
    Else
        Cells(i, 5) = "단체"
    End If
  End If
  Cells(i, 2) = i - 4
  Cells(i, 3) = txt날짜.Value
  Cells(i, 4) = txt이름.Value
  Cells(i, 6) = cmb구분.Value
  Cells(i, 7) = txt요금.Value
  Cells(i, 8) = txt인원.Value
  Cells(i, 9) = Format(Cells(i, 7) * Cells(i, 8), "Currency")
End Sub
```

- 종료 프로시저

```
Private Sub cmd종료_Click()
    [I3] = Date
    [I3].Font.Name = "굴림"
    [I3].Font.Italic = True
    Unload Me
End Sub
```

# 상시 기출문제 01회 해설

## 문제 ① 기본작업

### 01 고급 필터('기본작업-1' 시트)

① [N2:N3] 영역에 '조건'을 입력하고, [N6:S6] 영역에 추출할 필드명을 작성한다.

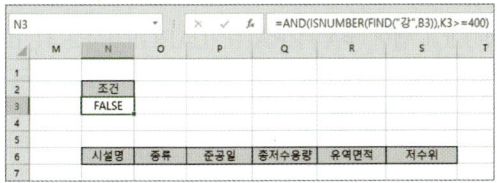

[N3] : =AND(ISNUMBER(FIND("강",B3)),K3>=400)

💬 **함수 설명**

① **FIND("강",B3)** : [B3] 셀에서 '강'의 시작 위치 값을 구함

② **ISNUMBER(①)** : ①의 값이 숫자이면 TRUE 값을 반환

**=AND(②,K3>=400)** : ②의 값이 TRUE이고 [K3] 셀의 값이 400 이상이면 TRUE 값을 반환

② [데이터]-[정렬 및 필터] 그룹의 [고급](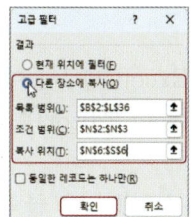)을 클릭한다.

③ [고급 필터]에서 다음 그림과 같이 지정한 후 [확인]을 클릭한다.

- 결과 : '다른 장소에 복사'
- 목록 범위 : [B2:L36]
- 조건 범위 : [N2:N3]
- 복사 위치 : [N6:S6]

### 02 조건부 서식('기본작업-2' 시트)

① [B3:J52] 영역을 범위 지정한 후 [홈]-[스타일] 그룹의 [조건부 서식]-[새 규칙]을 클릭한다.

② [새 서식 규칙]에서 '규칙 유형 선택'에 '▶ 수식을 사용하여 서식을 지정할 셀 결정'을 선택하고, =AND((RIGHT($B3,1)<>"시",RIGHT($B3,1)<>"구",AVERAGE($C3:$I3)<$J3)를 입력한 후 [서식]을 클릭한다.

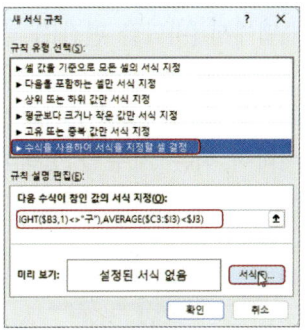

③ [셀 서식]의 [채우기] 탭에서 '자주'를 선택하고, [글꼴] 탭에서 글꼴 색은 '흰색, 배경1'을 선택한 후 [확인]을 클릭한다.

④ [새 서식 규칙]에서 다시 [확인]을 클릭한다.

### 03 페이지 레이아웃('기본작업-3' 시트)

① [B2:I52] 영역을 범위 지정한 후 [페이지 레이아웃]-[페이지 설정] 그룹에서 [인쇄 영역]-[인쇄 영역 설정]을 클릭한다.

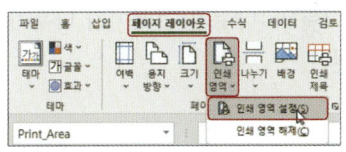

② [페이지 레이아웃]-[페이지 설정] 그룹에서 [인쇄 제목](🔲)을 클릭한다.

③ [시트] 탭에서 반복할 행을 '2행'으로 지정한다.

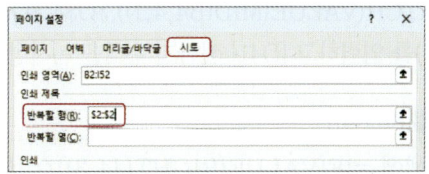

④ [페이지] 탭에서 용지 방향 '가로'를 선택하고, 자동 맞춤을 선택, 용지 너비 1을 입력한다.

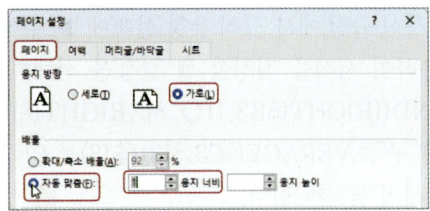

⑤ [머리글/바닥글] 탭에서 [바닥글 편집]을 클릭하여 오른쪽에 커서를 두고 [날짜 삽입](圖)을 클릭하고 '&[날짜]'를 범위 지정한 후 [텍스트 서식](가)을 클릭하여 색은 '자주'를 선택하고 [확인]을 클릭한다.

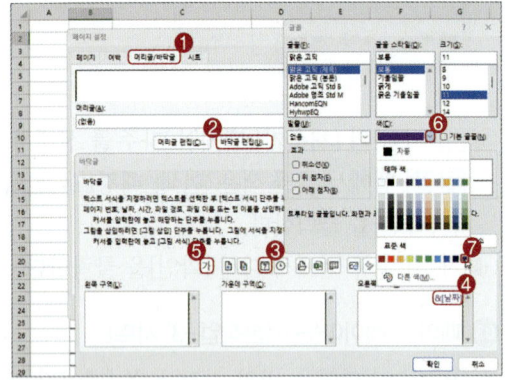

⑥ [페이지 설정]에서 [확인]을 클릭한다.
⑦ [B27] 셀을 클릭한 후 [페이지 레이아웃]-[페이지 설정] 그룹의 [나누기]-[페이지 나누기 삽입]을 클릭한다.

### 문제 ❷  계산작업

#### 01 담당자[D4:D41]

[D4] 셀에 =VLOOKUP(MID(B4,1,2),$N$5:$Q$9,MATCH(VALUE(MID(B4,4,1)),$O$4:$Q$4,0)+1,0)를 입력하고 [D41] 셀까지 수식을 복사한다.

#### 02 식별[K4:K41]

[K4] 셀에 =IF(VALUE(RIGHT(J4,3))<=100,SUBSTITUTE(J4,"A","A▷"),IF(VALUE(RIGHT(J4,3))<=200,SUBSTITUTE(J4,"B","B▷▷"),J4))를 입력하고 [K41] 셀까지 수식을 복사한다.

#### 03 비율[O13:Q17]

[O13] 셀에 =TEXT(SUM(IF((LEFT($B$4:$B$41,2)=$N13)*(RIGHT($B$4:$B$41,2)=O$12),$F$4:$F$41))/SUM($F$4:$F$41),"0.0%")를 입력하고 Ctrl+Shift+Enter를 누른 후에 [Q17] 셀까지 수식을 복사한다.

#### 04 평균[O20]

[O20] 셀에 =AVERAGE(LARGE(F4:F41,{1,2,3}),SMALL(F4:F41,{1,2,3}))를 입력하고 Ctrl+Shift+Enter를 누른다.

#### 05 기타[L4:L41]

① [개발 도구]-[코드] 그룹의 [Visual Basic](圖)을 클릭한다.
② [삽입]-[모듈]을 클릭한다.
③ Module 창에 다음과 같이 입력한다.

```
Public Function fn상태(지역, 이앙기수, 트랙터수, 콤바인수, 관리기수)
    합 = 이앙기수 + 트랙터수 + 콤바인수 + 관리기수
    If 합 >= 80 Then
        fn상태 = Left(지역, 2) & "(여유)"
    ElseIf 합 <= 40 Then
        fn상태 = Left(지역, 2) & "(부족)"
    Else
        fn상태 = ""
    End If
End Function
```

④ [파일]-[닫고 Microsoft Excel(으)로 돌아가기]를 클릭하여 [Visual Basic Editor]를 닫는다.
⑤ [L4] 셀을 클릭한 후 [함수 삽입](fx)을 클릭한다.
⑥ 범주 선택에서 '사용자 정의', 함수 선택에서 'fn상태'를 선택한 후 [확인]을 클릭한다.

⑦ 지역은 [B4], 이앙기수는 [E4], 트랙터수는 [F4], 콤바인수는 [G4,] 관리기수는 [H4]를 지정한 후 [확인]을 클릭한다.

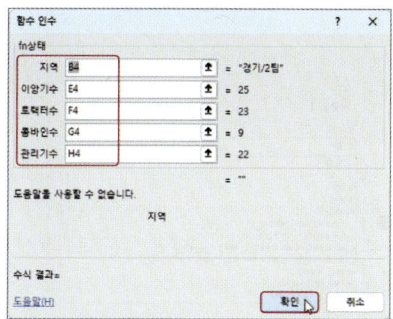

⑧ [L4] 셀을 선택한 후 [L41] 셀까지 수식을 복사한다.

### 문제 ③ 분석작업

**01** 피벗 테이블('분석작업-1' 시트)

① [B3] 셀을 선택한 후 [데이터]-[데이터 가져오기 및 변환] 그룹에서 [데이터 가져오기]-[기타 원본에서]-[Microsoft Query에서]를 클릭한다.
② [데이터 원본 선택]의 [데이터베이스] 탭에서 'MS Access Database *'를 선택하고 [확인]을 클릭한다.
③ '배출현황.accdb'를 선택하고 [확인]을 클릭한다.
④ 〈음식물쓰레기〉 테이블의 '시군구명', '배출월', '배출량(g)'을 선택하고 [다음]을 클릭한다.

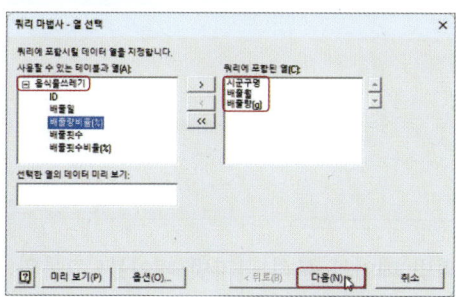

⑤ '시군구명' 열을 선택한 후 '제외할 시작 값'의 **수원**, **성남**을 입력하고 '및' 선택하고 [다음]을 클릭한다.

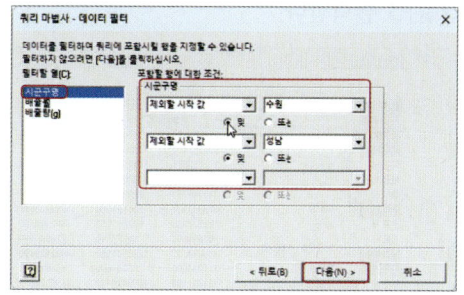

⑥ [정렬 순서]에서 [다음]을 클릭하고 [마침]을 클릭한다.
⑦ '피벗 테이블 보고서'를 선택하고, '기존 워크시트'에 [B3] 셀로 지정하고 [확인]을 클릭한다.

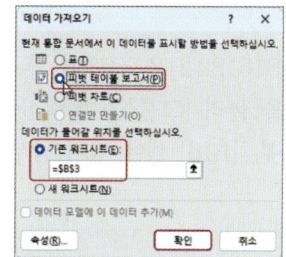

⑧ 다음과 같이 보고서 레이아웃을 지정한다.

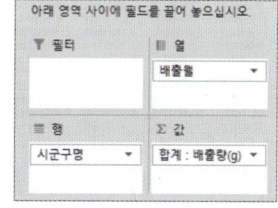

⑨ [디자인]-[레이아웃] 그룹에서 [보고서 레이아웃]-[개요 형식으로 표시]를 클릭한다.

⑩ '가평군', '고양시', '구리시', '남양주시', '동두천시', '양주시', '연천군', '의정부시', '파주시', '포천시'를 선택한 후 마우스 오른쪽 버튼을 눌러 [그룹]을 클릭한다.

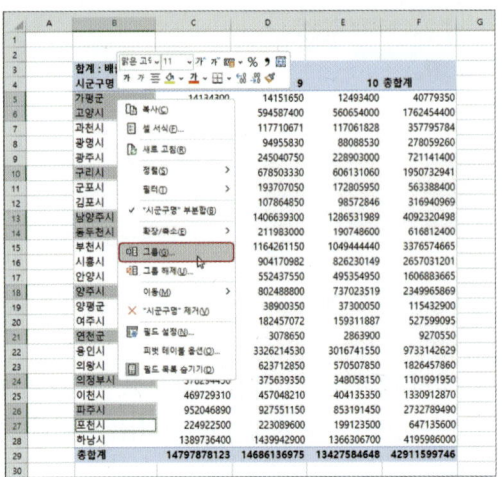

⑪ 나머지 시군구명[B16:B42]을 선택한 후 마우스 오른쪽 버튼을 눌러 [그룹]을 클릭한 후 [B5] 셀에 **경기 북부**, [B16] 셀에 **경기 남부**를 입력한다.

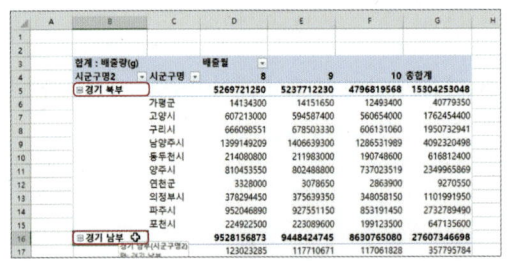

⑫ [B5] 셀에서 마우스 오른쪽 버튼을 눌러 [필드 설정]을 클릭하여 '사용자 지정'의 '합계', '평균'을 선택하고 [확인]을 클릭한다.

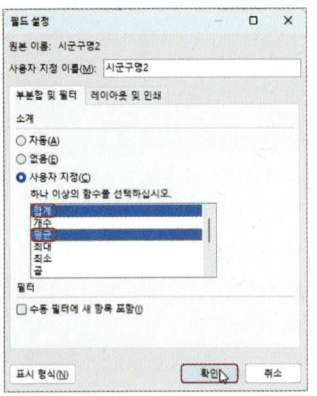

⑬ [D3] 셀에서 마우스 오른쪽 버튼을 눌러 [필드 설정]을 클릭한 후 [표시 형식]을 클릭하여 '사용자 지정'에 **0월**을 입력하고 [확인]을 클릭한다.

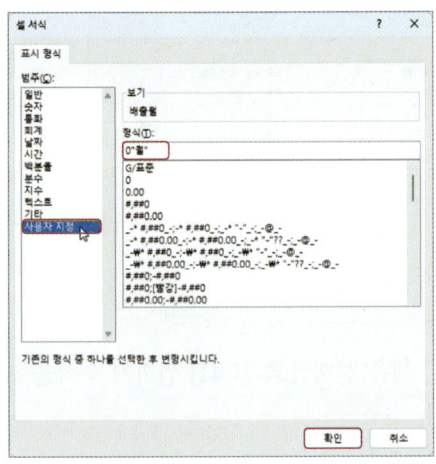

⑭ [디자인]-[레이아웃] 그룹의 [빈 행]-[각 항목 다음에 빈 줄 삽입]을 클릭한다.

⑮ [B3] 셀에서 마우스 오른쪽 버튼을 눌러 [값 필드 설정]을 클릭한 후 [표시 형식]을 클릭하여 범주는 '숫자', '1000 단위 구분 기호(,) 사용'을 체크하고 [확인]을 클릭하고, [값 필드 설정]에서 [확인]을 클릭한다.

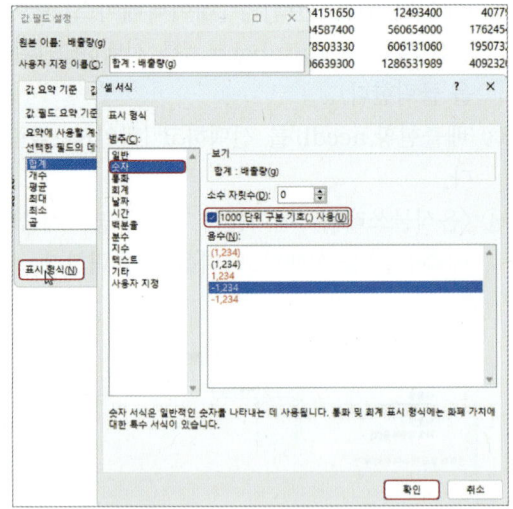

⑯ [피벗 테이블 분석]-[피벗 테이블] 그룹의 [옵션]()을 클릭하여 [레이아웃 및 서식] 탭에서 '레이블이 있는 셀 병합 및 가운데 맞춤'을 체크, [요약 및 필터] 탭에서 '행 총합계 표시'만 체크하고 [확인]을 클릭한다.

⑰ [디자인] 탭의 [피벗 테이블 스타일] 그룹에서 '흰색, 피벗 스타일 밝게 8'을 선택한다.

⑱ [B19] 셀의 경기 남부의 ▭를 클릭하여 ▭으로 수정한다.

## 02 데이터 도구('분석작업-2' 시트)

① [B4:B25] 영역을 범위 지정한 후 [데이터]-[데이터 도구] 그룹의 [데이터 유효성 검사](▭)를 클릭하여 [설정] 탭의 '목록'을 선택하고, '원본'은 [K4:K15] 영역을 드래그한다.

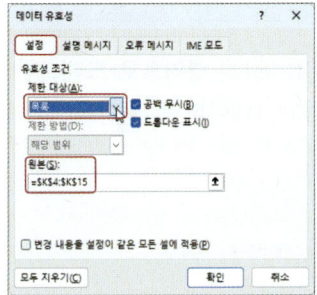

② [오류 메시지] 탭에서 '중지'를 선택하고, 제목은 **지사입력 오류**, 오류 메시지는 **입력을 다시 해 주세요.**를 입력하고 [확인]을 클릭한다.

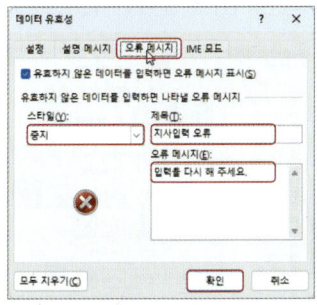

③ [K19:K20] 영역에 다음과 같이 조건을 입력한다. (*1호, *2호)

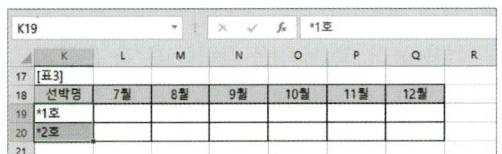

④ [K18:Q20] 영역을 범위 지정한 후 [데이터]-[데이터 도구] 그룹의 [통합](▭)을 클릭한다.

⑤ [통합]에서 '합계'를 선택하고, [C3:I25] 영역을 드래그한 후 [추가]를 클릭하고, '첫 행', '왼쪽 열'을 체크하고 [확인]을 클릭한다.

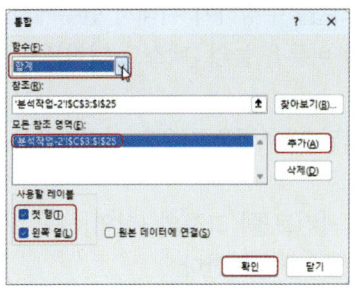

## 문제 ④ 기타작업

### 01 매크로('기타작업-1' 시트)

① [개발 도구]-[컨트롤] 그룹의 [삽입]-[단추(양식 컨트롤)](▭)을 클릭한다.

② 마우스 포인터가 '+'로 바뀌면 [L6:M7] 영역에 드래그한다.

③ [매크로 지정]의 '매크로 이름'에 **서식적용**을 입력하고 [기록]을 클릭한다.

④ [매크로 기록]에 자동으로 '서식적용'으로 매크로 이름이 표시되면 [확인]을 클릭한다.

⑤ [F4:J23] 영역을 범위 지정한 후 Ctrl+1을 눌러 [표시 형식] 탭의 '사용자 지정'에 [파랑][<30]0.0"%(여유)";[<60]0.0"%(보통)";[빨강]0.0"%(혼잡)"를 입력하고 [확인]을 클릭한다.

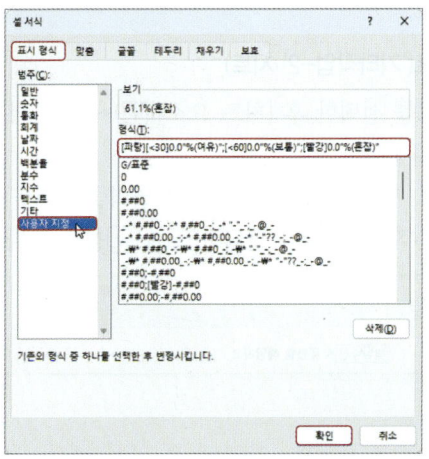

⑥ 임의의 셀을 클릭한 후 매크로 기록을 종료하기 위해 [개발 도구]-[코드] 그룹의 [기록 중지](□)를 클릭한다.
⑦ 단추에 텍스트를 수정하기 위해서 단추에서 마우스 오른쪽 버튼을 눌러 [텍스트 편집]을 클릭한다.
⑧ 단추에 입력된 '단추 1'을 지우고 **서식적용**을 입력한다.
⑨ [개발 도구]-[컨트롤] 그룹의 [삽입]-[단추(양식 컨트롤)](□)를 클릭한다.
⑩ 마우스 포인터가 '+'로 바뀌면 [L9:M10] 영역에 드래그한다.
⑪ [매크로 지정]의 '매크로 이름'에 **서식해제**를 입력하고 [기록]을 클릭한다.
⑫ [매크로 기록]에 자동으로 '서식해제'로 매크로 이름이 표시되면 [확인]을 클릭한다.
⑬ [F4:J23] 영역을 범위 지정한 후 Ctrl + 1 을 눌러 [표시 형식] 탭의 '일반'을 선택하고 [확인]을 클릭한다.
⑭ 임의의 셀을 클릭한 후 매크로 기록을 종료하기 위해 [개발 도구]-[코드] 그룹의 [기록 중지](□)를 클릭한다.
⑮ 단추에 텍스트를 수정하기 위해서 단추에서 마우스 오른쪽 버튼을 눌러 [텍스트 편집]을 클릭한다.
⑯ 단추에 입력된 '단추 2'를 지우고 **서식해제**를 입력한다.

## 02 차트('기타작업-2' 시트)

① 차트를 선택한 후 [차트 요소](⊞)-[차트 제목]을 클릭한다.
② 차트 제목을 선택한 후 수식 입력줄에 =를 입력한 후 [B2] 셀을 클릭하고 Enter 를 누른다.

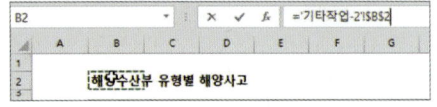

③ 차트를 선택한 후 마우스 오른쪽 버튼을 눌러 [데이터 선택]을 클릭한 후 [D4], [F4:J4], [D12:D17], [F12:J17] 영역으로 수정하고, '가로(항목) 축 레이블'의 [편집]을 클릭한다.

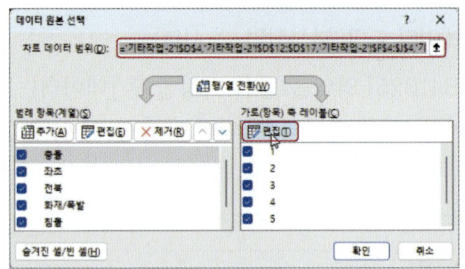

④ 축 레이블은 [B12:B17] 영역으로 드래그한 후 [확인]을 클릭하고, [데이터 원본 선택]에서 [확인]을 클릭한다.

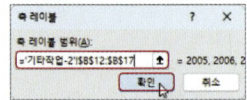

⑤ '충돌' 계열을 선택한 후 마우스 오른쪽 버튼을 눌러 [계열 차트 종류 변경]을 클릭하여 '충돌' 계열은 '표식이 있는 꺾은선형'을 선택하고 '보조 축'을 체크하고 [확인]을 클릭한다.

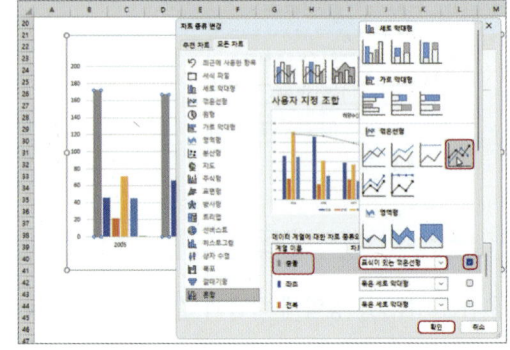

⑥ '보조 세로 (값) 축'을 선택한 후 마우스 오른쪽 버튼을 눌러 [축 서식]을 클릭한 후 '축 옵션'의 최소값 100, 최대값 180, 단위 기본 10을 입력한다.

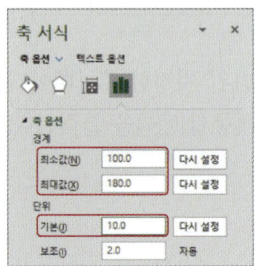

⑦ '세로 (값) 축'을 선택한 후 마우스 오른쪽 버튼을 눌러 [축 서식]을 클릭한 후 '축 옵션'의 가로 축 교차의 '축 값'은 10을 입력한다.

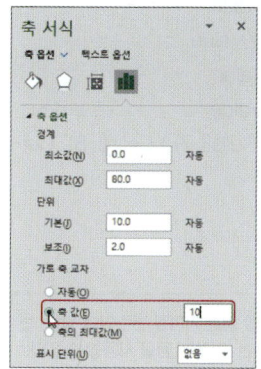

⑧ '충돌' 계열의 '2010' 요소만 천천히 2번 클릭하여 하나의 요소만 선택한 후 [차트 요소](田)-[데이터 레이블]-[위쪽]을 클릭한다.

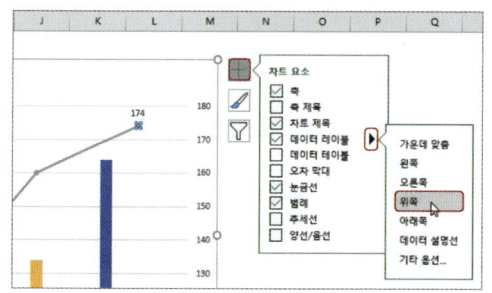

⑨ [차트 요소](田)-[범례]-[위쪽]을 클릭한다.
⑩ 차트 영역을 선택한 후 [차트 영역 서식]의 [채우기 및 선]에서 '테두리' 색은 '표준 색 – 주황', 너비는 2를 입력하고, '둥근 모서리'를 체크한다.

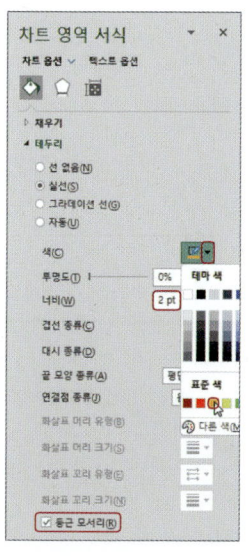

## 03 프로시저('기타작업-3' 시트)

### ① 폼 보이기

① [개발 도구]-[컨트롤] 그룹의 [디자인 모드](N)를 클릭하여 〈수목원요금 등록〉 버튼을 편집 상태로 만든다.
② 〈수목원요금 등록〉 버튼을 더블클릭한 후 코드 창에 다음과 같이 입력한다.

```
Private Sub 수목원요금등록_Click()
    수목원요금관리.Show
End Sub
```

### ② 폼 초기화

① [프로젝트-VBAProject] 탐색기에서 '폼'을 더블 클릭하고 〈수목원요금관리〉를 선택한다.
② [프로젝트-VBAProject] 탐색기의 [코드 보기](□)를 클릭한다.
③ '개체 목록'은 'UserForm', '프로시저 목록'은 'Initialize'를 선택한다.
④ 코드 창에 다음과 같이 입력한다.

```
Private Sub UserForm_Initialize()
    cmb구분.RowSource = "K5:L7"
    opt개인.Value = True
    txt날짜 = Date
End Sub
```

> 기적의 TIP
>
> cmb구분.ColumnCount =2는 생략이 가능합니다.
> cmb구분 속성에 ColumnCount가 2로 설정이 되어 있어서 생략이 가능합니다.
>
>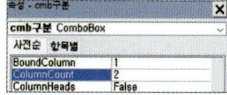

### ③ 'opt개인' Click 이벤트 프로시저

① '개체 목록'에서 'opt개인', '프로시저 목록'은 'Click'을 선택한다.
② 코드 창에 다음과 같이 입력한다.

```
Private Sub opt개인_Click()
    cmb구분.RowSource = "K5:L7"
End Sub
```

④ 'opt단체' Click 이벤트 프로시저

① '개체 목록'에서 'opt단체', '프로시저 목록'은 'Click'을 선택한다.
② 코드 창에 다음과 같이 입력한다.

```
Private Sub opt단체_Click()
    cmb구분.RowSource = "N5:O7"
End Sub
```

⑤ Change 이벤트 프로시저

① '개체 목록'에서 'cmb구분', '프로시저 목록'은 'Change'을 선택한다.
② 코드 창에 다음과 같이 입력한다.

```
Private Sub cmb구분_Change()
    txt요금 = cmb구분.List(cmb구분.ListIndex, 1)
End Sub
```

⑥ 등록 프로시저

① '개체 목록'에서 'cmd등록', '프로시저 목록'은 'Click'을 선택한다.
② 코드 창에 다음과 같이 입력한다.

```
Private Sub cmd등록_Click()
    i = Range("B4").CurrentRegion.Rows.Count + 3
    If opt개인.Value = True Then
        If txt인원 >= 20 Then
            MsgBox " 20명 이상일 경우 단체를 선택하세요."
            txt인원.SetFocus
            txt요금 = ""
            Exit Sub
        Else
            Cells(i, 5) = "개인"
        End If
    Else
        If txt인원 < 20 Then
            MsgBox " 단체 인원수는 20명 이상이여야 합니다."
            txt인원.SetFocus
            txt요금 = ""
            Exit Sub
        Else
            Cells(i, 5) = "단체"
        End If
```

```
    End If
    Cells(i, 2) = i - 4
    Cells(i, 3) = txt날짜.Value
    Cells(i, 4) = txt이름.Value
    Cells(i, 6) = cmb구분.Value
    Cells(i, 7) = txt요금.Value
    Cells(i, 8) = txt인원.Value
    Cells(i, 9) = Format(Cells(i, 7) * Cells(i, 8), "Currency")
End Sub
```

💬 **코드 설명**

① i는 새로운 데이터를 입력할 행을 기억할 변수이다. i라는 변수 이름 대신에 한글로 '행' 또는 '입력행' 등을 사용할 수 있다.
② .Value
.Value는 값의 속성으로 입력받는 데이터의 값이 문자이면 왼쪽, 숫자와 날짜는 오른쪽으로 입력된다.

⑦ 종료 프로시저

① '개체 목록'에서 'cmd종료', '프로시저 목록'은 'Click'을 선택한다.
② 코드 창에 다음과 같이 입력한다.

```
Private Sub cmd종료_Click()
    [I3] = Date
    [I3].Font.Name = "굴림"
    [I3].Font.Italic = True
    Unload Me
End Sub
```

# 상시 기출문제 02회

**작업파일** [26컴활1급₩1권_스프레드시트₩상시기출문제] 폴더의 '상시기출문제2회' 파일을 열어서 작업하시오.

## 문제 ❶ 기본작업 | 주어진 시트에서 다음 과정을 수행하고 저장하시오. 15점

**01** '기본작업-1' 시트에서 다음과 같이 고급 필터를 수행하시오. (5점)
- ▶ [B2:J47] 영역에서 '등록일자'가 비어 있지 않고, '등록일자'와 '출원일자' 차이가 5년 이내이며, '작물명'에 "나무"가 포함된 행의 '출원번호', '작물명', '품종명칭', '상태', '출원일자', '등록일자' 열을 순서대로 표시하시오.
- ▶ 조건은 [L2:L3] 영역에 입력하시오. (AND, YEAR, NOT, ISERROR, FIND 함수 사용)
- ▶ 결과는 [L6] 셀부터 표시하시오.

**02** '기본작업-2' 시트에서 다음과 같이 조건부 서식을 설정하시오. (5점)
- ▶ [B3:J52] 영역에서 '입장인원(명)' 값이 전체 평균 이상이고 '구분'의 날짜가 5월인 행 전체에 대해 글꼴 색은 '표준 색 - 빨강, 글꼴 스타일 '굵게'로 적용하시오.
- ▶ 단, 규칙 유형은 '수식을 사용하여 서식을 지정할 셀 결정'을 사용하고, 한 개의 규칙으로만 작성하시오.
- ▶ AND, AVERAGE, MONTH 함수 사용

**03** '기본작업-3' 시트에서 다음과 같이 페이지 레이아웃을 설정하시오. (5점)
- ▶ [B2:R44] 영역을 인쇄 영역으로 설정하고, B열이 모든 페이지에서 반복되도록 인쇄 제목을 설정하시오.
- ▶ [K2] 셀에 페이지 나누기를 삽입하고, 용지 방향은 '가로'로 설정하고, 높이를 1 페이지로 맞추어 인쇄되도록 설정하시오.
- ▶ 바닥글의 오른쪽에는 페이지 번호를 [표시 예]와 같이 현재 페이지/전체 페이지로 설정하고, 머리글의 왼쪽에는 '자연휴양림'이 표시되도록 설정하시오. [표시 예 : 1/2]

## 문제 ❷ 계산작업 | '계산작업' 시트에서 다음 과정을 수행하고 저장하시오. 30점

**01** [표1]의 '시도', '피해면적(ha)'을 이용하여 상태[J3:J34]를 표시하시오. (6점)
- ▶ '시도'별 '피해면적'이 상위 3개는 시도명 뒤에 "▶" 기호를 추가하여 표시하시오.
- ▶ 피해면적(ha)이 가장 큰 값에는 "▶▶▶", 두 번째로 큰 값에는 "▶▶", 세 번째로 큰 값에는 "▶"을 [표시 예]와 같이 표시하고, 나머지는 공백으로 표시하시오. [표시 예 : 경기▶▶▶]
- ▶ IF, COUNTIFS, REPT 함수 사용

**02** [표1]의 '발생일자', '시도'를 이용하여 [표2]의 [O3:Q6] 영역에 계산하시오. (6점)
- ▶ '발생일자'의 월별, '시도'별 피해면적이 가장 큰 상위 3개 시도에 '피해면적(ha)'의 합계를 계산하여 [표시 예]와 같이 표시하시오. [표시 예 : 0.51(ha)]
- ▶ 단, 월별, 시도별 상위 3개 도시에 해당하지 않은 값은 공백으로 표시하시오.
- ▶ TEXT, IFERROR, SUM, LARGE, IF, MONTH 함수 사용

**03** [표1]의 '발생시간', '종료시간'을 이용하여 [표3]의 진화율[P10:P13]을 계산하여 표시하시오. (6점)
- ▶ '종료시간'과 '발생시간'의 차이를 계산하고, 시간대 구간은 [O10:O13]에 주어진 값을 시간으로 환산하여 각 시간대별 빈도수를 계산하여 전체[E3:E34]에서 차지하는 비율을 진화율에 표시하시오. [표시 예 : 13%]
- ▶ FREQUENCY, COUNT 함수를 이용한 배열 수식

**04** [표1]의 '시도', '피해면적(ha)', '시군구'를 이용하여 [표4]의 시군구[O17:O20]을 계산하여 표시하시오. (6점)
- ▶ '시도'별로 '피해면적(ha)'이 가장 많은 '시군구'와 해당 피해면적(ha)를 표시하시오 [표시 예 : 파주(4.13)]
- ▶ INDEX, MATCH, MAX 함수를 이용한 배열 수식과 & 연산자 사용

**05** 사용자 정의 함수 'fn화재원인'을 작성하여 [표1]의 기타[L3:L34]에 표시하시오. (6점)
- ▶ fn화재원인은 '세부원인'을 인수로 받아 값을 되돌려줌
- ▶ "담뱃불", "주택", "농산", "입산" 일 경우 "실수/부주의"로 표시, "화재", "군사" 일 경우 "불법/사고"로 표시하고 나머지는 "공백"으로 표시하시오.
- ▶ Select Case 문과 InStr 함수를 사용

```
Public Function fn화재원인(세부원인)

End Function
```

## 문제 ❸ 분석작업 | 주어진 시트에서 다음 과정을 수행하고 저장하시오. 20점

**01** '분석작업-1' 시트에서 다음의 지시사항에 따라 피벗 테이블 보고서를 작성하시오. (10점)

▶ '데이터 가져오기' 기능을 이용하여 〈지방세.accdb〉에서 〈지방세〉 테이블의 '세목명', '과세년도', '미환급유형', '납세자유형', '당해미환급건수', '당해미환급금액' 데이터를 가져오되, 과세년도가 2021년 이후 데이터 가져오시오.
▶ 피벗 테이블 보고서의 레이아웃과 위치는 〈그림〉을 참조하여 설정하고, 보고서 레이아웃을 개요 형식으로 표시하시오.
▶ '미환급금비율'은 '당해미환급금액'을 "열 합계 비율"로 표시하시오.
▶ 과세년도 하단에 부분합을 표시하고, '당해미환급금액' 필드는 값 필드 설정에서 '숫자' 범주의 셀 서식을 적용하고, 천 단위 구분 기호를 표시하시오.
▶ 행의 총합계는 표시되지 않도록 설정하고, 빈 셀은 "＊" 표시되게 설정하고, 레이블이 있는 셀은 병합하고 가운데 맞춤을 설정하시오.
▶ 피벗 테이블 스타일은 '연한 녹색, 피벗 스타일 밝게 14'로 설정하시오.
▶ 과세년도는 2021, 2022의 하위 데이터만 표시하시오.

| | A | B | C | D | E | F | G |
|---|---|---|---|---|---|---|---|
| 1 | | | | | | | |
| 2 | | | | 납세자유형 | 값 | | |
| 3 | | | | | 개인 | | 법인 |
| 4 | | 과세년도 | 세목명 | 합계 : 당해미환급금액 | 미환급금비율 | 합계 : 당해미환급금액 | 미환급금비율 |
| 5 | | ⊟ 2021 | | | | | |
| 6 | | | 등록면허세 | 18,120 | 0.03% | 27,000 | 0.63% |
| 7 | | | 자동차세 | 12,506,960 | 21.78% | 1,357,860 | 31.47% |
| 8 | | | 재산세 | 190,910 | 0.33% | ＊ | 0.00% |
| 9 | | | 주민세 | 11,330 | 0.02% | 55,080 | 1.28% |
| 10 | | | 지방소득세 | 2,731,040 | 4.76% | 314,500 | 7.29% |
| 11 | | 2021 요약 | | 15,458,360 | 26.92% | 1,754,440 | 40.66% |
| 12 | | ⊟ 2022 | | | | | |
| 13 | | | 등록면허세 | 30,600 | 0.05% | ＊ | 0.00% |
| 14 | | | 자동차세 | 9,547,340 | 16.63% | 941,430 | 21.82% |
| 15 | | | 재산세 | 1,244,910 | 2.17% | 125,510 | 2.91% |
| 16 | | | 주민세 | 33,990 | 0.06% | 75,900 | 1.76% |
| 17 | | | 지방소득세 | 2,528,300 | 4.40% | 21,560 | 0.50% |
| 18 | | | 취득세 | 304,430 | 0.53% | ＊ | 0.00% |
| 19 | | 2022 요약 | | 13,689,570 | 23.84% | 1,164,400 | 26.99% |
| 20 | | ⊞ 2023 | | 28,274,460 | 49.24% | 1,396,040 | 32.35% |
| 21 | | 총합계 | | 57,422,390 | 100.00% | 4,314,880 | 100.00% |
| 22 | | | | | | | |

**02** '분석작업-2' 시트에 대하여 다음의 지시사항을 처리하시오. (10점)

▶ [시나리오 관리자] 기능을 이용하여 '연이율[C5]' 셀이 다음과 같이 변동되는 경우 '상환금액[C7]' 셀의 변동 시나리오를 작성하시오.
  - [C5] 셀의 이름은 '이자율', [C7] 셀의 이름은 '상환금액'으로 정의하시오.
  - 시나리오1 : 시나리오 이름은 '이자율(하향)'은 2.5%로 설정하시오.
  - 시나리오2 : 시나리오 이름은 '이자율(상향)'은 3.5%로 설정하시오.
  - 시나리오 요약 시트는 '분석작업-2' 시트의 바로 뒤에 위치시키시오.
▶ '대출금액[C3]', '연이율[C5]', '상환기간(년)[C4]'에 따른 월 '상환금액[C7]'을 계산하였다. [데이터 표] 기능을 활용하여 이자율 변동에 따른 '상환금액[G4:G9]'을 계산하시오.

## 문제 ④ 기타작업 | 주어진 시트에서 다음 과정을 수행하고 저장하시오. 35점

**01** '기타작업-1' 시트에서 다음과 같은 기능을 수행하는 매크로를 현재 통합문서에 작성하시오. (각 5점)

① [G4:G38], [I4:I38] 영역에 대하여 사용자 지정 표시 형식을 설정하는 '서식적용' 매크로를 생성하시오.
  ▶ 배출량비율(%)과 배출횟수비율(%)이 3 이상이면 글꼴 색은 '표준 색 – 빨강'으로 소수 이하 2자리에 '%'를 붙여서 표시하고, 배출량비율(%)과 배출횟수비율(%)이 0 보다 크면 글꼴 색은 '표준 색 – 파랑'으로 소수 이하 2자리에 '%(★)'를 붙여서 표시하고, 0일 때는 '%'를 붙여서 표시하고, 문자일 경우 '오류'를 표시하고 왼쪽 정렬이 되도록 설정하시오.
     [표시 예:   3.25 → 3.25%,   2.84 → 2.84%(★),   0 → 0%,   * → 오류 ]
  ▶ [개발 도구]–[삽입]–[양식 컨트롤]의 '단추'(□)를 동일 시트의 [K3:L4] 영역에 생성한 후 텍스트를 '서식적용'으로 입력하고, 단추를 클릭하면 '서식적용' 매크로가 실행되도록 설정하시오.

② [G4:G38], [I4:I38] 영역에 대하여 표시 형식을 '일반'으로 적용하는 '서식해제' 매크로를 생성하시오.
  ▶ [개발 도구]–[삽입]–[양식 컨트롤]의 '단추'(□)를 동일 시트의 [K6:L7] 영역에 생성한 후 텍스트를 '서식해제'로 입력하고, 단추를 클릭하면 '서식해제' 매크로가 실행되도록 설정하시오.

**02** '기타작업-2' 시트에서 다음의 지시사항에 따라 차트를 수정하시오. (각 2점)

※ 차트는 반드시 문제에서 제공한 차트를 사용하여야 하며, 신규로 차트작성 시 0점 처리됨

① 차트 종류를 거품형 차트로 변경하고, 차트 제목을 [B2] 셀과 연동하여 표시되도록 설정하시오.
② 차트 범위를 〈그림〉을 참조하여 서울, 부산, 대구, 인천, 광주, 울산의 계열 이름, X값(광고비), Y값(판매 수익), 거품 크기(시장 점유율)을 설정하여 데이터 원본을 수정하시오.
③ 기본 가로 (값) 축과 세로 (값) 축은 〈그림〉을 참고하여 축 제목과 각각 최소값과 최대값을 설정하고, '표시 단위'는 10,000으로 설정하시오.
④ 범례는 삭제하고, 눈금선은 '기본 주 세로', 데이터 레이블은 '계열 이름', '거품 크기'를 표시하고 위치는 가운데로 설정하시오.
⑤ 차트 색상은 '다양한 색상표 1'을 적용하고, 차트 영역은 '둥근 모서리'로 지정하시오.

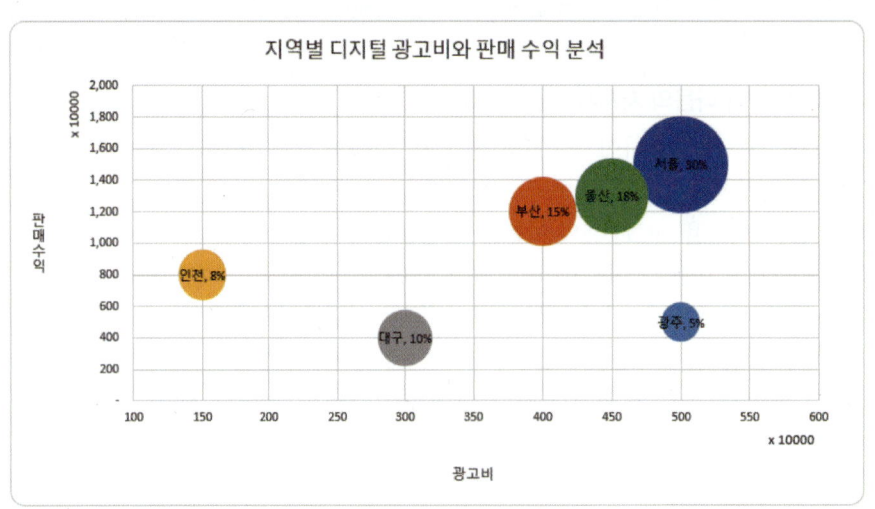

## 03 '기타작업-3' 시트에서 다음과 같은 작업을 수행하도록 프로시저를 작성하시오. (각 5점)

① '길고양이 등록' 단추를 클릭하면 〈중성화관리〉 폼이 나타나도록 설정하고, 폼이 초기화(Initialize)되면 종류(cmb종류) 목록에는 '단모종', '장모종', '특별한 외모' 값이 표시되고, 성별은 암컷(opt암컷)이 초기값으로 선택되고, 포획일자(cmb포획일자)에 현재 시스템의 날짜를 포함하여 10일전 날짜까지 표시하고, 포획일자(cmb포획일자)에 커서가 위치하도록 프로시저를 작성하시오.

② '중성화관리' 폼의 '등록'(cmd등록) 단추를 클릭하면 폼에 입력된 데이터가 [표1]에 입력되어 있는 마지막 행 다음에 연속하여 추가되도록 프로시저를 작성하시오.

▶ 포획일자(cmb포획일자)가 비어 있는 경우 〈그림〉과 같은 메시지 박스를 표시하고, 포획일자(cmb포획일자)에 커서가 위치하도록 설정하시오.

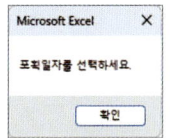

▶ 번호에는 일련번호(1, 2, 3, …)로 입력하시오.

▶ 종류(cmb종류)가 변경(Change)되면 '단모종' 일 때 품종(cmb품종) 목록에 [K6:K10] 영역의 값을 표시하고, '장모종' 일 때 품종(cmb품종) 목록에 [L6:L10] 영역의 값을 표시, '특별한 외모' 일 때 품종(cmb품종) 목록에 [M6:M10] 영역의 값을 표시하는 프로시저를 작성하시오. (Select Case 문 이용)

▶ 성별은 암컷(opt암컷)를 선택하면 '암컷', 수컷(opt수컷)을 선택하면 '수컷'을 입력하시오.

▶ '중성화일자(txt중성화일자)'가 공백일 경우 중성화일시는 '미정'을 표시하고, '중성화일자(txt중성화일자)'가 입력되어 있으면 중성화일자에 입력된 일자를 입력하고, 경과일에는 [오늘 날짜 - 중성화일자]의 차이 값을 표시하시오. (Date, CDate 함수 이용)

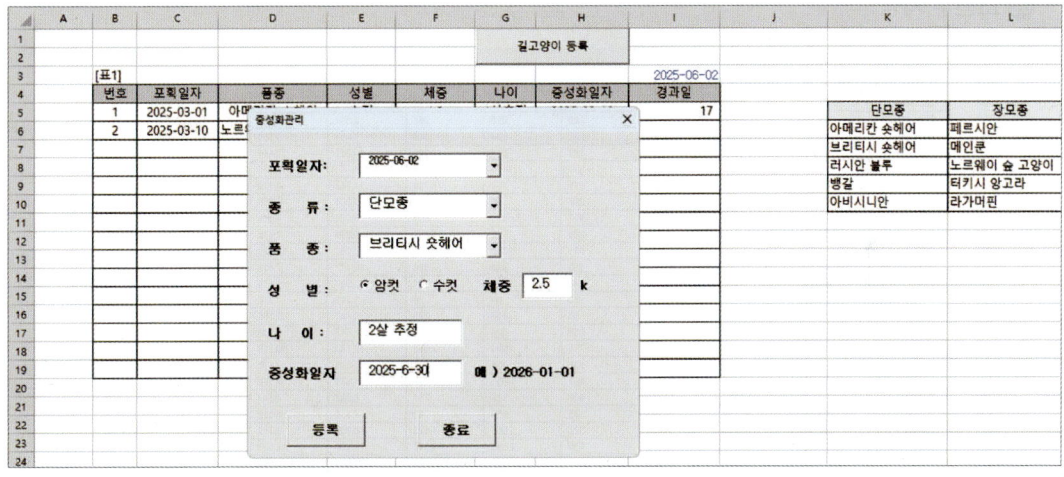

③ 종료(cmd종료) 단추를 클릭하면 [I3] 셀에 오늘 날짜를 입력한 후 색상은 RGB(0,0,255)로 표시하고, 현재 입력된 개수를 메시지로 표시하고, 종류(cmb종류)에서 선택한 종류를 〈그림〉과 같이 메시지를 표시하고, 폼을 종료하시오.

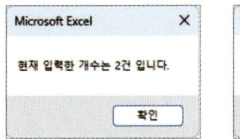 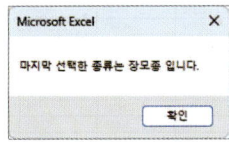

## 상시 기출문제 02회 정답

### 문제 ① 기본작업

**01 고급 필터**

L3: `=AND(J3<>"",(YEAR(J3)-YEAR(I3))<=5,NOT(ISERROR(FIND("나무",C3))))`

| 출원번호 | 작물명 | 품종명칭 | 상태 | 출원일자 | 등록일자 |
|---|---|---|---|---|---|
| 2009-08 | 감나무 | 상감동시 | 보호등록 | 2009-02-26 | 2013-04-16 |
| 2009-09 | 감나무 | 수홍 | 보호등록 | 2009-02-26 | 2012-11-15 |
| 2009-10 | 감나무 | 미려 | 보호등록 | 2009-02-26 | 2012-11-15 |
| 2009-12 | 밤나무 | 연청 | 보호등록 | 2009-02-26 | 2011-11-16 |
| 2009-13 | 밤나무 | 왕률 | 소멸 | 2009-02-26 | 2011-11-16 |
| 2009-14 | 밤나무 | 만중 | 소멸 | 2009-02-26 | 2011-11-16 |
| 2009-15 | 밤나무 | 추광 | 소멸 | 2009-02-26 | 2014-03-13 |
| 2009-16 | 밤나무 | 대명왕밤 | 보호등록 | 2009-02-26 | 2011-12-05 |
| 2009-25 | 소나무 | 학술 | 보호등록 | 2009-08-14 | 2012-11-21 |
| 2009-27 | 먼나무 | 금부 | 보호등록 | 2009-10-09 | 2012-11-20 |
| 2009-34 | 옴나무 | 청송 | 보호등록 | 2009-12-24 | 2012-11-15 |
| 2009-35 | 옴나무 | 청산 | 보호등록 | 2009-12-24 | 2013-02-22 |
| 2009-36 | 옴나무 | 청순1 | 보호등록 | 2009-12-24 | 2013-04-16 |
| 2009-37 | 감나무 | 거묵동시 | 보호등록 | 2009-12-21 | 2014-12-08 |

**02 조건부 서식**

| 구분 | 누적인원(명) | 입장인원(명) | 입장객(어른) | 입장객(청소년) | 입장객(어린이) | 입장객(유아) | 입장객(경로) | 입장객(기타) |
|---|---|---|---|---|---|---|---|---|
| 2024-01-31 | 8,711 | 8,711 | 4,025 | 110 | 130 | 197 | 2,376 | 1,873 |
| 2024-02-29 | 18,701 | 9,990 | 4,638 | 133 | 218 | 263 | 2,661 | 2,077 |
| 2024-03-31 | 45,962 | 27,261 | 12,384 | 232 | 524 | 1,080 | 7,481 | 5,560 |
| 2024-04-30 | 97,228 | 51,266 | 23,466 | 282 | 818 | 1,988 | 14,221 | 10,491 |
| 2024-05-31 | 160,044 | 62,816 | 28,173 | 557 | 916 | 2,479 | 19,038 | 11,653 |
| 2024-06-30 | 209,772 | 49,728 | 22,831 | 315 | 717 | 1,735 | 14,762 | 9,368 |
| 2024-07-31 | 236,937 | 27,165 | 13,122 | 297 | 399 | 576 | 7,008 | 5,763 |
| 2024-08-31 | 263,122 | 26,185 | 14,207 | 317 | 470 | 649 | 6,467 | 4,075 |
| 2024-09-30 | 297,151 | 34,029 | 15,242 | 225 | 648 | 1,730 | 9,094 | 7,090 |
| 2024-10-31 | 372,594 | 75,443 | 34,644 | 511 | 1,083 | 3,705 | 23,180 | 12,320 |
| 2024-11-30 | 431,121 | 58,527 | 30,372 | 599 | 896 | 2,330 | 16,471 | 7,859 |
| 2024-12-31 | 440,792 | 9,671 | 4,533 | 142 | 194 | 237 | 2,587 | 1,978 |
| 2023-01-31 | 4,947 | 4,947 | 2,203 | 56 | 64 | 76 | 1,272 | 1,276 |
| 2023-02-28 | 15,300 | 10,353 | 4,981 | 155 | 258 | 328 | 2,441 | 2,190 |
| 2023-03-31 | 43,457 | 28,157 | 13,372 | 236 | 626 | 1,105 | 6,717 | 6,101 |
| 2023-04-30 | 90,980 | 47,523 | 21,567 | 715 | 984 | 1,858 | 12,180 | 10,219 |
| 2023-05-31 | 143,285 | 52,305 | 24,326 | 330 | 786 | 2,482 | 14,993 | 9,388 |
| 2023-06-30 | 186,357 | 43,072 | 21,016 | 251 | 651 | 1,797 | 11,579 | 7,778 |
| 2023-07-31 | 218,999 | 32,642 | 18,017 | 430 | 538 | 731 | 8,082 | 4,844 |
| 2023-08-31 | 249,732 | 30,733 | 16,746 | 385 | 654 | 790 | 7,535 | 4,623 |
| 2023-09-30 | 282,385 | 32,653 | 14,795 | 222 | 656 | 1,823 | 8,765 | 6,392 |
| 2023-10-31 | 354,978 | 72,593 | 35,158 | 538 | 1,083 | 4,317 | 19,398 | 12,099 |
| 2023-11-30 | 394,157 | 39,179 | 19,362 | 346 | 531 | 1,793 | 11,089 | 6,058 |
| 2023-12-31 | 402,392 | 8,235 | 4,091 | 86 | 109 | 222 | 2,076 | 1,651 |
| 2022-01-31 | 8,135 | 8,135 | 5,283 | 141 | 321 | 274 | 2,091 | 25 |
| 2022-02-28 | 17,017 | 8,882 | 5,601 | 138 | 405 | 442 | 2,296 | - |
| 2022-03-31 | 39,060 | 22,043 | 11,160 | 194 | 662 | 1,131 | 8,872 | 24 |
| 2022-04-30 | 78,934 | 39,874 | 20,252 | 266 | 1,105 | 1,730 | 15,579 | 942 |
| 2022-05-31 | 135,955 | 57,021 | 28,968 | 997 | 1,674 | 2,799 | 20,115 | 2,468 |
| 2022-06-30 | 179,220 | 43,265 | 22,379 | 335 | 916 | 1,927 | 16,071 | 1,637 |
| 2022-07-31 | 212,276 | 33,056 | 18,494 | 415 | 767 | 1,096 | 11,069 | 1,215 |
| 2022-08-31 | 243,648 | 31,372 | 17,896 | 515 | 757 | 1,066 | 6,824 | 4,314 |
| 2022-09-30 | 275,713 | 32,065 | 15,218 | 234 | 810 | 2,210 | 7,148 | 6,445 |
| 2022-10-31 | 344,067 | 68,354 | 34,919 | 633 | 1,565 | 4,501 | 14,941 | 11,795 |
| 2022-11-30 | 386,718 | 42,651 | 22,925 | 492 | 800 | 2,236 | 9,880 | 6,318 |
| 2022-12-31 | 394,629 | 7,911 | 3,627 | 90 | 103 | 154 | 1,917 | 2,020 |
| 2021-01-31 | 7,402 | 7,402 | 5,327 | 104 | 382 | 347 | 1,154 | 88 |
| 2021-02-28 | 14,055 | 6,653 | 4,578 | 88 | 323 | 385 | 1,231 | 48 |
| 2021-03-31 | 32,505 | 18,450 | 12,850 | 138 | 816 | 932 | 3,636 | 78 |
| 2021-04-30 | 64,195 | 31,690 | 21,404 | 185 | 1,177 | 1,233 | 6,663 | 1,028 |
| 2021-05-31 | 98,837 | 34,642 | 22,548 | 472 | 1,609 | 1,596 | 7,481 | 936 |
| 2021-06-30 | 129,961 | 31,124 | 20,613 | 234 | 1,151 | 1,455 | 6,628 | 1,043 |
| 2021-07-31 | 155,990 | 26,029 | 17,405 | 430 | 1,129 | 1,276 | 5,404 | 385 |
| 2021-08-31 | 189,013 | 33,023 | 22,726 | 757 | 1,613 | 1,714 | 6,074 | 139 |
| 2021-09-30 | 217,030 | 28,017 | 17,981 | 308 | 1,313 | 1,939 | 5,959 | 517 |
| 2021-10-31 | 255,845 | 38,815 | 25,416 | 427 | 1,729 | 1,742 | 7,947 | 1,554 |
| 2021-11-30 | 288,051 | 32,206 | 20,518 | 645 | 1,089 | 1,324 | 7,724 | 906 |
| 2021-12-31 | 297,003 | 8,952 | 5,747 | 153 | 372 | 266 | 2,268 | 146 |
| 2020-01-31 | 5,019 | 5,019 | 3,450 | 165 | 128 | 147 | 1,044 | 85 |
| 2020-02-28 | 15,089 | 10,070 | 6,675 | 196 | 547 | 751 | 1,811 | 90 |

## 03 페이지 레이아웃

자연휴양림

| 휴양림명 | 운영동 | 숲속의 집 | 휴양관 | 연립동 총 수량 | 입장시설 수량 | 입장시설 금액 | 주차시설 수량 | 주차시설 금액 |
|---|---|---|---|---|---|---|---|---|
| 가리왕산 자연휴양림 | 24 | 10 | 14 | - | 17,162 | 984,200 | 1,388 | 1,677,000 |
| 검마산 자연휴양림 | 16 | - | 16 | - | 3,879 | 183,900 | 187 | 325,500 |
| 검봉산 자연휴양림 | 16 | - | - | 16 | 5,300 | 119,900 | 303 | 352,000 |
| 낙안민속 자연휴양림 | 18 | 6 | 12 | - | 5,373 | 154,500 | 634 | 285,000 |
| 남해편백 자연휴양림 | 38 | 21 | 13 | 4 | 27,569 | 7,733,600 | 4,795 | 12,943,500 |
| 달음산 자연휴양림 | 14 | - | - | 14 | 4,639 | 80,400 | 537 | 94,500 |
| 대관령 자연휴양림 | 37 | 6 | 13 | 18 | 18,786 | 1,877,100 | 2,543 | 3,063,500 |
| 대아산 자연휴양림 | 30 | 1 | 20 | 9 | 5,267 | 545,300 | 352 | 889,500 |
| 덕유산 자연휴양림 | 29 | 8 | 11 | 10 | 24,914 | 1,607,200 | 1,128 | 2,569,000 |
| 두타산 자연휴양림 | 21 | 1 | 18 | 2 | 6,089 | 324,800 | 385 | 543,500 |
| 미천골 자연휴양림 | 25 | 4 | 11 | 10 | 6,963 | 1,527,800 | 1,005 | 2,433,000 |
| 방장산 자연휴양림 | 32 | 8 | 24 | - | 9,043 | 1,640,500 | 1,602 | 4,014,000 |
| 방태산 자연휴양림 | 10 | 1 | 9 | - | 18,388 | 5,512,600 | 3,721 | 9,441,500 |
| 백운산 자연휴양림 | 15 | - | - | 15 | 11,986 | 185,000 | 6 | - |
| 변산 자연휴양림 | 43 | 10 | 23 | 10 | 13,490 | 1,491,000 | 3,497 | 2,621,000 |
| 북주산 자연휴양림 | 25 | 3 | 19 | 3 | 4,435 | 631,600 | 884 | 1,159,500 |
| 산울 자연휴양림 | 50 | 20 | 16 | 14 | 10,649 | 1,240,100 | 944 | 2,492,500 |
| 삼봉 자연휴양림 | 26 | 20 | - | 6 | 10,000 | 1,157,400 | 1,913 | 2,127,500 |
| 상당산성 자연휴양림 | 34 | 8 | 26 | - | 8,376 | 607,900 | 547 | 975,000 |
| 속리산 자연휴양림 | 26 | 16 | 10 | - | 6,112 | 40,800 | 1,197 | 6,000 |
| 신불산 자연휴양림 | 41 | 5 | 34 | 2 | 26,296 | 5,541,800 | 1,981 | 4,110,000 |
| 아세안 자연휴양림 | 24 | 9 | - | 15 | 9,597 | 1,776,900 | 1,716 | 3,264,000 |
| 오서산 자연휴양림 | 48 | 16 | 20 | 12 | 14,657 | 1,837,600 | 1,887 | 3,053,000 |
| 옹대 자연휴양림 | 26 | 5 | 14 | 7 | 6,684 | 494,000 | 805 | 582,500 |
| 용현 자연휴양림 | 23 | 7 | 13 | 3 | 16,082 | 2,138,000 | 2,088 | 3,560,500 |
| 운화산 자연휴양림 | 20 | - | 7 | 13 | 13,011 | 1,089,200 | 757 | 1,484,000 |
| 운문산 자연휴양림 | 48 | 4 | 30 | 9 | 17,186 | 912,100 | 1,021 | 1,482,000 |
| 운악산 자연휴양림 | 23 | 1 | - | 22 | 10,886 | 478,800 | 1,355 | 784,500 |
| 운장산 자연휴양림 | 26 | 12 | 12 | 2 | 5,688 | 770,700 | 979 | 1,061,000 |
| 유명산 자연휴양림 | 56 | 17 | 30 | 9 | 45,903 | 7,957,200 | 5,668 | 13,752,000 |
| 중미산 자연휴양림 | 15 | 9 | - | 6 | 9,548 | 1,550,300 | 1,676 | 3,118,000 |
| 지리산 자연휴양림 | 40 | 8 | 14 | 18 | 6,840 | 85,900 | 531 | 103,500 |
| 진도 자연휴양림 | 27 | 13 | 14 | - | 6,190 | - | 41 | - |
| 천관산 자연휴양림 | 15 | 11 | - | 4 | 3,417 | 84,900 | 292 | 151,500 |
| 정육산 자연휴양림 | 16 | - | 13 | 3 | 3,041 | 190,500 | 165 | 316,500 |
| 정태산 자연휴양림 | 42 | 12 | 80 | - | 24,969 | 5,082,200 | 3,553 | 10,291,000 |
| 칠보산 자연휴양림 | 38 | 6 | 28 | 4 | 9,879 | 742,100 | 745 | 1,521,000 |
| 통고산 자연휴양림 | 24 | 7 | 10 | 7 | 6,009 | 411,500 | 332 | 687,000 |
| 화천숲속 야영장 | - | - | - | - | 4,152 | 110,700 | 165 | 178,500 |
| 황정산 자연휴양림 | 21 | 3 | 10 | 8 | 6,145 | 108,400 | 146 | 115,500 |
| 회문산 자연휴양림 | 17 | 9 | 8 | - | 7,051 | 1,384,600 | 1,113 | 2,769,000 |
| 회리산 자연휴양림 | 33 | 9 | 10 | 14 | 16,038 | 1,155,900 | 1,256 | 2,388,000 |

자연휴양림

| 휴양림명 | 숙박시설 수량 | 숙박시설 금액 | 야영시설 수량 | 야영시설 금액 | 현장판매 수량 | 현장판매 금액 | 합계 수량 | 합계 금액 |
|---|---|---|---|---|---|---|---|---|
| 가리왕산 자연휴양림 | 796 | 56,859,700 | 481 | 8,212,500 | 311 | 399,000 | 20,090 | 68,136,900 |
| 검마산 자연휴양림 | 131 | 9,294,000 | 179 | 2,892,000 | 53 | 53,000 | 4,456 | 12,795,400 |
| 검봉산 자연휴양림 | 439 | 46,608,500 | 209 | 3,697,500 | 165 | 248,000 | 6,487 | 51,065,900 |
| 낙안민속 자연휴양림 | 757 | 52,556,600 | 71 | 1,051,000 | 72 | 119,000 | 6,957 | 54,241,100 |
| 남해편백 자연휴양림 | 2,146 | 134,874,800 | 153 | 2,382,000 | 266 | 449,900 | 35,608 | 160,783,900 |
| 달음산 자연휴양림 | 608 | 35,209,200 | - | - | - | - | 5,812 | 35,433,100 |
| 대관령 자연휴양림 | 2,308 | 163,589,000 | 462 | 7,353,000 | 367 | 510,000 | 24,475 | 176,473,600 |
| 대아산 자연휴양림 | 593 | 50,028,700 | 293 | 11,048,000 | 211 | 266,000 | 6,844 | 63,556,500 |
| 덕유산 자연휴양림 | 1,729 | 100,135,400 | 331 | 4,600,000 | 98 | 152,000 | 28,275 | 109,413,100 |
| 두타산 자연휴양림 | 696 | 45,707,100 | 199 | 3,005,000 | 25 | 80,000 | 7,373 | 49,657,400 |
| 미천골 자연휴양림 | 767 | 60,120,700 | 261 | 4,248,500 | 245 | 288,000 | 9,273 | 68,676,000 |
| 방장산 자연휴양림 | 484 | 41,725,300 | - | - | 18 | 36,000 | 11,269 | 49,287,700 |
| 방태산 자연휴양림 | 290 | 23,782,000 | 386 | 5,817,500 | 195 | 195,000 | 22,980 | 44,748,600 |
| 백운산 자연휴양림 | 388 | 37,849,900 | - | - | 38 | 76,000 | 12,381 | 38,277,900 |
| 변산 자연휴양림 | 2,777 | 194,149,700 | - | - | 229 | 458,000 | 20,039 | 198,859,700 |
| 북주산 자연휴양림 | 563 | 40,845,200 | - | - | 19 | 38,000 | 5,851 | 42,174,300 |
| 산울 자연휴양림 | 1,923 | 108,622,000 | 181 | 2,788,500 | 4 | 8,000 | 13,733 | 115,218,600 |
| 삼봉 자연휴양림 | 1,222 | 88,301,300 | 310 | 4,977,000 | 202 | 232,000 | 13,679 | 91,898,200 |
| 상당산성 자연휴양림 | 1,141 | 73,997,400 | - | - | 82 | 164,000 | 10,361 | 76,657,800 |
| 속리산 자연휴양림 | 1,226 | 76,250,600 | - | - | 100 | 200,000 | 8,650 | 76,518,900 |
| 신불산 자연휴양림 | 710 | 46,991,500 | 385 | 5,675,000 | 84 | 140,000 | 29,596 | 62,717,800 |
| 아세안 자연휴양림 | 1,461 | 89,053,000 | - | - | - | - | 12,820 | 94,209,900 |
| 오서산 자연휴양림 | 511 | 28,580,200 | 142 | 2,090,000 | 219 | 339,000 | 17,447 | 35,995,800 |
| 옹대 자연휴양림 | 1,019 | 54,522,700 | 88 | 1,229,000 | 89 | 119,000 | 8,691 | 57,035,200 |
| 용현 자연휴양림 | 712 | 60,405,600 | 385 | 6,121,500 | 327 | 393,000 | 19,698 | 72,987,100 |
| 운화산 자연휴양림 | 796 | 66,455,300 | 911 | 14,408,000 | 417 | 750,400 | 16,029 | 84,843,900 |
| 운문산 자연휴양림 | 840 | 67,355,400 | 429 | 6,561,000 | 100 | 160,000 | 19,801 | 77,213,700 |
| 운악산 자연휴양림 | 884 | 80,042,900 | - | - | 6 | 12,000 | 13,210 | 81,431,700 |
| 운장산 자연휴양림 | 724 | 54,248,400 | - | - | 52 | 104,000 | 7,454 | 56,229,100 |
| 유명산 자연휴양림 | 2,499 | 152,263,100 | 687 | 10,745,000 | 18 | 18,000 | 55,355 | 187,641,300 |
| 중미산 자연휴양림 | 813 | 70,412,900 | 330 | 4,931,000 | - | - | 12,411 | 80,112,700 |
| 지리산 자연휴양림 | 671 | 42,735,700 | 44 | 664,000 | 68 | 105,000 | 8,176 | 43,802,100 |
| 진도 자연휴양림 | 1,233 | 98,984,000 | - | - | 29 | 58,000 | 7,574 | 94,216,500 |
| 천관산 자연휴양림 | 746 | 47,093,000 | 62 | 1,005,000 | 81 | 134,000 | 4,646 | 48,546,400 |
| 정육산 자연휴양림 | 342 | 17,983,700 | 694 | 13,956,000 | 315 | 323,000 | 4,676 | 33,136,700 |
| 정태산 자연휴양림 | 1,629 | 114,649,700 | 354 | 5,542,500 | 121 | 151,000 | 30,628 | 135,846,400 |
| 칠보산 자연휴양림 | 1,059 | 69,153,300 | 207 | 2,836,000 | 75 | 105,000 | 12,011 | 74,545,400 |
| 통고산 자연휴양림 | 668 | 45,561,800 | 165 | 2,487,500 | 127 | 189,000 | 7,325 | 49,372,800 |
| 화천숲속 야영장 | - | - | 1,704 | 38,640,000 | 907 | 907,000 | 6,995 | 40,602,200 |
| 황정산 자연휴양림 | 584 | 46,232,200 | 200 | 3,871,500 | 151 | 205,000 | 7,295 | 50,212,100 |
| 회문산 자연휴양림 | 413 | 37,998,000 | 172 | 2,635,500 | 166 | 209,000 | 8,996 | 44,987,100 |
| 회리산 자연휴양림 | 1,561 | 107,601,900 | 840 | 16,962,500 | 228 | 335,000 | 20,043 | 128,739,300 |

## 문제 ❷ 계산작업

| | I | J | K | L | M | N | O | P | Q | R |
|---|---|---|---|---|---|---|---|---|---|---|
| 1 | | | | | | [표2] | | | | |
| 2 | 세부원인 | 상태 | 피해면적(ha) | 기타 | | 시도 | 3 | 4 | 5 | |
| 3 | 담뱃불실화 | | 0.07 | 실수/부주의 | | 경기 | 0.51(ha) | 5.06(ha) | | |
| 4 | 성묘객실화 | | 0.01 | | | 경남 | | 4.36(ha) | | |
| 5 | 농산폐기물소각 | | 0.1 | 실수/부주의 | | 강원 | | 1.95(ha) | | |
| 6 | 쓰레기소각 | | 0.03 | | | 경북 | | 2.09(ha) | 0.59(ha) | |
| 7 | 재처리부주의 | | 0.08 | | | | | | | |
| 8 | 농산폐기물소각 | 경남▶▶ | 0.97 | 실수/부주의 | | [표3] | | | | |
| 9 | 입산자실화추정 | | 0.02 | 실수/부주의 | | 초과 | 이하 | 진화율 | | |
| 10 | 비닐하우스화재비화 | 경기▶ | 0.34 | 불법/사고 | | | 1 | 13% | | |
| 11 | 공장화재비화 | 경남▶▶▶ | 3.31 | 불법/사고 | | 1 | 2 | 50% | | |
| 12 | 미상 | | 0.05 | | | 2 | 4 | 31% | | |
| 13 | 군사훈련비화 | | 0.09 | 불법/사고 | | 4 | 9 | 6% | | |
| 14 | 전신주전선단락 | | 0.27 | | | | | | | |
| 15 | 재두기 | 경북▶▶▶ | 1.42 | | | [표4] | | | | |
| 16 | 담뱃불실화 | 경기▶▶ | 0.6 | 실수/부주의 | | 시도 | 시군구 | | | |
| 17 | 아궁이재투기 | | 0.1 | | | 경기 | 파주(4.13) | | | |
| 18 | 어린이불장난 | | 0.01 | | | 경남 | 합천(3.31) | | | |
| 19 | 입산자실화추정 | 경남▶ | 0.14 | 실수/부주의 | | 강원 | 홍천(1.46) | | | |
| 20 | 성묘객실화(담뱃불) | | 0.12 | 실수/부주의 | | 경북 | 예천(1.42) | | | |
| 21 | 담뱃불실화 | | 0.12 | 실수/부주의 | | | | | | |
| 22 | 담뱃불실화 | 강원▶ | 0.71 | 실수/부주의 | | | | | | |
| 23 | 재처리부주의 | 경기▶▶▶ | 4.13 | | | | | | | |
| 24 | 입산자실화추정 | 경북▶▶ | 0.36 | 실수/부주의 | | | | | | |
| 25 | 원인미상 | | 0.33 | | | | | | | |
| 26 | 입산실화추정 | 경북▶ | 0.31 | 실수/부주의 | | | | | | |
| 27 | 입산자실화 | | 0.06 | 실수/부주의 | | | | | | |
| 28 | 입산자실화 | 강원▶▶ | 0.94 | 실수/부주의 | | | | | | |
| 29 | 입산자실화 | | 0.3 | 실수/부주의 | | | | | | |
| 30 | 조류퇴치탄 성능시험 | | 0.27 | | | | | | | |
| 31 | 입산자실화추정 | | 0.02 | 실수/부주의 | | | | | | |
| 32 | 입산자실화 | 강원▶▶▶ | 1.46 | 실수/부주의 | | | | | | |
| 33 | 조사중 | | 0.3 | | | | | | | |
| 34 | 방화 | | 0.25 | | | | | | | |
| 35 | | | | | | | | | | |

1. [J3] 셀에 「=IF(COUNTIFS($F$3:$F$34, F3, $K$3:$K$34, ")="&K3)<=3,F3&REPT("▶",4−COUNTIFS($F$3:$F$34, F3, $K$3:$K$34,")="&K3)), "")」를 입력하고 [J34] 셀까지 수식 복사

2. [O3] 셀에 「=TEXT(IFERROR(SUM(LARGE(IF(($F$3:$F$34=$N3)*(MONTH($B$3:$B$34))=O$2),$K$3:$K$34),{1,2,3})),""),"0.00""(ha)""")」를 입력하고 [Q6] 셀까지 수식 복사

3. [P10:P13] 영역을 범위 지정한 후 「=FREQUENCY(E3:E34−C3:C34,(O10:O13)/24)/COUNT(E3:E34)」를 입력하고 Ctrl + Shift + Enter 를 눌러 수식 입력

4. [O17] 셀에 「=INDEX($G$3:$G$34,MATCH(MAX(($F$3:$F$34=N17)*($K$3:$K$34)),($F$3:$F$34=N17)*($K$3:$K$34),0))&"("&MAX(($F$3:$F$34=N17)*($K$3:$K$34))&")"」를 입력하고 Ctrl + Shift + Enter 를 눌러 수식을 입력하고 [O20] 셀까지 수식 복사

5. [L3] 셀에 「=fn화재원인(I3)」를 입력하고 [L34] 셀까지 수식 복사

```
Public Function fn화재원인(세부원인)
  Select Case True
    Case InStr(세부원인, "담뱃불") > 0, InStr(세부원인, "주택") > 0, InStr(세부원인, "농산") > 0, InStr(세부원인, "입산") > 0
      fn화재원인 = "실수/부주의"
    Case InStr(세부원인, "화재") > 0, InStr(세부원인, "군사") > 0
      fn화재원인 = "불법/사고"
    Case Else
      fn화재원인 = ""
  End Select
End Function
```

## 문제 ❸ 분석작업

**01 피벗 테이블**

| | A | B | C | D | E | F | G |
|---|---|---|---|---|---|---|---|
| 1 | | | | | | | |
| 2 | | | | 납세자유형 | 값 | | |
| 3 | | | | | 개인 | | 법인 |
| 4 | | 과세년도 | 세목명 | 합계 : 당해미환급금액 | 미환급금비율 | 합계 : 당해미환급금액 | 미환급금비율 |
| 5 | | ⊟ 2021 | | | | | |
| 6 | | | 등록면허세 | 18,120 | 0.03% | 27,000 | 0.63% |
| 7 | | | 자동차세 | 12,506,960 | 21.78% | 1,357,860 | 31.47% |
| 8 | | | 재산세 | 190,910 | 0.33% * | | 0.00% |
| 9 | | | 주민세 | 11,330 | 0.02% | 55,080 | 1.28% |
| 10 | | | 지방소득세 | 2,731,040 | 4.76% | 314,500 | 7.29% |
| 11 | | 2021 요약 | | 15,458,360 | 26.92% | 1,754,440 | 40.66% |
| 12 | | ⊟ 2022 | | | | | |
| 13 | | | 등록면허세 | 30,600 | 0.05% * | | 0.00% |
| 14 | | | 자동차세 | 9,547,340 | 16.63% | 941,430 | 21.82% |
| 15 | | | 재산세 | 1,244,910 | 2.17% | 125,510 | 2.91% |
| 16 | | | 주민세 | 33,990 | 0.06% | 75,900 | 1.76% |
| 17 | | | 지방소득세 | 2,528,300 | 4.40% | 21,560 | 0.50% |
| 18 | | | 취득세 | 304,430 | 0.53% * | | 0.00% |
| 19 | | 2022 요약 | | 13,689,570 | 23.84% | 1,164,400 | 26.99% |
| 20 | | ⊞ 2023 | | 28,274,460 | 49.24% | 1,396,040 | 32.35% |
| 21 | | 총합계 | | 57,422,390 | 100.00% | 4,314,880 | 100.00% |
| 22 | | | | | | | |

**02 데이터 도구**

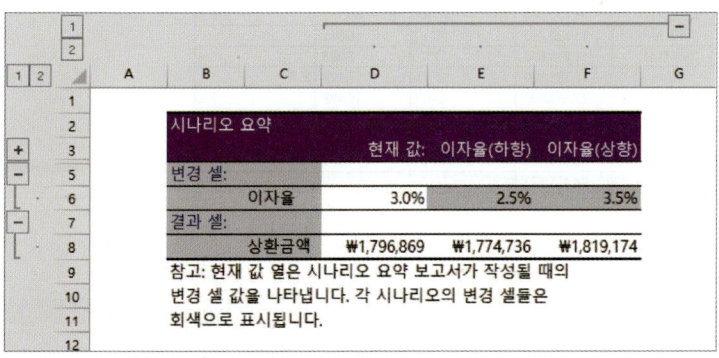

| | A | B | C | D | E | F | G | H |
|---|---|---|---|---|---|---|---|---|
| 1 | | | | | | | | |
| 2 | | [표1] | | | | [표2] | 상환금액(월) | |
| 3 | | 대출금액 | | 100,000,000 | | | | ₩1,796,869 |
| 4 | | 상환기간(년) | | 5 | | | 2.5% | 1774736.161 |
| 5 | | 연이율 | | 3.0% | | 이자율 | 3.0% | 1796869.066 |
| 6 | | 상환방식 | 원리금 균등 상환 | | | | 3.5% | 1819174.497 |
| 7 | | 상환금액 | | ₩1,796,869 | | | 4.0% | 1841652.206 |
| 8 | | | | | | | 4.5% | 1864301.924 |
| 9 | | | | | | | 5.0% | 1887123.364 |
| 10 | | | | | | | | |

## 문제 ❹ 기타작업

### 01 매크로

| | A | B | C | D | E | F | G | H | I | J | K | L | M |
|---|---|---|---|---|---|---|---|---|---|---|---|---|---|
| 1 | | | | | | | | | | | | | |
| 2 | | | | | | | | | | | | | |
| 3 | | 배출년도 | 배출월 | 배출일 | 시군구명 | 배출량(g) | 배출량비율(%) | 배출횟수 | 배출횟수비율(%) | | | | |
| 4 | | 2024 | 10 | 31 | 가평군 | 405,550 | 3.25% | 245 | 3.15% | | 서식적용 | | |
| 5 | | 2024 | 10 | 31 | 고양시 | 17,632,550 | 3.14% | 13,422 | 3.13% | | | | |
| 6 | | 2024 | 10 | 31 | 과천시 | 3,320,286 | 2.84%(★) | 2,615 | 3.00% | | 서식해제 | | |
| 7 | | 2024 | 10 | 31 | 광명시 | 2,817,210 | 3.20% | 2,325 | 3.21% | | | | |
| 8 | | 2024 | 10 | 31 | 광주시 | 6,869,100 | 3.00% | 4,973 | 3.02% | | | | |
| 9 | | 2024 | 10 | 31 | 구리시 | 19,858,600 | 3.28% | 13,153 | 3.20% | | | | |
| 10 | | 2024 | 10 | 31 | 군포시 | 5,170,200 | 2.99%(★) | 4,003 | 2.99%(★) | | | | |
| 11 | | 2024 | 10 | 31 | 김포시 | 2,817,900 | 2.86%(★) | 2,019 | 2.96%(★) | | | | |
| 12 | | 2024 | 10 | 31 | 남양주시 | 40,707,850 | 3.16% | 28,693 | 3.16% | | | | |
| 13 | | 2024 | 10 | 31 | 동두천시 | 6,172,800 | 3.24% | 4,180 | 3.16% | | | | |
| 14 | | 2024 | 10 | 31 | 부천시 | 32,704,400 | 3.12% | 23,849 | 3.09% | | | | |
| 15 | | 2024 | 10 | 31 | 성남시수정구 | 2,976,350 | 오류 | 2,410 | 3.30% | | | | |
| 16 | | 2024 | 10 | 31 | 성남시분당구 | 6,059,950 | 3.23% | 4,133 | 오류 | | | | |
| 17 | | 2024 | 10 | 31 | 성남시중원구 | 2,075,050 | 3.21% | 1,752 | 3.10% | | | | |
| 18 | | 2024 | 10 | 31 | 수원시장안구 | 23,246,950 | 3.25% | 17,804 | 3.30% | | | | |
| 19 | | 2024 | 10 | 31 | 수원시영통구 | 36,481,200 | 3.06% | 27,572 | 3.15% | | | | |
| 20 | | 2024 | 10 | 31 | 수원시권선구 | 31,263,100 | 3.11% | 23,658 | 3.13% | | | | |
| 21 | | 2024 | 10 | 31 | 수원시팔달구 | 12,093,550 | 3.03% | 9,614 | 3.07% | | | | |
| 22 | | 2024 | 10 | 31 | 시흥시 | 25,861,550 | 3.13% | 17,877 | 3.11% | | | | |
| 23 | | 2024 | 10 | 31 | 안성시 | 2,683,300 | 3.01% | 1,669 | 2.97%(★) | | | | |
| 24 | | 2024 | 10 | 31 | 안양시 | 14,375,550 | 오류 | 10,843 | 2.91%(★) | | | | |
| 25 | | 2024 | 10 | 31 | 양주시 | 23,312,429 | 3.16% | 16,866 | 오류 | | | | |
| 26 | | 2024 | 10 | 31 | 양평군 | 1,143,300 | 3.07% | 792 | 3.03% | | | | |
| 27 | | 2024 | 10 | 31 | 여주시 | 5,182,787 | 3.25% | 2,917 | 3.10% | | | | |
| 28 | | 2024 | 10 | 31 | 연천군 | 69,550 | 2.43%(★) | 52 | 2.86%(★) | | | | |
| 29 | | 2024 | 10 | 31 | 오산시 | 22,633,460 | 3.13% | 15,409 | 3.11% | | | | |
| 30 | | 2024 | 10 | 31 | 용인시 | 95,792,300 | 3.18% | 69,355 | 3.16% | | | | |
| 31 | | 2024 | 10 | 31 | 의왕시 | 15,326,250 | 2.69%(★) | 6,075 | 3.08% | | | | |
| 32 | | 2024 | 10 | 31 | 의정부시 | 10,838,600 | 3.11% | 7,803 | 3.13% | | | | |
| 33 | | 2024 | 10 | 31 | 이천시 | 12,335,300 | 3.05% | 7,427 | 오류 | | | | |
| 34 | | 2024 | 10 | 31 | 파주시 | 27,657,800 | 3.24% | 19,492 | 3.18% | | | | |
| 35 | | 2024 | 10 | 31 | 평택시 | 13,597,250 | 오류 | 9,076 | 3.07% | | | | |
| 36 | | 2024 | 10 | 31 | 포천시 | 6,329,250 | 3.18% | 4,115 | 3.16% | | | | |
| 37 | | 2024 | 10 | 31 | 하남시 | 39,936,050 | 2.92%(★) | 4,569 | 3.44% | | | | |
| 38 | | 2024 | 10 | 31 | 화성시 | 84,455,832 | 3.08% | 57,668 | 3.10% | | | | |

### 02 차트

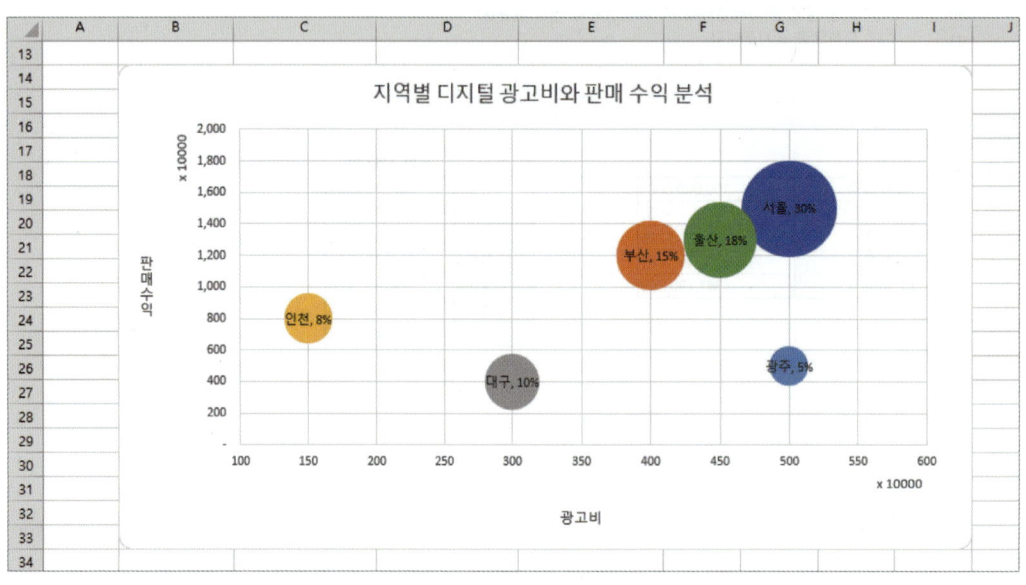

## 03 VBA 프로그래밍

• 폼 보이기 프로시저

```
Private Sub 중성화관리등록_Click()
    중성화관리.Show
End Sub
```

• 폼 초기화 프로시저

```
Private Sub UserForm_Initialize()
    cmb종류.AddItem "단모종"
    cmb종류.AddItem "장모종"
    cmb종류.AddItem "특별한 외모"

    opt암컷.Value = True

    For k = 0 To 9
        With cmb포획일자
            .AddItem Date - k
        End With
    Next k

    cmb포획일자.SetFocus
End Sub
```

• Change 이벤트 프로시저

```
Private Sub cmb종류_Change()
    Select Case cmb종류
        Case "단모종"
            cmb품종.RowSource = "K6:K10"
        Case "장모종"
            cmb품종.RowSource = "L6:L10"
        Case "특별한 외모"
            cmb품종.RowSource = "M6:M10"
    End Select
End Sub
```

• 등록 프로시저

```
Private Sub cmd등록_Click()
    i = Range("b4").CurrentRegion.Rows.Count + 3

    If cmb포획일자 = "" Then
        MsgBox "포획일자를 선택하세요."
        cmb포획일자.SetFocus
    Else
        Cells(i, 2) = i - 4
        Cells(i, 3) = cmb포획일자.Value
        Cells(i, 4) = cmb품종.Value

        If opt암컷.Value = True Then
            Cells(i, 5) = "암컷"
        End If

        If opt수컷.Value = True Then
            Cells(i, 5) = "수컷"
        End If

        Cells(i, 6) = txt체중.Value
        Cells(i, 7) = txt나이.Value

        If txt중성화일자 = "" Then
            Cells(i, 8) = "미정"
        Else
            Cells(i, 8) = txt중성화일자.Value
            Cells(i, 9) = Date - CDate(txt중성화일자)
        End If
    End If
End Sub
```

• 종료 프로시저

```
Private Sub cmd종료_Click()
    [I3] = Date
    [I3].Font.Color = RGB(0, 0, 255)
    MsgBox "현재 입력한 개수는 " & Range("b4").CurrentRegion.Rows.Count - 2 & "건 입니다."
    MsgBox "마지막 선택한 종류는 " & cmb종류 & " 입니다."
    Unload Me
End Sub
```

## 상시 기출문제 02회 해설

### 문제 ① 기본작업

**01 고급 필터('기본작업-1' 시트)**

① [L2:L3] 영역에 '조건'을 입력하고, [L6:Q6] 영역에 추출할 필드명을 작성한다.

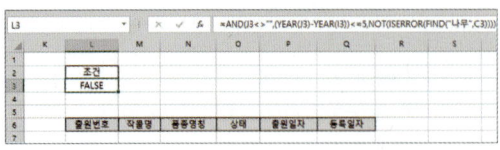

[L3] : =AND(J3<>"",(YEAR(J3)-YEAR(I3))<=5,NOT(ISERROR(FIND("나무",C3))))

> **함수 설명**
> ① YEAR(J3) : [J3] 셀의 년도를 구함
> ② YEAR(I3) : [I3] 셀의 년도를 구함
> ③ FIND("나무",C3) : [C3] 셀에서 '나무'를 찾아 시작 위치 값을 반환
> ④ ISERROR(③) : ③의 값에 오류가 있으면 TRUE, 오류가 없으면 FALSE를 반환
> ⑤ NOT(④) : ④의 값을 반대로 표시
> =AND(J3<>"",(①-②)<=5,⑤) : [J3] 셀의 값이 공백이 아니고, ①-②의 차이가 5이하이고, ⑤의 값이 TRUE 이면 TRUE 값을 반환

② [데이터]-[정렬 및 필터] 그룹의 [고급](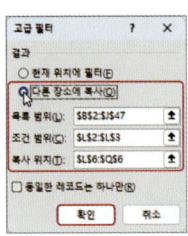)을 클릭한다.

③ [고급 필터]에서 다음 그림과 같이 지정한 후 [확인]을 클릭한다.

- 결과 : '다른 장소에 복사'
- 목록 범위 : [B2:J47]
- 조건 범위 : [L2:L3]
- 복사 위치 : [L6:Q6]

**02 조건부 서식('기본작업-2' 시트)**

① [B3:J52] 영역을 범위 지정한 후 [홈]-[스타일] 그룹의 [조건부 서식]-[새 규칙]을 클릭한다.

② [새 서식 규칙]에서 '규칙 유형 선택'에 '▶ 수식을 사용하여 서식을 지정할 셀 결정'을 선택하고, =AND($D3>=AVERAGE($D$3:$D$52),MONTH($B3)=5)를 입력한 후 [서식]을 클릭한다.

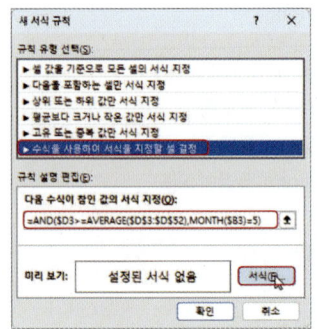

③ [셀 서식]의 [글꼴] 탭에서 글꼴 색은 '표준 색 – 빨강', 글꼴 스타일 '굵게' 선택한 후 [확인]을 클릭한다.

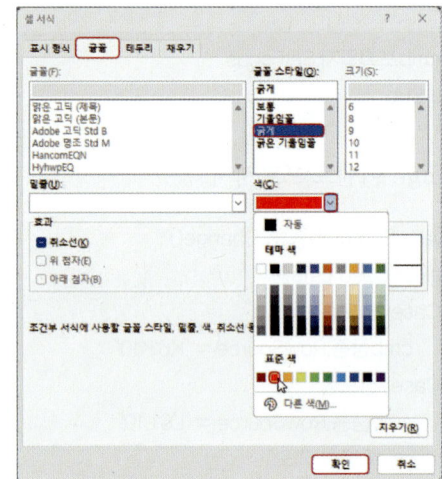

④ [새 서식 규칙]에서 다시 [확인]을 클릭한다.

## 03 페이지 레이아웃('기본작업-3' 시트)

① [B2:R44] 영역을 범위 지정한 후 [페이지 레이아웃]-[페이지 설정] 그룹에서 [인쇄 영역]-[인쇄 영역 설정]을 클릭한다.
② [페이지 레이아웃]-[페이지 설정] 그룹에서 [인쇄 제목]( )을 클릭한다.
③ [시트] 탭에서 반복할 열을 'B열'로 지정한다.

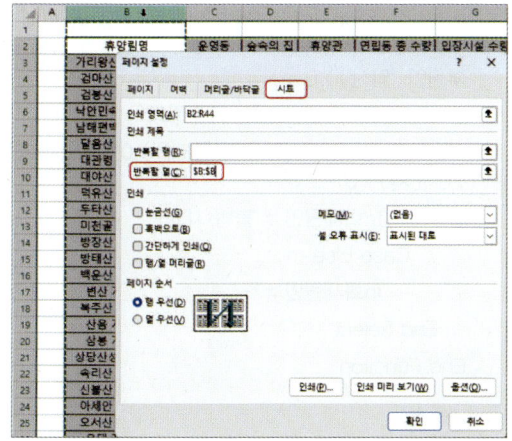

④ [페이지] 탭에서 용지 방향 '가로'를 선택하고, 자동 맞춤을 선택한 후 용지 높이 1을 입력한다.

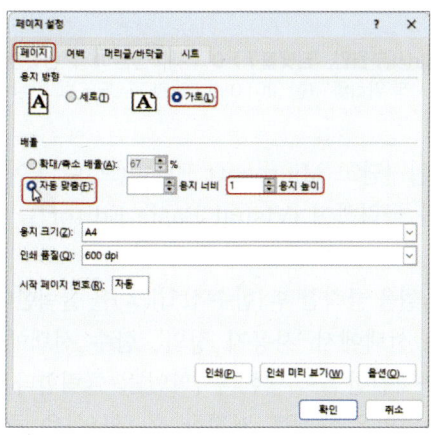

⑤ [머리글/바닥글] 탭에서 [바닥글 편집]을 클릭하여 오른쪽에 커서를 두고 [페이지 번호 삽입]( )를 클릭하고 /를 입력하고, [전체 페이지 수 삽입]( )를 클릭한 후 [확인]을 클릭한다.

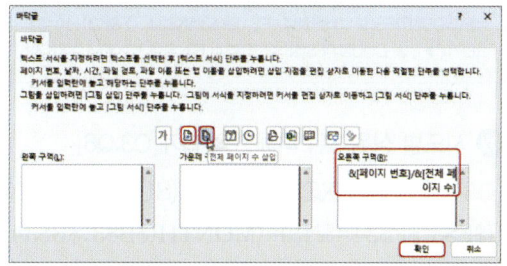

⑥ [머리글 편집]을 클릭하여 왼쪽에 커서를 두고 **자연휴양림**을 입력하고 [확인]을 클릭한 후 [페이지 설정]에서 [확인]을 클릭한다.
⑦ [K2] 셀을 클릭한 후 [페이지 레이아웃]-[페이지 설정] 그룹의 [나누기]-[페이지 나누기 삽입]을 클릭한다.

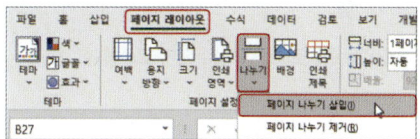

## 문제 ❷ 계산작업

### 01 상태[J3:J34]

[J3] 셀에 =IF(COUNTIFS($F$3:$F$34,F3,$K$3:$K$34,">="&K3)<=3,F3&REPT("▶",4-COUNTIFS($F$3:$F$34,F3,$K$3:$K$34,">="&K3)),"")를 입력하고 [J34] 셀까지 수식을 복사한다.

> **함수 설명**
> ① COUNTIFS($F$3:$F$34,F3,$K$3:$K$34,">="&K3) : [F3:F34] 영역에서 [F3] 셀과 같고, [K3:K34] 영역에서 [K3] 셀 이상인 셀의 개수를 구함 (결과는 시도별 순위를 구함)
> ② REPT("▶",4-①) : '▶'를 4-① 만큼 반복하여 표시 (1, 2, 3위에 ▶를 표시하기 위해 4- 로 계산)
>
> =IF(①<=3,F3&②,"") : ①의 값이 3 이하이면 [F3] 셀에 연결하여 ②를 표시하고 그 외는 공백을 표시

> **기적의 TIP**
>
> 문제에서 제시된 함수를 이용하여 같은 결과가 나온다면 틀리지 않으며, 다음과 같이 작성해도 가능합니다.
> =IF(COUNTIFS($F$3:$F$34, F3, $K$3:$K$34, ")"&K3)<=2,F3&REPT("▶",3-COUNTIFS($F$3:$F$34, F3, $K$3:$K$34,")"&K3)), "")
>
> =IF(COUNTIFS($F$3:$F$34, F3, $K$3:$K$34, ")"&K3)+1<=3,F3&REPT("▶", 3-COUNTIFS($F$3:$F$34, F3, $K$3:$K$34,")"&K3)), "")

### 02 시도별 상위 3위 피해면적 합계[O3:Q6]

[O3] 셀에 =TEXT(IFERROR(SUM(LARGE(IF(($F$3:$F$34=$N3)*(MONTH($B$3:$B$34)=O$2),$K$3:$K$34), {1,2,3})), ""),"0.00""(ha)""")를 입력하고 [Q6] 셀까지 수식을 복사한다.

> **함수 설명**
>
> 1.23(ha)를 TEXT 함수 인수로 넣을 때 "0.00(ha)"로 작성하면 오류가 발생한다.
> 괄호 안의 ha는 Excel 환경에서 시간 관련 서식 문자(h: 시, a: 오전/오후)로 처리가 되어 오류가 발생하니, (ha)를 문자로 인식할 수 있도록 큰따옴표를 2번 묶어서 ""(ha)""로 작성한다.
> 따라서, "0.00""(ha)""" 로 TEXT 함수 인수로 작성한다.

### 03 진화율[P10:P13]

[P10:P13] 영역을 범위 지정한 후 =FREQUENCY(E3:E34-C3:C34,(O10:O13)/24)/COUNT(E3:E34)를 입력하고 Ctrl+Shift+Enter를 눌러 수식을 완성한다.

### 04 시군구[O17:O20]

[O17] 셀에 =INDEX($G$3:$G$34,MATCH(MAX(($F$3:$F$34=N17)*($K$3:$K$34)),($F$3:$F$34=N17)*($K$3:$K$34),0))&"("&MAX(($F$3:$F$34=N17)*($K$3:$K$34))&")"를 입력하고 Ctrl+Shift+Enter를 누른 후에 [O20] 셀까지 수식을 복사한다.

### 05 기타[L3:L34]

① [개발 도구]-[코드] 그룹의 [Visual Basic](🔲)을 클릭한다.
② [삽입]-[모듈]을 클릭한다.
③ Module 창에 다음과 같이 입력한다.

```
Public Function fn화재원인(세부원인)
    Select Case True
        Case InStr(세부원인, "담뱃불") > 0, InStr(세부원인, "주택") > 0, InStr(세부원인, "농산") > 0, InStr(세부원인, "임산") > 0
            fn화재원인 = "실수/부주의"
        Case InStr(세부원인, "화재") > 0, InStr(세부원인, "군사") > 0
            fn화재원인 = "불법/사고"
        Case Else
            fn화재원인 = ""
    End Select
End Function
```

> **함수 설명**
>
> **Select Case True** : 보통 Select Case는 변수 값을 비교하는데 True와 함께 쓰면 각 조건이 참인지 여부를 판단하는 조건문처럼 사용
>
> **InStr(세부원인, "담뱃불") > 0** : '세부원인'에서 '담뱃불'의 시작 위치를 구한 값이 0보다 크면 TRUE 값을 반환

④ [파일]-[닫고 Microsoft Excel(으)로 돌아가기]를 클릭하여 [Visual Basic Editor]를 닫는다.
⑤ [L3] 셀을 클릭한 후 [함수 삽입](fx)을 클릭한다.
⑥ 범주 선택에서 '사용자 정의', 함수 선택에서 'fn화재원인'을 선택한 후 [확인]을 클릭한다.
⑦ 세부원인은 [I3]을 지정한 후 [확인]을 클릭한다.

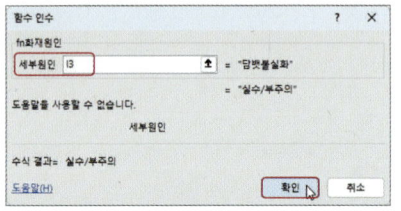

⑧ [L3] 셀을 선택한 후 [L34] 셀까지 수식을 복사한다.

### 문제 ③ 분석작업

**01 피벗 테이블('분석작업-1' 시트)**

① [B2] 셀을 선택한 후 [데이터]-[데이터 가져오기 및 변환] 그룹에서 [데이터 가져오기]-[기타 원본에서]-[Microsoft Query에서]를 클릭한다.

② [데이터 원본 선택]의 [데이터베이스] 탭에서 'MS Access Database *'를 선택하고 [확인]을 클릭한다.

③ '지방세.accdb'를 선택하고 [확인]을 클릭한다.

④ 〈지방세〉 테이블의 '세목명', '과세년도', '미환급유형', '납세자유형', '당해미환급건수', '당해미환급금액'을 선택하고 [다음]을 클릭한다.

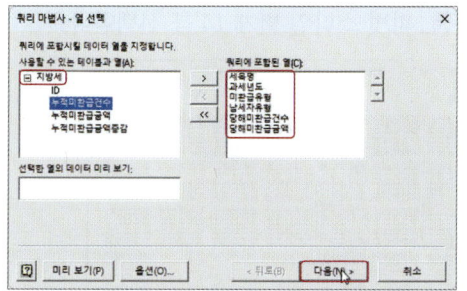

⑤ '과세년도'를 선택한 후 '>='를 선택하고 2021을 입력하고 [다음]을 클릭한다.

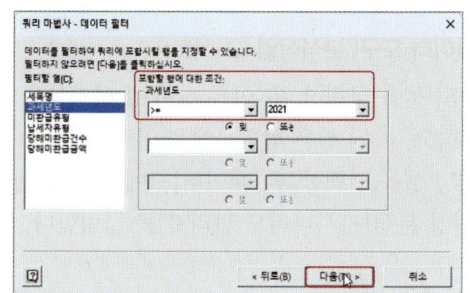

⑥ [정렬 순서]에서 [다음]을 클릭하고, [마침]을 클릭한다.

⑦ '피벗 테이블 보고서'를 선택하고, '기존 워크시트'에 [B2] 셀로 지정하고 [확인]을 클릭한다.

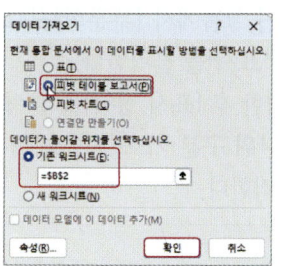

⑧ 다음과 같이 보고서 레이아웃을 지정한다.

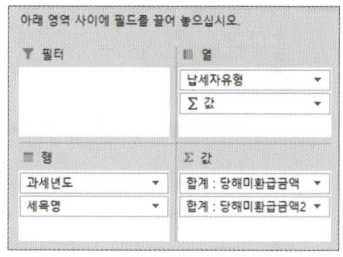

⑨ '합계 : 당해미환급금액2'를 클릭하여 [값 필드 설정]을 클릭한다.

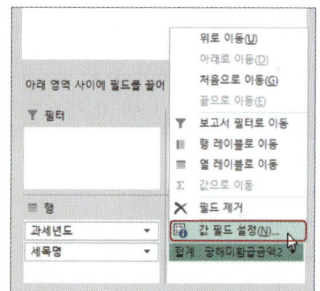

⑩ 사용자 지정 이름에 **미환급금비율**을 입력하고, 값 표시 형식 '열 합계 비율'을 선택하고 [확인]을 클릭한다.

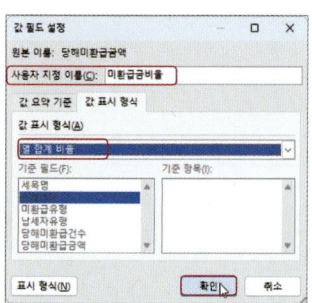

⑪ [디자인]-[레이아웃] 그룹에서 [보고서 레이아웃]-[개요 형식으로 표시]를 클릭한다.

⑫ [디자인]-[레이아웃] 그룹에서 [부분합]-[그룹 하단에 모든 부분합 표시]를 클릭한다.

⑬ [D4] 셀을 더블클릭한 후 [표시 형식]을 클릭한 후 '숫자'의 '1000 단위 구분 기호(,) 사용'을 체크하고 [확인]을 클릭한다.

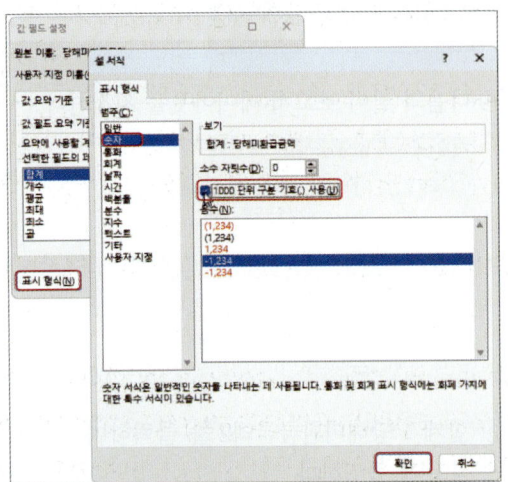

⑭ [피벗 테이블 분석]-[피벗 테이블] 그룹의 [옵션](옵션)을 클릭하여 '레이블이 있는 셀 병합 및 가운데 맞춤'을 체크하고, 빈 셀 표시 *를 입력한다.

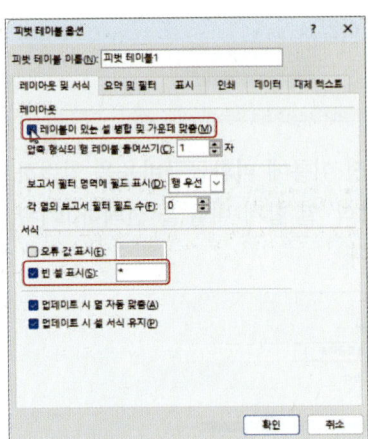

⑮ [요약 및 필터] 탭의 '행 총합계 표시' 체크를 해제하고 [확인]을 클릭한다.

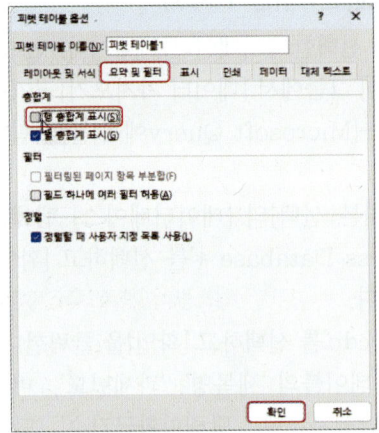

⑯ [디자인]-[피벗 테이블 스타일] 그룹의 '연한 녹색, 피벗 스타일 밝게 14'를 선택한다.

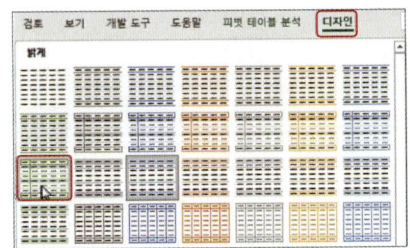

⑰ [B20] 셀의 2023(□)를 클릭하여 (⊞)으로 수정한다.

## 02 데이터 도구('분석작업-2' 시트)

① [C5] 셀을 클릭한 후 '이름 상자'에 **이자율**을 입력하고, [C7] 셀은 **상환금액**을 입력한다.

② [C5] 셀을 선택한 후 [데이터]-[예측] 그룹에서 [가상 분석]-[시나리오 관리자]를 클릭한다.

③ [시나리오 관리자]에서 [추가]를 클릭하여 '시나리오 이름'에 **이자율(하향)**을 입력하고, 변경 셀은 [C5] 셀을 지정하고 [확인]을 클릭한다.

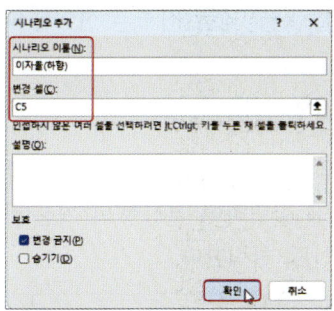

④ [시나리오 값]에 2.5%를 입력하고 [추가]를 클릭한다.

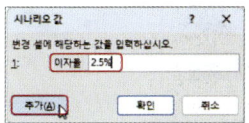

⑤ [시나리오 추가]에서 '시나리오 이름'에 **이자율(상향)**을 입력하고, 변경 셀은 [C5] 셀을 지정하고 [확인]을 클릭한다.
⑥ [시나리오 값]에 3.5%를 입력하고 [확인]를 클릭한다.
⑦ [시나리오 관리자]에서 [요약]을 클릭한다.
⑧ '시나리오 요약'을 선택하고 결과 셀에 [C7] 셀을 지정하고 [확인]을 클릭한다.

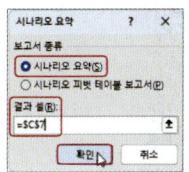

⑨ '시나리오 요약' 시트를 드래그하여 '분석작업-2' 시트 뒤로 드래그한다.

⑩ '분석작업-2' 시트의 [G3] 셀을 클릭한 후 =를 입력하고 [C7] 셀을 클릭한다.
⑪ [F3:G9] 영역을 범위 지정한 후 [데이터]-[예측] 그룹의 [가상 분석]-[데이터 표]를 클릭한다.

⑫ [데이터 테이블]의 열 입력 셀은 [C5] 셀을 지정하고 [확인]을 클릭한다.

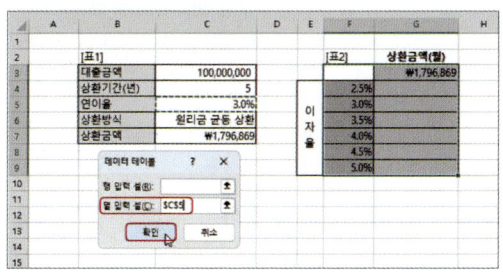

### 문제 ④ 기타작업

#### 01 매크로('기타작업-1' 시트)

① [개발 도구]-[컨트롤] 그룹의 [삽입]-[단추(양식 컨트롤)](□)를 클릭한다.
② 마우스 포인터가 '+'로 바뀌면 [K3:L4] 영역에 드래그한다.
③ [매크로 지정]의 '매크로 이름'에 **서식적용**을 입력하고 [기록]을 클릭한다.
④ [매크로 기록]에 자동으로 '서식적용'으로 매크로 이름이 표시되면 [확인]을 클릭한다.
⑤ [G4:G38], [I4:I38] 영역을 범위 지정한 후 Ctrl+1을 눌러 [표시 형식] 탭의 '사용자 지정'에 **[빨강][>=3]0.00"%";[파랑][>0]0.00"%(★)";0"%";"오류"***을 입력하고 [확인]을 클릭한다.

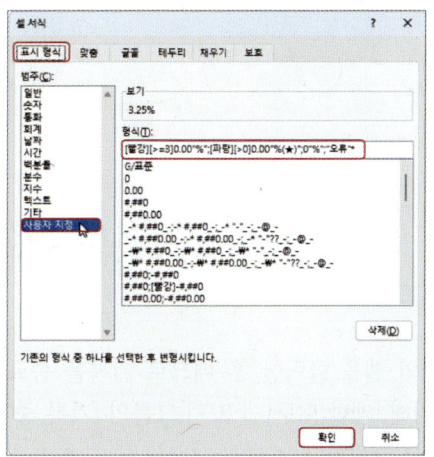

> **기적의 TIP**
>
> "오류"* : '오류'를 표시하고 왼쪽 정렬이 될 수 있도록 * 뒤에 한 칸의 스페이스를 넣으면 여백만큼 반복하여 왼쪽 정렬로 표시

⑥ 임의의 셀을 클릭한 후 매크로 기록을 종료하기 위해 [개발 도구]-[코드] 그룹의 [기록 중지](□)를 클릭한다.
⑦ 단추에 텍스트를 수정하기 위해서 단추에서 마우스 오른쪽 버튼을 눌러 [텍스트 편집]을 클릭한다.
⑧ 단추에 입력된 '단추 1'을 지우고 **서식적용**을 입력한다.
⑨ [개발 도구]-[컨트롤] 그룹의 [삽입]-[단추(양식 컨트롤)](□)를 클릭한다.
⑩ 마우스 포인터가 '+'로 바뀌면 [K6:L7] 영역에 드래그한다.
⑪ [매크로 지정]의 '매크로 이름'에 **서식해제**를 입력하고 [기록]을 클릭한다.
⑫ [매크로 기록]에 자동으로 '서식해제'로 매크로 이름이 표시되면 [확인]을 클릭한다.
⑬ [G4:G38], [I4:I38] 영역을 범위 지정한 후 Ctrl+1을 눌러 [표시 형식] 탭의 '일반'을 선택하고 [확인]을 클릭한다.

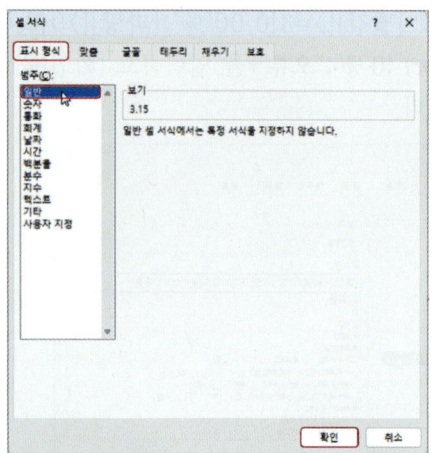

⑭ 임의의 셀을 클릭한 후 매크로 기록을 종료하기 위해 [개발 도구]-[코드] 그룹의 [기록 중지](□)를 클릭한다.

⑮ 단추에 텍스트를 수정하기 위해서 단추에서 마우스 오른쪽 버튼을 눌러 [텍스트 편집]을 클릭한다.
⑯ 단추에 입력된 '단추 2'를 지우고 **서식해제**를 입력한다.

### 02 차트('기타작업-2' 시트)

① 차트에서 마우스 오른쪽 버튼을 클릭하여 [차트 종류 변경]을 클릭하여 '분산형'의 '거품형'을 선택하고 [확인]을 클릭한다.

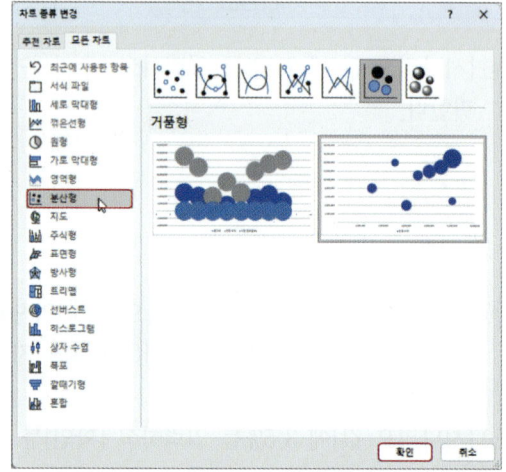

② 차트를 선택한 후 [차트 요소](田)-[차트 제목]을 클릭한다.
③ 차트 제목을 선택한 후 수식 입력줄에 =를 입력하고 [B2] 셀을 클릭하고 Enter를 누른다.

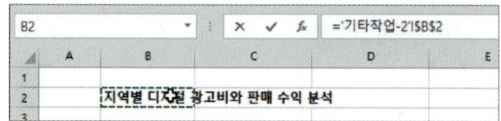

④ 차트를 선택한 후 마우스 오른쪽 버튼을 눌러 [데이터 선택]을 클릭한 후 범례 항목(계열)에서 [제거]를 클릭하여 모두 제거한 후 [추가] 버튼을 클릭한다.

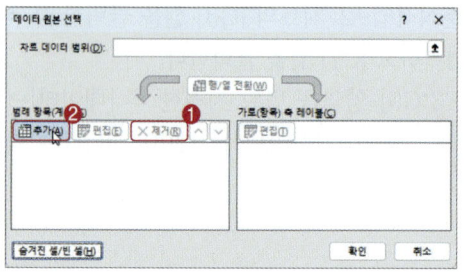

⑤ [계열 편집]에 아래와 같이 입력하고 [확인]을 클릭한다. (서울, 부산, 대구, 인천, 광주, 울산 순으로 추가)

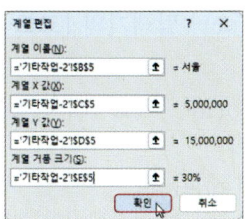

| 계열이름 | 계열 X 값 | 계열 Y 값 | 계열 거품 크기 |
|---|---|---|---|
| 서울[B5] | [C5] | [D5] | [E5] |
| 부산[B6] | [C6] | [D6] | [E6] |
| 대구[B7] | [C7] | [D7] | [E7] |
| 인천[B8] | [C8] | [D8] | [E8] |
| 광주[B9] | [C9] | [D9] | [E9] |
| 울산[B11] | [C11] | [D11] | [E11] |

⑥ [차트 요소](田)-[축 제목]의 '기본 가로', '기본 세로'를 체크하고, '기본 가로' 축 제목은 **광고비**, '기본 세로' 축 제목은 **판매수익**을 입력한다.

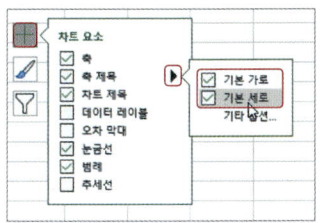

⑦ '세로 (값) 축 제목'을 선택한 후 [축 제목 서식]의 '크기 및 속성'의 '맞춤'에서 텍스트 방향은 '세로'를 선택한다.

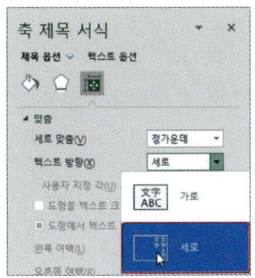

⑧ '세로 (값) 축'을 선택한 후 마우스 오른쪽 버튼을 눌러 [축 서식]을 클릭한 후 '축 옵션'의 최소값 0, 최대값 20000000을 입력하고, 표시 단위는 '10000'을 선택한다.

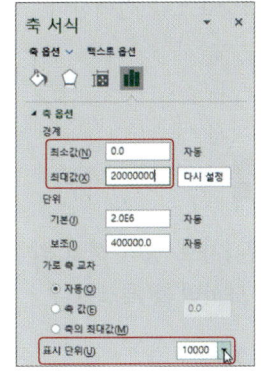

⑨ '가로 (값) 축'을 선택한 후 마우스 오른쪽 버튼을 눌러 [축 서식]을 클릭한 후 '축 옵션'의 최소값 1000000, 최대값 6000000을 입력하고, 표시 단위는 '10000'을 선택한다.

⑩ 범례를 선택한 후 Delete 를 눌러 삭제한다.

⑪ [차트 요소](田)-[눈금선]-[기본 주 세로]를 체크한다.

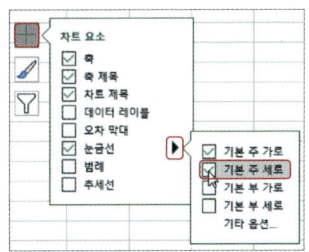

⑫ [차트 요소](田)-[데이터 레이블]-[가운데 맞춤]을 클릭하고 [기타 옵션]을 클릭하여 '레이블 옵션'에서 'Y 값' 체크를 해제하고, '계열 이름', '거품 크기'를 체크한다.

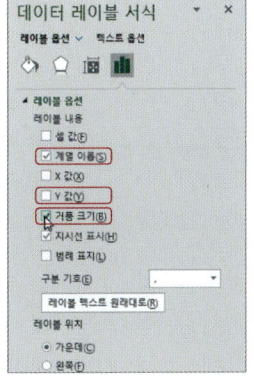

⑬ 같은 방법으로 모든 데이터 계열 요소(울산, 부산, 광주, 대구, 인천)의 데이터 레이블을 수정한다.

⑭ [차트 디자인]-[차트 스타일] 그룹의 [색 변경]을 클릭하여 '다양한 색상표 1'을 선택한다.

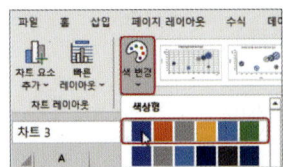

⑮ 차트 영역을 선택한 후 [차트 영역 서식]의 [채우기 및 선]에서 '둥근 모서리'를 체크한다.

### 03 프로시저('기타작업-3' 시트)

#### ① 폼 보이기

① [개발 도구]-[컨트롤] 그룹의 [디자인 모드](📐)를 클릭하여 〈길고양이 등록〉 버튼을 편집 상태로 만든다.

② 〈길고양이 등록〉 버튼을 더블클릭한 후 코드 창에 다음과 같이 입력한다.

```
Private Sub 중성화관리등록_Click()
    중성화관리.Show
End Sub
```

#### ② 폼 초기화

① [프로젝트-VBAProject] 탐색기에서 '폼'을 더블 클릭하고 〈중성화관리〉를 선택한다.

② [프로젝트-VBAProject] 탐색기의 [코드 보기](📄)를 클릭한다.

③ '개체 목록'은 'UserForm', '프로시저 목록'은 'Initialize'를 선택한다.

④ 코드 창에 다음과 같이 입력한다.

```
Private Sub UserForm_Initialize()
    cmb종류.AddItem "단모종"
    cmb종류.AddItem "장모종"
    cmb종류.AddItem "특별한 외모"
    
    opt암컷.Value = True
    
    For k = 0 To 9
        With cmb포획일자
            .AddItem Date - k
        End With
    Next k
    
    cmb포획일자.SetFocus
End Sub
```

#### ③ 등록 프로시저

① '개체 목록'에서 'cmd등록', '프로시저 목록'은 'Click'을 선택한다.

② 코드 창에 다음과 같이 입력한다.

```
Private Sub cmd등록_Click()
    i = Range("b4").CurrentRegion.Rows.Count + 3
    
    If cmb포획일자 = "" Then
        MsgBox "포획일자를 선택하세요."
        cmb포획일자.SetFocus
    Else
        Cells(i, 2) = i - 4
        Cells(i, 3) = cmb포획일자.Value
        Cells(i, 4) = cmb품종.Value
        
        If opt암컷.Value = True Then
            Cells(i, 5) = "암컷"
        End If
        
        If opt수컷.Value = True Then
            Cells(i, 5) = "수컷"
        End If
        
        Cells(i, 6) = txt체중.Value
        Cells(i, 7) = txt나이.Value
        
        If txt중성화일자 = "" Then
            Cells(i, 8) = "미정"
        Else
            Cells(i, 8) = txt중성화일자.Value
            Cells(i, 9) = Date - CDate(txt중성화일자)
        End If
    End If
End Sub
```

④ Change 이벤트 프로시저

① '개체 목록'에서 'cmb종류', '프로시저 목록'은 'Change'을 선택한다.
② 코드 창에 다음과 같이 입력한다.

```
Private Sub cmb종류_Change()
    Select Case cmb종류
        Case "단모종"
            cmb품종.RowSource = "K6:K10"
        Case "장모종"
            cmb품종.RowSource = "L6:L10"
        Case "특별한 외모"
            cmb품종.RowSource = "M6:M10"
    End Select
End Sub
```

⑤ 종료 프로시저

① '개체 목록'에서 'cmd종료', '프로시저 목록'은 'Click'을 선택한다.
② 코드 창에 다음과 같이 입력한다.

```
Private Sub cmd종료_Click()
    [l3] = Date
    [l3].Font.Color = RGB(0, 0, 255)
    MsgBox "현재 입력한 개수는 " & Range("b4").CurrentRegion.Rows.Count - 2 & "건 입니다."
    MsgBox "마지막 선택한 종류는 " & cmb종류 & " 입니다."
    Unload Me
End Sub
```

# 상시 기출문제 03회

**작업파일** [26컴활1급₩1권_스프레드시트₩상시기출문제] 폴더의 '상시기출문제3회' 파일을 열어서 작업하시오.

## 문제 ❶ 기본작업 | 주어진 시트에서 다음 과정을 수행하고 저장하시오. 15점

**01** '기본작업-1' 시트에서 다음과 같이 고급 필터를 수행하시오. (5점)
- ▶ [B3:I33] 영역에서 종료일의 년도가 2026년이면서 휴직유형(급여)가 '육아'로 시작한 데이터의 '이름', '부서', '휴직유형(급여)', '시작일', '종료일', '복직일' 필드만 순서대로 표시하시오.
- ▶ 조건은 [K3:K4] 영역 내에 알맞게 입력하시오. (AND, YEAR, LEFT 함수 사용)
- ▶ 결과는 [K6] 셀부터 표시하시오.

**02** '기본작업-1' 시트에서 다음과 같이 조건부 서식을 설정하시오. (5점)
- ▶ [B4:I33] 영역에서 종료일과 복직일 차이가 30일 이하이고, 휴직유형(급여)에 '미지급'이 들어있는 데이터의 행 전체에 대하여 글꼴 스타일은 '굵은 기울임꼴', 글꼴 색은 '표준 색 – 진한 파랑'으로 적용하시오.
- ▶ 단, 규칙 유형은 '수식을 사용하여 서식을 지정할 셀 결정'을 사용하고, 한 개의 규칙으로만 작성하시오.
- ▶ AND, DAYS, FIND 함수 사용

**03** '기본작업-2' 시트에서 다음과 같이 페이지 레이아웃을 설정하시오. (5점)
- ▶ [B34:J52] 영역을 인쇄 영역으로 추가하고, 3행은 반복해서 인쇄될 수 있도록 설정하시오.
- ▶ '행/열 머리글'이 인쇄될 수 있도록 설정하시오.
- ▶ 모든 페이지 머리글을 작성하되 첫 페이지에는 '휴직관리'라는 제목을 가운데에 표시하고, 다음 페이지부터는 오른쪽에 오늘 날짜가 표시되도록 머리글을 설정하시오.

## 문제 ❷ 계산작업 | 주어진 시트에서 다음 과정을 수행하고 저장하시오 30점

**01** [표1]의 산업구분과 [표2]를 이용하여 산업별 순번을 구하여 [E3:E42] 영역에 표시하시오. (6점)
- ▶ [표시 예] 산업구분이 첫 번째 '화학'이면 CHE-1, 두 번째 '화학'이면 CHE-2로 표시
- ▶ VLOOKUP, COUNT, IF 함수와 & 연산자 이용

**02** [표1]의 부서와 연구비를 이용하여 부서별 연구비에 대한 순위를 구하여 [H3:H42] 영역에 표시하시오. (6점)
- ▶ 부서별 연구비의 순위를 구하여 [표시 예 : 생명과학-1]로 표시
- ▶ SUM, IF 함수와 & 연산자 이용하여 배열 수식

③ [표1]의 부서와 연구비를 이용하여 부서별 1~3등까지의 연구비의 평균을 계산하여 [표3]의 [M12:M15] 영역에 표시하시오. (6점)
▶ AVERAGE, IF, LARGE 함수를 사용한 배열 수식

④ [표1]의 산업구분 '화학'이 연구비의 최대값을 [표4]의 [M20] 셀에 표시하시오. (6점)
▶ MAX, IF 함수를 사용한 배열 수식

⑤ 사용자 정의 함수 'fn연구비'를 작성하여 [표1]의 [J3:J42] 영역에 비고를 계산하여 표시하시오. (6점)
▶ 'fn연구비'는 연구비를 인수로 받아 비고를 계산하는 함수이다.
▶ 비고는 연구비가 30,000,000 이상이면 '충분', 연구비가 20,000,000 이상이면 '적정', 그 외는 '부족'으로 표시하시오.
▶ IF ~ ELSE문 사용

```
Public Function fn연구비(연구비)

End Function
```

## 문제 ③ 분석작업 | 주어진 시트에서 다음 과정을 수행하고 저장하시오 20점

① '분석작업-1' 시트에서 다음의 지시사항에 따라 피벗 테이블 보고서를 작성하시오. (10점)
▶ 외부 데이터 원본으로 〈다문화학생수.csv〉의 데이터를 사용하시오.
  – 원본 데이터는 구분 기호 쉼표(,)로 분리되어 있으며, 내 데이터에 머리글을 표시하시오.
  – '시도', '학제', '국내출생(남)', '국내출생(여)', '중도입국(남)', '중도입국(여)' 열만 가져와 데이터 모델에 이 데이터를 추가하시오.
▶ 피벗 테이블 보고서의 레이아웃과 위치는 〈그림〉을 참조하여 설정하고, 보고서 레이아웃을 개요 형식으로 표시하시오.
▶ '국내출생(남)', '국내출생(여)', '중도입국(남)', '중도입국(여)' 필드의 표시 형식은 값 필드 설정의 셀 서식에서 '숫자' 범주를 이용하여 〈그림〉과 같이 설정하시오.
▶ '국내출생(남)', '국내출생(여)' 필드를 추가하여 '총합계 비율'로 설정하시오.
▶ 피벗 테이블 스타일은 '연한 녹색, 피벗 스타일 보통 14', 피벗 테이블 스타일 옵션은 '행 머리글', '열 머리글', '줄무늬 열'을 설정하시오.

| | A | B | C | D | E | F | G | H | I |
|---|---|---|---|---|---|---|---|---|---|
| 1 | | 시도 | All | | | | | | |
| 2 | | | | | | | | | |
| 3 | | 학제 | 국내출생(남) | 비율:국내출생(남) | 국내출생(여) | 비율:국내출생(여) | 중도입국(남) | 중도입국(여) | |
| 4 | | (일반고) | 3,111 | 4.98% | 3,788 | 6.11% | 391 | 570 | |
| 5 | | (자율고) | 164 | 0.26% | 123 | 0.20% | 15 | 4 | |
| 6 | | (특목고) | 327 | 0.52% | 227 | 0.37% | 51 | 55 | |
| 7 | | (특성화고) | 1,635 | 2.62% | 1,716 | 2.77% | 278 | 337 | |
| 8 | | 각종학교 | 81 | 0.13% | 44 | 0.07% | 120 | 65 | |
| 9 | | 고등학교 | 4,791 | 7.66% | 5,307 | 8.56% | 703 | 897 | |
| 10 | | 중학교 | 13,303 | 21.28% | 13,330 | 21.50% | 1,295 | 1,326 | |
| 11 | | 초등학교 | 39,094 | 62.54% | 37,464 | 60.43% | 2,241 | 2,410 | |
| 12 | | 총합계 | 62,506 | 100.00% | 61,999 | 100.00% | 5,094 | 5,664 | |
| 13 | | | | | | | | | |

※ 작업 완성된 그림이며 부분 점수 없음

② '분석작업-2' 시트에 대하여 다음의 지시사항을 처리하시오. (10점)

▶ [데이터 유효성 검사] 기능을 이용하여 [E5:E14] 영역에는 50부터 500까지의 정수가 입력되도록 제한 대상을 설정하시오.
  - [E5:E14] 영역의 셀을 클릭한 경우 〈그림〉과 같은 설명 메시지를 표시하고, 유효하지 않은 데이터를 입력한 경우 〈그림〉과 같은 오류 메시지가 표시되도록 설정하시오.

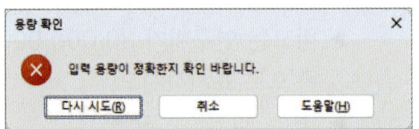

▶ 자동 필터를 이용하여 유통기한이 2025-3-1 ~ 2025-12-31까지 표시되도록 날짜 필터를 설정하시오.

## 문제 ④ 기타작업 | 주어진 시트에서 다음 과정을 수행하고 저장하시오. 35점

① '기타작업-1' 시트에서 다음의 지시사항에 따라 차트를 수정하시오. (각 2점)

※ 차트는 반드시 문제에서 제공한 차트를 사용하여야 하며, 신규로 차트 작성 시 0점 처리됨

① '강수량(mm)'과 '풍속(m/s)'이 차트에 표시되지 않도록 원본 데이터를 수정하고, 차트 종류를 '채워진 방사형'으로 변경하시오.
② 차트 제목은 [B2] 셀과 연동하여 표시되도록 설정하고, 범례를 오른쪽으로 표시하시오.
③ 기본 보조 가로 눈금선을 추가하고, 축의 레이블은 표시되지 않도록 설정하고, 축의 최대값을 40으로 설정하시오.
④ 데이터 레이블은 '값'을 '말풍선: 모서리가 둥근 사각형'으로 〈그림〉과 같이 표시하시오.
⑤ 차트 영역은 모서리를 둥글게 표시하고, '오프셋: 오른쪽 아래' 그림자를 표시하시오.

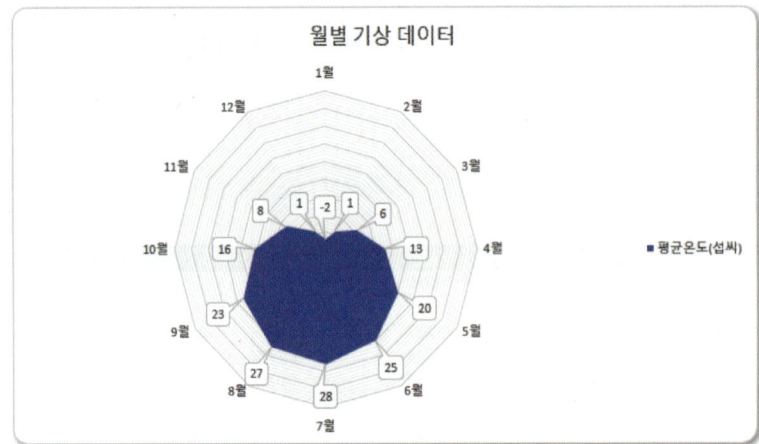

## 02 '기타작업-2' 시트에서 다음과 같은 기능을 수행하는 매크로를 현재 통합문서에 작성하시오. (각 5점)

① [F5:F32] 영역에 사용자 지정 표시 형식을 설정하는 '서식적용' 매크로를 생성하시오.
  ▶ '재고수량'이 100 이상이면 빨강색으로 왼쪽에 '★'를 붙여서 표시하고, 오른쪽에 숫자를 표시하고, '재고수량'이 20 이하이면 파랑색으로 왼쪽에 '☆'를 붙여서 표시하고, 오른쪽에 숫자를 표시하고, 그 외는 숫자를 오른쪽에 붙여서 표시하시오.
    [표시 예 : '재고수량' 이 120일 경우 → ★    120, 10일 경우 → ☆    10]
  ▶ [개발 도구] - [삽입] - [양식 컨트롤]의 '단추(□)'를 동일 시트의 [I4:I5] 영역에 생성한 후 텍스트를 "서식적용"으로 입력하고, 단추를 클릭하면 "서식적용" 매크로가 실행되도록 설정하시오.

② [F5:F32] 영역에 표시 형식을 '일반'으로 적용하는 '서식해제' 매크로를 생성하시오.
  ▶ [개발 도구] - [삽입] - [양식 컨트롤]의 '단추(□)'를 동일 시트의 [I7:I8] 영역에 생성한 후 텍스트를 "서식해제"로 입력하고, 단추를 클릭하면 "서식해제" 매크로가 실행되도록 설정하시오.

※ 셀 포인터의 위치에 관계없이 매크로가 실행되어야 정답으로 인정됨

## 03 '기타작업-3' 시트에서 다음과 같은 작업을 수행하도록 프로시저를 작성하시오. (각 5점)

① '과일등록' 단추를 클릭하면 〈과일등록화면〉 폼이 나타나고, 폼이 초기화(Initialize)되면 '과일명(cmb과일명)' 목록에는 [J6:J10], '당도(cmb당도)' 목록에는 [K6:K10], '만족도(cmb만족도)' 목록에는 [L6:L10], '신선도(cmb신선도)' 목록에는 [M6:M10] 영역이 표시되도록 프로시저를 작성하시오.

② 〈과일등록화면〉 폼의 '등록(cmd등록)' 단추를 클릭하면 폼에 입력된 데이터가 시트의 표에 입력되어 있는 마지막 행 다음에 연속하여 추가되도록 프로시저를 작성하시오.
  ▶ 번호는 일련번호가 입력되도록 작성

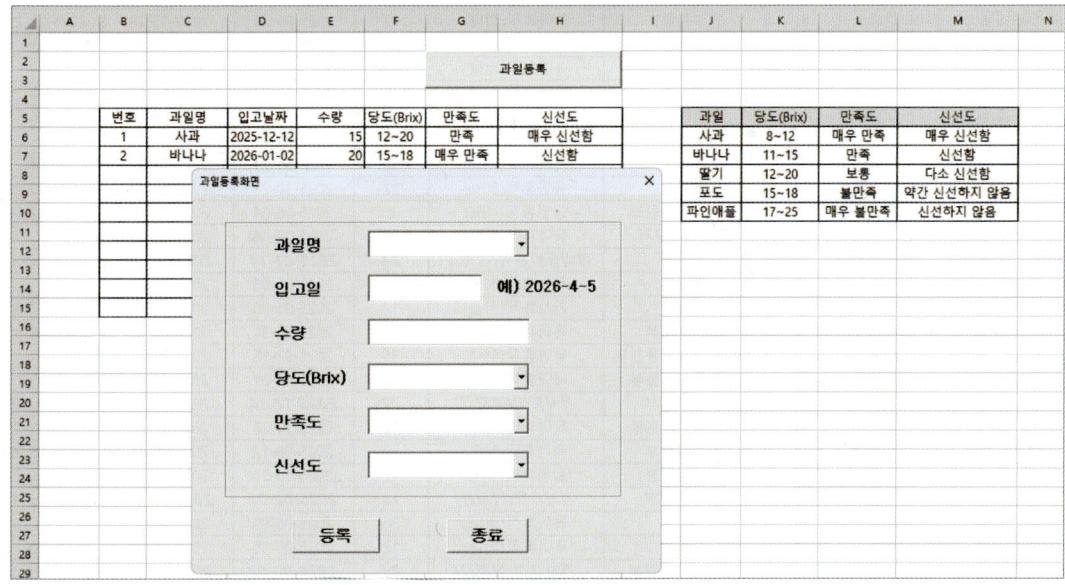

③ 〈과일등록화면〉 폼의 '종료(cmd종료)' 단추를 클릭하면 〈다음〉과 같이 현재 시간과 함께 메시지를 표시하고 폼을 종료하도록 설정하시오.

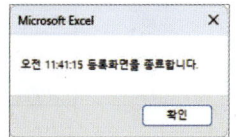

# 상시 기출문제 03회 정답

## 문제 ❶ 기본작업

### 01 고급 필터

| K4 | | fx | =AND(YEAR(H4)=2026,LEFT(E4,2)="육아") |

| | K | L | M | N | O | P |
|---|---|---|---|---|---|---|
| 3 | 조건 | | | | | |
| 4 | TRUE | | | | | |
| 6 | 이름 | 부서 | 휴직유형(급여) | 시작일 | 종료일 | 복직일 |
| 7 | 박지영 | 인사부 | 육아휴직(최소) | 2025-05-12 | 2026-05-11 | 2026-05-12 |
| 8 | 김영수 | 인적자원부 | 육아휴직(최대) | 2025-05-29 | 2026-05-28 | 2026-05-29 |
| 9 | 송지우 | 환경부 | 육아휴직(80%) | 2025-10-28 | 2026-10-27 | 2026-10-28 |
| 10 | 이지훈 | 보건복지부 | 육아휴직(최대) | 2025-09-30 | 2026-09-29 | 2026-09-30 |
| 11 | 박준서 | 산업통상자원부 | 육아휴직(최대) | 2025-11-25 | 2026-11-24 | 2026-11-25 |
| 12 | 이서영 | 국토교통부 | 육아휴직(80%) | 2025-08-12 | 2026-08-11 | 2026-08-12 |
| 13 | 박영희 | 산림청 | 육아휴직(최대) | 2025-05-19 | 2026-05-18 | 2026-05-19 |
| 14 | 이민수 | 정보통신정책실 | 육아휴직(80%) | 2025-11-14 | 2026-11-13 | 2026-10-24 |
| 15 | 최지우 | 지능정보사회기술부 | 육아휴직(80%) | 2025-06-10 | 2026-06-09 | 2026-06-10 |

### 02 조건부 서식

| | B | C | D | E | F | G | H | I |
|---|---|---|---|---|---|---|---|---|
| 2 | | | | | | | 기준일 | 2026-12-10 |
| 3 | 이름 | 성별 | 부서 | 휴직유형(급여) | 휴직기간 | 시작일 | 종료일 | 복직일 |
| 4 | 박지영 | 여 | 인사부 | 육아휴직(최소) | 12 | 2025-05-12 | 2026-05-11 | 2026-05-12 |
| 5 | 김영수 | 남 | 인적자원부 | 육아휴직(최대) | 12 | 2025-05-29 | 2026-05-28 | 2026-05-29 |
| 6 | 이지원 | 여 | 기획재정부 | 질병휴직(70%) | 6 | 2025-03-16 | 2025-09-15 | 2025-09-16 |
| 7 | 최성민 | 남 | 법무부 | 육아휴직(최대) | 24 | 2025-01-02 | 2027-01-01 | |
| 8 | 박서연 | 여 | 감사원 | 육아휴직(최대) | 3 | 2025-05-20 | 2025-08-19 | 2025-08-20 |
| 9 | 이준호 | 남 | 행정안전부 | 질병휴직(50%) | 13 | 2025-05-15 | 2026-06-14 | 2026-06-15 |
| 10 | 정윤지 | 여 | 재정경제부 | 육아휴직(최소) | 24 | 2025-01-21 | 2027-01-20 | |
| 11 | 김태민 | 남 | 국세청 | 가사휴직(지급) | 12 | 2025-01-23 | 2026-01-22 | 2026-01-23 |
| 12 | 송지우 | 여 | 환경부 | 육아휴직(80%) | 12 | 2025-10-28 | 2026-10-27 | 2026-10-28 |
| 13 | 박승현 | 남 | 공정거래위원회 | 질병휴직(70%) | 6 | 2025-06-04 | 2025-12-03 | 2025-12-04 |
| 14 | 김민지 | 여 | 지방자치단체 | 육아휴직(최대) | 24 | 2025-08-06 | 2027-08-05 | |
| 15 | *이영호* | *남* | *외무부* | *해외동반휴직(미지급)* | *24* | *2025-01-11* | *2027-01-10* | *2026-12-21* |
| 16 | 박수진 | 여 | 통일부 | 육아휴직(80%) | 24 | 2025-05-08 | 2027-05-07 | |
| 17 | 김성민 | 남 | 국방부 | 가사휴직(지급) | 12 | 2025-07-30 | 2026-07-29 | 2026-07-30 |
| 18 | 이지훈 | 남 | 보건복지부 | 육아휴직(최대) | 12 | 2025-09-30 | 2026-09-29 | 2026-09-30 |
| 19 | 임은지 | 여 | 과학기술정보통신부 | 육아휴직(최대) | 36 | 2025-03-18 | 2028-03-17 | |
| 20 | 정민우 | 남 | 농림축산식품부 | 육아휴직(최대) | 24 | 2025-11-01 | 2027-10-31 | |
| 21 | *김혀은* | *여* | *해양수산부* | *가사휴직(미지급)* | *12* | *2025-12-16* | *2026-12-15* | *2026-11-25* |
| 22 | 박준서 | 남 | 산업통상자원부 | 육아휴직(최대) | 12 | 2025-11-25 | 2026-11-24 | 2026-11-25 |
| 23 | 이서영 | 여 | 국토교통부 | 육아휴직(80%) | 12 | 2025-08-12 | 2026-08-11 | 2026-08-12 |
| 24 | 홍길동 | 남 | 방위사업청 | 질병휴직(50%) | 12 | 2025-10-21 | 2026-10-20 | 2026-10-21 |
| 25 | *김철수* | *남* | *도시건설청* | *가사휴직(미지급)* | *14* | *2025-02-01* | *2026-03-31* | *2026-03-11* |
| 26 | 이영희 | 여 | 소방청 | 육아휴직(최대) | 36 | 2025-06-09 | 2028-06-08 | |
| 27 | 박영희 | 여 | 산림청 | 육아휴직(최대) | 12 | 2025-05-19 | 2026-05-18 | 2026-05-19 |
| 28 | *최민지* | *여* | *문화체육관광부* | *가사휴직(미지급)* | *24* | *2024-02-08* | *2026-02-07* | *2026-01-18* |
| 29 | 이민수 | 남 | 정보통신정책실 | 육아휴직(80%) | 12 | 2025-11-14 | 2026-11-13 | 2026-10-24 |
| 30 | 한지민 | 여 | 고용노동부 | 육아휴직(최대) | 24 | 2025-07-08 | 2027-07-07 | |
| 31 | 최지우 | 여 | 지능정보사회기술부 | 육아휴직(80%) | 12 | 2025-06-10 | 2026-06-09 | 2026-06-10 |
| 32 | 손영희 | 여 | 외교통상부 | 유학휴직 | 36 | 2025-12-26 | 2028-12-25 | |
| 33 | *정태일* | *남* | *지식경제부* | *해외동반휴직(미지급)* | *7* | *2025-02-18* | *2026-02-17* | *2026-02-18* |

## 03 페이지 레이아웃

**휴직관리**

| 번호 | 이름 | 성별 | 부서 | 휴직유형(급여) | 휴직기간 | 시작일 | 종료일 | 복직일 |
|---|---|---|---|---|---|---|---|---|
| 1 | 박지영 | 여 | 인사부 | 육아휴직(최소) | 12 | 2025-05-12 | 2026-05-11 | 2026-05-12 |
| 2 | 김영수 | 남 | 인적자원부 | 육아휴직(최대) | 12 | 2025-05-29 | 2026-05-28 | 2026-05-29 |
| 3 | 이지원 | 여 | 기획재정부 | 질병휴직(70%) | 6 | 2025-03-16 | 2025-09-15 | 2025-09-16 |
| 4 | 최성민 | 남 | 법무부 | 육아휴직(최대) | 24 | 2025-01-02 | 2027-01-01 | |
| 5 | 박서연 | 여 | 감사원 | 육아휴직(최대) | 3 | 2025-05-20 | 2025-08-19 | 2025-08-20 |
| 6 | 이준호 | 남 | 행정안전부 | 질병휴직(50%) | 13 | 2025-05-15 | 2026-06-14 | 2026-06-15 |
| 7 | 정유지 | 여 | 재정경제부 | 육아휴직(최소) | 24 | 2025-01-21 | 2027-01-20 | |
| 8 | 김태민 | 남 | 국세청 | 가사휴직(지급) | 12 | 2025-01-23 | 2026-01-22 | 2026-01-23 |
| 9 | 송지우 | 여 | 환경부 | 육아휴직(80%) | 12 | 2025-10-28 | 2026-10-27 | 2026-10-28 |
| 10 | 박승현 | 남 | 공정거래위원회 | 질병휴직(70%) | 6 | 2025-06-04 | 2025-12-03 | 2025-12-04 |
| 11 | 김연지 | 여 | 지방자치단체 | 육아휴직(최대) | 24 | 2025-08-06 | 2027-08-05 | |
| 12 | 이영호 | 남 | 외무부 | 해외동반휴직(미지급) | 24 | 2025-01-11 | 2027-01-10 | 2026-12-21 |
| 13 | 박수진 | 여 | 통일부 | 육아휴직(80%) | 24 | 2025-05-08 | 2027-05-07 | |
| 14 | 김성민 | 남 | 국방부 | 가사휴직(지급) | 12 | 2025-07-30 | 2026-07-29 | 2026-07-30 |
| 15 | 이지훈 | 남 | 보건복지부 | 육아휴직(최대) | 12 | 2025-09-30 | 2026-09-29 | 2026-09-30 |
| 16 | 임은지 | 여 | 과학기술정보통신부 | 육아휴직(최대) | 36 | 2025-03-18 | 2028-03-17 | |
| 17 | 정민우 | 남 | 농림축산식품부 | 육아휴직(최대) | 24 | 2025-11-01 | 2027-10-31 | |
| 18 | 김하은 | 여 | 해양수산부 | 가사휴직(미지급) | 12 | 2025-12-16 | 2026-12-15 | 2026-11-25 |
| 19 | 박준서 | 남 | 산업통상자원부 | 육아휴직(최대) | 12 | 2025-11-25 | 2026-11-24 | 2026-11-25 |
| 20 | 이서영 | 여 | 국토교통부 | 육아휴직(80%) | 12 | 2025-08-12 | 2026-08-11 | 2026-08-12 |

2024-04-24

| 번호 | 이름 | 성별 | 부서 | 휴직유형(급여) | 휴직기간 | 시작일 | 종료일 | 복직일 |
|---|---|---|---|---|---|---|---|---|
| 31 | 김민수 | 남 | 인사부 | 육아휴직(최대) | 12 | 2025-02-14 | 2026-02-13 | 2026-02-14 |
| 32 | 장영희 | 여 | 기획자원부 | 가사휴직(지급) | 6 | 2025-03-25 | 2025-09-24 | 2025-09-25 |
| 33 | 홍길동 | 남 | 인적자원부 | 질병휴직(80%) | 12 | 2025-05-07 | 2026-05-06 | 2026-05-07 |
| 34 | 이순신 | 남 | 경영지원부 | 가사휴직(미지급) | 6 | 2025-07-18 | 2026-01-17 | |
| 35 | 김철수 | 남 | 법무부 | 질병휴직(50%) | 24 | 2025-09-30 | 2027-09-29 | |
| 36 | 박미나 | 여 | 지방자치단체 | 육아휴직(최소) | 12 | 2025-11-08 | 2026-11-07 | 2026-11-08 |
| 37 | 최영희 | 여 | 재정경제부 | 육아휴직(최대) | 18 | 2025-12-17 | 2027-12-16 | |
| 38 | 이성호 | 남 | 국세청 | 질병휴직(70%) | 6 | 2026-01-01 | 2026-06-30 | 2026-07-01 |
| 39 | 김지영 | 여 | 행정안전부 | 육아휴직(최대) | 12 | 2026-02-13 | 2027-02-12 | 2027-02-13 |
| 40 | 이미영 | 여 | 환경부 | 질병휴직(50%) | 24 | 2026-04-26 | 2028-04-25 | |
| 41 | 박동현 | 남 | 공정거래위원회 | 육아휴직(최소) | 12 | 2026-06-05 | 2027-06-04 | 2027-06-05 |
| 42 | 정수현 | 여 | 감사원 | 질병휴직(80%) | 18 | 2026-07-20 | 2028-07-19 | |
| 43 | 한영수 | 남 | 지방자치단체 | 가사휴직(지급) | 24 | 2026-09-12 | 2028-09-11 | |
| 44 | 김영미 | 여 | 국세청 | 육아휴직(최대) | 12 | 2026-10-04 | 2027-10-03 | 2027-10-04 |
| 45 | 장준혁 | 남 | 인사부 | 질병휴직(최소) | 6 | 2026-11-23 | 2027-05-22 | 2027-05-23 |
| 46 | 이서진 | 남 | 행정안전부 | 육아휴직(최대) | 12 | 2026-12-30 | 2027-12-29 | 2027-12-30 |
| 47 | 최지원 | 여 | 재정경제부 | 질병휴직(70%) | 24 | 2027-02-03 | 2028-02-02 | |
| 48 | 박준호 | 남 | 외무부 | 육아휴직(최소) | 12 | 2027-03-14 | 2028-03-13 | 2028-03-14 |
| 49 | 김유진 | 여 | 환경부 | 질병휴직(50%) | 6 | 2027-05-07 | 2027-11-06 | 2027-11-07 |

## 문제 ❷ 계산작업

| | A | B | C | D | E | F | G | H | I | J | K | L | M |
|---|---|---|---|---|---|---|---|---|---|---|---|---|---|
| 1 | [표1] | | | | | | | | | | | | |
| 2 | 번호 | 장비명 | 모델명 | 산업구분 | 산업 | 부서 | 연구비 | 부서 순위 | 보증기간 | 연구비 | | [표2] | |
| 3 | 1 | 분광분석기 | SpectraMax | 화학 | CHE-1 | 생명과학 | 15,000,000 | 생명과학-16 | 2년 | 부족 | | 산업구분 | 코드 |
| 4 | 2 | 전자현미경 | FEI Tecnai | 재료 | MAT-1 | 물리학 | 25,000,000 | 물리학-3 | 3년 | 적정 | | 화학 | CHE |
| 5 | 3 | 원심분리기 | Eppendorf | 생명과학 | BIO-1 | 생명과학 | 8,000,000 | 생명과학-21 | 1년 | 부족 | | 재료 | MAT |
| 6 | 4 | 진공펌프 | Agilent | 화학 | CHE-2 | 화학 | 12,000,000 | 화학-5 | 2년 | 부족 | | 생명과학 | BIO |
| 7 | 5 | UV-VIS | Shimadzu | 화학 | CHE-3 | 화학 | 10,000,000 | 화학-7 | 2년 | 부족 | | | |
| 8 | 6 | HPLC | Waters | 화학 | CHE-4 | 생명과학 | 30,000,000 | 생명과학-4 | 3년 | 충분 | | | |
| 9 | 7 | 가스크로마토그래프 | Agilent | 화학 | CHE-5 | 생명과학 | 28,000,000 | 생명과학-7 | 2년 | 적정 | | [표3] | |
| 10 | 8 | 원심분리기 | Thermo | 생명과학 | BIO-2 | 생명과학 | 9,000,000 | 생명과학-18 | 1년 | 부족 | | 부서 | 1~3등 평균 |
| 11 | 9 | 초음파분쇄기 | Branson | 재료 | MAT-2 | 재료 | 5,000,000 | 재료-6 | 2년 | 부족 | | 생명과학 | 35,666,667 |
| 12 | 10 | 분광분석기 | PerkinElmer | 화학 | CHE-6 | 생명과학 | 18,000,000 | 생명과학-14 | 2년 | 부족 | | 물리학 | 27,666,667 |
| 13 | 11 | 생물반응기 | Applikon | 생명과학 | BIO-3 | 생명과학 | 35,000,000 | 생명과학-2 | 3년 | 충분 | | 화학 | 30,333,333 |
| 14 | 12 | PCR기계 | Bio-Rad | 생명과학 | BIO-4 | 화학 | 20,000,000 | 화학-12 | 2년 | 적정 | | 재료 | 7,500,000 |
| 15 | 13 | 진공오븐 | Yamato | 재료 | MAT-3 | 재료 | 7,000,000 | 재료-3 | 1년 | 부족 | | | |
| 16 | 14 | 냉동전자현미경 | Leica | 생명과학 | BIO-5 | 생명과학 | 28,000,000 | 생명과학-7 | 3년 | 적정 | | | |
| 17 | 15 | HPLC | Agilent | 화학 | CHE-7 | 화학 | 32,000,000 | 화학-3 | 3년 | 충분 | | | |
| 18 | 16 | 진공펌프 | Busch | 화학 | CHE-8 | 화학 | 11,000,000 | 화학-6 | 2년 | 부족 | | [표4] | |
| 19 | 17 | 초음파세척기 | Branson | 재료 | MAT-4 | 재료 | 4,500,000 | 재료-7 | 2년 | 부족 | | 산업구분 | 최대값 |
| 20 | 18 | 가스크로마토그래프 | Shimadzu | 화학 | CHE-9 | 화학 | 25,000,000 | 화학-2 | 2년 | 적정 | | 화학 | 35,000,000 |
| 21 | 19 | 진공오븐 | Thermo | 재료 | MAT-5 | 재료 | 8,000,000 | 재료-1 | 1년 | 부족 | | | |
| 22 | 20 | 콜로이드밀링기 | Retsch | 화학 | CHE-10 | 재료 | 6,000,000 | 재료-4 | 2년 | 부족 | | | |
| 23 | 21 | UV-VIS | PerkinElmer | 화학 | CHE-11 | 화학 | 9,000,000 | 화학-8 | 2년 | 부족 | | | |
| 24 | 22 | 가스크로마토그래프 | Agilent | 화학 | CHE-12 | 생명과학 | 27,000,000 | 생명과학-9 | 2년 | 적정 | | | |
| 25 | 23 | 원심분리기 | Eppendorf | 생명과학 | BIO-6 | 생명과학 | 8,500,000 | 생명과학-19 | 1년 | 부족 | | | |
| 26 | 24 | 분광분석기 | Shimadzu | 화학 | CHE-13 | 화학 | 20,000,000 | 화학-12 | 2년 | 적정 | | | |
| 27 | 25 | 진공펌프 | Edwards | 화학 | CHE-14 | 화학 | 13,000,000 | 화학-8 | 2년 | 부족 | | | |
| 28 | 26 | 분광분석기 | Agilent | 화학 | CHE-15 | 생명과학 | 22,000,000 | 생명과학-10 | 2년 | 적정 | | | |
| 29 | 27 | 전자현미경 | FEI Tecnai | 재료 | MAT-6 | 물리학 | 28,000,000 | 물리학-2 | 3년 | 적정 | | | |
| 30 | 28 | UV-VIS | Shimadzu | 화학 | CHE-16 | 화학 | 8,500,000 | 화학-9 | 2년 | 부족 | | | |
| 31 | 29 | HPLC | Waters | 화학 | CHE-17 | 생명과학 | 35,000,000 | 생명과학-2 | 3년 | 충분 | | | |
| 32 | 30 | 원심분리기 | Thermo | 생명과학 | BIO-7 | 생명과학 | 9,500,000 | 생명과학-17 | 1년 | 부족 | | | |
| 33 | 31 | 전자현미경 | JEOL | 재료 | MAT-7 | 물리학 | 30,000,000 | 물리학-1 | 3년 | 충분 | | | |
| 34 | 32 | 분광분석기 | PerkinElmer | 화학 | CHE-18 | 생명과학 | 17,000,000 | 생명과학-15 | 2년 | 부족 | | | |
| 35 | 33 | 가스크로마토그래프 | Agilent | 화학 | CHE-19 | 생명과학 | 29,000,000 | 생명과학-6 | 2년 | 적정 | | | |
| 36 | 34 | 원심분리기 | Eppendorf | 생명과학 | BIO-8 | 생명과학 | 8,200,000 | 생명과학-20 | 1년 | 부족 | | | |
| 37 | 35 | 초음파분쇄기 | Branson | 재료 | MAT-8 | 재료 | 5,500,000 | 재료-5 | 2년 | 부족 | | | |
| 38 | 36 | 생물반응기 | Applikon | 생명과학 | BIO-9 | 생명과학 | 37,000,000 | 생명과학-1 | 3년 | 충분 | | | |
| 39 | 37 | PCR기계 | Bio-Rad | 생명과학 | BIO-10 | 화학 | 22,000,000 | 화학-10 | 2년 | 적정 | | | |
| 40 | 38 | 진공오븐 | Yamato | 재료 | MAT-9 | 재료 | 7,500,000 | 재료-2 | 1년 | 부족 | | | |
| 41 | 39 | 냉동전자현미경 | Leica | 생명과학 | BIO-11 | 생명과학 | 30,000,000 | 생명과학-4 | 3년 | 충분 | | | |
| 42 | 40 | HPLC | Agilent | 화학 | CHE-20 | 화학 | 34,000,000 | 화학-1 | 3년 | 충분 | | | |

1. [E3] 셀에 「=VLOOKUP(D3,$L$5:$M$7,2,0)&"-"&COUNT(IF($D$3:D3=D3,1))」를 입력하고 [E42] 셀까지 수식 복사

2. [H3] 셀에 「=F3&"-"&SUM(IF(($G$3:$G$42)>G3)*($F$3:$F$42=F3),1))+1」을 입력하고 Ctrl + Shift + Enter 를 누른 후에 [H42] 셀까지 수식 복사

3. [M12] 셀에 「=AVERAGE(IF(LARGE(($G$3:$G$42)*($F$3:$F$42=L12),3)<=($G$3:$G$42)*($F$3:$F$42=L12),($G$3:$G$42)*($F$3:$F$42=L12)))」를 입력하고 Ctrl + Shift + Enter 를 누른 후에 [M15] 셀까지 수식을 복사

4. [M20] 셀에 「=MAX(IF(D3:D42=L20,G3:G42))」를 입력하고 Ctrl + Shift + Enter 를 눌러 수식 입력

5. [J3] 셀에 「=fn연구비(G3)」를 입력하고 [J42] 셀까지 수식 복사

```
Public Function fn연구비(연구비)
    If 연구비 >= 30000000 Then
        fn연구비 = "충분"
    ElseIf 연구비 >= 20000000 Then
        fn연구비 = "적정"
    Else
        fn연구비 = "부족"
    End If
End Function
```

# 문제 ❸ 분석작업

## 01 피벗 테이블

| | A | B | C | D | E | F | G | H |
|---|---|---|---|---|---|---|---|---|
| 1 | | 시도 | All | | | | | |
| 2 | | | | | | | | |
| 3 | | 학제 | 국내출생(남) | 비율:국내출생(남) | 국내출생(여) | 비율:국내출생(여) | 중도입국(남) | 중도입국(여) |
| 4 | | (일반고) | 3,111 | 4.98% | 3,788 | 6.11% | 391 | 570 |
| 5 | | (자율고) | 164 | 0.26% | 123 | 0.20% | 15 | 4 |
| 6 | | (특목고) | 327 | 0.52% | 227 | 0.37% | 51 | 55 |
| 7 | | (특성화고) | 1,635 | 2.62% | 1,716 | 2.77% | 278 | 337 |
| 8 | | 각종학교 | 81 | 0.13% | 44 | 0.07% | 120 | 65 |
| 9 | | 고등학교 | 4,791 | 7.66% | 5,307 | 8.56% | 703 | 897 |
| 10 | | 중학교 | 13,303 | 21.28% | 13,330 | 21.50% | 1,295 | 1,326 |
| 11 | | 초등학교 | 39,094 | 62.54% | 37,464 | 60.43% | 2,241 | 2,410 |
| 12 | | 총합계 | 62,506 | 100.00% | 61,999 | 100.00% | 5,094 | 5,664 |

## 02 데이터 도구

| | A | B | C | D | E | F | G | H |
|---|---|---|---|---|---|---|---|---|
| 1 | | | | | | | | |
| 2 | | 약품 관리 자료 | | | | | | |
| 3 | | | | | | | | |
| 4 | | 약품명 | 효능 | 투여방법 | 용량 | 재고수량 | 유통기한 | |
| 5 | | 아스피린 | 두통 완화 | 경구 | 100mg | 50 | 2025-06-30 | |
| 7 | | 페니실린 | 항염작용 | | 200 | | 2025-08-15 | |
| 8 | | 제레토신 | 진통 효과 | 경구 | 150 | 입력 용량 범위 50mg~500mg | 2025-05-20 | |
| 10 | | 클라리시드 | 항생제 | | 250 | | 2025-10-31 | |
| 11 | | 로사르탄 | 고혈압 관리 | 경구 | 50mg | 35 | 2025-09-10 | |
| 12 | | 리보플라빈 | 에너지 공급 | 경구 | 100mg | 45 | 2025-07-05 | |
| 13 | | 비타민C | 면역력 강화 | 경구 | 500mg | 55 | 2025-11-30 | |
| 14 | | 올리스트란 | 호르몬 조절 | 경구 | 5mg | 50 | 2025-04-15 | |

# 문제 ❹ 기타작업

## 01 차트

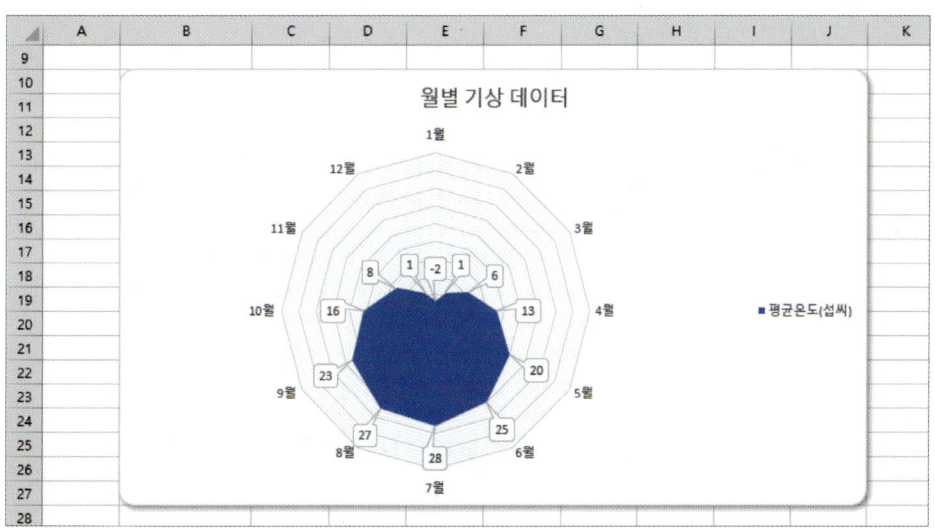

## 02 매크로

| | A | B | C | D | E | F | G | H | I | J |
|---|---|---|---|---|---|---|---|---|---|---|
| 1 | | | | | | | | | | |
| 2 | | 약품 관리 자료 | | | | | | | | |
| 3 | | | | | | | | | | |
| 4 | | 약품명 | 효능 | 투여방법 | 용량 | 재고수량 | 유통기한 | | | |
| 5 | | 아스피린 | 두통 완화 | 경구 | 100mg | 97 | 2024-06-30 | | 서식 적용 | |
| 6 | | 페니실린 | 항염작용 | | 200mg | 93 | 2024-08-15 | | | |
| 7 | | 제레토신 | 진통 효과 | 경구 | 150mg | ☆ 20 | 2024-05-20 | | 서식 해제 | |
| 8 | | 클라리시드 | 항생제 | | 250mg | ☆ 12 | 2024-10-31 | | | |
| 9 | | 로사르탄 | 고혈압 관리 | 경구 | 50mg | ★ 139 | 2024-09-10 | | | |
| 10 | | 리보플라빈 | 에너지 공급 | 경구 | 100mg | ★ 196 | 2024-07-05 | | | |
| 11 | | 비타민C | 면역력 강화 | 경구 | 500mg | ★ 133 | 2024-11-30 | | | |
| 12 | | 올리스트란 | 호르몬 조절 | 경구 | 5mg | ★ 171 | 2024-04-15 | | | |
| 13 | | 판토플로신 | 혈당 | 경구 | 10mg | ★ 177 | 2024-10-20 | | | |
| 14 | | 메티포민 | 당뇨 기능 | 경구 | 500mg | ★ 112 | 2024-09-15 | | | |
| 15 | | 레보티록신 | 갑상선 건강 | 경구 | 50mcg | ★ 115 | 2024-08-25 | | | |
| 16 | | 로시간 | 심장 완화 | 경구 | 100mg | ★ 112 | 2024-07-10 | | | |
| 17 | | 클로피닉 | 염증 치료 | 경구 | 200mg | ★ 200 | 2024-06-05 | | | |
| 18 | | 레보시트라 | ED 조절 | 경구 | 10mg | ★ 134 | 2024-11-15 | | | |
| 19 | | 이로사트란 | 혈압 감소 | 경구 | 25mg | ★ 137 | 2024-10-30 | | | |
| 20 | | 레베티라세탐 | 콜레스테롤 축진 | 경구 | 20mg | ★ 118 | 2024-09-25 | | | |
| 21 | | 실로다제닌 | 소화 감소 | 경구 | 50mg | ★ 177 | 2024-08-20 | | | |
| 22 | | 푸바스타틴 | 콜레스테롤 조절 | 경구 | 10mg | ☆ 16 | 2024-07-25 | | | |
| 23 | | 레미프로스틴 | 위산 완화 | 경구 | 20mg | 77 | 2024-06-20 | | | |
| 24 | | 레보스타딘 | 알레르기 완화 | 경구 | 5mg | ★ 144 | 2024-05-15 | | | |
| 25 | | 나프록센 | 통증 치료 | 경구 | 250mg | 43 | 2024-04-10 | | | |
| 26 | | 피록시카민 | 위염 치료 | 경구 | 20mg | ★ 118 | 2024-11-05 | | | |
| 27 | | 레비트라 | ED 치료 | 경구 | 20mg | 29 | 2024-10-01 | | | |
| 28 | | 아미트리프틸린 | 우울증 공급 | 경구 | 25mg | 42 | 2024-09-26 | | | |
| 29 | | 리보플라빈 | 에너지 치료 | 경구 | 100mg | 86 | 2024-07-05 | | | |
| 30 | | 저스트로프란 | 호르몬 예방 | 경구 | 2mg | ★ 151 | 2024-06-30 | | | |
| 31 | | 레브프로스틴 | 콜다공증 완화 | 경구 | 70mg | 38 | 2024-05-25 | | | |
| 32 | | 오티모드 | 스트레스 | 경구 | 50mg | 169 | 2024-04-20 | | | |
| 33 | | | | | | | | | | |

## 03 VBA 프로그래밍

- 폼 보이기 프로시저

```
Private Sub cmd등록_Click()
    과일등록화면.Show
End Sub
```

- 폼 초기화 프로시저

```
Private Sub UserForm_Initialize()
    cmb과일명.RowSource = "J6:J10"
    cmb당도.RowSource = "K6:K10"
    cmb만족도.RowSource = "L6:L10"
    cmb신선도.RowSource = "M6:M10"
End Sub
```

- 등록 프로시저

```
Private Sub cmd등록_Click()
    i = Range("B5").CurrentRegion.Rows.Count + 5

    Cells(i, 2) = i - 5
    Cells(i, 3) = cmb과일명.Value
    Cells(i, 4) = txt날짜.Value
    Cells(i, 5) = txt수량.Value
    Cells(i, 6) = cmb당도.Value
    Cells(i, 7) = cmb만족도.Value
    Cells(i, 8) = cmb신선도.Value
End Sub
```

- 종료 프로시저

```
Private Sub cmd종료_Click()
    MsgBox Time & " 등록화면을 종료합니다.", vbOKOnly
    Unload Me
End Sub
```

## 상시 기출문제 03회 해설

### 문제 ① 기본작업

#### 01 고급 필터('기본작업-1' 시트)

① [K3:K4] 영역에 조건을 입력하고 [K6:P6] 영역에 추출할 필드명을 입력한다.

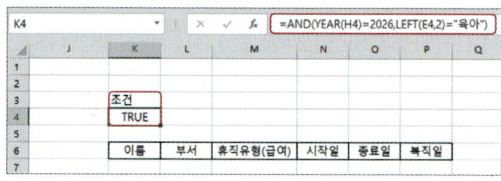

[K4] : =AND(YEAR(H4)=2026,LEFT(E4,2)="육아")

② [데이터]-[정렬 및 필터] 그룹의 [고급](  )을 선택한다.
③ [고급 필터]에서 다음과 같이 지정한 후 [확인]을 클릭한다.

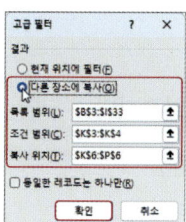

- 결과 : '다른 장소에 복사'
- 목록 범위 : [B3:I33]
- 조건 범위 : [K3:K4]
- 복사 위치 : [K6:P6]

#### 02 조건부 서식('기본작업-1' 시트)

① [B4:I33] 영역을 범위 지정한 후 [홈]-[스타일] 그룹의 [조건부 서식]-[새 규칙]을 선택한다.
② [새 서식 규칙]에서 '규칙 유형 선택'에 '▶ 수식을 사용하여 서식을 지정할 셀 결정'을 선택하고, =AND(DAYS($I4,$H4)<=30,FIND("미지급",$E4)>0)를 입력한 후 [서식]을 클릭한다.

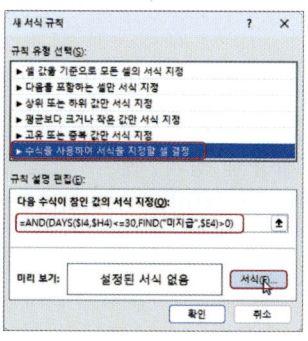

③ [셀 서식]의 [글꼴] 탭에서 글꼴 스타일은 '굵은 기울임꼴', 글꼴 색은 '표준 색 - 진한 파랑'을 선택한 후 [확인]을 클릭한다.

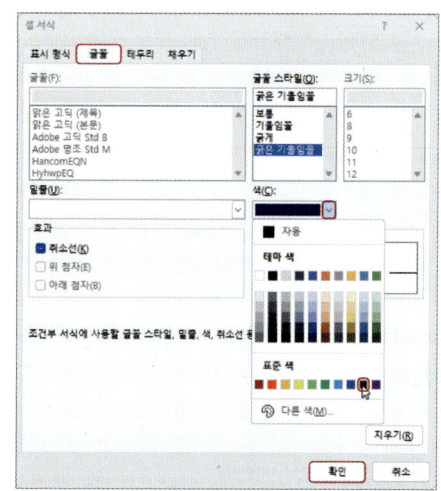

④ [새 서식 규칙]에서 다시 [확인]을 클릭한다.

#### 03 페이지 레이아웃('기본작업-2' 시트)

① [B34:J52] 영역을 범위 지정한 후 [페이지 레이아웃]-[페이지 설정] 그룹에서 [인쇄 영역]-[인쇄 영역에 추가]를 클릭한다.
② [페이지 레이아웃]-[페이지 설정] 그룹에서 [인쇄 제목](  )을 클릭한다.
③ [시트] 탭에서 반복할 행을 '3행'으로 지정하고, '행/열 머리글'을 체크한다.

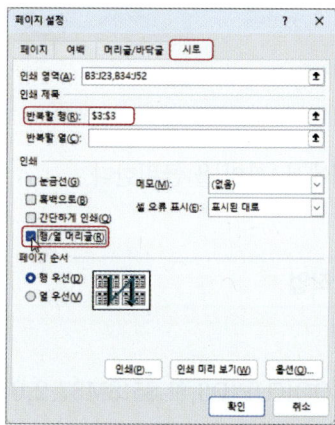

④ [머리글/바닥글] 탭에서 '첫 페이지에 다르게 지정'을 체크하고 [머리글 편집]을 클릭한다.

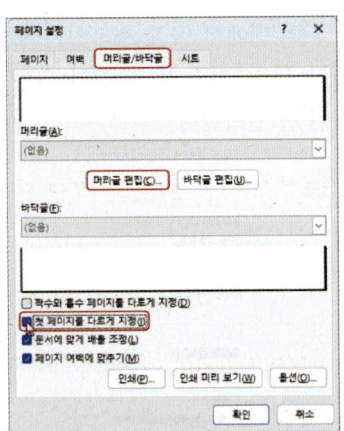

⑤ [첫 페이지 머리글] 탭에서 '가운데 구역'에 **휴직관리**를 입력한다.

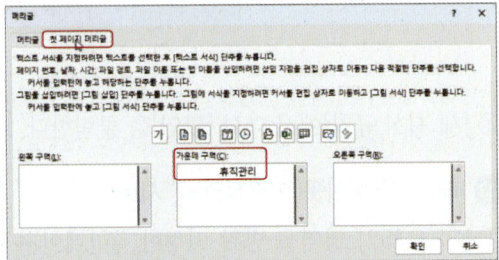

⑥ [머리글] 탭의 오른쪽 구역에 커서를 두고 [날짜 삽입](📅)을 클릭하고 [확인]을 클릭한다.

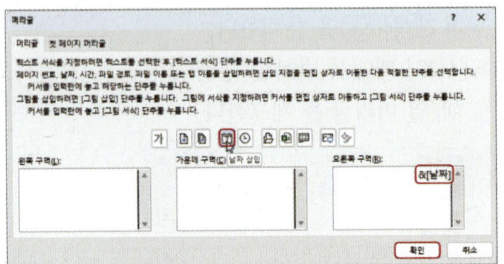

⑦ [페이지 설정]에서 [확인]을 클릭한다.

### 문제 ❷ 계산작업

#### 01 산업[E3:E42]

[E3] 셀에 =VLOOKUP(D3,$L$5:$M$7,2,0)&"-"&COUNT(IF($D$3:D3=D3,1))를 입력하고 [E42] 셀까지 수식을 복사한다.

#### 02 부서 순위[H3:H42]

[H3] 셀에 =F3&"-"&SUM(IF(($G$3:$G$42>G3)*($F$3:$F$42=F3),1))+1을 입력하고 Ctrl + Shift + Enter 를 누른 후에 [H42] 셀까지 수식을 복사한다.

#### 03 1~3등 평균[M12:M15]

[M12] 셀에 =AVERAGE(IF(LARGE(($G$3:$G$42)*($F$3:$F$42=$L12),3)<=($G$3:$G$42)*($F$3:$F$42=$L12),($G$3:$G$42)*($F$3:$F$42=$L12)))를 입력하고 Ctrl + Shift + Enter 를 누른 후에 [M15] 셀까지 수식을 복사한다.

#### 04 최대값[M20]

[M20] 셀에 =MAX(IF(D3:D42=L20,G3:G42))를 입력하고 Ctrl + Shift + Enter 를 누른다.

#### 05 비고[J3:J42]

① [개발 도구]-[코드] 그룹의 [Visual Basic](🖼)을 선택한다.
② [삽입]-[모듈]을 선택한다.
③ Module 창에 다음과 같이 입력한다.

```
Public Function fn연구비(연구비)
    If 연구비 >= 30000000 Then
        fn연구비 = "충분"
    ElseIf 연구비 >= 20000000 Then
        fn연구비 = "적정"
    Else
        fn연구비 = "부족"
    End If
End Function
```

④ [파일]-[닫고 Microsoft Excel(으)로 돌아가기]를 클릭하여 [Visual Basic Editor]를 닫는다.
⑤ [J3] 셀을 클릭한 후 [함수 삽입](fx)을 클릭한다.
⑥ 범주 선택에서 '사용자 정의', 함수 선택에서 'fn연구비'를 선택한 후 [확인]을 클릭한다.

⑦ 연구비는 [G3]을 지정한 후 [확인]을 클릭한다.

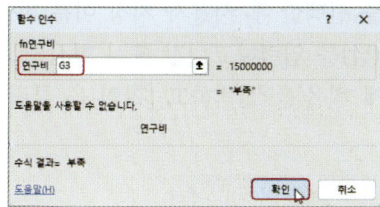

### 문제 ③ 분석작업

#### 01 피벗 테이블('분석작업-1' 시트)

① [B3] 셀을 클릭한 후 [삽입]-[표] 그룹에서 [피벗 테이블](📊)을 클릭한다.

> **기적의 TIP**
> 사용하는 엑셀 버전에 따라 [피벗 테이블] 대화상자에서 작성할 수 없는 경우, [삽입]-[표] 그룹의 [피벗테이블]-[외부 데이터 원본에서]를 클릭하여 작성할 수 있습니다.

② '데이터 모델에 이 데이터 추가'를 체크하고, '외부 데이터 원본 사용'에서 [연결 선택]을 클릭한다.

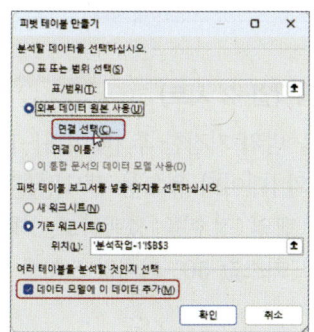

③ [기존 연결]에서 [더 찾아보기]를 클릭하여 '다문화학생수.csv'를 선택하고 [열기]를 클릭한다.

④ [1단계]에서 '내 데이터에 머리글 표시'를 체크하고, 원본 파일은 '65001 : 유니코드(UTF-8)'을 선택하고 [다음]을 클릭한다.

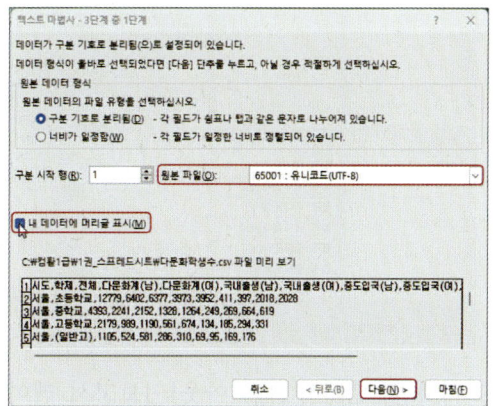

⑤ [2단계]에서 '쉼표'를 체크하고 [다음]을 클릭한다.

⑥ [3단계]에서 '전체', '다문화계(남)', '다문화계(여)', '외국인(남)', '외국인(여)'를 선택하고 '열 가져오지 않음(건너뜀)'으로 지정하고 [마침]을 클릭한다.

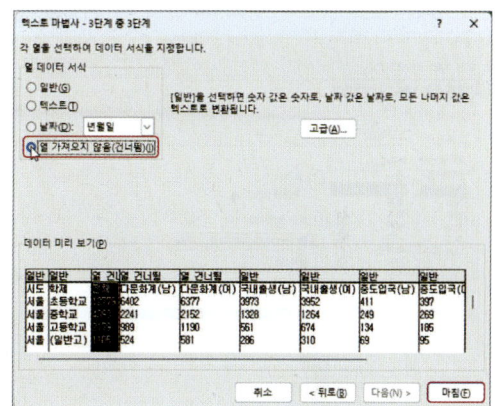

⑦ [피벗 테이블 만들기]에서 [확인]을 클릭한다.

⑧ 다음과 같이 보고서 레이아웃을 지정한다.

⑨ [디자인] 탭에서 [레이아웃]-[보고서 레이아웃]-[개요 형식으로 표시]를 클릭한다.
⑩ [C3] 셀에서 마우스 오른쪽 버튼을 눌러 [값 필드 설정]을 선택한 후 **국내출생(남)**을 입력하고, [표시 형식]을 클릭하여 범주는 '숫자', '1000 단위 구분 기호(,)'를 체크한 후 [확인]을 클릭하고, [값 필드 설정]에서 [확인]을 클릭한다.

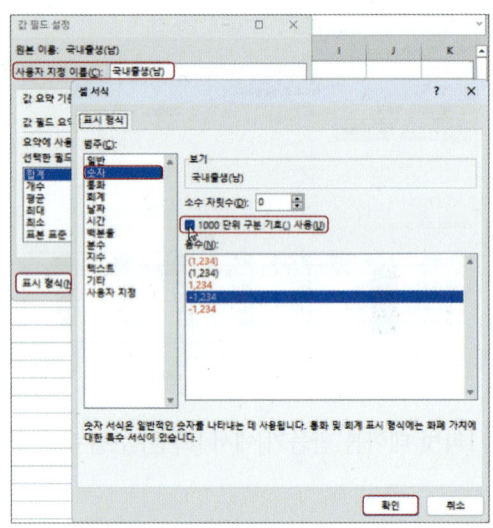

⑪ 같은 방법으로 '국내출생(여)', '중도입국(남)', '중도입국(여)'도 '사용자 지정 이름'을 수정하고, 숫자, '1000 단위 구분 기호 사용'으로 표시한다.

⑫ [D3] 셀에서 마우스 오른쪽 버튼을 눌러 [값 필드 설정]을 선택한 후 사용자 지정 이름 **비율:국내출생(남)**를 입력하고, [값 표시 형식] 탭에서 '총합계 비율'을 선택하고 [확인]을 클릭한다.

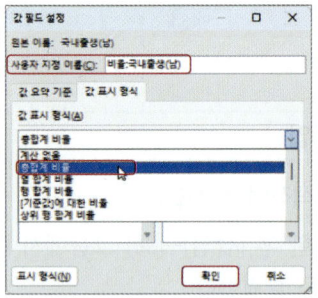

⑬ 같은 방법으로 [F3] 셀도 '총합계 비율'로 표시한다.
⑭ [디자인]-[피벗 테이블 스타일] 그룹의 '연한 녹색, 피벗 스타일 보통 14'를 선택하고, '행 머리글', '열 머리글', '줄무늬 열'을 체크한다.

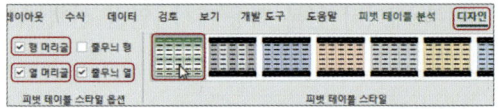

## 02 데이터 도구('분석작업-2' 시트)

① [E5:E14] 영역을 범위 지정한 후 [데이터]-[데이터 도구] 그룹의 [데이터 유효성 검사]를 클릭하여 [설정] 탭의 '정수'를 선택하고, '해당 범위'를 선택하고 최소값 50, 최대값 500을 입력한다.

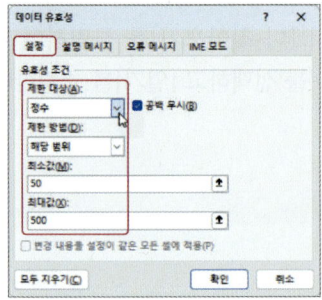

② [설명 메시지] 탭을 선택하고 제목은 **입력 용량 범위**, 설명 메시지는 50mg~500mg을 입력한다.

③ [오류 메시지] 탭에서 '중지'를 선택하고, 제목은 **용량 확인**, 오류 메시지는 **입력 용량이 정확한지 확인 바랍니다.**를 입력하고 [확인]을 클릭한다.

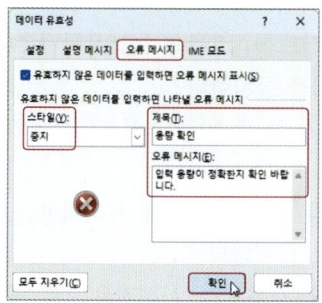

④ [데이터]-[정렬 및 필터] 그룹의 [필터]를 클릭한다.
⑤ '유통기한[G4]' 셀의 목록 단추를 클릭한 후 [날짜 필터]-[사용자 지정 필터]를 클릭하여 다음과 같이 입력하고 [확인]을 클릭한다.

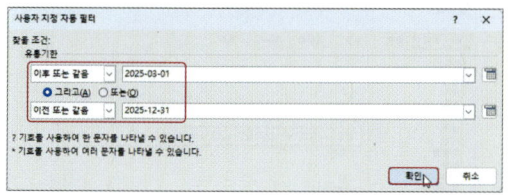

### 문제 ④ 기타작업

**01 차트('기타작업-1' 시트)**

① 차트 안에서 마우스 오른쪽 버튼을 눌러 [데이터 선택]을 선택한다.
② '차트 데이터 범위'는 기존 범위를 지우고 [B4:N5] 영역으로 수정한 후 [확인]을 클릭한다.

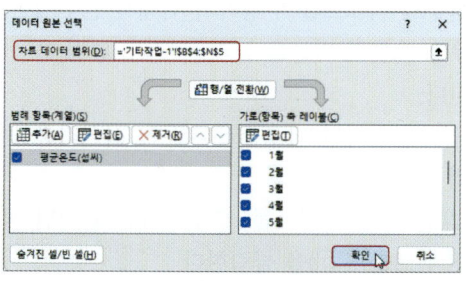

③ 차트를 선택한 후 마우스 오른쪽 버튼을 눌러 [차트 종류 변경]을 선택하여 '방사형'의 '채워진 방사형'을 선택하고 [확인]을 클릭한다.

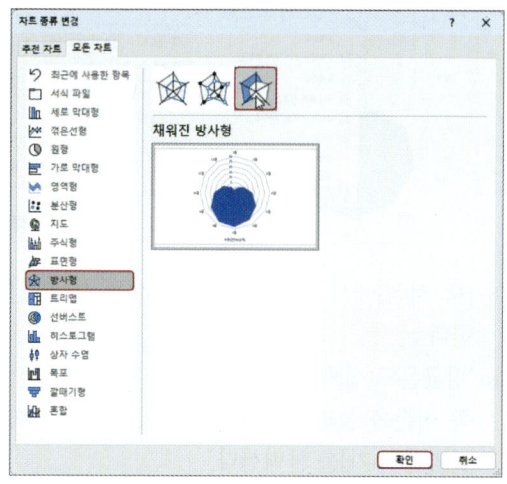

④ 차트를 선택한 후 [차트 요소](⊞)-[차트 제목]을 클릭하여 '차트 제목'을 선택한 후, 수식 입력줄에 =를 입력하고 [B2] 셀을 클릭한 후 Enter를 누른다.

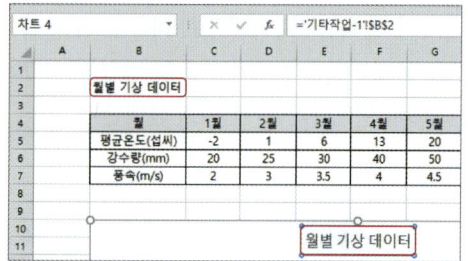

⑤ [차트 디자인]-[차트 레이아웃] 그룹의 [차트 요소 추가]-[범례]-[오른쪽]을 선택한다.
⑥ [차트 디자인]-[차트 레이아웃] 그룹의 [차트 요소 추가]-[눈금선]-[기본 보조 가로]를 선택한다.

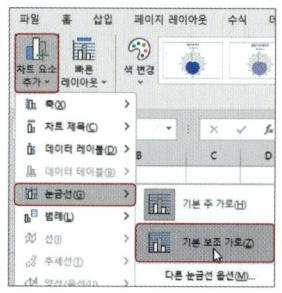

⑦ 방사형 (값)축을 선택한 후 마우스 오른쪽 버튼을 눌러 [축 서식]을 선택한 후 '축 옵션'의 레이블에서 '레이블 위치'는 '없음'을 선택한다.

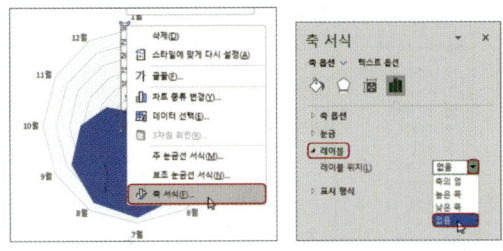

⑧ [축 서식]에서 '축 옵션'의 최대값을 40을 입력한다.
⑨ '평균온도(섭씨)' 계열을 선택한 후 마우스 오른쪽 버튼을 눌러 [데이터 레이블 추가]-[데이터 설명선 추가]를 클릭한다.

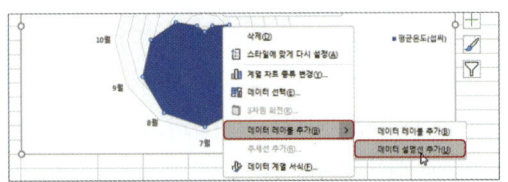

⑩ '데이터 레이블'을 선택하고 마우스 오른쪽 버튼을 눌러 [데이터 레이블 도형 변경]에서 '말풍선: 모서리가 둥근 사각형'을 선택한다.

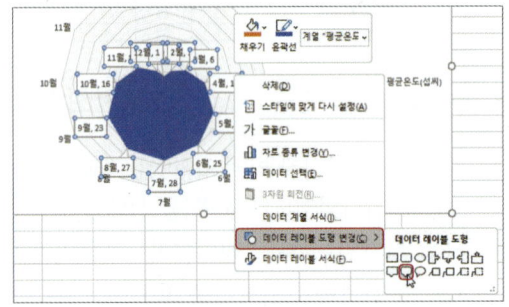

⑪ '데이터 레이블'을 선택하고 [데이터 레이블 서식]의 '레이블 옵션'에서 '항목 이름'의 체크를 해제한다.

⑫ 차트 영역을 선택한 후 [채우기 및 선]에서 '둥근 모서리', [효과]에서 '그림자' 미리 설정에서 '오프셋: 오른쪽 아래'를 선택한다.

## 02 매크로('기타작업-2' 시트)

① [개발 도구]-[컨트롤] 그룹의 [삽입]-[단추(양식 컨트롤)](☐)을 클릭한다.
② 마우스 포인터가 '+'로 바뀌면 [I4:I5] 영역에 드래그한다.
③ [매크로 지정]의 '매크로 이름'에 **서식적용**을 입력하고 [기록]을 클릭한다.
④ [매크로 기록]에 자동으로 '서식적용'으로 매크로 이름이 표시되면 [확인]을 클릭한다.
⑤ [F5:F32] 영역을 범위 지정한 후 Ctrl+1 을 누르고, [셀 서식]의 [표시 형식] 탭의 '사용자 지정'에 [빨강][>=100]"★"* 0;[파랑][<=20]"☆"* 0;* 0을 입력하고 [확인]을 클릭한다.

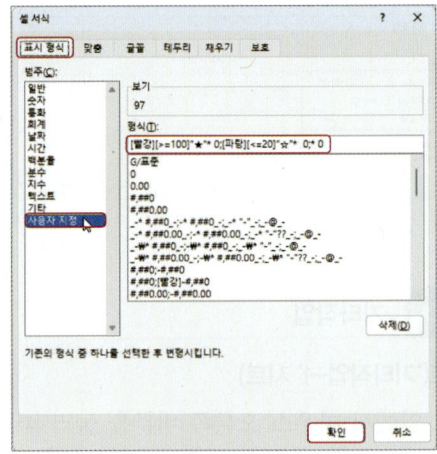

⑥ 임의의 셀을 클릭한 후 매크로 기록을 종료하기 위해 [개발 도구]-[코드] 그룹의 [기록 중지](☐)를 클릭한다.
⑦ 단추에 텍스트를 수정하기 위해서 단추에서 마우스 오른쪽 버튼을 눌러 [텍스트 편집]을 선택한다.
⑧ 단추에 입력된 '단추 1'을 지우고 **서식적용**을 입력한다.
⑨ [개발 도구]-[컨트롤] 그룹의 [삽입]-[단추(양식 컨트롤)](☐)을 클릭한다.
⑩ 마우스 포인터가 '+'로 바뀌면 [I7:I8] 영역에 드래그한다.

⑪ [매크로 지정]의 '매크로 이름'에 **서식해제**를 입력하고 [기록]을 클릭한다.
⑫ [매크로 기록]에 자동으로 '서식해제'로 매크로 이름이 표시되면 [확인]을 클릭한다.
⑬ [F5:F32] 영역을 범위 지정한 후 Ctrl + 1 을 누르고, [셀 서식]의 [표시 형식] 탭의 '일반'을 선택하고 [확인]을 클릭한다.

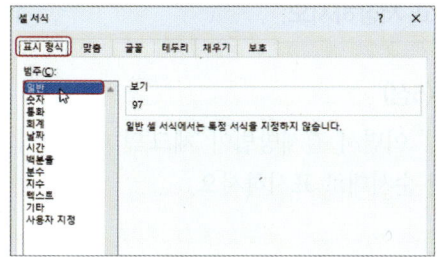

⑭ 임의의 셀을 클릭한 후 매크로 기록을 종료하기 위해 [개발 도구]-[코드] 그룹의 [기록 중지](□)를 클릭한다.
⑮ 단추에 텍스트를 수정하기 위해서 단추에서 마우스 오른쪽 버튼을 눌러 [텍스트 편집]을 선택한다.
⑯ 단추에 입력된 '단추 2'를 지우고 **서식해제**를 입력한다.

## 03 프로시저('기타작업-3' 시트)

### ① 폼 보이기

① [개발 도구]-[컨트롤] 그룹의 [디자인 모드](N)를 클릭하여 〈과일등록〉 버튼을 편집 상태로 만든다.
② 〈과일등록〉 버튼을 더블클릭한 후 코드 창에 다음과 같이 입력한다.

```
Private Sub cmd등록_Click()
    과일등록화면.Show
End Sub
```

### ② 폼 초기화

① [프로젝트-VBAProject] 탐색기에서 '폼'을 더블 클릭하고 〈과일등록화면〉을 선택한다.
② [프로젝트-VBAProject] 탐색기의 [코드 보기](□)를 클릭한다.

③ '개체 목록'은 'UserForm', '프로시저 목록'은 'Initialize'를 선택한다.
④ 코드 창에 다음과 같이 입력한다.

```
Private Sub UserForm_Initialize()
    cmb과일명.RowSource = "J6:J10"
    cmb당도.RowSource = "K6:K10"
    cmb만족도.RowSource = "L6:L10"
    cmb신선도.RowSource = "M6:M10"
End Sub
```

### ③ 등록 프로시저

① '개체 목록'에서 'cmd등록', '프로시저 목록'은 'Click'을 선택한다.
② 코드 창에 다음과 같이 입력한다.

```
Private Sub cmd등록_Click()
    i = Range("B5").CurrentRegion.Rows.Count + 5
    Cells(i, 2) = i - 5
    Cells(i, 3) = cmb과일명.Value
    Cells(i, 4) = txt날짜.Value
    Cells(i, 5) = txt수량.Value
    Cells(i, 6) = cmb당도.Value
    Cells(i, 7) = cmb만족도.Value
    Cells(i, 8) = cmb신선도.Value
End Sub
```

> **코드 설명**
> ① i는 새로운 데이터를 입력할 행을 기억할 변수이다. i라는 변수 이름 대신에 한글로 '행' 또는 '입력행' 등을 사용할 수 있다.
> ② .Value
> .Value는 값의 속성으로 입력받는 데이터의 값이 문자이면 왼쪽, 숫자와 날짜는 오른쪽으로 입력된다.

### ④ 종료 프로시저

① '개체 목록'에서 'cmd종료', '프로시저 목록'은 'Click'을 선택한다.
② 코드 창에 다음과 같이 입력한다.

```
Private Sub cmd종료_Click()
    MsgBox Time & " 등록화면을 종료합니다.", vbOKOnly
    Unload Me
End Sub
```

# 상시 기출문제 04회

작업파일 [26컴활1급₩1권_스프레드시트₩상시기출문제] 폴더의 '상시기출문제4회' 파일을 열어서 작업하시오.

## 문제 ❶ 기본작업 | 주어진 시트에서 다음 과정을 수행하고 저장하시오. 15점

### 01 '기본작업-1' 시트에서 다음과 같이 고급 필터를 수행하시오. (5점)
- ▶ [B2:J34] 영역에서 승인일자가 '금요일' 이거나 '토요일' 이면서 결제방법이 '체크'인 데이터의 '승인일자', '카드이름', '사용처', '결제방법', '결제금액' 필드만 순서대로 표시하시오.
- ▶ 조건은 [L2:L3] 영역 내에 알맞게 입력하시오.
- ▶ AND, WEEKDAY(단, 일요일이 1로 시작) 함수 사용
- ▶ 결과는 [L6] 셀부터 표시하시오.

### 02 '기본작업-1' 시트에 다음과 같이 조건부 서식을 설정하시오. (5점)
- ▶ [B3:J34] 영역에서 승인일자가 짝수일에 해당한 데이터의 행 전체에 대하여 글꼴 스타일은 '굵게', 글꼴 색은 '표준 색 – 파랑', 채우기 색은 '표준 색 – 노랑'으로 적용하시오.
- ▶ 단, 규칙 유형은 '수식을 사용하여 서식을 지정할 셀 결정'을 사용하고, 한 개의 규칙으로만 작성하시오.
- ▶ ISEVEN, DAY 함수 사용

### 03 '기본작업-2' 시트에서 다음과 같이 페이지 레이아웃을 설정하시오. (5점)
- ▶ [B2:J36] 영역을 인쇄 영역으로 설정하고, 4행은 반복해서 인쇄될 수 있도록 설정하시오.
- ▶ 메모는 '시트에 표시된 대로' 인쇄하고, 한 페이지에 모든 열을 맞추어 인쇄될 수 있도록 설정하시오.
- ▶ 매 페이지 하단의 가운데 구역에는 시트 이름을 표시하고, 오른쪽 구역에는 글꼴은 HY견고딕, 기울임꼴, 글꼴 색은 '표준 색 – 파랑' 으로 페이지 번호가 〈〈1〉〉 형식으로 표시되도록 바닥글을 설정하시오.

## 문제 ❷ 계산작업 | 주어진 시트에서 다음 과정을 수행하고 저장하시오. 30점

**01** [표1]의 측정시간과 습도를 이용하여 [D3:D33] 영역에 [표시 예]와 같이 표시하시오. (6점)
  ▶ 측정시간이 12시 전이면 '●', 12시 이후이면 '○'를 습도의 10의 배수만큼 표시
  ▶ [표시 예] 10시 47분이고 습도가 33이면 → ●●●
  ▶ IF, REPT 함수 이용

**02** [표1]의 시작점, 지역명과 [표4]를 이용하여 오차율을 찾아 도로명과 함께 [표시 예]와 같이 [I3:I33] 영역에 오차율을 표시하시오. (6점)
  ▶ [표4]를 참조하여 지역과 구에 따른 오차율을 찾아 도로명과 함께 [표시 예 : 고산자로-1.00%]로 표시
  ▶ TEXT, SUMIFS, LEFT 함수와 & 연산자 이용

**03** [표1]의 측정일자, 시작점, 재비산먼지 평균농도를 이용하여 [표2]의 [O4:R12] 영역에 최대값을 계산하여 표시하시오. (6점)
  ▶ 시작점이 '서울특별시'이고 지역명[N4:N12]에 해당한 4, 12, 15, 18일 날짜의 재비산먼지 평균농도의 최대값을 표시
  ▶ MAX, IFERROR, FIND, DAY 함수를 사용한 배열 수식

**04** [표1]의 재비산먼지 평균농도에서 상위 5곳의 평균을 계산하여 [표3]의 [R15] 셀에 표시하시오. (6점)
  ▶ AVERAGE, LARGE 함수를 사용한 배열 수식

**05** 사용자 정의 함수 'fn상태'를 작성하여 [표1]의 [L3:L33] 영역에 상태를 계산하여 표시하시오. (6점)
  ▶ 'fn상태'는 재비산먼지 평균농도를 인수로 받아 상태를 계산하는 함수이다.
  ▶ 상태는 재비산먼지는 50 이하이면 '매우 좋음', 재비산먼지는 100 이하이면 '좋음', 재비산먼지는 150 이하이면 '보통', 재비산먼지가 200 이하이면 '나쁨', 그 외는 '매우 나쁨'으로 표시하시오.
  ▶ Select Case문 사용

  ```
  Public Function fn상태(재비산먼지)
  End Function
  ```

## 문제 ③ 분석작업 | 주어진 시트에서 다음 과정을 수행하고 저장하시오. 20점

**01** '분석작업-1' 시트에서 다음의 지시사항에 따라 피벗 테이블 보고서를 작성하시오. (10점)

- ▶ 외부 데이터 가져오기 기능을 이용하여 〈환승역공기질.accdb〉의 〈공기질정보〉 테이블에서 '역', '시간(00~23:00)', 'CO(일산화탄소)', 'CO2(이산화탄소)', 'NO2(이산화질소)', 'SPM(미세먼지)', '날짜' 열을 이용하시오.
- ▶ 날짜가 2025-01-01 ~ 2025-01-10 에 해당한 데이터만 이용하여 작성하시오.
- ▶ 피벗 테이블의 보고서의 레이아웃과 위치는 〈그림〉을 참조하여 설정하고, 보고서 레이아웃은 압축 형식으로 표시하시오.
- ▶ 'CO(일산화탄소)', 'CO2(이산화탄소)', 'NO2(이산화질소)', 'SPM(미세먼지)' 필드의 표시 형식은 값 필드 설정의 셀 서식에서 '숫자' 범주, '시간(00~23:00)' 필드는 '시간' 범주를 이용하여 〈그림〉과 같이 설정하시오.
- ▶ 피벗 테이블 스타일은 '연한 파랑, 피벗 스타일 보통 6', 피벗 테이블 스타일 옵션은 '행 머리글', '열 머리글', '줄무늬 열'을 설정하시오.
- ▶ '동대문역사문화공원'의 하위 데이터만 표시하시오.

| | A | B | C | D | E | F | G |
|---|---|---|---|---|---|---|---|
| 1 | | | | | | | |
| 2 | | | | | | | |
| 3 | | | | | | | |
| 4 | | 행 레이블 ▼ | 평균 : CO(일산화탄소) | 평균 : CO2(이산화탄소) | 평균 : NO2(이산화질소) | 평균 : SPM(미세먼지) | |
| 5 | | ⊟ 동대문역사문화공원 | 0.82 | 658.62 | 0.04 | 30.51 | |
| 6 | | 0:00 | 0.84 | 564.90 | 0.04 | 28.97 | |
| 7 | | 6:00 | 0.76 | 549.60 | 0.04 | 22.43 | |
| 8 | | 12:00 | 0.89 | 699.44 | 0.04 | 38.04 | |
| 9 | | 18:00 | 0.81 | 824.60 | 0.04 | 33.35 | |
| 10 | | ⊞ 서울역 | 0.79 | 506.00 | 0.04 | 62.47 | |
| 11 | | ⊞ 시청 | 0.76 | 434.79 | 0.04 | 88.85 | |
| 12 | | ⊞ 종무로 | 0.88 | 596.74 | 0.04 | 65.09 | |
| 13 | | 총합계 | 0.81 | 549.01 | 0.04 | 61.70 | |
| 14 | | | | | | | |

※ 작업 완성된 그림이며 부분 점수 없음

**02** '분석작업-2' 시트에 대하여 다음의 지시사항을 처리하시오. (10점)

- ▶ 데이터 [정렬] 기능을 이용하여 도별 '경기도-강원도-충청남도-충청북도-전라남도-전라북도-경상남도-경상북도-제주도' 순으로 정렬하고, '시별' 오름차순 정렬하시오.
- ▶ 데이터 도구 [통합] 기능을 이용하여 도별(경기도, 강원도, 충청도, 전라도, 경상도, 제주도), 재배면적(ha), 생산량(톤)의 합계를 [I4:J8] 영역에 표시하시오. (단, 충청, 전라, 경상으로 시작)

## 문제 ④ 기타작업 | 주어진 시트에서 다음 과정을 수행하고 저장하시오. 35점

**01** '기타작업-1' 시트에서 다음의 지시사항에 따라 차트를 수정하시오. (각 2점)

※ 차트는 반드시 문제에서 제공한 차트를 사용하여야 하며, 신규로 차트 작성 시 0점 처리됨

① 차트 제목은 [B2] 셀과 연동하여 표시되도록 설정하고, 차트 범위를 〈그림〉을 참조하여 원본 데이터를 수정하시오.
② 세로(항목) 축의 축 위치를 '항목을 거꾸로', 가로 축 교차의 항목 번호는 '0', 레이블 위치는 '낮은 쪽'에 표시하시오.
③ 데이터 레이블은 〈그림〉과 같이 값을 표시하고, 범례는 위쪽으로 표시하시오.
④ '고용 증감률' 선형 추세선을 추가하고, 추세선 수식을 '표준 색 - 빨강', 굵게 표시하시오.
⑤ 차트 영역은 모서리를 둥글게 표시하고, '오프셋: 아래쪽' 그림자를 표시하시오.

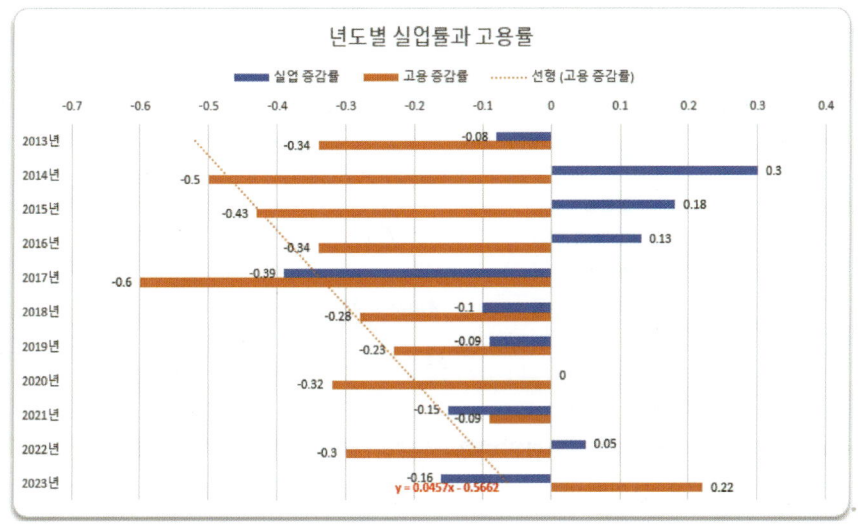

**02** '기타작업-2' 시트에서 다음과 같은 기능을 수행하는 매크로를 현재 통합문서에 작성하시오. (각 5점)

① [D5:D24], [F5:F24] 영역에 사용자 지정 표시 형식을 설정하는 '증감률' 매크로를 생성하시오.
  ▶ '실업 증감률[D5:D24]', '고용 증감률[F5:F24]' 영역에 0을 초과하면 파랑색으로 '▲'를 붙여 소수 이하 2자리로 표시하고, 0 미만이면 자홍색으로 '▼'를 붙여 소수 이하 2자리로 표시하고, 0이면 '재입력', 문자일 때는 '오류'로 표시하시오.
    [표시 예 : 0.43 일 경우 → ▲ 0.43, -0.27 일 경우 → ▼ 0.27, 0 → 재입력, 체크 → 오류]
  ▶ [개발 도구]-[삽입]-[양식 컨트롤]의 '단추(□)'를 동일 시트의 [H5:I6] 영역에 생성한 후 텍스트를 "증감률"로 입력하고, 단추를 클릭하면 "증감률" 매크로가 실행되도록 설정하시오.
② [D5:D24], [F5:F24] 영역에 표시 형식을 '일반'으로 적용하는 '서식지우기' 매크로를 생성하시오.
  ▶ [개발 도구]-[삽입]-[양식 컨트롤]의 '단추(□)'를 동일 시트의 [H9:I10] 영역에 생성한 후 텍스트를 "서식지우기"로 입력하고, 단추를 클릭하면 "서식지우기" 매크로가 실행되도록 설정하시오.

※ 셀 포인터의 위치에 관계없이 매크로가 실행되어야 정답으로 인정됨

**03** '기타작업-3' 시트에서 다음과 같은 작업을 수행하도록 프로시저를 작성하시오. (각 5점)

① '아울렛 할인 이벤트' 단추를 클릭하면 〈아울렛할인이벤트〉 폼이 나타나고, 폼이 초기화(Initialize) 되면 '할인혜택(cmb이벤트)' 목록에는 '신규 고객 10% 할인', 'VIP 고객 20% 할인', '우수 고객 25% 할인', '특별 이벤트 15% 할인'을 추가하고, '종류(cmb종류)' 목록에는 [H6:H9] 영역이 표시되도록 프로시저를 작성하시오.

② 〈아울렛할인이벤트〉 폼의 '등록(cmd등록)' 단추를 클릭하면 폼에 입력된 데이터가 시트의 표에 입력되어 있는 마지막 행 다음에 연속하여 추가되도록 프로시저를 작성하시오.
   ▶ 할인율은 Select Case 문을 이용하여 할인 혜택에 입력된 목록 순에 따라 10%, 20%, 25%, 15% 순으로 입력
   ▶ 종료일은 시작일에 할인기간을 더한 날짜를 입력(DateValue를 이용)

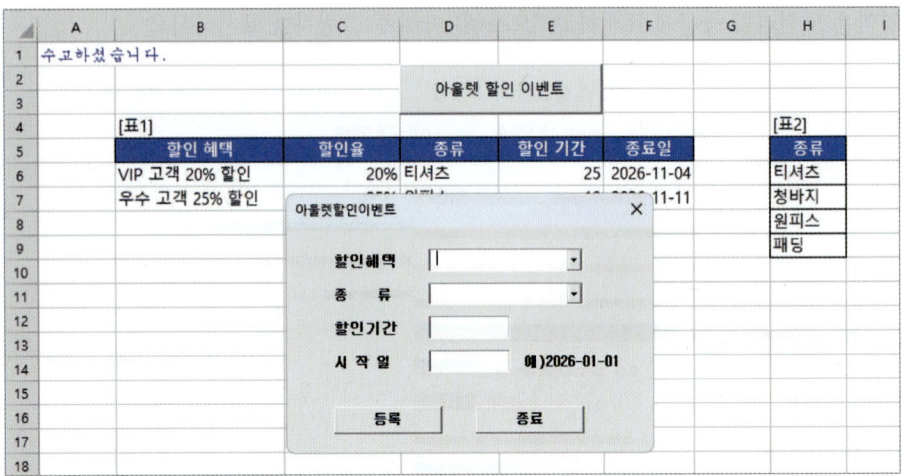

③ 〈아울렛할인이벤트〉 폼의 '종료(cmd종료)' 단추를 클릭하면 〈다음〉과 같이 현재 날짜와 시간 함께 메시지를 표시하고 [확인]을 클릭하면 [A1] 셀에 '수고하셨습니다.'를 입력하고, 글꼴 '궁서체', 글꼴색은 '파랑'으로 표시되고 폼을 종료하도록 설정하시오.

# 상시 기출문제 04회 정답

## 문제 ❶ 기본작업

### 01 고급 필터

| | K | L | M | N | O | P | Q | R | S |
|---|---|---|---|---|---|---|---|---|---|
| L3 | | | | fx | =AND(WEEKDAY(B3,1)>=6,E3="체크") | | | | |

L3 셀 수식: `=AND(WEEKDAY(B3,1)>=6,E3="체크")`

| | K | L | M | N | O | P | Q | R | S |
|---|---|---|---|---|---|---|---|---|---|
| 1 | | | | | | | | | |
| 2 | | 조건 | | | | | | | |
| 3 | | FALSE | | | | | | | |
| 4 | | | | | | | | | |
| 5 | | | | | | | | | |
| 6 | | 승인일자 | 카드이름 | 사용처 | 결제방법 | 결제금액 | | | |
| 7 | | 2026-03-27 | NH농협카드 | 카페 | 체크 | 36,000 | | | |
| 8 | | 2026-03-28 | BC카드 | 약국 | 체크 | 15,000 | | | |
| 9 | | | | | | | | | |

### 02 조건부 서식

| | A | B | C | D | E | F | G | H | I | J | K |
|---|---|---|---|---|---|---|---|---|---|---|---|
| 1 | | | | | | | | | | | |
| 2 | | 승인일자 | 카드이름 | 사용처 | 결제방법 | 결제금액 | 승인금액 | 할부개월 | 잔여할부 | 할부잔액 | |
| 3 | | 2026-03-23 | NH농협카드 | 커피전문점 | 체크 | 18,000 | | 0 | 0 | | |
| 4 | | 2026-03-23 | KB국민카드 | 온라인쇼핑몰 | 신용 | 270,000 | 90,000 | 3 | 2 | 180,000 | |
| 5 | | 2026-03-24 | 신한카드 | 주유소 | 신용 | 210,000 | 70,000 | 3 | 1 | 70,000 | |
| 6 | | 2026-03-24 | BC카드 | 슈퍼마켓 | 체크 | 25,000 | | 0 | 0 | | |
| 7 | | 2026-03-25 | 롯데카드 | 영화관 | 신용 | 105,000 | 35,000 | 3 | 2 | 70,000 | |
| 8 | | 2026-03-25 | 비씨카드 | 헬스장 | 신용 | 360,000 | 60,000 | 6 | 3 | 180,000 | |
| 9 | | 2026-03-26 | 국민카드 | 온라인쇼핑몰 | 신용 | 3,600,000 | 300,000 | 12 | 11 | 3,300,000 | |
| 10 | | 2026-03-26 | 씨티카드 | 백화점 | 신용 | 1,200,000 | 200,000 | 6 | 4 | 800,000 | |
| 11 | | 2026-03-27 | 삼성카드 | 슈퍼마켓 | 신용 | 135,000 | 45,000 | 3 | 2 | 90,000 | |
| 12 | | 2026-03-27 | NH농협카드 | 카페 | 체크 | 36,000 | 18,000 | 2 | 1 | 18,000 | |
| 13 | | 2026-03-28 | 신한카드 | 스포츠용품 | 신용 | 3,360,000 | 280,000 | 12 | 10 | 2,800,000 | |
| 14 | | 2026-03-28 | BC카드 | 약국 | 체크 | 15,000 | | 0 | 0 | | |
| 15 | | 2026-03-29 | 현대카드 | 주유소 | 신용 | 180,000 | 60,000 | 3 | 1 | 60,000 | |
| 16 | | 2026-03-29 | KB국민카드 | 영화관 | 신용 | 25,000 | 25,000 | 1 | 0 | 0 | |
| 17 | | 2026-03-30 | 신한카드 | 쇼핑센터 | 신용 | 450,000 | 75,000 | 6 | 5 | 375,000 | |
| 18 | | 2026-03-30 | 삼성카드 | 레스토랑 | 신용 | 120,000 | 40,000 | 3 | 2 | 80,000 | |
| 19 | | 2026-03-31 | BC카드 | 편의점 | 체크 | 12,000 | 12,000 | 1 | 0 | 0 | |
| 20 | | 2026-03-31 | 국민카드 | 온라인쇼핑몰 | 신용 | 180,000 | 60,000 | 3 | 1 | 60,000 | |
| 21 | | 2026-04-01 | 삼성카드 | 영화관 | 신용 | 36,000 | 18,000 | 2 | 1 | 18,000 | |
| 22 | | 2026-04-01 | 현대카드 | 대형마트 | 신용 | 270,000 | 90,000 | 3 | 2 | 180,000 | |
| 23 | | 2026-04-02 | KB국민카드 | 카페 | 신용 | 15,000 | 15,000 | 1 | 0 | 0 | |
| 24 | | 2026-04-02 | BC카드 | 온라인쇼핑몰 | 체크 | 35,000 | | 0 | 0 | | |
| 25 | | 2026-04-03 | 현대카드 | 주유소 | 신용 | 240,000 | 80,000 | 3 | 1 | 80,000 | |
| 26 | | 2026-04-03 | 롯데카드 | 백화점 | 신용 | 1,440,000 | 120,000 | 12 | 11 | 1,320,000 | |
| 27 | | 2026-04-04 | NH농협카드 | 온라인쇼핑몰 | 신용 | 420,000 | 70,000 | 6 | 5 | 350,000 | |
| 28 | | 2026-04-04 | 삼성카드 | 약국 | 신용 | 25,000 | 25,000 | 1 | 0 | 0 | |
| 29 | | 2026-04-05 | 신한카드 | 영화관 | 신용 | 40,000 | 20,000 | 2 | 1 | 20,000 | |
| 30 | | 2026-04-05 | 국민카드 | 음식점 | 신용 | 135,000 | 45,000 | 3 | 2 | 90,000 | |
| 31 | | 2026-04-06 | 아메리칸익스프레스 | 온라인몰 | 신용 | 1,800,000 | 150,000 | 12 | 9 | 1,350,000 | |
| 32 | | 2026-04-06 | BC카드 | 편의점 | 체크 | 10,000 | | 0 | 0 | | |
| 33 | | 2026-04-07 | 신한카드 | 스타벅스 | 신용 | 90,000 | 30,000 | 3 | 2 | 60,000 | |
| 34 | | 2026-04-07 | 신한카드 | 이마트 | 신용 | 300,000 | 50,000 | 6 | 4 | 200,000 | |

## 03 페이지 레이아웃

**카드 결제 내역**

| 승인일자 | 카드이름 | 사용처 | 결제방법 | 결제금액 | 승인금액 | 할부개월 | 잔여할부 | 할부잔액 |
|---|---|---|---|---|---|---|---|---|
| 2026-03-23 | NH농협카드 | 커피전문점 | 체크 | 18,000 | | 0 | 0 | |
| 2026-03-23 | KB국민카드 | 온라인쇼핑몰 | 신용 | 270,000 | 90,000 | 3 | 2 | 180,000 |
| 2026-03-24 | 신한카드 | 주유소 | 신용 | 210,000 | 70,000 | 3 | 1 | 70,000 |
| 2026-03-24 | BC카드 | 슈퍼마켓 | 체크 | 25,000 | | 0 | 0 | |
| 2026-03-25 | 롯데카드 | 영화관 | 신용 | 105,000 | 35,000 | 3 | 2 | 70,000 |
| 2026-03-25 | 비씨카드 | 헬스장 | 신용 | 360,000 | 60,000 | 6 | 3 | 180,000 |
| 2026-03-26 | 국민카드 | 온라인쇼핑몰 | 신용 | 3,600,000 | 300,000 | 12 | 11 | 3,300,000 |
| 2026-03-26 | 씨티카드 | 백화점 | 신용 | 1,200,000 | 200,000 | 6 | 4 | 800,000 |
| 2026-03-27 | 삼성카드 | 슈퍼마켓 | 신용 | 135,000 | 45,000 | 3 | 2 | 90,000 |
| 2026-03-27 | NH농협카드 | 카페 | 신용 | 36,000 | 18,000 | 2 | 1 | 18,000 |
| 2026-03-28 | 신한카드 | 스포츠용품 | 신용 | 3,360,000 | 280,000 | 12 | 10 | 2,800,000 |
| 2026-03-28 | BC카드 | 약국 | 체크 | 15,000 | | 0 | 0 | |
| 2026-03-29 | 현대카드 | 주유소 | 신용 | 180,000 | 60,000 | 3 | 1 | 60,000 |
| 2026-03-29 | KB국민카드 | 영화관 | 신용 | 25,000 | 25,000 | 1 | 0 | 0 |
| 2026-03-30 | 신한카드 | 쇼핑센터 | 신용 | 450,000 | 75,000 | 6 | 5 | 375,000 |
| 2026-03-30 | 삼성카드 | 레스토랑 | 신용 | 120,000 | 40,000 | 3 | 2 | 80,000 |
| 2026-03-31 | BC카드 | 편의점 | 체크 | 12,000 | 12,000 | 1 | 0 | 0 |
| 2026-03-31 | 국민카드 | 온라인쇼핑몰 | 신용 | 180,000 | 60,000 | 3 | 1 | 60,000 |
| 2026-04-01 | 삼성카드 | 영화관 | 신용 | 36,000 | 18,000 | 2 | 1 | 18,000 |
| 2026-04-01 | 현대카드 | 대형마트 | 신용 | 270,000 | 90,000 | 3 | 2 | 180,000 |
| 2026-04-02 | KB국민카드 | 카페 | 신용 | 15,000 | 15,000 | 1 | 0 | 0 |
| 2026-04-02 | BC카드 | 온라인쇼핑몰 | 체크 | 35,000 | | 0 | 0 | |
| 2026-04-03 | 현대카드 | 주유소 | 신용 | 240,000 | 80,000 | 3 | 1 | 80,000 |
| 2026-04-03 | 롯데카드 | 백화점 | 신용 | 1,440,000 | 120,000 | 12 | 11 | 1,320,000 |
| 2026-04-04 | NH농협카드 | 온라인쇼핑몰 | 신용 | 420,000 | 70,000 | 6 | 5 | 350,000 |
| 2026-04-04 | 삼성카드 | 약국 | 신용 | 25,000 | 25,000 | 1 | 0 | 0 |
| 2026-04-05 | 신한카드 | 영화관 | 신용 | 40,000 | 20,000 | 2 | 1 | 20,000 |
| 2026-04-05 | 국민카드 | 음식점 | 신용 | 135,000 | 45,000 | 3 | 2 | 90,000 |
| 2026-04-06 | 아메리칸익스 | 온라인몰 | 신용 | 1,800,000 | 150,000 | 12 | 9 | 1,350,000 |
| 2026-04-06 | BC카드 | 편의점 | 체크 | 10,000 | | 0 | 0 | |
| 2026-04-07 | 신한카드 | 스타벅스 | 신용 | 90,000 | 30,000 | 3 | 2 | 60,000 |
| 2026-04-07 | 신한카드 | 이마트 | 신용 | 300,000 | 50,000 | 6 | 4 | 200,000 |

기본작업-2    《1》

## 문제 ❷ 계산작업

| | D | E | F | G | H | I | J | K | L |
|---|---|---|---|---|---|---|---|---|---|
| 1 | | | | | | | | | |
| 2 | 표시 | 지역명 | 도로명 | 시작점 | 측정거리 (km) | 오차율 | 습도(%) | 재비산먼지 평균농도(μg/㎥) | 상태 |
| 3 | ●●● | 성동구 | 고산자로 | 서울특별시 성동구 마장동 | 3.96 | 고산자로-1.00% | 33 | 25 | 매우 좋음 |
| 4 | ●● | 양천구 | 구로중앙로 | 서울특별시 양천구 신정동 | 1.59 | 구로중앙로-1.30% | 26 | 56 | 좋음 |
| 5 | ○○ | 구로구 | 경인로 | 서울특별시 구로구 신도림동 | 6.72 | 경인로-0.50% | 25 | 34 | 매우 좋음 |
| 6 | ○○ | 구로구 | 서해안로 | 서울특별시 구로구 개봉동 | 1.75 | 서해안로-0.50% | 24 | 52 | 좋음 |
| 7 | ●●●●●● | 강서구 | 개화동로 | 서울특별시 강서구 개화동 | 2.26 | 개화동로-0.80% | 75 | 1 | 매우 좋음 |
| 8 | ●●●● | 강서구 | 공항대로 | 서울특별시 강서구 방화동 | 6.66 | 공항대로-0.80% | 45 | 6 | 매우 좋음 |
| 9 | ●●●●●● | 강서구 | 양천로 | 서울특별시 강서구 염창동 | 7.59 | 양천로-0.80% | 60 | 44 | 매우 좋음 |
| 10 | ●●●●● | 강서구 | 조원로 | 서울특별시 강서구 방화동 | 0.98 | 조원로-0.80% | 55 | 10 | 매우 좋음 |
| 11 | ●●●●●●● | 강서구 | 마곡중앙5로 | 서울특별시 강서구 방화동 | 0.97 | 마곡중앙5로-0.80% | 70 | 189 | 나쁨 |
| 12 | ●●●●●●●● | 강서구 | 방화대로 | 서울특별시 강서구 외발산동 | 1.65 | 방화대로-0.80% | 80 | 30 | 매우 좋음 |
| 13 | ●●●●●●●●● | 강서구 | 금낭화로 | 서울특별시 강서구 방화동 | 1.2 | 금낭화로-0.80% | 90 | 45 | 매우 좋음 |
| 14 | ○○○○○○○ | 강서구 | 하늘길 | 서울특별시 강서구 방화동 | 0.97 | 하늘길-0.80% | 75 | 13 | 매우 좋음 |
| 15 | ○○○○○○ | 강서구 | 남부순환로 | 서울특별시 강서구 방화동 | 2.75 | 남부순환로-0.80% | 65 | 5 | 매우 좋음 |
| 16 | ○○○○○ | 강서구 | 수명로 | 서울특별시 강서구 외발산동 | 0.92 | 수명로-0.80% | 50 | 5 | 매우 좋음 |
| 17 | ○○○○○○○ | 강서구 | 마곡중앙로 | 서울특별시 강서구 내발산동 | 1.93 | 마곡중앙로-0.80% | 75 | 50 | 매우 좋음 |
| 18 | ○○○○○○ | 강서구 | 허준로 | 서울특별시 강서구 가양동 | 2.45 | 허준로-0.80% | 65 | 9 | 매우 좋음 |
| 19 | ○○○ | 양천구 | 동촌로 | 서울특별시 양천구 목동 | 2.43 | 동촌로-1.30% | 30 | 9 | 매우 좋음 |
| 20 | ○○○○ | 양천구 | 국회대로 | 서울특별시 양천구 목동 | 2.07 | 국회대로-1.30% | 45 | 12 | 매우 좋음 |
| 21 | ○○○○○○○○ | 강서구 | 가로공원로 | 서울특별시 강서구 화곡동 | 0.72 | 가로공원로-0.80% | 80 | 14 | 매우 좋음 |
| 22 | ○○○○○○○ | 강서구 | 강서로 | 서울특별시 강서구 화곡동 | 3.77 | 강서로-0.80% | 75 | 26 | 매우 좋음 |
| 23 | ○○○○○○ | 마포구 | 화곡로 | 서울특별시 마포구 상암동 | 3.32 | 화곡로-1.20% | 64 | 5 | 매우 좋음 |
| 24 | ●●●●● | 중랑구 | 동일로 | 서울특별시 중랑구 목동 | 2.26 | 동일로-0.50% | 54 | 25 | 매우 좋음 |
| 25 | ●●●●● | 중랑구 | 신내로 | 서울특별시 중랑구 목동 | 2.81 | 신내로-0.50% | 54 | 36 | 매우 좋음 |
| 26 | ○○○○○ | 중랑구 | 망우로 | 서울특별시 중랑구 망우동 | 4.01 | 망우로-0.50% | 52 | 38 | 매우 좋음 |
| 27 | ○○○○○ | 성동구 | 고산자로 | 서울특별시 성동구 마장동 | 3.79 | 고산자로-1.00% | 50 | 18 | 매우 좋음 |
| 28 | ○○○○○ | 광진구 | 아차산로 | 서울특별시 광진구 광장동 | 2.5 | 아차산로-0.70% | 50 | 38 | 매우 좋음 |
| 29 | ○○○○ | 광진구 | 천호대로 | 서울특별시 광진구 광장동 | 3.13 | 천호대로-0.70% | 49 | 21 | 매우 좋음 |
| 30 | ●● | 강동구 | 올림픽로 | 서울특별시 강동구 성내동 | 4.14 | 올림픽로-1.10% | 28 | 34 | 매우 좋음 |
| 31 | ●● | 강동구 | 천호대로 | 서울특별시 강동구 천호동 | 4.61 | 천호대로-1.10% | 23 | 67 | 좋음 |
| 32 | ○ | 송파구 | 오금로 | 서울특별시 송파구 거여동 | 5.33 | 오금로-0.50% | 18 | 10 | 매우 좋음 |
| 33 | ○ | 강서구 | 생곡산단로 | 부산광역시 강서구 생곡동 | 5.79 | 생곡산단로-0.60% | 16 | 4 | 매우 좋음 |

1. [D3] 셀에 「=IF(C3<0.5,REPT("●",J3/10),REPT("○",J3/10))」를 입력하고 [D33] 셀까지 수식 복사
2. [I3] 셀에 「=TEXT(SUMIFS($P$19:$P$28,$N$19:$N$28,LEFT(G3,5),$O$19:$O$28,E3),F3&"-0.00%")」를 입력하고 [I33] 셀까지 수식 복사
5. [L3] 셀에 「=fn상태(K3)」를 입력하고 [L33] 셀까지 수식 복사

```
Public Function fn상태(재비산먼지)
    Select Case 재비산먼지
        Case Is <= 50
            fn상태 = "매우 좋음"
        Case Is <= 100
            fn상태 = "좋음"
        Case Is <= 150
            fn상태 = "보통"
        Case Is <= 200
            fn상태 = "나쁨"
        Case Else
            fn상태 = "매우 나쁨"
    End Select
End Function
```

| | M | N | O | P | Q | R | S |
|---|---|---|---|---|---|---|---|
| 1 | | | | | | | |
| 2 | | [표2] | | | | | |
| 3 | | 서울특별시 | 4일 | 12일 | 15일 | 18일 | |
| 4 | | 성동구 | 25 | 0 | 18 | 0 | |
| 5 | | 양천구 | 56 | 12 | 0 | 0 | |
| 6 | | 구로구 | 52 | 0 | 0 | 0 | |
| 7 | | 강서구 | 0 | 189 | 0 | 0 | |
| 8 | | 마포구 | 0 | 5 | 0 | 0 | |
| 9 | | 중랑구 | 0 | 0 | 38 | 0 | |
| 10 | | 광진구 | 0 | 0 | 38 | 0 | |
| 11 | | 강동구 | 0 | 0 | 0 | 67 | |
| 12 | | 송파구 | 0 | 0 | 0 | 10 | |
| 13 | | | | | | | |
| 14 | | [표3] | | | | | |
| 15 | | 재비산먼지 농도의 상위 5곳의 평균 | | | | 82.8 | |
| 16 | | | | | | | |

3. [O4] 셀에 「=MAX(IFERROR(FIND("서울특별시",$G$3:$G$33))=1,0)*IFERROR(FIND($N4,$G$3:$G$33))=1,0)*(DAY($B$3:$B$33)=O$3)*($K$3:$K$33))」를 입력하고 Ctrl + Shift + Enter 를 누른 후에 [R12] 셀까지 수식을 복사

4. [R15] 셀에 「=AVERAGE(LARGE(K3:K33,{1,2,3,4,5}))」를 입력하고 Ctrl + Shift + Enter 를 눌러 완성

## 문제 ❸  분석작업

### 01  피벗 테이블

| | A | B | C | D | E | F | G |
|---|---|---|---|---|---|---|---|
| 1 | | | | | | | |
| 2 | | | | | | | |
| 3 | | | | | | | |
| 4 | | 행 레이블 | 평균 : CO(일산화탄소) | 평균 : CO2(이산화탄소) | 평균 : NO2(이산화질소) | 평균 : SPM(미세먼지) | |
| 5 | | ⊟동대문역사문화공원 | 0.82 | 658.62 | 0.04 | 30.51 | |
| 6 | | 0:00 | 0.84 | 564.90 | 0.04 | 28.97 | |
| 7 | | 6:00 | 0.76 | 549.60 | 0.04 | 22.43 | |
| 8 | | 12:00 | 0.89 | 699.44 | 0.04 | 38.04 | |
| 9 | | 18:00 | 0.81 | 824.60 | 0.04 | 33.35 | |
| 10 | | ⊞서울역 | 0.79 | 506.00 | 0.04 | 62.47 | |
| 11 | | ⊞시청 | 0.76 | 434.79 | 0.04 | 88.85 | |
| 12 | | ⊞충무로 | 0.88 | 596.74 | 0.04 | 65.09 | |
| 13 | | 총합계 | 0.81 | 549.01 | 0.04 | 61.70 | |
| 14 | | | | | | | |

## ❷ 데이터 도구

| | A | B | C | D | E | F | G | H | I | J |
|---|---|---|---|---|---|---|---|---|---|---|
| 1 | | [표1] | | | | | | [표2] | | |
| 2 | | 도별 | 시별 | 생산량(톤) | 10a당 생산량(kg) | 재배면적(ha) | | 도별 | 재배면적(ha) | 생산량(톤) |
| 3 | | 경기도 | 안성시 | 34,007 | 483 | 7,040 | | 경기도 | 43,795 | 215,327 |
| 4 | | 경기도 | 여주시 | 33,191 | 489 | 6,792 | | 강원도 | 19,757 | 103,974 |
| 5 | | 경기도 | 이천시 | 37,349 | 522 | 7,151 | | 충청* | 92,708 | 502,476 |
| 6 | | 경기도 | 평택시 | 51,673 | 483 | 10,693 | | 전라* | 132,698 | 670,070 |
| 7 | | 경기도 | 화성시 | 59,107 | 488 | 12,119 | | 경상* | 76,634 | 401,630 |
| 8 | | 강원도 | 강릉시 | 11,004 | 460 | 2,395 | | 제주도 | 5 | 21 |
| 9 | | 강원도 | 고성군 | 13,291 | 491 | 2,707 | | | | |
| 10 | | 강원도 | 원주시 | 15,503 | 504 | 3,076 | | | | |
| 11 | | 강원도 | 철원군 | 53,434 | 564 | 9,479 | | | | |
| 12 | | 강원도 | 홍천군 | 10,742 | 512 | 2,100 | | | | |
| 13 | | 충청남도 | 논산시 | 55,182 | 533 | 10,347 | | | | |
| 14 | | 충청남도 | 당진시 | 114,786 | 572 | 20,055 | | | | |
| 15 | | 충청남도 | 서산시 | 96,272 | 541 | 17,807 | | | | |
| 16 | | 충청남도 | 서천군 | 53,386 | 550 | 9,713 | | | | |
| 17 | | 충청남도 | 예산군 | 54,652 | 545 | 10,031 | | | | |
| 18 | | 충청북도 | 보은군 | 18,640 | 508 | 3,670 | | | | |
| 19 | | 충청북도 | 음성군 | 20,828 | 534 | 3,899 | | | | |
| 20 | | 충청북도 | 진천군 | 20,885 | 503 | 4,154 | | | | |
| 21 | | 충청북도 | 청주시 | 45,344 | 504 | 8,999 | | | | |
| 22 | | 충청북도 | 충주시 | 22,501 | 558 | 4,033 | | | | |
| 23 | | 전라남도 | 고흥군 | 53,324 | 484 | 11,009 | | | | |
| 24 | | 전라남도 | 나주시 | 54,951 | 471 | 11,665 | | | | |
| 25 | | 전라남도 | 영광군 | 45,802 | 481 | 9,532 | | | | |
| 26 | | 전라남도 | 영암군 | 67,932 | 483 | 14,077 | | | | |
| 27 | | 전라남도 | 해남군 | 91,275 | 481 | 18,990 | | | | |
| 28 | | 전라북도 | 고창군 | 60,397 | 523 | 11,539 | | | | |
| 29 | | 전라북도 | 군산시 | 61,288 | 522 | 11,741 | | | | |
| 30 | | 전라북도 | 김제시 | 84,881 | 543 | 15,621 | | | | |
| 31 | | 전라북도 | 익산시 | 82,664 | 526 | 15,730 | | | | |
| 32 | | 전라북도 | 정읍시 | 67,556 | 528 | 12,794 | | | | |
| 33 | | 경상남도 | 고성군 | 24,550 | 500 | 4,915 | | | | |
| 34 | | 경상남도 | 밀양시 | 22,030 | 508 | 4,339 | | | | |
| 35 | | 경상남도 | 창녕군 | 32,524 | 498 | 6,527 | | | | |
| 36 | | 경상남도 | 함안군 | 24,127 | 487 | 4,958 | | | | |
| 37 | | 경상남도 | 합천군 | 31,959 | 493 | 6,487 | | | | |
| 38 | | 경상북도 | 경주시 | 55,205 | 507 | 10,897 | | | | |
| 39 | | 경상북도 | 구미시 | 38,487 | 545 | 7,059 | | | | |
| 40 | | 경상북도 | 상주시 | 71,967 | 567 | 12,699 | | | | |
| 41 | | 경상북도 | 예천군 | 51,178 | 541 | 9,461 | | | | |
| 42 | | 경상북도 | 의성군 | 49,603 | 534 | 9,292 | | | | |
| 43 | | 제주도 | 서귀포시 | 21 | 408 | 5 | | | | |

# 문제 ④ 기타작업

## 01 차트

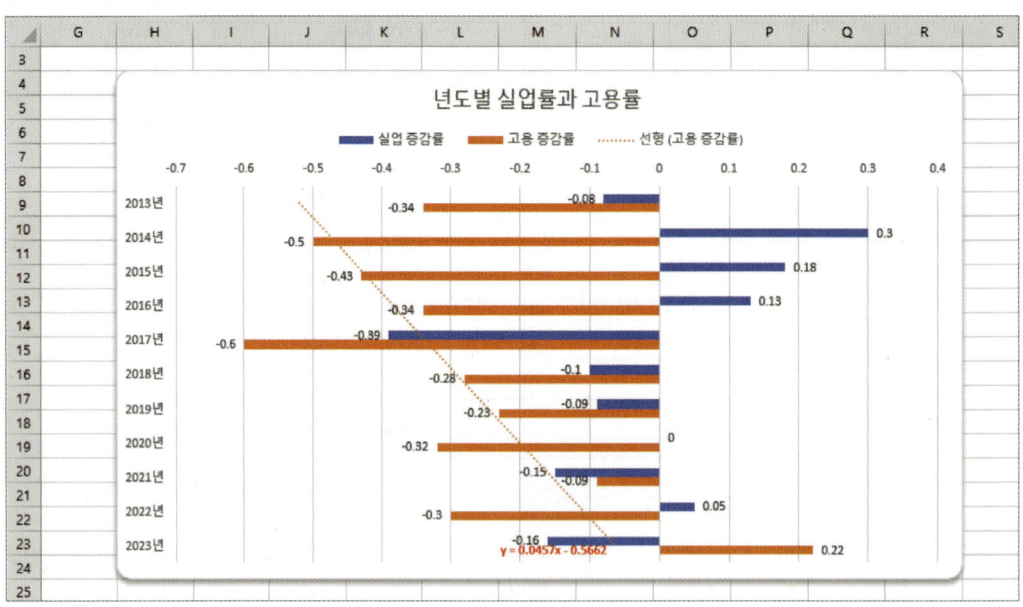

## 02 매크로

| | 년도 | 실업률 | 실업 증감률 | 고용률 | 고용 증감률 | | | |
|---|---|---|---|---|---|---|---|---|
| 5 | 2004년 | 4 | ▲ 0.43 | 21.61 | ▼ 0.44 | | 증감률 | |
| 6 | 2005년 | 3.26 | ▲ 0.74 | 22.23 | ▼ 0.62 | | | |
| 7 | 2006년 | 3.55 | ▼ 0.29 | 22.22 | ▲ 0.01 | | | |
| 8 | 2007년 | 3.66 | ▼ 0.11 | 22.68 | ▼ 0.46 | | | |
| 9 | 2008년 | 3.75 | ▼ 0.09 | 22.83 | ▼ 0.15 | | 서식지우기 | |
| 10 | 2009년 | 3.48 | ▲ 0.27 | 23.19 | ▼ 0.36 | | | |
| 11 | 2010년 | 3.26 | ▲ 0.22 | 23.56 | 오류 | | | |
| 12 | 2011년 | 3.18 | ▲ 0.08 | 23.78 | ▼ 0.22 | | | |
| 13 | 2012년 | 3.63 | ▼ 0.45 | 23.69 | ▲ 0.09 | | | |
| 14 | 2013년 | 3.71 | ▼ 0.08 | 24.03 | ▼ 0.34 | | | |
| 15 | 2014년 | 3.41 | ▲ 0.30 | 24.53 | ▼ 0.50 | | | |
| 16 | 2015년 | 3.23 | ▲ 0.18 | 24.96 | 오류 | | | |
| 17 | 2016년 | 3.1 | ▲ 0.13 | 25.3 | ▼ 0.34 | | | |
| 18 | 2017년 | 3.49 | ▼ 0.39 | 25.9 | ▼ 0.60 | | | |
| 19 | 2018년 | 3.59 | ▼ 0.10 | 26.18 | ▼ 0.28 | | | |
| 20 | 2019년 | 3.68 | ▼ 0.09 | 26.41 | ▼ 0.23 | | | |
| 21 | 2020년 | 3.68 | 재입력 | 26.73 | ▼ 0.32 | | | |
| 22 | 2021년 | 3.83 | ▼ 0.15 | 26.82 | ▼ 0.09 | | | |
| 23 | 2022년 | 3.78 | ▲ 0.05 | 27.12 | ▼ 0.30 | | | |
| 24 | 2023년 | 3.94 | ▼ 0.16 | 26.9 | ▲ 0.22 | | | |

## 03 VBA 프로그래밍

- 폼 보이기 프로시저

```vb
Private Sub cmd등록_Click()
    아울렛할인이벤트.Show
End Sub
```

- 폼 초기화 프로시저

```vb
Private Sub UserForm_Initialize()
    cmb이벤트.AddItem "신규 고객 10% 할인"
    cmb이벤트.AddItem "VIP 고객 20% 할인"
    cmb이벤트.AddItem "우수 고객 25% 할인"
    cmb이벤트.AddItem "특별 이벤트 15% 할인"
    cmb종류.RowSource = "H6:H9"
End Sub
```

- 등록 프로시저

```vb
Private Sub cmd등록_Click()
    i = Range("B5").CurrentRegion.Rows.Count + 4
    Cells(i, 2) = cmb이벤트.Value
    Select Case cmb이벤트.ListIndex
        Case 0
            Cells(i, 3) = "10%"
        Case 1
            Cells(i, 3) = "20%"
        Case 2
            Cells(i, 3) = "25%"
        Case 3
            Cells(i, 3) = "15%"
    End Select
    Cells(i, 4) = cmb종류.Value
    Cells(i, 5) = txt기간.Value
    Cells(i, 6) = DateValue(txt시작일) + Cells(i, 5)
End Sub
```

- 종료 프로시저

```vb
Private Sub cmd종료_Click()
    MsgBox Now, vbOKOnly, "등록화면을 종료합니다."
    [A1] = "수고하셨습니다."
    [A1].Font.Name = "궁서체"
    [A1].Font.Color = RGB(0, 0, 255)
    Unload Me
End Sub
```

# 상시 기출문제 04회 해설

### 문제 ① 기본작업

**01 고급 필터('기본작업-1' 시트)**

① [L2:L3] 영역에 조건을 입력하고 [L6:P6] 영역에 추출할 필드명을 입력한다.

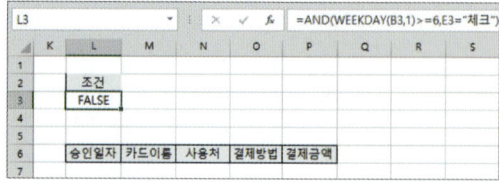

[L3] : =AND(WEEKDAY(B3,1)>=6,E3="체크")

② [데이터]-[정렬 및 필터] 그룹의 [고급]( )을 선택한다.
③ [고급 필터]에서 다음과 같이 지정한 후 [확인]을 클릭한다.

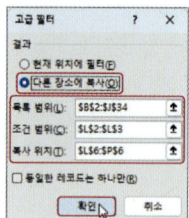

- 결과 : '다른 장소에 복사'
- 목록 범위 : [B2:J34]
- 조건 범위 : [L2:L3]
- 복사 위치 : [L6:P6]

**02 조건부 서식('기본작업-1' 시트)**

① [B3:J34] 영역을 범위 지정한 후 [홈]-[스타일] 그룹의 [조건부 서식]-[새 규칙]을 선택한다.
② [새 서식 규칙]에서 '규칙 유형 선택'에 '▶ 수식을 사용하여 서식을 지정할 셀 결정'을 선택하고, =ISEVEN(DAY($B3))를 입력한 후 [서식]을 클릭한다.
③ [셀 서식]의 [글꼴] 탭에서 글꼴 스타일은 '굵게', 글꼴 색은 '표준 색 - 파랑'을 선택하고, [채우기] 탭에서 '표준 색 - 노랑'을 선택한 후 [확인]을 클릭한다.

④ [새 서식 규칙]에서 다시 [확인]을 클릭한다.

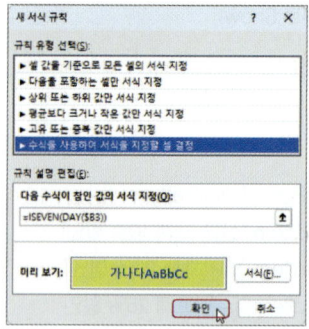

**03 페이지 레이아웃('기본작업-2' 시트)**

① [B2:J36] 영역을 범위 지정한 후 [페이지 레이아웃]-[페이지 설정] 그룹에서 [인쇄 영역]-[인쇄 영역 설정]을 클릭한다.

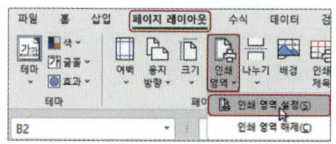

② [페이지 레이아웃]-[페이지 설정] 그룹에서 [인쇄 제목]을 클릭한다.
③ [시트] 탭에서 '반복할 행'에 커서를 두고 4행 머리글을 클릭하여 추가하고, 메모에서 '시트에 표시된 대로'를 선택한다.

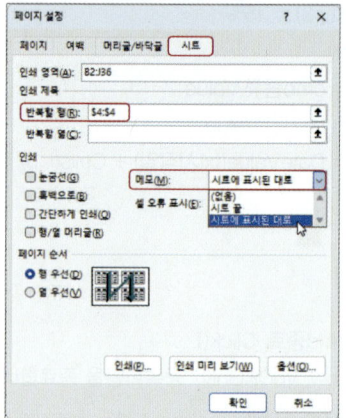

④ [페이지] 탭에서 자동 맞춤의 '용지 너비'에 1을 입력한다.

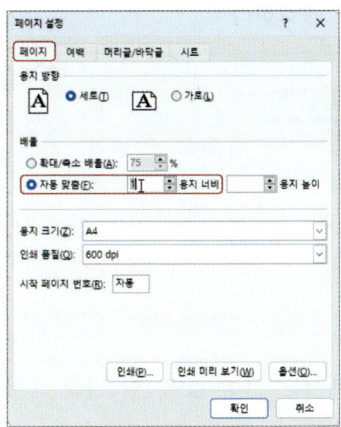

⑤ [머리글/바닥글] 탭에서 [바닥글 편집]을 클릭하고 '가운데 구역'에 커서를 두고 [시트 이름 삽입](🗐)을 클릭한다.
⑥ '오른쪽 구역'에 커서를 두고 [텍스트 서식](가)을 클릭하여 글꼴은 'HY견고딕', 글꼴 스타일은 '기울임꼴', 글꼴 색은 '표준 색 – 파랑'을 선택하고, 《 》를 입력하고 안쪽에 커서를 두고 [페이지 번호 삽입](⬚)을 클릭한 후 [확인]을 클릭한다.

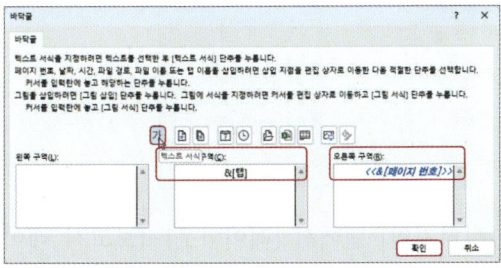

⑦ [페이지 설정]에서 [확인]을 클릭한다.

### 문제 ❷  계산작업('계산작업' 시트)

#### 01 표시[D3:D33]

[D3] 셀에 =IF(C3<0.5,REPT("●",J3/10),REPT("○",J3/10))를 입력하고 [D33] 셀까지 수식을 복사한다.

#### 02 오차율[I3:I33]

[I3] 셀에 =TEXT(SUMIFS($P$19:$P$28,$N$19:$N$28,LEFT(G3,5),$O$19:$O$28,E3),F3&"-0.00%")를 입력하고 [I33] 셀까지 수식을 복사한다.

#### 03 평균농도의 최대값[O4:R12]

[O4] 셀에 =MAX(IFERROR(FIND("서울특별시",$G$3:$G$33)>=1,0)*IFERROR(FIND($N4,$G$3:$G$33)>=1,0)*(DAY($B$3:$B$33)=O$3)*($K$3:$K$33))를 입력하고 Ctrl+Shift+Enter를 누른 후에 [R12] 셀까지 수식을 복사한다.

#### 04 재비산먼지 농도의 상위 5곳의 평균[R15]

[R15] 셀에 =AVERAGE(LARGE(K3:K33,{1,2,3,4,5}))를 입력하고 Ctrl+Shift+Enter를 눌러 수식을 완성한다.

#### 05 상태[L3:L33]

① [개발 도구]-[코드] 그룹의 [Visual Basic](🗐)을 선택한다.
② [삽입]-[모듈]을 선택한다.
③ Module 창에 다음과 같이 입력한다.

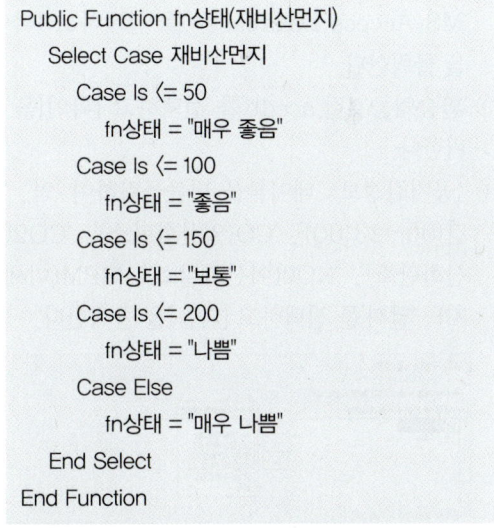

④ [파일]-[닫고 Microsoft Excel(으)로 돌아가기]를 클릭하여 [Visual Basic Editor]를 닫는다.

⑤ [L3] 셀을 클릭한 후 [함수 삽입](fx)을 클릭한다.
⑥ 범주 선택에서 '사용자 정의', 함수 선택에서 'fn상태'를 선택한 후 [확인]을 클릭한다.
⑦ 재비산먼지는 [K3]을 지정한 후 [확인]을 클릭한다.

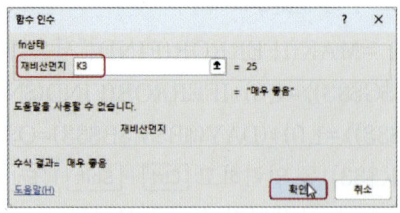

⑧ [L3] 셀을 선택한 후 [L33] 셀까지 수식을 복사한다.

### 문제 ❸ 분석작업

**01 피벗 테이블('분석작업-1' 시트)**

① [B4] 셀을 선택한 후 [데이터]-[데이터 가져오기 및 변환] 그룹에서 [데이터 가져오기]-[기타 원본에서]-[Microsoft Query에서]를 클릭한다.
② [데이터 원본 선택]의 [데이터베이스] 탭에서 'MS Access Database*'를 선택하고 [확인]을 클릭한다.
③ '환승역공기질.accdb'를 선택하고 [확인]을 클릭한다.
④ 〈공기질정보〉 테이블을 더블클릭하여 '역', '시간(00~23:00)', 'CO(일산화탄소)', 'CO2(이산화탄소)', 'NO2(이산화질소)', 'SPM(미세먼지)', '날짜'를 선택하고 [다음]을 클릭한다.

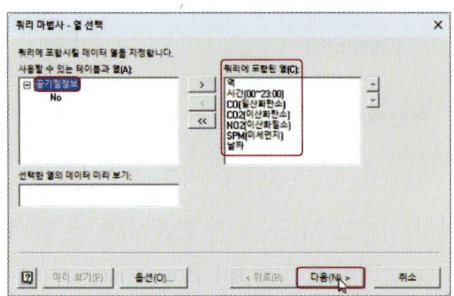

⑤ [데이터 필터]에서 '날짜'를 선택하고 '>=', '2025-01-01' 및 '<=', '2025-01-10'로 지정하고 [다음]을 클릭한다.

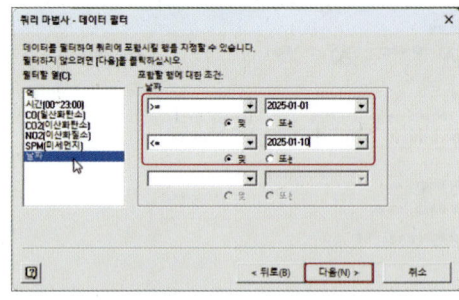

⑥ [정렬 순서]에서는 설정 없이 [다음]을 클릭한다.
⑦ [마침]에서 'Microsoft Excel(으)로 데이터 되돌리기'를 선택하고 [마침]을 클릭한다.
⑧ [데이터 가져오기]의 '피벗 테이블 보고서'를 선택한 다음, '기존 워크시트'는 [B4] 셀을 지정하고 [확인]을 클릭한다.
⑨ 다음과 같이 보고서 레이아웃을 지정한다.

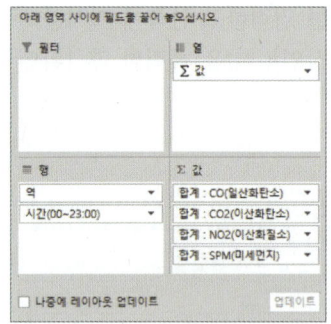

⑩ [디자인] 탭에서 [레이아웃]-[보고서 레이아웃]-[압축 형식으로 표시]를 클릭한다.

⑪ [C4] 셀에서 더블클릭한 후 '평균'을 선택하고, [표시 형식]을 클릭하여 범주는 '숫자', 소수 자릿수 '2'로 지정하고 [확인]을 클릭하고, [값 필드 설정]에서 [확인]을 클릭한다.

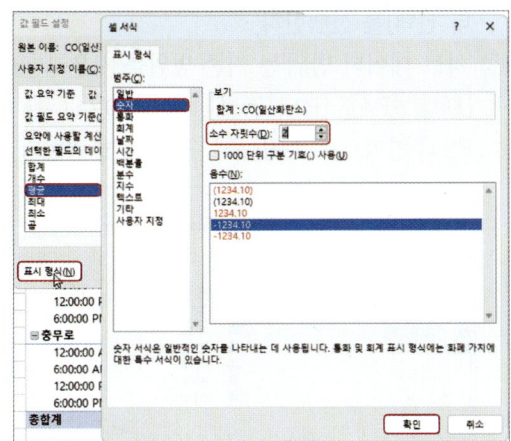

⑫ 같은 방법으로 'CO2(이산화탄소)', 'NO2(이산화질소)', 'SPM(미세먼지)'도 함수는 '평균', 숫자의 소수 자릿수는 2로 지정한다.

⑬ [B6] 셀에서 마우스 오른쪽 버튼을 눌러 [필드 설정]을 선택한 후 [표시 형식]을 클릭하여 '시간'을 선택하고 형식에서 '13:30'을 선택하고 [확인]을 클릭하고, [필드 설정]에서 [확인]을 클릭한다.

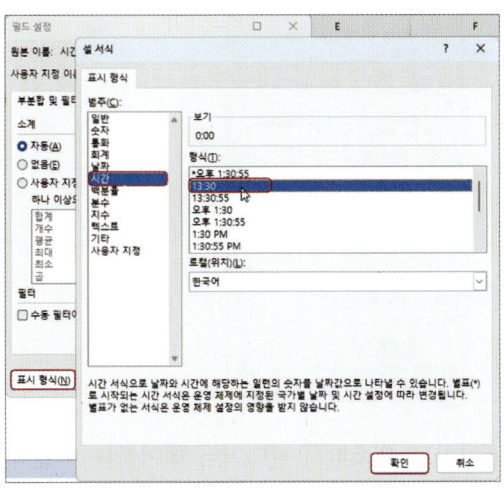

⑭ [디자인]-[피벗 테이블 스타일] 그룹에서 '연한 파랑, 피벗 스타일 보통 6'을 선택하고, '줄무늬 열'을 체크한다.

⑮ 서울역, 시청, 충무로의 ⊟를 클릭하여 ⊞로 수정한다.

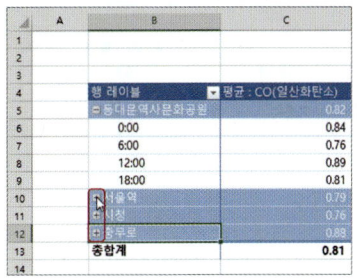

### 02 데이터 도구('분석작업-2' 시트)

① [B2:F43] 영역을 범위 지정한 후 [데이터]-[정렬 및 필터] 그룹의 [정렬](🗔)을 클릭한다.

② [정렬]에서 정렬 기준 '도별'을 선택하고, 정렬 '사용자 지정 목록'을 선택한다.

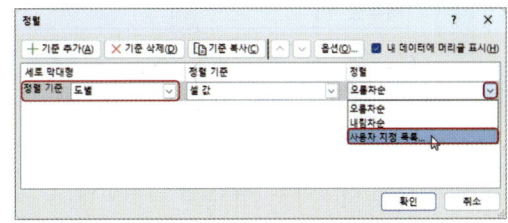

③ 목록 항목에 다음과 같이 입력하고 [추가]를 클릭하고 [확인]을 클릭한다.(경기도, 강원도, 충청남도, 충청북도, 전라남도, 전라북도, 경상남도, 경상북도, 제주도)

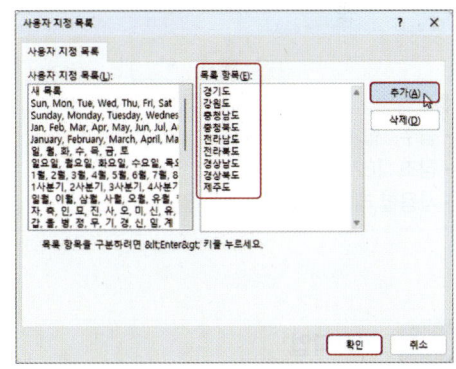

④ [기준 추가]를 추가하여 다음 기준을 '시별', 정렬 '오름차순'을 선택하고 [확인]을 클릭한다.

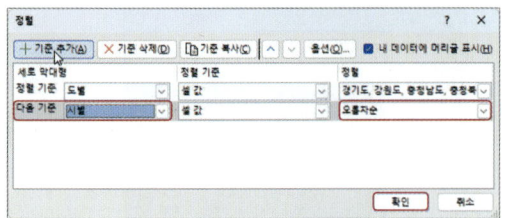

⑤ [H3:H8] 영역에 아래와 같이 입력한다.

| | G | H | I | J |
|---|---|---|---|---|
| 1 | | [표2] | | |
| 2 | | 도별 | 재배면적(ha) | 생산량(톤) |
| 3 | | 경기도 | | |
| 4 | | 강원도 | | |
| 5 | | 충청* | | |
| 6 | | 전라* | | |
| 7 | | 경상* | | |
| 8 | | 제주도 | | |
| 9 | | | | |

⑥ [H2:J8] 영역을 범위 지정한 후 [데이터]-[데이터 도구] 그룹에서 [통합](📊)을 클릭하여 다음과 같이 지정하고 [확인]을 클릭한다.

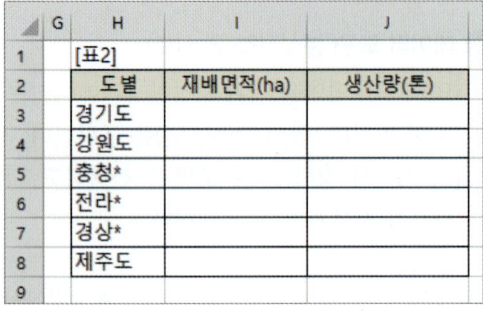

- **함수** : 합계
- **참조** : [B2:F43]
- **사용할 레이블** : 첫 행, 왼쪽 열

## 문제 ❹ 기타작업

### 01 차트('기타작업-1' 시트)

① [차트 요소](⊞)-[차트 제목]을 체크한 후 '차트 제목'을 선택하고 =를 입력한 후 [B2] 셀을 클릭하고 Enter를 누른다.

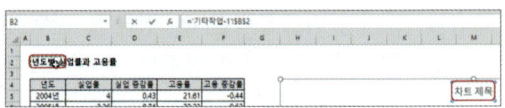

② 차트 안에서 마우스 오른쪽 버튼을 눌러 [데이터 선택]을 선택한다.

③ '차트 데이터 범위'는 기존 범위를 지우고 [B4], [D4], [F4], [B14:B24], [D14:D24], [F14:F24] 영역으로 수정하고 [확인]을 클릭한다.

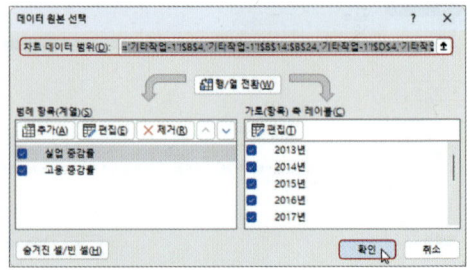

④ 세로(항목) 축을 선택한 후 마우스 오른쪽 버튼을 눌러 [축 서식]을 선택한다.

⑤ [축 서식]의 '축 옵션'에서 '항목을 거꾸로', 가로축 교차 '항목 번호'에 0, '레이블'에서 레이블 위치 '낮은 쪽'을 선택한다.

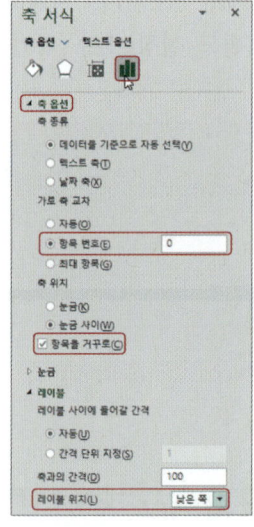

⑥ [차트 요소](⊞)-[데이터 레이블]-[바깥쪽 끝에]를 클릭한다.

⑦ [차트 요소](⊞)-[범례]-[위쪽]을 클릭한다.

⑧ '고용 증감률' 계열을 선택한 후 마우스 오른쪽 버튼을 눌러 [추세선 추가]를 선택한다.

⑨ [추세선 서식]의 '추세선 옵션'에서 '수식을 차트에 표시'를 체크한다.

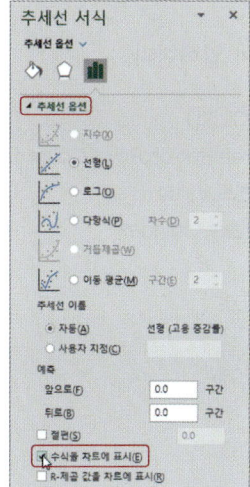

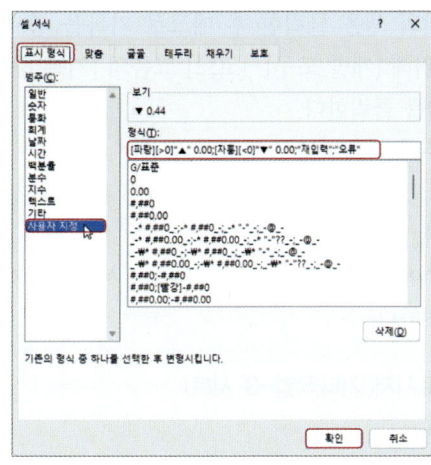

⑩ 추세선 수식을 선택한 후 [홈]-[글꼴] 그룹에서 글꼴 색은 '표준 색 – 빨강', '굵게'를 선택한다.

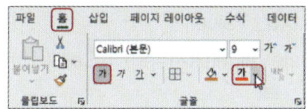

⑪ 차트 영역을 선택한 후 [차트 영역 서식]의 [채우기 및 선]에서 '둥근 모서리'를 체크하고, [효과]에서 '그림자' 미리 설정에서 '오프셋: 아래쪽'을 선택한다.

## 02 매크로('기타작업-2' 시트)

① [개발 도구]-[컨트롤] 그룹의 [삽입]-[단추(양식 컨트롤)](□)을 클릭한다.
② 마우스 포인터가 '+'로 바뀌면 [H5:I6] 영역에 드래그한다.
③ [매크로 지정]의 '매크로 이름'에 **증감률**을 입력하고 [기록]을 클릭한다.
④ [매크로 기록]에 자동으로 '증감률'로 매크로 이름이 표시되면 [확인]을 클릭한다.
⑤ [D5:D24], [F5:F24] 영역을 범위 지정한 후 Ctrl + 1 을 누르고, [셀 서식]의 [표시 형식] 탭의 '사용자 지정'에 **[파랑][>0]"▲" 0.00;[자홍][<0]"▼" 0.00;"재입력";"오류"**를 입력하고 [확인]을 클릭한다.

⑥ 임의의 셀을 클릭한 후 매크로 기록을 종료하기 위해 [개발 도구]-[코드] 그룹의 [기록 중지](□)를 클릭한다.
⑦ 단추에 텍스트를 수정하기 위해서 단추에서 마우스 오른쪽 버튼을 눌러 [텍스트 편집]을 선택한다.
⑧ 단추에 입력된 '단추 1'을 지우고 **증감률**을 입력한다.
⑨ [개발 도구]-[컨트롤] 그룹의 [삽입]-[단추(양식 컨트롤)](□)을 클릭한다.
⑩ 마우스 포인터가 '+'로 바뀌면 [H9:I10] 영역에 드래그한다.
⑪ [매크로 지정]의 '매크로 이름'에 **서식지우기**를 입력하고 [기록]을 클릭한다.
⑫ [매크로 기록]에 자동으로 '서식지우기'로 매크로 이름이 표시되면 [확인]을 클릭한다.
⑬ [D5:D24], [F5:F24] 영역을 범위 지정한 후 Ctrl + 1 을 누르고, [셀 서식]의 [표시 형식] 탭의 '일반'을 선택하고 [확인]을 클릭한다.

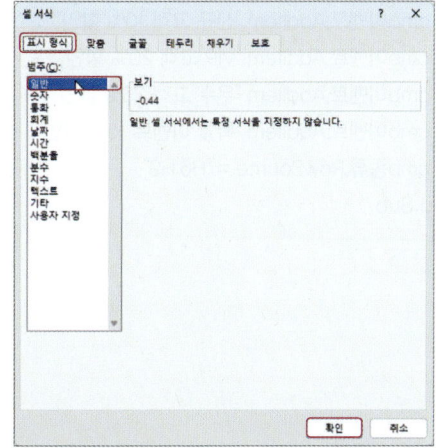

⑭ 임의의 셀을 클릭한 후 매크로 기록을 종료하기 위해 [개발 도구]-[코드] 그룹의 [기록 중지](□)를 클릭한다.
⑮ 단추에 텍스트를 수정하기 위해서 단추에서 마우스 오른쪽 버튼을 눌러 [텍스트 편집]을 선택한다.
⑯ 단추에 입력된 '단추 2'를 지우고 **서식지우기**를 입력한다.

### 03 프로시저('기타작업-3' 시트)

#### ① 폼 보이기

① [개발 도구]-[컨트롤] 그룹의 [디자인 모드](◨)를 클릭하여 〈아울렛 할인 이벤트〉 버튼을 편집 상태로 만든다.
② 〈아울렛 할인 이벤트〉 버튼을 더블클릭한 후 코드 창에 다음과 같이 입력한다.

```
Private Sub cmd등록_Click()
    아울렛할인이벤트.Show
End Sub
```

#### ② 폼 초기화

① [프로젝트-VBAProject] 탐색기에서 '폼'을 더블 클릭하고 〈아울렛할인이벤트〉을 선택한다.
② [프로젝트-VBAProject] 탐색기의 [코드 보기](▦)를 클릭한다.
③ '개체 목록'은 'UserForm', '프로시저 목록'은 'Initialize'를 선택한다.
④ 코드 창에 다음과 같이 입력한다.

```
Private Sub UserForm_Initialize()
    cmb이벤트.AddItem "신규 고객 10% 할인"
    cmb이벤트.AddItem "VIP 고객 20% 할인"
    cmb이벤트.AddItem "우수 고객 25% 할인"
    cmb이벤트.AddItem "특별 이벤트 15% 할인"
    cmb종류.RowSource = "H6:H9"
End Sub
```

#### ③ 등록 프로시저

① '개체 목록'에서 'cmd등록', '프로시저 목록'은 'Click'을 선택한다.
② 코드 창에 다음과 같이 입력한다.

```
Private Sub cmd등록_Click()
    i = Range("B5").CurrentRegion.Rows.Count + 4
    Cells(i, 2) = cmb이벤트.Value
    Select Case cmb이벤트.ListIndex
        Case 0
            Cells(i, 3) = "10%"
        Case 1
            Cells(i, 3) = "20%"
        Case 2
            Cells(i, 3) = "25%"
        Case 3
            Cells(i, 3) = "15%"
    End Select
    Cells(i, 4) = cmb종류.Value
    Cells(i, 5) = txt기간.Value
    Cells(i, 6) = DateValue(txt시작일) + Cells(i, 5)
End Sub
```

#### ④ 종료 프로시저

① '개체 목록'에서 'cmd종료', '프로시저 목록'은 'Click'을 선택한다.
② 코드 창에 다음과 같이 입력한다.

```
Private Sub cmd종료_Click()
    MsgBox Now, vbOKOnly, "등록화면을 종료합니다."
    [A1] = "수고하셨습니다."
    [A1].Font.Name = "궁서체"
    [A1].Font.Color = RGB(0, 0, 255)
    Unload Me
End Sub
```

# 상시 기출문제 05회

**작업파일** [26컴활1급₩1권_스프레드시트₩상시기출문제] 폴더의 '상시기출문제5회' 파일을 열어서 작업하시오.

## 문제 ❶ 기본작업 | 주어진 시트에서 다음 과정을 수행하고 저장하시오. 15점

**01** '기본작업-1' 시트에서 다음과 같이 고급 필터를 수행하시오. (5점)
- [B3:T31] 영역에서 '출석수'가 출석수의 중간값보다 작거나 '6/9'일이 빈 셀인 행에 대하여 '학년', '반', '이름', '6/9', '출석수' 열을 순서대로 표시하시오.
- 조건은 [V3:V4] 영역에 입력하시오. (ISBLANK, OR, MEDIAN 함수 사용)
- 결과는 [X3] 셀부터 표시하시오.

**02** '기본작업-1' 시트에서 다음과 같이 조건부 서식을 설정하시오. (5점)
- [E3:S31] 영역에 대해서 해당 열 번호가 홀수이면서 [E3:S3] 영역의 월이 홀수인 열 전체에 대하여 채우기 색을 '표준 색-노랑'으로 적용하시오.
- 단, 규칙 유형은 '수식을 사용하여 서식을 지정할 셀 결정'을 사용하고, 한 개의 규칙으로만 작성하시오.
- AND, COLUMN, ISODD, MONTH 함수 사용

**03** '기본작업-2' 시트에서 다음과 같이 시트 보호와 통합 문서 보기를 설정하시오. (5점)
- [E4:T31] 영역에 셀 잠금과 수식 숨기기를 적용한 후 잠긴 셀의 내용과 워크 시트를 보호하시오.
- 잠긴 셀의 선택과 잠기지 않은 셀의 선택은 허용하고, 시트 보호 해제 암호는 지정하지 마시오.
- '기본작업-2' 시트를 페이지 나누기 보기로 표시하고, [B3:T31] 영역만 1페이지로 인쇄되도록 페이지 나누기 구분선을 조정하시오.

## 문제 ❷  계산작업 | '계산작업' 시트에서 다음 과정을 수행하고 저장하시오.  30점

**01** [표1]의 코드와 [표2]를 이용하여 구분-성별[D4:D39]을 표시하시오. (6점)
  ▶ 구분과 성별은 [표2]를 참조
  ▶ 구분과 성별 사이에 '-' 기호를 추가하여 표시 [표시 예 : 기본형-여자]
  ▶ CONCAT, VLOOKUP 함수 사용

**02** [표1]의 가입나이와 코드, 그리고 [표3]을 이용하여 가입금액[E4:E39]을 표시하시오. (6점)
  ▶ 가입금액은 코드와 가입나이로 [표3]을 참조
  ▶ INDEX, MATCH 함수 사용

**03** [표1]의 가입나이와 [표4]의 나이를 이용하여 나이대별 가입자수를 [표4]의 [M21:M27] 영역에 표시하시오. (6점)
  ▶ 가입자수가 0보다 큰 경우 계산된 값을 두 자리 숫자로 뒤에 '명'을 추가하여 표시하고, 그 외는 '미가입'으로 표시 [표시 예 : 0 → 미가입, 7 → 07명]
  ▶ FREQUENCY, TEXT 함수를 이용한 배열 수식

**04** [표1]의 가입나이, 코드, 가입기간을 이용하여 코드별 나이별 평균 가입기간을 [표5]의 [P22:T25] 영역에 계산하시오. (6점)
  ▶ 단, 오류 발생시 공백으로 표시
  ▶ AVERAGE, IF, IFERROR 함수를 이용한 배열 수식

**05** 사용자 정의 함수 'fn가입상태'를 작성하여 [표1]의 가입상태[H4:H39]를 표시하시오. (6점)
  ▶ 'fn가입상태'는 가입기간, 미납기간을 인수로 받아 값을 되돌려줌
  ▶ 미납기간이 가입기간 이상이면 '해지예상', 미납기간이 가입기간 미만인 경우 중에서 미납기간이 0이면 '정상', 미납기간이 2 초과이면 '휴면보험', 그 외는 미납기간과 '개월 미납'을 연결하여 표시 [표시 예: 1개월 미납]
  ▶ If 문, & 연산자 사용

```
Public Function fn가입상태(가입기간, 미납기간)

End Function
```

## 문제 ③ 분석작업 | 주어진 시트에서 다음 과정을 수행하고 저장하시오. 20점

### 01 '분석작업-1' 시트에서 다음의 지시사항에 따라 피벗 테이블 보고서를 작성하시오. (10점)

- ▶ 외부 데이터 원본으로 〈출석부관리.csv〉의 데이터를 사용하시오.
  - 원본 데이터는 구분 기호 쉼표(,)로 분리되어 있으며, 내 데이터에 머리글을 표시하시오.
  - '학년', '반', '이름', '성별', '출석수' 열만 가져와 데이터 모델에 이 데이터를 추가하시오.
- ▶ 피벗 테이블 보고서의 레이아웃과 위치는 〈그림〉을 참조하여 설정하고, 보고서 레이아웃을 개요 형식으로 표시하시오.
- ▶ '출석수' 필드는 표시 형식을 값 필드 설정의 셀 서식에서 '숫자' 범주를 이용하고 소수 자릿수를 0으로 설정하시오.
- ▶ '이름' 필드는 개수로 계산한 후 사용자 지정 이름을 '학생수'로 변경하시오.
- ▶ 빈 셀은 '*'로 표시하고, 레이블이 있는 셀은 병합하고 가운데 맞춤되도록 설정하시오.
- ▶ 그룹 상단에 모든 부분합을 표시하시오.

| | A | B | C | D | E | F | G | H | I |
|---|---|---|---|---|---|---|---|---|---|
| 1 | | | | | | | | | |
| 2 | | | | | | | | | |
| 3 | | | | 성별 | 값 | | | | |
| 4 | | | | 남 | | 여 | | | |
| 5 | 학년 | 반 | 평균: 출석수 | 학생수 | 평균: 출석수 | 학생수 | 전체 평균: 출석수 | 전체 학생수 | |
| 6 | ⊟1 | | 10 | 10 | 6 | 8 | 8 | 18 | |
| 7 | | 사랑반 | 8 | 3 | 4 | 4 | 6 | 7 | |
| 8 | | 화평반 | 11 | 5 | * | * | 11 | 5 | |
| 9 | | 희락반 | 13 | 2 | 7 | 4 | 9 | 6 | |
| 10 | ⊟2 | | 10 | 17 | 7 | 12 | 9 | 29 | |
| 11 | | 양선반 | 7 | 4 | 1 | 3 | 5 | 7 | |
| 12 | | 오래참음반 | 7 | 4 | 9 | 3 | 8 | 7 | |
| 13 | | 자비반 | 13 | 3 | 6 | 4 | 9 | 7 | |
| 14 | | 충성반 | 11 | 6 | 13 | 2 | 12 | 8 | |
| 15 | ⊟3 | | 10 | 18 | 9 | 15 | 9 | 33 | |
| 16 | | 믿음반 | 8 | 5 | 14 | 2 | 10 | 7 | |
| 17 | | 소망반 | 10 | 4 | 10 | 6 | 10 | 10 | |
| 18 | | 온유반 | 10 | 4 | 9 | 4 | 10 | 8 | |
| 19 | | 절제반 | 11 | 5 | 4 | 3 | 9 | 8 | |
| 20 | 총합계 | | 10 | 45 | 7 | 35 | 9 | 80 | |
| 21 | | | | | | | | | |

※ 작업 완성된 그림이며 부분점수 없음

### 02 '분석작업-2' 시트에 대하여 다음의 지시사항을 처리하시오. (10점)

- ▶ 데이터 도구를 이용하여 [표1]에서 '성명', '성별', '생년월일' 열을 기준으로 중복된 값이 입력된 셀을 포함하는 행을 삭제하시오.
- ▶ [부분합] 기능을 이용하여 [표1]에서 '반'별 '출석일수'의 평균을 계산한 후 '성별'별 '성명'의 개수를 계산하시오.
  - 반을 기준으로 오름차순으로 정렬하고, 반이 동일한 경우 성별을 기준으로 오름차순 정렬하시오.
  - 평균과 개수는 위에 명시된 순서대로 처리하시오.

**문제 ④** | **기타작업** | 주어진 시트에서 다음 과정을 수행하고 저장하시오.  35점

**01** '기타작업-1' 시트에서 다음의 지시사항에 따라 차트를 수정하시오. (각 2점)

※ 차트는 반드시 문제에서 제공한 차트를 사용하여야 하며, 신규로 차트작성 시 0점 처리됨

① [C17:C21] 영역을 '중국(CNY)' 계열로 추가한 후 보조 축으로 지정하시오.(단, 계열 추가 시 가로 (항목) 축 레이블의 범위는 [B17:B21] 영역으로 설정)

② 세로 (값) 축의 제목을 추가하여 [B2] 셀과 연동하고, 텍스트 상자의 텍스트 방향을 '세로'로 설정하시오.

③ 세로 (값) 축의 최솟값은 1150, 최댓값은 1250, 기본 단위는 10으로 설정하고, 범례는 범례 서식을 이용하여 '위쪽'에 표시하시오.

④ '미국(USD)' 계열의 선을 '완만한 선'으로 설정하고, 표식 옵션의 형식을 '▲', 크기 '6'으로 변경하시오.

⑤ '미국(USD)' 계열의 '03월 16일' 요소에만 데이터 레이블 '값'을 표시하고, 데이터 레이블의 위치를 '아래쪽'으로 지정하시오.

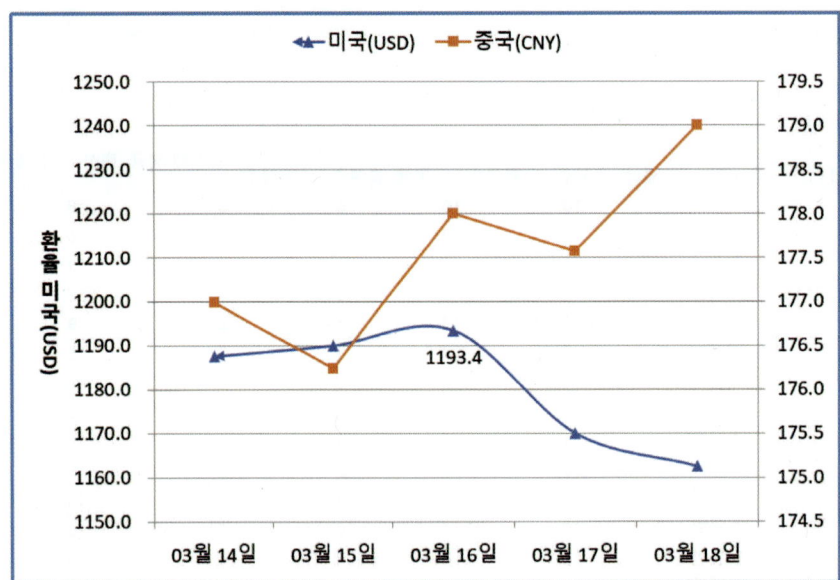

**02** '기타작업-2' 시트에서 다음과 같은 기능을 수행하는 매크로를 현재 통합문서에 작성하시오. (각 5점)

① [E6:L33] 영역에 대하여 사용자 지정 표시 형식을 설정하는 '서식적용' 매크로를 생성하시오.
- ▶ 셀 값이 1과 같은 경우 영문자 대문자 "O"로 표시, 셀 값이 0과 같은 경우 영문자 대문자 "X"로 표시
- ▶ [개발 도구]-[삽입]-[양식 컨트롤]의 '단추'(□)를 동일 시트의 [B2:C3] 영역에 생성한 후 텍스트를 '서식적용'으로 입력하고, 단추를 클릭하면 '서식적용' 매크로가 실행되도록 설정하시오.

② [M6:M33] 영역에 대하여 조건부 서식을 적용하는 '그래프보기' 매크로를 생성하시오.
- ▶ 규칙 유형은 '셀 값을 기준으로 모든 셀의 서식 지정'으로 선택하고, 서식 스타일 '데이터 막대', 최소값은 백분위수 20, 최대값은 백분위수 80으로 설정하시오.
- ▶ 막대 모양은 채우기를 '그라데이션 채우기', 색을 '표준 색-노랑'으로 설정하시오.
- ▶ [개발 도구]-[삽입]-[양식 컨트롤]의 '단추'(□)를 동일 시트의 [E2:F3] 영역에 생성한 후 텍스트를 '그래프보기'로 입력하고, 단추를 클릭하면 '그래프보기' 매크로가 실행되도록 설정하시오.

**03** '기타작업-3' 시트에서 다음과 같은 작업을 수행하도록 프로시저를 작성하시오. (각 5점)

① '팡팡요금관리' 단추를 클릭하면 〈팡팡요금관리〉 폼이 나타나도록 설정하고, 폼이 초기화(Initialize)되면 구분/기본요금(cmb구분) 목록에는 [M6:N8] 영역의 값이 표시되고, 보호자 동반은 유(opt유)가 초기값으로 선택되도록 프로시저를 작성하시오.

② '팡팡요금관리' 폼의 '등록'(cmd등록) 단추를 클릭하면 폼에 입력된 데이터가 [표1]에 입력되어 있는 마지막 행 다음에 연속하여 추가되도록 프로시저를 작성하시오.
- ▶ 구분과 기본요금에는 구분/기본요금(cmb구분)에서 선택된 값으로 각각 표시
- ▶ 보호자동반에는 opt유가 선택되면 '유', opt무가 선택되면 '무'로 표시
- ▶ 요금 = (퇴장시간의 시간 - 입장시간의 시간) × 기본요금
- ▶ If ~ Else문, Hour 함수 사용

③ 종료(cmd종료) 단추를 클릭하면 〈그림〉과 같은 메시지 박스를 표시한 후 폼을 종료하는 프로시저를 작성하시오.
- ▶ 시스템의 현재 날짜와 시간 표시

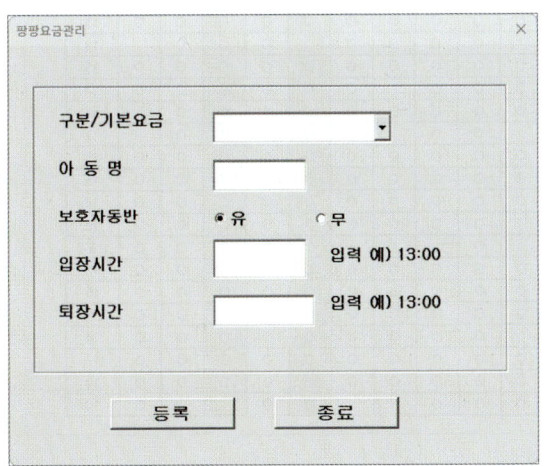
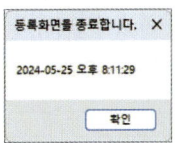

# 상시 기출문제 05회 정답

## 문제 ① 기본작업

### 01 고급 필터

V4 =OR($T4<MEDIAN($T$4:$T$31),ISBLANK($S4))

| 학년 | 반 | 이름 | 6/9 | 출석수 |
|---|---|---|---|---|
| 조건 | | | | |
| FALSE | | | | |
| 1 | 사랑반 | 이환 | O | 13 |
| 1 | 사랑반 | 김유준 | O | 12 |
| 1 | 화평반 | 김서찬 | O | 13 |
| 1 | 화평반 | 노재현 | O | 11 |
| 1 | 희락반 | 김우인 | O | 10 |
| 2 | 양선반 | 정승우 | | 13 |
| 2 | 오래참음반 | 윤지강 | | 13 |
| 2 | 오래참음반 | 손채영 | | 12 |
| 2 | 자비반 | 이지훈 | O | 12 |
| 2 | 자비반 | 이선녕 | O | 9 |
| 2 | 충성반 | 노석진 | O | 13 |
| 2 | 충성반 | 권한지 | O | 13 |
| 2 | 충성반 | 최경주 | O | 10 |

### 02 조건부 서식

| 학년 | 반 | 이름 | 3/3 | 3/10 | 3/17 | 3/24 | 3/31 | 4/7 | 4/14 | 4/21 | 4/28 | 5/5 | 5/12 | 5/19 | 5/26 | 6/2 | 6/9 | 출석수 |
|---|---|---|---|---|---|---|---|---|---|---|---|---|---|---|---|---|---|---|
| 1 | 사랑반 | 김영서 | O | O | O | O | O | O | O | O | O | O | O | O | O | O | O | 15 |
| 1 | 사랑반 | 이환 | O | O | | O | O | O | O | | O | O | O | O | O | | O | 13 |
| 1 | 사랑반 | 김유준 | | | O | O | O | O | | O | O | O | | O | O | | O | 12 |
| 1 | 화평반 | 김지환 | O | O | O | O | O | O | O | O | O | O | O | O | O | O | O | 15 |
| 1 | 화평반 | 원가은 | | O | O | O | O | O | O | O | O | O | O | O | O | O | O | 14 |
| 1 | 화평반 | 김서찬 | O | O | O | O | O | | | O | O | O | O | O | O | O | O | 13 |
| 1 | 화평반 | 노재현 | | O | O | O | O | | O | O | O | | O | O | O | | O | 11 |
| 1 | 희락반 | 최예진 | O | O | O | O | O | O | O | O | O | O | O | O | O | O | O | 15 |
| 1 | 희락반 | 전준호 | O | O | O | O | O | O | O | O | O | O | O | O | O | O | O | 15 |
| 1 | 희락반 | 김우인 | O | O | | O | O | | | O | | O | O | O | O | | O | 10 |
| 2 | 양선반 | 신지섭 | O | O | O | O | O | O | O | O | O | O | O | O | O | O | O | 15 |
| 2 | 양선반 | 정승우 | O | O | O | O | O | O | O | O | O | O | O | O | O | O | | 13 |
| 2 | 오래참음반 | 강연지 | O | O | O | O | O | O | O | O | O | O | O | O | O | O | O | 15 |
| 2 | 오래참음반 | 박소연 | O | O | O | O | O | O | O | O | O | O | O | O | O | O | | 14 |
| 2 | 오래참음반 | 윤지강 | O | O | O | O | O | O | O | O | O | O | O | O | O | O | | 13 |
| 2 | 오래참음반 | 손채영 | O | O | O | O | O | O | O | O | O | O | O | O | O | | | 12 |
| 2 | 자비반 | 박지민 | O | O | O | O | O | O | O | O | O | O | O | O | O | O | O | 15 |
| 2 | 자비반 | 김하람 | O | O | O | O | O | O | O | O | O | O | O | O | O | O | O | 15 |
| 2 | 자비반 | 김하영 | O | | O | O | O | O | O | O | O | O | O | O | O | O | O | 14 |
| 2 | 자비반 | 이지훈 | O | O | | O | | O | O | O | O | O | O | O | O | | O | 12 |
| 2 | 자비반 | 이선녕 | | O | O | | O | | O | | | O | O | O | | O | O | 9 |
| 2 | 충성반 | 곽용빈 | O | O | O | O | O | O | O | O | O | O | O | O | O | O | O | 15 |
| 2 | 충성반 | 이승아 | O | O | O | O | O | O | O | O | O | O | O | O | O | O | O | 15 |
| 2 | 충성반 | 한정우 | O | O | O | O | O | O | O | O | O | O | O | O | O | O | O | 15 |
| 2 | 충성반 | 이창재 | O | O | O | O | O | O | O | O | O | O | O | O | O | O | | 14 |
| 2 | 충성반 | 노석진 | O | | O | O | | O | O | O | O | O | O | O | O | | O | 13 |
| 2 | 충성반 | 권한지 | | | O | O | O | O | O | O | O | O | O | O | O | | O | 13 |
| 2 | 충성반 | 최경주 | O | O | O | O | O | | | O | | O | O | O | | | O | 10 |

## 02 '기타작업-2' 시트에서 다음과 같은 기능을 수행하는 매크로를 현재 통합문서에 작성하시오. (각 5점)

① [E6:L33] 영역에 대하여 사용자 지정 표시 형식을 설정하는 '서식적용' 매크로를 생성하시오.
   ▶ 셀 값이 1과 같은 경우 영문자 대문자 "O"로 표시, 셀 값이 0과 같은 경우 영문자 대문자 "X"로 표시
   ▶ [개발 도구]-[삽입]-[양식 컨트롤]의 '단추'(□)를 동일 시트의 [B2:C3] 영역에 생성한 후 텍스트를 '서식적용'으로 입력하고, 단추를 클릭하면 '서식적용' 매크로가 실행되도록 설정하시오.

② [M6:M33] 영역에 대하여 조건부 서식을 적용하는 '그래프보기' 매크로를 생성하시오.
   ▶ 규칙 유형은 '셀 값을 기준으로 모든 셀의 서식 지정'으로 선택하고, 서식 스타일 '데이터 막대', 최소값은 백분위수 20, 최대값은 백분위수 80로 설정하시오.
   ▶ 막대 모양은 채우기를 '그라데이션 채우기', 색을 '표준 색-노랑'으로 설정하시오.
   ▶ [개발 도구]-[삽입]-[양식 컨트롤]의 '단추'(□)를 동일 시트의 [E2:F3] 영역에 생성한 후 텍스트를 '그래프보기'로 입력하고, 단추를 클릭하면 '그래프보기' 매크로가 실행되도록 설정하시오.

## 03 '기타작업-3' 시트에서 다음과 같은 작업을 수행하도록 프로시저를 작성하시오. (각 5점)

① '팡팡요금관리' 단추를 클릭하면 〈팡팡요금관리〉 폼이 나타나도록 설정하고, 폼이 초기화(Initialize)되면 구분/기본요금(cmb구분) 목록에는 [M6:N8] 영역의 값이 표시되고, 보호자 동반은 유(opt유)가 초기값으로 선택되도록 프로시저를 작성하시오.

② '팡팡요금관리' 폼의 '등록'(cmd등록) 단추를 클릭하면 폼에 입력된 데이터가 [표1]에 입력되어 있는 마지막 행 다음에 연속하여 추가되도록 프로시저를 작성하시오.
   ▶ 구분과 기본요금에는 구분/기본요금(cmb구분)에서 선택된 값으로 각각 표시
   ▶ 보호자동반에는 opt유가 선택되면 '유', opt무가 선택되면 '무'로 표시
   ▶ 요금 = (퇴장시간의 시간 – 입장시간의 시간 ) × 기본요금
   ▶ If ~ Else문, Hour 함수 사용

③ 종료(cmd종료) 단추를 클릭하면 〈그림〉과 같은 메시지 박스를 표시한 후 폼을 종료하는 프로시저를 작성하시오.
   ▶ 시스템의 현재 날짜와 시간 표시

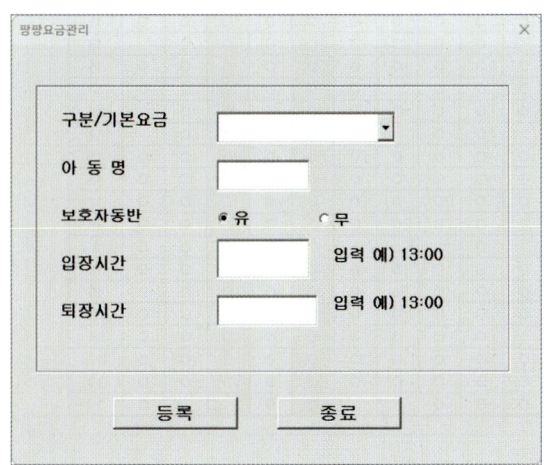
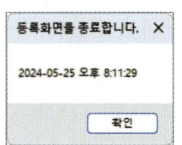

# 상시 기출문제 05회 정답

## 문제 ① 기본작업

### 01 고급 필터

V4: `=OR($T4<MEDIAN($T$4:$T$31),ISBLANK($S4))`

| 조건 | 학년 | 반 | 이름 | 6/9 | 출석수 |
|---|---|---|---|---|---|
| FALSE | 1 | 사랑반 | 이환 | O | 13 |
|  | 1 | 사랑반 | 김유준 | O | 12 |
|  | 1 | 화평반 | 김서찬 | O | 13 |
|  | 1 | 화평반 | 노재현 | O | 11 |
|  | 1 | 희락반 | 김우인 | O | 10 |
|  | 2 | 양선반 | 정승우 |  | 13 |
|  | 2 | 오래참음반 | 윤지강 |  | 13 |
|  | 2 | 오래참음반 | 손채영 |  | 12 |
|  | 2 | 자비반 | 이지훈 | O | 12 |
|  | 2 | 자비반 | 이선녕 | O | 9 |
|  | 2 | 충성반 | 노석진 | O | 13 |
|  | 2 | 충성반 | 권한지 | O | 13 |
|  | 2 | 충성반 | 최경주 | O | 10 |

### 02 조건부 서식

| 학년 | 반 | 이름 | 3/3 | 3/10 | 3/17 | 3/24 | 3/31 | 4/7 | 4/14 | 4/21 | 4/28 | 5/5 | 5/12 | 5/19 | 5/26 | 6/2 | 6/9 | 출석수 |
|---|---|---|---|---|---|---|---|---|---|---|---|---|---|---|---|---|---|---|
| 1 | 사랑반 | 김영서 | O | O | O | O | O | O | O | O | O | O | O | O | O | O | O | 15 |
| 1 | 사랑반 | 이환 | O | O |  | O | O | O | O | O | O |  | O | O | O | O | O | 13 |
| 1 | 사랑반 | 김유준 |  | O | O | O | O | O | O | O | O |  | O | O |  |  | O | 12 |
| 1 | 화평반 | 김지환 | O | O | O | O | O | O | O | O | O | O | O | O | O | O | O | 15 |
| 1 | 화평반 | 원가은 |  | O | O | O | O | O | O | O | O | O | O | O | O | O |  | 14 |
| 1 | 화평반 | 김서찬 | O | O | O | O |  | O |  | O | O | O | O | O | O | O | O | 13 |
| 1 | 화평반 | 노재현 |  | O | O | O |  |  |  | O | O | O | O | O |  |  | O | 11 |
| 1 | 희락반 | 최예진 | O | O | O | O | O | O | O | O | O | O | O | O | O | O | O | 15 |
| 1 | 희락반 | 전준호 | O | O | O | O | O | O | O | O | O | O | O | O | O | O | O | 15 |
| 1 | 희락반 | 김우인 | O | O |  | O |  |  |  | O |  | O | O | O | O | O | O | 10 |
| 2 | 양선반 | 신지섭 | O | O | O | O | O | O | O | O | O | O | O | O | O | O | O | 15 |
| 2 | 양선반 | 정승우 | O | O | O | O | O |  | O | O | O | O | O | O | O | O |  | 13 |
| 2 | 오래참음반 | 강연지 | O | O | O | O | O | O | O | O | O | O | O | O | O | O | O | 15 |
| 2 | 오래참음반 | 박소연 | O | O | O | O | O | O | O | O |  | O | O | O | O | O | O | 14 |
| 2 | 오래참음반 | 윤지강 | O | O | O | O | O | O | O | O | O | O | O | O | O | O |  | 13 |
| 2 | 오래참음반 | 손채영 | O | O | O | O | O | O | O | O |  | O | O | O | O | O |  | 12 |
| 2 | 자비반 | 박지민 | O | O | O | O | O | O | O | O | O | O | O | O | O | O | O | 15 |
| 2 | 자비반 | 김하람 | O | O | O | O | O | O | O | O | O | O | O | O | O | O | O | 15 |
| 2 | 자비반 | 김하영 | O |  | O | O | O | O | O | O | O | O | O | O | O | O | O | 14 |
| 2 | 자비반 | 이지훈 | O | O |  | O |  | O | O | O | O | O | O | O | O | O | O | 12 |
| 2 | 자비반 | 이선녕 | O |  | O | O |  | O |  |  |  | O | O | O | O | O | O | 9 |
| 2 | 충성반 | 곽용빈 | O | O | O | O | O | O | O | O | O | O | O | O | O | O | O | 15 |
| 2 | 충성반 | 이승아 | O | O | O | O | O | O | O | O | O | O | O | O | O | O | O | 15 |
| 2 | 충성반 | 한정우 | O | O | O | O | O | O | O | O | O | O | O | O | O | O | O | 15 |
| 2 | 충성반 | 이창재 | O | O | O | O | O | O | O | O | O | O | O | O | O | O |  | 14 |
| 2 | 충성반 | 노석진 |  | O | O |  | O | O | O | O | O | O | O | O | O |  | O | 13 |
| 2 | 충성반 | 권한지 |  |  | O | O | O | O | O | O | O | O | O | O | O |  | O | 13 |
| 2 | 충성반 | 최경주 | O | O | O |  | O |  |  |  |  |  | O | O |  | O | O | 10 |

**03** 시트 보호와 통합 문서 보기

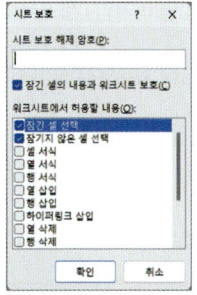
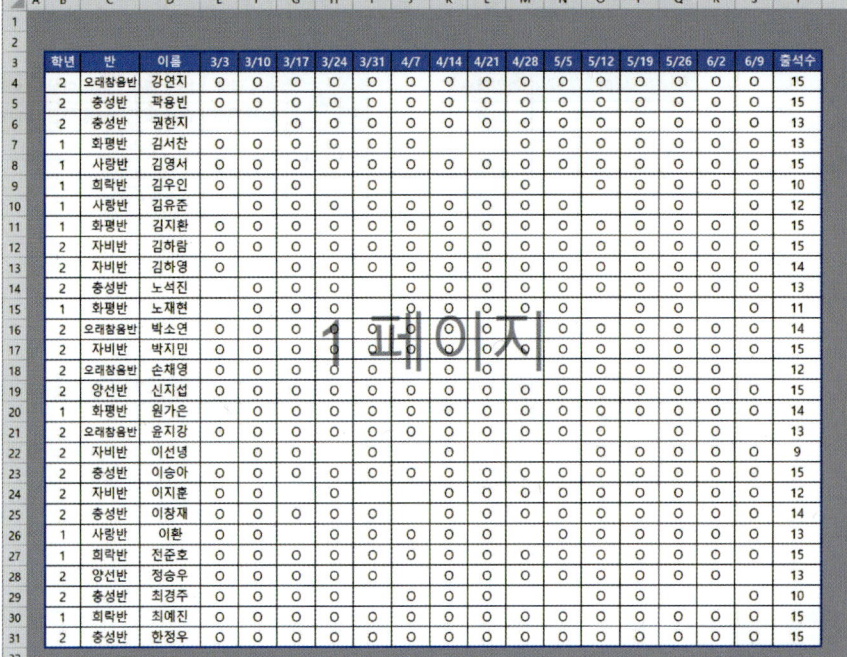

---

## 문제 ❷  계산작업

**01** 성별, 가입금액, 가입상태

1. [D4] 셀에 「=CONCAT(VLOOKUP(C4,$K$5:$M$8,2,FALSE),"-",VLOOKUP(C4,$K$5:$M$8,3,FALSE))」를 입력하고 [D39] 셀까지 수식 복사

2. [E4] 셀에 「=INDEX($L$13:$S$16,MATCH(C4,$K$13:$K$16,0),MATCH(B4,$L$11:$S$11,1))」를 입력하고 [E39] 셀까지 수식 복사

5. [H4] 셀에 「=fn가입상태(F4,G4)」를 입력하고 [H39] 셀까지 수식 복사

```
Public Function fn가입상태(가입기간, 미납기간)
    If 미납기간 >= 가입기간 Then
        fn가입상태 = "해지예상"
    Else
        If 미납기간 = 0 Then
            fn가입상태 = "정상"
        ElseIf 미납기간 > 2 Then
            fn가입상태 = "휴면보험"
        Else
            fn가입상태 = 미납기간 & "개월 미납"
        End If
    End If
End Function
```

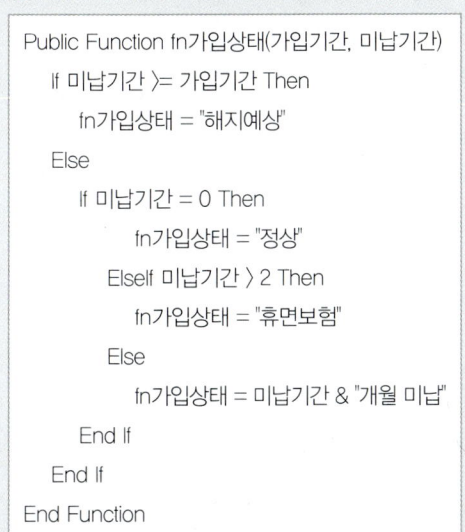

## ❷ 가입자수, 가입기간

| | J | K | L | M | N | O | P | Q | R | S | T |
|---|---|---|---|---|---|---|---|---|---|---|---|
| 18 | | | | | | | | | | | |
| 19 | | [표4] 나이대별 가입자수 | | | | [표5] 코드별 나이별 평균 가입기간 | | | | | |
| 20 | | 나이 | | 가입자수 | | 코드 | 0세 이상 20세 미만 | 20세 이상 30세 미만 | 30세 이상 40세 미만 | 40세 이상 60세 미만 | 60세 이상 80세 미만 |
| 21 | | 1세 ~ | 10세 | 03명 | | | | | | | |
| 22 | | 11세 ~ | 20세 | 06명 | | BM | 7.33 | 16.75 | | 8.00 | |
| 23 | | 21세 ~ | 30세 | 12명 | | BW | 20.50 | 21.00 | | 5.00 | 23.00 |
| 24 | | 31세 ~ | 40세 | 미가입 | | SM | 9.00 | 8.67 | 13.00 | | |
| 25 | | 41세 ~ | 50세 | 07명 | | SW | 7.67 | 16.50 | | 12.33 | 13.50 |
| 26 | | 51세 ~ | 60세 | 05명 | | | | | | | |
| 27 | | 61세 ~ | 70세 | 03명 | | | | | | | |
| 28 | | | | | | | | | | | |

3. [M21:M27] 영역을 범위 지정한 후 「=TEXT(FREQUENCY($B$4:$B$39,$L$21:$L$27),"[>0]00명;미가입")」를 입력하고 Ctrl + Shift + Enter 를 누름

4. [P22] 셀에 「=IFERROR(AVERAGE(IF(($C$4:$C$39=$O22)*($B$4:$B$39)>=P$20)*($B$4:$B$39<P$21),$F$4:$F$39)),"")」를 입력하고 Ctrl + Shift + Enter 를 누른 후에 [T25] 셀까지 수식을 복사

---

## 문제 ❸ 분석작업

### ❶ 피벗 테이블

| | A | B | C | D | E | F | G | H |
|---|---|---|---|---|---|---|---|---|
| 1 | | | | | | | | |
| 2 | | | | | | | | |
| 3 | | | 성별 | 값 | | | | |
| 4 | | | 남 | | 여 | | | |
| 5 | 학년 | 반 | 평균: 출석수 | 학생수 | 평균: 출석수 | 학생수 | 전체 평균: 출석수 | 전체 학생수 |
| 6 | ⊟1 | | 10 | 10 | 6 | 8 | 8 | 18 |
| 7 | | 사랑반 | 8 | 3 | 4 | 4 | 6 | 7 |
| 8 | | 화평반 | 11 | 5 | * | * | 11 | 5 |
| 9 | | 희락반 | 13 | 2 | 7 | 4 | 9 | 6 |
| 10 | ⊟2 | | 10 | 17 | 7 | 12 | 9 | 29 |
| 11 | | 양선반 | 7 | 4 | 1 | 3 | 5 | 7 |
| 12 | | 오래참음반 | 7 | 4 | 9 | 3 | 8 | 7 |
| 13 | | 자비반 | 13 | 3 | 6 | 4 | 9 | 7 |
| 14 | | 충성반 | 11 | 6 | 13 | 2 | 12 | 8 |
| 15 | ⊟3 | | 10 | 18 | 9 | 15 | 9 | 33 |
| 16 | | 믿음반 | 8 | 5 | 14 | 2 | 10 | 7 |
| 17 | | 소망반 | 10 | 4 | 10 | 6 | 10 | 10 |
| 18 | | 온유반 | 10 | 4 | 9 | 4 | 10 | 8 |
| 19 | | 절제반 | 11 | 5 | 4 | 3 | 9 | 8 |
| 20 | 총합계 | | 10 | 45 | 7 | 35 | 9 | 80 |
| 21 | | | | | | | | |

## ❷ 데이터 도구

| | A | B | C | D | E | F | G | H |
|---|---|---|---|---|---|---|---|---|
| 1 | | [표1] | | | | | | |
| 2 | | 반 | 성명 | 성별 | 생년월일 | 연락처 | 출석일수 | |
| 3 | | 믿음반 | 김종헌 | 남 | 2007-05-21 | 010-73**-**** | 13 | |
| 4 | | 믿음반 | 김종헌 | 남 | 2007-08-10 | 010-73**-**** | 12 | |
| 5 | | 믿음반 | 김주형 | 남 | 2007-06-29 | 010-42**-**** | 15 | |
| 6 | | 믿음반 | 박건우 | 남 | 2007-02-24 | 010-47**-**** | 14 | |
| 7 | | 믿음반 | 박연우 | 남 | 2007-09-11 | 010-82**-**** | 13 | |
| 8 | | 믿음반 | 전지호 | 남 | 2007-09-21 | 010-53**-**** | 15 | |
| 9 | | | 6 | 남 개수 | | | | |
| 10 | | 믿음반 | 김서영 | 여 | 2007-02-08 | 010-88**-**** | 15 | |
| 11 | | 믿음반 | 송예린 | 여 | 2007-03-02 | | 15 | |
| 12 | | | 2 | 여 개수 | | | | |
| 13 | | 믿음반 평균 | | | | | 14 | |
| 14 | | 소망반 | 박진우 | 남 | 2007-02-03 | 010-71**-**** | 10 | |
| 15 | | 소망반 | 임형빈 | 남 | 2007-01-03 | 010-99**-**** | 12 | |
| 16 | | 소망반 | 장시훈 | 남 | 2007-12-07 | 010-46**-**** | 15 | |
| 17 | | | 3 | 남 개수 | | | | |
| 18 | | 소망반 | 오정은 | 여 | 2007-04-17 | 010-40**-**** | 15 | |
| 19 | | 소망반 | 유연서 | 여 | 2007-12-10 | 010-52**-**** | 13 | |
| 20 | | 소망반 | 윤서연 | 여 | 2007-02-08 | | 15 | |
| 21 | | 소망반 | 이수린 | 여 | 2007-08-09 | 010-27**-**** | 14 | |
| 22 | | 소망반 | 이유진 | 여 | 2007-09-16 | 010-44**-**** | 13 | |
| 23 | | 소망반 | 최경은 | 여 | 2007-04-30 | 010-32**-**** | 15 | |
| 24 | | | 6 | 여 개수 | | | | |
| 25 | | 소망반 평균 | | | | | 13.55555556 | |
| 26 | | 온유반 | 김주한 | 남 | 2007-12-24 | 010-93**-**** | 9 | |
| 27 | | 온유반 | 박준영 | 남 | 2007-10-10 | 010-71**-**** | 15 | |
| 28 | | 온유반 | 차숙원 | 남 | 2007-08-27 | 010-62**-**** | 14 | |
| 29 | | | 3 | 남 개수 | | | | |
| 30 | | 온유반 | 권지인 | 여 | 2007-01-02 | 010-84**-**** | 14 | |
| 31 | | 온유반 | 김시연 | 여 | 2007-09-06 | 010-36**-**** | 12 | |
| 32 | | 온유반 | 박지원 | 여 | 2007-09-09 | 010-47**-**** | 15 | |
| 33 | | 온유반 | 이지선 | 여 | 2007-06-18 | | 15 | |
| 34 | | | 4 | 여 개수 | | | | |
| 35 | | 온유반 평균 | | | | | 13.42857143 | |
| 36 | | | 24 | 전체 개수 | | | | |
| 37 | | 전체 평균 | | | | | 13.66666667 | |
| 38 | | | | | | | | |

## 문제 ④ 기타작업

### 01 차트

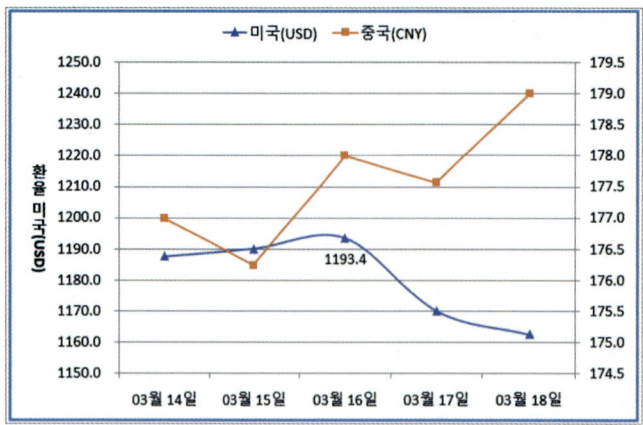

### 02 매크로

| 학년 | 반 | 이름 | 3/3 | 3/10 | 3/17 | 3/24 | 3/31 | 4/7 | 4/14 | 4/21 | 출석 |
|---|---|---|---|---|---|---|---|---|---|---|---|
| 1 | 사랑반 | 김영서 | O | O | O | O | O | O | O | O | 8 |
| 1 | 사랑반 | 이환 | O | O | X | O | O | O | O | O | 7 |
| 1 | 사랑반 | 김유준 | X | O | O | O | O | O | O | O | 7 |
| 1 | 화평반 | 김지환 | O | O | O | O | O | O | O | O | 8 |
| 1 | 화평반 | 원가온 | X | O | O | O | O | O | O | O | 7 |
| 1 | 화평반 | 김서찬 | O | O | O | O | O | O | X | X | 6 |
| 1 | 화평반 | 노재현 | X | O | O | O | X | O | O | O | 6 |
| 1 | 희락반 | 최예진 | O | O | O | O | O | O | O | O | 8 |
| 1 | 희락반 | 전준호 | O | O | O | O | O | O | O | O | 8 |
| 1 | 희락반 | 김우인 | O | O | O | X | O | X | X | X | 4 |
| 2 | 양선반 | 신지섭 | O | O | O | O | O | O | O | O | 8 |
| 2 | 양선반 | 정승우 | O | O | O | O | O |   | O | O | 7 |
| 2 | 오래참음반 | 강연지 | O | O | O | O | O | O | O | O | 8 |
| 2 | 오래참음반 | 박소연 | O | O | O | O | O | O | O | O | 8 |
| 2 | 오래참음반 | 윤지강 | O | O | O | O | O | O | O | O | 8 |
| 2 | 오래참음반 | 손채영 | O | O | O | O | O |   | O | O | 7 |
| 2 | 자비반 | 박지민 | O | O | O | O | O | O | O | O | 8 |
| 2 | 자비반 | 김하람 | O | O | O | O | O | O | O | O | 8 |
| 2 | 자비반 | 김하영 | O | X | O | O | O | O | O | O | 7 |
| 2 | 자비반 | 이지훈 | O | O | X | O | X | X | O | O | 5 |
| 2 | 자비반 | 이선녕 | X | O | O | X | O | X | O | X | 4 |
| 2 | 충성반 | 곽용빈 | O | O | O | O | O | O | O | O | 8 |
| 2 | 충성반 | 이승아 | O | O | O | O | O | O | O | O | 8 |
| 2 | 충성반 | 한정우 | O | O | O | O | O | O | O | O | 8 |
| 2 | 충성반 | 이창재 | O | O | O | O | O | X | O | O | 7 |
| 2 | 충성반 | 노석진 | X | O | O | O | X | O | O | O | 6 |
| 2 | 충성반 | 권한지 | X | X | O | O | O | O | O | O | 6 |
| 2 | 충성반 | 최경주 | O | O | O | O | X | O | O | O | 7 |

## 03 VBA 프로그래밍

- 폼 보이기 프로시저

```
Private Sub CommandButton1_Click()
    팡팡요금관리.Show
End Sub
```

- 폼 초기화 프로시저

```
Private Sub UserForm_Initialize()
    cmb구분.RowSource = "M6:N8"
    Opt유.Value = True
End Sub
```

- 종료 프로시저

```
Private Sub cmd종료_Click()
    MsgBox Now, vbOKOnly, "등록화면을 종료합니다."
    Unload Me
End Sub
```

- 등록 프로시저

```
Private Sub cmd등록_Click()
 행 = [B4].Row + [B4].CurrentRegion.Rows.Count
    Cells(행, 2) = cmb구분.List(cmb구분.ListIndex, 0)
    Cells(행, 3) = txt아동명.Value

    If Opt유.Value Then
        Cells(행, 4) = "유"
    Else
        Cells(행, 4) = "무"
    End If

    Cells(행, 5) = cmb구분.List(cmb구분.ListIndex, 1)
    Cells(행, 6) = txt입장시간.Value
    Cells(행, 7) = txt퇴장시간.Value
    Cells(행, 8) = (Hour(Cells(행, 7)) - Hour(Cells(행, 6))) * Cells(행, 5)
End Sub
```

# 상시 기출문제 05회 해설

## 문제 ① 기본작업

### 01 고급 필터('기본작업-1' 시트)

① [V3:V4] 영역에 '조건'을 입력하고 [X3:AB3] 영역에 추출할 필드명을 입력한다.

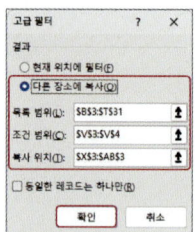

[V4] : =OR($T4<MEDIAN($T$4:$T$31),ISBLANK($S4))

② [데이터]-[정렬 및 필터] 그룹에서 [고급](🔽)을 클릭한다.

③ [고급 필터]에서 다음과 같이 지정한 후 [확인]을 클릭한다.

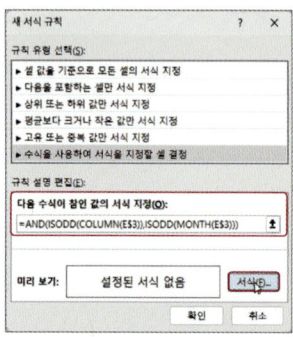

- 결과 : '다른 장소에 복사'
- 목록 범위 : [B3:T31]
- 조건 범위 : [V3:V4]
- 복사 위치 : [X3:AB3]

### 02 조건부 서식('기본작업-1' 시트)

① [E3:S31] 영역을 범위 지정한 후 [홈]-[스타일] 그룹의 [조건부 서식]-[새 규칙]을 클릭한다.

② [새 서식 규칙]에서 '규칙 유형 선택'에 '▶ 수식을 사용하여 서식을 지정할 셀 결정'을 선택하고, =AND(ISODD(COLUMN(E$3)),ISODD(MONTH(E$3)))를 입력한 후 [서식]을 클릭한다.

③ [셀 서식]의 [채우기] 탭에서 '표준 색 – 노랑'을 선택한 후 [확인]을 클릭한다.

④ [새 서식 규칙]에서 다시 [확인]을 클릭한다.

### 03 시트 보호와 통합 문서 보기('기본작업-2' 시트)

① [E4:T31] 영역을 범위 지정한 후 마우스 오른쪽 버튼을 눌러 [셀 서식]을 클릭한다.

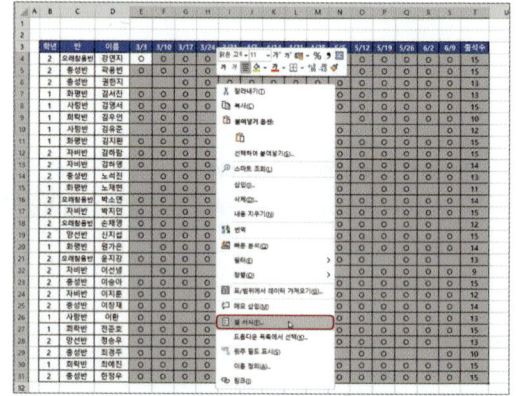

② [보호] 탭에서 '잠금', '숨김'을 체크한 후 [확인]을 클릭한다

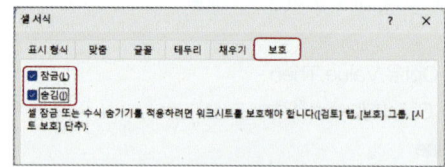

③ [검토]-[보호] 그룹에서 [시트 보호]를 클릭하여 '잠긴 셀 선택'과 '잠기지 않은 셀 선택'을 체크한 후 [확인]을 클릭한다.

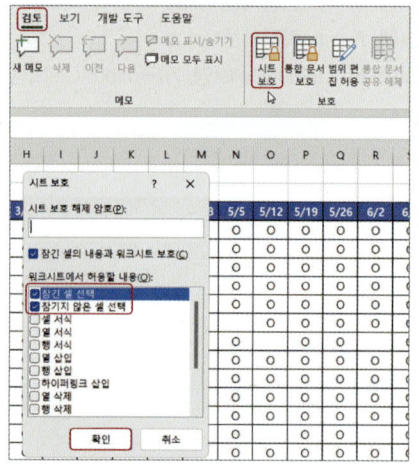

④ [보기]-[통합 문서 보기] 그룹에서 [페이지 나누기 미리 보기]를 클릭한 후 [확대/축소] 그룹에서 [100%]을 클릭한다.

⑤ 페이지 나누기 구분선을 드래그하여 [B3:T31] 영역만 인쇄될 수 있도록 조절한다.

⑥ 1페이지로 인쇄하기 위해서 N와 O열의 경계라인을 드래그하여 T열 밖으로 드래그한다.

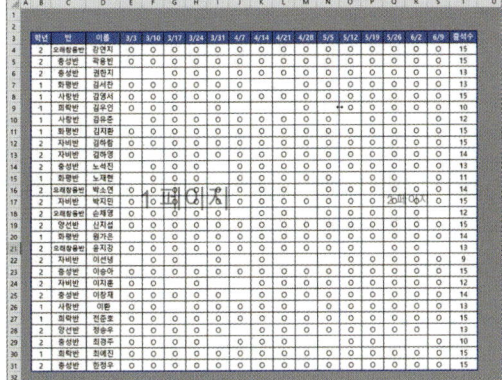

## 문제 ❷ 계산작업('계산작업' 시트)

### 01 구분-성별[D4:D39]

[D4]셀에 =CONCAT(VLOOKUP(C4,$K$5:$M$8,2,FALSE),"-",VLOOKUP(C4,$K$5:$M$8,3,FALSE))를 입력하고 [D39] 셀까지 수식을 복사한다.

> 💬 함수 설명
> =CONCAT(VLOOKUP(C4,$K$5:$M$8,2,FALSE),"-",VLOOKUP(C4,$K$5:$M$8,3,FALSE))
> ① VLOOKUP(C4,$K$5:$M$8,2,FALSE) : 코드[C4] 셀의 값을 [K5:M8] 영역의 첫 번째 열에서 찾아 2번째 열에서 정확하게 일치하는 값을 찾아옴
> ② VLOOKUP(C4,$K$5:$M$8,3,FALSE) : 코드[C4] 셀의 값을 [K5:M8] 영역의 첫 번째 열에서 찾아 3번째 열에서 정확하게 일치하는 값을 찾아옴
> =CONCAT(①,"-",②) : ①-②의 형식으로 연결하여 표시

### 02 가입금액[E4:E39]

[E4]셀에 =INDEX($L$13:$S$16,MATCH(C4,$K$13:$K$16,0),MATCH(B4,$L$11:$S$11,1))를 입력하고 [E39]셀까지 수식을 복사한다.

> 💬 함수 설명
> =INDEX($L$13:$S$16,MATCH(C4,$K$13:$K$16,0),MATCH(B4,$L$11:$S$11,1))
> ① MATCH(C4,$K$13:$K$16,0) : 코드[C4]를 [K13:K16] 영역에 정확하게 일치하는 값을 상대적 위치 값을 구함(만약, 일치하는 값이 없을 때에는 #N/A가 반환됨)
> ② MATCH(B4,$L$11:$S$11,1) : 가입나이[B4]를 [L11:S11] 영역에서 상대적 위치 값을 구함(참조하는 영역이 오름차순이라서 '1')
> =INDEX($L$13:$S$16,①,②) : [L13:S16] 영역의 ①의 행과 ②의 열이 교차하는 값을 찾아옴

### 03 나이대별 가입자수[M21:M27]

[M21:M27] 영역을 범위 지정한 후 =TEXT(FREQUENCY($B$4:$B$39,$L$21:$L$27),"[>0]00명;미가입")를 입력하고 Ctrl + Shift + Enter 를 누른다.

> 💬 함수 설명
> =TEXT(FREQUENCY($B$4:$B$39,$L$21:$L$27),"[>0]00명;미가입")
> ① FREQUENCY($B$4:$B$39,$L$21:$L$27) : [B4:B39] 영역의 값이 [L21:L27] 영역의 빈도수를 구함
> =TEXT(①,"[>0]00명;미가입") : ①의 값이 0보다 크면 00명 형식으로 그 외는 '미가입'으로 표시

④ 코드별 나이별 평균 가입기간[P22:T25]

[P22] 셀에 =IFERROR(AVERAGE(IF(($C$4:$C$39=$O22)*($B$4:$B$39>=P$20)*($B$4:$B$39<P$21),$F$4:$F$39)),"")를 입력하고 Ctrl+Shift+Enter를 누른 후에 [T25] 셀까지 수식을 복사한다.

> 💬 함수 설명
>
> =IFERROR(AVERAGE(IF(($C$4:$C$39=$O22)*($B$4:$B$39>=P$20)*($B$4:$B$39<P$21),$F$4:$F$39)),"")
>
> ① ($C$4:$C$39=$O22)*($B$4:$B$39>=P$20)*($B$4:$B$39<P$21) : 코드[C4:C39]의 값이 [O22]와 같고, 가입 나이[B4:B39]이 [P20] 셀 이상이고, [P21] 셀 미만이면 TRUE 값이 반환
> ② IF(①,$F$4:$F$39) : ①의 값이 TRUE이면 가입기간 [F4:F39]의 값이 반환
> ③ AVERAGE(②) : ②의 값의 평균을 구함
>
> =IFERROR(③,"") : ②의 오류가 있을 때에는 공백("")으로 표시

⑤ 사용자 정의 함수(fn가입상태)[H4:H39]

① [개발 도구]-[코드] 그룹의 [Visual Basic](아이콘)을 클릭한다.
② [삽입]-[모듈]을 클릭한다.
③ Module 창에 다음과 같이 입력한다.

```
Public Function fn가입상태(가입기간, 미납기간)
    If 미납기간 >= 가입기간 Then
        fn가입상태 = "해지예상"
    Else
        If 미납기간 = 0 Then
            fn가입상태 = "정상"
        ElseIf 미납기간 > 2 Then
            fn가입상태 = "휴면보험"
        Else
            fn가입상태 = 미납기간 & "개월 미납"
        End If
    End If
End Function
```

④ [파일]-[닫고 Microsoft Excel(으)로 돌아가기]를 클릭하여 [Visual Basic Editor]를 닫는다.
⑤ [H4] 셀을 클릭한 후 [함수 삽입](아이콘)을 클릭한다.

⑥ 범주 선택에서 '사용자 정의', 함수 선택에서 'fn가입상태'를 선택한 후 [확인]을 클릭한다.

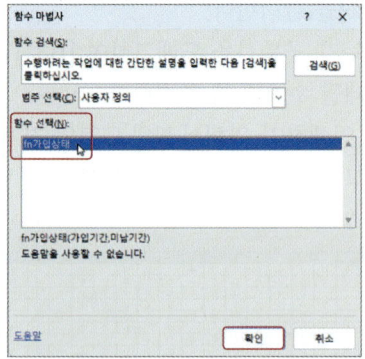

⑦ 가입기간은 [F4], 미납기간은 [G4]를 지정한 후 [확인]을 클릭한다.

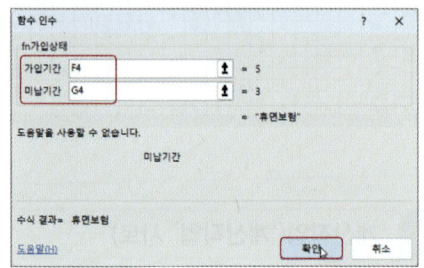

⑧ [H4] 셀을 선택한 후 [H39] 셀까지 수식을 복사한다.

### 문제 ③ 분석작업

① 피벗 테이블('분석작업-1' 시트)

① [A3] 셀을 선택한 후 [삽입]-[표] 그룹의 [피벗 테이블](아이콘)을 클릭한다.
② [피벗 테이블 만들기]에서 '데이터 모델에 이 데이터 추가'를 체크하고, '외부 데이터 원본 사용'에서 [연결 선택]을 클릭한다.

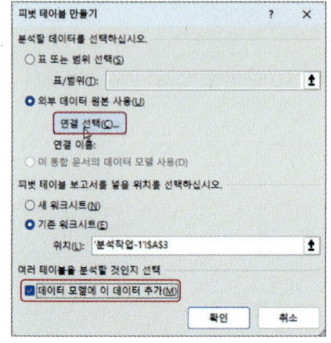

> **기적의 TIP**
>
> 사용하는 엑셀 버전에 따라 [피벗 테이블] 대화상자에서 작성할 수 없는 경우, [삽입]-[표] 그룹의 [피벗테이블]-[외부 데이터 원본에서]를 클릭하여 작성할 수 있습니다.

③ [기존 연결]에서 [더 찾아보기]를 클릭한 후 '출석부관리.csv'를 선택하고 [열기]를 클릭한다.

④ [1단계]에서 '내 데이터에 머리글 표시'를 체크하고, '구분 기호로 분리됨'을 선택하고 [다음]을 클릭한다.

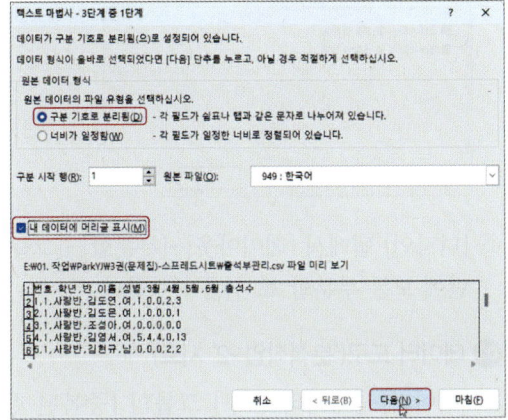

⑤ [2단계]에서 구분 기호 '쉼표'만 체크하고 [다음]을 클릭한다.

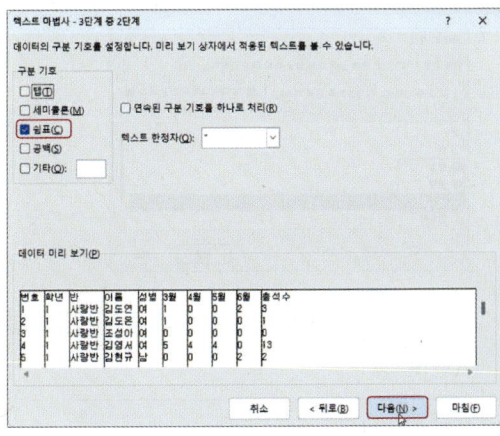

⑥ [3단계]에서 '번호' 필드를 선택한 후 '열 가져오지 않음(건너뜀)'을 선택하고, 같은 방법으로 '3월', '4월', '5월', '6월' 필드도 '열 가져오지 않음(건너뜀)'을 선택하고 [마침]을 클릭한다.

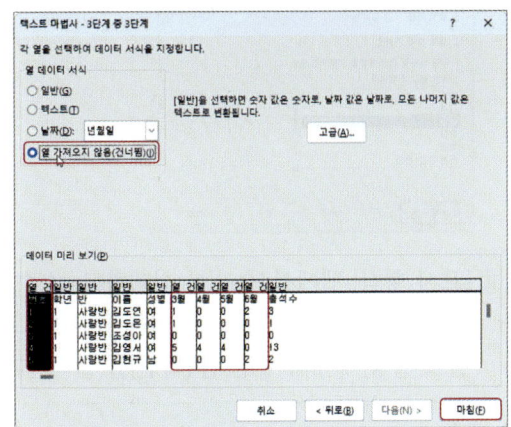

⑦ [피벗 테이블 만들기]에서 [확인]을 클릭한다.

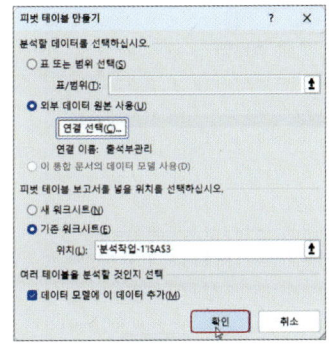

⑧ [피벗 테이블 필드]에서 다음과 같이 드래그한다.

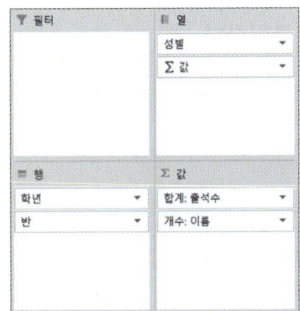

⑨ [디자인]-[레이아웃] 그룹의 [보고서 레이아웃]-[개요 형식으로 표시]를 클릭한다.

⑩ [C5] 셀 '합계 : 출석수'에서 더블클릭하여 '평균'을 선택하고 [표시 형식]을 클릭한다.

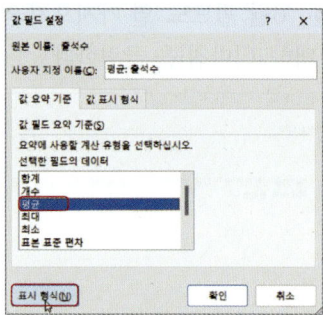

⑪ [표시 형식] 탭에서 '숫자'를 선택하고, 소수 자릿수는 '0'으로 지정하고 [확인]을 클릭하고 [값 필드 설정]에서 다시 한 번 [확인]을 클릭한다.

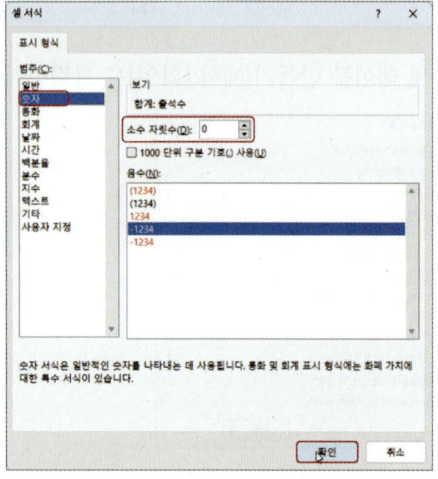

⑫ [D5] 셀 '개수 : 이름'에서 더블클릭하여 [값 필드 설정]에서 '사용자 지정 이름'에 **학생수**를 입력하고 [확인]을 클릭한다.

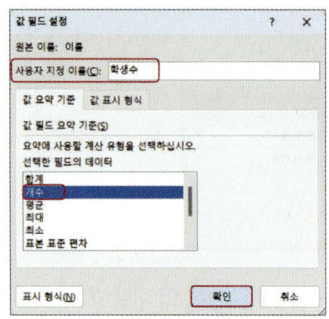

⑬ [피벗 테이블 분석]-[피벗 테이블] 그룹을 클릭하여 [옵션](🔲옵션)을 클릭한다.

⑭ [레이아웃 및 서식] 탭에서 '레이블이 있는 셀 병합 및 가운데 맞춤'을 체크하고, '빈 셀 표시'에 *를 입력하고 [확인]을 클릭한다.

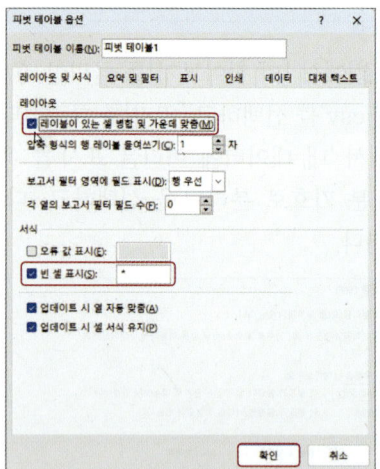

⑮ [디자인] 탭에서 [레이아웃]-[부분합]-[그룹 상단에 모든 부분합 표시]를 클릭한다.

### 02 데이터 도구('분석작업-2' 시트)

① [데이터]-[데이터 도구] 그룹의 [중복된 항목 제거](🔲)를 클릭한 후 '모두 선택 취소'를 클릭한 후 '성명', '성별', '생년월일'만 체크하고 [확인]을 클릭한다.

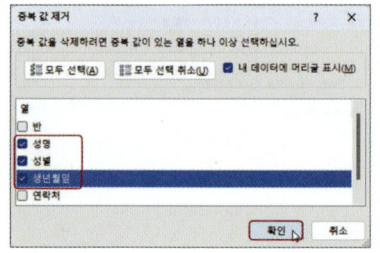

② 다음과 같은 메시지가 표시되고 [확인]을 클릭한다.

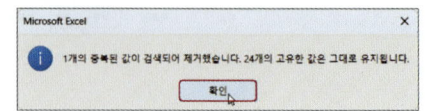

③ [B2:G26] 영역을 범위 지정한 후 [데이터]-[정렬 및 필터] 그룹의 [정렬](圖)을 클릭한 후 다음과 같이 지정하고 [확인]을 클릭한다.

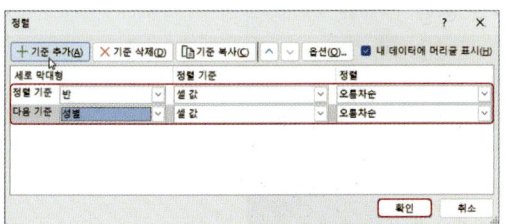

- 정렬 기준 '반', '오름차순'
- 다음 기준 '성별', '오름차순'

④ [데이터]-[개요] 그룹에서 [부분합](圖)을 클릭하여 다음과 같이 지정하고 [확인]을 클릭한다.

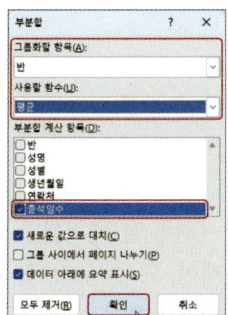

- 그룹화할 항목 : 반
- 사용할 함수 : 평균
- 부분합 계산 항목 : 출석일수

⑤ [데이터]-[개요] 그룹에서 [부분합](圖)을 클릭하여 다음과 같이 지정하고 [확인]을 클릭한다.

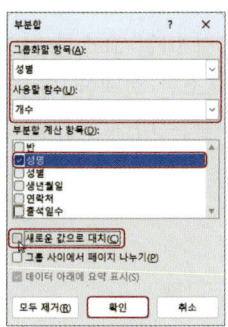

- 그룹화할 항목 : 성별
- 사용할 함수 : 개수
- 부분합 계산 항목 : 성명
- '새로운 값으로 대치' 체크를 해제

## 문제 ④ 기타작업

### 01 차트('기타작업-1' 시트)

① 차트에서 마우스 오른쪽 버튼을 눌러 [데이터 선택]을 선택한다.

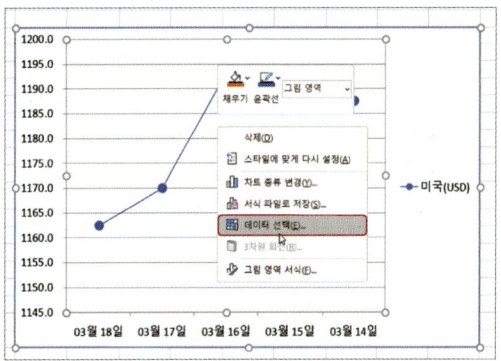

② [추가]를 클릭하여 [계열 편집]에서 다음과 같이 지정하고 [확인]을 클릭한다.

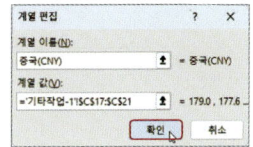

③ [데이터 원본 선택]의 '가로(항목) 축 레이블'에서 [편집]을 클릭한다.

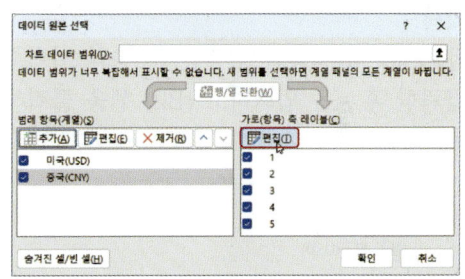

④ [축 레이블]에서 '축 레이블 범위'를 [B17:B21]로 지정하고 [확인]을 클릭한다

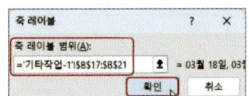

⑤ 꺾은선형 '중국(CNY)' 계열을 선택한 후 마우스 오른쪽 버튼을 눌러 [데이터 계열 서식]을 클릭한다.

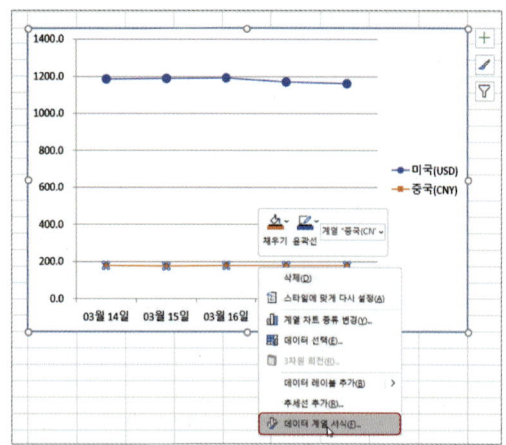

⑥ [데이터 계열 서식]의 '계열 옵션'에서 '보조 축'을 선택한다.

⑦ [차트 요소](⊞)-[축 제목]-[기본 세로]를 클릭한다.
⑧ 세로(값) 축 제목을 선택한 후 수식 입력줄을 클릭한 후 =을 입력하고 [B2] 셀을 클릭하고 Enter 를 누른다

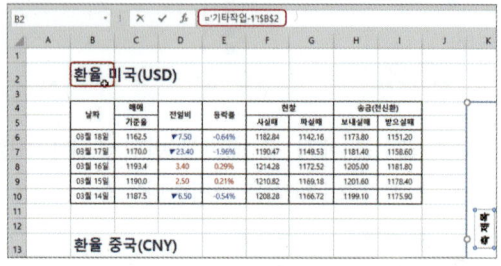

⑨ 세로(값) 축 제목을 선택한 후 [크기 및 속성]의 맞춤에서 텍스트 방향을 '세로'를 선택한다.

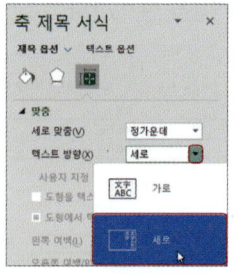

⑩ 세로(값) 축을 선택한 후 '축 옵션'에서 '최소값' 1150, '최대값' 1250, 단위 '기본'에 10을 입력한다.

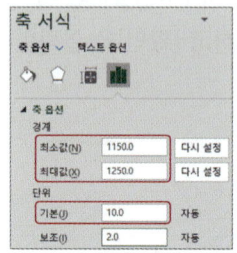

⑪ [차트 요소](⊞)-[범례]-[위쪽]을 클릭한다.
⑫ '미국(USD)' 계열을 선택한 후 [채우기 및 선]의 [표식]에서 '표식 옵션'에서 형식은 '▲', 크기 '6'을 선택한다.
⑬ '테두리'에서 '완만한 선'을 체크하고 [닫기]를 클릭한다.
⑭ '미국(USD)' 계열의 '03월 16일' 요소를 천천히 2번 클릭하여 하나의 요소만 선택한 후 [차트 요소](⊞)-[데이터 레이블]-[아래쪽]을 클릭한다.

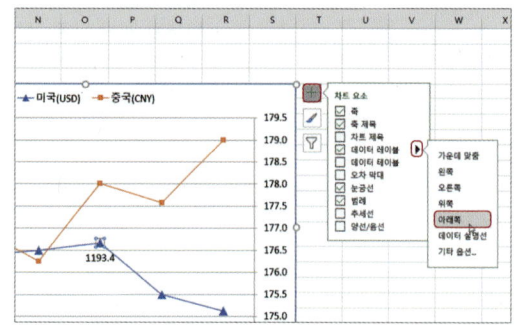

## 02 매크로('기타작업-2' 시트)

① [개발 도구]-[컨트롤] 그룹의 [삽입]-[단추(양식 컨트롤)](□)을 클릭한다.
② 마우스 포인터가 '+'로 바뀌면 Alt 를 누른 상태에서 [B2:C3] 영역으로 드래그한 후 [매크로 지정]에서 **서식적용**을 입력하고 [기록]을 클릭한다.

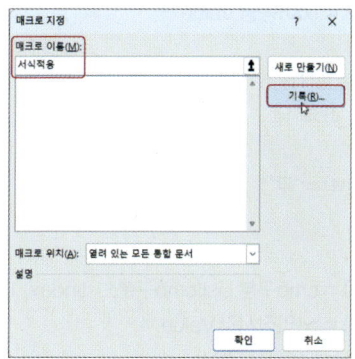

③ [매크로 기록]에 자동으로 '서식적용'으로 매크로 이름이 표시되면 [확인]을 클릭한다.
④ [E6:L33] 영역을 범위 지정한 후 Ctrl + 1 을 눌러 [표시 형식] 탭의 '사용자 지정'에 [=1]"O";[=0]"X"를 입력하고 [확인]을 클릭한다.

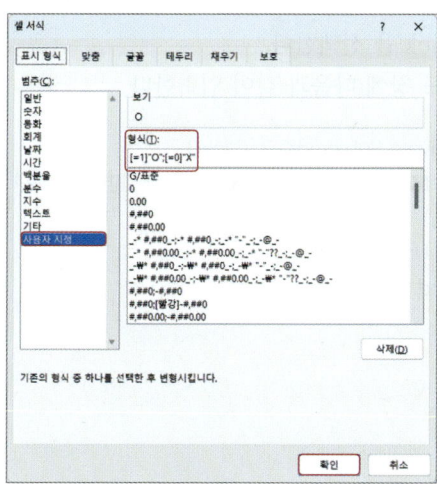

⑤ 임의의 셀을 클릭한 후 매크로 기록을 종료하기 위해 [개발 도구]-[코드] 그룹의 [기록 중지](□)를 클릭한다.
⑥ 단추에 텍스트를 수정하기 위해서 단추에서 마우스 오른쪽 버튼을 눌러 [텍스트 편집]을 클릭한다.
⑦ 단추에 입력된 '단추 1'을 지우고 **서식적용**을 입력한다.
⑧ [개발 도구]-[컨트롤] 그룹의 [삽입]-[단추(양식 컨트롤)](□)을 클릭한다.
⑨ 마우스 포인터가 '+'로 바뀌면 [E2:F3] 영역에 드래그하면 [매크로 지정] 대화상자가 나타난다. Alt 를 누른 상태로 드래그하면 셀 눈금선에 맞추어 그릴 수 있다.
⑩ [매크로 지정]에 **그래프보기**를 입력하고 [기록]을 클릭하고, [매크로 기록]에 자동으로 '그래프보기'로 매크로 이름이 표시되면 [확인]을 클릭한다.
⑪ [M6:M33] 영역을 범위 지정한 후 [홈]-[스타일] 그룹의 [조건부 서식]-[새 규칙]을 클릭하여 다음과 같이 지정하고 [확인]을 클릭한다.

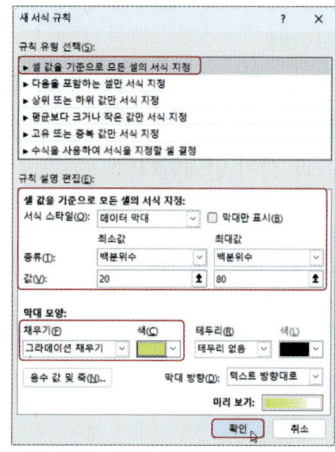

- 셀 값을 기준으로 모든 셀의 서식 지정
- 서식 스타일 : 데이터 막대
- 최소값 : 백분위수(20)
- 최대값 : 백분위수(80)
- 채우기 : 그라데이션 채우기
- 색 : 표준 색 - 노랑

⑫ 임의의 셀을 클릭한 후 매크로 기록을 종료하기 위해 [개발 도구]-[코드] 그룹의 [기록 중지](□)를 클릭한다.
⑬ 단추에서 마우스 오른쪽 버튼을 눌러 [텍스트 편집]을 클릭하여 **그래프보기**를 입력한다.

## 03 VBA 프로그래밍('기타작업-3' 시트)

### ① 폼 보이기

① [개발 도구]-[컨트롤] 그룹에서 [디자인 모드](🖎)를 클릭하여 〈팡팡요금관리〉 버튼을 편집 상태로 만든다.
② 〈팡팡요금관리〉 버튼을 더블클릭한 후 코드 창에 다음과 같이 입력한다.

```vb
Private Sub CommandButton1_Click()
    팡팡요금관리.Show
End Sub
```

### ② 폼 초기화

① [프로젝트-VBAProject] 탐색기에서 '폼'을 더블 클릭하고 〈팡팡요금관리〉를 선택한다.
② [프로젝트-VBAProject] 탐색기의 [코드 보기](📄)를 클릭한다.
③ '개체 목록'은 'UserForm', '프로시저 목록'은 'Initialize'를 선택한다.
④ 코드 창에 다음과 같이 입력한다.

```vb
Private Sub UserForm_Initialize()
    cmb구분.RowSource = "M6:N8"
    Opt유.Value = True
End Sub
```

### ③ 등록 프로시저

① '개체 목록'에서 'cmd등록', '프로시저 목록'은 'Click'을 선택한다.
② 코드 창에 다음과 같이 입력한다.

```vb
Private Sub cmd등록_Click()
    행 = [B4].Row + [B4].CurrentRegion.Rows.Count
    Cells(행, 2) = cmb구분.List(cmb구분.ListIndex, 0)
    Cells(행, 3) = txt아동명.Value
    
    If Opt유.Value Then
        Cells(행, 4) = "유"
    Else
        Cells(행, 4) = "무"
    End If
    
    Cells(행, 5) = cmb구분.List(cmb구분.ListIndex, 1)
    Cells(행, 6) = txt입장시간.Value
    Cells(행, 7) = txt퇴장시간.Value
    Cells(행, 8) = (Hour(Cells(행, 7)) - Hour(Cells(행, 6))) * Cells(행, 5)
End Sub
```

### ④ 종료 프로시저

① '개체 목록'에서 'cmd종료', '프로시저 목록'은 'Click'을 선택한다.
② 코드 창에 다음과 같이 입력한다.

```vb
Private Sub cmd종료_Click()
    MsgBox Now, vbOKOnly, "등록화면을 종료합니다."
    Unload Me
End Sub
```

# 상시 기출문제 06회

**작업파일** [26컴활1급₩1권_스프레드시트₩상시기출문제] 폴더의 '상시기출문제6회' 파일을 열어서 작업하시오.

## 문제 ❶ 기본작업 | 주어진 시트에서 다음 과정을 수행하고 저장하시오. 15점

### 01 '기본작업-1' 시트에서 다음과 같이 고급 필터를 수행하시오. (5점)
- ▶ [B2:G43] 영역에서 '작업사항'이 공백이 아니면서 '작업사항'이 '품절도서'가 아닌 행에 대하여 '입력일자', '신청자이름', '서명', '저자', '작업사항' 열을 순서대로 표시하시오.
- ▶ 조건은 [I2:I3] 영역에 입력하시오. (AND, ISBLANK, NOT 함수 사용)
- ▶ 결과는 [I7] 셀부터 표시하시오.

### 02 '기본작업-1' 시트에서 다음과 같이 조건부 서식을 설정하시오. (5점)
- ▶ [B3:G43] 영역에서 다섯 번째 행마다 글꼴 스타일 '기울임꼴', 채우기 색 '표준 색-노랑'을 적용하시오.
- ▶ 단, 규칙 유형은 '수식을 사용하여 서식을 지정할 셀 결정'을 사용하고, 한 개의 규칙으로만 작성하시오.
- ▶ ROW, MOD 함수 사용

### 03 '기본작업-2' 시트에서 다음과 같이 페이지 레이아웃을 설정하시오. (5점)
- ▶ 인쇄될 내용이 페이지의 정 가운데에 인쇄되도록 페이지 가운데 맞춤을 설정하시오.
- ▶ 매 페이지 하단의 가운데 구역에는 페이지 번호가 [표시 예]와 같이 표시되도록 바닥글을 설정하시오. [표시 예 : 현재 페이지 번호 1, 전체 페이지 번호 3 → 1/3 ]
- ▶ [B2:D42] 영역을 인쇄 영역으로 설정하고, 2행이 매 페이지마다 반복하여 인쇄되도록 인쇄 제목을 설정하시오.

## 문제 ❷ 계산작업 | '계산작업' 시트에서 다음 과정을 수행하고 저장하시오. 30점

### 01 [표1]의 성명과 [표2]를 이용하여 부양공제[D4:D42]를 표시하시오. (6점)
- ▶ 성명이 [표2]의 목록에 있으면 '예'로, 없으면 '아니오'로 표시
- ▶ IF, ISERROR, MATCH 함수 사용

### 02 [표1]의 법인명과 [표3]을 이용하여 사업자번호[H4:H42]를 표시하시오. (6점)
- ▶ 사업자번호는 [표3]을 참조하여 구하고 사업자번호의 5번째부터 두 자리 문자를 '○●' 기호로 바꾸어 표시 [표시 예 : 123-45-6789 → 123-○●-6789]
- ▶ 단, 오류발생 시 빈칸으로 표시하시오.
- ▶ IFERROR, REPLACE, VLOOKUP 함수 사용

③ [표1]의 소득공제, 소득공제내용, 금액을 이용하여 소득공제별 소득공제내용별 금액의 합계를 [표4]의 [N14:P16] 영역에 계산하시오. (6점)

▶ 합계는 천원 단위로 표시 [표시 예 : 0 → 0, 1,321,420 → 1,321]
▶ IF, SUM, TEXT 함수를 이용한 배열 수식

④ [표1]에서 소득공제가 '일반의료비'인 관계별 최대 금액과 최소 금액의 차이를 [표5]의 [N21:N24] 영역에 계산하시오. (6점)

▶ IF, LARGE, SMALL 함수를 이용한 배열 수식

⑤ 사용자 정의 함수 'fn의료비보조'를 작성하여 [표1]의 의료비보조[J4:J42]를 표시하시오. (6점)

▶ 'fn의료비보조'는 관계, 소득공제, 금액을 인수로 받아 값을 되돌려줌
▶ 소득공제가 '일반의료비'인 경우에는 관계가 '본인' 또는 '자' 또는 '처'이면 금액의 80%를, 아니면 금액의 50%을 계산하여 표시, 소득공제가 '일반의료비'가 아닌 경우에는 0으로 표시
▶ If ~ Else 문 사용

```
Public Function fn의료비보조(관계, 소득공제, 금액)

End Function
```

## 문제 ❸  분석작업 | 주어진 시트에서 다음 과정을 수행하고 저장하시오    20점

① '분석작업-1' 시트에서 다음의 지시사항에 따라 피벗 테이블 보고서를 작성하시오. (10점)

▶ 외부 데이터 가져오기 기능을 이용하여 〈생활기상정보.accdb〉에서 〈기상자료〉 테이블의 '기상', '지역', '1월', '2월', '3월', '4월', '5월', '12월' 열을 이용하시오.
▶ 피벗 테이블 보고서의 레이아웃과 위치는 〈그림〉을 참조하여 설정하고, 보고서 레이아웃을 테이블 형식으로 표시하시오.
▶ '12월' + '1월' + '2월'로 계산하는 '겨울기상'계산 필드와 '3월' + '4월' + '5월'로 계산하는 '봄기상' 계산 필드를 추가하시오.
▶ 행의 총합계는 표시되지 않도록 설정하시오.
▶ 피벗 테이블 스타일은 '밝은 회색, 피벗스타일 밝게 15', 피벗 테이블 스타일옵션은 '행 머리글', '열 머리글', '줄무늬열'을 설정하시오.

| 지역 | 값 | 강수량 | 습도 | 최고기온 | 평균온도 |
|---|---|---|---|---|---|
| 강원 | 합계 : 겨울기상 | 432.6 | 750 | 43.9 | -20.3 |
|  | 합계 : 봄기상 | 961.7 | 736 | 195.6 | 124.5 |
| 경기 | 합계 : 겨울기상 | 191.1 | 544 | 37.9 | -1.4 |
|  | 합계 : 봄기상 | 642.2 | 556 | 151.9 | 104.8 |
| 경상 | 합계 : 겨울기상 | 449.7 | 837 | 123.5 | 54.2 |
|  | 합계 : 봄기상 | 1306.9 | 923 | 273.4 | 197 |
| 전라 | 합계 : 겨울기상 | 472.5 | 987 | 111.1 | 39.5 |
|  | 합계 : 봄기상 | 1182.1 | 994 | 267.2 | 182.8 |
| 제주 | 합계 : 겨울기상 | 179.8 | 191 | 29.5 | 21.3 |
|  | 합계 : 봄기상 | 287.4 | 195 | 52.5 | 41.5 |
| 충청 | 합계 : 겨울기상 | 328 | 776 | 63.5 | 0 |
|  | 합계 : 봄기상 | 890.6 | 727 | 216 | 140.9 |
| 전체 합계 : 겨울기상 |  | 2053.7 | 4085 | 409.4 | 93.5 |
| 전체 합계 : 봄기상 |  | 5270.9 | 4131 | 1156.6 | 791.5 |

※ 작업 완성된 그림이며 부분점수 없음

## 02 '분석작업-2' 시트에 대하여 다음의 지시사항을 처리하시오. (10점)

▶ [데이터 유효성 검사] 기능을 이용하여 [D3:E35] 영역에는 2020-03-01부터 2020-04-30까지의 날짜만 입력되도록 제한 대상을 설정하시오.
 - [D3:E35] 영역의 셀을 클릭한 경우 〈그림〉과 같은 설명 메시지를 표시하고, 유효하지 않은 데이터를 입력한 경우 〈그림〉과 같은 오류 메시지가 표시되도록 설정하시오.

 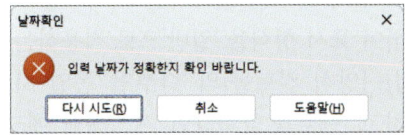

▶ [필터] 기능을 이용하여 '개화일'이 2020-03-01 이전 또는 2020-04-30 이후인 경우의 데이터 행만 표시되도록 날짜 필터를 설정하시오.

## 문제 ④ 기타작업 | 주어진 시트에서 다음 과정을 수행하고 저장하시오.  35점

### 01 '기타작업-1' 시트에서 다음의 지시사항에 따라 차트를 수정하시오. (각 2점)

※ 차트는 반드시 문제에서 제공한 차트를 사용하여야 하며, 신규로 차트작성 시 0점 처리됨

① 데이터 원본 선택은 '서울', '대전', '대구', '부산' 계열이 〈그림〉과 같이 표시되도록 범례 항목(계열)의 계열 이름을 수정하시오.
② 차트 제목을 추가하여 [B2] 셀과 연동하고, 차트 영역의 글꼴 크기를 '13pt'로 설정하시오.
③ 차트 종류를 '표식이 있는 꺾은선형'으로 변경하고, 그림 영역에 '미세 효과 – 회색, 강조 3' 도형 스타일을 적용하시오.
④ 세로 (값) 축의 최소 값은 4, 최대 값은 6으로 설정하고, 기본 주 세로 눈금선을 표시하시오.
⑤ 차트 영역의 테두리 스타일은 '둥근 모서리', 그림자는 '안쪽 가운데'로 설정하시오.

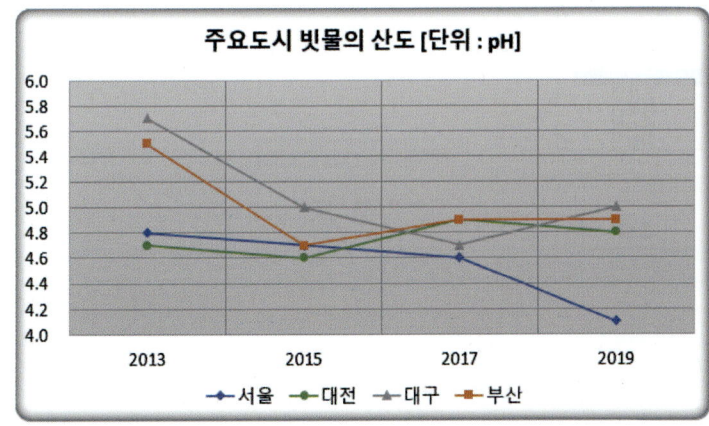

## 02 '기타작업-2' 시트에서 다음과 같은 기능을 수행하는 매크로를 현재 통합문서에 작성하시오. (각 5점)

① [F7:F39] 영역에 대하여 사용자 지정 표시 형식을 설정하는 '서식적용' 매크로를 생성하시오.
- ▶ 양수일 때 파랑색으로 기호 없이 소수점 이하 첫째 자리까지 표시, 음수일 때 빨강색으로 기호 없이 소수점 이하 첫째 자리까지 표시, 0일 때 검정색으로 "●" 기호만 표시
- ▶ [개발 도구]-[삽입]-[양식 컨트롤]의 '단추'를 동일 시트의 [B2:C3] 영역에 생성한 후 텍스트를 '서식적용'으로 입력하고, 단추를 클릭하면 '서식적용' 매크로가 실행되도록 설정하시오.

② [F7:F39] 영역에 대하여 표시 형식을 '일반'으로 적용하는 '서식해제' 매크로를 생성하시오.
- ▶ [개발 도구]-[삽입]-[양식 컨트롤]의 '단추'를 동일 시트의 [E2:F3] 영역에 생성한 후 텍스트를 '서식해제'로 입력하고, 단추를 클릭하면 '서식해제' 매크로가 실행되도록 설정하시오.

※ 셀 포인터의 위치에 관계없이 매크로가 실행되어야 정답으로 인정됨

## 03 '기타작업-3' 시트에서 다음과 같은 작업을 수행하도록 프로시저를 작성하시오. (각 5점)

① '성적입력' 단추를 클릭하면 〈성적등록화면〉 폼이 나타나도록 설정하고, 폼이 초기화(Initialize)되면 수강자(cmb수강자)에는 [O6:P17] 영역의 값이 표시되도록 설정하시오.

② '성적등록화면' 폼의 '등록'(cmd등록) 단추를 클릭하면 폼에 입력된 데이터가 [표1]에 입력되어 있는 마지막 행 다음에 연속하여 추가되도록 프로시저를 작성하시오.
- ▶ '학번'과 '성명'에는 선택된 수강자(cmb수강자)에 해당하는 학번과 성명을 각각 표시
- ▶ '출석'은 '20 - (결석 * 2 + 지각 * 1)'로 계산
- ▶ '비고'는 '출석'이 12보다 작으면 '출석미달'로 표시
- ▶ If문 사용

③ 종료(cmd종료) 단추를 클릭하면 〈그림〉과 같은 메시지 박스를 표시한 후 폼을 종료하는 프로시저를 작성하시오.
- ▶ 시스템의 현재 시간과 " 평가를 종료합니다." 텍스트를 함께 표시

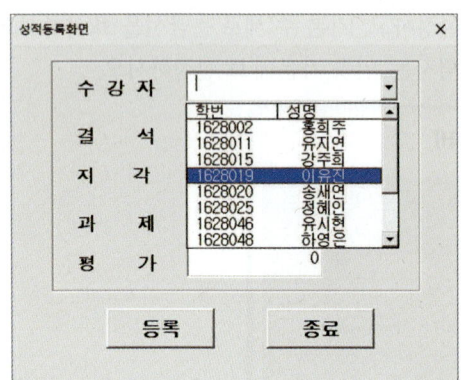
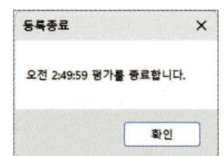

## 상시 기출문제 06회 정답

### 문제 ① 기본작업

**01 고급 필터**

**02 조건부 서식**

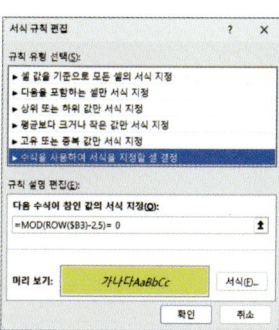

## 03 페이지 레이아웃

| 서명 | 저자 | 출판년 |
|---|---|---|
| 2030년에는 투명망토가 나올까 | 얀 파울 스취턴 | 2015 |
| Duck & Goose : Find a Pumpkin | Tad Hills | 2009 |
| Duck and Goose, Goose Needs a Hug | Tad Hills | 2012 |
| ENJOY 홋카이도(2015-2016) | 정태관,박용준,민보영 | 2015 |
| Extra Yarn | Mac Barnett | 2014 |
| The Unfinished Angel | Creech, Sharon | 2011 |
| Why? 소프트웨어와 코딩 | 조영선 | 2015 |
| 값싼 음식의 실제 가격 | 마이클 캐롤런 | 2016 |
| 걸은 노란 | 파트릭 종대 룬드베리 | 2014 |
| 글쓰는 여자의 공간 | 타니아 슐리 | 2016 |
| 나는 누구인가 - 인문학 최고의 공부 | 강신주, 고미숙 외5 | 2014 |
| 나는 단순하게 살기로 했다 | 사사키 후미오 | 2015 |
| 나이트 워치 상 | 세르게이 루키야넨코 | 2015 |
| 내 몸의 바운스를 깨워라 | 옥주현 | 2013 |
| 당나귀와 다이아몬드 | D&B | 2011 |
| 돼지 루퍼스, 학교에 가다 | 킴 그리스웰 | 2014 |
| 라플라스의 마녀 | 히가시노게이고 | 2016 |
| 뭐? 나랑 너랑 닮았다고!? | 고미 타로 | 2015 |
| 벤저민 그레이엄의 정량분석 Quant | 스티븐 P. 그라이너 | 2012 |
| 부동산의 보이지 않는 진실 | 이재범 외1 | 2016 |
| 부시파일럿, 나는 길이 없는 곳으로 간다 | 오현호 | 2016 |
| 빼꼼 아저씨네 동물원 | 케빈 휄드론 | 2015 |
| 새 하늘과 새 땅 | 리처드 미들턴 | 2015 |
| 섬을 탈출하는 방법 | 조형근, 김종배 | 2015 |
| 스웨덴 엄마의 말하기 수업 | 페트라 크란즈 린드그렌 | 2015 |
| 아바타 나영일 | 박상재 | 2013 |
| 알라 | 미로슬라브 볼프 | 2016 |
| 영재들의 비밀습관 하브루타 | 장성애 | 2016 |

1/2

## 문제 ② 계산작업

### 01 부양공제, 사업자번호, 의료비보조

| | A | B | C | D | E | F | G | H | I | J |
|---|---|---|---|---|---|---|---|---|---|---|
| 1 | | | | | | | | | | |
| 2 | | [표1] | | | | | | | | |
| 3 | | 성명 | 관계 | 부양공제 | 소득공제 | 소득공제내용 | 법인명 | 사업자번호 | 금액 | 의료비보조 |
| 4 | | 김가인 | 모 | 예 | 일반의료비 | 간소화자료 | 사랑의원 | 123-○●-6793 | 612,700 | 306,350 |
| 5 | | 김가인 | 모 | 예 | 신용카드 | 대중교통 | 상공카드 | 123-○●-6791 | 13,000 | 0 |
| 6 | | 김가인 | 모 | 예 | 신용카드 | 대중교통 | 상공카드 | 123-○●-6791 | 46,000 | 0 |
| 7 | | 김가인 | 모 | 예 | 현금영수증 | 일반사용분 | | | 3,000 | 0 |
| 8 | | 김가인 | 모 | 예 | 신용카드 | 일반사용분 | 상공카드 | 123-○●-6791 | 536,790 | 0 |
| 9 | | 김가인 | 모 | 예 | 신용카드 | 일반사용분 | 상공카드 | 123-○●-6791 | 1,738,200 | 0 |
| 10 | | 김가인 | 모 | 예 | 신용카드 | 전통시장 | 상공카드 | 123-○●-6791 | 23,520 | 0 |
| 11 | | 김가인 | 모 | 예 | 일반의료비 | 간소화자료 | 중앙병원 | 123-○●-6794 | 58,600 | 29,300 |
| 12 | | 김가인 | 모 | 예 | 일반의료비 | 간소화자료 | 중앙병원 | 123-○●-6794 | 117,840 | 58,920 |
| 13 | | 임윤아 | 처 | 아니오 | 지정기부금 | 법인 | 사단법인 | | 220,000 | 0 |
| 14 | | 임윤아 | 처 | 아니오 | 일반의료비 | 간소화자료 | 사랑의원 | 123-○●-6793 | 44,700 | 35,760 |
| 15 | | 임윤아 | 처 | 아니오 | 일반의료비 | 간소화자료 | 사랑의원 | 123-○●-6793 | 88,400 | 70,720 |
| 16 | | 임윤아 | 처 | 아니오 | 일반의료비 | 간소화자료 | 중앙병원 | 123-○●-6794 | 107,190 | 85,752 |
| 17 | | 주인철 | 부 | 예 | 일반의료비 | 간소화자료 | 중앙병원 | 123-○●-6794 | 360,600 | 180,300 |
| 18 | | 주인철 | 부 | 예 | 현금영수증 | 일반사용분 | | | 145,000 | 0 |
| 19 | | 주인철 | 부 | 예 | 현금영수증 | 일반사용분 | | | 231,000 | 0 |
| 20 | | 주인철 | 부 | 예 | 일반의료비 | 간소화자료 | 중앙병원 | 123-○●-6794 | 50,620 | 25,310 |
| 21 | | 주인해 | 자 | 예 | 직불카드 | 대중교통 | 들로카드 | 123-○●-6792 | 46,360 | 0 |
| 22 | | 주인해 | 자 | 예 | 직불카드 | 대중교통 | 들로카드 | 123-○●-6792 | 143,040 | 0 |
| 23 | | 주인해 | 자 | 예 | 직불카드 | 일반사용분 | 들로카드 | 123-○●-6792 | 138,660 | 0 |
| 24 | | 주인해 | 자 | 예 | 직불카드 | 일반사용분 | 들로카드 | 123-○●-6792 | 239,250 | 0 |
| 25 | | 주인해 | 자 | 예 | 직불카드 | 전통시장 | 들로카드 | 123-○●-6792 | 4,000 | 0 |
| 26 | | 주인해 | 자 | 예 | 일반의료비 | 간소화자료 | 중앙병원 | 123-○●-6794 | 81,970 | 65,576 |
| 27 | | 주호백 | 본인 | 예 | 신용카드 | 대중교통 | 미래카드 | 123-○●-6790 | 15,000 | 0 |
| 28 | | 주호백 | 본인 | 예 | 신용카드 | 대중교통 | 상공카드 | 123-○●-6791 | 111,980 | 0 |
| 29 | | 주호백 | 본인 | 예 | 신용카드 | 대중교통 | 상공카드 | 123-○●-6791 | 213,200 | 0 |
| 30 | | 주호백 | 본인 | 예 | 지정기부금 | 법인 | 사단법인 | | 110,000 | 0 |
| 31 | | 주호백 | 본인 | 예 | 지정기부금 | 법인 | 사단법인 | | 240,000 | 0 |
| 32 | | 주호백 | 본인 | 예 | 지정기부금 | 법인 | 사단법인 | | 600,000 | 0 |
| 33 | | 주호백 | 본인 | 예 | 현금영수증 | 일반사용분 | | | 62,340 | 0 |
| 34 | | 주호백 | 본인 | 예 | 현금영수증 | 일반사용분 | | | 213,020 | 0 |
| 35 | | 주호백 | 본인 | 예 | 신용카드 | 일반사용분 | 상공카드 | 123-○●-6791 | 1,925,602 | 0 |
| 36 | | 주호백 | 본인 | 예 | 신용카드 | 일반사용분 | 상공카드 | 123-○●-6791 | 2,638,488 | 0 |
| 37 | | 주호백 | 본인 | 예 | 신용카드 | 일반사용분 | 미래카드 | 123-○●-6790 | 10,725,504 | 0 |
| 38 | | 주호백 | 본인 | 예 | 신용카드 | 일반사용분 | 미래카드 | 123-○●-6790 | 12,127,516 | 0 |
| 39 | | 주호백 | 본인 | 예 | 신용카드 | 전통시장 | 미래카드 | 123-○●-6790 | 8,000 | 0 |
| 40 | | 주호백 | 본인 | 예 | 신용카드 | 전통시장 | 미래카드 | 123-○●-6790 | 60,100 | 0 |
| 41 | | 주호백 | 본인 | 예 | 일반의료비 | 간소화자료 | 사랑의원 | 123-○●-6793 | 59,400 | 47,520 |
| 42 | | 주호백 | 본인 | 예 | 일반의료비 | 간소화자료 | 사랑의원 | 123-○●-6793 | 103,400 | 82,720 |
| 43 | | | | | | | | | | |

1. [D4] 셀에 「=IF(ISERROR(MATCH(B4,$M$4:$M$7,0)),"아니오","예")」를 입력하고 [D42] 셀까지 수식 복사
2. [H4] 셀에 「=IFERROR(REPLACE(VLOOKUP(G4,$P$4:$Q$9,2,FALSE),5,2,"○●"),"")」를 입력하고 [H42] 셀까지 수식 복사
5. [J4] 셀에 「=fn의료비보조(C4,E4,I4)」를 입력하고 [J42] 셀까지 수식 복사

```
Public Function fn의료비보조(관계, 소득공제, 금액)
    If 소득공제 = "일반의료비" Then
        If 관계 = "본인" Or 관계 = "자" Or 관계 = "처" Then
            fn의료비보조 = 금액 * 0.8
        Else
            fn의료비보조 = 금액 * 0.5
        End If
    Else
        fn의료비보조 = 0
    End If
End Function
```

## 02 일반사용분, 일반의료비

| | L | M | N | O | P |
|---|---|---|---|---|---|
| 11 | | | | | |
| 12 | | [표4] | | | (단위: 천원) |
| 13 | | 소득공제 | 일반사용분 | 대중교통 | 전통시장 |
| 14 | | 신용카드 | 29,692 | 399 | 92 |
| 15 | | 직불카드 | 378 | 189 | 4 |
| 16 | | 현금영수증 | 654 | 0 | 0 |
| 17 | | | | | |
| 18 | | | | | |
| 19 | | [표5] | | | |
| 20 | | 관계 | 일반의료비 | | |
| 21 | | 본인 | 44,000 | | |
| 22 | | 부 | 309,980 | | |
| 23 | | 모 | 554,100 | | |
| 24 | | 자 | 0 | | |
| 25 | | | | | |

3. [N14] 셀에 「=TEXT(SUM(IF(($E$4:$E$42=$M14)*($F$4:$F$42=N$13),$I$4:$I$42)),"#,##0,")」을 입력하고 Ctrl + Shift + Enter 를 누른 후에 [P16] 셀까지 수식을 복사

4. [N21] 셀에 「=LARGE(IF(($C$4:$C$42=$M21)*($E$4:$E$42=$N$20),$I$4:$I$42),1)-SMALL(IF(($C$4:$C$42=$M21)*($E$4:$E$42=$N$20),$I$4:$I$42),1)」를 입력하고 Ctrl + Shift + Enter 를 누른 후에 [N24] 셀까지 수식을 복사

## 문제 ❸ 분석작업

### 01 피벗 테이블

| | A | B | C | D | E | F | G |
|---|---|---|---|---|---|---|---|
| 1 | | | | | | | |
| 2 | | | | 기상 | | | |
| 3 | 지역 | 값 | 강수량 | 습도 | 최고기온 | 평균온도 | |
| 4 | 강원 | 합계 : 겨울기상 | 432.6 | 750 | 43.9 | -20.3 | |
| 5 | | 합계 : 봄기상 | 961.7 | 736 | 195.6 | 124.5 | |
| 6 | 경기 | 합계 : 겨울기상 | 191.1 | 544 | 37.9 | -1.4 | |
| 7 | | 합계 : 봄기상 | 642.2 | 556 | 151.9 | 104.8 | |
| 8 | 경상 | 합계 : 겨울기상 | 449.7 | 837 | 123.5 | 54.2 | |
| 9 | | 합계 : 봄기상 | 1306.9 | 923 | 273.4 | 197 | |
| 10 | 전라 | 합계 : 겨울기상 | 472.5 | 987 | 111.1 | 39.5 | |
| 11 | | 합계 : 봄기상 | 1182.1 | 994 | 267.2 | 182.8 | |
| 12 | 제주 | 합계 : 겨울기상 | 179.8 | 191 | 29.5 | 21.3 | |
| 13 | | 합계 : 봄기상 | 287.4 | 195 | 52.5 | 41.5 | |
| 14 | 충청 | 합계 : 겨울기상 | 328 | 776 | 63.5 | 0 | |
| 15 | | 합계 : 봄기상 | 890.6 | 727 | 216 | 140.9 | |
| 16 | 전체 합계 : 겨울기상 | | 2053.7 | 4085 | 409.4 | 93.3 | |
| 17 | 전체 합계 : 봄기상 | | 5270.9 | 4131 | 1156.6 | 791.5 | |
| 18 | | | | | | | |

### 02 데이터 도구

| | A | B | C | D | E | F | G |
|---|---|---|---|---|---|---|---|
| 1 | | | | | | | |
| 2 | | 꽃 | 지역명 | 개화일 | 평년 | 평년차 | |
| 3 | | 개나리 | 강릉 | 2020-01-24 | 2020-03-24 | 0 | |
| 9 | | 개나리 | 부산 | 2020-08-15 | 2020-03-16 | -1 | |
| 30 | | 진달래 | 서귀포 | 2020-01-15 | 2020-03-19 | -4 | |
| 35 | | 진달래 | 전주 | 2020-06-27 | 2020-03-29 | -2 | |
| 36 | | | | | | | |

## 문제 ④ 기타작업

### 01 차트

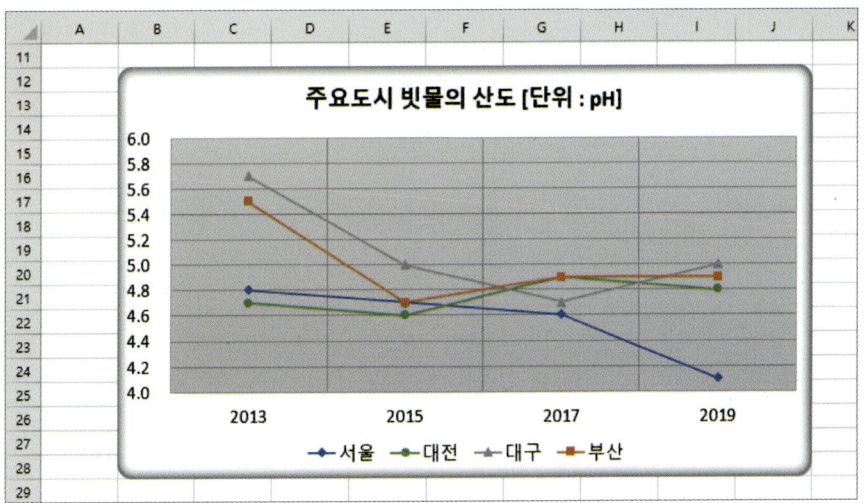

### 02 매크로

| | A | B | C | D | E | F | G |
|---|---|---|---|---|---|---|---|
| 1 | | | | | | | |
| 2 | | 서식적용 | | | 서식해제 | | |
| 3 | | | | | | | |
| 4 | | | | | | | |
| 5 | | | | | | | |
| 6 | | 꽃 | 지역명 | 개화일 | 평년 | 평년차 | |
| 7 | | 벚꽃 | 강릉 | 04월 02일 | 04월 01일 | 1.0 | |
| 8 | | 진달래 | 강릉 | 03월 27일 | 03월 28일 | 1.0 | |
| 9 | | 개나리 | 강릉 | 03월 25일 | 03월 25일 | ● | |
| 10 | | 벚꽃 | 광주 | 03월 29일 | 04월 02일 | 4.0 | |
| 11 | | 진달래 | 광주 | 03월 27일 | 03월 27일 | ● | |
| 12 | | 개나리 | 광주 | 03월 19일 | 03월 23일 | 4.0 | |
| 13 | | 벚꽃 | 대구 | 03월 26일 | 03월 31일 | 5.0 | |
| 14 | | 진달래 | 대구 | 03월 24일 | 03월 26일 | 2.0 | |
| 15 | | 개나리 | 대구 | 03월 16일 | 03월 19일 | 3.0 | |
| 16 | | 벚꽃 | 대전 | 03월 31일 | 04월 05일 | ● | |
| 17 | | 진달래 | 대전 | 03월 27일 | 03월 29일 | 2.0 | |
| 18 | | 개나리 | 대전 | 03월 23일 | 03월 21일 | 2.0 | |
| 19 | | 벚꽃 | 부산 | 03월 26일 | 03월 28일 | 2.0 | |
| 20 | | 진달래 | 부산 | 03월 18일 | 03월 19일 | 1.0 | |
| 21 | | 개나리 | 부산 | 03월 16일 | 03월 17일 | 1.0 | |
| 22 | | 벚꽃 | 서귀포 | 03월 23일 | 03월 24일 | 1.0 | |
| 23 | | 진달래 | 서귀포 | 03월 16일 | 03월 20일 | 4.0 | |
| 24 | | 개나리 | 서귀포 | 03월 15일 | 03월 14일 | 1.0 | |
| 25 | | 벚꽃 | 서울 | 04월 06일 | 04월 10일 | 4.0 | |
| 26 | | 개나리 | 서울 | 03월 27일 | 03월 26일 | 1.0 | |
| 27 | | 진달래 | 서울 | 03월 27일 | 03월 29일 | 2.0 | |
| 28 | | 벚꽃 | 수원 | 04월 07일 | 04월 10일 | 3.0 | |
| 29 | | 진달래 | 수원 | 03월 30일 | 03월 31일 | 1.0 | |
| 30 | | 개나리 | 수원 | 03월 29일 | 03월 31일 | 2.0 | |
| 31 | | 벚꽃 | 여수 | 03월 29일 | 04월 02일 | 4.0 | |
| 32 | | 개나리 | 여수 | 03월 24일 | 03월 23일 | 1.0 | |
| 33 | | 진달래 | 여수 | 03월 23일 | 03월 20일 | 3.0 | |
| 34 | | 벚꽃 | 인천 | 04월 09일 | 04월 13일 | 4.0 | |
| 35 | | 진달래 | 인천 | 04월 04일 | 04월 04일 | ● | |
| 36 | | 개나리 | 인천 | 04월 02일 | 04월 02일 | ● | |
| 37 | | 벚꽃 | 전주 | 03월 31일 | 04월 05일 | 5.0 | |
| 38 | | 진달래 | 전주 | 03월 28일 | 03월 30일 | 2.0 | |
| 39 | | 개나리 | 전주 | 03월 23일 | 03월 26일 | 3.0 | |
| 40 | | | | | | | |

## 03 VBA 프로그래밍

- 폼 보이기 프로시저

```
Private Sub cmd등록_Click()
    성적등록화면.Show
End Sub
```

- 폼 초기화 프로시저

```
Private Sub UserForm_Initialize()
    cmb수강자.RowSource = "o6:p17"
End Sub
```

- 등록 프로시저

```
Private Sub cmd등록_Click()
    행 = [B4].Row + [B4].CurrentRegion.Rows.Count
    Cells(행, 2) = cmb수강자.List(cmb수강자.ListIndex, 0)
    Cells(행, 3) = cmb수강자.List(cmb수강자.ListIndex, 1)
    Cells(행, 4) = txt결석.Value
    Cells(행, 5) = txt지각.Value
    Cells(행, 6) = 20 - (txt결석.Value * 2 + txt지각.Value * 1)
    Cells(행, 7) = txt과제.Value
    Cells(행, 8) = txt평가.Value

    If Cells(행, 6) < 12 Then
        Cells(행, 9) = "출석미달"
    End If
End Sub
```

- 종료 프로시저

```
Private Sub cmd종료_Click()
    MsgBox Time & " 평가를 종료합니다.", vbOKOnly, "등록종료"
    Unload Me
End Sub
```

# 상시 기출문제 06회 해설

**문제 ①  기본작업**

### 01 고급 필터('기본작업-1' 시트)

① [I2:I3] 영역에 '조건'을 입력하고, [I7:M7] 영역에 추출할 필드명을 입력한다.

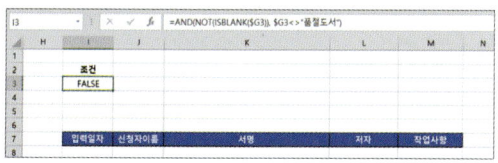

[I3] : =AND(NOT(ISBLANK($G3)), $G3<>"품절도서")

② [데이터]-[정렬 및 필터] 그룹에서 [고급](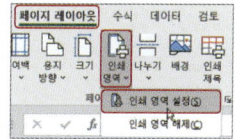)을 클릭한다.

③ [고급 필터]에서 다음과 같이 지정한 후 [확인]을 클릭한다.

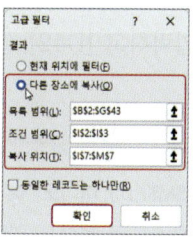

- 결과 : '다른 장소에 복사'
- 목록 범위 : [B2:G43]
- 조건 범위 : [I2:I3]
- 복사 위치 : [I7:M7]

### 02 조건부 서식('기본작업-1' 시트)

① [B3:G43] 영역을 범위 지정한 후 [홈]-[스타일] 그룹의 [조건부 서식]-[새 규칙]을 클릭한다.

② [새 서식 규칙]에서 '규칙 유형 선택'에 '▶ 수식을 사용하여 서식을 지정할 셀 결정'을 선택하고, =MOD(ROW($B3)-2,5)=0을 입력한 후 [서식]을 클릭한다.

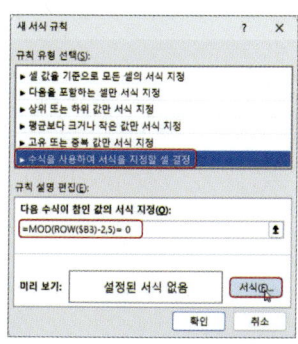

③ [셀 서식]의 [글꼴] 탭에서 글꼴 스타일은 '기울임꼴'을 선택하고, [채우기] 탭에서 '표준 색 - 노랑'을 선택한 후 [확인]을 클릭한다.

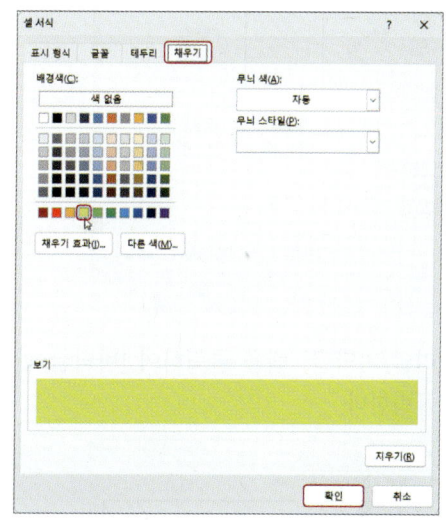

④ [새 서식 규칙]에서 다시 [확인]을 클릭한다.

### 03 페이지 레이아웃('기본작업-2' 시트)

① [B2:D42] 영역을 범위 지정한 후 [페이지 레이아웃]-[페이지 설정] 그룹의 [인쇄 영역]-[인쇄 영역 설정]을 클릭한다.

② [페이지 레이아웃]-[페이지 설정] 그룹의 [옵션](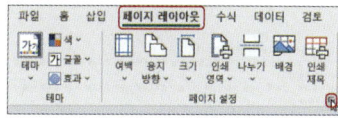)을 클릭한다.

③ [여백] 탭에서 페이지 가운데 맞춤 '가로', '세로'를 체크한다.

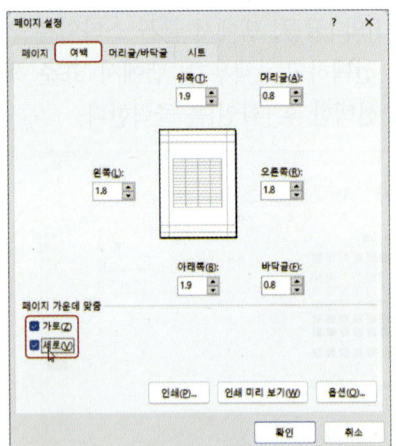

④ [머리글/바닥글] 탭을 클릭하여 [바닥글 편집]을 클릭한다.

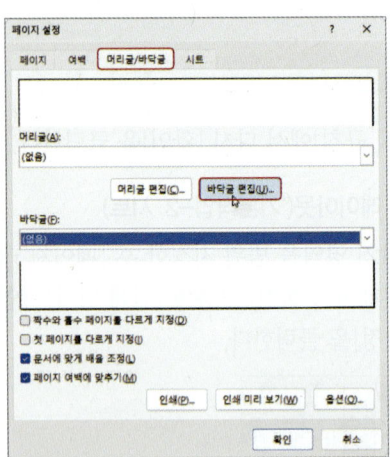

⑤ 가운데 구역에 커서를 두고 [페이지 번호 삽입](圖)을 클릭한 후 /를 입력한 후 [전체 페이지 수 삽입](圖)을 클릭하고 [확인]을 클릭한다.

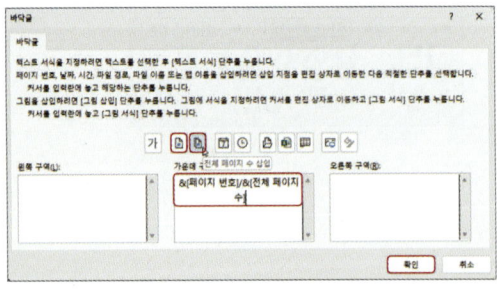

⑥ [시트] 탭에서 '반복할 행'을 선택한 후 행 머리글 2행을 클릭하고 [확인]을 클릭한다.

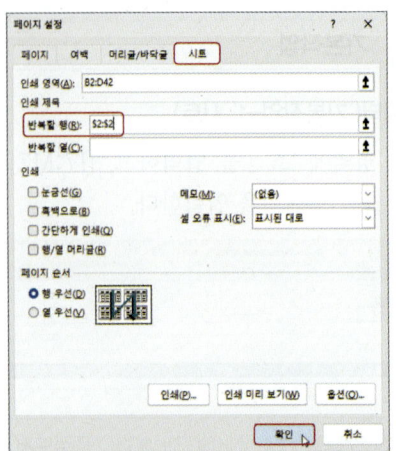

## 문제 ❷ 계산작업('계산작업' 시트)

### 01 부양공제[D4:D42]

[D4] 셀에 =IF(ISERROR(MATCH(B4,$M$4:$M$7,0)),"아니오","예")를 입력하고 [D42] 셀까지 수식을 복사한다

> **함수 설명**
> =IF(ISERROR(MATCH(B4,$M$4:$M$7,0)),"아니오","예")
>
> ① MATCH(B4,$M$4:$M$7,0) : 성명[B4]를 [M4:M7] 영역에 정확하게 일치하는 값을 상대적 위치 값을 구함(만약, 일치하는 값이 없을 때에는 #N/A가 반환됨)
> ② ISERROR(①) : ①에 오류가 있으면 True, 오류가 없을 때는 False
>
> =IF(②,"아니오","예") : ②의 값이 True이면 '아니요', False이면 '예'를 표시

## ② 사업자번호[H4:H42]

[H4] 셀에 =IFERROR(REPLACE(VLOOKUP(G4,$P$4:$Q$9,2,FALSE),5,2,"○●"),"")를 입력하고 [H42] 셀까지 수식을 복사한다.

> **💬 함수 설명**
>
> =IFERROR(REPLACE(VLOOKUP(G4,$P$4:$Q$9,2,FALSE),5,2,"○●"),"")
>
> ① VLOOKUP(G4,$P$4:$Q$9,2,FALSE) : 법인명[G4] 셀의 값을 [P4:Q9] 영역의 첫 번째 열에서 찾아 2번째 열에서 정확하게 일치하는 값을 찾아옴
> ② REPLACE(①,5,2,"○●") : ①의 값에 5번째부터 시작하여 2글자를 '○●'으로 바꾸어 표시
>
> =IFERROR(②,"") : ②의 오류가 있을 때에는 공백("")으로 표시

## ③ 소득공제별 소득공제내용별 금액의 합계[N14:P16]

[N14] 셀에 =TEXT(SUM(IF(($E$4:$E$42=$M14)*($F$4:$F$42=N$13),($I$4:$I$42),0)),"#,##0,")를 입력하고 Ctrl + Shift + Enter 를 누른 후에 [P16] 셀까지 수식을 복사한다.

> **💬 함수 설명**
>
> =TEXT(SUM(IF(($E$4:$E$42=$M14)*($F$4:$F$42=N$13),($I$4:$I$42),0)),"#,##0,")
>
> ① ($E$4:$E$42=$M14)*($F$4:$F$42=N$13) : 소득공제[E4:E42]가 [M14] 셀과 같고 소득공제내용[F4:F42]이 [N13]과 같은지 비교하여 둘 다 만족하면 True 값을 반환
> ② IF(①,$I$4:$I$42) : ①의 값이 True이면 금액[I4:I42] 영역의 값을 반환
>
> =TEXT(SUM(②),"#,##0,") : ②의 합계를 구한 후에 000을 생략하고 천 단위 구분을 표시

## ④ 최대 금액과 최소 금액[N21:N24]

[N21] 셀에 =LARGE(IF(($C$4:$C$42=$M21)*($E$4:$E$42=$N$20),$I$4:$I$42),1)-SMALL(IF(($C$4:$C$42=$M21)*($E$4:$E$42=$N$20),$I$4:$I$42),1)를 입력하고 Ctrl + Shift + Enter 를 누른 후에 [N24] 셀까지 수식을 복사한다.

## ⑤ 사용자 정의 함수(fn의료비보조)[J4:J42]

① [개발 도구]-[코드] 그룹의 [Visual Basic](圖)을 클릭한다.
② [삽입]-[모듈]을 클릭한다.
③ Module 창에 다음과 같이 입력한다.

```
Public Function fn의료비보조(관계, 소득공제, 금액)
    If 소득공제 = "일반의료비" Then
        If 관계 = "본인" Or 관계 = "자" Or 관계 = "처" Then
            fn의료비보조 = 금액 * 0.8
        Else
            fn의료비보조 = 금액 * 0.5
        End If
    Else
        fn의료비보조 = 0
    End If
End Function
```

④ [파일]-[닫고 Microsoft Excel(으)로 돌아가기]를 클릭하여 [Visual Basic Editor]를 닫는다.
⑤ [J4] 셀을 클릭한 후 [함수 삽입](fx)을 클릭한다.
⑥ 범주 선택에서 '사용자 정의', 함수 선택에서 'fn의료비보조'를 선택한 후 [확인]을 클릭한다.

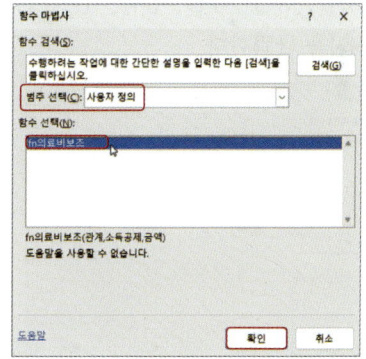

⑦ 관계는 [C4], 소득공제는 [E4], 금액은 [I4]를 지정한 후 [확인]을 클릭한다.

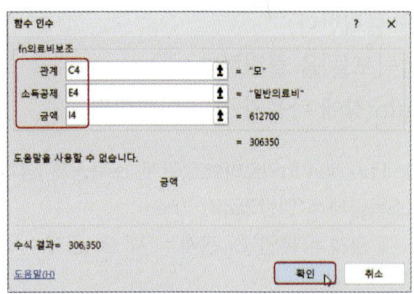

⑧ [J4] 셀을 선택한 후 [J42] 셀까지 수식을 복사한다.

### 문제 ③ 분석작업

**01 피벗 테이블('분석작업-1' 시트)**

① [A2] 셀을 선택한 후 [데이터]-[데이터 가져오기 및 변환] 그룹의 [데이터 가져오기]-[기타 원본에서]-[Microsoft Query에서]를 클릭한다.
② [데이터베이스] 탭에서 'MS Access Database *'를 선택하고 [확인]을 클릭한다.
③ '생활기상정보.accdb'를 선택하고 [확인]을 클릭한다.
④ 〈기상자료〉 테이블을 더블클릭하여 '지역', '기상', '1월', '2월', '3월', '4월', '5월', '12월'을 선택하고 [다음]을 클릭한다.

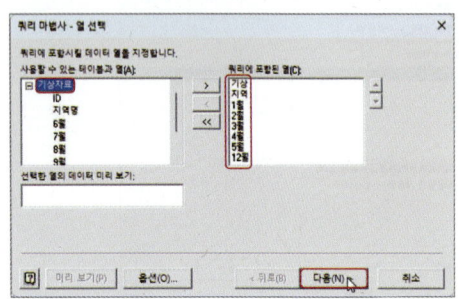

⑤ [데이터 필터]와 [정렬 순서]에서는 설정 없이 [다음]을 클릭한다.
⑥ [마침]에서 'Microsoft Excel(으)로 데이터 되돌리기'를 선택하고 [마침]을 클릭한다.
⑦ [데이터 가져오기]에서 '피벗 테이블 보고서'를 선택한 다음, '기존 워크시트'는 [A2] 셀을 지정하고 [확인]을 클릭한다.

⑧ [피벗 테이블 분석] 탭에서 [계산]-[필드, 항목 및 집합]-[계산 필드]를 클릭한다.
⑨ [계산 필드 삽입]에서 '이름'에 **겨울기상**을 입력하고 '수식'에 =를 입력한 후 12월, 1월, 2월을 각각 클릭하여 필드를 추가한 후 다음과 같이 지정하고 [추가]를 클릭한다.

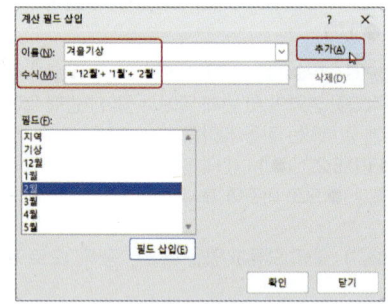

⑩ 같은 방법으로 '봄기상', =3월 + 4월 + 5월을 입력한 후 [추가]를 클릭한 후 [확인]을 클릭한다.

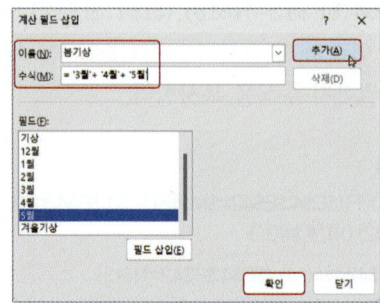

⑪ 다음과 같이 보고서 레이아웃을 지정하고 'Σ 값'을 '행'으로 이동한다.

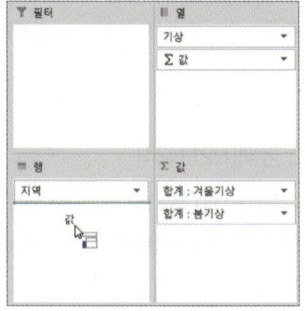

⑫ [디자인]-[레이아웃] 그룹의 [보고서 레이아웃]-[테이블 형식으로 표시]를 클릭한다.
⑬ [디자인]-[레이아웃] 그룹의 [총합계]-[열의 총합계만 설정]을 클릭한다.

⑭ [디자인]-[피벗 테이블 스타일] 그룹에서 '밝은 회색, 피벗 스타일 밝게 15'를 선택하고, [피벗 테이블 스타일 옵션] 그룹에서 '행 머리글', '열 머리글', '줄무늬 열'을 체크한다.

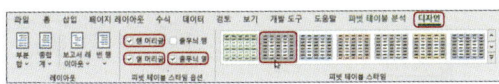

## 02 데이터 도구('분석작업-2' 시트)

① [D3:E35] 영역을 범위 지정한 후 [데이터]-[데이터 도구] 그룹의 [데이터 유효성 검사](📋)를 클릭한다.
② [데이터 유효성]의 [설정] 탭에서 제한 대상은 '날짜', 제한 방법은 '해당 범위', 시작 날짜는 2020-03-01, 끝 날짜는 2020-04-30을 입력한다.

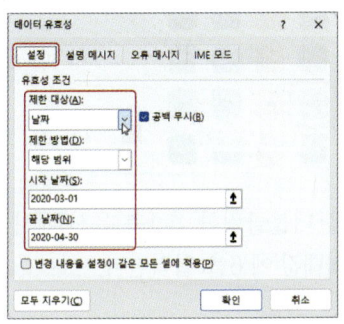

③ [설명 메시지] 탭에서 제목은 **입력날짜범위**, 설명 메시지는 **3월~4월**을 입력한다.

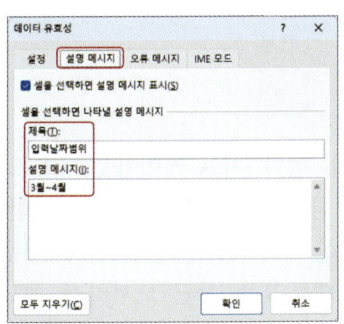

④ [오류 메시지] 탭에서 스타일은 '중지', 제목은 **날짜확인**, 오류 메시지는 **입력 날짜가 정확한지 확인 바랍니다.**를 입력하고 [확인]을 클릭한다.

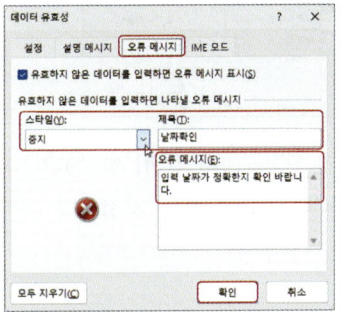

⑤ [데이터]-[정렬 및 필터] 그룹에서 [필터](▽)를 클릭한다.
⑥ 개화일[D2] 목록 단추(▼)를 클릭하여 [날짜 필터]-[사용자 지정 필터]를 클릭한다.
⑦ 다음과 같이 지정하고 [확인]을 클릭한다.

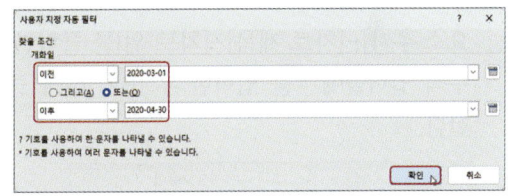

## 문제 ❹ 기타작업

### 01 차트('기타작업-1' 시트)

① 차트에서 마우스 오른쪽 버튼을 눌러 [데이터 선택]을 선택한다.
② '범례 항목(계열)'에서 '1'을 선택하고 [편집]을 클릭한다.

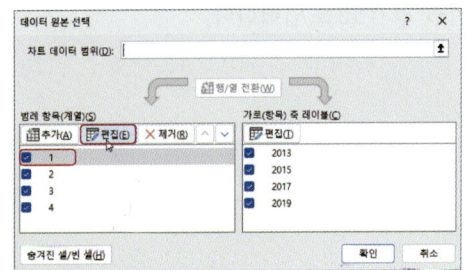

③ '계열 이름'을 선택한 후 서울[B4] 셀을 클릭한 후 [확인]을 클릭한다.

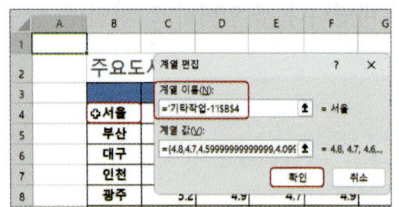

④ 같은 방법으로 '2'는 '대전' [B9] 셀, '3'은 '대구' [B6] 셀, '4'는 부산 [B5] 셀을 지정한다.

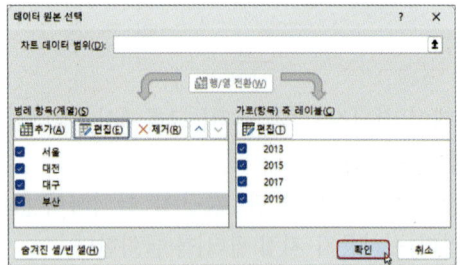

⑤ [차트 디자인]-[차트 레이아웃] 그룹의 [차트 요소 추가]-[차트 제목]-[차트 위]를 클릭한 후 수식 입력줄에 =를 입력한 후 [B2] 셀을 클릭한다.

⑥ 차트 영역을 선택한 후 [홈]-[글꼴] 그룹에서 글꼴 크기 13을 입력한다.

⑦ [차트 디자인]-[종류] 그룹의 [차트 종류 변경]을 클릭하여 '꺾은선형'의 '표식이 있는 꺾은선형'을 선택하고 [확인]을 클릭한다.

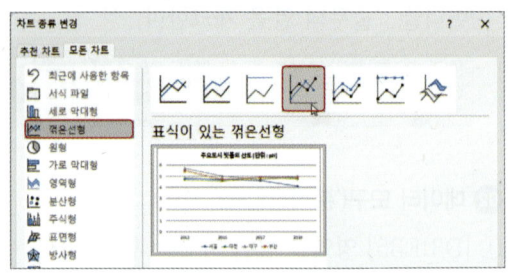

⑧ '그림 영역'을 선택한 후 [서식]-[도형 스타일] 그룹에서 '미세 효과 - 회색, 강조3' 선택한다.

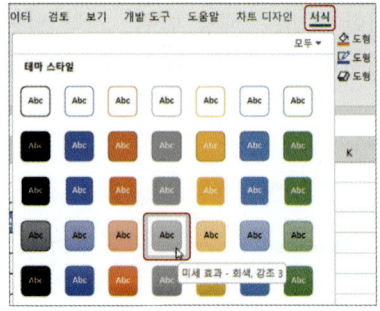

⑨ 세로(값) 축을 더블클릭한 후 [축 옵션]에서 '최소값'에 4, '최대값'에 6을 입력한다.

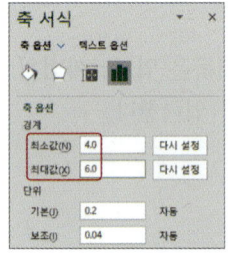

⑩ [차트 디자인] 탭의 [차트 레이아웃]-[차트 요소 추가]-[눈금선]-[기본 주 세로]를 클릭한다.
⑪ 차트를 선택한 후 [차트 영역 서식]의 [채우기 및 선]에서 '테두리'는 '둥근 모서리'를 체크한다.
⑫ [차트 영역 서식]의 [효과]에서 '그림자'의 [미리 설정]을 클릭한 후 '안쪽 가운데'를 선택한다.

## 02 매크로('기타작업-2' 시트)

① [개발 도구]-[컨트롤] 그룹의 [삽입]-[단추(양식 컨트롤)](□)을 클릭한다.
② 마우스 포인터가 '+'로 바뀌면 Alt 를 누른 상태에서 [B2:C3] 영역으로 드래그한 후 [매크로 지정]에서 **서식적용**을 입력하고 [기록]을 클릭한다.
③ [매크로 기록]에 자동으로 '서식적용'으로 매크로 이름이 표시되면 [확인]을 클릭한다.
④ [F7:F39] 영역을 범위 지정한 후 Ctrl + 1 을 눌러 [표시 형식] 탭의 '사용자 지정'에 **[파랑]0.0;[빨강]0.0;[검정]"●"**을 입력하고 [확인]을 클릭한다.

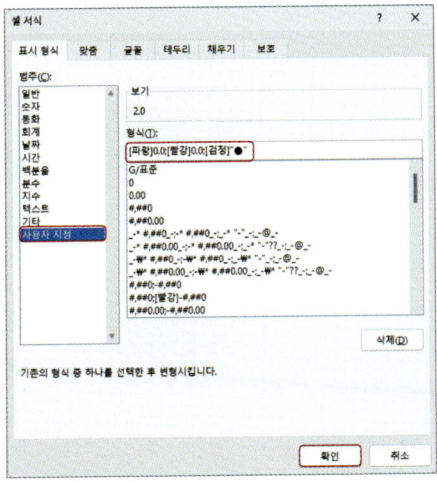

⑤ 임의의 셀을 클릭한 후 매크로 기록을 종료하기 위해 [개발 도구]-[코드] 그룹의 [기록 중지](□)를 클릭한다.
⑥ 단추에 텍스트를 수정하기 위해서 단추에서 마우스 오른쪽 버튼을 눌러 [텍스트 편집]을 클릭한다.
⑦ 단추에 입력된 '단추 1'을 지우고 **서식적용**을 입력한다.
⑧ [개발 도구]-[컨트롤] 그룹의 [삽입]-[단추(양식 컨트롤)](□)을 클릭한다.
⑨ 마우스 포인터가 '+'로 바뀌면 [E2:F3] 영역에 드래그하면 [매크로 지정] 대화상자기 나타난다. Alt 를 누른 상태로 드래그하면 셀 눈금선에 맞추어 그릴 수 있다.
⑩ [매크로 지정]에서 **서식해제**를 입력하고 [기록]을 클릭하고, [매크로 기록]에 자동으로 '서식해제'로 매크로 이름이 표시되면 [확인]을 클릭한다.
⑪ [F7:F39] 영역을 범위 지정한 후 Ctrl + 1 을 눌러 [표시 형식] 탭의 '일반'을 선택하고 [확인]을 클릭한다.
⑫ 임의의 셀을 클릭한 후 매크로 기록을 종료하기 위해 [개발 도구]-[코드] 그룹의 [기록 중지](□)를 클릭한다.
⑬ 단추에서 마우스 오른쪽 버튼을 눌러 [텍스트 편집]을 클릭하여 **서식해제**를 입력한다.

## 03 VBA 프로그래밍('기타작업-3' 시트)

### ① 폼 보이기

① [개발 도구]-[컨트롤] 그룹에서 [디자인 모드](■)를 클릭하여 〈성적입력〉 버튼을 편집 상태로 만든다.
② 〈성적입력〉 버튼을 더블클릭한 후 코드 창에 다음과 같이 입력한다.

```
Private Sub cmd등록_Click()
    성적등록화면.Show
End Sub
```

### ② 폼 초기화

① [프로젝트-VBAProject] 탐색기에서 '폼'을 더블 클릭하고 〈성적등록화면〉를 선택한다.
② [프로젝트-VBAProject] 탐색기의 [코드 보기](■)를 클릭한다.
③ '개체 목록'은 'UserForm', '프로시저 목록'은 'Initialize'를 선택한다.
④ 코드 창에 다음과 같이 입력한다.

```
Private Sub UserForm_Initialize()
    cmb수강자.RowSource = "O6:P17"
End Sub
```

③ 입력 프로시저

① '개체 목록'에서 'cmd등록', '프로시저 목록'은 'Click'을 선택한다.
② 코드 창에 다음과 같이 입력한다.

```
Private Sub cmd등록_Click()
    행 = [B4].Row + [B4].CurrentRegion.Rows.Count
    Cells(행, 2) = cmb수강자.List(cmb수강자.ListIndex, 0)
    Cells(행, 3) = cmb수강자.List(cmb수강자.ListIndex, 1)
    Cells(행, 4) = txt결석.Value
    Cells(행, 5) = txt지각.Value
    Cells(행, 6) = 20 - (txt결석.Value * 2 + txt지각.Value * 1)
    Cells(행, 7) = txt과제.Value
    Cells(행, 8) = txt평가.Value
    
    If Cells(행, 6) < 12 Then
        Cells(행, 9) = "출석미달"
    End If
End Sub
```

④ 종료 프로시저

① '개체 목록'에서 'cmd종료', '프로시저 목록'은 'Click'을 선택한다.
② 코드 창에 다음과 같이 입력한다.

```
Private Sub cmd종료_Click()
    MsgBox Time & " 평가를 종료합니다.", vbOKOnly, "등록종료"
    Unload Me
End Sub
```

# 상시 기출문제 07회

**작업파일** [26컴활1급₩1권_스프레드시트₩상시기출문제] 폴더의 '상시기출문제7회' 파일을 열어서 작업하시오.

## 문제 ❶ 기본작업 | 주어진 시트에서 다음 과정을 수행하고 저장하시오. 15점

**01** '기본작업' 시트에서 다음과 같이 고급 필터를 수행하시오. (5점)
- ▶ [A2:H28] 영역에서 '강의평점'이 상위 5위 이내이면서 '강의일정'이 2025년 이후인 데이터의 '강사명', '나이', '주소', '강의평점', '강의일정' 필드만 순서대로 표시하시오.
- ▶ 조건은 [A31:A32] 영역 내에 알맞게 입력하시오. (AND, LARGE, YEAR 함수 사용)
- ▶ 결과는 [A34] 셀부터 표시하시오.

**02** '기본작업' 시트에서 다음과 같이 조건부 서식을 설정하시오. (5점)
- ▶ [A3:H28] 영역에서 '주소'가 "서울"이거나 "경기" 이면서, '강사명'의 성이 "김"씨인 데이터의 행 전체에 대하여 글꼴 스타일은 '기울임꼴', 글꼴 색은 '표준 색 – 주황'으로 적용하시오.
- ▶ 단, 규칙 유형은 '수식을 사용하여 서식을 지정할 셀 결정'을 사용하고, 한 개의 규칙으로만 작성하시오.
- ▶ AND, OR, LEFT 함수 사용

**03** '기본작업' 시트에서 다음과 같이 페이지 레이아웃을 설정하시오. (5점)
- ▶ 용지 방향을 '가로'로 지정하고 인쇄될 내용이 페이지의 가로·세로 가운데에 인쇄되도록 페이지 가운데 맞춤을 설정하시오.
- ▶ [A2:H28] 영역을 인쇄 영역으로 설정하고, 페이지의 내용이 120% 확대되어 인쇄되도록 설정하시오.
- ▶ 매 페이지 하단의 오른쪽 구역에는 현재 시스템의 날짜가 표시되도록 바닥글을 설정하시오.

## 문제 ② 계산작업 | '계산작업' 시트에서 다음 과정을 수행하고 저장하시오. 30점

**01** [표1]의 등급, 대출금액, 기간을 이용하여 [G3:G26] 영역에 월납입액을 양수로 계산하여 표시하시오. (6점)
- ▶ 연이율은 등급이 "프리미엄" 또는 "골드"이면 5%, 그 외에는 3%임
- ▶ IF, OR, PMT 함수 사용

**02** [표1]의 등급, 대출금액, 기간과 [표4]를 이용하여 [H3:H26] 영역에 수수료를 계산하여 표시하시오. (6점)
- ▶ 수수료 = 기본수수료 + 등급 및 대출금액별 수수료
- ▶ 기본수수료는 기간이 24개월 미만이면 10000, 24개월 이상 48개월 미만이면 15000, 48개월 이상이면 20000임
- ▶ IFS, MATCH, VLOOKUP 함수 사용

**03** [표1]의 대출종류와 대출금액을 이용하여 [표2]의 [B30:D32] 영역에 대출종류별 순위에 해당하는 대출금액을 계산하여 표시하시오. (6점)
- ▶ 대출형태는 대출종류 뒤의 두 글자로 구분함
- ▶ LARGE, RIGHT 함수를 사용한 배열 수식

**04** [표1]의 고객번호와 대출일을 이용하여 [표3]의 [G31:I33] 영역에 대출구분과 대출년도별 대출 건수를 계산하여 표시하시오. (6점)
- ▶ 대출구분은 고객번호의 세 번째 문자로 구분함
- ▶ COUNT, IF, YEAR, MID 함수를 사용한 배열 수식

**05** 사용자 정의 함수 'fn비고'를 작성하여 [표1]의 [I3:I26] 영역에 비고를 계산하여 표시하시오. (6점)
- ▶ 'fn비고'는 대출금액과 등급을 인수로 받아 비고를 계산하는 함수이다.
- ▶ 비고는 대출금액이 10,000,000 이상이면서 등급이 "MVP"이면 "◆", 대출금액이 8,000,000 이상이면서 등급이 "로얄" 또는 "골드"이면 "♣", 그 외는 빈칸으로 표시하시오.
- ▶ IF ~ ELSE문 사용

```
Public Function fn비고(대출금액, 등급)

End Function
```

## 문제 ③ 분석작업 | 주어진 시트에서 다음 과정을 수행하고 저장하시오. 20점

**01** '분석작업-1' 시트에서 다음의 지시사항에 따라 피벗 테이블 보고서를 작성하시오. (10점)

- ▶ 외부 데이터 가져오기 기능을 이용하여 〈보험.accdb〉의 〈보험종류〉 테이블에서 '가입년월일', '보험코드', '보험종류', '가입지점명', '월불입액' 열을 이용하시오.
- ▶ 피벗 테이블의 보고서의 레이아웃과 위치는 〈그림〉을 참조하여 설정하고, 보고서 레이아웃은 테이블 형식으로 표시하시오.
- ▶ '가입년월일'은 분기로 표시하고, '4사분기'의 하위 데이터만 표시하시오.
- ▶ '월불입액' 필드의 표시 형식은 값 필드 설정의 셀 서식에서 '회계' 범주를 이용하여 〈그림〉과 같이 설정하시오.
- ▶ 피벗 테이블 스타일은 '연한 녹색, 피벗 스타일 밝게 14', 피벗 테이블 스타일 옵션은 '행 머리글', '열 머리글', '줄무늬 열'을 설정하시오.

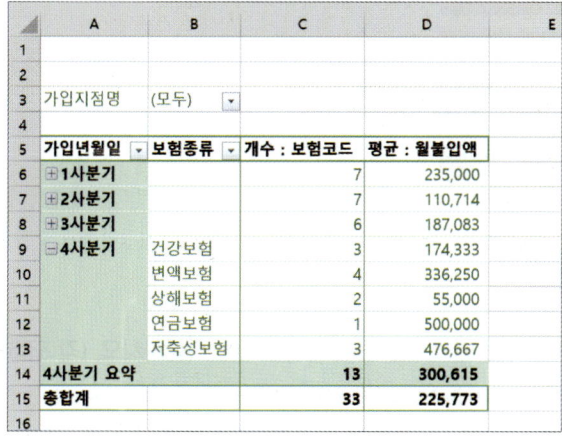

※ 작업 완성된 그림이며 부분 점수 없음

**02** '분석작업-2' 시트에 대하여 다음의 지시사항을 처리하시오. (10점)

- ▶ [데이터 유효성 검사] 기능을 이용하여 [C9:H9] 영역에는 12의 배수만 입력되도록 제한 대상을 설정하시오.
  - [C9:H9] 영역에 유효하지 않은 데이터를 입력한 경우 〈그림〉과 같은 오류 메시지가 표시되도록 설정하시오.

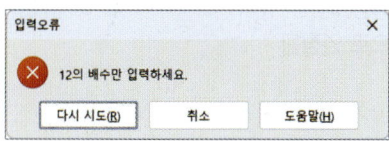

- ▶ 데이터 표 기능을 이용하여 [C10:H16] 영역에 '이자율'과 '대출기간'에 따른 '월납입액'을 계산하시오.

## 문제 ④ 기타작업 | 주어진 시트에서 다음 과정을 수행하고 저장하시오. 35점

**01** '기타작업-1' 시트에서 다음의 지시사항에 따라 차트를 수정하시오. (각 2점)

※ 차트는 반드시 문제에서 제공한 차트를 사용하여야 하며, 신규로 차트 작성 시 0점 처리됨

① '전동칫솔' 요소가 표시되지 않도록 데이터 범위를 수정하시오.
② 차트 제목과 가로 축 제목, 세로 축 제목을 〈그림〉과 같이 입력하시오.
③ 가로 축의 기본 단위는 〈그림〉과 같이 지정하고, 값이 거꾸로 표시되도록 지정하시오.
④ '지역상품권' 계열에만 데이터 레이블을 〈그림〉과 같이 지정하시오.
⑤ 범례는 도형 스타일을 '강한 효과 – 녹색, 강조 6', 차트 영역의 테두리는 '표준 색 – 녹색'으로 지정하시오.

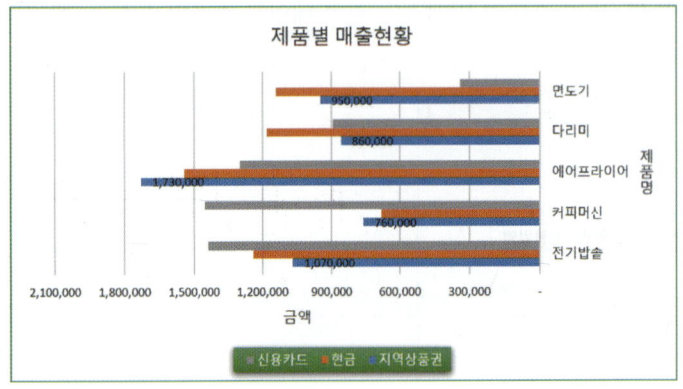

**02** '기타작업-2' 시트에서 다음과 같은 기능을 수행하는 매크로를 현재 통합문서에 작성하시오. (각 5점)

① [D3:D20] 영역에 사용자 지정 표시 형식을 설정하는 '서식적용' 매크로를 생성하시오.
  ▶ '주문수량'이 100 이상이면 파랑색으로 숫자를, 50 이하이면 자홍색으로 "♣"을 셀 왼쪽에 표시하고, 숫자는 오른쪽에 붙여서 표시하고, 그 외는 숫자만 표시하시오.
  [표시 예 : '주문수량'이 120일 경우 → 120, 40일 경우 → ♣    40, 0일 경우 → 0]
  ▶ [도형] → [기본 도형]의 '사각형: 빗면(▢)'을 동일 시트의 [F2:G3] 영역에 생성한 후 텍스트를 "서식적용"으로 입력하고, 도형을 클릭하면 "서식적용" 매크로가 실행되도록 설정하시오.

② [D3:D20] 영역에 표시 형식을 '일반'으로 적용하는 '서식해제' 매크로를 생성하시오.
  ▶ [도형] → [기본 도형]의 '사각형: 빗면(▢)'을 동일 시트의 [F5:G6] 영역에 생성한 후 텍스트를 "서식해제"로 입력하고, 도형을 클릭하면 "서식해제" 매크로가 실행되도록 설정하시오.

※ 셀 포인터의 위치에 관계없이 매크로가 실행되어야 정답으로 인정됨

**03** '기타작업-3' 시트에서 다음과 같은 작업을 수행하도록 프로시저를 작성하시오. (각 5점)

① '판매등록' 단추를 클릭하면 〈판매등록〉 폼이 나타나고, 폼이 초기화(Initialize)되면 '지점(cmb지점)' 목록에는 "서초점", "사당점", "반포점", "송파점"이 표시되고, '제품명(cmb제품명)' 목록에는 [I5:I10] 영역이 표시되도록 프로시저를 작성하시오.

② 〈판매등록〉 폼의 '등록(cmd등록)' 단추를 클릭하면 폼에 입력된 데이터가 시트의 표에 입력되어 있는 마지막 행 다음에 연속하여 추가되도록 프로시저를 작성하시오.

▶ '지점(cmb지점)'을 선택하지 않았으면 '지점을 선택하세요.', '제품명(cmb제품명)'을 선택하지 않았으면 '제품명을 선택하세요.', '판매수량(txt판매수량)'을 입력하지 않았으면 '판매수량을 입력하세요.', '판매금액(txt판매금액)'을 입력하지 않았으면 '판매금액을 입력하세요.'라는 메시지를 출력하고, 이 모두를 입력했을 때만 폼의 데이터를 워크시트에 입력하시오.

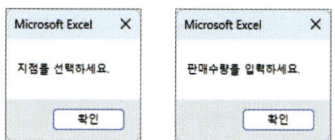

▶ '판매금액'에는 1000 단위 구분 기호를 표시하시오.
  [표시 예 : '판매금액'이 123000일 경우 → 123,000, 0일 경우 → 0]
▶ FORMAT 함수 사용

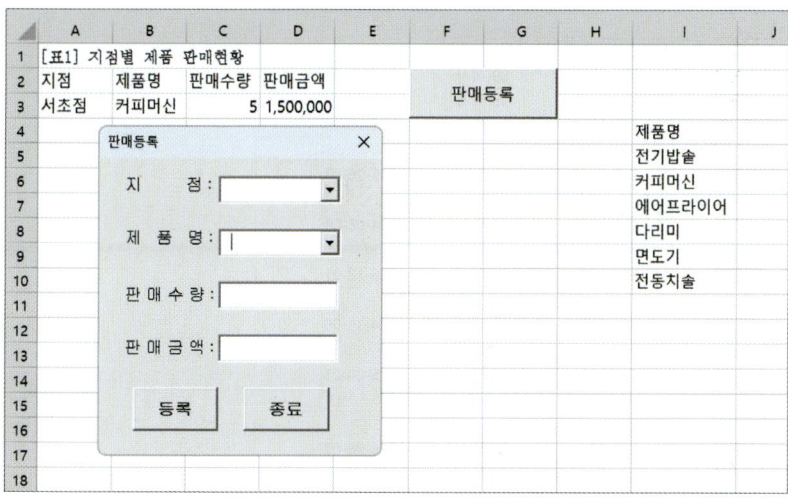

③ 〈판매등록〉 폼의 '종료(cmd종료)' 단추를 클릭하면 [A1] 셀의 글꼴을 '바탕체', 글꼴 색상은 RGB(255,0,0)로 표시하고, 기울임꼴을 설정한 후 폼을 종료하시오.

# 상시 기출문제 07회 정답

## 문제 ❶ 기본작업

### 01 고급 필터

A32: `=AND(F3>=LARGE($F$3:$F$28,5),YEAR(H3)>=2025)`

|  | A | B | C | D | E | F |
|---|---|---|---|---|---|---|
| 30 | | | | | | |
| 31 | 조건 | | | | | |
| 32 | FALSE | | | | | |
| 33 | | | | | | |
| 34 | 강사명 | 나이 | 주소 | | 강의평점 | 강의일정 |
| 35 | 황은주 | 35 | 인천 | | 95 | 2025-06-07 |
| 36 | 김소주 | 30 | 서울 | | 98 | 2025-09-09 |
| 37 | 김아연 | 46 | 경기 | | 94 | 2026-11-11 |
| 38 | 유호준 | 34 | 서울 | | 95 | 2026-09-24 |
| 39 | 임상준 | 35 | 인천 | | 94 | 2025-10-14 |
| 40 | 강유주 | 30 | 서울 | | 97 | 2026-09-18 |

### 02 조건부 서식

|  | A | B | C | D | E | F | G | H |
|---|---|---|---|---|---|---|---|---|
| 1 | [표1] | | | | | | | |
| 2 | 강사번호 | 강사명 | 나이 | 주소 | 전화번호 | 강의평점 | 최종학력 | 강의일정 |
| 3 | T-001 | 장소영 | 33 | 서울 | 02-587-1570 | 89 | 석사 | 2025-09-05 |
| 4 | T-002 | 이훈덕 | 33 | 경기 | 031-787-9578 | 93 | 박사 | 2024-05-04 |
| 5 | T-003 | 최영조 | 43 | 인천 | 032-354-7897 | 81 | 학사 | 2025-10-10 |
| 6 | T-004 | 김상균 | 43 | 서울 | 02-357-9520 | 85 | 학사 | 2024-07-08 |
| 7 | T-005 | 황은주 | 35 | 인천 | 032-547-3687 | 95 | 석사 | 2025-06-07 |
| 8 | T-006 | 김소주 | 30 | 서울 | 02-357-7531 | 98 | 학사 | 2025-09-09 |
| 9 | T-007 | 전구민 | 48 | 경기 | 031-951-1597 | 70 | 박사 | 2024-08-09 |
| 10 | T-008 | 김아연 | 46 | 경기 | 031-963-7410 | 94 | 학사 | 2026-11-11 |
| 11 | T-009 | 강주연 | 43 | 인천 | 032-852-7463 | 91 | 석사 | 2026-12-01 |
| 12 | T-010 | 김남우 | 38 | 서울 | 02-974-1234 | 90 | 학사 | 2025-10-09 |
| 13 | T-011 | 오연경 | 49 | 인천 | 032-456-7890 | 89 | 박사 | 2024-11-09 |
| 14 | T-012 | 김진서 | 40 | 경기 | 031-963-7410 | 88 | 학사 | 2026-03-05 |
| 15 | T-013 | 유전수 | 36 | 서울 | 02-951-7530 | 87 | 석사 | 2025-04-25 |
| 16 | T-014 | 김환빈 | 34 | 경기 | 031-456-9874 | 92 | 박사 | 2025-02-22 |
| 17 | T-015 | 김소영 | 35 | 서울 | 02-222-5781 | 81 | 석사 | 2025-04-04 |
| 18 | T-016 | 박유주 | 31 | 경기 | 031-874-9641 | 80 | 박사 | 2026-08-07 |
| 19 | T-017 | 강호균 | 30 | 서울 | 02-784-8745 | 79 | 학사 | 2025-04-06 |
| 20 | T-018 | 황호안 | 28 | 인천 | 032-954-8745 | 78 | 석사 | 2024-07-12 |
| 21 | T-019 | 박주연 | 32 | 서울 | 02-587-9634 | 92 | 학사 | 2026-04-29 |
| 22 | T-020 | 이주연 | 33 | 경기 | 031-754-9678 | 93 | 학사 | 2025-06-07 |
| 23 | T-021 | 유호준 | 34 | 서울 | 02-456-7890 | 95 | 학사 | 2026-09-24 |
| 24 | T-022 | 임상준 | 35 | 인천 | 032-874-9687 | 94 | 박사 | 2025-10-14 |
| 25 | T-023 | 강유주 | 30 | 서울 | 02-487-9612 | 97 | 석사 | 2026-09-18 |
| 26 | T-024 | 전미옥 | 29 | 인천 | 032-478-9654 | 94 | 석사 | 2024-10-14 |
| 27 | T-025 | 위소연 | 36 | 인천 | 032-745-8541 | 84 | 박사 | 2025-07-06 |
| 28 | T-026 | 김조빈 | 37 | 서울 | 02-368-9421 | 75 | 학사 | 2026-05-15 |

## 03 페이지 레이아웃

| 강사번호 | 강사명 | 나이 | 주소 | 전화번호 | 강의평점 | 최종학력 | 강의일정 |
|---|---|---|---|---|---|---|---|
| T-001 | 장소영 | 33 | 서울 | 02-587-1570 | 89 | 석사 | 2025-09-05 |
| T-002 | 이훈덕 | 33 | 경기 | 031-787-9578 | 93 | 박사 | 2024-05-04 |
| T-003 | 최영조 | 43 | 인천 | 032-354-7897 | 81 | 학사 | 2025-10-10 |
| *T-004* | *김상균* | *43* | *서울* | *02-357-9520* | *85* | *학사* | *2024-07-08* |
| T-005 | 황은주 | 35 | 인천 | 032-547-3687 | 95 | 석사 | 2025-06-07 |
| *T-006* | *김소주* | *30* | *서울* | *02-357-7531* | *98* | *학사* | *2025-09-09* |
| T-007 | 전구민 | 48 | 경기 | 031-951-1597 | 70 | 박사 | 2024-08-09 |
| *T-008* | *김아연* | *46* | *경기* | *031-963-7410* | *94* | *학사* | *2026-11-11* |
| T-009 | 강주연 | 43 | 인천 | 032-852-7463 | 91 | 석사 | 2026-12-01 |
| *T-010* | *김남우* | *38* | *서울* | *02-974-1234* | *90* | *학사* | *2025-10-09* |
| T-011 | 오연경 | 49 | 인천 | 032-456-7890 | 89 | 박사 | 2024-11-09 |
| *T-012* | *김진서* | *40* | *경기* | *031-963-7410* | *88* | *학사* | *2026-03-05* |
| T-013 | 유전수 | 36 | 서울 | 02-951-7530 | 87 | 석사 | 2025-04-25 |
| *T-014* | *김환빈* | *34* | *경기* | *031-456-9874* | *92* | *박사* | *2025-02-22* |
| *T-015* | *김소영* | *35* | *서울* | *02-222-5781* | *81* | *석사* | *2025-04-04* |
| T-016 | 박유주 | 31 | 경기 | 031-874-9641 | 80 | 박사 | 2026-08-07 |
| T-017 | 강호균 | 30 | 서울 | 02-784-8745 | 79 | 학사 | 2025-04-06 |
| T-018 | 황호안 | 28 | 인천 | 032-954-8745 | 78 | 석사 | 2024-07-12 |
| T-019 | 박주연 | 32 | 서울 | 02-587-9634 | 92 | 학사 | 2026-04-29 |
| T-020 | 이주연 | 33 | 경기 | 031-754-9678 | 93 | 학사 | 2025-06-07 |
| T-021 | 유호준 | 34 | 서울 | 02-456-7890 | 95 | 박사 | 2026-09-24 |
| T-022 | 임상준 | 35 | 인천 | 032-874-9687 | 94 | 박사 | 2025-10-14 |
| T-023 | 강유주 | 30 | 서울 | 02-487-9612 | 97 | 석사 | 2026-09-18 |
| T-024 | 전미옥 | 29 | 인천 | 032-478-9654 | 94 | 석사 | 2024-10-14 |
| T-025 | 위소연 | 36 | 인천 | 032-745-8541 | 84 | 박사 | 2025-07-06 |
| *T-026* | *김조빈* | *37* | *서울* | *02-368-9421* | *75* | *학사* | *2026-05-15* |

2024-07-21

## 문제 ❷ 계산작업

### 01 월납입액, 수수료, 비고

| | A | B | C | D | E | F | G | H | I |
|---|---|---|---|---|---|---|---|---|---|
| 1 | [표1] | | | | | | | | |
| 2 | 고객번호 | 등급 | 대출종류 | 대출금액 | 기간 | 대출일 | 월납입액 | 수수료 | 비고 |
| 3 | CRY-021 | 프리미엄 | 모바일신용 | 4,000,000 | 24개월 | 2024-05-02 | ₩175,486 | 65,000 | |
| 4 | CRO-071 | 골드 | 전세금담보 | 10,000,000 | 40개월 | 2024-09-16 | ₩271,931 | 45,000 | ♣ |
| 5 | CRO-084 | MVP | 일반신용 | 15,000,000 | 24개월 | 2024-10-19 | ₩644,718 | 25,000 | ♦ |
| 6 | CRY-048 | 골드 | 직장인신용 | 6,000,000 | 36개월 | 2024-01-25 | ₩179,825 | 50,000 | |
| 7 | CRM-023 | 로얄 | 모바일신용 | 5,000,000 | 30개월 | 2026-02-20 | ₩173,203 | 40,000 | |
| 8 | CRO-029 | MVP | 모바일신용 | 13,000,000 | 18개월 | 2026-05-16 | ₩739,496 | 20,000 | ♦ |
| 9 | CRM-002 | 프리미엄 | u-보금 | 2,900,000 | 48개월 | 2025-03-04 | ₩66,785 | 70,000 | |
| 10 | CRY-091 | 프리미엄 | 아낌e보금 | 2,500,000 | 56개월 | 2024-11-09 | ₩50,146 | 70,000 | |
| 11 | CRY-021 | 프리미엄 | t-보금 | 3,500,000 | 50개월 | 2025-07-19 | ₩77,690 | 70,000 | |
| 12 | CRO-034 | 프리미엄 | 주택담보 | 9,000,000 | 48개월 | 2025-06-07 | ₩207,264 | 65,000 | |
| 13 | CRM-042 | 골드 | 적금담보 | 11,000,000 | 36개월 | 2025-12-02 | ₩329,680 | 45,000 | ♣ |
| 14 | CRO-032 | MVP | 주택담보 | 12,000,000 | 24개월 | 2025-09-03 | ₩515,775 | 25,000 | ♦ |
| 15 | CRY-074 | 로얄 | 적금담보 | 7,500,000 | 18개월 | 2026-04-03 | ₩426,633 | 35,000 | |
| 16 | CRM-054 | 골드 | 전세금담보 | 6,500,000 | 24개월 | 2024-02-08 | ₩285,164 | 50,000 | |
| 17 | CRY-064 | 로얄 | 직장인신용 | 8,000,000 | 15개월 | 2024-08-08 | ₩544,062 | 35,000 | ♣ |
| 18 | CRM-038 | 프리미엄 | t-보금 | 2,500,000 | 30개월 | 2025-01-14 | ₩88,823 | 65,000 | |
| 19 | CRY-052 | 프리미엄 | 아낌e보금 | 1,800,000 | 18개월 | 2026-10-01 | ₩104,005 | 60,000 | |
| 20 | CRM-074 | 프리미엄 | u-보금 | 4,500,000 | 48개월 | 2025-06-17 | ₩103,632 | 70,000 | |
| 21 | CRY-086 | 로얄 | 직장인신용 | 8,700,000 | 36개월 | 2024-09-04 | ₩253,007 | 40,000 | ♣ |
| 22 | CRO-097 | MVP | 일반신용 | 11,500,000 | 48개월 | 2025-04-09 | ₩254,545 | 30,000 | ♦ |
| 23 | CRM-021 | 골드 | 모바일신용 | 7,800,000 | 30개월 | 2026-08-19 | ₩277,129 | 50,000 | |
| 24 | CRO-004 | 로얄 | 적금담보 | 8,200,000 | 40개월 | 2024-10-03 | ₩215,677 | 40,000 | ♣ |
| 25 | CRM-006 | 프리미엄 | u-보금 | 2,800,000 | 15개월 | 2025-07-06 | ₩192,949 | 60,000 | |
| 26 | CRO-014 | 골드 | 주택담보 | 7,200,000 | 36개월 | 2026-10-11 | ₩215,790 | 50,000 | |

1. [G3] 셀에 「=PMT(IF(OR(B3="프리미엄",B3="골드"),5%,3%)/12,E3,-D3)」를 입력하고 [G26] 셀까지 수식 복사
2. [H3] 셀에 「=IFS(E3<24,10000,E3<48,15000,E3>=48,20000)+VLOOKUP(B3,$A$37:$D$40,MATCH(D3,$B$35:$D$35,1)+1,FALSE)」를 입력하고 [H26] 셀까지 수식 복사
5. [I3] 셀에 「=fn비고(D3,B3)」를 입력하고 [I26] 셀까지 수식 복사

```
Public Function fn비고(대출금액, 등급)
    If 대출금액 >= 10000000 And 등급 = "MVP" Then
        fn비고 = "♦"
    ElseIf 대출금액 >= 8000000 And (등급 = "로얄" Or 등급 = "골드") Then
        fn비고 = "♣"
    Else
        fn비고 = ""
    End If
End Function
```

## 02 대출종류별 대출금액 순위, 대출구분과 대출년도별 대출 건수

| | A | B | C | D | E | F | G | H | I | J |
|---|---|---|---|---|---|---|---|---|---|---|
| 28 | [표2] | | | | | [표3] | | | | |
| 29 | 대출형태 | 1위 | 2위 | 3위 | | 대출년도 | 신혼부부 | 청년 | 자영업자 | |
| 30 | 신용 | 15,000,000 | 13,000,000 | 11,500,000 | | | M | Y | O | |
| 31 | 보금 | 4,500,000 | 3,500,000 | 2,900,000 | | 2024년 | 1 | 5 | 3 | |
| 32 | 담보 | 12,000,000 | 11,000,000 | 10,000,000 | | 2025년 | 5 | 1 | 3 | |
| 33 | | | | | | 2026년 | 2 | 2 | 2 | |
| 34 | [표4] | | | | | | | | | |

3. [B30] 셀에 「=LARGE((RIGHT($C$3:$C$26,2)=$A30)*$D$3:$D$26,B$29)」를 입력하고 Ctrl + Shift + Enter 를 누른 후에 [D32] 셀까지 수식을 복사

4. [G31] 셀에 「=COUNT(IF((MID($A$3:$A$26,3,1)=G$30)*(YEAR($F$3:$F$26)=$F31),1))」를 입력하고 Ctrl + Shift + Enter 를 누른 후에 [I33] 셀까지 수식을 복사

---

## 문제 ❸ 분석작업

### 01 피벗 테이블

| | A | B | C | D | E |
|---|---|---|---|---|---|
| 1 | | | | | |
| 2 | | | | | |
| 3 | 가입지점명 | (모두) | | | |
| 4 | | | | | |
| 5 | 가입년월일 | 보험종류 | 개수 : 보험코드 | 평균 : 월불입액 | |
| 6 | ⊞1사분기 | | 7 | 235,000 | |
| 7 | ⊞2사분기 | | 7 | 110,714 | |
| 8 | ⊞3사분기 | | 6 | 187,083 | |
| 9 | ⊟4사분기 | 건강보험 | 3 | 174,333 | |
| 10 | | 변액보험 | 4 | 336,250 | |
| 11 | | 상해보험 | 2 | 55,000 | |
| 12 | | 연금보험 | 1 | 500,000 | |
| 13 | | 저축성보험 | 3 | 476,667 | |
| 14 | 4사분기 요약 | | 13 | 300,615 | |
| 15 | 총합계 | | 33 | 225,773 | |
| 16 | | | | | |

### 02 데이터 도구

| | A | B | C | D | E | F | G | H | I |
|---|---|---|---|---|---|---|---|---|---|
| 1 | [표1] | | | | | | | | |
| 2 | 이자율 | 4.50% | | | | | | | |
| 3 | 대출기간 | 60개월 | | | | | | | |
| 4 | 대출금액 | - 50,000,000 | | | | | | | |
| 5 | 월납입액 | ₩932,151 | | | | | | | |
| 6 | | | | | | | | | |
| 7 | | | | | | | | | |
| 8 | [표2] | | | | | | | | |
| 9 | | ₩932,151 | 12개월 | 24개월 | 36개월 | 48개월 | 60개월 | 72개월 | |
| 10 | | 3.0% | ₩ 4,234,685 | ₩ 2,149,061 | ₩ 1,454,060 | ₩ 1,106,716 | 898,435 | ₩ 759,684 | |
| 11 | | 3.5% | ₩ 4,246,081 | ₩ 2,160,136 | ₩ 1,465,104 | ₩ 1,117,800 | 909,587 | ₩ 770,920 | |
| 12 | 이 | 4.0% | ₩ 4,257,495 | ₩ 2,171,246 | ₩ 1,476,199 | ₩ 1,128,953 | 920,826 | ₩ 782,259 | |
| 13 | 자 | 4.5% | ₩ 4,268,926 | ₩ 2,182,391 | ₩ 1,487,346 | ₩ 1,140,174 | 932,151 | ₩ 793,701 | |
| 14 | 율 | 5.0% | ₩ 4,280,374 | ₩ 2,193,569 | ₩ 1,498,545 | ₩ 1,151,465 | 943,562 | ₩ 805,247 | |
| 15 | | 5.5% | ₩ 4,291,839 | ₩ 2,204,783 | ₩ 1,509,795 | ₩ 1,162,824 | 955,058 | ₩ 816,894 | |
| 16 | | 6.0% | ₩ 4,303,321 | ₩ 2,216,031 | ₩ 1,521,097 | ₩ 1,174,251 | 966,640 | ₩ 828,644 | |
| 17 | | | | | | | | | |

## 문제 ❹  기타작업

### 01 차트

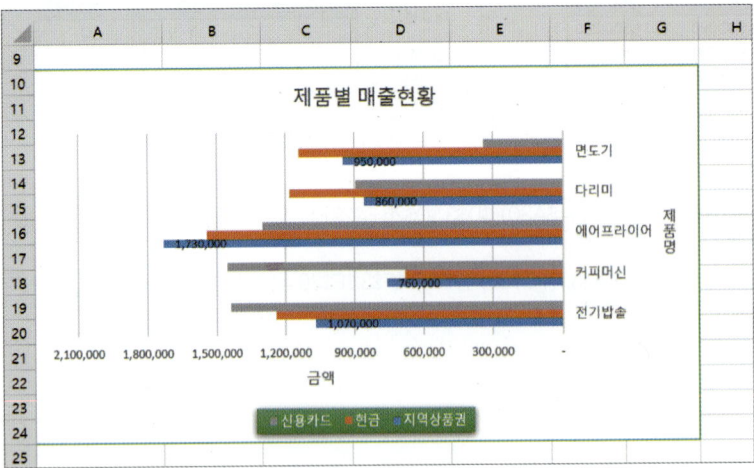

### 02 매크로

## 03 VBA 프로그래밍

- 폼 보이기 프로시저

```
Private Sub cmd판매등록_Click()
    판매등록.Show
End Sub
```

- 폼 초기화 프로시저

```
Private Sub UserForm_Initialize()
    cmb지점.AddItem "서초점"
    cmb지점.AddItem "사당점"
    cmb지점.AddItem "반포점"
    cmb지점.AddItem "송파점"
    cmb제품명.RowSource = "I5:I10"
End Sub
```

- 등록 프로시저

```
Private Sub cmd등록_Click()
If cmb지점 = "" Then
    MsgBox "지점을 선택하세요."
ElseIf cmb제품명 = "" Then
    MsgBox "제품명을 선택하세요."
ElseIf txt판매수량 = "" Then
    MsgBox "판매수량을 입력하세요."
ElseIf txt판매금액 = "" Then
    MsgBox "판매금액을 입력하세요."
Else
    i = Range("a2").CurrentRegion.Rows.Count + 1
    Cells(i, 1) = cmb지점
    Cells(i, 2) = cmb제품명
    Cells(i, 3) = txt판매수량.Value
    Cells(i, 4) = Format(txt판매금액, "#,##0")
End If
End Sub
```

- 종료 프로시저

```
Private Sub cmd종료_Click()
    [A1].Font.Name = "바탕체"
    [A1].Font.Color = RGB(255, 0, 0)
    [A1].Font.Italic = True
    Unload Me
End Sub
```

# 상시 기출문제 07회 해설

### 문제 ❶ 기본작업

#### 01 고급 필터('기본작업' 시트)

① [A31:A32] 영역에 조건을 입력하고, [A34:E34] 영역에 추출할 필드명을 작성한다.

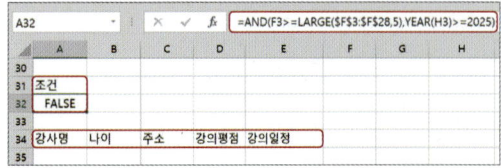

[A32] : =AND(F3>=LARGE($F$3:$F$28,5),YEAR(H3)>=2025)

② [데이터]-[정렬 및 필터] 그룹의 [고급](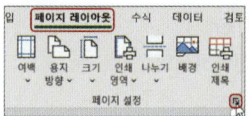)을 클릭한다.

③ [고급 필터]에서 다음과 같이 지정한 후 [확인]을 클릭한다.

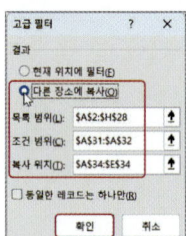

- 결과 : '다른 장소에 복사'
- 목록 범위 : [A2:H28]
- 조건 범위 : [A31:A32]
- 복사 위치 : [A34:E34]

#### 02 조건부 서식('기본작업' 시트)

① [A3:H28] 영역을 범위 지정한 후 [홈]-[스타일] 그룹의 [조건부 서식]-[새 규칙]을 클릭한다.

② [새 서식 규칙]에서 '규칙 유형 선택'에 '▶ 수식을 사용하여 서식을 지정할 셀 결정'을 선택하고, =AND(OR($D3="서울",$D3="경기"),LEFT($B3,1)="김")을 입력한 후 [서식]을 클릭한다.

③ [셀 서식]의 [글꼴] 탭에서 글꼴 스타일은 '기울임꼴', 글꼴 색은 '표준 색 - 주황'을 선택한 후 [확인]을 클릭한다.

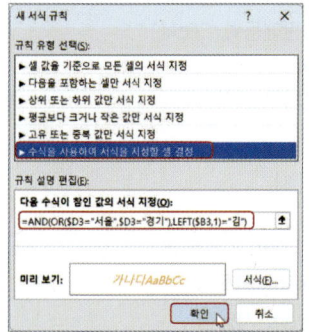

④ [새 서식 규칙]에서 다시 [확인]을 클릭한다.

#### 03 페이지 레이아웃('기본작업' 시트)

① [A2:H28] 영역을 범위 지정한 후 [페이지 레이아웃]-[페이지 설정] 그룹에서 [인쇄 영역]-[인쇄 영역 설정]을 클릭한다.

② [페이지 레이아웃]-[페이지 설정] 그룹에서 [옵션](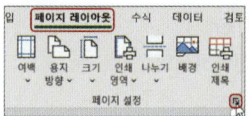)을 클릭한다.

③ [페이지] 탭에서 용지 방향은 '가로', 확대/축소 배율은 120을 입력한다.

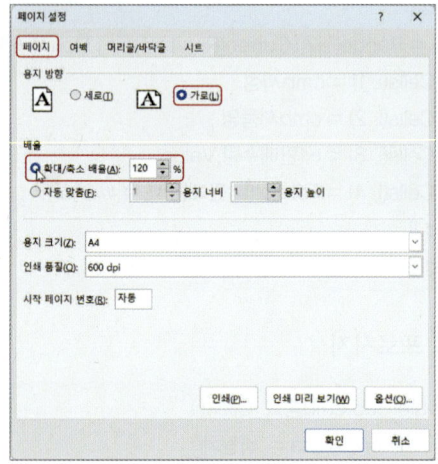

④ [여백] 탭에서 페이지 가운데 맞춤 '가로', '세로'를 체크한다.

⑤ [머리글/바닥글] 탭에서 [바닥글 편집]을 클릭하고 '오른쪽 구역'에 커서를 두고 [날짜 삽입](圖)을 클릭하고 [확인]을 클릭한다.

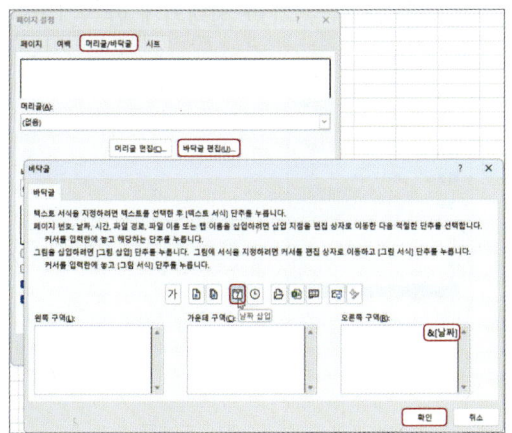

### 문제 ❷ 계산작업('계산작업' 시트)

#### 01 월납입액[G3:G26]

[G3] 셀에 =PMT(IF(OR(B3="프리미엄",B3="골드"),5%,3%)/12,E3,-D3)를 입력하고 [G26] 셀까지 수식을 복사한다.

#### 02 수수료[H3:H26]

[H3] 셀에 =IFS(E3<24,10000,E3<48,15000,E3>=48,20000)+VLOOKUP(B3,$A$37:$D$40,MATCH(D3,$B$35:$D$35,1)+1,FALSE)를 입력하고 [H26] 셀까지 수식을 복사한다.

#### 03 대출종류별 대출금액 순위[B30:D32]

[B30] 셀에 =LARGE((RIGHT($C$3:$C$26,2)=$A30)*$D$3:$D$26,B$29)를 입력하고 Ctrl + Shift + Enter 를 누른 후에 [D32] 셀까지 수식을 복사한다.

#### 04 대출구분과 대출년도별 대출 건수[G31:I33]

[G31] 셀에 =COUNT(IF((MID($A$3:$A$26,3,1)=G$30)*(YEAR($F$3:$F$26)=$F31),1))를 입력하고 Ctrl + Shift + Enter 를 누른 후에 [I33] 셀까지 수식을 복사한다.

#### 05 비고[I3:I26]

① [개발 도구]-[코드] 그룹의 [Visual Basic](圖)을 클릭한다.
② [삽입]-[모듈]을 클릭한다.
③ Module 창에 다음과 같이 입력한다.

```
Public Function fn비고(대출금액, 등급)
    If 대출금액 >= 10000000 And 등급 = "MVP" Then
        fn비고 = "◆"
    ElseIf 대출금액 >= 8000000 And (등급 = "로얄" Or 등급 = "골드") Then
        fn비고 = "♣"
    Else
        fn비고 = ""
    End If
End Function
```

④ [파일]-[닫고 Microsoft Excel(으)로 돌아가기]를 클릭하여 [Visual Basic Editor]를 닫는다.
⑤ [I3] 셀을 클릭한 후 [함수 삽입](fx)을 클릭한다.
⑥ 범주 선택은 '사용자 정의', 함수 선택은 'fn비고'를 선택한 후 [확인]을 클릭한다.
⑦ '대출금액'은 [D3], '등급'은 [B3]을 지정한 후 [확인]을 클릭한다.

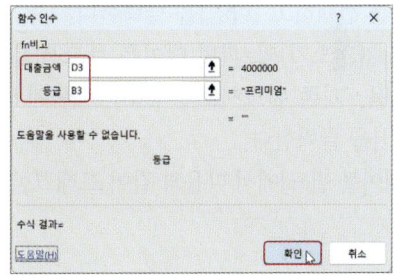

⑧ [I3] 셀을 선택한 후 [I26] 셀까지 수식을 복사한다.

문제 ③ 분석작업

### 01 피벗 테이블('분석작업-1' 시트)

① [A5] 셀을 선택한 후 [데이터]-[데이터 가져오기 및 변환] 그룹에서 [데이터 가져오기]-[기타 원본에서]-[Microsoft Query에서]를 클릭한다.
② [데이터 원본 선택]의 [데이터베이스] 탭에서 'MS Access Database*'를 선택하고 [확인]을 클릭한다.
③ '보험.accdb'를 선택하고 [확인]을 클릭한다.
④ 〈보험종류〉 테이블을 더블클릭하여 '가입년월일', '보험코드', '보험종류', '가입지점명', '월불입액'을 선택하고 [다음]을 클릭한다.

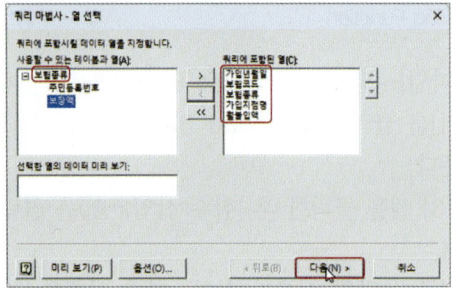

⑤ [데이터 필터]와 [정렬 순서]에서는 설정 없이 [다음]을 클릭한다.
⑥ [마침]에서 'Microsoft Excel(으)로 데이터 되돌리기'를 선택하고 [마침]을 클릭한다.
⑦ [데이터 가져오기]의 '피벗 테이블 보고서'를 선택한 다음, '기존 워크시트'는 [A5] 셀을 지정하고 [확인]을 클릭한다.
⑧ [피벗 테이블 필드]에서 다음과 같이 드래그한다.

⑨ [디자인]-[레이아웃] 그룹에서 [보고서 레이아웃]-[테이블 형식으로 표시]를 클릭한다.
⑩ [A6] 셀에서 마우스 오른쪽 버튼을 눌러 [그룹]을 클릭한 후 '분기'만 선택되게 한 후 [확인]을 클릭한다.

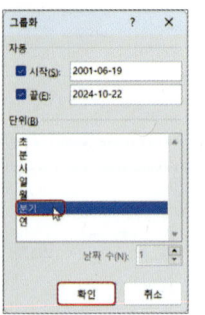

⑪ '1사분기', '2사분기', '3사분기' 단추(■)를 클릭하여 숨기기를 한다.
⑫ '합계 : 월불입액'[D5]에서 더블클릭한 후 [값 필드 설정]에서 '평균'을 선택한 후 [표시 형식]을 클릭한 후 '회계', 기호 '없음'을 선택하고 [확인]을 클릭한다.

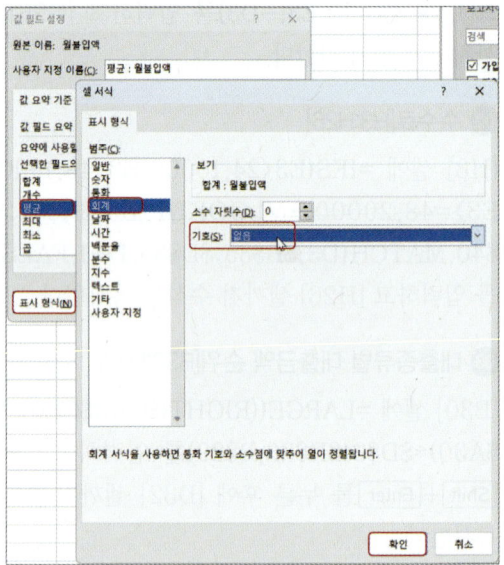

⑬ [디자인]-[피벗 테이블 스타일] 그룹에서 '연한 녹색, 피벗 스타일 밝게 14'를 선택하고, '줄무늬 열'을 체크한다.

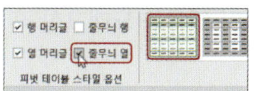

> **기적의 TIP**
>
> 사용하는 엑셀 버전에 따라 피벗 테이블 작성 시 날짜 데이터가 있을 경우 레이블 이름이 다르게 표시될 수 있습니다.

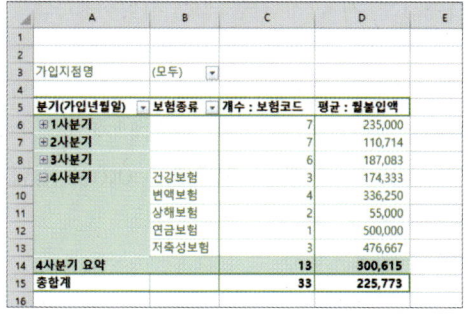

## 02 데이터 도구('분석작업-2' 시트)

① [C9:H9] 영역을 범위 지정한 후 [데이터]-[데이터 도구] 그룹의 [데이터 유효성 검사](📋)를 클릭하여 [설정] 탭의 제한 대상은 '사용자 지정', 수식은 =MOD(C9,12)=0을 입력한다.

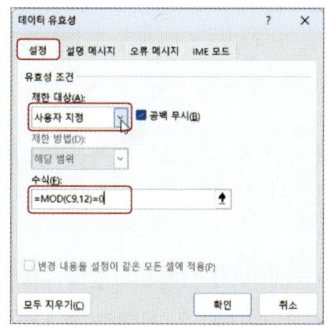

② [오류 메시지] 탭에서 스타일은 '중지'를 선택하고, 제목은 **입력오류**, 오류 메시지는 **12의 배수만 입력하세요.**를 입력하고 [확인]을 클릭한다.

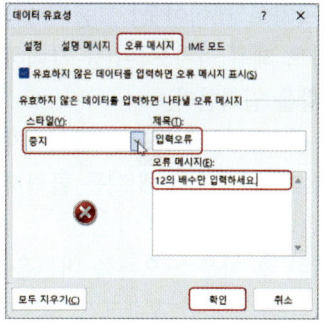

③ [B9] 셀에 =를 입력하고 [B5] 셀을 클릭하여 수식을 연결한다.
④ [B9:H16] 영역을 범위 지정한 후 [데이터]-[예측] 그룹의 [가상 분석]-[데이터 표]를 클릭한다.
⑤ 행 입력 셀은 [B3], 열 입력 셀은 [B2] 셀로 지정하고 [확인]을 클릭한다.

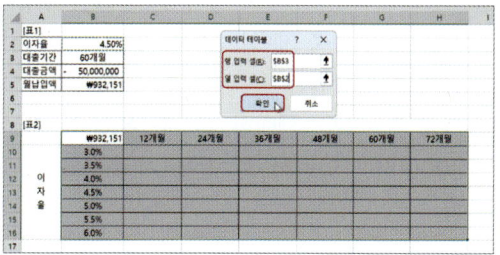

### 문제 ④ 기타작업

## 01 차트('기타작업-1' 시트)

① 차트 안에서 마우스 오른쪽 버튼을 눌러 [데이터 선택]을 클릭한다.
② '차트 데이터 범위'는 기존 범위를 지우고 [A2:D7] 영역으로 수정하고 [확인]을 클릭한다.

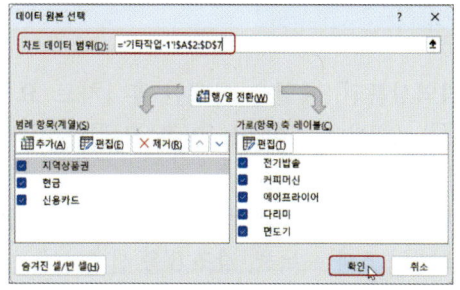

③ [차트 디자인]-[차트 레이아웃] 그룹의 [차트 요소 추가]-[차트 제목]-[차트 위]를 클릭하여 **제품별 매출현황**을 입력한다.

④ [차트 디자인]-[차트 레이아웃] 그룹의 [차트 요소 추가]-[축 제목]-[기본 세로]를 클릭하여 **제품명**을 입력한다.

⑤ '제품명'을 선택한 후 마우스 오른쪽 버튼을 눌러 [축 제목 서식]을 클릭한 후 [크기 및 속성]의 텍스트 방향 '세로'를 선택한다.

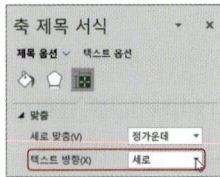

⑥ [차트 디자인]-[차트 레이아웃] 그룹의 [차트 요소 추가]-[축 제목]-[기본 가로]를 클릭하여 **금액**을 입력한다.

⑦ 가로(값) 축을 선택한 후 '축 옵션'의 기본에 300000을 입력하고, '값을 거꾸로'를 체크한다.

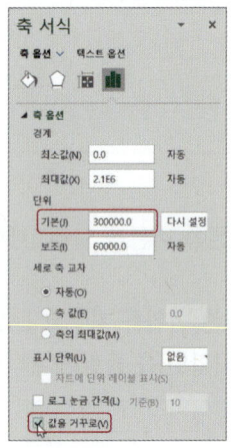

⑧ '지역상품권' 계열을 선택한 후 [차트 요소](田)-[데이터 레이블]-[안쪽 끝에]를 선택한다.

⑨ 범례를 선택한 후 [서식]-[도형 스타일] 그룹에서 '강한 효과 – 녹색, 강조 6'을 선택한다.

⑩ 차트 영역을 선택한 후 [채우기 및 선]의 '테두리'의 색을 '표준 색 – 녹색'을 선택한다.

## 02 매크로('기타작업-2' 시트)

① [삽입]-[일러스트레이션] 그룹의 [도형]-[기본 도형]의 '사각형: 빗면(▫)'을 선택한 후 Alt 를 누른 상태에서 [F2:G3] 영역을 드래그한 후 **서식적용**을 입력한다.

② '사각형: 빗면(▫)'에서 마우스 오른쪽 버튼을 눌러 [매크로 지정]을 클릭한 후 [매크로 지정]에서 **서식적용**을 입력하고 [기록]을 클릭한다.

③ [매크로 기록]에 자동으로 '서식적용'으로 매크로 이름이 표시되면 [확인]을 클릭한다.

④ [D3:D20] 영역을 범위 지정한 후 Ctrl + 1 을 눌러 [표시 형식] 탭의 '사용자 지정'에 [파랑][>=100]0;[자홍][<=50]"♣"* 0;0을 입력하고 [확인]을 클릭한다.

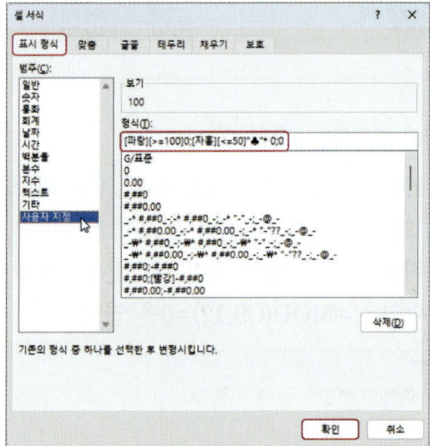

⑤ 임의의 셀을 클릭한 후 매크로 기록을 종료하기 위해 [개발 도구]-[코드] 그룹의 [기록 중지](▫)를 클릭한다.

⑥ [삽입]-[일러스트레이션] 그룹의 [도형]-[기본 도형]의 '사각형: 빗면(▫)'을 선택한 후 Alt 를 누른 상태에서 [F5:G6] 영역을 드래그한 후 **서식해제**를 입력한다.

⑦ '사각형: 빗면(▫)'에서 마우스 오른쪽 버튼을 눌러 [매크로 지정]을 클릭한 후 [매크로 지정]에서 **서식해제**를 입력하고 [기록]을 클릭한다.

⑧ [매크로 기록]에 자동으로 '서식해제'로 매크로 이름이 표시되면 [확인]을 클릭한다.

⑨ [D3:D20] 영역을 범위 지정한 후 [Ctrl]+[1]을 눌러 [표시 형식] 탭의 '일반'을 선택하고 [확인]을 클릭한다.
⑩ 임의의 셀을 클릭한 후 매크로 기록을 종료하기 위해 [개발 도구]-[코드] 그룹의 [기록 중지](□)를 클릭한다.

### 03 프로시저('기타작업-3' 시트에서 작성)

#### ① 폼 보이기

① [개발 도구]-[컨트롤] 그룹의 [디자인 모드](N)를 클릭하여 〈판매등록〉 버튼을 편집 상태로 만든다.
② 〈판매등록〉 버튼을 더블클릭한 후 코드 창에 다음과 같이 입력한다.

```
Private Sub cmd판매등록_Click()
    판매등록.Show
End Sub
```

#### ② 폼 초기화

① [프로젝트-VBAProject] 탐색기에서 '폼'을 더블 클릭하고 〈판매등록〉을 선택한다.
② [프로젝트-VBAProject] 탐색기의 [코드 보기](□)를 클릭한다.
③ '개체 목록'은 'UserForm', '프로시저 목록'은 'Initialize'를 선택한다.
④ 코드 창에 다음과 같이 입력한다.

```
Private Sub UserForm_Initialize()
    cmb지점.AddItem "서초점"
    cmb지점.AddItem "사당점"
    cmb지점.AddItem "반포점"
    cmb지점.AddItem "송파점"
    cmb제품명.RowSource = "I5:I10"
End Sub
```

#### ③ 등록 프로시저

① '개체 목록'에서 'cmd등록', '프로시저 목록'은 'Click'을 선택한다.
② 코드 창에 다음과 같이 입력한다.

```
Private Sub cmd등록_Click()
    If cmb지점 = "" Then
        MsgBox "지점을 선택하세요."
    ElseIf cmb제품명 = "" Then
        MsgBox "제품명을 선택하세요."
    ElseIf txt판매수량 = "" Then
        MsgBox "판매수량을 입력하세요."
    ElseIf txt판매금액 = "" Then
        MsgBox "판매금액을 입력하세요."
    Else
        i = Range("a2").CurrentRegion.Rows.Count + 1
        Cells(i, 1) = cmb지점
        Cells(i, 2) = cmb제품명
        Cells(i, 3) = txt판매수량.Value
        Cells(i, 4) = Format(txt판매금액, "#,##0")
End Sub
```

> **코드 설명**
> ① i는 새로운 데이터를 입력할 행을 기억할 변수이다. i라는 변수 이름 대신에 한글로 '행' 또는 '입력행' 등을 사용할 수 있다.
> ② .Value
> .Value는 값의 속성으로 입력받는 데이터의 값이 문자면 왼쪽, 숫자와 날짜는 오른쪽으로 입력된다.

#### ④ 종료 프로시저

① '개체 목록'에서 'cmd종료', '프로시저 목록'은 'Click'을 선택한다.
② 코드 창에 다음과 같이 입력한다.

```
Private Sub cmd종료_Click()
    [A1].Font.Name = "바탕체"
    [A1].Font.Color = RGB(255, 0, 0)
    [A1].Font.Italic = True
    Unload Me
End Sub
```

# 상시 기출문제 08회

작업파일 [26컴활1급₩1권_스프레드시트₩상시기출문제] 폴더의 '상시기출문제8회' 파일을 열어서 작업하시오.

## 문제 ❶ 기본작업 | 주어진 시트에서 다음 과정을 수행하고 저장하시오. 15점

**01** '기본작업-1' 시트에서 다음과 같이 고급 필터를 수행하시오. (5점)
- ▶ [A2:K30] 영역에서 '수강생코드'의 앞 4 글자가 2025이고 뒤에 1자리가 4가 아닌 데이터를 표시하시오.
- ▶ 조건은 [A32:A33] 영역 내에 알맞게 입력하시오. (AND, LEFT, RIGHT 함수 사용)
- ▶ 결과는 [A35] 셀부터 표시하시오.

**02** '기본작업-1' 시트에서 다음과 같이 조건부 서식을 설정하시오. (5점)
- ▶ [A3:K30] 영역에서 행 번호를 4로 나눈 나머지가 0인 데이터의 행 전체에 대하여 글꼴 스타일은 '굵은 기울임꼴', 글꼴 색은 '표준 색 – 녹색'으로 적용하시오.
- ▶ 단, 규칙 유형은 '수식을 사용하여 서식을 지정할 셀 결정'을 사용하고, 한 개의 규칙으로만 작성하시오.
- ▶ MOD, ROW 함수 사용

**03** '기본작업-2' 시트에서 다음과 같이 페이지 레이아웃을 설정하시오. (5점)
- ▶ 용지 방향을 '가로'로 지정하고 인쇄될 내용이 페이지의 가로 가운데에 인쇄되도록 페이지 가운데 맞춤을 설정하시오.
- ▶ 매 페이지 상단의 왼쪽 구역에는 현재 시스템의 날짜가 표시되도록 머리글을 설정하시오.
- ▶ 기존 인쇄 영역에 [A31:K41] 영역을 인쇄 영역으로 추가하고 1, 2행이 매 페이지마다 반복하여 인쇄되도록 인쇄 제목을 설정하고, '행/열 머리글'을 표시하시오.

## 문제 ❷ 계산작업 | '계산작업' 시트에서 다음 과정을 수행하고 저장하시오. 30점

**01** [표1]의 입사일자, 대출금액, 기준날짜(I1)을 이용하여 [G3:G24] 영역에 대출심사를 표시하시오. (6점)
- ▶ 대출심사는 근무경력이 10년 이상이고 대출금액이 10,000,000 이하이면 "대출가능", 근무경력은 5년 이상이고 대출금액이 20,000,000 이하이면 "서류보완", 그 외는 "보류"로 표시
- ▶ 근무경력=기준날짜-입사일자
- ▶ IF, AND, YEAR 함수 사용

② [표1]의 대출금액, 대출기간, 연이율과 [표4]를 참조하여 월상환액에 따른 가계부담정도를 계산하여 [H3:H24] 영역에 표시하시오. (6점)

- ▶ 가계부담은 대출금액, 대출기간, 연이율을 이용하여 월상환액을 계산한 후 월상환액을 이용하여 [표4]에서 찾아 계산
- ▶ XLOOKUP, PMT 함수 사용

③ 사용자 정의 함수 'fn비고'를 작성하여 [표1]의 [I3:I24] 영역에 비고를 계산하여 표시하시오. (6점)

- ▶ 'fn비고'는 입사일자, 대출금액을 인수로 받아 비고를 계산하는 함수이다.
- ▶ 비고는 입사일자가 2015년 이후이고 대출금액이 10,000,000 이상이면 '★', 대출금액이 8,000,000 이상이면 '☆', 그 외는 빈칸으로 표시하시오.
- ▶ IF문 사용

```
Public Function fn비고(입사일자, 대출금액)
End Function
```

④ [표1]의 지점, 대출금액을 이용하여 [표2]의 [C28:C30] 영역에 지점별 상위 1~3위 대출금액의 합계를 표시하시오. (6점)

- ▶ SUM, LARGE, IF, LEFT 함수와 배열 상수를 사용한 배열 수식

⑤ [표1]의 지점, 연이율을 이용하여 [표3]의 [F28:F33] 영역에 지점별 이율 중에 낮은 이율의 전체 순위를 구하여 표시하시오. (6점)

- ▶ 낮은 이율이 1위에 해당함
- ▶ RANK.EQ, MIN, IF 함수를 이용한 배열 수식

---

**문제 ③   분석작업** | 주어진 시트에서 다음 과정을 수행하고 저장하시오    20점

① '분석작업-1' 시트에서 다음의 지시사항에 따라 피벗 테이블 보고서를 작성하시오. (10점)

- ▶ 외부 데이터 원본으로 〈성적관리.csv〉의 데이터를 사용하시오.
  - 원본 데이터는 구분 기호 쉼표(,)로 분리되어 있으며, 내 데이터에 머리글을 표시하시오.
  - '교과과목명', '성별', '평가월', '성적' 열만 가져와 데이터 모델에 이 데이터를 추가하시오.
- ▶ 피벗 테이블의 보고서의 레이아웃과 위치는 〈그림〉을 참조하여 설정하고, 보고서 레이아웃은 개요 형식으로 표시하시오.
- ▶ '성적' 필드를 〈그림〉과 같이 총합계 비율로 나타나도록 작성하시오.
- ▶ '확장(+)/축소(−)' 단추가 표시되지 않도록 설정하시오.
- ▶ '그룹 상단에 모든 부분합 표시'로 설정하시오.

| | A | B | C | D | E | F | G |
|---|---|---|---|---|---|---|---|
| 1 | | | | | | | |
| 2 | | 합계: 성적 | | | 성별 | | |
| 3 | | 교과과목명 | 평가월 | 남 | 여 | 총합계 | |
| 4 | | 데이터분석 | | 10.14% | 15.40% | 25.54% | |
| 5 | | | 3월 | 1.80% | 2.93% | 4.73% | |
| 6 | | | 4월 | 1.34% | 3.43% | 4.77% | |
| 7 | | | 5월 | 5.30% | 5.76% | 11.06% | |
| 8 | | | 6월 | 1.70% | 3.29% | 4.98% | |
| 9 | | 시스템보안 | | 13.00% | 13.10% | 26.10% | |
| 10 | | | 3월 | 3.11% | 3.11% | 6.22% | |
| 11 | | | 4월 | 3.11% | 2.79% | 5.90% | |
| 12 | | | 5월 | 5.51% | 5.23% | 10.74% | |
| 13 | | | 6월 | 1.27% | 1.98% | 3.25% | |
| 14 | | 에너지융합 | | 11.20% | 11.30% | 22.50% | |
| 15 | | | 3월 | 3.04% | 2.40% | 5.44% | |
| 16 | | | 4월 | 2.83% | 2.05% | 4.87% | |
| 17 | | | 5월 | 3.04% | 5.97% | 9.01% | |
| 18 | | | 6월 | 2.30% | 0.88% | 3.18% | |
| 19 | | 인지과학 | | 13.35% | 12.50% | 25.86% | |
| 20 | | | 3월 | 6.11% | 3.46% | 9.57% | |
| 21 | | | 4월 | 2.12% | 3.07% | 5.19% | |
| 22 | | | 5월 | 3.04% | 3.43% | 6.46% | |
| 23 | | | 6월 | 2.08% | 2.54% | 4.63% | |
| 24 | | 총합계 | | 47.69% | 52.31% | 100.00% | |
| 25 | | | | | | | |

※ 작업 완성된 그림이며 부분 점수 없음

## 02 '분석작업-2' 시트에 대하여 다음의 지시사항을 처리하시오. (10점)

▶ [데이터 유효성 검사] 기능을 이용하여 [B3:B26] 영역에 '클래식', '가요', 'POP', 'OST' 가 목록으로 표시되도록 지정하시오.
  - [B3:B26] 영역에 유효하지 않은 데이터를 입력한 경우 〈그림〉과 같은 오류 메시지가 표시되도록 설정하시오.

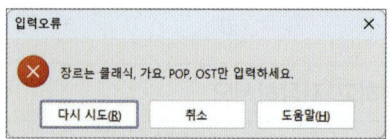

▶ [부분합] 기능을 이용하여 [표1]에서 '장르'별 '판매액'의 합계를 계산한 후 '곡명'의 개수를 계산하시오.
  - '장르'를 기준으로 오름차순으로 정렬하시오.
  - 합계와 개수는 위에 명시된 순서대로 처리하시오.

## 문제 ④ 기타작업 | 주어진 시트에서 다음 과정을 수행하고 저장하시오. 35점

### 01 '기타작업-1' 시트에서 다음의 지시사항에 따라 차트를 수정하시오. (각 2점)

※ 차트는 반드시 문제에서 제공한 차트를 사용하여야 하며, 신규로 차트 작성 시 0점 처리됨

① 영재학급은 제거하고, 행/열 방향과 계열 순서를 〈그림〉과 같이 변경하시오.
② 차트 제목을 시트의 [B2] 셀과 연결하여 표시하고, 도형 스타일은 '미세 효과 – 황금색, 강조4', 글꼴 스타일은 '궁서체'로 설정하시오.
③ 세로(값) 축의 최대값과 기본 단위, 가로 축 교차를 〈그림〉과 같이 설정하시오.
④ 계열 겹치기는 30%, 간격 너비는 0%로 설정하시오.
⑤ '교육청' 계열의 '경북' 요소에만 데이터 레이블을 〈그림〉과 같이 표시하고, '기본 설정 5' 효과를 지정하시오.

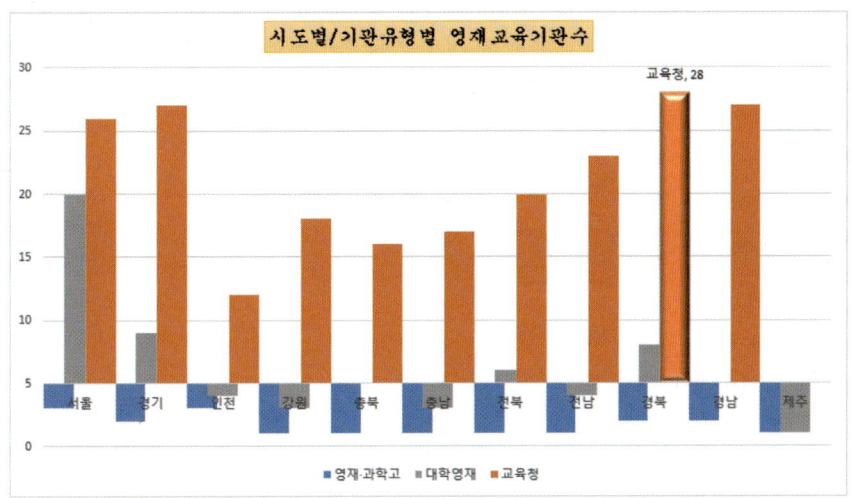

### 02 '기타작업-2' 시트에서 다음과 같은 기능을 수행하는 매크로를 현재 통합문서에 작성하시오. (각 5점)

① [B4:C12] 영역에 사용자 지정 표시 형식을 설정하는 '서식적용' 매크로를 생성하시오.
   ▶ '편입 증감'이 양수이면 빨강색, 음수이면 파랑색으로 소수점 이하 첫째 자리까지 표시하고, 0과 텍스트이면 아무것도 표시하지 마시오.
   [표시 예 : '편입 증감'이 20일 경우 → 20.0, -60일 경우 → -60.0]
   ▶ [개발 도구] → [삽입] → [양식 컨트롤]의 '단추'(□)를 동일 시트의 [E3:F4] 영역에 생성한 후 텍스트를 "서식적용"으로 입력하고, 도형을 클릭하면 "서식적용" 매크로가 실행되도록 설정하시오.

② [B4:C12] 영역에 표시 형식을 '일반'으로 적용하는 '서식해제' 매크로를 생성하시오.
   ▶ [개발 도구] → [삽입] → [양식 컨트롤]의 '단추'(□)를 동일 시트의 [E6:F7] 영역에 생성한 후 텍스트를 "서식해제"로 입력하고, 도형을 클릭하면 "서식해제" 매크로가 실행되도록 설정하시오.
   ※ 셀 포인터의 위치에 관계없이 매크로가 실행되어야 정답으로 인정됨

## 03 '기타작업-3' 시트에서 다음과 같은 작업을 수행하도록 프로시저를 작성하시오. (각 5점)

① '주문등록' 단추를 클릭하면 〈주문등록화면〉 폼이 나타나고, 폼이 초기화(Initialize)되면 현재 날짜만을 표시하는 함수를 이용하여 '주문일(txt주문일)'에는 현재 날짜를 표시하고, '카드(opt카드)'가 선택되고, '할부기간(cmb할부기간)' 목록에는 "일시불", "3개월", "6개월", "12개월"이 표시되도록 프로시저를 작성하시오.

② 〈주문등록화면〉 폼의 '등록(cmd등록)' 단추를 클릭하면 폼에 입력된 데이터가 시트의 표에 입력되어 있는 마지막 행 다음에 연속하여 추가되도록 프로시저를 작성하시오.

▶ 금액 = 수량 × 단가

▶ 할인금액 = 금액 × (1-할인율)

▶ '할인율'은 '할부기간'이 '일시불'이면 10%, '3개월'이면 7%, '6개월'이면 5%, '12개월'이면 0%임

▶ '할인금액'은 1000 단위 구분 기호와 값 뒤에 "원"을 표시하시오.
 [표시 예 : '할인금액'이 28900일 경우 → 28,900원, 0일 경우 → 0원]

▶ IF문과 FORMAT 함수 사용

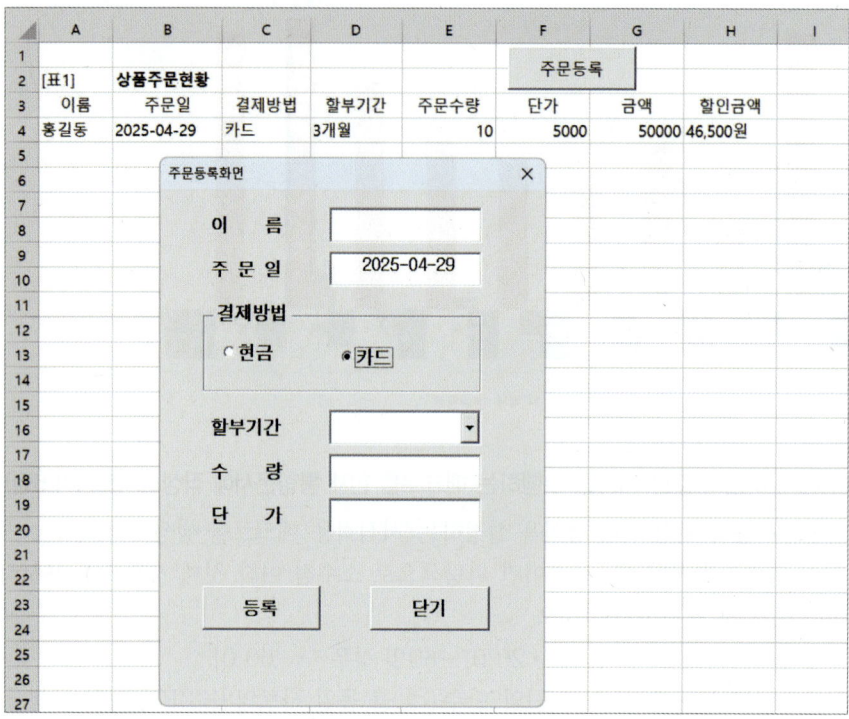

③ 〈주문등록화면〉 폼의 '닫기(cmd닫기)' 단추를 클릭하면 [B2] 셀의 글꼴 스타일을 '굵게'로 지정한 후 〈그림〉과 같은 메시지 박스를 표시한 후 폼을 종료하는 프로시저를 작성하시오.

▶ 시스템의 현재 날짜와 시간 표시

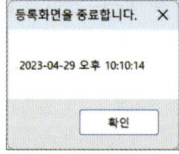

# 상시 기출문제 08회 정답

## 문제 ① 기본작업

### 01 고급 필터

A33: `=AND(LEFT(C3,4)="2025",RIGHT(C3,1)<>"4")`

| | A | B | C | D | E | F | G | H | I | J | K |
|---|---|---|---|---|---|---|---|---|---|---|---|
| 32 | 조건 | | | | | | | | | | |
| 33 | TRUE | | | | | | | | | | |
| 34 | | | | | | | | | | | |
| 35 | 연번 | 교과과목명 | 수강생코드 | 3월 | 4월 | 5월 | 6월 | 합계 | 평균 | 평점환산 | 결석 |
| 36 | 1 | 인지과학 | 2025E-03-12 | 92 | 97 | 88 | 92 | 369 | 92.25 | 4.61 | 1 |
| 37 | 3 | 인지과학 | 2025E-03-12 | 93 | 87 | 94 | 90 | 364 | 91 | 4.55 | 0 |
| 38 | 5 | 고급알고리즘 | 2025E-03-02 | 72 | 51 | 64 | 70 | 257 | 64.25 | 3.21 | 0 |
| 39 | 6 | 고급알고리즘 | 2025E-03-03 | 75 | 72 | 88 | 85 | 320 | 80 | 4 | 0 |
| 40 | 9 | 에너지융합 | 2025E-03-12 | 70 | 45 | 55 | 62 | 232 | 58 | 2.9 | 2 |
| 41 | 11 | 에너지융합 | 2025E-03-12 | 72 | 88 | 92 | 80 | 332 | 83 | 4.15 | 0 |
| 42 | 13 | 데이터분석 | 2025E-04-12 | 70 | 38 | 76 | 79 | 263 | 65.75 | 3.29 | 0 |
| 43 | 16 | 시스템보안 | 2025E-04-02 | 80 | 98 | 69 | 84 | 331 | 82.75 | 4.14 | 4 |
| 44 | 22 | 시스템보안 | 2025E-04-08 | 78 | 65 | 59 | 55 | 257 | 64.25 | 3.21 | 0 |
| 45 | 24 | 시스템보안 | 2025E-05-02 | 65 | 58 | 74 | 58 | 255 | 63.75 | 3.19 | 0 |

### 02 조건부 서식

| | A | B | C | D | E | F | G | H | I | J | K |
|---|---|---|---|---|---|---|---|---|---|---|---|
| 1 | [표1] | | | | | | | | | | |
| 2 | 연번 | 교과과목명 | 수강생코드 | 3월 | 4월 | 5월 | 6월 | 합계 | 평균 | 평점환산 | 결석 |
| 3 | 1 | 인지과학 | 2025E-03-12 | 92 | 97 | 88 | 92 | 369 | 92.25 | 4.61 | 1 |
| 4 | *2* | *인지과학* | *2026E-03-12* | *91* | *71* | *69* | *65* | *296* | *74* | *3.7* | *1* |
| 5 | 3 | 인지과학 | 2025E-03-12 | 93 | 87 | 94 | 90 | 364 | 91 | 4.55 | 0 |
| 6 | 4 | 고급알고리즘 | 2026E-03-01 | 62 | 88 | 92 | 62 | 304 | 76 | 3.8 | 3 |
| 7 | 5 | 고급알고리즘 | 2025E-03-02 | 72 | 51 | 64 | 70 | 257 | 64.25 | 3.21 | 0 |
| 8 | *6* | *고급알고리즘* | *2025E-03-03* | *75* | *72* | *88* | *85* | *320* | *80* | *4* | *0* |
| 9 | 7 | 고급알고리즘 | 2026E-03-04 | 88 | 92 | 88 | 86 | 354 | 88.5 | 4.43 | 0 |
| 10 | 8 | 고급알고리즘 | 2027E-03-05 | 95 | 93 | 92 | 92 | 372 | 93 | 4.65 | 0 |
| 11 | 9 | 에너지융합 | 2025E-03-12 | 70 | 45 | 55 | 62 | 232 | 58 | 2.9 | 2 |
| 12 | *10* | *이산신호처리* | *2026E-03-11* | *63* | *67* | *70* | *65* | *265* | *66.25* | *3.31* | *2* |
| 13 | 11 | 에너지융합 | 2025E-03-12 | 72 | 88 | 92 | 80 | 332 | 83 | 4.15 | 0 |
| 14 | 12 | 데이터분석 | 2024E-04-11 | 93 | 86 | 88 | 92 | 359 | 89.75 | 4.49 | 4 |
| 15 | 13 | 데이터분석 | 2025E-04-12 | 70 | 38 | 76 | 79 | 263 | 65.75 | 3.29 | 0 |
| 16 | *14* | *데이터분석* | *2024E-04-13* | *92* | *86* | *88* | *60* | *326* | *81.5* | *4.08* | *0* |
| 17 | 15 | 에너지융합 | 2024E-03-12 | 62 | 86 | 63 | 50 | 261 | 65.25 | 3.26 | 0 |
| 18 | 16 | 시스템보안 | 2025E-04-02 | 80 | 98 | 69 | 84 | 331 | 82.75 | 4.14 | 4 |
| 19 | 17 | 고급알고리즘 | 2026E-04-03 | 90 | 97 | 92 | 96 | 375 | 93.75 | 4.69 | 0 |
| 20 | *18* | *시스템보안* | *2025E-04-04* | *78* | *59* | *59* | *60* | *256* | *64* | *3.2* | *0* |
| 21 | 19 | 시스템보안 | 2024E-04-05 | 72 | 63 | 61 | 55 | 251 | 62.75 | 3.14 | 0 |
| 22 | 20 | 시스템보안 | 2024E-04-06 | 65 | 60 | 66 | 49 | 240 | 60 | 3 | 0 |
| 23 | 21 | 시스템보안 | 2027E-04-07 | 69 | 35 | 67 | 50 | 221 | 55.25 | 2.76 | 0 |
| 24 | *22* | *시스템보안* | *2025E-04-08* | *78* | *65* | *59* | *55* | *257* | *64.25* | *3.21* | *0* |
| 25 | 23 | 시스템보안 | 2026E-05-01 | 81 | 25 | 62 | 84 | 252 | 63 | 3.15 | 1 |
| 26 | 24 | 시스템보안 | 2025E-05-02 | 65 | 58 | 74 | 58 | 255 | 63.75 | 3.19 | 0 |
| 27 | 25 | 시스템보안 | 2026E-05-03 | 41 | 81 | 66 | 72 | 260 | 65 | 3.25 | 4 |
| 28 | *26* | *시스템보안* | *2024E-05-04* | *85* | *88* | *72* | *70* | *315* | *78.75* | *3.94* | *0* |
| 29 | 27 | 시스템보안 | 2027E-05-05 | 51 | 48 | 65 | 49 | 213 | 53.25 | 2.66 | 2 |
| 30 | 28 | 에너지융합 | 2024E-03-12 | 95 | 88 | 72 | 70 | 325 | 81.25 | 4.06 | 2 |

## 03 페이지 레이아웃

2023-04-29

| | A | B | C | D | E | F | G | H | I | J | K |
|---|---|---|---|---|---|---|---|---|---|---|---|
| 1 | [표1] | | | | | | | | | | |
| 2 | 연번 | 교과과목명 | 수강생코드 | 3월 | 4월 | 5월 | 6월 | 합계 | 평균 | 평점환산 | 결석 |
| 29 | 27 | 시스템보안 | 2027E-05-05 | 51 | 48 | 65 | 49 | 213 | 53.25 | 2.66 | 2 |
| 30 | 28 | 에너지융합 | 2024E-03-12 | 95 | 88 | 72 | 70 | 325 | 81.25 | 4.06 | 2 |
| 31 | 29 | 인지과학 | 2025E-03-12 | 92 | 97 | 88 | 92 | 369 | 92.25 | 4.61 | 1 |
| 32 | 30 | 인지과학 | 2026E-03-12 | 91 | 71 | 69 | 65 | 296 | 74 | 3.7 | 1 |
| 33 | 31 | 인지과학 | 2025E-03-12 | 93 | 87 | 94 | 90 | 364 | 91 | 4.55 | 0 |
| 34 | 32 | 고급알고리즘 | 2026E-03-01 | 62 | 88 | 92 | 62 | 304 | 76 | 3.8 | 3 |
| 35 | 33 | 고급알고리즘 | 2025E-03-02 | 72 | 51 | 64 | 70 | 257 | 64.25 | 3.21 | 0 |
| 36 | 34 | 고급알고리즘 | 2025E-03-03 | 75 | 72 | 88 | 85 | 320 | 80 | 4 | 0 |
| 37 | 35 | 고급알고리즘 | 2026E-03-04 | 88 | 92 | 88 | 86 | 354 | 88.5 | 4.43 | 0 |
| 38 | 36 | 고급알고리즘 | 2027E-03-05 | 95 | 93 | 92 | 92 | 372 | 93 | 4.65 | 0 |
| 39 | 37 | 에너지융합 | 2025E-03-12 | 70 | 45 | 55 | 62 | 232 | 58 | 2.9 | 2 |
| 40 | 38 | 이산신호처리 | 2026E-03-11 | 63 | 67 | 70 | 65 | 265 | 66.25 | 3.31 | 2 |
| 41 | 39 | 에너지융합 | 2025E-03-12 | 72 | 88 | 92 | 80 | 332 | 83 | 4.15 | 0 |

## 문제 ❷ 계산작업

### 01 대출심사, 가계부담정도, 비고

| | A | B | C | D | E | F | G | H | I | J |
|---|---|---|---|---|---|---|---|---|---|---|
| 1 | [표1] | | | | | | | 기준날짜 | 2025-10-10 | |
| 2 | 이름 | 지점 | 입사일자 | 대출금액 | 대출기간 | 연이율 | 대출심사 | 가계부담정도 | 비고 | |
| 3 | 고찬희 | SE-01 | 2022-01-01 | 7,200,000 | 25 | 5.0% | 보류 | 보통 | | |
| 4 | 주선희 | IN-02 | 2004-03-01 | 6,000,000 | 36 | 4.0% | 대출가능 | 낮음 | | |
| 5 | 박명자 | GY-02 | 2010-05-01 | 6,400,000 | 24 | 6.0% | 대출가능 | 보통 | | |
| 6 | 나은명 | SE-02 | 2015-03-01 | 5,250,000 | 12 | 7.5% | 대출가능 | 보통 | | |
| 7 | 강감찬 | IN-02 | 2012-02-01 | 29,000,000 | 30 | 3.8% | 보류 | 아주높음 | ☆ | |
| 8 | 김나비 | IN-01 | 2007-10-01 | 14,800,000 | 20 | 3.5% | 서류보완 | 높음 | ☆ | |
| 9 | 김윤선 | GY-01 | 2009-04-01 | 4,200,000 | 40 | 4.8% | 대출가능 | 낮음 | | |
| 10 | 김정식 | GY-01 | 2001-08-01 | 6,400,000 | 50 | 4.5% | 대출가능 | 낮음 | | |
| 11 | 마소희 | SE-01 | 2002-07-01 | 9,000,000 | 12 | 6.3% | 대출가능 | 높음 | ☆ | |
| 12 | 방정환 | SE-02 | 2011-09-01 | 8,800,000 | 24 | 7.1% | 대출가능 | 보통 | ☆ | |
| 13 | 배기성 | IN-02 | 2003-11-01 | 5,200,000 | 36 | 3.9% | 대출가능 | 낮음 | | |
| 14 | 아유라 | GY-02 | 2005-12-01 | 7,800,000 | 48 | 4.2% | 대출가능 | 낮음 | | |
| 15 | 엄화정 | IN-02 | 2011-12-01 | 7,500,000 | 19 | 4.4% | 대출가능 | 보통 | | |
| 16 | 왕연 | IN-02 | 2013-11-01 | 6,400,000 | 21 | 6.1% | 대출가능 | 보통 | | |
| 17 | 우희진 | GY-02 | 2012-07-01 | 24,900,000 | 25 | 4.8% | 보류 | 아주높음 | ☆ | |
| 18 | 유강현 | GY-01 | 2020-05-01 | 12,400,000 | 31 | 3.7% | 서류보완 | 보통 | ★ | |
| 19 | 이기자 | SE-02 | 2019-08-01 | 22,760,000 | 32 | 5.1% | 보류 | 높음 | ★ | |
| 20 | 이순신 | SE-01 | 2018-08-01 | 3,500,000 | 33 | 4.5% | 서류보완 | 낮음 | | |
| 21 | 조용히 | GY-01 | 2016-06-01 | 3,200,000 | 24 | 3.7% | 서류보완 | 낮음 | | |
| 22 | 최민영 | IN-01 | 2015-09-01 | 9,000,000 | 26 | 5.2% | 대출가능 | 보통 | ☆ | |
| 23 | 최민정 | GY-01 | 2014-08-01 | 38,400,000 | 28 | 7.3% | 보류 | 아주높음 | ☆ | |
| 24 | 홍난수 | SE-02 | 2017-05-01 | 10,800,000 | 29 | 6.5% | 서류보완 | 보통 | ★ | |
| 25 | | | | | | | | | | |

1. [G3] 셀에 「=IF(AND(YEAR($I$1)−YEAR(C3)>=10,D3<=10000000),"대출가능",IF(AND(YEAR($I$1)−YEAR(C3)>=5,D3<=20000000),"서류보완","보류"))」를 입력하고 [G24] 셀까지 수식 복사

2. [H3] 셀에 「=XLOOKUP(PMT(F3/12,E3,−D3),$H$28:$H$31,$I$28:$I$31,,−1)」를 입력하고 [H24] 셀까지 수식 복사

3. [I3] 셀에 「=fn비고(C3,D3)」를 입력하고 [I24] 셀까지 수식 복사

```
Public Function fn비고(입사일자, 대출금액)
    If Year(입사일자) >= 2015 And 대출금액 >= 10000000 Then
        fn비고 = "★"
    ElseIf 대출금액 >= 8000000 Then
        fn비고 = "☆"
    Else
        fn비고 = ""
    End If
End Function
```

## 02 지점별 대출금액 상위1~3위 합계, 낮은 이율 순위

| | A | B | C | D | E | F | G |
|---|---|---|---|---|---|---|---|
| 25 | | | | | | | |
| 26 | [표2] | | | | [표3] | | |
| 27 | 지점코드 | 지점 | 상위1~3 합계 | | 지점 | 낮은 이율 순위 | |
| 28 | SE | 서울 | 42,560,000 | | GY-01 | 2 | |
| 29 | IN | 인천 | 52,800,000 | | GY-02 | 7 | |
| 30 | GY | 경기 | 75,700,000 | | IN-01 | 1 | |
| 31 | | | | | IN-02 | 4 | |
| 32 | | | | | SE-01 | 9 | |
| 33 | | | | | SE-02 | 5 | |
| 34 | | | | | | | |

4. [C28] 셀에 「=SUM(LARGE(IF(LEFT($B$3:$B$24,2)=A28,$D$3:$D$24),{1,2,3}))」를 입력하고 Ctrl + Shift + Enter 를 누른 후에 [C30] 셀까지 수식을 복사

5. [F28] 셀에 「=RANK.EQ(MIN(IF($B$3:$B$24=E28,$F$3:$F$24)),$F$3:$F$24,1)」를 입력하고 Ctrl + Shift + Enter 를 누른 후에 [F33] 셀까지 수식을 복사

## 문제 ❸ 분석작업

### 01 피벗 테이블

| | A | B | C | D | E | F | G |
|---|---|---|---|---|---|---|---|
| 1 | | | | | | | |
| 2 | | 합계: 성적 | | | 성별 | | |
| 3 | | 교과과목명 | 평가월 | | 남 | 여 | 총합계 |
| 4 | | 데이터분석 | | | 10.14% | 15.40% | 25.54% |
| 5 | | | 3월 | | 1.80% | 2.93% | 4.73% |
| 6 | | | 4월 | | 1.34% | 3.43% | 4.77% |
| 7 | | | 5월 | | 5.30% | 5.76% | 11.06% |
| 8 | | | 6월 | | 1.70% | 3.29% | 4.98% |
| 9 | | 시스템보안 | | | 13.00% | 13.10% | 26.10% |
| 10 | | | 3월 | | 3.11% | 3.11% | 6.22% |
| 11 | | | 4월 | | 3.11% | 2.79% | 5.90% |
| 12 | | | 5월 | | 5.51% | 5.23% | 10.74% |
| 13 | | | 6월 | | 1.27% | 1.98% | 3.25% |
| 14 | | 에너지융합 | | | 11.20% | 11.30% | 22.50% |
| 15 | | | 3월 | | 3.04% | 2.40% | 5.44% |
| 16 | | | 4월 | | 2.83% | 2.05% | 4.87% |
| 17 | | | 5월 | | 3.04% | 5.97% | 9.01% |
| 18 | | | 6월 | | 2.30% | 0.88% | 3.18% |
| 19 | | 인지과학 | | | 13.35% | 12.50% | 25.86% |
| 20 | | | 3월 | | 6.11% | 3.46% | 9.57% |
| 21 | | | 4월 | | 2.12% | 3.07% | 5.19% |
| 22 | | | 5월 | | 3.04% | 3.43% | 6.46% |
| 23 | | | 6월 | | 2.08% | 2.54% | 4.63% |
| 24 | | 총합계 | | | 47.69% | 52.31% | 100.00% |
| 25 | | | | | | | |

## ❷ 부분합

| | A | B | C | D | E |
|---|---|---|---|---|---|
| 1 | [표1] | | | | |
| 2 | 앨범코드 | 장르 | 아티스트 | 곡명 | 판매액 |
| 3 | O0231 | OST | 폴킴 | 모든 날, 모든 순간 | 9,229,100 |
| 4 | O0142 | OST | 임영웅 | 사랑은 늘 도망가 | 17,279,600 |
| 5 | O1520 | OST | 성시경 | 너의 모든 순간 | 2,629,100 |
| 6 | O1520 | OST | 송민경 | You are my everything | 788,900 |
| 7 | | OST 개수 | | | 4 |
| 8 | | OST 요약 | | | 29,926,700 |
| 9 | P0025 | POP | Astrud Gilberto | The Shadow of Your Smile | 829,100 |
| 10 | P0065 | POP | Donna Summer | She Works Hard for the Money | 185,600 |
| 11 | P6523 | POP | Pink | Stupid Girl | 587,100 |
| 12 | P1039 | POP | Paul Potts | Nessun Dorma | 6,648,500 |
| 13 | P1039 | POP | Paul Potts | Caruso | 1,375,900 |
| 14 | | POP 개수 | | | 5 |
| 15 | | POP 요약 | | | 9,626,200 |
| 16 | K0077 | 가요 | 임영웅 | 무지개 | 3,957,100 |
| 17 | K0124 | 가요 | 윤하 | 사건의 지평선 | 5,302,100 |
| 18 | K0562 | 가요 | 임영웅 | 이제 나만 믿어요 | 13,011,600 |
| 19 | K3523 | 가요 | WSG워너비 | 그때 그 순간 그대로 | 536,600 |
| 20 | K3765 | 가요 | 서동현 | 정이라고 하자 | 2,886,600 |
| 21 | K0324 | 가요 | 최호섭 | 세월이 가면 | 319,600 |
| 22 | K1023 | 가요 | 방탄소년단 | 봄날 | 4,998,500 |
| 23 | K2041 | 가요 | 임영웅 | 우리들의 블루스 | 18,043,100 |
| 24 | K2041 | 가요 | 김동률 | 오래된 노래 | 6,715,100 |
| 25 | K4023 | 가요 | 임영웅 | 다시 만날 수 있을까 | 12,715,100 |
| 26 | K0105 | 가요 | 태양 | VIBE | 5,292,100 |
| 27 | | 가요 개수 | | | 11 |
| 28 | | 가요 요약 | | | 73,777,500 |
| 29 | C0087 | 클래식 | Various Artists | 모짜르트 소나타 1번 1악장 | 200,400 |
| 30 | C1087 | 클래식 | Various Artists | 요한 슈트라우스 2세: 봄의 소리 왈츠 | 181,800 |
| 31 | C0532 | 클래식 | 조슈아 벨 | 슈베르트-세레나데 | 6,353,900 |
| 32 | C0532 | 클래식 | 조슈아 벨 | 푸치니-나의 사랑하는 아버지 | 355,700 |
| 33 | | 클래식 개수 | | | 4 |
| 34 | | 클래식 요약 | | | 7,091,800 |
| 35 | | 전체 개수 | | | 24 |
| 36 | | 총합계 | | | 120,422,200 |
| 37 | | | | | |

## 문제 ❹ 기타작업

### 01 차트

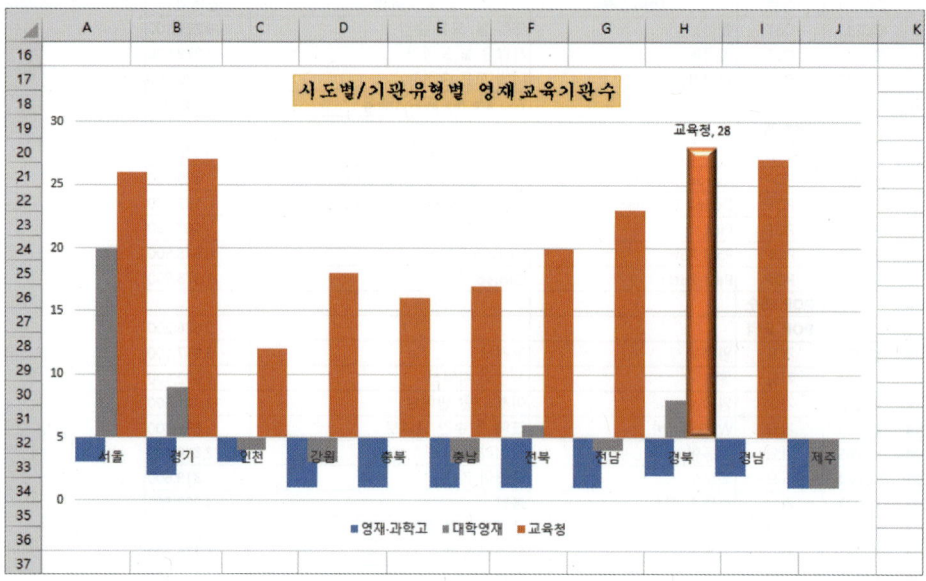

### 02 매크로

| | A | B | C | D | E | F | G |
|---|---|---|---|---|---|---|---|
| 1 | | | | | | | |
| 2 | [표1] 학교별 편입 증감 | | | | | | |
| 3 | 학교명 | 일반편입 | 학사편입 | | | | |
| 4 | 연세대학교 | 17.0 | | | 서식적용 | | |
| 5 | 고려대학교 | -33.0 | 9.0 | | | | |
| 6 | 서강대학교 | 22.0 | | | | | |
| 7 | 성균관대학교 | 112.0 | | | 서식해제 | | |
| 8 | 한양대학교 | -137.0 | | | | | |
| 9 | 중앙대학교 | 7.0 | 5.0 | | | | |
| 10 | 경희대학교 | 27.0 | | | | | |
| 11 | 외국어대학교 | 24.0 | | | | | |
| 12 | 서울시립대학교 | -62.0 | | | | | |
| 13 | | | | | | | |

### 03 VBA 프로그래밍

• 폼 보이기 프로시저

```
Private Sub cmd등록_Click()
    주문등록화면.Show
End Sub
```

• 조회 프로시저

```
Private Sub UserForm_Initialize()
    txt주문일 = Date
    opt카드.Value = True
    cmb할부기간.AddItem "일시불"
    cmb할부기간.AddItem "3개월"
    cmb할부기간.AddItem "6개월"
    cmb할부기간.AddItem "12개월"
End Sub
```

• 등록 프로시저

```
Private Sub cmd등록_Click()
    i = Range("A3").CurrentRegion.Rows.Count + 2
    Cells(i, 1) = txt이름
    Cells(i, 2) = txt주문일
    If opt현금.Value = True Then
        Cells(i, 3) = "현금"
    Else
        Cells(i, 3) = "카드"
    End If
    Cells(i, 4) = cmb할부기간
    Cells(i, 5) = txt수량.Value
    Cells(i, 6) = txt단가.Value
    Cells(i, 7) = Cells(i, 5) * Cells(i, 6)
    If Cells(i, 4) = "일시불" Then
        Cells(i, 8) = Format(Cells(i, 7) * (1 - 0.1), "#,##0원")
    ElseIf Cells(i, 4) = "3개월" Then
        Cells(i, 8) = Format(Cells(i, 7) * (1 - 0.07), "#,##0원")
    ElseIf Cells(i, 4) = "6개월" Then
        Cells(i, 8) = Format(Cells(i, 7) * (1 - 0.05), "#,##0원")
    Else
        Cells(i, 8) = Format(Cells(i, 7), "#,##0원")
    End If
End Sub
```

• 종료 프로시저

```
Private Sub cmd닫기_Click()
    [B2].Font.Bold = True
    MsgBox Now, vbOKOnly, "등록화면을 종료합니다."
    Unload Me
End Sub
```

# 상시 기출문제 08회 해설

## 문제 ❶ 기본작업

### 01 고급 필터('기본작업-1' 시트)

① [A32:A33] 영역에 조건을 입력한다.

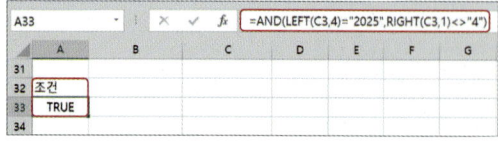

[A33] : =AND(LEFT(C3,4)="2025",RIGHT(C3,1)<>"4")

② [데이터]-[정렬 및 필터] 그룹의 [고급](🔽)을 클릭한다.

③ [고급 필터]에서 다음과 같이 지정한 후 [확인]을 클릭한다.

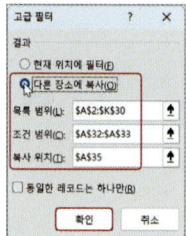

- 결과 : '다른 장소에 복사'
- 목록 범위 : [A2:K30]
- 조건 범위 : [A32:A33]
- 복사 위치 : [A35]

### 02 조건부 서식('기본작업-1' 시트)

① [A3:K30] 영역을 범위 지정한 후 [홈]-[스타일] 그룹의 [조건부 서식]-[새 규칙]을 클릭한다.

② [새 서식 규칙]에서 '규칙 유형 선택'에 '▶ 수식을 사용하여 서식을 지정할 셀 결정'을 선택하고, =MOD(ROW(),4)=0를 입력한 후 [서식]을 클릭한다.

③ [셀 서식]의 [글꼴] 탭에서 글꼴 스타일은 '굵은 기울임꼴', 글꼴 색은 '표준 색 - 녹색'을 선택한 후 [확인]을 클릭한다.

④ [새 서식 규칙]에서 다시 [확인]을 클릭한다.

### 03 페이지 레이아웃('기본작업-2' 시트)

① [페이지 레이아웃]-[페이지 설정] 그룹에서 [옵션](🔽)을 클릭한다.

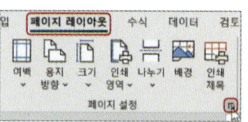

② [페이지] 탭에서 용지 방향은 '가로'를 선택한다.
③ [여백] 탭에서 페이지 가운데 맞춤 '가로'를 체크한다.
④ [머리글/바닥글] 탭에서 [머리글 편집]을 클릭하고 '왼쪽 구역'에 커서를 두고 [날짜 삽입](📅)을 클릭하고 [확인]을 클릭한다.
⑤ [시트] 탭의 인쇄 영역에 ,를 입력하고 [A31:K41]을 추가하고, 반복할 행에 1~2행을 드래그하고, '행/열 머리글'을 체크하고 [확인]을 클릭한다.

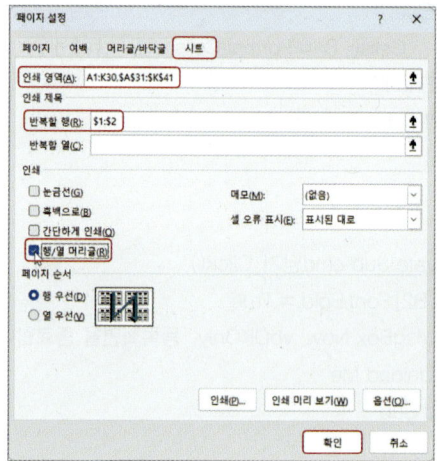

## 문제 ❷ 계산작업('계산작업' 시트)

### 01 대출심사[G3:G24]

[G3] 셀에 =IF(AND(YEAR($I$1)-YEAR(C3)>=10,D3<=10000000),"대출가능",IF(AND(YEAR($I$1)-YEAR(C3)>=5,D3<=20000000),"서류보완","보류"))를 입력하고 [G24] 셀까지 수식을 복사한다.

## 02 가계부담정도[H3:H24]

[H3] 셀에 =XLOOKUP(PMT(F3/12,E3,-D3), $H$28:$H$31,$I$28:$I$31,,-1)를 입력하고 [H24] 셀까지 수식을 복사한다.

## 03 비고[I3:I24]

① [개발 도구]-[코드] 그룹의 [Visual Basic](📋)을 클릭한다.
② [삽입]-[모듈]을 클릭한다.
③ Module 창에 다음과 같이 입력한다.

```
Public Function fn비고(입사일자, 대출금액)
    If Year(입사일자) >= 2015 And 대출금액 >= 10000000 Then
        fn비고 = "★"
    ElseIf 대출금액 >= 8000000 Then
        fn비고 = "☆"
    Else
        fn비고 = ""
    End If
End Function
```

④ [파일]-[닫고 Microsoft Excel(으)로 돌아가기]를 클릭하여 [Visual Basic Editor]를 닫는다.
⑤ [I3] 셀을 클릭한 후 [함수 삽입](fx)을 클릭한다.
⑥ 범주 선택은 '사용자 정의', 함수 선택은 'fn비고'를 선택한 후 [확인]을 클릭한다.
⑦ 입사일자는 [C3], 대출금액은 [D3]을 지정한 후 [확인]을 클릭한다.

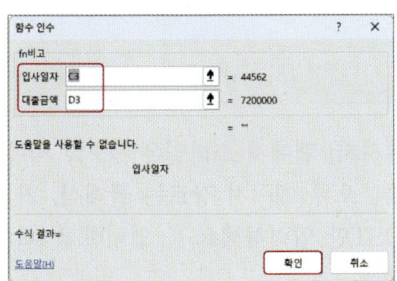

⑧ [I3] 셀을 선택한 후 [I24] 셀까지 수식을 복사한다.

## 04 지점별 대출금액 상위 1~3위 합계[C28:C30]

[C28] 셀에 =SUM(LARGE(IF(LEFT($B$3:$B$24,2)=A28,$D$3:$D$24),{1,2,3}))를 입력하고 Ctrl+Shift+Enter를 누른 후에 [C30] 셀까지 수식을 복사한다.

## 05 낮은 이율 순위[F28:F33]

[F28] 셀에 =RANK.EQ(MIN(IF($B$3:$B$24=E28,$F$3:$F$24)),$F$3:$F$24,1)를 입력하고 Ctrl+Shift+Enter를 누른 후에 [F33] 셀까지 수식을 복사한다.

## 문제 ❸ 분석작업

### 01 피벗 테이블('분석작업-1' 시트)

① [B2] 셀을 클릭한 후 [삽입]-[표] 그룹에서 [피벗 테이블](📋)을 클릭한다.

> **기적의 TIP**
> 사용하는 엑셀 버전에 따라 [피벗 테이블] 대화상자에서 작성할 수 없는 경우, [삽입]-[표] 그룹의 [피벗테이블]-[외부 데이터 원본에서]를 클릭하여 작성할 수 있습니다.

② [피벗 테이블 만들기]에서 '데이터 모델에 이 데이터 추가'를 체크하고, '외부 데이터 원본 사용'에서 [연결 선택]을 클릭한다.

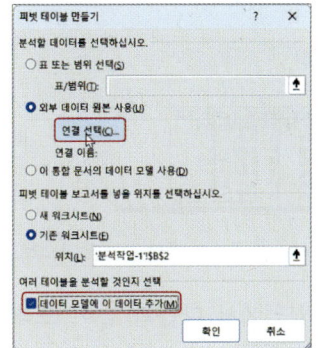

③ [기존 연결]에서 [더 찾아보기]를 클릭하여 '성적관리.csv'를 선택하고 [확인]을 클릭한다.

④ [1단계]에서 '내 데이터에 머리글 표시'를 체크하고, 원본 파일은 '한국어(완성)'을 선택하고 [다음]을 클릭한다.

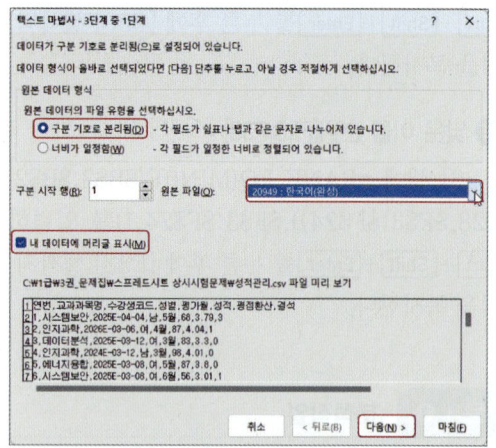

⑤ [2단계]에서 '쉼표'를 체크하고 [다음]을 클릭한다.
⑥ [3단계]에서 '연번', '수강생코드', '평점환산', '결석'을 선택하고 '열 가져오지 않음(건너뜀)'으로 지정하고 [마침]을 클릭한 후 [피벗 테이블 만들기]에서 [확인]을 클릭한다.

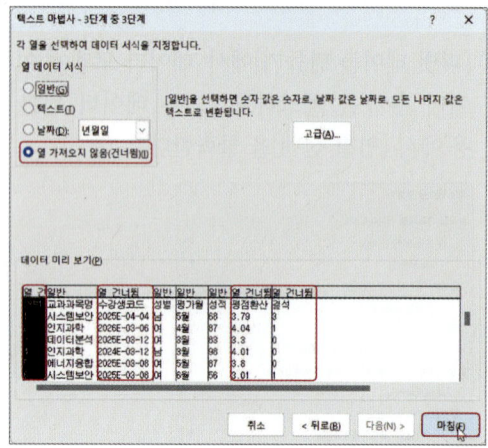

⑦ [피벗 테이블 필드]에서 다음과 같이 드래그한다.

⑧ [디자인]-[레이아웃] 그룹의 [보고서 레이아웃]-[개요 형식으로 표시]를 클릭한다.
⑨ [B2] 셀에서 마우스 오른쪽 버튼을 눌러 [값 필드 설정]을 클릭한 후 [값 표시 형식] 탭에서 '총 합계 비율'을 선택하고 [확인]을 클릭한다.

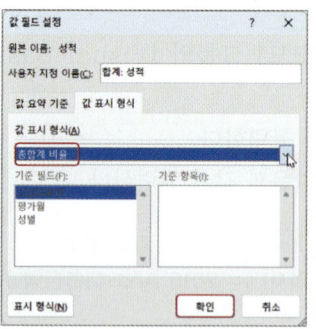

⑩ [피벗 테이블 분석]-[표시] 그룹의 [+/- 단추]를 클릭하여 해제한다.
⑪ [디자인]-[레이아웃] 그룹의 [부분합]-[그룹 상단에 모든 부분합 표시]를 클릭한다.

## 02 데이터 도구('분석작업-2' 시트)

① [B3:B26] 영역을 범위 지정한 후 [데이터]-[데이터 도구] 그룹의 [데이터 유효성 검사](아이콘)를 클릭하여 [설정] 탭의 제한 대상은 '목록', 원본은 **클래식,가요,POP,OST**를 입력한다.

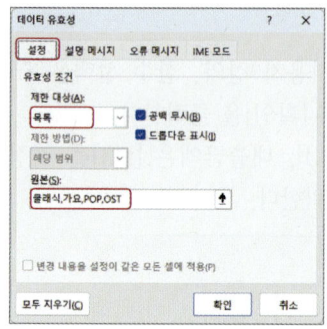

② [오류 메시지] 탭에서 스타일은 '중지', 제목은 **입력오류**, 오류 메시지 **장르는 클래식, 가요, POP, OST만 입력하세요.**를 입력하고 [확인]을 클릭한다.
③ [B2] 셀을 클릭한 후 [데이터]-[정렬 및 필터] 그룹에서 [텍스트 오름차순 정렬](아이콘)을 클릭한다.

④ [데이터]-[개요] 그룹에서 [부분합]()을 클릭한 후 다음과 같이 지정하고 [확인]을 클릭한다.

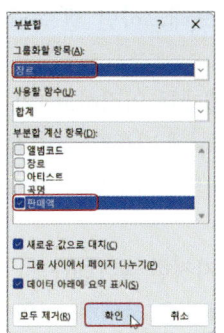

- 그룹화할 항목 : 장르
- 사용할 함수 : 합계
- 부분합 계산 항목 : 판매액

⑤ [데이터]-[개요] 그룹에서 [부분합]()을 클릭한 후 다음과 같이 지정하고 [확인]을 클릭한다.

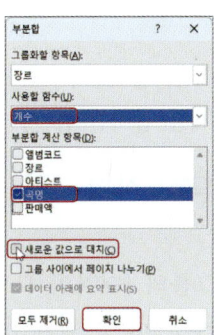

- 그룹화할 항목 : 장르
- 사용할 함수 : 개수
- 부분합 계산 항목 : 곡명
- '새로운 값으로 대치' 체크 해제

### 문제 ④ 기타작업

#### 01 차트('기타작업-1' 시트)

① 차트 안에서 마우스 오른쪽 버튼을 눌러 [데이터 선택]을 클릭한다.
② '차트 데이터 범위'는 [A3:D14] 영역으로 수정한 후 [행/열 전환]을 클릭한 후 '교육청'을 선택, [아래로 이동]을 클릭하고 [확인]을 클릭한다.

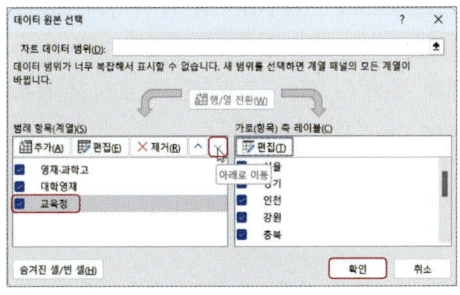

③ [차트 요소]-[차트 제목]을 체크하고 =을 입력한 후 [B2] 셀을 클릭하고 Enter 를 누른다.
④ 차트 제목을 선택한 후 [서식]-[도형 스타일] 그룹에서 '미세 효과 – 황금색, 강조4'를 선택하고, [홈]-[글꼴] 그룹에서 '궁서체'를 선택한다.
⑤ 세로(값) 축을 선택한 후 마우스 오른쪽 버튼을 눌러 [축 서식]을 클릭하여 최대값 30, 기본 5, 가로 축 교차의 '축 값' 5를 입력한다.

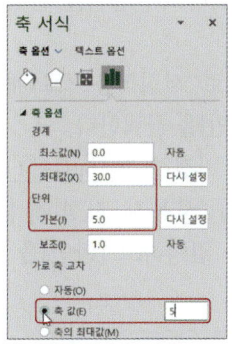

⑥ 특정 계열을 선택한 후 [계열 옵션]에서 '계열 겹치기'는 30, '간격 너비'에 0을 입력한다.

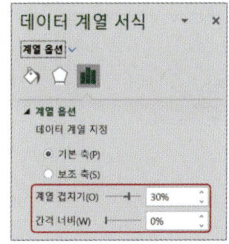

⑦ '교육청' 계열의 '경북' 요소를 천천히 2번 클릭한 후 [차트 요소]()-[데이터 레이블]-[기타 옵션]을 클릭한다.
⑧ [레이블 옵션]에서 '계열 이름', '값'을 체크하고, [레이블 위치]는 '바깥쪽 끝에'를 체크한다.

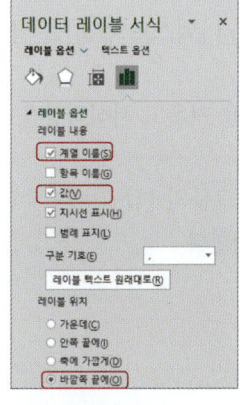

⑨ '교육청' 계열의 '경북' 요소를 천천히 2번 클릭한 후 [서식]-[도형 스타일] 그룹의 [도형 효과]-[미리 설정]에서 '기본 설정 5'를 선택한다.

### 02 매크로('기타작업-2' 시트)

① [개발 도구]-[컨트롤] 그룹의 [삽입]-[단추(양식 컨트롤)](□)을 클릭한다.
② 마우스 포인터가 '+'로 바뀌면 Alt 를 누른 상태에서 [E3:F4] 영역으로 드래그한 후 [매크로 지정]에 **서식적용**을 입력하고 [기록]을 클릭한다.
③ [매크로 기록]에 자동으로 '서식적용'으로 매크로 이름이 표시되면 [확인]을 클릭한다.
④ [B4:C12] 영역을 범위 지정한 후 Ctrl + 1 을 눌러 [표시 형식] 탭의 '사용자 지정'에 **[빨강]0.0;[파랑]-0.0;;**을 입력하고 [확인]을 클릭한다.

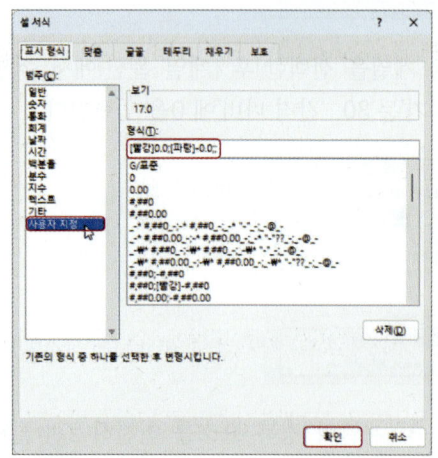

⑤ 임의의 셀을 클릭한 후 매크로 기록을 종료하기 위해 [개발 도구]-[코드] 그룹의 [기록 중지](□)를 클릭한다.
⑥ 단추에 텍스트를 수정하기 위해서 단추에서 마우스 오른쪽 버튼을 눌러 [텍스트 편집]을 클릭한다.
⑦ 단추에 입력된 '단추 1'을 지우고 **서식적용**을 입력한다.
⑧ [개발 도구]-[컨트롤] 그룹의 [삽입]-[단추(양식 컨트롤)](□)을 클릭한다.

⑨ 마우스 포인터가 '+'로 바뀌면 [E6:F7] 영역에 드래그하면 [매크로 지정] 대화상자가 나타난다. Alt 를 누른 상태로 드래그하면 셀 눈금선에 맞추어 그릴 수 있다.
⑩ [매크로 지정]에서 **서식해제**를 입력하고 [기록]을 클릭하고, [매크로 기록]에 자동으로 '서식해제'로 매크로 이름이 표시되면 [확인]을 클릭한다.
⑪ [B4:C12] 영역을 범위 지정한 후 Ctrl + 1 을 눌러 [표시 형식] 탭의 '일반'을 선택하고 [확인]을 클릭한다.
⑫ 임의의 셀을 클릭한 후 매크로 기록을 종료하기 위해 [개발 도구]-[코드] 그룹의 [기록 중지](□)를 클릭한다.
⑬ 단추에서 마우스 오른쪽 버튼을 눌러 [텍스트 편집]을 클릭하여 **서식해제**를 입력한다.

### 03 프로시저('기타작업-3' 시트에서 작성)

#### ① 폼 보이기

① [개발 도구]-[컨트롤] 그룹의 [디자인 모드](N)를 클릭하여 〈주문등록〉 버튼을 편집 상태로 만든다.
② 〈주문등록〉 버튼을 더블클릭한 후 코드 창에 다음과 같이 입력한다.

```
Private Sub cmd등록_Click()
    주문등록화면.Show
End Sub
```

#### ② 폼 초기화

① [프로젝트-VBAProject] 탐색기에서 '폼'을 더블 클릭하고 〈주문등록화면〉을 선택한다.
② [프로젝트-VBAProject] 탐색기의 [코드 보기](□)를 클릭한다.
③ '개체 목록'은 'UserForm', '프로시저 목록'은 'Initialize'를 선택한다.

④ 코드 창에 다음과 같이 입력한다.

```
Private Sub UserForm_Initialize()
    txt주문일 = Date
    opt카드.Value = True
    cmb할부기간.AddItem "일시불"
    cmb할부기간.AddItem "3개월"
    cmb할부기간.AddItem "6개월"
    cmb할부기간.AddItem "12개월"
End Sub
```

③ 등록 프로시저

① '개체 목록'에서 'cmd등록', '프로시저 목록'은 'Click'을 선택한다.
② 코드 창에 다음과 같이 입력한다.

```
Private Sub cmd등록_Click()
    i = Range("A3").CurrentRegion.Rows.Count + 2
    Cells(i, 1) = txt이름
    Cells(i, 2) = txt주문일
    If opt현금.Value = True Then
        Cells(i, 3) = "현금"
    Else
        Cells(i, 3) = "카드"
    End If
    Cells(i, 4) = cmb할부기간
    Cells(i, 5) = txt수량.Value
    Cells(i, 6) = txt단가.Value
    Cells(i, 7) = Cells(i, 5) * Cells(i, 6)
    If Cells(i, 4) = "일시불" Then
        Cells(i, 8) = Format(Cells(i, 7) * (1 - 0.1), "#,##0원")
    ElseIf Cells(i, 4) = "3개월" Then
        Cells(i, 8) = Format(Cells(i, 7) * (1 - 0.07), "#,##0원")
    ElseIf Cells(i, 4) = "6개월" Then
        Cells(i, 8) = Format(Cells(i, 7) * (1 - 0.05), "#,##0원")
    Else
        Cells(i, 8) = Format(Cells(i, 7), "#,##0원")
    End If
End Sub
```

💬 **코드 설명**

① i는 새로운 데이터를 입력할 행을 기억할 변수이다. i라는 변수 이름 대신에 한글로 '행' 또는 '입력행' 등을 사용할 수 있다.
② .Value
.Value는 값의 속성으로 입력받는 데이터의 값이 문자이면 왼쪽, 숫자와 날짜는 오른쪽으로 입력된다.

④ 종료 프로시저

① '개체 목록'에서 'cmd닫기', '프로시저 목록'은 'Click'을 선택한다.
② 코드 창에 다음과 같이 입력한다.

```
Private Sub cmd닫기_Click()
    [B2].Font.Bold = True
    MsgBox Now, vbOKOnly, "등록화면을 종료합니다."
    Unload Me
End Sub
```

💬 **코드 설명**

vbOKOnly는 생략이 가능하다.

# 상시 기출문제 09회

**작업파일** [26컴활1급₩1권_스프레드시트₩상시기출문제] 폴더의 '상시기출문제9회' 파일을 열어서 작업하시오.

## 문제 ❶ 기본작업 | 주어진 시트에서 다음 과정을 수행하고 저장하시오. 15점

**01** '기본작업-1' 시트에서 다음과 같이 고급 필터를 수행하시오. (5점)
- ▶ [B2:K24] 영역에서 '1차평가', '2차평가', '3차평가'가 모두 'O'이고, 승진시험이 90 이상인 행만을 대상으로 표시하시오.
- ▶ 조건은 [B26:B27] 영역 내에 알맞게 입력하시오. (AND, COUNTA 함수 사용)
- ▶ 결과는 [B29] 셀부터 표시하시오.

**02** '기본작업-1' 시트에서 다음과 같이 조건부 서식을 설정하시오. (5점)
- ▶ [B3:K24] 영역에서 '사번' 뒤의 두 자리가 짝수이고, '입사일'이 2024년인 행 전체에 대하여 글꼴 스타일 '굵은 기울임꼴', 글꼴 색 '표준 색 – 녹색'으로 적용하시오.
- ▶ 단, 규칙 유형은 '수식을 사용하여 서식을 지정할 셀 결정'을 사용하고, 한 개의 규칙으로만 작성하시오.
- ▶ AND, MOD, RIGHT, YEAR 함수 사용

**03** '기본작업-2' 시트에서 다음과 같이 페이지 레이아웃을 설정하시오. (5점)
- ▶ 인쇄용지가 가로로 인쇄되도록 용지 방향을 설정하고, [B2:L45]를 인쇄 영역으로 지정하시오.
- ▶ 매 페이지 하단의 오른쪽 구역에는 현재 페이지 번호가 [표시 예]와 같이 표시되도록 바닥글을 설정하시오.
  [표시 예 : 현재 페이지 번호 1 → 1 페이지]
- ▶ 2행이 매 페이지마다 반복하여 인쇄되도록 인쇄 제목을 설정하고, [B15:L34], [B35:L45] 영역으로 나누어 총 3페이지로 출력되도록 페이지 나누기를 삽입하시오.

## 문제 ❷ 계산작업 | '계산작업' 시트에서 다음 과정을 수행하고 저장하시오. 30점

**01** [표1]의 출근일수, 1차평가, 2차평가, 3차평가를 이용하여 [I3:I24] 영역에 근무평가를 계산하여 표시하시오. (6점)

- ▶ 근무평가는 출근일수가 23일 이상이고 1차평가, 2차평가, 3차평가 점수가 모두 90점 이상이면 'S', 근무평가는 출근일수가 20일 이상이고 1차평가, 2차평가, 3차평가 점수가 모두 80점 이상이면 'A', 그 외는 'B'로 표시
- ▶ IF, AND, COUNTIF 함수 사용

**02** [표1]의 결근일수, 1차평가, 2차평가, 3차평가와 [표3]을 이용하여 [J3:J24] 영역에 가산점을 계산하여 [표시 예] 와 같이 표시하시오. (6점)

- ▶ 1차평가, 2차평가, 3차평가 점수의 평균을 기준으로 [표3]의 평균별 가산점에서 가산점을 찾아 표시
- ▶ 결근일수가 0일 경우 가산점에 1점 추가
- ▶ [표시 예 : 가산점이 3 → 3점]
- ▶ IF, AVERAGE, VLOOKUP 함수와 & 연산자 사용

**03** 사용자 정의 함수 'fn비고'를 작성하여 [표1]의 [K3:K24] 영역에 비고를 계산하여 표시하시오. (6점)

- ▶ 'fn비고'는 출근일수와 결근일수를 인수로 받아 비고를 계산하는 함수이다.
- ▶ 비고는 '출근일수 ÷ (출근일수 + 결근일수)'가 1이면 "연차수당지급", 0.85 미만이면 "연차사용", 그 외는 빈칸으로 표시하시오.
- ▶ SELECT CASE 사용

```
Public Function fn비고(출근일수, 결근일수)
End Function
```

**04** [표1]의 영업소를 이용하여 [표2]의 [C28:E31] 영역에 영업소별 직급별 인원수를 계산하여 표시하시오. (6점)

- ▶ 영업소에서 "-"을 기준으로 앞 부분은 영업소, 뒷 부분은 직급임
- ▶ IF, COUNT, FIND 함수를 사용한 배열 수식

**05** [표1]의 영업소, 1차평가, 2차평가, 3차평가를 이용하여 [표4]의 [I28:K39] 영역에 1차평가, 2차평가, 3차평가 각 각의 영업소별 최대점수를 찾아 표시하시오. (6점)

- ▶ INDEX, MATCH, MAX 함수를 이용한 배열 수식

## 문제 ❸ 분석작업 | 주어진 시트에서 다음 과정을 수행하고 저장하시오.  20점

### 01 '분석작업-1' 시트에서 다음의 지시사항에 따라 피벗 테이블 보고서를 작성하시오. (10점)

- ▶ 외부 데이터 원본으로 〈사원현황.accdb〉의 〈사원평가〉 테이블에서 '영업소', '입사일', '직급', '1차평가', '2차평가', '3차평가' 필드만을 이용하시오.
- ▶ 피벗 테이블의 보고서의 레이아웃과 위치는 〈그림〉을 참조하여 설정하고, 보고서 레이아웃은 개요 형식으로 표시하시오.
- ▶ '영업소' 필드는 '서울'만 표시하고, 행 필드는 '입사일'의 분기로 표시하고, '1사분기'의 하위 데이터만 표시하시오.
- ▶ '1차평가', '2차평가', '3차평가' 필드의 표시 형식은 값 필드 설정의 셀 서식에서 '숫자' 범주를 이용하여 〈그림〉과 같이 설정하시오.
- ▶ 피벗 테이블 스타일은 '진한 노랑, 피벗 스타일 어둡게 5'로 설정하시오.
- ▶ '1사분기'의 '사원' 데이터를 별도의 시트에 표시한 후 시트 이름을 '서울1사분기입사사원'으로 지정하고, '분석작업-1' 시트의 왼쪽에 위치시키시오.

※ 작업 완성된 그림이며 부분 점수 없음

### 02 '분석작업-2' 시트에 대하여 다음의 지시사항을 처리하시오. (10점)

- ▶ [정렬] 기능을 이용하여 [표1], [표2], [표3]의 '항목'을 '교육비-임대료-주차비-전기료' 순으로 정렬하시오.
- ▶ [통합] 기능을 이용하여 [표1], [표2], [표3]에 대해 첫 행만을 기준으로 1월, 2월, 3월의 평균을 [표4]의 [H11:J14] 영역에 계산하시오.

## 문제 ④ 기타작업 | 주어진 시트에서 다음 과정을 수행하고 저장하시오. 35점

**01** '기타작업-1' 시트에서 다음의 지시사항에 따라 차트를 수정하시오. (각 2점)

※ 차트는 반드시 문제에서 제공한 차트를 사용하여야 하며, 신규로 차트 작성 시 0점 처리됨

① 신입생과 4학년만 표시되도록 데이터 범위를 수정하고, 행/열 방향을 〈그림〉과 같이 변경하시오.
② 차트 제목과 가로 축 제목을 〈그림〉과 같이 표시하시오.
③ '4학년'의 '숙식' 요소에만 〈그림〉과 같이 데이터 레이블을 표시하고, 계열의 간격 너비를 70%로 지정하시오.
④ 범례를 위쪽에 표시하고, 세로 축 기본 단위를 〈그림〉과 같이 지정하시오.
⑤ 차트 영역의 테두리 스타일을 '둥근 모서리', '네온: 5pt, 주황, 강조색2'로 설정하시오.

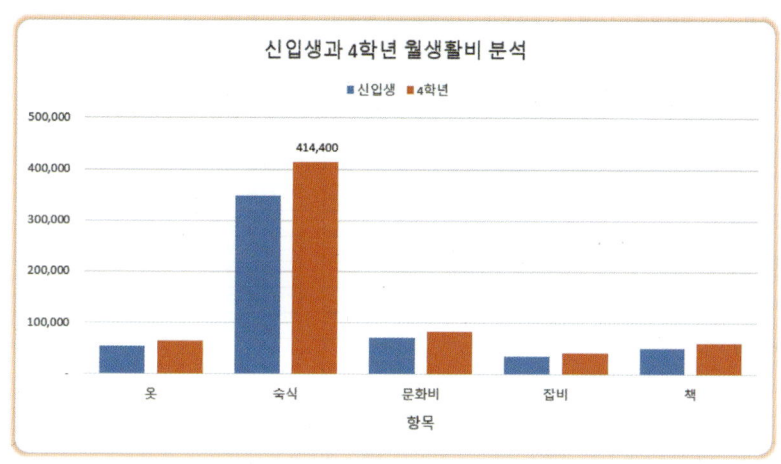

**02** '기타작업-2' 시트에서 다음과 같은 기능을 수행하는 매크로를 현재 통합문서에 작성하시오. (각 5점)

① [G3:G22] 영역에 사용자 지정 표시 형식을 설정하는 '총점서식' 매크로를 생성하시오.
  ▶ 총점이 280 이상일 경우 파랑색으로 "♠"를, 총점이 250 이하인 경우에는 빨강색으로 "♤"를 표시한 후 뒤에 숫자를 표시하고, 그 외는 숫자만을 표시하시오.
  ▶ [표시 예 : 285 인 경우 → ♠ 285, 240 인 경우 → ♤ 240, 260 인 경우 → 260]
  ▶ [개발 도구] → [삽입] → [양식 컨트롤]의 '단추(□)'를 동일 시트의 [I2:J3] 영역에 생성한 후 텍스트를 "총점서식"으로 입력하고, 단추를 클릭하면 '총점서식' 매크로가 실행되도록 설정하시오.

② [G3:G22] 영역에 표시 형식을 '일반'으로 적용하는 '일반서식' 매크로가 실행되도록 설정하시오.
  ▶ [개발 도구] → [삽입] → [양식 컨트롤]의 '단추(□)'를 동일 시트의 [I5:J6] 영역에 생성한 후 텍스트를 "일반서식"으로 입력하고, 단추를 클릭하면 '일반서식' 매크로가 실행되도록 설정하시오.
  ※ 셀 포인터의 위치에 관계없이 매크로가 실행되어야 정답으로 인정됨

**03** '기타작업-3' 시트에서 다음과 같은 작업을 수행하도록 프로시저를 작성하시오. (각 5점)

① '평가등록' 단추를 클릭하면 〈근무평가〉 폼이 나타나도록 설정하고, 폼이 초기화(Initialize)되면 '영업소(cmb영업소)' 목록에는 [J6:J17] 영역의 값이 표시되도록 프로시저를 작성하시오.

② 〈근무평가〉 폼의 '등록(cmd등록)' 단추를 클릭하면 폼에 입력된 데이터가 [표1]에 입력되어 있는 마지막 행 다음에 연속하여 추가되도록 프로시저를 작성하시오.
   ▶ '평균'에는 '1차평가', '2차평가', '3차평가'의 평균을 정수로 입력하시오. (Int 함수 사용)
   ▶ 입력되는 데이터는 워크시트에 입력된 기존 데이터와 같은 형식의 데이터를 입력하시오.

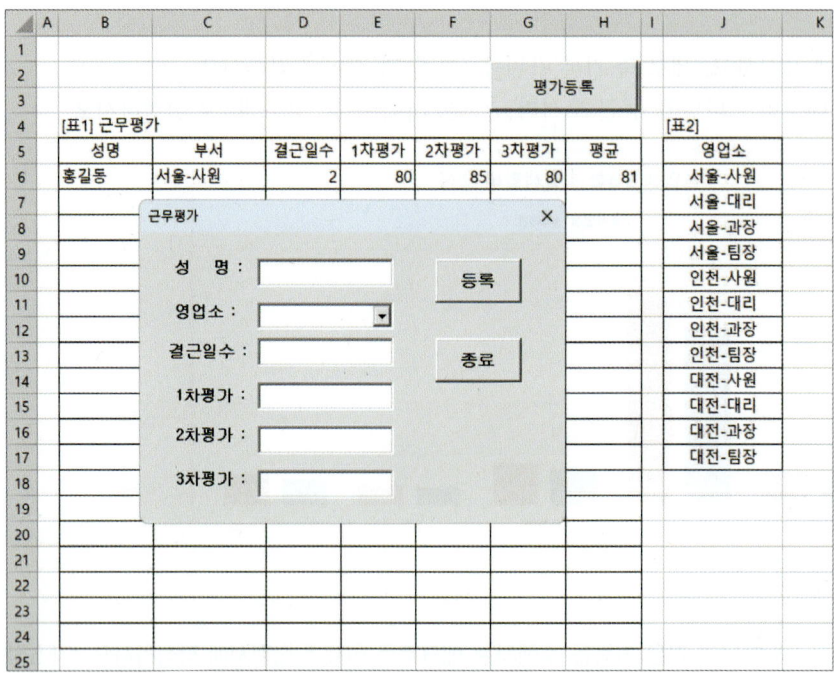

③ 〈근무평가〉 폼의 '종료(cmd종료)' 단추를 클릭하면 〈그림〉과 같은 메시지 박스를 표시한 후 종료하는 프로시저를 작성하시오.
   ▶ 시스템의 현재 시간 표시

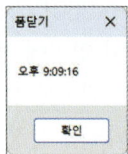

# 상시 기출문제 09회 정답

## 문제 ❶ 기본작업

### 01 고급 필터

| | A | B | C | D | E | F | G | H | I | J | K | L |
|---|---|---|---|---|---|---|---|---|---|---|---|---|
| 25 | | | | | | | | | | | | |
| 26 | | 조건 | | | | | | | | | | |
| 27 | | FALSE | | | | | | | | | | |
| 28 | | | | | | | | | | | | |
| 29 | | 사번 | 성명 | 입사일 | 영업소 | 출근일수 | 결근일수 | 1차평가 | 2차평가 | 3차평가 | 승진시험 | |
| 30 | | F220124 | 서원희 | 2024-10-01 | 대전-대리 | 23 | 2 | O | O | O | 92 | |
| 31 | | F160023 | 한지선 | 2016-01-01 | 서울-과장 | 25 | 0 | O | O | O | 96 | |
| 32 | | F180113 | 김지영 | 2021-03-01 | 대전-과장 | 15 | 10 | O | O | O | 92 | |
| 33 | | F170122 | 박효준 | 2017-07-01 | 서울-과장 | 21 | 4 | O | O | O | 91 | |
| 34 | | F220216 | 김혜진 | 2024-02-01 | 서울-사원 | 25 | 0 | O | O | O | 93 | |
| 35 | | F101205 | 정명일 | 2010-12-01 | 대전-팀장 | 17 | 8 | O | O | O | 94 | |

B27: `=AND(COUNTA(H3:J3)=3,K3>=90)`

### 02 조건부 서식

| | A | B | C | D | E | F | G | H | I | J | K | L |
|---|---|---|---|---|---|---|---|---|---|---|---|---|
| 1 | | | | | | | | | | | | |
| 2 | | 사번 | 성명 | 입사일 | 영업소 | 출근일수 | 결근일수 | 1차평가 | 2차평가 | 3차평가 | 승진시험 | |
| 3 | | *F220102* | *장경원* | *2024-01-01* | *서울-사원* | *25* | *0* | *O* | | *O* | *97* | |
| 4 | | F200126 | 김민수 | 2022-03-01 | 인천-대리 | 24 | 1 | O | O | | 90 | |
| 5 | | *F220124* | *서원희* | *2024-10-01* | *대전-대리* | *23* | *2* | *O* | *O* | *O* | *92* | |
| 6 | | F110127 | 김이슬 | 2015-05-01 | 서울-팀장 | 20 | 5 | O | | O | 85 | |
| 7 | | F150126 | 정은혜 | 2015-03-01 | 대전-과장 | 22 | 3 | | O | O | 93 | |
| 8 | | F210132 | 홍승헌 | 2021-09-01 | 서울-대리 | 25 | 0 | O | O | | 85 | |
| 9 | | F160023 | 한지선 | 2016-01-01 | 서울-과장 | 25 | 0 | O | O | O | 96 | |
| 10 | | F190026 | 최현진 | 2019-01-01 | 서울-대리 | 22 | 3 | O | | O | 85 | |
| 11 | | F220117 | 현희태 | 2024-02-01 | 인천-사원 | 24 | 1 | | O | O | 88 | |
| 12 | | *F220110* | *최혁주* | *2024-05-01* | *인천-사원* | *23* | *2* | *O* | *O* | | *90* | |
| 13 | | F200111 | 이찬희 | 2022-08-01 | 서울-대리 | 21 | 4 | | | O | 82 | |
| 14 | | F180113 | 김지영 | 2021-03-01 | 대전-과장 | 15 | 10 | O | O | O | 92 | |
| 15 | | F120112 | 이상훈 | 2012-03-01 | 인천-팀장 | 24 | 1 | O | | | 84 | |
| 16 | | F220121 | 양수진 | 2024-05-01 | 대전-사원 | 22 | 3 | | O | O | 87 | |
| 17 | | F170122 | 박효준 | 2017-07-01 | 서울-과장 | 21 | 4 | O | O | O | 91 | |
| 18 | | F220401 | 최선호 | 2024-04-01 | 서울-사원 | 20 | 5 | | | O | 74 | |
| 19 | | *F220218* | *변호성* | *2024-02-01* | *서울-사원* | *19* | *6* | *O* | | | *82* | |
| 20 | | F220127 | 황규호 | 2024-01-01 | 대전-사원 | 25 | 0 | | O | O | 88 | |
| 21 | | F180603 | 최선영 | 2021-06-01 | 인천-대리 | 24 | 1 | | O | O | 81 | |
| 22 | | *F220216* | *김혜진* | *2024-02-01* | *서울-사원* | *25* | *0* | *O* | *O* | *O* | *93* | |
| 23 | | F170910 | 이도훈 | 2017-09-01 | 인천-과장 | 18 | 7 | O | | O | 92 | |
| 24 | | F101205 | 정명일 | 2010-12-01 | 대전-팀장 | 17 | 8 | O | O | O | 94 | |

## 03 페이지 레이아웃

### 1 페이지

| 사번 | 성명 | 입사일 | 영업소 | 직급 | 출근일수 | 결근일수 | 1차평가 | 2차평가 | 3차평가 | 총점 |
|---|---|---|---|---|---|---|---|---|---|---|
| F220102 | 장경원 | 2024-01-01 | 서울 | 사원 | 25 | 0 | 100 | 95 | 95 | 290 |
| F200126 | 김민수 | 2020-03-01 | 인천 | 대리 | 24 | 1 | 95 | 90 | 85 | 270 |
| F220124 | 서원희 | 2024-10-01 | 대전 | 대리 | 23 | 2 | 100 | 85 | 80 | 265 |
| F110127 | 김이슬 | 2011-05-01 | 서울 | 팀장 | 20 | 5 | 80 | 85 | 90 | 255 |
| F150126 | 정은혜 | 2015-03-01 | 대전 | 과장 | 22 | 3 | 95 | 90 | 95 | 280 |
| F210132 | 홍승헌 | 2021-09-01 | 서울 | 대리 | 25 | 0 | 70 | 85 | 100 | 255 |
| F160023 | 한지선 | 2016-01-01 | 서울 | 과장 | 25 | 0 | 80 | 90 | 85 | 255 |
| F190026 | 최현진 | 2022-01-01 | 서울 | 대리 | 22 | 3 | 85 | 95 | 75 | 255 |
| F220117 | 현희태 | 2024-02-01 | 인천 | 사원 | 24 | 1 | 95 | 100 | 70 | 265 |
| F220110 | 최혁주 | 2024-05-01 | 인천 | 사원 | 23 | 2 | 100 | 75 | 95 | 270 |
| F200111 | 이찬희 | 2020-08-01 | 서울 | 대리 | 21 | 4 | 95 | 70 | 80 | 245 |
| F180113 | 김지영 | 2018-03-01 | 대전 | 과장 | 15 | 10 | 85 | 90 | 100 | 275 |

### 2 페이지

| 사번 | 성명 | 입사일 | 영업소 | 직급 | 출근일수 | 결근일수 | 1차평가 | 2차평가 | 3차평가 | 총점 |
|---|---|---|---|---|---|---|---|---|---|---|
| F120112 | 이상훈 | 2012-03-01 | 인천 | 팀장 | 24 | 1 | 80 | 85 | 95 | 260 |
| F220121 | 양수진 | 2024-05-01 | 대전 | 사원 | 22 | 3 | 75 | 95 | 90 | 260 |
| F170122 | 박효준 | 2017-07-01 | 서울 | 과장 | 21 | 4 | 100 | 100 | 75 | 275 |
| F220401 | 최선호 | 2024-04-01 | 서울 | 사원 | 20 | 5 | 70 | 90 | 80 | 220 |
| F220218 | 변호성 | 2024-02-01 | 서울 | 사원 | 19 | 6 | 75 | 85 | 85 | 245 |
| F220127 | 황규호 | 2024-01-01 | 대전 | 사원 | 25 | 0 | 80 | 90 | 95 | 265 |
| F180603 | 최선영 | 2018-06-01 | 인천 | 대리 | 24 | 1 | 85 | 85 | 75 | 245 |
| F220216 | 김혜진 | 2024-02-01 | 서울 | 사원 | 25 | 0 | 90 | 90 | 100 | 280 |
| F170910 | 이도훈 | 2017-09-01 | 인천 | 과장 | 18 | 7 | 85 | 95 | 95 | 275 |
| F101205 | 정명일 | 2010-12-01 | 대전 | 팀장 | 17 | 8 | 100 | 90 | 85 | 275 |
| F220109 | 강정윤 | 2024-01-01 | 서울 | 사원 | 25 | 0 | 100 | 95 | 80 | 275 |
| F200511 | 김국영 | 2020-05-01 | 서울 | 대리 | 23 | 2 | 95 | 85 | 85 | 265 |
| F211038 | 김시운 | 2021-01-01 | 대전 | 사원 | 22 | 3 | 85 | 80 | 90 | 255 |
| F210604 | 남세연 | 2021-05-01 | 인천 | 사원 | 18 | 7 | 70 | 75 | 100 | 245 |
| F220609 | 문지섭 | 2024-04-01 | 대전 | 대리 | 20 | 5 | 95 | 90 | 85 | 270 |
| F191206 | 박세균 | 2022-12-01 | 인천 | 대리 | 19 | 6 | 75 | 85 | 70 | 230 |
| F170809 | 송미율 | 2017-08-01 | 서울 | 과장 | 21 | 4 | 80 | 80 | 75 | 235 |
| F210609 | 신수라 | 2021-06-01 | 서울 | 사원 | 25 | 0 | 95 | 95 | 100 | 290 |
| F200491 | 유지원 | 2020-04-01 | 대전 | 대리 | 24 | 1 | 90 | 100 | 95 | 285 |
| F220831 | 윤서민 | 2024-08-01 | 인천 | 사원 | 24 | 1 | 100 | 95 | 100 | 295 |

### 3 페이지

| 사번 | 성명 | 입사일 | 영업소 | 직급 | 출근일수 | 결근일수 | 1차평가 | 2차평가 | 3차평가 | 총점 |
|---|---|---|---|---|---|---|---|---|---|---|
| F160914 | 이민우 | 2016-09-01 | 대전 | 과장 | 23 | 2 | 85 | 70 | 95 | 250 |
| F191106 | 이설화 | 2022-10-01 | 서울 | 대리 | 25 | 0 | 90 | 85 | 90 | 265 |
| F181206 | 조강민 | 2018-11-01 | 대전 | 대리 | 24 | 1 | 75 | 90 | 85 | 250 |
| F161204 | 한기석 | 2016-12-01 | 인천 | 과장 | 24 | 1 | 70 | 85 | 70 | 225 |
| F190327 | 허남용 | 2022-03-01 | 인천 | 대리 | 23 | 2 | 85 | 70 | 75 | 230 |
| F220607 | 이상욱 | 2024-07-01 | 인천 | 사원 | 25 | 0 | 90 | 95 | 85 | 270 |
| F200709 | 강민이 | 2020-09-01 | 대전 | 대리 | 22 | 3 | 100 | 100 | 90 | 290 |
| F201206 | 임선우 | 2020-12-01 | 서울 | 대리 | 21 | 4 | 95 | 95 | 95 | 285 |
| F140906 | 최인경 | 2014-09-01 | 서울 | 과장 | 20 | 5 | 100 | 90 | 100 | 290 |
| F211103 | 한선인 | 2021-11-01 | 서울 | 사원 | 19 | 6 | 100 | 85 | 95 | 280 |
| F190809 | 유병선 | 2022-12-01 | 서울 | 대리 | 24 | 1 | 95 | 80 | 80 | 255 |

## 문제 ❷ 계산작업

### 01 근무평가, 가산점, 비고

| | A | B | C | D | E | F | G | H | I | J | K |
|---|---|---|---|---|---|---|---|---|---|---|---|
| 1 | [표1] | | | | | | | | | | |
| 2 | 성명 | 영업소 | 출근일수 | 결근일수 | 1차평가 | 2차평가 | 3차평가 | 근무평가 | 가산점 | 비고 | |
| 3 | 장경원 | 서울-사원 | 25 | 0 | 100 | 95 | 95 | S | 5점 | 연차수당지급 | |
| 4 | 김민수 | 인천-대리 | 24 | 1 | 95 | 90 | 85 | A | 4점 | | |
| 5 | 서원희 | 대전-대리 | 23 | 2 | 100 | 85 | 80 | A | 3점 | | |
| 6 | 김이슬 | 서울-팀장 | 20 | 5 | 80 | 85 | 90 | A | 3점 | 연차사용 | |
| 7 | 정은혜 | 대전-과장 | 22 | 3 | 95 | 90 | 95 | A | 4점 | | |
| 8 | 홍승헌 | 서울-대리 | 25 | 0 | 70 | 85 | 100 | B | 4점 | 연차수당지급 | |
| 9 | 한지선 | 서울-과장 | 25 | 0 | 80 | 90 | 85 | A | 4점 | 연차수당지급 | |
| 10 | 최현진 | 서울-대리 | 22 | 3 | 85 | 95 | 75 | B | 3점 | | |
| 11 | 현희태 | 인천-사원 | 24 | 1 | 95 | 100 | 70 | B | 3점 | | |
| 12 | 최혁주 | 인천-사원 | 23 | 2 | 100 | 75 | 95 | B | 4점 | | |
| 13 | 이찬희 | 서울-대리 | 21 | 4 | 95 | 70 | 80 | B | 3점 | 연차사용 | |
| 14 | 김지영 | 대전-과장 | 15 | 10 | 85 | 90 | 100 | B | 4점 | 연차사용 | |
| 15 | 이상훈 | 인천-팀장 | 24 | 1 | 80 | 85 | 95 | A | 3점 | | |
| 16 | 양수진 | 대전-사원 | 22 | 3 | 75 | 95 | 90 | B | 3점 | | |
| 17 | 박효준 | 서울-과장 | 21 | 4 | 100 | 100 | 75 | B | 4점 | 연차사용 | |
| 18 | 최선호 | 서울-사원 | 20 | 5 | 70 | 70 | 80 | B | 2점 | 연차사용 | |
| 19 | 변호성 | 서울-사원 | 19 | 6 | 75 | 85 | 85 | B | 3점 | 연차사용 | |
| 20 | 황규호 | 대전-사원 | 25 | 0 | 80 | 90 | 95 | A | 4점 | 연차수당지급 | |
| 21 | 최선영 | 인천-대리 | 24 | 1 | 85 | 85 | 75 | B | 3점 | | |
| 22 | 김혜진 | 서울-사원 | 25 | 0 | 90 | 90 | 100 | S | 5점 | 연차수당지급 | |
| 23 | 이도훈 | 인천-과장 | 18 | 7 | 85 | 95 | 95 | B | 4점 | 연차사용 | |
| 24 | 정명일 | 대전-팀장 | 17 | 8 | 100 | 90 | 85 | B | 4점 | 연차사용 | |
| 25 | | | | | | | | | | | |

1. [I3] 셀에 「=IF(AND(D3)=23,COUNTIF(F3:H3,")=90")=3),"S",IF(AND(D3)=20,COUNTIF(F3:H3,")=80")=3),"A","B"))」를 입력하고 [I24] 셀까지 수식 복사
2. [J3] 셀에 「=VLOOKUP(AVERAGE(F3:H3),$B$35:$D$39,3)+IF(E3=0,1,0)&"점"」를 입력하고 [J24] 셀까지 수식 복사
3. [K3] 셀에 「=fn비고(D3,E3)」를 입력하고 [K24] 셀까지 수식 복사

```
Public Function fn비고(출근일수, 결근일수)
    Select Case 출근일수 / (출근일수 + 결근일수)
        Case 1
            fn비고 = "연차수당지급"
        Case Is < 0.85
            fn비고 = "연차사용"
        Case Else
            fn비고 = ""
    End Select
End Function
```

## ② 영업소별 직급별 인원수, 영업소별 최대점수

| | A | B | C | D | E | F | G | H | I | J | K |
|---|---|---|---|---|---|---|---|---|---|---|---|
| 26 | | [표2] 영업소별 직급별 인원수 | | | | | | [표4] 영업소별 최대점수 | | | |
| 27 | | 직급 | 서울 | 인천 | 대전 | | | 영업소 | 1차평가 | 2차평가 | 3차평가 |
| 28 | | 사원 | 4 | 2 | 2 | | | 서울-사원 | 100 | 95 | 100 |
| 29 | | 대리 | 3 | 2 | 1 | | | 서울-대리 | 95 | 95 | 100 |
| 30 | | 과장 | 2 | 1 | 2 | | | 서울-과장 | 100 | 100 | 85 |
| 31 | | 팀장 | 1 | 1 | 1 | | | 서울-팀장 | 80 | 85 | 90 |
| 32 | | | | | | | | 인천-사원 | 100 | 100 | 95 |
| 33 | | [표3] 평균별 가산점 | | | | | | 인천-대리 | 95 | 90 | 85 |
| 34 | | 평균 | | 가산점 | | | | 인천-과장 | 85 | 95 | 95 |
| 35 | | 0 이상 | 60 미만 | 0 | | | | 인천-팀장 | 80 | 85 | 95 |
| 36 | | 60 이상 | 70 미만 | 1 | | | | 대전-사원 | 80 | 95 | 95 |
| 37 | | 70 이상 | 80 미만 | 2 | | | | 대전-대리 | 100 | 85 | 80 |
| 38 | | 80 이상 | 90 미만 | 3 | | | | 대전-과장 | 95 | 90 | 100 |
| 39 | | 90 이상 | | 4 | | | | 대전-팀장 | 100 | 90 | 85 |
| 40 | | | | | | | | | | | |

4. [C28] 셀에 「=COUNT(IF(FIND($B28,$C$3:$C$24,1))=1*(FIND(C$27,$C$3:$C$24,1))=1),1))」를 입력하고 Ctrl + Shift + Enter 를 누른 후에 [E31] 셀까지 수식을 복사

5. [I28] 셀에 「=INDEX(F$3:F$24, MATCH(MAX(($C$3:$C$24=$H28)*F$3:F$24),($C$3:$C$24=$H28)*F$3:F$24,0))」를 입력하고 Ctrl + Shift + Enter 를 누른 후에 [K39] 셀까지 수식을 복사

## 문제 ❸ 분석작업

### 01 피벗 테이블

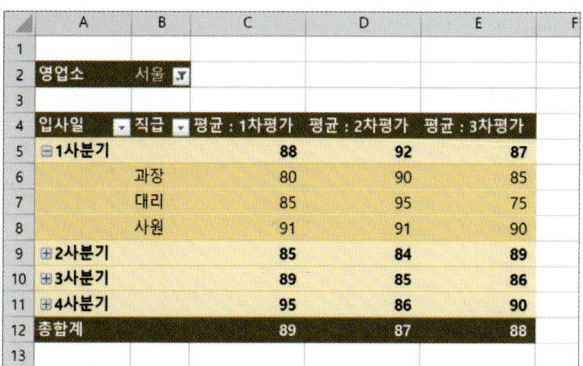

### 02 데이터 도구

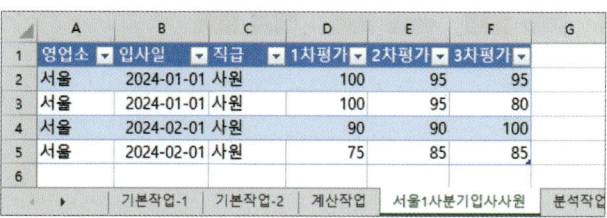

## 문제 ❹ 기타작업

### 01 차트

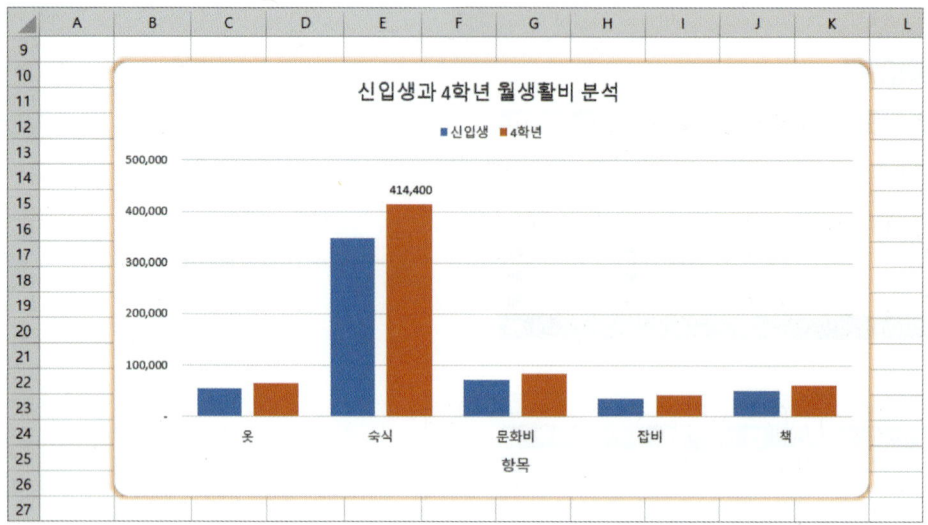

### 02 매크로

| | A | B | C | D | E | F | G | H | I | J | K |
|---|---|---|---|---|---|---|---|---|---|---|---|
| 1 | | [표1] | | | | | | | | | |
| 2 | | 성명 | 영업소 | 1차평가 | 2차평가 | 3차평가 | 총점 | | | | |
| 3 | | 장경원 | 서울-사원 | 100 | 95 | 95 | ♠ 290 | | 총점서식 | | |
| 4 | | 김민수 | 인천-대리 | 95 | 90 | 85 | 270 | | | | |
| 5 | | 서원희 | 대전-대리 | 100 | 85 | 80 | 265 | | | | |
| 6 | | 김이슬 | 서울-팀장 | 80 | 85 | 90 | 255 | | 일반서식 | | |
| 7 | | 정은혜 | 대전-과장 | 95 | 90 | 95 | ♠ 280 | | | | |
| 8 | | 홍승헌 | 서울-대리 | 70 | 85 | 100 | 255 | | | | |
| 9 | | 한지선 | 서울-과장 | 80 | 90 | 85 | 255 | | | | |
| 10 | | 최현진 | 서울-대리 | 85 | 95 | 75 | 255 | | | | |
| 11 | | 현희태 | 인천-사원 | 95 | 100 | 70 | 265 | | | | |
| 12 | | 최혁주 | 인천-사원 | 100 | 75 | 95 | 270 | | | | |
| 13 | | 이찬희 | 서울-대리 | 95 | 70 | 80 | ♠ 245 | | | | |
| 14 | | 김지영 | 대전-과장 | 85 | 90 | 100 | 275 | | | | |
| 15 | | 이상훈 | 인천-팀장 | 80 | 85 | 95 | 260 | | | | |
| 16 | | 양수진 | 대전-사원 | 75 | 95 | 90 | 260 | | | | |
| 17 | | 박효준 | 서울-과장 | 100 | 100 | 75 | 275 | | | | |
| 18 | | 최선호 | 서울-사원 | 70 | 70 | 80 | ♠ 220 | | | | |
| 19 | | 변호성 | 서울-사원 | 75 | 85 | 85 | ♠ 245 | | | | |
| 20 | | 황규호 | 대전-사원 | 80 | 90 | 95 | 265 | | | | |
| 21 | | 최선영 | 인천-대리 | 85 | 85 | 75 | ♠ 245 | | | | |
| 22 | | 김혜진 | 서울-사원 | 90 | 90 | 100 | ♠ 280 | | | | |

## 03 VBA 프로그래밍

- 폼 보이기 프로시저

```
Private Sub cmd평가등록_Click()
    근무평가.Show
End Sub
```

- 폼 초기화 프로시저

```
Private Sub UserForm_Initialize()
    cmb영업소.RowSource = "J6:J17"
End Sub
```

- 등록 프로시저

```
Private Sub cmd등록_Click()
    i = Range("B5").CurrentRegion.Rows.Count + 4
    Cells(i, 2) = txt성명.Value
    Cells(i, 3) = cmb영업소.Value
    Cells(i, 4) = txt결근일수.Value
    Cells(i, 5) = txt1차평가.Value
    Cells(i, 6) = txt2차평가.Value
    Cells(i, 7) = txt3차평가.Value
    Cells(i, 8) = Int((Cells(i, 5) + Cells(i, 6) + Cells(i, 7)) / 3)
End Sub
```

- 종료 프로시저

```
Private Sub cmd종료_Click()
    MsgBox Time, vbOKOnly, "폼닫기"
    Unload Me
End Sub
```

## 상시 기출문제 09회 해설

### 문제 ① 기본작업

**01 고급 필터('기본작업-1' 시트)**

① [B26:B27] 영역에 조건을 입력한다.

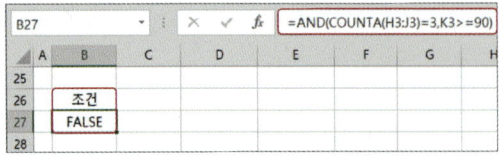

[B27] : =AND(COUNTA(H3:J3)=3,K3>=90)

② [데이터]-[정렬 및 필터] 그룹의 [고급](🔽)을 클릭한다.

③ [고급 필터]에서 다음과 같이 지정한 후 [확인]을 클릭한다.

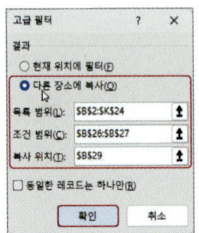

- 결과 : '다른 장소에 복사'
- 목록 범위 : [B2:K24]
- 조건 범위 : [B26:B27]
- 복사 위치 : [B29]

**02 조건부 서식('기본작업-1' 시트)**

① [B3:K24] 영역을 범위 지정한 후 [홈]-[스타일] 그룹의 [조건부 서식]-[새 규칙]을 클릭한다.

② [새 서식 규칙]에서 '규칙 유형 선택'에 '▶ 수식을 사용하여 서식을 지정할 셀 결정'을 선택하고, =AND(MOD(RIGHT($B3,2),2)=0,YEAR($D3)=2024)를 입력한 후 [서식]을 클릭한다.

③ [셀 서식]의 [글꼴] 탭에서 글꼴 스타일은 '굵은 기울임꼴', 글꼴 색은 '표준 색 – 녹색'을 선택한 후 [확인]을 클릭한다.

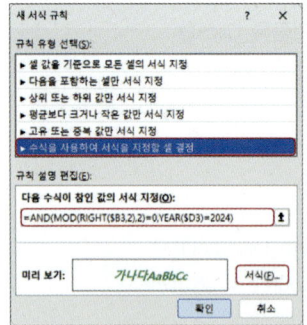

④ [새 서식 규칙]에서 다시 [확인]을 클릭한다.

**03 페이지 레이아웃('기본작업-2' 시트)**

① [B2:L45] 영역을 범위 지정한 후 [페이지 레이아웃]-[페이지 설정] 그룹에서 [인쇄 영역]-[인쇄 영역 설정]을 클릭한다.

② [페이지 레이아웃]-[페이지 설정] 그룹에서 [옵션](🔽)을 클릭한다.

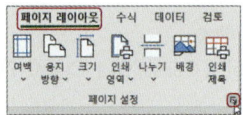

③ [시트] 탭에서 반복할 행에 커서를 두고 행 머리글 2를 클릭한다.

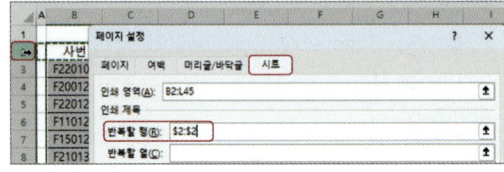

④ [페이지] 탭에서 용지 방향은 '가로'를 선택한다.

⑤ [머리글/바닥글] 탭에서 [바닥글 편집]을 클릭하고 '오른쪽 구역'에 커서를 두고 [페이지 번호 삽입](📄)을 클릭한 후 **페이지**를 입력하고 [확인]을 클릭한다.

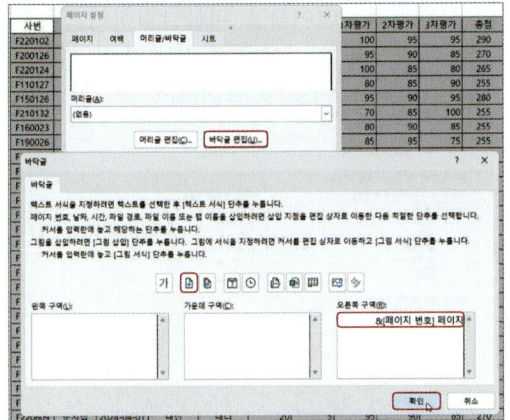

⑥ [B15] 셀을 클릭한 후 [페이지 레이아웃]-[페이지 설정] 그룹에서 [나누기]-[페이지 나누기 삽입]을 클릭한다.

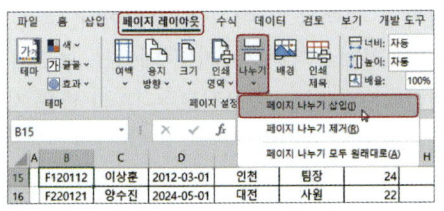

⑦ 같은 방법으로 [B35] 셀을 클릭한 후 [페이지 레이아웃]-[페이지 설정] 그룹에서 [나누기]-[페이지 나누기 삽입]을 클릭한다.

### 문제 ❷ 계산작업('계산작업' 시트)

#### 01 근무평가[I3:I24]

[I3] 셀에 =IF(AND(D3>=23,COUNTIF(F3:H3,">=90")=3),"S",IF(AND(D3>=20,COUNTIF(F3:H3,">=80")=3),"A","B"))를 입력하고 [I24] 셀까지 수식을 복사한다.

#### 02 가산점[J3:J24]

[J3] 셀에 =VLOOKUP(AVERAGE(F3:H3),$B$35:$D$39,3)+IF(E3=0,1,0)&"점"를 입력하고 [J24] 셀까지 수식을 복사한다.

#### 03 비고[K3:K24]

① [개발 도구]-[코드] 그룹의 [Visual Basic](📷)을 클릭한다.
② [삽입]-[모듈]을 클릭한다.

③ Module 창에 다음과 같이 입력한다.

```
Public Function fn비고(출근일수, 결근일수)
    Select Case 출근일수 / (출근일수 + 결근일수)
        Case 1
            fn비고 = "연차수당지급"
        Case Is < 0.85
            fn비고 = "연차사용"
        Case Else
            fn비고 = ""
    End Select
End Function
```

④ [파일]-[닫고 Microsoft Excel(으)로 돌아가기]를 클릭하여 [Visual Basic Editor]를 닫는다.
⑤ [K3] 셀을 클릭한 후 [함수 삽입](fx)을 클릭한다.
⑥ 범주 선택에서 '사용자 정의', 함수 선택에서 'fn비고'를 선택한 후 [확인]을 클릭한다.
⑦ 출근일수는 [D3], 결근일수는 [E3]을 지정한 후 [확인]을 클릭한다.

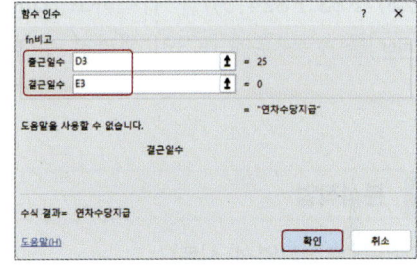

⑧ [K3] 셀을 선택한 후 [K24] 셀까지 수식을 복사한다.

#### 04 영업소별 직급별 인원수[C28:E31]

[C28] 셀에 =COUNT(IF(FIND($B28,$C$3:$C$24)>=1*FIND(C$27,$C$3:$C$24)>=1,1))를 입력하고 Ctrl+Shift+Enter를 누른 후에 [E31] 셀까지 수식을 복사한다.

> **함수 설명**
> =COUNT(IF(FIND($B28,$C$3:$C$24))=1*FIND(C$27,$C$3:$C$24))=1,1))
>
> ① FIND($B28,$C$3:$C$24) : [B28] 셀의 '사원'을 [C3:C24] 영역에서 찾아 시작 위치 값을 구하면 '4'가 반환됨
> (예 : '사원'을 [C3] 셀에서 찾았을 때 시작 위치가 4번째에 위치한 값이라고 반환됨.
> '사원'은 '서울-' 다음에 있기 때문에 4번째가 사원이 시작한다는 것을 의미)
>
> ② FIND(C$27,$C$3:$C$24) : [C27] 셀의 '서울'을 [C3:C24] 영역에서 찾아 시작 위치 값을 구하면 '1'이 반환됨
> (예 : '서울'을 [C3] 셀에서 찾았을 때 시작 위치가 1번째에서 시작한다는 것을 의미)
>
> ③ IF(①=1*②)=1,1) : : ①의 값이 1 이상이고 ②의 값이 1 이상인 행/열 모두 조건에 만족하면 1의 값을 반환
>
> =COUNT(③) : ③에서 반환된 1의 개수가 몇 개인지를 카운트해서 결과로 표시

**05 영업소별 최대점수[I28:K39]**

[I28] 셀에 =INDEX(F$3:F$24, MATCH(MAX(($C$3:$C$24=$H28)*F$3:F$24),($C$3:$C$24=$H28)*F$3:F$24,0))를 입력하고 Ctrl + Shift + Enter 를 누른 후에 [K39] 셀까지 수식을 복사한다.

### 문제 ③ 분석작업

**01 피벗 테이블('분석작업-1' 시트)**

① [A4] 셀을 선택한 후 [데이터]-[데이터 가져오기 및 변환] 그룹의 [데이터 가져오기]-[기타 원본에서]-[Microsoft Query에서]를 클릭한다.
② [데이터 원본 선택]의 [데이터베이스] 탭에서 'MS Access Database*'를 선택하고 [확인]을 클릭한다.
③ '사원현황.accdb'를 선택하고 [확인]을 클릭한다.
④ 〈사원평가〉 테이블을 더블클릭하여 '영업소', '입사일', '직급', '1차평가', '2차평가', '3차평가'를 선택하고 [다음]을 클릭한다.

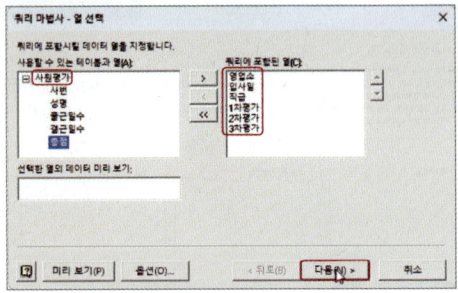

⑤ [데이터 필터]와 [정렬 순서]에서는 설정 없이 [다음]을 클릭한다.
⑥ [마침]에서 'Microsoft Excel(으)로 데이터 되돌리기'를 선택하고 [마침]을 클릭한다.
⑦ [데이터 가져오기]에서 '피벗 테이블 보고서'를 선택한 다음, '기존 워크시트'는 [A4] 셀을 지정하고 [확인]을 클릭한다.
⑧ [피벗 테이블 필드]에서 다음과 같이 드래그한다.

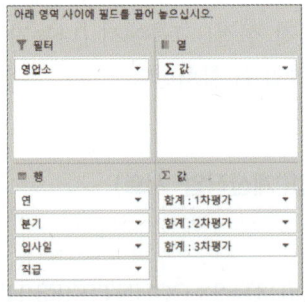

⑨ [디자인] 그룹에서 [레이아웃]-[보고서 레이아웃]-[개요 형식으로 표시]를 클릭한다.
⑩ [B2] 셀의 목록 단추(▼)를 클릭하여 '서울'을 선택하고 [확인]을 클릭한다.

⑪ [A5] 셀에서 마우스 오른쪽 버튼을 눌러 [그룹]을 클릭한 후 '분기'만 선택되게 한 후 [확인]을 클릭한다.

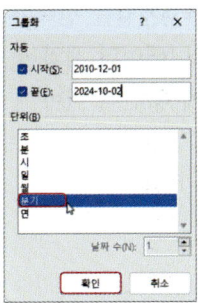

⑫ '2사분기', '3사분기', '4사분기'의 단추(□)를 클릭하여 숨기기한다.

⑬ '합계 : 1차평가'[C4]에서 더블클릭한 후 [값 필드 설정]에서 '평균'을 선택한 후 [표시 형식]을 클릭한 후 '숫자'를 선택하고 [확인]을 클릭한다.

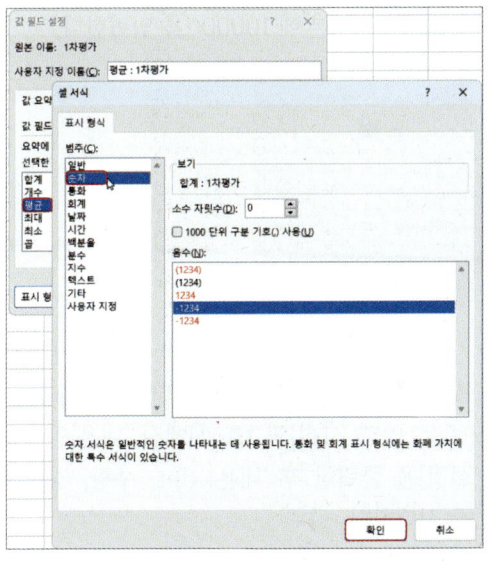

⑭ 같은 방법으로 '합계 : 2차평가'[D4], '합계 : 3차평가'[E4] 셀에서 더블클릭하여 '평균'을 선택하고, [표시 형식]을 클릭한 후 '숫자'를 선택하고 [확인]을 클릭한다.

⑮ [디자인]-[피벗 테이블 스타일] 그룹에서 '진한 노랑, 피벗 스타일 어둡게 5'를 선택한다.

⑯ '1사분기'의 '1차평가'[C8], '2차평가'[D8], '3차평가'[E8] 셀 중에 하나를 더블클릭한다.

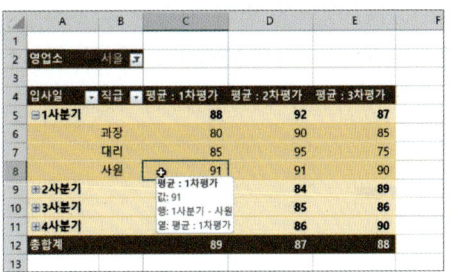

⑰ '분석작업-1' 시트 앞에 삽입된 시트명을 더블클릭하여 **서울1사분기입사사원**을 입력한다.

### 02 데이터 도구('분석작업-2' 시트)

① [B3:E7] 영역을 범위 지정한 후 [데이터]-[정렬 및 필터] 그룹의 [정렬]을 클릭하여 정렬 기준 '항목'을 선택하고, 정렬 '사용자 지정 목록'을 선택하고 **교육비 임대료 주차비 전기료**순으로 입력하고 [추가]를 클릭한 후 [확인]을 클릭한다.

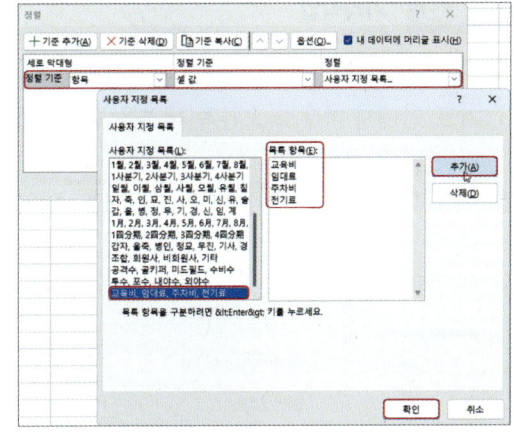

② [G3:J7] 영역을 범위 지정한 후 [정렬]을 클릭하여 다음과 같이 선택하고 [확인]을 클릭한다.

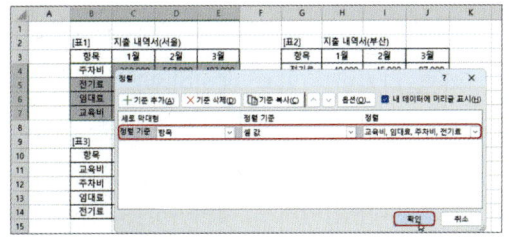

③ [B10:E14] 영역에도 '교육비-임대료-주차비-전기료' 순으로 사용자 지정 순으로 정렬한다.
④ [G10:J14] 영역을 범위 지정한 후 [데이터]-[데이터 도구] 그룹의 [통합](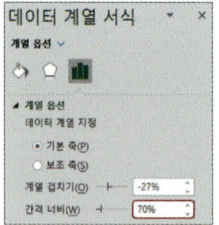)을 클릭하여 다음과 같이 지정하고 [확인]을 클릭한다.

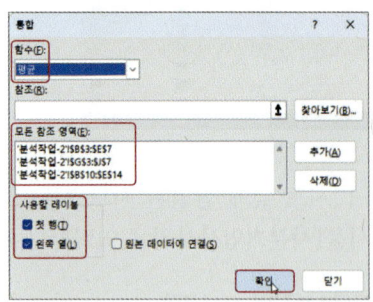

- 함수 : 평균
- 모든 참조 영역 : [B3:E7], [G3:J7], [B10:E14]
- 사용할 레이블 : 첫 행, 왼쪽 열

### 문제 ④ 기타작업

#### 01 차트('기타작업-1' 시트)

① 차트 안에서 마우스 오른쪽 버튼을 눌러 [데이터 선택]을 클릭한다.
② '차트 데이터 범위'는 [B3:C8], [F3:F8] 영역으로 수정한 후 [행/열 전환]을 클릭한 후 [확인]을 클릭한다.

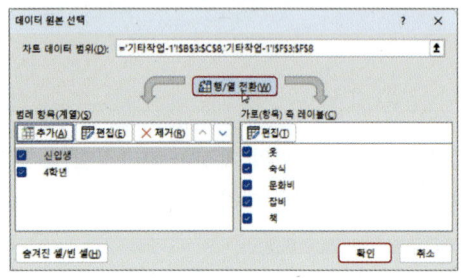

③ [차트 디자인]-[차트 레이아웃] 그룹의 [차트 요소 추가]-[차트 제목]-[차트 위]를 클릭하여 **신입생과 4학년 월생활비 분석**을 입력한다.
④ [차트 디자인]-[차트 레이아웃] 그룹의 [차트 요소 추가]-[축 제목]-[기본 가로]를 클릭하여 **항목**을 입력한다.

⑤ '4학년' 계열의 '숙식' 요소를 천천히 두 번 클릭한 후 마우스 오른쪽 버튼을 눌러 [데이터 레이블 추가]를 클릭한다.
⑥ '신입생' 또는 '4학년' 데이터 계열을 선택한 후 마우스 오른쪽 버튼을 눌러 [데이터 계열 서식]을 클릭한 후 [계열 옵션]에서 '간격 너비'에 70을 입력한다.

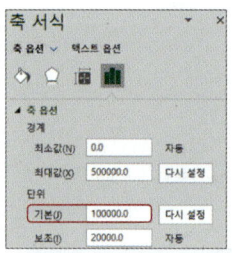

⑦ [차트 디자인]-[차트 레이아웃] 그룹의 [차트 요소 추가]-[범례]-[위쪽]을 클릭한다.
⑧ 세로(값) 축을 선택한 후 [축 서식]에서 '축 옵션'의 단위 '기본'에 100000을 입력한다.

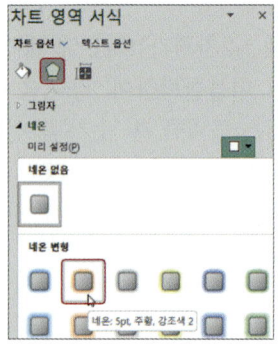

⑨ 차트를 선택한 후 [차트 영역 서식]의 [채우기 및 선]의 '테두리'에서 '둥근 모서리'를 체크한다.
⑩ [차트 영역 서식]의 [효과]에서 '네온'의 [미리 설정]을 클릭한 후 '네온: 5pt, 주황, 강조색2'를 선택한다.

## 02 매크로('기타작업-2' 시트)

① [개발 도구]-[컨트롤] 그룹의 [삽입]-[단추(양식 컨트롤)](▭)을 클릭한다.
② 마우스 포인터가 '+'로 바뀌면 Alt 를 누른 상태에서 [I2:J3] 영역으로 드래그한 후 [매크로 지정]에서 **총점서식**을 입력하고 [기록]을 클릭한다.
③ [매크로 기록]에 자동으로 '총점서식'으로 매크로 이름이 표시되면 [확인]을 클릭한다.
④ [G3:G22] 영역을 범위 지정한 후 Ctrl + 1 을 눌러 [표시 형식] 탭의 '사용자 지정'에 [파랑][>=280]"♠" 0;[빨강][<=250]"♤" 0;0을 입력하고 [확인]을 클릭한다.

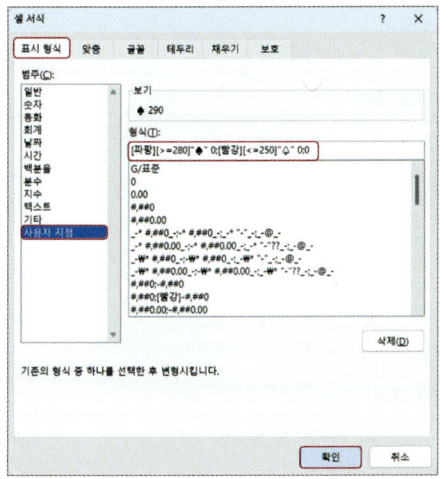

⑤ 임의의 셀을 클릭한 후 매크로 기록을 종료하기 위해 [개발 도구]-[코드] 그룹의 [기록 중지](▭)를 클릭한다.
⑥ 단추에 텍스트를 수정하기 위해서 단추에서 마우스 오른쪽 버튼을 눌러 [텍스트 편집]을 클릭한다.
⑦ 단추에 입력된 '단추 1'을 지우고 **총점서식**을 입력한다.

⑧ [개발 도구]-[컨트롤] 그룹의 [삽입]-[단추(양식 컨트롤)](▭)을 클릭한다.
⑨ 마우스 포인터가 '+'로 바뀌면 [I5:J6] 영역에 드래그하면 [매크로 지정] 대화상자가 나타난다. Alt 를 누른 상태로 드래그하면 셀 눈금선에 맞추어 그릴 수 있다.
⑩ [매크로 지정]에서 **일반서식**을 입력하고 [기록]을 클릭하고, [매크로 기록]에 자동으로 '일반서식'으로 매크로 이름이 표시되면 [확인]을 클릭한다.
⑪ [G3:G22] 영역을 범위 지정한 후 Ctrl + 1 을 눌러 [표시 형식] 탭의 '일반'을 선택하고 [확인]을 클릭한다.

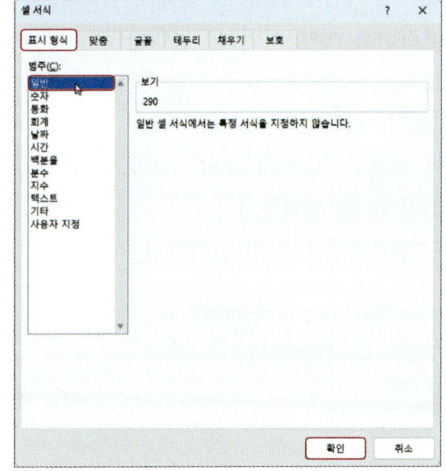

⑫ 임의의 셀을 클릭한 후 매크로 기록을 종료하기 위해 [개발 도구]-[코드] 그룹의 [기록 중지](▭)를 클릭한다.
⑬ 단추에서 마우스 오른쪽 버튼을 눌러 [텍스트 편집]을 클릭하여 **일반서식**을 입력한다.

## 03 프로시저('기타작업-3' 시트)

### ① 폼 보이기

① [개발 도구]-[컨트롤] 그룹의 [디자인 모드](N)를 클릭하여 〈평가등록〉 버튼을 편집 상태로 만든다.
② 〈평가등록〉 버튼을 더블클릭한 후 코드 창에 다음과 같이 입력한다.

```
Private Sub cmd평가등록_Click()
    근무평가.Show
End Sub
```

### ② 폼 초기화

① [프로젝트-VBAProject] 탐색기에서 '폼'을 더블 클릭하고 〈근무평가〉를 선택한다.
② [프로젝트-VBAProject] 탐색기의 [코드 보기](▣)를 클릭한다.
③ '개체 목록'은 'UserForm', '프로시저 목록'은 'Initialize'를 선택한다.
④ 코드 창에 다음과 같이 입력한다.

```
Private Sub UserForm_Initialize()
    cmb영업소.RowSource = "J6:J17"
End Sub
```

### ③ 등록 프로시저

① '개체 목록'에서 'cmd등록', '프로시저 목록'은 'Click'을 선택한다.
② 코드 창에 다음과 같이 입력한다.

```
Private Sub cmd등록_Click()
    i = Range("B5").CurrentRegion.Rows.Count + 4
    Cells(i, 2) = txt성명.Value
    Cells(i, 3) = cmb영업소.Value
    Cells(i, 4) = txt결근일수.Value
    Cells(i, 5) = txt1차평가.Value
    Cells(i, 6) = txt2차평가.Value
    Cells(i, 7) = txt3차평가.Value
    Cells(i, 8) = Int((Cells(i, 5) + Cells(i, 6) + Cells(i, 7)) / 3)
End Sub
```

> **코드 설명**
> ① i는 새로운 데이터를 입력할 행을 기억할 변수이다. i라는 변수 이름 대신에 한글로 '행' 또는 '입력행' 등을 사용할 수 있다.
> ② .Value
> .Value는 값의 속성으로 입력받는 데이터의 값이 문자이면 왼쪽, 숫자와 날짜는 오른쪽으로 입력된다.

### ④ 종료 프로시저

① '개체 목록'에서 'cmd종료', '프로시저 목록'은 'Click'을 선택한다.
② 코드 창에 다음과 같이 입력한다.

```
Private Sub cmd종료_Click()
    MsgBox Time, vbOKOnly, "폼닫기"
    Unload Me
End Sub
```

> **코드 설명**
> vbOKOnly는 생략이 가능하다.

# 상시 기출문제 10회

**작업파일** [26컴활1급₩1권_스프레드시트₩상시기출문제] 폴더의 '상시기출문제10회' 파일을 열어서 작업하시오.

## 문제 ❶ 기본작업 | 주어진 시트에서 다음 과정을 수행하고 저장하시오. 15점

**01** '기본작업-1' 시트에서 다음과 같이 고급 필터를 수행하시오. (5점)
- ▶ [A2:H18] 영역에서 '동'이 '나리동'이고, 가족수가 홀수인 행만을 대상으로 '동', '호수', '가족수', '전기(kWh)'만을 표시하시오.
- ▶ 조건은 [J2:J3] 영역 내에 알맞게 입력하시오. (AND, ISODD 함수 사용)
- ▶ 결과는 [J5] 셀부터 표시하시오.

**02** '기본작업-1' 시트에서 다음과 같이 조건부 서식을 설정하시오. (5점)
- ▶ [A3:H18] 영역에서 '동'이 '한수동'이고, '납부일'의 요일이 '월'이나 '수'인 행 전체에 대하여 글꼴 스타일 '굵은 기울임꼴', 글꼴 색 '표준 색 - 파랑'으로 적용하시오.
- ▶ 단, 규칙 유형은 '수식을 사용하여 서식을 지정할 셀 결정'을 사용하고, 한 개의 규칙으로만 작성하시오.
- ▶ AND, OR, WEEKDAY 함수 사용(WEEKDAY 함수는 '월요일'이 1이 되도록 작성)

**03** '기본작업-2' 시트에서 다음과 같이 페이지 레이아웃을 설정하시오. (5점)
- ▶ 용지 너비는 1페이지, 용지 높이가 2페이지에 맞게 자동 배열되어 표시되도록 설정하고, [A2:J99] 영역을 인쇄 영역으로 지정하시오.
- ▶ 홀수 페이지 하단의 왼쪽 구역과 짝수 페이지 오른쪽 구역에 현재 페이지 번호가 [표시 예]와 같이 표시되도록 바닥글을 설정하시오.
  [표시 예 : 현재 페이지 번호 1 → 1쪽]
- ▶ 2행이 매 페이지마다 반복하여 인쇄되도록 인쇄 제목을 설정하시오.

## 문제 ❷ 계산작업 | '계산작업' 시트에서 다음 과정을 수행하고 저장하시오. 30점

**01** [표1]의 가족수, 전기(kWh)와 [표4]를 이용하여 전기사용요금[E3:E18] 영역에 계산하여 표시하시오. (6점)
- ▶ 전기사용요금 = 기본요금 + 전기(kWh) × 전력량요금 × (1−할인율)
- ▶ 전기(kWh), 가족수를 기준으로 [표4]에서 기본요금, 전력량요금, 할인율을 찾아 계산
- ▶ VLOOKUP, MATCH 함수 사용

**02** 사용자 정의 함수 'fn승강기전기료'를 작성하여 [표1]의 [G3:G18] 영역에 승강기전기료를 계산하여 표시하시오. (6점)
- ▶ 'fn승강기전기료'는 공동금액과 호수를 인수로 받아 값을 되돌려줌
- ▶ 승강기전기료는 '호수'의 왼쪽 한 글자는 층수를 나타내고 층수가 2 이하이거나 공동금액이 10,000 이하이면 공동금액의 30%, 그 외는 40%로 표시하시오.
- ▶ IF문 사용

```
Public Function fn승강기전기료(공동금액, 호수)

End Function
```

**03** [표1]의 호수와 공동금액을 이용하여 단위별공동금액[H3:H18] 영역에 계산하여 표시하시오. (6점)
- ▶ 단위별공동금액은 공동금액을 호수의 끝자리가 1이면 20, 2이면 40, 3이면 50으로 나눈 몫에 '원'을 붙여서 표시 [표시 예 : 몫이 600 → 600원]
- ▶ QUOTIENT, CHOOSE, RIGHT, & 연산자 함수 사용

**04** [표1]의 동과 전기(kWh)을 이용하여 [표2]의 [B22:B24] 영역에 동별 전기(kWh)가 전체 전기(kWh)의 평균보다 큰 가구의 전기(kWh)를 동별로 합한 값과 세대수를 계산하여 [표시 예]와 같이 표시하시오. (6점)
- ▶ [표시 예 : 1120(4세대)]
- ▶ CONCAT, SUM, AVERAGE 함수를 사용한 배열 수식

**05** [표1]의 동, 호수, 전기(kWh)를 이용하여 [표3]의 [E22:G24] 영역에 동별 호수의 끝자리별 최대 전기(kWh)을 계산하여 표시하시오. (6점)
- ▶ MAX, VALUE, RIGHT 함수를 이용한 배열 수식

## 문제 ③ 분석작업 | 주어진 시트에서 다음 과정을 수행하고 저장하시오. 20점

**01** '분석작업-1' 시트에서 다음의 지시사항에 따라 피벗 테이블 보고서를 작성하시오. (10점)

- ▶ 외부 데이터 원본으로 〈수강현황.csv〉의 데이터를 사용하시오.
  - 원본 데이터는 쉼표(,)로 분리되어 있으며, 첫 행에 머리글이 포함되어 있음
  - '강좌명', '강사명', '납부액', '미납액' 열만 가져와 데이터 모델에 이 데이터를 추가하시오.
- ▶ 피벗 테이블의 보고서의 레이아웃과 위치는 〈그림〉을 참조하여 설정하고, 보고서 레이아웃은 개요 형식으로 표시하시오.
- ▶ '강좌명' 필드는 '바리스타중급', '바이올린중급', '수채화그리기(중)', '영어회화중급', '오카리나(중)', '종이접기(중)'만 표시하고, '납부액' 필드를 열 합계 비율을 기준으로 〈그림〉과 같이 나타나도록 작성한 후 사용자 지정 이름은 '납부액비율'로 지정하시오.
- ▶ '납부액', '미납액' 필드의 표시 형식은 값 필드 설정의 셀 서식에서 '회계' 범주를 이용하여 〈그림〉과 같이 설정하시오.
- ▶ '피벗 테이블 옵션'에서 '레이블이 있는 셀 병합 및 가운데 맞춤'을 지정하시오.

| | A | B | C | D | E | F |
|---|---|---|---|---|---|---|
| 1 | | | | | | |
| 2 | | 강좌명 | (다중 항목) ⊤ | | | |
| 3 | | | | | | |
| 4 | | 강사명 ⊤ | 합계: 납부액 | 합계: 미납액 | 납부액비율 | |
| 5 | | 김윤하 | 1,190,000 | 280,000 | 24.20% | |
| 6 | | 유지영 | 480,000 | 80,000 | 9.76% | |
| 7 | | 윤지윤 | 540,000 | 120,000 | 10.98% | |
| 8 | | 장하민 | 1,500,000 | 450,000 | 30.51% | |
| 9 | | 정윤로 | 272,000 | 68,000 | 5.53% | |
| 10 | | 최문하 | 935,000 | 220,000 | 19.02% | |
| 11 | | 총합계 | 4,917,000 | 1,218,000 | 100.00% | |
| 12 | | | | | | |

※ 작업 완성된 그림이며 부분 점수 없음

**02** '분석작업-2' 시트에 대하여 다음의 지시사항을 처리하시오. (10점)

- ▶ [데이터 유효성 검사] 기능을 이용하여 [B6] 셀에는 [D4:D9] 영역의 목록을 선택할 수 있도록 제한 대상을 설정하시오.
- ▶ [표1]의 '월납입금액'은 '할부원금', '연이율', '상환기간(월)'을 이용하여 계산한 것이다. [데이터 표] 기능을 이용하여 [표2]의 [C14:H18] 영역에 '연이율'과 '상환기간(월)'에 따른 '월납입금액'을 계산하시오.

## 문제 ❹ 기타작업 | 주어진 시트에서 다음 과정을 수행하고 저장하시오. 35점

**01** '기타작업-1' 시트에서 다음의 지시사항에 따라 차트를 수정하시오. (각 2점)

※ 차트는 반드시 문제에서 제공한 차트를 사용하여야 하며, 신규로 차트 작성 시 0점 처리됨

① 1~3층까지 '전기사용요금'과 '단위별공동요금'만 표시되도록 데이터 계열을 수정하고, '레이아웃 4'를 지정하시오.
② '단위별공동요금' 계열의 차트 종류를 '표식이 있는 꺾은선형'으로 변경한 후 보조 축으로 지정하시오.
③ 차트 제목을 추가하고 [C1] 셀, 기본 가로 축 제목을 추가하여 [B2] 셀과 연동하시오.
④ 기본 주 세로 눈금선을 표시하고 범례를 위쪽에 표시하시오.
⑤ 차트 영역의 테두리 스타일을 '둥근 모서리', 그림자를 '오프셋: 오른쪽'으로 설정하시오.

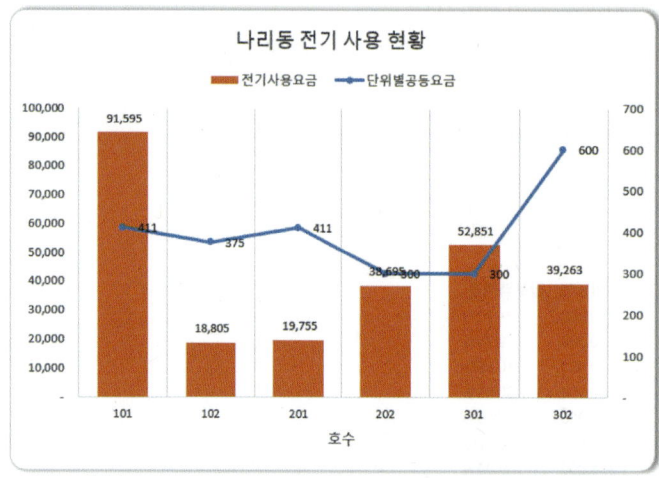

**02** '기타작업-2' 시트에서 다음과 같은 기능을 수행하는 매크로를 현재 통합문서에 작성하시오. (각 5점)

① [B9:F9] 영역에 사용자 지정 표시 형식을 설정하는 '서식적용' 매크로를 생성하시오.
   ▶ 값이 양수이면 숫자를 소수점 둘째 자리까지 표시하고, 음수이면 빨강색으로 '▼'를 셀 왼쪽에 붙여서 표시하고, 숫자는 오른쪽에 붙여서 소수점 둘째 자리까지 표시하고, 0이나 텍스트이면 아무 것도 표시하지 마시오.
   ▶ [표시 예 : 0.0344인 경우 → 0.03, -0.1821인 경우 → ▼    0.18 ]
   ▶ [개발 도구] → [삽입] → [양식 컨트롤]의 '단추(□)'를 동일 시트의 [H3:I4] 영역에 생성한 후 텍스트를 "서식적용"으로 입력하고, 단추를 클릭하면 '서식적용' 매크로가 실행되도록 설정하시오.

② [B9:F9] 영역에 표시 형식을 '일반'으로 적용하는 '일반서식' 매크로가 실행되도록 설정하시오.
   ▶ [개발 도구] → [삽입] → [양식 컨트롤]의 '단추(□)'를 동일 시트의 [H6:I7] 영역에 생성한 후 텍스트를 "일반서식"으로 입력하고, 단추를 클릭하면 '일반서식' 매크로가 실행되도록 설정하시오.
   ※ 셀 포인터의 위치에 관계없이 매크로가 실행되어야 정답으로 인정됨

## 03 '기타작업-3' 시트에서 다음과 같은 작업을 수행하도록 프로시저를 작성하시오. (각 5점)

① '등록' 단추를 클릭하면 〈전기료등록〉 폼이 나타나도록 설정하고, 폼이 초기화(Initialize)되면 '납부일(txt납부일)'에는 시스템의 현재 날짜가 표시되고, '동(cmb동)' 목록에는 [G5:G7] 영역의 값이 표시되도록 프로시저를 작성하시오.

② 〈전기료등록〉 폼의 '등록(cmd등록)' 단추를 클릭하면 폼에 입력된 데이터가 [표1]에 입력되어 있는 마지막 행 다음에 연속하여 추가되도록 프로시저를 작성하시오.

▶ 전기(kWh)가 200 이하이면 730 + 전기(kWh) × 78.3, 전기(kWh)가 201 ~ 400 이면 1260 + 전기(kWh) × 147.3, 전기(kWh)가 400 초과이면 6060 + 전기(kWh) × 215.6 으로 전기료를 계산하시오.

▶ 전기료는 Format문을 사용하여 [표시 예]와 같이 입력하시오.
[표시 예 : 32000 → 32,000원, 0 → 0원]

▶ 입력되는 데이터는 워크시트에 입력된 기존 데이터와 같은 형식의 데이터를 입력하시오.

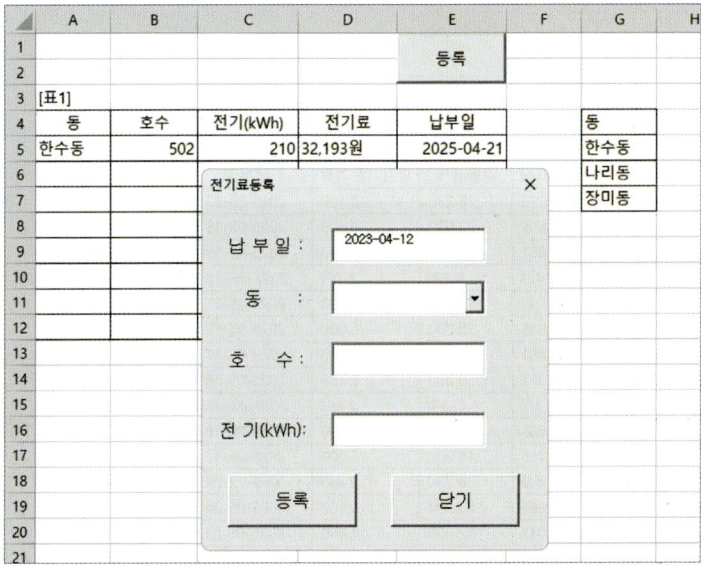

③ 〈전기료등록〉 폼의 '닫기(cmd닫기)' 단추를 클릭하면 〈그림〉과 같은 메시지 박스를 표시한 후 종료하는 프로시저를 작성하시오.

▶ 시스템의 현재 날짜와 시간 표시

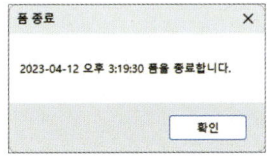

# 상시 기출문제 10회 정답

## 문제 ❶ 기본작업

### 01 고급 필터

J3: `=AND(A3="나리동",ISODD(C3))`

| | I | J | K | L | M | N | O |
|---|---|---|---|---|---|---|---|
| 1 | | | | | | | |
| 2 | | 조건 | | | | | |
| 3 | | FALSE | | | | | |
| 4 | | | | | | | |
| 5 | | 동 | 호수 | 가족수 | 전기(kWh) | | |
| 6 | | 나리동 | 101 | 5 | 409 | | |
| 7 | | 나리동 | 202 | 3 | 262 | | |
| 8 | | 나리동 | 402 | 7 | 420 | | |
| 9 | | | | | | | |

### 02 조건부 서식

| | A | B | C | D | E | F | G | H |
|---|---|---|---|---|---|---|---|---|
| 1 | | | | | | | | |
| 2 | 동 | 호수 | 가족수 | 전기(kWh) | 전기사용요금 | 공동금액 | 승강기전기료 | 납부일 |
| 3 | 한수동 | 101 | 4 | 319 | 54,293 | 8,230 | 2,469 | 2025-05-23 금 |
| 4 | 나리동 | 101 | 5 | 409 | 91,595 | 12,000 | 3,600 | 2025-05-15 목 |
| 5 | 장미동 | 203 | 3 | 310 | 52,851 | 15,000 | 4,500 | 2025-05-18 일 |
| 6 | *한수동* | *201* | *4* | *423* | *95,435* | *8,230* | *2,469* | *2025-05-21 수* |
| 7 | 나리동 | 303 | 2 | 258 | 39,263 | 12,000 | 4,800 | 2025-05-21 수 |
| 8 | 장미동 | 303 | 1 | 189 | 18,805 | 15,000 | 6,000 | 2025-05-19 월 |
| 9 | 장미동 | 102 | 5 | 506 | 111,881 | 15,000 | 4,500 | 2025-05-17 토 |
| 10 | 한수동 | 502 | 3 | 418 | 94,378 | 8,230 | 2,469 | 2025-05-16 금 |
| 11 | *한수동* | *401* | *2* | *195* | *19,375* | *8,230* | *2,469* | *2025-05-21 수* |
| 12 | 나리동 | 202 | 3 | 262 | 38,695 | 12,000 | 3,600 | 2025-05-16 금 |
| 13 | 장미동 | 502 | 2 | 199 | 19,755 | 15,000 | 6,000 | 2025-05-17 토 |
| 14 | *한수동* | *303* | *4* | *341* | *57,818* | *8,230* | *2,469* | *2025-05-19 월* |
| 15 | 장미동 | 201 | 3 | 329 | 55,896 | 15,000 | 4,500 | 2025-05-24 토 |
| 16 | 나리동 | 501 | 6 | 411 | 92,013 | 12,000 | 4,800 | 2025-05-23 금 |
| 17 | 한수동 | 601 | 3 | 274 | 40,409 | 8,230 | 2,469 | 2025-05-25 일 |
| 18 | 나리동 | 402 | 7 | 420 | 93,895 | 12,000 | 4,800 | 2025-05-26 월 |
| 19 | | | | | | | | |

## 03 페이지 레이아웃

**문제 ❷** 계산작업

**01** 전기사용요금, 승강기전기료, 단위별공동금액, 합계, 최대 전기(kWh)

| | A | B | C | D | E | F | G | H |
|---|---|---|---|---|---|---|---|---|
| 1 | [표1] | | | | | | | |
| 2 | 동 | 호수 | 가족수 | 전기(kWh) | 전기사용요금 | 공동금액 | 승강기전기료 | 단위별공동금액 |
| 3 | 한수동 | 101 | 4 | 319 | 54,293 | 8,230 | 2,469 | 411원 |
| 4 | 나리동 | 101 | 5 | 409 | 91,595 | 12,000 | 3,600 | 600원 |
| 5 | 장미동 | 203 | 3 | 310 | 52,851 | 15,000 | 4,500 | 300원 |
| 6 | 한수동 | 201 | 4 | 423 | 95,435 | 8,230 | 2,469 | 411원 |
| 7 | 나리동 | 303 | 2 | 258 | 39,263 | 12,000 | 4,800 | 240원 |
| 8 | 장미동 | 303 | 1 | 189 | 18,805 | 15,000 | 6,000 | 300원 |
| 9 | 장미동 | 102 | 5 | 506 | 111,881 | 15,000 | 4,500 | 375원 |
| 10 | 한수동 | 502 | 3 | 418 | 94,378 | 8,230 | 2,469 | 205원 |
| 11 | 한수동 | 401 | 2 | 195 | 19,375 | 8,230 | 2,469 | 411원 |
| 12 | 나리동 | 202 | 3 | 262 | 38,695 | 12,000 | 3,600 | 300원 |
| 13 | 장미동 | 502 | 2 | 199 | 19,755 | 15,000 | 6,000 | 375원 |
| 14 | 한수동 | 303 | 4 | 341 | 57,818 | 8,230 | 2,469 | 164원 |
| 15 | 장미동 | 201 | 3 | 329 | 55,896 | 15,000 | 4,500 | 750원 |
| 16 | 나리동 | 501 | 6 | 411 | 92,013 | 12,000 | 4,800 | 600원 |
| 17 | 한수동 | 601 | 3 | 274 | 40,409 | 8,230 | 2,469 | 411원 |
| 18 | 나리동 | 402 | 7 | 420 | 93,895 | 12,000 | 4,800 | 300원 |
| 19 | | | | | | | | |
| 20 | [표2] | | | [표3] | | | | |
| 21 | 동 | 합계 | | 동:호수 | 1 | 2 | 3 | |
| 22 | 한수동 | 1182(3세대) | | 한수동 | 423 | 418 | 341 | |
| 23 | 나리동 | 1240(3세대) | | 나리동 | 411 | 420 | 258 | |
| 24 | 장미동 | 835(2세대) | | 장미동 | 329 | 506 | 310 | |
| 25 | | | | | | | | |

1. [E3] 셀에 「=VLOOKUP(D3,$A$29:$D$33,3)+D3*VLOOKUP(D3,$A$29:$D$33,4)*(1-VLOOKUP(D3,$A$29:$G$33,MATCH(C3,$E$27:$G$27,1)+4))」를 입력하고 [E18] 셀까지 수식 복사

2. [G3] 셀에 「=fn승강기전기료(F3,B3)」를 입력하고 [G18] 셀까지 수식 복사

   ```
   Public Function fn승강기전기료(공동금액, 호수)
       If Left(호수, 1) <= 2 Or 공동금액 <= 10000 Then
           fn승강기전기료 = 공동금액 * 0.3
       Else
           fn승강기전기료 = 공동금액 * 0.4
       End If
   End Function
   ```

3. [H3] 셀에 「=QUOTIENT(F3,CHOOSE(RIGHT(B3,1),20,40,50))&"원"」를 입력하고 [H18] 셀까지 수식 복사

4. [B22] 셀에 「=CONCAT(SUM(($A$3:$A$18=A22)*($D$3:$D$18)AVERAGE($D$3:$D$18))*$D$3:$D$18),"(",SUM(($A$3:$A$18=A22)*($D$3:$D$18)AVERAGE($D$3:$D$18)),"세대")」를 입력하고 Ctrl+Shift+Enter를 누른 후에 [B24] 셀까지 수식을 복사

5. [E22] 셀에 「=MAX(($A$3:$A$18=$D22)*(VALUE(RIGHT($B$3:$B$18,1))=E$21)*$D$3:$D$18)」를 입력하고 Ctrl+Shift+Enter를 누른 후에 [G24] 셀까지 수식을 복사

## 문제 ❸ 분석작업

### 01 피벗 테이블

| | A | B | C | D | E | F |
|---|---|---|---|---|---|---|
| 1 | | | | | | |
| 2 | | 강좌명 | (다중 항목) ▼ | | | |
| 3 | | | | | | |
| 4 | | 강사명 ▼ | 합계: 납부액 | 합계: 미납액 | 납부액비율 | |
| 5 | | 김윤하 | 1,190,000 | 280,000 | 24.20% | |
| 6 | | 유지영 | 480,000 | 80,000 | 9.76% | |
| 7 | | 윤지윤 | 540,000 | 120,000 | 10.98% | |
| 8 | | 장하민 | 1,500,000 | 450,000 | 30.51% | |
| 9 | | 정윤로 | 272,000 | 68,000 | 5.53% | |
| 10 | | 최문하 | 935,000 | 220,000 | 19.02% | |
| 11 | | 총합계 | 4,917,000 | 1,218,000 | 100.00% | |
| 12 | | | | | | |

### 02 데이터 도구

| | A | B | C | D | E | F | G | H | I |
|---|---|---|---|---|---|---|---|---|---|
| 1 | | | | | | | | | |
| 2 | [표1] 자동차 할부금 계산 | | | | | | | | |
| 3 | 차량금액 | ₩ 35,000,000 | | 연이율 | | | | | |
| 4 | 인도금 | ₩ 5,000,000 | | | 2% | | | | |
| 5 | 할부원금 | ₩ 30,000,000 | | | 3% | | | | |
| 6 | 연이율 | 7% | | | 4% | | | | |
| 7 | 상환기간(월) | 40 | | | 5% | | | | |
| 8 | 월납입금액 | ₩ 843,075 | | | 6% | | | | |
| 9 | | | | | 7% | | | | |
| 10 | | | | | | | | | |
| 11 | | | | | | | | | |
| 12 | | [표2] | | 연이율 | | | | | |
| 13 | | | ₩ 843,075 | 2% | 3% | 4% | 5% | 6% | 7% |
| 14 | 상환기간(월) | | 12 | 2,527,166 | 2,540,811 | 2,554,497 | 2,568,224 | 2,581,993 | 2,595,802 |
| 15 | | | 24 | 1,276,208 | 1,289,436 | 1,302,748 | 1,316,142 | 1,329,618 | 1,343,177 |
| 16 | | | 36 | 859,277 | 872,436 | 885,720 | 899,127 | 912,658 | 926,313 |
| 17 | | | 48 | 650,854 | 664,030 | 677,372 | 690,879 | 704,551 | 718,387 |
| 18 | | | 60 | 525,833 | 539,061 | 552,496 | 566,137 | 579,984 | 594,036 |
| 19 | | | | | | | | | |

## 문제 ❹ 기타작업

### 01 차트

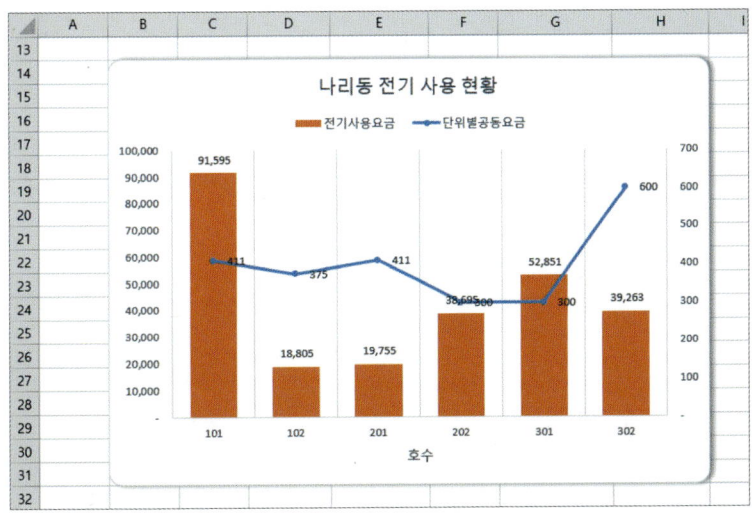

## ② 매크로

| | A | B | C | D | E | F | G | H | I | J |
|---|---|---|---|---|---|---|---|---|---|---|
| 1 | [표1] S사 연도별 수출입 현황 | | | | | | | | | |
| 2 | | | | | | 단위: 만원 | | | | |
| 3 | 구분 | 2021년 | 2022년 | 2023년 | 2024년 | 2025년 | | 서식적용 | | |
| 4 | 수출 | 34,859 | 52,473 | 60,117 | 64,630 | 81,989 | | | | |
| 5 | 증감률 | 0.45 | 0.51 | 0.15 | 0.08 | 0.27 | | | | |
| 6 | 수입 | 17,774 | 34,800 | 37,033 | 46,618 | 67,242 | | 일반서식 | | |
| 7 | 증감률 | 0.54 | 0.96 | 0.06 | 0.26 | 0.44 | | | | |
| 8 | 수지 | 17,085 | 17,673 | 23,084 | 18,012 | 14,747 | | | | |
| 9 | 증감률 | 0.36 | 0.03 | 0.31 ▼ | 0.22 ▼ | 0.18 | | | | |
| 10 | | | | | | | | | | |

## ③ VBA 프로그래밍

- 폼 보이기 프로시저

```
Private Sub cmd등록_Click()
    전기료등록.Show
End Sub
```

- 폼 초기화 프로시저

```
Private Sub UserForm_Initialize()
    txt납부일 = Date
    cmb동.RowSource = "G5:G7"
End Sub
```

- 종료 프로시저

```
Private Sub cmd닫기_Click()
    MsgBox Now & " 폼을 종료합니다.", vbOKOnly, "폼 종료"
    Unload Me
End Sub
```

- 등록 프로시저

```
Private Sub cmd등록_Click()
    i = Range("A4").CurrentRegion.Rows.Count + 3
    Cells(i, 1) = cmb동.Value
    Cells(i, 2) = txt호수.Value
    Cells(i, 3) = txt전기.Value

    If Cells(i, 3) <= 200 Then
        Cells(i, 4) = Format(730 + Cells(i, 3) * 78.3, "#,##0원")
    ElseIf Cells(i, 3) <= 400 Then
        Cells(i, 4) = Format(1260 + Cells(i, 3) * 147.3, "#,##0원")
    Else
        Cells(i, 4) = Format(6060 + Cells(i, 3) * 215.6, "#,##0원")
    End If
    Cells(i, 5) = txt납부일.Value
End Sub
```

# 상시 기출문제 10회 해설

## 문제 ① 기본작업

### 01 고급 필터('기본작업-1' 시트)

① [J2:J3] 영역에 조건을 입력하고 [J5:M5] 영역에 추출할 필드명을 입력한다.

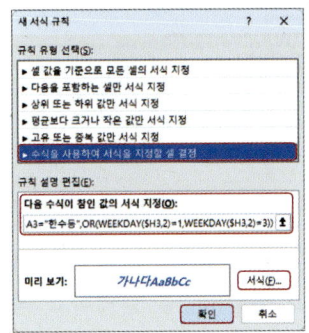

[J3] : =AND(A3="나리동",ISODD(C3))

> **기적의 TIP**
> 동, 호수, 가족수, 전기(kWh) 필드명을 직접 입력하는 것보다 [A2:D2] 영역을 복사한 후 [J5] 셀에 붙여넣기를 이용하세요.

② [데이터]-[정렬 및 필터] 그룹의 [고급]을 클릭한다.
③ [고급 필터]에서 다음 그림과 같이 지정한 후 [확인]을 클릭한다.

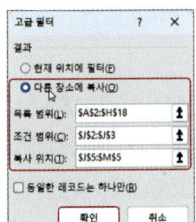

- 결과 : '다른 장소에 복사'
- 목록 범위 : [A2:H18]
- 조건 범위 : [J2:J3]
- 복사 위치 : [J5:M5]

### 02 조건부 서식('기본작업-1' 시트)

① [A3:H18] 영역을 범위 지정한 후 [홈]-[스타일] 그룹의 [조건부 서식]-[새 규칙]을 클릭한다.
② [새 서식 규칙]에서 '규칙 유형 선택'에 '▶ 수식을 사용하여 서식을 지정할 셀 결정'을 선택하고, =AND($A3="한수동",OR(WEEKDAY($H3,2)=1,WEEKDAY($H3,2)=3))를 입력한 후 [서식]을 클릭한다.
③ [셀 서식]의 [글꼴] 탭에서 글꼴 스타일은 '굵은 기울임꼴', 글꼴 색은 '표준 색 – 파랑'을 선택한 후 [확인]을 클릭한다.
④ [새 서식 규칙]에서 다시 [확인]을 클릭한다.

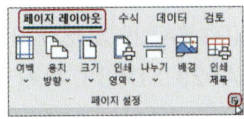

### 03 페이지 레이아웃('기본작업-2' 시트)

① [페이지 레이아웃]-[페이지 설정] 그룹에서 [옵션]()을 클릭한다.

② [페이지] 탭에서 '자동 맞춤'을 선택하고 '용지 너비'에 1, '용지 높이'에 2를 입력한다.
③ [시트] 탭에서 '인쇄 영역'에 [A2:J99] 영역을 설정하고, '반복할 행'에 커서를 두고 행 머리글 2를 클릭한다.

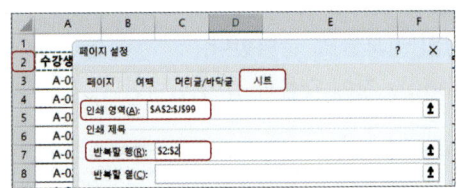

④ [머리글/바닥글] 탭에서 '짝수와 홀수 페이지를 다르게 지정'을 체크한 후 [바닥글 편집]을 클릭한다.

⑤ [홀수 페이지 바닥글]의 '왼쪽 구역'에 커서를 두고 [페이지 번호 삽입]()을 클릭하고 **쪽**을 입력한다.

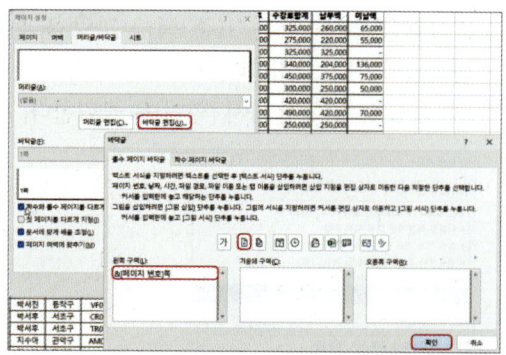

⑥ [짝수 페이지 바닥글]의 '오른쪽 구역'에 커서를 두고 [페이지 번호 삽입]()을 클릭하고 **쪽**을 입력한 후 [확인]을 클릭한다.

### 문제 ❷  계산작업('계산작업' 시트)

**01 전기사용요금[E3:E18]**

[E3] 셀에 =VLOOKUP(D3,$A$29:$D$33,3)+ D3*VLOOKUP(D3,$A$29:$D$33,4)*(1- VLOOKUP(D3,$A$29:$G$33,MATCH(C3,$E $27:$G$27,1)+4))를 입력하고 [E18] 셀까지 수식을 복사한다.

**02 승강기전기료[G3:G18]**

① [개발 도구]-[코드] 그룹의 [Visual Basic] ()을 클릭한다.
② [삽입]-[모듈]을 클릭한다.
③ Module 창에 다음과 같이 입력한다.

```
Public Function fn승강기전기료(공동금액, 호수)
    If Left(호수, 1) <= 2 Or 공동금액 <= 10000 Then
        fn승강기전기료 = 공동금액 * 0.3
    Else
        fn승강기전기료 = 공동금액 * 0.4
    End If
End Function
```

④ [파일]-[닫고 Microsoft Excel(으)로 돌아가기]를 클릭하여 [Visual Basic Editor]를 닫는다.
⑤ [G3] 셀을 클릭한 후 [함수 삽입]()을 클릭한다.
⑥ 범주 선택은 '사용자 정의', 함수 선택은 'fn승강기전기료'를 선택한 후 [확인]을 클릭한다.
⑦ 공동금액은 [F3], 호수는 [B3]을 지정한 후 [확인]을 클릭한다.

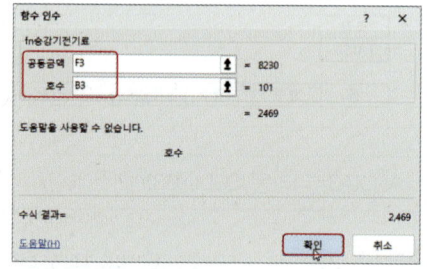

⑧ [G3] 셀을 선택한 후 [G18] 셀까지 수식을 복사한다.

**03 단위별공동금액[H3:H18]**

[H3] 셀에 =QUOTIENT(F3,CHOOSE(RIGHT (B3,1),20,40,50))&"원"를 입력하고 [H18] 셀까지 수식을 복사한다.

**04 합계[B22:B24]**

[B22] 셀에 =CONCAT(SUM(($A$3:$A$18= A22)*($D$3:$D$18>AVERAGE($D$3:$D$18)) *$D$3:$D$18),"(",SUM(($A$3:$A$18=A22)*($D $3:$D$18>AVERAGE($D$3:$D$18))),"세대")를 입력하고 Ctrl+Shift+Enter를 누른 후 [B24] 셀까지 수식을 복사한다.

**05 최대 전기(kWh)[E22:G24]**

[E22] 셀에 =MAX(($A$3:$A$18=$D22)*(VALUE (RIGHT($B$3:$B$18,1))=E$21)*$D$3:$D$18) 를 입력하고 Ctrl+Shift+Enter를 누른 후 [G24] 셀까지 수식을 복사한다.

## 문제 ③ 분석작업

### 01 피벗 테이블('분석작업-1' 시트)

① [B4] 셀을 클릭한 후 [삽입]-[표] 그룹에서 [피벗 테이블](📊)을 클릭한다.

> **기적의 TIP**
> 사용하는 엑셀 버전에 따라 [피벗 테이블] 대화상자에서 작성할 수 없는 경우, [삽입]-[표] 그룹의 [피벗테이블]-[외부 데이터 원본에서]를 클릭하여 작성할 수 있습니다.

② [피벗 테이블 만들기]에서 '외부 데이터 원본 사용'를 선택한 후 '데이터 모델에 이 데이터 추가'를 체크하고 [연결 선택]을 클릭한다.

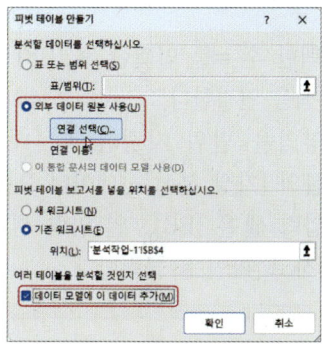

③ [기존 연결]에서 [더 찾아보기]를 클릭하여 '수강현황.csv' 파일을 선택한 후 [열기]를 클릭한다.

④ [1단계]에서 '구분 기호로 분리됨'을 선택하고, '내 데이터에 머리글 표시'를 체크하고 [다음]을 클릭한다.

⑤ [2단계]에서 구분 기호 '쉼표'만 체크하고 [다음]을 클릭한다.

⑥ [3단계]에서 '강좌명', '강사명', '납부액', '미납액' 필드를 제외한 나머지 필드는 각각 클릭하여 '열 가져오지 않음(건너뜀)'을 선택하고 [마침]을 클릭한다.

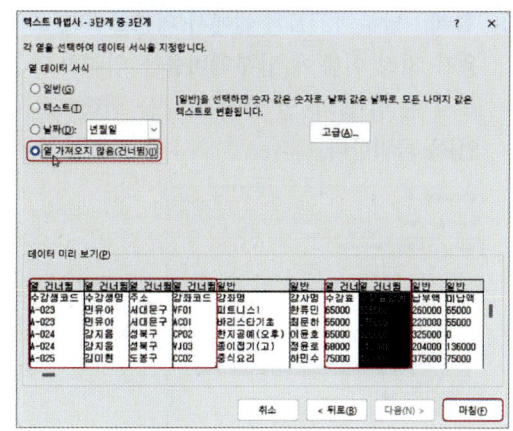

⑦ [피벗 테이블 만들기]에서 [확인]을 클릭한다.

⑧ [피벗 테이블 필드]에서 다음과 같이 드래그한다.

⑨ [디자인]-[레이아웃] 그룹의 [보고서 레이아웃]-[개요 형식으로 표시]를 클릭한다.

⑩ 강좌명[C2] 셀의 목록 단추(▼)를 클릭하여 '여러 항목 선택'을 체크하고, 'All'의 체크를 해제한 후 '바리스타중급', '바이올린중급', '수채화그리기(중)', '영어회화중급', '오카리나(중)', '종이접기(중)'을 체크한다.

⑪ '합계 : 납부액2'[E4] 셀에서 더블클릭한 후 '사용자 지정 이름'에 **납부액비율**을 입력하고 [값 표시 형식] 탭의 '열 합계 비율'을 선택하고 [확인]을 클릭한다.

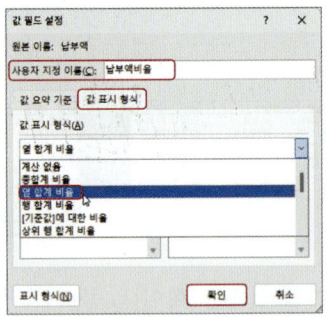

⑫ '합계 : 납부액'[C4] 셀에서 더블클릭한 후 [값 필드 설정]에서 [표시 형식]을 클릭한 후 '회계'를 선택하고, 기호 '없음'을 선택하고 [확인]을 클릭한다.

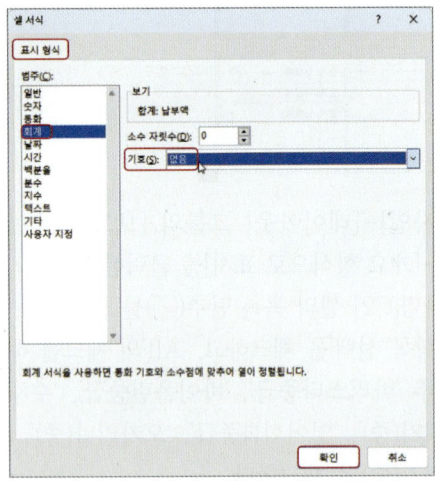

⑬ 같은 방법으로 '합계 : 미납액'[D4] 셀에서 더블클릭하여 [표시 형식]을 클릭한 후 '회계'를 선택하고, 기호 '없음'을 선택하고 [확인]을 클릭한다.

⑭ [피벗 테이블 분석]-[피벗 테이블] 그룹에서 [옵션](옵션)을 클릭하여 '레이블이 있는 셀 병합 및 가운데 맞춤'을 체크하고 [확인]을 클릭한다.

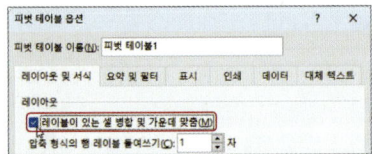

## 02 데이터 도구('분석작업-2' 시트)

① [B6] 셀을 클릭한 후 [데이터]-[데이터 도구] 그룹의 [데이터 유효성 검사](옵션)를 클릭한다.

② [설정] 탭에서 '목록'을 선택하고 [D4:D9] 영역을 드래그하여 선택한 후 [확인]을 클릭한다.

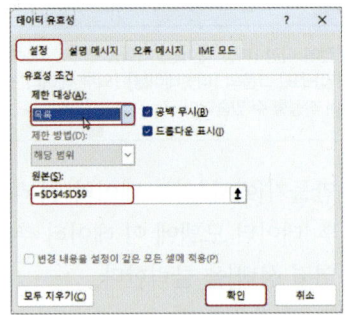

③ [B13] 셀을 선택한 후 =를 입력한 후 [B8] 셀을 클릭하여 수식을 연결한다.

④ [B13:H18] 영역을 범위 지정한 후 [데이터]-[예측] 그룹의 [가상 분석]-[데이터 표]를 클릭하여 '행 입력 셀'은 [B6], '열 입력 셀'은 [B7] 셀을 지정하고 [확인]을 클릭한다.

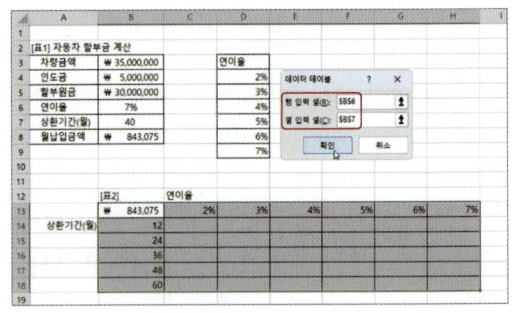

## 문제 ④ 기타작업

### 01 차트('기타작업-1' 시트)

① 차트 안에서 마우스 오른쪽 버튼을 눌러 [데이터 선택]을 클릭한다.
② 기존 '차트 데이터 범위'를 지우고 [E2:E8], [G2:G8] 영역으로 수정하고 '가로(항목) 축 레이블'의 [편집]을 클릭하여 [B3:B8] 영역으로 수정하고 [확인]을 클릭한다.

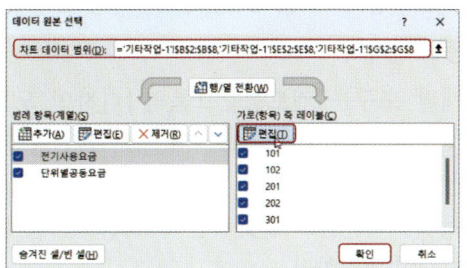

③ [차트 디자인]-[차트 레이아웃] 그룹의 [빠른 레이아웃]을 클릭하여 '레이아웃 4'를 선택한다.
④ 차트에서 마우스 오른쪽 버튼을 눌러 [차트 종류 변경]을 클릭한다.
⑤ '혼합'을 선택하고 '단위별공동요금' 계열은 '표식이 있는 꺾은선형', '보조 축'을 선택하고 [확인]을 클릭한다.

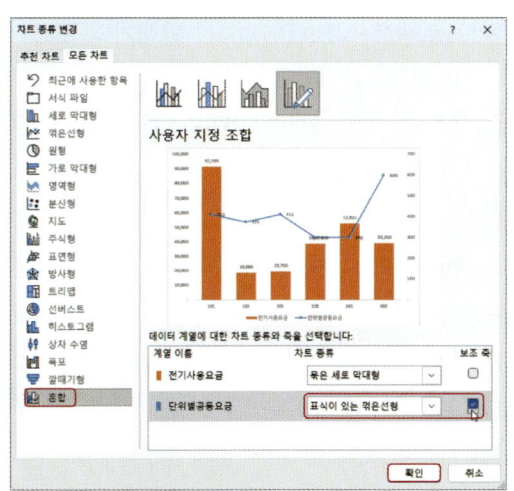

⑥ [차트 디자인]-[차트 레이아웃] 그룹의 [차트 요소 추가]-[차트 제목]-[차트 위]를 클릭한다.
⑦ 차트 제목을 선택한 후 '수식 입력줄'에 =를 입력한 후 [C1] 셀을 클릭한 후 Enter를 눌러 연결한다.

⑧ [차트 디자인]-[차트 레이아웃] 그룹의 [차트 요소 추가]-[축 제목]-[기본 가로]를 클릭한다.
⑨ 기본 가로 축 제목을 선택한 후 '수식 입력줄'에 =를 입력한 후 [B2] 셀을 클릭한 후 Enter를 눌러 연결한다.
⑩ [차트 디자인]-[차트 레이아웃] 그룹의 [차트 요소 추가]-[눈금선]-[기본 주 세로]를 클릭한다.
⑪ [차트 디자인]-[차트 레이아웃] 그룹의 [차트 요소 추가]-[범례]-[위쪽]을 클릭한다.
⑫ 차트를 선택한 후 마우스 오른쪽 버튼을 눌러 [차트 영역 서식]을 클릭한 후 [채우기 및 선]에서 '테두리'의 '둥근 모서리'를 체크한다.
⑬ [효과]의 '그림자'에서 '미리 설정'을 클릭하여 '바깥쪽'의 '오프셋: 오른쪽'을 선택한다.

### 02 매크로('기타작업-2' 시트)

① [개발 도구]-[컨트롤] 그룹의 [삽입]-[단추(양식 컨트롤)](▢)을 클릭한다.
② 마우스 포인터가 '+'로 바뀌면 Alt를 누른 상태에서 [H3:I4] 영역에 드래그하면 [매크로 지정] 대화상자가 나타난다.
③ [매크로 지정]에서 **서식적용**을 입력하고 [기록]을 클릭한다.
④ [매크로 기록]에 자동으로 '서식적용'으로 매크로 이름이 표시되면 [확인]을 클릭한다.

⑤ [B9:F9] 영역을 범위 지정한 후 Ctrl+1을 눌러 [표시 형식] 탭의 '사용자 지정'에 0.00;[빨강]"▼"* 0.00;;을 입력하고 [확인]을 클릭한다.

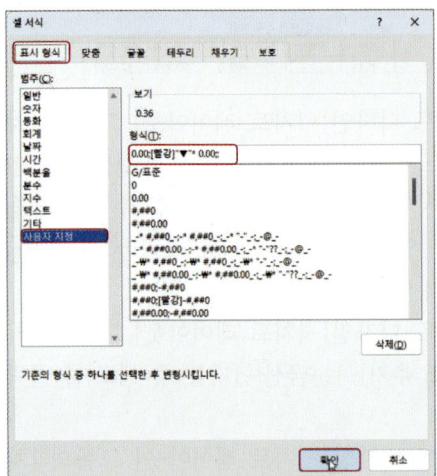

**기적의 TIP**

사용자 지정 기호 '*' 다음에 입력하는 문자를 셀 너비만큼 반복하여 표시합니다. 현재 예제에서 * 다음에 공백(빈 칸)을 삽입하면 셀 너비만큼 빈칸을 반복하여 표시합니다.

⑥ 임의의 셀을 클릭한 후 매크로 기록을 종료하기 위해 [개발 도구]-[코드] 그룹의 [기록 중지](□)를 클릭한다.
⑦ 단추의 텍스트를 수정하기 위해서 단추에서 마우스 오른쪽 버튼을 눌러 [텍스트 편집]을 클릭한다.
⑧ 단추에 입력된 '단추 1'을 지우고 **서식적용**을 입력한다.
⑨ [개발 도구]-[컨트롤] 그룹의 [삽입]-[단추(양식 컨트롤)](□)을 클릭한다.
⑩ 마우스 포인터가 '+'로 바뀌면 [H6:I7] 영역에 드래그하면 [매크로 지정] 대화상자가 나타난다. Alt를 누른 상태로 드래그하면 셀 눈금선에 맞추어 그릴 수 있다.
⑪ [매크로 지정]에서 **일반서식**을 입력하고 [기록]을 클릭하고, [매크로 기록]에 자동으로 '일반서식'으로 매크로 이름이 표시되면 [확인]을 클릭한다.

⑫ [B9:F9] 영역을 범위 지정한 후 Ctrl+1을 눌러 [표시 형식] 탭의 '일반'을 선택하고 [확인]을 클릭한다.
⑬ 임의의 셀을 클릭한 후 매크로 기록을 종료하기 위해 [개발 도구]-[코드] 그룹의 [기록 중지](□)를 클릭한다.
⑭ 단추에서 마우스 오른쪽 버튼을 눌러 [텍스트 편집]을 클릭하여 **일반서식**을 입력한다.

### 03 프로시저('기타작업-3' 시트)

#### ① 폼 보이기

① [개발 도구]-[컨트롤] 그룹의 [디자인 모드](N)를 클릭하여 〈등록〉 버튼을 편집 상태로 만든다.
② 〈등록〉 버튼을 더블클릭한 후 코드 창에 다음과 같이 입력한다.

```
Private Sub cmd등록_Click()
    전기료등록.Show
End Sub
```

#### ② 폼 초기화

① [프로젝트-VBAProject] 탐색기에서 '폼'을 더블 클릭하고 〈전기료등록〉을 선택한다.
② [프로젝트-VBAProject] 탐색기의 [코드 보기](□)를 클릭한다.
③ '개체 목록'은 'UserForm', '프로시저 목록'은 'Initialize'를 선택한다.
④ 코드 창에 다음과 같이 입력한다.

```
Private Sub UserForm_Initialize()
    txt납부일 = Date
    cmb동.RowSource = "G5:G7"
End Sub
```

③ 등록 프로시저

① '개체 목록'에서 'cmd등록', '프로시저 목록'은 'Click'을 선택한다.
② 코드 창에 다음과 같이 입력한다.

```
Private Sub cmd등록_Click()
    i = Range("A4").CurrentRegion.Rows.Count + 3
    Cells(i, 1) = cmb동.Value
    Cells(i, 2) = txt호수.Value
    Cells(i, 3) = txt전기.Value
    If Cells(i, 3) <= 200 Then
        Cells(i, 4) = Format(730 + Cells(i, 3) * 78.3, "#,##0원")
    ElseIf Cells(i, 3) <= 400 Then
        Cells(i, 4) = Format(1260 + Cells(i, 3) * 147.3, "#,##0원")
    Else
        Cells(i, 4) = Format(6060 + Cells(i, 3) * 215.6, "#,##0원")
    End If
    Cells(i, 5) = txt납부일.Value
End Sub
```

④ 종료 프로시저

① '개체 목록'에서 'cmd닫기', '프로시저 목록'은 'Click'을 선택한다.
② 코드 창에 다음과 같이 입력한다.

```
Private Sub cmd닫기_Click()
    MsgBox Now & " 폼을 종료합니다.", vbOKOnly, "폼 종료"
    Unload Me
End Sub
```

PART
04

# 스프레드시트 기출 유형 문제

# 기출 유형 문제

### 자동 채점 서비스(웹 용)

① comlicense.co.kr 접속
② '도서' 확인 후, [채점하기] 클릭
③ '회차'와 '채점할 파일' 선택
④ [채점시작] 클릭

# 기출 유형 문제 01회

**작업파일** [26컴활1급₩1권_스프레드시트₩기출유형문제] 폴더의 '기출유형문제1회' 파일을 열어서 작업하시오.

## 문제 ❶ 기본작업 | 주어진 시트에서 다음 과정을 수행하고 저장하시오. 15점

**01** '기본작업-1' 시트에서 다음과 같이 고급 필터를 수행하시오. (5점)
  ▶ '직위'에 '과'를 포함하면서 '총점'이 300점 이상인 자료에 대하여 '사번', '사원명', '부서', '정보화능력', '엑셀', '파워포인트', '인터넷' 필드만 순서대로 표시하시오.
  ▶ 조건은 [B19:B20] 영역 내에 알맞게 입력하시오. (AND, FIND 함수 사용)
  ▶ 결과는 [B23] 셀부터 표시하시오.

**02** '기본작업-1' 시트에서 다음과 같이 조건부 서식을 설정하시오. (5점)
  ▶ [B4:J17] 영역에 '직위'에 '대'가 포함되어 있고, '총점'이 300점 이상인 행 전체에 대해서 글꼴 스타일은 '굵은 기울임꼴', 글꼴 색은 '표준 색 - 빨강'으로 적용하는 조건부 서식을 작성하시오.
  ▶ 단, 규칙 유형은 '수식을 사용하여 서식을 지정할 셀 결정'을 이용하시오.
  ▶ 단, 오류일 경우 FALSE로 표시하고 AND, IFERROR, SEARCH 함수 사용

**03** '기본작업-2' 시트에서 다음과 같이 시트 보호와 통합 문서 보기를 설정하시오. (5점)
  ▶ [J4:J17] 영역에 셀 잠금과 수식 숨기기를 적용한 후 잠긴 셀의 내용과 워크시트를 보호하시오.
  ▶ 잠긴 셀의 선택과 잠기지 않은 셀의 선택은 허용하고, 시트 보호 해제 암호는 지정하지 마시오.
  ▶ '기본작업-2' 시트를 페이지 나누기 보기로 표시하고, [B3:J17] 영역만 1페이지로 인쇄되도록 페이지 나누기 구분선을 조정하시오.

## 문제 ❷ 계산작업 | 주어진 시트에서 다음 과정을 수행하고 저장하시오 30점

**01** [표1]의 사번의 3~6번째 숫자가 2025이면 사번의 2번째 글자를 공백으로 바꾸고, 그 외는 사번의 3~6번째 글자를 -V로 바꾼 값을 사번 변경[B3:B18] 영역에 표시하시오. (6점)
  ▶ [표시 예 : OB202541 → O202541, OA202413 → OA-V13]
  ▶ IF, VALUE, MID, REPLACE 함수 사용

**02** [표1]의 '부서', '정보화능력', '엑셀', '파워포인트', '인터넷'과 [표4]의 부서별 과목별 성적 비중과 [표5]의 점수별 고과를 참조하여 [표1]의 고과[J3:J18] 영역에 표시하시오. (6점)
  ▶ HLOOKUP, SUMPRODUCT, OFFSET, MATCH 함수 사용

**03** [표1]을 이용하여 부서와 입사일 조건에 일치하는 사원수를 구하고, 부서와 입사일 조건을 모두 만족하는 사원명을 찾아 [표2]의 [C22]셀에 표시하시오. (6점)

- ▶ 부서와 입사일 조건을 모두 만족하는 사원이 1명일 경우에는 해당 사원명 표시
  [표시 예 : 1명 - 김수지 ]
- ▶ 0명 이거나 2명 이상일 경우에는 "검색오류" [표시 예 : 4명 - 검색오류]
- ▶ DCOUNTA, IFERROR, DGET 함수 사용

**04** [표1]의 '부서'와 '입사일'을 이용하여 [표3]의 [F22:L25] 영역에 부서별 입사일의 요일별 개수를 표시하시오. (6점)

- ▶ SUM, CHOOSE, WEEKDAY 함수를 이용한 배열 수식

**05** 사용자 정의 함수 'fn시기'를 작성하여 [표1]의 시기[K3:K18]에 표시하시오. (6점)

- ▶ fn시기는 '입사일'을 인수로 받아 값을 되돌려줌
- ▶ 입사일의 일이 1 이상 6 미만이면 '초기', 6 이상 26 미만은 '중기', 그 외는 '말기'로 표시
- ▶ [표시 예 : 10월 15일 → 10월 중기]
- ▶ IF ~ ELSE 문과 DAY, MONTH 함수 사용

```
Public Function fn시기(입사일)

End Function
```

## 문제 ❸ 분석작업 | 주어진 시트에서 다음 과정을 수행하고 저장하시오  20점

**01** '분석작업-1' 시트에서 다음과 같이 피벗 테이블을 작성하시오. (10점)

- ▶ 외부 데이터 가져오기 기능을 사용하여 〈사원평가.accdb〉의 〈사원평가〉 테이블에서 '직위', '부서', '정보화능력', '엑셀', '파워포인트', '인터넷' 필드만을 이용하시오.
- ▶ 피벗 테이블 보고서의 레이아웃과 위치는 〈그림〉을 참조하여 설정하고, 보고서 레이아웃을 테이블 형식으로 표시하시오.
- ▶ '정보화능력', '엑셀', '파워포인트', '인터넷' 필드를 이용하여 표준편차 계산 필드를 추가하시오.
- ▶ '정보화능력', '엑셀', '파워포인트', '인터넷', '표준편차(STDEV.S)' 필드의 표시 형식은 값 필드 설정의 셀 서식에서 '숫자' 범주를 이용하여 소수 이하 2자리로 지정하시오.
- ▶ 피벗 테이블 스타일은 '연한 주황(흰색), 피벗 스타일 밝게 24', 피벗 테이블 스타일 옵션은 '행 머리글', '열 머리글', '줄무늬 열'을 설정하시오.

| | A | B | C | D | E | F | G |
|---|---|---|---|---|---|---|---|
| 1 | | 직위 | (모두) | | | | |
| 2 | | | | | | | |
| 3 | | 부서 | 평균 : 정보화능력 | 평균 : 엑셀 | 평균 : 파워포인트 | 평균 : 인터넷 | 합계 : 표준편차 |
| 4 | | 관리과 | 76.08 | 78.92 | 77.69 | 76.69 | 16.18 |
| 5 | | 기획실 | 71.80 | 73.50 | 67.20 | 71.90 | 27.14 |
| 6 | | 사무처 | 91.29 | 80.00 | 86.12 | 85.12 | 78.69 |
| 7 | | 홍보팀 | 87.60 | 76.00 | 80.40 | 77.70 | 51.15 |
| 8 | | 총합계 | 82.70 | 77.62 | 79.00 | 78.80 | 109.97 |
| 9 | | | | | | | |

※ 작업 완성된 그림이며 부분점수 없음

## 02 '분석작업-2' 시트에 대하여 다음의 지시사항을 처리하시오. (10점)

▶ [D6:D27] 영역에는 데이터 유효성 검사 도구를 이용하여 '사원, 대리, 과장, 부장'만 입력되도록 제한 대상을 설정하시오.

▶ [D6:D27] 영역의 셀을 클릭한 경우 〈그림〉과 같은 설명 메시지를 표시하고, 유효하지 않은 데이터를 입력한 경우 〈그림〉과 같은 오류 메시지가 표시되도록 설정하시오.

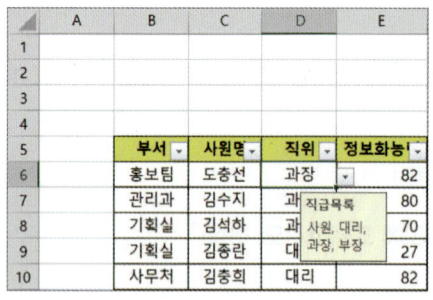
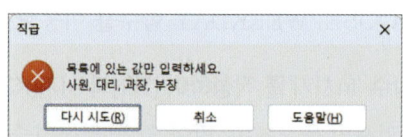

▶ 자동 필터를 이용하여 '부서'가 '기획실'과 '홍보팀'인 데이터 행만 표시되도록 필터를 설정하시오.

---

## 문제 ❹ 기타작업 | 주어진 시트에서 다음 과정을 수행하고 저장하시오. 35점

### 01 '기타작업-1' 시트의 차트를 다음의 지시사항 및 그림에 따라 수정하시오. (각 2점)

※ 차트는 반드시 문제에서 제공한 차트를 사용하여야 하며, 신규로 차트 작성 시 0점 처리됨

① 행과 열을 전환한 후, '정보화능력'이 차트에 표시되지 않도록 원본 데이터를 수정하시오.
② '합계' 데이터 계열의 차트 종류를 '표식이 있는 꺾은선형'으로 변경한 후 보조 축으로 지정하시오.
③ '엑셀' 계열에 대해 '2구간 이동 평균' 추세선 추가하고, '강한선 – 어둡게 1' 도형 스타일을 설정하시오.
④ 차트 제목을 '기획실 정보화 평가'로 지정하고 글꼴 크기는 '15'로 지정하시오.
⑤ '화살표: 오각형'을 추가한 후 그림과 같이 표시되도록 설정하시오.

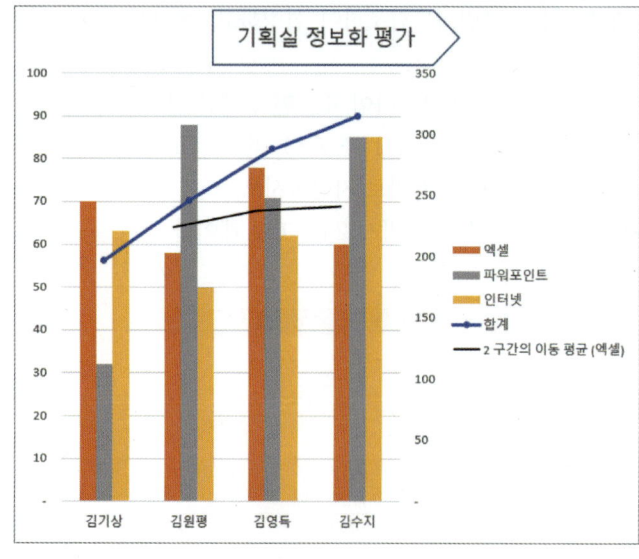

## 02. '기타작업-2' 시트에서 다음과 같은 기능을 수행하는 매크로를 현재 통합문서에 작성하시오. (각 5점)

① [E6:H30] 영역에 대하여 사용자 지정 표시 형식을 설정하는 '서식적용' 매크로를 생성하시오.
- 점수가 60 이하이면 빨강색 정수로 표시, 점수가 90 이상이면 파랑색 정수로 표시, 나머지는 정수로 표시하는 서식으로 표시
- [개발 도구]-[삽입]-[양식 컨트롤]의 '단추(□)'를 동일 시트의 [B2:D3] 영역에 생성한 후 텍스트를 '서식적용'으로 입력하고, 단추를 클릭하면 '서식적용' 매크로가 실행되도록 설정하시오.

② [E6:H30] 영역에 대하여 조건부 서식을 적용하는 '그래프보기' 매크로를 생성하시오.
- 규칙 유형은 '셀 값을 기준으로 모든 셀의 서식 지정'으로 선택하고, 서식 스타일 '데이터 막대', 최소값은 백분위수 20, 최대값은 백분위수 80으로 설정하시오.
- 막대 모양은 채우기를 '그라데이션 채우기', 색을 '표준 색 - 연한 녹색'으로 설정하시오.
- [개발 도구]-[삽입]-[양식 컨트롤]의 '단추(□)'를 동일 시트의 [F2:H3] 영역에 생성한 후 텍스트를 '그래프보기'로 입력하고, 단추를 클릭하면 '그래프보기' 매크로가 실행되도록 설정하시오.

※ 셀 포인터의 위치에 관계없이 매크로가 실행되어야 정답으로 인정됨

## 03. '기타작업-3' 시트에서 다음과 같은 작업을 그림을 참조하여 수행하고 저장하시오. (각 5점)

① '점수조회' 버튼을 클릭하면 〈점수조회폼〉이 나타나도록 하고, 폼이 초기화(Initialize)되면 [A3:A8] 영역의 값을 콤보상자(cmb사원명)의 목록에 추가하고 'txt사번', 'txt평균점수'의 텍스트 박스는 비활성화하시오.

② '기타작업-3' 시트를 활성화(Activate)하면 해당 시트의 [A1] 셀에 '평가성적'이 입력되도록 프로시저를 작성하시오.

③ 〈점수조회폼〉에서 사원명(cmb사원명)을 선택하고, 〈조회(cmd조회)〉 버튼을 클릭하면 사원명(cmb사원명)에 해당하는 사번(txt사번), 평균점수(txt평균점수)의 자료를 폼에 표시하고, 다음의 경우 메시지 상자를 표시하는 프로시저를 작성하시오. (Listindex 속성을 이용)
- 평균점수가 85 이상이면 사원명과 함께 '은 우수사원입니다' 이라는 문자열을 메시지 상자로 표시

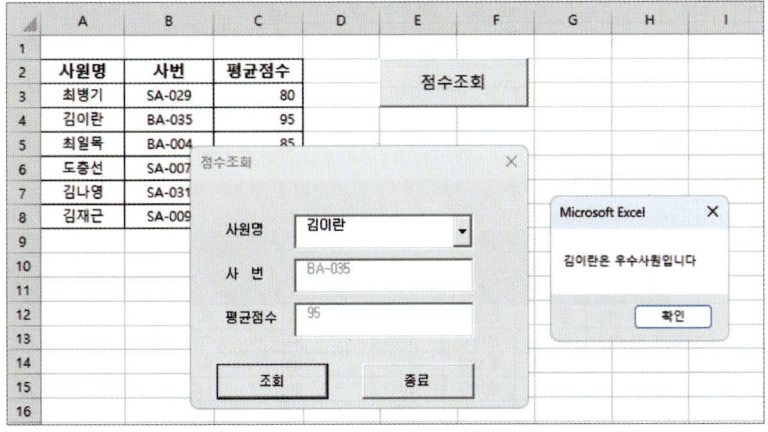

# 기출 유형 문제 01회 정답

## 문제 ❶ 기본작업

### 01 고급 필터

| 사번 | 사원명 | 부서 | 정보화능력 | 엑셀 | 파워포인트 | 인터넷 |
|---|---|---|---|---|---|---|
| BA-012 | 김양현 | 관리과 | 82 | 90 | 75 | 71 |
| SA-035 | 김영희 | 홍보팀 | 89 | 50 | 78 | 90 |
| SA-010 | 김수지 | 기획실 | 85 | 60 | 85 | 85 |
| BA-038 | 강광일 | 사무처 | 99 | 62 | 93 | 95 |
| SA-031 | 김나영 | 사무처 | 86 | 80 | 95 | 82 |
| BA-031 | 김석하 | 사무처 | 93 | 95 | 78 | 79 |

조건식: `=AND(FIND("과",E4)>0,J4>=300)`

### 02 조건부 서식

**직위별 정보화 결과**

| 사번 | 사원명 | 부서 | 직위 | 정보화능력 | 엑셀 | 파워포인트 | 인터넷 | 총점 |
|---|---|---|---|---|---|---|---|---|
| BA-012 | 김양현 | 관리과 | 과장 | 82 | 90 | 75 | 71 | 318 |
| *BA-013* | *김이란* | *관리과* | *대리* | *83* | *70* | *70* | *80* | *303* |
| SA-035 | 김영희 | 홍보팀 | 과장 | 89 | 50 | 78 | 90 | 307 |
| *SA-034* | *김환식* | *홍보팀* | *대리* | *89* | *63* | *78* | *70* | *300* |
| SA-002 | 김기상 | 기획실 | 과장 | 32 | 70 | 32 | 63 | 197 |
| SA-010 | 김수지 | 기획실 | 과장 | 85 | 60 | 85 | 85 | 315 |
| BA-009 | 김영득 | 기획실 | 과장 | 77 | 78 | 71 | 62 | 288 |
| SA-003 | 김원평 | 기획실 | 대리 | 50 | 58 | 88 | 50 | 246 |
| *BA-006* | *김한웅* | *기획실* | *대리* | *77* | *73* | *65* | *90* | *305* |
| BA-038 | 강광일 | 사무처 | 과장 | 99 | 62 | 93 | 95 | 349 |
| SA-031 | 김나영 | 사무처 | 과장 | 86 | 80 | 95 | 82 | 343 |
| BA-031 | 김석하 | 사무처 | 과장 | 93 | 95 | 78 | 79 | 345 |
| SA-032 | 김정은 | 사무처 | 대리 | 87 | 84 | 65 | 60 | 296 |
| *BA-033* | *김종란* | *사무처* | *대리* | *93* | *78* | *89* | *93* | *353* |

### 03 시트 보호와 통합 문서 보기

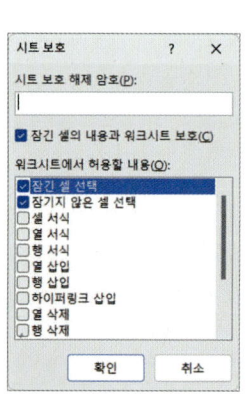

| 사번 | 사원명 | 부서 | 직위 | 정보화능력 | 엑셀 | 파워포인트 | 인터넷 | 총점 |
|---|---|---|---|---|---|---|---|---|
| BA-012 | 김양현 | 관리과 | 과장 | 82 | 90 | 75 | 71 | 318 |
| BA-013 | 김이란 | 관리과 | 대리 | 83 | 70 | 70 | 80 | 303 |
| SA-035 | 김영희 | 홍보팀 | 과장 | 89 | 50 | 78 | 90 | 307 |
| SA-034 | 김환식 | 홍보팀 | 대리 | 89 | 63 | 78 | 70 | 300 |
| SA-002 | 김기상 | 기획실 | 과장 | 32 | 70 | 32 | 63 | 197 |
| SA-010 | 김수지 | 기획실 | 과장 | 85 | 60 | 85 | 85 | 315 |
| BA-009 | 김영득 | 기획실 | 과장 | 77 | 78 | 71 | 62 | 288 |
| SA-003 | 김원평 | 기획실 | 대리 | 50 | 58 | 88 | 50 | 246 |
| BA-006 | 김한웅 | 기획실 | 대리 | 77 | 73 | 65 | 90 | 305 |
| BA-038 | 강광일 | 사무처 | 과장 | 99 | 62 | 93 | 95 | 349 |
| SA-031 | 김나영 | 사무처 | 과장 | 86 | 80 | 95 | 82 | 343 |
| BA-031 | 김석하 | 사무처 | 과장 | 93 | 95 | 78 | 79 | 345 |
| SA-032 | 김정은 | 사무처 | 대리 | 87 | 84 | 65 | 60 | 296 |
| BA-033 | 김종란 | 사무처 | 대리 | 93 | 78 | 89 | 93 | 353 |

## 문제 ❷ 계산작업

| | A | B | C | D | E | F | G | H | I | J | K | L | M |
|---|---|---|---|---|---|---|---|---|---|---|---|---|---|
| 1 | [표1] | | | | | | | | | | | | |
| 2 | 사번 | 사번 변경 | 부서 | 사원명 | 입사일 | 정보화능력 | 엑셀 | 파워포인트 | 인터넷 | 고과 | 시기 | | |
| 3 | OA202512 | O202512 | 기획실 | 김종란 | 2021-10-18 | 90 | 95 | 93 | 92 | A | 10월 중기 | | |
| 4 | MB202132 | MB-V32 | 관리과 | 방극준 | 2022-01-26 | 80 | 73 | 61 | 75 | C | 1월 말기 | | |
| 5 | OB202241 | OB-V41 | 기획실 | 김원섭 | 2023-03-02 | 83 | 95 | 71 | 78 | B | 3월 초기 | | |
| 6 | PC202254 | PC-V54 | 홍보팀 | 도충선 | 2020-05-19 | 82 | 79 | 73 | 88 | B | 5월 중기 | | |
| 7 | MC202502 | M202502 | 관리과 | 김수지 | 2021-06-02 | 93 | 81 | 99 | 95 | A | 6월 초기 | | |
| 8 | SA202543 | S202543 | 사무처 | 김충희 | 2021-08-23 | 82 | 95 | 76 | 65 | B | 8월 중기 | | |
| 9 | MB202243 | MB-V43 | 관리과 | 유제관 | 2022-07-29 | 80 | 77 | 76 | 70 | C | 7월 말기 | | |
| 10 | PC202412 | PC-V12 | 홍보팀 | 김병열 | 2023-09-11 | 85 | 88 | 82 | 95 | B | 9월 중기 | | |
| 11 | OA202413 | OA-V13 | 기획실 | 김석하 | 2021-10-08 | 70 | 75 | 82 | 65 | C | 10월 중기 | | |
| 12 | MB202509 | M202509 | 관리과 | 김영희 | 2022-08-15 | 80 | 86 | 86 | 100 | B | 8월 중기 | | |
| 13 | PC202523 | P202523 | 홍보팀 | 김이란 | 2020-06-26 | 93 | 95 | 91 | 99 | A | 6월 말기 | | |
| 14 | PC202243 | PC-V43 | 홍보팀 | 백준걸 | 2021-03-04 | 80 | 86 | 89 | 67 | B | 3월 초기 | | |
| 15 | SA202412 | SA-V12 | 사무처 | 안기순 | 2020-11-11 | 91 | 60 | 90 | 98 | B | 11월 중기 | | |
| 16 | SA202532 | S202532 | 관리과 | 김영독 | 2019-03-05 | 99 | 85 | 93 | 99 | A | 3월 초기 | | |
| 17 | SA202354 | SA-V54 | 사무처 | 김정은 | 2018-07-26 | 86 | 67 | 94 | 88 | C | 7월 말기 | | |
| 18 | OB202523 | O202523 | 기획실 | 김나영 | 2021-04-07 | 80 | 55 | 96 | 90 | C | 4월 중기 | | |
| 19 | | | | | | | | | | | | | |
| 20 | [표2] | | | [표3] | | | | | | | | | |
| 21 | 부서 | 입사일 | 조회 | | 부서 | 월 | 화 | 수 | 목 | 금 | 토 | 일 | |
| 22 | 기획실 | >=2023-1-1 | 1명 - 김원섭 | | 기획실 | 1 | 0 | 1 | 1 | 1 | 0 | 0 | |
| 23 | | | | | 관리과 | 1 | 1 | 2 | 0 | 1 | 0 | 0 | |
| 24 | | | | | 홍보팀 | 1 | 1 | 0 | 1 | 1 | 0 | 0 | |
| 25 | | | | | 사무처 | 1 | 0 | 1 | 1 | 0 | 0 | 0 | |

1. [B3] 셀에 「=IF(VALUE(MID(A3,3,4))=2025,REPLACE(A3,2,1,""),REPLACE(A3,3,4,"-V"))」를 입력하고 [B18] 셀까지 수식 복사
2. [J3] 셀에 「=HLOOKUP(SUMPRODUCT(F3:I3,OFFSET($A$28,MATCH(C3,$A$29:$A$32,0),1,1,4)),$G$28:$J$29,2)」를 입력하고 [J18] 셀까지 수식 복사
3. [C22] 셀에 「=DCOUNTA(A2:I18,C2,A21:B22)&"명 - "&IFERROR(DGET(A2:I18,D2,A21:B22),"검색오류")」를 입력
4. [F22] 셀에 「=SUM((CHOOSE(WEEKDAY($E$3:$E$18,2),"월","화","수","목","금","토","일")=F$21)*($C$3:$C$18=$E22))」를 입력하고 Ctrl + Shift + Enter 를 누른 후에 [L25] 셀까지 수식 복사
5. [K3] 셀에 「=fn시기(E3)」를 입력하고 [K18] 셀까지 수식 복사

```
Public Function fn시기(입사일)
    If Day(입사일) < 6 Then
        fn시기 = Month(입사일) & "월 초기"
    ElseIf Day(입사일) < 26 Then
        fn시기 = Month(입사일) & "월 중기"
    Else
        fn시기 = Month(입사일) & "월 말기"
    End If
End Function
```

## 문제 ❸ 분석작업

### 01 피벗 테이블

| | A | B | C | D | E | F | G | H |
|---|---|---|---|---|---|---|---|---|
| 1 | | 직위 | (모두) | | | | | |
| 2 | | | | | | | | |
| 3 | | 부서 | 평균 : 정보화능력 | 평균 : 엑셀 | 평균 : 파워포인트 | 평균 : 인터넷 | 합계 : 표준편차 | |
| 4 | | 관리과 | 76.08 | 78.92 | 77.69 | 76.69 | 16.18 | |
| 5 | | 기획실 | 71.80 | 73.50 | 67.20 | 71.90 | 27.14 | |
| 6 | | 사무처 | 91.29 | 80.00 | 86.12 | 85.12 | 78.69 | |
| 7 | | 홍보팀 | 87.60 | 76.00 | 80.40 | 77.70 | 51.15 | |
| 8 | | 총합계 | 82.70 | 77.62 | 79.00 | 78.80 | 109.97 | |
| 9 | | | | | | | | |

### 02 데이터 도구

| | A | B | C | D | E | F | G | H | I |
|---|---|---|---|---|---|---|---|---|---|
| 1 | | | | | | | | | |
| 2 | | | | | | | | | |
| 3 | | | | | | | | | |
| 4 | | | | | | | | | |
| 5 | | 부서 | 사원명 | 직위 | 정보화능력 | 엑셀 | 파워포인트 | 인터넷 | |
| 6 | | 홍보팀 | 도충선 | 과장 | 82 | 79 | 73 | 88 | |
| 8 | | 기획실 | 김석하 | 과장 (직급목록) | 70 | 75 | 82 | 65 | |
| 9 | | 기획실 | 김중란 | 대리 (사원, 대리, | 27 | 65 | 43 | 68 | |
| 11 | | 홍보팀 | 김이란 | 대리 (과장, 부장) | 84 | 58 | 89 | 75 | |
| 13 | | 홍보팀 | 김양현 | 대리 | 84 | 74 | 92 | 98 | |
| 17 | | 기획실 | 김원섭 | 부장 | 83 | 72 | 71 | 78 | |
| 19 | | 홍보팀 | 김형섭 | 부장 | 87 | 57 | 91 | 83 | |
| 22 | | 홍보팀 | 김병열 | 사원 | 85 | 88 | 82 | 95 | |
| 23 | | 홍보팀 | 백준걸 | 사원 | 80 | 86 | 89 | 67 | |
| 25 | | 기획실 | 김나영 | 사원 | 80 | 55 | 96 | 90 | |
| 28 | | | | | | | | | |

## 문제 ❹ 기타작업

### 01 차트

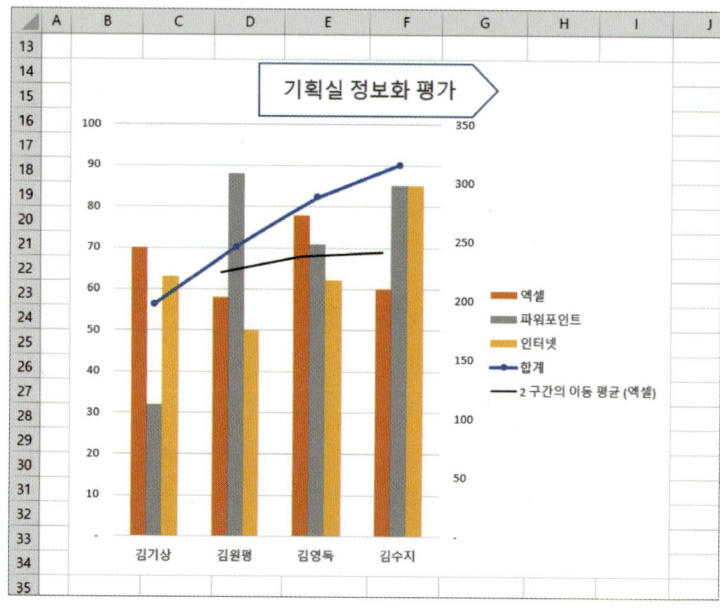

## ② 매크로

| | A | B | C | D | E | F | G | H | I | J |
|---|---|---|---|---|---|---|---|---|---|---|
| 1 | | | | | | | | | | |
| 2 | | | 서식적용 | | | | 그래프보기 | | | |
| 3 | | | | | | | | | | |
| 4 | | | | | | | | | | |
| 5 | | 부서 | 사원명 | 직위 | 정보화능력 | 엑셀 | 파워포인트 | 인터넷 | 출석현황 | |
| 6 | | 기획실 | 김종란 | 대리 | 27 | 65 | 43 | 68 | 결석없음 | |
| 7 | | 관리과 | 방극준 | 부장 | 80 | 73 | 61 | 75 | 1 | |
| 8 | | 기획실 | 김원섭 | 부장 | 83 | 72 | 71 | 78 | 2 | |
| 9 | | 홍보팀 | 도충선 | 과장 | 82 | 79 | 73 | 88 | 3 | |
| 10 | | 관리과 | 김수지 | 과장 | 80 | 77 | 74 | 95 | 결석없음 | |
| 11 | | 사무처 | 김충희 | 대리 | 82 | 79 | 76 | 65 | 2 | |
| 12 | | 관리과 | 유제관 | 사원 | 80 | 77 | 76 | 70 | 3 | |
| 13 | | 홍보팀 | 김병열 | 사원 | 85 | 88 | 82 | 95 | 결석없음 | |
| 14 | | 기획실 | 김석하 | 과장 | 70 | 75 | 82 | 65 | 1 | |
| 15 | | 관리과 | 김영희 | 부장 | 80 | 86 | 86 | 100 | 결석없음 | |
| 16 | | 홍보팀 | 김이란 | 대리 | 84 | 58 | 89 | 75 | 3 | |
| 17 | | 홍보팀 | 백준걸 | 사원 | 80 | 86 | 89 | 67 | 3 | |
| 18 | | 사무처 | 안기순 | 부장 | 91 | 60 | 90 | 98 | 1 | |
| 19 | | 사무처 | 김영득 | 과장 | 85 | 85 | 93 | 77 | 2 | |
| 20 | | 사무처 | 김정은 | 사원 | 86 | 67 | 94 | 88 | 1 | |
| 21 | | 기획실 | 김나영 | 사원 | 80 | 55 | 96 | 90 | 결석없음 | |
| 22 | | 홍보팀 | 김태정 | 대리 | 83 | 66 | 96 | 67 | 3 | |
| 23 | | 관리과 | 유용구 | 대리 | 58 | 88 | 98 | 98 | 1 | |
| 24 | | 관리과 | 유근선 | 사원 | 47 | 69 | 90 | 83 | 결석없음 | |
| 25 | | 관리과 | 김한웅 | 사원 | 56 | 92 | 91 | 97 | 2 | |
| 26 | | 홍보팀 | 김형섭 | 부장 | 87 | 57 | 91 | 83 | 2 | |
| 27 | | 홍보팀 | 김양현 | 대리 | 84 | 74 | 92 | 98 | 2 | |
| 28 | | 사무처 | 양정회 | 부장 | 94 | 57 | 94 | 100 | 1 | |
| 29 | | 사무처 | 이영훈 | 대리 | 81 | 75 | 96 | 87 | 결석없음 | |
| 30 | | 관리과 | 김원평 | 대리 | 80 | 57 | 97 | 75 | 2 | |
| 31 | | | | | | | | | | |

## ③ VBA 프로그래밍

• 폼 보이기 프로시저

```
Private Sub 점수조회_Click()
    점수조회폼.Show
End Sub
```

• 폼 초기화 프로시저

```
Private Sub UserForm_Initialize()
    cmb사원명.RowSource = "A3:A8"
    txt사번.Enabled = False
    txt평균점수.Enabled = False
End Sub
```

• Activate 이벤트 프로시저

```
Private Sub Worksheet_Activate()
    [A1] = "평가성적"
End Sub
```

• 조회 프로시저

```
Private Sub cmd조회_Click()
    iRow = cmb사원명.ListIndex + 3
    txt사번 = Cells(iRow, 2)
    txt평균점수 = Cells(iRow, 3)
    If txt평균점수 >= 85 Then
        MsgBox cmb사원명 & "은 우수사원입니다"
    End If
End Sub
```

# 기출 유형 문제 01회 해설

### 문제 ① 기본작업

**01 고급 필터('기본작업-1' 시트)**

① [B19:B20] 영역에 조건식을 입력하고 [B23:H23] 영역에 추출할 필드명을 입력한다.

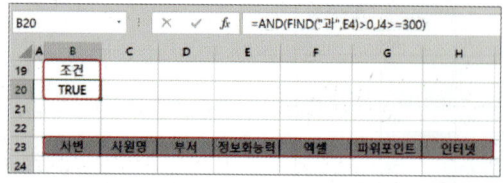

[B20] : =AND(FIND("과",E4)>0,J4>=300) 또는
=AND(FIND("과",E4)=1,J4>=300)
=AND(FIND("과",E4),J4>=300)

② 데이터 목록 안의 아무 셀이나 클릭하고 [데이터]-[정렬 및 필터] 그룹에서 [고급](🔽)을 클릭한다.

③ [고급 필터]에서 그림과 같이 지정한 후 [확인]을 클릭한다.

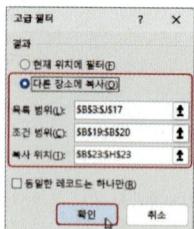

- 결과 : 다른 장소에 복사
- 목록 범위 : [B3:J17]
- 조건 범위 : [B19:B20]
- 복사 위치 : [B23:H23]

**02 조건부 서식('기본작업-1' 시트)**

① [B4:J17] 영역을 범위 지정한 후 [홈]-[스타일] 그룹의 [조건부 서식]-[새 규칙]을 클릭한다.

② [새 서식 규칙]에서 '▶ 수식을 사용하여 서식을 지정할 셀 결정'을 선택하고, =AND(IFERROR(SEARCH("대",$E4),FALSE),$J4>=300)를 입력한 후 [서식]을 클릭한다.

> 📌 **기적의 TIP**
> 「=AND(IFERROR(SEARCH("대",$E4),0),$J4>=300)」를 입력해도 됩니다.

③ [글꼴] 탭에서 '굵은 기울임꼴', '색'은 '표준 색 - 빨강'을 선택하고 [확인]을 클릭한다.

④ [새 서식 규칙]에서 '수식'과 '서식'이 맞는지 확인하고 [확인]을 클릭한다.

**03 시트 보호와 통합 문서 보기('기본작업-2' 시트)**

① [J4:J17] 영역을 범위 지정한 후 마우스 오른쪽 버튼을 눌러 [셀 서식]을 클릭한다.

② [보호] 탭에서 '잠금', '숨김'을 체크한 후 [확인]을 클릭한다.

③ [검토]-[보호] 그룹에서 [시트 보호]를 클릭하여 '잠긴 셀 선택'과 '잠기지 않은 셀 선택'을 체크한 후 [확인]을 클릭한다.

④ [보기]-[통합 문서 보기] 그룹에서 [페이지 나누기 미리 보기]를 클릭한 후 [확대/축소] 탭에서 [100%]를 클릭한다.

⑤ 페이지 나누기 구분선을 드래그하여 [B3:J17] 영역만 인쇄될 수 있도록 조절한다.

⑥ 1페이지로 인쇄하기 위해서 I와 J열의 경계라인을 드래그하여 J열 밖으로 드래그한다.

## 문제 ❷ 계산작업('계산작업' 시트)

### 01 사번 변경[B3:B18]

[B3] 셀에 =IF(VALUE(MID(A3,3,4))=2025, REPLACE(A3,2,1,""),REPLACE(A3,3,4,"-V"))를 입력하고 [B18] 셀까지 수식을 복사한다.

### 02 고과[J3:J18]

[J3] 셀에 =HLOOKUP(SUMPRODUCT(F3:I3, OFFSET($A$28,MATCH(C3,$A$29:$A$32,0), 1,1,4)),$G$28:$J$29,2)를 입력하고 [J18] 셀까지 수식을 복사한다.

### 03 조회[C22]

[C22] 셀에 =DCOUNTA(A2:I18,C2,A21:B22)&"명 - "&IFERROR(DGET(A2:I18,D2,A21:B22),"검색오류")를 입력한다.

### 04 부서별 입사일의 요일별 개수[F22:L25]

[F22] 셀에 =SUM((CHOOSE(WEEKDAY($E$3:$E$18,2),"월","화","수","목","금","토","일")=F$21)*($C$3:$C$18=$E22))를 입력하고 Ctrl + Shift + Enter 를 누른 후에 [L25] 셀까지 수식을 복사한다.

### 05 시기[K3:K18]

① [개발 도구]-[코드] 그룹의 [Visual Basic]을 클릭한다.
② [삽입]-[모듈]을 클릭한다.
③ Module 창에 다음과 같이 입력한다.

```
Public Function fn시기(입사일)
    If Day(입사일) < 6 Then
        fn시기 = Month(입사일) & "월 초기"
    ElseIf Day(입사일) < 26 Then
        fn시기 = Month(입사일) & "월 중기"
    Else
        fn시기 = Month(입사일) & "월 말기"
    End If
End Function
```

④ [파일]-[닫고 Microsoft Excel(으)로 돌아가기]를 클릭하여 [Visual Basic Editor]를 닫는다.
⑤ [K3] 셀을 클릭한 후 [함수 삽입](fx)를 클릭한다.
⑥ 범주 선택에서 '사용자 정의', 함수 선택에서 'fn시기'를 선택한 후 [확인]을 클릭한다.
⑦ 입사일은 [E3]을 지정한 후 [확인]을 클릭한다.

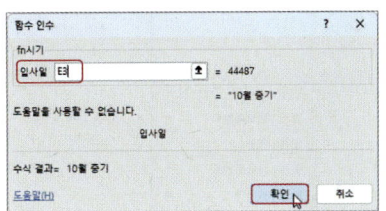

⑧ [K3] 셀을 선택한 후 [K18] 셀까지 수식을 복사한다.

## 문제 ❸ 분석작업

### 01 피벗 테이블('분석작업-1' 시트)

① [B3] 셀을 선택한 후 [데이터]-[데이터 가져오기 및 변환] 그룹에서 [데이터 가져오기]-[기타 원본에서]-[Microsoft Query에서]를 클릭한다.
② [데이터 원본 선택]의 [데이터베이스] 탭에서 'MS Access Database *'를 선택하고 [확인]을 클릭한다.
③ '사원평가.accdb'를 선택하고 [확인]을 클릭한다.
④ 〈사원평가〉 테이블을 더블클릭하여 '직위', '부서', '정보화능력', '엑셀', '파워포인트', '인터넷'을 선택하고 [다음]을 클릭한다.

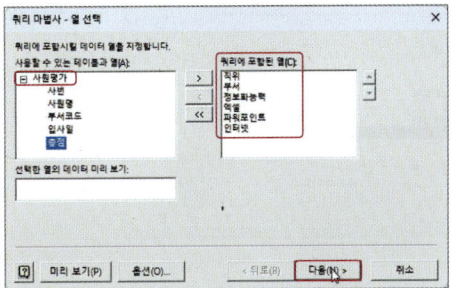

⑤ [데이터 필터]와 [정렬 순서]에서는 설정 없이 [다음]을 클릭한다.
⑥ [마침]에서 'Microsoft Excel(으)로 데이터 되돌리기'를 선택하고 [마침]을 클릭한다.
⑦ [피벗 테이블 필드]에서 다음과 같이 드래그한다.

⑧ [디자인]-[레이아웃] 그룹의 [보고서 레이아웃]-[테이블 형식으로 표시]를 클릭한다.
⑨ [C3] 셀을 더블클릭하여 [값 필드 설정]에서 '평균'을 선택하고 [표시 형식]을 클릭한다.
⑩ [셀 서식]에서 '숫자'를 선택하고 '소수 자릿수'를 '2'로 지정하고 [확인]을 클릭한다. 같은 방법으로 '엑셀', '파워포인트', '인터넷'도 '평균'으로 바꾸고 '소수 자릿수'를 '2'로 지정한다.
⑪ [피벗 테이블 분석]-[계산] 그룹의 [필드, 항목 및 집합]-[계산 필드]를 클릭한다.
⑫ [계산 필드 삽입]에서 '이름'에 **표준편차**를 입력하고 '수식'에 =stdev.s(를 입력한 후 정보화능력, 엑셀, 파워포인트, 인터넷 필드를 더블클릭하여 추가하고 구분은 , 연산자와 )를 입력하여 작성한 후 [추가]를 클릭하고 [확인]을 클릭한다.

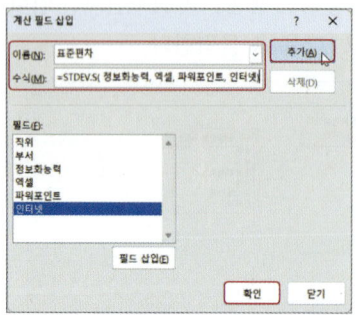

⑬ '합계 : 표준편차[G3]'에서 마우스 오른쪽 버튼을 눌러 [값 필드 설정]을 클릭한 후 [표시 형식]을 클릭한다.
⑭ [셀 서식]에서 '숫자'를 선택하고 '소수 자릿수'를 '2'로 지정하고 [확인]을 클릭한다.
⑮ [디자인]-[피벗 테이블 스타일] 그룹의 '흰색, 피벗 스타일 밝게 24'를 선택한다.

⑯ [디자인]-[피벗 테이블 스타일 옵션] 그룹의 '줄무늬 열'을 체크한다.

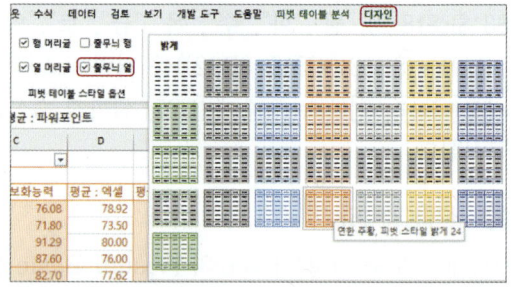

> **기적의 TIP**
>
> '흰색, 피벗 스타일 밝게 24'를 선택한 후 [피벗 테이블 스타일 옵션]의 '줄무늬 열'을 체크하면 피벗 테이블 스타일 이름이 '흰색, 피벗 스타일 밝게 24'에서 '연한 주황, 피벗 스타일 밝게 24'로 바뀌며, [피벗 테이블 스타일] 목록도 변경된다.

## 02 데이터 도구('분석작업-2' 시트)

① [D6:D27] 영역을 범위 지정한 후 [데이터]- [데이터 도구] 그룹의 [데이터 유효성 검사](📋)를 클릭한다.

② [데이터 유효성]의 [설정] 탭에서 제한 대상은 '목록', 원본은 **사원,대리,과장,부장**을 입력한다.

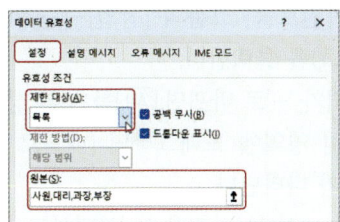

③ [설명 메시지] 탭에서 제목은 **직급목록**, 설명 메시지는 **사원, 대리, 과장, 부장**을 입력한다.

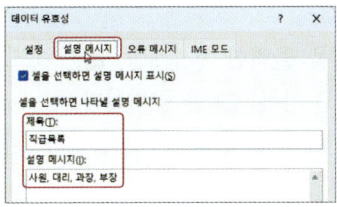

④ [오류 메시지] 탭에서 스타일은 '중지', 제목은 **직급**, 오류 메시지는 **목록에 있는 값만 입력하세요. 사원, 대리, 과장, 부장**을 입력하고 [확인]을 클릭한다.

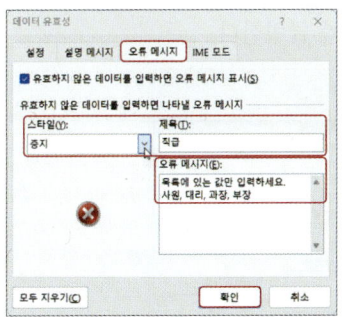

⑤ [데이터]-[정렬 및 필터] 그룹에서 [필터](▽)를 클릭한다.
⑥ 부서[B5]의 목록 단추(▼)를 클릭하여 (모두 선택)을 체크 해제한 후, '기획실', '홍보팀'만 체크한다.

### 문제 ④ 기타작업

**01 차트('기타작업-1' 시트)**

① 차트를 선택한 후 [차트 디자인]-[데이터] 그룹의 [행/열 전환]을 클릭한다.

② '정보화능력' 계열을 선택한 후 Delete를 눌러 삭제한다.
③ '합계' 계열에서 마우스 오른쪽 버튼을 눌러 [계열 차트 종류 변경]을 클릭한다.

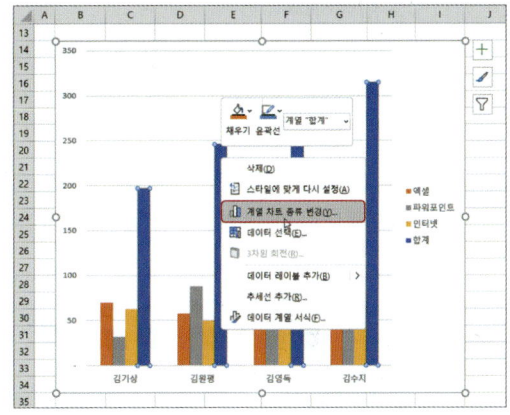

④ [차트 종류 변경]에서 '합계'를 선택하고 '꺾은선형'의 '표식이 있는 꺾은선형'을 선택한다.
⑤ '합계' 계열에 '보조 축'을 체크하고 [확인]을 클릭한다.

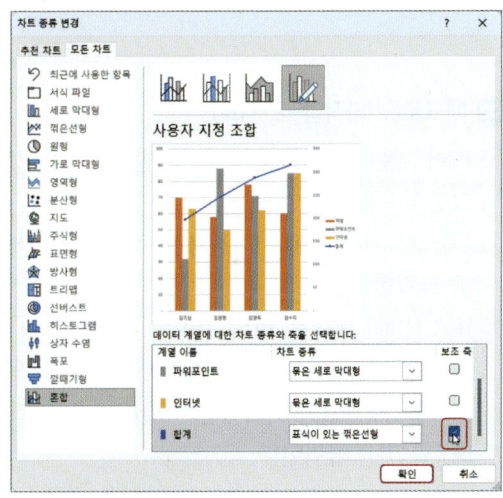

⑥ '엑셀' 계열을 선택한 후 [차트 요소](⊞)-[추세선]-[2 구간 이동 평균]을 선택하고, '추세선'을 선택한 후 [서식]-[도형 스타일] 그룹에서 '강한 선 - 어둡게 1'을 선택한다.

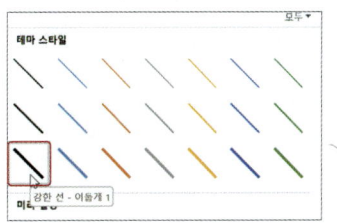

⑦ 차트를 선택한 후 [차트 요소](田)-[차트 제목]을 체크하고, '차트 제목'에 **기획실 정보화 평가**를 입력한다.
⑧ 차트 제목을 선택한 후 [홈]-[글꼴] 탭에서 크기 '15'를 입력한다.
⑨ [삽입]-[일러스트레이션] 그룹의 [도형]-[블록 화살표]-'화살표: 오각형'(▷)을 클릭하여 차트 제목 위쪽에 드래그한다.
⑩ 오각형을 선택한 후 [셰이프 형식]-[도형 스타일] 그룹의 [도형 채우기]에서 '채우기 없음'을 클릭한다.

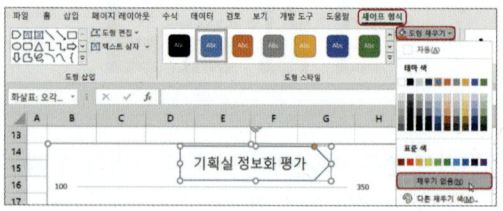

> **기적의 TIP**
> 사용하는 엑셀 버전에 따라 [셰이프 형식] 탭이 [도형 서식]으로 표시될 수 있습니다.

### 02 매크로('기타작업-2' 시트)

① 비어 있는 셀을 클릭한 후 [개발 도구]-[코드] 그룹의 [매크로 기록](🔲)을 클릭한다.
② [매크로 기록]에서 **서식적용**을 입력하고 [확인]을 클릭한다.
③ [E6:H30] 영역을 범위 지정한 후 [Ctrl]+[1]을 눌러 [표시 형식] 탭의 '사용자 지정'을 선택한 후 **[빨강][<=60]0;[파랑][>=90]0;0**을 입력하고 [확인]을 클릭한다.

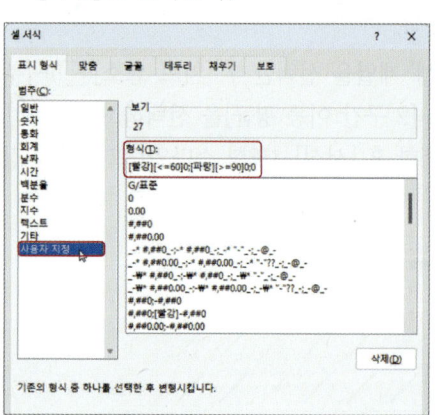

④ [개발 도구]-[코드] 그룹의 [기록 중지](🔲)를 클릭한다.
⑤ [개발 도구]-[컨트롤] 그룹의 [삽입]-[단추(양식 컨트롤)](🔲)을 클릭한다.
⑥ 마우스 포인터가 '+'로 바뀌면 [Alt]를 누른 상태에서 [B2:D3] 영역에 드래그하면 [매크로 지정] 대화상자가 나타난다.
⑦ [매크로 지정]에서 '서식적용'을 선택하고 [확인]을 클릭한다.
⑧ 단추에 입력된 '단추 1'을 지우고 **서식적용**을 입력한다.
⑨ 비어 있는 셀을 클릭한 후 [개발 도구]-[코드] 그룹의 [매크로 기록](🔲)을 클릭한다.
⑩ [매크로 기록]에서 **그래프보기**를 입력하고 [확인]을 클릭한다.
⑪ [E6:H30] 영역을 범위 지정한 후 [홈]-[스타일] 그룹의 [조건부 서식]-[새 규칙]을 클릭한다.
⑫ [새 서식 규칙]에서 다음과 같이 지정하고 [확인]을 클릭한 후 [개발 도구]-[코드] 그룹의 [기록 중지](🔲)를 클릭한다.

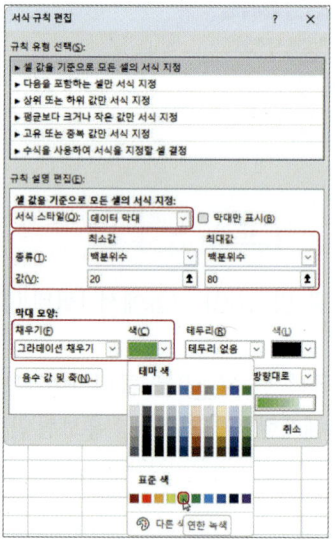

- 서식 스타일 : 데이터 막대
- 최소값 : 백분위수(20)
- 최대값 : 백분위수(80)
- 채우기 : 그라데이션 채우기
- 색 : 표준 색 - 연한 녹색

⑬ [개발 도구]-[컨트롤] 그룹의 [삽입]-[단추(양식 컨트롤)](□)을 클릭한다.
⑭ 마우스 포인터가 '+'로 바뀌면 Alt 를 누른 상태에서 [F2:H3] 영역에 드래그한다.
⑮ [매크로 지정]에서 '그래프보기'를 선택하고 [확인]을 클릭한다.
⑯ 단추에 입력된 '단추 2'를 지우고 **그래프보기**를 입력한다.

### 03 VBA 프로그래밍('기타작업-3' 시트)

① 폼 보이기

① [개발 도구]-[컨트롤] 그룹의 [디자인 모드](🇳)를 클릭하여 〈점수조회〉 버튼을 편집 상태로 만든다.
② 〈점수조회〉 버튼을 선택한 후 마우스 오른쪽 버튼을 눌러 [코드 보기]를 클릭한다.
③ 코드 창에 다음과 같이 입력한다.

```
Private Sub 점수조회_Click()
    점수조회폼.Show
End Sub
```

② 폼 초기화

① [프로젝트-VBAProject] 탐색기에서 '폼'을 더블클릭하고 〈점수조회폼〉을 선택한다.
② [프로젝트-VBAProject] 탐색기의 [코드 보기](📄)를 클릭한다.
③ '개체 목록'은 'UserForm', '프로시저 목록'은 'Initialize'를 선택한다.
④ 코드 창에 다음과 같이 입력한다.

```
Private Sub UserForm_Initialize()
    cmb사원명.RowSource = "A3:A8"
    txt사번.Enabled = False
    txt평균점수.Enabled = False
End Sub
```

③ Activate 이벤트 프로시저

① [프로젝트-VBAProject] 탐색기에서 'Microsoft Excel 개체'의 'Sheet1(기타작업-3)'를 더블클릭한다.
② '개체 목록'은 'Worksheet', '프로시저 목록'은 'Activate'를 선택한 후 다음 내용을 입력한다.

```
Private Sub Worksheet_Activate()
    [A1] = "평가성적"
End Sub
```

④ 조회 프로시저

① [프로젝트-VBAProject] 탐색기의 〈점수조회폼〉을 선택하고 [코드 보기](📄)를 클릭한다.
② '개체 목록'에서 'cmd조회', '프로시저 목록'은 'Click'을 선택한 후 다음 내용을 입력한다.

```
Private Sub cmd조회_Click()
    iRow = cmb사원명.ListIndex + 3
    txt사번 = Cells(iRow, 2)
    txt평균점수 = Cells(iRow, 3)
    If txt평균점수 >= 85 Then
        MsgBox cmb사원명 & "은 우수사원입니다"
    End If
End Sub
```

③ [Visual Basic Editor]에서 오른쪽 상단의 [닫기]를 클릭한다.
④ 엑셀에서 [디자인 모드]를 한 번 더 클릭하여 편집 상태를 해제시킨다.

# 기출 유형 문제 02회

작업파일 [26컴활1급₩1권_스프레드시트₩기출유형문제] 폴더의 '기출유형문제2회' 파일을 열어서 작업하시오.

## 문제 ❶ 기본작업 | 주어진 시트에서 다음 과정을 수행하고 저장하시오. 15점

### 01 '기본작업-1' 시트에서 다음과 같이 고급 필터를 수행하시오. (5점)
- [A2:I20] 영역에서 지역이 '노'로 시작하면서 3월 구매실적이 80,000 이상 100,000 이하이면서 구매실적합계가 전체 평균 초과인 데이터의 '이름', '성별', '지역', '구매실적합계' 필드만 순서대로 표시하시오.
- 조건은 [A22:A23] 영역 내에 알맞게 입력하시오. (AND, LEFT, AVERAGE 함수 사용)
- 결과는 [A27] 셀부터 표시하시오.

### 02 '기본작업-1' 시트에 다음과 같이 조건부 서식을 설정하시오. (5점)
- '최종주문일'의 년도가 2026년이거나 월이 5월인 행 전체에 대해 글꼴 스타일은 '굵은 기울임꼴', 글꼴 색은 '표준 색 - 파랑'으로 적용하는 조건부 서식을 작성하시오.
- 단, 규칙 유형은 '수식을 사용하여 서식을 지정할 셀 결정'을 이용하시오. (OR, YEAR, MONTH 함수 이용)

### 03 '기본작업-2' 시트에서 다음과 같이 페이지 레이아웃을 설정하시오. (5점)
- [A2:I20] 영역을 인쇄 영역으로 설정하고, 용지 방향을 '가로'로 설정하시오.
- 인쇄될 내용이 페이지의 정 가운데에 인쇄되도록 페이지 가운데 맞춤을 설정하시오.
- 매 페이지 하단의 오른쪽 구역에는 페이지 번호가 [표시 예]와 같이 표시되도록 바닥글을 설정하시오. [표시 예 : 현재 페이지 번호가 1이면 → 1 페이지]

## 문제 ❷ 계산작업 | 주어진 시트에서 다음 과정을 수행하고 저장하시오 30점

### 01 [표1]을 이용해서 부서별 성실책임 평균을 [표2]의 [K4:K7] 영역에 계산하여 표시하시오. (6점)
- 부서는 [J4:J7]을 기준으로 계산
- 산출된 평균은 소수 둘째자리에서 내림하여 소수 첫째자리까지 표시 [표시 예 : 78.695 → 78.6]
- AVERAGEIF와 ROUNDDOWN 함수 사용

### 02 [표1]의 직무수행의 백분위 점수를 구하여 [표3] 점수[K11:K13] 영역에 표시하시오. (6점)
- [표시 예 : 81 → 81점]
- TEXT, PERCENTILE.INC 함수 사용

③ [표1]의 이해판단을 참조하여 [표4]의 점수대 분포도[L17:L21] 영역에 표시하시오. (6점)
  - ▶ [표1]과 [표4]를 사용하여 빈도수를 구하여 '■' 만큼 반복하여 표시
  - ▶ REPT와 SUM, IF 함수를 사용한 배열 수식

④ [표1]을 참조하여 이해판단 비율을 계산하여 [표4]의 [M17:M21] 영역에 표시하시오. (6점)
  - ▶ [표1]과 [표4]를 사용하여 빈도수를 이해판단 전체 개수로 나눈 값을 표시
  - ▶ FREQUENCY, COUNTA 함수를 사용한 배열 수식

⑤ 총점을 계산하는 사용자 정의 함수 'fn총점'을 작성하여 계산을 수행하시오. (6점)
  - ▶ 'fn총점'은 직무수행, 이해판단, 성실책임, 절충협조를 인수로 받아 값을 되돌려 줌
  - ▶ 총점은 '직무수행 × 0.2 + 이해판단 × 0.3 + 성실책임 × 0.2 + 절충협조 × 0.3'으로 계산하되, 직무수행, 이해판단, 성실책임, 절충협조 중 하나라도 60점 미만이면 0으로 표시하시오.
  - ▶ 'fn총점' 함수를 이용하여 [H4:H26] 영역에 총점을 표시하시오.

  ```
  Public Function fn총점(직무수행, 이해판단, 성실책임, 절충협조)
  End Function
  ```

## 문제 ❸ 분석작업 | 주어진 시트에서 다음 과정을 수행하고 저장하시오. 20점

① '분석작업-1' 시트에서 다음 그림과 같이 피벗 테이블을 작성하시오. (10점)
  - ▶ 외부 데이터 가져오기 기능을 사용하여 〈인사현황.accdb〉의 〈인사현황〉 테이블을 이용하시오.
  - ▶ 피벗 테이블 보고서의 레이아웃과 위치는 〈그림〉을 참조하여 설정하고, 보고서 레이아웃을 개요 형식으로 표시하시오.
  - ▶ '입사일자'를 '년' 단위로 그룹을 설정하시오.
  - ▶ '직무수행'의 열 합계 비율을 표시하는 '열 합계 비율' 계산 필드를 추가하고 '전체비율'로 이름을 변경하시오.
  - ▶ 피벗 테이블 스타일은 '연한 파랑, 피벗 스타일 밝게 9'로 설정하시오.

| | A | B | C | D | E | F |
|---|---|---|---|---|---|---|
| 1 | | | | | | |
| 2 | | | | | | |
| 3 | | 부서명 | (모두) | | | |
| 4 | | | | | | |
| 5 | | 직위 | 입사일자 | 합계 : 직무수행 | 전체비율 | |
| 6 | | ⊟대리 | | 2034 | 55.06% | |
| 7 | | | 2018년 | 92 | 2.49% | |
| 8 | | | 2019년 | 1032 | 27.94% | |
| 9 | | | 2020년 | 429 | 11.61% | |
| 10 | | | 2021년 | 150 | 4.06% | |
| 11 | | | 2022년 | 254 | 6.88% | |
| 12 | | | 2023년 | 77 | 2.08% | |
| 13 | | ⊟사원 | | 1660 | 44.94% | |
| 14 | | | 2018년 | 347 | 9.39% | |
| 15 | | | 2022년 | 530 | 14.35% | |
| 16 | | | 2023년 | 310 | 8.39% | |
| 17 | | | 2024년 | 473 | 12.80% | |
| 18 | | 총합계 | | 3694 | 100.00% | |
| 19 | | | | | | |

※ 작업 완성된 그림이며 부분 점수 없음

## 02 '분석작업-2' 시트에 대하여 다음의 지시사항을 처리하시오. (10점)

▶ [데이터 유효성 검사] 기능을 이용하여 [I3:I11] 영역에는 7 배수만 입력되도록 제한 대상을 설정하시오. (MOD 함수 이용)

▶ [I3:I11] 영역의 셀을 클릭한 경우 〈그림〉과 같은 설명 메시지를 표시하고, 유효하지 않은 데이터를 입력한 경우 〈그림〉과 같은 오류 메시지가 표시되도록 설정하시오.

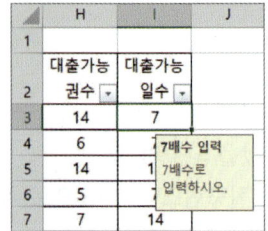 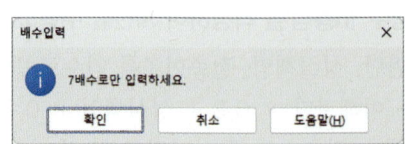

▶ 자동 필터를 이용하여 '운영시작시간'이 10:00 이후인 데이터 행만 표시되도록 숫자 필터를 설정하시오.

## 문제 ❹ 기타작업 | 주어진 시트에서 다음 과정을 수행하고 저장하시오. 35점

### 01 '기타작업-1' 시트에서 다음의 지시사항 및 그림에 따라 차트를 수정하시오. (각 2점)

※ 차트는 반드시 문제에서 제공한 차트를 사용하여야 하며, 신규로 차트 작성 시 0점 처리됨

① '판매량' 계열의 차트 종류를 '표식이 있는 꺾은선형'으로 변경하시오.

② 가로(항목) 축 제목은 [B2] 셀, 세로(값) 축 제목은 [E2] 셀과 연동한 후, 세로(값) 축 제목은 텍스트 방향을 '스택형'으로 설정하시오.

③ '판매량' 계열에 데이터 값을 표시하고, '목표량' 계열의 겹치기를 50%, 간격 너비를 100%로 설정하시오.

④ 세로(값) 축 서식에서 눈금값의 최소값을 200, 기본 단위를 200으로 설정하시오.

⑤ 차트 영역의 모서리를 둥글게 표시하고, 그림자(오프셋: 오른쪽 아래)가 나타나도록 하시오.

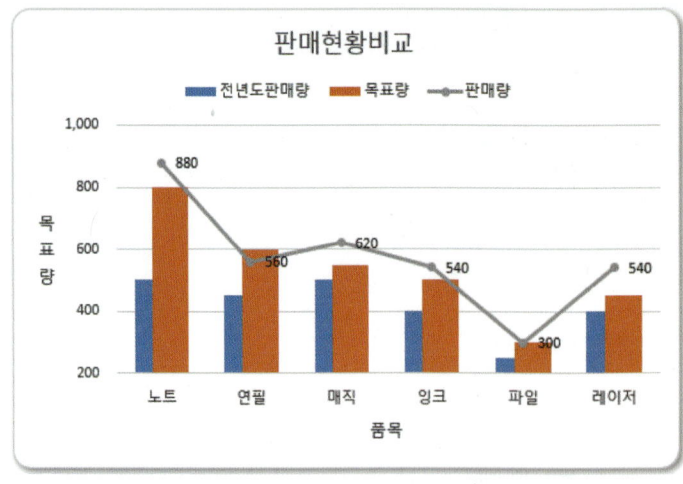

## 02 '기타작업-2' 시트에서 다음과 같은 기능을 수행하는 매크로를 현재 통합문서에 작성하시오. (각 5점)

① [D3:D21] 영역에 대하여 사용자 지정 표시 형식을 설정하는 '만족도' 매크로를 생성하시오.
   ▶ 만족도가 9 이상이면 파랑색으로 '♣' 기호를 숫자 앞에 표시하고, 0 이면 '※', 문자는 빨강으로 표시, 단 숫자는 2자리로 표시하시오.
   ▶ [개발 도구]-[삽입]-[양식 컨트롤]의 '단추(□)'를 동일 시트의 [F2:G3] 영역에 생성한 후 텍스트를 '만족도'로 입력하고, 단추를 클릭하면 '만족도' 매크로가 실행되도록 설정하시오.

② [B3:B21] 영역에 대하여 아이콘 형식의 별3개 조건부 서식을 적용하는 '아이콘_별' 매크로를 생성하시오.
   ▶ '★'은 숫자 90 이상, '★'은 숫자 90 미만 80 이상, 나머지는 '☆'로 설정하시오.
   ▶ [개발 도구]-[삽입]-[양식 컨트롤]의 '단추(□)'를 동일 시트의 [F5:G6] 영역에 생성한 후 텍스트를 '아이콘_별'로 입력하고, 단추를 클릭하면 '아이콘_별' 매크로가 실행되도록 설정하시오.
   ※ 셀 포인터의 위치에 관계없이 매크로가 실행되어야 정답으로 인정됨

## 03 '기타작업-3' 시트에서 다음과 같은 작업을 수행하고 저장하시오. (각 5점)

① 〈인사고과입력현황〉 버튼을 클릭하면 〈인사고과입력〉 폼이 나타나도록 프로시저를 작성하시오.
② 폼이 초기화(Initialize)되면 [G5:G9] 영역의 값이 콤보상자(cmb부서)의 목록에 설정되고, 날짜(Txt날짜) 컨트롤에는 현재 년도와 현재 월이 표시되도록 프로시저를 작성하시오.
   ▶ DATE, YEAR, MONTH 함수와 & 연산자 이용
   ▶ [표시 예 : 2025년 9월]
③ 〈인사고과입력〉 폼의 〈등록(Cmd등록)〉 버튼을 클릭하면 폼에 입력된 데이터가 시트의 표 안에 추가되도록 프로시저를 작성하시오.
   ▶ 평균 = (직무수행능력 + 이해판단력) / 2

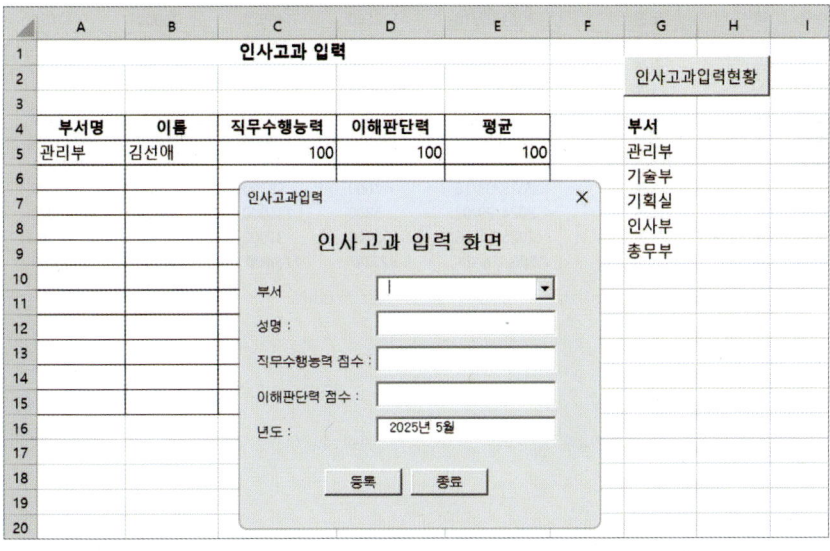

※ 데이터를 추가하거나 삭제하여도 항상 마지막 데이터 다음에 입력되어야 함

# 기출 유형 문제 02회 정답

## 문제 ❶ 기본작업

### 01 고급 필터

A23 셀 수식: `=AND(LEFT(D3,1)="노",H3>=80000,H3<=100000,I3>AVERAGE($I$3:$I$20))`

| | A | B | C | D |
|---|---|---|---|---|
| 22 | 조건 | | | |
| 23 | FALSE | | | |
| 27 | 이름 | 성별 | 지역 | 구매실적합계 |
| 28 | 한성현 | 남 | 노원 | 215400 |
| 29 | 정은희 | 여 | 노원 | 270000 |
| 30 | 심지영 | 여 | 노원 | 237900 |
| 31 | 최재석 | 남 | 노원 | 222820 |

### 02 조건부 서식

| | A | B | C | D | E | F | G | H | I |
|---|---|---|---|---|---|---|---|---|---|
| 2 | 고객번호 | 이름 | 성별 | 지역 | 최종주문일 | 1월 구매실적 | 2월 구매실적 | 3월 구매실적 | 구매실적합계 |
| 3 | *PR-002* | *김한웅* | *남* | *강북* | *2024/05/21* | *135000* | *55000* | *135000* | *325000* |
| 4 | PR-004 | 한성현 | 남 | 노원 | 2024/03/12 | 38700 | 78000 | 98700 | 215400 |
| 5 | PR-005 | 김영득 | 남 | 도봉 | 2025/03/14 | 7700 | 52200 | 7700 | 67600 |
| 6 | PR-006 | 정은희 | 여 | 노원 | 2024/04/14 | 55000 | 122500 | 92500 | 270000 |
| 7 | PR-008 | 김양현 | 남 | 중랑 | 2025/04/15 | 38700 | 21020 | 37000 | 96720 |
| 8 | PR-009 | 이미라 | 여 | 중랑 | 2023/03/17 | 78000 | 2020 | 135000 | 215020 |
| 9 | PR-010 | 심지영 | 여 | 노원 | 2025/08/08 | 52200 | 87800 | 97900 | 237900 |
| 10 | PR-011 | 고수정 | 여 | 노원 | 2024/02/10 | 122500 | 140520 | 78000 | 341020 |
| 11 | *PR-012* | *유웅구* | *여* | *노원* | *2026/02/15* | *11250* | *22020* | *52200* | *85470* |
| 12 | PR-014 | 이병열 | 남 | 강북 | 2024/09/01 | 2020 | 80250 | 11250 | 93520 |
| 13 | *PR-016* | *강흥석* | *남* | *노원* | *2025/05/30* | *140520* | *135000* | *152000* | *427520* |
| 14 | SP-001 | 백준걸 | 여 | 노원 | 2023/10/30 | 37000 | 38000 | 29000 | 104000 |
| 15 | SP-005 | 이지영 | 여 | 강북 | 2024/04/02 | 135000 | 178000 | 120200 | 433200 |
| 16 | *SP-006* | *김미현* | *남* | *노원* | *2025/05/26* | *37000* | *135000* | *78000* | *250000* |
| 17 | SP-008 | 한미우 | 남 | 도봉 | 2025/03/16 | 7000 | 38700 | 122500 | 168200 |
| 18 | SP-011 | 최재석 | 남 | 노원 | 2024/09/07 | 5800 | 135000 | 82020 | 222820 |
| 19 | SP-012 | 안성윤 | 남 | 중랑 | 2025/11/08 | 38700 | 37000 | 14560 | 90260 |
| 20 | *SP-014* | *하인화* | *여* | *노원* | *2026/01/01* | *32500* | *118000* | *79020* | *229520* |

## 03 페이지 레이아웃

| 고객번호 | 이름 | 성별 | 지역 | 최종주문일 | 1월 구매실적 | 2월 구매실적 | 3월 구매실적 | 구매실적합계 |
|---|---|---|---|---|---|---|---|---|
| PR-002 | 김한웅 | 남 | 강북 | 2024/05/21 | 135000 | 55000 | 135000 | 325000 |
| PR-004 | 한성현 | 남 | 노원 | 2024/03/12 | 38700 | 78000 | 98700 | 215400 |
| PR-005 | 김영득 | 남 | 도봉 | 2025/03/14 | 7700 | 52200 | 7700 | 67600 |
| PR-006 | 정은희 | 여 | 노원 | 2024/04/14 | 55000 | 122500 | 92500 | 270000 |
| PR-008 | 김양현 | 남 | 중랑 | 2025/04/15 | 38700 | 21020 | 37000 | 96720 |
| PR-009 | 이미라 | 여 | 중랑 | 2023/03/17 | 78000 | 2020 | 135000 | 215020 |
| PR-010 | 심지영 | 여 | 노원 | 2025/08/08 | 52200 | 87800 | 97900 | 237900 |
| PR-011 | 고수정 | 여 | 노원 | 2024/02/10 | 122500 | 140520 | 78000 | 341020 |
| PR-012 | 유웅구 | 여 | 노원 | 2026/02/15 | 11250 | 22020 | 52200 | 85470 |
| PR-014 | 이병열 | 남 | 강북 | 2024/09/01 | 2020 | 80250 | 11250 | 93520 |
| PR-016 | 강홍석 | 남 | 노원 | 2025/05/30 | 140520 | 135000 | 152000 | 427520 |
| SP-001 | 백준걸 | 여 | 노원 | 2023/10/30 | 37000 | 38000 | 29000 | 104000 |
| SP-005 | 이지영 | 여 | 강북 | 2024/04/02 | 135000 | 178000 | 120200 | 433200 |
| SP-006 | 김미현 | 남 | 노원 | 2025/05/26 | 37000 | 135000 | 78000 | 250000 |
| SP-008 | 한미우 | 남 | 도봉 | 2025/03/16 | 7000 | 38700 | 122500 | 168200 |
| SP-011 | 최재석 | 남 | 노원 | 2024/09/07 | 5800 | 135000 | 82020 | 222820 |
| SP-012 | 안성윤 | 남 | 중랑 | 2025/11/08 | 38700 | 37000 | 14560 | 90260 |
| SP-014 | 하인화 | 여 | 노원 | 2026/01/01 | 32500 | 118000 | 79020 | 229520 |

1 페이지

## 문제 ❷ 계산작업

### 01 부서별 평균, 직무수행 백분위수, 분포도, 비율

| | I | J | K | L | M | N |
|---|---|---|---|---|---|---|
| 1 | | | | | | |
| 2 | | [표2] | 부서별 평균 | | | |
| 3 | | 부서 | 성실책임 평균 | | | |
| 4 | | 관리부 | 78.8 | | | |
| 5 | | 기술부 | 76.2 | | | |
| 6 | | 기획실 | 81 | | | |
| 7 | | 인사부 | 79.5 | | | |
| 8 | | | | | | |
| 9 | | [표3] | 직무수행 점수분석 | | | |
| 10 | | 백분위 | 점수 | | | |
| 11 | | 50% | 85점 | | | |
| 12 | | 70% | 89점 | | | |
| 13 | | 90% | 95점 | | | |
| 14 | | | | | | |
| 15 | | [표4] | 이해판단 성적분석 | | | |
| 16 | | 이해판단 | | 분포도 | 비율 | |
| 17 | | 0 초과 | 60 이하 | ■■ | 9% | |
| 18 | | 60 초과 | 70 이하 | ■■■■■■ | 26% | |
| 19 | | 70 초과 | 80 이하 | ■■■■ | 17% | |
| 20 | | 80 초과 | 90 이하 | ■■■■■ | 22% | |
| 21 | | 90 초과 | 100 이하 | ■■■■■■ | 26% | |
| 22 | | | | | | |

1. [K4] 셀에 「=ROUNDDOWN(AVERAGEIF($C$4:$C$26,J4,$F$4:$F$26),1)」를 입력하고 [K7] 셀까지 수식 복사
2. [K11] 셀에 「=TEXT(PERCENTILE.INC($D$4:$D$26,J11),"0점")」를 입력하고 [K13] 셀까지 수식 복사
3. [L17] 셀에 「=REPT("■",SUM(IF(($E$4:$E$26)J17)*($E$4:$E$26<=K17),1)))」를 입력하고 Ctrl + Shift + Enter 를 누른 후 [L21] 셀까지 수식 복사
4. [M17:M21] 영역을 범위 지정한 후 「=FREQUENCY(E4:E26,K17:K21)/COUNTA(E4:E26)」를 입력하고 Ctrl + Shift + Enter 를 눌러 수식 완성

## 02 총점

| | A | B | C | D | E | F | G | H |
|---|---|---|---|---|---|---|---|---|
| 1 | | | | | | | | |
| 2 | [표1] | | | | | | | |
| 3 | 번호 | 이름 | 부서명 | 직무수행 | 이해판단 | 성실책임 | 절충협조 | 총점 |
| 4 | 1 | 이나영 | 기획실 | 82 | 56 | 77 | 91 | 0 |
| 5 | 2 | 방극준 | 기획실 | 85 | 70 | 78 | 62 | 72.2 |
| 6 | 3 | 이원섭 | 기술부 | 91 | 62 | 70 | 82 | 75.4 |
| 7 | 4 | 정태은 | 기술부 | 92 | 90 | 78 | 85 | 86.5 |
| 8 | 5 | 최재석 | 기획실 | 87 | 85 | 82 | 70 | 80.3 |
| 9 | 6 | 최준기 | 관리부 | 78 | 68 | 78 | 91 | 78.9 |
| 10 | 7 | 이원형 | 관리부 | 77 | 78 | 82 | 91 | 82.5 |
| 11 | 8 | 홍지원 | 인사부 | 77 | 78 | 76 | 80 | 78 |
| 12 | 9 | 정은숙 | 기술부 | 96 | 82 | 78 | 56 | 0 |
| 13 | 10 | 김지영 | 기획실 | 84 | 78 | 69 | 70 | 75 |
| 14 | 11 | 박영훈 | 기획실 | 75 | 95 | 82 | 82 | 84.5 |
| 15 | 12 | 이준성 | 인사부 | 72 | 92 | 95 | 90 | 88 |
| 16 | 13 | 전광일 | 인사부 | 88 | 95 | 59 | 82 | 0 |
| 17 | 14 | 유제관 | 기술부 | 92 | 68 | 77 | 75 | 76.7 |
| 18 | 15 | 김민영 | 인사부 | 84 | 56 | 67 | 87 | 0 |
| 19 | 16 | 도경민 | 기획실 | 97 | 89 | 88 | 77 | 86.8 |
| 20 | 17 | 인정제 | 관리부 | 88 | 69 | 72 | 68 | 73.1 |
| 21 | 18 | 최대훈 | 기술부 | 88 | 91 | 78 | 85 | 86 |
| 22 | 19 | 윤여송 | 인사부 | 66 | 92 | 90 | 97 | 87.9 |
| 23 | 20 | 유근선 | 기획실 | 92 | 68 | 91 | 91 | 84.3 |
| 24 | 21 | 정환호 | 관리부 | 81 | 78 | 82 | 77 | 79.1 |
| 25 | 22 | 이용표 | 관리부 | 76 | 82 | 80 | 75 | 78.3 |
| 26 | 23 | 이지수 | 인사부 | 98 | 98 | 90 | 80 | 91 |
| 27 | | | | | | | | |

5. [H4] 셀에 「=fn총점(D4,E4,F4,G4)」를 입력하고 [H26] 셀까지 수식 복사

```
Public Function fn총점(직무수행, 이해판단, 성실책임, 절충협조)
    If 직무수행 < 60 Or 이해판단 < 60 Or 성실책임 < 60 Or 절충협조 < 60 Then
        fn총점 = 0
    Else
        fn총점 = 직무수행 * 0.2 + 이해판단 * 0.3 + 성실책임 * 0.2 + 절충협조 * 0.3
    End If
End Function
```

## 문제 ❸ 분석작업

### 01 피벗 테이블

| | A | B | C | D | E | F |
|---|---|---|---|---|---|---|
| 1 | | | | | | |
| 2 | | | | | | |
| 3 | | 부서명 | (모두) | | | |
| 4 | | | | | | |
| 5 | | 직위 | 입사일자 | 합계 : 직무수행 | 전체비율 | |
| 6 | | ⊟대리 | | 2034 | 55.06% | |
| 7 | | | 2018년 | 92 | 2.49% | |
| 8 | | | 2019년 | 1032 | 27.94% | |
| 9 | | | 2020년 | 429 | 11.61% | |
| 10 | | | 2021년 | 150 | 4.06% | |
| 11 | | | 2022년 | 254 | 6.88% | |
| 12 | | | 2023년 | 77 | 2.08% | |
| 13 | | ⊟사원 | | 1660 | 44.94% | |
| 14 | | | 2018년 | 347 | 9.39% | |
| 15 | | | 2022년 | 530 | 14.35% | |
| 16 | | | 2023년 | 310 | 8.39% | |
| 17 | | | 2024년 | 473 | 12.80% | |
| 18 | | 총합계 | | 3694 | 100.00% | |
| 19 | | | | | | |

### 02 데이터 도구

| | A | B | C | D | E | F | G | H | I | J |
|---|---|---|---|---|---|---|---|---|---|---|
| 1 | | | | | | | | | | |
| 2 | | 도서관명 | 운영시작시각 | 운영종료시각 | 열람좌석수 | 자료수(도서) | 자료수(비도서) | 대출가능권수 | 대출가능일수 | |
| 4 | | 아름다운작은도서관 | 10:00 | 16:00 | 28 | 15000 | 150 | 6 | 7 | |
| 5 | | 해나루작은도서관 | 10:00 | 21:00 | 30 | 1000 | 100 | 14 | 1 | 7배수 입력 |
| 7 | | 꿈의도서관 | 10:00 | 21:00 | 15 | 840 | 500 | 7 | 1 | 7배수로 입력하시오. |
| 11 | | 반딧불이작은도서관 | 11:00 | 22:00 | 30 | 2000 | 200 | 14 | 1 | |
| 12 | | | | | | | | | | |

## 문제 ❹ 기타작업

### 01 차트

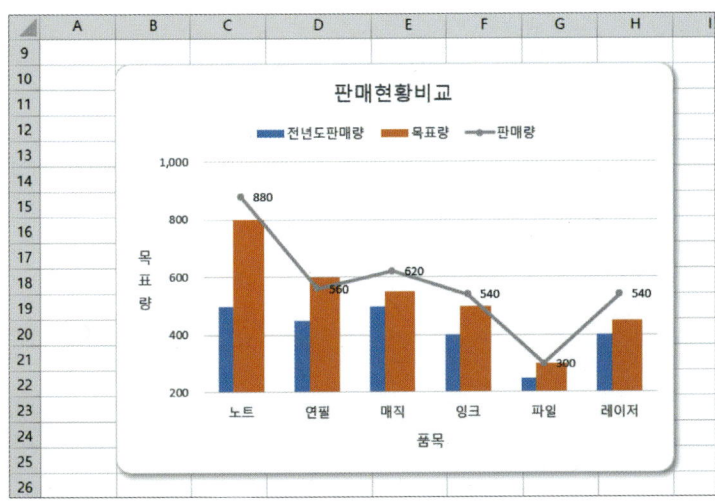

## ② 매크로

| | A | B | C | D | E | F | G | H |
|---|---|---|---|---|---|---|---|---|
| 1 | | | | | | | | |
| 2 | 이름 | 영어 | 수학 | 수업 만족도 | | | | |
| 3 | 김영호 | ☆ 72 | 82 | ♣10 | | | 만족도 | |
| 4 | 이준성 | ☆ 56 | 77 | 08 | | | | |
| 5 | 김민영 | ☆ 72 | 68 | 05 | | | | |
| 6 | 마성일 | ☆ 77 | 75 | 03 | | | 아이콘_별 | |
| 7 | 김일목 | ☆ 67 | 87 | 07 | | | | |
| 8 | 전광일 | ☆ 70 | 78 | 미응답 | | | | |
| 9 | 신미래 | ☆ 82 | 89 | ※ | | | | |
| 10 | 김선영 | ☆ 89 | 82 | 미응답 | | | | |
| 11 | 이나영 | ☆ 78 | 85 | ♣10 | | | | |
| 12 | 방극준 | ★ 90 | 97 | ♣10 | | | | |
| 13 | 피승현 | ★ 90 | 80 | ♣09 | | | | |
| 14 | 신상호 | ☆ 76 | 84 | ♣09 | | | | |
| 15 | 하진철 | ★ 80 | 82 | 06 | | | | |
| 16 | 김형섭 | ☆ 61 | 62 | 05 | | | | |
| 17 | 김순영 | ☆ 85 | 82 | 04 | | | | |
| 18 | 조용호 | ☆ 68 | 77 | ♣09 | | | | |
| 19 | 배대승 | ☆ 78 | 91 | 07 | | | | |
| 20 | 유제관 | ☆ 72 | 67 | ※ | | | | |
| 21 | 도경민 | ★ 90 | 92 | 미응답 | | | | |
| 22 | | | | | | | | |

## ③ VBA 프로그래밍

- 폼 보이기 프로시저

```
Private Sub 인사고과입력현황_Click()
    인사고과입력.Show
End Sub
```

- 폼 초기화 프로시저

```
Private Sub UserForm_Initialize()
    cmb부서.RowSource = "G5:G9"
    Txt날짜 = Year(Date) & "년 " & Month(Date) & "월"
End Sub
```

- 등록 이벤트 프로시저

```
Private Sub Cmd등록_Click()
    i = Range("A4").CurrentRegion.Rows.Count + 4
    Cells(i, 1) = cmb부서
    Cells(i, 2) = Txt성명
    Cells(i, 3) = Txt직무점수.Value
    Cells(i, 4) = Txt이해점수.Value
    Cells(i, 5) = (Cells(i, 3) + Cells(i, 4)) / 2
End Sub
```

# 기출 유형 문제 02회 해설

## 문제 ❶ 기본작업

### 01 고급 필터('기본작업-1' 시트)

① [A22:A23] 영역에 조건을 입력하고, [A27:D27] 영역에 추출할 필드명을 입력한다.

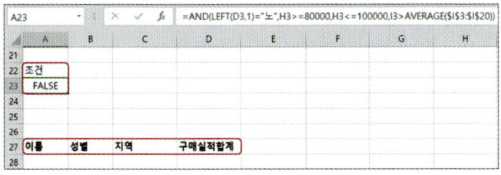

[A23] : =AND(LEFT(D3,1)="노",H3>=80000,H3<=100000,I3>AVERAGE($I$3:$I$20))

② 데이터 목록 안의 아무 셀이나 클릭하고 [데이터]-[정렬 및 필터] 그룹에서 [고급]을 클릭한다.

③ [고급 필터]에서 다음과 같이 지정한 후 [확인]을 클릭한다.

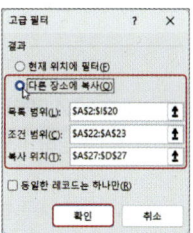

- 결과 : '다른 장소에 복사'
- 목록 범위 : [A2:I20]
- 조건 범위 : [A22:A23]
- 복사 위치 : [A27:D27]

### 02 조건부 서식('기본작업-1' 시트)

① [A3:I20] 영역을 범위 지정한 후 [홈]-[스타일] 그룹의 [조건부 서식]-[새 규칙]을 클릭한다.

② [새 서식 규칙]에서 '▶ 수식을 사용하여 서식을 지정할 셀 결정'을 선택하고, =OR(YEAR($E3)=2026,MONTH($E3)=5)를 입력한 후 [서식]을 클릭한다.

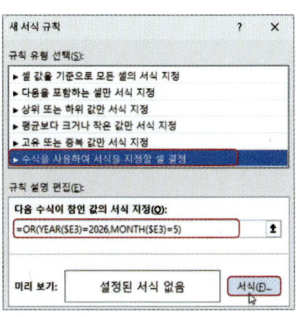

③ [글꼴] 탭에서 '굵은 기울임꼴', 색은 '표준 색 - 파랑'을 선택하고 [확인]을 클릭한다.

④ [새 서식 규칙]에서 '수식'과 '서식'이 맞는지 확인한 후 [확인]을 클릭한다.

### 03 페이지 레이아웃('기본작업-2' 시트)

① [A2:I20] 영역을 범위 지정한 후 [페이지 레이아웃]-[페이지 설정] 그룹의 [인쇄 영역]-[인쇄 영역 설정]을 클릭한다.

② [페이지 레이아웃]-[페이지 설정] 그룹에서 [옵션]을 클릭한다.

③ [페이지] 탭에서 용지 방향 '가로'를 선택한다.

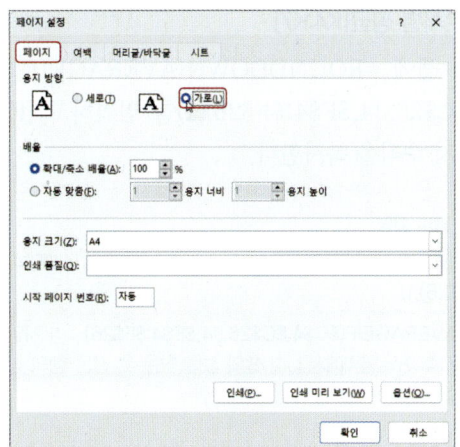

④ [여백] 탭에서 페이지 가운데 맞춤 '가로', '세로'를 체크한다.

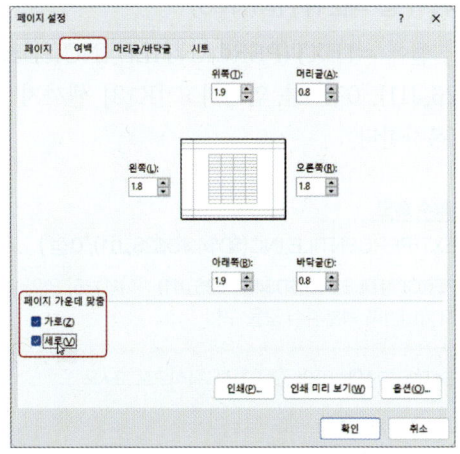

⑤ [머리글/바닥글]에서 [바닥글 편집]을 클릭한다.
⑥ 오른쪽 구역에 커서를 두고 [페이지 번호 삽입](		)을 클릭한 후 **페이지**를 입력한 후 [확인]을 클릭한 후 [페이지 설정]에서 [확인]을 클릭한다.

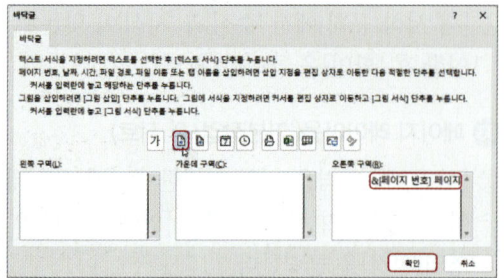

### 문제 ❷  계산작업('계산작업' 시트)

#### 01 부서별 평균[K4:K7]

[K4] 셀에 =ROUNDDOWN(AVERAGEIF($C$4:$C$26,J4,$F$4:$F$26),1)를 입력하고 [K7] 셀까지 수식을 복사한다.

> 💬 **함수 설명**
> =ROUNDDOWN(AVERAGEIF($C$4:$C$26,J4,$F$4:$F$26),1)
> ① AVERAGEIF($C$4:$C$26,J4,$F$4:$F$26) : 부서명 [C4:C26] 영역에서 [J4] 셀의 값을 찾은 후 같은 행의 성실책임[F4:F26] 값의 평균을 구함
>
> =ROUNDDOWN(①,1) : ①의 값을 내림하여 소수 이하 1자리로 표시

#### 02 직무수행 백분위수[K11:K13]

[K11] 셀에 =TEXT(PERCENTILE.INC($D$4:$D$26,J11),"0점")를 입력하고 [K13] 셀까지 수식을 복사한다.

> 💬 **함수 설명**
> =TEXT(PERCENTILE.INC($D$4:$D$26,J11),"0점")
> ① PERCENTILE.INC($D$4:$D$26,J11) : [D4:D26] 영역에서 [J11]번째 백분위수 값을 구함
>
> =TEXT(①,"0점") : ①의 값을 '0점' 형식으로 표시

#### 03 이해판단 분포도[L17:L21]

[L17] 셀에 =REPT("■",SUM(IF(($E$4:$E$26>J17)*($E$4:$E$26<=K17),1)))를 입력하고 Ctrl + Shift + Enter 를 눌러 수식을 완성한 후에 [L21] 셀까지 수식을 복사한다.

> 💬 **함수 설명**
> =REPT("■",SUM(IF(($E$4:$E$26>J17)*($E$4:$E$26<=K17),1)))
> ① ($E$4:$E$26>J17) : [E4:E26] 영역의 값이 [J17] 셀보다 큰 경우 TRUE
> ② ($E$4:$E$26<=K17) : [E4:E26] 영역의 값이 [K17] 셀보다 작거나 같은 경우 TRUE
> ③ IF(①*②,1) : ①과 ②의 조건 모두 만족하면 1의 값이 반환
> ④ SUM(③) : ③의 값의 합계를 구함
>
> =REPT("■",④) : '■'을 ④ 개수만큼 반복하여 표시

#### 04 비율[M17:M21]

[M17:M21] 영역을 범위 지정한 후 =FREQUENCY(E4:E26,K17:K21)/COUNTA(E4:E26)를 입력하고 Ctrl + Shift + Enter 를 누른다.

> 💬 **함수 설명**
> =FREQUENCY(E4:E26,K17:K21)/COUNTA(E4:E26)
> ① FREQUENCY(E4:E26,K17:K21) : [E4:E26] 영역의 값이 [K17:K21] 영역의 빈도수를 구함
> ② COUNTA(E4:E26) : [E4:E26] 영역에 비어 있지 않은 셀의 개수를 구함
>
> =①/② : ①의 값을 ②로 나눈 몫을 구함

#### 05 fn총점[H4:H26]

① [개발 도구]-[코드] 그룹의 [Visual Basic](		)을 클릭한다.
② [삽입]-[모듈]을 클릭한다.

③ Module 창에 다음과 같이 입력한다.

```
Public Function fn총점(직무수행, 이해판단, 성실책임, 절충협조)
    If 직무수행 < 60 Or 이해판단 < 60 Or 성실책임 < 60 Or 절충협조 < 60 Then
        fn총점 = 0
    Else
        fn총점 = 직무수행 * 0.2 + 이해판단 * 0.3 + 성실책임 * 0.2 + 절충협조 * 0.3
    End If
End Function
```

④ [파일]-[닫고 Microsoft Excel(으)로 돌아가기]를 클릭하여 [Visual Basic Editor]를 닫는다.
⑤ '계산작업' 시트의 [H4] 셀을 클릭한 후 [함수 삽입](f*)을 클릭한다.
⑥ 범주 선택은 '사용자 정의', 함수 선택은 'fn총점'을 선택한 후 [확인]을 클릭한다.
⑦ 직무수행은 [D4], 이해판단은 [E4], 성실책임은 [F4], 절충협조는 [G4] 셀을 각각 선택한 후 [확인]을 클릭한다.

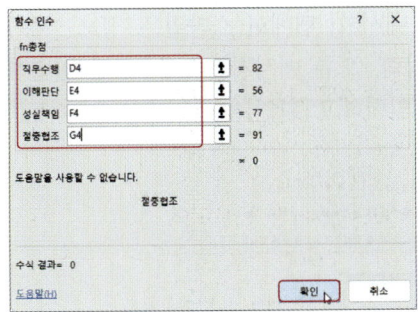

⑧ [H4] 셀을 선택한 후 [H26] 셀까지 수식을 복사한다.

## 문제 ③ 분석작업

### 01 피벗 테이블('분석작업-1' 시트)

① [B5] 셀을 클릭한 후 [삽입]-[표] 그룹에서 [피벗 테이블](📊)을 클릭한다.

> **기적의 TIP**
> 사용하는 엑셀 버전에 따라 [피벗 테이블] 대화상자에서 작성할 수 없는 경우, [삽입]-[표] 그룹의 [피벗테이블]-[외부 데이터 원본에서]를 클릭하여 작성할 수 있습니다.

② [연결 선택]을 클릭하여 [기존 연결]에서 [더 찾아보기]를 클릭하여 '인사현황.accdb' 파일을 선택하고 [열기] 버튼을 클릭한 후 [확인] 버튼을 클릭한다.
③ [피벗 테이블 필드]에서 다음과 같이 드래그한다.

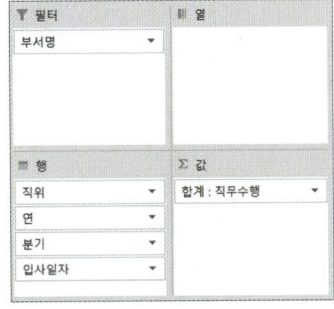

④ [디자인]-[레이아웃] 그룹의 [보고서 레이아웃]-[개요 형식으로 표시]를 클릭한다.
⑤ [C5] 셀에서 마우스 오른쪽 버튼을 눌러 [그룹]을 클릭한다.
⑥ [그룹화]에서 '월'과 '분기'를 다시 클릭하여 해제한 후 '연'만 선택된 상태에서 [확인]을 클릭한다.

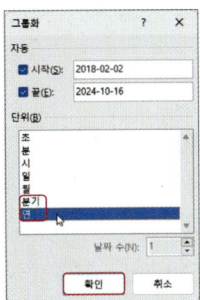

⑦ [피벗 테이블 필드]에서 '직무수행' 필드를 Σ값에 한 번 더 추가한다.

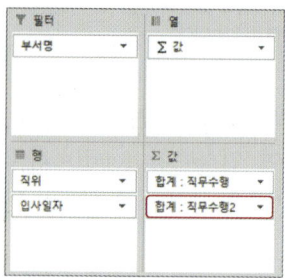

⑧ [E5] 셀에서 더블클릭하여 [값 필드 설정]에서 '사용자 지정 이름'에 **전체비율**을 입력하고, [값 표시 형식] 탭에서 '열 합계 비율'을 선택하고 [확인]을 클릭한다.

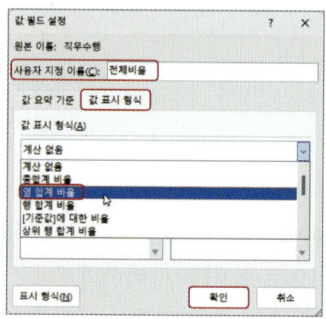

⑨ [디자인]-[피벗 테이블 스타일] 그룹에서 '연한 파랑, 피벗 스타일 밝게 9'를 선택한다.

> 🅿 **기적의 TIP**
>
> 사용하는 엑셀 버전에 따라 [피벗 테이블 작성 시 날짜 데이터가 있을 경우 레이블 이름이 다르게 표시될 수 있습니다.

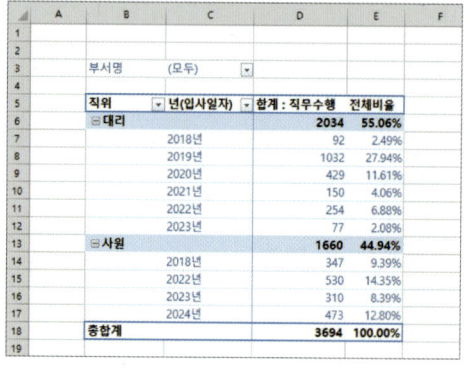

## 02 데이터 도구('분석작업-2' 시트)

① [I3:I11] 영역을 범위 지정한 후 [데이터]-[데이터 도구] 그룹의 [데이터 유효성 검사]를 클릭한다.
② [데이터 유효성]의 [설정] 탭에서 제한 대상은 '사용자 지정', 수식은 =MOD(I3,7)=0을 작성한다.

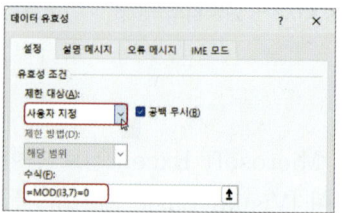

③ [설명 메시지] 탭에서 제목은 **7배수 입력**, 설명 메시지는 **7배수로 입력하시오.**를 입력한다.

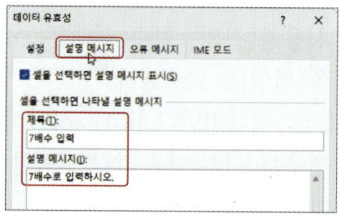

④ [오류 메시지] 탭에서 스타일은 '정보', 제목은 **배수입력**, 오류 메시지는 **7배수로만 입력하세요.**를 입력하고 [확인]을 클릭한다.

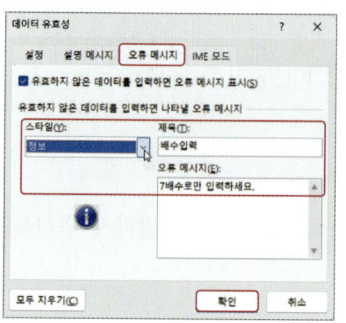

⑤ [데이터]-[정렬 및 필터] 그룹에서 [필터]를 클릭한다.
⑥ '운영시작시각[C2]'의 목록 단추를 클릭하여 [숫자 필터]-[크거나 같음]을 클릭한다.

⑦ 10:00을 입력하고 [확인]을 클릭한다.

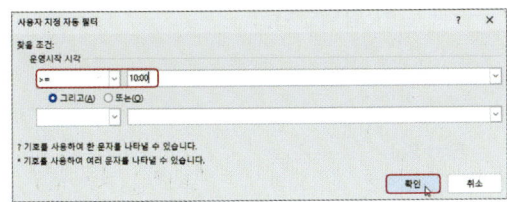

### 문제 ④ 기타작업

#### 01 차트('기타작업-1' 시트)

① '판매량' 계열을 선택하고 마우스 오른쪽 버튼을 눌러 [계열 차트 종류 변경]을 클릭한다.
② [차트 종류 변경]에서 '판매량'을 선택한 후 '꺾은선형'의 '표식이 있는 꺾은선형'을 선택하고 [확인]을 클릭한다.
③ [차트 요소](⊞)-[축 제목]-[기본 가로, 기본 세로]를 각각 클릭하여 추가한 후 기본 가로 축 제목을 선택한 후 '수식 입력줄'에 =를 입력하고 [B2] 셀을 클릭하고, 기본 세로 축에는 [E2] 셀을 클릭하여 연동시킨다.

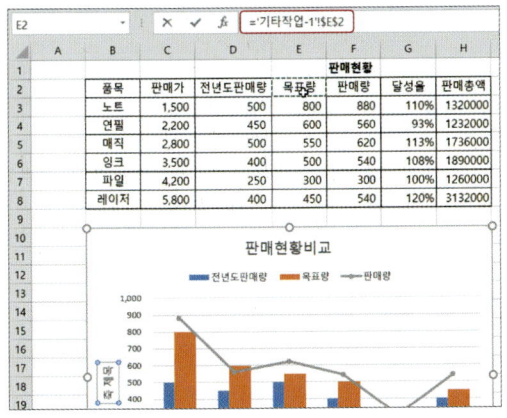

④ 기본 세로 축 제목을 선택한 후 마우스 오른쪽 버튼을 눌러 [축 제목 서식]을 클릭하여 '텍스트 방향'은 '스택형'을 선택한다.
⑤ '판매량' 계열을 선택한 후 마우스 오른쪽 버튼을 눌러 [데이터 레이블 추가]를 클릭한다.
⑥ '목표량' 계열을 선택한 후 [데이터 계열 서식]의 계열 옵션에서 '계열 겹치기'는 50%, '간격 너비'는 100%를 입력한다.

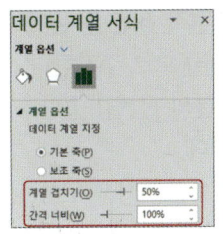

⑦ '세로(값) 축'을 선택한 후 '축 옵션'에서 '최소값'에 200, 단위 '기본'에 200을 입력한다.
⑧ 차트를 선택한 후 [채우기 및 선]의 '테두리'에서 '둥근 모서리'에 체크하고, [효과]의 '그림자'의 '미리 설정'을 클릭하여 '바깥쪽'에서 '오프셋: 오른쪽 아래'를 선택한 후 [닫기]를 클릭한다.

#### 02 매크로('기타작업-2' 시트)

① [개발 도구]-[컨트롤] 그룹의 [삽입]-[(단추)양식 컨트롤](□)를 클릭한다.
② 마우스 포인터가 '+'로 바뀌면 Alt 를 누른 상태에서 [F2:G3] 영역에 드래그한 후 **만족도**를 입력하고 [기록]을 클릭한다.
③ [매크로 기록]에서 '만족도'가 표시되면 [확인]을 클릭한다.
④ [D3:D21] 영역을 범위 지정한 후 Ctrl + 1 을 눌러 [표시 형식] 탭의 '사용자 지정'에 [파랑][>=9]"♣"00;[=0]"※";00;[빨강]@을 입력하고 [확인]을 클릭한다.

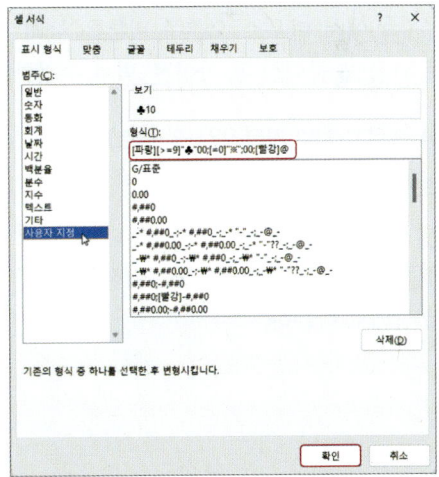

⑤ 임의의 셀을 클릭한 후 [개발 도구]-[코드] 그룹의 [기록 중지](□)를 클릭한다.

⑥ '단추'(□)에서 마우스 오른쪽 버튼을 눌러 [텍스트 편집]을 클릭한 후 **만족도**로 수정한다.

⑦ [개발 도구]-[컨트롤] 그룹의 [삽입]-[(단추)양식 컨트롤](□)를 클릭한다.

⑧ 마우스 포인터가 '+'로 바뀌면 [Alt]를 누른 상태에서 [F5:G6] 영역에 드래그한 후 **아이콘_별**을 입력하고 [기록]을 클릭한다.

⑨ [매크로 기록]에 '아이콘_별'이 표시되면 [확인]을 클릭한다.

⑩ [B3:B21] 영역을 범위 지정한 후 [홈]-[스타일] 그룹에서 [조건부 서식]-[새 규칙]을 클릭하여 다음과 같이 지정하고 [확인]을 클릭한다.

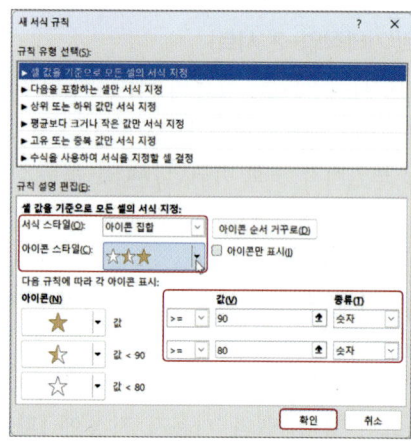

⑪ [개발 도구]-[코드] 그룹의 [기록 중지](□)를 클릭한다.

⑫ '단추'(□)에서 마우스 오른쪽 버튼을 눌러 [텍스트 편집]을 클릭한 후 **아이콘_별**로 수정한다.

### 03 VBA 프로그래밍('기타작업-3' 시트)

① 폼 보이기

① [개발 도구]-[컨트롤] 그룹의 [디자인 모드](📐)를 클릭한 후 〈인사고과입력현황〉 버튼을 편집 상태로 만든다.

② 〈인사고과입력현황〉 버튼을 더블클릭한 후 다음과 같이 입력한다.

```
Private Sub 인사고과입력현황_Click()
    인사고과입력.Show
End Sub
```

② 폼 초기화

① [프로젝트-VBAProject] 탐색기에서 '폼'을 더블클릭하고 〈인사고과입력〉을 선택한다.

② [프로젝트-VBAProject] 탐색기의 [코드 보기](□)를 클릭한다.

③ '개체 목록'은 'UserForm', '프로시저 목록'은 'Initialize'를 선택한다.

④ 코드 창에 다음과 같이 입력한다.

```
Private Sub UserForm_Initialize()
    cmb부서.RowSource = "G5:G9"
    Txt날짜 = Year(Date) & "년 " & Month(Date) & "월"
End Sub
```

#### 💬 코드 설명

① Year(Date) : Date 함수를 통해 오늘 날짜를 구하고 Year 함수를 통해 년도만을 추출함
② Month(Date) : Date 함수를 통해 오늘 날짜를 구하고 Month 함수를 통해 월만을 추출함
③ Txt날짜 = ① & "년 " & ② & "월" : 함수식 ① 뒤에 연결하고자 할 때 & 연산자를 이용하며 '년' 뒤에 한 칸의 스페이스를 주는 이유는 결과에 년 뒤에 한 칸의 스페이스를 표시하도록 했기 때문임

③ 등록 프로시저

① '개체 목록'에서 'Cmd등록'을 선택한다.

② 코드 창에 다음과 같이 입력한다.

```
Private Sub Cmd등록_Click()
    i = Range("A4").CurrentRegion.Rows.Count + 4
    Cells(i, 1) = cmb부서
    Cells(i, 2) = Txt성명
    Cells(i, 3) = Txt직무점수.Value
    Cells(i, 4) = Txt이해점수.Value
    Cells(i, 5) = (Cells(i, 3) + Cells(i, 4)) / 2
End Sub
```

# 기출 유형 문제 03회

**작업파일** [26컴활1급₩1권_스프레드시트₩기출유형문제] 폴더의 '기출유형문제3회' 파일을 열어서 작업하시오.

## 문제 ❶ 기본작업 | 주어진 시트에서 다음 과정을 수행하고 저장하시오.  15점

**01** '기본작업-1' 시트에서 다음과 같이 고급 필터를 수행하시오. (5점)
- ▶ [B2:I36] 영역에서 상품명이 '향수'이고 주문수량이 짝수인 행 중에서 주문번호, 상품명, 판매가격, 주문수량, 주문지역, 주문일자 열만 순서대로 표시하시오.
- ▶ 조건은 [B38:B39] 영역 내에 알맞게 입력하시오. (AND, ISEVEN 함수 사용)
- ▶ 결과는 [B43] 셀부터 표시하시오.

**02** '기본작업-1' 시트의 [B3:I36]에 대해 다음과 같이 조건부 서식을 설정하시오. (5점)
- ▶ 주문지역이 '서울'이면서 요일이 화요일 또는 목요일인 행 전체에 대해서 글꼴 스타일은 '굵게', 글꼴 색은 '표준 색 – 파랑'으로 적용하는 조건부 서식을 작성하시오.
- ▶ 단, 규칙 유형은 '수식을 사용하여 서식을 지정할 셀 결정'을 이용하시오. (AND, OR, WEEKDAY 함수 사용)

**03** '기본작업-2' 시트에서 다음과 같이 페이지 레이아웃을 설정하시오. (5점)
- ▶ [B2:I36] 영역을 인쇄 영역으로 설정하고, 한 페이지에 모든 열이 인쇄될 수 있도록 용지 너비를 조절하시오.
- ▶ 인쇄될 내용이 페이지의 정 가운데에 인쇄되도록 페이지 가운데 맞춤을 설정하시오.
- ▶ 매 페이지 하단의 가운데 구역에는 출력 날짜가 [표시 예]와 같이 표시되도록 바닥글을 설정하시오.
 [표시 예 : 현재 날짜가 2025-01-01이면 → 출력 날짜 : 2025-01-01]

## 문제 ❷ 계산작업 | 주어진 시트에서 다음 과정을 수행하고 저장하시오  30점

**01** [표1]의 기준일[I2]과 제조일을 이용하여 기준일에서 제조일까지의 기간을 [표시 예]와 같이 보존기간 [H4:H33] 영역에 표시하시오. (6점)
- ▶ 1년은 365일, 1개월 30일로 계산
- ▶ [표시 예 : 1년11개월]
- ▶ QUOTIENT, MOD 함수와 & 연산자 사용

**02** **[표1]의 지점과 분류를 이용하여 지점별 분류별 판매건수를 [표2]의 [L5:N7] 영역에 계산하여 표시하시오. (6점)**

- ▶ 지점과 분류를 찾을 때, 오류가 발생하면 공백으로 나타내시오.
- ▶ [표시 예 : 2 → 2건]
- ▶ COUNT, IFERROR, FIND 함수와 & 연산자를 사용한 배열 수식

**03** **[표1]의 주문코드의 왼쪽에서 두 번째 문자를 이용하여 [표3]의 코드별 상반기, 하반기 판매건수가 70 이상인 개수를 [표3]의 [L11:M13] 영역에 계산하여 표시하시오. (6점)**

- ▶ COUNTIFS 함수와 와일드 문자(?, *), & 연산자 사용

**04** **[표1]의 제조일과 분류, 상반기를 이용하여 [표4]의 제조년도별 분류별 상반기의 평균을 [L17:N19] 영역에 계산하여 표시하시오. (6점)**

- ▶ [표4]의 [L16:N16] 영역은 분류의 앞뒤 공백을 제거한 후 참조
- ▶ AVERAGE, IF, YEAR, LEFT, TRIM 함수를 사용한 배열 수식

**05** **사용자 정의 함수 'fn비고'를 작성하여 계산하시오. (6점)**

- ▶ 'fn비고'는 상반기, 하반기를 인수로 받아 비고를 계산하는 함수임
- ▶ 비고= 상반기+하반기의 값이 150 이상이면 우수업체 아니면 공백으로 하시오.
- ▶ 'fn비고' 함수를 이용하여 비고[I4:I33] 영역에 비고를 표시하시오.

```
Public Function fn비고(상반기, 하반기)
End Function
```

## 문제 ❸ 분석작업 | 주어진 시트에서 다음 과정을 수행하고 저장하시오 20점

**01** **'분석작업-1' 시트에서 다음 그림과 같이 피벗 테이블을 작성하시오. (10점)**

- ▶ 외부 데이터 가져오기 기능을 사용하여 〈화장품.accdb〉의 〈판매내역〉에서 '물품명', '거래구분', '금액', '포인트' 필드만을 이용하시오.
- ▶ 피벗 테이블 보고서의 레이아웃과 위치는 〈그림〉을 참조하여 설정하고, 보고서 레이아웃을 테이블 형식으로 표시하시오.
- ▶ '금액'의 열 합계 비율을 표시하는 '열 합계 비율' 계산 필드를 추가하고 '금액비율'로 이름을 변경하시오.
- ▶ '금액' 필드는 필드 표시 형식의 셀 서식에서 '숫자' 범주를 이용하여 〈그림〉과 같이 지정하시오.
- ▶ 피벗 테이블 스타일은 '연한 주황, 피벗 스타일 밝게 17'로 설정하시오.

| | A | B | C | D | E | F | G |
|---|---|---|---|---|---|---|---|
| 1 | | | | | | | |
| 2 | | | | | | | |
| 3 | | 물품명 | 거래구분 | 합계 : 금액 | 합계 : 포인트 | 금액비율 | |
| 4 | | ⊟로션 | 카드 | 58,500 | 135 | 21.68% | |
| 5 | | | 현금 | 11,000 | 110 | 4.08% | |
| 6 | | 로션 요약 | | 69,500 | 245 | 25.75% | |
| 7 | | ⊟향수 | 카드 | 24,680 | 74 | 9.14% | |
| 8 | | | 쿠폰 | 10,000 | 0 | 3.71% | |
| 9 | | | 포인트 | 0 | -200 | 0.00% | |
| 10 | | | 현금 | 165,700 | 217 | 61.40% | |
| 11 | | 향수 요약 | | 200,380 | 91 | 74.25% | |
| 12 | | 총합계 | | 269,880 | 336 | 100.00% | |
| 13 | | | | | | | |

※ 작업 완성된 그림이며 부분 점수 없음

## 02 '분석작업-2' 시트에 대하여 다음의 지시사항을 처리하시오. (10점)

▶ 데이터 도구를 이용하여 '거래구분', '물품명', '주문수량', '판매수량' 열을 기준으로 중복된 값이 입력된 셀을 포함하는 행을 삭제하시오.

▶ [부분합] 기능을 이용하여 '물품명'별 '금액'의 평균을 계산한 후 '거래구분'별 '주문수량'의 개수를 계산하시오.

- 물품명을 기준으로 〈로션-향수-마스크팩〉 순으로 정렬하고, 물품명이 동일한 경우 거래구분을 기준으로 오름차순 정렬하고, 물품명 글꼴 색 RGB(255,0,0)를 위에 표시하고, 글꼴 색 RGB(0,112,192)를 아래쪽에 표시되도록 정렬하시오.
- 평균과 개수는 위에 명시된 순서대로 처리하시오.

## 문제 ④ 기타작업 | 주어진 시트에서 다음 과정을 수행하고 저장하시오. 35점

### 01 '차트작업' 시트에서 다음의 지시사항에 따라 차트를 수정하시오. (각 2점)

※ 차트는 반드시 문제에서 제공한 차트를 사용하여야 하며, 신규로 차트 작성 시 0점 처리됨

① 지점의 순서를 '속초-철원-대관령-춘천-강릉'에서 '철원-대관령-춘천-강릉-속초' 순으로 변경하시오.

② 차트의 제목은 [B2] 셀과 연동하고, 세로(값) 축에 주 눈금을 '교차'로 설정하시오.

③ 차트의 축 옵션에서 단위는 〈그림〉을 참조하여 설정하고, 축의 가로 축 교차를 〈그림〉과 같이 설정하시오.

④ 데이터 테이블을 범례와 함께 추가하고, 2월 강릉의 요소에 대해서 레이블을 가운데에 추가하고, 계열 이름과 값이 표시될 수 있도록 설정하시오.

⑤ 계열 겹치기 0으로 설정하고, 차트 영역의 테두리를 검정색, 실선으로 설정하시오.

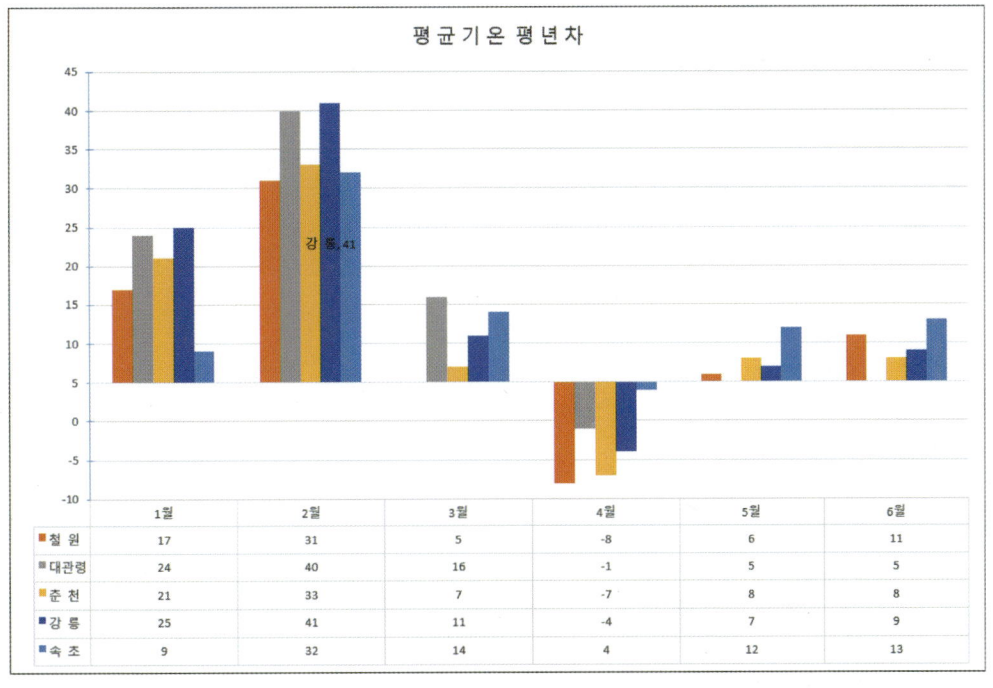

❷ '매크로' 시트에서 다음과 같은 기능을 수행하는 매크로를 현재 통합문서에 작성하시오. (각 5점)

① [D4:D16] 영역에 대하여 사용자 지정 표시 형식을 설정하는 '서식적용' 매크로를 생성하시오.
  ▶ 셀 값이 10 이상인 경우 파란색으로 ★과 함께 소수점 한자리까지 나타내고, ★과 값 사이에는 셀의 너비만큼 공백을 표시하고, 그 이외에는 셀 값을 소수 한자리 까지만 나타내도록 표시하시오.
    [표시 예 : 11 → ★    11.0    9 → 9.0]
  ▶ [개발 도구]-[삽입]-[양식 컨트롤]의 '단추(□)'를 동일 시트의 [I3:J4] 영역에 생성한 후 텍스트를 '서식적용'으로 입력하고, 단추를 클릭하면 '서식적용' 매크로가 실행되도록 설정하시오.

② [G4:G16] 영역에 대하여 조건부 서식을 적용하는 '아이콘보기' 매크로를 생성하시오.
  ▶ 규칙 유형은 '셀 값을 기준으로 모든 셀의 서식 지정' 선택하고, 서식 스타일 '아이콘 집합', 아이콘 스타일은 '5가지 원(흑백)', '검정색 원'은 90 이상 백분율, '원(1/4흰색)'은 90 미만 70 이상 백분율, 나머지는 그대로 설정하시오.
  ▶ [삽입]-[도형]의 '별 및 현수막'에서 '리본: 위로 기울어짐(📷)'을 동일 시트의 [I6:K7] 영역에 생성한 후 텍스트를 '아이콘보기'로 입력하고, 도형을 클릭하면 '아이콘보기' 매크로가 실행되도록 설정하시오.

※ 셀 포인터의 위치에 관계없이 매크로가 실행되어야 정답으로 인정됨

❸ '렌트입력' 시트에서 아래 그림을 참조하여 다음과 같은 작업을 수행하고 저장하시오. (각 5점)

① '렌트입력' 버튼을 클릭하면 〈렌트입력화면〉 폼이 나타나도록 설정하고, 폼이 초기화되면(Initialize) 제품명(Cmb제품명) 목록에 [K4:L8] 영역, 고객등급(Cmb등급)에는 'VIP', '우수', '일반'이 표시되도록 프로시저를 작성하시오.

② 〈렌트입력화면〉 폼의 입력(Cmd입력) 버튼을 클릭하면 폼에 입력된 데이터가 [표1]에 입력되어 있는 마지막 행 다음에 연속하여 추가되도록 프로시저를 작성하시오.
  ▶ 제품명과 제품가격은 Cmb제품명에서 선택한 값으로 표시
  ▶ 대여금액은 고객등급이 'VIP'이면 제품가격 × 대여일수 × 1%, '우수'이면 제품가격 × 대여일수 × 1.5%, '일반'이면 제품가격 × 대여일수 × 2%
  ▶ Select Case 이용

③ '종료(Cmd종료)' 단추를 클릭하면 〈그림〉과 같은 메시지 박스를 표시한 후 폼을 종료하는 프로시저를 작성하시오.
  ▶ 시스템의 현재 날짜 표시

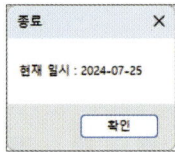

# 기출 유형 문제 03회 정답

## 문제 ❶ 기본작업

### 01 고급 필터

B39: `=AND(D3="향수",ISEVEN(F3))`

|  | A | B | C | D | E | F | G | H |
|---|---|---|---|---|---|---|---|---|
| 37 |  |  |  |  |  |  |  |  |
| 38 |  | 조건 |  |  |  |  |  |  |
| 39 |  | FALSE |  |  |  |  |  |  |
| 40 |  |  |  |  |  |  |  |  |
| 41 |  |  |  |  |  |  |  |  |
| 42 |  |  |  |  |  |  |  |  |
| 43 |  | 주문번호 | 상품명 | 판매가격 | 주문수량 | 주문지역 | 주문일자 |  |
| 44 |  | 4 | 향수 | 110,000 | 460 | 경기 | 2025-01-21 |  |
| 45 |  | 6 | 향수 | 120,700 | 480 | 서울 | 2025-01-23 |  |
| 46 |  | 13 | 향수 | 51,000 | 500 | 경기 | 2025-01-30 |  |
| 47 |  | 10 | 향수 | 20,000 | 650 | 경기 | 2025-01-27 |  |
| 48 |  | 19 | 향수 | 15,000 | 898 | 대전 | 2025-02-05 |  |
| 49 |  |  |  |  |  |  |  |  |

### 02 조건부 서식

| | A | B | C | D | E | F | G | H | I | J |
|---|---|---|---|---|---|---|---|---|---|---|
| 1 |  |  |  |  |  |  |  |  |  |  |
| 2 |  | 주문번호 | 구분 | 상품명 | 판매가격 | 주문수량 | 주문지역 | 업체 | 주문일자 |  |
| 3 |  | 7 | 남성용 | 로션 | 98,000 | 381 | 충북 | HOMME | 2025-01-24 |  |
| 4 |  | 5 | 남성용 | 향수 | 80,000 | 381 | 서울 | HOMME | 2025-01-22 |  |
| 5 |  | 8 | 남성용 | 향수 | 74,000 | 407 | 인천 | HOMME | 2025-01-25 |  |
| 6 |  | 3 | 남성용 | 로션 | 130,000 | 413 | 경기 | HOMME | 2025-01-20 |  |
| 7 |  | 9 | 남성용 | 로션 | 100,000 | 443 | 대구 | HOMME | 2025-01-26 |  |
| 8 |  | 1 | 남성용 | 향수 | 122,380 | 453 | 경기 | HOMME | 2025-01-18 |  |
| 9 |  | 4 | 남성용 | 향수 | 110,000 | 460 | 경기 | HOMME | 2025-01-21 |  |
| 10 |  | **6** | **남성용** | **향수** | **120,700** | **480** | **서울** | **HOMME** | **2025-01-23** |  |
| 11 |  | 12 | 남성용 | 향수 | 90,000 | 501 | 경기 | HOMME | 2025-01-29 |  |
| 12 |  | 13 | 남성용 | 향수 | 51,000 | 500 | 경기 | HOMME | 2025-01-30 |  |
| 13 |  | 14 | 남성용 | 향수 | 65,000 | 533 | 경기 | HOMME | 2025-01-31 |  |
| 14 |  | 11 | 남성용 | 향수 | 45,000 | 541 | 경기 | HOMME | 2025-01-28 |  |
| 15 |  | 2 | 남성용 | 향수 | 130,000 | 553 | 대전 | HOMME | 2025-01-19 |  |
| 16 |  | 17 | 남성용 | 향수 | 29,300 | 555 | 서울 | HOMME | 2025-02-03 |  |
| 17 |  | 15 | 남성용 | 향수 | 35,000 | 617 | 대전 | HOMME | 2025-02-01 |  |
| 18 |  | 16 | 남성용 | 향수 | 30,000 | 623 | 서울 | HOMME | 2025-02-02 |  |
| 19 |  | 10 | 남성용 | 향수 | 20,000 | 650 | 경기 | HOMME | 2025-01-27 |  |
| 20 |  | 20 | 여성용 | 향수 | 20,000 | 671 | 충남 | HOMME | 2025-02-06 |  |
| 21 |  | 18 | 여성용 | 향수 | 39,000 | 799 | 대구 | HOMME | 2025-02-04 |  |
| 22 |  | 29 | 여성용 | 로션 | 20,000 | 800 | 인천 | HOMME | 2025-02-15 |  |
| 23 |  | 31 | 여성용 | 향수 | 30,000 | 851 | 경기 | HOMME | 2025-02-17 |  |
| 24 |  | 24 | 여성용 | 로션 | 30,000 | 893 | 경기 | HOMME | 2025-02-10 |  |
| 25 |  | 19 | 여성용 | 향수 | 15,000 | 898 | 대전 | HOMME | 2025-02-05 |  |
| 26 |  | 25 | 여성용 | 향수 | 36,000 | 913 | 경기 | HOMME | 2025-02-11 |  |
| 27 |  | 30 | 여성용 | 향수 | 30,000 | 957 | 경기 | HOMME | 2025-02-16 |  |
| 28 |  | **32** | **여성용** | **향수** | **8,000** | **991** | **서울** | **HOMME** | **2025-02-18** |  |
| 29 |  | 28 | 여성용 | 향수 | 16,000 | 1,003 | 경기 | HOMME | 2025-02-14 |  |
| 30 |  | **34** | **여성용** | **향수** | **3,000** | **1,011** | **서울** | **HOMME** | **2025-02-20** |  |
| 31 |  | 21 | 여성용 | 로션 | 18,000 | 1,033 | 경기 | HOMME | 2025-02-07 |  |
| 32 |  | 26 | 여성용 | 향수 | 18,000 | 1,037 | 경기 | HOMME | 2025-02-12 |  |
| 33 |  | 27 | 여성용 | 향수 | 10,000 | 1,091 | 경기 | HOMME | 2025-02-13 |  |
| 34 |  | 22 | 여성용 | 향수 | 34,000 | 1,103 | 서울 | HOMME | 2025-02-08 |  |
| 35 |  | 33 | 여성용 | 향수 | 1,200 | 1,131 | 서울 | HOMME | 2025-02-19 |  |
| 36 |  | 23 | 여성용 | 향수 | 10,000 | 1,209 | 서울 | HOMME | 2025-02-09 |  |
| 37 |  |  |  |  |  |  |  |  |  |  |

## 03 페이지 레이아웃

| 주문번호 | 구분 | 상품명 | 판매가격 | 주문수량 | 주문지역 | 업체 | 주문일자 |
|---|---|---|---|---|---|---|---|
| 7 | 남성용 | 로션 | 98,000 | 381 | 충북 | HOMME | 2025-01-24 |
| 5 | 남성용 | 향수 | 80,000 | 381 | 서울 | HOMME | 2025-01-22 |
| 8 | 남성용 | 향수 | 74,000 | 407 | 인천 | HOMME | 2025-01-25 |
| 3 | 남성용 | 로션 | 130,000 | 413 | 경기 | HOMME | 2025-01-20 |
| 9 | 남성용 | 로션 | 100,000 | 443 | 대구 | HOMME | 2025-01-26 |
| 1 | 남성용 | 향수 | 122,380 | 453 | 경기 | HOMME | 2025-01-18 |
| 4 | 남성용 | 향수 | 110,000 | 460 | 경기 | HOMME | 2025-01-21 |
| 6 | 남성용 | 향수 | 120,700 | 480 | 서울 | HOMME | 2025-01-23 |
| 12 | 남성용 | 향수 | 90,000 | 501 | 경기 | HOMME | 2025-01-29 |
| 13 | 남성용 | 향수 | 51,000 | 500 | 경기 | HOMME | 2025-01-30 |
| 14 | 남성용 | 향수 | 65,000 | 533 | 경기 | HOMME | 2025-01-31 |
| 11 | 남성용 | 향수 | 45,000 | 541 | 경기 | HOMME | 2025-01-28 |
| 2 | 남성용 | 향수 | 130,000 | 553 | 대전 | HOMME | 2025-01-19 |
| 17 | 남성용 | 향수 | 29,300 | 555 | 서울 | HOMME | 2025-02-03 |
| 15 | 남성용 | 향수 | 35,000 | 617 | 대전 | HOMME | 2025-02-01 |
| 16 | 남성용 | 향수 | 30,000 | 623 | 서울 | HOMME | 2025-02-02 |
| 10 | 남성용 | 향수 | 20,000 | 650 | 경기 | HOMME | 2025-01-27 |
| 20 | 여성용 | 향수 | 20,000 | 671 | 충남 | HOMME | 2025-02-06 |
| 18 | 여성용 | 향수 | 39,000 | 799 | 대구 | HOMME | 2025-02-04 |
| 29 | 여성용 | 로션 | 20,000 | 800 | 인천 | HOMME | 2025-02-15 |
| 31 | 여성용 | 향수 | 30,000 | 851 | 경기 | HOMME | 2025-02-17 |
| 24 | 여성용 | 로션 | 30,000 | 893 | 경기 | HOMME | 2025-02-10 |
| 19 | 여성용 | 향수 | 15,000 | 898 | 대전 | HOMME | 2025-02-05 |
| 25 | 여성용 | 향수 | 36,000 | 913 | 경기 | HOMME | 2025-02-11 |
| 30 | 여성용 | 향수 | 30,000 | 957 | 경기 | HOMME | 2025-02-16 |
| 32 | 여성용 | 향수 | 8,000 | 991 | 서울 | HOMME | 2025-02-18 |
| 28 | 여성용 | 향수 | 16,000 | 1,003 | 경기 | HOMME | 2025-02-14 |
| 34 | 여성용 | 향수 | 3,000 | 1,011 | 서울 | HOMME | 2025-02-20 |
| 21 | 여성용 | 로션 | 18,000 | 1,033 | 경기 | HOMME | 2025-02-07 |
| 26 | 여성용 | 향수 | 18,000 | 1,037 | 경기 | HOMME | 2025-02-12 |
| 27 | 여성용 | 향수 | 10,000 | 1,091 | 경기 | HOMME | 2025-02-13 |
| 22 | 여성용 | 향수 | 34,000 | 1,103 | 서울 | HOMME | 2025-02-08 |
| 33 | 여성용 | 향수 | 1,200 | 1,131 | 서울 | HOMME | 2025-02-19 |
| 23 | 여성용 | 향수 | 10,000 | 1,209 | 서울 | HOMME | 2025-02-09 |

출력 날짜 : 2024-05-28

## 문제 ❷ 계산작업

### 01 보존기간, 분류, 코드, 년도, 비고

| | A | B | C | D | E | F | G | H | I | J | K | L | M | N |
|---|---|---|---|---|---|---|---|---|---|---|---|---|---|---|
| 1 | | | | | | | | | | | | | | |
| 2 | | [표1] | | | | | | 기준일 | 2025-12-31 | | | | | |
| 3 | | 주문코드 | 지점 | 분류 | 제조일 | 상반기 | 하반기 | 보존기간 | 비고 | | [표2] | | | |
| 4 | | SA-001 | 서울지점 | 기능성 | 2024-02-04 | 70 | 80 | 1년11개월 | 우수업체 | | 분류 | 서울 | 인천 | 경기 |
| 5 | | TC-002 | 인천지점 | 베이스메이크업 | 2023-05-01 | 70 | 97 | 2년8개월 | 우수업체 | | 기능 | 2건 | 1건 | 4건 |
| 6 | | SA-003 | 인천지점 | 색조 | 2024-05-04 | 70 | 98 | 1년8개월 | 우수업체 | | 색조 | 0건 | 5건 | 5건 |
| 7 | | TC-004 | 서울지점 | 베이스메이크업 | 2025-01-05 | 90 | 100 | 0년12개월 | 우수업체 | | 메이크업 | 3건 | 3건 | 1건 |
| 8 | | TC-005 | 대전지점 | 색조 | 2024-09-10 | 69 | 99 | 1년3개월 | 우수업체 | | | | | |
| 9 | | SA-006 | 인천지점 | 기능성 | 2023-12-16 | 69 | 55 | 2년0개월 | | | [표3] | | | |
| 10 | | JB-007 | 경기지점 | 색조 | 2023-11-09 | 69 | 58 | 2년1개월 | | | 코드 | 상반기 | 하반기 | |
| 11 | | SA-008 | 경기지점 | 색조 | 2024-01-10 | 70 | 95 | 1년11개월 | 우수업체 | | A | 10 | 12 | |
| 12 | | SA-009 | 인천지점 | 베이스메이크업 | 2024-05-06 | 69 | 78 | 1년7개월 | | | B | 2 | 2 | |
| 13 | | SA-010 | 경기지점 | 색조 | 2023-10-07 | 70 | 74 | 2년2개월 | | | C | 5 | 5 | |
| 14 | | SA-011 | 경기지점 | 기능성 | 2024-12-09 | 71 | 90 | 1년0개월 | 우수업체 | | | | | |
| 15 | | JB-012 | 인천지점 | 베이스메이크업 | 2024-10-14 | 70 | 98 | 1년2개월 | 우수업체 | | [표4] | | | |
| 16 | | SA-013 | 경기지점 | 기능성 | 2023-12-04 | 35 | 75 | 2년0개월 | | | 제조년도 | 기능성 | 베이스 | 색조 |
| 17 | | SA-014 | 인천지점 | 색조 | 2024-09-17 | 69 | 82 | 1년3개월 | 우수업체 | | 2023년 | 60.75 | 70 | 69 |
| 18 | | TC-015 | 서울지점 | 색조 | 2024-08-31 | 90 | 48 | 1년4개월 | | | 2024년 | 77 | 69.6 | 73 |
| 19 | | SA-016 | 경기지점 | 기능성 | 2023-07-17 | 70 | 65 | 2년5개월 | | | 2025년 | 35 | 74.75 | 59 |
| 20 | | TC-017 | 대전지점 | 베이스메이크업 | 2025-02-02 | 70 | 66 | 0년11개월 | | | | | | |
| 21 | | SA-018 | 대전지점 | 색조 | 2025-03-03 | 40 | 77 | 0년10개월 | | | | | | |
| 22 | | JB-019 | 경기지점 | 색조 | 2025-04-04 | 70 | 73 | 0년9개월 | | | | | | |
| 23 | | SA-020 | 대전지점 | 베이스메이크업 | 2024-11-11 | 70 | 88 | 1년1개월 | 우수업체 | | | | | |
| 24 | | SA-021 | 서울지점 | 베이스메이크업 | 2024-10-10 | 70 | 84 | 1년2개월 | 우수업체 | | | | | |
| 25 | | TC-022 | 경기지점 | 색조 | 2023-09-09 | 68 | 55 | 2년3개월 | | | | | | |
| 26 | | TC-023 | 경기지점 | 기능성 | 2023-08-08 | 69 | 93 | 2년4개월 | 우수업체 | | | | | |
| 27 | | SA-024 | 인천지점 | 색조 | 2024-07-07 | 70 | 41 | 1년5개월 | | | | | | |
| 28 | | TC-025 | 인천지점 | 색조 | 2024-06-06 | 90 | 70 | 1년6개월 | 우수업체 | | | | | |
| 29 | | SA-026 | 서울지점 | 베이스메이크업 | 2025-05-05 | 69 | 56 | 0년8개월 | | | | | | |
| 30 | | SA-027 | 대전지점 | 베이스메이크업 | 2025-04-04 | 70 | 88 | 0년9개월 | 우수업체 | | | | | |
| 31 | | JB-028 | 인천지점 | 색조 | 2025-03-31 | 67 | 60 | 0년9개월 | | | | | | |
| 32 | | SA-029 | 대전지점 | 기능성 | 2025-02-02 | 35 | 69 | 0년11개월 | | | | | | |
| 33 | | TC-030 | 경기지점 | 베이스메이크업 | 2024-01-31 | 69 | 63 | 1년11개월 | | | | | | |

1. [H4] 셀에 「=QUOTIENT($I$2−E4,365)&"년"&QUOTIENT(MOD($I$2−E4,365),30)&"개월"」를 입력하고 [H33] 셀까지 수식 복사

2. [L5] 셀에 「=COUNT((IFERROR(FIND(L$4,$C$4:$C$33),""))*(IFERROR(FIND($K5,$D$4:$D$33),"")))&"건"」를 입력하고 Ctrl + Shift + Enter 를 누른 후 [N7] 셀까지 수식 복사

3. [L11] 셀에 「=COUNTIFS(F$4:F$33,")=70",$B$4:$B$33,"?"&$K11&"*")」를 입력하고 [M13] 셀까지 수식 복사

4. [L17] 셀에 「=AVERAGE(IF((YEAR($E$4:$E$33)=$K17)*(LEFT($D$4:$D$33,3)=TRIM(L$16)),$F$4:$F$33))」를 입력하고 Ctrl + Shift + Enter 를 누른 후 [N19] 셀까지 수식 복사

5. [I4] 셀에 「=fn비고(F4,G4)」를 입력하고 [I33] 셀까지 수식 복사

```
Public Function fn비고(상반기, 하반기)
    If 상반기 + 하반기 >= 150 Then
        fn비고 = "우수업체"
    Else
        fn비고 = ""
    End If
End Function
```

## 문제 ❸ 분석작업

### ① 피벗 테이블

| | A | B | C | D | E | F | G |
|---|---|---|---|---|---|---|---|
| 1 | | | | | | | |
| 2 | | | | | | | |
| 3 | | 물품명 | 거래구분 | 합계 : 금액 | 합계 : 포인트 | 금액비율 | |
| 4 | | ⊟로션 | 카드 | 58,500 | 135 | 21.68% | |
| 5 | | | 현금 | 11,000 | 110 | 4.08% | |
| 6 | | 로션 요약 | | 69,500 | 245 | 25.75% | |
| 7 | | ⊟향수 | 카드 | 24,680 | 74 | 9.14% | |
| 8 | | | 쿠폰 | 10,000 | 0 | 3.71% | |
| 9 | | | 포인트 | 0 | -200 | 0.00% | |
| 10 | | | 현금 | 165,700 | 217 | 61.40% | |
| 11 | | 향수 요약 | | 200,380 | 91 | 74.25% | |
| 12 | | 총합계 | | 269,880 | 336 | 100.00% | |
| 13 | | | | | | | |

### ② 데이터 도구

| | A | B | C | D | E | F | G |
|---|---|---|---|---|---|---|---|
| 1 | 거래구분 | 물품명 | 주문수량 | 판매수량 | 금액 | 포인트 | |
| 2 | 카드 | 로션 | 40 | 40 | 8000 | 80 | |
| 3 | 카드 | 로션 | 10 | 10 | 500 | 5 | |
| 4 | 카드 | 로션 | 20 | 20 | 40000 | 40 | |
| 5 | 카드 개수 | | 3 | | | | |
| 6 | 현금 | 로션 | 100 | 100 | 10000 | 100 | |
| 7 | 현금 | 로션 | 50 | 5 | 30000 | 30 | |
| 8 | 현금 개수 | | 2 | | | | |
| 9 | | 로션 평균 | | | 17700 | | |
| 10 | 카드 | 향수 | 10 | 10 | 200 | 2 | |
| 11 | 카드 | 향수 | 10 | 20 | 30 | 3 | |
| 12 | 카드 | 향수 | 50 | 5 | 1000 | 10 | |
| 13 | 카드 | 향수 | 15 | 10 | 10000 | 10 | |
| 14 | 카드 | 향수 | 50 | 50 | 2000 | 20 | |
| 15 | 카드 개수 | | 5 | | | | |
| 16 | 현금 | 향수 | 10 | 10 | 2000 | 20 | |
| 17 | 현금 | 향수 | 15 | 10 | 200 | 2 | |
| 18 | 현금 | 향수 | 10 | 5 | 0 | 0 | |
| 19 | 현금 | 향수 | 50 | 50 | 2000 | 20 | |
| 20 | 현금 개수 | | 4 | | | | |
| 21 | | 향수 평균 | | | 1936.667 | | |
| 22 | 카드 | 마스크팩 | 10 | 0 | 0 | 0 | |
| 23 | 카드 | 마스크팩 | 50 | 35 | 10000 | 10 | |
| 24 | 카드 | 마스크팩 | 10 | 10 | 100 | 1 | |
| 25 | 카드 개수 | | 3 | | | | |
| 26 | 현금 | 마스크팩 | 50 | 50 | 1000 | 10 | |
| 27 | 현금 | 마스크팩 | 15 | 15 | 60000 | 60 | |
| 28 | 현금 개수 | | 2 | | | | |
| 29 | | 마스크팩 평균 | | | 14220 | | |
| 30 | 전체 개수 | | 19 | | | | |
| 31 | | 전체 평균 | | | 9317.368 | | |
| 32 | | | | | | | |

## 문제 ❹ 기타작업

**01 차트**

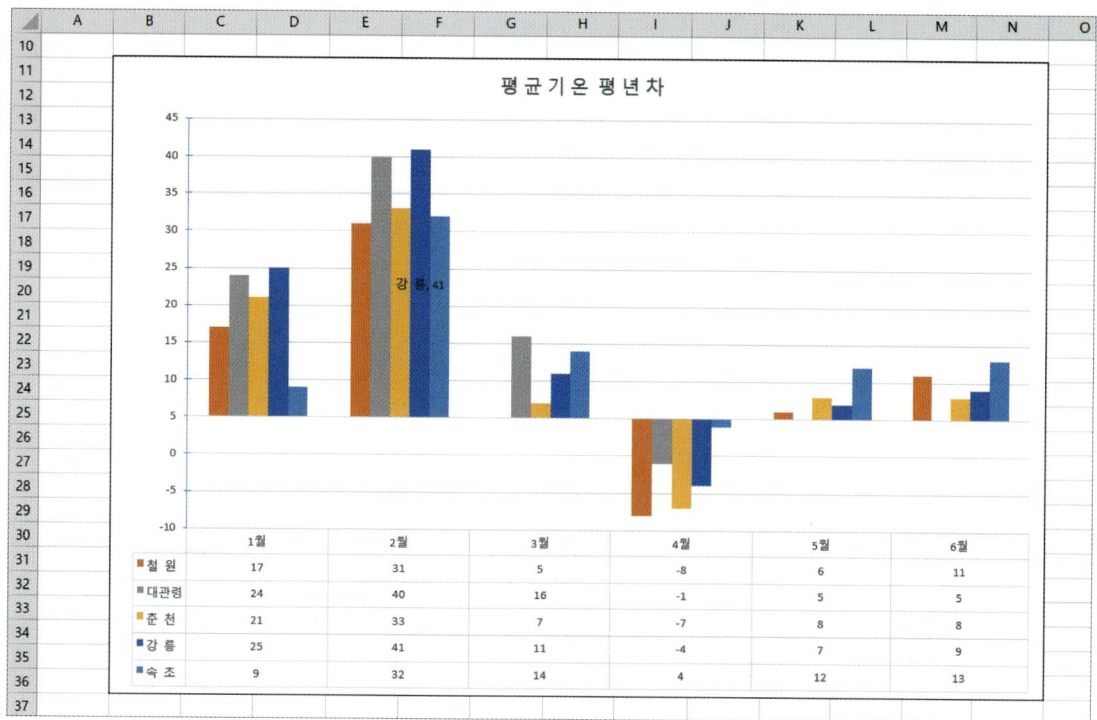

**02 매크로**

## 03 VBA 프로그래밍

• 폼 보이기 프로시저

```
Private Sub Cmd렌트입력_Click()
    렌트입력화면.Show
End Sub
```

• 폼 초기화 프로시저

```
Private Sub UserForm_Initialize()
    Cmb제품명.RowSource = "K4:L8"
    Cmb제품명.ColumnCount = 2
    Cmb등급.AddItem "VIP"
    Cmb등급.AddItem "우수"
    Cmb등급.AddItem "일반"
End Sub
```

• 입력 프로시저

```
Private Sub Cmd입력_Click()
    i = Range("B3").CurrentRegion.Rows.Count + 2
    Cells(i, 2) = Cmb제품명.Column(0)
    Cells(i, 3) = Cmb등급
    Cells(i, 4) = Cmb제품명.Column(1)
    Cells(i, 5) = Text대여일수.Value
    Select Case Cmb등급
        Case "VIP"
            Cells(i, 6) = Cells(i, 4) * Cells(i, 5) * 0.01
        Case "우수"
            Cells(i, 6) = Cells(i, 4) * Cells(i, 5) * 0.015
        Case "일반"
            Cells(i, 6) = Cells(i, 4) * Cells(i, 5) * 0.02
    End Select
End Sub
```

• 종료 프로시저

```
Private Sub Cmd종료_Click()
    MsgBox "현재 일시 : " & Date, , "종료"
    Unload Me
End Sub
```

## 기출 유형 문제 03회 해설

### 문제 ① 기본작업

#### 01 고급 필터('기본작업-1' 시트)

① [B38:B39] 영역에 조건식을 입력하고, [B43:G43] 영역에 출력할 필드명을 입력한다.

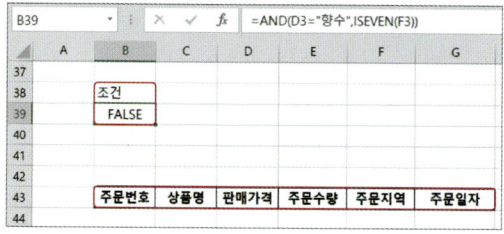

[B39] : =AND(D3="향수",ISEVEN(F3))

② 데이터 목록 안의 아무 셀이나 클릭하고 [데이터]-[정렬 및 필터] 그룹에서 [고급](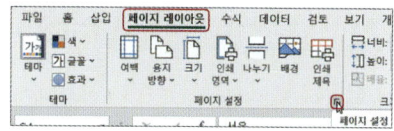)을 클릭한다.

③ [고급 필터]에서 다음과 같이 지정한 후 [확인]을 클릭한다.

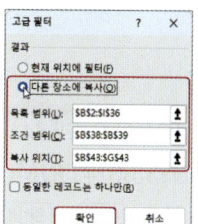

- 결과 : '다른 장소에 복사'
- 목록 범위 : [B2:I36]
- 조건 범위 : [B38:B39]
- 복사 위치 : [B43:G43]

#### 02 조건부 서식('기본작업-1' 시트)

① [B3:I36] 영역을 범위 지정한 후 [홈]-[스타일] 그룹의 [조건부 서식]-[새 규칙]을 클릭한다.
② [새 서식 규칙]에서 '▶ 수식을 사용하여 서식을 지정할 셀 결정'을 선택하고, =AND($G3="서울",OR(WEEKDAY($I3,2)=2,WEEKDAY($I3,2)=4))를 입력한 후 [서식]을 클릭한다.
③ [글꼴] 탭에서 '굵게', 글꼴 색 '표준 색 – 파랑'을 선택하고 [확인]을 클릭한다.
④ [새 서식 규칙] 에서 '수식'과 '서식'이 맞는지 확인한 다음 [확인]을 클릭한다.

#### 03 페이지 레이아웃('기본작업-2' 시트)

① [B2:I36] 영역을 범위 지정한 후 [페이지 레이아웃]-[페이지 설정] 그룹의 [인쇄 영역]-[인쇄 영역 설정]을 클릭한다.
② [페이지 레이아웃]의 [페이지 설정] 그룹에서 [옵션](□)을 클릭한다.

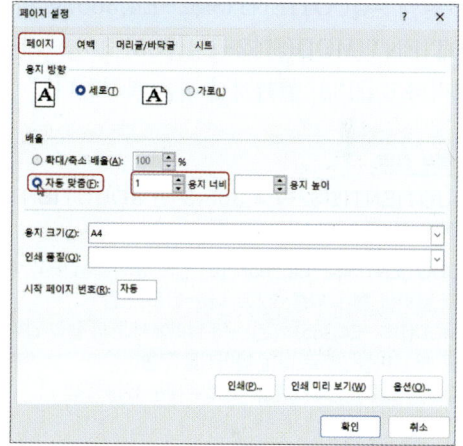

③ [페이지] 탭에서 배율에서 '자동 맞춤'을 선택하고, 용지 너비에 1을 입력한다.

> **기적의 TIP**
>
> [파일]-[인쇄]를 클릭하여 '설정'에서 '한 페이지에 모든 열 맞추기'를 클릭하여 설정할 수 있습니다.

④ [여백] 탭에서 페이지 가운데 맞춤 '가로', '세로'를 체크한다.
⑤ [머리글/바닥글]에서 [바닥글 편집]을 클릭한다.

⑥ 가운데 구역에 커서를 두고 **출력 날짜 :** 를 입력한 후, [날짜](圖)를 클릭한 후 [확인]을 클릭하고 [페이지 설정]에서 [확인]을 클릭한다.

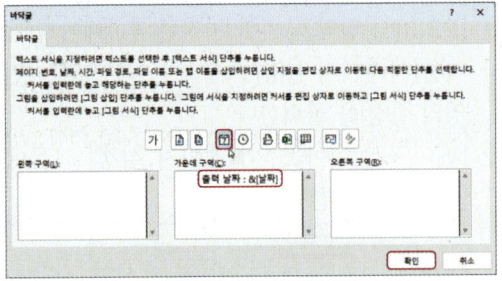

> **문제 ❷**    계산작업('계산작업' 시트)

### 01 보존기간[H4:H33]

[H4] 셀에 =QUOTIENT($I$2-E4,365)&"년"&QUOTIENT(MOD($I$2-E4,365),30)&"개월"를 입력하고 [H33] 셀까지 수식을 복사한다.

> 💬 **함수 설명**
>
> =QUOTIENT($I$2-E4,365)&"년"&QUOTIENT(MOD($I$2-E4,365),30)&"개월"
>
> ① QUOTIENT($I$2-E4,365) : [I2] 셀의 날짜에서 [E4] 셀의 날짜를 뺀 날짜를 365로 나눈 몫을 구함
> ② MOD($I$2-E4,365) : [I2] 셀의 날짜에서 [E4] 셀의 날짜를 뺀 날짜를 365로 나눈 나머지를 구함
> ③ QUOTIENT(②,30) : ②를 30으로 나눈 몫을 구함
>
> =①&"년"&③&"개월" : ①년 ③개월 형식으로 표시

### 02 분류별[L5:N7]

[L5] 셀에 =COUNT((IFERROR(FIND(L$4,$C$4:$C$33),""))*(IFERROR(FIND($K5,$D$4:$D$33),"")))&"건"를 입력하고 Ctrl + Shift + Enter 를 누른 후 [N7] 셀까지 수식을 복사한다.

> 💬 **함수 설명**
>
> =COUNT((IFERROR(FIND(L$4,$C$4:$C$33),""))*(IFERROR(FIND($K5,$D$4:$D$33),"")))&"건"
>
> ① FIND(L$4,$C$4:$C$33) : [L4] 셀의 텍스트를 [C4:C33] 영역에서 찾아 시작 위치를 구함
> ② FIND($K5,$D$4:$D$33) : [K5] 셀의 텍스트를 [D4:D33] 영역에서 찾아 시작 위치를 구함
> ③ IFERROR(①,"") : ①의 결과에 오류가 있을 때 공백으로 처리
> ④ IFERROR(②,"") : ②의 결과에 오류가 있을 때 공백으로 처리
>
> =COUNT(③*④)&"건" : ③과 ④의 조건에 만족한 셀의 개수를 구하여 '건'을 붙여서 표시

### 03 코드별[L11:M13]

[L11] 셀에 =COUNTIFS(F$4:F$33,">=70",$B$4:$B$33,"?"&$K11&"*")를 입력하고 [M13] 셀까지 수식을 복사한다.

> 💬 **함수 설명**
>
> "?"&$K11&"*"
>
> ?는 한글자를 대신
> *는 한글자 ~ 여러 글자를 대신

### 04 제조년도와 분류별[L17:N19]

[L17] 셀에 =AVERAGE(IF((YEAR($E$4:$E$33)=$K17)*(LEFT($D$4:$D$33,3)=TRIM(L$16)),$F$4:$F$33))를 입력하고 Ctrl + Shift + Enter 를 누른 후 [N19] 셀까지 수식을 복사한다.

> 💬 **함수 설명**
>
> TRIM(L$16) : L16 셀의 앞 뒤에 불필요한 공백을 제거

### 05 비고(fn비고)[I4:I43]

① Alt + F11 을 눌러 [Visual Basic Editor] 창을 연다.
② [삽입]-[모듈]을 클릭한다.

③ 코드 입력창에 아래와 같이 코드를 입력한다.

```
Public Function fn비고(상반기, 하반기)
    If 상반기 + 하반기 >= 150 Then
        fn비고 = "우수업체"
    Else
        fn비고 = ""
    End If
End Function
```

④ 오른쪽 상단의 [닫기]를 눌러 [Visual Basic Editor] 창을 닫는다.
⑤ '계산작업' 시트의 [I4] 셀을 클릭한 후 [함수 삽입](fx)을 클릭한다.
⑥ 범주 선택은 '사용자 정의', 함수 선택은 'fn비고'를 선택한 후 [확인]을 클릭한다.

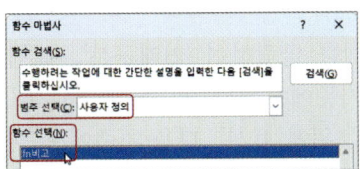

⑦ 상반기는 [F4], 하반기는 [G4]를 지정하고 [확인]을 클릭한다.
⑧ [I4] 셀의 채우기 핸들을 드래그하여 [I33] 셀까지 수식을 복사한다.

## 문제 ③ 분석작업

### 01 피벗 테이블('분석작업-1' 시트)

① [B3] 셀을 선택한 후 [데이터]-[데이터 가져오기 및 변환] 그룹에서 [데이터 가져오기]-[기타 원본에서]-[Microsoft Query에서]를 클릭한다.
② [데이터 원본 선택]의 [데이터베이스] 탭에서 'MS Access Database *'를 선택하고 [확인]을 클릭한다.
③ '화장품.accdb'를 선택하고 [확인]을 클릭한다.

④ 〈판매내역〉 테이블을 더블클릭하여 '물품명', '거래구분', '금액', '포인트'를 선택하고 [다음]을 클릭한다.

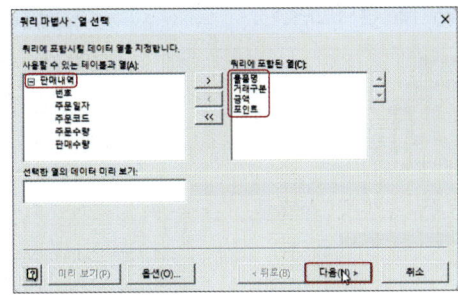

⑤ [데이터 필터]와 [정렬 순서]에서는 설정 없이 [다음]을 클릭한다.
⑥ [마침]에서 'Microsoft Excel(으)로 데이터 되돌리기'를 선택하고 [마침]을 클릭한다.
⑦ [데이터 가져오기]에서 '피벗 테이블 보고서'를 선택한 다음, '기존 워크시트'는 [B3] 셀을 지정하고 [확인]을 클릭한다.
⑧ [피벗 테이블 필드]에서 다음과 같이 드래그한다.

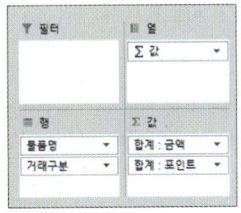

⑨ [디자인]-[레이아웃] 그룹의 [보고서 레이아웃]-[테이블 형식으로 표시]을 클릭한다.
⑩ [피벗 테이블 필드 목록]에서 '금액' 필드를 Σ값에 한 번 더 추가한다.

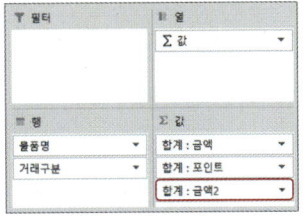

⑪ [F3] 셀에서 더블클릭하여 [값 필드 설정]에서 '사용자 지정 이름'에 **금액비율**을 입력하고, [값 표시 형식] 탭에서 '열 합계 비율'을 선택하고 [확인]을 클릭한다.

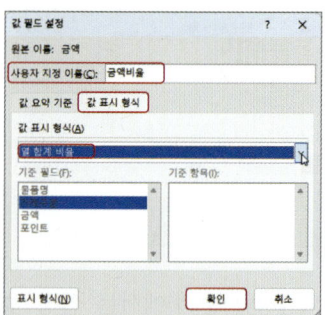

⑫ [D3] 셀에서 더블클릭하여 [값 필드 설정]에서 [표시 형식]을 클릭한다.

⑬ [셀 서식]에서 '숫자'를 선택하고 '1000단위 구분 기호(,) 사용'을 체크하고 [값 필드 설정]에서 [확인]을 클릭한다.

⑭ [디자인]-[피벗 테이블 스타일] 그룹의 '연한 주황, 피벗 스타일 밝게 17'을 선택한다.

### 02 데이터 도구('분석작업-2' 시트)

① [A1] 셀을 클릭한 후 [데이터]-[데이터 도구] 그룹의 [중복된 항목 제거](📋)를 클릭하여 '거래구분', '물품명', '주문수량', '판매수량'만 선택하고 [확인]을 클릭한다.

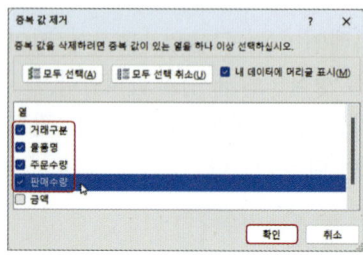

② 메시지가 표시되면 [확인]을 클릭한다.

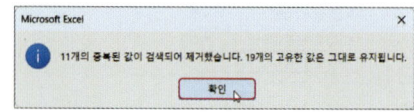

③ [A1] 셀을 클릭한 후 [데이터]-[정렬 및 필터] 그룹에서 [정렬](📋)을 클릭한다.

④ [정렬]에서 '물품명', '사용자 지정 목록'을 선택한 후 **로션, 향수, 마스크팩**를 입력하고 [추가]를 클릭하고 [확인]을 클릭한다.

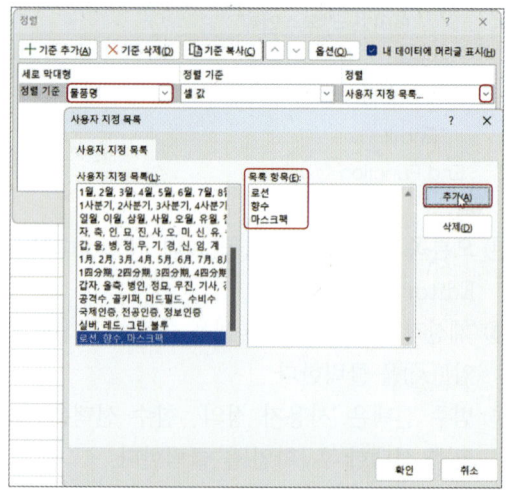

⑤ [기준 추가]를 클릭하여 '거래구분', '오름차순', 다음 기준에서 '물품명', '글꼴 색', RGB (255,0,0), '위에 표시', 다음 기준에서 '물품명', '글꼴 색', RGB(0,112,192), '아래쪽에 표시'를 선택하고 [확인]을 클릭한다.

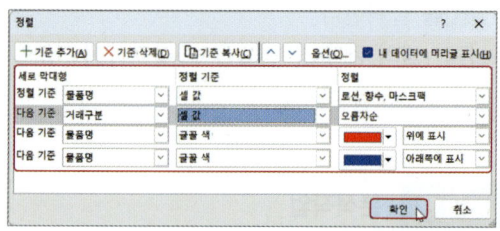

⑥ [데이터]-[개요] 그룹에서 [부분합](📋)을 클릭한다.

⑦ [부분합]에서 그룹화할 항목 '물품명', 사용할 함수 '평균', 계산 항목 '금액'만 체크하고 [확인]을 클릭한다.

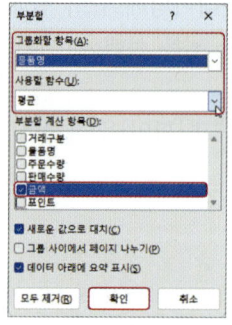

⑧ 다시 한번 [데이터]-[개요] 그룹에서 [부분합](▦)을 클릭한다.
⑨ [부분합]에서 그룹화할 항목 '거래구분', 사용할 함수 '개수', 계산 항목 '주문수량'만 체크한 후 '새로운 값으로 대치' 체크를 해제하고 [확인]을 클릭한다.

### 문제 ❹ 기타작업

#### 01 차트('차트작업' 시트)

① 차트에서 마우스 오른쪽 버튼을 눌러 [데이터 선택]을 클릭한 후 범례 항목(계열)에서 '속초'를 [아래로 이동]을 클릭하여 가장 아래로 배치하고 [확인]을 클릭한다.

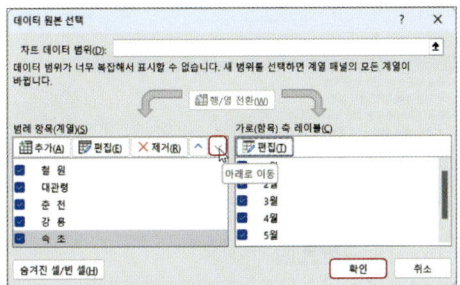

② [차트 요소](⊞)-[차트 제목]을 체크한 후 '차트 제목'을 선택한 후 수식 입력줄에 =를 입력하고 [B2] 셀을 클릭한 후 Enter를 누른다.

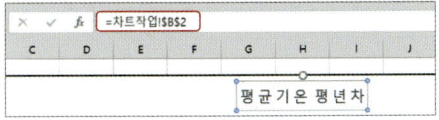

③ 세로(값) 축을 선택한 후 마우스 오른쪽 버튼을 눌러 [축 서식]을 클릭한 후 '축 옵션'의 '눈금'에서 '교차'를 선택한다.

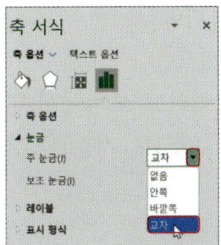

④ 세로(값) 축의 [축 서식]의 '축 옵션'에 '최소값' -10, '최대값'은 45, 단위 '기본'은 5, 가로 축 교차 '축 값'은 5를 입력한다.

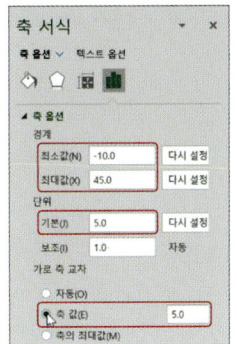

⑤ [차트 요소](⊞)-[데이터 테이블]-[범례 표시 포함]을 선택한다.
⑥ 2월 계열의 '강릉' 요소를 천천히 2번 클릭한다.
⑦ [차트 요소](⊞)-[데이터 레이블]-[기타 옵션]을 클릭한 후 레이블 내용은 '계열 이름', '값', 레이블 위치는 '가운데'를 선택한다.

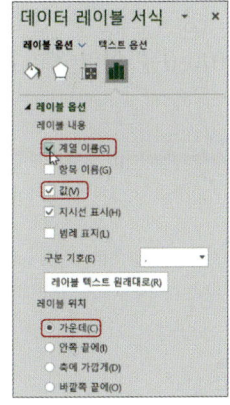

⑧ 데이터 계열을 선택한 후 [데이터 계열 서식]의 '계열 옵션'에 계열 겹치기 0을 입력한다.

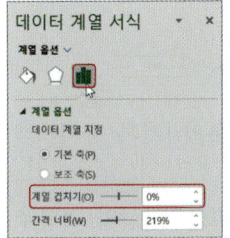

⑨ 차트 영역을 선택한 후 [차트 영역 서식]의 '테두리'에서 실선을 선택하고 색은 '검정, 텍스트 1'을 선택한다.

### 02 매크로('매크로' 시트)

① 비어 있는 셀을 클릭한 후 [개발 도구]-[코드] 그룹의 [매크로 기록]()을 클릭한다.
② [매크로 기록]에서 **서식적용**을 입력하고 [확인]을 클릭한다.
③ [D4:D16] 영역을 범위 지정한 후 Ctrl+1을 눌러 [표시 형식] 탭의 '사용자 지정'을 선택한 후 [파랑][>=10]★* 0.0;0.0을 입력하고 [확인]을 클릭한다.

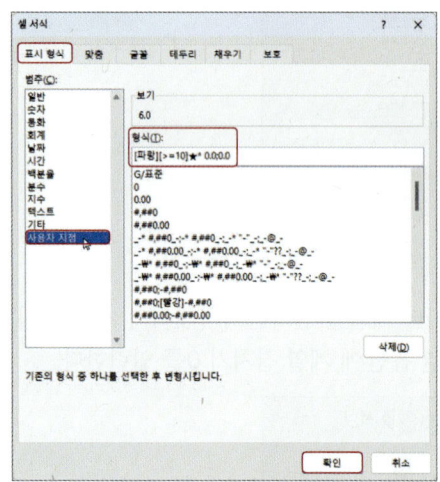

④ [개발 도구]-[코드] 그룹의 [기록 중지]()를 클릭한다.
⑤ [개발 도구]-[컨트롤] 그룹의 [삽입]-[단추(양식 컨트롤)]()을 클릭한다.
⑥ 마우스 포인터가 '+'로 바뀌면 Alt를 누른 상태에서 [I3:J4] 영역에 드래그하면 [매크로 지정] 대화상자가 나타난다.
⑦ [매크로 지정]에서 **서식적용**을 선택하고 [확인]을 클릭한다.
⑧ 단추에 입력된 '단추 1'을 지우고 **서식적용**을 입력한다.
⑨ 비어 있는 셀을 클릭한 후 [개발 도구]-[코드] 그룹의 [매크로 기록]()을 클릭한다.
⑩ [매크로 기록]에서 **아이콘보기**를 입력하고 [확인]을 클릭한다.
⑪ [G4:G16] 영역을 범위 지정한 후 [홈]-[스타일] 그룹의 [조건부 서식]-[새 규칙]을 클릭한 후 다음과 같이 지정하고 [확인]을 클릭한다.

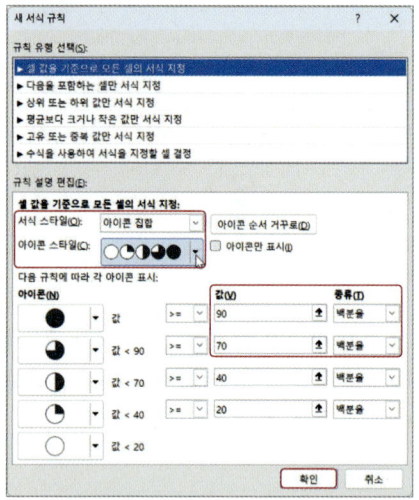

⑫ [개발 도구]-[코드] 그룹의 [기록 중지]()를 클릭한다.
⑬ [삽입]-[일러스트레이션] 그룹의 [도형]-[별 및 현수막]의 '리본: 위로 기울어짐()'을 선택한다.
⑭ 마우스 포인터가 '+'로 바뀌면 Alt를 누른 상태에서 [I6:K7] 영역에 드래그한다.
⑮ 도형에 **아이콘보기**를 입력하고 도형에서 마우스 오른쪽 버튼을 눌러 [매크로 지정]을 클릭한다.
⑯ [매크로 지정]에서 '아이콘보기'를 선택하고 [확인]을 클릭한다.

## 03 VBA 프로그래밍('렌트입력' 시트)

### ① 폼 보이기

① [개발 도구]-[컨트롤] 그룹의 [디자인 모드](N)를 클릭하여 〈렌트입력〉 버튼을 편집 상태로 만든다.

② 〈렌트입력〉 버튼에서 마우스 오른쪽 버튼을 클릭한 후 [코드 보기]를 클릭하여 다음과 같이 입력한다.

```
Private Sub Cmd렌트입력_Click()
    렌트입력화면.Show
End Sub
```

### ② 폼 초기화(콤보 상자)

① [프로젝트-VBAProject] 탐색기에서 〈렌트입력화면〉 폼을 더블클릭한 후 [코드 보기](📄)를 클릭한다.

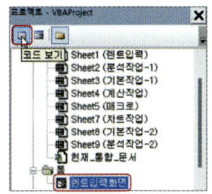

② '개체 목록'은 'UserForm', '프로시저 목록'은 'Initialize'를 선택한다.

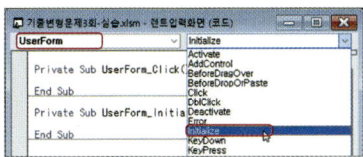

③ 코드 창에서 다음과 같이 입력한다.

```
Private Sub UserForm_Initialize()
    Cmb제품명.RowSource = "K4:L8"
    Cmb제품명.ColumnCount = 2
    Cmb등급.AddItem "VIP"
    Cmb등급.AddItem "우수"
    Cmb등급.AddItem "일반"
End Sub
```

### ③ 입력 프로시저

① [프로젝트-VBAProject] 탐색기에서 〈렌트입력화면〉 폼을 더블클릭한 후 '입력' 버튼을 더블클릭한다.

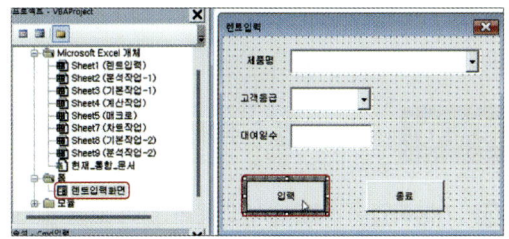

② 코드 창에서 다음과 같이 입력한다.

```
Private Sub Cmd입력_Click()
    i = Range("B3").CurrentRegion.Rows.Count + 2
    Cells(i, 2) = Cmb제품명.Column(0)
    Cells(i, 3) = Cmb등급
    Cells(i, 4) = Cmb제품명.Column(1)
    Cells(i, 5) = Text대여일수.Value
    Select Case Cmb등급
        Case "VIP"
            Cells(i, 6) = Cells(i, 4) * Cells(i, 5) * 0.01
        Case "우수"
            Cells(i, 6) = Cells(i, 4) * Cells(i, 5) * 0.015
        Case "일반"
            Cells(i, 6) = Cells(i, 4) * Cells(i, 5) * 0.02
    End Select
End Sub
```

### ④ 종료 프로시저

① '개체 목록'은 'Cmd종료', '프로시저 목록'은 'Click'를 선택한다.

② 코드 창에서 다음과 같이 입력한다.

```
Private Sub Cmd종료_Click()
    MsgBox "현재 일시 : " & Date, , "종료"
    Unload Me
End Sub
```

# 기출 유형 문제 04회

**작업파일** [26컴활1급₩1권_스프레드시트₩기출유형문제] 폴더의 '기출유형문제4회' 파일을 열어서 작업하시오.

## 문제 ❶ 기본작업 | 주어진 시트에서 다음 과정을 수행하고 저장하시오. 15점

**01** '기본작업-1' 시트에서 다음과 같이 고급 필터를 수행하시오. (5점)
- ▶ 부서가 '영업1팀'이 아니면서, 연봉이 중앙값을 초과한 자료를 입사일, 성명, 직급, 연봉 열만 순서대로 표시하시오.
- ▶ 조건은 [A30:A31] 영역 내에 알맞게 입력하시오. (AND, MEDIAN 함수 사용)
- ▶ 결과는 [A34] 셀부터 표시하시오.

**02** '기본작업-1' 시트 [A4:F28]에 대해 다음과 같이 조건부 서식을 설정하시오. (5점)
- ▶ 연봉이 가장 크거나 연봉이 가장 작은 자료 행 전체에 대하여 글꼴 스타일은 '굵은 기울임꼴', 글꼴 색은 '표준 색 - 빨강'으로 표시하시오.
- ▶ 단, 규칙 유형은 '수식을 사용하여 서식을 지정할 셀 결정'을 이용하시오. (MAX, MIN 함수 사용)

**03** '기본작업-2' 시트에서 다음과 같이 페이지 레이아웃을 설정하시오. (5점)
- ▶ [A1:F28] 영역을 인쇄 영역으로 설정하고, 용지 여백을 왼쪽과 오른쪽의 값 '1'로 지정하시오.
- ▶ 인쇄될 내용이 페이지의 정 가운데에 인쇄되도록 페이지 가운데 맞춤을 설정하시오.
- ▶ 매 페이지 하단의 왼쪽 구역에는 인쇄 시간이 [표시 예]와 같이 표시되도록 바닥글을 설정하시오.
 [표시 예 : 현재 시간이 오후 5시 45분이면 → 인쇄 시간 : 5:45 PM]

## 문제 ❷ 계산작업 | 주어진 시트에서 다음 과정을 수행하고 저장하시오  30점

**01** [표1]의 주문코드를 이용하여 주문방법[E3:E25] 영역에 주문방법별 누적개수를 계산하여 표시하시오. (6점)
- ▶ 주문코드[A3:A25]의 첫 글자는 "T"이면 "전화", "O"이면 "온라인", "V"이면 "방문"으로 표시
- ▶ 동일한 주문방법은 누적하여 표시 [표시 예 : 방문(2건)]
- ▶ IF, LEFT, COUNTIF 함수와 & 연산자 이용

**02** [표1]의 결제방법, 매출액, 할부기간과 [표2]의 할부기간별 수수료율을 이용하여 결제수수료[F3:F25] 영역에 결제수수료를 계산하여 표시하시오. (6점)
- ▶ 결제수수료 = 매출액 × 수수료율
- ▶ 결제방법에서 '한국카드'를 제외한 나머지 카드는 '기타카드'로 처리
- ▶ HLOOKUP, MATCH 함수를 사용

**03** [표1]의 매출액을 이용하여 [표3]를 이용하여 매출액별 주문건수를 구한 후에 해당 개수만큼 '♥'를 [J3:J7] 영역에 반복하여 표시하시오. (6점)
- ▶ [표시 예 : 3 → ♥♥♥]
- ▶ REPT, FREQUENCY 함수를 이용한 배열 수식 사용

**04** [표1]의 결제방법, 매출액을 이용하여 결제방법에 따른 매출액의 순위 1, 2, 3위에 해당하는 값을 [표4]의 [I11:K13] 영역에 표시하시오. (6점)
- ▶ 매출액은 내림하여 만 단위로 표시 [표시 예 : 1,234,500 → 1,230,000]
- ▶ ROUNDDOWN, LARGE 함수와 배열 상수를 이용한 배열 수식

**05** [표5]의 키와 몸무게를 이용하여 BMI(체질량지수)를 계산하는 사용자 정의 함수 'fn지수'를 작성하여 체질량지수[K17:K25] 영역에 표시하시오. (6점)
- ▶ 'fn지수'은 키와 몸무게를 인수로 받아 체질량지수를 계산하여 되돌려 줌
- ▶ 체질량지수 = (몸무게 / 키 )^2

```
Public Function fn지수(키, 몸무게)

End Function
```

## 문제 ❸ 분석작업 | 주어진 시트에서 다음 과정을 수행하고 저장하시오. 20점

**01** '분석작업-1' 시트에서 다음 그림과 같이 피벗 테이블을 작성하시오. (10점)

- ▶ 외부 데이터 가져오기 기능을 사용하여 〈핸드폰.accdb〉의 〈핸드폰상품목록〉 테이블의 '출시일', '통신사', '단말기가격', '기타비용' 필드만을 이용하시오.
- ▶ 피벗 테이블 보고서의 레이아웃과 위치는 〈그림〉을 참조하여 설정하고, 보고서 레이아웃을 개요 형식으로 표시하시오.
- ▶ '출시일' 필드는 그룹의 '월' 단위로 지정하고, 그룹 하단에 모든 부분합이 표시되도록 설정하시오.
- ▶ "단말기가격', '기타비용' 필드는 평균으로 계산 후 사용자 지정 이름을 각각 '단말기가격평균', '기타비용평균'으로 변경하고, 필드 표시 형식은 값 필드 설정의 셀 서식에서 '숫자' 범주를 이용하여 〈그림〉과 같이 지정하시오.
- ▶ 피벗 테이블 스타일은 '연한 파랑, 피벗 스타일 보통 9', 피벗 테이블 스타일 옵션은 '행 머리글', '열 머리글', '줄무늬 열'로 설정하시오.
- ▶ +/- 기호는 표시하지 않고, 통신사를 기준으로 내림차순 정렬하시오.

| | A | B | C | D | E | F |
|---|---|---|---|---|---|---|
| 1 | | | | | | |
| 2 | | 출시일 | 통신사 | 단말기가격평균 | 기타비용평균 | |
| 3 | | 1월 | | | | |
| 4 | | | 한국통신 | 323,333 | 40,000 | |
| 5 | | | 영진통신 | 310,000 | 26,667 | |
| 6 | | | 나래통신 | 386,667 | 38,333 | |
| 7 | | 1월 요약 | | 342,222 | 37,222 | |
| 8 | | 2월 | | | | |
| 9 | | | 한국통신 | 140,000 | 13,333 | |
| 10 | | | 영진통신 | 445,556 | 35,556 | |
| 11 | | | 나래통신 | 515,000 | 10,000 | |
| 12 | | 2월 요약 | | 390,000 | 27,143 | |
| 13 | | 총합계 | | 363,125 | 32,813 | |
| 14 | | | | | | |

※ 작업 완성된 그림이며 부분 점수 없음

**02** '분석작업-2' 시트에 대하여 다음의 지시사항을 처리하시오. (10점)

- ▶ [B2:G23] 영역에 대해서 '등급' 필드를 '실버-레드-그린-블루' 순으로 정렬하고, '등급'이 동일한 경우 '포인트'의 '조건부 서식 아이콘'을 기준으로 '★'은 '위에 표시'하고, '☆'은 '아래쪽에 표시'되도록 정렬하시오.
- ▶ 적립률[D27]이 다음과 같이 변동하는 경우 포인트 합계[G24]의 변동 시나리오를 작성하시오.
  - 셀 이름 정의 : [D27] 셀은 '적립률', [G24] 셀은 '포인트합계'로 정의하시오.
  - 시나리오1 : 시나리오 이름은 '적립률10%', 적립률은 10%로 설정하시오.
  - 시나리오2 : 시나리오 이름은 '적립률30%', 적립률은 30%로 설정하시오.
  - 위 시나리오에 의한 '시나리오 요약' 보고서는 '분석작업-2' 시트 바로 앞에 위치시키시오.

  ※ 시나리오 요약 보고서 작성 시 정답과 일치하여야 하며, 오자로 인한 부분점수는 인정하지 않음

**문제 ❹** | **기타작업** | 주어진 시트에서 다음 과정을 수행하고 저장하시오. **35점**

**01** '기타작업-1' 시트에서 다음의 지시사항에 따라 차트를 수정하시오. (각 2점)

※ 차트는 반드시 문제에서 제공한 차트를 사용하여야 하며, 신규로 차트 작성 시 0점 처리됨

① '증감' 계열을 삭제하고, 차트를 '원형 대 원형' 차트로 변경한 후 차트 제목을 그림과 같이 설정하시오.

② 계열 분할 위치의 둘째 영역 값을 3으로 설정하시오.

③ 계열간의 간격 너비는 50%, 둘째 영역 크기는 100%로 설정하시오.

④ 데이터의 모든 레이블을 나타내고, 계열 내의 '항목 이름'과 '백분율'을 '가운데'에 표시하시오.

⑤ '2025' 요소를 '작은 물방울' 질감으로 채우고, 도형 효과 미리 설정의 '기본 설정2'로 설정하시오.

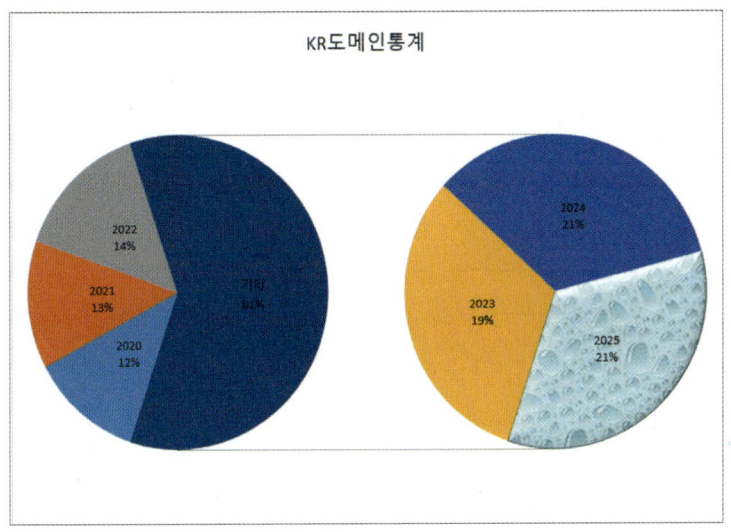

**02** '기타작업-2' 시트에서 다음과 같은 기능을 수행하는 매크로를 현재 통합문서에 작성하시오. (각 5점)

① [G6:G37] 영역에 대하여 사용자 지정 표시 형식을 설정하는 '서식적용' 매크로를 생성하시오.
   ▶ 양수는 백분율, 음수는 자홍색으로 [적립]이란 글자와 백분율로 나타내고, 그 외는 아무것도 표시되지 않도록 설정하시오. 음수의 경우 '[적립]'과 백분율 사이는 열의 너비만큼 공백을 삽입하시오.
   [표시 예 : 0.03 → 3%, -0.01 → [적립]    1%, 0 →   ]
   ▶ [개발 도구]-[삽입]-[양식 컨트롤]의 '단추(□)'를 동일 시트의 [B2:C3] 영역에 생성한 후 텍스트를 '서식적용'으로 입력하고, 단추를 클릭하면 '서식적용' 매크로가 실행되도록 설정하시오.

② [E6:E37] 영역에 대하여 조건부 서식을 적용하는 '그래프보기' 매크로를 생성하시오.
   ▶ 규칙 유형은 '셀 값을 기준으로 모든 셀의 서식 지정'으로 선택하고, 서식 스타일 '데이터 막대', 최소값은 백분위수 10, 최대값은 백분위수 90으로 설정하시오.
   ▶ 막대 모양은 채우기를 '그라데이션 채우기', 색을 '표준 색 – 연한 파랑'으로 설정하시오.
   ▶ [개발 도구]-[삽입]-[양식 컨트롤]의 '단추'를 동일 시트의 [E2:F3] 영역에 생성한 후 텍스트를 '그래프보기'로 입력하고, 단추를 클릭하면 '그래프보기' 매크로가 실행되도록 설정하시오.

※ 셀 포인터의 위치에 관계없이 매크로가 실행되어야 정답으로 인정됨

## 03 '기타작업-3' 시트에서 아래 그림을 참조하여 다음과 같은 작업을 수행하고 저장하시오. (각 5점)

① '요금계산' 버튼을 클릭하면 〈요금계산〉 폼이 나타나도록 프로시저를 작성하시오.
② 폼이 초기화되면(Initialize) Txt납부일에는 오늘 날짜가 표시되고, [H6:J12] 영역의 내용이 요금선택(lst요금)의 목록에 설정되도록 프로시저를 작성하시오.
③ 〈요금계산〉 폼의 〈계산(cmd계산)〉 버튼을 클릭하면 폼에 입력된 납부일(Txt납부일), 요금코드, 통신사, 사용시간(초)(Txt사용시간), 기본요금, 사용요금을 계산하여 [표1]에 입력되도록 작성하시오.
▶ 사용요금 = 사용시간(초) × 기본요금
▶ 통신사, 기본요금은 ListIndex 속성을 이용해서 구하시오.

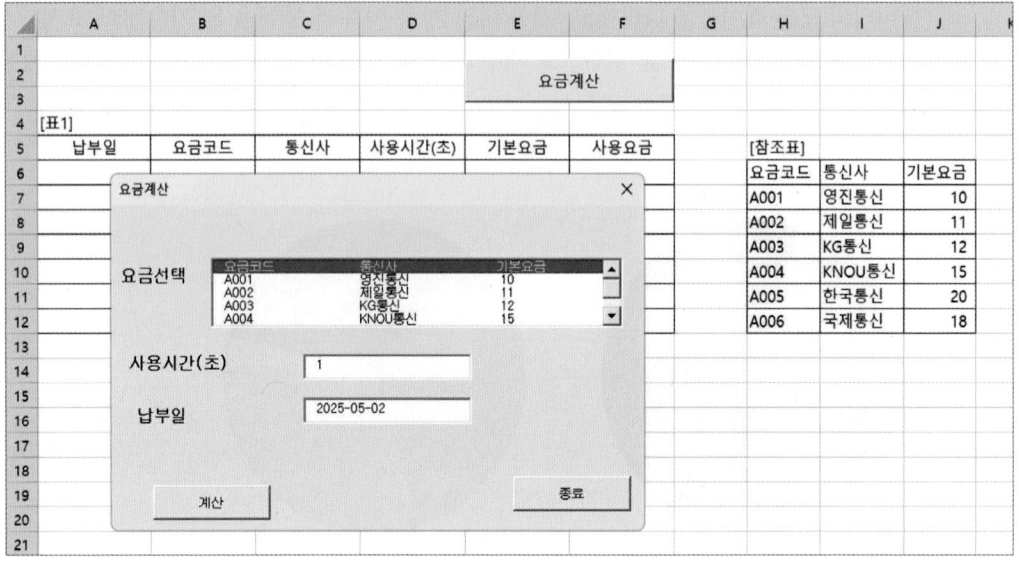

※ 데이터를 추가하거나 삭제하여도 항상 마지막 데이터 다음에 입력되어야 함

# 기출 유형 문제 04회 정답

## 문제 ① 기본작업

### 01 고급 필터

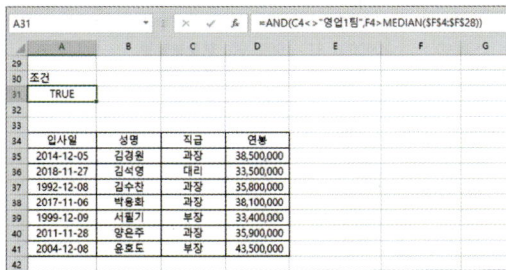

### 03 페이지 레이아웃

### 02 조건부 서식

## 문제 ❷ 계산작업

**01** 주문방법, 결제수수료, 주문건수, 결제방법, 체질량지수

| | A | B | C | D | E | F | G | H | I | J | K |
|---|---|---|---|---|---|---|---|---|---|---|---|
| 1 | [표1] | | | | | | | [표3] | | | |
| 2 | 주문코드 | 결제방법 | 매출액 | 할부기간 | 주문방법 | 결제수수료 | | 매출액 | | 주문건수 | |
| 3 | T001 | 나라카드 | 1,650,000 | 6 | 전화(1건) | 66,000 | | 0 ~ | 1,000,000 | ♥♥♥♥ | |
| 4 | O002 | 한국카드 | 1,560,000 | 12 | 온라인(1건) | 109,200 | | 1000001 ~ | 2,000,000 | ♥♥♥♥♥♥♥ | |
| 5 | V006 | 한국카드 | 1,280,000 | 3 | 방문(1건) | 38,400 | | 2000001 ~ | 3,000,000 | ♥♥♥♥ | |
| 6 | V003 | 대한카드 | 2,540,000 | 12 | 방문(2건) | 152,400 | | 3000001 ~ | 4,000,000 | ♥♥♥♥ | |
| 7 | T004 | 나라카드 | 3,210,000 | 6 | 전화(2건) | 128,400 | | 4000001 ~ | 5,000,000 | ♥♥♥ | |
| 8 | O005 | 한국카드 | 4,210,000 | 12 | 온라인(2건) | 294,700 | | | | | |
| 9 | V006 | 나라카드 | 2,840,000 | 12 | 방문(3건) | 170,400 | | [표4] | | | |
| 10 | O005 | 나라카드 | 3,130,000 | 12 | 온라인(3건) | 187,800 | | 결제방법 | 1위 | 2위 | 3위 |
| 11 | V002 | 대한카드 | 857,000 | 3 | 방문(4건) | 17,140 | | 나라카드 | 4,150,000 | 3,210,000 | 3,130,000 |
| 12 | V003 | 한국카드 | 840,000 | 12 | 방문(5건) | 58,800 | | 대한카드 | 4,780,000 | 3,540,000 | 3,140,000 |
| 13 | T001 | 대한카드 | 3,540,000 | 6 | 전화(3건) | 141,600 | | 한국카드 | 4,210,000 | 2,570,000 | 2,540,000 |
| 14 | O002 | 나라카드 | 1,586,000 | 12 | 온라인(4건) | 95,160 | | | | | |
| 15 | V005 | 한국카드 | 857,000 | 6 | 방문(6건) | 42,850 | | [표5] | | | |
| 16 | T007 | 한국카드 | 2,541,000 | 6 | 전화(4건) | 127,050 | | 성명 | 키 | 몸무게 | 체질량지수 |
| 17 | O002 | 나라카드 | 3,147,000 | 7 | 온라인(5건) | 125,880 | | 김문근 | 185 | 80 | 18.7% |
| 18 | V006 | 나라카드 | 954,000 | 10 | 방문(7건) | 38,160 | | 백미화 | 156 | 55 | 12.4% |
| 19 | T001 | 한국카드 | 1,879,000 | 6 | 전화(5건) | 93,950 | | 위견 | 171 | 68 | 15.8% |
| 20 | O003 | 나라카드 | 4,150,000 | 12 | 온라인(6건) | 249,000 | | 유명상 | 176 | 70 | 15.8% |
| 21 | V005 | 나라카드 | 2,741,000 | 8 | 방문(8건) | 109,640 | | 박형선 | 181 | 75 | 17.2% |
| 22 | T005 | 대한카드 | 1,238,000 | 9 | 전화(6건) | 49,520 | | 차준호 | 178 | 90 | 25.6% |
| 23 | O005 | 한국카드 | 2,574,000 | 11 | 온라인(7건) | 128,700 | | 최태웅 | 175 | 85 | 23.6% |
| 24 | V006 | 대한카드 | 4,784,000 | 4 | 방문(9건) | 95,680 | | 윤지은 | 160 | 59 | 13.6% |
| 25 | V007 | 나라카드 | 1,297,000 | 5 | 방문(10건) | 25,940 | | 위성신 | 169 | 50 | 8.8% |
| 26 | | | | | | | | | | | |

1. [E3] 셀에 「=IF(LEFT(A3,1)="T", "전화(", IF(LEFT(A3,1)="O","온라인(","방문(")) & COUNTIF($A$3:A3, LEFT(A3,1)&"*") & "건)"」를 입력하고 [E25] 셀까지 수식 복사

2. [F3] 셀에 「=C3*HLOOKUP(D3,$B$28:$E$31,MATCH(B3,{"한국카드","대한카드"},-1)+2)」를 입력하고 [F25] 셀까지 수식 복사

3. [J3:J7] 영역에 「=REPT("♥",FREQUENCY(C3:C25,I3:I7))」를 입력하고 Ctrl + Shift + Enter

4. [I11:K11] 셀에 「=ROUNDDOWN(LARGE(($B$3:$B$25=H11)*$C$3:$C$25,{1,2,3}),-4)」를 입력하고 Ctrl + Shift + Enter 를 누른 후 [K13] 셀까지 수식 복사

5. [K17] 셀에 「=fn지수(I17,J17)」를 입력하고 [K25] 셀까지 수식 복사

```
Public Function fn지수(키, 몸무게)
    fn지수 = (몸무게 / 키) ^ 2
End Function
```

## 문제 ❸ 분석작업

### 01 피벗 테이블

| | A | B | C | D | E | F |
|---|---|---|---|---|---|---|
| 1 | | | | | | |
| 2 | | 출시일 | 통신사 | 단말기가격평균 | 기타비용평균 | |
| 3 | | 1월 | | | | |
| 4 | | | 한국통신 | 323,333 | 40,000 | |
| 5 | | | 영진통신 | 310,000 | 26,667 | |
| 6 | | | 나래통신 | 386,667 | 38,333 | |
| 7 | | 1월 요약 | | 342,222 | 37,222 | |
| 8 | | 2월 | | | | |
| 9 | | | 한국통신 | 140,000 | 13,333 | |
| 10 | | | 영진통신 | 445,556 | 35,556 | |
| 11 | | | 나래통신 | 515,000 | 10,000 | |
| 12 | | 2월 요약 | | 390,000 | 27,143 | |
| 13 | | 총합계 | | 363,125 | 32,813 | |
| 14 | | | | | | |

### 02 데이터 도구

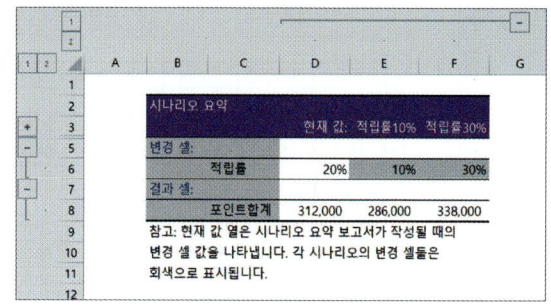

※ 나이는 실습하는 년도에 따라 결과 그림과 다를 수 있음

## 문제 ❹ 기타작업

### 01 차트

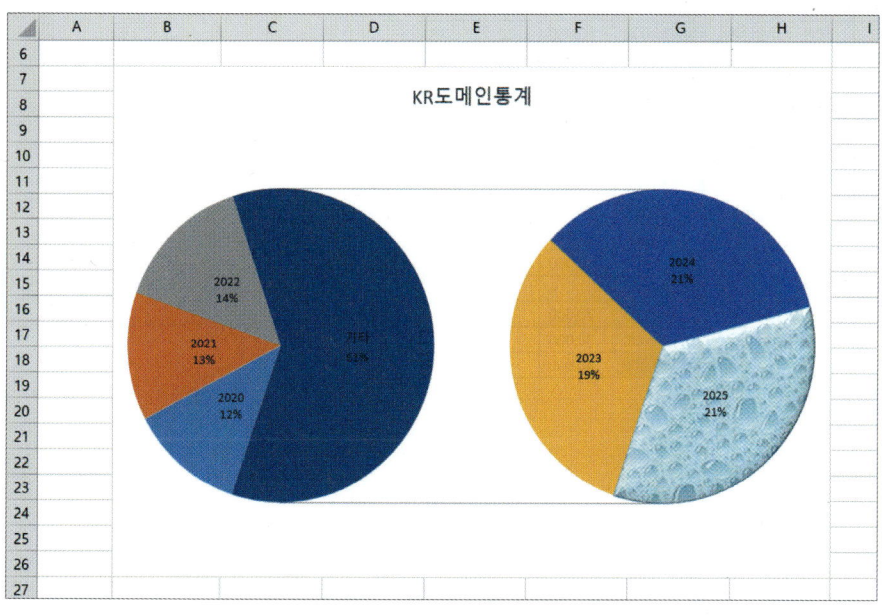

## ❷ 매크로

| | A | B | C | D | E | F | G | H |
|---|---|---|---|---|---|---|---|---|
| 1 | | | | | | | | |
| 2 | | | 서식적용 | | | 그래프보기 | | |
| 3 | | | | | | | | |
| 4 | | | | | | | | |
| 5 | | 제품코드 | 판매조건 | 통신사 | 단말기가격 | 기타비용 | 할인율 | |
| 6 | | SA-1 | 기변 | 나래통신 | 500,000 | - | | 3% |
| 7 | | SA-2 | 변호이동 | 나래통신 | 450,000 | 20,000 | [적립] | 1% |
| 8 | | SA-3 | 보상 | 나래통신 | 350,000 | 60,000 | | |
| 9 | | SA-4 | 신규 | 나래통신 | 150,000 | 80,000 | | 3% |
| 10 | | SA-5 | 기변 | 한국통신 | 600,000 | - | [적립] | 5% |
| 11 | | SA-6 | 변호이동 | 한국통신 | 500,000 | 20,000 | | 3% |
| 12 | | SA-7 | 보상 | 한국통신 | 400,000 | 60,000 | | 4% |
| 13 | | SA-8 | 신규 | 한국통신 | 250,000 | 80,000 | | 2% |
| 14 | | SA-9 | 기변 | 한국통신 | 220,000 | - | | 1% |
| 15 | | SA-10 | 변호이동 | 한국통신 | 190,000 | 20,000 | | 5% |
| 16 | | SA-11 | 보상 | 한국통신 | 150,000 | 60,000 | [적립] | 4% |
| 17 | | SA-12 | 신규 | 한국통신 | 350,000 | 80,000 | | 2% |
| 18 | | SA-13 | 기변 | 영진통신 | 350,000 | - | | |
| 19 | | SA-14 | 변호이동 | 영진통신 | 300,000 | 20,000 | | |
| 20 | | SA-15 | 보상 | 영진통신 | 280,000 | 60,000 | | |
| 21 | | SA-16 | 신규 | 영진통신 | 400,000 | 80,000 | | |
| 22 | | SA-17 | 기변 | 영진통신 | 480,000 | - | | 1% |
| 23 | | SA-18 | 변호이동 | 영진통신 | 400,000 | 20,000 | | 5% |
| 24 | | SA-19 | 보상 | 영진통신 | 380,000 | 60,000 | | 3% |
| 25 | | SA-20 | 신규 | 영진통신 | 600,000 | 80,000 | | 2% |
| 26 | | SA-21 | 기변 | 영진통신 | 650,000 | - | | 3% |
| 27 | | SA-22 | 변호이동 | 영진통신 | 500,000 | 10,000 | [적립] | 3% |
| 28 | | SA-23 | 보상 | 영진통신 | 400,000 | 30,000 | | 4% |
| 29 | | SA-24 | 신규 | 영진통신 | 200,000 | 40,000 | | 4% |
| 30 | | SA-25 | 기변 | 한국통신 | 170,000 | - | | 3% |
| 31 | | SA-26 | 변호이동 | 한국통신 | 150,000 | 10,000 | | 2% |
| 32 | | SA-27 | 보상 | 한국통신 | 100,000 | 30,000 | | 2% |
| 33 | | SA-28 | 신규 | 한국통신 | 250,000 | 40,000 | | 2% |
| 34 | | SA-29 | 기변 | 나래통신 | 550,000 | - | [적립] | 2% |
| 35 | | SA-30 | 변호이동 | 나래통신 | 480,000 | 20,000 | | 5% |
| 36 | | SA-31 | 보상 | 나래통신 | 320,000 | 30,000 | [적립] | 3% |
| 37 | | SA-32 | 신규 | 나래통신 | 550,000 | 40,000 | | 7% |
| 38 | | | | | | | | |

## ❸ VBA 프로그래밍

• 폼 보이기 프로시저

```
Private Sub cmd요금계산_Click()
    요금계산.Show
End Sub
```

• 폼 초기화 프로시저

```
Private Sub UserForm_Initialize()
    Txt납부일 = Date
    lst요금.ColumnCount = 3
    lst요금.RowSource = "H6:J12"
End Sub
```

• 입력 프로시저

```
Private Sub cmd계산_Click()
    i = Range("A5").CurrentRegion.Rows.Count + 4
    Cells(i, 1) = Txt납부일
    Cells(i, 2) = lst요금.List(lst요금.ListIndex, 0)
    Cells(i, 3) = lst요금.List(lst요금.ListIndex, 1)
    Cells(i, 4) = Txt사용시간.Value
    Cells(i, 5) = lst요금.List(lst요금.ListIndex, 2)
    Cells(i, 6) = Cells(i, 4) * Cells(i, 5)
End Sub
```

# 기출 유형 문제 04회 해설

### 문제 ① 기본작업

#### 01 고급 필터('기본작업-1' 시트)

① [A30:A31] 영역에 조건식을 입력하고, [A34:D34] 영역에 출력할 필드명을 입력한다.

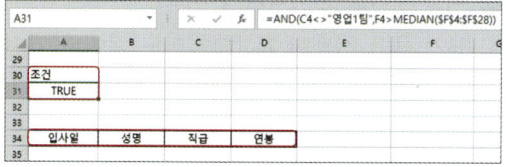

[A31] : =AND(C4<>"영업1팀",F4>MEDIAN($F$4:$F$28))

② 데이터 목록 안의 아무 셀이나 클릭하고 [데이터]-[정렬 및 필터] 그룹에서 [고급](🔽)을 클릭한다.

③ [고급 필터]에서 그림과 같이 지정한 후 [확인]을 클릭한다.

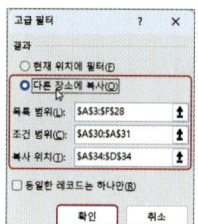

- 결과 : '다른 장소에 복사'
- 목록 범위 : [A3:F28]
- 조건 범위 : [A30:A31]
- 복사 위치 : [A34:D34]

#### 02 조건부 서식('기본작업-1' 시트)

① [A4:F28] 영역을 범위 지정한 후 [홈]-[스타일] 그룹의 [조건부 서식]-[새 규칙]을 클릭한다.

> **기적의 TIP**
> 
> 조건부 서식의 범위 지정할 때 [F28] 셀에서 [A4] 셀 방향으로 범위를 지정하면 조건부 서식이 제대로 실행되지 않습니다. 반드시 [A4] 셀에서 시작하여 [F28] 셀까지 범위를 지정해야 합니다.

② [새 서식 규칙]에서 '▶수식을 사용하여 서식을 지정할 셀 결정'을 선택한 후, =($F4=MAX($F$4:$F$28))+($F4=MIN($F$4:$F$28))를 입력하고 [서식]을 클릭한다.

③ [글꼴] 탭에서 '굵은 기울임꼴', 글꼴 색 '표준 색 - 빨강'을 선택하고 [확인]을 클릭한다.

④ [새 서식 규칙]에서 '수식'과 '서식'이 맞는지 확인한 다음 [확인]을 클릭한다.

#### 03 페이지 레이아웃('기본작업-2' 시트)

① [A1:F28] 영역을 범위 지정한 후 [페이지 레이아웃]-[페이지 설정] 그룹의 [인쇄 영역]-[인쇄 영역 설정]을 클릭한다.

② [페이지 레이아웃]-[페이지 설정] 그룹에서 [옵션](🔽)을 클릭한다.

③ [여백] 탭에서 왼쪽, 오른쪽에 각각 1로 지정하고, 페이지 가운데 맞춤 '가로', '세로'를 체크한다.

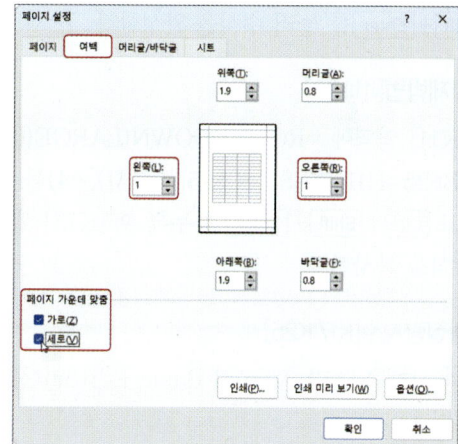

④ [머리글/바닥글] 탭에서 [바닥글 편집]을 클릭한다.

⑤ 왼쪽 구역에 커서를 두고 **인쇄 시간 :** 을 입력한 후, [시간 삽입](🕐)을 클릭한 후 [확인]을 클릭하고 [페이지 설정]에서 [확인]을 클릭한다.

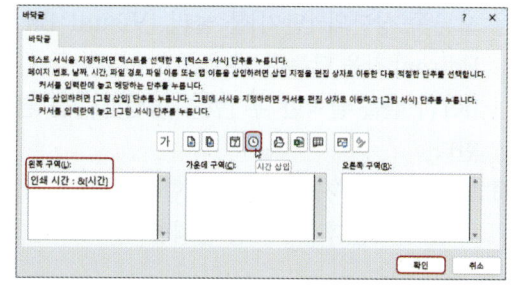

## 문제 ❷  계산작업

### ① 주문방법[E3:E25]

[E3] 셀에 =IF(LEFT(A3,1)="T", "전화(", IF(LEFT(A3,1)="O","온라인(","방문(")) & COUNTIF($A$3:A3, LEFT(A3,1)&"*") & "건)"를 입력하고 [E25] 셀까지 수식을 복사한다.

### ② 결제수수료[F3:F25]

[F3] 셀에 =C3*HLOOKUP(D3,$B$28:$E$31, MATCH(B3,{"한국카드","대한카드"},-1)+2)를 입력하고 [F25] 셀까지 수식을 복사한다.

### ③ 주문건수[J3:J7]

[J3:J7] 영역을 범위 지정한 후 =REPT("♥", FREQUENCY(C3:C25,I3:I7))를 입력하고 Ctrl +Shift+Enter를 눌러 수식을 완성한다.

### ④ 결제방법[I11:K13]

[I11:K11] 영역에 =ROUNDDOWN(LARGE(($B$3:$B$25=H11)*$C$3:$C$25,{1,2,3}),-4)를 입력하고 Ctrl+Shift+Enter를 누른 후 [K13] 셀까지 수식을 복사한다.

### ⑤ 체질량지수[K17:K25]

① Alt+F11을 눌러 [Visual Basic Editor] 창을 연다.
② [삽입]-[모듈]을 클릭한다.
③ 코드 입력창에 아래와 같이 코드를 입력한다.

```
Public Function fn지수(키, 몸무게)
    fn지수 = (몸무게 / 키) ^ 2
End Function
```

④ 오른쪽 상단의 [닫기]를 눌러 [Visual Basic Editor] 창을 닫는다.
⑤ [K17] 셀을 클릭한 후 [함수 삽입](fx)를 클릭한다.
⑥ 범주 선택은 '사용자 정의', 함수 선택은 'fn지수'를 선택한 후 [확인]을 클릭한다.
⑦ 키는 [I17], 몸무게는 [J17]을 지정하고 [확인]을 클릭한다.
⑧ [K17] 셀의 채우기 핸들을 이용하여 [K25] 셀까지 수식을 복사한다.

## 문제 ❸  분석작업

### ① 피벗 테이블('분석작업-1' 시트)

① [B2] 셀을 선택한 후 [데이터]-[데이터 가져오기 및 변환] 그룹에서 [데이터 가져오기]-[기타 원본에서]-[Microsoft Query에서]를 클릭한다.
② [데이터 원본 선택]의 [데이터베이스] 탭에서 'MS Access Database *'를 선택하고 [확인]을 클릭한다.
③ '핸드폰.accdb'를 선택하고 [확인]을 클릭한다.
④ 〈핸드폰상품목록〉 테이블을 더블클릭하여 '출시일', '통신사', '단말기가격', '기타비용'을 선택하고 [다음]을 클릭한다.

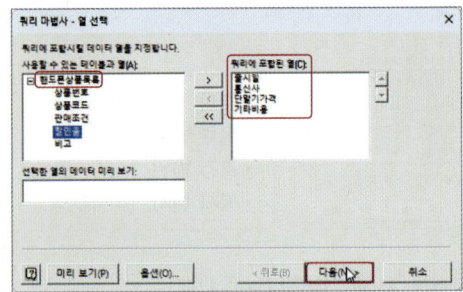

⑤ [데이터 필터]와 [정렬 순서]에서는 설정 없이 [다음]을 클릭한다.
⑥ [마침]에서 'Microsoft Excel(으)로 데이터 되돌리기'를 선택하고 [마침]을 클릭한다.
⑦ [데이터 가져오기]에서 '피벗 테이블 보고서'를 선택한 다음, '기존 워크시트'는 [B2] 셀을 지정하고 [확인]을 클릭한다.

⑧ [피벗 테이블 필드]에서 다음과 같이 드래그한다.

⑨ [디자인]-[레이아웃] 그룹의 [보고서 레이아웃]-[개요 형식으로 표시]을 클릭한다.
⑩ [B2] 셀에서 마우스 오른쪽 버튼을 눌러 [그룹]을 클릭한다.
⑪ [그룹화]에서 '일'을 선택을 해제하고, '월'만 선택된 상태에서 [확인]을 클릭한다.
⑫ [디자인]-[레이아웃] 그룹의 [부분합]-[그룹 하단에 모든 부분합 표시]를 클릭한다.
⑬ [D2] 셀에서 마우스 오른쪽 버튼을 눌러 [값 필드 설정]을 클릭하여 '평균'을 선택하고, 사용자 지정 이름에 **단말기가격평균**을 입력하고, [표시 형식]을 클릭한 후 [셀 서식]에서 '숫자'를 선택하고 '1000단위 구분 기호 사용'을 체크하고 [확인]을 클릭한다.
⑭ 같은 방법으로 '기타비용'도 '평균', 사용자 지정 이름은 **기타비용평균**, 셀 서식을 '숫자'를 선택하고 '1000단위 구분 기호 사용'을 체크하고 [확인]을 클릭한다.

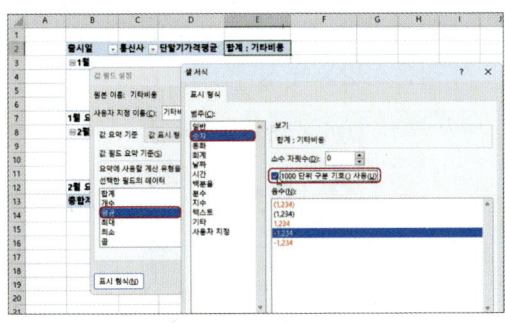

⑮ 피벗 테이블 안에 셀 포인터가 놓여 있는 상태에서 [디자인]-[피벗 테이블 스타일] 그룹의 '연한 파랑, 피벗 스타일 보통 9'을 선택하고 '줄무늬 열'을 체크한다.

⑯ [피벗 테이블 분석]-[표시] 그룹에서 [+/- 단추]를 클릭하여 해제하고, 통신사 [C2] 셀의 목록 단추(▼)를 클릭하여 [텍스트 내림차순 정렬](힣↓)을 클릭한다.

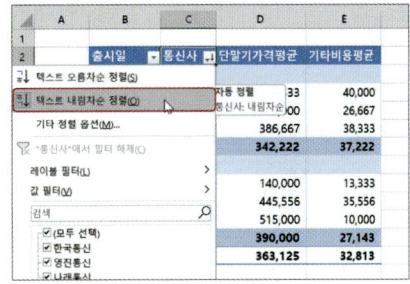

> **기적의 TIP**
>
> 사용하는 엑셀 버전에 따라 피벗 테이블 작성 시 날짜 데이터가 있을 경우 레이블 이름이 다르게 표시될 수 있습니다.

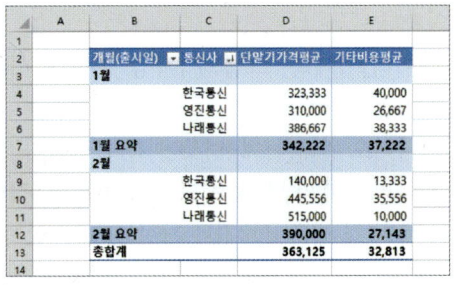

## 02 데이터 도구('분석작업-2' 시트)

① [B2:G23] 영역을 범위 지정한 후 [데이터]-[정렬 및 필터] 그룹에서 [정렬]을 클릭한다.
② 정렬 기준 '등급', 정렬 '사용자 지정 목록...'을 선택한 후 **실버, 레드, 그린, 블루**를 입력한 후 [추가]를 클릭한 후 [확인]을 클릭한다.

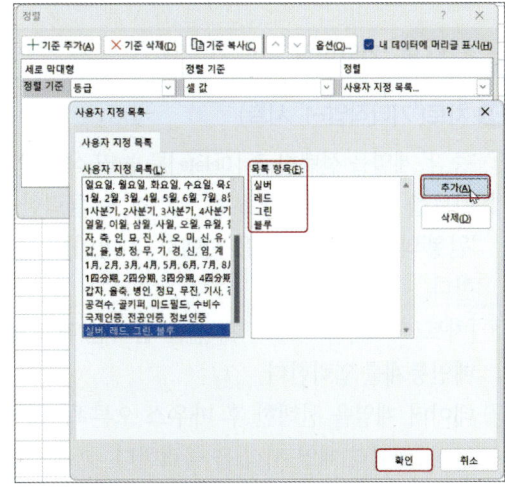

③ [정렬]에서 [기준 추가]를 클릭하여 다음 기준 '포인트', 정렬 기준 '조건부 서식 아이콘', 정렬 '위에 표시'를 선택한다.
④ [기준 추가]를 클릭하여 다음 기준 '포인트', 정렬 기준 '조건부 서식 아이콘', 정렬 '아래쪽에 표시'를 선택하고 [확인]을 클릭한다.

⑤ [D27] 셀을 클릭한 후 이름 상자에 **적립률**를 입력하고, [G24] 셀은 **포인트합계**로 이름을 정의한다.
⑥ [데이터]-[예측] 그룹의 [가상 분석]-[시나리오]를 클릭한다.
⑦ [시나리오 관리자]에서 [추가]를 클릭한다.
⑧ [시나리오 추가]에서 '시나리오 이름'은 **적립률 10%**, 변경 셀은 [D27]로 지정하고 [확인]을 클릭한다.
⑨ 적립률은 10%를 입력하고 [추가]를 클릭한다.
⑩ [시나리오 추가]에서 시나리오 이름에 **적립률 30%**를 입력하고 [확인]을 클릭한다.
⑪ [시나리오 값]에서 30%를 입력하고 [확인]을 클릭한다.
⑫ [시나리오 관리자]에서 [요약]을 클릭한 후 결과 셀 [G24] 셀을 지정하고 [확인]을 클릭한다.

### 문제 ④ 기타작업

**01 차트('기타작업-1' 시트)**

① '증감' 계열을 선택한 후 Delete 를 눌러 삭제한다.
② 차트를 선택한 후 [차트 종류 변경]을 클릭한 후 '원형'의 '원형 대 원형'을 선택하고 [확인]을 클릭한다.
③ [차트 요소](田)-[차트 제목]을 클릭한 후 **KR도 메인통계**를 입력한다.
④ 데이터 계열을 선택한 후 마우스 오른쪽 버튼을 눌러 [데이터 계열 서식]을 클릭한다.

⑤ '계열 옵션'에서 둘째 영역 값은 3, 간격 너비 50%, 둘째 영역 크기는 100%를 입력한다.

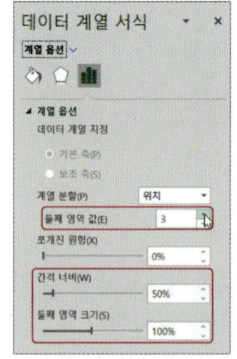

⑥ [차트 요소]-[데이터 레이블]-[기타 옵션]을 클릭하여 '항목 이름', '백분율'을 선택하고, 레이블 위치는 '가운데'를 선택한다.

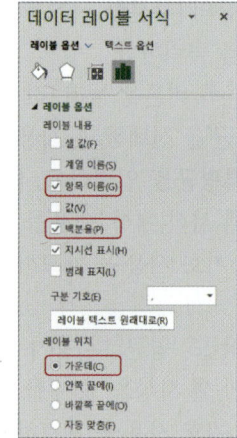

⑦ '2025' 요소를 천천히 2번 클릭한 후 '채우기'에서 '그림 또는 질감 채우기'를 선택하고 '질감'에서 '작은 물방울'을 선택한다.

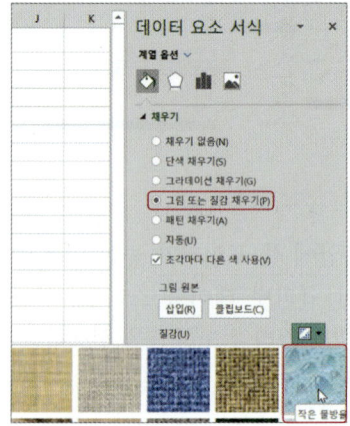

⑧ [서식]-[도형 스타일] 그룹에서 [도형 효과]-[미리 설정]의 '기본 설정2'를 선택한다.

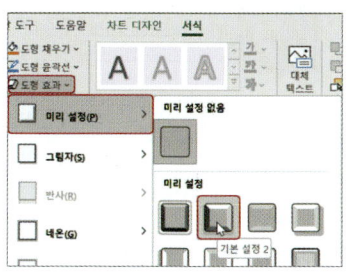

## 02 매크로('기타작업-2' 시트)

① 비어 있는 셀을 클릭한 후 [개발 도구]-[코드] 그룹의 [매크로 기록](📷)을 클릭한다.
② [매크로 기록]에 **서식적용**을 입력하고 [확인]을 클릭한다.
③ [G6:G37] 영역을 범위 지정한 후 Ctrl + 1 을 눌러 [표시 형식] 탭의 '사용자 지정'을 선택한 후 0%;[자홍]"[적립]"* 0%;를 입력하고 [확인]을 클릭한다.
④ [개발 도구]-[코드] 그룹의 [기록 중지](□)를 클릭한다.
⑤ [개발 도구]-[컨트롤] 그룹의 [삽입]-[단추(양식 컨트롤)](□)을 클릭한다.
⑥ 마우스 포인터가 '+'로 바뀌면 Alt 를 누른 상태에서 [B2:C3] 영역에 드래그하면 [매크로 지정] 대화상자가 나타난다.
⑦ [매크로 지정]에 **서식적용**을 선택하고 [확인]을 클릭한다.
⑧ 단추에 입력된 '단추 1'을 지우고 **서식적용**을 입력한다.
⑨ 비어 있는 셀을 클릭한 후 [개발 도구]-[코드] 그룹의 [매크로 기록](📷)을 클릭한다.
⑩ [매크로 기록]에 **그래프보기**를 입력하고 [확인]을 클릭한다.
⑪ [E6:E37] 영역을 범위 지정한 후 [홈]-[스타일] 그룹의 [조건부 서식]-[새 규칙]을 클릭한다.
⑫ [새 서식 규칙]에서 다음과 같이 지정하고 [확인]을 클릭한 후 [개발 도구]-[코드] 그룹의 [기록 중지](□)를 클릭한다.

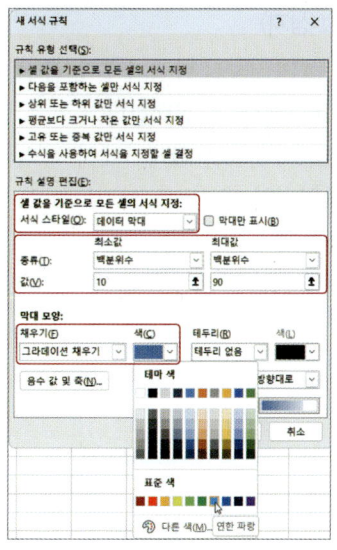

- **서식 스타일** : 데이터 막대
- **최소값** : 백분위수(10)
- **최대값** : 백분위수(90)
- **채우기** : 그라데이션 채우기
- **색** : 표준 색 - 연한 파랑

⑬ [개발 도구]-[컨트롤] 그룹의 [삽입]-[단추(양식 컨트롤)](□)을 클릭한다.
⑭ 마우스 포인터가 '+'로 바뀌면 Alt 를 누른 상태에서 [E2:F3] 영역에 드래그한다.
⑮ [매크로 지정]에 **그래프보기**를 선택하고 [확인]을 클릭한다.
⑯ 단추에 입력된 '단추 2'를 지우고 **그래프보기**를 입력한다.

## 03 VBA 프로그래밍('기타작업-3' 시트)

### ① 폼 보이기

① [개발 도구]-[컨트롤] 그룹의 [디자인 모드](N)를 클릭하여 〈요금계산〉 버튼을 편집 상태로 만든다.
② 〈요금계산〉 버튼에서 마우스 오른쪽 버튼을 클릭한 후 [코드 보기]를 클릭하여 다음과 같이 입력한다.

```
Private Sub cmd요금계산_Click()
    요금계산.Show
End Sub
```

② 폼 초기화(콤보 상자)

① [프로젝트-VBAProject] 탐색기에서 '폼'을 더블클릭하고 〈요금계산〉을 선택한다.
② [프로젝트-VBAProject] 탐색기에서 〈요금계산〉 폼을 더블클릭한 후 [코드 보기](圖)를 클릭한다.
③ '개체 목록'은 'UserForm', '프로시저 목록'은 'Initialize'를 선택한다.

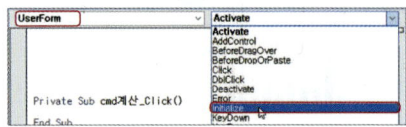

④ 코드 창에서 다음과 같이 입력한다.

```
Private Sub UserForm_Initialize()
    Txt납부일 = Date
    lst요금.ColumnCount = 3
    lst요금.RowSource = "H6:J12"
End Sub
```

💬 **코드 설명**

① UserForm_Initialize() : 폼이 화면에 나타나기 전에 수행해야 할 작업들을 기술
② Txt납부일 = Date : Txt납부일에는 오늘 날짜를 표시
③ lst요금.ColumnCount = 3 : lst요금에 연결할 열의 개수는 3
④ lst요금.RowSource = "H6:J12" : lst요금의 목록 단추에 [H6:J12] 영역을 연결함

💬 **코드 설명**

사용자 폼이 활성화 되었을 때 'Txt사용시간' 컨트롤에 '1'을 표시하기 위해서 다음과 같은 코드가 이미 입력되어 있습니다.

```
Private Sub UserForm _Activate()
    Txt사용시간 = 1
End Sub
```

③ 입력 프로시저

① [프로젝트- VBAProject] 탐색기에서 〈요금계산〉 폼을 더블클릭 한 후 '계산' 버튼을 더블클릭한다.

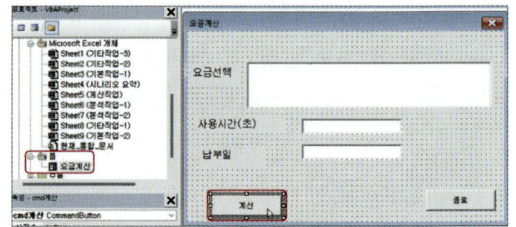

② 코드 창에서 다음과 같이 입력한다.

```
Private Sub cmd계산_Click()
    i = Range("A5").CurrentRegion.Rows.Count + 4
    Cells(i, 1) = Txt납부일
    Cells(i, 2) = lst요금.List(lst요금.ListIndex, 0)
    Cells(i, 3) = lst요금.List(lst요금.ListIndex, 1)
    Cells(i, 4) = Txt사용시간.Value
    Cells(i, 5) = lst요금.List(lst요금.ListIndex, 2)
    Cells(i, 6) = Cells(i, 4) * Cells(i, 5)
End Sub
```

💬 **코드 설명**

① i = Range("A5").CurrentRegion.Rows.Count + 4
→ i는 임의로 만든 변수로 새로운 데이터를 입력할 행을 의미
→ [A5] 셀의 위쪽 [A4] 셀에 입력된 [표1]도 연결된 행의 수로 인식. 따라서, [A5] 셀 위로 연결되지 않은 3행과 새롭게 입력할 1행을 더해서 +4가 됨

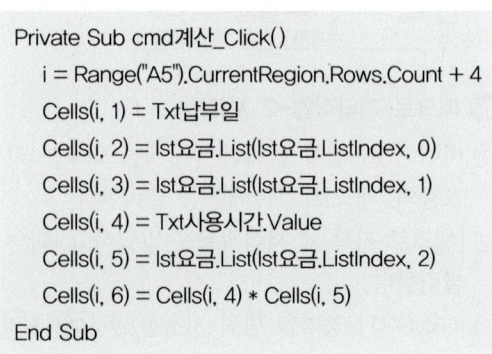

② Cells(i, 2) = lst요금.List(lst요금.ListIndex, 0)
→ lst요금.ListIndex은 lst요금에서 선택한 값이 첫 번째이면 0으로 반환
→ lst요금.List(0,0)은 첫 번째 행과 열을 의미

③ [Visual Basic Editor]에서 오른쪽 상단의 [닫기]를 클릭한다.
④ 엑셀에서 [디자인 모드]를 한 번 더 클릭하여 편집 상태를 해제시킨다.

# 기출 유형 문제 05회

**작업파일** [26컴활1급₩1권_스프레드시트₩기출유형문제] 폴더의 '기출유형문제5회' 파일을 열어서 작업하시오.

## 문제 ❶ 기본작업 | 주어진 시트에서 다음 과정을 수행하고 저장하시오. 15점

**01** '기본작업1' 시트에서 다음과 같이 고급 필터를 수행하시오. (5점)
- ▶ [A1:J24] 영역에서 수량이 10 이상이면서, 매출액을 1,000,000으로 나눈 몫이 5 이상인 자료의 회사명, 자전거명, 매출액 열만 순서대로 표시하시오.
- ▶ 조건은 [A26:A27] 영역 내에 알맞게 입력하시오. (AND, QUOTIENT 함수 사용)
- ▶ 결과는 [A30] 셀부터 표시하시오.

**02** '기본작업1' 시트에 다음과 같이 조건부 서식을 설정하시오. (5점)
- ▶ [A2:J24] 영역에서 열번호가 3이거나 10인 열에 대해서 글꼴 스타일을 '기울임꼴', 글꼴 색 '표준 색 – 파랑'으로 적용하는 조건부 서식을 작성하시오.
- ▶ 단, 규칙 유형은 '수식을 사용하여 서식을 지정할 셀 결정'을 이용하시오. (OR, COLUMN 함수 사용)

**03** '기본작업2' 시트에서 다음과 같이 시트 보호와 통합 문서 보기를 설정하시오. (5점)
- ▶ [I3:I25], [K3:K25] 영역에 셀 잠금과 수식 숨기기를 적용한 후 잠긴 셀의 내용과 워크 시트를 보호하시오.
- ▶ 잠긴 셀의 선택과 잠기지 않은 셀의 선택은 허용하고, 시트 보호 해제 암호는 지정하지 마시오.
- ▶ '기본작업2' 시트를 페이지 나누기 보기로 표시하고, [B2:K25] 영역만 1페이지로 인쇄되도록 페이지 나누기 구분선을 조정하시오.

## 문제 ❷ 계산작업 | 주어진 시트에서 다음 과정을 수행하고 저장하시오 30점

**01** 재고[E3:E28]과 예약주문[F3:F28]을 이용하여 수량의 차이만큼 그래프[G3:G28] 영역에 표시하시오. (6점)
- ▶ 수량 차이 = 재고 - 예약주문
- ▶ 수량의 차이만큼 "▶"을 반복하여 표시하고, 오류가 발생할 경우(차이가 0미만일 때)에는 차이값을 양수로 계산하여 "▷"을 반복하여 표시하시오.
- ▶ IFERROR, REPT, ABS 함수 이용

② 자전거명[B3:B28]과 회사명[C3:C28], 판매일자[D3:D28]를 이용하여 [표1]의 [K4:M7] 영역에 가장 빠른 판매일자의 월을 표시하시오. (6점)
- ▶ [표시 예 : 2025-01-09 → 01월]
- ▶ TEXT, MIN, IF 함수를 이용한 배열 수식 이용

③ 판매일자[D3:D28]와 재고 수량[E3:E28]을 이용하여 6~7월의 재고 수량 평균을 구하여 [표2]의 [J16]에 표시하시오. (6점)
- ▶ AVERAGE, IF, MONTH 함수를 이용한 배열 수식 이용

④ 자전거명[B3:B28]과 회사명[C3:C28]을 이용하여 자전거명별 회사명별 건수를 구하여 [표3]의 [K22:M25] 영역에 표시하시오. (6점)
- ▶ CONCAT, SUM 함수를 이용한 배열 수식 이용
- ▶ [표시 예 : 2 → 확정 2건]

⑤ 비고[H3:H28]를 계산하는 사용자 정의 함수 'fn비고'를 작성하여 표시하시오. (6점)
- ▶ 'fn비고'는 예약주문을 인수로 받아 비고를 계산하여 되돌려 줌
- ▶ 예약주문이 30 이상이면 "단체구매", 5 미만이면 "개인구매", 그 외에는 공백을 표시하시오.
- ▶ 'fn비고' 함수를 이용하여 [H3:H28] 영역에 비고를 표시하시오. (Select Case 사용)

```
Public Function fn비고(예약주문)

End Function
```

## 문제 ❸ 분석작업 | 주어진 시트에서 다음 과정을 수행하고 저장하시오  20점

① '분석작업1' 시트에서 다음 그림과 같이 피벗 테이블을 작성하시오. (10점)
- ▶ 외부 데이터 가져오기 기능을 사용하여 〈자전거매장관리.accdb〉의 〈자전거매장관리〉 테이블에서 '판매일자', '매출액', '자전거명', '단가', '이익금', '회사명' 필드만을 이용하시오.
- ▶ 회사명이 '삼천리' 이거나 '참좋은레저'의 데이터를 이용하시오.
- ▶ 피벗 테이블 보고서의 레이아웃과 위치는 〈그림〉을 참조하여 설정하고, 보고서 레이아웃을 테이블 형식으로 표시하시오.
- ▶ '매출액' 필드는 0부터 6,000,000까지 1,000,000 단위로 〈그림〉을 참조하여 그룹화 하시오.
- ▶ '단가', '이익금' 필드의 표시 형식은 값 필드 설정의 셀 서식에서 '숫자' 범주를 이용하여 〈그림〉과 같이 지정하시오.
- ▶ '자전거명' 필드는 개수로 계산한 후 '자전거수'로 이름을 변경하시오.

▶ 피벗 테이블 스타일은 '연한 녹색, 피벗 스타일 보통 21'로 설정하시오.

| | A | B | C | D | E | F |
|---|---|---|---|---|---|---|
| 1 | | | | | | |
| 2 | | 판매일자 | (모두) | | | |
| 3 | | | | | | |
| 4 | | 매출액 | 자전거수 | 합계 : 단가 | 합계 : 이익금 | |
| 5 | | 0-999999 | 7 | 997,358 | 942,204 | |
| 6 | | 1000000-1999999 | 12 | 2,001,994 | 3,856,700 | |
| 7 | | 2000000-2999999 | 2 | 326,000 | 2,271,500 | |
| 8 | | 4000000-4999999 | 2 | 495,000 | 2,332,250 | |
| 9 | | 5000000-6000000 | 2 | 543,250 | 2,368,900 | |
| 10 | | 총합계 | 25 | 4,363,602 | 11,771,554 | |
| 11 | | | | | | |

※ 작업 완성된 그림이며 부분 점수 없음

**02** '분석작업2' 시트에 대하여 다음의 지시사항을 처리하시오. (10점)

▶ 데이터 도구를 이용하여 [표1]에서 '수량', '이익율' 열을 기준으로 중복된 값이 입력된 셀을 포함하는 행을 삭제하시오.
▶ 조건부 서식의 상위/하위 규칙을 이용하여 '이익금' 필드에 대하여 상위 10개 항목에 해당한 데이터 값에 대해 '진한 빨강 텍스트가 있는 연한 빨강 채우기' 서식이 적용되도록 설정하시오.
▶ 필터 도구를 이용하여 [표1]의 '이익금' 필드에서 '진한 빨강 텍스트가 있는 연한 빨강 채우기' 색을 기준으로 필터링한 후 내림차순 정렬하시오.

## 문제 ❹ 기타작업 | 주어진 시트에서 다음 과정을 수행하고 저장하시오. 35점

**01** '기타작업1' 시트에서 다음의 그림과 같이 작업을 수행하시오. (각 2점)

※ 차트는 반드시 문제에서 제공한 차트를 사용하여야 하며, 신규로 차트 작성 시 0점 처리됨
① 차트의 행/열을 전환하고, 차트의 스타일을 '스타일 6'으로 변경하시오.
② 차트의 제목과 기본 가로 축 제목을 추가하고 〈그림〉과 같이 입력하시오.
③ 충청북도의 '무료방문객수'에 해당하는 값에 레이블을 〈그림〉을 참고하여 추가하고, 범례는 '위쪽'에 표시하시오.
④ 간격 너비를 70%로 설정하고, 축 단위를 〈그림〉과 같이 설정하시오.
⑤ 차트 영역의 테두리에 둥근 모서리를 적용하고, '네온: 5pt, 파랑, 강조색1'로 설정하시오.

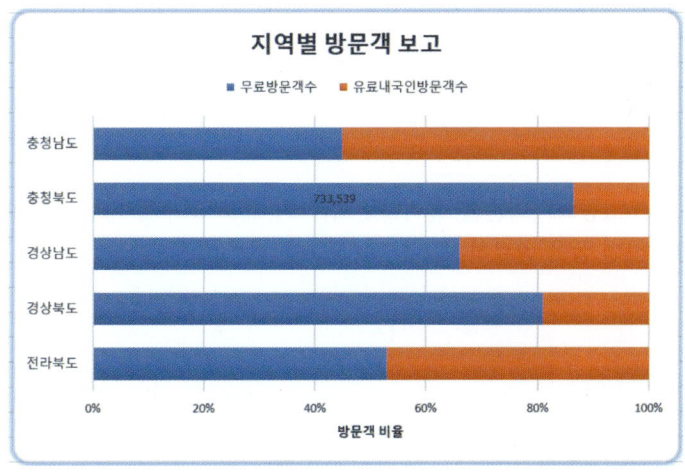

**02** '기타작업2' 시트에서 다음과 같은 기능을 수행하는 매크로를 현재 통합문서에 작성하시오. (각 5점)

① [F7:F17] 영역에 대하여 사용자 지정 표시 형식을 설정하는 '서식적용' 매크로를 생성하시오.
  ▶ 양수일 때 파랑색으로 기호 없이 소수점 이하 첫째 자리까지 표시, 음수일 때 빨강색으로 기호 없이 소수점 이하 첫째 자리까지 표시, 0일 때 검정색으로 "◆" 기호만 표시
  ▶ [개발 도구]-[삽입]-[양식 컨트롤]의 '단추(□)'를 동일 시트의 [B2:C3] 영역에 생성한 후 텍스트를 '서식적용'으로 입력하고, 단추를 클릭하면 '서식적용' 매크로가 실행되도록 설정하시오.

② [F7:F17] 영역에 대하여 표시 형식을 '회계', 소수 자릿수 '2', 기호 '없음'으로 적용하는 '서식해제' 매크로를 생성하시오.
  ▶ [개발 도구]-[삽입]-[양식 컨트롤]의 '단추(□)'를 동일 시트의 [E2:F3] 영역에 생성한 후 텍스트를 '서식해제'로 입력하고, 단추를 클릭하면 '서식해제' 매크로가 실행되도록 설정하시오.
  ※ 셀 포인터의 위치에 관계없이 매크로가 실행되어야 정답으로 인정됨

**03** '기타작업3' 시트에서 다음과 같은 작업을 수행하고 저장하시오. (각 5점)

① 〈자전거구입〉 버튼을 클릭하면 〈자전거판매관리〉 폼이 나타나도록 하고, 폼이 초기화(Initialize)되면 [K4:K8] 영역의 값이 콤보상자(cmb자전거명)의 목록에 추가되도록 프로시저를 작성하시오.

② 〈자전거판매관리〉 폼의 〈등록(cmd등록)〉 버튼을 클릭하면 아래의 내용이 수행되도록 작성하시오.
  ▶ 폼에 입력된 회사명(txt회사명), 자전거명(cmb자전거명), 판매액(txt판매액), 구분이 '기타작업3' 시트의 표 안에 입력되어 있는 마지막 데이터 행에 연속하여 추가되도록 프로시저를 작성하시오.
  ▶ 구분은 일반(OP일반)을 선택하면 '일반', 공동구매(OP공구)를 선택하면 '공동구매'로 표시하시오.
  ▶ 할인액은 구분의 일반(OP일반)을 선택하면 판매액의 '3%', 공동구매(OP공구)를 선택하면 판매액의 '10%'을 계산하여 표시하시오.

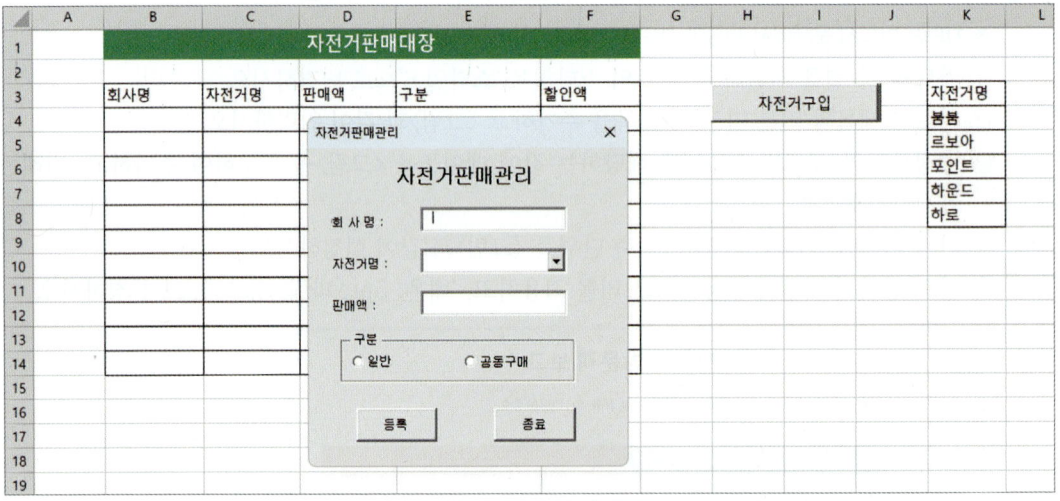

③ 〈자전거판매관리〉 폼의 '종료(cmd종료)' 버튼을 클릭하면 입력된 레코드 수를 다음과 같이 메시지 박스를 표시하고 [확인]을 클릭하면 폼을 종료하시오.

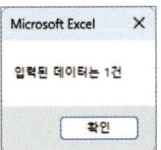

※ 데이터를 추가하거나 삭제하여도 항상 마지막 데이터 다음에 입력되어야 함

## 문제 ❶ 기본작업

### 01 고급 필터

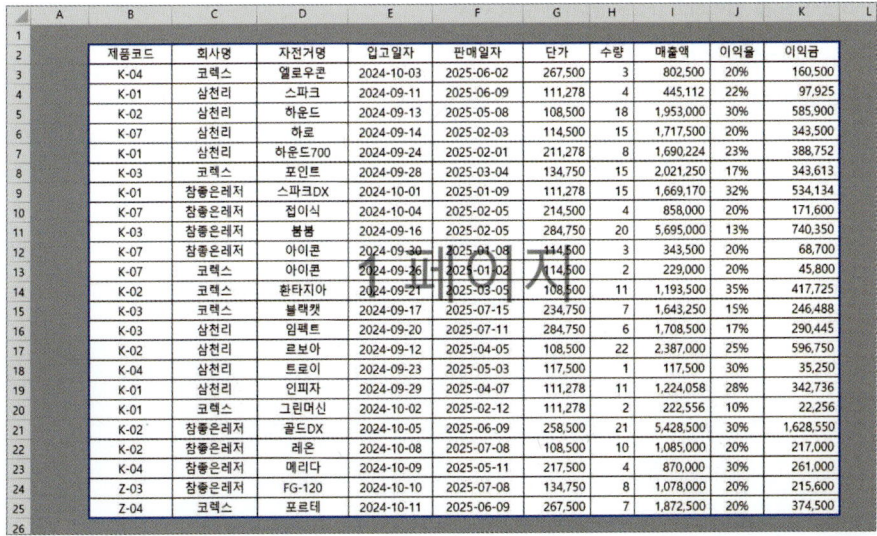

### 02 조건부 서식

### 03 시트 보호와 통합 문서 보기

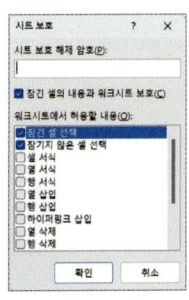

## 문제 ❷ 계산작업

**01** 그래프, 판매월, 수량평균, 회사별 건수, 비고

| | G | H | I | J | K | L | M | N |
|---|---|---|---|---|---|---|---|---|
| 1 | | | | | | | | |
| 2 | 그래프 | 비고 | | [표1] 자전거명별 회사별 가장 빠른 판매월 | | | | |
| 3 | ▶▶▶▶▶▶ | 개인구매 | | 자전거명 | 삼천리 | 코렉스 | 참좋은레저 | |
| 4 | ▷▷▷▷ | 단체구매 | | 스파크 | 07월 | 04월 | 05월 | |
| 5 | ▶▶ | | | 포인트 | 05월 | 02월 | 04월 | |
| 6 | ▷▷▷▷ | | | 하운드 | 01월 | 06월 | 06월 | |
| 7 | ▶▶▶ | | | 하로 | 03월 | 03월 | 02월 | |
| 8 | ▷▷ | 단체구매 | | | | | | |
| 9 | ▷▷▷▷▷▷▷ | | | | | | | |
| 10 | ▷▷▷▷ | | | | | | | |
| 11 | ▶▶▶▶ | | | | | | | |
| 12 | ▶▶▶▶▶ | 개인구매 | | | | | | |
| 13 | ▶▶ | | | | | | | |
| 14 | ▶▶▶▶▶ | 단체구매 | | [표2] 6~7월 재고평균 | | | | |
| 15 | ▶▶▶▶▶ | | | 6~7월 | | | | |
| 16 | ▶ | 단체구매 | | 33 | | | | |
| 17 | ▶▶▶ | 단체구매 | | | | | | |
| 18 | ▶▶▶▶ | | | | | | | |
| 19 | ▶▶▶▶ | 단체구매 | | | | | | |
| 20 | ▷▷▷▷ | 단체구매 | | [표3] 자전거명별 회사별 건수 | | | | |
| 21 | ▶▶▶▶▶ | 단체구매 | | 자전거명 | 삼천리 | 코렉스 | 참좋은레저 | |
| 22 | ▷▷▷ | | | 스파크 | 확정 1건 | 확정 3건 | 확정 2건 | |
| 23 | ▶▶▶▶▶ | | | 포인트 | 확정 2건 | 확정 3건 | 확정 1건 | |
| 24 | ▶▶▶▶ | | | 하운드 | 확정 3건 | 확정 3건 | 확정 1건 | |
| 25 | ▷▷▷▷ | 단체구매 | | 하로 | 확정 1건 | 확정 1건 | 확정 2건 | |
| 26 | ▷▷▷▷▷▷ | | | | | | | |
| 27 | ▶▶▶▶▶ | | | | | | | |
| 28 | ▶▶▶▶▶ | | | | | | | |
| 29 | | | | | | | | |

1. [G3] 셀에 「=IFERROR(REPT("▶",E3−F3),REPT("▷",ABS(E3−F3)))」를 입력하고 [G28] 셀까지 수식 복사
2. [K4] 셀에 「=TEXT(MIN(IF(($B$3:$B$28=$J4)*($C$3:$C$28=K$3),$D$3:$D$28)),"MM월")」를 입력하고 Ctrl + Shift + Enter 를 누른 후 [M7] 셀까지 수식 복사
3. [J16] 셀에 「=AVERAGE(IF((MONTH($D$3:$D$28)=6)+(MONTH($D$3:$D$28)=7),$E$3:$E$28))」를 입력하고 Ctrl + Shift + Enter 를 누름
4. [K22] 셀에 「=CONCAT("확정 ",SUM(($B$3:$B$28=$J22)*($C$3:$C$28=K$21)),"건")」를 입력하고 Ctrl + Shift + Enter 를 누른 후 [M25] 셀까지 수식 복사
5. [H3] 셀에 「=fn비고(F3)」를 입력하고 [H28] 셀까지 수식 복사

```
Public Function fn비고(예약주문)
    Select Case 예약주문
        Case Is >= 30
            fn비고 = "단체구매"
        Case Is < 5
            fn비고 = "개인구매"
        Case Else
            fn비고 = " "
    End Select
End Function
```

## 문제 ❸ 분석작업

### 01 피벗 테이블

| | A | B | C | D | E | F |
|---|---|---|---|---|---|---|
| 1 | | | | | | |
| 2 | | 판매일자 | (모두) | | | |
| 3 | | | | | | |
| 4 | | 매출액 | 자전거수 | 합계 : 단가 | 합계 : 이익금 | |
| 5 | | 0-999999 | 7 | 997,358 | 942,204 | |
| 6 | | 1000000-1999999 | 12 | 2,001,994 | 3,856,700 | |
| 7 | | 2000000-2999999 | 2 | 326,000 | 2,271,500 | |
| 8 | | 4000000-4999999 | 2 | 495,000 | 2,332,250 | |
| 9 | | 5000000-6000000 | 2 | 543,250 | 2,368,900 | |
| 10 | | 총합계 | 25 | 4,363,602 | 11,771,554 | |
| 11 | | | | | | |

### 02 데이터 도구

| | A | B | C | D | E | F | G | H |
|---|---|---|---|---|---|---|---|---|
| 1 | [표1] | | | | | | | |
| 2 | 자전거명 | 판매일자 | 단가 | 수량 | 매출액 | 이익율 | 이익금 | |
| 5 | 싸이런스 | 2022-05-19 | 222,500 | 21 | 4,672,500 | 40% | 1,869,000 | |
| 9 | 스트로베리 | 2022-09-02 | 217,500 | 11 | 2,392,500 | 70% | 1,674,750 | |
| 11 | 골드DX | 2022-06-09 | 258,500 | 21 | 5,428,500 | 30% | 1,628,550 | |
| 16 | 피크닉 | 2022-07-11 | 284,750 | 9 | 2,562,750 | 30% | 768,825 | |
| 20 | 봄봄 | 2022-02-05 | 284,750 | 20 | 5,695,000 | 13% | 740,350 | |
| 27 | 르보아 | 2022-04-05 | 108,500 | 22 | 2,387,000 | 25% | 596,750 | |
| 28 | 하운드 | 2022-05-08 | 108,500 | 18 | 1,953,000 | 30% | 585,900 | |
| 37 | 스파크DX | 2022-01-09 | 111,278 | 15 | 1,669,170 | 32% | 534,134 | |
| 38 | 토비 | 2022-08-07 | 217,500 | 8 | 1,740,000 | 30% | 522,000 | |
| 39 | 미라지 | 2022-01-02 | 234,750 | 19 | 4,460,250 | 11% | 490,628 | |
| 40 | | | | | | | | |

## 문제 ❹ 기타작업

### 01 차트

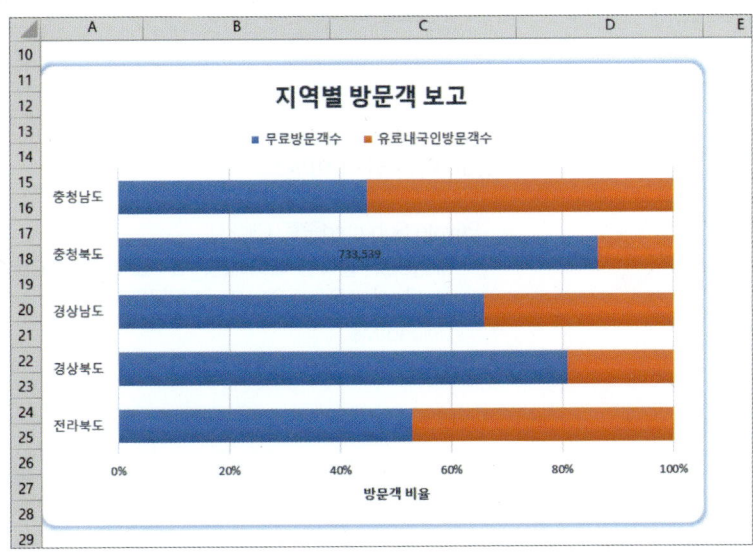

## 02 매크로

| | A | B | C | D | E | F | G |
|---|---|---|---|---|---|---|---|
| 1 | | | | | | | |
| 2 | | 서식적용 | | | 서식해제 | | |
| 3 | | | | | | | |
| 4 | | | | | | | |
| 5 | | | | | | | |
| 6 | | 종목명 | 보유량 | 매입가 | 현재가 | 수익률(%) | |
| 7 | | SK하이닉스 | 20 | 80,000 | 83,200 | 4.0 | |
| 8 | | 현대차 | 30 | 95,000 | 125,000 | 31.6 | |
| 9 | | 호텔신라 | 25 | 75,000 | 70,000 | 6.7 | |
| 10 | | 삼성전기 | 10 | 110,500 | 145,000 | 31.2 | |
| 11 | | 삼성SDI | 35 | 306,000 | 385,500 | 26.0 | |
| 12 | | NAVER | 50 | 290,000 | 290,000 | ◆ | |
| 13 | | 카카오 | 40 | 248,000 | 332,000 | 33.9 | |
| 14 | | LG전자 | 45 | 75,000 | 72,000 | 4.0 | |
| 15 | | 셀트리온 | 28 | 320,000 | 301,500 | 5.8 | |
| 16 | | 삼성전자 | 60 | 50,800 | 59,000 | 16.1 | |
| 17 | | 일양약품 | 5 | 76,900 | 76,900 | ◆ | |
| 18 | | | | | | | |

## 03 VBA 프로그래밍

- 폼 보이기 프로시저

```
Private Sub 자전거구입_Click()
    자전거판매관리.Show
End Sub
```

- 폼 초기화 프로시저

```
Private Sub UserForm_Initialize()
    cmb자전거명.RowSource = "K4:K8"
End Sub
```

- 등록 버튼 클릭 이벤트

```
Private Sub cmd등록_Click()
    i = Range("B3").CurrentRegion.Rows.Count + 3
    Cells(i, 2) = txt회사명
    Cells(i, 3) = cmb자전거명
    Cells(i, 4) = txt판매액.Value
    If OP일반 = True Then
        Cells(i, 5) = "일반"
        Cells(i, 6) = txt판매액 * 0.03
    Else
        Cells(i, 5) = "공동구매"
        Cells(i, 6) = txt판매액 * 0.1
    End If
End Sub
```

- 종료 버튼 클릭 이벤트

```
Private Sub cmd종료_Click()
    MsgBox "입력된 데이터는 " & Range("B3").Cur-
    rentRegion.Rows.Count - 1 & "건"
    Unload Me
End Sub
```

# 기출 유형 문제 05회 해설

## 문제 ① 기본작업

### 01 고급 필터('기본작업1' 시트)

① [A26:A27] 영역에 조건식을 입력하고 [A30:C30] 영역에 추출할 필드명을 입력한다.

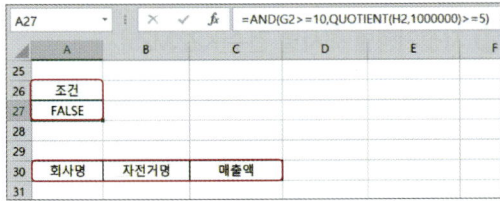

[A27] : =AND(G2>=10,QUOTIENT(H2,1000000)>=5)

> **기적의 TIP**
> 
> 조건 필드명
> 수식이 조건으로 입력될 때에는 필드명을 생략하거나, 원본 데이터에 없는 필드명으로 지정해야 합니다.

② 데이터 목록 안의 아무 셀이나 클릭하고 [데이터]-[정렬 및 필터] 그룹에서 [고급](🔽)을 클릭한다.

③ [고급 필터]에서 다음과 같이 지정한 후 [확인]을 클릭한다.

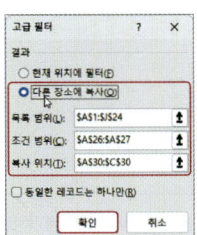

- 결과 : '다른 장소에 복사'
- 목록 범위 : [A1:J24]
- 조건 범위 : [A26:A27]
- 복사 위치 : [A30:C30]

> **기적의 TIP**
> 
> 조건식 입력
> 조건이 AND이면(~이고~) : 같은 행에 입력
> 조건이 OR이면(~이거나~) : 다른 행에 입력

### 02 조건부 서식('기본작업1' 시트)

① [A2:J24] 영역을 범위 지정한 후 [홈]-[스타일] 그룹의 [조건부 서식]-[새 규칙]을 클릭한다.

② [새 서식 규칙]에서 '▶수식을 사용하여 서식을 지정할 셀 결정'을 선택한 후, =OR(COLUMN()=3,COLUMN()=10)를 입력하고 [서식]을 클릭한다.

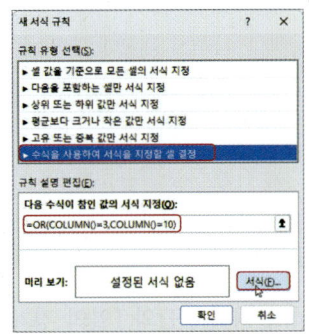

> **기적의 TIP**
> 
> 초과는 >, 이상은 >=, 미만 <, 이하는 <= 로 표현합니다.

③ [글꼴] 탭에서 '기울임꼴', 글꼴 색 '표준 색 - 파랑'을 선택하고 [확인]을 클릭한다.

④ [새 서식 규칙]에서 '수식'과 '서식'이 맞는지 확인한 다음 [확인]을 클릭한다.

### 03 시트 보호와 통합 문서 보기('기본작업2' 시트)

① [I3:I25], [K3:K25] 영역을 범위 지정한 후 마우스 오른쪽 버튼을 눌러 [셀 서식]을 클릭한다.

② [보호] 탭에서 '잠금', '숨김'을 체크한 후 [확인]을 클릭한다.

③ [검토]-[보호] 그룹에서 [시트 보호]를 클릭하여 '잠긴 셀 선택'과 '잠기지 않은 셀 선택'을 체크한 후 [확인]을 클릭한다.

④ [보기]-[통합 문서 보기] 그룹에서 [페이지 나누기 미리 보기](📄)를 클릭한 후 [100%]를 클릭한다.

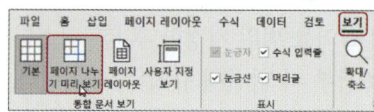

⑤ 페이지 나누기 구분선을 드래그하여 [B2:K25] 영역만 인쇄될 수 있도록 조절한다.

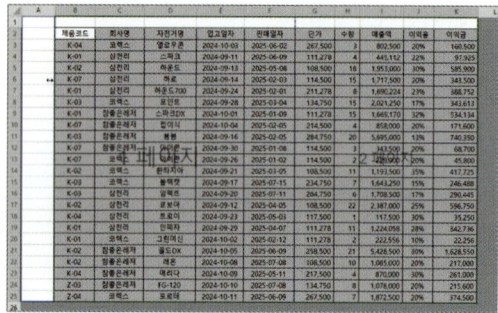

⑥ 1페이지로 인쇄하기 위해서 H와 I열의 경계라인을 드래그하여 K열 밖으로 드래그한다.

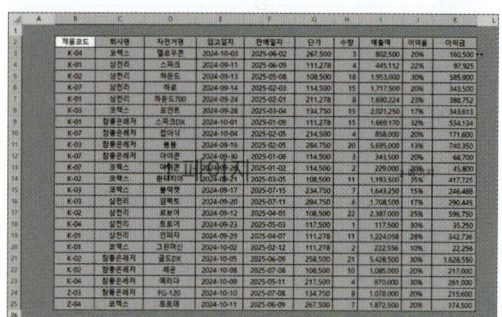

### 문제 ❷ 계산작업('계산작업' 시트)

#### 01 그래프[G3:G28]

[G3] 셀에 =IFERROR(REPT("▶",E3-F3), REPT("▷",ABS(E3-F3)))를 입력하고 [G28] 셀까지 수식을 복사한다.

#### 02 자전거명별 빠른 판매월[K4:M7]

[K4] 셀에 =TEXT(MIN(IF(($B$3:$B$28=$J4)* ($C$3:$C$28=K$3),$D$3:$D$28)),"MM월")를 입력하고 Ctrl+Shift+Enter를 누른 후 [M7] 셀까지 수식을 복사한다.

#### 03 수량평균[J16]

[J16] 셀에 =AVERAGE(IF((MONTH($D$3:$D$28)=6)+(MONTH ($D$3:$D$28)=7),$E$3:$E$28))를 입력하고 Ctrl+Shift+Enter를 누른다.

> 🚩 **기적의 TIP**
> 조건을 나열할 때 AND 조건은 *, OR 조건은 +를 사용합니다.

#### 04 자전거명별 회사별 건수[K22:M25]

[K22] 셀에 =CONCAT("확정 ",SUM(($B$3:$B$28=$J22)*($C$3:$C$28=K$21)),"건")를 입력하고 Ctrl+Shift+Enter를 누른 후 [M25] 셀까지 수식을 복사한다.

#### 05 fn비고[H3:H28]

① [개발 도구]-[코드] 그룹의 [Visual Basic](📘)을 클릭하고 [삽입]-[모듈]을 클릭한다.
② 코드 입력창에 아래와 같이 코드를 입력한다.

```
Public Function fn비고(예약주문)
    Select Case 예약주문
        Case Is >= 30
            fn비고 = "단체구매"
        Case Is < 5
            fn비고 = "개인구매"
        Case Else
            fn비고 = ""
    End Select
End Function
```

> 🚩 **기적의 TIP**
> 코드에 'fn비고'가 반복적으로 나온다면 복사해서 붙여넣기하면 입력 속도가 더 빨라질 수 있어요.

③ 오른쪽 상단의 [닫기]를 눌러 [Visual Basic Editor] 창을 닫는다.
④ '계산작업' 시트의 [H3] 셀을 클릭한 후 [함수 삽입](𝑓ₓ)을 클릭한다.

⑤ 범주 선택은 '사용자 정의', 함수 선택은 'fn비고'를 선택한 후 [확인]을 클릭한다.

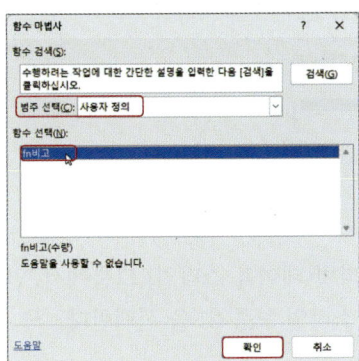

⑥ 예약주문은 [F3]을 지정하고 [확인]을 클릭한다.

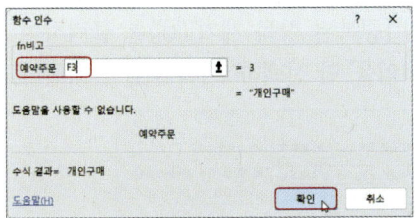

⑦ [H3] 셀의 채우기 핸들을 드래그하여 [H28] 셀까지 수식을 복사한다.

### 문제 ❸ 분석작업

#### 01 피벗 테이블('분석작업1' 시트)

① [B4] 셀을 선택한 후 [데이터]-[데이터 가져오기 및 변환] 그룹에서 [데이터 가져오기]-[기타 원본에서]-[Microsoft Query에서]를 클릭한다.
② [데이터 원본 선택]의 [데이터베이스] 탭에서 'MS Access Database *'를 선택하고 [확인]을 클릭한다.
③ '자전거매장관리.accdb'를 선택하고 [확인]을 클릭한다.
④ 〈자전거매장관리〉 테이블을 더블클릭하여 '판매일자', '매출액', '자전거명', '단가', '이익금', '회사명'을 선택하고 [다음]을 클릭한다.

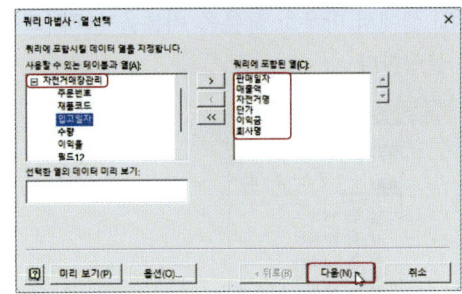

⑤ [데이터 필터]에서 '회사명'을 선택하고 '=', '삼천리', '또는', '=', '참좋은레저'를 선택하고 [다음]을 클릭한다.

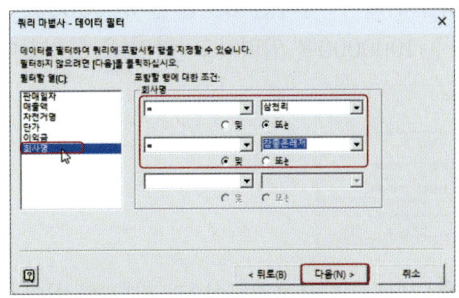

⑥ [정렬 순서]에서는 설정 없이 [다음]을 클릭한다.
⑦ [마침]에서 'Microsoft Excel(으)로 데이터 되돌리기'를 선택하고 [마침]을 클릭한다.
⑧ [데이터 가져오기]에서 '피벗 테이블 보고서'를 선택한 다음, '기존 워크시트'는 [B4] 셀을 지정하고 [확인]을 클릭한다.
⑨ [피벗 테이블 필드]에서 다음과 같이 드래그한다.

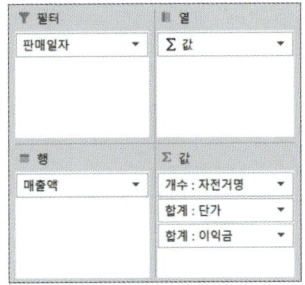

⑩ [디자인]-[레이아웃] 그룹의 [보고서 레이아웃]-[테이블 형식으로 표시]을 클릭한다.

⑪ [B5] 셀에서 마우스 오른쪽 버튼을 눌러 [그룹]을 클릭한다.

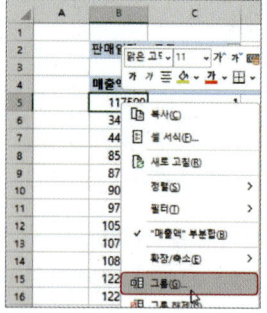

⑫ [그룹화]에서 '시작'을 0, '끝'을 6000000, '단위'는 1000000을 입력하고 [확인]을 클릭한다.

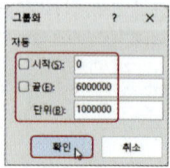

⑬ [D4] 셀에서 더블클릭하여 [값 필드 설정]의 [표시 형식]을 클릭한 후 '숫자'를 선택하고 '1000 단위 구분 기호 사용'을 체크하고 [확인]을 클릭하고 [값 필드 설정]에서 [확인]을 클릭한다.

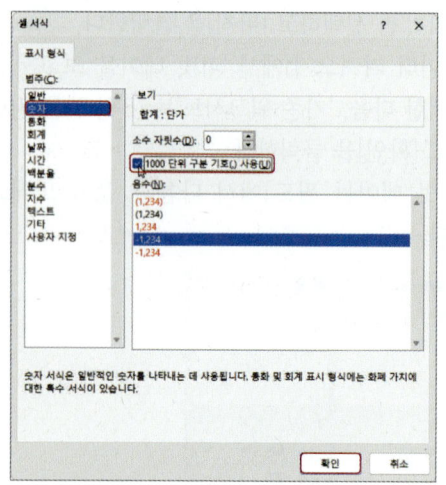

⑭ 같은 방법으로 '이익금'도 필드 표시 형식을 '숫자'로 수정한다.

⑮ [C4] 셀에서 더블클릭하여 [값 필드 설정]에서 '사용자 지정 이름'에 **자전거수**를 입력하고 [확인]을 클릭한다.

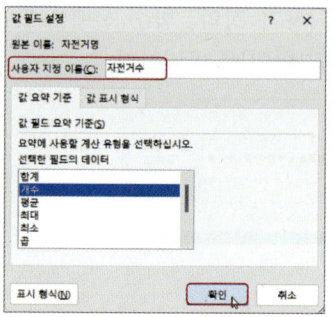

⑯ [디자인]-[피벗 테이블 스타일] 그룹에서 '연한 녹색, 피벗 스타일 보통 21'을 선택한다.

### 02 데이터 도구('분석작업2' 시트)

① [A2] 셀을 클릭한 후 [데이터]-[데이터 도구] 그룹의 [중복된 항목 제거](🔳)를 클릭하여 '수량', '이익율' 만 선택하고 [확인]을 클릭한다.

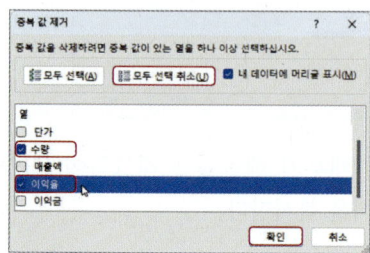

② 메시지가 표시되면 [확인]을 클릭한다.

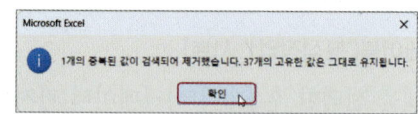

③ [G3:G39] 영역을 범위 지정한 후 [홈]-[스타일] 그룹의 [조건부 서식]-[상위/하위 규칙]-[상위 10개 항목]을 클릭한다.

④ 10을 입력하고, '진한 빨강 텍스트가 있는 연한 빨강 채우기'를 선택하고 [확인]을 클릭한다.

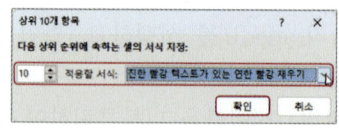

⑤ [데이터]-[정렬 및 필터] 그룹에서 [필터](▽)를 클릭한다.

⑥ [G2] 셀의 목록 단추(▼)를 클릭하여 [색 기준 필터]를 클릭하여 [셀 색 기준 필터]를 클릭한다.

⑦ [G2] 셀의 목록 단추(▼)를 클릭하여 [숫자 내림차순 정렬]을 클릭한다.

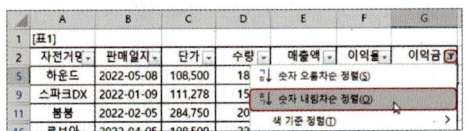

⑧ '계열 옵션'의 '간격 너비'를 70을 입력한다.

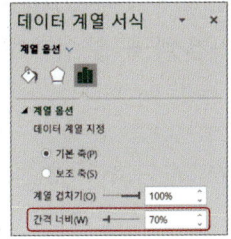

⑨ '가로(값) 축'을 선택한 후 '축 옵션'에서 단위 '기본'에 0.2를 입력한다.

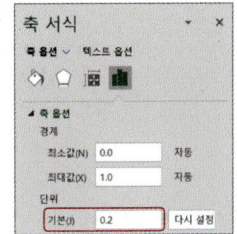

## 문제 ❹  기타작업

### 01 차트('기타작업1' 시트)

① [차트 디자인]-[데이터] 그룹의 [행/열 전환]을 클릭한다.

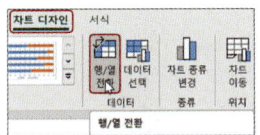

② [차트 디자인]-[차트 스타일] 그룹에서 '스타일 6'을 선택한다.
③ [차트 요소](⊞)-[차트 제목]을 클릭한 후 **지역별 방문객 보고**를 입력한다.
④ [차트 요소](⊞)-[축 제목]-[기본 가로]를 클릭한 후 **방문객 비율**을 입력한다.
⑤ '충청북도' 계열을 클릭한 후 다시 '무료방문객수' 요소를 클릭한 후 마우스 오른쪽 클릭한 후 [데이터 레이블 추가]를 클릭한다.

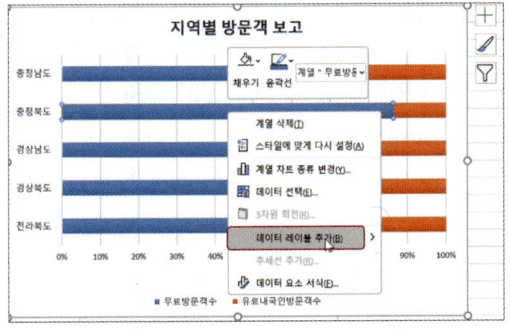

⑥ [차트 요소]-[범례]-[위쪽]을 클릭한다.
⑦ '무료방문객수' 계열을 선택한 후 마우스 오른쪽 버튼을 눌러 [데이터 계열 서식]을 클릭한다.

⑩ 차트를 선택한 후 [차트 영역 서식]에서 '채우기 및 선'의 테두리에 '둥근 모서리'를 체크한다.
⑪ [서식]-[도형 스타일] 그룹의 [도형 효과]-[네온]에서 '네온: 5pt, 파랑, 강조색1'을 선택한다.

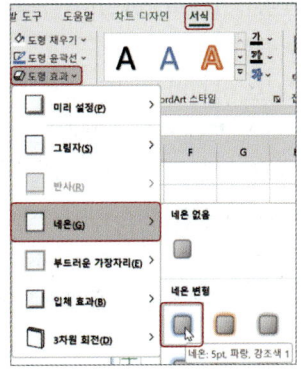

### 02 매크로('기타작업2' 시트)

① 비어 있는 셀을 클릭한 후 [개발 도구]-[코드] 그룹의 [매크로 기록](🎥)을 클릭한다.
② [매크로 기록]에서 **서식적용**을 입력하고 [확인]을 클릭한다.

③ [F7:F17] 영역을 범위 지정한 후 Ctrl+1을 눌러 [표시 형식] 탭의 '사용자 지정'을 선택한 후 [파랑]0.0;[빨강]0.0;[검정]"◆"을 입력하고 [확인]을 클릭한다.

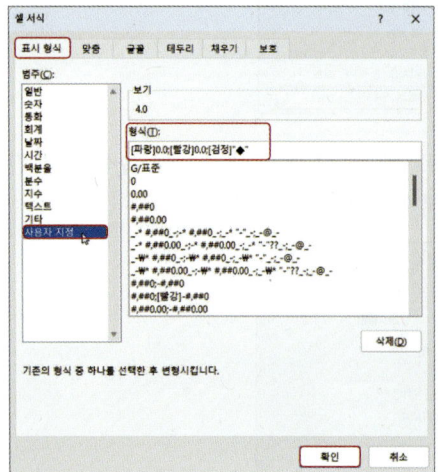

> 🔑 기적의 TIP
>
> '◆'은 한글 자음 「ㅁ」을 입력한 후 키보드의 한자를 누릅니다.

④ [개발 도구]-[코드] 그룹의 [기록 중지](□)를 클릭한다.
⑤ [개발 도구]-[컨트롤] 그룹의 [삽입]-[단추(양식 컨트롤)](□)을 클릭한다.
⑥ 마우스 포인터가 '+'로 바뀌면 Alt를 누른 상태에서 [B2:C3] 영역에 드래그하면 [매크로 지정] 대화상자가 나타난다.
⑦ [매크로 지정]에 **서식적용**을 선택하고 [확인]을 클릭한다.
⑧ 단추에 입력된 '단추 1'을 지우고 **서식적용**을 입력한다.
⑨ 비어 있는 셀을 클릭한 후 [개발 도구]-[코드] 그룹의 [매크로 기록](□)을 클릭한다.
⑩ [매크로 기록]에서 **서식해제**를 입력하고 [확인]을 클릭한다.

⑪ [F7:F17] 영역을 범위 지정한 후 Ctrl+1을 눌러 [표시 형식] 탭에서 '회계'를 선택하고, 소수 자릿수는 '2', 기호는 '없음'을 선택하고 [확인]을 클릭한다.

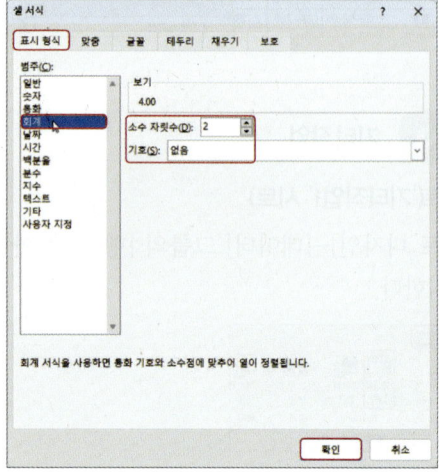

⑫ [개발 도구]-[코드] 그룹의 [기록 중지](□)를 클릭한다.
⑬ [개발 도구]-[컨트롤] 그룹의 [삽입]-[단추(양식 컨트롤)](□)을 클릭한다.
⑭ 마우스 포인터가 '+'로 바뀌면 Alt를 누른 상태에서 [E2:F3] 영역에 드래그한다.
⑮ [매크로 지정]에 **서식해제**를 선택하고 [확인]을 클릭한다.
⑯ 단추에 입력된 '단추 2'를 지우고 **서식해제**를 입력한다.

### 03 VBA 프로그래밍('기타작업3' 시트)

#### ① 폼 보이기

① [개발 도구]-[컨트롤] 그룹의 [디자인 모드](🖼)를 클릭하여 〈자전거구입〉 버튼을 편집 상태로 만든다.
② 〈자전거구입〉 버튼에서 마우스 오른쪽 버튼을 클릭한 후 [코드 보기]를 클릭하여 다음과 같이 입력한다.

```
Private Sub 자전거구입_Click()
    자전거판매관리.Show
End Sub
```

② 폼 초기화(콤보 상자)

① [프로젝트-VBAProject] 탐색기에서 '폼'을 더블클릭하고 〈자전거판매관리〉를 선택한다.
② [프로젝트-VBAProject] 탐색기에서 '자전거판매관리' 폼을 더블클릭한 후 [코드 보기](▣)를 클릭한다.
③ '개체 목록'은 'UserForm', '프로시저 목록'은 'Initialize'를 선택한다.
④ 코드 창에서 다음과 같이 입력한다.

```
Private Sub UserForm_Initialize()
    cmb자전거명.RowSource = "K4:K8"
End Sub
```

③ 등록 프로시저

① [프로젝트-VBAProject] 탐색기에서 〈자전거판매관리〉 폼을 더블클릭하고 '등록' 버튼을 더블클릭한다.

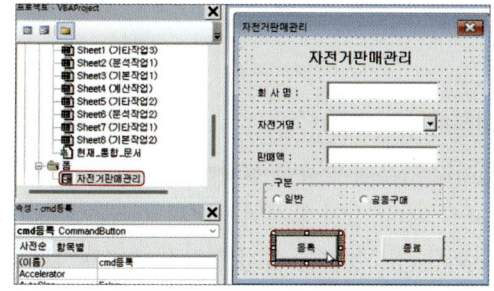

② 코드 창에서 다음과 같이 입력한다.

```
Private Sub cmd등록_Click()
    i = Range("B3").CurrentRegion.Rows.Count + 3
    Cells(i, 2) = txt회사명
    Cells(i, 3) = cmb자전거명
    Cells(i, 4) = txt판매액.Value
    If OP일반 = True Then
        Cells(i, 5) = "일반"
        Cells(i, 6) = txt판매액 * 0.03
    Else
        Cells(i, 5) = "공동구매"
        Cells(i, 6) = txt판매액 * 0.1
    End If
End Sub
```

💬 **코드 설명**

① i = Range("B3").CurrentRegion.Rows.Count + 3
→ i는 임의로 만든 변수로 다른 이름을 사용해도 됨
→ Range("B3").CurrentRegion.Rows.Count : [B3] 셀과 연결된 행의 개수를 구함
→ +3 : 새롭게 데이터를 입력할 마지막 행의 위치를 구하기 위해서 더해주는 값으로, [B3] 셀 바로 위쪽으로 연결되지 않은 행의 개수 2행과 새롭게 데이터(줄바꿈)를 추가하기 위해 1행을 더함

② Cells(i, 2) = txt회사명
→ 〈자전거판매관리〉 폼에서 입력한 회사명을 워크시트의 해당 셀에 입력
→ Cells : 워크시트의 행과 열이 만나는 칸을 의미
(i, 2) : 위에서 구한 입력할 행의 위치(마지막 행)에 2번째 열(B열)을 의미

③ If OP일반 = True Then
     Cells(i, 5) = "일반"
     Cells(i, 6) = txt판매액 * 0.03
   Else
     Cells(i, 5) = "공동구매"
     Cells(i, 6) = txt판매액 * 0.1
   End If
→ 만약, 〈자전거판매관리〉 폼에서 '구분' 그룹안의 '일반'을 선택하면 E열에 '일반'이라고 입력하고 F열에 판매액 * 3%를 입력함. '일반'이 아닌 다른 것을 선택('공동구매')하면 E열에 '공동구매'라고 입력하고, F열에는 판매액 * 10%를 입력함

④ 종료 프로시저

① 〈자전거판매관리〉 폼에서 '개체 목록'을 'cmd종료'로 선택한다.
② 코드 창에서 다음과 같이 입력한다.

```
Private Sub cmd종료_Click()
    MsgBox "입력된 데이터는 " & Range("B3").CurrentRegion.Rows.Count - 1 & "건"
    Unload Me
End
```

③ [Visual Basic Editor]에서 오른쪽 상단의 [닫기]를 클릭한다.
④ 엑셀에서 [디자인 모드]를 한 번 더 클릭하여 편집 상태를 해제시킨다.

# 기출 유형 문제 06회

작업파일 [26컴활1급₩1권_스프레드시트₩기출유형문제] 폴더의 '기출유형문제6회' 파일을 열어서 작업하시오.

## 문제 ❶ 기본작업 | 주어진 시트에서 다음 과정을 수행하고 저장하시오. 15점

**01** '기본작업-1' 시트의 [표1]에 대하여 다음과 같이 고급 필터 작업을 수행하시오. (5점)
- ▶ 시행청에 "한국"이 포함되어 있고 자격증명이 '2급'으로 끝나는 자료를 '학번', '성명', '학과', '자격증명' 열만 순서대로 표시하시오.
- ▶ 조건은 [A30:A31] 영역 내에 알맞게 입력하시오. (AND, RIGHT, FIND 함수 사용)
- ▶ 결과는 [A35] 셀부터 표시하시오.

**02** '기본작업-1' 시트의 [표1]에 대하여 다음과 같이 조건부 서식을 설정하시오. (5점)
- ▶ 취득일자 중 요일이 '토요일'이거나 '일요일'인 자료 행 전체에 대하여 글꼴 스타일은 '굵은 기울임꼴', 글꼴 색은 '표준 색 – 빨강'으로 표시하시오.
- ▶ 단, 규칙 유형은 '수식을 사용하여 서식을 지정할 셀 결정'을 이용하시오.
- ▶ WEEKDAY, OR 함수 사용

**03** '기본작업-2' 시트에서 다음과 같이 페이지 레이아웃을 설정하시오. (5점)
- ▶ 인쇄될 내용이 페이지의 정 가운데에 인쇄되도록 페이지 가운데 맞춤을 설정하시오.
- ▶ 매 페이지 하단의 오른쪽 구역에는 페이지 번호가 [표시 예]와 같이 표시되도록 바닥글을 설정하시오.
  [표시 예 : 현재 페이지 번호가 1이고 전체 페이지 번호가 3인 경우 → 총 3 페이지 중 1 페이지]
- ▶ [A1:F28] 영역을 인쇄 영역으로 설정하고, 용지 방향을 '가로'로 설정하시오.

# 문제 ❷ 계산작업 | 주어진 시트에서 다음 과정을 수행하고 저장하시오  30점

**01** [표1]의 '외국어점수'를 이용하여 각 외국어 과목별 등수를 [표시 예]와 같이 외국어순위[I3:I20]을 표시하시오. (6점)

- ▶ [표시 예 : TOEIC 1등 → (1)TOEIC]
- ▶ SUM, IF, LEFT, RIGHT 함수와 & 연산자를 이용한 배열 수식

**02** [표1]의 '부서명', '성별', '직무수행'을 이용하여 [표2]의 부서별 직무수행 남, 여 평균 차이를 [L4:M4] 영역에 [표시 예]와 같이 표시하시오. (6점)

- ▶ 평균 차이 결과는 정수 부분만 표시하고 양수는 '★', 음수는 '☆' 기호와 함께 표시
- ▶ [표시 예 : 평균 차이 값이 3 → ★3, 평균 차이 값이 −2 → ☆2]
- ▶ TEXT, AVERAGE, IF 함수를 이용한 배열 수식

**03** [표1]의 '직무수행'을 이용하여 [표3]의 점수별 분포도[M9:M13]을 [표시 예]와 같이 표시하시오. (6점)

- ▶ 직무수행을 이용하여 점수대별 분포수는 '●', 점수대별 분포수의 최대값과 점수대별 분포수의 차이는 ○를 반복하여 표시
- ▶ [표시 예 : 점수대별 분포도가 4, 분포도의 최대값이 6 → ●●●●○○]
- ▶ REPT, FREQUENCY, MAX 함수와 & 연산자를 이용한 배열 수식

**04** [표1]의 '지점'과 '분류'를 이용하여 지점별 직영과 위탁의 개수를 구하여 [표4]의 [L17:M20] 영역에 [표시 예]와 같이 표시하시오. (6점)

- ▶ [표시 예 : 분류에서 직영 2, 위탁 3 → 직영(2곳), 위탁(3곳)]
- ▶ SUM, IF 함수와 & 연산자 이용

**05** 사용자 정의 함수 'fn평가'를 작성하여 [표1]의 평가[G3:G20]에 표시하시오. (6점)

- ▶ fn평가는 '지점', '분류', '직무수행'을 인수로 받아 값을 되돌려줌
- ▶ 지점이 '서울'이면서 분류가 '위탁'이 아니면서 직무수행이 80 이상이거나 지점이 '경기'이면서 직무수행이 85 이상이면 평가는 '우수사원', 그 외는 공백으로 표시
- ▶ IF ~ ELSE 문 사용

```
Public Function fn평가(지점, 분류, 직무수행)

End Function
```

## 문제 ❸ 분석작업 | 주어진 시트에서 다음 과정을 수행하고 저장하시오. 20점

**01** '분석작업-1' 시트에서 다음의 지시사항에 따라 피벗 테이블 보고서를 작성하시오. (10점)

▶ 외부 데이터 원본으로 〈직급부서.csv〉의 데이터를 사용하시오.
- 원본 데이터는 구분 기호 쉼표(,)로 분리되어 있으며, 내 데이터에 머리글을 표시하시오.
- '부서', '직급', '기본급', '상여금', '급여합계' 열만 가져와 데이터 모델에 이 데이터를 추가하시오.

▶ 피벗 테이블 보고서의 레이아웃과 위치는 〈그림〉을 참조하여 설정하고, 보고서 레이아웃을 테이블 형식으로 표시하시오.

▶ 'Σ 값'의 위치를 행 레이블로 이동시키고, 행의 총합계는 표시되지 않도록 설정하시오.

▶ '기본급', '상여금' 필드는 표시 형식을 값 필드 설정의 셀 서식에서 '사용자 지정'을 이용하여 천 단위마다 쉼표를 하며, 기본 단위가 '천'이 되도록 설정하시오. [표시 예 : 1500000 → 1,500]

▶ '합계 : 급여합계'는 값 표시 형식을 '열 합계 비율'로 설정하시오.

▶ 빈 셀은 '*'로 표시하고, 레이블이 있는 셀은 병합하고 가운데 맞춤되도록 설정하시오.

| | A | B | C | D | E | F | G | H | I |
|---|---|---|---|---|---|---|---|---|---|
| 1 | | | | | | | | | |
| 2 | | | | | | | | | |
| 3 | | | | | | | | | |
| 4 | | | | 부서 | | | | | |
| 5 | | 직급 | 값 | 기획부 | 생산부 | 인사부 | 총무부 | 판매부 | |
| 6 | | 과장 | 합계: 기본급 | * | * | * | 1,500 | * | |
| 7 | | | 합계: 상여금 | * | * | * | 1,050 | * | |
| 8 | | | 합계: 급여합계 | 0.00% | 0.00% | 0.00% | 10.54% | 0.00% | |
| 9 | | 대리 | 합계: 기본급 | 2,370 | 1,200 | 1,250 | 6,250 | 4,770 | |
| 10 | | | 합계: 상여금 | 1,659 | 840 | 875 | 4,375 | 3,339 | |
| 11 | | | 합계: 급여합계 | 55.05% | 44.44% | 20.70% | 43.91% | 58.14% | |
| 12 | | 부장 | 합계: 기본급 | * | * | * | 2,350 | 2,350 | |
| 13 | | | 합계: 상여금 | * | * | * | 1,645 | 1,645 | |
| 14 | | | 합계: 급여합계 | 0.00% | 0.00% | 0.00% | 16.51% | 28.64% | |
| 15 | | 사원 | 합계: 기본급 | 1,935 | 1,500 | 4,790 | 4,135 | 1,085 | |
| 16 | | | 합계: 상여금 | 1,355 | 1,050 | 3,353 | 2,895 | 760 | |
| 17 | | | 합계: 급여합계 | 44.95% | 55.56% | 79.30% | 29.05% | 13.22% | |
| 18 | | 전체 합계: 기본급 | | 4,305 | 2,700 | 6,040 | 14,235 | 8,205 | |
| 19 | | 전체 합계: 상여금 | | 3,014 | 1,890 | 4,228 | 9,965 | 5,744 | |
| 20 | | 전체 합계: 급여합계 | | 100.00% | 100.00% | 100.00% | 100.00% | 100.00% | |
| 21 | | | | | | | | | |

※ 작업 완성된 그림이며 부분점수 없음

**02** '상반기' 시트에 대하여 다음의 지시사항을 처리하시오. (10점)

▶ '상반기' 시트의 [B2:B22] 영역은 주민등록번호, 대출일 필드는 제외하고 텍스트 나누기를 하시오.
- 외부 데이터는 쉼표(,)로 구분되어 있음

▶ '상반기' 시트와 '하반기' 시트의 내용을 데이터 통합 기능을 이용하여 '상반기' 시트의 [표2]에 대출지점별 대출금액과 대출기간의 평균을 계산하시오.

## 문제 ❹ 기타작업 | 주어진 시트에서 다음 과정을 수행하고 저장하시오. 35점

**01** '기타작업-1' 시트에서 다음의 지시사항에 따라 차트를 수정하시오. (각 2점)

① 'A사' 데이터 계열에 대한 추세선의 종류를 다항식으로 추가하고 예측은 1구간 앞으로 설정하시오.
② '합계' 계열은 표식이 있는 꺾은선형 차트로 설정하시오.
③ 보조 세로(값) 축이 보이도록 하고, 최소값 '750', 최대값 '950', 기본 단위 '50'으로 설정하시오.
④ 차트 제목 및 각 축의 제목은 〈그림〉과 같이 설정하고, 차트 제목은 테두리에 '그림자(오프셋: 오른쪽 아래)', 채우기(단색 채우기-흰색, 배경1), 테두리(실선-검정, 텍스트1)을 설정하시오.
⑤ 기본 가로 눈금선은 나타나지 않도록 하며, 범례의 위치를 범례 서식을 이용하여 '아래쪽', 테두리(실선-검정, 텍스트1)으로 설정하시오.

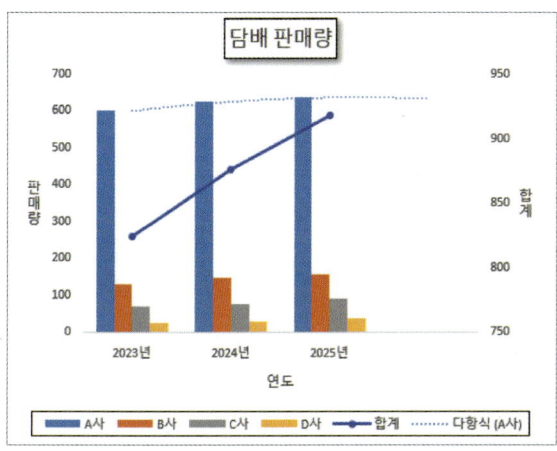

※ 차트는 반드시 문제에서 제공한 차트를 사용하여야 하며, 신규로 차트작성 시 0점 처리됨

**02** '기타작업-2' 시트에서 다음과 같은 기능을 수행하는 매크로를 현재 통합문서에 작성하시오. (각 5점)

① [D3:D15] 영역에 대하여 사용자 지정 표시 형식을 설정하는 '백분율' 매크로를 생성하시오.
   ▶ 수익률이 0.2 이상이면 파랑색으로 숫자 앞에 '▲' 표시와 백분율로 표시하고, 0 이하면 빨강색으로 '▼' 표시와 백분율로 표시하고, 그 외는 백분율로 표시하시오.
   ▶ [표시 예 : 0.2 → ▲20%, -0.2 → -▼20%]
   ▶ [개발 도구]-[삽입]-[양식 컨트롤]의 '단추(□)'를 동일 시트의 [F2:G3] 영역에 생성한 후 텍스트를 '백분율'로 입력하고, 단추를 클릭하면 '백분율' 매크로가 실행되도록 설정하시오.

② [D3:D15] 영역에 대하여 표시 형식을 '일반'으로 적용하는 '일반서식' 매크로를 생성하시오.
   ▶ [개발 도구]-[삽입]-[양식 컨트롤]의 '단추(□)'를 동일 시트의 [F5:G6] 영역에 생성한 후 텍스트를 '일반서식'으로 입력하고, 단추를 클릭하면 '일반서식' 매크로가 실행되도록 설정하시오.

※ 셀 포인터의 위치에 관계없이 매크로가 실행되어야 정답으로 인정됨

## 03 '기타작업-3' 시트에서 다음과 같은 작업을 수행하도록 프로시저를 작성하시오. (각 5점)

① '결제하기' 버튼을 클릭하면 〈결제화면〉 폼이 나타나도록 하고, 폼이 초기화(Initialize)되면 '신용카드(Opt신용)'가 선택되도록 프로시저를 작성하시오.

② 〈결제화면〉 폼이 '선택(cmb선택)'의 드롭버튼을 클릭(DropButtonClick)하면 다음과 같은 기능을 수행하도록 프로시저를 작성하시오.
   ▶ '은행이체(Opt은행)'가 선택되어 있으면 [A4:A6] 영역의 값이, '신용카드(Opt신용)'가 선택되어 있으면 [A9:A12] 영역의 값이 '선택(cmb선택)'의 목록으로 설정되도록 함

③ 〈결제화면〉 폼의 '결제(cmd결제)' 버튼을 클릭하면 폼에 입력된 결제종류, 선택(cmb선택), 금액(txt금액)의 값이 [표1]에 입력되도록 작성하시오.
   ▶ 단, 결제종류는 선택된 결제종류의 caption 속성을 이용
   ▶ 시트에 입력될 때 숫자로 인식되도록 하기 위하여 금액은 'txt금액'에 1을 곱함

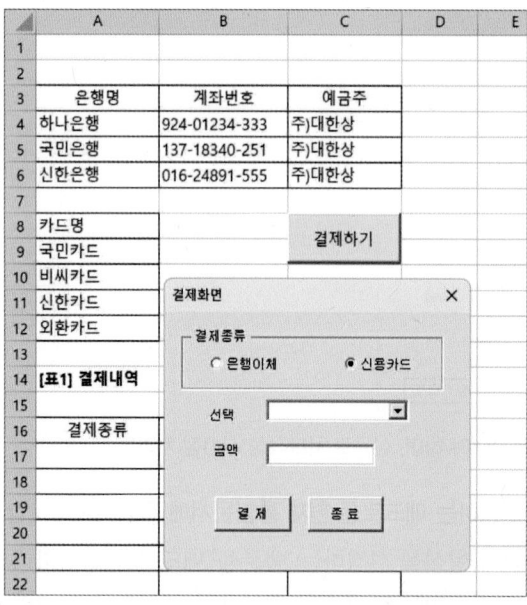

※ 데이터를 추가하면 항상 마지막 데이터 다음에 입력되어야 함

## 기출 유형 문제 06회 정답

### 문제 ① 기본작업

**01 고급 필터**

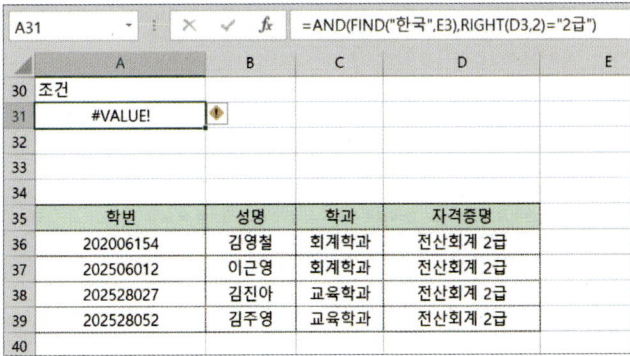

**02 조건부 서식**

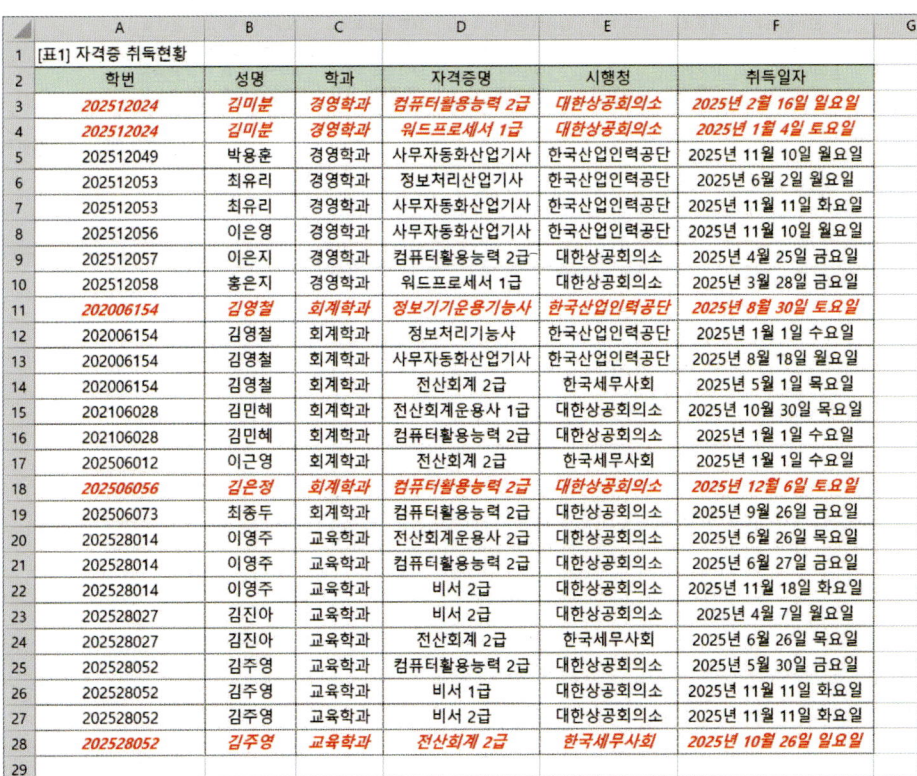

## 03 페이지 레이아웃

[표1] 자격증 취득현황

| 학번 | 성명 | 학과 | 자격증명 | 시행청 | 취득일자 |
|---|---|---|---|---|---|
| 202512024 | 김미분 | 경영학과 | 컴퓨터활용능력 2급 | 대한상공회의소 | 2025년 2월 16일 일요일 |
| 202512024 | 김미분 | 경영학과 | 워드프로세서 1급 | 대한상공회의소 | 2025년 1월 4일 토요일 |
| 202512049 | 박용훈 | 경영학과 | 사무자동화산업기사 | 한국산업인력공단 | 2025년 11월 10일 월요일 |
| 202512053 | 최유리 | 경영학과 | 정보처리산업기사 | 한국산업인력공단 | 2025년 6월 2일 월요일 |
| 202512053 | 최유리 | 경영학과 | 사무자동화산업기사 | 한국산업인력공단 | 2025년 11월 11일 화요일 |
| 202512056 | 이은영 | 경영학과 | 사무자동화산업기사 | 한국산업인력공단 | 2025년 11월 10일 월요일 |
| 202512057 | 이은지 | 경영학과 | 컴퓨터활용능력 2급 | 대한상공회의소 | 2025년 4월 25일 금요일 |
| 202512058 | 홍은지 | 경영학과 | 워드프로세서 1급 | 대한상공회의소 | 2025년 3월 28일 금요일 |
| 202006154 | 김영철 | 회계학과 | 정보기기운용기능사 | 한국산업인력공단 | 2025년 8월 30일 토요일 |
| 202006154 | 김영철 | 회계학과 | 정보처리기능사 | 한국산업인력공단 | 2025년 1월 1일 수요일 |
| 202006154 | 김영철 | 회계학과 | 사무자동화산업기사 | 한국산업인력공단 | 2025년 8월 18일 월요일 |
| 202006154 | 김영철 | 회계학과 | 전산회계 2급 | 한국세무사회 | 2025년 5월 1일 목요일 |
| 202106028 | 김민혜 | 회계학과 | 전산회계운용사 1급 | 대한상공회의소 | 2025년 10월 30일 목요일 |
| 202106028 | 김민혜 | 회계학과 | 컴퓨터활용능력 2급 | 대한상공회의소 | 2025년 1월 1일 수요일 |
| 202506012 | 이근영 | 회계학과 | 전산회계 2급 | 한국세무사회 | 2025년 1월 1일 수요일 |
| 202506056 | 김은정 | 회계학과 | 컴퓨터활용능력 2급 | 대한상공회의소 | 2025년 12월 6일 토요일 |
| 202506073 | 최종두 | 회계학과 | 컴퓨터활용능력 2급 | 대한상공회의소 | 2025년 9월 26일 금요일 |
| 202528014 | 이영주 | 교육학과 | 전산회계운용사 2급 | 대한상공회의소 | 2025년 6월 26일 목요일 |
| 202528014 | 이영주 | 교육학과 | 컴퓨터활용능력 2급 | 대한상공회의소 | 2025년 6월 27일 금요일 |
| 202528014 | 이영주 | 교육학과 | 비서 2급 | 대한상공회의소 | 2025년 11월 18일 화요일 |
| 202528027 | 김진아 | 교육학과 | 비서 2급 | 대한상공회의소 | 2025년 4월 7일 월요일 |
| 202528027 | 김진아 | 교육학과 | 전산회계 2급 | 한국세무사회 | 2025년 6월 26일 목요일 |
| 202528052 | 김주영 | 교육학과 | 컴퓨터활용능력 2급 | 대한상공회의소 | 2025년 5월 30일 금요일 |
| 202528052 | 김주영 | 교육학과 | 비서 1급 | 대한상공회의소 | 2025년 11월 11일 화요일 |
| 202528052 | 김주영 | 교육학과 | 비서 2급 | 대한상공회의소 | 2025년 11월 11일 화요일 |
| 202528052 | 김주영 | 교육학과 | 전산회계 2급 | 한국세무사회 | 2025년 10월 26일 일요일 |

총 1 페이지 중 1 페이지

## 문제 ② 계산작업

| | F | G | H | I | J | K | L | M | N |
|---|---|---|---|---|---|---|---|---|---|
| 1 | | | | | | | | | |
| 2 | 직무수행 | 평가 | 외국어점수 | 외국어순위 | | [표2] | 부서별 직무수행 남, 여 평균 차이 | | |
| 3 | 82 | 우수사원 | TOEIC820 | (5)TOEIC | | | 기획실 | 인사부 | |
| 4 | 84 | | TOEIC800 | (7)TOEIC | | 평균차이 | ★4 | ☆2 | |
| 5 | 91 | | TOEIC720 | (9)TOEIC | | | | | |
| 6 | 99 | | TOEIC750 | (8)TOEIC | | | | | |
| 7 | 87 | | TOEIC835 | (3)TOEIC | | [표3] | | | |
| 8 | 65 | | TOEIC845 | (2)TOEIC | | 점수1 | 점수2 | 분포도 | |
| 9 | 77 | | TOEFL110 | (4)TOEFL | | 0 ~ | 60 | ●○○○○○ | |
| 10 | 77 | | TOEFL109 | (5)TOEFL | | 61 ~ | 70 | ●●○○○○ | |
| 11 | 54 | | TOEFL101 | (9)TOEFL | | 71 ~ | 80 | ●●●●○○ | |
| 12 | 84 | | TOEFL115 | (2)TOEFL | | 81 ~ | 90 | ●●●●●● | |
| 13 | 75 | | TOEFL105 | (6)TOEFL | | 91 ~ | 100 | ●●●●●○ | |
| 14 | 100 | | TOEFL102 | (8)TOEFL | | | | | |
| 15 | 88 | 우수사원 | TOEIC859 | (1)TOEIC | | [표4] | | | |
| 16 | 93 | | TOEFL104 | (7)TOEFL | | 지점 | 비고 | | |
| 17 | 84 | | TOEIC812 | (6)TOEIC | | 서울 | 직영(2곳), 위탁(2곳) | | |
| 18 | 91 | 우수사원 | TOEIC113 | (3)TOEIC | | 인천 | 직영(2곳), 위탁(3곳) | | |
| 19 | 79 | | TOEIC830 | (4)TOEIC | | 대전 | 직영(2곳), 위탁(1곳) | | |
| 20 | 62 | | TOEFL116 | (1)TOEFL | | 경기 | 직영(3곳), 위탁(3곳) | | |
| 21 | | | | | | | | | |

1. [I3] 셀에 「="("&SUM(IF((LEFT($H$3:$H$20,5)=LEFT(H3,5))*(RIGHT($H$3:$H$20,3))>=RIGHT(H3,3)),1))&")"&LEFT(H3,5)」를 입력하고 Ctrl + Shift + Enter 를 누른 후에 [I20] 셀까지 수식 복사

2. [L4] 셀에 「=TEXT(AVERAGE(IF(($B$3:$B$20=L$3)*($E$3:$E$20="남"),$F$3:$F$20))–AVERAGE(IF(($B$3:$B$20=L$3)*($E$3:$E$20="여"),$F$3:$F$20)),"★0;☆0")」를 입력하고 Ctrl + Shift + Enter 를 누른 후에 [M4] 셀까지 수식 복사

3. [M9:M13] 영역을 범위 지정한 후 「=REPT("●",FREQUENCY(F3:F20,L9:L13))&REPT("○",MAX(FREQUENCY(F3:F20,L9:L13))–FREQUENCY(F3:F20,L9:L13))」를 입력하고 Ctrl + Shift + Enter 를 눌러 수식 완성

4. [L17] 셀에 「="직영("&SUM(IF(($C$3:$C$20=K17)*($D$3:$D$20="직영"),1))&"곳), 위탁("&SUM(IF(($C$3:$C$20=K17)*($D$3:$D$20="위탁"),1))&"곳)"」를 입력하고 [L20] 셀까지 수식 복사

5. [G3] 셀에 「=fn평가(C3,D3,F3)」를 입력하고 [G20] 셀까지 수식 복사

```
Public Function fn평가(지점, 분류, 직무수행)
    If (지점 = "서울" And 분류 <> "위탁" And 직무수행 >= 80) Or (지점 = "경기" And 직무수행 >= 85) Then
        fn평가 = "우수사원"
    Else
        fn평가 = ""
    End If
End Function
```

## 문제 ❸ 분석작업

### 01 피벗 테이블

| | A | B | C | D | E | F | G | H | I |
|---|---|---|---|---|---|---|---|---|---|
| 1 | | | | | | | | | |
| 2 | | | | | | | | | |
| 3 | | | | | | | | | |
| 4 | | | | | 부서 | | | | |
| 5 | | 직급 | 값 | 기획부 | 생산부 | 인사부 | 총무부 | 판매부 | |
| 6 | | | 합계: 기본급 | * | * | * | 1,500 | * | |
| 7 | | 과장 | 합계: 상여금 | * | * | * | 1,050 | * | |
| 8 | | | 합계: 급여합계 | 0.00% | 0.00% | 0.00% | 10.54% | 0.00% | |
| 9 | | | 합계: 기본급 | 2,370 | 1,200 | 1,250 | 6,250 | 4,770 | |
| 10 | | 대리 | 합계: 상여금 | 1,659 | 840 | 875 | 4,375 | 3,339 | |
| 11 | | | 합계: 급여합계 | 55.05% | 44.44% | 20.70% | 43.91% | 58.14% | |
| 12 | | | 합계: 기본급 | * | * | * | 2,350 | 2,350 | |
| 13 | | 부장 | 합계: 상여금 | * | * | * | 1,645 | 1,645 | |
| 14 | | | 합계: 급여합계 | 0.00% | 0.00% | 0.00% | 16.51% | 28.64% | |
| 15 | | | 합계: 기본급 | 1,935 | 1,500 | 4,790 | 4,135 | 1,085 | |
| 16 | | 사원 | 합계: 상여금 | 1,355 | 1,050 | 3,353 | 2,895 | 760 | |
| 17 | | | 합계: 급여합계 | 44.95% | 55.56% | 79.30% | 29.05% | 13.22% | |
| 18 | | 전체 합계: 기본급 | | 4,305 | 2,700 | 6,040 | 14,235 | 8,205 | |
| 19 | | 전체 합계: 상여금 | | 3,014 | 1,890 | 4,228 | 9,965 | 5,744 | |
| 20 | | 전체 합계: 급여합계 | | 100.00% | 100.00% | 100.00% | 100.00% | 100.00% | |
| 21 | | | | | | | | | |

### 02 데이터 도구

| | A | B | C | D | E | F | G | H | I | J | K | L |
|---|---|---|---|---|---|---|---|---|---|---|---|---|
| 1 | | [표1] | | | | | | | [표2] | | | |
| 2 | | 접수번호 | 성명 | 주소 | 대출지점 | 대출금액 | 대출기간 | | 대출지점 | 대출금액 | 대출기간 | |
| 3 | | 1 | 김진석 | 대전시 유성구 온천동 | 충청 | 5000000 | 12 | | 충청 | 4750000 | 38.5 | |
| 4 | | 2 | 구준식 | 서울시 종로구 팔판동 | 서울 | 5000000 | 30 | | 서울 | 5488889 | 30 | |
| 5 | | 3 | 이진태 | 경기도 안양시 동안구 | 경기 | 3000000 | 24 | | 경기 | 5650000 | 40.1 | |
| 6 | | 4 | 이재철 | 경기도 안양시 동안구 | 경기 | 2500000 | 12 | | 부산 | 7428571 | 48.85714 | |
| 7 | | 5 | 박세희 | 서울시 서대문구 역촌동 | 서울 | 8000000 | 30 | | | | | |
| 8 | | 5 | 박순영 | 부산시 중구 대창동 | 부산 | 10000000 | 36 | | | | | |
| 9 | | 6 | 이성재 | 경기도 부천시 원미구 | 경기 | 7000000 | 73 | | | | | |
| 10 | | 7 | 설진구 | 부산시 중구 대창동 | 부산 | 2000000 | 60 | | | | | |
| 11 | | 8 | 이영민 | 경기도 시흥시 은행동 | 경기 | 5000000 | 30 | | | | | |
| 12 | | 9 | 도희철 | 서울시 강남구 역삼동 | 서울 | 3000000 | 36 | | | | | |
| 13 | | 10 | 우진우 | 대전시 유성구 어은동 | 충청 | 5000000 | 78 | | | | | |
| 14 | | 11 | 민애라 | 부산시 동구 범일동 | 부산 | 12000000 | 60 | | | | | |
| 15 | | 12 | 민승렬 | 부산시 부산진구 동평동 | 부산 | 15000000 | 60 | | | | | |
| 16 | | 13 | 최만용 | 서울시 중구 필동 | 서울 | 8000000 | 45 | | | | | |
| 17 | | 14 | 오태열 | 서울시 양천구 목동 | 서울 | 7000000 | 24 | | | | | |
| 18 | | 15 | 장우석 | 대전시 서구 둔산동 | 충청 | 3000000 | 36 | | | | | |
| 19 | | 16 | 형연주 | 경기도 수원시 장안구 | 경기 | 1000000 | 48 | | | | | |
| 20 | | 17 | 이민주 | 경기도 성남시 분당구 | 경기 | 27000000 | 48 | | | | | |
| 21 | | 18 | 이진태 | 경기도 안양시 동안구 | 경기 | 3000000 | 24 | | | | | |
| 22 | | 19 | 설진구 | 부산시중구대창동 | 부산 | 2000000 | 60 | | | | | |
| 23 | | | | | | | | | | | | |

## 문제 ④ 기타작업

### 01 차트

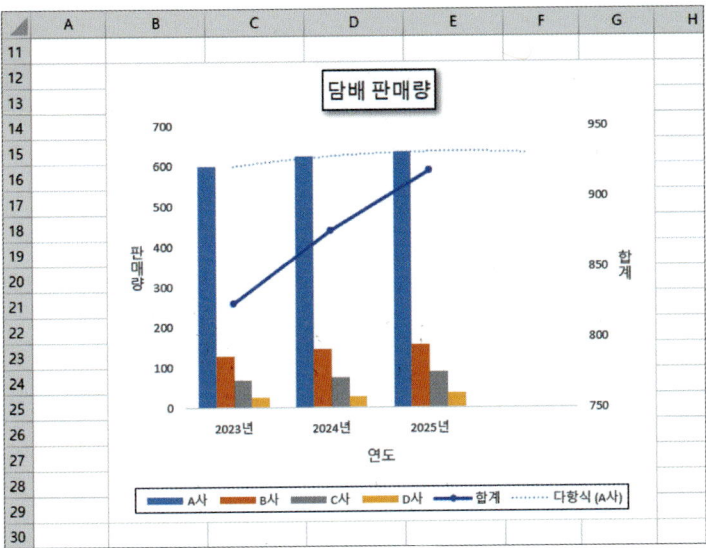

### 02 매크로

| | A | B | C | D | E | F | G | H |
|---|---|---|---|---|---|---|---|---|
| 1 | | | | | | | | |
| 2 | | 펀드명 | 운용사 | 수익률 | | 백분율 | | |
| 3 | | 베스트공모주10 증권투자 | 신한금융 | 3% | | | | |
| 4 | | 마이다스 책임투자증권투자 | 삼성 | ▲85% | | | | |
| 5 | | 코스닥벤처증권투자 | 한국투자 | ▲59% | | 일반서식 | | |
| 6 | | 베트남레버리지증권투자 | NH | ▲20% | | | | |
| 7 | | 성장유망중소형주증권투자 | 미래에셋 | 15% | | | | |
| 8 | | 하나USB 인베스트연금 주식S | 하나투자 | ▲20% | | | | |
| 9 | | 미래에셋 라이프사이클2030 | 미래에셋 | ▼0% | | | | |
| 10 | | 한국골드플랜 연금주식1 | 키움 | -▼20% | | | | |
| 11 | | 한국밸류 10년투자연금주식 | 대신 | 4% | | | | |
| 12 | | 부동산투자신탁 | 삼성 | -▼30% | | | | |
| 13 | | 코리아올캡증권투자 | 메리츠 | ▲40% | | | | |
| 14 | | 미국배당프리미엄 | 미래에셋 | ▲24% | | | | |
| 15 | | 차이나증권투자 | 메리츠 | ▲67% | | | | |
| 16 | | | | | | | | |

## ③ VBA 프로그래밍

- 폼 보이기 프로시저

```
Private Sub Btn결제_Click()
    결제화면.Show
End Sub
```

- 폼 초기화 프로시저

```
Private Sub UserForm_Initialize()
    Opt신용 = True
End Sub
```

- 선택 이벤트 프로시저

```
Private Sub cmb선택_DropButtonClick()
    If Opt은행 = True Then
        cmb선택.RowSource = "A4:A6"
    Else
        cmb선택.RowSource = "A9:A12"
    End If
End Sub
```

- 결제 이벤트 프로시저

```
Private Sub cmd결제_Click()
    i = Range("B16").CurrentRegion.Rows.Count + 16
    If Opt은행 = True Then
        Cells(i, 1) = Opt은행.Caption
    Else
        Cells(i, 1) = Opt신용.Caption
    End If
        Cells(i, 2) = cmb선택
        Cells(i, 3) = txt금액 * 1
End Sub
```

## 문제 ❶ 기본작업

### 01 고급 필터('기본작업-1' 시트)

① [A30:A31] 영역에 조건을 입력하고, [A35:D35] 영역에 추출할 필드명을 입력한다.

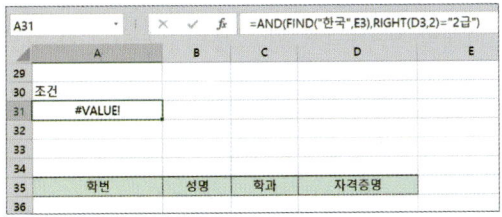

[A31] : =AND(FIND("한국",E3),RIGHT(D3,2)="2급")

② 데이터 목록 안의 아무 셀이나 선택하고 [데이터]-[정렬 및 필터] 그룹에서 [고급](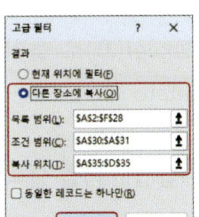)을 클릭한다.

③ [고급 필터]에서 다음과 같이 지정한 후 [확인]을 클릭한다.

- 결과 : '다른 장소에 복사'
- 목록 범위 : [A2:F28]
- 조건 범위 : [A30:A31]
- 복사 위치 : [A35:D35]

### 02 조건부 서식('기본작업-1' 시트)

① [A3:F28] 영역을 범위 지정한 후 [홈]-[스타일] 그룹의 [조건부 서식]-[새 규칙]을 클릭한다.

② [새 서식 규칙]에서 '▶ 수식을 사용하여 서식을 지정할 셀 결정'을 선택하고, =OR(WEEKDAY($F3)=1,WEEKDAY($F3)=7)을 입력한 후 [서식]을 클릭한다.

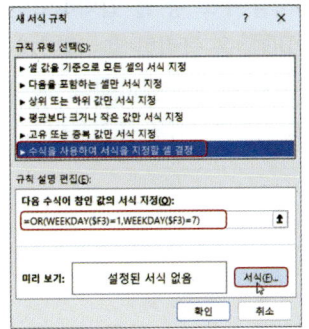

③ [글꼴] 탭에서 글꼴 스타일은 '굵은 기울임꼴', 글꼴 색은 '표준 색 – 빨강'을 선택하고 [확인]을 클릭한다.

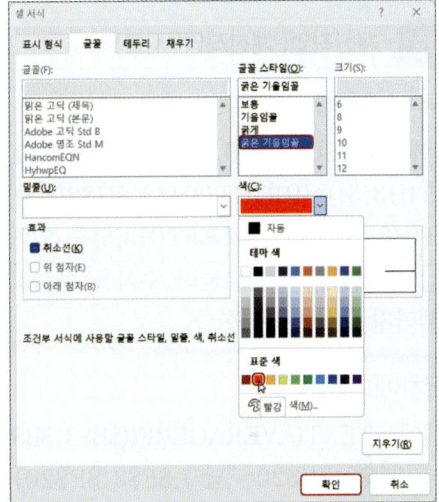

④ [새 서식 규칙]에서 '수식'과 '서식'이 맞는지 확인한 후 [확인]을 클릭한다.

### 03 페이지 레이아웃('기본작업-2' 시트)

① [A1:F28] 영역을 범위 지정한 후 [페이지 레이아웃]-[페이지 설정] 그룹의 [인쇄 영역]-[인쇄 영역 설정]을 클릭한다.

② [페이지 레이아웃]-[페이지 설정] 그룹의 [용지 방향]-[가로]를 클릭한다.

③ [페이지 레이아웃]-[페이지 설정] 그룹에서 [옵션]( )을 클릭한다.

④ [여백] 탭에서 페이지 가운데 맞춤 '가로', '세로'를 체크한다.

⑤ [머리글/바닥글] 탭을 클릭하여 [바닥글 편집]을 클릭한다.

⑥ 오른쪽 구역에 커서를 두고 **총** 을 입력하고, [전체 페이지 수 삽입](📄)을 클릭한 후 **페이지 중**을 입력한 후 [페이지 번호 삽입](📄)을 클릭하고 **페이지**를 입력하고 [확인]을 클릭한다.

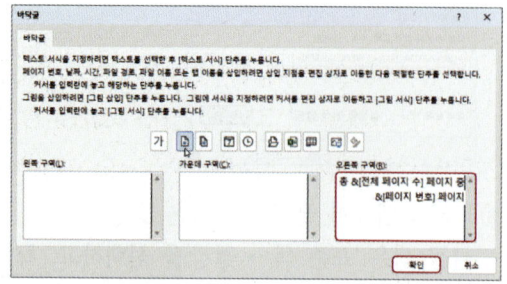

### 문제 ❷ 계산작업('계산작업' 시트)

#### 01 외국어순위[I3:I20]

[I3] 셀에 ="("&SUM(IF((LEFT($H$3:$H$20,5)=LEFT(H3,5))*(RIGHT($H$3:$H$20,3)>=RIGHT(H3,3)),1))&")"&LEFT(H3,5)를 입력하고 Ctrl + Shift + Enter 를 눌러 수식을 완성하고 [I20] 셀까지 수식을 복사한다.

#### 02 평균차이[L4:M4]

[L4] 셀에 =TEXT(AVERAGE(IF(($B$3:$B$20=L$3)*($E$3:$E$20="남"),$F$3:$F$20))-AVERAGE(IF(($B$3:$B$20=L$3)*($E$3:$E$20="여"),$F$3:$F$20)),"★0;☆0")를 입력하고 Ctrl + Shift + Enter 를 눌러 수식을 완성하고 [M4] 셀까지 수식을 복사한다.

#### 03 분포도[M9:M13]

[M9:M13] 영역을 범위 지정한 후 =REPT("●",FREQUENCY(F3:F20,L9:L13))&REPT("○",MAX(FREQUENCY(F3:F20,L9:L13))-FREQUENCY(F3:F20,L9:L13))를 입력하고 Ctrl + Shift + Enter 를 눌러 수식을 완성한다.

#### 04 비고[L17:L20]

[L17] 셀에 ="직영("&SUM(IF(($C$3:$C$20=K17)*($D$3:$D$20="직영"),1))&")곳, 위탁("&SUM(IF(($C$3:$C$20=K17)*($D$3:$D$20="위탁"),1))&")곳"를 입력하고 [L20] 셀까지 수식을 복사한다.

#### 05 평가[G3:G20]

① [개발 도구]-[코드] 그룹의 [Visual Basic]을 클릭한다.
② [삽입]-[모듈]을 클릭한다.
③ Module 창에 다음과 같이 입력한다.

```
Public Function fn평가(지점, 분류, 직무수행)
    If (지점 = "서울" And 분류 <> "위탁" And 직무수행 >= 80) Or (지점 = "경기" And 직무수행 >= 85) Then
        fn평가 = "우수사원"
    Else
        fn평가 = ""
    End If
End Function
```

④ [파일]-[닫고 Microsoft Excel(으)로 돌아가기]를 클릭하여 [Visual Basic Editor]를 닫는다.
⑤ [G3] 셀을 클릭한 후 [함수 삽입](fx)를 클릭한다.
⑥ 범주 선택에서 '사용자 정의', 함수 선택에서 'fn평가'를 선택한 후 [확인]을 클릭한다.
⑦ 지점은 [C3], 분류는 [D3], 직무수행은 [F3]을 지정한 후 [확인]을 클릭한다.

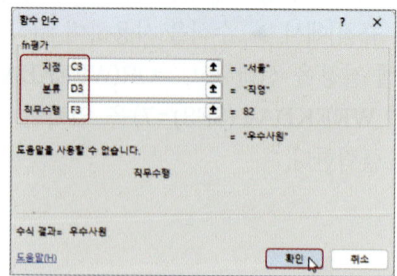

⑧ [G3] 셀을 선택한 후 [G20] 셀까지 수식을 복사한다.

### 문제 ❸ 분석작업

#### 01 피벗 테이블('분석작업-1' 시트)

① [B4] 셀을 선택한 후 [삽입]-[표] 그룹의 [피벗 테이블](📊)을 클릭한다.
② [피벗 테이블 만들기]에서 '데이터 모델에 이 데이터 추가'를 체크하고, '외부 데이터 원본 사용'에서 [연결 선택]을 클릭한다.
③ [기존 연결]에서 [더 찾아보기]를 클릭한 후 '26 컴활1급₩1권_스프레드시트₩기출유형문제' 폴더에서 '직급부서.csv'를 선택하고 [열기]를 클릭한다.
④ [1단계]에서 '내 데이터에 머리글 표시'를 체크하고, '구분 기호로 분리됨'을 선택하고 [다음]을 클릭한다.
⑤ [2단계]에서 구분 기호 '쉼표'만 체크하고 [다음]을 클릭한다.
⑥ [3단계]에서 '성명', '공제계', '실수령액' 필드는 각각 클릭한 후 '열 가져오지 않음(건너뜀)'을 선택하고 [마침]을 클릭한다.

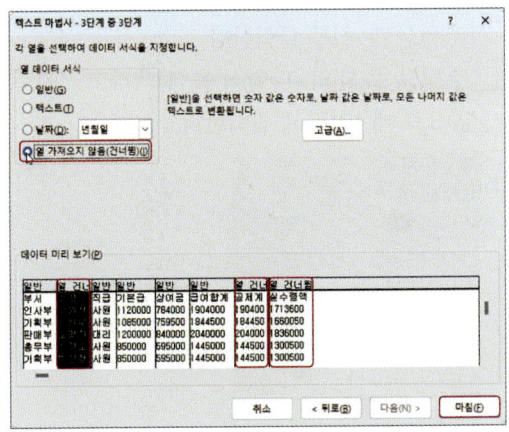

⑦ [피벗 테이블 만들기]에서 [확인]을 클릭한다.
⑧ [피벗 테이블 필드]에서 다음과 같이 드래그한다.

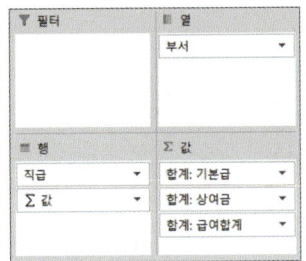

⑨ [디자인]-[레이아웃] 그룹의 [보고서 레이아웃]-[테이블 형식으로 표시]을 클릭한다.
⑩ '합계 : 기본급' [C6] 셀에서 더블클릭하여 [값 필드 설정]에서 [표시 형식]을 클릭한다.

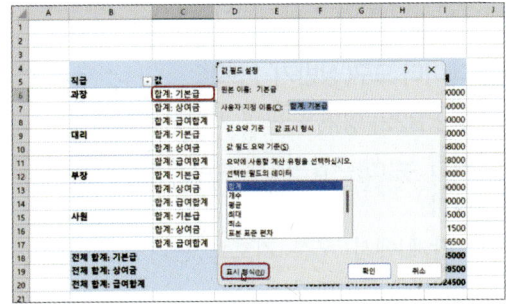

⑪ [셀 서식]의 [표시 형식] 탭에서 '사용자 지정'을 선택한 후 #,###,을 입력하고 [확인]을 클릭하고, [값 필드 설정]에서 [확인]을 클릭한다.
⑫ 같은 방법으로 '상여금' 필드도 사용자 지정에서 #,###,으로 지정한다.
⑬ '합계 : 급여합계' [C8] 셀에서 더블클릭한 후 [값 필드 설정]에서 [값 표시 형식] 탭에서 '열 합계 비율'을 선택하고 [확인]을 클릭한다.

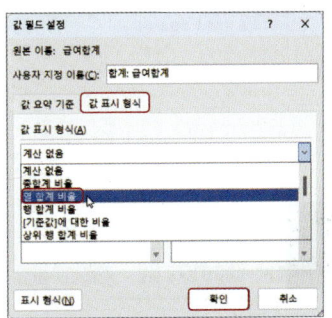

⑭ [피벗 테이블 분석]-[피벗 테이블] 그룹의 [옵션](옵션)을 클릭한다.

⑮ [레이아웃 및 서식] 탭에서 '레이블이 있는 셀 병합 및 가운데 맞춤'을 체크하고, '빈 셀 표시'에 *를 입력한다.

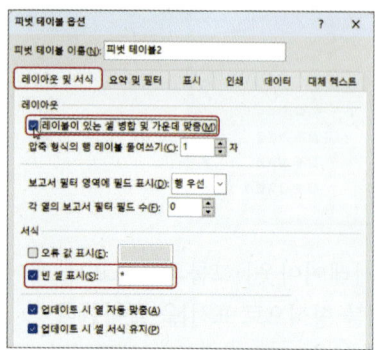

⑯ [요약 및 필터]에서 '행 총합계 표시' 체크를 해제하고 [확인]을 클릭한다.

### 02 데이터 도구('상반기' 시트)

① [B2:B22] 영역을 범위 지정한 후 [데이터]-[데이터 도구] 그룹의 [텍스트 나누기]()를 클릭한다.
② [1단계]에서 '구분 기호로 분리됨'을 선택하고 [다음]을 클릭한다.
③ [2단계]에서 '쉼표'만 선택하고 [다음]을 클릭한다.
④ [3단계]에서 '주민등록번호' 필드를 선택하고 '열 가져오지 않음(건너뜀)'을 선택하고 같은 방법으로 '대출일'도 열 가져오지 않음을 선택하고 [마침]을 클릭한다.

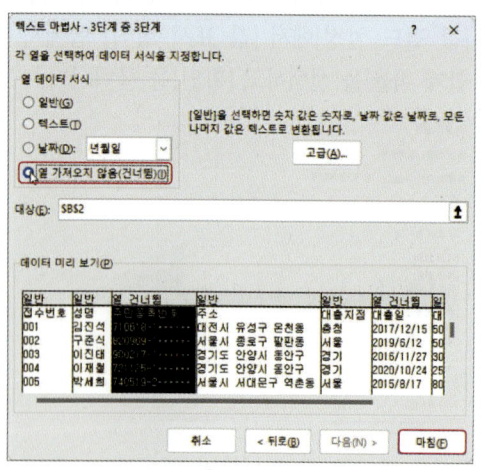

⑤ [I2:K2] 영역을 범위 지정한 후 [데이터]-[데이터 도구] 그룹의 [통합]()을 클릭한다.
⑥ [통합]에서 다음과 같이 지정하고 [확인]을 클릭한다.

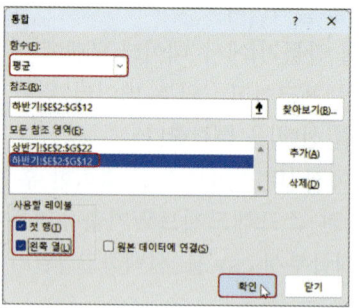

- 함수 : 평균
- 참조 : '상반기' 시트 [E2:G22], '하반기' 시트 [E2:G12]
- 사용할 레이블 : 첫 행, 왼쪽 열

## 문제 ④ 기타작업

### 01 차트('기타작업-1' 시트)

① 'A사' 계열에서 마우스 오른쪽 버튼을 클릭한 후 [추세선 추가]를 클릭한다.
② '추세선 옵션'의 '다항식'을 선택하고, '예측'의 '앞으로'에 1이라고 입력한다.

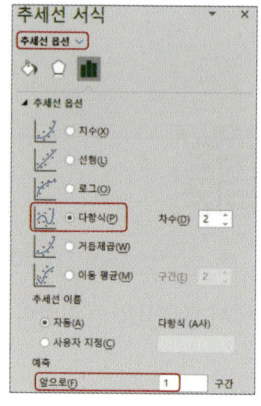

③ '합계' 계열에서 마우스 오른쪽 버튼을 클릭한 후 [계열 차트 종류 변경]을 클릭한다.
④ '합계' 계열은 '꺾은선형'의 '표식이 있는 꺾은선형'을 선택한다.

⑤ '계열 옵션'에서 '보조 축'을 선택하고 [확인]을 클릭한다.

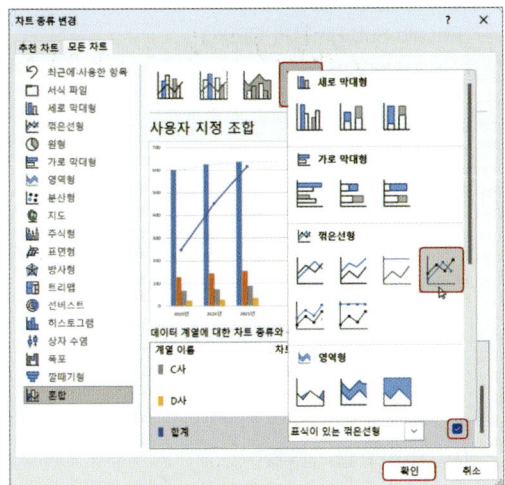

⑥ '보조 세로(값) 축'을 선택한 후 '축 옵션'에서 '최소값'에 750, '최대값'에 950, 단위 '기본'에 50을 입력한다.

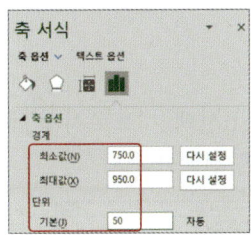

⑦ 차트를 선택한 후 [차트 요소](田)-[차트 제목]-[차트 위]를 클릭한다.
⑧ 차트 제목에 **담배 판매량**이라고 입력한다.
⑨ 차트 제목을 선택한 후 [차트 제목 서식]의 '채우기'에서 '단색 채우기'를 선택하고 '색'은 '흰색, 배경1'로 지정한다.
⑩ '테두리'를 클릭하여 '실선'으로 선택하고 '색'은 '검정, 텍스트1'로 지정한다.
⑪ [효과]의 '그림자'를 클릭하여 '미리 설정'의 '바깥쪽'을 '오프셋: 오른쪽 아래'로 선택한다.
⑫ 차트를 선택한 상태에서 [축 제목]-[기본 세로]를 선택하고 '축 제목'에 **판매량**이라고 입력한다.
⑬ 차트를 선택한 상태에서 [차트 요소](田)-[축 제목]-[보조 세로]를 선택하고 '축 제목'에「합계」라고 입력한다.
⑭ 차트를 선택하고 [차트 요소](田)-[축 제목]-[기본 가로]를 선택하고 '축 제목'에 **연도**라고 입력한다.
⑮ 세로 축 제목 '판매량'을 선택한 후 [축 제목 서식]-[크기 및 속성]의 '텍스트 방향'을 '세로'를 선택한다.

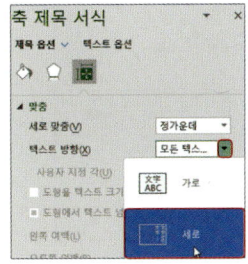

⑯ 보조 세로 축 제목 '합계'를 선택한 후 [축 제목 서식]-[크기 및 속성]의 '텍스트 방향'을 '세로'를 선택한다.
⑰ 차트를 선택한 후 [차트 요소](田)-[눈금선]-[기본 주 가로]의 체크를 해제한다.
⑱ 차트를 선택한 상태에서 [차트 요소](田)-[범례]-[아래쪽]을 선택한다.
⑲ 범례를 선택하고 [범례 서식]-[채우기 및 선]의 '테두리'를 선택한 후, '실선'을 선택하고 색상은 '검정, 텍스트1'로 지정한다.

### 02 매크로('기타작업-2' 시트)

① [개발 도구]-[컨트롤] 그룹의 [삽입]-[(단추)양식 컨트롤)](□)를 클릭한다.
② 마우스 포인터가 '+'로 바뀌면 Alt를 누른 상태에서 [F2:G3] 영역에 드래그한 후 **백분율**을 입력하고 [기록]을 클릭한다.
③ [매크로 기록]에 '백분율'이 표시되면 [확인]을 클릭한다.

④ [D3:D15] 영역을 범위 지정한 후 [Ctrl]+[1]을 눌러 [표시 형식] 탭의 '사용자 지정'에 [파랑][>=0.2]"▲"0%;[빨강][<=0]"▼"0%;0%을 입력하고 [확인]을 클릭한다.

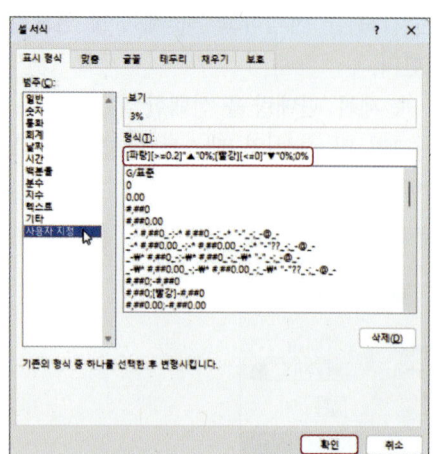

⑤ [개발 도구]-[코드] 그룹의 [기록 중지](□)를 클릭한다.
⑥ '단추'(□)에서 마우스 오른쪽 버튼을 눌러 [텍스트 편집]을 클릭한 후 **백분율**로 수정한다.
⑦ [개발 도구]-[컨트롤] 그룹의 [삽입]-[(단추)양식 컨트롤](□)를 클릭한다.
⑧ 마우스 포인터가 '+'로 바뀌면 [Alt]를 누른 상태에서 [F5:G6] 영역에 드래그한 후 「일반서식」을 입력하고 [기록]을 클릭한다.
⑨ [매크로 기록]에 '일반서식'이 표시되면 [확인]을 클릭한다.
⑩ [D3:D15] 영역을 범위 지정한 후 [Ctrl]+[1]을 눌러 [표시 형식] 탭에서 '일반'을 선택하고 [확인]을 클릭한다.
⑪ [개발 도구]-[코드] 그룹의 [기록 중지](□)를 클릭한다.
⑫ '단추'(□)에서 마우스 오른쪽 버튼을 눌러 [텍스트 편집]을 클릭한 후 **일반서식**으로 수정한다.

## 03 VBA 프로그래밍('기타작업-3' 시트)

### ① 폼 보이기

① [개발 도구]-[컨트롤] 그룹의 [디자인 모드](□)를 클릭하여 〈결제하기〉 버튼을 편집 상태로 만든다.

② 〈결제하기〉 버튼을 더블클릭한 후 다음과 같이 입력한다.

```
Private Sub Btn결제_Click()
    결제화면.Show
End Sub
```

### ② 폼 초기화

① [프로젝트-VBAProject] 탐색기에서 '폼'을 더블클릭하고 〈결제화면〉을 선택한다.
② [프로젝트-VBAProject] 탐색기의 [코드 보기](□)를 클릭한다.
③ '개체 목록'은 'UserForm', '프로시저 목록'은 'Initialize'를 선택한다.
④ 코드 창에 다음과 같이 입력한다.

```
Private Sub UserForm_Initialize()
    Opt신용 = True
End Sub
```

### ③ 선택 프로시저

① '개체 목록'에서 'cmb선택', '프로시저'에서 'DropButtonClick'을 선택한다.

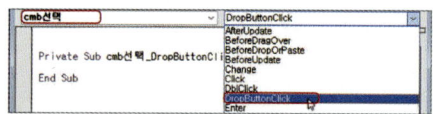

② 코드 창에 다음과 같이 입력한다.

```
Private Sub cmb선택_DropButtonClick()
    If Opt은행 = True Then
        cmb선택.RowSource = "A4:A6"
    Else
        cmb선택.RowSource = "A9:A12"
    End If
End Sub
```

④ 결제 프로시저

① '개체 목록'에서 'cmd결제', '프로시저'에서 'Click'을 선택한다.
② 코드 창에 다음과 같이 입력한다.

```
Private Sub cmd결제_Click()
    i = Range("B16").CurrentRegion.Rows.Count + 16
    If Opt은행 = True Then
    Cells(i, 1) = Opt은행.Caption
    Else
    Cells(i, 1) = Opt신용.Caption
    End If
    Cells(i, 2) = cmb선택
    Cells(i, 3) = txt금액*1
End Sub
```

> **코드 설명**
>
> ① If Opt은행 = True Then
>     Cells(i, 1) = Opt은행.Caption
>　　Else
>     Cells(i, 1) = Opt신용.Caption
>　　End If
> → Opt은행이 선택되면 Opt은행의 Caption 내용(은행이체)을 입력하고, Opt은행이 선택되지 않으면 Opt신용의 Caption 내용(신용카드)을 입력한다.

# 기출 유형 문제 07회

**작업파일** [26컴활1급₩1권_스프레드시트₩기출유형문제] 폴더의 '기출유형문제7회' 파일을 열어서 작업하시오.

## 문제 ❶ 기본작업 | 주어진 시트에서 다음 과정을 수행하고 저장하시오. 15점

**01** '기본작업-1' 시트의 [표1]에 대하여 다음과 같이 고급 필터 작업을 수행하시오. (5점)
- ▶ 연봉이 상위 5 이내이면서 입사일자 연도가 2021년에 해당하는 자료를 '성명', '연봉', '입사일' 열만을 나열하시오.
- ▶ 조건은 [A30:A31] 영역 내에 알맞게 입력하시오. (AND, LARGE, YEAR 함수 사용)
- ▶ 결과는 [A35] 셀부터 표시하시오.

**02** '기본작업-1' 시트의 [표1]에 대하여 다음과 같이 조건부 서식을 설정하시오. (5점)
- ▶ 직급이 '과장' 이거나 '대리'이면서 성명의 성이 '이'인 자료 행 전체에 대하여 글꼴 스타일은 '굵은 기울임꼴', 글꼴 색은 '표준 색 - 파랑'으로 표시하시오.
- ▶ 단, 규칙 유형은 '수식을 사용하여 서식을 지정할 셀 결정'을 이용하시오.
- ▶ AND, OR, LEFT 함수 사용

**03** '기본작업-2' 시트에서 다음과 같이 페이지 레이아웃을 설정하시오. (5점)
- ▶ 인쇄될 내용이 페이지의 가로만 정 가운데에 인쇄되도록 페이지 가운데 맞춤을 설정하시오.
- ▶ 매 페이지 하단의 오른쪽 구역에는 오늘 날짜, 현재 시간이 [표시 예]와 같이 표시되도록 바닥글을 설정하시오.
  [표시 예 : 오늘 날짜가 2025-12-31이고 현재 시간이 오후 3:39 인 경우 → 출력일 : 2025-12-31, 출력시간 : 3:30 PM]
- ▶ [A3:F28] 영역을 인쇄 영역으로 설정하고, 용지 여백을 '좁게(위쪽, 아래쪽 : 1.91cm, 왼쪽, 오른쪽 : 0.64cm, 머리글, 바닥글 : 0.76cm)로 설정하시오.

## 문제 ❷ 계산작업 | 주어진 시트에서 다음 과정을 수행하고 저장하시오. 30점

**01** [표1]의 A조(70m), B조(70m)를 이용하여 스코어[E4:E13]를 계산하여 [표시 예]와 같이 표시하시오. (6점)
- ▶ [표시 예 : A조 2회 이기고, B조 1회 이기면 → 2:1]
- ▶ CONCAT, SUM, IF 함수를 이용한 배열 수식

**02** [표1]의 'A조(70m)'의 기록을 이용하여 [표2]에 특정 A조 선수의 출전횟수와 평균을 [L4:L7] 영역에 [표시 예]와 같이 표시하시오. (6점)
- ▶ 평균은 내림하여 소수 이하 한자리까지 표시
- ▶ [표시 예 : 김영수 선수가 2회 출전하고, 평균이 8.89 → 출전 2회, 평균 8.8점]
- ▶ COUNTIF, ROUNDDOWN, AVERAGE, IF 함수와 & 연산자를 이용한 배열 수식

**03** [표3]의 '1차 순위'를 이용하여 [표4]를 참조하여 추가 포인트[E17:E22], 추가 점수[F17:F22], 추가 포상금[G17:G22]을 찾아 표시하시오. (6점)
- ▶ [표3]의 추가 포인트, 추가 점수, 추가 포상금은 '공백' 다음에 있는 필드명을 이용하여 [표4]를 참조
- ▶ '1차 순위' 5등 이상은 5등의 포인트, 점수, 포상금을 참조
- ▶ VLOOKUP, MATCH, RIGHT, LEN, FIND 함수 이용

**04** [표3]의 '선수명', '평균'을 이용하여 평균 순위[I17:I22]를 계산하여 [표시 예]와 같이 표시하시오. (6점)
- ▶ 평균의 순위가 5등 이내이면 선수명의 2번째 글자를 '★'로 바꾸어 표시하고, 순위를 연결하여 표시하고 나머지는 공백으로 표시
- ▶ [표시 예 : 순위 1등 선수명이 '배윤서'일 경우 → 배★서1등]
- ▶ 순위는 내림차순으로 구함
- ▶ IF, RANK.EQ, REPLACE 함수와 & 연산자를 이용

**05** 사용자 정의 함수 'fn그래프'를 작성하여 [표3]의 2차 순위 그래프[D17:D22]에 표시하시오. (6점)
- ▶ fn그래프는 2차 순위(이차순위), 선수명[A17:A22]을 인수로 받아 값을 되돌려줌
- ▶ 선수명을 이용하여 총인원을 계산하고, '총인원 – 이차순위' 만큼 '♥'를 반복하여 표시
- ▶ FOR ~ NEXT문과 WorksheetFunction.CountA 함수를 이용

```
Public Function fn그래프(이차순위, 선수명)

End Function
```

## 문제 ❸ 분석작업 | 주어진 시트에서 다음 과정을 수행하고 저장하시오. 20점

**01** '분석작업-1' 시트에서 다음과 같은 피벗 테이블을 작성하시오. (10점)

- ▶ 외부 데이터 가져오기 기능을 사용하여 〈매출.accdb〉의 〈지점별〉 테이블을 이용하시오.
- ▶ 피벗 테이블 보고서의 레이아웃과 위치는 〈그림〉을 참조하여 설정하고, 보고서 레이아웃을 개요 형식으로 표시하시오.
- ▶ '일자'를 기준으로 〈그림〉과 같이 그룹을 설정하시오.
- ▶ 부분합은 하단에 표시하고, 합계와 평균을 함께 표시하시오.
- ▶ +/- 기호는 표시하지 않고, 품목을 기준으로 내림차순으로 정렬하시오.
- ▶ '개수', '매출' 필드는 표시 형식을 값 필드 설정의 셀 서식에서 '숫자' 범주를 이용하여 〈그림〉과 같이 지정하시오.
- ▶ 피벗 테이블 스타일은 '연한 녹색, 피벗 스타일 보통 14'로 설정하시오.
- ▶ 7월 LED 매출 자료를 별도의 시트로 생성하고, 시트 이름은 '7월LED'로 하여 '분석작업-1' 시트 오른쪽에 위치시키시오.

| | A | B | C | D | E | F | G |
|---|---|---|---|---|---|---|---|
| 1 | | | | | | | |
| 2 | | | 지점 | (모두) | | | |
| 3 | | | | | | | |
| 4 | | | 일자 | 품목 | 합계 : 개수 | 합계 : 매출 | |
| 5 | | | 7월 | | | | |
| 6 | | | | LED | 179 | 11,535,555 | |
| 7 | | | | DSLR | 106 | 5,097,255 | |
| 8 | | | 7월 합계 | | 285 | 16,632,810 | |
| 9 | | | 7월 평균 | | 57 | 3,326,562 | |
| 10 | | | 8월 | | | | |
| 11 | | | | LED | 513 | 38,566,650 | |
| 12 | | | | LCD | 352 | 27,960,015 | |
| 13 | | | | DSLR | 653 | 33,323,820 | |
| 14 | | | 8월 합계 | | 1,518 | 99,850,485 | |
| 15 | | | 8월 평균 | | 56 | 3,698,166 | |
| 16 | | | 총합계 | | 1,803 | 116,483,295 | |
| 17 | | | | | | | |

**02** '분석작업-2' 시트에 대하여 다음의 지시사항을 처리하시오. (10점)

- ▶ [A3:D3] 영역에는 [데이터 유효성 검사] 기능을 이용하여 항목별 점수 반영비율의 합이 100%가 되도록 제한 대상을 설정하시오.
  - SUM 함수 이용
  - 유효하지 않은 데이터를 입력한 경우 〈그림〉과 같은 오류 메시지가 표시되도록 설정하시오.

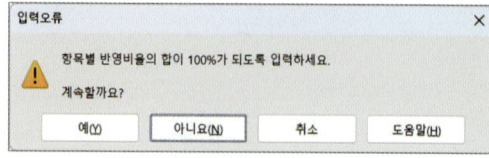

- ▶ [목표값 찾기] 기능을 이용하여 '성적표'의 환산점수[B11]가 90점이 되도록 중간고사[B7]의 점수를 계산하시오.

**문제 ④** | **기타작업** | 주어진 시트에서 다음 과정을 수행하고 저장하시오. 35점

**01** '기타작업-1' 시트에서 다음의 지시사항에 따라 차트를 수정하시오. (각 2점)

※ 차트는 반드시 문제에서 제공한 차트를 사용하여야 하며, 신규로 차트작성 시 0점 처리됨

① '인터넷이용률' 계열에 대해 '표식이 있는 꺾은선형'으로 차트 종류를 변경하고 보조 축으로 설정하시오.
② 가로 축 교차를 〈그림〉과 같이 설정하고, 보조 세로(값) 축의 최소값 '66', 최대값 '80', 기본 단위 '2'로 설정하시오.
③ 차트의 제목, 축 제목과 텍스트 방향(세로 축 제목은 스택형)은 〈그림〉과 같이 설정하시오.
④ 범례의 위치는 〈그림〉과 같이 설정하시오.
⑤ 차트 영역은 '안쪽 : 가운데' 그림자를 적용하고, 부드러운 가장자리 2.5pt를 설정하시오.

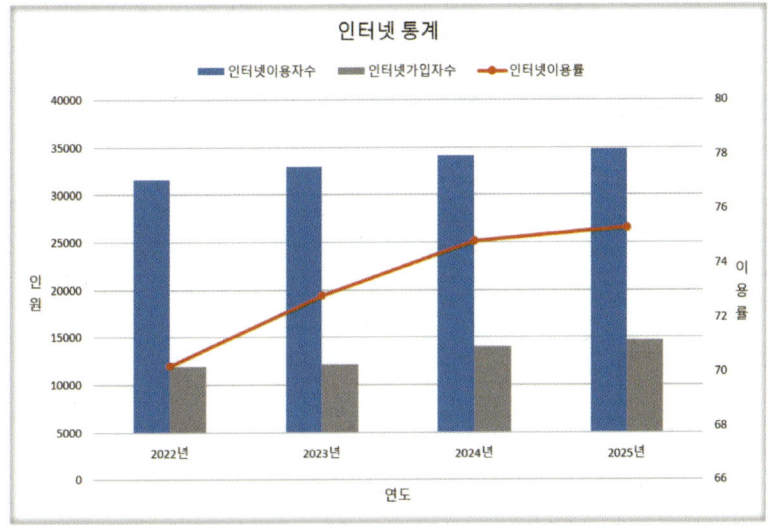

**02** '기타작업-2' 시트에서 다음과 같은 기능을 수행하는 매크로를 현재 통합문서에 작성하시오. (각 5점)

① [E5:E22] 영역에 대하여 사용자 지정 표시 형식을 설정하는 '서식' 매크로를 생성하시오.
  ▶ 셀 값이 5,000,000 이상이면 파랑색으로 천 단위 기호를 표시, 셀 값이 1,000,000 미만이면 빨강색으로 천 단위 기호를 표시, 나머지는 천 단위 기호를 표시
  ▶ [도형]-[사각형]의 '직사각형(□)'을 동일 시트의 [B1:C2] 영역에 생성한 후 텍스트를 '서식'으로 입력하고, '직사각형'을 클릭하면 '서식' 매크로가 실행되도록 설정하시오.
② [E5:E22] 영역에 대하여 기호 없는 회계 서식으로 적용하는 '회계' 매크로를 생성하시오.
  ▶ [도형]-[사각형]의 '직사각형(□)'을 동일 시트의 [D1:E2] 영역에 생성한 후 텍스트를 '회계'로 입력하고, '직사각형'을 클릭하면 '회계' 매크로가 실행되도록 설정하시오.

※ 셀 포인터의 위치에 관계없이 매크로가 실행되어야 정답으로 인정됨

## 03 '기타작업-3' 시트에서 다음과 같은 작업을 수행하도록 프로시저를 작성하시오. (각 5점)

① '매출입력' 버튼을 클릭하면 〈매출입력〉 폼이 나타나도록 하고, 폼이 초기화(Initialize)되면 [H5:K14] 영역의 값이 상품목록(lst품목)의 목록에 설정되도록 프로시저를 작성하시오.
② 수량의 '스핀(spn수량)' 버튼을 누르면 증감된 숫자가 수량(txt판매수량)에 표시되도록 작성하시오.
③ 〈매출입력〉 폼의 '등록(cmd등록)' 버튼을 클릭하면 상품코드, 구분, 상품명, 수량(txt판매수량), 금액을 계산하여 [표1]에 입력되도록 작성하시오.
▶ 금액 = 단가 × 수량
▶ 상품코드, 구분, 상품명, 단가는 ListIndex 속성을 이용

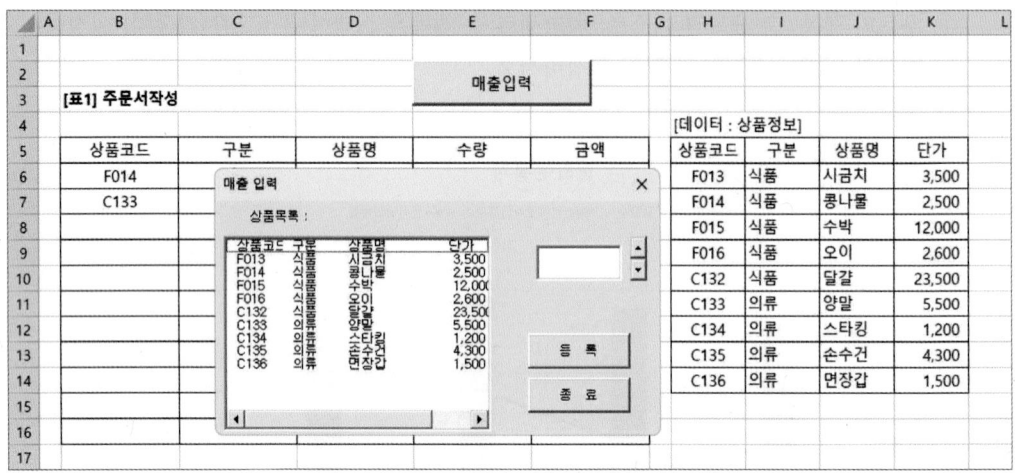

※ 데이터를 추가하거나 삭제하여도 항상 마지막 데이터 다음에 입력되어야 함

# 기출 유형 문제 07회 정답

## 문제 ❶ 기본작업

### 01 고급 필터

A31 =AND(E4>=LARGE($E$4:$E$28,5),YEAR(F4)=2021)

| | A | B | C | D | E | F |
|---|---|---|---|---|---|---|
| 30 | 조건 | | | | | |
| 31 | FALSE | | | | | |
| 35 | 성명 | 연봉 | 입사일 | | | |
| 36 | 윤성현 | 45,200,000 | 2021-12-08 | | | |
| 37 | 김한재 | 40,200,000 | 2021-12-05 | | | |

### 02 조건부 서식

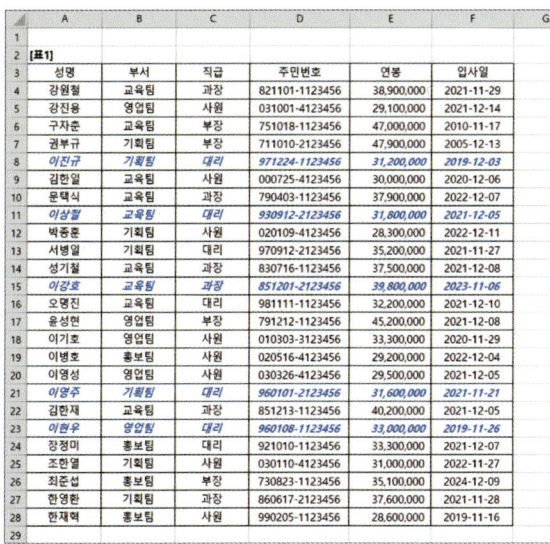

### 03 페이지 레이아웃

## 문제 ❷ 계산작업

| | A | B | C | D | E | F | G | H | I | J | K | L | M | N |
|---|---|---|---|---|---|---|---|---|---|---|---|---|---|---|
| 1 | [표1] | | | | | | | | | | [표2] | | | |
| 2 | | A조(70m) | | | | | B조(70m) | | | | A조 선수 출전횟수와 평균 | | | |
| 3 | 선수명 | 1세트 | 2세트 | 3세트 | 스코어 | 선수명 | 1세트 | 2세트 | 3세트 | | 김영수 | 출전 2회, 평균 8.8점 | | |
| 4 | 김영수 | 10 | 10 | 9 | 2:1 | 박승현 | 9 | 8 | 10 | | 배윤서 | 출전 4회, 평균 8.4점 | | |
| 5 | 배윤서 | 7 | 9 | 7 | 0:1 | 김철수 | 8 | 9 | 7 | | 김태민 | 출전 3회, 평균 8.3점 | | |
| 6 | 김영수 | 8 | 9 | 7 | 2:1 | 이민수 | 7 | 10 | 6 | | 김민호 | 출전 1회, 평균 7.3점 | | |
| 7 | 김태민 | 10 | 10 | 7 | 1:1 | 박승현 | 10 | 6 | 9 | | | | | |
| 8 | 배윤서 | 7 | 9 | 10 | 2:1 | 박주영 | 8 | 7 | 9 | | | | | |
| 9 | 김태민 | 10 | 7 | 6 | 1:2 | 김민호 | 9 | 10 | 9 | | | | | |
| 10 | 배윤서 | 4 | 7 | 8 | 1:2 | 박수남 | 8 | 6 | 10 | | | | | |
| 11 | 김태민 | 7 | 8 | 10 | 1:0 | 김철수 | 7 | 8 | 6 | | | | | |
| 12 | 김민호 | 9 | 6 | 7 | 1:2 | 박승현 | 8 | 7 | 9 | | | | | |
| 13 | 배윤서 | 10 | 10 | 10 | 2:0 | 김철수 | 9 | 7 | 10 | | | | | |
| 14 | | | | | | | | | | | | | | |
| 15 | [표3] | | | | | | | | | | [표4] | | | |
| 16 | 선수명 | 1차 순위 | 2차 순위 | 2차 순위 그래프 | 추가 포인트 | 추가 점수 | 추가 포상금 | 평균 | 평균 순위 | | 순위 | 포인트 | 점수 | 포상금 |
| 17 | 배윤서 | 1 | 5 | ♥ | 20 | 10 | 2,000,000 | 80 | 배★서4등 | | 1 | 20 | 10 | 2,000,000 |
| 18 | 김영수 | 6 | 3 | ♥♥♥ | 3 | 2 | - | 90 | 김★수3등 | | 2 | 15 | 9 | 1,500,000 |
| 19 | 김민호 | 5 | 2 | ♥♥♥♥ | 3 | 2 | - | 75 | | | 3 | 10 | 8 | 1,000,000 |
| 20 | 김태민 | 4 | 1 | ♥♥♥♥♥ | 5 | 7 | 500,000 | 100 | 김★민1등 | | 4 | 5 | 7 | 500,000 |
| 21 | 김철수 | 3 | 4 | ♥♥ | 10 | 8 | 1,000,000 | 95 | 김★수2등 | | 5 | 3 | 2 | - |
| 22 | 박승현 | 2 | 6 | | 15 | 9 | 1,500,000 | 85 | 박★현4등 | | | | | |
| 23 | | | | | | | | | | | | | | |

1. [E4] 셀에 「=CONCAT(SUM(IF(B4:D4>G4:I4,1,0)),":",SUM(IF(B4:D4<G4:I4,1,0)))」를 입력하고 Ctrl + Shift + Enter 를 누른 후에 [E13] 셀까지 수식 복사

2. [L4] 셀에 「="출전 " & COUNTIF($A$4:$A$13,K4) & "회, 평균 " & ROUNDDOWN(AVERAGE(IF($A$4:$A$13=K4,$B$4:$D$13)),1)&"점"」를 입력하고 Ctrl + Shift + Enter 를 누른 후에 [L7] 셀까지 수식 복사

3. [E17] 셀에 「=VLOOKUP($B17,$K$17:$N$21,MATCH(RIGHT(E$16,LEN(E$16)−FIND(" ",E$16)),$L$16:$N$16,0)+1)」를 입력하고 [G22] 셀까지 수식 복사

4. [I17] 셀에 「=IF(RANK.EQ(H17,$H$17:$H$22)<=5,REPLACE(A17,2,1,"★")&RANK.EQ(H17,$H$17:$H$22)&"등","")」를 입력하고 [I22] 셀까지 수식 복사

5. [D17] 셀에 「=fn그래프(C17,$A$17:$A$22)」를 입력하고 [D22] 셀까지 수식 복사

```
Public Function fn그래프(이차순위, 선수명)
    인원수 = WorksheetFunction.CountA(선수명) − 이차순위
    fn그래프 = ""
    For i = 1 To 인원수
        fn그래프 = fn그래프 & "♥"
    Next
End Function
```

## 문제 ③ 분석작업

### 01 피벗 테이블

| | A | B | C | D | E | F | G |
|---|---|---|---|---|---|---|---|
| 1 | | | | | | | |
| 2 | | | 지점 | (모두) | | | |
| 3 | | | | | | | |
| 4 | | | 일자 | 품목 | 합계 : 개수 | 합계 : 매출 | |
| 5 | | | 7월 | | | | |
| 6 | | | | LED | 179 | 11,535,555 | |
| 7 | | | | DSLR | 106 | 5,097,255 | |
| 8 | | | 7월 합계 | | 285 | 16,632,810 | |
| 9 | | | 7월 평균 | | 57 | 3,326,562 | |
| 10 | | | 8월 | | | | |
| 11 | | | | LED | 513 | 38,566,650 | |
| 12 | | | | LCD | 352 | 27,960,015 | |
| 13 | | | | DSLR | 653 | 33,323,820 | |
| 14 | | | 8월 합계 | | 1,518 | 99,850,485 | |
| 15 | | | 8월 평균 | | 56 | 3,698,166 | |
| 16 | | | 총합계 | | 1,803 | 116,483,295 | |
| 17 | | | | | | | |

| | A | B | C | D | E | F |
|---|---|---|---|---|---|---|
| 1 | 일자 | 지점 | 품목 | 개수 | 매출 | |
| 2 | 2025-07-25 | 강동 | LED | 55 | 2902245 | |
| 3 | 2025-07-27 | 강남 | LED | 61 | 5995185 | |
| 4 | 2025-07-29 | 강남 | LED | 63 | 2638125 | |
| 5 | | | | | | |

### 02 데이터 도구

| | A | B | C | D | E |
|---|---|---|---|---|---|
| 1 | [표1] | 기준표 | | | |
| 2 | 중간고사 | 기말고사 | 출석 | 수행평가 | |
| 3 | 30% | 40% | 10% | 20% | |
| 4 | | | | | |
| 5 | | | | | |
| 6 | [표2] | 성적표 | | | |
| 7 | 중간고사 | 93.33333 | | | |
| 8 | 기말고사 | 90 | | | |
| 9 | 출석 | 90 | | | |
| 10 | 수행평가 | 85 | | | |
| 11 | 환산점수 | 90 | | | |
| 12 | | | | | |

## 문제 ④ 기타작업

### 01 차트

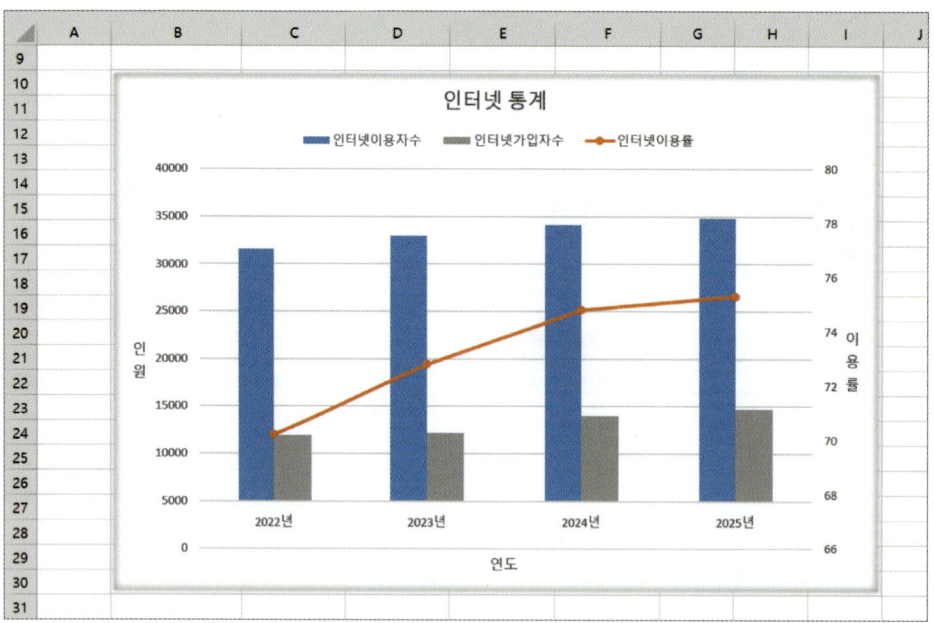

### 02 매크로

| | A | B | C | D | E | F |
|---|---|---|---|---|---|---|
| 1 | | 서식 | | 회계 | | |
| 2 | | | | | | |
| 3 | | | | | | |
| 4 | 일자 | 지점 | 품목 | 개수 | 매출 | |
| 5 | 2025-07-25 | 강동 | LED | 55 | 2,902,245 | |
| 6 | 2025-07-27 | 강남 | LED | 61 | 5,995,185 | |
| 7 | 2025-07-28 | 강북 | DSLR | 54 | 4,651,035 | |
| 8 | 2025-07-29 | 강동 | DSLR | 52 | 446,220 | |
| 9 | 2025-07-29 | 강남 | LED | 63 | 2,638,125 | |
| 10 | 2025-08-01 | 강서 | LED | 62 | 5,133,780 | |
| 11 | 2025-08-01 | 강남 | DSLR | 46 | 670,665 | |
| 12 | 2025-08-01 | 강북 | LCD | 57 | 3,371,160 | |
| 13 | 2025-08-04 | 강남 | DSLR | 61 | 750,300 | |
| 14 | 2025-08-04 | 강북 | LED | 55 | 2,990,820 | |
| 15 | 2025-08-06 | 강동 | LED | 53 | 5,912,580 | |
| 16 | 2025-08-06 | 강동 | LED | 49 | 4,324,095 | |
| 17 | 2025-08-07 | 강남 | LCD | 57 | 5,459,025 | |
| 18 | 2025-08-07 | 강북 | DSLR | 52 | 4,834,275 | |
| 19 | 2025-08-09 | 강북 | DSLR | 63 | 4,950,525 | |
| 20 | 2025-08-10 | 강동 | DSLR | 55 | 3,789,615 | |
| 21 | 2025-08-10 | 강북 | LED | 56 | 5,514,000 | |
| 22 | 2025-08-12 | 강서 | DSLR | 56 | 2,911,410 | |
| 23 | | | | | | |

## ❸ VBA 프로그래밍

- 폼 보이기 프로시저

```
Private Sub cmd매출입력_Click()
    매출입력.Show
End Sub
```

- 폼 초기화 프로시저

```
Private Sub UserForm_Initialize()
    lst품목.RowSource = "H5:K14"
    lst품목.ColumnCount = 4
End Sub
```

- 수량 표시 프로시저

```
Private Sub spn수량_Change()
    txt판매수량 = spn수량.Value
End Sub
```

- 등록 이벤트 프로시저

```
Private Sub cmd등록_Click()
    i = Range("b5").CurrentRegion.Rows.Count + 5
    Cells(i, 2) = lst품목.List(lst품목.ListIndex, 0)
    Cells(i, 3) = lst품목.List(lst품목.ListIndex, 1)
    Cells(i, 4) = lst품목.List(lst품목.ListIndex, 2)
    Cells(i, 5) = txt판매수량.Value
    Cells(i, 6) = lst품목.List(lst품목.ListIndex, 3) * Cells(i, 5)
End Sub
```

## 기출 유형 문제 07회  해설

### 문제 ①  기본작업

#### 01 고급 필터('기본작업-1' 시트)

① [A30:A31] 영역에 조건을 입력하고, [A35:C35] 영역에 추출할 필드명을 입력한다.

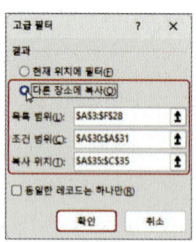

[A31] : =AND(E4>=LARGE($E$4:$E$28,5),YEAR(F4)=2021)

② 데이터 목록 안의 아무 셀이나 선택하고 [데이터]-[정렬 및 필터] 그룹에서 [고급](🔽)을 클릭한다.

③ [고급 필터]에서 다음과 같이 지정한 후 [확인]을 클릭한다.

- 결과 : '다른 장소에 복사'
- 목록 범위 : [A3:F28]
- 조건 범위 : [A30:A31]
- 복사 위치 : [A35:C35]

#### 02 조건부 서식('기본작업-1' 시트)

① [A4:F28] 영역을 범위 지정한 후 [홈]-[스타일] 그룹의 [조건부 서식]-[새 규칙]을 클릭한다.

② [새 서식 규칙]에서 '▶ 수식을 사용하여 서식을 지정할 셀 결정'을 선택하고, =AND(OR($C4="과장",$C4="대리"),LEFT($A4,1)="이")를 입력한 후 [서식]을 클릭한다.

③ [글꼴] 탭에서 '굵은 기울임꼴', 글꼴 색 '표준 색 - 파랑'을 선택하고 [확인]을 클릭한다.

④ [새 서식 규칙]에서 '수식'과 '서식'이 맞는지 확인한 후 [확인]을 클릭한다.

#### 03 페이지 레이아웃('기본작업-2' 시트)

① [A3:F28] 영역을 범위 지정한 후 [페이지 레이아웃]-[페이지 설정] 그룹의 [인쇄 영역]-[인쇄 영역 설정]을 클릭한다.

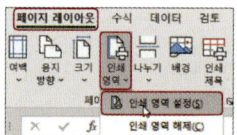

② [페이지 레이아웃]-[페이지 설정] 그룹의 [여백]-[좁게]를 클릭한다.

③ [페이지 레이아웃]-[페이지 설정] 그룹에서 [옵션](🔽)을 클릭한다.

④ [여백] 탭에서 페이지 가운데 맞춤 '가로'만을 체크한다.

⑤ [머리글/바닥글] 탭을 클릭하여 [바닥글 편집]을 클릭한다.

⑥ 오른쪽 구역에 커서를 두고 **출력일 :**을 입력하고, [날짜 삽입](🔽)을 클릭한 후, **출력시간 :**을 입력한 후 [시간 삽입](🔽)을 클릭하고 [확인]을 클릭한다.

### 문제 ②  계산작업('계산작업' 시트)

#### 01 스코어[E4:E13]

[E4] 셀에 =CONCAT(SUM(IF(B4:D4>G4:I4,1,0)),":",SUM(IF(B4:D4<G4:I4,1,0)))를 입력한 후 Ctrl + Shift + Enter 를 눌러 수식을 완성하고 [E13] 셀까지 수식을 복사한다.

#### 02 A조 선수 출전횟수와 평균[L4:L7]

[L4] 셀에 ="출전 " & COUNTIF($A$4:$A$13,K4) & "회, 평균 " & ROUNDDOWN(AVERAGE(IF($A$4:$A$13=K4,$B$4:$D$13)),1)&"점"를 입력한 후 Ctrl + Shift + Enter 를 눌러 수식을 완성하고 [L7] 셀까지 수식을 복사한다.

### 03 추가 포인트, 추가 점수, 추가 포상금[E17:G22]

[E17] 셀에 =VLOOKUP($B17,$K$17:$N$21, MATCH(RIGHT(E$16,LEN(E$16)-FIND(" ", E$16)),$L$16:$N$16,0)+1)를 입력하고 [G22] 셀까지 수식을 복사한다.

### 04 평균 순위[I17:I22]

[I17] 셀에 =IF(RANK.EQ(H17,$H$17:$H$22) <=5,REPLACE(A17,2,1,"★")&RANK.EQ(H17, $H$17:$H$22)&"등",""))를 입력하고 [I22] 셀까지 수식을 복사한다.

### 05 2차 순위 그래프[D17:D22]

① [개발 도구]-[코드] 그룹의 [Visual Basic] (📘)을 클릭한다.
② [삽입]-[모듈]을 클릭한다.
③ Module 창에 다음과 같이 입력한다.

```
Public Function fn그래프(이차순위, 선수명)
    인원수 = WorksheetFunction.CountA(선수명) - 이차순위
    fn그래프 = ""
    For i = 1 To 인원수
        fn그래프 = fn그래프 & "♥"
    Next
End Function
```

④ [파일]-[닫고 Microsoft Excel(으)로 돌아가기]를 클릭하여 [Visual Basic Editor]를 닫는다.
⑤ [D17] 셀을 클릭한 후 [함수 삽입](𝑓𝑥)를 클릭한다.
⑥ 범주 선택에서 '사용자 정의', 함수 선택에서 'fn그래프'를 선택한 후 [확인]을 클릭한다.
⑦ 이차순위는 [C17], 선수명은 [A17:A22]를 지정하고 [확인]을 클릭한다.

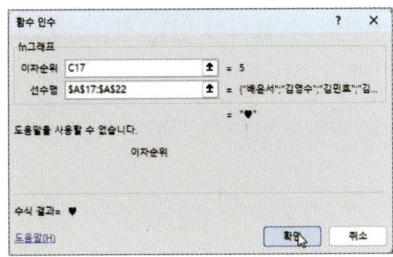

> **기적의 TIP**
> 선수명[A17:A22]은 수식을 복사해도 동일한 인원수로 비교할 수 있도록 절대참조를 반드시 해야합니다.

⑧ [D17] 셀을 선택한 후 [D22] 셀까지 수식을 복사한다.

## 문제 ③ 분석작업

### 01 피벗 테이블('분석작업-1' 시트)

① [C4] 셀을 클릭한 후 [삽입]-[표] 그룹에서 [피벗 테이블](📊)을 클릭한다.

> **기적의 TIP**
> 사용하는 엑셀 버전에 따라 [피벗 테이블] 대화상자에서 작성할 수 없는 경우, [삽입]-[표] 그룹의 [피벗테이블]-[외부 데이터 원본에서]를 클릭하여 작성할 수 있습니다.

② [연결 선택]을 클릭하여 [기존 연결]에서 [더 찾아보기]를 클릭하여 '매출.accdb' 파일을 선택하고 [열기]를 클릭한 후 [확인]을 클릭한다.
③ [피벗 테이블 필드 목록]에서 다음과 같이 지정한다.

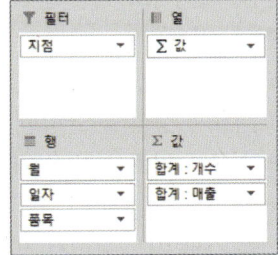

④ [디자인]-[레이아웃] 그룹의 [보고서 레이아웃]-[개요 형식으로 표시]을 클릭한다.
⑤ [C5] 셀에서 마우스 오른쪽 버튼을 눌러 [그룹]을 클릭하여 '일'의 선택을 해제하고 [확인]을 클릭한다.
⑥ [디자인]-[레이아웃] 그룹의 [부분합]-[그룹 하단에 모든 부분합 표시]를 클릭한다.
⑦ [C8] 셀에서 마우스 오른쪽 버튼을 눌러 [필드 설정]을 클릭한다.

⑧ [필드 설정]에서 '사용자 지정'을 선택하고 '합계'와 '평균'을 동시에 선택하고 [확인]을 클릭한다.

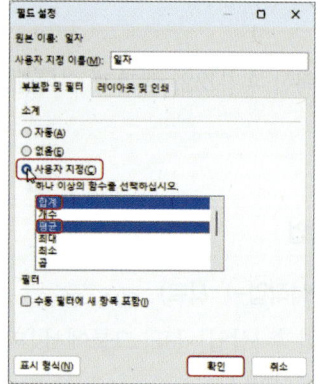

⑨ [피벗 테이블 분석]-[표시] 그룹의 '+/- 단추'를 클릭한 후 품목[D4] 셀에서 목록 단추( )를 클릭하여 [텍스트 내림차순 정렬]을 클릭한다.

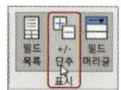

⑩ [E4] 셀에서 마우스 오른쪽 버튼을 눌러 [값 필드 설정]을 클릭하고, [표시 형식]을 클릭한 후 '숫자'에서 '1000 단위 구분 기호 사용'을 체크하고 [확인]을 클릭한다.

⑪ [F4] 셀에서 마우스 오른쪽 버튼을 눌러 [값 필드 설정]을 클릭하고, [표시 형식]을 클릭한 후 '숫자'에서 '1000 단위 구분 기호 사용'을 체크하고 [확인]을 클릭한다.

⑫ [디자인]-[피벗 테이블 스타일] 그룹에서 '연한 녹색, 피벗 스타일 보통 14'를 선택한다.

⑬ [E6] 셀에서 더블클릭한다.

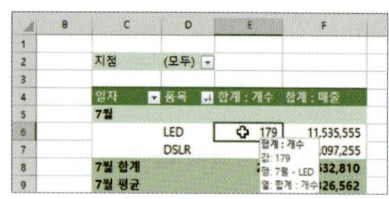

⑭ 시트명을 더블클릭하여 **7월LED**를 입력하고 시트명을 드래그하여 '분석작업-1' 시트 뒤로 드래그한다.

## 02 데이터 도구('분석작업-2')

① [A3:D3] 영역을 범위 지정한 후 [데이터]-[데이터 도구] 그룹의 [데이터 유효성 검사]( )를 클릭한다.

② [설정] 탭의 제한 대상은 '사용자 지정', 수식은 =SUM($A3:$D3)=100%를 입력한다.

③ [오류 메시지] 탭에서 스타일은 '경고', 제목은 **입력오류**, 오류 메시지는 **항목별 반영비율의 합이 100%가 되도록 입력하세요.**를 입력하고 [확인]을 클릭한다.

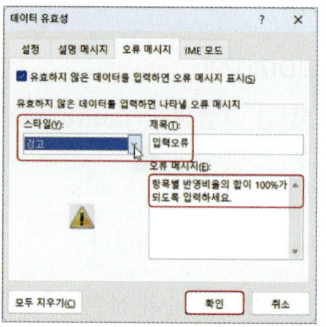

④ [B11] 셀을 클릭한 후 [데이터]-[예측] 그룹의 [가상 분석]-[목표값 찾기]를 클릭한다.

⑤ '수식 셀'은 [B11], '찾는 값'은 90, '값을 바꿀 셀'은 [B7]로 지정하고 [확인]을 클릭한다.

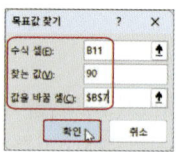

⑥ [목표값 찾기 상태]에서 [확인]을 클릭한다.

## 문제 ❹ 기타작업

### 01 차트('기타작업-1' 시트)

① '인터넷이용률'을 계열을 선택하고 마우스 오른쪽 버튼을 눌러 [계열 차트 종류 변경]을 클릭하여 '꺾은선형'의 '표식이 있는 꺾은선형' 차트를 선택한다.

② '보조 축'을 선택한 후 [확인]을 클릭한다.

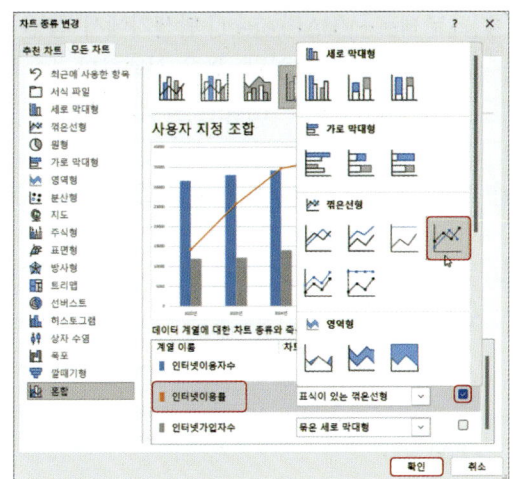

③ '세로(값) 축'에서 마우스 오른쪽 버튼을 눌러 [축 서식]의 '축 옵션'에 가로 축 교차 '축 값'을 5000을 입력한다.

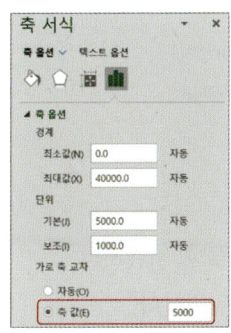

④ 보조(세로) 값 축을 선택한 후 '축 옵션'에서 '최소값'에 66, '최대값'에 80, 단위 '기본'에 2를 입력한다.

⑤ 차트를 선택한 후 [차트 요소](田)-[차트 제목]을 클릭한 다음, '차트 제목'에 **인터넷 통계**라고 입력한다.

⑥ [차트 요소](田)-[축 제목]-[기본 세로]를 클릭하고 '축 제목'에 **인원**이라고 입력한다.

⑦ [차트 요소](田)-[축 제목]-[보조 세로]를 클릭하고 '축 제목'에 **이용률**이라고 입력한다.

⑧ [차트 요소](田)-[축 제목]-[기본 가로]를 클릭하고 '축 제목'에 **연도**라고 입력한다.

⑨ 세로 축 제목 '인원'을 선택한 후 [축 제목 서식]-[크기 및 속성]의 '텍스트 방향'을 '스택형'를 선택한다.

⑩ 보조 세로 축 제목 '이용률'을 선택한 후 [축 제목 서식]-[크기 및 속성]의 '텍스트 방향'을 '스택형'를 선택한다.

⑪ '범례'를 선택한 후 '범례 옵션'에서 '위쪽'을 선택한다.

⑫ 차트를 선택한 후 [서식]-[도형 스타일] 그룹에서 [도형 효과]-[그림자]의 '안쪽 : 가운데'를 선택한다.

⑬ [서식]-[도형 스타일] 그룹에서 [도형 효과]-[부드러운 가장자리]의 '2.5 포인트'를 선택한다.

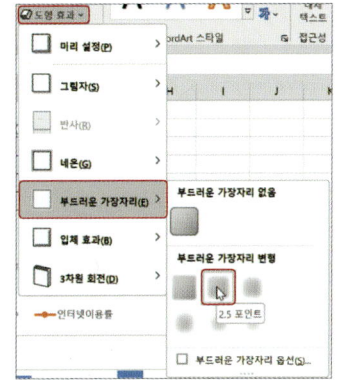

## 02 매크로('기타작업-2' 시트)

① 비어 있는 셀을 클릭한 후 [개발 도구]-[코드] 그룹의 [매크로 기록](□)을 클릭한다.

② [매크로 기록]에서 **서식**을 입력하고 [확인]을 클릭한다.

③ [E5:E22] 영역을 범위 지정한 후 Ctrl + 1 을 눌러 [표시 형식] 탭의 '사용자 지정'을 선택한 후 **[파랑][>=5000000]#,##0;[빨강][<1000000]#,##0;#,##0**을 입력하고 [확인]을 클릭한다.

④ [개발 도구]-[코드] 그룹의 [기록 중지](□)를 클릭한다.

⑤ [삽입]-[일러스트레이션] 그룹의 [도형]-[사각형]의 직사각형(□)을 클릭한다.

⑥ 마우스 포인터가 '+'로 바뀌면 Alt 를 누른 상태에서 [B1:C2] 영역에 드래그하면 **서식**을 입력한다.

⑦ 직사각형에서 마우스 오른쪽 버튼을 눌러 [매크로 지정]을 클릭한다.

⑧ [매크로 지정]에 '서식'을 선택하고 [확인]을 클릭한다.
⑨ 비어 있는 셀을 클릭한 후 [개발 도구]-[코드] 그룹의 [매크로 기록](🔴)을 클릭한다.
⑩ [매크로 기록]에서 **회계**를 입력하고 [확인]을 클릭한다.
⑪ [E5:E22] 영역을 범위 지정한 후 Ctrl+1을 눌러 [표시 형식] 탭에서 '회계', 기호는 '없음'을 선택하고 [확인]을 클릭한다.

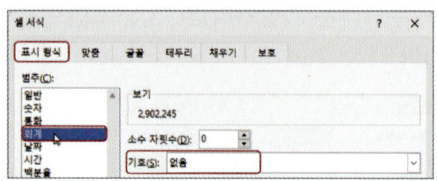

⑫ [개발 도구]-[코드] 그룹의 [기록 중지](□)를 클릭한다.
⑬ [삽입]-[일러스트레이션] 그룹의 [도형]-[사각형]의 직사각형(□)을 클릭한다.
⑭ 마우스 포인터가 '+'로 바뀌면 Alt를 누른 상태에서 [D1:E2] 영역에 드래그하면 **회계**를 입력한다.
⑮ 직사각형에서 마우스 오른쪽 버튼을 눌러 [매크로 지정]을 클릭한다.
⑯ [매크로 지정]에 '회계'를 선택하고 [확인]을 클릭한다.

### 03 VBA 프로그래밍('기타작업-3' 시트)

#### ① 폼 보이기

① [개발 도구]-[컨트롤] 그룹의 [디자인 모드] 메뉴를 클릭하여 〈매출입력〉 버튼을 편집 상태로 만든다.
② 〈매출입력〉 버튼을 더블클릭한 후 다음과 같이 입력한다.

```
Private Sub cmd매출입력_Click()
    매출입력.Show
End Sub
```

#### ② 폼 초기화

① [프로젝트-VBAProject] 탐색기에서 '폼'을 더블클릭하고 〈매출입력〉 폼을 선택한다.
② [프로젝트-VBAProject] 탐색기의 [코드 보기](📄)를 클릭한다.
③ '개체 목록'은 'UserForm', '프로시저 목록'은 'Initialize'를 선택한다.
④ 코드 창에 다음과 같이 입력한다.

```
Private Sub UserForm_Initialize()
    lst품목.RowSource = "H5:K14"
    lst품목.ColumnCount = 4
End Sub
```

#### ③ 수량 표시 프로시저

① '개체 목록'에서 'spn수량'을 선택한다.
② 코드 창에 다음과 같이 입력한다.

```
Private Sub spn수량_Change()
    txt판매수량 = spn수량.Value
End Sub
```

#### ④ 등록 프로시저

① '개체 목록'에서 'cmd등록'을 선택한다.
② 코드 창에 다음과 같이 입력한다.

```
Private Sub cmd등록_Click()
    i = Range("b5").CurrentRegion.Rows.Count + 5
    Cells(i, 2) = lst품목.List(lst품목.ListIndex, 0)
    Cells(i, 3) = lst품목.List(lst품목.ListIndex, 1)
    Cells(i, 4) = lst품목.List(lst품목.ListIndex, 2)
    Cells(i, 5) = txt판매수량.Value
    Cells(i, 6) = lst품목.List(lst품목.ListIndex, 3) * Cells(i, 5)
End Sub
```

> **코드 설명**
> lst품목에서 '상품코드'를 선택하면 0, 'F013'을 선택하면 1, 'F014'를 선택하면 2, 'F015'를 선택하면 3, …으로 ListIndex 속성에 의해 값이 반환됨

# 기출 유형 문제 08회

**작업파일** [26컴활1급₩1권_스프레드시트₩기출유형문제] 폴더의 '기출유형문제8회' 파일을 열어서 작업하시오.

## 문제 ① 기본작업 | 주어진 시트에서 다음 과정을 수행하고 저장하시오. 15점

**01** '기본작업1' 시트에서 다음과 같이 고급 필터를 수행하시오. (5점)
- ▶ [B3:I20] 영역에서 '출시일자'의 출시일이 15일 이전이면서, '출시일자'의 시간이 오후 12시에서 오후 6시 사이인 자료의 게임파일코드, 장르, 회사명, 다운로드수 열만 순서대로 표시하시오.
- ▶ 조건은 [B22:B23] 영역 내에 알맞게 입력하시오. (AND, DAY, HOUR 함수 사용)
- ▶ 결과는 [B27] 셀부터 표시하시오.

**02** '기본작업1' 시트에서 다음과 같이 조건부 서식을 설정하시오. (5점)
- ▶ '출시일자'를 이용하여 홀수 달에 출시한 자료의 행 전체에 대해서 글꼴 스타일은 '기울임꼴', 글꼴 색은 '표준 색 – 빨강'으로 적용하는 조건부 서식을 작성하시오.
- ▶ 단, 규칙 유형은 '수식을 사용하여 서식을 지정할 셀 결정'을 이용하시오. (MONTH와 MOD 함수 사용)

**03** '기본작업2' 시트에서 다음과 같이 페이지 레이아웃을 설정하시오. (5점)
- ▶ [B3:I20] 영역을 인쇄 영역으로 설정하고, 용지 방향을 '가로'로 설정하시오.
- ▶ 인쇄될 내용이 페이지의 정 가운데에 인쇄되도록 페이지 가운데 맞춤을 설정하시오.
- ▶ 매 페이지 하단의 가운데 구역에는 페이지 번호가 [표시 예]와 같이 표시되도록 바닥글을 설정하시오. [표시 예 : 전체 페이지 번호가 3이면 → 총 3 페이지]

## 문제 ② 계산작업 | 주어진 시트에서 다음 과정을 수행하고 저장하시오 30점

**01** [표1]의 '예매율'을 이용하여 예매순위[F3:F19]를 표시하시오. (6점)
- ▶ 예매율이 상위 3위까지는 ★Top, 하위 3위까지는 ☆Low를 순위와 연결하여 표시하고, 그 외는 공백으로 표시 [표시 예 : 상위 1위 → ★Top1, 하위 3위 → ☆Low3]
- ▶ 상위 순위는 내림차순, 하위 순위는 오름차순으로 구하여 순위를 표시
- ▶ IF, LARGE, RANK.EQ, SMALL 함수와 & 연산자 사용

**02** [표1]의 '공연종류', 'VIP', '일반'과 [표4]를 참조하여 총 관람료[I3:I19]를 계산하여 [표시 예]와 같이 표시하시오. (6점)
- ▶ 총 관람료 = 일반 관람료 × 일반 관객수 + VIP 관람료 × VIP 관람수
  [표시 예 : 3,425,000 → 3,425천원]
- ▶ TEXT, INDEX, MATCH 함수 사용

③ [표1]의 '시작일'의 월별 빈도수가 전체 시작일 중에서 차지하는 비율을 [표2]의 [N3:N8] 영역에 표시하시오. (6점)

▶ FREQUENCY, MONTH, COUNTA 함수를 이용한 배열 수식

④ [표1]의 '시작일', '종료일', 'VIP', '일반'을 이용하여 [표3]의 [M12:O12] 영역에 [표시 예]와 같이 표시하시오. (6점)

▶ 공연횟수는 (종료일 − 시작일)/30을 반올림하여 정수로 표시
▶ 관객수는 VIP와 일반 관객수를 이용
[표시 예 : 공연횟수가 3, 관객수 100 → 3회−100명]
▶ SUM, ROUND 함수와 & 연산자 사용한 배열 수식

⑤ 사용자 정의 함수 'fn주차요금'을 작성하여 [표1]의 주차요금[K3:K19]에 표시하시오. (6점)

▶ fn주차요금은 '주차가능', '공연시간'을 인수로 받아 값을 되돌려줌
▶ 주차가능이 'Y'이면 공연시간 × 6000, 주차가능이 'N'이면 공백으로 표시
▶ IF ~ ELSE 문 사용

```
Public Function fn주차요금(주차가능, 공연시간)

End Function
```

## 문제 ❸ 분석작업 | 주어진 시트에서 다음 과정을 수행하고 저장하시오    20점

① '분석작업1' 시트에서 다음 그림과 같이 피벗 테이블을 작성하시오. (10점)

▶ 외부 데이터 가져오기 기능을 사용하여 〈온라인게임.accdb〉의 〈판매량분석〉 테이블의 '장르', '회사명', '출시일', '정기권', '정액권' 필드만을 이용하시오.
▶ 피벗 테이블 보고서의 레이아웃과 위치는 〈그림〉을 참조하여 설정하고, 보고서 레이아웃을 테이블 형식으로 표시하시오.
▶ 〈그림〉을 참조하여 '출시일'의 그룹을 설정하시오.
▶ '정기권', '정액권' 필드의 표시 형식은 값 필드 설정의 셀 서식에서 '숫자' 범주를 이용하여 지정하시오.
▶ 피벗 테이블 스타일은 '밝은 회색, 피벗 스타일 밝게 15'로 설정하시오.

| | A | B | C | D | E | F |
|---|---|---|---|---|---|---|
| 1 | | 회사명 | (모두) | | | |
| 2 | | | | | | |
| 3 | | 장르 | 출시일 | 합계 : 정기권 | 합계 : 정액권 | |
| 4 | | ⊟아케이드 | 2023년 | 10,000 | 13,000 | |
| 5 | | | 2024년 | 15,000 | 19,500 | |
| 6 | | | 2025년 | 35,000 | 45,500 | |
| 7 | | 아케이드 요약 | | 60,000 | 78,000 | |
| 8 | | ⊟액션 | 2023년 | 18,000 | 23,400 | |
| 9 | | | 2024년 | 24,000 | 31,200 | |
| 10 | | | 2025년 | 48,000 | 62,400 | |
| 11 | | 액션 요약 | | 90,000 | 117,000 | |
| 12 | | ⊟퍼즐 | 2023년 | 12,000 | 15,600 | |
| 13 | | | 2024년 | 16,000 | 20,800 | |
| 14 | | | 2025년 | 36,000 | 46,800 | |
| 15 | | 퍼즐 요약 | | 64,000 | 83,200 | |
| 16 | | 총합계 | | 214,000 | 278,200 | |
| 17 | | | | | | |

※ 작업 완성된 그림이며 부분점수 없음

② '분석작업2' 시트에 대하여 다음의 지시사항을 처리하시오. (10점)

▶ [E4:E9] 영역에는 데이터 유효성 검사를 이용하여 12의 배수값만 입력되도록 제한 대상을 설정하시오.
- 유효하지 않은 데이터를 입력한 경우 〈그림〉과 같은 오류 메시지가 표시되도록 설정하시오.

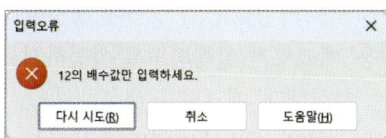

▶ [데이터 표] 기능을 이용하여 상환기간, 연이율의 변동에 따른 월납입금액의 변화를 [F4:L9] 영역에 계산하시오.

## 문제 ④ 기타작업 | 주어진 시트에서 다음 과정을 수행하고 저장하시오. 35점

① '기타작업1' 시트에서 다음의 지시사항에 따라 차트를 수정하시오. (각 2점)

※ 차트는 반드시 문제에서 제공한 차트를 사용하여야 하며, 신규로 차트 작성시 0점 처리됨
① '전체사업체' 데이터 계열의 차트 종류를 '표식이 있는 꺾은선형'으로 변경하시오.
② 범례의 위치는 〈그림〉과 같이 설정하고, '전체사업체' 데이터 계열의 선 스타일을 '완만한 선'으로 설정하시오.
③ '전체사업체' 계열을 보조 세로(값) 축으로 표시하고, 보조 세로(값) 축 눈금의 최소값을 100000, 최대값을 4100000, 기본 단위를 1000000으로 설정하시오.
④ 보조 세로(값) 축 눈금의 표시 단위를 '천'으로 설정하고 차트에 표시되도록 설정하시오.
⑤ 차트 영역 서식은 테두리에 '그림자(오프셋: 오른쪽 아래)', '둥근 모서리', 글꼴 '굴림', 크기는 '10'으로 설정하시오.

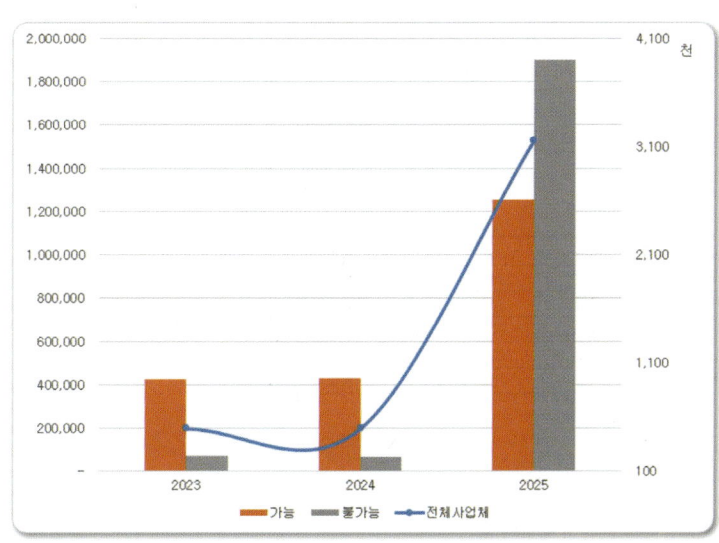

**02** '기타작업2' 시트에서 다음과 같은 기능을 수행하는 매크로를 현재 통합문서에 작성하시오. (각 5점)

① [C6:I16] 영역에 대하여 사용자 지정 표시 형식을 설정하는 '서식적용' 매크로를 생성하시오.
  ▶ 만족도 값이 1인 경우 녹청색으로 ★을 표시하고, 0인 경우 ☆로 나타나도록 표시하시오.
    [표시 예 : 1 → ★, 0 → ☆]
  ▶ [개발 도구]-[삽입]-[양식 컨트롤]의 '단추(□)'를 동일 시트의 [B2:C3] 영역에 생성한 후 텍스트를 '서식적용'으로 입력하고, 단추를 클릭하면 '서식적용' 매크로가 실행되도록 설정하시오.

② [C6:I16] 영역에 대하여 표시 형식을 '일반'으로 적용하는 '서식해제' 매크로를 생성하시오.
  ▶ [개발 도구]-[삽입]-[양식 컨트롤]의 '단추(□)'를 동일 시트의 [E2:F3] 영역에 생성한 후 텍스트를 '서식해제'로 입력하고, 단추를 클릭하면 '서식해제' 매크로가 실행되도록 설정하시오.

※ 셀 포인터의 위치에 관계없이 매크로가 실행되어야 정답으로 인정됨

**03** '기타작업3' 시트에서 다음과 같은 작업을 수행하고 저장하시오. (각 5점)

① '게임검색' 버튼을 클릭하면 〈게임검색화면〉 폼이 화면에 나타나도록 하며, 〈게임검색화면〉 폼이 초기화(Initialize)되면 [B4:B22] 영역의 값이 콤보상자(Combo게임명)의 목록에 설정되도록 프로시저를 작성하시오.

② 콤보상자에서 찾고자 하는 게임명을 선택한 후 〈검색(Cmd검색)〉 단추를 클릭하면 선택된 게임명에 해당하는 게임파일코드(Text게임파일코드), 장르(Text장르), 출시일(Text출시일), 회사명(Text회사명)을 워크시트에서 찾아 화면에 표시하는 프로시저를 작성하시오. (ListIndex 속성 이용)

③ '종료(Cmd종료)' 버튼을 클릭하면 사용자 정의 폼인 〈게임검색화면〉이 메모리에서 제거되고, [B1] 셀의 글꼴 스타일이 '굵게'로 지정되는 프로시저를 작성하시오.

# 기출 유형 문제 08회 정답

## 문제 ① 기본작업

### 01 고급 필터

B23: `=AND(DAY(E4)<=15,HOUR(E4)>=12,HOUR(E4)<=18)`

|  | 조건 |
|---|---|
|  | FALSE |

| 게임파일코드 | 장르 | 회사명 | 다운로드수 |
|---|---|---|---|
| C0083 | 퍼즐 | 게임군 | 500 |
| C0143 | 퍼즐 | 게임군 | 230 |
| P0114 | 액션 | 게임군 | 472 |
| P0174 | 액션 | 겜노리 | 284 |

### 02 조건부 서식

| 게임명 | 게임파일코드 | 장르 | 출시일자 | 회사명 | 파일크기(MB) | 조회수 | 다운로드수 |
|---|---|---|---|---|---|---|---|
| 신비한세계일주모험 | C0033 | 퍼즐 | 2025-02-19 13:00 | 겜노리 | 100 | 569 | 284 |
| *미스터리PI* | *C0083* | *퍼즐* | *2025-03-12 15:00* | *게임군* | *100* | *1,000* | *500* |
| 터보샌드위치 | C0093 | 퍼즐 | 2025-01-06 09:00 | 게임메니아 | 100 | 1,025 | 513 |
| 마트의여왕 | C0133 | 퍼즐 | 2025-08-25 14:00 | 게임군 | 100 | 1,032 | 516 |
| *사만다스위프트* | *C0143* | *퍼즐* | *2025-03-12 17:00* | *게임군* | *100* | *459* | *230* |
| 워머스머더클럽 | C0163 | 퍼즐 | 2025-02-19 16:00 | 게임메니아 | 100 | 1,200 | 600 |
| 보글보글요리교실 | K0031 | 아케이드 | 2025-08-25 10:00 | 게임군 | 50 | 859 | 430 |
| *프린세스아나벨* | *K0041* | *아케이드* | *2025-03-12 11:00* | *게임군* | *50* | *859* | *430* |
| 비쥬월드트위스트 | K0061 | 아케이드 | 2025-02-19 18:00 | 게임메니아 | 50 | 1,350 | 675 |
| *후루비치파티* | *K0101* | *아케이드* | *2025-03-11 19:00* | *겜노리* | *50* | *1,203* | *602* |
| 제인은호텔리어 | K0131 | 아케이드 | 2025-02-19 20:00 | 겜노리 | 50 | 859 | 430 |
| *러브하우스2* | *P0054* | *액션* | *2025-03-12 21:00* | *게임군* | *60* | *943* | *472* |
| 불멸의 해전 | P0064 | 액션 | 2025-01-06 11:00 | 게임메니아 | 60 | 943 | 472 |
| WW2퍼시픽히어 | P0104 | 액션 | 2025-08-25 15:00 | 게임군 | 60 | 943 | 472 |
| *머쉬룸에이지* | *P0114* | *액션* | *2025-03-12 16:00* | *게임군* | *60* | *943* | *472* |
| 안나의찬란한농장 | P0134 | 액션 | 2025-02-19 17:00 | 게임메니아 | 60 | 943 | 472 |
| *프린세스아나벨* | *P0174* | *액션* | *2025-03-11 14:00* | *겜노리* | *60* | *569* | *284* |

## 03 페이지 레이아웃

| 게임명 | 게임파일코드 | 장르 | 출시일자 | 회사명 | 파일크기(MB) | 조회수 | 다운로드수 |
|---|---|---|---|---|---|---|---|
| 신비한세계일주모험 | C0033 | 퍼즐 | 2025-02-19 13:00 | 겜노리 | 100 | 569 | 284 |
| 미스터리PI | C0083 | 퍼즐 | 2025-03-12 15:00 | 게임군 | 100 | 1,000 | 500 |
| 터보샌드위치 | C0093 | 퍼즐 | 2025-01-06 09:00 | 게임메니아 | 100 | 1,025 | 513 |
| 마트의여왕 | C0133 | 퍼즐 | 2025-08-25 14:00 | 게임군 | 100 | 1,032 | 516 |
| 사만다스위프트 | C0143 | 퍼즐 | 2025-03-12 17:00 | 게임군 | 100 | 459 | 230 |
| 워머스머더클럽 | C0163 | 퍼즐 | 2025-02-19 16:00 | 게임메니아 | 100 | 1,200 | 600 |
| 보글보글요리교실 | K0031 | 아케이드 | 2025-08-25 10:00 | 게임군 | 50 | 859 | 430 |
| 프린세스아나벨 | K0041 | 아케이드 | 2025-03-12 11:00 | 게임군 | 50 | 859 | 430 |
| 비쥬월드트위스트 | K0061 | 아케이드 | 2025-02-19 18:00 | 게임메니아 | 50 | 1,350 | 675 |
| 후루비치파티 | K0101 | 아케이드 | 2025-03-11 19:00 | 겜노리 | 50 | 1,203 | 602 |
| 제인은호텔리어 | K0131 | 아케이드 | 2025-02-19 20:00 | 겜노리 | 50 | 859 | 430 |
| 러브하우스2 | P0054 | 액션 | 2025-03-12 21:00 | 게임군 | 60 | 943 | 472 |
| 불멸의 해전 | P0064 | 액션 | 2025-01-06 11:00 | 게임메니아 | 60 | 943 | 472 |
| WW2퍼시픽히어 | P0104 | 액션 | 2025-08-25 15:00 | 게임군 | 60 | 943 | 472 |
| 머쉬룸에이지 | P0114 | 액션 | 2025-03-12 16:00 | 게임군 | 60 | 943 | 472 |
| 안나의찬란한농장 | P0134 | 액션 | 2025-02-19 17:00 | 게임메니아 | 60 | 943 | 472 |
| 프린세스아나벨 | P0174 | 액션 | 2025-03-11 14:00 | 겜노리 | 60 | 569 | 284 |

총 1 페이지

## 문제 ❷ 계산작업

| | E | F | G | H | I | J | K | L | M | N | O |
|---|---|---|---|---|---|---|---|---|---|---|---|
| 1 | | | | | | | | | [표2] | | |
| 2 | 예매율 | 예매순위 | VIP | 일반 | 총 관람료 | 주차가능 | 주차요금 | | | 비율 | |
| 3 | 45.60% | | 30 | 95 | 3,425천원 | N | | | 1월 | 6% | |
| 4 | 38.90% | | 10 | 95 | 3,825천원 | Y | 18,000 | | 2월 | 12% | |
| 5 | 25.90% | ☆Low1 | 20 | 40 | 2,000천원 | Y | 6,000 | | 3월 | 29% | |
| 6 | 51.60% | | 25 | 85 | 4,900천원 | N | | | 4월 | 18% | |
| 7 | 62.00% | | 30 | 90 | 3,300천원 | N | | | 5월 | 24% | |
| 8 | 59.30% | | 15 | 98 | 4,820천원 | Y | 12,000 | | 6월 | 12% | |
| 9 | 48.60% | | 25 | 95 | 4,575천원 | N | | | | | |
| 10 | 29.80% | ☆Low2 | 35 | 70 | 4,200천원 | Y | 18,000 | | [표3] | | |
| 11 | 34.50% | | 25 | 80 | 4,050천원 | Y | 12,000 | | 1개월 | 2개월 | 3개월 |
| 12 | 62.30% | ★Top3 | 55 | 90 | 6,900천원 | N | | | 3회-285명 | 8회-1030명 | 6회-708명 |
| 13 | 31.90% | ☆Low3 | 40 | 60 | 4,100천원 | Y | 12,000 | | | | |
| 14 | 67.40% | ★Top2 | 20 | 130 | 4,700천원 | N | | | [표4] | | |
| 15 | 52.70% | | 45 | 70 | 5,500천원 | Y | 12,000 | | | 일반 | VIP |
| 16 | 47.40% | | 50 | 80 | 3,750천원 | Y | 6,000 | | 뮤지컬 | 35,000 | 50,000 |
| 17 | 34.00% | | 30 | 90 | 3,900천원 | Y | 6,000 | | 연극 | 25,000 | 35,000 |
| 18 | 71.20% | ★Top1 | 40 | 120 | 7,200천원 | N | | | 오페라 | 40,000 | 60,000 |
| 19 | 40.90% | | 25 | 115 | 4,450천원 | N | | | 콘서트 | 30,000 | 40,000 |
| 20 | | | | | | | | | | | |

1. [F3] 셀에 「=IF(E3)=LARGE($E$3:$E$19,3),"★Top"&RANK.EQ(E3,$E$3:$E$19,0),IF(E3<=SMALL($E$3:$E$19,3),"☆Low"&RANK.EQ(E3,$E$3:$E$19,1),""))」를 입력하고 [F19] 셀까지 수식 복사
2. [I3] 셀에 「=TEXT(INDEX($N$16:$N$19,MATCH(A3,$M$16:$M$19,1))*H3+INDEX($O$16:$O$19,MATCH(A3,$M$16:$M$19,1))*G3,"#,###,천원")」를 입력하고 [I19] 셀까지 수식 복사
3. [N3:N8] 영역을 범위 지정한 후 「=FREQUENCY(MONTH(B3:B19),M3:M8)/COUNTA(B3:B19)」를 입력하고 Ctrl + Shift + Enter 를 눌러 수식 완성
4. [M12] 셀에 「=SUM((ROUND(($C$3:$C$19-$B$3:$B$19)/30,0)=M$11)*1)&"회 "&SUM((ROUND(($C$3:$C$19-$B$3:$B$19)/30,0)=M$11)*G$3:$H$19)&"명"」를 입력하고 Ctrl + Shift + Enter 를 눌러 수식 완성하고 [O12] 셀까지 수식 복사
5. [K3] 셀에 「=fn주차요금(J3,D3)」를 입력하고 [K19] 셀까지 수식 복사

```
Public Function fn주차요금(주차가능, 공연시간)
    If 주차가능 = "Y" Then
        fn주차요금 = 공연시간 * 6000
    Else
        fn주차요금 = ""
    End If
End Function
```

## 문제 ❸ 분석작업

### 01 피벗 테이블

| | A | B | C | D | E | F |
|---|---|---|---|---|---|---|
| 1 | | 회사명 | (모두) | | | |
| 2 | | | | | | |
| 3 | | 장르 | 출시일 | 합계 : 정기권 | 합계 : 정액권 | |
| 4 | | ⊟아케이드 | 2023년 | 10,000 | 13,000 | |
| 5 | | | 2024년 | 15,000 | 19,500 | |
| 6 | | | 2025년 | 35,000 | 45,500 | |
| 7 | | 아케이드 요약 | | 60,000 | 78,000 | |
| 8 | | ⊟액션 | 2023년 | 18,000 | 23,400 | |
| 9 | | | 2024년 | 24,000 | 31,200 | |
| 10 | | | 2025년 | 48,000 | 62,400 | |
| 11 | | 액션 요약 | | 90,000 | 117,000 | |
| 12 | | ⊟퍼즐 | 2023년 | 12,000 | 15,600 | |
| 13 | | | 2024년 | 16,000 | 20,800 | |
| 14 | | | 2025년 | 36,000 | 46,800 | |
| 15 | | 퍼즐 요약 | | 64,000 | 83,200 | |
| 16 | | 총합계 | | 214,000 | 278,200 | |
| 17 | | | | | | |

## 02 데이터 도구

| | C | D | E | F | G | H | I | J | K | L |
|---|---|---|---|---|---|---|---|---|---|---|
| 1 | | | | | | | | | | |
| 2 | | | | 연이율 | | | | | | |
| 3 | | | ₩ 466,593 | 3% | 4% | 5% | 6% | 7% | 8% | 9% |
| 4 | | 상환기간 | 12개월 | ₩1,270,405 | ₩1,277,249 | ₩1,284,112 | ₩1,290,996 | ₩1,297,901 | ₩1,304,826 | ₩1,311,772 |
| 5 | | | 24개월 | ₩ 644,718 | ₩ 651,374 | ₩ 658,071 | ₩ 664,809 | ₩ 671,589 | ₩ 678,409 | ₩ 685,271 |
| 6 | | | 48개월 | ₩ 332,015 | ₩ 338,686 | ₩ 345,439 | ₩ 352,275 | ₩ 359,194 | ₩ 366,194 | ₩ 373,276 |
| 7 | | | 60개월 | ₩ 269,530 | ₩ 276,248 | ₩ 283,069 | ₩ 289,992 | ₩ 297,018 | ₩ 304,146 | ₩ 311,375 |
| 8 | | | 72개월 | ₩ 227,905 | ₩ 234,678 | ₩ 241,574 | ₩ 248,593 | ₩ 255,735 | ₩ 262,999 | ₩ 270,383 |
| 9 | | | 84개월 | ₩ 198,200 | ₩ 205,032 | ₩ 212,009 | ₩ 219,128 | ₩ 226,390 | ₩ 233,793 | ₩ 241,336 |

## 문제 ❹ 기타작업

### 01 차트

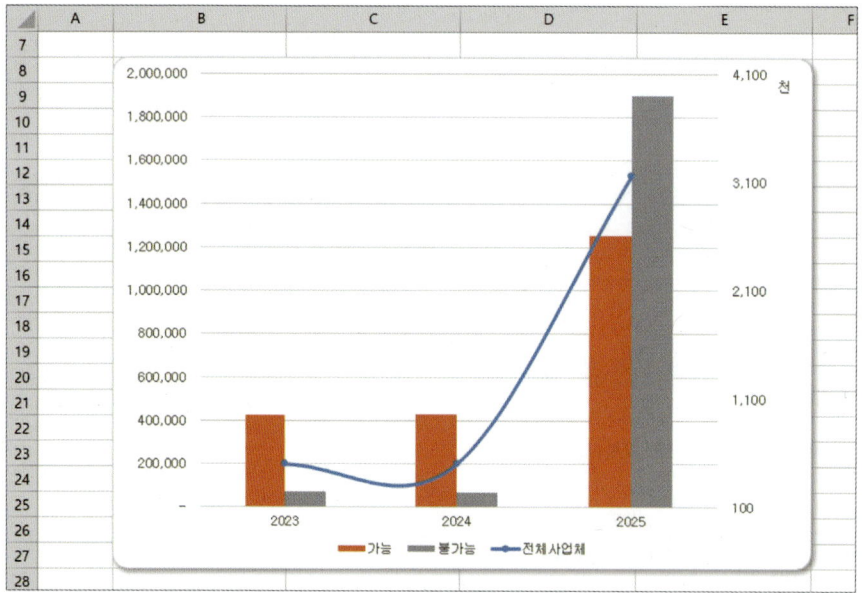

### 02 매크로

| | A | B | C | D | E | F | G | H | I |
|---|---|---|---|---|---|---|---|---|---|
| 1 | | | | | | | | | |
| 2 | | | 서식적용 | | 서식해제 | | | | |
| 3 | | | | | | | | | |
| 4 | | | | | | | | | |
| 5 | | 게임명 | 만족도1 | 만족도2 | 만족도3 | 만족도4 | 만족도5 | 만족도6 | 만족도7 |
| 6 | | 신비한세계일주모험 | ★ | ★ | ★ | ☆ | ★ | ★ | ★ |
| 7 | | 미스터리PI | ★ | ★ | ★ | ☆ | ★ | ★ | ☆ |
| 8 | | 터보샌드위치 | ☆ | ★ | ★ | ★ | ★ | ★ | ★ |
| 9 | | 마트의여왕 | ★ | ★ | ★ | ★ | ★ | ★ | ★ |
| 10 | | 사만다스위프트 | ★ | ☆ | ★ | ★ | ★ | ★ | ★ |
| 11 | | 워머스머더클럽 | ☆ | ★ | ☆ | ★ | ★ | ★ | ☆ |
| 12 | | 보글보글요리교실 | ★ | ★ | ☆ | ★ | ★ | ☆ | ★ |
| 13 | | 프린세스아나벨 | ★ | ★ | ★ | ★ | ★ | ★ | ☆ |
| 14 | | 비쥬월드트위스트 | ★ | ★ | ☆ | ★ | ★ | ★ | ☆ |
| 15 | | 후루비치파티 | ☆ | ★ | ★ | ★ | ★ | ★ | ☆ |
| 16 | | 제인은호텔리어 | ☆ | ☆ | ★ | ★ | ☆ | ★ | ★ |

## ❸ VBA 프로그래밍

- 폼 보이기 프로시저

```
Private Sub 게임검색_Click()
    게임검색화면.Show
End Sub
```

- 폼 초기화 프로시저

```
Private Sub UserForm_Initialize()
    Combo게임명.RowSource = "B4:B22"
End Sub
```

- 검색 버튼 클릭 이벤트

```
Private Sub cmd검색_Click()
    iRow = Combo게임명.ListIndex + 4
    Text게임파일코드 = Cells(iRow, 1)
    Text장르 = Cells(iRow, 3)
    Text출시일 = Cells(iRow, 4)
    Text회사명 = Cells(iRow, 5)
End Sub
```

- 종료 프로시저

```
Private Sub cmd종료_Click()
    Unload Me
    [B1].Font.Bold = True
End Sub
```

## 기출 유형 문제 08회 해설

### 문제 ① 기본작업

#### 01 고급 필터('기본작업1' 시트)

① [B22:B23] 영역에 조건식을 입력하고, [B27:E27] 영역에 출력할 필드명을 입력한다.

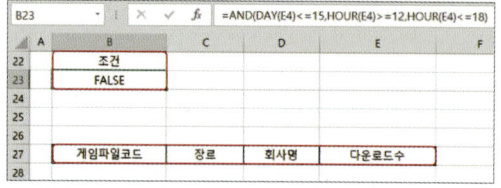

[B23] : =AND(DAY(E4)<=15,HOUR(E4)>=12,HOUR(E4)<=18)

② 데이터 목록 안의 아무 셀이나 클릭하고 [데이터]-[정렬 및 필터] 그룹에서 [고급](🔽)을 클릭한다.
③ [고급 필터]에서 다음과 같이 지정한 후 [확인]을 클릭한다.

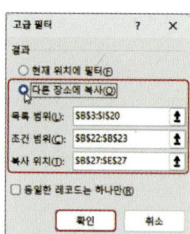

- 결과 : '다른 장소에 복사'
- 목록 범위 : [B3:I20]
- 조건 범위 : [B22:B23]
- 복사 위치 : [B27:E27]

#### 02 조건부 서식('기본작업1' 시트)

① [B4:I20] 영역을 범위 지정한 후 [홈]-[스타일] 그룹의 [조건부 서식]-[새 규칙]을 클릭한다.
② [새 서식 규칙]에서 '▶ 수식을 사용하여 서식을 지정할 셀 결정'을 선택하고, =MOD(MONTH($E4),2)<>0을 입력한 후 [서식]을 클릭한다.

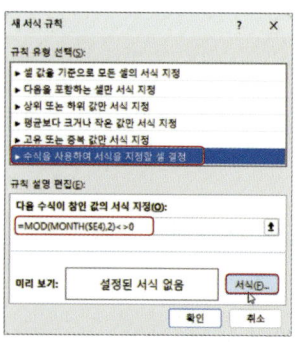

③ [홈]-[글꼴] 그룹에서 '기울임꼴', '색'은 '표준색 – 빨강'을 선택하고 [확인]을 클릭한다.
④ [새 서식 규칙]에서 '수식'과 '서식'이 맞는지 확인한 다음 [확인]을 클릭한다.

#### 03 페이지 레이아웃('기본작업2' 시트)

① [B3:I20] 영역을 범위 지정한 후 [페이지 레이아웃]-[페이지 설정] 그룹의 [인쇄 영역]-[인쇄 영역 설정]을 클릭한다.
② [페이지 레이아웃]-[페이지 설정] 그룹의 [용지 방향]-[가로]를 클릭한다.

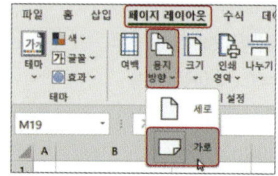

③ [페이지 레이아웃]-[페이지 설정] 그룹에서 [옵션](🔽)을 클릭한다.

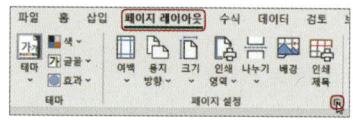

④ [여백] 탭에서 페이지 가운데 맞춤 '가로', '세로'를 체크한다.
⑤ [머리글/바닥글] 탭을 클릭하여 [바닥글 편집]을 클릭한다.
⑥ 가운데 구역에 커서를 두고 **총** 을 입력하고 [전체 페이지 수 삽입](📄)을 클릭한 후 **페이지**를 입력하고 [확인]을 클릭한다.

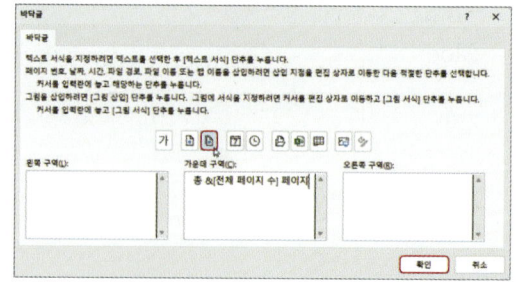

## 문제 ❷  계산작업('계산작업' 시트)

### 01 예매순위[F3:F19]

[F3] 셀에 =IF(E3>=LARGE($E$3:$E$19,3),"★Top"&RANK.EQ(E3,$E$3:$E$19,0),IF(E3<=SMALL($E$3:$E$19,3),"☆Low"&RANK.EQ(E3,$E$3:$E$19,1),""))를 입력하고 [F19] 셀까지 수식을 복사한다.

### 02 총 관람료[I3:I19]

[I3] 셀에 =TEXT(INDEX($N$16:$N$19,MATCH(A3,$M$16:$M$19,1))*H3+INDEX($O$16:$O$19,MATCH(A3,$M$16:$M$19,1))*G3,"#,###,천원")를 입력하고 [I19] 셀까지 수식을 복사한다.

### 03 비율[N3:N8]

[N3:N8] 영역을 범위 지정한 후 =FREQUENCY(MONTH(B3:B19),M3:M8)/COUNTA(B3:B19)를 입력하고 Ctrl + Shift + Enter 를 눌러 수식을 완성한다.

### 04 개월별 횟수와 관람객수[M12:O12]

[M12] 셀에 =SUM((ROUND(($C$3:$C$19-$B$3:$B$19)/30,0)=M$11)*1)&"회-"&SUM((ROUND(($C$3:$C$19-$B$3:$B$19)/30,0)=M$11)*$G$3:$H$19)&"명"를 입력하고 Ctrl + Shift + Enter 를 눌러 수식을 완성하고 [O12] 셀까지 수식을 복사한다.

### 05 주차요금[K3:K19]

① [개발 도구]-[코드] 그룹의 [Visual Basic](■)을 클릭한다.
② [삽입]-[모듈]을 클릭한다.
③ Module 창에 다음과 같이 입력한다.

```
Public Function fn주차요금(주차가능, 공연시간)
    If 주차가능 = "Y" Then
        fn주차요금 = 공연시간 * 6000
    Else
        fn주차요금 = ""
    End If
End Function
```

④ [파일]-[닫고 Microsoft Excel(으)로 돌아가기]를 클릭하여 [Visual Basic Editor]를 닫는다.
⑤ [K3] 셀을 클릭한 후 [함수 삽입](fx)를 클릭한다.
⑥ 범주 선택에서 '사용자 정의', 함수 선택에서 'fn주차요금'을 선택한 후 [확인]을 클릭한다.
⑦ 주차가능은 [J3], 공연시간은 [D3]을 지정한 후 [확인]을 클릭한다.

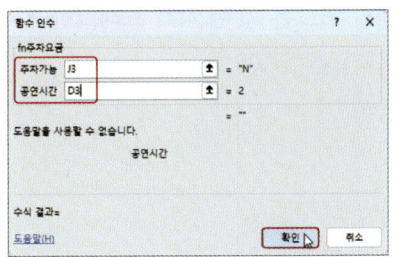

⑧ [K3] 셀을 선택한 후 [K19] 셀까지 수식을 복사한다.

## 문제 ❸  분석작업

### 01 피벗 테이블('분석작업1' 시트)

① [B3] 셀을 선택한 후 [데이터]-[데이터 가져오기 및 변환] 그룹에서 [데이터 가져오기]-[기타 원본에서]-[Microsoft Query에서]를 클릭한다.
② [데이터베이스] 탭에서 'MS Access Database *'를 선택하고 [확인]을 클릭한다.
③ '온라인게임.accdb'를 선택하고 [확인]을 클릭한다.
④ 〈판매량분석〉 테이블을 더블클릭하여 '장르', '회사명', '출시일', '정기권', '정액권'을 선택하고 [다음]을 클릭한다.

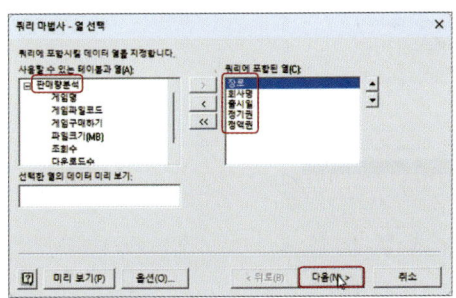

⑤ [데이터 필터]와 [정렬 순서]에서는 설정 없이 [다음]을 클릭한다.
⑥ [마침]에서 'Microsoft Excel(으)로 데이터 되돌리기'를 선택하고 [마침]을 클릭한다.
⑦ [데이터 가져오기]에서 '피벗 테이블 보고서'를 선택한 다음, '기존 워크시트'는 [B3] 셀을 지정하고 [확인]을 클릭한다.
⑧ 오른쪽의 [피벗 테이블 필드]에서 '회사명' 필드는 '필터'로 '장르', '출시일' 필드는 '행', '정기권', '정액권' 필드는 '값'에 각각 드래그한다.

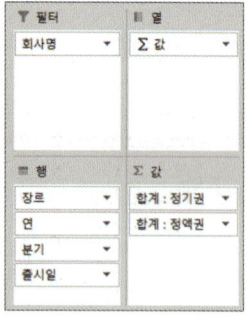

⑨ [디자인]-[레이아웃] 그룹의 [보고서 레이아웃]-[테이블 형식으로 표시]을 클릭한다.

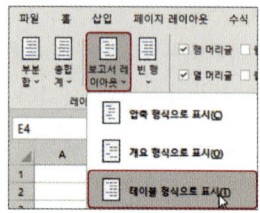

⑩ [C4] 셀에서 마우스 오른쪽 버튼을 눌러 [그룹]을 클릭한다.
⑪ [그룹화]에서 '월'과 '분기'를 클릭하여 해제한 후, '연'만 클릭한 후 [확인]을 클릭한다.

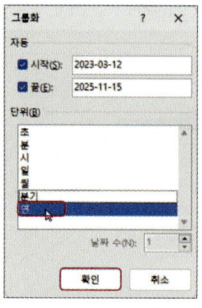

⑫ '합계 : 정기권[D3]'에서 마우스 오른쪽 버튼을 눌러 [값 필드 설정]을 클릭한 후 [표시 형식]을 클릭한다.
⑬ [셀 서식]의 [표시 형식] 탭에서 '숫자'를 선택하고 '1000 단위 구분 기호(,) 사용'을 체크하고 [확인]을 클릭한다.

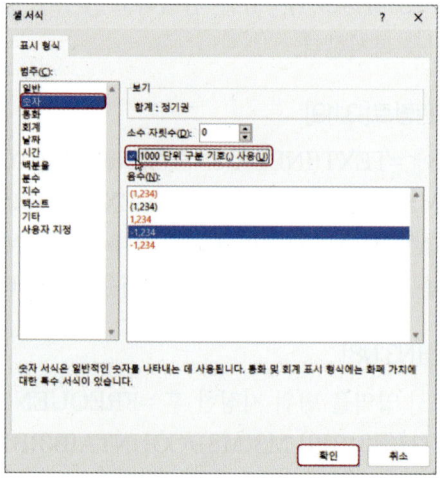

⑭ 같은 방법으로 정액권도 '숫자' 서식을 지정한다.
⑮ [디자인]-[피벗 테이블 스타일] 그룹에서 '밝은 회색, 피벗 스타일 밝게 15'을 선택한다.

> **기적의 TIP**
>
> 사용하는 엑셀 버전에 따라 피벗 테이블 작성 시 날짜 데이터가 있을 경우 레이블 이름이 다르게 표시될 수 있습니다.
>
> | | A | B | C | D | E | F |
> |---|---|---|---|---|---|---|
> | 1 | | 회사명 | (모두) | | | |
> | 2 | | | | | | |
> | 3 | | 장르 | 년(출시일) | 합계 : 정기권 | 합계 : 정액권 | |
> | 4 | | ⊟아케이드 | 2023년 | 10,000 | 13,000 | |
> | 5 | | | 2024년 | 15,000 | 19,500 | |
> | 6 | | | 2025년 | 35,000 | 45,500 | |
> | 7 | | 아케이드 요약 | | 60,000 | 78,000 | |
> | 8 | | ⊟액션 | 2023년 | 18,000 | 23,400 | |
> | 9 | | | 2024년 | 24,000 | 31,200 | |
> | 10 | | | 2025년 | 48,000 | 62,400 | |
> | 11 | | 액션 요약 | | 90,000 | 117,000 | |
> | 12 | | ⊟퍼즐 | 2023년 | 12,000 | 15,600 | |
> | 13 | | | 2024년 | 16,000 | 20,800 | |
> | 14 | | | 2025년 | 36,000 | 46,800 | |
> | 15 | | 퍼즐 요약 | | 64,000 | 83,200 | |
> | 16 | | 총합계 | | 214,000 | 278,200 | |
> | 17 | | | | | | |

## 02 데이터 도구('분석작업2' 시트)

① [E4:E9] 영역을 범위 지정한 후 [데이터]-[데이터 도구] 그룹의 [데이터 유효성 검사](📋)를 클릭한다.

② [설정] 탭의 제한 대상은 '사용자 지정', 수식은 =MOD(E4,12)=0을 입력한다.

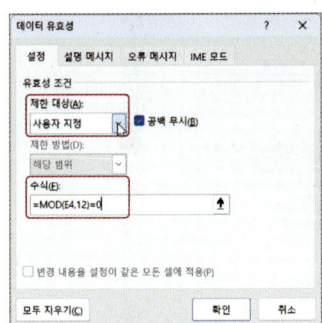

③ [오류 메시지] 탭에서 스타일은 '중지', 제목은 **입력오류**, 오류 메시지는 **12의 배수값만 입력하세요.**를 입력하고 [확인]을 클릭한다.

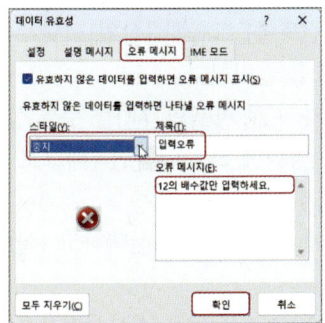

④ [E3] 셀에 =B8을 입력한다.
⑤ [E3:L9] 영역을 범위 지정한 후 [데이터]-[예측] 그룹의 [가상 분석]-[데이터 표]를 클릭한다.
⑥ [데이터 테이블]의 '행 입력 셀'은 [B6], '열 입력 셀'은 [B7]을 지정하고 [확인]을 클릭한다.

## 문제 ④ 기타작업

### 01 차트('기타작업1' 시트)

① '전체사업체' 계열을 선택하고 마우스 오른쪽 버튼을 눌러 [계열 차트 종류 변경]을 클릭한다.
② '전체사업체' 계열을 선택한 후 '꺾은선형'의 '표식이 있는 꺾은선형'을 선택한다.

③ 차트를 선택한 상태에서 [차트 요소]-[범례]-[아래쪽]을 클릭한다.

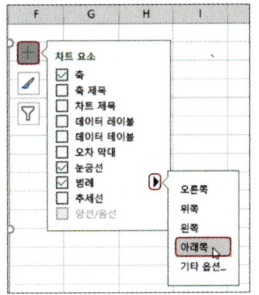

④ '전체사업체' 계열에서 마우스 오른쪽 버튼을 눌러 [데이터 계열 서식]을 클릭한다.
⑤ [데이터 계열 서식]의 [채우기 및 선]에서 '선'의 '완만한 선'을 체크한다.

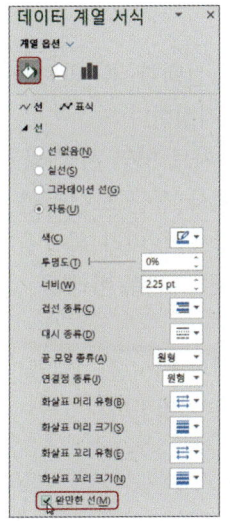

⑥ [계열 옵션]에서 '보조 축'을 선택한다.

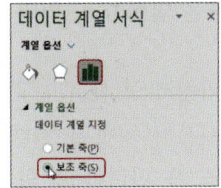

⑦ '보조 세로(값) 축'을 선택한 후 '축 옵션'에서 최소값은 100000, 최대값은 4100000, 단위 '기본'에 1000000을 입력한 후 '표시 단위'를 '천'으로 지정하고 '차트에 단위 레이블 표시'에 체크가 되었는지 확인한다.

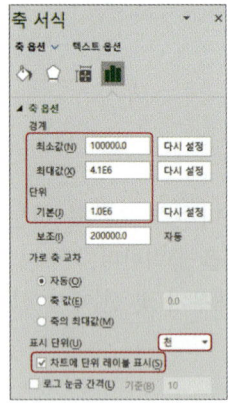

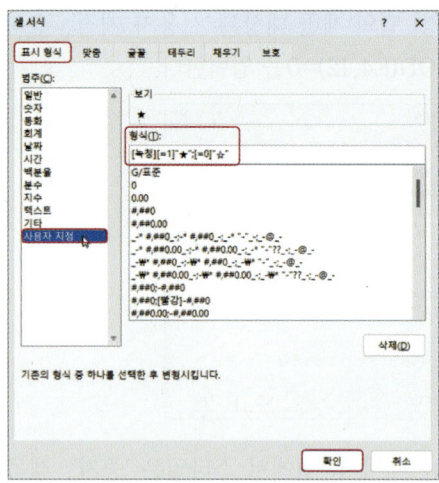

⑧ 차트에서 '천' 레이블을 선택한 후 '맞춤'에서 '텍스트 방향'을 '가로'로 지정한다.
⑨ 차트 영역을 선택한 후 [차트 영역 서식]의 [채우기 및 선]의 '테두리'에서 '둥근 모서리'를 체크하고, [효과]에서 '그림자'의 '미리 설정'을 클릭하여 '바깥쪽'의 '오프셋: 오른쪽 아래'를 선택한다.
⑩ 차트 영역을 클릭한 후 [파일]-[홈]-[글꼴] 그룹에서 '굴림', 크기 '10'을 지정한다.

### 02 매크로('기타작업2' 시트)

① 비어 있는 셀을 클릭한 후 [개발 도구]-[코드] 그룹의 [매크로 기록](□)을 클릭한다.
② [매크로 기록]에 **서식적용**을 입력하고 [확인]을 클릭한다.
③ [C6:I16] 영역을 범위 지정한 후 Ctrl+1을 눌러 [표시 형식] 탭의 '사용자 지정'을 선택한 후 [녹청][=1]"★";[=0]"☆"을 입력하고 [확인]을 클릭한다.
④ [개발 도구]-[코드] 그룹의 [기록 중지](□)를 클릭한다.
⑤ [개발 도구]-[컨트롤] 그룹의 [삽입]-[단추(양식 컨트롤)](□)을 클릭한다.
⑥ 마우스 포인터가 '+'로 바뀌면 Alt를 누른 상태에서 [B2:C3] 영역에 드래그하면 [매크로 지정] 대화상자가 나타난다.
⑦ [매크로 지정]에 '서식적용'을 선택하고 [확인]을 클릭한다.
⑧ 단추에 입력된 '단추 1'을 지우고 **서식적용**을 입력한다.
⑨ 비어 있는 셀을 클릭한 후 [개발 도구]-[코드] 그룹의 [매크로 기록](□)을 클릭한다.
⑩ [매크로 기록]에 **서식해제**를 입력하고 [확인]을 클릭한다.
⑪ [C6:I16] 영역을 범위 지정한 후 Ctrl+1을 눌러 [표시 형식] 탭에서 '일반'을 선택하고 [확인]을 클릭한다.
⑫ [개발 도구]-[코드] 그룹의 [기록 중지](□)를 클릭한다.
⑬ [개발 도구]-[컨트롤] 그룹의 [삽입]-[단추(양식 컨트롤)](□)을 클릭한다.
⑭ 마우스 포인터가 '+'로 바뀌면 Alt를 누른 상태에서 [E2:F3] 영역에 드래그한다.
⑮ [매크로 지정]에 '서식해제'를 선택하고 [확인]을 클릭한다.
⑯ 단추에 입력된 '단추 2'를 지우고 **서식해제**를 입력한다.

## 03 VBA 프로그래밍('기타작업3' 시트)

### ① 폼 보이기

① [개발 도구]-[컨트롤] 그룹의 [디자인 모드](N)를 클릭한 후 〈게임검색〉 버튼을 편집 상태로 만든다.
② 〈게임검색〉 버튼에서 마우스 오른쪽 버튼을 클릭한 후 [코드 보기]를 클릭하고, 다음과 같이 입력한다.

```
Private Sub 게임검색_Click()
    게임검색화면.Show
End Sub
```

### ② 폼 초기화(콤보 상자)

① [프로젝트-VBAProject] 탐색기에서 '폼'을 더블 클릭하고 〈게임검색화면〉을 선택한다.
② [프로젝트-VBAProject] 탐색기에서 '게임검색화면' 폼을 더블클릭한 후 [코드 보기](□)를 클릭한다.
③ '개체 목록'은 'UserForm', '프로시저 목록'은 'Initialize'를 선택한다.
④ 코드 창에서 다음과 같이 입력한다.

```
Private Sub UserForm_Initialize()
    Combo게임명.RowSource = "B4:B22"
End Sub
```

### ③ 검색 프로시저

① '개체 목록'은 'cmd검색', '프로시저 목록'은 'Click'을 선택한다.
② 코드 창에서 다음과 같이 입력한다.

```
Private Sub cmd검색_Click()
    iRow = Combo게임명.ListIndex + 4
    Text게임파일코드 = Cells(iRow, 1)
    Text장르 = Cells(iRow, 3)
    Text출시일 = Cells(iRow, 4)
    Text회사명 = Cells(iRow, 5)
End Sub
```

💬 **코드 설명**

① iRow = Combo게임명.ListIndex + 4
→ Combo게임명 콤보 상자에서 선택한 값의 위치 값에 4를 더한 값이 참조표에서 찾아올 행 위치가 됨
② Text게임파일코드 = Cells(iRow, 1)
→ 참조표의 1번째 열(A열)에서 '게임파일코드'를 찾아와 Text게임파일코드에 표시함

### ④ 종료 프로시저

① [프로젝트-VBAProject] 탐색기에서 '게임검색화면' 폼을 더블클릭한 후 〈종료〉를 더블클릭한다.
② 코드 창에서 다음과 같이 입력한다.

```
Private Sub cmd종료_Click()
    Unload Me
    [B1].Font.Bold = True
End Sub
```

③ [Visual Basic Editor]에서 오른쪽 상단의 [닫기]를 클릭한다.
④ 엑셀에서 [디자인 모드]를 한번 더 클릭하여 편집 상태를 해제시킨다.

# 기출 유형 문제 09회

작업파일 [26컴활1급₩1권_스프레드시트₩기출유형문제] 폴더의 '기출유형문제9회' 파일을 열어서 작업하시오.

## 문제 ❶ 기본작업 | 주어진 시트에서 다음 과정을 수행하고 저장하시오. 15점

### 01 '기본작업-1' 시트에서 다음과 같이 고급 필터를 수행하시오. (5점)
- ▶ 도서코드 마지막 1자리가 짝수이면서 주문수량이 50 미만인 자료에 대하여 필터링하되 '접수번호', '주문처', '주문수량', '판매단가', '도서코드', '저자' 열만 순서대로 표시하시오.
- ▶ 조건은 [A35:A36] 영역 내에 알맞게 입력하시오. (AND, ISEVEN, RIGHT 함수 사용)
- ▶ 결과는 [A39] 셀부터 표시하시오.

### 02 '기본작업-1' 시트에서 다음과 같이 조건부 서식을 설정하시오. (5점)
- ▶ [A3:K33] 영역에서 행번호를 4로 나눈 몫이 짝수인 경우 행 전체에 대해 채우기 색 '표준 색 - 연한 녹색'으로 표시하시오.
- ▶ 단, 규칙 유형은 '수식을 사용하여 서식을 지정할 셀 결정'을 이용하시오. (QUOTIENT, ROW, ISEVEN 함수 사용)

### 03 '기본작업-2' 시트에서 다음과 같이 페이지 레이아웃을 설정하시오. (5점)
- ▶ 인쇄될 내용이 페이지의 가로 가운데에 인쇄되도록 페이지 가운데 맞춤을 설정하시오.
- ▶ 행/열 머리글이 인쇄되고, 두 페이지(용지 너비 1, 용지 높이 2)에 맞춰 배율이 자동 조절되어 인쇄되도록 설정하시오.
- ▶ [A1:K33] 영역을 인쇄 영역으로 설정하고, 용지 방향을 '가로'로 설정하고, 1~2행이 매 페이지마다 반복하여 인쇄되도록 인쇄 제목을 설정하시오.

## 문제 ❷ 계산작업 | 주어진 시트에서 다음 과정을 수행하고 저장하시오. 30점

**01** [표1]의 '회원코드', '개강'과 [표4]를 이용하여 환불금액을 계산하여 [E3:E19] 영역에 표시하시오. (6점)
- ▶ 수강료는 회원코드의 왼쪽의 3글자와 [표4]를 참조하여 계산
- ▶ 개강 '전'이면 수강코드별 수강료 전액, 개강이 '후'이면 수강코드별 수강료를 1달을 30일로 간주하여 1일 수강료를 계산하여 30일에서 환불신청일의 일을 뺀 날짜에 곱하여 계산
- ▶ IF, QUOTIENT, VLOOKUP, LEFT, DAY 함수 사용

**02** [표1]의 '회원코드', '환불유형', '환불코드[G1]'를 이용하여 환불상황[G3:G19]을 표시하시오. (6점)
- ▶ 회원코드에서 환불코드를 찾아 환불유형으로 바꾸어 표시(단, 환불유형 앞 뒤는 공백을 추가)
- ▶ [표시 예 : 환불코드 'CA', 회원코드 'MASCA001', 환불유형 '보류' -> MAS 보류 001]
- ▶ REPLACE, FIND, LEN 함수와 & 연산자 사용

**03** [표1]의 '환불유형'을 이용하여 환불유형별 전체 환불유형에 따른 비율을 계산하여 [표2]의 비율[K3:K5]에 표시하시오. (6점)
- ▶ SUM, COUNTA 함수를 이용한 배열 수식

**04** [표1]의 '환불사유', '개강'을 이용하여 [표3]의 환불사유별 개강 전후의 개수를 구하여 [K9:L11] 영역에 표시하시오. (6점)
- ▶ [표3] 환불사유는 [표1]의 환불사유[B3:B19] 영역에 해당한 사유가 있을 때 참조하여 계산
- ▶ SUM, IF, NOT, ISERROR, SEARCH, RIGHT 함수를 이용한 배열 수식

**05** 사용자 정의 함수 'fn반편성'을 작성하여 [표1]의 반편성[H3:H19]에 표시하시오. (6점)
- ▶ fn반편성은 '회원코드'를 인수로 받아 값을 되돌려줌
- ▶ 회원코드의 2~3번째 글자가 'AS'이면 'Master', 'AG'이면 'Eagle', 'RI'이면 'Bridge', 그 외는 공백으로 표시
- ▶ SELECT CASE 문과 MID 함수 사용

```
Public Function fn반편성(회원코드)

End Function
```

## 문제 ❸ 분석작업 | 주어진 시트에서 다음 과정을 수행하고 저장하시오. 20점

**01** '분석작업-1' 시트에서 다음 그림과 같이 피벗 테이블을 작성하시오. (10점)

- 외부 데이터 가져오기 기능을 이용하여 〈도서판매.accdb〉의 〈도서판매현황〉 테이블에서 '담당자', '출판사', '주문수량', '판매단가' 필드만을 이용하시오.
- 피벗 테이블 보고서의 레이아웃과 위치는 〈그림〉을 참조하여 설정하고, 보고서 레이아웃을 테이블 형식으로 표시하시오.
- '주문수량' × '판매단가'로 계산하는 '총금액' 계산 필드를 추가하시오.
- '주문수량', '판매단가', '총금액' 필드의 표시 형식은 값 필드 설정의 셀 서식에서 '숫자' 범주를 이용하여 지정하시오.
- 피벗 테이블 스타일은 '흰색, 피벗 스타일 밝게 22', 피벗 테이블 스타일 옵션은 '행 머리글', '열 머리글', '줄무늬 행'을 설정하시오.

| | A | B | C | D | E | F |
|---|---|---|---|---|---|---|
| 1 | | 담당자 | (모두) | | | |
| 2 | | | | | | |
| 3 | | 출판사 | 합계 : 주문수량 | 합계 : 판매단가 | 합계 : 총금액 | |
| 4 | | T&T | 820 | 170,000 | 139,400,000 | |
| 5 | | 무한 | 590 | 119,000 | 70,210,000 | |
| 6 | | 영진 | 570 | 236,500 | 134,805,000 | |
| 7 | | 용천 | 190 | 58,500 | 11,115,000 | |
| 8 | | 제일 | 210 | 96,500 | 20,265,000 | |
| 9 | | 총합계 | 2,380 | 680,500 | 1,619,590,000 | |
| 10 | | | | | | |

※ 작업 완성된 그림이며 부분점수 없음

**02** '분석작업-2' 시트에 대하여 다음의 지시사항을 처리하시오. (10점)

- [B3:B18] 영역의 데이터를 텍스트 나누기를 실행하여 [C3] 셀부터 나타내시오.
  – 구분 기호는 공백과 기타 '–'으로 되어 있음
  – 원본 데이터 B열은 삭제하시오.
- 텍스트 나누기 기능(너비가 일정함)을 이용하여 이름[C3:C18] 필드에 대해서 성을 제외한 이름만 표시하시오. [표시 예 : 길동이 → 동이]
- [정렬] 기능을 이용하여 [B2:E18] 영역에 대해 왼쪽에서 오른쪽으로 '학년–성별–이름–나이' 순으로 데이터를 정렬하시오.

## 문제 ④ 기타작업 | 주어진 시트에서 다음 과정을 수행하고 저장하시오. 35점

**01** '기타작업-1' 시트에서 다음에 지시사항에 따라 차트를 수정하시오. (각 2점)

※ 차트는 반드시 문제에서 제공된 차트를 사용하여야 하며, 신규로 차트 작성 시 0점 처리됨

① 차트 제목을 '교재 주문 현황'으로 설정하고, 글꼴 '굴림체', 크기 '12', '굵게', 밑줄 '실선'으로 설정하시오.
② 원형 차트에 대하여 그림과 같이 레이블을 표시하고, 첫째 조각의 각을 '100'도로 지정하시오.
③ 막대 차트에 대하여 그림과 같이 레이블을 표시하시오.
④ 막대 차트에 대하여 '요소마다 다른 색 사용'으로 설정하시오.
⑤ 차트 테두리에 '둥근 모서리'로 지정하시오.

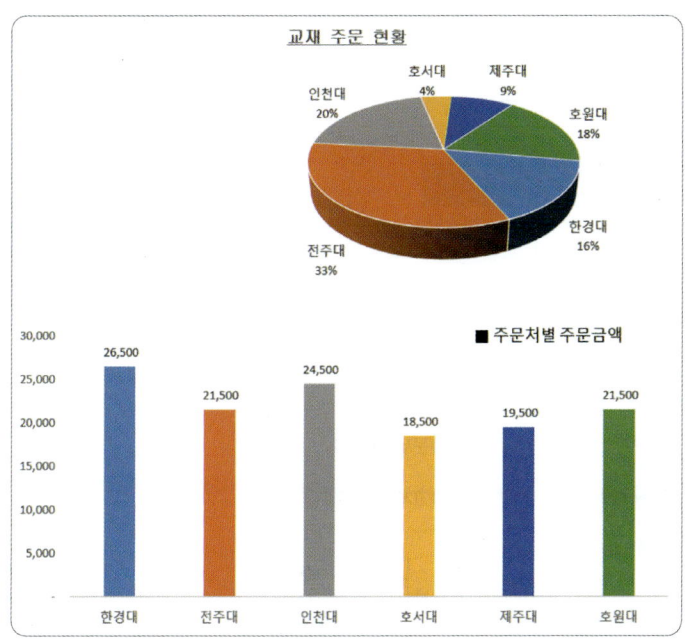

**02** '기타작업-2' 시트에서 다음과 같은 기능을 수행하는 매크로를 현재 통합문서에 작성하시오. (각 5점)

① [B3:B15] 영역에 대하여 사용자 지정 표시 형식을 설정하는 '동호수' 매크로를 생성하시오.
   ▶ 숫자가 5자 이상이면 왼쪽부터 00동 000호, 5 미만이면 0동 000호로 왼쪽에 여백을 표시하여 오른쪽 정렬하여 표시하시오.
   ▶ [표시 예 : 1101 → 1동 101호, 16703 → 16동 703호]
   ▶ [개발 도구]-[삽입]-[양식 컨트롤]의 '단추(▭)'를 동일 시트의 [F2:G3] 영역에 생성한 후 텍스트를 '동호수'로 입력하고, 단추를 클릭하면 '동호수' 매크로가 실행되도록 설정하시오.

② [C3:C15] 영역에 대하여 사용자 지정 표시 형식을 설정하는 '사용량' 매크로를 생성하시오.
   ▶ 100 이상이면 숫자 앞에 '※'를 붙여서 표시하고 숫자 뒤에 '㎥'를 붙여서 표시, 0보다 크면 숫자 뒤에 '㎥'를 붙여서 표시, 0은 공백으로 표시, 문자는 '■'로 표시하시오.
   ▶ [표시 예 : 120 → ※ 121㎥, 21 → 21㎥, 사용중지 → ■]
   ▶ [개발 도구]-[삽입]-[양식 컨트롤]의 '단추(▭)'를 동일 시트의 [F5:G6] 영역에 생성한 후 텍스트를 '사용량'으로 입력하고, 단추를 클릭하면 '사용량' 매크로가 실행되도록 설정하시오.

※ 셀 포인터의 위치에 관계없이 매크로가 실행되어야 정답으로 인정됨

## 03 '기타작업-3' 시트에서 다음과 같은 작업을 수행하고 저장하시오. (각 5점)

① 폼이 초기화되면(Initialize) [G3:G6] 영역의 값이 분류(Cmb분류)의 목록에 설정되고, 'Cmb주문처'에 'A서점', 'B서점'이 추가되도록 하고, 'Cmb주문처' 컨트롤로 포커스가 옮겨가도록 프로시저를 작성하시오.

② 〈도서구입〉 폼에서 도서선택과 부록을 체크한 후 주문처(Cmb주문처)를 입력하고, 분류(Cmb분류)를 선택한 후 〈입력(Cmd입력)〉 버튼을 클릭하면 [표1]에 입력되어 있는 마지막 행 다음에 연속해서 추가입력 되도록 작성하시오.

▶ 도서선택에서 '전산개론(Opt전산개론)'을 선택하면 (20,000원), '논리회로(Opt논리회로)'를 선택하면 (25,000원), '알고리즘(Opt알고리즘)'을 선택하면 (30,000원)으로 계산

▶ 부록에서 '기출문제(Chk기출문제)'를 체크하면 (2,000원), '모의고사 (Chk모의고사)'를 체크하면 (1,500원) 부록이 없으면 (0원)으로 계산

▶ 금액 = 도서선택 + 부록(기출문제 + 모의고사)

▶ 워크시트에 데이터를 입력할 때 표의 제목 행과 입력 내용이 일치하도록 작성하시오.

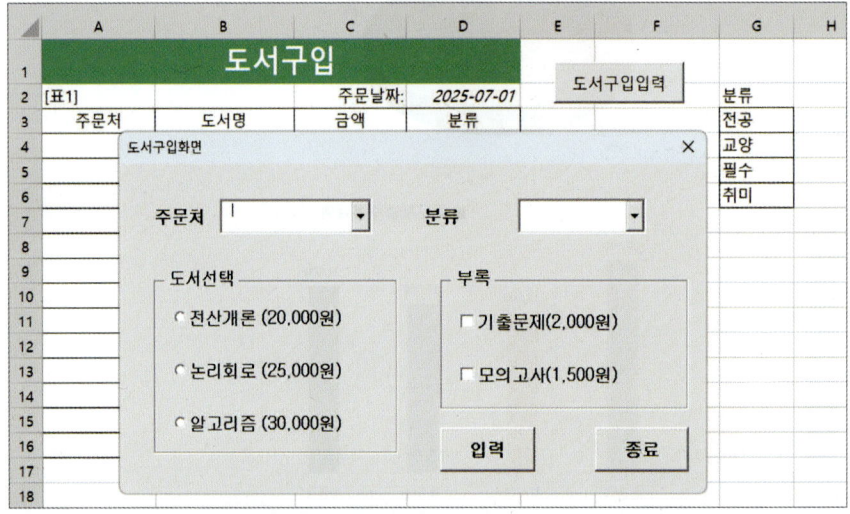

※ 데이터를 추가하거나 삭제하여도 항상 마지막 데이터 다음에 입력되어야 함

③ 〈도서구입〉 폼의 종료(cmd종료)를 클릭하면 폼이 종료되고, [D2] 셀에 현재 날짜를 표시하고 글꼴 스타일을 '기울임꼴'로 설정하시오.

# 기출 유형 문제 09회 정답

## 문제 ① 기본작업

### 01 고급 필터

| | A | B | C | D | E | F |
|---|---|---|---|---|---|---|
| 34 | | | | | | |
| 35 | 조건 | | | | | |
| 36 | FALSE | | | | | |
| 37 | | | | | | |
| 38 | | | | | | |
| 39 | 접수번호 | 주문처 | 주문수량 | 판매단가 | 도서코드 | 저자 |
| 40 | 9 | 서울대 | 20 | 20,500 | A-006 | 민재호 |
| 41 | 12 | 광주대 | 10 | 16,500 | B-008 | 이태승 |
| 42 | 15 | 문화대 | 20 | 26,500 | A-002 | 박정인 |
| 43 | 22 | 강릉대 | 30 | 20,500 | B-002 | 유재석 |
| 44 | 26 | 영진대 | 20 | 22,500 | A-010 | 정형돈 |
| 45 | 29 | 평택대 | 30 | 30,500 | C-004 | 문택영 |

A36 셀: =AND(ISEVEN(RIGHT(F3,1)),E3<50)

### 02 조건부 서식

| | A | B | C | D | E | F | G | H | I | J | K |
|---|---|---|---|---|---|---|---|---|---|---|---|
| 2 | 접수번호 | 주문일자 | 주문처 | 판매단가 | 주문수량 | 도서코드 | 도서명 | 발행년도 | 저자 | 출판사 | 담당자 |
| 3 | 1 | 2025-08-10 | 고려대 | 13,500 | 100 | B-007 | 멀티미디어 웹디자인 | 2023년도 | 최호진 | 에이스 | 이원호 |
| 4 | 2 | 2025-09-01 | 한경대 | 26,500 | 70 | C-005 | PHP | 2024년도 | 암성현 | 영진 | 이원호 |
| 5 | 3 | 2025-08-22 | 계림대 | 21,500 | 120 | B-006 | 엑셀2021 | 2022년도 | 장창근 | 에이스 | 김길창 |
| 6 | 4 | 2025-10-13 | 전주대 | 21,500 | 150 | C-002 | 멀티미디어 저작워크샵 | 2024년도 | 박인규 | 영진 | 김원기 |
| 7 | 5 | 2025-08-10 | 군산대 | 23,500 | 120 | B-009 | 플래쉬 | 2023년도 | 장인규 | 에이스 | 김원기 |
| 8 | 6 | 2025-10-19 | 목포대 | 24,500 | 40 | A-001 | 타이포그래피 | 2021년도 | 장윤철 | 에이스 | 김상두 |
| 9 | 7 | 2025-08-20 | 부산대 | 20,500 | 100 | A-003 | 전산개론 | 2021년도 | 이현철 | 에이스 | 강영훈 |
| 10 | 8 | 2025-09-11 | 동아대 | 18,500 | 120 | B-012 | 정보통신 | 2023년도 | 김진일 | 에이스 | 강영훈 |
| 11 | 9 | 2025-08-21 | 서울대 | 20,500 | 20 | A-006 | 전자회로 | 2021년도 | 민재호 | 영진 | 김원기 |
| 12 | 10 | 2025-10-14 | 경상대 | 19,500 | 50 | B-005 | 드림위버 | 2023년도 | 김한욱 | 용천 | 김길창 |
| 13 | 11 | 2025-10-15 | 울산대 | 21,500 | 90 | A-011 | 웹솔루션 | 2021년도 | 장용덕 | 영진 | 강영훈 |
| 14 | 12 | 2025-09-08 | 광주대 | 16,500 | 10 | B-008 | 마케팅 | 2023년도 | 이태승 | 용천 | 강영훈 |
| 15 | 13 | 2025-09-09 | 대원대 | 22,500 | 130 | B-010 | 쇼핑몰 | 2023년도 | 김영준 | 용천 | 김상두 |
| 16 | 14 | 2025-08-10 | 세종대 | 13,500 | 50 | A-008 | 포토샵 | 2021년도 | 한정수 | 영진 | 김상두 |
| 17 | 15 | 2025-08-08 | 문화대 | 26,500 | 20 | A-002 | 일러스트cs | 2021년도 | 박정인 | 영진 | 김일환 |
| 18 | 16 | 2025-08-22 | 부산대 | 31,500 | 100 | A-004 | 비주얼베이직 | 2021년도 | 김이란 | 영진 | 김원기 |
| 19 | 17 | 2025-10-13 | 명지대 | 11,500 | 200 | B-013 | c++ | 2023년도 | 최병기 | 무한 | 김길창 |
| 20 | 18 | 2025-08-10 | 경기대 | 23,500 | 170 | B-004 | 엑세스2021 | 2022년도 | 도충선 | 무한 | 강상철 |
| 21 | 19 | 2025-08-20 | 인천대 | 24,500 | 90 | C-001 | 파워포인트2021 | 2022년도 | 김재근 | 영진 | 강상철 |
| 22 | 20 | 2025-09-11 | 선문대 | 20,500 | 80 | A-007 | 전산회계 | 2021년도 | 이선희 | 무한 | 정민수 |
| 23 | 21 | 2025-10-19 | 호서대 | 18,500 | 20 | C-007 | 전산세무 | 2024년도 | 강민성 | 영진 | 강상철 |
| 24 | 22 | 2025-08-12 | 강릉대 | 20,500 | 30 | B-002 | 초보자돌위한C | 2023년도 | 유재석 | 영진 | 강상철 |
| 25 | 23 | 2025-10-14 | 제주대 | 19,500 | 40 | C-003 | 프리젠테이션 | 2024년도 | 정준하 | 영진 | 김길창 |
| 26 | 24 | 2025-10-15 | 호원대 | 21,500 | 80 | C-008 | 사무자동화 | 2024년도 | 박명수 | 영진 | 정민수 |
| 27 | 25 | 2025-09-08 | 대전대 | 16,500 | 40 | B-011 | 전산회계실무 | 2023년도 | 하동훈 | 영진 | 정민수 |
| 28 | 26 | 2025-08-08 | 영진대 | 22,500 | 20 | A-010 | 지도기법 | 2021년도 | 정형돈 | 제일 | 김상두 |
| 29 | 27 | 2025-08-12 | 강원대 | 16,500 | 30 | B-003 | 액세스2021 | 2022년도 | 노홍철 | 영진 | 김상두 |
| 30 | 28 | 2025-10-14 | 한양대 | 31,500 | 50 | C-006 | Visual c | 2024년도 | 박윤정 | 영진 | 정민수 |
| 31 | 29 | 2025-10-15 | 평택대 | 30,500 | 30 | C-004 | ASP | 2024년도 | 문택영 | 영진 | 정민수 |
| 32 | 30 | 2025-08-08 | 서강대 | 29,500 | 90 | A-005 | HTML | 2021년도 | 황신호 | 영진 | 김상두 |
| 33 | 31 | 2025-08-10 | 연세대 | 31,500 | 120 | A-009 | 디지털논리회로 | 2021년도 | 한윤석 | 영진 | 김원기 |

## 03 페이지 레이아웃

| | A | B | C | D | E | F | G | H | I | J | K |
|---|---|---|---|---|---|---|---|---|---|---|---|
| 1 | | | | | | | | | | | |
| 2 | 접수번호 | 주문일자 | 주문처 | 판매단가 | 주문수량 | 도서코드 | 도서명 | 발행년도 | 저자 | 출판사 | 담당자 |
| 3 | 1 | 2025-08-10 | 고려대 | 13,500 | 100 | B-007 | 멀티미디어 웹디자인 | 2023년도 | 최호진 | 에이스 | 이원호 |
| 4 | 2 | 2025-09-01 | 한경대 | 26,500 | 70 | C-005 | PHP | 2024년도 | 임성현 | 영진 | 이원호 |
| 5 | 3 | 2025-08-22 | 계림대 | 21,500 | 120 | B-006 | 엑셀2021 | 2022년도 | 장창근 | 에이스 | 김길창 |
| 6 | 4 | 2025-10-13 | 전주대 | 21,500 | 150 | C-002 | 멀티미디어 저작워크샵 | 2024년도 | 박인규 | 영진 | 김원기 |
| 7 | 5 | 2025-08-10 | 군산대 | 23,500 | 120 | B-009 | 플래쉬 | 2023년도 | 장인규 | 에이스 | 김원기 |
| 8 | 6 | 2025-10-19 | 목포대 | 24,500 | 40 | A-001 | 타이포그래피 | 2021년도 | 장윤철 | 에이스 | 김상두 |
| 9 | 7 | 2025-08-20 | 부산대 | 20,500 | 100 | A-003 | 전산개론 | 2021년도 | 이현철 | 에이스 | 강영훈 |
| 10 | 8 | 2025-09-11 | 동아대 | 18,500 | 120 | B-012 | 정보통신 | 2023년도 | 김진일 | 영진 | 강영훈 |
| 11 | 9 | 2025-08-21 | 서울대 | 20,500 | 20 | A-006 | 전자회로 | 2021년도 | 민재호 | 영진 | 김원기 |
| 12 | 10 | 2025-10-14 | 경상대 | 19,500 | 50 | B-005 | 드림위버 | 2023년도 | 김한욱 | 용천 | 김길창 |
| 13 | 11 | 2025-10-15 | 울산대 | 21,500 | 90 | A-011 | 웹솔루션 | 2021년도 | 장용덕 | 영진 | 강영훈 |
| 14 | 12 | 2025-09-08 | 광주대 | 16,500 | 10 | B-008 | 마케팅 | 2023년도 | 이태승 | 용천 | 강영훈 |
| 15 | 13 | 2025-09-09 | 대원대 | 22,500 | 130 | B-010 | 쇼핑몰 | 2023년도 | 김영준 | 용천 | 김상두 |
| 16 | 14 | 2025-09-10 | 세종대 | 13,500 | 50 | A-008 | 포토샵 | 2021년도 | 한정수 | 영진 | 김상두 |
| 17 | 15 | 2025-08-08 | 문화대 | 26,500 | 20 | A-002 | 일러스트cs | 2021년도 | 박정인 | 영진 | 김일환 |
| 18 | 16 | 2025-08-22 | 부산대 | 31,500 | 100 | A-004 | 비주얼베이직 | 2021년도 | 김이란 | 영진 | 김원기 |
| 19 | 17 | 2025-10-13 | 명지대 | 11,500 | 200 | B-013 | c++ | 2023년도 | 최병기 | 무한 | 김길창 |
| 20 | 18 | 2025-08-10 | 경기대 | 23,500 | 170 | B-004 | 엑세스2021 | 2022년도 | 도충선 | 무한 | 강상철 |
| 21 | 19 | 2025-08-20 | 인천대 | 24,500 | 90 | C-001 | 파워포인트2021 | 2022년도 | 김재근 | 영진 | 강상철 |
| 22 | 20 | 2025-09-11 | 선문대 | 20,500 | 80 | A-007 | 전산회계 | 2021년도 | 이선희 | 무한 | 정민수 |
| 23 | 21 | 2025-10-19 | 호서대 | 18,500 | 20 | C-007 | 전산세무 | 2024년도 | 강민성 | 영진 | 강상철 |
| 24 | 22 | 2025-08-12 | 강릉대 | 20,500 | 30 | B-002 | 초보자를위한C | 2023년도 | 유재석 | 영진 | 강상철 |
| 25 | 23 | 2025-10-14 | 제주대 | 19,500 | 40 | C-003 | 프리젠테이션 | 2024년도 | 정준하 | 영진 | 김길창 |
| 26 | 24 | 2025-10-15 | 호원대 | 21,500 | 80 | C-008 | 사무자동화 | 2024년도 | 박명수 | 영진 | 정민수 |
| 27 | 25 | 2025-09-08 | 대전대 | 16,500 | 40 | B-011 | 전산회계실무 | 2023년도 | 하동훈 | 영진 | 정민수 |

## 문제 ❷ 계산작업

| | A | B | C | D | E | F | G | H | I | J | K | L | M |
|---|---|---|---|---|---|---|---|---|---|---|---|---|---|
| 1 | [표1] | | | | | | CA | | | [표2] | | | |
| 2 | 회원코드 | 환불사유 | 개강 | 환불신청일 | 환불금액 | 환불유형 | 환불상황 | 반편성 | | 환불유형 | 비율 | | |
| 3 | MASCA001 | 질병 환불 | 전 | 09월 30일 | 150,000 | 보류 | MAS 보류 001 | Master | | 보류 | 47% | | |
| 4 | BRICA002 | 이사 환불 | 후 | 10월 10일 | 60,000 | 취소 | BRI 취소 002 | Bridge | | 취소 | 18% | | |
| 5 | EAGCA003 | 이직 환불 | 전 | 09월 25일 | 120,000 | 환불 | EAG 환불 003 | Eagle | | 환불 | 35% | | |
| 6 | MASCA002 | 질병 환불 | 전 | 09월 20일 | 150,000 | 보류 | MAS 보류 002 | Master | | | | | |
| 7 | MASCA004 | 이사 환불 | 후 | 10월 20일 | 50,000 | 환불 | MAS 환불 004 | Master | | [표3] | | | |
| 8 | BRICA005 | 이직 환불 | 후 | 10월 15일 | 45,000 | 환불 | BRI 환불 005 | Bridge | | | 개강전 | 개강후 | |
| 9 | EAGCA008 | 질병 환불 | 전 | 09월 28일 | 120,000 | 보류 | EAG 보류 008 | Eagle | | 질병 | 6 | 1 | |
| 10 | BRICA010 | 이사 환불 | 전 | 09월 21일 | 90,000 | 환불 | BRI 환불 010 | Bridge | | 이사 | 1 | 4 | |
| 11 | EAGCA019 | 이직 환불 | 후 | 10월 05일 | 100,000 | 환불 | EAG 보류 019 | Eagle | | 이직 | 1 | 4 | |
| 12 | MASCA018 | 질병 환불 | 후 | 10월 23일 | 35,000 | 환불 | MAS 보류 018 | Master | | | | | |
| 13 | BRICA090 | 이직 환불 | 후 | 10월 03일 | 81,000 | 취소 | BRI 취소 090 | Bridge | | [표4] | | | |
| 14 | MASCA082 | 이사 환불 | 후 | 10월 07일 | 115,000 | 보류 | MAS 보류 082 | Master | | 수강코드 | 수강료 | | |
| 15 | EAGCA085 | 질병 환불 | 전 | 09월 13일 | 120,000 | 환불 | EAG 환불 085 | Eagle | | MAS | 150,000 | | |
| 16 | BRICA065 | 이직 환불 | 후 | 10월 14일 | 48,000 | 보류 | BRI 보류 065 | Bridge | | EAG | 120,000 | | |
| 17 | MASCA045 | 질병 환불 | 전 | 09월 18일 | 150,000 | 보류 | MAS 보류 045 | Master | | BRI | 90,000 | | |
| 18 | EAGCA034 | 이사 환불 | 후 | 10월 17일 | 52,000 | 취소 | EAG 취소 034 | Eagle | | | | | |
| 19 | MASCA023 | 질병 환불 | 전 | 09월 22일 | 150,000 | 보류 | MAS 보류 023 | Master | | | | | |
| 20 | | | | | | | | | | | | | |

1. [E3] 셀에 「=IF(C3="전",VLOOKUP(LEFT(A3,3),$J$15:$K$17,2,0), QUOTIENT(VLOOKUP(LEFT(A3,3),$J$15:$K$17, 2,0),30)*(30-DAY(D3)))」를 입력하고 [E19] 셀까지 수식 복사
2. [G3] 셀에 「=REPLACE(A3,FIND($G$1,A3),LEN($G$1)," "& F3 & " ")」를 입력하고 [G19] 셀까지 수식 복사
3. [K3] 셀에 「=SUM(($F$3:$F$19=J3)*1)/COUNTA($F$3:$F$19)」를 입력하고 Ctrl + Shift + Enter 를 누른 후에 [K5] 셀까지 수식 복사
4. [K9] 셀에 「=SUM(IF((NOT(ISERROR(SEARCH($J9,$B$3:$B$19))))*(RIGHT(K$8,1)=$C$3:$C$19),1))」를 입력하고 Ctrl + Shift + Enter 를 누른 후에 [L11] 셀까지 수식 복사
5. [H3] 셀에 「=fn반편성(A3)」를 입력하고 [H19] 셀까지 수식 복사

```
Public Function fn반편성(회원코드)
    Select Case Mid(회원코드, 2, 2)
        Case "AS"
            fn반편성 = "Master"
        Case "AG"
            fn반편성 = "Eagle"
        Case "RI"
            fn반편성 = "Bridge"
        Case Else
            fn반편성 = ""
    End Select
End Function
```

## 문제 ❸ 분석작업

### 01 피벗 테이블

| | A | B | C | D | E |
|---|---|---|---|---|---|
| 1 | | 담당자 | (모두) | | |
| 2 | | | | | |
| 3 | | 출판사 | 합계 : 주문수량 | 합계 : 판매단가 | 합계 : 총금액 |
| 4 | | T&T | 820 | 170,000 | 139,400,000 |
| 5 | | 무한 | 590 | 119,000 | 70,210,000 |
| 6 | | 영진 | 570 | 236,500 | 134,805,000 |
| 7 | | 용천 | 190 | 58,500 | 11,115,000 |
| 8 | | 제일 | 210 | 96,500 | 20,265,000 |
| 9 | | 총합계 | 2,380 | 680,500 | 1,619,590,000 |

### 02 데이터 도구

| | A | B | C | D | E |
|---|---|---|---|---|---|
| 1 | | | | | |
| 2 | | 학년 | 성별 | 이름 | 나이 |
| 3 | | 2학년1반 | 남 | 동이 | 15 |
| 4 | | 3학년2반 | 남 | 호동 | 16 |
| 5 | | 2학년2반 | 여 | 은지 | 15 |
| 6 | | 3학년3반 | 여 | 나영 | 16 |
| 7 | | 1학년1반 | 여 | 주은 | 14 |
| 8 | | 2학년2반 | 남 | 주혁 | 15 |
| 9 | | 3학년5반 | 여 | 진의 | 16 |
| 10 | | 2학년4반 | 남 | 준호 | 15 |
| 11 | | 3학년9반 | 남 | 백산 | 16 |
| 12 | | 2학년3반 | 여 | 슬기 | 15 |
| 13 | | 2학년5반 | 여 | 시연 | 15 |
| 14 | | 2학년2반 | 남 | 유성 | 15 |
| 15 | | 3학년6반 | 여 | 회선 | 16 |
| 16 | | 2학년6반 | 남 | 지훈 | 15 |
| 17 | | 2학년4반 | 남 | 진영 | 15 |
| 18 | | 2학년3반 | 남 | 지성 | 16 |

## 문제 ④  기타작업

### 01 차트

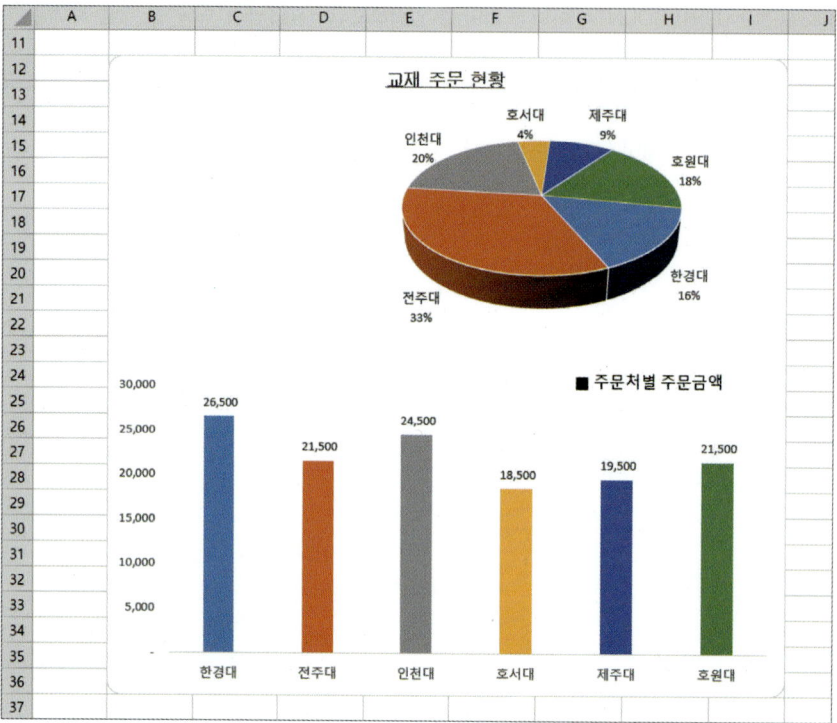

### 02 매크로

| | A | B | C | D | E | F | G | H |
|---|---|---|---|---|---|---|---|---|
| 1 | 도시가스 요금 | | | | | | | |
| 2 | 이름 | 동호수 | 사용량 | 사용료 | | | | |
| 3 | 최호진 | 1동 101호 | ※ 121㎡ | 97,040 | | 동호수 | | |
| 4 | 암성현 | 10동 503호 | ※ 100㎡ | 80,650 | | | | |
| 5 | 장창근 | 12동 604호 | 29㎡ | 24,620 | | | | |
| 6 | 박인규 | 3동 705호 | 21㎡ | 17,100 | | 사용량 | | |
| 7 | 장인규 | 12동 803호 | ■ | - | | | | |
| 8 | 장윤철 | 4동 906호 | 40㎡ | 29,190 | | | | |
| 9 | 이현철 | 5동 802호 | 17㎡ | 12,540 | | | | |
| 10 | 김진일 | 16동 703호 | 32㎡ | 23,380 | | | | |
| 11 | 민재호 | 13동 605호 | ※ 104㎡ | 75,020 | | | | |
| 12 | 김한욱 | 14동 803호 | ※ 218㎡ | 156,830 | | | | |
| 13 | 장용덕 | 7동 901호 | ※ 242㎡ | 176,260 | | | | |
| 14 | 이태승 | 6동 202호 | ※ 188㎡ | 135,580 | | | | |
| 15 | 김영준 | 11동 704호 | ※ 119㎡ | 86,280 | | | | |
| 16 | | | | | | | | |

## 02 VBA 프로그래밍

• 폼 초기화 프로시저

```
Private Sub UserForm_Initialize()
    Cmb분류.RowSource = "G3:G6"
    Cmb주문처.AddItem "A서점"
    Cmb주문처.AddItem "B서점"
    Cmb주문처.SetFocus
End Sub
```

• 종료 프로시저

```
Private Sub Cmd종료_Click()
    Unload Me
    [D2] = Date
    [D2].Font.Italic = True
End Sub
```

• 입력 프로시저

```
Private Sub Cmd입력_Click()
    i = Range("A3").CurrentRegion.Rows.Count + 1
    Cells(i, 1) = Cmb주문처
    If Opt전산개론 = True Then
        Cells(i, 2) = "전산개론"
        도서선택 = 20000
    ElseIf Opt논리회로 = True Then
        Cells(i, 2) = "논리회로"
        도서선택 = 25000
    Else
        Cells(i, 2) = "알고리즘"
        도서선택 = 30000
    End If
    If Chk기출문제 = True Then
        기출문제 = 2000
    Else
        기출문제 = 0
    End If
    If Chk모의고사 = True Then
        모의고사 = 1500
    Else
        모의고사 = 0
    End If
    Cells(i, 3) = 도서선택 + 기출문제 + 모의고사
    Cells(i, 4) = Cmb분류
End Sub
```

# 기출 유형 문제 09회 해설

## 문제 ① 기본작업

### 01 고급 필터('기본작업-1' 시트)

① [A35:A36] 영역에 조건식, [A39:F39] 영역에 추출할 필드명을 입력한다.

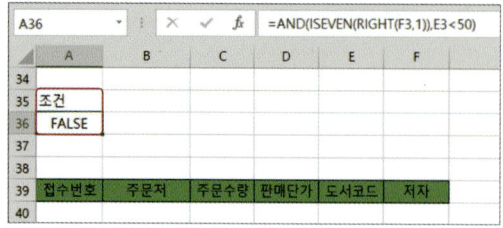

[A36] : =AND(ISEVEN(RIGHT(F3,1)),E3<50)

② 데이터 목록 안의 아무 셀이나 클릭하고 [데이터]-[정렬 및 필터] 그룹에서 [고급]( )을 클릭한다.
③ [고급 필터]에서 다음과 같이 지정한 후 [확인]을 클릭한다.

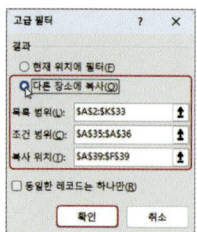

- 결과 : '다른 장소에 복사'
- 목록 범위 : [A2:K33]
- 조건 범위 : [A35:A36]
- 복사 위치 : [A39:F39]

### 02 조건부 서식('기본작업-1' 시트)

① [A3:K33] 영역을 범위 지정한 후 [홈]-[스타일] 그룹의 [조건부 서식]-[새 규칙]을 클릭한다.
② [새 서식 규칙]에서 '▶ 수식을 사용하여 서식을 지정할 셀 결정'을 선택하고, =ISEVEN(QUOTIENT(ROW(),4))을 입력한 후 [서식]을 클릭한다.

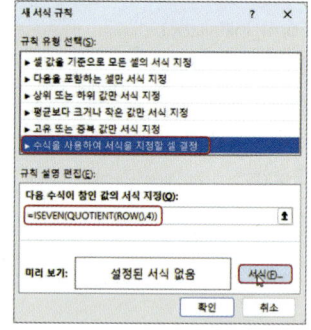

③ [채우기] 탭에서 '배경색'에 '표준 색 - 연한 녹색'을 선택하고 [확인]을 클릭한다.

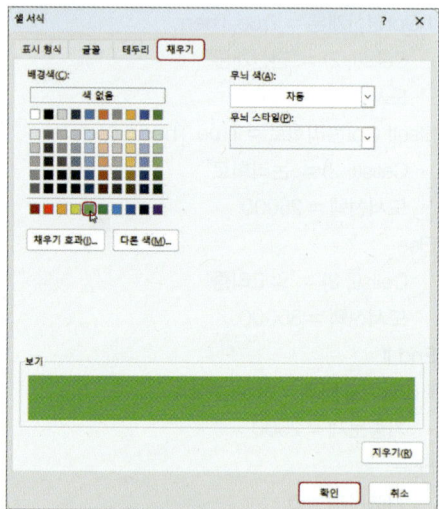

④ [새 서식 규칙]에서 '수식'과 '서식'을 확인하고 [확인]을 클릭한다.

### 03 페이지 레이아웃('기본작업-2' 시트)

① [페이지 레이아웃]-[페이지 설정] 그룹에서 [인쇄 제목]을 클릭한 후 '인쇄 영역'에 [A1:K33], '반복할 행'에 1:2, '행/열 머리글'을 체크한다.

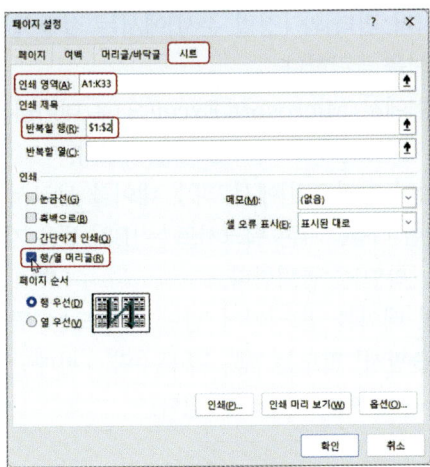

② [페이지] 탭에서 용지 방향은 '가로', '자동 맞춤'에 용지 너비는 '1', 용지 높이는 '2'로 지정한다.

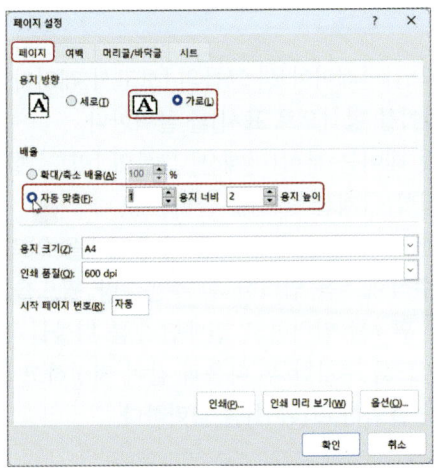

③ [여백] 탭에서 페이지 가운데 맞춤 '가로'를 체크하고 [확인]을 클릭한다.

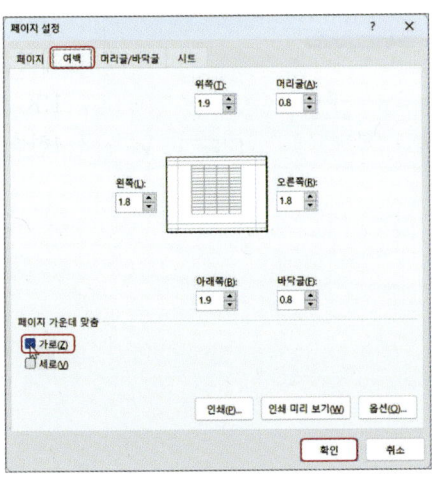

### 문제 ❷ 계산작업('계산작업' 시트)

#### 01 환불금액[E3:E19]

[E3] 셀에 =IF(C3="전",VLOOKUP(LEFT(A3,3), $J$15:$K$17,2,0), QUOTIENT(VLOOKUP(LEFT (A3,3),$J$15:$K$17,2,0),30)*(30-DAY(D3)))를 입력하고 [E19] 셀까지 수식을 복사한다.

#### 02 환불상황[G3:G19]

[G3] 셀에 =REPLACE(A3,FIND($G$1,A3),LEN ($G$1)," " & F3 & " ")를 입력하고 [G19] 셀까지 수식을 복사한다.

#### 03 비율[K3:K5]

[K3] 셀에 =SUM(($F$3:$F$19=J3)*1)/COUNTA ($F$3:$F$19)를 입력한 후 Ctrl + Shift + Enter 를 눌러 수식을 완성하고 [K5] 셀까지 수식을 복사한다.

#### 04 환불사유별 개강 전후의 개수[K9:L11]

[K9] 셀에 =SUM(IF((NOT(ISERROR(SEARCH ($J9,$B$3:$B$19))))*(RIGHT(K$8,1)=$C$3: $C$19),1))를 입력한 후 Ctrl + Shift + Enter 를 눌러 수식을 완성하고 [L11] 셀까지 수식을 복사한다.

#### 05 반편성[H3:H19]

① [개발 도구]-[코드] 그룹의 [Visual Basic](📋)을 클릭한다.
② [삽입]-[모듈]을 클릭한다.
③ Module 창에 다음과 같이 입력한다.

```
Public Function fn반편성(회원코드)
    Select Case Mid(회원코드, 2, 2)
        Case "AS"
            fn반편성 = "Master"
        Case "AG"
            fn반편성 = "Eagle"
        Case "RI"
            fn반편성 = "Bridge"
        Case Else
            fn반편성 = ""
    End Select
End Function
```

④ [파일]-[닫고 Microsoft Excel(으)로 돌아가기]를 클릭하여 [Visual Basic Editor]를 닫는다.
⑤ [H3] 셀을 클릭한 후 [함수 삽입]( )를 클릭한다.
⑥ 범주 선택에서 '사용자 정의', 함수 선택에서 'fn반편성'을 선택한 후 [확인]을 클릭한다.
⑦ 회원코드는 [A3]을 지정한 후 [확인]을 클릭한다.

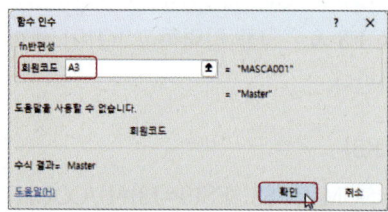

⑧ [H3] 셀을 선택한 후 [H19] 셀까지 수식을 복사한다.

### 문제 ❸ 분석작업

**01 피벗 테이블('분석작업-1' 시트)**

① [B3] 셀을 선택한 후 [데이터]-[데이터 가져오기 및 변환] 그룹에서 [데이터 가져오기]-[기타 원본에서]-[Microsoft Query에서]를 클릭한다.
② [데이터 원본 선택]의 [데이터베이스] 탭에서 'MS Access Database *'를 선택하고 [확인]을 클릭한다.
③ '도서판매.accdb'를 선택하고 [확인]을 클릭한다.
④ 〈도서현황판매〉 테이블을 더블클릭하여 '담당자', '출판사', '주문수량', '판매단가'를 선택하고 [다음]을 클릭한다.

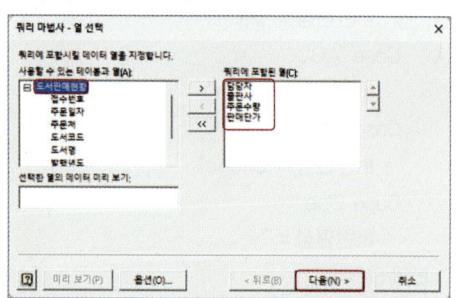

⑤ [데이터 필터]와 [정렬 순서]에서는 설정 없이 [다음]을 클릭한다.
⑥ [마침]에서 'Microsoft Excel(으)로 데이터 되돌리기'를 선택하고 [마침]을 클릭한다.
⑦ [데이터 가져오기]에서 '피벗 테이블 보고서'를 선택한 다음, '기존 워크시트'는 [B3] 셀을 지정하고 [확인]을 클릭한다.
⑧ [피벗 테이블 필드]에서 '담당자' 필드는 '필터'로 '출판사' 필드는 '행', '주문수량', '판매단가' 필드는 '값'에 각각 드래그한다.

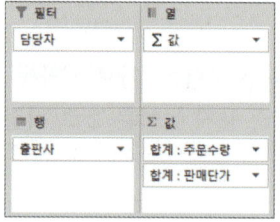

⑨ [디자인]-[레이아웃] 그룹의 [보고서 레이아웃]-[테이블 형식으로 표시]를 클릭한다.
⑩ [피벗 테이블 분석]-[계산] 그룹의 [필드, 항목 및 집합]-[계산 필드]를 클릭한다.
⑪ [계산 필드 삽입]에서 '이름'에 **총금액**을 입력하고 '수식'에 =를 입력한 후 '주문수량' 필드를 추가한 후 *를 입력하고 '판매단가'를 더블클릭하여 필드를 추가한 후 다음과 같이 지정하고 [추가]를 클릭하고 [확인]을 클릭한다.

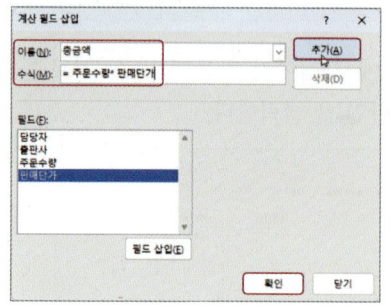

⑫ 합계 : 주문수량[C3]에서 마우스 오른쪽 버튼을 눌러 [값 필드 설정]을 클릭한 후 [표시 형식]을 클릭한다.

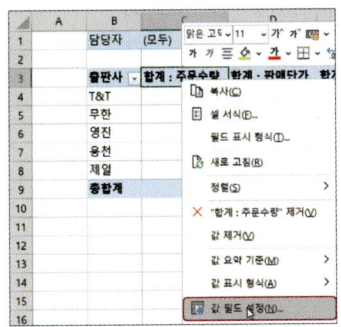

⑬ [셀 서식]의 [표시 형식] 탭에서 '숫자'를 선택하고 '1000 단위 구분 기호(,) 사용'을 체크하고 [확인]을 클릭한다.
⑭ 같은 방법으로 판매단가, 총금액 필드도 '숫자' 서식을 지정한다.
⑮ [디자인]-[피벗 테이블 스타일] 그룹의 '흰색, 피벗 스타일 밝게 22'를 선택하고, [피벗 테이블 스타일 옵션] 그룹에서 '줄무늬 행'을 체크한다.

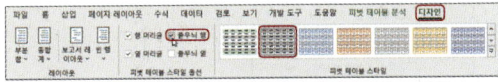

## 02 데이터 도구('분석작업-2' 시트)

① [B3:B18] 영역을 범위 지정한 후 [데이터]-[데이터 도구] 그룹의 [텍스트 나누기]를 클릭한다.
② [1단계]에서 '구분 기호로 분리됨'을 선택하고 [다음]을 클릭한다.

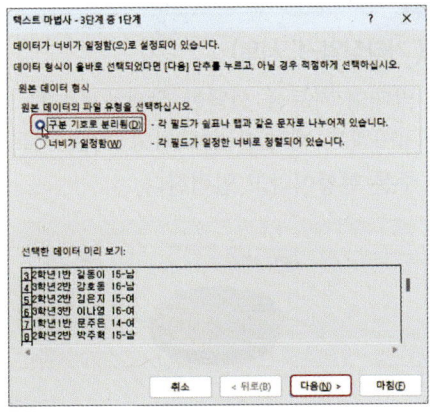

③ [2단계]에서 '공백', '기타'를 선택한 후 -을 입력하고 [다음]을 클릭한다.

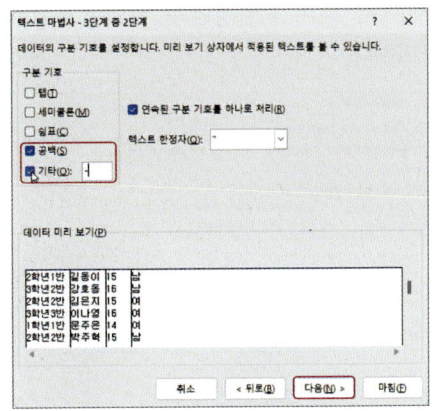

④ [3단계]에서 대상에서 '⬆' 클릭하여 [C3] 셀을 선택하고 [마침]을 클릭한다.

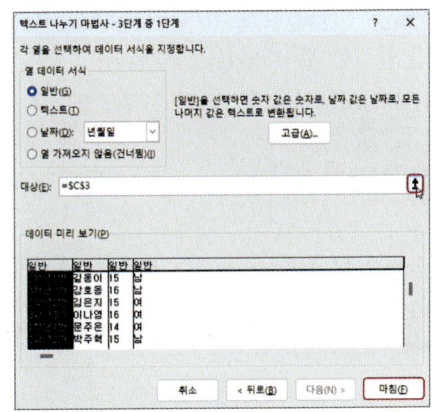

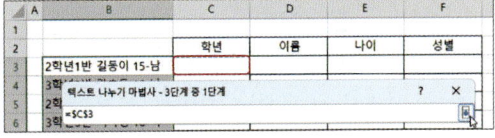

⑤ 메시지가 표시되면 [확인]을 클릭한다.
⑥ B열 머리글에서 마우스 오른쪽 버튼을 눌러 [삭제]를 클릭한다.

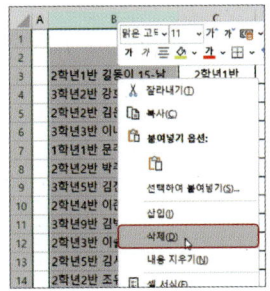

⑦ [C3:C18] 영역을 범위 지정한 후 [데이터]-[데이터 도구] 그룹의 [텍스트 나누기](圖)를 클릭한다.

⑧ [1단계]에서 '너비가 일정함'을 선택하고 [다음]을 클릭한다.

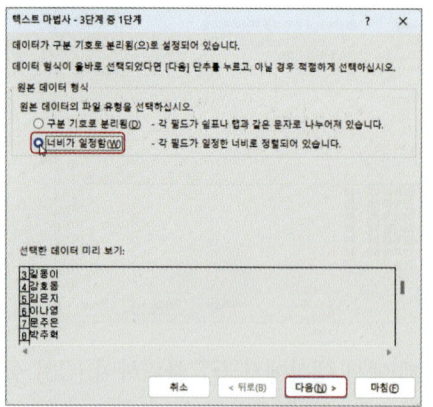

⑨ [2단계]에서 구분선에 성과 이름의 경계라인 부분을 클릭한 후 [다음]을 클릭한다.

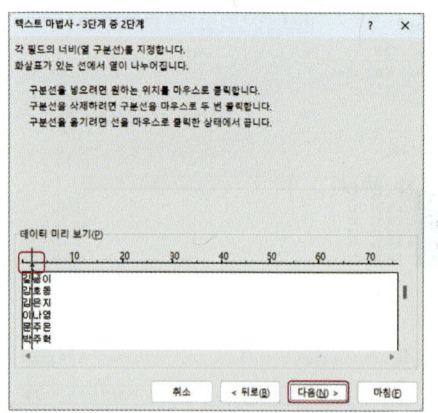

⑩ [3단계]에서 성 부분만 선택한 후 '열 가져오지 않음(건너뜀)'을 선택하고 [마침]을 클릭한다.

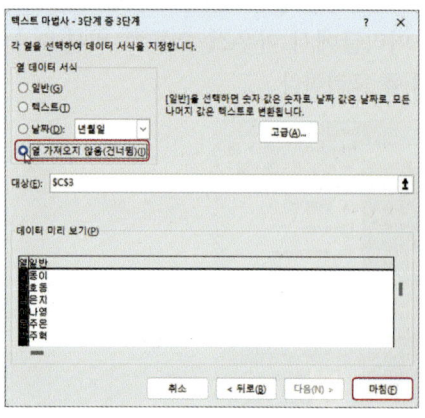

⑪ [B2:E18] 영역을 범위 지정한 후 [데이터]-[정렬 및 필터] 그룹의 [정렬]을 클릭한다.

⑫ [옵션]을 클릭하여 '왼쪽에서 오른쪽'을 선택하고 [확인]을 클릭한다.

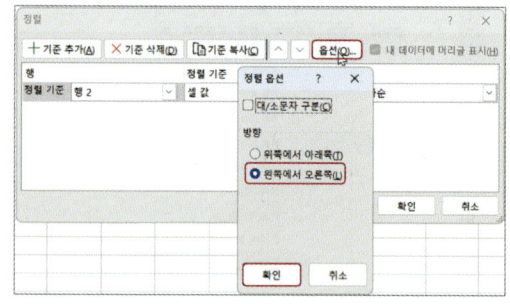

⑬ 정렬 기준 '행2', 사용자 지정 목록을 선택한 후 **학년, 성별, 이름, 나이**를 입력하고 [추가]를 클릭하고 [확인]을 클릭한다.

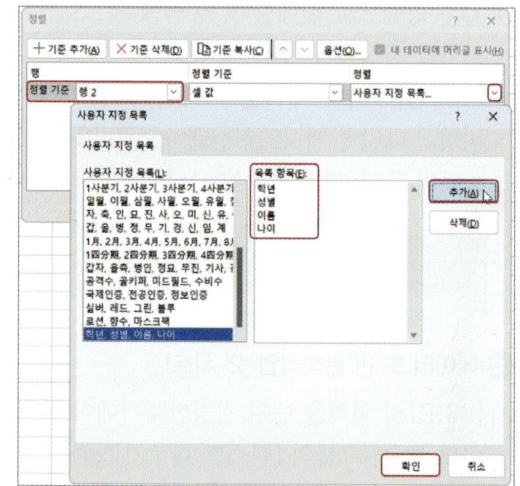

### 문제 ④ 기타작업

#### 01 차트('기타작업-1' 시트)

① 세로 막대형 차트를 선택한 상태에서 [차트 요소](田)-[차트 제목]을 클릭하고 '차트 제목'에 **교재 주문 현황**이라고 입력한다.

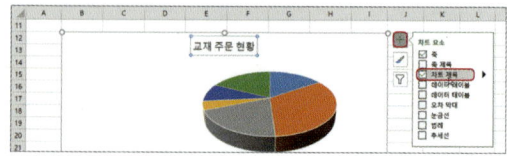

② 차트 제목을 선택하고 [홈]-[글꼴] 그룹에서 '굴림체', '굵게', 크기 '12', '밑줄'을 지정한다.

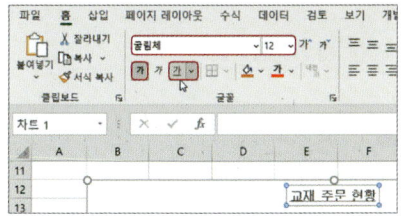

③ 원형 차트를 선택한 후 [차트 요소](⊞)-[데이터 레이블]-[기타 옵션]을 클릭한다.

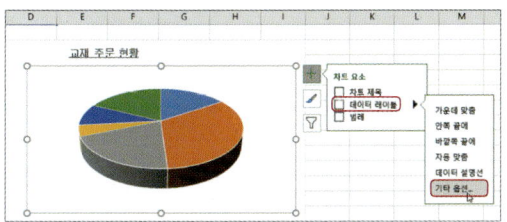

④ [데이터 레이블 서식]의 '레이블 옵션'에서 '항목 이름'과 '백분율'에 체크하고, '값'과 '지시선 표시'는 체크를 해제한 후 '구분 기호'는 '(줄 바꿈)', '레이블 위치'는 '바깥쪽 끝에'를 선택한다.

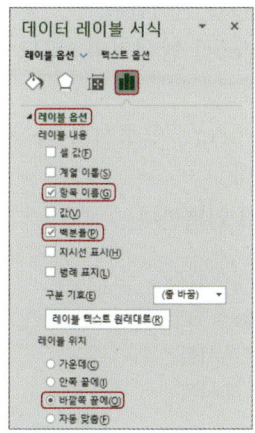

⑤ 원형 차트를 선택하고 [데이터 계열 서식]의 '계열 옵션'의 '첫째 조각의 각'에 100을 입력한다.

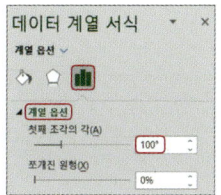

⑥ 세로 막대형 차트에서 마우스 오른쪽 버튼을 눌러 [데이터 레이블 추가]를 클릭한다.

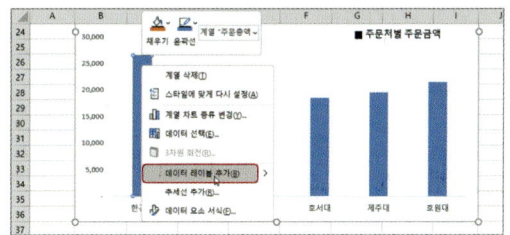

⑦ 세로 막대형 차트를 선택하고 [데이터 계열 서식]의 [채우기 및 선]의 '채우기'에서 '요소마다 다른 색 사용'을 체크한다.

⑧ 세로 막대형 차트 영역을 선택한 후 [차트 영역 서식]의 [채우기 및 선]에서 '테두리'의 '둥근 모서리'를 체크하고 [닫기]를 클릭한다.

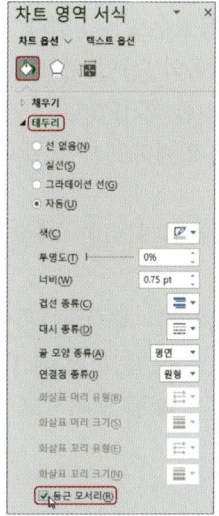

## 02 매크로('기타작업-2' 시트)

① [개발 도구]-[컨트롤] 그룹의 [삽입]-[(단추)양식 컨트롤](□)을 클릭한다.

② 마우스 포인터가 '+'로 바뀌면 [Alt]를 누른 상태에서 [F2:G3] 영역에 드래그한 후 **동호수**를 입력하고 [기록]을 클릭한다.
③ [매크로 기록]에 '동호수'가 표시되면 [확인]을 클릭한다.
④ [B3:B15] 영역을 범위 지정한 후 [Ctrl]+[1]을 눌러 [표시 형식] 탭의 '사용자 지정'에 * ##"동"###"호"를 입력하고 [확인]을 클릭한다.

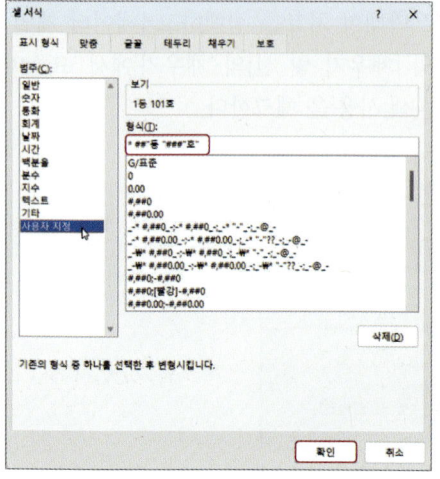

⑤ 임의의 셀을 클릭한 후 [개발 도구]-[코드] 그룹의 [기록 중지](□)를 클릭한다.
⑥ '단추'(□)에서 마우스 오른쪽 버튼을 눌러 [텍스트 편집]을 클릭한 후 **동호수**로 수정한다.
⑦ [개발 도구]-[컨트롤] 그룹의 [삽입]-[양식 컨트롤]의 '단추'(□)를 클릭한 후 [F5:G6] 영역에 드래그한 후 **사용량**을 입력하고 [기록]을 클릭한다.
⑧ [매크로 기록]에 '사용량'이 표시되면 [확인]을 클릭한다.
⑨ [C3:C15] 영역을 범위 지정한 후 [Ctrl]+[1]을 눌러 [표시 형식] 탭의 '사용자 지정'에 [>=100]"※" 0"㎥";[>0]0"㎥";;"■"를 입력하고 [확인]을 클릭한다.

> **기적의 TIP**
> 
> ㎥은 한글 자음 'ㄹ'을 입력하고 [한자]를 눌러 입력합니다.

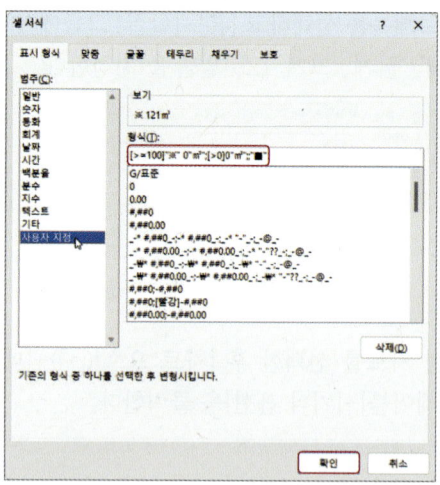

⑩ [개발 도구]-[코드] 그룹의 [기록 중지](□)를 클릭한다.
⑪ '단추'(□)에서 마우스 오른쪽 버튼을 눌러 [텍스트 편집]을 클릭한 후 **사용량**으로 수정한다.

### 03 VBA프로그래밍('기타작업-3' 시트)

#### ① 폼 초기화(콤보 상자)

① [프로젝트-VBAProject] 탐색기에서 '폼'을 더블클릭하고 〈도서구입〉을 선택한다.
② [프로젝트-VBAProject] 탐색기의 [코드 보기](□)를 클릭한다.
③ '개체 목록'은 'UserForm', '프로시저 목록'은 'Initialize'를 선택한다.
④ 코드 창에 다음과 같이 입력한다.

```
Private Sub UserForm_Initialize()
    Cmb분류.RowSource = "G3:G6"
    Cmb주문처.AddItem "A서점"
    Cmb주문처.AddItem "B서점"
    Cmb주문처.SetFocus
End Sub
```

## ② 입력 프로시저

① '개체 목록'에서 'Cmd입력', '프로시저 목록'은 'Click'을 선택한 후 다음 내용을 입력한다.

```
Private Sub Cmd입력_Click()
    i = Range("A3").CurrentRegion.Rows.Count + 1
    Cells(i, 1) = Cmb주문처
    If Opt전산개론 = True Then
        Cells(i, 2) = "전산개론"
        도서선택 = 20000
    ElseIf Opt논리회로 = True Then
        Cells(i, 2) = "논리회로"
        도서선택 = 25000
    Else
        Cells(i, 2) = "알고리즘"
        도서선택 = 30000
    End If
    If Chk기출문제 = True Then
        기출문제 = 2000
    Else
        기출문제 = 0
    End If
    If Chk모의고사 = True Then
        모의고사 = 1500
    Else
        모의고사 = 0
    End If
    Cells(i, 3) = 도서선택 + 기출문제 + 모의고사
    Cells(i, 4) = Cmb분류
End Sub
```

### 💬 코드 설명

① i = Range("A3").CurrentRegion.Rows.Count + 1
→ i는 [A3] 셀과 연결된 범위에 있는 행의 수를 구하여 [A3] 셀 위에 비어 있는 행과 새롭게 입력할 1행을 더해서 행의 위치를 구함
→ +1
: [A3] 셀의 위쪽 [A2] 셀에 '[표1]', [A1] 셀에 '도서구입'이 입력되어 있기 때문에 연결된 행의 수로 인식함. 따라서, [A3] 셀 위로 연결되지 않은 0행과 새롭게 입력할 1행을 더해서 +1이 됨

② If Opt전산개론 = True Then
    Cells(i, 2) = "전산개론"
    도서선택 = 20000
ElseIf Opt논리회로 = True Then
    Cells(i, 2) = "논리회로"
    도서선택 = 25000
Else
    Cells(i, 2) = "알고리즘"
    도서선택 = 30000
End If
→ Opt전산개론이 선택되면 마지막 행의 B열에(Cells(i,2)) '전산개론'이라고 입력하고, '도서선택'에 20,000원을 기억시킴. 만약, Opt논리회로가 선택되면 '논리회로'라고 입력하고, '도서선택'에 25,000원, 그 외는 '알고리즘'이라고 입력하고, '도서선택'에 30,000원으로 기억시킴

③ If Chk기출문제 = True Then
    기출문제 = 2000
Else
    기출문제 = 0
End If
→ Chk기출문제가 체크되면 '기출문제'에 2,000원을 기억시키고, 체크되지 않으면 '기출문제'에 0원을 기억시킴

④ Cells(i, 3) = 도서선택 + 기출문제 + 모의고사
→ 마지막 행의 C열에(Cells(i,3)) '도서선택+기출문제+모의고사' 값을 입력

## ③ 종료 프로시저

① '개체 목록'에서 'Cmd종료', '프로시저 목록'은 'Click'을 선택한 후 다음 내용을 입력한다.

```
Private Sub Cmd종료_Click()
    Unload Me
    [D2] = Date
    [D2].Font.Italic = True
End Sub
```

# 기출 유형 문제 10회

**작업파일** [26컴활1급₩1권_스프레드시트₩기출유형문제] 폴더의 '기출유형문제10회' 파일을 열어서 작업하시오.

## 문제 ❶ 기본작업 | 주어진 시트에서 다음 과정을 수행하고 저장하시오. 15점

**01** '기본작업-1' 시트에서 다음과 같이 고급 필터를 수행하시오. (5점)
- ▶ 기간이 30 이하이면서 대출일의 연도가 2023 이거나 2025인 데이터의 '대출번호', '성명', '주민등록번호', '대출종류', '대출금액', '기간' 필드만 순서대로 표시하시오.
- ▶ 조건은 [A21:A22] 영역 내에 알맞게 입력하시오. (AND, OR, YEAR 함수 사용)
- ▶ 결과는 [A26] 셀부터 표시하시오.

**02** '기본작업-1' 시트에서 다음과 같이 조건부 서식을 설정하시오. (5점)
- ▶ [A2:I19] 영역에 대해서 '주소'가 부산시로 시작하거나, '대출일'의 월이 5인 행 전체에 대해서 채우기 색을 '표준 색 - 노랑'으로 적용하는 조건부 서식을 작성하시오.
- ▶ 단, 규칙 유형은 '수식을 사용하여 서식을 지정할 셀 결정'을 이용하시오. (OR, LEFT, MONTH 함수 이용)

**03** '기본작업-2' 시트에서 다음과 같이 페이지 레이아웃을 설정하시오. (5점)
- ▶ 인쇄될 내용이 페이지의 정 가운데에 인쇄되도록 페이지 가운데 맞춤을 설정하시오.
- ▶ 매 페이지 하단의 오른쪽 구역에는 출력 일이 [표시 예]와 같이 표시되도록 바닥글을 설정하시오.
  [표시 예 : 인쇄 날짜가 2025-10-20 이면 → 출력일 : 2025-10-20]
- ▶ [A1:I19] 영역을 인쇄 영역으로 설정하고, 용지 방향을 '가로'로 설정하고, 1행이 매 페이지마다 반복하여 인쇄되도록 인쇄 제목을 설정하시오.

## 문제 ❷ 계산작업 | 주어진 시트에서 다음 과정을 수행하고 저장하시오. 30점

**01** [표1]의 '직급', '직위'와 [표4]을 참조하여 총성과금[E3:E24]를 계산하여 표시하시오. (6점)
- ▶ 총성과금 = 성과금 + 추가성과금
- ▶ 추가성과금이 ＊인 경우 100을 더하여 표시
- ▶ IFERROR, VLOOKUP, MATCH 함수 사용

**02** [표1]의 '성적'을 이용하여 성적 그래프[F3:F24]를 [표시 예]와 같이 표시하시오. (6점)
- ▶ 성적의 순위가 6 이하이면 6−순위 만큼 '★', 순위−1 만큼 '☆' 표시하고, 나머지는 공백으로 표시
  [표시 예 : 순위가 1이면 ★★★★★, 순위가 2이면 ★★★★☆]
- ▶ IF, RANK.EQ, REPT 함수와 & 연산자 이용

**03** [표1]의 '직급', '직위'를 이용하여 [표2]의 [J4:M7] 영역에 직급별 직위별 인원수를 계산하여 '명'을 붙여 표시하시오. (6점)
- ▶ [표시 예 : 3 → 3명]
- ▶ TEXT, SUM 함수를 이용한 배열 수식

**04** [표1]의 '직급', '성적'을 이용하여 [표3]의 [J11:L14] 영역에 직급별 백분위수를 표시하시오. (6점)
- ▶ 백분위수는 반올림하여 소수 이하 1자리로 표시
  [표시 예 : 90.456 → 90.5]
- ▶ ROUND, PERCENTILE.INC, IF 함수를 이용한 배열 수식

**05** 사용자 정의 함수 'fn관리대상'을 작성하여 [표1]의 관리대상[G3:G24]에 표시하시오. (6점)
- ▶ fn관리대상은 '부서', '성적'을 인수로 받아 값을 되돌려줌
- ▶ 성적이 80 미만이면서 부서명이 '균형', '공공', '지방'으로 시작하면 '1차', '안전', '재난'으로 시작하면 '2차', '재정'으로 시작하면 '3차', 그 외 부서와 성적이 80 이상이면 공백으로 표시
- ▶ IF ~ ELSE, SELECT CASE 문과 LEFT 함수 사용

```
Public Function fn관리대상(부서, 성적)

End Function
```

## 문제 ❸ 분석작업 | 주어진 시트에서 다음 과정을 수행하고 저장하시오. 20점

**01** '분석작업-1' 시트에서 다음의 지시사항에 따라 피벗 테이블 보고서를 작성하시오. (10점)

▶ 외부 데이터 원본으로 〈판매.csv〉의 데이터를 사용하시오.
   – 원본 데이터는 구분 기호 쉼표(,)로 분리되어 있으며, 내 데이터에 머리글을 표시하시오.
   – '제품코드', '지점', '제품명', '생산원가', '판매금액', '이익금' 열만 가져와 데이터 모델에 이 데이터를 추가하시오.

▶ 피벗 테이블 보고서의 레이아웃과 위치는 〈그림〉을 참조하여 설정하고, 보고서 레이아웃을 테이블 형식으로 표시하시오.

▶ 생산원가, 판매금액, 이익금의 함수는 평균으로 표시하고, '생산원가', '판매금액', '이익금' 필드의 표시 형식은 값 필드 설정의 셀 서식에서 '숫자' 범주를 이용하여 지정하시오.

▶ '지점'에서 '서울'을 위쪽으로 두 번째로 위치를 이동시키시오.

▶ 빈 셀은 '*'로 표시하고, 레이블이 있는 셀은 병합하고 가운데 맞춤되도록 설정하고 행과 열의 총합계는 나타나지 않도록 피벗 테이블을 작성하시오.

| | | | 제품명 | | |
|---|---|---|---|---|---|
| 제품코드 | All | | | | |
| 지점 | 값 | TV | 김치냉장고 | 디지털카메라 | |
| 광주 | 평균 : 생산원가 | 1,890,000 | 650,000 | * | |
| | 평균 : 판매금액 | 2,300,000 | 850,000 | * | |
| | 평균 : 이익금 | 410,000 | 200,000 | * | |
| 서울 | 평균 : 생산원가 | * | 1,570,000 | 255,000 | |
| | 평균 : 판매금액 | * | 1,840,000 | 350,000 | |
| | 평균 : 이익금 | * | 270,000 | 95,000 | |
| 대전 | 평균 : 생산원가 | 1,250,000 | * | 489,000 | |
| | 평균 : 판매금액 | 1,550,000 | * | 650,000 | |
| | 평균 : 이익금 | 300,000 | * | 161,000 | |
| 부산 | 평균 : 생산원가 | * | 780,000 | 88,400 | |
| | 평균 : 판매금액 | * | 820,000 | 120,000 | |
| | 평균 : 이익금 | * | 40,000 | 31,600 | |
| 인천 | 평균 : 생산원가 | 567,700 | * | 90,000 | |
| | 평균 : 판매금액 | 730,000 | * | 110,000 | |
| | 평균 : 이익금 | 162,300 | * | 20,000 | |

※ 작업 완성된 그림이며 부분점수 없음

**02** '분석작업-2' 시트에 대하여 다음의 지시사항을 처리하시오. (10점)

▶ [표1] 자료에 대해서 4행을 기준으로 '국제인증-전공인증-정보인증' 순으로 정렬하시오.

▶ [표1]과 [표2]의 학과 자료를 이용하여 [표3]에 '컴퓨터'로 시작하거나 '교육과'로 끝나는 학과에 대하여 통합을 이용하여 평균을 계산하시오.

## 문제 ④ 기타작업 | 주어진 시트에서 다음 과정을 수행하고 저장하시오. 35점

### 01 '기타작업-1' 시트에서 다음의 지시사항에 따라 차트를 수정하시오. (각 2점)

※ 차트는 반드시 문제에서 제공한 차트를 사용하여야 하며, 신규로 차트 작성시 0점 처리됨

① X축 항목을 45도 회전되도록 설정하시오.
② 그림과 같이 축을 값의 거꾸로 표시되도록 설정하고 세로(값) 축 주 눈금을 '교차'로 설정하시오.
③ '2026년', '2024년'의 '주택자금대출' 요소에만 데이터 설명선 레이블을 추가하고, 레이블 내용과 위치는 그림과 같이 설정하시오.
④ 차트 제목을 '대출종류별 실적'으로 설정하고, 범례는 아래쪽에 표시하시오.
⑤ 차트의 효과는 '네온: 5pt, 파랑, 강조색1'로 설정하시오.

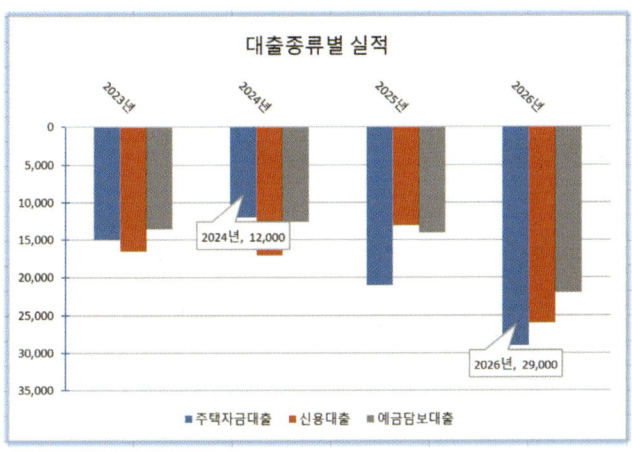

### 02 '기타작업-2' 시트에서 다음과 같은 기능을 수행하는 매크로를 현재 통합문서에 작성하시오. (각 5점)

① [부분합] 기능을 이용하여 대출종류별로 '대출금액', '기간'의 평균을 계산한 후, '성명'의 개수를 구하는 '부분합' 매크로를 생성하시오.
  ▶ 정렬은 '대출종류'를 기준으로 오름차순으로 처리하시오.
  ▶ [개발 도구]-[삽입]-[양식 컨트롤]의 '단추(□)'를 동일 시트의 [B2:C3] 영역에 생성한 후 텍스트를 '대출종류별 통계'로 입력하고, 단추를 클릭하면 '부분합' 매크로가 실행되도록 설정하시오.
② 부분합을 해제하는 '부분합해제' 매크로를 생성하시오.
  ▶ [개발 도구]-[삽입]-[양식 컨트롤]의 '단추(□)'를 동일 시트의 [E2:F3] 영역에 생성한 후 텍스트를 '부분합해제'로 입력하고, 단추를 클릭하면 '부분합해제' 매크로가 실행되도록 설정하시오.

※ 셀 포인터의 위치에 관계없이 매크로가 실행되어야 정답으로 인정됨

## 03 '기타작업-3' 시트에서 다음과 같은 작업을 수행하고 저장하시오. (각 5점)

① '대출신청' 버튼을 클릭하면 〈대출신청관리〉 폼이 나타나도록 하며, 폼이 초기화(Initialize)되면 'txt번호' 컨트롤로 포커스가 옮겨가도록 프로시저를 작성하시오.

② '기타작업-3' 시트를 활성화(Activate)하면 해당 시트의 [G6] 셀에 '대출조회'가 입력되도록 이벤트 프로시저를 작성하시오.

③ 'txt번호' 컨트롤에서 조회할 번호를 입력한 후 〈조회(cmd조회)〉 단추를 클릭하면 대출종류(txt종류), 대출금액(txt금액), 대출지점(txt지점)에 해당하는 자료를 폼에 표시하고, 다음의 경우 메시지 상자를 표시하는 프로시저를 작성하시오.

▶ 해당 '대출번호'의 정보가 없는 경우에는 "조건에 일치하는 자료가 없습니다."라는 메시지 박스를 표시

▶ For Each~Next문을 이용하시오.

▶ 소문자를 입력할 때 대문자로 변환하여 조회하시오.

# 기출 유형 문제 10회 정답

## 문제 ① 기본작업

### 01 고급 필터

A22: `=AND(I2<=30,OR(YEAR(F2)=2023,YEAR(F2)=2025))`

| 조건 |
|---|
| FALSE |

| 대출번호 | 성명 | 주민등록번호 | 대출종류 | 대출금액 | 기간 |
|---|---|---|---|---|---|
| K04-35 | 박철형 | 630714-2177475 | 국민주택기금대출 | 5000000 | 24 |
| M01-23 | 구준식 | 680909-1833529 | 무보증신용대출 | 5000000 | 30 |
| K01-02 | 오태열 | 531227-1344216 | 국민주택기금대출 | 7000000 | 24 |
| Y02-26 | 이재철 | 701125-1178421 | 예부적금담보대출 | 2500000 | 12 |
| J04-31 | 민인희 | 681205-2027817 | 주택자금대출 | 35000000 | 24 |
| M04-08 | 김진석 | 710618-1061918 | 무보증신용대출 | 5000000 | 18 |

### 02 조건부 서식

| 대출번호 | 성명 | 주민등록번호 | 주소 | 대출지점 | 대출일 | 대출종류 | 대출금액 | 기간 |
|---|---|---|---|---|---|---|---|---|
| J04-26 | 남지철 | 581105-1067449 | 대전시 대덕구 법동 | 충청 | 2022/07/20 | 주택자금대출 | 15000000 | 60 |
| M01-37 | 최만용 | 721105-1471885 | 서울시 중구 필동 | 서울 | 2025/05/17 | 무보증신용대출 | 5000000 | 36 |
| M02-06 | 최철식 | 700710-1179826 | 경기도 안양시 만안구 | 경기 | 2025/08/16 | 무보증신용대출 | 2000000 | 36 |
| Y02-67 | 형연주 | 730205-2848619 | 경기도 수원시 장안구 | 경기 | 2025/08/21 | 예부적금담보대출 | 1000000 | 48 |
| J02-01 | 김춘복 | 711211-1038429 | 경기도 수원시 권선구 | 경기 | 2024/03/22 | 주택자금대출 | 15000000 | 60 |
| Y04-15 | 진영태 | 700412-1877519 | 충남 천안시 불당동 | 충청 | 2024/05/18 | 예부적금담보대출 | 3000000 | 36 |
| Y01-07 | 도희철 | 680722-1104775 | 서울시 강남구 역삼동 | 서울 | 2024/06/24 | 예부적금담보대출 | 3000000 | 36 |
| M01-27 | 박세희 | 570519-2027689 | 서울시 서대문구 역촌동 | 서울 | 2024/08/17 | 무보증신용대출 | 8000000 | 30 |
| K03-05 | 민승렬 | 630225-1462892 | 부산시 부산진구 동평동 | 부산 | 2024/10/09 | 국민주택기금대출 | 15000000 | 60 |
| J03-26 | 민애라 | 700215-2245773 | 부산시 동구 범일동 | 부산 | 2024/12/18 | 주택자금대출 | 12000000 | 60 |
| J02-38 | 이민주 | 600629-2005884 | 경기도 성남시 분당구 | 경기 | 2023/01/20 | 주택자금대출 | 27000000 | 48 |
| K04-35 | 박철형 | 630714-2177475 | 대전시 서구 둔산동 | 충청 | 2023/05/01 | 국민주택기금대출 | 5000000 | 24 |
| Y03-88 | 김상진 | 670214-1397503 | 부산시 남구 문현동 | 부산 | 2023/05/26 | 예부적금담보대출 | 4000000 | 48 |
| M01-23 | 구준식 | 680909-1833529 | 서울시 종로구 팔판동 | 서울 | 2023/06/12 | 무보증신용대출 | 5000000 | 30 |
| K01-02 | 오태열 | 531227-1344216 | 서울시 양천구 목동 | 서울 | 2023/09/02 | 국민주택기금대출 | 7000000 | 24 |
| Y02-26 | 이재철 | 701125-1178421 | 경기도 안양시 동안구 | 경기 | 2023/10/24 | 예부적금담보대출 | 2500000 | 12 |
| J04-31 | 민인희 | 681205-2027817 | 대전시 동구 판암동 | 충청 | 2023/12/03 | 주택자금대출 | 35000000 | 24 |
| M04-08 | 김진석 | 710618-1061918 | 대전시 유성구 온천동 | 충청 | 2023/12/15 | 무보증신용대출 | 5000000 | 18 |

## 03 페이지 레이아웃

| 대출번호 | 성명 | 주민등록번호 | 주소 | 대출지점 | 대출일 | 대출종류 | 대출금액 | 기간 |
|---|---|---|---|---|---|---|---|---|
| J04-26 | 남지철 | 581105-1067449 | 대전시 대덕구 법동 | 충청 | 2022/07/20 | 주택자금대출 | 15000000 | 60 |
| M01-37 | 최만용 | 721105-1471885 | 서울시 중구 필동 | 서울 | 2025/05/17 | 무보증신용대출 | 5000000 | 36 |
| M02-06 | 최철식 | 700710-1179826 | 경기도 안양시 만안구 | 경기 | 2025/08/16 | 무보증신용대출 | 2000000 | 36 |
| Y02-67 | 형연주 | 730205-2848619 | 경기도 수원시 장안구 | 경기 | 2025/08/21 | 예부적금담보대출 | 1000000 | 48 |
| J02-01 | 김준복 | 711211-1038429 | 경기도 수원시 권선구 | 경기 | 2024/03/22 | 주택자금대출 | 15000000 | 60 |
| Y04-15 | 진영태 | 700412-1877519 | 충남 천안시 불당동 | 충청 | 2024/05/18 | 예부적금담보대출 | 3000000 | 36 |
| Y01-07 | 도회철 | 680722-1104775 | 서울시 강남구 역삼 | 서울 | 2024/06/24 | 예부적금담보대출 | 3000000 | 36 |
| M01-27 | 박세희 | 570519-2027689 | 서울시 서대문구 역촌동 | 서울 | 2024/08/17 | 무보증신용대출 | 8000000 | 30 |
| K03-05 | 민승헐 | 630225-1462892 | 부산시 부산진구 동평동 | 부산 | 2024/10/09 | 국민주택기금대출 | 15000000 | 60 |
| J03-26 | 민애라 | 700215-2245773 | 부산시 동구 범일동 | 부산 | 2024/12/18 | 주택자금대출 | 12000000 | 60 |
| J02-38 | 이민주 | 600629-2005884 | 경기도 성남시 분당구 | 경기 | 2023/01/20 | 주택자금대출 | 27000000 | 48 |
| K04-35 | 박철형 | 630714-2177475 | 대전시 서구 둔산동 | 충청 | 2023/05/01 | 국민주택기금대출 | 5000000 | 24 |
| Y03-88 | 김상진 | 670214-1397503 | 부산시 남구 문현동 | 부산 | 2023/05/26 | 예부적금담보대출 | 4000000 | 48 |
| M01-23 | 구준식 | 680909-1833529 | 서울시 종로구 팔판동 | 서울 | 2023/06/12 | 무보증신용대출 | 5000000 | 30 |
| K01-02 | 오태열 | 531227-1344216 | 서울시 양천구 목동 | 서울 | 2023/09/02 | 국민주택기금대출 | 7000000 | 24 |
| Y02-26 | 이재철 | 701125-1178421 | 경기도 안양시 동안구 | 경기 | 2023/10/24 | 예부적금담보대출 | 2500000 | 12 |
| J04-31 | 민인희 | 681205-2027817 | 대전시 동구 판암동 | 충청 | 2023/12/03 | 주택자금대출 | 35000000 | 24 |
| M04-08 | 김진석 | 710618-1061918 | 대전시 유성구 온천동 | 충청 | 2023/12/15 | 무보증신용대출 | 5000000 | 18 |

출력일 : 2024-05-30

## 문제 ❷ 계산작업

| | D | E | F | G | H | I | J | K | L | M | N | O |
|---|---|---|---|---|---|---|---|---|---|---|---|---|
| 1 | | | | | | | | | | | | |
| 2 | 성적 | 총성과금 | 성적 그래프 | 관리대상 | | [표2] | | | | | | |
| 3 | 89 | 250 | ☆☆☆☆☆ | | | | 계장 | 과장 | 국장 | 실장 | | |
| 4 | 78 | 550 | | 1차 | | 사무관 | 5명 | 1명 | 0명 | 0명 | | |
| 5 | 95 | 500 | ★★★☆☆ | | | 서기관 | 4명 | 3명 | 0명 | 0명 | | |
| 6 | 86 | 500 | | | | 이사관 | 0명 | 2명 | 3명 | 0명 | | |
| 7 | 99 | 550 | ★★★★★ | | | 관리관 | 0명 | 0명 | 1명 | 3명 | | |
| 8 | 79 | 350 | | 2차 | | | | | | | | |
| 9 | 88 | 400 | | | | [표3] | | | | | | |
| 10 | 65 | 250 | | | | | 90% | 70% | 50% | | | |
| 11 | 55 | 400 | | 2차 | | 사무관 | 93 | 83.5 | 72.5 | | | |
| 12 | 76 | 500 | | 2차 | | 서기관 | 90.4 | 87.2 | 84 | | | |
| 13 | 83 | 500 | | | | 이사관 | 97.4 | 94 | 90 | | | |
| 14 | 90 | 550 | ★☆☆☆☆ | | | 관리관 | 85.1 | 83.3 | 83 | | | |
| 15 | 67 | 250 | | 1차 | | | | | | | | |
| 16 | 84 | 350 | | | | [표4] | 성과금과 추가성과금 | | | (단위:천원) | | |
| 17 | 97 | 250 | ★★★★☆ | | | | 계장 | 과장 | 국장 | 실장 | 추가성과금 | |
| 18 | 78 | 300 | | 3차 | | 사무관 | 100 | 150 | 200 | 250 | 150 | |
| 19 | 83 | 450 | | | | 서기관 | 150 | 200 | 250 | 300 | 200 | |
| 20 | 74 | 350 | | 1차 | | 이사관 | 200 | 250 | 300 | 350 | 250 | |
| 21 | 69 | 500 | | 3차 | | 관리관 | 250 | 300 | 350 | 400 | * | |
| 22 | 87 | 350 | | | | | | | | | | |
| 23 | 58 | 250 | | 1차 | | | | | | | | |
| 24 | 94 | 400 | ★★☆☆☆ | | | | | | | | | |
| 25 | | | | | | | | | | | | |

1. [E3] 셀에 「=IFERROR(VLOOKUP(A3,$I$17:$M$21,MATCH(B3,$J$17:$M$17,0)+1,0)+VLOOKUP(A3,$I$18:$N$21,6,0), VLOOKUP(A3,$I$17:$M$21, MATCH(B3,$J$17:$M$17,0)+1,0)+100)」를 입력하고 [E24] 셀까지 수식 복사
2. [F3] 셀에 「=IF(RANK.EQ(D3,$D$3:$D$24)<=6,REPT("★",6-RANK.EQ(D3,$D$3:$D$24))&REPT("☆",RANK.EQ(D3,$D$3:$D$24)-1),"")」를 입력하고 [F24] 셀까지 수식 복사
3. [J4] 셀에 「=TEXT(SUM(($A$3:$A$24=$I4)*($B$3:$B$24=J$3)),"0명")」를 입력하고 Ctrl + Shift + Enter 를 눌러 수식을 완성하고 [M7] 셀까지 수식 복사
4. [J11] 셀에 「=ROUND(PERCENTILE.INC(IF(($A$3:$A$24=$I11),$D$3:$D$24),J$10),1)」를 입력하고 Ctrl + Shift + Enter 를 눌러 수식을 완성하고 [L14] 셀까지 수식 복사
5. [G3] 셀에 「=fn관리대상(C3,D3)」를 입력하고 [G24] 셀까지 수식 복사

```
Public Function fn관리대상(부서명, 성적)
    If 성적 < 80 Then
        Select Case Left(부서명, 2)
            Case "균형", "공공", "지방"
                fn관리대상 = "1차"
            Case "안전", "재난"
                fn관리대상 = "2차"
            Case "재정"
                fn관리대상 = "3차"
            Case Else
                fn관리대상 = ""
        End Select
    Else
        fn관리대상 = ""
    End If
End Function
```

## 문제 ❸ 분석작업

### 01 피벗 테이블

| | A | B | C | D | E | F |
|---|---|---|---|---|---|---|
| 1 | | | | | | |
| 2 | 제품코드 | All | | | | |
| 3 | | | | | | |
| 4 | | | 제품명 | | | |
| 5 | 지점 | 값 | TV | 김치냉장고 | 디지털카메라 | |
| 6 | | 평균: 생산원가 | 1,890,000 | 650,000 | * | |
| 7 | 광주 | 평균: 판매금액 | 2,300,000 | 850,000 | * | |
| 8 | | 평균: 이익금 | 410,000 | 200,000 | * | |
| 9 | | 평균: 생산원가 | * | 1,570,000 | 255,000 | |
| 10 | 서울 | 평균: 판매금액 | * | 1,840,000 | 350,000 | |
| 11 | | 평균: 이익금 | * | 270,000 | 95,000 | |
| 12 | | 평균: 생산원가 | 1,250,000 | * | 489,000 | |
| 13 | 대전 | 평균: 판매금액 | 1,550,000 | * | 650,000 | |
| 14 | | 평균: 이익금 | 300,000 | * | 161,000 | |
| 15 | | 평균: 생산원가 | * | 780,000 | 88,400 | |
| 16 | 부산 | 평균: 판매금액 | * | 820,000 | 120,000 | |
| 17 | | 평균: 이익금 | * | 40,000 | 31,600 | |
| 18 | | 평균: 생산원가 | 567,700 | * | 90,000 | |
| 19 | 인천 | 평균: 판매금액 | 730,000 | * | 110,000 | |
| 20 | | 평균: 이익금 | 162,300 | * | 20,000 | |
| 21 | | | | | | |

### 02 데이터 도구

| | J | K | L | M | N | O |
|---|---|---|---|---|---|---|
| 1 | | | | | | |
| 2 | | | | | | |
| 3 | | [표3] 평균 | | | | |
| 4 | | 학과 | 국제인증 | 전공인증 | 정보인증 | |
| 5 | | 컴퓨터* | 9,475 | 11,945 | 10,195 | |
| 6 | | *교육과 | 7,475 | 9,615 | 5,170 | |
| 7 | | | | | | |

## 문제 ④ 기타작업

### 01 차트

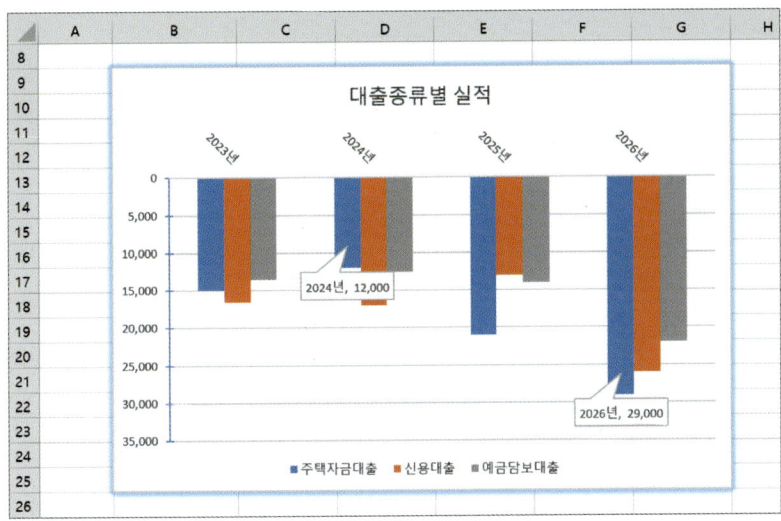

### 02 매크로

| | A | B | C | D | E | F |
|---|---|---|---|---|---|---|
| 1 | | | | | | |
| 2 | | 대출종류별 통계 | | | 부분합해제 | |
| 3 | | | | | | |
| 4 | | | | | | |
| 5 | 대출종류 | 대출번호 | 성명 | 대출일 | 대출금액 | 기간 |
| 6 | 국민주택기금대출 | K03-52 | 구선재 | 2022-08-03 | 6,000,000 | 24 |
| 7 | 국민주택기금대출 | K04-35 | 박철형 | 2023-05-01 | 5,000,000 | 24 |
| 8 | 국민주택기금대출 | K02-28 | 임현석 | 2023-06-24 | 10,000,000 | 30 |
| 9 | 국민주택기금대출 | K01-38 | 정대식 | 2023-05-14 | 5,000,000 | 18 |
| 10 | 국민주택기금대출 개수 | | 4 | | | |
| 11 | 국민주택기금대출 평균 | | | | 6,500,000 | 24 |
| 12 | 무보증신용대출 | M01-23 | 구준식 | 2023-06-12 | 5,000,000 | 30 |
| 13 | 무보증신용대출 | M04-08 | 김진석 | 2023-12-15 | 5,000,000 | 18 |
| 14 | 무보증신용대출 | M01-27 | 박세희 | 2022-08-17 | 8,000,000 | 30 |
| 15 | 무보증신용대출 | M01-64 | 이영진 | 2023-09-12 | 3,000,000 | 24 |
| 16 | 무보증신용대출 | M02-12 | 이진태 | 2023-11-27 | 3,000,000 | 24 |
| 17 | 무보증신용대출 | M02-06 | 최철식 | 2021-08-16 | 2,000,000 | 36 |
| 18 | 무보증신용대출 개수 | | 6 | | | |
| 19 | 무보증신용대출 평균 | | | | 4,333,333 | 27 |
| 20 | 예부적금담보대출 | Y03-88 | 김상진 | 2023-05-26 | 4,000,000 | 48 |
| 21 | 예부적금담보대출 | Y02-26 | 이재철 | 2023-10-24 | 2,500,000 | 12 |
| 22 | 예부적금담보대출 | Y04-15 | 진영태 | 2022-05-18 | 3,000,000 | 36 |
| 23 | 예부적금담보대출 개수 | | 3 | | | |
| 24 | 예부적금담보대출 평균 | | | | 3,166,667 | 32 |
| 25 | 주택자금대출 | J02-01 | 김춘복 | 2022-03-22 | 15,000,000 | 60 |
| 26 | 주택자금대출 | J04-26 | 남지철 | 2020-07-20 | 15,000,000 | 60 |
| 27 | 주택자금대출 | J04-31 | 민인희 | 2023-12-03 | 35,000,000 | 24 |
| 28 | 주택자금대출 | J01-42 | 성철수 | 2022-12-09 | 15,000,000 | 30 |
| 29 | 주택자금대출 | J02-38 | 이민주 | 2023-01-20 | 27,000,000 | 48 |
| 30 | 주택자금대출 개수 | | 5 | | | |
| 31 | 주택자금대출 평균 | | | | 21,400,000 | 44.4 |
| 32 | 전체 개수 | | 18 | | | |
| 33 | 전체 평균 | | | | 9,361,111 | 32 |
| 34 | | | | | | |

## 03 VBA 프로그래밍

- 폼 보이기 프로시저

```
Private Sub 대출신청_Click()
    대출신청관리.Show
End Sub
```

- 폼 초기화 프로시저

```
Private Sub UserForm_Initialize()
    txt번호.SetFocus
End Sub
```

- Activate 이벤트 프로시저

```
Private Sub Worksheet_Activate()
    [G6] = "대출조회"
End Sub
```

- 조회 프로시저

```
Private Sub cmd조회_Click()
Isdata = 0
iRow = 2
For Each a In Range("b3:b15")
    iRow = iRow + 1
    If a.Value = UCase(txt번호) Then
        txt종류 = Cells(iRow, 3)
        txt금액 = Cells(iRow, 4)
        txt지점 = Cells(iRow, 5)
        Isdata = 1
        Exit For
    End If
Next
If Isdata = 0 Then
    MsgBox "조건에 일치하는 자료가 없습니다."
End If
End Sub
```

## 기출 유형 문제 10회 해설

### 문제 ① 기본작업

#### 01 고급 필터('기본작업-1' 시트)

① [A21:A22] 영역에 조건을 입력한다.

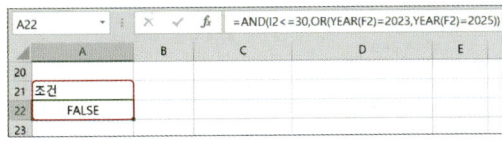

[A22] : =AND(I2<=30,OR(YEAR(F2)=2023,YEAR(F2)=2025))

② 데이터 목록에서 '대출번호', '성명', '주민등록번호', '대출종류', '대출금액', '기간'만을 추출하므로 [A26:F26] 영역에 필드명을 입력한다.

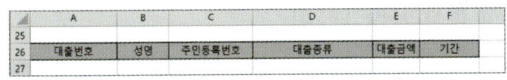

> **기적의 TIP**
> 고급 필터에서 데이터 목록의 모든 필드를 추출하고자 하면 결과 위치를 빈 칸으로 하고, 특정 필드만 추출하고자 하면 해당 필드명을 결과 위치에 입력해야 합니다.

③ 데이터 목록 안의 아무 셀이나 선택하고 [데이터]-[정렬 및 필터] 그룹에서 [고급]( )을 클릭한다.

④ [고급 필터]에서 다음과 같이 지정한 후 [확인]을 클릭한다.

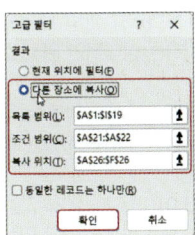

- 결과 : '다른 장소에 복사'
- 목록 범위 : [A1:I19]
- 조건 범위 : [A21:A22]
- 복사 위치 : [A26:F26]

#### 02 조건부 서식('기본작업-1' 시트)

① [A2:I19] 영역을 범위 지정한 후 [홈]-[스타일] 그룹의 [조건부 서식]-[새 규칙]을 클릭한다.

② [새 서식 규칙]에서 '▶ 수식을 사용하여 서식을 지정할 셀 결정'을 선택하고, =OR(LEFT($D2,3)="부산시",MONTH($F2)=5)를 입력한 후 [서식]을 클릭한다.

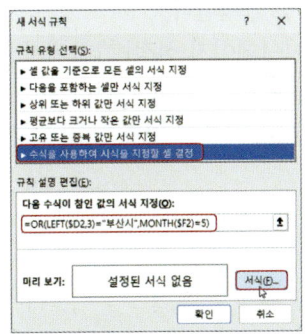

> **함수 설명**
> =OR(LEFT($D2,3)="부산시",MONTH($F2)=5)
> ① LEFT($D2,3) : 주소[D2] 값에서 왼쪽에서 3자리 문자를 가져옴
> ② MONTH($F2) : 대출일[F2]에서 월만 추출
> ③ OR(①="부산시",②=5) : ①의 값이 "부산시"이거나 ②의 값이 5인 데이터 추출

③ [채우기] 탭에서 '표준 색 - 노랑'을 선택하고 [확인]을 클릭한다.

> **기적의 TIP**
> 색상명을 확인하는 방법은 [채우기] 탭의 '무늬 색'에서 ( )를 클릭하여 색상명을 확인한 후 배경색을 지정하면 됩니다.

④ [새 서식 규칙]에서 '수식'과 '서식'이 맞는지 확인한 후 [확인]을 클릭한다.

## 03 페이지 레이아웃('기본작업-2' 시트)

① [A1:I19] 영역을 범위 지정한 후 [페이지 레이아웃]-[페이지 설정] 그룹의 [인쇄 영역]-[인쇄 영역 설정](🖨)을 클릭한다.

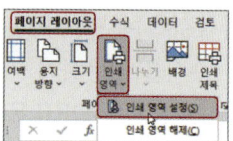

② [페이지 레이아웃]-[페이지 설정] 그룹의 [용지 방향]-[가로](📄)를 클릭한다.

③ [페이지 레이아웃]-[페이지 설정] 그룹에서 [옵션](🔲)을 클릭한다.

④ [여백] 탭에서 페이지 가운데 맞춤 '가로', '세로'를 체크한다.

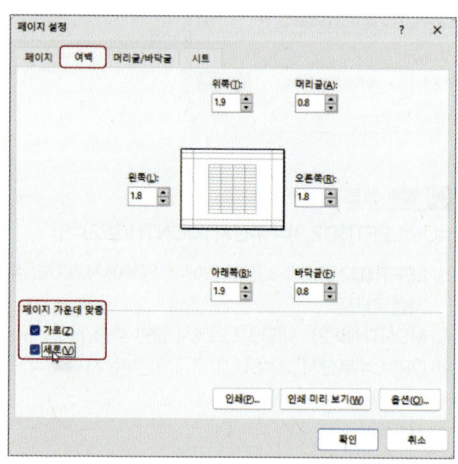

⑤ [머리글/바닥글] 탭을 클릭하여 [바닥글 편집]을 클릭한다.

⑥ 오른쪽 구역에 커서를 두고 **출력일 :** 을 입력한 후 [날짜 삽입](📅)을 클릭하고 [확인]을 클릭한다.

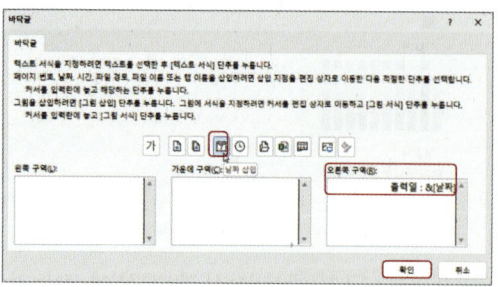

⑦ [시트] 탭에서 '반복할 행'을 선택한 후 행 머리글 1행을 클릭하고 [확인]을 클릭한다.

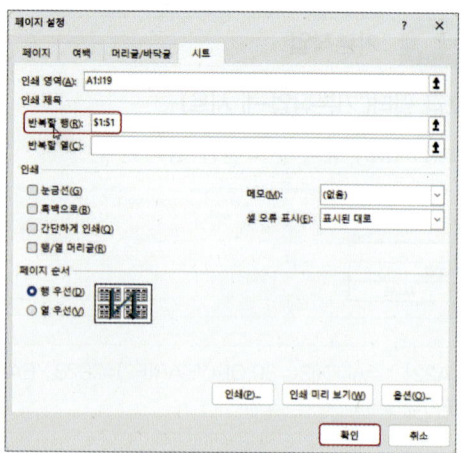

### 문제 ❷ 계산작업('계산작업' 시트)

#### 01 총성과금[E3:E24]

[E3] 셀에 =IFERROR(VLOOKUP(A3,$I$17:$M$21,MATCH(B3,$J$17:$M$17,0)+1,0)+VLOOKUP(A3,$I$18:$N$21,6,0),VLOOKUP(A3,$I$17:$M$21,MATCH(B3,$J$17:$M$17,0)+1,0)+100)를 입력하고 [E24] 셀까지 수식을 복사한다.

> 📌 **기적의 TIP**
>
> 총성과금 수식을 다음과 같이 작성해도 가능하다
> =VLOOKUP(A3,$I$18:$M$21,MATCH(B3,$J$17:$M$17,0)+1,0)+IFERROR(VLOOKUP(A3,$I$18:$N$21,6,0)*1,100)

> 💬 **함수 설명**
>
> ① MATCH(B3,$J$17:$M$17,0)+1 : [B3] 셀의 내용을 [J17:M17] 영역에서 정확하게 일치하는 상대적인 위치 값을 구하여 +1을 함
> ② VLOOKUP(A3,$I$18:$M$21,①,0) : [A3] 셀의 값을 [I18:M21] 영역의 첫 번째 열에서 찾아 ①의 열에 있는 값을 정확하게 일치하는 값을 찾아옴
> ③ VLOOKUP(A3,$I$18:$N$21,6,0) : [A3] 셀의 값을 [I18:M21] 영역의 첫 번째 열에서 찾아 6번째 열에 있는 값을 정확하게 일치하는 값을 찾아옴
> ④ IFERROR(③*1,100) : ③의 값에 *1을 하여 오류가 발생하면 100을 반환 (*1을 하는 이유는 찾아온 추가성과금 150*1, 200*1, 250*1, **1로 했을 때 오류가 발생할 수 있도록 작성함)

## 02 성적 그래프[F3:F24]

[F3] 셀에 =IF(RANK.EQ(D3,$D$3:$D$24)<=6,REPT("★",6-RANK.EQ(D3,$D$3:$D$24))&REPT("☆",RANK.EQ(D3,$D$3:$D$24)-1),"")를 입력하고 [F24] 셀까지 수식을 복사한다.

## 03 직급별 직위별 인원수[J4:M7]

[J4] 셀에 =TEXT(SUM(($A$3:$A$24=$I4)*($B$3:$B$24=J$3)),"0명")를 입력한 후 Ctrl + Shift + Enter 를 눌러 수식을 완성하고 [M7] 셀까지 수식을 복사한다.

## 04 직급별 백분위수[J11:L14]

[J11] 셀에 =ROUND(PERCENTILE.INC(IF(($A$3:$A$24=$I11),$D$3:$D$24),J$10),1)를 입력한 후 Ctrl + Shift + Enter 를 눌러 수식을 완성하고 [L14] 셀까지 수식을 복사한다.

## 05 관리대상[G3:G24]

① [개발 도구]-[코드] 그룹의 [Visual Basic]을 클릭한다.
② [삽입]-[모듈]을 클릭한다.
③ Module 창에 다음과 같이 입력한다.

```
Public Function fn관리대상(부서명, 성적)
    If 성적 < 80 Then
        Select Case Left(부서명, 2)
            Case "균형", "공공", "지방"
                fn관리대상 = "1차"
            Case "안전", "재난"
                fn관리대상 = "2차"
            Case "재정"
                fn관리대상 = "3차"
            Case Else
                fn관리대상 = ""
        End Select
    Else
        fn관리대상 = ""
    End If
End Function
```

④ [파일]-[닫고 Microsoft Excel(으)로 돌아가기]를 클릭하여 [Visual Basic Editor]를 닫는다.
⑤ [G3] 셀을 클릭한 후 [함수 삽입](fx)를 클릭한다.
⑥ 범주 선택에서 '사용자 정의', 함수 선택에서 'fn관리대상'을 선택한 후 [확인]을 클릭한다.
⑦ 부서명은 [C3], 성적은 [D3]을 지정한 후 [확인]을 클릭한다.

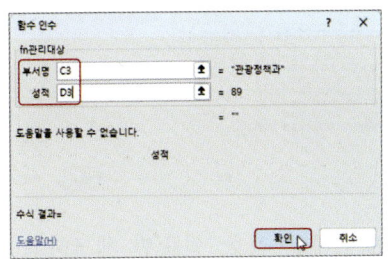

⑧ [G3] 셀을 선택한 후 [G24] 셀까지 수식을 복사한다.

### 문제 ❸ 분석작업

## 01 피벗 테이블('분석작업-1' 시트)

① [A4] 셀을 선택한 후 [삽입]-[표] 그룹의 [피벗 테이블]()을 클릭한다.

> **기적의 TIP**
> 사용하는 엑셀 버전에 따라 [피벗 테이블] 대화상자에서 작성할 수 없는 경우, [삽입]-[표] 그룹의 [피벗테이블]-[외부 데이터 원본에서]를 클릭하여 작성할 수 있습니다.

② [피벗 테이블 만들기]에서 '데이터 모델에 이 데이터 추가'를 체크하고, '외부 데이터 원본 사용'에서 [연결 선택]을 클릭한다.
③ [기존 연결]에서 [더 찾아보기]를 클릭한 후 '판매.csv'를 선택하고 [열기]를 클릭한다.

④ [1단계]에서 '내 데이터에 머리글 표시'를 체크하고, '구분 기호로 분리됨'을 선택하고 [다음]을 클릭한다.

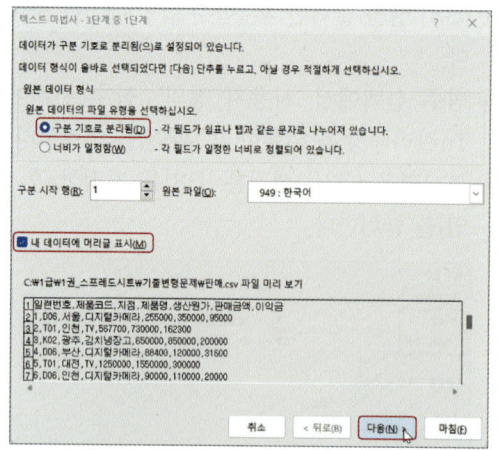

⑤ [2단계]에서 구분 기호 '쉼표'만 체크하고 [다음]을 클릭한다.
⑥ [3단계]에서 '일련번호' 필드를 클릭한 후 '열 가져오지 않음(건너뜀)'을 선택하고 [마침]을 클릭한다.

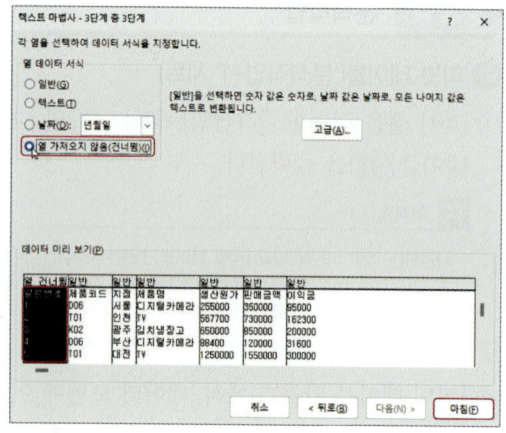

⑦ [피벗 테이블 만들기]에서 [확인]을 클릭한다.
⑧ 다음과 같이 보고서 레이아웃을 지정한다. (Σ값은 행으로 이동한다.)

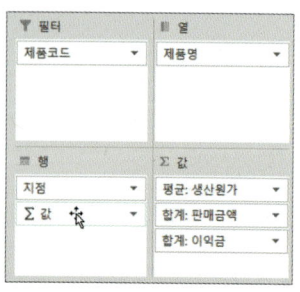

⑨ [디자인] 탭에서 [레이아웃]-[보고서 레이아웃]-[테이블 형식으로 표시](▦)를 클릭한다.
⑩ '합계 : 생산원가' [B6] 셀에서 더블클릭하여 [값 필드 설정]에서 '평균'을 선택하고 [표시 형식]을 클릭한다.

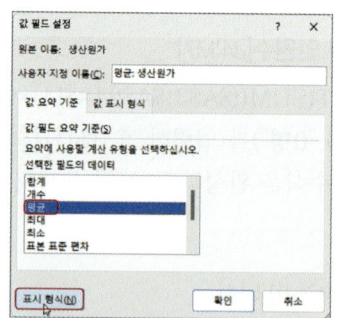

⑪ [셀 서식]의 [표시 형식] 탭에서 '숫자'를 선택한 후 '1000 단위 구분 기호(,) 사용'을 체크한 후 [확인]을 클릭하고, [값 필드 설정]에서 [확인]을 클릭한다.
⑫ 같은 방법으로 '합계 : 판매금액'[B7], '합계 : 이익금'[B8] 셀도 함수는 '평균', 셀 서식은 '숫자', '1000 단위 구분 기호 사용'을 체크한다.
⑬ [A15] 셀에서 마우스 오른쪽 버튼을 눌러 [이동]-[위로 "서울" 이동]을 클릭한다.

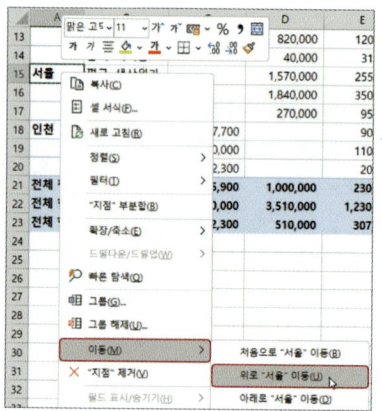

⑭ 다시 한 번 서울 [A12] 셀에서 마우스 오른쪽 버튼을 눌러 [이동]-[위로 "서울" 이동]을 클릭하여 위쪽으로부터 두 번째로 위치하도록 이동한다.

⑮ [피벗 테이블 분석]-[피벗 테이블] 그룹을 클릭하여 [옵션](옵션)을 클릭한다.

⑯ [레이아웃 및 서식] 탭에서 '레이블이 있는 셀 병합 및 가운데 맞춤'을 체크하고, '빈 셀 표시'에 *를 입력하고, [요약 및 필터]에서 '행 총합계 표시'와 '열 총합계 표시' 체크를 해제하고 [확인]을 클릭한다.

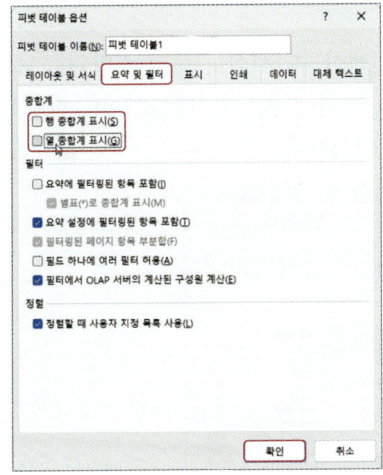

### 02 데이터 도구('분석작업-2' 시트)

① [B4:D8] 영역을 범위 지정한 후 [데이터]-[정렬 및 필터] 그룹의 [정렬]()을 클릭한다.

② [옵션]을 클릭한 후 '왼쪽에서 오른쪽'을 선택하고 [확인]을 클릭한다.

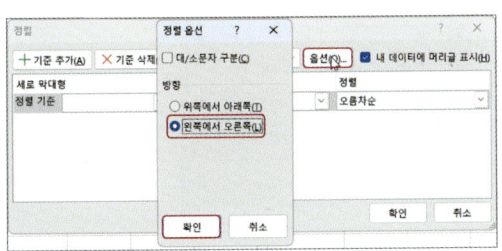

③ 정렬 기준 '행 4', '사용자 지정 목록'을 선택한 후 **국제인증, 전공인증, 정보인증**을 입력하고 [추가]를 클릭한 후 [확인]을 클릭한다.

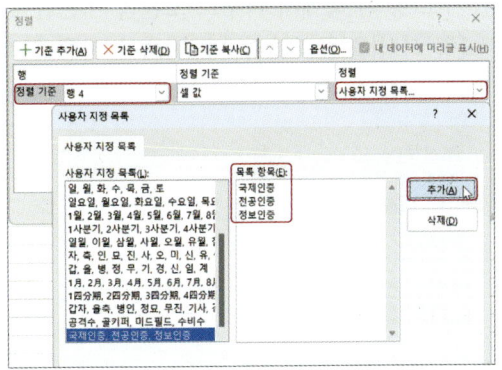

④ [K5:K6] 영역에 다음과 같이 조건을 입력한다. (컴퓨터*, *교육과)

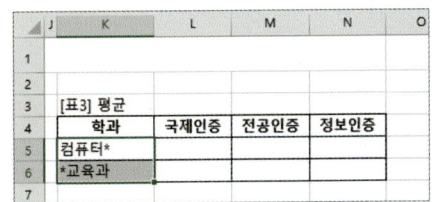

⑤ [K4:N6] 영역을 범위 지정한 후 [데이터]-[데이터 도구] 그룹의 [통합]()을 클릭한 후 다음과 같이 지정하고 [확인]을 클릭한다.

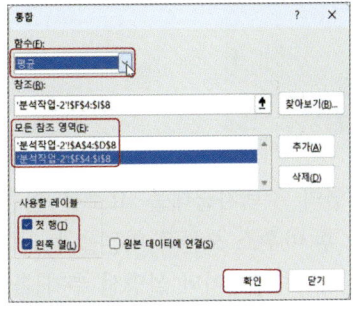

- 함수 : 평균
- 모든 참조 영역 : [A4:D8], [F4:I8]
- 사용할 레이블 : 첫 행, 왼쪽 열

### 문제 ❹ 기타작업

#### 01 차트('기타작업-1' 시트)

① 가로(항목) 축에서 마우스 오른쪽 버튼을 눌러 [축 서식]을 클릭한 후 [맞춤]에서 '사용자 지정 각'을 '45'로 지정한다.

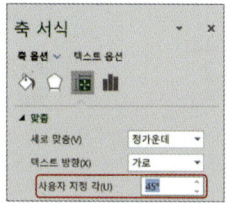

② '세로(값) 축'을 선택한 후 [축 서식]의 '축 옵션'에서 '값을 거꾸로'를 체크하고 눈금의 주 눈금은 '교차'를 선택한다.

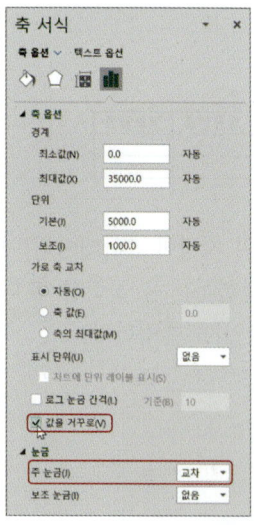

③ 2024년 계열의 '주택자금대출' 요소를 천천히 2번 클릭한 후 마우스 오른쪽 버튼을 눌러 [데이터 레이블 추가]-[데이터 설명선 추가]를 클릭한다.

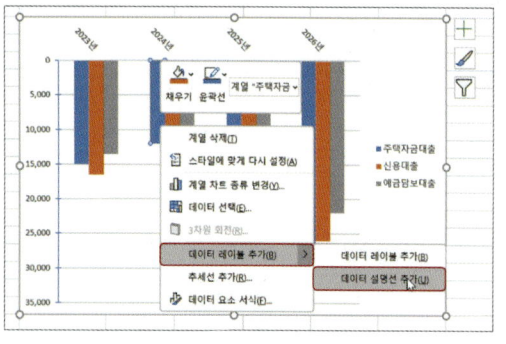

④ 2026년 계열의 '주택자금대출' 요소에서 [데이터 레이블 추가]-[데이터 설명선 추가]를 지정한다.

⑤ [차트 요소](田)-[차트 제목]을 선택한 후 **대출종류별 실적**을 입력하고, [차트 요소](田)-[범례]-[아래쪽]을 체크한다.

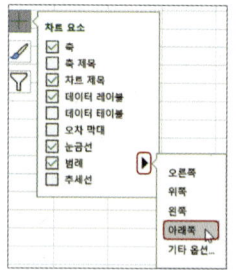

⑥ 차트를 선택한 후 [서식]-[도형 스타일] 그룹에서 [도형 효과]-[네온]의 '네온: 5pt, 파랑, 강조색1'을 선택한다.

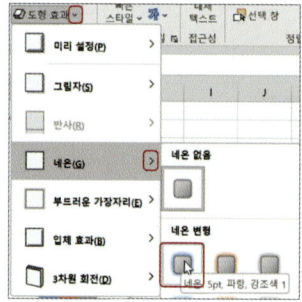

#### 02 매크로('기타작업-2' 시트)

① 비어 있는 셀을 클릭한 후 [개발 도구]-[코드] 그룹의 [매크로 기록](📷)을 클릭한다.

② [매크로 기록]에 **부분합**을 입력하고 [확인]을 클릭한다.

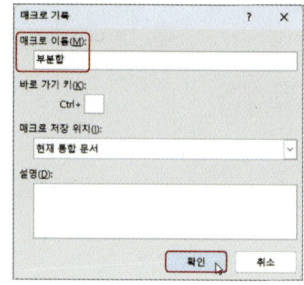

③ [A5] 셀을 클릭한 후 [데이터]-[정렬 및 필터] 그룹에서 [텍스트 오름차순 정렬](🔽) 도구를 클릭한다.

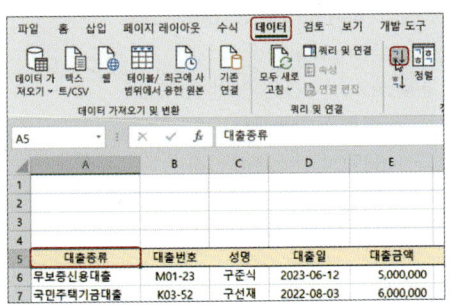

④ [데이터]-[개요] 그룹의 [부분합](📊)을 클릭한다.

⑤ [부분합]에서 다음과 같이 지정하고 [확인]을 클릭한다.

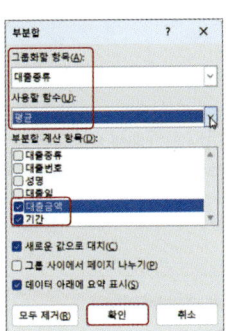

- 그룹화할 항목 : 대출종류
- 사용할 함수 : 평균
- 부분합 계산 항목 : 대출금액, 기간

⑥ [데이터]-[개요] 그룹의 [부분합](📊)을 클릭하여 다음과 같이 지정하고 [확인]을 클릭한다.

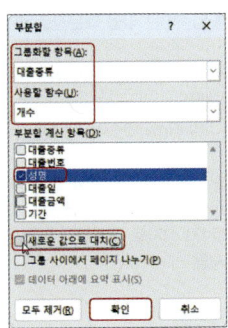

- 그룹화할 항목 : 대출종류
- 사용할 함수 : 개수
- 부분합 계산 항목 : 성명
- '새로운 값으로 대치' 체크 해제

⑦ [개발 도구]-[코드] 그룹의 [기록 중지](⬜)를 클릭한다.

⑧ [개발 도구]-[컨트롤] 그룹의 [삽입]-[단추(양식 컨트롤)](⬜)을 클릭한다.

⑨ 마우스 포인터가 '+'로 바뀌면 Alt를 누른 상태에서 [B2:C3] 영역에 드래그하면 [매크로 지정] 대화상자가 나타난다.

⑩ [매크로 지정]에 **부분합**을 선택하고 [확인]을 클릭한다.

⑪ 단추에 입력된 '단추 1'을 지우고 **대출종류별 통계**를 입력한다.

⑫ 비어 있는 셀을 클릭한 후 [개발 도구]-[코드] 그룹의 [매크로 기록](⭕)을 클릭한다.

⑬ [매크로 기록]에 **부분합해제**를 입력하고 [확인]을 클릭한다.

⑭ [C5] 셀을 클릭한 후 [데이터]-[개요] 그룹의 [부분합](📊)을 클릭하여 [모두 제거]를 클릭한다.

⑮ [개발 도구]-[코드] 그룹의 [기록 중지](⬜)를 클릭한다.

⑯ [개발 도구]-[컨트롤] 그룹의 [삽입]-[단추(양식 컨트롤)](⬜)을 클릭한다.

⑰ 마우스 포인터가 '+'로 바뀌면 Alt를 누른 상태에서 [E2:F3] 영역에 드래그한다.

⑱ [매크로 지정]에 **부분합해제**를 선택하고 [확인]을 클릭한다.

⑲ 단추에 입력된 '단추 2'를 지우고 **부분합해제**를 입력한다.

## 03 VBA 프로그래밍('기타작업-3' 시트)

### ① 폼 보이기

① [개발 도구]-[컨트롤] 그룹의 [디자인 모드](📝)를 클릭한 후 〈대출신청〉 버튼을 더블클릭한다.
② 코드 창에 다음 그림과 같이 입력한다.

```
Private Sub 대출신청_Click()
    대출신청관리.Show
End Sub
```

### ② 폼 초기화

① [프로젝트-VBAProject] 탐색기에서 '폼'을 더블클릭하고 〈대출신청관리〉를 선택한 후 [코드 보기](📄)를 클릭한다.

② '개체 목록'은 'UserForm', '프로시저 목록'은 'Initialize'를 선택한다.
③ 코드 창에 다음과 같이 입력한다.

```
Private Sub UserForm_Initialize()
    txt번호.SetFocus
End Sub
```

💬 **코드 설명**

① UserForm_Initialize : 폼이 화면에 나타나기 전에 수행해야 할 작업들을 기술
② txt번호.SetFocus : txt번호 컨트롤로 포커스 이동

③ **Activate 이벤트 프로시저**

① [프로젝트-VBAProject] 탐색기에서 'Microsoft Excel 개체'의 'Sheet7(기타작업-3)'을 더블클릭한다.
② 코드창에서 '개체 목록'은 'Worksheet', '프로시저 목록'은 'Activate'를 선택한 후 다음과 같이 입력한다.

```
Private Sub Worksheet_Activate()
    [G6] = "대출조회"
End Sub
```

💬 **코드 설명**

① Worksheet_Activate() : 워크시트가 활성 창이 될 때 발생
② [G6] = "대출조회" : [G6] 셀에 '대출조회'를 입력

④ **조회 프로시저**

① [프로젝트-VBAProject] 탐색기에서 〈대출신청관리〉 폼을 선택하고 [코드 보기](  )를 클릭한다.
② '개체 목록'에서 'cmd조회', '프로시저 목록'은 'Click'을 선택하고, 다음과 같이 입력한다.

```
Private Sub cmd조회_Click()
Isdata = 0
iRow = 2
For Each a In Range("b3:b15")
    iRow = iRow + 1
    If a.Value = UCase(txt번호) Then
        txt종류 = Cells(iRow, 3)
        txt금액 = Cells(iRow, 4)
        txt지점 = Cells(iRow, 5)
        Isdata = 1
        Exit For
    End If
Next
If Isdata = 0 Then
MsgBox "조건에 일치하는 자료가 없습니다."
End If
End Sub
```

💬 **코드 설명**

① Isdata 변수에 0으로 초기화 (Isdata 변수는 대출번호가 일치하지 않았을 때 메시지 상자를 표시하기 위해 사용하는 변수)
② iRow 변수에 '2'로 초기화 (iRow 변수는 참조할 행을 기억하는 변수로 2행부터 시작한다고 선언)
③ [b3:b15] 영역의 대출번호 값을 'a' 변수에 차례로 저장하면서 반복 실행

```
For Each 개체변수(a) In 컬렉션 개체("b3:b15")
    실행문
Next 개체변수
```

④ iRow 변수의 값에 1을 더해서 누적
⑤ 만약, [B3] 셀의 값과 txt번호에 입력받은 값을 대문자로 변환한 값과 같은지를 비교
(참고로 [B3] 셀의 값은 For Each 구문을 반복하는 동안 [B3], [B4], [B5]... 바뀌면서 비교함)
⑥ 'txt종류' 컨트롤에 세 번째 열(C)의 iRow 변수에 기억하고 있는 행의 셀 값을 표시
(사용자가 txt번호에 'a-101'을 입력했을 때, [B3] 셀과 'A-101'을 비교하여 일치하면 [C3] 셀의 값을 'txt종류'에 표시)
⑦ 일치하는 값이 있기 때문에 메시지 상자로 표시하지 않기 위해서 Isdata 변수에 '1'을 기억시킴

⑧ For Each 문을 빠져나와서 ⑪번으로 이동함

⑨ If 문의 끝
⑩ For 문의 끝

⑪ Isdata에 기억하고 있는 값이 '0'일 때에
⑫ 메시지 상자에 "조건에 일치하는 자료가 없습니다."를 표시
⑬ If 문의 끝

이렇게
기막힌
적중률

# 컴퓨터활용능력
## 1급 실기 기본서
2권 · 데이터베이스

"이" 한 권으로 합격의 "기적"을 경험하세요!

# 차례

## PART 01 데이터베이스 합격 이론  *2권*

### CHAPTER 01 DB 구축
- SECTION 01 테이블 완성 — 2-10
- SECTION 02 필드 조회 속성 설정 — 2-25
- SECTION 03 관계 설정 — 2-34
- SECTION 04 외부 데이터 가져오기 — 2-43

### CHAPTER 02 입력 및 수정 기능 구현
- SECTION 01 폼 속성 지정 — 2-58
- SECTION 02 컨트롤 속성 지정 — 2-65
- SECTION 03 콤보 상자 컨트롤 속성 — 2-91
- SECTION 04 컨트롤 하위 폼 삽입 — 2-98

### CHAPTER 03 조회 및 출력 기능 구현
- SECTION 01 보고서 완성 — 2-104
- SECTION 02 조회 작업 — 2-115
- SECTION 03 출력 처리 작업 — 2-132

### CHAPTER 04 처리 기능 구현
- SECTION 01 쿼리 작성 — 2-140
- SECTION 02 처리 기능 구현 — 2-166

## PART 02 데이터베이스 대표 기출 따라하기
- 대표 기출 따라하기 — 2-186

## PART 03 데이터베이스 상시 기출문제
- 상시 기출문제 — 2-218

## PART 04 데이터베이스 기출 유형 문제
- 기출 유형 문제 — 2-372

# 작업별 구성 요소 및 배점

### 문제1 DB구축(25점)

데이터베이스 시스템을 사용하기 위해서 데이터베이스를 구축하는 문제가 출제

| 구성 요소 | 세부 항목 | 배점 |
|---|---|---|
| 테이블 완성 | • 기본 키, 필드의 제약 요건을 설정<br>• 필드의 데이터 형식을 변환 | 15점 |
| 관계 | • 두 테이블 간의 관계 및 참조 무결성이 유지되도록 설정 | • 2문제 출제<br>• 10점(5점씩) |
| 외부 데이터 | • 외부 데이터를 가져오기 및 연결 테이블로 생성 | |
| 조회 필드 | • 조회 필드의 속성(행 원본 형식, 행 원본, 열 개수, 열 너비, 바운드 열, 목록 너비, 목록 값만 허용)을 설정 | |

### 문제2 입력 및 수정 기능 구현(20점)

테이블에 들어 있는 데이터를 조작하기 위한 폼에 대한 문제가 출제

| 구성 요소 | 세부 항목 | 배점 |
|---|---|---|
| 폼 완성 | • 폼의 속성을 설정<br>• 바운드 컨트롤, 계산 컨트롤(합, 평균, 개수)을 작성<br>• 컨트롤 작성 및 속성, 탭 순서 설정 | 9점 |
| 컨트롤 하위 폼 | • 기본 폼에 하위 폼을 작성<br>• 하위 폼 속성(하위 폼 이름, 하위/기본 필드 연결)을 설정 | • 2문제 출제<br>• 6점, 5점 |
| 조회 필드 | • 조회 필드의 속성(행 원본 형식, 행 원본, 열 개수, 열 너비, 바운드 열, 목록 너비, 목록 값만 허용)을 설정 | |
| 기능 구현 | • 명령 단추에 폼 작업, 레코드 작업 등의 기능을 구현 | |
| 조건부 서식 | • 필드 값, 식이, 필드에 포커스가 있음 등으로 조건에 만족한 컨트롤에 서식 지정 | |

### 문제3 조회 및 출력 기능 구현(20점)

테이블에 들어 있는 데이터를 폼에서 조회하고 결과를 보고서에 출력하는 문제가 출제

| 구성 요소 | 세부 항목 | 배점 |
|---|---|---|
| 보고서 완성 | • 정렬 및 그룹화, 보고서와 컨트롤의 속성, 계산 함수를 이용하여 계산 컨트롤(합, 평균, 개수)를 작성 | 15점 |
| 조회 기능 | • RecordsetClone 속성, FindFirst 메서드, 필터(Filter 속성)나 레코드 원본(Record Source 속성) 재설정을 이용하여 레코드를 검색 | • 1문제 출제<br>• 5점 |
| 출력 기능 | • 이벤트 프로시저나 매크로 함수를 이용하여 보고서를 출력하거나 미리보기 기능을 구현 | |

### 문제4 처리 기능 구현(35점)

쿼리를 이용하여 쿼리를 작성하고 데이터의 처리를 자동화하는 문제가 출제

| 구성 요소 | 세부 항목 | 배점 |
|---|---|---|
| 쿼리 작성 | • 테이블/쿼리를 원본으로 크로스탭 쿼리, 합계 쿼리, 매개 변수 쿼리 등을 작성<br>• 쿼리를 작성하여 조인 속성, 조건식을 설정 | • 5문제 출제<br>• 각 7점 |
| 처리 기능 | • 매크로나 이벤트 프로시저를 이용하여 실행 쿼리를 자동으로 실행하도록 작성 | |

# 회별 숨은 기능 찾기

## 대표 기출 따라하기

| | DB 구축 | 입력 및 수정 기능 구현 | 조회 및 출력 기능 구현 | 처리 기능 구현 |
|---|---|---|---|---|
| 따라하기 | 1번 : 테이블 완성(입력마스크 등)<br>2번 : 추가 쿼리(Not In)<br>3번 : 관계 설정(기본 키 지정) | 1번 : 폼 완성(하위 폼, Count 등)<br>2번 : 콤보 상자 변환<br>3번 : 조건부 서식(Left) | 1번 : 보고서 완성(정렬 등)<br>2번 : OpenReport 매크로 | 1번 : 쿼리(DateSerial, Like 등)<br>2번 : 매개 변수 쿼리<br>3번 : 쿼리(Like, Mid)<br>4번 : 크로스탭 쿼리<br>5번 : 업데이트 쿼리 |

## 상시 기출문제

| | DB 구축 | 입력 및 수정 기능 구현 | 조회 및 출력 기능 구현 | 처리 기능 구현 |
|---|---|---|---|---|
| 1회 | 1번 : 테이블 완성<br>2번 : 외부 데이터 가져오기<br>3번 : 관계 설정 | 1번 : 폼 완성<br>2번 : 조건부 서식<br>3번 : 매크로(ApplyFilter) | 1번 : 보고서 완성<br>2번 : 이벤트 프로시저<br>(OrderBy) | 1번 : 쿼리(상위)<br>2번 : 매개변수 쿼리<br>3번 : 크로스탭 쿼리<br>4번 : 업데이트 쿼리<br>5번 : 테이블 생성 쿼리 |
| 2회 | 1번 : 테이블 완성<br>2번 : 외부 데이터 가져오기<br>3번 : 관계 설정 | 1번 : 폼 완성<br>2번 : 컨트롤 원본<br>3번 : 이벤트 프로시저 | 1번 : 보고서 완성<br>2번 : 매크로<br>(OpenReport) | 1번 : 쿼리(요약)<br>2번 : 매개변수 쿼리<br>3번 : 크로스탭 쿼리<br>4번 : 업데이트 쿼리<br>5번 : 테이블 생성 쿼리 |
| 3회 | 1번 : 테이블 완성<br>2번 : 조회 속성<br>3번 : 관계 설정 | 1번 : 폼 완성<br>2번 : 조건부 서식<br>3번 : 매크로(OpenReport) | 1번 : 보고서 완성<br>2번 : 이벤트 프로시저<br>(ApplyFilter) | 1번 : 쿼리(Between)<br>2번 : 하위 쿼리(Not In)<br>3번 : 크로스탭 쿼리<br>4번 : 업데이트 쿼리<br>5번 : 테이블 생성 쿼리 |
| 4회 | 1번 : 테이블 완성<br>2번 : 외부 데이터 가져오기<br>3번 : 관계 설정 | 1번 : 폼 완성<br>2번 : 조건부 서식<br>3번 : 매크로(OpenReport) | 1번 : 보고서 완성<br>2번 : 이벤트 프로시저<br>(DLookup) | 1번 : 쿼리(Avg, Right)<br>2번 : 크로스탭 쿼리<br>3번 : 쿼리(Replace)<br>4번 : 매개변수 쿼리<br>5번 : 업데이트 쿼리 |
| 5회 | 1번 : 테이블 완성<br>2번 : 외부 데이터 가져오기<br>3번 : 관계 설정 | 1번 : 폼 완성<br>2번 : 컨트롤(DSUM)<br>3번 : 매크로(OpenForm) | 1번 : 보고서 완성<br>2번 : 이벤트 프로시저<br>(OrderBy) | 1번 : 업데이트 쿼리<br>2번 : 크로스탭 쿼리<br>3번 : 쿼리(요약)<br>4번 : 매개변수 쿼리<br>5번 : 단순 쿼리 |
| 6회 | 1번 : 테이블 완성<br>2번 : 외부 데이터 가져오기<br>3번 : 관계 설정 | 1번 : 폼 완성<br>2번 : 조건부 서식<br>3번 : 매크로(OpenReport) | 1번 : 보고서 완성<br>2번 : 이벤트 프로시저 | 1번 : 업데이트 쿼리<br>2번 : 크로스탭 쿼리<br>3번 : 매개변수 쿼리<br>4번 : 쿼리(요약)<br>5번 : 테이블 생성 쿼리 |
| 7회 | 1번 : 테이블 완성<br>2번 : 조회 속성<br>3번 : 관계 설정 | 1번 : 폼 완성<br>2번 : 컨트롤 속성(DLookup)<br>3번 : 매크로(OpenForm) | 1번 : 보고서 완성<br>2번 : 이벤트 프로시저<br>(RecordSource) | 1번 : 쿼리(Like)<br>2번 : 테이블 생성<br>3번 : 크로스탭 쿼리<br>4번 : 쿼리(Is Null)<br>5번 : 업데이트 쿼리 |
| 8회 | 1번 : 테이블 완성<br>2번 : 외부 데이터 가져오기<br>3번 : 관계 설정 | 1번 : 폼 완성<br>2번 : 컨트롤 속성(DLookup)<br>3번 : 매크로(OpenForm) | 1번 : 보고서 완성<br>2번 : 이벤트 프로시저<br>(RecordSource) | 1번 : 쿼리(날짜 조건)<br>2번 : 매개변수 쿼리<br>3번 : 쿼리(Is Null)<br>4번 : 크로스탭 쿼리<br>5번 : 업데이트 쿼리 |
| 9회 | 1번 : 테이블 완성<br>2번 : 외부 데이터 가져오기<br>3번 : 관계 설정 | 1번 : 폼 완성<br>2번 : 조건부 서식<br>3번 : 매크로(OpenReport) | 1번 : 보고서 완성<br>2번 : 이벤트 프로시저<br>(DLookup) | 1번 : 단순 쿼리<br>2번 : 매개변수 쿼리<br>3번 : 크로스탭 쿼리<br>4번 : 쿼리(Is Not Null)<br>5번 : 업데이트 쿼리 |
| 10회 | 1번 : 테이블 완성<br>2번 : 조회 속성<br>3번 : 관계 설정 | 1번 : 폼 완성<br>2번 : 조건부 서식<br>3번 : 매크로(OpenReport) | 1번 : 보고서 완성<br>2번 : 이벤트 프로시저<br>(DoCmd, Close) | 1번 : 쿼리<br>2번 : 테이블 생성 쿼리<br>3번 : 크로스탭 쿼리<br>4번 : 쿼리(Like)<br>5번 : 업데이트 쿼리 |

## 기출 유형 문제

| | DB 구축 | 입력 및 수정 기능 구현 | 조회 및 출력 기능 구현 | 처리 기능 구현 |
|---|---|---|---|---|
| 1회 | 1번 : 테이블 완성(중복 데이터 등)<br>2번 : 추가 쿼리(Not In)<br>3번 : 필드 속성(목록 상자, 행원본) | 1번 : 폼 완성(레코드 원본 등)<br>2번 : 하위 폼 추가<br>3번 : RecordSource | 1번 : 보고서 완성(누적합계 등)<br>2번 : 컨트롤 원본(IIf) | 1번 : 쿼리(조건) 추가<br>2번 : 업데이트 쿼리<br>3번 : 쿼리(Month)<br>4번 : 크로스탭 쿼리(IIf, Month)<br>5번 : 업데이트 쿼리 |
| 2회 | 1번 : 테이블 완성(유효성 검사 등)<br>2번 : 추가 쿼리<br>3번 : 관계 설정 | 1번 : 폼 완성<br>2번 : 하위 폼 추가<br>3번 : Close, acForm, acSaveYes | 1번 : 보고서 완성(Sum, [page] 등)<br>2번 : Filter, FilterOn | 1번 : 쿼리(요약, 필드별명)<br>2번 : 쿼리(Left, >=조건)<br>3번 : 크로스탭 쿼리<br>4번 : 매개 변수, 테이블 생성 쿼리<br>5번 : 업데이트 쿼리 |
| 3회 | 1번 : 테이블 완성<br>2번 : 추가 쿼리(>=조건)<br>3번 : 관계 설정 | 1번 : 폼 완성<br>2번 : MsgBox, If문, Close<br>3번 : 컨트롤 원본(IIf) | 1번 : 보고서 완성(Avg 등)<br>2번 : Filter, FilterOn | 1번 : 쿼리(조건) 추가<br>2번 : 쿼리(Not In)<br>3번 : 업데이트 쿼리<br>4번 : 매개 변수 쿼리<br>5번 : 크로스탭 쿼리 |
| 4회 | 1번 : 테이블 완성<br>2번 : 추가 쿼리<br>3번 : 필드 속성(콤보 상자, 행원본) | 1번 : 폼 완성(컨트롤팁 텍스트 등)<br>2번 : 컨트롤 원본(Dsum)<br>3번 : After Update, If문 | 1번 : 보고서 완성(조건부 서식 등)<br>2번 : OpenReport 매크로 | 1번 : 업데이트 쿼리<br>2번 : 쿼리(요약, 정렬)<br>3번 : 쿼리(Is Null조건)<br>4번 : 크로스탭 쿼리<br>5번 : 쿼리(Not In) |
| 5회 | 1번 : 테이블 완성<br>2번 : 연결 테이블<br>3번 : 관계 설정 | 1번 : 폼 완성(Date 등)<br>2번 : 명령 단추 만들기<br>3번 : 콤보 상자 변환 | 1번 : 보고서 완성<br>2번 : 하위 폼 추가 | 1번 : 매개 변수 쿼리<br>2번 : 크로스탭 쿼리<br>3번 : 매개 변수, Replace<br>4번 : 테이블 생성 쿼리<br>5번 : 업데이트 쿼리 |
| 6회 | 1번 : 테이블 완성<br>2번 : 외부데이터 가져오기<br>3번 : 필드 속성(콤보 상자, 행원본) | 1번 : 폼 완성<br>2번 : 조건부 서식<br>3번 : Select Case, OrderBy, OrderByOn | 1번 : 보고서 완성<br>2번 : OpenReport | 1번 : 매개 변수 쿼리(Like)<br>2번 : 쿼리(Is Null)<br>3번 : 크로스탭 쿼리<br>4번 : 쿼리(요약)<br>5번 : 업데이트 쿼리 |
| 7회 | 1번 : 테이블 완성<br>2번 : 관계 설정<br>3번 : 연결 테이블 | 1번 : 폼 완성<br>2번 : 목록 상자 속성<br>3번 : If문, Null, FilterOn | 1번 : 보고서 완성<br>2번 : Filter, FilterOn | 1번 : 쿼리(Is Null)<br>2번 : 테이블 만들기(생성) 쿼리<br>3번 : 매개 변수 쿼리<br>4번 : 크로스탭 쿼리<br>5번 : 업데이트 쿼리 |
| 8회 | 1번 : 테이블 완성<br>2번 : 관계 설정<br>3번 : 필드 속성(콤보 상자 등) | 1번 : 폼 완성(Password 등)<br>2번 : 하위 폼 추가<br>3번 : 명령 단추 만들기 | 1번 : 보고서 완성<br>2번 : OpenReport | 1번 : 크로스탭 쿼리<br>2번 : 쿼리(요약, 개수)<br>3번 : 쿼리(요약, 개수, 정렬, 상위값)<br>4번 : 매개 변수 쿼리<br>5번 : 업데이트 쿼리 |
| 9회 | 1번 : 테이블 완성<br>2번 : 필드 속성(콤보 상자 등)<br>3번 : 관계 설정 | 1번 : 폼 완성<br>2번 : 하위 폼 추가<br>3번 : ApplyFilter | 1번 : 보고서 완성<br>2번 : Filter, FilterOn | 1번 : RunSQL, Insert Into<br>2번 : 매개 변수 쿼리<br>3번 : 크로스탭 쿼리<br>4번 : 쿼리(요약)<br>5번 : 업데이트 쿼리 |
| 10회 | 1번 : 테이블 완성<br>2번 : 관계 설정<br>3번 : 추가 쿼리 | 1번 : 폼 완성<br>2번 : 하위 폼 추가<br>3번 : OpenForm | 1번 : 보고서 완성<br>2번 : OpenReport | 1번 : 쿼리(Not In)<br>2번 : 쿼리(Left Join 등)<br>3번 : 쿼리(요약)<br>4번 : 매개 변수 쿼리<br>5번 : 업데이트 쿼리 |

# Q&A

### 액세스 작업 방법에 관련된 사항

**Q** 테이블 완성 문제에서 2개 필드 값을 비교하는 유효성 검사 규칙 문제는 어디서 설정하나요?

**A** [테이블 디자인] 탭의 [속성 시트]를 클릭하여 '유효성 검사 규칙'에 작성합니다.

**Q** 테이블 완성 문제에서 기본값에 오늘 날짜 Date 함수를 입력할 때 ()이 생략이 가능하나요?

**A** Now 함수는 ()을 생략해도 Now()로 입력이 되지만, Date 함수는 Date만 입력하면 "Date"로 문자로 인식합니다. 반드시 Date()로 작성해야 합니다.

**Q** 콤보상자에 값 목록으로 작성할 때 큰 따옴표를 생략해도 되나요?

**A** 값 목록을 작성할 때 큰 따옴표를 생략해도 됩니다. 구분 기호로 세미콜론, 쉼표 모두 사용이 가능합니다. 다음 예시 모두 결과는 동일합니다. (예 : A;B;C 또는 A,B,C 또는 "A";"B";"C")

**Q** 액세스에서 조건부 서식을 작성할 때 =를 입력하나요?

**A** 조건부 서식을 작성할 때 엑셀은 =로 시작하고, 액세스는 = 없이 시작합니다.

**Q** 정렬에서 오름차순 ASC는 생략이 가능하나요?

**A** 네, 오름차순 정렬 ASC는 생략이 가능합니다. [정렬 기준 : 아이디, 이름 DESC]는 아이디는 오름차순, 이름은 내림차순으로 정렬을 의미합니다.

**Q** 보고서에서 매 페이지마다 반복하여 표시하는 지시사항이 있을 때 어떻게 해야 하나요?

**A** 페이지 머리글은 매 페이지마다 반복하여 표시되므로, 보고서 머리글의 내용을 이동하면 됩니다. 보고서 머리글의 높이는 0으로 설정하면 됩니다.
그룹 머리글을 반복하여 표시하는 지시사항이 있을 때 반복 실행 구역과 페이지 바꿈을 설정하면 됩니다.

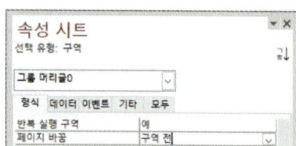

**Q** 작성한 매크로를 수정하거나 이름을 변경할 수 있나요?

**A** 수정하거나 이름을 바꿀 매크로를 선택한 후 마우스 오른쪽 버튼을 클릭하여 [디자인 보기] 또는 [이름 바꾸기] 등을 실행하여 수정할 수 있습니다.

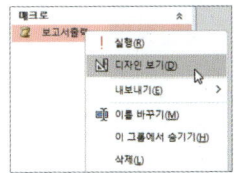

**Q** 조회 이벤트 프로시저를 실행하면 값이 변경되나요?

**A** 이벤트 프로시저를 실행한 상태에서 값을 조회한다고 해서 그 값이 변경되어 저장되는 것은 아닙니다.

**Q** 쿼리를 작성한 후에 반드시 실행을 해야 하나요?

**A** 일반 쿼리는 작성하고 저장하면 됩니다.
테이블 만들기 쿼리는 작성한 후에 반드시 실행하여 문제에서 요구한 테이블 이름으로 생성해야 합니다.
실행 쿼리(추가, 삭제, 업데이트)는 쿼리를 작성한 후에 문제에 실행하라는 지시가 있다면 반드시 실행해야 합니다.

**Q** 업데이트 쿼리를 여러 번 실행하면 감점이 되나요?

**A** 업데이트 쿼리를 통해 값을 찾아 다른 값으로 변경하는 쿼리는 여러 번 실행해도 동일한 값으로 변경되기 때문에 감점이 되지 않습니다. 하지만, 계산식을 통해 값을 변경하는 쿼리이면 실행할 때마다 값이 변경되기 때문에 감점이 될 수 있습니다. 계산식을 통해 값을 변경하는 쿼리는 감점이 되지 않도록 한 번만 실행해야 합니다.

PART
01

# 데이터베이스 합격 이론

CHAPTER

01

# DB 구축

**학습 방향**

DB 구축 작업은 주어진 테이블을 완성하는 과정으로, 다른 작업(문제)에도 영향을 미치므로 철저한 학습이 필요합니다. 특히 생소한 액세스를 익히는 첫 단계이므로, 직접 실습을 통해 학습하는 것이 중요합니다.

**난이도**

| | | |
|---|---|---|
| 중 | SECTION 01 테이블 완성 | 2-10 |
| 상 | SECTION 02 필드 조회 속성 설정 | 2-25 |
| 하 | SECTION 03 관계 설정 | 2-34 |
| 하 | SECTION 04 외부 데이터 가져오기 | 2-43 |

# SECTION 01 테이블 완성

난이도 상 중 하
반복학습 1 2 3

**작업파일** [26컴활1급₩2권_데이터베이스₩이론₩1.DB구축₩Section01] 폴더에서 작업하시오.

> **출제유형 ①** 학사관리를 위해 데이터베이스를 구축하였다. 다음 지시사항에 따라 '출제유형1.accdb' 파일을 열어 〈성적〉, 〈학생〉 테이블을 완성하시오.
>
> ❶ 〈성적〉 테이블의 '학번', '과목코드' 필드를 기본 키(PK)로 설정하시오.
> ❷ 〈성적〉 테이블의 '수강년도' 필드에 새로운 레코드를 추가하면 자동으로 현재 날짜의 년도가 입력되도록 설정하시오.
> ❸ 〈성적〉 테이블의 '등급' 필드에는 'A', 'B', 'C', 'D', 'F' 중 하나가 입력되도록 설정하시오.
> ❹ 〈성적〉 테이블의 '점수' 필드에는 0~100까지의 정수가 입력되도록 설정하시오.
> ❺ 〈성적〉 테이블의 '학번' 필드에는 10자리의 숫자가 공백 없이 '2021-01-0001' 형태로 필수 입력되도록 입력 마스크를 설정하시오.
> ❻ 〈성적〉 테이블의 '학번' 필드는 반드시 값이 입력되도록 설정하시오.
> ❼ 〈성적〉 테이블의 '학번' 필드에 대하여 중복 가능한 인덱스를 설정하시오.
> ❽ 〈성적〉 테이블의 '과목코드' 필드는 숫자 3자리 형태로 표시되도록 설정하시오.
>   ▶ 값이 10이면 '001'로 표시
> ❾ 〈학생〉 테이블의 '주민등록번호' 필드는 필드 이름은 그대로 두고 레이블만 '주민번호'로 표시되도록 설정하시오.
> ❿ 〈학생〉 테이블의 '성별' 필드에는 두 가지 값 중 하나만 입력할 수 있도록 적당한 데이터 형식을 설정하시오(yes(-1)은 '남', No(0)은 '여'를 의미).

## 01 〈성적〉 테이블이 들어있는 '출제유형1.accdb' 파일 열기

① [시작] 버튼을 클릭하고 [Access]를 찾아서 클릭하거나, 작업표시줄 검색창에 직접 msaccess를 입력한 후 Access을 클릭하여 액세스를 실행한다.

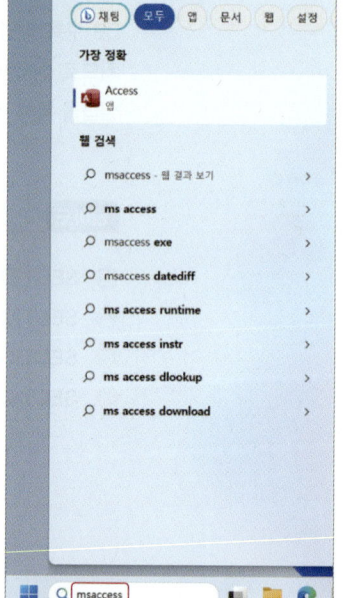

> **기적의 TIP**
>
> 바탕화면에 [Access] 바로 가기 아이콘이 있다면 더블클릭하여 실행시켜도 되고, [시작] 버튼 옆에 '검색 아이콘'을 클릭한 후 'msaccess'를 입력하면 나오는 앱을 클릭해도 됩니다.

② 액세스가 열리면 [열기]를 클릭하여 '출제유형1.accdb' 파일이 들어있는 경로로 이동한 후 해당 파일을 선택하고 [열기]를 클릭한다.

### 더 알기 TIP

#### 파일을 열 때 '보안 경고' 메시지가 나타날 경우

보안 경고 메시지 표시줄의 [콘텐츠 사용]을 클릭한다. 이렇게 하지 않는 경우 비활성화된 콘텐츠(데이터를 삽입·삭제·변경하는 쿼리, 매크로, VBA코드 등)를 사용할 수 없게 된다.

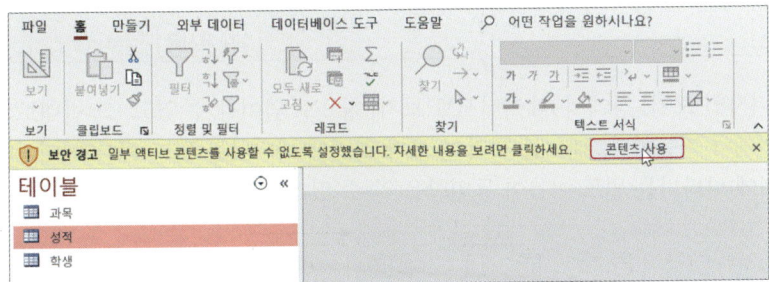

#### 보안 경고 메시지 나타나지 않도록 하기

리본 메뉴 [파일] 탭의 [옵션]을 클릭한다. [Access 옵션] 대화상자에서 [보안 센터] – [보안 센터 설정] 버튼을 클릭한다. [보안 센터] 대화상자가 열리면 [메시지 표시줄]을 클릭하고 '차단된 내용에 대한 정보 표시 안 함'을 선택하면 된다. 다만 더 이상 보안 설정에 관계없이 경고 메시지 표시줄이 나타나지 않으므로 바람직한 방법은 아니다.

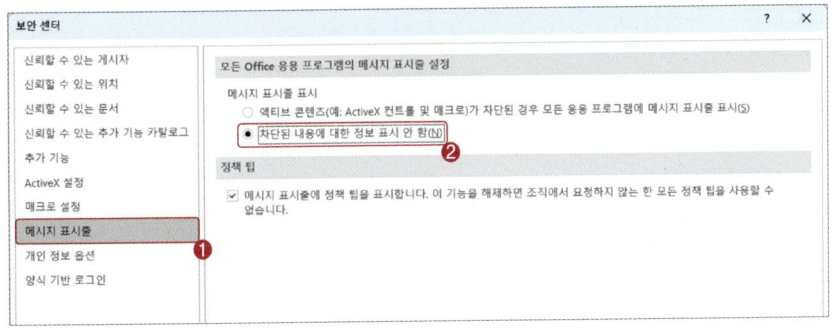

> **기적의 TIP**
>
> 앞으로 이 작업 순서는 수도 없이 반복될 것입니다. [탐색] 창의 개체가 쿼리나 폼으로 달라질 뿐 해당 개체의 디자인 보기 상태로 들어가는 방법은 동일합니다.

③ 〈성적〉 테이블을 문제의 지시사항대로 디자인(수정)을 하기 위해, 탐색 창의 〈성적〉 테이블에서 마우스 오른쪽 버튼을 눌러 [디자인 보기](🗐)를 클릭한다.

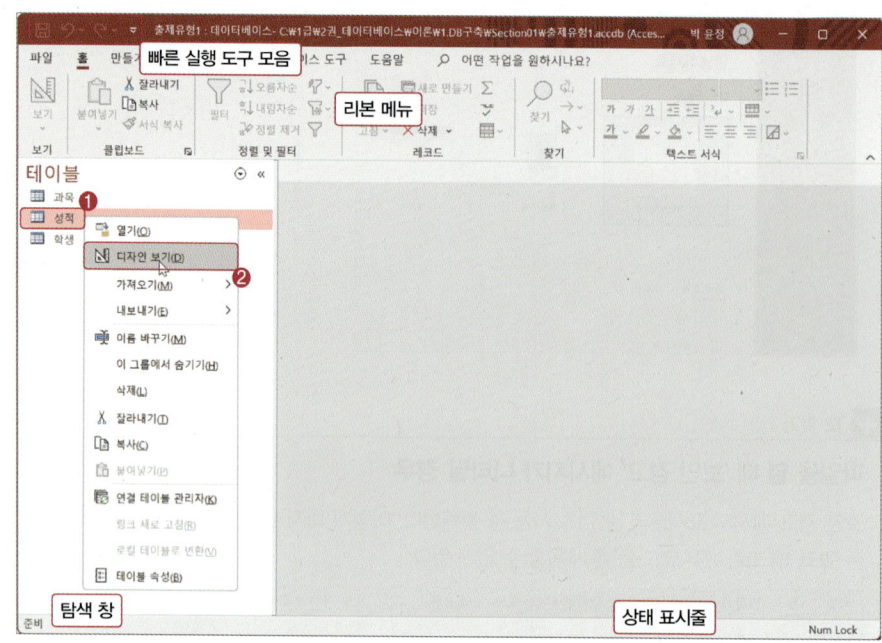

④ 테이블 [디자인 보기] 창에서 [데이터시트 보기] 창으로 넘어갈 수 있고, 그 반대로의 전환도 언제나 가능하다. 테이블 디자인 보기 화면에 나타나는 필드 이름과 데이터시트 보기에 나타나는 필드 이름이 동일함을 알 수 있다.

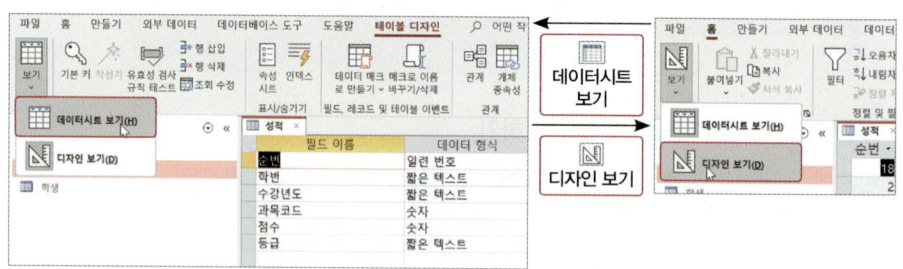

> **기적의 TIP**
>
> 테이블 [디자인 보기] 창에서 수정 사항이 생기면 [데이터시트 보기] 창으로 곧바로 넘어갈 수는 없고, 변경된 내용을 저장한 후 전환할 수 있습니다.

> **기적의 TIP**
>
> 테이블에서 필드는 열로, 레코드는 행으로 이해하면 편리합니다.
>
>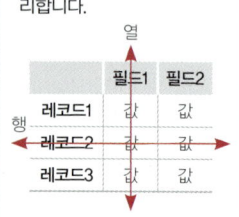

## 02 기본 키 설정

⑤ '학번' 필드를 선택한 후, [Ctrl]을 누른채 '과목코드' 필드의 행 선택기를 클릭하여 2개 필드가 선택된 상태에서 [테이블 디자인]-[도구] 그룹의 [기본 키](🔑)를 클릭한다.

> 🎯 기적의 TIP
>
> **[기본 키 설정]**
> [Ctrl]을 누른 채로 바로 가기 메뉴를 불러서 [기본 키]를 클릭해도 됩니다.

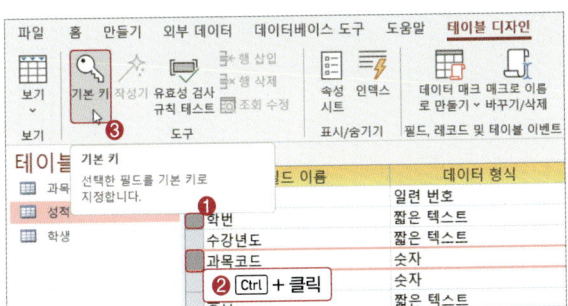

---

### ➕ 더 알기 TIP

### 다중 필드 선택하기

두 개 이상의 필드를 선택하여 기본 키를 지정하거나 다른 작업을 해야할 때 다음과 같은 방법으로 여러 필드를 선택할 수 있다.

1. [Shift] 이용 : 연속된 여러 행을 선택할 때 사용하며, 시작 행 필드를 선택한 후 범위 끝 행 선택기를 [Shift]를 누르면서 클릭한다.

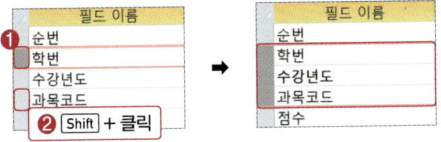

2. [Ctrl] 이용 : 떨어져 있는 행을 선택할 때 사용하며, 첫 번째 행 필드를 선택한 후 [Ctrl]을 누르면서 2행 이후의 행 선택기를 클릭한다.

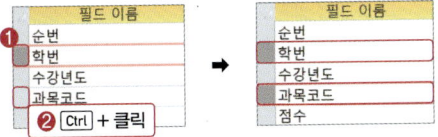

3. 행 선택기에서 드래그 : 행 선택기를 클릭 후 드래그하면 연속된 여러 개의 필드를 선택할 수 있다.

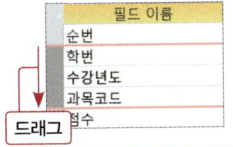

## 03 기본값 설정

⑥ '수강년도' 필드를 선택한 후, '필드 속성'의 [일반] 탭에서 '기본값' 속성 입력란에 =Year(Date()) 또는 =Year(Now())를 입력한다.

> **기적의 TIP**
> - Year(날짜인수) : 날짜인수에서 연도 값을 반환
> - Date() : 현재 시스템의 날짜 값을 반환
> - Now() : 현재 시스템의 날짜와 시간 값 반환
>
> 따라서 =Year(Date())는 현재 시스템의 날짜 값으로부터 연도 값을 반환합니다.

> **기적의 TIP**
> 오늘 날짜를 입력하는 함수
> - 엑셀 : TODAY( )
> - 액세스 : DATE( )
> - VBE : DATE

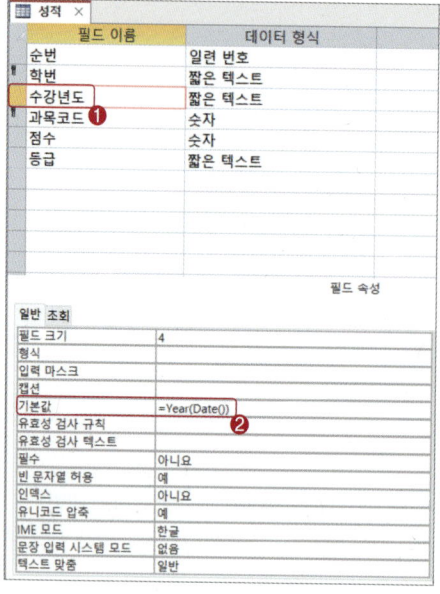

## 04 유효성 검사 규칙

⑦ 필드에 유효한 값만 입력되도록 강제하는 기능이다. 강제한 규칙에 어긋날 경우 유효성 검사 텍스트에 설정한 메시지를 출력할 수 있다. '등급' 필드를 선택한 후, '필드 속성'의 [일반] 탭에서 '유효성 검사 규칙' 속성 입력란에 In(A,B,C,D,F)를 입력한다.

> **기적의 TIP**
> 유효성 검사 규칙의 경우 일련 번호와 OLE 개체 데이터 형식에는 사용할 수 없음을 기억하세요.

> **기적의 TIP**
> In(A,B,C,D,F)
> - 입력 후 Enter 를 누르면 「In ("A","B","C","D","F")」로 변경됩니다.
> - 「"A" or "B" or "C" or "D" or "F"」와 같은 의미로 사용됩니다.

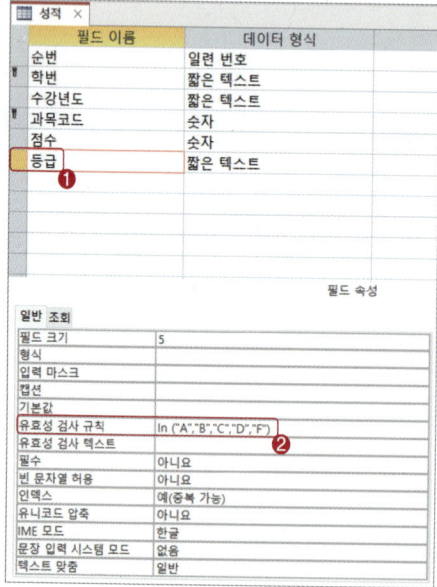

## 05 유효성 검사 규칙

⑧ '점수' 필드를 선택한 후, '필드 속성'의 [일반] 탭에서 '유효성 검사 규칙' 속성 입력란에 Between 0 And 100을 입력한다.

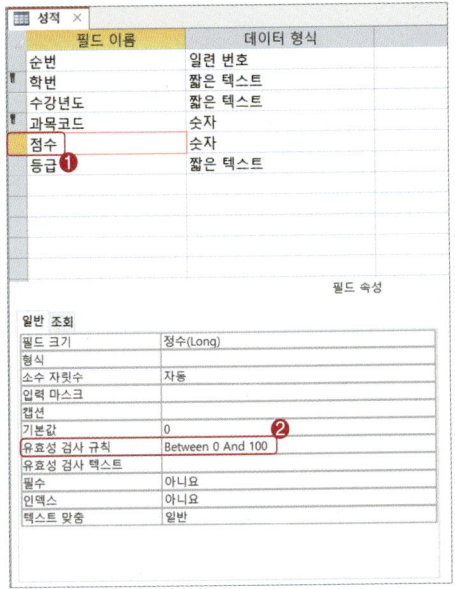

> **기적의 TIP**
>
> **Between 0 And 100**
> - 0보다 크거나 같고 100보다 작거나 같은 값만 입력받을 수 있도록 합니다.
> - 「>=0 and <=100」과 같은 의미로 사용됩니다.

> **25년 출제**
>
> 〈성적〉 테이블에서 '비고' 필드에 '@' 앞 뒤에 최소 1문자씩 입력되도록 설정하시오.
> 유효성 검사 규칙 : Like "?*@*?"
>
>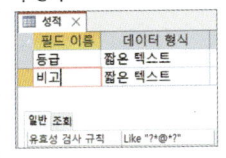

## 06 입력 마스크

⑨ 입력 마스크는 입력하는 틀(마스크)을 제공하는 기능이다. '학번' 필드를 선택한 후, '필드 속성'의 [일반] 탭에서 '입력 마스크' 속성 입력란에 0000-00-0000을 입력한다.

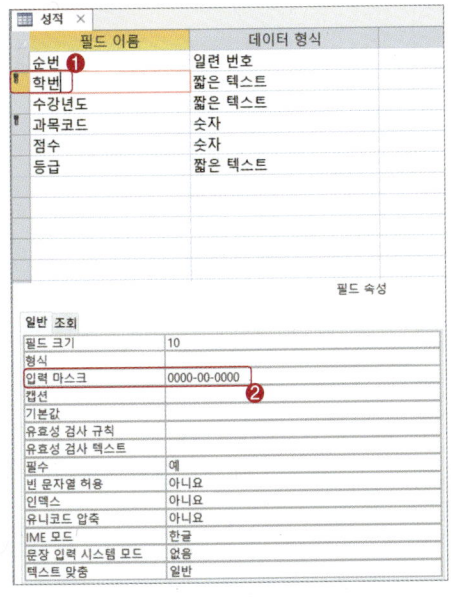

> **기적의 TIP**
>
> **문자**
> - L : 필수 요소, 문자
> - ? : 선택 요소, 문자
> - A : 필수 요소, 문자, 숫자
> - a : 선택 요소, 문자, 숫자
>
> **숫자**
> - 0 : 필수 요소, 숫자
> - 9 : 선택 요소, 숫자나 공백
> - # : 선택 요소, 숫자나 공백, 덧셈과 뺄셈 기호 사용 가능
>
> **대소문자**
> - > : > 이후의 문자를 모두 대문자로 변환
> - < : < 이후의 문자를 모두 소문자로 변환
>
> **모든 문자**
> - & : 필수 요소, 모든 문자, 공백
> - C : 선택 요소, 모든 문자, 공백
> - ₩ : ₩ 바로 다음에 오는 문자가 그대로 표시

> **기적의 TIP**
>
> **0000-00-0000**
> '0'은 숫자 필수 입력 마스크로 10자리의 숫자를 4자리-2자리-4자리로 분리 입력합니다.

> **기적의 TIP**
>
> **'입력 마스크' vs '형식'**
> 입력 마스크 속성은 필드에 입력되는 문자를 제한하는 것이고 형식 속성은 이미 입력된 내용의 표시 방법을 정의해 주는 속성입니다.

### 07 필수 입력

⑩ '학번' 필드가 선택된 상태에서, '필드 속성'의 [일반] 탭에서 '필수' 속성 입력란의 목록 단추(▼)를 클릭하여 '예'를 선택한다.

> **25년 출제**
>
> 〈회원〉 테이블에서 '종료일' 필드가 '가입일' 필드보다 크거나 같은 값만 입력되도록 유효성 검사 규칙을 설정하시오.
>
> [테이블 디자인] 탭의 [속성 시트] 유효성 검사 규칙 : [종료일]>=[가입일]
>
>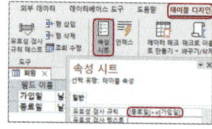

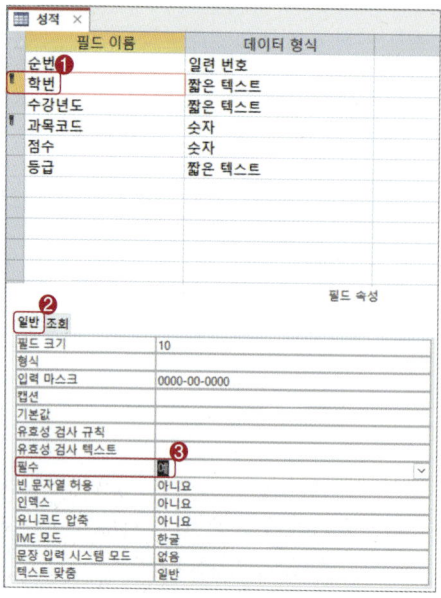

### 08 인덱스

⑪ '학번' 필드가 선택된 상태에서, '필드 속성'의 [일반] 탭에서 '인덱스' 속성 입력란의 목록 단추(▼)를 클릭하여 '예(중복 가능)'를 선택한다.

> **기적의 TIP**
>
> 인덱스 : '예(중복 불가능)' 시험 출제 문구
> 인덱스의 고유를 '예'로 설정하시오.
> 동일한 값이 두 번 이상 입력되지 않도록 설정하시오.
> 기본 키가 아니면서 중복된 값이 입력되지 않도록 설정하시오.

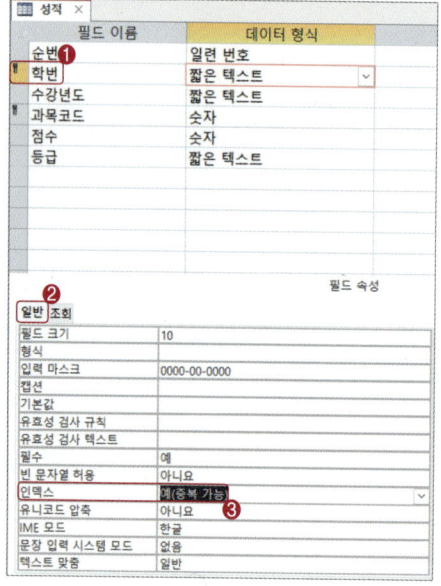

## 09 형식

⑫ '과목코드' 필드를 선택한 후, '필드 속성'의 [일반] 탭에서 '형식' 속성 입력란에 000을 입력하고 테이블 [디자인 보기] 창의 [닫기]를 클릭하고 변경된 내용을 저장한다.

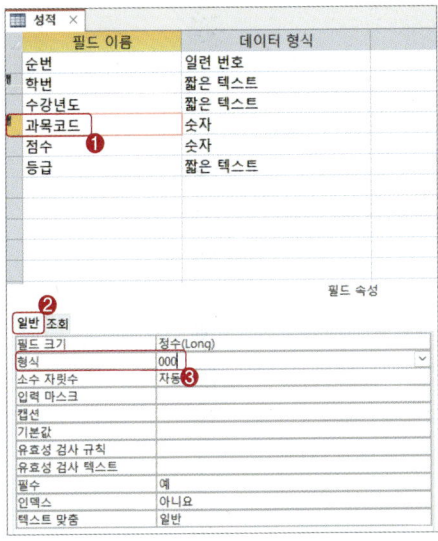

> **기적의 TIP**
>
> 000
> 형식에서 '0' 문자는 숫자를 표시하는 문자로 유효 자릿수가 없는 경우에도 0의 개수만큼 0을 표시하므로 항상 3자리 숫자로 표시됩니다.

> **기적의 TIP**
>
> 〈성적〉 테이블 저장할 때 다음과 같은 메시지가 표시되면 [예]를 클릭한다.
>
>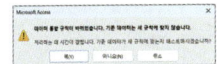

## 10 캡션

⑬ 탐색 창의 〈학생〉 테이블에서 마우스 오른쪽 버튼을 눌러 [디자인 보기](🔳)를 클릭한다.

⑭ '주민등록번호' 필드를 선택한 후, '필드 속성'의 [일반] 탭에서 '캡션' 속성 입력란에 **주민번호**를 입력한다.

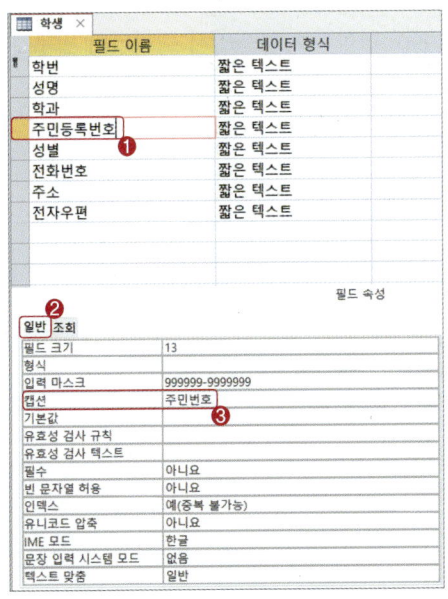

> **🏆 25년 출제**
>
> 〈학생〉 테이블이 로드될 때 '성명' 필드를 기준으로 오름차순 정렬되도록 설정하시오.
> [테이블 디자인] 탭의 [속성 시트] 정렬 기준 : 성명 ASC
> (참고 : 성명 DESC는 내림차순)
>
>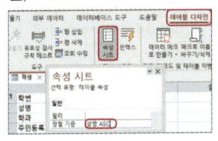

## 기적의 TIP

**'입력 마스크' vs '유효성 검사 규칙'**

두 속성 모두 입력되는 값을 정확하게 받아들이려고 할 때 사용하는 속성으로 입력 마스크 속성은 입력하는 문자의 종류와 자릿수 등을 0, A, L, …과 같은 '입력 마스크' 문자로 제한을 주기 때문에 한 문자 단위로 확인이 가능합니다. 이에 비해 '유효성 검사 규칙' 속성은 필드에 입력 가능한 내용을 In이나 Or 등의 연산자를 사용한 수식으로 조건을 지정하여 그 결과가 True가 될 때만 입력 가능하게 하는 기능입니다.

## 25년 출제

〈학생〉 테이블에서 '성별' 필드 중 체크된 값은 '남', 체크되지 않은 값은 '여'로 표시하시오.

① [조회] 탭의 컨트롤 표시 : '텍스트 상자'

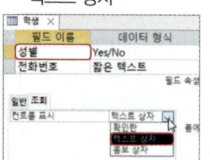

② [일반] 탭의 형식 : ;남;여
(;남;여를 입력하면 ;₩남;₩여 로 표시됨)

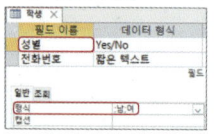

### ⑪ 데이터 형식

⑮ '성별' 필드를 선택한 후, '데이터 형식' 입력란의 목록 단추(▼)를 클릭하여 'Yes/No'를 선택한다.

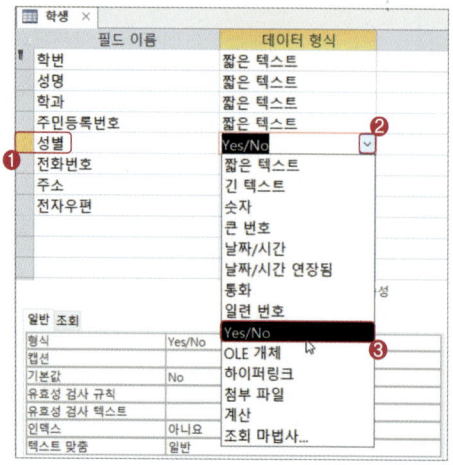

⑯ 테이블 [디자인 보기] 창을 종료하고 [예]를 눌러 저장한다.

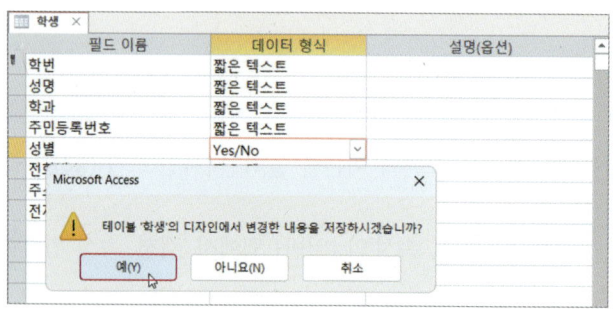

⑰ '성별' 필드에서 '짧은 텍스트'에서 'Yes/No' 형식으로 바뀌면서 데이터의 일부가 손실될 수 있다는 메시지 상자가 표시되면 [예]를 누른다.

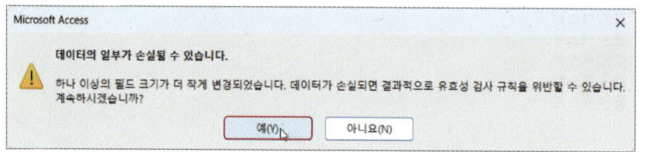

## 25년 출제

〈과목〉 테이블에서 '수업시간' 필드는 '10:00'과 같은 형태로 입력되도록 입력 마스크를 설정하시오.
▶ 첫 번째 숫자는 0~9 숫자와 공백이 선택적으로 입력될 수 있도록 설정하고, 두 번째 숫자부터는 0~9의 숫자가 반드시 입력되도록 설정
▶ ":"도 저장될 수 있도록 하며, 입력되는 동안 '#'으로 표시되도록 설정
입력 마스크 : 90:00;0;#

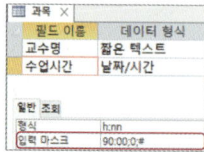

**출제유형 ❷** 홈페이지 회원 관리를 위해 데이터베이스를 구축하였다. 다음의 지시사항에 따라 '출제유형2.accdb' 파일을 열어 〈회원〉 테이블을 완성하시오.

❶ '학번'과 '전화번호' 필드를 기본 키(Primary Key)로 설정하시오.
❷ '코드' 필드에는 숫자 4자와 영문 대문자 1자가 필수 입력되도록 설정하시오.
❸ '보호자연락처' 필드의 왼쪽 3글자는 0부터 100 사이의 숫자만 입력되도록 설정하시오.
   ▶ 유효하지 않은 값이 입력되면 '국번이 불분명합니다.'라고 메시지를 출력 할 것
❹ '성명' 필드의 이름 사이에 공백이 입력되지 않도록 유효성 검사 규칙을 설정하시오.
   ▶ Not, Like 연산자를 사용 할 것
   ▶ 이름 사이에 공백을 입력하면 '공백이 허용되지 않습니다.'라고 메시지를 표시 할 것
❺ '전자우편' 필드의 문자 사이에는 공백을 입력 할 수 없고, 반드시 '@'가 포함되도록 유효성 검사 규칙을 설정하시오.
   ▶ InStr 함수와 Like, And 연산자를 사용 할 것
   ▶ 유효하지 않은 값이 입력되면 '올바른 형식으로 입력하세요.'라고 메시지를 출력 할 것
❻ '코드' 필드는 반드시 값이 입력되도록, '전자우편' 필드는 영문 입력 상태가 되도록 설정하시오.
❼ '성명' 필드에 대해서는 중복 가능한 인덱스를 설정하시오.

> **기적의 TIP**
>
> **[테이블 디자인 보기]**
> ① [탐색] 창의 [테이블] 개체 선택
> ② 대상 테이블 선택 후 바로 가기 메뉴에서 [디자인 보기] 클릭

> **기적의 TIP**
>
> Ctrl 은 비연속적인 선택, Shift 는 연속적인 선택을 할 때 이용됩니다.

## 01 기본 키 설정

① '26컴활1급₩2권_데이터베이스₩이론₩1.DB구축₩Section01' 폴더의 '출제유형2.accdb' 파일을 더블클릭합니다.
② [출제유형2 : 데이터베이스] 탐색 창의 〈회원〉 테이블에서 마우스 오른쪽 버튼을 눌러 [디자인 보기](N)를 클릭한다.

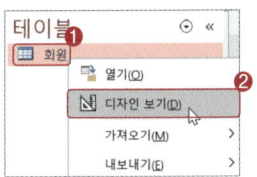

③ 행 선택기의 마우스 포인터가 ➡ 모양일 때 Ctrl 을 누른 채로 '학번', '전화번호' 필드를 클릭하여 선택하고 [테이블 디자인]-[도구] 그룹에서 [기본 키](🔑)를 클릭한다. 해당 필드의 행 선택기에 열쇠 모양이 나타나면 설정이 완료된 것이다.

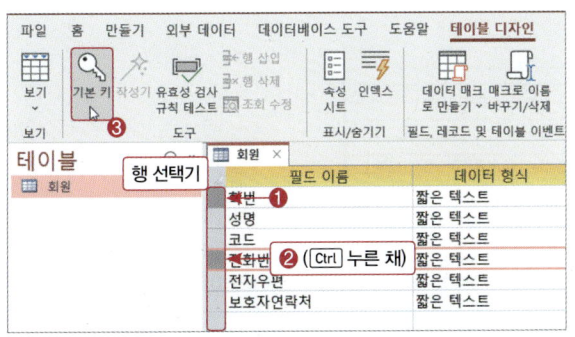

> **25년 출제**
>
> 〈회원〉 테이블이 로드될 때 '전화번호' 필드가 '098'로 시작하는 자료만 표시되도록 폼 필터를 설정하시오.
>
> ① 〈회원〉 테이블을 더블클릭하여 [데이터시트 보기]로 연 후에 [홈] 탭의 [고급]-[폼 필터]를 클릭
>
>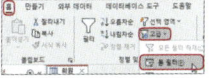
>
> ② 전화번호 필드에 098*을 입력하고 [홈] 탭의 [필터 적용/해제]를 클릭
>
>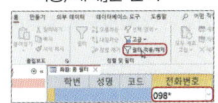
>
> ③ 〈회원〉 테이블을 [디자인 보기]로 연 후에 [테이블 디자인] 탭의 [속성 시트]를 클릭하여 '로드될 때 필터링'에 '예'를 선택
>
>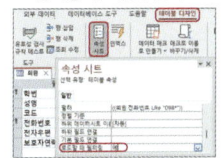

## 02 입력 마스크

④ 입력 마스크는 입력하는 틀(마스크)을 제공하는 기능이다. 행 선택기에서 '코드' 필드를 선택하고, '입력 마스크'에는 **0000>L**을 입력한다.

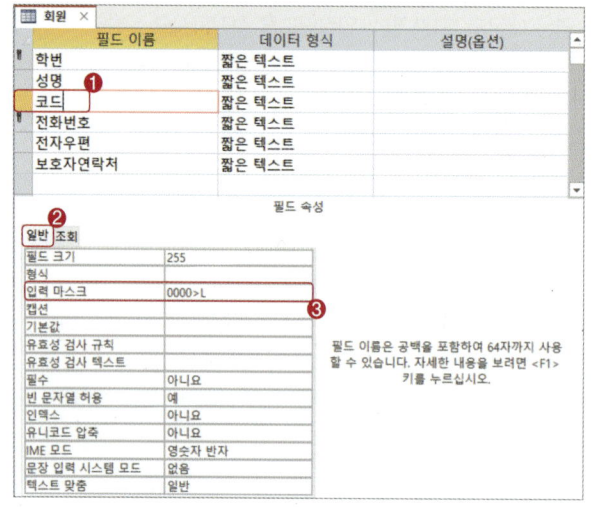

> **기적의 TIP**
>
> **입력 마스크에 사용되는 문자**
> - 0 → 0~9까지의 숫자를 필수로 입력해 달라는 의미
> - \> → 대문자로 변환된다는 의미
> - L → A~Z까지의 문자를 필수로 입력해 달라는 의미

> **기적의 TIP**
>
> **기본 키**
> 테이블의 각 레코드를 고유하게 식별하는 필드(들)를 말합니다. '이름'이나 '지역' 필드에는 중복된 자료가 있으므로 고유한 식별 값이 될 수 없습니다. 한 필드만 기본 키가 되어야 한다면 '순번' 필드만 될 수 있습니다.
>
>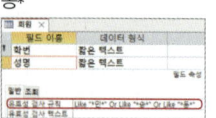

## 03 유효성 검사 규칙

⑤ 필드에 유효한 값만 입력되도록 강제하는 기능이다. 강제한 규칙에 어긋날 경우 유효성 검사 텍스트에 설정한 메시지를 출력할 수 있다. 행 선택기에서 '보호자연락처' 필드를 선택하고, 유효성 검사 규칙에는 **Left([보호자연락처],3)>=0 And Left([보호자연락처],3)<=100**을 유효성 검사 텍스트에는 **국번이 불분명합니다.**를 입력한다.

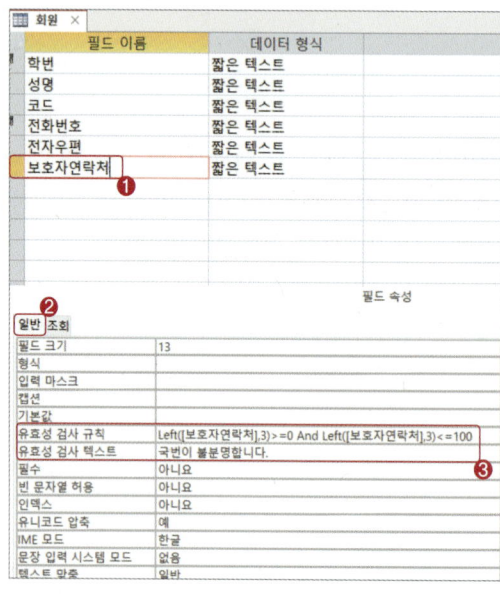

- Left([보호자연락처],3)>=0 And Left([보호자연락처],3)<=100
- 국번이 불분명합니다.

> **기적의 TIP**
>
> **LEFT 함수**
> LEFT([필드], 반환할 문자수)의 형태로 사용되며, 문자열의 왼쪽부터 지정된 수만큼 반환해줍니다.

> **25년 출제**
>
> 〈회원〉 테이블에서 '성명' 필드에 민, 승, 동을 포함하는 자료만 입력되도록 설정하시오.
> 유효성 검사 규칙 : Like "*민*" Or Like "*승*" Or Like "*동*"

⑥ 행 선택기에서 '성명' 필드를 선택하고, 유효성 검사 규칙에는 Not Like "* *"을 유효성 검사 텍스트에는 **공백이 허용되지 않습니다.**를 입력한다.

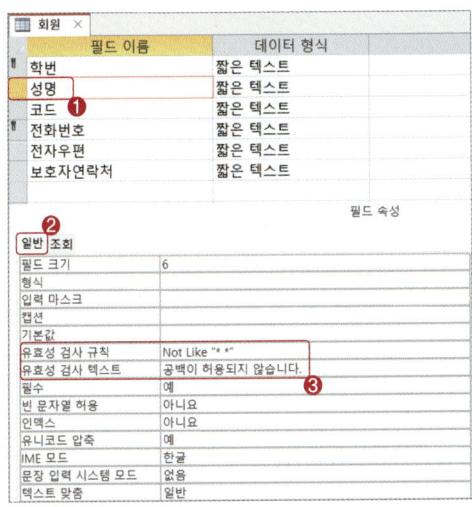

> **기적의 TIP**
>
> **Like 연산자**
> Like 뒤에 사용자가 지정한 문자(열)를 비교하고 검색하는 역할을 수행합니다.

> **기적의 TIP**
>
> ***(Asterisk;별표)**
> 와일드카드 문자로 하나 이상의 문자를 대체하기 위해서 사용합니다. 공백(띄우기)도 공백문자로 분류됩니다.
> Like "서울*" : 서울로 시작하는 값 검색(ⓔ 서울시, 서울시 동작구)
> Like "*구청" : 구청으로 끝나는 값 검색(ⓔ 강남구청, 마포구청)
> Like "*군*" : 군을 포함하는 값 검색(ⓔ 전차군단, 용인군민)
> Like "* *" : 공백(띄우기)을 포함하는 값 검색(ⓔ 서울 사람)
> Not Like "* *" : 공백을 포함하지 않는 값 검색

⑦ 행 선택기에서 '전자우편' 필드를 선택하고 유효성 검사 규칙에는 InStr([전자우편]," ")=0 And Like "*@*"을 유효성 검사 텍스트에는 **올바른 형식으로 입력하세요.**를 입력한다.

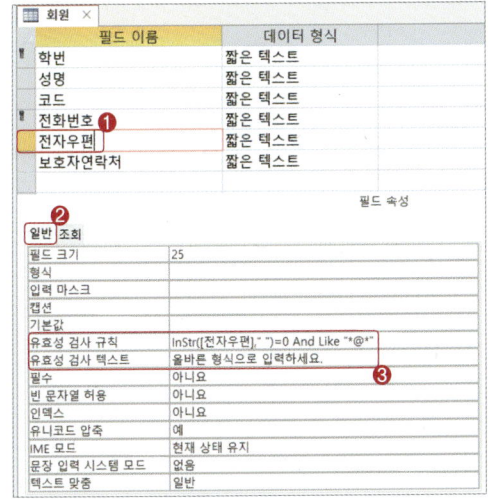

- InStr([전자우편]," ")=0 And Like "*@*"
- 올바른 형식으로 입력하세요.

> **기적의 TIP**
>
> **InStr 함수**
> 찾는 문자(열)가 처음으로 나타나는 위치를 반환하는 함수입니다. InStr("ABC", "B")라고 한다면 "ABC" 문자(열)에서 찾는 문자(열)인 "B"가 처음으로 나타난 위치 2를 반환합니다. 같은 방법으로 InStr([필드], " ")=0이란 [필드]에 입력된 문자(열)에서 " "(공백)을 찾아보았지만 그 반환 값이 0이란 의미이며, 그 말은 " "(공백)을 찾을 수 없다는 뜻입니다.

## 04 필수 및 IME 모드 속성 설정

> **기적의 TIP**
> 문제에서 '반드시 값이 입력되도록 하라' 대신에 'Null 값이 입력되지 않도록 하고, 빈 문자열이 입력되지 않도록 설정하라'고 언급이 되어도 필수는 '예'를 선택합니다.

⑧ 행 선택기에서 '코드' 필드를 선택하고, 필수를 '예'로 지정한다.

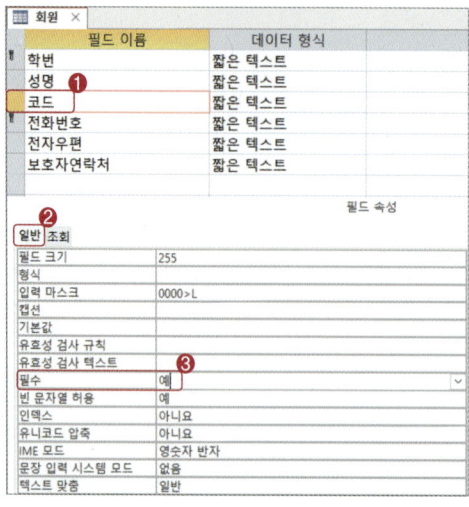

> **기적의 TIP**
> 일반적으로 반자는 1바이트, 전자는 2바이트 처리를 의미합니다. 영문자와 숫자는 문자 가독성과 프로그램 인식 측면에서 반자 처리가 유리합니다.

⑨ 행 선택기에서 '전자우편' 필드를 선택하고, IME 모드를 '영숫자 반자'로 설정한다.

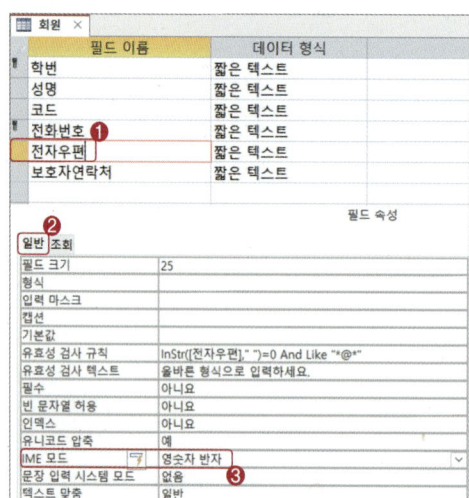

> **기적의 TIP**
> IME 모드는 해당 필드에 이동되었을 때 바로 설정된 언어의 종류를 지정한다. 따로 한/영 키를 눌러 변경하지 않아도 됩니다.

> **25년 출제**
> 〈회원〉 테이블의 '학번' 필드는 첫글자가 대문자로 변환되도록 형식을 설정하시오.
> 형식 : 〉
>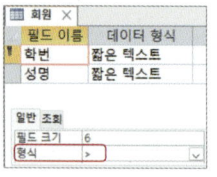

## 05 인덱스 속성 설정

⑩ 행 선택기에서 '성명' 필드를 선택하고, 인덱스를 '예(중복 가능)'으로 설정한다.

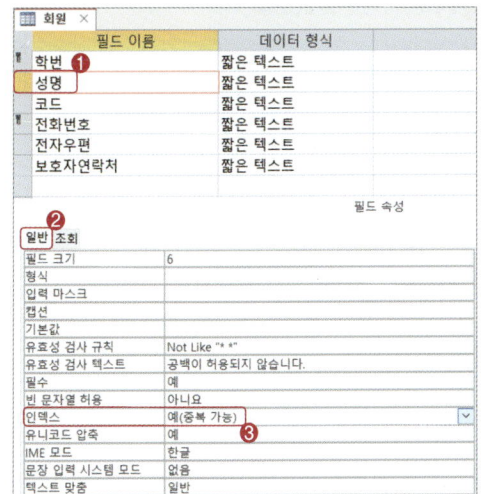

> **기적의 TIP**
>
> 인덱스는 정보 도달에 편리하도록 색인화 하는 작업을 말하며, 인덱스를 설정하게 되면 테이블에서 어떤 정보를 검색할 때 검색 속도가 향상되고, 정렬 및 그룹화 작업 속도도 빨라집니다.

## 06 저장 및 확인

⑪ 모든 설정이 끝났다면 빠른 실행 도구 모음에 있는 [저장](🖫)을 클릭하여 변경한 내용들을 저장하도록 한다. 이 때 데이터 규칙과 관련된 경고 메시지가 뜰 수 있는데 [예]를 눌러주면 된다.

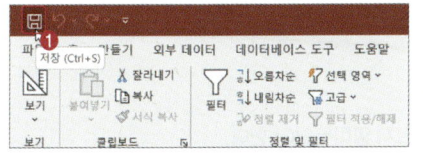 →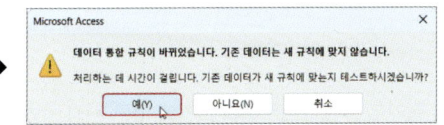

> **기적의 TIP**
>
> 기존에 없던 규칙, 즉 유효성 검사 규칙이 설정되어 나타나는 메시지입니다. 오류가 아니라 확인하는 절차로 이해하면 됩니다.

⑫ [테이블 디자인]-[보기]-[데이터시트 보기]를 선택한 후 '전자우편' 필드에 공백을 입력하면 유효성 검사 규칙에 어긋나기 때문에 유효성 검사 텍스트에 설정한 메시지가 출력됨을 알 수 있다.

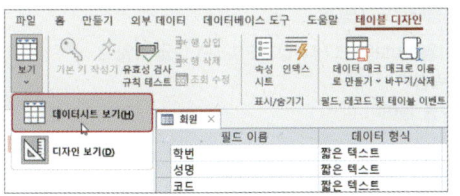 →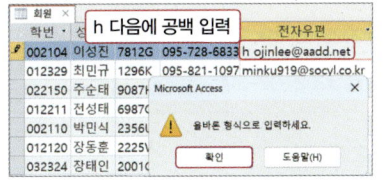

> **기적의 TIP**
>
> 학번이 002104인 이성진의 전자우편 주소의, h 다음에 공백을 입력해 보면 확인할 수 있습니다.

## 더 알기 TIP

### 문서 창 옵션

[파일]-[옵션]-[현재 데이터베이스]의 '문서 창 옵션'을 통해서 다음과 같이 작업 환경을 선택 할 수 있다. 해당 옵션을 적용하려면 현재 데이터베이스를 닫고 다시 열어야 한다.

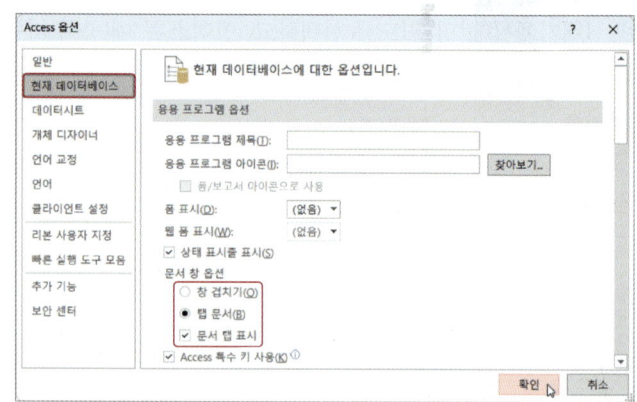

| 창 겹치기 | Access에서 여러 화면을 열어 놓고 작업을 하고자 할 때 |
|---|---|
| 탭 문서 | 한 번에 한 개체씩 탭 형식으로 표시하고자 할 때<br>Access의 기본 옵션임 |

### 데이터 형식에 따른 필드 크기

입력할 데이터에 맞추어 적절한 데이터 형식으로 바꾸는 문제가 출제되고 있다.
- 100 이내의 숫자를 입력할 수 있는 데이터 형식과 필드 크기는? 데이터 형식 : 숫자, 필드 크기 : 바이트
- 100자 정도의 글자를 입력하기에 적절한 데이터 형식은? 짧은 텍스트
- 사진 파일을 첨부할 수 있도록 데이터 형식을 변경한다면? OLE 개체

| 데이터 형식 | 크기 | |
|---|---|---|
| 짧은 텍스트 | 255자까지 입력 가능 | |
| 긴 텍스트 | 64,000자 정도까지 입력 가능 | |
| 숫자 | 바이트 | 1바이트 : 0 ~ 255까지 |
| | 정수 | 2바이트 : -32,768 ~ 32,767 |
| OLE 개체 | 스프레드시트, 문서, 그림, 사운드 등의 이진 데이터 | |

### 유효성 검사 규칙 예제

유효성 검사 규칙은 다양한 형태로 출제되므로 여러 조건에 따른 지정 방법을 반드시 알아두어야 한다.

| 유효성 검사 규칙 예제 | 설명 |
|---|---|
| <> 0 | 0이 아닌 값을 입력할 수 있도록 함 |
| >1000 Or Is Null | 1,000 보다 큰 값을 입력하거나 비워두어야 함 |
| >= 0 And <= 1000<br>Between 0 And 1000 | 0보다 크거나 같고 1,000보다 작거나 같은 값을 입력하라는 뜻으로 'Between 시작값 And 종료값' 형태로도 사용함 |
| >= #2025-01-01# And <= #2025-12-31#<br>Between #2025-01-01# And #2025-12-31# | • 2025년대 값 즉, 2025년 1월 1일보다 크거나 같고 2025년 12월 31일보다 작거나 같은 날짜를 입력함<br>• 날짜 자료 앞뒤에는 # 기호를 붙여야 함 |
| "서울" Or "부산" Or "대전"<br>In ("서울", "부산", "대전") | '서울', '부산', '대전' 중에서 입력 |
| Len([상품코드])=5 | [상품코드] 필드의 유효성 검사 규칙에서 사용할 때 [상품코드] 필드의 값을 5글자로 입력 |

# SECTION 02 필드 조회 속성 설정

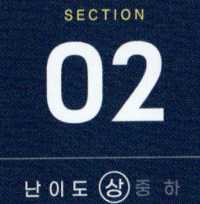

작업파일 [26컴활1급₩2권_데이터베이스₩이론₩1.DB구축₩Section02] 폴더에서 작업하시오.

**출제유형 ❶** '출제유형1.accdb' 파일을 열어 〈회원〉 테이블의 '동아리코드' 필드에 대해서 다음과 같이 조회 속성을 작성하시오.

▶ '동아리코드' 필드에 값을 입력할 때 〈동아리〉 테이블의 '동아리명' 필드의 값을 콤보 상자의 형태로 표현하여 한 가지만 선택하도록 설정하시오.
▶ 컨트롤과 바운드된 테이블의 '동아리코드'가 저장되도록 설정하시오.
▶ 목록 이외의 값은 입력되지 않도록 하시오.

> **기적의 TIP**
>
> [조회 속성 만들기]
> ① 대상 테이블 선택 후 바로 가기 메뉴에서 [디자인 보기] 클릭
> ② 해당 필드의 속성에서 [조회] 탭 선택
> ③ 컨트롤 표시에서 텍스트 상자, 목록 상자, 콤보 상자를 선택

① 탐색 창의 〈회원〉 테이블에서 마우스 오른쪽 버튼을 눌러 [디자인 보기](N)를 클릭한다.

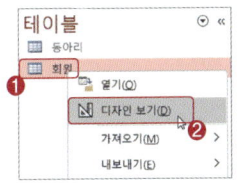

> **기적의 TIP**
>
> **콤보 상자**
> 콤보 상자는 목록 상자와 텍스트 상자를 결합시켜 놓은 모양입니다. 즉 텍스트 상자처럼 직접 값을 입력할 수도 있고, 펼침 목록들 중에서 원하는 항목을 선택할 수도 있습니다.

② '동아리코드' 필드를 선택한 후, 테이블 [디자인 보기] 창의 필드 속성에서 [조회] 탭을 클릭하고, '컨트롤 표시'를 '콤보 상자'로 선택한 후 '행 원본'의 [작성기](…)를 클릭한다.

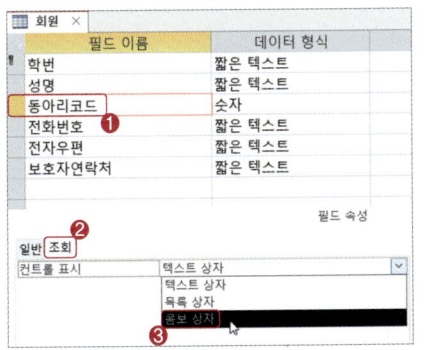
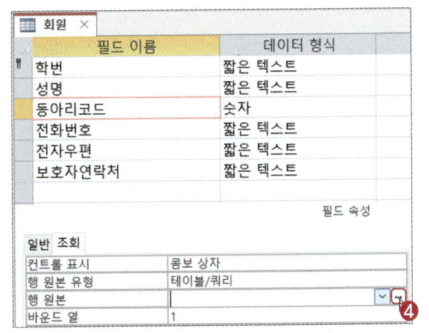

> **기적의 TIP**
>
> **행 원본**
> 콤보 상자의 펼침 목록으로 보일 항목을 정해주는 속성입니다. 문제에서 지시하길 〈동아리〉 테이블로부터 '동아리코드'와 '동아리명' 필드 값을 가져와서 표현하라고 했기 때문에 SQL 문을 통해서 표현해야합니다.

③ [테이블 추가]에서 〈동아리〉 테이블만 추가하고, [닫기]를 눌러서 창을 닫는다.

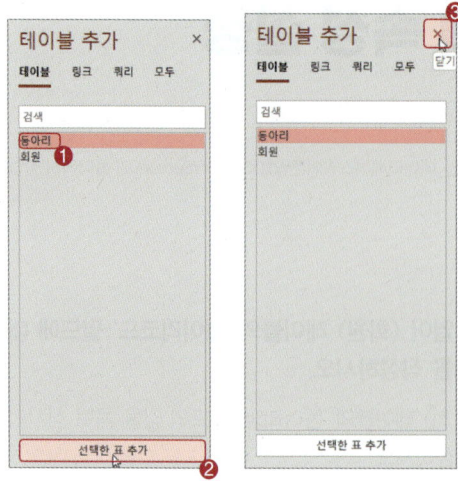

> 기적의 TIP
>
> **디자인 눈금에 추가**
> 필드를 더블클릭하여도 디자인 눈금에 추가됩니다.

> 기적의 TIP
>
> **쿼리 작성기**
> SQL 문을 시각적으로 디자인 할 수 있는 도구입니다. SQL문은 SQL 명령을 정의하는 식을 말하며, SQL(구조적 쿼리 언어)은 데이터베이스에서 사용되는 일종의 프로그래밍 언어입니다.

④ '동아리코드'와 '동아리명' 필드를 드래그하여 [쿼리 작성기] 창의 디자인 눈금에 위치시킨다.

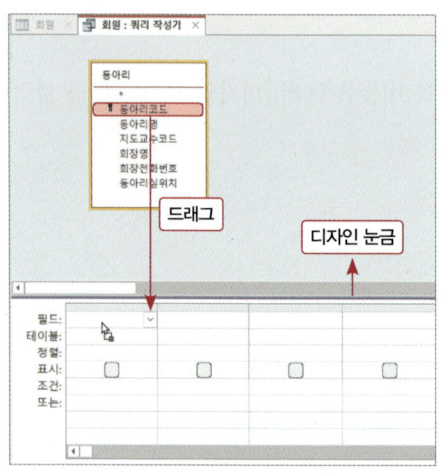 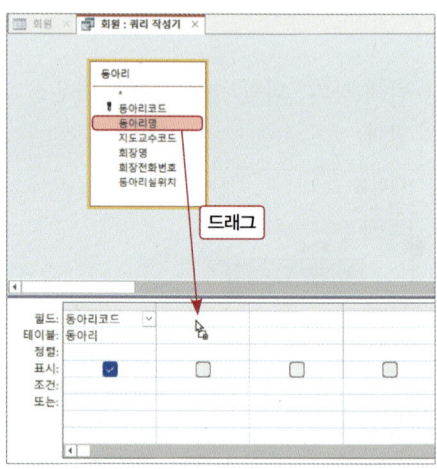

⑤ [쿼리 작성기] 창을 닫고, 변경된 사항은 [예]를 클릭하여 저장한다.

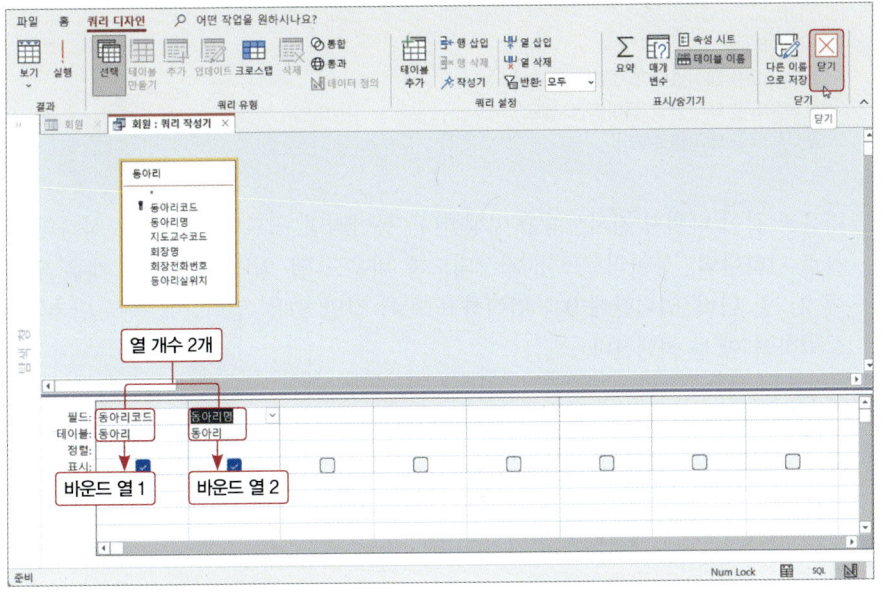

> **기적의 TIP**
>
> **바운드(Bound)**
> 바운드(Bound)되었다는 것은 서로 연결되어 있다는 의미입니다. 콤보 상자 컨트롤과 〈동아리〉 테이블이 바운드되었으므로 '동아리명', '동아리코드' 필드는 당연히 가져와서 보여줄 수 있겠지요?

> **기적의 TIP**
>
> 행 원본의 쿼리 작성기 창에서 작업한 내용이 무엇을 의미하는지 잘 알고 있어야 합니다. 〈동아리〉 테이블로부터 두 필드를 가져왔고, 그것이 곧 콤보 상자의 목록이 되는 것입니다.

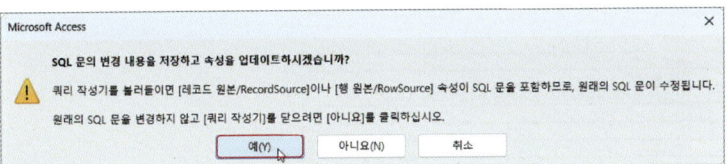

⑥ 쿼리 작성기로 디자인한 SQL 문이 행 원본으로 지정되었음을 알 수 있다.

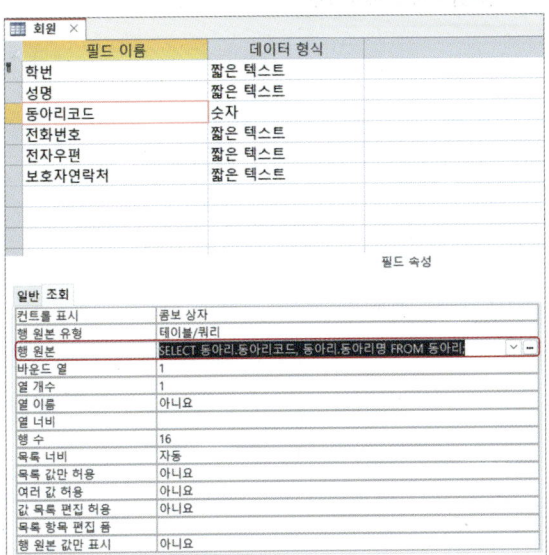

```
SELECT  동아리.동아리코드,  동아리.동아리명  FROM  동아리;
   ①           ②                ③            ④
```

① 검색하라.
② 〈동아리〉 테이블의 '동아리코드' 필드
③ 〈동아리〉 테이블의 '동아리명' 필드
④ 〈동아리〉 테이블로부터

> **기적의 TIP**
> - 〈동아리〉 테이블로부터 가져온 두 열(필드) 중에서 먼저 검색된 '1'번 열(동아리코드)을 '바운드 열'로 삼았습니다.
> - '열 개수'를 '2'로 지정하여 두 열이 다 표시되도록 설정하였습니다.
> - 하지만 첫 번째 열의 너비를 '0cm'로 두어, 실제로는 두 번째 열(동아리명)만 표시되도록 하였습니다.

⑦ 다음과 같이 나머지 지시사항을 이행한다. '동아리명' 필드의 값이 콤보 상자의 목록으로 나타나되, '동아리코드'가 저장되도록 '바운드 열' 입력란에 1, '열 개수' 입력란에 2, '열 너비' 입력란에 0을 입력하고 '목록 값만 허용' 입력란에 목록 단추(▼)를 클릭하여 '예'를 선택한다.

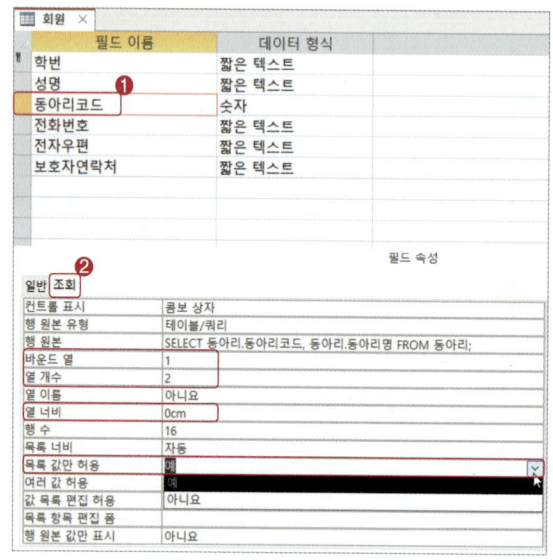

> **기적의 TIP**
> 열 너비 속성에서 '0'만 적으면 'cm'는 자동으로 붙습니다. 원칙은 0cm;로 표현하여 세미콜론의 앞쪽이 첫 번째 열, 세미콜론의 뒤쪽이 두 번째 열이 되어야 합니다만, 아무것도 적지 않으면 액세스가 알아서 자동으로 기본 열 너비를 부여합니다.

⑧ [테이블 디자인 보기] 창의 [닫기]를 누르고, 변경된 내용은 [예]를 클릭하여 저장한다.

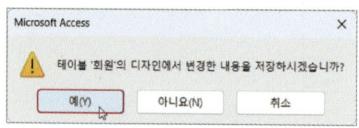

> **기적의 TIP**
> 목록 값만 허용한다는 것은, 목록 이외의 값은 입력되지 않게 한다는 말입니다.

⑨ 다음과 같이 〈회원〉 테이블의 '동아리코드' 필드에 콤보 상자를 통해서 값을 입력할 수 있는 상태가 되었다. 콤보 상자의 목록 행에는 〈동아리〉 테이블의 '동아리명' 필드에 있는 값들이 나타난다.

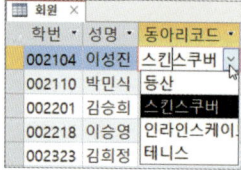

> **기적의 TIP**
> 조회 속성을 완성하는 문제는 행 원본, 바운드 열, 열 개수, 열 너비의 상호 관계를 잘 알고 이해하고 있어야 해결할 수 있습니다.

## 더 알기 TIP

만약 행 원본의 쿼리 작성기 창에서 필드(열)를 가져올(바운드 될) 때 '동아리코드', '동아리명'의 순서가 아니라 '동아리명', '동아리코드'의 순서로 가져왔을 경우 어떻게 하면 동일한 결과를 얻을 수 있을까? 결론은 바운드 될 열의 순서가 설사 바뀌었다 하더라도, '바운드 열', '열 개수', '열 너비' 같은 조회 속성 값만 적절하게 설정해주면 동일한 결과를 얻을 수 있다는 것이다. 다음 두 예제는 행 원본 속성에서 바운드 될 열의 순서는 서로 바뀌었지만, 콤보 상자에 동일한 조회 속성을 반환하는 예이다.

**1** 행 원본이 "SELECT 동아리.동아리코드, 동아리.동아리명 FROM 동아리;"인 경우

| 조회 속성 | 설정 값 | 의미 |
|---|---|---|
| 바운드 열 | 1 | • 바운드 열이란 지정된 열의 값을 액세스로 전달하는 역할을 함<br>• 바운드 열을 '1'로 설정하여 '동아리코드'가 전달되도록 함<br>• 행 원본에 지정된 SQL문의 실행 결과<br>  1열: 동아리코드 / 2열: 동아리명<br>  1 등산 / 2 스킨스쿠버 / 3 인라인스케이트 / 4 테니스 |
| 열 개수 | 2 | 열 개수가 '2'로 설정되면, '동아리코드'와 '동아리명' 필드 둘 다 표시됨 |
| 열 너비 | 0cm; | 열 너비의 첫 번째 구역이 0cm로 지정됨, 두 번째 구역은 액세스가 자동 지정<br>첫 번째 구역 : 동아리코드 = 0cm / 두 번째 구역 : 동아리명 |

**2** 행 원본이 "SELECT 동아리.동아리명, 동아리.동아리코드 FROM 동아리;"인 경우

● 작업파일 26컴활1급₩2권_데이터베이스₩이론₩1.DB구축₩Section02₩출제유형1_1.accdb

| 조회 속성 | 설정 값 | 의미 |
|---|---|---|
| 바운드 열 | 2 | • 바운드 열을 '2'로 설정하여 '동아리코드'가 전달되도록 함<br>• 행 원본에 지정된 SQL문의 실행 결과<br>  1열: 동아리명 / 2열: 동아리코드<br>  등산 1 / 스킨스쿠버 2 / 인라인스케이트 3 / 테니스 4 |
| 열 개수 | 2 | 열 개수가 '2'로 설정되면, '동아리코드'와 '동아리명' 필드 둘 다 표시됨 |
| 열 너비 | ;0cm | 열 너비의 두 번째 구역이 0cm로 지정됨<br>첫 번째 구역 : 동아리명 / 두 번째 구역 : 동아리코드 = ;0cm |

**출제유형 ②** '출제유형2.accdb' 파일을 열어 〈대여〉 테이블의 '고객코드' 필드에 대하여 다음과 같이 조회 속성을 설정하시오.

▶ 〈고객〉 테이블의 '고객ID', '이름', '핸드폰'을 가져와서 콤보 상자의 형태로 표시되도록 설정하시오.
▶ 필드에는 '고객ID'가 저장되도록 하시오.
▶ '고객ID' 필드는 보이지 않도록 설정하고, '이름'과 '핸드폰' 필드는 각각 2cm, 3cm의 너비로, 목록 너비는 2열이 잘림 없이 표시되도록 설정하시오.
▶ 목록 이외의 값은 입력되지 않도록 하시오.

① 탐색 창의 〈대여〉 테이블에서 마우스 오른쪽 버튼을 눌러 [디자인 보기](🔲)를 클릭한다.
② 〈대여〉 테이블 디자인 보기 상태에서 '고객코드' 필드를 선택하고 '필드 속성'의 [조회] 탭을 클릭한 후, '컨트롤 표시' 속성 입력란의 목록 단추(▽)를 클릭하여 '콤보 상자'를 선택한다.

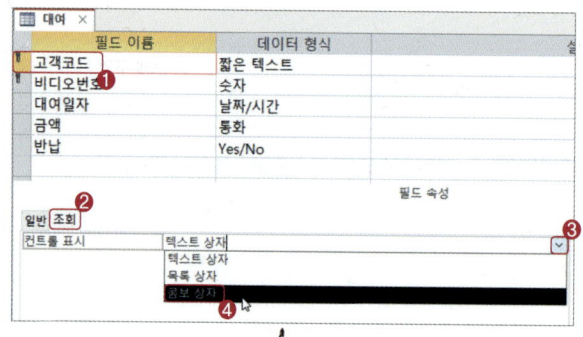

③ [조회] 탭의 속성 목록이 변경되면 '행 원본' 속성 입력란의 [작성기](⋯)를 클릭하여 〈고객〉 테이블을 추가한 후 [닫기]를 클릭한다.
④ 다음 그림과 같이 쿼리 작성기에 필요한 필드들을 디자인 눈금에 추가하고 창을 닫는다. 변경한 내용은 저장하여 업데이트한다.

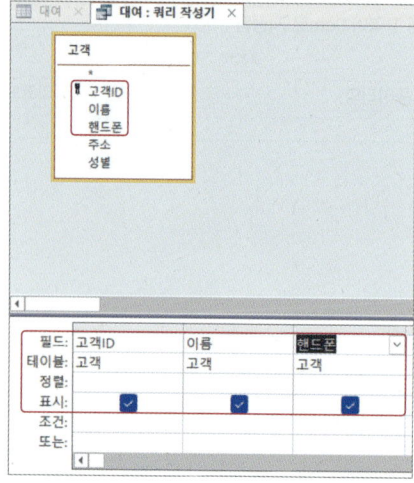

⑤ '고객코드' 필드를 선택하고 '필드 속성'의 [조회] 탭에서 '바운드 열' 입력란에 1, '열 개수' 입력란에 3, '열 너비' 속성 입력란에 0;2;3, '목록 너비' 입력란에 5를 입력한 후 '목록 값만 허용' 입력란의 목록 단추(▼)를 클릭하여 '예'를 선택한다.

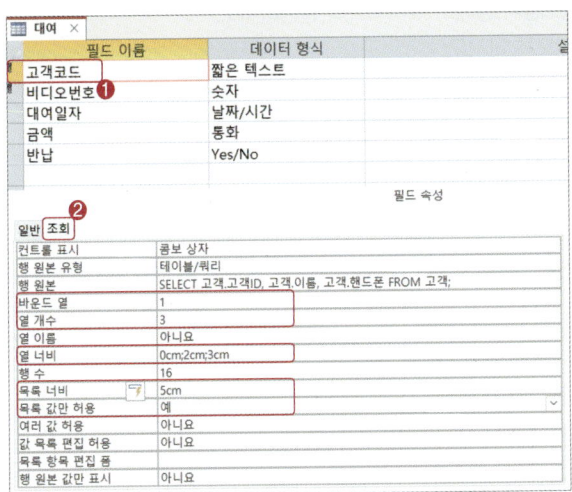

> **기적의 TIP**
>
> 첫 번째 열(필드)이 '고객ID' 필드가 되었네요? '고객ID' 필드가 바운드 열이 되어야 한다고 했으므로 '1'을 바운드 열 속성에 입력하면 되겠지요?

⑥ 빠른 실행 도구모음에서 [저장](🖫)을 클릭한 후 [테이블 디자인]-[보기] 그룹의 [보기]에서 [데이터시트 보기](▦)를 눌러 '고객코드' 필드의 콤보 상자를 확인한다.

**풀이결과**

• '고객코드' 필드의 콤보 상자

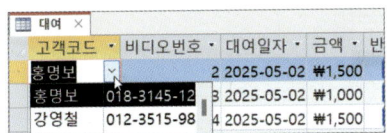

• '고객코드' 필드의 조회 속성

| 일반 조회 | |
|---|---|
| 컨트롤 표시 | 콤보 상자 |
| 행 원본 유형 | 테이블/쿼리 |
| 행 원본 | SELECT 고객.고객ID, 고객.이름, 고객.핸드폰 FROM 고객; |
| 바운드 열 | 1 |
| 열 개수 | 3 |
| 열 이름 | 아니요 |
| 열 너비 | 0cm;2cm;3cm |
| 행 수 | 16 |
| 목록 너비 | 5cm |
| 목록 값만 허용 | 예 |
| 여러 값 허용 | 아니요 |
| 값 목록 편집 허용 | 아니요 |
| 목록 항목 편집 폼 | |
| 행 원본 값만 표시 | 아니요 |

> **기적의 TIP**
>
> **열 너비와 목록 너비**
> • '열 너비', '목록 너비'의 단위는 cm이기 때문에 '열 너비' 속성 입력란에 「0;2;3」을 입력하고 Enter 를 누르거나 다른 속성으로 이동하면 「0cm ; 2cm ; 3cm」로 변경됩니다.
> • '목록 너비' 속성은 '열 너비' 속성에 지정한 전체 너비의 합계보다 크게 지정해야 콤보 상자를 클릭할 때 한 번에 여러 셀을 표시할 수 있어요.

**출제유형 ③** '출제유형3.accdb' 파일을 열어 〈성적〉 테이블의 '등급' 필드에 대하여 다음과 같이 조회 속성을 설정하시오.

▶ A, B, C, D, F 값의 목록이 콤보상자 형태로 표시되도록 설정하시오.
▶ 목록 이외의 값은 입력되지 않도록 하시오.

① '26컴활1급₩2권_데이터베이스₩이론₩1.DB구축₩Section02' 폴더의 '출제유형3.accdb' 파일을 더블클릭한다.
② 탐색 창의 〈성적〉 테이블에서 마우스 오른쪽 버튼을 눌러 [디자인 보기](🖉)를 클릭한다.
③ 〈성적〉 테이블 디자인 보기 상태에서 '등급' 필드를 선택하고 '필드 속성'의 [조회] 탭을 클릭한 후, '컨트롤 표시' 속성 입력란의 목록 단추(⌄)를 클릭하여 '콤보 상자'를 선택한다. [조회] 탭의 속성 목록이 변경되면, '행 원본 유형' 속성 입력란의 목록 단추(⌄)를 클릭하여 '값 목록'을 선택한다.

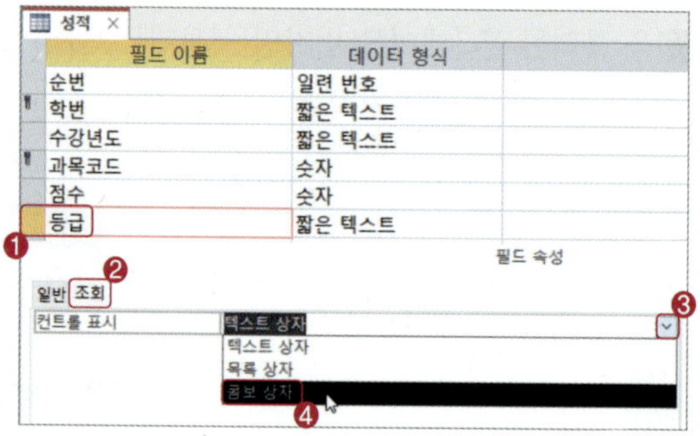

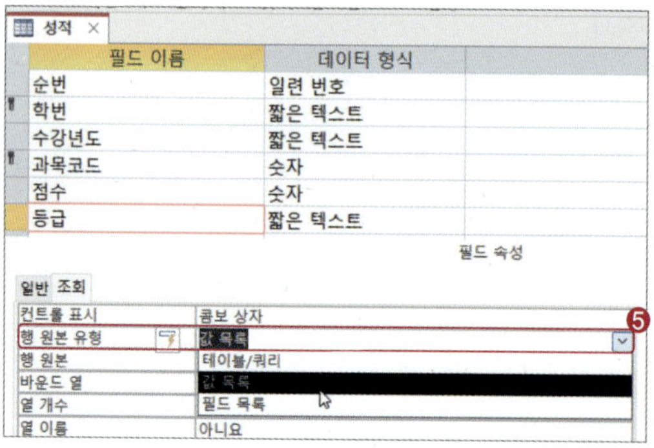

> **기적의 TIP**
>
> **콤보 상자의 행 원본 유형**
> • 콤보 상자에 나타나는 목록이 다른 테이블이나 쿼리를 참조할 때는 '행 원본 유형' 속성을 '테이블/쿼리'로 지정하고, 행 원본에서 직접 입력한 값 목록을 표시하는 경우에는 행 원본 유형을 '값 목록'으로 지정합니다.
> • '행 원본 유형' 속성을 '값 목록'으로 지정한 경우 행 원본에는 표시될 값 목록을 세미콜론(;)으로 구분하여 입력합니다.

④ '등급' 필드가 선택된 상태에서 목록으로 표시될 값들을 지정하기 위해 '행 원본' 속성 입력란에 A;B;C;D;F를 입력하고, '목록 값만 허용' 속성 입력란의 목록 단추(▼)를 클릭하여 '예'를 선택한다.

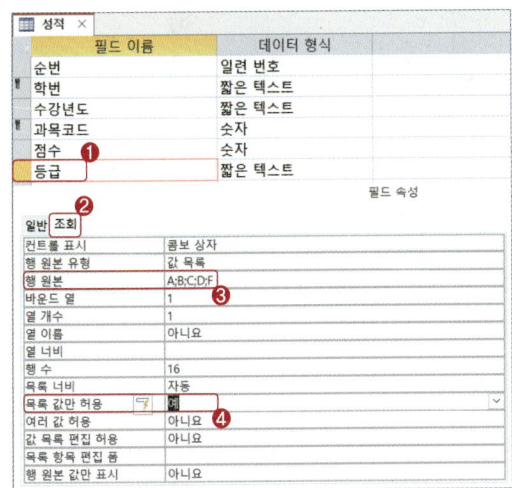

⑤ 빠른 실행 도구모음에서 [저장](🖫)을 클릭한 후 [테이블 디자인]-[보기] 그룹의 [보기]에서 [데이터시트 보기](▦)를 눌러 '등급' 필드의 콤보 상자를 클릭하여 나타나는 목록을 확인한다.

> **기적의 TIP**
>
> 「A;B;C;D;F」
> 콤보 상자를 클릭할 때 표시될 목록 내용으로 세미콜론(;)이나 쉼표(,)로 표시될 값들을 구분합니다.

**풀이결과**

- '등급' 필드의 콤보 상자

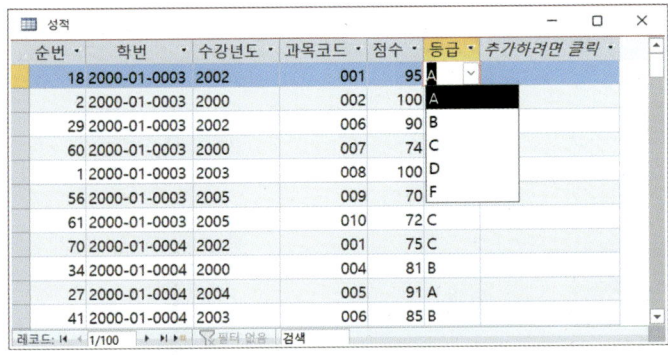

> **기적의 TIP**
>
> • 문서 창 옵션
> [파일]-[옵션]-[현재 데이터베이스]의 '문서 창 옵션'을 통해서 선택할 수 있습니다. 적용하려면 창을 닫고 다시 열어야 합니다.
>
> • 창 겹치기
>
> • 탭 문서

- '등급' 필드의 조회 속성

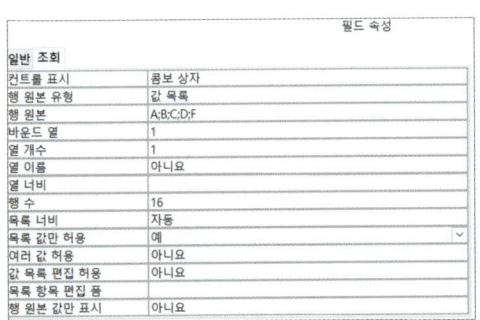

# SECTION 03 관계 설정

작업파일 [26컴활1급₩2권_데이터베이스₩이론₩1.DB구축₩Section03] 폴더에서 작업하시오.

> **기적의 TIP**
>
> 테이블 관계 설정
> ① [데이터베이스 도구]-[관계]-[관계] 클릭
> ② 테이블 표시 및 추가 후 닫기
> ③ 관계 편집

**출제유형 ①** 〈프레임〉 테이블의 '동꼬코드' 필드는 〈동꼬〉 테이블의 '동꼬코드' 필드를 참조하며, M:1의 관계를 갖는다. '출제유형1.accdb' 파일을 열어 테이블에 대해 다음과 같이 관계를 설정하시오.

▶ 테이블 간에는 항상 참조 무결성을 유지하도록 설정하시오.
▶ 테이블끼리의 참조 필드 값이 변경되면 관련 필드의 값들도 변경되도록 설정하시오.
▶ 〈프레임〉 테이블이 참조하고 있는 〈동꼬〉 테이블의 레코드를 삭제할 수 없도록 설정하시오.

① [데이터베이스 도구]-[관계] 그룹의 [관계](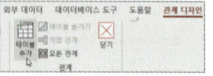)를 클릭한다.

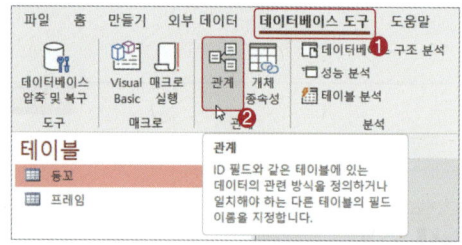

> **기적의 TIP**
>
> [관계 디자인] 탭에서 [테이블 추가]를 클릭해도 가능합니다.

② [관계] 창의 빈 영역에서 마우스 오른쪽 버튼을 눌러 [테이블 표시]를 클릭한다.

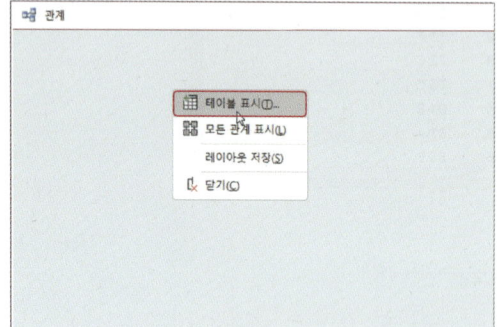

③ [테이블 추가] 창에서 〈동꼬〉, 〈프레임〉 테이블을 선택하여 추가한 후, [닫기]를 클릭하여 창을 닫는다.

> **기적의 TIP**
> 각각〈동꼬〉, 〈프레임〉 테이블을 더블클릭하여 테이블을 추가할 수 있습니다.

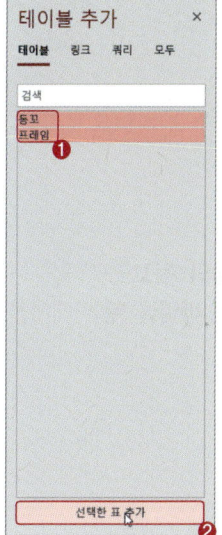

④ 〈동꼬〉 테이블의 '동꼬코드' 필드를, 〈프레임〉 테이블의 '동꼬코드' 필드 쪽으로 드래그하여 놓는다.

> **기적의 TIP**
>
> **참조**
> 일대다의 관계가 대부분이므로 반대로 끌어다 놓아도 되지만, 원칙은 참조 당하는 기본 키 필드를 참조하는 외래 키 필드 쪽으로 끌어 와야 합니다.

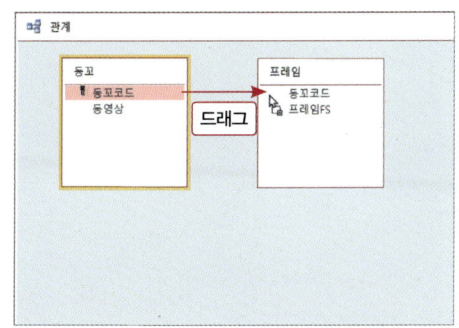

⑤ [관계 편집]에서 '항상 참조 무결성 유지', '관련 필드 모두 업데이트'에 체크한 후 [만들기]를 클릭한다.

> **기적의 TIP**
>
> **참조 무결성**
> 액세스가 사용하는 규칙을 말합니다. 테이블끼리의 참조에 결점이 없도록 하겠다는 말로, 사용자의 실수를 덜어주는 역할을 하게 됩니다.

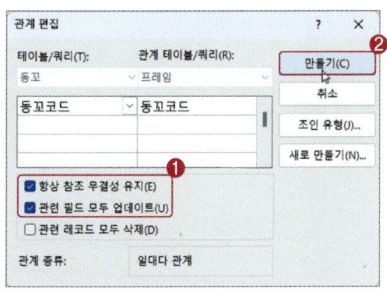

> **기적의 TIP**
>
> **외래 키**
> 〈A〉 테이블의 필드를 참조하는 〈B〉 테이블 쪽의 필드(열)를 말합니다.

⑥ 〈동꼬〉 테이블의 '동꼬코드' 필드와 〈프레임〉 테이블의 '동꼬코드' 필드 사이에 1:∞ (일대다;1:M)의 관계가 설정되었음을 알 수 있다. [닫기]를 누르고 변경한 내용은 [예]를 클릭하여 저장한다.

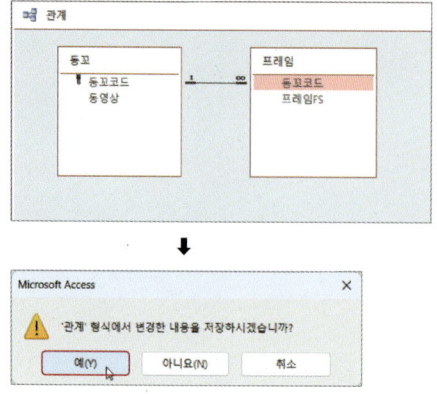

## + 더 알기 TIP

### 일대다(1:M)의 관계

〈동꼬〉 테이블의 '동꼬코드' 필드와 〈프레임〉 테이블의 '동꼬코드' 필드는 1:M의 관계를 가지고 있다.
즉 〈동꼬〉 테이블의 '동꼬코드' 필드 값 하나에, 〈프레임〉 테이블의 '동꼬코드' 필드 값이 여러 개 대응한다는 말이다.

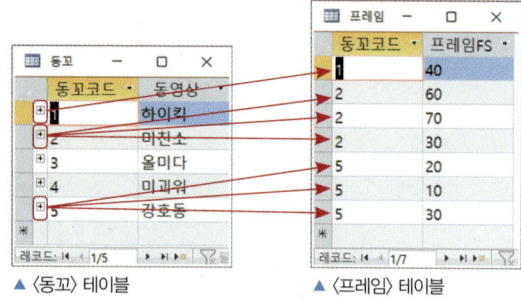

▲ 〈동꼬〉 테이블    ▲ 〈프레임〉 테이블

### 항상 참조 무결성 유지

참조 무결성이란 테이블 간에 맺어진 관계를 서로 유효하게 하고, 이를 통해 사용자가 실수로 관련 데이터를 삭제하거나 변경하지 않도록 하기 위해서 액세스가 사용하는 규칙이며 다음과 같은 조건을 만족해야 한다.
- 기본 테이블(일대다 관계에서 '일'쪽 테이블)쪽의 관계 필드가 기본 키이거나 고유 인덱스를 가져야 한다.
- 관계를 맺을 필드끼리는 데이터 형식이 같아야 한다.
- 기본 테이블의 기본 키에 존재하지 않는 값은, 관련 테이블의 외래 키 필드에 입력할 수 없다.

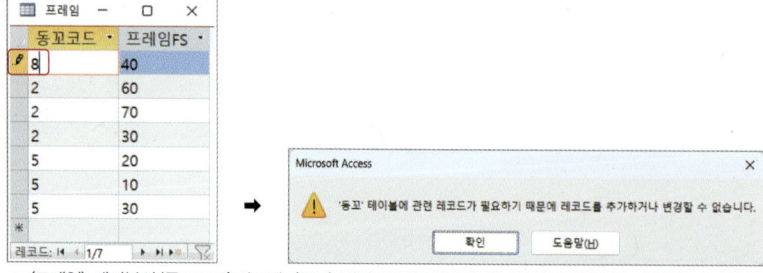

▲ 〈프레임〉 테이블의 '동꼬코드' 필드에, 〈동꼬〉 테이블의 '동꼬코드' 필드에 존재하지 않는 값인 「8」을 입력하고 창을 닫았을 때 나타나는 경고 메시지

## 관련 필드 모두 업데이트

참조 무결성이 보장될 때 활성화되는 기능으로, 〈동꼬〉 테이블의 '동꼬코드' 필드 값이 변경되면, 관련된 〈프레임〉 테이블의 '동꼬코드' 필드 값도 변경됨을 의미한다.

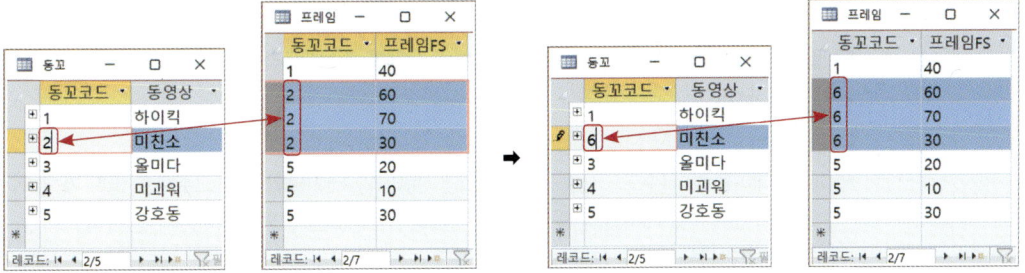

▲ 관련된 필드의 값을 '2'에서 '6'으로 바꾸자 〈동꼬〉, 〈프레임〉 테이블 모두 업데이트 됨

## 관련 레코드 모두 삭제

참조 무결성이 보장될 때 활성화되는 기능으로 〈동꼬〉 테이블의 '동꼬코드' 값이 삭제되면, 이와 관계된 〈프레임〉 테이블의 '동꼬코드' 값도 함께 삭제된다.

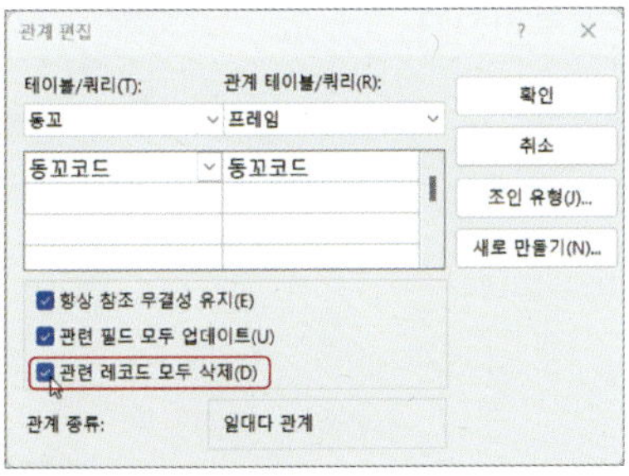

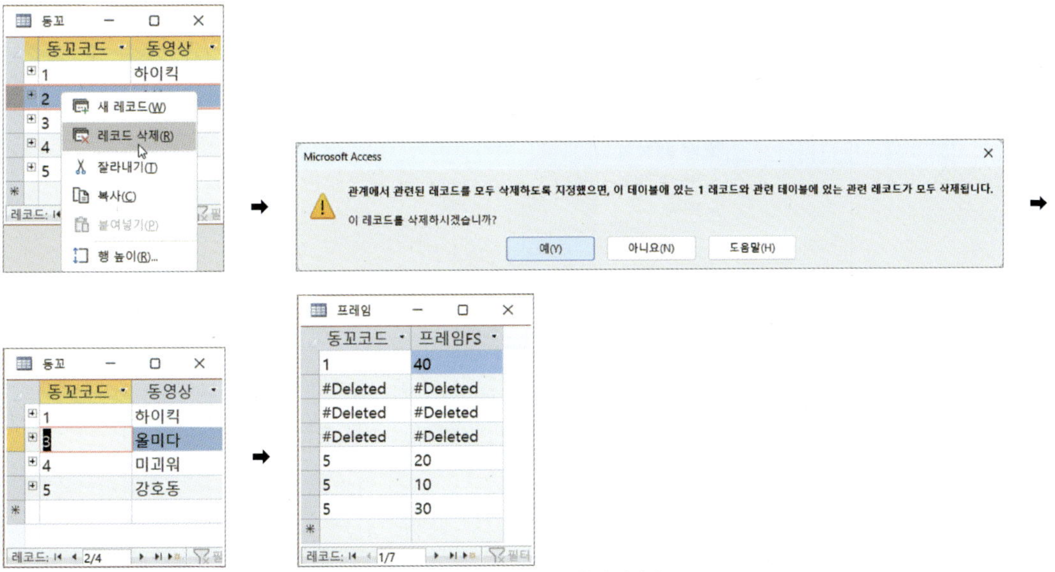

▲ 기본 테이블 쪽의 '2'를 삭제하자, 이와 관련된 〈프레임〉 테이블 쪽의 레코드도 함께 삭제됨

**출제유형 ❷** '출제유형2.accdb' 파일을 열어 다음과 같은 관계를 가지도록 설정하시오.

〈동아리〉 테이블의 '지도교수코드' 필드는 〈교수〉 테이블의 '교수코드' 필드를 참조하고 테이블 간의 관계는 M:1이다. 또한, 〈회원〉 테이블의 '동아리코드' 필드는 〈동아리〉 테이블의 '동아리코드' 필드를 참조하고 테이블 간의 관계는 M:1의 관계를 갖는다. 각 테이블 간의 관계를 다음과 같이 설정하시오.

▶ 각 테이블 간에 항상 참조 무결성을 유지하도록 설정하시오.
▶ 〈교수〉 테이블의 '교수코드' 필드가 변경되면 〈동아리〉 테이블의 '지도교수코드' 필드가 같이 변경되고 〈동아리〉 테이블의 '동아리코드' 필드가 변경되면 〈회원〉 테이블의 '동아리코드' 필드가 같이 변경되도록 설정하시오.
▶ 〈동아리〉 테이블에서 참조하고 있는 〈교수〉 테이블의 레코드와 〈회원〉 테이블에서 참조하고 있는 〈동아리〉 테이블의 레코드를 삭제할 수 없도록 설정하시오.

① [데이터베이스 도구]-[관계] 그룹의 [관계]()를 클릭한다.

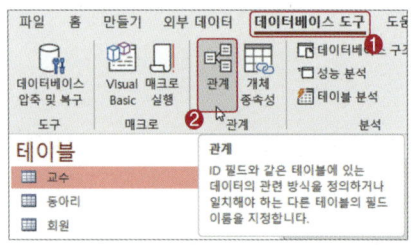

② [관계] 창의 빈 영역에서 마우스 오른쪽 버튼을 눌러 [테이블 표시]를 선택한다.

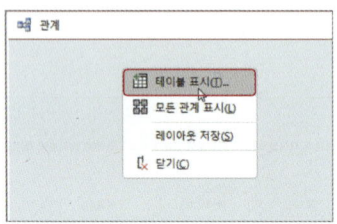

③ 문제를 잘 읽어보면, 3개의 테이블이 모두 필요하다는 것을 알 수 있다. Ctrl 이나 Shift 를 이용해서 한꺼번에 선택한 다음 [선택한 표 추가]를 클릭하고 [닫기]를 클릭한다.

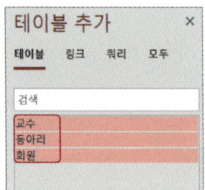

> **기적의 TIP**
>
> 테이블을 선택한 다음에 [선택한 표 추가]를 눌러도 되고, 각 테이블 이름을 더블클릭해도 추가됩니다. 그러나 웬만하면 테이블을 선택한 다음에 [선택한 표 추가]를 클릭하세요. 테이블 이름을 마구 클릭하다가는 동일한 테이블이 두 개씩 들어가는 실수를 범할 수도 있습니다.

④ 참조 당하는 쪽(〈교수〉 테이블의 '교수코드' 필드)과 참조하는 쪽(〈동아리〉 테이블의 '지도교수코드' 필드)을 잘 구분해서 참조당하는 쪽을 참조하는 쪽으로 드래그한다. 혹은 반대로 끌어다 놓아도 상관은 없다.

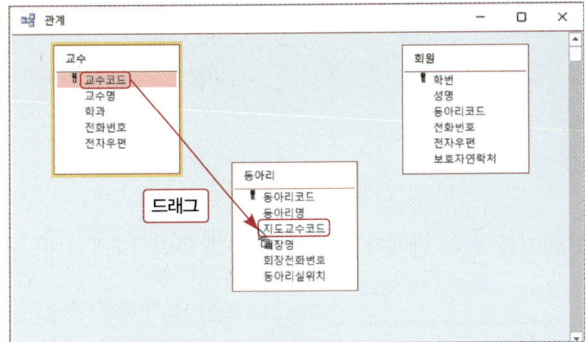

> 🚩 **기적의 TIP**
>
> **기본 키 필드**
> 기본 키는 테이블의 각 레코드(행)를 고유하게 식별할 수 있는 값을 가지고 있는 하나 이상의 필드(열)를 말하며, 항상 고유한(중복되지 않은) 값을 가지고 있습니다.

⑤ 이렇게 작업하고 나면 [관계 편집] 대화상자가 자동으로 나타나는데, 다음과 같이 선택하고 [만들기]를 클릭한다.

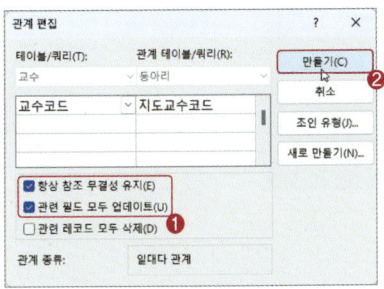

> 🚩 **기적의 TIP**
>
> **관계 편집 옵션**
> '항상 참조 무결성 유지' 옵션이 활성화 되어야 나머지 두 옵션을 사용할 수 있습니다.

⑥ 〈동아리〉 테이블의 '동아리코드' 필드를 끌어다가 〈회원〉 테이블의 '동아리코드' 필드에 놓는다.

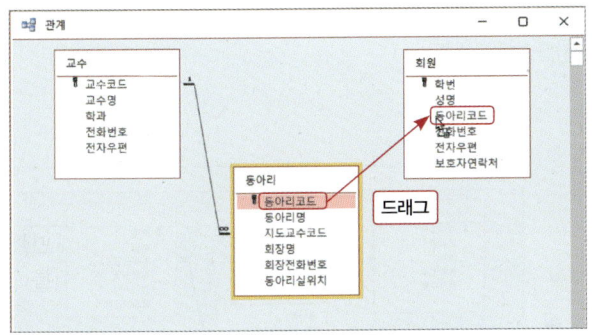

> 🚩 **기적의 TIP**
>
> 참조 당하는 쪽은 언제나 기본 키일 가능성이 높습니다. 따라서 어느 쪽에서 끌어다 놓더라도 결과는 동일합니다.

> **기적의 TIP**
>
> 이번에도 기본 키 쪽(동아리 테이블)이 1(일)이 되었습니다. 〈동아리〉 테이블의 기본 키인 '동아리코드' 필드를 참조하는 〈회원〉 테이블의 '동아리코드' 필드를 외래 키라고 부릅니다. 결국 우리가 만드는 관계라는 것은, 기본 키와 외래 키 간의 관계를 말하는 것입니다.

⑦ [관계 편집] 대화상자가 나타나면, 다음과 같이 설정하고 [만들기]를 클릭한다.

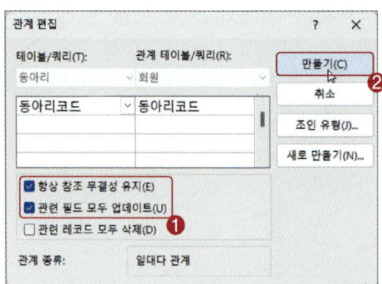

⑧ 〈회원〉 테이블과 〈동아리〉 테이블 간의 관계가 M:1이 된 것을 확인하고 [관계] 창을 닫는다.

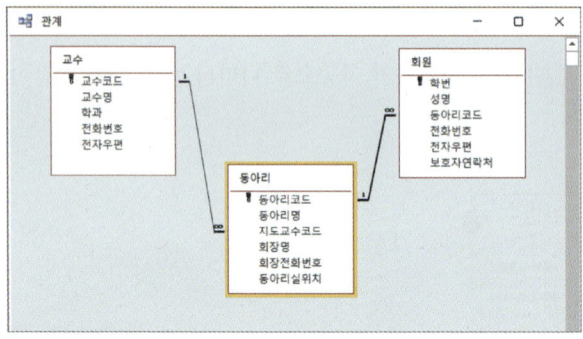

⑨ [관계] 창에서 변경한 내용을 저장한다.

---

**＋ 더 알기 TIP**

### 필요 없는 테이블이 추가되었을 경우

[관계] 창에 필요 없는 테이블까지 추가되었을 경우 필요 없이 표시된 테이블 위에서 바로 가기 메뉴를 불러내어 '테이블 숨기기'를 해주면 된다. 혹은 필요 없는 테이블을 선택한 다음에 Delete 를 눌러도 된다.

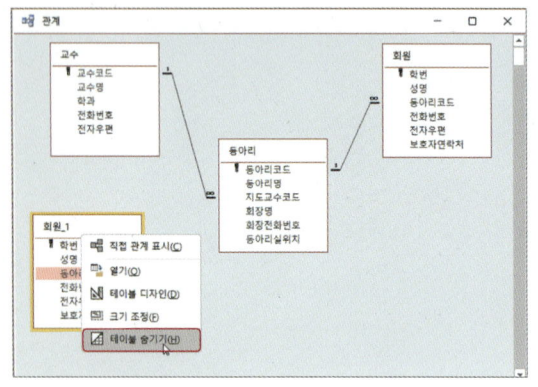 ➡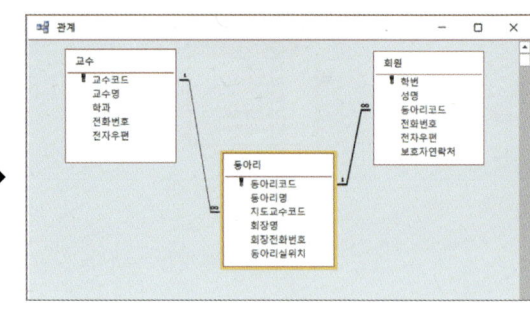

출제유형 ❸ '출제유형3.accdb' 파일을 열어 다음과 같은 관계를 가지도록 설정하시오.

〈대여〉 테이블의 '고객코드', '비디오번호' 필드는 각각 〈고객〉 테이블의 '고객ID' 필드와 〈비디오〉 테이블의 '비디오번호' 필드를 참조하며, 테이블 간의 관계는 다대일(M:1)이다. 각 테이블에 대해 다음과 같이 관계를 설정하시오.

▶ 각 테이블 간에 참조 무결성이 유지되도록 설정하시오.
▶ 각 테이블의 참조 필드의 값이 변경되면 관련 필드의 값들도 변경되도록 설정하시오.

> **기적의 TIP**
>
> 관계 설정 문제에서 […변경되도록 설정하고…]란 문장이 나오면 [관계 편집] 창에서 '관련 필드 모두 업데이트'를 선택해야 하고, […레코드도 함께 삭제되도록…]이란 문장이 나오면 [관계 편집] 창에서 '관련 레코드 모두 삭제'를 선택해야 합니다. 기출문제에서는 이 2개가 1개씩 나오기도 하지만 동시에 2개 조건이 지정되는 경우도 있으니 문장 지시사항을 주의깊게 보도록 하세요.

① [데이터베이스 도구]-[관계] 그룹의 [관계](🗒)를 클릭한다.
② [관계] 창의 빈 영역에서 마우스 오른쪽 버튼을 눌러 [테이블 표시]를 선택한다.

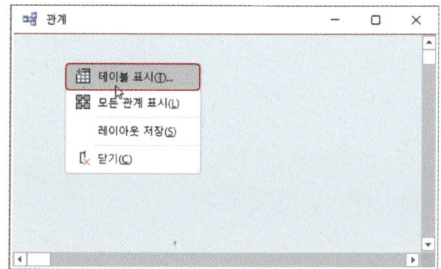

③ [테이블 추가]에서 문제에 언급된 테이블을 모두 선택하여 추가한 후 [닫기]를 클릭한다.

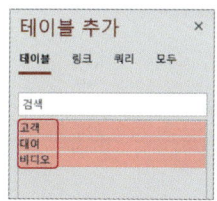

> **기적의 TIP**
>
> Ctrl 이나 Shift 혹은 드래그하여 선택할 수 있습니다.

④ 관계를 지정할 두 테이블 사이의 필드를 드래그하여 연결하기 위해, 〈고객〉 테이블의 '고객ID' 필드를 〈대여〉 테이블의 '고객코드' 필드 위로 드래그하고, [관계 편집]에서, '항상 참조 무결성 유지'와 '관련 필드 모두 업데이트'를 체크한 후 [만들기]를 클릭한다.

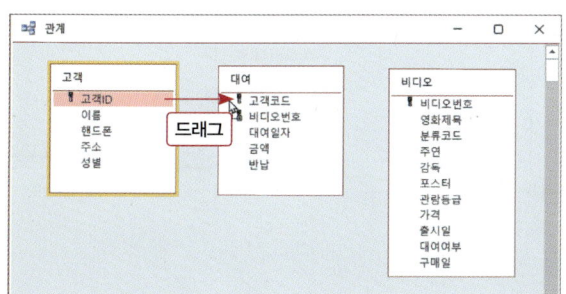
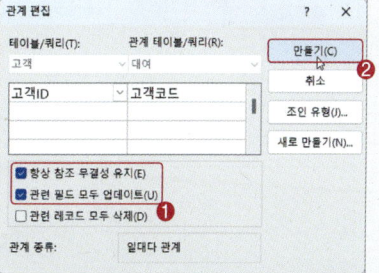

> 🏁 **기적의 TIP**
>
> **참조 무결성**
> • 관계가 설정된 두 테이블 간의 참조가 잘못되지 않도록 하기 위해, 관련 레코드의 삭제와 변경이 발생할 때 참조하는 다른 쪽 테이블의 레코드도 함께 삭제, 변경될지 여부를 결정하는 것입니다.
> • 참조 무결성을 유지하려면 기본 테이블의 필드는 기본 키이거나 고유 인덱스로 설정되어야 합니다.

⑤ 〈비디오〉 테이블의 '비디오번호' 필드를 〈대여〉 테이블의 '비디오번호' 필드 위로 드래그하고, [관계 편집]에서 '항상 참조 무결성 유지'와 '관련 필드 모두 업데이트'를 체크한 후 [만들기]를 클릭한다.

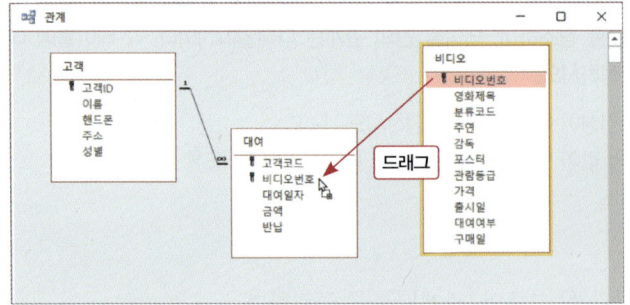

> 🏁 **기적의 TIP**
>
> 이번에도 기본 키 쪽(동아리 테이블)이 1(일)이 되었습니다. 〈동아리〉 테이블의 기본 키인 '동아리코드' 필드를 참조하는 〈회원〉 테이블의 '동아리코드' 필드를 외래 키라고 부릅니다. 결국 우리가 만드는 관계라는 것은, 기본 키와 외래 키 간의 관계를 말하는 것입니다.

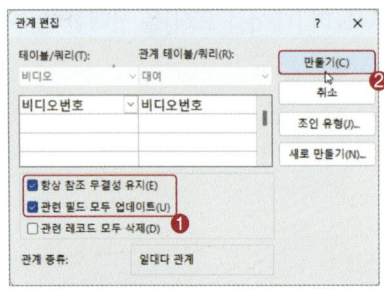

⑥ 빠른 실행 도구모음에서 [저장](📁)을 클릭한 후 [관계] 창의 [닫기]를 클릭하여 [관계] 창을 닫는다.

---

➕ **더 알기 TIP**

### 관계를 끊거나 편집해야 할 경우

관계를 끊고 싶으면 해당 관계 선(조인 선)을 클릭하여 선택한 다음 바로 가기 메뉴를 불러내어 '삭제'하거나 관계 선을 클릭한 후 Delete 를 누르면 된다. [관계 편집] 대화상자의 옵션 값을 바꾸려면 바로 가기 메뉴에서 [관계 편집]을 선택하면 된다.

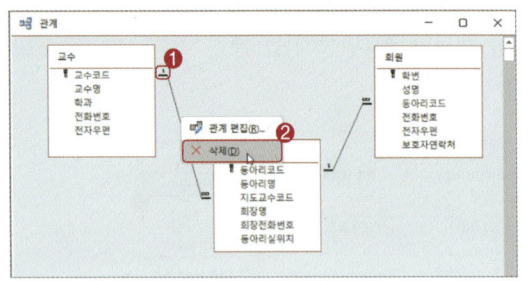 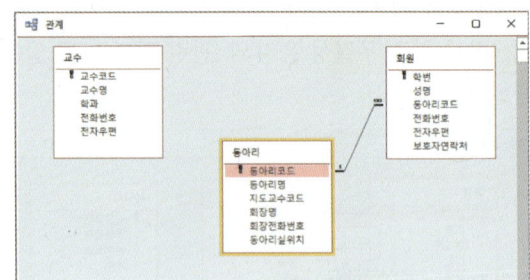

# SECTION 04 외부 데이터 가져오기

난이도 상 중 하
반복학습 1 2 3

**작업파일** [26컴활1급₩2권_데이터베이스₩이론₩1.DB구축₩Section04] 폴더에서 작업하시오.

**출제유형 ❶** '출제유형.accdb' 파일을 열어 '매출현황.xlsx' 파일을 테이블로 가져오기 하시오.

▶ '매출현황' 시트의 열 머리글(첫 번째 행)을 테이블의 필드 이름으로 사용할 것
▶ 기본 키(PK)는 없음으로 설정할 것
▶ 데이터가 복사되어 저장될 새 테이블의 이름은 〈매출현황_가져오기〉로 설정할 것

> 🚩 **기적의 TIP**
>
> [외부 데이터 가져오기]
> ① [외부 데이터]–[가져오기 및 연결]
> ② 가져올 데이터 선택 (Access, Excel, 텍스트 파일 등)

① [외부 데이터]–[가져오기 및 연결] 그룹의 [새 데이터 원본]–[파일에서]–[Excel]을 클릭한다.

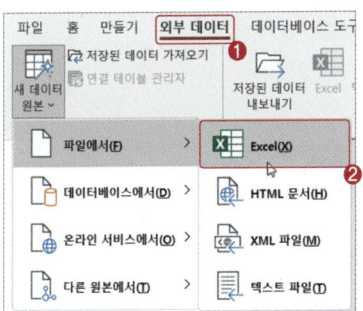

> 🚩 **기적의 TIP**
>
> 현재 작업에서는 보안 경고 메시지 표시줄을 그대로 두지만, 차후 매크로나 프로시저 작업 때에는 [콘텐츠 사용] 버튼을 클릭하도록 합니다.

② 가져올 파일 이름과 데이터를 저장할 방법 및 위치를 지정한다. 파일 이름을 지정하기 위해 [찾아보기]를 클릭한다.

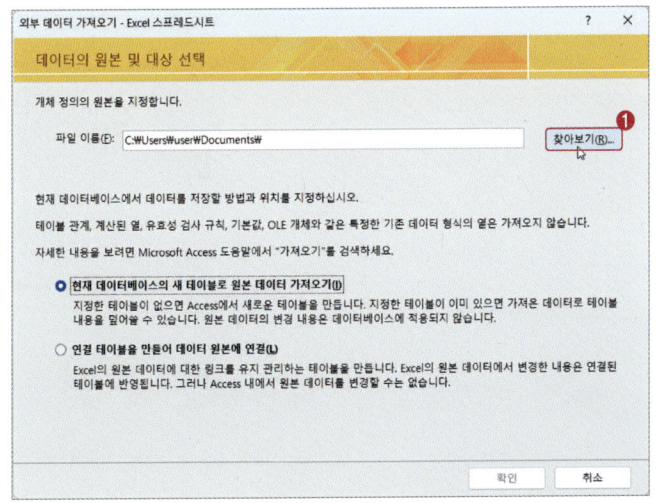

기적의 TIP

[외부 데이터 가져오기] 대화상자의 파일 이름 입력줄이 불러온 '매출현황' 파일의 경로로 바뀝니다.

③ [파일 열기] 대화상자에서 파일 형식은 자동으로 지정되기 때문에 '매출현황' 파일만 선택하고 [열기]를 클릭한 후 [외부 데이터 가져오기-Excel 스프레드시트] 대화상자로 돌아오면 [확인]을 클릭한다.

④ [스프레드시트 가져오기 마법사]에서 다음과 같이 선택하고 [다음]을 클릭한다.

기적의 TIP

간혹 엑셀 파일(워크북)에 여러 워크시트가 존재할 수 있으므로, 작업할 워크시트의 이름을 반드시 확인해야 합니다.

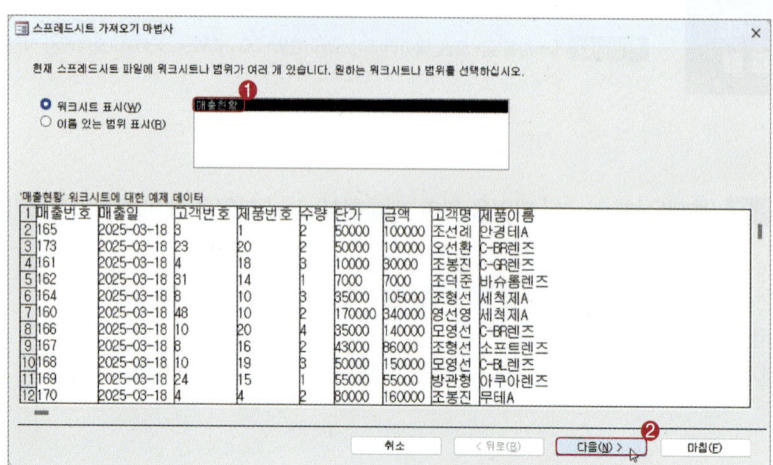

기적의 TIP

'이름 있는 범위 표시'는 스프레드시트 파일에 이름이 정의된 범위를 대상으로 연결할 때 사용합니다.

⑤ '첫 행에 열 머리글이 있음'을 체크하고 [다음]을 클릭한다.

기적의 TIP

**필드와 레코드**
테이블에서 열은 필드라고 했지요? 행은 레코드입니다.

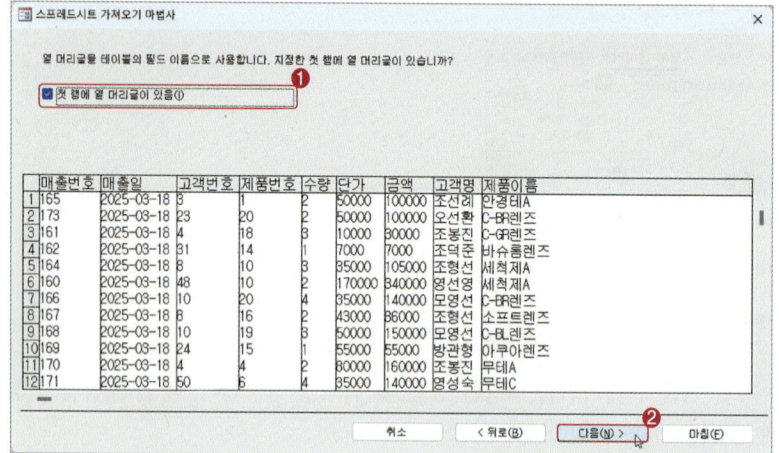

⑥ '매출현황' 시트에서 가져올 각 필드(열)들을 액세스에 맞추어 정보를 가공하여 지정할 수 있다. 특별한 지시 사항이 없으므로 [다음]을 클릭한다.

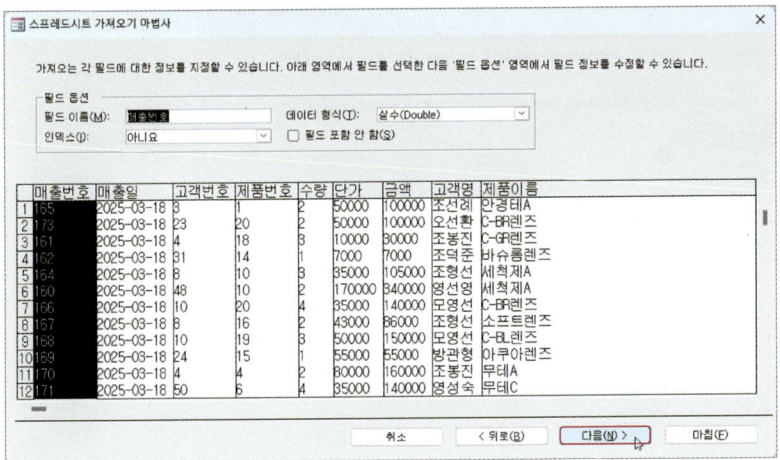

> **기적의 TIP**
>
> 이 단계부터 뒤에 나올 '연결 마법사'와 다른 모습을 보여줍니다. 테이블 가져오기는 가져올 엑셀 파일을 액세스에 맞게 형식을 변환시켜 복사본을 만드는 작업입니다. 따라서 액세스로 가져올 필드를 선별하여 지정할 수도 있고(필드 포함 안함), 인덱스를 설정할 수도 있습니다.

⑦ 기본 키에 대한 언급이 없으므로 그림과 같이 '기본 키 없음'을 선택하고 [다음]을 클릭한다.

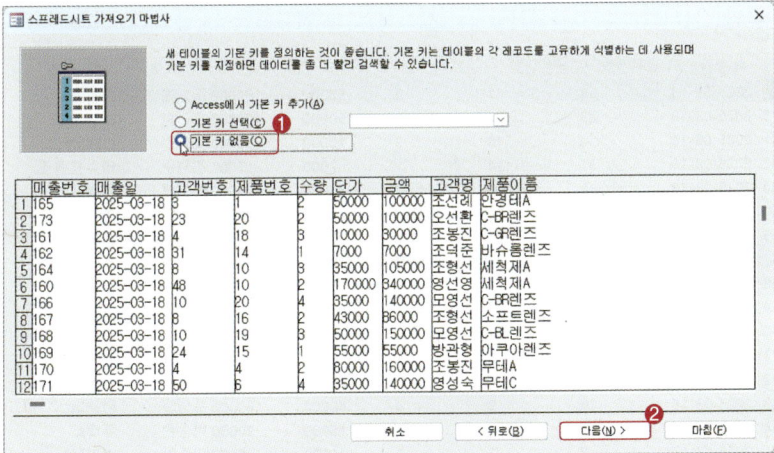

> **기적의 TIP**
>
> 만약 특정 필드를 기본 키로 설정하라 했다면 데이터를 다 가져온 다음, 생성된 테이블의 디자인 보기 창에서 기본 키를 설정해도 됩니다.

⑧ 가져올 테이블의 이름을 **매출현황_가져오기**로 입력하고 [마침]을 클릭한다.

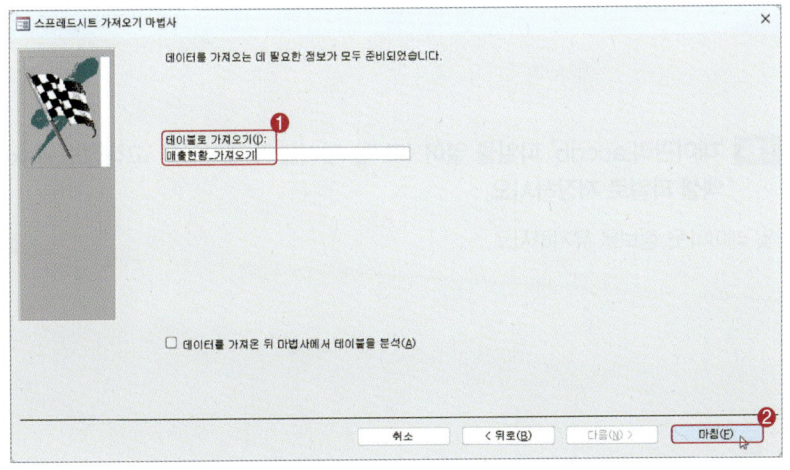

> **기적의 TIP**
>
> [가져오기 단계 저장]은 가져오기 단계에서 지정한 내용을 저장하는 역할을 합니다. [가져오기 단계 저장]을 체크하면 동일한 파일을 다시 가져올 경우 '스프레드시트 가져오기 마법사'를 거치지 않고 가져올 수 있습니다. [외부 데이터]-[가져오기 및 연결] 탭의 [저장된 데이터 가져오기]를 눌러 저장 여부를 확인할 수 있고, 가져오기를 실행할 수도 있습니다.

⑨ 가져오기 단계 저장 옵션이 해제된 상태에서 [닫기]를 클릭한다.

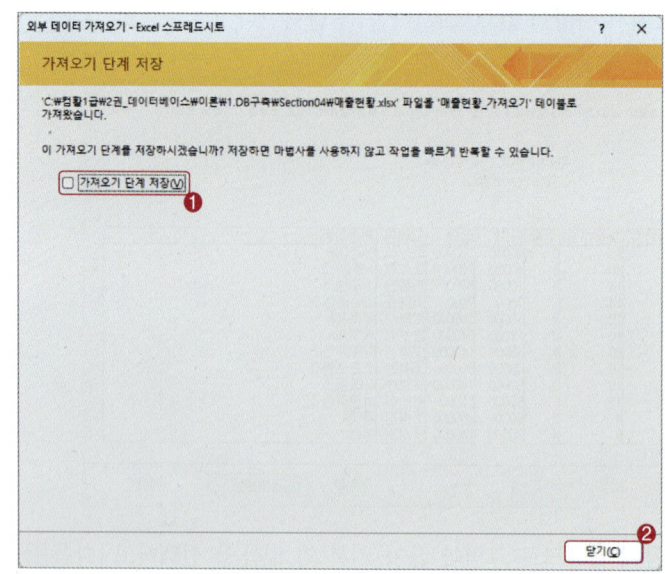

⑩ 생성된 〈매출현황_가져오기〉 테이블을 더블클릭하여 작업 결과를 확인할 수 있다.

**출제유형 ❷** '대여관리.accdb' 파일을 열어 〈고객〉 테이블의 데이터를 '고객정보.xlsx' 엑셀 파일로 저장하시오.

※ 서식 및 레이아웃 정보를 유지하시오.

① 〈고객〉 테이블을 선택하고 [외부 데이터]-[내보내기] 그룹의 [Excel](📊)을 클릭한다.

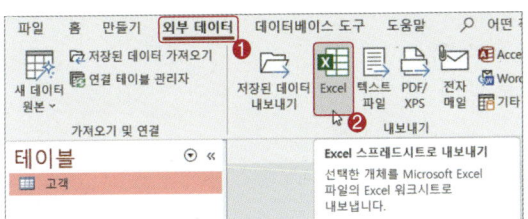

> **기적의 TIP**
>
> **파일 내보내기**
> 외부에 있는 데이터를 액세스로 가져오기 할 수 있을 뿐만 아니라, 액세스에 있는 데이터베이스 개체를 외부에 출력(내보내기)하여 사용할 수도 있습니다.

② [내보내기 – Excel 스프레드시트] 대화상자에서 [찾아보기]를 클릭하고, 파일을 저장할 적당한 경로로 이동한 다음 [파일 저장] 대화상자에 파일 이름(고객→고객정보)을 입력하고 [저장]을 클릭한다. 계속해서 '서식 및 레이아웃과 함께 데이터 내보내기'에 체크하고 [확인]을 클릭한다.

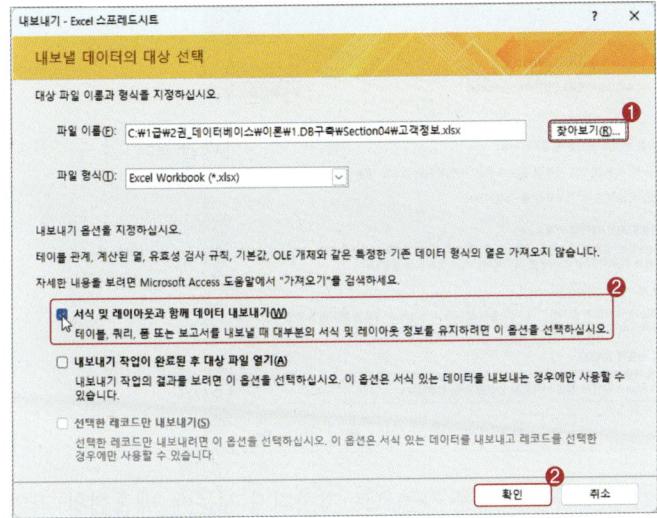

> **기적의 TIP**
>
> **[바로 가기 메뉴]**
> [탐색] 창의 〈고객〉 테이블의 바로 가기 메뉴에서 [내보내기]-[Excel]을 클릭해도 됩니다.

③ 내보내기 단계 저장 옵션이 해제된 상태에서 [닫기]를 클릭한다.

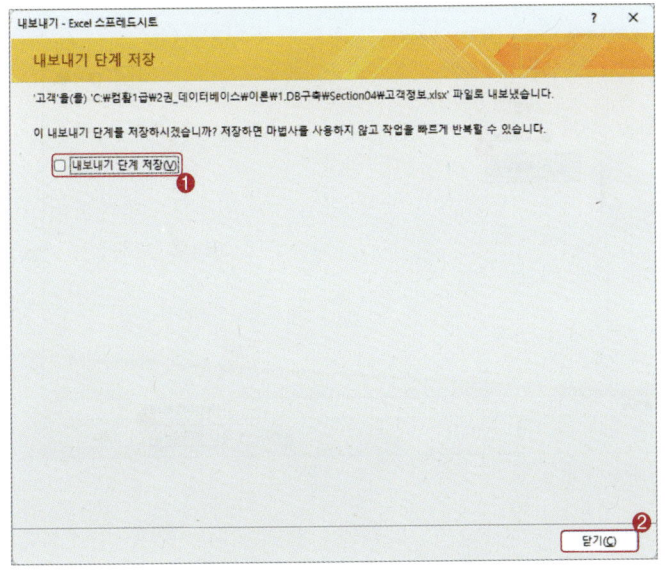

출제유형 ❸ '출제유형.accdb' 파일을 열어 '매출현황.xlsx' 파일에 대한 연결 테이블을 다음의 지시사항에 따라 작성하시오.

▶ 매출현황 시트의 첫 번째 행은 필드의 이름임
▶ 연결 테이블의 이름은 '매출현황'으로 할 것

① [외부 데이터]-[가져오기 및 연결] 그룹의 [새 데이터 원본]-[파일에서]-[Excel]을 클릭한다.

② 가져올 파일 이름과 데이터를 저장할 방법 및 위치를 지정한다. 파일 이름을 지정하기 위해 [찾아보기]를 클릭한다.

> 🅵 **기적의 TIP**
>
> 파일 이름 입력란의 경로는 사용자에 따라서 다를 수 있습니다.

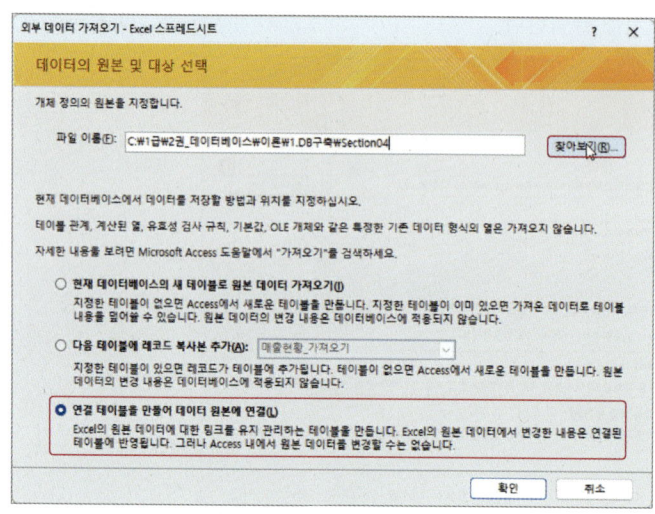

③ [파일 열기] 대화상자에서 파일 형식은 자동으로 지정되기 때문에 '매출현황' 파일만 선택하고 [열기]를 클릭한다.

> 🅵 **기적의 TIP**
>
> 테이블 연결은 '매출현황.xlsx' 파일의 바로 가기 아이콘을 만드는 것과 비슷한 개념입니다. 원본 엑셀 파일의 데이터가 테이블에 표시되지만 실제로 데이터베이스에 저장되는 것은 아닙니다. 엑셀의 데이터를 변경하면 연결된 테이블에 자동 반영되고, 액세스의 연결된 테이블에서 데이터를 변경하면 엑셀 파일에 자동으로 반영됩니다.

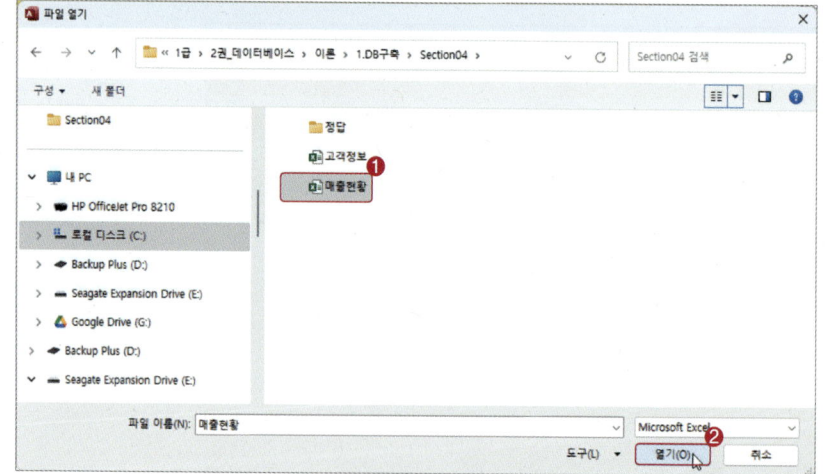

④ [외부 데이터 가져오기 - Excel 스프레드시트] 대화상자로 돌아오면, 연결 테이블을 만들어야 하기 때문에 '연결 테이블을 만들어 데이터 원본에 연결'을 선택하고 [확인]을 클릭한다.
⑤ [스프레드시트 가져오기 마법사]에서 다음과 같이 선택하고 [다음]을 클릭한다.

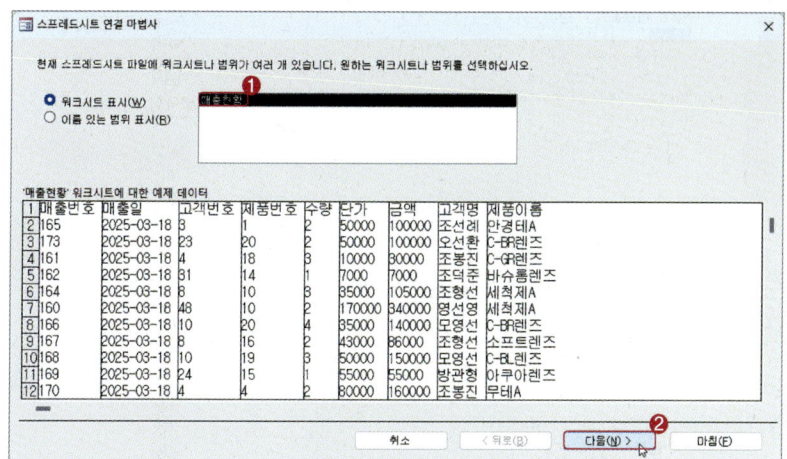

> 🏁 **기적의 TIP**
>
> '매출현황' 시트가 작업 대상이었지요?

⑥ '첫 행에 열 머리글이 있음'을 체크하고 [다음]을 클릭한다.

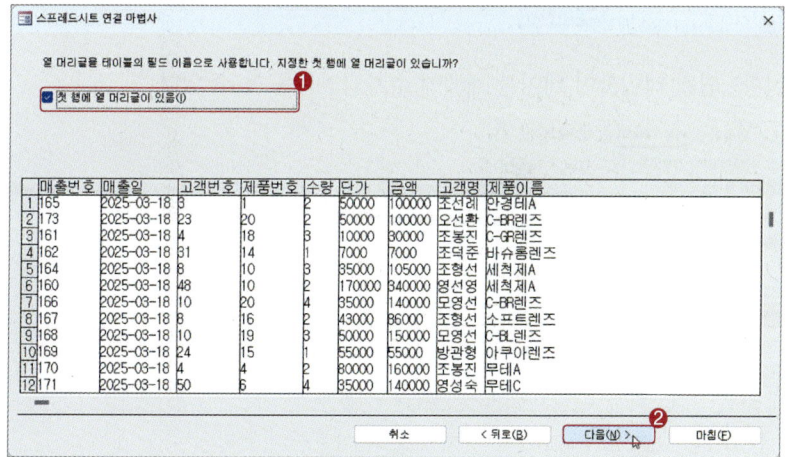

> 🏁 **기적의 TIP**
>
> '첫 행에 열 머리글이 있음'을 선택해주어야 '매출현황.xlsx'의 첫 행을 테이블의 필드 이름으로 사용할 수 있습니다.

> **기적의 TIP**
>
> [다음]을 클릭하고 나면, 앞서 작업한 '가져오기'와 달리 필드에 대한 정보 설정, 기본 키 설정을 할 수 없습니다. 원본 데이터와 연결되어있기 때문에, 원본을 고칠 수는 없기 때문입니다.

⑦ '연결 테이블 이름'에 **매출현황**을 입력한 후 [마침]을 클릭한다.

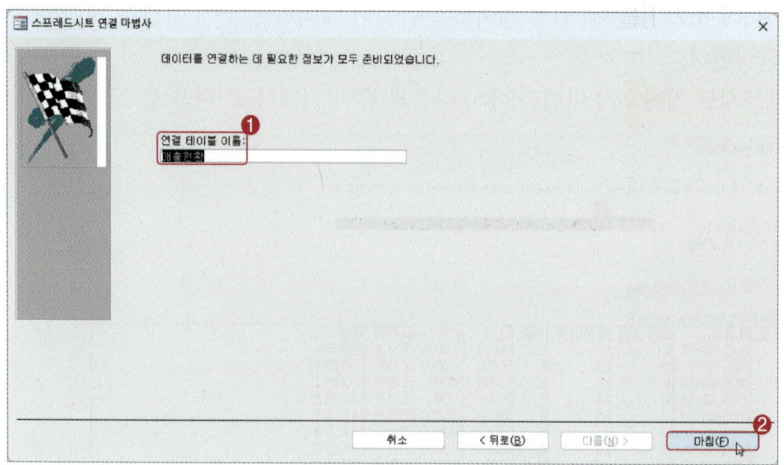

⑧ 액세스에 〈매출현황〉 테이블이 작성되고, '매출현황.xlsx'과 잘 연결되었다는 메시지가 나타나면 [확인]을 클릭한다.

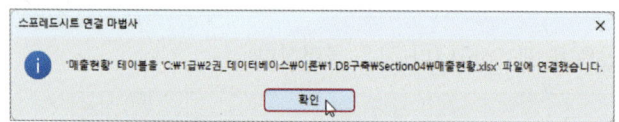

⑨ 〈매출현황〉 연결 테이블이 테이블 개체에 추가되었음을 볼 수 있다.

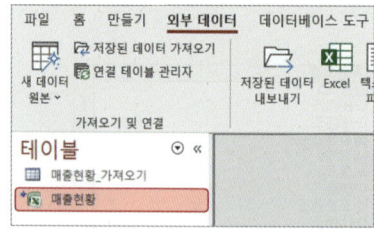

**출제유형 ④** '번호_매출현황.accdb' 파일을 열고, '매출현황.xlsx' 파일의 '매출현황' 시트에 있는 데이터를 〈번호_매출현황〉 테이블에 추가하시오.

▶ 번호 필드의 값은 자동적으로 입력되므로 무시할 것
▶ 첫 행에 열 머리글 있음

> **기적의 TIP**
>
> 이번 유형은 기존 테이블로 데이터를 가져오는 방법을 설명하고 있습니다.

① 〈번호_매출현황〉 테이블을 선택하고 [외부 데이터]-[가져오기 및 연결] 그룹의 [새 데이터 원본]-[파일에서]-[Excel]을 클릭한다.

② 가져올 파일 이름과 데이터를 저장할 방법 및 위치를 지정한다. 파일 이름을 지정하기 위해 [찾아보기]를 클릭한다.

📌 **기적의 TIP**

파일 이름 입력란의 경로는 사용자에 따라서 다를 수 있습니다.

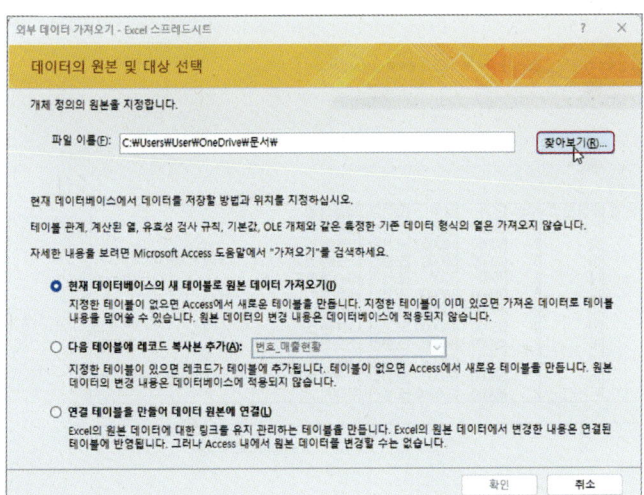

③ [파일 열기] 대화상자에서 파일 형식은 자동으로 지정되기 때문에 '매출현황' 파일만 선택하고 [열기]를 클릭한다.

④ [외부 데이터 가져오기 – Excel 스프레드시트] 대화상자로 돌아오면, '번호_매출현황' 테이블에 가져온 데이터를 추가해야 하기 때문에 '다음 테이블에 레코드 복사본 추가'를 선택한 후 '번호_매출현황' 테이블을 선택하고 [확인]을 클릭한다.

📌 **기적의 TIP**

시험장에서는 보통 C:\OA, C:\DB 경로 아래에 외부 데이터가 포함되어 있습니다.

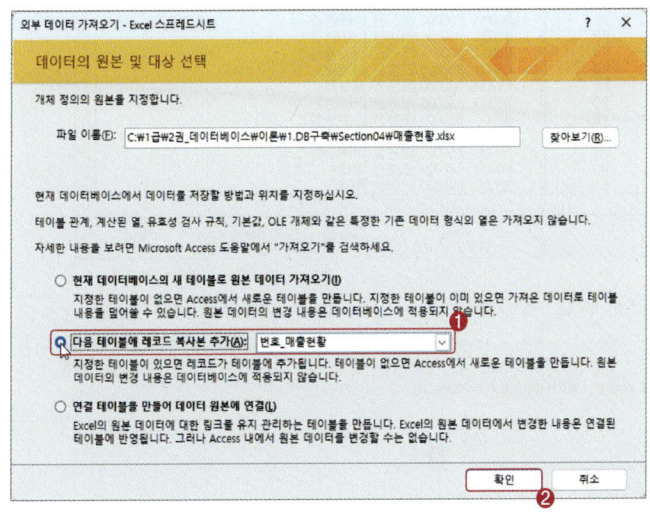

⑤ [스프레드시트 가져오기 마법사] 대화상자의 지시사항에 따라 각 단계에서 화면과 같이 선택하고 [다음]을 클릭한다.

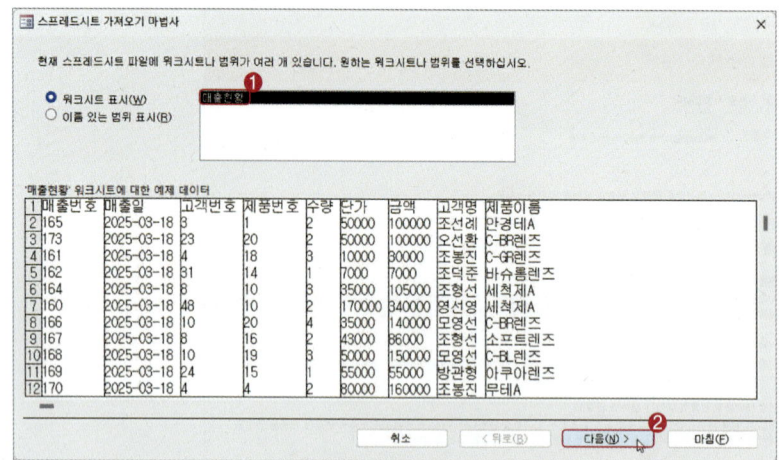

⑥ '첫 행에 열 머리글이 있음'이 선택된 상태이므로 [다음]을 클릭한다.

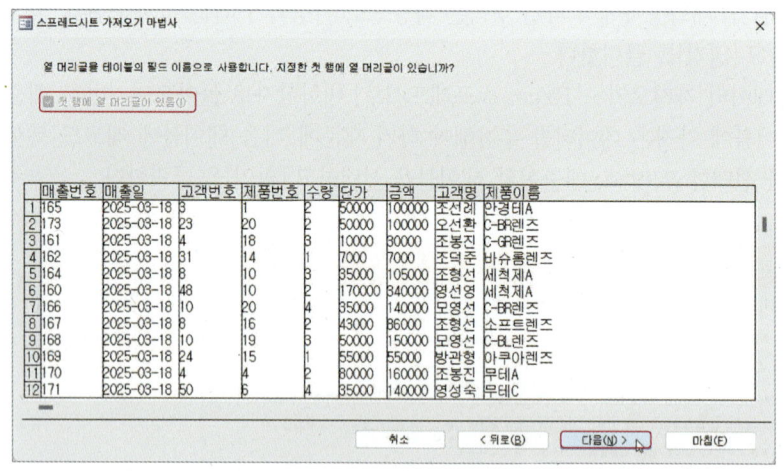

⑦ '테이블로 가져오기'에 '번호_매출현황'인지 확인한 후 [마침]을 클릭한다.

> **기적의 TIP**
>
> 기존 테이블인 〈번호_매출현황〉 테이블에 외부 데이터를 추가하려면 외부 데이터의 열 머리글이 테이블의 필드 이름과 일치해야 합니다.

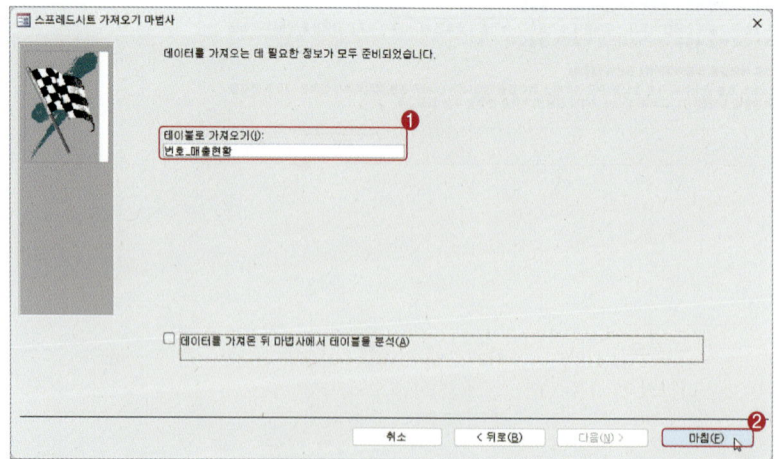

⑧ '가져오기 단계 저장'이 해제된 상태에서 [닫기]를 클릭한다.

> 기적의 TIP
>
> 이번 유형은 기존 테이블로 데이터를 가져오는 방법을 설명하고 있습니다.

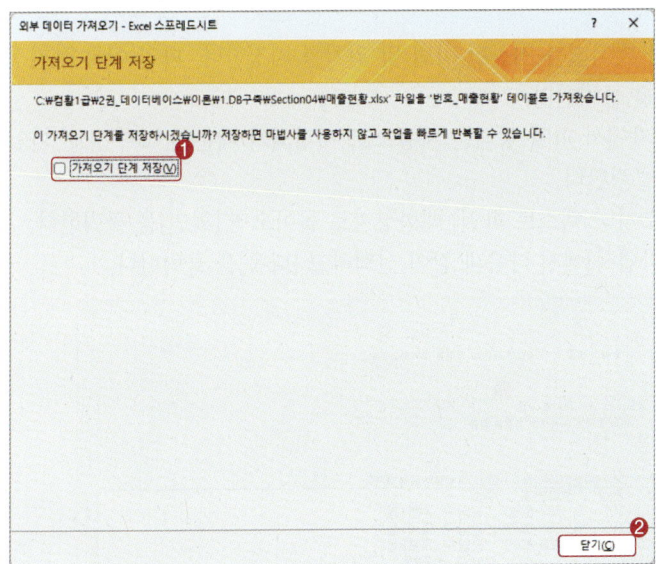

⑨ 아무것도 들어있지 않던 〈번호_매출현황〉 테이블에 다음과 같이 매출현황 시트의 내용들이 채워졌음을 알 수 있다.

> 기적의 TIP
>
> '번호' 필드는 일련 번호 데이터 형식이므로, 자동으로 1씩 증가하면서 번호가 부여됩니다.

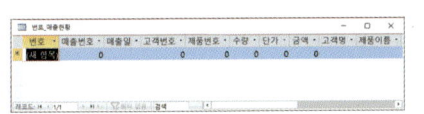 →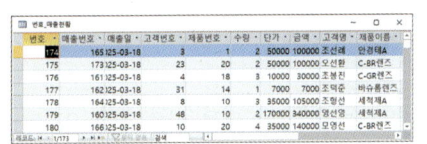

**출제유형 ⑤** '출제유형.accdb' 파일을 열어 '교수정보.txt' 파일의 데이터를 가져오기 하시오.

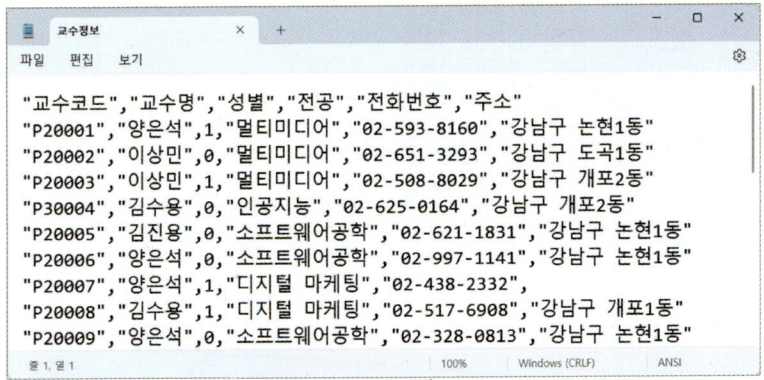

▶ 새로운 테이블 이름은 〈교수〉로 설정하시오.
▶ '교수정보.txt' 파일의 첫 번째 행은 필드의 이름이다.
▶ '교수코드'를 기본 키로 설정하시오.

> **기적의 TIP**
>
> 저장할 방법은 [현재 데이터베이스의 새 테이블로 원본 데이터 가져오기]를 선택합니다.

① [외부 데이터]-[가져오기 및 연결] 그룹의 [새 데이터 원본]-[파일에서]-[텍스트 파일]을 클릭한다.
② 가져올 파일 이름과 데이터를 저장할 방법 및 위치를 지정한다. 파일 이름을 지정하기 위해 [찾아보기]를 클릭한다.
③ [파일 열기] 대화상자에서 파일 형식은 자동으로 지정되기 때문에 '교수정보' 파일만 선택하고 [열기]를 클릭한다.
④ [외부 데이터 가져오기 – 텍스트 파일] 대화상자로 돌아오면 [확인]을 클릭한다.
⑤ [텍스트 가져오기 마법사]에서 다음과 같이 선택하고 [다음]을 클릭한다.

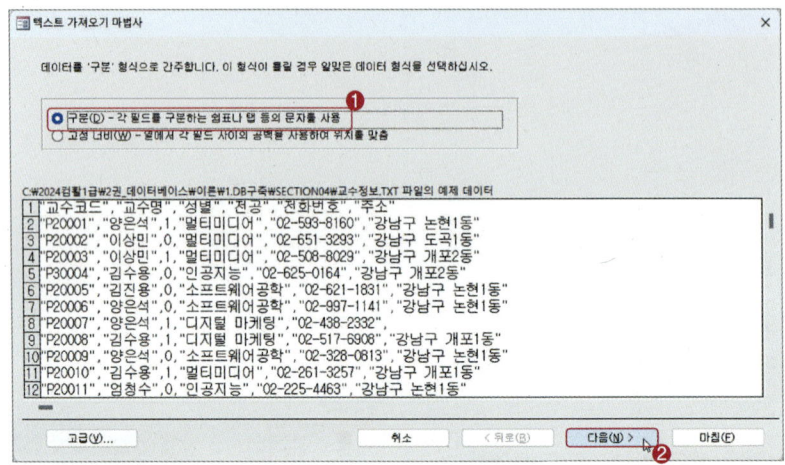

⑥ '필드를 나눌 구분 기호 선택'은 '쉼표', '첫 행에 필드 이름 포함'을 선택한 후 [다음]을 클릭한다.

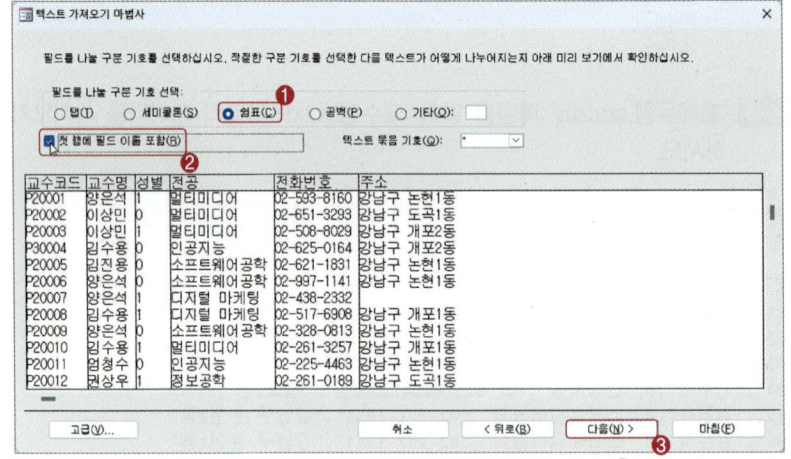

⑦ '필드 이름'과 데이터 형식을 확인한 후 [다음]을 클릭한다.

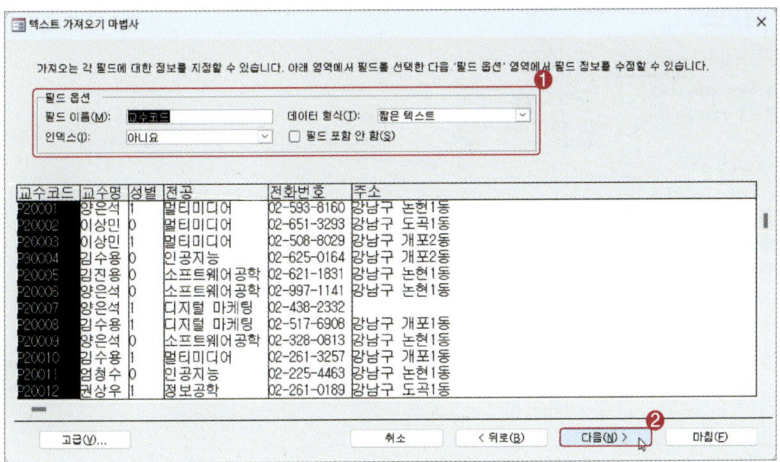

> 📌 **기적의 TIP**
>
> **필드 포함 안 함**
> 가져올 데이터에서 특정 필드를 포함시키지 않아야 할 경우에 해당 필드를 선택하고 이 옵션을 체크해 줍니다.

⑧ '기본 키 선택'에서 '교수코드' 필드를 선택한 후 [다음]을 클릭한다.

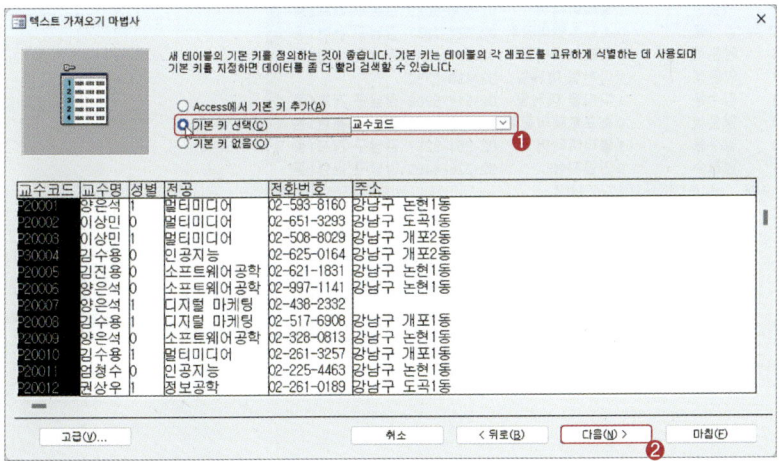

> 📌 **기적의 TIP**
>
> 액세스로 가져온 후 테이블을 디자인 보기로 열어서 기본 키를 지정해도 됩니다.

⑨ 가져올 테이블의 이름을 정하고 [마침]을 클릭한 후 [가져오기 단계 저장] 창은 [닫기]를 클릭한다.

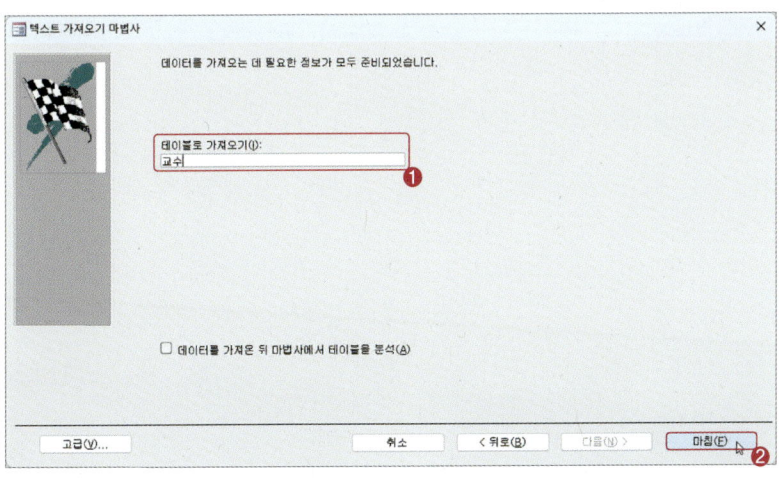

⑩ 탐색 창에서 〈교수〉 테이블을 더블클릭하여 데이터시트 보기로 열어 가져온 테이블 내용을 확인한다.

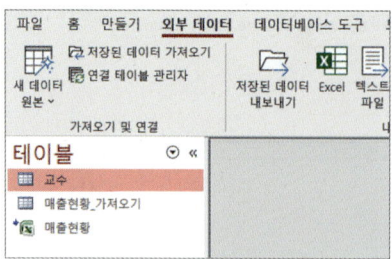

**풀이결과**

• 가져오기가 완료된 〈교수〉 테이블

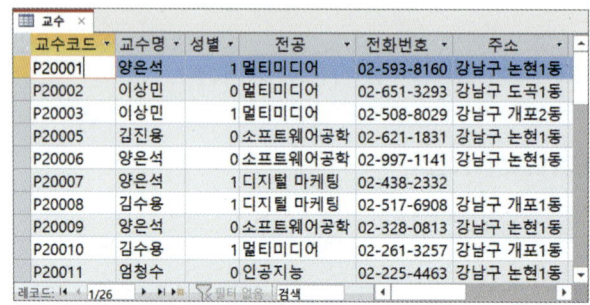

CHAPTER

# 02

# 입력 및 수정 기능 구현

**학습 방향**

폼 완성 작업은 폼 및 컨트롤의 속성을 설정하는 작업입니다. 따라서 다양한 문제를 풀어보며 사용되는 속성을 익히는 것이 가장 효과적인 학습 방법입니다. 또한 폼이나 컨트롤의 원본은 단순히 테이블이나 쿼리를 지정할 수도 있지만, Dsum, Dcount, Dlookup 등의 도메인 집계 함수, 일반 함수, 또는 필드 간의 계산식이 포함된 계산 컨트롤로 설정될 수 있으므로, 이에 대한 학습도 반드시 필요합니다.

**난이도**

| | | |
|---|---|---|
| 하 | SECTION 01 폼 속성 지정 | 2-58 |
| 중 | SECTION 02 컨트롤 속성 지정 | 2-65 |
| 중 | SECTION 03 콤보 상자 컨트롤 속성 | 2-91 |
| 하 | SECTION 04 컨트롤 하위 폼 삽입 | 2-98 |

# SECTION 01 폼 속성 지정

난이도 상 중 하
반복학습 1 2 3

작업파일 [26컴활1급₩2권_데이터베이스₩이론₩2.입력및수정₩Section01] 폴더에서 작업하시오.

### 기적의 TIP
[폼 디자인 보기]
① [탐색] 창의 [폼] 개체 선택
② 대상 폼 선택 후 바로 가기 메뉴에서 [디자인 보기] 클릭

### 기적의 TIP
실제 문제에서는
- 폼 완성 문제에서는 폼의 속성 및 컨트롤 속성에 대한 문제가 매회 다양하게 출제됩니다. 속성의 종류와 기능을 한두 번만 사용해 보면 어렵지 않게 풀 수 있는 문제로 문제 지시사항을 잘 이해한 후 지시된 기능을 처리하는 속성을 찾도록 합니다.
- 실제 시험문제에서도 작성된 폼을 이용합니다.

### 기적의 TIP
찾고자 하는 개체가 보이지 않는다면 탐색 창에서 개체를 모두 나타내면 됩니다. 목록 표시 단추를 누른 후 [범주 탐색]에서 '개체 유형'을, [그룹 기준 필터]에서 '모든 Access 개체'를 선택합니다.

### 기적의 TIP
현재 데이터베이스의 문서 창 옵션이 '탭 문서'인 경우와 작업 화면이 다를 수 있습니다.

### 기적의 TIP
[속성 시트] 창 열기
[양식 디자인]- [도구] 탭의 [속성 시트]를 클릭하거나 단축 키 [Alt]+[Enter]를 누르면 됩니다.

출제유형 ❶ '출제유형1.accdb' 파일을 열어 〈대여관리〉 폼을 다음 지시사항에 따라 완성하시오.

❶ 〈대여목록〉 쿼리를 레코드 원본으로 설정하시오.
❷ 제시된 〈화면〉과 같은 형태로 나타나도록 '기본 보기' 속성을 설정하시오.
❸ 레코드 탐색 단추와 폼의 구분 선, 레코드 선택기가 표시되지 않도록 설정하시오.
❹ 폼에 레코드를 삭제할 수 없도록 설정하시오.
❺ '최대화 단추'가 표시되지 않도록 설정하시오.
❻ 폼의 크기를 수정할 수 없도록 테두리 스타일을 '가늘게'로 설정하시오.
❼ 본문 배경색을 '12632256'으로 설정하시오.
❽ 폼 머리글의 높이를 1cm로 설정하고, 폼 바닥글을 보이지 않도록 설정하시오.

## 01 레코드 원본

① '26컴활1급₩2권_데이터베이스₩이론₩2.입력및수정₩Section01' 폴더의 '출제유형1.accdb' 파일을 더블클릭하고, 탐색 창의 〈대여관리〉 폼에서 마우스 오른쪽 버튼을 눌러 [디자인 보기](N)를 클릭한다.

② [폼] 디자인 보기 창에서 [폼] 속성 시트 창의 [모두] 탭 중 '레코드 원본' 속성 입력란의 목록 단추(∨)를 클릭하여 '대여목록' 쿼리를 선택한다.

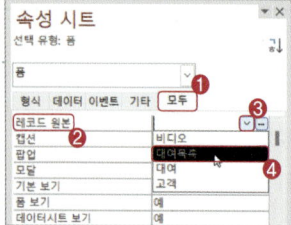

## 02 기본 보기

③ [폼] 속성 창의 [모두] 탭에서 '기본 보기' 속성 입력란의 목록 단추(▼)를 클릭하여 '연속 폼'을 선택한다.

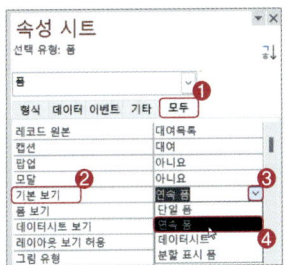

> 🚩 **기적의 TIP**
>
> 단일 폼은 레코드를 한 번에 하나만 표시, 연속 폼은 표시할 수 있는 만큼 표시합니다.

> 🚩 **기적의 TIP**
>
> [폼 보기]
> - [탐색] 창에서 해당 폼 더블클릭
> - 폼 디자인 보기에서 보기(▼)를 눌러 '폼 보기' 선택

## 03 탐색 단추, 구분 선, 레코드 선택기

④ [폼] 속성 창의 [모두] 탭에서 '레코드 선택기' 속성 입력란의 목록 단추(▼)를 클릭하여 '아니요'를 선택하고, '탐색 단추', '구분 선' 속성 입력란도 목록 단추(▼)를 클릭하여 모두 '아니요'를 선택한다.

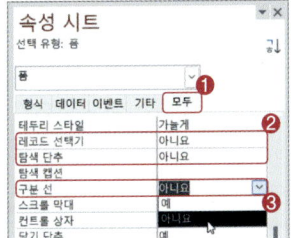

> 🚩 **기적의 TIP**
>
> '탐색 단추', '구분선', '레코드 선택기' 속성
> - 모두 '예'인 상태의 폼 보기
>
>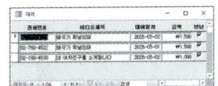
>
> - 모두 '아니요'인 상태의 폼 보기
>
>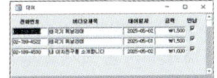

## 04 삭제 가능

⑤ [폼] 속성 창의 [데이터] 탭에서 '삭제 가능' 속성 입력란의 목록 단추(▼)를 클릭하여 '아니요'를 선택한다.

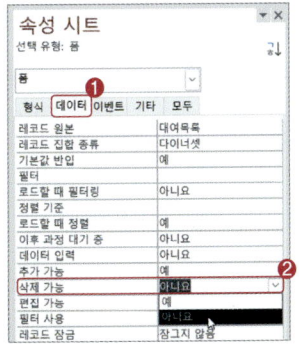

## 05 최소화 최대화 단추

⑥ [폼] 속성 창의 [모두] 탭에서 '최소화 최대화 단추' 속성 입력란의 목록 단추(⌄)를 클릭하여 '최소화 단추만'을 선택한다.

> **기적의 TIP**
>
> **'최소화 최대화 단추' 속성**
> - 표시 안 함
> - 최소화 단추만
> - 최대화 단추만
> - 둘 다 표시

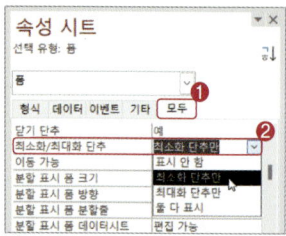

## 06 테두리 스타일

⑦ [폼] 속성 창의 [모두] 탭에서 '테두리 스타일' 속성 입력란의 목록 단추(⌄)를 클릭하여 '가늘게'를 선택한다.

> **기적의 TIP**
>
> **'테두리 스타일' 속성**
> 폼의 테두리 및 테두리 요소(제목 표시줄, 조절 메뉴, 최소화/최대화, 닫기 단추)의 종류를 지정하는 속성입니다.
> - **없음** : 테두리 선과 테두리 요소가 모두 표시되지 않음
> - **가늘게** : 폼 크기 조절이 불가능하며 최소화/최대화, 닫기 단추들은 표시
> - **조정 가능** : 폼의 크기 조절과 모든 테두리 요소 표시
> - **대화상자** : 폼 크기 조절이 불가능하며, 닫기 단추만 표시

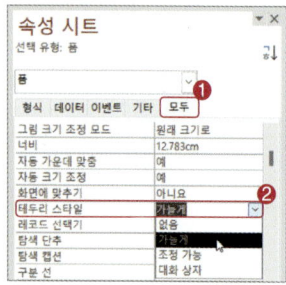

## 07 배경색

⑧ [본문] 구역 표시줄을 클릭하여 [구역] 속성 창이 표시되도록 한 후, 속성 창의 [모두] 탭에서 '배경색' 속성 입력란에 **12632256**을 입력한다.

> **기적의 TIP**
>
> 속성 시트에서 직접 개체 유형을 '본문'으로 선택할 수도 있습니다.
>
>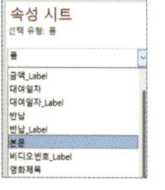

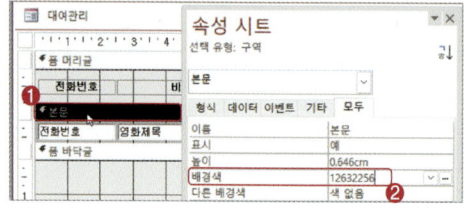

> **기적의 TIP**
>
> '배경색' 속성에 「12632256」을 입력하면 액세스 버전에 맞게 자동으로 「#C0C0C0」으로 변경됩니다.

## 08 폼 머리글/폼 바닥글

⑨ [폼 머리글] 구역 표시줄을 클릭한 후 [구역] 속성 창의 [모두] 탭에서 '높이' 속성 입력란에 1을 입력한다.

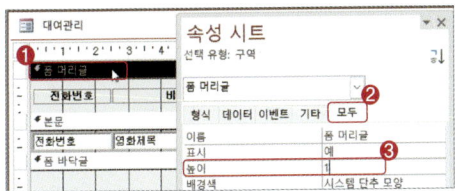

> **기적의 TIP**
> 속성 시트 창을 닫을 필요 없이 다른 개체를 계속해서 선택하면 됩니다.

⑩ [폼 바닥글] 구역 표시줄을 클릭하여 [구역] 속성 창이 표시되도록 한 후, 속성 창의 [모두] 탭에서 '높이' 속성 입력란에 0을 입력한다.

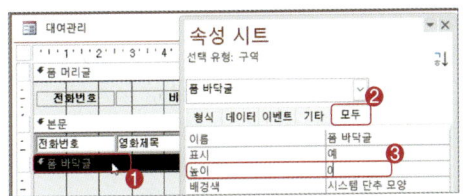

> **기적의 TIP**
> 단위는 제어판의 국가별 설정을 따르므로, 일반적으로 숫자만 입력하면 'cm'은 자동으로 따라 붙습니다.

⑪ 모든 작업이 완료되었다면, 빠른 실행 도구모음에서 [저장](🖫)을 눌러 폼을 저장한 후 [닫기]를 클릭하여 창을 닫는다.

> **기적의 TIP**
> 폼 디자인 보기 창을 닫고 변경한 내용을 저장하는 것도 동일합니다.

---

### ➕ 더 알기 TIP

#### '기본 보기' 속성의 종류

최신 문제에서는 문제에 제시된 화면을 보고 '기본 보기' 속성을 지정하도록 한다. 기본 보기에서 지정 가능한 보기 종류와 모양은 다음과 같다.

1. '연속 폼' 보기 : 작성된 컨트롤을 사용하여 여러 레코드를 한 화면에서 조회 가능

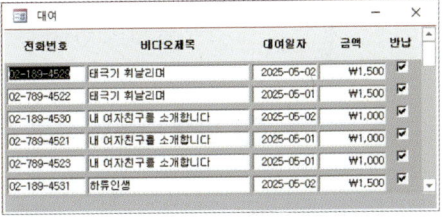

2. '단일 폼' 보기 : 작성된 컨트롤을 사용하여 한 화면에서 한 개 레코드를 조회 가능

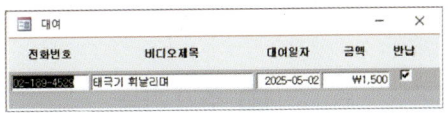

3. '데이터시트' 보기 : 테이블 보기처럼 표시되며, '컨트롤 이름'이 필드 캡션으로 표시되어 여러 레코드를 조회 가능

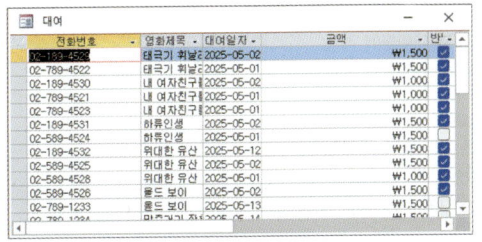

출제유형 ❷ '출제유형2.accdb' 파일을 열어 〈판매내역〉 폼을 다음 지시사항에 따라 완성하시오.

❶ 〈판매현황〉 테이블을 레코드 원본으로 설정하시오.
❷ 제시된 〈화면〉과 같은 형태로 나타나도록 '기본 보기' 속성을 설정하시오.
❸ 레코드 탐색 단추와 폼의 구분 선이 표시되지 않도록 설정하시오.
❹ 폼에 새 레코드를 추가하지 못하도록 설정하시오.
❺ 폼에 세로 스크롤바만 표시되도록 설정하시오.
❻ 폼이 표시되면 폼이 닫히기 전에는 다른 폼을 선택할 수 없도록 설정하시오.
❼ 폼이 로드될 때 '마진액' 필드를 기준으로 내림차순 정렬되어 표시되도록 설정하시오.

## 01 레코드 원본

① 탐색 창의 〈판매내역〉 폼에서 마우스 오른쪽 버튼을 눌러 [디자인 보기](📐)를 클릭한다.
② [폼] 디자인 보기 창에서 [폼] 속성 시트 창의 [모두] 탭 중 '레코드 원본' 속성 입력란의 목록 단추(▼)를 클릭하여 '판매현황' 테이블을 선택한다.

## 02 기본 보기

③ [폼] 속성 창의 [모두] 탭에서 '기본 보기' 속성 입력란의 목록 단추(▼)를 클릭하여 '연속 폼'을 선택한다.

## 03 탐색 단추와 구분 선

④ [폼] 속성 창의 [모두] 탭에서 '탐색 단추' 속성 입력란의 목록 단추(▼)를 클릭하여 '아니요'를 선택하고, '구분 선' 속성 입력란도 '아니요'를 선택한다.

## 04 추가 가능

⑤ [폼] 속성 창의 [데이터] 탭에서 '추가 가능' 속성 입력란의 목록 단추(▼)를 클릭하여 '아니요'를 선택한다.

> **기적의 TIP**
>
> **'추가 가능' 속성**
> 폼을 통해서 테이블에 레코드를 추가할 수 있는지 여부를 지정하는 속성입니다. 만약 '아니요'로 설정되면 기존 레코드를 보거나 편집하는 것은 가능하지만 새로운 레코드를 추가할 수는 없습니다.

## 05 세로 스크롤 막대

⑥ [폼] 속성 창의 [모두] 탭에서 '스크롤 막대' 속성 입력란의 목록 단추(∨)를 클릭하여 '세로만'을 선택한다.

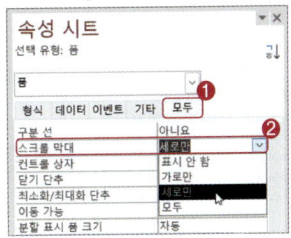

> **기적의 TIP**
>
> **'스크롤 막대' 속성**
> 폼의 크기를 조절할 때 전체 레코드보다 폼이 작아지는 경우 수직(세로) 또는 수평(가로) 스크롤 막대를 표시할지 여부를 지정하는 속성입니다.

## 06 모달 폼

⑦ [폼] 속성 창의 [모두] 탭에서 '모달' 속성 입력란의 목록 단추(∨)를 클릭하여 '예'를 선택한다.

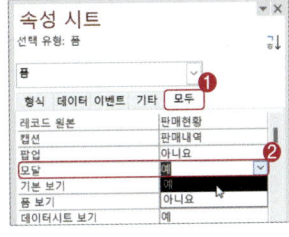

> **기적의 TIP**
>
> **'모달' 속성**
> 모달 속성이 '예'로 설정되면, 폼이 [폼 보기]로 표시된 상태에서는 다른 폼을 선택하여 활성화할 수 없습니다.

## 07 정렬 순서

⑧ [폼] 속성 창의 [데이터] 탭에서 '정렬 기준' 속성 입력란에 **마진액 DESC**를 설정한다.

---

**풀이결과**

① 레코드 원본

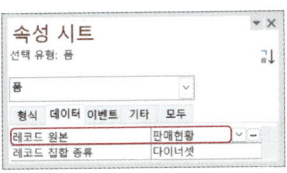

② 기본 보기 속성

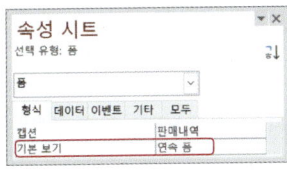

③ 레코드 탐색 단추와 폼의 구분 선

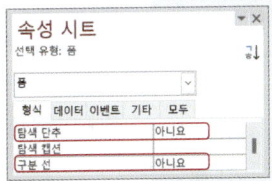

④ 레코드 추가 불가

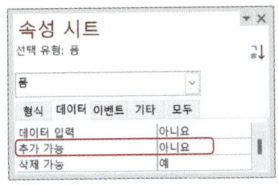

⑤ 세로 스크롤바만 표시

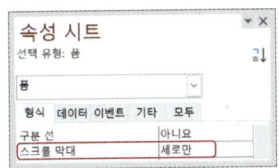

⑥ 모달 속성

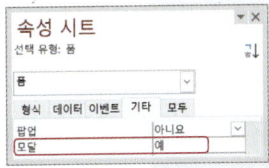

⑦ 정렬 기준 속성

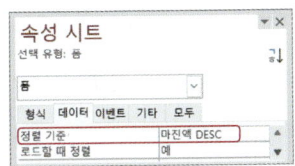

## 더 알기 TIP

### 폼의 주요 속성

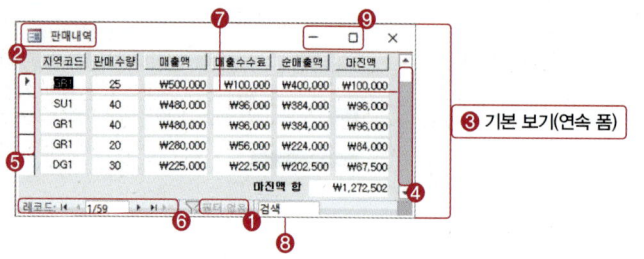

| 속성 | 설명 | VBA코드 |
|---|---|---|
| 레코드 원본 | 폼에 연결할 원본 테이블/쿼리 지정 | RecordSource |
| 필터 | 레코드의 일부분만이 표시되도록 필터 설정 | Filter |
| ❶ 필터 사용 | 필터의 사용 여부 | FilterOn |
| 정렬 기준 | 기준 폼/보고서의 정렬 기준 필드를 설정 | OrderBy |
| ❷ 캡션 | 폼 보기의 제목 표시줄에 나타나는 텍스트 | Caption |
| ❸ 기본 보기 | 폼 보기에서 표시될 보기 형식을 지정<br>• 단일 폼 : 기본값, 레코드를 한번에 하나만 표시<br>• 연속 폼 : 현재 창을 채울만큼 여러 개의 레코드를 표시<br>• 데이터시트 : 스프레드시트처럼 행/열로 정렬된 형태로 표시 | |
| 편집/삭제/추가 가능 | 레코드 편집/삭제/추가 가능 여부 | |
| ❹ 스크롤 막대 | 폼 스크롤 막대 표시 여부 | |
| ❺ 레코드 선택기 | 레코드 선택기의 표시 여부 | |
| ❻ 탐색 단추 | 탐색 단추와 레코드 번호 상자의 표시 여부 | |
| ❼ 구분 선 | 폼 구역, 연속 폼에서 표시된 레코드 구분 선 표시 여부 | |
| 자동 크기 조정 | 전체 레코드를 표시하도록 폼/보고서의 크기를 자동 조절할지 여부 | |
| 자동 가운데 맞춤 | 폼/보고서를 자동으로 가운데 맞출지 여부 | |
| 팝업 | 폼을 팝업 폼으로 열 것인지 여부 설정 | |
| 모달 | 폼을 모달 폼으로 열 것인지 여부 설정. '예'로 지정하면 모달 폼으로 열려 다른 폼을 선택할 수 없게 된다. | |
| ❽ 테두리 스타일 | 폼에 사용할 테두리의 종류와 테두리 요소(제목 표시줄, 컨트롤 메뉴, 최소화 단추, 최대화 단추, 닫기 단추 등)를 지정 | |
| ❾ 최소화 최대화 단추 | 제목 표시줄에 최소화/최대화 단추 표시 여부(문서 창 옵션이 '창 겹치기'인 경우) | |
| 그림 / 그림 유형 | 폼의 배경으로 사용할 그림 설정 / 그림의 저장 방식 설정 | |

### 폼 구역

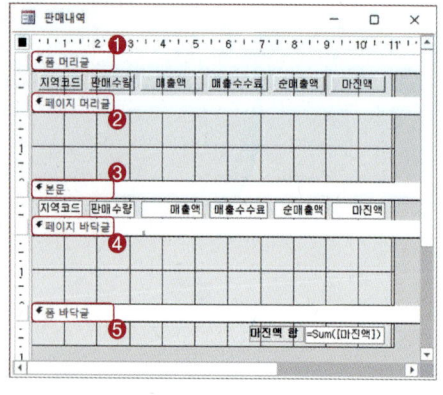

| 폼의 구역 | 설명 |
|---|---|
| ❶ 폼 머리글 | • 폼 제목처럼 각 레코드에 대해 동일한 정보를 표시하는 구역<br>• 인쇄 미리 보기에서 첫 페이지의 상단에 한 번만 표시됨 |
| ❷ 페이지 머리글 | • 제목과 같이 모든 페이지의 상단에 동일한 정보를 표시하는 구역<br>• 인쇄 미리 보기에서만 확인할 수 있음 |
| ❸ 본문<br>(세부구역) | • 실제 레코드를 표시하는 구역<br>• 하나 또는 여러 레코드를 표시할 수 있음 |
| ❹ 페이지 바닥글 | • 페이지 번호처럼 모든 페이지의 하단에 동일한 정보를 표시하는 구역<br>• 인쇄 미리 보기에서만 확인할 수 있음 |
| ❺ 폼 바닥글 | • 폼 사용에 관한 지시사항이나 명령 단추처럼 각 레코드에 동일한 정보 표시<br>• 인쇄 미리 보기에서 마지막 페이지 본문 다음에 한 번만 표시됨 |

# SECTION 02 컨트롤 속성 지정

**작업파일** [26컴활1급₩2권_데이터베이스₩이론₩2.입력및수정₩Section02] 폴더에서 작업하시오.

**출제유형 ①** '출제유형1.accdb' 파일을 열어 〈급여조회〉 폼을 다음 지시사항에 따라 완성하시오.

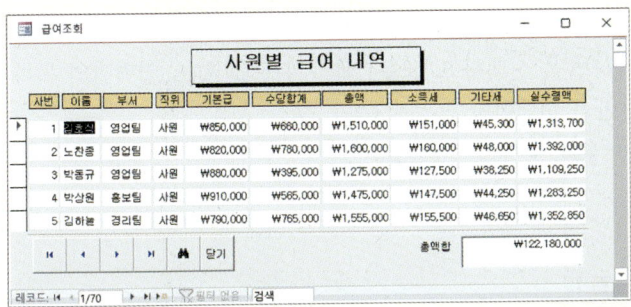

① 본문의 'txt사번', 'txt이름', 'txt부서', 'txt직위', 'txt기본급', 'txt수당합계'를 각각 '사번', '이름', '부서', '직위', '기본급', '수당합계' 필드에 바운드 시키시오.

② 본문의 'txt총액', 'txt소득세', 'txt기타세', 'txt실수령액' 컨트롤에 다음과 같이 계산식을 설정하시오.

- ▶ 'txt총액' : 기본급 + 수당합계
- ▶ 'txt소득세' : 총액의 10%
- ▶ 'txt기타세' : 소득세의 30%
- ▶ 'txt실수령액' : 총액 − 소득세 − 기타세

③ 폼 머리글에 다음과 같이 레이블 컨트롤을 작성하시오.
- ▶ 컨트롤 이름은 'lbl제목'으로 지정하고 '사원별 급여 내역'이 표시되도록 설정
- ▶ 굴림체, 16pt, 굵게, 가운데 맞춤으로 표시되도록 하고 그림자 효과 지정

④ 본문의 모든 텍스트 상자(입력란) 컨트롤의 특수 효과를 기본으로, 테두리를 투명으로 설정하시오.

⑤ 본문의 'txt기본급', 'txt수당합계', 'txt총액', 'txt소득세', 'txt기타세', 'txt실수령액' 컨트롤은 데이터를 편집할 수 없도록 설정하시오.

⑥ 본문의 'txt사번' 컨트롤은 포커스를 가질 수 없도록 설정하시오.

⑦ 폼 바닥글 영역에 전체 총액의 합계가 표시되도록 컨트롤을 생성하시오.
- ▶ 텍스트 상자(입력란) 컨트롤의 이름은 'txt총액합', 레이블은 '총액합'으로 표시되도록 설정

⑧ 모든 숫자 데이터 컨트롤은 통화로 설정하고, 오른쪽 맞춤으로 정렬하시오.

⑨ 본문의 컨트롤에 대해서 다음과 같이 탭 순서를 설정하시오.
- ▶ 'txt사번', 'txt이름', 'txt부서', 'txt직위', 'txt기본급', 'txt수당합계', 'txt총액', 'txt소득세', 'txt기타세', 'txt실수령액'

---

**기적의 TIP**

[컨트롤 속성 지정]
① [탐색] 창의 [폼] 개체 선택
② 대상 폼 선택 후 바로 가기 메뉴에서 [디자인 보기] 클릭
③ 속성 시트의 개체 목록 중 해당 컨트롤 선택(혹은 디자인 보기 창에서 개체 직접 선택)

**기적의 TIP**

계산 컨트롤 식 입력
- 계산식은 항상 등호(=)로 시작해야 합니다.
- 개체(폼, 보고서, 컨트롤) 및 필드 이름을 입력할 때는 대괄호([])로 감싸서 입력합니다.
- 단, 개체 및 필드 이름에 공백이나 특수문자가 없는 경우 대괄호를 생략하고 Enter를 누르면 자동으로 삽입됩니다.
- 날짜/시간 값 입력 : 날짜 앞뒤에는 샵 기호(#)를 입력합니다.
  (예) #2025-3-4#
- 텍스트 입력 : 텍스트(문자열) 앞뒤에는 큰 따옴표("")를 입력합니다.
  (예) "영진"
- 긴 식을 입력할 때는 Shift + F2를 눌러 [확대/축소] 창을 이용하여 입력하면 편리합니다.

⑩ 폼 바닥글의 왼쪽 하단에 다음 지시사항에 따라 명령 단추(CommandButton)를 생성하시오.
  ▶ 명령단추를 누르면 폼이 닫히도록 설정
  ▶ 컨트롤의 이름은 'cmd닫기', 캡션은 '닫기'로 설정
⑪ 폼 바닥글의 명령 단추들을 〈화면〉과 같이 위쪽을 기준으로 동일한 높이에 위치하도록 맞추시오.

## 01 필드 바운드

① '26컴활1급₩2권_데이터베이스₩이론₩2.입력및수정₩Section02' 폴더의 '출제유형1.accdb' 파일을 더블클릭하고, 탐색 창의 〈급여조회〉 폼에서 마우스 오른쪽 버튼을 눌러 [디자인 보기](🖫)를 클릭한다.

② 속성 시트 창에서 'txt사번'을 선택하고 [모두] 탭의 '컨트롤 원본' 입력란의 목록 단추(▽)를 클릭하여 '사번'을 선택한다.

> **기적의 TIP**
>
> **바운드와 언바운드**
> • 컨트롤 원본 속성에 표시할 필드 이름이 지정된 경우를 바운드 컨트롤이라고 하고, 필드 이름이 정해지지 않은 경우를 언바운드 컨트롤이라고 합니다.
> • 필드 이름 대신 계산식이 지정된 경우에는 계산 컨트롤이라고 합니다.

> **기적의 TIP**
>
> **개체 선택**
> 디자인 보기 창에서 개체를 직접 선택하거나, 속성 시트 창의 개체 목록에서 작업할 개체를 선택해도 됩니다. 상황에 따라 적절한 방법을 활용해보세요.

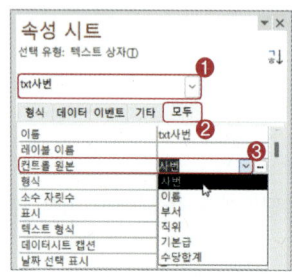

③ ②와 같은 방법으로, 나머지 컨트롤 'txt이름', 'txt부서', 'txt직위', 'txt기본급', 'txt수당합계' 컨트롤에 각각 '이름', '부서', '직위', '기본급', '수당합계' 필드를 컨트롤 원본으로 지정한다.

## 02 계산식

④ 본문의 'txt총액' 컨트롤을 클릭한 후 'txt총액' 속성 창의 [모두] 탭에서 '컨트롤 원본' 입력란에 =기본급+수당합계를 입력하고 Enter 를 누른다. (필드 이름 앞뒤에 자동으로 대괄호([ ])가 표시된다.)

> **기적의 TIP**
>
> **속성 시트 창 고정 및 이동**
> 속성 시트 창의 제목 표시줄 부분을 끌어서 작업 창의 왼쪽 끝이나 오른쪽 끝으로 가져가면 해당 영역에 고정시킬 수 있습니다. 또한 떼어내면 자유롭게 이동 창으로 만들 수도 있습니다.

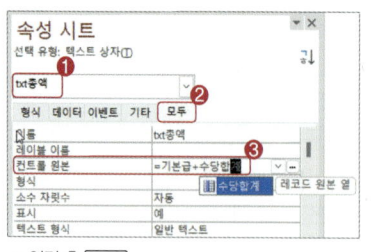

▲ 입력 후 Enter

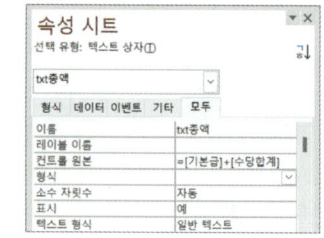

▲ 필드 이름 앞뒤에 대괄호([ ]) 표시

⑤ ④와 같은 방법으로 'txt소득세', 'txt기타세', 'txt실수령액' 컨트롤의 '컨트롤 원본' 속성 입력란에 다음과 같이 입력한 후 Enter 를 누른다.

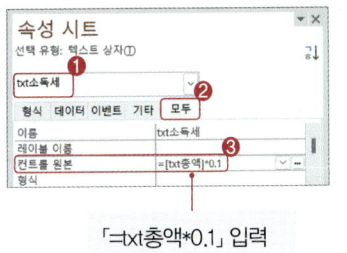
「=txt총액*0.1」 입력

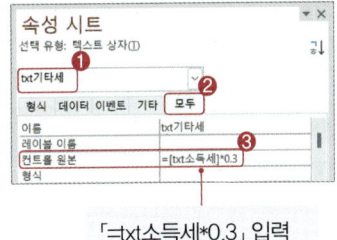
「=txt소득세*0.3」 입력

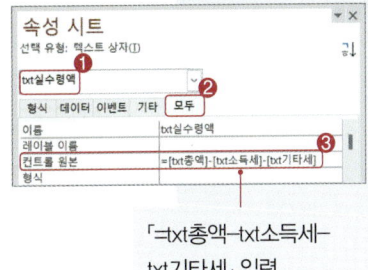
「=txt총액-txt소득세-txt기타세」 입력

## 03 레이블 컨트롤 작성

⑥ '폼 머리글' 구역의 아래 가장 자리에서 마우스 포인터 모양이 될 때 아래로 드래그하여 높이를 적당하게 조절한다.

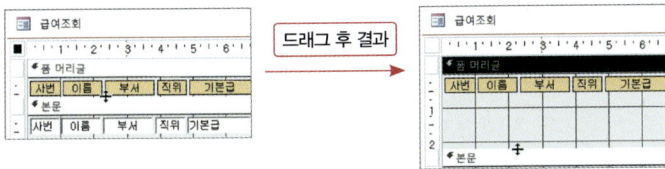

> **기적의 TIP**
>
> **여러 컨트롤 선택**
> - Shift 를 누르면서 클릭합니다.
> - 인접한 컨트롤의 경우 선택할 컨트롤이 포함되도록 사각형으로 드래그합니다.
> - 선택된 컨트롤을 해제할 때에도 Shift 를 누르면서 클릭합니다.
> - 눈금자를 클릭하거나 마우스로 드래그합니다.

⑦ '폼 머리글' 구역의 왼쪽 눈금자에서 마우스 포인터 모양이 이 될 때 클릭하여 '폼 머리글' 구역의 모든 컨트롤을 선택한다. 선택한 컨트롤 위에서 마우스 포인터 모양이 이 될 때 드래그하여 본문 구역 경계까지 드래그하여 이동한다. (또는, Ctrl + ↓를 눌러 이동한다.)

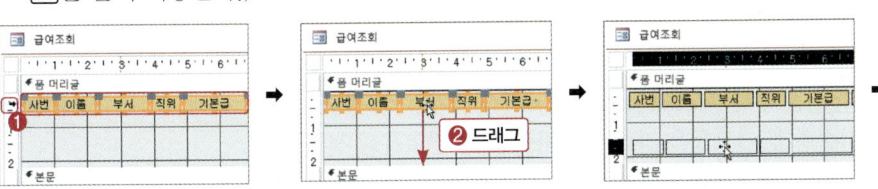

⑧ [양식 디자인]-[컨트롤] 그룹에서 [레이블]( )을 클릭한 후 '폼 머리글' 구역에서 레이블이 놓일 위치와 크기만큼 적당하게 드래그하여 놓는다.

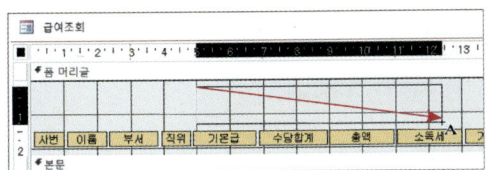

> **기적의 TIP**
>
> 레이블 컨트롤에 입력한 '사원별 급여 내역'은 속성 창의 캡션에 나타납니다.

⑨ 삽입한 레이블 컨트롤에 **사원별 급여 내역**을 입력한 후 [레이블] 속성 시트 창의 '이름' 속성 입력란에 lbl제목을 입력하고 Enter 를 누른다.

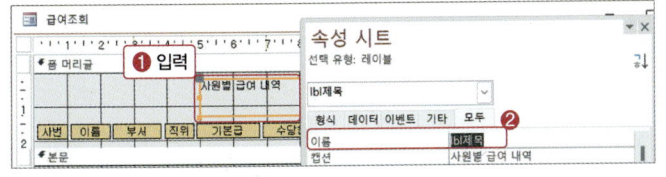

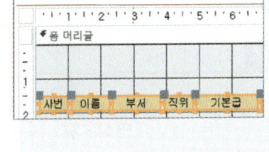

> **기적의 TIP**
>
> 만약 작업의 편의를 위해 속성 시트 창을 닫았다면 [양식 디자인]-[도구] 그룹의 [속성 시트] 아이콘을 클릭하면 다시 나타납니다.

⑩ 'lbl제목' 레이블 컨트롤의 속성 시트에서 '특수 효과', '글꼴 이름', '글꼴 크기', '텍스트 맞춤', '글꼴 두께'를 다음과 같이 지정한다.

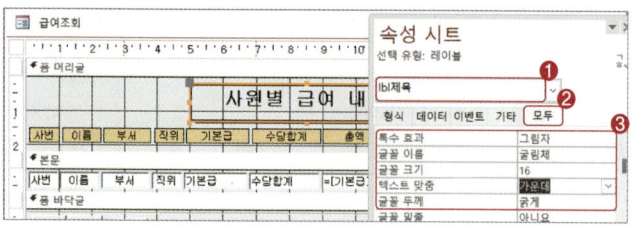

### 04 컨트롤 서식

⑪ 본문 구역 왼쪽 눈금자에서 마우스 포인터 모양이 ➡이 될 때 클릭하여 본문 구역의 모든 컨트롤을 선택한다. [속성 시트] 창이 열려 있지 않은 경우 [양식 디자인]-[도구] 그룹의 [속성 시트](📋)를 클릭하여 [속성 시트] 창을 연다.

⑫ [여러 항목 선택] 속성 창의 [형식] 탭에서 '특수 효과' 속성을 '기본'으로 지정하고, '테두리 스타일' 속성 입력란의 목록 단추(▼)를 클릭하여 '투명'을 선택한다.

> **기적의 TIP**
> 
> [속성 시트] 창이 표시된 상태
> 이미 [속성 시트] 창이 표시된 상태에서 [양식 디자인]-[도구] 그룹의 [속성 시트](📋)를 클릭하면 [속성 시트] 창이 닫힙니다.

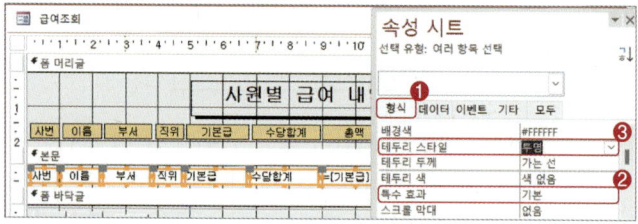

### 05 잠금

⑬ Shift 를 누른 채 'txt기본급', 'txt수당합계', 'txt총액', 'txt소득세', 'txt기타세', 'txt실수령액' 컨트롤을 각각 클릭하여 여러 컨트롤을 선택한다.

⑭ [여러 항목 선택] 속성 창의 [데이터] 탭에서 '잠금' 속성을 '예'로 선택한다.

> **기적의 TIP**
> 
> [속성 시트] 창이 열려있지 않은 경우, [양식 디자인]-[도구] 그룹의 [속성 시트](📋)를 클릭합니다.

> **기적의 TIP**
> 
> '잠금'을 '예'로 선택하면 활성화가 되어 커서를 두고 Delete , Back Space 를 이용하여 데이터를 수정하려고 하면 되지 않는 속성입니다.

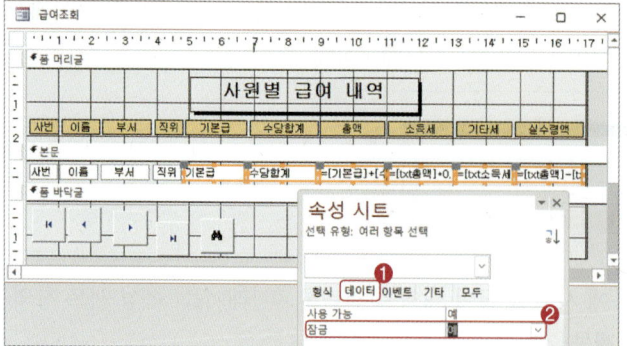

## 06 사용 가능

⑮ 'txt사번' 컨트롤을 클릭하고 속성 창의 [데이터] 탭에서 '사용 가능' 속성 입력란의 목록 단추(⌄)를 클릭하여 '아니요'를 선택한다.

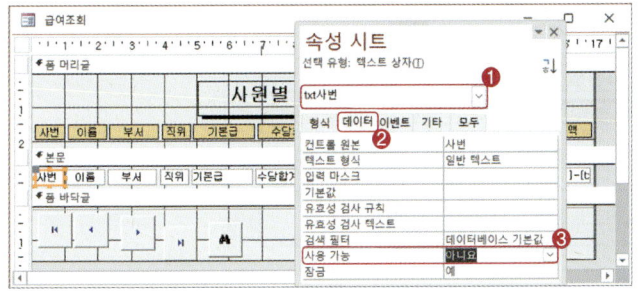

> **기적의 TIP**
>
> **'사용 가능' 속성**
> - '사용 가능' 속성이 '아니요'로 설정되면 포커스 즉, 커서가 이동될 수 없고 컨트롤도 희미하게 표시됩니다.
> - '사용 가능' 속성을 '아니요'로 하고 '잠금' 속성을 '예'로 지정하면 포커스는 가질 수 없지만 컨트롤은 정상적으로 표시됩니다.

## 07 합계 컨트롤 작성

⑯ [양식 디자인]-[컨트롤] 그룹의 [텍스트 상자](🔲)를 클릭하고 '폼 바닥글'에 총액 합계가 표시될 위치에서 적당히 드래그하여 놓는다.

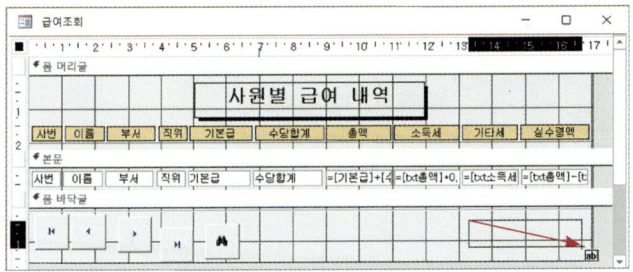

⑰ [텍스트 상자 마법사] 대화상자에서 [마침]을 클릭한다.

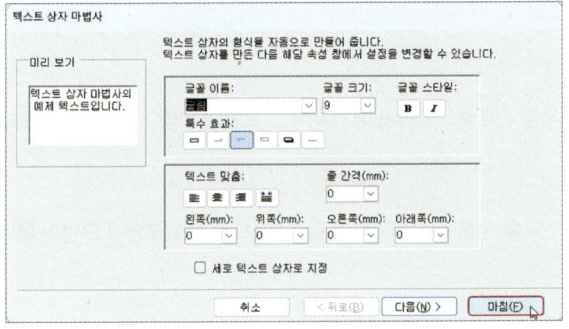

> **기적의 TIP**
>
> **[텍스트 상자 마법사]**
> - [양식 디자인] – [컨트롤] 탭의([자세히] 펼침 버튼 클릭) [컨트롤 마법사 사용](🧙) 도구가 선택된 상태에서는 '텍스트 상자', '하위 폼' 등을 작업할 때 마법사 화면이 자동으로 표시됩니다.
> - [자세히] 펼침 버튼
> - 마법사 화면이 필요없는 경우 [마침]을 클릭하여 종료합니다.
> - 마법사 화면이 나타나지 않게 하려면 [컨트롤 마법사 사용](🧙)을 클릭하여 선택을 해제합니다.

> **기적의 TIP**
>
> 여기에 나오는 '기본급', '수당합계'는 모두 필드의 이름입니다. 작업 중인 폼 〈급여조회〉는 〈사원급여내역〉 쿼리를 레코드 원본으로 하고 있습니다. 쿼리 개체에서 해당 쿼리를 찾아서 열어보세요. 언급한 필드가 보이죠? 그 필드들이 계산의 대상이 되는 것입니다.

> **기적의 TIP**
>
> **=Sum(기본급+수당합계)**
> 총액의 합을 구하기 위해서 Sum()함수를 이용합니다.

⑱ 작성된 컨트롤의 안내 '레이블' 컨트롤 안을 클릭하여 **총액합**을 입력하고 Enter 를 누른 후 레이블 왼쪽 상단 '이동 핸들'에서 마우스 포인터 모양이 ▨이 될 때 드래그 하여 적당하게 '텍스트 상자' 컨트롤과 간격을 맞춘다.

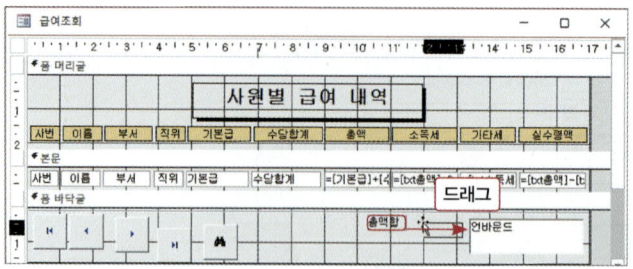

⑲ '텍스트 상자' 컨트롤을 선택한 후 속성 창의 [모두] 탭에서 '이름' 속성에 **txt총액합**을, 컨트롤 원본에 **=Sum(기본급+수당합계)**를 입력한 후 Enter 를 누른다. (필드 이름 앞뒤에는 대괄호([])가 자동으로 표시되어 '=Sum([기본급]+[수당합계])'로 표시된다.)

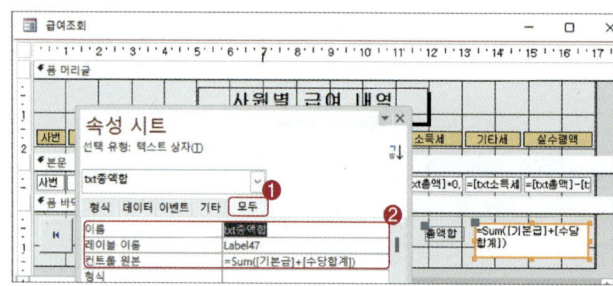

### ➕ 더 알기 TIP

**컨트롤 이동**

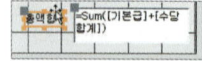

- 텍스트 상자(입력란)와 레이블 컨트롤을 함께 이동할 때는 이동할 컨트롤의 테두리에서 마우스 포인터 모양이 ▨이 될 때 드래그한다.
- Ctrl 을 누르면서 커서 이동 키를 누르면 미세하게 이동된다.
- 레이블이나 텍스트 상자(입력란) 컨트롤만 따로 이동할 때는 컨트롤 왼쪽 상단의 이동 핸들 위에서 마우스 포인터 모양이 ▨이 될 때 드래그한다.

## 08 형식, 정렬

⑳ Shift 를 누른 채 본문의 'txt기본급', 'txt수당합계', 'txt총액', 'txt소득세', 'txt기타세', 'txt실수령액' 컨트롤과 '폼 바닥글'의 'txt총액합' 컨트롤을 클릭하여 여러 컨트롤을 선택한다.

㉑ 속성 창이 열려있지 않은 경우 [양식 디자인]-[도구] 그룹의 [속성 시트](圓)를 클릭한 후 속성 창의 [모두] 탭에서 '형식' 속성 입력란의 목록 단추(∨)를 클릭하여 '통화'를 클릭한다.

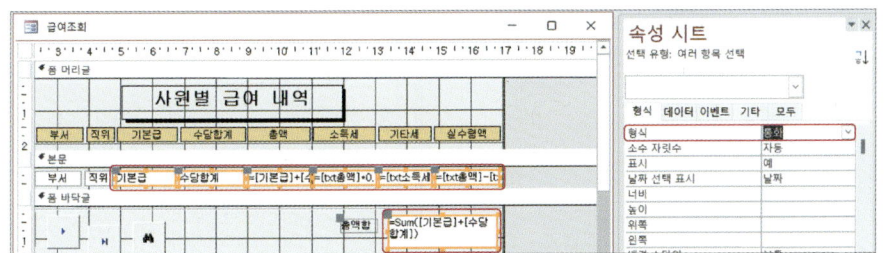

㉒ 여러 컨트롤이 선택된 상태에서 [서식]-[글꼴] 그룹에서 [오른쪽 맞춤](≡)을 클릭한다.

> **기적의 TIP**
> [속성 시트] 창의 [텍스트 맞춤]-[오른쪽]을 선택해도 됩니다.

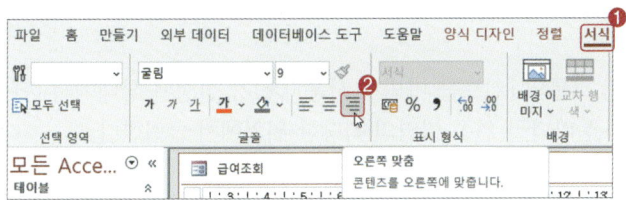

## 09 탭 순서

㉓ 폼 디자인 보기에서 [양식 디자인]-[도구] 그룹의 [탭 순서](▦)를 클릭한다.

㉔ [탭 순서] 대화상자에서 '구역'의 '본문'을 클릭한 후 '사용자 지정 순서' 목록에서 'txt사번' 행 선택기에서 마우스 포인터 모양이 ➡ 이 될 때 클릭한 후, 선택된 'txt사번' 행 선택기를 목록의 맨 위로 드래그하여 순서를 변경한다.

> **기적의 TIP**
> 폼 디자인 상태인 〈급여조회〉 폼의 바로 가기 메뉴에서 탭 순서를 선택해도 됩니다.

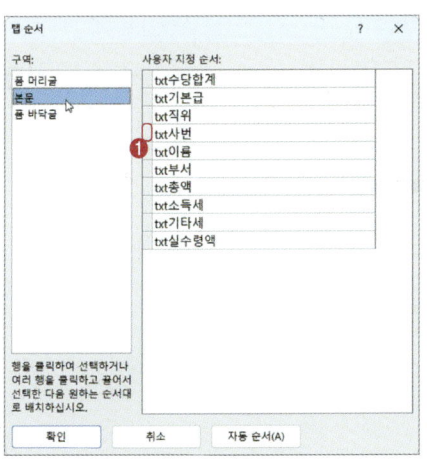
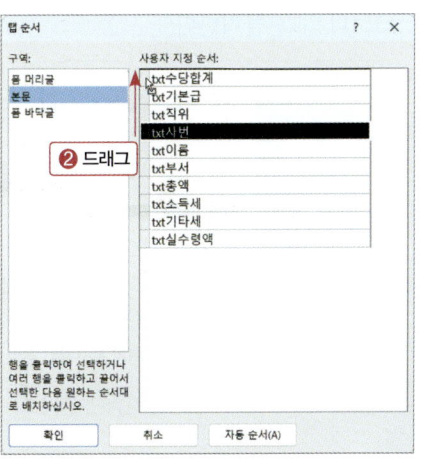

## 기적의 TIP

**여러 행을 선택할 때**
[탭 순서] 대화상자에서 여러 행을 선택할 때는 첫 번째 행 선택기에서 클릭한 후 마지막 행 선택기를 Shift 를 누르면서 클릭하세요.

## 기적의 TIP

**'탭 인덱스' 속성**
[탭 순서] 대화상자에서 순서를 설정하면 각 컨트롤의 '탭 인덱스' 속성에 인덱스 값이 0부터 차례대로 부여됩니다.

## 기적의 TIP

**'탭 정지' 속성**
- '탭 정지' 속성은 Tab 을 누를 때 컨트롤에 포커스가 이동될지 여부를 지정합니다.
- '아니요'로 지정된 경우 Tab 을 눌러 이 컨트롤로 이동하지 못합니다. (포커스를 가지지 못하는 것이죠.)

## 기적의 TIP

**컨트롤 크기**
- [양식 디자인]-[컨트롤] 탭에서 원하는 컨트롤 도구를 클릭한 후 폼 영역에서 클릭하면 기본 크기의 컨트롤이 작성됩니다.
- 특정 크기로 작성할때는 놓일 위치에서 드래그하여 적당한 크기로 조정하세요.

㉕ ㉔와 같은 방법으로 'txt이름', 'txt부서', 'txt직위', 'txt기본급', 'txt수당합계', 'txt총액', 'txt소득세', 'txt기타세', 'txt실수령액' 순으로 순서를 변경하고 [확인]을 클릭한다.

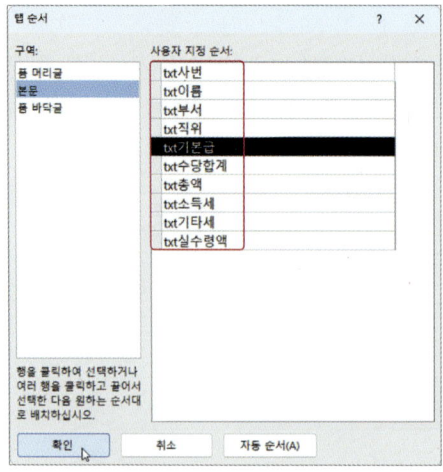

### ⑩ 명령 단추 작성

㉖ [양식 디자인]-[컨트롤] 그룹의 [컨트롤 마법사 사용](🪄)가 설정된 상태에서 [단추] (▭) 도구를 클릭하고 폼 바닥글 왼쪽 영역의 적당한 위치에서 클릭한다.

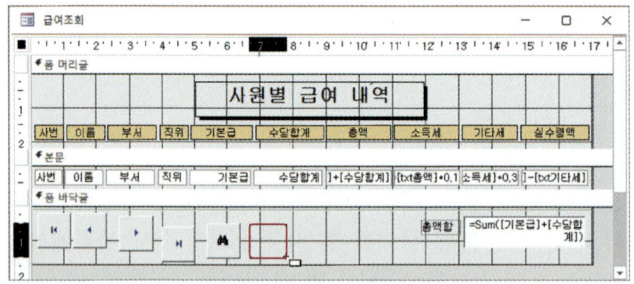

㉗ [명령 단추 마법사] 대화상자에서 지시사항에 따라 각 단계에서 화면과 같이 선택하고 [다음]을 클릭한다.

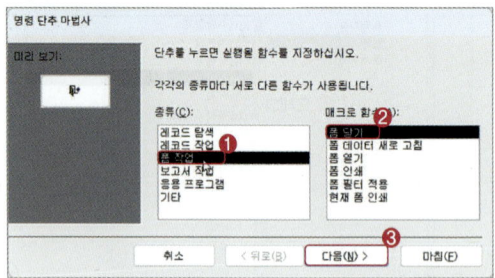

▲ 1단계) '폼 작업'의 '폼 닫기'를 선택한 후 [다음] 클릭

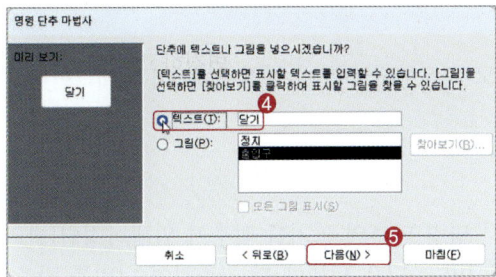

▲ 2단계) '텍스트'를 선택하고 입력란에 「닫기」를 입력한 후 [다음] 클릭

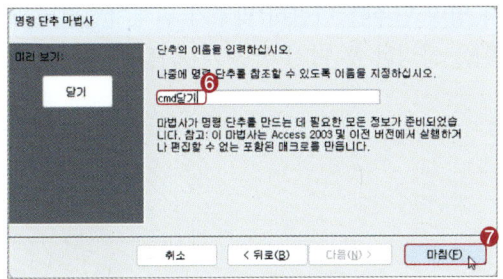

▲ 3단계) 명령 단추 이름으로 「cmd닫기」를 입력한 후 [마침] 클릭

### ➕ 더 알기 TIP

#### '폼 닫기' CloseWindow 매크로 함수

1. [명령 단추 마법사]를 이용하면 자동으로 '포함된 매크로'가 생성된다.
2. cmd닫기 명령 단추의 바로 가기 메뉴에서 [이벤트 작성]을 클릭하거나, 속성 시트의 On Click 이벤트 속성에서 [포함된 매크로]의 [작성기] 단추를 클릭하면 확인할 수 있다.

① On Click 이벤트 속성의 [포함된 매크로]에서 [작성기] 단추를 클릭한다.

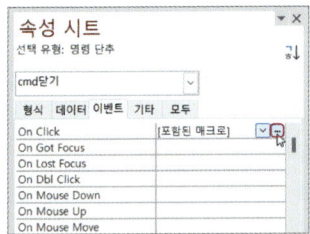

② 매크로 작성기 창이 열리고, CloseWindow 매크로 함수와 관련된 인수를 보여준다.

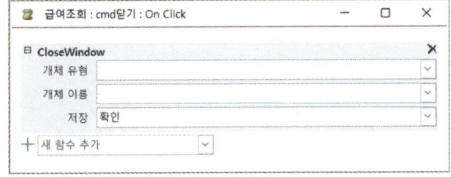

※ CloseWindow 매크로 함수는 개체를 닫아주는 함수로, 특정한 개체 유형을 지정하지 않으면 현재 문서를 닫는다. 또한 개체를 닫을 때 변경 내용의 저장 여부를 설정할 수 있다.

### ⑪ 컨트롤 정렬

㉘ '폼 바닥글' 영역에서 명령 단추가 모두 포함되도록 빈 영역에서부터 드래그한다.

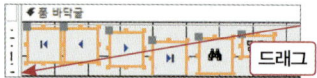

> 기적의 TIP
> 명령 단추 컨트롤들이 살짝 걸칠 정도로만 드래그하여도 선택이 됩니다.

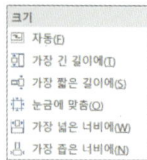

㉙ 명령 단추가 모두 선택된 상태에서 명령 단추의 크기를 맞추기 위해, [정렬]-[크기 및 순서 조정] 그룹의 [크기/공간]-[가장 넓은 너비에]를 클릭하여 너비를 맞춘 후 같은 순서로 [가장 긴 길이에]를 클릭하여 높이를 맞춘다.

㉚ 명령 단추가 모두 선택된 상태에서 명령 단추를 나란히 맞추기 위해, [정렬]-[크기 및 순서 조정] 그룹의 [맞춤]-[위쪽]을 클릭한 후 다시 한번 [왼쪽]을 클릭하여 명령 단추가 가지런해지도록 한다.

> 기적의 TIP
> 결과로 주어진 〈화면〉과 최대한 유사하게 맞춰준다고 생각하세요.

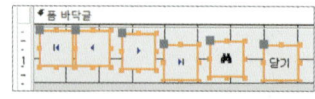

> 기적의 TIP
> 명령 단추를 모두 선택한 후 바로 가기 메뉴에서 [맞춤]-[위쪽]과 [왼쪽]을 선택해도 됩니다.

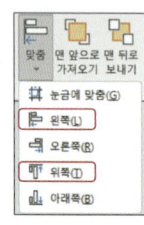

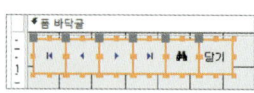

### ➕ 더 알기 TIP

#### [양식 디자인]의 주요 컨트롤

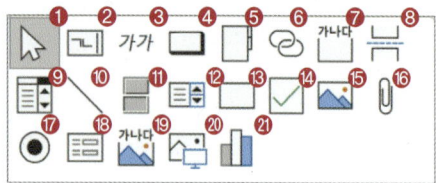

① 선택　　② 텍스트 상자　　③ 레이블
④ 단추　　⑤ 탭 컨트롤　　⑥ 링크
⑦ 옵션 그룹　　⑧ 페이지 나누기 삽입　　⑨ 콤보 상자
⑩ 선　　⑪ 토글 단추　　⑫ 목록 상자
⑬ 사각형　　⑭ 확인란　　⑮ 언바운드 개체 틀
⑯ 첨부 파일　　⑰ 옵션 단추　　⑱ 하위 폼/하위 보고서
⑲ 바운드 개체 틀　　⑳ 이미지　　㉑ 차트

#### 컨트롤의 주요 속성

1. [데이터] 탭

| 속성 | 설명 |
| --- | --- |
| 컨트롤 원본 | 컨트롤에 나타낼 필드나 계산식을 지정. 나타낼 필드이름을 지정하면 바운드 컨트롤이라고 함 |
| 기본값 | 새 레코드를 추가할 때 기본적으로 입력되는 값을 지정 |
| 입력 마스크 | 입력하는 자료의 종류와 자릿수를 제한하기 위한 문자 지정 |
| 유효성 검사 규칙 | 입력 가능한 자료의 조건을 지정 |
| 사용 가능 | 폼 보기에서 컨트롤이 포커스를 가질 수 있는지 여부 지정 |
| 잠금 | 폼 보기에서 컨트롤의 데이터를 편집할 수 있는지 여부 지정 |

## 2. [형식] 탭

| 속성 | 설명 |
|---|---|
| 표시 | 폼/보고서 보기에서 컨트롤을 표시할지 여부 지정 |
| 형식, 소수 자릿수 | 컨트롤 값이 화면에 표시되는 형태와 소숫점 자릿수를 지정 |
| 배경 스타일, 배경색, 특수 효과, 테두리 스타일, 테두리 색, 테두리 두께, 문자색 | 컨트롤의 투명 표시 여부, 내부색, 특별한 서식, 테두리 표시 방법, 색, 두께, 텍스트의 색 등을 지정 |
| 글꼴 이름, 글꼴 크기, 글꼴 두께, 글꼴 기울임꼴, 글꼴 밑줄 | 컨트롤 값의 글꼴 이름, 크기, 두께, 기울임꼴, 밑줄 여부 지정 |
| 텍스트 맞춤, 줄 간격 | 컨트롤 텍스트 수평 맞춤, 줄 간격 지정 |
| 캡션 | 레이블, 명령 단추 컨트롤에 표시되는 텍스트 내용 입력 |
| 중복 내용 숨기기 | 컨트롤 값이 이전 레코드의 동일 컨트롤 값과 같은 경우 컨트롤 내용의 표시 여부 지정 (보고서에서만 사용) |
| 확장 가능, 축소 가능 | 컨트롤 크기보다 표시할 내용이 크거나 작은 경우 컨트롤의 수직 크기를 확장하거나 축소할지 여부 지정 |

## 3. [기타] 탭

| 속성 | 설명 |
|---|---|
| 이름 | 컨트롤의 이름을 나타내는 문자열 지정 |
| IME 모드 | 컨트롤에 커서가 이동되면 키보드 입력 상태를 한글, 영문 등의 지정된 자판 상태가 되도록 설정 |
| Enter 기능 | 텍스트 상자(입력란) 컨트롤에서 Enter 를 누를 때 줄 바꿈을 할지 여부 지정 |
| 상태 표시줄 텍스트 | 컨트롤이 포커스를 가질 때 상태 표시줄에 나타날 메시지 내용 입력 |
| 컨트롤 팁 텍스트 | 컨트롤 위에 마우스 포인터가 머무를 때 표시될 메시지 내용 입력 |
| 탭 정지 | Tab 을 사용하여 해당 컨트롤로 이동할 수 있는지 여부 |
| 탭 인덱스 | Tab 을 누를 때 포커스를 가지는 컨트롤 순서(탭 순서)를 지정 |

---

### ➕ 더 알기 TIP

### 폼에 이미지 삽입

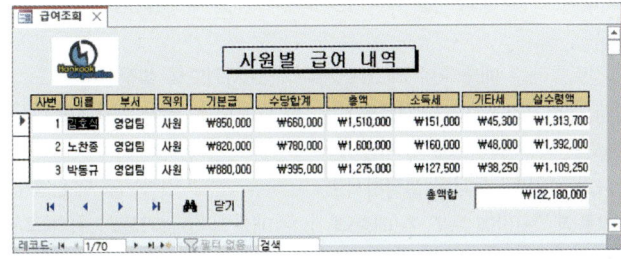

① 폼 [디자인 보기] 상태에서 [양식 디자인] 탭의 [이미지 삽입]-[찾아보기]를 클릭

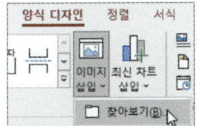

② [그림 삽입] 대화상자의 아래 부분에서 파일 형식을 '모든 파일'을 선택한 후에 '로고.JPG'를 파일을 찾음

③ 폼 머리글에 그림을 드래그한 후 [속성 시트]에서 이름(회사로고), 그림유형(포함), 그림 크기 조절(한 방향 확대/축소), 너비(2), 높이(1.6) 를 설정

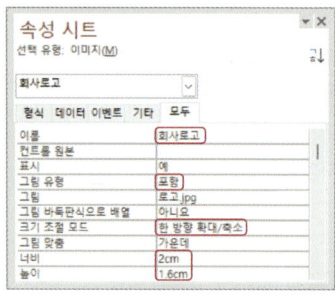

---

**출제유형 ❷** '출제유형2.accdb' 파일을 열어 〈지역매출〉 폼을 다음 지시사항에 따라 완성하시오.

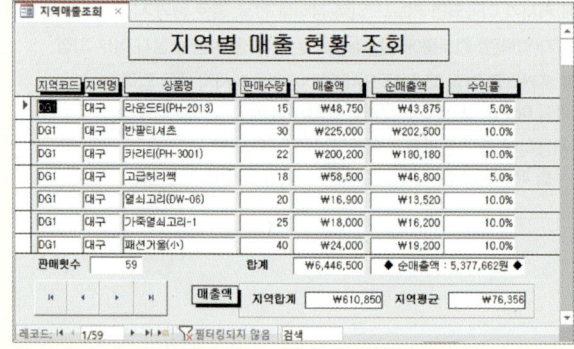

🏠 **25년 출제**

폼 바닥글의 'txt판매건수' 컨트롤에는 폼의 'txt지역코드' 컨트롤을 이용하여 '판매현황' 테이블에서 '매출액'의 개수를 [예시]와 같이 표시되도록 설정하시오.
▶ [예시] 대구 판매건수 : 8
컨트롤 원본 : =[지역명] & " 판매건수 : " & DCount("매출액","판매현황","지역코드 = txt지역코드")

🏠 **25년 출제**

폼 바닥글의 'txt지역평균' 컨트롤을 다음과 같이 설정하시오.
▶ '지역코드' 컨트롤을 이용하여 '판매현황' 테이블에서 '매출액'의 평균을 계산
▶ 단, 매출액의 평균값이 null인 경우 '오류'로 표시
▶ IIF, DAVG 함수 이용
컨트롤 원본 : =IIf(IsNull (DAvg("매출액","판매현황","지역코드=txt지역코드")),"오류",DAvg("매출액","판매현황","지역코드=txt지역코드"))

❶ 〈화면〉과 같은 형태로 나타나도록 '기본 보기' 속성을 설정하시오.

❷ 본문의 'txt판매수량', 'txt매출액', 'txt순매출액'을 각각 '판매수량', '매출액', '순매출액' 필드에 바운드 시키시오.

❸ 폼 바닥글의 'txt판매횟수' 컨트롤에는 매출 횟수(레코드 개수)가 표시되도록 설정하시오.

❹ 폼 바닥글의 'txt매출액합계', 'txt순매출액합계' 컨트롤에는 각각 '매출액', '순매출액' 필드의 합계가 표시되도록 설정하시오.(통화 형식으로 표시할 것)

❺ 본문 컨트롤에 대해서 다음과 같이 탭 순서를 설정하시오.
▶ 'txt지역코드', '지역명', '상품명', 'txt판매수량', 'txt매출액', 'txt순매출액', 'txt수익률'

❻ 본문의 'txt수익률' 컨트롤에는 '판매수량' 필드 값이 '20' 이상인 경우 10%를 그 이외의 경우 5%를 표시하도록 설정하시오.(백분율 형식으로 소수점 1자리까지 표시할 것)
▶ IIF 함수 이용

❼ 폼 바닥글의 'txt지역합계', 'txt지역평균' 컨트롤에는 폼의 'txt지역코드' 컨트롤을 이용하여 '판매현황' 테이블에서 '매출액' 합계와 평균을 표시하도록 설정하시오.
▶ DSUM, DAVG 함수 이용

❽ 폼 바닥글의 왼쪽 하단에 다음 지시사항에 따라 명령 단추(CommandButton)를 생성하시오.
▶ 명령 단추를 누르면 마지막 레코드로 이동하도록 설정
▶ 컨트롤의 이름은 'cmd마지막'으로 지정

❾ 폼 바닥글의 명령 단추들을 〈화면〉과 같이 정렬하시오.
❿ '지역명' 필드의 값이 '서울'인 경우 'txt판매수량' 컨트롤과 'txt매출액' 컨트롤의 배경색을 녹색으로 구분 짓는 조건부 서식을 설정하시오.
⓫ 폼 바닥글의 'txt순매출액합계' 컨트롤에 다음과 같이 표시되도록 컨트롤 원본 속성을 설정하시오.

▶ 금액이 1234567인 경우 → ◆ 순매출액 : 1,234,567원 ◆
▶ 금액이 0인 경우 → ◆ 순매출액 : 0원 ◆

## 01 기본 보기

① '26컴활1급₩2권_데이터베이스₩이론₩2.입력및수정₩Section02' 폴더의 '출제유형2.accdb' 파일을 더블클릭하고, 탐색 창의 〈지역매출〉 폼에서 마우스 오른쪽 버튼을 눌러 [디자인 보기](N)를 클릭한다.
② [폼] 속성 시트 창의 [모두] 탭에서 '기본 보기' 속성 입력란의 목록 단추(⌄)를 클릭하여 '연속 폼'을 선택한다.

> **기적의 TIP**
> 속성 시트 창이 열려있거나 오른쪽에 고정 배치된 상태라면 개체를 선택(클릭)하기만 하면 됩니다.

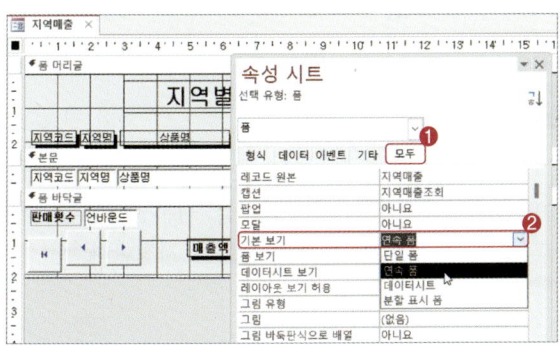

## 02 필드 바운드

③ 속성 시트 창에서 'txt판매수량'을 선택하고 [모두] 탭에서 '컨트롤 원본' 입력란의 목록 단추(⌄)를 클릭하여 '판매수량'을 선택한다.

> **기적의 TIP**
> 바운드란 '연결'을 의미합니다. 폼이 레코드 원본으로 테이블을 담을 수 있다면, 컨트롤은 컨트롤 원본으로 그 테이블의 필드를 담을 수 있습니다. 즉 필드와 연결(바운드)된다는 말입니다.

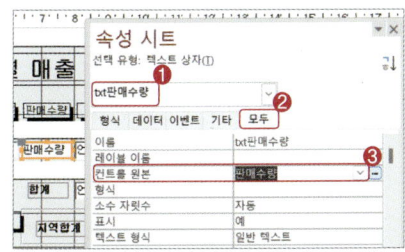

④ ③과 같은 방법으로 나머지 컨트롤 'txt매출액', 'txt순매출액' 컨트롤에 각각 '매출액', '순매출액' 필드를 컨트롤 원본으로 지정한다.

> 📑 **기적의 TIP**
>
> =Count(*)는 Null 값까지 포함하여 레코드 개수를 세며, =Count([필드이름])는 Null 값을 제외한 레코드 개수를 세어줍니다. 지금까지 출제된 문제에서는 Null 값이 없었기 때문에 =Count(*)를 사용해왔지만, 만약 특정 필드를 대상으로 레코드 개수를 헤아려야 하고, 그 필드에 Null 값이 있다면 =Count([필드이름])로 처리해야 합니다.

> 📑 **기적의 TIP**
>
> **자주 출제되는 집계 함수**
> - =Count(*) : 개수
> - =Sum(필드명) : 합계
> - =Avg(필드명) : 평균
> - =Max(필드명) : 최대값
> - =Min(필드명) : 최소값

### 03 계산식

⑤ '폼 바닥글'의 'txt판매횟수' 컨트롤을 선택한 후 'txt판매횟수' 속성 창의 [모두] 탭에서 컨트롤 원본에 =Count(*)를 입력하고 Enter 를 누른다.

### 04 합계

⑥ '폼 바닥글'의 'txt매출액합계' 컨트롤을 선택한 후 'txt매출액합계' 속성 창의 [모두] 탭에서 '컨트롤 원본' 입력란에 =Sum(매출액)을 입력하고 Enter 를 누른 후, '형식' 속성의 입력란의 목록 단추(▼)를 클릭하여 '통화'를 선택한다.

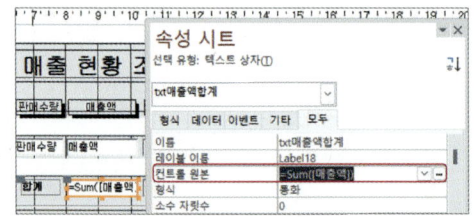

⑦ ⑥과 같은 방법으로 'txt순매출액합계' 컨트롤의 '컨트롤 원본' 속성 입력란에 =Sum(순매출액)을 입력한 후 Enter 를 누르고, 형식을 '통화'로 지정한다.

### 05 탭 순서

⑧ [양식 디자인]-[도구] 그룹에서 [탭 순서](圖)를 클릭하고, [탭 순서] 대화상자에서 '구역'의 '본문'을 클릭한 후 '사용자 지정 순서' 목록의 'txt지역코드' 행 선택기에서 마우스 포인터 모양이 ➡이 될 때 클릭한다. 이제 목록의 맨 위로 드래그하여 순서를 변경한다.

⑨ ⑧과 같은 방법으로 '지역명', '상품명', 'txt판매수량', 'txt매출액', 'txt순매출액', 'txt수익률' 순으로 순서를 변경한 후 [확인]을 클릭한다.

## 06 IIF 함수

⑩ '본문'의 'txt수익률' 컨트롤을 선택한 후 'txt수익률' 속성 창의 [모두] 탭에서 '컨트롤 원본' 입력란에 =IIf([판매수량]>=20,0.1,0.05)를 입력하고 Enter 를 누른다. '형식' 속성의 입력란의 목록 단추(▼)를 클릭하여 '백분율'을 선택하고, '소수 자릿수' 속성 입력란의 목록 단추(▼)를 클릭하여 1을 선택한다.

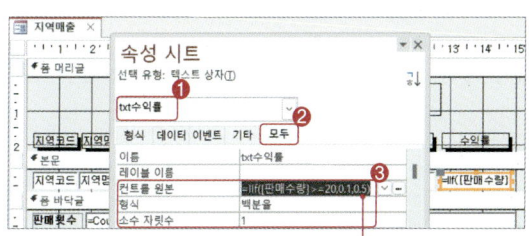

> **기적의 TIP**
>
> **iif 식 설명**
> - iif 함수의 구조
>
>   = iif(조건, 참값, 거짓값)
>
> - =IIf([판매수량])>=20,0.1, 0.05)
>   '판매수량' 컨트롤 값이 20 이상이면 0.1을 표시하고 아닌 경우 0.05를 표시합니다.

## 07 DSUM, DAVG 함수

⑪ '폼 바닥글'의 'txt지역합계' 컨트롤을 선택한 후 'txt지역합계' 속성 창의 [모두] 탭에서 '컨트롤 원본' 입력란에 =DSum("[매출액]","판매현황","[지역코드]=txt지역코드]")를 입력하고 Enter 를 누른다.

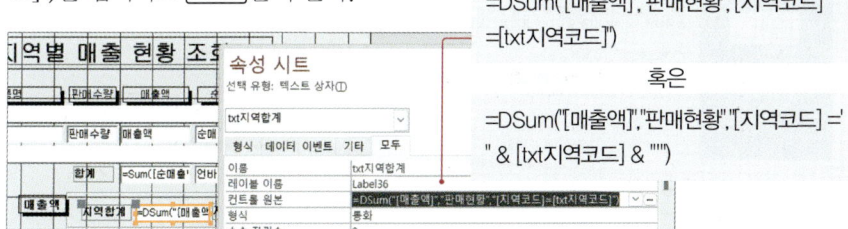

> **기적의 TIP**
>
> **DSum 식 설명**
> - =DSum 함수 작성시 큰 따옴표("")안에는 공백이 입력 되면 오류가 발생합니다.
> - 큰따옴표("")안의 대괄호는 Enter 를 눌러도 자동 완성되지 않기 때문에 직접 입력해야 합니다. 만약, 필드 이름이나 테이블 이름에 공백이 없다면 대괄호를 입력하지 않아도 됩니다.
> - ⑪번 식은 〈판매현황〉 테이블에서 '지역코드' 필드와, 폼의 'txt지역코드' 컨트롤 값과 같은 레코드의 '매출액' 필드 합계를 구합니다.
> - 필드와 컨트롤 부분을 대괄호로 처리합니다.

⑫ '폼 바닥글'의 'txt지역평균' 컨트롤을 선택한 후 'txt지역평균' 속성 창의 [모두] 탭에서 '컨트롤 원본' 입력란에 =DAvg("[매출액]","판매현황","[지역코드]=txt지역코드]")를 입력하고 Enter 를 누른다.

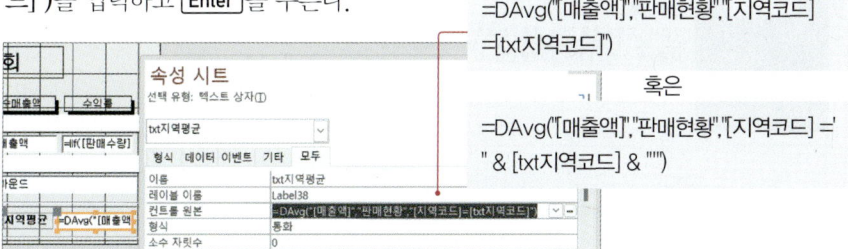

> **기적의 TIP**
>
> **DAvg 식 설명**
> ⑪의 DSum함수와 모든 작성 조건이 같고 계산식만 평균을 사용합니다.

> **기적의 TIP**
>
> 계산식 작성시 Shift + F2 를 눌러 [확대/축소] 창을 이용하면 편리하게 입력할 수 있습니다.

## 08 명령 단추 작성

⑬ [양식 디자인]-[컨트롤] 그룹의 [컨트롤 마법사 사용]( ) 도구가 설정된 상태에서 [단추]( ) 도구를 클릭한 후 폼 바닥글 왼쪽 영역의 적당한 위치에서 클릭한다.

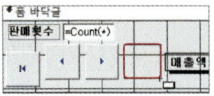

⑭ [명령 단추 마법사] 대화상자에서 지시사항에 따라 각 단계에서 화면과 같이 선택하고 [다음]을 클릭한다.

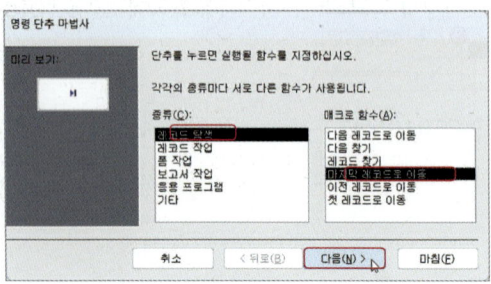

▲ 1단계) '레코드 탐색'의 '마지막 레코드로 이동'을 선택한 후 [다음] 버튼 클릭

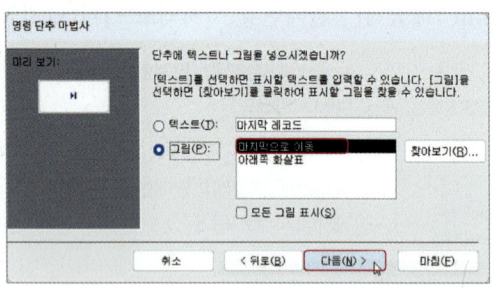

▲ 2단계) '그림'의 '마지막으로 이동'을 선택한 후 [다음] 버튼 클릭

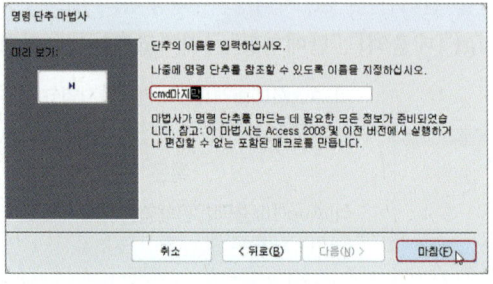

▲ 3단계) 명령 단추 이름으로 「cmd마지막」을 입력한 후 [마침] 버튼 클릭

## 09 컨트롤 정렬

⑮ '폼 바닥글' 영역에서 명령 단추가 모두 포함되도록 드래그 하여 선택하거나, Shift 를 누른 채로 다중 선택한다.

⑯ 명령 단추가 모두 선택된 상태에서 명령 단추를 나란히 맞추기 위해, [정렬]-[크기 및 순서 조정] 그룹의 [맞춤]-[위쪽]을 클릭하고, 다시 한번 [왼쪽]을 클릭하여 명령 단추가 가지런해지도록 한다.

> **기적의 TIP**
> 명령 단추가 모두 선택된 상황이라면, 바로 가기 메뉴의 '맞춤'에서도 동일한 작업을 수행할 수 있습니다.

> **기적의 TIP**
> 크기를 맞추려면 [크기 및 순서 조정] 탭의 [크기/공간] - [가장 긴 길이에]와 [가장 넓은 너비에]를 클릭하면 됩니다.

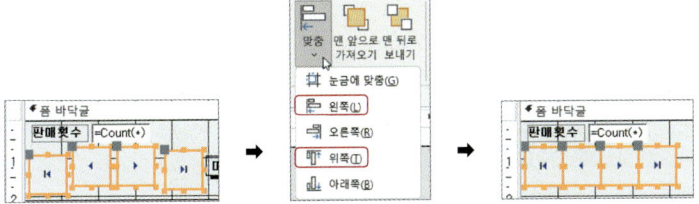

## 10 조건부 서식

⑰ 'txt판매수량', 'txt매출액' 컨트롤을 Shift 나 Ctrl 을 누른 채로 다중 선택한 후 [서식]-[컨트롤 서식] 그룹의 [조건부 서식](🖼)을 클릭한다.

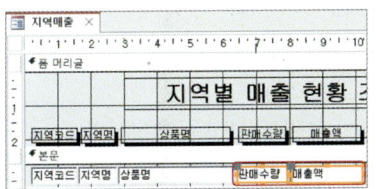
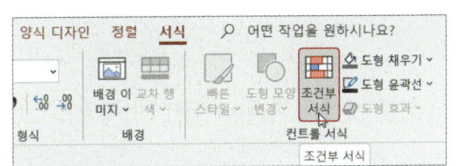

⑱ [조건부 서식 규칙 관리자] 대화상자에서 [새 규칙]을 클릭한다.

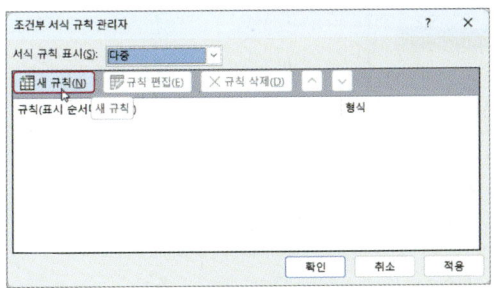

### 25년 출제

〈지역매출〉 폼에서 '지역코드' 마지막 문자가 '1'이고 '판매수량'이 100 이상인 조건부 서식을 설정하시오.
▶ RIGHT 함수 이용
정답) (RIGHT([지역코드],1)="1")*([판매수량])=100
▶ RIGHT, AND 함수 이용
정답) RIGHT([지역코드],1)="1" AND [판매수량]=100

### 25년 출제

〈지역매출〉 폼에서 '순매출액'이 '매출액'의 8%를 초과하는 경우 조건부 서식을 설정하시오.
정답) [순매출액]>[매출액]*0.08

### 25년 출제

〈지역매출〉 폼에서 '지역코드'에 'G'나 'J'를 포함하면서 판매수량이 50 이상 100 이하인 경우 조건부 서식을 설정하시오.
정답) ([지역코드] Like "*G*" Or Like "*J*") And ([판매수량])=50 And [판매수량]<=100)

### 25년 출제

〈지역매출〉 폼에서 '상품명'에 '영'을 포함하면서 '매출액' 필드의 년도가 2024년 이전인 경우 조건부 서식을 설정하시오.
정답) [상품명] Like "*영*" And Year([매출일])<=2024

⑲ '다음과 같은 셀만 서식 설정' 영역에서 식 작성을 위해 '식이'를 선택하고 [지역명] = "서울"로 식을 작성한 후 [배경색]( ) 도구를 클릭하여 '녹색'을 선택한다. 미리보기를 살펴본 후 [확인]을 클릭한다.

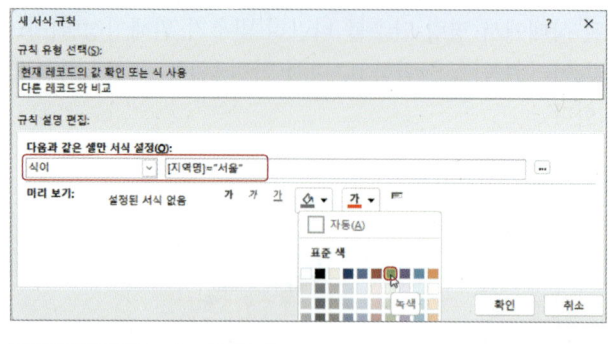

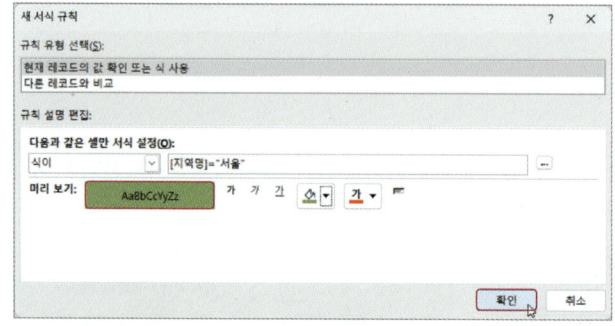

⑳ [조건부 서식 규칙 관리자]에서 [확인]을 클릭하여 조건부 서식을 지정한다.

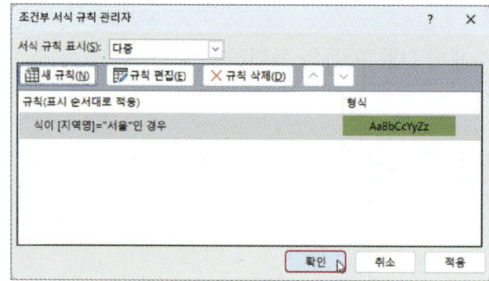

## ⓫ 컨트롤 원본

㉑ '폼 바닥글' 영역에 있는 'txt순매출액합계' 컨트롤의 컨트롤 원본에 =Format (Sum([순매출액]),"◆ 순매출액 "":"" #,##0원 ◆") 또는 ="◆순매출액:"&Format (Sum([순매출액]),"#,##0원 ◆")을 입력한다.

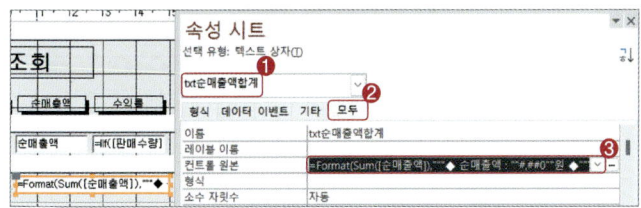

> **기적의 TIP**
>
> Format 함수는 사용자 지정 형식을 꾸밀 수 있는 함수로 =Format(식, "사용자 지정 형식") 형태로 사용됩니다. 이때 사용자 지정 형식 인수에 콜론(:) 입력할 경우 유의해야 합니다. 왜냐하면 콜론(:)은 일반적인 텍스트(문자)가 아니라 액세스에서는 구분 기호로 사용되기 때문입니다. 구분 기호 부분에 큰따옴표("")를 2번 입력하여 구분짓도록 합니다. 즉 """:""" 와 같은 형태로 처리하세요.

**풀이결과**

① 기본 보기 설정

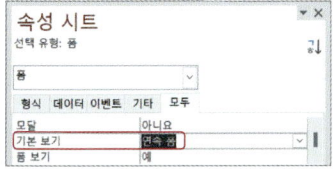

② 필드 바운드
- 'txt판매수량'  — 'txt매출액'

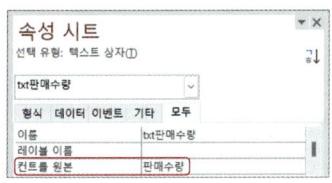 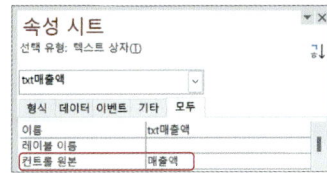

- 'txt순매출액'

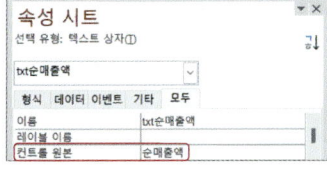

> **기적의 TIP**
>
> ◆는 한글 입력상태에서 키보드의 「ㅁ」을 누르고 한자를 누른 후 선택합니다.

③ 'txt판매횟수' 컨트롤 원본

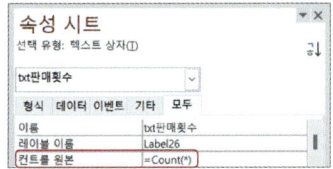

④ 'txt매출액합계', 'txt순매출액합계' 컨트롤 원본과 형식
- 'txt매출액합계'   - 'txt순매출액합계'

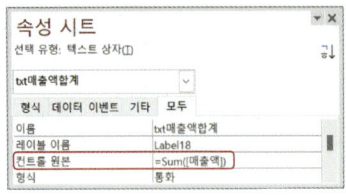 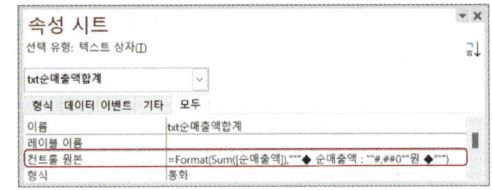

⑤ 탭 설정

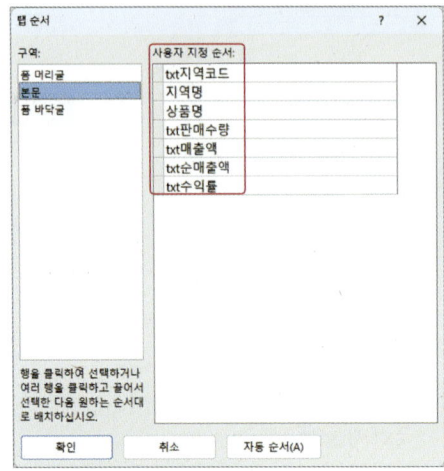

⑥ 'txt수익률' 컨트롤 원본

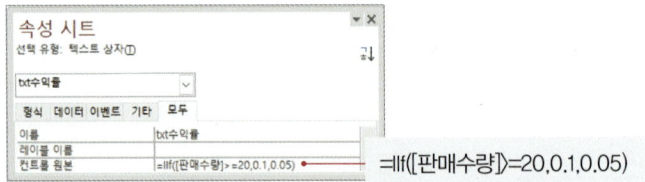

=IIf([판매수량]>=20,0.1,0.05)

⑦ 'txt지역합계', 'txt지역평균' 컨트롤 원본
- 'txt지역합계'

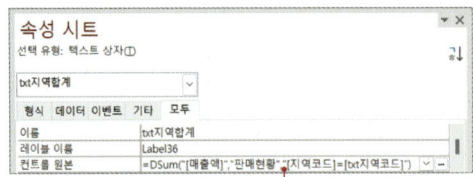

=DSum("[매출액]","판매현황","[지역코드]=[txt지역코드]")

- 'txt지역평균'

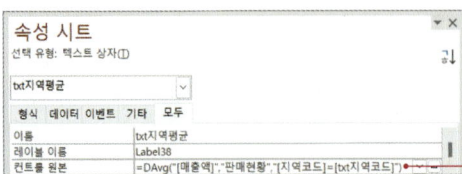

=DAvg("[매출액]","판매현황","[지역코드]=[txt지역코드]")

⑧ 명령 단추 생성 및 정렬

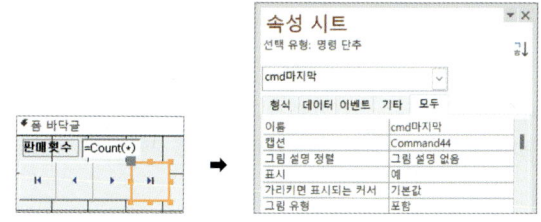

※ 캡션 속성은 사용자에 따라 달라질 수 있음

⑨ 'txt판매수량', 'txt매출액' 컨트롤 조건부 서식

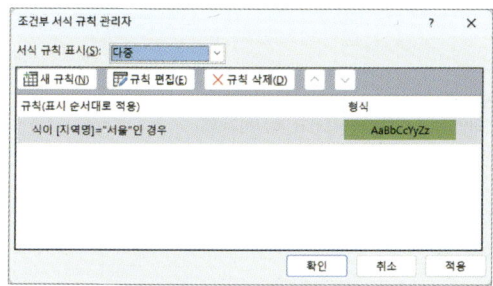

⑩ 'txt순매출액합계' 컨트롤 원본

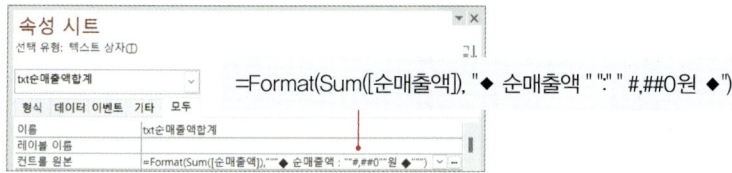

### ➕ 더 알기 TIP

## 연산자 종류

1. 산술/대입 연산자

| 연산자 | 설명 |
| --- | --- |
| +, -, *, /, ^ | 덧셈, 뺄셈, 곱셈, 나눗셈, 지수승 예) 2^3 → 8 |
| /, mod | 나눗셈의 몫, 나눗셈의 나머지 예) 5/3 → 1.666, 5 mod 3 → 2 |
| & | 텍스트 연결<br>예) [성명] & " 고객" → '성명' 필드값에 ' 고객'이란 공백과 텍스트를 붙여 표시 → 홍길동 고객 |

2. 논리/비교 연산자

| 연산자 | 설명 |
| --- | --- |
| And, Or, Not | 그리고, 또는, 부정<br>예) ([나이]>=20 And [성별]="남") → '나이' 필드가 20 이상이고 '성별' 필드가 '남'인 경우 True<br>그 이외 경우 False 반환 |
| =, <, >, >=, <=, <> | 같다, 작다, 크다, 크거나 같다, 작거나 같다, 같지 않다 |
| Like | 와일드 카드 문자 별표(*)나 물음표(?)를 사용하여 특정 단어의 포함 여부를 판단<br>예) [상품명] Like "*포도*" → '상품명' 필드에 '포도'란 텍스트가 포함되어 있는 경우 True 반환<br>아닌 경우 False 반환 |
| is | 두 개체가 같은지 비교 |

# 주요 Access 함수 정리

## 1. SQL 집계 함수

| 함수 | 설명 | 함수 | 설명 |
|---|---|---|---|
| Sum(필드이름) | 필드 값들의 합계를 구함 | Max(필드이름) | 필드 값 중 최대값을 구함 |
| Avg(필드이름) | 필드 값들의 평균을 구함 | Min(필드이름) | 필드 값 중 최소값을 구함 |
| Count(필드이름) 또는 Count(*) | 레코드 개수를 구함 | | |

예) 레코드 원본이 〈사원〉 테이블인 〈직원정보〉 폼에서 각 컨트롤의 원본을 ❶∼❺와 같이 SQL 집계 함수로 설정하여 그 결과를 살펴보면 다음과 같다. 〈사원〉 테이블의 각 필드에 해당하는 평균, 최대값, 최소값, 레코드의 개수, 합계가 구해졌음을 알 수 있다.

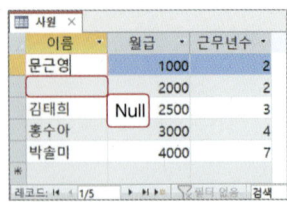

**기적의 TIP**

사원수가 5명이 아니라 4명이 된 이유는 무엇일까요? =COUNT([필드명])처럼 필드명을 COUNT 함수의 인수로 사용하면 Null 값은 제외시키고 계산하기 때문입니다. 그렇지만 =COUNT(*)로 계산하게 되면 Null 값도 포함시켜서 계산하게 됩니다.

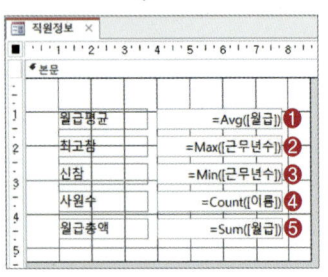 →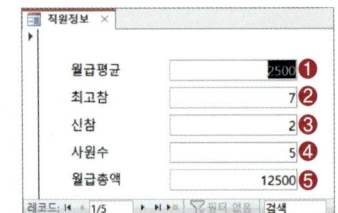

## 2. 선택(프로그램 흐름) 함수

| 함수 | 설명 |
|---|---|
| iif(조건, 참일 때, 거짓일 때) | 조건이 참(True)일 때와 거짓(False)일 때 다른 처리를 함<br>예) iif([판매수량])=10, 0.1, 0.05)<br>→ '판매수량' 필드값이 10 이상이면 10%를 표시하고 아닌 경우 5% 표시<br>예) =IIf(Mid([주민등록번호],7,1) Mod 2=0,"여자","남자")<br>→ '주민등록번호' 필드의 7번째 문자가 짝수면 여자, 홀수면 남자를 표시 |
| Choose(값, 1일 때, 2일 때, …, 29일 때) | 값에 따라 1일 때, 2일 때, …, 29일 때 다른 처리를 함<br>예) Choose([선택],"시내","시외","국제")<br>→ '선택' 필드의 값이 1이면 '시내', 2이면 '시외', 3이면 '국제'를 표시 |
| Switch(조건1, 인수1, 조건2, 인수2,) | 조건1이 참(True)이면 인수1을 처리하고, 조건2가 참(True)이면 인수2를 실행<br>조건과 인수는 쌍으로 이루어져야 함<br>예) Switch([수량]=100,0.2%,[수량]=50,0.1%,[수량]〈50,0.05%)<br>→ '수량' 필드 값이 100 이상이면 20%, 100 미만 50 이상이면 10%, 50 미만이면 5%를 표시 |

## 3. 날짜/시간 함수

| 함수 | 설명 |
|---|---|
| Date() / Now() / Time() | 현재 시스템 날짜 / 날짜와 시간 / 시간을 표시 |
| Year(날짜) / Month(날짜) / Day(날짜) | 날짜의 연도 / 월 / 일 값만 추출 |
| Hour(시간) / Minute(시간) / Second(시간) | 시간의 시 / 분 / 초 값만 추출 |
| Weekday(날짜) | 날짜에 대한 요일을 1~7로 표시(일요일 → 1, 월요일 → 2, …) |
| DateDiff("단위", 시작일, 종료일) | 시작일과 종료일 사이의 경과 기간을 지정한 단위로 표시<br>예 DateDiff("m",[입사일],Date())<br>→ '입사일' 필드 값부터 오늘 날짜까지의 경과 기간을 월단위로 표시 |
| DateAdd("단위", 숫자, 날짜) | 날짜에서 지정한 단위의 기간을 더한 날짜를 표시<br>예 DateAdd("yyyy",5,Date()), DataAdd("n",-5,Time())<br>→ 오늘 날짜에 5년을 더한 날짜를 표시, 현재 시간에서 5분 전 시간 표시 |
| DatePart("단위", 날짜) | 날짜를 지정한 단위로 표시<br>예 DatePart("q",#2025-6-4#)<br>→ 2025년 6월 4일은 2분기 이므로 '2' 표시 |
| DateValue(날짜 형태 텍스트) | 날짜 형태(년-월-일 또는 년/월/일)의 텍스트를 날짜 데이터로 변환<br>예 DateValue("2025-07-01")<br>→ 텍스트를 날짜 데이터 2025-07-01로 변환 |
| DateSerial(년, 월, 일) | 지정된 년, 월, 일에 대한 날짜를 반환<br>예 DateSerial(2025, 5, 27) → 2025-5-27 |

## 4. DateAdd, DateDiff, DatePart 함수의 '단위' 인수 종류

| 계산 | 년도 | 분기 | 월 | 일(1년) | 일 | 요일 | 주 | 시간 | 분 | 초 |
|---|---|---|---|---|---|---|---|---|---|---|
| 단위 | yyyy | q | m | y | d | w | ww | h | n | s |

## 5. 문자 처리 함수

| 함수 | 설명 | 예 |
|---|---|---|
| left(텍스트, 개수) | 텍스트의 왼쪽에서 개수만큼의 문자 표시 | 예 =left("Korea Fighting", 8)<br>→ "Korea Fi" |
| right(텍스트, 개수) | 텍스트의 오른쪽에서 개수만큼의 문자 표시 | 예 =right("Korea Fighting", 6)<br>→ "ghting" |
| mid(텍스트, 시작위치, 개수) | 텍스트의 시작위치에서 개수만큼의 문자 표시 | 예 =mid("Korea Fighting", 7, 5) → "Fight" |
| len(텍스트) | 텍스트 문자의 개수 표시 | 예 =len("이기적") → 3 |
| lcase(텍스트) | 텍스트의 영문을 모두 소문자로 표시 | 예 =lcase("ABCdeFG") → "abcdefg" |
| ucase(텍스트) | 텍스트의 영문을 모두 대문자로 표시 | 예 =ucase("ABcdeFG") → "ABCDEFG" |
| instr(텍스트1, 텍스트2) | 텍스트1에서 텍스트2가 시작하는 위치 번호를 표시 | 예 =instr("Korea Fighting", "re") → 3 |
| trim(텍스트) | 텍스트에서 좌우 공백을 제거하고 중간 공백들은 1개만 남기고 표시 | 예 =trim(" Korea ") → "Korea" |
| ltrim(텍스트) | 텍스트 왼쪽의 공백을 제거하고 표시 | 예 =ltrim(" Korea ") → "Korea " |
| rtrim(텍스트) | 텍스트 오른쪽의 공백을 제거하고 표시 | 예 =rtrim(" Korea ") → " Korea" |
| space(개수) | 개수만큼 공백을 반복하여 표시 | 예 =space(5)<br>→ "     " 5개의 수만큼 공백을 출력함 |
| string(개수, 텍스트) | 텍스트를 개수만큼 반복하여 표시 | 예 =string(3, "*") → * * * |
| replace(텍스트1, 텍스트2, 텍스트3) | 텍스트1에서 텍스트2를 찾아 텍스트3으로 변경하여 표시 | 예 =Replace("ABCJKLMNOYZ", "JKL", "***")<br>→ "ABC * * * MNOYZ" |

## 6. 자료 형식 변환 함수

| 함수 | 설명 | 함수 | 설명 |
|---|---|---|---|
| cdate(인수) | 인수를 날짜로 변환 | cint(인수) | 인수를 2Byte 정수로 변환 |
| clng(인수) | 인수를 4Byte 정수로 변환 | cstr(인수) | 인수를 텍스트로 변환 |
| cbool(인수) | 인수를 True나 False로 변환 | val(텍스트) | 텍스트를 숫자로 변환 |
| str(숫자) | 숫자를 텍스트로 변환 | | |

## 7. 자료 형식 평가 함수

| 함수 | 설명 | 함수 | 설명 |
|---|---|---|---|
| isdate(인수) | 인수가 날짜인지 확인 | isnull(인수) | 인수가 Null인지 확인 |
| isnumeric(인수) | 인수가 숫자인지 확인 | iserror(인수) | 인수가 오류인지 확인 |
| isobject(인수) | 인수가 개체인지 확인 | | |

## 8. 도메인 집계 함수

도메인 함수는 테이블이나 쿼리를 기초로 조건에 맞는 레코드를 대상으로 해당 필드에 대한 계산을 하는 함수들로 'd'로 시작하며 계산 방법은 'd' 다음의 함수에 따라 달라진다.

| 함수 | 설명 |
|---|---|
| davg([필드], 도메인, 조건) | 도메인에서 조건에 맞는 필드 값의 평균을 계산 |
| dsum([필드], 도메인, 조건) | 도메인에서 조건에 맞는 필드 값의 합계를 계산 |
| dcount([필드], 도메인, 조건) | 도메인에서 조건에 맞는 레코드 개수를 계산 |
| dmax([필드], 도메인, 조건) | 도메인에서 조건에 맞는 필드 값에서 최대값 표시 |
| dmin([필드], 도메인, 조건) | 도메인에서 조건에 맞는 필드 값에서 최소값 표시 |
| dlookup([필드], 도메인, 조건) | 도메인에서 조건에 맞는 필드 값 중 첫 번째 자료를 표시 |

## 9. 도메인 집계 함수 사용 예(인수의 필드와 컨트롤에 대괄호 처리를 해준다.)

| 함수 예 | 설명 |
|---|---|
| =DAvg("[매출액]","판매현황","[지역코드]='DG1'") | 〈판매현황〉 테이블에서 '지역코드'가 'DG1'인 레코드의 '매출액' 필드 평균을 계산 |
| =DAvg("[매출액]","판매현황","[지역코드]= forms!조회![txt조건]") | 〈판매현황〉 테이블에서 '지역코드'가 〈조회〉 폼의 'txt조건' 컨트롤 값과 같은 레코드의 '매출액' 필드 평균을 계산 |
| =DSum("[매출액]","판매현황","[지역코드]='DG1'") | 〈판매현황〉 테이블에서 '지역코드'가 'DG1'인 레코드의 '매출액' 필드 합계를 계산 |
| =DSum("[매출액]","판매현황","[지역코드]= forms!조회![txt조건]") | 〈판매현황〉 테이블에서 '지역코드'가 〈조회〉 폼의 'txt조건' 컨트롤 값과 같은 레코드의 '매출액' 필드 합계를 계산 |
| =DLookup("[매출액]","판매현황","[지역코드]= forms!조회![txt조건]") | 〈판매현황〉 테이블에서 '지역코드'가 〈조회〉 폼의 'txt조건' 컨트롤 값과 같은 첫 번째 레코드의 '매출액' 필드를 표시 |

다음과 같은 데이터 형식의 〈임금〉 테이블이 주어졌다고 가정하고, 간단한 예를 통해서 도메인 집계 함수에 대하여 알아보자. 예에 사용된 〈직원폼〉은 레코드 원본으로 〈임금〉 테이블을 지정하였다.

| 필드 이름 | 데이터 형식 |
|---|---|
| 소속사 | 텍스트 |
| 이름 | 텍스트 |
| 년차 | 숫자 |
| 기본급 | 통화 |
| 보너스 | 통화 |

예) 〈직원폼〉의 'txt인원수' 컨트롤에 대해서 다음과 같이 설정하시오. 〈임금〉 테이블에서 '소속사' 필드의 값이 WBC인 경우의 인원 수(레코드 수)를 표시하시오. (3 명과 같이 표기할 것)

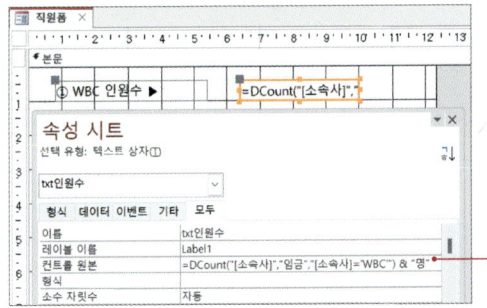

=DCount("[소속사]","임금","[소속사]='WBC'") & "명"

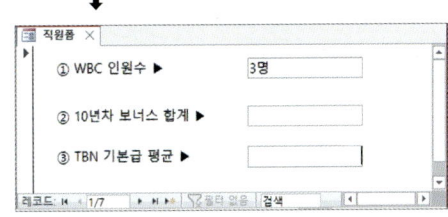

▲ 결과화면

> **기적의 TIP**
>
> 'txt인원수' 컨트롤의 원본으로 =DCount("[소속사]", "임금", "[소속사] = 'WBC'") & "명"을 지정합니다. 소속사 필드의 데이터 형식이 텍스트이므로 WBC를 ' '(작은 따옴표)로 묶어줌에 유의합니다.

예) 〈직원폼〉의 'txt합계' 컨트롤에 대해서 다음과 같이 설정하시오. 〈임금〉 테이블에서 '년차' 필드의 값이 10인 경우의 보너스 합계를 표시하시오.

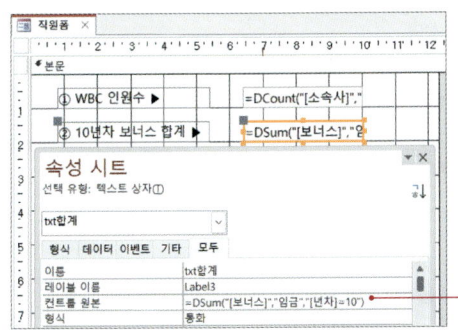

=DSum("[보너스]","임금","[년차]=10")

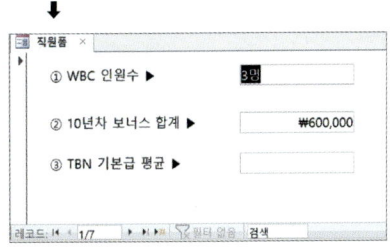

▲ 결과화면

> **기적의 TIP**
>
> 'txt합계' 컨트롤의 원본으로 =DSum("[보너스]","임금","[년차]=10")을 지정합니다. '년차' 필드의 데이터 형식이 숫자이므로 10을 작은따옴표(' ')로 묶을 필요가 없습니다.

예 〈직원품〉의 'txt평균' 컨트롤에 대해서 다음과 같이 설정하시오. 〈임금〉 테이블에서 '소속사' 필드의 값이 TBN인 경우의 기본급 평균을 표시하시오.

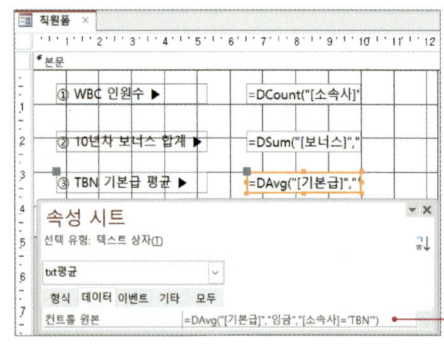

=DAvg("[기본급]","임금","[소속사]='TBN'")

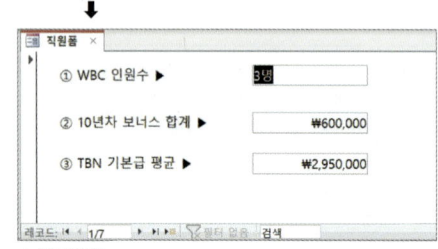

▲ 결과화면

### 기적의 TIP

'txt평균' 컨트롤의 원본으로 =DAvg("[기본급]", "임금", "[소속사]='TBN'")을 지정합니다. 소속사 필드의 데이터 형식이 텍스트이므로 TBN을 ' '(작은따옴표)로 묶어줍니다.

## 10. 숫자 계산 함수

| 함수 | 설명 |
| --- | --- |
| rnd() | 0보다 크거나 같고 1보다 작은 무작위 실수 값을 표시 |
| ROUND(반올림하려는 수, 반올림할 숫자의 자릿수) | 지정한 자릿수 다음 숫자가 5 이상일 때 숫자를 반올림하여 표시<br>예 =ROUND(123.654, 2) ➡ 123.65<br><br>• 반올림할 자릿수<br>• 소수 두 번째 자리<br><br>123.654<br><br>123.654를 소수점 이하 둘째 자리로 반올림한 값을 구함. 따라서 소수 세 번째 자리의 숫자가 '4'이므로 반올림하지 않음 |
| abs(절대값을 구하려는 실수) | 예 =abs(5) → 5<br>예 =abs(-5) → 5 |
| int(정수로 내림하려는 실수) | 가장 가까운 정수로 내려서 표시<br>예 =int(15.3) → 15<br>예 =int(-15.3) → -16 |

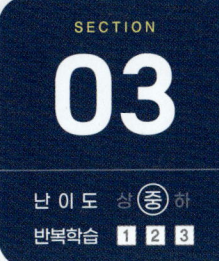

# 콤보 상자 컨트롤 속성

작업파일 [26컴활1급₩2권_데이터베이스₩이론₩2.입력및수정₩Section03] 폴더에서 작업하시오.

### 출제유형 ❶ '출제유형1.accdb' 파일을 열어 〈대여관리〉 폼의 'cmb비디오번호' 텍스트 상자 컨트롤을 콤보 상자로 변경하여 다음의 조건을 완성하시오.

▶ 컨트롤은 〈비디오〉 테이블의 '비디오번호', '영화제목'을 표시하고, 테이블에는 '비디오번호'가 저장되도록 설정
▶ '비디오번호', '영화제목'의 열너비를 1cm, 5cm 설정하고, 목록 너비를 6cm로 설정
▶ 컨트롤에는 목록에 있는 값만 입력되도록 설정

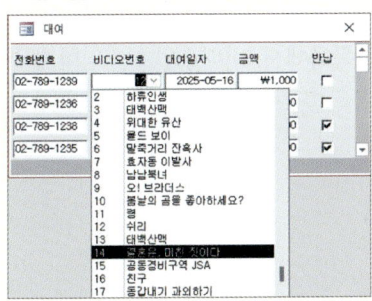

> 🚩 **기적의 TIP**
>
> **[콤보 상자 컨트롤 속성]**
> ① [탐색] 창의 [폼] 개체 선택
> ② 대상 폼 선택 후 바로 가기 메뉴에서 [디자인 보기] 클릭
> ③ 해당 콤보 상자 컨트롤의 바로 가기 메뉴에서 [변경] – [콤보 상자] 클릭

① '26컴활1급₩2권_데이터베이스₩이론₩2.입력및수정₩Section03' 폴더의 '출제유형1.accdb' 파일을 더블클릭한다.
② 탐색 창의 〈대여관리〉 폼에서 마우스 오른쪽 버튼을 눌러 [디자인 보기](🔲)를 클릭한다.
③ 〈대여관리〉 폼의 디자인 보기 상태에서 본문의 'cmb비디오번호' 컨트롤을 선택한 후 마우스 오른쪽 버튼을 눌러 [변경]–[콤보 상자]를 클릭한다.

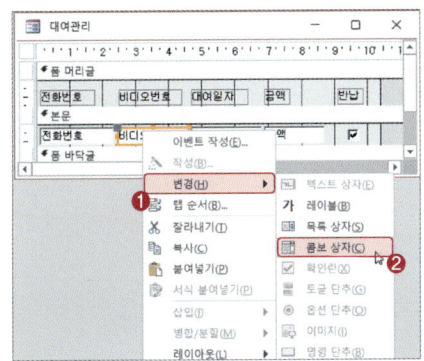

> 🚩 **기적의 TIP**
>
> 이미 [속성 시트] 창이 열려 있는 상태에서 컨트롤이나 개체를 클릭하면 해당 컨트롤 속성 창으로 바뀝니다.

> 🚩 **기적의 TIP**
>
> cmb비디오번호 컨트롤을 찾는 방법은 속성 시트 창의 목록 중 cmb비디오번호를 선택하면 됩니다.

> 기적의 TIP
>
> 속성 시트 창이 보이지 않는다면 [양식 디자인]-[도구]-[속성 시트]를 클릭하세요.

④ 'cmb비디오번호' 속성 시트 창의 [데이터] 탭에서 '행 원본' 속성의 [작성기]( )를 클릭한다.

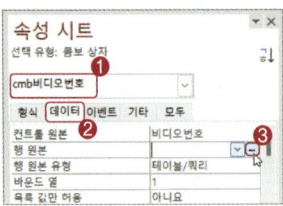

⑤ [대여관리 : 쿼리 작성기] 창의 [테이블 추가]에서 '비디오'를 추가하고 [닫기]를 클릭한다.

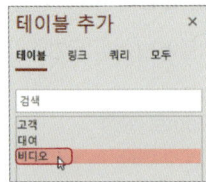

> 기적의 TIP
>
> [쿼리 디자인]-[닫기] 탭의 [닫기] 아이콘을 클릭해도 됩니다.

⑥ [대여관리 : 쿼리 작성기] 창의 〈비디오〉 필드 목록에서 '비디오번호', '영화제목'을 차례로 더블클릭한 후 [닫기]를 클릭한다.

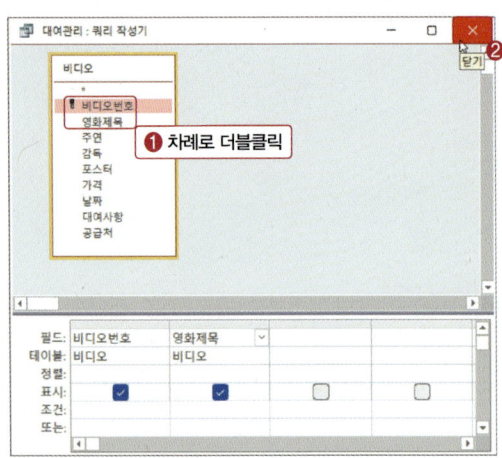

⑦ 그림과 같이 대화상자가 나타나면 [예]를 클릭한다.

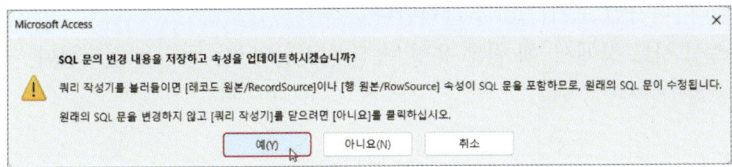

> 기적의 TIP
>
> 비어있던 행 원본 속성에 SQL 문이 지정되었기 때문에 나타나는 메시지입니다.

⑧ [형식] 탭의 '열 개수' 속성에 2를, '열 너비' 속성에 1;5를, '목록 너비' 속성에 6을 입력하고, [데이터] 탭의 '목록 값만 허용' 속성을 '예'로 지정하여 완료한다.

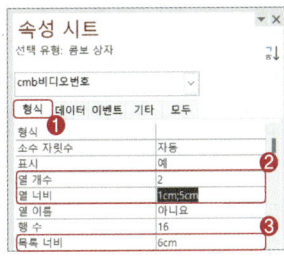 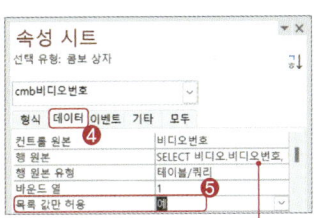

SELECT 비디오.비디오번호, 비디오.영화제목 FROM 비디오;

> 기적의 TIP
>
> • **'열 개수' 속성** : '행 원본'에서 지정한 테이블/쿼리에서 몇 개의 필드를 콤보 상자에서 사용할지를 결정합니다. '비디오' 테이블은 첫 번째 열이 '비디오번호', 두 번째 열이 '영화제목'이므로 '열 개수' 속성에 「2」를 입력합니다.
>
> • **'바운드 열' 속성** : '열 개수' 속성에서 지정한 열들 중 몇 번째 열을 실제 컨트롤 원본에 기억시킬지를 지정합니다. 실제 저장해야 할 값은 '비디오 번호'이므로 「1」을 입력하면 됩니다.
>
> • **'열 너비' 속성** : '열 개수' 속성에서 지정한 열들을 표시할 너비를 세미콜론(;)으로 구분하여 입력합니다. 생략시 기본 값이 사용됩니다.
>
> • **'목록 너비' 속성** : 콤보 상자 컨트롤을 클릭할 때 펼쳐지는 드롭다운 목록의 전체 너비를 지정하는 곳으로 일반적으로 '열 너비' 속성에 지정한 값들의 합계를 입력하면 됩니다.

**출제유형 ❷** '출제유형2.accdb' 파일의 〈고객관리〉 폼의 'cmb성별' 컨트롤에 대해 다음과 같은 조건으로 완성하시오.

▸ '남', '여'의 문자열이 목록으로 표시되도록 설정
▸ 컨트롤에는 '남'은 '-1', '여'는 '0' 값으로 저장되도록 설정
▸ 컨트롤에 저장되는 열 번호는 '1'로 설정
▸ 목록 이외의 값은 입력할 수 없도록 설정

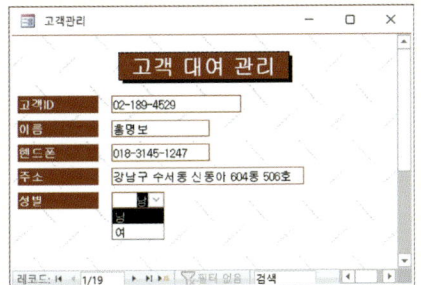

> **기적의 TIP**
>
> **값 목록의 '행 원본 유형' 속성**
> - 콤보 상자 목록에 표시할 값을 직접 입력하는 경우 행 원본 유형을 '값 목록'으로 지정하고 행 원본에 표시할 값들을 세미콜론(;)을 이용해 입력합니다.
> - 'cmb성별'에 '-1', '0'이 저장되고 화면에는 '남', '여'가 표시되어야 하므로 '열 너비' 속성을 '0'으로 지정하여 첫 번째 열을 화면에 표시되지 않도록 합니다.
> - '행 원본 유형' 속성이 '값 목록'일 경우 '열 개수' 속성에 따라서 행 원본에 나열된 값들이 순서대로 행과 열에 배열됩니다.

① '출제유형2.accdb' 파일을 더블클릭하고, 탐색 창의 〈고객관리〉 폼에서 마우스 오른쪽 버튼을 눌러 [디자인 보기](📝)를 클릭한다.

② 'cmb성별' 속성 시트 창에서 '행 원본 유형' 속성 입력란의 '값 목록'을 선택한다.

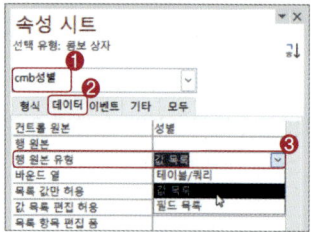

③ 'cmb성별' 속성 창에서 '행 원본' 속성 입력란에 **-1;남;0;여**를, '열 개수' 속성 입력란에는 **2**를, '열 너비' 속성 입력란에는 **0**을 입력하고, 바운드 열은 '1' '목록 값만 허용' 속성 입력란의 '예'를 선택한다.

---

### ➕ 더 알기 TIP

## 콤보 상자 / 목록 상자 컨트롤의 주요 속성

폼과 보고서에서는 콤보 상자나 목록 상자 컨트롤을 사용한다. 테이블 데이터시트 보기 상태에서 특정 필드를 콤보 상자나 목록 상자 형태로 표시하려면 테이블 디자인 상태에서 해당 필드의 '필드 속성'에서 [조회] 탭의 '컨트롤 표시' 속성을 '콤보 상자'나 '목록 상자'로 변경한다.

| 속성 | 설명 |
| --- | --- |
| 행 원본 유형 | 컨트롤 데이터의 원본 유형을 지정하는 속성으로 테이블/쿼리, 값 목록, 필드 목록 중에서 선택 |
| 행 원본(RowSource) | 컨트롤 데이터 원본을 지정하는 속성으로 행 원본 형식에 따라 달라짐<br>• 테이블/쿼리 : 테이블/쿼리, SQL 문의 데이터<br>• 값 목록 : 사용할 데이터를 세미콜론(;)으로 구분하여 입력<br>• 필드 목록 : 테이블/쿼리, SQL 문의 필드 이름 |
| 열 개수 | 컨트롤에 표시할 열 개수를 지정 |
| 열 너비 | • 열의 너비를 세미콜론(;)으로 구분하여 입력. 단위 생략시 cm 단위 사용<br>• 열 너비를 0으로 지정하면 화면에 표시되지 않음(예) 0cm;2cm;3cm)<br>• 열 너비 생략시 기본 너비 2.54cm(1인치)로 표시됨 |
| 바운드 열 | 컨트롤에 저장되는 열 번호를 지정 |
| 목록 너비 | • 콤보 상자 드롭다운 목록의 전체 너비를 지정<br>• 보통 열 너비에서 지정한 너비 합계를 사용(콤보 상자에서만 사용) |
| 목록 값만 허용 | 목록 값외의 데이터 입력 여부를 지정(콤보 상자에서만 사용) |
| 여러 항목 선택 | 목록의 여러 항목 선택 가능 여부 지정(목록 상자에서만 사용) |

출제유형 ❸ '출제유형3.accdb' 파일을 열어 〈판매내역〉 폼의 'cmb지역코드' 컨트롤을 〈화면〉과 같이 콤보 상자로 변환하시오.

▶ 〈지역코드〉 테이블의 '지역코드', '지역명'을 표시하고, 컨트롤에는 '지역코드'가 저장되도록 하고 목록 이외의 값은 입력될 수 없도록 하시오.

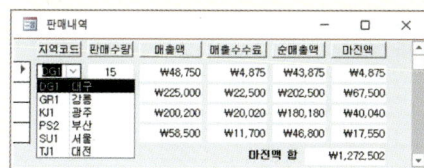

① '출제유형3.accdb' 파일을 더블클릭하고, 탐색 창의 〈판매내역〉 폼에서 마우스 오른쪽 버튼을 눌러 [디자인 보기](📐)를 클릭한다.
② 〈판매내역〉 폼의 디자인 보기 상태에서 본문의 'cmb지역코드' 컨트롤을 선택한 후 마우스 오른쪽 버튼을 눌러 [변경]-[콤보 상자]를 클릭한다.
③ 'cmb지역코드' 속성 시트 창에서 '행 원본' 속성의 [작성기](⋯)를 클릭한다.
④ [판매내역 : 쿼리 작성기] 창의 [테이블 추가]에서 〈지역코드〉를 더블클릭하고 [닫기]를 클릭한다.
⑤ [판매내역 : 쿼리 작성기] 창의 〈지역코드〉 필드 목록에서 '지역코드', '지역명'을 차례로 더블클릭한 후, [닫기]를 클릭한다.

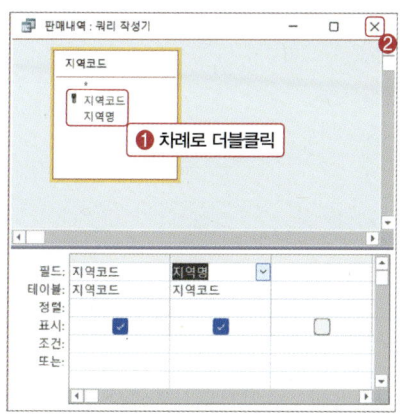

⑥ 'SQL 문의 변경 내용을 저장하고 속성을 업데이트 하시겠습니까?' 대화상자가 표시되면 [예]를 클릭한다.

**기적의 TIP**

[테이블 추가]
'지역코드'를 선택하고 [추가] 버튼을 클릭한 후 [닫기]를 클릭해도 됩니다.

> 🅿 **기적의 TIP**
>
> **'행 원본' 속성**
>
> 문제에서 열 너비와 목록 너비를 지정하지 않은 경우라도 제시된 〈화면〉과 같이 작성하기 위해서는 필드에 맞는 열 너비와 목록 너비를 지정해야 합니다.

⑦ 행 원본에 SELECT 지역코드.지역코드, 지역코드.지역명 FROM 지역코드;가 표시된다. '열 개수' 속성에 2를, '열 너비' 속성에 1;2를, '목록 너비' 속성에 3을 입력하고, '목록 값만 허용' 속성을 '예'로 지정하여 완료한다.

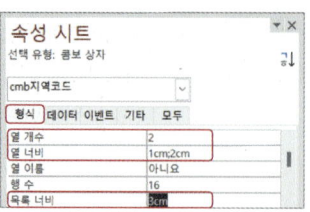 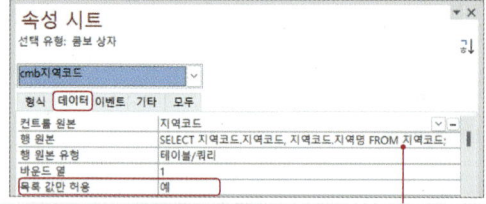

SELECT 지역코드.지역코드, 지역코드.지역명 FROM 지역코드;

> 🅿 **기적의 TIP**
>
> 최근 들어 폼이나 테이블의 조회 속성의 콤보 상자 속성을 지정하는 문제들에서 SQL 문을 사용하는 문제가 주로 출제되고 있습니다. 특정 필드로 오름차순을 하거나, 중복되지 않게 한번만 나타나도록 설정하는 문제는 SQL 문을 사용해야 합니다.

**출제유형 ④** '출제유형4.accdb' 파일을 열어 〈사원정보〉 폼의 'cmb직위' 컨트롤에 대해 다음 지시사항에 맞춰 완성하시오.

▶ 〈사원정보〉 테이블의 '직위'를 행 원본으로 설정하시오.
▶ 콤보 상자에 표시되는 직위는 오름차순 정렬되어 표시되도록 설정하시오.
▶ 콤보 상자에 표시되는 직위는 중복되지 않게 한번만 나타나도록 설정하시오.

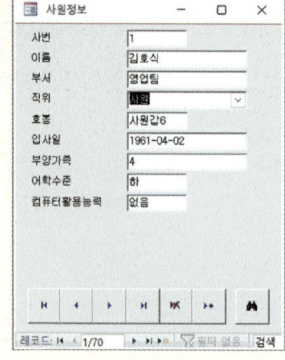

> 🅿 **기적의 TIP**
>
> **SQL 문**
>
> 쿼리 개체를 만드는 언어로 액세스에서는 쿼리 개체를 이용하여 자동으로 작성됩니다.

① '출제유형4.accdb' 파일을 더블클릭하고, 탐색 창의 〈사원정보〉 폼에서 마우스 오른쪽 버튼을 눌러 [디자인 보기](🗒)를 클릭한다.
② 'cmb직위' 속성 시트 창에서 '행 원본' 속성 입력란의 [작성기](…)를 클릭한다.
③ [사원정보 : 쿼리 작성기] 창의 [테이블 추가]에서 〈사원정보〉를 더블클릭한 후 [테이블 추가]의 [닫기]를 클릭한다.
④ 〈사원정보〉 테이블 필드 목록에서 콤보 상자에 표시할 '직위'를 더블클릭한 후, 디자인 눈금 영역에서 '정렬:' 셀 입력란의 ▼를 클릭하여 '오름차순'을 선택한다.

> 🅿 **기적의 TIP**
>
> SQL 문에서 ORDER BY 절에 ASC 옵션을 사용하면(혹은 생략) 오름차순, DESC 옵션을 사용하면 내림차순으로 정렬됩니다.

⑤ [사원정보 : 쿼리 작성기] 창의 빈 영역을 마우스로 한 번 클릭하고, 고유 값을 '예'로 지정한 후 [닫기]를 클릭한다. 속성 시트 창이 보이지 않을 때는 [쿼리 디자인]-[표시/숨기기] 그룹에서 [속성 시트](圓)를 클릭한 후 작업하면 된다.

> **기적의 TIP**
>
> **DISTINCT**
> - 고유 값 속성은 필드의 중복 레코드를 생략하는 속성입니다. SQL 문에서 DISTINCT 조건자가 이에 해당합니다.
> - 출력된 데이터가 중복되는 경우 1개만 표시할 때 Select 다음에 삽입합니다.

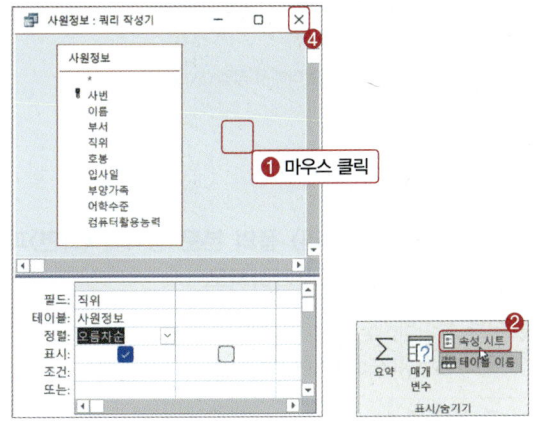 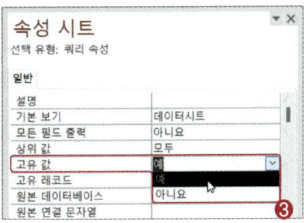

> **기적의 TIP**
>
> **[결과 확인하기]**
> [사원정보 : 쿼리 작성기]에서 작성한 쿼리 결과를 확인할 때는 [쿼리 디자인]-[결과]의 보기(圓)에서 '데이터시트 보기'를 선택합니다.

⑥ 'SQL 문의 변경 내용을 저장하고 속성을 업데이트 하시겠습니까?' 대화상자가 표시되면 [예]를 클릭한다.

⑦ 모든 작업이 완료되었다면, 빠른 실행 도구모음에서 [저장](圓) 도구를 눌러 저장한 후 [양식 디자인]-[보기] 그룹에서 [보기]를 눌러 [폼 보기](圓)를 선택한다. 직위의 콤보 상자를 클릭하여 직위가 1개씩만 나타나는지 확인한다.

> **기적의 TIP**
>
> **행 원본에 SQL 문 직접 입력**
> SQL 문 [SELECT DISTINCT 직위 FROM 사원정보 ORDER BY 직위;]를 직접 'cmb직위' 속성 창 '행 원본'에 입력해도 됩니다.

**풀이결과**

- '행 원본' 속성의 SQL 문

SELECT DISTINCT 사원정보.직위 FROM 사원정보 ORDER BY 사원정보.직위;

# SECTION 04 컨트롤 하위 폼 삽입

난이도 상 중 **하**
반복학습 1 2 3

작업파일 [26컴활1급₩2권_데이터베이스₩이론₩2.입력및수정₩Section04] 폴더에서 작업하시오.

> **기적의 TIP**
>
> [하위 폼 삽입]
> ① [탐색] 창의 [폼] 개체 선택
> ② 대상 폼 선택 후 바로 가기 메뉴에서 [디자인 보기] 클릭
> ③ [양식 디자인]-[컨트롤] 그룹의 [하위 폼/하위 보고서] 클릭
> ④ 대상 폼에 드래그 앤 드롭하여 삽입

**출제유형 ❶** '출제유형1.accdb' 파일을 열어 〈고객관리〉 폼의 본문 영역에 〈화면〉과 같이 〈비디오대여현황〉 폼을 하위 폼으로 추가하시오.

▶ 하위 폼 컨트롤의 이름을 '대여 현황'으로 설정하시오.
▶ 기본 폼과 하위 폼을 각각 '고객ID'와 '전화번호' 필드를 기준으로 연결하시오.

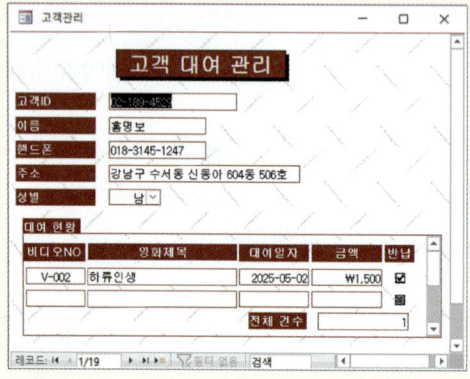

> **기적의 TIP**
>
> [컨트롤 마법사 사용]()이 선택되어 있지 않은 경우 [하위 폼 마법사]가 실행되지 않기 때문에 하위 폼 삽입 전에 이 도구가 선택된 상태인지 확인해야 합니다.

① '26컴활1급₩2권_데이터베이스₩이론₩2.입력및수정₩Section04' 폴더의 '출제유형1.accdb' 파일을 더블클릭한다.
② 탐색 창의 〈고객관리〉 폼에서 마우스 오른쪽 버튼을 눌러 [디자인 보기]()를 클릭한다.

> **기적의 TIP**
>
> 하위 폼 삽입 방법
> • 하위 폼이 시작할 위치를 클릭해도 기본 크기로 하위 폼이 삽입됩니다.
> • 하위 폼의 크기를 지정할 때는 하위 폼이 시작할 위치에서 드래그합니다.
> • 컨트롤 마법사와 하위 폼/하위 보고서를 선택하고 드래그한 다음 놓으면 [하위 폼 마법사]가 나타납니다. 하위 폼 삽입하는 순서를 꼭 기억하세요.

③ 〈고객관리〉 폼의 디자인 보기 상태에서 [양식 디자인]-[컨트롤] 그룹의 [컨트롤 마법사 사용]( )이 선택된 상태에서 [하위 폼/하위 보고서]( )를 클릭한 후, 본문 영역에서 하위 폼이 시작될 왼쪽 상단 위치부터 하위 폼의 크기만큼 드래그한다.

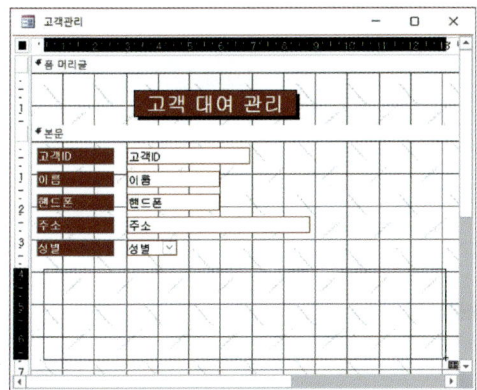

④ [하위 폼 마법사]에서 지시사항에 따라 각 단계에서 화면과 같이 선택하고 [다음]을 클릭한다.

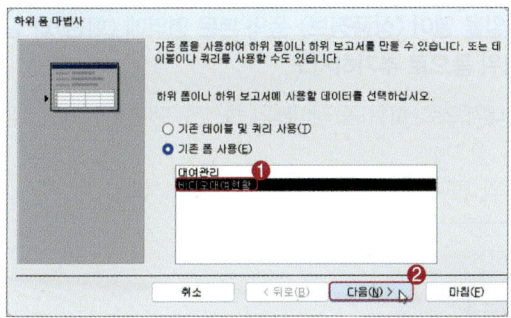

▲ 1단계) 하위 폼의 원본 '비디오대여현황'을 선택하고 [다음] 버튼 클릭

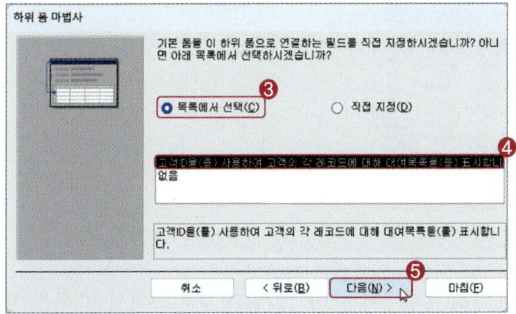

▲ 2단계) '목록에서 선택'과 '고객ID을(를)…' 를 선택하고 [다음] 버튼 클릭

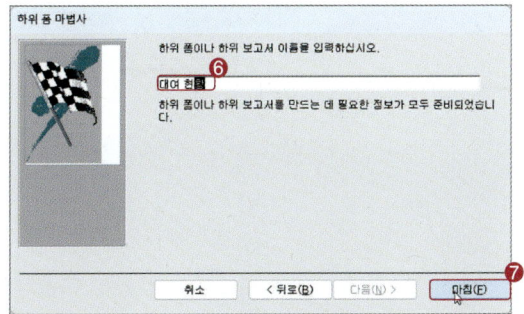

▲ 3단계) 하위 폼 이름으로 「대여 현황」을 입력하고 [마침] 버튼 클릭

> **기적의 TIP**
>
> **하위 폼/하위 보고서 속성**
> - '원본 개체' 속성 : 삽입한 하위 폼 개체 이름
> - '기본 필드 연결' 속성 : 기본 폼의 연결 필드 이름
> - '하위 필드 연결' 속성 : '원본 개체 속성'에서 지정한 하위 폼의 연결 필드 이름

⑤ 삽입된 하위 폼을 더블클릭한 후 '대여 현황' 속성 창의 [모두] 탭에서 '이름', '원본 개체', '기본 필드 연결', '하위 필드 연결' 속성이 지시사항대로 작성되었는지 확인한다.

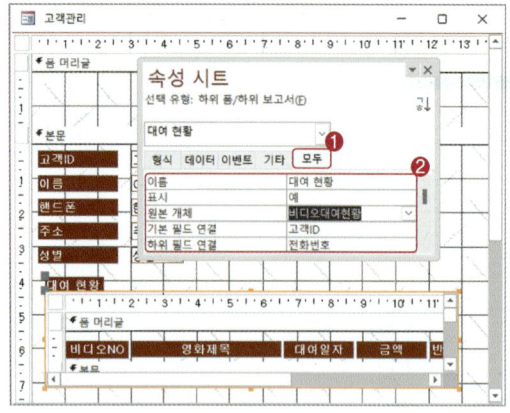

**출제유형 ❷** '출제유형2.accdb' 파일을 열어 〈상품정보〉 폼의 본문 영역에 〈화면〉과 같이 〈판매내역〉 폼을 하위 폼으로 추가하시오.

▶ 하위 폼 컨트롤의 이름을 'child판매내역'으로, 하위 폼 레이블의 캡션은 '판매내역'으로 설정하시오.
▶ 기본 폼과 하위 폼을 각각 '상품코드'와 '판매상품' 필드를 기준으로 연결하시오.

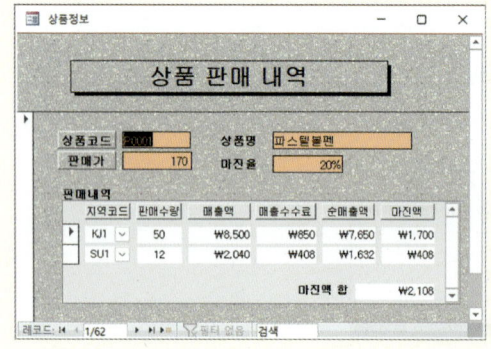

① '출제유형2.accdb' 파일을 더블클릭하고, 탐색 창의 〈상품정보〉 폼에서 마우스 오른쪽 버튼을 눌러 [디자인 보기](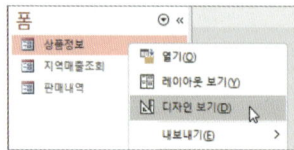)를 클릭한다.

② 〈상품정보〉 폼의 디자인 보기 상태에서 [양식 디자인]-[컨트롤] 그룹의 [컨트롤 마법사 사용](🪄)이 선택된 상태에서 [하위 폼/하위 보고서](▦)를 클릭한 후, 본문 영역에서 하위 폼이 시작될 왼쪽 상단 위치부터 하위 폼의 크기만큼 드래그한다.

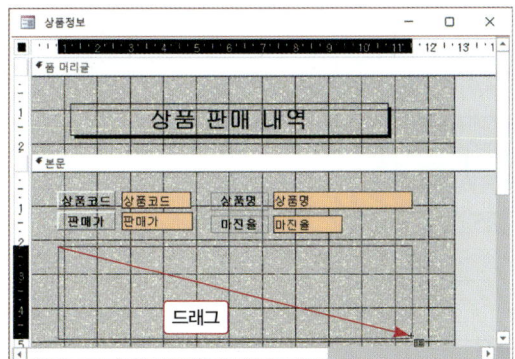

③ [하위 폼 마법사]에서 지시사항에 따라 각 단계에서 화면과 같이 선택하고 [다음]을 클릭한다.

> **기적의 TIP**
>
> 연결하는 필드를 사용자가 '직접 지정' 할 수도 있습니다. '직접 지정' 옵션을 선택하고 '폼/보고서 필드:'와 '하위 폼/하위 보고서 필드:'에 각각 '상품코드'와 '판매상품' 필드를 지정해주면 됩니다.

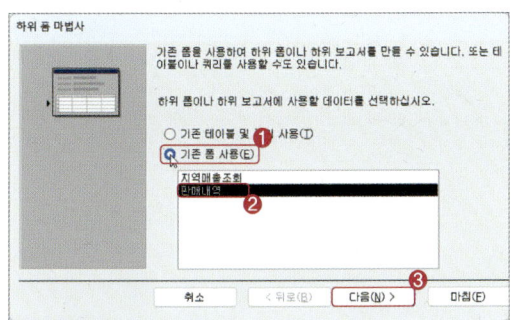

▲ 1단계) 하위 폼의 원본 '판매내역'을 선택하고 [다음] 버튼 클릭

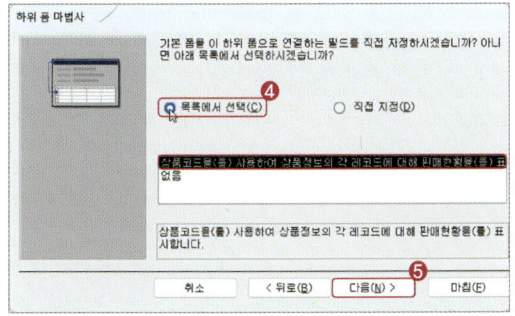

▲ 2단계) '목록에서 선택'과 '상품코드을(를)…'를 선택하고 [다음] 버튼 클릭

④ [하위 폼 마법사]의 3단계에서 하위 폼 이름으로 **child판매내역**을 입력하고 [마침]을 클릭한다.
⑤ 삽입된 하위 폼 컨트롤의 레이블 안의 'child'를 삭제하여 '판매내역'만 표시되도록 한다.

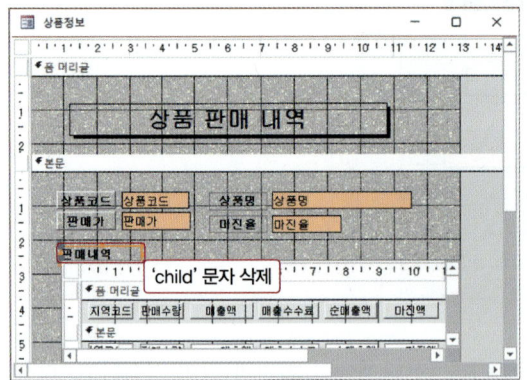

CHAPTER

# 03

# 조회 및 출력 기능 구현

### 학습 방향

보고서 완성 작업은 보고서 디자인 보기에서 다양한 속성을 설정하는 과정입니다. 따라서 여러 문제를 접해보며 실습하는 것이 가장 효과적인 학습 방법입니다. 특히 이번 작업에서는 조건식을 정확히 이해하고 작성하는 능력이 중요합니다. 단순 암기보다는 개념을 바탕으로 조회 작업과 관련된 다양한 메서드와 속성을 익히고, 직접 프로시저를 작성해보는 것이 가장 확실한 학습 방법입니다.

### 난이도

| | | |
|---|---|---|
| 하 | SECTION 01 보고서 완성 | 2-104 |
| 상 | SECTION 02 조회 작업 | 2-115 |
| 상 | SECTION 03 출력 처리 작업 | 2-132 |

# SECTION 01 보고서 완성

**작업파일** [26컴활1급₩2권_데이터베이스₩이론₩3.조회및출력₩Section01] 폴더에서 작업하시오.

**출제유형 ①** '출제유형1.accdb' 파일을 열어 다음의 지시사항 및 화면을 참조하여 〈일일대여현황〉 보고서를 완성하시오.

### 기적의 TIP

[보고서 완성]
① [탐색] 창의 [보고서] 개체 선택
② 대상 보고서 선택 후 바로 가기 메뉴에서 [디자인 보기] 클릭

### 기적의 TIP

보고서 디자인 보기에서 눈금 표시/숨기기
폼이나 보고서 디자인 보기 상태에서 1cm 간격으로 표시되는 눈금은 필요에 따라 감추거나 표시할 수 있습니다. [정렬]-[크기 및 순서 조정] 그룹에서 [크기/공간]-[눈금]을 클릭하면 표시/숨기기가 가능합니다.

❶ 〈대여목록〉 쿼리를 레코드 원본으로 설정하시오.
❷ '대여일자' 필드를 기준으로 내림차순으로 정렬하되 동일한 대여일자에서는 '전화번호' 필드를 기준으로 오름차순으로 정렬되어 표시하도록 설정하시오.
❸ '대여일자' 필드에 대해서는 그룹 바닥글 영역을 만들고 보고서 바닥글의 모든 컨트롤들을 대여일자 바닥글 영역으로 옮기시오.
❹ 'txt누적금액' 컨트롤에는 대여일자 그룹별 '금액' 필드의 누계 값이 표시되도록 하시오.
❺ 대여일자 바닥글의 'txt대여건수'는 해당 대여일자에 대여한 건수가 표시되고, 'txt소계'는 해당 대여일자에 대여한 금액의 합계를 표시하시오.
❻ '대여일자' 필드의 값이 이전 레코드와 동일한 경우에는 표시되지 않도록 설정하시오.
❼ 대여일자가 바뀌면 새 페이지에 표시되도록 대여일자 바닥글을 설정하시오.
❽ 페이지 바닥글의 'txt페이지'에는 페이지를 '현재페이지/전체페이지'의 형태로 표시되도록 설정하시오.
❾ 페이지 바닥글의 'txt날짜'에는 현재의 시스템 날짜가 화면과 같은 형식으로 표시되도록 설정하시오.
❿ 용지방향이 가로로 인쇄되도록 페이지 설정하시오.

## 01 레코드 원본

① '26컴활1급₩2권_데이터베이스₩이론₩3.조회및출력₩Section01' 폴더의 '출제유형1.accdb' 파일을 더블클릭한다.
② 탐색 창의 〈일일대여현황〉 보고서에서 마우스 오른쪽 버튼을 눌러 [디자인 보기](🖹)를 클릭한다.
③ [보고서] 디자인 보기 창에서 [보고서] 속성 시트 창이 표시되도록 하기 위해 '보고서 선택기'(■)를 더블클릭하고, [보고서] 속성 시트 창의 [모두] 탭을 클릭한 후 '레코드 원본' 속성에서 목록 단추(∨)를 클릭하여 '대여목록'을 선택한다.

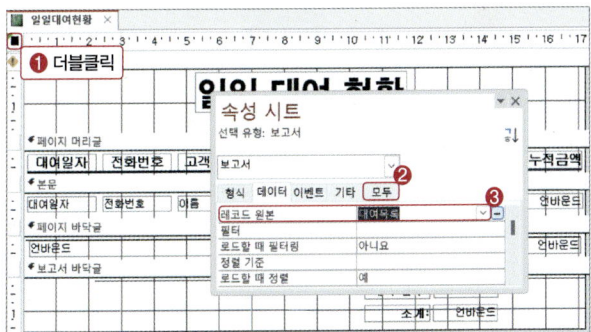

## 02 정렬

④ [보고서] 디자인 보기 상태에서 [보고서 디자인]-[그룹화 및 요약] 그룹의 [그룹화 및 정렬](🗐)을 클릭한다.
⑤ [그룹화 및 정렬]에서 첫 번째 정렬 필드를 지정하기 위해 [그룹, 정렬 및 요약]에서 '정렬 추가'를 클릭하여 '대여일자'를 선택한 후 내림차순으로 정렬한다.

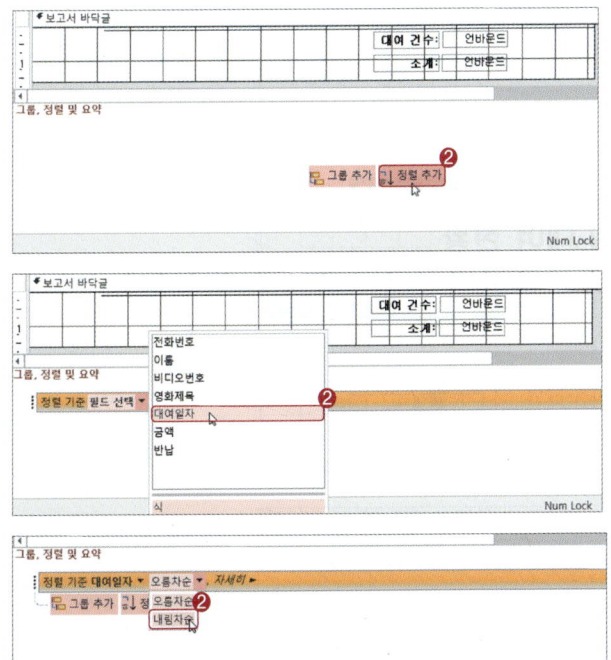

> 🏆 **기적의 TIP**
>
> [파일] – [옵션] – [현재 데이터베이스] – 문서 창 옵션에 따라서 작업 창의 모습이 다를 수 있습니다. 즉 탭 문서로 표시되고 속성 시트가 우측에 배치된 형태일 수 있습니다.

> 🏆 **기적의 TIP**
>
> [보고서 선택기](■)의 바로 가기 메뉴에서 '정렬 및 그룹화'를 선택하여도 됩니다.

> **기적의 TIP**
>
> **[그룹화 및 정렬] 설정 해제**
> [그룹, 정렬 및 요약]에서 삭제하고자 하는 필드를 선택한 후 삭제(❌)를 클릭합니다.

⑥ 두 번째 정렬 필드를 지정하기 위해 [그룹, 정렬 및 요약]에서 '정렬 추가'를 클릭하여 '전화번호'를 선택한 후 오름차순으로 정렬한다.

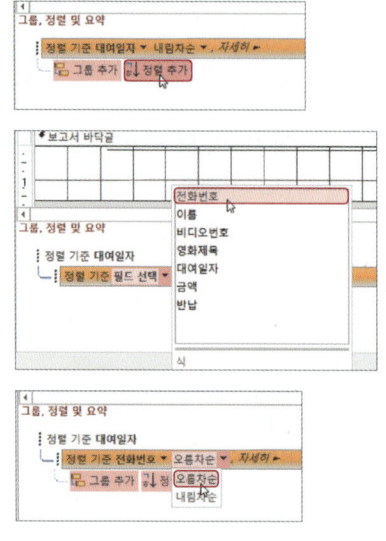

## ⓷ 그룹 바닥글과 컨트롤 이동

⑦ 이어서 '대여일자' 필드에 그룹 바닥글을 설정하기 위해 정렬 기준 '대여일자'의 `자세히▶`를 클릭한 후 '바닥글 구역 표시'를 선택한다.

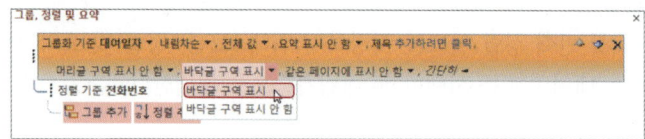

> **기적의 TIP**
>
> **컨트롤을 다중 선택하는 방법**
> ① Shift 나 Ctrl 을 누른 채 컨트롤들을 선택합니다.
> ② 마우스로 컨트롤이 포함되도록 범위 지정합니다.
> ③ 수직 눈금자에서 마우스 포인터 모양이 ➡ 이 될 때 클릭합니다.

⑧ '보고서 바닥글'의 모든 컨트롤이 선택되도록 마우스 드래그를 한 후 마우스 포인터 모양이 될 때 '대여일자 바닥글' 영역으로 드래그하여 이동한다.

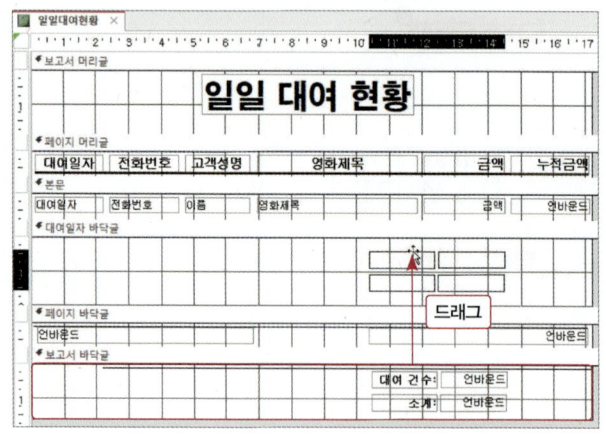

> **기적의 TIP**
>
> **컨트롤 이동**
> 마우스 드래그 대신 키보드 방향키(↑, ↓, ←, →)로 이동할 수 있습니다. 미세한 위치 조정은 Ctrl +방향키를 이용합니다.

## 04 누적 합계

⑨ 'txt누적금액' 컨트롤에서 마우스 포인터 모양이 ▨이 될 때 더블클릭하여 'txt누적금액' 속성 창이 표시되도록 한다.

⑩ 'txt누적금액' 속성 창의 [데이터] 탭에서 '컨트롤 원본' 속성 입력란의 목록 단추(▼)를 클릭하여 '금액'을 선택하고, '누적 합계' 속성 입력란의 목록 단추(▼)를 클릭하여 '그룹'을 선택한다.

> **기적의 TIP**
>
> **'누적 합계' 속성**
> 컨트롤 원본에 지정된 필드나 값에 대해 누적 합계를 구하는 속성으로 다음 3가지로 지정합니다.
> - **'아니요'** : 누적 합계 계산을 하지 않고 해당 레코드의 필드나 값을 표시함
> - **'그룹'** : 그룹이 새로 시작되면 누적 총계를 0부터 새로 계산하여 그룹별 누적 합계를 구함
> - **'모두'** : 전체 레코드에 대해 누적 합계를 구함

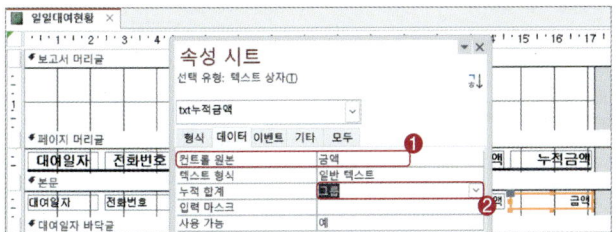

## 05 계산식

⑪ 'txt대여건수' 컨트롤을 선택한 후 'txt대여건수' 속성 창의 [데이터] 탭에서 컨트롤 원본에 =count(*)를 입력하고 Enter 를 누른다.

⑫ 'txt소계' 컨트롤을 선택한 후 'txt소계' 속성 창의 [데이터] 탭에서 컨트롤 원본에 =sum(금액)을 입력하고 Enter 를 누른다.

> **기적의 TIP**
>
> 컨트롤 원본에 「=count(*)」를 입력하고 Enter 를 누르는 대신 Tab 이나 마우스 등을 이용해 다른 속성 입력란으로 이동해도 됩니다.

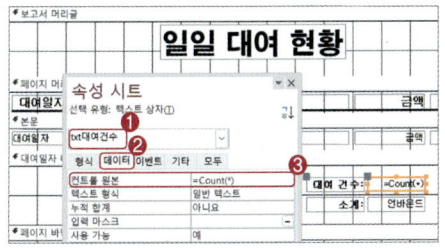 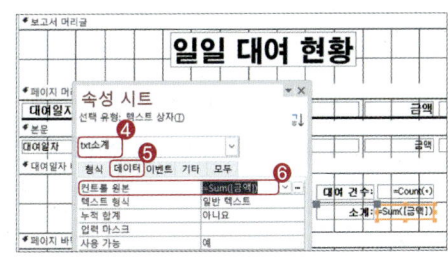

## 06 중복 내용 숨기기

⑬ 본문의 '대여일자' 컨트롤을 선택한 후 '대여일자' 속성 창의 [형식] 탭에서 '중복 내용 숨기기' 속성 입력란의 '예'를 선택한다.

> **기적의 TIP**
>
> '중복 내용 숨기기' 속성 입력란을 '예'로 지정하면 이전 컨트롤 값과 동일한 값이 표시될 경우 동일한 값이 있는 첫 행 이후의 값을 생략하게 됩니다.

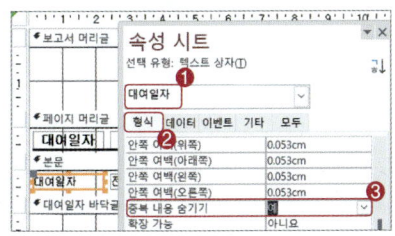

## 07 페이지 바꿈

⑭ 속성 시트 창에서 대여일자 바닥글에 해당하는 '그룹_바닥글0'을 선택하고 [형식] 탭에서 '페이지 바꿈' 속성의 입력란을 '구역 후'로 선택한다.

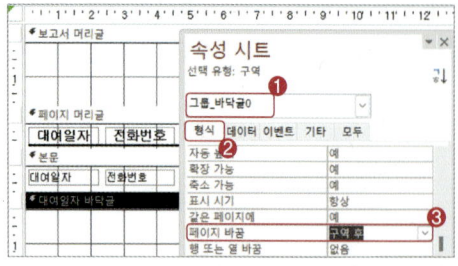

> **기적의 TIP**
>
> **그룹 바닥글의 '페이지 바꿈' 속성 값**
> - 없음 : 그룹이 변경될 때 페이지 바꿈이 발생하지 않습니다.
> - 구역 전 : 그룹의 바닥글이 시작되기 전에 페이지를 바꿉니다.
> - 구역 후 : 그룹의 바닥글이 끝나면 페이지를 바꿉니다.
> - 구역 전/후 : 그룹의 바닥글이 시작되기 전에 페이지를 바꾸고, 끝이 날 때 또 한 번 페이지를 바꿉니다.

## 08 페이지 번호

⑮ '페이지 바닥글'의 'txt페이지' 컨트롤을 선택한 후 'txt페이지' 속성 창의 [모두] 탭에서 '컨트롤 원본' 속성 입력란의 [작성기](...)를 클릭한다.

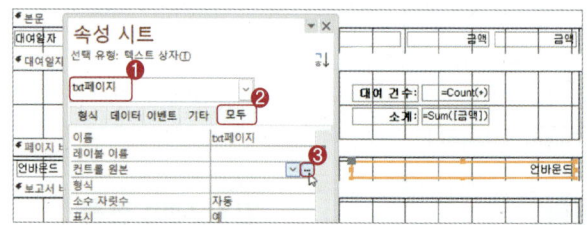

> **기적의 TIP**
>
> **Page & " / " & Pages**
> - Page : 현재 페이지 번호를 표시합니다.
> - Pages : 전체 페이지 번호를 표시합니다.
> - 문자열 연결 연산자 '&'를 사용하여 현재 페이지와 전체 페이지를 하나의 텍스트로 연결합니다.
> - [식 작성기] 대화상자를 이용하지 않고 직접 컨트롤 원본에 「Page & " / " & Pages」를 입력해도 됩니다.

⑯ [식 작성기] 대화상자 하단의 상자에서 '일반 식'을 클릭하고(❶), 'N / M 페이지'를 더블클릭하고(❷), 입력란에 & Page & "/" & Pages "페이지"가 표시되면 맨 왼쪽의 &와 맨 오른쪽의 "페이지" 부분만 블록 설정하여 삭제(❸)한 후 공백(❹)을 입력하고 [확인] 버튼(❺)을 클릭한다.

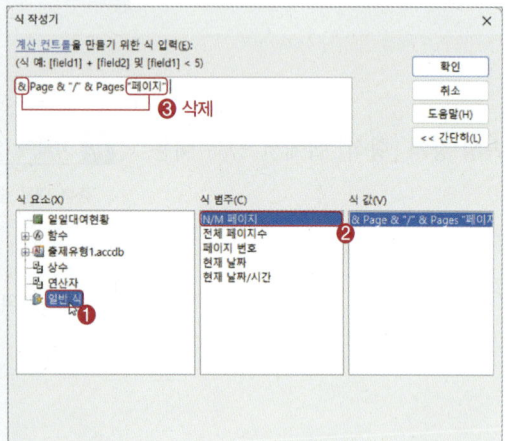
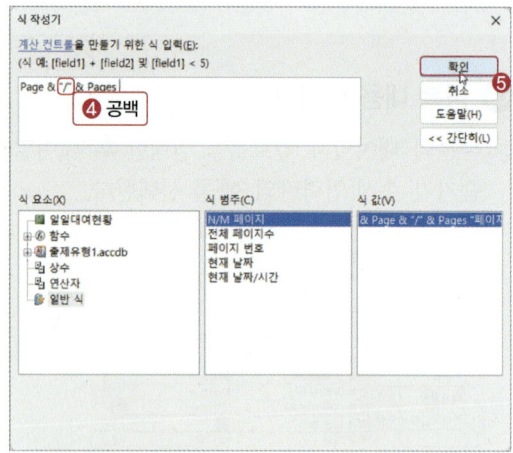

⑰ 컨트롤 원본에 다음과 같이 페이지 번호가 표시되는지 확인한다.

## ⓩ 시스템 날짜 표시

⑱ 'txt날짜' 컨트롤을 선택한 후 'txt날짜' 속성 창의 [모두] 탭에서 '컨트롤 원본' 속성 입력란에 =Date()를 입력하고, '형식' 속성 입력란에 네 자리의 년(年), 두 자리의 월일(月日)을 표현하기 위해 yyyy-mm-dd를 설정합니다.

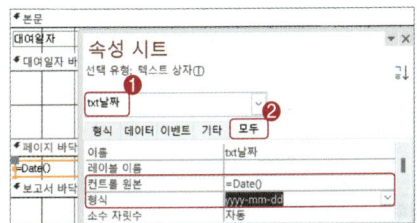

> **기적의 TIP**
> - Date 함수는 현재 시스템의 날짜 값을 반환하는 함수입니다. 따라서 굳이 형식을 지정할 필요는 없겠지만 문제지대로 이행하기 위해 'yyyy-mm-dd'를 설정합니다.
> - 만약 컨트롤 원본으로 Now 함수를 지정했다면 현재 시스템의 날짜와 시간 값까지 나타나기 때문에 형식을 'yyyy-mm-dd'로 설정해야 합니다.

## ⑩ 용지 방향

⑲ [페이지 설정]-[페이지 레이아웃] 그룹에서 [가로](□)를 클릭한다.

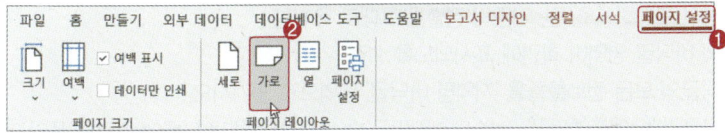

⑳ 모든 작업이 완료되었다면, 빠른 실행 도구모음에서 [저장](🖫) 도구를 눌러 저장한 후 [보고서 디자인]-[보기] 그룹에서 [보기]를 클릭한 후 [인쇄 미리 보기](🔍)를 통해 작성된 내용이 제시된 화면과 동일한지 확인한다.

**출제유형 ❷** '출제유형2.accdb' 파일을 열어 다음의 지시사항 및 화면을 참조하여 〈지역매출현황〉 보고서를 완성하시오.

```
                    매 출  현 황

 강릉(GR1)
       순번   상품명            판매수량   매출액     순매출액    마진액
         1   영수증꽂이(BH-22)    60       ₩70,200    ₩63,180    ₩7,020
         2   발렌티노3단우산       40       ₩19,600    ₩107,640   ₩35,880
         3   아놀드바시나-3        40       ₩80,000    ₩384,000   ₩96,000
         4   영수증함(MH-7021)   36       ₩84,240    ₩75,816    ₩8,424
         5   포켓명함꽂이         30       ₩27,300    ₩24,570    ₩5,460
         6   내슈빌타올(102)       25       ₩250,000   ₩225,000   ₩25,000
         7   카운테스마라-5        25       ₩500,000   ₩400,000   ₩100,000
         8   통장보관함(977)       22       ₩65,800    ₩68,640    ₩25,740
         9   사보렌타올(102)       20       ₩280,000   ₩224,000   ₩84,000
        10   칼라통장영수증지갑    18       ₩28,080    ₩22,464    ₩5,616
                            평균          ₩192,522   ₩159,531   ₩39,314

 광주(KJ1)
       순번   상품명            판매수량   매출액     순매출액    마진액
         1   막대오프너열쇠고리    60       ₩39,000    ₩31,200    ₩3,900
         2   파스텔볼펜           50       ₩8,500     ₩7,650     ₩1,700
 2025년 05월 19일                                        전체 5쪽중 1쪽
```

❶ 1차적으로 '지역명' 필드를 기준으로 오름차순, 2차적으로 '판매수량' 필드를 기준으로 내림차순 정렬하여 표시하시오. 단, 기존의 정렬은 그대로 유지함
  ▶ '지역명'의 바닥글 영역이 화면에 표시되도록 설정
❷ 보고서 바닥글의 모든 컨트롤들을 '지역명 바닥글' 영역으로 옮기시오.
❸ 지역명 바닥글의 'txt매출액평균', 'txt순매출액평균', 'txt마진액평균' 컨트롤에 각각 상품의 매출액과 순매출액, 마진액의 평균을 표시하시오.
  ▶ 통화 형식을 적용하여 표시하시오.
  ▶ 실선의 테두리 스타일을 적용하여 표시하시오.
❹ 지역명 머리글의 'txt지역명' 컨트롤에는 '지역명(지역코드)'과 같은 형식으로 표시되도록 설정하시오.
  ▶ [표시 예 : 강릉(GR1)]
❺ 본문 'txt순번' 컨트롤에는 그룹별 각 레코드 번호를 1,2,3,4... 순으로 1씩 증가하여 표시되도록 설정하시오.
❻ '지역명 머리글' 영역이 매 페이지 반복해서 표시되도록 설정하시오.
❼ 페이지 바닥글의 'txt날짜'에는 현재의 시스템 날짜가 다음과 같은 형태로 표시되도록 설정하시오.
  ▶ [표시 예 : 현재 날짜가 2026년 8월 1일이면 '2026년 08월 01일'과 같이 표시]
❽ 페이지 바닥글의 'txt페이지'에 '전체 5쪽중 1쪽'과 같이 표시되도록 설정하시오.

## 04 컨트롤 원본

⑨ 'txt지역명' 컨트롤을 선택한 후 'txt지역명' 속성 창의 [모두] 탭에서 컨트롤 원본에 =[지역명] & "(" & [지역코드] & ")"를 입력한다.

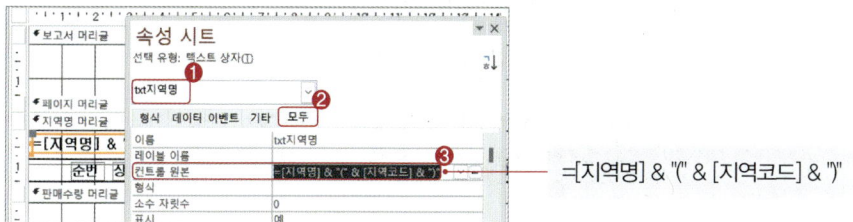

> **기적의 TIP**
>
> **필드와 필드의 연결 표시**
>
> 기출문제에 자주 출제되는 형태의 문제로 여러 개의 필드 값을 하나의 문자열로 표시할 때는 문자열 연결 연산자인 &를 사용하여 필드 이름을 연결합니다.
> 큰 따옴표("")로 감싸진 내용은 화면에 그대로 표시되는 텍스트입니다.

## 05 누적 합계

⑩ 'txt순번' 컨트롤을 선택한 후 'txt순번' 속성 창의 [데이터] 탭에서 '컨트롤 원본' 입력란에 =1을 입력하고, '누적 합계' 속성 입력란의 목록 단추(▼)를 클릭하여 '그룹'을 선택한다.

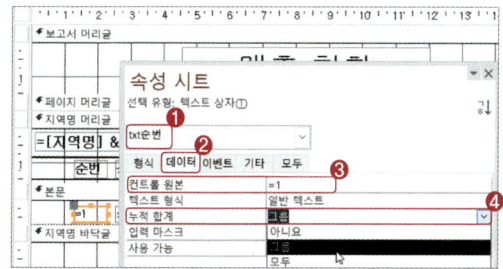

> **기적의 TIP**
>
> 보고서에서 특정 컨트롤에 [일련번호가 표시되도록 설정]하란 문제가 출제되면 ⑩처럼 작업하세요.

## 06 반복 실행 구역

⑪ [지역명 머리글] 구역 표시줄을 선택한 후 '그룹_머리글0' 속성 창의 [형식] 탭에서 '반복 실행 구역' 속성 입력란의 '예'를 선택한다.

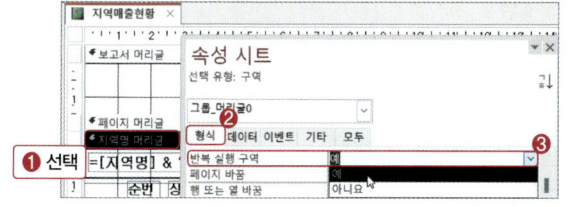

## 07 날짜형식

⑫ 'txt날짜' 컨트롤을 선택한 후 'txt날짜' 속성 창의 [모두] 탭에서 '컨트롤 원본' 입력란에 =Date()를, '형식' 입력란에 **yyyy년 mm월 dd일**을 입력하고 Enter 를 누른다. (입력란 내용이 'yyyy"년 "mm"월 "dd₩일'로 표시됨)

> **기적의 TIP**
>
> yyyy"년 "mm"월 "dd₩일
>
> yyyy는 년도를 4자리로, mm은 월을 2자리로, dd는 일을 2자리로 표시하라는 서식이며, 큰 따옴표("")로 감싼 문자열은 화면에 그대로 표시됩니다.
>
> ₩ 기호는 ₩ 기호 다음의 한 문자를 화면에 그대로 표시란 의미로 큰 따옴표("")로 감싸서 「yyyy"년 "mm"월 "dd"일"」과 같이 사용하는 것과 같습니다.

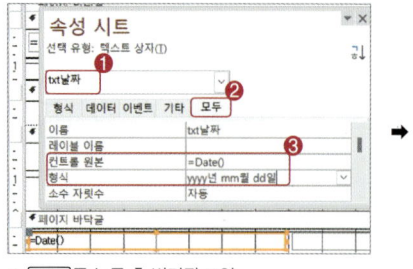 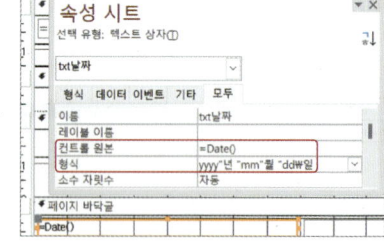

▲ Enter 를 누른 후 변경된 모양

## 08 페이지 번호

⑬ 'txt페이지' 컨트롤을 선택한 후 'txt페이지' 속성 창의 [모두] 탭에서 컨트롤 원본에 **="전체 " & Pages & "쪽중 " & Page & "쪽"**을 입력한다.

> **기적의 TIP**
>
> Date와 Now 함수
> • Date : 현재 날짜를 표시하는 함수
> • Now : 현재 날짜와 시간을 표시하는 함수

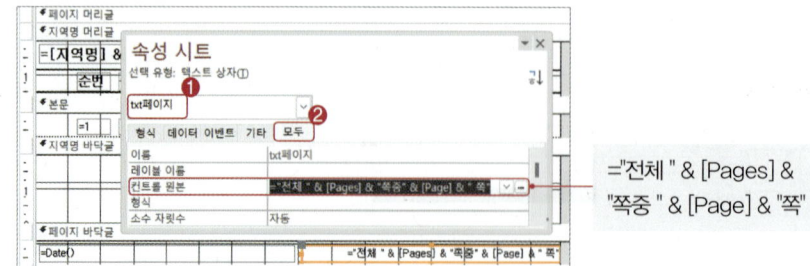

### ➕ 더 알기 TIP

**보고서 구역 주요 속성**

| 속성 | 설명 |
| --- | --- |
| 페이지 바꿈 | 다른 페이지에 인쇄할 것인지 여부를 지정하는 속성 |
| 행 또는 열 바꿈 | 새로운 행이나 열에 인쇄할 것인지를 지정 |
| 같은 페이지에 | 구역을 모두 한 페이지에 인쇄할지 여부 지정 |
| 표시 | 화면에 보일 것인지 여부 지정 |
| 반복 실행 구역 | 그룹 머리글을 다음 페이지나 열에도 반복하여 인쇄할 것인지를 지정 |

**홀수 페이지 번호만 표시하기**

="전체 " & IIf([Page] Mod 2=1,[Pages] & "쪽중 " & [Page] & "쪽","")
                             A                         B                     C

A가 홀수면(현재 페이지를 2로 나눈 나머지가 1이면) B를, 그렇지 않으면 C(공백)을 반환한다.

# SECTION 02 조회 작업

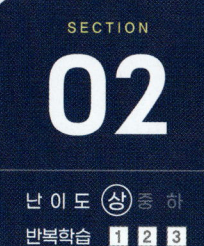
난이도  상 중 하
반복학습 1 2 3

합격 강의

**작업파일** [26컴활1급₩2권_데이터베이스₩이론₩3.조회및출력₩Section02] 폴더에서 작업하시오.

---

## ➕ 더 알기 TIP

### 조회

- **작업파일** [26컴활1급₩2권_데이터베이스₩이론₩3.조회및출력₩Section02₩고객.accdb]
- 조회란 검색할 레코드를 지정하는 조건과, 그 조건에 의한 검색 결과를 말한다.
- 폼에 있는 컨트롤 값으로 지정한 레코드만 폼에 표시(출력)하거나, 새로운 폼이나 보고서를 열어서 지정한 레코드만 출력할 수 있다.
- 다음은 〈정보검색〉 폼의 [고객정보 폼열기] 버튼을 누르는 이벤트 프로시저이며 아무런 검색 조건 없이 〈고객정보〉 폼을 여는 경우로, 폼의 레코드 원본인 〈고객〉 테이블의 레코드가 모두 출력됨을 알 수 있다.

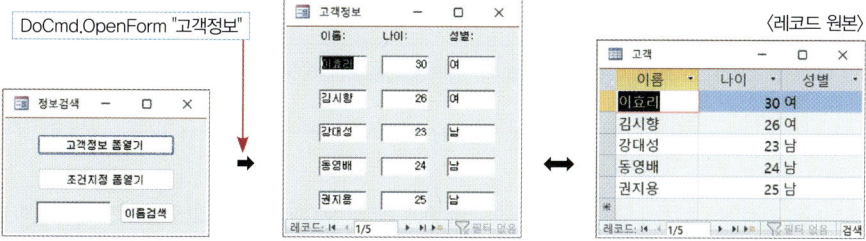

- 다음은 [조건지정 폼열기]를 클릭하면 〈고객정보〉 폼을 열어 [이름] 필드 값이 '김시향'인 레코드만 표시하는 경우로 "이름='김시향'"이라는 조건과, 그 조건에 의한 검색 결과만 폼의 레코드 원본에서 조회됨을 보여준다.

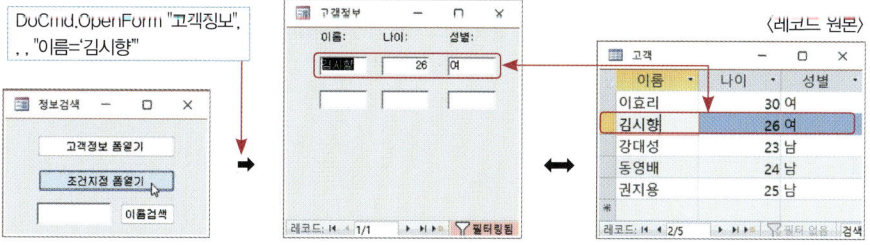

- 다음은 [이름검색]을 클릭할 경우 〈고객정보〉 폼을 열어 [이름] 필드 값이 Txt이름에 입력한 값(이효리)과 같은 조건인 경우만 레코드 원본에서 표시하는 조회에 대해서 설명하고 있다.

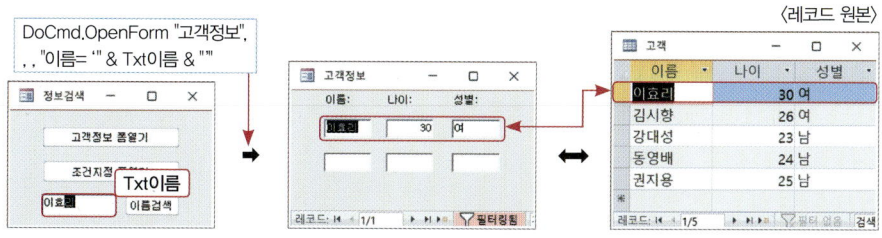

> **기적의 TIP**
> DoCmd 개체는 프로시저에서 액세스의 매크로 함수를 실행시켜 주는 역할을 수행합니다.

> **기적의 TIP**
> OpenForm 메서드는 폼을 여는 매크로 함수를 실행합니다. 결과적으로 폼이 열리게 됩니다.

## 조건식

● **작업파일** [26컴활1급₩2권_데이터베이스₩이론₩3.조회및출력₩Section02₩조건문.accdb]

조건식이란 검색할 레코드를 사용자가 지정하고자 할 때 표현하는 식으로, SELECT 문의 WHERE 절이 대표적이다. 〈회원〉 테이블에서 WHERE 절을 활용하여 ❶과 같이 처리하면 '지역'이 '외계'인 조건에 맞는 레코드를 검색하게 되는데 이와 같은 형식으로 사용되는 ❶식을 조건식이라 한다.

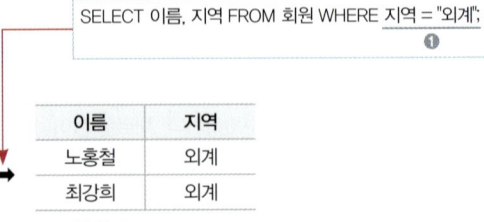

| 이름 | 지역 | 나이 |
|---|---|---|
| 김태희 | 서울 | 25 |
| 전지현 | 경기 | 26 |
| 남규리 | 서울 | 23 |
| 노홍철 | 외계 | 30 |
| 최강희 | 외계 | 33 |

▲ 〈회원〉 테이블

| 이름 | 지역 |
|---|---|
| 노홍철 | 외계 |
| 최강희 | 외계 |

▲ 조회 결과

SELECT 이름, 지역 FROM 회원 WHERE 지역 = "외계"; ❶

> **기적의 TIP**
> SELECT 문은 테이블에서 원하는 데이터를 검색하고자 할 때 사용하는 쿼리입니다. "쿼리"란 액세스의 데이터베이스 개체 중 하나이며 쿼리를 실행하면 테이블 형식(데이터시트 보기)으로 표현됩니다.

• **데이터 형식에 따른 조건식 작성**

필드의 데이터 형식에 따라 조건식을 작성하는 문법이 달라지므로, 폼의 컨트롤에 입력된 값과 필드를 비교하는 조건식을 작성해야 할 경우 필드의 데이터 형식이 텍스트인지, 숫자인지 잘 파악해서 조건식을 완성해야 한다. 다음 절차에 따라서 조건식을 작성하는 정확하고 간략한 방법을 알아보도록 하자.

> **기적의 TIP**
> 조건식 작성에 대해서 꼭 알아두세요. 액세스 공부의 반은 조건식에 대한 이해에 달려있다고 해도 과언이 아닙니다.

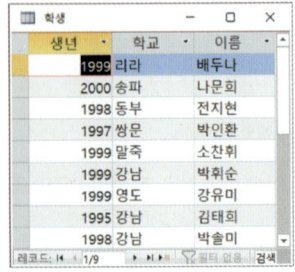

▲ 〈학생〉 테이블

| 필드 | 데이터 형식 |
|---|---|
| 생년 | 숫자 |
| 학교 | 짧은 텍스트 |
| 이름 | 짧은 텍스트 |

▲ 〈학생〉 테이블의 데이터 형식

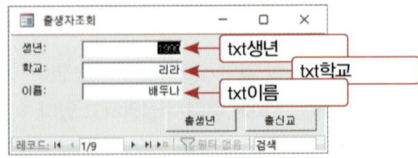

▲ 〈출생자조회〉 폼의 컨트롤

### [1단계] 필드의 데이터 형식을 파악하는 단계

조건식에 사용될 필드의 데이터 형식이 숫자인지 텍스트인지 파악하도록 한다. [데이터베이스] 탐색 창의 [테이블] 개체에서 〈학생〉 테이블의 바로 가기 메뉴 중 [디자인 보기]를 클릭하면 알 수 있다.

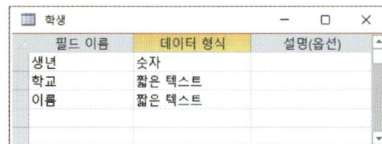

◀ 〈학생〉 테이블의 디자인 보기

### [2단계] 작은 따옴표로 숫자와 텍스트를 구분하는 단계

폼의 컨트롤에 입력된 값과 필드를 비교하는 조건식을 구성하는 기본 형식은 필드 = 컨트롤이다. 다만 필드의 데이터 형식이 숫자인지, 텍스트인지에 따라서 컨트롤에 작은 따옴표를 추가시켜 서로 구분을 해주어야 한다.

| 데이터 형식 | 작은 따옴표 사용 여부 | 식 표현 |
|---|---|---|
| 숫자 | × | 생년 = txt생년 |
| 텍스트 | ○ | 학교 = ' txt학교 ' |

### [3단계] 큰 따옴표로 컨트롤을 구분하는 단계

컨트롤은 그대로 두고, 나머지 부분을 큰 따옴표로 묶는다. 이는 앞서 숫자와 텍스트를 구분하기 위해서 사용한 작은 따옴표를 묶어서 처리하기 위함이다.

| 데이터 형식 | 식 표현 |
|---|---|
| 숫자 | "생년 =" txt생년 |
| 텍스트 | "학교 = '" txt학교 "'" |

### [4단계] 앰퍼샌드(&)로 컨트롤과 연결하는 단계

마지막으로 올바른 식을 완성하기 위해서는 컨트롤과 나머지 부분들을 앰퍼샌드(&)로 연결해야 한다.

• 데이터 형식이 날짜일 때 조건식 작성

데이터 형식이 날짜인 경우 컨트롤에 붙이는 작은 따옴표 대신 #을 넣어서 구분해주면 된다.

예) "수강일 = #" & txt날짜 & "#"

• 컨트롤 값이 포함된 조건시 작성

데이터 형식이 텍스트이고 컨트롤 값이 포함된 데이터를 검색해야 한다면 컨트롤의 앞뒤로 *를 붙이고, = 대신 like 연산자를 사용한 후 텍스트 데이터 조건식 작성법을 따르면 된다.

예) "강좌명 like ' * " & txt찾기 & " * '"

• 두 가지 조건을 모두 만족하는 조건식

데이터 형식이 텍스트이고 동아리명, 코드명 두 가지 조건이 모두 일치하는 경우의 조건식을 세우려면 두 조건을 AND 연산자로 묶어 처리하면 된다.

예) "동아리명 = '" & txt동아리명 & "' AND 코드명 = '" & txt코드명 & "'"

> **기적의 TIP**
> 아무리 복잡하게 보이는 조건식이라도 컨트롤만 따로 떼놓고 큰 따옴표, 작은 따옴표, #, & 등을 분석해보세요. 원리만 파악하면 절대 어렵거나 실수하는 부분이 아닙니다.

> **기적의 TIP**
> 지금부터 작업할 때는 보안 경고 메시지 표시줄의 [콘텐츠 사용] 단추를 클릭하세요.

**출제유형 ①** '거래처별구매정보.accdb' 파일을 열어 작업하시오.

> 〈Filter, FilterOn〉
> 조건에 해당하는 데이터를 걸러서 표시해주는 Filter와 이를 적용시켜 주는 FilterOn 속성에 대해 알아보자.
> Me.Filter = 조건식
> Me.FilterOn = True

❶ 〈거래처별 구매정보〉 폼의 'cmb거래처찾기'에서 거래처를 선택하고, '레코드 찾기(cmd찾기)' 버튼을 클릭하면 선택된 거래처에 해당하는 '구매내역' 레코드 정보를 보여주는 기능을 수행하도록 구현하시오.
  ▶ Filter, FilterOn 속성을 이용하여 이벤트 프로시저를 작성하시오.

❷ 〈년월일조회〉 폼에서 'txt년', 'txt월' 'txt일'에 순서대로 년, 월, 일을 입력하고 '년월일조회(cmd조회)' 버튼을 클릭하면 입력한 '구매일자'에 해당하는 레코드 정보를 보여주는 이벤트 프로시저를 Filter, FilterOn 속성을 이용하여 작성하시오.

① 〈거래처별 구매정보〉 폼은 하위 폼을 가지고 있으며, '거래처명' 필드로 연결되어있다. 따라서 'cmb거래처찾기'에서 거래처명을 선택하고 '레코드 찾기(cmd찾기)' 버튼을 클릭하면 Filter된 거래처명의 상세 정보를 폼에 나타낼 수 있다.

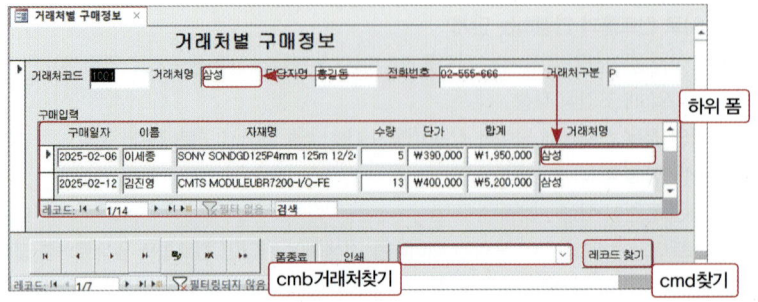

> **기적의 TIP**
> 이벤트 프로시저를 선택하지 않고 작성기 단추만 누른 다음 '코드 작성기'를 선택해도 됩니다.

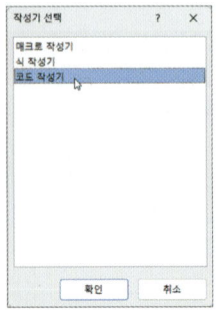

② 탐색 창의 〈거래처별 구매정보〉 폼에서 마우스 오른쪽 버튼을 눌러 메뉴의 [디자인 보기](📐)를 클릭한 후 'cmd찾기' 명령 단추를 선택하여 해당 속성 시트 창에 설정한다.

③ 'cmd찾기' 속성 창에서 [이벤트] 탭을 클릭한 후 On Click의 이벤트 프로시저를 선택하고 [작성기](⋯)를 클릭하여 VBA 편집 상태로 넘어간다.

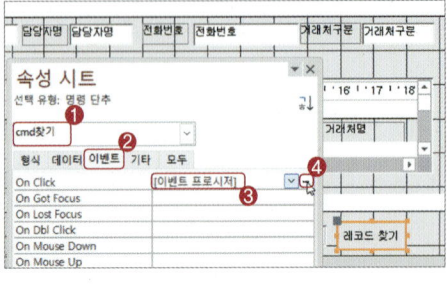

④ 코드 창에 다음과 같이 이벤트 프로시저를 작성한다.

① Private Sub cmd찾기_Click()
② Me.Filter = "거래처명 = '" & cmb거래처찾기 & "'"
③ Me.FilterOn = True
④ End Sub

① 'cmd찾기' 명령 단추 컨트롤을 클릭하는 이벤트 프로시저를 작성한다.
② 'cmb거래처찾기' 콤보 상자 컨트롤에서 선택한 값과 '거래처명' 필드 값이 동일한 레코드를 현재 폼(Me)의 Filter 속성에 정의한다.
③ 현재 폼 개체의 Filter 속성에 정의된 Filter를 적용(True)한다.
④ 프로시저를 종료한다.

⑤ 탐색 창의 〈년월일조회〉 폼에서 마우스 오른쪽 버튼을 눌러 [디자인 보기](N)를 클릭한 후 'cmd조회' 명령 단추를 속성 시트 창에서 선택한다.
⑥ 'cmd조회' 속성 시트 창의 이벤트 탭을 클릭한 후 On Click의 이벤트 프로시저를 선택하고 [작성기](...)를 클릭하여 VBA 편집 상태로 넘어간다.
⑦ 코드 창에 다음과 같이 이벤트 프로시저를 작성한다.

① Private Sub cmd조회_Click()
② Me.Filter = "Year([구매일자]) =" & txt년 & "And Month([구매일자]) =" & txt월 & "And Day([구매일자]) =" & txt일
③ Me.FilterOn = True
④ End Sub

① 'cmd조회' 명령 단추 컨트롤을 클릭하는 이벤트 프로시저를 작성한다.
② '구매일자'에서 년(Year), 월(Month), 일(Day)을 구해 'txt년', 'txt월', 'txt일'에 입력된 값과 동일한 레코드를 현재 폼(Me)의 Filter 속성에 정의한다.
③ 현재 폼 개체의 Filter 속성에 정의된 Filter를 적용(True)한다.
④ 프로시저를 종료한다.

> **기적의 TIP**
>
> 작성한 프로시저가 실행되지 않을 경우 [파일]-[옵션]-[보안 센터]에서 [보안 센터 설정]을 클릭하고 'ActiveX 설정'과 '매크로 설정'을 확인합니다. 각각 '최소한의 제한 사항으로 모든 컨트롤을 사용하기 전에 확인', '모든 매크로 제외(알림 표시)' 정도로 설정하도록 합니다.

> **기적의 TIP**
>
> Year, Month, Day 날짜 함수는 년, 월, 일을 반환하는 함수입니다.

### 더 알기 TIP

**조건식 작성 순서**

[1단계] 필드의 데이터 형식을 파악하는 단계
- 〈거래처별 구매정보〉 폼의 레코드 원본은 〈거래처〉 테이블이다.
- 〈거래처〉 테이블의 [거래처명] 필드는 데이터 형식이 '텍스트'이다.

[2단계] 작은 따옴표로 숫자와 텍스트를 구분하는 단계
- 기본 형식인 **필드 = 컨트롤**에 대입하면 **거래처명 = cmb거래처찾기**가 된다.
- [거래처명] 필드의 데이터 형식이 **텍스트**이므로 **작은 따옴표**로 구분을 해야 한다.

  거래처명 = ' cmb거래처찾기 '

[3단계] 큰 따옴표로 컨트롤을 구분하는 단계
- 컨트롤을 제외한 나머지 부분을 큰 따옴표로 묶어서 구분한다.

```
"거래처명 = '" cmb거래처찾기 "'"
```

[4단계] 앰퍼샌드(&)로 컨트롤과 연결하는 단계
- 컨트롤과 나머지 부분을 앰퍼샌드로 연결하여 처리한다.

```
"거래처명 = '" & cmb거래처찾기 & "'"
```

> **기적의 TIP**
> 속성은 '=' 다음에 값을 정의하지만 메서드는 '=' 없이 값을 정의함에 유의하세요.

**출제유형 ②** '제품별조회.accdb' 파일을 열어 작업하시오.

〈RecordsetClone, FindFirst, Bookmark〉

현재 폼(Me)의 레코드 원본(Recordset)을 복사(제)하는 RecordsetClone 속성, 특정 레코드를 고유하게 식별하여 책갈피를 꽂아두는 Bookmark 속성, 처음부터 끝 방향으로 값을 찾아주는 FindFirst 메서드에 대해서 알아보자.
Me.RecordsetClone.FindFirst 조건식
Me.Bookmark = Me.RecordsetClone.Bookmark

〈제품별조회〉 폼의 상단에 있는 'txt조회' 컨트롤에 제품코드를 입력하고 '찾기(cmd찾기)' 버튼을 클릭하면 입력된 제품코드에 해당하는 제품 레코드 정보를 보여주는 기능을 수행하도록 구현하시오.

> **기적의 TIP**
> [데이터베이스 도구] – [관계] 탭의 [관계를 눌러보면 하위 폼은 기본 폼의 레코드 원본인 〈제품코드〉 테이블의 '제품코드' 필드와 일대다의 관계가 형성되어 있음도 알 수 있습니다.

① 〈제품별조회〉 폼의 레코드 원본은 〈제품코드〉 테이블이며, '제품명' 필드와 하위 폼으로 연결되어 있다. 따라서 'txt조회' 컨트롤에 값을 입력하고 'cmd찾기' 버튼을 누르면 폼의 레코드 원본에서 관련 정보를 찾아 표시할 수 있게 된다.

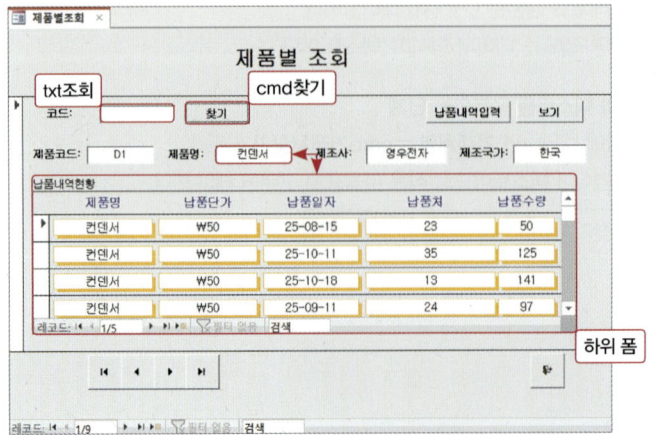

② 〈제품별조회〉 폼을 [디자인 보기](■)로 열고, 속성 시트 창에서 '찾기(cmd찾기)' 버튼을 선택한 후 [이벤트] 중 On Click의 [이벤트 프로시저]를 선택하고 [작성기](■)를 클릭한다.

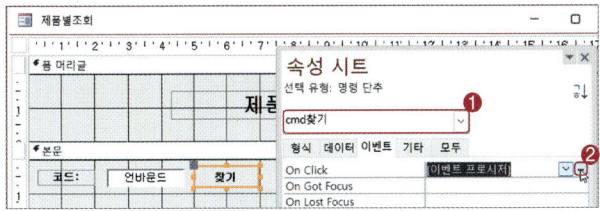

③ 코드 창에 다음과 같이 이벤트 프로시저를 작성한다.

```
Private Sub cmd찾기_Click()
① Me.RecordsetClone.FindFirst "제품코드 = '" & txt조회 & "'"
② Me.Bookmark = Me.RecordsetClone.Bookmark
End Sub
```

① 현재 폼의 레코드 원본을 복사한 다음, 복사된 개체에서 'txt조회' 컨트롤에 입력된 값과 제품코드가 동일한 첫 번째 레코드를 검색한다.
② 복사한 개체에서 찾은 레코드의 책갈피를 현재 폼의 책갈피로 대입한다.

**출제유형 ❸** '강좌정보찾기.accdb' 파일을 열어 작업하시오.

〈RecordSource〉
폼이나 보고서의 레코드 원본을 지정해주는 RecordSource 속성을 이용하면 조건에 맞는 레코드 원본으로 재설정하여 폼에 표시하는 데이터를 변경할 수 있다.
Me.RecordSource = SELECT문 WHERE 조건식

〈강좌정보찾기〉 폼의 '찾기(cmd찾기)' 버튼을 클릭하면 '강좌명'에 해당하는 강좌정보 레코드를 보여주는 기능을 수행하시오.

▶ 현재 폼의 RecordSource 속성을 이용한 레코드 원본 재설정 방식으로 이벤트 프로시저를 작성하시오.
▶ 정확한 강좌명을 입력할 때만 찾을 수 있도록 하시오.

① 〈강좌정보찾기〉 폼의 레코드 원본은 〈강좌〉 테이블이다. 'txt찾기'에 강좌명을 입력하고 '찾기(cmd찾기)' 버튼을 클릭하면 RecordSource 속성에 의해, 입력된 강좌명에 해당하는 데이터로 레코드 원본을 재설정하여 폼에 표시하게 된다.

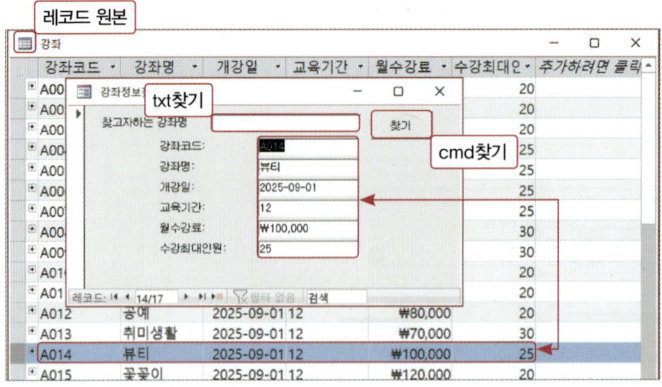

② 'cmd찾기' 버튼에 다음과 같은 클릭 이벤트 프로시저를 작성한다.

Private Sub cmd찾기_Click()
    ① Me.RecordSource = "Select * From 강좌 Where 강좌명 = '" & txt찾기 & "'"
End Sub

① 현재 폼의 'txt찾기' 컨트롤에 입력된 값과 강좌명(필드)이 일치하는 〈강좌〉 테이블의 정보를 찾아서 레코드 원본으로 재설정한다.

### + 더 알기 TIP

**'조건' 입력 시 주의사항**

[1단계] 필드의 데이터 형식을 파악하는 단계
- 〈강좌정보찾기〉 폼의 레코드 원본은 〈강좌〉 테이블이다.
- 〈강좌〉 테이블의 [강좌명] 필드는 데이터 형식이 '텍스트'이다.

[2단계] 작은 따옴표로 숫자와 텍스트를 구분하는 단계
- SELECT문 WHERE 조건식에서, 조건식의 기본 형식인 **필드 = 컨트롤**을 대입하면 **강좌명 = txt찾기**가 된다.
- [강좌명] 필드의 데이터 형식이 **텍스트**이므로 **작은 따옴표(' ')**로 구분을 해야 한다.

    Select * From 강좌 Where **강좌명 = ' txt찾기 '**

[3단계] 큰 따옴표로 컨트롤을 구분하는 단계
- 컨트롤을 제외한 나머지 부분을 큰 따옴표로 묶어서 구분한다.

    "Select * From 강좌 Where **강좌명 = '"** txt찾기 **"'"**

[4단계] 앰퍼샌드(&)로 컨트롤과 연결하는 단계
- 컨트롤과 나머지 부분을 앰퍼샌드로 연결하여 처리한다.

    "Select * From 강좌 Where **강좌명 = '"** & txt찾기 & **"'"**

출제유형 ❹ 'DoCmd.accdb' 파일을 열어 작업하시오.

> **〈폼 닫기〉**
> DoCmd 개체의 Close 메서드를 이용하면, 지정한 액세스의 창을 닫거나 아무 것도 지정하지 않았을 경우에는 현재 창을 곧바로 닫을 수 있다.
> DoCmd.Close

〈동아리정보〉 폼의 '닫기(cmd닫기)' 버튼을 클릭하면 폼이 닫히도록 기능을 구현하시오.

① 〈동아리정보〉 폼을 [디자인 보기](N)로 연 후 '닫기(cmd닫기)' 버튼을 선택하고 'cmd닫기' 속성 창의 [이벤트] 탭에서 On Click의 [작성기](┅)를 클릭한 후 '코드 작성기'를 선택하고 [확인]을 클릭한다.

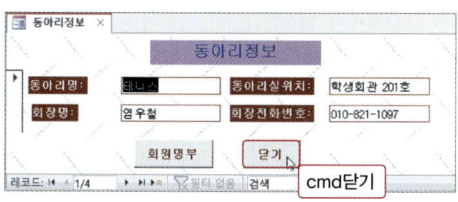

② 다음과 같이 DoCmd 개체에 Close 메서드를 적용한다.

```
Private Sub cmd닫기_Click()
    ① DoCmd.Close
End Sub
```
① 현재 창을 닫는다.

> 🚩 **기적의 TIP**
> Close 메서드에 지금처럼 아무런 인수도 지정하지 않으면, 현재 창을 닫습니다.

➕ **더 알기 TIP**

**Close 메서드의 인수를 활용하면 좀 더 세밀한 설정이 가능해진다.**

① Private Sub cmd닫기_Click()
　② DoCmd.Close acForm, "동아리정보", acSavePrompt
　　　　　　　　　　　개체유형　　개체이름　　　저장방법
③ End Sub

① 'cmd닫기' 명령 단추 컨트롤을 클릭하는 이벤트 프로시저를 작성한다.
② 동아리정보(개체이름) 폼(개체유형, acForm)을 닫을 때 개체 저장 여부(acSavePrompt)를 물어본다.
③ 프로시저를 종료한다.

> 기적의 TIP
> 
> '보기형식'과 '필터명'은 선택 요소로, 생략하면 기본 값으로 처리됩니다. 특별한 언급이 있을 때 처리하도록 합니다.

### 출제유형 ⑤ 'DoCmd.accdb' 파일을 열어 작업하시오.

**〈조건에 맞게 폼 열기〉**

DoCmd 개체의 OpenForm 메서드를 이용하면 조건에 맞는 데이터로 폼을 열 수 있다.
DoCmd.OpenForm "폼 이름", 보기형식, 필터명, 조건식

〈동아리정보〉 폼의 '회원명부(cmd회원명부)' 버튼을 클릭하면 다음과 같은 기능이 구현되도록 하시오.

▶ '회원명부(cmd회원명부)' 버튼을 클릭하면 〈동아리회원명부〉 폼이 열리도록 하시오.
▶ 현재 폼에 표시되어 있는 동아리의 회원명부가 표시되도록 할 것
※ 현재 폼에 표시되는 동아리가 '테니스'이면 테니스 동아리의 회원명부가 표시되도록 할 것

> 기적의 TIP
> 
> 클릭하면 열리는 폼 쪽의 레코드 원본을 비교할 필드의 기준으로 삼아야 합니다.

① 〈동아리정보〉 폼의 '동아리명'이 '테니스'가 되도록 탐색 단추를 눌러 레코드 번호 상자를 '4'로 맞추고 '회원명부' 버튼을 누르면, 테니스에 관련된 정보로 〈동아리회원명부〉 폼이 열려야 한다. 이렇게 동작하게 하려면 〈동아리회원명부〉 폼의 레코드 원본 중 '동아리명' 필드와 값을 비교하는 조건식을 세우면 된다.

> 기적의 TIP
> 
> 기본 폼과 하위 폼은 '동아리코드' 필드끼리 일대다의 관계로 연결되어 있습니다. 따라서 기본 폼의 검색 정보를 하위 폼에 자세하게(여러 개) 나타낼 수 있습니다.

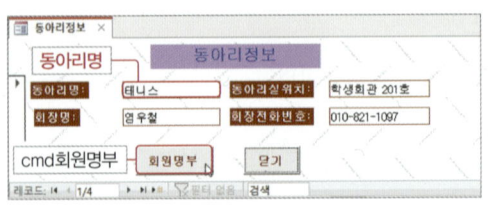

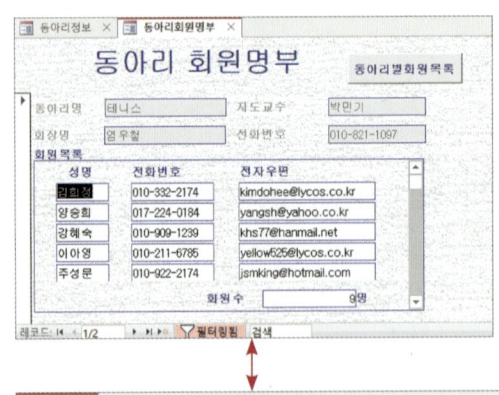

◀ 클릭하면 열리는 폼

> 기적의 TIP
> 
> 하위 폼의 레코드 원본인 〈회원〉 테이블에서 '동아리코드' 필드 값이 4인 경우, 즉 '동아리명' 필드 값이 '테니스'인 경우에 해당하는 정보를 보여줍니다.

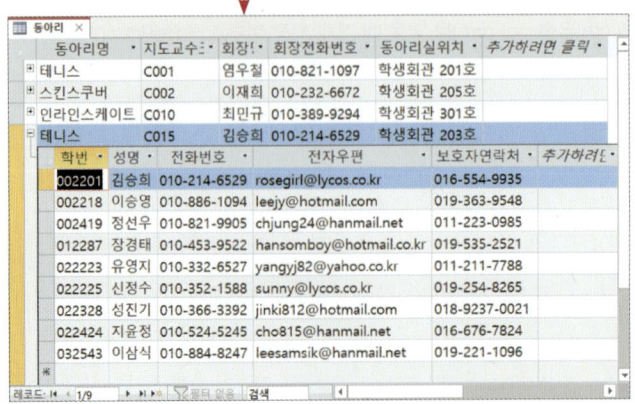

◀ 기본 폼과 하위 폼의 레코드 원본은 '동아리코드' 필드로 연결되어 있음

② '회원번호(cmd회원명부)' 버튼에 'On Click' 이벤트 프로시저를 다음과 같이 작성한다. DoCmd 개체의 OpenForm 메서드를 이용하되 조회된 결과로만 폼이 열리도록 조건식을 작성한다.

```
Private Sub cmd회원명부_Click()
    ① DoCmd.OpenForm "동아리회원명부", acNormal, , "동아리명 = '" & 동아리명 & "'"
End Sub
```
① 〈동아리회원명부〉 폼을 열 되, '동아리명' 컨트롤에 입력된 값과 '동아리명(필드)'이 일치하는 조건으로 연다.

> **기적의 TIP**
> acNormal은 폼 보기로 폼을 열겠다는 뜻입니다. 설정하지 않아도 기본 값으로 처리됩니다.

> **기적의 TIP**
> 코드를 작성할 때, 띄어쓰기에 유의해야만 오류없이 동작합니다.

### ➕ 더 알기 TIP

## 조회 기능 구현 방법

폼에서 특정 조건에 맞는 레코드를 조회하는 방법에서 시험에 자주 출제되는 유형은 다음과 같은 4가지 유형이 있으며, 유형 1~3은 자주 출제된다.

1. Filter 속성

폼의 레코드 원본에 조건에 따라 필터링을 지정하는 속성으로, Filter 속성으로 조회할 조건을 지정한 후에 Filter 속성이 실행되게 하려면 FilterOn 속성을 True로 지정해야 한다. FilterOn 속성이 False로 지정되면 Filter 속성과 상관없이 필터가 해제되어 모든 레코드가 표시된다.

| 구문형식 | 폼이름.Filter = "조건식"<br>폼이름.FilterOn = True |
|---|---|
| 예 | ① Me.Filter = "비디오번호 = '" & txt검색 & "'"<br>② Me.FilterOn = True |
| | ① 현재 폼에 '비디오번호' 필드가 'txt검색' 컨트롤의 값과 일치하는 레코드만 표시되도록 필드 조건을 지정한다.<br>② ①의 필터를 실행한다. |

2. RecordSource 속성

폼이나 보고서의 '레코드 원본' 속성을 변경하는 속성으로 SELECT 문을 사용하여 조회 조건뿐 아니라 레코드 정렬 등도 지정할 수 있다.

| 구문형식 | 폼이름.RecordSource = "SELECT문 WHERE 조건식" |
|---|---|
| 예 | Me.RecordSource = "Select * From 비디오 Where 비디오번호 = '" & txt검색 & "'" |
| | 〈비디오〉 테이블에서 '비디오번호' 필드가 'txt검색' 컨트롤의 값과 일치하는 레코드만으로 현재 폼의 레코드 원본으로 지정한다. |

3. RecordsetClone, Bookmark, FindFirst

Filter나 RecordSource 속성이 조건에 맞는 레코드만 화면에 표시하는 방법인데 비해 FindFirst 메서드와 Bookmark 속성을 사용하면 조건에 맞는 첫 번째 레코드로 현재 레코드 위치가 이동된다.

| 구문형식 | 폼이름.RecordsetClone.FindFirst "조건식" |
|---|---|
| 예 | ① Me.RecordsetClone.FindFirst "비디오번호 = '" & txt검색 & "'"<br>② Me.Bookmark = Me.RecordsetClone.Bookmark |
| | ① 현재 폼의 레코드셋을 복사한 개체에서 '비디오번호' 필드가 'txt검색' 컨트롤의 값과 일치하는 첫 번째 자료를 찾아 이동한다.<br>② Bookmark 속성을 이용하여 현재 폼의 레코드 위치가 ①에서 검색된 레코드 위치가 되도록 한다. |

4. ApplyFilter 매크로 함수
- Filter/FilterOn 속성을 매크로 함수로 실행하는 기능이며 조건에 맞는 자료를 필터링하여 표시한다.
- 필터를 제거하고 모든 레코드를 표시할 때는 ShowAllRecords 매크로 함수를 사용한다.

| 구문형식 | ApplyFilter 매크로 함수 |
|---|---|
| 예 | 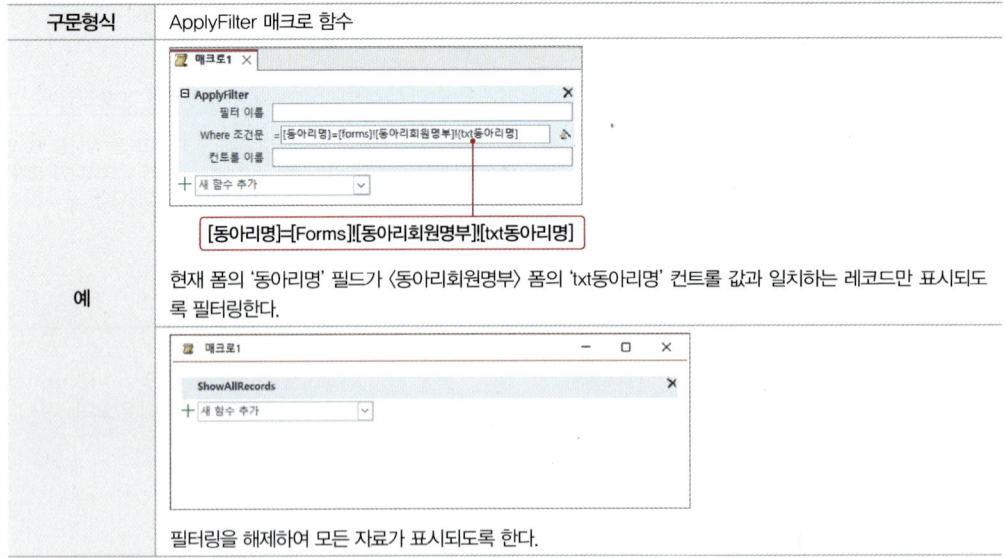<br>현재 폼의 '동아리명' 필드가 〈동아리회원명부〉 폼의 'txt동아리명' 컨트롤 값과 일치하는 레코드만 표시되도록 필터링한다.<br><br>필터링을 해제하여 모든 자료가 표시되도록 한다. |

## Filter, FindFirst에서 조건식을 지정할 때 주의 사항

- 조회 조건을 지정할 때 필드의 데이터 형과 컨트롤 값에 따라 작은 따옴표(' ')와 연결(&) 연산자 등을 사용한다.
- 컨트롤을 제외한 나머지는 큰 따옴표("")로 묶고 텍스트 형식으로 입력되는 값은 앞뒤에 작은 따옴표(' ')가 붙여지도록 한다.
- 컨트롤 이름, 변수 등은 큰 따옴표 안에 포함될 수 없으므로 연결(&) 연산자로 연결한다.

1. 검색 필드 데이터 형식이 숫자 데이터일 때

조건으로 사용할 검색 필드의 데이터 형이 숫자 데이터 형식인 경우에는 검색할 숫자나 컨트롤 이름을 그대로 사용한다.

| 예 1 | Me.Filter = "가격 >= 1000" |
|---|---|
| | '가격' 필드 값이 1000 이상인 레코드만 표시하도록 필터 조건을 지정한다. |
| 예 2 | Me.Filter = "가격 >= " & txt가격 |
| | '가격' 필드 값이 'txt가격' 컨트롤 값 이상인 레코드만 표시하도록 필터 조건을 지정한다. |
| 예 3 | Me.Filter = "가격 >= 1000 AND 가격 <= 2000" |
| | '가격' 필드 값이 1000 이상이고 2000 이하인 레코드만 표시하도록 필터 조건을 지정한다. |
| 예 4 | Me.Filter = "가격 >= " & txt시작가 & " AND 가격 <= " & txt종료가 |
| | '가격' 필드 값이 'txt시작가' 컨트롤 값 이상이고 'txt종료가' 컨트롤 값 이하인 레코드만 표시하도록 필터 조건을 지정한다. |

2. 검색 필드 데이터 형식이 문자 데이터일 때

조건으로 사용할 검색 필드의 데이터 형이 텍스트 데이터 형식인 경우에는 검색할 문자나 컨트롤 이름의 앞뒤에 작은 따옴표(' ')를 붙여 사용한다.

| 예 1 | Me.Filter = "감독 = '홍길동'" |
| --- | --- |
| | '감독' 필드 값이 '홍길동'인 레코드만 표시하도록 필터 조건을 지정한다. |
| 예 2 | Me.Filter = "감독 = '" & txt조회 & "'" |
| | '감독' 필드 값이 'txt조회' 컨트롤 값과 같은 레코드만 표시하도록 필터 조건을 지정한다. |
| 예 3 | Me.Filter = "영화제목 Like ' * 인생 * '" |
| | '영화제목' 필드 값에 '인생'이란 단어가 포함되어 있는 레코드만 표시하도록 필터 조건을 지정한다. |
| 예 4 | Me.Filter = "영화제목 Like ' * " & txt조회 & " * '" |
| | '영화제목' 필드 값에 'txt조회' 컨트롤 값이 포함되어 있는 레코드만 표시하도록 필터 조건을 지정한다. |

3. 검색 필드 데이터 형식이 날짜 데이터일 때

조건으로 사용할 검색 필드의 데이터 형이 날짜 데이터 형식인 경우에는 검색할 날짜나 컨트롤 이름의 앞뒤에 # 기호를 붙여 사용한다.

| 예 1 | Me.Filter = "출시일 >= #2025-1-1#" |
| --- | --- |
| | '출시일' 필드 값이 '2025년 1월 1일' 보다 크거나 같은 날짜인 레코드만 표시하도록 필터 조건을 지정한다. |
| 예 2 | Me.Filter = "출시일 >= #" & txt조회 & "#" |
| | '출시일' 필드 값이 'txt조회' 컨트롤의 날짜보다 크거나 같은 날짜인 레코드만 표시하도록 필터 조건을 지정한다. |
| 예 3 | Me.Filter = "출시일 >= #2025-1-1# AND 출시일 <= #2025-1-31#" |
| | '출시일' 필드 값이 '2025년 1월 1일' 보다 크거나 같고 '2025년 1월 31일' 보다 작거나 같은 날짜인 레코드만 표시하도록 필터 조건을 지정한다. |
| 예 4 | Me.Filter = "출시일 >= #" & txt시작일 & "# AND 출시일 <= #" & txt종료일 & "#" |
| | '출시일' 필드 값이 'txt시작일' 컨트롤 날짜보다 크거나 같고 'txt종료일' 컨트롤의 날짜보다 작거나 같은 날짜인 레코드만 표시하도록 필터 조건을 지정한다. |

## RecordSource 속성의 SELECT 문 사용

RecordSource 속성에서 사용하는 SELECT 문은 콤보 상자의 행 원본, 쿼리 등에 사용하는 SQL 문과 형식이 동일하며, 컨트롤을 기준으로 식을 작성하면 된다.

| 구문형식 | Me.RecordSource = " Select 필드명 From 테이블명 [Where 조건식] |
| --- | --- |
| | [Order By 정렬기준필드명 [Asc\|Desc] " |
| 예 1 | Me.RecordSource = "Select * From 비디오" |
| | 〈비디오〉 테이블 전체 레코드와 전체 필드를 레코드 원본으로 지정한다. |
| 예 2 | Me.RecordSource = "Select * From 비디오 Where 비디오번호 = '010'" |
| | 〈비디오〉 테이블에서 데이터 형식이 텍스트인 '비디오번호' 필드 값이 '010'인 레코드만 레코드 원본으로 지정한다. |

| 예 3 | Me.RecordSource = "Select * From 비디오 Where 비디오번호 = '" & txt검색 & "'" |
|---|---|
| | 〈비디오〉 테이블에서 '비디오번호' 필드 값이 'txt검색'에 입력된 레코드만을 레코드 원본으로 지정한다. |
| 예 4 | Me.RecordSource = "Select * From 비디오 Where 영화제목 Like '*영웅*'" |
| | • Like 연산자는 지정한 문자열이 포함된 레코드를 검색하는 연산자로 와일드 카드 문자( * )와 함께 사용한다. |
| | • 〈비디오〉 테이블에서 '영화제목' 필드 값에 '영웅'이란 문자가 포함된 레코드만을 레코드 원본으로 지정한다. |
| 예 5 | Me.RecordSource = "Select * From 비디오 Where 영화제목 Like '*" & txt검색 & "*'" |
| | 〈비디오〉 테이블에서 '영화제목' 필드에 txt검색과 동일한 문자가 포함된 레코드만을 레코드 원본으로 지정한다. |

## Recordset, FindFirst 속성

- Recordset 개체란 테이블이나 쿼리의 결과로 나타나는 레코드 집합 개체를 말한다.
- RecordsetClone은 현재 레코드 원본을 복사한 새로운 개체에서 작업하기 때문에 Bookmark 속성을 이용해야 한다. 그런데 Recordset 개체에 FindFirst 메서드를 실행하면 Bookmark 속성을 이용하지 않아도 조건에 맞는 레코드로 바로 이동이 된다.

| 구문형식 | 폼이름.Recordset.FindFirst "조건식" |
|---|---|
| 예 | Me.Recordset.FindFirst "비디오번호 = '" & txt검색 & "'" |
| | 현재 폼의 레코드 셋에서 '비디오번호' 필드가 'txt검색' 컨트롤의 값과 일치하는 첫 번째 자료를 찾아 해당 레코드 위치로 이동한다. |

출제유형 ⑥ 'DoCmd.accdb' 파일을 열어 작업하시오.

• 조건에 맞게 보고서 열기

DoCmd 개체의 OpenReport 메서드를 이용하면 조건에 맞는 데이터로 보고서를 열 수 있다.
DoCmd.OpenReport "보고서이름", 보기형식, 필터이름, 조건식

> 기적의 TIP
> 보기형식과 필터이름은 선택 요소로 만약 생략하면 기본 값으로 처리됩니다.

〈동아리회원명부〉 폼의 '동아리별회원목록(cmd회원정보)' 버튼을 클릭하면 다음과 같은 기능이 구현되도록 하시오.

▶ 〈동아리별 회원리스트〉 보고서를 '인쇄 미리보기' 형태로 열도록 하시오.
▶ 현재 폼에 보이는 동아리 데이터만 표시하도록 할 것
※ 인라인스케이트 동아리 정보가 폼에 표시되어있다면 인라인스케이트 동아리 회원들만 보고서에 나타나도록 할 것

① 〈동아리회원명부〉 폼의 'txt동아리명' 컨트롤에 '인라인스케이트'가 들어있을 때 '동아리별회원목록(cmd회원정보)' 버튼을 클릭하면 인라인스케이트와 관련된 정보로 〈동아리별 회원리스트〉 보고서가 열려야 한다. 이는 〈동아리별 회원리스트〉 보고서의 레코드 원본 필드 중 '동아리명' 필드와 'txt동아리명' 컨트롤을 조건식으로 비교함으로 가능해진다.

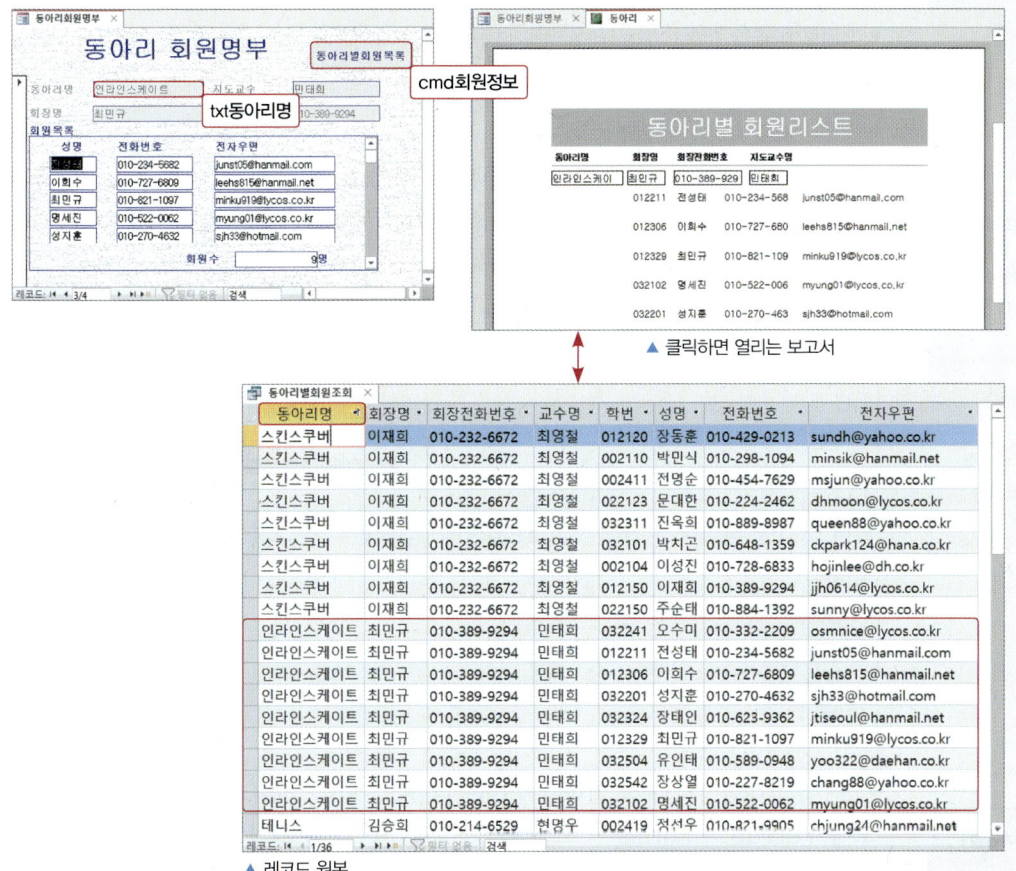

▲ 레코드 원본

② 〈동아리회원명부〉 폼을 [디자인 보기](📐)로 연 후 '동아리별회원목록(cmd회원정보)'의 'On Click' 이벤트 프로시저에 DoCmd 개체의 OpenReport 메서드와 조건식을 가미하여 다음과 같이 작성한다.

```
Private Sub cmd회원정보_Click()
  ① DoCmd.OpenReport "동아리별 회원리스트", acViewPreview, , "동아리명 = '" & txt동아리명 & "'"
End Sub
```

① 〈동아리별 회원리스트〉 보고서를 열 되, 'txt동아리명' 컨트롤에 입력된 값과 '동아리명(필드)'이 일치하는 조건으로 연다.

**기적의 TIP**

보기형식인 acViewPreview는 인쇄 미리 보기 상태를 의미합니다. 만약 생략하게 되면 기본 값인 acViewNormal로 인식하게 되어 곧바로 인쇄가 되어버립니다. 따라서 실제 시험장에서 부적절하므로 대부분 인쇄 미리 보기 상태를 요구하게 됩니다.

출제유형 ⑦ '비디오대여.accdb' 파일을 열어 〈대여현황〉 폼의 'ApplyFilter' 버튼에 대해 다음과 같은 기능이 수행되도록 구현하시오.

▶ ApplyFilter 매크로 함수를 사용할 것
▶ 'ApplyFilter(cmdApplyFilter)' 버튼을 클릭하면, 'txt고객' 컨트롤에서 선택한 고객만 표시하도록 할 것
▶ 매크로 이름을 'Macro1'이라고 입력할 것

> **기적의 TIP**
> 문제에서 지시한 매크로를 먼저 만든 후, 명령 단추의 On Click 속성에 만들어진 매크로를 지정하는 순서로 작업합니다.

① [만들기]-[매크로 및 코드] 그룹에서 [매크로](📋)를 클릭한다.
② 매크로 작성기 창의 새 함수 추가 펼침 목록 단추를 클릭하고 펼쳐진 함수 목록 중 'ApplyFilter' 매크로 함수를 선택한다.

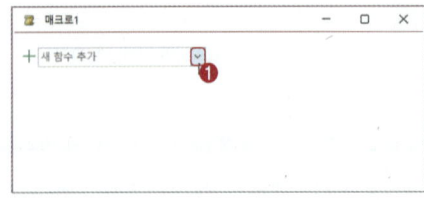

> **기적의 TIP**
> 함수 카탈로그에서 함수를 찾은 후 더블클릭해도 됩니다. ApplyFilter 함수는 [필터/쿼리/검색] 유형 아래에 있음을 알 수 있습니다.

③ 필터 조건을 지정하기 위해 'Where 조건문' 입력란의 작성기를 클릭한다.

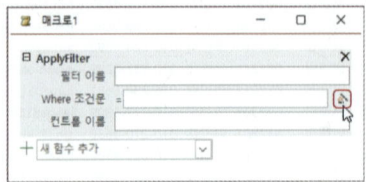

> **기적의 TIP**
> [이름]=Forms![대여현황]![txt고객]
> '이름' 필드 값이 〈대여현황〉 폼의 'txt고객' 컨트롤 값과 동일한 자료만 필터링합니다.

④ 식 작성기 대화상자의 식 입력란에 **[이름]**=을 입력하고 하단의 왼쪽 상자에서 '비디오대여.accdb – Forms – 모든 폼 – 대여현황' 순서로 펼치고, 가운데 상자에서 'txt고객'을 더블클릭한다. 식 입력란에 '[이름]= Forms![대여현황]![txt고객]'이 표시되면 [확인]을 클릭한다.

> **기적의 TIP**
> 이벤트 프로시저로 작성할 수도 있습니다.
> DoCmd. ApplyFilter , "이름 = '" & txt고객 & "'" 와 같이 DoCmd 개체의 ApplyFilter 메서드를 이용하면 됩니다.

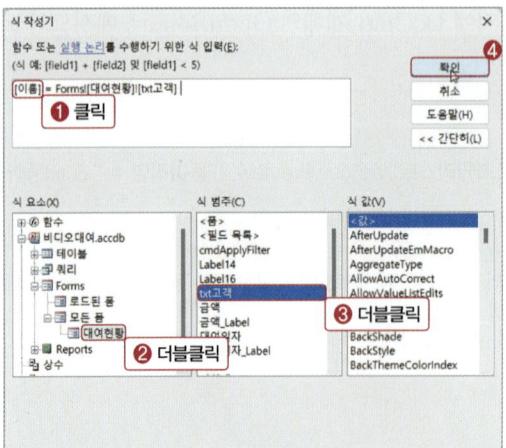

⑤ 빠른 실행 도구 모음 중 '저장' 단추를 클릭하고, 매크로 이름을 **Macro1**로 설정한 후 [확인]을 클릭한다.

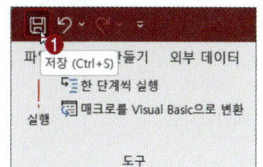 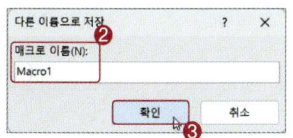

⑥ 〈대여현황〉 폼을 디자인 보기로 열어 속성 시트 중 'cmdApplyFilter' 명령 단추를 찾아 이벤트 탭의 On Click 속성에 미리 만들어 둔 'Macro1'을 지정하고 모든 변경한 내용은 저장한다.

 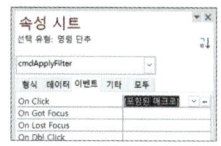

> **기적의 TIP**
>
> 먼저 매크로를 만든 후 On Click 속성에 지정하지 않고, On Click 속성의 [작성기] 단추를 눌러서 매크로를 만들게 되면 '포함된 매크로'로 속성이 지정됩니다. 이렇게 되면 매크로 이름을 지정할 수 없으므로 작업 순서에 유의하세요.

### 더 알기 TIP

**조회 조건 지정 시 사용 기호와 연산자**

| 기호 | 설명 및 예제 |
|---|---|
| 대괄호([ ]) | 폼/보고서, 컨트롤 개체 이름을 구분하기위해 사용하며, 개체 이름에 공백이 없는 경우 생략해도 된다.<br>• [주문번호] → 컨트롤 이름이 '주문번호'일 때 '[주문번호]'로 사용해도 되고 '주문번호'로 사용해도 된다.<br>• [주문 번호] → 컨트롤 이름에 공백이 포함된 경우에는 대괄호로 감싸서 '[주문 번호]'로 사용해야 한다. |
| 느낌표(!) | 폼/보고서 또는 폼/보고서의 컨트롤과 같은 개체를 참조할 때 구분자로 사용<br>• Forms![주문]![주문번호] → 〈주문〉 폼의 '주문번호' 컨트롤<br>• Reports![주문견적서] → 〈주문견적서〉 보고서 |
| 점(.) | 폼/보고서, 컨트롤 등의 개체 속성을 참조할 때 구분자로 사용<br>Reports![주문견적서]![고객명].Visible = True → 〈주문견적서〉 보고서의 '고객명' 컨트롤의 표시(Visible) 속성을 보이도록 설정 |

# SECTION 03 출력 처리 작업

난이도 상 중 하
반복학습 1 2 3

작업파일 [26컴활1급₩2권_데이터베이스₩이론₩3.조회및출력₩Section03] 폴더에서 작업하시오.

> **기적의 TIP**
>
> [출력 처리 작업]
> ① [탐색] 창의 [폼] 개체 선택
> ② 대상 폼 선택 후 바로 가기 메뉴에서 [디자인 보기] 클릭
> ③ 해당 컨트롤에 조회 관련 프로시저나 매크로 작성

출제유형 ❶ '출제유형1.accdb' 파일을 열어 다음과 같은 기능을 수행토록 구현하시오.

❶ 〈고객관리〉 폼에서 '인쇄(cmd인쇄)' 버튼을 클릭하면 〈고객별대여현황〉 보고서를 미리 보기 형태로 출력되도록 프로시저를 작성하시오.
  ▶ 〈고객관리〉 폼의 현재 '고객ID(txt고객ID)'에 해당하는 레코드만 출력되도록 설정하시오.
❷ 〈비디오목록〉 폼에서 '출력(cmd출력)' 버튼을 클릭하면 〈대여목록〉 보고서를 미리보기 형태로 출력되도록 프로시저를 작성하시오.
  ▶ 〈대여목록〉 보고서의 '대여일자'가 〈비디오목록〉 폼의 조회날짜(txt시작일, txt종료일) 기간 안에 포함된 레코드만 출력되도록 설정하시오.

## 01 'cmd인쇄' 클릭 이벤트

> **기적의 TIP**
>
> 명령 단추의 On Click 이벤트를 작성할 때는 속성 창의 'On Click' 속성을 이용하지 않고, 해당 명령 단추에서 마우스 오른쪽 버튼을 눌러 나타난 빠른 메뉴에서 [이벤트 작성] 메뉴를 선택해도 됩니다.

① '26컴활1급₩2권_데이터베이스₩이론₩3.조회및출력₩Section03' 폴더의 '출제유형1.accdb' 파일을 더블클릭한다.
② 탐색 창의 〈고객관리〉 폼에서 마우스 오른쪽 버튼을 눌러 [디자인 보기](N)를 클릭한다.
③ 속성 창의 'cmd인쇄' 컨트롤을 선택한 후 [이벤트] 탭에서 'On Click' 입력란의 [이벤트 프로시저]를 선택하고 [작성기](···)를 클릭한다.

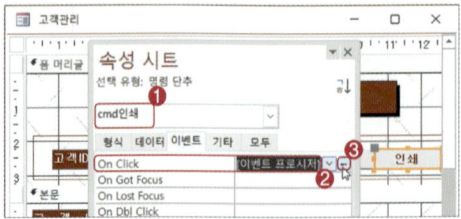

④ [Visual Basic Editor] 창에 'Private Sub cmd인쇄_Click()' 프로시저가 표시되면, 프로시저 안에 다음과 같이 입력하여 완성한다.

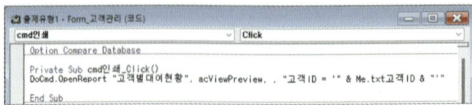

```
Private Sub cmd인쇄_Click()
    ① DoCmd.OpenReport "고객별대여현황", acViewPreview, , "고객ID = '" & Me.txt고객ID & "'"
End Sub
```

① '고객ID' 필드 값이 'txt고객ID' 컨트롤 값과 일치하는 레코드만 표시되도록 조건을 지정하여 〈고객별대여현황〉 보고서를 '미리 보기'(acViewPreview) 형태로 표시하고, '필터 이름'을 생략한 후 'Where 조건문'을 입력하기 위해서 acViewPreview 다음에 쉼표(,)를 2번 연속 입력한다.

⑤ [Visual Basic Editor] 창 제목 표시줄의 [닫기]를 클릭하여 창을 닫는다.
⑥ 모든 작업이 완료되었다면, 빠른 실행 도구모음에서 [저장](圖)을 눌러 저장한 후 [양식 디자인]-[보기] 그룹에서 [보기]를 눌러 [폼 보기](圖)를 통해 작성된 내용이 제시된 화면과 동일한지 확인한다. 즉, 〈고객관리〉 폼에서 조건에 맞는 자료만 인쇄 미리보기 되는지 확인한다.

> **기적의 TIP**
> Me는 현재 실행되는 코드를 참조하는 변수입니다. Me.txt고객ID에서 Me.은 생략해도 됩니다.

> **기적의 TIP**
> **DoCmd.OpenReport**
> 보고서 개체를 열기 위해 메서드를 사용하여 Access 매크로 함수를 실행합니다.

> **기적의 TIP**
> 텍스트 상자의 잠금 속성을 '예'로 설정하면 해당 텍스트 상자의 데이터를 편집할 수 없게 됩니다. 〈고객관리〉폼의 고객ID(txt고객ID)를 잠근 후 데이터를 변경해보세요. 잠겨있기 때문에 지워지지 않을 것입니다. 이것이 바로 잠금 속성입니다.

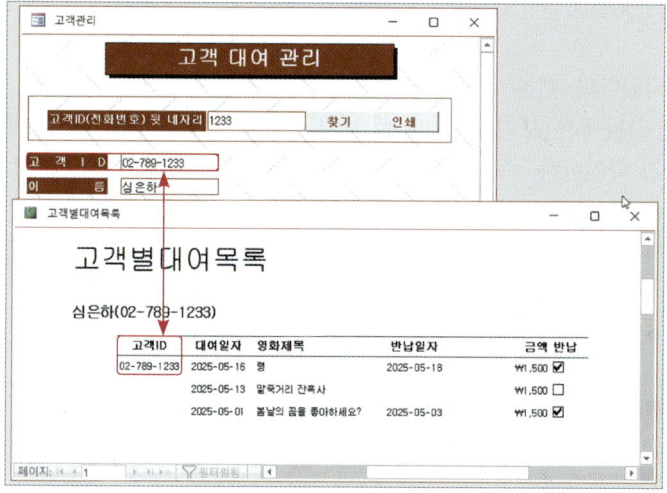

## 02 'cmd출력' 클릭 이벤트

⑦ 탐색 창의 〈비디오목록〉 폼에서 마우스 오른쪽 버튼을 눌러 [디자인 보기](圖)를 클릭한다.
⑧ 'cmd출력' 컨트롤을 선택한 후 'cmd출력' 속성 창의 [이벤트] 탭에서 'On Click' 입력란을 클릭하여 [작성기](⋯)를 클릭하고, [작성기 선택] 대화상자에서 '코드 작성기'를 더블클릭한다.

⑨ [Visual Basic Editor] 창에 'Private Sub cmd출력_Click()' 프로시저가 삽입되면, 프로시저 안에 다음과 같이 입력하여 완성한다.

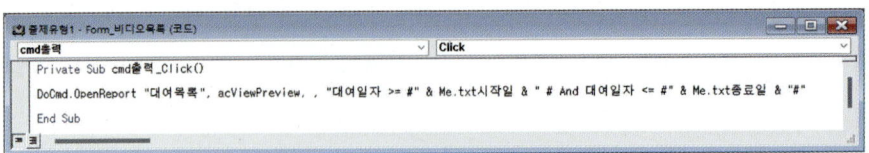

Private Sub cmd출력_Click()
① DoCmd.OpenReport "대여목록", acViewPreview, , "대여일자 >= #" & Me.txt시작일 & "# and 대여일자 <= #" & Me.txt종료일 & "#"
End Sub

① '대여일자' 필드값이 'txt시작일' 컨트롤 값보다 크거나 같고 'txt종료일' 컨트롤 값보다 작거나 같은 레코드만 표시되도록 〈대여목록〉 보고서를 미리 보기 형태로 표시한다.

⑩ 모든 작업이 완료되었다면, 빠른 실행 도구모음에서 [저장](🖫)을 눌러 저장한 후 [양식 디자인]-[보기] 그룹에서 [보기]를 눌러 [폼 보기](▦)를 통해 작성된 내용이 제시된 화면과 동일한지 확인한다. 즉, 〈비디오목록〉 폼에서 '조회 날짜'에 적당한 검색 조건을 입력하고, [조회]를 클릭한 후 [출력]을 클릭하여 해당 조건에 맞는 자료만 인쇄 미리보기 되는지 확인한다.

> **기적의 TIP**
>
> **Visual Basic Editor에서 하나의 명령을 여러 줄로 입력하기**
> Visual Basic에서는 한 명령문은 한 줄에 입력해야 합니다. 만약, 너무 내용이 길어 여러 줄로 나눌 경우 줄 변경이 일어날 위치에서 공백과 밑줄('_')을 입력한 후 Enter 를 눌러야 합니다.
> 줄 변경이 가능한 위치는 & 와 같은 연산자의 앞뒤에서 가능하며 큰 따옴표("")로 감싸진 내용이나 하나의 단어에서는 줄 변경을 할 수 없습니다.

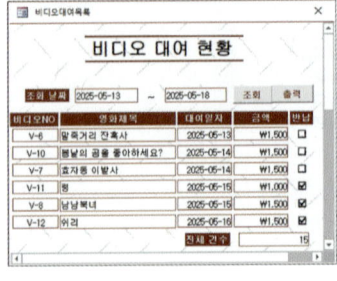
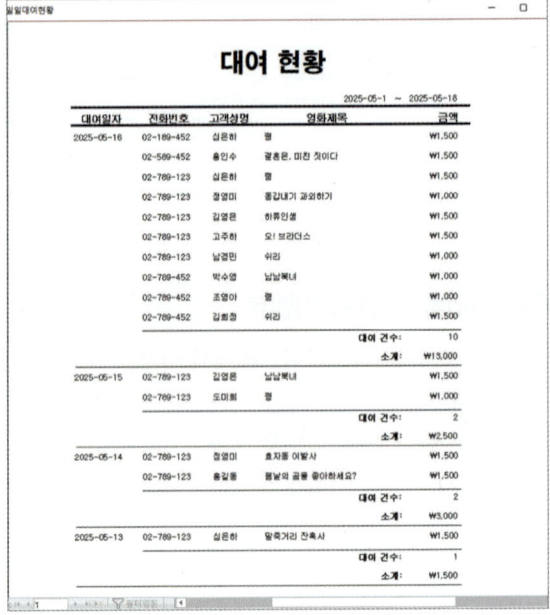

## + 더 알기 TIP

## DoCmd.OpenReport 메서드 / OpenReport 함수

- DoCmd는 매크로 함수를 프로시저에서 사용할 수 있도록 해주는 액세스 개체로 'DoCmd.매크로 함수' 형태로 사용한다.
- **프로시저에서 사용** : OpenReport는 보고서 개체를 여는 매크로 함수로 이벤트 프로시저에서 사용할 때 다음과 같은 형식을 가진다.

> DoCmd.OpenReport "보고서이름", [보기], [필터이름], [Where 조건문]

※ 매개 변수 중 "보고서이름"은 필수이고, [보기], [필터이름], [Where 조건문]은 선택 임을 의미한다.

- **매크로 함수로 사용** : 매크로 작성기 창을 이용하여 매크로 함수 인수를 지정한다.

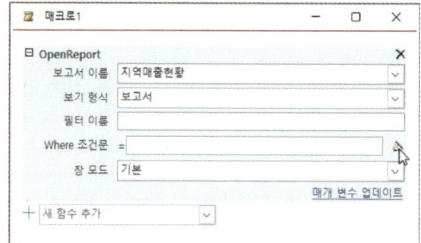

| 인수 | 설명 |
| --- | --- |
| 보고서 이름 | 열려는 보고서 이름 |
| 보기 | • 보고서를 어떤 보기 형식(인쇄, 디자인, 인쇄 미리 보기, 보고서, 레이아웃)으로 열 것인지 지정, 기본 값은 인쇄<br>• 프로시저 방식에서는 보고서 이름을 입력한 후 쉼표(,)를 입력하면 목록이 나타나기 때문에 해당 목록 중 하나를 선택한다. |
| 필터 이름 | 보고서의 레코드를 검색하는 기존 쿼리나 쿼리로 저장된 필터의 이름을 지정 |
| Where 조건문 | • 보고서의 원본 테이블이나 쿼리로부터 레코드를 선택하는 SQL문의 Where 절이나 식을 입력<br>• **매크로 방식** : 「[필드이름] = Forms![폼이름]![컨트롤이름]」 형식으로 입력. '필드이름'은 열려는 보고서 레코드 원본의 필드이름, '컨트롤이름'은 보고서 레코드에서 원하는 값을 가지는 폼의 컨트롤 이름<br>• **프로시저 방식** : 현재 폼을 사용하는 경우 「[필드이름] = [컨트롤이름]」으로 사용 |
| 창 모드 | 기본, 숨김, 아이콘, 대화상자 형태로 지정 가능하다. |

- **매크로 함수를 프로시저로 변환** : 매크로 작성기 창에서 작성한 매크로를 [탐색] 창에서 디자인 보기로 연후 [매크로 도구]-[디자인]-[도구] 그룹의 [매크로를 Visual Basic으로 변환] 메뉴를 클릭하여 DoCmd.OpenReport 방식의 이벤트 프로시저로 변경 가능하다.

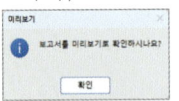

〈지역매출조회〉 폼에 다음과 같이 실행되는 'Macro2' 매크로를 생성하고, '인쇄(cmd인쇄)' 버튼의 클릭에 지정하시오.

▶ 메시지 박스 표시 ('보고서를 미리보기로 확인하시나요?')

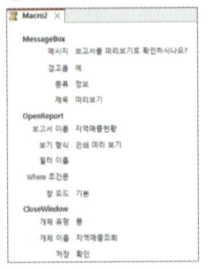

▶ 〈지역매출현황〉 보고서를 인쇄 미리 보기로 표시
▶ 〈지역매출조회〉 폼을 닫음

정답)

### 기적의 TIP

함수 카탈로그에서 함수를 찾은 후 더블클릭해도 됩니다. OpenReport 함수는 [데이터베이스 개체] 유형 아래에 있음을 알 수 있습니다.

### 기적의 TIP

실제 문제에서 매크로 이름을 지정해 주는 경우 반드시 해당 지정 이름으로 저장해야 합니다. 빠른 실행 도구모음 중 '저장' 단추를 클릭하면 사용자가 지정하는 다른 이름으로 저장할 수 있습니다.

**출제유형 ❷** '출제유형2.accdb' 파일을 열어 다음과 같은 기능을 수행토록 구현하시오.

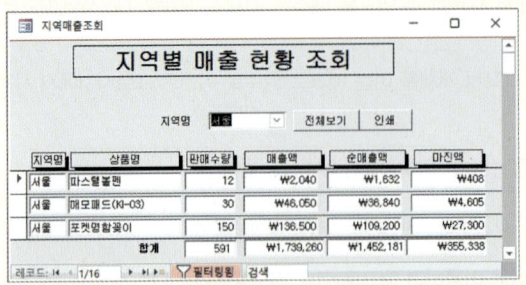

▶ 〈지역매출조회〉 폼에서 '인쇄(cmd인쇄)' 버튼을 클릭하면 〈지역매출현황〉 보고서를 미리 보기 형태로 출력되도록 설정하시오.
▶ 〈지역매출조회〉 폼의 '지역명(cmb지역명)' 컨트롤에서 선택한 값과 동일한 지역명을 갖는 레코드만 출력되도록 설정하시오.
▶ 매크로 함수를 사용하여 작성
▶ 매크로 이름을 'Macro1'이라고 입력할 것

① 리본 메뉴의 [만들기]-[매크로 및 코드] 그룹에서 [매크로](📋)를 클릭한다.
② 매크로 작성기 창의 새 함수 추가 펼침 목록 단추를 클릭하고 펼쳐진 함수 목록 중 'OpenReport' 매크로 함수를 선택한다.

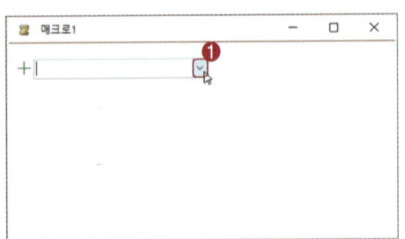 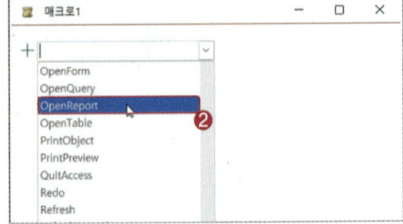

③ 보고서 이름에 '지역매출현황' 보고서를 지정한 후 필터 조건을 지정하기 위해 'Where 조건문' 입력란의 작성기(🔨)를 클릭한다.

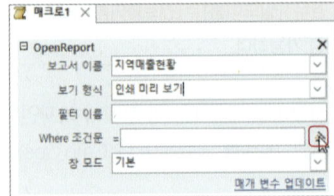

④ 식 작성기 대화상자의 식 입력란에 **[지역명]**=을 입력하고 하단의 왼쪽 상자에서 '출제유형2.accdb – Forms – 모든 폼 – 지역매출조회' 순서로 펼치고, 가운데 상자에서 'cmb지역명'을 더블클릭한다. 식 입력란에 '[지역명]= Forms![지역매출조회]![cmb지역명]'이 표시되면 [확인]을 클릭한다.

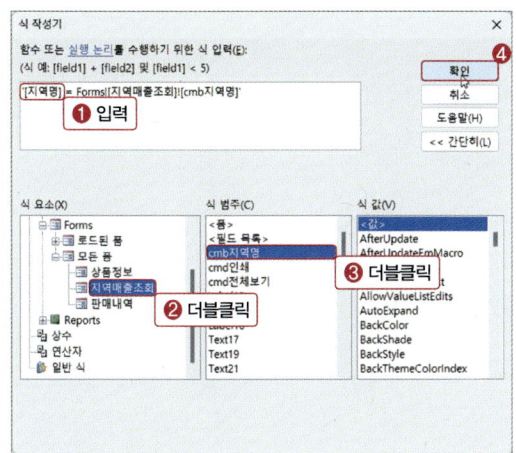

> 🎯 **기적**의 TIP
>
> **[지역명]=Forms![지역매출조회]![cmb지역명]**
> OpenReport 매크로 함수에 의해 표시되는 〈지역매출현황〉 보고서에서 〈지역매출현황〉 보고서의 '지역명' 필드 값과 〈지역매출조회〉 폼의 'cmb지역명' 컨트롤 값과 같은 레코드만 표시합니다.

⑤ 빠른 실행 도구 모음 중 [저장](🖫)을 클릭하고, 매크로 이름을 **Macro1**로 설정한 후 [확인]을 클릭한다.

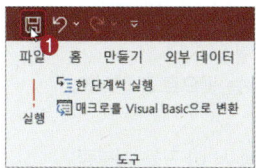 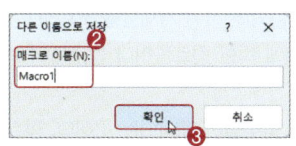

⑥ 〈지역매출조회〉 폼을 [디자인 보기](📐)로 열어 속성 시트 중 'cmd인쇄' 명령 단추를 찾아 이벤트 탭의 On Click 속성에 미리 만들어 둔 'Macro1'을 지정하고 모든 변경한 내용은 저장한다.

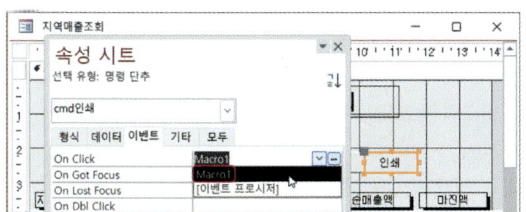

> 🎯 **기적**의 TIP
>
> 먼저 매크로를 만든 후 On Click 속성에 만들어진 매크로를 지정합니다. 작업 순서에 유의하세요.

### + 더 알기 TIP

### 식 작성기

'식 작성기' 대화상자에서 매크로 작성에 필요한 조건식을 작성하거나 컨트롤 원본에 사용할 수식을 작성하면 편리하다.
'식 작성기' 대화상자는 4개의 영역으로 나눌 수 있다.

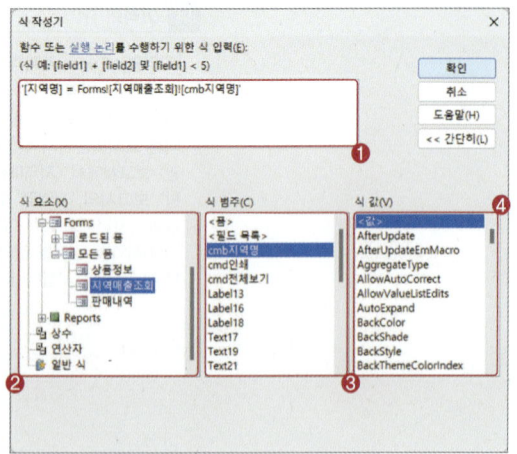

① **입력란(식 상자)** : 작성한 식이 나타나는 입력란으로 직접 타이핑을 할 수도 있고 ②~④ 영역을 더블클릭하여 자동으로 연산자나 함수, 필드명 등을 삽입할 수 있다.
② **왼쪽 상자** : 액세스에서 지원되는 개체들, 즉 테이블, 쿼리, 폼, 보고서 등과 함께 함수, 상수, 연산자 등이 폴더형태로 그룹화되어 나타난다. 해당 폴더를 더블클릭하면 폴더가 확장되어 하위 개체들을 조회하고 선택할 수 있다.
③ **가운데 상자** : 왼쪽 상자(②)에서 더블클릭으로 선택한 개체에 속한 컨트롤이나 함수들이 표시되는 곳으로 조건식에 사용할 컨트롤이나 함수 그룹 등을 더블클릭하여 선택한다.
④ **오른쪽 상자** : ③에서 선택한 컨트롤 속성이나 함수 그룹의 함수들이 표시되는 곳이다. 함수 선택 시 이 곳을 더블클릭하여 선택한다.

### + 더 알기 TIP

### 매크로 함수의 인수 'Where 조건문'식 작성법

'지역명' 필드의 레코드 값이 서울, 대전, 대구, 부산, 광주라고 할 때
• 〈지역매출조회〉 폼의 'cmb지역명' 컨트롤의 값과 일치하는 '지역명' 필드의 레코드만 표시하고자 할 때
  – Where 조건문 : [지역명]=[Forms]![지역매출조회]![cmb지역명]
  – 'cmb지역명'의 값이 '대구'라면 이와 일치하는 '지역명' 필드의 '대구' 레코드만 표시한다.
• 〈지역매출조회〉 폼의 'cmb지역명' 컨트롤의 값을 포함(부분 일치)하는 '지역명' 필드의 레코드만 표시하고자 할 때
  – Where 조건문 : [지역명] like "*" & [Forms]![지역매출조회]![cmb지역명] & "*"
  – 'cmb지역명'의 값이 '대'라면 이를 포함(부분 일치)하는 '지역명' 필드의 '대구', '대전' 레코드를 표시한다.

CHAPTER

# 04

# 처리 기능 구현

**학습 방향**

쿼리 문제는 주어진 〈화면〉과 동일한 결과를 출력하는 쿼리를 작성하는 작업으로, 암기만으로는 해결할 수 없습니다. 쿼리 디자인 보기보다는 SQL 문을 함께 익히는 것이 이해에 도움이 됩니다. 최근에는 업데이트, 추가, 삭제 등의 실행 쿼리도 자주 출제되므로 다양한 유형의 문제를 풀어보는 것이 중요합니다.

**난이도**

| 상 | SECTION 01 쿼리 작성 | 2-140 |
| 상 | SECTION 02 처리 기능 구현 | 2-166 |

# SECTION 01 쿼리 작성

**작업파일** [26컴활1급₩2권_데이터베이스₩이론₩4.처리기능₩Section01] 폴더에서 작업하시오.

**출제유형 ❶** '출제유형1.accdb' 파일을 열어 다음과 같은 기능을 수행하는 쿼리를 작성하시오.

❶ 고객별 대여건수와 대여금액 합계를 구하는 〈고객별대여내역〉 쿼리를 다음 지시에 따라 작성하시오.
  ▶ 〈고객〉과 〈대여〉 테이블을 이용하여 각 고객(고객ID, 이름)별 전체 대여건수와 대여금액을 조회하시오.
  ▶ 대여건수는 전화번호를 이용하고, 대여금액은 「금액+연체료」의 합으로 계산하시오.

### 🏁 기적의 TIP

**[쿼리 작성]**
[만들기]-[쿼리]-[쿼리 디자인] 또는 [쿼리 마법사] 클릭

### 🏁 기적의 TIP

대여금액은 ❺번 업데이트 쿼리 실행 전과 후의 값이 다를 수 있습니다.

### 🏁 기적의 TIP

**대표적인 쿼리의 종류**
- **선택 쿼리** : 테이블로부터 지정된 조건으로 데이터를 검색하여 데이터시트로 표시하는 가장 일반적인 형태의 쿼리로 레코드를 그룹으로 묶어 계산하는 쿼리를 작성할 수 있음
- **매개변수 쿼리** : 실행할 때 정보를 입력할 수 있는 대화상자를 표시하는 쿼리
- **실행 쿼리** : 기존 테이블 내용을 수정(업데이트), 삭제, 추가 등의 작업을 통해 실제 자료를 변화시키는 쿼리
- **크로스탭 쿼리** : 테이블의 특정 필드의 요약 값(합계, 개수, 평균 등)을 표시하는 쿼리

❷ 주연배우 이름을 입력하면 해당 배우가 주연인 영화제목을 표시하는 〈배우별영화조회〉 쿼리를 다음 지시에 따라 작성하시오.
  ▶ 〈비디오〉 테이블을 이용하여 공급처, 날짜의 오름차순으로 표시하시오.
  ▶ 매개변수 메시지는 '주연배우 이름을 입력하세요'로 표시하시오.
  ▶ 주연배우 이름을 입력하면 주연배우 이름이 포함된 '영화제목', '주연', '감독', '공급처'가 표시되도록 하시오. (Like 연산자 사용)

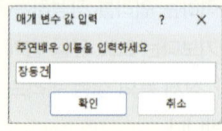

↓

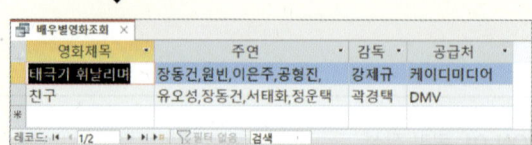

❸ 한번도 비디오를 대여하지 않은 고객명단을 조회하는 〈대여실적이없는고객조회〉 쿼리를 다음 지시에 따라 작성하시오.
  ▶ 〈고객〉 테이블의 '고객ID' 와 〈대여〉 테이블의 '전화번호' 필드를 이용하여 작성하시오.
  ▶ Not In 예약어를 사용하여 SQL 명령으로 작성하시오.

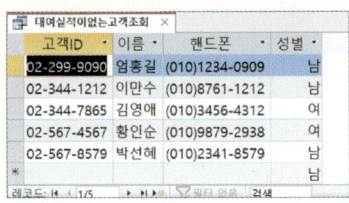

> 25년 출제
>
> 〈고객〉 테이블을 이용하여 '고객ID' 필드에서 '02-'로 시작하고 네 번째 코드가 2~3으로 시작하는 자료만 표시하시오.
>
>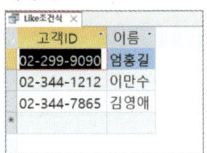
>
> '고객ID' 필드 조건식 : Like "02-[2-3]*"
>
>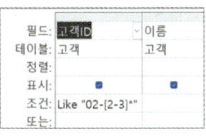

❹ 〈대여목록〉 쿼리를 이용하여 영화제목별 성별 대여수를 나타내는 크로스탭 쿼리를 작성하시오.
- 크로스탭 쿼리의 열은 IIF 함수를 이용하여 '성별' 필드를 남(-1), 여(0)로 표시되도록 설정하시오.
- 쿼리의 이름은 〈성별대여수〉로 작성하시오.

❺ 〈대여〉 테이블를 이용하여 다음과 같은 기능을 수행하는 〈연체료업데이트〉 업데이트 쿼리를 작성하시오.
- 반납일자가 비어있는 미반납 자료의 경우 '연체료' 필드 값을 '금액' 필드값의 50% 값으로, '반납' 필드값은 'False'로 업데이트 되도록 설정하시오.

> 25년 출제
>
> 〈급여현황〉 테이블을 이용하여 근속수당이 100,000 이상이면 근속수당 ÷ 100000의 몫만큼 그래프 '☆'을 반복하여 표시하시오.
>
>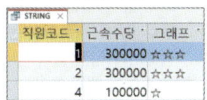
>
> 그래프: String([근속수당]/100000,"☆")
>
>

❻ 〈급여현황〉 테이블을 이용하여 다음과 같은 기능을 수행하는 쿼리를 작성하시오.
- 상위 '수령액' 10개를 내림차순으로 정렬하여 표시하시오.
- 쿼리의 이름은 〈상위수령자〉로 작성하시오.

| 직원코드 | 부양가족수당 | 소득세 | 수령액 |
|---|---|---|---|
| 61 | 45000 | 236500 | ₩2,057,550 |
| 69 | 45000 | 234500 | ₩2,040,150 |
| 66 | 45000 | 234500 | ₩2,040,150 |
| 67 | 0 | 225000 | ₩1,957,500 |
| 70 | 30000 | 219000 | ₩1,905,300 |
| 68 | 60000 | 218000 | ₩1,896,600 |
| 51 | 0 | 214000 | ₩1,861,800 |
| 64 | 60000 | 213000 | ₩1,853,100 |
| 63 | 30000 | 211000 | ₩1,835,700 |
| 65 | 30000 | 209000 | ₩1,818,300 |

❼ 대여 내역이 없으면서 '주소'가 비어있고, 이름에 '홍'이 포함된 고객명단을 조회하는 〈유령고객〉 쿼리를 다음 지시에 따라 작성하시오.
- 대여 내역이 없음은 〈대여〉 테이블에 '전화번호'가 존재하지 않는 〈고객〉 테이블의 '고객ID'를 기준으로 삼을 것
- Not In, Is Null, Like 예약어 연산자를 활용할 것

> 25년 출제
>
> 〈대여〉 테이블을 이용하여 비디오번호가 1 또는 5로 끝나면 '아동', 그 외는 '일반'으로 분류를 표시하시오.
>
>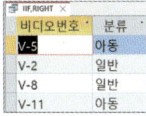
>
> 분류: IIf(Right([비디오번호],1)="1" Or Right([비디오번호],1)="5","아동","일반")
>
>

> 기적의 TIP

화면의 해상도에 따라서 도구 아이콘의 모양은 다를 수 있습니다.

> 기적의 TIP

**[테이블 추가]에서 여러 테이블 선택**
- 개체 이름 드래그
- Shift+클릭
- 비연속적인 경우 Ctrl+클릭

> 기적의 TIP

**디자인 눈금에 필드 추가**
- 한번에 한 개씩 추가
  - 필드 목록에서 필드 이름을 더블클릭
  - 디자인 눈금의 빈 '필드 : ' 셀 입력란의 목록 단추(▼)를 클릭하여 선택하거나 직접 입력
- 한번에 여러 개씩 추가
  필드 목록에서 Shift 나 Ctrl 을 이용하여 여러 필드를 선택한 후 디자인 눈금으로 드래그
- 전체 필드 추가
  조건이나 정렬이 필요없는 경우 전체 필드 선택은 필드 목록 첫 행의 별표(*)를 더블클릭

## 01 〈고객별대여내역〉 쿼리 작성

① [만들기]-[쿼리] 그룹의 [쿼리 디자인](圖)을 클릭한다.

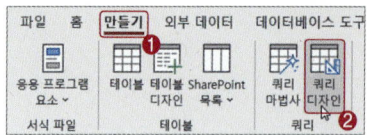

② 쿼리 디자인 창의 [테이블 추가]에서 쿼리 작성에 사용할 〈고객〉, 〈대여〉 테이블을 각각 더블클릭한 후 [닫기]를 클릭한다.

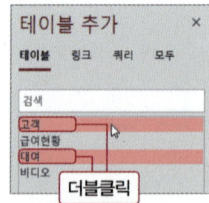

③ 쿼리 디자인 창 상단의 〈고객〉 필드 목록에서 '고객ID', '이름'을 차례로 더블클릭하고, 〈대여〉 필드 목록에서 '전화번호'를 더블클릭하여 디자인 눈금 영역에 표시되도록 한다.

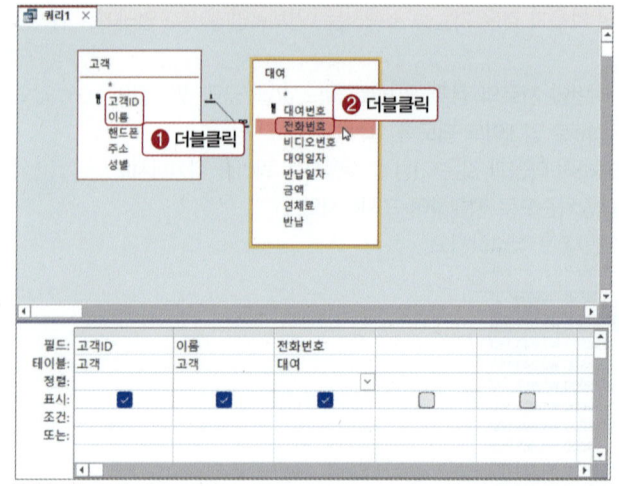

④ 그룹 계산을 위해 [쿼리 디자인]-[표시/숨기기] 그룹의 [요약]($\Sigma$)을 클릭하여 '디자인 눈금' 영역에 '요약' 행이 추가되도록 한다. '전화번호' 필드열의 '요약' 셀 입력란의 목록 단추(▼)를 클릭하여 묶는 방법(요약)을 '개수'로 선택한다.

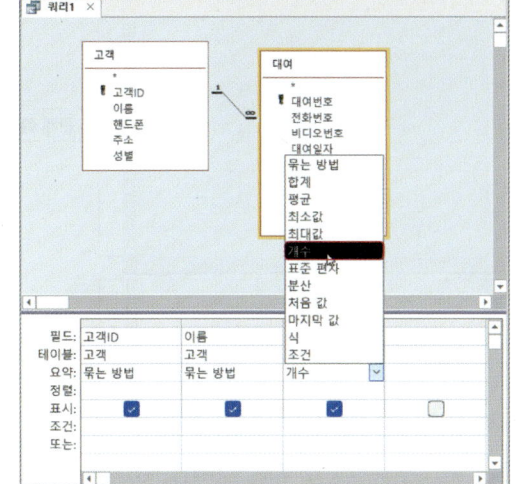

> **기적의 TIP**
>
> **확대/축소 창 이용하기**
> 디자인 눈금 영역의 셀에 많은 내용을 입력할 때는 Shift + F2 를 눌러 [확대/축소] 창을 이용하면 편리합니다.

⑤ 쿼리 실행시 표시되는 열 제목을 변경하기 위해, '전화번호' 필드 셀 입력란을 클릭하여 '전화번호' 앞에 **대여건수:**를 입력한 후 Enter 를 누른다. 디자인 눈금 영역의 오른쪽 빈 필드 입력란에는 **대여금액:[금액]+[연체료]**를 입력하고 Enter 를 누른다.

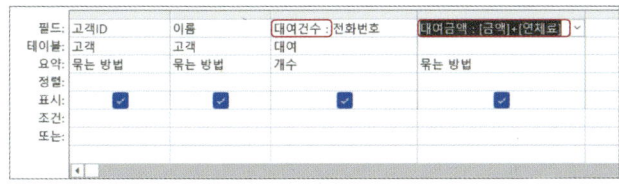

> **기적의 TIP**
>
> **계산 필드**
> • 계산 필드는 쿼리에 정의된 필드를 이용하여 식이 입력되는 필드로 [필드이름 : 계산식] 형태로 입력합니다.
> • 계산식에서 사용되는 필드는 대괄호([])로 묶고, 여러 테이블에 동일한 이름을 가진 필드가 존재한다면 테이블명과 필드명을 모두 대괄호([])로 묶고 느낌표(!)로 구분합니다.
> ⑩ [제품목록]![단가]

⑥ 대여금액의 합계를 표시하기 위해 '대여금액:' 필드 열의 '요약: ' 셀 입력란의 목록 단추(▼)를 클릭하여 묶는 방법으로 '합계'를 선택한다.

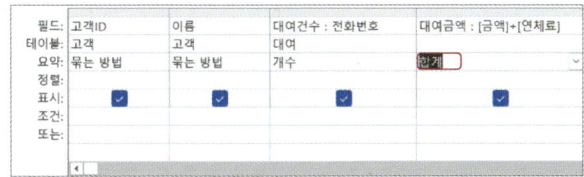

> **기적의 TIP**
>
> **[SQL문 보기]**
> 디자인 보기 창을 이용하여 작성한 쿼리의 SQL문을 확인하려면, [쿼리 디자인]-[결과] 탭의 [보기]에서 'SQL 보기'를 선택합니다.
>
>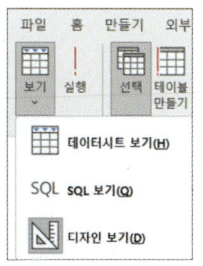

⑦ [쿼리 디자인] 창의 [닫기]를 클릭하여 창을 닫고, 저장 확인 대화상자에서 '예'를 클릭한 후 [다른 이름으로 저장] 대화상자에서 **고객별대여내역**을 입력하고 [확인]을 클릭한다.

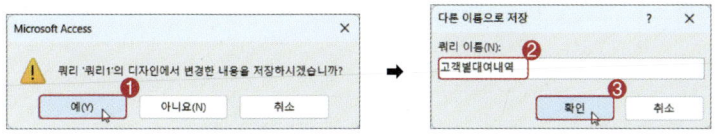

### 더 알기 TIP

**쿼리 디자인 보기 창 명칭**

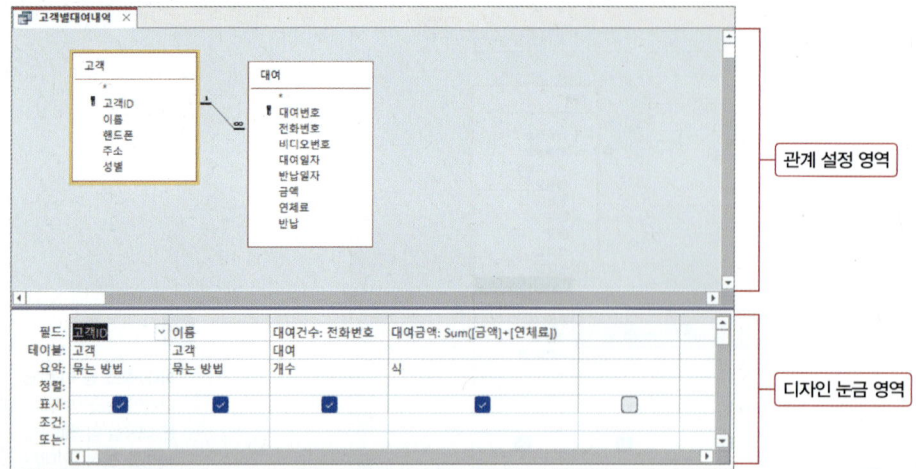

- 쿼리는 SQL문이라는 정해진 언어에 의해 작성되어야 하는데, 이를 편리하게 작성해주는 것이 쿼리 디자인 창이다. 데이터베이스에서는 QBE(Query By Example)이라고 하며 여기서는 디자인 눈금이라고 한다.
- 디자인 눈금을 통해 작성한 SQL문은 [쿼리 디자인]-[결과] 탭의 [보기]에서 SQL 보기(Q)를 선택하면 볼 수 있다.

### 열 너비 조정 및 열/행 선택

- 디자인 눈금 영역의 열/행을 삭제하거나 삽입하려면 블록 설정을 한 후 Delete 를 누르거나 마우스 오른쪽 버튼을 눌러 바로 가기 메뉴를 이용한다.
- 열/행을 블록 설정할 때 다음과 같은 방법을 이용한다.

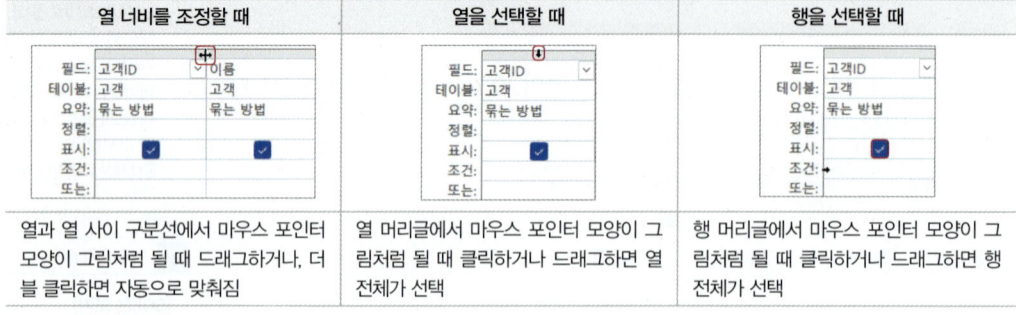

| 열 너비를 조정할 때 | 열을 선택할 때 | 행을 선택할 때 |
|---|---|---|
| 열과 열 사이 구분선에서 마우스 포인터 모양이 그림처럼 될 때 드래그하거나, 더블 클릭하면 자동으로 맞춰짐 | 열 머리글에서 마우스 포인터 모양이 그림처럼 될 때 클릭하거나 드래그하면 열 전체가 선택 | 행 머리글에서 마우스 포인터 모양이 그림처럼 될 때 클릭하거나 드래그하면 행 전체가 선택 |

## 02 〈배우별영화조회〉 쿼리 작성

⑧ [만들기]-[쿼리] 그룹의 [쿼리 디자인](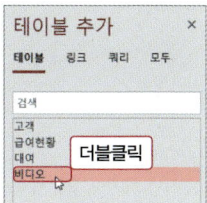)을 클릭한다.

⑨ 쿼리 디자인 창 [테이블 추가]에서 쿼리 작성에 사용할 〈비디오〉를 더블클릭한 후 [닫기]를 클릭한다.

⑩ 쿼리 디자인 창 상단의 〈비디오〉 필드 목록에서 '영화제목', '주연', '감독', '공급처', '날짜'를 차례로 더블클릭하여 디자인 눈금에 표시되도록 하고, 디자인 눈금의 '공급처', '날짜' 필드의 '정렬 : ' 셀 입력란에서 목록 단추(▼)를 클릭하여 '오름차순'으로 선택한다.

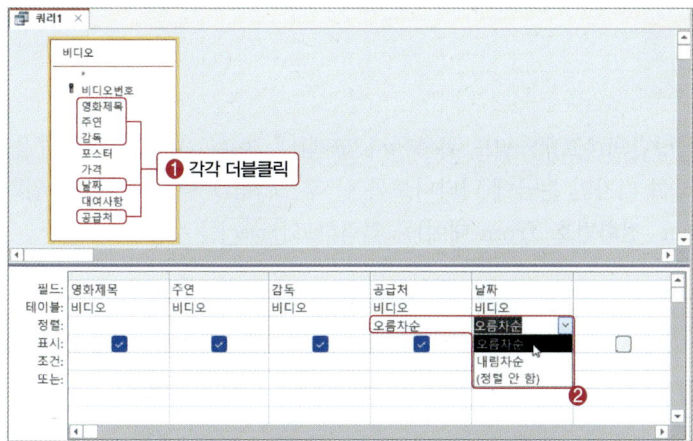

⑪ '날짜' 필드는 정렬 순서로만 사용하고 쿼리 결과로 표시될 필요는 없기 때문에 '표시' 셀의 체크 박스를 클릭하여 체크를 해제한 후, 매개변수 메시지를 지정하기 위해 '주연' 필드의 '조건' 입력란에 Like "*" & [주연배우 이름을 입력하세요] & "*"를 입력하고 Enter를 누른다.

> **기적의 TIP**
> Like 연산자는 포함하는 값을 검색합니다.

> **기적의 TIP**
> **정렬 순서**
> • 디자인 눈금에서 여러 필드가 정렬 항목으로 지정되는 경우 왼쪽부터 차례로 정렬 순서가 지정됩니다.
> • '공급처' 필드로 정렬한 후 동일한 레코드에 대해 '날짜' 오름차순으로 정렬해야 하므로, '공급처' 필드가 '날짜' 필드보다 왼쪽에 놓여져 있어야 합니다.

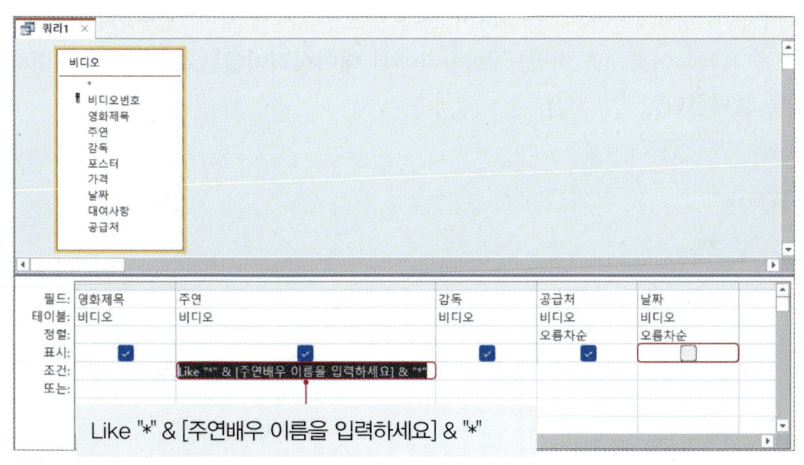

> **기적의 TIP**
>
> **매개변수 쿼리**
> - 매개변수 쿼리는 [매개변수 값 입력] 대화상자를 표시하여 사용자가 검색에 사용할 조건을 입력할 수 있도록 하는 쿼리로, 대괄호([ ])를 사용하여 작성합니다.
> - 대화상자에 표시될 메시지 내용은 대괄호([ ]) 안에 입력하며, 마침표(.)와 느낌표(!)는 사용할 수 없습니다.
> - 매개변수 메시지 내용이 필드 이름과 동일하면 매개변수가 아닌 필드 이름으로 사용됩니다.

⑫ [쿼리 디자인] 창의 [닫기]를 클릭하여 창을 닫으면, 저장 확인 대화상자에서 '예'를 클릭한 후 [다른 이름으로 저장]에서 **배우별영화조회**를 입력하고 [확인]을 클릭한다.

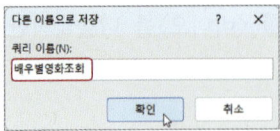

### 03 〈대여실적이없는고객조회〉 쿼리 작성

⑬ [만들기]-[쿼리] 그룹의 [쿼리 디자인](📋)을 클릭한다.
⑭ 쿼리 디자인 창의 [테이블 추가]에서 쿼리 작성에 사용할 〈고객〉을 더블클릭한 후 [닫기]를 클릭한다.

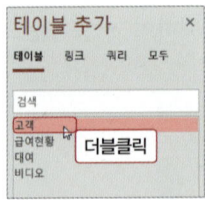

> **기적의 TIP**
>
> **not in (select 전화번호 from 대여)**
> - 〈고객〉 테이블에서 〈대여〉 테이블에 존재하지 않는 고객ID를 찾기 위해 사용한 하위 Select 문으로, 두 테이블의 필드명은 다르지만 고객의 전화번호가 관련되어 있으므로 이런 처리가 가능합니다.
> - 'in' 연산자는 여러 나열된 값 중 하나인지를 확인하는 연산자로 'not'과 함께 사용하여 그 반대인 존재하지 않은 경우 True 값을 반환합니다. 즉, 〈대여〉 테이블의 '전화번호' 필드 값에 현재 레코드의 '고객ID' 값이 존재하지 않는 경우 True 값을 반환하여 〈대여〉 테이블에 존재하지 않는 고객 레코드가 검색되도록 합니다.

⑮ 쿼리 디자인 창 상단의 〈고객〉 필드 목록에서 '고객ID', '이름', '핸드폰', '성별'을 차례로 더블클릭하여 디자인 눈금에 나타나도록 한 후 '고객ID' 필드 '조건' 셀 입력란에 not in (select 전화번호 from 대여)를 입력하고 Enter 를 누른다.

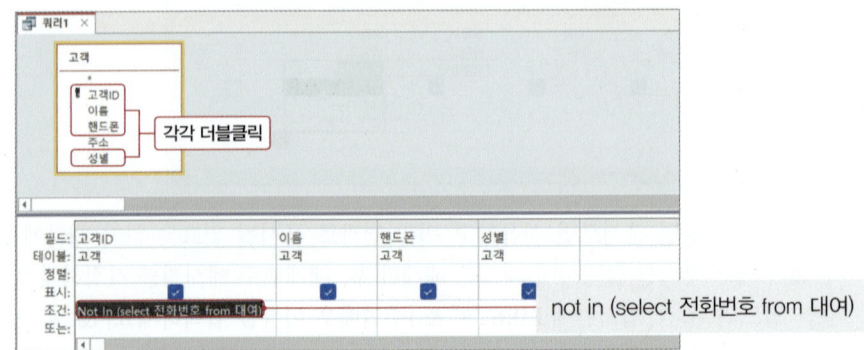

⑯ [쿼리 디자인] 창의 [닫기]를 클릭하여 창을 닫으면, 저장 확인 대화상자에서 '예'를 클릭한 후 [다른 이름으로 저장] 대화상자에서 **대여실적이없는고객조회**를 입력하고 [확인]을 클릭한다.

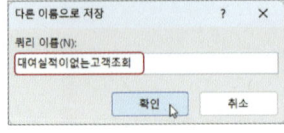

> **기적의 TIP**
>
> **불일치 쿼리의 하위 테이블 알아내기**
> - 문제 지시사항에 '한번도 대여하지 않은 고객..'이라고 지정했기 때문에 〈대여〉 테이블의 '전화번호' 필드를 사용해야 합니다.
> - 문제 지시사항에서 '고객ID' 필드와 '전화번호' 필드를 사용하란 말이 없었다면, 두 테이블에서 공통적으로 있는 필드를 찾아 사용해야 합니다.

### 더 알기 TIP

## SQL(Structured Query Language)문 이해하기

1. '시퀄' 또는 '에스큐엘'이라고 부르며, 데이터베이스에 연결해서 데이터의 검색 및 저장, 수정, 삭제 등을 할 수 있는 데이터베이스 조작 언어이다.
2. 액세스에서는 쿼리 디자인 보기 창의 디자인 눈금을 이용해 쉽고 편리하게 SQL문을 작성할 수 있다.
3. 콤보 상자, 폼, 보고서의 레코드 원본으로 SQL문을 직접 입력할 수도 있다.
4. SQL문은 시작 단어에 의해 크게 네 가지 유형으로 분류한다.

| 유형 | 설명 | 쿼리 종류 |
|---|---|---|
| Select | 검색 조건에 맞는 데이터를 선택하는 문장 | 선택 쿼리 |
| Insert | 새로운 데이터를 삽입하는 문장 | 추가 쿼리 |
| Update | 기존의 데이터를 수정하는 문장 | 업데이트 쿼리 |
| Delete | 기존의 데이터를 삭제하는 문장 | 삭제 쿼리 |

### 기적의 TIP

INSERT INTO문을 사용할 때는 지정할 필드 순서에 맞게 데이터를 넣어줄 것, 문자는 작은 따옴표(' ')로 넣어줄 것, 숫자는 그대로 넣어줄 것, NULL 값을 허용하지 않는 필드는 반드시 값을 넣어줄 것을 꼭 기억하세요.

5. 콤보 상자, 폼, 보고서의 레코드 원본으로 SQL문을 직접 입력할 수도 있다.

| | |
|---|---|
| ① | Select [Distinct] * | 필드이름1, 필드이름2, … |
| ② | From  테이블이름 |
| ③ | [Where 검색조건] |
| ④ | [Group By 필드이름] |
| ⑤ | [Order By 정렬기준필드이름 [Asc|Desc] ] |

① Select 다음에 별표( * )가 입력되면 전체 필드이름을 그대로 사용한다. 필드이름을 선택적으로 사용할 때는 표시할 순서대로 필드이름을 쉼표(,)로 구분하여 입력한다. 'Distinct' 예약어를 사용하면 가져올 자료 중 중복되는 자료는 하나씩만 가져온다. 생략 시 중복과 상관없이 모든 자료를 가져온다.
② 데이터를 가져올 테이블이름을 입력한다.
③ 검색 조건식을 입력하여 식의 결과가 True인 레코드만 가져온다.
④ 특정 필드를 기준으로 그룹화를 설정하는 것으로 '요약' 행의 계산 함수를 '묶는 방법'으로 설정하는 것과 같다.
⑤ 가져오는 레코드의 정렬 순서를 지정하는 부분으로 생략 시 오름차순 Asc이며, 내림차순인 경우 Desc를 사용한다.

| 예 1 | Select * From 비디오 |
| --- | --- |
| | 〈비디오〉 테이블의 모든 필드를 표시한다. |
| 예 2 | Select * From 비디오 Order By 영화제목, 날짜 Desc |
| | 〈비디오〉 테이블의 모든 필드를 '영화제목' 오름차순, 날짜 내림차순으로 표시한다. |
| 예 3 | Select 영화제목, 주연, 감독 From 비디오 |
| | 〈비디오〉 테이블의 '영화제목', '주연', '감독' 필드만 표시한다. |
| 예 4 | Select * From 비디오 Where 주연 Like " * 장동건 * " |
| | 〈비디오〉 테이블에서 '주연' 필드 값에 '장동건'이 포함된 레코드만 표시한다. |
| 예 5 | Select 영화제목, Count(전화번호) As 대여횟수  From 대여목록 Group By 영화제목 |
| | 〈대여목록〉 쿼리에서 '영화제목'으로 그룹화하여 '영화제목', '전화번호' 필드를 표시하되, '전화번호'는 개수를 구한 후 '대여횟수'를 별명으로 지정해준다. 빈 레코드가 없다면 Count(전화번호) 대신 Count( * )를 사용해도 된다. |

※ 실제 시험장에서 SQL문은 Select 문의 기본적인 구조만 작성할 수 있을 정도로 출제된다. 삽입, 삭제 등의 복잡한 쿼리 문제는 쿼리 디자인 창에서 디자인 눈금을 이용해 작성하는 것이 좋다.

## 조인 속성을 이용한 불일치 검색

'한번도 비디오를 대여하지 않은 고객 명단 조회'와 같은 쿼리는 두 테이블 간의 불일치 쿼리를 작성하는 문제로 액세스에서는 3가지 방법으로 작성할 수 있다. 실제 기출문제에서도 3가지 중 특정 방법을 이용하도록 지시하기 때문에 3가지 방법을 잘 알아두도록 한다.

1. Not In 예약어와 SQL 문을 이용하는 방법

실제 시험에서 문제 지시사항에 'Not In 예약어…' 사용이 지시된 경우 이 방법을 사용해야 한다.

2. 두 테이블 간의 조인 속성과 Is Null을 이용하는 방법

① 두 테이블의 조인 속성을 이용하는 방법으로 우선, 쿼리 디자인 창에 〈고객〉, 〈대여〉 두 테이블을 표시한 후 관계선을 더블클릭하여 나타난 [조인 속성] 대화상자에서 '2: '고객'에서는 모든 레코드를 포함하고…'를 선택하고 [확인]을 클릭한다.

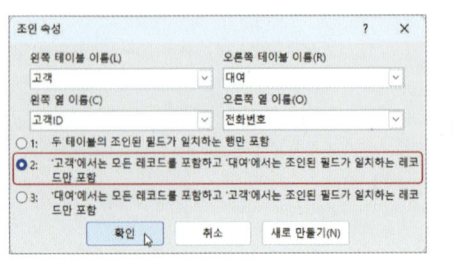 ➡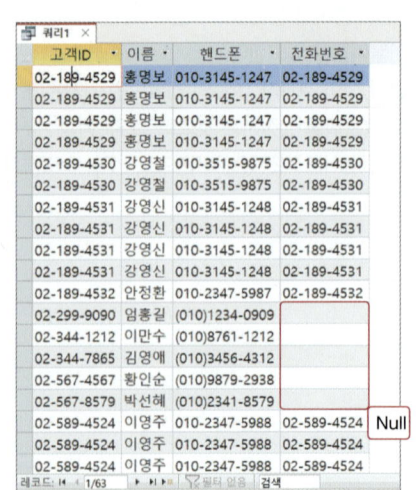

▲ 왼쪽 외부조인을 실행한 결과

※ 조인 속성 창에서 2번을 선택하는 것은 LEFT JOIN(왼쪽 외부 조인)을 의미합니다. 이렇게 하는 이유는 〈고객〉쪽 레코드는 관계에 상관없이 모두 보여주고, 〈대여〉쪽은 관계 맺은 필드끼리 일치하는 것만 골라서 보여주기 위함입니다. 즉, 〈고객〉쪽에는 있지만 〈대여〉쪽에 없는 값은 빈 레코드(Null)로 출력될 것입니다.

② 결과로 표시될 '고객ID', '이름', '핸드폰'을 〈고객〉 필드 목록에서 더블클릭하여 표시하고, 〈대여〉 필드목록 중 임의의 필드 하나를 더블클릭하여 표시한다(여기서는 '전화번호' 필드 사용). '전화번호' 필드 '조건' 셀 입력란에 「Is Null」을 입력하여 빈 값(Null)을 검색한다.

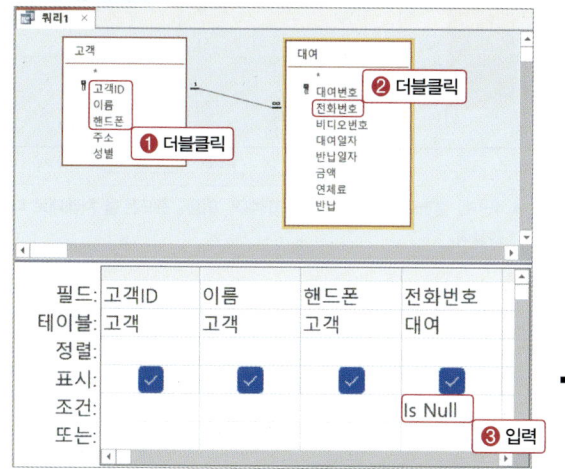

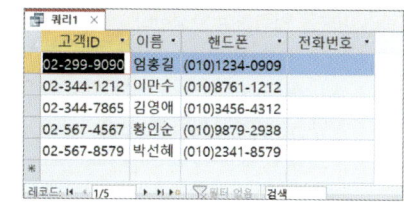
▲ 실행한 결과

3. 불일치 검색 쿼리 마법사를 이용하는 방법
- 2와 같은 방법(두 테이블 간의 조인 속성과 Is Null을 이용하는 방법)의 쿼리를 마법사로 처리할 수 있는 기능이 '불일치 검색 쿼리 마법사'이다.
- 마법사를 이용해 작성한 쿼리는 'Is Null'과 '조인 속성'을 이용한 방법과 동일하다.
  ① [만들기]-[쿼리] 그룹의 [쿼리 마법사](📋)를 클릭한 후 [새 쿼리] 대화상자에서 '불일치 검색 쿼리 마법사'를 선택하고 [확인]을 클릭한다.

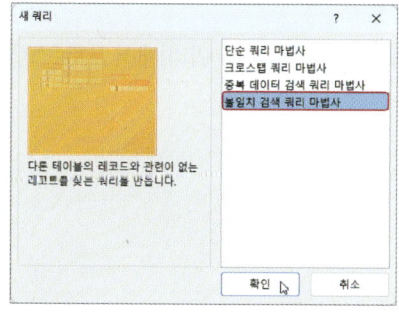

② [불일치 검색 쿼리 마법사]가 나타나면 지시에 따라 설정하고 [다음]을 클릭한다.

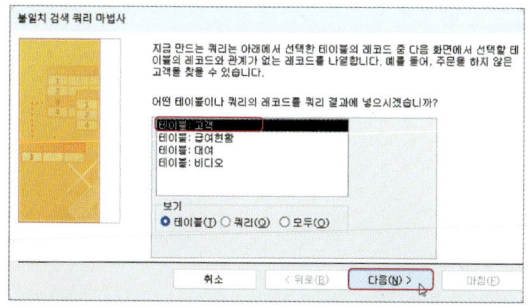
▲ 1단계) '테이블: 고객'을 선택(결과로 표시할 필드가 포함된 테이블이나 쿼리를 선택)

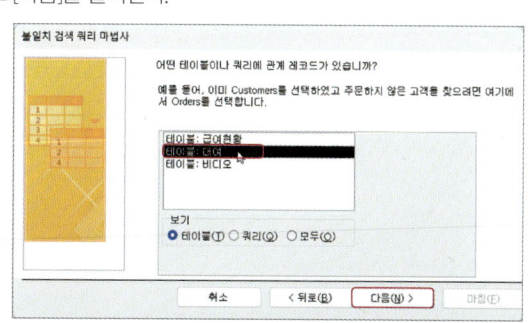
▲ 2단계) '한번도 대여하지 않은 고객…'을 찾아야 하므로, 〈대여〉 테이블을 선택

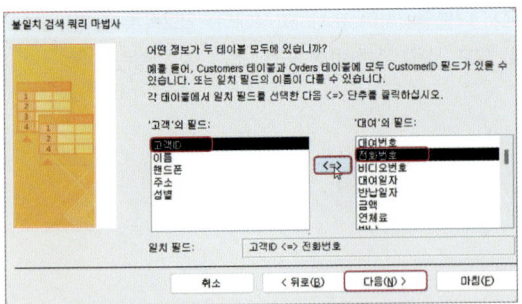

▲ 3단계) 두 테이블에서 일치하는 필드인 '고객ID'와 '전화번호' 필드를 선택한 후 <=>를 클릭

▲ 4단계) 결과로 표시될 필드인 '고객ID', '이름', '핸드폰'을 차례대로 더블클릭

③ 저장할 쿼리 이름을 입력하여 완성한다.

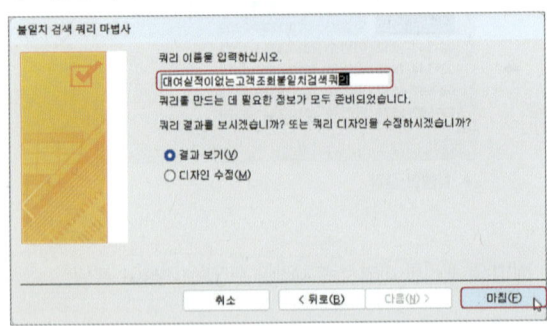

## 04 〈성별대여수〉 크로스탭 쿼리 작성

⑰ [만들기]-[쿼리] 그룹의 [쿼리 마법사](🔲)를 클릭한 후 [새 쿼리]에서 '크로스탭 쿼리 마법사'를 선택하고 [확인]을 클릭한다.

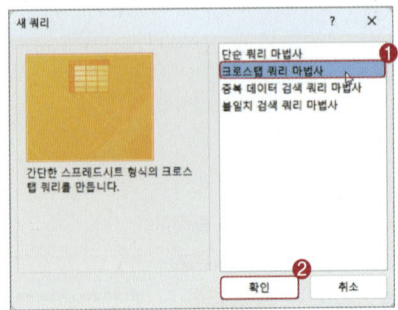

> **기적의 TIP**
>
> 크로스탭 쿼리를 작성할 때 2개 이상의 테이블이나 쿼리를 이용하라고 나오면, 쿼리 마법사를 이용하지 말고 쿼리 디자인 보기로 직접 작성해야 합니다.

⑱ [크로스탭 쿼리 마법사]에서 지시사항에 따라 각 단계에서 화면과 같이 선택하고 [다음]을 클릭한다.

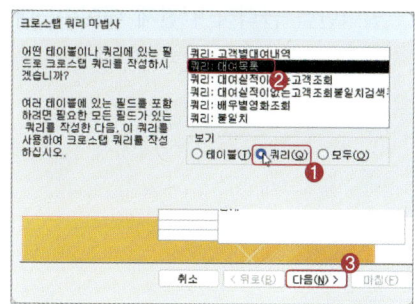
▲ 1단계) '보기'의 '쿼리'를 클릭하여 '쿼리: 대여목록'을 선택

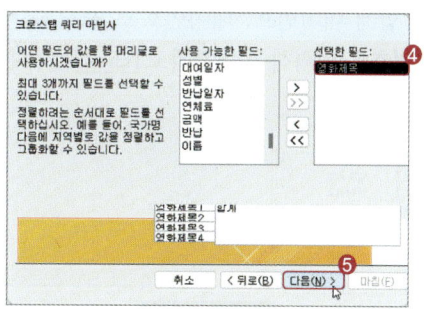
▲ 2단계) '행 머리글'로 사용할 필드로 '영화제목'을 더블클릭

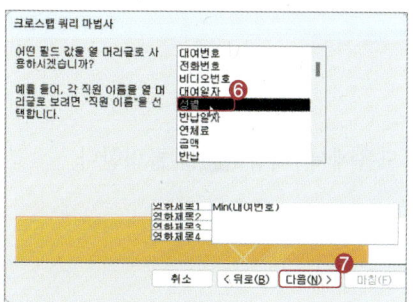
▲ 3단계) '열 머리글'로 '성별'을 클릭

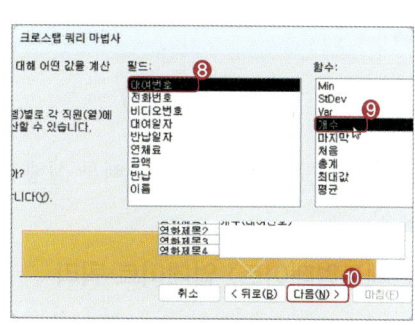
▲ 4단계) 계산 방법으로 '필드:'에서 '대여번호'를 선택하고 '함수:'에서 '개수'를 선택

> **기적의 TIP**
>
> **행과 열 머리글 결정**
>
> 문제에 별도 지시사항이 없는 경우 제시된 〈화면〉을 보고 행과 열 머리글을 선택해야 합니다. 행과 열 머리글이 제대로 정해진 것을 확인하려면 마법사가 완료된 후 쿼리를 열어 실행해 보거나 마법사 화면 하단의 '미리보기:'를 이용합니다.

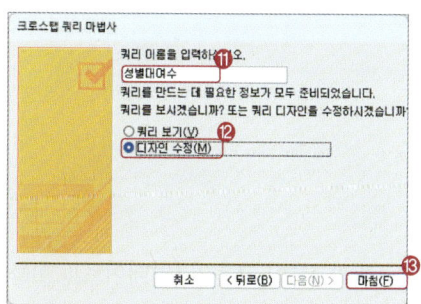
▲ 5단계) 쿼리 이름으로 「성별대여수」를 입력하고 '디자인 수정'을 선택

## 기적의 TIP

**마법사로 작성된 크로스탭 쿼리**

- 마법사로 작성한 후 바로 쿼리 보기를 하면 작성한 결과가 표시됩니다. '성별' 필드는 [예/아니요] 데이터 형식이기 때문에 '-1', '0'으로 표시됩니다.
- 문제 지시사항에는 없지만 주어진 〈화면〉과 열 제목이 다르기 때문에 디자인 보기 상태에서 열 제목과 성별 표시 방법 등을 수정해야 합니다.

⑲ 데이터 형식이 [예/아니요]인 '성별' 필드를 '남'과 '여'로 표시하기 위해, 디자인 눈금에서 '성별' 필드 입력란을 클릭하여 **iif([성별],"남","여")**를 입력하고 Enter 를 누른 후 '합계 대여번호: 대여번호'로 표시되는 필드 입력란을 클릭하여 **전체 대여수: 대여번호**로 입력하여 변경하고 Enter 를 누른다.

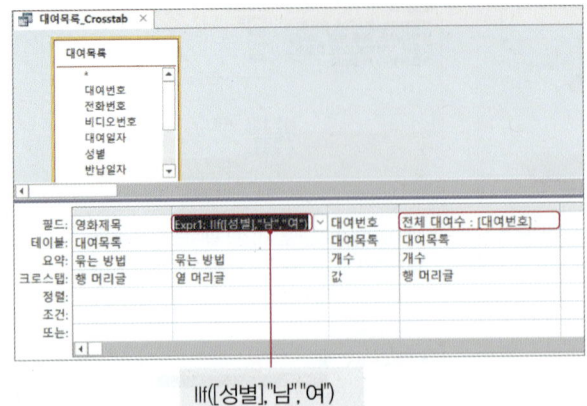

lif([성별],"남","여")

## 기적의 TIP

**iif([성별],"남","여")**

- [성별] 필드는 '예/아니요' 데이터 형식으로 남자는 예(-1), 여자는 아니요(0) 값으로 지정되어 있습니다. 이 값을 남과 여로 표시하기 위해, iif 함수를 사용하여 '성별' 필드가 True 즉, -1일때 '남'을, 아닌 경우 '여'로 표시합니다.
- 식을 입력하고 Enter 를 누르면 'Expr1: Iif([성별]," 남","여")'로 변환니다. 열 머리글 항목이므로 'Expr1'은 수정하지 않아도 됩니다.

⑳ 완성된 쿼리를 저장하기 위해, 빠른 실행 도구모음에서 [저장](📄)을 클릭한다.

### 05 〈연체료업데이트〉 업데이트 쿼리

㉑ [만들기]-[쿼리] 그룹의 [쿼리 디자인](📄)을 클릭한다.

㉒ 쿼리 디자인 창의 [테이블 추가]에서 쿼리 작성에 사용할 〈대여〉를 더블클릭한 후 [닫기]를 클릭한다.

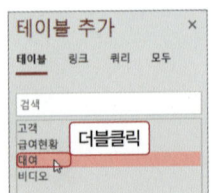

## 기적의 TIP

**업데이트 쿼리에서 보기(📄) 도구 선택**

[쿼리 디자인]-[결과] 탭의 [보기](📄) 중 '데이터시트 보기'를 클릭합니다. 그렇지만 실행 쿼리(업데이트, 삭제, 추가 등)는 레코드 내용을 변경하거나 삭제하는 쿼리이므로 '데이터시트 보기'를 클릭해도 변경되는 내용을 곧바로 확인할 수 없습니다.

㉓ 업데이트 쿼리로 변경하기 위해 [쿼리 디자인]-[쿼리 유형] 그룹의 [업데이트](📄)를 선택한다.

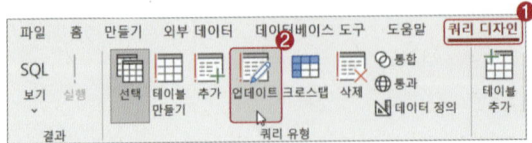

㉔ 〈대여〉 필드 목록에서 '연체료', '반납', '반납일자'를 차례로 더블클릭하여 표시한 후 '연체료' 필드의 '업데이트 :' 셀 입력란에 **[금액] * 0.5**를, '반납' 필드 '업데이트 :' 셀 입력란에 0을, '반납일자' 필드 '조건 :' 셀 입력란에 is null을 입력한다.

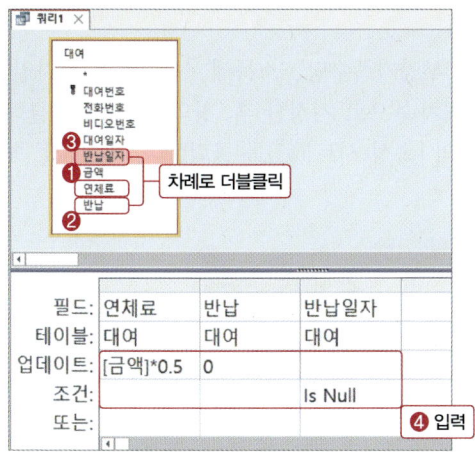

> 🎯 기적의 TIP
>
> **업데이트가 처리된 결과 확인**
> 업데이트 쿼리를 저장한 후 [탐색] 창에서 〈대여〉 테이블을 열어 확인하세요.

㉕ 업데이트 쿼리를 실행하기 위해 [쿼리 디자인]-[결과] 그룹의 [실행]()을 클릭한다. '13행을 새로 고칩니다.' 대화상자가 나타나면 [예]를 클릭한다.

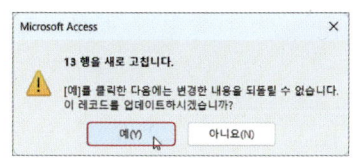

> 🎯 기적의 TIP
>
> **쿼리 종류별 아이콘 모양**
> 선택 쿼리, 크로스탭 쿼리, 실행 쿼리(업데이트, 삭제, 추가 등)에 따라 나타나는 아이콘의 모양이 다릅니다.

㉖ [쿼리 디자인] 창의 [닫기]를 클릭하여 창을 닫으면, 저장 확인 대화상자에서 '예'를 클릭한 후 [다른 이름으로 저장]에서 **연체료업데이트**를 입력하고 [확인]을 클릭한다.

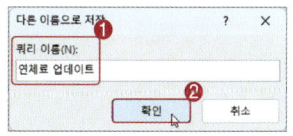

## 06 〈상위수령자〉 쿼리 작성

㉗ [만들기]-[쿼리] 그룹의 [쿼리 디자인](圖)을 클릭한다.

㉘ 쿼리 디자인 창의 [테이블 추가]에서 쿼리 작성에 사용할 '급여현황'을 더블클릭한 후 [닫기]를 클릭한다.

㉙ 〈급여현황〉 필드 목록에서 '직원코드', '부양가족수당', '소득세', '수령액'을 디자인 눈금으로 옮기고, '수령액'의 정렬을 '내림차순'으로 지정한 후, 창의 빈 영역을 클릭하고 [쿼리 디자인]-[표시/숨기기] 그룹의 [속성 시트](圖)를 클릭한다. '상위 값' 속성에 10을 입력한다.

> **기적의 TIP**
>
> 디자인 창의 빈 영역을 클릭하는 이유는 쿼리에 대한 속성으로 포커스를 변경시키기 위함입니다.

> **기적의 TIP**
>
> 다음과 같은 SQL문으로 작성 가능합니다. TOP 예약어는 정렬에 따라서 상위, 하위의 개수 또는 퍼센트를 구할 수 있습니다. 퍼센트를 구할 때는 TOP 10 PERCENT와 같이 처리해주면 됩니다.
>
> SELECT TOP 10 직원코드, 부양가족수당, 소득세, 수령액
> FROM 급여현황
> ORDER BY 수령액 DESC;

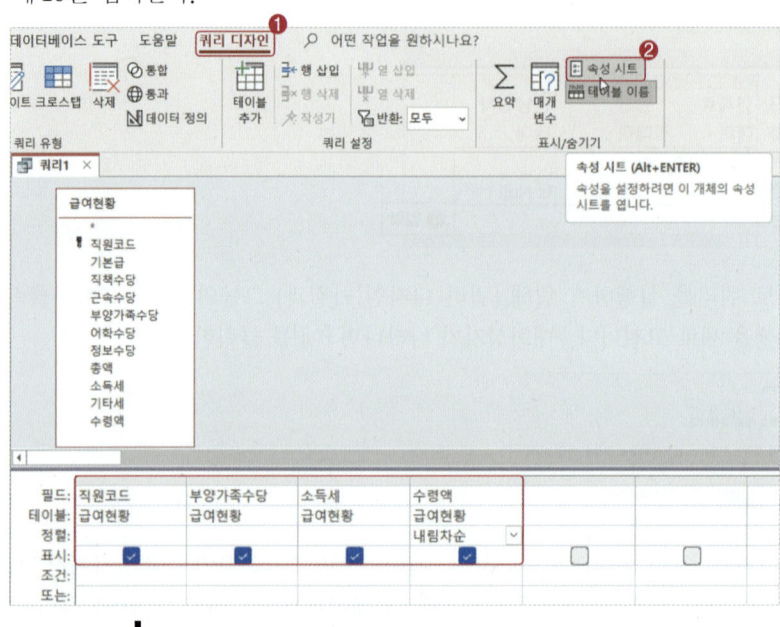

㉚ 변경한 내용을 저장하고 쿼리 이름은 **상위수령자**로 입력한다.

## 07 〈유령 고객〉 쿼리 작성

㉛ [만들기]–[쿼리] 그룹의 [쿼리 디자인](📋)을 클릭한다.
㉜ [테이블 추가]에서 쿼리 작성에 사용할 '고객'을 더블클릭한 후 [닫기]를 클릭한다.
㉝ 〈고객〉 필드 목록에서 '고객ID', '이름', '핸드폰', '성별', '주소'를 디자인 눈금으로 옮기고 '조건:' 셀 입력란에 다음과 같이 설정한 후 쿼리 이름은 **유령고객**으로 저장한다.

> **기적의 TIP**
> - Not In은 지정된 목록(괄호 안의 값)을 포함하지 않습니다.
> - Like로 문자열을 비교할 때, 와일드카드문자인 *는 모든 문자를 지칭합니다 ('홍' 앞뒤로 사용하면 '홍'이 포함된 문자열을 지칭).
> - Is Null은 필드 값이 null인 레코드를 표시할 때 사용합니다.

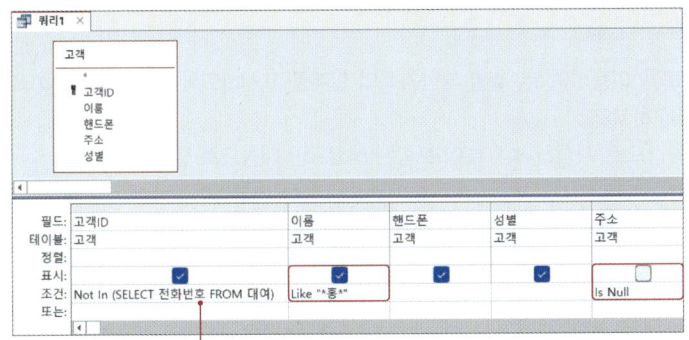

Not In (SELECT 전화번호 FROM 대여)

---

**출제유형 ❷** '출제유형2.accdb' 파일을 열어 다음과 같은 기능을 수행하는 쿼리를 작성하시오.

❶ 〈사원상세정보〉 쿼리를 이용하여 지정한 부서명과 동일한 부서의 직위별 기본급과 수당합의 평균을 표시하도록 〈직위지급평균〉 쿼리를 작성하시오.
  ▶ 수당합 평균은 직책수당, 근속수당의 합에 대한 평균으로 계산하고, 표시형식은 '통화'로 설정하시오.
  ▶ 부서명은 In 연산자를 사용하여 '전산팀', '특별팀', '홍보팀'만 표시되도록 설정하시오.

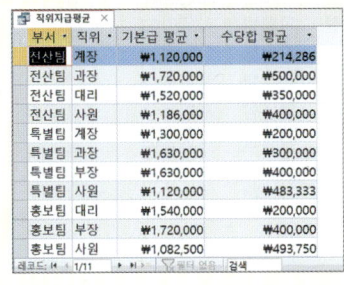

> **🏆 25년 출제**
> 〈호봉기준〉 테이블의 기본급을 이용하여 1,500,000 이상이면 '장', 1,500,000 미만 1,000,000 이상이면 '중', 1,000,000 미만이면 '단'으로 비고를 표시하시오.
>
>
>
> 비고: Switch([기본급])=1500000,"장",[기본급])=1000000,"중",[기본급]<1000000,"단")

❷ 〈사원상세정보〉 쿼리를 이용하여 다음의 기능을 수행하는 〈직위별조회〉 매개변수 쿼리를 작성하시오.
  ▶ 매개변수는 '조회할 직위를 입력하시오'로 하시오.
  ▶ 직위, 부서별로 그룹화하여 '사번' 필드의 개수, '수령액' 필드의 평균을 나타내도록 하시오.

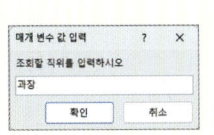 ➡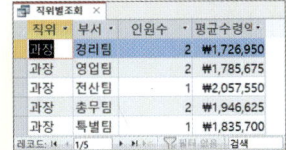

> **🏆 25년 출제**
> 〈사원정보〉 테이블의 컴퓨터활용능력이 비어 있으면 '없음', 그 외는 본래 값을 비고를 표시하시오.
>
>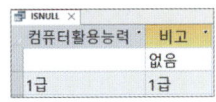
>
> 비고: IIf(IsNull([컴퓨터활용능력]),"없음",[컴퓨터활용능력])

❸ 〈사원상세정보〉 쿼리를 이용하여 다음의 기능을 수행하는 〈2023년이후입사자수〉 크로스탭 쿼리를 작성하시오.
▶ 쿼리의 실행 결과는 부서, 입사년도를 오름차순으로 표시하시오.

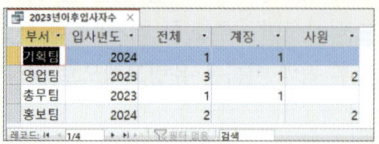

❹ 〈사원정보〉 테이블을 이용하여 년, 월별 부양가족의 합계를 표시하도록 〈부양가족현황〉 크로스탭 쿼리를 작성하시오.
▶ 단 호봉이 '사원갑'으로 시작하거나 '특'이 포함된 레코드만 대상으로 할 것

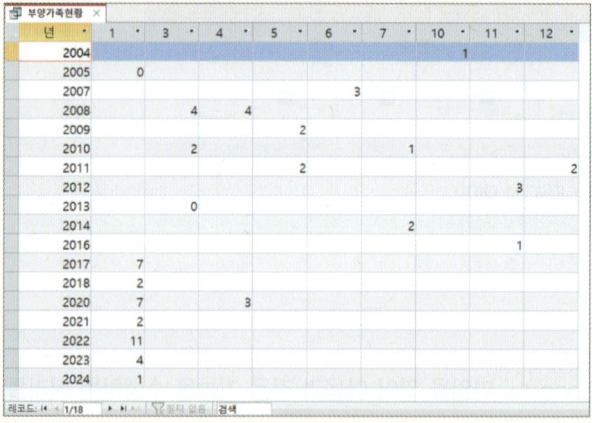

❺ '입사일'을 매개 변수 값으로 검색하여 해당 날짜 이후의 데이터를 새로운 테이블로 생성하는 〈재직기간〉 쿼리를 작성하시오.
▶ 〈사원상세정보〉 쿼리를 이용하여 작업하고, 필요한 필드 및 설정은 그림을 참조할 것
▶ 매개 변수 값으로 '2020-01-01'을 입력하여 〈2020년이후〉 테이블을 생성할 것

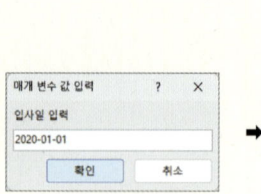 ➡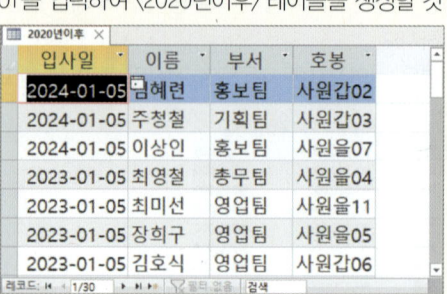

## 01 〈직위지급평균〉 쿼리 작성

① [만들기]-[쿼리] 그룹의 [쿼리 디자인](🔲)을 클릭한다.
② 쿼리 디자인 창의 [테이블 추가]에서 [쿼리] 탭을 클릭하고 〈사원상세정보〉 쿼리를 더블클릭한 후 [닫기]를 클릭한다.

③ 쿼리 디자인 창 상단의 〈사원상세정보〉 필드 목록에서 '부서', '직위', '기본급'을 차례로 더블클릭하고, 디자인 눈금 오른쪽 빈 열의 '필드:' 입력란에 **수당합 평균: 직책수당 + 근속수당**을 입력하고 Enter 를 누른 후 그룹 계산을 위해 [쿼리 디자인]-[표시/숨기기] 그룹의 [요약](∑)을 클릭한다.

> **기적의 TIP**
>
> [요약](∑) 도구를 클릭한다는 것은 그룹으로 묶어서 처리한다는 말입니다. 문제에서 직위별로 조회하라고 했으므로, 동일한 직위는 하나로 묶어서 처리하는 것이죠.

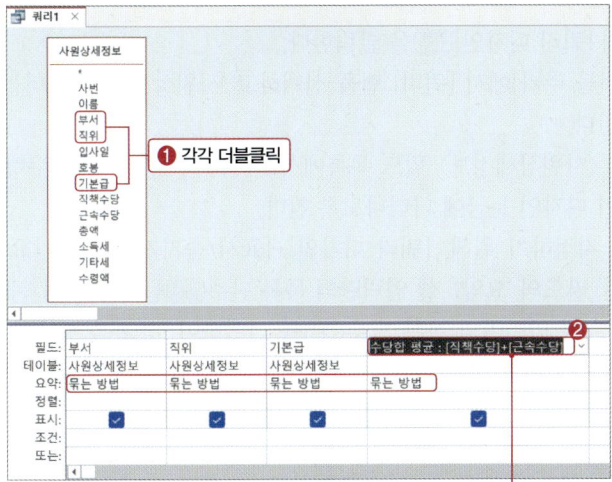

수당합 평균 : [직책수당]+[근속수당]

④ '기본급' 필드 입력란에 **기본급 평균: 기본급**으로 입력하여 변경하고, '기본급 평균'의 '요약:' 셀의 입력란의 목록 단추(▼)를 클릭하여 '평균'을, '수당합 평균' 필드의 '요약:' 셀 입력란도 '평균'을 선택한 후, 3개 부서만 표시하기 위해 '부서' 필드의 '조건:' 셀에는 In ("전산팀","특별팀","홍보팀")을 입력한다.

> **기적의 TIP**
>
> **Group by 절**
> [쿼리 디자인]-[표시/숨기기] 탭의 [요약](∑) 도구를 클릭하여 작성하는 쿼리에는 Group by 절이 자동으로 포함됩니다. [보기](▼)의 'SQL 보기'를 클릭해 SQL 내용을 확인해 보면 Group by란 문자 뒤에 '요약' 셀을 [묶는 방법]으로 지정한 필드 이름이 표시되는 것을 확인할 수 있어요. 가끔 쿼리 문제에서 'Group by'란 지시사항이 표시된다면, [요약](∑) 도구를 이용한 쿼리를 작성하란 의미로 해석하세요.

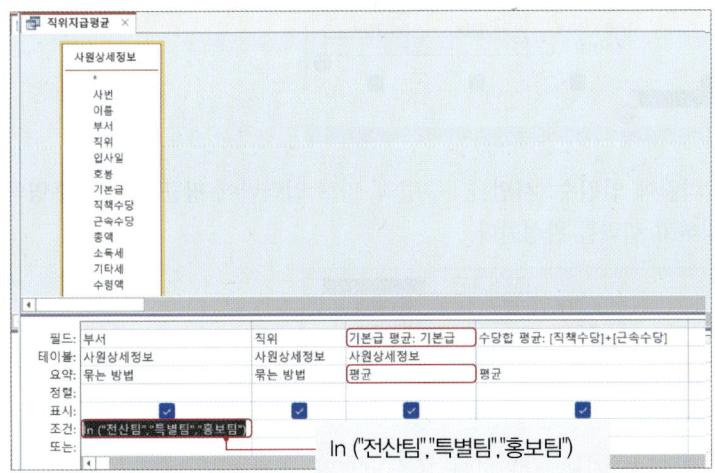

In ("전산팀","특별팀","홍보팀")

⑤ '수당합 평균'에 통화 형식을 지정하기 위해, '수당합 평균' 필드를 선택한 후 [쿼리 디자인]-[표시/숨기기] 그룹의 [속성 시트](🗐)를 클릭하고 [필드 속성] 창에서 '형식' 속성 입력란의 목록 단추(▼)를 클릭하여 '통화'를 선택한다.

> **기적의 TIP**
>
> [쿼리 디자인]-[표시/숨기기] 탭의 [속성 시트](🗐) 도구를 클릭하는 대신 '수당합 평균' 필드에서 마우스 오른쪽 버튼을 눌러 나타난 빠른 메뉴에서 [속성]을 선택해도 됩니다.

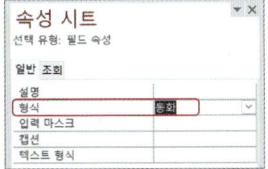

⑥ [쿼리 디자인] 창의 [닫기]를 클릭하여 창을 닫으면, 저장 확인 대화상자에서 '예'를 클릭한 후 [다른 이름으로 저장]에서 **직위지급평균**을 입력하고 [확인]을 클릭한다.

### 02 〈직위별조회〉 매개 변수 쿼리 작성

⑦ [만들기]-[쿼리] 그룹의 [쿼리 디자인](▦)을 클릭한다.
⑧ 쿼리 디자인 창의 [테이블 추가]에서 [쿼리] 탭을 선택하고 '사원상세정보'를 더블클릭한 후 [닫기]를 클릭한다.
⑨ 쿼리 디자인 창 상단의 〈사원상세정보〉 필드 목록에서 '직위', '부서', '사번', '수령액'을 차례로 더블클릭하여 디자인 눈금에 나타나도록 한다.
⑩ '직위', '부서'별 그룹을 지정하기 위해, [쿼리 디자인]-[표시/숨기기] 그룹의 [요약](∑)을 클릭한다. '사번' 필드의 '요약:' 셀 입력란의 목록 단추(▼)를 클릭하여 '개수'를, '수령액' 필드 '요약:' 셀 입력란의 목록 단추(▼)를 클릭하여 '평균'을 선택한 후 '직위' 필드 '조건:' 셀에는 **[조회할 직위를 입력하시오]**를 입력한다.

> **기적의 TIP**
> 매개 변수 쿼리는 대화상자로 간편한 검색을 도와주는 것으로, 매개 변수를 적용할 필드의 조건 행에 대화 상자에 표시할 텍스트를 대괄호로 묶어 표현합니다.

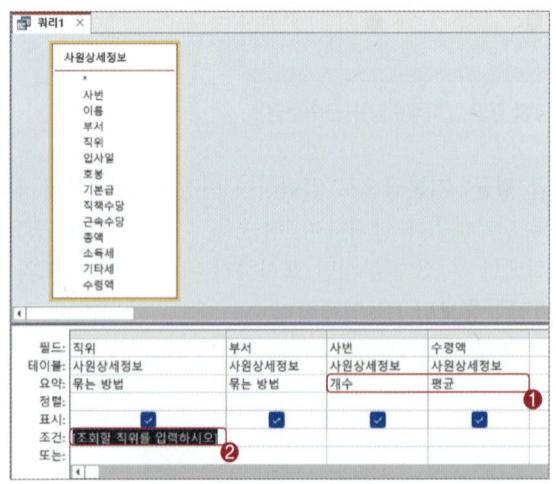

⑪ '사번' 필드 입력란에 **인원수: 사번**을, '수령액' 필드 입력란에 **평균수령액: 수령액**을 입력하여 변경하고 쿼리를 완성한다.

> **기적의 TIP**
> **필드 이름 변경(필드 별명 Alias 부여)**
> 문제에서 필드 이름을 변경하란 지시사항이 없어도 주어진 〈화면〉에 표시된 필드 이름이 다르다면 〈화면〉과 동일하게 필드 이름을 변경해야 합니다. 별명:필드명의 형태로 작성하면 됩니다.

⑫ [쿼리 디자인] 창의 [닫기]를 클릭하여 창을 닫으면, 저장 확인 대화상자에서 '예'를 클릭한 후 [다른 이름으로 저장]에서 **직위별조회**를 입력하고 [확인]을 클릭한다.

## 03 〈2023년이후입사자수〉 크로스탭 쿼리

⑬ [만들기]-[쿼리] 그룹의 [쿼리 마법사](📋)를 클릭한 후 [새 쿼리] 대화상자에서 '크로스탭 쿼리 마법사'를 선택하고 [확인]을 클릭한다.

⑭ [크로스탭 쿼리 마법사]에서 지시사항에 따라 각 단계에서 화면과 같이 선택하고 [다음]을 클릭한다.

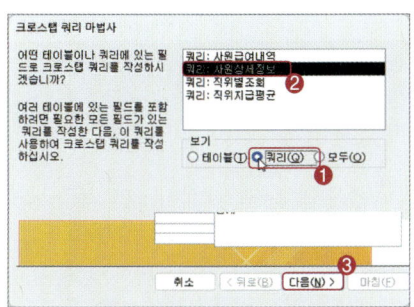
▲ 1단계) '보기'의 '쿼리'를 클릭하여 '쿼리: 사원상세정보'를 선택

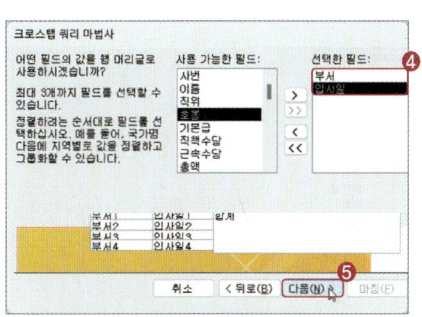
▲ 2단계) '행 머리글'로 사용할 필드로 '부서'와 '입사일'을 차례로 더블클릭

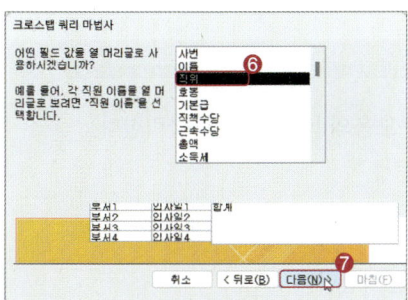
▲ 3단계) '열 머리글'로 '직위'를 클릭

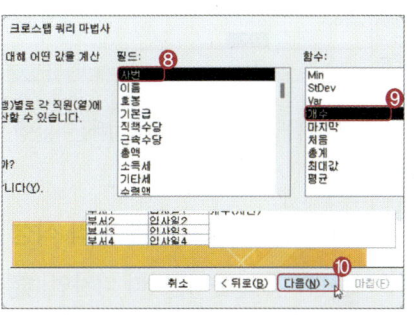
▲ 4단계) 계산 방법으로 '필드:'에서 '사번'을 선택하고 '함수:'에서 '개수'를 선택

### 🎯 기적의 TIP

**크로스탭 쿼리 마법사에서 계산 필드 선택**

행과 열이 교차되는 곳에 표시할 계산 함수가 '개수'인 경우 필드는 임의적으로 선택해도 됩니다. 임의의 필드 중에서도 필드 값이 Null 값이 없는 자료로 선택해야 합니다.

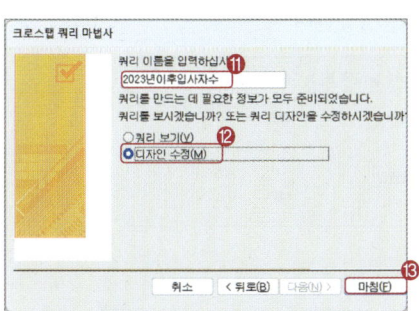
▲ 5단계) 쿼리 이름으로 「2023년이후입사자수」를 입력하고 '디자인 수정'을 선택

⑮ '입사일' 필드를 년도만 나타나도록 하기 위해, '입사일' 필드 입력란을 클릭하여 **입사년도: year([입사일])**로 변경하고 '조건:' 셀 입력란에 >=2023를 입력한다. '합계 사번: [사번]' 필드 입력란을 클릭하고 **전체: [사번]**을 입력하여 필드 이름을 변경한다. 정렬 순서를 지정하기 위해, '부서' 필드의 '정렬:' 셀 입력란의 목록 단추(▽)를 클릭하여 '오름차순'으로 지정하고, '입사년도: year([입사일])' 필드의 '정렬:' 셀도 '오름차순'으로 지정한다.

> **기적의 TIP**
>
> **크로스탭 쿼리**
> 크로스탭 쿼리에서 '요약' 셀에 '묶는 방법'으로 지정된 열이 그룹 항목을 의미합니다. '묶는 방법'으로 '행 머리글'은 최대 3개까지 가능하며, '열 머리글'과 '값'은 1개씩만 가능합니다.

> **기적의 TIP**
>
> 정답 파일의 디자인 보기와 다를 수 있습니다만, 저장하면 자동으로 디자인 눈금이 바뀌므로 신경 쓸 필요 없습니다. 저장하면 디자인 눈금이 정답처럼 자동으로 바뀐답니다.

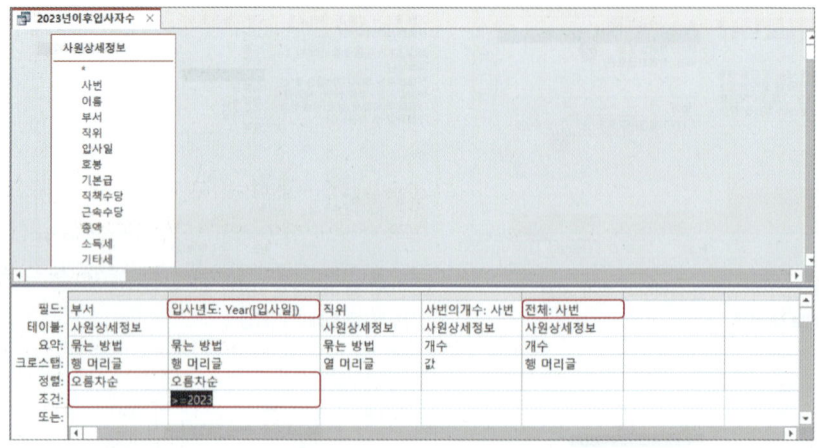

⑯ 완성된 쿼리를 저장하기 위해, 빠른 실행 도구모음의 [저장](🖫)을 클릭한다.

## 04 〈부양가족현황〉 크로스탭 쿼리 작성

⑰ [만들기]-[쿼리] 그룹의 [쿼리 디자인](🖼)을 클릭한다.
⑱ [테이블 추가]에서 〈사원정보〉 테이블을 더블클릭한 후 [닫기]를 클릭한다.
⑲ [쿼리 디자인]-[쿼리 유형] 그룹의 [크로스탭](🖼)을 클릭하고 디자인 눈금의 내용을 다음과 같이 설정한 후 **부양가족현황** 이름으로 저장한다.

| 필드: | 년: Year([입사일]) | 월: Month([입사일]) | 부양가족 | Expr1: Left([호봉],3) | Expr2: Mid([호봉],3,1) |
|---|---|---|---|---|---|
| 테이블: | | | 사원정보 | | |
| 요약: | 묶는 방법 | 묶는 방법 | 합계 | 조건 | 조건 |
| 크로스탭: | 행 머리글 | 열 머리글 | 값 | | |
| 정렬: | | | | | |
| 조건: | | | | "사원갑" | |
| 또는: | | | | | "특" |

> **기적의 TIP**
>
> - Mid([호봉],3,1)은 '호봉' 필드 문자열의 3번째 문자 위치에서 하나의 글자를 반환한다는 의미입니다.
> - 〈사원정보〉 테이블에 있는 정보의 특성상 Mid 함수를 사용했지만, '특'이 포함된 레코드를 찾을 때 다음과 같이 Like 연산자로 처리할 수도 있습니다.
>
>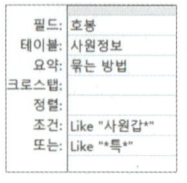

## 05 〈재직기간〉 테이블 만들기 쿼리 작성

⑳ [만들기]-[쿼리] 그룹의 [쿼리 디자인](🖼)을 클릭한다.
㉑ [테이블 추가]에서 [쿼리] 탭의 〈사원상세정보〉 쿼리를 더블클릭한 후 [닫기]를 클릭한다.

㉒ 디자인 눈금을 다음과 같이 설정한 후 [쿼리 디자인]-[쿼리 유형] 그룹의 [테이블 만들기](▦)를 클릭한다.

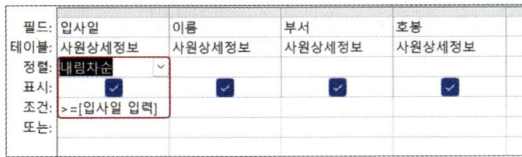

㉓ [테이블 만들기] 대화상자의 테이블 이름으로 **2020년 이후**를 입력하고 [확인]을 클릭한 후 변경한 내용을 **재직기간** 이름으로 저장한다.

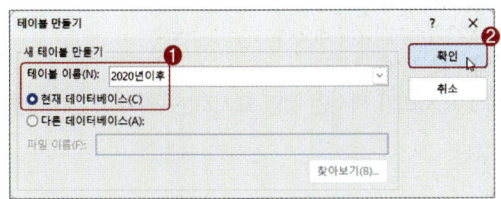

㉔ 탐색 창에서 〈재직기간〉 쿼리를 찾아서 더블클릭하여 [예]를 눌러 실행한 후, 매개 변수 값을 입력하고 [확인]을 클릭하면 새 테이블 〈2020년 이후〉가 작성된다.

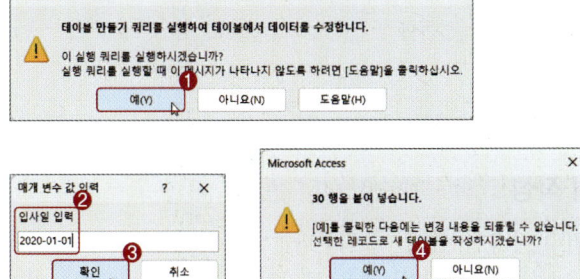

> **출제유형 ③** '출제유형3.accdb' 파일을 열어 다음과 같은 기능을 수행하는 쿼리를 작성하시오.

❶ 〈도서대여내역〉 쿼리를 이용하여 다음의 기능을 수행하는 〈대여날짜별현황〉 쿼리를 작성하시오.
  ▶ '대여날짜' 필드를 이용하여 2025년 7월 달에 대여된 도서의 대여날짜, 고객명 개수, 대여 가격 총계를 대여날짜의 오름차순으로 표시
  ▶ Between 연산자를 이용

❷ 〈고객정보〉 테이블에서 전화번호가 중복 등록된 고객을 조회하는 〈전화번호중복고객〉 쿼리를 작성하시오.

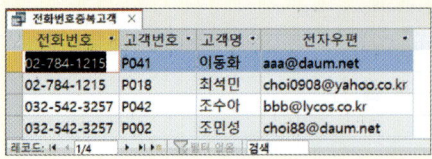

❸ 〈핵심고객〉 테이블에서 한번도 도서를 대여하지 않은 고객정보를 삭제하는 〈미대여고객삭제〉 쿼리를 작성하시오.
　▶ 〈핵심고객〉 테이블의 레코드 중 〈대여도서〉 테이블에서 참고하고 있지 않은 레코드를 삭제하시오.
　▶ Not In 예약어를 사용하여 SQL 명령으로 작성하시오.

❹ 〈고객정보〉 테이블에서 고객번호의 뒤에 세자리가 짝수인 것만 표시하는 〈짝수고객〉 쿼리를 작성하시오.

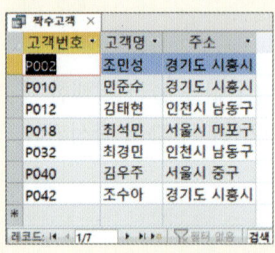

## 01 〈대여날짜별현황〉 쿼리 작성

① [만들기]-[쿼리] 그룹의 [쿼리 디자인](▦)을 클릭한다.
② 쿼리 디자인 창의 [테이블 추가]에서 [쿼리] 탭을 클릭하여 〈도서대여내역〉 쿼리를 더블클릭한 후 [닫기]를 클릭한다.
③ 쿼리 디자인 창 상단의 〈도서대여내역〉 필드 목록에서 '대여날짜', '고객명', '대여가격'을 차례로 더블클릭하고, 그룹 계산을 위해 [쿼리 디자인]-[표시/숨기기] 그룹의 [요약](∑)을 클릭하여 '디자인 눈금' 영역에 '요약 : ' 행이 추가되도록 한다.

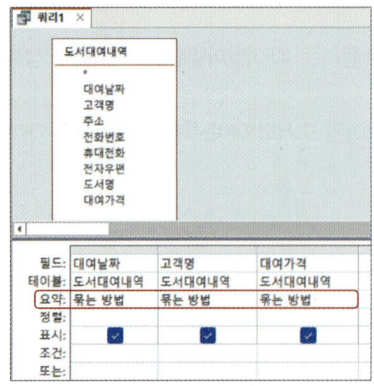

④ 정렬을 위해 '대여날짜' 필드의 '정렬 :' 셀을 '오름차순'으로 지정하고, '고객명' 필드 입력란을 클릭하여 **대여횟수: 고객명**으로 입력하여 변경하고, '요약 :' 셀 입력란의 목록 단추(▼)를 클릭하여 '개수'를 선택한다. '대여가격' 필드 입력란을 클릭하여 **대여금액: 대여가격**으로 입력하여 변경하고, '요약 :' 셀 입력란의 목록 단추(▼)를 클릭하여 '합계'를 선택한다. 대여날짜 조건을 지정하기 위해 '대여날짜' 필드의 '조건' 셀 입력란에 Between #2025-07-01# And #2025-07-31#을 입력하고 Enter 를 누른다.

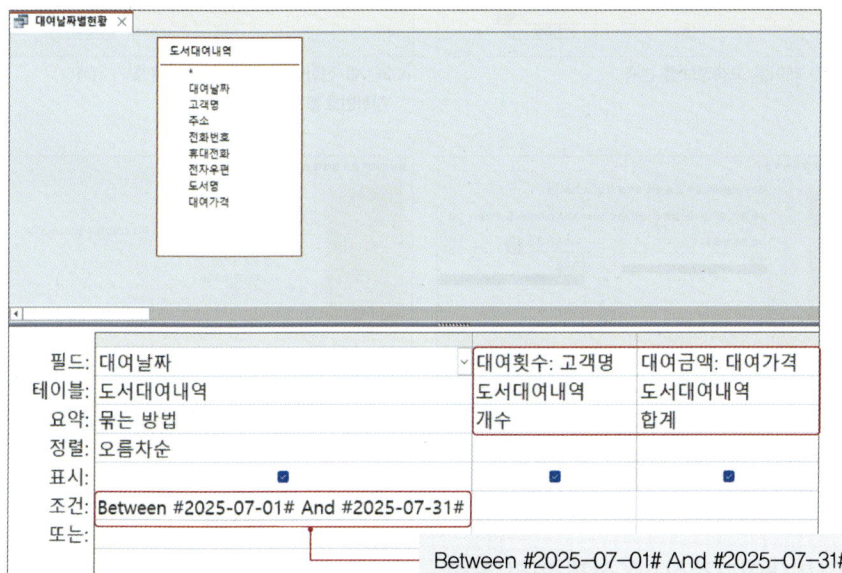

> **기적의 TIP**
>
> Between #2025-07-01# And #2025-07-31#
> - 2025년 7월달의 날짜를 조회해야 하므로 '2025년 7월 1일'보다 크거나 같고 '2025년 7월 31일'보다 작거나 같은 날짜를 조회해야 합니다. 이러한 조건을 Between 연산자를 사용하여 지정합니다.
> - 날짜를 조건으로 사용할 때는 앞뒤에 # 기호를 붙여야 합니다.
> - And 연산자를 사용하여 「>= #2025-07-01# And <= #2025-07-31#」를 입력해도 됩니다.

⑤ [쿼리 디자인] 창의 [닫기]를 클릭하여 창을 닫으면, 저장 확인 대화상자에서 '예'를 클릭한 후 [다른 이름으로 저장] 대화상자에서 **대여날짜별현황**을 입력하고 [확인]을 클릭한다.

### 02 〈전화번호중복고객〉 쿼리 작성

⑥ [만들기]-[쿼리] 그룹의 [쿼리 마법사](📋)를 클릭한 후 [새 쿼리]에서 '중복 데이터 검색 쿼리 마법사'를 선택하고 [확인]을 클릭한다.

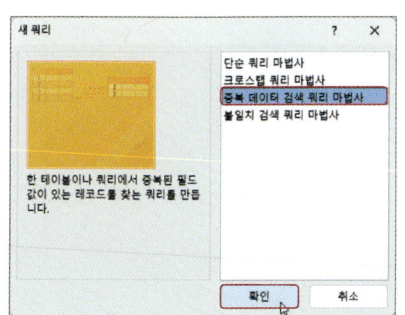

⑦ [중복 데이터 검색 쿼리 마법사]에서 지시사항에 따라 각 단계에서 화면과 같이 선택하고 [다음]을 클릭한다.

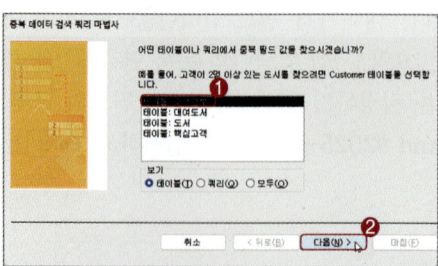
▲ 1단계) '테이블: 고객정보'를 선택

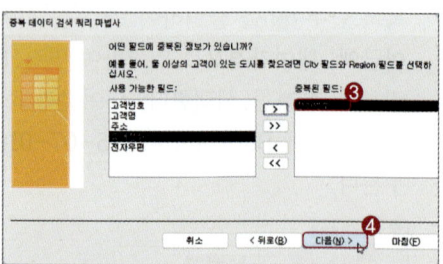
▲ 2단계) '전화번호'가 중복된 자료를 찾기 위해 '전화번호'를 더블클릭

> 기적의 TIP
>
> **쿼리 디자인 창에서 조건 지정**
> 쿼리 디자인 창의 디자인 눈금 영역에서 조건을 지정하는 방법과 원리는 엑셀 고급 필터의 조건 지정 방법과 유사합니다. 서로 다른 행에 입력된 조건은 Or 조건으로 사용되고 같은 행에 입력된 조건은 And 조건으로 사용됩니다.

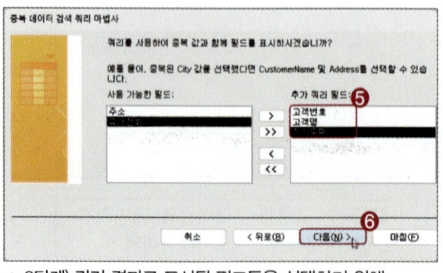
▲ 3단계) 쿼리 결과로 표시될 필드들을 선택하기 위해 '고객번호', '고객명', '전자우편'을 차례로 더블클릭

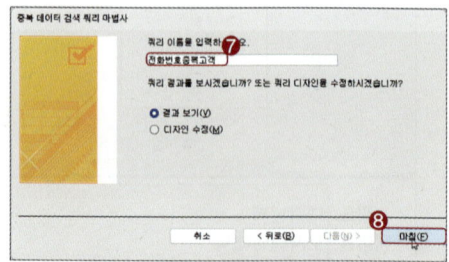
▲ 4단계) 쿼리 이름으로 「전화번호중복고객」을 입력

### 03 〈미대여고객삭제〉 삭제 쿼리 작성

⑧ [만들기]-[쿼리] 그룹의 [쿼리 디자인]()을 클릭한다.

⑨ 쿼리 디자인 창의 [테이블 추가]에서 〈핵심고객〉 테이블을 더블클릭한 후 [닫기]를 클릭한다.

⑩ 쿼리 유형을 변경하기 위해 [쿼리 디자인]-[쿼리 유형] 그룹의 [삭제](📋)를 선택한다.

⑪ '고객번호' 필드를 더블클릭하여 디자인 눈금에 추가하고, '조건' 셀 입력란에 not in (select 고객번호 from 대여도서)를 입력하고 Enter 를 누른다.

> 기적의 TIP
>
> **not in(select 고객번호 from 대여도서)**
> 〈대여도서〉 테이블에서 '고객번호'를 검색한 값은 제외시키라는 의미입니다.

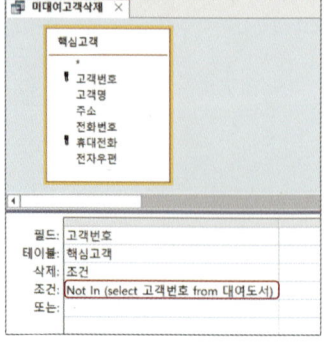

⑫ 삭제 쿼리를 실행하기 위해 [쿼리 디자인]-[결과] 그룹의 [실행](!)을 클릭한다. '지정된 테이블에서 7행을 삭제합니다.' 대화상자가 나타나면 [예]를 클릭한다.

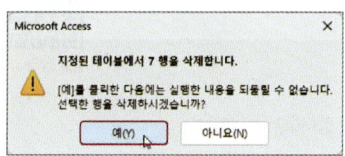

⑬ [쿼리 디자인] 창의 [닫기]를 클릭하여 창을 닫으면, 저장 확인 대화상자에서 '예'를 클릭한 후 [다른 이름으로 저장]에서 **미대여고객삭제**를 입력하고 [확인]을 클릭한다.

## 04 〈짝수고객〉 쿼리 작성

⑭ [만들기]-[쿼리] 그룹의 [쿼리 디자인](📋)을 클릭한다.
⑮ 쿼리 디자인 창의 [테이블 추가]에서 〈고객정보〉 테이블을 더블클릭한 후 [닫기]를 클릭한다.
⑯ 필요한 필드를 더블클릭하여 디자인 눈금에 채우고, 필드 Right([고객번호],3) Mod 2와 표시(체크 해제), 조건(0)을 설정한다.

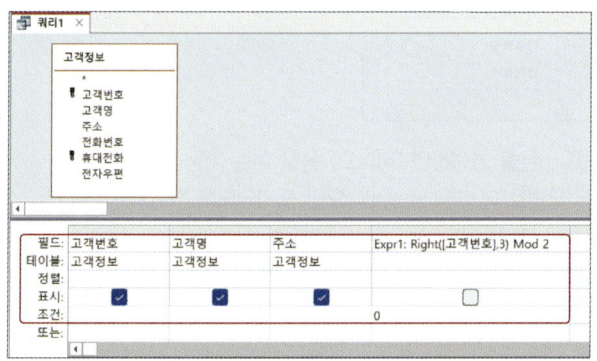

⑰ 쿼리 디자인 창을 닫고 변경한 내용은 **짝수고객** 쿼리로 저장한다.

> **기적의 TIP**
>
> 짝수는 2로 나눈 나머지가 0이 됨을 의미합니다. Right 함수는 고객번호 필드 문자열의 오른쪽부터 시작하여 지정된 수(3) 만큼의 문자를 반환하고, Mod 연산자는 두 수를 나눈 나머지를 반환합니다. 즉, Right([고객번호],3)를 2로 나눈 나머지를 구하는 것입니다.

# SECTION 02 처리 기능 구현

작업파일 [26컴활1급₩2권_데이터베이스₩이론₩4.처리기능₩Section02] 폴더에서 작업하시오.

## 🏁 기적의 TIP

[처리 기능 구현]
① [탐색] 창의 [쿼리] 개체 선택
② 대상 폼 선택 후 바로 가기 메뉴에서 [디자인 보기] 클릭
③ 해당 폼, 컨트롤에 프로시저 작성

출제유형 ❶ '출제유형1.accdb' 파일을 열어 다음 지시사항에 따라 〈대여관리〉 폼의 처리 기능을 구현하시오.

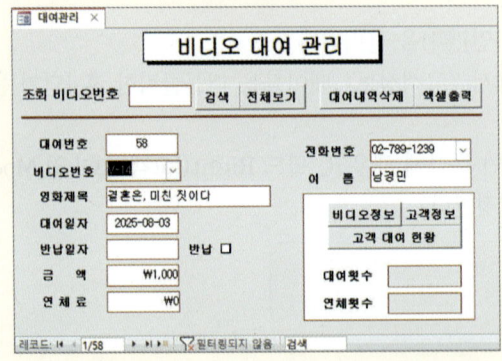

❶ '비디오정보(cmd비디오정보)' 버튼을 클릭하면 〈비디오〉 폼을 여는 기능을 구현하시오.
  ▶ 현재의 '비디오번호(txt비디오번호)'에 해당하는 비디오만 표시되도록 하시오.
  ▶ 매크로를 이용하여 작성하고 매크로 이름은 '비디오정보'로 지정하시오.
❷ '고객정보(cmd고객정보)' 버튼을 클릭하면 〈고객관리〉 폼을 여는 프로시저를 작성하시오.
  ▶ 〈고객관리〉 폼의 '고객ID'가 현재 폼의 '전화번호(txt전화번호)'에 해당하는 고객만 표시되도록 하시오.
❸ '고객 대여 현황(cmd대여정보)' 버튼을 클릭하면 고객의 대여횟수와 연체횟수를 표시하는 프로시저를 작성하시오.
  ▶ 〈대여〉 테이블에서 '전화번호(txt전화번호)'에 해당하는 '대여번호' 필드의 횟수를 계산하여 '대여횟수(txt대여횟수)' 컨트롤에 표시하시오.
  ▶ 〈대여〉 테이블에서 '전화번호(txt전화번호)'에 해당하고 '연체료'가 '0'을 초과하는 '대여번호' 필드의 횟수를 계산하여 '연체횟수(txt연체횟수)' 컨트롤에 표시하시오.
  ▶ dcount( )함수 사용
❹ '대여내역삭제(cmd레코드삭제)' 버튼을 클릭하면 다음과 같은 기능을 수행하도록 프로시저를 작성하시오.
  ▶ 〈대여내역삭제〉 쿼리를 실행하시오.
  ▶ Requery 메서드를 사용하여 폼의 데이터를 다시 표시하시오.
❺ 'txt반납일자' 컨트롤의 값이 변경(Before Update)되면 다음과 같은 계산을 수행하도록 구현하시오.

- ▶ IsNull 함수를 사용하여 'txt반납일자' 컨트롤 값이 비어있는 경우 'chk반납' 컨트롤이 선택 해제되도록 하고 그 이외의 경우에는 선택되도록 하시오.
- ▶ '연체료계산' 프로시저가 실행되도록 하시오.

❻ '반납(chk반납)' 컨트롤을 클릭하면 다음과 같은 기능을 수행하도록 구현하시오.
- ▶ '반납(chk반납)' 컨트롤이 선택된 경우(True) 시스템 날짜가, 선택 해제된 경우(False) 공백(" ")이 '반납일자(txt반납일자)' 컨트롤에 입력되도록 하시오.
- ▶ '연체료계산' 프로시저가 실행되도록 작성하시오.

## 01 'cmd비디오정보' 클릭 이벤트

① [만들기]-[매크로 및 코드] 그룹에서 [매크로]( )를 클릭한다.
② 매크로 작성기 창의 새 함수 추가 펼침 목록 단추를 클릭하고 펼쳐진 함수 목록 중 'OpenForm' 매크로 함수를 선택한다.

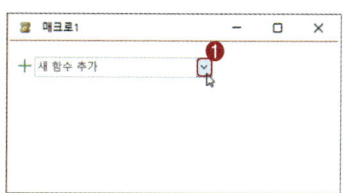
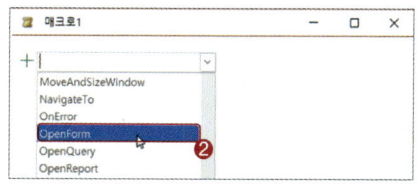

> **기적의 TIP**
>
> 함수 카탈로그에서 함수를 찾은 후 더블클릭해도 됩니다. OpenForm 함수는 [데이터베이스 개체] 유형 아래에 있음을 알 수 있습니다.

③ 폼 이름에 '비디오' 폼을 지정한 후 필터 조건을 지정하기 위해 'Where 조건문' 입력란의 [작성기] 단추를 클릭한다.

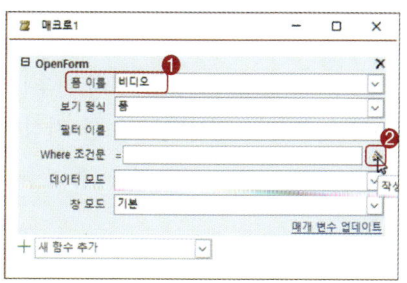

④ 식 작성기 대화상자의 식 입력란에 **[비디오번호]=**를 입력하고 하단의 왼쪽 상자에서 '출제유형1.accdb – Forms – 모든 폼 – 대여관리' 순서로 펼치고, 가운데 상자에서 'txt비디오번호'를 더블클릭한다. 식 입력란에 '[비디오번호]= Forms![대여관리]![txt비디오번호]'가 표시되면 [확인]을 클릭한다.

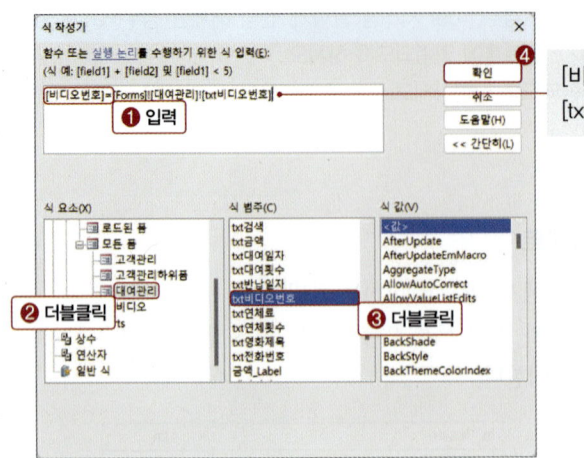

⑤ 빠른 실행 도구 모음 중 [저장](圖)을 클릭하고, 매크로 이름을 **비디오정보**로 설정한 후 [확인]을 클릭한다.

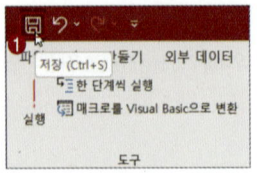 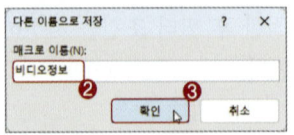

> **기적의 TIP**
>
> **[비디오번호]=[Forms]![대여관리]![txt비디오번호]**
> OpenForm 매크로 함수에 의해 표시되는 〈비디오〉 폼에서 〈대여관리〉 폼의 'txt비디오번호' 컨트롤 값과 〈비디오〉 폼의 '비디오번호' 컨트롤 값이 같은 레코드만 표시합니다. 즉, 폼의 필터(Filter) 조건을 지정합니다.

⑥ 〈대여관리〉 폼을 디자인 보기로 열어 속성 시트 중 'cmd비디오정보' 명령 단추를 찾아 이벤트 탭의 On Click 속성에 미리 만들어 둔 '비디오정보' 매크로를 지정하고 모든 변경한 내용은 저장한다.

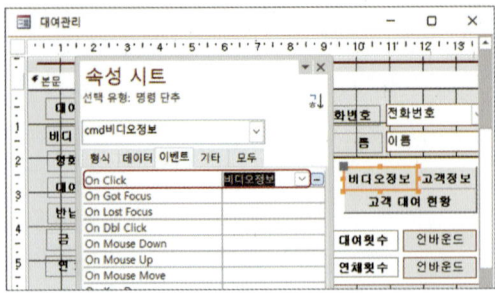

⑦ 폼 보기에서 조회 비디오 번호에 'V-2'를 넣고 [검색] 후 [비디오정보]를 클릭하여 확인한다.

## 02 'cmd고객정보' 클릭 이벤트

⑧ 〈대여관리〉 폼의 폼 디자인 보기 상태에서 'cmd고객정보' 컨트롤을 선택한 후 'cmd고객정보' 속성 창의 [이벤트] 탭에서 'On Click' 입력란의 [작성기](...)를 클릭한다. [작성기 선택] 대화상자에서 '코드 작성기'를 더블클릭한다.

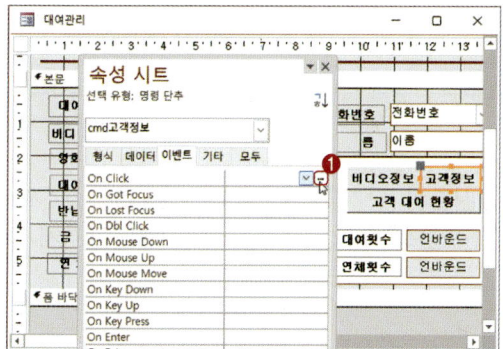

⑨ [Visual Basic Editor] 창에 'Private Sub cmd고객정보_Click()' 프로시저가 표시되면 프로시저 안에 다음과 같이 입력하여 완성한다.

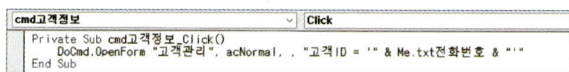

Private Sub cmd고객정보_Click()
① DoCmd.OpenForm "고객관리", acNormal, , "고객ID ='" & Me.txt전화번호 & "'"
End Sub

① 〈고객관리〉 폼을 '고객ID' 필드값과 현재 폼의 'txt전화번호' 컨트롤 값과 일치하는 레코드만 표시되도록 연다. 필터 조건이 생략되기 때문에 'acNormal' 다음에 쉼표(,)를 2번 입력해야 한다.

⑩ [Visual Basic Editor] 창 제목 표시줄의 [닫기]를 클릭하여 [Visual Basic Editor] 창을 닫은 후, 'cmd고객정보' 컨트롤의 'On Click' 속성이 '[이벤트 프로시저]'로 설정되어 있는지 확인한다.

## 03 'cmd대여정보' 클릭 이벤트

⑪ 〈대여관리〉 폼의 폼 디자인 보기 상태에서 'cmd대여정보' 컨트롤을 선택한 후 'cmd대여정보' 속성 창의 [이벤트] 탭에서 'On Click' 입력란의 [작성기](...)를 클릭하고 [작성기 선택] 대화상자에서 '코드 작성기'를 더블클릭한다.

⑫ [Visual Basic Editor] 창에 'Private Sub cmd대여정보_Click()' 프로시저가 표시되면 프로시저 안에 다음과 같이 입력하여 완성한다.

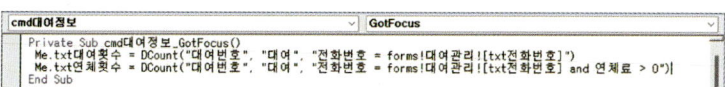

> **기적의 TIP**
>
> **OpenForm**
> - 폼을 표시하는 매크로 함수로, VB 편집기에서 매크로 함수를 사용할 때는 'DoCmd' 개체를 앞에 붙여 'DoCmd.OpenForm'으로 사용합니다.
> - 형식 : OpenForm "폼이름", [보기], [필터이름], [조건문]
> - 보기 : 폼의 보기 형태를 폼, 디자인, 인쇄 미리보기, 데이터시트, 피벗 테이블, 피벗 차트, 레이아웃 형태로 열지를 지정하는 것으로 생략하면 폼(acNormal)으로 지정됩니다.

```
Private Sub cmd대여정보_Click()
   ① Me.txt대여횟수 = DCount("대여번호", "대여", "전화번호 = forms!대여관리![txt전화번호]")
   ② Me.txt연체횟수 = DCount("대여번호", "대여", "전화번호 = forms!대여관리![txt전화번호] and
      연체료 > 0")
End Sub
```

① 〈대여〉 테이블에서 '전화번호' 필드가 〈대여관리〉 폼의 'txt전화번호' 컨트롤값과 일치하는 레코드의 개수를 구한다.
② 〈대여〉 테이블에서 '전화번호' 필드가 〈대여관리〉 폼의 'txt전화번호' 컨트롤값과 일치하고 '연체료' 필드값이 0보다 큰 레코드 개수를 구한다.

> **기적의 TIP**
>
> **DCount 함수**
> - 테이블에서 조건을 지정하여 조건에 맞는 레코드 개수를 구하는 함수로 도메인 집계 함수라고 합니다.
> - DCount("계산필드", "테이블명", "조건식") 형태로 사용되며, 계산필드와 테이블명은 공백없이 큰 따옴표로 감싸야 합니다.

⑬ [Visual Basic Editor] 창 제목 표시줄의 [닫기]를 클릭하여 [Visual Basic Editor] 창을 닫은 후, 'cmd대여정보' 컨트롤의 'On Click'속성이 '[이벤트 프로시저]'로 설정되어 있는지 확인한다.

> **기적의 TIP**
>
> 조건식
> "전화번호 = txt전화번호"
> 로만 입력해도 됩니다.
>
> txt대여횟수 = DCount("대여번호", "대여", "전화번호 = txt전화번호")
> txt연체횟수 = DCount("대여번호", "대여", "전화번호 = txt전화번호 and 연체료 > 0")

### 04 'cmd레코드삭제' 클릭 이벤트

⑭ 〈대여관리〉 폼의 폼 디자인 보기 상태에서 'cmd레코드삭제' 컨트롤을 선택한 후 'cmd레코드삭제' 속성 창의 [이벤트] 탭에서 'On Click' 입력란의 [작성기](…)를 클릭하고 '코드 작성기'를 더블클릭한다.

⑮ [Visual Basic Editor] 창에 'Private Sub cmd레코드삭제_Click()' 프로시저가 표시되면 프로시저 안에 다음과 같이 입력하여 완성한다.

```
Private Sub cmd레코드삭제_Click()
   ① DoCmd.OpenQuery "대여내역삭제"
   ② Me.Requery
End Sub
```

① 이미 작성되어있는 〈대여내역삭제〉 삭제 쿼리를 실행한다.
② 폼에서 삭제된 레코드를 제거하고 다시 표시하기 위해 레코드 원본을 재설정한다.

> **기적의 TIP**
>
> **OpenQuery 메서드(매크로 함수)**
> - 이미 작성된 쿼리를 여러 보기 모드로 열 수 있고, 실행쿼리인 경우 실행하며 쿼리의 데이터 입력모드도 선택할 수 있습니다.
> - 형식 : OpenQuery "쿼리 이름", [보기모드], [데이터 입력모드]
> - 보기모드 : 쿼리 표시 형태를 지정하는 옵션으로 데이터시트, 디자인, 인쇄 미리 보기, 피벗 테이블, 피벗 차트 형태로 지정할 수 있고 생략하면 acView Normal로 지정됩니다.
> - 데이터 입력모드 : 기존 레코드를 편집하고 새 레코드를 추가하는 방법을 정하며 생략하면 acEdit로 지정됩니다.

## 05 'txt반납일자' BeforeUpdate 이벤트

⑯ 〈대여관리〉 폼의 폼 디자인 보기 상태에서 'txt반납일자' 컨트롤을 선택한 후 'txt반납일자' 속성 창의 [이벤트] 탭에서 'Before Update' 입력란의 [작성기]([…])를 클릭하고 '코드 작성기'를 더블클릭한다.

⑰ [Visual Basic Editor] 창에 'Private Sub txt반납일자_BeforeUpdate(Cancel As Integer)' 프로시저가 표시되면 프로시저 안에 다음과 같이 입력하여 완성한다.

```
Private Sub txt반납일자_BeforeUpdate(Cancel As Integer)
    If IsNull(반납일자) Then
        chk반납 = False
    Else
        chk반납 = True
    End If
    Call 연체료계산
End Sub
```

Private Sub txt반납일자_BeforeUpdate(Cancel As Integer)
 ① If IsNull(반납일자) Then
  ② chk반납 = False
 ③ Else
  ④ chk반납 = True
 ⑤ End If
 ⑥ Call 연체료계산
End Sub

① IF 문을 이용해 '반납일자(txt반납일자)' 컨트롤이 비어 있는지를 체크하여 빈 경우 ②를, 아닌 경우 ③, ④를 실행한다.
② 'chk반납' 컨트롤값을 False로 지정한다. 'chk반납' 컨트롤은 '확인란' 컨트롤로 False 값이 지정되면 선택이 해제되고, True 값이 지정되면 선택된다.
⑥ 이미 작성되어 있는 외부 프로시저 '연체료계산'을 호출하여 실행한다.

## 06 'chk반납' 클릭 이벤트

⑱ 〈대여관리〉 폼이 폼 디자인 보기 상태에서 'chk반납' 컨트롤을 선택한 후 'chk반납' 속성 창의 [이벤트] 탭에서 'On Click' 입력란의 [작성기]([…])를 클릭하고 '코드 작성기'를 더블클릭한다.

⑲ [Visual Basic Editor] 창에 'Private Sub chk반납_Click()' 프로시저가 표시되면 프로시저 안에 다음과 같이 입력하여 완성한다.

```
Private Sub chk반납_Click()
    If Me.chk반납 = True Then
        Me.txt반납일자 = Date
    Else
        Me.txt반납일자 = ""
    End If
    Call 연체료계산
End Sub
```

```
Private Sub chk반납_Click()
    ① If Me.chk반납 = True Then
        ② Me.txt반납일자 = Date
    ③ Else
        ④ Me.txt반납일자 = ""
    ⑤ End If
    ⑥ Call 연체료계산
End Sub
```

 **기적의 TIP**

**Me. 의미**
Me는 〈대여관리〉 폼을 의미하며 'Me.'를 먼저 입력하면 마침표(.)를 입력할 때 폼의 컨트롤 이름을 목록으로 보면서 찾을 수 있습니다. Me는 생략이 가능합니다.

① IF 문을 이용해 'chk반납' 컨트롤 값이 선택된 경우 ②가 아닌 경우 ③, ④를 실행한다.
② 'txt반납일자' 컨트롤 값에 시스템 날짜를 입력한다.
④ 'txt반납일자' 컨트롤 값을 지운다.
⑥ 이미 작성되어있는 외부 프로시저인 '연체료계산'을 호출하여 실행한다.

### 더 알기 TIP

## 조건 처리문

조건에 따라 서로 다른 명령문을 실행할 때 사용하는 구문으로 IF문과 Select문이 있다.

| If~Then문 | Select Case문 |
|---|---|
| If 조건식 Then<br>   참일 때 실행할 명령문(들)<br>Else<br>   거짓일 때 실행할 명령문(들)<br>End If | Select Case 식<br>   Case 값1<br>      값1일 때 실행할 명령문(들)<br>   Case 값2<br>      값2일 때 실행할 명령문(들)<br>   ...... |
| **중첩 IF문**<br>IF문을 여러 개 사용할 수도 있고 ElseIf를 사용하여 중첩할 수도 있다. |    Case Else<br>      위의 조건이 모두 만족하지 않을 때<br>      실행할 명령문(들)<br>End Select |
| If 조건1 Then<br>   명령1<br>ElseIf 조건 2 Then<br>   명령 2<br>Else<br>   명령 3<br>End If | Case 값1의 형태는 다음과 같이 3가지 방법으로 지정가능하다.<br>① Case 1 : 식이 '1'인 경우<br>② Case Is >= 10 : 식이 10보다 크거나 같은 경우<br>③ Case 1 To 10 : 식이 1~10 사이인 경우 |

**출제유형 ②** '출제유형2.accdb' 파일을 열어 다음 지시사항에 따라 〈판매현황〉 폼의 처리 기능을 구현하시오.

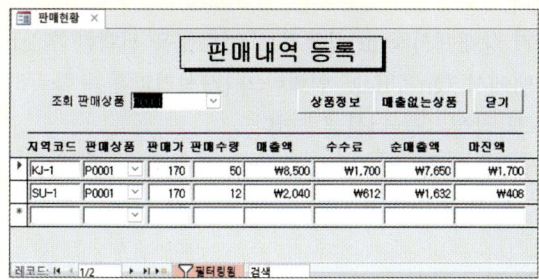

❶ '상품정보(cmd상품정보)' 버튼을 클릭하면 '상품정보' 폼을 여는 기능을 구현하시오.
  ▶ 현재의 '판매상품(cmb판매상품)'에 해당하는 상품만 표시되도록 하시오.
❷ 본문의 '지역코드(txt지역코드)' 컨트롤을 더블클릭하면 〈지역매출조회〉 폼을 여는 프로시저를 작성하시오.
  ▶ 현재 폼의 '지역코드(txt지역코드)'에 해당하는 자료만 표시되도록 하시오.
❸ 본문의 '판매수량(txt판매수량)' 컨트롤 값이 변경되면(Before Update) 다음과 같은 계산을 수행하도록 구현하시오.
  ▶ '판매가(txt판매가)'와 '판매수량(txt판매수량)'을 곱한 값을 계산하여 '매출액(txt매출액)' 컨트롤에 자동으로 입력되도록 할 것
  ▶ '매출액(txt매출액)'의 10%를 계산하여 '수수료(txt매출수수료)' 컨트롤에 자동으로 입력되도록 할 것
❹ '매출수수료(txt매출수수료)' 컨트롤에 포커스가 옮겨가면(GotFocus 이벤트) 다음과 같은 계산을 수행하도록 구현하시오.
  ▶ '판매수량(txt판매수량)'에 따라 '매출액(txt매출액)'에 다음과 같은 수수료율을 곱한 값을 '매출수수료(txt매출수수료)' 컨트롤에 표시하시오.
  ▶ 수수료율은 '판매수량(txt판매수량)'이 100 이상이면 10%, 50 이상이면 20%, 그 이외의 경우 30%를 적용하시오(Select Case문 이용).
❺ '닫기(cmd닫기)' 버튼을 클릭하면 다음과 같은 기능을 수행하도록 구현하시오.
  ▶ 다음 화면과 같은 메시지 대화상자를 표시한 후 [예]를 클릭하면 저장 여부를 묻지 않고 저장한 후 현재 폼이 닫히도록 구현하시오(MsgBox와 Dim문 사용).

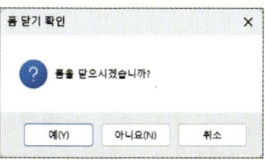

❻ 〈판매현황〉 폼의 'txt마진액' 컨트롤을 더블 클릭하면(On Dbl Click) 다음과 같은 기능을 수행하도록 구현하시오.
  ▶ 'txt마진액' 컨트롤에 표시된 값이 ₩30,000 이상이면 '구독 좋아요'를 나머지(₩30,000 미만이면)는 '키워드 광고'로 메시지 상자에 표시하시오(그림을 참조할 것).

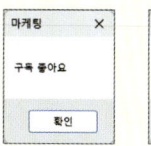 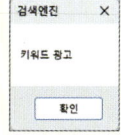

---

**25년 출제**

본문의 '판매수량(txt판매수량)' 컨트롤을 더블클릭하면 수량이 100 이상 200 이하인 경우 '인기상품' 메시지 박스를 출력하시오.

```
Private Sub txt판매
량_DblClick(Cancel As
Integer)
    If txt판매수량 >= 100
And txt판매수량 <=
200 Then
        MsgBox "인기상품"
    End If
End Sub
```

**25년 출제**

본문의 '순매출액(txt순매출액)' 컨트롤을 더블클릭하면 순매출액 100,000 이상일 때 '지역코드:' 문자열과 '지역코드' 필드를 출력하는 메시지 박스를 출력하시오.

```
Private Sub txt순매출
액_DblClick(Cancel As
Integer)
    If txt순매출액 >=
100000 Then
        MsgBox "지역코드
: " & 지역코드
    End If
End Sub
```

## 기적의 TIP

"상품코드 = '" & cmb판매상품 & "'"
; '상품정보' 폼의 '상품코드' 필드와 '판매현황' 폼의 'cmb 판매상품' 컨트롤에서 선택한 값과 같은 데이터를 찾는 조건입니다.

'판매현황' 폼의 'cmb판매상품' 컨트롤에 바운드 된 필드는 '판매상품'
'상품정보' 폼에 연결된 레코드 원본('상품정보' 테이블)에서는 '판매상품' 필드가 아닌 '상품코드' 인 것을 폼을 열어서 확인할 수 있고, 또는 [관계] 창을 통해 확인할 수 있습니다.

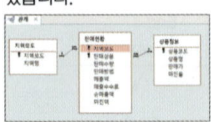

## 기적의 TIP

"지역코드 = '" & txt지역코드 & "'"
: '지역매출조회' 폼의 '지역코드'와 '판매현황' 폼의 'txt지역코드'에 입력된 값과 같은 데이터를 찾는 조건입니다.

'지역매출조회' 폼을 열어서 '지역코드'를 찾아보면 폼에는 표시되지 않아 연결된 필드 찾기가 어려울 수 있습니다.
이럴 때에는 '지역매출조회' 폼의 레코드 원본을 확인하여 '지역매출' 쿼리를 열어서 확인하면 '지역코드' 필드인 것을 확인할 수 있습니다.

## 기적의 TIP

폼보기(acNormal) 인수 다음은 폼에 표시할 내용을 제한하는 필터 이름이 입력되는 위치로 생략을 하더라도 자리는 확보해야 하기 때문에 쉼표(,)를 1번 더 입력하여 (, ,)와 같이 2번 사용합니다.

---

## 01 'cmd상품정보' 클릭 이벤트

① [출제유형2 : 데이터베이스] 탐색 창의 〈판매현황〉 폼에서 마우스 오른쪽 버튼을 눌러 [디자인 보기](N)를 클릭한다.
② 〈판매현황〉 폼의 폼 디자인 보기 상태에서 'cmd상품정보' 컨트롤을 선택한 후 'cmd상품정보' 속성 창의 [이벤트] 탭에서 'On Click' 입력란의 [작성기](…)를 클릭하고 [작성기 선택] 대화상자에서 '코드 작성기'를 더블클릭한다.
③ [Visual Basic Editor] 창에 'Private Sub cmd상품정보_Click()' 프로시저가 표시되면 프로시저 안에 다음과 같이 입력하여 완성한다.

```
Private Sub cmd상품정보_Click()
    ① DoCmd.OpenForm "상품정보", , , "상품코드 ='" & cmb판매상품 & "'"
End Sub
```

① 〈상품정보〉 폼을 '상품코드' 필드가 'cmb판매상품' 컨트롤 값과 동일한 레코드만 표시되도록 연다. 폼의 보기 형태를 지정하는 2번째 인수를 생략하면 기본값으로 폼 보기 상태가 된다. 폼 보기, 필터 이름(3번째 인수)를 생략했기 때문에 쉼표(,)가 연속 3번 입력되는 것에 주의한다.

## 02 'txt지역코드' 더블클릭 이벤트

④ 〈판매현황〉 폼의 폼 디자인 보기 상태에서 'txt지역코드' 컨트롤을 선택한 후 'txt지역코드' 속성 창의 [이벤트] 탭에서 'On Dbl Click' 입력란의 [작성기](…)를 클릭하고 [작성기 선택] 대화상자에서 '코드 작성기'를 더블클릭한다.
⑤ [Visual Basic Editor] 창에 'Private Sub txt지역코드_DblClick()' 프로시저가 표시되면 다음과 같이 프로시저 내용을 입력한다.

```
Private Sub txt지역코드_DblClick(Cancel As Integer)
    ① DoCmd.OpenForm "지역매출조회", acNormal, , "지역코드 = '" & txt지역코드 & "'"
End Sub
```

① 〈지역매출조회〉 폼을 '지역코드' 필드가 'txt지역코드' 컨트롤 값과 동일한 레코드만 표시되도록 폼보기(acNormal) 형태로 연다.

## 03 'txt판매수량' BeforeUpdate 이벤트

⑥ 〈판매현황〉 폼의 폼 디자인 보기 상태에서 'txt판매수량' 컨트롤을 선택한 후 'txt판매수량' 속성 창의 [이벤트] 탭에서 'Before Update' 입력란의 [작성기](…)를 클릭하고 '코드 작성기'를 더블클릭한다.

⑦ [Visual Basic Editor] 창에 다음과 같이 입력하여 완성한다.

```
Private Sub txt판매수량_BeforeUpdate(Cancel As Integer)
    ① txt매출액 = txt판매가 * txt판매수량
    ② txt매출수수료 = txt매출액 * 0.1
End Sub
```

① 판매가(txt판매가)와 판매수량(txt판매수량)을 곱한 결과 값을 매출액(txt매출액) 컨트롤에 입력한다.
② VBA에서 '10%'를 사용할 수 없기 때문에 '0.1'을 곱해야 한다. 매출액(txt매출액)의 10%를 계산하여 매출수수료(txt매출수수료) 컨트롤에 입력한다.

## 04 'txt매출수수료' GotFocus 이벤트

⑧ 〈판매현황〉 폼의 폼 디자인 보기 상태에서 'txt매출수수료' 컨트롤을 선택한 후 'txt매출수수료' 속성 창의 [이벤트] 탭에서 'On GotFocus' 입력란의 [작성기](┅)를 클릭하고 [작성기 선택] 대화상자에서 '코드 작성기'를 더블클릭한다.

⑨ [Visual Basic Editor] 창에 'Private Sub txt매출수수료_GotFocus()' 프로시저가 표시되면 프로시저 안에 다음과 같이 입력하여 완성한다.

```
Private Sub txt매출수수료_GotFocus()
    ① Select Case txt판매수량
        ② Case Is >= 100
            txt매출수수료 = txt매출액 * 0.1
        ③ Case Is >= 50
            txt매출수수료 = txt매출액 * 0.2
        ④ Case Else
            txt매출수수료 = txt매출액 * 0.3
    End Select
End Sub
```

① 'txt판매수량' 컨트롤 값에 따라 100 이상이면 ②를, 50 이상이면 ③을, 그 이외의 경우에는 ④를 실행한다.
② 'txt판매수량' 값이 100 이상이면 '매출액'의 10%를 계산하여 '매출수수료' 컨트롤에 입력한다.
③ 'txt판매수량' 값이 50 이상이면 '매출액'의 20%를 계산하여 '매출수수료' 컨트롤에 입력한다.
④ 'txt판매수량' 값이 그 이하의 값이면 '매출액'의 30%를 계산하여 '매출수수료' 컨트롤에 입력한다.

> **기적의 TIP**
>
> **Select Case문**
> 컨트롤이나 수식의 결과값에 따라 여러 가지 처리를 할 때 사용하는 명령문입니다.

## 05 'cmd닫기' 클릭 이벤트

⑩ 〈판매현황〉 폼의 폼 디자인 보기 상태에서 'cmd닫기' 컨트롤을 선택한 후 'cmd닫기' 속성 창의 [이벤트] 탭에서 'On Click' 입력란의 [작성기](┅)를 클릭하고 [작성기 선택] 대화상자에서 '코드 작성기'를 더블클릭한다.

⑪ [Visual Basic Editor] 창에 'Private Sub cmd닫기_Click()' 프로시저가 표시되면 프로시저 안에 다음과 같이 입력하여 완성한다.

> **기적의 TIP**
>
> **Close 메서드**
> • 열려있는 폼이나 보고서 등의 개체를 닫는 메서드입니다.
> • 형식 : DoCmd.Close ["개체종류"], ["개체명"], [저장여부]
> • 개체종류는 폼, 보고서, 매크로 등 다양하며 '개체종류'와 '개체명'을 생략하면 현재 개체가 닫힙니다.

### 기적의 TIP

**MsgBox 함수**
- 메시지 대화상자를 표시하는 함수로 여러 가지 버튼을 표시하여 클릭한 버튼의 번호(정수형)를 반환받을 수 있습니다.
- 형식
  - 반환 값이 있는 경우 : 변수 = MsgBox("메시지 내용", [표시할 버튼], ["창제목"])
  - 메시지만 표시할 때 : MsgBox("메시지 내용", [표시할 버튼], ["창제목"])

```
Private Sub cmd닫기_Click()
  ① Dim a
  ② a = MsgBox("폼을 닫으시겠습니까?", vbQuestion + vbYesNoCancel, "폼 닫기 확인")
  ③ If a = vbYes Then
        DoCmd.Close , , acSaveYes
    End If
End Sub
```

① ②에서 사용할 변수 a를 자유형(Variant)으로 선언한다. 변수 선언은 모듈 상단에 [Option Explicit]라는 문장이 없는 경우 생략해도 된다.
② vbQuestion은 메시지 대화상자에서 [물음표](?) 아이콘이 표시되도록 지정하고, vbYesNoCancel은 [예]/[아니요]/[취소] 버튼을 표시하기 위해 지정한다. 대화상자로부터 입력된 버튼 번호를 변수 'a'에 대입한다.
③ ②에서 표시한 메시지 대화상자에서 [예] 클릭하면 저장 여부를 묻지 않고 저장한 후 현재 폼을 닫는다.
※ acSaveNo(저장하지 않음), acSavePrompt(저장 여부를 물어봄), acSaveYes(저장함)

### 06 'txt마진액' 컨트롤 더블 클릭 이벤트

⑫ 〈판매현황〉 폼의 폼 디자인 보기 상태에서 'txt마진액' 컨트롤을 속성 시트에서 선택한다.
⑬ [이벤트] 탭의 'On Dbl Click'에서 [이벤트 프로시저] 선택 후 [작성기](⋯)를 클릭한다.
⑭ 다음과 같이 입력하여 완성하고 변경한 내용은 저장한다.

```
Private Sub txt마진액_DblClick(Cancel As Integer)
  ① If txt마진액 >= 30000 Then
       ② MsgBox "구독 좋아요", , "마케팅"
  ③ Else
       ④ MsgBox "키워드 광고", , "검색엔진"
  ⑤ End If
End Sub
```

① 'txt마진액'의 값이 30000 이상이면
② 메시지 상자에 '구독 좋아요' 메시지와 제목 표시줄에 '마케팅'을
③ 그렇지 않을 경우(30000 미만이면)
④ 메시지 상자에 '키워드 광고' 메시지와 제목 표시줄에 '검색엔진'을
⑤ If문 종료

### 더 알기 TIP

**MsgBox 함수**
- 메시지 대화상자를 표시하는 함수로 메시지만 표시할 수도 있고, 여러 버튼을 표시한 후 클릭한 버튼의 종류를 반환받아 선택적인 작업을 처리할 수도 있다.

- 형식

| 반환 값이 있는 경우 | 변수이름 = MsgBox("메시지 내용", [표시할 버튼 + 표시할 버튼], ["창제목"]) |
|---|---|
| 메시지만 표시할 때 | MsgBox("메시지 내용", [표시할 버튼], ["창제목"]) |

MsgBox에서 선택한 버튼 값을 기억하는 '변수이름'은 정수형(Integer, Long 등)으로 선언하거나 'Dim a' 형태처럼 자유형(Variant)으로 선언해야 한다.

### 표시할 버튼과 아이콘의 종류와 키워드

- 버튼 종류

| 키워드(상수) | 설 명 |
|---|---|
| vbOKOnly | 〈확인〉 버튼만 표시 |
| VbOKCancel | 〈확인〉와 〈취소〉 버튼 표시 |
| VbAbortRetryIgnore | 〈중단〉, 〈재시도〉, 〈무시〉 버튼 표시 |
| VbYesNoCancel | 〈예〉, 〈아니오〉, 〈취소〉 버튼 표시 |
| VbYesNo | 〈예〉, 〈아니오〉 버튼 표시 |
| VbRetryCancel | 〈재시도〉, 〈취소〉 버튼 표시 |

- 아이콘 종류

| 키워드(상수) | 아이콘 | 설 명 |
|---|---|---|
| VbCritical | ⊗ | 경고 |
| VbQuestion | ? | 질문 |
| VbExclamation | ⚠ | 알림 |
| VbInformation | ⓘ | 정보 |

### MsgBox 대화상자에서 선택한 버튼 종류와 키워드

'변수이름 = MsgBox(...)' 형태로 사용한 경우 MsgBox 대화상자에서 클릭한 버튼이 '변수이름'에 기억된다. 변수이름에 반환된 버튼의 종류를 확인할 때는 다음과 같은 키워드를 사용해야 한다.

| 키워드(상수) | 설 명 | 키워드(상수) | 설 명 | 키워드(상수) | 설 명 |
|---|---|---|---|---|---|
| vbOK | 〈확인〉 | vbAbort | 〈중단〉 | vbYes | 〈예〉 |
| vbCancel | 〈취소〉 | vbRetry | 〈재시도〉 | vbNo | 〈아니요〉 |
|  |  | vbIgnore | 〈무시〉 |  |  |

### MsgBox 대화상자 사용 예

표시할 버튼과 표시할 아이콘을 함께 사용할 때는 '+'를 이용해 두 상수를 사용한다.

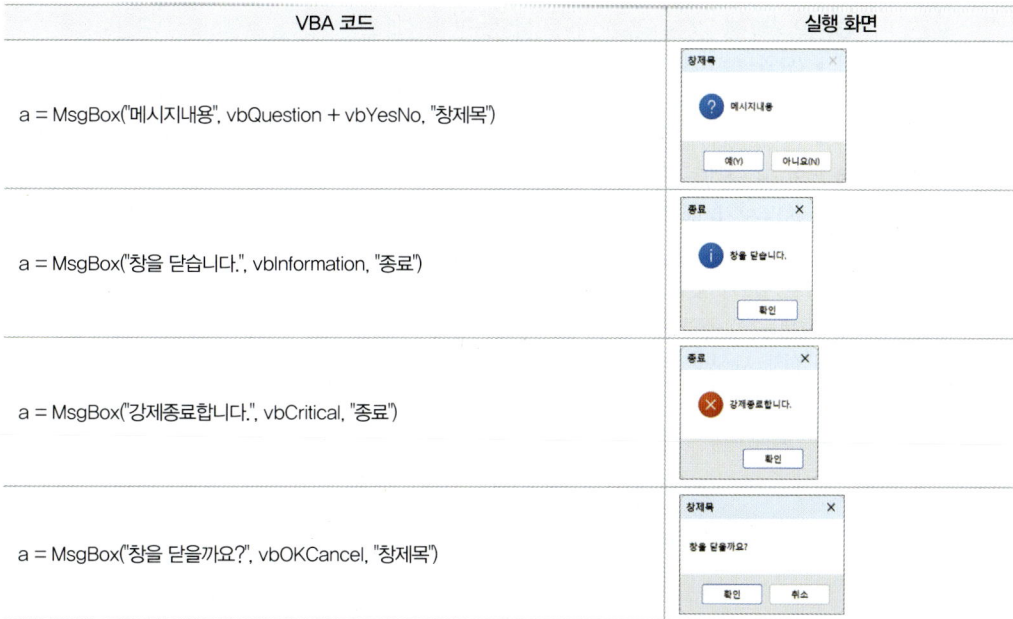

| VBA 코드 | 실행 화면 |
|---|---|
| a = MsgBox("메시지내용", vbQuestion + vbYesNo, "창제목") | |
| a = MsgBox("창을 닫습니다.", vbInformation, "종료") | |
| a = MsgBox("강제종료합니다.", vbCritical, "종료") | |
| a = MsgBox("창을 닫을까요?", vbOKCancel, "창제목") | |

**출제유형 ③** '출제유형3.accdb' 파일을 열어 다음 지시사항에 따라 〈호봉등록〉 폼의 처리 기능을 구현하시오.

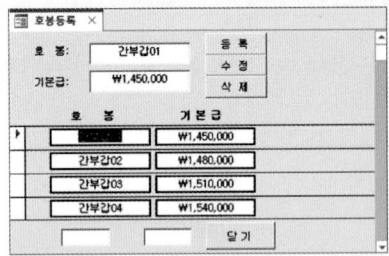

❶ '등록(cmd등록)' 버튼을 클릭하면 폼 머리글에 있는 '호봉(txt호봉)', '기본급(txt기본급)' 컨트롤의 값이 〈호봉기준〉 테이블의 '호봉', '기본급' 필드로 추가되도록 프로시저를 작성하시오.
  ▶ Requery 메서드를 사용하여 폼의 데이터를 다시 표시
❷ '수정(cmd수정)' 버튼을 클릭하면 다음과 같은 기능을 수행하도록 구현하시오.
  ▶ 〈호봉기준〉 테이블에서 '호봉' 필드가 폼 머리글에 있는 '호봉(txt호봉)' 컨트롤과 동일한 레코드를 찾아 '기본급' 필드 값을 폼 머리글의 '기본급(txt기본급)' 컨트롤의 값으로 변경할 것
  ▶ Requery 메서드를 사용하여 폼의 데이터를 다시 표시
❸ '삭제(cmd삭제)' 버튼을 클릭하면 다음과 같은 기능을 수행하도록 구현하시오.
  ▶ 〈호봉기준〉 테이블에서 '호봉' 필드가 폼 머리글에 있는 '호봉(txt호봉)' 컨트롤과 동일한 레코드를 찾아 해당 레코드를 삭제할 것
  ▶ 레코드를 삭제하기전에 다음 화면과 같이 메시지 대화상자를 표시한 후 [예]를 클릭할 때만 삭제하도록 작성(MsgBox와 Dim a As Integer이용)

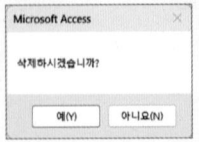

  ▶ Requery 메서드를 사용하여 폼의 데이터를 다시 표시
❹ 폼의 레이블 '기 본 급(Label1)'을 클릭하면 다음과 같은 기능을 수행하도록 구현하시오.
  ▶ 〈요약정보〉 테이블을 열어보고 비어있는 입사일 필드에 시스템의 현재 날짜가 입력되도록 할 것
  ▶ 빈 값은 Is Null을 이용하여 찾고, 시스템의 현재 날짜는 date를 사용하여 표시할 것
❺ 폼의 레이블 '호 봉(Label0)'을 클릭하면 다음과 같은 기능을 수행하도록 구현하시오.
  ▶ 〈모두보기〉 매크로를 작성하여 구현할 것
  ▶ 폼의 원본 레코드 전체를 표시하고 오름차순(SortAscending) 정렬할 것
  ▶ 포커스가 '호봉(txt호봉)' 컨트롤로 가도록 할 것
❻ 〈호봉등록〉 폼의 '폼 머리글'을 더블 클릭하면 다음과 같은 기능을 수행하도록 구현하시오.
  ▶ 현재 시스템 날짜를 메시지 상자에 다음 화면과 같이 표시한 후 〈확인〉 단추를 클릭하면 현재 시스템 날짜에서 년, 월을 찾아 'txt년', 'txt월' 컨트롤에 표시할 것

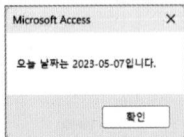

## ① 'cmd등록' 클릭 이벤트

① [출제유형3 : 데이터베이스] 탐색 창의 〈호봉등록〉 폼에서 마우스 오른쪽 버튼을 눌러 [디자인 보기]를 클릭한다.
② 〈호봉등록〉 폼의 폼 디자인 보기 상태에서 'cmd등록' 컨트롤을 선택한 후 'cmd등록' 속성 창의 [이벤트] 탭에서 'On Click' 입력란의 [작성기]( )를 클릭하고 '코드 작성기'를 더블클릭한다.
③ [Visual Basic Editor] 창에 'Private Sub cmd등록_Click()' 프로시저가 표시되면 프로시저 안에 다음과 같이 입력하여 완성한다.

```
Private Sub cmd등록_Click()
   ① DoCmd.RunSQL " insert  into 호봉기준(호봉, 기본급) values ('" & txt호봉 & "', " & txt기본급 & ")"
   ② Me.Requery
End Sub
```

① 〈호봉기준〉 테이블에 '호봉' 필드값은 'txt호봉' 컨트롤 값으로 지정하고, '기본급' 필드값은 'txt기본급' 필드 값으로 지정하여 새로운 레코드를 추가한다.
주의 할 부분은 '기본급' 필드가 수치 데이터 형이기 때문에 [values ('" & txt호봉 & "', " & txt기본급 & ")"]에서 'txt기본급' 앞뒤에는 작은 따옴표(')를 붙이지 않는다.
② 〈호봉기준〉 테이블에 추가된 새 레코드를 현재 폼에 반영하기위해 레코드 원본을 재설정한다.

## ② 'cmd수정' 클릭 이벤트

④ 〈호봉등록〉 폼의 폼 디자인 보기 상태에서 'cmd수정' 컨트롤을 선택한 후 'cmd수정' 속성 창의 [이벤트] 탭에서 'On Click' 입력란의 [작성기]( )를 클릭한다. [작성기 선택] 대화상자에서 '코드 작성기'를 더블클릭한다.
⑤ [Visual Basic Editor] 창에 'Private Sub cmd수정_Click()' 프로시저가 표시되면 프로시저 안에 다음과 같이 입력하여 완성한다.

```
Private Sub cmd수정_Click()
   ① DoCmd.RunSQL " update 호봉기준 set 기본급 = " & txt기본급 & "  where 호봉='" & txt호봉 & "'"
   ② Me.Requery
End Sub
```

① 〈호봉기준〉 테이블에서 '호봉' 필드 값이 'txt호봉' 컨트롤 값과 동일한 레코드들을 찾아 '기본급' 필드 값을 'txt기본급' 필드 값으로 수정한다.
'기본급' 필드가 수치 데이터 형이기 때문에 ["update 호봉기준 set 기본급 = " & txt기본급]에서 'txt기본급' 앞뒤에는 작은 따옴표(')를 붙이지 않는다.
② 〈호봉기준〉 테이블에 수정된 레코드 내용을 현재 폼에 반영하기 위해 레코드 원본을 재설정한다.

> **기적의 TIP**
>
> **RunSQL 매크로 함수**
> - 문자열 형태로 지정하는 SQL 문을 실행하는 매크로 함수로, VB 편집기에서 코드 방식으로 사용할 경우 DoCmd 개체와 함께 사용하여 메서드로 사용됩니다.
> - 형식 : DoCmd.RunSQL "SQL문"

## 03 'cmd삭제' 클릭 이벤트

⑥ 〈호봉등록〉 폼의 폼 디자인 보기 상태에서 'cmd삭제' 컨트롤을 선택한 후 'cmd삭제' 속성 창의 [이벤트] 탭에서 'On Click' 입력란의 [작성기](…)를 클릭한다. [작성기 선택] 대화상자에서 '코드 작성기'를 더블클릭한다.

⑦ [Visual Basic Editor] 창에 'Private Sub cmd삭제_Click()' 프로시저가 표시되면 프로시저 안에 다음과 같이 입력하여 완성한다.

> **기적의 TIP**
>
> **변수**
> - 계산 중간 결과나 작업중인 데이터를 저장하는 공간으로 'Dim 변수명 [As 데이터형]' 형태로 정의합니다.
> - 데이터형을 생략하면 Variant형으로 모든 데이터를 기억할 수 있습니다.

```
Private Sub cmd삭제_Click()
    ① Dim a As Integer
    ② a = MsgBox("삭제하시겠습니까?", vbYesNo)
    ③ If a = vbYes Then
        ④ DoCmd.RunSQL " delete from 호봉기준 where 호봉 = '" & txt호봉 & "'"
        ⑤ Me.Requery
    End If
End Sub
```

① ②에서 사용할 변수 a를 정수형으로 선언한다. 조건이 지시사항에 없을 경우 Dim a 로만 선언해도 된다.
② 메시지 대화상자에 [예]/[아니요] 버튼을 표시한 후 클릭한 버튼의 번호를 변수 'a'에 대입한다.
③ ②에서 표시한 메시지 대화상자에서 [예]를 클릭한 경우에는 ④를 실행하고 그렇지 않은 경우 IF 문을 빠져나간다.
⑤ 〈호봉기준〉 테이블에 삭제된 레코드 내용을 반영하기 위해 현재 폼을 재설정한다.

## 04 'Label1' 클릭 이벤트

⑧ 〈호봉등록〉 폼의 폼 디자인 보기 상태에서 'Label1' 컨트롤을 선택한 후 속성 창의 [이벤트] 탭에서 'On Click' 입력란의 [작성기](…)를 클릭한다. [작성기 선택] 대화상자에서 '코드 작성기'를 더블클릭한다.

⑨ [Visual Basic Editor] 창에 'Private Sub Label1_Click()' 프로시저가 표시되면 프로시저 안에 다음과 같이 입력하여 완성한다.

```
Private Sub Label1_Click()
    ① DoCmd.RunSQL "UPDATE 요약정보 SET 입사일 = Date( ) WHERE 입사일 Is Null"
End Sub
```

① 〈요약정보〉 테이블의 '입사일' 필드가 빈 값(Null값)일 경우 시스템의 현재날짜(date)를 업데이트하는 쿼리를 실행(RunSQL)한다.

## 05 'Label0' 클릭 이벤트 매크로

⑩ 리본 메뉴의 [만들기]-[매크로 및 코드] 그룹에서 [매크로]()를 클릭한다.

⑪ 매크로 작성기 창의 새 함수 추가 펼침 목록 단추를 클릭하고 펼쳐진 함수 목록 중 'ShowAllRecords' 매크로 함수를 선택한다.

> **기적의 TIP**
>
> **매크로 함수**
> ShowAllRecords는 폼의 원본 레코드를 모두 표시합니다. RunMenuCommand는 명령(오름차순으로 정렬)을 실행합니다. GoTo Control은 지정한 필드나 컨트롤로 포커스를 이동합니다.

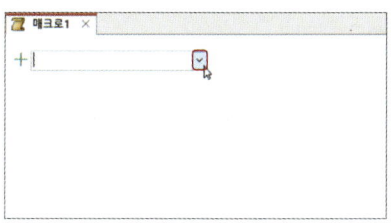
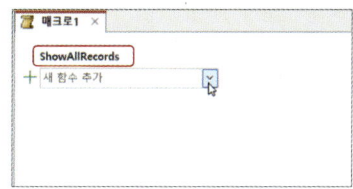

⑫ 계속해서 새 함수 추가 펼침 목록 단추를 클릭하고 펼쳐진 함수 목록 중 'RunMenuCommand' 매크로 함수를 선택하고 명령 인수에 'SortAscending'을 지정한다.

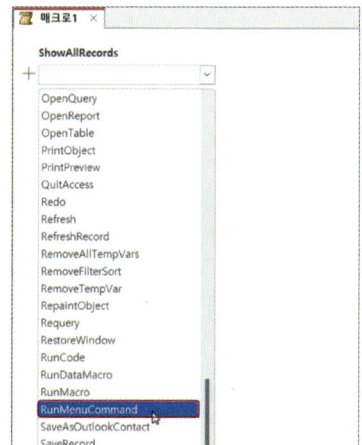
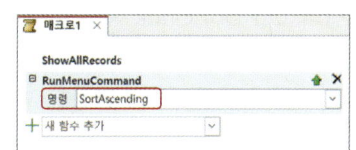

⑬ 한 번 더 새 함수 추가 펼침 목록 단추를 클릭하고 펼쳐진 함수 목록 중 'GoToControl' 매크로 함수를 선택하고 컨트롤 이름 인수에 'txt호봉'을 지정한다.

⑭ 빠른 실행 도구 모음 중 [저장](🖫)을 클릭하고, 매크로 이름을 **모두보기**로 설정한 후 [확인]을 클릭한다.

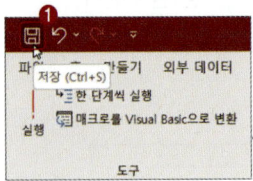 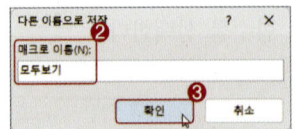

⑮ 〈호봉등록〉 폼을 디자인 보기로 열어 속성 시트 중 'Label0' 레이블 컨트롤을 찾아 이벤트 탭의 On Click 속성에 미리 만들어 둔 '모두보기' 매크로를 지정하고 모든 변경한 내용은 저장한다.

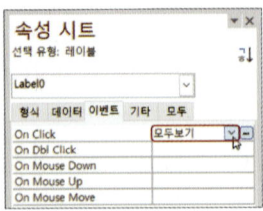

## 06 폼 머리글 더블 클릭 이벤트

⑯ 〈호봉등록〉 폼을 [디자인 보기](📄)로 열어 속성 시트에서 '폼 머리글' 구역을 선택하고 [이벤트] 탭의 'On Dbl Click' 속성에서 [이벤트 프로시저] 선택 후 [작성기](…)를 클릭한다.

⑰ 다음과 같이 프로시저를 입력하여 완성한 후 변경한 내용은 저장한다.

```
Private Sub 폼_머리글_DblClick(Cancel As Integer)
    ① MsgBox "오늘 날짜는 " & Date & "입니다."
    ② txt년 = Year(Date) & " 년"
    ③ txt월 = Month(Date) & " 월"
End Sub
```

① 시스템의 날짜를 Date 함수로 구해 메시지 상자의 Prompt(대화상자에서 메시지로 나타나는 문자열)로 출력한다. (메시지 상자의 [확인]을 누르면)
② 시스템의 날짜에서 '년'을 구해 텍스트 '년'을 결합하여 'txt년'에 표시
③ 시스템의 날짜에서 '월'을 구해 텍스트 '월'을 결합하여 'txt월'에 표시

> **기적의 TIP**
>
> MsgBox의 구성 요소 중 버튼 상수를 생략하면 기본값 vbOKOnly(확인 단추)가 나타남을 의미합니다.

### 🔔 더 알기 TIP

## 실행 쿼리 기본 구조

1. 실행 쿼리의 종류는 삭제 쿼리, 업데이트 쿼리, 추가 쿼리, 테이블 작성 쿼리가 있다.
2. 실행 쿼리의 SQL문 구조는 다음과 같다.

| 쿼리 종류 | SQL 구조 |
|---|---|
| 추가 | insert into 테이블명(필드명1, 필드명2, …) values (값1, 값2, …)<br>예) DoCmd.RunSQL "insert into 비디오(비디오번호, 영화제목) values('V-20', '괴물')"<br>→ 〈비디오〉 테이블에 '비디오번호' 필드 값을 'V-20'으로 '영화제목' 필드 값을 '괴물'로 지정하여 새 레코드를 추가한다. |
| 업데이트 | update 테이블명 set 필드명1 = 값1, 필드명2 = 값2, … where 조건식<br>예) DoCmd.RunSQL "update 비디오 set 영화제목 = '괴물2' where 비디오번호 = 'V-21'"<br>→ 〈비디오〉 테이블에 '비디오번호' 필드 값이 'V-21'인 레코드를 찾아 '영화제목' 필드 값을 '괴물2'로 수정한다. |
| 삭제 | delete from 테이블명 where 조건식<br>예) DoCmd.RunSQL "delete from 비디오 where 영화제목 = '괴물'"<br>→ 〈비디오〉 테이블에서 '영화제목'이 '괴물'인 레코드를 모두 삭제한다. |

※ 기본 구조만 이해하도록 한다. 실행 쿼리 작성이 잘 안될 경우에는 [쿼리 디자인] 창을 통해 작성한 후 [SQL 보기]에서 작성한 SQL문을 복사해서 사용할 수 있다.

## SQL문을 [쿼리 디자인] 창에서 가져오기

1. [쿼리 디자인] 창에서 [쿼리 디자인]-[쿼리 유형] 그룹의 [업데이트](📝)를 클릭하여 쿼리 종류를 변경한다.
2. 디자인 눈금에 원하는 조건의 쿼리 내용을 작성한 후 [쿼리 디자인]-[결과] 그룹의 [보기](🔲)를 클릭하여 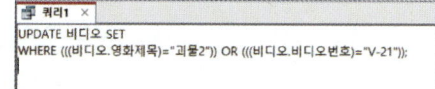를 클릭한다. SQL 창에 표시된 SQL문을 복사하여 원하는 곳에 사용한다.

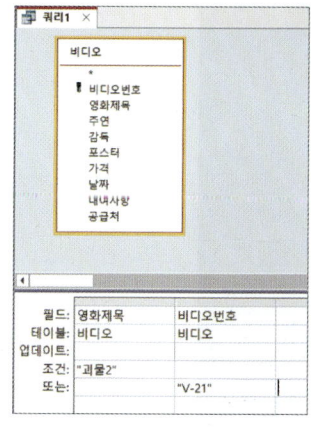

# PART 02

## 데이터베이스 대표 기출 따라하기

# 대표 기출 따라하기

### 자동 채점 서비스(웹 용)

① comlicense.co.kr 접속
② '도서' 확인 후, [채점하기] 클릭
③ '회차'와 '채점할 파일' 선택
④ [채점시작] 클릭

# 대표 기출 따라하기

**작업파일** [26컴활1급₩2권_데이터베이스₩대표기출따라하기] 폴더의 '대표기출따라하기' 파일을 열어서 작업하시오.

| 프로그램명 | 제한시간 |
|---|---|
| ACCESS | 45분 |

수험번호 : _____

성    명 : _____

## 유의사항

- 인적 사항 누락 및 잘못 작성으로 인한 불이익은 수험자 책임으로 합니다.

- 화면에 암호 입력창이 나타나면 아래의 암호를 입력하여야 합니다.
  - 암호: 7646%5

- 작성된 답안은 주어진 경로 및 파일명을 변경하지 마시고 그대로 저장해야 합니다. 이를 준수하지 않으면 실격처리 됩니다.
  - 답안 파일명의 예: C:₩DB₩수험번호8자리.accdb

- 외부데이터 위치: C:₩DB₩파일명

- 별도의 지시사항이 없는 경우, 다음과 같이 처리하면 실격 처리됩니다.
  - 제시된 개체의 이름을 임의로 변경한 경우
  - 제시된 개체의 속성을 임의로 변경한 경우
  - 제시된 개체를 임의로 삭제하거나 추가한 경우

- 별도의 지시사항이 없는 경우, 기능의 구현은 모듈이나 매크로 등을 이용하며, 예외적인 상황에 대해서는 고려하지 않아도 됩니다.

- 제시된 함수가 있을 경우 제시된 함수만을 사용하여야 하며, 그 외 함수 사용시 채점 대상에서 제외됩니다.

- 별도의 지시사항이 없는 경우, 주어진 각 개체의 속성은 설정값 또는 기본 설정값 (Default)으로 처리하십시오.

- 제시된 화면은 예시이며 나타난 값은 실제와 다를 수 있습니다.

- 저장 시간은 별도로 주어지지 아니하므로 제한된 시간 내에 저장을 완료해야 합니다.

- 본 문제의 용어는 MS Office LTSC Professional Plus 2021 기준으로 작성되었습니다.

대 한 상 공 회 의 소

## 문제 ❶   DB구축          25점

**01** 교회에서 교인을 관리하는 업무를 수행하기 위한 데이터베이스를 구축하였다. 다음의 지시사항에 따라 〈교인명단〉 테이블을 완성하시오. (각 3점)

① '교번' 필드의 필드 크기는 7로 설정하고, '98-1234'처럼 여섯 자리의 숫자가 입력되며, '-'도 테이블에 저장되도록 입력 마스크를 설정하시오.
  ▶ 반드시 여섯 자리의 숫자가 입력되어야 함
② '이름' 필드에는 반드시 값이 입력되도록 하고, 빈 문자열이 입력되지 않도록 설정하시오.
③ '교구' 필드는 반드시 1글자만 입력되도록 유효성 검사 규칙을 설정하시오.
④ '주민등록번호' 필드에 대해서 기본 키가 아니면서도 중복된 값이 입력되지 않도록 설정하시오.
⑤ '냉담자' 필드를 추가하고, 참(True)과 거짓(False)과 같이 두 가지 값 중의 하나만 입력되도록 데이터 형식을 설정하시오.

**02** 〈교인명단추가〉 테이블의 내용을 〈추가된명단〉 테이블에 추가하시오. (5점)
  ▶ 〈추가된명단〉 테이블에 존재하지 않는 레코드만 추가되도록 하시오.
  ▶ '교번' 필드를 이용하여 중복 여부를 판단하는 추가 쿼리 〈교인명단추가질의〉를 작성하여 실행하시오.

**03** 〈교인명단〉 테이블의 '봉사부서' 필드는 〈봉사부서〉 테이블의 '부서번호' 필드를 참조하며 테이블 간의 관계는 M:1이다. 두 테이블에 대해 다음과 같이 관계를 설정하시오. (5점)
  ※ 〈교구〉 테이블과 〈교인명단〉 테이블은 1:M의 관계가 설정되어 있으므로 〈교구〉, 〈교인명단〉, 〈봉사부서〉 테이블의 관계는 1:M:1의 관계가 됨
  ▶ 두 테이블 간의 관계를 설정할 수 있도록 〈봉사부서〉 테이블의 적절한 필드에 기본 키를 설정하시오.
  ▶ 두 테이블 간의 항상 참조 무결성을 유지하도록 설정하시오.

## 문제 ❷   입력 및 수정 기능 구현          20점

**01** 〈봉사부서관리〉 폼을 다음의 〈화면〉과 지시사항에 따라 완성하시오. (각 3점)

① 폼의 머리글에 '봉사부서 관리'라는 제목을 표시하도록 'LBL제목' 컨트롤을 생성하시오.
  ▶ 글꼴 크기는 '18', 글꼴 두께는 '굵게'로 설정
② 하위 폼 본문의 컨트롤들은 화면에 표시된 왼쪽부터 차례대로 탭이 정지하도록 관련 속성을 설정하시오.
③ 하위 폼 바닥글의 'txt교인수' 컨트롤에는 전체 인원수가 화면과 같이 표시되도록 컨트롤 원본과 형식을 설정하시오.
  ▶ [표시 예 : 9명] 단, 인원이 없어도 0으로 표시되는 기호를 사용

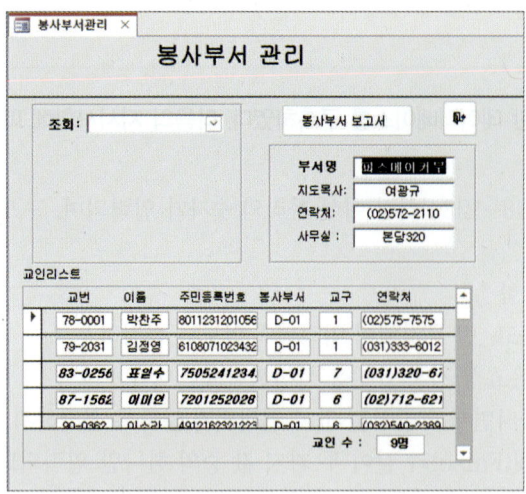

② 〈봉사부서관리〉 폼에 있는 'cmb조회' 컨트롤을 다음과 같은 콤보 상자로 변환하시오. (5점)

▶ 〈봉사부서〉 테이블의 '부서번호'와 '부서명'을 표시하시오.
▶ 컨트롤에는 '부서번호'가 저장되도록 설정하시오.
▶ 열 너비는 부서번호가 1.2cm가 되도록 하시오.
▶ 목록 이외의 값은 입력될 수 없도록 하시오.

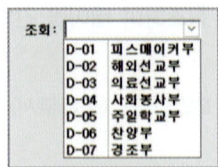

③ 〈교인명단입력〉 폼 본문의 모든 컨트롤에 대하여 다음과 같이 조건부 서식을 설정하시오. (6점)

▶ '교번'의 첫 글자가 '8'인 경우 글꼴을 '굵게', '기울임꼴'로 설정하시오.

## 문제 ❸ 조회 및 출력 기능 구현     20점

① 다음의 지시사항 및 화면을 참조하여 〈부서현황〉 보고서를 완성하시오. (각 3점)

① '부서명'을 기준으로 오름차순 정렬하고, 동일한 '부서명' 내에서는 '교구'를 기준으로 오름차순 정렬되어 표시되도록 관련 속성을 설정하시오.
② 부서명 머리글의 'txt부서명' 컨트롤에는 '부서명(부서번호)'이 표시되도록 설정하시오.
   ▶ [표시 예 : 경조부(D-07)]
③ 보고서 본문의 'txt교번'과 'txt이름'을 '교번'과 '이름' 필드에 각각 바운드 시키시오.
④ 보고서 본문의 'txt주민등록번호' 컨트롤에는 '주민등록번호' 필드의 값을 다음과 같이 구분해서 표시하도록 입력 마스크를 설정하시오.
   ▶ [표시 예 : 680302-1076515]
⑤ '부서명 머리글'은 매 페이지마다 반복적으로 표시되도록 설정하시오.

**02** 〈봉사부서관리〉 폼의 '봉사부서 보고서(cmd보고서)' 버튼을 클릭할 때 다음과 같은 기능을 수행하는 〈보고서 열기〉 매크로를 작성하시오. (5점)

▶ 〈부서현황〉 보고서를 '인쇄 미리 보기'의 형태로 여시오.
▶ 보고서의 '부서번호' 필드의 값이 〈봉사부서관리〉 폼의 'cmb조회' 컨트롤의 값과 동일한 레코드만을 대상으로 하시오.

## 문제 ④ 처리 기능 구현 35점

**01** 〈교인명단〉과 〈봉사부서〉 테이블을 이용하여 부서명이 '선교부'로 끝나는 교인들의 생년월일을 날짜 형식으로 조회하는 〈선교부교인〉 쿼리를 작성하시오. (7점)

▶ 생년월일 조회는 주민등록번호 필드를 이용하시오.
▶ DateSerial, Left, Mid 함수 사용
▶ 검색 결과 및 필드명은 〈화면〉과 같이 설정하시오.

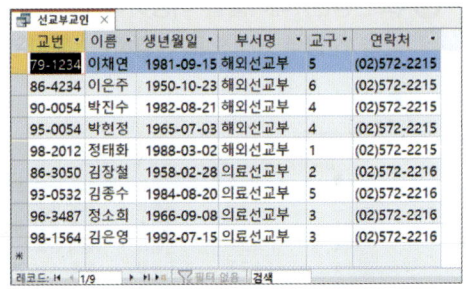

**02** 〈교인명단〉과 〈봉사부서〉 테이블을 이용하여 '교구' 필드의 값을 매개 변수로 입력받아 해당 교구에 속하는 교인의 정보를 조회하는 〈교구별교인목록〉 쿼리를 작성하시오. (7점)

- ▶ 매개 변수 값 입력 창에 '교구를 입력하시오'라는 메시지가 나타나도록 하시오.
- ▶ 쿼리의 실행 결과 및 필드명은 〈화면〉과 같이 설정하시오.

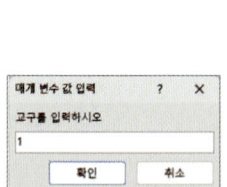

**03** 〈교인명단〉 테이블을 이용하여 성별이 여성이면서 70/80년대에 해당한 교인을 조회하는 〈여성7080〉 쿼리를 작성하시오. (7점)

- ▶ 여성을 조회하기 위해서는 주민등록번호의 7번째 숫자가 2이면 여성으로 처리하시오.
- ▶ 70/80년대는 주민등록번호가 7 또는 8로 시작하는 교인만 나타내시오.
- ▶ Mid, Like, Or 이용

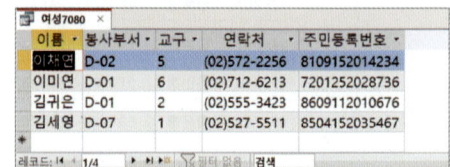

**04** 교구별, 부서명별 인원수를 조회하는 〈교구별부서명인원수〉 크로스탭 쿼리를 작성하시오. (7점)

- ▶ 〈부서보고〉 쿼리를 이용하시오.
- ▶ 개수는 '이름' 필드를 이용하시오.
- ▶ 쿼리 실행 결과 표시되는 필드와 필드명은 〈그림〉과 같이 표시되도록 설정하시오.

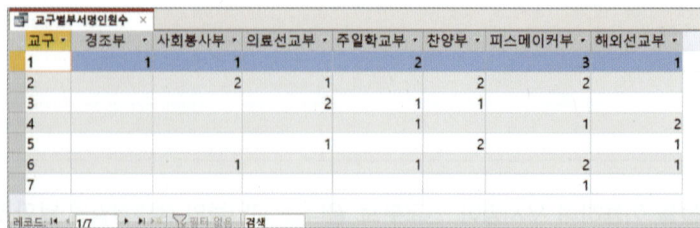

**05** 〈교인명단〉 테이블을 이용하여 '봉사부서' 필드에 'D-06'가 없는 교구에 대해 〈교구〉 테이블의 '비고' 필드의 값을 '찬양부 요청'으로 변경하는 〈봉사부서처리〉 업데이트 쿼리를 작성한 후 실행하시오. (7점)

- ▶ Not In과 하위 쿼리 사용

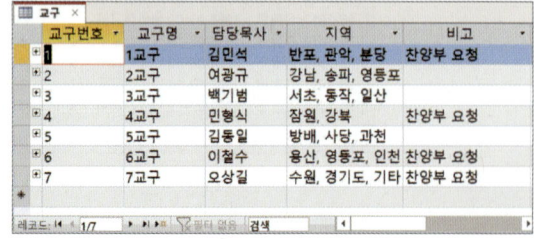

※ 〈봉사부서처리〉 쿼리를 실행한 후의 〈교구〉 테이블

## 대표 기출 따라하기 정답

### 문제 ❶ DB구축

**01 〈교인명단〉 테이블**

| 번호 | 필드 이름 | 속성 및 형식 | 설정 값 |
|---|---|---|---|
| ① | 교번 | 필드 크기 | 7 |
|   |    | 입력 마스크 | 00-0000;0; |
| ② | 이름 | 필수 | 예 |
|   |    | 빈 문자열 허용 | 아니요 |
| ③ | 교구 | 유효성 검사 규칙 | Len([교구])=1 |
| ④ | 주민등록번호 | 인덱스 | 예(중복 불가능) |
| ⑤ | 냉담자 | ※ 필드 추가 | Yes/No |

**02 〈교인명단추가질의〉 추가 쿼리**

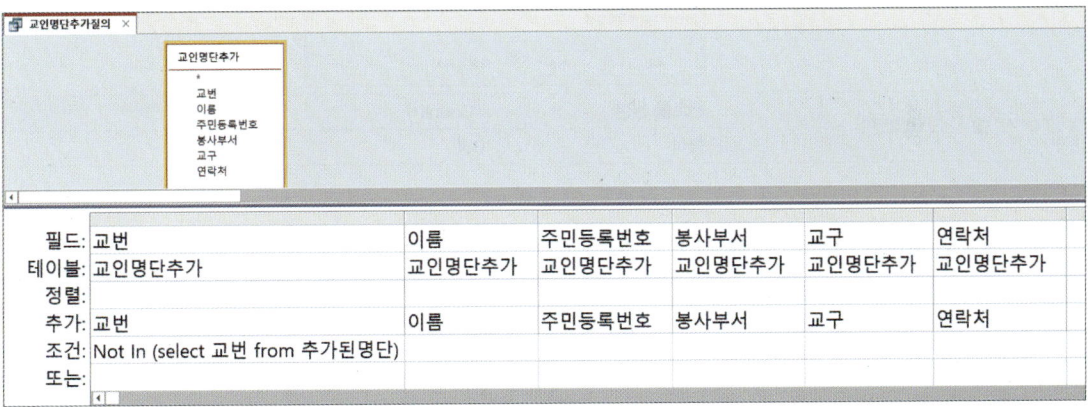

**03 관계 설정**

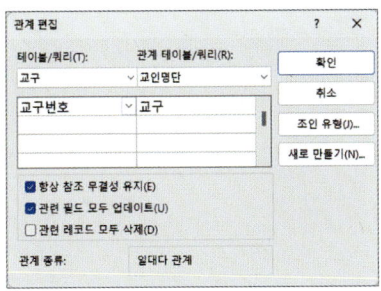

## 문제 ❷  입력 및 수정 기능 구현

### 01 〈봉사부서관리〉 폼

| 번호 | 개체 | 속성 | 설정 값 |
|---|---|---|---|
| ① | LBL제목<br>※ 컨트롤 생성 | 글꼴 크기 | 18 |
|   |   | 글꼴 두께 | 굵게 |
| ② | 하위 폼<br>본문 탭 순서 | | 탭 순서 대화상자<br>구역: 폼 머리글 / **본문** / 폼 바닥글<br>사용자 지정 순서: txt교번, txt이름, txt주민번호, txt봉사부서, txt교구, txt연락처 |
| ③ | txt교인수 | 컨트롤 원본 | =Count(*) |
|   |   | 형식 | 0명 |

### 02 cmb조회 컨트롤 변환 및 설정

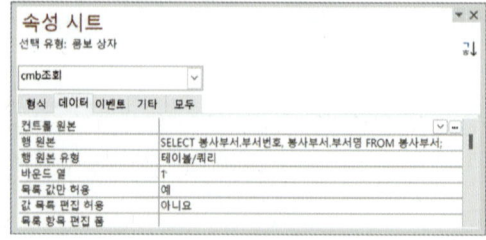 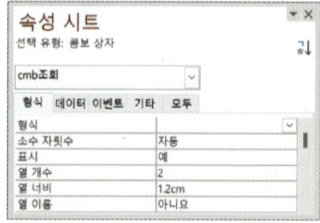

### 03 폼 본문 컨트롤에 조건부 서식

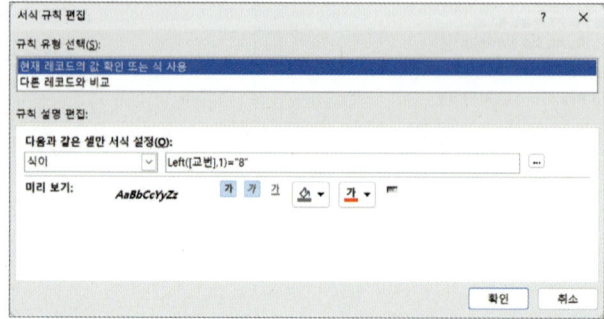

## 문제 ❸ 조회 및 출력 기능 구현

### 01 〈부서현황〉 보고서

| 번호 | 필드 이름 | 속성 및 형식 | 설정 값 |
|---|---|---|---|
| ① | 부서명, 교구 | | |
| | 오름차순 정렬 | | |
| ② | txt부서명 | 컨트롤 원본 | =[부서명] & "(" & [부서번호] & ")" |
| ③ | txt교번 | 컨트롤 원본 | 교번 |
| | txt이름 | | 이름 |
| ④ | txt주민등록번호 | 입력 마스크 | 000000-0000000 |
| ⑤ | 그룹 머리글0 | 반복 실행 구역 | 예 |

### 02 〈봉사부서관리〉 폼의 cmd보고서에 클릭 매크로 작성

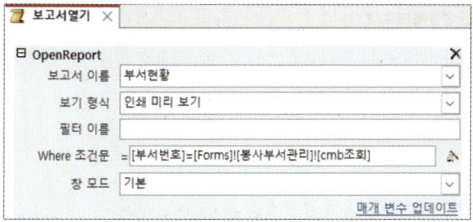

## 문제 ❹ 처리 기능 구현

### 01 〈선교부교인〉 쿼리

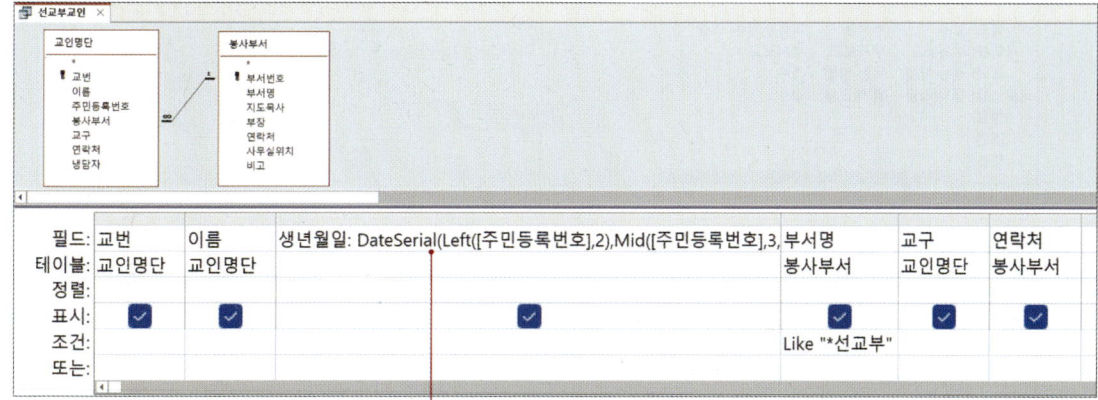

**02** 〈교구별교인목록〉 쿼리

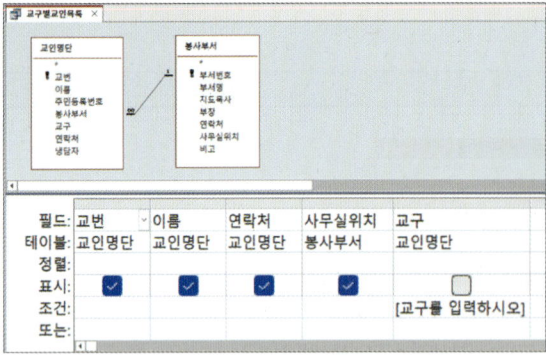

**03** 〈여성7080〉 쿼리

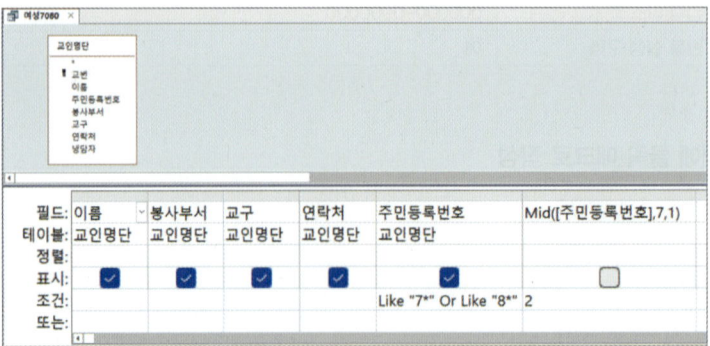

**04** 〈교구별부서명인원수〉 쿼리

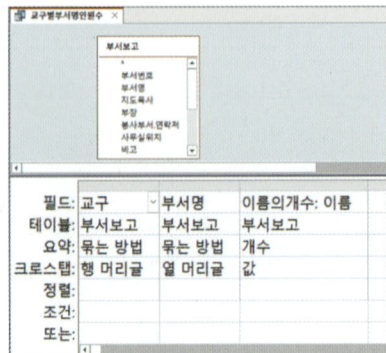

**05** 〈봉사부서처리〉 쿼리

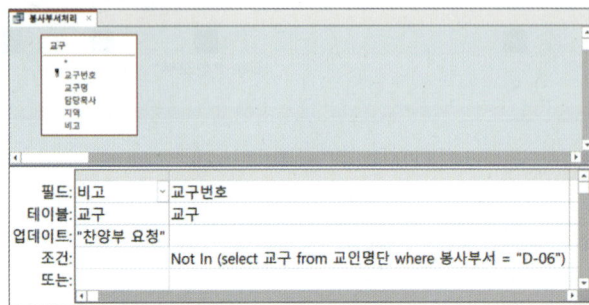

## 대표 기출 따라하기 해설

### 문제 ❶ DB구축

**＋ 더 알기 TIP**

**문서 창 옵션**

현재 설명에 사용된 문서 창은 '탭 문서' 옵션이 적용된 상태로 [파일] 탭 – [옵션] – [현재 데이터베이스] 범주에서 설정할 수 있다. 여러 문서 창을 겹쳐서 보려면 '창 겹치기'를, 한 번에 한 문서 창만 표시하려면 '탭 문서'를 선택한다. 이 옵션은 현재 데이터베이스를 닫은 다음 다시 열어야 적용된다.

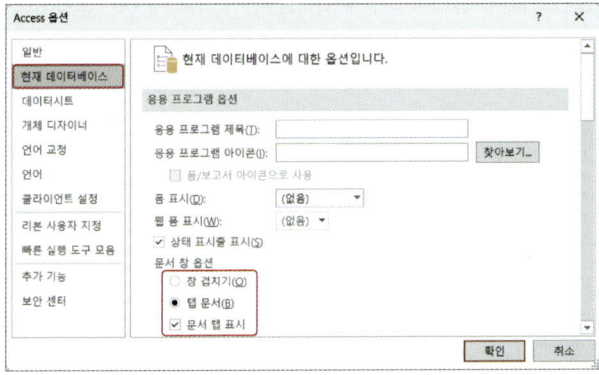

### 01 〈교인명단〉 테이블

① 교번 필드에 크기, 입력 마스크

① 작업할 문서를 열면 '보안 경고' 메시지 표시줄이 나타난다. [콘텐츠 사용]을 클릭한다.

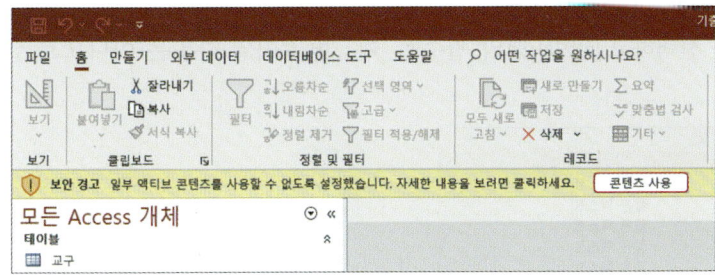

② 〈교인명단〉 테이블에서 마우스 오른쪽 버튼을 눌러 [디자인 보기](N)를 클릭한다.

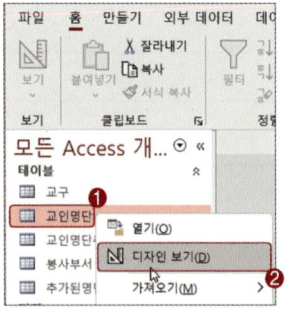

> 🅕 **기적의 TIP**
>
> 입력 마스크는 3부분으로 구성되며 세미콜론으로 구분짓는다. 첫 부분은 마스크 문자열 정의, 두 번째 부분은 저장 여부(0은 데이터와 함께 저장, 1은 데이터만 저장) 판단, 세 번째 부분은 자리 표시자를 정의한다. '-'도 테이블에 함께 저장되도록 하기 위해 두 번째 부분을 0으로 처리한다.

③ '교번' 필드를 선택하고 [일반] 탭의 '필드 크기'에 7, '입력 마스크'에 00-0000;0;를 입력한다.

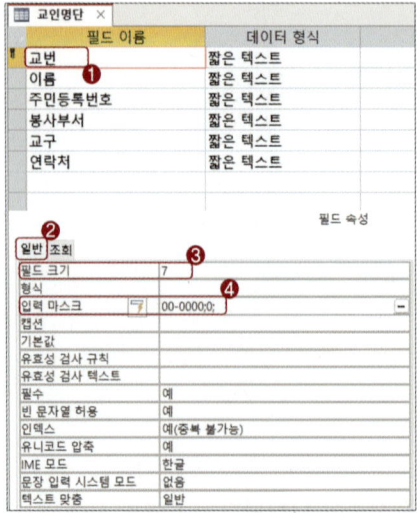

② 이름 필드에 필수, 빈 문자열 허용

① '이름' 필드를 선택하고 [일반] 탭의 '필수'는 '예', '빈 문자열 허용'은 '아니요'로 설정한다.

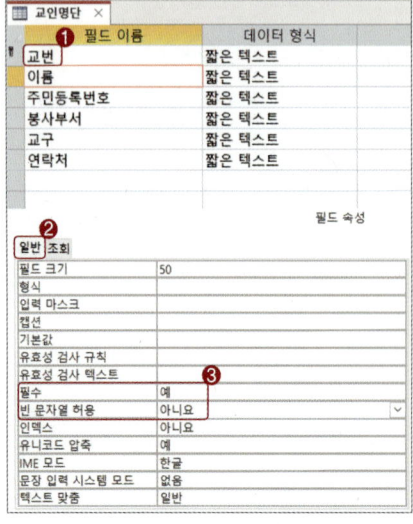

③ 교구 필드에 유효성 검사 규칙

① '교구' 필드를 선택하고 [일반] 탭의 유효성 검사 규칙에 Len([교구])=1을 입력한다.

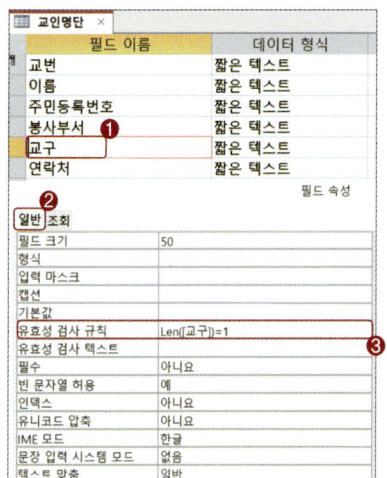

> **기적의 TIP**
>
> Len함수는 문자열의 글자 수를 반환하는 함수입니다. 즉 [교구] 필드 데이터의 글자 수가 1글자만 되도록 합니다.

④ 주민등록번호 필드에 인덱스

① '주민등록번호' 필드를 선택하고 [일반] 탭의 '인덱스'를 '예(중복 불가능)'으로 설정한다.

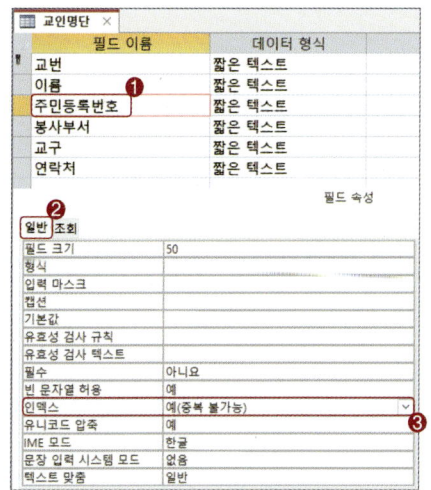

⑤ 냉담자 필드 추가, 데이터 형식

① 필드 이름에 **냉담자**를 입력하고 데이터 형식은 'Yes/No'로 선택한다.

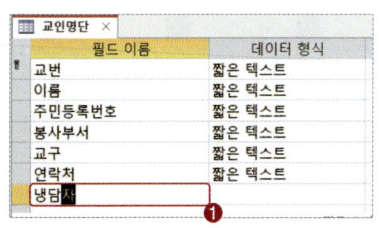

> **기적의 TIP**
>
> 기존 필드 사이에 추가해야 한다면 [테이블 디자인]-[도구]의 행 삽입을 이용하면 편리합니다.

> **기적의 TIP**
>
> 데이터의 손실이나 통합 규칙 변경에 관련된 경고 창은 기존 테이블의 필드 속성 설정을 변경했기 때문에 나타나는 것입니다. 따라서 작업한 결과를 저장하려면 [예]를 클릭해야 적용이 되겠지요?

② 테이블 디자인 보기 창을 닫고 변경한 내용은 다음 단계처럼 [예]를 클릭하여 저장하도록 한다.

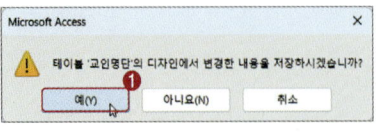

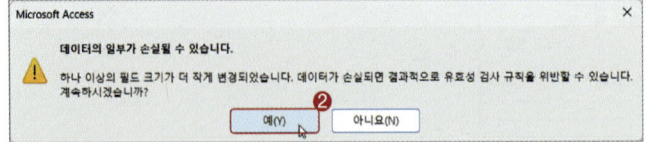

### 02 〈교인명단추가질의〉 추가 쿼리

> **기적의 TIP**
>
> 쿼리 디자인 단추의 모양은 해상도에 따라서 다르게 보일 수 있습니다.

① [만들기]-[쿼리] 그룹의 [쿼리 디자인]()을 클릭한다.

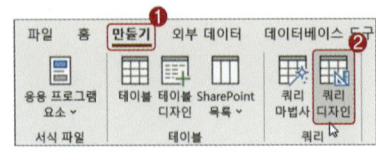

> **기적의 TIP**
>
> 추가하려는 테이블을 더블클릭하면 좀 더 편리하고 빠릅니다.

② [테이블 추가]에서 추가할 데이터가 들어있는 〈교인명단추가〉 테이블을 선택하고 [추가]를 클릭한 후 [닫기]를 클릭한다.

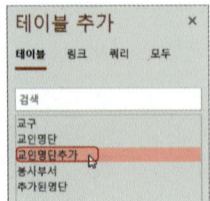

> **기적의 TIP**
>
> 좀 더 빠르게 작업하려면 필요한 필드를 더블클릭하세요. 곧바로 아래쪽 필드에 위치하게 됩니다.

③ 쿼리 디자인 보기 창이 다음과 같이 되도록 설정한다. 즉, 필요한 필드를 드래그하여 아래쪽 필드에 드롭하면 된다.

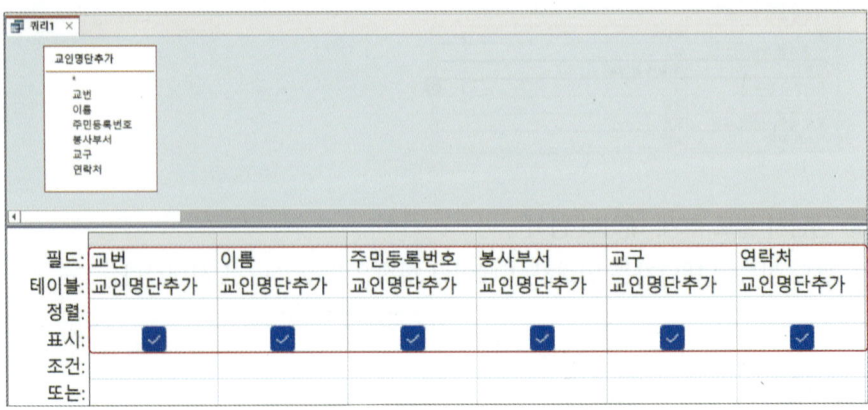

④ 쿼리 디자인 보기 창의 위쪽 빈 공간에서 오른쪽 마우스 버튼을 눌러 [쿼리 유형]-[추가 쿼리]를 선택한다.

> **기적의 TIP**
> 리본 메뉴의 [쿼리 디자인]-[쿼리 유형] 탭의 [추가]를 이용할 수도 있습니다.

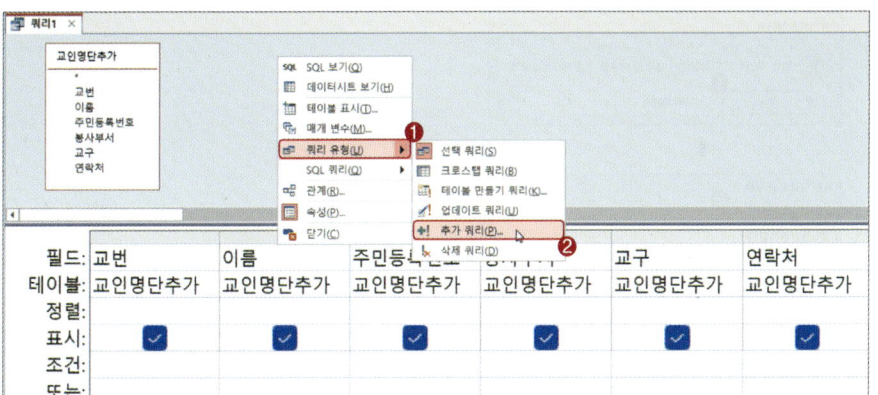

⑤ [추가]에서 데이터가 추가될 테이블을 다음과 같이 선택하고 [확인]을 클릭한다.

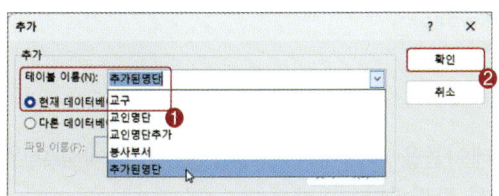

⑥ 〈추가된명단〉 테이블에 존재하지 않는 레코드만 추가하기 위해서 교번 필드의 조건에 Not In (Select 교번 From 추가된명단)을 지정한다.

> **기적의 TIP**
> 〈추가된명단〉 테이블에 없는 값, 〈교인명단추가〉 테이블에만 존재하는 값을 찾는 조건입니다. In 연산자는 괄호안의 내용을 포함한다는 의미이고 Not In이 되면 제외시킨다는 말입니다. 〈추가된명단〉 테이블의 교번을 검색하여 〈교인명단추가〉 테이블의 교번에서 제외시키면 〈교인명단추가〉 테이블에만 존재하는 값이 남게 됨을 말합니다.

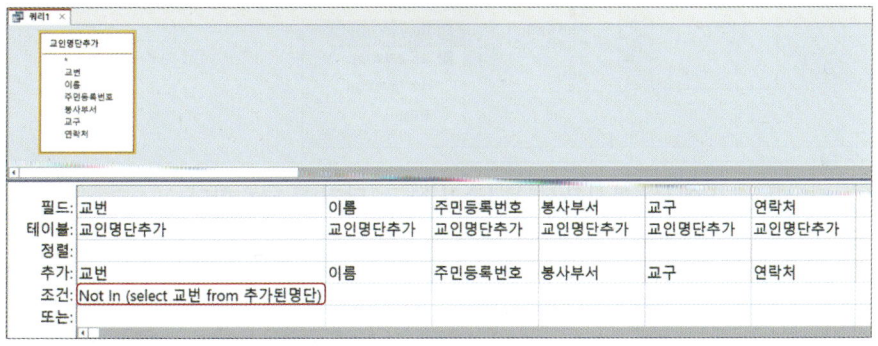

⑦ [쿼리 디자인]-[결과] 그룹에서 [실행](!)을 클릭하고, [예]를 클릭하여 필요한 레코드를 추가한다.

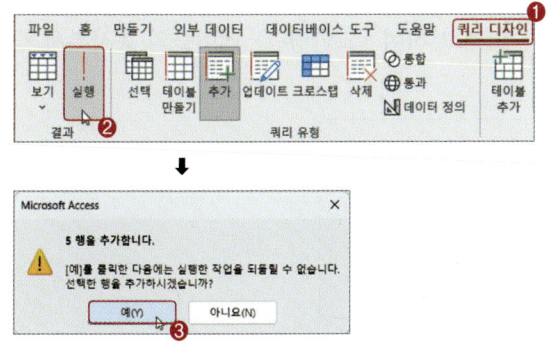

⑧ 쿼리 디자인 보기 창을 닫고 변경한 내용은 [예]를 클릭하여 저장하고 지시 사항대로 쿼리 이름을 설정하고 [확인]을 클릭한다.

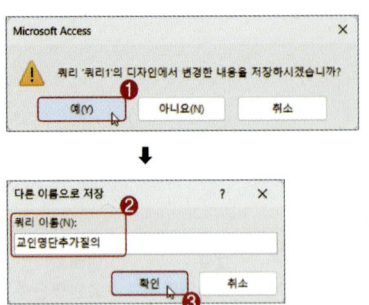

### 03 관계 설정

① [데이터베이스 도구]-[관계] 그룹의 [관계]( )를 클릭한다.

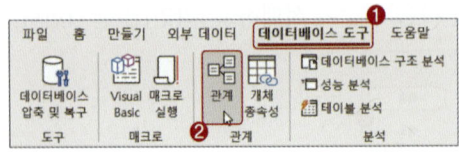

> **기적의 TIP**
>
> 리본 메뉴를 최소화 하여 작업창을 좀 더 넓게 사용할 수 있습니다. 그림처럼 탭의 바로 가기 메뉴에서 '리본 메뉴 축소'를 선택하거나, 탭을 더블클릭하면 됩니다.
>
>

② 관계 작업에 필요한 〈봉사부서〉 테이블을 나타내기 위해서 [관계] 창에서 마우스 오른쪽 버튼을 눌러 [테이블 표시]를 클릭한다.

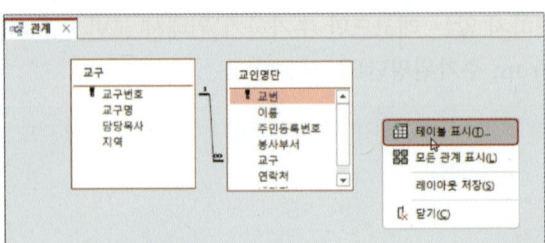

③ [테이블 추가]에서 〈봉사부서〉를 [추가]하고 [닫기]를 클릭한다.

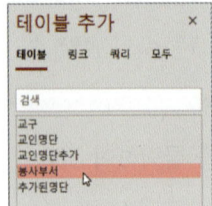

④ 〈봉사부서〉의 부서번호 필드를 드래그 하여 〈교인명단〉 테이블의 봉사부서 필드에 드롭한다.

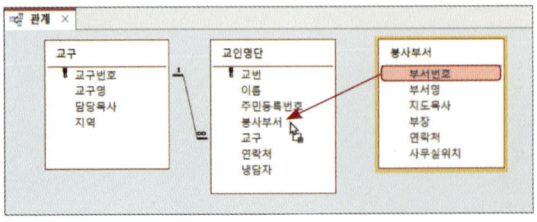

⑤ [관계 편집]에 항상 참조 무결성 유지를 선택하고 [만들기]를 클릭한다.

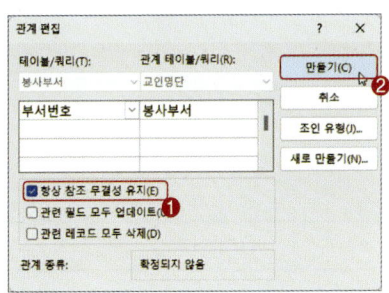

⑥ 기본 테이블 쪽에 고유 인덱스가 없어서 참조 무결성을 만들 수 없다는 경고창이 나타난다. [확인]을 클릭하고 [관계 편집] 대화상자는 잠시 닫아둔다.

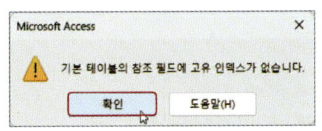

> **기적의 TIP**
>
> 지시사항에 〈교인명단〉의 봉사부서와 〈봉사부서〉의 부서번호는 M:1의 관계입니다. 따라서 1쪽에 해당하는 〈봉사부서〉의 부서번호가 기본 키가 되어야 합니다.

⑦ 〈봉사부서〉 테이블에서 마우스 오른쪽 버튼을 눌러 [테이블 디자인]을 클릭한다.

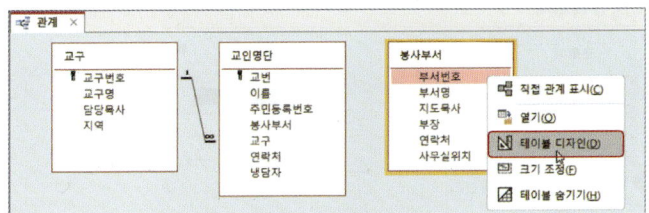

⑧ '부서번호'에서 마우스 오른쪽 버튼을 눌러 [기본 키]( )를 클릭한다. 디자인 창은 닫고 변경한 [예]를 클릭하여 저장한다.

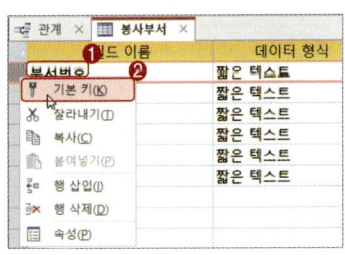
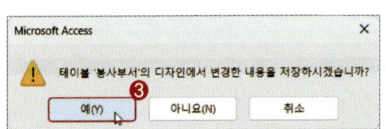

> **기적의 TIP**
>
> 기본 키는 고유한 값이므로 문제의 경우처럼 일대다의 관계에서 일(1)쪽에 해당합니다.

⑨ 작업순서 ④, ⑤를 재차 진행하면, 다음과 같은 〈교인명단〉 테이블을 관련 테이블로 두고 각 테이블이 1:M:1의 관계가 되었음을 알 수 있다.

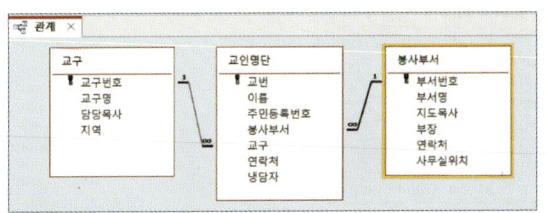

⑩ [관계] 창은 닫고 변경한 내용은 [예]를 클릭하여 저장한다.

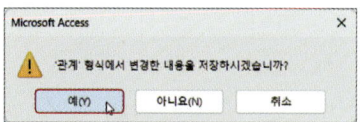

> 문제 ② 입력 및 수정 기능 구현

### 01 〈봉사부서관리〉 폼

① 폼의 머리글에 'LBL제목' 컨트롤 생성

① 탐색 창의 폼 개체에서 〈봉사부서관리〉를 더블클릭하여 열고, [홈]–[보기] 그룹의 [보기]를 눌러 [디자인 보기](📐)를 클릭한다.

**기적의 TIP**

탐색 창 〈봉사부서관리〉 폼의 바로 가기 메뉴에서 [디자인 보기]를 클릭해도 됩니다.

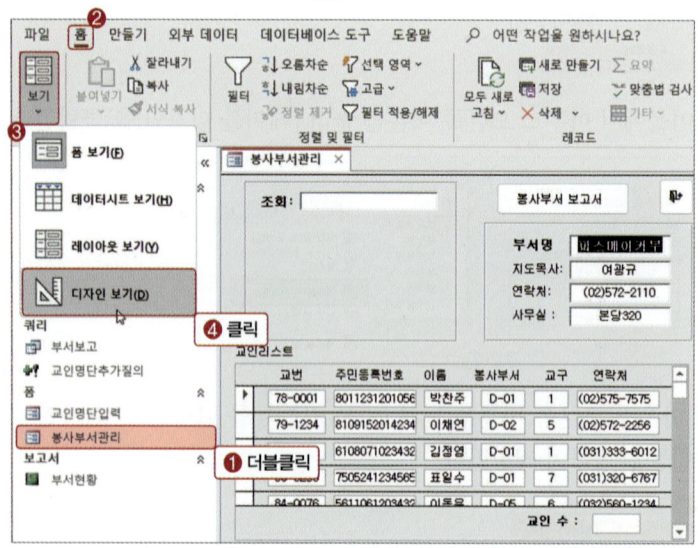

**기적의 TIP**

구역의 경계선에 마우스 포인터를 가져가면 그림과 같이 바뀝니다. 그 때 드래그 합니다.

② 레이블 컨트롤이 들어갈 수 있도록 폼 머리글 영역을 넓힌다.

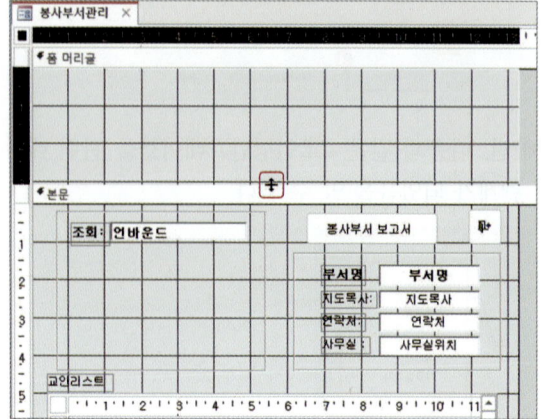

③ [양식 디자인]-[컨트롤] 그룹의 [레이블]()을 클릭한다.

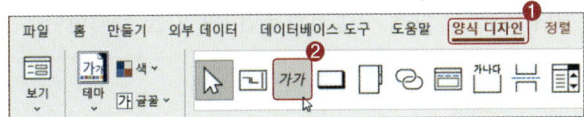

④ 레이블 컨트롤이 적절한 크기로 들어가도록 드래그 하여 놓고, **봉사부서 관리**를 입력한다.

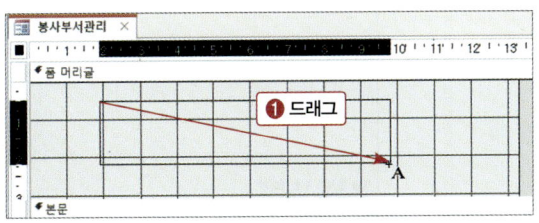 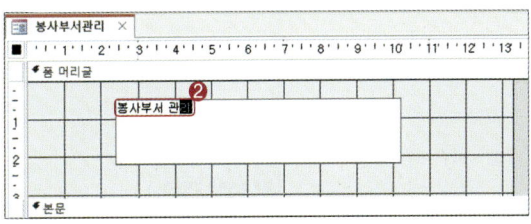

⑤ 속성 시트가 열려있지 않다면, [양식 디자인]-[도구] 그룹의 [속성 시트]를 클릭한다.
⑥ 작성한 레이블을 선택하고, 속성 시트의 이름에 **LBL제목**을, 글꼴 크기와 글꼴 두께에 각각 '18', '굵게'로 설정한다.

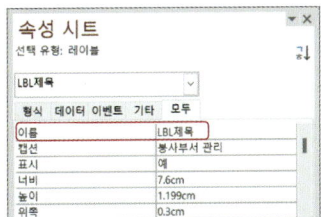 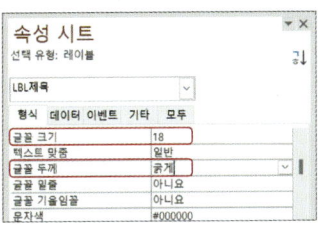

> **기적의 TIP**
> 속성 시트를 불러내는 단축키 Alt+Enter도 알아두면 유용합니다.

> **기적의 TIP**
> 캡션 속성은 해당 컨트롤의 제목일 뿐이고, 이름 속성이 개체의 실제 식별자 역할을 합니다.

② 하위 폼 본문 탭 순서

① 하위 폼 선택기에서 오른쪽 마우스 버튼을 눌러 [탭 순서]를 클릭한다.

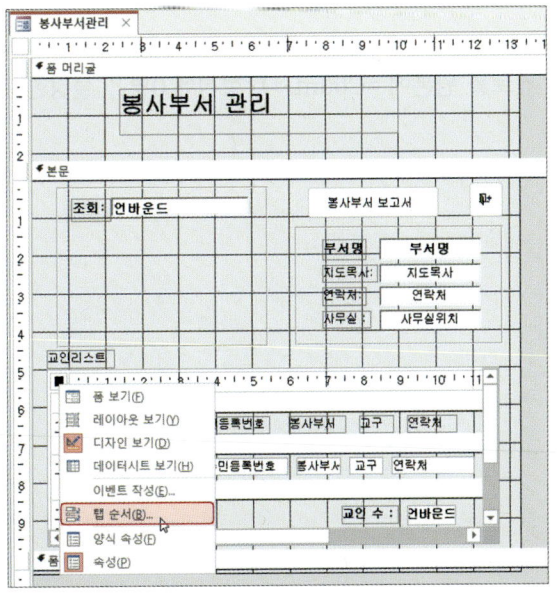

> **기적의 TIP**
> 하위 폼의 폼 선택기를 클릭하여 선택하고, 리본 메뉴의 [양식 디자인]-[도구] 그룹의 [탭 순서]를 클릭하여 작업할 수도 있습니다.

② 본문 구역에 대하여 왼쪽부터 차례대로 순서를 지정한다. 순서를 바꿀 개체를 끌어서 맞는 자리에 놓으면 된다. 순서가 맞게 지정되었으면 [확인]을 클릭한다.

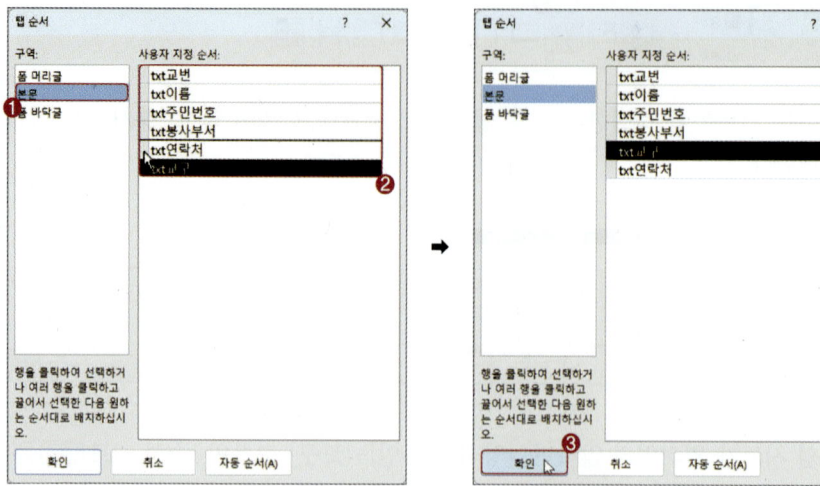

➕ **더 알기 TIP**

탭 인덱스 속성을 이용하여 탭 순서를 지정할 수도 있다. 탭 인덱스는 0부터 시작함에 유의한다.

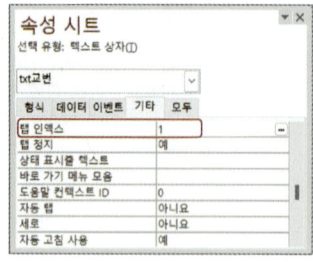

③ **txt교인수 컨트롤 원본과 형식**

🅑 **기적의 TIP**

Count(*)는 레코드의 전체 개수(Null포함)를 계산합니다.

① 'txt교인수'의 속성 시트에서 컨트롤 원본에 =Count(*), 형식에 0명을 설정한다.

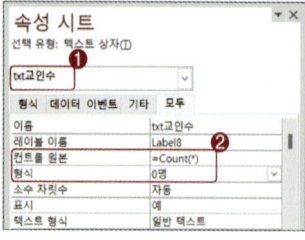

② 폼 디자인 창을 닫고 [예]를 클릭하여 변경한 내용을 저장한다.

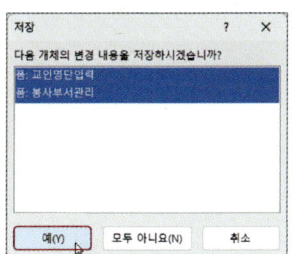

> 🚩 **기적의 TIP**
>
> 기본 폼과 하위 폼, 두 개체의 내용이 변경되었기 때문입니다.

### 02 cmb조회 컨트롤 변환 및 설정

① 〈봉사부서관리〉 폼을 디자인 보기 모드로 열어 〈cmb조회〉 컨트롤을 선택하고 바로 가기 메뉴에서 [변경]-[콤보 상자]를 클릭한다.

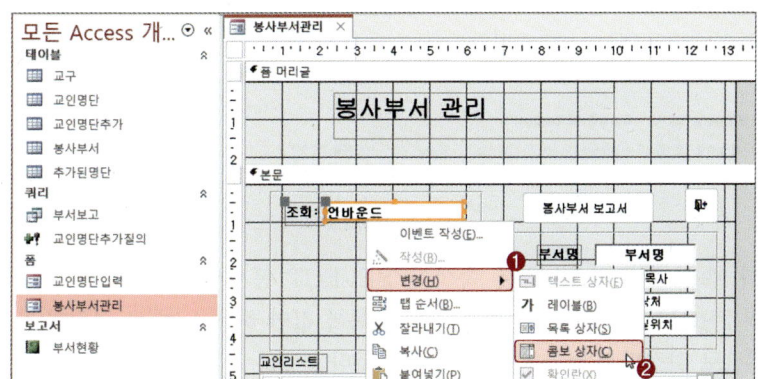

> 🚩 **기적의 TIP**
>
> 대부분 이전 작업에서 이어지는 경우가 많습니다. 따라서 문제의 지시사항을 잘 보고 디자인 보기 창을 그대로 유지하는 것도 좋은 방법입니다.

② 'cmb조회'의 속성 시트에서 행 원본의 [작성기](…) 단추를 클릭한다.

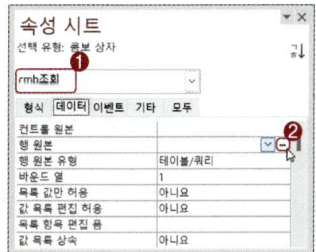

③ 〈봉사부서〉 테이블을 [추가]하고 [닫기]를 클릭한다.

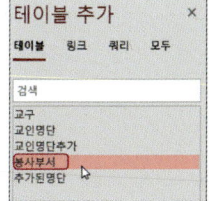

> **기적의 TIP**
>
> 〈봉사부서〉 테이블의 필요한 필드를 더블클릭하거나, 끌어서 아래쪽 필드에 놓으면 됩니다.

④ 쿼리 작성기 창의 필드에 다음과 같이 추가되도록 작업한다.

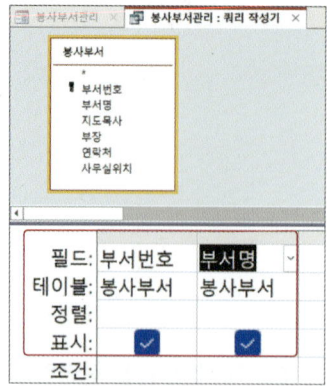

⑤ 쿼리 작성기 창을 닫고, 변경한 내용이 행 원본 속성에 업데이트가 되도록 [예]를 클릭한다.

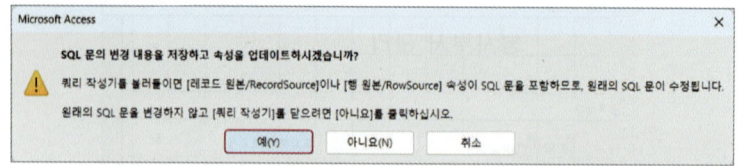

> **기적의 TIP**
>
> 목록 이외의 값은 입력될 수 없도록 하라는 말은 목록에 있는 값만 허용하라는 말과 같은 말이지요?

⑥ 'cmb조회' 속성 시트의 행 원본 속성이 'SELECT 봉사부서.부서번호, 봉사부서.부서명 FROM 봉사부서;'로 설정되었다. 목록 값만 허용을 '예'로 설정한다. 바운드 열은 1로 설정되어 있기 때문에 그대로 둔다.

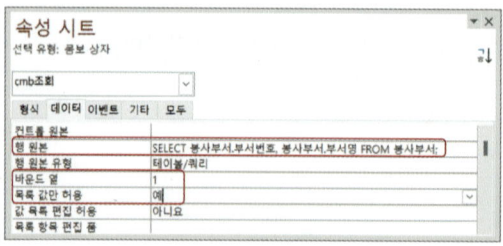

> **기적의 TIP**
>
> 2개의 열(부서번호와 부서명)이 출력되고, 그 중 첫 번째 열(부서번호)의 너비가 1.2cm가 되도록 하는 것입니다. 두 번째 열(부서명)의 너비에 대한 언급은 없으므로 지정할 필요가 없습니다.

⑦ 미리보기 그림대로 만들기 위해서 열 개수에 '2', 열 너비를 '1.2'로 설정한다. cm는 윈도우 설정에 따라서 자동으로 붙는다.

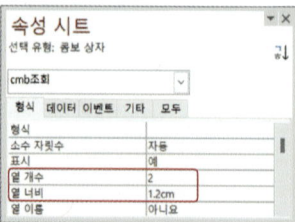

> **기적의 TIP**
>
> 디자인 창을 닫지 않고 Ctrl + S 를 누르거나, 빠른 실행 도구 모음의 플로피 디스켓 모양의 저장 아이콘을 눌러서 저장 할 수도 있습니다.

⑧ 디자인 보기 창을 닫고 변경한 내용은 [예]를 클릭하여 저장한다.

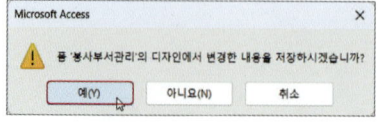

## 03 폼 본문 컨트롤에 조건부 서식

① 〈교인명단입력〉 폼에서 마우스 오른쪽 버튼을 눌러 [디자인 보기](🔲)를 클릭한 후, 본문의 모든 컨트롤이 선택되도록 구역 눈금자를 다음과 같이 클릭한다.

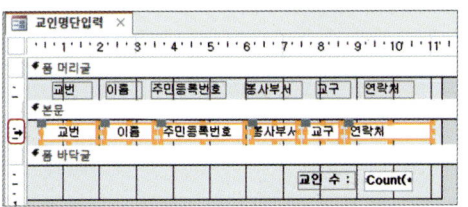

> **기적의 TIP**
> 구역 눈금자의 화살표가 모든 컨트롤에 걸치는 방향일 때 클릭하면 됩니다. 혹은 눈금자의 위에서 아랫방향으로 드래그 하여 모든 컨트롤이 포함되도록 선택하는 것도 좋습니다.

② [서식]-[컨트롤 서식] 그룹에서 [조건부 서식](🔲)을 클릭한다.

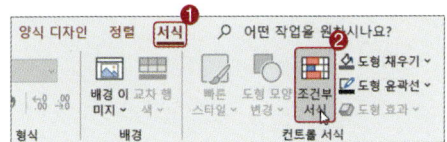

> **기적의 TIP**
> 화면 해상도에 따라서 리본 메뉴의 모습은 달라질 수 있습니다.

③ [새 규칙]을 클릭하고, '식이'로 바꾼 후 입력란에 Left([교번],1)="8"을 입력한다. 굵게, 기울임꼴이 되도록 단추를 선택하고 [확인]을 클릭한다. 규칙이 적용되었으므로 [확인]을 클릭한다.

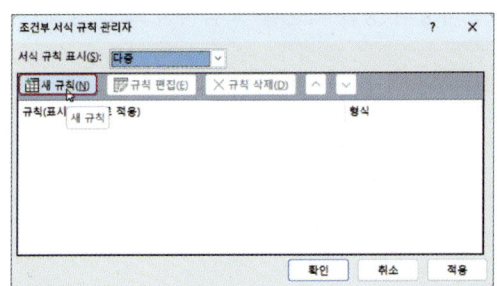

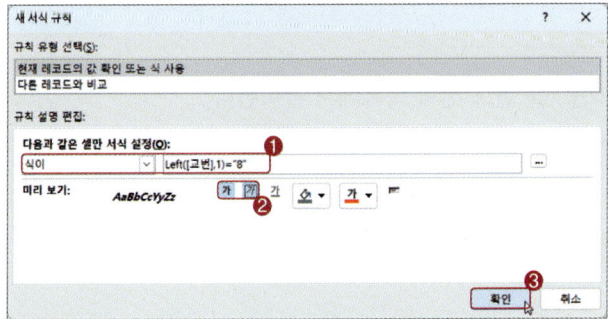

> **기적의 TIP**
> Left 함수는 문자열의 왼쪽부터 지정한 수만큼 문자를 반환하는 함수입니다. 즉 [교번] 필드에 입력된 문자열 값의 왼쪽 1글자를 반환한다는 뜻입니다.

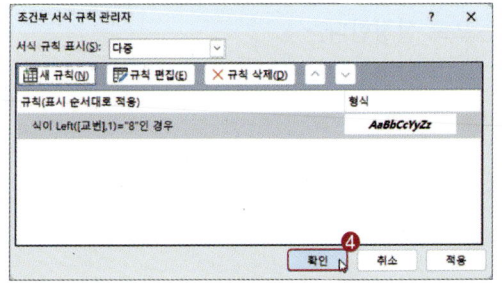

> 문제 ❸    조회 및 출력 기능 구현

### 01 〈부서현황〉 보고서

#### ① 오름차순 정렬

① 〈부서현황〉 보고서에서 마우스 오른쪽 버튼을 눌러 [디자인 보기](N)로 연다.

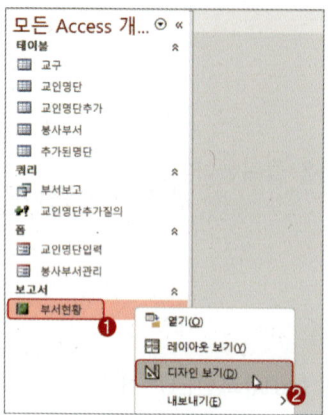

> 🏁 기적의 TIP
>
> 오름차순 정렬이란 1, 2, 3…처럼 혹은 ㄱ, ㄴ, ㄷ…처럼 정렬되는 것을 말합니다. 내림차순 정렬은 이와 반대겠지요?

② 그룹, 정렬 및 요약 창이 없을 경우 [보고서 디자인]-[그룹화 및 요약] 그룹에서 [그룹화 및 정렬]( )을 클릭하여, 부서명의 정렬 기준을 '오름차순'으로 설정한다.

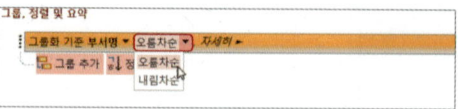

> 🏁 기적의 TIP
>
> 부서명이 동일할 경우 어떻게 정렬할 것인지 정하는 작업입니다.

③ 동일한 그룹화 기준(부서명) 내에 또 다른 정렬을 추가하기 위해서 [정렬 추가]를 클릭한다.

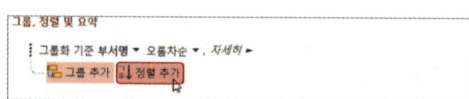

④ 정렬 기준이 될 필드 〈교구〉를 필드 선택 목록에서 클릭한다.

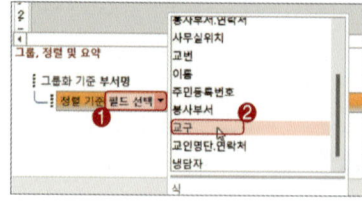

> 🏁 기적의 TIP
>
> 교구의 정렬이 1, 2, 3…과 같은 오름차순으로 정렬되어 있는지 확인해보세요.

⑤ 교구에 대한 정렬 기준을 '오름차순'으로 설정한다.

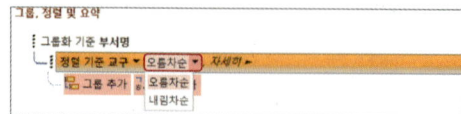

② 'txt부서명'의 컨트롤 원본

① 'txt부서명' 속성 시트의 컨트롤 원본에 =[부서명] & "(" & [부서번호] & ")"를 설정한다.

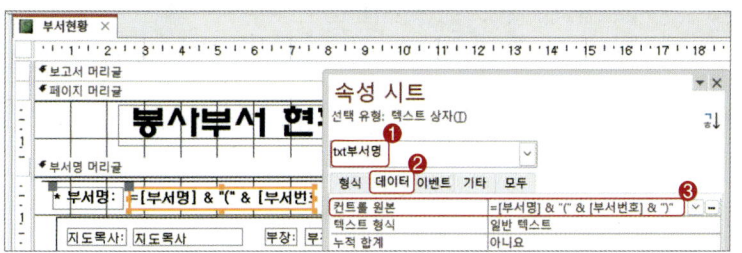

> **기적의 TIP**
> 식을 사용하여 컨트롤 원본을 만들 수 있습니다. 이런 형태를 계산 컨트롤이라 부릅니다. 식은 =으로 시작하지요? 필드는 [](대괄호) 속에, 문자는 ""(큰따옴표)로 묶고 &로 연결하여 표현합니다.

③ 'txt교번', 'txt이름'의 컨트롤 원본

① 'txt교번'과 'txt이름' 속성 시트의 컨트롤 원본에 각각 '교번'과 '이름'을 설정한다.

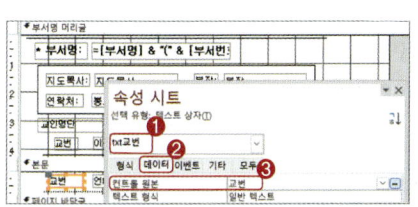 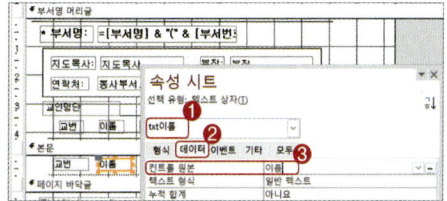

> **기적의 TIP**
> 컨트롤 원본으로 필드를 지정하면, 해당 필드에 바운드가 되며 바운드 컨트롤이라 부릅니다. 그 의미는 해당 필드의 값을 표시할 수 있다는 뜻입니다.

④ 'txt주민등록번호'에 입력 마스크 설정

① 'txt주민등록번호' 속성 시트의 입력 마스크에 000000-0000000을 설정한다.

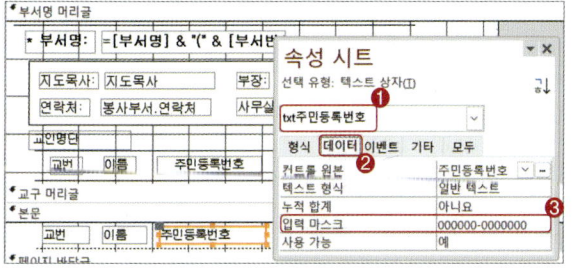

> **기적의 TIP**
> 입력 마스크는 데이터 입력 방법을 제어하는 것을 말합니다. 이 때 입력 마스크 문자로 0을 사용하면 그 개수만큼 숫자를 반드시 입력해야 함을 의미합니다.

⑤ 부서명 머리글의 반복 실행 구역

① 부서명 머리글(그룹 머리글0) 속성 시트의 반복 실행 구역을 '예'로 설정하고, 디자인 보기 창을 닫는다. 변경한 내용은 [예]를 클릭하여 저장한다.

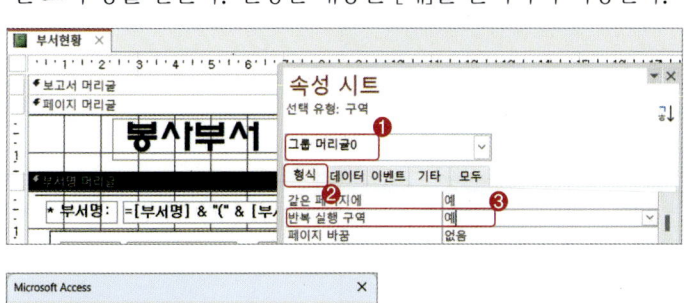

> **기적의 TIP**
>
> 매크로를 우선 만들고, cmd 보고서 컨트롤에 연결시키는 형태로 작업합니다.

**02** 〈봉사부서관리〉 폼의 cmd보고서에 클릭 매크로

① [만들기]-[매크로 및 코드] 그룹에서 [매크로](📄)를 클릭한다.

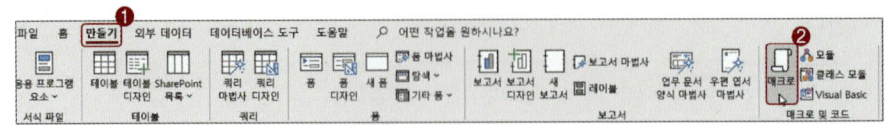

> **기적의 TIP**
>
> 부서현황 보고서를 인쇄 미리 보기의 형태로 열라는 지시사항대로 설정합니다.

② 보고서를 열어볼 수 있는 'OpenReport' 매크로 함수를 선택하고, 아래쪽 매크로 함수 인수를 다음과 같이 설정한다. Where 조건문의 작성기를 클릭한다.

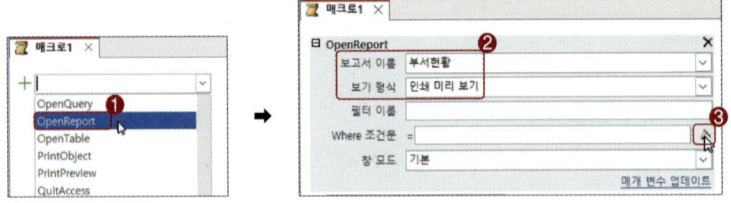

> **기적의 TIP**
>
> 부서번호 필드의 값과 cmb조회 컨트롤의 값이 동일한 경우를 조건으로 하기 위함입니다.

③ 식 작성기 대화상자의 입력란에 우선 **[부서번호]=**을 입력한다.

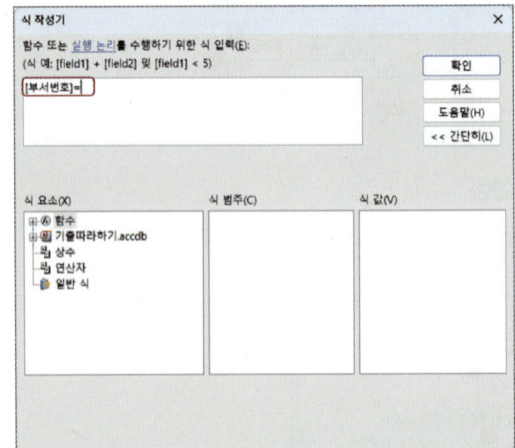

> **기적의 TIP**
>
> 식 작성기는 계층 구조로 이루어집니다. 아래쪽 왼쪽 상자는 폴더 구조의 기본 범주로 식을 구성하는 요소를 나타냅니다. 가운데 상자는 왼쪽 상자의 하위 범주이고, 오른쪽 상자는 가운데 상자의 하위 요소를 나타냅니다.

④ 다음과 같이 '기출따라하기.accdb - Forms - 모든 폼 - 봉사부서관리 - cmb조회' 순서로 펼치고 'cmb조회'를 더블클릭하면 입력란이 채워진다. [확인]을 클릭한다.

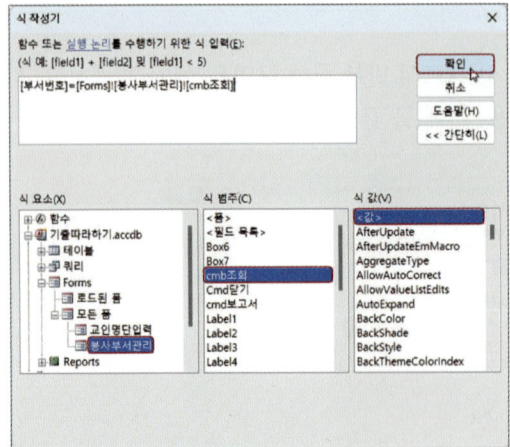

⑤ Where 조건문 인수가 '[부서번호]=[Forms]![봉사부서관리]![cmb조회]'로 채워진 것을 확인할 수 있다.

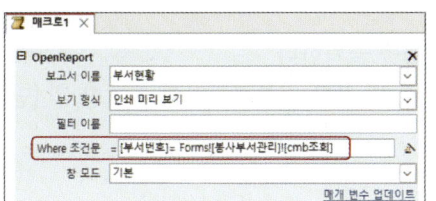

> **기적의 TIP**
> [Forms]![봉사부서관리]![cmb조회]의 !를 ₩(윈도우의 경로)로 생각하면 이해하기 쉽습니다. 즉 폼들 중에서 봉사부서관리 폼, 그 폼에 있는 cmb조회 컨트롤을 의미하는 것입니다.

⑥ 매크로 디자인 보기 창은 닫고 [예]를 클릭하여 변경한 내용은 저장하고, **보고서열기**로 이름을 정하고 [확인]을 클릭한다.

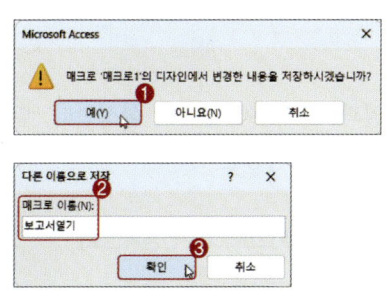

⑦ 〈봉사부서관리〉 폼에서 마우스 오른쪽 버튼을 눌러 [디자인 보기](📐)로 연다.

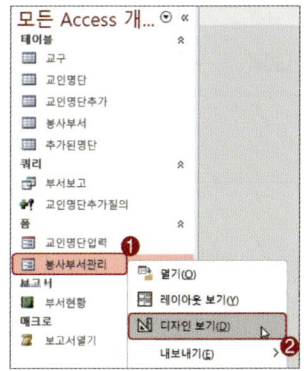

⑧ 'cmd보고서'의 속성 시트 중 On Click에서 만들어 둔 보고서열기 매크로를 선택한다. 디자인 창을 닫고 변경한 내용은 저장한다.

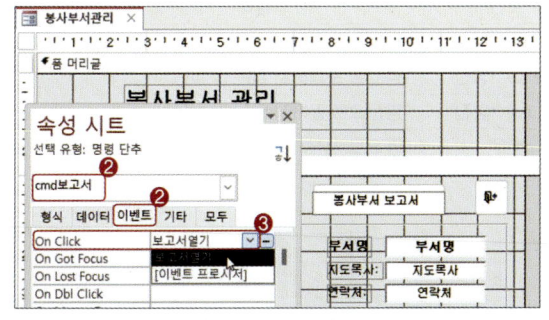

> **기적의 TIP**
> 만약 cmd보고서의 On Click 이벤트에서 작성기를 클릭하고, 매크로 작성기를 통해 매크로를 만들면 [포함된 매크로]로 On Click 이벤트 속성이 업데이트 됩니다. 이렇게 되면 다른 이름으로 저장할 수 없음에 유의합니다.

## 문제 ④ 처리 기능 구현

### 01 〈선교부교인〉 쿼리

① [만들기]-[쿼리] 그룹의 [쿼리 디자인](🖼)을 클릭한다.
② 필요한 두 테이블 〈교인명단〉, 〈봉사부서〉를 각각 더블클릭하여 추가한 후 [닫기]를 클릭한다.

> **기적의 TIP**
> 화면 해상도에 따라 아이콘의 모양이 다르게 보일 수 있습니다.

> **기적의 TIP**
> Ctrl을 누른 채로 클릭하면 따로따로 선택할 수 있습니다. 물론 하나씩 추가해도 됩니다.

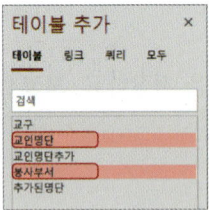

③ 미리보기 그림대로 필드를 배치하고 생년월일과 부서명에 대하여 설정한다. 디자인 보기 창은 닫고 **선교부교인** 쿼리로 변경한 내용을 저장한다.

> **기적의 TIP**
> Left([필드], 숫자) 함수는, [필드] 문자열의 왼쪽부터 지정한 숫자만큼의 문자를 반환합니다. Mid([필드], 시작, 숫자) 함수는 [필드] 문자열의 시작 지점부터 지정한 숫자만큼의 문자를 반환합니다.

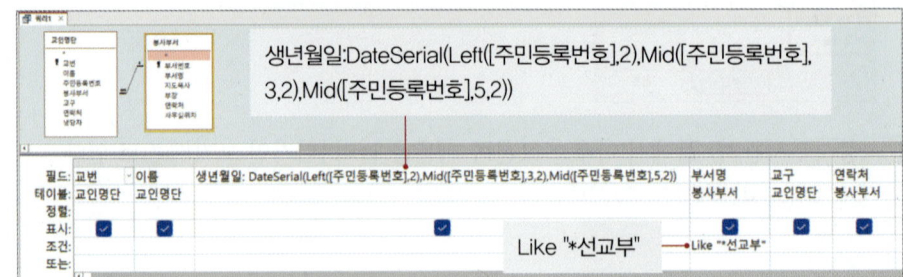

### ➕ 더 알기 TIP

#### DateSerial 함수

년(year), 월(month), 일(day)을 표현하여 반환하는 함수로 DateSerial(year, month, day)의 형태로 사용된다.
예) DateSerial(2025, 09, 10) → 2025-09-10

#### Like 연산자

조건식(SQL식에서 WHERE절) 이하를 비교하는 연산자로, Like 뒤쪽의 조건을 포함하는지 검색한다. 이 때 와일드카드 문자를 사용하여 패턴을 지정할 수 있다.

| 조건 | 결과 | 조건 | 결과 |
| --- | --- | --- | --- |
| Like "영진*" | "영진"으로 시작하는 값 찾음 | Not Like "영진*" | "영진"으로 시작하지 않는 값 찾음 |
| Like "*영진*" | "영진"을 포함하는 값 찾음 | Not Like "*영진*" | "영진"을 포함하지 않는 값 찾음 |
| Like "*영진" | "영진"으로 끝나는 값 찾음 | Not Like "*영진" | "영진"으로 끝나지 않는 값 찾음 |
| Like "[가-라]*" | "가"에서 "라" 사이의 문자로 시작하는 값 | Like "영??" | "영"으로 시작하는 3글자 |

#### 값의 유무를 체크하는 연산자

| 조건 | 결과 | 조건 | 결과 |
| --- | --- | --- | --- |
| Is Null | 값이 없는 레코드 | Is Not Null | 값이 있는 레코드 |
| ""(공백 없는 따옴표) | Null이 아닌 빈 값 | Not "" | 값이 있는 레코드 |

## 02 〈교구별교인목록〉 쿼리

① [만들기]-[쿼리] 그룹의 [쿼리 디자인](🖼)을 클릭한다.
② [테이블 추가]에서 필요한 테이블 〈교인명단〉, 〈봉사부서〉를 추가하고 디자인 보기를 다음과 같이 설정한다. 변경한 내용을 **교구별교인목록**으로 창을 닫고 저장한다.

> **기적의 TIP**
> 조건에 [](대괄호)로 입력하면 매개 변수 쿼리로 동작합니다. 매개 변수란 쿼리 안에서 필드에 들어 있는 값을 좀 더 세부적으로 검색하기 위한 방법입니다. 매개 변수 값 입력 대화 상자의 값과 일치하는지 검색을 하는 것입니다.

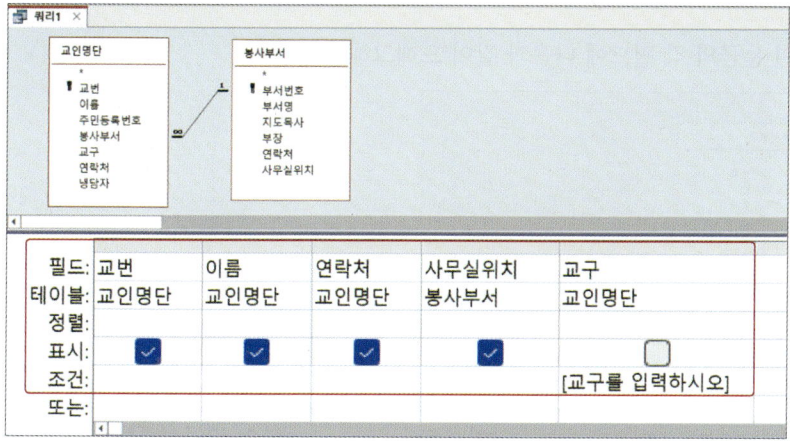

## 03 〈여성7080〉 쿼리

① [만들기]-[쿼리] 그룹에서 [쿼리 디자인](🖼)을 클릭한다.
② 〈교인명단〉 테이블을 더블클릭하여 추가한 후 [닫기]를 클릭한다.
③ 디자인 눈금의 각 필드에 다음과 같이 드래그해서 배치한다.

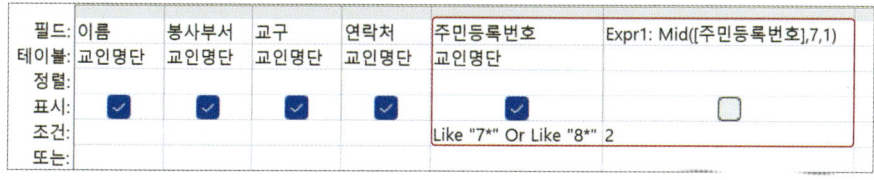

〈조건〉 주민등록번호 : Like "7*" Or Like "8*"
〈성별〉 Mid([주민등록번호],7,1)　　〈조건〉 2

④ [저장](🖼)을 클릭한 후 **여성7080**을 입력하고 [확인]을 클릭한다.

## 04 〈교구별부서명인원수〉 쿼리

① [만들기]-[쿼리] 그룹의 [쿼리 디자인](🖼)을 클릭한다.

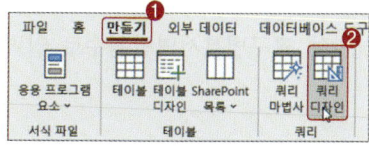

> **기적의 TIP**
> [만들기]-[쿼리] 그룹의 [쿼리 마법사]를 클릭하여 '크로스탭 쿼리 마법사'를 이용할 수 있습니다.
>
>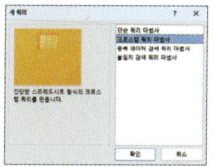

② [테이블 추가]의 [쿼리] 탭에서 〈부서보고〉를 추가하고 [닫기]를 클릭한다.

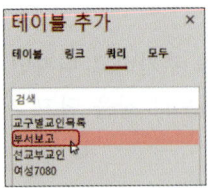

③ 디자인 눈금의 각 필드에 다음과 같이 드래그해서 놓는다.

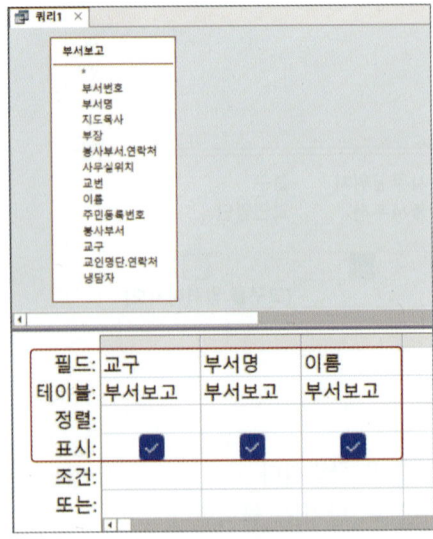

④ [쿼리 디자인]-[쿼리 유형] 그룹의 [크로스탭](🔲)을 클릭한다.

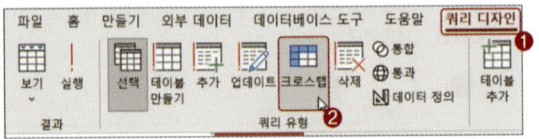

⑤ 교구는 '행 머리글', 부서명은 '열 머리글', 이름은 '개수'와 '값'을 선택한다.

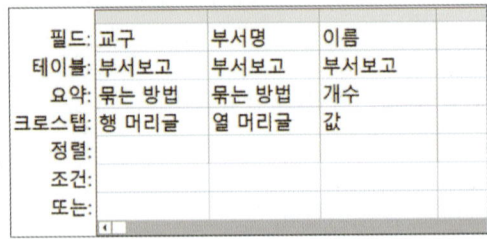

⑥ Ctrl+S를 눌러 '다른 이름으로 저장' 대화상자에 **교구별부서명인원수**로 입력하고 [확인]을 클릭하여 저장한다.

## 05 〈봉사부서처리〉 쿼리

① [만들기]-[쿼리] 그룹의 [쿼리 디자인](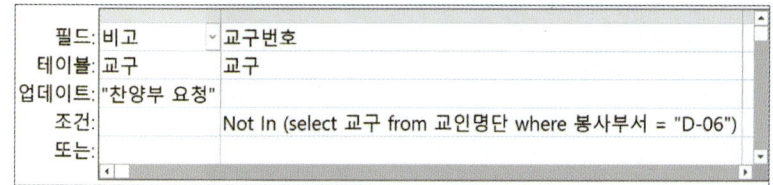)을 클릭한다.
② [테이블 표시] 대화상자의 [테이블] 탭에서 〈교구〉 테이블을 추가하고 '비고', '교구번호' 필드를 드래그한다.
③ [쿼리 디자인] 탭의 [쿼리 유형]-[업데이트](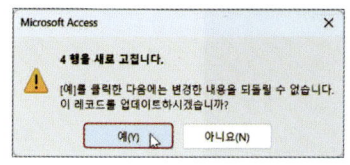)를 클릭한 후 다음과 같이 입력한다.

| 필드: | 비고 | 교구번호 |
|---|---|---|
| 테이블: | 교구 | 교구 |
| 업데이트: | "찬양부 요청" | |
| 조건: | | Not In (select 교구 from 교인명단 where 봉사부서 = "D-06") |
| 또는: | | |

④ [저장]을 클릭한 후, 쿼리의 이름을 **봉사부서처리**로 입력하고 [확인]을 클릭한다.
⑤ [쿼리 디자인] 탭의 [결과]-[실행]()을 클릭한 후 메시지에서 [예]를 클릭한다.

PART
03

# 데이터베이스 상시 기출문제

# 상시 기출문제

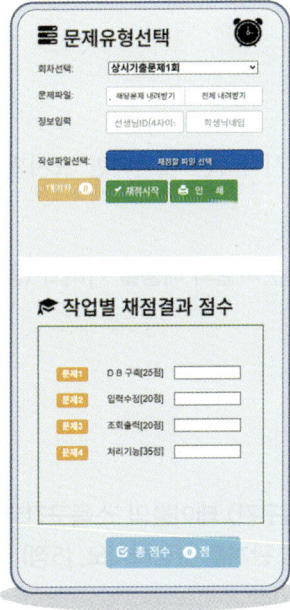

### 자동 채점 서비스(웹 용)

① comlicense.co.kr 접속
② '도서' 확인 후, [채점하기] 클릭
③ '회차'와 '채점할 파일' 선택
④ [채점시작] 클릭

# 상시 기출문제 01회

25점

작업파일  [26컴활1급₩2권_데이터베이스₩상시기출문제] 폴더의 '상시기출문제1회' 파일을 열어서 작업하시오.

## 문제 ❶ DB구축  25점

**01** 상권분석 업무를 수행하기 위한 데이터베이스를 구축하고자 한다. 다음 지시사항에 따라 〈동별상권분석〉 테이블을 완성하시오. (각 3점)

① 'ID' 필드는 'S-123456'과 같은 형태로 영문 대문자 1개와 '-'기호 1개와 숫자 6가 반드시 입력되도록 입력 마스크를 설정하시오.
  ▶ 영문자 입력은 영어와 한글만 입력할 수 있도록 설정할 것
  ▶ 숫자 입력은 0~9까지의 숫자만 입력할 수 있도록 설정할 것
  ▶ '-' 문자도 테이블에 저장되도록 설정할 것

② '상권변화코드' 필드는 대문자로 변환되도록 형식을 설정하시오.

③ 테이블이 로드될 때 '소득구간코드' 필드 기준으로 오름차순 정렬되도록 설정하시오.

④ '유흥지출총금액'이 '총지출금액' 필드를 초과하지 않도록 유효성 검사 규칙을 설정하고, 유효성 검사에 만족하지 못하는 값을 입력할 경우 다음과 같이 오류 메시지를 출력하도록 하시오.

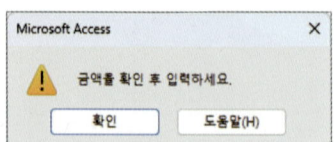

⑤ 테이블이 로드될 때, '상권코드명'이 '강남'으로 시작하는 데이터만 표시되도록 폼 필터를 설정하시오.

**02** 외부 데이터 가져오기 기능을 이용하여 〈동대문구.xlsx〉 파일의 내용을 가져와 〈동대문구상권분석〉 테이블을 생성하시오. (5점)

  ▶ 첫 번째 행은 열 머리글임
  ▶ 'ID' 필드의 데이터 형식은 '짧은 텍스트'
  ▶ 기본 키 없음

**03** 〈동별상권분석〉 테이블의 '소득구간코드' 필드는 〈소득구간〉 테이블의 '소득구간코드' 필드를 참조하며, 각 테이블의 간의 관계는 M:1이다. 다음과 같이 테이블 간의 관계를 설정하시오. (5점)

  ※ 액세스 파일에 이미 설정되어 있는 관계는 수정하지 마시오.
  ▶ 테이블 간에 항상 참조 무결성이 유지되도록 설정하시오.
  ▶ 참조 필드의 값이 변경되면 관련 필드의 값도 변경되도록 설정하시오.
  ▶ 다른 테이블에서 참조하고 있는 레코드는 삭제할 수 없도록 설정하시오.

## 문제 ❷ 입력 및 수정 기능 구현                                    20점

**01** 〈시장환경분석조회〉 폼을 다음의 화면과 지시사항에 따라 완성하시오. (각 3점)

① 폼의 머리글에 '시 장 환 경 분 석 조 회' 라는 제목을 표시하도록 컨트롤을 생성하고 이미지를 추가하시오.
  ▶ 레이블 이름 : lbl제목   글꼴 : 맑은 고딕, 24pt
  ▶ 이미지 : 상권Logo   ▶ 이름 : logo   ▶ 그림 유형 : 포함
② 하위 폼으로 '상권현황분석' 폼을 연결하고 필드 연결은 '상권변화지표'로 설정하시오.
③ 폼 바닥글 영역의 'txt개수' 컨트롤에는 〈동별상권분석〉 테이블의 '상권변화코드' 필드가 'txt조회' 컨트롤의 값과 같은 레코드의 총 개수가 표시되도록 '컨트롤 원본' 속성을 설정하시오. (DCount 함수 사용)

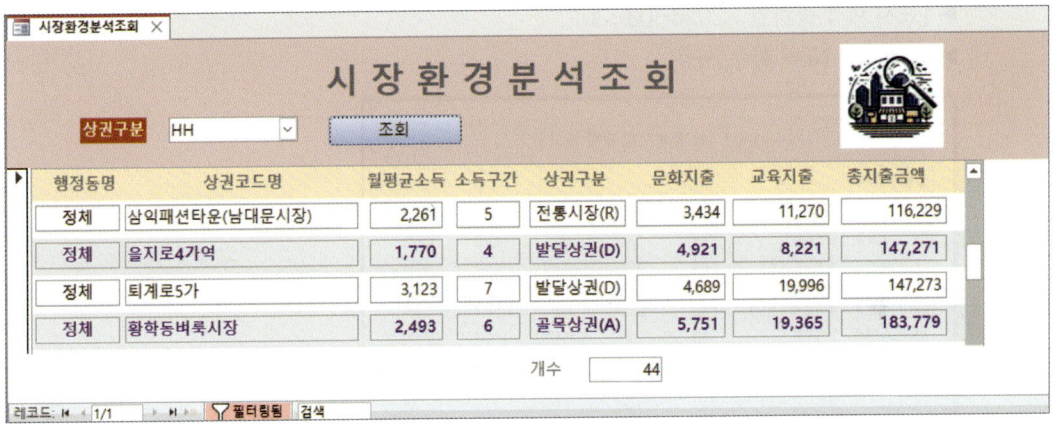

**02** 〈상권현황분석〉 폼의 본문 영역에 다음과 같이 조건부 서식을 설정하시오. (5점)

▶ '상권구분코드'가 'A'이거나 'D' 이면서 '소득구간코드' 구간이 '3~6' 인 영역의 모든 컨트롤에 '굵게', 글꼴 색 '자주'로 서식을 설정하시오.
▶ 단, 하나의 규칙으로 작성하시오.

**03** 〈시장환경분석조회〉 폼 머리글의 '조회(btn찾기)' 단추를 클릭하면 '상권변화지표(txt조회)'에 해당되는 필드 값이 하위 폼에 출력되게 〈상권변화조회〉 매크로를 생성하시오. (6점)

▶ 매크로 조건 : '상권변화지표' 필드 값이 'txt조회'에 해당되는 정보만 표시
▶ ApplyFilter 사용

## 문제 ❸ 조회 및 출력 기능 구현                                    20점

**01** 다음의 지시사항 및 화면을 참조하여 〈상권동향분석보고서〉 보고서를 완성하시오. (각 3점)

① 보고서 머리글의 'txt제목' 컨트롤의 형식을 설정하여 [표시 예]와 같이 설정하시오.
   ▶ [표시 예 : 2026-03-30 → 2026년 3월 행복지출 동향 보고서]
② '상권구분변화' 머리글 영역에서 머리글의 내용이 페이지마다 반복적으로 표시되도록 설정하고, '상권구분변화'가 변경되면 매 구역 전에 페이지도 변경되도록 설정하시오.
③ 동일한 '행정동코드명' 내에서는 '월평균소득금액'을 기준으로 오름차순 정렬되어 표시되도록 정렬을 추가하시오.
④ 본문의 'txt순번' 컨트롤에는 그룹별로 일련번호가 표시되도록 설정하시오.
⑤ 페이지 바닥글 영역의 'txt출력일자' 컨트롤에는 다음과 같이 표시되도록 설정하시오.
   ▶ [표시 예 : 출력일 : 2026-03-30]
   ▶ Format, Now 함수 사용

**02** 〈상권현황분석〉 폼에서 'lbl총지출금액' 컨트롤을 더블 클릭할 때마다 'txt총지출금액' 값을 기준으로 오름차순과 내림차순 정렬이 번갈아 적용되도록 이벤트 프로시저를 구현하시오. (5점)
   ▶ OrderBy, OrderbyOn 속성 사용

## 문제 ❹ 처리 기능 구현  35점

**01** 〈동별상권분석〉, 〈행정동〉 테이블을 이용하여 '동이름' 별 의료비비율, 교육비비율을 조회하는 〈교육의료비상위5개동〉 쿼리를 작성하시오. (7점)

- ▶ '동이름'은 '행정동코드명'의 왼쪽에서 두 글자를 추출하여 사용
- ▶ 의료비비율 = 의료비지출총금액 합계 / 총지출금액 합계
- ▶ 교육비비율 = 교육지출총금액 합계 / 총지출금액 합계
- ▶ 결과는 교육비비율이 높은 순서(내림차순)로 정렬하여 상위 5개 동이름만 조회
- ▶ LEFT, SUM 함수 사용
- ▶ 쿼리 결과 표시되는 필드와 필드명은 〈그림〉과 같이 표시되도록 설정하시오.

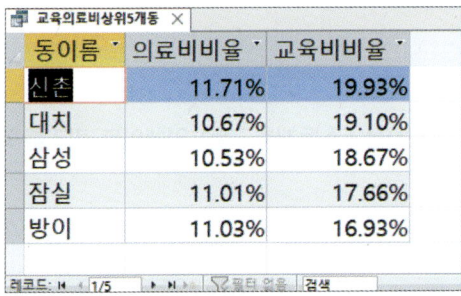

**02** 〈동별상권분석〉, 〈행정동〉, 〈상권변화〉 테이블을 이용하여 검색할 '행정코드명'의 일부를 매개변수로 입력받아 해당 행정동의 지출금액을 조회하는 〈소득구간지출금액〉 쿼리를 작성하시오. (7점)

- ▶ 행정동은 '행정동코드명'을 이용하여 표시
- ▶ '소득구간코드' 필드의 값은 5부터 7까지만 조회
- ▶ LIKE, BETWEEN 사용
- ▶ 쿼리 결과 표시되는 필드와 필드명은 〈그림〉과 같이 표시되도록 설정하시오.

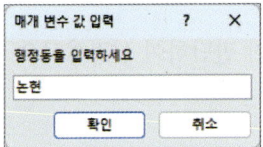

**03** 〈동별상권분석〉, 〈상권구분〉 테이블을 이용하여 상권구분별, 상권변화코드의 개수를 조회하는 〈상권구분별 변화지표〉 크로스탭 쿼리를 작성하시오. (7점)

▶ 총개수는 'ID' 필드를 이용
▶ 상권구분은 '상권구분코드명'을 이용하여 표시하고, 열 머리글은 '상권변화코드'가 'HH' 또는 'LL' 이면 '변화상권', 그 외는 '성장상권'으로 표시하고, '상권코드명' 필드에 '학교'가 포함된 데이터만 조회하시오.
▶ IIF, OR, INSTR 함수 사용
▶ 쿼리 결과 표시되는 필드와 필드명은 〈그림〉과 같이 표시되도록 설정하시오.

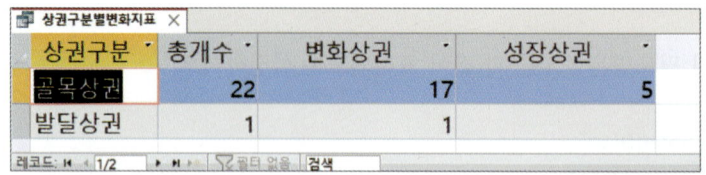

**04** 〈동별상권분석〉 테이블을 이용하여 기타 필드의 값을 변경하는 〈소득계층구분〉 업데이트 쿼리를 작성한 후 실행하시오. (7점)

▶ 소득구간코드가 3 이하이면 '성장형소득', 4~7 이면 '안정형소득', 그 외 '풍요형소득' 으로 기타 필드 값을 수정하시오.
▶ SWITCH 함수 사용
▶ 쿼리 결과 표시되는 필드와 필드명은 〈그림〉과 같이 표시되도록 설정하시오.

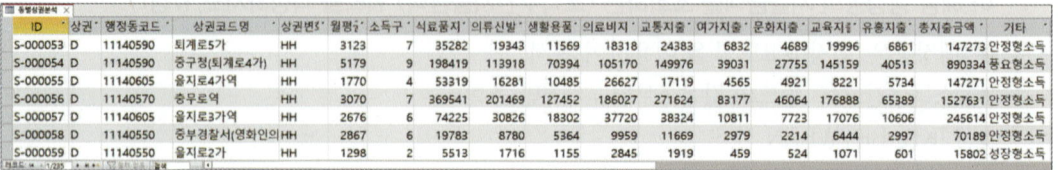

**05** 〈동별상권분석〉, 〈행정동〉 테이블을 이용하여 행정동별 월평균소득금액의 평균을 계산하여 〈월소득평균시각화〉 테이블을 생성하는 〈동별월소득평균〉 쿼리를 작성하고 실행하시오. (7점)

▶ 행정동코드명별로 월평균소득금액이 6000 이상인 경우만 계산
▶ 월평균소득금액의 평균을 계산하여 천단위 구분 기호와 '천원'을 붙여서 표시하고, 그 평균 값을 1000으로 나눈 몫만큼 "◎" 기호를 반복하여 표시하시오.
▶ FORMAT, AVG, STRING 함수 사용
▶ 쿼리 실행 결과 생성되는 테이블의 필드는 그림을 참고하여 수험자가 판단하여 설정하시오

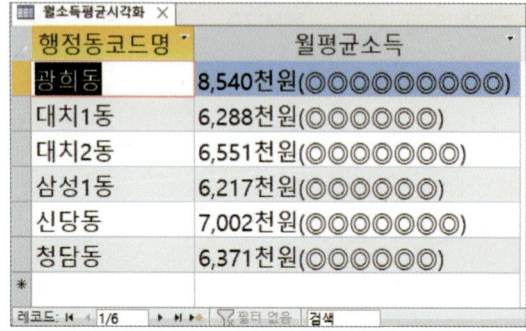

## 상시 기출문제 01회 정답

### 문제 ❶ DB구축

**01 〈동별상권분석〉 테이블**

| 번호 | 필드 이름 | 속성 및 형식 | 설정 값 |
|---|---|---|---|
| ① | ID | 입력마스크 | >L-000000;0; |
| ② | 상권변화코드 | 형식 | > |
| ③ | 소득구간코드<br>〈테이블 속성〉 | 정렬 기준 | 소득구간코드 ASC(또는 소득구간코드) |
| ④ | 유흥지출총금액<br>〈테이블 속성〉 | 유효성 검사 규칙 | [유흥지출총금액]<=[총지출금액] |
|  |  | 유효성 검사 텍스트 | 금액을 확인 후 입력하세요. |
| ⑤ | 폼 필터<br>〈테이블 속성〉 | 필터 | ((동별상권분석.상권코드명 Like "강남*")) |
|  |  | 로드할 때 필터링 | 예 |

**02 외부 데이터 가져오기(〈동대문구상권분석〉 테이블)**

**03 〈동별상권분석〉, 〈소득구간〉 테이블 관계 설정**

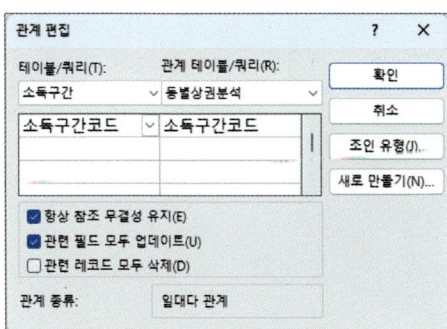

**문제 ❷** 입력 및 수정 기능 구현

### 01 〈시장환경분석조회〉 폼 완성

| 번호 | 필드 이름 | 필드 속성 | 설정 값 |
|---|---|---|---|
| ① | 폼 머리글 제목 레이블 | 이름 | lbl제목 |
| | | 캡션 | 시 장 환 경 분 석 조 회 |
| | | 글꼴 크기 | 24 |
| | | 글꼴 | 맑은 고딕 |
| | 폼 머리글 이미지 | 이름 | logo |
| | | 이미지 | 상권Logo |
| | | 그림유형 | 포함 |
| ② | 하위 폼 | 원본 개체 | 상권현황분석 |
| | | 기본 필드 연결 | 상권변화지표 |
| | | 하위 필드 연결 | 상권변화지표 |
| ③ | txt개수 | 컨트롤 원본 | =DCount("상권변화코드","동별상권분석","상권변화코드=txt조회") |

### 02 〈상권현황분석〉 폼의 본문 영역에 조건부 서식 설정

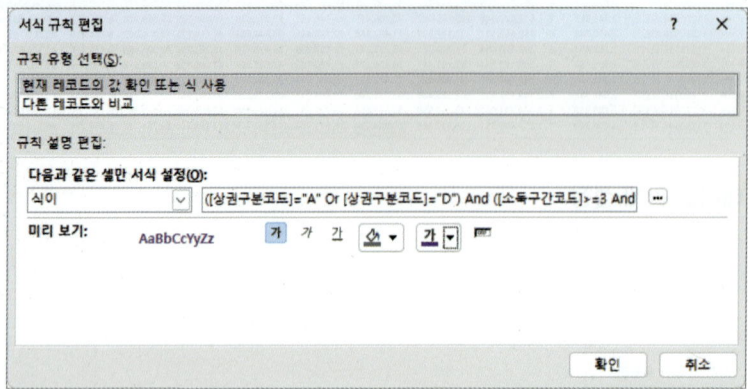

### 03 〈상권변화조회〉 매크로

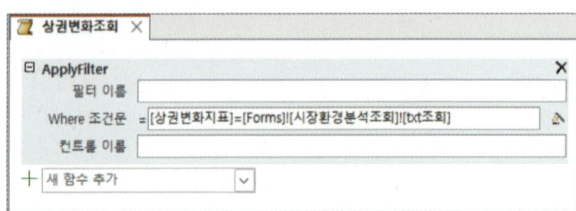

## 문제 ❸ 조회 및 출력 기능 구현

**01** 〈상권동향분석보고서〉 보고서

| 번호 | 필드 이름 | 필드 속성 | 설정 값 |
|---|---|---|---|
| ① | txt제목 | 형식 | yyyy"년 "m"월 행복지출 동향 보고서" |
| ② | '상권구분변화' 머리글 | 반복 실행 구역 | 예 |
| | | 페이지 바꿈 | 구역 전 |
| ③ | 그룹, 정렬 및 요약 | | 그룹, 정렬 및 요약<br>그룹화 기준 상권구분변화 ▼ 내림차순 ▼ , 자세히 ►<br>정렬 기준 행정동코드명<br>정렬 기준 월평균소득금액<br>[그룹 추가] [정렬 추가] |
| ④ | txt번호 | 컨트롤 원본 | =1 |
| | | 누적 합계 | 그룹 |
| ⑤ | txt출력일자 | 컨트롤 원본 | =DCount("상권변화코드","동별상권분석","상권변화코드='" & txt조회 & "'") |

**02** 〈상권현황분석〉 폼의 'lbl총지출금액' 컨트롤

```
Private Sub lbl총지출금액_DblClick(Cancel As Integer)
    If Me.OrderBy = "총지출금액" Then
        Me.OrderBy = "총지출금액 desc"
    Else
        Me.OrderBy = "총지출금액 asc"
    End If
        Me.OrderByOn = True
End Sub
```

## 문제 ❹ 처리 기능 구현

### 01 〈교육의료비상위5개동〉 쿼리

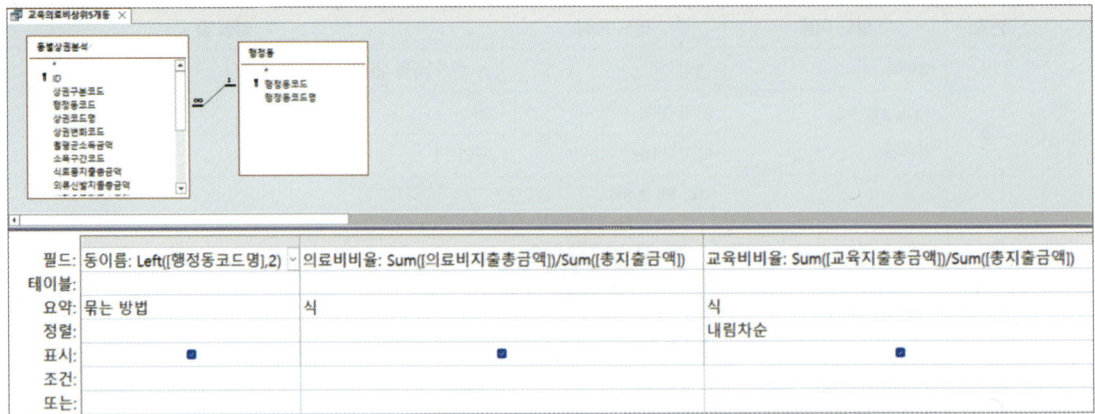

### 02 〈소득구간지출금액〉 쿼리

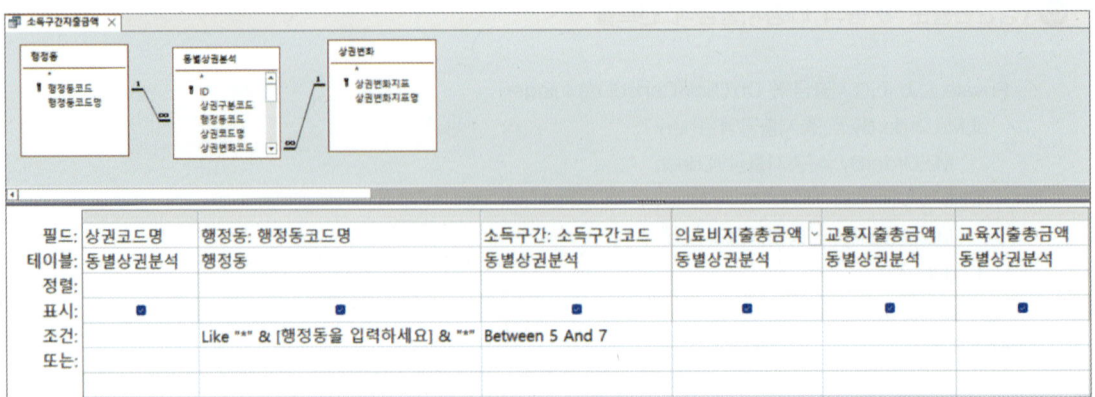

### 03 〈상권구분별변화지표〉 쿼리

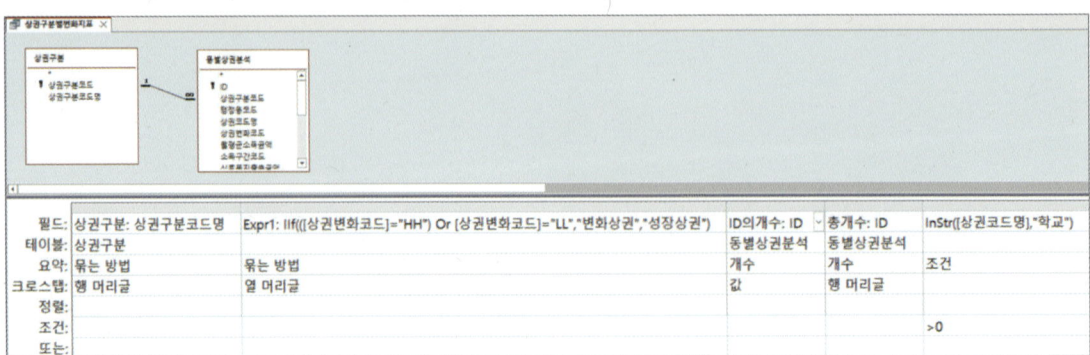

**04** 〈소득계층구분〉 쿼리

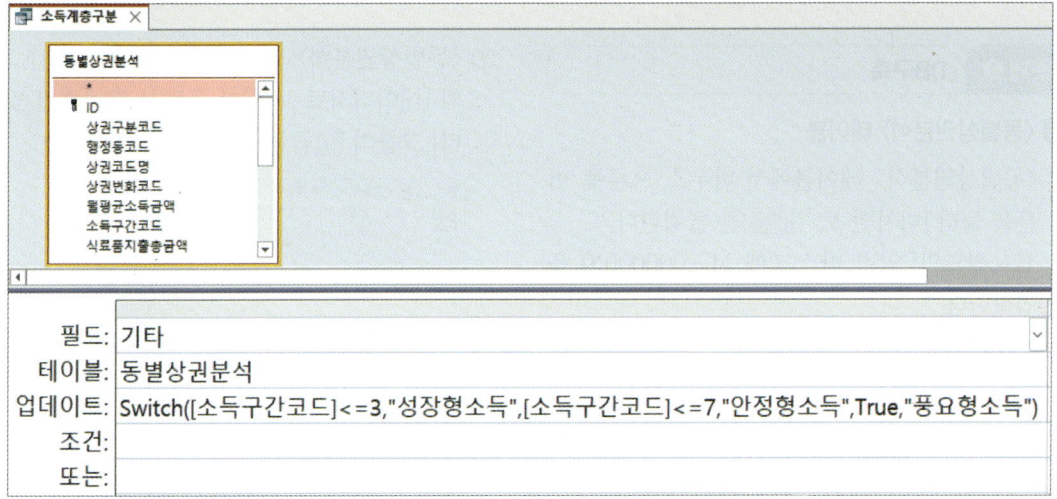

**05** 〈동별월소득평균〉 쿼리

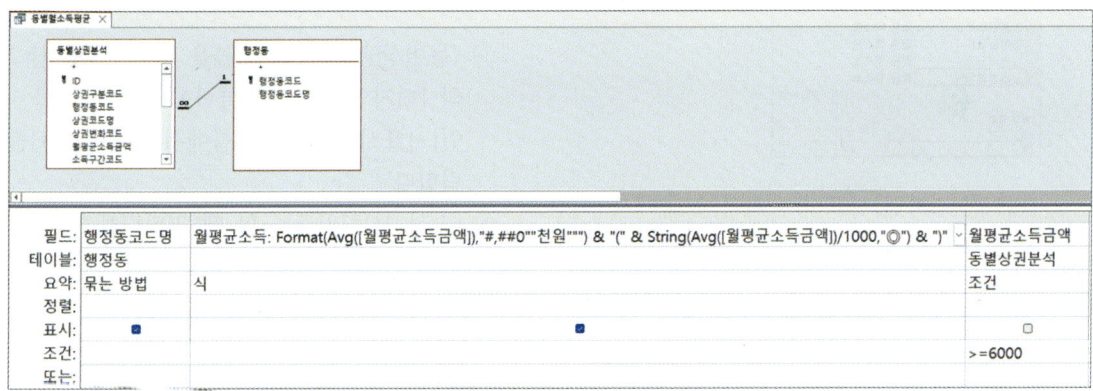

# 상시 기출문제 01회 해설

### 문제 ① DB구축

**01 〈동별상권분석〉 테이블**

① 〈동별상권분석〉 테이블에서 마우스 오른쪽 버튼을 눌러 [디자인 보기](🔲)를 클릭한다.
② 'ID' 필드의 '입력 마스크'에 >L-000000;0;을 입력한다.

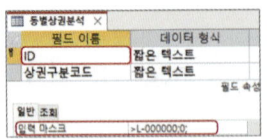

③ '상권변화코드' 필드의 형식에 >를 입력한다.

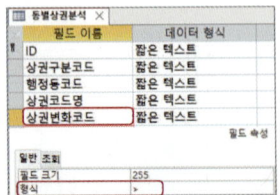

④ [테이블 디자인]-[표시/숨기기] 그룹에서 [속성 시트]를 클릭한다.

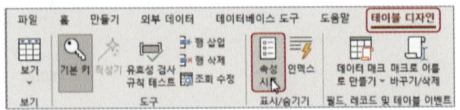

⑤ [속성 시트]의 정렬 기준에 **소득구간코드 ASC**를 입력한다. (오름차순 ASC는 입력을 생략해도 가능)

⑥ [속성 시트]의 유효성 검사 규칙에 **[유흥지출총금액]<=[총지출금액]**, 유효성 검사 텍스트에 **금액을 확인 후 입력하세요.** 를 입력한다.

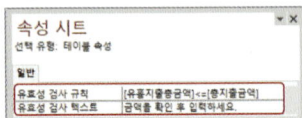

⑦ 〈동별상권분석〉 테이블을 [보기]-[보기] 그룹의 [데이터시트 보기]를 클릭한 후, [정렬 및 필터] 그룹의 [고급]-[폼 필터]를 클릭한다.

⑧ 상권코드명 필드에 **강남\*** 를 입력하고 [필터 적용/해제]를 클릭한다.

⑨ 〈동별상권분석〉 테이블을 [보기]-[보기] 그룹의 [디자인 보기]를 클릭한 후, [테이블 디자인]-[표시/숨기기] 그룹에서 [속성 시트]를 클릭한다.
⑩ [속성 시트]의 로드할 때 필터링은 '예'를 선택한다.

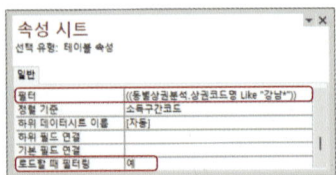

### 02 외부 데이터 가져오기

① [외부 데이터]-[가져오기 및 연결] 그룹에서 [새 데이터 원본]-[파일에서]-[Excel]을 클릭한다.

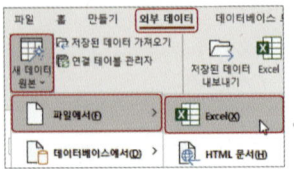

② [찾아보기]를 클릭하여 '동대문구.xlsx' 파일을 찾은 후 [열기]를 클릭한다.

③ '현재 데이터베이스의 새 테이블로 원본 데이터 가져오기'를 지정하고 [확인]을 클릭한 후 [다음]을 클릭한다.

④ '첫 행에 열 머리글이 있음'을 선택하고 [다음]을 클릭한다.

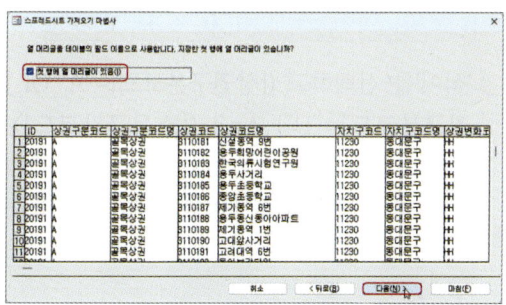

⑤ 필드 이름은 'ID', 데이터 형식은 '짧은 텍스트'를 선택하고 [다음]을 클릭한다.

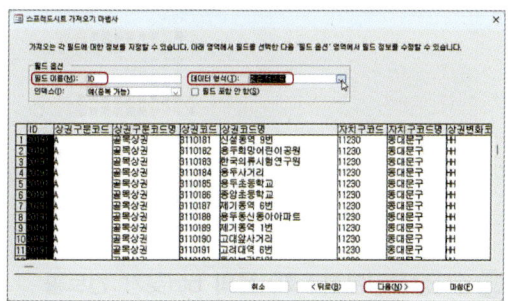

⑥ '기본 키 없음'을 선택하고 [다음]을 클릭한다.

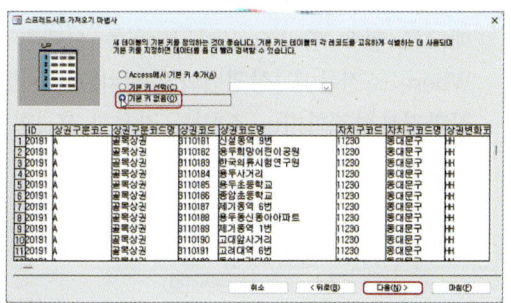

⑦ **동대문구상권분석**을 입력하고 [마침]을 클릭한다.

**03** 〈동별상권분석〉 ↔ 〈소득구간〉 테이블간의 관계 설정

① [데이터베이스 도구]-[관계] 그룹에서 [관계](圖)를 클릭한다.

② [관계 디자인] 탭의 [테이블 추가](圖)를 클릭하여 [테이블]에서 〈소득구간〉을 더블클릭한다.

③ 〈소득구간〉 테이블의 '소득구간코드'를 〈동별상권분석〉 테이블의 '소득구간코드'로 드래그한다.

④ [관계 편집]에서 다음과 같이 지정하고 [만들기]를 클릭한다.

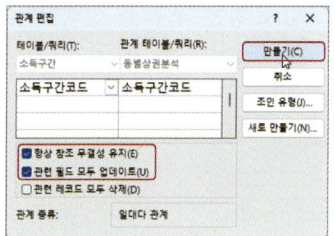

### 문제 ❷  입력 및 수정 기능 구현

**01** 〈시장환경분석조회〉 폼 완성

① 〈시장환경분석조회〉 폼에서 마우스 오른쪽 버튼을 눌러 [디자인 보기](圖)를 클릭한다.

② [양식 디자인]-[컨트롤] 그룹의 '레이블'(가가)을 폼 머리글 영역에 드래그한 후 속성 시트에서 이름에 **lbl제목**, 캡션에 **시 장 환 경 분 석 조 회**를 입력한다.

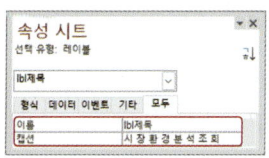

③ [형식] 탭에서 글꼴은 '맑은 고딕', 크기는 '24'로 설정한다.

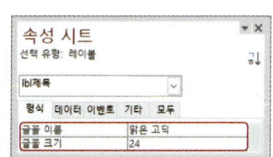

④ [양식 디자인]-[컨트롤] 그룹의 '이미지( )'를 폼 머리글 영역에 드래그한 후 '상권Logo' 이미지를 선택한다.

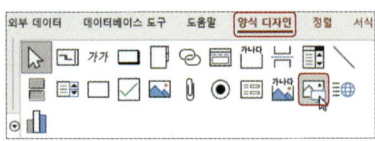

⑤ 이미지를 선택한 후 [속성 시트]에 이름은 logo를 입력하고, 그림 유형은 '포함'을 선택한다.

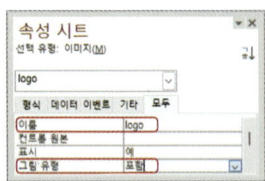

⑥ 본문의 하위 폼 개체를 선택한 후 [속성 시트]의 [데이터] 탭에서 원본 개체는 '상권현황분석', 기본 필드 연결과 하위 필드 연결은 '상권변화지표'를 선택한다.

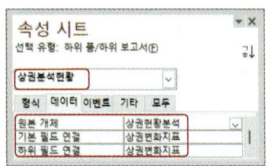

⑦ 'txt개수'를 선택하고 컨트롤 원본에 =DCount("상권변화코드","동별상권분석","상권변화코드='" & [txt조회] & "'")를 입력한다. (또는 =DCount("상권변화코드","동별상권분석","상권변화코드=txt조회")도 가능)

**02** 〈상권현황분석〉 폼의 조건부 서식

① 〈상권현황분석〉 폼에서 마우스 오른쪽 버튼을 눌러 [디자인 보기]( )를 클릭한다.
② 본문의 모든 컨트롤이 선택될 수 있도록 왼쪽 눈금자를 클릭한 후 [서식]-[컨트롤 서식] 그룹의 [조건부 서식]-[새 규칙]을 클릭한다.

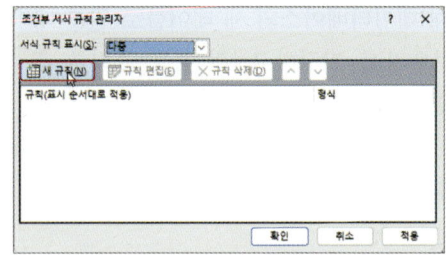

③ '식이'를 선택하고 ([상권구분코드]="A" Or [상권구분코드]="D") And ([소득구간코드]>=3 And [소득구간코드]<=6)을 입력하고, '굵게', 글꼴 색은 '자주'를 선택하고 [확인]을 클릭한다.

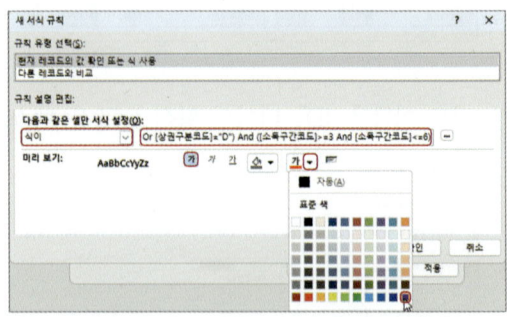

④ [조건부 서식 규칙 관리자]에서 [확인]을 클릭한다.

**03** 〈시장환경분석조회〉 폼의 'btn찾기' 컨트롤

① [만들기]-[매크로 및 코드] 그룹에서 [매크로]( )를 클릭한다.
② 매크로 함수 중 'ApplyFilter'를 선택한 후 Where 조건문에 [상권변화지표]=[Forms]![시장환경분석조회]![txt조회]를 작성한 후 [확인]을 클릭한다.

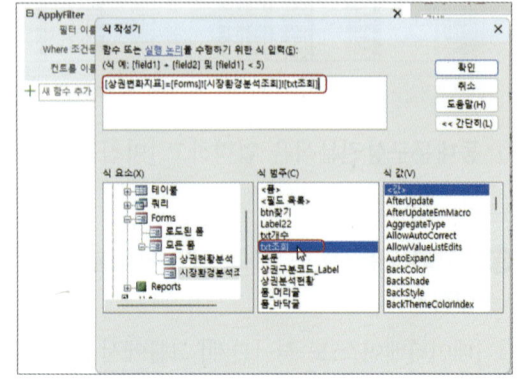

③ [저장](🖫)을 클릭하여 **상권변화조회**를 입력한다.
④ 〈시장환경분석조회〉 폼의 [디자인 보기](📐) 모드에서 'btn찾기' 컨트롤을 선택한다.
⑤ [이벤트] 탭의 On Click에서 '상권변화조회'를 선택한다.

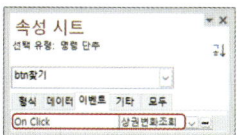

## 문제 ③ 조회 및 출력 기능 구현

### 01 〈상권동향분석보고서〉 보고서

① 〈상권동향분석보고서〉 보고서에서 마우스 오른쪽 버튼을 눌러 [디자인 보기](📐)를 클릭한다.
② 보고서 머리글 'txt제목'의 형식에 **yyyy년 m월 행복지출 동향 보고서**를 입력한다.

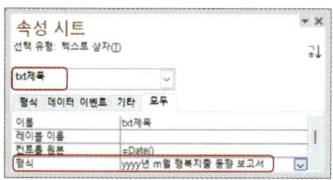

③ '상권구분변화 머리글'을 선택한 후 [형식] 탭에서 반복 실행 구역은 '예', 페이지 바꿈은 '구역 전'으로 선택한다.

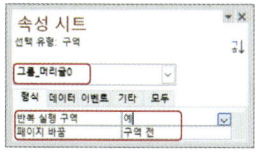

④ [그룹, 정렬 및 요약]에서 [정렬 추가]를 클릭한다.
⑤ '월평균소득금액' 필드를 선택하고 '오름차순'으로 지정한다.

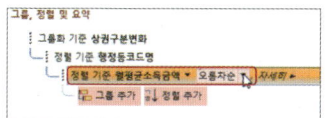

⑥ 본문의 'txt순번'을 선택한 후 [데이터] 탭에서 컨트롤 원본 =1을 입력하고, 누적 합계 '그룹'을 선택한다.

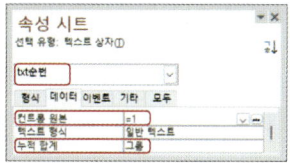

⑦ 페이지 바닥글의 'txt출력일자'를 선택한 후 [데이터] 탭에서 컨트롤 원본 =Format(Now(),"출력일 : yyyy-mm-dd")를 입력한다.

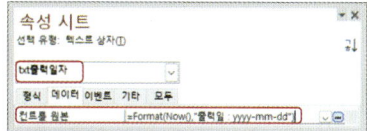

### 02 〈상권현황분석〉 폼의 이벤트 프로시저 작성

① 〈상권현황분석〉 폼을 [디자인 보기](📐)로 열고 '총지출금액'(lbl총지출금액)를 선택하고 [이벤트] 탭의 'On Dbl Click' 속성에서 [이벤트 프로시저]를 선택하고 [작성기](…)를 클릭한다.
② '작성기 선택' 창에서 '코드 작성기'를 선택한 후 [확인]을 클릭한다.
③ 'lbl총지출금액_DblClick() 프로시저'에 다음과 같이 코딩한다.

```
Private Sub lbl총지출금액_DblClick(Cancel As Integer)
    If Me.OrderBy = "총지출금액" Then
        Me.OrderBy = "총지출금액 desc"
    Else
        Me.OrderBy = "총지출금액 asc"
    End If
    Me.OrderByOn = True
End Sub
```

**문제 ❹ 처리 기능 구현**

**01 〈교육의료비상위5개동〉 쿼리**

① [만들기]-[쿼리] 그룹에서 [쿼리 디자인](📋)을 클릭한다.
② [테이블 추가]의 [테이블]에서 〈동별상권분석〉, 〈행정동〉을 더블클릭하여 추가한 후 〈행정동코드명〉, 〈의료비지출총금액〉, 〈교육지출총금액〉 필드를 추가한다.

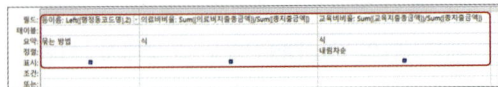

③ 필드명을 다음과 같이 수정하고, [쿼리 디자인]-[표시/숨기기] 그룹의 [요약](Σ)을 클릭하여 의료비비율과 교육비비율은 '식'을 선택하고, 교육비비율은 '내림차순'을 선택한다.

- **동이름** : Left([행정동코드명],2)
- **의료비비율** : Sum([의료비지출총금액])/Sum([총지출금액])
- **교육비비율** : Sum([교육지출총금액])/Sum([총지출금액])

④ [쿼리 디자인]-[쿼리 설정] 그룹에서 '반환'에 5를 입력한다.

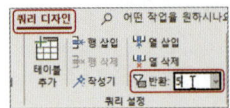

⑤ '의료비비율'을 선택한 후 [쿼리 디자인]-[표시/숨기기] 그룹의 [속성 시트]를 클릭하여 형식 '백분율', 소수 자릿수 2를 입력한다.

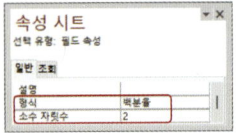

⑥ 같은 방법으로 '교육비비율'도 '백분율' 형식에 소수 자릿수 2로 지정한다.
⑦ [저장](💾)을 클릭한 후 **교육의료비상위5개동**을 입력하고 [확인]을 클릭한다.

**02 〈소득구간지출금액〉 쿼리**

① [만들기]-[쿼리] 그룹에서 [쿼리 디자인](📋)을 클릭한다.
② [테이블 추가]의 [테이블]에서 〈동별상권분석〉, 〈행정동〉, 〈상권변화〉를 더블클릭하여 추가한다.
③ 다음과 필드를 추가한 후 '행정동', '소득구간'은 다음과 같이 필드명과 조건을 작성한다.

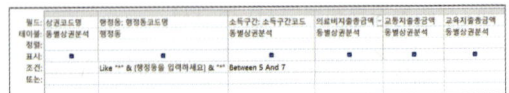

- **행정동** : 행정동코드명
- **조건** : Like "*" & [행정동을 입력하세요] & "*"
- **소득구간** : 소득구간코드
- **조건** : Between 5 And 7

④ '의료비지출총금액'을 선택한 후 [쿼리 디자인]-[표시/숨기기] 그룹의 [속성 시트]를 클릭하여 형식 '표준', 소수 자릿수 0을 입력한다.

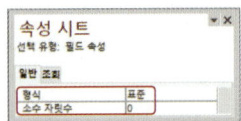

⑤ 같은 방법으로 '교통지출총금액', '교육지출총금액' 필드 형식은 '표준', 소수 자릿수는 0으로 지정한다.
⑥ [저장](💾)을 클릭한 후 **소득구간지출금액**을 입력하고 [확인]을 클릭한다.

**03 〈상권구분별변화지표〉 쿼리**

① [만들기]-[쿼리] 그룹에서 [쿼리 디자인](📋)을 클릭한다.
② [테이블 추가]의 [테이블]에서 〈동별상권분석〉, 〈상권변화〉를 더블클릭하여 추가한다.

③ 디자인 눈금의 각 필드에 다음과 같이 드래그해서 배치한다.

④ [쿼리 디자인]-[쿼리 유형] 그룹의 [크로스탭](　)을 클릭한다.

⑤ 다음과 같이 수정한다.

- 행 머리글 : 상권구분
- 열 머리글 : IIf(([상권변화코드]="HH") Or [상권변화코드]="LL","변화상권","성장상권")
- 값(식) : ID(개수)
- 행 머리글(개수) : 총개수
- InStr([상권코드명],"학교") : 조건 ()>0

⑥ [저장](　)을 클릭한 후 **상권구분별변화지표**를 입력하고 [확인]을 클릭한다.

### 04 〈소득계층구분〉 쿼리

① [만들기]-[쿼리] 그룹에서 [쿼리 디자인](　)을 클릭한다.
② [테이블 추가]의 [테이블]에서 〈동별상권분석〉을 더블클릭하여 추가한다.
③ [쿼리 디자인]-[쿼리 유형] 그룹의 [업데이트](　)를 클릭한다.
④ '기타' 필드를 추가한 후 '업데이트'를 다음과 같이 입력한다.

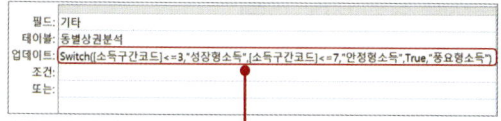

Switch([소득구간코드]<=3,"성장형소득",[소득구간코드]<=7,"안정형소득",True,"풍요형소득")

⑤ [저장](　)을 클릭한 후 **소득계층구분**을 입력하고 [확인]을 클릭한다.

⑥ [쿼리 디자인]-[결과] 그룹의 [실행](　)을 클릭한 후 [예]를 클릭한다.

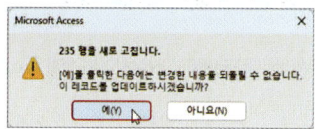

### 05 〈동별월소득평균〉 쿼리

① [만들기]-[쿼리] 그룹에서 [쿼리 디자인](　)을 클릭한다.
② [테이블 추가]의 [테이블]에서 〈동별월소득평균〉, 〈행정동〉을 더블클릭하여 추가한다.
③ 행정동코드명, 월평균소득금액 필드를 추가한 후 월평균소득 필드와 조건을 다음과 같이 작성한다.

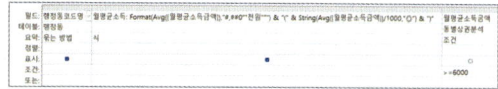

- 행정동코드명
- 월평균소득 : 식
- 월평균소득금액 : 조건 ()>=6000
- 월평균소득 : Format(Avg([월평균소득금액]),"#,##0천원") & "(" & String(Avg([월평균소득금액])/1000,"◎") & ")"

④ [쿼리 디자인]-[쿼리 유형] 그룹의 [테이블 만들기](　)를 클릭하여 **월소득평균시각화**를 입력하고 [확인]을 클릭한다.

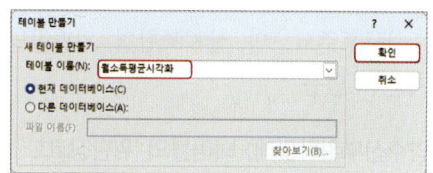

⑤ [저장](　)을 클릭한 후 **동별월소득평균**을 입력하고 [확인]을 클릭한다.
⑥ [쿼리 디자인]-[결과] 그룹에서 [실행](　)을 클릭한 후 [예]를 클릭한다.

> **기적의 TIP**
>
> **데이터베이스 자료 출처**
> 서울시 상권분석서비스(소득소비-상권)
> https://data.seoul.go.kr/dataList/OA-21278/S/1/datasetView.do

# 상시 기출문제 02회

작업파일 [26컴활1급₩2권_데이터베이스₩상시기출문제] 폴더의 '상시기출문제2회' 파일을 열어서 작업하시오.

## 문제 ❶ DB구축  25점

**01** 수산물위탁판매 업무를 수행하기 위한 데이터베이스를 구축하고자 한다. 다음 지시사항에 따라 〈해양수산부위탁판매〉 테이블을 완성하시오. (각 3점)

① '수산물코드' 필드에 〈수산물〉 테이블의 '수산물코드', '수산물코드명' 필드를 콤보상자 형태로 표시하시오.
  ▶ '수산물코드' 필드는 보이지 않도록 설정하고, '수산물코드' 필드가 저장될 수 있도록 설정할 것
② '어종상태' 필드는 "활어", "선어", "냉동"외의 입력 값은 허용되지 않도록 설정하고, "활어, 선어, 냉동만 입력하세요." 라는 오류 메시지 설정하시오.
③ '위판일자' 필드는 [표시 예]와 같이 나타나도록 형식을 설정하시오. [표시 예 : 2026-03-03 → 03월 03일 화]
④ '데이터기준일' 필드는 새로운 레코드가 추가되는 경우 시간을 포함하지 않는 시스템의 오늘 날짜가 기본으로 입력되도록 설정하시오.
⑤ 테이블 마지막에 '짧은 텍스트' 형식의 '이메일' 필드를 추가하고, "@" 문자 앞, 뒤로 최소 한 문자씩 입력될 수 있도록 유효성 검사 규칙을 설정하시오.

**02** 외부 데이터 가져오기 기능을 이용하여 〈고등어위탁판매집계.xlsx〉 파일의 내용을 가져와 〈고등어위탁판매내역〉 테이블을 생성하시오. (5점)

  ▶ 첫 번째 행은 열 머리글임
  ▶ '수산물표준코드' 필드의 데이터 형식은 '짧은 텍스트'
  ▶ 수산물표준코드명, 산지조합명, 위판장명 '필드 포함 안 함'
  ▶ 기본 키 없음

**03** 〈해양수산부위탁판매〉 테이블의 '위판장코드' 필드는 〈위판장〉 테이블의 '위판장코드' 필드를 참조하며, 각 테이블의 간의 관계는 M:1이다. 다음과 같이 테이블 간의 관계를 설정하시오. (5점)

  ※ 액세스 파일에 이미 설정되어 있는 관계는 수정하지 마시오.
  ▶ 테이블 간에 항상 참조 무결성이 유지되도록 설정하시오.
  ▶ 참조 필드의 값이 변경되면 관련 필드의 값도 변경되도록 설정하시오.
  ▶ 다른 테이블에서 참조하고 있는 레코드는 삭제할 수 없도록 설정하시오.

## 문제 ❷ 입력 및 수정 기능 구현  20점

**01** 〈위탁판매집계표〉 폼을 다음의 화면과 지시사항에 따라 완성하시오. (각 3점)

① 하위 폼의 본문의 모든 컨트롤 배경 스타일을 '투명'으로 설정하시오.
② 폼이 로드될 때 하위 폼 컨트롤에는 포커스가 이동하지 않도록 설정하고, 수산물(cmb수산물) 컨트롤에 포커스가 이동되도록 탭 인덱스를 설정하시오.
③ 폼 하단 스크롤(가로)을 표시되지 않도록 속성을 설정하시오.

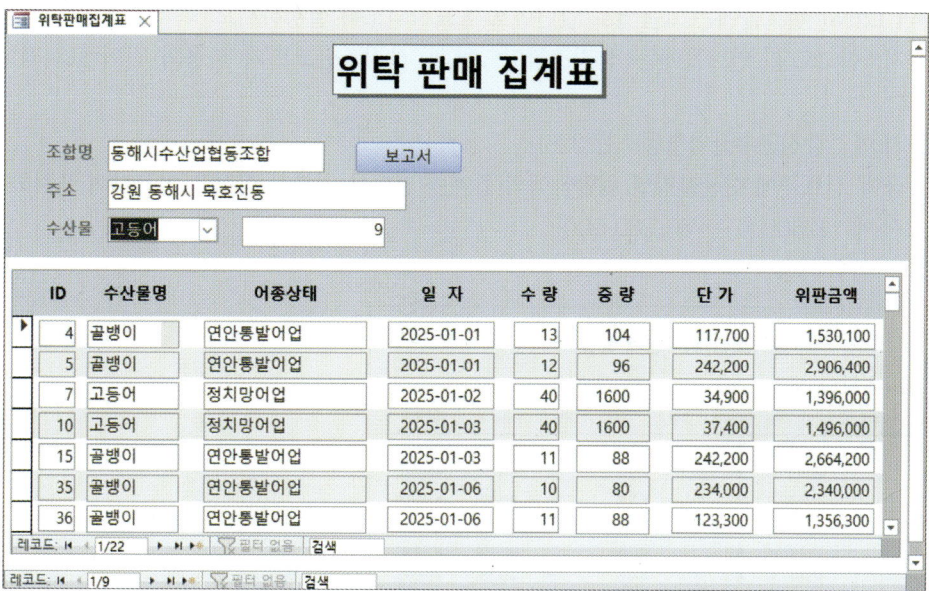

**02** 〈위탁판매집계표〉 폼 머리글 영역의 'txt건수' 컨트롤에는 〈해양수산부위탁판매〉 테이블의 수산물코드가 'cmb수산물'과 같고, 산지조합코드가 〈위탁판매집계표〉 폼의 '산지조합코드'와 같은 '수산물코드'의 개수가 표시되도록 '컨트롤 원본' 속성을 설정하시오. (5점)

▶ DCount 함수 사용

**03** 〈수산물위탁판매거래내역〉 폼의 'txt위판단가' 컨트롤을 더블 클릭하면 〈그림〉과 같이 메시지가 출력 될 수 있도록 이벤트 프로시저를 작성하시오. (6점)

▶ 위판단가(1킬로그램) : txt위판단가 / txt위판중량  정보 표시
▶ FORMAT 함수를 이용하여 'txt위판단가 / txt위판중량' 결과를 천 단위 구분 기호와 원을 붙여서 표시

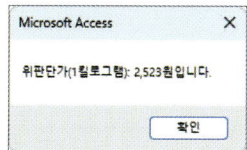

## 문제 ❸  조회 및 출력 기능 구현         20점

**01** 다음의 지시사항 및 화면을 참조하여 〈조합위탁판매보고서〉 보고서를 완성하시오. (각 3점)

① '산지조합코드명' 머리글 영역에서 머리글의 내용이 페이지마다 반복적으로 표시되도록 설정하고, '산지조합코드명'이 변경되면 매 구역 전에 페이지도 변경되도록 설정하시오.
② 본문 영역에서 '수산물코드명(txt수산물코드명)' 필드의 값이 이전 레코드와 동일한 경우에는 표시되지 않도록 설정하시오.
③ 본문의 'txtNo' 컨트롤에는 그룹별로 일련번호가 표시되도록 설정하시오.
④ 'txt산지조합코드명' 컨트롤에는 '산지조합코드명'과 '산지조합코드'가 다음과 같이 표시되도록 설정하시오.
  ▶ [표시 예 : 강진군수산업협동조합(326)]
⑤ 'txt총금액' 컨트롤에 수산물명별 위판금액의 합계를 컨트롤 원본과 형식을 이용하여 표시하시오.
  ▶ [표시 예 : 1230000 → ₩1,230,000]
  ▶ SUM 함수 이용

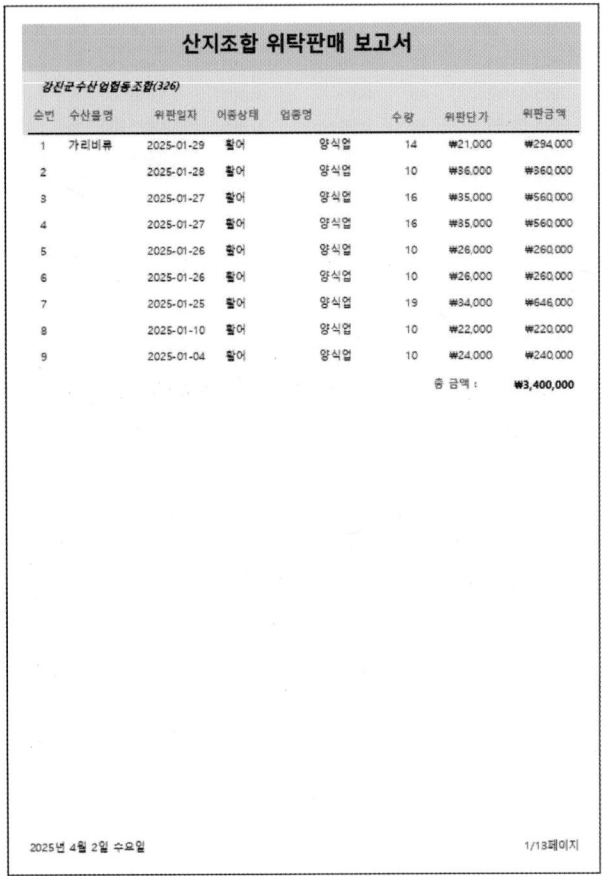

**02** 〈위탁판매집계표〉 폼에서 '보고서(btn보고서)' 단추를 클릭하면 '판매보고서' 보고서가 미리 보기 형식으로 출력되게 〈협동조합출력〉 매크로가 실행되도록 지정하시오. (5점)

  ▶ 산지조합코드명은 〈위탁판매집계표〉 폼의 'txt산지조합코드명'과 같은 정보만 표시

## 문제 ④ 처리 기능 구현                                          35점

**01** 〈수산물〉, 〈해양수산부위탁판매〉 테이블을 이용하여 '수산물코드명'별 Kg당 단가를 계산하는 〈수산물별위판요약〉 쿼리를 작성하시오. (7점)

▶ 위판수량의 합계, 위판단가의 평균, 위판단가(kg), 위판금액의 합계를 계산
▶ 위판단가(kg)는 위판단가를 위판중량으로 나눈 값의 평균을 구하여 천단위 구분 기호와 "/Kg" 단위를 붙여 표시
▶ FORMAT, AVG 함수 사용
▶ 쿼리 결과 표시되는 필드와 필드명은 〈그림〉과 같이 표시되도록 설정하시오.

| 수산물명 | 위판수량합계 | 위판단가평균 | 위판단가(kg) | 위판금액합계 |
|---|---|---|---|---|
| 가다랑어 | 37 | 20,000 | 23/Kg | 740,000 |
| 가리비류 | 115 | 28,778 | 1,689/Kg | 3,400,000 |
| 가오리류 | 961 | 17,392 | 437/Kg | 16,747,600 |
| 갯장어 | 33 | 5,000 | 152/Kg | 165,000 |
| 고등어 | 1701 | 50,231 | 171/Kg | 85,910,900 |
| 골뱅이 | 957 | 36,658 | 625/Kg | 24,346,100 |
| 곰치 | 83 | 11,167 | 41/Kg | 1,017,000 |

**02** 〈수산물〉, 〈해양수산부위탁판매〉, 〈산지조합〉, 〈위판장〉 테이블을 이용하여 매개변수로 입력받은 수산물코드명의 위판단가 평균 미만인 자료를 조회하는 〈특정수산물저가조회〉 쿼리를 작성하시오. (7점)

▶ 수산물코드명의 일부를 매개변수로 입력 받을 것
▶ 하위 쿼리, AVG 함수와 LIKE 연산자 사용
▶ 쿼리 결과 표시되는 필드와 필드명은 〈그림〉과 같이 표시되도록 설정하시오.

| 수산물명 | 위판일자 | 위판단가 | 산지조합코드명 | 위판장코드명 |
|---|---|---|---|---|
| 가리비류 | 01월 04일 토 | ₩24,000 | 강진군수산업협동조합 | 유통사업과 |
| 가리비류 | 01월 10일 금 | ₩22,000 | 강진군수산업협동조합 | 유통사업과 |
| 가리비류 | 01월 26일 일 | ₩26,000 | 강진군수산업협동조합 | 유통사업과 |
| 가리비류 | 01월 26일 일 | ₩26,000 | 강진군수산업협동조합 | 유통사업과 |
| 가리비류 | 01월 29일 수 | ₩21,000 | 강진군수산업협동조합 | 유통사업과 |

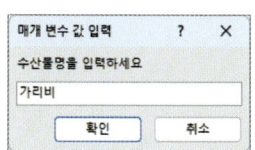

**03** 〈해양수산부위탁판매〉, 〈산지조합〉 테이블을 이용하여 어종상태가 '활어'에 해당한 산지조합코드명별 판매건수를 조회하는 〈산지조합별_상하반기분석〉 크로스탭 쿼리를 작성하시오. (7점)

▶ '수산물코드' 필드를 이용하여 개수와 총판매건수도 표시
▶ 위판일자가 15일 이내이면 "상반기", 그 외는 "하반기"로 표시
▶ '수산물코드'의 개수가 비어 있을 경우 "*"로 표시
▶ IIF, DATEPART, COUNT, ISNULL 함수 사용
▶ 쿼리 결과 표시되는 필드와 필드명은 〈그림〉과 같이 표시되도록 설정하시오.

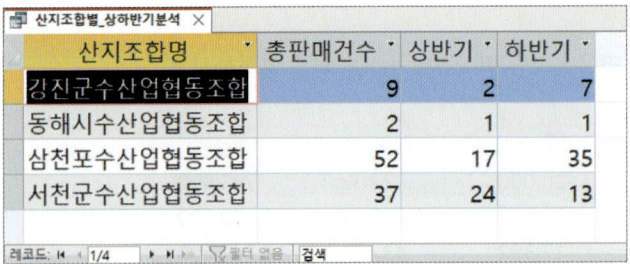

**04** 〈수산물〉, 〈해양수산부위탁판매〉 테이블을 이용하여 기타 필드의 값을 변경하는 〈최대판매수산물〉 업데이트 쿼리를 작성한 후 실행하시오. (7점)

▶ 위판수량이 가장 많은 수산물코드에 대해 기타 필드에 "★최다판매★"로 변경
▶ 하위 쿼리 사용, MAX 함수 사용
▶ 쿼리 결과 표시되는 필드와 필드명은 〈그림〉과 같이 표시되도록 설정하시오.

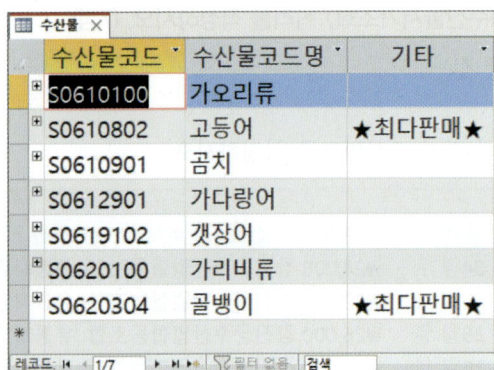

**05** 〈해양수산부위탁판매〉, 〈수산물〉 테이블을 이용하여 수산물코드명이 '고등어'이고, 업종명이 '어업'으로 끝나는 항목을 조회한 값을 새 테이블로 생성하는 〈업종별위탁판매현황〉 쿼리를 작성하고 실행하시오. (7점)

▶ 쿼리 실행 후 생성되는 테이블의 이름은 [업종별고등어현황]으로 생성하시오.
▶ '업종명'에서 '어업'을 제외한 값을 '업종'으로 출력하고, '위판수량'과 '위판금액'의 합계를 계산하시오.
▶ LEFT, INSTR 함수 사용
▶ 쿼리 실행 결과 생성되는 테이블의 필드는 그림을 참고하여 수험자가 판단하여 설정하시오.

| 업종 | 위판수량합계 | 위판금액합계 |
|---|---|---|
| 근해자망 | 549 | 29112000 |
| 기타 | 140 | 4144000 |
| 대형선망 | 94 | 12220000 |
| 동해구트롤 | 437 | 14287900 |
| 소형선망 | 187 | 15634000 |
| 쌍끌이대형기선저인망 | 25 | 450000 |
| 연안자망 | 15 | 457500 |
| 정치망 | 254 | 9605500 |

## 상시 기출문제 02회 정답

### 문제 ① DB구축

**01 〈해양수산부위탁판매〉 테이블**

| 번호 | 필드 이름 | 속성 및 형식 | 설정 값 |
|---|---|---|---|
| ① | 수산물코드 | 행 원본 | SELECT 수산물.수산물코드, 수산물.수산물코드명 FROM 수산물; |
| | | 바운드 열 | 1 |
| | | 열 개수 | 2 |
| | | 열 너비 | 0 |
| ② | 어종상태 | 유효성 검사 규칙 | In ("활어","선어","냉동") |
| | | 유효성 검사 텍스트 | 활어, 선어, 냉동만 입력하세요. |
| ③ | 위판일자 | 형식 | mm월 dd일 aaa |
| ④ | 데이터기준일 | 기본값 | DATE() |
| ⑤ | 이메일 | 유효성 검사 규칙 | Like "?*@*?" |

**02 외부 데이터 가져오기(〈고등어위탁판매내역〉 테이블)**

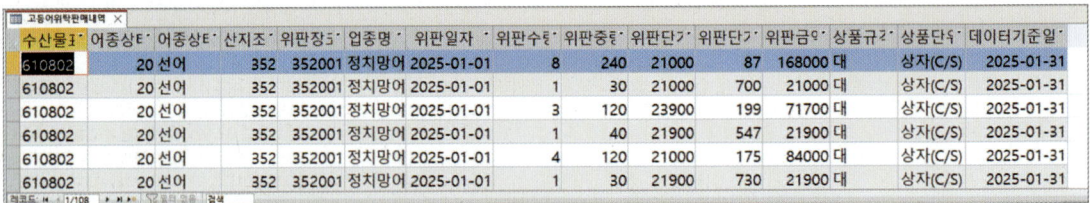

**03 〈위판장〉, 〈해양수산부위탁판매〉 테이블 관계 설정**

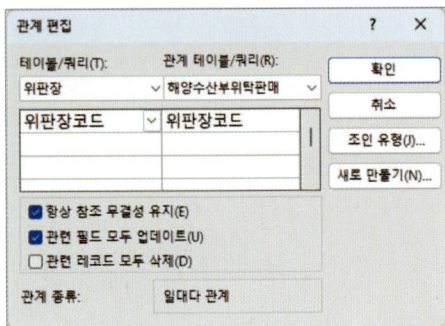

## 문제 ❷ 입력 및 수정 기능 구현

### 01 〈위탁판매집계표〉 폼

| 번호 | 필드 이름 | 필드 속성 | 설정 값 |
|---|---|---|---|
| ① | 하위 폼(본문) | 배경 스타일 | 투명 |
| ② | 하위 폼(경계라인) | 탭 정지 | 아니요 |
| ② | cmb수산물 | 탭 인덱스 | 0 |
| ③ | 폼 속성 | 스크롤 막대 | 세로만 |

### 02 〈위탁판매집계표〉 폼의 'txt건수' 컨트롤 원본

=DCount("수산물코드","해양수산부위탁판매","수산물코드 = '" & [cmb수산물] & "' and 산지조합코드= '" & [Forms]![위탁판매집계표]![산지조합코드] & "'")

### 03 〈수산물위탁판매거래내역〉 폼의 'txt위판단가' 컨트롤

```
Private Sub txt위판단가_DblClick(Cancel As Integer)
    MsgBox "위판단가(1킬로그램): " & Format(txt위판단가 / txt위판중량, "#,##0원") & "입니다."
End Sub
```

## 문제 ❸ 조회 및 출력 기능 구현

### 01 〈조합위탁판매보고서〉 보고서

| 번호 | 필드 이름 | 필드 속성 | 설정 값 |
|---|---|---|---|
| ① | '산지조합코드명' 머리글 | 반복 실행 구역 | 예 |
| ① |  | 페이지 바꿈 | 구역 전 |
| ② | txt수산물코드명 | 중복 내용 숨기기 | 예 |
| ③ | txtNo | 컨트롤 원본 | =1 |
| ③ |  | 누적 합계 | 그룹 |
| ④ | txt산지조합코드명 | 컨트롤 원본 | =[산지조합코드명] & "(" & [산지조합코드] & ")" |
| ⑤ | txt총금액 | 컨트롤 원본 | =Sum([위판금액]) |
| ⑤ |  | 형식 | 통화 |
| ⑤ |  | 소수 자릿수 | 0 |

## 02 〈협동조합출력〉 매크로

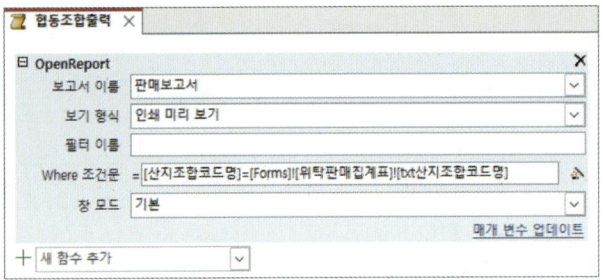

## 문제 ④ 처리 기능 구현

### 01 〈수산물별위판요약〉 쿼리

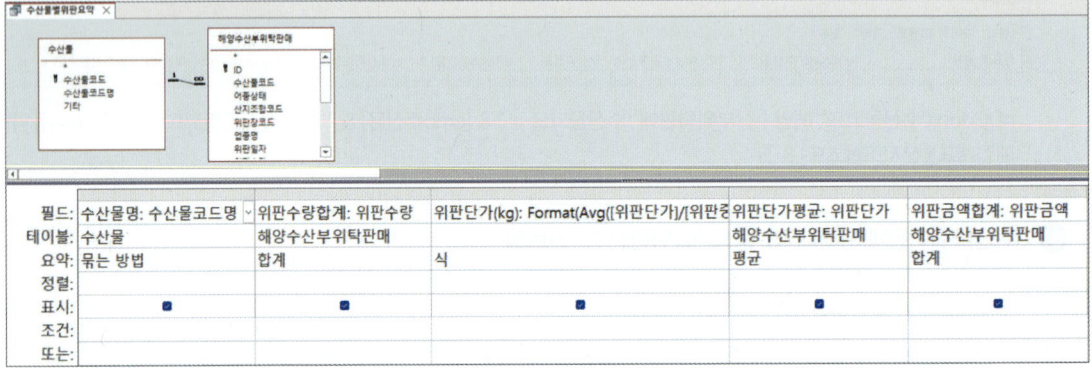

### 02 〈특정수산물저가조회〉 쿼리

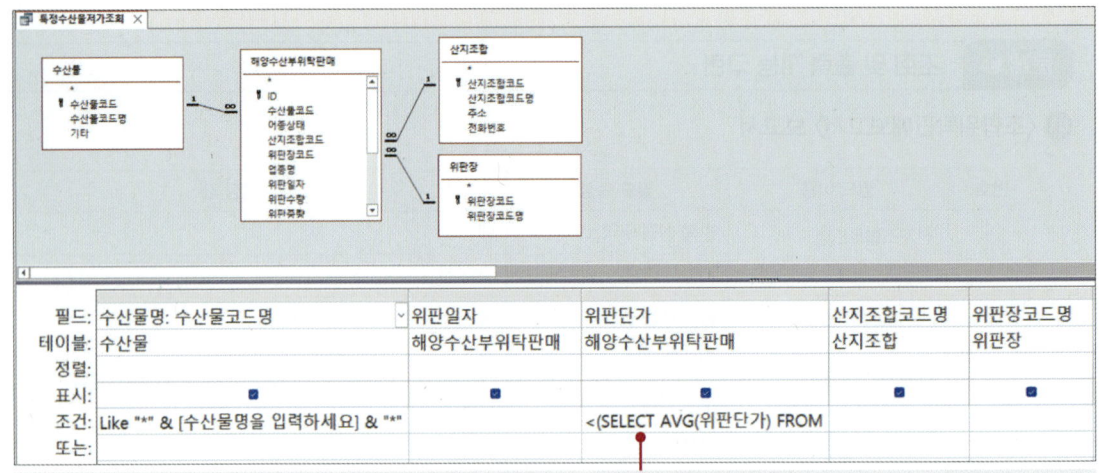

<(SELECT AVG(위판단가) FROM 해양수산부위탁판매 INNER JOIN 수산물 ON 해양수산부위탁판매.수산물코드 = 수산물.수산물코드 WHERE 수산물코드명 Like "*" & [수산물명을 입력하세요] & "*")

## 03 〈산지조합별_상하반기분석〉 쿼리

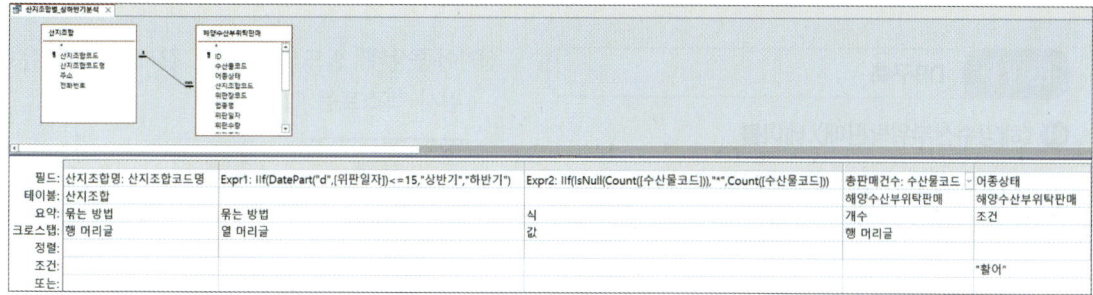

## 04 〈최대판매수산물〉 쿼리

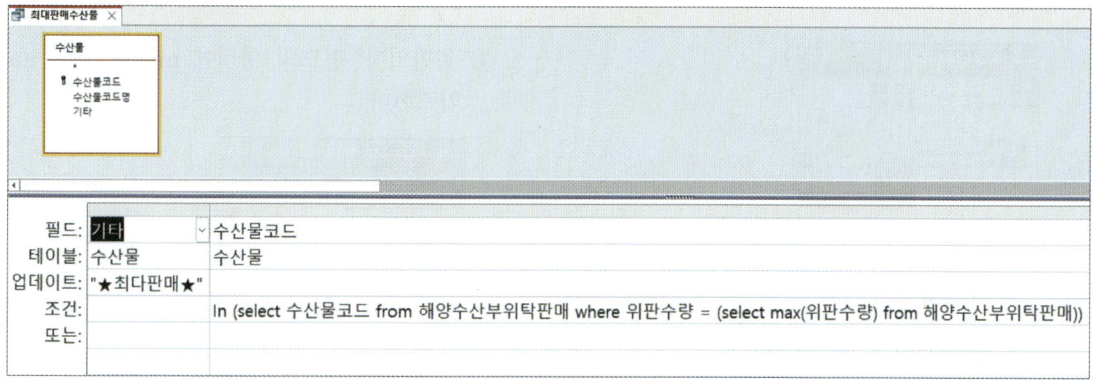

## 05 〈업종별위탁판매현황〉 쿼리

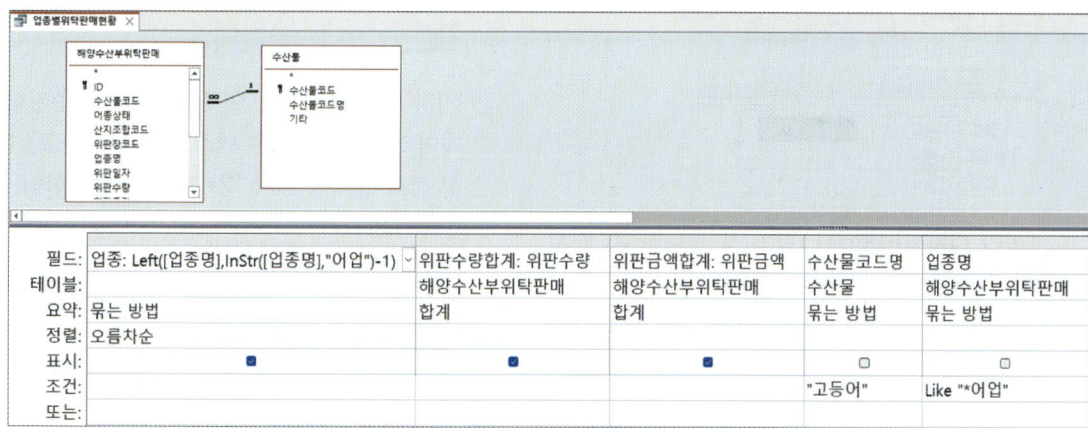

# 상시 기출문제 02회 해설

## 문제 ① DB구축

### 01 〈해양수산부위탁판매〉 테이블

① 〈해양수산부위탁판매〉 테이블에서 마우스 오른쪽 버튼을 눌러 [디자인 보기](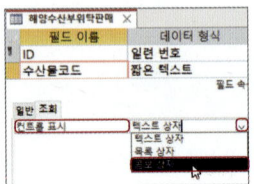)를 클릭한다.
② '수산물코드' 필드를 선택한 후 [조회] 탭을 클릭하여 컨트롤 표시에서 '콤보 상자'를 선택한다.

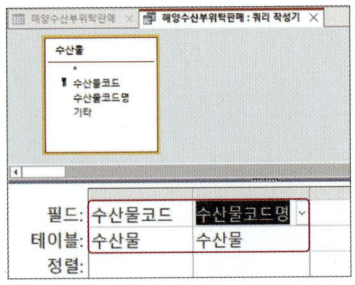

③ [조회] 탭의 '행 원본'에서 작성기(...)를 클릭하여 〈수산물〉 테이블을 추가하고 '수산물코드', '수산물코드명'을 추가한다.

④ [쿼리 디자인] 탭에서 [닫기]를 클릭한 후 메시지에서 [예]를 클릭한다.

⑤ 바운드 열은 '1', 열 개수는 '2', 열 너비는 '0'을 지정한다.

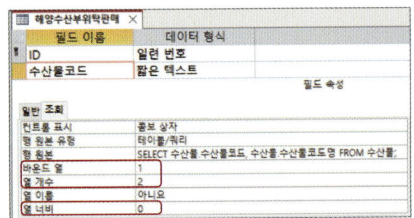

⑥ '어종상태' 필드의 유효성 검사 규칙과 유효성 검사 텍스트를 입력한다.

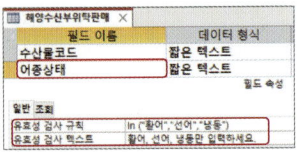

- 유효성 검사 규칙 : In ("활어","선어","냉동")
- 유효성 검사 텍스트 : 활어, 선어, 냉동만 입력하세요.

⑦ '위판일자' 필드의 형식에 mm월 dd일 aaa을 입력한다.

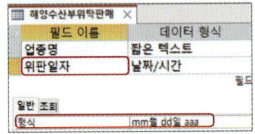

⑧ '데이터기준일' 필드의 기본값에 Date()를 입력한다.

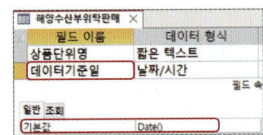

⑨ '기타' 필드 아래에 '이메일' 필드를 추가하고, 데이터 형식은 '짧은 텍스트'를 선택하고, 유효성 검사 규칙에 Like "?*@*?"를 입력한다.

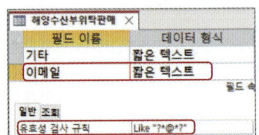

### 02 외부 데이터 가져오기

① [외부 데이터]-[가져오기 및 연결] 그룹에서 [새 데이터 원본]-[파일에서]-[Excel]을 클릭한다.

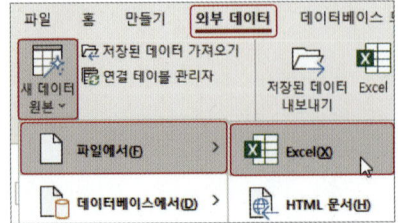

② [찾아보기]를 클릭하여 '고등어위탁판매집계.xlsx' 파일을 찾은 후 [열기]를 클릭한다.
③ '현재 데이터베이스의 새 테이블로 원본 데이터 가져오기'를 지정하고 [확인]을 클릭한 후 [다음]을 클릭한다.
④ '첫 행에 열 머리글이 있음'을 선택하고 [다음]을 클릭한다.
⑤ 필드 이름 '수산물표준코드'를 선택하고 데이터 형식 '짧은 텍스트'를 선택한다.

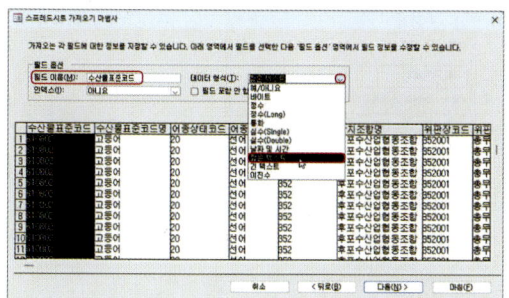

⑥ '수산물표준코드명'을 선택하고 '필드 포함 안 함'을 체크하고, '산지조합명', '위판장명'도 '필드 포함 안 함'을 체크한다.

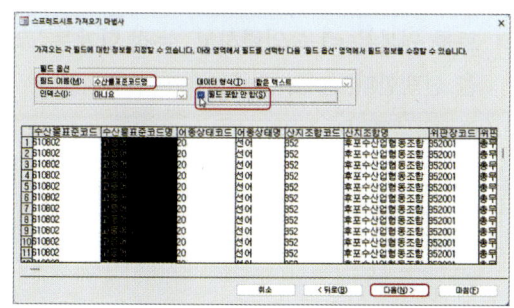

⑦ '기본 키 없음'을 선택하고 [다음]을 클릭한다.
⑧ **고등어위탁판매내역**을 입력하고 [마침]을 클릭한다.

**03** 〈해양수산부위탁판매〉 ↔ 〈위판장〉 테이블간의 관계 설정

① [데이터베이스 도구]-[관계] 그룹에서 [관계](📇)를 클릭한다.
② [관계 디자인]-[관계] 그룹의 [테이블 추가](📇)를 클릭하여 [테이블]에서 〈위판장〉을 더블클릭한다.

③ 〈위판장〉 테이블의 '위판장코드'를 〈해양수산부위탁판매〉 테이블의 '위판장코드'로 드래그한다.
④ [관계 편집]에서 다음과 같이 지정하고 [만들기]를 클릭한다.

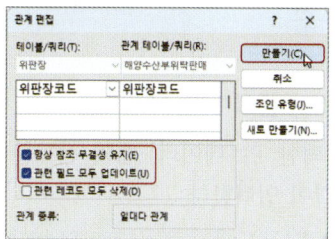

### 문제 ❷ 입력 및 수정 기능 구현

**01** 〈위탁판매집계표〉 폼

① 〈위탁판매집계표〉 폼에서 마우스 오른쪽 버튼을 눌러 [디자인 보기](📐)를 클릭한다.
② 하위 폼의 본문 모든 컨트롤을 선택한 후 [형식] 탭의 배경 스타일은 '투명'을 선택한다.

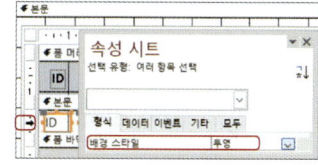

③ 하위 폼의 경계라인을 클릭한 후 [기타] 탭의 탭 정지 '아니요'를 선택한다.

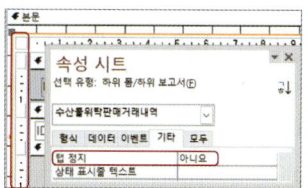

④ 'cmb수산물' 선택한 후 [기타] 탭의 탭 인덱스는 0을 입력한다.

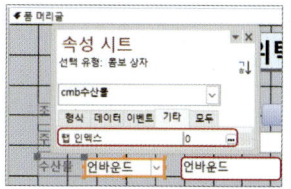

⑤ 폼을 선택한 후 [형식] 탭의 스크롤 막대에서 '세로만'을 선택한다.

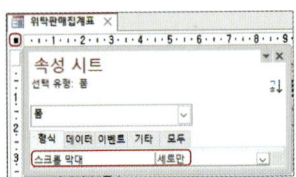

### 02 〈위탁판매집계표〉 폼의 'txt건수' 컨트롤

① 'txt건수'를 선택한 후 [데이터] 탭의 컨트롤 원본에 다음과 같이 입력한다.

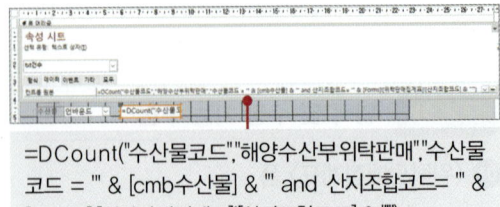

=DCount("수산물코드","해양수산부위탁판매","수산물코드 = '" & [cmb수산물] & "' and 산지조합코드= '" & [Forms]![위탁판매집계표]![산지조합코드] & "'")

> **기적의 TIP**
> 
> 도메인 함수는 특정 테이블이나 쿼리에서 집계 계산을 수행할 때 사용합니다.
> =DCount("필드이름", "도메인(테이블 또는 쿼리)", "조건")

### 03 〈수산물위탁판매거래내역〉 폼의 이벤트 프로시저 작성

① 〈수산물위탁판매거래내역〉 폼을 [디자인 보기](▣)로 열고 'txt위판단가'를 선택하고 [이벤트] 탭의 'On Dbl Click' 속성에서 [이벤트 프로시저]를 선택하고 [작성기](…)를 클릭한다.
② '작성기 선택' 창에서 '코드 작성기'를 선택한 후 [확인]을 클릭한다.
③ 'txt위판단가_DblClick(Cancel As Integer) 프로시저'에 다음과 같이 코딩한다.

```
Private Sub txt위판단가_DblClick(Cancel As Integer)
    MsgBox "위판단가(1킬로그램): " & Format(txt위판단가 / txt위판중량, "#,##0원") & "입니다."
End Sub
```

## 문제 ❸ 조회 및 출력 기능 구현

### 01 〈조합위탁판매보고서〉 보고서

① 〈조합위탁판매보고서〉 보고서에서 마우스 오른쪽 버튼을 눌러 [디자인 보기](▣)를 클릭한다.
② '산지조합코드명' 머리글을 선택한 후 [형식] 탭에서 반복 실행 구역은 '예', 페이지 바꿈은 '구역 전'으로 선택한다.

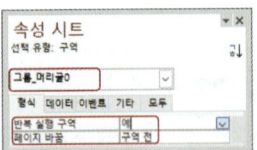

③ 본문의 'txt수산물코드명'을 선택한 후 [형식] 탭에서 중복 내용 숨기기는 '예'를 선택한다.

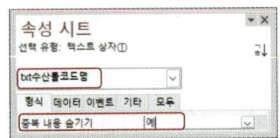

④ 본문의 'txtNo'을 선택한 후 [데이터] 탭에서 컨트롤 원본은 =1을 입력하고, 누적 합계는 '그룹'을 선택한다.

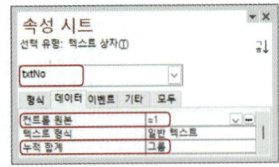

⑤ '산지조합코드명' 머리글의 'txt산지조합코드명'을 선택한 후 [데이터] 탭에서 컨트롤 원본은 =[산지조합코드명] & "(" & [산지조합코드] & ")"를 입력한다.

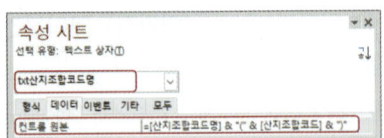

⑥ '산지조합코드명' 바닥글의 'txt총금액'을 선택한 후 [데이터] 탭에서 컨트롤 원본은 =Sum([위판금액])을 입력하고, 형식은 '통화', 소수 자릿수는 0을 입력한다.

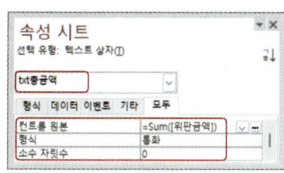

**02** 〈위탁판매집계표〉 폼의 'btn보고서' 컨트롤

① [만들기]-[매크로 및 코드] 그룹에서 [매크로](□)를 클릭한다.
② 매크로 함수 중 'OpenReport'를 선택한 후 필요한 인수를 설정하고, Where 조건문에 다음과 같이 작성하고 [확인]을 클릭한다.

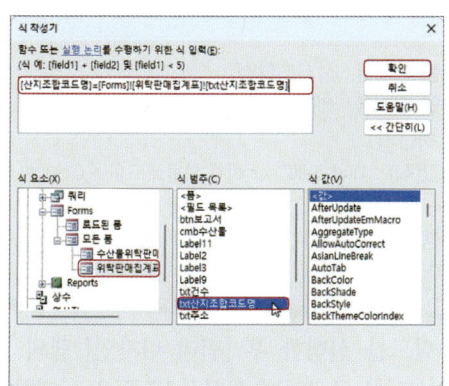

- 보고서 이름 : 판매보고서
- 보기 형식 : 인쇄 미리 보기
- Where 조건문 : [산지조합코드명]=[Forms]![위탁판매집계표]![txt산지조합코드명]

③ [저장](□)을 클릭하여 **협동조합출력**을 입력한다.
④ 〈위탁판매집계표〉 폼의 [디자인 보기](□) 모드에서 'btn보고서' 컨트롤을 선택한다.
⑤ [이벤트] 탭의 On Click에서 '협동조합출력'을 선택한다.

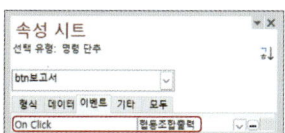

### 문제 ④ 처리 기능 구현

**01** 〈수산물별위판요약〉 쿼리

① [만들기]-[쿼리] 그룹에서 [쿼리 디자인](□)을 클릭한다.
② [테이블 추가]의 [테이블]에서 〈수산물〉, 〈해양수산부위탁판매〉를 더블클릭하여 추가한 후 〈수산물코드명〉, 〈위판수량〉, 〈위판단가〉, 〈위판금액〉 필드를 추가한다.
③ 필드명을 다음과 같이 수정하고, [쿼리 디자인]-[표시/숨기기] 그룹의 [요약](∑)을 클릭하여 위판단가(kg)는 '식'을 선택한다.

- 수산물명 : 수산물코드명
- 위판수량합계 : 위판수량(합계)
- 위판단가평균 : 위판단가(평균)
- 위판단가(kg) : Format(Avg([위판단가]/[위판중량]),"#,##0/Kg")
- 위판금액합계 : 위판금액(합계)

④ '위판단가평균' 필드를 선택한 후 [쿼리 디자인] 탭의 [속성 시트]를 클릭하여 형식은 '표준', 소수 자릿수는 0을 입력한다.

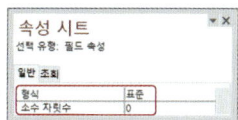

⑤ '위판금액합계' 필드도 형식은 '표준', 소수 자릿수는 0으로 지정하고, '위판단가(kg)'는 형식에 0을 입력한다.
⑥ [저장](□)을 클릭한 후 **수산물별위판요약**을 입력하고 [확인]을 클릭한다.

**02** 〈특정수산물저가조회〉 쿼리

① [만들기]-[쿼리] 그룹에서 [쿼리 디자인](□)을 클릭한다.
② [테이블 추가]의 [테이블]에서 〈수산물〉, 〈해양수산부위탁판매〉, 〈산지조합〉, 〈위판장〉을 더블클릭하여 추가한다.

③ 다음과 필드를 추가한 후 '수산물코드명', 위판단가'는 다음과 같이 필드명과 조건을 작성한다.

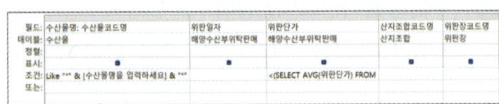

- 수산물명 : 수산물코드명
- 조건 : Like "*" & [수산물명을 입력하세요] & "*"
- 위판단가
- 조건 : ((SELECT AVG(위판단가) FROM 해양수산부위탁판매 INNER JOIN 수산물 ON 해양수산부위탁판매.수산물코드 = 수산물.수산물코드 WHERE 수산물코드명 Like "*" & [수산물명을 입력하세요] & "*"))

④ '위판단가' 필드를 선택한 후 [쿼리 디자인] 탭의 [속성 시트]를 클릭하여 형식은 '통화'를 선택한다.

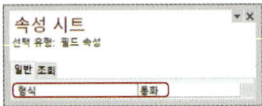

> 🏆 **기적의 TIP**
>
> **기본 문법**
> SELECT 열이름
> FROM 테이블1
> INNER JOIN 테이블 2
> ON 테이블1.공통필드 = 테이블2.공통필드

⑤ [저장](🔲)을 클릭한 후 **특정수산물저가조회**를 입력하고 [확인]을 클릭한다.

> 🏆 **기적의 TIP**
>
> **하위 쿼리 작성이 어려울 때**
> ① [만들기] 탭의 [쿼리 디자인]을 클릭하여 〈수산물〉,〈해양수산부위탁판매〉 테이블을 추가하고, 필드에 Avg([위판단가])을 입력한 후, [쿼리 디자인] 탭의 [보기]-[SQL 보기]를 클릭합니다.
>
>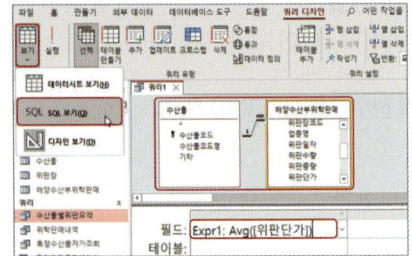
>
> ② SQL 문을 복사하여 수정한다.
> SELECT Avg([위판단가]) AS Expr1
> FROM 수산물 INNER JOIN 해양수산부위탁판매 ON 수산물.수산물코드 = 해양수산부위탁판매.수산물코드;

## 03 〈산지조합별_상하반기분석〉 쿼리

① [만들기]-[쿼리] 그룹에서 [쿼리 디자인](🔲)을 클릭한다.
② [테이블 추가]의 [테이블]에서 〈산지조합〉,〈해양수산부위탁판매〉를 더블클릭하여 추가한다.
③ 디자인 눈금의 각 필드에 다음과 같이 드래그해서 배치한다.

④ [쿼리 디자인]-[쿼리 유형] 그룹의 [크로스탭](🔲)을 클릭한다.
⑤ 다음과 같이 수정한다.

- 행 머리글 : 산지조합명
- 열 머리글 : IIf(DatePart("d",[위판일자])<=15,"상반기","하반기")
- 값(식) : IIf(IsNull(Count([수산물코드])),"*",Count([수산물코드]))
- 행 머리글(개수) : 총판매건수
- 어종상태 : 조건("활어")

⑥ 값 필드를 선택한 후 [쿼리 디자인] 탭의 [속성 시트]를 클릭하여 형식은 '표준'을 선택한다. (상반기, 하반기 값을 오른쪽 정렬하기 위해서)

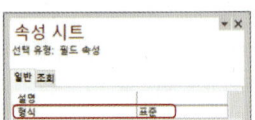

⑦ [저장](🔲)을 클릭한 후 **산지조합별_상하반기분석**을 입력하고 [확인]을 클릭한다.

> **기적의 TIP**
>
> DatePart 함수는 지정된 날짜의 특정 부분이 들어 있는 (날짜)값을 반환합니다.
> =DatePart(설정, 날짜)
>
> | 설정 | 설명 |
> |---|---|
> | yyyy | 년 |
> | q | 분기 |
> | m | 월 |
> | d | 일 |
> | w | Weekday |
> | ww | 주 |
> | h | 시간 |
> | n | 분 |
> | s | 초 |

### 04 〈최대판매수산물〉 쿼리

① [만들기]-[쿼리] 그룹에서 [쿼리 디자인](□)을 클릭한다.
② [테이블 추가]의 [테이블]에서 〈수산물〉을 더블클릭하여 추가한다.
③ [쿼리 디자인]-[쿼리 유형] 그룹의 [업데이트](□)를 클릭한다.
④ '기타' 필드를 추가한 후 '업데이트', '수산물코드' 필드를 추가한 후 '조건'을 다음과 같이 입력한다.

> In (select 수산물코드 from 해양수산부위탁판매 where 위판수량 = (select max(위판수량) from 해양수산부위탁판매))

⑤ [저장](□)을 클릭한 후 **최대판매수산물**을 입력하고 [확인]을 클릭한다.
⑥ [쿼리 디자인]-[결과] 그룹의 [실행](!)을 클릭한 후 [예]를 클릭한다.

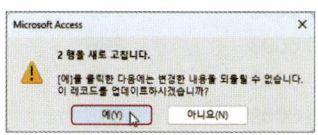

### 05 〈업종별위탁판매현황〉 쿼리

① [만들기]-[쿼리] 그룹에서 [쿼리 디자인](□)을 클릭한다.
② [테이블 추가]의 [테이블]에서 〈해양수산부위탁판매〉, 〈수산물〉을 더블클릭하여 추가한다.
③ 다음과 같이 업종 필드와 위판수량, 위판금액의 합계를 구하고, 수산물코드명, 업종명의 조건을 입력한다.

- 업종 : Left([업종명],InStr([업종명],"어업")-1)
- 위판수량합계 : 위판수량(합계)
- 위판금액합계 : 위판금액(합계)
- 수산물코드명 : 조건("고등어")
- 업종명 : 조건(Like "*어업")

④ [쿼리 디자인]-[쿼리 유형] 그룹의 [테이블 만들기](□)를 클릭하여 **업종별고등어현황**을 입력하고 [확인]을 클릭한다.

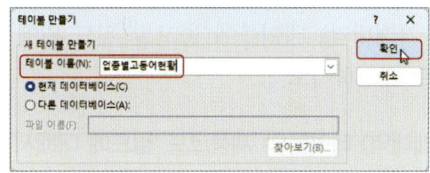

⑤ [저장](□)을 클릭한 후 **업종별위탁판매현황**을 입력하고 [확인]을 클릭한다.
⑥ [쿼리 디자인]-[결과] 그룹에서 [실행](!)을 클릭한 후 [예]를 클릭한다.

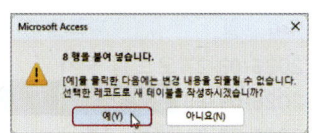

# 상시 기출문제 03회

**작업파일** [26컴활1급₩2권_데이터베이스₩상시기출문제] 폴더의 '상시기출문제3회' 파일을 열어서 작업하시오.

## 문제 ❶ DB구축 25점

**01** 제품출고 관리하는 업무를 수행하기 위한 데이터베이스를 구축하고자 한다. 다음 지시사항에 따라 테이블을 완성하시오. (각 3점)

① 〈제품〉 테이블의 '제품코드' 필드는 'A0-0000'과 같은 형태로 영문 대문자 1개와 '-'기호 1개와 숫자 5자리가 반드시 입력되도록 입력마스크를 설정하시오.
   ▶ 영문자 입력은 영어와 한글만 입력할 수 있도록 설정할 것
   ▶ 숫자 입력은 0~9까지의 숫자만 입력할 수 있도록 설정할 것
   ▶ '-' 문자도 테이블에 저장되도록 설정할 것
② 〈제품〉 테이블의 '제품명' 필드는 빈 문자열이 허용되도록 설정하시오.
③ 〈제품〉 테이블의 '유통기한' 필드는 중복 가능한 인덱스를 설정하시오.
④ 〈거래내역〉 테이블의 '출고일' 필드는 새로운 레코드가 추가되는 경우 시간을 포함하지 않는 시스템의 오늘 날짜가 기본으로 입력되도록 설정하시오.
⑤ 〈거래내역〉 테이블에 '출고일' 필드 위에 새로운 '출고번호' 필드를 추가하고 데이터 형식을 일련번호로 설정하시오.

**02** 〈거래내역〉 테이블의 '제품코드' 필드에 대해서 다음과 같이 조회 속성을 작성하시오. (5점)

   ▶ 〈제품〉 테이블의 '제품코드', '제품명'이 콤보 상자의 형태로 표시되도록 설정하시오.
   ▶ 필드에는 '제품코드'가 저장되도록 할 것
   ▶ 목록 너비는 5cm로 설정할 것
   ▶ 목록 값만 입력할 수 있도록 설정할 것

| 출고번호 | 출고일 | 제품코드 | 수량 | 단가 | 회원코드 | 적립금 |
|---|---|---|---|---|---|---|
| 1 | 2026-03-27 | 오트밀 쿠키 | 12 | 3200 | C001 | 1344 |
| 2 | 2026-03-30 | 오트밀 쿠키 | 6 | 3000 | C001 | 630 |
| 3 | 2026-03-31 | 버터 쿠키 | 2 | 3500 | C001 | 245 |
| 4 | 2026-03-08 | 땅콩버터 쿠키 | 12 | 3000 | C002 | 1260 |
| 5 | 2026-03-14 | 코코넛 쿠키 | 17 | 3000 | C002 | 1785 |
| 6 | 2026-03-02 | 뉴욕 치즈 케이크 | 2 | 3800 | C003 | 266 |
| 7 | 2026-03-17 | 블루베리 치즈 케이크 | 1 | 3300 | C003 | 116 |
| 8 | 2026-03-22 | 딸기 생크림 케이크 | 9 | 13000 | C003 | 4095 |
| 9 | 2026-03-28 | 딸기 바나나 케이크 | 10 | 6000 | C003 | 2100 |
| 10 | 2026-03-03 | 미니 도넛 | 16 | 3300 | C004 | 1848 |

**03** 〈거래내역〉 테이블의 '회원코드' 필드는 〈회원정보〉 테이블의 '회원코드' 필드를 참조하며, 각 테이블의 간의 관계는 M:1이다. 다음과 같이 테이블 간의 관계를 설정하시오. (5점)

※ 액세스 파일에 이미 설정되어 있는 관계는 수정하지 마시오.
▶ 테이블 간에 항상 참조 무결성이 유지되도록 설정하시오.
▶ 참조 필드의 값이 변경되면 관련 필드의 값도 변경되도록 설정하시오.
▶ 다른 테이블에서 참조하고 있는 레코드는 삭제할 수 없도록 설정하시오.

## 문제 ❷  입력 및 수정 기능 구현                    20점

**01** 〈제품출고현황〉 폼을 다음의 화면과 지시사항에 따라 완성하시오. (각 3점)

① 폼의 머리글에 '제품 출고 현황' 이라는 제목이 표시하도록 컨트롤을 생성하시오.
  ▶ 레이블 이름 : LBL제목
  ▶ 글꼴 : 맑은 고딕, 24pt
② 폼 머리글에 로고.jpg 그림 컨트롤을 삽입한 후, 이름은 '회사로고', 그림 유형 '포함', 크기 조절 모드 '한 방향 확대/축소', 너비 4.5cm, 높이 2.5cm로 설정하시오.
③ 하위 폼의 폼 바닥글 영역의 'txt총금액' 컨트롤에는 금액의 총합이 표시되도록 '컨트롤 원본'과 형식을 설정하시오.
  ▶ 금액 : 수량×단가

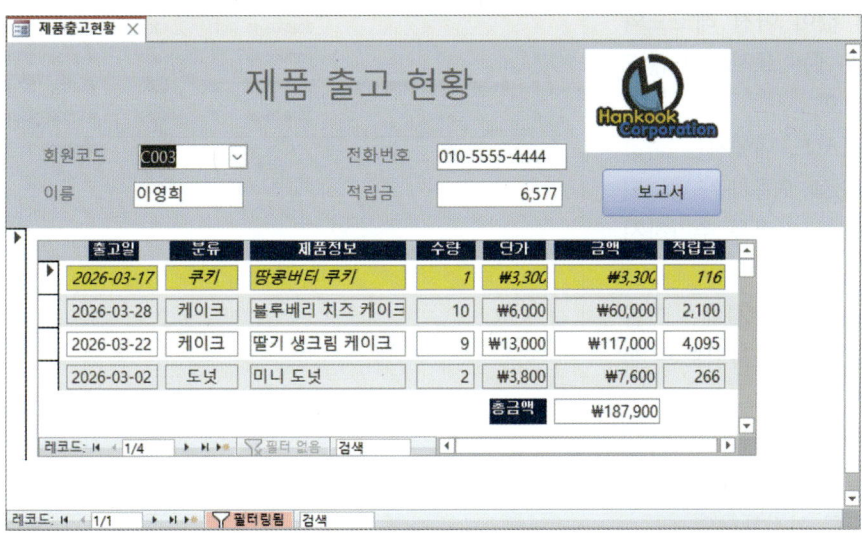

**02** 〈거래내역〉 폼의 본문 영역에 다음과 같이 조건부 서식을 설정하시오. (6점)

▶ '분류'가 쿠키인 경우 본문 영역의 모든 컨트롤에 '기울임꼴', 배경색은 '노랑'으로 서식을 설정하시오.
▶ 단, 하나의 규칙으로 작성하시오.

03 〈회원별출고현황〉 보고서를 '인쇄 미리보기'의 형식으로 여는 〈보고서출력〉 매크로를 생성하시오. (5점)

▶ 〈제품출고현황〉 폼의 '보고서'(cmd보고서) 단추를 클릭하면 메시지 상자가 열리고 [확인] 단추를 클릭하면 〈회원별출고현황〉 보고서를 '인쇄 미리보기' 형식으로 여는 매크로가 실행되도록 지정하시오.

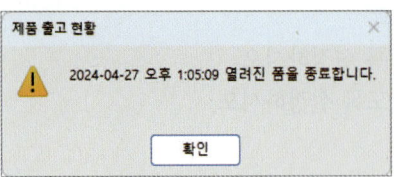

## 문제 ③ 조회 및 출력 기능 구현  20점

01 다음의 지시사항 및 화면을 참조하여 〈출고현황보고서〉 보고서를 완성하시오. (각 3점)

① '분류' 머리글 영역에서 매 페이지마다 반복적으로 출력되도록 설정하고, '분류' 머리글 영역이 시작되기 전에 페이지가 바뀌도록 설정하시오.
② 본문 영역에서 '제품코드', '제품명' 필드의 값이 이전 레코드와 동일한 경우에는 표시되지 않도록 설정하시오.
③ 동일한 '제품코드' 내에서는 '출고일'을 기준으로 오름차순 정렬되어 표시되도록 정렬을 추가하시오.
④ 본문의 'txt번호' 컨트롤에는 그룹별로 일련번호가 표시되도록 설정하시오.
⑤ 페이지 바닥글 영역의 'txt페이지' 컨트롤에는 페이지가 다음과 같이 표시되도록 설정하시오.
▶ 표시 예 : 현재 페이지 1 / 전체 페이지 5

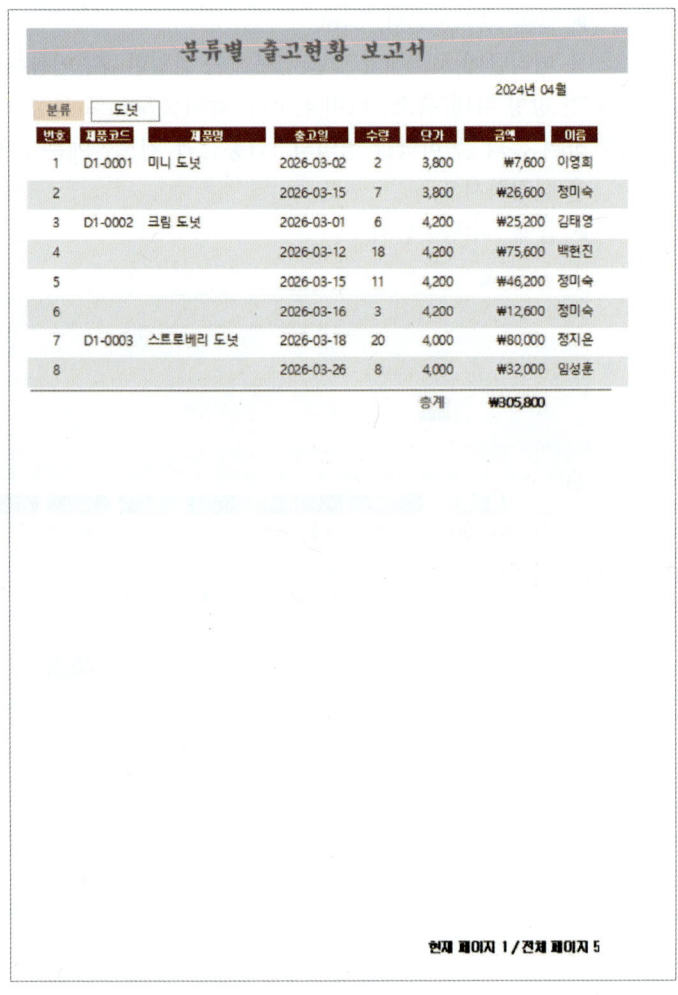

② 〈제품출고현황〉 폼의 'cmb회원코드' 컨트롤을 변경하면(Change) 다음과 같은 기능을 수행하도록 이벤트 프로시저를 구현하시오. (5점)

▶ 'cmb회원코드' 컨트롤에 선택된 회원코드에 해당하는 정보만 하위 폼에 열리도록 할 것
▶ Docmd.ApplyFilter 사용

## 문제 ④ 처리 기능 구현    35점

① 〈제품〉, 〈거래내역〉 테이블을 이용하여 유통기한과 출고건수를 조회하는 〈유통기한제품조회〉 쿼리를 작성하시오. (7점)

▶ 유통기한이 5개월 ~ 6개월 되는 제품만 표시하시오.
▶ Between 연산자 사용
▶ 출고건수는 〈거래내역〉 테이블의 '제품코드'를 이용하시오.
▶ 유통기한은 [표시 예]와 같이 표시되도록 형식 속성을 설정하시오. [표시 예 : 3 → 3개월]
▶ 쿼리 결과 표시되는 필드와 필드명은 〈그림〉과 같이 표시되도록 설정하시오.

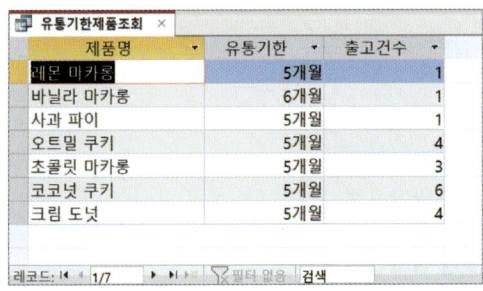

② 〈회원정보〉, 〈거래내역〉 테이블을 이용하여 주문이 없는 고객에 대해 조회하는 〈주문없는회원〉 쿼리를 작성하시오. (7점)

▶ Not In 과 하위 쿼리 사용
▶ 쿼리 결과 표시되는 필드와 필드명은 〈그림〉과 같이 표시되도록 설정하시오.

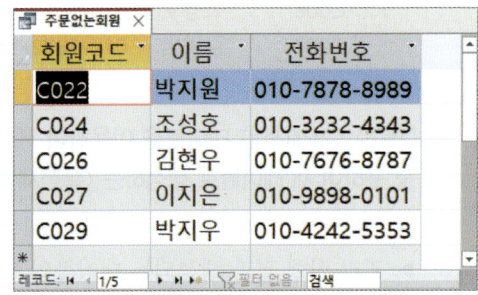

③ 〈제품〉, 〈거래내역〉 테이블을 이용하여 출고일별, 제품별로 수량의 합계를 조회하는 〈10일이전 출고제품〉 크로스탭 쿼리를 작성하시오. (7점)

▶ 일자별 수량의 합이 없는 곳에는 "*"가 표시되도록 하시오.
▶ 출고일자가 10일 이전까지만 조회대상으로 하시오.
▶ IIf, DAY, Sum, IsNull 함수 사용

▶ 쿼리 결과 표시되는 필드와 필드명은 〈그림〉과 같이 표시되도록 설정하시오.

| 제품명 | 합계 | 1 | 2 | 3 | 5 | 6 | 7 | 8 | 9 | 10 |
|---|---|---|---|---|---|---|---|---|---|---|
| 뉴욕 치즈 케이크 | 27 | * | * | * | 2 | 5 | * | * | * | 20 |
| 땅콩버터 쿠키 | 16 | * | * | 16 | * | * | * | * | * | * |
| 레몬 마카롱 | 16 | * | * | * | * | * | * | * | * | 16 |
| 미니 도넛 | 2 | 2 | * | * | * | * | * | * | * | * |
| 버터 쿠키 | 12 | * | * | * | * | * | * | 12 | * | * |
| 베리 파이 | 15 | * | * | * | * | * | 15 | * | * | * |
| 블루베리 치즈 케이크 | 16 | * | * | * | * | * | 16 | * | * | * |
| 블루베리 파이 | 3 | * | * | 3 | * | * | * | * | * | * |
| 사과 파이 | 6 | * | * | * | * | * | * | * | 6 | * |
| 크림 도넛 | 6 | 6 | * | * | * | * | * | * | * | * |

**04** 〈회원정보〉 테이블을 이용하여 적립금별 기타 필드의 값을 변경하는 〈우수고객관리〉 업데이트 쿼리를 작성한 후 실행하시오. (7점)

▶ '기타' 필드에 적립금이 10000 이상이면 "VIP", 5000 이상이면 "우수고객", 5000 미만이면 "일반고객" 으로 표시하시오.
▶ Switch 함수 사용
▶ 쿼리 결과 표시되는 필드와 필드명은 〈그림〉과 같이 표시되도록 설정하시오.

**05** 〈제품〉, 〈거래내역〉 테이블을 이용하여 제품명의 일부를 매개 변수로 입력받고, 해당 제품의 거래 수량의 합계를 구하여 새 테이블로 생성하는 〈특정제품조회〉 쿼리를 작성하고 실행하시오. (7점)

▶ 쿼리 실행 후 생성되는 테이블의 이름은 〈쿠키제품〉으로 설정하시오.
▶ 쿼리 실행 결과 생성되는 테이블의 필드는 그림을 참고하여 수험자가 판단하여 설정하시오.

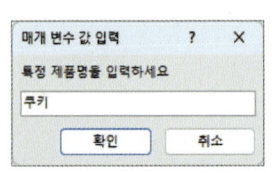

| 제품코드 | 분류 | 제품명 | 수량 합계 | 단가 |
|---|---|---|---|---|
| C1-0001 | 쿠키 | 초콜릿칩 쿠키 | 2 | 3500 |
| C1-0002 | 쿠키 | 오트밀 쿠키 | 45 | 3200 |
| C1-0003 | 쿠키 | 버터 쿠키 | 35 | 3000 |
| C1-0004 | 쿠키 | 땅콩버터 쿠키 | 17 | 3300 |
| C1-0005 | 쿠키 | 코코넛 쿠키 | 63 | 3400 |

# 상시 기출문제 03회 정답

## 문제 ① DB구축

### 01 〈제품〉, 〈거래내역〉 테이블

| 번호 | 필드 이름 | 속성 및 형식 | 설정 값 |
|---|---|---|---|
| ① | 〈제품〉 제품코드 | 입력마스크 | >L0-0000;0 |
| ② | 〈제품〉 제품명 | 빈 문자열 허용 | 예 |
| ③ | 〈제품〉 유통기한 | 인덱스 | 예(중복 가능) |
| ④ | 〈거래내역〉 출고일 | 기본값 | Date( ) |
| ⑤ | 〈거래내역〉 출고번호 | 데이터 형식 | 일련 번호 |

### 02 〈거래내역〉 테이블의 '제품코드' 조회 속성

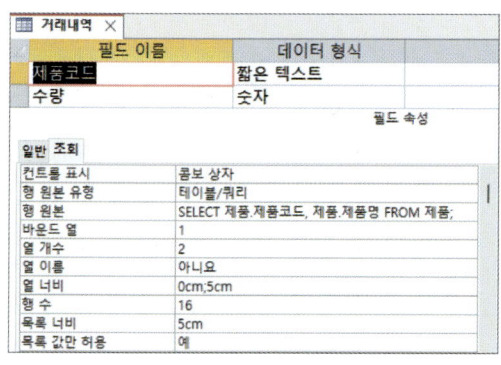

### 03 〈거래내역〉, 〈회원정보〉 테이블 관계 설정

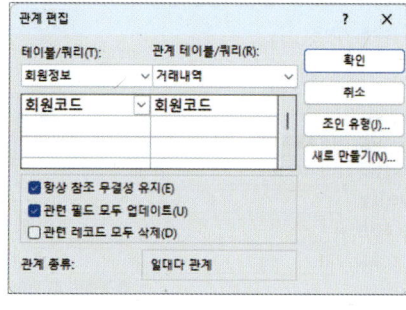

## 문제 ② 입력 및 수정 기능 구현

### 01 〈제품출고현황〉 폼

| 번호 | 필드 이름 | 필드 속성 | 설정 값 |
|---|---|---|---|
| ① | 폼 머리글 제목 레이블 | 이름 | LBL제목 |
| | | 캡션 | 제품 출고 현황 |
| | | 글꼴 크기 | 24 |
| | | 글꼴 | 맑은 고딕 |
| ② | 그림 삽입 | 이름 | 회사로고 |
| | | 그림 유형 | 포함 |
| | | 크기 조절 모드 | 한 방향 확대/축소 |
| | | 너비 | 4.5 |
| | | 높이 | 2.5 |
| ③ | txt총금액 | 컨트롤 원본 | =Sum([수량]*[단가]) |
| | | 형식 | 통화 |

## ② 〈거래내역〉 폼의 본문 영역에 조건부 서식 설정

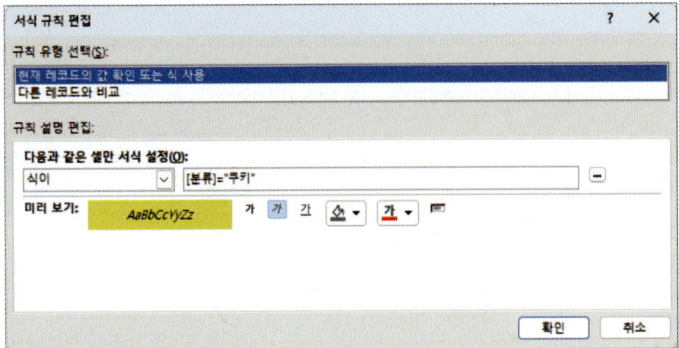

## ③ 〈보고서출력〉 매크로

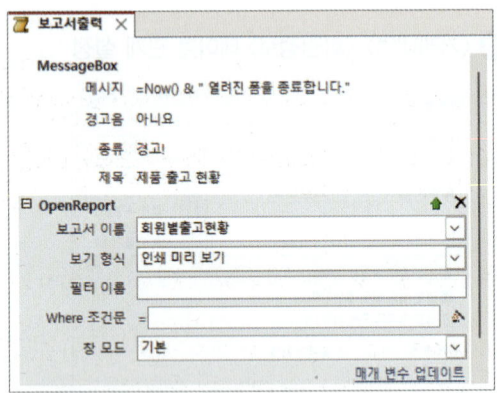

---

### 문제 ❸  조회 및 출력 기능 구현

#### ① 〈출고현황보고서〉 보고서

| 번호 | 필드 이름 | 필드 속성 | 설정 값 |
|---|---|---|---|
| ① | 〈분류〉 머리글 | 반복 실행 구역 | 예 |
|   |   | 페이지 바꿈 | 구역 전 |
| ② | 제품코드, 제품명 | 중복 내용 숨기기 | 예 |
| ③ | 그룹, 정렬 및 요약 | | 그룹화 기준 분류 / 정렬 기준 제품코드 / 정렬 기준 출고일 오름차순 |
| ④ | txt번호 | 컨트롤 원본 | =1 |
|   |   | 누적 합계 | 그룹 |
| ⑤ | txt페이지 | 컨트롤 원본 | ="현재 페이지 " & [Page] & " / 전체 페이지 " & [Pages] |

❷ 〈제품출고현황〉 폼의 'cmb회원코드' 컨트롤

```
Private Sub cmb회원코드_Change()
    DoCmd.ApplyFilter "회원코드 = '" & cmb회원코드 & "'"
End Sub
```

## 문제 ❹ 처리 기능 구현

❶ 〈유통기한제품조회〉 쿼리

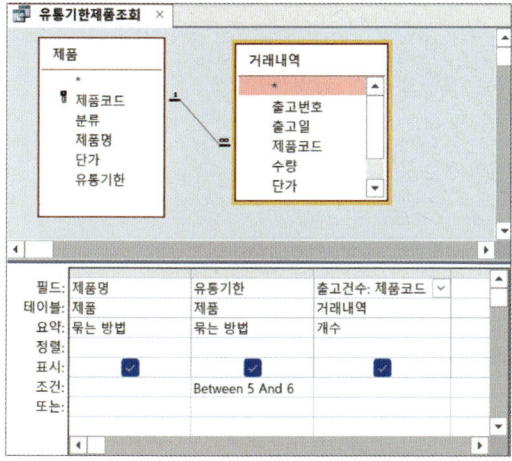

❷ 〈주문없는회원〉 쿼리

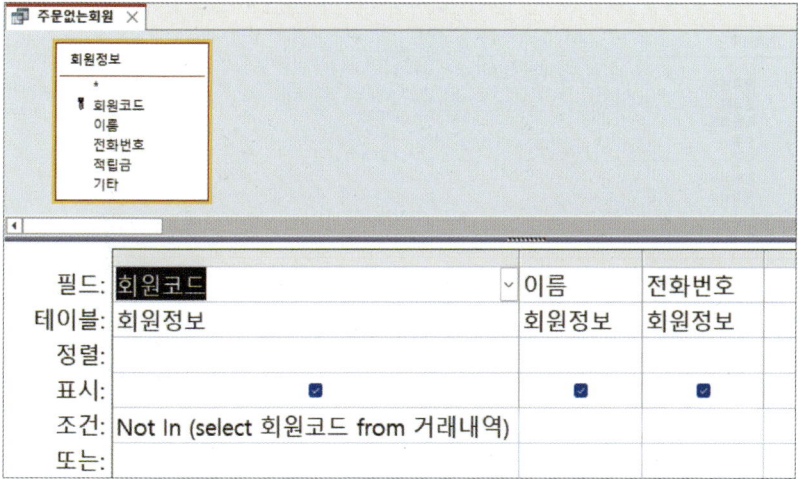

## 03 〈10일이전 출고제품〉 쿼리

| 필드: | 제품명 | Expr1: Day([출고일]) | Expr2: IIf(IsNull(Sum([수량])),"*",Sum([수량])) | 합계: 수량 | Day([출고일]) |
|---|---|---|---|---|---|
| 테이블: | 제품 | | | 거래내역 | |
| 요약: | 묶는 방법 | 묶는 방법 | 식 | 합계 | 조건 |
| 크로스탭: | 행 머리글 | 열 머리글 | 값 | 행 머리글 | |
| 정렬: | | | | | |
| 조건: | | | | | <=10 |
| 또는: | | | | | |

## 04 〈우수고객관리〉 쿼리

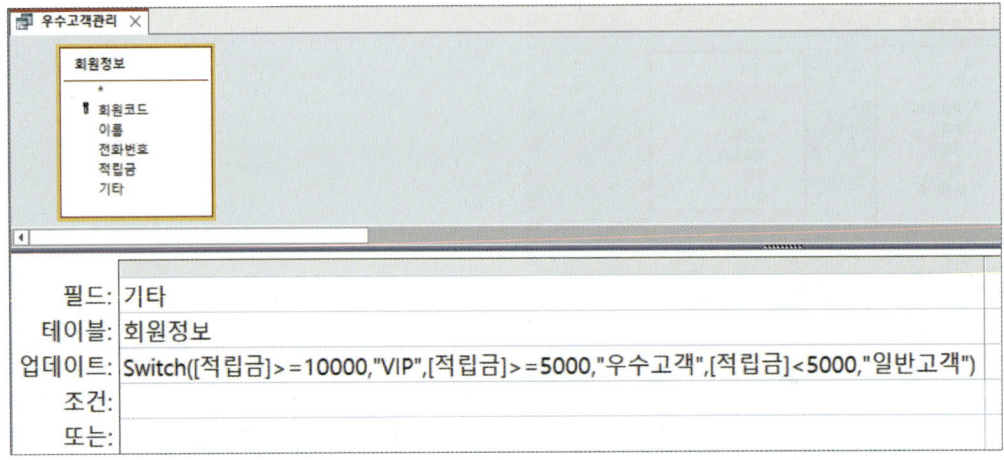

## 05 〈특정제품조회〉 쿼리

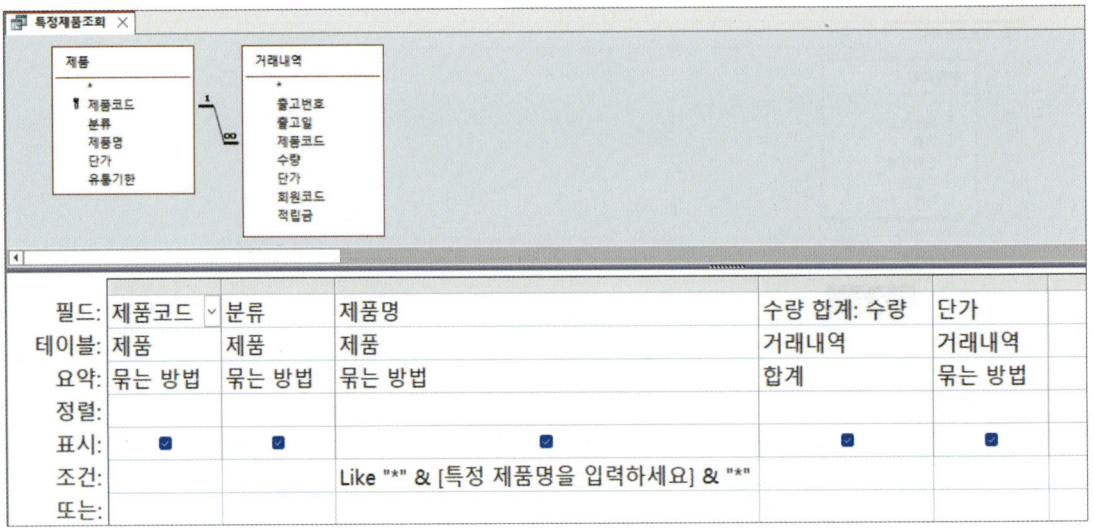

# 상시 기출문제 03회 해설

## 문제 ① DB구축

### 01 〈제품〉, 〈거래내역〉 테이블

① 〈제품〉 테이블에서 마우스 오른쪽 버튼을 눌러 [디자인 보기]( )를 클릭한다.
② '제품코드' 필드의 '입력 마스크'에 >L0-0000;0 을 입력한다.

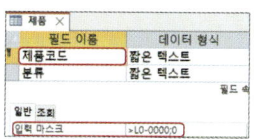

③ '제품명' 필드의 빈 문자열 허용을 '예'로 설정한다.

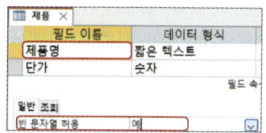

④ '유통기한' 필드의 인덱스는 '예(중복 가능)'으로 설정한다.

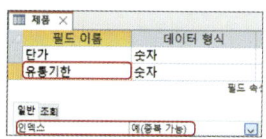

⑤ 〈거래내역〉 테이블에서 마우스 오른쪽 버튼을 눌러 [디자인 보기]( )를 클릭한다.
⑥ '출고일' 필드의 기본값에 Date()를 입력한다.

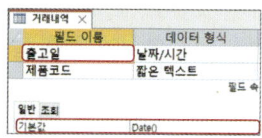

⑦ '출고일' 필드를 선택한 후 [테이블 디자인]-[도구] 그룹의 [행 삽입]( )을 클릭한다.

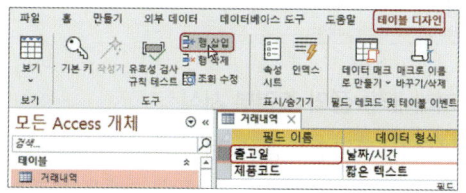

⑧ 필드 이름에 **출고번호**, 데이터 형식은 '일련 번호'를 선택한다.

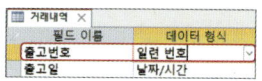

### 02 〈거래내역〉 테이블의 '제품코드' 필드의 조회 속성 설정

① 〈거래내역〉 테이블의 [디자인 보기]( ) 모드에서 '제품코드' 필드를 선택하고, 필드 속성 [조회] 탭의 컨트롤 표시 속성 중 '콤보 상자'를 선택한다.

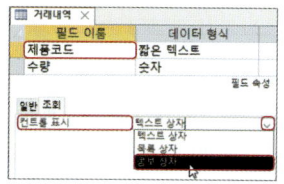

② '행 원본' 속성의 [작성기]( )를 클릭한다.

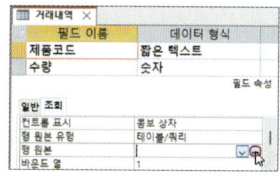

③ [테이블 추가]의 [테이블]에서 〈제품〉을 더블클릭한다.

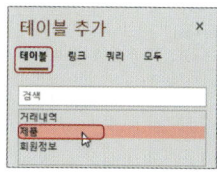

④ 〈제품〉 테이블의 '제품코드', '제품명' 필드를 더블클릭하여 눈금에 추가한다.

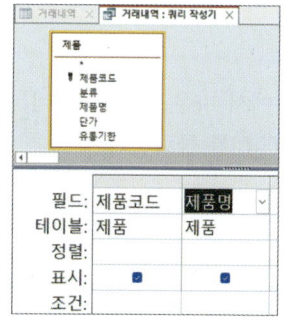

⑤ [닫기]를 클릭하면 'SQL 문의 변경 내용을 저장하고 속성을 업데이트하시겠습니까?" 메시지에서 [예]를 클릭한다.

⑥ '바운드 열', '열 개수', '열 너비', '목록 너비', '목록 값만 허용' 속성을 설정한다.

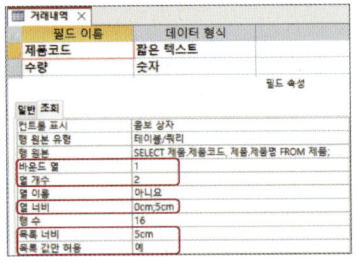

### 03 〈거래내역〉 ↔ 〈회원정보〉 테이블간의 관계 설정

① [데이터베이스 도구]-[관계] 그룹에서 [관계]를 클릭한다.
② [관계 디자인] 탭의 [테이블 추가]를 클릭하여 [테이블]에서 〈회원정보〉를 더블클릭한다.
③ 〈회원정보〉 테이블의 '회원코드'를 〈거래내역〉 테이블의 '회원코드'로 드래그한다.
④ [관계 편집]에서 다음과 같이 지정하고 [만들기]를 클릭한다.

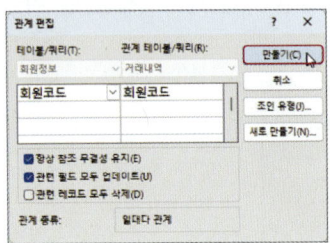

## 문제 ❷ 입력 및 수정 기능 구현

### 01 〈제품출고현황〉 폼

① 〈제품출고현황〉 폼에서 마우스 오른쪽 버튼을 눌러 [디자인 보기]를 클릭한다.

② [양식 디자인]-[컨트롤] 그룹의 '레이블'을 폼 머리글 영역에 드래그한 후 속성 시트에서 이름에 **LBL제목**, 캡션에 **제품 출고 현황**을 입력한다.

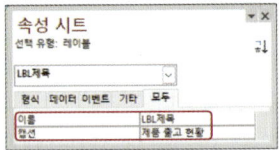

③ [형식] 탭에서 글꼴은 '맑은 고딕', 크기는 '24'로 설정한다.

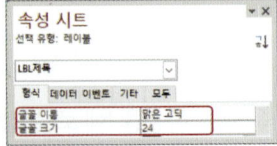

④ [양식 디자인] 탭의 [이미지 삽입]-[찾아보기]를 클릭하여 '로고.JPG' 파일을 선택한다.
⑤ 폼 머리글에 그림을 드래그한 후 [속성 시트]에서 이름(회사로고), 그림유형(포함), 그림 크기조절(한 방향 확대/축소), 너비(4.5), 높이(2.5)로 수정한다.

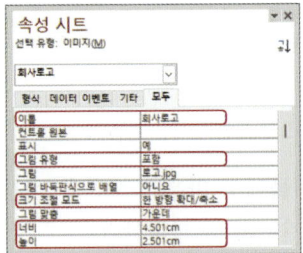

⑥ 'txt총금액'을 선택하고 컨트롤 원본에 =Sum([수량]*[단가])를 입력하고, 형식에 '통화'를 선택한다.

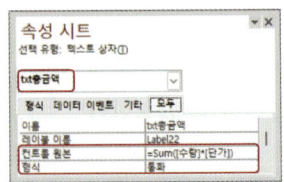

### 02 〈거래내역〉 폼의 조건부 서식

① 본문에 모든 컨트롤을 선택하고, [서식]-[컨트롤 서식] 그룹의 [조건부 서식]을 클릭하여 [새 규칙]을 클릭한다.

② '식이'를 선택한 후 [분류]="쿠키"를 입력하고, 기울임꼴, 배경색은 '노랑'을 선택하고 [확인]을 클릭한다.

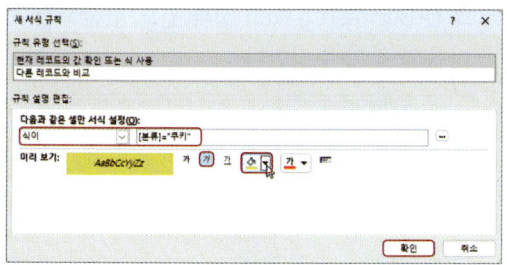

**03** 〈제품출고현황〉 폼의 'cmd보고서' 컨트롤

① [만들기]-[매크로 및 코드] 그룹에서 [매크로]( )를 클릭한다.
② 매크로 함수 중 'MessageBox'를 선택한 후 필요한 인수를 설정한다.

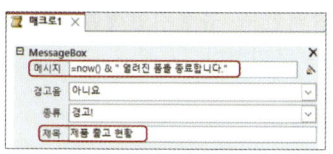

- 메시지 : =Now() & " 열려진 폼을 종료합니다."
- 제목 : 제품 출고 현황

③ 매크로 함수 중 'OpenReport'를 선택한 후 필요한 인수를 설정한다.

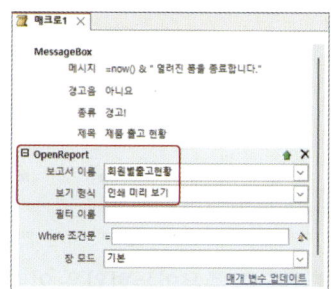

④ [저장]( )을 클릭하여 매크로 이름에 **보고서출력**을 입력한 후 [확인]을 클릭한다.
⑤ 〈제품출고현황〉 폼의 [디자인 보기]( ) 모드에서 'cmd보고서' 컨트롤을 선택한다.
⑥ [이벤트] 탭의 On Click에서 '보고서출력'을 선택한다.

### 문제 ❸ 조회 및 출력 기능 구현

**01** 〈출고현황보고서〉 보고서

① 〈출고현황보고서〉 보고서에서 마우스 오른쪽 버튼을 눌러 [디자인 보기]( )를 클릭한다.
② '분류 머리글'을 선택한 후 [형식] 탭에서 반복 실행 구역은 '예', 페이지 바꿈은 '구역 전'으로 선택한다.

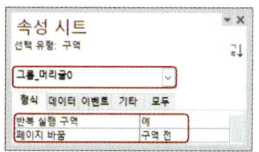

③ 본문 영역의 '제품코드', '제품명' 필드를 선택한 후 [형식] 탭에서 중복 내용 숨기기는 '예'를 선택한다.

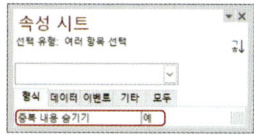

④ [보고서 디자인]-[그룹화 및 요약]( ) 그룹에서 [그룹화 및 정렬]을 클릭한다.
⑤ [그룹, 정렬 및 요약]에서 [정렬 추가]를 클릭한다.
⑥ '출고일' 필드를 선택하고 '오름차순'으로 지정한다.

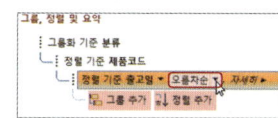

⑦ 본문의 'txt번호'를 선택한 후 [데이터] 탭에서 컨트롤 원본 =1을 입력하고, 누적 합계 '그룹'을 선택한다.

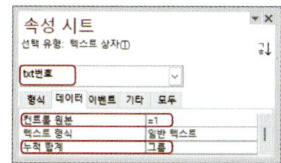

⑧ 페이지 바닥글의 'txt페이지'를 선택한 후 [데이터] 탭에서 컨트롤 원본 ="**현재 페이지** " & [Page] & " / 전체 페이지 " & [Pages]를 입력한다.

**02** 〈제품출고현황〉 폼의 이벤트 프로시저

① 〈제품출고현황〉 폼을 [디자인 보기](📐)로 열고 '회원코드'(cmd회원코드)를 선택하고 [이벤트] 탭의 On Change에서 [이벤트 프로시저]를 선택하고 [작성기](⋯)를 클릭한다.
② 'cmb회원코드_Change() 프로시저'에 다음과 같이 코딩한다.

```
Private Sub cmb회원코드_Change()
    DoCmd.ApplyFilter, "회원코드 = '" & cmb회원코드 & "'"
End Sub
```

### 문제 ❹  처리 기능 구현

**01** 〈유통기한제품조회〉 쿼리

① [만들기]-[쿼리] 그룹에서 [쿼리 디자인](🔲)을 클릭한다.
② [테이블 추가]의 [테이블]에서 〈제품〉, 〈거래내역〉을 더블클릭하여 추가한다.
③ 디자인 눈금의 각 필드에 다음과 같이 드래그해서 배치한다.

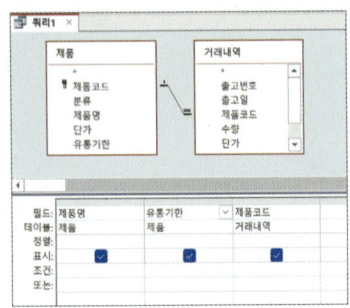

④ [쿼리 디자인]-[표시/숨기기] 그룹의 [요약](∑)을 클릭하여 제품코드는 '개수'를 선택한다.
⑤ 조건(Between 5 And 6)과 필드명(출고건수)을 다음과 같이 수정한다.

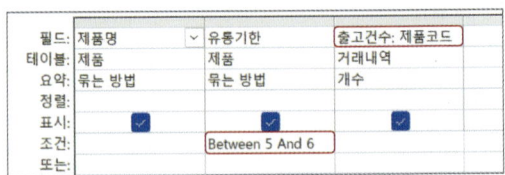

⑥ '유통기한' 필드를 선택한 후 [속성 시트]의 '형식'에 #"개월"을 입력한다.

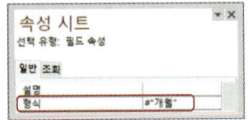

⑦ [저장](💾)을 클릭한 후 **유통기한제품조회**를 입력하고 [확인]을 클릭한다.

**02** 〈주문없는회원〉 쿼리

① [만들기]-[쿼리] 그룹에서 [쿼리 디자인](🔲)을 클릭한다.
② [테이블 추가]의 [테이블]에서 〈회원정보〉를 더블클릭하여 추가한다.
③ 다음과 필드를 추가한 후 '회원코드'에 조건 Not In (select 회원코드 from 거래내역)를 입력한다.

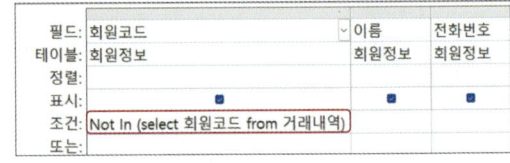

④ [저장](💾)을 클릭한 후 **주문없는회원**을 입력하고 [확인]을 클릭한다.

**03** 〈10일이전 출고제품〉 쿼리

① [만들기]-[쿼리] 그룹에서 [쿼리 디자인](🔲)을 클릭한다.
② [테이블 추가]의 [테이블]에서 〈제품〉, 〈거래내역〉을 더블클릭하여 추가한다.

③ 디자인 눈금의 각 필드에 다음과 같이 드래그해서 배치한다.

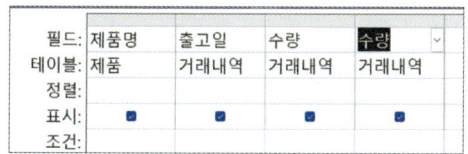

④ [쿼리 디자인]-[쿼리 유형] 그룹의 [크로스탭] (    )을 클릭한다.

⑤ 다음과 같이 수정한다.

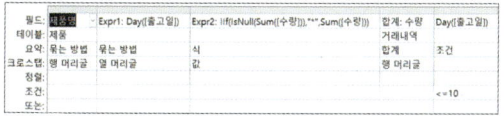

- 행 머리글 : 제품명
- 열 머리글 : Day([출고일])
- 값(식) : IIf(IsNull(Sum([수량])),"*",Sum([수량]))
- 행 머리글(합계) : 합계 : 수량
- Day([출고일]) : 조건(<=10)

⑥ [저장](    )을 클릭한 후 **10일이전 출고제품**을 입력하고 [확인]을 클릭한다.

## 04 〈우수고객관리〉 쿼리

① [만들기]-[쿼리] 그룹에서 [쿼리 디자인](    )을 클릭한다.
② [테이블 추가]의 [테이블]에서 〈회원정보〉를 더블클릭하여 추가한다.
③ [쿼리 디자인]-[쿼리 유형] 그룹의 [업데이트] (    )를 클릭한다.
④ '기타' 필드를 추가한 후 '업데이트'에 Switch ([적립금])>=10000,"VIP",[적립금]>=5000,"우수고객",[적립금]<5000,"일반고객")를 입력한다.

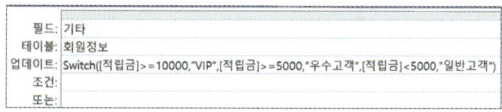

⑤ [저장](    )을 클릭한 후 **우수고객관리**를 입력하고 [확인]을 클릭한다.
⑥ [쿼리 디자인]-[결과] 그룹의 [실행](    )을 클릭한 후 [예]를 클릭한다.

## 05 〈특정제품조회〉 쿼리

① [만들기]-[쿼리] 그룹에서 [쿼리 디자인](    )을 클릭한다.
② [테이블 추가]의 [테이블]에서 〈제품〉, 〈거래내역〉을 더블클릭하여 추가한다.
③ 디자인 눈금의 각 필드에 다음과 같이 드래그해서 배치하고 조건과 수량의 합계로 수정한다.

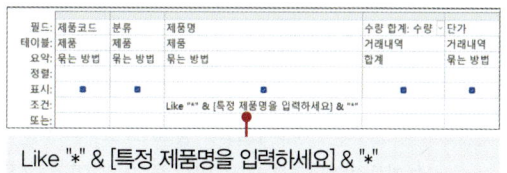

Like "*" & [특정 제품명을 입력하세요] & "*"

④ [쿼리 디자인]-[쿼리 유형] 그룹의 [테이블 만들기](    )를 클릭하여 **쿠키제품**을 입력하고 [확인]을 클릭한다.

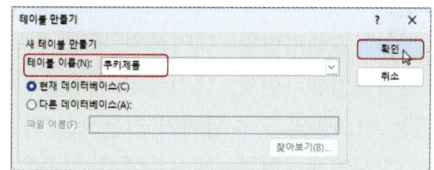

⑤ [저장](    )을 클릭한 후 **특정제품조회**를 입력하고 [확인]을 클릭한다.
⑥ [쿼리 디자인]-[결과] 그룹에서 [실행](    )을 클릭한 후 [예]를 클릭한다.

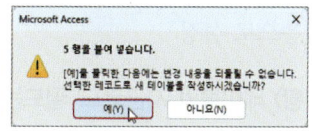

# 상시 기출문제 04회

**작업파일** [26컴활1급₩2권_데이터베이스₩상시기출문제] 폴더의 '상시기출문제4회' 파일을 열어서 작업하시오.

## 문제 ❶ DB구축 25점

**01** 지식산업센터 관리하는 업무를 수행하기 위한 데이터베이스를 구축하고자 한다. 다음 지시사항에 따라 테이블을 완성하시오. (각 3점)

① 〈용도구분〉 테이블의 '용도코드' 필드는 'AA-000'과 같은 형태로 영문 대문자 2개와 '-'기호 1개와 숫자3가 반드시 입력되도록 입력마스크를 설정하시오.
  ▶ 영문자 입력은 영어와 한글만 입력할 수 있도록 설정할 것
  ▶ 숫자 입력은 0~9까지의 숫자만 입력할 수 있도록 설정할 것
  ▶ '-' 문자도 테이블에 저장되도록 설정할 것
② 〈용도구분〉 테이블의 '용도지역' 필드는 빈 문자열이 허용되도록 설정하시오.
③ 〈지식산업센터현황〉 테이블의 '명칭' 필드는 중복 불가능한 인덱스를 설정하시오.
④ 〈지식산업센터현황〉 테이블의 '사용승인일' 필드는 새로운 레코드가 추가되는 경우 시간을 포함하지 않는 시스템의 오늘 날짜가 기본으로 입력되도록 설정하시오.
⑤ 〈지식산업센터현황〉 테이블에서 '착공일자' 필드는 '허가일자' 보다 크거나 같은 값만 입력할 수 있도록 테이블 속성의 유효성 검사 규칙을 설정하시오.

**02** 외부 데이터 가져오기 기능을 이용하여 〈추가지식산업센터.xlsx〉 파일의 내용을 가져와 〈추가지식산업센터〉테이블을 생성하시오. (5점)

  ▶ 첫 번째 행은 열 머리글임
  ▶ 기본 키는 없음으로 설정

**03** 〈지식산업센터현황〉 테이블의 '시군코드' 필드는 〈시군구분〉 테이블의 '시군코드' 필드를 참조하며, 각 테이블의 간의 관계는 M:1이다. 다음과 같이 테이블 간의 관계를 설정하시오. (5점)

  ※ 액세스 파일에 이미 설정되어 있는 관계는 수정하지 마시오.
  ▶ 테이블 간에 항상 참조 무결성이 유지되도록 설정하시오.
  ▶ 참조 필드의 값이 변경되면 관련 필드의 값도 변경되도록 설정하시오.
  ▶ 다른 테이블에서 참조하고 있는 레코드는 삭제할 수 없도록 설정하시오.

## 문제 ❷ 입력 및 수정 기능 구현    20점

**01** 〈지역별지식산업센터〉 폼을 다음의 화면과 지시사항에 따라 완성하시오. (각 3점)

① 폼이 로드될 때 하위 폼 컨트롤에는 포커스가 이동하지 않도록 설정하고, 'cmb시군명' 컨트롤에 포커스가 이동되도록 탭 인덱스를 설정하시오.
② 하위 폼에서 본문의 모든 컨트롤 테두리 스타일을 '투명'으로 설정하시오.
③ 하위 폼 본문 영역의 'txt총층수' 컨트롤에는 지하층수(오른쪽 한글자)와 지상층수의 합계가 표시되도록 컨트롤 원본을 설정하시오. (Right 함수 사용)

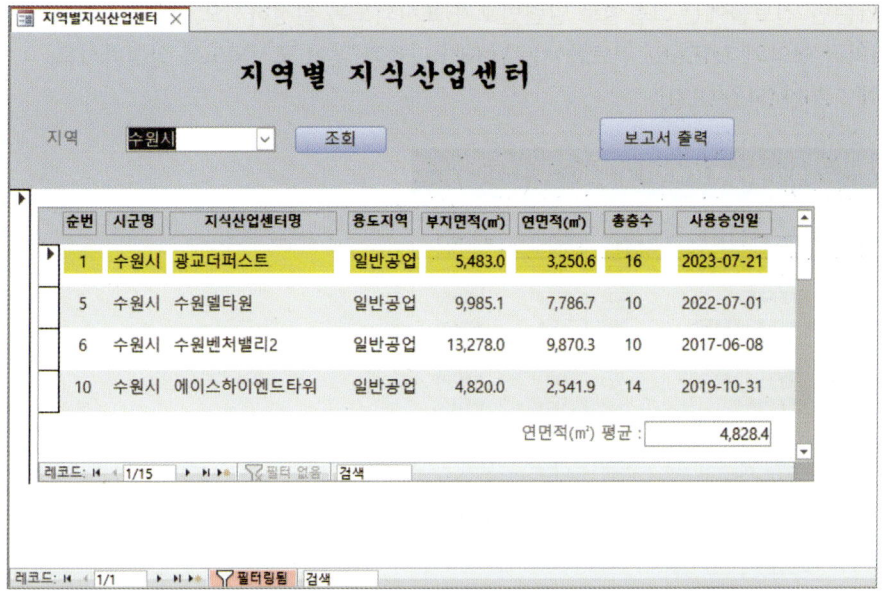

**02** 〈지식산업센터현황〉 폼의 본문 영역에 다음과 같이 조건부 서식을 설정하시오. (6점)

▶ '사용승인일'이 2023년 이상인 경우 본문 영역의 모든 컨트롤에 배경색은 '노랑'으로 서식을 설정하시오. (Year 함수 사용)
▶ 단, 하나의 규칙으로 작성하시오.

**03** 〈지산현황 보고서〉 보고서를 '인쇄 미리보기'의 형식으로 여는 〈지산현황출력〉 매크로를 생성하시오. (5점)

▶ 매크로 조건 : '시군명' 필드의 값이 'cmb시군명'에 해당되는 데이터만 표시
▶ 〈지역별지식산업센터〉 폼의 '보고서 출력'(cmd보고서출력) 단추를 클릭하면 매크로가 실행되도록 설정하시오.

## 문제 ❸ 조회 및 출력 기능 구현    20점

**01** 다음의 지시사항 및 화면을 참조하여 〈지산현황 보고서〉 보고서를 완성하시오. (각 3점)

① '시군명' 머리글 영역에서 머리글의 내용이 페이지마다 반복적으로 표시되도록 설정하고, '시군명'이 변경되면 매 구역 전에 페이지도 변경되도록 설정하시오.
② 본문 영역에서 '시군명', '분양형태' 필드의 값이 이전 레코드와 동일한 경우에는 표시되지 않도록 설정하시오.
③ 동일한 '분양형태' 내에서는 '명칭'을 기준으로 오름차순 정렬되어 표시되도록 정렬을 추가하시오.
④ 본문의 'txt순번' 컨트롤에는 그룹별로 일련번호가 표시되도록 설정하시오.
⑤ 페이지 머리글 영역의 'txtDate' 컨트롤에는 날짜가 다음과 같이 표시되도록 설정하시오.
▶ [표시 예 : 26년 04월 01일]

**02** 〈지식산업센터현황〉 폼의 'txt사용승인일' 컨트롤을 클릭하면 〈그림〉과 같은 메시지 상자를 출력하는 이벤트 프로시저를 구현하시오. (5점)

▶ '사용승인일' 필드의 ID를 찾아 '허가일자'가 표시
▶ DLookup 함수 사용

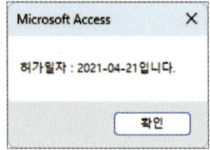

## 문제 ❹ 처리 기능 구현  35점

**01** 〈지식산업센터현황〉, 〈시군구분〉 테이블을 이용하여 지상층수, 지하층수(오른쪽 한글자)의 평균을 조회하는 〈시군별지상지하층수평균〉 쿼리를 작성하시오. (7점)

- ▶ Avg, Right 함수 사용
- ▶ 쿼리 결과 표시되는 필드와 필드명은 〈그림〉과 같이 표시되도록 설정하시오.

| 시군명 | 지상층수평균 | 지하층수평균 |
|---|---|---|
| 고양시 | 12.12 | 2.12 |
| 군포시 | 12.64 | 1.73 |
| 김포시 | 7.25 | 2.31 |
| 동두천시 | 10.00 | 3.00 |
| 수원시 | 12.33 | 3.00 |
| 안양시 | 14.85 | 2.60 |
| 의정부시 | 3.00 | 1.00 |

**02** 〈지식산업센터현황〉, 〈시군구분〉, 〈분양구분〉 테이블을 이용하여 시군별, 분양형태별 개수를 조회하는 〈시군분양구분현황〉 크로스탭 쿼리를 작성하시오. (7점)

- ▶ 분양형태 개수는 'ID' 필드를 이용하시오.
- ▶ 분양형태별 개수의 합계가 없는 곳에는 "○"가 표시되도록 하시오.
- ▶ IIf, Count 함수 사용
- ▶ 쿼리 결과 표시되는 필드와 필드명은 〈그림〉과 같이 표시되도록 설정하시오.

| 시군명 | 총합계 | 분양 | 분양+임대 | 임대 | 자가 | 자가+임대 |
|---|---|---|---|---|---|---|
| 고양시 | 17 | 13 | ○ | ○ | ○ | 4 |
| 군포시 | 11 | 5 | 5 | 1 | ○ | ○ |
| 김포시 | 16 | 14 | ○ | 2 | ○ | ○ |
| 동두천시 | 1 | ○ | ○ | 1 | ○ | ○ |
| 수원시 | 15 | 14 | ○ | ○ | 1 | ○ |
| 안양시 | 20 | 20 | ○ | ○ | ○ | ○ |
| 의정부시 | 1 | ○ | ○ | ○ | ○ | 1 |

**03** 〈지식산업센터현황〉, 〈시군구분〉 테이블을 이용하여 층수를 조회하는 〈20층이상조회〉 쿼리를 작성하시오. (7점)

▶ 총층수가 20층 이상인 지식산업센터만 표시
▶ 지하층수는 [표시 예]와 같이 층수를 표시되도록 설정하시오. [표시 예 : B5 → 지하 5층]
▶ Right, Replace 함수 사용
▶ 쿼리 결과 표시되는 필드와 필드명은 〈그림〉과 같이 표시되도록 설정하시오.

| 시군명 | 명칭 | 총층수 | 지하 층수 | 지상 층수 |
|---|---|---|---|---|
| 수원시 | 광교플렉스데시앙 | 20 | 지하 5층 | 지상 15층 |
| 안양시 | 안양 아이에스비즈타워 센트럴 | 30 | 지하 2층 | 지상 28층 |
| 안양시 | 에이스하이테크시티 범계 | 24 | 지하 3층 | 지상 21층 |
| 안양시 | 평촌스마트베이 | 22 | 지하 1층 | 지상 21층 |
| 안양시 | 평촌오비즈타워 | 38 | 지하 3층 | 지상 35층 |
| 고양시 | DMC 플렉스데시앙 | 22 | 지하 2층 | 지상 20층 |
| 고양시 | 덕은리버워크 | 26 | 지하 5층 | 지상 21층 |
| 군포시 | 군포IT밸리 | 37 | 지하 3층 | 지상 34층 |

**04** 준공일자의 년도를 매개변수로 입력받고, 분양형태가 임대가 포함되지 않은 데이터만 조회하는 〈년도별임대제외현황〉 쿼리를 작성하시오. (7점)

▶ 〈지식산업센터현황〉, 〈시군구분〉, 〈용도구분〉, 〈분양구분〉 테이블을 이용하시오
▶ YEAR 함수, Not Like 연산자 사용
▶ 쿼리 결과 표시되는 필드와 필드명은 〈그림〉과 같이 표시되도록 설정하시오.

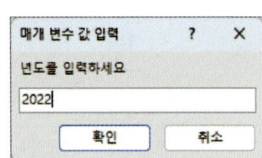

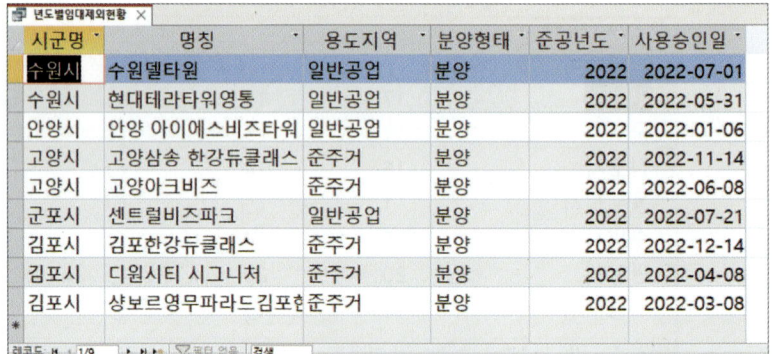

**05** 〈지식산업센터현황〉, 〈시군구분〉 테이블을 이용하여 지식산업센터가 있는 시군명을 조회하여 〈시군구분〉 테이블의 '기타' 필의 값을 "★★★"으로 변경하는 〈지식산업센터표시〉 업데이트 쿼리를 작성하시오. (7점)

▶ In과 하위 쿼리 사용
▶ 쿼리 결과 표시되는 필드와 필드명은 〈그림〉과 같이 표시되도록 설정하시오.

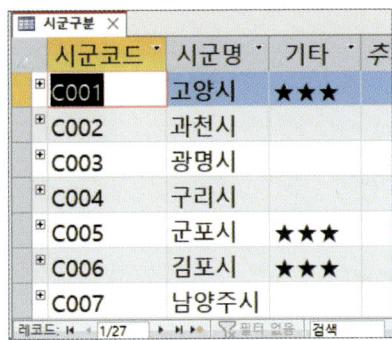

# 상시 기출문제 04회 정답

## 문제 ❶  DB구축

### 01 〈용도구분〉, 〈지식산업센터현황〉 테이블

| 번호 | 필드 이름 | 속성 및 형식 | 설정 값 |
|---|---|---|---|
| ① | 〈용도구분〉 용도코드 | 입력마스크 | >LL-000;0 |
| ② | 〈용도구분〉 용도지역 | 빈 문자열 허용 | 예 |
| ③ | 〈지식산업센터현황〉 명칭 | 인덱스 | 예(중복 불가능) |
| ④ | 〈지식산업센터현황〉 사용승인일 | 기본값 | Date() |
| ⑤ | 〈지식산업센터현황〉 테이블 속성 | 유효성검사규칙 | [허가일자]<=[착공일자] |

### 02 외부 데이터 가져오기

### 03 〈지식산업센터현황〉, 〈시군구분〉 테이블 관계 설정

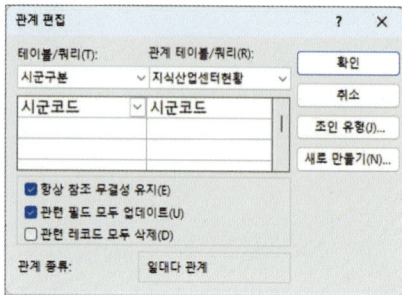

## 문제 ❷  입력 및 수정 기능 구현

### 01 〈지역별지식산업센터〉 폼

| 번호 | 필드 이름 | 필드 속성 | 설정 값 |
|---|---|---|---|
| ① | 하위 폼 | 탭 정지 | 아니요 |
|   | cmb시군명 | 탭 인덱스 | 0 |
| ② | 하위 폼 '본문' | 테두리 스타일 | 투명 |
| ③ | txt총층수 | 컨트롤 원본 | =Right([지하층수],1)+[지상층수] |

② 〈지식산업센터현황〉 폼의 본문 영역에 조건부 서식 설정

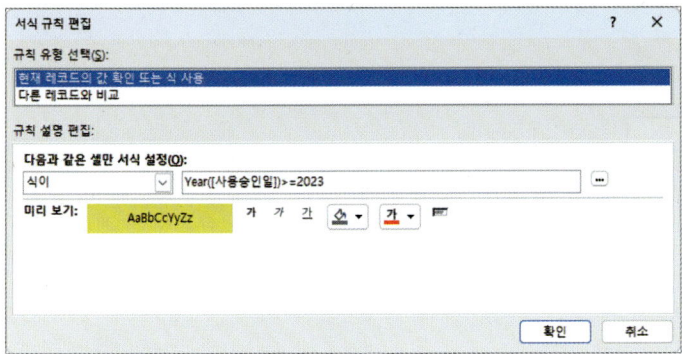

③ 〈지산현황출력〉 매크로

- OpenReport
  - 보고서 이름: 지산현황 보고서
  - 보기 형식: 인쇄 미리 보기
  - 필터 이름:
  - Where 조건문: =[시군명]=[Forms]![지역별지식산업센터]![cmb시군명]
  - 창 모드: 기본

## 문제 ③ 조회 및 출력 기능 구현

① 〈자산현황 보고서〉 보고서

| 번호 | 필드 이름 | 필드 속성 | 설정 값 |
|---|---|---|---|
| ① | 〈시군명〉 머리글 | 반복 실행 구역 | 예 |
|   |   | 페이지 바꿈 | 구역 전 |
| ② | 시군명, 분양형태 | 중복 내용 숨기기 | 예 |
| ③ | 그룹, 정렬 및 요약 | 그룹화 기준 시군명 / 정렬 기준 분양형태 / 정렬 기준 명칭 ▼ 오름차순 ▼ , 자세히 ▶ | |
| ④ | txt순번 | 컨트롤 원본 | =1 |
|   |   | 누적 합계 | 그룹 |
| ⑤ | txtDate | 컨트롤 원본 | =Date() |
|   |   | 형식 | 보통 날짜 |

② 〈지식산업센터현황〉 폼의 'txt사용승인일' 컨트롤

```
Private Sub txt사용승인일_Click()
    MsgBox "허가일자 : " & DLookup("허가일자", "지식산업센터현황", "txt아이디=ID") & "입니다."
End Sub
```

## 문제 ④ 처리 기능 구현

**01** 〈시군별지상지하층수평균〉 쿼리

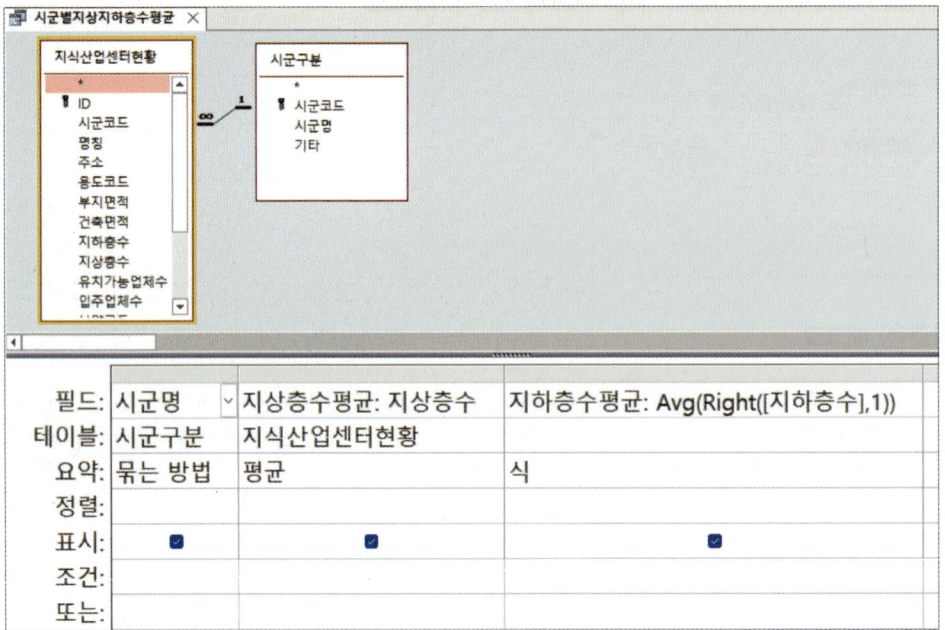

**02** 〈시군분양구분현황〉 쿼리

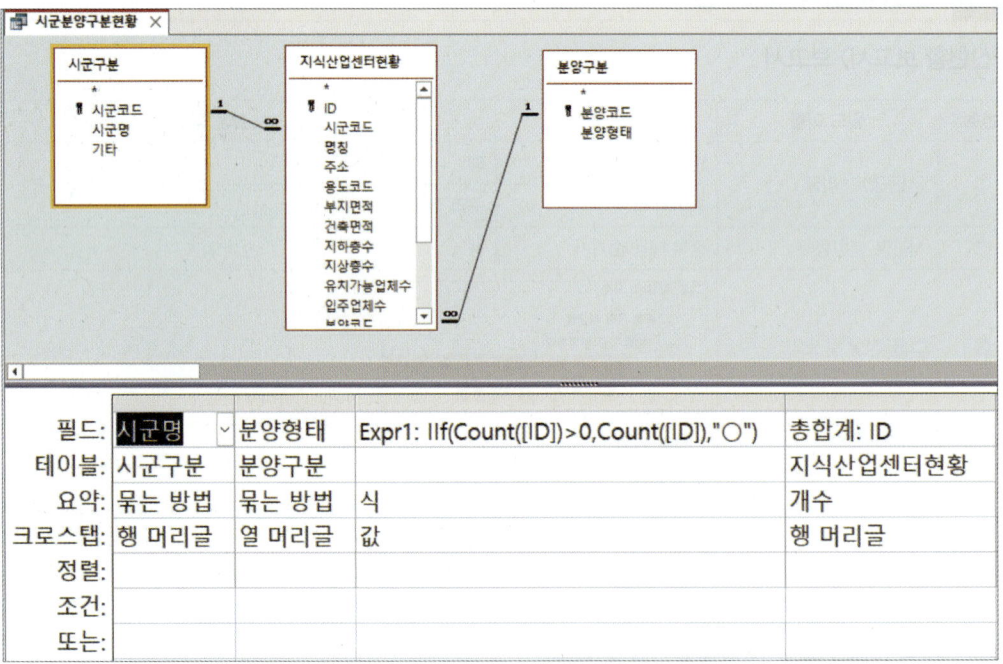

## 03 〈20층이상조회〉 쿼리

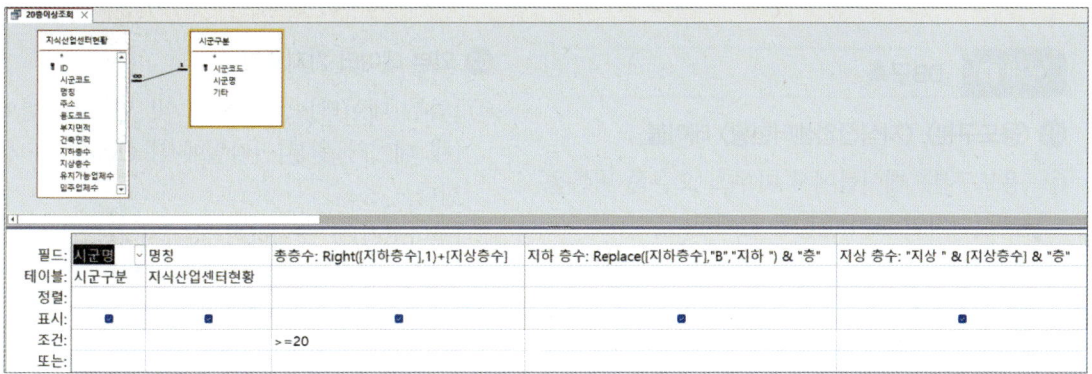

## 04 〈년도별임대제외현황〉 쿼리

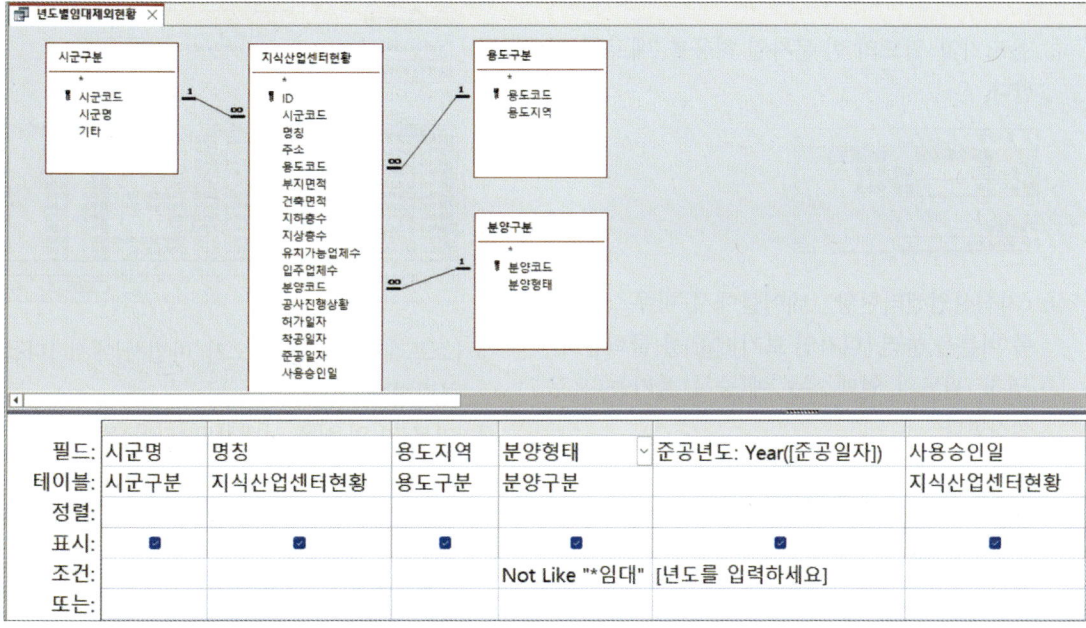

## 05 〈지식산업센터표시〉 쿼리

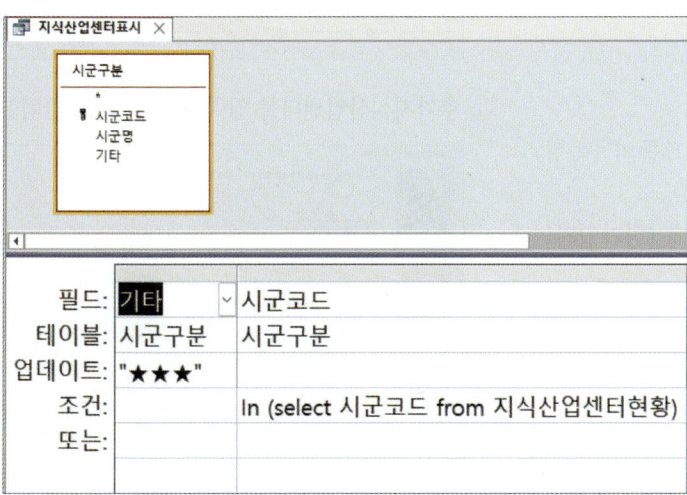

## 상시 기출문제 04회 해설

### 문제 ① DB구축

**01 〈용도구분〉, 〈지식산업센터현황〉 테이블**

① 〈용도구분〉 테이블에서 마우스 오른쪽 버튼을 눌러 [디자인 보기](🔲)를 클릭한다.
② '용도코드' 필드의 입력 마스크에 >LL-000;0 을 입력한다.

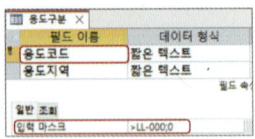

③ '용도지역' 필드의 빈 문자열 허용을 '예'로 설정한다.

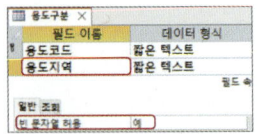

④ 〈지식산업센터현황〉 테이블에서 마우스 오른쪽 버튼을 눌러 [디자인 보기](🔲)를 클릭한다.
⑤ '명칭' 필드의 인덱스는 '예(중복 불가능)'으로 설정한다.

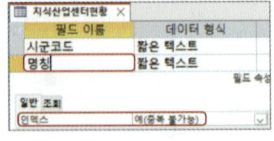

⑥ '사용승인일' 필드의 기본값에 Date()를 입력한다.

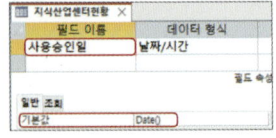

⑦ [테이블 디자인]-[표시/숨기기] 그룹의 [속성 시트](🔲)를 클릭한다.
⑧ [속성 시트]의 유효성 검사 규칙에 [허가일자]<=[착공일자]를 입력한다.

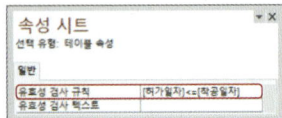

### 02 외부 데이터 가져오기

① [외부 데이터]-[가져오기 및 연결] 그룹에서 [새 데이터 원본]-[파일에서]-[Excel]을 클릭한다.
② [찾아보기]를 클릭하여 '추가지식산업센터.xlsx' 파일을 찾은 후 [열기]를 클릭한다.
③ '현재 데이터베이스의 새 테이블로 원본 데이터 가져오기'를 지정하고 [확인]을 클릭한다.
④ '첫 행에 열 머리글이 있음'을 선택하고 [다음]을 클릭한다.

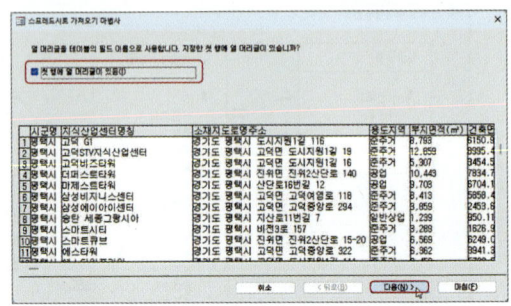

⑤ [스프레드시트 가져오기 마법사]에서 [다음]을 클릭한다.
⑥ '기본 키 없음'을 선택하고 [다음]을 클릭한다.

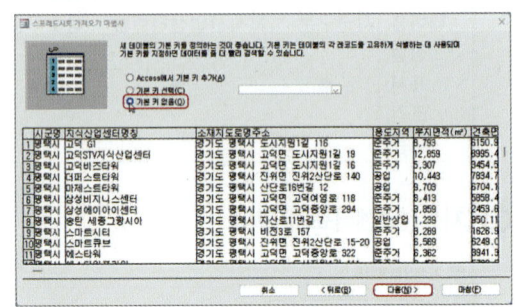

⑦ **추가지식산업센터**를 입력하고 [마침]을 클릭한다.

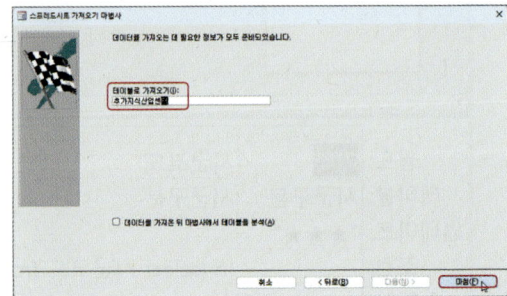

### 03 〈지식산업센터현황〉 ↔ 〈시군구분〉 테이블간의 관계 설정

① [데이터베이스 도구]-[관계] 그룹에서 [관계]()를 클릭한다.
② [관계 디자인] 탭의 [테이블 추가]()를 클릭하여 [테이블]에서 〈시군구분〉을 더블클릭한다.
③ 〈시군구분〉 테이블의 '시군코드'를 〈지식산업센터현황〉 테이블의 '시군코드'로 드래그한다.
④ [관계 편집]에서 다음과 같이 지정하고 [만들기]를 클릭한다.

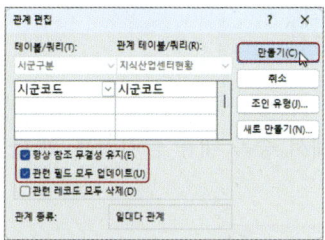

---

### 문제 ❷ 입력 및 수정 기능 구현

#### 01 〈지역별지식산업센터〉 폼

① 〈지역별지식산업센터〉 폼에서 마우스 오른쪽 버튼을 눌러 [디자인 보기]()를 클릭한다.
② 하위 폼의 경계라인을 선택한 후 [기타] 탭에서 탭 정지 '아니요'를 선택한다.

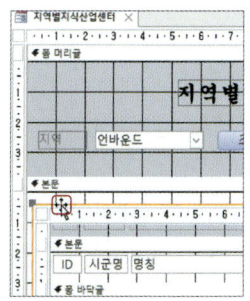

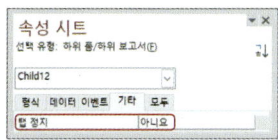

③ 〈지역별지식산업센터〉 폼의 'cmb시군명'을 선택한 후 [기타] 탭의 탭 인덱스에 0을 입력한다.

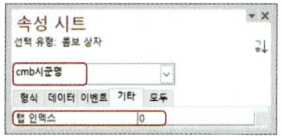

④ 하위 폼의 본문의 모든 컨트롤을 선택한 후 [형식] 탭의 테두리 스타일에서 '투명'을 선택한다.

⑤ 하위 폼의 'txt총층수'를 선택하고 컨트롤 원본에 =Right([지하층수],1)+[지상층수]를 입력한다.

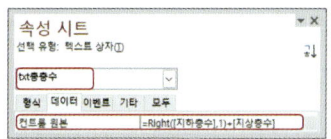

#### 02 〈지식산업센터현황〉 폼의 조건부 서식

① 〈지식산업센터현황〉 폼 바로 가기 메뉴에서 [디자인 보기]()를 클릭한 후 '본문' 왼쪽 눈금자를 클릭하여 모든 컨트롤을 선택한다.
② [서식]-[컨트롤 서식] 그룹의 [조건부 서식]()을 클릭하여 [새 규칙]을 클릭한다.

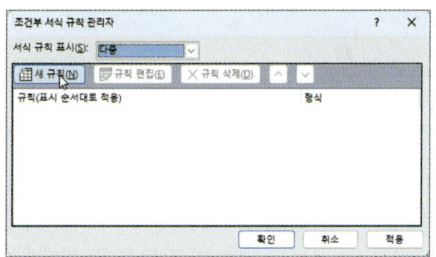

③ '식이'를 선택하고 YEAR([사용승인일])>=2023을 입력하고, 배경색은 '노랑'을 선택하고 [확인]을 클릭한다.

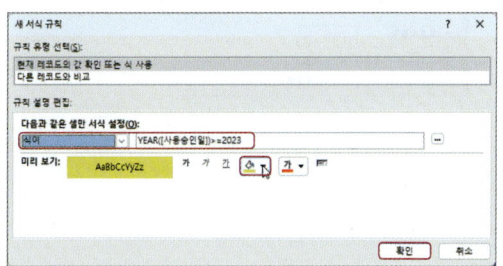

④ [조건부 서식 규칙 관리자]에서 [확인]을 클릭한다.

### 03 〈지역별지식산업센터〉 폼의 'cmd보고서출력' 컨트롤

① [만들기]-[매크로 및 코드] 그룹에서 [매크로]를 클릭한다.
② 매크로 함수 중 'OpenReport'를 선택한 후 필요한 인수를 설정한다.

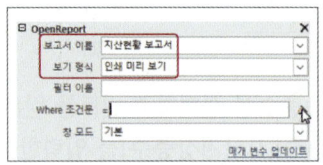

③ 'Where 조건문'에서 작성기를 클릭하여 다음과 같이 입력하고 [확인]을 클릭한다.

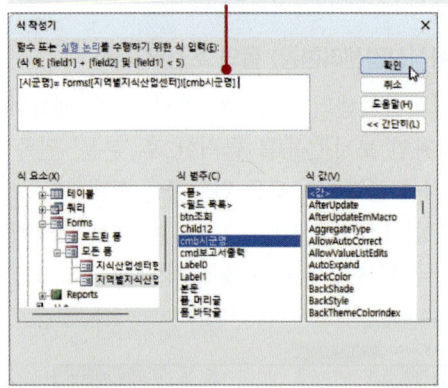

④ [저장]( )을 클릭하여 **지산현황출력**을 입력하여 매크로로 저장한다.
⑤ 〈지역별지식산업센터〉 폼의 [디자인 보기]( ) 모드에서 'cmd보고서출력' 컨트롤을 선택한다.
⑥ [이벤트] 탭의 On Click에서 '지산현황출력'을 선택한다.

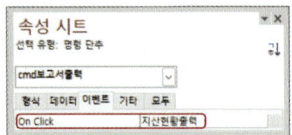

### 문제 ③ 조회 및 출력 기능 구현

#### 01 〈지산현황 보고서〉 보고서

① 〈지산현황 보고서〉 보고서에서 마우스 오른쪽 버튼을 눌러 [디자인 보기]( )를 클릭한다.
② '시군명 머리글'을 선택한 후 [형식] 탭에서 반복 실행 구역은 '예', 페이지 바꿈은 '구역 전'으로 선택한다.

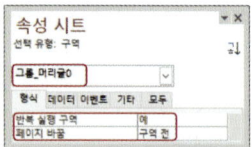

③ 본문 영역의 '시군명', '분양형태' 필드를 선택한 후 [형식] 탭에서 중복 내용 숨기기는 '예'를 선택한다.

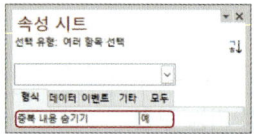

④ [보고서 디자인]-[그룹화 및 요약] 그룹에서 [그룹화 및 정렬]( )을 클릭한다.
⑤ [그룹, 정렬 및 요약]에서 [정렬 추가]를 클릭한다.
⑥ '명칭' 필드를 선택하고 '오름차순'으로 지정한다.

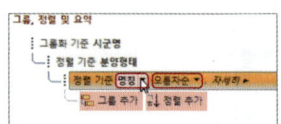

⑦ 본문의 'txt순번'을 선택한 후 [데이터] 탭에서 컨트롤 원본 =1을 입력하고, 누적 합계 '그룹'을 선택한다.

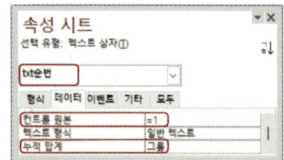

⑧ 페이지 머리글의 'txtDate'를 선택한 후 [데이터] 탭에서 컨트롤 원본 =Date()를 입력하고, 형식은 '보통 날짜'를 선택한다.

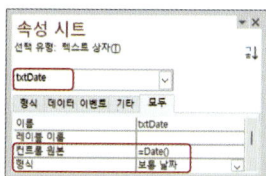

**02** 〈지식산업센터현황〉 폼의 이벤트 프로시저

① 〈지식산업센터현황〉 폼을 [디자인 보기](📐)로 열고 'txt사용승인일'을 선택한 후 [이벤트] 탭의 On Click에서 [이벤트 프로시저]를 선택하고 [작성기](📝)를 클릭한다.
② '작성기 선택' 창에서 '코드 작성기'를 선택한 후 [확인]을 클릭한다.
③ 'txt사용승인일_Click() 프로시저'에 다음과 같이 코딩한다.

```
Private Sub txt사용승인일_Click()
    MsgBox "허가일자 : " & DLookup("허가일자", "지식산업센터현황", "txt아이디=ID") & "입니다."
End Sub
```

## 문제 ④ 처리 기능 구현

**01** 〈시군별지상지하층수평균〉 쿼리

① [만들기]-[쿼리] 그룹에서 [쿼리 디자인](📊)을 클릭한다.
② [테이블 추가]의 [테이블]에서 〈지식산업센터현황〉, 〈시군구분〉을 더블클릭하여 추가한다.
③ 디자인 눈금의 각 필드에 다음과 같이 드래그해서 배치한다.

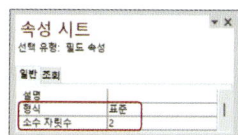

④ [쿼리 디자인]-[표시/숨기기] 그룹의 [요약](∑)을 클릭하여 다음과 같이 수정한다.

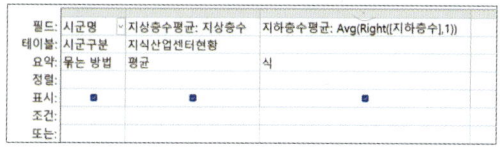

- 지상층수평균 : 지상층수 => 평균
- 지하층수평균 : Avg(Right([지하층수],1)) => 식

⑤ '지상층수평균' 필드를 선택한 후 [속성 시트]의 '형식'에 '표준', 소수 자릿수는 2를 입력한다.

⑥ 같은 방법으로 '지하층수평균'도 '표준'의 소수 자릿수는 2로 지정한다.
⑦ [저장](💾)을 클릭한 후 **시군별지상지하층수평균**을 입력하고 [확인]을 클릭한다.

**02** 〈시군분양구분현황〉 쿼리

① [만들기]-[쿼리] 그룹에서 [쿼리 디자인](📊)을 클릭한다.
② [테이블 추가]의 [테이블]에서 〈시군구분〉, 〈지식산업센터현황〉, 〈분양구분〉을 더블클릭하여 추가한다.
③ 디자인 눈금의 각 필드에 다음과 같이 드래그해서 배치한다.

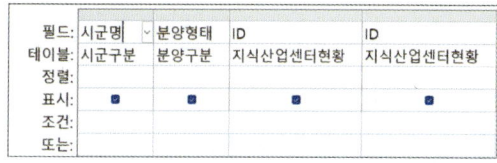

④ [쿼리 디자인]-[쿼리 유형] 그룹의 [크로스탭](📊)을 클릭한다.

⑤ 다음과 같이 수정한다.

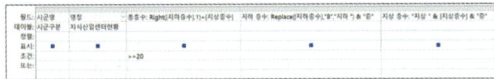

- 행 머리글 : 시군명
- 열 머리글 : 분양형태
- 값(식) : IIf(Count([ID])>0,Count([ID]),"○")
- 행 머리글(개수) : 총합계: ID

⑥ 크로스탭(값)에 커서를 두고 [속성 시트]의 형식에서 '표준'을 선택한다.
⑦ [저장]( )을 클릭한 후 **시군분양구분현황**을 입력하고 [확인]을 클릭한다.

### 03 〈20층이상조회〉 쿼리

① [만들기]-[쿼리] 그룹에서 [쿼리 디자인]( )을 클릭한다.
② [테이블 추가]의 [테이블]에서 〈지식산업센터현황〉, 〈시군구분〉을 더블클릭하여 추가한다.
③ 다음과 필드를 추가한 후 다음과 같이 수정한다.

- 총층수: Right([지하층수],1)+[지상층수]
- 조건 : >=20
- 지하 층수: Replace([지하층수],"B","지하 ") & "층"
- 지상 층수: "지상 " & [지상층수] & "층"

④ [저장]( )을 클릭한 후 **20층이상조회**를 입력하고 [확인]을 클릭한다.

### 04 〈년도별임대제외현황〉 쿼리

① [만들기]-[쿼리] 그룹에서 [쿼리 디자인]( )을 클릭한다.
② [테이블 추가]의 [테이블]에서 〈지식산업센터현황〉, 〈시군구분〉, 〈용도구분〉, 〈분양구분〉을 더블클릭하여 추가한다.

③ 다음과 필드를 추가한 후 다음과 같이 수정한다.

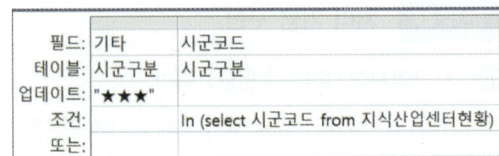

- 분양형태
- 조건 : Not Like "*임대"
- 준공년도 : YEAR(준공일자)
- 조건 : [년도를 입력하세요]

④ [저장]( )을 클릭한 후 **년도별임대제외현황**을 입력하고 [확인]을 클릭한다.

### 05 〈지식산업센터표시〉 쿼리

① [만들기]-[쿼리] 그룹에서 [쿼리 디자인]( )을 클릭한다.
② [테이블 추가]의 [테이블]에서 〈시군구분〉을 더블클릭하여 추가한다.
③ [쿼리 디자인]-[쿼리 유형] 그룹의 [업데이트]( )를 클릭한다.
④ 디자인 눈금의 각 필드에 다음과 같이 드래그해서 배치하고 업데이트 "★★★"를 입력하고, 조건 In (select 시군코드 from 지식산업센터현황)를 입력한다.

| 필드: | 기타 | 시군코드 |
|---|---|---|
| 테이블: | 시군구분 | 시군구분 |
| 업데이트: | "★★★" | |
| 조건: | | In (select 시군코드 from 지식산업센터현황) |
| 또는: | | |

⑤ [저장]( )을 클릭한 후 **지식산업센터표시**를 입력하고 [확인]을 클릭한다.
⑥ [쿼리 디자인]-[결과] 그룹에서 [실행]( )을 클릭한 후 [예]를 클릭한다.

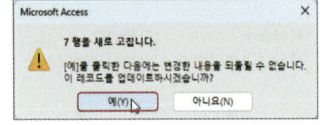

# 상시 기출문제 05회

**작업파일** [26컴활1급₩2권_데이터베이스₩상시기출문제] 폴더의 '상시기출문제5회' 파일을 열어서 작업하시오.

## 문제 ① DB구축     25점

**01** 학생들의 봉사활동 내역을 관리하기 위한 데이터베이스를 구축하고자 한다. 다음의 지시사항에 따라 각 테이블을 완성하시오. (각 3점)

① 〈봉사기관〉 테이블의 '기관코드' 필드는 'S-00'와 같은 형태로 영문 대문자 1개, '-' 기호 1개와 숫자 2개가 반드시 포함되어 입력되도록 입력 마스크를 설정하시오.
  ▶ 영문자 입력은 영어와 한글만 입력할 수 있도록 설정할 것
  ▶ 숫자 입력은 0~9까지의 숫자만 입력할 수 있도록 설정할 것
  ▶ '-' 문자도 테이블에 저장되도록 설정할 것

② 〈봉사내역〉 테이블의 '시수' 필드에는 1부터~8까지의 정수가 입력되도록 유효성 검사 규칙을 설정하시오.

③ 〈봉사내역〉 테이블의 '봉사날짜' 필드는 새로운 레코드가 추가되는 경우 시간을 포함하지 않는 시스템의 오늘 날짜가 기본으로 입력되도록 설정하시오.

④ 〈재학생〉 테이블의 '학과' 필드는 중복 가능한 인덱스를 설정하시오.

⑤ 〈재학생〉 테이블의 '연락처' 필드는 빈 문자열이 허용되도록 설정하시오.

**02** 외부 데이터 가져오기 기능을 이용하여 〈추가기관.xlsx〉에서 '추가기관'이란 이름으로 정의된 범위의 내용을 가져와 〈봉사기관추가〉 테이블을 생성하시오. (5점)

  ▶ 첫 번째 행은 열 머리글임
  ▶ 기본 키는 없음으로 설정

**03** 〈봉사내역〉 테이블의 '기관코드' 필드는 〈봉사기관〉 테이블의 '기관코드' 필드를 참조하고 테이블 간의 관계는 1:M이다. 두 테이블에 대해 다음과 같이 관계를 설정하시오. (5점)

※ 액세스 파일에 이미 설정되어 있는 관계는 수정하지 마시오.
  ▶ 테이블 간에 항상 참조 무결성이 유지되도록 설정하시오.
  ▶ 참조 필드의 값이 변경되면 관련 필드의 값도 변경되도록 설정하시오.
  ▶ 다른 테이블에서 참조하고 있는 레코드는 삭제할 수 없도록 설정하시오.

## 문제 ❷  입력 및 수정 기능 구현                                   20점

**01** 〈봉사내역입력〉 폼을 다음의 화면과 지시사항에 따라 완성하시오. (각 3점)

① 폼의 '기본 보기' 속성을 〈그림〉과 같이 설정하시오.
② 폼의 '레코드 선택기'와 '탐색 단추'가 표시되도록 관련 속성을 설정하시오.
③ 폼 바닥글 영역의 'txt총시수' 컨트롤에는 시수의 총합이 표시되도록 컨트롤 원본을 설정하시오.
　▶ [표시 예 : 15 → 총 시수: 15]

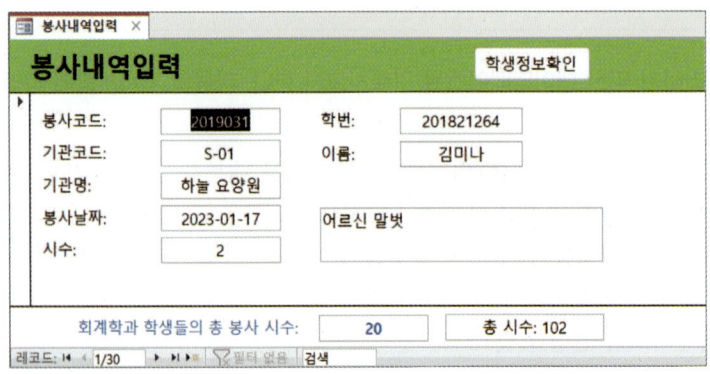

**02** 〈봉사내역입력〉 폼의 폼 바닥글 영역에서 'txt봉사시수합계' 컨트롤에는 학과가 '회계학과'인 학생들의 시수 합계가 표시되도록 설정하시오. (6점)

▶ 〈봉사내역입력〉 쿼리와 DSUM 함수 사용

**03** 〈재학생관리〉 폼을 '폼 보기' 형식으로 여는 〈재학생보기〉 매크로를 생성하고, 〈봉사내역입력〉 폼의 '학생정보확인'(cmd보기) 단추를 클릭하면 〈재학생보기〉 매크로가 실행되도록 지정하시오. (5점)

▶ 매크로 조건 : '학번' 필드의 값이 'txt학번'에 해당하는 재학생의 정보만 표시

## 문제 ❸ 조회 및 출력 기능 구현    20점

**01** 다음의 지시사항 및 화면을 참조하여 〈봉사현황〉 보고서를 완성하시오. (각 3점)

① 동일한 '기관명' 내에서는 '학과' 필드를 기준으로 내림차순 정렬되어 표시되도록 정렬을 추가하시오.
② 페이지 머리글 영역의 'txt날짜' 컨트롤에는 [표시 예]와 같이 표시되도록 형식을 설정하시오.
  ▶ [표시 예 : 2025-01-03 → 2025년 1월]
③ 기관명 머리글 영역에서 머리글 내용이 페이지마다 반복적으로 표시되도록 설정하시오.
④ 본문 영역의 'txt기관명' 컨트롤의 값이 이전 레코드와 같은 경우에는 표시되지 않도록 설정하시오.
⑤ 페이지 바닥글 영역의 'txt페이지' 컨트롤에는 페이지가 다음과 같이 표시되도록 설정하시오.
  ▶ [표시 예 : 5페이지 중 2페이지]

### 봉사현황                           2023년 9월

| 기관명 | 학과 | 이름 | 봉사날짜 | 봉사내용 | 시수 |
|---|---|---|---|---|---|
| 꿈나래 복지관 | 회계학과 | 김민교 | 2023-06-25 | 목욕도우미 | 2 |
|  | 회계학과 | 김민교 | 2023-06-18 | 청소도우미 | 3 |
|  | 회계학과 | 이재후 | 2023-07-16 | 빨래도우미 | 4 |
|  | 금융정보과 | 박정은 | 2023-07-17 | 스마트폰 활용 | 3 |
|  | 국제통상과 | 임시우 | 2023-06-11 | 스마트폰 활용 | 4 |
|  | 국제통상과 | 강경민 | 2023-08-13 | 악기 연주 | 4 |
|  | 국제통상과 | 정민섭 | 2023-07-09 | 스마트폰 활용 | 5 |
|  | 관광경영과 | 이소연 | 2023-09-10 | 급식도우미 | 3 |

| 기관명 | 학과 | 이름 | 봉사날짜 | 봉사내용 | 시수 |
|---|---|---|---|---|---|
| 믿음 청소년관 | 회계학과 | 김민교 | 2023-11-12 | 수학 멘토 | 5 |
|  | 금융정보과 | 김미나 | 2023-10-29 | 수학 멘토 | 3 |
|  | 국제통상과 | 강경민 | 2023-10-15 | 영어 멘토 | 2 |
|  | 관광경영과 | 민철호 | 2023-10-22 | 영어 멘토 | 4 |

| 기관명 | 학과 | 이름 | 봉사날짜 | 봉사내용 | 시수 |
|---|---|---|---|---|---|
| 반석 복지관 | 회계학과 | 김민교 | 2023-12-25 | 수학 멘토 | 2 |
|  | 금융정보과 | 신현섭 | 2023-12-20 | 영어 멘토 | 4 |

3페이지 중 1페이지

**02** 〈봉사내역관리〉 폼의 오름(cmd오름) 단추와 내림(cmd내림) 단추를 클릭(On Click)하면 시수를 기준으로 정렬을 수행하는 이벤트 프로시저를 구현하시오. (5점)

▶ '오름' 단추를 클릭하면 오름차순 정렬, '내림' 단추를 클릭하면 내림차순으로 정렬
▶ 폼의 OrderBy, OrderByOn 속성 사용

## 문제 ❹ 처리 기능 구현                                    35점

**01** 〈재학생〉, 〈봉사내역〉 테이블을 이용하여 시수의 합계가 10이상인 학생의 '비고' 필드의 값을 '우수 봉사학생'으로 변경하는 〈우수봉사학생처리〉 업데이트 쿼리를 작성한 후 실행하시오. (7점)

▶ In 연산자와 하위 쿼리 사용

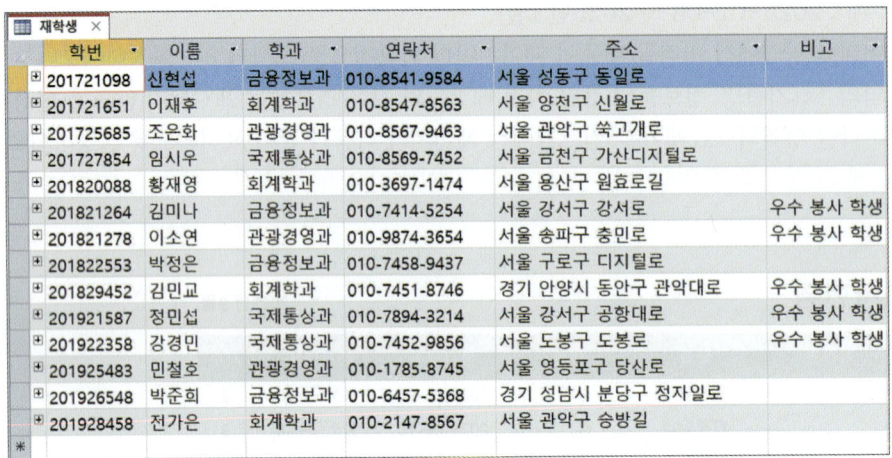

※ 〈우수봉사학생처리〉 쿼리를 실행한 후의 〈재학생〉 테이블

**02** 기관별, 학과별로 봉사 횟수를 조회하는 〈봉사횟수조회〉 크로스탭 쿼리를 작성하시오. (7점)

▶ 〈봉사기관〉, 〈봉사내역〉, 〈재학생〉 테이블을 이용하시오.
▶ 봉사횟수는 '봉사코드' 필드를 이용하시오.
▶ 봉사날짜가 2023년 7월 1일부터 2023년 12월 31일까지만 조회대상으로 하시오.
▶ Between 연산자 사용
▶ 쿼리 실행 결과 표시되는 필드와 필드명은 〈그림〉과 같이 표시되도록 설정하시오.

| 기관명 | 총횟수 | 관광경영고 | 국제통상고 | 금융정보고 | 회계학과 |
|---|---|---|---|---|---|
| 꿈나래 복지관 | 5 | 1 | 2 | 1 | 1 |
| 믿음 청소년관 | 4 | 1 | 1 | 1 | 1 |
| 반석 복지관 | 6 | 2 | 2 | 1 | 1 |

③ 〈봉사내역〉 ↔ 〈봉사기관〉 테이블간의 관계 설정

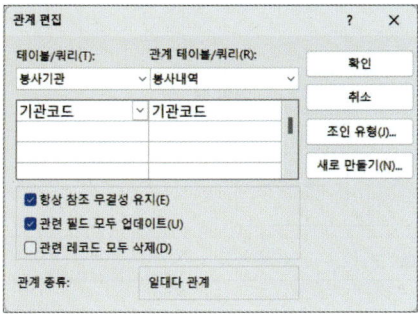

## 문제 ❷ 입력 및 수정 기능 구현

### ① 〈봉사내역입력〉 폼 완성

| 번호 | 개체 | 속성 | 설정 값 |
|---|---|---|---|
| ① | 폼 | 기본 보기 | 단일 폼 |
| ② | 폼 | 레코드 선택기 | 예 |
|   |   | 탐색 단추 |   |
| ③ | txt총시수 | 컨트롤 원본 | ="총 시수: " & Sum([시수]) |

### ② 〈봉사내역입력〉 폼의 'txt봉사시수합계'에 컨트롤 원본 설정

=DSum("[시수]","봉사내역입력","[학과] = '회계학과'")

### ③ 〈봉사내역입력〉 폼의 'cmd보기' 컨트롤

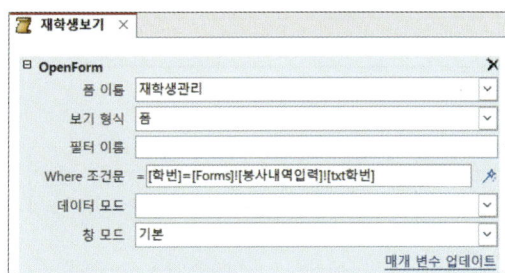

## 문제 ❸ 조회 및 출력 기능 구현

### 01 〈봉사현황〉 보고서 완성

| 번호 | 개체 | 속성 | 설정 값 |
|---|---|---|---|
| ① | 그룹화 및 정렬 | 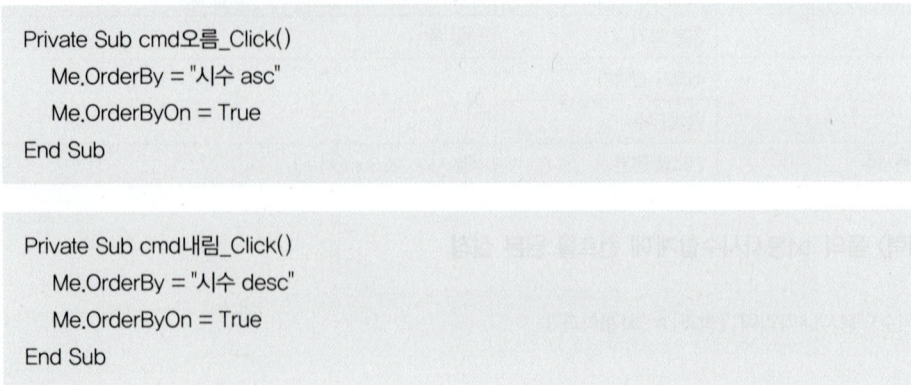 | |
| ② | txt날짜 | 형식 | yyyy년 m월 |
| ③ | 기관명 머리글 | 반복 실행 구역 | 예 |
| ④ | txt기관명 | 중복 내용 숨기기 | 예 |
| ⑤ | txt페이지 | 컨트롤 원본 | =[Pages] & "페이지 중 " & [Page] & "페이지" |

### 02 〈봉사내역관리〉 폼의 'cmd오름'과 'cmd내림' 컨트롤

```
Private Sub cmd오름_Click()
    Me.OrderBy = "시수 asc"
    Me.OrderByOn = True
End Sub
```

```
Private Sub cmd내림_Click()
    Me.OrderBy = "시수 desc"
    Me.OrderByOn = True
End Sub
```

## 문제 ❹ 처리 기능 구현

### 01 〈우수봉사학생처리〉 쿼리

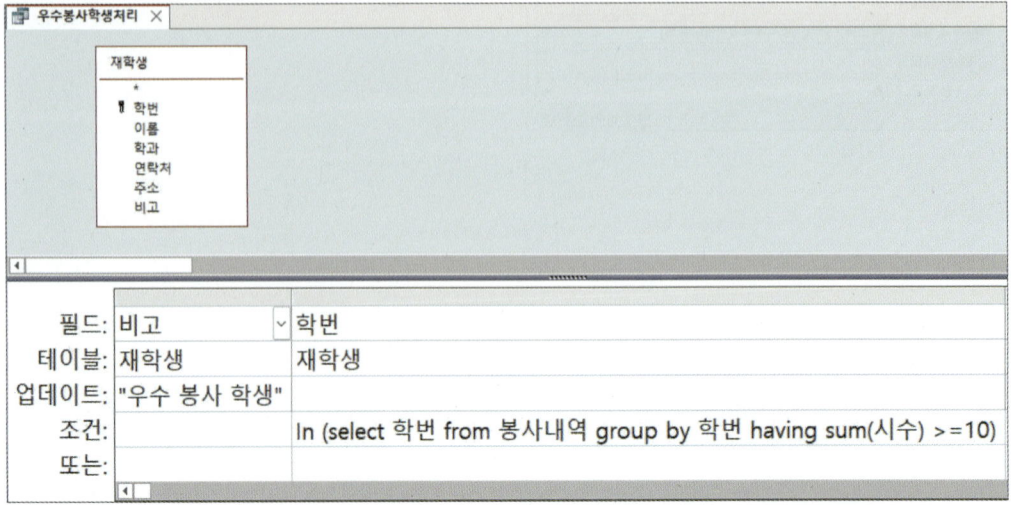

**02** 〈봉사횟수조회〉 쿼리

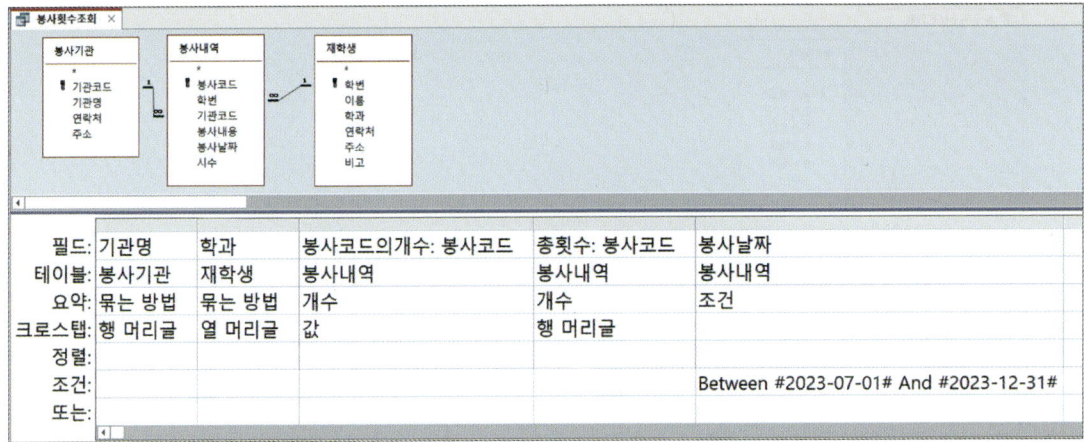

**03** 〈학과별봉사현황〉 쿼리

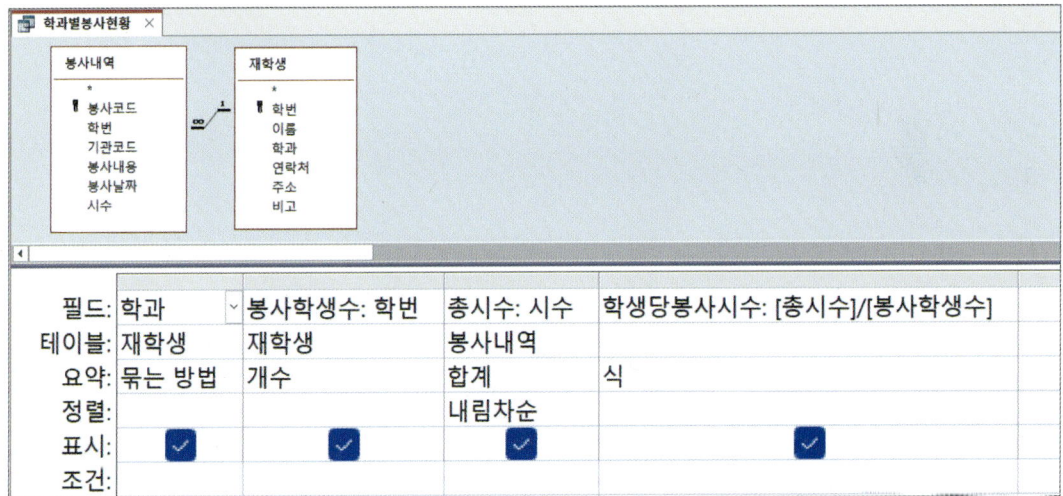

**04** 〈학과현황생성〉 쿼리

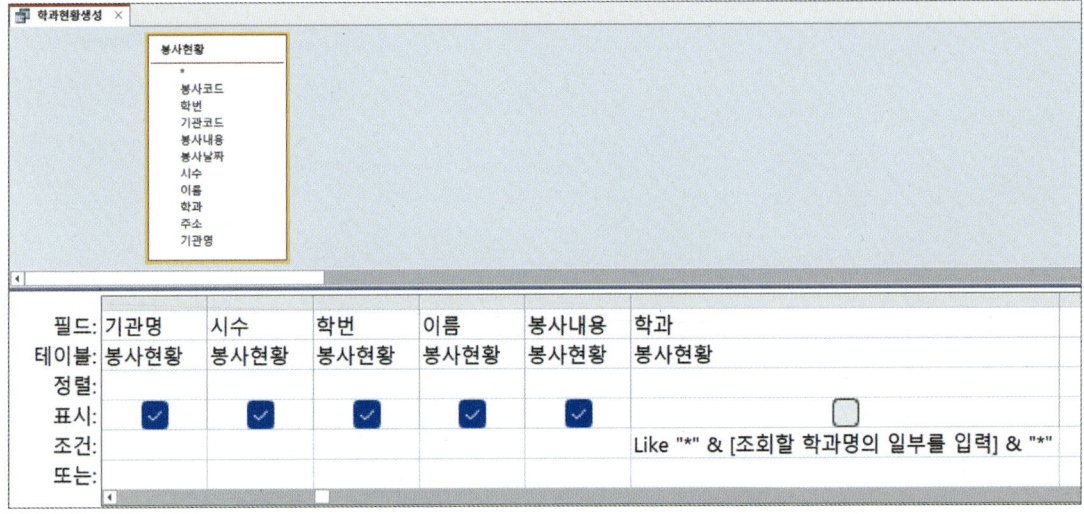

## 05 〈도우미구분별현황〉 쿼리

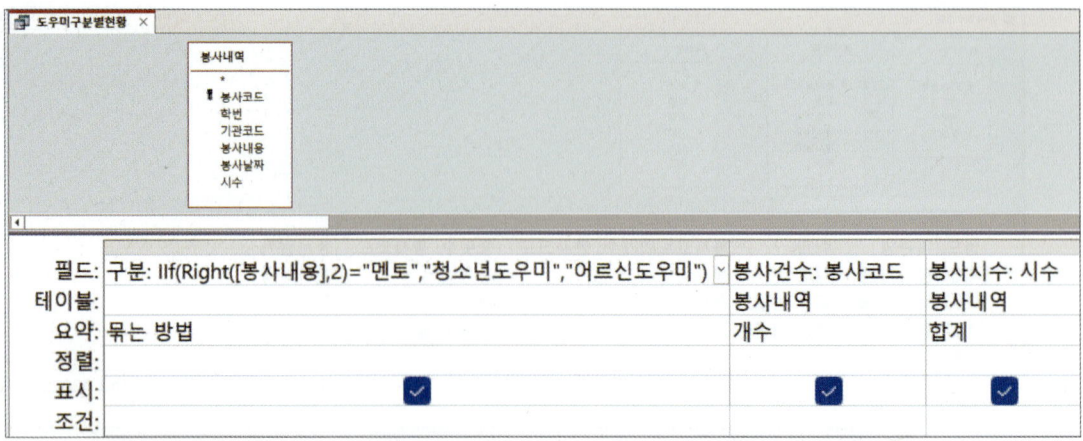

## 상시 기출문제 05회 해설

### 문제 ① DB구축

**01 〈봉사기관〉, 〈봉사내역〉, 〈재학생〉 테이블**

① 〈봉사기관〉 테이블에서 마우스 오른쪽 버튼을 눌러 [디자인 보기](📋)로 열고, '기관코드' 필드 속성 중 입력 마스크에 >L-00;0으로 설정한다. 변경한 내용은 저장한다.

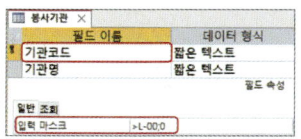

② 〈봉사내역〉 테이블에서 마우스 오른쪽 버튼을 눌러 [디자인 보기](📋)로 열어 '시수' 필드 속성 중 유효성 검사 규칙에 Between 1 And 8을 설정한다.

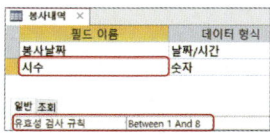

③ '봉사날짜' 필드 속성 중 기본값에 Date()를 설정하고, 변경한 내용은 저장한다.

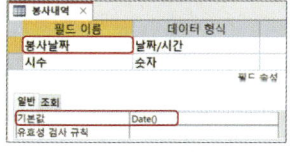

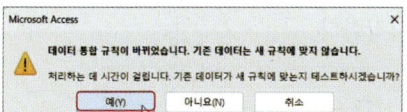

④ 〈재학생〉 테이블에서 마우스 오른쪽 버튼을 눌러 [디자인 보기](📋)로 열고 '학과' 필드 속성 중 인덱스를 '예(중복 가능)'으로 설정한다.

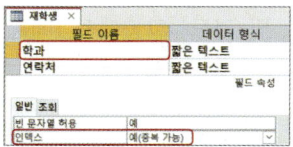

⑤ '연락처' 필드 속성 중 빈 문자열 허용을 '예'로 설정하고 저장한다.

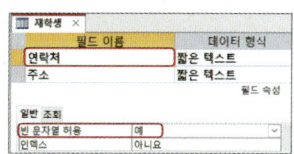

**02 외부 데이터 가져오기**

① [외부 데이터]-[가져오기 및 연결] 그룹에서 [새 데이터 원본]-[파일에서]-[Excel]을 클릭한다.
② [찾아보기] 단추를 클릭하고 '추가기관.xlsx' 파일을 찾은 후 [열기]를 클릭한다.
③ '현재 데이터베이스의 새 테이블로 원본 데이터 가져오기'를 지정하고 [확인]을 클릭한다.
④ 마법사가 시작되면 '이름 있는 범위 표시'에서 '추가기관'을 선택하고 [다음]을 클릭한다.

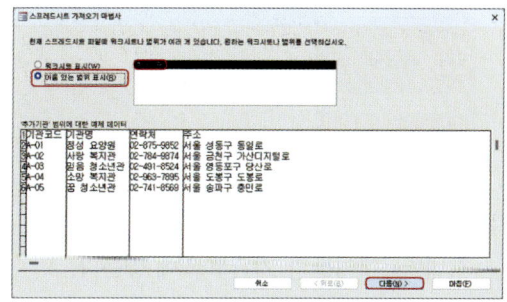

⑤ '첫 행에 열 머리글이 있음'에 체크하고 [다음]을 클릭한다.
⑥ [다음]을 클릭하고 '기본 키 없음' 선택 후 [다음]을 클릭한다.

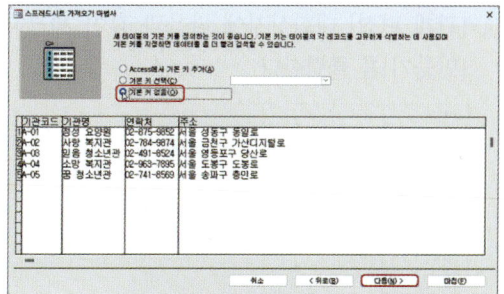

⑦ **봉사기관추가** 테이블 이름을 입력한 후 [마침]을 클릭한다('가져오기 단계 저장'은 [닫기] 클릭).

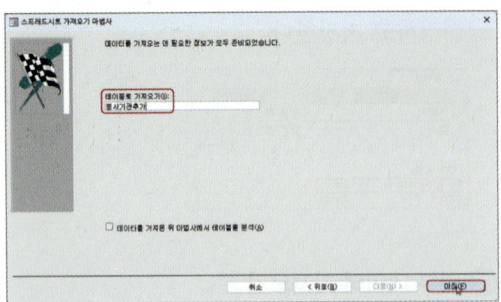

⑧ 가져온 데이터로 〈봉사기관추가〉 테이블이 생성되었다.

### 03 〈봉사내역〉 ↔ 〈봉사기관〉 테이블간의 관계 설정

① [데이터베이스 도구]-[관계] 그룹에서 [관계](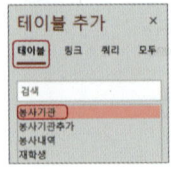)를 클릭하고, [관계 디자인]-[관계] 그룹에서 [테이블 추가]를 클릭한다.

② [테이블 추가] 대화상자에서 〈봉사기관〉 테이블을 [추가]하고 [닫기]를 클릭한다.

③ 〈봉사기관〉 테이블의 '기관코드' 필드를 끌어 〈봉사내역〉 테이블의 '기관코드'에 놓는다.

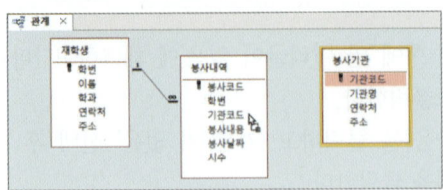

④ [관계 편집] 대화상자에 다음과 같이 체크하고 [만들기]를 클릭한다.

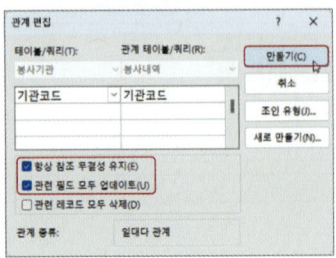

---

## 문제 ❷  입력 및 수정 기능 구현

### 01 〈봉사내역입력〉 폼

① 〈봉사내역입력〉 폼을 [디자인 보기](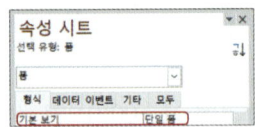)로 열고 기본 보기 속성을 '단일 폼'으로 설정한다.

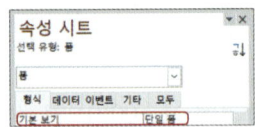

② 레코드 선택기, 탐색 단추 속성을 '예'로 설정한다.

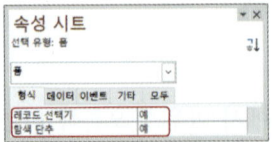

③ 'txt총시수' 컨트롤 원본 속성에 ="총 시수: " & Sum([시수])를 설정한다.

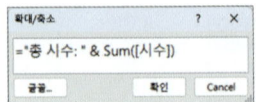

※ 컨트롤 원본 속성에서 Shift + F2를 눌러 [확대/축소] 창에 작업

### 02 〈봉사내역입력〉 폼의 'txt봉사시수합계'에 컨트롤 원본 설정

① 〈봉사내역입력〉 폼의 'txt봉사시수합계' 컨트롤 원본 속성에 =DSum("시수","봉사내역입력","학과='회계학과'")를 설정한다. 이후 변경한 내용은 저장한다.

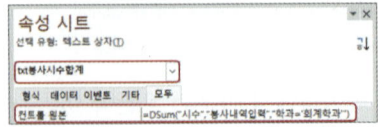

### 03 〈봉사내역입력〉 폼의 'cmd보기' 컨트롤

① [만들기]-[매크로 및 코드] 그룹에서 [매크로](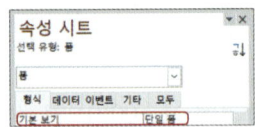)를 클릭한다.

② 매크로 함수 중 'OpenForm'를 선택한 후 필요한 인수를 설정한다.

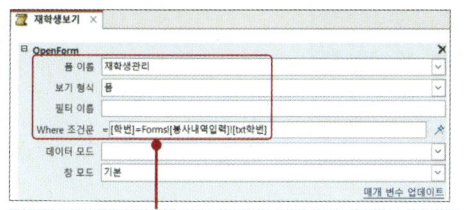

Where 조건문 : [학번]=[Forms]![봉사내역입력]![txt학번]

③ [저장](🖫)을 클릭하여 매크로 이름에 **재학생보기**를 입력하고 [확인]을 클릭한다.
④ 〈봉사내역입력〉 폼의 [디자인 보기](📐) 모드에서 'cmd보기' 컨트롤을 선택한다.
⑤ [이벤트] 탭의 'On Click'에서 '재학생보기'를 선택한다.

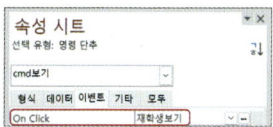

### 문제 ③ 조회 및 출력 기능 구현

#### 01 〈봉사현황〉 보고서

① 데이터베이스 탐색 창에서 〈봉사현황〉 보고서를 선택하고 Ctrl+Enter를 누른다.
② [그룹, 정렬 및 요약] 창에서 [정렬 추가]를 클릭하고 '학과' 필드를 선택한 후 '내림차순' 정렬한다.

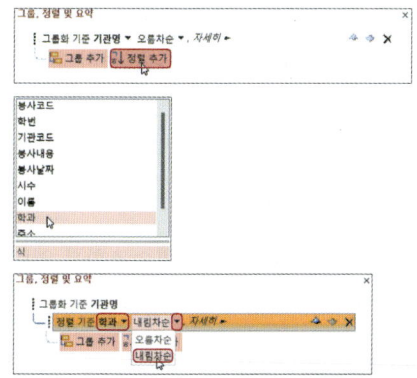

③ 'txt날짜'의 형식 속성에 **yyyy년 m월**을 설정한다.

④ '기관명 머리글' 구역을 선택하고 반복 실행 구역 속성을 '예'로 설정한다.

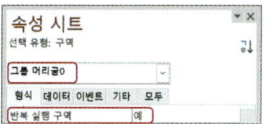

⑤ 'txt기관명'의 중복 내용 숨기기 속성을 '예'로 설정한다.

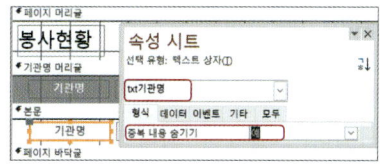

⑥ 'txt페이지'의 컨트롤 원본 속성에 =[Pages] & "페이지 중 " & [page] & "페이지"를 설정한다. 이후 변경한 내용은 저장한다.

#### 02 〈봉사내역관리〉 폼의 오름(cmd오름), 내림(cmd내림)에 클릭 이벤트 프로시저 작성

① 〈봉사내역관리〉 폼을 [디자인 보기](📐)로 열고 속성 시트에서 'cmd오름' 명령 단추 개체를 선택한 후 [이벤트] 탭의 On Click에서 [이벤트 프로시저]를 선택하고 [작성기](⋯)를 클릭한다.
② 'cmd오름_Click() 프로시저'에 다음과 같이 코딩한다.

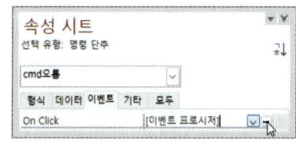

```
Private Sub cmd오름_Click()
    Me.OrderBy = "시수 asc"
    Me.OrderByOn = True
End Sub
```

③ 'cmd내림' 명령 단추 개체를 선택한 후 [이벤트] 탭의 On Click에서 [이벤트 프로시저]를 선택하고 [작성기](⋯)를 클릭한다.

④ 'cmd내림_Click() 프로시저'에 다음과 같이 코딩한다.

```
Private Sub cmd내림_Click()
    Me.OrderBy = "시수 desc"
    Me.OrderByOn = True
End Sub
```

### 문제 ④ 처리 기능 구현

#### 01 〈우수봉사학생처리〉 업데이트 쿼리

① [만들기]-[쿼리] 그룹에서 [쿼리 디자인](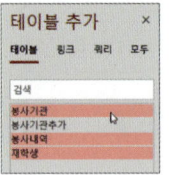)을 클릭한다.
② [테이블 추가] 대화상자의 [테이블] 탭에서 〈재학생〉 테이블을 추가하고 '비고'와 '학번' 필드를 드래그한다.
③ [쿼리 디자인] 탭의 [쿼리 유형]-[업데이트](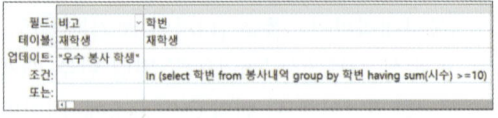)를 클릭한 후 다음과 같이 입력한다.

- 업데이트 : "우수 봉사 학생"
- 조건 : In (select 학번 from 봉사내역 group by 학번 having sum(시수) >=10)

④ 쿼리의 이름을 **우수봉사학생처리**로 입력하고 [확인]을 클릭한다.
⑤ [쿼리 디자인] 탭의 [결과]-[실행](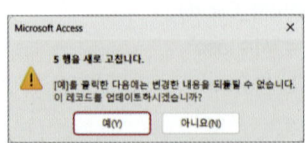)을 클릭하면 다음의 메시지가 표시되면 [예]를 클릭한다.

#### 02 〈봉사횟수조회〉 크로스탭 쿼리

① [만들기]-[쿼리] 그룹에서 [쿼리 디자인](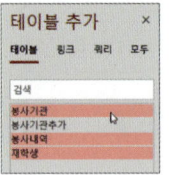)을 클릭한다.
② 〈봉사기관〉, 〈봉사내역〉, 〈재학생〉 테이블을 선택하고 [추가]를 누른 후 [닫기]를 클릭한다.

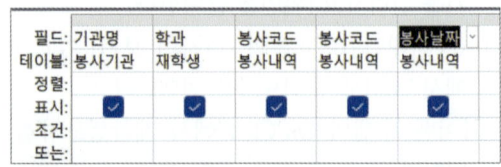

③ 디자인 눈금의 각 필드에 다음과 같이 드래그해서 배치한 후 [쿼리 디자인]-[쿼리 유형] 그룹의 [크로스탭](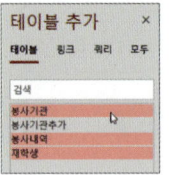)을 클릭한다.

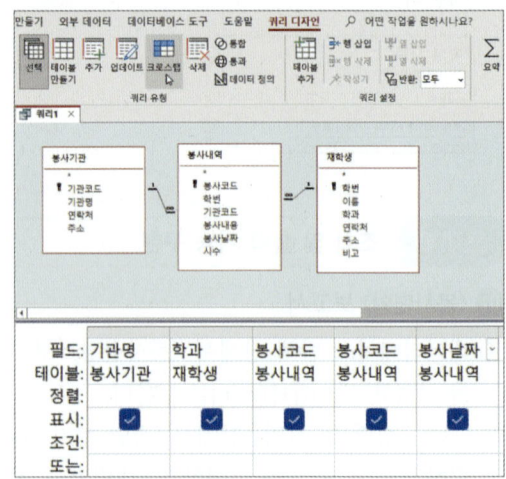

④ 행 머리글, 열 머리글, 값을 다음과 같이 지정하고, '봉사날짜' 필드 조건에 Between #2023-07-01# And #2023-12-31#을 입력한다.

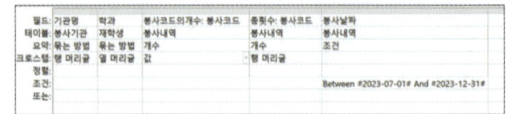

⑤ [저장](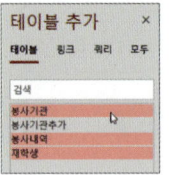)을 클릭한 후 **봉사횟수조회**를 입력하고 [확인]을 클릭한다.

#### 03 〈학과별봉사현황〉 쿼리

① [만들기]-[쿼리] 그룹에서 [쿼리 디자인](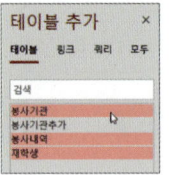) 클릭한다.

② 〈봉사내역〉, 〈재학생〉 테이블을 선택하고 [추가]를 누른 후 [닫기]를 클릭한다.
③ 디자인 눈금의 각 필드에 다음과 같이 드래그해서 배치한 후 [쿼리 디자인] 탭의 [요약](∑)을 클릭한다.

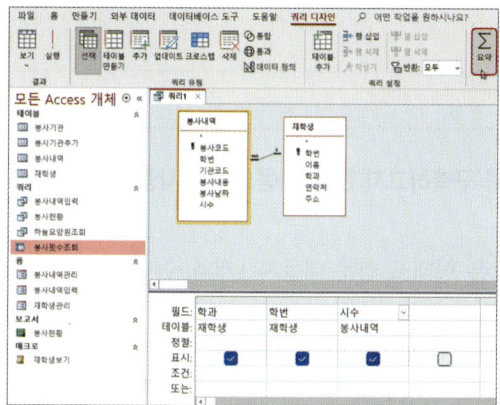

④ '학번' 필드는 **봉사학생수:**를 추가하고, 요약은 '개수', '시수' 필드는 **총시수:**를 추가하고 요약은 '합계'로, **학생당봉사시수: [총시수]/[봉사학생수]**를 추가하고 요약은 '식'으로 수정한다.

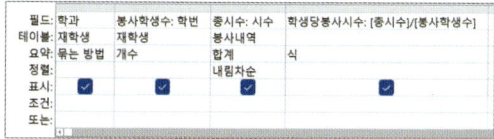

⑤ '학생당봉사시수' 필드를 선택하고 [속성 시트]에서 형식은 '표준', 소수 자릿수는 1을 입력한다.
⑥ [저장](💾)을 클릭한 후 **학과별봉사현황**을 입력하고 [확인]을 클릭한다.

## 04 〈학과현황생성〉 쿼리

① [만들기]-[쿼리] 그룹에서 [쿼리 디자인](📋)을 클릭한다.
② 〈봉사현황〉 쿼리를 선택하고 [추가]를 누른 후 [닫기]를 클릭한다.
③ 디자인 눈금의 각 필드에 다음과 같이 드래그해서 배치한 후, '학과' 필드의 체크를 해지하고, 조건에 Like "*" & [조회할 학과명의 일부를 입력] & "*"를 입력한다.

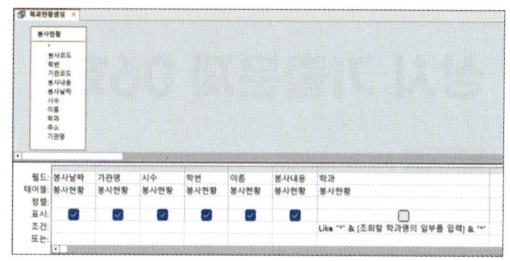

④ [쿼리 디자인] 탭의 [테이블 만들기](📋)를 클릭한다.
⑤ [테이블 만들기]의 테이블 이름에 **조회학과봉사현황**을 입력하고 [확인]을 클릭한다.

⑥ [저장](💾)을 클릭한 후 **학과현황생성**을 입력하고 [확인]을 클릭한다.

## 05 〈도우미구분별현황〉 쿼리

① [만들기]-[쿼리] 그룹에서 [쿼리 디자인](📋)을 클릭한다.
② 〈봉사내역〉 테이블을 선택하고 [추가]를 누른 후 [닫기]를 클릭한다.
③ 디자인 눈금의 각 필드에 다음과 같이 드래그해서 배치한 후 [쿼리 디자인] 탭의 [요약](∑)을 클릭한다.
④ '봉사코드' 필드는 **봉사건수:**를 추가하고, 요약은 '개수', '시수' 필드는 **봉사시수:**를 추가하고 요약은 '합계'로, **구분: IIf(Right([봉사내용],2)="멘토","청소년도우미","어르신도우미")** 필드를 추가한다.

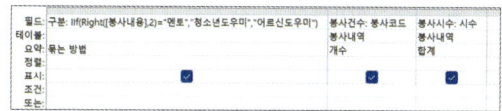

⑤ [저장](💾)을 클릭한 후 **도우미구분별현황**을 입력하고 [확인]을 클릭한다.

# 상시 기출문제 06회

작업파일 [26컴활1급₩2권_데이터베이스₩상시기출문제] 폴더의 '상시기출문제6회' 파일을 열어서 작업하시오.

## 문제 ❶ DB구축 25점

**01** 씨앗을 판매하는 업무를 수행하기 위한 데이터베이스를 구축하고자 한다. 다음의 지시사항에 따라 각 테이블을 완성하시오. (각 3점)

① 〈씨앗〉 테이블의 '씨앗코드' 필드는 'A0000'과 같은 형태로 영문 대문자 1개와 숫자 4개가 반드시 입력되도록 입력 마스크를 설정하시오.
  ▶ 영문자 입력은 영어와 한글만 입력할 수 있도록 설정할 것
  ▶ 숫자 입력은 0~9까지의 숫자만 입력할 수 있도록 설정할 것
② 〈씨앗〉 테이블의 '씨앗명' 필드는 필드 크기를 10으로 설정하고, 반드시 입력되도록 설정하시오.
③ 〈회원〉 테이블의 '전화번호' 필드에는 중복된 값이 입력될 수 없도록 인덱스를 설정하시오.
④ 〈회원〉 테이블의 'E-Mail' 필드에는 '@'문자가 반드시 포함되도록 유효성 검사 규칙을 설정하시오.
⑤ 〈씨앗입고〉 테이블의 '입고수량' 필드는 새로운 레코드를 추가하면 '20'이 기본적으로 입력되도록 설정하시오.

**02** 외부 데이터 가져오기 기능을 이용하여 〈B2B납품.xlsx〉 파일의 내용을 가져와 〈B2B납품〉 테이블을 생성하시오. (5점)

  ▶ 첫 번째 행은 열 머리글임
  ▶ 기본 키는 없음으로 설정

**03** 〈주문〉 테이블의 '고객ID' 필드는 〈회원〉 테이블의 '고객ID' 필드를, 〈주문〉 테이블의 '씨앗코드' 필드는 〈씨앗〉 테이블의 '씨앗코드' 필드를 참조하며, 각 테이블 간의 관계는 M:1이다. 다음과 같이 테이블 간의 관계를 설정하시오. (5점)

  ※ 액세스 파일에 이미 설정되어 있는 관계는 수정하지 마시오.
  ▶ 각 테이블 간에 항상 참조 무결성이 유지되도록 설정하시오.
  ▶ 참조 필드의 값이 변경되면 관련 필드의 값도 변경되도록 설정하시오.
  ▶ 다른 테이블에서 참조하고 있는 레코드는 삭제할 수 없도록 설정하시오.

## 문제 ❷  입력 및 수정 기능 구현    20점

**01** 〈씨앗입고현황〉 폼을 다음의 화면과 지시사항에 따라 완성하시오. (각 3점)

① 폼의 '기본 보기' 속성을 〈그림〉과 같이 설정하시오.
② 본문 영역에서 탭이 다음의 순서대로 정지하도록 관련 속성을 설정하시오.
   ▶ txt판매단가, txt입고단가, txt입고수량, txt씨앗명, txt씨앗코드, txt입고일자, txt상품입고번호
③ 폼 바닥글 영역의 'txt총입고수량' 컨트롤에는 입고수량의 합계가 표시되도록 컨트롤 원본 속성을 설정하시오.

| 입고번호 | 입고일자 | 씨앗코드 | 씨앗명 | 입고수량 | 입고단가 | 판매단가 |
|---|---|---|---|---|---|---|
| 1 | 2023-01-03 | B0001 | 물망초 | 35 | 6,000 | 6,800 |
| 2 | 2023-01-03 | P0005 | 치커리 | 55 | 5,000 | 6,000 |
| 3 | 2023-01-03 | B0012 | 양귀비 | 15 | 43,000 | 50,000 |
| 4 | 2023-01-03 | P0011 | 더덕 | 20 | 16,000 | 20,000 |
| 5 | 2023-01-03 | B3500 | 달맞이꽃 | 40 | 1,500 | 2,000 |
| 6 | 2023-01-15 | P2500 | 샤스타데이지 | 30 | 1,300 | 1,500 |
| 7 | 2023-01-15 | A1005 | 이베리스 | 40 | 83,000 | 90,000 |
| 8 | 2023-01-15 | A1002 | 코스모스 | 30 | 25,000 | 28,000 |
| 9 | 2023-01-15 | A1355 | 메밀꽃 | 30 | 10,000 | 11,000 |
| 10 | 2023-01-15 | A9022 | 한련화 | 15 | 58,000 | 60,000 |
| 11 | 2023-02-07 | P6001 | 벌노랑이 | 45 | 4,500 | 5,000 |
| 12 | 2023-02-07 | A1002 | 코스모스 | 35 | 25,000 | 28,000 |
| 13 | 2023-02-07 | A3200 | 나팔꽃 | 55 | 4,200 | 5,000 |
| 14 | 2023-02-07 | A1355 | 메밀꽃 | 40 | 10,000 | 11,000 |
| 15 | 2023-02-07 | B0012 | 양귀비 | 20 | 45,000 | 48,000 |
| 16 | 2023-02-07 | B0001 | 물망초 | 30 | 3,000 | 7,000 |
| 17 | 2023-02-07 | A1355 | 메밀꽃 | 40 | 12,000 | 15,000 |
| 18 | 2023-02-07 | P3170 | 쑥부쟁이 | 30 | 4,800 | 6,000 |

총입고수량: 975

**02** 〈씨앗입고현황〉 폼에 다음의 지시사항과 같이 조건부 서식을 순서대로 설정하시오. (6점)

▶ '씨앗코드'가 'A'로 시작하면서 '입고단가'가 10,000원 이상인 경우 본문 영역의 모든 컨트롤에 대해 배경색은 '표준 색-노랑', 글꼴 스타일은 '기울임꼴'로 설정
▶ '씨앗코드'가 'B'로 시작하면서 '입고단가'가 10,000원 이상인 경우 본문 영역의 모든 컨트롤에 대해 배경색은 '표준 색-주황', 글꼴 스타일은 '기울임꼴'로 설정
▶ And와 Left 함수 사용

**03** 〈씨앗코드별주문현황〉 보고서를 '인쇄미리 보기'의 형식으로 연 후 〈씨앗정보찾기〉 폼을 닫는 〈보고서출력〉 매크로를 생성하고, 〈씨앗정보찾기〉 폼의 '보고서'(cmd보고서) 단추를 클릭하면 〈보고서출력〉 매크로가 실행되도록 지정하시오. (5점)

▶ 매크로 조건 : '씨앗코드' 필드의 값이 'txt씨앗코드'에 해당하는 씨앗 정보만 표시

## 문제 ❸  조회 및 출력 기능 구현                                    20점

**01** 다음의 지시사항 및 화면을 참조하여 〈씨앗코드별주문현황〉 보고서를 완성하시오. (각 3점)

① 씨앗코드 머리글 영역에서 머리글의 내용이 페이지마다 반복적으로 표시되도록 설정하고, '씨앗코드'가 변경되면 매 구역 전에 페이지도 변경되도록 설정하시오.
② 동일한 '씨앗코드' 내에서는 '주문일자'를 기준으로 오름차순 정렬되어 표시되도록 정렬을 추가하시오.
③ 본문 영역에서 '씨앗코드' 필드의 값이 이전레코드와 동일한 경우에는 표시되지 않도록 설정하시오.
④ 본문 영역의 배경색을 '교차 행'으로 변경하시오.
⑤ 씨앗코드 바닥글 영역의 'txt주문횟수'컨트롤에는 씨앗코드별 전체 레코드 수가 표시되도록 컨트롤 원본 속성을 설정하시오.

▶ [표시 예 : 5회]
▶ & 연산자 이용

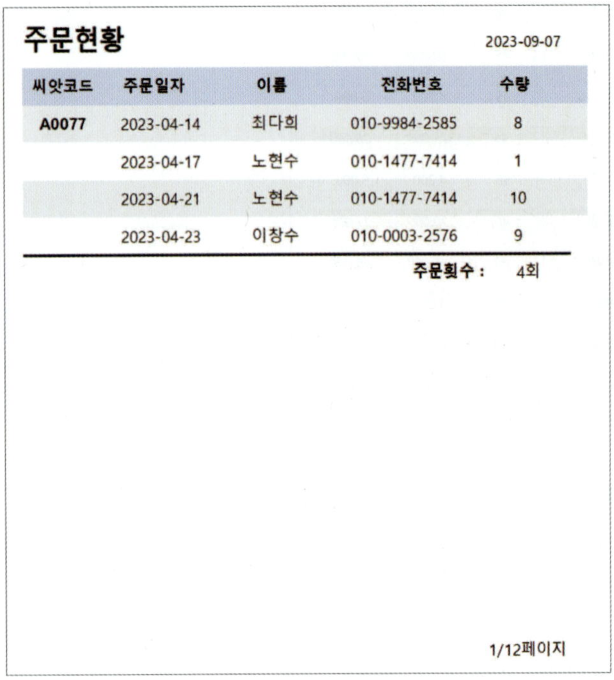

| 주문현황 | | | | 2023-09-07 |
|---|---|---|---|---|
| 씨앗코드 | 주문일자 | 이름 | 전화번호 | 수량 |
| A0077 | 2023-04-14 | 최다희 | 010-9984-2585 | 8 |
| | 2023-04-17 | 노현수 | 010-1477-7414 | 1 |
| | 2023-04-21 | 노현수 | 010-1477-7414 | 10 |
| | 2023-04-23 | 이창수 | 010-0003-2576 | 9 |
| | | | 주문횟수 : | 4회 |

1/12페이지

**02** 〈주문현황〉 폼에서 'txt수량' 컨트롤에 포커스가 이동하면(GotFocus) 〈그림〉과 같은 메시지 상자를 출력하는 이벤트 프로시저를 구현하시오. (5점)

▶ 'txt수량' 컨트롤에 표시된 값이 10 이상이면 '인기품종', 10 미만 6 이상이면 '보통품종', 그 외에는 '비인기품종'으로 표시하시오.
▶ If ~ ElseIf 문 사용

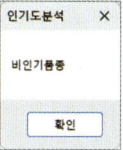

# 문제 ❹ 처리 기능 구현 35점

**01** 〈회원〉, 〈주문〉 테이블을 이용하여 최근 주문이 없는 고객에 대해 〈회원〉 테이블의 '비고' 필드의 값을 '★ 관리대상회원'으로 변경하는 〈관리대상회원처리〉 업데이트 쿼리를 작성한 후 실행하시오. (7점)

▶ 최근 주문이 없는 고객이란 주문일자가 2023년 4월 10일부터 2023년 4월 30일까지중에서 〈회원〉 테이블에는 '고객ID'가 있으나 〈주문〉 테이블에는 '고객ID'가 없는 고객임
▶ Not In 과 하위 쿼리 사용

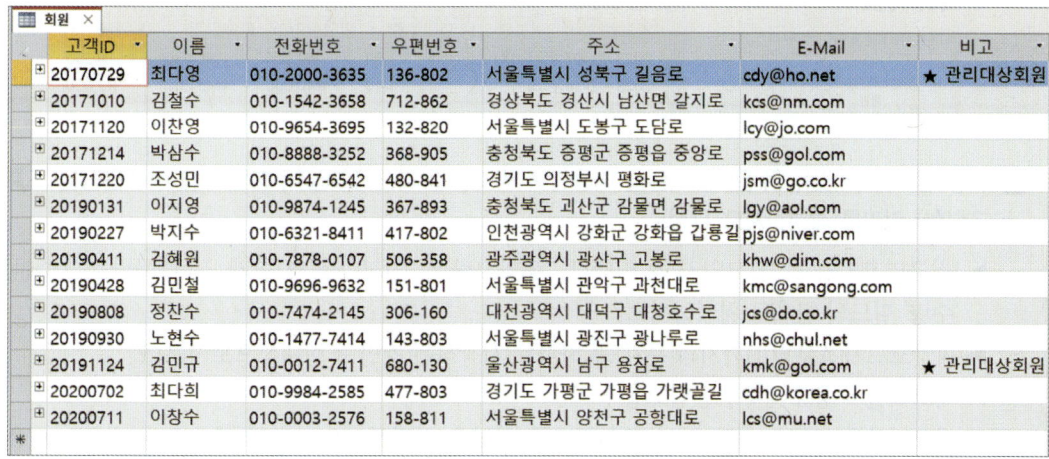

※ 〈관리대상회원처리〉 쿼리를 실행한 후의 〈회원〉테이블

## ② 입고월별 생산지별로 입고수량의 합계를 조회하는 〈입고현황〉 크로스탭 쿼리를 작성하시오. (7점)

- 〈씨앗〉, 〈씨앗입고〉 테이블을 이용하시오.
- 입고품종수는 '씨앗코드' 필드를 이용하시오.
- 입고월은 입고일자의 월로 설정하시오.
- 생산지는 원산지가 한국이면 '국내산', 그 외는 '수입산'으로 설정하시오.
- IIf , Month함수 사용
- 쿼리 결과 표시되는 필드와 필드명은 〈그림〉과 같이 표시되도록 설정하시오.

| 입고월 | 입고품종수 | 국내산 | 수입산 |
|---|---|---|---|
| 1월 | 10 | 65 | 245 |
| 2월 | 15 | 150 | 375 |
| 3월 | 5 | 15 | 125 |

## ③ 〈씨앗〉과 〈씨앗입고〉 테이블을 이용하여 검색할 씨앗명의 일부를 매개 변수로 입력받아 해당 제품의 입고정보를 조회하는 〈씨앗입고조회〉 매개변수 쿼리를 작성하시오. (7점)

- '부가세' 필드는 '입고단가'가 10000 이하이면 '판매단가'의 10%로, 10000초과 50000이하이면 '판매단가'의 20%로, 50000초과이면 '판매단가'의 30%로 계산하시오.
- '입고일자' 필드를 기준으로 내림차순 정렬하여 표시하시오.
- Switch 함수 사용
- 쿼리 결과 표시되는 필드와 필드명, 필드의 형식은 〈그림〉과 같이 표시되도록 설정하시오.

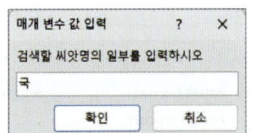

| 입고일자 | 씨앗명 | 입고수량 | 입고단가 | 판매단가 | 부가세 |
|---|---|---|---|---|---|
| 2023-03-07 | 수레국화 | 20 | ₩4,500 | ₩5,000 | ₩500 |
| 2023-02-14 | 금계국 | 10 | ₩40,000 | ₩45,000 | ₩9,000 |

## ④ 〈씨앗입고〉, 〈씨앗〉, 〈주문〉 테이블을 이용하여 씨앗명별 최근입고일자, 총입고량, 총주문량을 조회하는 〈재고현황〉 쿼리를 작성하시오. (7점)

- '최근입고일자'는 '입고일자'의 최대값, '총입고량'은 '입고수량'의 합계, '총주문량'은 〈주문〉 테이블 '수량' 필드의 합계로 처리하시오.
- 씨앗코드가 A부터 B까지의 문자 중 하나로 시작하는 것만 조회대상으로 하시오.
- 재고비율 = 총주문량 / 총입고량
- 재고비율은 [표시 예]와 같이 표시되도록 형식을 설정하시오. [표시 예 : 0 → 0.0%, 0.34523 → 34.5%]
- Like 연산자 사용
- 쿼리 결과 표시되는 필드와 필드명은 〈그림〉과 같이 표시되도록 설정하시오

| 씨앗명 | 최근입고일자 | 총입고량 | 총주문량 | 재고비율 |
|---|---|---|---|---|
| 금계국 | 2023-02-14 | 40 | 28 | 70.0% |
| 끈끈이대나물 | 2023-02-07 | 135 | 15 | 11.1% |
| 나팔꽃 | 2023-02-07 | 165 | 50 | 30.3% |
| 메밀꽃 | 2023-02-07 | 220 | 48 | 21.8% |
| 물망초 | 2023-02-07 | 195 | 54 | 27.7% |
| 양귀비 | 2023-02-14 | 510 | 138 | 27.1% |
| 자운영 | 2023-02-14 | 110 | 11 | 10.0% |
| 한련화 | 2023-03-07 | 260 | 42 | 16.2% |

**05** 〈씨앗〉, 〈씨앗입고〉 쿼리를 이용하여 다음씨앗입고일을 조회하여 새 테이블로 생성하는 〈다음입고일생성〉 쿼리를 작성하고 실행하시오. (7점)

▶ 판매단가가 10000이하인 경우만 조회대상으로 설정하시오.
▶ 다음입고일자는 입고일자로부터 15일후로 계산하시오.
▶ 필요수량은 입고수량의 2배로 계산하시오.
▶ 쿼리 실행 후 생성되는 테이블의 이름은 [다음씨앗입고관리]로 설정하시오.
▶ DateAdd 함수 사용
▶ 쿼리 실행 결과 생성되는 테이블의 필드는 그림을 참고하여 수험자가 판단하여 설정하시오.

| 씨앗코드 | 씨앗명 | 다음입고일자 | 필요수량 |
|---|---|---|---|
| B0001 | 물망초 | 2023-01-18 | 70 |
| P0005 | 치커리 | 2023-01-18 | 110 |
| B3500 | 달맞이꽃 | 2023-01-18 | 80 |
| P2500 | 샤스타데이지 | 2023-01-30 | 60 |
| P6001 | 벌노랑이 | 2023-02-22 | 90 |
| A3200 | 나팔꽃 | 2023-02-22 | 110 |
| B0001 | 물망초 | 2023-02-22 | 60 |
| P3170 | 쑥부쟁이 | 2023-02-22 | 60 |
| B6211 | 끈끈이대나물 | 2023-02-22 | 90 |
| B3500 | 달맞이꽃 | 2023-02-22 | 30 |
| P0005 | 치커리 | 2023-03-01 | 30 |
| B1355 | 수레국화 | 2023-03-22 | 40 |
| P2500 | 샤스타데이지 | 2023-03-22 | 50 |

※ 〈다음입고일생성〉 쿼리를 실행한 후의 〈다음씨앗입고관리〉 테이블

## 상시 기출문제 06회 정답

### 문제 ① DB구축

**01** 〈씨앗〉, 〈회원〉, 〈씨앗입고〉 테이블

〈씨앗〉 테이블

| 번호 | 필드 이름 | 속성 및 형식 | 설정 값 |
|---|---|---|---|
| ① | 씨앗코드 | 입력 마스크 | >L0000 |
| ② | 씨앗명 | 필드 크기 | 10 |
|  |  | 필수 | 예 |

〈회원〉 테이블

| 번호 | 필드 이름 | 속성 및 형식 | 설정 값 |
|---|---|---|---|
| ③ | 전화번호 | 인덱스 | 예(중복 불가능) |
| ④ | E-Mail | 유효성 검사 규칙 | Like "*@*" |

〈씨앗입고〉 테이블

| 번호 | 필드 이름 | 속성 및 형식 | 설정 값 |
|---|---|---|---|
| ⑤ | 입고수량 | 기본값 | 20 |

**02** 외부 데이터 가져오기

**03** 〈회원〉 ↔ 〈주문〉 ↔ 〈씨앗〉 테이블간의 관계 설정

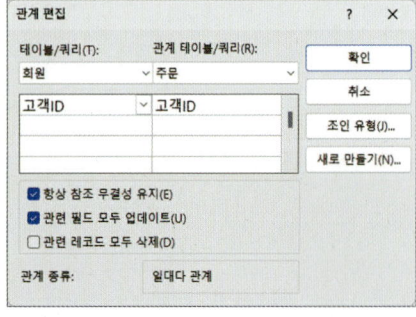

## 문제 ❷  입력 및 수정 기능 구현

**01** 〈씨앗입고현황〉 폼 완성

| 번호 | 개체 | 속성 | 설정 값 |
|---|---|---|---|
| ① | 폼 | 기본 보기 | 연속 폼 |
| ② | 폼 | 탭 순서 | 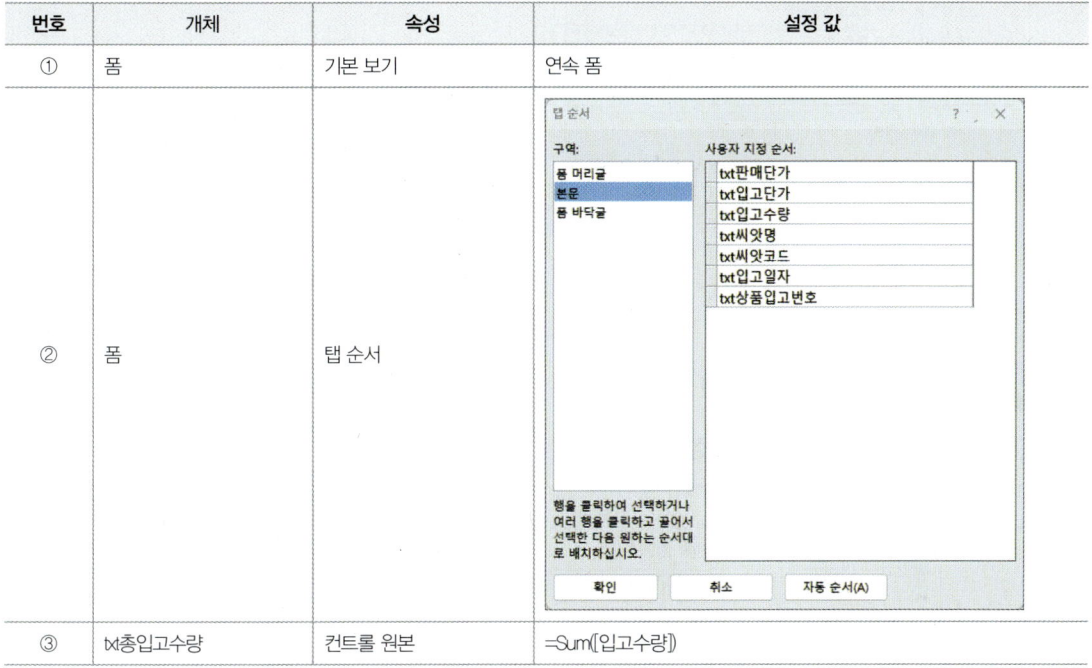 |
| ③ | txt총입고수량 | 컨트롤 원본 | =Sum([입고수량]) |

**02** 〈씨앗입고현황〉 폼의 본문 영역에 조건부 서식 설정

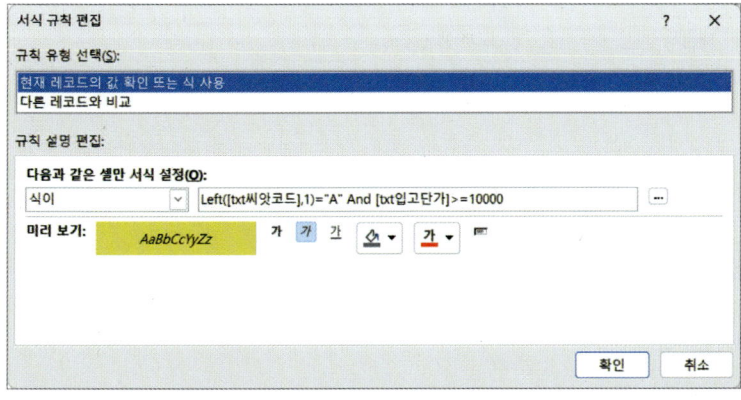

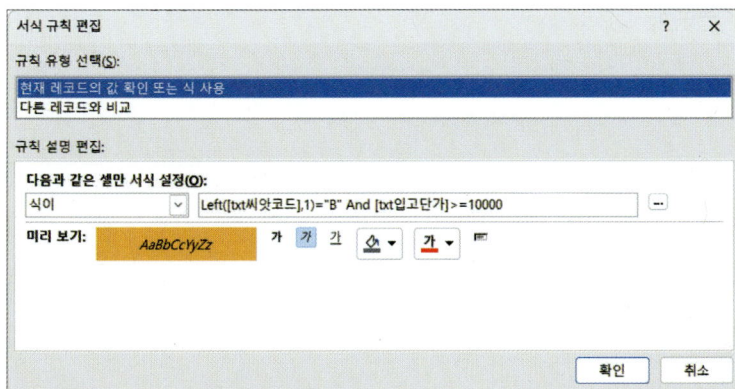

## 03 〈보고서출력〉 매크로

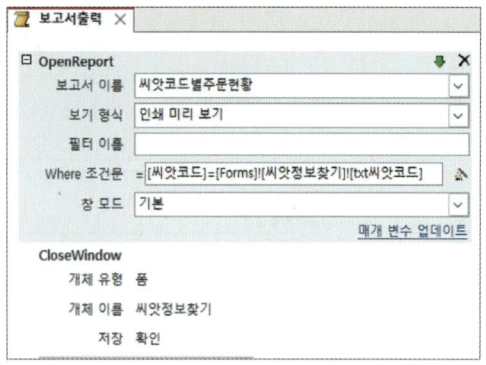
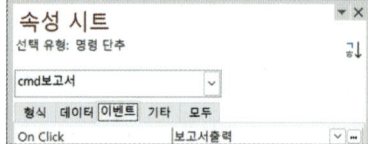

---

## 문제 ❸ 조회 및 출력 기능 구현

### 01 〈씨앗코드별주문현황〉 보고서 완성

| 번호 | 개체 | 속성 | 설정 값 |
|---|---|---|---|
| ① | 씨앗코드 머리글 | 반복 실행 구역 | 예 |
| | | 페이지 바꿈 | 구역전 |
| ② | 그룹화 및 정렬 | 그룹, 정렬 및 요약<br>그룹화 기준 씨앗코드 ▼ 오름차순 ▼ , 자세히 ►<br>정렬 기준 주문일자 | |
| ③ | txt씨앗코드 | 중복 내용 숨기기 | 예 |
| ④ | 본문 영역 | 배경색 | 교차 행 |
| ⑤ | txt주문횟수 | 컨트롤 원본 | =Count(*)&"회" |

### 02 〈주문현황〉 폼의 txt수량

```
Private Sub txt수량_GotFocus()
    If txt수량 >= 10 Then
        MsgBox "인기품종", , "인기도분석"
    ElseIf txt수량 >= 6 Then
        MsgBox "보통품종", , "인기도분석"
    Else
        MsgBox "비인기품종", , "인기도분석"
    End If
End Sub
```

## 문제 ④ 처리 기능 구현

**01** 〈관리대상회원처리〉 쿼리

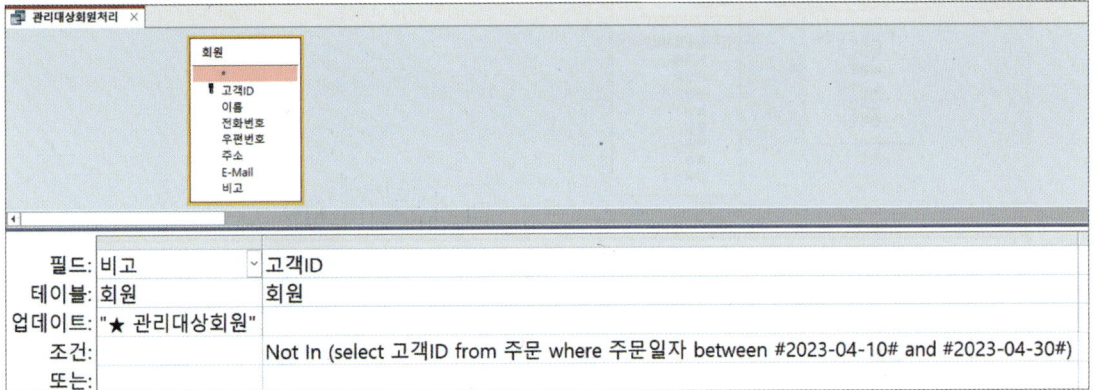

**02** 〈입고현황〉 쿼리

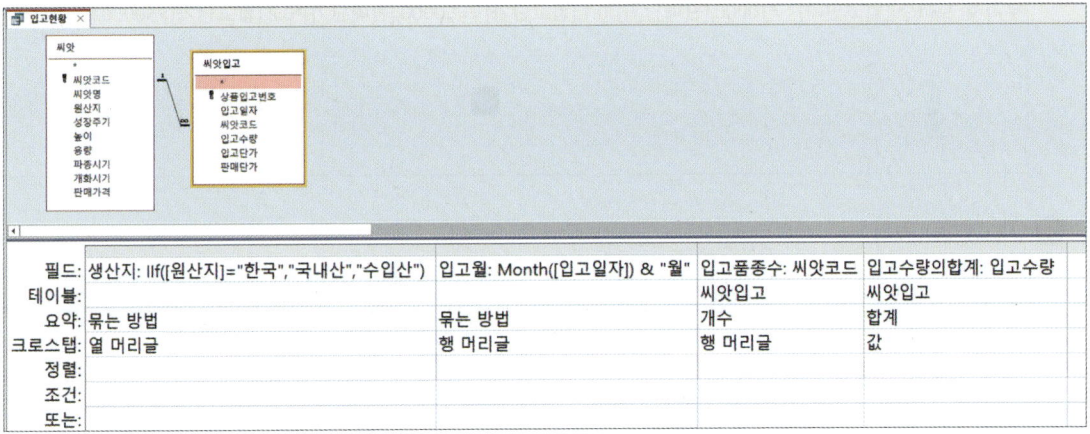

## 03 〈씨앗입고조회〉 매개 변수 쿼리

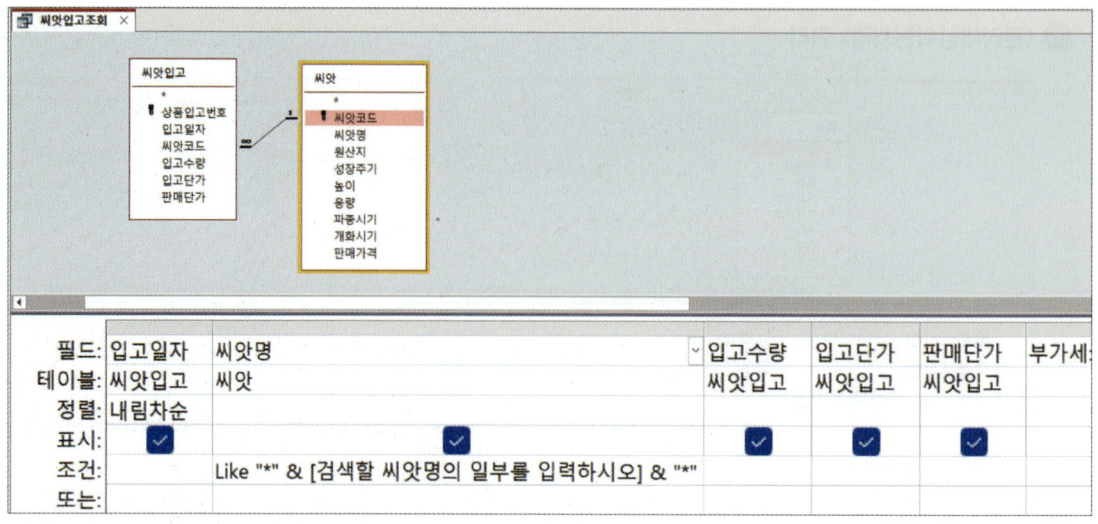

## 04 〈재고현황〉 쿼리

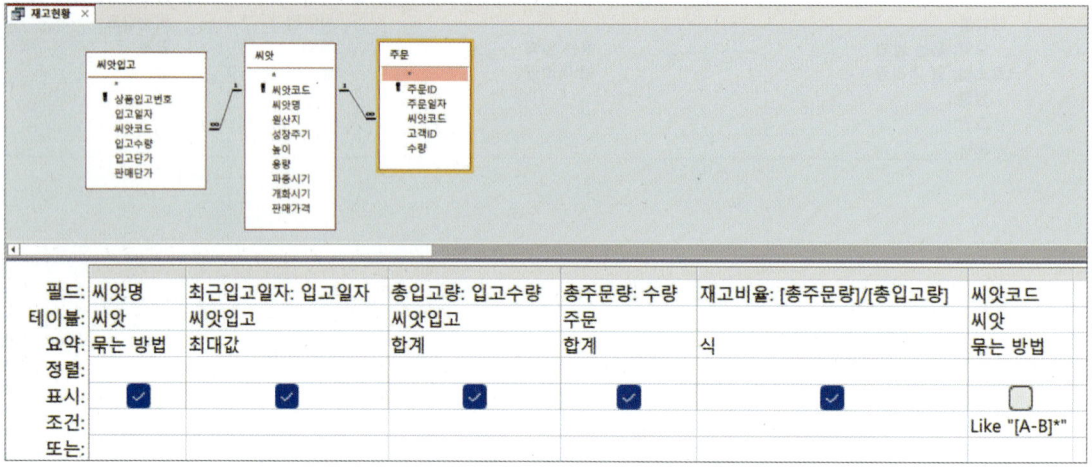

**05 〈다음입고일생성〉 쿼리**

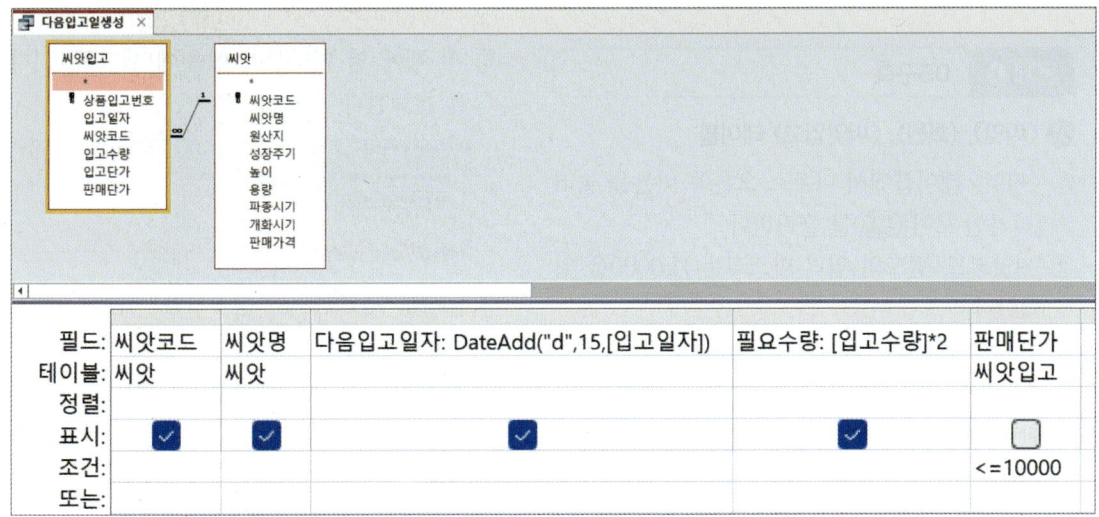

## 상시 기출문제 06회 해설

### 문제 ① DB구축

**01 〈씨앗〉, 〈회원〉, 〈씨앗입고〉 테이블**

① 〈씨앗〉 테이블에서 마우스 오른쪽 버튼을 눌러 [디자인 보기](N)를 클릭한다.
② '씨앗코드' 필드의 입력 마스크는 >L0000을 입력한다.
③ '씨앗명' 필드의 필드 크기는 10을 입력하고, 필수는 '예'로 설정하고 Ctrl+S를 누른 후 저장한다.

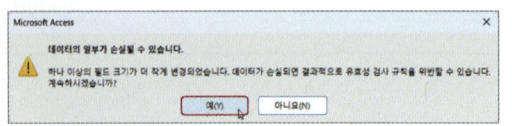

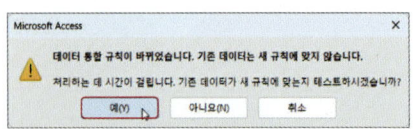

④ 〈회원〉 테이블의 바로 가기 메뉴에서 [디자인 보기](N)를 클릭한다.
⑤ '전화번호' 필드의 인덱스는 '예(중복 불가능)'으로 설정한다.
⑥ 'E-Mail' 필드의 유효성 검사 규칙에 Like "*@*"을 입력한다.
⑦ 〈씨앗입고〉 테이블의 바로 가기 메뉴에서 [디자인 보기](N)를 클릭하여 '입고수량' 필드의 기본값에 20을 입력한다.

**02 외부 데이터 가져오기**

① [외부 데이터]-[가져오기 및 연결] 그룹에서 [새 데이터 원본]-[파일에서]-[Excel]을 클릭한다.
② [찾아보기] 단추를 클릭하고 'B2B납품.xlsx' 파일을 찾은 후 [열기]를 클릭한다.
③ '현재 데이터베이스의 새 테이블로 원본 데이터 가져오기'를 선택하고 [확인]을 클릭한다.
④ [스프레드시트 가져오기 마법사]가 시작되면 특별한 지시사항이 없으므로 [다음]을 클릭한다.
⑤ '첫 행에 열 머리글이 있음'에 체크하고 [다음]을 클릭한다.

⑥ 특별한 지시사항이 없으므로 그대로 두고 [다음]을 클릭한다.
⑦ '기본키 없음'을 선택하고 [다음]을 클릭한다.

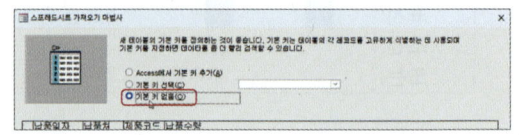

⑧ 테이블로 가져오기 입력란에 B2B납품을 입력하고 [마침]을 클릭한다.
⑨ 가져오기 단계 저장 대화상자가 나타나면 [닫기]를 클릭한다.

**03 〈회원〉 ↔ 〈주문〉 ↔ 〈씨앗〉 테이블간의 관계 설정**

① [데이터베이스 도구]-[관계] 그룹에서 [관계](□)를 클릭한다.
② [관계 디자인]-[관계] 그룹에서 [테이블 추가]를 클릭한다.
③ 〈주문〉, 〈회원〉 테이블을 선택하고 [추가]를 클릭한 후 [닫기]를 클릭한다.

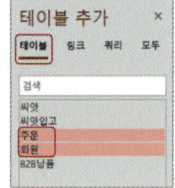

④ 〈주문〉, 〈회원〉 테이블의 '고객ID' 필드끼리 관계를 맺고 지시사항대로 체크한 후 [만들기]를 클릭한다.

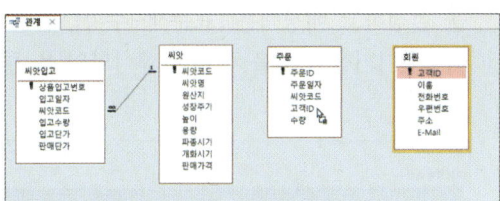

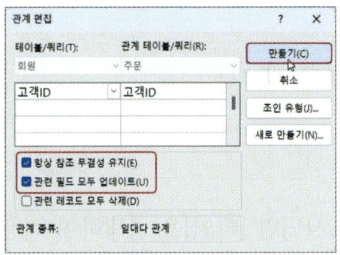

⑤ 〈주문〉, 〈씨앗〉 테이블의 '씨앗코드' 필드끼리 관계를 맺고 지시사항대로 체크한 후 [만들기]를 클릭한다.

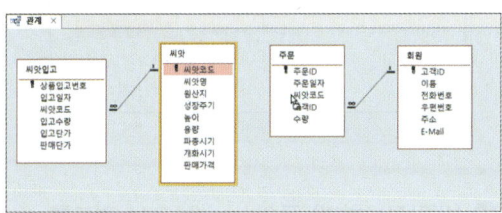

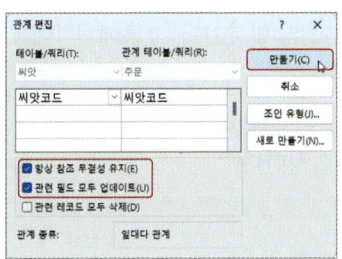

⑥ [관계 디자인] 탭의 [닫기]를 클릭하고 변경한 내용은 [예]를 눌러 저장한다.

## 문제 ❷  입력 및 수정 기능 구현

### 01 〈씨앗입고현황〉 폼 완성

① 〈씨앗입고현황〉 폼을 [디자인 보기](🖫)로 열고 폼의 기본 보기를 '연속 폼'으로 설정한다.

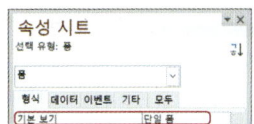

② 폼 선택기의 바로 가기 메뉴 중 [탭 순서]를 클릭한다.

③ 이동할 컨트롤에 대한 선택기를 클릭하여 선택한 후 목록의 원하는 위치로 컨트롤을 끌어다 놓는다.

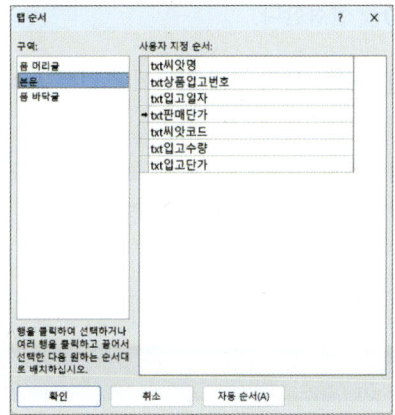

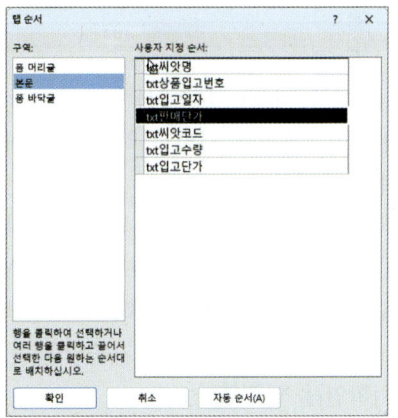

④ 문제의 지시사항대로 순서가 정해지면 [확인]을 누른다.

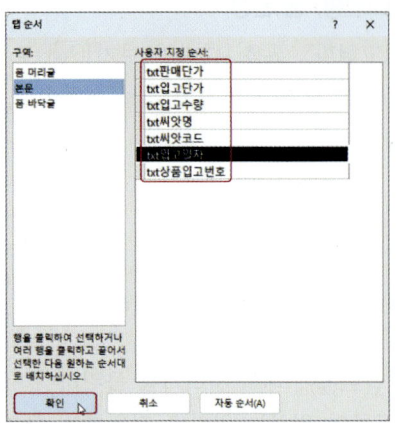

⑤ 'txt총입고수량' 컨트롤 원본 속성에 =Sum([입고수량])을 설정한다.

### 02 〈씨앗입고현황〉 폼의 본문 영역에 조건부 서식설정

① 〈씨앗입고현황〉 폼의 [디자인 보기](📐) 모드에서 선택기를 클릭하여 본문 영역의 모든 컨트롤을 선택한다.

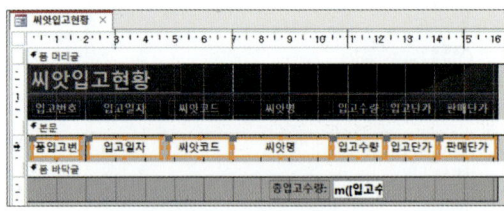

② [서식]-[컨트롤 서식] 그룹에서 [조건부 서식]을 클릭한 후 [조건부 서식 규칙 관리자]에서 [새 규칙]을 클릭한다.

③ [새 서식 규칙] 대화상자에서 '식이'를 선택하고 식 입력란에 Left([txt씨앗코드],1)="A" And [txt입고단가])=10000을 설정하고 배경색은 [표준색-노랑], 글꼴 스타일은 [기울임꼴]을 클릭한 후 [확인]을 클릭한다.

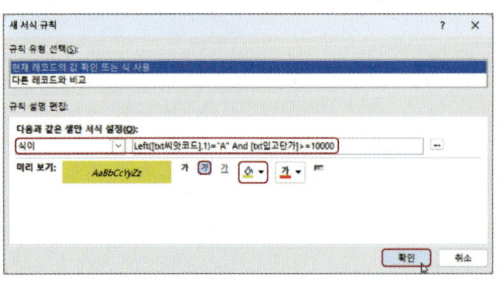

④ 다시 한번 [새 규칙]-[새 서식 규칙] 대화상자에서 '식이'를 선택하고 식 입력란에 Left([txt씨앗코드],1)="B" And [txt입고단가])=10000을 설정하고 배경색은 [표준색-주황], 글꼴 스타일은 [기울임꼴]을 클릭한 후 [확인]을 클릭한다.

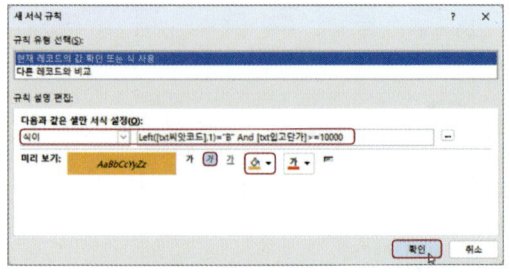

⑤ 새 규칙이 표시되면 [확인]을 클릭하여 적용한다.

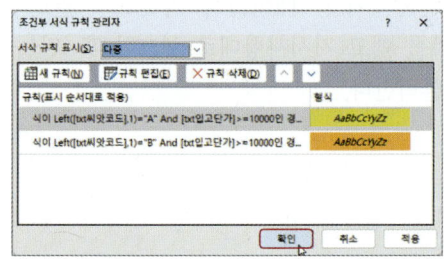

### 03 〈씨앗정보찾기〉 폼의 'cmd보고서' 컨트롤

① [만들기]-[매크로 및 코드] 그룹에서 [매크로](📄)를 클릭한다.
② 매크로 함수 중 'OpenReport'를 선택한 후 필요한 인수를 설정한다.

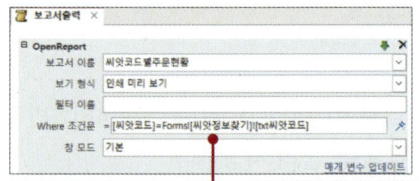

Where 조건문 : [씨앗코드]=[Forms]![씨앗정보찾기]![txt씨앗코드]

③ 매크로 함수 중 'CloseWindow'를 선택한 후 필요한 인수를 설정한다.
④ [저장](💾)을 클릭하여 **보고서출력** 매크로로 저장한다.
⑤ 〈씨앗정보찾기〉 폼의 [디자인 보기](📐) 모드에서 'cmd보고서' 컨트롤을 선택한다.

⑥ [이벤트] 탭의 On Click에서 '보고서출력'을 선택한다.

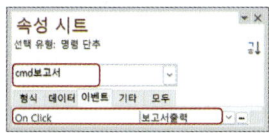

### 문제 ❸ 조회 및 출력 기능 구현

**01** 〈씨앗코드별주문현황〉 보고서 완성

① 〈씨앗코드별주문현황〉 보고서를 [디자인 보기](🆗)로 열고 '씨앗코드 머리글' 구역을 선택한다.

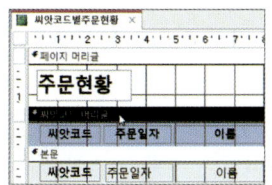

② 반복 실행 구역은 '예', 페이지 바꿈은 '구역 전'으로 설정한다.

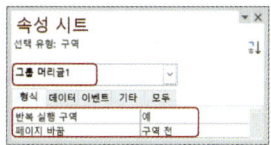

③ [그룹, 정렬 및 요약] 창에서 [정렬 추가]를 클릭하고 '주문일자' 필드를 선택한 후 '오름차순' 정렬(디폴트 값)로 설정한다.

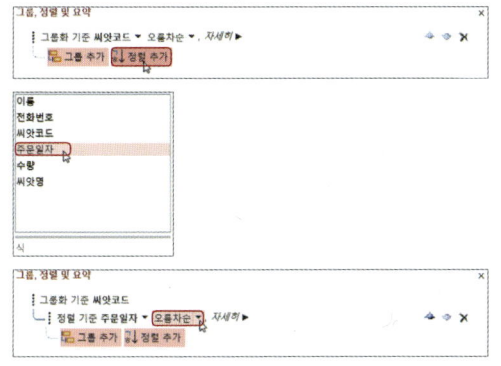

④ 본문 영역의 '씨앗코드' 필드(txt씨앗코드)를 선택하고 중복 내용 숨기기를 '예'로 설정한다.

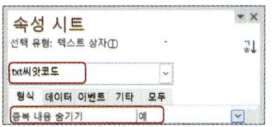

⑤ 본문 구역을 선택하고 배경색을 '교차 행'으로 변경한다.

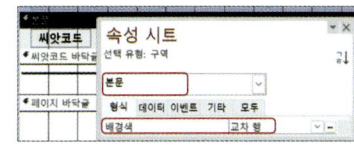

⑥ 'txt주문횟수' 필드의 컨트롤 원본 속성에 =Count(*) & "회"를 설정하고 변경한 내용은 저장한다.

**02** 〈주문현황〉 폼의 'txt수량'

① 〈주문현황〉 폼을 [디자인 보기](🆗)로 열고 속성 시트에서 'txt수량' 컨트롤을 선택한 후 [이벤트] 탭의 On Got Focus 속성에서 [이벤트 프로시저]를 선택하고 [작성기](…)를 클릭한다.

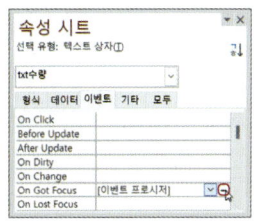

② 'txt수량_GotFocus() 프로시저'에 다음과 같이 코딩한다.

```
Private Sub txt수량_GotFocus()
    If txt수량 >= 10 Then
        MsgBox "인기품종", , "인기도분석"
    ElseIf txt수량 >= 6 Then
        MsgBox "보통품종", , "인기도분석"
    Else
        MsgBox "비인기품종", , "인기도분석"
    End If
End Sub
```

## 문제 ④ 처리 기능 구현

### 01 〈관리대상회원처리〉 업데이트 쿼리 작성

① [만들기]-[쿼리] 그룹의 [쿼리 디자인](🔲)을 클릭한다.
② [테이블 추가] 대화상자의 [테이블] 탭에서 〈회원〉 테이블을 추가하고 '비고'와 '고객ID' 필드를 드래그한다.
③ [쿼리 디자인] 탭의 [쿼리 유형]-[업데이트](🔲)를 클릭한 후 다음과 같이 입력한다.

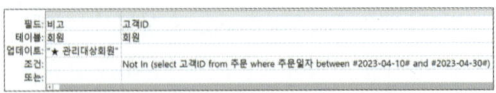

- 업데이트 : "★ 관리대상회원"
- 조건 : Not In (select 고객ID from 주문 where 주문일자 between #2023-04-10# and #2023-04-30#)

④ 쿼리의 이름을 **관리대상회원처리**로 입력하고 [확인]을 클릭한다.
⑤ [쿼리 디자인] 탭의 [결과]-[실행](❗)을 클릭하면 다음의 메시지가 표시되면 [예]를 클릭한다.

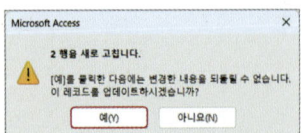

### 02 〈입고현황〉 크로스탭 쿼리 작성

① [만들기]-[쿼리] 그룹에서 [쿼리 디자인](🔲)을 클릭한다.
② 〈씨앗〉, 〈씨앗입고〉 테이블을 선택하고 [추가]를 누른 후 [닫기]를 클릭한다.
③ 디자인 눈금의 각 필드에 다음과 같이 드래그해서 배치한 후 [쿼리 디자인]-[쿼리 유형] 그룹의 [크로스탭](🔲)을 클릭한다.

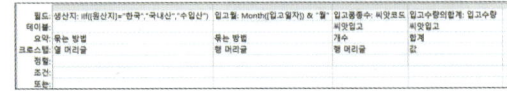

④ 행 머리글 '입고월: ', 열 머리글 '생산지; ', 값은 '입고수량'의 합계, 행 머리글 '입고품종수: '로 수정한다.

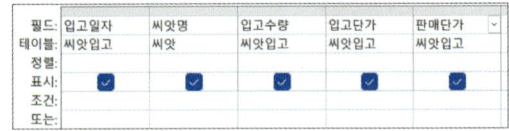

⑤ [저장](💾)을 클릭한 후 **입고현황**을 입력하고 [확인]을 클릭한다.

### 03 〈씨앗입고조회〉 쿼리 작성

① [만들기]-[쿼리] 그룹에서 [쿼리 디자인](🔲)을 클릭한다.
② 〈씨앗〉, 〈씨앗입고〉 테이블을 선택하고 [추가]를 누른 후 [닫기]를 클릭한다.
③ 디자인 눈금의 각 필드에 다음과 같이 드래그해서 배치한다.

| 필드: | 입고일자 | 씨앗명 | 입고수량 | 입고단가 | 판매단가 |
|---|---|---|---|---|---|
| 테이블: | 씨앗입고 | 씨앗 | 씨앗입고 | 씨앗입고 | 씨앗입고 |
| 정렬: | | | | | |
| 표시: | ✓ | ✓ | ✓ | ✓ | ✓ |
| 조건: | | | | | |
| 또는: | | | | | |

④ [속성 시트]를 표시한 후 '입고단가'를 선택한 후 형식에 '통화'를 선택한다.

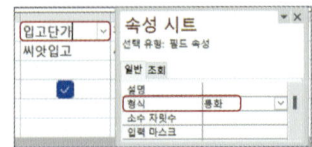

⑤ '판매단가' 필드도 '형식'에 '통화'를 선택한다.

⑥ '부가세' 필드를 추가하여 다음과 같이 입력한다.

부가세: Switch([입고단가]<=10000,[판매단가]*0.1, [입고단가]<=50000,[판매단가]*0.2,[입고단가]>50000, [판매단가]*0.3)

⑦ '씨앗명' 필드 조건에 Like "*" & [검색할 씨앗명의 일부를 입력하시오] & "*"를 입력한다.

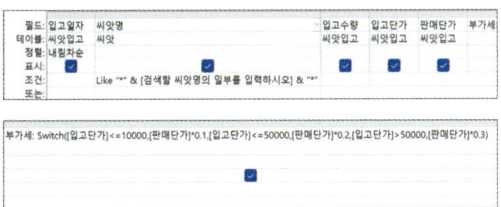

⑧ [저장]( )을 클릭한 후 **씨앗입고조회**를 입력하고 [확인]을 클릭한다.

### 04 〈재고현황〉 쿼리 작성

① [만들기]-[쿼리] 그룹에서 [쿼리 디자인]( )을 클릭한다.
② 〈씨앗입고〉, 〈씨앗〉, 〈주문〉 테이블을 선택하고 [추가]를 누른 후 [닫기]를 클릭한다.

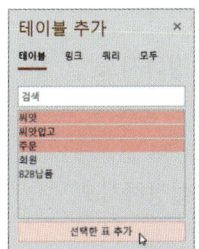

③ 디자인 눈금의 각 필드에 다음과 같이 드래그해서 배치한 후 [쿼리 디자인] 탭의 [요약]( Σ )을 클릭한다.

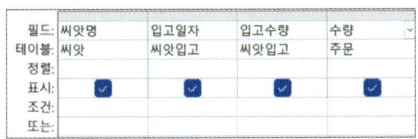

④ 다음과 같이 수정한다. (**최근입고일자:입고일자**, 최대값, **총입고량:입고수량**, 합계, **총주문량:수량**, 합계, **재고비율: [총주문량]/[총입고량]**, 식, 씨앗코드의 조건은 'Like "[A-B]*"')

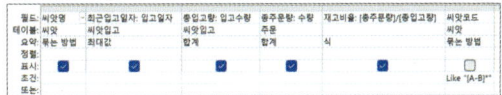

⑤ '재고비율' 필드의 형식은 '백분율', 소수 자릿수는 '1'로 선택한다.

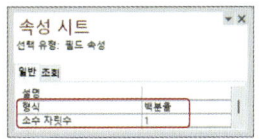

⑥ [저장]( )을 클릭한 후 **재고현황**을 입력하고 [확인]을 클릭한다.

### 05 〈다음입고일생성〉 쿼리 작성

① [만들기]-[쿼리] 그룹에서 [쿼리 디자인]( )을 클릭한다.
② 〈씨앗입고〉, 〈씨앗〉 테이블을 선택하고 [추가]를 클릭한다.
③ 디자인 눈금의 각 필드에 드래그해서 배치한 후 다음과 같이 수정한다.

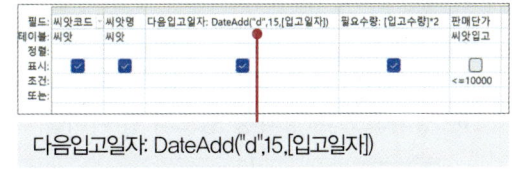

다음입고일자: DateAdd("d",15,[입고일자])

④ [쿼리 디자인]-[쿼리 유형]에서 [테이블 만들기]( )를 클릭하여 다음씨앗입고현황을 입력하고 [확인]을 클릭한다.

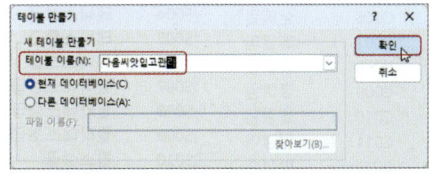

⑤ [저장]( )을 클릭한 후 **다음입고일생성**을 입력하고 [확인]을 클릭한다.

# 상시 기출문제 07회

**작업파일** [26컴활1급₩2권_데이터베이스₩상시기출문제] 폴더의 '상시기출문제7회' 파일을 열어서 작업하시오.

## 문제 ❶ DB구축      25점

**01** 스포츠센터 회원을 관리하기 위한 데이터베이스를 구축하고자 한다. 다음의 지시사항에 따라 각 테이블을 완성하시오. (각 3점)

〈회원〉 테이블
① '회원코드' 필드를 기본키(PK)로 지정하시오.
② '주민번호' 필드에는 값이 반드시 입력되도록 설정하고 빈 문자열은 허용되지 않도록 설정하시오.
③ '이메일' 필드에는 @가 반드시 포함되도록 설정하시오.

〈강사〉 테이블
④ '강사코드' 필드는 'C101' 형식으로 한 글자의 문자와 세 글자의 숫자가 반드시 입력되도록 다음과 같이 설정하시오.
  ▶ "C"가 문자로 저장되도록 설정할 것
  ▶ 숫자는 0~9까지의 숫자만 입력될 수 있도록 설정할 것
⑤ '이메일' 필드는 중복된 데이터가 입력될 수 없도록 인덱스를 설정하시오.

**02** 〈강사〉 테이블의 '강좌코드' 필드에 대해서 다음과 같이 조회 속성을 설정하시오. (5점)
  ▶ 〈강좌〉 테이블의 '강좌코드'와 '강좌명' 필드를 콤보 상자 형태로 표시되도록 설정하시오.
  ▶ 필드에는 '강좌코드'가 저장되도록 설정하시오.
  ▶ 열 이름이 표시되도록 설정하시오.
  ▶ '강좌코드'와 '강좌명' 필드의 열 너비를 각각 2cm와 3cm, 목록 너비를 5cm로 설정하시오.

03 〈강사〉 테이블의 '강좌코드' 필드는 〈강좌〉 테이블의 '강좌코드' 필드를 참조하며, 테이블 간의 관계는 M:1이다. 다음과 같이 테이블 간의 관계를 설정하시오. (5점)

※ 액세스 파일에 이미 설정되어 있는 관계는 수정하지 마시오.
▶ 테이블 간에 항상 참조 무결성이 유지되도록 설정하시오.
▶ 참조 필드의 값이 변경되면 관련 필드의 값도 변경되도록 설정하시오.
▶ 다른 테이블에서 참조하고 있는 레코드는 삭제할 수 없도록 설정하시오.

## 문제 ❷  입력 및 수정 기능 구현  20점

01 〈강사별배정현황〉 폼을 다음의 화면과 지시사항에 따라 완성하시오. (각 3점)
① 폼 머리글의 배경색을 'Access 테마 2'으로 설정하시오.
② 본문의 모든 컨트롤에 대해 특수 효과를 '오목'으로 설정하시오.
③ 폼 바닥글의 'txt회원수' 컨트롤에는 전체 레코드의 수가 〈그림〉과 같이 표시되도록 컨트롤 원본 속성을 설정하시오.

02 〈강사별배정현황〉 폼 본문의 'txt강사명' 컨트롤에는 〈강사〉 테이블의 '강사코드' 필드가 'txt지도강사코드' 컨트롤의 값과 같은 '강사명'을 표시하시오. (6점)
▶ DLookup 함수 사용
▶ 1번 〈그림〉 참조

03 〈강사별배정현황〉 폼 본문의 'txt지도강사코드' 컨트롤을 클릭하면 〈강사별지도회원현황〉 폼을 대화상자 형태로 여는 〈폼보기〉 매크로를 생성하여 지정하시오. (5점)
▶ 〈강사별지도회원현황〉 폼의 '강사코드' 필드의 값이 〈강사별배정현황〉 폼 본문의 'txt지도강사코드' 컨트롤의 값과 같은 교수의 정보만 표시

## 문제 ❸ 조회 및 출력 기능 구현  20점

**01** 다음의 지시사항 및 화면을 참조하여 〈강좌별회원정보〉 보고서를 완성하시오. (각 3점)

① 동일한 그룹 내에서 '회원가입년도'를 기준으로 내림차순 정렬되도록 하시오.
② '강사.강좌코드' 머리글 영역이 매 페이지마다 반복적으로 출력되도록 설정하고, '강사.강좌코드' 머리글 영역이 시작되기 전에 페이지가 바뀌도록 설정하시오.
③ 본문 영역의 'txt가입상태' 컨트롤의 값이 이전 레코드와 동일한 경우에는 표시되지 않도록 관련 속성을 설정하시오.
④ 본문 영역의 'txt순번' 컨트롤에는 그룹별로 순번이 표시되도록 관련 속성을 설정하시오.
⑤ 페이지 바닥글 영역의 'txt페이지' 컨트롤에는 페이지가 다음과 같이 표시되도록 컨트롤 원본 속성을 설정하시오.
▶ 현재 페이지가 1 페이지이고 전체 페이지가 3 페이지인 경우 : 3페이지 중 1페이지

### 강좌별회원정보

2023년 5월 7일 일요일

**수영상급(김나래)**

| 순번 | 이름 | 주민번호 | 전화번호 | 가입상태 | 이메일 |
|---|---|---|---|---|---|
| 1 | 유정화 | 030125-7****** | 010-9928-7447 | 정회원 | sourcebank@hanmall.net |
| 2 | 김테일러 | 970922-5****** | 010-3222-9569 | | fontrice@hanmall.net |
| 3 | 김정재 | 890321-1****** | 010-9210-5224 | | meetmusic@hottmall.com |
| 4 | 유정언 | 990116-1****** | 010-0112-1809 | | computermic@hanmall.net |
| 5 | 윤두준 | 810720-1****** | 010-1522-4359 | | mobiletable@navor.com |
| 6 | 김초희 | 950813-2****** | 010-8087-2274 | | clocknote@hanmall.net |
| 7 | 장서윤 | 840609-2****** | 010-6675-7130 | | mangomemo@navor.com |
| 8 | 이서아 | 040517-7****** | 010-6687-6937 | | cashpeople@hanmall.net |
| 9 | 김민겸 | 940915-1****** | 010-6064-3559 | | namepen@hanmall.net |
| 10 | 서지현 | 940312-2****** | 010-4359-3830 | 임시회원 | airportpencil@hottmall.com |

12페이지 중 1페이지

② 〈강사별지도회원현황〉 폼 머리글의 'txt조회' 컨트롤에 조회할 강사명을 입력하고 '조회(cmd조회)' 단추를 클릭하면 다음과 같은 기능을 수행하도록 이벤트 프로시저를 구현하시오. (5점)
▶ 'txt조회' 컨트롤에 입력된 강사명에 해당하는 강사의 지도회원 정보가 표시되도록 하시오.
▶ 현재 폼의 RecordSource와 Requery 속성을 이용하시오.

## 문제 ❹ 처리 기능 구현 35점

① 〈강사〉와 〈강좌〉 테이블을 이용하여 강좌명이 '상급'으로 끝나는 레코드를 조회하는 〈상급반〉 쿼리를 작성하시오. (7점)
▶ 조건은 Like 연산자를 사용하시오.
▶ 아이디와 도메인은 Left, InStr, Right, Len 함수를 이용하여 이메일의 @ 앞과 뒤에 내용을 표시하시오.
▶ 쿼리 실행 결과 표시되는 필드와 필드명은 〈그림〉과 같이 표시되도록 설정하시오.

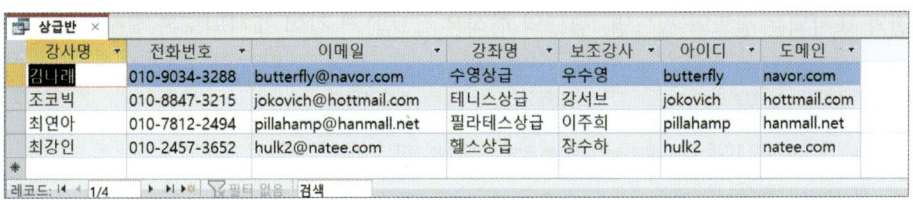

② 〈회원〉 테이블을 이용하여 '회원가입년도'를 매개 변수로 입력받아 해당 년도에 가입한 회원의 정보를 조회하여 새 테이블로 생성하는 〈가입년도회원조회〉 쿼리를 작성하고 실행하시오. (7점)
▶ 쿼리 실행 후 생성되는 테이블의 이름은 [회원조회]로 설정하시오.
▶ 주민번호 8번째 자리가 3인 회원만을 대상으로 하시오. (MID 함수 사용)
▶ 쿼리 결과 표시되는 필드와 필드명, 필드의 형식은 〈그림〉과 같이 표시되도록 설정하시오.

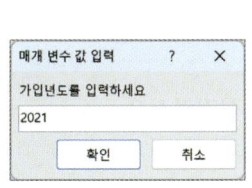 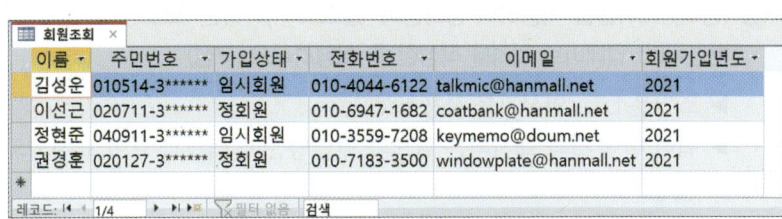

**03** 회원가입년도별, 가입상태별 인원수를 조회하는 〈가입년도별회원수〉 크로스탭 쿼리를 작성하시오. (7점)

▶ 〈회원〉 테이블을 이용하시오.
▶ '가입상태' 필드의 값이 '정회원'이면 '회원', '임시회원'이면 '비회원'으로 열 머리글을 표시하시오. (SWITCH 함수 이용)
▶ 인원수는 '회원코드' 필드를 이용하시오.
▶ 쿼리 결과 표시되는 필드와 필드명, 필드의 형식은 〈그림〉과 같이 표시되도록 설정하시오.

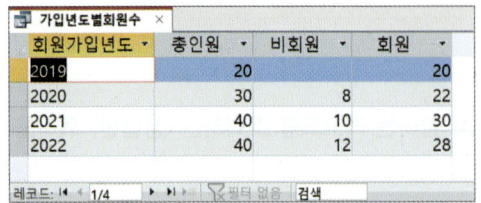

**04** 〈회원〉, 〈강사〉 테이블을 이용하여 '지도강사코드'와 '강사코드'가 일치하지 않은 회원을 조회하는 〈미수강회원〉 쿼리를 작성하시오. (7점)

▶ 〈회원〉 테이블에서 '지도강사코드'가 비어 있는 회원을 대상으로 할 것(Is Null 사용)
▶ 쿼리 결과 표시되는 필드와 필드명, 필드의 형식은 〈그림〉과 같이 표시되도록 설정하시오.

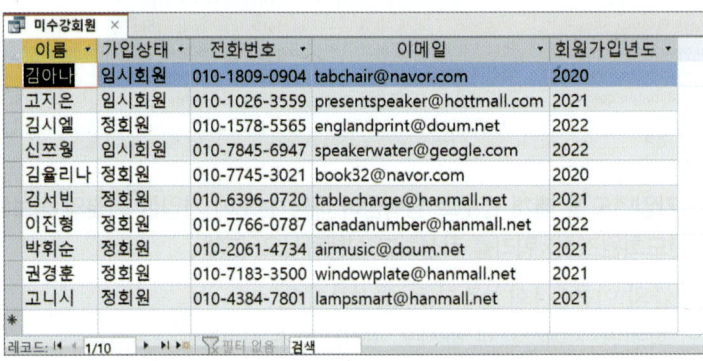

**05** 〈강좌〉 테이블을 이용하여 강좌명이 '헬스'로 시작하는 '보조강사' 필드의 값을 '장수하'로 변경하는 〈보조강사변경처리〉 업데이트 쿼리를 작성한 후 실행하시오. (7점)

▶ 조건은 Like 연산자를 사용하시오.
▶ 쿼리 실행 결과 표시되는 필드와 필드명은 〈그림〉과 같이 표시되도록 설정하시오.

※ 〈보조강사변경처리〉 쿼리를 실행한 후의 〈강좌〉 테이블

## 상시 기출문제 07회 정답

### 문제 ❶ DB구축

**01 〈회원〉, 〈강사〉 테이블**

〈회원〉 테이블

| 번호 | 필드 이름 | 속성 및 형식 | 설정 값 |
|---|---|---|---|
| ① | 회원코드 | 기본 키 | 회원 필드 이름/데이터 형식: 회원코드-짧은 텍스트, 이름-짧은 텍스트 |
| ② | 주민번호 | 필수 | 예 |
|   |   | 빈 문자열 허용 | 아니요 |
| ③ | 이메일 | 유효성 검사 규칙 | Like "*@*" |

〈강사〉 테이블

| 번호 | 필드 이름 | 속성 및 형식 | 설정 값 |
|---|---|---|---|
| ④ | 강사코드 | 입력마스크 | "C"000 |
| ⑤ | 이메일 | 인덱스 | 예(중복 불가능) |

**02 〈강사〉 테이블의 '강좌코드' 조회 속성**

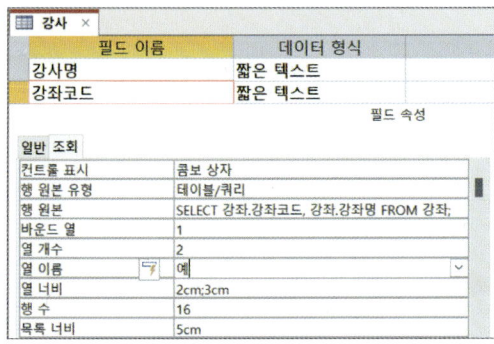

**03 〈강사〉, 〈강좌〉 테이블 관계 설정**

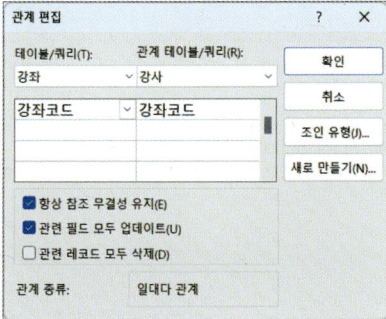

## 문제 ❷ 입력 및 수정 기능 구현

### 01 〈강사별배정현황〉 폼

| 번호 | 필드 이름 | 필드 속성 | 설정 값 |
|---|---|---|---|
| ① | 폼 머리글 | 배경색 | Access 테마 2 |
| ② | 본문 | 특수 효과 | 오목 |
| ③ | txt회원수 | 컨트롤 원본 | =Count(*) & "명" |

### 02 〈강사별배정현황〉 폼 'txt강사명' 컨트롤 원본

=DLookUp("강사명","강사","강사코드=txt지도강사코드")

### 03 〈폼보기〉 매크로

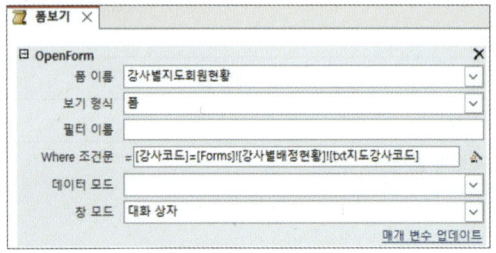

## 문제 ❸ 조회 및 출력 기능 구현

### 01 〈강좌별회원정보〉 보고서

| 번호 | 필드 이름 | 필드 속성 | 설정 값 |
|---|---|---|---|
| ① | 그룹, 정렬 및 요약 | | 그룹화 기준 강사.강좌코드<br>정렬 기준 회원가입년도 ▼ 내림차순 ▼ , 자세히 ▶ |
| ② | 강사.강좌코드 머리글 | 반복 실행 구역 | 예 |
| | | 페이지 바꿈 | 구역 전 |
| ③ | txt가입상태 | 중복 내용 숨기기 | 예 |
| ④ | txt순번 | 컨트롤 원본 | =1 |
| | | 누적 합계 | 그룹 |
| ⑤ | txt페이지 | 컨트롤 원본 | =[Pages] & "페이지 중 " & [Page] & "페이지" |

❷ 〈강사별지도회원현황〉 폼의 'cmd조회' 컨트롤

```
Private Sub cmd조회_Click()
    Me.RecordSource = "select * from 강사 where 강사명 = '" & txt조회 & "'"
    Me.Requery
End Sub
```

문제 ❹  처리 기능 구현

❶ 〈상급반〉 쿼리

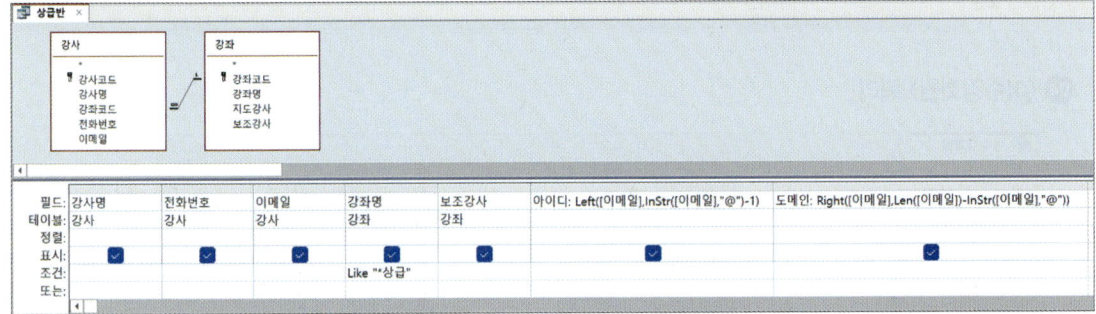

❷ 〈가입년도회원조회〉 쿼리

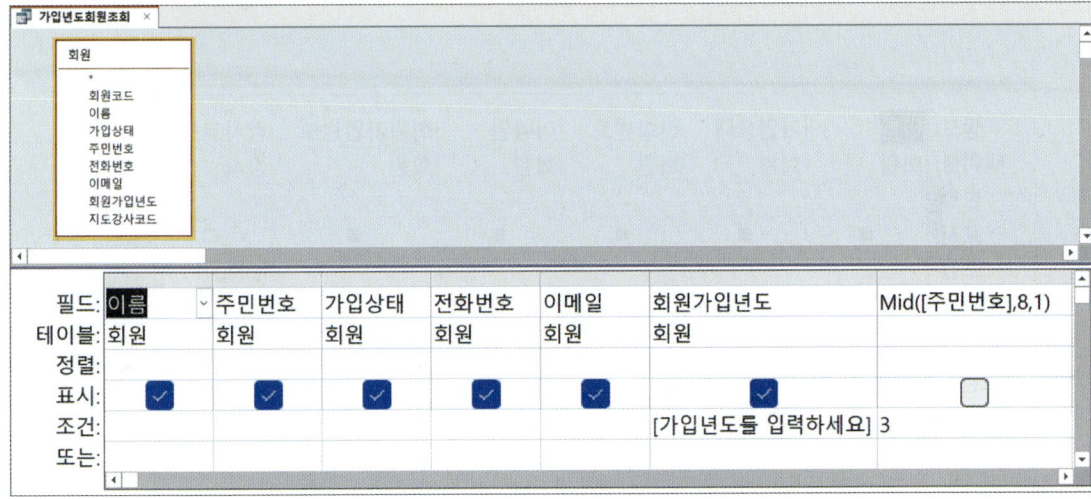

### 03 〈가입년도별회원수〉 쿼리

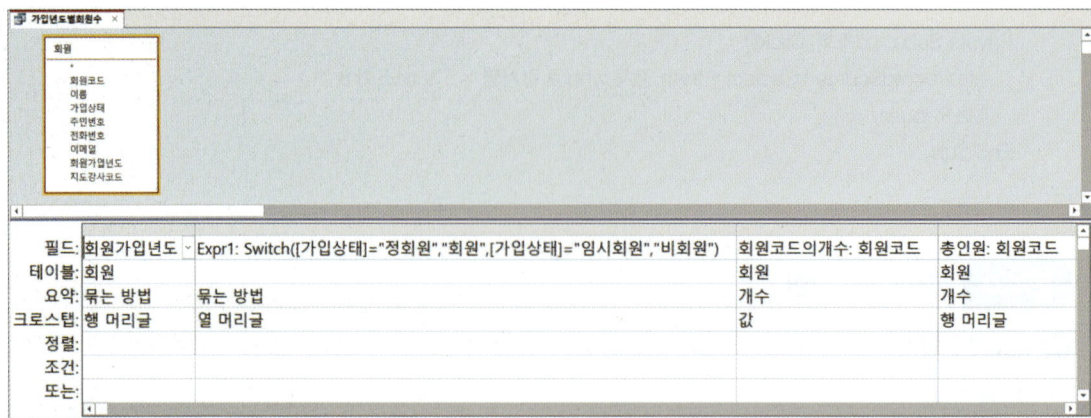

### 04 〈미수강회원〉 쿼리

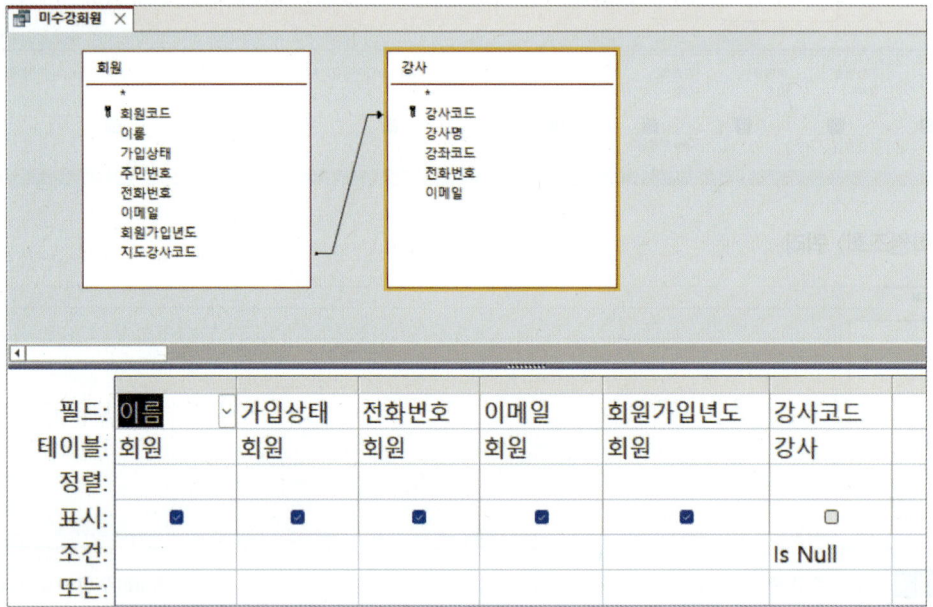

### 05 〈보조강사변경처리〉 쿼리

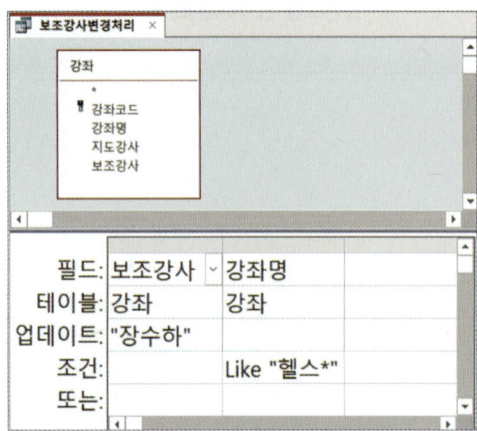

## 상시 기출문제 07회 해설

### 문제 ① DB구축

#### 01 〈회원〉 테이블

① 〈회원〉 테이블에서 마우스 오른쪽 버튼을 눌러 [디자인 보기](📐)를 클릭한다.
② '회원코드' 필드 선택한 후 [테이블 디자인]-[도구] 그룹의 [기본 키](🔑)를 클릭한다.

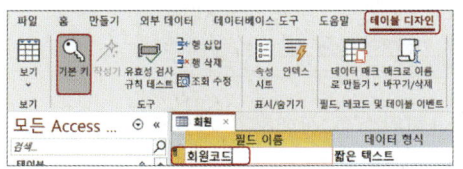

③ '주민번호' 필드의 필수를 '예', 빈 문자열 허용을 '아니요'로 설정한다.

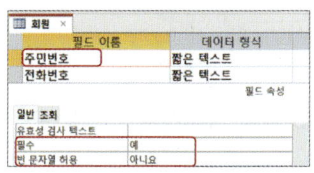

④ '이메일' 필드의 유효성 검사 규칙에 *@*를 입력하면 Like "*@*"로 표시되면 Ctrl + S 를 누른 후 [예]를 클릭한다.

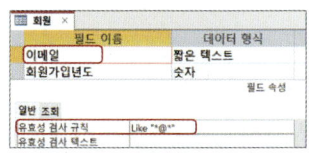

⑤ 〈강사〉 테이블에서 마우스 오른쪽 버튼을 눌러 [디자인 보기](📐)를 클릭한다.
⑥ '강사코드' 필드의 입력 마스크에 "C"000을 입력한다.

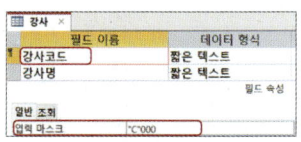

⑦ '이메일' 필드의 인덱스에 '예(중복 불가능)'을 선택하고 Ctrl + S 를 누른 후 [예]를 클릭한다.

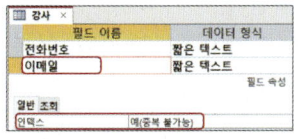

#### 02 〈강사〉 테이블의 '강좌코드' 필드의 조회 속성

① 〈강사〉 테이블의 [디자인 보기](📐) 모드에서 '강좌코드' 필드를 선택하고, 필드 속성 [조회] 탭의 컨트롤 표시 속성 중 '콤보 상자'를 선택한다.

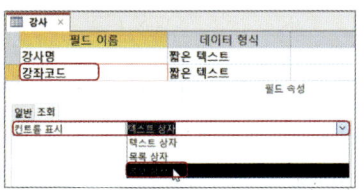

② 행 원본의 [작성기](⋯)를 클릭한다.

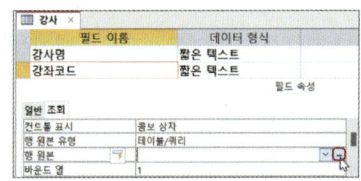

③ [테이블 추가]의 [테이블]에서 〈강좌〉를 더블클릭한다.

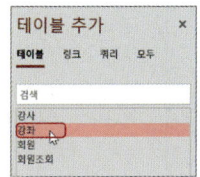

④ 〈강좌〉 테이블의 '강좌코드', '강좌명' 필드를 더블클릭하여 눈금에 추가한다.

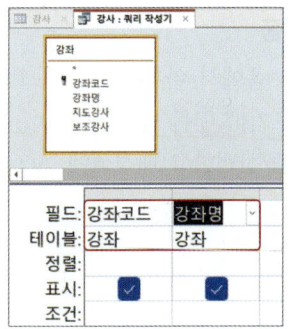

⑤ [닫기]를 클릭하면 'SQL 문의 변경 내용을 저장하고 속성을 업데이트하시겠습니까?" 메시지에서 [예]를 클릭한다.
⑥ 바운드 열, 열 개수, 열 이름, 열 너비, 목록 너비 속성을 설정한다.

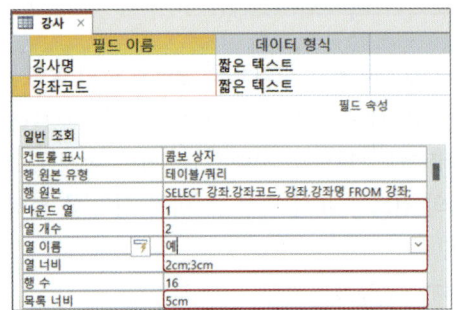

### 03 〈강사〉 ↔ 〈강좌〉 테이블간의 관계 설정
① [데이터베이스 도구]-[관계] 그룹에서 [관계](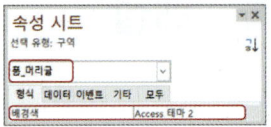)를 클릭한다.
② [테이블 추가]의 [테이블]에서 〈강좌〉를 더블클릭한다.
③ 〈강좌〉 테이블의 '강좌코드'를 〈강사〉 테이블의 '강좌코드'로 드래그한다.
④ [관계 편집]에서 다음과 같이 지정하고 [만들기]를 클릭한다.

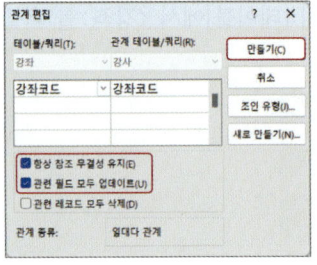

## 문제 ❷ 입력 및 수정 기능 구현

### 01 〈강사별배정현황〉 폼
① 〈강사별배정현황〉 폼에서 마우스 오른쪽 버튼을 눌러 [디자인 보기]()를 클릭한다.
② '폼_머리글' 개체를 선택하고 배경색에 'Access 테마2'를 선택한다.

③ 본문 앞의 세로 눈금자를 클릭하여 본문의 모든 컨트롤을 선택한 후 '특수 효과'에서 '오목'을 선택한다.

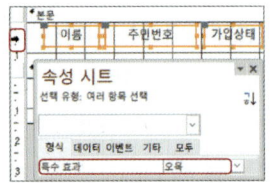

④ 'txt회원수'를 선택하고 컨트롤 원본에 =Count(*) & "명"을 입력한다.

### 02 〈강사별배정현황〉 폼의 'txt강사명' 컨트롤
① 'txt강사명'을 선택하고 컨트롤 원본에 =DLookUp("강사명","강사","강사코드=txt지도강사코드")를 입력한다.

### 03 〈강사별배정현황〉 폼의 'txt지도강사코드' 컨트롤
① [만들기]-[매크로 및 코드] 그룹에서 [매크로]()를 클릭한다.
② 매크로 함수 중 'OpenForm'을 선택한 후 필요한 인수를 설정한다.

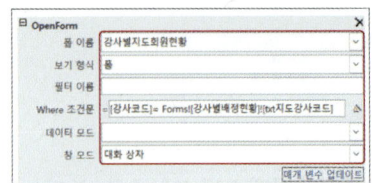

③ [저장]()을 클릭하여 **폼보기** 매크로로 저장한다.

④ 〈강사별배정현황〉 폼의 [디자인 보기](📄) 모드에서 'txt지도강사코드' 컨트롤을 선택한다.
⑤ [이벤트] 탭의 'On Click'에서 '폼보기'를 선택한다.

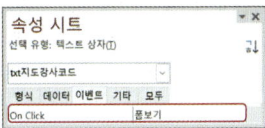

### 문제 ③ 조회 및 출력 기능 구현

**01 〈강좌별회원정보〉 보고서**

① 〈강좌별회원정보〉 보고서에서 마우스 오른쪽 버튼을 눌러 [디자인 보기](📄)를 클릭한 후 [보고서 디자인]-[그룹화 및 요약] 그룹에서 [그룹화 및 정렬]을 클릭한다.
② [그룹, 정렬 및 요약]에서 [정렬 추가]를 클릭한다.

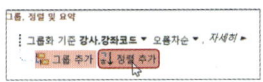

③ '회원가입년도' 필드를 선택하고 '내림차순'으로 지정한다.

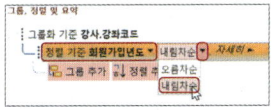

④ '강사.강좌코드' 머리글을 선택한 후 반복 실행 구역에 '예', 페이지 바꿈에 '구역 전'을 선택한다.

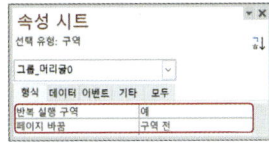

⑤ 'txt가입상태'를 선택한 후 중복 내용 숨기기에 '예'를 선택한다.

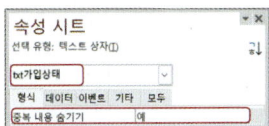

⑥ 'txt순번'을 선택한 후 컨트롤 원본에 =1, 누적 합계는 '그룹'을 선택한다.

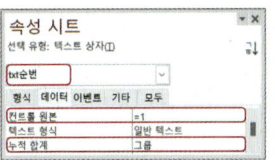

⑦ 'txt페이지'의 '컨트롤 원본'은 =[Pages] & "페이지 중 " & [Page] & "페이지"를 입력한다.

**02 〈강사별지도회원현황〉 폼의 이벤트 프로시저**

① 〈강사별지도회원현황〉 폼을 [디자인 보기](📄)로 열고 '조회(cmd조회)' 컨트롤을 선택한 후 [이벤트] 탭의 On Click에서 [이벤트 프로시저]를 선택하고 [작성기](…)를 클릭한다.
② '작성기 선택' 창에서 '코드 작성기'를 선택한 후 〈확인〉을 클릭한다.
③ 'cmd조회_Click() 프로시저'에 다음과 같이 코딩한다.

```
Private Sub cmd조회_Click()
    Me.RecordSource = "select * from 강사 where 강사명 = '" & txt조회 & "'"
    Me.Requery
End Sub
```

### 문제 ④ 처리 기능 구현

**01 〈상급반〉 쿼리**

① [만들기]-[쿼리] 그룹에서 [쿼리 디자인](🔳)을 클릭한다.
② [테이블 추가]의 [테이블]에서 〈강사〉, 〈강좌〉를 더블클릭하여 추가한다.

③ 디자인 눈금의 각 필드에 다음과 같이 드래그해서 배치한 후 '강좌명' 필드에 조건 Like "*상급"을 입력하고, 아이디 필드는 **아이디: Left([이메일],InStr([이메일],"@")−1)**, 도메인 필드는 **도메인: Right([이메일],Len([이메일])−InStr([이메일],"@"))**를 입력한다.

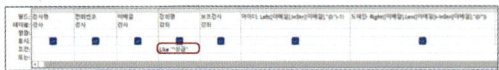

④ [저장](🖫)을 클릭한 후 **상급반**을 입력하고 [확인]을 클릭한다.

② 〈가입년도회원조회〉 쿼리

① [만들기]−[쿼리] 그룹에서 [쿼리 디자인](🖽)을 클릭한다.
② [테이블 추가]의 [테이블]에서 〈회원〉을 더블클릭하여 추가한다.
③ 디자인 눈금의 각 필드에 다음과 같이 드래그해서 배치하고, 매개변수와 Mid 함수를 이용하여 조건을 작성한다.

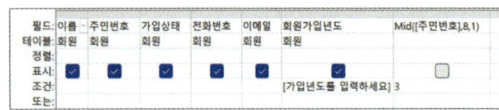

④ [쿼리 디자인] 탭의 [테이블 만들기](🖽)를 클릭한다.
⑤ [테이블 만들기]의 테이블 이름에 **회원조회**를 입력하고 [확인]을 클릭한다.

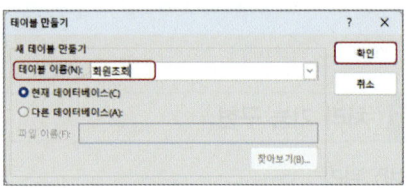

⑥ [쿼리 디자인]−[결과] 그룹의 [실행](❗)을 클릭하여 2021을 입력한 후 [확인]을 클릭한다.
⑦ 메시지에서 [예]를 클릭한다.

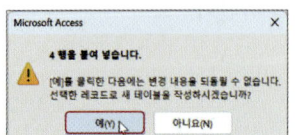

⑧ [저장](🖫)을 클릭한 후 **가입년도회원조회**를 입력하고 [확인]을 클릭한다.

③ 〈가입년도별회원수〉 쿼리

① [만들기]−[쿼리] 그룹에서 [쿼리 디자인](🖽)을 클릭한다.
② [테이블 추가]의 [테이블]에서 〈회원〉을 더블클릭하여 추가한다.
③ 디자인 눈금의 각 필드에 다음과 같이 드래그해서 배치한 후 [쿼리 디자인] 탭의 [크로스탭](🖽)을 클릭한다.

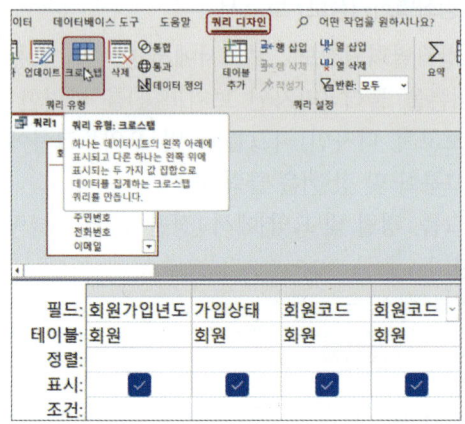

④ 행 머리글 '회원가입년도', 열 머리글 Switch([가입상태]="정회원","회원",[가입상태]="임시회원","비회원")으로 수정하고, 값은 '회원코드', 요약은 '개수', 행 머리글 **총인원: 회원코드**, 요약은 '개수'로 수정한다.

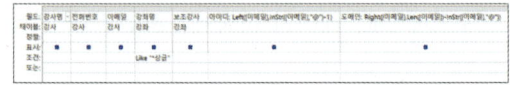

⑤ [저장](🖫)을 클릭한 후 **가입년도별회원수**를 입력하고 [확인]을 클릭한다.

④ 〈미수강회원〉 쿼리

① [만들기]−[쿼리] 그룹에서 [쿼리 마법사](🖽)을 클릭한다.
② [새 쿼리]에서 '불일치 검색 쿼리 마법사'를 선택하고 [확인]을 클릭한다.

③ [불일치 검색 쿼리 마법사]에서 '테이블 : 회원'을 선택하고 [다음]을 클릭한다.

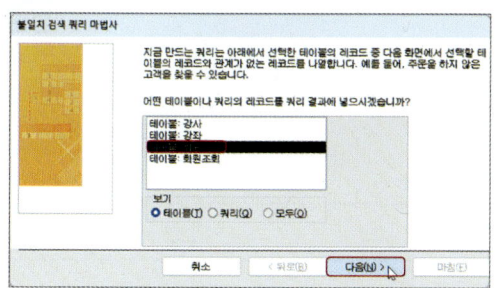

④ [불일치 검색 쿼리 마법사]에서 '테이블 : 강사'를 선택하고 [다음]을 클릭한다.

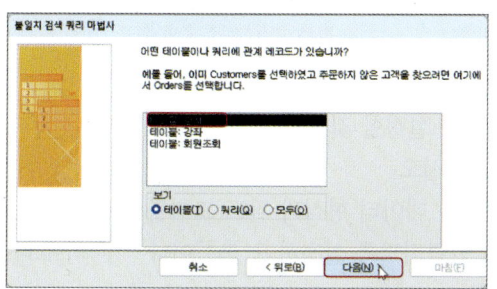

⑤ [불일치 검색 쿼리 마법사]에서 '지도강사코드', '강사코드'를 선택하고 [다음]을 클릭한다.

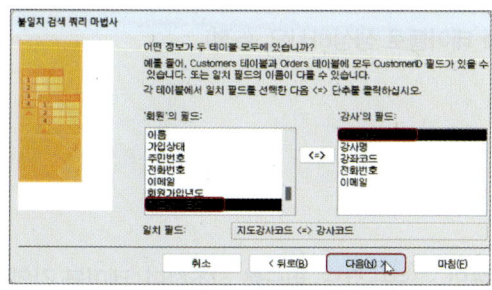

⑥ [불일치 검색 쿼리 마법사]에서 다음과 같이 지정하고 [다음]을 클릭한다.

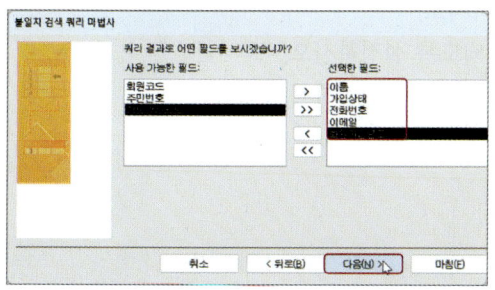

⑦ **미수강회원**을 입력하고 [마침]을 클릭한다.

## 05 〈보조강사변경처리〉 쿼리

① [만들기]-[쿼리] 그룹의 [쿼리 디자인]( )을 클릭한다.
② [테이블 표시]의 [테이블] 탭에서 〈강좌〉 테이블을 추가하고 '보조강사'와 '강좌명' 필드를 드래그한다.
③ [쿼리 디자인] 탭의 [쿼리 유형]-[업데이트]( )를 클릭한 후 다음과 같이 입력한다.

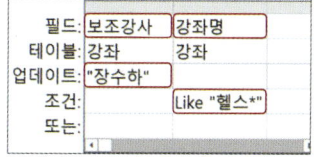

④ 쿼리의 이름을 **보조강사변경처리**로 입력하고 [확인]을 클릭한다.
⑤ [쿼리 디자인] 탭의 [결과]-[실행]( )을 클릭하면 다음의 메시지가 표시되면 [예]를 클릭한다.

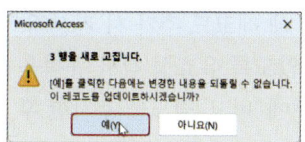

# 상시 기출문제 08회

**작업파일** [26컴활1급₩2권_데이터베이스₩상시기출문제] 폴더의 '상시기출문제8회' 파일을 열어서 작업하시오.

## 문제 ❶  DB구축  25점

**01** 회원들의 전동 킥보드 대여정보를 관리하기 위한 데이터베이스를 구축하고자 한다. 다음의 지시사항에 따라 〈회원정보〉 테이블을 완성하시오. (각 3점)

① '회원번호' 필드는 'P001' 형식으로 영문 대문자 한자리와 숫자 세 자리가 반드시 입력되도록 다음과 같이 설정하시오.
  ▶ 문자는 영문이나 한글이 반드시 입력되도록 설정할 것
  ▶ 숫자는 0~9까지의 숫자가 반드시 입력될 수 있도록 설정할 것
② '휴대폰번호' 필드에는 값이 반드시 입력되도록 설정하시오.
③ '나이' 필드에는 255자 이하의 숫자가 입력될 수 있도록 데이터 형식과 필드 크기를 설정하시오.
④ '성별' 필드는 새 레코드 추가 시 기본적으로 "남"이 입력되도록 설정하고, "남"이나 "여" 외에 다른 값은 입력되지 않도록 유효성 검사 규칙을 설정하시오.
⑤ '성별' 필드 뒤에 '비고' 필드를 추가한 후 255자 이상의 데이터가 입력되도록 데이터 형식을 설정하시오.

**02** 다음 지시사항에 따라 '신규킥보드목록.txt' 파일을 가져와 테이블로 생성하시오. (5점)
  ▶ 구분 기호는 탭으로 설정하시오.
  ▶ 첫 번째 행은 필드의 이름으로 설정하시오.
  ▶ 킥보드코드를 기본키로 설정하시오.
  ▶ 테이블 이름을 '신규킥보드목록'으로 하시오.

**03** 〈대여내역〉 테이블의 '킥보드코드' 필드는 〈킥보드〉 테이블의 '킥보드코드' 필드를 참조하며, 테이블 간의 관계는 M:1이다. 다음과 같이 테이블 간의 관계를 설정하시오. (5점)

※ 액세스 파일에 이미 설정되어 있는 관계는 수정하지 마시오.
  ▶ 테이블 간에 항상 참조 무결성이 유지되도록 설정하시오.
  ▶ 참조 필드의 값이 변경되면 관련 필드의 값도 변경되도록 설정하시오.
  ▶ 다른 테이블에서 참조하고 있는 레코드는 삭제할 수 없도록 설정하시오.

## 문제 ❷ 입력 및 수정 기능 구현    20점

**01** 〈대여내역관리〉 폼을 다음의 화면과 지시사항에 따라 완성하시오. (각 3점)

① 폼 머리글에 그림과 같이 제목 레이블을 생성하시오.
  ▶ 이름 : 제목    ▶ 크기 : 22    ▶ 문자 색 : 파랑, 강조1
② 본문의 'txt일련번호'는 그림과 같이 선택할 수 없도록 관련 속성을 설정하시오.
③ 본문의 'txt회원명' 컨트롤에는 포커스가 이동되지 않도록 관련 속성을 설정하시오.

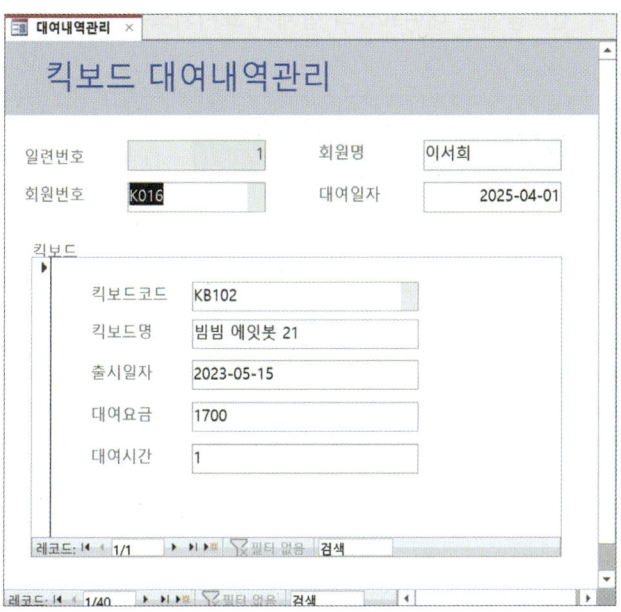

**02** 〈대여내역관리〉 폼 본문의 'txt회원명' 컨트롤에는 〈회원정보〉 테이블의 '회원번호' 필드가 'txt회원번호' 컨트롤의 값과 같은 '회원명'을 표시하시오. (6점)

  ▶ DLookup 함수 사용
  ▶ 1번 〈그림〉 참조

**03** 〈킥보드찾기〉 폼을 읽기 전용 모드 형식으로 열고, 〈대여내역현황〉 보고서를 인쇄 미리 보기 형식으로 여는 〈보고서출력〉 매크로를 생성하시오. 〈회원정보〉 폼의 '킥보드대여정보확인'(cmd확인) 단추를 클릭하면 〈보고서출력〉 매크로가 실행되도록 하시오. (5점)

  ▶ 보고서 출력 조건 : 〈회원정보〉 폼의 'txt회원번호' 컨트롤에 입력된 회원번호와 같은 정보만 표시

## 문제 ❸ 조회 및 출력 기능 구현    20점

**01** 다음의 지시사항 및 화면을 참조하여 〈대여내역현황〉 보고서를 완성하시오. (각 3점)

① 동일한 킥보드코드 내에서 '대여일자'를 기준으로 오름차순 정렬되도록 하시오.
② 페이지 머리글이 표시되도록 설정하시오.
③ '킥보드코드' 머리글 영역이 매 페이지마다 반복하여 출력되도록 설정하시오.
④ 본문 영역의 'txt순번' 컨트롤에는 그룹별로 순번이 표시되도록 관련 속성을 설정하시오.
⑤ 킥보드코드 바닥글 영역의 'txt합계' 컨트롤에는 대여요금의 합계가 표시되도록 컨트롤 원본 속성을 설정하시오.

### 킥보드 대여 관리 보고서

**킥보드명: 퀵고잉 아이킥2**

| 순번 | 대여일자 | 회원명 | 휴대폰번호 | 나이 | 성별 | 대여요금 |
|---|---|---|---|---|---|---|
| 1 | 2025-04-07 | 유하연 | 010-2534-1812 | 35 | 여 | 2200 |
| 2 | 2025-04-16 | 성유진 | 010-2548-3541 | 28 | 여 | 2200 |
| 3 | 2025-04-29 | 송정미 | 010-5462-8585 | 35 | 여 | 2200 |

대여요금 합계 :    6600

**킥보드명: 싱싱 에코**

| 순번 | 대여일자 | 회원명 | 휴대폰번호 | 나이 | 성별 | 대여요금 |
|---|---|---|---|---|---|---|
| 1 | 2025-04-08 | 박노엘 | 010-3357-2847 | 29 | 남 | 1800 |
| 2 | 2025-04-19 | 김준희 | 010-2419-3396 | 23 | 여 | 1800 |
| 3 | 2025-04-22 | 공민성 | 010-7810-2247 | 24 | 남 | 1800 |

대여요금 합계 :    5400

**킥보드명: 지지쿠터 엠피2**

| 순번 | 대여일자 | 회원명 | 휴대폰번호 | 나이 | 성별 | 대여요금 |
|---|---|---|---|---|---|---|
| 1 | 2025-04-14 | 서여진 | 010-6589-9851 | 24 | 여 | 2700 |
| 2 | 2025-04-20 | 진선미 | 010-3524-6450 | 33 | 여 | 2700 |
| 3 | 2025-04-29 | 김민정 | 010-3322-8592 | 25 | 여 | 2700 |
| 4 | 2025-04-29 | 공민성 | 010-7810-2247 | 24 | 남 | 2700 |

대여요금 합계 :    10800

**킥보드명: 싱싱 레드윙블루**

| 순번 | 대여일자 | 회원명 | 휴대폰번호 | 나이 | 성별 | 대여요금 |
|---|---|---|---|---|---|---|
| 1 | 2025-04-04 | 최정민 | 010-8515-9945 | 19 | 남 | 3300 |
| 2 | 2025-04-05 | 김민정 | 010-3322-8592 | 25 | 여 | 3300 |
| 3 | 2025-04-17 | 최정민 | 010-8515-9945 | 19 | 남 | 3300 |

2/4

❷ 〈킥보드찾기〉 폼 머리글의 'txt조회' 컨트롤에 조회할 킥보드명을 입력하고 '찾기'(cmd찾기) 단추를 클릭하면 다음과 같은 기능을 수행하도록 이벤트 프로시저를 구현하시오. (5점)
- ▶ 'txt조회' 컨트롤에 입력된 킥보드명을 포함하는 킥보드명이 표시되도록 하시오.
- ▶ 현재 폼의 RecordSource 속성을 이용하시오.

## 문제 ❹ 처리 기능 구현 35점

❶ 〈킥보드〉 테이블을 이용하여 출시일자가 "2024년 5월 1일" 이후인 레코드를 조회하는 〈신제품킥보드〉 쿼리를 작성하시오. (7점)
- ▶ 쿼리 실행 결과 표시되는 필드와 필드명은 〈그림〉과 같이 표시되도록 설정하시오.

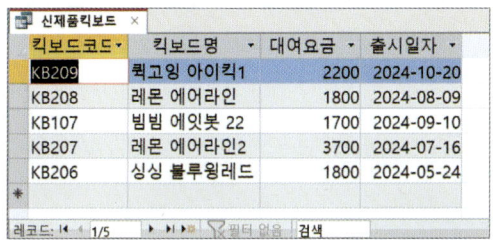

❷ 〈대여내역관리〉 쿼리를 이용하여 '대여횟수'를 매개 변수로 입력받아 해당 대여횟수만큼 대여한 회원의 정보를 조회하는 〈대여횟수조회〉 매개 변수 쿼리를 작성하시오. (7점)
- ▶ 대여횟수는 '일련번호' 필드를 이용하여 '개수'를 구하고 '▶'를 반복하여 표시하시오. (String, Count 함수 이용)
- ▶ 최근대여일자는 대여일자의 최근 날짜가 표시되도록 설정하시오.
- ▶ 쿼리 결과 표시되는 필드와 필드명, 필드의 형식은 〈그림〉과 같이 표시되도록 설정하시오.

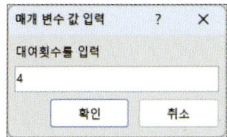 

❸ 〈킥보드〉, 〈대여내역〉 테이블을 이용하여 한 번도 대여되지 않은 킥보드를 조회하는 〈미대여킥보드〉 쿼리를 작성하시오. (7점)
- ▶ 〈대여내역〉 테이블의 '킥보드코드' 필드에 존재하지 않은 〈킥보드〉 테이블의 '킥보드코드'를 대상으로 할 것(Is Null 사용)
- ▶ 쿼리 결과 표시되는 필드와 필드명, 필드의 형식은 〈그림〉과 같이 표시되도록 설정하시오.

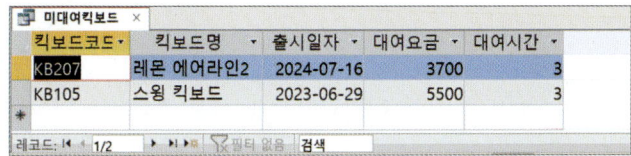

**04** 〈킥보드〉, 〈대여내역〉, 〈회원정보〉 테이블을 이용하여 킥보드별 성별별 대여횟수를 조회하는 〈킥보드대여현황〉 크로스탭 쿼리를 작성하시오. (7점)

▶ 대여횟수는 '일련번호' 필드를 이용하시오.
▶ 평균나이는 '나이' 필드를 이용하며, 형식은 표준, 소수 자릿수는 0으로 설정하시오.
▶ '킥보드코드' 필드의 마지막이 1~3으로 끝나는 자료만을 대상으로 하시오.
▶ 쿼리 결과 표시되는 필드와 필드명, 필드의 형식은 〈그림〉과 같이 표시되도록 설정하시오.

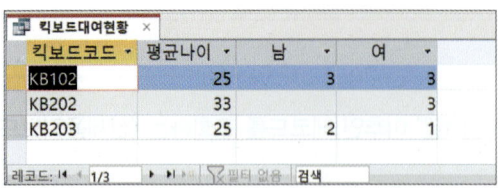

**05** 〈킥보드〉 테이블을 이용하여 킥보드명이 '빔빔'으로 시작하는 '대여요금' 필드의 값을 변경하는 〈대여요금변경처리〉 업데이트 쿼리를 작성한 후 실행하시오. (7점)

▶ 조건은 like 연산자를 이용하시오
▶ 대여요금은 기존 요금에 500원 더하여 계산하시오.
▶ 쿼리 실행 결과 표시되는 필드와 필드명은 〈그림〉과 같이 표시되도록 설정하시오.

※ 〈대여요금변경처리〉 쿼리를 실행한 후의 〈킥보드〉 테이블

# 상시 기출문제 08회 정답

## 문제 ❶ DB구축

### 01 〈회원정보〉 테이블 완성

| 번호 | 필드 이름 | 속성 및 형식 | 설정 값 |
|---|---|---|---|
| ① | 회원번호 | 입력마스크 | >L000 |
| ② | 휴대폰번호 | 필수 | 예 |
| ③ | 나이 | 데이터 형식 | 숫자 |
|   |   | 필드 크기 | 바이트 |
| ④ | 성별 | 기본값 | "남" |
|   |   | 유효성 검사 규칙 | In ("남","여") |
| ⑤ | 비고 | 데이터 형식 | 긴 텍스트 |

### 02 '신규킥보드목록.txt' 파일 가져오기

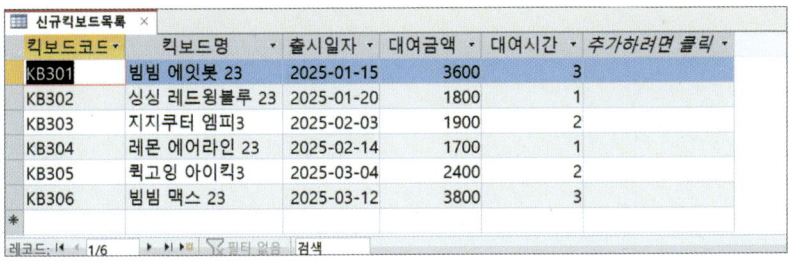

### 03 〈킥보드〉, 〈대여내역〉 테이블 관계 설정

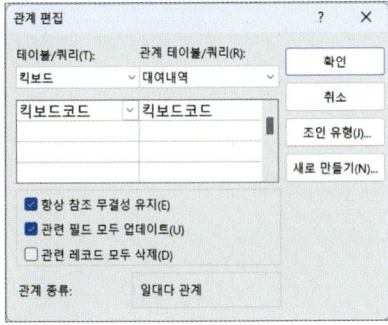

## 문제 ❷ 입력 및 수정 기능 구현

### 01 〈대여내역관리〉 폼 완성

| 번호 | 필드 이름 | 필드 속성 | 설정 값 |
|---|---|---|---|
| ① | 폼 머리글 제목 레이블 | 이름 | 제목 |
| | | 캡션 | 킥보드 대여내역관리 |
| | | 글꼴 크기 | 22 |
| | | 문자색 | 파랑, 강조1 |
| ② | txt일련번호 | 사용 가능 | 아니요 |
| ③ | txt회원명 | 탭 정지 | 아니요 |

### 02 〈대여내역관리〉 폼 'txt회원명' 컨트롤 원본

=DLookUp("회원명","회원정보","회원번호=txt회원번호")

### 03 〈보고서출력〉 매크로

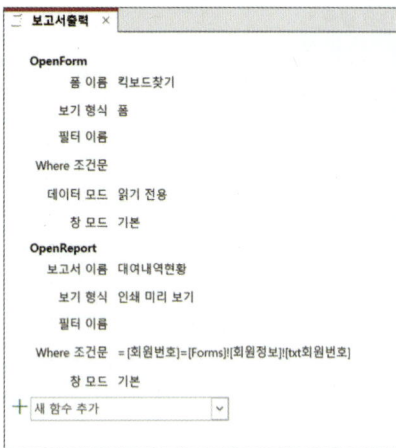

## 문제 ❸ 조회 및 출력 기능 구현

**01** 〈대여내역현황〉 보고서 완성

| 번호 | 필드 이름 | 필드 속성 | 설정 값 |
|---|---|---|---|
| ① | 그룹, 정렬 및 요약 | 그룹화 기준 **킥보드코드**<br>정렬 기준 **대여일자** ▼ 오름차순 ▼, 자세히 ▶<br>그룹 추가  정렬 추가 | |
| ② | 페이지 머리글 | 표시 | 예 |
| ③ | 킥보드코드 머리글 | 반복 실행 구역 | 예 |
| ④ | txt순번 | 컨트롤 원본 | =1 |
|   |          | 누적 합계 | 그룹 |
| ⑤ | txt합계 | 컨트롤 원본 | =Sum([대여요금]) |

**02** 〈킥보드찾기〉 폼의 'cmd찾기' 컨트롤

```
Private Sub cmd찾기_Click()
    Me.RecordSource = "select * from 킥보드 where 킥보드명 like '*' & txt조회 & '*'"
End Sub
```

## 문제 ❹ 처리 기능 구현

**01** 〈신제품킥보드〉 쿼리

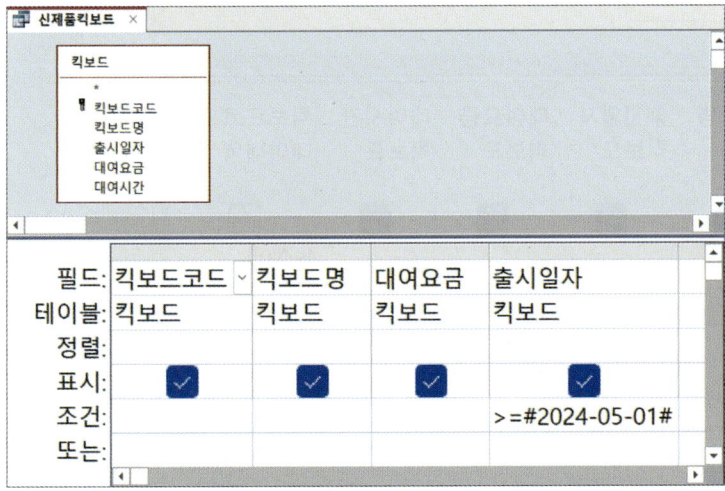

## 02 〈대여횟수조회〉 쿼리

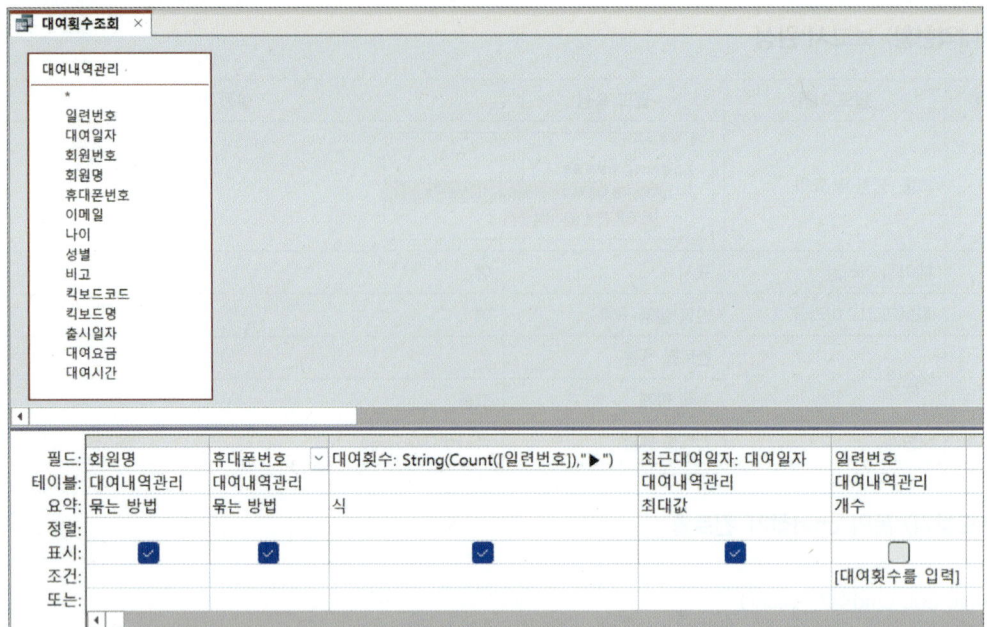

## 03 〈미대여킥보드〉 쿼리

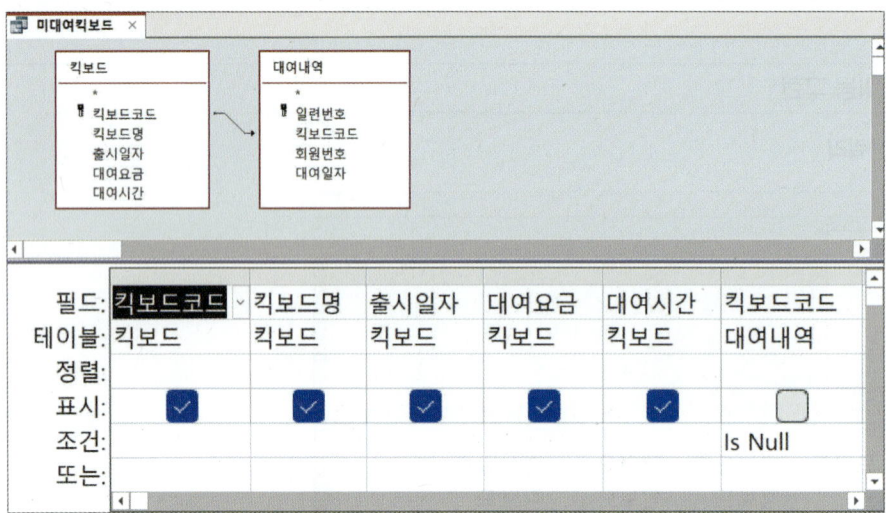

④ 〈킥보드대여현황〉 쿼리

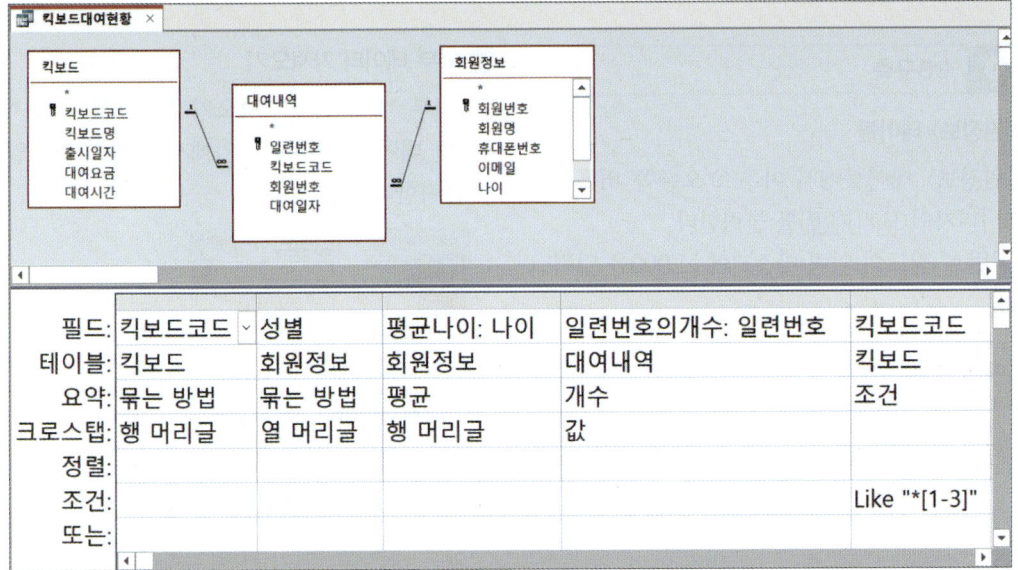

⑤ 〈대여요금변경처리〉 쿼리

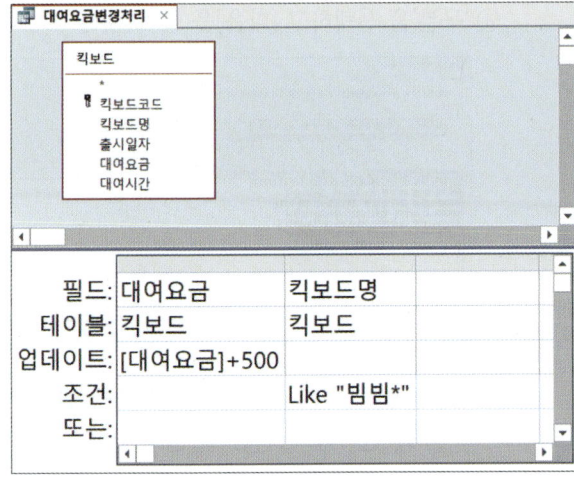

# 상시 기출문제 08회 해설

### 문제 ① DB구축

**01 〈회원정보〉 테이블**

① 〈회원정보〉 테이블에서 마우스 오른쪽 버튼을 눌러 [디자인 보기](🖉)를 클릭한다.
② '회원번호' 필드의 입력 마스크에 >L000을 입력한다.

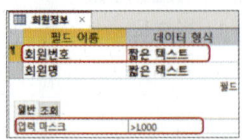

③ '휴대폰번호' 필드의 필수를 '예'로 설정한다.

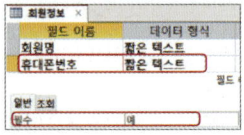

④ '나이' 필드의 데이터 형식은 '숫자', 필드 크기는 '바이트'로 설정한다.

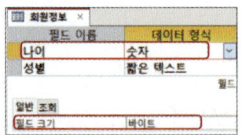

⑤ '성별' 필드의 기본값에 **남**을 입력하고, 유효성 검사 규칙에 In ("**남**","**여**")을 입력한다.

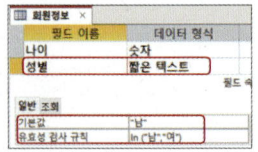

⑥ '성별' 필드 아래에 **비고**를 입력하고, 데이터 형식은 '긴 텍스트'를 선택하고 Ctrl+S를 누른 후 [예]를 클릭한다.

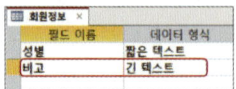

### 02 외부 데이터 가져오기

① [외부 데이터]-[가져오기 및 연결] 그룹에서 [새 데이터 원본]-[파일에서]-[텍스트 파일]을 클릭한다.

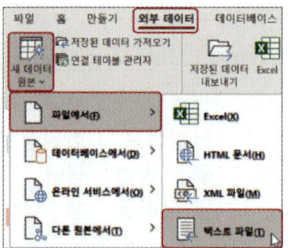

② [찾아보기]를 클릭하여 '신규킥보드목록.txt' 파일을 찾은 후 [열기]를 클릭한다.
③ '현재 데이터베이스의 새 테이블로 원본 데이터 가져오기'를 지정하고 [확인]을 클릭한다.
④ '구분'을 선택하고 [다음]을 클릭한다.

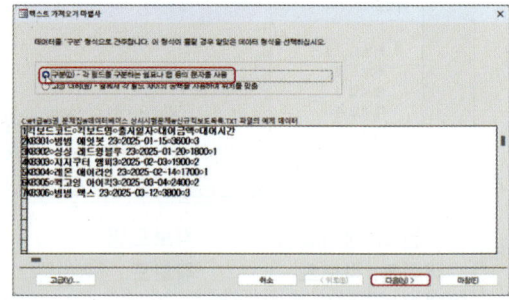

⑤ 구분 기호 '탭'을 선택하고, '첫 행에 필드 이름 포함'을 선택하고 [다음]을 클릭한다.

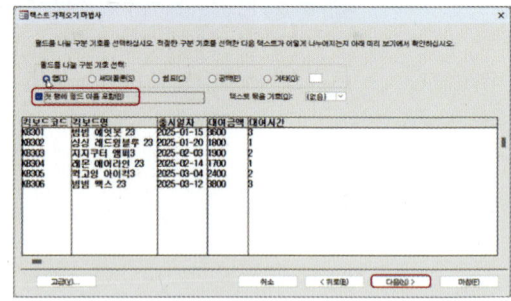

⑥ '기본 키 선택'에서 '킥보드코드'로 선택하고 [다음]을 클릭한다.

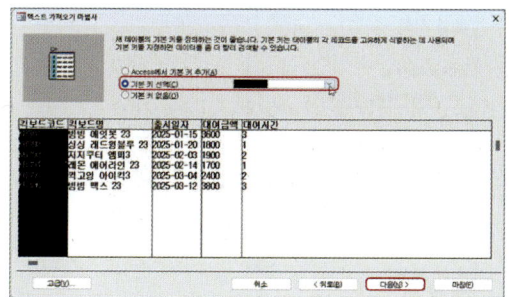

⑦ **신규킥보드목록**을 입력하고 [마침]을 클릭한다.

**03** 〈대여내역〉 ↔ 〈킥보드〉 테이블간의 관계 설정

① [데이터베이스 도구]-[관계] 그룹에서 [관계](🔲)를 클릭한다.
② [테이블 추가]의 [테이블]에서 〈킥보드〉를 더블 클릭한다.
③ 〈킥보드〉 테이블의 '킥보드코드'를 〈대여내역〉 테이블의 '킥보드코드'로 드래그한다.
④ [관계 편집]에서 다음과 같이 지정하고 [만들기]를 클릭한다.

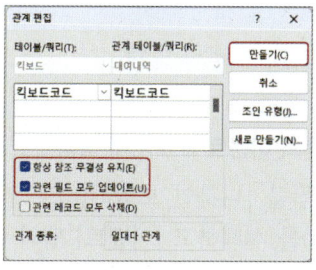

## 문제 ❷ 입력 및 수정 기능 구현

**01** 〈대여내역관리〉 폼

① 〈대여내역관리〉 폼에서 마우스 오른쪽 버튼을 눌러 [디자인 보기](🔲)를 클릭한다.
② [양식 디자인]-[컨트롤] 그룹의 '레이블'을 폼 머리글 영역에 드래그한 후 속성 시트에서 이름에 **제목**, 캡션에 **킥보드 대여내역관리**를 입력한다.

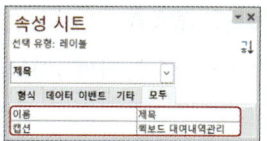

③ 글꼴 크기는 '22', 문자색은 '파랑, 강조1'을 선택한다.

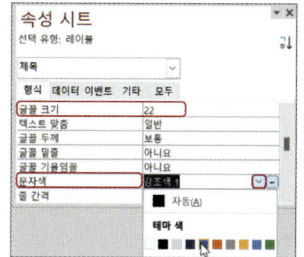

④ 'txt일련번호'를 선택하고 사용 가능에서 '아니요'를 선택한다.

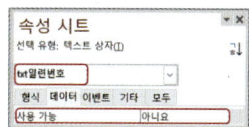

⑤ 'txt회원명'을 선택하고 탭 정지에 '아니요'를 선택한다.

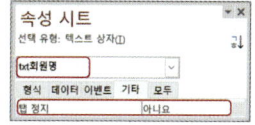

**02** 〈대여내역관리〉 폼의 'txt회원명' 컨트롤

① 'txt회원명'을 선택하고 컨트롤 원본에 =DLookUp("회원명","회원정보","회원번호= txt회원번호")를 입력한다.

### 03 〈회원정보〉 폼의 'cmd확인' 컨트롤

① [만들기]-[매크로 및 코드] 그룹에서 [매크로](□)를 클릭한다.
② 매크로 함수 중 'OpenForm'과 'OpenReport'를 선택한 후 필요한 인수를 설정한다.

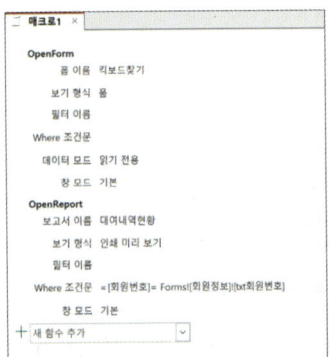

③ [저장](□)을 클릭하여 **보고서출력** 매크로로 저장한다.
④ 〈회원정보〉 폼의 [디자인 보기](□) 모드에서 'cmd확인' 컨트롤을 선택한다.
⑤ [이벤트] 탭의 On Click에서 '보고서출력'을 선택한다.

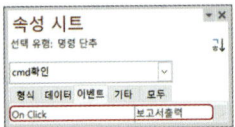

### 문제 ③ 조회 및 출력 기능 구현

#### 01 〈대여내역현황〉 보고서

① 〈대여내역현황〉 보고서에서 마우스 오른쪽 버튼을 눌러 [디자인 보기](□)를 클릭한 후 [보고서 디자인]-[그룹화 및 요약] 그룹에서 [그룹화 및 정렬]을 클릭한다.
② [그룹, 정렬 및 요약]에서 [정렬 추가]를 클릭한다.
③ '대여일자' 필드를 선택하고 '오름차순'으로 지정한다.

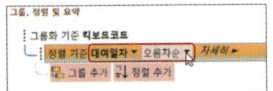

④ '페이지 머리글'을 선택한 후 표시에 '예'를 선택한다.

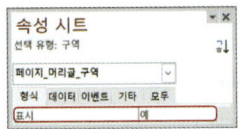

⑤ '킥보드코드' 머리글을 선택한 후 반복 실행 구역에 '예'를 선택한다.

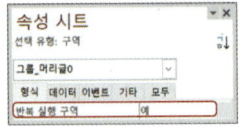

⑥ 'txt순번'을 선택한 후 컨트롤 원본에 =1, '누적 합계'는 '그룹'을 선택한다.

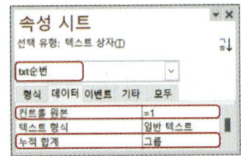

⑦ 'txt합계'의 컨트롤 원본은 =Sum([대여요금])을 입력한다.

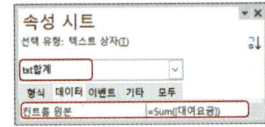

#### 02 〈킥보드찾기〉 폼의 이벤트 프로시저 작성

① 〈킥보드찾기〉 폼을 [디자인 보기](□)로 열고 '찾기'(cmd찾기)를 선택하고 [이벤트] 탭의 On Click에서 [이벤트 프로시저]를 선택하고 [작성기](…)를 클릭한다.
② '작성기 선택' 창에서 '코드 작성기'를 선택한 후 〈확인〉을 클릭한다.
③ 'cmd찾기_Click() 프로시저'에 다음과 같이 코딩한다.

```
Private Sub cmd찾기_Click()
    Me.RecordSource = "select * from 킥보드 where 킥보드명 like '*' & txt조회 & '*'"
End Sub
```

## 문제 4 처리 기능 구현

### 01 〈신제품킥보드〉 쿼리

① [만들기]-[쿼리] 그룹에서 [쿼리 디자인](📋)을 클릭한다.
② [테이블 추가]의 [테이블]에서 〈킥보드〉를 더블클릭하여 추가한다.
③ 디자인 눈금의 각 필드에 다음과 같이 드래그해서 배치한 후 '출시일자' 필드에 조건을 입력한다.

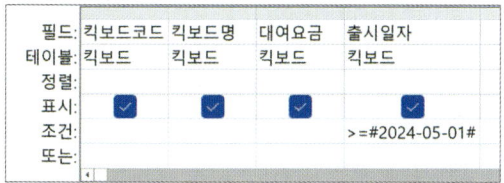

④ [저장](💾)을 클릭한 후 **신제품킥보드**를 입력하고 [확인]을 클릭한다.

### 02 〈대여횟수조회〉 쿼리

① [만들기]-[쿼리] 그룹에서 [쿼리 디자인](📋)을 클릭한다.
② [테이블 추가]의 [쿼리]에서 〈대여내역관리〉를 더블클릭하여 추가한다.
③ 디자인 눈금의 각 필드에 다음과 같이 드래그해서 배치한 후 [쿼리 디자인]-[표시/숨기기] 그룹에서 [요약](Σ)을 클릭한 후 일련번호는 '개수'를 선택한다.
④ '일련번호'는 조건을 입력한 후 체크를 해제하고, '대여일자'는 '최대값'을 선택한 후 '최근대여일자'를 입력하고, 대여횟수는 **대여횟수: String(Count([일련번호]),"▶")**를 입력하고 요약은 '식'으로 선택한다.

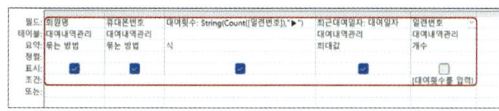

⑤ [저장](💾)을 클릭한 후 **대여횟수조회**를 입력하고 [확인]을 클릭한다.

### 03 〈미대여킥보드〉 쿼리

① [만들기]-[쿼리] 그룹에서 [쿼리 마법사](📋)를 클릭한다.
② [새 쿼리]에서 '불일치 검색 쿼리 마법사'를 선택하고 [확인]을 클릭한다.
③ [불일치 검색 쿼리 마법사]에서 '테이블 : 킥보드'를 선택하고 [다음]을 클릭한다.

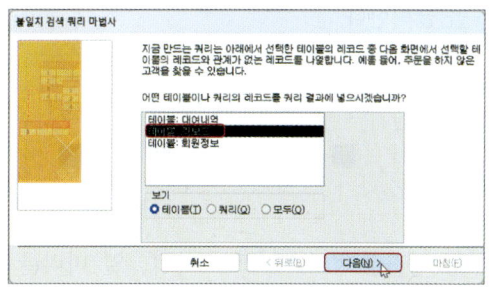

④ [불일치 검색 쿼리 마법사]에서 '테이블 : 대여내역'을 선택하고 [다음]을 클릭한다.
⑤ [불일치 검색 쿼리 마법사]에서 '킥보드코드', '킥보드코드'를 선택하고 [다음]을 클릭한다.

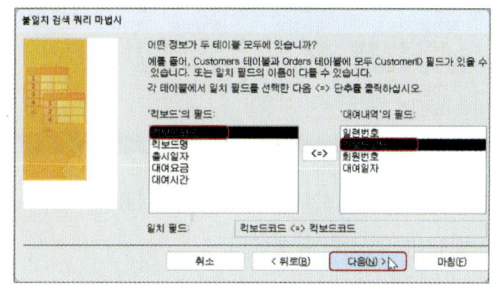

⑥ [불일치 검색 쿼리 마법사]에서 다음과 같이 지정하고 [다음]을 클릭한다.

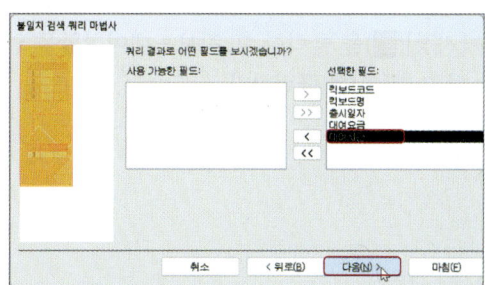

⑦ **미대여킥보드**를 입력하고 [마침]을 클릭한다.

### 04 〈킥보드대여현황〉 쿼리

① [만들기]-[쿼리] 그룹에서 [쿼리 디자인](📋)을 클릭한다.
② [테이블 추가]의 [테이블]에서 〈킥보드〉, 〈대여내역〉, 〈회원정보〉를 더블클릭하여 추가한다.
③ 디자인 눈금의 각 필드에 다음과 같이 드래그해서 배치한 후 [쿼리 디자인] 탭의 [크로스탭]을 클릭한다.

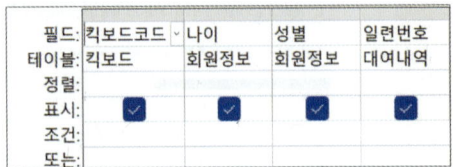

④ 행 머리글 '킥보드코드', '나이', 열 머리글 '성별', 값은 '일련번호', 요약은 '개수', 행 머리글 **평균나이 : 나이**, 요약은 '평균'으로 수정하고, '킥보드코드', '조건', Like "*[1-3]"으로 지정한다.

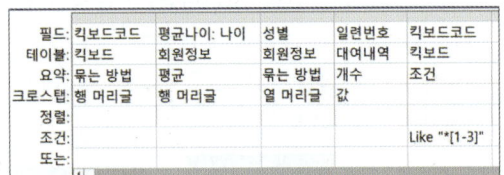

⑤ '나이' 필드를 선택하고 형식은 '표준', 소수 자릿수는 '0'으로 설정한다.

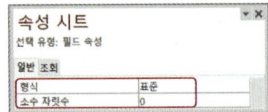

⑥ [저장](💾)을 클릭한 후 **킥보드대여현황**을 입력하고 [확인]을 클릭한다.

### 05 〈대여요금변경처리〉 쿼리

① [만들기]-[쿼리] 그룹의 [쿼리 디자인](📋)을 클릭한다.
② [테이블 추가]의 [테이블] 탭에서 〈킥보드〉 테이블을 추가하고 '대여요금'와 '킥보드명' 필드를 드래그한다.
③ [쿼리 디자인] 탭의 [쿼리 유형]-[업데이트](📋)를 클릭한 후 다음과 같이 입력한다.

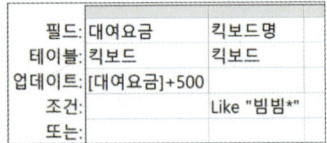

④ 쿼리의 이름을 **대여요금변경처리**로 입력하고 [확인]을 클릭한다.
⑤ [쿼리 디자인] 탭의 [결과]-[실행](❗)을 클릭하면 다음의 메시지가 표시되면 [예]를 클릭한다.

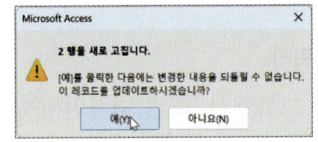

# 상시 기출문제 09회

작업파일 [26컴활1급₩2권_데이터베이스₩상시기출문제] 폴더의 '상시기출문제9회' 파일을 열어서 작업하시오.

## 문제 ❶ DB구축 25점

**01** 다음의 지시사항에 따라 각 테이블을 완성하시오. (각 3점)

〈기업〉 테이블
① '기업명' 필드는 반드시 입력하되 중복된 데이터 입력이 가능하도록 인덱스를 설정하시오.
② '시장구분' 필드에는 "코스피", "코스닥", "유가증권"만 입력되도록 유효성 검사 규칙을 설정하시오.
③ '지역' 필드의 필드 크기는 2로 설정하시오.

〈재무〉 테이블
④ '종목코드'와 '년도' 필드를 기본키(PK)로 지정하시오.
⑤ '년도' 필드는 숫자 4자리만 입력받도록 다음과 같이 입력 마스크를 설정하시오.
▶ 숫자 입력은 0~9까지의 숫자가 반드시 입력될 수 있도록 설정할 것
▶ 입력 시 데이터가 입력될 자리를 '#'으로 표시

**02** 외부 데이터 가져오기 기능을 이용하여 '추가재무정보.xlsx' 파일을 테이블 형태로 가져오시오. (5점)
▶ 첫 번째 행은 필드 이름임
▶ 기본키는 '종목코드' 필드로 지정하고 테이블 이름을 '추가재무'로 할 것

**03** 〈재무〉 테이블의 '종목코드' 필드는 〈기업〉 테이블의 '종목코드' 필드를 참조하며, 테이블 간의 관계는 M:1이다. 다음과 같이 테이블 간의 관계를 설정하시오. (5점)
▶ 테이블 간에 항상 참조 무결성이 유지되도록 설정하시오.
▶ 참조 필드의 값이 변경되면 관련 필드의 값도 변경되도록 설정하시오.
▶ 다른 테이블에서 참조하고 있는 레코드는 삭제할 수 없도록 설정하시오.

## 문제 ❷ 입력 및 수정 기능 구현 20점

**01** 〈재무조회〉 폼을 다음의 화면과 지시사항에 따라 완성하시오. (각 3점)
① 폼이 팝업 폼으로 열리도록 설정하시오.
② 폼 바닥글의 'txt총개수' 컨트롤의 레코드 개수가 [표시 예]와 같이 표시되도록 컨트롤 원본 속성을 설정하시오.
[표시 예 : 20 → 20개]

③ 폼 바닥글의 'txt최대매출액' 컨트롤에는 매출액의 최대값이 〈그림〉과 같이 표시되도록 컨트롤 원본 속성을 설정하시오.

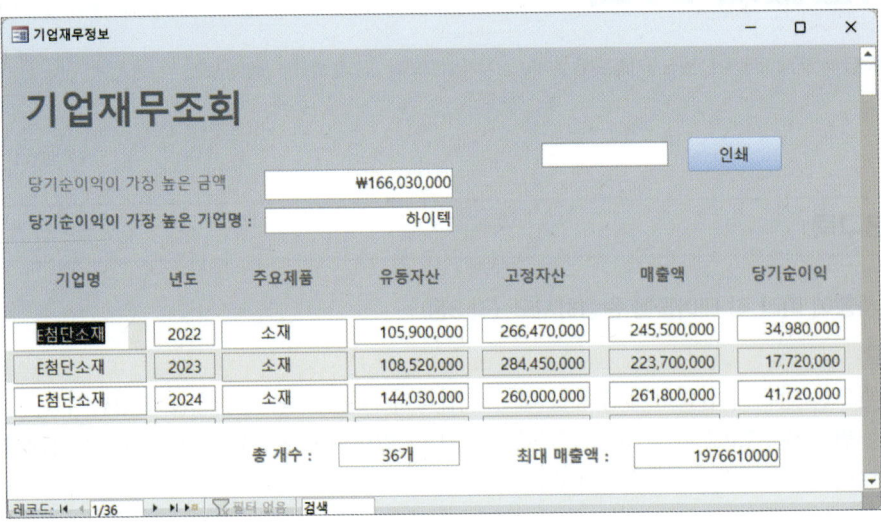

**02** 〈기업조회〉 폼의 본문 영역에 다음과 같이 조건부 서식을 설정하시오. (6점)

▶ '시장구분' 필드의 값이 '유가증권'인 경우 본문 영역의 모든 텍스트 상자의 글꼴 색을 '파랑'으로 설정하시오.
▶ 단, 하나의 규칙으로 작성하시오.

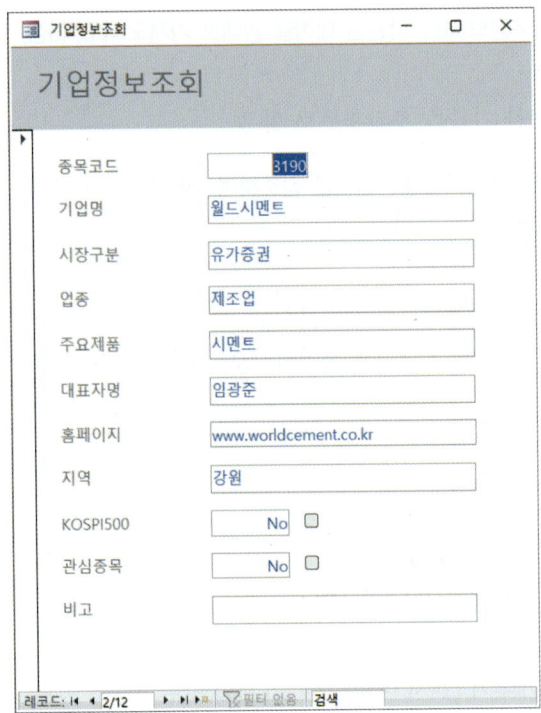

③ 〈재무조회〉 폼의 'txt기업조회' 컨트롤에 '기업명'의 일부를 입력하고 '인쇄(cmd인쇄)' 단추를 클릭하면 〈기업재무〉보고서를 인쇄 미리 보기 형태의 대화 상자 형식으로 여는 〈보고서인쇄〉 매크로를 생성하여 지정하시오. (5점)

▶ 매크로 조건 : 'txt기업조회' 컨트롤에 입력한 기업명을 포함하는 정보만 표시

## 문제 ③ 조회 및 출력 기능 구현         20점

① 다음의 지시사항 및 화면을 참조하여 〈기업재무〉 보고서를 완성하시오. (각 3점)

① 동일한 '종목코드' 안에서 '년도'를 기준으로 오름차순으로 정렬되어 표시되도록 설정하시오.
② 보고서 머리글 영역의 'txt날짜' 컨트롤에는 오늘 날짜와 현재 시간을 다음과 같이 표시되도록 '컨트롤 원본'과 형식을 설정하시오.
   ▶ [표시 예 : 2025-05-05 (월) 오전 10:30]
③ 그룹 머리글이 표시되지 않도록 설정하고, 그룹 바닥글 영역의 'txt매출액평균', 'txt영업이익평균', 'txt당기순이익평균' 컨트롤에 매출액, 영업이익, 당기순이익의 평균이 각각 표시되도록 설정하시오.
④ 그룹 바닥글의 배경색을 보고서 머리글 영역의 배경색과 동일하게 설정하시오.
⑤ 페이지 바닥글의 'txt페이지' 컨트롤에는 페이지 번호가 다음과 같이 표시되도록 컨트롤 원본을 설정하시오.
   ▶ 현재 페이지가 1 페이지고 전체 페이지가 3 페이지인 경우 : 총 3쪽중 1쪽

② 〈재무조회〉 폼이 로드(Load)될 때 〈기업재무정보〉 쿼리에서 당기순이익이 'txt최대값' 컨트롤과 동일한 기업명을 찾아 'txt당기순회사' 컨트롤에 표시되도록 이벤트 프로시저를 구현하시오. (5점)

▶ DLookup 함수 사용

## 문제 ❹ 처리 기능 구현    35점

**01** 〈기업〉 테이블을 이용하여 지역이 '경기'이고 비고가 '관심종목'인 레코드를 조회하는 〈경기관심종목〉 쿼리를 작성하시오. (7점)

▶ 쿼리 실행 결과 표시되는 필드와 필드명은 〈그림〉과 같이 표시되도록 설정하시오.

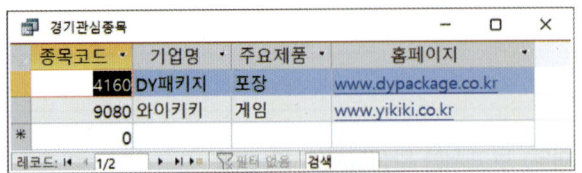

**02** 〈기업재무정보〉 쿼리를 이용하여 매개 변수로 입력된 '기업명'을 포함하는 기업들의 2024년 정보를 조회하여 새 테이블로 생성하는 〈자산조회〉 쿼리를 작성하고 실행하시오. (7점)

▶ 자산총계 = 유동자산 + 고정자산
▶ 쿼리 실행 후 생성되는 테이블의 이름은 [회사정보조회]로 설정하시오.
▶ 쿼리 결과 표시되는 필드와 필드명, 필드의 형식은 〈그림〉과 같이 표시되도록 설정하시오.

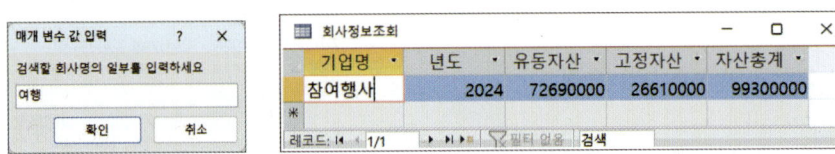

**03** 〈기업재무정보〉 쿼리를 이용하여 업종별 시장구분별 매출액의 평균을 계산하는 〈업종별매출액평균〉 크로스탭 쿼리를 작성하시오. (7점)

▶ 구분은 '업종'의 오른쪽 6글자를 좌우 공백없이 이용하시오.(Right, Trim 함수 사용)
▶ 시장구분은 '코스닥', '유가증권' 순으로 표시하시오.
▶ 매출액은 0 이상이고 500,000,000 이하인 자료만을 대상으로 하시오.
▶ 쿼리 결과 표시되는 필드와 필드명, 필드의 형식은 〈그림〉과 같이 표시되도록 설정하시오.

**04** 〈기업〉, 〈재무〉 테이블을 이용하여 유동부채가 비어 있지 않는 2024년 자료를 조회하는 〈2024년재무정보〉 쿼리를 작성하시오. (7점)

▶ Is Not Null을 이용하시오.
▶ 쿼리 결과 표시되는 필드와 필드명, 필드의 형식은 〈그림〉과 같이 표시되도록 설정하시오.

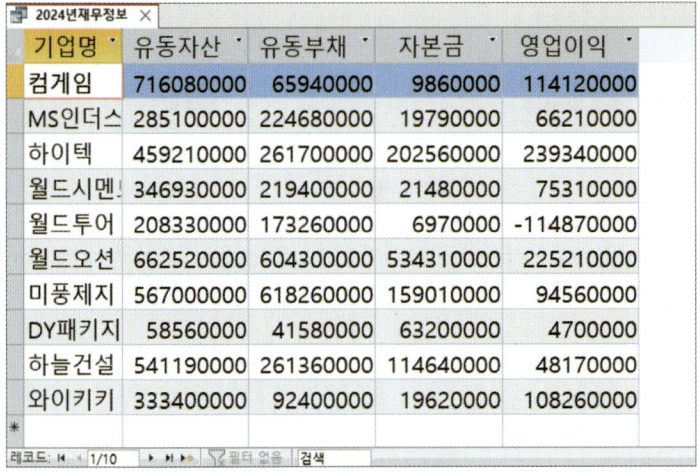

**05** 〈기업〉, 〈재무〉 테이블을 이용하여 년도가 2024이고, 당기순이익이 0 미만인 종목코드의 '비고' 필드에 '★'으로 변경하는 〈2024년당기순이익분석〉 업데이트 쿼리를 작성한 후 실행하시오. (7점)

▶ In 연산자와 하위 쿼리 사용

# 상시 기출문제 09회 정답

## 문제 ❶ DB구축

**01 〈기업〉, 〈재무〉 테이블**

〈기업〉 테이블

| 번호 | 필드 이름 | 속성 및 형식 | 설정 값 |
|---|---|---|---|
| ① | 기업명 | 필수 | 예 |
|   |       | 인덱스 | 예(중복 가능) |
| ② | 시장구분 | 유효성 검사 규칙 | In ("코스피","코스닥","유가증권") |
| ③ | 지역 | 필드 크기 | 2 |

〈재무〉 테이블

| 번호 | 필드 이름 | 속성 및 형식 | 설정 값 |
|---|---|---|---|
| ④ | 종목코드, 년도 | 기본키 | 필드 이름: 종목코드(숫자), 년도(숫자) |
| ⑤ | 년도 | 입력 마스크 | 0000;;# |

**02 '추가재무정보.xlsx' 파일 가져오기**

**03 〈재무〉, 〈기업〉 테이블 관계 설정**

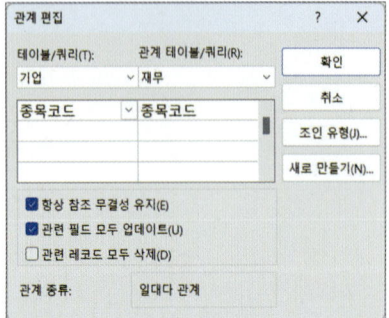

## 문제 ❷  입력 및 수정 기능 구현

### 01 〈재무조회〉 폼

| 번호 | 필드 이름 | 필드 속성 | 설정 값 |
|---|---|---|---|
| ① | 폼 | 팝업 | 예 |
| ② | 폼 바닥글(txt총개수) | 컨트롤 원본 | =Count(*) & "개" |
| ③ | 폼 바닥글(txt최대매출액) | 컨트롤 원본 | =Max([매출액]) |

### 02 〈기업조회〉 폼 '본문' 컨트롤(조건부 서식)

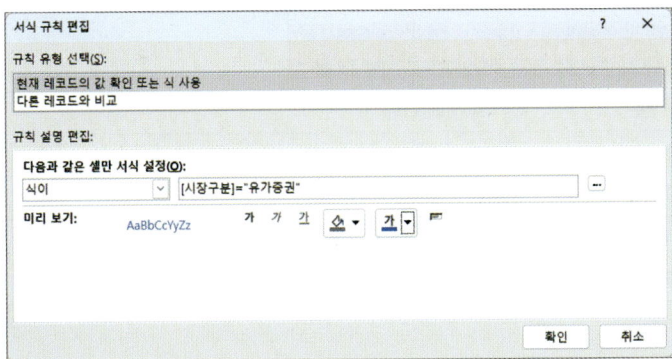

### 03 〈보고서인쇄〉 매크로

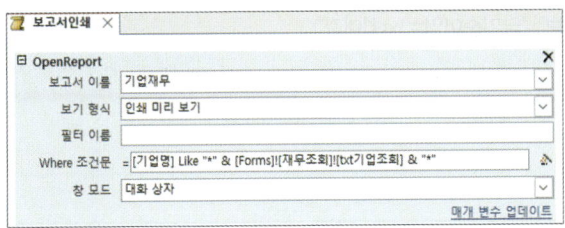

## 문제 ❸ 조회 및 출력 기능 구현

**01** 〈기업재무〉 보고서

| 번호 | 필드 이름 | 필드 속성 | 설정 값 |
|---|---|---|---|
| ① | 년도 정렬 추가 | | 그룹화 기준 기업.종목코드<br>정렬 기준 년도 ▼ 오름차순 ▼, 자세히 ▶ |
| ② | txt날짜 | 컨트롤 원본 | =Now( ) |
|   |           | 형식 | yyyy-mm-dd (aaa) ampm hh:nn |
| ③ | 그룹 머리글 | | 그룹화 기준 기업.종목코드 ▼ 오름차순 ▼, 전체 값 ▼, 요약 표시 안 함 ▼<br>제목 추가하려면 클릭, 머리글 구역 표시 안 함 ▼, 바닥글 구역 표시 ▼ |
|   | txt매출액평균 | 컨트롤 원본 | =Avg([매출액]) |
|   | txt영업이익평균 | 컨트롤 원본 | =Avg([영업이익]) |
|   | txt당기순이익평균 | 컨트롤 원본 | =Avg([당기순이익]) |
| ④ | 그룹 바닥글 | 배경색 | 강조색 5, 보다 밝게 80%(파랑, 강조5, 80%더 밝게) |
| ⑤ | txt페이지 | 컨트롤 원본 | ="총 " & [Pages] & "쪽중 " & [Page] & "쪽" |

**02** 〈재무조회〉 폼의 On Load

```
Private Sub Form_Load()
    txt당기순회사 = DLookup("기업명", "기업재무정보", "당기순이익= txt최대값")
End Sub
```

## 문제 ❹ 처리 기능 구현

**01** 〈경기관심종목〉 쿼리

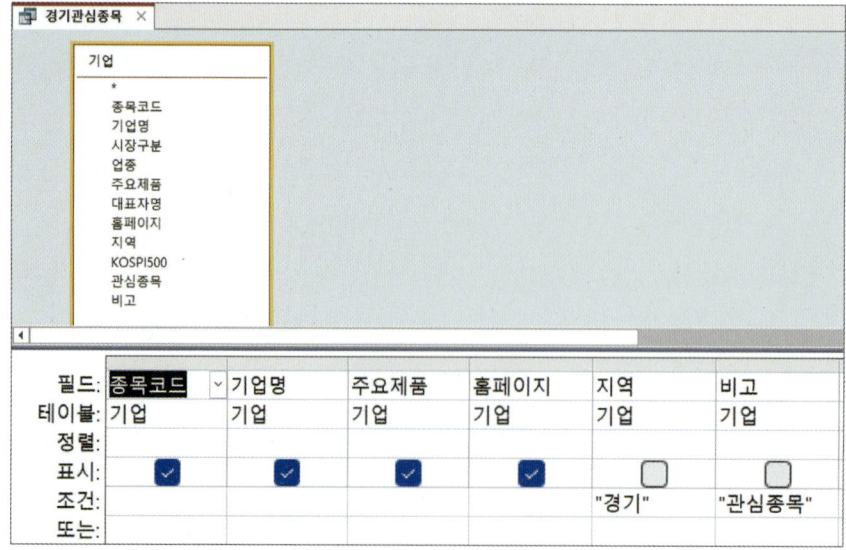

② 〈자산조회〉 쿼리

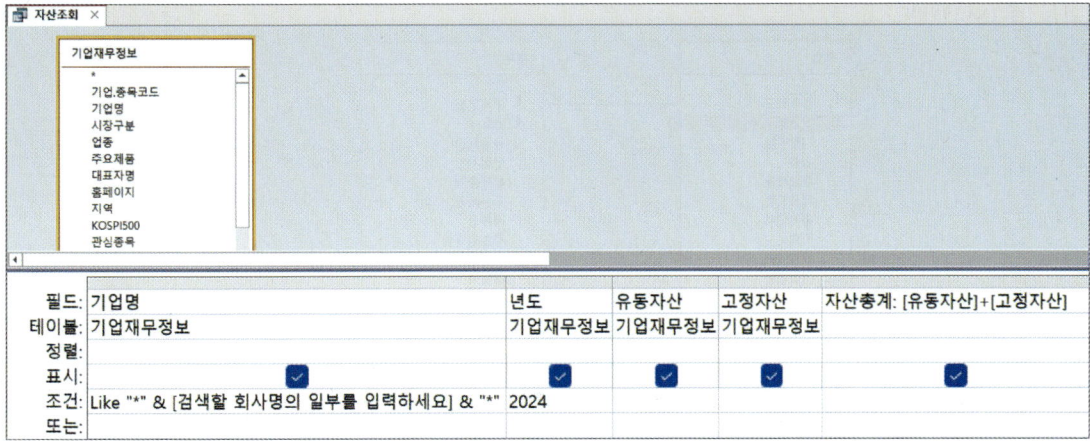

③ 〈업종별매출액평균〉 쿼리

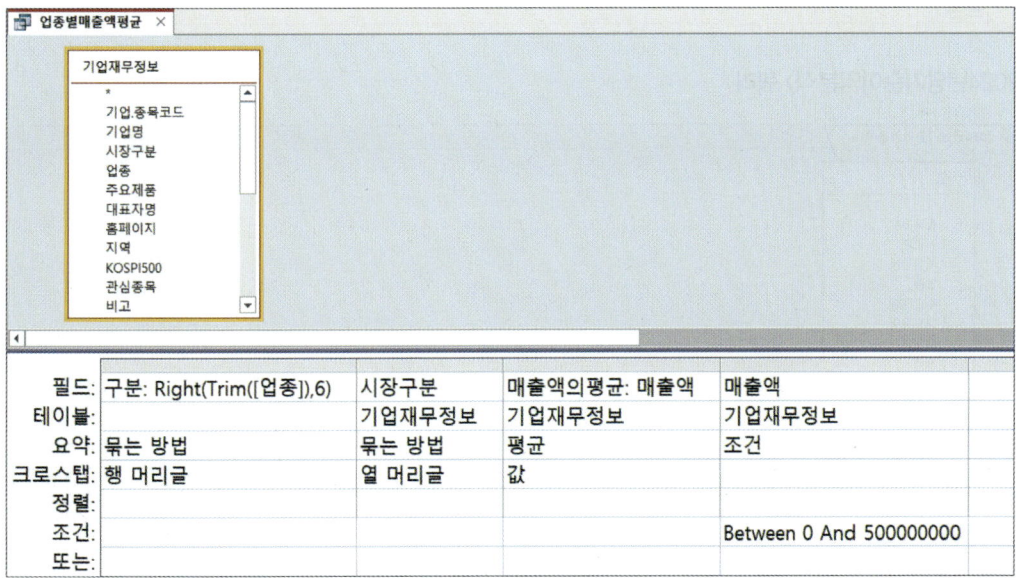

**04** 〈2024년재무정보〉 쿼리

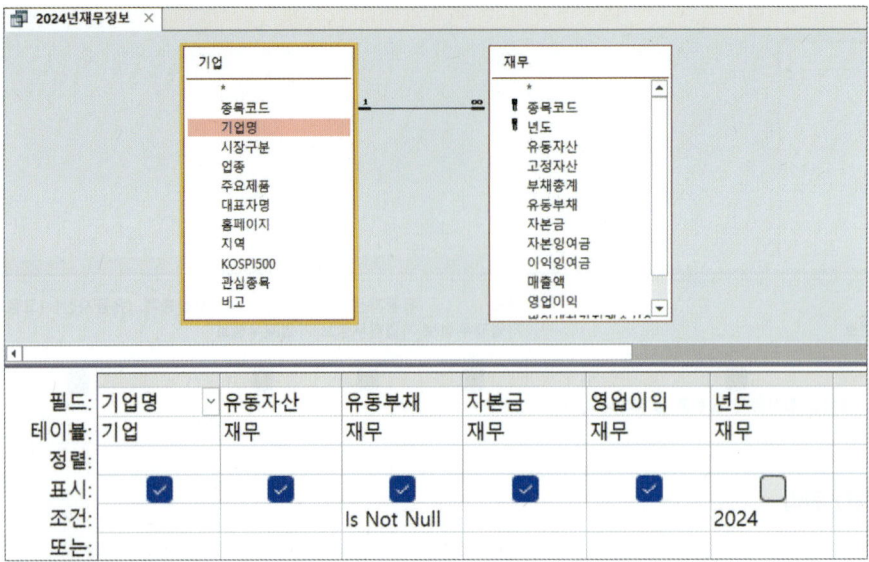

**05** 〈2024년당기순이익분석〉 쿼리

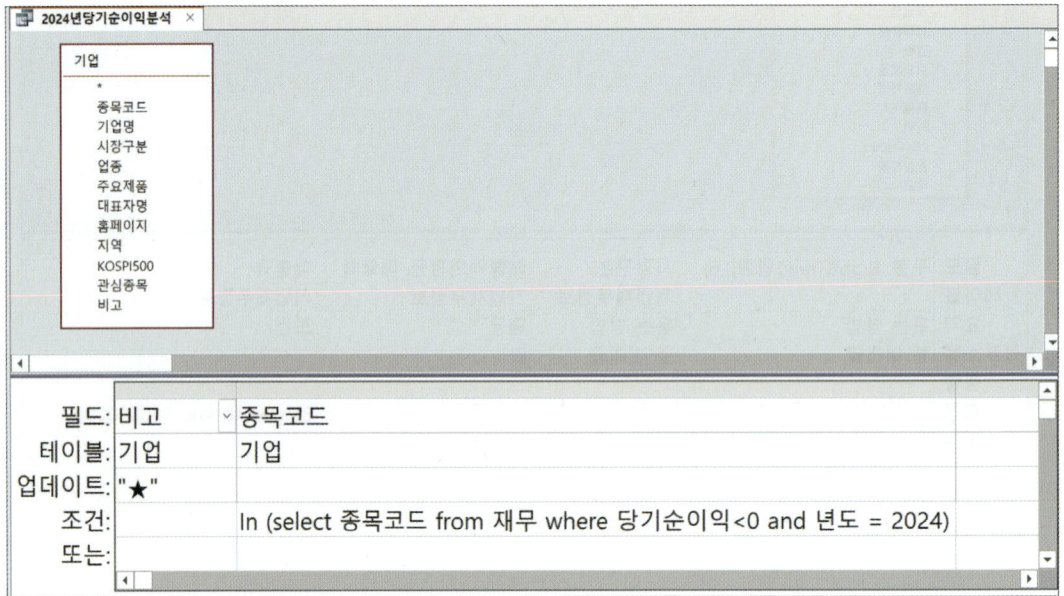

## 상시 기출문제 09회 해설

### 문제 ① DB구축

#### 01 〈기업〉, 〈재무〉 테이블

① 〈기업〉 테이블에서 마우스 오른쪽 버튼을 눌러 [디자인 보기](📐)를 클릭한다.
② '기업명' 필드의 필수를 '예', 인덱스를 '예(중복 가능)'으로 설정한다.

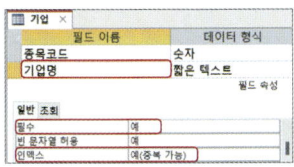

③ '시장구분' 필드의 유효성 검사 규칙에 In("코스피","코스닥","유가증권")을 입력한다.

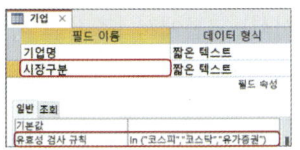

④ '지역' 필드의 필드 크기에 2를 입력하고 Ctrl + S 를 누른 후 [예]를 클릭한다.

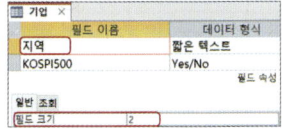

⑤ 〈재무〉 테이블에서 마우스 오른쪽 버튼을 눌러 [디자인 보기](📐)를 클릭한다.
⑥ '종목코드' 필드와 '년도' 필드를 동시에 선택한 후 [테이블 디자인] 탭의 [기본 키](🔑)를 클릭한다.
⑦ '년도' 필드의 입력 마스크에 0000;;#을 입력하고 Ctrl + S 를 누른 후 [예]를 클릭한다.

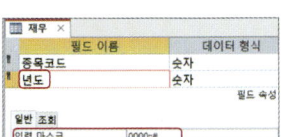

### 02 외부 데이터 가져오기

① [외부 데이터]-[가져오기 및 연결] 그룹에서 [새 데이터 원본]-[파일에서]-[Excel]을 클릭한다.
② [찾아보기]를 클릭하여 '추가재무정보.xlsx' 파일을 찾은 후 [열기]를 클릭한다.
③ '현재 데이터베이스의 새 테이블로 원본 데이터 가져오기'를 지정하고 [확인]을 클릭한다.
④ '워크시트 표시'를 선택한 후 [다음]을 클릭한다.

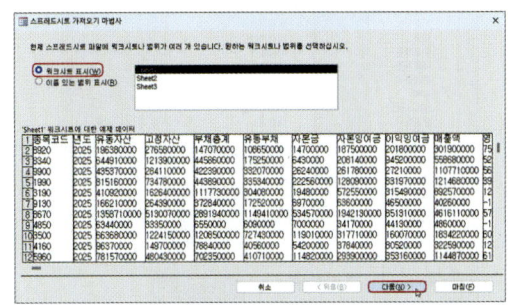

⑤ '첫 행에 열 머리글이 있음'을 체크하고 [다음]을 클릭한다.

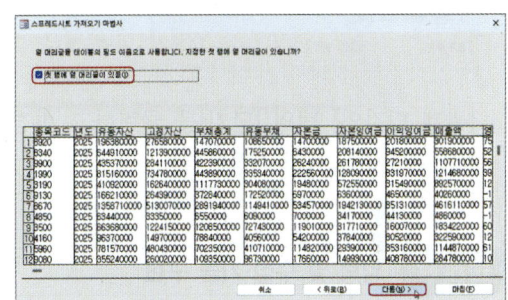

⑥ '기본 키 선택'에서 '종목코드'를 선택하고 [다음]을 클릭한다.

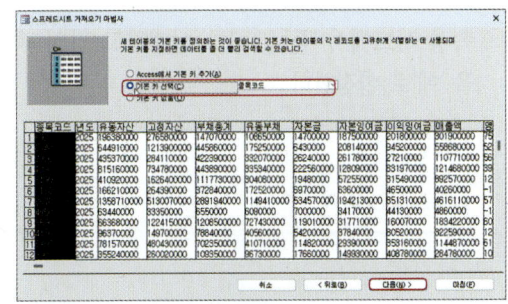

⑦ **추가재무** 테이블 이름을 입력하고 [마침]을 클릭한 후 [닫기]를 클릭한다.

## 03 〈재무〉 ↔ 〈기업〉 테이블간의 관계 설정

① [데이터베이스 도구]-[관계] 그룹에서 [관계](  )를 클릭한다.
② 〈기업〉, 〈재무〉 테이블을 선택하고 [추가]를 클릭한 후 [닫기]를 클릭한다.
③ 〈기업〉, 〈재무〉 테이블의 '종목코드' 필드끼리 관계를 맺고 지시사항대로 체크한 후 [만들기]를 클릭한다.

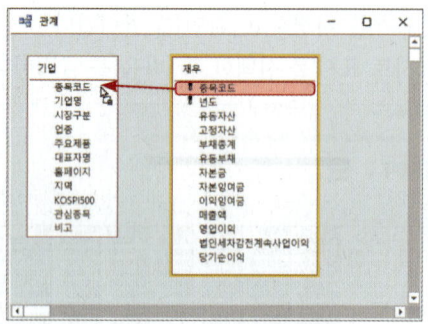

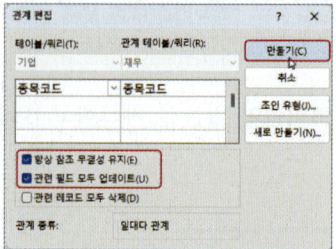

④ [관계 디자인] 탭의 [닫기]를 클릭하고 변경한 내용은 [예]를 눌러 저장한다.

## 문제 ❷ 입력 및 수정 기능 구현

### 01 〈재무조회〉 폼

① 〈재무조회〉 폼에서 마우스 오른쪽 버튼을 눌러 [디자인 보기]( )를 클릭한다.
② 속성 시트에서 '폼' 개체를 선택하고 팝업 속성을 '예'로 설정한다.

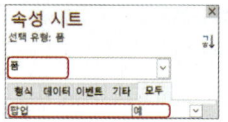

③ 'txt총개수'를 선택하고 컨트롤 원본에 =Count(*) & "개"를 입력한다.

④ 'txt최대매출액'을 선택하고 컨트롤 원본에 =Max([매출액])을 입력한다.

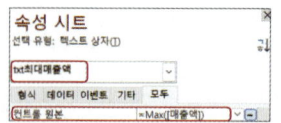

### 02 조건부 서식

① 〈기업조회〉 폼의 [디자인 보기]( ) 모드에서 '본문' 구역의 텍스트 상자를 Ctrl 을 이용하여 선택한다.
② [서식]-[컨트롤 서식] 그룹에서 [조건부 서식]( )을 클릭한다.

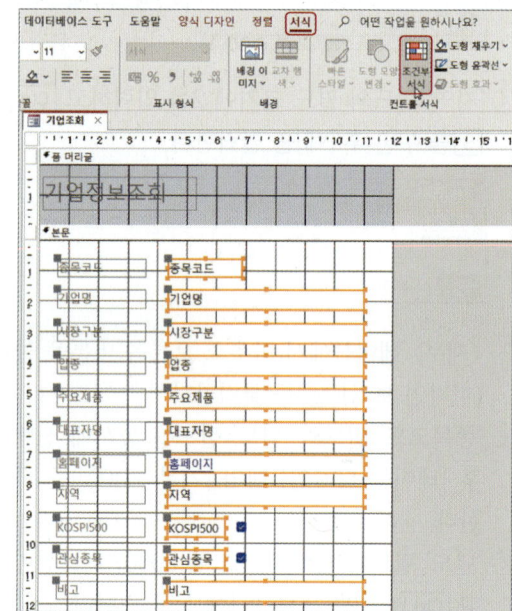

③ [새 규칙]을 클릭하여 '식이'를 선택하고 [시장구분]="유가증권"을 입력하고, [글꼴 색]에서 '파랑색'을 선택하고 [확인]을 클릭한다.

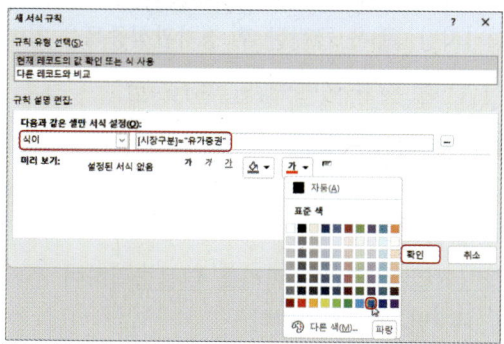

④ [조건부 서식 규칙 관리자]에서 [확인]을 클릭한다.

### 03 〈재무조회〉 폼의 'cmd인쇄' 컨트롤

① [만들기]-[매크로 및 코드] 그룹에서 [매크로]()를 클릭한다.
② 매크로 함수 중 'OpenReport'를 선택한 후 필요한 인수를 설정한다.

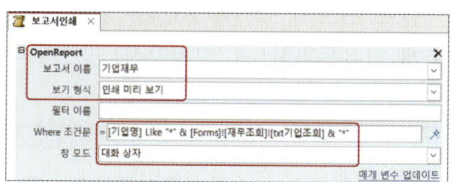

③ [저장]()을 클릭하여 **보고서인쇄** 매크로로 저장한다.
④ 〈재무조회〉 폼의 [디자인 보기]() 모드에서 'cmd인쇄' 컨트롤을 선택한다.
⑤ [이벤트] 탭의 On Click에서 '보고서인쇄'를 선택한다.

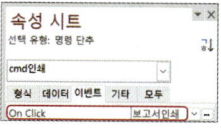

## 문제 ③ 조회 및 출력 기능 구현

### 01 〈기업재무〉 보고서

① 〈기업재무〉 보고서에서 마우스 오른쪽 버튼을 눌러 [디자인 보기]()를 클릭한 후 [보고서 디자인]-[그룹화 및 요약] 그룹에서 [그룹화 및 정렬]을 클릭한다.
② [그룹, 정렬 및 요약]에서 [정렬 추가]를 클릭한다.

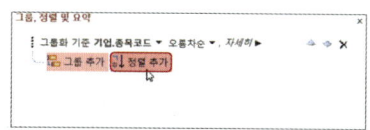

③ '년도' 필드를 선택하고 '오름차순'으로 지정한다.

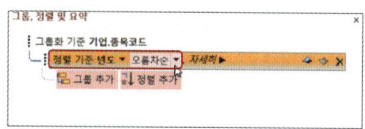

④ 'txt날짜' 컨트롤을 선택한 후 컨트롤 원본에 =now()를 입력하고, 형식에 yyyy-mm-dd (aaa) ampm hh:nn을 입력한다.

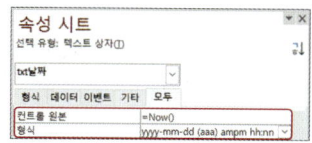

⑤ [그룹, 정렬 및 요약]의 '기업.종목코드'에서 '머리글 구역 표시 안 함'을 선택한다.

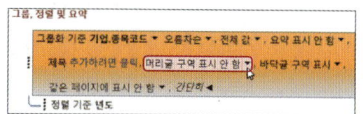

⑥ 'txt매출액평균' 컨트롤을 선택한 후 컨트롤 원본에 =Avg([매출액])을 입력한다.

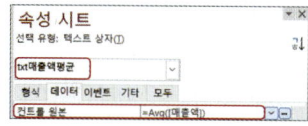

⑦ 'txt영업이익평균'의 컨트롤 원본은 =Avg([영업이익]), 'txt당기순이익평균'의 '컨트롤 원본'은 =Avg([당기순이익])을 입력한다.

⑧ '보고서 머리글'을 선택한 후 '배경색'을 확인한 후 '기업.종목코드 바닥글'을 선택하여 '배경색'에 '파랑, 강조 5, 80% 더 밝게'를 선택한다.

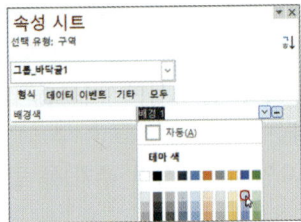

⑨ 'txt페이지' 컨트롤을 선택한 후 컨트롤 원본에 ="총 " & [Pages] & "쪽중 " & [Page] & "쪽"을 입력한다.

### 02 〈재무조회〉 폼의 이벤트 프로시저 작성

① 〈재무조회〉 폼을 [디자인 보기](📐)로 열고 [폼 속성 시트]의 [이벤트] 탭의 On Load 속성에서 [이벤트 프로시저]를 선택하고 [작성기](⋯)를 클릭한다.

② 'Form_Load( ) 프로시저'에 다음과 같이 코딩한다.

```
Private Sub Form_Load()
    txt당기순회사 = DLookup("기업명", "기업재무정보", "당기순이익= txt최대값")
End Sub
```

### 문제 ④ 처리 기능 구현

### 01 〈경기관심종목〉 쿼리

① [만들기]-[쿼리] 그룹에서 [쿼리 디자인](📋)을 클릭한다.
② 〈기업〉 테이블을 더블클릭하여 추가한 후 [닫기]를 클릭한다.
③ 디자인 눈금의 각 필드에 다음과 같이 드래그해서 배치한 후 '지역', '비고' 표시 체크를 해제하고 조건을 입력한다.

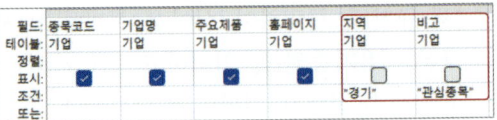

④ [저장](💾)을 클릭한 후 경기관심종목을 입력하고 [확인]을 클릭한다.

### 02 〈자산조회〉 쿼리

① [만들기]-[쿼리] 그룹에서 [쿼리 디자인](📋)을 클릭한다.
② 〈기업재무정보〉 쿼리를 더블클릭하여 추가한 후 [닫기]를 클릭한다.
③ 디자인 눈금의 각 필드에 다음과 같이 드래그해서 배치한다.

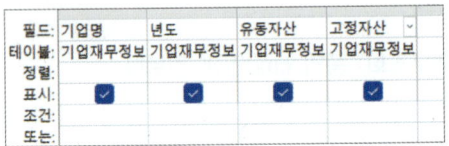

④ '기업명' 필드의 조건에 Like "*" & [검색할 회사명의 일부를 입력하세요] & "*"를 입력하고, '년도' 필드의 조건에 2024을 입력하고, 자산총계 : [유동자산] + [고정자산] 필드를 추가한다.

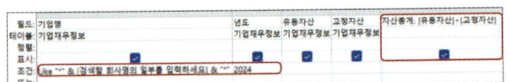

⑤ [쿼리 디자인] 탭의 [테이블 만들기](📋)를 클릭한다.
⑥ [테이블 만들기]의 테이블 이름에 회사정보조회를 입력하고 [확인]을 클릭한다.
⑦ [쿼리 디자인] 탭의 [실행](❗)을 클릭하여 여행을 입력한 후 [확인]을 클릭한다.
⑧ 메시지에서 [예]를 클릭한다.
⑨ [저장](💾)을 클릭한 후 자산조회를 입력하고 [확인]을 클릭한다.

### 03 〈업종별매출액평균〉 쿼리

① [만들기]-[쿼리] 그룹에서 [쿼리 디자인](📋)을 클릭한다.

② 〈기업재무정보〉 쿼리를 더블클릭하여 추가한 후 [닫기]를 클릭한다.
③ 디자인 눈금의 각 필드에 다음과 같이 드래그해서 배치한 후 [쿼리 디자인] 탭의 [크로스탭](■)을 클릭한다.

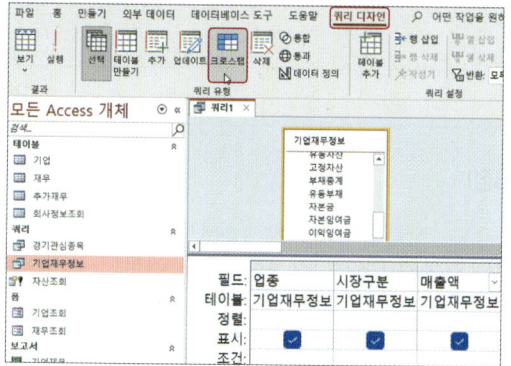

④ 행 머리글 **구분: Right(Trim([업종]),6)**으로 수정하고, 열 머리글 '시장구분', 값은 '매출액', 요약은 '평균'으로 지정한다.
⑤ 조건을 작성하기 위해 '매출액' 필드를 추가하여 조건에 **Between 0 And 500000000**을 입력한다.

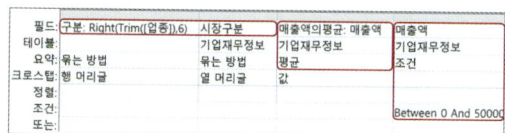

⑥ '시장구분' 필드에서 마우스 오른쪽 버튼을 눌러 [속성]을 클릭하여 열 머리글에 "**코스닥**", "**유가증권**"을 입력한다.

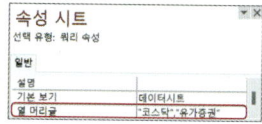

⑦ '매출액' 필드를 선택한 후 [속성 시트]의 형식은 '표준', 소수 자릿수는 0을 입력한다.

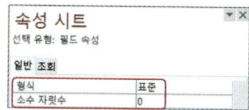

⑧ [저장](■)을 클릭한 후 **업종별매출액평균**을 입력하고 [확인]을 클릭한다.

## 04 〈2024년재무정보〉 쿼리

① [만들기]-[쿼리] 그룹에서 [쿼리 디자인](■)을 클릭한다.
② 〈기업〉, 〈재무〉 테이블을 더블클릭하여 추가한 후 [닫기]를 클릭한다.
③ 디자인 눈금의 각 필드에 다음과 같이 드래그해서 배치한 후 '유동부채' 필드에 조건 Is Not Null을 입력하고, '년도' 필드의 체크를 해제하고 2024을 입력한다.

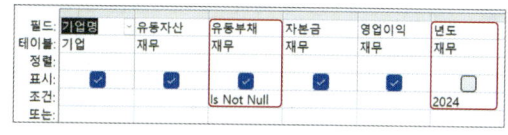

④ [저장](■)을 클릭한 후 2024년재무정보를 입력하고 [확인]을 클릭한다.

## 05 〈2024년당기순이익분석〉 업데이트 쿼리

① [만들기]-[쿼리] 그룹의 [쿼리 디자인](■)을 클릭한다.
② [테이블 추가]의 [테이블] 탭에서 〈기업〉 테이블을 추가하고 '비고'와 '종목코드' 필드를 드래그한다.
③ [쿼리 디자인] 탭의 [쿼리 유형]-[업데이트](■)를 클릭한 후 다음과 같이 입력한다.

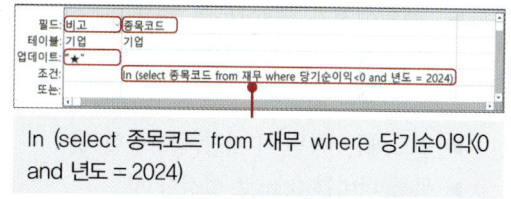

In (select 종목코드 from 재무 where 당기순이익<0 and 년도 = 2024)

④ 쿼리의 이름을 **2024년당기순이익분석**으로 입력하고 [확인]을 클릭한다.
⑤ [쿼리 디자인] 탭의 [결과]-[실행](■)을 클릭하여 메시지가 표시되면 [예]를 클릭한다.

# 상시 기출문제 10회

**작업파일** [26컴활1급₩2권_데이터베이스₩상시기출문제] 폴더의 '상시기출문제10회' 파일을 열어서 작업하시오.

## 문제 ❶  DB구축          25점

**01** 다음의 지시사항에 따라 각 테이블을 완성하시오. (각 3점)

〈취업추천〉 테이블
① '순번' 필드에는 값이 반드시 입력되도록 설정하고, 기본키(PK)로 지정하고, 새 레코드 추가 시 기본적으로 0으로 입력되도록 설정하시오.
② 새로운 레코드가 추가되는 경우 '추천일자' 필드에는 시간을 포함하지 않은 시스템의 오늘 날짜가 입력되도록 설정하시오.

〈졸업예정자〉 테이블
③ '학번' 필드는 필드 크기를 8로 설정하고, 반드시 입력되도록 설정하시오.
④ '전화번호' 필드에는 '010-####-####'과 같이 "010" 문자열, 8자리 숫자, '-' 2자리가 반드시 입력되도록 입력 마스크를 설정하시오.
   ▶ 숫자 입력은 0~9까지의 숫자가 반드시 입력될 수 있도록 설정할 것
   ▶ 자료 입력 시 화면에는 '#'을 표시하고, '-' 기호도 함께 테이블에 저장되도록 설정할 것
⑤ '이메일주소' 필드에는 "@"문자가 반드시 포함되도록 유효성 검사 규칙을 설정하시오.

**02** 〈취업추천〉 테이블의 '학번' 필드에 대해 다음과 같이 조회 속성을 설정하시오. (5점)

▶ 〈졸업예정자〉 테이블의 '학번'과 '이름'이 콤보 상자의 형태로 표시되도록 설정할 것
▶ 필드에는 '학번'이 저장되도록 할 것
▶ 목록 너비를 3cm로 설정할 것
▶ 목록 값만 입력할 수 있도록 설정할 것

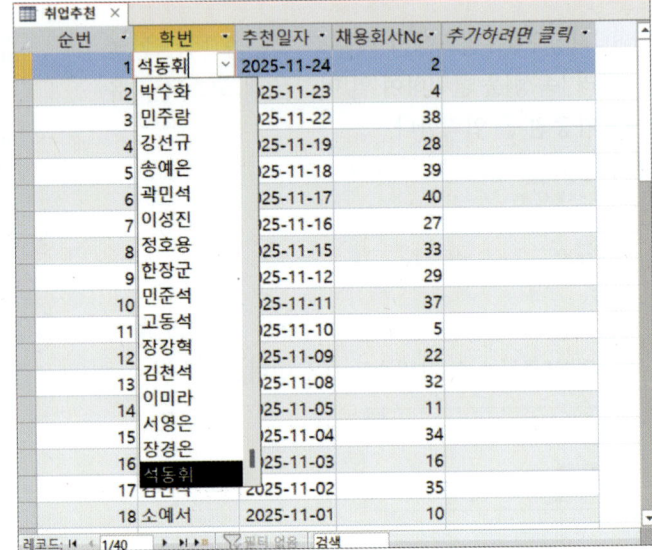

**03** 〈취업추천〉 테이블의 '학번' 필드는 〈졸업예정자〉 테이블의 '학번' 필드를 참조하며, 테이블 간의 관계는 M:1이다. 다음과 같이 테이블 간의 관계를 설정하시오. (5점)

※ 액세스 파일에 이미 설정되어 있는 관계는 수정하지 마시오.
▶ 테이블 간에 항상 참조 무결성이 유지되도록 설정하시오.
▶ 참조 필드의 값이 변경되면 관련 필드의 값도 변경되도록 설정하시오.
▶ 다른 테이블에서 참조하고 있는 레코드는 삭제할 수 없도록 설정하시오.

## 문제 ❷  입력 및 수정 기능 구현  20점

**01** 〈채용회사〉 폼을 다음의 화면과 지시사항에 따라 완성하시오. (각 3점)

① 본문 영역의 'txt회사명', 'txt인사담당자명' 컨트롤에는 각각 '회사명', '인사담당자명' 필드의 내용이 표시되도록 관련 속성을 설정하시오.
② 폼 바닥글의 'txt회사수' 컨트롤에는 전체 회사 수가 [표시 예]와 같이 표시되도록 컨트롤 원본 속성을 설정하시오.
▶ [표시 예 : 20 → 20개]
③ 본문의 모든 컨트롤에 대해 특수 효과를 '오목'으로 설정하시오.

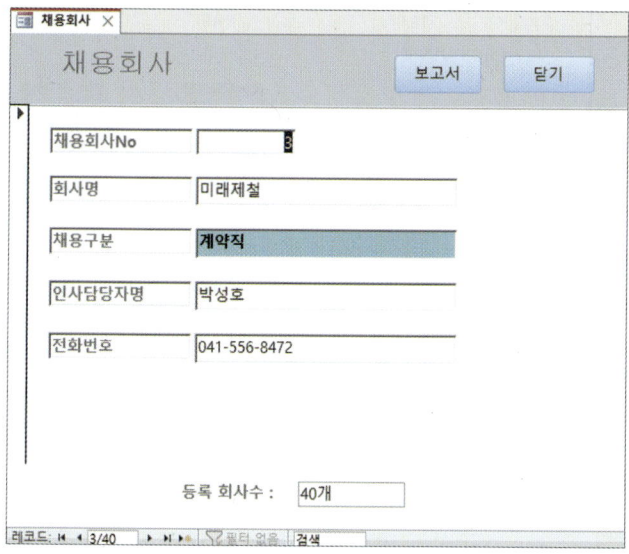

**02** 〈채용회사〉 폼의 'txt채용구분' 컨트롤에 대하여 다음과 같이 조건부 서식을 설정하시오. (6점)
▶ '채용구분' 필드의 값이 '계약직'인 경우 글꼴 스타일은 '굵게', 배경색을 표준 색 '진한 바다색 3'으로 지정하시오.
▶ 단, 하나의 규칙으로 작성하시오.
▶ 1번 그림 참조

**03** 〈채용회사〉 폼의 '보고서'(cmd보고서) 단추를 클릭하면 〈채용회사〉 보고서를 '인쇄 미리보기' 형태의 '대화 상자'로 여는 〈출력〉 매크로를 생성하고 지정하시오. (5점)
▶ 매크로 조건 : '채용구분' 필드의 값이 '정규직'인 정보만 표시

# 문제 ❸ 조회 및 출력 기능 구현  20점

**01** 다음의 지시사항 및 화면을 참조하여 〈채용회사〉 보고서를 완성하시오. (각 3점)

① 같은 '채용구분' 안에서는 '회사명'을 기준으로 내림차순으로 정렬하여 표시되도록 설정하시오.

② 페이지 머리글의 컨트롤을 〈그림〉과 같이 표시되도록 채용구분 머리글로 이동하고, 채용구분 머리글 영역이 매 페이지마다 반복하여 출력되도록 설정하시오.

③ 채용구분 머리글의 'txt채용구분' 컨트롤에는 [표시 예]와 같은 형식으로 정보를 표시하도록 설정하시오.
   ▶ [표시 예 : 채용구분 : [채용구분] [10개]]

④ 본문 영역의 'txt순번' 컨트롤에는 그룹별로 순번이 표시되도록 관련 속성을 설정하시오.

⑤ 페이지 바닥글의 'txt날짜' 컨트롤에는 현재 날짜만 표시되도록 컨트롤 원본을 설정하고, 〈그림〉과 같이 표시되도록 형식을 보통 날짜로 설정하시오.

**02** 〈채용회사〉 폼 머리글의 '닫기'(cmd닫기) 단추를 클릭하면 다음과 같은 기능을 수행하도록 이벤트 프로시저를 구현하시오. (5점)

▶ '닫기(cmd닫기)' 단추를 클릭하면 〈그림〉과 같이 메시지 상자를 표시하시오.
▶ 메시지 상자에서 [예]를 클릭했을 때만 저장 여부를 묻지 않고 저장한 후 폼을 종료하시오.
▶ DoCmd, Close 함수를 사용하시오.

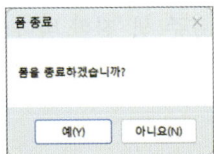

## 문제 ④ 처리 기능 구현         35점

**01** 〈채용회사〉 테이블을 이용하여 '채용구분'이 '계약직'이고 전화번호 국번 뒤 '-' 뒤 글자가 4로 시작하는 회사의 정보를 조회하는 〈계약직회사〉 쿼리를 작성하시오. (7점)

- ▶ '회사명'을 기준으로 오름차순 정렬하여 표시하시오.
- ▶ Mid, InStr 함수를 이용하시오.
- ▶ 쿼리 실행 결과 표시되는 필드와 필드명은 〈그림〉과 같이 표시되도록 설정하시오.

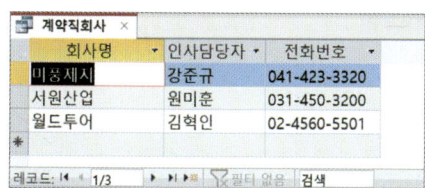

**02** 〈채용회사〉 테이블을 이용하여 매개 변수로 입력된 '주소'를 포함하는 기업들의 정보를 조회하여 새 테이블로 생성하는 〈기업조회〉 쿼리를 작성하고 실행하시오. (7점)

- ▶ 쿼리 실행 후 생성되는 테이블의 이름은 [경기도업체]로 설정하시오.
- ▶ 쿼리 결과 표시되는 필드와 필드명, 필드의 형식은 〈그림〉과 같이 표시되도록 설정하시오.

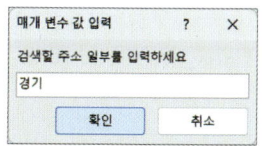
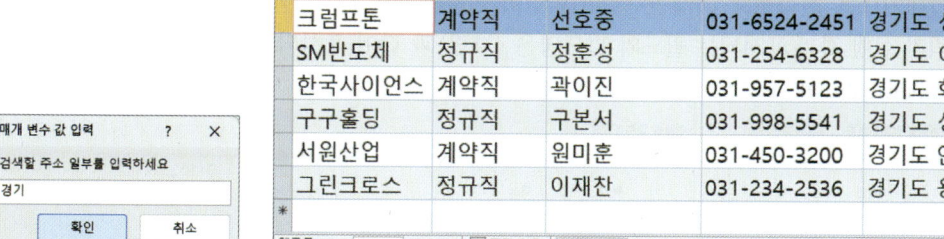

**03** 회사별, 채용구분별 추천 인원수를 조회하는 〈회사별인원수〉 크로스탭 쿼리를 작성하시오. (7점)

- ▶ 〈채용회사〉, 〈취업추천〉 테이블을 이용하시오.
- ▶ 인원수는 '학번' 필드를 이용하여 계산하되, 빈 셀에는 '*'를 표시하시오. (IIf, IsNull, Count 함수 이용)
- ▶ 쿼리 결과 표시되는 필드와 필드명, 필드의 형식은 〈그림〉과 같이 표시되도록 설정하시오.

**04** 〈졸업예정자〉 테이블을 이용하여 서울에 거주하는 졸업생을 조회하는 〈서울거주학생〉 쿼리를 작성하시오. (7점)

- ▶ Link 연산자를 이용하여 '주소' 필드의 값이 '서울'로 시작하는 졸업생만을 대상으로 하시오.
- ▶ '학번' 필드를 기준으로 오름차순 정렬하여 표시하시오.
- ▶ 지역은 '주소' 필드에 Left, InStr 함수를 이용하여 '구'까지 표시하시오.
- ▶ 쿼리 실행 결과 표시되는 필드와 필드명은 〈그림〉과 같이 표시되도록 설정하시오.

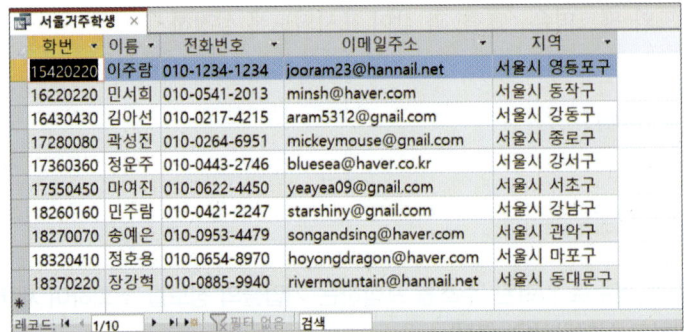

**05** 〈졸업예정자〉 테이블을 이용하여 '이름', '전화번호'를 매개 변수로 입력받아 〈전화번호변경〉 업데이트 쿼리를 작성한 후 실행하시오. (7점)

- ▶ 조건은 '이름'을 매개변수로 입력받아 이용하시오
- ▶ 업데이트는 '전화번호' 매개변수로 입력받아 이용하시오
- ▶ 쿼리 실행 결과 표시되는 필드와 필드명은 〈그림〉과 같이 표시되도록 설정하시오.

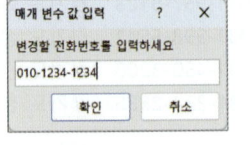 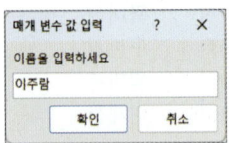

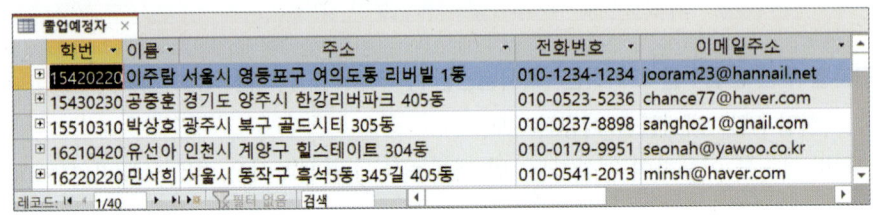

※ 〈전화번호변경〉 쿼리를 실행한 후의 〈졸업예정자〉 테이블

## 상시 기출문제 10회 정답

### 문제 ① DB구축

**01** 〈취업추천〉, 〈졸업예정자〉 테이블

〈취업추천〉 테이블

| 번호 | 필드 이름 | 속성 및 형식 | 설정 값 |
|---|---|---|---|
| ① | 순번 | 필수 | 예 |
|   |   | 기본 키 | 필드 이름: 순번(숫자), 학번(짧은 텍스트) |
|   |   | 기본값 | 0 |
| ② | 추천일자 | 기본값 | Date( ) |

〈졸업예정자〉 테이블

| 번호 | 필드 이름 | 속성 및 형식 | 설정 값 |
|---|---|---|---|
| ③ | 학번 | 필드 크기 | 8 |
|   |   | 필수 | 예 |
| ④ | 전화번호 | 입력 마스크 | "010"-0000-0000;0;# |
| ⑤ | 이메일주소 | 유효성 검사 규칙 | Like "*@*" |

**02** 〈취업추천〉 테이블의 '학번' 필드의 조회 속성

| 일반 | 조회 |
|---|---|
| 컨트롤 표시 | 콤보 상자 |
| 행 원본 유형 | 테이블/쿼리 |
| 행 원본 | SELECT 졸업예정자.학번, 졸업예정자.이름 FROM 졸업예정자; |
| 바운드 열 | 1 |
| 열 개수 | 2 |
| 열 이름 | 아니요 |
| 열 너비 | 0cm;3cm |
| 행 수 | 16 |
| 목록 너비 | 3cm |
| 목록 값만 허용 | 예 |
| 여러 값 허용 | 아니요 |
| 값 목록 편집 허용 | 아니요 |
| 목록 항목 편집 폼 | |
| 행 원본 값만 표시 | 아니요 |

**03** 〈취업추천〉, 〈졸업예정자〉 테이블 관계 설정

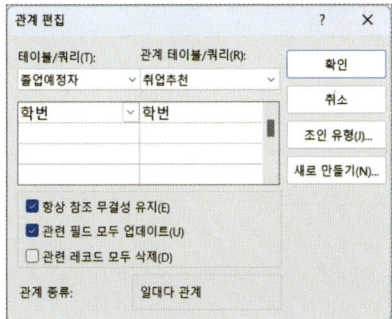

## 문제 ❷ 입력 및 수정 기능 구현

### 01 〈채용회사〉 폼 완성

| 번호 | 필드 이름 | 필드 속성 | 설정 값 |
|---|---|---|---|
| ① | txt회사명 | 컨트롤 원본 | 회사명 |
|   | txt인사담당자명 | 컨트롤 원본 | 인사담당자명 |
| ② | txt회사수 | 컨트롤 원본 | =Count(*) & "개" |
| ③ | 본문 컨트롤 | 특수 효과 | 오목 |

### 02 〈채용회사〉 폼 'txt채용구분' 컨트롤(조건부 서식)

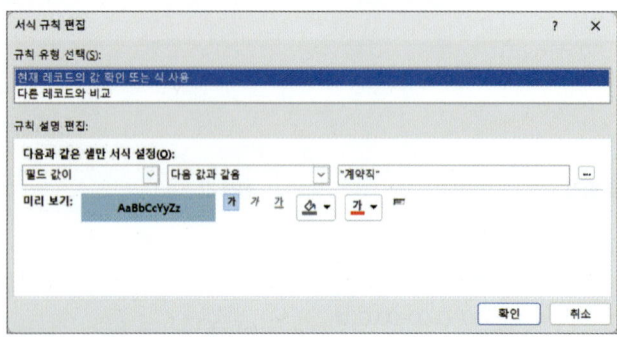

### 03 〈출력〉 매크로

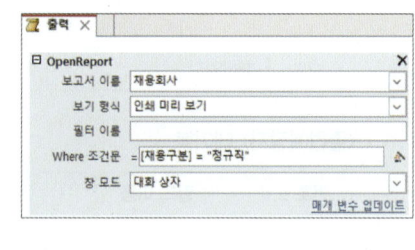

## 문제 ❸ 조회 및 출력 기능 구현

### 01 〈채용회사〉 보고서 완성

| 번호 | 필드 이름 | 필드 속성 | 설정 값 |
|---|---|---|---|
| ① | 회사명 정렬 | | 그룹, 정렬 및 요약<br>그룹화 기준 채용구분<br>정렬 기준 회사명 ▼ 내림차순 ▼ , 자세히 ▶ |
| ② | 페이지 머리글 | 이동 | 채용구분 머리글 |
|   |  | 높이 | 0 |
|   | 채용구분 머리글 | 반복 실행 구역 | 예 |
| ③ | txt채용구분 | 컨트롤 원본 | ="채용구분 : [" & [채용구분] & "] [" & Count(*) & "개]" |
| ④ | txt순번 | 컨트롤 원본 | =1 |
|   |  | 누적 합계 | 그룹 |
| ⑤ | txt날짜 | 컨트롤 원본 | =Date() |
|   |  | 형식 | 보통 날짜 |

## 02 〈채용회사〉 폼의 cmd닫기

```
Private Sub cmd닫기_Click()
    Dim a
    a = MsgBox("폼을 종료하겠습니까?", vbYesNo, "폼 종료")
    If a = vbYes Then
        DoCmd.Close acForm, "채용회사", acSaveYes
    End If
End Sub
```

## 문제 ❹ 처리 기능 구현

### 01 〈계약직회사〉 쿼리

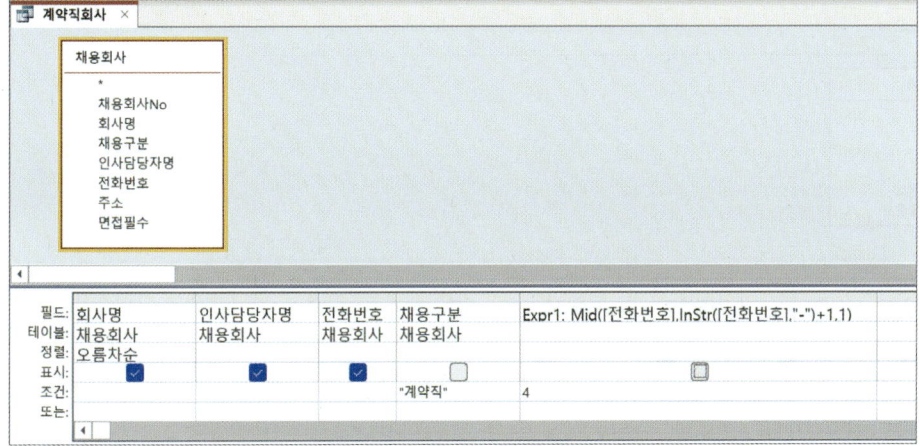

### 02 〈기업조회〉 쿼리

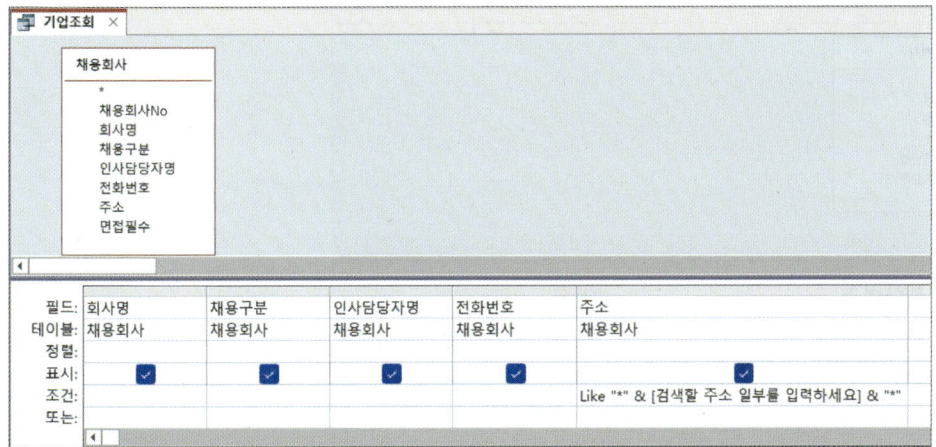

03 〈회사별인원수〉 쿼리

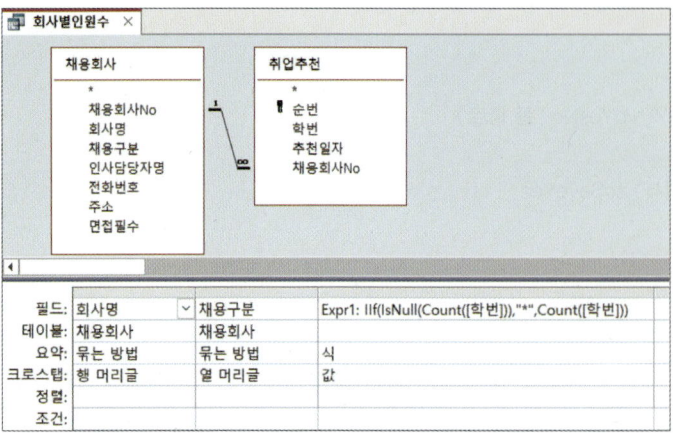

04 〈서울거주학생〉 쿼리

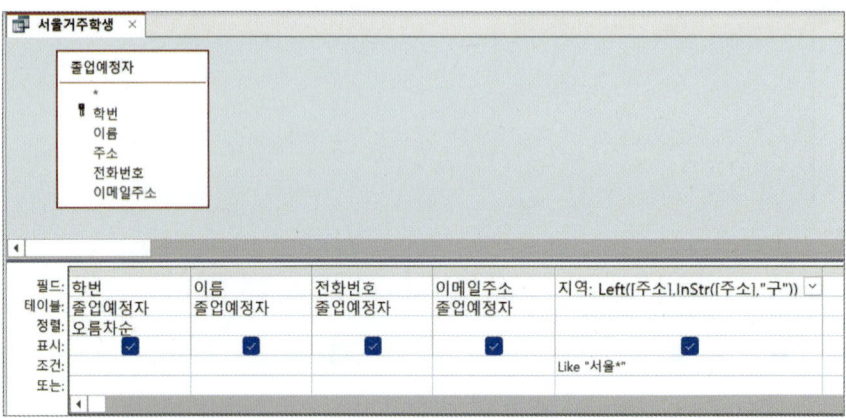

05 〈전화번호변경〉 쿼리

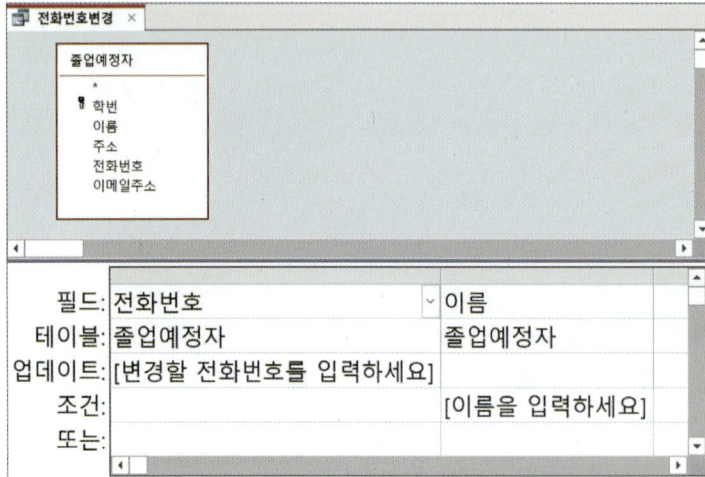

## 상시 기출문제 10회 해설

### 문제 ① DB구축

**01 〈취업추천〉, 〈졸업예정자〉 테이블**

① 〈취업추천〉 테이블에서 마우스 오른쪽 버튼을 눌러 [디자인 보기](📋)를 클릭한다.
② '순번' 필드의 필수는 '예'를 선택하고, 기본값에 0을 입력한다.

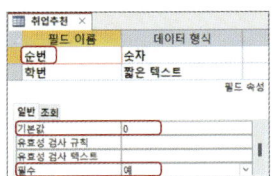

③ [테이블 디자인] 탭에서 [기본 키](🔑)를 클릭한다.

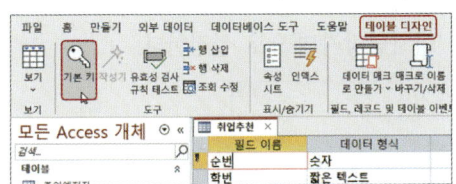

④ '추천일자' 필드의 기본값에 DATE()를 입력하고 Ctrl+S를 누른 후 데이터 통합 규칙이 바뀌었다는 메시지에서 [예]를 클릭한다.

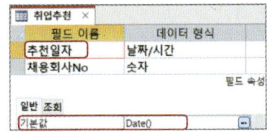

⑤ 〈졸업예정자〉 테이블에서 마우스 오른쪽 버튼을 눌러 [디자인 보기](📋)를 클릭한다.
⑥ '학번' 필드의 필드 크기는 8을 입력한다.

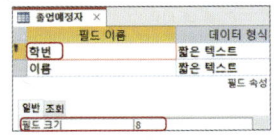

⑦ '학번' 필드의 필수는 '예'를 선택한다.

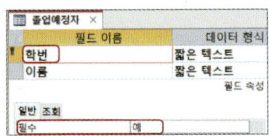

⑧ '전화번호' 필드의 입력 마스크에 "010"-0000-0000;0;#을 입력한다.

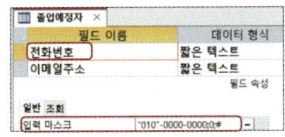

⑨ '이메일주소' 필드의 유효성 검사 규칙에 Like "*@*"을 입력하고 Ctrl+S를 누른 후 데이터 일부가 손실될 수 있다는 메시지에서 [예]를 클릭한다.

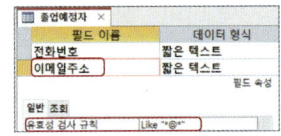

**02 〈취업추천〉 테이블의 '학번' 필드의 조회 속성 설정**

① 〈취업추천〉 테이블의 [디자인 보기](📋) 모드에서 '학번' 필드를 선택하고, 필드 속성 [조회] 탭의 컨트롤 표시 속성 중 '콤보 상자'를 선택한다.

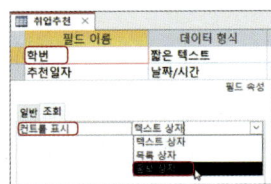

② 행 원본 속성의 [작성기](…)를 클릭한다.

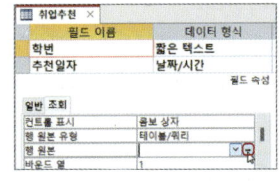

③ [테이블 추가]에서 〈졸업예정자〉 테이블을 선택하고 [추가]를 클릭한 다음 [닫기]를 클릭한다.

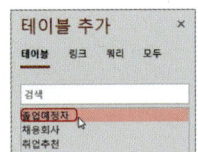

④ 〈졸업예정자〉 테이블의 '학번', '이름' 필드를 더블클릭하여 눈금에 추가한다.

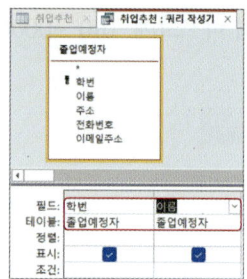

⑤ [닫기]를 클릭하면 'SQL 문의 변경 내용을 저장하고 속성을 업데이트하시겠습니까?' 메시지에서 [예]를 클릭한다.
⑥ '바운드 열', '열 개수', '열 너비', '목록 너비', '목록 값만 허용' 속성 등을 설정한다.

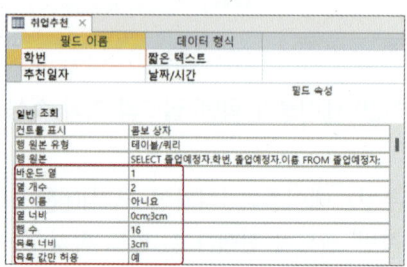

### 03 〈취업추천〉 ↔ 〈졸업예정자〉 테이블간의 관계 설정

① [데이터베이스 도구]-[관계] 그룹에서 [관계](🗃)를 클릭한다.
② [관계 디자인]-[관계] 그룹에서 [테이블 추가](🗃)를 클릭한다.
③ 〈졸업예정자〉 테이블을 선택하고 [추가]를 클릭한 후 [닫기]를 클릭한다.
④ 〈취업추천〉, 〈졸업예정자〉 테이블의 '학번' 필드끼리 관계를 맺고 지시사항대로 체크한 후 [만들기]를 클릭한다.

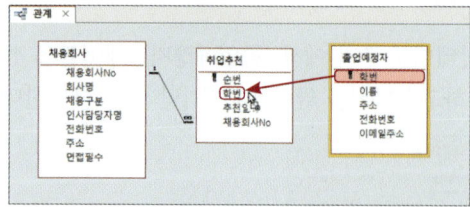

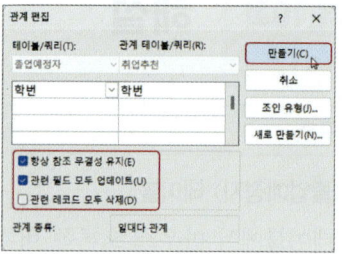

⑤ [관계 디자인] 탭의 [닫기]를 클릭하고 변경한 내용은 [예]를 눌러 저장한다.

> **문제 ❷  입력 및 수정 기능 구현**

### 01 〈채용회사〉 폼

① 〈채용회사〉 폼에서 마우스 오른쪽 버튼을 눌러 [디자인 보기](🔲)를 클릭한다.
② 'txt회사명'을 선택하고 컨트롤 원본에 '회사명'을 설정하고, 'txt인사담당자명'의 컨트롤 원본에 '인사담당자명'으로 설정한다.

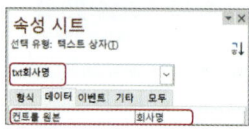

③ 'txt회사수'를 선택하고 컨트롤 원본에 =Count(*) & "개"를 입력한다.

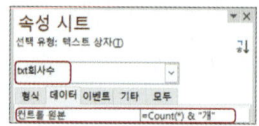

④ '본문' 구역의 왼쪽 눈금자를 클릭하여 본문 영역의 모든 컨트롤을 선택한 후 '특수 효과' 컨트롤에 '오목'을 설정한다.

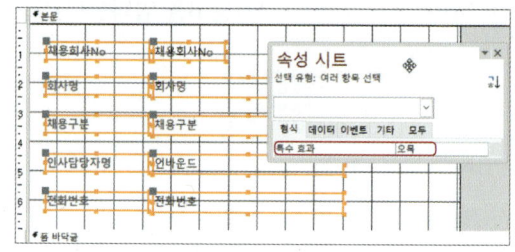

## 02 조건부 서식

① 〈채용회사〉 폼의 [디자인 보기](🖿) 모드에서 'txt채용구분' 컨트롤을 선택한다.
② [서식]-[컨트롤 서식] 그룹에서 [조건부 서식](🔲)을 클릭한다.
③ [새 규칙]을 클릭하여 '필드 값이'를 선택하여 '다음 값과 같음'에 **계약직**을 입력하고, **굵게** 지정하고 [배경색]에서 '진한 바다색3'을 선택하고 [확인]을 클릭한다.

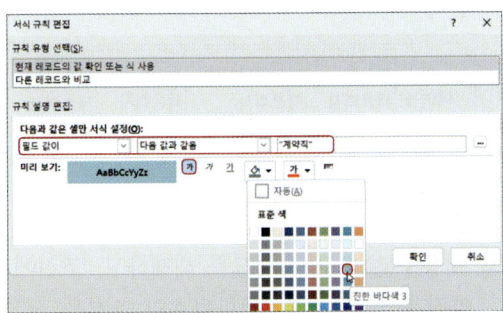

④ [조건부 서식 규칙 관리자]에서 [확인]을 클릭한다.

## 03 〈채용회사〉 폼의 'cmd보고서' 컨트롤

① [만들기]-[매크로 및 코드] 그룹에서 [매크로](🖿)를 클릭한다.
② 매크로 함수 중 'OpenReport'를 선택한 후 필요한 인수를 설정한다.

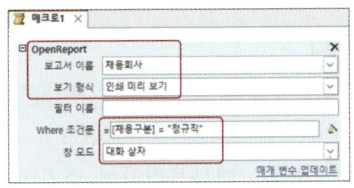

③ [저장](💾)을 클릭하여 **출력** 매크로로 저장한다.
④ 〈채용회사〉 폼의 [디자인 보기](🖿) 모드에서 'cmd보고서' 컨트롤을 선택한다.
⑤ [이벤트] 탭의 On Click에서 '출력'을 선택한다.

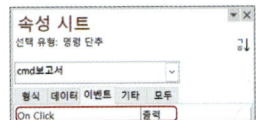

## 문제 ❸ 조회 및 출력 기능 구현

### 01 〈채용회사〉 보고서

① 〈채용회사〉 보고서에서 마우스 오른쪽 버튼을 눌러 [디자인 보기](🖿)를 클릭한 후 [보고서 디자인]-[그룹화 및 요약] 그룹에서 [그룹화 및 정렬]을 클릭한다.
② [그룹, 정렬 및 요약]에서 [정렬 추가]를 클릭한다.

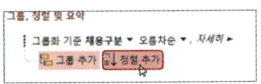

③ '회사명' 필드를 선택하고 '내림차순'으로 지정한다.

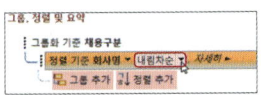

④ 본문의 경계라인을 드래그하여 아래로 이동한다.

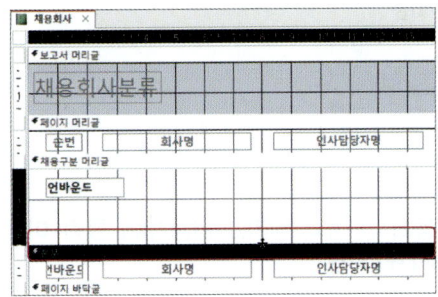

⑤ 페이지 머리글의 왼쪽 눈금자를 클릭하여 모든 컨트롤을 선택한 후 '채용구분 머리글'로 드래그한다.

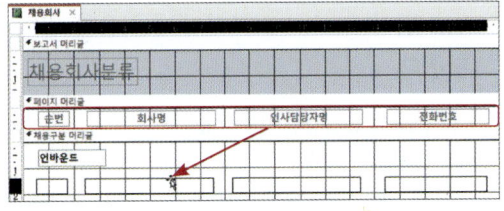

⑥ 채용구분 머리글 경계라인을 드래그하여 조절한 후 '채용구분 머리글'의 반복 실행 구역에 '예'를 선택한다.

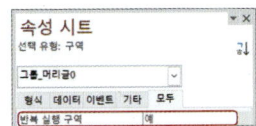

⑦ 'txt채용구분' 컨트롤을 선택한 후 컨트롤 원본에 ="채용구분 : [" & [채용구분] & "] [" & Count(*) & "개]"를 입력한다.

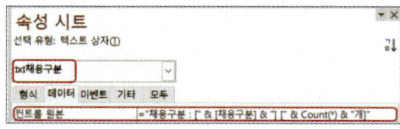

⑧ 'txt순번' 컨트롤을 선택한 후 컨트롤 원본에 =1을 입력하고 '누적 합계'에 '그룹'으로 설정한다.

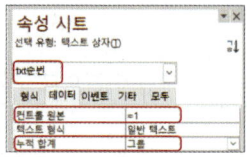

⑨ 'txt날짜' 컨트롤을 선택한 후 컨트롤 원본에 =DATE()을 입력하고, '형식'에 '보통 날짜'로 설정한다.

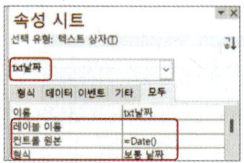

## 02 〈채용회사〉 폼의 닫기(cmd닫기)에 클릭 이벤트 프로시저 작성

① 〈채용회사〉 폼을 [디자인 보기]로 열고 속성 시트에서 'cmd닫기' 명령 단추 개체를 선택한 후 [이벤트] 탭의 On Click에서 [이벤트 프로시저]를 선택하고 [작성기]를 클릭한다.

② 'cmd닫기_Click() 프로시저'에 다음과 같이 코딩한다.

```
Private Sub cmd닫기_Click()
    Dim a
    a = MsgBox("폼을 종료하겠습니까?", vbYesNo, "폼 종료")
    If a = vbYes Then
        DoCmd.Close acForm, "채용회사", acSaveYes
    End If
End Sub
```

## 문제 ④ 처리 기능 구현

### 01 〈계약직회사〉 쿼리

① [만들기]-[쿼리] 그룹에서 [쿼리 디자인]을 클릭한다.
② 〈채용회사〉 테이블을 더블클릭하여 추가한 후 [닫기]를 클릭한다.
③ 디자인 눈금의 각 필드에 다음과 같이 드래그해서 배치한 후 '회사명'은 '오름차순'으로 지정한다.

| 필드: | 회사명 | 인사담당자명 | 전화번호 | 채용구분 |
|---|---|---|---|---|
| 테이블: | 채용회사 | 채용회사 | 채용회사 | 채용회사 |
| 정렬: | 오름차순 | | | |
| 표시: | ✓ | ✓ | ✓ | ✓ |
| 조건: | | | | |
| 또는: | | | | |

④ '채용구분'의 표시 체크를 해제하고, 조건에 계약직을 입력한 후, 전화번호의 조건을 작성하기 위해 Mid([전화번호],InStr([전화번호],"-")+1,1)을 입력하고, 조건에 4를 입력하고 체크를 해제한다.

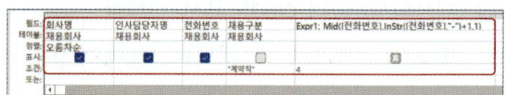

⑤ [저장]을 클릭한 후 계약직회사를 입력하고 [확인]을 클릭한다.

### 02 〈기업조회〉 쿼리

① [만들기]-[쿼리] 그룹에서 [쿼리 디자인]을 클릭한다.
② 〈채용회사〉 테이블을 더블클릭하여 추가한 후 [닫기]를 클릭한다.
③ 디자인 눈금의 각 필드에 다음과 같이 드래그해서 배치한다.

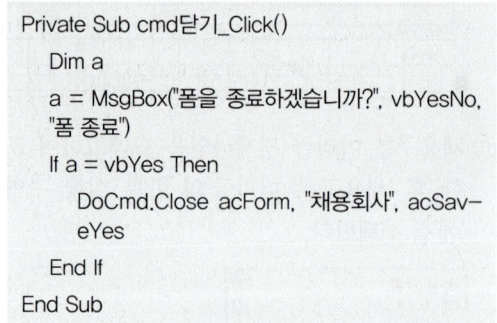

④ '주소' 필드의 조건에 Like "*" & [검색할 주소 일부를 입력하세요] & "*"를 입력한다.

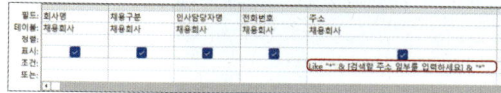

⑤ [쿼리 디자인] 탭의 [테이블 만들기](📋)를 클릭한다.
⑥ [테이블 만들기]의 테이블 이름에 **경기도업체**를 입력하고 [확인]을 클릭한다.
⑦ [쿼리 디자인] 탭의 [실행](❗)을 클릭하여 **경기**를 입력한 후 [확인]을 클릭한다.
⑧ 메시지에서 [예]를 클릭한다.
⑨ [저장](💾)을 클릭한 후 **기업조회**를 입력하고 [확인]을 클릭한다.

### 03 〈회사별인원수〉 쿼리

① [만들기]-[쿼리] 그룹에서 [쿼리 디자인](📋)을 클릭한다.
② 〈채용회사〉, 〈취업추천〉 테이블을 더블클릭하여 추가한 후 [닫기]를 클릭한다.
③ 디자인 눈금의 각 필드에 다음과 같이 드래그해서 배치한 후 [쿼리 디자인] 탭의 [크로스탭](📋)을 클릭한다.

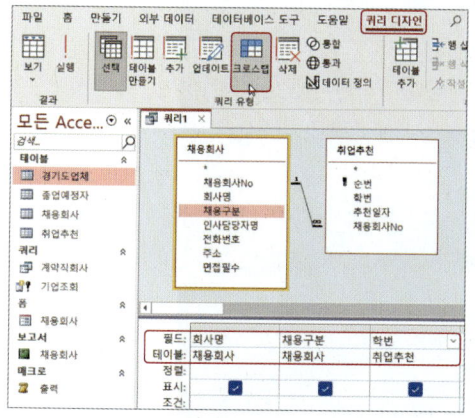

④ 행 머리글 '회사명', 열 머리글 '채용구분', 값의 필드명은 IIf(IsNull(Count([학번])),"*",Count([학번]))으로 입력하고 요약은 '식'으로 변경한다.

⑤ [저장](💾)을 클릭한 후 **회사별인원수**를 입력하고 [확인]을 클릭한다.

### 04 〈서울거주학생〉 쿼리

① [만들기]-[쿼리] 그룹에서 [쿼리 디자인](📋)을 클릭한다.
② 〈졸업예정자〉 테이블을 더블클릭하여 추가한 후 [닫기]를 클릭한다.
③ 디자인 눈금의 각 필드에 다음과 같이 드래그해서 배치한다.

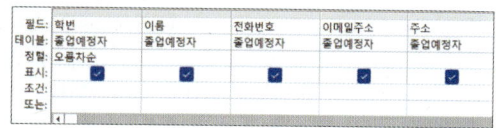

④ '학번' 필드 정렬은 '오름차순'으로 지정하고, '지역' 필드는 Left([주소],InStr([주소],"구"))을 입력하고 조건에 Like "서울*"를 입력한다.

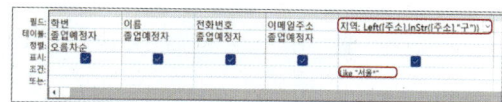

⑤ [저장](💾)을 클릭한 후 **서울거주학생**을 입력하고 [확인]을 클릭한다.

### 05 〈전화번호변경〉 쿼리

① [만들기]-[쿼리] 그룹의 [쿼리 디자인](📋)을 클릭한다.
② [테이블 추가]의 [테이블] 탭에서 〈졸업예정자〉 테이블을 추가하고 '전화번호'와 '이름' 필드를 드래그한다.
③ [쿼리 디자인] 탭의 [쿼리 유형]-[업데이트](📋)를 클릭한 후 다음과 같이 입력한다.

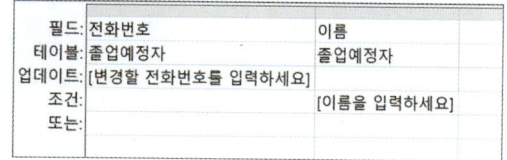

④ 쿼리의 이름을 **전화번호변경**으로 입력하고 [확인]을 클릭한다.
⑤ [쿼리 디자인] 탭의 [결과]-[실행](❗)을 클릭하여 메시지가 표시되면 [예]를 클릭한다.

# PART 04

# 데이터베이스 기출 유형 문제

# 기출 유형 문제

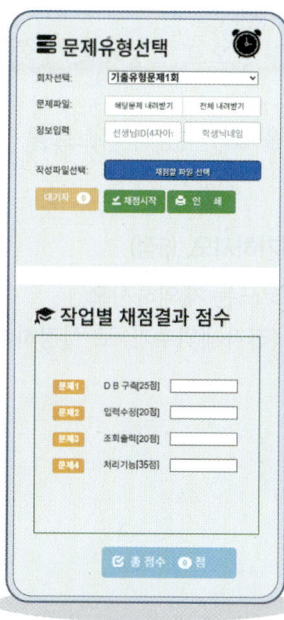

### 자동 채점 서비스(웹 용)

① comlicense.co.kr 접속
② '도서' 확인 후, [채점하기] 클릭
③ '회차'와 '채점할 파일' 선택
④ [채점시작] 클릭

# 기출 유형 문제 01회

**작업파일** [26컴활1급₩2권_데이터베이스₩기출유형문제] 폴더의 '기출유형문제1회' 파일을 열어서 작업하시오.

## 문제 ❶  DB구축                                           25점

**01** 상품별 판매를 위한 데이터베이스를 구축하였다. 다음의 지시에 따라 테이블을 완성하시오. (각 3점)

※ 〈관리〉, 〈거래물품〉 테이블을 이용하시오.

① 〈관리〉 테이블의 '상품번호'와 '상품명' 필드를 기본 키로 설정하시오. 단 다음과 같은 경고창이 나타날 경우 수검자 스스로 판단하여 기본 키 설정 작업을 완료하시오.

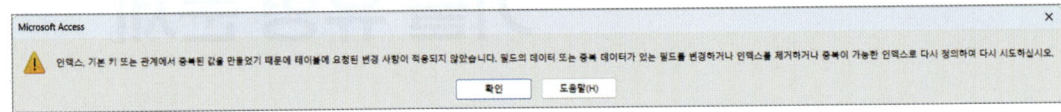

- ▶ '상품번호'와 '상품명' 필드의 중복 값을 검색하는 〈동일상품〉 쿼리를 만들고, 마지막 레코드(단가가 50,000인)의 '상품번호'와 '상품명'을 각각 '9', '철판건재'로 변경하시오.

② 〈거래물품〉 테이블의 '재고' 필드는 0 이상의 값이 입력되도록 설정하시오.

③ 〈거래물품〉 테이블의 '할인율' 필드는 소수자리 없는 %(백분율) 형태로 설정하고, 10%(0.1)를 기본값으로 설정하시오.

④ 〈거래물품〉 테이블의 '단종품' 필드에는 기본값을 'N'으로 설정하고, 'Y'와 'N' 이외의 문자는 입력될 수 없도록 설정하시오.

⑤ 〈거래물품〉 테이블의 '비고' 필드는 데이터 형식을 256 이상의 텍스트를 입력할 수 있도록 설정하시오.

**02** 〈거래처추가〉 테이블의 레코드를 〈거래처〉 테이블에 추가하시오. (5점)

- ▶ 레코드 추가 시 공급업체명이 '전자'로 끝나는 레코드는 제외하시오.
- ▶ 추가 쿼리를 작성하여 처리하고, 추가 쿼리명은 〈전자제외추가〉로 설정하시오.
- ▶ Not In 연산자와 하위 쿼리 사용

03 〈거래물품〉 테이블의 '분류번호'는 목록 상자 리스트 중에서 선택되도록 '조회' 속성을 다음과 같이 설정하시오. (5점)

▶ 컨트롤 표시를 '목록 상자'로 설정하시오.
▶ 〈물품분류〉 테이블의 '분류번호' 필드를 행 원본으로 설정하시오.

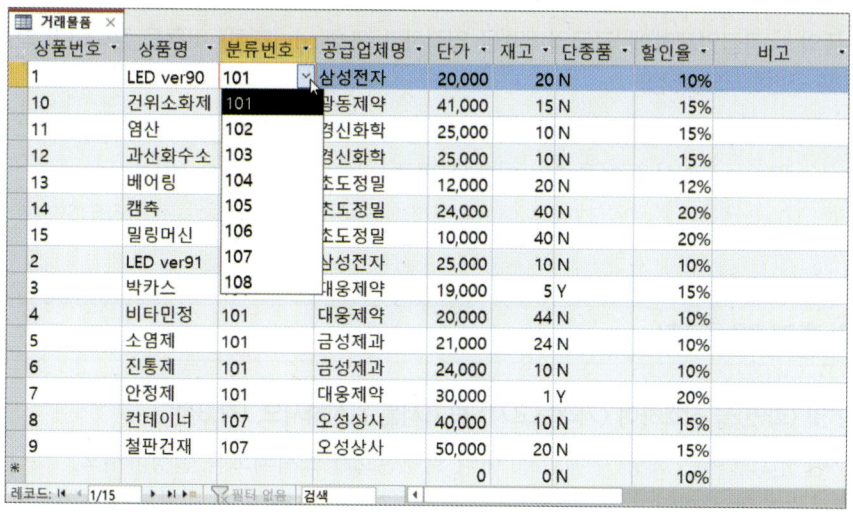

## 문제 ❷  입력 및 수정 기능 구현      20점

01 〈거래처별상품〉 폼의 하위 폼으로 사용되는 〈거래내역〉 폼을 다음의 지시사항에 따라 완성하시오. (각 3점)

① 〈거래내역〉 폼의 레코드 원본은 〈거래물품〉 테이블의 모든 데이터를 '상품명'을 기준으로 오름차순으로 표시되도록 설정하시오.
② 폼이 〈화면〉과 같은 형태로 표시되도록 '기본 보기' 속성을 '연속 폼'으로 설정하시오.
③ 'txt상품번호', 'txt상품명', 'txt분류번호', 'txt공급업체명', 'txt단가', 'txt재고', 'txt할인율'에 각각 '상품번호', '상품명', '분류번호', '공급업체명', '단가', '재고', '할인율' 필드를 바운드 시키시오.

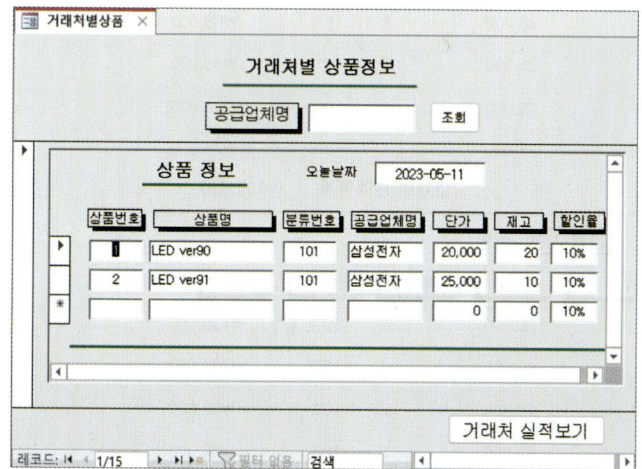

**02** 〈거래처별상품〉 폼에 대하여 다음의 지시사항을 수행하시오. (6점)
- ▶ 본문 영역에 〈거래내역〉 폼을 하위 폼으로 추가하시오.
- ▶ 기본 폼과 하위 폼을 각각 '공급업체명' 필드를 기준으로 연결하시오.
- ▶ 하위 폼/하위 보고서 컨트롤의 이름을 '거래내역'으로 지정하시오.

**03** 〈거래처별상품〉 폼의 'txt공급업체명'에 '공급업체명'을 입력하고 '조회(cmd조회)' 버튼을 클릭하면 다음과 같은 기능이 수행되도록 구현하시오. (5점)
- ▶ 〈거래물품〉 테이블에서 'txt공급업체명'에 입력된 공급업체의 상품정보만 조회되도록 하시오.
- ▶ 현재 폼의 RecordSource 속성을 이용하여 이벤트 프로시저를 작성하시오.

## 문제 ❸ 조회 및 출력 기능 구현    20점

**01** 다음의 지시사항 및 〈화면〉을 참조하여 〈거래보고서〉 보고서를 완성하시오. (각 3점)
① 본문의 'txt순번' 컨트롤에는 해당 '구매업체' 내의 일련번호가 표시되도록 설정하시오.
② 'txt판매일'에서 동일한 판매일이 연속적으로 나타나는 경우에는 한 번만 표시되도록 설정하시오.
③ 'txt업체별판매액계'는 구매업체별로 'txt판매액'의 합계를 표시하시오.
   - ▶ 판매액 = 단가×판매수량×(1-할인율)
④ 'txt판매액', 'txt업체별판매액계'는 통화(₩)로 표시하고, 소수점 이하는 나타나지 않도록 설정하시오.
⑤ 페이지 바닥글에 'txt페이지정보' 컨트롤을 생성하고 〈화면〉과 같이 전체 페이지를 기준으로 현재 페이지를 표시하도록 설정하시오.
   - ▶ [표시 예 : '현재1페이지 / 총2페이지'와 같은 형식]

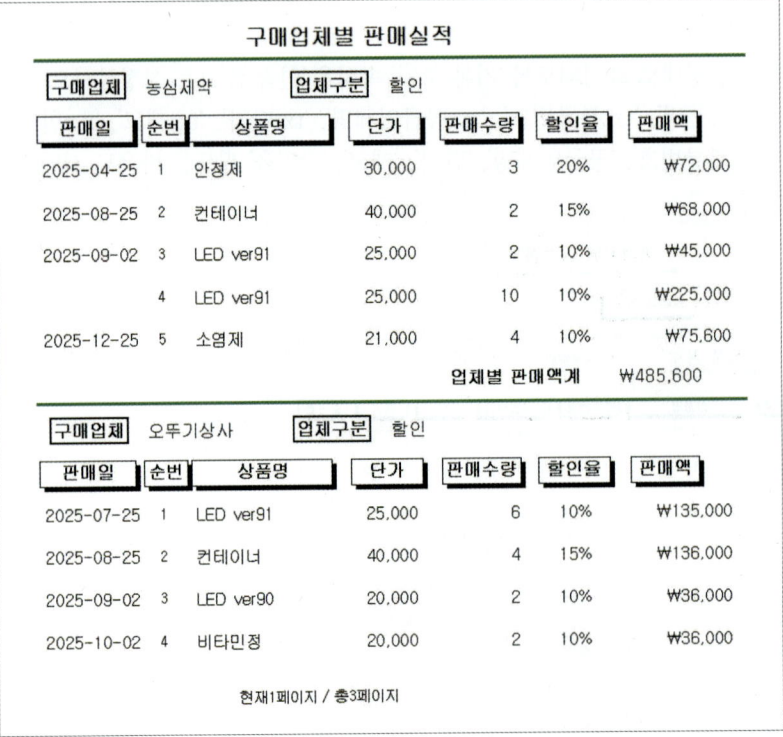

**02** 〈거래보고서〉 보고서의 'txt업체구분' 컨트롤이 다음과 같은 기능을 수행하도록 구현하시오. (5점)

▶ '구매업체' 필드의 값이 '팔도상사'면 '매입'으로, 그렇지 않으면 '할인'으로 표시하도록 하시오.
▶ IIF( ) 함수를 이용하여 컨트롤 원본을 설정하시오.

---

## 문제 ④ 처리 기능 구현　　35점

**01** 〈거래물품〉 테이블을 이용하여 분류번호가 '101'에 해당한 재고현황을 조회하는 〈101 재고조회〉 쿼리를 작성하시오. (7점)

▶ 상품명을 기준으로 오름차순 정렬하여 표시하시오.
▶ 쿼리 실행 결과 표시되는 필드와 필드명은 〈그림〉과 같이 표시되도록 설정하시오.

**02** 다음과 같은 작업을 수행하는 〈거래처명변경〉 쿼리를 작성하시오. (7점)

▶ 〈협력사〉 테이블의 '구매업체명' 필드에 대해 '오주제약'을 '오주식품'으로 변경하시오.
▶ 업데이트(Update) 쿼리로 작성만 하고 실행시키지 말 것

**03** 〈거래정보〉 테이블을 이용하여 판매수량이 6 이상인 월별 금액을 계산한 후 금액 ÷ 100000 몫의 정수만큼 '☆' 반복하여 표시하는 〈월별거래그래프〉 쿼리를 작성하시오. (7점)

▶ 금액은 ([판매수량] × [단가])의 합계
▶ MONTH, SUM, STRING, INT 함수를 사용
▶ 쿼리 결과로 표시되는 필드와 필드명은 〈그림〉과 같이 표시되도록 설정하시오.

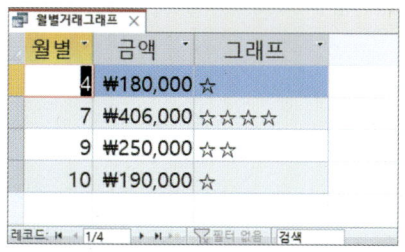

**04** 〈화면〉에 보이는 것과 같이 구매업체별 분기 및 연간 판매수량 합계를 보여주는 〈Q_거래내역〉 크로스탭 쿼리를 작성하시오. (7점)

- ▶ 〈거래정보〉 테이블을 이용하시오.
- ▶ 구매업체별로 회사의 분기별 판매수량의 합계를 구하시오.
- ▶ 구매업체별 회사의 연간 총판매수량도 구하시오.
- ▶ IIF, MONTH 함수 이용

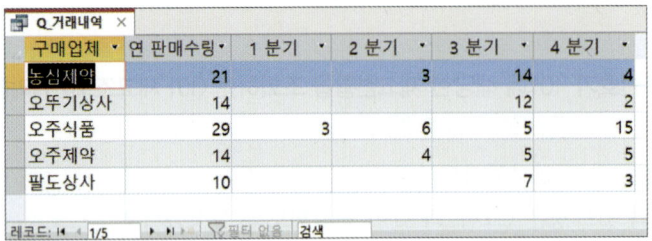

**05** 〈거래정보〉 테이블을 이용하여 판매수량의 합계가 50이상인 〈거래물품〉 테이블의 '비고' 필드의 값을 '인기 상품'으로 변경하는 〈인기상품처리〉 업데이트 쿼리를 작성한 후 실행하시오. (7점)

- ▶ In 연산자와 하위 쿼리 사용

| 상품번호 | 상품명 | 분류번호 | 공급업체명 | 단가 | 재고 | 단종품 | 할인율 | 비고 |
|---|---|---|---|---|---|---|---|---|
| 1 | LED ver90 | 101 | 삼성전자 | 20,000 | 20 | N | 10% | |
| 10 | 건위소화제 | 107 | 광동제약 | 41,000 | 15 | N | 15% | |
| 11 | 염산 | 107 | 경신화학 | 25,000 | 10 | N | 15% | |
| 12 | 과산화수소 | 107 | 경신화학 | 25,000 | 10 | N | 15% | |
| 13 | 베어링 | 103 | 초도정밀 | 12,000 | 20 | N | 12% | |
| 14 | 캠축 | 103 | 초도정밀 | 24,000 | 40 | N | 20% | 인기 상품 |
| 15 | 밀링머신 | 103 | 초도정밀 | 10,000 | 40 | N | 20% | |
| 2 | LED ver91 | 101 | 삼성전자 | 25,000 | 10 | N | 10% | 인기 상품 |
| 3 | 박카스 | 101 | 대웅제약 | 19,000 | 5 | Y | 15% | 인기 상품 |
| 4 | 비타민정 | 101 | 대웅제약 | 20,000 | 44 | N | 10% | 인기 상품 |
| 5 | 소염제 | 101 | 금성제과 | 21,000 | 24 | N | 10% | 인기 상품 |
| 6 | 진통제 | 101 | 금성제과 | 24,000 | 10 | N | 10% | 인기 상품 |
| 7 | 안정녀 | 101 | 대웅제약 | 30,000 | 1 | Y | 20% | 인기 상품 |
| 8 | 컨테이너 | 107 | 오성상사 | 40,000 | 10 | N | 15% | 인기 상품 |
| 9 | 철판건재 | 107 | 오성상사 | 50,000 | 20 | N | 15% | |
| * | | | | 0 | 0 | N | 10% | |

※ 〈인기상품처리〉 쿼리를 실행한 후의 〈거래물품〉 테이블

# 기출 유형 문제 01회 정답

## 문제 ❶ DB구축

### 01 〈관리〉, 〈거래물품〉 테이블

**〈관리〉 테이블**

| 번호 | 필드 이름 | 속성 및 형식 | 설정 값 |
|---|---|---|---|
| ① | 상품번호, 상품명 | 기본 키 | 관리 ×<br>필드 이름 \| 데이터 형식<br>상품번호 \| 짧은 텍스트<br>상품명 \| 짧은 텍스트<br>분류번호 \| 짧은 텍스트 |

**〈거래물품〉 테이블**

| 번호 | 필드 이름 | 속성 및 형식 | 설정 값 |
|---|---|---|---|
| ② | 재고 | 유효성 검사 규칙 | >=0 |
| ③ | 할인율 | 형식 | 백분율 |
|  |  | 소수 자릿수 | 0 |
|  |  | 기본값 | 0.1 |
| ④ | 단종품 | 기본값 | 'N' |
|  |  | 유효성 검사 규칙 | 'Y' Or 'N' |
| ⑤ | 비고 | 데이터 형식 | 긴 텍스트 |

### 02 테이블 추가

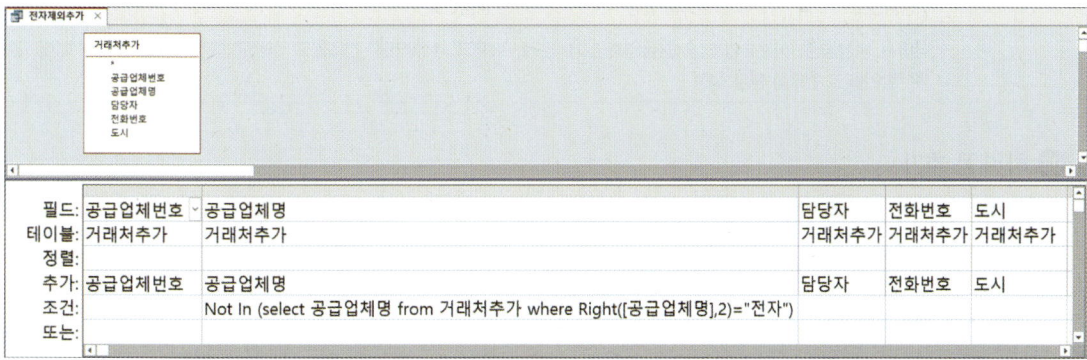

## 03 조회 속성 설정

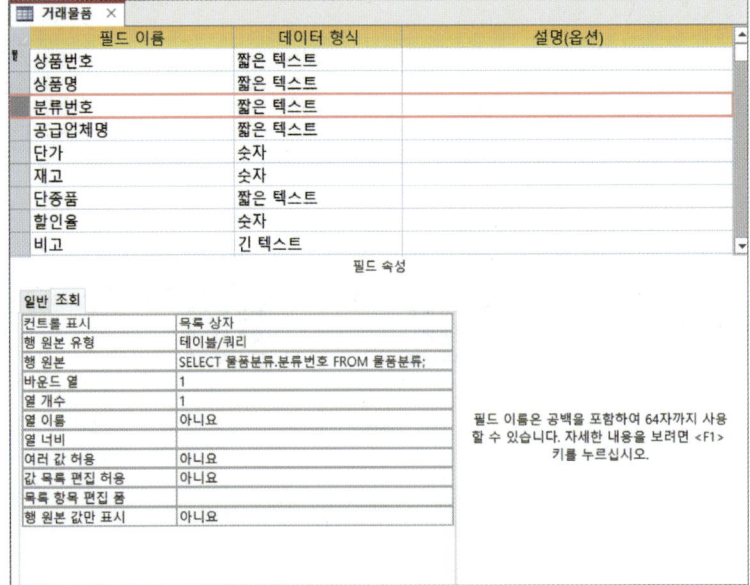

---

## 문제 ❷ 입력 및 수정 기능 구현

### 01 〈거래내역〉 폼

| 번호 | 개체 | 속성 | 설정 값 |
|---|---|---|---|
| ① | 폼 | 레코드 원본 | SELECT 거래물품.* FROM 거래물품 ORDER BY 거래물품.상품명; |
| ② | 폼 | 기본 보기 | 연속 폼 |
| ③ | txt상품번호 | 컨트롤 원본 | 상품번호 |
|   | 나머지 'txt상품명', 'txt분류번호', 'txt공급업체명', 'txt단가', 'txt재고', 'txt할인율' 컨트롤도 '상품명', '분류번호', '공급업체명', '단가', '재고', '할인율'로 컨트롤 원본 설정 | | |

### 02 하위 폼 추가

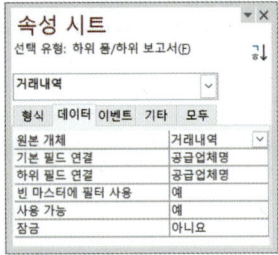

### 03 〈거래처별상품〉 폼의 '조회(cmd조회)' 버튼 클릭 이벤트

```
Private Sub cmd조회_Click()
  Me.RecordSource = "SELECT 거래물품.공급업체명 FROM 거래물품 Where 공급업체명 = '" & txt공급업체명 & "'"
End Sub
```

## 문제 ❸ 조회 및 출력 기능 구현

### 01 〈거래보고서〉 보고서

| 번호 | 개체 | 속성 | 설정 값 |
|---|---|---|---|
| ① | txt순번 | 컨트롤 원본 | =1 |
|   |       | 누적 합계 | 그룹 |
| ② | txt판매일 | 중복 내용 숨기기 | 예 |
| ③ | txt업체별판매액계 | 컨트롤 원본 | =Sum([단가]*[판매수량]*(1-[할인율])) |
| ④ | txt판매액, txt업체별판매액계 | 형식 | 통화 |
|   |       | 소수 자릿수 | 0 |
| ⑤ | 텍스트 상자 생성 | 이름 | txt페이지정보 |
|   |       | 컨트롤 원본 | ="현재" & [Page] & "페이지 / 총 " & [Pages] & "페이지" |

### 02 〈거래보고서〉 보고서의 'txt업체구분' 컨트롤 원본

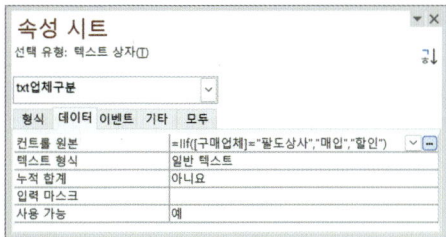

## 문제 ❹ 처리 기능 구현

### 01 〈101 재고조회〉 쿼리

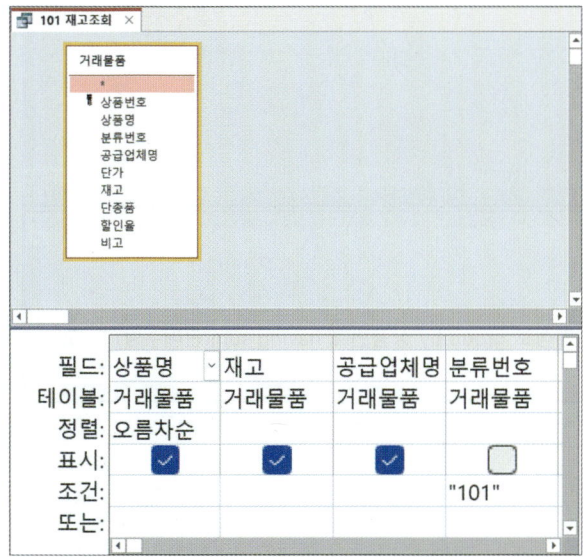

❷ 〈거래처명변경〉 쿼리

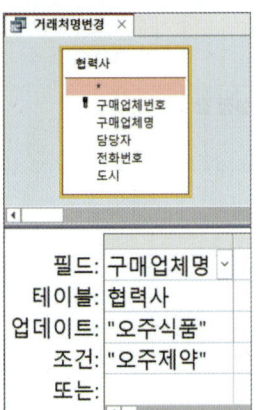

❸ 〈월별거래그래프〉 쿼리

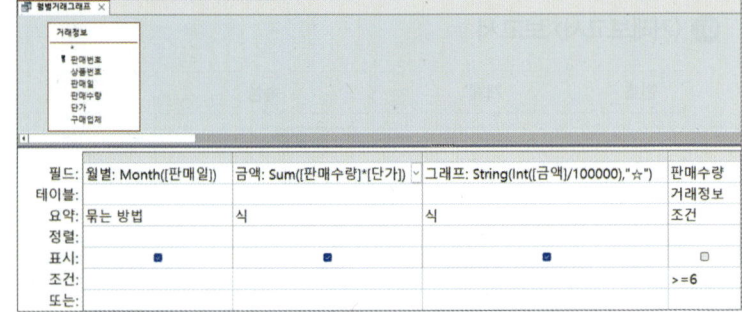

❹ 〈Q_거래내역〉 쿼리

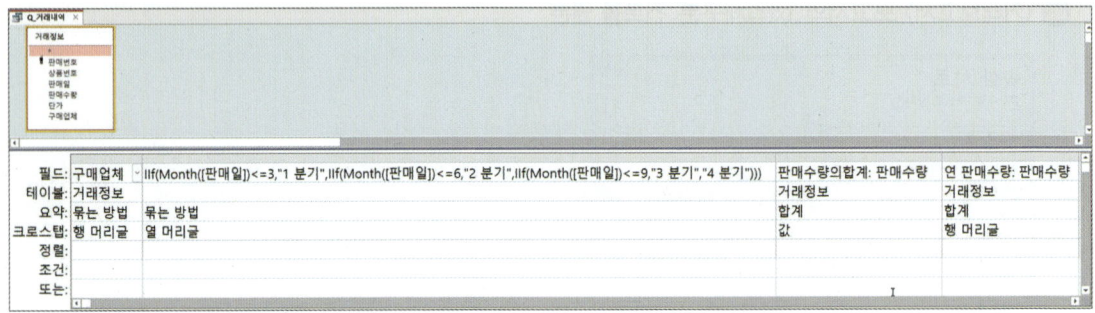

❺ 〈인기상품처리〉 쿼리

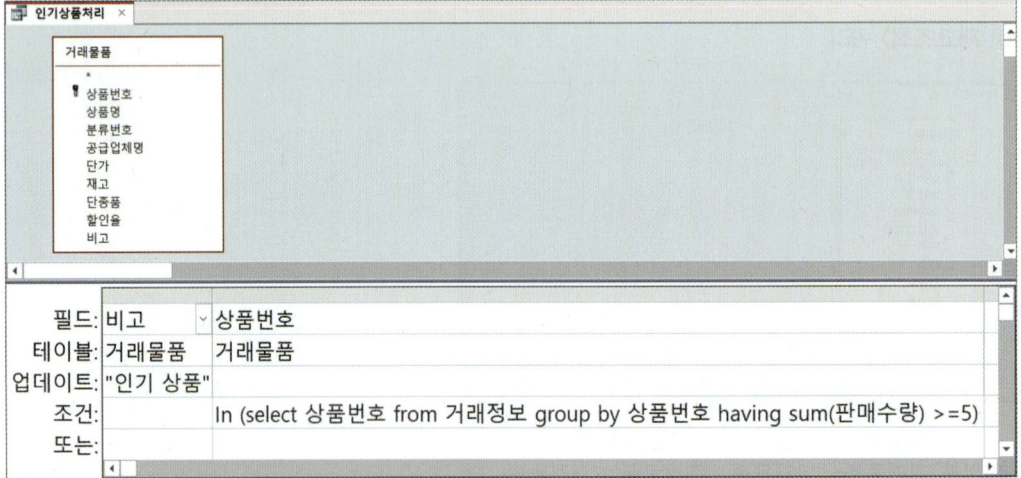

# 기출 유형 문제 01회 해설

## 문제 ① DB구축

### 01 〈관리〉, 〈거래물품〉 테이블

> **기적의 TIP**
> 기본 키는 Null 값이나 중복 값이 될 수 없는 고유 값이기 때문에 '상품번호'와 '상품명'에 중복 값이 있을 경우 기본 키로 설정할 수 없음에 유의합니다.

① [만들기]-[쿼리] 그룹의 [쿼리 마법사](🗔)를 클릭한다.

> **기적의 TIP**
> 탐색 창에서 〈관리〉 테이블을 열어보면 중복 값이 있음을 알 수 있습니다.

② 중복 데이터 검색 쿼리 마법사를 선택하고 [확인]을 클릭한다.
③ 테이블:관리를 선택하고 [다음]을 클릭, 중복된 필드로 '상품번호'와 '상품명'을 옮기고 [다음]을 클릭한다.

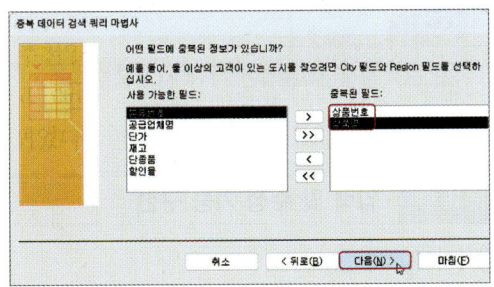

④ 중복 값과 함께 필드를 표시할 필요는 없기 때문에 [다음]을 클릭하고, 쿼리 이름을 〈동일상품〉으로 입력 후 [마침]을 클릭한다.
⑤ 〈동일상품〉 쿼리를 실행해보면 〈관리〉 테이블을 열어서 확인했듯이 2개의 레코드가 중복됨을 알 수 있다.

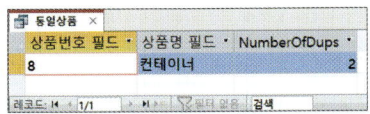

⑥ 〈관리〉 테이블을 직접 열어서 마지막 레코드를 지시사항대로 값을 수정한다.

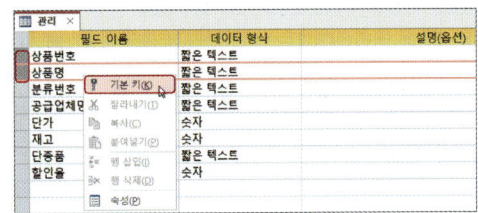

⑦ '상품번호', '상품명' 필드를 선택하고 마우스 오른쪽 버튼을 눌러 [디자인 보기](📄)를 클릭하여 [기본 키](🔑)를 설정하고 변경한 내용은 저장한다.

> **기적의 TIP**
> [Shift]를 누른 채로 바로 가기 메뉴를 불러서 설정하면 편리합니다.

⑧ 〈거래물품〉 테이블에서 마우스 오른쪽 버튼을 눌러 [디자인 보기](📄)를 클릭한다
⑨ '재고' 필드의 [일반] 탭에서 유효성 검사 규칙을 >=0으로 입력한다.
⑩ '할인율' 필드의 [일반] 탭에서 형식을 '백분율', 소수 자릿수를 0, 기본값을 0.1로 지정한다.
⑪ '단종품'의 [일반] 탭에서 기본값을 N으로, 유효성 검사 규칙을 "Y" Or "N"으로 입력한다.
⑫ '비고' 필드를 선택한 후 데이터 형식을 '긴 텍스트'로 지정한다.

## 02 테이블 추가

① [만들기]-[쿼리] 그룹의 [쿼리 디자인](🗔)을 클릭한다.
② [테이블 추가]의 [테이블] 탭에서 〈거래처추가〉를 추가하고 [닫기]를 클릭한다.
③ 디자인 눈금의 각 필드에 다음과 같이 드래그해서 놓는다.

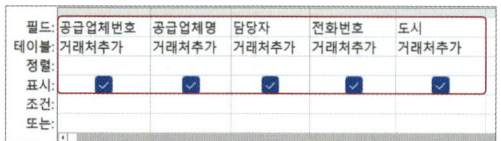

④ [쿼리 디자인]-[쿼리 유형] 그룹의 [추가](🗔)를 선택한 후 [추가]에서 〈거래처〉 테이블을 선택하고 [확인]을 클릭한다.

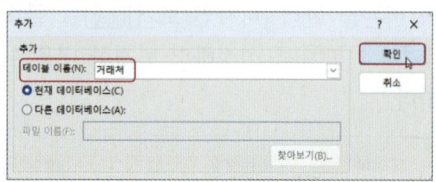

⑤ '공급업체명' 필드의 '조건:' 속성에 다음과 같이 입력한다.

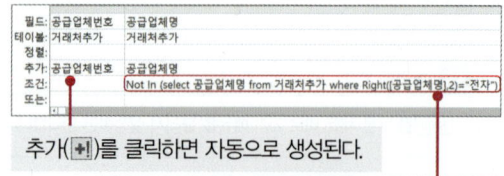

⑥ 쿼리 이름을 **전자제외추가**라고 입력한다.
⑦ 작성된 〈전자제외추가〉 쿼리를 더블클릭하여 실행시킨 후 4행을 추가한다는 대화상자가 나타나면 [예]를 클릭한다.

## 03 조회 속성 설정

① 〈거래물품〉 테이블에서 마우스 오른쪽 버튼을 눌러 [디자인 보기](🗔)를 클릭한다.
② '분류번호' 필드의 [조회] 탭에서 '컨트롤 표시'를 '목록 상자'로 바꾸고, '행 원본'에서 [작성기](⋯)를 클릭한다.

③ [테이블 추가]의 [테이블] 탭에서 〈물품분류〉를 추가한 후 [닫기]를 클릭한다.
④ 디자인 눈금에 '분류번호'를 드래그해서 놓은 다음 닫는다.

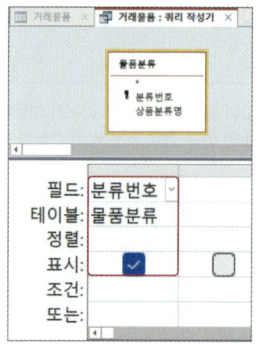

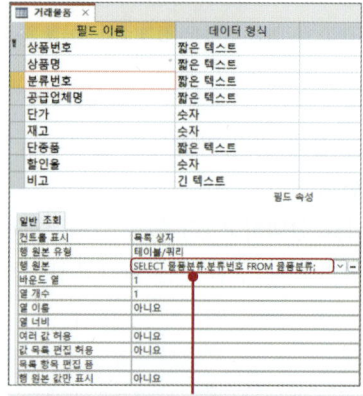

SELECT 물품분류.분류번호 FROM 물품분류;

### 문제 ❷ 입력 및 수정 기능 구현

## 01 〈거래내역〉 폼

① 〈거래내역〉 폼에서 마우스 오른쪽 버튼을 눌러 [디자인 보기](🗔)를 클릭한다.
② '폼 선택기'(■)를 더블클릭하여 '레코드 원본' 속성에서 [작성기](⋯)를 클릭한 다음 〈거래물품〉 테이블을 추가한 후, 다음과 같이 설정한 후 업데이트 메시지에서 [예]를 클릭한다.

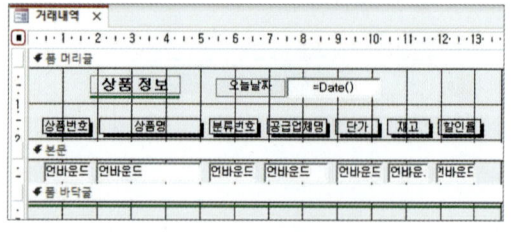

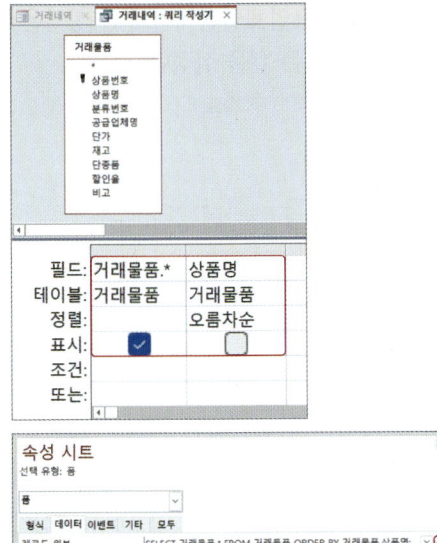

③ '폼 선택기'(■)를 선택하여 기본 보기를 '연속 폼'으로 설정한다.

④ 'txt상품번호' 컨트롤을 선택하여 컨트롤 원본을 '상품번호'로 설정한다. 나머지 'txt상품명', 'txt분류번호', 'txt공급업체명', 'txt단가', 'txt재고', 'txt할인율' 컨트롤도 선택하여 컨트롤 원본에 '상품명', '분류번호', '공급업체명', '단가', '재고', '할인율'로 설정한다.

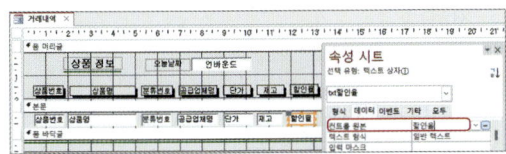

## 02 하위 폼 추가

① 〈거래처별상품〉 폼에서 마우스 오른쪽 버튼을 눌러 [디자인 보기](N)를 클릭한 후, [양식 디자인]-[컨트롤] 그룹에서 [컨트롤 마법사 사용](⚒)과 [하위 폼/하위 보고서](▦)를 선택하고 적당한 위치까지 드래그한 후 놓으면 [하위 폼 마법사]가 나타난다.

② [하위 폼 마법사]의 '기존 폼 사용'에서 〈거래내역〉 폼을 하위 폼으로 설정하고 [다음]을 클릭한다.

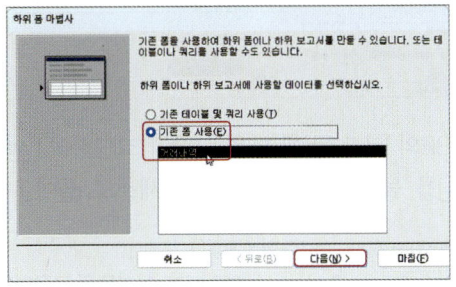

③ '목록에서 선택'을 선택하고 [다음]을 클릭한다.

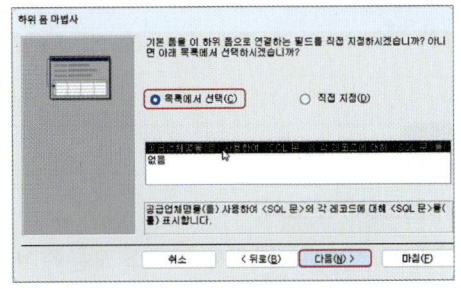

④ 하위 폼의 이름을 **거래내역**으로 입력하고 [마침]을 클릭한다.

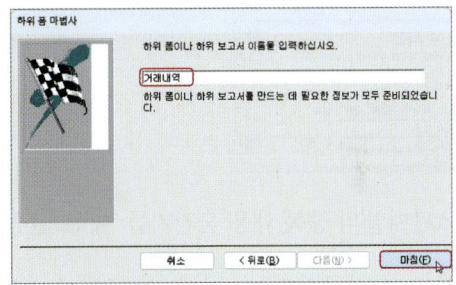

⑤ 추가된 하위 폼 위의 '거래내역 레이블'은 삭제한다.

## 03 〈거래처별상품〉 폼의 '조회(cmd조회)' 버튼 클릭 이벤트

① 〈거래처별상품〉 폼에서 마우스 오른쪽 버튼을 눌러 [디자인 보기](N)를 클릭한다.
② '조회(cmd조회)' 버튼을 클릭한 후 [이벤트] 탭에서 On Click의 [작성기](⋯)를 클릭한다.

③ [작성기 선택] 대화상자에서 '코드 작성기'를 선택한다.

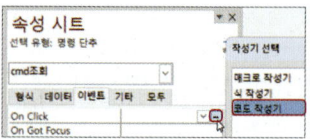

④ VBE의 '코드 창'에 다음과 같이 코딩하고 Alt + Q를 눌러서 VBE를 닫고 액세스로 돌아온다.

```
Private Sub cmd조회_Click()
    Me.RecordSource = "SELECT 거래물품.공급업체명 FROM 거래물품 Where 공급업체명 = '"
    & txt공급업체명 & "'"
End Sub
```

### 문제 ③ 조회 및 출력 기능 구현

**01 〈거래보고서〉 보고서**

① 〈거래보고서〉 보고서에서 마우스 오른쪽 버튼을 눌러 [디자인 보기]를 클릭한다.
② 'txt순번'의 컨트롤 원본을 =1로 입력하고 누적 합계를 '그룹'으로 설정한다.

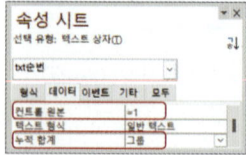

③ 'txt판매일'의 중복 내용 숨기기를 '예'로 설정한다.

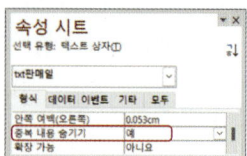

④ 'txt업체별판매액계'의 컨트롤 원본을 설정한다.

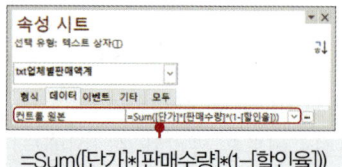

=Sum([단가]*[판매수량]*(1-[할인율]))

⑤ 'txt판매액'과 'txt업체별판매액계'의 형식은 '통화', 소수 자릿수는 '0'을 설정한다.

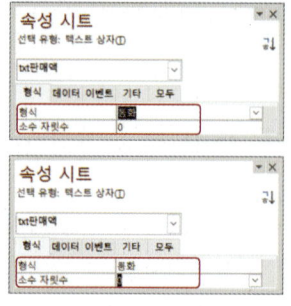

⑥ [보고서 디자인]-[컨트롤] 그룹의 [텍스트 상자]를 선택한 후 [페이지 바닥글]을 문제지의 〈화면〉과 같이 설정하고, Lable은 삭제한다. 그리고 '이름'과 컨트롤 원본을 입력한다.

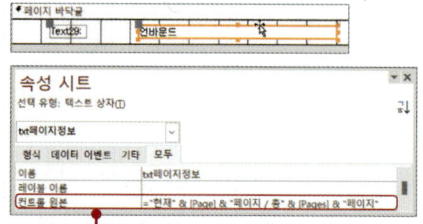

="현재" & [Page] & "페이지 / 총" & [Pages] & "페이지"

**02 〈거래보고서〉 보고서의 'txt업체구분' 컨트롤 원본 속성 설정**

① 〈거래보고서〉 보고서의 바로 가기 메뉴에서 [디자인 보기]를 클릭한다.
② 'txt업체구분'의 컨트롤 원본을 다음과 같이 설정한다.

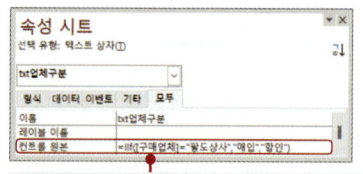

=IIf([구매업체]="팔도상사","매입","할인")

## 문제 ④ 처리 기능 구현

### 01 〈101 재고조회〉 쿼리

① [만들기]-[쿼리] 그룹의 [쿼리 디자인](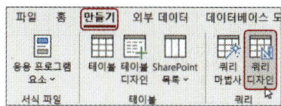)을 클릭한다.

② [테이블 추가]의 [테이블] 탭에서 〈거래물품〉을 추가하고 [닫기]를 클릭한다.

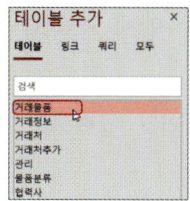

③ 디자인 눈금의 각 필드에 다음과 같이 드래그해서 놓는다.

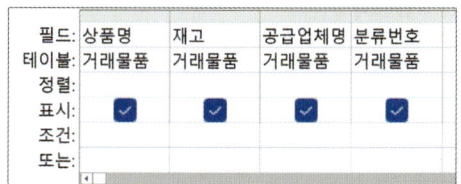

④ 상품명은 '오름차순'로 정렬하고, 분류번호는 표시의 체크를 해제하고 조건에 101을 입력한다.

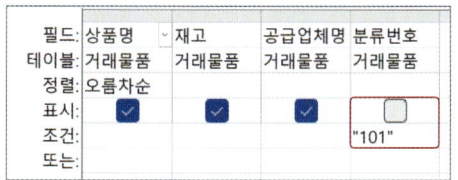

⑤ Ctrl+S를 눌러 '다른 이름으로 저장' 대화상자에 **101 재고조회**로 입력하고 [확인]을 클릭한다.

### 02 〈거래처명변경〉 쿼리

① [만들기]-[쿼리] 그룹의 [쿼리 디자인](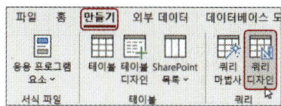)을 클릭한다.

② [테이블 추가]의 [테이블] 탭에서 〈협력사〉를 추가하고 [닫기]를 클릭한다.

③ 디자인 눈금의 각 필드에 다음과 같이 드래그해서 놓는다.

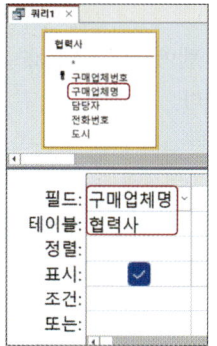

④ [쿼리 디자인]-[쿼리 유형] 그룹의 [업데이트](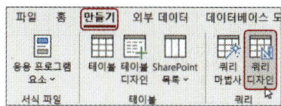)를 선택한 후 다음과 같이 설정한다.

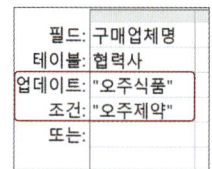

⑤ 쿼리의 이름을 **거래처명변경**으로 입력하고 [확인]을 클릭한다.

### 03 〈월별거래그래프〉 쿼리

① [만들기]-[쿼리] 그룹에서 [쿼리 디자인](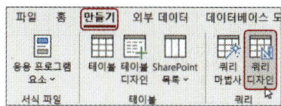)을 클릭한다.

② [테이블 추가]의 [테이블] 탭에서 〈거래정보〉를 더블클릭한다.

③ 〈거래정보〉 테이블의 '판매일', '판매수량' 필드를 추가하고, 금액과 그래프 필드는 식을 이용하여 작성한다.

- 월별 : Month([판매일])
- 금액 : Sum([판매수량]*[단가])
- 그래프 : String(Int([금액]/100000),"☆")

④ [쿼리 디자인] 탭의 [요약](∑)을 클릭하여 다음과 같이 지정한다.

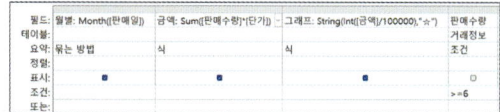

⑤ Ctrl+S를 눌러 쿼리 이름을 **월별거래그래프**를 입력한다.

## 04 〈Q_거래내역〉 쿼리

① [만들기]-[쿼리] 그룹의 [쿼리 디자인](🔲)을 클릭한다.
② [테이블 추가]의 [테이블] 탭에서 〈거래정보〉를 추가하고 [닫기]를 클릭한다.
③ 쿼리 디자인 창 빈 영역에서 마우스 오른쪽 버튼을 눌러 [쿼리 유형]-[크로스탭 쿼리]를 클릭한다.

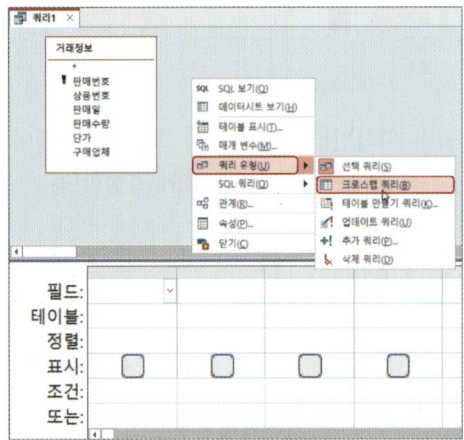

④ 문제지 미리보기 그림과 크로스탭 쿼리의 요소를 고려하여 다음과 같이 설정한다.

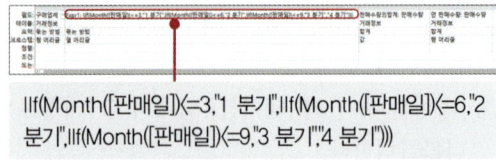

IIf(Month([판매일])<=3,"1 분기",IIf(Month([판매일])<=6,"2 분기",IIf(Month([판매일])<=9,"3 분기","4 분기")))

- 구매업체 : 행 머리글
- 판매수량 : 행 머리글 (합계)
- 판매일 : 열 머리글
- 판매수량 : 값 (합계)

⑤ 디자인 창을 닫고 쿼리의 이름을 **Q_거래내역**으로 입력하고 [확인]을 클릭한다.

## 05 〈인기상품처리〉 쿼리

① [만들기]-[쿼리] 그룹의 [쿼리 디자인](🔲)을 클릭한다.
② [테이블 표시] 대화상자의 [테이블] 탭에서 〈거래물품〉 테이블을 추가하고 필드를 드래그한다.
③ [쿼리 디자인] 탭의 [쿼리 유형]-[업데이트](🔲)를 클릭한 후 다음과 같이 입력한다.

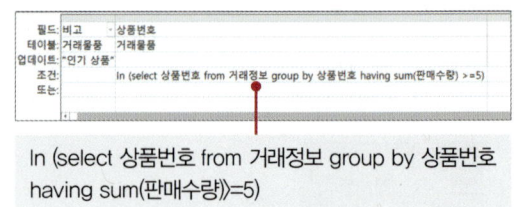

In (select 상품번호 from 거래정보 group by 상품번호 having sum(판매수량)>=5)

④ 쿼리의 이름을 **인기상품처리**로 입력하고 [확인]을 클릭한다.
⑤ [쿼리 디자인] 탭의 [결과]-[실행](🔲)을 클릭하면 다음의 메시지가 표시되면 [예]를 클릭한다.

# 기출 유형 문제 02회

작업파일 [26컴활1급₩2권_데이터베이스₩기출유형문제] 폴더의 '기출유형문제2회' 파일을 열어서 작업하시오.

## 문제 ① DB구축 25점

**01** 학생 및 학과별 시간표 배정을 위해서 데이터베이스를 구축하였다. 다음의 지시사항에 따라 〈시간표〉 테이블을 완성하시오. (각 3점)

① '과목코드', '분반' 필드를 기본 키(PK)로 설정하시오.
② '강의시간' 필드에 새로운 레코드가 추가되는 경우 '시간'이라는 값이 입력되도록 설정하시오.
③ '분반' 필드에 데이터가 입력될 때 자동적으로 '영문' 입력상태로 변환되도록 설정하시오.
④ '분반' 필드에 'A'부터 'E'까지만 입력되도록 설정하시오.
⑤ '분반' 필드에 'A'부터 'E' 이외의 값이 입력되면 '데이터입력오류!' 메시지가 나타나도록 설정하시오.

**02** 〈시간표_ADD〉 테이블의 데이터를 〈시간표〉 테이블에 추가하시오. (5점)
▶ 〈시간표_ADD〉 테이블의 '학점' 필드는 추가 대상에서 제외하시오.
▶ 추가 질의(Insert Query)를 이용하여 처리하고, 질의 이름은 〈시간표추가〉로 지정하시오.

**03** 〈시간표〉 테이블의 '학생코드' 필드는 〈학생〉 테이블의 '학생코드' 필드를 참조하며, 〈시간표〉 테이블의 '과목코드' 필드는 〈수강과목〉 테이블의 '과목코드' 필드를 참조한다. 〈학생〉 테이블과 〈시간표〉 테이블, 그리고 〈수강과목〉 테이블과 〈시간표〉 테이블 간의 관계는 1:M이다. 각각의 테이블에 대하여 다음의 관계를 설정하시오. (5점)
▶ 테이블 간에는 항상 참조 무결성이 유지되도록 설정하시오.
▶ 〈학생〉 테이블의 '학생코드' 및 〈수강과목〉 테이블의 '과목코드'가 변경되면 이를 참조하는 〈시간표〉 테이블의 '학생코드', '과목코드'도 따라서 변경되도록 설정하시오.
▶ 〈수강과목〉의 특정 레코드가 삭제되면 이를 참조하는 〈시간표〉 테이블의 해당 레코드도 따라서 삭제되도록 설정하시오.

## 문제 ❷ 입력 및 수정 기능 구현                    20점

**01** 수강 과목별 학점과 시간수 내역 등을 입력하는 〈배치입력〉 폼에 대해 다음 작업을 수행하시오. (각 3점)

① 가장 적절한 테이블을 폼의 레코드 원본으로 설정하시오.
② 〈화면〉과 같이 '레코드 선택기' 속성을 설정하시오.
③ 폼에 레코드를 추가하거나 삭제할 수 없도록 설정하시오.

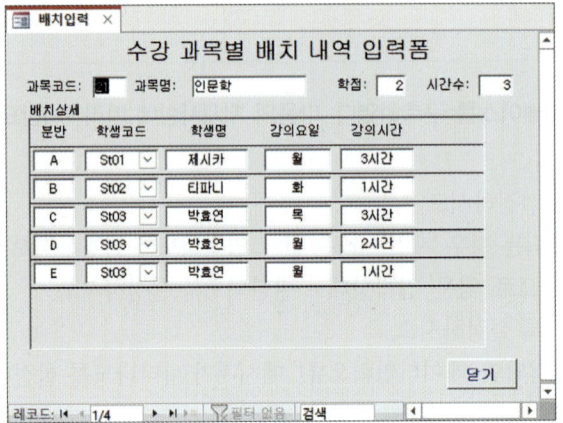

**02** 앞의 〈화면〉과 같이 〈배치입력〉 폼에 〈과별배치도〉 폼을 하위 폼으로 지정하여 관련 정보가 나타나도록 설정하시오. (6점)

▶ 하위 폼/보고서 컨트롤의 이름을 '배치상세'로 하시오.
▶ 기본 폼과 하위 폼을 각각 '과목코드' 필드를 기준으로 연결하시오.

**03** 다음과 같은 〈배치입력〉 폼의 '닫기(Cmd닫기)' 버튼을 클릭하면 현재 폼을 닫는 기능을 수행하도록 이벤트 프로시저를 구현하시오. (5점)

▶ DoCmd 객체를 이용할 것
▶ 폼에 변경 내용이 있으면 사용자 확인 없이, 무조건 저장하고 개체를 닫도록 할 것

## 문제 ❸  조회 및 출력 기능 구현     20점

**01** 다음의 지시사항과 화면을 참조하여 〈학생배치보고서〉 보고서를 완성하시오. (각 3점)

① 보고서 머리글의 제목은 매 페이지의 윗부분에 나타나도록 컨트롤의 위치를 옮기시오.
② 학생코드 머리글의 내용이 화면에 나타나도록 설정하시오.
③ 본문 영역의 'txt순번' 컨트롤에는 해당 학생에 할당된 과목의 일련번호가 표시되도록 설정하시오.
④ 학생코드 바닥글의 'txt총강좌'와 'txt총시간'에는 해당 학생에 대한 강좌의 개수와 시간수의 합계가 표시되도록 설정하시오.
⑤ 페이지 바닥글의 'txt페이지'에는 [표시 예]와 같은 형태로 페이지를 표시하도록 설정하시오.
▶ [표시 예 : 전체 페이지수가 4이고 현재 페이지가 1이면 '1 / 4'와 같이 표시]

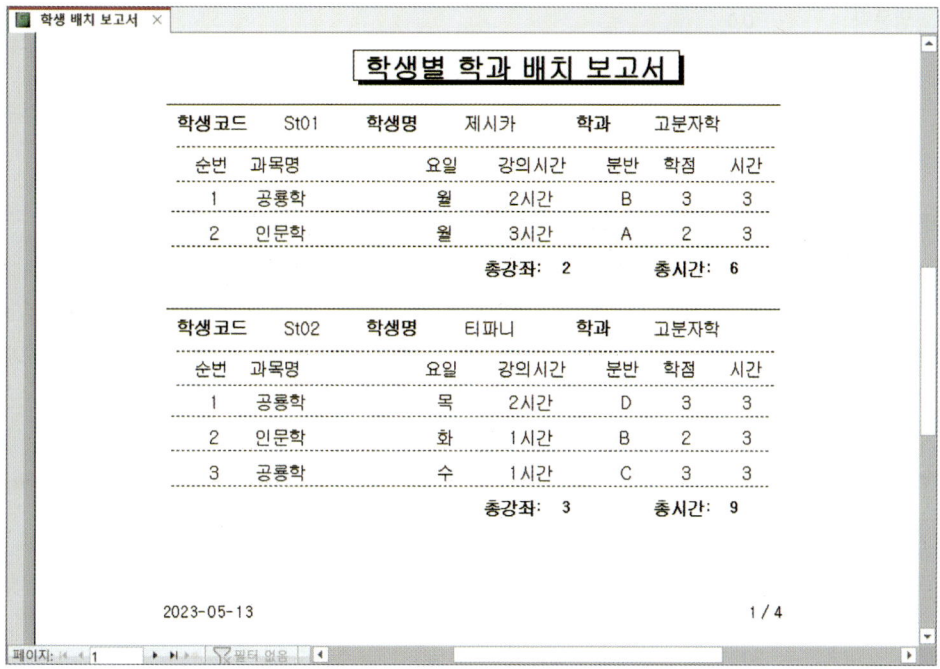

**02** 〈학생검색〉 폼의 '학생검색(Cmd검색)' 버튼을 클릭하면 다음과 같이 조회 기능을 수행하도록 이벤트 프로시저를 구현하시오. (5점)

▶ 학생명을 입력받는 'Txt찾기' 컨트롤에 학생명의 일부를 입력하면 '학생명' 필드의 내용 중 해당 문자가 포함된 레코드를 찾아 표시하도록 구현하시오.
▶ Filter와 FilterOn 속성을 이용하시오.
▶ '연'으로 조회하는 경우 '박효연', '최태연', '채연이' 등이 조회되도록 하시오.

## 문제 ④ 처리 기능 구현  35점

**01** 학과별 남녀비율을 계산하는 〈남녀비율〉 쿼리를 작성하시오. (7점)

- ▶ 〈추가입학〉 테이블을 이용하시오.
- ▶ 남녀비율은 남학생의 합계/여학생의 합계를 반올림하여 소수 이하 한자리까지 표시하시오.
- ▶ ROUND, SUM 함수 이용
- ▶ 쿼리 실행 결과 생성되는 테이블의 필드는 그림을 참조하여 수험자가 판단하여 설정하시오.

**02** 입학년도별 총학생수, 남(비율), 여(비율)을 계산하는 〈순차남녀비율〉 쿼리를 작성하시오. (7점)

- ▶ 〈추가입학〉 테이블을 이용하시오.
- ▶ 총학생수는 남+여, 남(비율)은 총 남학생수/(남+여), 여(비율)은 총 여학생수/(남+여)로 계산하시오.
- ▶ 번호는 DCOUNT 함수를 이용하여 〈추가입학〉 테이블의 입학년도가 '입학년도' 필드 보다 작거나 같은 모든 레코드의 개수를 세는 방식으로 번호를 부여하시오.
- ▶ SUM 함수 이용
- ▶ 쿼리 실행 결과 생성되는 테이블의 필드는 그림을 참조하여 수험자가 판단하여 설정하시오.

03 〈학생별학과수집〉 쿼리를 이용하여 수강과목이 인문학이 아닌 분반별 학과별 학생수를 조회하는 〈분반학과분류〉 크로스탭 쿼리를 작성하시오. (7점)

▶ '학과' 필드가 '체육학'이면 '문과', 그 외는 '이과'로 표시하시오.
▶ 학생수는 '학생코드' 필드를 이용하고, '분반' 필드는 오름차순 정렬하시오.
▶ SWITCH 함수 이용
▶ 쿼리 실행 결과 생성되는 테이블의 필드는 그림을 참조하여 수험자가 판단하여 설정하시오.

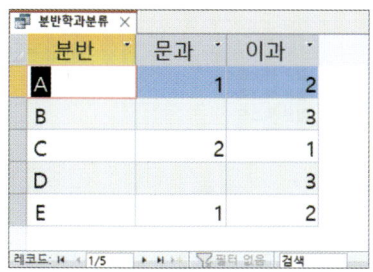

04 〈학생별학과수집〉 쿼리를 이용하여 학과의 일부를 매개 변수로 입력받고, 해당 학과의 학점을 조회하여 새 테이블로 생성하는 〈학과현황생성〉 쿼리를 작성하고 실행하시오. (7점)

▶ 쿼리 실행 후 생성되는 테이블의 이름은 [조회학과학점현황]으로 설정하시오.
▶ 쿼리 실행 결과 생성되는 테이블의 필드는 그림을 참고하여 수험자가 판단하여 설정하시오.

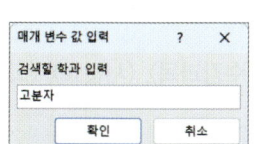
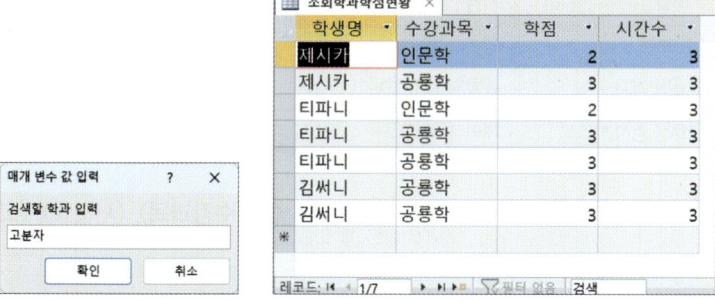

※ 〈학과현황생성〉 쿼리의 매개 변수 값으로 '고분자'를 입력하여 실행한 후의 〈조회학과학점현황〉 테이블

05 〈시간표〉 테이블의 '학생코드'를 이용하여 '강의요일'이 '금'에 해당한 〈학생〉 테이블의 '비고' 필드의 값을 '금요일 수강'으로 변경하는 〈금요일수강생처리〉 업데이트 쿼리를 작성한 후 실행하시오. (7점)

▶ In 연산자와 하위 쿼리 이용

※ 〈금요일수강생처리〉 쿼리를 실행한 후의 〈학생〉 테이블

# 기출 유형 문제 02회 정답

## 문제 ❶ DB구축

### 01 〈시간표〉 테이블

| 번호 | 필드 이름 | 기본 키, 필드 속성 | 설정 값 |
|---|---|---|---|
| ① | 과목코드<br>분반 | 기본 키 | |
| ② | 강의시간 | 기본값 | 시간 |
| ③ | | IME 모드 | 영숫자 반자 |
| ④ | 분반 | 유효성 검사 규칙 | In("A","B","C","D","E") |
| ⑤ | | 유효성 검사 텍스트 | 데이터입력오류! |

### 02 테이블 추가

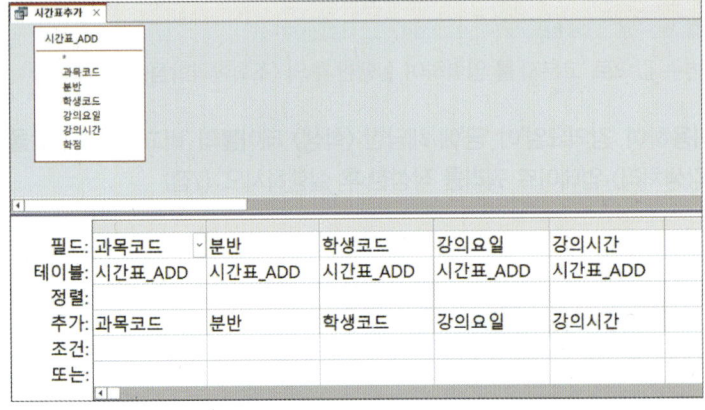

### 03 〈수강과목〉, 〈시간표〉, 〈학생〉 관계

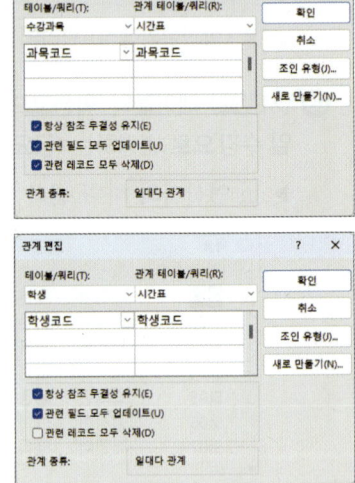

## 문제 ❷  입력 및 수정 기능 구현

### 01 〈배치입력〉 폼

| 번호 | 개체 | 속성 | 설정 값 |
|---|---|---|---|
| ① | 폼 | 레코드 원본 | 수강과목 |
| ② |  | 레코드 선택기 | 아니요 |
| ③ | 폼 | 삭제 가능 | 아니요 |
|  |  | 추가 가능 | 아니요 |

### 02 하위 폼 추가

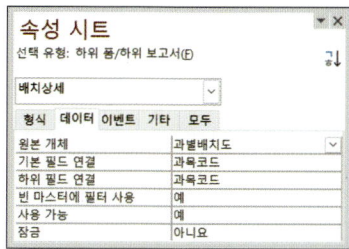

### 03 〈배치입력〉 폼의 '닫기(Cmd닫기)' 버튼

```
Private Sub Cmd닫기_Click()
    DoCmd.Close acForm,"배치입력", acSaveYes
End Sub
```

## 문제 ❸  조회 및 출력 기능 구현

### 01 〈학생배치보고서〉 보고서

| 번호 | 개체 | 속성 | 설정 값 |
|---|---|---|---|
| ① | 보고서 | [보고서 머리글] → [페이지 머리글] | 제목 이동 |
| ② | 학생코드 머리글 | 표시 | 예 |
| ③ | txt순번 | 컨트롤 원본 | =1 |
|  |  | 누적 합계 | 그룹 |
| ④ | txt총강좌 | 컨트롤 원본 | =Count(*) |
|  | txt총시간 |  | =Sum([시간수]) |
| ⑤ | txt페이지 | 컨트롤 원본 | =[Page] & " / " & [Pages] |

### 02 〈학생검색〉 폼의 '학생검색(Cmd검색)' 버튼 클릭 이벤트

```
Private Sub Cmd검색_Click()
    Me.Filter = "학생명 like '*' & Txt찾기 & '*'"
    Me.FilterOn = True
End Sub
```

## 문제 ④ 처리 기능 구현

### 01 〈남녀비율〉 쿼리

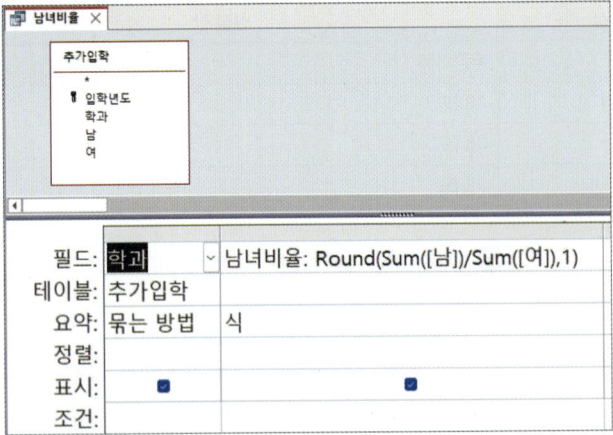

### 02 〈순차남녀비율〉 쿼리

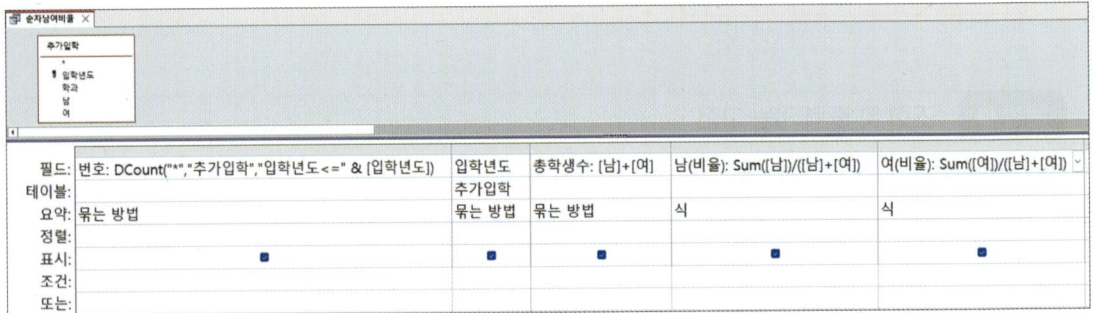

### 03 〈분반학과분류〉 쿼리

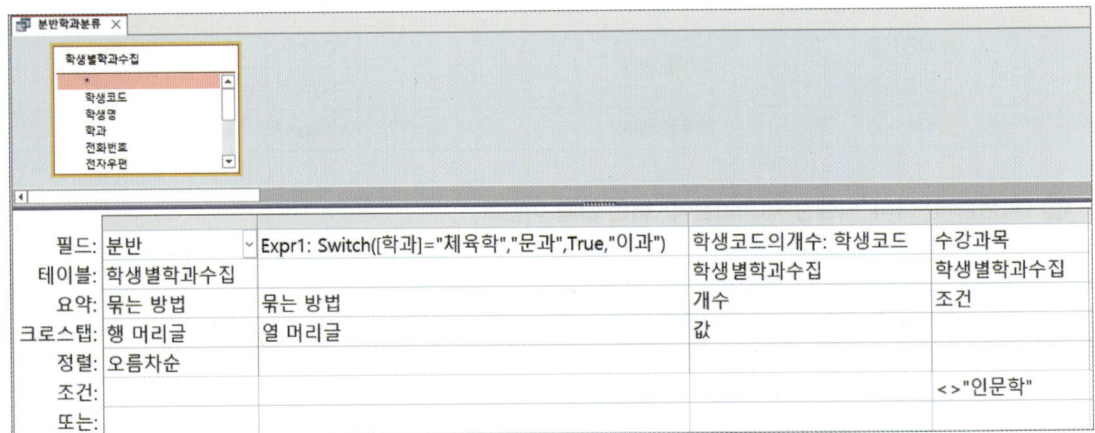

## 04 〈학과현황생성〉 쿼리

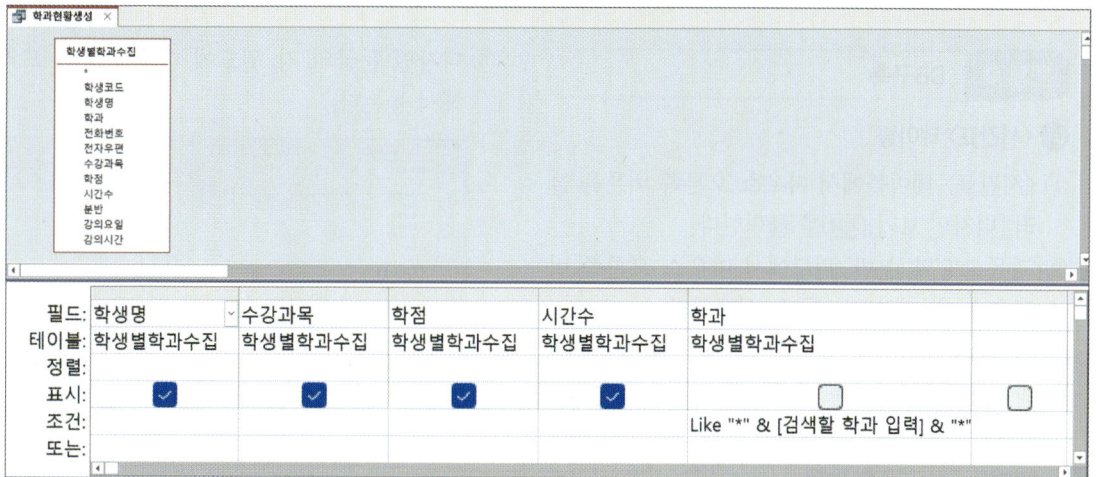

## 05 〈금요일수강생처리〉 쿼리

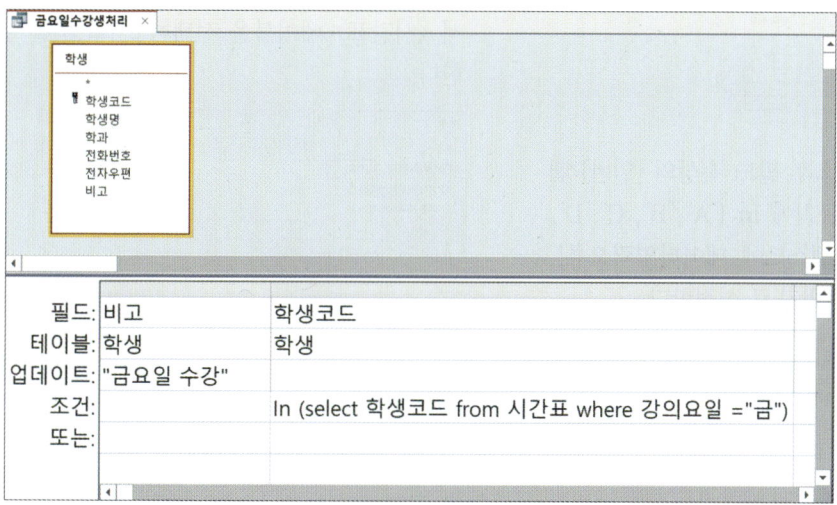

## 기출 유형 문제 02회 해설

### 문제 ❶ DB구축

#### 01 〈시간표〉 테이블

① 〈시간표〉 테이블에서 마우스 오른쪽 버튼을 눌러 [디자인 보기](N)를 클릭한다.
② '과목코드'와 '분반' 필드에서 마우스 오른쪽 버튼을 눌러 [기본 키](Q)를 선택한다.
③ '강의시간' 필드를 선택한 후 필드 속성의 [일반] 탭에서 기본값을 **시간**이라고 입력한다.

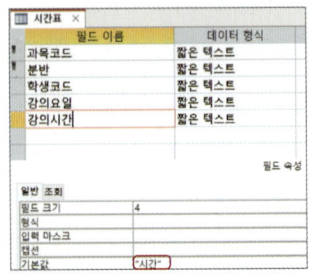

④ '분반' 필드를 선택한 후 필드 속성의 [일반] 탭에서 유효성 검사 규칙에 In ("A","B","C","D","E"), 유효성 검사 텍스트에 **데이터입력오류!**, IME 모드에 '영숫자 반자'로 설정한다.

#### 02 테이블 추가

① [만들기]-[쿼리] 그룹의 [쿼리 디자인](圖)을 클릭한다.
② [테이블 추가]의 [테이블] 탭에서 〈시간표_ADD〉를 추가하고 [닫기]를 클릭한다.
③ 디자인 눈금의 각 필드에 다음과 같이 드래그해서 놓는다.

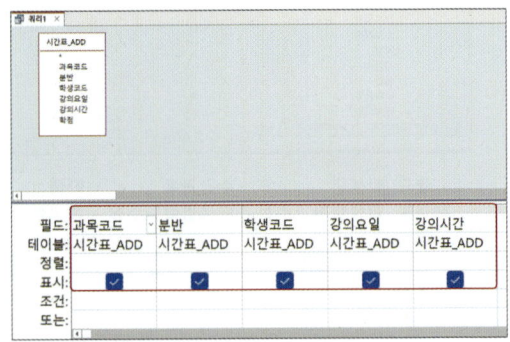

④ 창의 빈 영역에서 마우스 오른쪽 버튼을 눌러 [쿼리 유형]-[추가 쿼리]를 선택한다. [추가]에서 〈시간표〉 테이블을 선택하고 [확인]을 클릭한다.

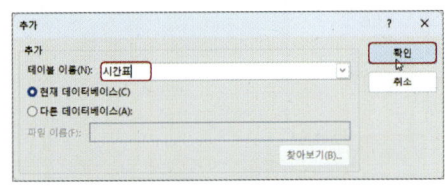

⑤ 쿼리 이름을 **시간표추가**라고 입력하고 [확인]을 클릭한다.

#### 03 관계 설정

[데이터베이스 도구]-[관계] 그룹의 [관계](圖)를 클릭하여 바로 가기 메뉴에서 [테이블 추가]를 클릭하고, 〈학생〉, 〈시간표〉, 〈수강과목〉 테이블을 추가한 다음, 각 필드 간의 관계를 다음과 같이 설정한다.

⟨시간표⟩ ↔ ⟨학생⟩

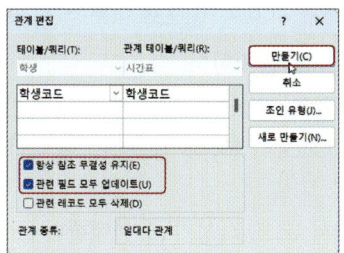

⟨시간표⟩ ↔ ⟨수강과목⟩

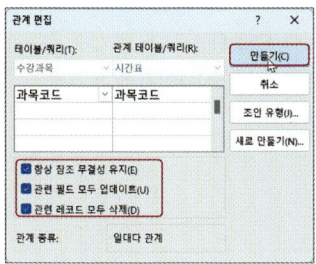

문제 ❷  입력 및 수정 기능 구현

### 01 ⟨배치입력⟩ 폼

① ⟨배치입력⟩ 폼에서 마우스 오른쪽 버튼을 눌러 [디자인 보기](📐)를 클릭한다.
② '폼 선택기'(■)를 더블클릭하여 레코드 원본은 '수강과목', 삭제 가능은 '아니요', 추가 가능은 '아니요', 레코드 선택기는 '아니요'를 설정한다.

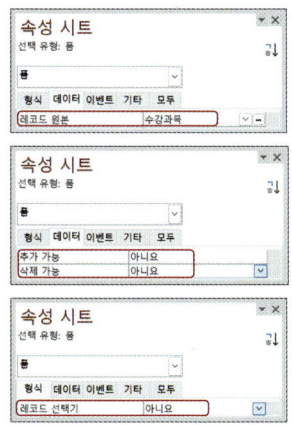

### 02 하위 폼 추가

① ⟨배치입력⟩ 폼에서 마우스 오른쪽 버튼을 눌러 [디자인 보기](📐)를 클릭한 후, [양식 디자인]-[컨트롤] 그룹에서 [컨트롤 마법사 사용](🪄)과 [하위 폼/하위 보고서](▥)를 선택하고 적당한 위치까지 드래그한 후 놓으면 [하위 폼 마법사]가 나타난다.
② [하위 폼 마법사]의 '기존 폼 사용'에서 ⟨과별배치도⟩ 폼을 하위 폼으로 설정하고 [다음]을 클릭한다.
③ '목록에서 선택'을 선택하고 [다음]을 클릭한다.
④ 하위 폼의 이름으로 **배치상세**를 입력하고 [마침]을 클릭한다.

### 03 ⟨배치입력⟩ 폼의 '닫기(Cmd닫기)' 버튼

① ⟨배치입력⟩ 폼에서 마우스 오른쪽 버튼을 눌러 [디자인 보기](📐)를 클릭한다.
② '닫기' 버튼을 클릭한 후 [이벤트] 탭에서 On Click의 [작성기](⋯)를 클릭한다.
③ [작성기 선택]에서 '코드 작성기'를 선택한다.

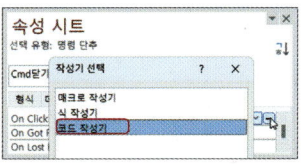

④ VBE의 '코드 창'에 다음과 같이 코딩하고 Alt + Q 를 눌러서 VBE를 닫고 액세스로 돌아온다.

```
Private Sub Cmd닫기_Click()
    DoCmd.Close acForm,"배치입력", acSaveYes
End Sub
```

문제 ❸  조회 및 출력 기능 구현

### 01 ⟨학생배치보고서⟩ 보고서

① ⟨학생배치보고서⟩ 보고서에서 마우스 오른쪽 버튼을 눌러 [디자인 보기](📐)를 클릭한다.

② [보고서 머리글]의 제목을 매 페이지의 윗부분에 나타나도록 하기 위해 [페이지 머리글]로 이동한다.

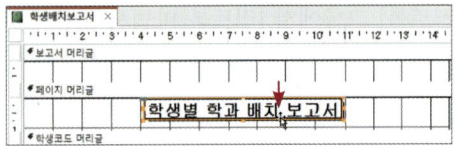

③ [학생코드 머리글]의 구역 선택기를 클릭하여 바로 가기 메뉴에서 [속성]을 선택한 후 '표시' 속성을 설정한다.

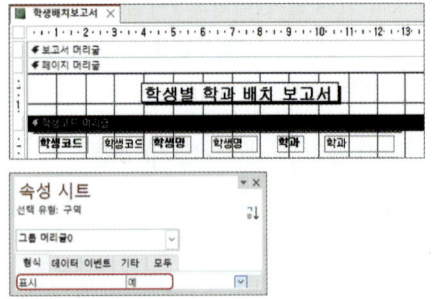

④ 'txt순번'의 컨트롤 원본은 =1, 누적 합계는 '그룹'을 설정한다.

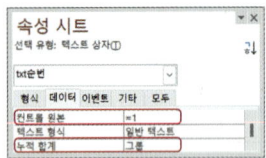

⑤ 'txt총강좌'와 'txt총시간'의 컨트롤 원본을 설정한다.

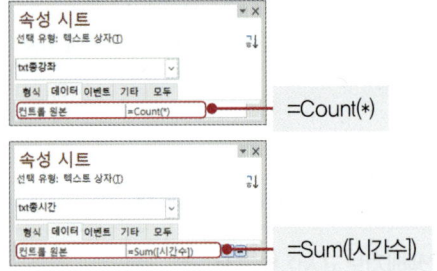

⑥ 'txt페이지'의 컨트롤 원본을 설정한다.

## 02 〈학생검색〉 폼의 '학생검색(Cmd검색)' 버튼

① 〈학생검색〉 폼에서 마우스 오른쪽 버튼을 눌러 [디자인 보기](📐)를 클릭한다.
② '학생검색(Cmd검색)' 버튼을 클릭한 후 [이벤트] 탭에서 On Click의 [작성기](⋯)를 클릭한다.
③ [작성기 선택]에서 '코드 작성기'를 선택한다.
④ VBE의 '코드 창'에 다음과 같이 코딩하고 Alt + Q 를 눌러서 VBE를 닫고 액세스로 돌아온다.

```
Private Sub Cmd검색_Click()
    Me.Filter = "학생명 like '*" & Txt찾기 & "*'"
    Me.FilterOn = True
End Sub
```

### 문제 ④ 처리 기능 구현

### 01 〈남녀비율〉 쿼리

① [만들기]-[쿼리] 그룹에서 [쿼리 디자인](🔲)을 클릭한다.
② [테이블 추가]의 [테이블] 탭에서 〈추가입학〉을 더블클릭하여 [쿼리 디자인] 탭의 [요약](∑)을 클릭하여 아래와 같이 작성한다.

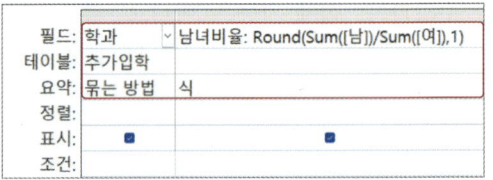

③ [쿼리 디자인] 탭의 [속성 시트]를 클릭하여 형식은 0.0을 입력한다.

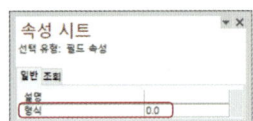

④ Ctrl + S 를 눌러 쿼리 이름을 **남녀비율**을 입력한다.

## 02 〈순차남녀비율〉 쿼리

① [만들기]-[쿼리] 그룹에서 [쿼리 디자인](▦)을 클릭한다.
② [테이블 추가]의 [테이블] 탭에서 〈추가입학〉을 더블클릭하여 [쿼리 디자인] 탭의 [요약](Σ)을 클릭하여 남(비율), 여(비율)은 식으로 설정한다.

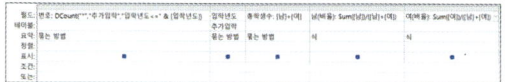

- 번호 : DCount("*","추가입학","입학년도<=" & [입학년도])
- 총학생수 : [남]+[여]
- 남(비율) : Sum([남])/([남]+[여])
- 여(비율) : Sum([여])/([남]+[여])

💬 **함수 설명**
DCount("*","추가입학","입학년도<=" & [입학년도])
2018년 : 입학년도 <= 2018인 행수 1개 : 번호=1
2019년 : 입학년도 <= 2019인 행수 2개 : 번호=2
2021년 : 입학년도 <= 2021인 행수 3개 : 번호=3
2022년 : 입학년도 <= 2022인 행수 4개 : 번호=4
2023년 : 입학년도 <= 2023인 행수 5개 : 번호=5
2024년 : 입학년도 <= 2024인 행수 6개 : 번호=6

③ [쿼리 디자인] 탭의 [속성 시트]를 클릭하여 형식은 **백분율**, 소수 자릿수는 **0**을 입력한다.

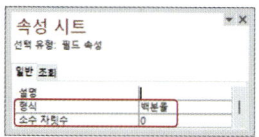

④ Ctrl + S 를 눌러 쿼리 이름을 **순차남녀비율**을 입력한다.

## 03 〈분반학과분류〉 쿼리

① [만들기]-[쿼리] 그룹에서 [쿼리 디자인](▦)을 클릭한다.
② [테이블 추가]의 [테이블] 탭에서 〈학생별학과수집〉을 더블클릭하여 '분반', '학과', '학생코드', '수강과목' 필드를 추가한다.
③ [쿼리 디자인]-[쿼리 유형] 그룹에서 [크로스탭](▦)을 클릭한다.
④ 열머리글은 Switch([학과]="체육학","문과",True,"이과")를 수정한다.
⑤ '분반' 필드는 '오름차순'으로 정렬하고, '수강과목' 필드는 <>"**인문학**"를 입력한다.

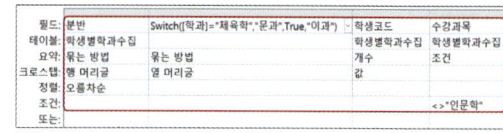

⑥ Ctrl + S 를 눌러 쿼리 이름을 **분반학과분류**를 입력한다.

## 04 〈학과현황생성〉 쿼리

① [만들기]-[쿼리] 그룹의 [쿼리 디자인](▦)을 클릭한다.
② [테이블 추가]의 [쿼리] 탭에서 〈학생별학과수집〉를 추가하고 [닫기]를 클릭한다.
③ 디자인 눈금의 각 필드에 다음과 같이 드래그해서 놓는다.

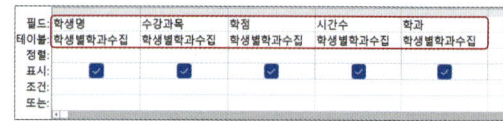

④ 학과는 표시의 체크를 해제하고 조건에 Like "*" & [검색할 학과 입력] & "*"를 입력한다.

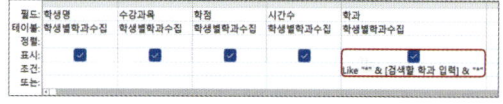

⑤ [쿼리 디자인]-[쿼리 유형] 그룹의 [테이블 만들기](▦)를 클릭한다.

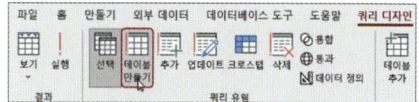

⑥ 테이블 이름은 **조회학과학점현황**을 입력하고 [확인]을 클릭한다.

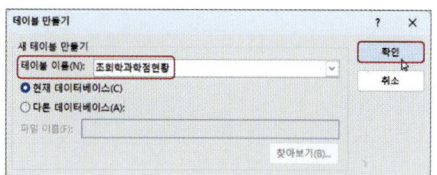

⑦ [쿼리 디자인]-[결과] 그룹의 [실행](!)을 클릭한다.
⑧ Ctrl+S를 눌러 '다른 이름으로 저장' 대화상자에 **학과현황생성**으로 입력하고 [확인]을 클릭한다.

**05** 〈금요일수강생처리〉 쿼리
① [만들기]-[쿼리] 그룹의 [쿼리 디자인](🏛)을 클릭한다.
② [테이블 표시] 대화상자의 [테이블] 탭에서 〈학생〉 테이블을 추가하고 '비고', '학생코드' 필드를 드래그한다.
③ [쿼리 디자인] 탭의 [쿼리 유형]-[업데이트](🏛)를 클릭한 후 다음과 같이 입력한다.

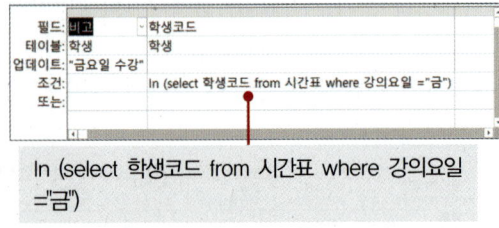

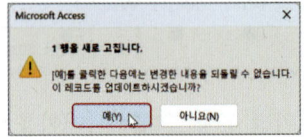
In (select 학생코드 from 시간표 where 강의요일 ="금")

④ 쿼리의 이름을 **금요일수강생처리**로 입력하고 [확인]을 클릭한다.
⑤ [쿼리 디자인] 탭의 [결과]-[실행](!)을 클릭하면 다음의 메시지가 표시되면 [예]를 클릭한다.

# 기출 유형 문제 03회

**작업파일** [26컴활1급₩2권_데이터베이스₩기출유형문제] 폴더의 '기출유형문제3회' 파일을 열어서 작업하시오.

## 문제 ❶ DB구축 25점

**01** 제품납품 관리를 위하여 데이터베이스를 구축하고자 한다. 다음의 지시사항에 따라 테이블을 완성하시오. (각 3점)

※ 〈납품현황〉 테이블을 사용하시오.
① 기본 키(Primary Key)는 '납품일자', '납품업체코드', '제품코드'로 구성된다. 기본 키를 설정하시오.
② '납품일자' 필드에는 값이 반드시 입력되도록 설정하시오.
③ '수량' 필드에는 1부터 1000사이의 값만 입력되도록 설정하고, 그 이외의 값이 입력되면 '1부터 1000 사이의 값을 입력하세요'라는 메시지가 표시되도록 설정하시오.

※ 〈납품업체〉 테이블을 사용하시오.
④ '사업자번호' 필드를 입력할 때 '숫자3자리-숫자2자리-숫자5자리' 형태로 필수 입력되도록 입력 마스크를 설정하시오.
  ▶ 입력 마스크 기호는 밑줄(_)을 사용하고 숫자 사이의 '-'도 함께 저장되도록 설정하시오.
⑤ '홈페이지주소' 필드의 데이터 형식은 입력된 인터넷 URL 주소를 클릭하면 자동으로 연결되도록 설정하시오.

**02** 〈추가납품〉 테이블의 데이터를 〈납품현황〉 테이블에 추가하시오. (5점)
▶ 〈추가납품〉 테이블의 '납품번호', '비고' 필드는 추가 대상에서 제외하시오.
▶ '납품일자' 필드가 '2025년 1월 1일'보다 같거나 큰 레코드만 추가하시오.
▶ 추가 쿼리(Insert Query)를 이용하여 처리하고, 쿼리의 이름은 '2025년도납품추가'로 지정하시오.

**03** 〈납품현황〉 테이블의 '납품업체코드', '제품코드' 필드는 각각 〈납품업체〉 테이블의 '납품업체코드' 필드와 〈제품목록〉 테이블의 '제품코드' 필드를 참조하며, 테이블 간의 관계는 다대일(M:1)이다. 각 테이블에 대해 다음과 같이 관계를 설정하시오. (5점)
▶ 각 테이블 간에 참조 무결성이 유지되도록 설정하시오.
▶ 각 테이블의 참조 필드의 값이 변경되면 관련 필드의 값들도 변경되도록 설정하시오.

## 문제 ❷ 입력 및 수정 기능 구현    20점

**01** 제품별 납품현황 조회를 위한 〈제품조회〉 폼을 다음의 〈화면〉과 지시사항에 따라 완성하시오. (각 3점)

① 〈화면〉과 같이 폼의 최소화 단추만 표시(활성화)되도록 설정하시오.
② 폼 머리글의 컨트롤에 대해서 탭 순서가 'Txt조회코드', 'Cmd조회', 'Cmd인쇄', 'Txt제품코드', 'Txt제품명', 'Txt제조사', 'Txt원가', 'Txt주문방법' 순서가 되도록 설정하시오.
③ 폼의 본문 안에 〈납품현황〉 폼을 하위 폼으로 작성하고 다음사항을 설정하시오.
  ▶ 기본 폼을 하위 폼으로 연결하는 필드는 '제품코드'로 직접 지정하시오.
  ▶ 하위 폼 컨트롤의 이름은 '납품현황상세'로 할 것

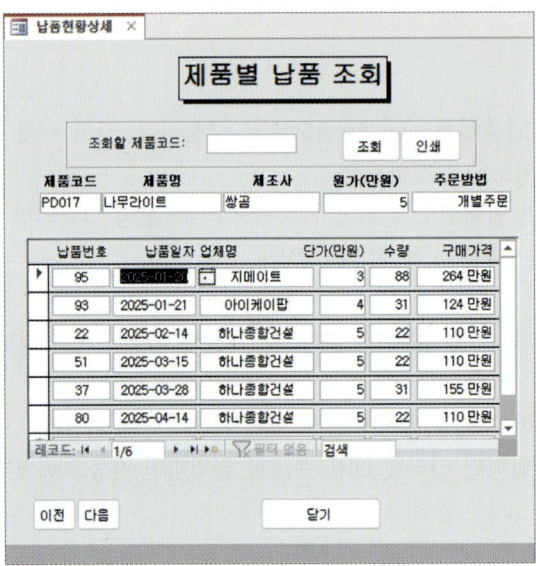

**02** 〈제품조회〉 폼의 폼 바닥글에 위 〈화면〉과 같이 '닫기(Cmd닫기)' 버튼을 작성하고 버튼을 클릭하면 다음과 같은 기능을 수행하도록 구현하시오. (6점)

  ▶ 다음 〈화면〉과 같은 메시지 대화상자를 표시한 후 [예]를 클릭할 때만 현재 폼이 닫히도록 설정하시오.

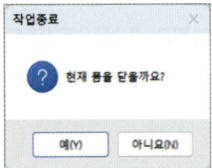

  ▶ DoCmd 객체, MsgBox, Dim a 변수 선언을 사용하여 작성하시오.

**03** 〈제품조회〉 폼의 'Txt주문방법' 컨트롤에는 '원가' 필드가 10보다 크거나 같은 경우에는 '본사주문'을, 그 이외의 경우에는 '개별주문'이 표시되도록 구현하시오. (5점)

  ▶ IIf 함수 이용

## 문제 ❸ 조회 및 출력 기능 구현  20점

**01** 다음의 지시사항 및 〈화면〉을 참조하여 〈납품현황상세〉 보고서를 완성하시오. (각 3점)

① 제품코드 바닥글의 모든 컨트롤의 글꼴 두께를 '굵게'로 설정하시오.
② 제품코드 바닥글에 〈화면〉과 같이 실선을 표시하도록 컨트롤을 생성하시오.
▶ 컨트롤 이름은 'Line바닥글'로 지정
③ 본문의 'Txt구매가' 컨트롤에 계산 값이 표시되도록 설정하시오.
▶ Txt구매가 = 단가(만원) × 10000
④ 본문의 'Txt누적수량' 컨트롤은 해당 그룹 내에서의 '수량' 필드의 누계 값을 표시하도록 설정하시오.
⑤ 제품코드 바닥글의 'Txt평균단가' 컨트롤에 계산 값이 표시되도록 설정하시오.
▶ Txt평균단가 = 단가(만원) 필드의 평균 × 10000

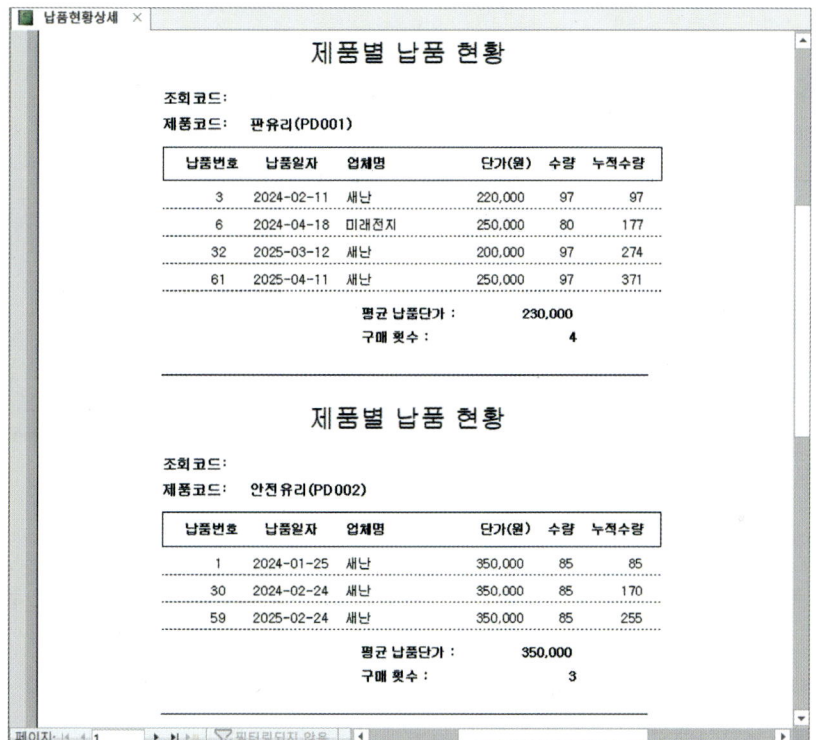

**02** 〈제품조회〉 폼의 '조회(Cmd조회)' 버튼을 클릭하면 다음과 같이 조회 기능을 수행하도록 이벤트 프로시저를 구현하시오. (5점)

▶ 'Txt조회코드' 컨트롤에 입력된 제품코드에 해당하는 레코드만을 대상으로 하시오.
▶ Filter, FilterOn 속성을 이용하시오.

## 문제 ❹ 처리 기능 구현    35점

**01** 〈제품목록〉, 〈납품현황〉 테이블을 이용하여 수량의 합계 상위 5개만 표시하는 〈수량 상위〉 쿼리를 작성하시오. (7점)

▶ 수량을 기준으로 내림차순 정렬하여 표시하시오.
▶ 쿼리 결과로 표시되는 필드와 필드명은 〈그림〉과 같이 표시되도록 설정하시오.

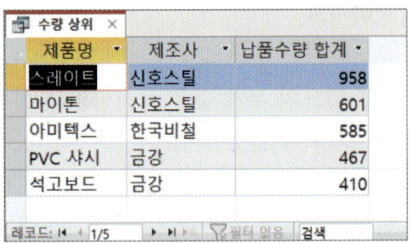

**02** 〈제품목록〉 테이블을 이용하여 다음과 같은 기능을 수행하는 쿼리를 작성하시오. (7점)

▶ 한 번도 납품이 이루어지지 않은 제품코드, 제품명, 제조사, 원가를 조회하시오.
▶ 〈납품현황〉 테이블과 Not In 연산자를 이용하여 SQL 명령으로 작성하시오.
▶ 쿼리 이름은 〈미구매제품현황〉으로 설정하시오.

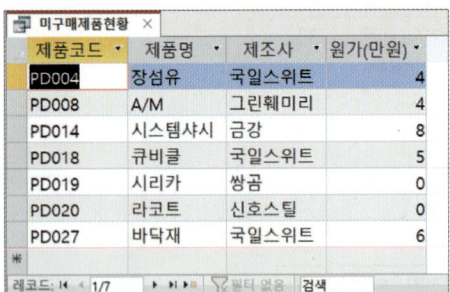

**03** 〈납품현황상세〉 쿼리의 '단가(만원)' 필드를 '원가 × ( 1 – 할인율)'의 값으로 변경하는 업데이트 쿼리를 작성하시오. (7점)

▶ 쿼리를 작성하고 이를 실행하시오.
▶ 쿼리 이름은 〈납품단가계산〉으로 설정하시오.

**04** 〈납품현황상세〉 쿼리를 이용하여 다음과 같은 기능을 수행하는 쿼리를 작성하시오. (7점)

- ▶ 원하는 연도를 매개 변수 값으로 입력받아 '납품일자' 필드의 연도와 일치하는 레코드만을 대상으로 납품업체 코드별 '단가(만원) × 수량'의 합계가 표시되도록 설정하시오.
- ▶ 조회 결과는 〈화면〉과 같이 표시할 것
- ▶ 쿼리 이름은 〈업체별납품금액조회〉로 설정하시오.

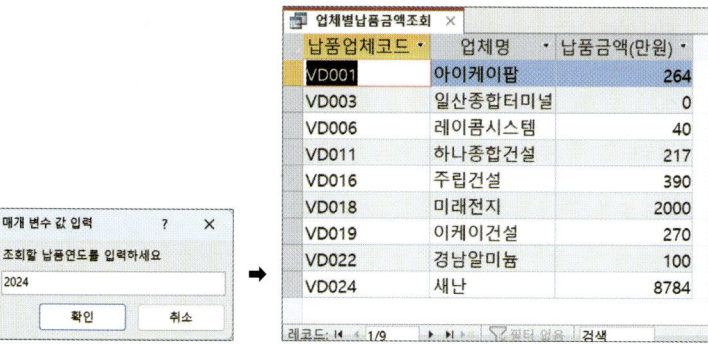

**05** 〈납품업체〉 테이블을 이용하여 다음 조건에 만족한 자료만 〈서울사업자〉 테이블로 생성하는 〈서울사업자조회〉 쿼리를 작성하시오. (7점)

- ▶ 사업자번호가 4로 시작하고, 두 번째 번호가 4~9로 시작하는 자료만 표시
- ▶ 전화가 '02-'로 시작하는 자료만 표시

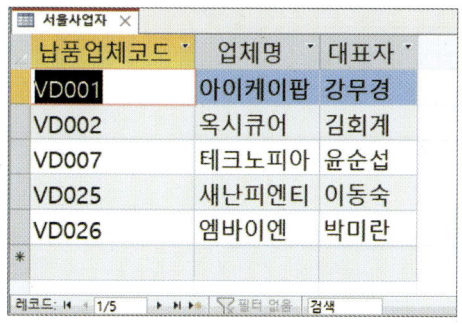

# 기출 유형 문제 03회 정답

## 문제 ① DB구축

### 01 〈납품현황〉, 〈납품업체〉 테이블

| 번호 | 테이블 | 필드 이름 | 기본 키, 필드 속성 | 설정 값 |
|---|---|---|---|---|
| ① | 납품현황 | 납품일자 | 기본 키 | 납품현황 테이블의 필드 이름과 데이터 형식: 납품번호(일련 번호), 납품일자(날짜/시간), 납품업체코드(짧은 텍스트), 제품코드(짧은 텍스트), 수량(숫자), 할인율(숫자), 단가(만원)(숫자) |
| | | 납품업체코드 | | |
| | | 제품코드 | | |
| ② | | 납품일자 | 필수 | 예 |
| ③ | | 수량 | 유효성 검사 규칙 | >=1 And <=1000 |
| | | | 유효성 검사 텍스트 | 1부터 1000사이의 값을 입력하세요 |
| ④ | 납품업체 | 사업자번호 | 입력 마스크 | 000-00-00000;0;_ |
| ⑤ | | 홈페이지주소 | 데이터 형식 | 하이퍼링크 |

### 02 〈2025년도납품추가〉 추가 쿼리

| 필드: | 납품일자 | 납품업체코드 | 제품코드 | 수량 | 할인율 | |
|---|---|---|---|---|---|---|
| 테이블: | 추가납품 | 추가납품 | 추가납품 | 추가납품 | 추가납품 | |
| 정렬: | | | | | | |
| 추가: | 납품일자 | 납품업체코드 | 제품코드 | 수량 | 할인율 | |
| 조건: | >=#2025-01-01# | | | | | |
| 또는: | | | | | | |

### 03 〈납품업체〉, 〈납품현황〉, 〈제품목록〉 관계

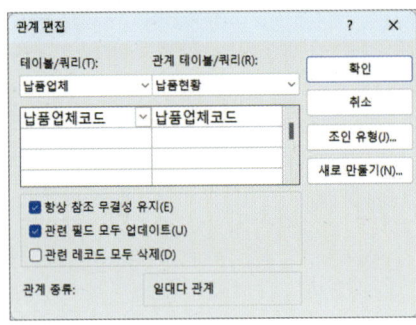
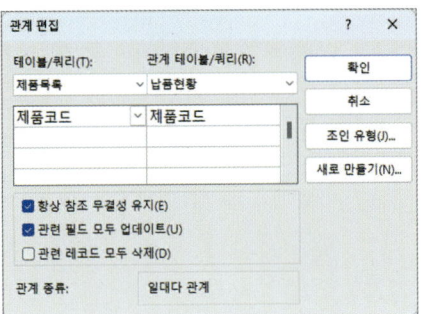

## 문제 ❷  입력 및 수정 기능 구현

### 01 〈제품조회〉 폼

| 번호 | 개체 | 속성 | 설정 값 |
|---|---|---|---|
| ① | 폼 | 최소화/최대화 단추 | 최소화 단추만 |
| ② | 폼 머리글 | [양식 디자인] [도구] 탭의 [탭 순서] | Txt조회코드 → Cmd조회 → Cmd인쇄 → Txt제품코드 → Txt제품명 → Txt제조사 → Txt원가 → Txt주문방법 |
| ③ | 하위 폼 만들기 | [양식 디자인]- [컨트롤] 탭의 [하위 폼/하위 보고서] | 속성 시트<br>선택 유형: 하위 폼/하위 보고서(F)<br>납품현황상세<br>형식 데이터 이벤트 기타 모두<br>이름   납품현황상세<br>표시   예<br>원본 개체   납품현황<br>기본 필드 연결   제품코드<br>하위 필드 연결   제품코드 |

### 02 〈제품조회〉 폼의 'Cmd닫기' 클릭 이벤트

```
Private Sub Cmd닫기_Click()
    Dim a
    a = MsgBox("현재 폼을 닫을까요?", vbQuestion + vbYesNo, "작업종료")
    If a = vbYes Then
        DoCmd.Close
    End If
End Sub
```

### 03 〈제품조회〉 폼의 'Txt주문방법' 컨트롤 원본

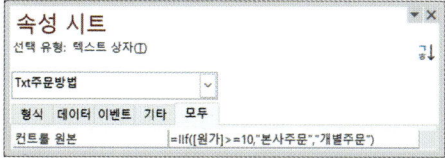

## 문제 ❸  조회 및 출력 기능 구현

### 01 〈납품현황상세〉 보고서

| 번호 | 개체 | 속성 | 설정 값 |
|---|---|---|---|
| ① | 제품코드 바닥글 | 컨트롤(모두) | [서식]-[글꼴] 탭의 [굵게] |
| ② | 실선 그리기 | 이름 | Line바닥글 |
| ③ | Txt구매가 | 컨트롤 원본 | =[단가(만원)]*10000 |
| ④ | Txt누적수량 | 컨트롤 원본 | 수량 |
|   |   | 누적 합계 | 그룹 |
| ⑤ | Txt평균단가 | 컨트롤 원본 | =Avg([단가(만원)])*10000 |

② 〈제품조회〉 폼 'Cmd조회' 클릭 이벤트

```
Private Sub Cmd조회_Click()
    Me.Filter = "제품코드 = '" & Txt조회코드 & "'"
    Me.FilterOn = True
End Sub
```

## 문제 ④ 처리 기능 구현

① 〈수량 상위〉 쿼리 작성

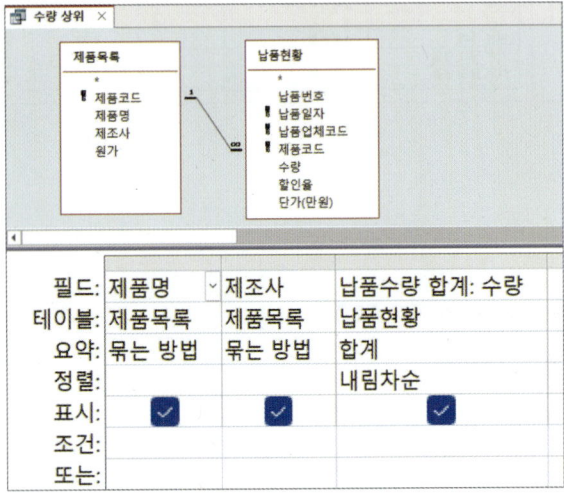

② 〈미구매제품현황〉 쿼리

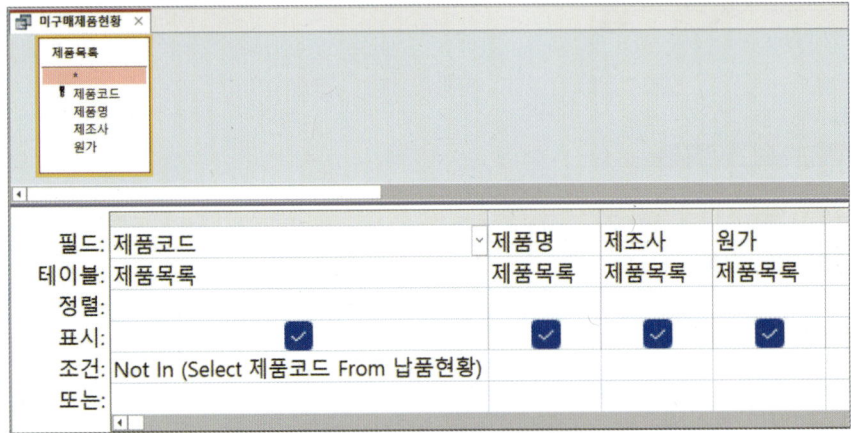

## 03 〈납품단가계산〉 업데이트 쿼리

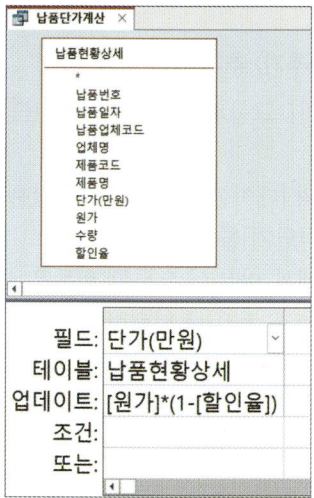

## 04 〈업체별납품금액조회〉 쿼리

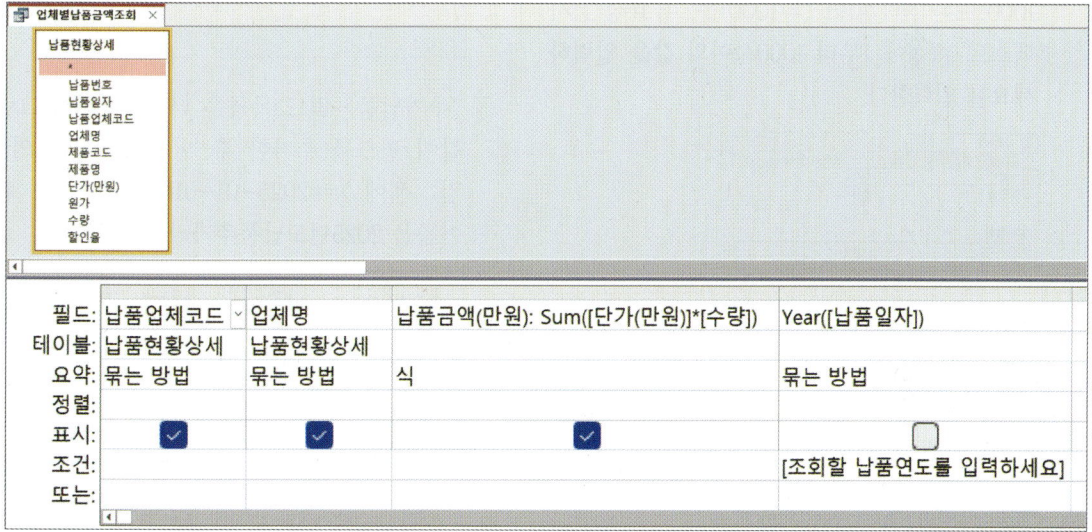

## 05 〈서울사업자조회〉 쿼리

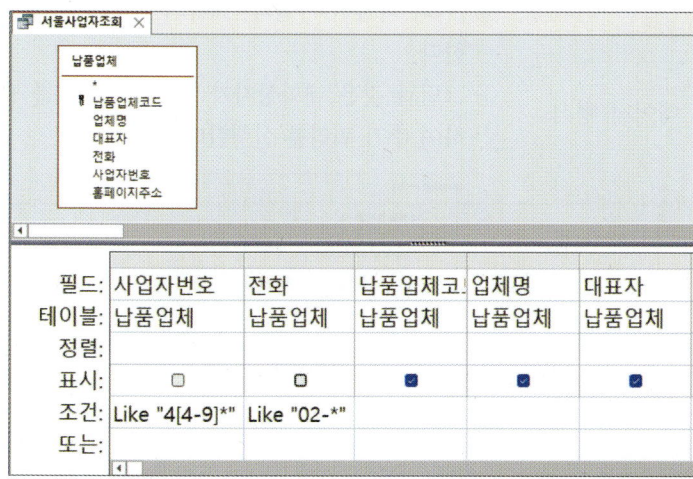

## 기출 유형 문제 03회 해설

### 문제 ① DB구축

**01 〈납품현황〉, 〈납품업체〉 테이블**

① 〈납품현황〉 테이블에서 마우스 오른쪽 버튼을 눌러 [디자인 보기](🔳)를 클릭한다.
② '납품일자' 필드 행 선택기에서 마우스 포인터가 ➡가 될 때 '제품코드' 필드 행까지 드래그하여 세 개의 필드가 선택되도록 한 후 [테이블 디자인]-[도구] 그룹의 [기본 키](🔑)를 클릭한다.
③ '납품일자' 필드를 선택한 후 '필드 속성'의 [일반] 탭에서 필수를 '예'로 지정한다.
④ '수량' 필드를 선택한 후 '필드 속성'의 [일반] 탭에서 유효성 검사 규칙에 Between 1 And 1000(또는 ')=1 And <= 1000)을, '유효성 검사 텍스트' 속성에 **1부터 1000사이의 값을 입력하세요**를 입력한다.

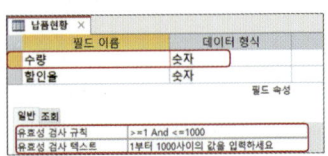

⑤ 〈납품업체〉 테이블을 디자인 보기로 연 후, '사업자번호' 필드를 선택하고 '입력 마스크' 필드에 000-00-00000;0;_ (또는 000-00-00000;0)을 입력한다.

> **기적의 TIP**
> '000-00-0000;0;_'의 의미
> 입력 마스크에서 세미콜론(;)을 사용하여 문자 저장 여부와 문자를 입력할 때 표시할 표시 문자를 지정할 수 있습니다. '0'을 사용하여 숫자 필수 입력을 지정하고 숫자 사이의 '-' 문자를 함께 기억시키기 위해 첫 번째 세미콜론(;) 다음에 '0'을 사용합니다.

⑥ '홈페이지주소' 필드를 선택한 후 데이터 형식을 '하이퍼링크'로 지정한다.

### 02 〈2025년도납품추가〉 추가 쿼리 작성

① [만들기]-[쿼리] 그룹의 [쿼리 디자인](🔳)을 클릭한다.
② [테이블 추가]의 [테이블] 탭에서 〈추가납품〉을 더블클릭한 후 [닫기]를 클릭한다.
③ 창의 빈 영역에서 마우스 오른쪽 버튼을 눌러 [쿼리 유형]-[추가 쿼리]를 선택한다.
④ [추가]에서 자료를 추가할 테이블 선택을 위해 '테이블 이름'의 목록 단추(∨)를 클릭하여 '납품현황'을 선택한 후 [확인]을 클릭한다.

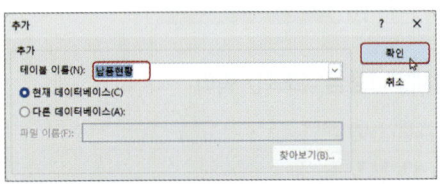

⑤ 〈추가납품〉 필드 목록을 더블클릭하여 그림과 같이 필드를 추가한 후 '납품일자' 필드의 '조건:' 셀에 >=#2025-01-01#을 입력하고 쿼리 이름을 **2025년도납품추가**라고 저장한다.

| 필드: | 납품일자 | 납품업체코드 | 제품코드 | 수량 | 할인율 |
|---|---|---|---|---|---|
| 테이블: | 추가납품 | 추가납품 | 추가납품 | 추가납품 | 추가납품 |
| 정렬: | | | | | |
| 추가: | 납품일자 | 납품업체코드 | 제품코드 | 수량 | 할인율 |
| 조건: | >=#2025-01-01# | | | | |
| 또는: | | | | | |

> **기적의 TIP**
> 날짜 데이터를 사용할 때는 앞뒤에 '#'을 붙이는 것이 좋습니다. 여기서는 ')=2025-1-1'을 입력하고 Enter 를 눌러도 자동으로 '>=#2025-01-01#'로 변경됩니다.

⑥ [쿼리 디자인]-[결과] 그룹의 [실행](❗)을 클릭한다.
⑦ 그림과 같은 대화상자가 표시되면 [예]를 클릭하여 추가 쿼리를 실행한다.

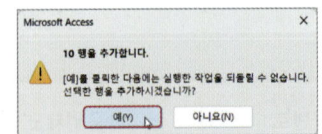

## 03 〈납품업체〉, 〈납품현황〉, 〈제품목록〉 관계

① [데이터베이스 도구]-[관계] 그룹의 [관계](🔲)를 클릭한다.

② [관계] 창에서 마우스 오른쪽 버튼을 눌러 [테이블 표시]를 선택한 후 [테이블 추가]의 [테이블] 탭에서 〈납품업체〉, 〈납품현황〉, 〈제품목록〉 테이블을 각각 더블클릭하고 [닫기]를 클릭한다.

③ 〈납품업체〉 테이블의 '납품업체코드'를 〈납품현황〉 테이블의 '납품업체코드' 위로 드래그한다.

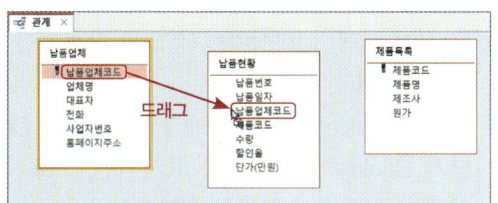

④ [관계 편집] 대화상자를 그림과 같이 지정한 후 [만들기]를 클릭한다.

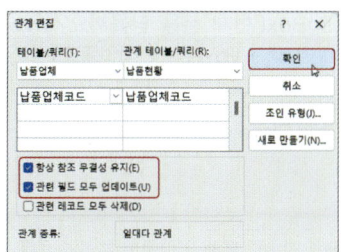

⑤ 〈제품목록〉 테이블의 '제품코드' 필드를 선택한 다음 〈납품현황〉 테이블의 '제품코드' 필드로 드래그 한다. [관계 편집] 대화상자가 나타나면 그림과 같이 지정한 후 [만들기]를 클릭한다.

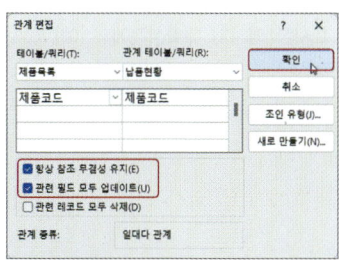

② [폼] 디자인 보기 창에서 '폼 선택기'(■)를 클릭하여 나타난 [폼] 속성 창의 [형식] 탭에서 최소화/최대화 단추를 '최소화 단추만'으로 지정한다.

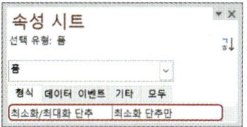

③ '폼 머리글'을 선택하고 마우스 오른쪽 버튼을 눌러 [탭 순서]를 선택한다.

④ 'Txt조회코드' 행 선택기에서 마우스 포인터 모양이 ➡이 될 때 클릭한 후 목록의 제일 위로 드래그하여 순서를 변경한다.

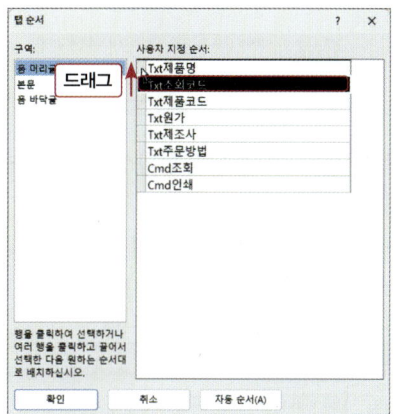

⑤ ④번과 같은 과정을 반복하여 '사용자 지정 순서'의 컨트롤 순서를 그림과 같이 변경하고 [확인]을 클릭한다.

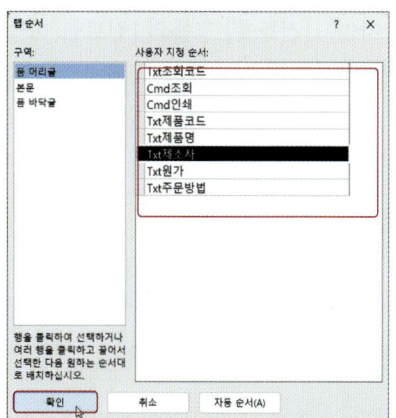

## 문제 ❷ 입력 및 수정 기능 구현

### 01 〈제품조회〉 폼

① 〈제품조회〉 폼에서 마우스 오른쪽 버튼을 눌러 [디자인 보기](🔳)를 클릭한다.

⑥ [양식 디자인]-[컨트롤] 그룹의 [하위 폼/하위 보고서](▦)를 클릭하여 본문 영역의 하위 폼이 놓일 위치에 드래그한다.
⑦ [하위 폼 마법사]에서 '기존 폼 사용'을 선택한 후 〈납품현황〉 폼을 선택하고 [다음]을 클릭한다.
⑧ [하위 폼 마법사]에서 '직접 지정'을 선택한 후 '폼/보고서 필드:'와 '하위 폼/하위 보고서 필드:'를 모두 '제품코드'로 지정하고 [다음]을 클릭한다.

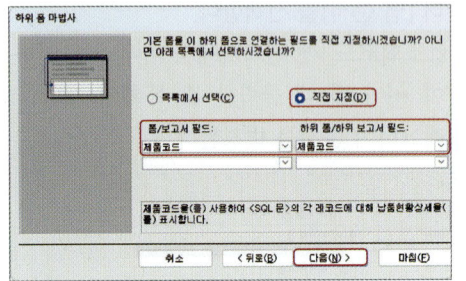

⑨ [하위 폼 마법사]에서 **납품현황상세**를 입력하고 [마침]을 클릭한다.
⑩ 삽입된 하위 폼의 레이블 컨트롤 '납품현황상세'를 클릭한 후 Delete 를 눌러 삭제한다.

### 02 〈제품조회〉 폼의 'Cmd닫기' 클릭 이벤트

① 〈제품조회〉 폼에서 마우스 오른쪽 버튼을 눌러 [디자인 보기](▦)를 클릭한다.
② [양식 디자인]-[컨트롤] 그룹의 [컨트롤 마법사 사용](▨)이 선택된 상태에서 [단추](□)를 클릭한 후 [폼 바닥글] 영역의 명령 단추가 놓일 부분을 드래그한다.

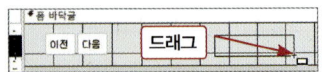

③ [명령 단추 마법사]가 나타나면 [취소]를 클릭한다.

④ 작성한 명령 단추를 더블클릭하여 속성 창의 '이름' 속성에 **Cmd닫기**를, '캡션' 속성에 **닫기**를 입력한다.

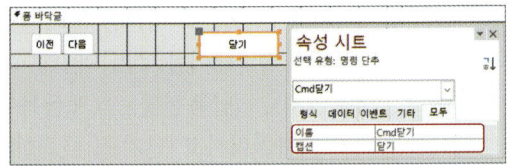

⑤ 새로 작성한 'Cmd닫기' 컨트롤에서 마우스 오른쪽 버튼을 눌러 [이벤트 작성]을 선택한다.
⑥ [작성기 선택] 대화상자에서 '코드 작성기'를 더블클릭한다.
⑦ [Visual Basic Editor] 창에 'Private Sub Cmd닫기_Click()' 프로시저가 표시되면, 프로시저 안에 다음과 같이 입력하여 완성한다.

```
Private Sub Cmd닫기_Click()
  ① Dim a
  ② a = MsgBox("현재 폼을 닫을까요?", vb-
      Question + vbYesNo, "작업종료")
  ③ If a = vbYes Then
    ④ DoCmd.Close
  ⑤ End If
End Sub
```

① ②에서 MsgBox 함수를 통해 입력한 버튼의 종류를 기억할 변수를 선언한다.
② 문제에 주어진 화면과 같은 대화상자를 표시한다. 'vbQuestion'은 경고 아이콘(❓)을 표시하고 'vbYesNo'는 [예], [아니오] 두 개의 버튼을 표시하도록 지정한다. 두 개의 버튼 중 클릭한 버튼의 번호가 변수 a에 기억된다.
③~⑤ ②에서 표시한 메시지 대화상자에서 [예](vbYes) 버튼을 클릭한 경우에만 현재 폼을 닫는다.

**03 〈제품조회〉 폼의 'Txt주문방법' 컨트롤 원본**

〈제품조회〉 폼에서 마우스 오른쪽 버튼을 눌러 [디자인 보기](🔲)를 클릭하고 'Txt주문방법' 컨트롤을 더블클릭한 후 컨트롤 원본에 =IIf([원가]>=10,"본사주문","개별주문")을 입력한다.

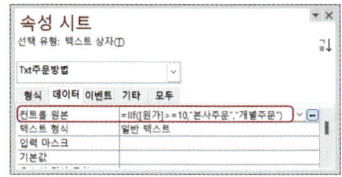

## 문제 ❸ 조회 및 출력 기능 구현

### 01 〈납품현황상세〉 보고서

① 〈납품현황상세〉 보고서에서 마우스 오른쪽 버튼을 눌러 [디자인 보기](🔲)를 클릭한다.
② '제품코드 바닥글'의 모든 컨트롤을 선택한 후 [서식]-[글꼴] 그룹의 [굵게](가)를 클릭한다.

③ 선 컨트롤을 작성하기 위해 [보고서 디자인]-[컨트롤] 그룹의 [선](◻)을 클릭하여 '제품코드 바닥글' 영역에서 선이 놓일 위치에 드래그한다.

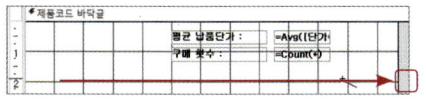

④ 작성된 선 컨트롤을 선택하여 속성 창의 '이름' 속성에 Line바닥글을 입력한다.
⑤ '제품코드 바닥글'과 '페이지 바닥글' 영역의 경계선에서 마우스 포인터 모양이 ✥이 될 때 드래그하여 적당한 크기로 영역을 줄인다.
⑥ 'Txt구매가' 컨트롤을 선택한 후 속성 창의 컨트롤 원본에 =[단가(만원)]*10000을 입력한다.

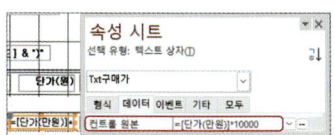

⑦ 'Txt누적수량' 컨트롤을 선택한 후 [데이터] 탭을 선택한 후 컨트롤 원본을 '수량'으로, '누적 합계'를 '그룹'으로 지정한다.

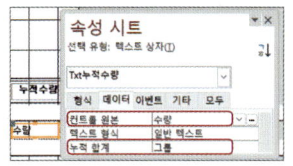

⑧ 'Txt평균단가' 컨트롤을 선택한 후 속성 창의 컨트롤 원본에 =Avg([단가(만원)])*10000을 입력한다.

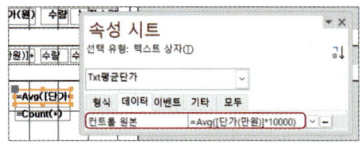

### 02 〈제품조회〉 폼의 'Cmd조회' 버튼 클릭 이벤트

① 〈제품조회〉 폼에서 마우스 오른쪽 버튼을 눌러 [디자인 보기](🔲)를 클릭한다.
② 'Cmd조회' 컨트롤에서 마우스 오른쪽 버튼을 눌러 [이벤트 작성]을 선택한다.
③ [작성기 선택]에서 '코드 작성기'를 더블클릭한다.
④ [Visual Basic Editor] 창에 'Private Sub Cmd조회_Click()' 프로시저가 표시되면, 프로시저 안에 다음과 같이 입력하여 완성한다.

```
Private Sub Cmd조회_Click()
① Me.Filter = "제품코드 = '" & Txt조회코드 & "'"
② Me.FilterOn = True
End Sub
```

① '제품코드' 필드와 'Txt조회코드' 컨트롤의 내용이 동일한 자료만 표시하도록 필터 조건을 지정한다. '제품코드' 필드가 텍스트 데이터형이기 때문에 'Txt조회코드' 컨트롤의 앞뒤에 작은 따옴표(' ')가 표시되도록 처리해야 한다.
② 현재 폼에 ①에서 지정한 필터 조건을 적용하여 표시한다.

## 문제 ④ 처리 기능 구현

### 01 〈수량 상위〉 쿼리

① [만들기]-[쿼리] 그룹의 [쿼리 디자인](🗔)을 클릭한다.
② [테이블 추가]의 [테이블]에서 〈제품목록〉, 〈납품현황〉을 추가한다.

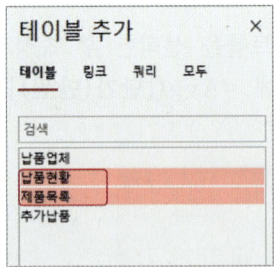

③ '제품명', '제조사', '수량' 필드를 드래그한 후 [쿼리 디자인]-[표시/숨기기] 그룹의 [요약]을 클릭한 후 수량은 '합계', '내림차순', 필드명 **납품수량 합계: 수량**으로 수정한다.

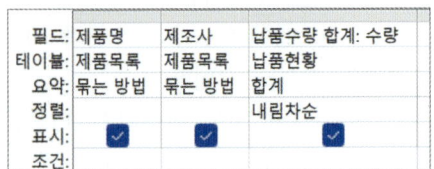

④ [쿼리 디자인]-[쿼리 설정] 그룹의 '반환'에 5을 입력한다.

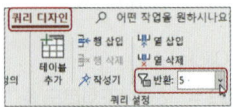

⑤ Ctrl+S를 눌러 **수량 상위**를 입력하고 [확인]을 클릭한다.

### 02 〈미구매제품현황〉 쿼리

① [만들기]-[쿼리] 그룹의 [쿼리 디자인](🗔)을 클릭한다.
② [테이블 추가]의 [테이블] 탭에서 〈제품목록〉을 더블클릭한 후 [닫기]를 클릭한다.
③ 〈제품목록〉 필드 목록에서 '제품코드', '제품명', '제조사', '원가'를 각각 더블클릭한 후 '제품코드' 열의 '조건:'에 Not In (Select 제품코드 From 납품현황)을 입력한다.

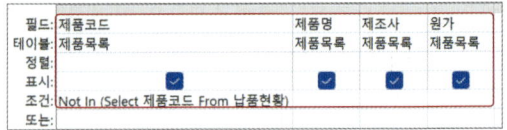

④ 쿼리 이름을 **미구매제품현황**으로 입력한다.

### 03 〈납품단가계산〉 업데이트 쿼리

① [만들기]-[쿼리] 그룹의 [쿼리 디자인](🗔)을 클릭한다.
② [테이블 추가]에서 [쿼리] 탭을 선택하여 〈납품현황상세〉를 더블클릭한 후 [닫기]를 클릭한다.
③ 창의 빈 영역에서 마우스 오른쪽 버튼을 눌러 [쿼리 유형]-[업데이트 쿼리]를 선택한다.

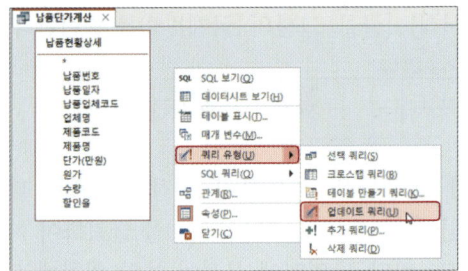

④ 〈납품현황상세〉 필드 목록의 '단가(만원)' 필드를 더블클릭한 후 그림과 같이 업데이트 내용을 지정한다.

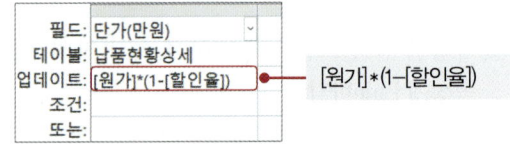

⑤ 쿼리 이름을 **납품단가계산**으로 입력한다.
⑥ 쿼리를 실행하기 위해 [쿼리 디자인]-[결과] 그룹의 [실행](❗)을 클릭하여 그림과 같은 대화상자가 표시되면 [예]를 클릭한다.

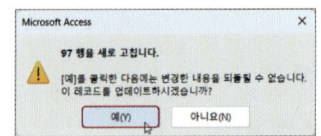

### 04 〈업체별납품금액조회〉 쿼리

① [만들기]-[쿼리] 그룹의 [쿼리 디자인](▦)을 클릭한다.
② [테이블 추가]에서 [쿼리] 탭을 선택하여 〈납품현황상세〉를 더블클릭한 후 [닫기]를 클릭한다.
③ 합계 계산을 위해, [쿼리 디자인]-[표시/숨기기] 그룹의 [요약](∑)을 클릭한다.
④ '납품업체코드', '업체명'을 더블클릭하고 그림과 같이 지정한다.

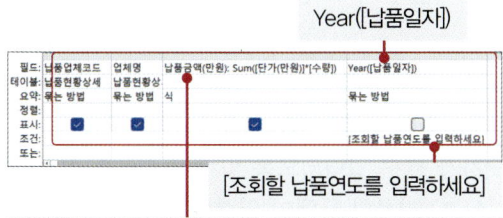

**기적의 TIP**

'납품일자' 필드의 연도를 검색하기 위해 'Year([납품일자])' 필드를 이용합니다. 이 필드는 매개변수의 조건으로만 사용되므로 '납품일자' 필드의 '표시:'에서 체크를 해제합니다.

⑤ 쿼리를 실행해 보기 위해 [쿼리 디자인]-[결과] 그룹의 [보기]를 눌러 [데이터시트 보기](▦)를 클릭하여 [매개 변수 값 입력] 대화상자가 표시되면 **2024**을 입력하고 [확인]을 클릭한다.
⑥ 쿼리 이름을 **업체별납품금액조회**로 입력한다.

### 05 〈서울사업자조회〉 쿼리

① [만들기]-[쿼리] 그룹에서 [쿼리 디자인](▦)을 클릭한다.
② [테이블 추가]의 [테이블] 탭에서 〈납품업체〉를 더블클릭하여 '사업자번호', '전화', '납품업체코드', '업체명', '대표자' 필드를 추가한다.
③ '사업자번호'는 Like "4[4-9]*", '전화'는 Like "02-*"를 입력한다.

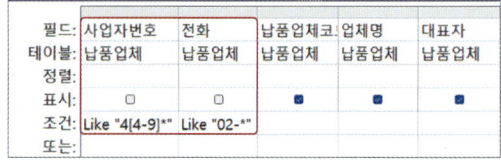

④ [쿼리 디자인]-[쿼리 유형] 그룹에서 [테이블 만들기](▦)를 클릭하여 서울사업자를 입력한다.

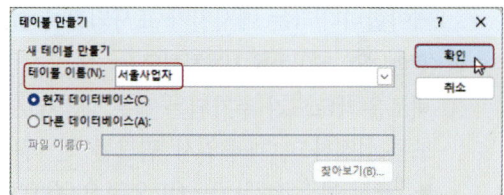

⑤ [쿼리 디자인] 탭의 [실행](!)을 클릭한 후 Ctrl+S를 눌러 쿼리 이름을 **서울사업자조회**를 입력한다.

# 기출 유형 문제 04회

작업파일 [26컴활1급₩2권_데이터베이스₩기출유형문제] 폴더의 '기출유형문제4회' 파일을 열어서 작업하시오.

## 문제 ❶  DB구축                                   25점

**01** 상품판매 관리를 위하여 데이터베이스를 구축하고자 한다. 다음의 지시사항에 따라 테이블을 완성하시오. (각 3점)

※ 〈판매상세〉 테이블을 사용하시오.
① 기본 키(Primary Key)는 '판매번호', '상품코드'로 구성된다. 기본 키를 설정하시오.
② '상품코드' 필드에는 4글자의 영문 대문자 또는 숫자가 필수 입력되도록 입력 마스크를 설정하시오.
③ '수량' 필드에는 0보다 큰 값만 입력되도록 설정하고, 0 이하의 금액이 입력되는 경우 '수량은 0보다 커야합니다'라는 메시지가 표시되도록 설정하시오.

※ 〈판매내역〉 테이블을 사용하시오.
④ 새로운 레코드가 추가되는 경우 '매출일시' 필드에는 기본적으로 시간을 포함하는 오늘 날짜만 입력되도록 설정하고, '매출일시' 필드를 '년-월-일 시:분:초'가 표시되도록 데이터 형식을 설정하시오.
  ▶ [표시 예 : 2025-01-01 오전 9:06:03]
⑤ '비고' 필드를 추가하고 데이터 형식을 '긴 텍스트'로 설정하시오.

**02** 〈2025년신상품〉 테이블의 데이터를 〈상품정보〉 테이블에 추가하시오. (5점)
  ▶ 〈2025년신상품〉 테이블의 '발주가능', '납품처' 필드는 추가 대상에서 제외하시오.
  ▶ '발주가능' 필드가 'Y'인 레코드만 추가하시오.
  ▶ 추가 쿼리(Insert Query)를 이용하여 처리하고, 쿼리의 이름은 '2025년신상품추가'로 지정하시오.

**03** 〈판매내역〉 테이블의 '결재수단' 필드에 대하여 다음과 같이 조회 속성을 설정하시오. (5점)

  ▶ 〈판매내역〉 테이블의 '결재수단' 필드를 콤보 상자의 형태로 나타나도록 설정하시오.
  ▶ 동일한 값은 중복되지 않게 한 번만 나타나도록 설정하시오.
  ▶ 목록 값 이외에는 입력될 수 없도록 하시오.

## 문제 ❷ 입력 및 수정 기능 구현                                                20점

**01** 상품정보 조회를 위한 〈상품정보〉 폼을 다음의 〈화면〉과 지시사항에 따라 완성하시오. (각 3점)

① '상품정보' 테이블의 모든 자료를 〈상품정보〉 폼의 '레코드 원본'으로 설정하시오.

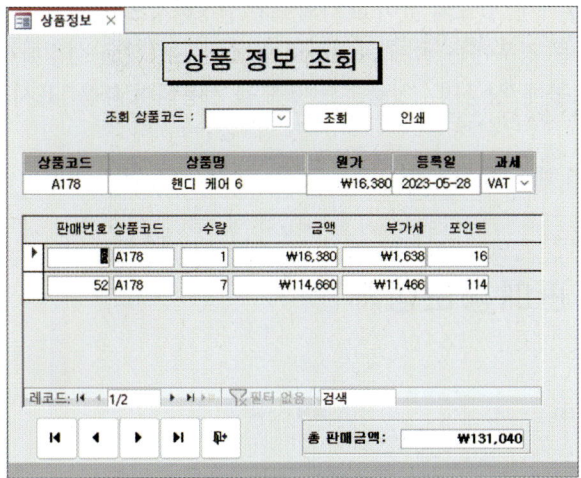

② '과세' 컨트롤을 콤보 상자로 변경하고, 행 원본에 'VAT', 'FRE'만 표시되도록 설정하시오.
③ 〈상품정보〉 폼의 본문 안에 〈판매상세〉 폼을 하위 폼으로 작성하고 다음 사항을 설정하시오.
   ▶ '상품코드'를 기준으로 연결할 것

**02** 〈상품정보〉 폼에 'Txt총판매금액' 컨트롤에는 〈판매상세〉 테이블에서 해당 상품코드에 대한 '금액' 필드의 합계가 표시되도록 구현하시오. (6점)

   ▶ DSUM 함수 이용

**03** 〈판매내역상세〉 폼의 '수량(Txt수량)' 컨트롤의 값을 변경하면 다음과 같은 기능을 수행하도록 이벤트 프로시저를 구현하시오. (5점)

   ▶ 'Txt금액' 컨트롤에 'Txt원가 × Txt수량'의 결과 값이 입력되도록 작성하시오.
   ▶ 'Txt과세' 컨트롤의 값이 'VAT'이면 'Txt부가세' 컨트롤에 'Txt원가 * Txt수량 × 0.1'의 결과 값이 입력되도록 하고 그 이외의 경우에는 'Txt부가세' 컨트롤에 '0'이 입력되도록 작성하시오.
   ▶ After Update 이벤트와 IF 문을 이용

## 문제 ③ 조회 및 출력 기능 구현    20점

**01** 다음의 지시사항 및 〈화면〉을 참조하여 〈판매정보상세〉 보고서를 완성하시오. (각 3점)

① 본문의 'Txt판매번호', 'Txt매출일시', 'Txt원가', 'Txt수량', 'Txt금액', 'Txt부가세' 컨트롤은 '판매번호', '매출일시', '원가', '수량', '금액', '부가세' 필드의 값이 표시되도록 설정하시오.
② 본문의 'Txt수량' 컨트롤의 값이 5보다 큰 경우에는 '굵게' 표시하도록 '조건부 서식'을 설정하시오.
③ 상품코드 머리글의 'Txt상품표시' 컨트롤에 '상품명', '상품코드' 필드를 사용하여 다음 [표시 예]와 같이 표시되도록 설정하시오.
▶ [표시 예 : 상품명(상품코드) → 핸디 케어 6(A178)]

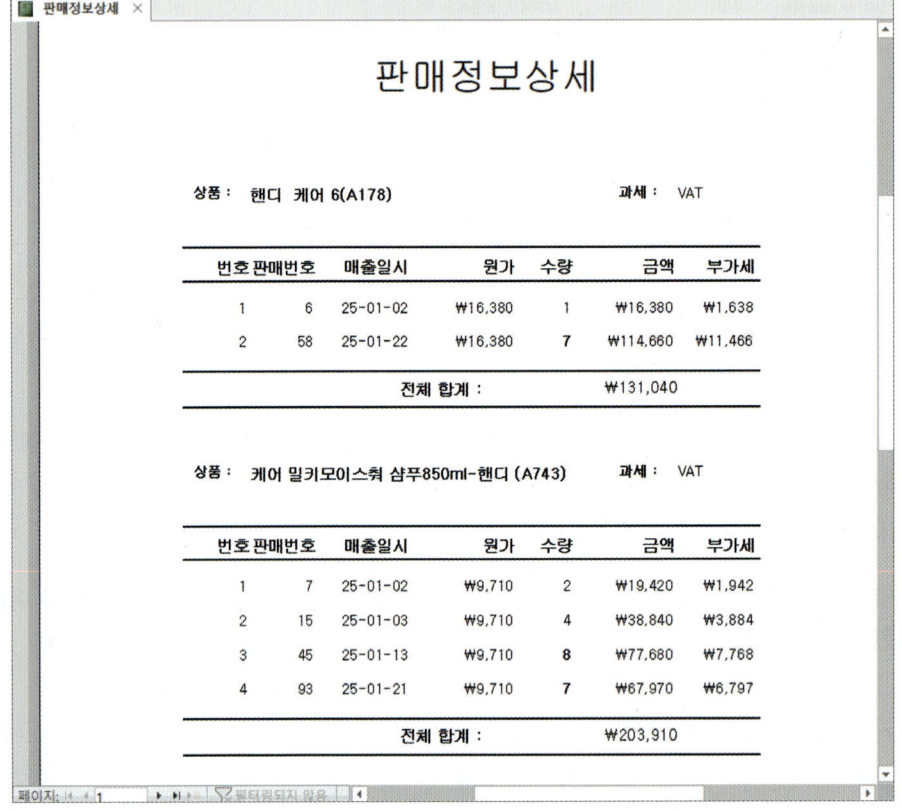

④ 본문의 'Txt번호' 컨트롤은 해당 그룹 내에서의 일련번호를 표시하도록 설정하시오.
⑤ 상품코드 바닥글의 'Txt전체합계' 컨트롤에는 '금액' 필드의 합계를 표시하도록 설정하시오.

**02** 〈상품정보〉 폼의 '인쇄(Cmd인쇄)' 버튼을 클릭하면 다음과 같은 기능을 수행하도록 매크로를 구현하시오. (5점)

▶ 〈판매정보상세〉를 '미리 보기'의 형태로 여시오.
▶ 매크로 이름은 'M인쇄'로 설정하시오.
▶ 단, 'Txt상품코드'에 입력된 상품코드에 대한 레코드만 조회하시오.

### 문제 ❹  처리 기능 구현          35점

**01** 〈판매상세〉테이블의 '포인트' 필드를 '금액 / 1000'의 값으로 변경하는 업데이트 쿼리를 작성하시오. (7점)
- ▶ '상품코드'는 A~L로 시작하는 경우만 대상으로 하고, INT 함수를 이용하여 작성하시오.
- ▶ 쿼리를 작성하고 이를 실행하시오.
- ▶ 쿼리 이름은 '포인트계산'으로 설정하시오.

**02** 결재수단, 매출일시의 요일별 판매금액의 합계를 조회하는 〈요일별판매금액〉 크로스탭 쿼리를 작성하시오. (7점)
- ▶ 〈판매내역〉테이블을 이용하시오.
- ▶ SWITCH, WEEKDAY 함수를 이용하고, WEEKDAY함수는 옵션 2를 이용하시오.
- ▶ 쿼리 결과로 표시되는 필드와 필드명은 〈그림〉과 같이 표시되도록 설정하시오.

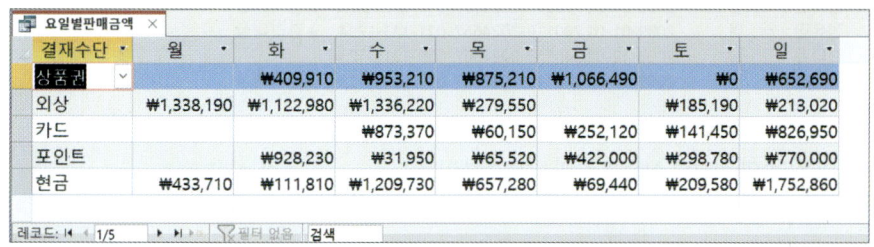

**03** 판매경험이 한 번도 없는 직원의 사원코드와 이름, 입사일을 조회하는 쿼리를 작성하시오. (7점)
- ▶ 〈사원〉, 〈판매내역〉 테이블을 이용하시오.
- ▶ 조회 결과는 〈화면〉과 같이 표시할 것
- ▶ 쿼리 이름은 〈판매미경험사원〉으로 설정하시오.

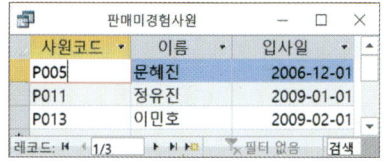

**04** 등록일의 월이 5~6월인 원가의 합계를 계산하는 '5~6월조회' 크로스탭 쿼리를 작성하시오. (7점)
- ▶ 〈상품정보〉 테이블을 이용하고, 합계는 '원가' 필드를 이용하시오.
- ▶ 행 머리글은 '상품코드 : 상품명'으로 표시하고, MONTH 함수와 LIKE 연산자를 사용하시오.
- ▶ 쿼리 결과로 표시되는 필드와 필드명은 〈그림〉과 같이 표시되도록 설정하시오.

| 상품 | FRE | VAT |
|---|---|---|
| A178 : 핸디 케어 6 | | ₩16,380 |
| B032 : G-7S-N Bundle Pack 2PK | | ₩12,130 |
| I331 : 복숭아 1BOX(상품) | ₩35,000 | |
| L567 : OB아동용칫솔모 4PC | | ₩15,030 |
| P600 : 오래가는 C SIZE 6PK | | ₩8,230 |
| Q747 : 핸디 LK 컨디 맨솔 960ML | | ₩9,920 |
| S036 : 프레쉬레몬그라스컨디 850ml-핸디 | | ₩9,710 |
| S045 : ORALB 아동치약 C21L84P504 | | ₩7,670 |
| W189 : 핸디 엑스트라케어 7/0 | | ₩16,380 |

**05** 〈판매내역〉 테이블을 이용하여 최근 매출이 없는 사원에 대해 〈사원〉 테이블의 '비고' 필드의 값을 '★관리대상'으로 변경하는 〈관리대상사원처리〉 업데이트 쿼리를 작성한 후 실행하시오. (7점)

▶ 최근 매출이 없는 사원이란 매출일시가 2025년 1월 20일부터 2025년 1월 25일까지 중에서 〈사원〉 테이블에는 '사원코드'가 있으나 〈판매내역〉 테이블에는 '사원코드'가 없는 사원임
▶ Not In과 하위 쿼리 사용

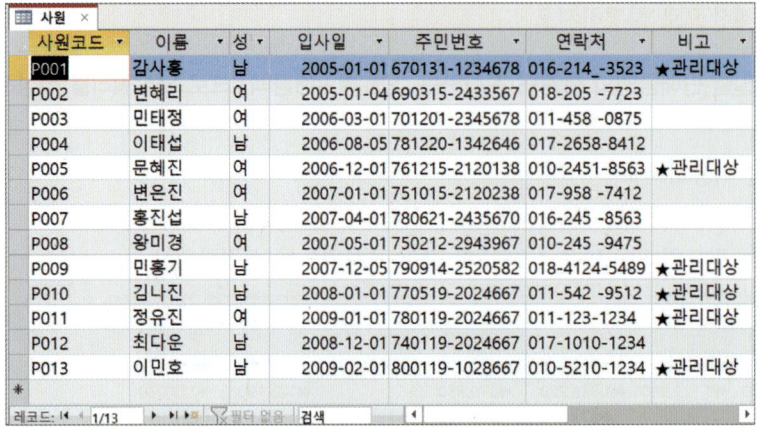

※ 〈관리대상사원처리〉의 쿼리를 실행한 후의 〈사원〉 테이블

# 기출 유형 문제 04회 정답

## 문제 ① DB구축

### 01 〈판매상세〉, 〈판매내역〉 테이블 완성

| 번호 | 테이블 이름 | 필드 이름 | 기본 키, 필드 속성 | 설정 값 |
|---|---|---|---|---|
| ① | 판매상세 | 판매번호<br>상품코드 | 기본 키 | 〈판매상세〉<br>필드 이름 / 데이터 형식<br>판매번호 / 숫자<br>상품코드 / 짧은 텍스트<br>수량 / 숫자<br>금액 / 통화<br>부가세 / 통화<br>포인트 / 숫자 |
| ② | | 상품코드 | 입력 마스크 | >AAAA |
| ③ | | 수량 | 유효성 검사 규칙 | >0 |
| | | | 유효성 검사 텍스트 | 수량은 0보다 커야합니다 |
| ④ | 판매내역 | 매출일시 | 형식 | 기본 날짜 |
| | | | 기본값 | Now() |
| ⑤ | | 비고 | [데이터 형식]-[긴 텍스트] | 〈판매내역〉<br>필드 이름 / 데이터 형식<br>부가세상품수 / 숫자<br>비고 / 긴 텍스트 |

### 02 〈2025년신상품추가〉 추가 쿼리

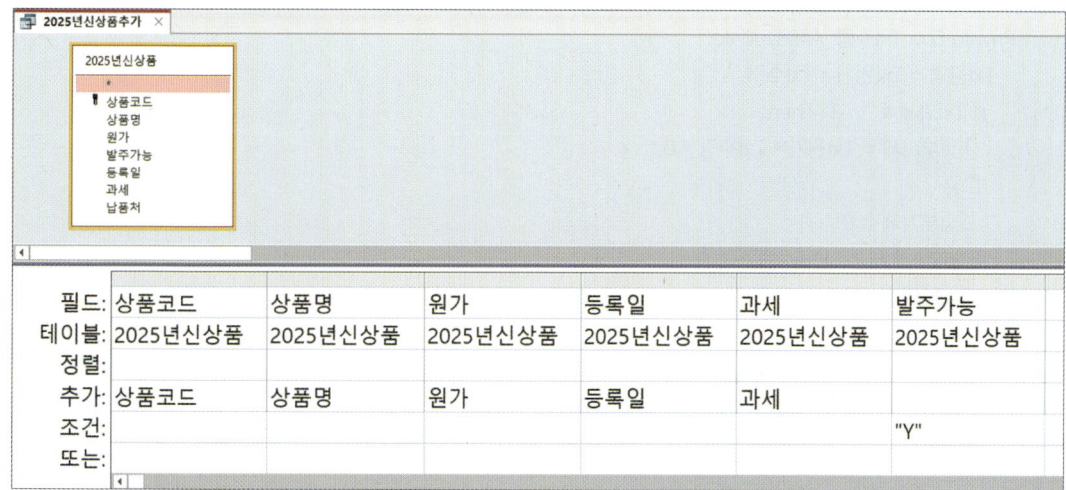

| 필드: | 상품코드 | 상품명 | 원가 | 등록일 | 과세 | 발주가능 |
|---|---|---|---|---|---|---|
| 테이블: | 2025년신상품 | 2025년신상품 | 2025년신상품 | 2025년신상품 | 2025년신상품 | 2025년신상품 |
| 정렬: | | | | | | |
| 추가: | 상품코드 | 상품명 | 원가 | 등록일 | 과세 | |
| 조건: | | | | | | "Y" |
| 또는: | | | | | | |

### 03 〈판매내역〉 테이블의 '결재수단' 필드 조회 속성

| 번호 | 설정 값 |
|---|---|
| 컨트롤 표시 | 콤보 상자 |
| 행 원본 | SELECT DISTINCT 판매내역.결재수단 FROM 판매내역; |
| 목록 값만 허용 | 예 |

## 문제 ❷ 입력 및 수정 기능 구현

### 01 〈상품정보〉 폼

| 번호 | 개체 | 속성 | 설정 값 |
|---|---|---|---|
| ① | 폼 | 레코드 원본 | SELECT 상품정보.* FROM 상품정보; |
| ② | 과세 | 행 원본 유형 | 값 목록 |
|  |  | 행 원본 | VAT;FRE |
| ③ | 폼 | 하위 폼 | 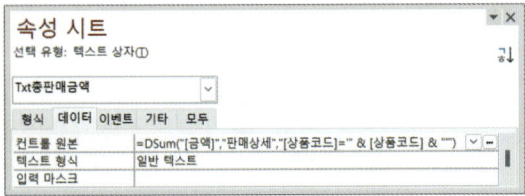 |

### 02 〈상품정보〉 폼의 'Txt총판매금액' 컨트롤 원본

컨트롤 원본: =DSum("[금액]","판매상세","[상품코드]='" & [상품코드] & "'")
텍스트 형식: 일반 텍스트

### 03 〈판매내역상세〉 폼의 'Txt수량'의 After Update 이벤트

```
Private Sub Txt수량_AfterUpdate()
    Txt금액 = Txt원가 * Txt수량
    If Txt과세 = "VAT" Then
        Txt부가세 = Txt원가 * Txt수량 * 0.1
    Else
        Txt부가세 = 0
    End If
End Sub
```

## 문제 ❸ 조회 및 출력 기능 구현

**01** 〈판매정보상세〉 보고서

| 번호 | 개체 | 속성 | 설정 값 |
|---|---|---|---|
| ① | Txt판매번호 | 컨트롤 원본 | 판매번호 |
| | Txt매출일시 | | 매출일시 |
| | Txt원가 | | 원가 |
| | Txt수량 | | 수량 |
| | Txt금액 | | 금액 |
| | Txt부가세 | | 부가세 |
| ② | Txt수량 | 조건부 서식 | |
| ③ | Txt상품표시 | 컨트롤 원본 | =[상품명] & "(" & [상품코드] & ")" |
| ④ | Txt번호 | 컨트롤 원본 | =1 |
| | | 누적 합계 | 그룹 |
| ⑤ | Txt전체합계 | 컨트롤 원본 | =Sum([금액]) |

**02** 〈상품정보〉 폼의 'Cmd인쇄' 클릭 이벤트

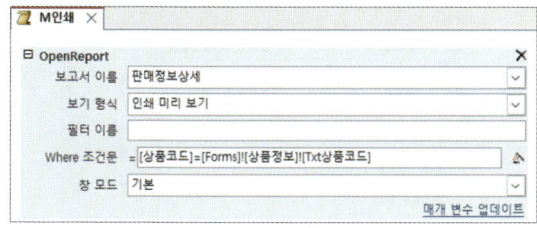

## 문제 ④ 처리 기능 구현

**01** 〈포인트계산〉 쿼리

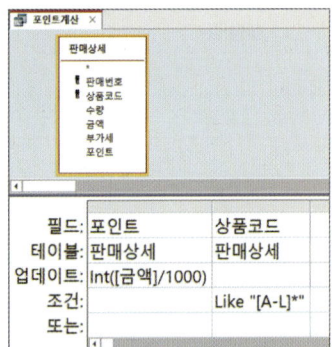

**02** 〈요일별판매금액〉 쿼리

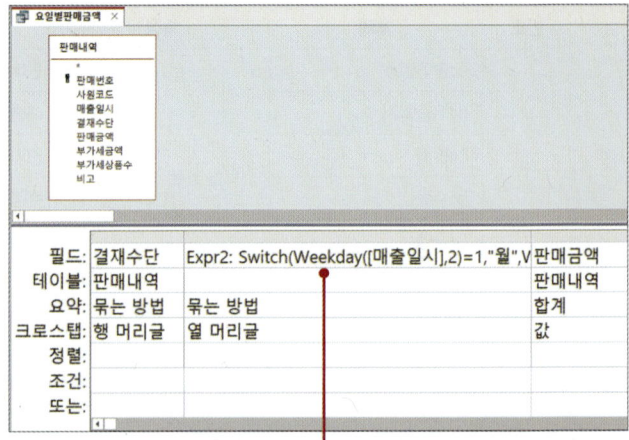

Switch(Weekday([매출일시],2)=1,"월",Weekday([매출일시],2)=2,
"화",Weekday([매출일시],2)=3,"수",Weekday([매출일시],2)=4,
"목",Weekday([매출일시],2)=5,"금",Weekday([매출일시],2)=6,
"토",Weekday([매출일시],2)=7,"일")

**03** 〈판매미경험사원〉 쿼리

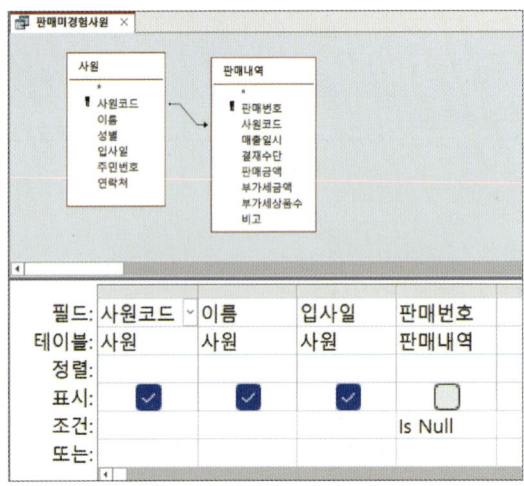

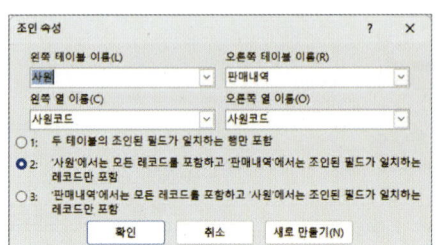

## 04 〈5~6월조회〉 쿼리

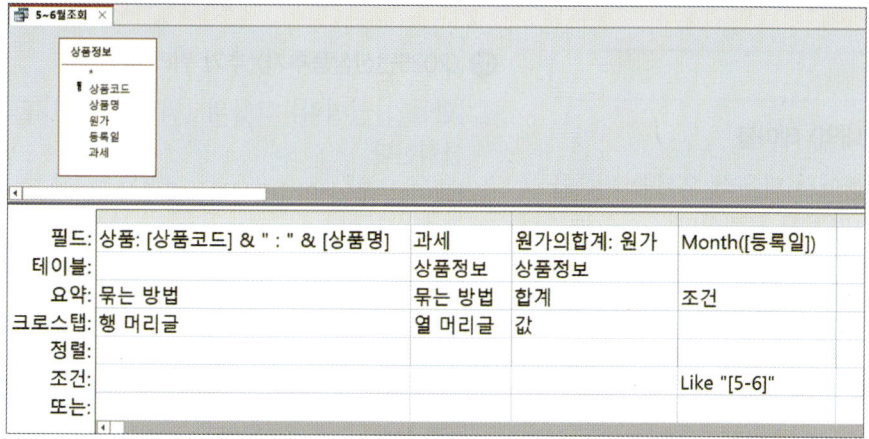

## 05 〈관리대상사원처리〉 쿼리

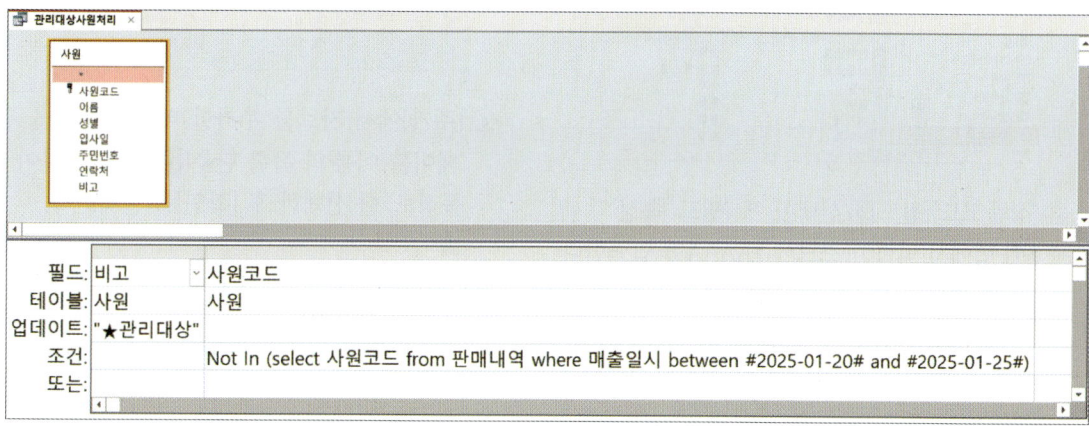

# 기출 유형 문제 04회 해설

## 문제 ❶ DB구축

### 01 〈판매상세〉, 〈판매내역〉 테이블

① 〈판매상세〉 테이블에서 마우스 오른쪽 버튼을 눌러 [디자인 보기](📄)를 클릭한다.
② '판매번호' 필드 행 선택기에서 마우스 포인터가 ➡가 될 때 '상품코드' 필드 행까지 드래그하여 2개의 필드가 선택되도록 한 후 [테이블 디자인]-[도구] 그룹의 [기본 키](🔑)를 클릭한다.

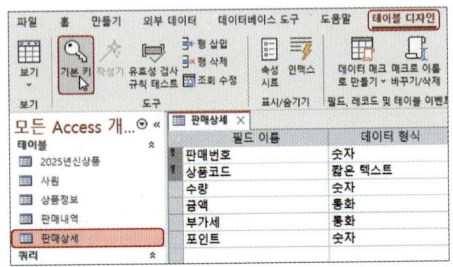

③ '상품코드' 필드를 선택한 후 '필드 속성'의 [일반] 탭에서 입력 마스크에 **>AAAA**를 입력한다.
④ '수량' 필드를 선택한 후 '필드 속성'의 [일반] 탭에서 유효성 검사 규칙에 **>0**을, '유효성 검사 텍스트' 속성에 **수량은 0보다 커야합니다**를 입력한다.
⑤ 〈판매내역〉 테이블의 디자인 보기로 연 후 '매출일시' 필드를 선택하여 '필드 속성'의 [일반] 탭에서 '기본값' 속성에 **Now()**를 입력하고, 형식을 '기본 날짜'로 지정한다.
⑥ '비고' 필드 추가를 위해, '부가세상품수' 필드 아래의 빈 행의 '필드 이름'에 **비고**를 입력한 후 데이터 형식을 '긴 텍스트'로 지정한다.

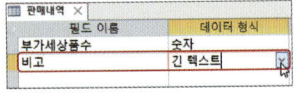

### 02 〈2025년신상품추가〉 추가 쿼리 작성

① [만들기]-[쿼리] 그룹의 [쿼리 디자인](📄)을 클릭한다.
② [테이블 추가]의 [테이블] 탭에서 〈2025년신상품〉을 더블클릭한 후 [닫기]를 클릭한다.
③ 창의 빈 영역에서 마우스 오른쪽 버튼을 눌러 [쿼리 유형]-[추가 쿼리]를 선택한다.

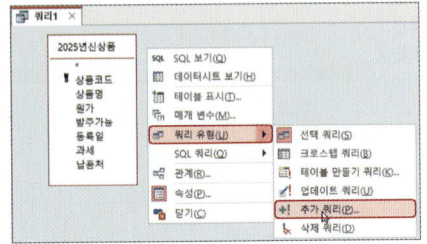

④ [추가]에서 자료를 추가할 테이블 선택을 위해 '테이블 이름'의 목록 단추(⌄)를 클릭하여 〈상품정보〉를 선택한 후 [확인]을 클릭한다.

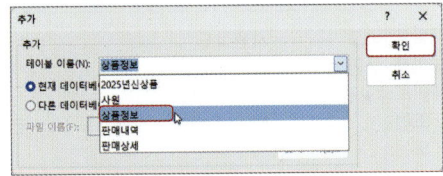

⑤ 〈2025년신상품〉 필드 목록을 더블클릭하여 그림과 같이 필드를 추가한 후 '발주가능' 필드의 '조건:' 속성에 **Y**를 입력하고 저장한다.

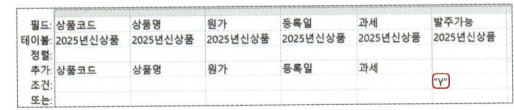

⑥ 쿼리 이름을 **2025년신상품추가**로 입력하고 저장한다.
⑦ 쿼리 실행을 위해 [쿼리 디자인]-[결과] 그룹의 [실행](❗)을 클릭한다.

> **기적의 TIP**
> 레코드 추가 작업이 정상적으로 이루어진 후에는 아무런 메시지가 표시되지 않습니다. 만약, 추가 쿼리를 2번 이상 실행한 경우에는 '...키 위반 때문에 레코드를 추가하지 않았습니다...'라는 대화상자가 표시됩니다. 추가 쿼리, 업데이트 쿼리 등과 같은 실행 쿼리들은 한 번만 실행하세요.

⑧ 그림과 같은 대화상자가 표시되면 [예]를 클릭하여 추가 쿼리를 실행한다.

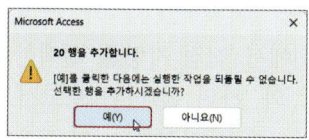

### 03 〈판매내역〉 테이블의 '결재수단' 필드 조회 속성

① 〈판매내역〉 테이블에서 마우스 오른쪽 버튼을 눌러 [디자인 보기](🔲)를 클릭한다.
② '결재수단' 필드를 선택한 후 '필드 속성'의 [조회] 탭에서 컨트롤 표시의 목록 단추(∨)를 클릭하여 '콤보 상자'를 선택한다.

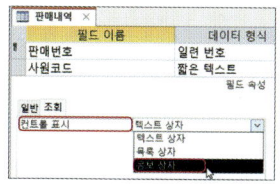

③ 필드 속성에서 '행 원본'의 [작성기](⋯)를 클릭한다.
④ [판매내역 : 쿼리 작성기] 창의 [테이블 추가]의 [테이블] 탭에서 〈판매내역〉을 더블클릭한 후 [닫기]를 클릭한다.
⑤ [판매내역 : 쿼리 작성기] 창의 〈판매내역〉 필드 목록에서 '결재수단'을 더블클릭한 후 상단 빈 영역에서 마우스 오른쪽 버튼을 천천히 두 번 클릭하여 [속성]을 선택한다.

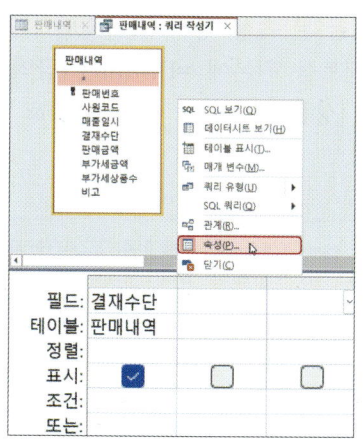

⑥ [쿼리 속성] 창에서 고유 값을 '예'로 지정하고 [닫기]를 클릭한다.

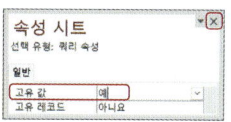

⑦ [판매내역 : 쿼리 작성기] 창의 [닫기](✖)를 클릭하여 'SQL 문의 변경 내용을 저장하고 속성을 업데이트하시겠습니까?'란 대화상자가 표시되면 [예]를 클릭한다.
⑧ '필드 속성'의 '행 원본'에 그림과 같은 SQL 문이 표시된다. '목록 값만 허용' 속성을 '예'로 지정하여 완성한다.

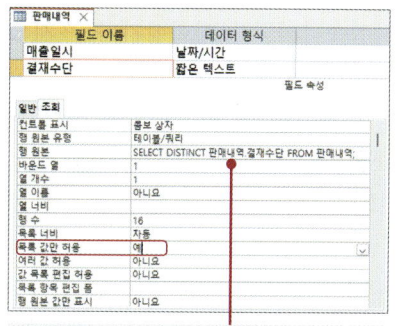

SELECT DISTINCT 판매내역.결재수단 FROM 판매내역;

### 문제 ❷ 입력 및 수정 기능 구현

### 01 〈상품정보〉 폼

① 〈상품정보〉 폼에서 마우스 오른쪽 버튼을 눌러 [디자인 보기](🔲)를 클릭한다.
② [폼] 디자인 보기 창에서 '폼 선택기'(■)를 더블클릭하여 나타난 [폼] 속성 창의 [모두] 탭에서 '레코드 원본'의 [작성기](⋯)를 클릭한다.
③ 레코드 원본 속성에 이미 지정된 값(상품정보)이 있을 경우 다음과 같은 대화상자가 나타나며 [예]를 클릭한다. 참고로 속성이 빈 경우 곧바로 쿼리 작성기 창이 나타난다.

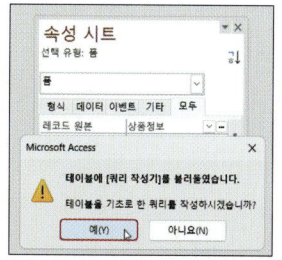

④ [상품정보 : 쿼리 작성기] 창의 〈상품정보〉 필드 목록에서 '*'을 더블클릭한 후 [닫기]를 클릭한다.

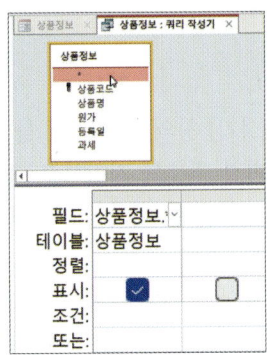

⑤ 'SQL 문의 변경 내용을 저장하고 속성을 업데이트하시겠습니까?'란 대화상자가 표시되면 [예]를 클릭한다.
⑥ [폼] 속성 창의 '레코드 원본'에 'SELECT 상품정보.* FROM 상품정보;'가 표시된다.
⑦ '과세' 컨트롤에서 마우스 오른쪽 버튼을 눌러 [변경]-[콤보 상자]를 선택한다.

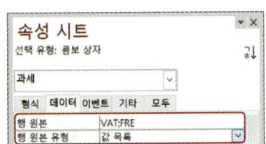

⑧ 콤보 상자로 변경된 '과세' 컨트롤을 더블클릭하여 '과세' 속성 창의 [데이터] 탭에서 행 원본 유형을 '값 목록'으로 선택하고, 행 원본에 VAT;FRE를 입력한다.

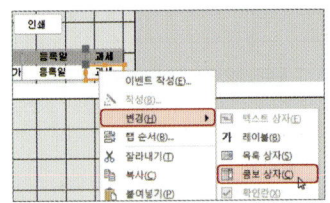

⑨ [양식 디자인]-[컨트롤] 그룹에서 [컨트롤 마법사 사용]( )과 [하위 폼/하위 보고서]( )를 선택하고 적당한 위치까지 드래그한 후 놓으면 [하위 폼 마법사]가 나타난다.

⑩ [하위 폼 마법사]에서 '기존 폼 사용'을 선택한 후 〈판매상세〉 폼을 선택하고 [다음]을 클릭한다.
⑪ [하위 폼 마법사]에서 '직접 지정'을 선택한 후 '폼/보고서 필드:'와 '하위 폼/하위 보고서 필드:'를 모두 '상품코드'로 지정하고 [다음]을 클릭한다.

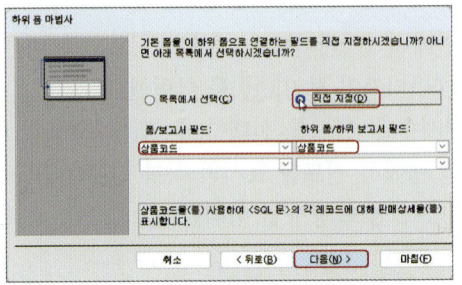

⑫ [하위 폼 마법사]에서 **판매상세**를 입력하고 [마침]을 클릭한다.
⑬ 삽입된 하위 폼의 레이블 컨트롤 '판매상세'를 클릭한 후 Delete 를 눌러 삭제한다.

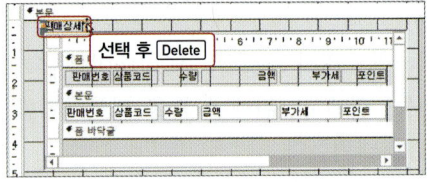

### 02 〈상품정보〉 폼의 'Txt총판매금액' 컨트롤 계산식

① 〈상품정보〉 폼의 디자인 보기 상태에서 'Txt총판매금액' 컨트롤을 더블클릭한다.
② 'Txt총판매금액' 속성 창이 표시되면 [데이터] 탭의 컨트롤 원본에 =DSum ("[금액]", "판매상세","[상품코드]='" & [상품코드] & "'")를 입력한다.

> **기적의 TIP**
>
> DSum 함수는 'DSum("계산 필드", "테이블 이름", "조건식")'형태로 작성합니다. 조건 지정 시 '상품코드' 필드가 텍스트 데이터 형이기 때문에 '[상품코드]' 필드 앞뒤로 작은 따옴표(')가 삽입되도록 작성해야 합니다.

③ 〈판매내역상세〉 폼의 'Txt수량'의 After Update 이벤트

① 〈판매내역상세〉 폼에서 마우스 오른쪽 버튼을 눌러 [디자인 보기](■)를 클릭한다.
② 'Txt수량' 컨트롤을 더블클릭하여 'Txt수량' 속성 창의 [이벤트] 탭에서 After Update 속성의 [작성기](…)를 클릭한다.

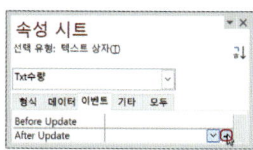

③ [작성기 선택]에서 '코드 작성기'를 더블클릭한다.
④ [Visual Basic Editor] 창에 다음과 같이 입력하여 완성한다.

```
Private Sub Txt수량_AfterUpdate()
    ① Txt금액 = Txt원가 * Txt수량
    ② If Txt과세 = "VAT" Then
        ③ Txt부가세 = Txt원가*Txt수량 * 0.1
    Else
        ④ Txt부가세 = 0
    End If
End Sub
```

① 'Txt금액' 컨트롤에 'Txt원가' 컨트롤의 값과 'Txt수량' 컨트롤의 값을 곱한 결과 값을 입력한다.
② If문을 이용해 'Txt과세'의 값이 'VAT'이면 ③을 실행하고 그 이외의 경우 ④를 실행한다. 이때 주의할 점은 'VAT'는 반드시 대문자로 입력해야 한다. IF문에서 텍스트 비교 시 대소문자를 구별하기 때문이다.
③ 부가세 금액(Txt부가세)을 계산한다.
④ 부가세 금액을 0으로 계산한다.

### 문제 ❸ 조회 및 출력 기능 구현

**01 〈판매정보상세〉 보고서**

① 〈판매정보상세〉 보고서에서 마우스 오른쪽 버튼을 눌러 [디자인 보기](■)를 클릭한다.

② 본문의 'Txt판매번호' 컨트롤을 더블클릭한 후 속성 창의 컨트롤 원본을 '판매번호'로 지정한다. 문제에 제시된 나머지 컨트롤들도 같은 방법으로 지정한다.

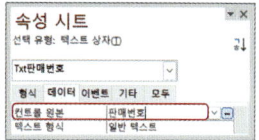

③ 'Txt수량' 컨트롤을 선택한 후 마우스 오른쪽 버튼을 눌러 [조건부 서식]을 클릭한다.
④ [조건부 서식 규칙 관리자]에서 [새 규칙]을 클릭하고 '다음 값보다 큼'을 선택한 후 조건 입력란에 5를 입력하고 '굵게'를 클릭한 후 [확인]을 클릭한다. 다시 한 번 [확인]을 클릭한다.

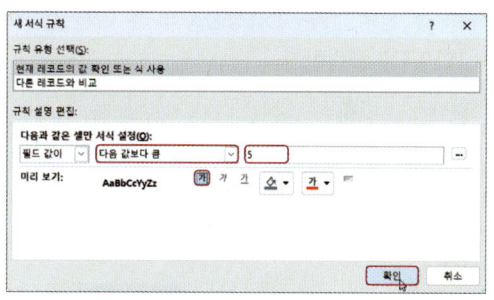

⑤ 'Txt상품표시' 컨트롤을 선택한 후 속성 창의 컨트롤 원본에 =[상품명] & "(" & [상품코드] & ")"를 입력한다.
⑥ 'Txt번호' 컨트롤을 선택한 후 속성 창의 [데이터] 탭을 선택하여 컨트롤 원본에 =1을 입력하고 누적 합계를 '그룹'으로 지정한다.

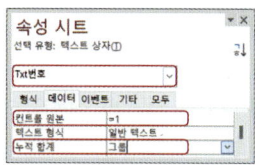

> **기적의 TIP**
> 일련번호를 표시하는 방법은 컨트롤 원본에 「=1」을 입력한 후 누적 합계를 '그룹'이나 '모두'로 변경하면 됩니다. '그룹'으로 지정하면 그룹이 변경될 때 '1'부터 다시 시작됩니다.

⑦ 'Txt전체합계' 컨트롤을 선택한 후 속성 창의 컨트롤 원본에 =Sum([금액])을 입력한다.

## 02 〈상품정보〉 폼의 'Cmd인쇄' 클릭 이벤트

① [만들기]-[매크로 및 코드] 그룹의 [매크로](圖)를 클릭하고 '새 함수 추가' 목록에서 'OpenReport' 매크로 함수를 선택한다.
② 필요한 매크로 함수 인수를 다음과 같이 지정하고 'Where 조건문'의 [작성기](圖)를 클릭한다.

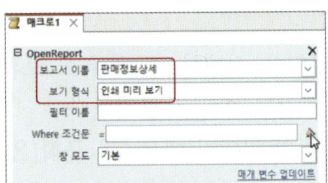

③ [식 작성기] 대화상자의 식 입력란에 [상품코드]=을 입력하고 'Forms → 모든 폼 → 상품정보'를 선택한 후 'Txt상품코드'를 더블클릭하고 [확인]을 클릭한다.

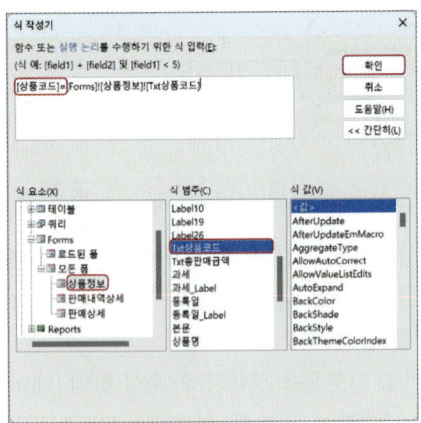

④ Ctrl + S 를 누르고, 매크로 이름을 M인쇄라고 입력한 후 [확인]을 클릭한다.
⑤ 매크로 작성기 창은 닫고, 〈상품정보〉 폼을 디자인 보기로 열어 'Cmd인쇄'의 'On Click' 속성에 'M인쇄' 매크로를 설정한다.

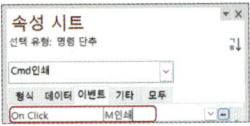

---

### 문제 ❹ 처리 기능 구현

## 01 〈포인트계산〉 쿼리

① [만들기]-[쿼리] 그룹의 [쿼리 디자인](圖)을 클릭한다.
② [테이블 추가]의 [테이블] 탭에서 〈판매상세〉를 더블클릭한 후 [닫기]를 클릭한다.
③ 창의 빈 영역에서 마우스 오른쪽 버튼을 눌러 [쿼리 유형]-[업데이트 쿼리]를 선택한다.
④ 〈판매상세〉 필드 목록의 '포인트', '상품코드' 필드를 더블클릭한 후 그림과 같이 업데이트 내용과 조건을 지정한다.

| 필드: | 포인트 | 상품코드 |
|---|---|---|
| 테이블: | 판매상세 | 판매상세 |
| 업데이트: | Int([금액]/1000) | |
| 조건: | | Like "[A-L]*" |
| 또는: | | |

⑤ 쿼리 이름을 **포인트계산**으로 입력한다.
⑥ 쿼리 실행을 위해, [쿼리 디자인]-[결과] 그룹의 [실행](!)을 클릭한다.
⑦ 대화상자가 표시되면 [예]를 클릭하여 업데이트 쿼리를 실행한다.

## 02 〈요일별판매금액〉 쿼리

① [만들기]-[쿼리] 그룹의 [쿼리 디자인](圖)을 클릭한다.
② [테이블 추가]의 [테이블]에서 〈판매내역〉을 추가한다.
③ '결재수단', '매출일시', '판매금액' 필드를 드래그한다.
④ [쿼리 디자인]-[쿼리 유형] 그룹의 [크로스탭](圖)을 클릭한 후, 행 머리글(결재수단), 열 머리글(매출일시), 값(판매금액-합계)로 지정한다.

| 필드: | 결재수단 | 매출일시 | 판매금액 |
|---|---|---|---|
| 테이블: | 판매내역 | 판매내역 | 판매내역 |
| 요약: | 묶는 방법 | 묶는 방법 | 합계 |
| 크로스탭: | 행 머리글 | 열 머리글 | 값 |
| 정렬: | | | |
| 조건: | | | |
| 또는: | | | |

⑤ 매출일시는 Switch(Weekday([매출일시], 2)=1,"월",Weekday([매출일시],2)=2,"화", Weekday([매출일시],2)=3,"수",Weekday([매출일시],2)=4,"목",Weekday([매출일시],2)=5,"금",Weekday([매출일시],2)=6,"토", Weekday([매출일시],2)=7,"일")로 수정한다.

⑥ 열 머리글(매출일시)를 선택한 후 [속성 시트]의 열 머리글에 **"월","화","수","목","금","토","일"**을 입력한다.

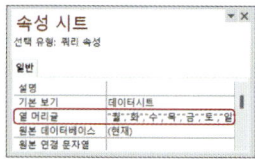

⑦ Ctrl + S 를 눌러 **요일별판매금액**을 입력하고 [확인]을 클릭한다.

### 03 〈판매미경험사원〉 쿼리

① [만들기]-[쿼리] 그룹의 [쿼리 디자인](▦)을 클릭한다.
② [테이블 추가]의 [테이블] 탭에서 〈사원〉, 〈판매내역〉을 각각 더블클릭한 후 [닫기]를 클릭한다.
③ 판매내역이 없는 사원을 표시하기 위해, 〈사원〉과 〈판매내역〉 테이블 사이의 관계선을 더블클릭한다.

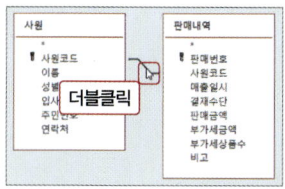

④ [조인 속성]에서 "사원'에서는 모든 레코드를 포함하고, ..'를 선택한 후 [확인]을 클릭한다.

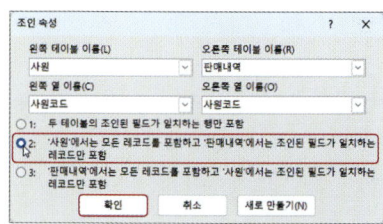

> **기적의 TIP**
> 불일치 검색 쿼리 마법사를 사용하여 〈사원〉, 〈판매내역〉 테이블의 '사원코드'를 일치 필드로 지정하여 작성할 수도 있습니다.

⑤ 〈사원〉 필드 목록과 〈판매내역〉 필드 목록 중에서 '사원코드', '이름', '입사일', '판매번호'를 더블클릭한 후 그림과 같이 변경한다.

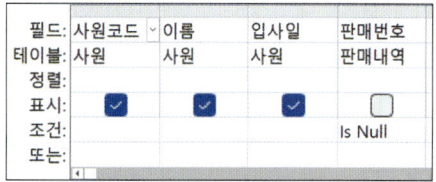

⑥ 쿼리 이름을 **판매미경험사원**으로 입력한다.

### 04 〈5~6월조회〉 쿼리

① [만들기]-[쿼리] 그룹의 [쿼리 디자인](▦)을 클릭한다.
② [테이블 추가]의 [테이블] 탭에서 〈상품정보〉를 추가하고 [닫기]를 클릭한다.
③ 디자인 눈금의 각 필드에 다음과 같이 드래그해서 놓는다.

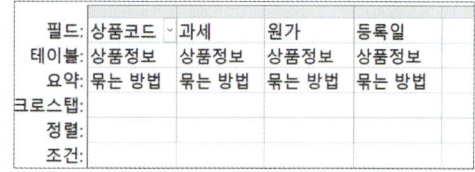

④ [쿼리 디자인]-[쿼리 유형] 그룹의 [크로스탭](▦)을 클릭한다.
⑤ 상품코드는 '행 머리글'을 선택하고 **상품: [상품코드] & " : " & [상품명]**으로 수정하고, 과세는 '열 머리글', 원가는 '합계'와 '값'을 선택한다.
⑥ '등록일' 필드를 추가하여 **Month([등록일])**로 수정하고 조건을 선택하고, **Like "[5-6]"**를 입력한다. (또는 Like "[5-6]*" 도 가능)

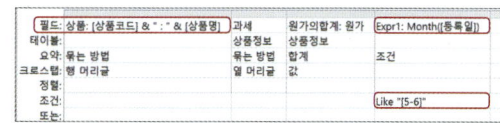

⑦ Ctrl+S를 눌러 '다른 이름으로 저장' 대화상자에 5~6월조회로 입력하고 [확인]을 클릭하여 저장한다.

## 05 〈관리대상사원처리〉 쿼리

① [만들기]-[쿼리] 그룹의 [쿼리 디자인](📖)을 클릭한다.
② [테이블 표시] 대화상자의 [테이블] 탭에서 〈사원〉 테이블을 추가하고 다음과 같이 필드를 드래그한다.

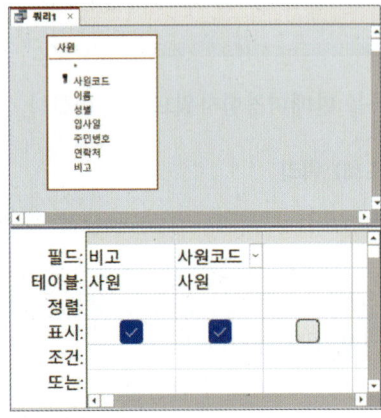

③ [쿼리 디자인] 탭의 [쿼리 유형]-[업데이트](📖)를 클릭한 후 다음과 같이 입력한다.

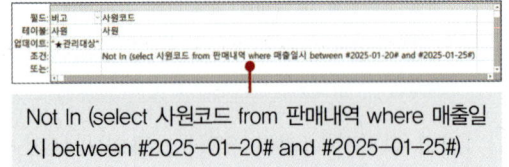

Not In (select 사원코드 from 판매내역 where 매출일시 between #2025-01-20# and #2025-01-25#)

④ 쿼리의 이름을 **관리대상사원처리**로 입력하고 [확인]을 클릭한다.
⑤ [쿼리 디자인] 탭의 [결과]-[실행](❗)을 클릭하면 다음의 메시지가 표시되면 [예]를 클릭한다.

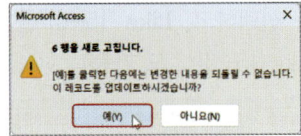

# 기출 유형 문제 05회

**작업파일** [26컴활1급₩2권_데이터베이스₩기출유형문제] 폴더의 '기출유형문제5회' 파일을 열어서 작업하시오.

## 문제 ❶ DB구축 25점

**01** 다음 지시사항에 따라 〈고객정보〉 테이블을 디자인하시오. (각 3점)

① '회원번호' 필드를 기본 키(PK)로 설정하시오.
② '성별' 필드는 '남' 또는 '여' 이외의 문자는 입력할 수 없도록 설정하시오.
③ '생년월일' 필드는 반드시 입력되도록 하시오.
④ '이름' 필드에 대해 중복 가능한 색인을 설정하시오.
⑤ '전자우편' 필드는 해당 주소로 링크되도록 데이터 형식을 설정하시오.

**02** '26컴활1급₩2권_데이터베이스₩기출유형문제'에 존재하는 '리스트.xlsx' 파일에 대한 연결 테이블을 작성하시오. (5점)

▶ '회원목록' 시트를 대상으로 하며, 첫 번째 행은 열 머리글의 이름을 나타낸다.
▶ 연결 테이블의 이름은 〈고객리스트〉로 하시오.

**03** 〈랜탈도서〉 테이블의 '회원번호' 필드는 〈고객정보〉 테이블의 '회원번호' 필드를 참조하며, 테이블 간에 M:1의 관계를 설정하시오. 또한 〈랜탈도서〉 테이블의 '책번호' 필드는 〈도서상세〉 테이블의 '책번호' 필드를 참조하며, 테이블 간에 M:1의 관계를 설정하시오. (5점)

▶ 관계되는 테이블 간에 항상 참조 무결성을 유지하도록 설정하시오.
▶ 〈고객정보〉 테이블의 '회원번호'가 변경되면 이를 참조하는 〈랜탈도서〉 테이블의 '회원번호'가 변경되도록 설정하시오.
▶ 〈도서상세〉 테이블의 한 레코드가 삭제되면, 이와 연관된 〈랜탈도서〉 테이블의 해당 '책번호' 레코드도 삭제되도록 설정하시오.

## 문제 ❷  입력 및 수정 기능 구현    20점

**01** 〈도서DB〉 폼을 다음의 지시사항에 따라 완성하시오. (각 3점)

① 본문의 모든 컨트롤의 글꼴을 '굴림'으로 설정하시오.
② 본문의 'txt책번호', 'txt제목', 'txt작가', 'txt장르', 'num대여금액'을 각각 '책번호', '제목', '작가', '장르', '대여금액' 필드에 바운드시키시오.
③ 'txt작업일자' 컨트롤을 화면과 같은 형식의 오늘 날짜가 표시되도록 설정하시오. (문제 ❷-02 화면 참고)

**02** 〈도서DB〉 폼의 바닥글에 화면과 다음의 지시사항에 따라 명령 단추(CommandButton)를 자동으로 생성하시오. (6점)

| 단추를 누르면 실행될 종류 및 매크로 함수 | 레코드 탐색 | | 폼 작업 |
| --- | --- | --- | --- |
| | 이전 레코드로 이동 | 다음 레코드로 이동 | 폼 닫기 |
| 명령 단추 컨트롤 이름 | Cmd이전 | Cmd다음 | Cmd닫기 |
| 캡션 명 | 이전 | 다음 | 닫기 |

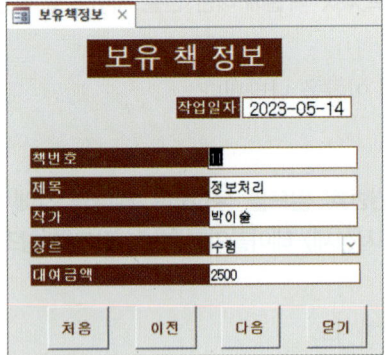

**03** 〈도서DB〉 폼의 'txt장르' 컨트롤에 대하여 다음의 지시사항을 수행하시오. (5점)

▶ 'txt장르'에 값을 입력할 때 기존의 레코드에 입력된 '장르'에서 선택하거나 새로운 값을 입력받기 위해서 콤보 상자로 변환하시오.
▶ 행 원본 유형을 '테이블/쿼리'로 지정하고 〈도서상세〉 테이블을 이용하여 행 원본을 설정하시오.
▶ 콤보 상자에 표시되는 장르는 중복되지 않게 한 번만 나타나도록 설정하시오.

## 문제 ③ 조회 및 출력 기능 구현   20점

**01** 다음의 화면을 참조하여 〈C리포트〉 보고서를 완성하시오. (각 3점)

① 본문의 모든 컨트롤이 위쪽으로 동일한 높이에 위치하도록 설정하시오. (위쪽 맞춤 이용)
② '회원번호' 필드를 기준으로 오름차순 정렬하고, 동일한 회원에 대해서는 '대여번호'를 기준으로 오름차순으로 정렬되어 표시되도록 설정하시오.
③ 본문의 'txt순번' 컨트롤에는 해당 회원의 내역에 대해 일련번호(1,2,3…)가 차례로 표시되도록 설정하시오.
④ 페이지 머리글에 레이블 컨트롤을 만들고 '고객 그룹별 출력'과 같이 제목을 표시하시오.
  ▶ 컨트롤 명 : LBL제목           ▶ 글꼴 크기 : 20pt
  ▶ 글꼴 두께 : 굵게              ▶ 글꼴 기울임꼴
  ▶ 문자색 : 파랑색(R:0, G:0, B:255)
⑤ 페이지 바닥글에 'txt페이지' 컨트롤을 만들어 화면과 같이 페이지가 표시되도록 설정하시오.
  ▶ 전체 페이지 수가 3이고 현재 페이지가 1이면 '1 / 3페이지'와 같이 표시

❷ 〈랜탈정보〉 폼에 대하여 지시사항에 따라 하위 폼을 완성하시오. (5점)

▶ 폼의 본문 영역에 〈세부정보〉 폼을 하위 폼으로 추가하시오.
▶ 기본 폼과 하위 폼을 각각 '책번호' 필드를 기준으로 연결하시오.
▶ 하위 폼의 이름 및 레이블의 캡션은 '세부정보'로 지정하시오.

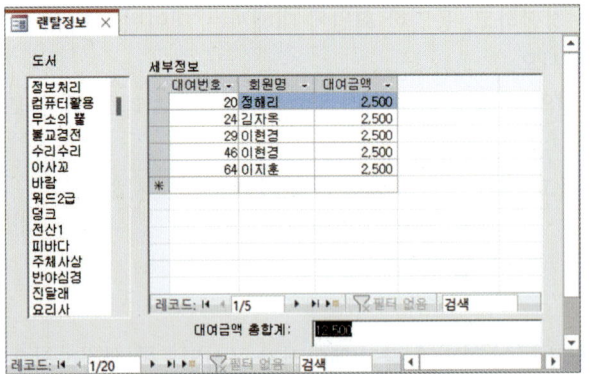

# 문제 ❹ 처리 기능 구현    35점

❶ 특정 작가의 책 정보를 알려주는 매개변수 쿼리를 다음 지시에 따라 작성하시오. (7점)

▶ 작가명을 입력하면 해당 작가가 출간한 책의 책번호, 작가, 제목, 장르, 대여금액, 대여횟수가 표시되도록 하시오.
▶ 〈전체대여DB〉 쿼리를 이용하시오.
▶ 쿼리 이름은 〈W리스트〉로 하고, 매개변수 메시지는 '작가로 검색 할 것'으로 표시하시오.

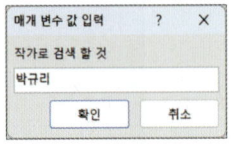 ➡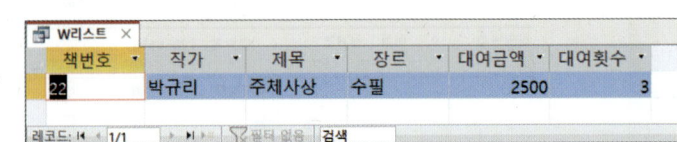

**02** 회원별, 장르별 대여횟수를 나타내는 크로스탭 쿼리를 작성하시오. (7점)

▶ 쿼리 이름은 〈크로스탭_대여횟수〉로 하시오.
▶ 〈전체대여DB〉 쿼리를 이용하시오.
▶ 각 회원별 대여수의 합계도 나타내되 화면과 필드명을 지정하시오.

**03** 〈고객별대여정보〉 쿼리를 이용하여 생년월일의 년도를 매개변수로 입력받아 70년대생에 해당하는 자료를 조회하는 〈70년대생도서대여〉 쿼리를 작성하시오. (7점)

▶ 장르에서 '수험'을 '수험서'로 바꾸어 표시하시오.
▶ 쿼리 실행 결과 표시되는 필드와 필드명은 〈그림〉과 같이 표시되도록 설정하시오.
▶ Replace 함수 사용

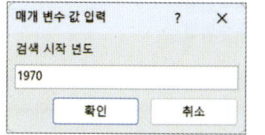
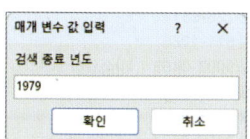
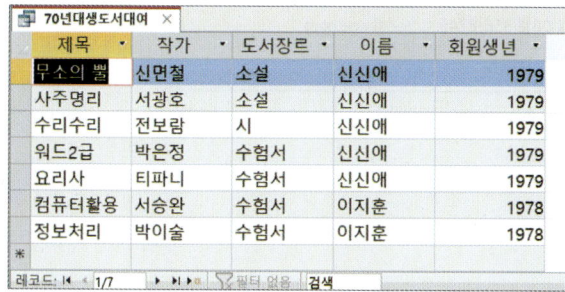

**04** 〈전체대여DB〉 쿼리를 이용하여 반납여부가 'No'인 자료를 조회하여 새 테이블로 생성하는 〈미반납도서체크〉 쿼리를 작성하고 실행하시오. (7점)

▶ 쿼리 실행 후 생성되는 테이블의 이름은 [미반납도서]로 설정하시오.
▶ 쿼리 실행 결과 생성되는 테이블의 필드는 그림을 참고하여 수험자가 판단하여 설정하시오.

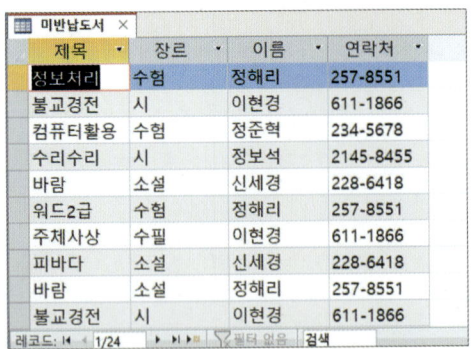

**05** 〈랜탈도서〉 테이블을 이용하여 회원번호의 횟수가 5회 이상인 회원의 〈고객정보〉 테이블의 '비고' 필드의 값을 '우수회원'으로 변경하는 〈우수회원처리〉 업데이트 쿼리를 작성한 후 실행하시오. (7점)

▶ In 연산자와 하위 쿼리 사용

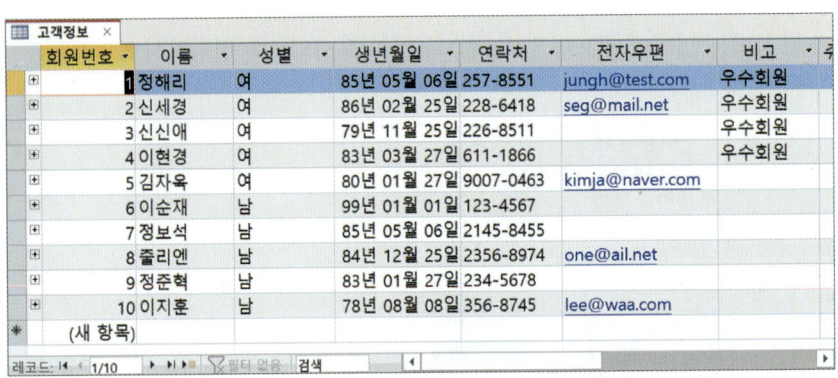

※ 〈우수회원처리〉 쿼리를 실행한 후의 〈고객정보〉 테이블

# 기출 유형 문제 05회 정답

## 문제 ① DB구축

### 01 〈고객정보〉 테이블

| 번호 | 필드 이름 | 속성 및 형식 | 설정 값 |
|---|---|---|---|
| ① | 회원번호 | 기본 키 |  |
| ② | 성별 | 유효성 검사 규칙 | "남" Or "여" |
| ③ | 생년월일 | 필수 | 예 |
| ④ | 이름 | 인덱스 | 예(중복 가능) |
| ⑤ | 전자우편 | 데이터 형식 | 하이퍼링크 |

### 02 '리스트.xlsx' 파일 연결 테이블

〈고객리스트〉 테이블 내용

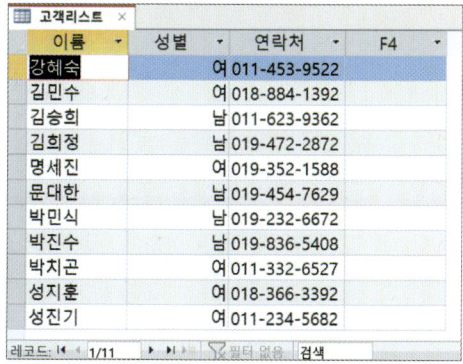

연결된 상태

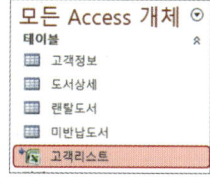

### 03 〈고객정보〉, 〈랜탈도서〉, 〈도서상세〉 관계

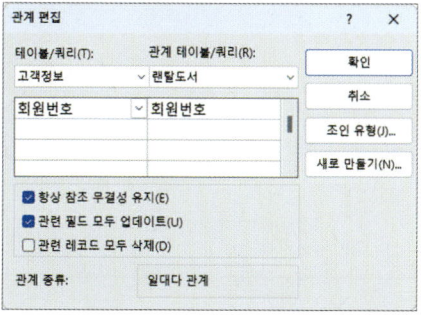 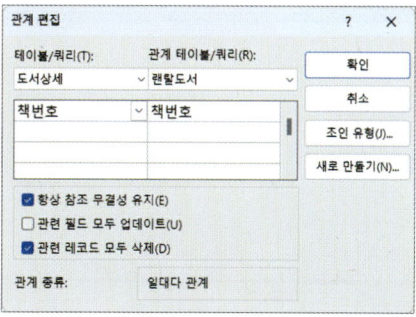

## 문제 ❷ 입력 및 수정 기능 구현

**01** 〈도서DB〉 폼

| 번호 | 개체 | 속성 | 설정 값 |
|---|---|---|---|
| ① | 본문 텍스트 상자 | 글꼴 | 굴림 |
| ② | txt책번호 | 컨트롤 원본 | 책번호 |
|  | 나머지 'txt제목', 'txt작가', 'txt장르', 'num대여금액' 컨트롤도 '제목', '작가', '장르', '대여금액'으로 컨트롤 원본 설정 |||
| ③ | txt작업일자 | 컨트롤 원본 | =Date( ) |

**02** 〈도서DB〉 폼의 바닥글에 명령 단추 만들기

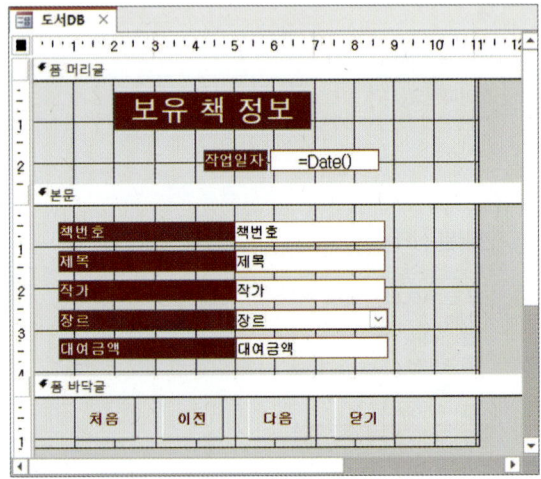

**03** 〈도서DB〉 폼의 'txt장르' 컨트롤을 콤보 상자로 변환

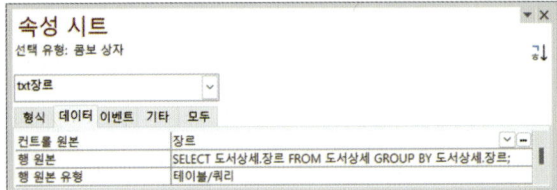

## 문제 ❸ 조회 및 출력 기능 구현

### 01 〈C리포트〉 보고서

| 번호 | 개체 | 속성 | | 설정 값 |
|---|---|---|---|---|
| ① | 본문 컨트롤 위쪽 맞춤 | | | [정렬] – [맞춤] – [위쪽] |
| ② | 회원번호, 대여번호 정렬 | | | 그룹화 기준 회원번호 ▼ 오름차순 ▼, 자세히 ▶ <br> 그룹화 기준 회원번호 : (회원번호) <br> 정렬 기준 대여번호 ▼ 오름차순 ▼, 자세히 ▶ |
| ③ | txt순번 | 컨트롤 원본 | | =1 |
|   |        | 누적 합계 | | 그룹 |
| ④ | 페이지 머리글에 레이블 생성 | 이름 | | LBL제목 |
|   |  | 캡션 | | 고객 그룹별 출력 |
|   |  | 글꼴 크기 | | 20 |
|   |  | 글꼴 두께 | | 굵게 |
|   |  | 글꼴 기울임꼴 | | 예 |
|   |  | 문자색 | | #0000FF |
| ⑤ | 페이지 바닥글에 텍스트 상자 생성 | 이름 | | txt페이지 |
|   |  | 컨트롤 원본 | | =[Page] & " / " & [Pages] & "페이지" |

### 02 〈랜탈정보〉 폼에 하위 폼 추가

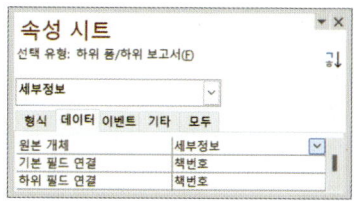

## 문제 ④ 처리 기능 구현

**01** 〈W리스트〉 쿼리

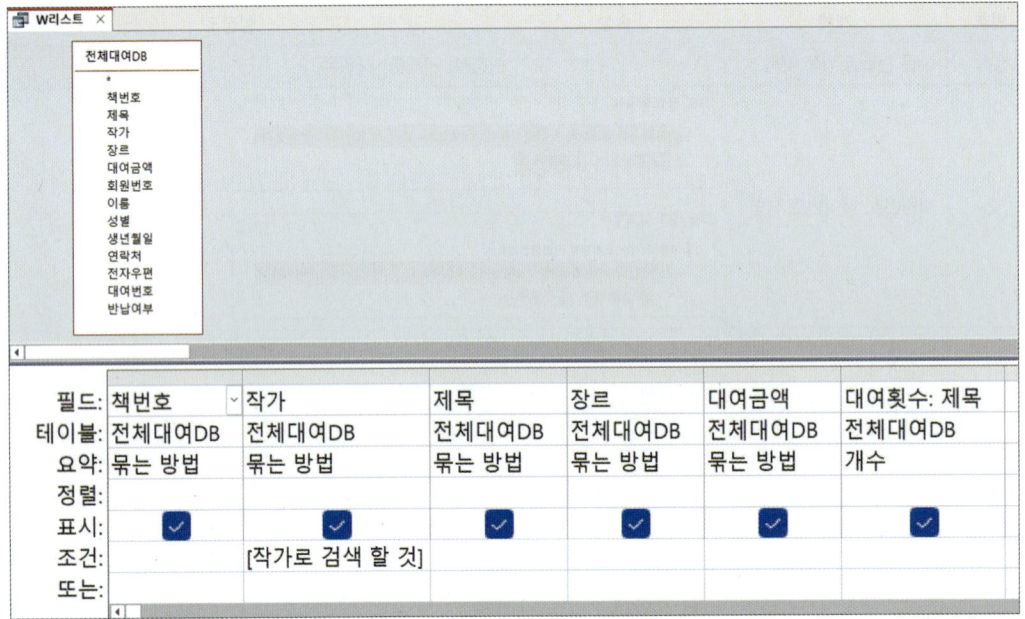

**02** 〈크로스탭_대여횟수〉 쿼리

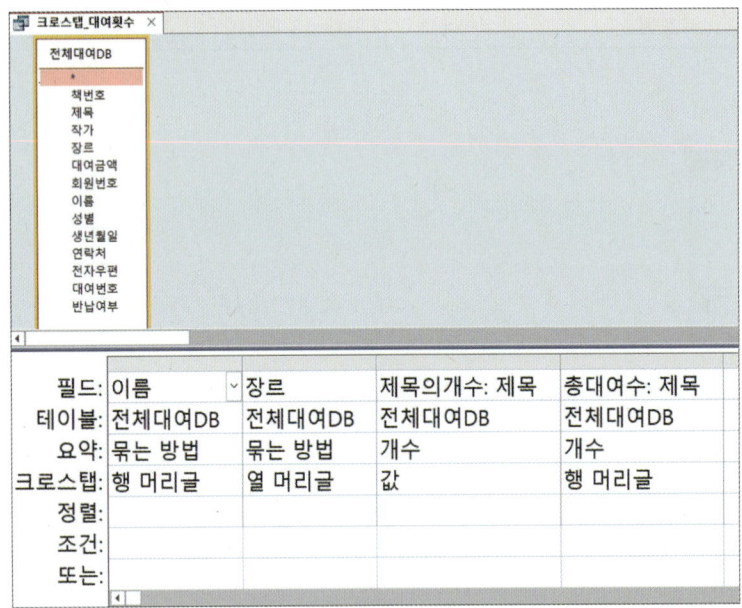

## 03 〈70년대생도서대여〉 쿼리

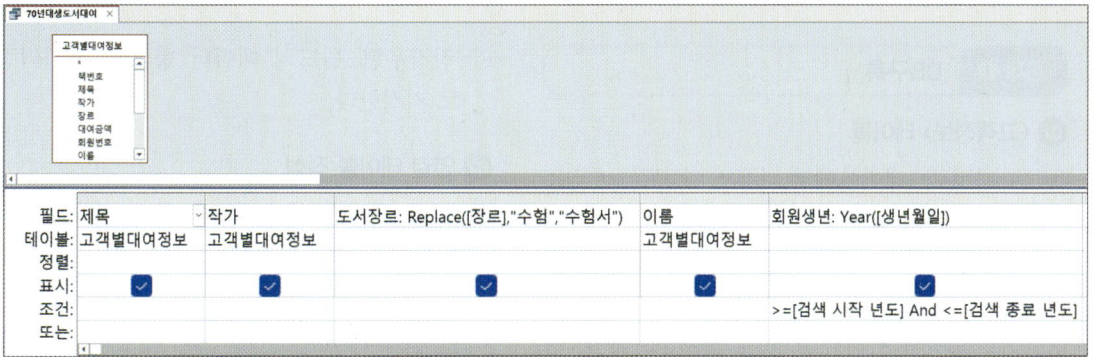

## 04 〈미반납도서체크〉 쿼리

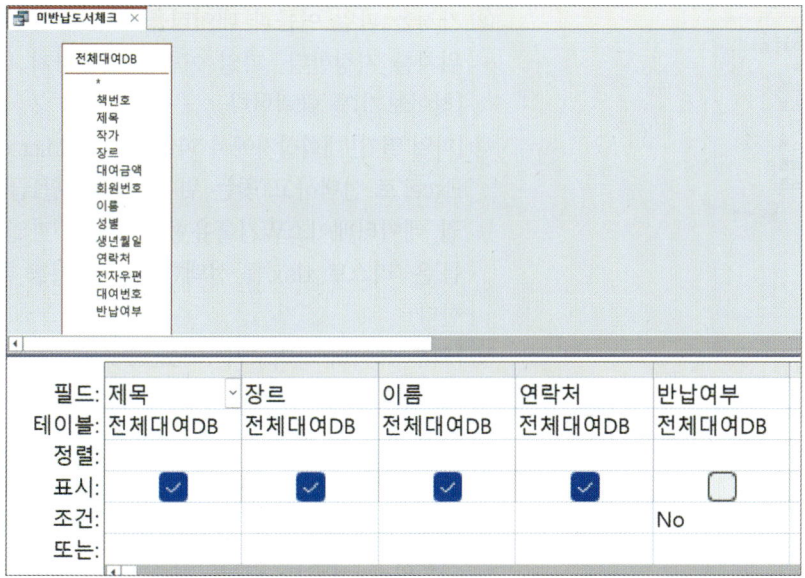

## 05 〈우수회원처리〉 쿼리

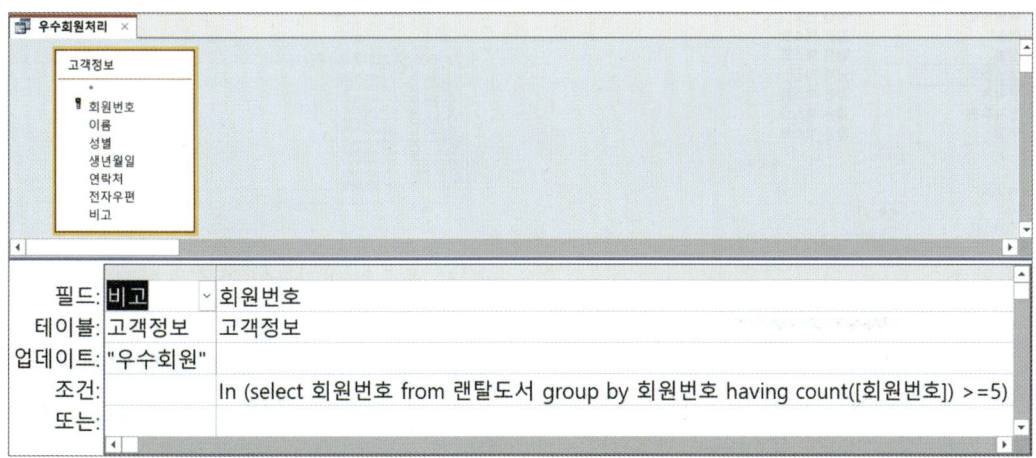

# 기출 유형 문제 05회 해설

## 문제 ① DB구축

### 01 〈고객정보〉 테이블

① 〈고객정보〉 테이블에서 마우스 오른쪽 버튼을 눌러 [디자인 보기](🔳)를 클릭한다.
② '회원번호' 필드에서 마우스 오른쪽 버튼을 눌러 [기본 키](🔍)를 선택한다.
③ '성별' 필드를 선택한 후 '필드 속성'의 [일반] 탭에서 유효성 검사 규칙을 **"남" Or "여"**로 입력한다.

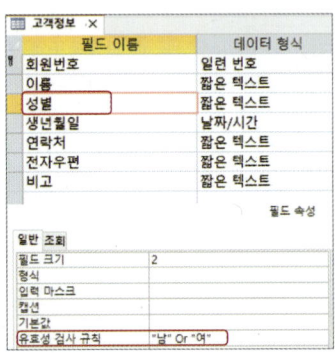

> **기적의 TIP**
> 「남 or 여」로 입력한 후 Enter 를 치면 자동으로 '"남" 또는 "여"'로 변경됩니다.

④ '생년월일' 필드를 선택한 후 '필드 속성'의 [일반] 탭에서 필수를 '예'로 지정한다.

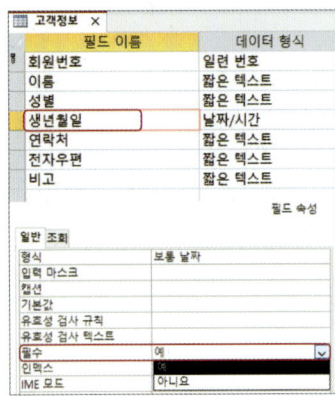

⑤ '이름' 필드를 선택한 후 '필드 속성'의 [일반] 탭에서 인덱스를 '예(중복 가능)'으로 지정한다.

⑥ '전자우편' 필드의 데이터 형식을 '하이퍼링크'로 지정한다.

### 02 연결 테이블 작성

① [외부 데이터]-[가져오기 및 연결] 그룹의 [새 데이터 원본]-[파일에서]-[Excel]을 클릭한다.

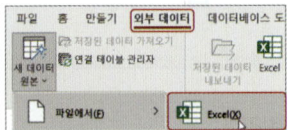

② 가져올 파일 이름과 데이터를 저장할 방법 및 위치를 지정한다. 파일 이름을 지정하기 위해 [찾아보기]를 클릭한다.
③ [파일 열기] 대화상자에서 '파일 형식'은 'Microsoft Excel'로 선택하고 '찾는 위치'는 '26컴활1급₩2권_데이터베이스₩기출유형문제'에서 '파일 이름'은 '리스트.xlsx'를 선택한 후 [열기]를 클릭한다.
④ [외부 데이터 가져오기 - Excel 스프레드시트] 대화상자로 돌아오면, 연결 테이블을 만들어야 하기 때문에 '연결 테이블을 만들어 데이터 원본에 연결'을 선택하고 [확인]을 클릭한다.
⑤ [스프레드시트 연결 마법사]에서 '회원목록'을 선택하고 [다음]을 클릭한다.

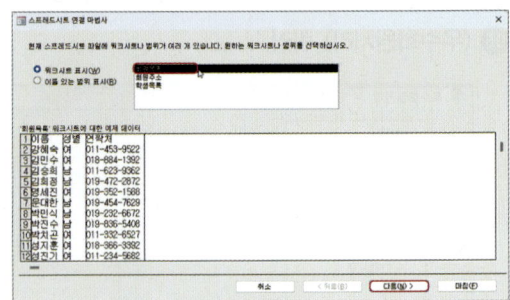

⑥ '첫 행에 열 머리글이 있음'을 체크하고 [다음]을 클릭한다.
⑦ 연결할 테이블의 이름을 **고객리스트**로 입력하고 [마침]을 클릭한다.

⑧ 액세스에 새롭게 생성된 '고객리스트' 테이블을 '리스트.xlsx' 파일에 연결했다는 메시지가 안내되면 [확인]을 클릭한다.

### 03 관계 설정

① [데이터베이스 도구]-[관계] 그룹의 [관계](📊)를 클릭한다.
② [관계] 창에서 바로 가기 메뉴를 불러 [테이블 표시]를 선택한 후 [테이블 추가]의 [테이블] 탭에서 〈고객정보〉, 〈랜탈도서〉, 〈도서상세〉 테이블을 각각 더블클릭하고 [닫기]를 클릭한다.
③ 〈랜탈도서〉 테이블의 '회원번호' 필드를 선택한 다음 〈고객정보〉 테이블의 '회원번호' 필드로 드래그 한다.

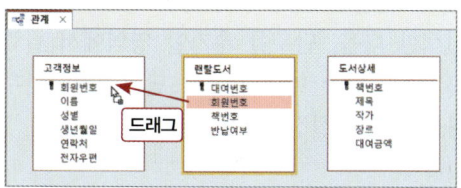

④ [관계 편집] 대화상자를 그림과 같이 지정한 후 [만들기]를 클릭한다.

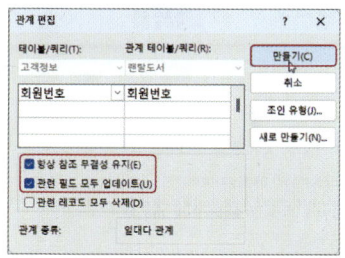

⑤ 〈랜탈도서〉 테이블의 '책번호' 필드를 선택한 다음 〈도서상세〉 테이블의 '책번호' 필드로 드래그 한다.

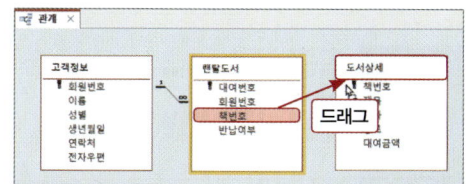

⑥ [관계 편집] 대화상자를 그림과 같이 지정한 후 [만들기]를 클릭한다.

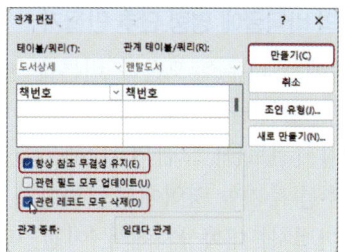

### 문제 ② 입력 및 수정 기능 구현

#### 01 〈도서DB〉 폼

① 〈도서DB〉 폼에서 마우스 오른쪽 버튼을 눌러 [디자인 보기](📐)를 클릭한다.
② 본문에서 모든 컨트롤을 선택하고 바로 가기 메뉴 중 [속성]을 클릭한다. [여러 항목 선택] 대화상자에서 '글꼴 이름'을 '굴림'으로 설정한다.

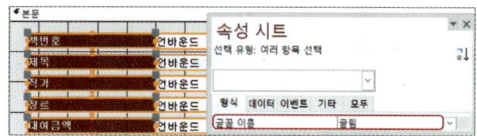

③ 'txt책번호' 컨트롤을 클릭하여 컨트롤 원본을 **책번호**로 설정한다. 나머지 'txt제목', 'txt작가', 'txt장르', 'num대여금액' 컨트롤도 더블클릭하여 컨트롤 원본에 **제목**, **작가**, **장르**, **대여금액**으로 설정한다.

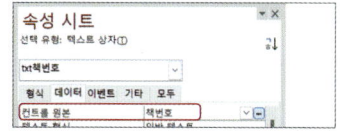

④ 'txt작업일자' 컨트롤을 클릭하여 컨트롤 원본에 =Date()를 설정한다.

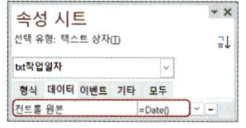

> **기적의 TIP**
>
> 현재 시스템 날짜를 표시하려면 =Date()를, 날짜와 시간을 표시하려면 =Now()를 지정합니다.

**02 〈도서DB〉 폼의 바닥글에 명령 단추 만들기**

① 〈도서DB〉 폼에서 마우스 오른쪽 버튼을 눌러 [디자인 보기](📐)를 클릭한다.
② [양식 디자인]-[컨트롤] 그룹의 [단추](▢)를 선택하여 단추를 추가할 영역에서 클릭한다.
③ [명령 단추 마법사] 대화상자에서 '이전' 명령 단추를 다음과 같이 설정한다.

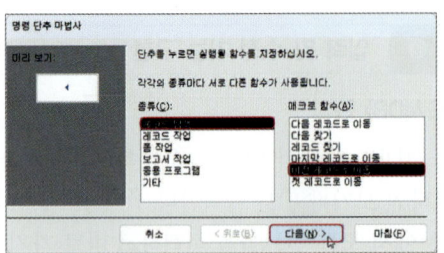

↓

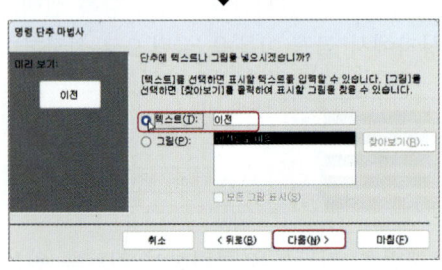

↓

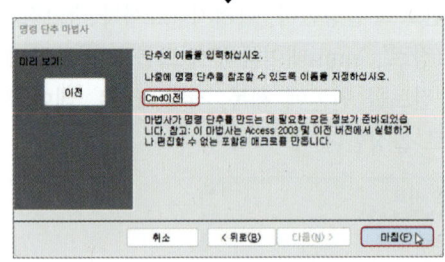

④ [양식 디자인]-[컨트롤] 그룹의 [단추](▢)를 선택한 다음, 단추를 추가할 영역에서 클릭하고 [명령 단추 마법사]에서 '다음' 명령 단추를 다음과 같이 설정한다.

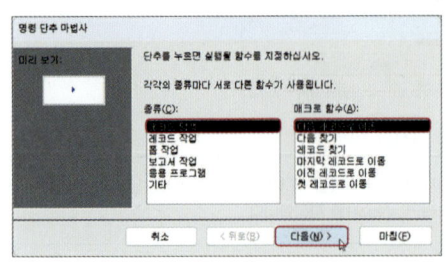

↓

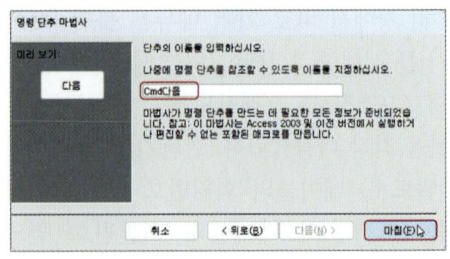

↓

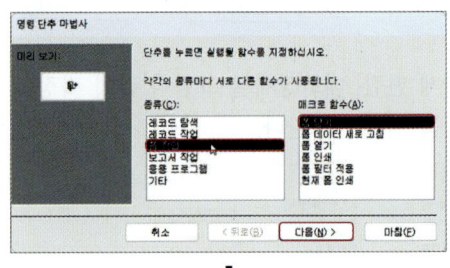

⑤ [양식 디자인]-[컨트롤] 그룹의 [단추](▢)를 선택한 다음, 단추를 추가할 영역에서 클릭하고 [명령 단추 마법사]에서 '닫기' 명령 단추를 다음과 같이 설정한다.

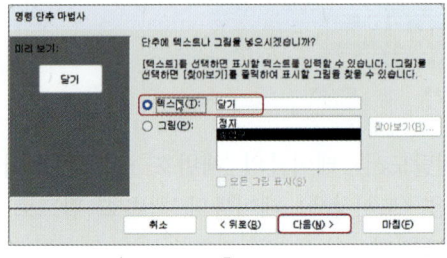

↓

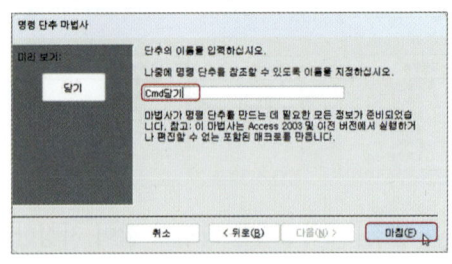

⑥ 추가한 단추의 크기와 배치를 조절한다.

## 03 〈도서DB〉 폼의 'txt장르' 컨트롤을 콤보 상자로 변환

① 〈도서DB〉 폼에서 마우스 오른쪽 버튼을 눌러 [디자인 보기](🔲)를 클릭한다.
② 'txt장르' 컨트롤에서 마우스 오른쪽 버튼을 눌러 [변경]-[콤보 상자]를 선택한다.
③ 'txt장르' 컨트롤의 속성 창에서 행 원본 유형을 '테이블/쿼리'로 지정한 다음, '행 원본'의 [작성기](📋)를 클릭한다.

④ [테이블 추가]의 [테이블] 탭에서 〈도서상세〉를 추가하고 [닫기]를 클릭한다.
⑤ 디자인 눈금의 필드에 다음과 같이 설정한다.

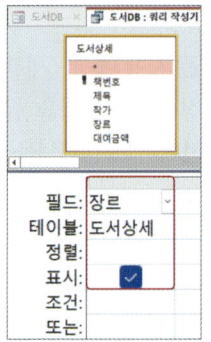

⑥ [쿼리 디자인]-[표시/숨기기] 그룹의 [요약](∑)을 눌러 '묶는 방법'이 추가되면 닫고 속성을 업데이트 한다.

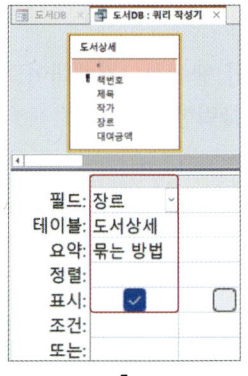

SELECT 도서상세.장르 FROM 도서상세 GROUP BY 도서상세.장르;

### 🚩 기적의 TIP
고유 값을 이용하여 행 원본을 SELECT DISTINCT 도서상세.장르 FROM 도서상세; 로 할 수도 있습니다.

## 문제 ❸  조회 및 출력 기능 구현

### 01 〈C리포트〉 보고서

① 〈C리포트〉 보고서에서 마우스 오른쪽 버튼을 눌러 [디자인 보기](🔲)를 클릭한다.
② 본문의 모든 컨트롤을 선택한 후 [정렬]-[크기 및 순서 조정] 그룹의 [맞춤]을 눌러 [위쪽](📐)을 클릭한다.

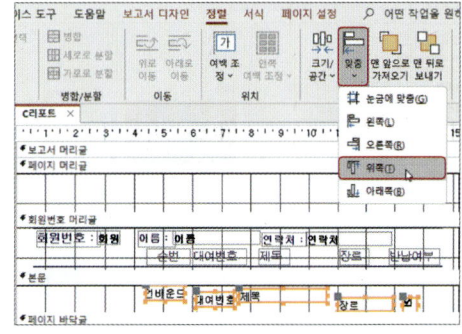

③ '보고서 선택기'(■)의 바로 가기 메뉴에서 [정렬 및 그룹화]를 클릭하여 '회원번호'와 [정렬 추가] 버튼을 클릭하여 '대여번호' 필드를 오름차순 정렬한다.

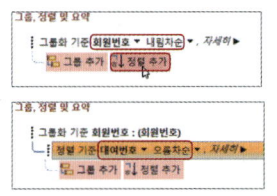

### 🚩 기적의 TIP
추가된 정렬 순서의 디폴트 값이 오름차순이므로, 따로 설정할 필요는 없습니다.

④ 'txt순번' 컨트롤의 컨트롤 원본에 =1을 입력하고 누적 합계를 '그룹'으로 설정한다.

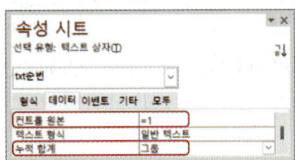

> **기적의 TIP**
>
> 컨트롤 원본에 「=1」이라고 표시하면 해당하는 컨트롤은 무조건 1이라는 숫자를 표현합니다. 누적합계 속성을 그룹으로 지정하면 1부터 차례로 그룹별로 번호가 부여됩니다.

⑤ [보고서 디자인]-[컨트롤] 그룹의 [레이블](가)을 선택한 후 [페이지 머리글]에 레이블을 추가하고 **고객 그룹별 출력**이라고 입력한 뒤 속성 창에서 다음과 같이 설정한다.

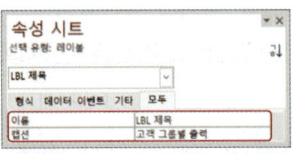

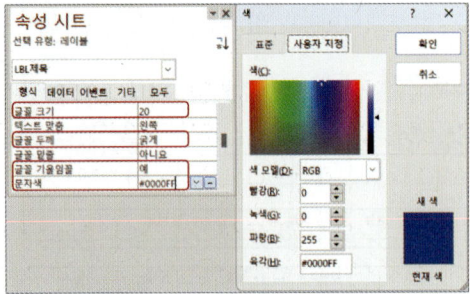

> **기적의 TIP**
>
> '문자색' 속성의 [작성기]()를 클릭하여 [색] 대화상자가 나타나면, [다른 색] – [사용자 지정]에 들어가 빨강(R)을 0, 녹색(G)을 0, 파랑(B)을 255로 입력합니다.

⑥ [보고서 디자인]-[컨트롤] 그룹의 [텍스트 상자]()를 선택한 후 [페이지 바닥글]에 추가하고 Lable을 삭제한다. 그리고 '이름'과 컨트롤 원본을 다음과 같이 입력한다.

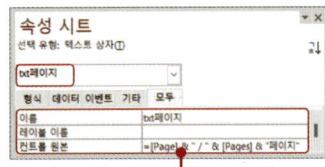

=[page] & " / " & [pages] & "페이지"

## 02 〈랜탈정보〉 폼에 하위 폼 추가

① 〈랜탈정보〉 폼에서 마우스 오른쪽 버튼을 눌러 [디자인 보기]()를 클릭한 후, [양식 디자인]-[컨트롤] 그룹에서 [컨트롤 마법사 사용]()과 [하위 폼/하위 보고서]()를 선택하고, 적당한 위치에 드래그한 후 놓으면 [하위 폼 마법사]가 나타난다.

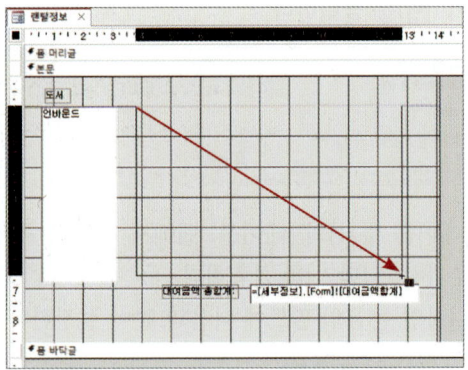

② [하위 폼 마법사]의 '기존 폼 사용'에서 〈세부정보〉 폼을 하위 폼으로 설정하고 [다음]을 클릭한다. '목록에서 선택'을 선택하고 [다음]을 클릭한다.
③ 하위 폼의 이름을 **세부정보**로 입력하고 [마침]을 클릭한다.

## 문제 ④ 처리 기능 구현

### 01 〈W리스트〉 쿼리

① [만들기]-[쿼리] 그룹의 [쿼리 디자인]()을 클릭한다.
② [테이블 추가]의 [쿼리] 탭에서 〈전체대여DB〉를 추가하고 [닫기]를 클릭한다.

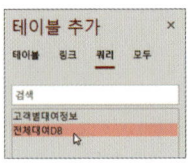

③ 디자인 눈금의 각 필드에 다음과 같이 드래그해서 놓는다.

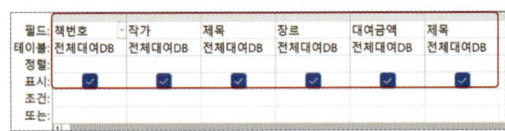

④ [쿼리 디자인]-[표시/숨기기] 그룹의 [요약](∑)을 클릭한 후 '제목' 필드에 '대여횟수:'를 입력하고, 묶는 방법을 '개수'로 설정하고 [작가로 검색 할 것]을 입력한다.

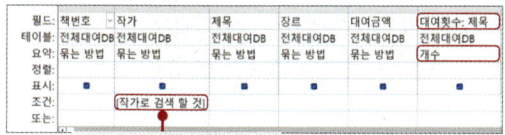

⑤ 쿼리 이름을 W리스트라고 입력하고 [확인]을 클릭한다.

### 02 〈크로스탭_대여횟수〉 쿼리

① [만들기]-[쿼리] 그룹의 [쿼리 디자인](🗔)을 클릭한다.
② [테이블 추가]의 [쿼리] 탭에서 〈전체대여DB〉를 추가하고 [닫기]를 클릭한다.
③ [쿼리 디자인]-[쿼리 유형] 그룹의 [크로스탭](🗔)을 선택하고 '제목' 필드에 **총대여수:**를 입력하여 필드 이름을 변경하고 '제목' 필드의 묶는 방법을 '개수'로 설정하여 크로스탭 구성 요소를 설정한다.

④ 작성한 내용은 쿼리 이름을 **크로스탭_대여횟수** 라고 입력하고 [확인]을 클릭한다.

### 03 〈70년대생도서대여〉 쿼리

① [만들기]-[쿼리] 그룹에서 [쿼리 디자인](🗔)을 클릭한다.
② 〈고객별대여정보〉 쿼리를 더블클릭하여 추가한 후 [닫기]를 클릭한다.
③ 디자인 눈금의 각 필드에 다음과 같이 드래그해서 배치한다.

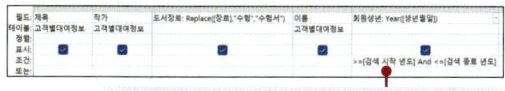

> **기적의 TIP**
>
> 도서장르: Replace([장르],"수험","수험서")
> : [장르] 필드에서 '수험'을 찾아 '수험서'로 바꾸어서 표시

> **기적의 TIP**
>
> 회원생년: Year([생년월일])
> [생년월일] 필드에서 년도를 추출
>
> >=[검색 시작 년도] And <=[검색 종료 년도]
> : [검색 시작 년도]에서 입력한 년도부터 [검색 종료 년도]에서 입력한 년도까지 표시

④ [저장](💾)을 클릭한 후 **70년대생도서대여**를 입력하고 [확인]을 클릭한다.

### 04 〈미반납도서체크〉 쿼리

① [만들기]-[쿼리] 그룹의 [쿼리 디자인](🗔)을 클릭한다.
② [테이블 추가]의 [쿼리] 탭에서 〈전체대여DB〉를 추가하고 [닫기]를 클릭한다.
③ 디자인 눈금의 각 필드에 다음과 같이 드래그해서 놓는다.

④ 반납여부 필드의 표시 체크를 해제하고, 조건에 **No**를 입력한다.

⑤ [쿼리 디자인]-[쿼리 유형] 그룹의 [테이블 만들기](🗔)를 클릭한다.
⑥ 테이블 이름은 **미반납도서**를 입력하고 [확인]을 클릭한다.
⑦ [쿼리 디자인]-[결과] 그룹의 [실행](❗)을 클릭한다.
⑧ 대화상자가 표시되면 [예]를 클릭하여 새 테이블을 작성한다.
⑨ Ctrl + S 를 눌러 '다른 이름으로 저장' 대화상자에 **미반납도서체크**로 입력하고 [확인]을 클릭한다.

## 05 〈우수회원처리〉 업데이트 쿼리

① [만들기]-[쿼리] 그룹의 [쿼리 디자인](▦)을 클릭한다.
② [테이블 표시] 대화상자의 [테이블] 탭에서 〈고객정보〉 테이블을 추가한 후 '비고'와 '회원번호' 필드를 추가한다.
③ [쿼리 디자인] 탭의 [쿼리 유형]-[업데이트](▦)를 클릭한 후 다음과 같이 입력한다.

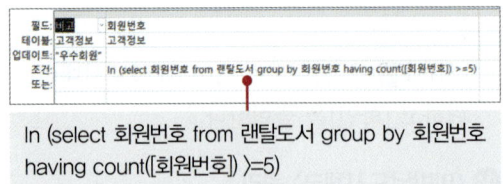

In (select 회원번호 from 랜탈도서 group by 회원번호 having count([회원번호]) >=5)

④ 쿼리의 이름을 **우수회원처리**로 입력하고 [확인]을 클릭한다.
⑤ [쿼리 디자인] 탭의 [결과]-[실행](!)을 클릭하면 다음의 메시지가 표시되면 [예]를 클릭한다.

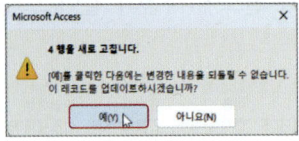

# 기출 유형 문제 06회

**작업파일** [26컴활1급₩2권_데이터베이스₩기출유형문제] 폴더의 '기출유형문제6회' 파일을 열어서 작업하시오.

## 문제 ❶  DB구축                                                                 25점

**01** 교육과정별 교육생 관리를 위한 데이터베이스를 구축하였다. 다음 지시사항에 따라 테이블을 완성하시오. (각 3점)

※ 〈교육신청〉 테이블을 사용하시오.
① '과정코드', '주민등록번호' 필드를 기본 키(Primary Key)로 설정하시오.
② '교육수료' 필드에는 '수료', '미수료', '연기'만 입력되도록 콤보 상자 형태의 조회 속성을 설정하시오.

※ 〈교육과정〉 테이블을 사용하시오.
③ '과정코드' 필드는 공백을 제외한 영문자 또는 숫자로 4자리가 필수 입력되도록 설정하시오.
  ▶ 영문자의 경우 소문자로 입력해도 대문자로 저장되도록 설정하시오.
④ '종료일' 필드는 '시작일'보다 크거나 같은 값만 입력할 수 있도록 테이블 속성을 설정하시오.
⑤ '정원' 필드에는 15 이상 25 이하의 값만 입력될 수 있도록 설정하시오. 만약에 범위에 벗어난 값을 입력하면 "15이상 25이하의 값만 입력가능"이라고 표시하도록 설정하시오.

**02** '인적사항.xlsx' 파일의 데이터를 〈강사〉 테이블로 가져오기 하시오. (5점)
  ▶ '강사명단' 워크시트를 대상으로 하며 첫 번째 행은 열 머리글임
  ▶ 기본 키(PK)는 없음으로 설정할 것

**03** 〈교육과정〉 테이블의 '과목코드' 필드에 대하여 다음과 같이 조회 속성을 설정하시오. (5점)
  ▶ 〈과목〉 테이블의 '과목코드', '과목명' 필드를 콤보 상자의 형태로 나타나도록 설정하시오.
  ▶ '과목코드'가 저장되도록 설정하시오.
  ▶ 열 너비는 각각 2cm, 4cm로 설정하고 목록 값만 입력되도록 설정하시오.

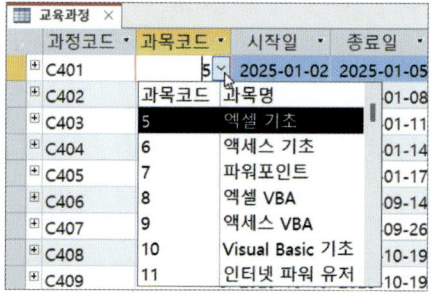

## 문제 ❷ 입력 및 수정 기능 구현    20점

**01** 수료 교육생 정보를 입력 및 수정하는 〈교육과정〉 폼을 다음의 〈화면〉과 지시사항에 따라 완성하시오. (각 3점)

① 폼의 '레코드 원본'을 〈교육과정〉 테이블의 모든 데이터가 '시작일'의 내림차순으로 표시되도록 설정하시오.
② 〈화면〉과 같은 형태로 나타나도록 '기본 보기' 속성을 설정하시오.
③ 폼의 머리글 제목 레이블(본문 데이터 표제 컨트롤만) 컨트롤의 배경색을 '16764057'로, 특수 효과를 '볼록'으로 설정하시오.

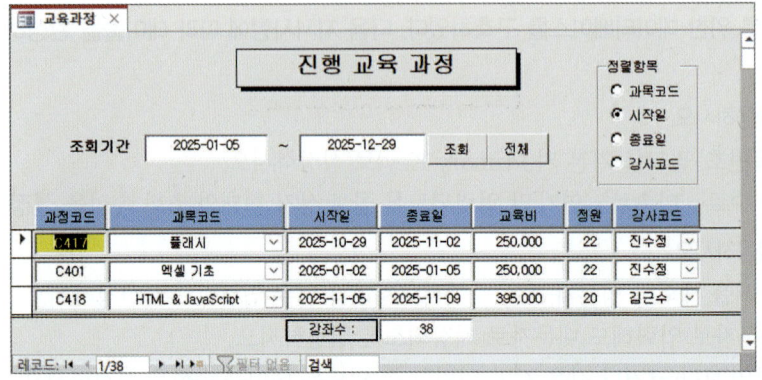

**02** 〈교육과정〉 폼에서 본문의 모든 컨트롤에 대해 포커스가 이동되면 글꼴 스타일 '굵게', 배경색을 표준 색 '노랑'으로 지정되도록 조건부 서식을 설정하시오. (6점)

**03** 〈교육과정〉 폼의 '정렬항목(fra정렬)' 컨트롤의 값이 변경되면(After Update) 다음과 같은 기능을 수행하도록 이벤트 프로시저를 구현하시오. (5점)

▶ 'fra정렬' 컨트롤 값에 따라 다음 표와 같이 해당 필드를 기준으로 오름차순 정렬되어 표시되도록 설정하시오. (예를 들어, fra정렬 컨트롤 값이 '1'이면 레코드는 '과목코드' 필드의 오름차순으로 정렬하여 표시)
▶ Select Case문과 폼의 OrderBy 속성 이용

| fra정렬 값 | 정렬기준 | fra정렬 값 | 정렬기준 |
|---|---|---|---|
| 1 | 과목코드 | 2 | 시작일 |
| 3 | 종료일 | 4 | 강사코드 |

## 문제 ❸ 조회 및 출력 기능 구현   20점

**01** 다음의 지시사항 및 〈화면〉을 참조하여 〈출석부〉 보고서를 완성하시오. (각 3점)

① 1차적으로 '과정코드' 필드, 2차적으로 '순번' 필드를 기준으로 오름차순 정렬하시오.
② 본문의 'txt성별' 컨트롤에 '성별' 필드의 값이 −1이면 '남', 0이면 '여' 값으로 표시되도록 설정하시오.
   ▶ IIf 함수 이용
③ 페이지 머리글의 'txt과정코드', 'txt교육기간' 컨트롤을 다음과 같이 설정하시오.
   ▶ 'txt과정코드'는 '과목명(과정코드)'와 같은 형식으로 표시되도록 설정하시오.
   ▶ 'txt교육기간'은 '시작일~종료일'과 같은 형식으로 표시되도록 설정하시오.
④ 과정코드가 바뀌면 새 페이지에 표시되도록 '과정코드 바닥글'을 설정하시오.
⑤ 그룹 바닥글의 'txt인원수' 컨트롤에는 그룹별 인원수가 '0 명'의 형태로 표시되도록 설정하시오.

```
                        출 석 부

  과정명   :  엑셀 기초(C401)
  과육기간 :  2025-01-02~2025-01-05

  순번 과정코드 이름    주민등록번호     성별  핸드폰        회사명      부서명
   1   C401    이민수   580302-18152     남    011-542-95    대일건설    총무과
   3   C401    권동수   710512-16704     남    017-958-74    영진교육    관리
   4   C401    이찬수   640501-19549     남    011-2458-9    TNT 산업    교육
   5   C401    도미희   680121-23143     여    018-245-65    한마음은행  금융지원
   7   C401    이장수   591211-15452     남    011-1534-9    대일건설    인사기획
   8   C401    고창문   670722-11212     남    018-724-54    바스알      관리
   9   C401    고영수   631206-17163     남    017-2658-8    영진교육    관리
  11   C401    강세라   730519-20246     여    018-2245-9    TNT 산업    인사
  12   C401    오동춘   640926-18189     남    016-245-85    ISI         관리
  15   C401    조세희   670206-20856     여    017-322-00    바스알      교육
  16   C401    주진국   680827-27147     여    011-248-12    대일건설    기획
                        인원수 :  11 명
```

**02** 〈과정별신청자현황〉 폼의 '출석부(cmd출석부)' 버튼을 클릭할 때 다음과 같은 기능을 수행하도록 이벤트 프로시저를 구현하시오. (5점)

▶ 〈출석부〉 보고서를 '인쇄 미리보기' 형태로 여시오. 단, '과정코드' 필드가 'txt과정코드' 컨트롤의 값과 동일한 레코드만을 표시하도록 설정하시오.
▶ DoCmd 사용

## 문제 ❹ 처리 기능 구현  35점

**01** 〈강사〉 테이블을 이용하여 성별을 입력받아 강사 정보를 조회하는 〈강사조회〉 쿼리를 작성하시오. (7점)

▶ '거주지'는 '주소' 필드에서 공백 뒤의 텍스트를 추출한 후 '거주'를 붙여서 [표시 예]와 같이 표시하시오.
[표시 예 : 인천시 남동구 → 남동구 거주]
▶ RIGHT, LEN, INSTR 함수와 & 연산자 사용
▶ '아이디' 필드는 '전자우편' 필드에서 '@' 앞의 텍스트를 추출하여 [표시 예]와 같이 표시하시오.
[표시 예 : jyc88@sec.co.kr → jyc88]
▶ '지역번호' 필드는 '전화번호' 필드에서 첫 번째 '-' 앞의 텍스트를 추출하여 [표시 예]와 같이 표시하시오.
[표시 예 : 032-464-1218 → 032]
▶ LEFT, INSTR 함수 사용
▶ 쿼리 결과로 표시되는 필드와 필드명은 〈그림〉과 같이 표시되도록 설정하시오.

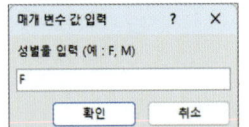 ➡

**02** 〈교육신청〉 테이블의 이용하여 주민등록번호가 5 또는 6으로 시작하면 '기본1반', 그 외는 '기본2반'으로 표시하는 〈교육수료현황〉 크로스탭 쿼리를 작성하시오. (7점)

▶ 수강생은 '과정코드' 필드를 이용할 것
▶ IIF, LEFT, OR 함수를 이용

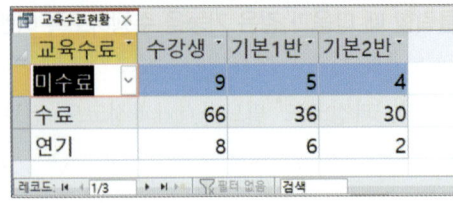

**03** 〈과목〉, 〈교육과정〉 테이블을 이용하여 정원의 최대값이 존재하는 비고 필드에 '인기★강좌'로 변경하는 〈인기강좌〉 업데이트 쿼리를 작성한 후 실행하시오. (7점)

▶ In 연산자와 하위 쿼리 및 MAX 함수 사용

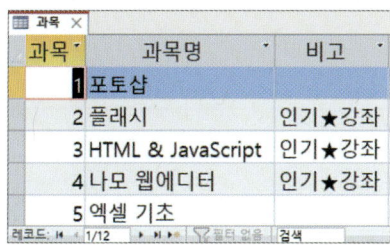

④ 〈회원명단〉, 〈교육신청〉 테이블을 이용하여 다음과 같은 기능을 수행하는 쿼리를 작성하시오. (7점)

▶ 교육을 전혀 수강하지 않은 회원명단을 표시하도록 설정하시오.
▶ 쿼리 이름은 〈수강이력이없는회원〉으로 설정하시오.
▶ Is Null 이용

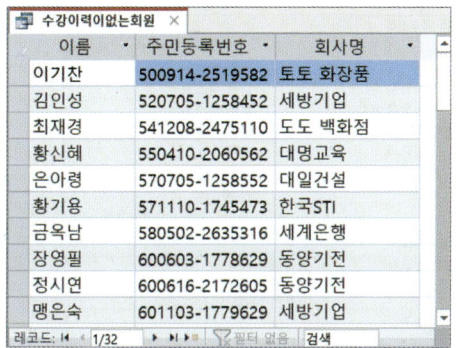

⑤ 〈교육과정〉 테이블을 이용하여 2025년 10월 교육과정의 강사코드를 이용하여 〈강사〉 테이블의 '비고' 필드의 값을 '10월 특강'으로 변경하는 〈10월교육과정처리〉 업데이트 쿼리를 작성한 후 실행하시오. (7점)

▶ 10월 교육과정이란 시작일이 2025년 10월 1일부터 2025년 10월 31일까지의 〈교육과정〉 테이블에 있는 '강사코드'
▶ In 연산자와 하위 쿼리 사용

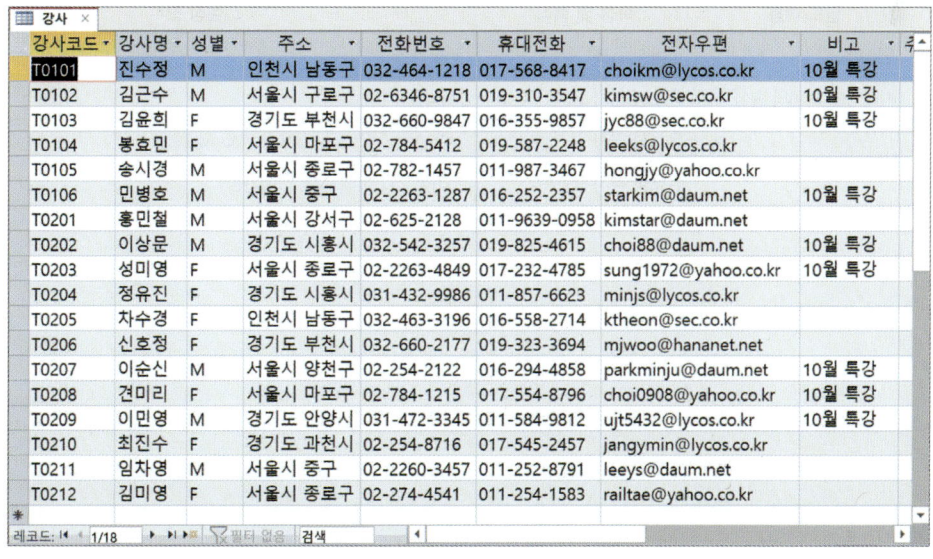

# 기출 유형 문제 06회 정답

## 문제 ① DB구축

### 01 〈교육신청〉, 〈교육과정〉 테이블

〈교육신청〉 테이블

| 번호 | 필드 이름 | 속성 및 형식 | 설정 값 |
|---|---|---|---|
| ① | 과정코드, 주민등록번호 | 기본 키 | 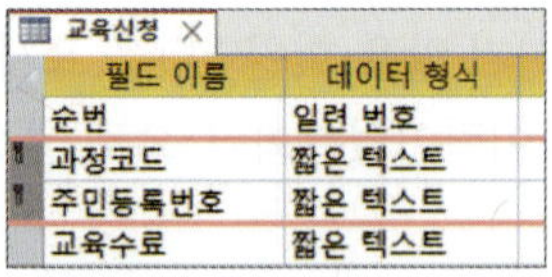 교육신청 테이블 - 순번(일련 번호), 과정코드(짧은 텍스트), 주민등록번호(짧은 텍스트), 교육수료(짧은 텍스트) |
| ② | 교육수료 | [조회] 탭 | 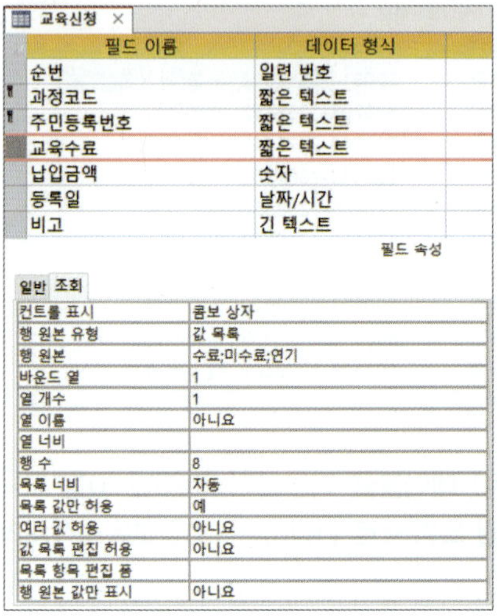 컨트롤 표시: 콤보 상자 / 행 원본 유형: 값 목록 / 행 원본: 수료;미수료;연기 / 바운드 열: 1 / 열 개수: 1 / 열 이름: 아니요 / 열 너비: / 행 수: 8 / 목록 너비: 자동 / 목록 값만 허용: 예 / 여러 값 허용: 아니요 / 값 목록 편집 허용: 아니요 / 목록 항목 편집 폼: / 행 원본 값만 표시: 아니요 |

〈교육과정〉 테이블

| 번호 | 필드 이름 | 속성 및 형식 | 설정 값 |
|---|---|---|---|
| ③ | 과정코드 | 입력 마스크 | >AAAA |
| ④ | ※ 테이블 자체의 속성 | 유효성 검사 규칙 | [시작일]<=[종료일] |
| ⑤ | 정원 | 유효성 검사 규칙 | >=15 And <=25 또는 Between 15 And 25 |
| | | 유효성 검사 텍스트 | 15이상 25이하의 값만 입력가능 |

② 〈인적사항.xlsx〉 파일을 〈강사〉 테이블로 가져오기

| 강사코드 | 강사명 | 성별 | 주소 | 전화번호 | 휴대전화 | 전자우편 | 비고 |
|---|---|---|---|---|---|---|---|
| T0101 | 진수정 | M | 인천시 남동구 | 032-464-1218 | 017-568-8417 | choikm@lycos.co.kr | |
| T0102 | 김근수 | M | 서울시 구로구 | 02-6346-8751 | 019-310-3547 | kimsw@sec.co.kr | |
| T0103 | 김윤희 | F | 경기도 부천시 | 032-660-9847 | 016-355-9857 | jyc88@sec.co.kr | |
| T0104 | 봉효민 | F | 서울시 마포구 | 02-784-5412 | 019-587-2248 | leeks@lycos.co.kr | |
| T0105 | 송시경 | M | 서울시 종로구 | 02-782-1457 | 011-987-3467 | hongjy@yahoo.co.kr | |
| T0106 | 민병호 | M | 서울시 중구 | 02-2263-1287 | 016-252-2357 | starkim@daum.net | |
| T0201 | 홍민철 | M | 서울시 강서구 | 02-625-2128 | 011-9639-0858 | kimstar@daum.net | |
| T0202 | 이상문 | M | 경기도 시흥시 | 032-542-3257 | 019-825-4615 | choi88@daum.net | |
| T0203 | 성미영 | F | 서울시 종로구 | 02-2263-4849 | 017-232-4785 | sung1972@yahoo.co.kr | |
| T0204 | 정유진 | F | 경기도 시흥시 | 031-432-9986 | 011-857-6623 | minjs@lycos.co.kr | |
| T0205 | 차수경 | F | 인천시 남동구 | 032-463-3196 | 016-558-2714 | ktheon@sec.co.kr | |
| T0206 | 신호정 | F | 경기도 부천시 | 032-660-2177 | 019-323-3694 | mjwoo@hananet.net | |
| T0207 | 이순신 | M | 서울시 양천구 | 02-254-2122 | 016-294-4858 | parkminju@daum.net | |
| T0208 | 견미리 | F | 서울시 마포구 | 02-784-1215 | 017-554-8796 | choi0908@yahoo.co.kr | |
| T0209 | 이민영 | M | 경기도 안양시 | 031-472-3345 | 011-584-9812 | ujt5432@lycos.co.kr | |
| T0210 | 최진수 | F | 경기도 과천시 | 02-254-8716 | 017-545-2457 | jangymin@lycos.co.kr | |
| T0211 | 임차영 | M | 서울시 중구 | 02-2260-3457 | 011-252-8791 | leeys@daum.net | |
| T0212 | 김미영 | F | 서울시 종로구 | 02-274-4541 | 011-254-1583 | railtae@yahoo.co.kr | |

③ 〈교육과정〉 테이블의 '과목코드' 필드 조회 속성

| 필드 이름 | 데이터 형식 |
|---|---|
| 과정코드 | 짧은 텍스트 |
| 과목코드 | 숫자 |
| 시작일 | 날짜/시간 |

필드 속성

일반  조회

| | |
|---|---|
| 컨트롤 표시 | 콤보 상자 |
| 행 원본 유형 | 테이블/쿼리 |
| 행 원본 | SELECT 과목.과목코드, 과목.과목명 FROM 과목; |
| 바운드 열 | 1 |
| 열 개수 | 2 |
| 열 이름 | 예 |
| 열 너비 | 2cm;4cm |
| 행 수 | 8 |
| 목록 너비 | 6cm |
| 목록 값만 허용 | 예 |
| 여러 값 허용 | 아니요 |
| 값 목록 편집 허용 | 아니요 |
| 목록 항목 편집 폼 | |
| 행 원본 값만 표시 | 아니요 |

## 문제 ② 입력 및 수정 기능 구현

### 01 〈교육과정〉 폼

| 번호 | 개체 | 속성 | 설정 값 |
|---|---|---|---|
| ① | 폼 | 레코드 원본 | SELECT 교육과정.* FROM 교육과정 ORDER BY 교육과정.시작일 DESC; |
| ② | 폼 | 기본 보기 | 연속 폼 |
| ③ | 제목 레이블 | 배경색 | 16764057 |
| | | 특수 효과 | 볼록 |

**02** 〈교육과정〉 폼 본문(조건부 서식)

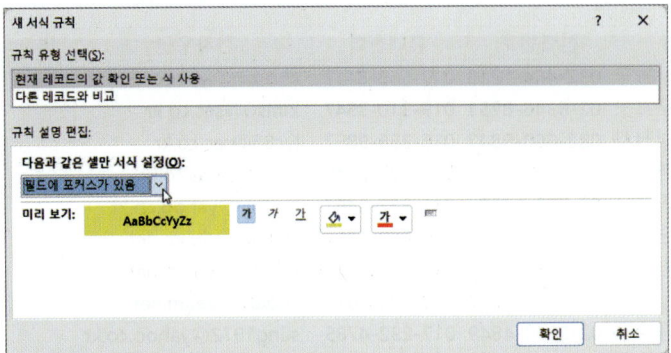

**03** 〈교육과정〉 폼의 'fra정렬' 컨트롤 After Update 이벤트

```
Private Sub fra정렬_AfterUpdate()
    Select Case fra정렬
        Case 1
            Me.OrderBy = "과목코드"
        Case 2
            Me.OrderBy = "시작일"
        Case 3
            Me.OrderBy = "종료일"
        Case 4
            Me.OrderBy = "강사코드"
    End Select

    Me.OrderByOn = True
End Sub
```

## 문제 ③ 조회 및 출력 기능 구현

### 01 〈출석부〉 보고서

| 번호 | 개체 | 속성 | 설정 값 |
|---|---|---|---|
| ① | 과정코드, 순번 정렬 | | (그룹화 기준 과정코드 - 오름차순, 자세히) / (정렬 기준 순번 - 오름차순, 자세히) |
| ② | txt성별 | 컨트롤 원본 | =IIf([성별]=-1,"남","여") |
| ③ | txt과정코드 | 컨트롤 원본 | =[과목명] & "(" & [과정코드] & ")" |
|    | txt교육기간 | 컨트롤 원본 | =[시작일] & "~" & [종료일] |
| ④ | 과정코드 바닥글(그룹 바닥글0) | 페이지 바꿈 | 구역 후 |
| ⑤ | txt인원수 | 컨트롤 원본 | =Count(*) & " 명" |

### 02 〈과정별신청자현황〉 폼의 'cmd출석부' 버튼 클릭 이벤트

```
Private Sub cmd출석부_Click()
    DoCmd.OpenReport "출석부", acViewPreview, , "과정코드 = '" & txt과정코드 & "'"
End Sub
```

## 문제 ④ 처리 기능 구현

### 01 〈강사조회〉 쿼리

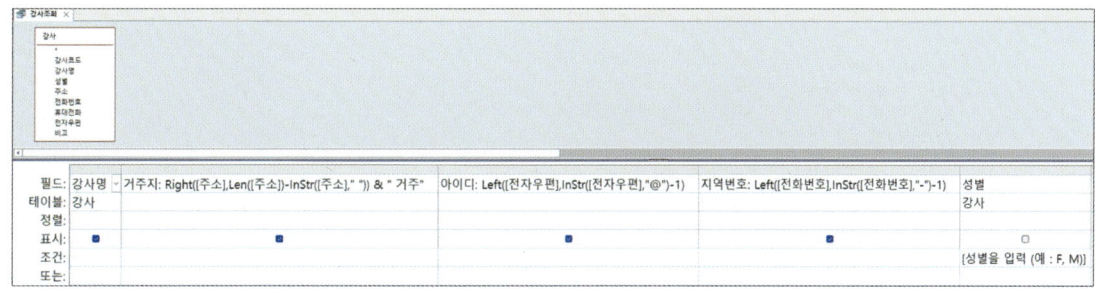

## ❷ 〈교육수료현황〉 쿼리

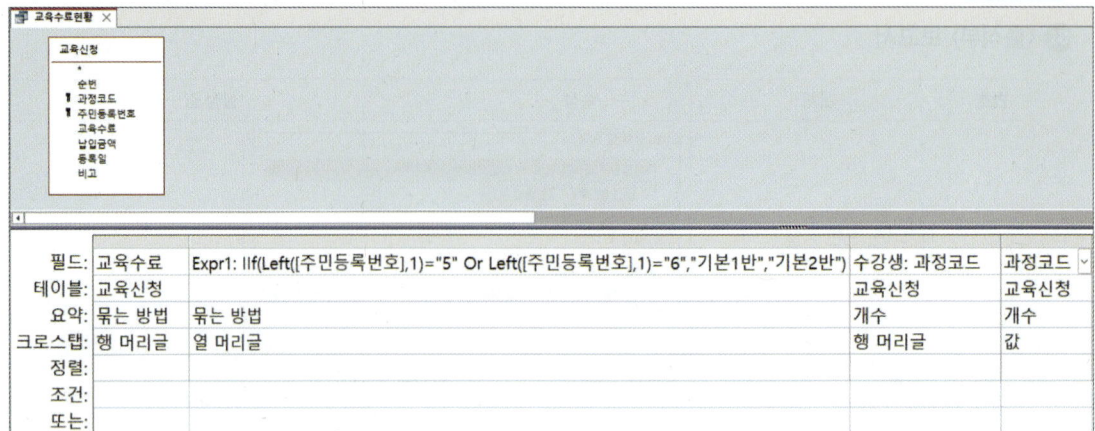

## ❸ 〈인기강좌〉 쿼리

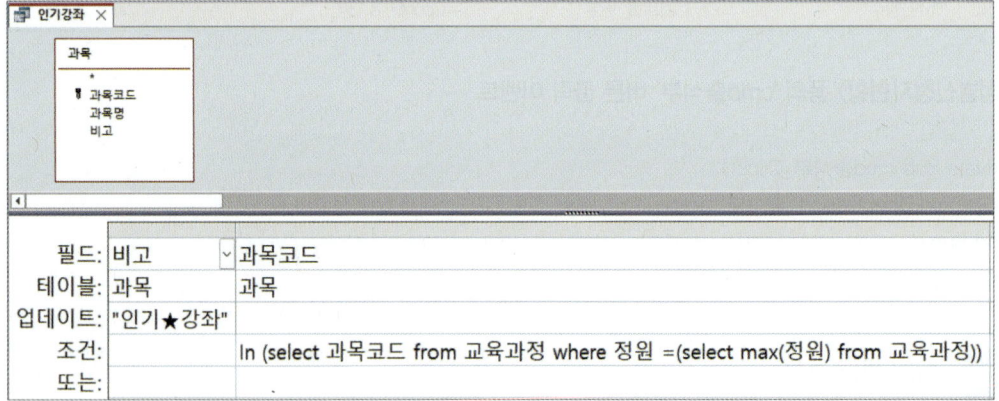

## 04 〈수강이력이없는회원〉 쿼리 작성

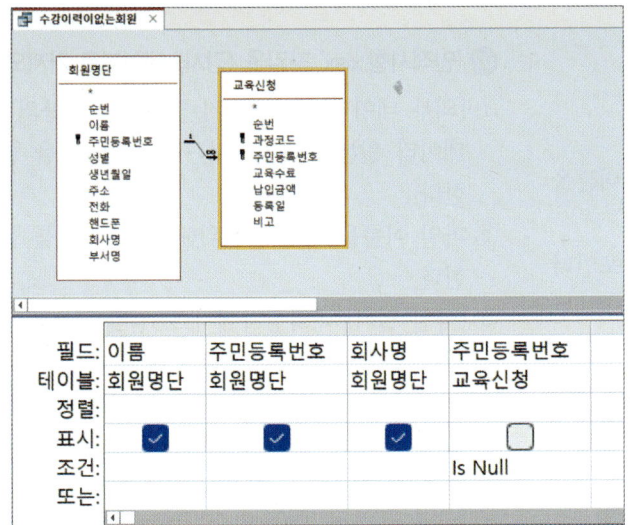

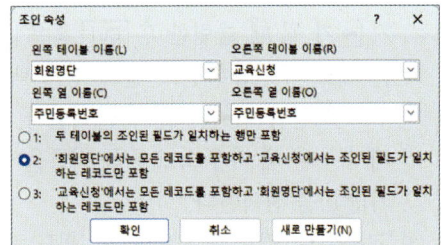

## 05 〈10월교육과정처리〉 쿼리 작성

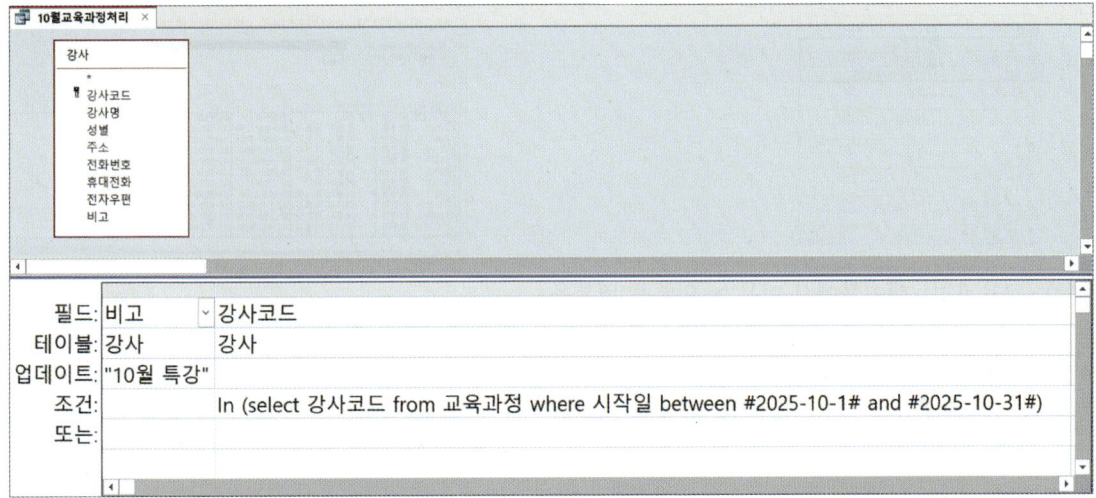

# 기출 유형 문제 06회 해설

## 문제 ❶ DB구축

### 01 〈교육신청〉, 〈교육과정〉 테이블

① 〈교육신청〉 테이블에서 마우스 오른쪽 버튼을 눌러 [디자인 보기](📐)를 클릭한다.
② '과정코드' 필드 행 선택기에서 마우스 포인터가 ➡가 될 때 클릭한 후 Ctrl 혹은 Shift를 누른 채로 '주민등록번호' 필드 행 선택기에서 마우스 포인터가 ➡가 될 때 클릭한다. 키를 계속해서 누른 채 마우스 오른쪽 버튼을 눌러 [기본 키](🔑)를 선택한다.
③ '교육수료' 필드를 선택한 후 '필드 속성'의 [조회] 탭에서 '필드 속성'을 다음과 같이 지정한다.

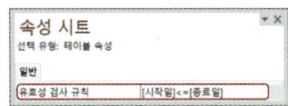

④ 〈교육과정〉 테이블에서 마우스 오른쪽 버튼을 눌러 [디자인 보기](📐)를 클릭한다.
⑤ '과정코드' 필드를 선택한 후 '필드 속성'의 [일반] 탭에서 입력 마스크에 '>AAAA'를 입력한다.
⑥ 〈교육과정〉 테이블 디자인 보기 상태에서 [테이블 디자인]-[표시/숨기기] 그룹의 [속성 시트](📋)를 클릭한다. [테이블] 속성 창의 유효성 검사 규칙에 '[시작일]<=[종료일]'을 입력한다.

속성 시트
선택 유형: 테이블 속성
일반
유효성 검사 규칙    [시작일]<=[종료일]

⑦ '정원' 필드를 선택한 후 '필드 속성'의 [일반] 탭에서 유효성 검사 규칙에 >=15 And <=25를, '유효성 검사 텍스트' 속성에 **15이상 25이하의 값만 입력가능**을 입력한다.

### 02 '인적사항.xlsx' 파일을 〈강사〉 테이블로 가져오기

① [외부 데이터]-[가져오기 및 연결] 그룹의 [새 데이터 원본]-[파일에서]-[Excel](📊)을 클릭한다.
② 파일 이름을 지정하기 위해 [찾아보기]를 클릭한다.
③ [파일 열기] 대화상자에서 '26컴활1급₩2권_데이터베이스₩기출유형문제'에서 파일 이름은 '인적사항.xlsx'를 선택한 후 [열기]를 클릭하고 [외부 데이터 가져오기 – Excel 스프레드시트] 대화상자로 돌아오면 [확인]을 클릭한다.
④ [스프레드시트 가져오기 마법사]에서 〈강사명단〉을 선택하고 [다음]을 클릭한다.

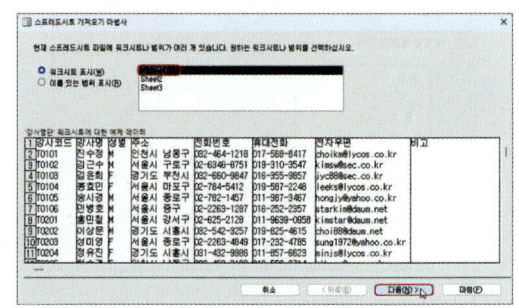

⑤ '첫 행에 열 머리글이 있음'을 체크하고 [다음]을 클릭한다.

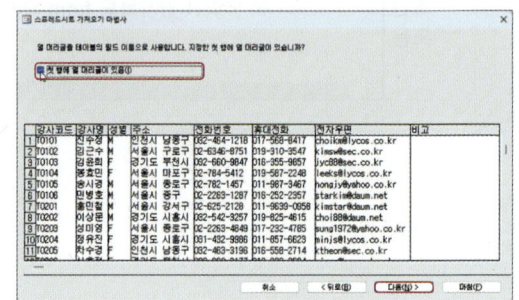

⑥ '강사명단' 시트에서 가져올 각 필드(열)들을 액세스에 맞추어 정보를 가공하여 지정할 수 있다. [다음]을 클릭한다.

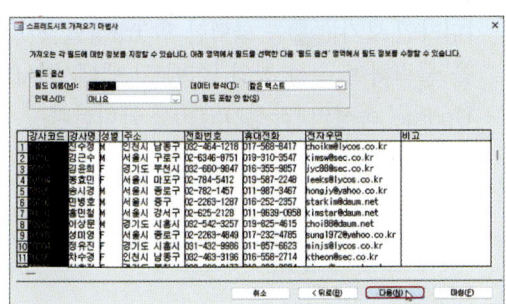

⑦ 그림과 같이 '기본 키 없음'을 선택하고 [다음]을 클릭한다.

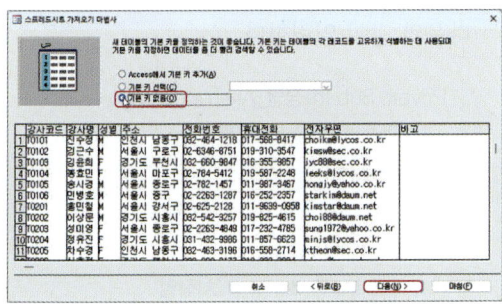

⑧ 가져올 테이블의 이름을 **강사**라고 입력하고 [마침]을 클릭한다.
⑨ 가져오기 단계 저장 옵션이 해제된 상태에서 [닫기]를 클릭한다.

### 03 〈교육과정〉 테이블의 '과목코드' 필드 조회 속성

① 〈교육과정〉 테이블에서 마우스 오른쪽 버튼을 눌러 [디자인 보기](📄)를 선택하고 '과목코드' 필드에서 '필드 속성'의 [조회] 탭을 클릭하여 '컨트롤 표시' 속성을 '콤보 상자'로 지정한다.
② 필드 속성에서 '행 원본' 속성의 [작성기](⋯)를 클릭한다.
③ [교육과정 : 쿼리 작성기] 창의 [테이블 추가]에서 〈과목〉을 더블클릭한 후 [닫기]를 클릭한다.
④ [교육과정 : 쿼리 작성기] 창에서 그림과 같이 작성한 후 [닫기]를 클릭한다.

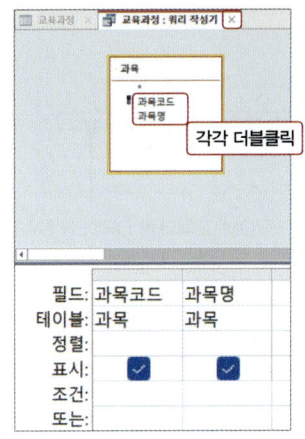

⑤ 'SQL 문의 변경 내용을 저장하고 속성을 업데이트하시겠습니까?'란 대화상자가 표시되면 [예]를 클릭한다.
⑥ '과목코드' 필드의 '필드 속성'을 다음과 같이 지정하여 완료한다.

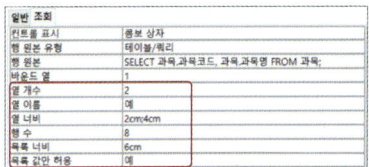

## 문제 ❷ 입력 및 수정 기능 구현

### 01 〈교육과정〉, 〈주번〉 폼

① 〈교육과정〉 폼에서 마우스 오른쪽 버튼을 눌러 [디자인 보기](📄)를 클릭한 후 [양식 디자인]-[도구] 그룹의 [속성 시트](📋)를 클릭한다. [폼]의 '레코드 원본'은 작성기를 통해서 속성을 업데이트 하고, 기본 보기는 '연속 폼'으로 설정한다.

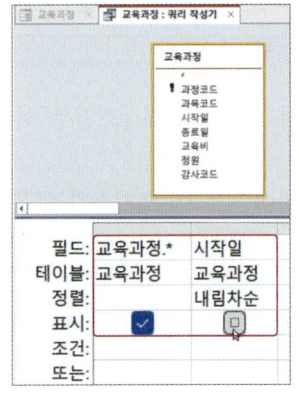

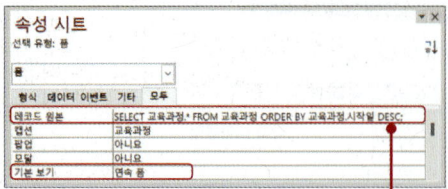

SELECT 교육과정.* FROM 교육과정 ORDER BY 교육과정.시작일 DESC;

> **기적의 TIP**
>
> ORDER BY 절은 특정 항목을 기준으로 검색 테이블의 행들을 오름차순(ASC) 또는 내림차순(DESC)으로 정렬할 때 사용됩니다. 생략하면 ASC가 디폴트 값이 되므로 오름차순으로 정렬됩니다.

② 폼 머리글 하단 영역의 제목 레이블을 모두 선택하기 위해 왼쪽 눈금자에서 마우스 포인터 모양이 →이 될 때 클릭한다. [여러 항목 선택] 속성 창의 '배경색' 속성에 16764057을 입력하고, '특수 효과' 속성을 '볼록'으로 지정한다.

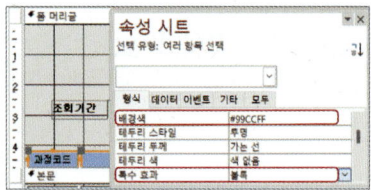

> **기적의 TIP**
>
> '배경색' 속성에 「16764057」을 입력하면 자동으로 '#99CCFF'로 바뀝니다.

### 02 〈교육과정〉 폼(조건부 서식)

① 〈교육과정〉 폼에서 마우스 오른쪽 버튼을 눌러 [디자인 보기](📐)를 클릭한 후 '본문' 왼쪽 눈금자를 클릭하여 컨트롤을 선택한다.

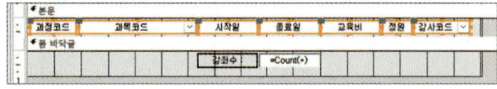

② [서식]-[컨트롤 서식] 그룹에서 [조건부 서식](🔳)을 클릭한다.
③ [새 규칙]을 클릭하여 '필드에 포커스가 있음'을 선택하고, '굵게', [배경색]에서 '노랑'을 선택하고 [확인]을 클릭한다.
④ [조건부 서식 규칙 관리자]에서 [확인]을 클릭한다.

### 03 〈교육과정〉 폼의 'fra정렬' 컨트롤 After Update 이벤트

① 〈교육과정〉 폼에서 마우스 오른쪽 버튼을 눌러 [디자인 보기](📐)를 클릭한 후 'fra정렬' 컨트롤을 클릭하여 속성 창의 [이벤트] 탭에서 'After Update' 속성의 [작성기](…)를 클릭한다.

> **기적의 TIP**
>
> **After Update**
> 컨트롤이나 레코드가 바뀐 데이터로 업데이트된 다음, 컨트롤이나 레코드가 포커스를 잃을 때나 레코드 메뉴에서 레코드 저장을 클릭할 때 발생합니다.

② [작성기 선택] 대화상자가 표시되면 '코드 작성기'를 더블클릭하여 [Visual Basic Editor] 창에 다음과 같이 입력한다.

```
Private Sub fra정렬_AfterUpdate()
 ① Select Case fra정렬
    Case 1
  ② Me.OrderBy = "과목코드"
    Case 2
  ③ Me.OrderBy = "시작일"
    Case 3
  ④ Me.OrderBy = "종료일"
    Case 4
  ⑤ Me.OrderBy = "강사코드"
 ⑥ End Select
 ⑦ Me.OrderByOn = True
End Sub
```

①~⑥ 'fra정렬' 옵션 그룹 컨트롤 값에 따라 1일 때는 ②번을 실행하고, 2일 때는 ③, 3일 때는 ④, 4일 때는 ⑤를 실행한다.
② 현재 폼의 정렬 순서를 '과목코드'의 오름차순으로 지정하며 실제 정렬이 되려면 ⑦번을 실행해야 된다.
⑦ ①~⑥번 과정을 통해 지정된 정렬 필드로 현재 폼을 정렬한다. 만약, 내림차순으로 정렬하려면 [Me.OrderBy = "과목코드 desc"] 형태로 사용한다.

### 문제 ❸ 조회 및 출력 기능 구현

**01 〈출석부〉 보고서**

① 〈출석부〉 보고서에서 마우스 오른쪽 버튼을 눌러 [디자인 보기](📐)를 클릭한 후 '보고서 선택기'(■)의 바로 가기 메뉴에서 [정렬 및 그룹화]를 클릭하여 '과정코드'와 [정렬 추가] 버튼을 클릭하여 '순번' 필드를 '오름차순'으로 설정한다.

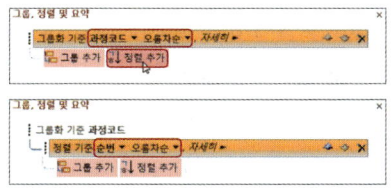

> 📌 **기적의 TIP**
> 정렬 순서의 디폴트값이 오름차순일 때는 따로 설정할 필요는 없어요.

② 'txt성별' 컨트롤을 클릭하여 컨트롤 원본을 설정한다.

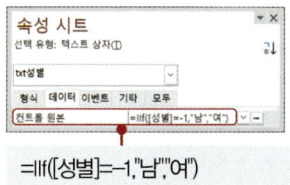

③ 'txt과정코드'와 'txt교육기간' 컨트롤을 클릭하여 컨트롤 원본을 다음과 같이 설정한다.

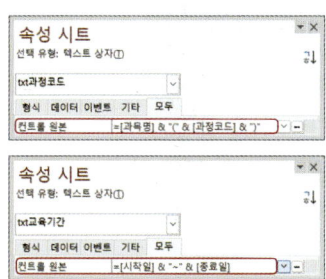

④ '과정코드 바닥글'의 구역 선택기를 클릭한 후 '페이지 바꿈' 속성을 '구역 후'로 지정한다.

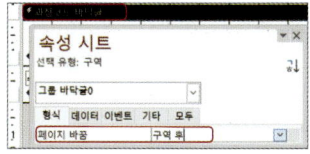

⑤ 'txt인원수' 컨트롤을 클릭하여 그림과 같이 컨트롤 원본을 설정한다.

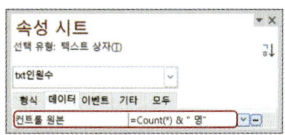

**02 〈과정별신청자현황〉 폼의 'cmd출석부' 버튼 클릭 이벤트**

① 〈과정별신청자현황〉 폼에서 마우스 오른쪽 버튼을 눌러 [디자인 보기](📐)를 클릭한 후 'cmd출석부'의 속성 창에서 'On Click' 입력란의 [작성기](⋯)를 클릭한다.

② [작성기 선택] 대화상자에서 '코드 작성기'를 더블클릭하여 [Visual Basic Editor] 창에 다음과 같이 입력한 후 Alt + Q를 눌러서 VBE를 닫고 액세스로 돌아온다.

> Private Sub cmd출석부_Click()
> ① DoCmd.OpenReport "출석부", acViewPreview, , "과정코드 = '" & txt과정코드 & "'"
> End Sub
>
> ① 〈출석부〉 보고서를 열 되, 'txt과정코드' 컨트롤에 입력된 값과 과정코드가 일치하는 조건으로 연다.

### 문제 ❹ 처리 기능 구현

**01 〈강사조회〉 쿼리**

① [만들기]-[쿼리] 그룹에서 [쿼리 디자인](▦)을 클릭한다.

② [테이블 추가]의 [테이블] 탭에서 〈강사〉를 더블클릭하여 '강사명', '주소', '전자우편', '전화번호' 필드를 추가한다.

③ 거주지, 아이디, 지역번호 필드와 성별에 조건을 다음과 같이 입력한다.

> - **거주지** : Right([주소],Len([주소])-InStr([주소]," "))
>   &" 거주"
> - **아이디** : Left([전자우편],InStr([전자우편],"@")-1)
> - **지역번호** : Left([전화번호],InStr([전화번호],"-")-1)
> - **성별(조건)** : [성별을 입력 (예 : F, M)]

④ Ctrl + S 를 눌러 쿼리 이름을 **강사조회**를 입력한다.

## 02 〈교육수료현황〉 쿼리

① [만들기]-[쿼리] 그룹에서 [쿼리 디자인](📋)을 클릭한다.
② [테이블 추가]의 [테이블] 탭에서 〈교육신청〉을 더블클릭하여 '교육수료', '주민등록번호', '과정코드', '과정코드' 필드를 추가한다.
③ [쿼리 디자인]-[쿼리 유형] 그룹에서 [크로스탭](📋)을 클릭한다.
④ 열머리글은 IIf(Left([주민등록번호],1)="5" Or Left([주민등록번호],1)="6","기본1반","기본2반")을 수정한다.

> **기적의 TIP**
>
> 아래와 같이 입력해도 가능
> IIf((Left([주민등록번호],1)="5")+(Left([주민등록번호],1)="6"),"기본1반","기본2반")

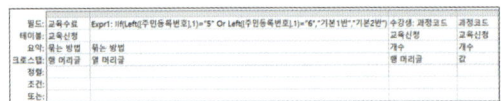

⑤ Ctrl + S 를 눌러 쿼리 이름을 **교육수료현황**을 입력한다.

## 03 〈인기강좌〉 쿼리

① [만들기]-[쿼리] 그룹에서 [쿼리 디자인](📋)을 클릭한다.
② [테이블 추가]의 [테이블] 탭에서 〈과목〉을 더블클릭하여 '비고', '과목코드' 필드를 추가한다.
③ [쿼리 디자인]-[쿼리 유형] 그룹에서 [업데이트](📋)를 클릭한다.
④ 업데이트 "**인기★강좌**"와 조건은 In (select 과목코드 from 교육과정 where 정원 =(select max(정원) from 교육과정))을 입력한다.

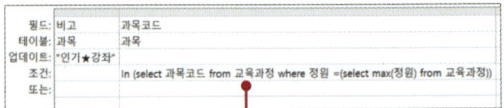

Where 조건에는 집계함수(SUM, AVG, MAX, MIN, COUNT)를 사용할 수 없어서 하위 쿼리를 이용하여 작성

⑤ [쿼리 디자인] 탭의 [실행](❗)을 클릭하여 실행한 후 Ctrl + S 를 눌러 쿼리 이름을 **인기강좌**를 입력한다.

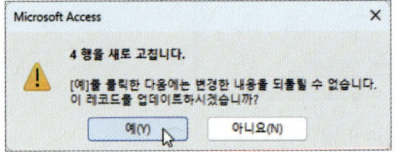

## 04 〈수강이력이없는회원〉 쿼리

① [만들기]-[쿼리] 그룹의 [쿼리 디자인](📋)을 클릭한다.
② [테이블 추가]에서 〈회원명단〉, 〈교육신청〉을 더블클릭한 후 [닫기]를 클릭한다.
③ 수강이력이 없는 회원을 표시 하기 위해, '회원명단'과 '교육신청' 테이블 사이의 관계선을 더블클릭한다.

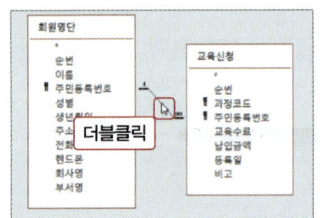

④ [조인 속성] 대화상자에서 '회원명단'에서는 모든 레코드를 포함하고, …'를 선택한 후 [확인]을 클릭한다.

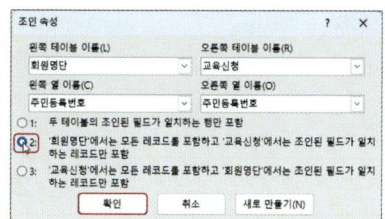

⑤ 디자인 눈금 필드를 그림과 같이 작성한다.

| 필드: | 이름 | 주민등록번호 | 회사명 | 주민등록번호 |
|---|---|---|---|---|
| 테이블: | 회원명단 | 회원명단 | 회원명단 | 교육신청 |
| 정렬: | | | | |
| 표시: | ✓ | ✓ | ✓ | ☐ |
| 조건: | | | | Is Null |
| 또는: | | | | |

> **기적의 TIP**
> Is Null을 조건으로 입력하는 필드는 〈교육신청〉 테이블의 임의의 필드를 사용하면 되기 때문에 '주민등록번호' 필드 대신 다른 것을 사용해도 됩니다.

## 05 〈10월교육과정처리〉 쿼리

① [만들기]-[쿼리] 그룹의 [쿼리 디자인](🗔)을 클릭한다.
② [테이블 표시] 대화상자의 [테이블] 탭에서 〈강사〉 테이블을 추가한 후 '비고'와 '강사코드' 필드를 추가한다.
③ [쿼리 디자인] 탭의 [쿼리 유형]-[업데이트](🗔)를 클릭한 후 다음과 같이 입력한다.

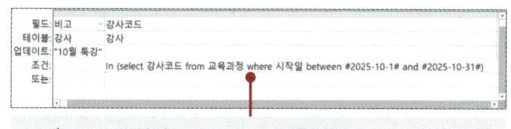

In (select 강사코드 from 교육과정 where 시작일 between #2025-10-1# and #2025-10-31#)

④ 쿼리의 이름을 **10월교육과정처리**로 입력하고 [확인]을 클릭한다.
⑤ [쿼리 디자인] 탭의 [결과]-[실행](❗)을 클릭하면 다음의 메시지가 표시되면 [예]를 클릭한다.

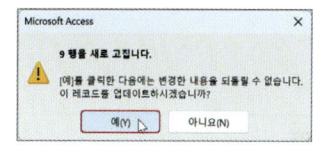

# 기출 유형 문제 07회

작업파일 [26컴활1급₩2권_데이터베이스₩기출유형문제] 폴더의 '기출유형문제7회' 파일을 열어서 작업하시오.

## 문제 ❶ DB구축 25점

**01** 사내 인사자료를 전산화하기 위해 데이터베이스를 구축하였다. 다음의 지시사항에 따라 테이블을 완성하시오. (각 3점)

※ 〈직무평가〉 테이블을 사용하시오.
① '사번'과 '평가년도' 필드를 기본 키(Primary Key)로 설정하시오.
② '사번' 필드에는 영문 대문자 1자와 숫자 4자로 필수 입력되도록 설정하시오.
③ '직무역량' 필드와 '행동역량' 필드는 0부터 100 사이의 숫자만 입력되도록 설정하시오.

※ 〈사원〉 테이블을 사용하시오.
④ '이름' 필드에 이름 사이의 공백을 입력하지 못하도록 유효성 검사 규칙을 설정하시오.
  ▶ Like 연산자 사용
  ▶ 이름 사이에 공백을 입력한 경우 '이름 사이에 공백을 입력하지 마세요.'라고 메시지를 표시하시오.
⑤ '부서코드' 필드에 대해서는 중복 가능한 인덱스를 설정하시오.

**02** 〈직무평가〉 테이블의 '사번' 필드는 〈사원〉 테이블의 '사번' 필드를 참조하고 〈사원〉 테이블의 '부서코드' 필드는 〈부서〉 테이블의 '부서코드' 필드를 참고하며 테이블 간의 관계는 M:1이다. 각각의 테이블에 대해 다음과 같이 관계를 설정하시오. (5점)

▶ 각 테이블 간에 참조 무결성이 유지되도록 설정하시오.
▶ 각 테이블의 참조 필드의 값이 변경되면 관련 필드의 값들도 변경되도록 설정하시오.
▶ 각 테이블의 참조 필드의 값이 삭제되면 관련 필드의 값들도 삭제되도록 설정하시오.

**03** '직무역량등급.xlsx' 파일에 대한 연결 테이블을 작성하시오. (5점)

▶ '직무역량등급.xlsx' 파일의 첫 번째 행은 필드의 이름이다.
▶ 연결 테이블의 이름은 '직무등급'으로 설정하시오.

## 문제 ❷  입력 및 수정 기능 구현    20점

**01** 〈부서별평가입력〉 폼을 다음의 〈화면〉과 지시사항에 따라 완성하시오. (각 3점)

① 〈화면〉과 같은 형태로 나타나도록 '기본 보기' 속성을 설정하시오.
② 본문의 'txt이름', 'txt직급' 컨트롤은 데이터를 편집할 수 없도록 설정하시오.
③ 폼 바닥글의 'txt총인원' 컨트롤에는 전체 인원수가 표시되고, 'txt직무역량평균', 'txt행동역량평균'에는 각 직무역량의 평균, 행동역량의 평균을 계산하시오.

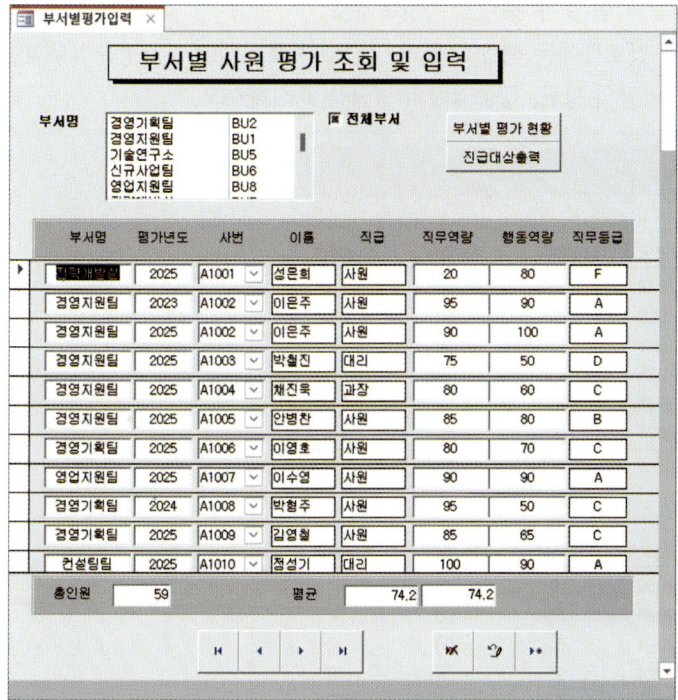

**02** 〈부서별평가입력〉 폼의 '부서명(lst부서명)' 컨트롤에 대해 다음과 같이 설정하시오(위 〈화면〉 참고). (6점)

▶ 〈부서〉 테이블의 '부서명'과 '부서코드'를 표시하고, '부서명'은 오름차순으로 표시하시오.
▶ '부서명'이 저장되도록 하시오.
▶ 열 너비를 각각 3cm, 2cm로 설정하시오.

**03** 〈부서별평가입력〉 폼의 '전체부서(chk전체부서)' 컨트롤을 클릭하면 다음과 같은 기능을 수행하도록 이벤트 프로시저를 구현하시오. (5점)

▶ 'chk전체부서' 컨트롤 값이 True이면 부서명(lst부서명)에 Null 값을 대입하고, 필터가 해제되어 전체 사원 명단이 표시되도록 하시오.
▶ IF 문과 FilterOn 속성을 이용하시오.

## 문제 ❸ 조회 및 출력 기능 구현    20점

**01** 다음의 지시사항 및 〈화면〉을 참조하여 〈부서별평가현황〉 보고서를 완성하시오. (각 3점)

① 〈직무평가정보〉 쿼리를 보고서의 레코드 원본으로 설정하시오.
② '부서코드', '평가년도' 필드 순으로 오름차순 정렬하여 표시되도록 설정하시오.
③ 부서코드 머리글의 'txt부서' 컨트롤에 '부서명(부서코드)' 형태로 표시되도록 설정하시오.
　▶ [표시 예 : 부서명이 '경영기획팀', 부서코드가 'BU2'이면 '경영기획팀(BU2)'로 표시]
④ 본문의 모든 컨트롤의 테두리 스타일을 '투명'으로 설정하시오.
⑤ 부서코드 바닥글의 'txt인원수' 컨트롤에는 해당 그룹의 인원수가 표시되고, 'txt평균직무역량', 'txt평균행동역량' 컨트롤에 각 직무역량의 평균, 행동역량의 평균을 표시하시오.

### 부서별 평가 현황

부서: 경영지원팀(BU1)

| 사번 | 이름 | 평가년도 | 직무역량 | 행동역량 | 직무등급 |
|---|---|---|---|---|---|
| A1002 | 이은주 | 2023 | 95 | 90 | A |
| A1014 | 송민희 | 2025 | 60 | 55 | F |
| A1003 | 박철진 | 2025 | 75 | 50 | D |
| A1002 | 이은주 | 2025 | 90 | 100 | A |
| A1005 | 안병찬 | 2025 | 85 | 80 | B |
| A1004 | 채진욱 | 2025 | 80 | 60 | C |

인원수 6　　평균　　80.8　　72.5

부서: 경영기획팀(BU2)

| 사번 | 이름 | 평가년도 | 직무역량 | 행동역량 | 직무등급 |
|---|---|---|---|---|---|
| A1021 | 서욱유 | 2009 | 0 | 0 | |
| A1021 | 서욱유 | 2024 | 50 | 65 | F |
| A1022 | 안지연 | 2024 | 55 | 85 | C |
| A1008 | 박형주 | 2024 | 95 | 50 | C |
| A1009 | 김영철 | 2025 | 85 | 65 | C |
| A1006 | 이영호 | 2025 | 80 | 70 | C |
| A1019 | 황미희 | 2025 | 50 | 50 | F |

23년 05월 14일　　　　　　　　　　　　　　　　1 / 5

**02** 〈부서별평가입력〉 폼의 '부서명(lst부서명)' 컨트롤을 클릭하면 다음과 같은 기능을 수행하도록 이벤트 프로시저를 구현하시오. (5점)

　▶ 'lst부서명' 컨트롤에서 선택한 부서명에 대한 사원 명단이 표시되도록 한 후, 'chk전체부서'의 값이 False로 되도록 구현하시오.
　▶ Filter, FillterOn 속성을 이용하시오.

## 문제 ④ 처리 기능 구현           35점

**01** 〈사원〉, 〈직무평가〉 테이블을 이용하여 직무등급 필드가 비어 있는 사원을 조회하는 〈직무등급오류〉 쿼리를 작성하시오. (7점)

▶ 쿼리 실행 결과 표시되는 필드와 필드명은 〈그림〉과 같이 표시되도록 설정하시오.
▶ Is Null 사용

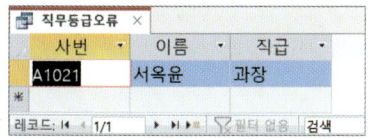

**02** 〈직무평가정보〉 쿼리를 이용하여 다음과 같은 기능을 수행하는 테이블 만들기 쿼리를 작성하시오. (7점)

▶ '평가년도'가 '2025'년이고 '직무등급'이 'A'인 자료들이 〈2026년진급대상자〉란 이름의 테이블로 만들어지도록 설정하시오.
▶ 필드명은 '사번', '이름', '부서명', '직급'을 사용하고, '사번' 필드의 내림차순으로 표시하시오.
▶ 쿼리를 작성하고 이를 실행하시오.
▶ 쿼리의 이름은 〈2026년진급대상자출력〉으로 설정하시오.

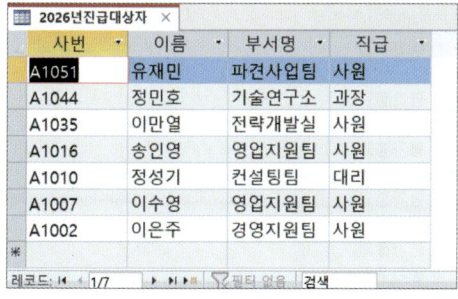

**03** 〈화면〉을 참조하여 다음과 같은 기능을 수행하는 쿼리를 작성하시오. (7점)

▶ 〈직무평가정보〉 쿼리를 이용하여 이름을 매개 변수로 입력받아 해당 이름의 사번, 이름, 부서명, 직무역량의 평균, 행동역량의 평균을 나타내시오.
▶ 쿼리의 이름은 〈사원별평균평가점수〉로 설정하시오.

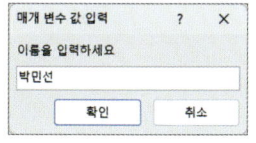 ➡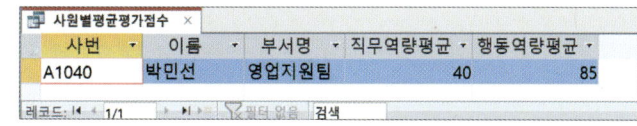

**04** 부서별, 직책별 평균을 조회하는 〈부서별직책별점수〉 크로스탭 쿼리를 작성하시오. (7점)

▶ 〈부서〉, 〈사원〉, 〈직무평가〉 테이블을 이용하시오.
▶ 평균은 '행동역량' 필드를 이용하시오.
▶ 쿼리 실행 결과 표시되는 필드와 필드명은 〈그림〉과 같이 표시되도록 설정하시오.

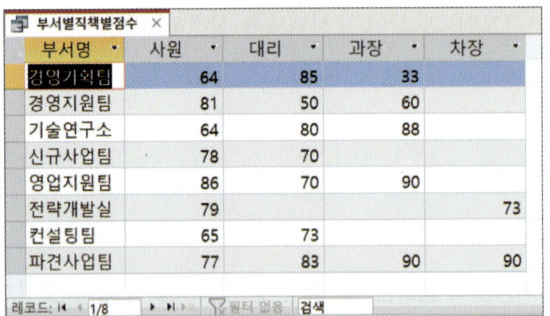

**05** 〈직무평가〉 테이블을 이용하여 직무등급이 'D' 또는 'F'가 아닌 사원에 대해 〈사원〉 테이블의 '비고' 필드의 값을 '평가통과'로 변경하는 〈평가처리〉 업데이트 쿼리를 작성한 후 실행하시오. (7점)

▶ Not In 연산자와 하위 쿼리 사용

※ 〈평가처리〉 쿼리를 실행한 후의 〈사원〉 테이블

## 기출 유형 문제 07회 정답

### 문제 ① DB구축

**01** 〈직무평가〉, 〈사원〉 테이블

〈직무평가〉 테이블

| 번호 | 필드 이름 | 속성 및 형식 | 설정 값 |
|---|---|---|---|
| ① | 사번, 평가년도 | 기본 키 | 직무평가 필드: 사번(짧은 텍스트), 직무역량(숫자), 행동역량(숫자), 직무등급(짧은 텍스트), 평가년도(숫자) |
| ② | 사번 | 입력 마스크 | >L0000 |
| ③ | 직무역량, 행동역량 | 유효성 검사 규칙 | >=0 And <=100 또는 Between 0 And 100 |

〈사원〉 테이블

| 번호 | 필드 이름 | 속성 및 형식 | 설정 값 |
|---|---|---|---|
| ④ | 이름 | 유효성 검사 규칙 | Not Like "* *" |
| | | 유효성 검사 텍스트 | 이름 사이에 공백을 입력하지 마세요. |
| ⑤ | 부서코드 | 인덱스 | 예(중복 가능) |

**02** 〈직무평가〉, 〈사원〉, 〈부서〉 관계

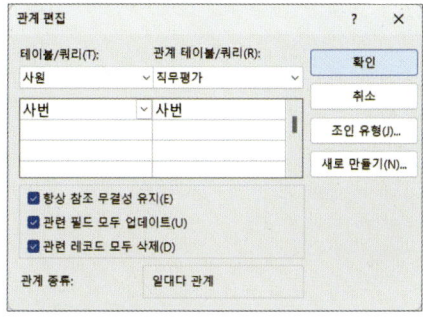
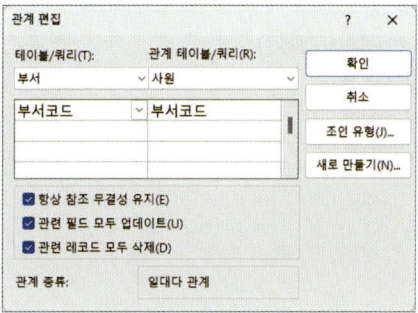

**03** '직무역량등급.xlsx' 파일 연결 테이블

- 〈직무등급〉 테이블 내용

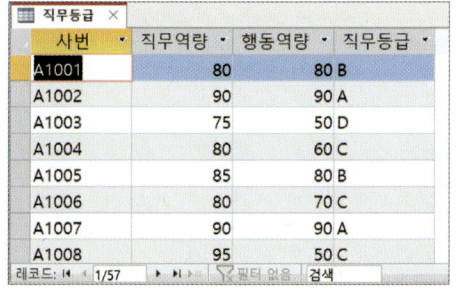

- 연결된 상태

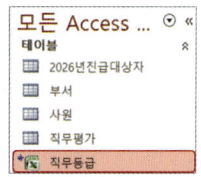

## 문제 ❷ 입력 및 수정 기능 구현

**01** 〈부서별평가입력〉 폼

| 번호 | 개체 | 속성 | 설정 값 |
|---|---|---|---|
| ① | 폼 | 기본 보기 | 연속 폼 |
| ② | txt이름, txt직급 | 잠금 | 예 |
| ③ | txt총인원 | 컨트롤 원본 | =Count(*) |
|   | txt직무역량평균 |   | =Avg([직무역량]) |
|   | txt행동역량평균 |   | =Avg([행동역량]) |

**02** 〈부서별평가입력〉 폼의 'lst부서명' 컨트롤 목록 상자 속성

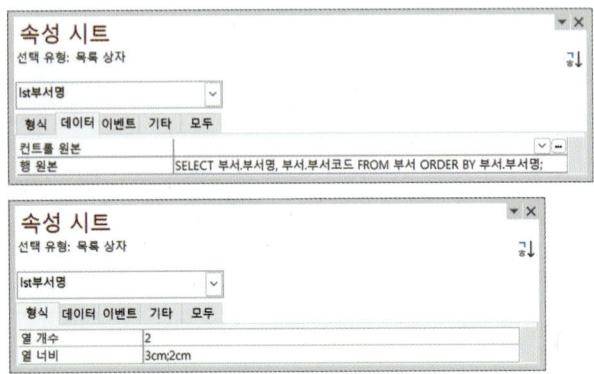

**03** 〈부서별평가입력〉 폼의 'chk전체부서' 컨트롤 클릭 이벤트

```
Private Sub chk전체부서_Click()
    If Me.chk전체부서 Then
        Me.lst부서명 = Null
        Me.FilterOn = False
    End If
End Sub
```

## 문제 ❸ 조회 및 출력 기능 구현

### 01 〈부서별평가현황〉 보고서

| 번호 | 개체 | 속성 | 설정 값 |
|---|---|---|---|
| ① | 보고서 | 레코드 원본 | 직무평가정보 |
| ② | 부서코드, 평가년도 정렬 | | 그룹화 기준 부서코드 ▼ 오름차순 ▼, 자세히 ▶<br>그룹화 기준 부서코드<br>정렬 기준 평가년도 ▼ 오름차순 ▼, 자세히 ▶ |
| ③ | txt부서 | 컨트롤 원본 | =[부서명] & "(" & [부서코드] & ")" |
| ④ | 본문 모든 컨트롤 | 테두리 스타일 | 투명 |
| ⑤ | txt인원수 | 컨트롤 원본 | =Count(*) |
| | txt평균직무역량 | | =Avg([직무역량]) |
| | txt평균행동역량 | | =Avg([행동역량]) |

### 02 〈부서별평가입력〉 폼의 'lst부서명' 컨트롤 클릭 이벤트

```
Private Sub lst부서명_Click()
    Me.Filter = "부서명 = '" & lst부서명 & "'"
    Me.FilterOn = True
    Me.chk전체부서 = False
End Sub
```

## 문제 ❹ 처리 기능 구현

### 01 〈직무등급오류〉 쿼리

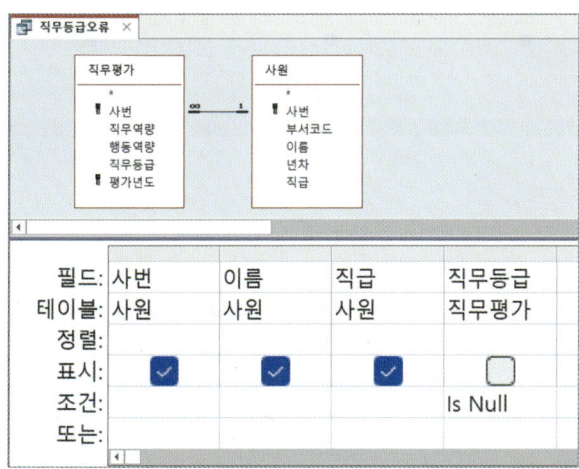

## 02 〈2026년진급대상자출력〉 쿼리

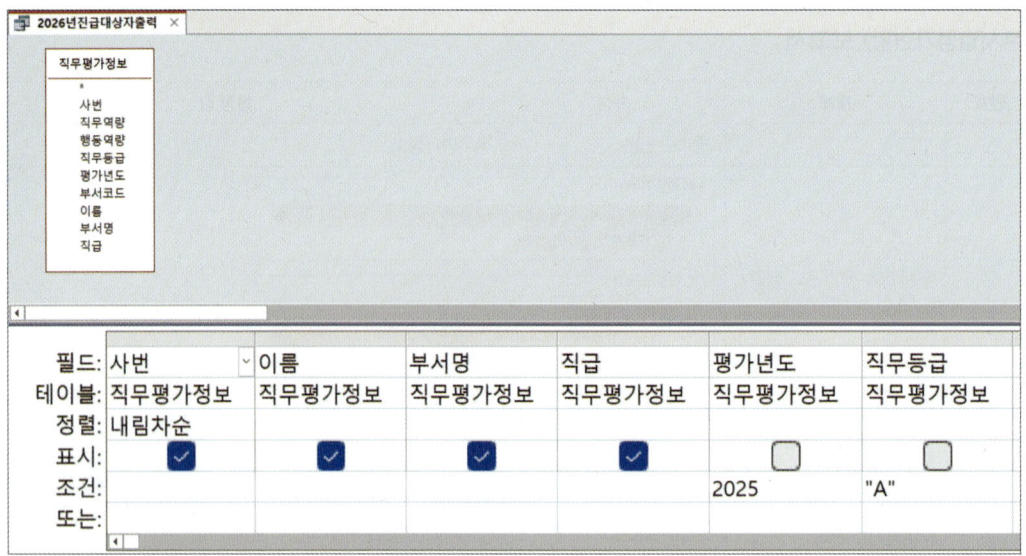

## 03 〈사원별평균평가점수〉 쿼리

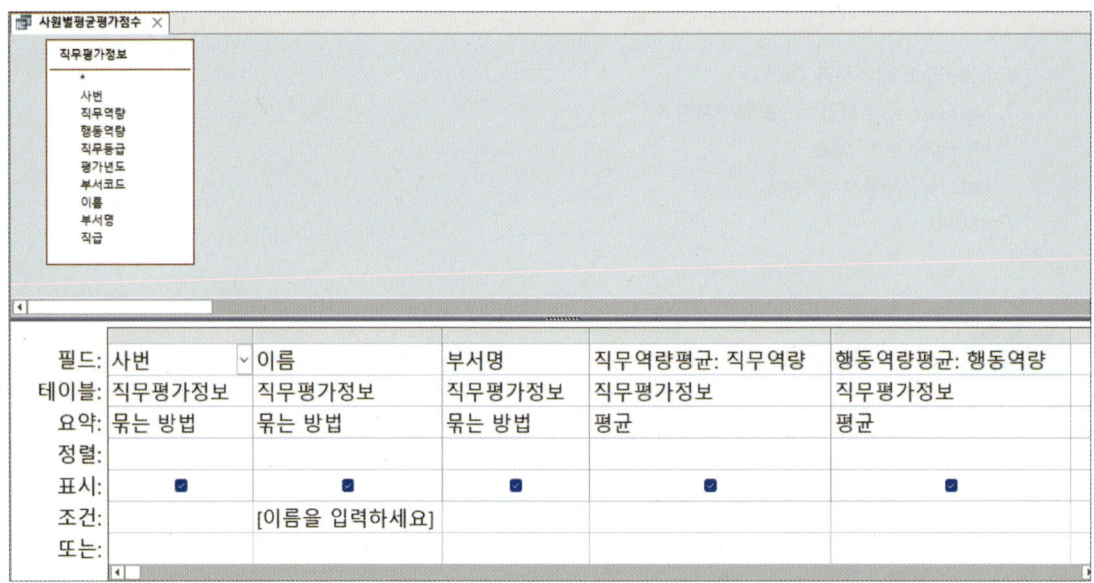

## 04 〈부서별직책별점수〉 쿼리

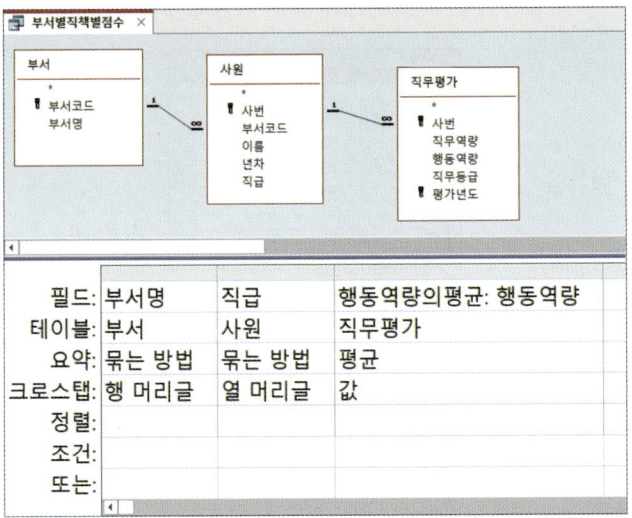

## 05 〈평가처리〉 쿼리

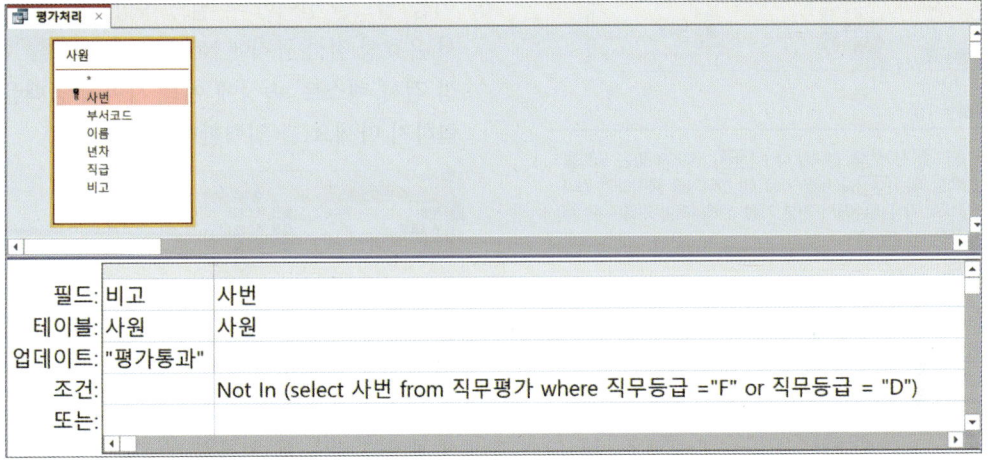

## 기출 유형 문제 07회 해설

### 문제 ① DB구축

**01 〈직무평가〉, 〈사원〉 테이블**

① 〈직무평가〉 테이블에서 마우스 오른쪽 버튼을 눌러 [디자인 보기]( )를 클릭한다.
② '사번' 필드 행 선택기에서 마우스 포인터가 →가 될 때 클릭한 후 Ctrl을 누른 채로 '평가년도' 필드 행 선택기에서 마우스 포인터가 →가 될 때 클릭한다. [테이블 디자인]-[도구] 그룹에서 [기본 키]( )를 클릭한다.

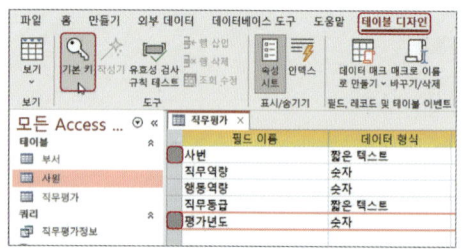

**기적의 TIP**

연속된 필드를 한꺼번에 선택할 때는 Shift, 떨어져 있는 필드를 따로 선택할 때는 Ctrl을 누른 채로 행 선택기를 클릭하면 됩니다. 만약 바로 가기 메뉴에서 '기본 키'를 선택하려면 키를 누른 채로 작업해야 합니다.

③ '사번' 필드를 선택한 후 '필드 속성'의 [일반] 탭에서 입력 마스크에 〉L0000을 입력한다.

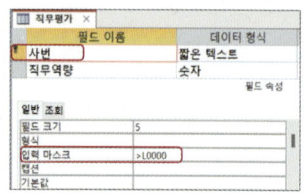

④ '직무역량' 필드를 선택한 후 '필드 속성'의 [일반] 탭에서 유효성 검사 규칙에 〉=0 And 〈=100을 입력한다. 같은 방법으로 '행동역량' 필드를 선택한 후 '필드 속성'의 [일반] 탭에서 유효성 검사 규칙에 〉=0 And 〈=100을 입력한다.

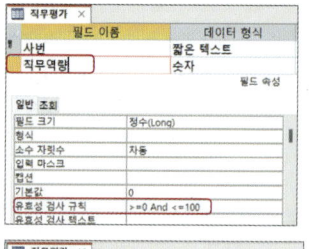

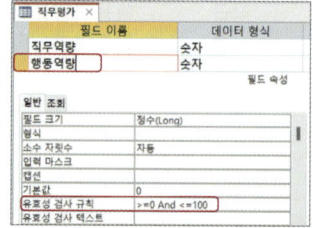

⑤ 〈사원〉 테이블에서 마우스 오른쪽 버튼을 눌러 [디자인 보기]( )를 클릭한다.
⑥ '이름' 필드를 선택한 후 '필드 속성'의 [일반] 탭에서 유효성 검사 규칙에 Not Like "* *"를, '유효성 검사 텍스트' 속성에 **이름 사이에 공백을 입력하지 마세요.**를 입력한다.

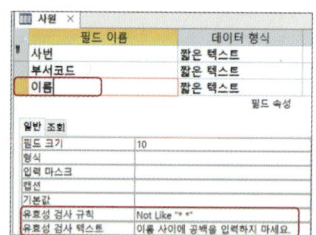

⑦ '부서코드' 필드를 선택한 후 '필드 속성'의 [일반] 탭에서 인덱스에 '예(중복 가능)'을 선택한다.

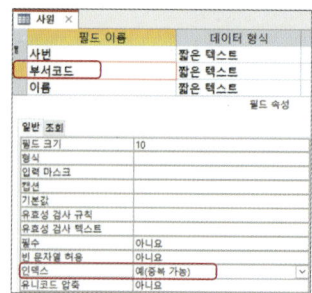

## 02 〈직무평가〉, 〈사원〉, 〈부서〉 관계

① [데이터베이스 도구]-[관계] 그룹의 [관계](  )를 클릭한다.
② [관계] 창에서 마우스 오른쪽 버튼을 눌러 [테이블 표시]를 선택한 후 [테이블 추가]의 [테이블] 탭에서 〈직무평가〉, 〈사원〉, 〈부서〉 테이블을 각각 더블클릭하고 [닫기]를 클릭한다.
③ 〈직무평가〉 테이블의 '사번'을 〈사원〉 테이블의 '사번' 위로 드래그한다.

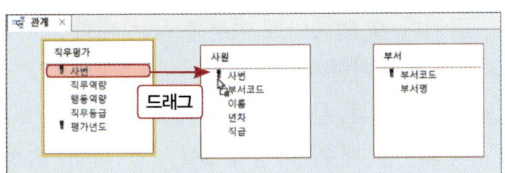

④ [관계 편집] 대화상자를 그림과 같이 지정한 후 [만들기]를 클릭한다.

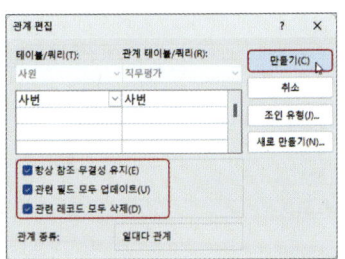

⑤ 〈사원〉 테이블의 '부서코드'를 〈부서〉 테이블의 '부서코드' 위로 드래그한 후 [관계 편집] 대화상자를 그림과 같이 지정하고 [만들기]를 클릭한다.

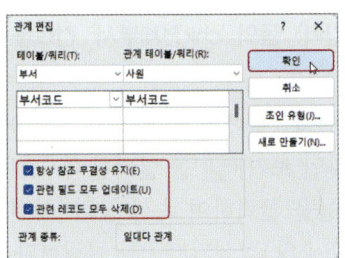

⑥ [관계] 창에 각 테이블의 관계가 그림과 같이 표시된다.

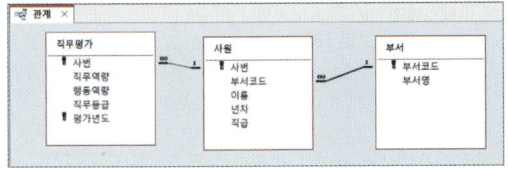

## 03 '직무역량등급.xlsx' 파일 연결 테이블

① [외부 데이터]-[가져오기 및 연결] 그룹의 [새 데이터 원본]-[파일에서]-[Excel](  )을 클릭한다.
② 가져올 파일 이름과 데이터를 저장할 방법 및 위치를 지정한다. 파일 이름을 지정하기 위해 [찾아보기]를 클릭한다.
③ [파일 열기] 대화상자에서 '파일 형식'은 'Microsoft Excel'로 선택하고 '찾는 위치'는 '26컴활1급₩2권_데이터베이스₩기출유형문제'에서 '파일 이름'은 '직무역량등급.xlsx'를 선택한 후 [열기]를 클릭한다.
④ [외부 데이터 가져오기 - Excel 스프레드시트] 대화상자로 돌아오면, 연결 테이블을 만들어야 하기 때문에 '연결 테이블을 만들어 데이터 원본에 연결'을 선택하고 [확인]을 클릭한다.
⑤ [스프레드시트 연결 마법사]에서 '직무역량등급'을 선택하고 [다음]을 클릭한다.
⑥ '첫 행에 열 머리글이 있음'을 체크하고 [다음]을 클릭한다.
⑦ 연결할 테이블의 이름을 **직무등급**이라고 입력하고 [마침]을 클릭한다.
⑧ 액세스에 새롭게 생성된 '직무등급' 테이블을 '직무역량등급.xlsx' 파일에 연결했다는 메시지가 안내되면, [확인]을 클릭한다.

### 문제 ❷ 입력 및 수정 기능 구현

## 01 〈부서별평가입력〉 폼

① 〈부서별평가입력〉 폼에서 마우스 오른쪽 버튼을 눌러 [디자인 보기](  )를 클릭한 후 [양식 디자인]-[도구] 그룹의 [속성 시트](  )를 누른 후 [폼] 속성 창의 기본 보기를 '연속 폼'으로 지정한다.

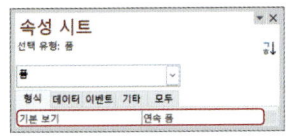

② 'txt이름'과 'txt직급' 컨트롤을 각각 클릭하여 잠금을 '예'로 지정한다.

③ 'txt총인원', 'txt직무역량평균', 'txt행동역량평균' 컨트롤을 더블클릭하여 컨트롤 원본을 다음과 같이 설정한다.

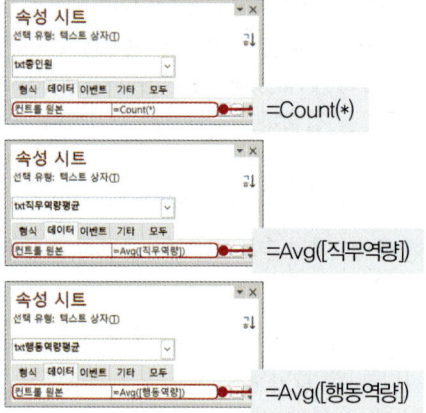

## 02 〈부서별평가입력〉 폼의 'lst부서명' 컨트롤 목록 상자 속성

① 〈부서별평가입력〉 폼에서 마우스 오른쪽 버튼을 눌러 [디자인 보기](■)를 클릭한 후 'lst부서명' 컨트롤을 클릭하여 속성 창의 행 원본에서 [작성기](…)를 클릭한다.
② [부서별평가입력 : 쿼리 작성기] 창에 [테이블 추가] 대화상자가 표시되면 〈부서〉를 더블클릭한 후 [닫기]를 클릭한다.
③ 문제지의 〈화면〉과 지시사항을 참고하여 디자인 눈금 필드를 그림과 같이 작성한다.

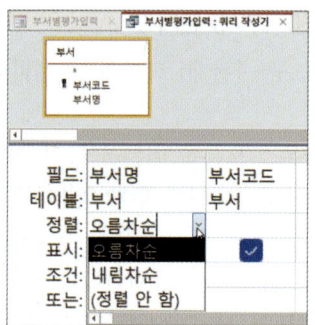

④ [부서별평가입력 : 쿼리 작성기] 창의 [닫기]를 클릭한 후 업데이트 여부를 묻는 대화상자에서 [예]를 클릭한다.
⑤ 작성된 SQL 문이 행 원본에 표시되면 '필드 속성'의 '열 개수' 속성에 2를, '열 너비' 속성에 3;2를 입력하여 완성한다.

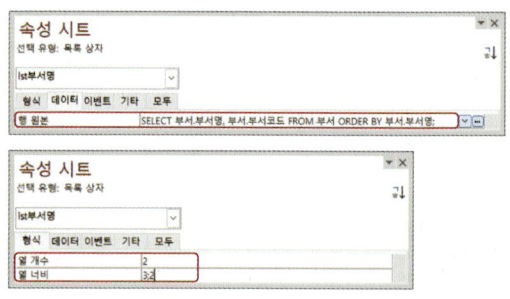

> **기적의 TIP**
> '열 너비'에 '3;2'를 입력하고 Enter 를 누르면 자동으로 '3cm;2cm'로 표시됩니다.

## 03 〈부서별평가입력〉 폼의 'chk전체부서' 컨트롤 클릭 이벤트

① 〈부서별평가입력〉 폼에서 마우스 오른쪽 버튼을 눌러 [디자인 보기](■)를 클릭한 후 'chk전체부서' 컨트롤을 클릭하여 속성 창의 [이벤트] 탭에서 On Click의 [작성기](…)를 클릭한다.

> **기적의 TIP**
> 'chk전체부서' 컨트롤 선택
> ☑를 클릭하거나 [속성] 창의 개체 목록에서 'chk전체부서'를 선택하세요.

② [작성기 선택] 대화상자에서 '코드 작성기'를 더블클릭하여 [Visual Basic Editor] 창에 다음과 같이 입력한다.

```
Private Sub chk전체부서_Click()
    ① If Me.chk전체부서 Then
        ② Me.lst부서명 = Null
        ③ Me.FilterOn = False
    End If
End Sub
```

① 확인란을 클릭하는 경우라도 선택을 하는 경우와 선택을 해제하는 경우가 있기 때문에 True 값인지 False 값인지를 판단해야 한다. 확인란 컨트롤 값은 그 자체가 True/False 값을 가지기 때문에 [Me.chk전체부서 = True]라고 하지 않고 [Me.chk전체부서]만 사용해도 된다.
② 확인란 값이 선택된 경우에 목록 상자(Me.lst부서명) 목록에서 선택한 행을 해제하기 위해 Null 값을 대입한다.
③ 목록 상자에 적용된 필터 기능을 해제한다.

### 문제 ③ 조회 및 출력 기능 구현

#### 01 〈부서별평가현황〉 보고서

① 〈부서별평가현황〉 보고서에서 마우스 오른쪽 버튼을 눌러 [디자인 보기](📐)를 클릭한 후 [보고서 디자인]-[도구] 그룹의 [속성 시트](📋)를 눌러 [보고서] 속성 창의 '레코드 원본' 속성을 '직무평가정보'로 지정한다.
② '보고서 선택기'(■)에서 마우스 오른쪽 버튼을 눌러 [정렬 및 그룹화]를 클릭하여 '부서코드'를 '오름차순'으로 설정하고 '정렬 추가'를 클릭하여 '평가년도'를 선택한 후 '평가년도' 필드를 '오름차순'으로 설정한다.

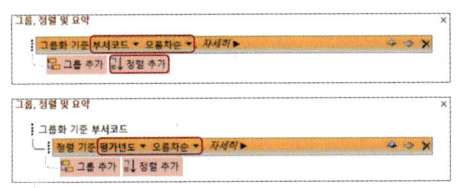

③ 'txt부서' 컨트롤을 클릭하여 컨트롤 원본을 다음과 같이 설정한다.

=[부서명] & "(" & [부서코드] & ")"

④ 본문의 모든 컨트롤을 선택하기 위해 '본문' 영역 왼쪽 눈금자에서 마우스 포인터 모양이 ➡ 일 때 클릭한다. 속성 창에서 '테두리 스타일' 속성을 '투명'으로 설정한다.

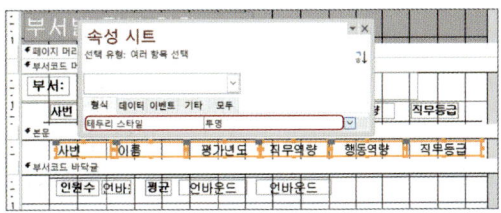

⑤ 'txt인원수', 'txt평균직무역량', 'txt평균행동역량' 컨트롤을 클릭하여 컨트롤 원본을 다음과 같이 설정한다.

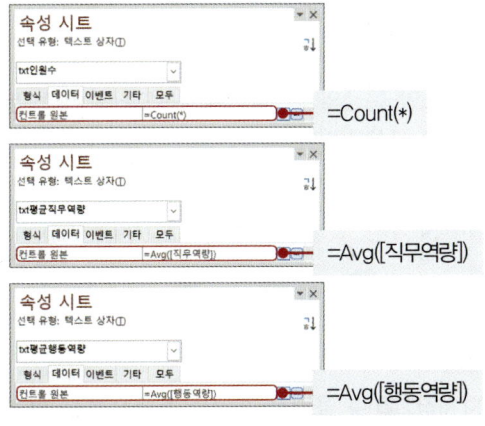

=Count(*)
=Avg([직무역량])
=Avg([행동역량])

> **기적의 TIP**
> 전체 레코드(행)의 개수를 계산하기 위해 「Count(*)」을 입력합니다.

#### 02 〈부서별평가입력〉 폼의 'lst부서명' 컨트롤 클릭 이벤트

① 〈부서별평가입력〉 폼에서 마우스 오른쪽 버튼을 눌러 [디자인 보기](📐)를 클릭한 후 'lst부서명' 컨트롤을 클릭하여 속성 창의 [이벤트] 탭에서 On Click의 [작성기](···)를 클릭한다.

② [작성기 선택] 대화상자에서 '코드 작성기'를 더블클릭하여 [Visual Basic Editor] 창에 다음과 같이 입력한다.

```
Private Sub lst부서명_Click()
    ① Me.Filter = "부서명 = '" & lst부서명 & "'"
    ② Me.FilterOn = True
    ③ Me.chk전체부서 = False
End Sub
```

① 현재 폼의 필터 조건을 '부서명' 필드가 'lst부서명' 목록 상자에서 선택한 행(값)과 동일한 레코드로 설정한다.
② ①의 필터 조건을 폼에 적용하여 조건에 맞는 자료만 표시한다.
③ 'chk전체부서' 확인란 컨트롤을 선택 해제한다.

## 문제 ④ 처리 기능 구현

### 01 〈직무등급오류〉 쿼리

① [만들기]-[쿼리] 그룹에서 [쿼리 디자인](▦)을 클릭한다.
② 〈직무평가〉, 〈사원〉 테이블을 더블클릭하여 추가한 후 [닫기]를 클릭한다.
③ 디자인 눈금의 각 필드에 다음과 같이 드래그해서 배치한다.

| 필드: | 사번 | 이름 | 직급 | 직무등급 |
|---|---|---|---|---|
| 테이블: | 사원 | 사원 | 사원 | 직무평가 |
| 정렬: | | | | |
| 표시: | ✓ | ✓ | ✓ | |
| 조건: | | | | Is Null |
| 또는: | | | | |

④ [저장](💾)을 클릭한 후 **직무등급오류**를 입력하고 [확인]을 클릭한다.

### 02 〈2026년진급대상자출력〉 쿼리

① [만들기]-[쿼리] 그룹의 [쿼리 디자인](▦)을 클릭한다.
② [테이블 추가]에서 [쿼리] 탭을 선택한 후 〈직무평가정보〉를 더블클릭하고 [닫기]를 클릭한다.
③ [쿼리 디자인]-[쿼리 유형] 그룹의 [테이블 만들기](▦)를 선택한다.
④ [테이블 만들기] 대화상자의 테이블 이름 입력란에 직접 **2026년진급대상자**를 입력하고 [확인]을 클릭한다.
⑤ 디자인 눈금 필드를 그림과 같이 작성한다.

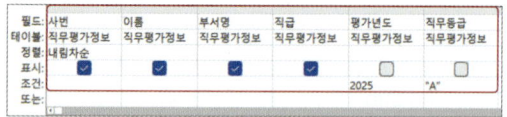

⑥ [쿼리 디자인] 창의 [닫기]를 클릭하여 창을 닫으면, 저장 확인 대화상자에서 '예'를 클릭한 후 [다른 이름으로 저장] 대화상자에서 **2026년진급대상자출력**을 입력하고 [확인]을 클릭한다.
⑦ 디자인 보기 상태에서 쿼리를 실행하기 위해, [쿼리 디자인]-[결과] 그룹의 [실행](❗)을 클릭하여 대화상자가 표시되면 [예]를 클릭한다.

### 03 〈사원별평균평가점수〉 쿼리

① [만들기]-[쿼리] 그룹의 [쿼리 디자인](▦)을 클릭한다.
② [테이블 추가]에서 [쿼리] 탭을 선택한 후 〈직무평가정보〉를 더블클릭하고 [닫기]를 클릭한다.
③ [쿼리 디자인]-[표시/숨기기] 그룹의 [요약]($\Sigma$)을 클릭한다. 디자인 눈금 필드를 다음과 같이 작성한 후 '요약:' 속성을 그림과 같이 변경한다.

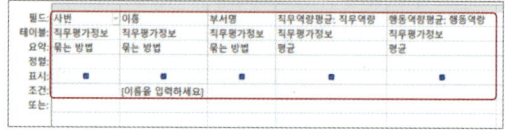

④ [쿼리 디자인] 창의 [닫기]를 클릭하여 창을 닫으면, 저장 확인 대화상자에서 '예'를 클릭한 후 [다른 이름으로 저장] 대화상자에서 **사원별평균평가점수**를 입력하고 [확인]을 클릭한다.

## 04 〈부서별직책별점수〉 쿼리

① [만들기]-[쿼리] 그룹의 [쿼리 디자인](▦)을 클릭한다.
② [테이블 추가]의 [테이블] 탭에서 〈부서〉, 〈사원〉, 〈직무평가〉를 추가하고 [닫기]를 클릭한다.
③ 디자인 눈금의 각 필드에 다음과 같이 드래그해서 놓는다.

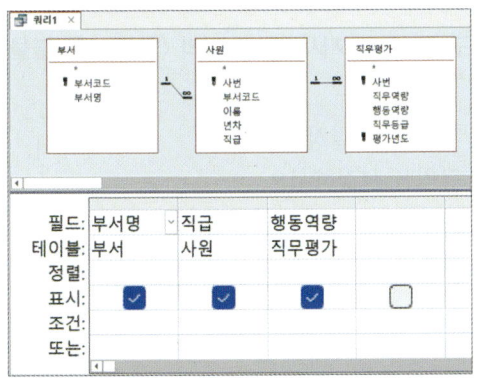

④ [쿼리 디자인]-[쿼리 유형] 그룹의 [크로스탭](▦)을 클릭한다.
⑤ 부서명은 '행 머리글', 직급은 '열 머리글', 행동역량은 '평균'과 '값'을 선택한다.

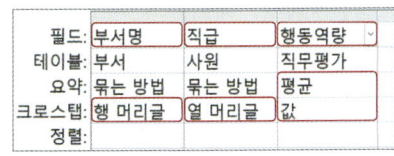

⑥ 행동역량 필드에서 마우스 오른쪽 버튼을 눌러 [속성]을 클릭한다.
⑦ [속성 시트]에서 형식은 '표준', 소수 자릿수는 0을 입력한다.
⑧ 쿼리 창에서 마우스 오른쪽 버튼을 눌러 [속성]을 클릭하여 '열 머리글'에 **"사원","대리","과장","차장"**을 입력한다.

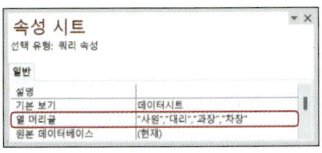

⑨ Ctrl + S를 눌러 '다른 이름으로 저장' 대화상자에 **부서별직책별점수**로 입력하고 [확인]을 클릭하여 저장한다.

## 05 〈평가처리〉 쿼리

① [만들기]-[쿼리] 그룹의 [쿼리 디자인](▦)을 클릭한다.
② [테이블 표시] 대화상자의 [테이블] 탭에서 〈사원〉 테이블을 추가한 후 '비고'와 '사번' 필드를 추가한다.
③ [쿼리 디자인] 탭의 [쿼리 유형]-[업데이트](▦)를 클릭한 후 다음과 같이 입력한다.

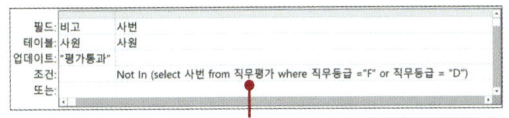

Not In (select 사번 from 직무평가 where 직무등급 ="F" or 직무등급 = "D")

④ 쿼리의 이름을 **평가처리**로 입력하고 [확인]을 클릭한다.
⑤ [쿼리 디자인] 탭의 [결과]-[실행](!)을 클릭하면 다음의 메시지가 표시되면 [예]를 클릭한다.

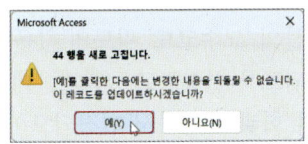

# 기출 유형 문제 08회

작업파일 [26컴활1급₩2권_데이터베이스₩기출유형문제] 폴더의 '기출유형문제8회' 파일을 열어서 작업하시오.

## 문제 ❶ DB구축    25점

**01** 편리한 학사 업무를 위해서 다음과 같이 데이터베이스를 구축하였다. 지시사항에 따라 〈학생〉 테이블을 완성하시오. (각 3점)

① 이 테이블의 기본 키(PK)는 '학번' 필드로 구성된다. 기본 키를 설정하시오.
② '학번' 필드는 반드시 7자로 입력되도록 유효성 검사 규칙을 설정하시오.
③ '성명' 필드는 공백 없이 최소 2글자, 최대 4글자가 들어가도록 입력 마스크를 설정하시오.
④ '전자우편' 필드는 대부분 영문자가 입력된다. 해당 필드에 데이터가 입력될 때 자동으로 영문 입력 상태로 변환되도록 설정하시오.
⑤ '성명', '전자우편' 필드에 중복 가능한 인덱스를 설정하시오.

**02** 〈학생〉 테이블의 '지도교수코드' 필드는 〈교수〉 테이블의 '교수코드' 필드를, 〈학생〉 테이블의 '학과' 필드는 〈학과〉 테이블의 '학과코드' 필드를 참조하며, 각각 테이블 간의 관계는 M:1이다. 세 테이블에 대해 다음과 같이 관계를 설정하시오. (5점)

▶ 테이블 간에 항상 참조 무결성을 유지하도록 설정하시오.
▶ 〈교수〉 테이블의 '교수코드' 필드의 값을 변경하면 이를 참조하는 〈학생〉 테이블의 '지도교수코드'도 따라서 변경되도록 설정하고, 〈학과〉 테이블의 '학과코드' 필드의 값을 변경하면 이를 참조하는 〈학생〉 테이블의 '학과'도 따라서 변경되도록 설정하시오.
▶ 〈학생〉 테이블에서 참조하고 있는 〈교수〉 테이블의 레코드와 〈학과〉 테이블의 레코드는 각각 삭제할 수 없도록 설정하시오.

**03** 〈학생〉 테이블의 '학과' 필드에 값을 입력할 때 콤보 상자의 형태로 값을 선택하여 입력할 수 있도록 구현하시오. (5점)

▶ 〈학과〉 테이블의 '학과코드', '학과명'을 가져와서 목록으로 나타나도록 하시오.
▶ 테이블 필드에는 '학과코드'가 저장되도록 하시오.
▶ '학과코드'와 '학과명'의 열 너비를 각각 2cm, 목록 너비를 4cm로 설정하시오.
▶ 목록 이외의 값은 입력되지 않도록 하시오.

## 문제 ❷  입력 및 수정 기능 구현                    20점

**01** 〈지도학생〉 폼을 다음의 지시사항에 따라 완성하시오. (각 3점)

① 폼의 제목 표시줄의 최대화 단추는 표시되지 않도록 설정하시오.
② 'txt개수'에 모든 레코드의 개수가 표시되도록 계산 컨트롤로 작성하시오.
③ '전화번호'와 '보호자연락처'는 암호 형식으로 표시되도록 작성하시오.

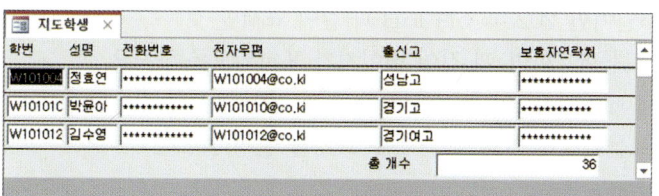

**02** 〈교수별담당학생〉 폼의 본문 영역에 다음과 같이 〈지도학생〉 폼을 하위 폼으로 추가하시오. (6점)

▶ 하위 폼/보고서 컨트롤의 이름은 '지도학생'으로 하시오.
▶ 기본 폼의 '교수코드'와 하위 폼의 '지도교수코드' 필드를 기준으로 연결하시오.

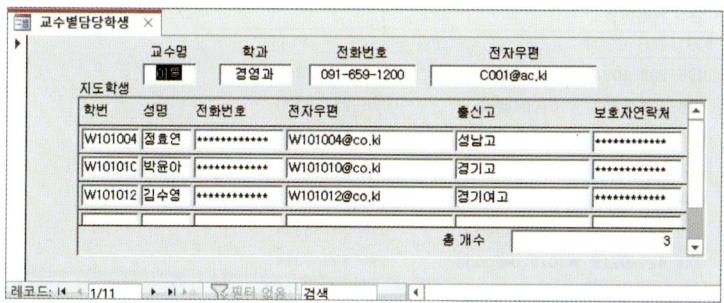

**03** 〈학생검색〉 폼의 머리글에 다음의 지시사항에 따라 명령 단추(command button)를 생성하되 '학과별 목록' 버튼 오른쪽에 만드시오. (5점)

▶ 컨트롤의 이름은 'cmd닫기'로 설정할 것
▶ 캡션은 '닫기'로 설정할 것
▶ 버튼을 클릭하면 현재 폼을 닫도록 구현할 것

## 문제 ❸ 조회 및 출력 기능 구현　　　　　　　　　　　　　　20점

**01** 다음의 지시사항 및 화면을 참조하여 〈교수별 지도학생 리스트〉 보고서를 완성하시오. (각 3점)

① 〈교수별 학생지도〉 쿼리를 보고서의 레코드 원본으로 설정하시오.
② '교수코드' 필드를 기준으로 오름차순으로 정렬하고, 그룹 머리글만 나타나도록 설정하시오.
③ 페이지 바닥글의 'txt날짜' 컨트롤에 시스템의 현재 날짜가 표시되도록 하시오.
　▶ 현재 날짜가 2023년 05월 16일이면 '2023년 5월 16일'과 같이 표시할 것
④ 페이지 바닥글의 'txt페이지' 컨트롤에 〈화면〉과 같이 페이지가 표시되도록 하시오.
　▶ 전체 페이지 수가 3이고 현재 페이지가 1이면 '1쪽 / 3쪽 중'과 같이 표시할 것
⑤ 보고서 머리글의 'Lbl_제목' 컨트롤에 〈화면〉과 같은 특수 효과를 설정하시오.

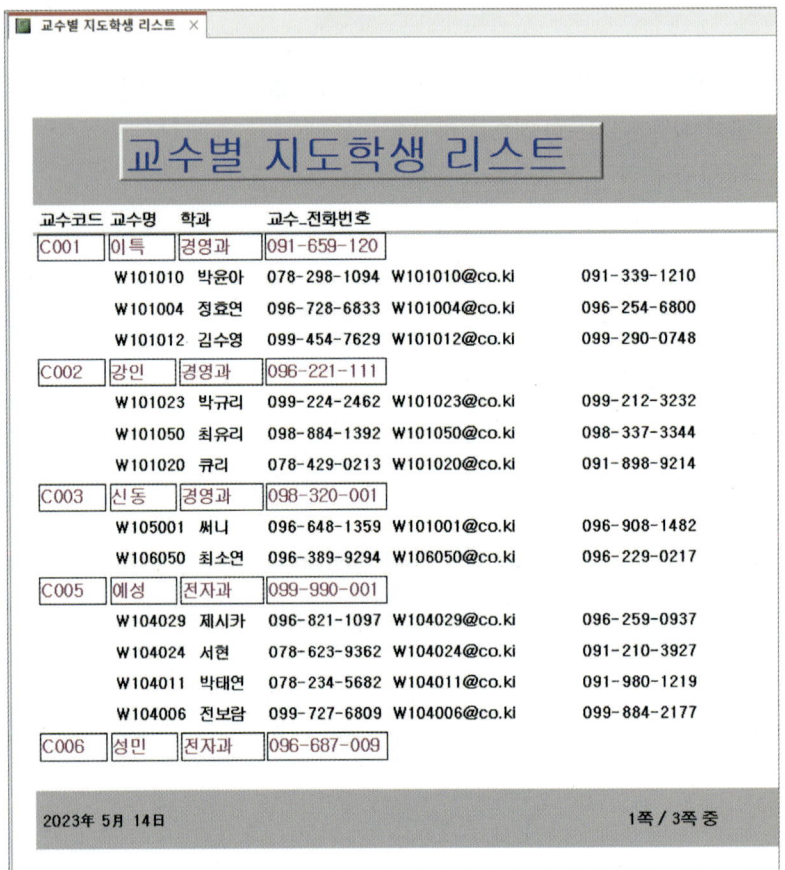

**02** 〈학생검색〉 폼의 '학과별 목록(cmd출력)' 버튼을 클릭할 때 다음과 같은 기능을 수행하도록 구현하시오. (5점)

　▶ 〈교수별 지도학생 리스트〉 보고서가 인쇄 미리보기 상태로 열리도록 할 것
　▶ 'txt찾기' 컨트롤에 입력된 학과명에 해당하는 정보로만 열리도록 할 것
　▶ DoCmd 개체를 이용할 것

## 문제 ④ 처리 기능 구현                                  35점

**01** 학과별 교수명별 인원수를 계산하는 크로스탭 쿼리를 작성하시오. (7점)

▶ 〈학과〉, 〈교수〉 테이블을 이용하시오.
▶ 쿼리의 이름은 '학과별교수인원수'로 하시오.

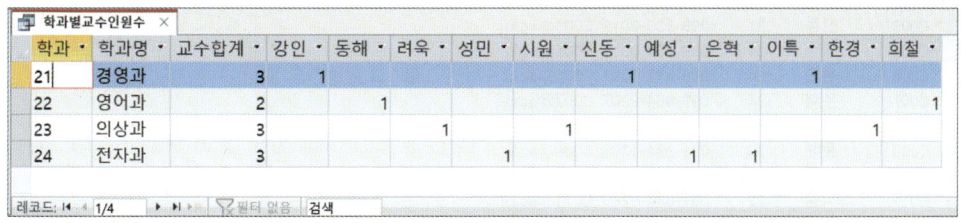

**02** 다음과 같은 기능을 수행하는 〈학과별학생수조회〉 쿼리를 작성하시오. (7점)

▶ 〈학과〉, 〈학생〉 테이블을 이용하시오.
▶ 쿼리의 이름은 '학과별학생수조회'로 하시오.

**03** 다음과 같은 기능을 수행하는 〈학생제일많은교수〉 쿼리를 작성하시오. (7점)

▶ 〈학생〉, 〈교수〉 테이블을 이용하시오.
▶ 학생수가 제일 많은 교수명이 나타나도록 정렬하시오.

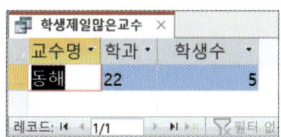

**04** 〈교수〉, 〈학과〉, 〈학생〉 테이블을 이용하여 지도교수명을 입력받아 학생을 조회하는 〈지도교수〉 매개변수 쿼리를 작성하시오. (7점)

▶ '성명' 필드를 기준으로 오름차순 정렬하여 표시하시오.

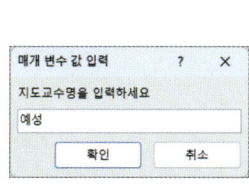 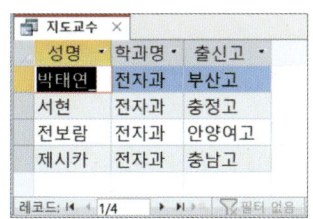

**05** 〈학생〉 테이블을 이용하여 출신고가 '경기고' 또는 '경기여고' 학생의 지도교수코드의 〈교수〉 테이블의 '비고' 필드의 값을 '경기도 학생 지도'로 변경하는 〈경기고학생지도〉 업데이트 쿼리를 작성한 후 실행하시오. (7점)

▶ In 연산자와 하위 쿼리 사용

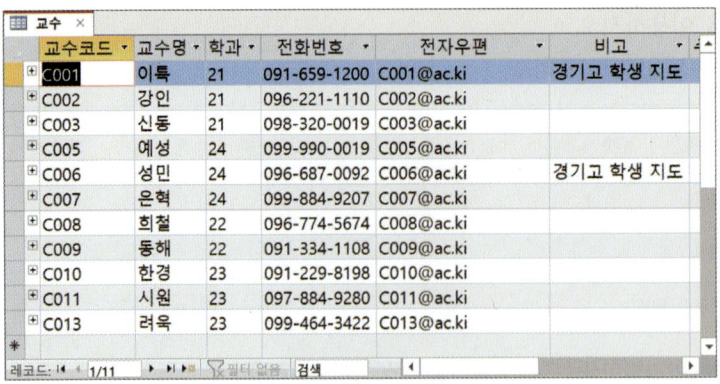

※ 〈경기고학생지도〉 쿼리를 실행한 후의 〈교수〉 테이블

## 기출 유형 문제 08회 정답

### 문제 ① DB구축

**01 〈학생〉 테이블**

| 번호 | 필드 이름 | 기본 키, 필드 속성 | 설정 값 |
|---|---|---|---|
| ① | 학번 | 기본 키 | 학생 필드: 학번(짧은 텍스트), 성명(짧은 텍스트) |
| ② | | 유효성 검사 규칙 | Len([학번])=7 |
| ③ | 성명 | 입력 마스크 | LL?? |
| ④ | 전자우편 | IME 모드 | 영숫자 반자 |
| ⑤ | 성명<br>전자우편 | 인덱스 | 예(중복 가능) |

**02 〈학과〉, 〈교수〉, 〈학생〉 관계**

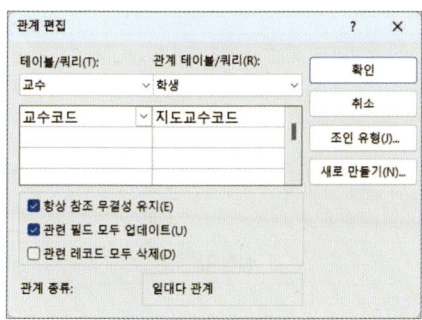 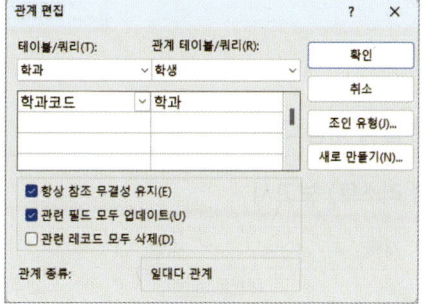

**03 〈학생〉 테이블의 '학과' 필드에서 콤보 상자의 형태로 값을 선택하여 입력**

| 속성 | 설정 값 |
|---|---|
| 컨트롤 표시 | 콤보 상자 |
| 행 원본 | SELECT 학과.학과코드, 학과.학과명 FROM 학과; |
| 바운드 열 | 1 |
| 열 개수 | 2 |
| 열 너비 | 2cm;2cm |
| 목록 너비 | 4cm |
| 목록 값만 허용 | 예 |

## 문제 ❷  입력 및 수정 기능 구현

**01 〈지도학생〉 폼**

| 번호 | 개체 | 속성 | 설정 값 |
|---|---|---|---|
| ① | 폼 | 최소화/최대화 단추 | 최소화 단추만 |
| ② | txt개수 | 컨트롤 원본 | =Count( * ) |
| ③ | 전화번호 | 입력 마스크 | Password |
|  | 보호자연락처 |  |  |

**02 하위 폼 추가**

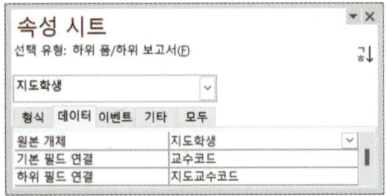

**03 〈학생검색〉 폼의 머리글에 명령 단추 만들기**

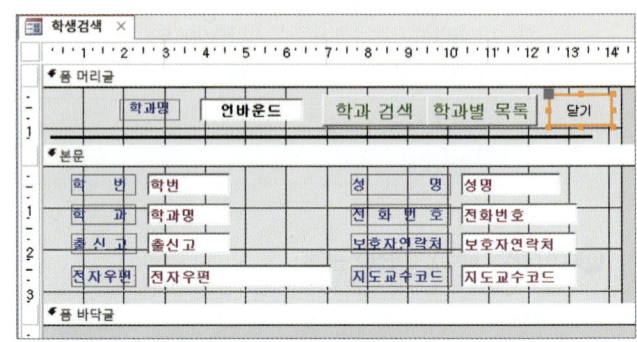

## 문제 ❸  조회 및 출력 기능 구현

**01 〈교수별 지도학생 리스트〉 보고서**

| 번호 | 개체 | 속성 | 설정 값 |
|---|---|---|---|
| ① | 보고서 | 레코드 원본 | 교수별 학생지도 |
| ② | 정렬 및 그룹화 | 교수코드 | 오름차순 |
|  |  |  | 바닥글 구역 표시 안함 |
| ③ | txt날짜 | 컨트롤 원본 | =Date() |
|  |  | 형식 | yyyy年 m月 dd日 |
| ④ | txt페이지 | 컨트롤 원본 | =[Page] & "쪽 / " & [Pages] & "쪽 중" |
| ⑤ | Lbl_제목 | 특수 효과 | 볼록 |

**02 〈학생검색〉 폼의 '학과별 목록(cmd출력)' 버튼 클릭 이벤트**

```
Private Sub cmd출력_Click()
    DoCmd.OpenReport "교수별 지도학생 리스트", acViewPreview, ,"학과명 = '" & Txt찾기 & "'"
End Sub
```

## 문제 ④ 처리 기능 구현

**01** 〈학과별교수인원수〉 쿼리

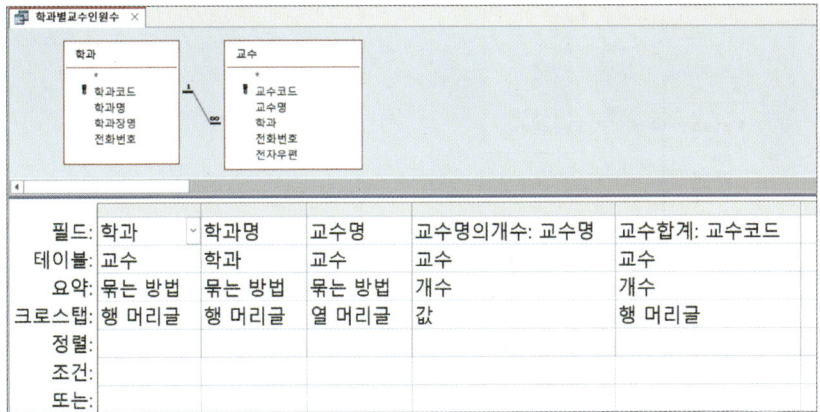

**02** 〈학과별학생수조회〉 쿼리

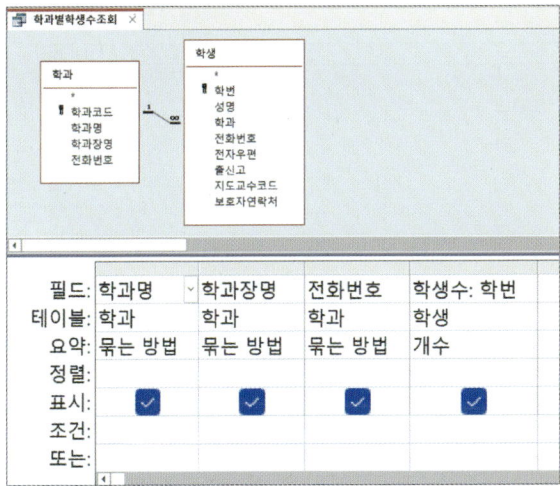

**03** 〈학생제일많은교수〉 쿼리

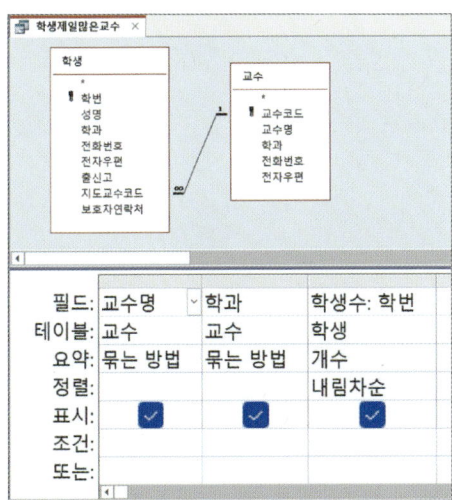

## 04 〈지도교수〉 쿼리

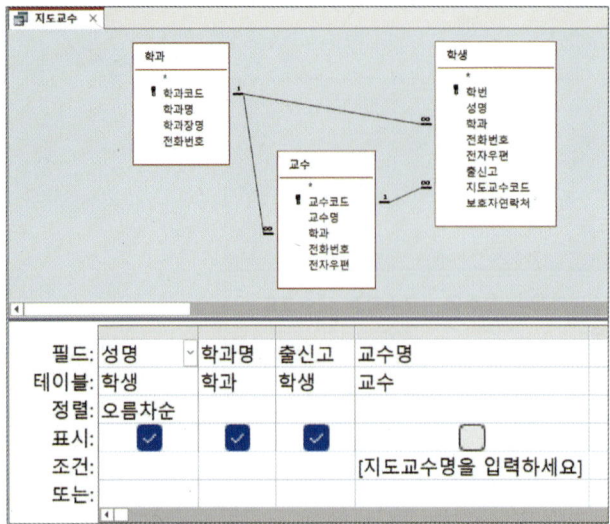

## 05 〈경기고학생지도〉 쿼리

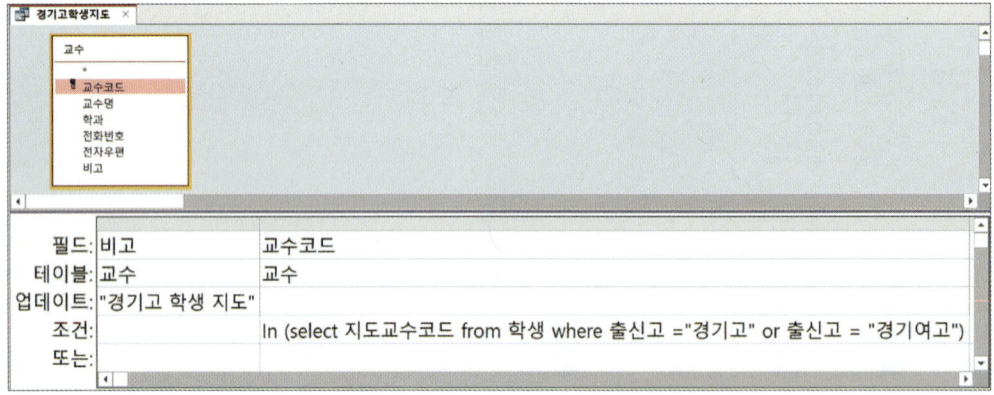

# 기출 유형 문제 08회 해설

## 문제 ① DB구축

### 01 〈학생〉 테이블

① 〈학생〉 테이블에서 마우스 오른쪽 버튼을 눌러 [디자인 보기]()를 클릭한다.
② '학번' 필드에서 마우스 오른쪽 버튼을 눌러 [기본 키]()를 선택한다.
③ '학번' 필드를 선택한 후 '필드 속성'의 [일반] 탭에서 유효성 검사 규칙을 Len([학번])=7로 입력한다.
④ '성명' 필드를 선택한 후 '필드 속성'의 [일반] 탭에서 입력 마스크를 'LL??'로 입력한다.

> 🚩 **기적의 TIP**
> L은 A~Z까지의 영문자 필수 입력을, ?는 A~Z까지의 영문자 선택 입력을 의미합니다.

⑤ '전자우편' 필드를 선택한 후 '필드 속성'의 [일반] 탭에서 IME 모드를 '영숫자 반자'로 설정한다.
⑥ '성명', '전자우편' 필드를 선택한 후 '필드 속성'의 [일반] 탭에서 인덱스를 '예(중복 가능)'으로 설정한다.

### 02 〈학과〉, 〈교수〉, 〈학생〉 관계

[관계] 창에 필요한 테이블을 추가한 다음, 각 필드 간의 관계를 다음과 같이 설정한다.

〈학생〉 ↔ 〈교수〉

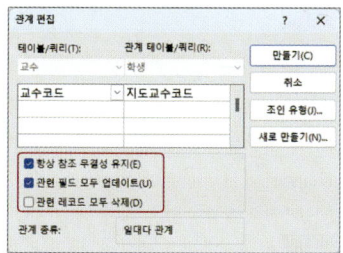

〈학생〉 ↔ 〈학과〉

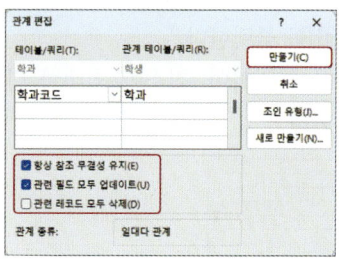

### 03 콤보 상자의 형태로 값을 선택하여 입력

① 〈학생〉 테이블에서 마우스 오른쪽 버튼을 눌러 [디자인 보기]()를 클릭한다.
② '학과' 필드의 [조회] 탭에서 '컨트롤 표시'를 '콤보 상자'로 바꾸고, '행 원본'에서 [작성기]()를 클릭한다.
③ [테이블 추가]의 [테이블] 탭에서 〈학과〉를 추가하고 [닫기]를 클릭한다.
④ 디자인 눈금에 '학과코드'와 '학과명'을 드래그해서 놓은 다음 닫는다.

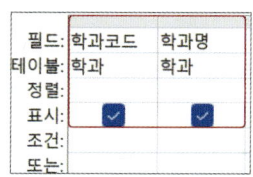

⑤ '바운드 열', '열 개수', '열 너비', '목록 너비', '목록 값만 허용' 속성을 다음과 같이 설정한다.

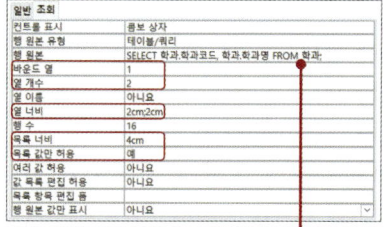

SELECT 학과.학과코드, 학과.학과명 FROM 학과;

## 문제 ❷ 입력 및 수정 기능 구현

### 01 〈지도학생〉 폼

① 〈지도학생〉 폼에서 마우스 오른쪽 버튼을 눌러 [디자인 보기](📐)를 클릭한다.
② '폼 선택기'(■)를 클릭하여 '최소화/최대화 단추' 속성을 설정한다.

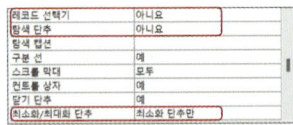

③ 'txt개수'의 컨트롤 원본을 설정한다.

④ '전화번호'와 '보호자연락처'의 입력 마스크를 'Password'로 설정한다.

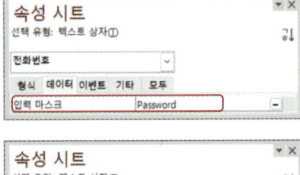

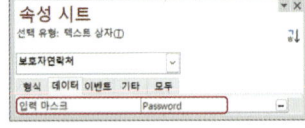

### 02 하위 폼 추가

① 〈교수별담당학생〉 폼에서 마우스 오른쪽 버튼을 눌러 [디자인 보기](📐)를 클릭한 후 [컨트롤 마법사 사용](🪄)과 [하위 폼/하위 보고서](▭)를 선택하고 적당한 위치까지 드래그한 후 놓으면 [하위 폼 마법사]가 나타난다.
② [하위 폼 마법사]의 '기존 폼 사용'에서 '지도학생' 폼을 하위 폼으로 설정하고 [다음]을 클릭한다.
③ '목록에서 선택'을 선택하고 [다음]을 클릭한다.
④ 하위 폼의 이름을 **지도학생**으로 입력하고 [마침]을 클릭한다.

### 03 〈학생검색〉 폼의 머리글에 명령 단추 만들기

① 〈학생검색〉 폼에서 마우스 오른쪽 버튼을 눌러 [디자인 보기](📐)를 클릭한다.
② [양식 디자인]-[컨트롤] 그룹의 [컨트롤 마법사 사용](🪄)이 선택된 상태에서 [단추](▭)를 선택하여 적당한 위치에 드래그한다.
③ [명령 단추 마법사] 대화상자에서 '종류(폼 작업)'와 '매크로 함수(폼 닫기)'를 선택하고 [다음]을 클릭한다.
④ [텍스트]를 **닫기**로 입력한 후 [다음]을 클릭한다.
⑤ 단추의 이름(Cmd닫기)을 입력하고 [마침]을 클릭한다.

## 문제 ❸ 조회 및 출력 기능 구현

### 01 〈교수별 지도학생 리스트〉 보고서

① [데이터베이스] 탐색 창의 〈교수별 지도학생 리스트〉 보고서의 바로 가기 메뉴에서 [디자인 보기](📐)를 클릭한다.
② '보고서 선택기'(■)를 클릭하여 레코드 원본을 '교수별 학생지도'로 설정한다.

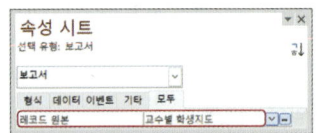

③ '보고서 선택기'(■)의 바로 가기 메뉴에서 [정렬 및 그룹화]를 선택한 후 '교수코드' 필드의 정렬과 그룹 바닥글을 표시하지 않도록 설정한다.

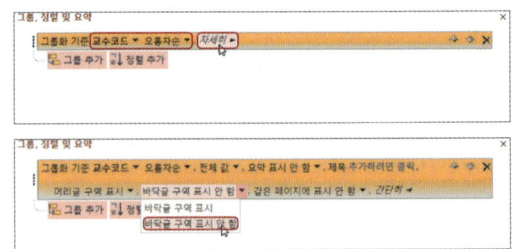

④ 'txt날짜'의 '컨트롤 원본'과 형식을 설정한다.

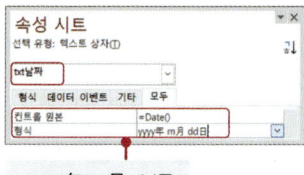

yyyy年 m月 dd日

⑤ 'txt페이지'의 컨트롤 원본을 설정한다.

=[Page] & "쪽 / " & [Pages] & "쪽 중"

⑥ '보고서 머리글'의 'Lbl_제목'을 클릭하여 특수 효과를 '블록'으로 설정한다.

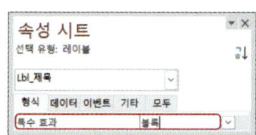

### 02 〈학생검색〉 폼의 '학과별 목록' 버튼

① 〈학생검색〉 폼의 바로 가기 메뉴에서 [디자인 보기](☒)를 클릭한다.
② '학과별 목록(cmd출력)' 버튼을 클릭한 후 [이벤트] 탭에서 On Click의 [작성기](…)를 클릭한다.
③ [작성기 선택] 대화상자에서 '코드 작성기'를 선택한다.
④ VBE의 '코드 창'에 다음과 같이 코딩하고 Alt +Q를 눌러서 VBE를 닫고 액세스로 돌아온다.

```
Private Sub cmd출력_Click()
 ① DoCmd.OpenReport "교수별 지도학생 리스트", 
    acViewPreview, ,"학과명 ="& Txt찾기 & ""
End Sub
```

① 〈교수별 지도학생 리스트〉 보고서를 열 되 'Txt찾기' 컨트롤에 입력된 값과 '학과명'이 일치하는 조건으로 연다. 보기 형식인 acViewPreview는 인쇄 미리 보기 상태를 의미한다.

### 문제 ④ 처리 기능 구현

#### 01 〈학과별교수인원수〉 쿼리

① [만들기]-[쿼리] 그룹의 [쿼리 디자인](▦)을 클릭한다.
② [테이블 추가]의 [테이블] 탭에서 〈학과〉와 〈교수〉를 추가한다.
③ 창의 빈 영역에서 마우스 오른쪽 버튼을 눌러 [쿼리 유형]-[크로스탭 쿼리]를 선택한 후 다음과 같이 설정한다.

| 필드: | 학과 | 학과명 | 교수명 | 교수명 | 교수합계: 교수코드 |
|---|---|---|---|---|---|
| 테이블: | 교수 | 학과 | 교수 | 교수 | 교수 |
| 요약: | 묶는 방법 | 묶는 방법 | 묶는 방법 | 개수 | 개수 |
| 크로스탭: | 행 머리글 | 행 머리글 | 열 머리글 | 값 | 행 머리글 |
| 정렬: | | | | | |
| 조건: | | | | | |
| 또는: | | | | | |

④ 쿼리의 이름을 **학과별교수인원수**로 입력한다.

#### 02 〈학과별학생수조회〉 쿼리

① [만들기]-[쿼리] 그룹의 [쿼리 디자인](▦)을 클릭한다.
② [테이블 추가]의 [테이블] 탭에서 〈학과〉와 〈학생〉을 추가한다.
③ 디자인 눈금의 각 필드에 다음과 같이 드래그해서 놓는다.

| 필드: | 학과명 | 학과장명 | 전화번호 | 학번 |
|---|---|---|---|---|
| 테이블: | 학과 | 학과 | 학과 | 학생 |
| 정렬: | | | | |
| 표시: | ✓ | ✓ | ✓ | ✓ |
| 조건: | | | | |
| 또는: | | | | |

④ [쿼리 디자인]-[표시/숨기기] 그룹의 [요약](∑)을 클릭한 후 '학번' 필드의 묶는 방법을 '개수'로 설정하고, '학번' 필드에 **학생수:**를 입력하여 필드 이름을 변경한다.

| 필드: | 학과명 | 학과장명 | 전화번호 | 학생수: 학번 |
|---|---|---|---|---|
| 테이블: | 학과 | 학과 | 학과 | 학생 |
| 요약: | 묶는 방법 | 묶는 방법 | 묶는 방법 | 개수 |
| 정렬: | | | | |
| 표시: | ✓ | ✓ | ✓ | ✓ |
| 조건: | | | | |
| 또는: | | | | |

⑤ 쿼리의 이름을 **학과별학생수조회**로 입력한다.

## 03 〈학생제일많은교수〉 쿼리

① [만들기]-[쿼리] 그룹의 [쿼리 디자인](🔲)을 클릭한다.
② [테이블 추가]의 [테이블] 탭에서 〈학생〉과 〈교수〉를 추가한다.
③ 디자인 눈금의 각 필드에 다음과 같이 드래그해서 놓는다.

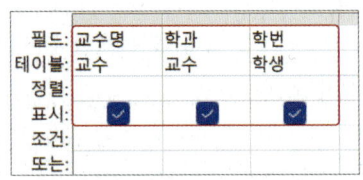

④ [쿼리 디자인]-[표시/숨기기] 그룹의 [요약](Σ)을 클릭한 후 '학번' 필드를 '개수'로 설정하고, '내림차순'으로 정렬한다. '학번' 필드에 **학생수:**를 입력하여 필드 이름을 변경한다.

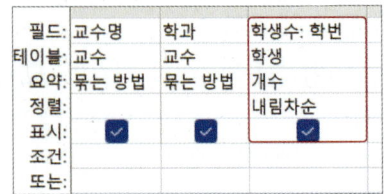

⑤ 쿼리 디자인 창의 빈 영역에서 바로 가기 메뉴를 불러 [속성]을 클릭한다. 상위 값을 1로 입력한다.

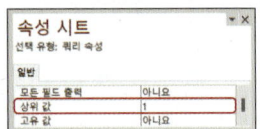

⑥ 쿼리 디자인 창을 닫고 변경한 내용은 저장하되, 쿼리의 이름을 **학생제일많은교수**로 입력한다.

## 04 〈지도교수〉 쿼리

① [만들기]-[쿼리] 그룹의 [쿼리 디자인](🔲)을 클릭한다.
② [테이블 추가]의 [테이블] 탭에서 〈교수〉, 〈학과〉, 〈학생〉을 추가하고 [닫기]를 클릭한다.
③ 디자인 눈금의 각 필드에 다음과 같이 드래그해서 놓는다.

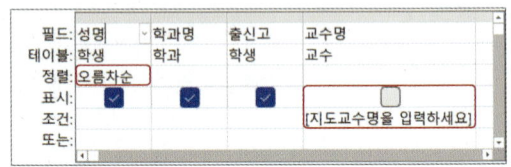

④ 성명은 '오름차순'으로 정렬하고, '교수명'은 표시의 체크를 해제한 후 조건에 [**지도교수명을 입력하세요**]를 입력한다.

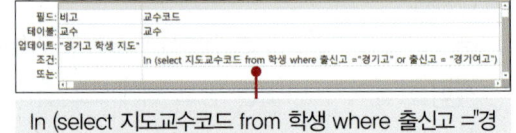

⑤ Ctrl + S 를 눌러 '다른 이름으로 저장' 대화상자에 **지도교수**로 입력하고 [확인]을 클릭하여 저장한다.

## 05 〈경기고학생지도〉 업데이트 쿼리

① [만들기]-[쿼리] 그룹의 [쿼리 디자인](🔲)을 클릭한다.
② [테이블 표시] 대화상자의 [테이블] 탭에서 〈교수〉 테이블을 추가한 후 '비고'와 '교수코드' 필드를 추가한다.
③ [쿼리 디자인] 탭의 [쿼리 유형]-[업데이트](🔲)를 클릭한 후 다음과 같이 입력한다.

In (select 지도교수코드 from 학생 where 출신고 ="경기고" or 출신고 = "경기여고")

④ 쿼리의 이름을 **경기고학생지도**로 입력하고 [확인]을 클릭한다.
⑤ [쿼리 디자인] 탭의 [결과]-[실행](❗)을 클릭하면 다음의 메시지가 표시되면 [예]를 클릭한다.

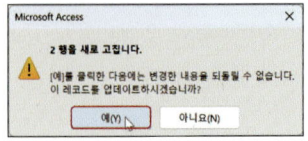

# 기출 유형 문제 09회

**작업파일** [26컴활1급₩2권_데이터베이스₩기출유형문제] 폴더의 '기출유형문제9회' 파일을 열어서 작업하시오.

## 문제 ❶ DB구축 25점

**01** 전국에 산재해 있는 각 지국 업무를 관리하기 위해 데이터베이스를 구축하였다. 다음 지시사항에 따라 〈신상정보〉 테이블을 완성하시오. (각 3점)

① '순번' 필드를 기본 키(PK)로 설정하시오.
② '부서코드' 필드는 'A-001'와 같은 형태로 영어 대문자 1개, 숫자 3개를 반드시 입력되도록 입력 마스크를 설정하시오.
  ▶ 첫 번째 문자는 반드시 대문자로 입력될 수 있도록 설정할 것
  ▶ 숫자 입력은 0 ~ 9까지의 숫자만 입력할 수 있도록 설정할 것
  ▶ "-" 문자도 같이 저장될 수 있도록 설정하고, 입력하는 동안 *로 표시되도록 할 것
③ '근속년수' 필드는 0~255 사이의 숫자가 입력될 수 있도록 속성을 설정하시오.
④ '부서코드'와 '지국코드' 필드의 기본 입력 시스템 모드를 영문으로 설정하시오.
⑤ '지국코드' 필드에 대해서 인덱스(중복 가능)를 설정하시오.

**02** 〈신상정보〉 테이블의 '부서코드'와 '지국코드' 필드에 대해서 다음과 같이 조회 속성을 설정하시오. (5점)

▶ '부서코드' 필드에는 〈부서코드〉 테이블의 '부서코드'와 '부서명'을 콤보 상자 형태로 나타낼 것
▶ '지국코드' 필드에는 〈표준단가〉 테이블의 '지국코드'와 '지국위치'를 콤보 상자 형태로 나타낼 것
▶ 컨트롤에는 '부서코드'와 '지국코드'가 저장되도록 설정할 것
▶ 각각의 열 너비를 1cm, 2cm로 설정할 것

**03** 〈신상정보〉 테이블의 '부서코드'는 〈부서코드〉 테이블의 '부서코드'를 참조하며 〈신상정보〉 테이블의 '지국코드'는 〈표준단가〉 테이블의 '지국코드'를 참조한다. 테이블 간의 관계는 M:1이다. 두 테이블에 대해 다음과 같이 관계를 설정하시오. (5점)

▶ 테이블 간에 항상 참조 무결성을 유지하도록 설정하시오.
▶ 〈부서코드〉 테이블의 '부서코드'가 변경되면 〈신상정보〉 테이블의 '부서코드'도 변경되도록 설정하시오.

## 문제 ❷  입력 및 수정 기능 구현    20점

**01** 전국에 산재해 있는 각 지국의 현황을 입력 및 수정하는 〈지국현황〉 폼에 대해 다음의 작업을 수행하시오. (각 3점)

① 폼 머리글의 '부서코드_Label' 컨트롤에 대해서 다음과 같이 설정하시오.
▶ 컨트롤을 클릭하면 '한방에합격.html' 문서가 열리도록 하이퍼링크 주소를 설정하시오.
  '26컴활1급₩2권_데이터베이스₩기출유형문제'에 존재하는 '한방에합격.html'을 이용할 것
▶ 하이퍼링크 주소에 마우스 포인터를 위치시킬 경우 '클릭하세요!'가 출력되도록 컨트롤 팁 텍스트를 설정하시오.

② 폼 바닥글의 'txt_평균근속년수' 컨트롤에는 근속년수의 평균이 소수 자릿수 이하가 표시되지 않도록 설정하시오.

③ 본문의 컨트롤에 대해서 다음과 같이 탭 순서를 설정하시오.
▶ 부서코드, 지국코드, 직급, 이름, 근속년수

**02** 〈지국관리〉 폼의 본문 영역에 〈지국현황〉 폼을 하위 폼으로 추가하시오. (6점)
▶ 하위 폼/보고서 컨트롤의 이름은 '영진_지국현황'으로 하시오.
▶ 기본 폼의 '지국코드'와 하위 폼의 '지국코드' 필드를 기준으로 연결하시오.

**03** 〈지국관리〉 폼의 '검색(cmd_검색)' 버튼을 클릭하면 다음과 같은 기능을 수행하도록 구현하시오. (5점)
▶ 'cmb_지국코드' 컨트롤에서 선택한 값으로 조회되도록 할 것
▶ DoCmd 개체의 ApplyFilter 메서드를 이용하여 이벤트 프로시저로 작성할 것


## 문제 ❸  조회 및 출력 기능 구현    20점

**01** 다음의 지시사항을 참조하여 〈지국현황보고서〉 보고서를 완성하시오. (각 3점)

① 다음과 같은 필드 순으로 정렬 및 그룹화 하시오.
▶ 부서코드, 지국코드, 직급, 이름순으로 정렬(오름차순)
② 부서코드 바닥글의 'txt_평균'에 근속년수의 평균이 표시되도록 설정하시오.
③ 부서코드 바닥글의 'txt_인원' 컨트롤에 부서별 총 인원이 표시되도록 설정하시오.
④ 페이지 바닥글의 'txt_날짜' 컨트롤은 다음과 같이 시스템의 현재 날짜가 표시되도록 설정하시오.
▶ [표시 예 : '2025년 8월 28일'이면 '2025년 8월 28일 일요일'과 같이 표시]

⑤ 페이지 바닥글의 'txt_페이지' 컨트롤에 전체 페이지에 대한 현재 페이지 정보를 〈화면〉과 같은 형태로 설정하시오.

▶ [표시 예 : '현재 페이지 / 전체 페이지'와 같은 형식]

### 지국 현황

| 부서코드 | 지국코드 | 직급 | 이름 | 근속년수 |
|---|---|---|---|---|
| A-001 | G-002 | | | |
| | | 사원 | 김태희 | 4 |
| | | 사원 | 이다혜 | 7 |
| | | 사원 | 장나라 | 4 |
| | | 사원 | 장희진 | 5 |
| 평균 | | | | 5 |
| 인원 | | | | 4 |
| A-002 | F-002 | | | |
| | | 사원 | 간미연 | 1 |
| | | 사원 | 김민정 | 3 |
| | | 사원 | 아이비 | 4 |
| | | 사원 | 한채영 | 5 |
| 평균 | | | | 3.25 |
| 인원 | | | | 4 |
| B-001 | G-001 | | | |
| | | 팀장 | 박한별 | 3 |
| | | 팀장 | 서인영 | 4 |
| | | 팀장 | 손예진 | 3 |
| | | 팀장 | 한효주 | 2 |
| 평균 | | | | 3 |
| 인원 | | | | 4 |
| B-002 | F-003 | | | |
| | | 사원 | 구혜선 | 3 |
| | | 사원 | 서민정 | 5 |
| | | 사원 | 한가인 | 2 |
| | | 사원 | 홍수아 | 4 |
| 평균 | | | | 3.5 |
| 인원 | | | | 4 |
| C-001 | A-002 | | | |
| | | 사원 | 강정화 | 2 |

2023년 5월 14일 일요일                           1 / 2

**02** 〈지국조회〉 폼의 '조회(cmd_조회)' 버튼을 클릭하면 다음과 같은 기능이 수행되도록 구현하시오. (5점)

▶ 지국코드를 선택하여 입력하는 'cmb_지국코드' 컨트롤에 저장된 지국코드에 해당하는 정보를 표시하시오.

▶ 필터(Filter) 기능을 이용하여 작성하시오.

※ Filter, FilterOn 속성을 이용하여 이벤트 프로시저로 작성할 것

## 문제 ❹ 처리 기능 구현                                               35점

**01** 다음과 같은 기능을 수행하는 '인사고과입력' 업데이트 쿼리를 작성하시오. (7점)
- ▶ 매개변수를 이용하여 인사고과에 인사고과입력 값 만큼 '★'을 반복하여 표시하시오.
- ▶ 〈신상정보〉 테이블을 이용하고 STRING 함수 사용하시오.
- ▶ 쿼리를 작성하고 이를 실행하시오.

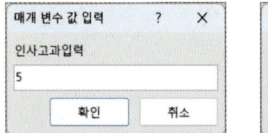 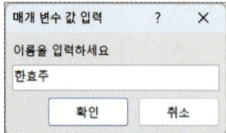

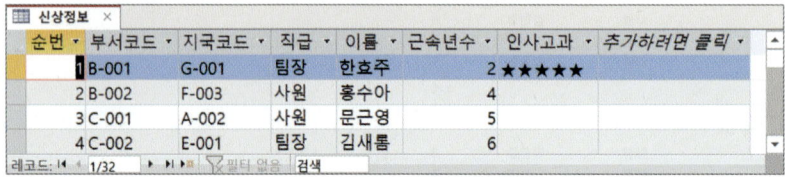

**02** 〈부서코드〉, 〈신상정보〉, 〈표준단가〉 테이블을 이용하여 다음과 같은 기능을 수행하는 〈부서임금지급〉 테이블을 생성하는 〈임금지급〉 쿼리를 작성하시오. (7점)
- ▶ 부서명의 일부를 입력받아 부서코드, 지국코드, 직급, 이름, 근속년수, 임금지급을 조회하시오.
- ▶ '임금지급' 필드 : 근속년수 × 년차지급 + 일당지급 + 추가지급

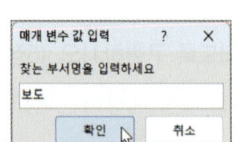 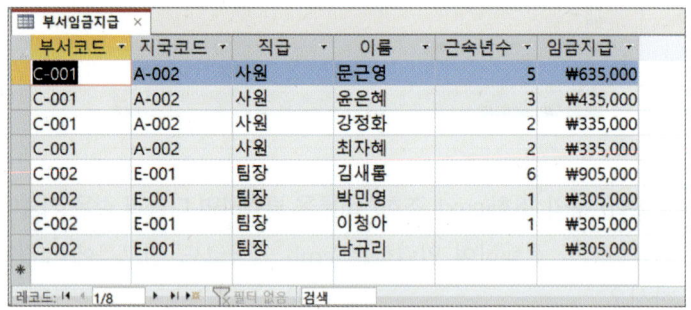

**03** 부서별, 직급별 일당의 합계를 구하는 〈부서별직급별〉 크로스탭 쿼리를 작성하시오. (7점)
- ▶ 〈부서코드〉, 〈신상정보〉, 〈표준단가〉 테이블을 이용하시오.
- ▶ 합계는 '일당지급' 필드를 이용하시오.
- ▶ 쿼리 실행 결과 표시되는 필드와 필드명은 〈그림〉과 같이 표시되도록 설정하시오.

04 〈신상정보〉, 〈표준단가〉 테이블을 이용하여 직급이 '팀장' 중에서 근속년수에 따른 승진대상을 파악하는 〈지국별승진대상〉 쿼리를 작성하시오. (7점)

- ▶ 지국위치를 기준으로 오름차순 정렬하여 표시하시오.
- ▶ 근속년수가 6 이상 "승진대상", 4 이상 "승진가능", 2 이상 "조기승진가능", 2 미만이면 공백 표시 (SWITCH 함수 이용)
- ▶ 쿼리 실행 결과 표시되는 필드와 필드명은 〈그림〉과 같이 표시되도록 설정하시오.

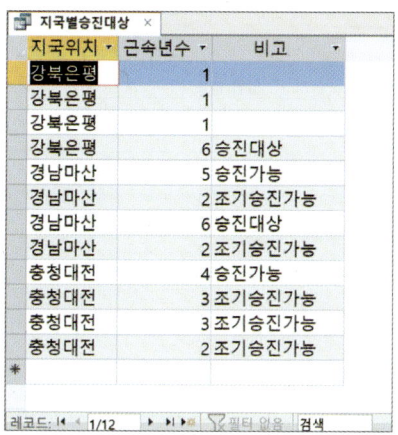

05 〈신상정보〉 테이블을 이용하여 근속년수가 6년인 사원이 있는 부서코드에 대해 〈부서코드〉 테이블의 '비고' 필드의 값을 '6년차 직원근무'로 변경하는 〈6년차직원〉 업데이트 쿼리를 작성한 후 실행하시오. (7점)

- ▶ In과 하위 쿼리 사용

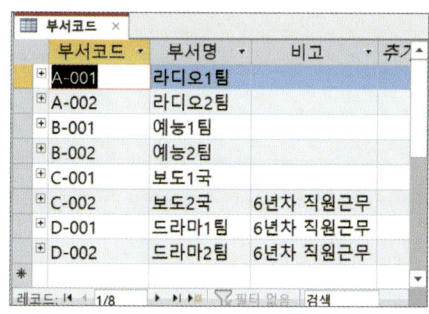

# 기출 유형 문제 09회 정답

## 문제 ❶ DB구축

### 01 〈신상정보〉 테이블

| 번호 | 필드 이름 | 기본 키, 필드 속성 | 설정 값 |
|---|---|---|---|
| ① | 순번 | 기본 키 | 신상정보 / 필드 이름: 순번 / 데이터 형식: 일련 번호 |
| ② | 부서코드 | 입력 마스크 | >L-000;0;* |
| ③ | 근속년수 | 필드 크기 | 바이트 |
| ④ | 부서코드 | IME 모드 | 영숫자 반자 |
| ④ | 지국코드 | IME 모드 | 영숫자 반자 |
| ⑤ | 지국코드 | 인덱스 | 예(중복 가능) |

### 02 조회 속성 설정

〈신상정보〉 테이블의 '부서코드' 필드

| 속성 | 설정 값 |
|---|---|
| 컨트롤 표시 | 콤보 상자 |
| 행 원본 | SELECT [부서코드].[부서코드], [부서코드].[부서명] FROM 부서코드; |
| 열 개수 | 2 |
| 열 너비 | 1cm;2cm |

〈신상정보〉 테이블의 '지국코드' 필드

| 속성 | 설정 값 |
|---|---|
| 컨트롤 표시 | 콤보 상자 |
| 행 원본 | SELECT [표준단가].[지국코드], [표준단가].[지국위치] FROM 표준단가; |
| 열 개수 | 2 |
| 열 너비 | 1cm;2cm |

### 03 〈부서코드〉, 〈신상정보〉, 〈표준단가〉 관계

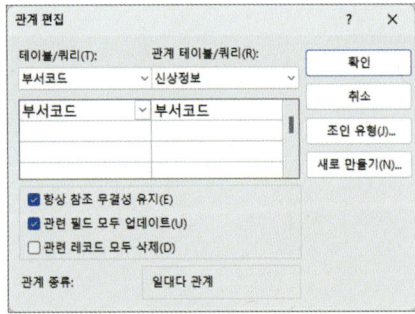
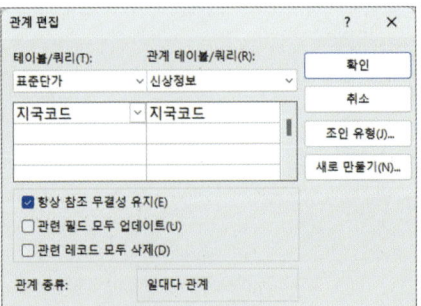

## 문제 ② 입력 및 수정 기능 구현

### 01 〈지국현황〉 폼

| 번호 | 필드 이름 | 기본 키, 필드 속성 | 설정 값 |
|---|---|---|---|
| ① | 부서코드_Label | 하이퍼링크 주소 | 한방에합격.html |
|  |  | 컨트롤 팁 텍스트 | 클릭하세요! |
| ② | txt_평균근속년수 | 컨트롤 원본 | =Avg([근속년수]) |
|  | txt_평균근속년수 | 형식 | 표준 |
|  |  | 소수 자릿수 | 0 |
| ③ | 폼 | 탭 순서 | 구역: 본문, 사용자 지정 순서: 부서코드, 지국코드, 직급, 이름, 근속년수 |

### 02 하위 폼

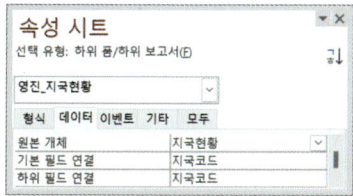

### 03 'cmd_검색' 버튼 클릭 이벤트

```
Private Sub cmd_검색_Click()
    DoCmd.ApplyFilter , "지국코드 = '" & cmb_지국코드 & "'"
End Sub
```

## 문제 ③ 조회 및 출력 기능 구현

### 01 〈지국현황보고서〉 보고서 완성

| 번호 | 개체 | 속성 | 설정 값 |
|---|---|---|---|
| ① | 정렬 및 그룹화 | 부서코드 | 오름차순 |
|  |  | 지국코드 |  |
|  |  | 직급 |  |
|  |  | 이름 |  |
| ② | txt_평균 | 컨트롤 원본 | =Avg([근속년수]) |
| ③ | txt_인원 | 컨트롤 원본 | =Count(*) |
| ④ | txt_날짜 | 형식 컨트롤 원본 | =자세한 날짜 Date() |
| ⑤ | txt_페이지 | 컨트롤 원본 | =[Page] & " / " & [Pages] |

## 02 〈지국조회〉 폼의 '조회(cmd_조회)' 버튼 클릭 이벤트

```
Private Sub cmd_조회_Click()
    Me.Filter = "지국코드 = '" & cmb_지국코드 & "'"
    Me.FilterOn = True
End Sub
```

## 문제 ④ 처리 기능 구현

### 01 〈인사고과입력〉 쿼리

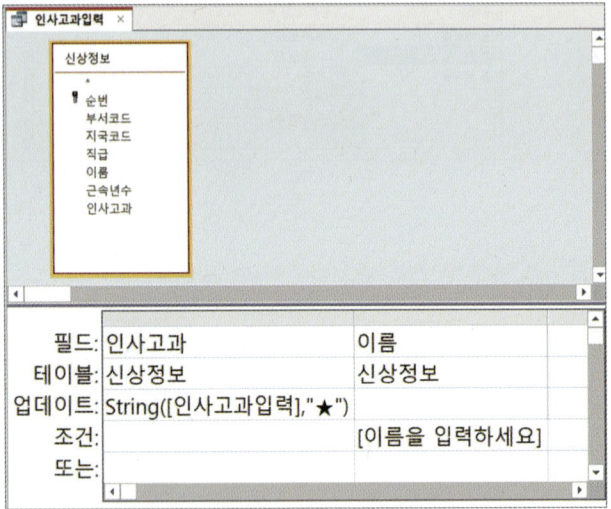

### 02 〈임금지급〉 쿼리

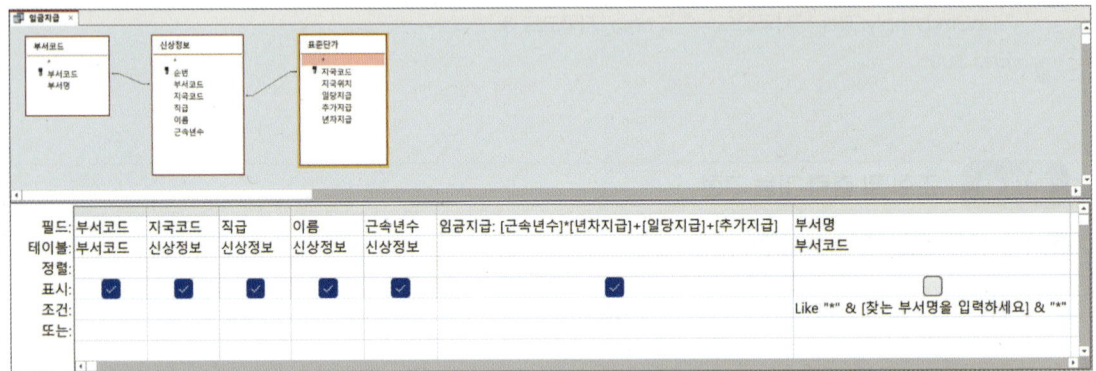

## 03 〈부서별직급별〉 쿼리

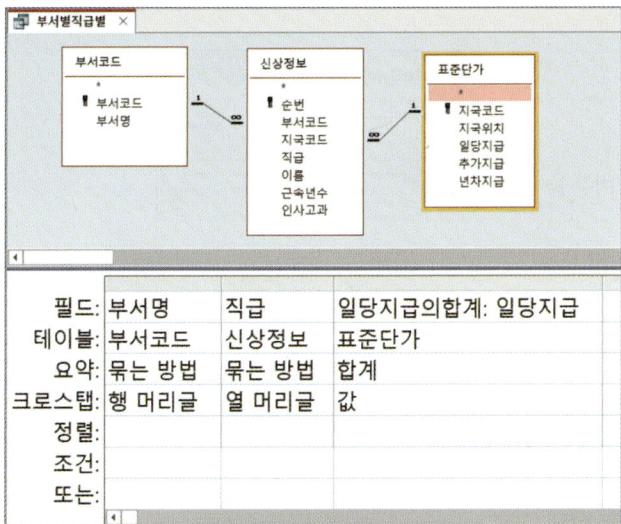

## 04 〈지국별승진대상〉 쿼리

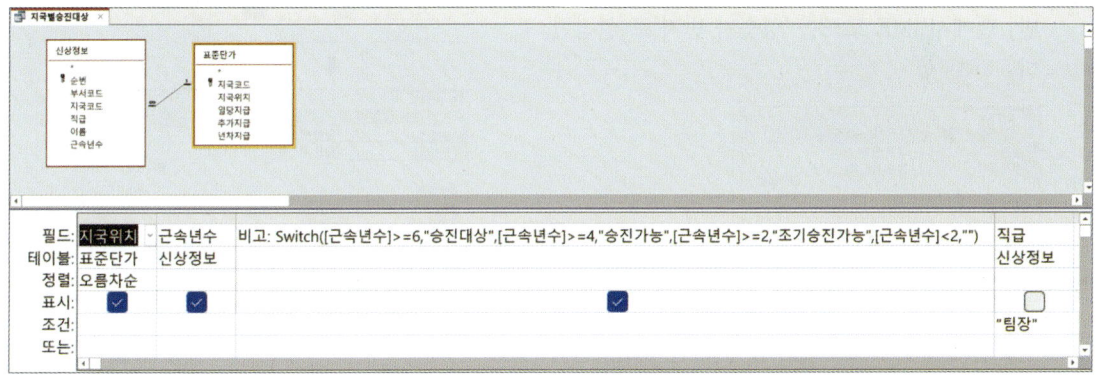

## 05 〈6년차직원〉 쿼리

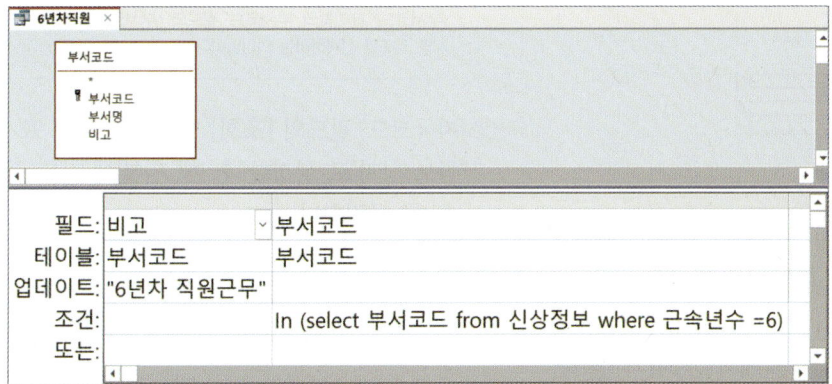

## 기출 유형 문제 09회 해설

### 문제 ① DB구축

#### 01 〈신상정보〉 테이블

① 〈신상정보〉 테이블에서 마우스 오른쪽 버튼을 눌러 [디자인 보기](📐)를 클릭한다.
② '순번' 필드에서 마우스 오른쪽 버튼을 눌러 [기본 키](🔑)를 선택한다.
③ '부서코드' 필드를 선택한 후 '필드 속성'의 [일반] 탭에서 입력 마스크를 〉L-000;0;*으로 지정한다.
④ '근속년수' 필드를 선택한 후 '필드 속성'의 [일반] 탭에서 '필드 크기' 속성을 '바이트'를 선택한다.
⑤ '부서코드' 필드를 선택한 후 '필드 속성'의 [일반] 탭에서 IME 모드를 '영숫자 반자'로 설정한다.

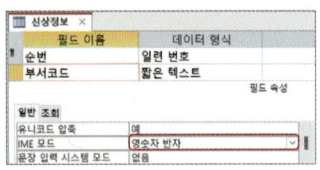

⑥ '지국코드' 필드를 선택한 후 '필드 속성'의 [일반] 탭에서 IME 모드를 '영숫자 반자'로, 인덱스를 '예(중복 가능)'으로 지정한다.

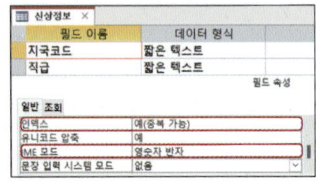

#### 02 조회 속성 설정

① 〈신상정보〉 테이블에서 마우스 오른쪽 버튼을 눌러 [디자인 보기](📐)를 클릭한 후 '부서코드' 필드의 [조회] 탭에서 '컨트롤 표시'를 '콤보 상자'로 설정한 후 '행 원본'에서 [작성기](⋯)를 클릭한다.

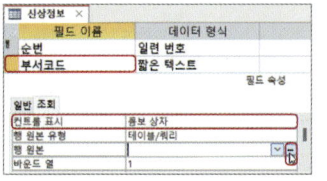

② 〈부서코드〉 테이블을 선택하여 추가하고 다음과 같이 지정하여 속성을 업데이트 한다.

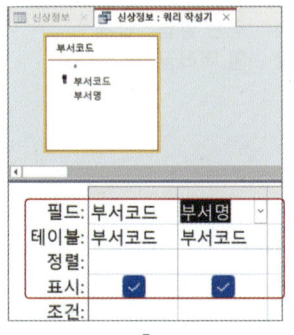

↓

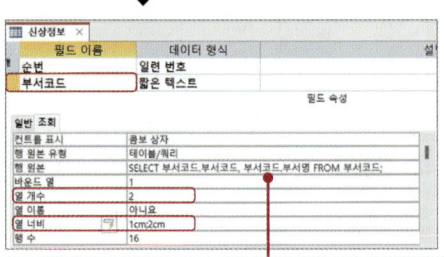

SELECT 부서코드.부서코드, 부서코드.부서명 FROM 부서코드;

> **기적의 TIP**
>
> SELECT 부서코드.부서코드, 부서코드.부서명 FROM 부서코드;
> 〈부서코드〉 테이블의 '부서코드' 필드와 〈부서코드〉 테이블의 '부서명' 필드를 선택하라는 의미입니다.

③ '지국코드' 필드의 [조회] 탭에서 컨트롤 표시를 '콤보 상자'로 설정한 후 '행 원본'에서 [작성기](⋯)를 클릭한다.

④ 〈표준단가〉 테이블을 선택하고 다음과 같이 지정하여 속성을 업데이트 한다.

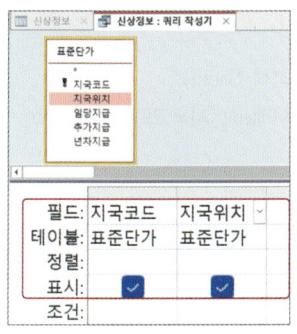

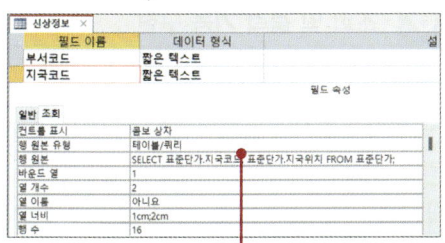

### 03 〈부서코드〉, 〈신상정보〉, 〈표준단가〉 관계

① [데이터베이스 도구]-[관계] 그룹의 [관계](圖)를 클릭한다. 〈부서코드〉, 〈신상정보〉, 〈표준단가〉 테이블을 선택하고 추가한 후 [닫기]를 클릭한다.
② 두 테이블의 '부서코드' 필드끼리 참조 관계를 설정하기 위해 〈부서코드〉 테이블의 '부서코드' 필드를 선택한 후 〈신상정보〉 테이블의 '부서코드' 필드로 드래그한다.

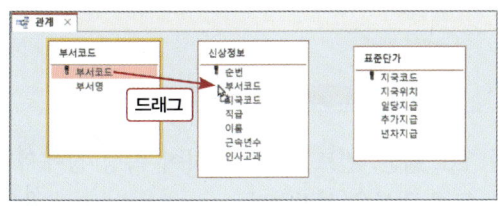

③ [관계 편집]에서 다음과 같이 설정한 후 [만들기]를 클릭한다.

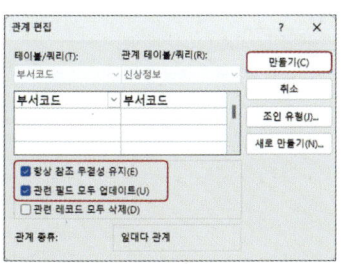

④ 두 테이블의 '지국코드' 필드끼리 참조 관계를 설정하기 위해 〈표준단가〉 테이블의 '지국코드' 필드를 선택한 다음 〈신상정보〉 테이블의 '지국코드' 필드로 드래그한다. [관계 편집]에서 다음과 같이 설정한 후 [만들기]를 클릭한다.

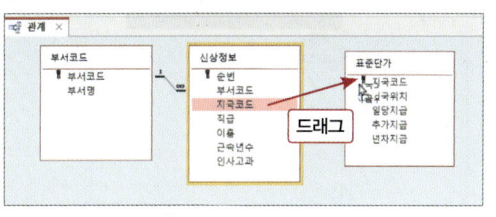

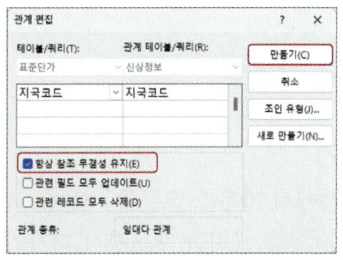

### 문제 ❷ 입력 및 수정 기능 구현

### 01 〈지국현황〉 폼

① '부서코드_Label' 컨트롤을 선택하여 속성 창에서 '하이퍼링크 주소'와 '컨트롤 팁 텍스트' 속성을 다음과 같이 설정한다.

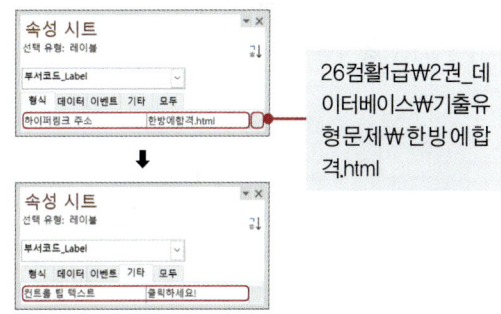

② 'txt_평균근속년수' 컨트롤을 선택하여 속성 창에서 '컨트롤 원본', '형식', 소수 자릿수를 다음과 같이 설정한다.

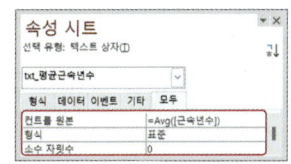

③ [본문] 구역 선택기를 클릭한 후 바로 가기 메뉴에서 [탭 순서]를 선택하여 그림과 같이 컨트롤 순서를 설정한다.

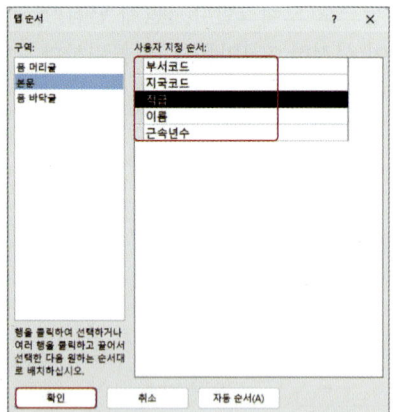

### 02 하위 폼 만들기

① 〈지국관리〉 폼에서 마우스 오른쪽 버튼을 눌러 [디자인 보기](N)를 클릭한 후, [양식 디자인]-[컨트롤] 그룹에서 [컨트롤 마법사 사용](🪄)과 [하위 폼/하위 보고서](🗔)를 선택하고 본문의 적절한 위치에 드래그한 후 놓으면 [하위 폼 마법사]가 나타난다.
② [하위 폼 마법사]의 '기존 폼 사용'에서 〈지국현황〉 폼을 하위 폼으로 설정하고 [다음]을 클릭한다.
③ '직접 지정'을 선택한 후 그림과 같이 지정하고 [다음]을 클릭한다.

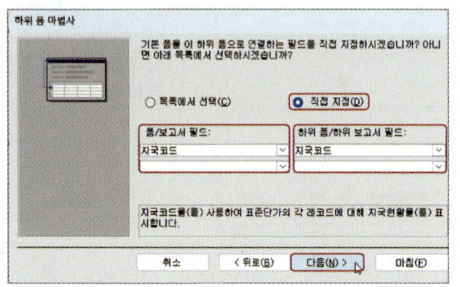

④ 하위 폼의 이름을 **영진_지국현황**으로 입력하고 [마침]을 클릭한다.

### 03 'cmd_검색' 버튼 클릭 이벤트

① 〈지국관리〉 폼의 'cmd_검색' 버튼 속성 중 'On Click' 입력란의 [작성기](…)를 클릭한다.

② '코드 작성기'를 선택한 후 '코드 창'에 다음과 같이 코딩하고 Alt+Q를 눌러서 VBE를 닫고 액세스로 돌아온다.

Private Sub cmd_검색_Click()
    ① DoCmd.ApplyFilter , "지국코드 = '" & cmb_지국코드 & "'"
End Sub

① 'cmb_지국코드' 컨트롤에서 선택한 값과 '지국코드' 필드의 값이 일치하는 정보만 걸러낸다.

## 문제 ❸ 조회 및 출력 기능 구현

### 01 〈지국현황보고서〉 보고서

① 〈지국현황보고서〉 보고서에서 마우스 오른쪽 버튼을 눌러 [디자인 보기](N)를 클릭한 후 '보고서 선택기'(■)의 바로 가기 메뉴에서 [정렬 및 그룹화]를 클릭하여 '부서코드' 및 정렬 추가하여 '지국코드', '직급', '이름' 필드를 '오름차순'으로 설정한다.

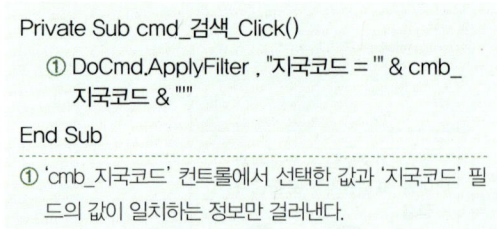

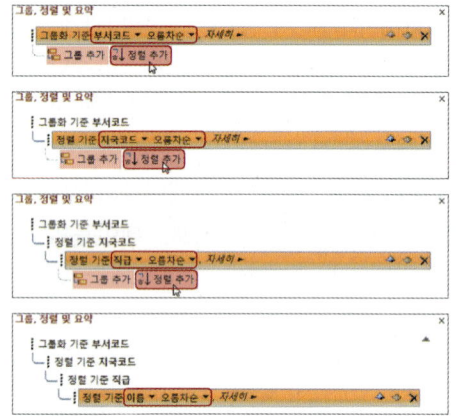

② 'txt_평균' 컨트롤을 선택하여 속성 창에서 컨트롤 원본을 설정한다.

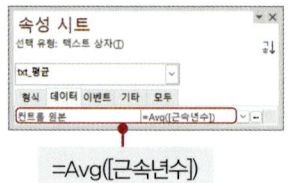

=Avg([근속년수])

③ 'txt_인원' 컨트롤을 선택하여 속성 창에서 컨트롤 원본을 설정한다.

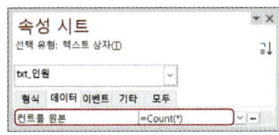

④ 'txt_날짜' 컨트롤을 선택하여 속성 창에서 컨트롤 원본을 설정한다.

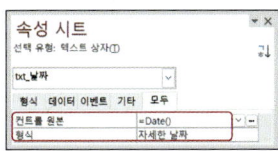

⑤ 'txt_페이지' 컨트롤을 선택하여 속성 창에서 컨트롤 원본을 다음과 같이 입력한다.

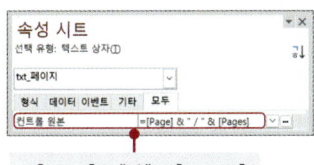

=[Page] & " / " & [Pages]

### 02 〈지국조회〉 폼의 '조회(cmd_조회)' 버튼 클릭 이벤트

① 〈지국조회〉 폼에서 마우스 오른쪽 버튼을 눌러 [디자인 보기](N)를 클릭한 후, [양식 디자인]-[컨트롤] 그룹에서 'cmd_조회' 버튼 속성 중 'On Click' 입력란의 [작성기](-)를 클릭한다.
② '코드 작성기'를 선택한 후 '코드 창'에 다음과 같이 코딩하고 Alt+Q를 눌러서 VBE를 닫고 액세스로 돌아온다.

```
Private Sub cmd_조회_Click()
    ① Me.Filter = "지국코드 = '" & cmb_지국코드 & "'"
    ② Me.FilterOn = True
End Sub
```

① 'cmb_지국코드' 콤보 상자 컨트롤에서 선택한 값과 '지국코드'가 동일한 레코드를 현재 폼(Me)의 Filter 속성에 정의한다.
② 현재 폼 개체의 Filter 속성에 정의된 Filter를 적용한다.

## 문제 ④  처리 기능 구현

### 01 〈인사고과입력〉 쿼리

① [만들기]-[쿼리] 그룹의 [쿼리 디자인](🖼)을 클릭한다.
② [테이블 추가]의 [테이블]에서 〈신상정보〉를 추가한다.
③ [쿼리 디자인]-[쿼리 유형] 그룹의 [업데이트](🖼)를 클릭한다.
④ '인사고과', '이름' 필드를 드래한 후 다음과 같이 업데이트와 조건을 입력한다.

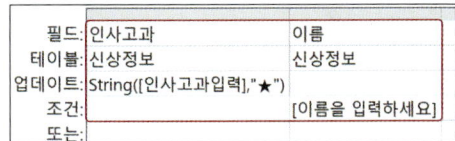

⑤ Ctrl+S를 눌러 **인사고과입력**을 입력하고 [확인]을 클릭한다.
⑥ [쿼리 디자인]-[결과] 그룹의 [실행](!)을 클릭한다.
⑦ 대화상자가 표시되면 [예]를 클릭하여 업데이트 쿼리를 실행한다.

### 02 〈임금지급〉 쿼리

① [만들기]-[쿼리] 그룹의 [쿼리 디자인](🖼)을 클릭한다.
② [테이블 추가]에서 〈부서코드〉, 〈신상정보〉, 〈표준단가〉 테이블을 추가하고 [닫기]를 클릭한다.
③ 디자인 눈금의 각 필드에 '부서코드', '지국코드', '직급', '이름', '근속년수', '근속년수', '부서명'을 드래그해서 놓는다.

| 필드: | 부서코드 | 지국코드 | 직급 | 이름 | 근속년수 |
|---|---|---|---|---|---|
| 테이블: | 부서코드 | 신상정보 | 신상정보 | 신상정보 | 신상정보 |
| 정렬: | | | | | |
| 표시: | ✓ | ✓ | ✓ | ✓ | ✓ |
| 조건: | | | | | |
| 또는: | | | | | |

④ 필드에 **임금지급 : [근속년수] * [년차지급]+[일당지급]+[추가지급]**을 입력한다.

⑤ 조건에 '부서명' 필드의 선택을 해제하고, 조건에 Like "*" & [찾는 부서명을 입력하세요] & "*"를 입력한다.

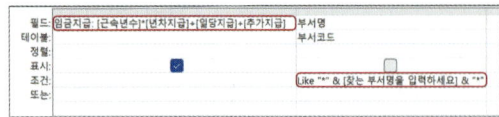

⑥ [쿼리 디자인]-[쿼리 유형] 그룹에서 [테이블 만들기]를 클릭하여 **부서임금지급**을 입력하고 [확인]을 클릭한다.

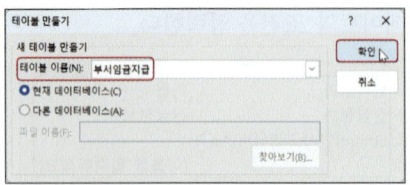

⑦ 쿼리 이름을 **임금지급**으로 입력하고 [확인]을 클릭한다.

### 03 〈부서별직급별〉 쿼리

① [만들기]-[쿼리] 그룹의 [쿼리 디자인](📋)을 클릭한다.
② [테이블 추가]의 [테이블] 탭에서 〈부서코드〉, 〈신상정보〉, 〈표준단가〉를 추가하고 [닫기]를 클릭한다.
③ 디자인 눈금의 각 필드에 다음과 같이 드래그해서 놓는다.

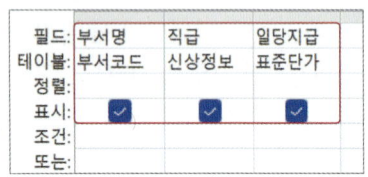

④ [쿼리 디자인]-[쿼리 유형] 그룹의 [크로스탭](📋)을 클릭한다.
⑤ 부서명은 '행 머리글', 직급은 '열 머리글', 일당지급은 '합계', '값'을 선택한다.

| 필드: | 부서명 | 직급 | 일당지급 |
|---|---|---|---|
| 테이블: | 부서코드 | 신상정보 | 표준단가 |
| 요약: | 묶는 방법 | 묶는 방법 | 합계 |
| 크로스탭: | 행 머리글 | 열 머리글 | 값 |
| 정렬: | | | |
| 조건: | | | |
| 또는: | | | |

⑥ Ctrl + S 를 눌러 '다른 이름으로 저장' 대화상자에 **부서별직급별**로 입력하고 [확인]을 클릭하여 저장한다.

### 04 〈지국별승진대상〉 쿼리

① [만들기]-[쿼리] 그룹의 [쿼리 디자인](📋)을 클릭한다.
② [테이블 추가]의 [테이블] 탭에서 〈신상정보〉, 〈표준단가〉를 추가하고 [닫기]를 클릭한다.
③ 디자인 눈금의 각 필드에 다음과 같이 드래그해서 놓는다.

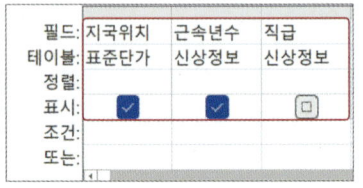

④ '직급' 필드를 선택한 후 [쿼리 디자인]-[쿼리 설정] 그룹의 [열 삽입]을 클릭한다.

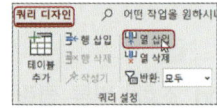

⑤ 비고: Switch([근속년수])=6,"승진대상",[근속년수])=4,"승진가능",[근속년수])=2,"조기승진가능",[근속년수]<2,"")을 입력하고, 지국위치는 '오름차순'으로 지정하고, 직급은 조건에 **팀장**을 입력한다.

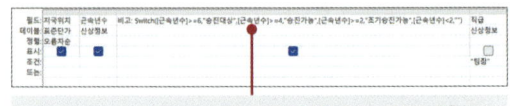

비고: Switch([근속년수])=6,"승진대상",[근속년수])=4, "승진가능",[근속년수])=2,"조기승진가능",[근속년수]<2,"")

> **더 알기 TIP**
>
> IIF 함수 사용 → IIF([근속년수])=6,"승진대상", IIF([근속년수])=4,"승진가능", IIF([근속년수])=2,"조기승진가능", ""))
>
> IIF 함수와 SWITCH 함수의 차이점은
> 1. IIF 함수는 조건마다 IIF 함수를 사용, SWITCH 함수는 처음 한번만 사용
> 2. IIF 함수는 마지막 조건은 작성하지 않고, SWITCH 함수는 마지막 조건까지 작성

⑥ Ctrl + S 를 눌러 [다른 이름으로 저장]에 **지국별승진대상**으로 입력하고 [확인]을 클릭한다.

### 05 〈6년차직원〉 업데이트 쿼리

① [만들기]-[쿼리] 그룹의 [쿼리 디자인](▦)을 클릭한다.
② [테이블 표시] 대화상자의 [테이블] 탭에서 〈부서코드〉 테이블을 추가한 후 '비고'와 '부서코드' 필드를 추가한다.
③ [쿼리 디자인] 탭의 [쿼리 유형]-[업데이트](▦)를 클릭한 후 다음과 같이 입력한다.

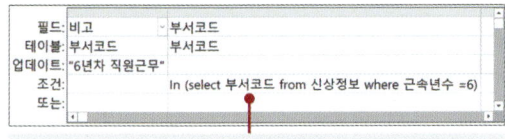

In (select 부서코드 from 신상정보 where 근속년수 =6)

④ 쿼리의 이름을 **6년차직원**으로 입력하고 [확인]을 클릭한다.
⑤ [쿼리 디자인] 탭의 [결과]-[실행](❗)을 클릭하면 다음의 메시지가 표시되면 [예]를 클릭한다.

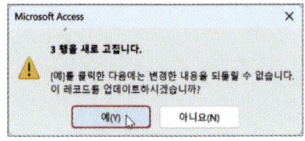

# 기출 유형 문제 10회

**작업파일** [26컴활1급₩2권_데이터베이스₩기출유형문제] 폴더의 '기출유형문제10회' 파일을 열어서 작업하시오.

## 문제 ❶  DB구축                                                            25점

**01** 지하철 분실물 센터 관리를 위해 데이터베이스를 구축하였다. 다음의 지시사항에 따라 〈리스트_Q〉 테이블을 완성하시오. (각 3점)

① 기본 키(PK)는 '아이디'로 구성된다. 기본 키를 설정하시오.
② '아이디' 필드에는 반드시 4개의 문자 값이 입력되도록 유효성 검사 규칙을 설정하시오.
③ '이름' 필드는 빈 문자열을 허용하지 않으며, 중복 가능한 인덱스를 설정하시오.
④ '이름', '전자우편' 필드는 반드시 입력되도록 설정하시오.
⑤ '전자우편' 필드에는 대부분 영문자가 입력된다. 따라서 해당 필드에 데이터를 입력할 때(포커스가 옮겨갈 때) 자동으로 '영문 입력 상태'로 변환되도록 설정하시오.

**02** 〈입고물품〉 테이블의 '아이디' 필드는 〈리스트_Q〉 테이블의 '아이디' 필드를 참조하고, 〈입고물품〉 테이블의 '물품코드' 필드는 〈분실물품〉 테이블의 '물품코드' 필드를 참조하며 〈리스트_Q〉, 〈입고물품〉, 〈분실물품〉 테이블 간의 관계는 1:M:1 이다. 각각의 테이블에 대해 다음과 같이 관계를 설정하시오. (5점)

▶ 각 테이블 간에 항상 참조 무결성을 유지하도록 설정하시오. (입고물품 ↔ 리스트_Q, 입고물품 ↔ 분실물품)
▶ 〈리스트_Q〉 테이블의 '아이디' 필드와 〈분실물품〉 테이블의 '물품코드' 필드가 변경되면 이를 참조하는 〈입고물품〉 테이블의 '아이디' 필드와 '물품코드' 필드가 따라 변경되도록 설정하시오.
▶ 〈입고물품〉 테이블에서 참조하고 있는 〈리스트_Q〉 테이블과 〈분실물품〉 테이블의 레코드를 삭제할 수 없도록 하시오.

**03** 〈입고물품추가〉 테이블의 레코드를 〈입고물품〉 테이블에 추가하시오. (5점)

▶ 일련번호 필드는 자동으로 증가되도록 추가하시오.
▶ 추가 쿼리를 작성하여 추가하시오.
▶ 추가 쿼리명은 〈입고추가쿼리〉로 설정하시오.

## 문제 ❷ 입력 및 수정 기능 구현　　　　　　　　　　　　　　　　　20점

**01** 다음 지시사항에 따라 〈입고물품_리스트〉 폼을 완성하시오. (각 3점)

① 폼이 '연속 폼'의 형태로 표시되도록 설정하시오.
② 폼의 크기를 조정할 수 없도록 설정하시오.
③ 폼 바닥글의 'txt개수' 컨트롤에는 입고품 개수가 표시되도록 설정하시오.

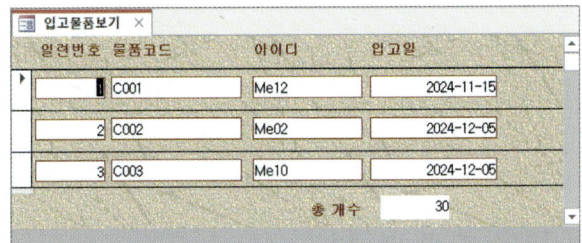

**02** 〈입고물품_상세〉 폼에 〈분실물품_리스트〉 폼을 하위 폼으로 지정하여 입고물품에 따른 분실물품의 상세한 정보가 보이도록 설정하시오. (6점)

▶ 하위 폼/보고서 컨트롤의 이름은 '분실물품'으로 하시오.
▶ 기본 폼과 하위 폼을 각각 '물품코드' 필드를 기준으로 연결하시오.

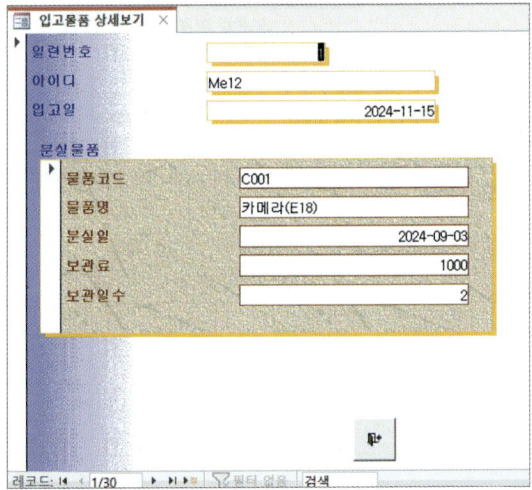

**03** 〈입고물품_상세〉 폼에 다음과 같은 기능을 수행하도록 구현하시오. (5점)

▶ '아이디(txt아이디)' 컨트롤을 더블클릭하는 경우 〈리스트_명단〉 폼이 나타나서 해당 고객에 대한 상세 정보를 표시하도록 하시오.
▶ 'txt아이디'에 입력된 '아이디'와 동일한 정보만 표시하도록 하시오.

## 문제 ③ 조회 및 출력 기능 구현          20점

**01** 다음의 지시사항 및 화면을 참조하여 〈분실자명단〉 보고서를 완성하시오. (각 3점)

① 〈분실자명단총괄〉 쿼리를 보고서의 원본으로 하여 작성하시오.
② 보고서 본문 영역의 전체 항목을 그림과 같이 '실선'으로 테두리를 설정하시오.
③ 1차적으로 '이름', 2차적으로 '입고일', 3차적으로 '물품명'을 오름차순으로 정렬하시오. (이름은 이미 정렬 및 그룹화 되어 있음)
④ [이름 바닥글]의 'txt소계'에는 해당 이름에 대한 보관료의 총액을 표시하시오. (형식은 통화)
⑤ [페이지 바닥글]의 'txt페이지'에는 페이지를 다음과 같은 형태로 표시하도록 설정하시오.
▶ 전체 페이지수가 3이고 현재 페이지가 1이면 '총 3 page 중 / 1 page' 같이 표시

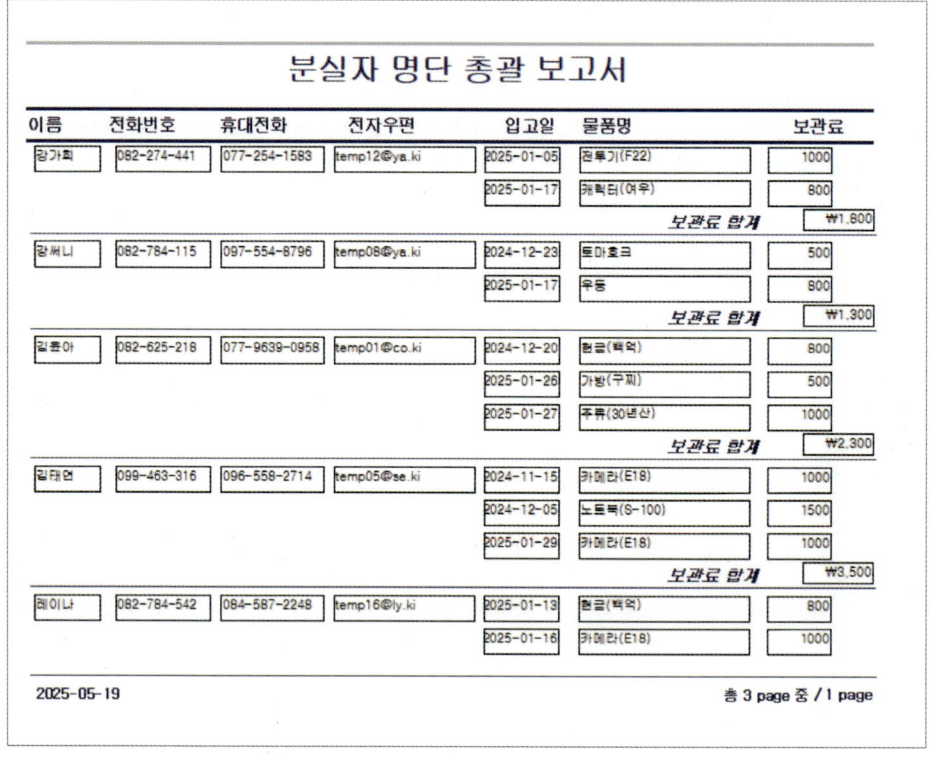

▲ 〈분실자 명단〉 참조 그림

**02** 〈리스트_명단〉 폼에 다음과 같은 기능을 수행하도록 구현하시오. (5점)

▶ 미리보기 버튼을 클릭하면 〈분실자명단〉 보고서를 '인쇄 미리 보기'의 형태로 열도록 이벤트 프로시저로 작성하시오.

## 문제 ④ 처리 기능 구현   35점

**01** 〈서울세차장현황〉 테이블을 이용하여 소재지별 평일 개폐점 시간을 조회하는 〈소재지별사업자수〉 쿼리를 작성하시오. (7점)

- ▶ 소재지(구)의 이름은 소재지의 왼쪽의 4글자만 활용하고, 사업장수는 사업자명을 활용하시오.
- ▶ 소재지별 개점시간은 평일시작이 가장 빠른 시간을 활용하고, 폐점시간은 평일종료가 가장 늦은 시간을 활용하시오.
- ▶ Left 함수 사용
- ▶ 쿼리 결과로 표시되는 필드와 필드명은 〈그림〉과 같이 표시되도록 설정하시오.

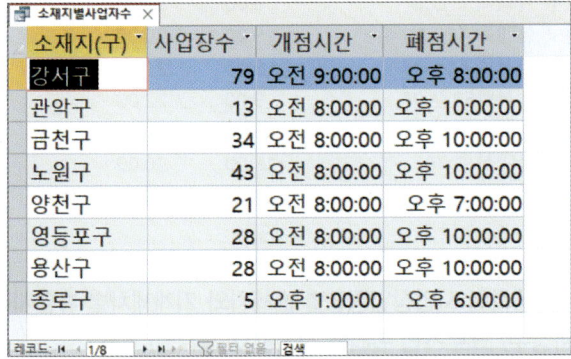

**02** 〈휴무일〉, 〈서울세차장현황〉, 〈사업장업종명〉 테이블을 이용하여 '소재지'의 일부분을 매개변수로 입력받고, 입력된 값이 포함된 소재지 데이터들을 조회하는 〈소재지별조회〉 쿼리를 작성하시오. (7점)

- ▶ 사업장코드가 'A-D'로 시작하는 사업장만 사용
- ▶ Like 연산자 이용
- ▶ 쿼리 결과로 표시되는 필드와 필드명은 〈그림〉과 같이 표시되도록 설정하시오.

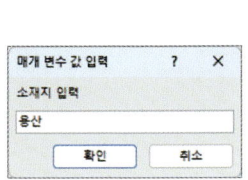

**03** 〈서울세차장현황〉 테이블을 이용하여 휴일 야간 운영하는 세차장 데이터를 〈휴일야간운영세차장〉 테이블에 추가하는 〈휴일야간운영추가〉 쿼리를 작성하시오. (7점)

- ▶ 야간 운영은 휴일종료 20시~22시인 경우
- ▶ 이미 있는 데이터는 추가되지 않도록 구현('번호' 필드를 이용)
- ▶ Not In 연산자와 하위 쿼리, Hour 함수 이용
- ▶ 쿼리 실행 결과 표시되는 필드와 필드명은 〈그림〉과 같이 표시되도록 설정하시오.

| 번호 | 사업장명 | 세차유형 | 소재지 | 휴일시작 | 휴일종료 |
|---|---|---|---|---|---|
| 2 | NK모터스 | 4 | 강서구 남부순환로19길 48-8 | 9:00 | 20:00 |
| 3 | 삼성손세차 | 4 | 강서구 방화대로 354 | 9:00 | 21:00 |
| 4 | 경인고속주유소 | 6 | 강서구 국회대로 225 | 9:00 | 22:00 |
| 15 | 탁다리카세차장 | 1 | 노원구 상계로 120 (상계동) | 9:00 | 20:00 |
| 16 | 7일카 세차장 | 4 | 강서구 강서로 511-34 | 9:00 | 21:00 |
| 17 | 동명광택 | 4 | 강서구 강서로52길 93 | 9:00 | 22:00 |
| 150 | 한남여객운수(주) | 6 | 금천구 벚꽃로56길 76 | 13:00 | 20:00 |
| 156 | 신인운수(주) | 6 | 금천구 가마산로 78 | 13:00 | 20:00 |
| 166 | 범일운수(주) | 6 | 금천구 금하로 738 | 13:00 | 20:00 |

**04** 〈서울세차장현황〉, 〈사업장업종명〉 테이블의 이용하여 사업장업종명별 손세차와 기계세차별 휴일시작 시간이 9시인 세차장수를 표시하는 〈세차유형별세차장수〉 크로스탭 쿼리를 작성하시오. (7점)

- ▶ 세차유형이 3~5이면 '손세차', 그 외는 '기계세차'로 설정
- ▶ 세차장수는 '사업자명' 필드를 이용
- ▶ IIF, AND 함수를 이용
- ▶ 쿼리 실행 결과 표시되는 필드와 필드명은 〈그림〉과 같이 표시되도록 설정하시오.

| 사업장업종명 | 세차장수 | 기계세차 | 손세차 |
|---|---|---|---|
| 세차업 | 46곳 | 1곳 | 45곳 |
| 셀프세차업 | 8곳 | | 8곳 |
| 운수세차업 | 4곳 | 4곳 | |
| 자동차 종합 수리업 | 2곳 | | 2곳 |
| 정비업소 | 20곳 | 17곳 | 3곳 |
| 주유소 | 56곳 | 56곳 | |
| 충전소 | 9곳 | 9곳 | |

**05** 〈서울세차장현황〉 테이블을 이용하여 수질검사일 필드를 업데이트하는 〈수질검사업데이트〉 쿼리를 작성하시오. (7점)

- ▶ 세차유형이 3미만이면 데이터기준일자로부터 1년 후 날짜, 세차유형이 5미만이면 데이터기준일자로부터 2년 후 날짜, 세차유형이 6이상이면 "2026년예정"으로 설정
- ▶ Switch, DateAdd 함수 이용

# 기출 유형 문제 10회 정답

## 문제 ① DB구축

### 01 〈리스트_Q〉 테이블

| 번호 | 필드 이름 | 기본 키, 필드 속성 | 설정 값 |
|---|---|---|---|
| ① | 아이디 | 기본 키 | 리스트_Q / 필드 이름: 아이디, 이름 / 데이터 형식: 짧은 텍스트, 짧은 텍스트 |
| ② | 아이디 | 유효성 검사 | Len([아이디])=4 |
| ③ | 이름 | 빈 문자열 허용 | 아니요 |
| ③ | 이름 | 인덱스 | 예(중복 가능) |
| ④ | 이름, 전자우편 | 필수 | 예 |
| ⑤ | 전자우편 | IME 모드 | 영숫자 반자 |

### 02 〈리스트_Q〉, 〈입고물품〉, 〈분실물품〉 관계

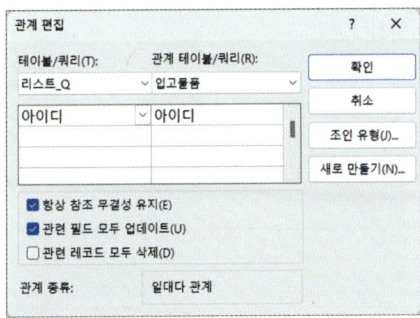 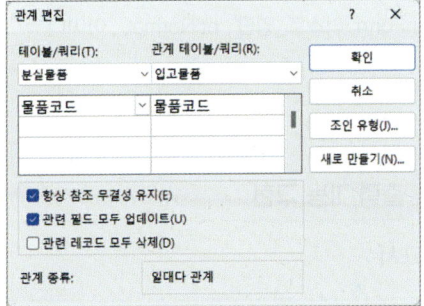

### 03 테이블 추가

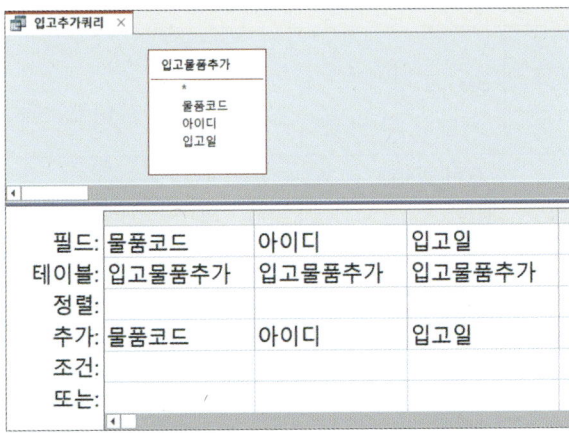

## 문제 ❷ 입력 및 수정 기능 구현

### 01 〈입고물품_리스트〉 폼

| 번호 | 개체 | 속성 | 설정 값 |
|---|---|---|---|
| ① | 폼 | 기본 보기 | 연속 폼 |
| ② | 폼 | 테두리 스타일 | 가늘게 |
| ③ | txt개수 | 컨트롤 원본 | =Count(*) |

### 02 하위 폼 추가

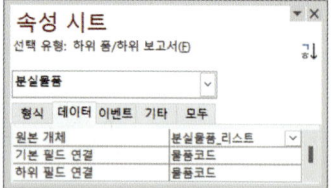

### 03 〈입고물품_상세〉 폼의 '아이디(txt아이디)' 컨트롤 더블클릭 이벤트

```
Private Sub txt아이디_DblClick(Cancel As Integer)
    DoCmd.OpenForm "리스트_명단", acNormal, , "아이디 = '" & txt아이디 & "'"
End Sub
```

## 문제 ❸ 조회 및 출력 기능 구현

### 01 〈분실자명단〉 보고서

| 번호 | 개체 | 속성 | 설정 값 |
|---|---|---|---|
| ① | 보고서 | 레코드 원본 | 분실자명단총괄 |
| ② | 본문 영역 | 테두리 스타일 | 실선 |
| ③ | 정렬 및 그룹화 | 이름 | 오름차순 |
| | | 입고일 | |
| | | 물품명 | |
| ④ | txt소계 | 컨트롤 원본 | =Sum([보관료]) |
| | | 형식 | 통화 |
| ⑤ | txt페이지 | 컨트롤 원본 | ="총 " & [Pages] & " page 중 / " & [Page] & " page" |

**02** 〈리스트_명단〉 폼의 '미리보기' 버튼 클릭 이벤트

```
Private Sub Cmd미리보기_Click()
    DoCmd.OpenReport "분실자명단", acViewPreview
End Sub
```

## 문제 ④ 처리 기능 구현

**01** 〈소재지별사업자수〉 쿼리

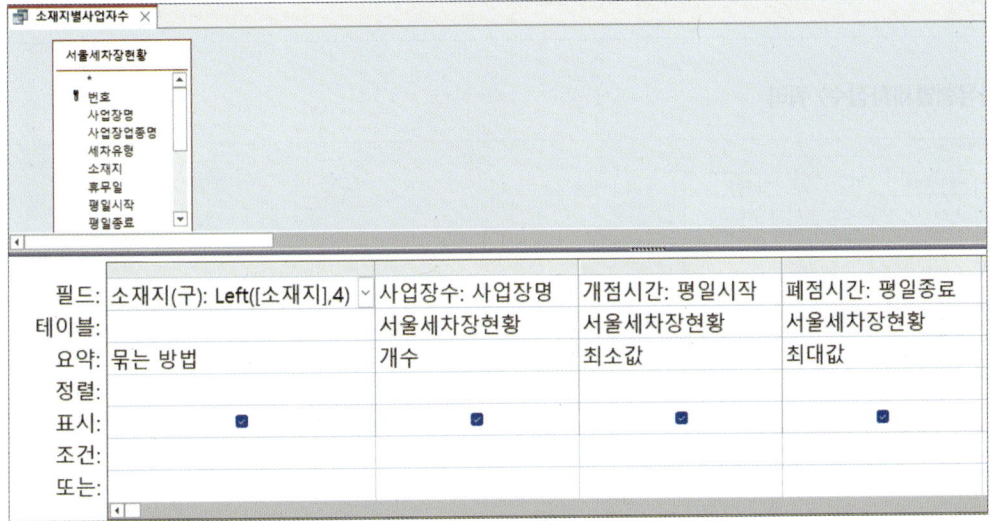

**02** 〈소재지별조회〉 쿼리

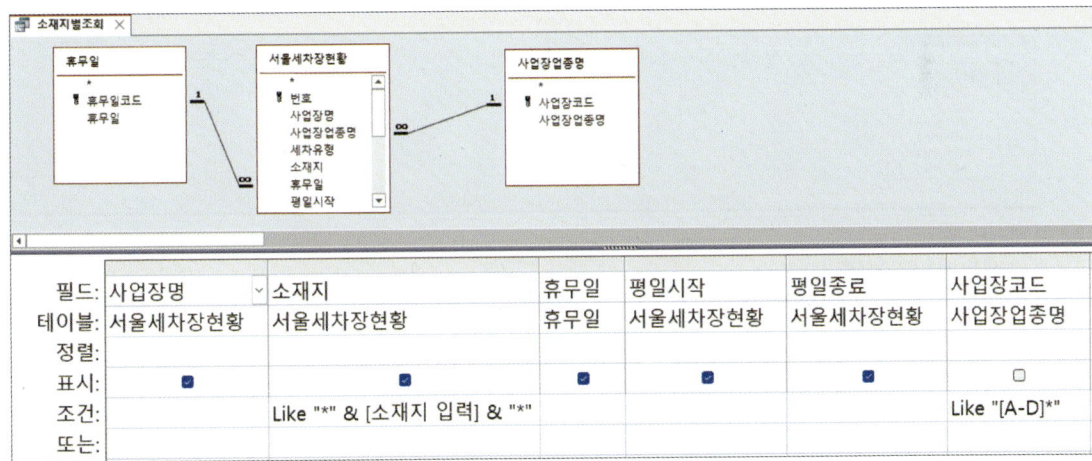

## 03 〈휴일야간운영추가〉 쿼리

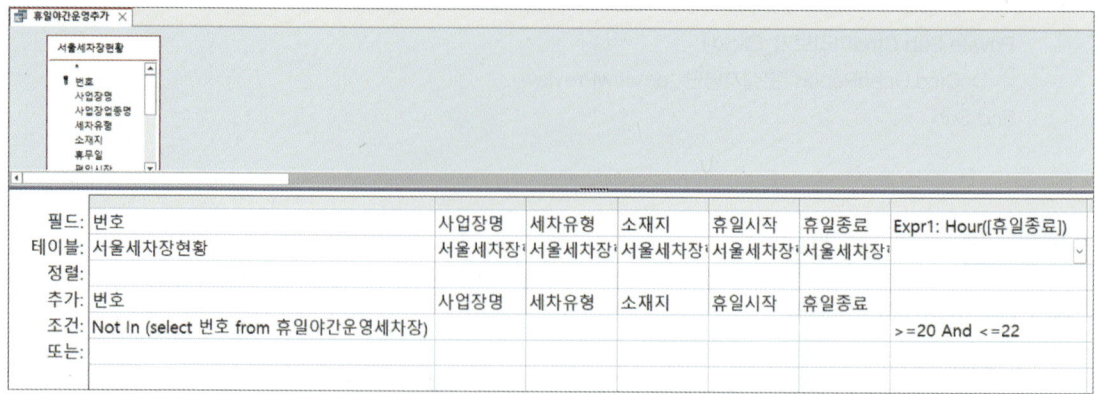

## 04 〈세차유형별세차장수〉 쿼리

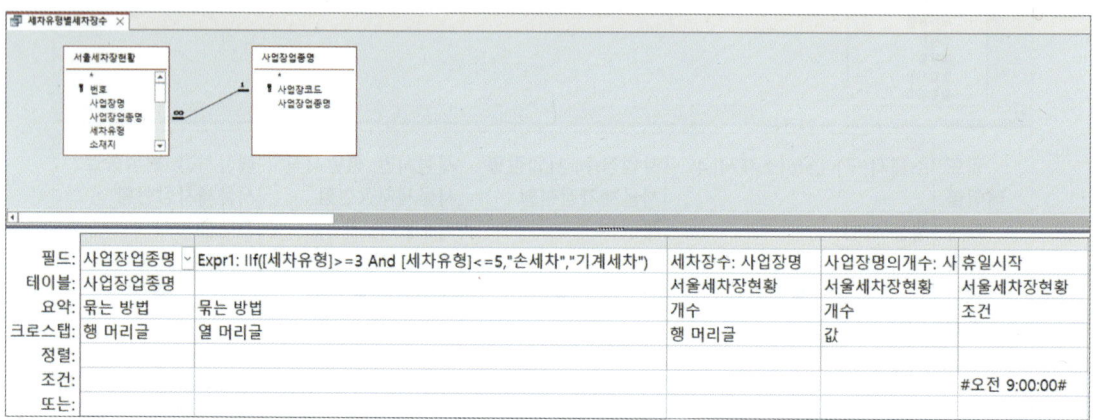

## 05 〈수질검사업데이트〉 쿼리

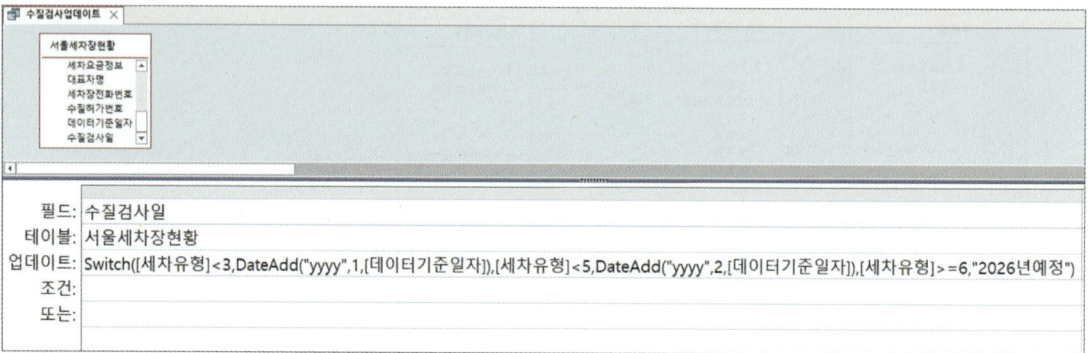

# 기출 유형 문제 10회 해설

## 문제 ❶ DB구축

### 01 〈리스트_Q〉 테이블

① 〈리스트_Q〉 테이블에서 마우스 오른쪽 버튼을 클릭하고 [디자인 보기](■)를 클릭한다.
② '아이디' 필드에서 마우스 오른쪽 버튼을 클릭하고 [기본 키](■)를 선택한다.
③ '아이디' 필드를 선택한 후 '필드 속성'의 [일반] 탭에서 유효성 검사 규칙에 Len([아이디])=4로 입력한다.

> **기적의 TIP**
> Len은 텍스트 길이를 알기 위한 함수로, 공백도 문자로 계산됩니다.

④ '이름' 필드를 선택한 후 '필드 속성'의 [일반] 탭에서 빈 문자열 허용을 '아니요', 인덱스를 '예(중복 가능)'으로 설정한다.
⑤ '이름'과 '전자우편' 필드를 각각 선택한 후 '필드 속성'의 [일반] 탭에서 필수를 '예'로 설정한다.
⑥ '전자우편' 필드를 선택한 후 '필드 속성'의 [일반] 탭에서 IME 모드를 '영숫자 반자'로 설정한다.

### 02 관계 설정

[관계] 창에 필요한 테이블을 추가한 다음, 각 필드 간의 관계를 다음과 같이 설정한다.
〈입고물품〉 ↔ 〈리스트_Q〉

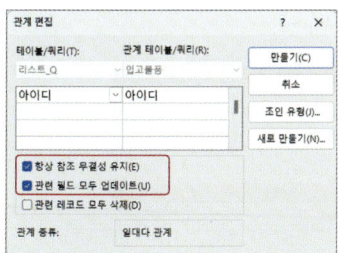

〈입고물품〉 ↔ 〈분실물품〉

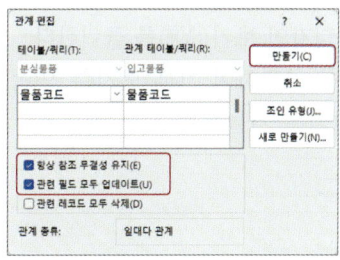

### 03 테이블 추가

① [만들기]-[쿼리] 그룹의 [쿼리 디자인](■)을 클릭한다.
② [테이블 추가]의 [테이블] 탭에서 〈입고물품추가〉를 추가한다.
③ 디자인 눈금의 각 필드에 다음과 같이 드래그해서 놓는다.

| 필드: | 물품코드 | 아이디 | 입고일 |
|---|---|---|---|
| 테이블: | 입고물품추가 | 입고물품추가 | 입고물품추가 |
| 정렬: | | | |
| 표시: | ✓ | ✓ | ✓ |
| 조건: | | | |
| 또는: | | | |

④ 창의 빈 영역에서 마우스 오른쪽 버튼을 눌러 [쿼리 유형]-[추가 쿼리]를 선택한다. [추가]에서 〈입고물품〉 테이블을 선택하고 [확인]을 클릭한다.

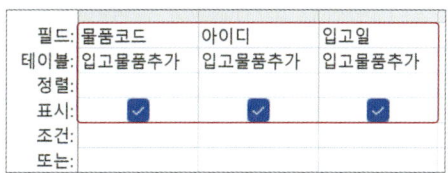

| 필드: | 물품코드 | 아이디 | 입고일 |
|---|---|---|---|
| 테이블: | 입고물품추가 | 입고물품추가 | 입고물품추가 |
| 정렬: | | | |
| 추가: | 물품코드 | 아이디 | 입고일 |
| 조건: | | | |
| 또는: | | | |

⑤ 쿼리 이름을 **입고추가쿼리**라고 입력한다.
⑥ 작성된 쿼리를 실행시켜 〈입고물품〉 테이블에 2행을 추가한다.

**문제 ②**    입력 및 수정 기능 구현

### 01 〈입고물품_리스트〉 폼

① 〈입고물품_리스트〉 폼에서 마우스 오른쪽 버튼을 클릭하여 [디자인 보기](N)를 클릭한다.
② '폼 선택기'(■)를 클릭하여 기본 보기는 '연속 폼', 테두리 스타일은 '가늘게'로 설정한다.

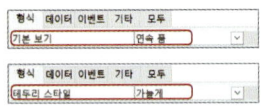

③ 'txt개수'의 컨트롤 원본을 설정한다.

### 02 하위 폼 추가

① 〈입고물품_상세〉 폼에서 마우스 오른쪽 버튼을 눌러 [디자인 보기](N)를 클릭한 후, [양식 디자인]-[컨트롤] 그룹에서 [컨트롤 마법사 사용](✗)과 [하위 폼/하위 보고서](■)를 선택하고 적당한 위치까지 드래그한 후 놓으면 [하위 폼 마법사]가 나타난다.
② [하위 폼 마법사]의 '기존 폼 사용'에서 〈분실물품_리스트〉 폼을 하위 폼으로 설정하고 [다음]을 클릭한다.
③ '목록에서 선택'을 선택하고 [다음]을 클릭한다.
④ 하위 폼의 이름을 **분실물품**으로 입력하고 [마침]을 클릭한다.

### 03 〈입고물품_상세〉 폼의 '아이디(txt아이디)' 컨트롤 더블클릭 이벤트

① 〈입고물품_상세〉 폼의 바로 가기 메뉴에서 [디자인 보기](N)를 클릭한다.
② '아이디(txt아이디)' 컨트롤을 클릭한 후 [이벤트] 탭에서 'On Dbl Click' 속성의 [작성기](…)를 클릭한다.
③ [작성기 선택]에서 '코드 작성기'를 선택한다.
④ VBE의 '코드 창'에 다음과 같이 코딩하고 Alt + Q 를 눌러서 VBE를 닫고 액세스로 돌아온다.

---

Private Sub txt아이디_DblClick(Cancel As Integer)
   DoCmd.OpenForm "리스트_명단", acNormal, ,"아이디 = '" & txt아이디 & "'"
End Sub

---

〈리스트_명단〉 폼을 열 되 '아이디' 컨트롤에 입력된 값과 'txt아이디'가 일치하는 조건으로 연다.

---

**문제 ③**    조회 및 출력 기능 구현

### 01 〈분실자명단〉 보고서

① 〈분실자명단〉 보고서에서 마우스 오른쪽 버튼을 클릭하여 [디자인 보기](N)를 클릭한다.
② '보고서 선택기'(■)를 클릭하여 레코드 원본을 **분실자명단총괄**로 설정한다.

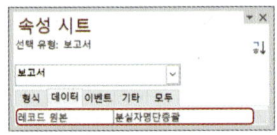

③ 보고서의 [본문] 영역의 전체 항목을 선택하고 속성 창에서 테두리 스타일 '실선'으로 설정한다.

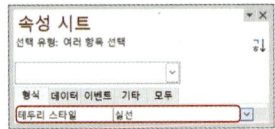

④ '보고서 선택기'(■)에서 마우스 오른쪽 버튼을 눌러 [정렬 및 그룹화]를 선택한 후 '이름' 및 [정렬 추가]를 통해 '입고일', '물품명'을 오름차순으로 정렬한다. 만약 '레코드 원본'이 반영되어 있지 않다면 [정렬 및 그룹화]를 다시 선택해본다.

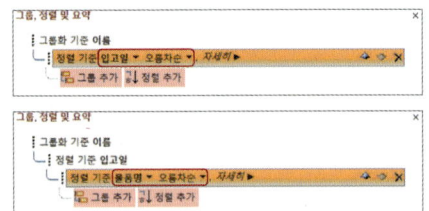

⑤ 'txt소계'의 '컨트롤 원본'과 형식을 설정한다.

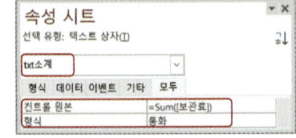

⑥ 'txt페이지'의 컨트롤 원본을 설정한다.

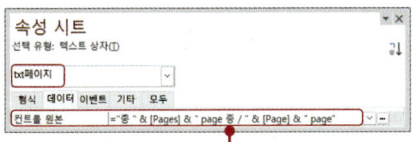

="총 " & [Pages] & " page 중 / " & [Page] & " page"

### 02 〈리스트_명단〉 폼의 '미리보기' 버튼 클릭 이벤트

① 〈리스트_명단〉 폼의 바로 가기 메뉴에서 [디자인 보기](📐)를 클릭한다.
② '미리보기' 버튼을 클릭한 후 [이벤트] 탭에서 On Click의 [작성기](…)를 클릭한다.
③ [작성기 선택] 대화상자에서 '코드 작성기'를 선택한다.
④ VBE의 '코드 창'에 다음과 같이 코딩하고 Alt +Q 를 눌러서 VBE를 닫고 액세스로 돌아온다.

```
Private Sub Cmd미리보기_Click()
    DoCmd.OpenReport "분실자명단", acViewPre-
view
End Sub
```

## 문제 ④   처리 기능 구현

### 01 〈소재지별사업자수〉 쿼리

① [만들기]-[쿼리] 그룹에서 [쿼리 디자인](📐)을 클릭한다.
② [테이블 추가]의 [테이블] 탭에서 〈서울세차장현황〉을 더블클릭한다.
③ 〈서울세차장현황〉 테이블의 '소재지', '사업장명', '평일시작', '평일종료' 필드를 추가한다.
④ [쿼리 디자인] 탭의 [요약](Σ)을 클릭하여 다음과 같이 지정한다.

| 필드: | 소재지(구): Left([소재지],4) | 사업장수: 사업장명 | 개점시간: 평일시작 | 폐점시간: 평일종료 |
|---|---|---|---|---|
| 테이블: | | 서울세차장현황 | 서울세차장현황 | 서울세차장현황 |
| 요약: | 묶는 방법 | 개수 | 최소값 | 최대값 |
| 정렬: | | | | |
| 표시: | ■ | ■ | ■ | ■ |
| 조건: | | | | |
| 또는: | | | | |

- 소재지(구) : Left([소재지],4)
- 사업장수 : 사업장명 (개수)
- 개점시간 : 평일시작(최소값)
- 폐점시간 : 평일종료(최대값)

⑤ Ctrl + S 를 눌러 쿼리 이름을 **소재지별사업자수**를 입력한다.

### 02 〈소재지별조회〉 쿼리

① [만들기]-[쿼리] 그룹에서 [쿼리 디자인](📐)을 클릭한다.
② [테이블 추가]의 [테이블] 탭에서 〈휴무일〉, 〈서울세차장현황〉, 〈사업장업종명〉을 더블클릭한다.
③ 다음과 같이 필드를 추가한 후 소재지에 Like "*" & [소재지 입력] & "*"를 조건을 입력하고, 사업장코드는 Like "[A-D]*"로 조건을 입력한다.

| 필드: | 사업장명 | 소재지 | 휴무일 | 평일시작 | 평일종료 | 사업장코드 |
|---|---|---|---|---|---|---|
| 테이블: | 서울세차장현황 | 서울세차장현황 | 휴무일 | 서울세차장현황 | 서울세차장현황 | 사업장업종명 |
| 정렬: | | | | | | |
| 표시: | ■ | ■ | ■ | ■ | ■ | □ |
| 조건: | | Like "*" & [소재지 입력] & "*" | | | | Like "[A-D]*" |
| 또는: | | | | | | |

- 〈서울세차장현황〉 사업장명, 소재지, 평일시작, 평일종료
- 〈휴무일〉 휴무일
- 〈사업장업종명〉 사업자코드

④ Ctrl + S 를 눌러 쿼리 이름을 **소재지별조회**를 입력한다.

### 03 〈휴일야간운영추가〉 쿼리

① [만들기]-[쿼리] 그룹에서 [쿼리 디자인](📐)을 클릭한다.
② [테이블 추가]의 [테이블] 탭에서 〈서울세차장현황〉을 더블클릭한다.
③ 〈서울세차장현황〉 테이블의 '번호', '사업장명', '세차유형', '소재지', '휴일시작', '휴일종료' 필드를 추가한다.

| 필드: | 번호 | 사업장명 | 세차유형 | 소재지 | 휴일시작 | 휴일종료 |
|---|---|---|---|---|---|---|
| 테이블: | 서울세차장현황 | 서울세차장현황 | 서울세차장현황 | 서울세차장현황 | 서울세차장현황 | 서울세차장현황 |
| 정렬: | | | | | | |
| 표시: | ■ | ■ | ■ | ■ | ■ | ■ |
| 조건: | | | | | | |
| 또는: | | | | | | |

④ [쿼리 디자인]-[쿼리 유형] 그룹에서 [추가](())를 클릭한다.
⑤ [추가]에서 테이블 이름 **휴일야간운영세차장**을 선택하고 [확인]을 클릭한다.
⑥ hour([휴일종료]) 필드를 추가한 후 조건 >=20 And <=22)을 입력한다. (조건 : Between 20 And 22 가능)

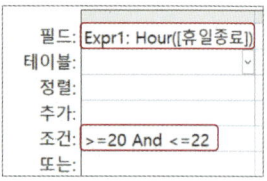

⑦ '번호'는 이미 있는 데이터는 추가되지 않도록 조건에 하위 쿼리를 Not In (select 번호 from 휴일야간운영세차장) 작성한다.

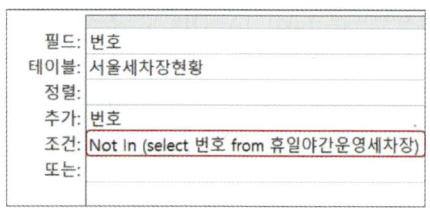

⑧ [쿼리 디자인] 탭의 [실행]()을 클릭하고 [예]를 클릭한 후 Ctrl + S 를 눌러 쿼리 이름을 **휴일야간운영추가**를 입력한다.

### 04 〈세차유형별세차장수〉 쿼리

① [만들기]-[쿼리] 그룹에서 [쿼리 디자인]()을 클릭한다.
② [테이블 추가]의 [테이블] 탭에서 〈서울세차장현황〉, 〈사업장업종명〉을 더블클릭한다.
③ 필드는 다음과 같이 추가한다.

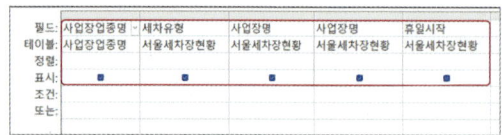

④ [쿼리 디자인]-[쿼리 유형] 그룹에서 [크로스탭]()을 클릭한다.

⑤ 열머리글은 IIf([세차유형]>=3 And [세차유형]<=5,"손세차","기계세차")을 수정하고, 휴일시작은 9:00을 조건으로 입력한다.

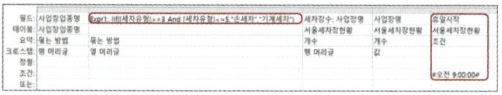

- 행 머리글 : 사업장업종명
- 열 머리글 : IIf([세차유형]>=3 And [세차유형]<=5,"손세차","기계세차")
- 행 머리글 : 사업장명(개수)
- 값 : 사업자명(개수)
- 조건 : 휴일시작 (9:00)

⑥ '세차장수' 행머리글과 '사업장명' 값 필드는 [속성 시트]의 형식에 0곳을 입력한다.

⑦ Ctrl + S 를 눌러 쿼리 이름을 **세차유형별세차장수**를 입력한다.

### 05 〈수질검사업데이트〉 쿼리

① [만들기]-[쿼리] 그룹에서 [쿼리 디자인]()을 클릭한다.
② [테이블 추가]의 [테이블] 탭에서 〈서울세차장현황〉을 더블클릭한다.
③ 〈서울세차장현황〉 테이블의 '수질검사일' 필드를 추가한다.
④ [쿼리 디자인]-[쿼리 유형] 그룹에서 [업데이트]()를 클릭한 후 업데이트 내용을 입력한다.

Switch([세차유형]<3,DateAdd("yyyy",1,[데이터기준일자]),[세차유형]<5,DateAdd("yyyy",2,[데이터기준일자]),[세차유형]>=6,"2026년예정")

⑤ Ctrl + S 를 눌러 쿼리 이름을 **수질검사업데이트**를 입력한다.

# 이렇게 기막힌 적중률

## 컴퓨터활용능력
### 1급 실기 기본서
함수공략

"이" 한 권으로 합격의 "기적"을 경험하세요!

PART
01

# 스프레드시트 계산작업

# 계산작업 문제 01회

**작업파일** [26컴활1급₩3권_함수사전₩계산작업] 폴더의 '계산작업' 파일을 열어서 작업하시오.

합격강의

| | A | B | C | D | E | F | G | H | I | J | K | L | M | N |
|---|---|---|---|---|---|---|---|---|---|---|---|---|---|---|
| 1 | [표1] | | | | | | | | | | | | | |
| 2 | 구분 | 제조방법 | 친환경인증 | 제조일 | 가격 | 판매량 | 판매순위 | 기타 | | [표2] 친환경인증별 백분위수 | | | | |
| 3 | 11-20240530-3 | 가루차 | 무농약 | 2024.05.30 | 15,000 | 450 | | ▶▶▶▶ | | 친환경인증 | 90% | 80% | 70% | 60% |
| 4 | 33-20240630-4 | 잎차 | 무농약 | 2024.06.30 | 44,000 | 600 | | ▶▶▶▶▶▶ | | 무농약 | 750 | 660 | 600 | 450 |
| 5 | 33-20230530-5 | 잎차 | 무농약 | 2023.05.30 | 34,000 | 430 | | ▶▶▶▶ | | 유기농 | 572 | 544 | 454 | 302 |
| 6 | 11-20240630-6 | 가루차 | 저농약 | 2024.06.30 | 15,000 | 200 | | ▶▶ | | 저농약 | 478 | 426 | 382 | 346 |
| 7 | 11-20240730-7 | 가루차 | 유기농 | 2024.07.30 | 10,000 | 100 | ☆Low2 | | | | | | | |
| 8 | 11-20230830-8 | 가루차 | 무농약 | 2023.08.30 | 30,000 | 340 | | ▶▶▶ | | [표3] 제조년도별 제조방법 판매량 | | | | |
| 9 | 33-20230730-9 | 잎차 | 저농약 | 2023.07.30 | 10,000 | 400 | | ▶▶▶▶ | | 제조방법 | 2023 년 | 2024 년 | | |
| 10 | 33-20240830-10 | 잎차 | 저농약 | 2024.08.30 | 25,000 | 530 | | ▶▶▶▶▶ | | 가루차 | 27.0% | 27.4% | | |
| 11 | 11-20240630-11 | 가루차 | 무농약 | 2024.06.30 | 10,000 | 370 | | ▶▶▶ | | 잎차 | 61.5% | 57.1% | | |
| 12 | 33-20230530-12 | 잎차 | 무농약 | 2023.05.30 | 10,000 | 400 | | ▶▶▶▶ | | 발효차 | 11.5% | 15.5% | | |
| 13 | 33-20240630-13 | 잎차 | 무농약 | 2024.06.30 | 60,000 | 800 | ★Top1 | ▶▶▶▶▶▶▶▶ | | | | | | |
| 14 | 33-20240725-14 | 잎차 | 무농약 | 2024.07.25 | 20,000 | 660 | ★Top3 | ▶▶▶▶▶▶ | | | | | | |
| 15 | 33-20230825-15 | 잎차 | 무농약 | 2023.08.25 | 200,000 | 750 | ★Top2 | ▶▶▶▶▶▶▶ | | | | | | |
| 16 | 11-20230901-16 | 가루차 | 유기농 | 2023.09.01 | 36,000 | 530 | | ▶▶▶▶▶ | | | | | | |
| 17 | 22-20240902-17 | 발효차 | 유기농 | 2024.09.02 | 70,000 | 600 | | ▶▶▶▶▶▶ | | | | | | |
| 18 | 22-20230930-18 | 발효차 | 무농약 | 2023.09.30 | 25,000 | 320 | | ▶▶▶ | | | | | | |
| 19 | 22-20230625-19 | 발효차 | 유기농 | 2023.06.25 | 40,000 | 50 | ☆Low1 | | | | | | | |
| 20 | 33-20240525-20 | 잎차 | 무농약 | 2024.05.25 | 70,000 | 240 | | ▶▶ | | | | | | |
| 21 | 22-20240621-21 | 발효차 | 저농약 | 2024.06.21 | 120,000 | 210 | | ▶▶ | | | | | | |
| 22 | 33-20240706-22 | 잎차 | 유기농 | 2024.07.06 | 100,000 | 150 | ☆Low3 | | | | | | | |
| 23 | 11-20240105-23 | 가루차 | 저농약 | 2024.01.05 | 65,000 | 310 | | ▶▶▶ | | | | | | |

▲ '계산작업1회' 시트

**01** [표1]의 제조방법[B3:B23], 제조일[D3:D23]을 이용하여 구분[A3:A23]를 표시하시오.

▶ 제조방법이 가루차인 경우 11, 발효차인 경우 22, 잎차인 경우 33으로 표시하고, 제조일의 '.'은 공백으로 표시하고, 현재 행 번호를 [표시 예]와 같이 표시
   [표시 예 : 제조방법이 가루차, 제조일이 2024.05.30, 행 번호가 3인 경우 → 11-20240530-3]
▶ LOOKUP, SUBSTITUTE, ROW 함수와 & 연산자, 배열 상수를 이용

**02** [표1]의 판매량[F3:F23]를 이용하여 판매순위[G3:G23]를 표시하시오.

▶ 판매량의 순위를 상위 3위까지는 '★Top'와 순위 표시, 판매량의 순위 하위 3위까지는 '☆Low'와 순위 표시, 그 외는 공백으로 표시
▶ IF, LARGE, RANK.EQ, SMALL 함수를 사용

**03** 사용자 정의 함수 'fn판매'를 작성하여 [표1]의 기타[H3:H23]를 표시하시오.

▶ 'fn판매' 함수는 판매량을 인수로 받아서 특정 문자열을 반환
▶ 판매량이 200 이상이면, 판매량을 100으로 나눈 값만큼 "▶" 문자를 반복하여 반환하고, 그 외에는 공백을 표시
▶ IF ~ Else 문과 For ~ Next 문을 이용

```
Public Function fn판매(판매량)

End Function
```

**04** [표1]의 친환경인증[C3:C23]별 판매량을 이용하여 [표2]의 판매량의 백분위를 소수 자리에서 반올림하여 정수로 [K4:N6] 영역에 표시하시오.

▶ ROUND, PERCENTILE.INC, IF 함수를 이용한 배열 수식

**05** [표1]의 제조방법[B3:B23], 제조일[D3:D23]의 년도별 판매량[F3:F23]을 이용하여 [표3]의 [K10:L12] 영역에 비율을 표시하시오.

▶ 제조방법별, 년도별 판매량의 합계 / 년도별 판매량의 합계
▶ [표시 예 : 27.0%]
▶ TEXT, SUMIFS 함수와 & 연산자 이용

---

### 해설

#### 01 구분[A3:A23]

[A3] 셀에 =LOOKUP(B3,{"가루차","발효차","잎차"},{11,22,33})&"-"&SUBSTITUTE(D3,".","")&"-"&ROW()를 입력하고 [A23] 셀까지 수식을 복사한다.

💬 **함수 설명**

① LOOKUP(B3,{"가루차","발효차","잎차"},{11,22,33}) : [B3] 셀의 값을 가루차, 발효차, 잎차에서 찾아 가루차는 11, 발효차는 22, 잎차는 33으로 반환
② SUBSTITUTE(D3,".","") : [D3] 셀에서 .을 공백으로 바꿈
③ ROW() : 현재 행의 번호를 반환

=①&"-"&②&"-"&③ : ①-②-③ 형식으로 표시

#### 02 판매순위[G3:G23]

[G3] 셀에 =IF(F3>=LARGE($F$3:$F$23,3),"★Top"&RANK.EQ(F3,$F$3:$F$23,0),IF(F3<=SMALL($F$3:$F$23,3),"☆Low"&RANK.EQ(F3,$F$3:$F$23,1),""))를 입력하고 [G23] 셀까지 수식을 복사한다.

💬 **함수 설명**

① LARGE($F$3:$F$23,3) : [F3:F23] 영역에서 3번째로 큰 값을 구함
② RANK.EQ(F3,$F$3:$F$23,0) : [F3] 셀의 값을 [F3:F23] 영역에서 내림차순 순위를 구함
③ SMALL($F$3:$F$23,3) : [F3:F23] 영역에서 3번째로 작은 값을 구함
④ RANK.EQ(F3,$F$3:$F$23,1) : [F3] 셀의 값을 [F3:F23] 영역에서 오름차순 순위를 구함

=IF(F3>=①,"★Top"&②,IF(F3<=③,"☆Low"&④,"")) : [F3] 셀의 값이 ①보다 크거나 같으면 ★Top과 ②을 [F3] 셀의 값이 ③보다 작거나 같으면 ☆Low와 ④을 그 외는 공백으로 표시

## 03 기타[H3:H23]

① [개발 도구]-[코드] 그룹의 [Visual Basic](🖼)을 클릭한다.
② [삽입]-[모듈]을 클릭한다.
③ Module 창에 다음과 같이 입력한다.

```
Public Function fn판매(판매량)
    If 판매량 >= 200 Then
        For i = 1 To 판매량 / 100
            fn판매 = fn판매 & "▶"
        Next i
    Else
        fn판매 = ""
    End If
End Function
```

④ [파일]-[닫고 Microsoft Excel(으)로 돌아가기]를 클릭하여 [Visual Basic Editor]를 닫는다.
⑤ [H3] 셀을 클릭한 후 [함수 삽입](fx)을 클릭한다.
⑥ '범주 선택'에서 '사용자 정의', '함수 선택'에서 'fn판매'를 선택한 후 [확인]을 클릭한다.
⑦ 그림과 같이 셀을 지정한 후 [확인]을 클릭한다.

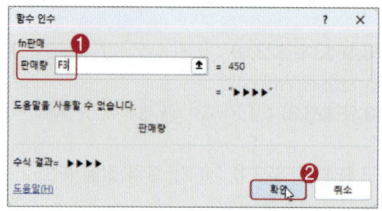

⑧ [H3] 셀을 선택한 후 [H23] 셀까지 수식을 복사한다.

## 04 친환경인증별 백분위수[K4:N6]

[K4] 셀에 =ROUND(PERCENTILE.INC(IF($C$3:$C$23=$J4,$F$3:$F$23),K$3),0)를 입력하고 Ctrl+Shift+Enter를 누른 후 [N6] 셀까지 수식을 복사한다.

### 💬 함수 설명

① IF($C$3:$C$23=$J4,$F$3:$F$23) : [C3:C23] 영역의 값이 [J4] 셀과 같으면 [F3:F23] 영역의 값을 구함
② PERCENTILE.INC(①,K$3) : ①의 값을 [K3]의 백분위수를 구함

=ROUND(②,0) : ②의 값을 반올림하여 정수로 표시

## 05 제조년도별 제조방법 판매량[K10:L12]

[K10] 셀에 =TEXT(SUMIFS($F$3:$F$23,$B$3:$B$23,$J10,$D$3:$D$23,K$9&"*")/SUMIFS($F$3:$F$23,$D$3:$D$23,K$9&"*"),"0.0%")를 입력하고 [L12] 셀까지 수식을 복사한다.

### 💬 함수 설명

① SUMIFS($F$3:$F$23,$B$3:$B$23,$J10,$D$3:$D$23,K$9&"*") : [B3:B23] 영역에서 [J10]과 같고, [D3:D23] 영역에서 [K9]로 시작하는 값의 [F3:F23] 영역의 합계를 구함
② SUMIFS($F$3:$F$23,$D$3:$D$23,K$9&"*") : [D3:D23] 영역에서 [K9]로 시작하는 값을 찾아 [F3:F23] 영역의 합계를 구함

=TEXT(①/②,"0.0%") : ①/②의 값을 0.0% 형식으로 표시

# 계산작업 문제 02회

작업파일 [26컴활1급₩3권_함수사전₩계산작업] 폴더의 '계산작업' 파일을 열어서 작업하시오.

합격 강의

| | A | B | C | D | E | F | G | H | I | J | K | L | M | N |
|---|---|---|---|---|---|---|---|---|---|---|---|---|---|---|
| 1 | [표1] | | | | | | | | | | [표2] | 2022 | 2023 | 2024 |
| 2 | 세원코드 | 납세자유형 | 세목명 | 세원유형 | 납부금액 | 납부일 | 결제방법 | 수납방법 | 기타 | | 개인 | 67.0% | 51.7% | 69.0% |
| 3 | 11-20220615-3 | 개인 | 자동차세 | 승용 | 182,100 | 2022.06.15 | 이체 | 2022전용계좌 | | | 법인 | 33.0% | 48.3% | 31.0% |
| 4 | 22-20230720-4 | 법인 | 부가가치세 | 부가가치세 | 1,189,800 | 2023.07.20 | 현금 | 2023방문납부 | | | | | | |
| 5 | 11-20230810-5 | 개인 | 재산세 | 재산세(주택) | 281,300 | 2023.08.10 | 현금 | 2023방문납부 | 주택 | | [표3] | | | |
| 6 | 22-20240905-6 | 법인 | 법인세 | 원천세 | 2,292,600 | 2024.09.05 | 이체 | 2024전용계좌 | | | 세목명 | 납부일 | | |
| 7 | 11-20231012-7 | 개인 | 취득세 | 주택(개별) | 801,700 | 2023.10.12 | CARD | 2023모바일앱 | 주택 | | 자동차세 | 2023.01.14 | | |
| 8 | 11-20221125-8 | 개인 | 주민세 | 주민세(재산분) | 605,200 | 2022.11.25 | 현금 | 2022방문납부 | | | 부가가치세 | 2023.05.20 | | |
| 9 | 11-20241230-9 | 개인 | 지방소득세 | 종합소득 | 1,464,500 | 2024.12.30 | 이체 | 2024전용계좌 | | | 재산세 | 2023.06.10 | | |
| 10 | 11-20230114-10 | 개인 | 자동차세 | 화물 | 1,062,800 | 2023.01.14 | 이체 | 2023전용계좌 | | | 법인세 | 2022.05.05 | | |
| 11 | 22-20230222-11 | 법인 | 법인세 | 원천세 | 1,259,700 | 2023.02.22 | CARD | 2023모바일앱 | | | 취득세 | 2022.04.15 | | |
| 12 | 11-20240311-12 | 개인 | 취득세 | 차량 | 1,975,100 | 2024.03.11 | 현금 | 2024방문납부 | | | 주민세 | 2022.11.25 | | |
| 13 | 11-20220415-13 | 개인 | 취득세 | 주택(단독) | 3,012,000 | 2022.04.15 | 이체 | 2022전용계좌 | 주택 | | 지방소득세 | 2024.12.30 | | |
| 14 | 22-20230520-14 | 법인 | 부가가치세 | 부가가치세 | 2,024,100 | 2023.05.20 | CARD | 2023모바일앱 | | | | | | |
| 15 | 11-20230610-15 | 개인 | 재산세 | 재산세 | 2,926,900 | 2023.06.10 | 현금 | 2023방문납부 | | | | | | |
| 16 | 22-20240705-16 | 법인 | 법인세 | 직접세 | 326,500 | 2024.07.05 | 이체 | 2024전용계좌 | | | | | | |
| 17 | 11-20230812-17 | 개인 | 취득세 | 기타 | 535,500 | 2023.08.12 | CARD | 2023모바일앱 | | | | | | |
| 18 | 22-20231222-18 | 법인 | 법인세 | 원천세 | 672,500 | 2023.12.22 | CARD | 2023모바일앱 | | | | | | |
| 19 | 11-20230111-19 | 개인 | 취득세 | 주택(단독) | 2,490,800 | 2023.01.11 | 현금 | 2023방문납부 | 주택 | | | | | |
| 20 | 11-20240215-20 | 개인 | 지방소득세 | 특별징수 | 969,000 | 2024.02.15 | 이체 | 2024전용계좌 | | | | | | |
| 21 | 22-20230320-21 | 법인 | 부가가치세 | 부가가치세 | 1,061,800 | 2023.03.20 | CARD | 2023모바일앱 | | | | | | |
| 22 | 11-20240410-22 | 개인 | 재산세 | 재산세 | 1,152,800 | 2024.04.10 | 현금 | 2024방문납부 | | | | | | |
| 23 | 22-20220505-23 | 법인 | 법인세 | 원천세 | 2,869,600 | 2022.05.05 | 이체 | 2022전용계좌 | | | | | | |
| 24 | 11-20240914-24 | 개인 | 자동차세 | 승합 | 268,500 | 2024.09.14 | 이체 | 2024전용계좌 | | | | | | |
| 25 | 22-20231022-25 | 법인 | 취득세 | 주택(단독) | 1,366,300 | 2023.10.22 | CARD | 2023모바일앱 | 주택 | | | | | |
| 26 | 11-20221111-26 | 개인 | 취득세 | 주택(개별) | 2,020,100 | 2022.11.11 | 현금 | 2022방문납부 | 주택 | | | | | |

▲ '계산작업2회' 시트

**01** [표1]의 납세자유형[B3:B26], 납부일[F3:F26]을 이용하여 세원코드[A3:A26]를 표시하시오.

▶ 세원코드는 납세자유형, 납부일, 행 번호를 '-'로 연결하여 표시
▶ 납세자유형이 '개인'이면 11, '법인'이면 22로 표시하고, '납부일자'의 '.'은 공백으로 표시
▶ LOOKUP, SUBSTITUTE, ROW 함수와 & 연산자, 배열 상수를 사용

**02** 사용자 정의 함수 'fn수납방법'을 작성하여 [표1]의 수납방법[H3:H26]을 표시하시오.

▶ 'fn수납방법' 함수는 납부일과 결제방법을 인수로 받아 수납방법을 계산하여 되돌려 줌
▶ 결제방법이 '이체'일 경우 납부일의 연도와 함께 '전용계좌'를 표시하고, 결제방법이 'CARD'일 경우 납부일의 연도와 함께 '모바일앱'을 표시하고, 그 외에는 납부일자의 연도와 함께 '방문납부'를 표시하시오.

```
Public Function fn수납방법(납부일, 결제방법)

End Function
```

**03** [표1]의 세원유형[D3:D26]을 이용하여 기타[I3:I26]를 표시하시오.

▶ 세원유형에 '주택'이란 내용이 있을 경우, 기타에 '주택'으로 표시하고, 그 외에는 공백으로 표시할 것
▶ IF, ISNUMBER, SEARCH 함수 사용

**04** [표1]의 납부일[F3:F26]과 납부금액[E3:E26], 납세자유형[B3:B26]을 이용하여 납세자유형별 납부연별 비율을 [표2]의 [L3:N4] 영역에 표시하시오.

▶ 납세자유형별 납부연별 비율 = 납세자유형별 납부연별 납부금액 합계 / 납부연별 납부금액 합계
▶ 계산된 결과는 백분율로 소수 이하 첫째짜리 표시 [표시 예 : 0.6345 → 63.5%]
▶ TEXT, SUMIFS 함수와 & 연산자 사용

**05** [표1]의 세목명[C3:C26]과 최대 납부금액에 대한 납부일을 [표3]의 [L9:L15] 영역에 표시하시오.

▶ LARGE, VLOOKUP 함수를 이용한 배열 수식

## 해설

### 01 세원코드[A3:A26]

[A3] 셀에 =LOOKUP(B3,{"개인","법인"},{11,22})&"-"&SUBSTITUTE(F3,".","")&"-"&ROW()를 입력하고 [A26] 셀까지 수식을 복사한다.

> **함수 설명**
> ① LOOKUP(B3,{"개인","법인"},{11,22}) : [B3] 셀의 값을 개인, 법인에서 찾아 개인은 11, 법인은 22를 반환
> ② SUBSTITUTE(F3,".","") : [F3] 셀에서 .을 공백으로 바꿈
> ③ ROW() : 현재 행의 번호를 반환
>
> =①&"-"&②&"-"&③ : ①-②-③ 형식으로 표시

### 02 수납방법[H3:H26]

① [개발 도구]-[코드] 그룹의 [Visual Basic](📄)을 클릭한다.
② [삽입]-[모듈]을 클릭한다.

③ Module 창에 다음과 같이 입력한다.

```
Public Function fn수납방법(납부일, 결제방법)
    If 결제방법 = "이체" Then
        fn수납방법 = Left(납부일, 4) & "전용계좌"
    ElseIf 결제방법 = "CARD" Then
        fn수납방법 = Left(납부일, 4) & "모바일앱"
    Else
        fn수납방법 = Left(납부일, 4) & "방문납부"
    End If
End Function
```

④ [파일]-[닫고 Microsoft Excel(으)로 돌아가기]를 클릭하여 [Visual Basic Editor]를 닫는다.
⑤ [H3] 셀을 클릭한 후 [함수 삽입](𝑓x)을 클릭한다.
⑥ '범주 선택'에서 '사용자 정의', '함수 선택'에서 'fn수납방법'을 선택한 후 [확인]을 클릭한다.

⑦ 그림과 같이 셀을 지정한 후 [확인]을 클릭한다.

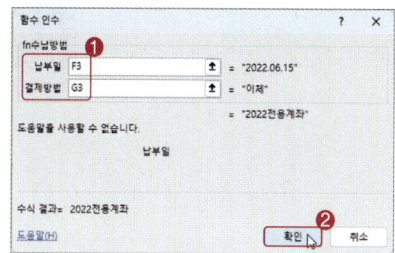

⑧ [H3] 셀을 선택한 후 [H26] 셀까지 수식을 복사한다.

### 03 기타[I3:I26]

[I3] 셀에 =IF(ISNUMBER(SEARCH("주택", D3)), "주택", "")를 입력하고 [I26] 셀까지 수식을 복사한다.

> **함수 설명**
> ① SEARCH("주택", D3) : '주택'을 [D3] 셀에서 시작 위치 값을 구함
> ② ISNUMBER(①) : ①의 값이 숫자이면 TRUE 값을 반환
>
> =IF(②, "주택", "") : ②의 값이 TRUE이면 '주택', 그 외는 공백으로 표시

### 04 납세자유형별 년별 비율[L3:N4]

[L3] 셀에 =TEXT(SUMIFS($E$3:$E$26,$B$3:$B$26,$K3,$F$3:$F$26,L$2&"*")/SUMIFS($E$3:$E$26,$F$3:$F$26,L$2&"*"),"0.0%")를 입력하고 [N4] 셀까지 수식을 복사한다.

> **함수 설명**
> ① SUMIFS($E$3:$E$26,$B$3:$B$26,$K3,$F$3:$F$26,L$2&"*") : [B3:B26] 영역에서 [K3]과 같고, [F3:F26] 영역에서 [L2]로 시작하는 값의 [E3:E26] 영역의 합계를 구함
> ② SUMIFS($E$3:$E$26,$F$3:$F$26,L$2&"*") : [F3:F26] 영역에서 [L2]로 시작하는 값을 찾아 [E3:E26] 영역의 합계를 구함
>
> =TEXT(①/②,"0.0%") : ①/②의 결과 값을 0.0% 형식으로 표시

### 05 납부일[L9:L15]

[L9] 셀에 =VLOOKUP(LARGE(($C$3:$C$26=$K9)*($E$3:$E$26),1),$E$3:$F$26,2,0)를 입력하고 Ctrl + Shift + Enter 를 누른 후 [L15] 셀까지 수식을 복사한다.

> **함수 설명**
> ① ($C$3:$C$26=$K9)*($E$3:$E$26) : [C3:C26] 영역의 값이 [K9] 셀과 같으면 [E3:E26] 영역의 값을 반환
> ② LARGE(①,1) : ①의 값에서 첫 번째 값을 구함
>
> =VLOOKUP(①,$E$3:$F$26,2,0) : ①의 값을 [E3:F26] 영역의 첫 번째 열에서 찾아 2번째 열의 값을 반환

# 계산작업 문제 03회

**작업파일** [26컴활1급₩3권_함수사전₩계산작업] 폴더의 '계산작업' 파일을 열어서 작업하시오.

| | A | B | C | D | E | F | G | H | I | J | K |
|---|---|---|---|---|---|---|---|---|---|---|---|
| 1 | [표1] | | | | ❶ | ❹ | | [표4] 마라톤 완주자 기록표 | | | |
| 2 | 동 | 호수 | 수도사용량 | 전월사용량 | 그래프 | 수도요금 | | 등번호 | 이름 | 코스구분 | 기록 |
| 3 | 장미동 | 101 | 21 | 31 | -1(◁) | 22,890 | | 4007 | 김현철 | 하프코스 | 1:45:32 |
| 4 | 목련동 | 101 | 20 | 41 | -2(◁◁) | 14,800 | | 4023 | 장민욱 | 하프코스 | 1:35:27 |
| 5 | 동백동 | 203 | 35 | 25 | 1(▶) | 73,150 | | 4024 | 이주일 | 하프코스 | 1:25:48 |
| 6 | 장미동 | 201 | 15 | 26 | -1(◁) | 11,100 | | 4155 | 이경진 | 풀코스 | 1:54:49 |
| 7 | 동백동 | 303 | 22 | 30 | 0() | 23,980 | | 4160 | 김장철 | 하프코스 | 1:43:20 |
| 8 | 장미동 | 303 | 39 | 19 | 2(▶▶) | 81,510 | | 4304 | 송석기 | 풀코스 | 3:23:51 |
| 9 | 목련동 | 202 | 42 | 31 | 1(▶) | 87,780 | | 4304 | 박두순 | 하프코스 | 1:44:56 |
| 10 | 장미동 | 401 | 17 | 38 | -2(◁◁) | 12,580 | | 4305 | 권수철 | 풀코스 | 2:25:14 |
| 11 | 동백동 | 402 | 15 | 25 | -1(◁) | 11,100 | | 4306 | 김인곤 | 하프코스 | 1:37:33 |
| 12 | 장미동 | 502 | 20 | 22 | 0() | 14,800 | | 4313 | 정호성 | 하프코스 | 1:39:00 |
| 13 | 목련동 | 303 | 20 | 29 | 0() | 14,800 | | 4320 | 박진수 | 하프코스 | 1:21:39 |
| 14 | 동백동 | 501 | 29 | 19 | 1(▶) | 31,610 | | 4842 | 김영규 | 하프코스 | 1:55:04 |
| 15 | 장미동 | 601 | 31 | 35 | 0() | 64,790 | | 4843 | 정태진 | 하프코스 | 1:45:16 |
| 16 | 목련동 | 402 | 18 | 28 | -1(◁) | 13,320 | | 4844 | 최양락 | 풀코스 | 2:45:39 |
| 17 | | | | | | | | | | | |
| 18 | [표2] | | | | | | | [표5] | | ❺ | |
| 19 | 사용량 | | 세대수 ❷ | | | | | 3위기록 | 1시간 35분 27초 | | |
| 20 | 0~ | 20 | 7세대 | | | | | | | | |
| 21 | 21~ | 30 | 3세대 | | | | | | | | |
| 22 | 31~ | 100 | 4세대 | | | | | | | | |
| 23 | | | | | | | | | | | |
| 24 | [표3] | | ❸ | | | | | | | | |
| 25 | 상위사용량평균 | | 38.666667 | | | | | | | | |
| 26 | | | | | | | | | | | |

▲ '계산작업3회' 시트

**01** [표1]의 수도사용량과 전월사용량의 차이 값을 이용하여 그래프[E3:E16] 영역에 표시하시오.

▶ (수도사용량 – 전월사용량) /10 으로 나눈 정수만큼 '▶' 또는 '◁'와 함께 표시하시오.
▶ 차이값이 양수일 때 '▶', 음수일 때는 '◁'로 표시
▶ [표시 예 : 1 → 1(▶), -1 → -1(◁), 0 → 0()]
▶ TRUNC, IFERROR, REPT, ABS 함수와 & 연산자 이용

**02** [표1]의 수도사용량을 이용하여 [표2]의 [C20:C22] 영역에 사용량의 따른 세대수를 표시하시오.

▶ [표시 예 : 3 → 3세대]
▶ COUNT, IF 함수와 & 연산자 이용한 배열 수식

**03** [표1]의 수도사용량을 이용하여 [표3]의 [C25] 셀에 상위 1, 2, 3의 평균값을 계산하시오.
▶ AVERAGE, LARGE 함수와 배열 상수를 이용한 배열 수식

**04** 사용자 정의 함수 'fn수도요금'을 작성하여 [표1]의 [F3:F16] 영역에 수도요금을 계산하여 표시하시오.
▶ 'fn수도요금'은 수도사용량을 인수로 받아 수도요금을 계산하는 함수이다.
▶ 수도요금 = 수도사용량 × 부과금액
▶ 부과금액은 수도사용량이 20 이하이면 740원, 30 이하이면 1090원, 그 외는 2090원으로 계산하시오.
▶ Select Case 사용

```
Public Function fn수도요금(수도사용량)

End Function
```

**05** [표4]의 기록[K3:K16] 중에서 3번째로 빠른 기록을 [I19] 셀에 찾아 표시하시오.
▶ [표시 예 : 1시간 10분 10초]
▶ HOUR, MINUTE, SECOND, SMALL 함수와 & 연산자 이용

## 해설

**01 그래프[E3:E16]**

[E3] 셀에 =TRUNC((C3-D3)/10)&"("&IFERROR(REPT("▶",(C3-D3)/10),REPT("◁",ABS((C3-D3)/10))&")"를 입력하고 [E16] 셀까지 수식을 복사한다.

💬 **함수 설명**
① (C3-D3)/10 : (C3-D3)/10의 결과 값을 구함
② REPT("▶",①) : '▶'을 ① 만큼 반복하여 표시
③ REPT("◁",ABS(①) : '◁'를 ①의 값의 양수만큼 반복하여 표시
④ IFERROR(②,③) : ②의 값에 오류가 있을 때에는 ③을 표시

=TRUNC(①)&"("&④&")" : ①의 값을 정수로 표시하고 ( )와 ④를 연결하여 표시

**02 세대수[C20:C22]**

[C20] 셀에 =COUNT(IF(($C$3:$C$16>=A20)*($C$3:$C$16<=B20),1))&"세대"를 입력하고 Ctrl + Shift + Enter 를 누른 후 [C22] 셀까지 수식을 복사한다.

💬 **함수 설명**
① ($C$3:$C$16)=A20)*($C$3:$C$16<=B20) : 수도사용량 [C3:C16]이 [A20] 셀보다 크거나 같고 [B20] 보다 작거나 같은 경우 TRUE 값을 반환
② IF(①,1) : ①의 값이 TRUE일 때 1을 반환

=COUNT(②)&"세대" : ② 값의 개수를 구한 후에 '세대'를 붙여서 표시

## 03 상위사용량평균[C25]

[C25] 셀에 =AVERAGE(LARGE(C3:C16,{1,2,3})) 를 입력하고, Ctrl + Shift + Enter 를 눌러 완성한다.

> **함수 설명**
> ① LARGE(C3:C16,{1,2,3}) : 수도사용량[C3:C16]에서 상위 1, 2, 3의 값을 반환
>
> =AVERAGE(①) : ①의 평균값을 구함

## 04 수도요금[F3:F16]

① [개발 도구]-[코드] 그룹의 [Visual Basic]()을 클릭한다.
② [삽입]-[모듈]을 클릭한다.
③ Module 창에 다음과 같이 입력한다.

```
Public Function fn수도요금(수도사용량)
    Select Case 수도사용량
        Case Is <= 20
            fn수도요금 = 수도사용량 * 740
        Case Is <= 30
            fn수도요금 = 수도사용량 * 1090
        Case Else
            fn수도요금 = 수도사용량 * 2090
    End Select
End Function
```

④ [파일]-[닫고 Microsoft Excel(으)로 돌아가기]를 클릭하여 [Visual Basic Editor]를 닫는다.
⑤ [F3] 셀을 클릭한 후 [함수 삽입]()을 클릭한다.
⑥ '범주 선택'에서 '사용자 정의', '함수 선택'에서 'fn수도요금'을 선택한 후 [확인]을 클릭한다.
⑦ 그림과 같이 셀을 지정한 후 [확인]을 클릭한다.

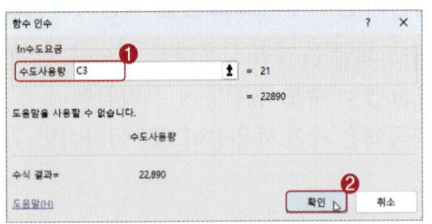

⑧ [F3] 셀을 선택한 후 [F16] 셀까지 수식을 복사한다.

## 05 3위기록[I19]

[I19] 셀에 =HOUR(SMALL($K$3:$K$16,3))&"시간 "&MINUTE(SMALL ($K$3:$K$16,3))&"분 "&SECOND(SMALL($K$3:$K$16,3))&"초"를 입력한다.

> **함수 설명**
> ① SMALL($K$3:$K$16,3) : [K3:K16] 영역에서 3번째로 작은 값을 구함
> ② HOUR(①) : ①의 값에서 시간 부분을 추출
> ③ MINUTE(①) : ①의 값에서 분을 추출
> ④ SECOND(①) : ①의 값에서 초를 추출
>
> =②&"시간 "&③&"분 "&④&"초" : ②시간 ③분 ④초 형식으로 표시

# 계산작업 문제 04회

**작업파일** [26컴활1급₩3권_함수사전₩계산작업] 폴더의 '계산작업' 파일을 열어서 작업하시오.

| | A | B | C | D | E | F | G | H | I |
|---|---|---|---|---|---|---|---|---|---|
| 1 | [표1] | | | | | | | | |
| 2 | 구분 | 자동차명 | 차량가 | 차량구매이력 | 할인구분 | 구매지역 | 월할부금 | M포인트 | 탁송료 |
| 3 | 승용 | 아반테 | 15,700,000 | 1 | 이벤트 | 서울 | ₩453,120 | 471,000원 | 150,000 |
| 4 | SUV | 베뉴 | 16,890,000 | 2 | 이벤트 | 인천 | ₩487,460 | 506,700원 | 150,000 |
| 5 | SUV | 코나 Hybrid | 23,650,000 | 4 | 계열사근무 | 수원 | ₩698,240 | 3,547,500원 | 200,000 |
| 6 | 수소/전기차 | 넥쏘 | 67,650,000 | 1 | 지원금 | 세종 | ₩1,997,290 | 13,530,000원 | 250,000 |
| 7 | 승용 | 쏘나타 | 25,470,000 | 0 | 이벤트 | 대전 | ₩735,090 | 764,100원 | 200,000 |
| 8 | 승용 | 아반테 Hybrid | 21,990,000 | 2 | 계열사근무 | 평택 | ₩649,230 | 2,199,000원 | 200,000 |
| 9 | SUV | 코나 | 19,620,000 | 7 | 이벤트 | 전주 | ₩566,260 | 1,177,200원 | 150,000 |
| 10 | SUV | 싼타페 | 29,750,000 | 4 | 이벤트 | 당진 | ₩858,620 | 1,190,000원 | 200,000 |
| 11 | 승용 | 그랜저 | 33,030,000 | 5 | 계열사근무 | 울산 | ₩975,170 | 6,606,000원 | 250,000 |
| 12 | SUV | 싼타페 Hybrid | 34,140,000 | 2 | 계열사근무 | 강릉 | ₩1,007,940 | 3,414,000원 | 250,000 |
| 13 | 승용 | 쏘나타 Hybrid | 28,810,000 | 3 | 계열사근무 | 분당 | ₩850,580 | 4,321,500원 | 200,000 |
| 14 | SUV | 투싼 | 24,350,000 | 6 | 이벤트 | 의왕 | ₩702,770 | 1,217,500원 | 200,000 |
| 15 | 수소/전기차 | 아이오닉 5 | 46,950,000 | 2 | 지원금 | 안양 | ₩1,386,150 | 9,390,000원 | 250,000 |
| 16 | SUV | 팰리세이드 | 36,060,000 | 1 | 계열사근무 | 산본 | ₩1,064,630 | 3,606,000원 | 250,000 |
| 17 | 승용 | 그랜저 Hybrid | 36,790,000 | 1 | 계열사근무 | 서울 | ₩1,086,180 | 3,679,000원 | 200,000 |
| 18 | SUV | 투싼 Hybrid | 28,570,000 | 0 | 계열사근무 | 아산 | ₩843,500 | 2,857,000원 | 150,000 |
| 19 | | | | | | | | | |
| 20 | [표2] 할인율 | | | | | | [표3] | | |
| 21 | 구매이력 | | 이벤트 | 계열사근무 | 지원금 | | 구분 | 비율 | |
| 22 | 0 | 2 | 3% | 10% | 20% | | 승용 | 38% | |
| 23 | 3 | 4 | 4% | 15% | 23% | | SUV | 50% | |
| 24 | 5 | 6 | 5% | 20% | 25% | | 수소/전기차 | 13% | |
| 25 | 7 | | 6% | 25% | 30% | | | | |
| 26 | | | | | | | | | |
| 27 | [표4] | | | | | | | | |
| 28 | 구분 | 이벤트 | 계열사근무 | 지원금 | | | | | |
| 29 | 승용 | 20,585,000 | 30,155,000 | - | | | | | |
| 30 | SUV | 22,652,500 | 30,605,000 | - | | | | | |
| 31 | 수소/전기차 | - | - | 57,300,000 | | | | | |

▲ '계산작업4회' 시트

**01** [표1]의 차량가를 이용하여 월할부금[G3:G18]을 계산하여 표시하시오.

▶ 연이율은 할인구분이 "이벤트"이면 2.5%, 그 외에는 4%임
▶ 월할부금은 차량가를 연이율을 적용하여 36개월에 걸쳐 월말로 양수로 계산하여 표시
▶ 월할부금은 일의 자리에서 내림하여 표시
▶ ROUNDDOWN, PMT, IF 함수 사용

② [표1]의 차량가와 할인구분과 [표2]의 할인율을 참조하여 M포인트[H3:H18]을 계산하여 표시하시오.
- ▶ M포인트 = 차량가 × 할인율
- ▶ 천 단위 구분 기호와 '원'을 붙여서 표시하시오. [표시 예 : 12000 → 12,000원, 0 → 0원]
- ▶ TEXT, VLOOKUP, MATCH 함수 사용

③ 사용자 정의 함수 'fn탁송료'를 작성하여 [표1]의 [I3:I18] 영역에 탁송료를 표시하시오.
- ▶ 'fn탁송료'은 차량가와 구매지역을 인수로 받아 탁송료를 표시하시오.
- ▶ 탁송료는 차량가가 30,000,000 이상이고 구매지역이 서울이 아닌 경우는 250000, 차량가가 20,000,000 이하이거나 구매지역이 아산 또는 울산이면 150000, 그 외는 200000으로 표시하시오.
- ▶ IF 문 사용

```
Public Function fn탁송료(차량가, 구매지역)

End Function
```

④ [표1]의 전체 구매건수에서 구분별 비율을 구하여 [표3]의 비율[H22:H24] 영역에 표시하시오.
- ▶ COUNTIF, COUNTA 함수 사용

⑤ [표1]의 구분과 할인구분을 이용하여 [표4]의 [B29:D31] 영역에 구분별 할인구분별 차량가의 평균을 표시하시오.
- ▶ 평균값에 오류가 있을 때에는 0을 표시
- ▶ IFERROR, AVERAGE, IF 함수를 이용한 배열 수식

---

## 해설

### ① 월할부금[G3:G18]

[G3] 셀에 =ROUNDDOWN(PMT(IF(E3="이벤트",2.5%,4%)/12,36,-C3),-1)를 입력하고 [G18] 셀까지 수식을 복사한다.

💬 **함수 설명**

① IF(E3="이벤트",2.5%,4%) : [E3] 셀의 값이 '이벤트'이면 2.5%, 그 외는 4%

② PMT(2.5%/12,36,-C3) : 차량가[-C3]를 연 2.5%로 36개월 동안 납입할 월 납입액을 구함

=ROUNDDOWN(②,-1) : ②의 값을 일의 자리를 내림하여 표시

### ② M포인트[H3:H18]

[H3] 셀에 =TEXT(C3*VLOOKUP(D3,$A$22:$E$25,MATCH(E3,$C$21:$E$21,0)+2),"#,##0원")를 입력하고 [H18] 셀까지 수식을 복사한다.

💬 **함수 설명**

① MATCH(E3,$C$21:$E$21,0) : 할인구분[E3]을 [C21:E21] 영역에서 정확하게 일치하는 상대적 위치값을 구함

② VLOOKUP(D3,$A$22:$E$25,①+2) : 차량구매이력[D3]을 [A22:E25] 영역의 첫 번째 열에서 찾아 ①+2의 열에서 값을 찾아 반환

=TEXT(C3*②,"#,##0원") : C3*②의 결과 값을 #,##0원 형식으로 표시

## 03 탁송료[I3:I18]

① [개발 도구]-[코드] 그룹의 [Visual Basic](	) 을 클릭한다.
② [삽입]-[모듈]을 클릭한다.
③ Module 창에 다음과 같이 입력한다.

```
Public Function fn탁송료(차량가, 구매지역)
    If 차량가 >= 30000000 And 구매지역 <> "서울" Then
        fn탁송료 = 250000
    ElseIf 차량가 <= 20000000 Or 구매지역 = "아산" Or 구매지역 = "울산" Then
        fn탁송료 = 150000
    Else
        fn탁송료 = 200000
    End If
End Function
```

④ [파일]-[닫고 Microsoft Excel(으)로 돌아가기]를 클릭하여 [Visual Basic Editor]를 닫는다.
⑤ [I3] 셀을 클릭한 후 [함수 삽입](	)을 클릭한다.
⑥ '범주 선택'에서 '사용자 정의', '함수 선택'에서 'fn탁송료'를 선택한 후 [확인]을 클릭한다.
⑦ 그림과 같이 셀을 지정한 후 [확인]을 클릭한다.

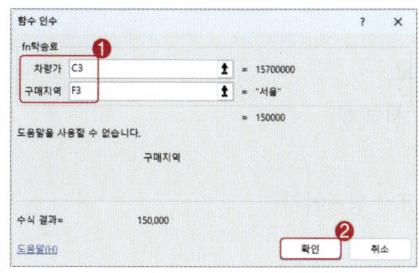

⑧ [I3] 셀을 선택한 후 [I18] 셀까지 수식을 복사한다.

## 04 비율[H22:H24]

[H22] 셀에 =COUNTIF($A$3:$A$18,G22)/COUNTA($A$3:$A$18)를 입력하고 [H24] 셀까지 수식을 복사한다.

### 💬 함수 설명

① COUNTIF($A$3:$A$18,G22) : 구분[A3:A18] 영역에서 [G22]셀과 같은 개수를 구함
② COUNTA($A$3:$A$18) : [A3:A18] 영역의 개수를 구함

=①/② : ①/②의 결과 값을 표시

## 05 차량가의 평균[B29:D31]

[B29] 셀에 =IFERROR(AVERAGE(IF(($A$3:$A$18=$A29)*($E$3:$E$18=B$28),$C$3:$C$18)),0)를 입력하고 Ctrl+Shift+Enter를 누른 후 [D31] 셀까지 수식을 복사한다.

### 💬 함수 설명

① ($A$3:$A$18=$A29)*($E$3:$E$18=B$28) : 구분[A3:A18]이 [A29] 셀과 같고 할인구분[E3:E18]이 [B28]과 같은 경우 TRUE 값을 반환
② IF(①,$C$3:$C$18) : ①의 값이 TRUE일 때 [C3:C18] 영역의 값이 반환됨
③ AVERAGE(②) : ②의 평균값을 구함

=IFERROR(③,0) : ③의 결과에 오류 값이 표시된다면 0을 표시

# 계산작업 문제 05회

**작업파일** [26컴활1급₩3권_함수사전₩계산작업] 폴더의 '계산작업' 파일을 열어서 작업하시오.

| | A | B | C | D | E | F | G | H | I | J | K | L | M | N | O |
|---|---|---|---|---|---|---|---|---|---|---|---|---|---|---|---|
| 1 | [표1] | | | | | | | | [표2] 보험상품코드 분류 | | | | [표3] 가입나이대별 가입자수 | | |
| 2 | 상품코드 | 가입나이 | 상품명-성별 | 가입금액 | 납입기간 | 미납기간 | 가입상태 | | 상품코드 | 상품명 | 성별 | | 가입나이대 | | 가입자수 |
| 3 | AW | 54 세 | 표준형-여자 | 31,500 | 13 | 0 | 정상 | | AM | 표준형 | 남자 | | 10세 ~ | 19세 | 04명 |
| 4 | PM | 24 세 | 선택형-남자 | 11,200 | 23 | 1 | 1개월 미납 | | AW | 표준형 | 여자 | | 20세 ~ | 29세 | 04명 |
| 5 | AM | 59 세 | 표준형-남자 | 25,000 | 39 | 0 | 정상 | | PM | 선택형 | 남자 | | 30세 ~ | 39세 | 05명 |
| 6 | PW | 18 세 | 선택형-여자 | 11,200 | 23 | 0 | 정상 | | PW | 선택형 | 여자 | | 40세 ~ | 49세 | 05명 |
| 7 | AM | 26 세 | 표준형-남자 | 10,840 | 15 | 0 | 정상 | | | | | | 50세 ~ | 59세 | 06명 |
| 8 | PM | 42 세 | 선택형-남자 | 21,400 | 24 | 2 | 2개월 미납 | | | | | | 60세 ~ | 69세 | 미가입 |
| 9 | PW | 55 세 | 선택형-여자 | 32,400 | 9 | 0 | 정상 | | | | | | | | |
| 10 | AW | 56 세 | 표준형-여자 | 31,500 | 19 | 0 | 정상 | | | | | | | | |
| 11 | AM | 17 세 | 표준형-남자 | 9,800 | 17 | 0 | 정상 | | [표4] 상품코드 및 가입나이별 가입금액 | | | | | | |
| 12 | AW | 24 세 | 표준형-여자 | 12,600 | 21 | 1 | 1개월 미납 | | | 10세 이상 20세 미만 | 20세 이상 30세 미만 | 30세 이상 40세 미만 | 40세 이상 50세 미만 | 50세 이상 60세 미만 | 60세 이상 70세 미만 |
| 13 | AW | 43 세 | 표준형-여자 | 29,000 | 64 | 0 | 정상 | | AM | 9,800 | 10,840 | 13,900 | 20,700 | 25,000 | 28,100 |
| 14 | AM | 39 세 | 표준형-남자 | 13,900 | 32 | 0 | 정상 | | AW | 10,600 | 12,600 | 17,500 | 29,000 | 31,500 | 32,800 |
| 15 | PM | 44 세 | 선택형-남자 | 21,400 | 17 | 1 | 1개월 미납 | | PM | 10,200 | 11,200 | 14,300 | 21,400 | 25,800 | 29,000 |
| 16 | AM | 42 세 | 표준형-남자 | 20,700 | 6 | 0 | 정상 | | PW | 11,200 | 13,000 | 18,500 | 30,500 | 32,400 | 35,300 |
| 17 | PW | 44 세 | 선택형-여자 | 30,500 | 28 | 1 | 1개월 미납 | | | | | | | | |
| 18 | AW | 32 세 | 표준형-여자 | 17,500 | 72 | 0 | 정상 | | | | | | | | |
| 19 | PM | 14 세 | 선택형-남자 | 10,200 | 11 | 0 | 정상 | | [표5] 상품코드 및 가입나이별 평균 납입기간 | | | | | | |
| 20 | AW | 14 세 | 표준형-여자 | 10,600 | 8 | 0 | 정상 | | 상품코드 | 10세 이상 20세 미만 | 20세 이상 30세 미만 | 30세 이상 40세 미만 | 40세 이상 50세 미만 | 50세 이상 60세 미만 | 60세 이상 70세 미만 |
| 21 | PW | 35 세 | 선택형-여자 | 18,500 | 21 | 2 | 2개월 미납 | | AM | 17.00 | 15.00 | 32.00 | 6.00 | 42.50 | |
| 22 | PM | 55 세 | 선택형-남자 | 25,800 | 11 | 0 | 정상 | | AW | 8.00 | 21.00 | 49.50 | 64.00 | 16.00 | |
| 23 | AW | 34 세 | 표준형-여자 | 17,500 | 27 | 2 | 2개월 미납 | | PM | 11.00 | 23.00 | 37.00 | 20.50 | 11.00 | |
| 24 | AM | 57 세 | 표준형-남자 | 25,000 | 46 | 0 | 정상 | | PW | 23.00 | 15.00 | 21.00 | 28.00 | 9.00 | |
| 25 | PM | 38 세 | 선택형-남자 | 14,300 | 37 | 0 | 정상 | | | | | | | | |
| 26 | PW | 23 세 | 선택형-여자 | 13,000 | 15 | 0 | 정상 | | | | | | | | |
| 27 | | | | | | | | | | | | | | | |

▲ '계산작업5회' 시트

**01** [표1]의 상품코드를 이용하여 상품명-성별[C3:C26]을 표시하시오.

- ▶ 상품명은 상품코드가 A로 시작하면 '표준형', P로 시작하면 '선택형'
- ▶ 성별은 상품코드가 M으로 끝나면 '남자', W로 끝나면 '여자'
- ▶ 상품명과 성별 사이에 '-' 기호를 추가하여 표시 [표시 예 : 표준형-여자]
- ▶ CONCAT, SWITCH, LEFT, RIGHT 함수 사용

**02** [표1]의 상품코드, 가입나이와 [표4]를 이용하여 가입금액[D3:D26]을 표시하시오.

- ▶ 가입금액은 상품코드와 가입나이로 [표4]를 참조
- ▶ INDEX, XMATCH 함수 사용

**03** [표1]의 가입나이와 [표3]을 이용하여 가입나이대별 가입자수를 [표3]의 [O4:O9] 영역에 표시하시오.

- ▶ 가입자수가 0보다 큰 경우 계산된 값을 두 자리 숫자로 뒤에 '명'을 추가하여 표시하고, 그 외는 '미가입'으로 표시 [표시 예 : 0 → 미가입, 8 → 08명]
- ▶ FREQUENCY, TEXT 함수를 이용한 배열 수식

**04** [표1]의 가입나이, 상품코드, 납입기간을 이용하여 상품코드별 가입나이별 평균 납입기간을 [표5]의 [J22:O25] 영역에 계산하시오.

▶ 단, 오류 발생시 공백으로 표시
▶ AVERAGE, IF, IFERROR 함수를 이용한 배열 수식

**05** 사용자 정의 함수 'fn가입상태'를 작성하여 [표1]의 가입상태[G3:G26]을 표시하시오.

▶ 'fn가입상태'는 납입기간, 미납기간을 인수로 받아 값을 되돌려줌
▶ 미납기간이 납입기간 이상이면 '해지예상', 미납기간이 납입기간 미만인 경우 중에서 미납기간이 0이면 '정상', 미납기간이 2 초과하면 '휴면보험', 그 외는 미납기간과 '개월 미납'을 연결하여 표시
  [표시 예 : 1개월 미납]
▶ If 문, & 연산자 사용

```
Public Function fn가입상태(납입기간, 미납기간)

End Function
```

## 해설

### 01 상품명-성별[C3:C26]

[C3] 셀에 =CONCAT(SWITCH(LEFT(A3,1),"A","표준형","P","선택형"),"-",SWITCH(RIGHT(A3,1),"M","남자","W","여자"))를 입력하고 [C26] 셀까지 수식을 복사한다.

#### 💬 함수 설명

① LEFT(A3,1) : [A3] 셀에서 왼쪽의 1글자를 추출함
② SWITCH(①,"A","표준형","P","선택형") : ①의 값이 'A'이면 '표준형', 'P'이면 '선택형'
③ RIGHT(A3,1) : [A3] 셀에서 오른쪽의 1글자를 추출함
④ SWITCH(③,"M","남자","W","여자") : ③의 값이 'M'이면 '남자', 'W'이면 '여자'

=CONCAT(②,"-",④) : ②-④로 표시

### 02 가입금액[D3:D26]

[D3] 셀에 =INDEX($J$14:$O$17,XMATCH(A3,$I$14:$I$17,0),XMATCH(B3,$J$12:$O$12,-1))를 [D26] 셀까지 수식을 복사한다.

#### 💬 함수 설명

① XMATCH(A3,$I$14:$I$17,0) : 상품코드[A3]을 [I14:I17] 영역에서 정확하게 일치하는 상대적 위치 값을 반환
② XMATCH(B3,$J$12:$O$12,-1) : 가입나이[B3]을 [J12:O12] 영역에서 정확하게 일치하거나 다음으로 작은 항목의 위치 값을 반환

| (...)0 - 정확히 일치 |
| (...)-1 - 정확히 일치하거나 다음으로 작은 항목 |
| (...)1 - 정확히 일치하거나 다음으로 큰 항목 |
| (...)2 - 와일드카드 문자 일치 |

=INDEX($J$14:$O$17,①,②) : [J14:O17] 영역의 ① 행과 ② 열에 교차하는 값을 반환

### ③ 가입자수[O4:O9]

[O4:O9] 영역을 범위 지정한 후 =TEXT(FREQUENCY(B3:B26,N4:N9),"[>0]00명;미가입")를 입력한 후 Ctrl + Shift + Enter 를 누른다.

> 💬 **함수 설명**
> ① FREQUENCY(B3:B26,N4:N9) : 가입나이[B3:B26]를 [N4:N9]영역의 나이대별 가입수를 구함
> ② TEXT(①,"00명") : ①의 값을 '00명' 형식으로 표시
>
> =TEXT(①,"[>0]00명;미가입") : ①의 값이 0보다 크면 ②, 그 외는 '미가입'으로 표시

### ④ 납입기간[J22:O25]

[J22] 셀에 =IFERROR(AVERAGE(IF(($A$3:$A$26=$I22)*($B$3:$B$26)>=J$20)*($B$3:$B$26<J$21),$E$3:$E$26)),"")를 입력하고 Ctrl + Shift + Enter 를 누른 후 [O25] 셀까지 수식을 복사한다.

> 💬 **함수 설명**
> ① ($A$3:$A$26=$I22)*($B$3:$B$26)>=J$20)*($B$3:$B$26<J$21) : 상품코드[A3:A26]이 [I22]와 같고 가입나이[B3:B26]이 [J20]보다 크거나 같고 [J21]보다 작은 경우 TRUE 값을 반환
> ② IF(①,$E$3:$E$26) : ①의 값이 TRUE이면 납입기간[E3:E26] 값을 반환함
> ③ AVERAGE(②) : ②의 평균값을 구함
>
> =IFERROR(③,"") : ③의 값에 오류가 있다면 공백("")으로 표시

### ⑤ 가입상태[G3:G26]

① [개발 도구]-[코드] 그룹의 [Visual Basic](아이콘)을 클릭한다.
② [삽입]-[모듈]을 클릭한다.
③ Module 창에 다음과 같이 입력한다.

```
Public Function fn가입상태(납입기간, 미납기간)
    If 미납기간 >= 납입기간 Then
        fn가입상태 = "해지예상"
    ElseIf 미납기간 = 0 Then
        fn가입상태 = "정상"
    ElseIf 미납기간 > 2 Then
        fn가입상태 = "휴면보험"
    Else
        fn가입상태 = 미납기간 & "개월 미납"
    End If
End Function
```

④ [파일]-[닫고 Microsoft Excel(으)로 돌아가기]를 클릭하여 [Visual Basic Editor]를 닫는다.
⑤ [G3] 셀을 클릭한 후 [함수 삽입](fx)을 클릭한다.
⑥ '범주 선택'에서 '사용자 정의', '함수 선택'에서 'fn가입상태'를 선택한 후 [확인]을 클릭한다.
⑦ 그림과 같이 셀을 지정한 후 [확인]을 클릭한다.

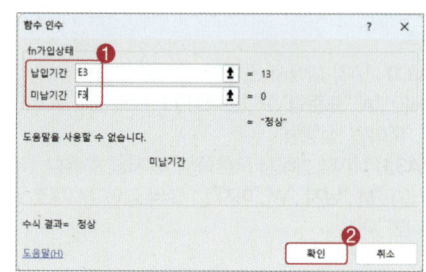

⑧ [G3] 셀을 선택한 후 [G26] 셀까지 수식을 복사한다.

# 계산작업 문제 06회

**작업파일** [26컴활1급₩3권_함수사전₩계산작업] 폴더의 '계산작업' 파일을 열어서 작업하시오.

| | A | B | C | D | E | F | G | H | I | J | K |
|---|---|---|---|---|---|---|---|---|---|---|---|
| 1 | [표1] | | | | | | | | | | |
| 2 | 수강신청 | 강좌명 | 평가점수 | 항목 | 반영점수 | 비고 | | [표2] 과목별 수강 신청인원 | | | |
| 3 | 김현철 | 영어-초급 | 95 | 과제 | 23.75 | 우수 | | 과목 | 초급 | 중급 | 고급 |
| 4 | 장민욱 | 영어-초급 | 87 | 발표 | 21.75 | 우수 | | 영어 | 2 | 3 | 1 |
| 5 | 이주일 | 영어-고급 | 89 | 시험 | 44.5 | 최우수 | | 국어 | 2 | 2 | 1 |
| 6 | 이경진 | 영어-중급 | 93 | 시험 | 46.5 | 최우수 | | 과학 | 2 | 2 | 1 |
| 7 | 김장철 | 수학-초급 | 82 | 발표 | 12.3 | | | 수학 | 2 | 2 | 2 |
| 8 | 송석기 | 수학-중급 | 91 | 발표 | 13.65 | 우수 | | | | | |
| 9 | 박두순 | 수학-고급 | 89 | 시험 | 62.3 | 최우수 | | [표3] 과목별 항목별 반영비율 | | | |
| 10 | 권수철 | 수학-초급 | 75 | 과제 | 11.25 | | | 과목 | 과제 | 발표 | 시험 |
| 11 | 김인곤 | 국어-초급 | 88 | 과제 | 26.4 | 우수 | | 영어 | 25% | 25% | 50% |
| 12 | 정호성 | 국어-초급 | 90 | 발표 | 27 | 우수 | | 국어 | 30% | 30% | 40% |
| 13 | 박진수 | 국어-중급 | 81 | 시험 | 32.4 | 우수 | | 과학 | 20% | 20% | 60% |
| 14 | 김영규 | 국어-고급 | 76 | 과제 | 22.8 | | | 수학 | 15% | 15% | 70% |
| 15 | 정태진 | 과학-초급 | 92 | 과제 | 18.4 | 우수 | | | | | |
| 16 | 최양락 | 국어-중급 | 93 | 시험 | 37.2 | 최우수 | | [표4] | | | |
| 17 | 김상용 | 수학-고급 | 87 | 시험 | 60.9 | 최우수 | | 평가점수의 분석 | | 평균(85), 표준편차(6) | |
| 18 | 김영철 | 영어-중급 | 79 | 시험 | 39.5 | 우수 | | | | | |
| 19 | 강호진 | 과학-중급 | 82 | 시험 | 49.2 | 최우수 | | [표5] | | | |
| 20 | 안석순 | 수학-중급 | 83 | 발표 | 12.45 | | | 과목 | 상위3의 평균 | | |
| 21 | 김동일 | 과학-고급 | 73 | 시험 | 43.8 | 우수 | | 영어 | 92 | | |
| 22 | 서진규 | 과학-초급 | 95 | 과제 | 19 | 우수 | | 국어 | 90 | | |
| 23 | 이진철 | 영어-중급 | 81 | 시험 | 40.5 | 최우수 | | 과학 | 92 | | |
| 24 | 하정우 | 과학-중급 | 90 | 과제 | 18 | 우수 | | 수학 | 89 | | |
| 25 | | | | | | | | | | | |

▲ '계산작업6회' 시트

**01** [표1]의 강좌명과 [표3]의 과목별 항목별 반영비율을 이용하여 반영점수[E3:E24] 영역에 계산하여 표시하시오.

▶ 반영점수 = 평가점수 × 반영비율
▶ VLOOKUP, LEFT, MATCH 함수 이용

**02** 사용자 정의 함수 'fn비고'를 작성하여 [표1]의 비고[F3:F24]를 표시하시오.

▶ 'fn비고'는 평가점수, 반영점수를 인수로 받아 값을 되돌려줌
▶ 비고는 (평가점수+반영점수) × 0.25 의 값이 30 이상이면 '최우수', 25 이상이면 '우수', 그 외는 공백으로 표시하시오.
▶ Select Case 문 사용

> Public Function fn비고(평가점수, 반영점수)
> End Function

**03** [표1]의 강좌명을 이용하여 [표2]의 [I4:K7] 영역에 과목별 초급, 중급, 고급의 신청인원을 표시하시오.

▶ COUNT, FIND 함수를 이용한 배열 수식

**04** [표1]의 평가점수를 이용하여 평균과 표준편차를 정수로 [J17] 셀에 [예시]와 같이 표시하시오.

▶ [표시 예 : 평균(88), 표준편차(5)]
▶ TRUNC, AVERAGE, STDEV.S 함수와 & 연산자 이용

**05** [표1]의 강좌명과 평가점수를 이용하여 과목별 평가점수 상위 1, 2, 3의 평균을 반올림하여 정수로 [표5]의 [I21:I24] 영역에 계산하여 표시하시오.

▶ ROUND, AVERAGE, LARGE, LEFT 함수와 배열 상수를 이용한 배열 수식

---

### 해설

#### 01 반영점수[E3:E24]

[E3] 셀에 =C3*VLOOKUP(LEFT(B3,2),$H$11:$K$14,MATCH (D3,$I$10:$K$10,0)+1,FALSE) 를 입력하고 [E24] 셀까지 수식을 복사한다.

> **함수 설명**
> ① MATCH(D3,$I$10:$K$10,0) : 항목[D3]이 [I10:K10] 영역에서 정확하게 일치하는 상대적 위치를 구함
> ② LEFT(B3,2) : 강좌명[B3]에서 왼쪽에서부터 시작하여 2글자를 추출함
> ③ VLOOKUP(②,$H$11:$K$14,①+1,FALSE) : ②의 값을 [H11:K14] 영역의 첫 번째 열에서 찾아 ①+1의 열에서 정확하게 일치하는 값을 반환함
>
> =C3*③ : C3*③의 결과 값을 표시

#### 02 비고[F3:F24]

① [개발 도구]-[코드] 그룹의 [Visual Basic](📋)을 클릭한다.
② [삽입]-[모듈]을 클릭한다.
③ Module 창에 다음과 같이 입력한다.

```
Public Function fn비고(평가점수, 반영점수)
Select Case (평가점수 + 반영점수) * 0.25
    Case Is >= 30
        fn비고 = "최우수"
    Case Is >= 25
        fn비고 = "우수"
    Case Else
        fn비고 = ""
End Select
End Function
```

④ [파일]-[닫고 Microsoft Excel(으)로 돌아가기]를 클릭하여 [Visual Basic Editor]를 닫는다.
⑤ [F3] 셀을 클릭한 후 [함수 삽입](fx)을 클릭한다.
⑥ '범주 선택'에서 '사용자 정의', '함수 선택'에서 'fn비고'를 선택한 후 [확인]을 클릭한다.
⑦ 그림과 같이 셀을 지정한 후 [확인]을 클릭한다.

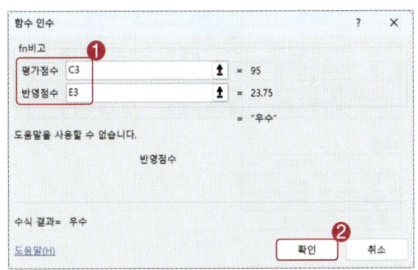

⑧ [F3] 셀을 선택한 후 [F24] 셀까지 수식을 복사한다.

### 03 신청인원[I4:K7]

[I4] 셀에 =COUNT((FIND($H4,$B$3:$B$24))*(FIND(I$3,$B$3:$B$24)))를 입력하고 Ctrl + Shift + Enter 를 누른 후 [K7] 셀까지 수식을 복사한다.

#### 💬 함수 설명

① FIND($H4,$B$3:$B$24) : [H4] 셀의 내용을 [B3:B24] 영역에서 시작하는 위치 값을 숫자로 반환
② FIND(I$3,$B$3:$B$24) : [I3] 셀의 내용을 [B3:B24] 영역에서 시작하는 위치 값을 숫자로 반환

=COUNT(①*②) : ①*②의 결과 값의 개수를 구함

### 04 평균과 표준편차[J17]

[J17] 셀에 ="평균("&TRUNC(AVERAGE(C3:C24))&"), 표준편차("&TRUNC(STDEV.S(C3:C24))&")"를 입력한다.

#### 💬 함수 설명

① AVERAGE(C3:C24) : [C3:C24] 영역의 평균을 구함
② STDEV.S(C3:C24) : [C3:C24] 영역의 표준편차를 구함

="평균("&TRUNC(①)&"), 표준편차("&TRUNC(②)&")" : 평균(①의 정수), 표준편차(②의 정수)

### 05 상위 1~3 평균[I21:I24]

[I21] 셀에 =ROUND(AVERAGE(LARGE((LEFT($B$3:$B$24,2)= H21)*$C$3:$C$24,{1,2,3})),0)를 입력하고 Ctrl + Shift + Enter 를 누른 후 [I24] 셀까지 수식을 복사한다.

#### 💬 함수 설명

① LEFT($B$3:$B$24,2) : [B3:B24] 셀의 왼쪽의 2글자를 추출
② ①=H21*$C$3:$C$24 : ①의 조건에 만족한 데이터 [C3:C24] 영역의 값을 반환
③ LARGE(②,{1,2,3}) : ②의 값의 상위 1, 2, 3의 값을 반환
④ AVERAGE(③) : ③의 평균값을 구함

=ROUND(④,0) : ④의 값을 반올림하여 정수로 표시

# 계산작업 문제 07회

**작업파일** [26컴활1급₩3권_함수사전₩계산작업] 폴더의 '계산작업' 파일을 열어서 작업하시오.

▲ '계산작업7회' 시트

**01** [표1]의 상품코드[A3:A27]와 [표2]를 이용하여 상품명[B3:B27]을 표시하시오.

▶ 상품코드의 첫 번째 문자는 코드, 마지막 문자는 사이즈를 표시
▶ [표2]를 참조하여 코드와 사이즈에 해당하는 상품명을 검색
▶ INDEX, MATCH, RIGHT 함수 사용

**02** 사용자 정의 함수 'fn리뷰평가'를 작성하여 [표1]의 리뷰평가[F3:F27]을 표시하시오.

▶ 'fn리뷰평가' 함수는 맛, 가격, 리뷰를 인수로 받아 리뷰평가를 계산하여 되돌려 줌
▶ 맛과 가격 점수를 더한 값이 10이면 총점은 5, 10 미만 7 이상이면 총점은 4, 7 미만이면 5 이상이면 총점은 3, 그 외는 0으로 계산
▶ 총점이 3 이상이고 리뷰가 100 이상이면 리뷰평가는 '관심', 그 외에는 공백으로 표시
▶ SELECT CASE와 IF문을 이용

```
Public Function fn리뷰평가(맛, 가격, 리뷰)

End Function
```

**03** [표1]의 맛, 가격, 포장과 [표3]을 참조하여 평점을 계산하여 [J3:J27] 영역에 표시하시오.

- ▶ 총점은 맛, 가격, 포장을 [표3]의 가중치에 각각 곱한 값을 더한 정수값
- ▶ 평점은 총점만큼 '★'을 표시하고, 그 외는 5에서 총점을 뺀 만큼 '☆'로 표시
  [표시 예 : 총점 3 → ★★★☆☆]
- ▶ REPT, INT, SUMPRODUCT, TRANSPOSE 함수와 & 연산자 사용

**04** [표1]의 상품코드[A3:A27]과 리뷰[E3:E27]를 이용하여 상품 리뷰에 따른 리뷰수를 [표4]의 [N18:N22] 영역에 표시하시오.

- ▶ 상품코드의 마지막 문자가 S 또는 M인 경우에 대해서만 리뷰수를 계산
- ▶ 리뷰수만큼 '♥'를 반복하여 표시 [표시 예 : 리뷰수 2 → ♥♥]
- ▶ REPT, FREQUENCY, IF, RIGHT 함수를 이용한 배열 수식

**05** [표1]의 배송비[C3:C27]와 구매처[D3:D27]를 이용하여 구매처별 배송비 유무를 [M26:N27] 영역에 표시하시오.

- ▶ [표시 예 : 구매처별 배송비 3건, 전체 건수 20건 → 3/20]
- ▶ CONCAT, SUM, IF, COUNTA 함수를 이용한 배열 수식

## 해설

### 01 상품명[B3:B27]

[B3] 셀에 =INDEX($M$3:$O$8,MATCH(A3, $L$3:$L$8,1),MATCH(RIGHT(A3,1),$M$2:$O$2,0))를 입력하고 [B27] 셀까지 수식을 복사한다.

> **함수 설명**
> ① RIGHT(A3,1) : [A3] 셀의 오른쪽 한 글자를 추출
> ② MATCH(①,$M$2:$O$2,0) : ①의 값을 [M2:O2] 영역에서 정확하게 일치한 상대적인 위치 값을 구함
> ③ MATCH(A3, $L$3:$L$8,1) : [A3]의 값을 [L3:L8] 영역에서 상대적인 위치 값을 구함(오름차순)
>
> =INDEX($M$3:$O$8,③,②) : [M3:O8] 영역에서 ③번째 행과 ②번째 열에 교차하는 값을 구함

### 02 리뷰평가[F3:F27]

① [개발 도구]-[코드] 그룹의 [Visual Basic]()을 클릭한다.
② [삽입]-[모듈]을 클릭한다.

③ Module 창에 다음과 같이 입력한다.

```
Public Function fn리뷰평가(맛, 가격, 리뷰)
    Select Case 맛 + 가격
        Case 10
            총점 = 5
        Case Is >= 7
            총점 = 4
        Case Is >= 5
            총점 = 3
        Case Else
            총점 = 0
    End Select

    If 총점 >= 3 And 리뷰 >= 100 Then
        fn리뷰평가 = "관심"
    Else
        fn리뷰평가 = ""
    End If
End Function
```

④ [파일]-[닫고 Microsoft Excel(으)로 돌아가기]를 클릭하여 [Visual Basic Editor]를 닫는다.
⑤ [F3] 셀을 클릭한 후 [함수 삽입](fx)을 클릭한다.
⑥ '범주 선택'에서 '사용자 정의', '함수 선택'에서 'fn리뷰평가'를 선택한 후 [확인]을 클릭한다.
⑦ 그림과 같이 셀을 지정한 후 [확인]을 클릭한다.

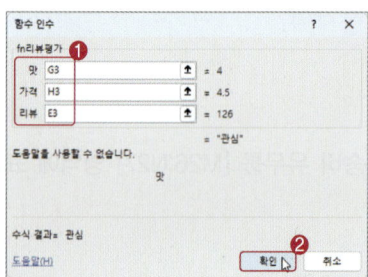

⑧ [F3] 셀을 선택한 후 [F27] 셀까지 수식을 복사한다.

### 03 평점[J3:J27]

[J3] 셀에 =REPT("★", INT(SUMPRODUCT(G3:I3, TRANSPOSE($M$12:$M$14))))&REPT("☆", 5-INT(SUMPRODUCT(TRANSPOSE(G3:I3), $M$12:$M$14)))를 입력하고 [J27] 셀까지 수식을 복사한다.

> 💬 **함수 설명**
> ① TRANSPOSE($M$12:$M$14) : [M12:M14] 영역의 값을 행과 열을 바꿈
> ② SUMPRODUCT(G3:I3, ①) : [G3:I3] 영역의 값과 ①의 값을 각각 곱하여 더한 값을 구함
> ③ INT(②) : ②의 값을 정수로 표시
> ④ REPT("★", ③) : '★'을 ③의 개수만큼 반복하여 표시
> ⑤ REPT("☆", 5-③) : '☆'을 5-③의 개수만큼 반복하여 표시
>
> =④&⑤ : ④와 ⑤를 연결하여 표시

### 04 리뷰수[N18:N22]

[N18:N22] 영역을 범위 지정한 후 =REPT("♥", FREQUENCY(IF((RIGHT($A$3:$A$26,1)="S")+(RIGHT($A$3:$A$26,1)="M"),$E$3:$E$26), $M$18:$M$22))을 입력하고 Ctrl + Shift + Enter 를 누른다.

> 💬 **함수 설명**
> ① (RIGHT($A$3:$A$26,1)="S") : [A3:A26] 영역에서 오른쪽 한 글자를 추출한 값이 'S'와 같으면 TRUE 값 반환
> ② (RIGHT($A$3:$A$26,1)="M") : [A3:A26] 영역에서 오른쪽 한 글자를 추출한 값이 'M'와 같으면 TRUE 값 반환
> ③ IF(①+②,$E$3:$E$26) : ① 또는 ②의 값이 TRUE이면 [E3:E26] 영역의 값을 반환
> ④ FREQUENCY(③,$M$18:$M$22)) : ③의 값이 [M18:M22] 영역에서의 빈도수를 구함
>
> =REPT("♥",④) : '♥'를 ④의 개수만큼 반복하여 표시

### 05 배송비유무별 구매처 개수[M26:N27]

[M26] 셀에 =CONCAT(SUM(IF(($C$3:$C$26=$L26)*($D$3:$D$26=M$25),1)),"/",COUNTA($C$3:$C$26))를 입력하고 Ctrl + Shift + Enter 를 누른 후 [N27] 셀까지 수식을 복사한다.

> 💬 **함수 설명**
> ① ($C$3:$C$26=$L26) : [C3:C26] 영역의 값이 [L26] 셀과 같으면 TRUE 값 반환
> ② ($D$3:$D$26=M$25) : [D3:D26] 영역의 값이 [M25] 셀과 같으면 TRUE 값 반환
> ③ IF(①*②,1) : ① 과 ② 모두 TRUE이면 1의 값을 반환
> ④ COUNTA($C$3:$C$26) : [C3:C26] 영역의 개수를 구함
>
> =CONCAT(SUM(③),"/",④) : ③의 합계 / ④을 모두 연결하여 표시

# 계산작업 문제 08회

**작업파일** [26컴활1급₩3권_함수사전₩계산작업] 폴더의 '계산작업' 파일을 열어서 작업하시오.

|   | A | B | C | D | E | F | G |
|---|---|---|---|---|---|---|---|
| 1 | [표1] | | | | | | |
| 2 | 상품코드 | 회사명 | 이름 | 매출액(단위:백만원) | 변경상품코드 | 생산공장 | 비고 |
| 3 | IC-LJ101-1 | 롯데제과 | 월드콘 | 33,387 | IC-LJ101-1 | 대구 | ★Top2 |
| 4 | IC-LF203-4 | 롯데푸드 | 빠삐코 | 20,021 | IC-LF203-4 | 천안 | |
| 5 | IC-BG404-2 | 빙그레 | 비비빅 | 18,785 | IC-BH404-2 | 논산 | |
| 6 | IC-BG403-2 | 빙그레 | 메로나 | 32,905 | IC-BH403-2 | 논산 | ★Top4 |
| 7 | IC-LJ102-3 | 롯데제과 | 더블비얀코 | 15,714 | IC-LJ102-3 | 양산 | |
| 8 | IC-HT301-1 | 해태제과 | 쌍쌍바 | 22,800 | IC-BH301-1 | 대구 | |
| 9 | IC-BG402-2 | 빙그레 | 붕어싸만코 | 32,908 | IC-BH402-2 | 논산 | ★Top3 |
| 10 | IC-HT302-1 | 해태제과 | 부라보 | 20,366 | IC-BH302-1 | 대구 | |
| 11 | IC-LF202-4 | 롯데푸드 | 빵빠레 | 22,093 | IC-LF202-4 | 천안 | |
| 12 | IC-LJ103-3 | 롯데제과 | 설레임 | 14,772 | IC-LJ103-3 | 양산 | |
| 13 | IC-BG401-2 | 빙그레 | 투게더 | 36,466 | IC-BH401-2 | 논산 | ★Top1 |
| 14 | IC-BG405-2 | 빙그레 | 빵또아 | 13,921 | IC-BH405-2 | 논산 | |
| 15 | IC-LF201-4 | 롯데푸드 | 구구 | 27,905 | IC-LF201-4 | 천안 | ★Top5 |
| 16 | IC-HT303-1 | 해태제과 | 바밤바 | 12,649 | IC-BH303-1 | 대구 | |
| 17 | | | | | | | |
| 18 | [표2] | | | | | [표3] | |
| 19 | 회사명 | 회사코드1 | 회사코드2 | 매출액합계 | | 코드 | 지역 |
| 20 | 빙그레(해태) | BG | HT | 190,800백만원 | | 1 | 대구 |
| 21 | 롯데그룹 | LJ | LF | 133,892백만원 | | 2 | 논산 |
| 22 | | | | | | 3 | 양산 |
| 23 | | | | | | 4 | 천안 |
| 24 | | | | | | | |

▲ '계산작업8회' 시트

**01** [표1]의 상품코드를 이용하여 변경상품코드[E3:E16] 영역에 표시하시오.

▶ 상품코드의 4~5번째 코드가 'BG' 이거나 'HT'이면 'BH'로 변경하고 나머지는 그대로 표시
▶ [표시 예 : IC-BG404-2 → IC-BH404-2, IC-LJ101-1 → IC-LJ101-1]
▶ IF, OR, MID, REPLACE 함수 이용

**02** [표1]의 상품코드와 [표3]을 참조하여 생산공장[F3:F16] 영역에 표시하시오.

▶ 상품코드의 마지막 숫자가 1이면 '대구', 2이면 '논산', 3이면 '양산', 4이면 '천안'으로 표시
▶ IFS, VALUE, RIGHT 함수 이용

③ [표1]의 매출액(단위:백만원)을 이용하여 비고[G3:G16] 영역에 순위를 계산하여 표시하시오. (6점)
- ▶ 단, 매출액이 전체 평균 매출액 이상인 경우만 표시
- ▶ [표시 예 : 5 → ★Top5]
- ▶ RANK.EQ, AVERAGE, IF 함수와 & 연산자 이용

④ 사용자 정의 함수 'fn회사명'을 작성하여 [표1]의 회사명[B3:B16]을 표시하시오. (6점)
- ▶ 'fn회사명'은 상품코드를 인수로 받아 값을 되돌려줌
- ▶ 회사명은 상품코드의 4~5번째 코드가 'BG'이면 '빙그레', 'HT'이면 '해태제과', 'LJ'이면 '롯데제과', 'LF'이면 '롯데푸드'로 표시하시오.
- ▶ Select Case문 사용

```
Public Function fn회사명(상품코드)

End Function
```

⑤ [표1]의 상품코드와 매출액(단위:백만원)을 이용하여 [표2]의 매출액합계[D20:D21] 영역에 계산하여 표시하시오. (6점)
- ▶ 상품코드의 4~5번째 코드가 '회사코드1' 또는 '회사코드2'에 해당한 매출액(단위:백만원)의 합계를 구함
- ▶ 매출액합계는 천 단위 구분 기호와 '백만원'을 붙여서 표시
- ▶ [표시 예 : 1000 → 1,000백만원]
- ▶ TEXT, SUM, IF, MID 함수를 이용한 배열 수식

## 해설

### ① 변경상품코드[E3:E16]

[E3] 셀에 =IF(OR(MID(A3,4,2)="BG",MID(A3,4,2)="HT"),REPLACE(A3,4,2,"BH"),A3)를 입력하고 [E16] 셀까지 수식을 복사한다.

💬 함수 설명
① MID(A3,4,2)="BG" : [A3] 셀에서 4번째부터 시작하여 2글자를 추출한 값이 'BG'와 같은지 비교
② MID(A3,4,2)="HT" : [A3] 셀에서 4번째부터 시작하여 2글자를 추출한 값이 'HT'와 같은지 비교
③ OR(①,②) : ① 또는 ②의 조건에 하나라도 만족하면 TRUE 값을 반환
④ REPLACE(A3,4,2,"BH") : [A3] 셀에서 4번째 시작하여 2글자를 추출하여 "BH"로 바꾸기

=IF(③,④,A3) : ③의 값이 TRUE이면 ④를 처리하고, 그 외는 [A3] 셀을 그대로 표시

### ② 생산공장[F3:F16]

[F3] 셀에 =IFS(VALUE(RIGHT(A3,1))=1,"대구",VALUE(RIGHT(A3,1))=2,"논산",VALUE(RIGHT(A3,1))=3,"양산",VALUE(RIGHT(A3,1))=4,"천안")를 입력하고 [F16] 셀까지 수식을 복사한다.

💬 함수 설명
① RIGHT(A3,1) : [A3] 셀에서 오른쪽에서 1글자를 추출
② VALUE(①) : ①의 값을 숫자로 변환

=IFS(②=1,"대구",②=2,"논산",②=3,"양산",②=4,"천안") : ②의 값이 1이면 '대구', ②의 값이 2이면 '논산', ②의 값이 3이면 '양산', ②의 값이 4이면 '천안'으로 표시

## 03 비고[G3:G16]

[G3] 셀에 =IF(D3>=AVERAGE($D$3:$D$16),"★Top"&RANK.EQ(D3,$D$3:$D$16),"")를 입력하고 [G16] 셀까지 수식을 복사한다.

> **함수 설명**
>
> ① AVERAGE($D$3:$D$16) : [D3:D16] 영역의 평균을 구함
> ② RANK.EQ(D3,$D$3:$D$16) : [D3] 셀의 값을 [D3:D16] 영역에서 순위를 구함
>
> =IF(D3)=①,"★Top"&②,"") : [D3] 셀의 값이 ① 이상이면 '★Top'과 ②를 연결하여 표시하고, 그 외는 공백으로 표시

## 04 회사명[B3:B16]

① [개발 도구]-[코드] 그룹의 [Visual Basic](圖)을 클릭한다.
② [삽입]-[모듈]을 클릭한다.
③ Module 창에 다음과 같이 입력한다.

```
Public Function fn회사명(상품코드)
    Select Case Mid(상품코드, 4, 2)
        Case "BG"
            fn회사명 = "빙그레"
        Case "HT"
            fn회사명 = "해태제과"
        Case "LJ"
            fn회사명 = "롯데제과"
        Case "LF"
            fn회사명 = "롯데푸드"
    End Select
End Function
```

④ [파일]-[닫고 Microsoft Excel(으)로 돌아가기]를 클릭하여 [Visual Basic Editor]를 닫는다.
⑤ [B3] 셀을 클릭한 후 [함수 삽입](fx)을 클릭한다.
⑥ '범주 선택'에서 '사용자 정의', '함수 선택'에서 'fn회사명'을 선택한 후 [확인]을 클릭한다.
⑦ 그림과 같이 셀을 지정한 후 [확인]을 클릭한다.

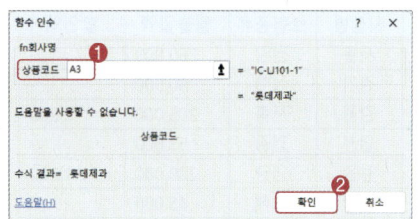

⑧ [B3] 셀을 선택한 후 [B16] 셀까지 수식을 복사한다.

## 05 매출액합계[D20:D21]

[D20] 셀에 =TEXT(SUM(IF((MID($A$3:$A$16,4,2)=B20)+(MID($A$3:$A$16,4,2)=C20),$D$3:$D$16)),"#,##0백만원")를 입력하고 Ctrl + Shift + Enter 를 누른 후 [D21] 셀까지 수식을 복사한다.

> **함수 설명**
>
> ① MID($A$3:$A$16,4,2) : [A3:A16] 영역에서 4번째 시작하여 2글자를 추출
> ② (①=B20)+(①=C20) : ①의 값이 [B20] 셀과 같거나 [C20] 셀과 같은 경우에 TRUE 값을 반환
> ③ IF(②,$D$3:$D$16) : ②의 값이 TRUE 일 경우 같은 행에서 [D3:D16] 영역에서 값을 반환
> ④ SUM(③) : ③의 합계를 구함
>
> =TEXT(④,"#,##0백만원") : ④의 값을 천 단위 구분기호와 '백만원'을 붙여서 표시

# 계산작업 문제 09회

**작업파일** [26컴활1급₩3권_함수사전₩계산작업] 폴더의 '계산작업' 파일을 열어서 작업하시오.

| | A | B | C | D | E | F | G | H | I | J | K |
|---|---|---|---|---|---|---|---|---|---|---|---|
| 1 | [표1] | | | | | | [표2] | ❶ | ❷ | | |
| 2 | 고객명 | 지점명 | 보험종류 | 월불입액 | 할인액 ❺ | | 지점명 | 월불입액 평균 | 최고 납입고객 | | |
| 3 | 김인곤 | 서울 | 건강 | 260,000 | - | | 서울 | 730,000 | 김영철 | | |
| 4 | 정호성 | 경기 | 상해 | 80,000 | - | | 경기 | 450,000 | 이보아 | | |
| 5 | 박진수 | 강원 | 저축 | 205,000 | 8,200 | | 인천 | 165,000 | 이성철 | | |
| 6 | 김영규 | 인천 | 건강 | 55,000 | - | | 충청 | 630,000 | 김정현 | | |
| 7 | 정태진 | 강원 | 연금 | 280,000 | 11,200 | | 강원 | 241,600 | 김동일 | | |
| 8 | 최양락 | 충청 | 상해 | 45,000 | - | | | | | | |
| 9 | 김상용 | 인천 | 저축 | 150,000 | 4,500 | | [표3] | | | ❸ | |
| 10 | 김영철 | 서울 | 저축 | 900,000 | 45,000 | | 보험종류 | 월납입액(▶=250,000) | | | |
| 11 | 강호진 | 서울 | 상해 | 15,000 | - | | 건강 | ▶▶▶ | | | |
| 12 | 안석순 | 강원 | 건강 | 289,000 | - | | 상해 | ▶▶▶ | | | |
| 13 | 김동일 | 강원 | 상해 | 640,000 | - | | 저축 | ▶▶▶▶▶▶▶▶ | | | |
| 14 | 서진규 | 서울 | 연금 | 560,000 | 28,000 | | 연금 | ▶▶▶▶▶▶▶▶ | | | |
| 15 | 이진철 | 경기 | 저축 | 400,000 | 20,000 | | | | | | |
| 16 | 하정우 | 경기 | 건강 | 165,000 | - | | [표4] | | | | |
| 17 | 국덕근 | 강원 | 연금 | 240,000 | 9,600 | | 보험종류 | 보험종류 | 보험종류 | 보험종류 ❹ | |
| 18 | 김재성 | 경기 | 건강 | 48,000 | - | | 건강 | 상해 | 저축 | 연금 | |
| 19 | 김정현 | 충청 | 연금 | 640,000 | 32,000 | | 25% | 20% | 25% | 30% | |
| 20 | 이보아 | 경기 | 연금 | 500,000 | 25,000 | | | | | | |
| 21 | 이성철 | 인천 | 연금 | 180,000 | 5,400 | | | | | | |
| 22 | 김인성 | 충청 | 저축 | 620,000 | 31,000 | | | | | | |
| 23 | | | | | | | | | | | |

▲ '계산작업9회' 시트

**01** [표1]의 지점명, 보험종류, 월불입액을 이용하여 [표2]의 [H3:H7] 영역에 월불입액 평균을 계산하여 표시하시오.

- ▶ 지점별 보험종류가 '저축' 또는 '연금'의 월불입액의 평균을 십의 자리에서 내림하여 표시
- ▶ [표시 예 : 643,679 → 643,600]
- ▶ ROUNDDOWN, AVERAGE, IF 함수를 이용한 배열 수식

**02** [표1]의 고객명, 지점명, 월불입액을 이용하여 [표2]의 [I3:I7] 영역에 지점별 월납입액이 가장 높은 고객명을 표시하시오.

- ▶ INDEX, MATCH, MAX 함수를 이용한 배열 수식

**03** [표1]의 보험종류, 월불입액을 이용하여 [표3]의 [H11:H14] 영역에 월납입액 합계를 표시하시오.

- ▶ 보험종류별 월불입액의 합계를 250,000로 나눈 몫만큼 '▶'로 표시
- ▶ [표시 예 : 800,000 → ▶▶▶]
- ▶ REPT, SUMIF 함수 이용

04 [표1]의 보험종류를 이용하여 [표4]의 [G19:J19] 영역에 보험종류의 비율을 표시하시오.
  ▶ DCOUNTA, COUNTA 함수 이용

05 사용자 정의 함수 'fn할인액'을 작성하여 [표1]의 할인액[E3:E22]를 표시하시오.
  ▶ 'fn할인액'은 보험종류와 월불입액을 인수로 받아 값을 되돌려줌
  ▶ 할인액 = 월불입액 × 할인액
  ▶ 할인액은 보험종류가 '저축' 또는 '연금'이면서 월불입액이 100,000 미만이면 2%, 200,000 미만이면 3%, 300,000 미만이면 4%, 그 외는 5%, 보험종류가 '저축' 또는 '연금'이 아닌 경우에는 할인액은 0으로 처리하시오.
  ▶ IF와 Select Case문 사용

    Public Function fn할인액(보험종류, 월불입액)
    End Function

## 해설

### 01 월불입액 평균[H3:H7]

[H3] 셀에 =ROUNDDOWN(AVERAGE(IF(($B$3:$B$22=G3)*(($C$3:$C$22="저축")+($C$3:$C$22="연금")),$D$3:$D$22)),-2)를 입력하고 Ctrl + Shift + Enter 를 누른 후 [H7] 셀까지 수식을 복사한다.

#### 함수 설명
① (($C$3:$C$22="저축")+($C$3:$C$22="연금")) : [C3:C22] 영역이 '저축' 또는 '연금'인 경우 TRUE 값을 반환
② ($B$3:$B$22=G3)*① : [B3:B22] 영역의 값이 [G3] 셀과 같고 ①의 값이 TRUE일 경우 TRUE 값을 반환
③ IF(②,$D$3:$D$22) : ②의 값이 TRUE 일 경우 같은 행에서 [D3:D22] 영역에서 값을 반환
④ AVERAGE(③) : ③의 평균을 구함

=ROUNDDOWN(④,-2) : ④의 값을 내림하여 소수 이하 2자리로 표시

### 02 최고 납입고객명[I3:I7]

[I3] 셀에 =INDEX($A$3:$A$22,MATCH(MAX(($B$3:$B$22=G3)*$D$3:$D$22),($B$3:$B$22=G3)*$D$3:$D$22,0))를 입력하고 Ctrl + Shift + Enter 를 누른 후 [I7] 셀까지 수식을 복사한다.

#### 함수 설명
① ($B$3:$B$22=G3)*$D$3:$D$22) : [B3:B22] 영역이 [G3] 셀과 같은 경우 같은 행의 [D3:D22] 영역의 값을 반환
② MATCH(MAX(①),①,0) : ①의 최대값을 ①의 영역에서 일치하는 상대적인 위치 값을 반환

=INDEX($A$3:$A$22,②) : [A3:A22] 영역에서 ②의 행에 있는 값을 찾아 표시

## 03 월납입액[H11:H14]

[H11] 셀에 =REPT("▶",SUMIF($C$3:$C$22,G11,$D$3:$D$22)/250000)을 입력하고 [H14] 셀까지 수식을 복사한다.

> **함수 설명**
> ① SUMIF($C$3:$C$22,G11,$D$3:$D$22) : [C3:C22] 영역에서 [G11]의 값을 찾아 같은 행의 [D3:D22] 영역의 값을 반환
>
> =REPT("▶",①/250000) : '▶'의 값을 ①의 값을 250000으로 나눈 결과의 몫만큼 반복하여 표시

## 04 보험종류의 비율[G19:J19]

[G19] 셀에 =DCOUNTA($A$2:$D$22,$C$2,G17:G18)/COUNTA($C$3:$C$22)를 입력하고 [J19] 셀까지 수식을 복사한다.

> **함수 설명**
> ① DCOUNTA($A$2:$D$22,$C$2,G17:G18) : [A2:D22] 영역에서 [G17:G18] 영역의 조건에 만족한 데이터를 [C]열에서 개수를 구함
> ② COUNTA($C$3:$C$22) : [C3:C22] 영역의 개수를 구함

## 05 할인액[E3:E22]

① [개발 도구]-[코드] 그룹의 [Visual Basic](📖)을 클릭한다.
② [삽입]-[모듈]을 클릭한다.

③ Module 창에 다음과 같이 입력한다.

```
Public Function fn할인액(보험종류, 월불입액)
    If 보험종류 = "연금" Or 보험종류 = "저축" Then
        Select Case 월불입액
            Case Is < 100000
                할인액 = 0.02
            Case Is < 200000
                할인액 = 0.03
            Case Is < 300000
                할인액 = 0.04
            Case Else
                할인액 = 0.05
        End Select
    Else
        할인액 = 0
    End If
    fn할인액 = 월불입액 * 할인액
End Function
```

④ [파일]-[닫고 Microsoft Excel(으)로 돌아가기]를 클릭하여 [Visual Basic Editor]를 닫는다.
⑤ [E3] 셀을 클릭한 후 [함수 삽입](𝑓𝑥)을 클릭한다.
⑥ '범주 선택'에서 '사용자 정의', '함수 선택'에서 'fn할인액'을 선택한 후 [확인]을 클릭한다.
⑦ 그림과 같이 셀을 지정한 후 [확인]을 클릭한다.

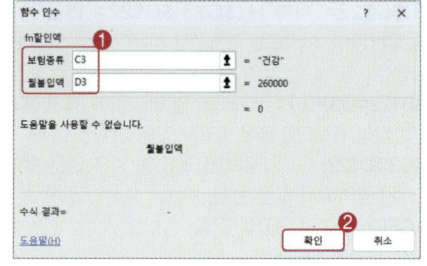

⑧ [E3] 셀을 선택한 후 [E22] 셀까지 수식을 복사한다.

# 계산작업 문제 10회

**작업파일** [26컴활1급₩3권_함수사전₩계산작업] 폴더의 '계산작업' 파일을 열어서 작업하시오.

▲ '계산작업10회' 시트

**01** [표1]의 가격, 친환경인증, 제조일, 판매량과 [표2]를 참조하여 [G3:G20] 영역에 판매금액을 계산하여 표시하시오.

- ▶ 판매금액 = 가격 × (1-할인율) × 판매량
- ▶ 할인율은 [표2]를 참조하여 친환경인증과 제조년도의 할인율을 적용
- ▶ PRODUCT, VLOOKUP, MATCH, YEAR 함수 이용

**02** [표1]의 제조방법, 제조일, 가격을 이용하여 [표3]의 [J10:K12] 영역에 표시하시오.

- ▶ 제조방법별 제조년도별 최대값을 찾아 표시하고 오류가 있을 때에는 0을 표시
- ▶ IF, ISERROR, LARGE, YEAR 함수를 이용한 배열 수식

**03** [표1]의 친환경인증이 '무농약'인 구분의 개수를 [J16:J18] 영역에 표시하시오.
- ▶ '무농약'의 구분별 개수만큼 '☆'을 반복하여 표시
- ▶ [표시 예 : 3 → ☆☆☆]
- ▶ REPT, COUNTIFS 함수와 & 연산자 이용

**04** [표5]의 잔액, 개설일자, 기준일과 [표6]을 참조하여 [D24:D37] 영역에 이자를 계산하여 표시하시오.
- ▶ 이자 = 잔액 × 이자율
- ▶ (기준일−개설일자)/30으로 나눈 개월과 양수 잔액으로 [표6]의 3열, 4열, 5열을 참조하여 이자율을 찾아 계산
- ▶ VLOOKUP, DAYS, LOOKUP, ABS 함수 이용

**05** 사용자 정의 함수 'fn예금종류'를 작성하여 [표5]의 예금종류[E24:E37]을 표시하시오.
- ▶ 'fn예금종류'는 계좌번호를 인수로 받아 값을 되돌려줌
- ▶ 계좌번호의 왼쪽의 2글자를 3으로 나눈 나머지가 1이면 '정기적금', 나머지가 2이면 '자유저축', 그 외는 '연금저축'으로 표시하시오.
- ▶ IF문 사용

```
Public Function fn예금종류(계좌번호)

End Function
```

## 해설

### 01 판매금액[G3:G20]

[G3] 셀에 =PRODUCT(E3,(1−VLOOKUP(C3,$I$3:$K$6,MATCH(YEAR(D3),$J$3:$K$3,0)+1,0)),F3)를 입력하고 [G20] 셀까지 수식을 복사한다.

> 💬 **함수 설명**
> ① MATCH(YEAR(D3),$J$3:$K$3,0) : [D3] 셀의 년도를 값을 [J3:K3] 영역에서 일치하는 상대적인 위치 값을 반환
> ② VLOOKUP(C3,$I$3:$K$6,①+1,0) : [C3] 셀의 값을 [I3:K6] 영역의 첫 번째 열에서 찾아 ①+1의 열에서 일치하는 값을 반환
>
> =PRODUCT(E3,(1−②),F3) : [E3]*(1−②)*F3의 결과값을 구함

### 02 제조년도별 제조방법 가격[J10:K12]

[J10] 셀에 =IF(ISERROR(LARGE(($B$3:$B$20=$I10)*(YEAR($D$3:$D$20)=J$9)*$E$3:$E$20,1)),0,LARGE(($B$3:$B$20=$I10)*(YEAR($D$3:$D$20)=J$9)*$E$3:$E$20,1))를 입력하고 Ctrl + Shift + Enter 를 누른 후 [K12] 셀까지 수식을 복사한다.

> 💬 **함수 설명**
> ① ($B$3:$B$20=$I10)*(YEAR($D$3:$D$20)=J$9)*$E$3:$E$20 : [B3:B20] 영역에서 [I10] 셀과 동일하고 [D3:D20] 영역에서 년도를 추출한 값이 [J9] 셀과 동일한 조건에 만족한 데이터의 같은 행의 [E3:E20] 영역의 값을 반환
> ② LARGE(①,1) : ①의 값 중에서 1번째로 큰 값을 구함
>
> =IF(ISERROR(②),0,②) : ②의 값에 오류가 있다면 0을 그 외는 ②로 표시

## 03 무농약 구분별 개수[J16:J18]

[J16] 셀에 =REPT("☆",COUNTIFS($C$3:$C$20, "무농약",$A$3:$A$20,I16&"*"))를 입력하고 [J18] 셀까지 수식을 복사한다.

> **함수 설명**
>
> ① COUNTIFS($C$3:$C$20,"무농약",$A$3:$A$20,I16&"*")
> : [C3:C20] 영역에서 '무농약'이고, [A3:A20] 영역에서 [I16] 셀로 시작하는 값이 셀의 개수를 구함
>
> =REPT("☆",①) : '☆'을 ①의 개수만큼 반복하여 표시

## 04 이자[D24:D37]

[D24] 셀에 =B24*VLOOKUP(DAYS($E$22,C24)/30,$G$26:$K$29, LOOKUP(ABS(B24),$I$24:$K$24,$I$23:$K$23))를 입력하고 [D37] 셀까지 수식을 복사한다.

> **함수 설명**
>
> ① DAYS($E$22,C24)/30 : [E22] 날짜에서 [C24] 날짜를 뺀 일수를 구한 후에 30으로 나눈 값을 구함
> ② LOOKUP(ABS(B24),$I$24:$K$24,$I$23:$K$23) : [B24] 셀의 값을 양수로 변환한 값을 [I24:K24] 영역에 찾아 같은 열에 있는 [I23:K23] 영역의 값을 반환
>
> =B24*VLOOKUP(①,$G$26:$K$29,②) : ①의 값을 [G26:K29] 영역의 첫 번째 열에서 찾아 ②의 값을 반환한 값과 [B24] 셀의 값하고 곱하여 표시

## 05 예금종류[E24:E37]

① [개발 도구]-[코드] 그룹의 [Visual Basic](圖)을 클릭한다.
② [삽입]-[모듈]을 클릭한다.
③ Module 창에 다음과 같이 입력한다.

```
Public Function fn예금종류(계좌번호)

    If Left(계좌번호, 2) Mod 3 = 1 Then
        fn예금종류 = "정기적금"
    ElseIf Left(계좌번호, 2) Mod 3 = 2 Then
        fn예금종류 = "자유저축"
    Else
        fn예금종류 = "연금저축"
    End If

End Function
```

④ [파일]-[닫고 Microsoft Excel(으)로 돌아가기]를 클릭하여 [Visual Basic Editor]를 닫는다.
⑤ [E24] 셀을 클릭한 후 [함수 삽입](fx)을 클릭한다.
⑥ '범주 선택'에서 '사용자 정의', '함수 선택'에서 'fn예금종류'를 선택한 후 [확인]을 클릭한다.
⑦ 그림과 같이 셀을 지정한 후 [확인]을 클릭한다.

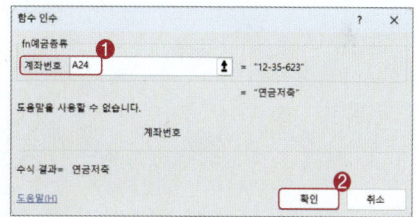

⑧ [E24] 셀을 선택한 후 [E37] 셀까지 수식을 복사한다.

# PART 02

# 스프레드시트 함수사전

## 자주 출제되는 함수사전

### 날짜와 시간 함수(날짜와 시간.xlsx 파일 이용)

**01** 연도(YEAR)를 구하자.

| 형식 | =YEAR(일련 번호 또는 날짜 문자열) |
|---|---|
| 사용방법 | =YEAR("2026/4/22") → 2026 |

① 입사일자[B2:B6]를 이용하여 근무기간을 [C2:C6] 영역에 표시하시오.
- ▶ 근무기간 = 2026 – 입사일자의 년도
- ▶ YEAR 함수와 & 연산자 사용
- ▶ [표시 예 : 10년]

| | A | B | C | D |
|---|---|---|---|---|
| 1 | 사원 | 입사일자 | 근무기간 | |
| 2 | 최찬식 | 1998-01-03 | | |
| 3 | 황요한 | 1992-10-03 | | |
| 4 | 김율동 | 1995-10-05 | | |
| 5 | 장길산 | 2003-04-02 | | |
| 6 | 이은관 | 1997-02-01 | | |
| 7 | | | | |

◀ 'YEAR1(예제)' 시트

**정답** [C2] 셀에 「=2026-YEAR(B2)&"년"」를 입력하고 [C6] 셀까지 수식 복사

② 생년월일[B3:B12]을 이용하여 잔치예정[D3:D12]을 구하시오.
- ▶ 생년이 1955이면 '칠순', 1965이면 '회갑', 그 이외에는 공란을 표기
- ▶ IF와 YEAR 함수 사용

| | A | B | C | D | E |
|---|---|---|---|---|---|
| 1 | 독거 노인 잔치 예정표 | | | | |
| 2 | 고객성명 | 생년월일 | 거주동 | 잔치예정 | |
| 3 | 황금려 | 1955-07-20 | 풍납동 | | |
| 4 | 진재연 | 1937-08-18 | 동존동 | | |
| 5 | 박승호 | 1948-09-09 | 이문동 | | |
| 6 | 최남성 | 1965-10-09 | 금호동 | | |
| 7 | 강진형 | 1937-04-10 | 양재동 | | |
| 8 | 장형화 | 1962-09-20 | 미아동 | | |
| 9 | 장링호 | 1941-10-05 | 상계동 | | |
| 10 | 온정수 | 1955-10-30 | 창동 | | |
| 11 | 김석주 | 1951-07-15 | 명일동 | | |
| 12 | 민경수 | 1965-09-04 | 응봉동 | | |
| 13 | | | | | |

◀ 'YEAR2(예제)' 시트

**정답** [D3] 셀에 「=IF(YEAR(B3)=1955,"칠순",IF(YEAR(B3)=1965,"회갑",""))」를 입력하고 [D12] 셀까지 수식 복사

## ② 월(MONTH)을 구하자.

| 형식 | =MONTH(일련 번호 또는 날짜 문자열) | |
|---|---|---|
| 사용방법 | =MONTH("2026/4/22") | → 4 |

① 숫자(46113)를 함수를 사용하여 [E2] 셀에 '4'로 바꾸시오.

|  | A | B | C | D | E | F |
|---|---|---|---|---|---|---|
| 1 |  | 월별 수출입 통계 | | | | |
| 2 | 월/별 | 1 | 2 | 3 | 46113 | |
| 3 | 수산물 | 150,250 | 132,570 | 135,720 | 137,810 | |
| 4 | 농산물 | 105,370 | 110,540 | 114,635 | 117,325 | |
| 5 | 임산물 | 28,435 | 29,710 | 3,011 | 31,445 | |
| 6 | 축산물 | 9,063 | 9,280 | 9,547 | 9,653 | |
| 7 |  | | | | | |

◀ 'MONTH(예제)' 시트

**정답** [E2] 셀에 「=MONTH(46113)」를 입력

**함수 설명**
46113은 2026년 4월 1일을 나타내는 일련번호이며 MONTH 함수를 통해 '4'라는 결과가 나온다.
[E2] 셀에서 Ctrl+1을 눌러 [표기 형식] 탭에서 날짜를 선택하면 확인할 수 있다.

## ③ 일(DAY)을 구하자.

| 형식 | =DAY(일련 번호 또는 날짜 문자열) | |
|---|---|---|
| 사용방법 | =DAY("2026/4/22") | → 22 |

① 기준일자[D2]를 사용하여 주문일자(일)[B4:B6]를 계산하여 표시하시오.
▶ 주문일자(일) = 기준일자[D2] − 소요기간(일)
▶ 주문일자(일)는 일(날)을 표시하는 숫자만 나타낼 것

|  | A | B | C | D | E |
|---|---|---|---|---|---|
| 1 |  | 납품일정계획 | | | |
| 2 |  | | 기준일자: | 26-02-10 | |
| 3 | 재료 | 주문일자(일) | 소요기간(일) | 납품일자(일) | |
| 4 | 백설탕 |  | 5 | 15 | |
| 5 | 향료 |  | 7 | 10 | |
| 6 | 밀가루 |  | 9 | 9 | |
| 7 |  | | | | |

◀ 'DAY(예제)' 시트

**정답** [B4] 셀에 「=DAY($D$2)−DAY(C4)」를 입력하고 [B6] 셀까지 수식 복사

## 04 시(HOUR)를 구하자.

| 형 식 | =HOUR(일련 번호 또는 시간 문자열) | |
|---|---|---|
| 사용방법 | =HOUR("16:13:15") | → 16 |

① 출발시간에서 도착시간의 차이를 이용하여 요금[E3:E8]에 표시하시오.
▶ 단, 분 단위는 제외되며 시간당 4,000원 적용
▶ HOUR, MONTH, TODAY 중 알맞은 함수를 선택하여 사용

| | A | B | C | D | E | F |
|---|---|---|---|---|---|---|
| 1 | | | 버스 요금 정산표 | | | |
| 2 | 출발지 | 출발시간 | 도착지 | 도착시간 | 요금 | |
| 3 | 서울 | 9:00 | 대전 | 11:30 | | |
| 4 | 부산 | 11:30 | 대구 | 14:30 | | |
| 5 | 광주 | 9:30 | 속초 | 15:30 | | |
| 6 | 대구 | 12:00 | 인천 | 17:00 | | |
| 7 | 대전 | 8:00 | 수원 | 10:00 | | |
| 8 | 인천 | 10:00 | 청주 | 12:10 | | |
| 9 | | | | | | |

◀ 'HOUR(예제)' 시트

**정답** [E3] 셀에 「=(HOUR(D3)−HOUR(B3))*4000」를 입력하고 [E8] 셀까지 수식 복사

## 05 분(MINUTE)을 구하자.

| 형 식 | =MINUTE(일련 번호 또는 시간 문자열) | |
|---|---|---|
| 사용방법 | =MINUTE("16:13:15") | → 13 |

① 특허 신청 일시[B3:B10]를 이용하여 시간을 [C3:C10] 영역에 표시하시오.
▶ [표시 예 : 15시10분]
▶ HOUR, MINUTE 함수와 연산자 & 사용

| | A | B | C | D |
|---|---|---|---|---|
| 1 | 특허 신청 일시 | | | |
| 2 | 제출회사 | 특허 신청 일시 | 시간 | |
| 3 | 미리내 | 2026-09-09 9:45 | | |
| 4 | 거장 | 2026-09-09 8:20 | | |
| 5 | 제온 | 2026-09-10 18:35 | | |
| 6 | 미크론 | 2026-09-09 8:45 | | |
| 7 | 씽크 | 2026-09-10 15:10 | | |
| 8 | 인포 | 2026-09-09 8:45 | | |
| 9 | 신화 | 2026-09-11 11:40 | | |
| 10 | 창조 | 2026-09-09 10:48 | | |
| 11 | | | | |

◀ 'MINUTE(예제)' 시트

**정답** [C3] 셀에 「=HOUR(B3) & "시" & MINUTE(B3) & "분"」를 입력하고 [C10] 셀까지 수식 복사

## 06 초(SECOND)를 구하자.

| 형식 | =SECOND(일련 번호 또는 시간 문자열) | |
|---|---|---|
| 사용방법 | =SECOND("16:13:15") | → 15 |

## 07 현재 날짜(TODAY)를 구하자.

| 사용방법 | =TODAY( ) | → 2026-08-15 |
|---|---|---|

① 미수금 현황에서 [E3] 셀에 작성일자를 표시하되 셀 형식을 '12年 3月 14日'의 형식으로 표시하시오.

▶ TODAY 함수와 셀 서식 활용

◀ 'TODAY(예제)' 시트

정답 
① [E3] 셀에 「=TODAY()」를 입력
② [E3] 셀을 선택한 후 Ctrl+1을 눌러 [셀 서식]의 [표시 형식] 탭에서 날짜의 '01年 3月 14日'을 선택

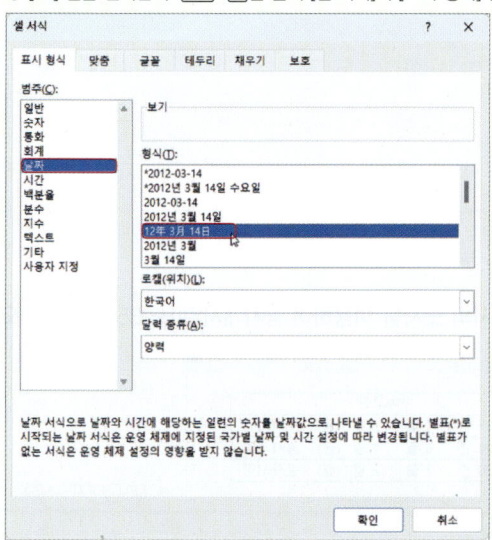

### 08 현재 날짜와 시간(NOW)을 구하자.

| 사용방법 | =NOW( ) | → 2026-08-15 18:52 |
|---|---|---|

① [B2] 셀에 시스템의 현재 날짜와 시간을 표시하시오.
▶ 'yyyy년 mm월 dd일 h시 mm분' 형식으로 표시

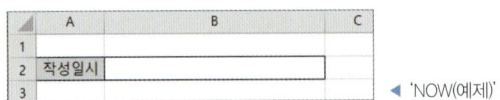

◀ 'NOW(예제)' 시트

**정답** ① [B2] 셀에 「=NOW()」를 입력
② [B2] 셀에서 Ctrl+1을 눌러 [셀 서식]의 [표시 형식] 탭에서 '범주'는 '사용자 지정'에 '형식'을 「yyyy년 mm월 dd일 h시 mm분」 입력

### 09 날짜(DATE)를 구하자.

| 형식 | =DATE(년, 월, 일) | |
|---|---|---|
| 사용방법 | =DATE(2026,5,10) | → 2026-05-10 |

① 공사계획표에서 비고란의 연도, 월, 일 표시의 숫자를 이용하여 공사개시일[B3:B5]을 구하시오.

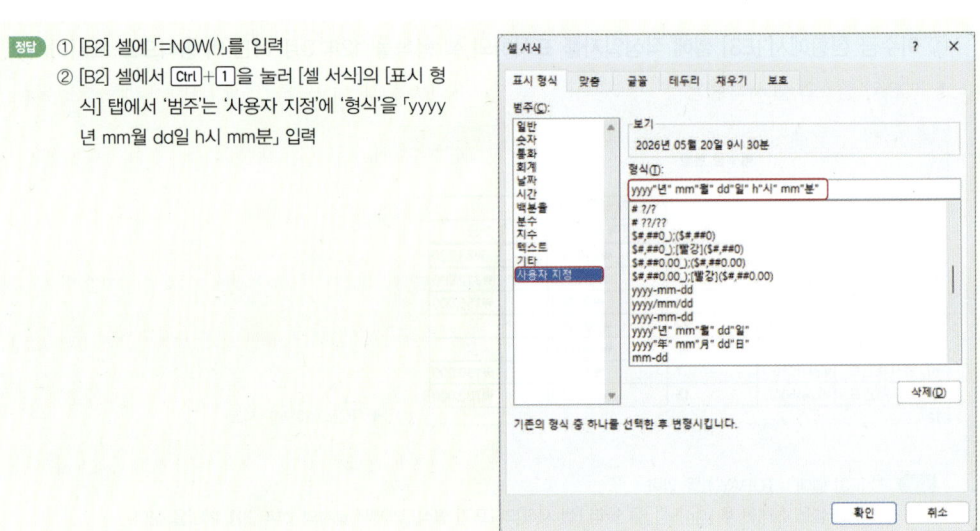

◀ 'DATE(예제)' 시트

**정답** 공사개시일 [B3] 셀에 「=DATE(E3,G3,I3)」를 입력하고 [B5] 셀까지 수식 복사

## ⑩ 시간(TIME)을 구하자.

| 형 식 | =TIME(시, 분, 초) | |
|---|---|---|
| 사용방법 | =TIME(12,30,30) | → 12:30:30 |

① 메모란에 표시된 시, 분, 초 단위의 숫자를 사용하여 주행개시시각[B3:B5]을 표시하시오.

| | A | B | C | D | E | F | G | H | I | J | K | L |
|---|---|---|---|---|---|---|---|---|---|---|---|---|
| 1 | 주행시간 예정표 | | | | | | | | | | | |
| 2 | 주행코스 | 주행개시시각 | 주행시간(분) | 도착예정시각 | | | 메모 | | | | | |
| 3 | 1코스 | | 3 | 1:08:05 AM | 1 | 시 | 5 | 분 | 5 | 초 | 주행시작 | |
| 4 | 2구간 | | 8 | 1:14:05 AM | 1 | 시 | 6 | 분 | 5 | 초 | 주행시작 | |
| 5 | 3구간 | | 10 | 1:17:05 AM | 1 | 시 | 7 | 분 | 5 | 초 | 주행시작 | |
| 6 | | | | | | | | | | | | |

◀ 'TIME(예제)' 시트

**정답** [B3] 셀에 「=TIME(E3,G3,I3)」를 입력하고 [B5] 셀까지 수식 복사

## ⑪ 날짜(DATEVALUE)를 구하자.

| 형 식 | =DATEVALUE(시간문자열) | |
|---|---|---|
| 사용방법 | =DATEVALUE("2026-05-10") | → 46152(날짜의 일련번호를 구함) |

① 날짜[A4:A6]의 일련번호[B4:B6]를 구하시오.

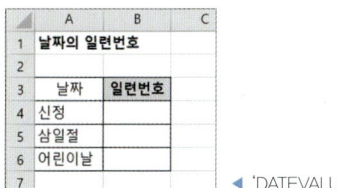

◀ 'DATEVALUE(예제)' 시트

**정답** [B4] 셀에 「=DATEVALUE("2026-01-01")」,
[B5] 셀에 「=DATEVALUE("2026-03-01")」,
[B6] 셀에 「=DATEVALUE("2026-05-05")」를 입력

## ⑫ 요일(WEEKDAY)의 일련번호를 구하자.

| 형 식 | =WEEKDAY(일련번호, 종류)<br>**종류** 종류를 생략하면 1번 자동으로 설정<br>  1 : 일요일을 1로 시작함<br>  2 : 월요일을 1로 시작함<br>  3 : 월요일을 0으로 시작함 | |
|---|---|---|
| 사용방법 | =WEEKDAY("2026-04-22",2) | → 3(3은 수요일을 의미) |

① 생년월일[B3:B9]을 이용하여 해당되는 요일을 [C3:C9]에 계산하여 표시하시오.

▶ CHOOSE와 WEEKDAY 함수 사용
▶ 요일의 계산방식은 일요일부터 시작하는 1번 방식으로 지정
▶ '토요일'과 같이 문자열 전체를 표시하게 지정

◀ 'WEEKDAY1(예제)' 시트

**정답** [C3] 셀에 「=CHOOSE(WEEKDAY(B3,1),"일요일","월요일","화요일","수요일","목요일","금요일","토요일")」를 입력하고 [C9] 셀까지 수식 복사

## ⑬ 두 날짜 사이의 일 수(DAYS)를 반환한다.

| 형식 | =DAYS(종료 날짜, 시작 날짜) : 종료 날짜에서 시작 날짜를 빼서 두 날짜 사이의 일 수를 계산 | |
|---|---|---|
| 사용방법 | =DAYS("2026-10-30","2026-10-10") | 20 |

① 가입일[C3:C12]과 탈퇴일[D3:D12]을 이용하여 보상금[E3:E12]을 표시하시오.

▶ 보상금 = 가입비 × 가입기간 × 0.2%
▶ 가입기간은 가입일과 탈퇴일 사이의 날짜 수이며 DATE, DAYS, DAY 함수 중 알맞은 함수를 선택하여 사용
▶ DAYS 함수 사용

◀ 'DAYS(예제)' 시트

**정답** [E3] 셀에 「=B3*DAYS(D3,C3)*0.2%」를 입력하고 [E12] 셀까지 수식 복사

## ⑭ 시작 날짜에서 개월 수를 더한 날짜(EDATE)를 구하자.

| 형식 | = EDATE(시작 날짜, 개월 수) | |
|---|---|---|
| 사용방법 | = EDATE("2026-10-19",1) | → 46345 |

① 적금시작일[A3:A5]을 이용하여 적금만기일[C3:C5]을 구하시오.
② 대출상환일[A8:A10]을 이용하여 대출일[C8:C10]을 구하시오.

▶ [표시 예 : 2026-12-31]

| ▲ | A | B | C | D |
|---|---|---|---|---|
| 1 | | | | |
| 2 | 적금시작일 | 개월 | 적금만기일 | |
| 3 | 2026-10-06 | 3 | | |
| 4 | 2026-05-15 | 12 | | |
| 5 | 2026-06-06 | 24 | | |
| 6 | | | | |
| 7 | 대출상환일 | 개월 | 대출일 | |
| 8 | 2024-02-05 | -12 | | |
| 9 | 2025-08-20 | -3 | | |
| 10 | 2026-06-08 | -24 | | |
| 11 | | | | |

◀ 'EDATE(예제)' 시트

**기적의 TIP**
결과 값이 일련번호로 나오기 때문에 '셀 서식'에서 '표시 형식'을 '날짜'로 변경해야 합니다.

**정답** [C3] 셀에 「=EDATE(A3,B3)」를 입력하고 [C5] 셀까지 수식 복사
[C8] 셀에 「=EDATE(A8,B8)」를 입력하고 [C10] 셀까지 수식 복사

## ⑮ 해당 월의 마지막 날(EOMONTH) 구하자.

| 형식 | =EOMONTH(시작 날짜, 개월 수) | |
|---|---|---|
| 사용방법 | =EOMONTH("2026-10-19",1) | → 46356 |

① 시작 날짜[A3:A8]에 개월을 더한 월의 마지막 날짜[C3:C8]을 구하시오.

▶ [표시 예 : 2026-12-31]

| ▲ | A | B | C | D |
|---|---|---|---|---|
| 1 | | | | |
| 2 | 시작 날짜 | 개월 | 마지막 날짜 | |
| 3 | 2026-05-05 | 3 | | |
| 4 | 2026-05-15 | -1 | | |
| 5 | 2026-06-06 | 2 | | |
| 6 | 2026-07-17 | -5 | | |
| 7 | 2026-08-15 | 4 | | |
| 8 | 2026-12-25 | 6 | | |
| 9 | | | | |

◀ 'EOMONTH(예제)' 시트

**기적의 TIP**
결과 값이 일련번호로 나오기 때문에 '셀 서식'에서 '표시 형식'을 '날짜'로 변경해야 합니다.

**정답** [C3] 셀에 「=EOMONTH(A3,B3)」를 입력하고 [C8] 셀까지 수식 복사

## ⑯ 두 날짜 사이의 전체 업무일 수(NETWORKDAYS)를 구하자.

| 형식 | =NETWORKDAYS(시작 날짜, 끝 날짜, [휴일]) | |
|---|---|---|
| 사용방법 | =NETWORKDAYS("2026-5-1","2026-5-31") | → 21 |

① 날짜[A2:A6]을 이용하여 근무일수[B8]를 구하시오.

▶ 단, 공휴일은 제외하시오.

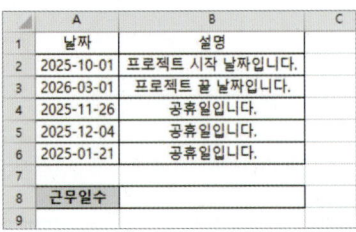

◀ 'NETWORKDAYS(예제)' 시트

**정답** [B8] 셀에 「=NETWORKDAYS(A2,A3,A4:A6)」를 입력

### 기적의 TIP
작업 일수에 주말과 휴일은 포함되지 않습니다.

## ⑰ 해당 날짜가 일 년 중 몇 번째 주(WEEKNUM)인지 구하자.

| 형식 | =WEEKNUM(날짜, 요일을 결정할 숫자)<br>요일을 결정할 숫자(return_type)<br>• 1 : 일요일부터 주가 시작됨<br>• 2 : 월요일부터 주가 시작됨 | |
|---|---|---|
| 사용방법 | =WEEKNUM("2026-1-1",1) | → 1 |

① 날짜[A3:A8]을 이용하여 일 년 중 몇 번째 주[B3:B8] 인지를 구하시오.

▶ 단, 요일을 결정할 숫자(return_type)은 '1' 로 지정하시오.

◀ 'WEEKNUM(예제)' 시트

**정답** [B3] 셀에 「=WEEKNUM(A3,1)」를 입력하고 [B8] 셀까지 수식 복사

### ⓲ 평일의 수(WORKDAY)를 구하자.

| 형식 | =WORKDAY(시작 날짜, 날짜 수, [휴일]) | |
|---|---|---|
| 사용방법 | =WORKDAY("2026-1-1",31) | → 46066 |

① 시작 날짜[A3:A8]을 이용하여 '공휴일1'과 '공휴일2'를 포함한 휴일을 제외한 작업완료[E3:E8]을 구하시오.

| | A | B | C | D | E | F |
|---|---|---|---|---|---|---|
| 1 | | | | | | |
| 2 | 시작 날짜 | 작업일 | 공휴일1 | 공휴일2 | 작업완료일 | |
| 3 | 2021-01-01 | 130 | 05월 01일 | 06월 05일 | | |
| 4 | 2022-01-01 | 160 | 03월 01일 | 04월 05일 | | |
| 5 | 2023-01-01 | 180 | 02월 01일 | 05월 05일 | | |
| 6 | 2024-01-01 | 200 | 06월 01일 | 08월 05일 | | |
| 7 | 2025-01-01 | 220 | 07월 01일 | 09월 05일 | | |
| 8 | 2026-01-01 | 250 | 08월 01일 | 09월 05일 | | |
| 9 | | | | | | |

◀ 'WORKDAY(예제)' 시트

**정답** [E3] 셀에 「=WORKDAY(A3,B3,C3:D3)」를 입력하고 [E8] 셀까지 수식 복사

**기적의 TIP**
결과 값이 일련번호로 나오기 때문에 '셀 서식'에서 '표시 형식'을 '날짜'로 변경하여야 합니다.

## 논리 함수(논리.xlsx 파일 이용)

### ⓵ 조건을 판단(IF)해 보자.

| 형식 | =IF(조건식, 값1, 값2) | |
|---|---|---|
| 사용방법 | =IF(C4>=20,5,0) | → [C4] 셀의 값이 20 이상이면 5, 그렇지 않으면 0을 표기 |

① 점수가 90 이상이면 '우수', 90 미만 80 이상이면 '보통', 80 미만이면 '분발'이라고 등급[D3:D7] 영역에 표시하시오.

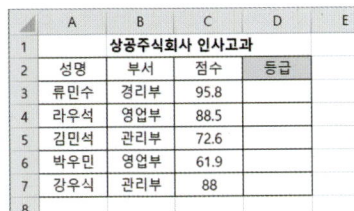

◀ 'IF1(예제)' 시트

**정답** [D3] 셀에 「=IF(C3>=90,"우수",IF(C3>=80,"보통","분발"))」를 입력하고 [D7] 셀까지 수식 복사

② 비만도 측정에서 신장[C3:C9]과 체중[D3:D9]을 이용한 판정을 기준으로 비만여부[E3:E9]를 구하시오.

▶ 판정 = 체중 – (신장 – 110)
▶ 비만여부는 판정이 6 이상이면 '비만', 6 미만 –5 이상이면 '표준', –5 미만이면 '허약'
▶ IF 함수 사용

◀ 'IF2(예제)' 시트

**정답** [E3] 셀에 「=IF(D3–(C3–110))=6,"비만",IF(D3–(C3–110))=–5,"표준","허약"))」를 입력하고 [E9] 셀까지 수식 복사

③ 판매일[B3:B10]을 이용하여 요일번호[D3:D10]를 유형 '1'로 구하고 이때 요일번호가 '1'이면 '일요일', 그 외는 공란으로 표시하시오.

▶ IF와 WEEKDAY 함수 사용

◀ 'IF3(예제)' 시트

**정답** [D3] 셀에 「=IF(WEEKDAY(B3,1)=1,"일요일","")」를 입력하고 [D10] 셀까지 수식 복사

④ 근무년수[B3:B8]와 소득액[C3:C8]을 이용하여 세금[D3:D8]을 구하시오.

▶ 세금은 근무년수가 10 이상이면 소득액 × 20%, 5 이상 10 미만이면 소득액 × 15%, 5 미만이면 소득액 × 8%로 계산
▶ IF 함수 사용

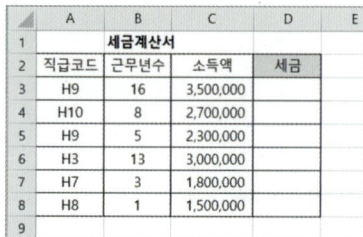

◀ 'IF4(예제)' 시트

**정답** [D3] 셀에 「=IF(B3)=10,C3*0.2,IF(B3)=5,C3*0.15,C3*0.08))」를 입력하고 [D8] 셀까지 수식 복사

## ❷ 논리곱(AND)을 구하자.

| 정 의 | 모든 논리식이 참(TRUE)일 경우에만 결과 값이 TRUE로 나타남 |
|---|---|
| 형 식 | =AND(논리식1, 논리식2, …) |
| 사용방법 | =AND(10>5, 5>2) → TRUE(모두 참이기 때문에) |

① 필기[B3:B7]와 실기[C3:C7]가 40 이상이고 평균[E3:E7]이 60 이상이면 '합격', 나머지는 '불합격'이라고 판정[F3:F7]에 표시하시오.

▶ IF와 AND 함수 사용

| | A | B | C | D | E | F | G |
|---|---|---|---|---|---|---|---|
| 1 | | | 컴퓨터활용 평가 | | | | |
| 2 | 성명 | 필기 | 실기 | 총점 | 평균 | 판정 | |
| 3 | 김구호 | 75 | 45 | 120 | 60 | | |
| 4 | 하창명 | 56 | 58 | 114 | 57 | | |
| 5 | 민구연 | 38 | 24 | 62 | 31 | | |
| 6 | 이상희 | 88 | 92 | 180 | 90 | | |
| 7 | 오정민 | 83 | 39 | 122 | 61 | | |
| 8 | | | | | | | |

◀ 'AND1(예제)' 시트

**정답** [F3] 셀에 「=IF(AND(B3>=40,C3>=40,E3>=60),"합격","불합격")」를 입력하고 [F7] 셀까지 수식 복사

② 컴퓨터일반[B3:B8]과 워드[C3:C8]를 이용하여 합격여부를 [D3:D8]에 표시하시오.

▶ 합격여부는 컴퓨터일반과 워드의 평균이 60 이상이고, 워드가 70 이상이면 '합격', 그 이외에는 '불합격'으로 표기
▶ AND, AVERAGE와 IF 함수 사용

| | A | B | C | D | E |
|---|---|---|---|---|---|
| 1 | | 사원현황 | | | |
| 2 | 사원명 | 컴퓨터일반 | 워드 | 합격여부 | |
| 3 | 이지연 | 65 | 75 | | |
| 4 | 한가람 | 77 | 25 | | |
| 5 | 오두영 | 85 | 62 | | |
| 6 | 안치연 | 90 | 88 | | |
| 7 | 명기영 | 45 | 55 | | |
| 8 | 나미인 | 50 | 78 | | |
| 9 | | | | | |

◀ 'AND2(예제)' 시트

**정답** [D3] 셀에 「=IF(AND(AVERAGE(B3:C3)>=60,C3>=70),"합격","불합격")」를 입력하고 [D8] 셀까지 수식 복사

## 03 논리합(OR)을 구하자.

| 정 의 | 논리식 중에 하나라도 TRUE가 있을 경우 결과 값으로 TRUE를 구함 | |
|---|---|---|
| 형 식 | =OR(논리식1, 논리식2, …) | |
| 사용방법 | =OR(10<5, 5<2) | → FALSE(모두 거짓이기 때문에) |

① 영어[B3:B9]나 전산[C3:C9] 점수가 80 이상이면 '합격', 그렇지 않으면 '불합격'으로 판정[D3:D9]에 표시하시오.

▶ IF와 OR 함수 사용

| | A | B | C | D | E |
|---|---|---|---|---|---|
| 1 | | 남산㈜ 승진시험 성적 현황 | | | |
| 2 | 성명 | 영어 | 전산 | 판정 | |
| 3 | 박시영 | 80 | 80 | | |
| 4 | 김명훈 | 85 | 60 | | |
| 5 | 서태훈 | 80 | 75 | | |
| 6 | 강수현 | 81 | 85 | | |
| 7 | 정미숙 | 50 | 60 | | |
| 8 | 김보람 | 60 | 80 | | |
| 9 | 최정민 | 75 | 79 | | |

◀ 'OR1(예제)' 시트

**정답** [D3] 셀에 「=IF(OR(B3>=80,C3>=80),"합격","불합격")」를 입력하고 [D9] 셀까지 수식 복사

② 주민등록번호[C3:C8]를 이용하여 성별[E3:E8]을 입력하시오.

▶ 주민등록번호의 앞에서 여덟 번째 숫자가 '1' 또는 '3'이면 '남', '2' 또는 '4'이면 '여'로 표기
▶ IF, OR, MID 함수 사용

| | A | B | C | D | E | F |
|---|---|---|---|---|---|---|
| 1 | | | 소아병원 환자명단 | | | |
| 2 | 진료일 | 환자명 | 주민등록번호 | | 성별 | |
| 3 | 09월 09일 | 조영아 | 121019-4156347 | | | |
| 4 | 09월 10일 | 박근애 | 130215-4029834 | | | |
| 5 | 09월 11일 | 최진영 | 151113-3623718 | | | |
| 6 | 09월 12일 | 이필용 | 141209-3214591 | | | |
| 7 | 09월 13일 | 장세미 | 160129-4828731 | | | |
| 8 | 09월 14일 | 정대수 | 151212-3675234 | | | |

◀ 'OR2(예제)' 시트

**정답** [E3] 셀에 「=IF(OR(MID(C3,8,1)="1",MID(C3,8,1)="3"),"남","여")」를 입력하고 [E8] 셀까지 수식 복사

**04** 수식에서 오류가 발생할 경우 지정한 값을 반환하고, 그렇지 않으면 수식 결과(IFERROR)를 반환하자.

| 형 식 | =IFERROR(수식, 값) | |
|---|---|---|
| 사용방법 | =IFERROR(4/가,"수식오류") | → 수식오류 |

① 아래와 같은 수식으로 계산한 후, 오류가 발생하면 "계산오류"라고 [C3:C8] 영역에 표시하시오.
▶ 수식 : 결과 값 = 값1/값2

| | A | B | C | D |
|---|---|---|---|---|
| 1 | | | | |
| 2 | 값1 | 값2 | 결과 값 | |
| 3 | 10 | 5 | | |
| 4 | 35 | 없음 | | |
| 5 | 40 | 8 | | |
| 6 | 63 | 3 | | |
| 7 | 64 | 4 | | |
| 8 | 72 | 없음 | | |
| 9 | | | | |

◀ 'IFERROR(예제)' 시트

**정답** [C3] 셀에 「=IFERROR(A3/B3,"계산오류")」를 입력하고 [C8] 셀까지 수식 복사

---

**05** 여러 조건에 대한 다른 결과 값(IFS)을 반환한다.

| 형 식 | =IFS(조건식1, 값1, 조건식2, 값2, ....) | |
|---|---|---|
| 사용방법 | =IFS(C3)=90,"A",C3)=80,"B",C3)=70,"C",TRUE,"F") | [C3] 셀의 값이 95이면 'A' |

① 영어시험[C3:C9]를 이용하여 등급[D3:D9]을 표시하시오.
▶ 영어시험이 90 이상이면 'A', 80 이상이면 'B', 70 이상이면 'C', 그 외는 'F'로 표시
▶ IFS 함수 사용

| | A | B | C | D | E |
|---|---|---|---|---|---|
| 1 | | 상공주식회사 인사고과 | | | |
| 2 | 성명 | 부서 | 영어시험 | 등급 | |
| 3 | 김소연 | 경리부 | 95.8 | | |
| 4 | 한현숙 | 영업부 | 88.5 | | |
| 5 | 이유진 | 관리부 | 72.6 | | |
| 6 | 박소진 | 영업부 | 61.9 | | |
| 7 | 유진희 | 관리부 | 88 | | |
| 8 | 이수정 | 영업부 | 69.5 | | |
| 9 | 고아진 | 관리부 | 75.6 | | |
| 10 | | | | | |

◀ 'IFS(예제)' 시트'

**정답** [D3] 셀에 「=IFS(C3)=90,"A",C3)=80,"B",C3)=70,"C",TRUE,"F")」를 입력하고 [D9] 셀까지 수식 복사

## 06 조건식의 결과에 따라 다른 값(SWITCH)을 반환한다.

| 형식 | =SWITCH(조건식, 결과값1, 반환값1, 결과값2, 반환값2, ...) | |
|---|---|---|
| 사용방법 | =SWITCH(B,"B","해피제과","G","참존제과","S","파랑제과") | 해피제과 |

① 제품코드[A3:A12]를 이용하여 제작회사[E3:E12]을 표시하시오.
▶ 제품코드가 'B'로 시작하면 '해피제과', 'G'이면 '참존제과', 'S'이면 '파랑제과'로 표시
▶ SWITCH, LEFT 함수 사용

| | A | B | C | D | E | F |
|---|---|---|---|---|---|---|
| 1 | 제과류 분류표 | | | | | |
| 2 | 제품코드 | 성명 | 출시연도 | 단가(원) | 제작회사 | |
| 3 | BS-100 | 에이시 | 1974 | 500 | | |
| 4 | GU-200 | 짜이리톨 | 2000 | 500 | | |
| 5 | SN-300 | 꼬깔스넥 | 1983 | 500 | | |
| 6 | SN-301 | 멋동산 | 1975 | 700 | | |
| 7 | GI-200 | 쵸코파이 | 1974 | 500 | | |
| 8 | BI-301 | 오예에스 | 1984 | 400 | | |
| 9 | BS-101 | 체크칩스 | 1994 | 700 | | |
| 10 | GO-300 | 투우유 | 1987 | 500 | | |
| 11 | SN-302 | 고래밥 | 1984 | 500 | | |
| 12 | BI-202 | 마가레티 | 1987 | 300 | | |
| 13 | | | | | | |

◀ 'SWITCH(예제) 시트'

**정답** [E3] 셀에 「=SWITCH(LEFT(A3,1),"B","해피제과","G","참존제과","S","파랑제과")」를 입력하고 [E12] 셀까지 수식 복사

## 데이터베이스 함수(데이터베이스.xlsx 파일 이용)

▶ 합격 강의

### 01 데이터베이스의 합계(DSUM)를 구하자.

| 형식 | =DSUM(데이터베이스 범위, 필드 번호, 조건 범위) |
|---|---|
| 사용방법 | =DSUM(A2:E10,5,D12:D13) → [A2:E10] 영역에서 [D12:D13]의 조건(제품분류가 가전제품)인 데이터를 찾아 5번째 열(매출액)에서 합계를 구함 |

① 제품분류[A3:A10] 중 가전제품의 매출액[E3:E10] 합계를 계산하여 [E13] 셀에 표시하시오.
▶ DSUM, COUNTIF, DMAX 중 알맞은 함수를 선택하여 사용

| | A | B | C | D | E | F |
|---|---|---|---|---|---|---|
| 1 | | | 제품 판매 현황 | | | |
| 2 | 제품분류 | 품명 | 판매가 | 판매량 | 매출액 | |
| 3 | 화장품 | 립스틱 | 13,524 | 45 | 608,580 | |
| 4 | 가전제품 | 면도기 | 7,200 | 89 | 640,800 | |
| 5 | 사무용품 | 만년필 | 2,900 | 230 | 667,000 | |
| 6 | 사무용품 | 타자기 | 18,000 | 30 | 540,000 | |
| 7 | 가전제품 | 선풍기 | 30,625 | 120 | 3,675,000 | |
| 8 | 화장품 | 비누 | 2,600 | 120 | 312,000 | |
| 9 | 화장품 | 샴푸 | 5,460 | 325 | 1,774,500 | |
| 10 | 가전제품 | 전기담요 | 66,120 | 60 | 3,967,200 | |
| 11 | | | | | | |
| 12 | | | | 제품분류 | 매출액 | |
| 13 | | | | 가전제품 | | |
| 14 | | | | | | |

▲ 'DSUM(예제)' 시트

**정답** [E13] 셀에 「=DSUM(A2:E10,5,D12:D13)」를 입력

## 02 데이터베이스의 평균(DAVERAGE)을 구하자.

| 형식 | =DAVERAGE(데이터베이스 범위, 필드 번호, 조건 범위) | |
|---|---|---|
| 사용방법 | =DAVERAGE(A2:E9,C2,B2:B3) | [A2:E9] 영역에서 [B2:B3]의 조건(임대 평수가 40)인 데이터를 찾아 C열(임대료)에서 평균을 구함 |

① 임대평수가 40인 사무실의 임대료, 관리비, 부가세의 평균[C10:E10]을 구하시오.

▶ DAVERAGE, DMAX, DCOUNT 중 알맞은 함수를 선택하여 사용

| | A | B | C | D | E | F |
|---|---|---|---|---|---|---|
| 1 | | | 사무실 월 사용료 계산 | | | |
| 2 | 사무실 | 임대평수 | 임대료 | 관리비 | 부가세 | |
| 3 | 1-101 | 40 | 502,200 | 50,200 | 55,240 | |
| 4 | 1-102 | 35 | 439,425 | 43,925 | 48,335 | |
| 5 | 2-101 | 28 | 351,540 | 35,140 | 38,668 | |
| 6 | 2-102 | 40 | 495,000 | 49,500 | 54,450 | |
| 7 | 2-103 | 20 | 251,100 | 25,100 | 27,620 | |
| 8 | 3-101 | 40 | 451,000 | 45,100 | 49,610 | |
| 9 | 3-102 | 35 | 439,425 | 43,925 | 48,335 | |
| 10 | 40평 사무실 평균 | | | | | |
| 11 | | | | | | |

◀ 'DAVERAGE(예제)' 시트

**정답** [C10] 셀에 「=DAVERAGE($A$2:$E$9,C2,$B$2:$B$3)」를 입력하고 [E10] 셀까지 수식 복사

**함수 설명**
- 임대료, 관리비, 부가세의 평균을 구하는 문제이기 때문에 하나의 식으로 복사하여 사용이 가능하다.
- 공통적인 부분 : 데이터베이스 범위 [A2:E9], 조건 범위 [B2:B3]은 절대참조한다.
- 임대료, 관리비, 부가세 : 3, 4, 5 대신에 [C2], [D2], [E2]를 지정해도 된다.

## 03 데이터베이스의 숫자 개수(DCOUNT)를 구하자.

| 형식 | =DCOUNT(데이터베이스 범위, 필드 번호, 조건 범위) | |
|---|---|---|
| 사용방법 | =DCOUNT(A2:C10,3,E5:E6) | [A2:C10] 영역에서 [E5:E6]의 조건(칼로리가 20을 초과)인 데이터를 찾아 3번째 열(칼로리)에서 숫자의 개수를 구함 |

① 칼로리가 20을 초과하는 식품의 수를 [E9] 셀에 계산하여 표시하시오.

| | A | B | C | D | E | F |
|---|---|---|---|---|---|---|
| 1 | | 음식별 칼로리량 | | | | |
| 2 | 식품 | 분량 (g) | 칼로리 | | | |
| 3 | 시금치 | 100 | 24 | | | |
| 4 | 브로콜리 | 100 | 28 | | | |
| 5 | 양상추 | 100 | 11 | | 칼로리 | |
| 6 | 아스파라거스 | 100 | 18 | | >20 | |
| 7 | 연근 | 100 | 53 | | | |
| 8 | 양배추 | 100 | 20 | | 식품수 | |
| 9 | 무 | 100 | 16 | | | |
| 10 | 셀러리 | 100 | 8 | | | |
| 11 | | | | | | |

◀ 'DCOUNT(예제)' 시트

**정답** [E9] 셀에 「=DCOUNT(A2:C10,3,E5:E6)」를 입력

## 04 데이터베이스의 공백이 아닌 데이터의 개수(DCOUNTA)를 구하자.

| 형식 | =DCOUNTA(데이터베이스 범위, 필드 번호, 조건 범위) |
|---|---|
| 사용방법 | =DCOUNTA(A2:D13,1,A15:B16) | [A2:D13] 영역에서 [A15:B16]의 조건(나이가 25세 이상이고 성별이 '여')인 데이터를 찾아 1번째 열(출신지역)에서 공백이 아닌 데이터의 개수를 구함 |

① 나이가 25세 이상이고 성별이 '여'인 사원의 수를 구하여 인원수[C16]에 표시하시오.

▶ COUNTA, DCOUNTA, COUNT 중 알맞은 함수를 선택하여 사용

|   | A | B | C | D |
|---|---|---|---|---|
| 1 | 신입 사원 현황 | | | |
| 2 | 출신지역 | 이름 | 나이 | 성별 |
| 3 | 서울 | 최보라 | 26 | 여 |
| 4 | 부산 | 임미나 | 23 | 여 |
| 5 | 경기 | 윤지덕 | 25 | 남 |
| 6 | 충청 | 추하영 | 22 | 여 |
| 7 | 강원 | 지영은 | 21 | 여 |
| 8 | 제주 | 김영찬 | 25 | 남 |
| 9 | 전라 | 안광식 | 26 | 남 |
| 10 | 대구 | 유호경 | 27 | 남 |
| 11 | 인천 | 이청우 | 28 | 여 |
| 12 | 대전 | 김미나 | 29 | 여 |
| 13 | 광주 | 심재훈 | 24 | 남 |
| 14 | | | | |
| 15 | 나이 | 성별 | 인원수 | |
| 16 | >=25 | 여 | | |
| 17 | | | | |

▲ 'DCOUNTA(예제)' 시트

**정답** [C16] 셀에 「=DCOUNTA(A2:D13,1, A15:B16)」를 입력

**함수 설명**
- '1' 대신에 2 또는 3, 4도 입력 가능하다.
- DCOUNTA는 문자가 들어있는 셀에서도 개수를 구한다.

## 05 데이터베이스의 최대값(DMAX)을 구하자.

| 형식 | =DMAX(데이터베이스 범위, 필드 번호, 조건 범위) |
|---|---|
| 사용방법 | =DMAX(A1:D10,4,F3:F4) | [A1:D10] 영역에서 [F3:F4]의 조건(성별이 '여')인 데이터를 찾아 4번째 열(멀리뛰기)에서 최대값을 구함 |

① 성별의 값이 '여'인 경우 멀리뛰기의 최대값과 성별이 '남'인 경우 멀리뛰기의 최대값의 차이를 계산하여 [F10] 셀에 표시하시오.

▶ 최대값의 차이 = '여' 멀리뛰기 최대값 – '남' 멀리뛰기 최대값
▶ 최대값 차이값은 항상 양수로 나타내시오. [표시 예 : –5 → 5]
▶ ABS, DMAX 함수 사용

|   | A | B | C | D | E | F | G | H |
|---|---|---|---|---|---|---|---|---|
| 1 | 번호 | 성별 | 이름 | 멀리뛰기 | | | | |
| 2 | 1 | 여 | 윤예림 | 165 | | | | |
| 3 | 2 | 남 | 윤예찬 | 180 | | 성별 | 성별 | |
| 4 | 3 | 여 | 김민수 | 172 | | 여 | 남 | |
| 5 | 4 | 남 | 김진수 | 198 | | | | |
| 6 | 5 | 여 | 장승희 | 160 | | | | |
| 7 | 6 | 남 | 김태호 | 178 | | | | |
| 8 | 7 | 남 | 이진활 | 185 | | | | |
| 9 | 8 | 여 | 이윤지 | 190 | | 최대값 차이 | | |
| 10 | 9 | 남 | 이시환 | 200 | | | | |
| 11 | | | | | | | | |

◀ 'DMAX(예제)' 시트

**정답** [F10] 셀에 「=ABS(DMAX(A1:D10,4,F3:F4)–DMAX(A1:D10,4,G3:G4))」를 입력

## 06 데이터베이스의 최소값(DMIN)을 구하자.

| 형식 | =DMIN(데이터베이스 범위, 필드 번호, 조건 범위) |
|---|---|
| 사용방법 | =DMIN(A2:C10,3,D5:D6) | [A2:C10] 영역에서 [D5:D6]의 조건(학과가 기계과)인 데이터를 찾아 3번째 열(성적)에서 최소값을 구함 |

① '학과'가 기계과인 학생들 중 최고성적과 최저성적의 차이를 [E6] 셀에 계산하시오.

▶ DMAX와 DMIN 함수 사용

| | A | B | C | D | E | F |
|---|---|---|---|---|---|---|
| 1 | 성적현황 | | | | | |
| 2 | 이름 | 학과 | 성적 | | | |
| 3 | 강소영 | 전자과 | 89.5 | | | |
| 4 | 이소영 | 기계과 | 91.6 | | | |
| 5 | 현승수 | 기계과 | 85.4 | 학과 | 차이값 | |
| 6 | 나하나 | 경영과 | 90.5 | 기계과 | | |
| 7 | 장하나 | 경영과 | 93.6 | | | |
| 8 | 김장희 | 기계과 | 83.4 | | | |
| 9 | 이문성 | 경영과 | 78.5 | | | |
| 10 | 문혜성 | 전자과 | 81.7 | | | |
| 11 | | | | | | |

◀ 'DMAX,DMIN(예제)' 시트

**정답** [E6] 셀에 「=DMAX(A2:C10,3,D5:D6)−DMIN(A2:C10,3,D5:D6)」를 입력

## 07 데이터베이스의 표준편차(DSTDEV)를 구하자.

| 형식 | =DSTDEV(데이터베이스 범위, 필드 번호, 조건 범위) |
|---|---|
| 사용방법 | =DSTDEV(A2:D11,D2,C2:C3) | [A2:D11] 영역에서 [C2:C3]의 조건(성별이 남)인 데이터를 찾아 4번째 열(성적)에서 표준편차를 구함 |

① 성별[C3:C11]이 '남'인 수험자의 성적[D3:D11]의 표준편차를 구하여 [D13] 셀에 표시하시오.

▶ 표준편차(남)은 올림하여 소수 1자리까지 표시 [표시 예 : 17.76 → 17.8]
▶ DAVERAGE, DSTDEV, ROUNDUP 중 알맞은 함수를 선택하여 사용

| | A | B | C | D | E |
|---|---|---|---|---|---|
| 1 | 채용 시험 성적 | | | | |
| 2 | 수험번호 | 이름 | 성별 | 성적 | |
| 3 | 2025001 | 강진정 | 남 | 83 | |
| 4 | 2025002 | 김용민 | 여 | 67 | |
| 5 | 2025003 | 진경만 | 여 | 90 | |
| 6 | 2025004 | 박자희 | 남 | 71 | |
| 7 | 2025005 | 고현주 | 여 | 96 | |
| 8 | 2025006 | 성현이 | 여 | 98 | |
| 9 | 2025007 | 임수정 | 남 | 100 | |
| 10 | 2025008 | 주철한 | 남 | 53 | |
| 11 | 2025009 | 나혼정 | 여 | 45 | |
| 12 | | | | | |
| 13 | | | 표준편차(남) | | |
| 14 | | | | | |

◀ 'DSTDEV(예제)' 시트

**정답** [D13] 셀에 「=ROUNDUP(DSTDEV(A2:D11,4,C2:C3),1)」를 입력

## 08 데이터베이스의 고유한 데이터(DGET)을 구하자.

| 형식 | =DGET(데이터베이스 범위, 필드 번호, 조건 범위) |
|---|---|
| 사용방법 | =DGET(A1:E11,1,G2:G3) | [A1:E11] 영역에서 [G2:G3]의 조건(6월에서 94 이상)인 데이터를 찾아 1번째 열(수강생코드)에서 고유한 데이터를 구함 |

① 6월[E2:E11]의 점수가 '94' 이상인 수강생코드를 [표1]의 수강생코드[H3]에 계산하여 표시하시오.
▶ DMAX, DGET 중 알맞은 함수를 선택하여 사용

| | A | B | C | D | E | F | G | H | I |
|---|---|---|---|---|---|---|---|---|---|
| 1 | 수강생코드 | 3월 | 4월 | 5월 | 6월 | | [표1] 6월의 1등 | | |
| 2 | D03-04-09 | 72 | 68 | 88 | 75 | | 6월 | 수강생코드 | |
| 3 | D03-03-12 | 62 | 83 | 71 | 48 | | >=94 | | |
| 4 | D03-03-07 | 83 | 87 | 78 | 56 | | | | |
| 5 | D03-03-09 | 83 | 82 | 87 | 92 | | | | |
| 6 | D03-03-12 | 84 | 68 | 88 | 94 | | | | |
| 7 | D03-03-12 | 88 | 92 | 90 | 88 | | | | |
| 8 | D03-04-10 | 90 | 36 | 53 | 66 | | | | |
| 9 | D03-04-11 | 80 | 86 | 88 | 85 | | | | |
| 10 | D03-03-03 | 83 | 82 | 87 | 92 | | | | |
| 11 | D03-04-12 | 70 | 38 | 65 | 79 | | | | |
| 12 | | | | | | | | | |

▲ 'DGET(예제)' 시트

**정답** [H3] 셀에 「=DGET(A1:E11,1,G2:G3)」를 입력

## 문자열 함수(문자열.xlsx 파일 이용)

## 01 문자열의 왼쪽(LEFT)에서 문자를 추출하자.

| 형식 | =LEFT(문자열, 구할 문자수) | |
|---|---|---|
| 사용방법 | =LEFT("KOREA",3) | → KOR |

① 학번[B3:B10]을 이용하여 입학년도[E3:E10]를 아래의 '표기 예' 방식으로 나타내시오.
▶ 표시 예 : 2025년    ▶ 학번의 처음 2자리가 입학년도임
▶ LEFT 함수와 연산자 & 사용

| | A | B | C | D | E | F |
|---|---|---|---|---|---|---|
| 1 | | | 동아리 회원 현황 | | | |
| 2 | 성명 | 학번 | 계열 | 학과 | 입학년도 | |
| 3 | 구영화 | 2421919 | 문과 | 철학 | | |
| 4 | 조아영 | 2321934 | 사범 | 국어교육 | | |
| 5 | 박천수 | 2251912 | 공과 | 전자 | | |
| 6 | 안영자 | 2161905 | 의과 | 의예 | | |
| 7 | 최경민 | 2090423 | 문과 | 사학 | | |
| 8 | 김건호 | 2262007 | 의과 | 치의예 | | |
| 9 | 오상철 | 2351845 | 공과 | 컴퓨터 | | |
| 10 | 장성희 | 2431922 | 이과 | 수학 | | |
| 11 | | | | | | |

◀ 'LEFT1(예제)' 시트

**정답** [E3] 셀에 「=20&LEFT(B3,2)&"년"」를 입력하고 [E10] 셀까지 수식 복사

## 02 문자열의 중간(MID)에서 문자를 추출하자.

| 형식 | =MID(문자열, 시작 위치, 문자수) | |
|---|---|---|
| 사용방법 | =MID("KOREA",3, 2) | → RE |

① 제품코드[A3:A12]의 앞에서 네 번째 자리가 '1'이면 '해피제과', '2'이면 '참존제과', '3'이면 '파랑제과'로 제작회사[E3:E12]에 표시하시오.

▶ CHOOSE와 MID 함수 사용

| | A | B | C | D | E | F |
|---|---|---|---|---|---|---|
| 1 | 제과류 분류표 | | | | | |
| 2 | 제품코드 | 성명 | 출시연도 | 단가(원) | 제작회사 | |
| 3 | BS-100 | 에이시 | 1974 | 500 | | |
| 4 | GU-200 | 짜이리톨 | 2000 | 500 | | |
| 5 | SN-300 | 꼬깔스넥 | 1983 | 500 | | |
| 6 | SN-301 | 멧동산 | 1975 | 700 | | |
| 7 | PI-200 | 쵸코파이 | 1974 | 500 | | |
| 8 | PI-301 | 오예에스 | 1984 | 400 | | |
| 9 | BS-101 | 체크칩스 | 1994 | 700 | | |
| 10 | CO-300 | 투우유 | 1987 | 500 | | |
| 11 | SN-302 | 고래밥 | 1984 | 500 | | |
| 12 | PI-202 | 마가레티 | 1987 | 300 | | |
| 13 | | | | | | |

◀ 'MID1(예제)' 시트

**정답** [E3] 셀에 「=CHOOSE(MID(A3,4,1),"해피제과","참존제과","파랑제과")」를 입력하고 [E12] 셀까지 수식 복사

② 관리코드[C3:C9]의 맨 앞에서 네 번째 숫자가 '1'이면 '센터', '2'이면 '포드', '3'이면 '가드'로 포지션[E3:E9]에 표시하시오.

▶ IF와 MID 함수 사용

| | A | B | C | D | E | F |
|---|---|---|---|---|---|---|
| 1 | | 농구선수명단 | | | | |
| 2 | 팀명 | 선수명 | 관리코드 | 경력 | 포지션 | |
| 3 | KCC | 안전해 | K99111 | 3년 | | |
| 4 | TG | 이기자 | T02322 | 1년 | | |
| 5 | SBS | 왕눈이 | S97101 | 5년 | | |
| 6 | LG | 오골인 | L94303 | 8년 | | |
| 7 | LG | 최고인 | L01202 | 2년 | | |
| 8 | TG | 최수비 | T89322 | 13년 | | |
| 9 | KCC | 나도해 | K95213 | 7년 | | |
| 10 | | | | | | |

◀ 'MID2(예제)' 시트

**정답** [E3] 셀에 「=IF(MID(C3,4,1)="1","센터",IF(MID(C3,4,1)="2","포드","가드"))」를 입력하고 [E9] 셀까지 수식 복사

### 03 문자열의 오른쪽(RIGHT)에서 문자를 추출하자.

| 형식 | =RIGHT(문자열, 구할 문자수) | |
|---|---|---|
| 사용방법 | =RIGHT("KOREA",3) | → REA |

① 사원번호[A3:A10]를 이용하여 직책[E3:E10]을 나타내시오.
▶ 사원번호의 마지막 번호가 'P'이면 '부장', 'G'이면 '과장', 'S'이면 '사원'으로 표기
▶ IF와 RIGHT 함수 사용

| | A | B | C | D | E | F |
|---|---|---|---|---|---|---|
| 1 | | | 사내 서클회원 현황 | | | |
| 2 | 사원번호 | 사원명 | 부서 | 구내번호 | 직책 | |
| 3 | 9901S | 고상수 | 영업부 | 101 | | |
| 4 | 9603G | 정진호 | 홍보부 | 203 | | |
| 5 | 9211P | 장영자 | 기획부 | 302 | | |
| 6 | 9005P | 안경자 | 홍보부 | 202 | | |
| 7 | 9508G | 조호철 | 기획부 | 303 | | |
| 8 | 9804S | 김성식 | 총무부 | 402 | | |
| 9 | 9907S | 이미나 | 영업부 | 103 | | |
| 10 | 9403G | 장철진 | 영업부 | 102 | | |
| 11 | | | | | | |

◀ 'RIGHT(예제)' 시트

**정답** [E3] 셀에 「=IF(RIGHT(A3,1)="P","부장",IF(RIGHT(A3,1)="G","과장","사원"))」를 입력하고 [E10] 셀까지 수식 복사

### 04 영문자의 소문자(LOWER)로 변환하자.

| 형식 | =LOWER(문자열) | |
|---|---|---|
| 사용방법 | =LOWER("YOUNGJIN") | → youngjin |

① '...을'[B3:B5]에 표시되어 있는 영문 대문자를 소문자로 바꾸어 [C3:C5]에 표시하시오.
▶ LOWER 함수 사용

| | A | B | C | D | E |
|---|---|---|---|---|---|
| 1 | | 원고 수정내용 | | | |
| 2 | 페이지 | ...을 | ...으로 | 비고 | |
| 3 | 23 | (PAPERLESS) | | 위에서 3째줄 | |
| 4 | 46 | (E-MAIL) | | 위에서 9째줄 | |
| 5 | 73 | HTTP://WWW. | | 위에서 5째줄 | |
| 6 | | | | | |

◀ 'LOWER1(예제)' 시트

**정답** [C3] 셀에 「=LOWER(B3)」를 입력하고 [C5] 셀까지 수식 복사

② 소문자로 [B3], 대문자로 [C3], 첫글자만 대문자로 [D3]에 함수를 이용하여 표시하시오.
▶ LOWER, UPPER, PROPER 함수 이용

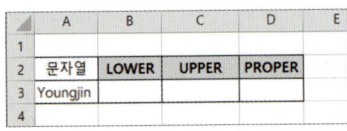

◀ 'LOWER2(예제)' 시트

**정답** [B3] 셀에 「=LOWER(A3)」를 입력
[C3] 셀에 「=UPPER(A3)」를 입력
[D3] 셀에 「=PROPER(A3)」를 입력

## 05 영문자의 첫 글자만 대문자(PROPER)로 변환하자.

| 형 식 | =PROPER(문자열) | |
|---|---|---|
| 사용방법 | =PROPER("youngjin") | → Youngjin |

① 현재[B3:B5]에 표시되어 있는 영문자의 첫글자만 대문자가 되도록 수정[C3:C5]에 표시하시오.
▶ PROPER 함수 사용

|   | A | B | C | D |
|---|---|---|---|---|
| 1 | 영어단어 교정 | | | |
| 2 | 시트 번호 | 현재 | 수정 | 비고 |
| 3 | Sheet1 | average | | 표2 |
| 4 | Sheet2 | total | | 표7 |
| 5 | Sheet3 | sum | | 표12 |
| 6 | | | | |

◀ 'PROPER(예제)' 시트

**정답** [C3] 셀에 「=PROPER(B3)」를 입력하고 [C5] 셀까지 수식 복사


## 06 영문자의 대문자(UPPER)로 변환하자.

| 형 식 | =UPPER(문자열) | |
|---|---|---|
| 사용방법 | =UPPER("youngjin") | → YOUNGJIN |

① [표1]에서 팀명[B3:B8]에 대해 전체 문자를 대문자로 변환하고, 국가[C3:C8]에 대해 첫 문자를 대문자로 변환하여 팀명(국가)[D3:D8]에 표시하시오.
▶ [표시 예 : 팀명이 'star', 국가가 'korea'인 경우 'STAR(Korea)'로 표시]
▶ UPPER와 & 연산자, PROPER 함수 이용

|   | A | B | C | D |
|---|---|---|---|---|
| 1 | [표1] 세계 클럽컵 축구대회 | | | |
| 2 | 순위 | 팀명 | 국가 | 팀명(국가) |
| 3 | 1 | susung | korea | |
| 4 | 2 | baroserona | spain | |
| 5 | 3 | chelsy | england | |
| 6 | 4 | roma | italy | |
| 7 | 5 | hoven | netherlands | |
| 8 | 6 | isac | france | |
| 9 | | | | |

◀ 'UPPER(예제)' 시트

**정답** [D3] 셀에 「=UPPER(B3)&"("&PROPER(C3)&")"」를 입력하고 [D8] 셀까지 수식 복사

## 07 문자열의 일부를 다른 문자열로 바꾸자(REPLACE).

| 형식 | =REPLACE(문자열, 시작위치, 문자수, 변환문자열) | |
|---|---|---|
| 사용방법 | =REPLACE("Win98",4,2,"XP") | → WinXP |

① 코드 체계표[A3:A7]에서 'KO'를 찾아 'MN'으로 바꾸어 [B3:B7]에 표시하시오.

▶ REPLACE 함수 사용

◀ 'REPLACE(예제)' 시트

정답   [B3] 셀에 「=REPLACE(A3,9,2,"MN")」를 입력하고 [B7] 셀까지 수식 복사

## 08 문자열의 일부를 다른 문자열로 바꾸자(SUBSTITUTE).

| 형식 | =SUBSTITUTE(문자열, 검색문자열, 치환문자열) | |
|---|---|---|
| 사용방법 | =SUBSTITUTE("Win7","7","10") | → Win10 |

① 문자열[B5:B7]에서 오른쪽 2개를 추출하여 '16'으로 변환하여 결과값[C5:C7]에 표시하시오.

▶ SUBSTITUTE 함수 사용

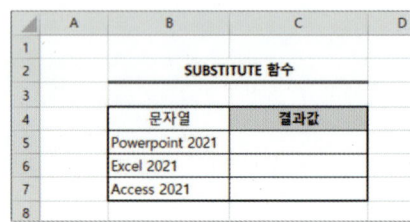

◀ 'SUBSTITUTE(예제)' 시트

정답   [C5] 셀에 「=SUBSTITUTE(B5,RIGHT(B5,2),"16")」를 입력하고 [C7] 셀까지 수식 복사

## 09 문자열의 길이(LEN)를 구하자.

| 형식 | =LEN(문자열) | |
|---|---|---|
| 사용방법 | =LEN("영진출판사") | → 5 |

① LEN 함수를 이용하여 문자열[B4:B7]의 문자열의 길이를 [C4:C7]에 표시하시오.

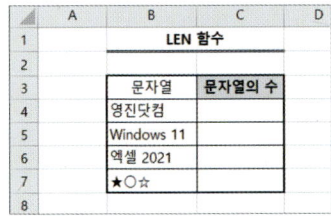

◀ 'LEN1(예제)' 시트

**정답** [C4] 셀에 「=LEN(B4)」를 입력하고 [C7] 셀까지 수식 복사

② 초과강의명[A2:A5]을 이용하여 강의기호[B2:B5]를 구하시오.

▶ 강의기호는 초과강의명 뒤의 4 글자를 뺀 나머지이며, 대문자로 표시
▶ UPPER, LEFT, LEN 함수 사용

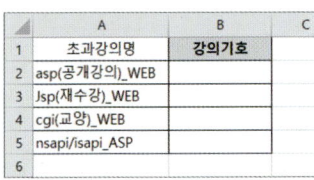

◀ 'LEN2(예제)' 시트

**정답** [B2] 셀에 「=UPPER(LEFT(A2,LEN(A2)-4))」를 입력하고 [B5] 셀까지 수식 복사

## 10 수치를 지정한 서식의 문자열로 변환하자(TEXT).

| 형식 | =TEXT(수치 값, 표시형식) | |
|---|---|---|
| 사용방법 | =TEXT(46134,"yyyy-mm-dd") | → 2026-04-22 |

① [B3:B13] 영역에 아래와 같이 입력하여 표시 형식을 확인해 보자.

▶ TEXT 함수 사용

◀ 'TEXT(예제)' 시트

| | A | B | C |
|---|---|---|---|
| 1 | | | |
| 2 | 날짜 | 표시 형식 | |
| 3 | 2026-09-23 | =TEXT(A3,"Y") | |
| 4 | 2026-09-23 | =TEXT(A4,"YYY") | |
| 5 | 2026-09-23 | =TEXT(A5,"M") | |
| 6 | 2026-09-23 | =TEXT(A6,"MM") | |
| 7 | 2026-09-23 | =TEXT(A7,"MMM") | |
| 8 | 2026-09-23 | =TEXT(A8,"MMMM") | |
| 9 | 2026-09-23 | =TEXT(A9,"D") | |
| 10 | 2026-09-23 | =TEXT(A10,"DDD") | |
| 11 | 2026-09-23 | =TEXT(A11,"DDDD") | |
| 12 | 2026-09-23 | =TEXT(A12,"AAA") | |
| 13 | 2026-09-23 | =TEXT(A13,"AAAA") | |
| 14 | | | |

◀ 'TEXT(결과)' 시트

## ⑪ 수치를 지정한 서식의 문자열로 변환하자(FIXED).

| 형 식 | =FIXED(수치, 소수점 이하 자릿수, 콤마 표시 여부 지정) | |
|---|---|---|
| 사용방법 | =FIXED(2345.67,1,FALSE) | → 2,345.7(FALSE는 콤마를 표시, TRUE는 콤마 생략) |

① 수치값[B5:B9], 소수 자릿수[C5:C9], 쉼표표시여부[D5:D9]를 이용하여 각 결과값[E5:E9]을 구해보자.

▶ FIXED 함수 사용

| | A | B | C | D | E | F |
|---|---|---|---|---|---|---|
| 1 | | | | | | |
| 2 | | | FIXED 함수 | | | |
| 3 | | | | | | |
| 4 | | 수치값 | 소수 자릿수 | 쉼표표시여부 | 결과값 | |
| 5 | | 12345.68 | -2 | FALSE | | |
| 6 | | 12345.68 | -1 | TRUE | | |
| 7 | | 12345.68 | 0 | FALSE | | |
| 8 | | 12345.68 | 1 | TRUE | | |
| 9 | | 12345.68 | 2 | FALSE | | |
| 10 | | | | | | |

◀ 'FIXED(예제)' 시트

**정답** [E5] 셀에 「=FIXED(B5,C5,D5)」를 입력하고 [E9] 셀까지 수식 복사

## ⑫ 여러 문자열을 합하자(CONCAT).

| 형 식 | =CONCAT(문자열1, 문자열2, ...) | |
|---|---|---|
| 사용방법 | =CONCAT("EXCEL",2021,"함수") | → EXCEL2021함수 |

① 주소[E3:E9] 영역에 주소1, 주소2, 주소3을 합쳐서 주소1과 주소2 사이, 주소2와 주소3 사이의 한 칸의 공백을 삽입하여 하나의 주소로 표시하시오.

▶ CONCAT 함수 사용

| | A | B | C | D | E | F |
|---|---|---|---|---|---|---|
| 1 | | | | | | |
| 2 | 이름 | 주소1 | 주소2 | 주소3 | 주소 | |
| 3 | 홍민영 | 성남시 | 중원구 | 태평동 | | |
| 4 | 이은영 | 서울시 | 동작구 | 사당동 | | |
| 5 | 박은경 | 서울시 | 은평구 | 갈현동 | | |
| 6 | 김소연 | 부천시 | 원미구 | 중1동 | | |
| 7 | 이소영 | 서울시 | 송파구 | 잠실1동 | | |
| 8 | 변주연 | 수원시 | 팔달구 | 영통동 | | |
| 9 | 이명선 | 서울시 | 관악구 | 봉천동 | | |
| 10 | | | | | | |

◀ 'CONCAT(예제)' 시트

**정답** [E3] 셀에 「=CONCAT(B3," ",C3," ",D3)」를 입력하고 [E9] 셀까지 수식 복사

## ⓭ 문자열을 수치로 변환하자(VALUE).

| 형식 | =VALUE(문자열) | |
|---|---|---|
| 사용방법 | =VALUE("2026-05-10") | → 46152 |

① 변환이전 값[B5:B10]의 문자열을 결과값[C5:C10]에 수치로 변환하여 보자.
▶ VALUE 함수 사용

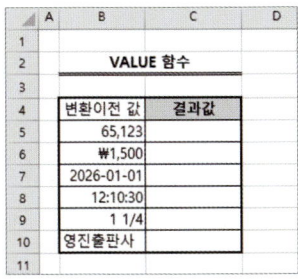

◀ 'VALUE1(예제)' 시트

**정답** [C5] 셀에 「=VALUE(B5)」를 입력하고 [C10] 셀까지 수식 복사

② [표2]의 데이터를 이용하여 [표1]의 [C3:C11] 영역에 '부서명'을 찾아 구하시오.
▶ 코드는 업무코드의 첫째 자리 숫자를 이용하시오.
▶ LEFT, VALUE, VLOOKUP 함수를 이용하시오.

| | A | B | C | D | E | F | G | H | I |
|---|---|---|---|---|---|---|---|---|---|
| 1 | [표1] | | | | [표2] | | | | |
| 2 | 성명 | 업무코드 | 부서명 | | 코드 | 팀1 | 팀2 | 부서명 | |
| 3 | 조예슬 | 13 | | | 1 | 입고 | 출고 | 총무부 | |
| 4 | 김세환 | 35 | | | 2 | 인사 | 급여 | 인사부 | |
| 5 | 김형대 | 43 | | | 3 | 내수 | 수출 | 영업부 | |
| 6 | 박영훈 | 53 | | | 4 | 국내 | 해외 | 기술지원부 | |
| 7 | 방극준 | 22 | | | 5 | 관리 | 실무 | 비서실 | |
| 8 | 안기순 | 63 | | | 6 | 기획 | 내사 | 감사실 | |
| 9 | 안유경 | 54 | | | | | | | |
| 10 | 유용구 | 14 | | | | | | | |
| 11 | 이원섭 | 54 | | | | | | | |
| 12 | | | | | | | | | |

◀ 'VALUE2(예제)' 시트

**정답** [C3] 셀에 「=VLOOKUP(VALUE(LEFT(B3,1)),$E$3:$H$8,4,0)」를 입력하고 [C11] 셀까지 수식 복사

## ⓐ 두 텍스트 값이 정확하게 일치(EXACT)하는지 검사하자.

| 형식 | =EXACT(텍스트1, 텍스트2) | |
|---|---|---|
| 사용방법 | =EXACT("EXCEL","EXCEL")<br>=EXACT("EXCEL","excel") | → TRUE<br>→ FALSE |

① 텍스트1[A3:A8]과 텍스트2[B3:B8] 값이 정확하게 일치하는지를 동일여부[C3:C8]에 표시하시오.
▶ EXACT 함수 사용

|  | A | B | C | D |
|---|---|---|---|---|
| 1 |  |  |  |  |
| 2 | 텍스트1 | 텍스트2 | 동일여부 |  |
| 3 | 쉽게 배우는 엑셀 | 쉽게    배우는 엑셀 |  |  |
| 4 | 컴퓨터 | 컴퓨터 |  |  |
| 5 | EXCEL | EXCEL |  |  |
| 6 | EXCEL | excel |  |  |
| 7 | 함수 찾기 | 함수 찾기 |  |  |
| 8 | 120000 | 122100 |  |  |
| 9 |  |  |  |  |

◀ 'EXACT(예제)' 시트

**정답** [C3] 셀에 「=EXACT(A3,B3)」를 입력하고 [C8] 셀까지 수식 복사

**기적의 TIP**
EXACT는 대/소문자와 띄어쓰기를 구분합니다.

## ⓑ 원하는 텍스트를 찾아보자(FIND).

| 형식 | =FIND(찾을 텍스트, 찾을 텍스트를 포함한 텍스트) | |
|---|---|---|
| 사용방법 | =FIND("X","EXCEL") | → 2 |

① 책[A3:A8]에서 "#" 앞에 있는 책이름만을 추출하여 [B3:B8]에 표시하시오.
▶ FIND 함수 사용

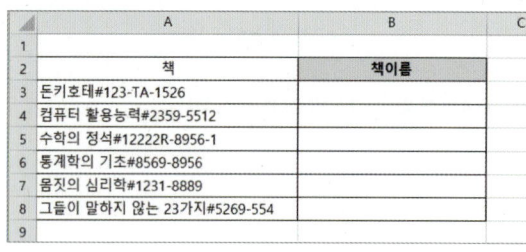

◀ 'FIND(예제)' 시트

**정답** [B3] 셀에 「=MID(A3,1,FIND("#",A3)-1)」를 입력하고 [B8] 셀까지 수식 복사

**기적의 TIP**
1. 찾고자 하는 텍스트가 있으면 위치 값을, 없으면 #VALUE! 오류 메세지를 반환합니다.
2. 대소문자를 구분하며 와일드카드 문자(*,?)를 사용할 수 없습니다.

## 수학과 삼각 함수(수학과 삼각.xlsx 파일 이용)

### 01 총합(SUM)을 구하자.

| 형식 | =SUM(수치1, 수치2, ...) | |
|---|---|---|
| 사용방법 | =SUM(10,20,30) | → 60 |

① 각 지점의 재고수량[D4:D10]을 누계하여 재고누계[E4:E10]에 표시하시오.
▶ SUM, SUMIF, DSUM 중 알맞은 함수를 선택하여 사용

|   | A | B | C | D | E | F |
|---|---|---|---|---|---|---|
| 1 |   | 지점별 재고 현황 | | | | |
| 2 |   | | | | 단위: 대 | |
| 3 | 지점 | 매입수량 | 판매수량 | 재고수량 | 재고누계 | |
| 4 | 부산 | 3,382 | 3,299 | 83 | | |
| 5 | 영등포 | 2,290 | 1,567 | 723 | | |
| 6 | 강북 | 3,457 | 3,420 | 37 | | |
| 7 | 강서 | 1,578 | 1,578 | - | | |
| 8 | 강동 | 2,106 | 2,000 | 106 | | |
| 9 | 강남 | 4,250 | 4,239 | 11 | | |
| 10 | 광주 | 2,350 | 2,278 | 72 | | |

◀ 'SUM1(예제)' 시트

**정답** [E4] 셀에 「=SUM($D$4:D4)」를 입력하고 [E10] 셀까지 수식 복사

② 필기 시험 평가에서 영어[B3:B10], 전산[C3:C10], 상식[D3:D10]의 세 과목합계가 270 이상이면 '우수상', 그 외에는 공란으로 평가[E3:E10]에 표시하시오.
▶ IF, SUM 함수 사용

|   | A | B | C | D | E | F |
|---|---|---|---|---|---|---|
| 1 | 필기 시험 평가 | | | | | |
| 2 | 성명 | 영어 | 전산 | 상식 | 평가 | |
| 3 | 장혁준 | 75 | 86 | 85 | | |
| 4 | 이선돌 | 92 | 89 | 94 | | |
| 5 | 민영호 | 50 | 98 | 90 | | |
| 6 | 곽태우 | 55 | 90 | 95 | | |
| 7 | 전준호 | 65 | 85 | 70 | | |
| 8 | 박태식 | 75 | 65 | 40 | | |
| 9 | 차만석 | 86 | 100 | 95 | | |
| 10 | 이미자 | 85 | 68 | 98 | | |

◀ 'SUM2(예제)' 시트

**정답** [E3] 셀에 「=IF(SUM(B3:D3)>=270,"우수상","")」를 입력하고 [E10] 셀까지 수식 복사

**16** 텍스트를 주어진 횟수만큼 반복(REPT)하자.

| 형식 | =REPT(반복할 텍스트, 반복할 횟수) | |
|---|---|---|
| 사용방법 | =REPT("*",5) | → ***** |

① '★'를 포인트 점수만큼 도형으로 표시[C3:C7]에 반복해서 나타내시오.
▶ REPT 함수 사용

| | A | B | C | D |
|---|---|---|---|---|
| 1 | | | | |
| 2 | 이름 | 포인트 점수 | 도형으로 표시 | |
| 3 | 김승윤 | 3 | | |
| 4 | 장미진 | 6 | | |
| 5 | 김지형 | 7 | | |
| 6 | 이승운 | 8 | | |
| 7 | 강혜정 | 2 | | |
| 8 | | | | |

◀ 'REPT(예제)' 시트

**정답** [C3] 셀에 「=REPT("★",B3)」를 입력하고 [C7] 셀까지 수식 복사

**기적의 TIP**
REPT 함수의 결과는 32,767자 이하여야 하며 이보다 긴 경우 #VALUE! 오류 메세지가 반환됩니다.

---

**17** 텍스트 값에서 다른 텍스트 값(SEARCH)을 찾아 시작 위치를 구하자.

| 형식 | =SEARCH(찾을 텍스트, 찾을 텍스트가 포함한 텍스트) | |
|---|---|---|
| 사용방법 | =SEARCH("n","printer") | → 4 |

① 내용[B3:B7]에서 찾는 문자[A3:A7]를 찾아 시작위치를 SEARCH[C3:C7]에 표시하시오.
▶ SEARCH 함수 사용

| | A | B | C | D |
|---|---|---|---|---|
| 1 | | | | |
| 2 | 찾는 문자 | 내용 | SEARCH | |
| 3 | 터 | 컴퓨터활용능력 | | |
| 4 | C | Justice | | |
| 5 | 워 | 쉽게 배워 폼나게 활용하자 | | |
| 6 | m | ULTRA GMAT | | |
| 7 | 백합 | 수요일에는 빨간 장미를 | | |
| 8 | | | | |

▲ 'SEARCH(예제)' 시트

| | A | B | C | D |
|---|---|---|---|---|
| 1 | | | | |
| 2 | 찾는 문자 | 내용 | SEARCH | |
| 3 | 터 | 컴퓨터활용능력 | 3 | |
| 4 | C | Justice | 6 | |
| 5 | 워 | 쉽게 배워 폼나게 활용하자 | 5 | |
| 6 | m | ULTRA GMAT | 8 | |
| 7 | 백합 | 수요일에는 빨간 장미를 | #VALUE! | |
| 8 | | | | |

▲ 'SEARCH(결과)' 시트

**정답** [C3] 셀에 「=SEARCH(A3,B3)」를 입력하고 [C7] 셀까지 수식 복사

**기적의 TIP**
1. 찾고자 하는 텍스트가 있으면 위치 값을, 없으면 #VALUE! 오류 메세지를 반환합니다.
2. 대소문자를 구분하지 않으며 와일드카드 문자(*,?)를 사용할 수 있습니다.

## 02 반올림(ROUND)을 하자.

| 형식 | =ROUND(수치, 자릿수) | | | |
|---|---|---|---|---|
| 사용방법 | =ROUND(3.14156,2) | → 3.14 | =ROUND(1567,-2) | → 1600 |

① 측정치[B4:B8]를 소수점 둘째 자리까지 나타나도록 조정하여 조정 측정치[C4:C8]에 표시하시오.

▶ ROUND, ROUNDDOWN, ROUNDUP 함수 중 알맞은 함수를 이용
▶ 단, 소수점 이하 3번째 자리에서 반올림함

|  | A | B | C | D |
|---|---|---|---|---|
| 1 | 서울 산성비(Ph) 측정 현황 | | | |
| 2 | | | | |
| 3 | 조사시기 | 측정치 | 조정 측정치 | |
| 4 | 2026. 6 | 6.35479 | | |
| 5 | 2026. 5 | 6.213459 | | |
| 6 | 2026. 4 | 6.285789 | | |
| 7 | 2026. 3 | 5.784565 | | |
| 8 | 2026. 2 | 6.012423 | | |
| 9 | | | | |

◀ 'ROUND1(예제)' 시트

**정답** [C4] 셀에 「=ROUND(B4,2)」를 입력하고 [C8] 셀까지 수식 복사

② '출신고'가 '우주고'인 학생들의 종합[E3:E12] 점수의 평균을 구하여 [C15]에 표시하시오.

▶ 우주고 종합 평균은 소수점 이하 둘째 자리에서 반올림하여 표시하시오. [표시 예 : 64.66 → 64.7]
▶ ROUND와 DAVERAGE 함수 사용

|  | A | B | C | D | E | F |
|---|---|---|---|---|---|---|
| 1 | 경시대회 성적 | | | | | |
| 2 | 성명 | 출신고 | 필기 | 실기 | 종합 | |
| 3 | 고영인 | 우주고 | 77 | 97 | 87 | |
| 4 | 성수영 | 대한고 | 77 | 89 | 83 | |
| 5 | 은혜영 | 상공고 | 56 | 76 | 66 | |
| 6 | 남민철 | 대한고 | 88 | 80 | 84 | |
| 7 | 구정철 | 우주고 | 88 | 93 | 90.5 | |
| 8 | 박대철 | 우주고 | 91 | 67 | 79 | |
| 9 | 전소영 | 상공고 | 85 | 56 | 70.5 | |
| 10 | 여혜경 | 우주고 | 76 | 89 | 82.5 | |
| 11 | 기민해 | 대한고 | 34 | 90 | 62 | |
| 12 | 변진철 | 상공고 | 59 | 91 | 75 | |
| 13 | | | | | | |
| 14 | | | 우주고 종합 평균 | | | |
| 15 | | | | | | |
| 16 | | | | | | |

◀ 'ROUND2(예제)' 시트

**정답** [C15] 셀에 「=ROUND(DAVERAGE(A2:E12,E2,B2:B3),1)」를 입력

## 03 올림(ROUNDUP)을 하자.

| 형 식 | =ROUNDUP(수치, 자릿수) | | | |
|---|---|---|---|---|
| 사용방법 | =ROUNDUP(3.14156,2) | → 3.15 | =ROUNDUP(1567,-2) | → 1600 |

① 품목[A4:A8]이 '세탁기'인 자료의 매출액[D3:D8]의 합계를 구하여 [E5] 셀에 표시하시오.

▶ 세탁기 품목의 매출액합계는 백 단위에서 올림하여 천 단위까지 표기
   [표시 예 : 124,780 → 125,000]
▶ DSUM과 ROUNDUP 함수 사용

| | A | B | C | D | E | F | G | H |
|---|---|---|---|---|---|---|---|---|
| 1 | 가전제품 판매현황 | | | | | | | |
| 2 | 품목 | 수량 | 단가 | 매출액 | | | | |
| 3 | 세탁기 | 15 | 1,575 | 23,625 | | | | |
| 4 | DVD 재생 | 20 | 3,287 | 65,740 | 세탁기 품목의 매출액합계 | | | |
| 5 | 냉장고 | 13 | 1,795 | 23,335 | | | | |
| 6 | DVD 재생 | 18 | 3,687 | 66,366 | | | | |
| 7 | 세탁기 | 11 | 2,874 | 31,614 | | | | |
| 8 | 세탁기 | 15 | 12,959 | 194,385 | | | | |
| 9 | | | | | | | | |

◀ 'ROUNDUP(예제)' 시트

**정답** [E5] 셀에 「=ROUNDUP(DSUM(A2:D8,D2,A2:A3),-3)」를 입력

## 04 내림(ROUNDDOWN)을 하자.

| 형 식 | =ROUNDDOWN(수치, 자릿수) | | | |
|---|---|---|---|---|
| 사용방법 | =ROUNDDOWN(3.14156,2) | → 3.14 | =ROUNDDOWN(1567,-2) | → 1500 |

① 총지급액[D4:D9]을 다음과 같이 조정하여 조정지급액[E4:E9]에 표시하시오.

▶ 천 단위 미만은 내림하여 표시할 것 [표시 예 : 521,663 → 521,000]
▶ ROUND, ROUNDUP, ROUNDDOWN 중 알맞은 함수를 이용

| | A | B | C | D | E | F |
|---|---|---|---|---|---|---|
| 1 | 휴가비 지급 내역서 | | | | | |
| 2 | | | | | (단위:원) | |
| 3 | 사원명 | 휴가비 | 특별휴가비 | 총지급액 | 조정지급액 | |
| 4 | 김성원 | 234,543 | 33,345 | 267,888 | | |
| 5 | 최지성 | 455,654 | 65,655 | 521,309 | | |
| 6 | 노재성 | 576,767 | 56,565 | 633,332 | | |
| 7 | 성지영 | 565,454 | 57,678 | 623,132 | | |
| 8 | 피천동 | 787,897 | 76,766 | 864,663 | | |
| 9 | 심양섭 | 788,877 | 78,787 | 867,664 | | |
| 10 | | | | | | |

◀ 'ROUNDDOWN(예제)' 시트

**정답** [E4] 셀에 「=ROUNDDOWN(D4,-3)」를 입력하고 [E9] 셀까지 수식 복사

## 05 조건에 맞는 값의 총합(SUMIF)을 구하자.

| 형식 | =SUMIF(범위, 검색조건, 합계범위) | |
|---|---|---|
| 사용방법 | =SUMIF(A1:A10,">=40",C1:C10) | [A1:A10] 영역의 수치에서 40 이상의 데이터가 있는 경우에 [C1:C10] 에 대응하는 곳에 있는 데이터의 합계를 구함 |

① 경력[C3:C7]이 10년 이상 되는 사원의 수당[D3:D7]의 합을 [D8]에 구하시오.

▶ SUMIF, COUNTIF 중 알맞은 함수를 선택하여 사용

| | A | B | C | D | E |
|---|---|---|---|---|---|
| 1 | | 사원 현황 | | | |
| 2 | | 이름 | 경력 | 수당 | |
| 3 | | 이민호 | 17 | 100,000 | |
| 4 | | 최창수 | 10 | 60,000 | |
| 5 | | 박지은 | 15 | 80,000 | |
| 6 | | 연지연 | 2 | 20,000 | |
| 7 | | 한상호 | 5 | 40,000 | |
| 8 | | 10년 이상 사원 수당 합 | | | |
| 9 | | | | | |

◀ 'SUMIF1(예제)' 시트

**정답** [D8] 셀에 「=SUMIF(C2:C7,">=10",D2:D7)」, 또는 「=SUMIF(C3:C7,">=10",D3:D7)」를 입력

② A-Market, B-Market의 가격차이[D2:D7]가 0보다 작은 A-Market의 상품의 가격합계를 [F7] 셀에 표시하시오.

▶ SUMIF, COUNTIF 중 알맞은 함수 사용

| | A | B | C | D | E | F | G |
|---|---|---|---|---|---|---|---|
| 1 | 상품 | A-Market | B-Market | 가격차이 | | | |
| 2 | 어린이바스 | 5,490 | 4,980 | 510 | | | |
| 3 | 바디클린저 | 6,470 | 5,100 | 1,370 | | | |
| 4 | 헤어샴푸 | 5,520 | 5,100 | 420 | | | |
| 5 | 선크림 | 6,500 | 7,400 | -900 | | | |
| 6 | 풋케어1 | 5,200 | 4,800 | 400 | | A-Market | |
| 7 | 핸드케어 | 4,800 | 5,200 | -400 | | | |
| 8 | | | | | | | |

◀ 'SUMIF2(예제)' 시트

**정답** [F7] 셀에 「=SUMIF(D2:D7,"<0",B2:B7)」를 입력

③ 판매금액[D3:D15]을 이용하여 상공문고의 판매금액 합계를 [D17:D19] 영역에 표시하시오.

▶ 상공문고 판매금액 합계의 십의 자리는 올림하여 표시하시오. [표시 예 : 905,994 → 906,000]
▶ ROUNDUP와 SUMIF 함수 사용

| | A | B | C | D | E |
|---|---|---|---|---|---|
| 1 | 도서 거래 현황 | | | | |
| 2 | 서점명 | 출고단가 | 거래량 | 판매금액 | |
| 3 | 세종서점 | 5763 | 15 | 86,445 | |
| 4 | 상공문고 | 4567 | 21 | 95,907 | |
| 5 | 대한서적 | 4532 | 16 | 72,512 | |
| 6 | 대한서적 | 6231 | 17 | 105,927 | |
| 7 | 세종서점 | 6520 | 18 | 117,360 | |
| 8 | 상공문고 | 9870 | 32 | 315,840 | |
| 9 | 세종서점 | 7450 | 25 | 186,250 | |
| 10 | 대한서적 | 6543 | 18 | 117,774 | |
| 11 | 상공문고 | 6289 | 23 | 144,647 | |
| 12 | 대한서적 | 5546 | 23 | 127,558 | |
| 13 | 세종서점 | 6800 | 25 | 170,000 | |
| 14 | 대한서적 | 8700 | 25 | 217,500 | |
| 15 | 상공문고 | 7600 | 46 | 349,600 | |
| 16 | | | | | |
| 17 | | 상공문고 판매금액 합계 | | | |
| 18 | | 세종서점 판매금액 합계 | | | |
| 19 | | 대한서적 판매금액 합계 | | | |
| 20 | | | | | |

◀ 'SUMIF3(예제)' 시트

**정답** [D17] 셀에 「=ROUNDUP(SUMIF($A$3:$A$15,B17,$D$3:$D$15),-2)」를 입력하고 [D19] 셀까지 수식 복사

④ 집행금액이 200,000 이상 300,000 미만인 금액의 총합을 구하여 [D3] 셀에 표시하시오.
▶ SUMIF 함수 사용

| | A | B | C | D | E | F | G |
|---|---|---|---|---|---|---|---|
| 1 | | 대출금 집행내역 | | | | | |
| 2 | 이름 | 날짜 | 집행금액 | 200000~300000원 집행금액의 합계 | | | |
| 3 | 김미라 | 04월 02일 | 250,000 | | | | |
| 4 | 강은철 | 04월 05일 | 345,000 | | | | |
| 5 | 고아라 | 04월 08일 | 705,000 | | | | |
| 6 | 김성일 | 04월 15일 | 120,000 | | | | |
| 7 | 감우성 | 04월 17일 | 234,000 | | | | |
| 8 | 오빈나 | 04월 21일 | 123,500 | | | | |
| 9 | 김시은 | 04월 28일 | 258,000 | | | | |
| 10 | | | | | | | |

◀ 'SUMIF4(예제)' 시트

**정답** [D3] 셀에 「=SUMIF(C3:C9,">=200000",C3:C9)-SUMIF(C3:C9,">=300000",C3:C9)」, 또는 「=SUMIF(C3:C9,">=200000")-SUMIF(C3:C9,">=300000")」를 입력

## 06 절대값(ABS)을 구하자.

| 형식 | =ABS(수치) | |
|---|---|---|
| 사용방법 | =ABS(-2002) | → 2002(절대값은 음수와 양수에서 +, -를 뗀 수를 말함) |

① '신촌' 소속의 영업평가의 합계와 '종로' 소속의 영업평가의 합계의 차이를 구하여 [B15] 셀에 절대값으로 표시하시오.

▶ ABS와 SUMIF 함수 사용

| | A | B | C | D |
|---|---|---|---|---|
| 1 | 영업실적 현황 | | | |
| 2 | 성명 | 소속 | 영업평가 | |
| 3 | 박정호 | 신촌 | 73 | |
| 4 | 신정희 | 종로 | 92 | |
| 5 | 김용태 | 구로 | 98 | |
| 6 | 김진영 | 신촌 | 65 | |
| 7 | 유현숙 | 종로 | 69 | |
| 8 | 최정렬 | 신촌 | 80 | |
| 9 | 강창회 | 신촌 | 86 | |
| 10 | 천영주 | 종로 | 85 | |
| 11 | 박인수 | 구로 | 68 | |
| 12 | 장인구 | 종로 | 80 | |
| 13 | | | | |
| 14 | | 영업평가 차이값 | | |
| 15 | | | | |
| 16 | | | | |

◀ 'ABS1(예제)' 시트

**정답** [B15] 셀에 「=ABS(SUMIF(B3:B12,"신촌",C3:C12)-SUMIF(B3:B12,"종로",C3:C12))」를 입력

② 판매점[A3:A9]이 '중구'인 냉장고[B3:B9]의 최대수량에서 판매점[A3:A9]이 '중구'인 세탁기[D3:D9]의 최소수량의 차이를 구하여 [A12] 셀에 표시하시오.

▶ 중구지점의 냉장고 최대수량과 중구지점의 세탁기 최소수량의 차이는 항상 양수 값을 갖도록 계산
▶ ABS, DMAX, DMIN 함수 사용

| | A | B | C | D | E | F | G |
|---|---|---|---|---|---|---|---|
| 1 | 매출 판매 수량 집계 | | | | (단위 : 대) | | |
| 2 | 판매점 | 냉장고 | 홈시어터 | 세탁기 | 합계 | | |
| 3 | 중구 | 78 | 86 | 75 | 239 | | |
| 4 | 동구 | 85 | 86 | 95 | 266 | | |
| 5 | 중구 | 98 | 78 | 98 | 274 | | |
| 6 | 북구 | 100 | 95 | 98 | 293 | | |
| 7 | 동구 | 85 | 75 | 75 | 235 | | |
| 8 | 중구 | 100 | 95 | 98 | 293 | | |
| 9 | 북구 | 85 | 75 | 75 | 235 | | |
| 10 | | | | | | | |
| 11 | 중구지점의 냉장고 최대수량과 중구지점의 세탁기 최소수량의 차이 | | | | | | |
| 12 | | | | | | | |
| 13 | | | | | | | |

◀ 'ABS2(예제)' 시트

**정답** [A12] 셀에 「=ABS(DMAX(A2:E9,B2,A2:A3)-DMIN(A2:E9,D2,A2:A3))」를 입력

## 07 나눗셈의 나머지(MOD)를 구하자.

| 형 식 | =MOD(수치, 나누는 수) | |
|---|---|---|
| 사용방법 | =MOD(10,3) | → 1 |

① 각 품목의 생산량[B2:B6]을 상자당 개수[C2:C6]에 맞추어 상자에 담아 출하시키고 남는 나머지[D2:D6]를 표시하시오.

▶ MOD, MODE.SNGL, INT 중 알맞은 함수를 선택하여 사용

| | A | B | C | D | E |
|---|---|---|---|---|---|
| 1 | 품목 | 생산량 | 상자당 개수 | 나머지 | |
| 2 | 사과 | 250 | 24 | | |
| 3 | 배 | 170 | 16 | | |
| 4 | 복숭아 | 330 | 30 | | |
| 5 | 오렌지 | 290 | 17 | | |
| 6 | 감 | 560 | 34 | | |
| 7 | | | | | |

◀ 'MOD1(예제)' 시트

**정답** [D2] 셀에 「=MOD(B2,C2)」를 입력하고 [D6] 셀까지 수식 복사

② 세대수[B3:B11]의 숫자가 짝수이면 짝수, 홀수이면 홀수라고 짝홀수[C3:C11]에 표시하시오.

▶ IF와 MOD 함수 사용

| | A | B | C | D |
|---|---|---|---|---|
| 1 | 지역별 세대수 현황 | | | |
| 2 | 지역 | 세대수 | 짝홀수 | |
| 3 | 경기도 | 253,875 | | |
| 4 | 강원도 | 150,770 | | |
| 5 | 충청북도 | 159,441 | | |
| 6 | 충청남도 | 270,016 | | |
| 7 | 전라북도 | 269,507 | | |
| 8 | 전라남도 | 408,708 | | |
| 9 | 경상북도 | 405,806 | | |
| 10 | 경상남도 | 355,713 | | |
| 11 | 제주도 | 48,996 | | |
| 12 | | | | |

◀ 'MOD2(예제)' 시트

**정답** [C3] 셀에 「=IF(MOD(B3,2)=0,"짝수","홀수")」를 입력하고 [C11] 셀까지 수식 복사

③ 차량번호[A4:A8]를 이용하여 차량 5부제를 실시하려 한다. 차량번호의 끝자리가 1과 6인 경우 '월', 2와 7인 경우 '화', 3과 8인 경우 '수', 4와 9인 경우 '목', 5와 0인 경우 '금'으로 쉬는날[C4:C8] 영역에 표시하시오.

▶ IF, MOD, RIGHT 함수 사용

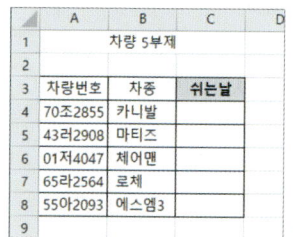

◀ 'MOD3(예제)' 시트

**정답** [C4] 셀에 「=IF(MOD(RIGHT(A4,1),5)=1,"월",IF(MOD(RIGHT(A4,1),5)=2,"화",IF(MOD(RIGHT(A4,1),5)=3,"수",IF(MOD(RIGHT(A4,1),5)=4,"목","금"))))」를 입력하고 [C8] 셀까지 수식 복사

## 08 수치를 넘지 않는 최대 정수(INT)를 구하자.

| 형식 | =INT(수치) | | | |
|---|---|---|---|---|
| 사용방법 | =INT(3.14156) | → 3 | =INT(-10.8) | → -11 |

① 건구온도와 습구온도를 이용하여, 불쾌지수[D3:D9]를 표시하시오.

▶ 불쾌지수 = (건구온도 + 습구온도) X 0.72 + 40.6
▶ 불쾌지수는 정수로 표시하시오. [표시 예 : 66.736 → 66]
▶ ABS, INT, FACT, RAND, PI 중 알맞은 함수 사용

| | A | B | C | D | E |
|---|---|---|---|---|---|
| 1 | | | | | |
| 2 | 일자 | 건구온도 | 습구온도 | 불쾌지수 | |
| 3 | 08월 15일 | 30.4 | 30 | | |
| 4 | 08월 16일 | 29.6 | 45 | | |
| 5 | 08월 17일 | 28.7 | 32 | | |
| 6 | 08월 18일 | 26.3 | 10 | | |
| 7 | 08월 19일 | 26.7 | 15 | | |
| 8 | 08월 20일 | 25 | 20 | | |
| 9 | 08월 21일 | 23.1 | 30 | | |
| 10 | | | | | |

◀ 'INT(예제)' 시트

**정답** [D3] 셀에 「=INT((B3+C3)*0.72+40.6)」를 입력하고 [D9] 셀까지 수식 복사

## 09 소수점 아래를 버린 정수(TRUNC)를 구하자.

| 형식 | =TRUNC(수치, [자리수]) | | | |
|---|---|---|---|---|
| 사용방법 | =TRUNC(3.14156) | → 3 | =TRUNC(-10.8) | → -10 |

① 각 학생들의 중간, 수행, 기말 점수에 대한 평균을 구하여 평균[E3:E9]에 표시하시오.
▶ 반올림 없이 소수 이하 첫째자리까지 표시하시오. [표시 예 : 94.37 → 94.3]
▶ AVERAGE와 TRUNC 함수 사용

| | A | B | C | D | E |
|---|---|---|---|---|---|
| 1 | 1학기 국어 성적 | | | | |
| 2 | 성명 | 중간 | 수행 | 기말 | 평균 |
| 3 | 김정훈 | 78.45 | 45.78 | 87.23 | |
| 4 | 오석현 | 88.79 | 87.34 | 90.45 | |
| 5 | 이영선 | 92.45 | 80.23 | 78.23 | |
| 6 | 임현재 | 88.45 | 77.54 | 98.56 | |
| 7 | 남정왕 | 88.66 | 89.12 | 89.54 | |
| 8 | 고문섭 | 90 | 90.23 | 77.45 | |
| 9 | 라동훈 | 48.54 | 94.35 | 67.79 | |

◀ 'TRUNC(예제)' 시트

**정답** [E3] 셀에 「=TRUNC(AVERAGE(B3:D3),1)」를 입력하고 [E9] 셀까지 수식 복사

**함수 설명**
INT와 TRUNC의 양의 값은 서로 같은 값을 결과로 산출하지만, 음의 값에서는 INT(수치)=TRUNC(수치) – 1이 성립된다.

## 10 수치를 모두 곱(PRODUCT)한 결과를 계산하자.

| 형식 | =PRODUCT(수치1, 수치2, ...) | |
|---|---|---|
| 사용방법 | =PRODUCT(2,3,5) | → 30(= 2 × 3 × 5) |

① 판매량[C3:C11], 단가[D3:D11], 원가비율[E3:E11]을 이용한 구입원가[F3:F11]를 반드시 함수를 사용하여 구하시오.
▶ 구입원가 = 판매량 × 단가 × 원가비율
▶ SUM, AVERAGE, PRODUCT 중 알맞은 함수 사용

| | A | B | C | D | E | F | G |
|---|---|---|---|---|---|---|---|
| 1 | 제품별 판매 현황 | | | | | | 단위:천원 |
| 2 | 제품코드 | 등급 | 판매량 | 단가 | 원가비율 | 구입원가 | 할인율 |
| 3 | tv-a | 고급형 | 35 | 1,200 | 70% | | 3% |
| 4 | tv-b | 중급형 | 60 | 800 | 60% | | 5% |
| 5 | tv-c | 보급형 | 120 | 600 | 55% | | 10% |
| 6 | vtr-b | 중급형 | 10 | 800 | 70% | | 0% |
| 7 | vtr-b | 중급형 | 34 | 1,200 | 60% | | 3% |
| 8 | vtr-c | 보급형 | 60 | 800 | 55% | | 5% |
| 9 | aud-a | 고급형 | 25 | 600 | 70% | | 0% |
| 10 | aud-b | 중급형 | 54 | 800 | 60% | | 5% |
| 11 | aud-c | 고급형 | 110 | 500 | 55% | | 10% |

▲ 'PRODUCT(예제)' 시트

**정답** [F3] 셀에 「=PRODUCT(C3,D3,E3)」를 입력하고 [F11] 셀까지 수식 복사

## ⑪ 배열의 해당 요소를 모두 곱하여 합(SUMPRODUCT)을 계산하자.

| 형식 | =SUMPRODUCT(배열1,[,배열2,배열3, ...]) | |
|---|---|---|
| 사용방법 | =SUMPRODUCT(A1:C3,A5:C7) | 2개의 배열, 즉 [A1:C3]와 [A5:C7]에서 대응하는 요소의 곱한 결과의 합계를 계산함 |

### ① [표2]의 [G7:G11] 영역에 개인별 투자성적 평균점수를 계산하여 표시하시오.

▶ '평균점수'는 각 연습의 성적에 연습별 가중치를 곱한 값들의 합으로 계산
▶ 연습별 가중치는 [표1]의 영역 참조
▶ '평균점수'는 소수점 이하 첫째 자리에서 반올림하여 표시하시오. [표시 예 : 80.0 → 80]
▶ ROUND와 SUMPRODUCT 함수 사용

| | A | B | C | D | E | F | G | H |
|---|---|---|---|---|---|---|---|---|
| 1 | | [표1] | | | | | | |
| 2 | | 구분 | 연습1 | 연습2 | 연습3 | 연습4 | | |
| 3 | | 가중치 | 10% | 20% | 30% | 40% | | |
| 4 | | | | | | | | |
| 5 | | [표2] | | | | | | |
| 6 | | 이름 | 연습1 | 연습2 | 연습3 | 연습4 | 평균점수 | |
| 7 | | 김세환 | 85 | 60 | 85 | 85 | | |
| 8 | | 황선철 | 90 | 93 | 71 | 90 | | |
| 9 | | 유제관 | 75 | 80 | 71 | 60 | | |
| 10 | | 고수정 | 85 | 82 | 63 | 90 | | |
| 11 | | 도경민 | 89 | 79 | 91 | 93 | | |
| 12 | | | | | | | | |

◀ 'SUMPRODUCT1(예제)' 시트

**정답** [G7] 셀에 「=ROUND(SUMPRODUCT(C7:F7,$C$3:$F$3),0)」를 입력하고 [G11] 셀까지 수식 복사

### ② [G7:G12]의 영역에 평가점수를 계산하여 표시하시오.

▶ '평가점수'는 각 항목 점수에 항목별 가중치를 곱한 값들의 합으로 계산
▶ 항목별 가중치는 [표1]의 [A2:E3] 영역 참조
▶ SUMPRODUCT 함수 사용

| | A | B | C | D | E | F | G | H |
|---|---|---|---|---|---|---|---|---|
| 1 | [표1] | | 항목별 가중치 | | | | | |
| 2 | 항목 | | 직무수행 | 이해판단 | 성실책임 | 절충협조 | | |
| 3 | 가중치 | | 30% | 20% | 30% | 20% | | |
| 4 | | | | | | | | |
| 5 | [표2] | | | | | | | |
| 6 | 부서명 | 이름 | 직무수행 | 이해판단 | 성실책임 | 절충협조 | 평가점수 | |
| 7 | 기획실 | 이나영 | 82 | 56 | 77 | 91 | | |
| 8 | 기획실 | 방극준 | 85 | 70 | 78 | 62 | | |
| 9 | 기술부 | 이원섭 | 91 | 62 | 70 | 82 | | |
| 10 | 기술부 | 정태은 | 92 | 90 | 78 | 85 | | |
| 11 | 기획실 | 최재석 | 87 | 85 | 82 | 70 | | |
| 12 | 관리부 | 최준기 | 78 | 68 | 78 | 91 | | |
| 13 | | | | | | | | |

◀ 'SUMPRODUCT2(예제)' 시트

**정답** [G7] 셀에 「=SUMPRODUCT(C7:F7,$B$3:$E$3)」를 입력하고 [G12] 셀까지 수식 복사

## ⑫ 정방행렬의 행렬식(MDETERM)을 구하자.

| 형 식 | =MDETERM(배열) |
|---|---|
| 사용방법 | =MDETERM(A1:C3) <br> 3행 3열 행렬의 행렬식 : $\begin{pmatrix} 1 & 2 & 3 \\ 4 & 5 & 6 \\ 7 & 8 & 9 \end{pmatrix}$의 행렬식 → 27 |

① 배열[B5:D7]을 이용하여 행렬식을 구하여 보자.
▶ MDETERM 배열 함수 사용

◀ 'MDETERM(예제)' 시트

**정답** [C8] 셀에 「=MDETERM(B5:D7)」를 입력


## ⑬ 정방행렬의 역행렬(MINVERSE)을 구하자.

| 형 식 | =MINVERSE(배열) | |
|---|---|---|
| 사용방법 | =MINVERSE(A1:C3) | [A1:C3] 영역에 입력된 수치의 역행렬식을 계산함 |

① 배열[B5:D7]을 이용하여 역행렬식을 구하여 보자.
▶ MINVERSE 배열 함수 사용

◀ 'MINVERSE(예제)' 시트

**정답** [F3:H5] 영역을 범위 지정한 후 「=MINVERSE(B3:D5)」를 입력하고 [Ctrl]+[Shift]+[Enter]를 누름

## ⑭ 행렬의 곱(MMULT)을 구하자.

| 형 식 | =MMULT(배열1,배열2) | |
|---|---|---|
| 사용방법 | =MMULT(A1:B2,C1:D2) <br> 행렬 $\begin{Bmatrix} 1 & 2 \\ 1 & -1 \end{Bmatrix}$ 와 $\begin{Bmatrix} 0 & -1 \\ 2 & 1 \end{Bmatrix}$ 의 곱 | → 4 |

① 배열1[B3:D5]과 배열2[F3:H5]를 이용하여 행렬곱[B8:D10]을 구하여 보자.

▶ MMULT 배열 함수 사용

|   | A | B | C | D | E | F | G | H | I |
|---|---|---|---|---|---|---|---|---|---|
| 1 | | | | | | | | | |
| 2 | | | 배열1 | | | | 배열2 | | |
| 3 | | 1 | 3 | 7 | | 4 | 8 | 1 | |
| 4 | | 2 | 4 | 6 | | 5 | 5 | 2 | |
| 5 | | 9 | 12 | 15 | | 6 | 6 | 3 | |
| 6 | | | | | | | | | |
| 7 | | | 행렬의 곱 | | | | | | |
| 8 | | | | | | | | | |
| 9 | | | | | | | | | |
| 10 | | | | | | | | | |
| 11 | | | | | | | | | |

◀ 'MMULT(예제)' 시트

**정답** [B8:D10] 영역을 범위 지정한 후 「=MMULT(B3:D5,F3:H5)」를 입력하고 Ctrl + Shift + Enter 를 누름

## ⑮ 여러 조건을 만족하는 셀(SUMIFS)을 더하자.

| 형 식 | =SUMIFS(합계를 구할 범위, 조건 범위1, 조건1, 조건 범위2, 조건2, …) | |
|---|---|---|
| 사용방법 | =SUMIFS(A1:A20,B1:B20,")0",C1:C20,"⟨10") | → [B1:B20] 영역의 숫자가 0보다 크고, [C1:C20] 영역의 숫자가 10보다 작은 경우에 [A1:A20] 영역에서 합계를 구함 |

① 분류는 '스킨케어'이고, 브랜드는 '에뛰드하우스'인 가격의 합계를 구하여 [C15] 셀에 표시하시오.

▶ SUMIFS 함수 사용

|   | A | B | C | D | E |
|---|---|---|---|---|---|
| 1 | | | | | |
| 2 | 분류 | 브랜드 | 제품명 | 가격 | |
| 3 | 스킨케어 | 스킨푸드 | 블랙슈가 마스크 워시오프 | 7,700 | |
| 4 | 메이크업 | 바닐라코 | 스파클링 나이트 팔레트 | 28,000 | |
| 5 | 스킨케어 | 에뛰드하우스 | 리얼 아트 클렌징 오일 모이스처 | 12,800 | |
| 6 | 스킨케어 | 토니모리 | 인텐스 듀얼 이펙트 슬리핑팩 | 15,800 | |
| 7 | 스킨케어 | 이니스프리 | 에코사이언스 링클스팟 에센스 | 33,000 | |
| 8 | 메이크업 | 스킨푸드 | 생과일 립 앤 치크 | 6,000 | |
| 9 | 스킨케어 | 에뛰드하우스 | 수분 가득 콜라겐 퍼스트 원액 에센스 | 15,000 | |
| 10 | 베이스 메이크업 | 이니스프리 | 미네랄 멜팅 파운데이션 | 12,000 | |
| 11 | 베이스 메이크업 | 바닐라코 | 프라임 프라이머 클래식 | 18,000 | |
| 12 | 스킨케어 | 쏘내추럴 | 라이트 에너자이징 페이셜 트리트먼트 오일 | 24,000 | |
| 13 | | | | | |
| 14 | 분류 | 브랜드 | 가격 | | |
| 15 | 스킨케어 | 에뛰드하우스 | | | |
| 16 | | | | | |

◀ 'SUMIFS(예제)' 시트

**정답** [C15] 셀에 「=SUMIFS(D3:D12,A3:A12,A15,B3:B12,B15)」를 입력

## 재무 함수(재무.xlsx 파일 이용)

### 01 투자의 미래 가치를 산출하자(FV).

| 형 식 | =FV(이율, 납입횟수, 정기납입액, [현재가치], [납입시점]) | |
|---|---|---|
| 사용방법 | =FV(6%/12,36,-440000,,1) | → 17,394,426(납입시점이 0이면 기말, 1이면 기초) |

① 만기지급액을 [G2:G8] 영역에 계산하여 표시하시오.
- '만기지급액'은 5년간 연이율 4%로 매월 초에 예금한 후 매월 복리로 계산하여 만기에 찾게 되는 예금액으로 계산
- '만기지급액'은 백의 자리에서 올림하여 표시
- ROUNDUP과 FV 함수 사용

| | A | B | C | D | E | F | G | H |
|---|---|---|---|---|---|---|---|---|
| 1 | 사원번호 | 직위 | 배우자 | 부양가족 | 가족수당 | 월불입액 | 만기지급액 | |
| 2 | TN-012 | 과장 | 1 | 0 | 30,000 | 112,000 | | |
| 3 | TN-011 | 과장 | 0 | 0 | 0 | 81,300 | | |
| 4 | TN-010 | 과장 | 1 | 2 | 90,000 | 113,600 | | |
| 5 | TN-014 | 과장 | 1 | 0 | 30,000 | 112,000 | | |
| 6 | TN-015 | 대리 | 0 | 2 | 60,000 | 73,500 | | |
| 7 | TN-016 | 대리 | 0 | 1 | 30,000 | 71,400 | | |
| 8 | TN-017 | 대리 | 0 | 2 | 60,000 | 69,300 | | |
| 9 | | | | | | | | |
| 10 | | | | | | | | |

◀ 'FV1(예제)' 시트

**정답** [G2] 셀에 「=ROUNDUP(FV(4%/12,5*12,-F2,0,1),-3)」를 입력하고 [G8] 셀까지 수식 복사

② 3년 후에 자동차를 사기 위해 돈을 저축하려 한다. 매월 초에 500,000원씩 적립할 때 연 이율 5.5%가 매월 복리로 계산되어 적용된다. 그렇다면 3년 뒤에 예금한 돈은 얼마인가?
- FV 함수 사용

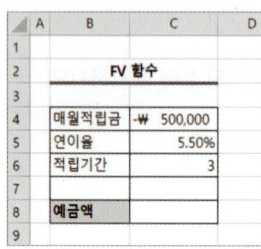

◀ 'FV2(예제)' 시트

**정답** [C8] 셀에 「=FV(C5/12,C6*12,C4,0,1)」를 입력

## 02 투자의 현재 가치를 산출하자(PV).

| 형 식 | =PV(이율, 납입횟수, 정기납입액, [미래가치], [납입시점]) | |
|---|---|---|
| 사용방법 | =PV(8%/12,36,-450000,0) | → 14,360,312 |

① 자동차를 구입하기 위해 15,000,000원을 대출 받았다. 연리 8%로 3년간 450,000원씩 갚아야 한다면 이 금액의 현재 가치는 얼마인가?

◀ 'PV1(예제)' 시트

**정답** [C9] 셀에 「=PV(C5/12,C6*12,-C7,0)」를 입력

② 1000만원씩 연 4.5% 이율로 예치시켜두었다면 2년 후의 1000만원의 현재가치는 얼마인가?

◀ 'PV2(예제)' 시트

**정답** [B5] 셀에 「=PV(B3,B4,-B2)」를 입력

## 03 투자의 실제 현재 가치를 산출하자(NPV).

| 형 식 | =NPV(할인율, 값1, 값2, ...) | |
|---|---|---|
| 사용방법 | =NPV(C10,C4:C9) | [C10] 셀의 이자율로 투자하여 [C4:C9] 영역의 연간 수입을 얻었을 때 현재 가치를 구함 |

① 지금부터 1년 후에 9,000,000을 투자하고, 앞으로 5년 동안 630만원, 242만원, 360만원, 63만원, 190만 원의 연간 수입을 얻었다면 5년 후의 현재 가치는 얼마인가? (연 할인율은 12%라고 가정한다.)

◀ 'NPV1(예제)' 시트

**정답** [C12] 셀에 「=NPV(C10,C4:C9)」를 입력

② 지금부터 1년 후 10,000,000을 투자하고, 앞으로 5년 동안 310만원, 320만원, 330만원, 350만원, 310만원의 연간 수입을 얻었다면 5년 후의 현재 가치는 얼마인가? (연 할인율은 7%라고 가정한다.)

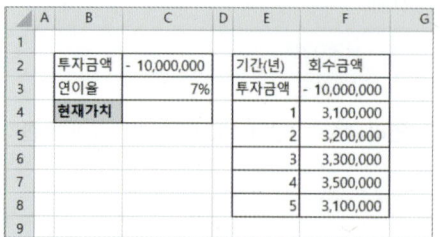

◀ 'NPV2(예제)' 시트

**정답** [C4] 셀에 「=NPV(C3,F3:F8)」를 입력

## 04 투자에 대한 정기 지불액을 산출하자(PMT).

| 형 식 | =PMT(이율, 불입총횟수, 현재가치, 미래가치, 기준) |
|---|---|
| 사용방법 | =PMT(C5/12,10*12,D5,E6,0) | 이율이 [C5] 셀 값일 때 10년 동안 [E6]셀 값만큼 모으려 할 때 매달 납입되는 값을 구함 |

① 연이율이 6%일 때 10년 동안 50,000,000원을 모으려면 매달 얼마씩 불입해야 하는가? (납입은 기말에 한다.)

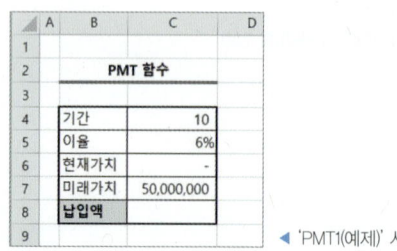

◀ 'PMT1(예제)' 시트

**정답** [C8] 셀에 「=PMT(C5/12,C4*12,C6,−C7,0)」를 입력

② 아파트를 분양 받기 위해 은행으로부터 3천만원을 대출 받았는데, 연 이율이 7%이고 5년에 걸쳐 원리금을 모두 상환하려면, 매달 얼마씩 갚아나가야 하는가?

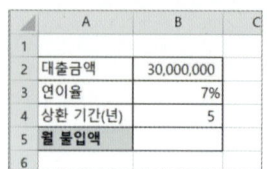

◀ 'PMT2(예제)' 시트

**정답** [B5] 셀에 「=PMT(B3/12,B4*12,−B2)」를 입력

## 05 자산의 감가상각액을 연수 정액법(SLN)으로 계산하자.

| 형 식 | =SLN(비용, 잔존가치, 내용연수) : 감가상각기준액을 자산의 기대내용년수 동안에 균등하게 배분하는 방법 | |
|---|---|---|
| 사용방법 | =SLN(30000,7500,10) | → 2250 |

① 33,540,000원의 차를 구입했을 경우 수명이 10년이고 잔존가치가 7,000,000원이라면 정액법에 의한 감가상각액이 얼마가 되는지 구해보자.

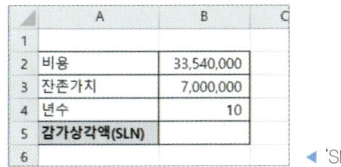

◀ 'SLN(예제)' 시트

**정답** [B5] 셀에 「=SLN(B2,B3,B4)」를 입력

## 06 자산의 감가상각액을 연수 합계법(SYD)으로 계산하자.

| 형 식 | =SYD(취득가치, 잔존가치, 내용연수, 기간) | |
|---|---|---|
| 사용방법 | =SYD(30000,7500,10,1) | → 4,091(1년차 연간 감가상각 준비금) |

① 33,540,000원의 차를 구입했을 경우 수명이 10년이고 잔존가치가 7,000,000원이라면 4년차의 감가상각액을 연수 합계법으로 얼마가 되는지 구해보자.

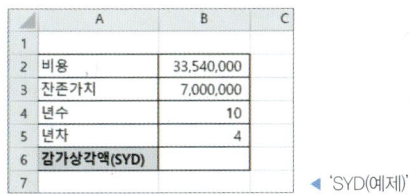

◀ 'SYD(예제)' 시트

**정답** [B6] 셀에 「=SYD(B2,B3,B4,B5)」를 입력

## 찾기와 참조 함수(찾기와 참조.xlsx 파일 이용)

### ① HLOOKUP 함수로 열의 셀 값을 구하자.

| 정 의 | 범위의 첫 행을 검색하여 지정한 행에서 해당하는 열의 셀 값을 구한다. |
|---|---|
| 형 식 | =HLOOKUP(검색값, 범위, 행번호, [검색유형])<br>**검사유형**<br>• TRUE(=생략) : 일치하는 값이 없을 경우 값 미만의 최대값을 검색<br>• FALSE(=0) : 일치하는 값이 없을 때는 #N/A 에러를 발생 |
| 사용방법 | =HLOOKUP("123",A1:F3,2)　　1행에서 "123"을 찾아 2행에서 같은 열에 있는 값을 나타냄 |

① 진료코드[C3:C9]와 진료코드표[A12:E14]를 이용하여 진료과목[E3:E9]을 구하시오.
▶ VLOOKUP, HLOOKUP, CHOOSE 중 알맞은 함수를 선택하여 사용

| | A | B | C | D | E | F | G |
|---|---|---|---|---|---|---|---|
| 1 | | 환자진료현황 | | | | | |
| 2 | 초진일 | 재진일 | 진료코드 | 환자명 | 진료과목 | | |
| 3 | 01월 12일 | 01월 25일 | NE | 조성진 | | | |
| 4 | 01월 13일 | 02월 14일 | IT | 박성희 | | | |
| 5 | 01월 14일 | 01월 20일 | PE | 도명준 | | | |
| 6 | 01월 15일 | 03월 06일 | SU | 장영호 | | | |
| 7 | 01월 16일 | 02월 26일 | IT | 정승환 | | | |
| 8 | 01월 17일 | 04월 24일 | NE | 김가영 | | | |
| 9 | 01월 18일 | 02월 11일 | PE | 서영철 | | | |
| 10 | | | | | | | |
| 11 | <진료코드표> | | | | | | |
| 12 | 진료코드 | PE | IT | SU | NE | | |
| 13 | 담당의사 | 김영희 | 나준길 | 최만영 | 조수진 | | |
| 14 | 진료과목 | 소아과 | 내과 | 외과 | 신경과 | | |
| 15 | | | | | | | |

◀ 'HLOOKUP1(예제)' 시트

**정답** [E3] 셀에 「=HLOOKUP(C3,$B$12:$E$14,3,FALSE)」를 입력하고 [E9] 셀까지 수식 복사

② 대출 기준표[B12:E13]를 이용하여 연봉[B3:B9]에 따른 대출가능액[C3:C9]을 표시하시오.

▶ 연봉이 5000 이상이면 대출가능액이 2000, 4000 이상 5000 미만이면 1500, 3000 이상 4000 미만이면 1000, 1000 이상 3000 미만이면 200

▶ HLOOKUP 함수 사용

| | A | B | C | D | E | F |
|---|---|---|---|---|---|---|
| 1 | 대출가능액 | | (단위:만 원) | | | |
| 2 | 이름 | 연봉 | 대출가능액 | | | |
| 3 | 이세창 | 4,000 | | | | |
| 4 | 김은정 | 2,000 | | | | |
| 5 | 최은철 | 1,000 | | | | |
| 6 | 김성실 | 3,000 | | | | |
| 7 | 고성현 | 5,000 | | | | |
| 8 | 이은성 | 4,000 | | | | |
| 9 | 김희도 | 3,000 | | | | |
| 10 | | | | | | |
| 11 | 대출 기준표 | | | | | |
| 12 | 연봉 | 1,000 | 3,000 | 4,000 | 5,000 | |
| 13 | 대출가능액 | 200 | 1,000 | 1,500 | 2,000 | |
| 14 | | | | | | |

◀ 'HLOOKUP2(예제)' 시트

**정답** [C3] 셀에 「=HLOOKUP(B3,$B$12:$E$13,2)」를 입력하고 [C9] 셀까지 수식 복사

③ 제품코드[A3:A6]와 제품별 단가표[A9:E10]를 이용하여 제품별 판매금액[D3:D6]을 구하시오.

▶ 판매금액 = 판매수량 * 판매단가
▶ 판매단가는 제품코드의 왼쪽 첫 번째 글자와 제품별 단가표의 제품기호[B9:E9]를 참조
▶ HLOOKUP와 LEFT 함수 사용

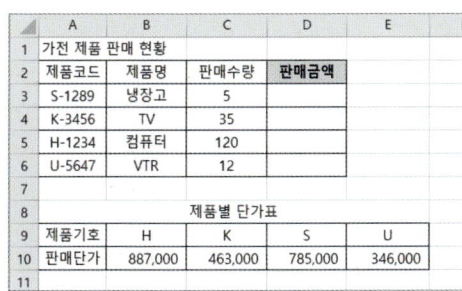

◀ 'HLOOKUP3(예제)' 시트

**정답** [D3] 셀에 「=C3*HLOOKUP(LEFT(A3,1),$B$9:$E$10,2,0)」를 입력하고 [D6] 셀까지 수식 복사

## 02 VLOOKUP 함수로 행의 셀 값을 구하자.

| 형식 | =VLOOKUP(검색값, 범위, 열번호, [검색유형]) <br> 검사유형 <br> • TRUE(=생략) : 일치하는 값이 없을 경우 값 미만의 최대값을 검색 <br> • FALSE(=0) : 일치하는 값이 없을 때는 #N/A 에러를 발생 | |
|---|---|---|
| 사용방법 | =VLOOKUP("123",A1:F3,2) | A열에서 "123"을 찾아 2열에서 같은 행에 있는 값을 나타냄 |

① 면접등급[C3:C10]과 면접등록표[G4:H8]를 이용하여 평가점수[E3:E10]를 구하시오.

▶ 평가점수 = 평점 + 필기점수
▶ HLOOKUP, VLOOKUP, INDEX 함수 중 알맞은 함수를 선택하여 사용

|   | A | B | C | D | E | F | G | H | I |
|---|---|---|---|---|---|---|---|---|---|
| 1 | 입사 지원자 현황 | | | | | | | | |
| 2 | 성명 | 부서 | 면접등급 | 필기점수 | 평가점수 | | <면접등급표> | | |
| 3 | 김한국 | 영업부 | A | 45 | | | 면접등급 | 평점 | |
| 4 | 정미애 | 영업부 | B | 25 | | | A | 50 | |
| 5 | 박진만 | 총무부 | B | 40 | | | B | 40 | |
| 6 | 강현태 | 총무부 | A | 30 | | | C | 30 | |
| 7 | 강수정 | 영업부 | E | 25 | | | D | 20 | |
| 8 | 최현우 | 총무부 | D | 30 | | | E | 10 | |
| 9 | 박미정 | 영업부 | D | 36 | | | | | |
| 10 | 안혁진 | 영업부 | C | 42 | | | | | |
| 11 | | | | | | | | | |

▲ 'VLOOKUP1(예제)' 시트

**정답** [E3] 셀에 「=VLOOKUP(C3,$G$4:$H$8,2,FALSE)+D3」를 입력하고 [E10] 셀까지 수식 복사

② 등록번호[C3:C8]와 학교코드표[F3:G8]를 이용하여 출신학교[D3:D8]를 표시하시오.

▶ 학교코드는 등록번호의 왼쪽의 두 번째 문자를 이용하여 계산
▶ MID와 VLOOKUP 함수 사용

|   | A | B | C | D | E | F | G | H |
|---|---|---|---|---|---|---|---|---|
| 1 | 대한고 신입생 지원 현황 | | | | | 학교코드표 | | |
| 2 | 접수번호 | 성명 | 등록번호 | 출신학교 | | 학교코드 | 학교명 | |
| 3 | 1 | 김민찬 | 123 | | | 1 | 상계중 | |
| 4 | 2 | 홍길동 | 148 | | | 2 | 동호중 | |
| 5 | 3 | 안국현 | 157 | | | 3 | 명성중 | |
| 6 | 4 | 도지원 | 116 | | | 4 | 성동여중 | |
| 7 | 5 | 박수영 | 139 | | | 5 | 상공중 | |
| 8 | 6 | 이덕철 | 161 | | | 6 | 대한중 | |
| 9 | | | | | | | | |

◀ 'VLOOKUP2(예제)' 시트

**정답** [D3] 셀에 「=VLOOKUP(MID(C3,2,1),$F$3:$G$8,2,0)」를 입력하고 [D8] 셀까지 수식 복사

## 03 리스트에서 값을 선택(CHOOSE)하자.

| 형식 | =CHOOSE(인덱스번호, 값1, 값2, ...) | |
|---|---|---|
| 사용방법 | =CHOOSE(2,"월","화","수") | → "화"(2번째에 해당하는 값) |

① 사원코드[A3:A11]의 오른쪽 끝 문자가 '1'이면 '영업부', '2'이면 '인사부', '3'이면 '총무부', '4'이면 '기획부'로 소속부서[D3:D11]에 표시하시오.

▶ CHOOSE와 RIGHT 함수 사용

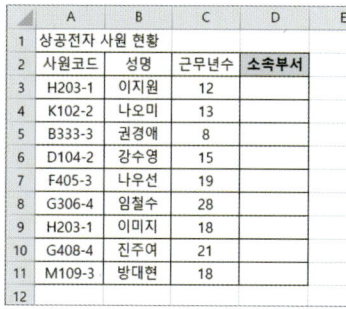

◀ 'CHOOSE1(예제)' 시트

**정답** [D3] 셀에 「=CHOOSE(RIGHT(A3,1),"영업부","인사부","총무부","기획부")」를 입력하고 [D11] 셀까지 수식 복사

② 승진시험[C3:C10]에 대한 순위를 구하여 1-2위는 '승진', 3-4위는 '보너스', 5-8위는 '현상유지'로 결과 [D3:D10]에 표시하시오.

▶ CHOOSE와 RANK.EQ 함수 사용
▶ 순위는 승진시험 성적이 높을수록 1순위

◀ 'CHOOSE2(예제)' 시트

**정답** [D3] 셀에 「=CHOOSE(RANK.EQ(C3,$C$3:$C$10),"승진","승진","보너스","보너스","현상유지","현상유지","현상유지","현상유지")」를 입력하고 [D10] 셀까지 수식 복사

## 04 셀 범위나 배열(INDEX)에서 참조나 값을 구하자.

| 형식 | =INDEX(범위, 행 번호, 열 번호, [참조 영역 번호]) | |
|---|---|---|
| 사용방법 | =INDEX({1,2,3;4,5,6;7,8,9},1,3) $\begin{pmatrix} 1 & 2 & 3 \\ 4 & 5 & 6 \\ 7 & 8 & 9 \end{pmatrix}$ 에서 1행, 3열의 값 | → 3 |

① 현금 ￥100을 팔고자 할 때의 시세를 [B9]에 표시하시오.

▶ INDEX, DCOUNT, PROPER 중 알맞은 함수를 선택하여 사용

| | A | B | C | D | E | F | G |
|---|---|---|---|---|---|---|---|
| 1 | | | 외환시세표 | | | | |
| 2 | 통화명 | 매매기준율 | 현금 | | 송금(전신환) | | |
| 3 | | | 살 때 | 팔 때 | 보낼 때 | 받을 때 | |
| 4 | USD | 1322.50 | 1345.64 | 1299.36 | 1335.40 | 1309.60 | |
| 5 | ￥100 | 997.74 | 1015.20 | 980.28 | 1007.51 | 987.97 | |
| 6 | EUR | 1170.15 | 1193.43 | 1146.87 | 1181.85 | 1158.45 | |
| 7 | | | | | | | |
| 8 | | 현금/팔 때 | | | | | |
| 9 | ￥100 | | | | | | |
| 10 | | | | | | | |

▲ 'INDEX1(예제)' 시트

**정답** [B9] 셀에 「=INDEX(C4:F6,2,2)」를 입력

② 리프트 요금표에서 정회원의 오후권 요금을 찾아서 [H3]에 표시하시오.

▶ INDEX 함수 사용

| | A | B | C | D | E | F | G | H | I |
|---|---|---|---|---|---|---|---|---|---|
| 1 | 리프트 요금표 | | | | | | | | |
| 2 | 구분 | 전일권 | 오전권 | 오후권 | 야간권 | | | 오후권 | |
| 3 | 콘도회원 | 30,000 | 18,000 | 19,000 | 15,000 | | 정회원 | | |
| 4 | 정회원 | 45,000 | 25,000 | 26,000 | 23,000 | | | | |
| 5 | 준회원 | 50,000 | 30,000 | 31,000 | 28,000 | | | | |
| 6 | 비회원 | 53,000 | 35,000 | 37,000 | 35,000 | | | | |
| 7 | | | | | | | | | |

▲ 'INDEX2(예제)' 시트

**정답** [H3] 셀에 「=INDEX(B3:E6,2,3)」를 입력

③ [B3:E6] 영역을 참조하여 출발지(서울)에서 도착지(수원)까지의 택배요금을 계산하여 [E8] 셀에 표시하시오.

▶ INDEX 함수와 MID 함수 사용
▶ 출발지와 도착지의 구분은 ( )안의 두 자리 숫자를 이용한다.

| | A | B | C | D | E | F |
|---|---|---|---|---|---|---|
| 1 | | 수도권 택배 요금표 | | | | |
| 2 | | 서울(01) | 인천(02) | 수원(03) | 안양(04) | |
| 3 | 서울(01) | 5000 | 10000 | 15000 | 14000 | |
| 4 | 인천(02) | 10000 | 5000 | 18000 | 17000 | |
| 5 | 수원(03) | 15000 | 18000 | 5000 | 8000 | |
| 6 | 안양(04) | 14000 | 17000 | 8000 | 5000 | |
| 7 | | | 출발코드 | 도착코드 | 요금 | |
| 8 | | | 서울(01) | 수원(03) | | |
| 9 | | | | | | |

◀ 'INDEX3(예제)' 시트

**정답** [E8] 셀에 「=INDEX(B3:E6,MID(C8,4,2),MID(D8,4,2))」를 입력

## 05 검색 값의 위치(MATCH)를 조사하자.

**형식**
=MATCH(검사 값, 검사 범위, [검사 유형])

검사유형
- 1 : 검사값보다 작거나 같은 값 중에서 최대값을 찾음
- 0 : 검사값과 같은 첫째 값을 찾음 (생략하면 0으로 지정됨)
- -1 : 검사값보다 크거나 같은 값 중에서 최소값을 찾음

**사용방법**
=MATCH("사과",{"딸기","사과","포도","메론"},0)  → 2({ }안에 2번째에 해당)

① 각 지점별 최대실적 종류[B1:E8]를 이용하여 최대실적예금종류[G2:G8] 영역에 표시하시오.

▶ INDEX, MATCH, MAX 함수 사용

| | A | B | C | D | E | F | G | H |
|---|---|---|---|---|---|---|---|---|
| 1 | 지점명 | 보통예금 | 자유저축예금 | 세금우대 | 주택예금 | 합계 | 최대실적<br>예금종류 | |
| 2 | 강남지점 | 4,320,108 | 2,154,109 | 548,250 | 2,574,621 | 9,597,088 | | |
| 3 | 송파지점 | 3,652,148 | 1,095,481 | 5,250,000 | 1,095,846 | 11,093,475 | | |
| 4 | 마포지점 | 2,541,000 | 1,625,740 | 1,025,784 | 1,889,654 | 7,082,178 | | |
| 5 | 과천지점 | 2,257,000 | 2,500,000 | 1,548,219 | 1,578,425 | 7,883,644 | | |
| 6 | 인천지점 | 3,215,048 | 1,350,000 | 2,001,095 | 2,612,884 | 9,179,027 | | |
| 7 | 안양지점 | 3,025,781 | 1,720,000 | 3,654,281 | 2,574,219 | 10,974,281 | | |
| 8 | 대전지점 | 2,572,584 | 1,430,000 | 2,154,872 | 1,998,100 | 8,155,556 | | |
| 9 | | | | | | | | |

◀ 'MATCH1(예제)' 시트

**정답** [G2] 셀에 「=INDEX($B$1:$E$8,1,MATCH(MAX(B2:E2),B2:E2,0))」를 입력하고 [G8] 셀까지 수식 복사

② [G3:G10] 영역에 시험점수등급을 계산하여 표시하시오.

▶ 시험점수등급은 중간 + 기말의 값을 기준으로 [표2]의 구간종료 영역 참조
▶ [표시 예 : 중간 + 기말이 56이면 '1등급'으로 표시]
▶ MATCH 와 & 연산자 사용

[표1]

| 성명 | 학과 | 출석 | 과제 | 중간 | 기말 | 시험점수등급 |
|---|---|---|---|---|---|---|
| 김대성 | 컴퓨터공학과 | 18 | 20 | 25 | 20 | |
| 지민희 | 컴퓨터공학과 | 20 | 20 | 22 | 18 | |
| 형민석 | 컴퓨터공학과 | 16 | 19 | 17 | 25 | |
| 이현실 | 컴퓨터공학과 | 15 | 15 | 13 | 26 | |
| 김대성 | 컴퓨터공학과 | 20 | 13 | 24 | 26 | |
| 지민희 | 컴퓨터공학과 | 15 | 20 | 26 | 24 | |
| 이현실 | 컴퓨터공학과 | 12 | 15 | 20 | 22 | |
| 이성희 | 컴퓨터공학과 | 18 | 17 | 18 | 13 | |

[표2]

| 중간+기말 | | 등급 |
|---|---|---|
| 구간시작 | 구간종료 | |
| 51 | 60 | 1 |
| 41 | 50 | 2 |
| 31 | 40 | 3 |
| 21 | 30 | 4 |
| 11 | 20 | 5 |
| 1 | 10 | 6 |

▲ 'MATCH2(예제)' 시트

**정답** [G3] 셀에 「=MATCH(E3+F3,$J$4:$J$9,-1)&"등급"」를 입력하고 [G10] 셀까지 수식 복사

③ [표1]를 참조하여 [표2] 영역에 각 직위별 'A고과', 'B고과', '승진시험' 점수가 가장 큰 사원의 '성명'을 최고 점수자[H4:J8] 셀에 표시하시오.

▶ INDEX, MATCH, MAX 함수를 이용한 배열 수식을 사용하시오.

[표1]

| 성명 | 직위 | A고과 | B고과 | 승진시험 |
|---|---|---|---|---|
| 조예슬 | 과장 | 87 | 74 | 88 |
| 고수정 | 주임 | 65 | 68 | 70 |
| 김세환 | 사원 | 87 | 87 | 94 |
| 문은아 | 주임 | 94 | 80 | 87 |
| 박영훈 | 부장 | 61 | 83 | 82 |
| 안기순 | 주임 | 95 | 80 | 80 |
| 안유경 | 사원 | 82 | 78 | 95 |
| 이원섭 | 대리 | 95 | 91 | 82 |
| 장용훈 | 주임 | 88 | 80 | 88 |
| 정재민 | 사원 | 77 | 87 | 86 |
| 정태은 | 사원 | 90 | 78 | 77 |
| 최일목 | 대리 | 74 | 64 | 99 |
| 한성현 | 대리 | 98 | 68 | 65 |
| 황선철 | 과장 | 70 | 75 | 70 |
| 방극준 | 부장 | 95 | 77 | 92 |

[표2]

| 직위 | 최고점수자 | | |
|---|---|---|---|
| | A고과 | B고과 | 승진시험 |
| 부장 | | | |
| 과장 | | | |
| 대리 | | | |
| 주임 | | | |
| 사원 | | | |

▲ 'MATCH3(예제)' 시트

**정답** [H4] 셀에 「=INDEX($A$3:$A$17,MATCH(MAX(($B$3:$B$17=$G4)*C$3:C$17),($B$3:$B$17=$G4)*C$3:C$17,0))」를 입력하고 Ctrl + Shift + Enter 를 누른 후 [J8] 셀까지 수식 복사

## 06 벡터나 배열에서 값을 검색(LOOKUP)하자.

| 형식 | =LOOKUP(검사값,검사범위,대응범위) – 벡터 형식<br>=LOOKUP(검사값,배열) – 배열 형식 | |
|---|---|---|
| 사용방법 | =LOOKUP(A1,B1:B5,C1:C5) | [A1] 셀의 값을 [B1:B5] 영역에서 검색하고, 동일한 행에 위치한 [C1:C5]의 값을 결과로 나타냄 |

① [F3:F8] 영역에 보조경비를 계산하여 표시하시오.
▶ 보조경비는 소속 지역에 따라 다르며 [표1]의 [A3:B5] 영역 참조
▶ LOOKUP과 LEFT 함수 사용

|   | A | B | C | D | E | F |
|---|---|---|---|---|---|---|
| 1 | [표1] | | | | | |
| 2 | 소속 | 보조경비 | | 소속 | 채용형태 | 보조경비 |
| 3 | 과천 | 270,000 | | 서울1팀 | 계약직 | |
| 4 | 서울 | 500,000 | | 서울1팀 | 정규직 | |
| 5 | 인천 | 350,000 | | 인천1팀 | 정규직 | |
| 6 | | | | 인천2팀 | 계약직 | |
| 7 | | | | 과천1팀 | 정규직 | |
| 8 | | | | 과천2팀 | 계약직 | |
| 9 | | | | | | |

◀ 'LOOKUP(예제)' 시트

**정답** [F3] 셀에 「=LOOKUP(LEFT(D3,2),$A$3:$B$5)」를 입력하고 [F8] 셀까지 수식 복사

## 07 배열의 행과 열을 바꾸자(TRANSPOSE).

| 형식 | =TRANSPOSE(배열) | |
|---|---|---|
| 사용방법 | =TRANSPOSE(A1:C3) | 배열 [A1:C3]의 행과 열을 바꾸어 나타냄 |

① [B4:C8] 내용을 [B10:F11] 영역에 행과 열을 바꾸어 복사하시오.
▶ TRANSPOSE 함수 사용

|   | A | B | C | D | E | F |
|---|---|---|---|---|---|---|
| 1 | | | | | | |
| 2 | | | TRANSPOSE 함수 | | | |
| 3 | | | | | | |
| 4 | | 이름 | 성별 | | | |
| 5 | | 한병현 | 남 | | | |
| 6 | | 김희영 | 여 | | | |
| 7 | | 고동호 | 남 | | | |
| 8 | | 홍민수 | 남 | | | |
| 9 | | | | | | |
| 10 | | | | | | |
| 11 | | | | | | |
| 12 | | | | | | |

◀ 'TRANSPOSE(예제)' 시트

**정답** [B10:F11] 영역에 「=TRANSPOSE(B4:C8)」를 입력하고 Ctrl + Shift + Enter 를 누름

## 08 셀의 주소(ADDRESS)를 구하자.

| 형식 | =ADDRESS(행번호,열번호,참조유형) <br> 참조유형 <br> • 1 또는 생략 : 절대 셀 참조 <br> • 2 : 절대 행, 상대 열 <br> • 3 : 상대 행, 절대 열 <br> • 4 : 상대 행, 상대 열 | |
|---|---|---|
| 사용방법 | =ADDRESS(2,3) | → $C$2(2행3열) |

① [A1] 셀에 $B$1 라고 표시하시오.
② [A2] 셀에 C$4 라고 표시하시오.
③ [A3] 셀에 AREAS(예제)!$D$2 라고 표시하시오.

▶ ADDRESS 함수 사용

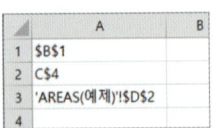

◀ 'ADDRESS(결과)' 시트

**정답** ① [A1] 셀에 「=ADDRESS(1,2)」를 입력
② [A2] 셀에 「=ADDRESS(4,3,2)」를 입력
③ [A3] 셀에 「=ADDRESS(2,4,,,"AREAS(예제)")」를 입력

## 09 영역 수(AREAS)를 구하자.

| 형식 | =AREAS(참조) 참조 범위 내에 영역의 개수를 구함 | |
|---|---|---|
| 사용방법 | =AREAS(A1:B3,C1) | → 2 |

## 10 열 번호(COLUMN)를 구하자.

| 형식 | =COLUMN(참조) | |
|---|---|---|
| 사용방법 | =COLUMN(C10) | → 3(C는 세 번째 열) |

① [A3:G3] 영역에 열 번호를 구하시오.
② [A6:D13] 영역에서 해당 항목[F7:F8]의 열 번호[G7:G8]를 구하시오.

▶ COLUMN 함수 사용

|  | A | B | C | D | E | F | G | H |
|---|---|---|---|---|---|---|---|---|
| 1 |  |  |  |  |  |  |  |  |
| 2 |  |  |  | 열번호 |  |  |  |  |
| 3 |  |  |  |  |  |  |  |  |
| 4 |  |  |  |  |  |  |  |  |
| 5 |  |  |  |  |  |  |  |  |
| 6 | 초진일 | 재진일 | 진료코드 | 환자명 |  | 항목 | 열번호 |  |
| 7 | 01월 12일 | 01월 25일 | NE | 조성진 |  | 진료코드 |  |  |
| 8 | 01월 13일 | 02월 14일 | IT | 박성희 |  | 환자명 |  |  |
| 9 | 01월 14일 | 01월 20일 | PE | 도명준 |  |  |  |  |
| 10 | 01월 15일 | 03월 06일 | SU | 장영호 |  |  |  |  |
| 11 | 01월 16일 | 02월 26일 | IT | 정승환 |  |  |  |  |
| 12 | 01월 17일 | 04월 24일 | NE | 김가영 |  |  |  |  |
| 13 | 01월 18일 | 02월 11일 | PE | 서영철 |  |  |  |  |
| 14 |  |  |  |  |  |  |  |  |

▲ 'COLUMN(예제)' 시트

**정답** ① [A3] 셀에 「=COLUMN( )」를 입력하고 [G3] 셀까지 수식 복사
② [G7] 셀에 「=COLUMN(C6)」를 입력
[G8] 셀에 「=COLUMN(D6)」를 입력

## ⓫ 열 개수(COLUMNS)를 구하자.

| 형 식 | =COLUMNS(배열 또는 셀 범위) | |
|---|---|---|
| 사용방법 | =COLUMNS(C1:E4) | → 3(C, D, E 3개의 열) |

## ⓬ 셀에 입력된 주소의 데이터 값(INDIRECT)을 가져오자.

| 형 식 | =INDIRECT(참조할 텍스트) | |
|---|---|---|
| 사용방법 | =INDIRECT(A2) | [A2] 셀의 주소에 입력된 셀 주소에 찾아 입력된 값을 반환 |

① 참조[A2:A5]가 가리키는 셀의 값[B2:B5]을 INDIRECT[C2:C5]에 표시하시오.

▶ INDIRECT 함수 사용

|   | A | B | C | D |
|---|---|---|---|---|
| 1 | 참조 | 값 | INDIRECT | |
| 2 | B2 | 1.333 | | |
| 3 | B3 | 45 | | |
| 4 | 가격 | 10 | | |
| 5 | 5 | 62 | | |
| 6 | | | | |

▲ 'INDIRECT(예제)' 시트

|   | A | B | C | D |
|---|---|---|---|---|
| 1 | 참조 | 값 | INDIRECT | |
| 2 | B2 | 1.333 | 1.333 | |
| 3 | B3 | 45 | 45 | |
| 4 | 가격 | 10 | #REF! | |
| 5 | 5 | 62 | #REF! | |
| 6 | | | | |

▲ 'INDIRECT(결과)' 시트

**정답** [C2] 셀에 「=INDIRECT(A2)」를 입력하고 [C5] 셀까지 수식 복사

## ⓭ 행 번호(ROW)를 구하자.

| 형 식 | =ROW(참조) | |
|---|---|---|
| 사용방법 | =ROW(C10) | → 10 |

① 순서[A7:A10]에 1, 2, 3, 4 가 각각 표시되도록 하시오.

▶ ROW 함수 사용

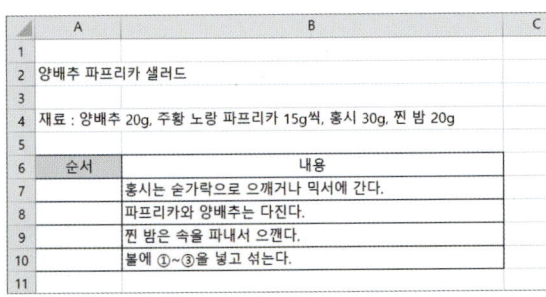

◀ 'ROW(예제)' 시트

**정답** [A7] 셀에 「=ROW()-6」를 입력하고 [A10] 셀까지 수식 복사

⑭ 행의 개수(ROWS)를 구하자.

| 형 식 | =ROWS(배열) | |
|---|---|---|
| 사용방법 | =ROWS(C1:E4) | → 4 |

## 통계 함수(통계.xlsx 파일 이용)

❶ 숫자의 평균값(AVERAGE)을 구하자.

| 형 식 | =AVERAGE(수치1, 수치2, ...) | |
|---|---|---|
| 사용방법 | =AVERAGE(10,20,30) | → 20 |

① 교양[B3:B8], 영어[C3:C8], 컴퓨터[D3:D8] 영역에 대해 평균[B9:D9]을 구하시오.

▶ HOUR, ABS, AVERAGE 중 알맞은 함수를 선택하여 사용

|   | A | B | C | D | E |
|---|---|---|---|---|---|
| 1 | 연수 평가 결과 | | | | |
| 2 | 성명 | 교양 | 영어 | 컴퓨터 | |
| 3 | 안명희 | 78 | 56 | 89 | |
| 4 | 임전환 | 85 | 67 | 88 | |
| 5 | 김인혜 | 67 | 97 | 89 | |
| 6 | 박영희 | 45 | 78 | 92 | |
| 7 | 도남덕 | 98 | 89 | 45 | |
| 8 | 나남회 | 100 | 90 | 98 | |
| 9 | 평균 | | | | |
| 10 | | | | | |

◀ 'AVERAGE1(예제)' 시트

**정답** [B9] 셀에 「=AVERAGE(B3:B8)」를 입력하고 [D9] 셀까지 수식 복사

② 개인별 영업 실적 현황에서 1월[C3:C9] 실적이 1월 평균실적 이상이면 '우수', 그렇지 않으면 공란으로 평가[D3:D9]에 표시하시오.

▶ IF와 AVERAGE 함수 사용

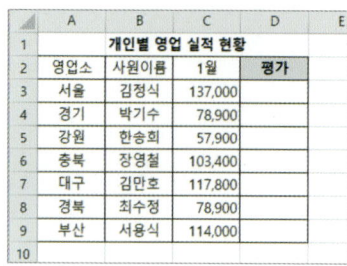

◀ 'AVERAGE2(예제)' 시트

**정답** [D3] 셀에 「=IF(C3>=AVERAGE($C$3:$C$9),"우수","")」를 입력하고 [D9] 셀까지 수식 복사

③ 입사 시험 성적에서 서류전형[B3:B11], 필기[C3:C11], 면접[D3:D11]의 점수평균과 선발기준[B14:D15]을 참조하여 결과를 계산하여 [E3:E11] 영역에 표시하시오.

▶ 결과는 서류전형, 필기, 면접의 점수평균이 80 이상이면 '상', 60 이상 80 미만이면 '중', 60 미만이면 '하'
▶ AVERAGE와 HLOOKUP 함수 사용

| | A | B | C | D | E | F |
|---|---|---|---|---|---|---|
| 1 | | 입사 시험 성적 | | | | |
| 2 | 성명 | 서류전형 | 필기 | 면접 | 결과 | |
| 3 | 안도해 | 92 | 78 | 95 | | |
| 4 | 임지훈 | 45 | 67 | 88 | | |
| 5 | 남성남 | 76 | 89 | 76 | | |
| 6 | 오기자 | 98 | 92 | 85 | | |
| 7 | 최현도 | 77 | 56 | 72 | | |
| 8 | 김미해 | 86 | 67 | 85 | | |
| 9 | 유덕철 | 78 | 88 | 68 | | |
| 10 | 나도향 | 92 | 82 | 78 | | |
| 11 | 태지우 | 60 | 60 | 55 | | |
| 12 | | | | | | |
| 13 | | 선발기준 | | | | |
| 14 | 점수평균 | 0 | 60 | 80 | | |
| 15 | 결과 | 하 | 중 | 상 | | |
| 16 | | | | | | |

◀ 'AVERAGE3(예제)' 시트

**정답** [E3] 셀에 「=HLOOKUP(AVERAGE(B3:D3),$B$14:$D$15,2)」를 입력하고 [E11] 셀까지 수식 복사

## 02 숫자와 문자열, 논리값의 평균(AVERAGEA)을 구하자.

| 형식 | =AVERAGEA(수치1, 수치2, ...) | |
|---|---|---|
| 사용방법 | =AVERAGEA(80,25,45,70,TRUE) | → 44.2 |
| | 문자열(0으로 인식)과 논리값(TRUE=1,FALSE=0)도 계산에 포함 | |

① 각 심사관별로 1차~5차까지의 평가 점수의 평균값[G3:G5]을 계산하시오.
▶ '미실시', '중단'도 평균값 계산에 포함시킬 것

| | A | B | C | D | E | F | G | H |
|---|---|---|---|---|---|---|---|---|
| 1 | | | 프로젝트-T 심사표 | | | | | |
| 2 | 심사관 | 1차평가 | 2차평가 | 3차평가 | 4차평가 | 5차평가 | 평균값 | |
| 3 | 1심사관 | 8 | 9 | 7 | 미실시 | 10 | | |
| 4 | 2심사관 | 9 | 9 | 8 | 7 | 중단 | | |
| 5 | 3심사관 | 7 | 7 | 9 | 7 | 9 | | |
| 6 | | | | | | | | |

◀ 'AVERAGEA(예제)' 시트

**정답** [G3] 셀에 「=AVERAGEA(B3:F3)」를 입력하고 [G5] 셀까지 수식 복사

## 03 최대값(MAX)을 구하자.

| 형 식 | =MAX(수치1, 수치2, ...) | |
|---|---|---|
| 사용방법 | =MAX(10,20,30) | → 30 |

① 총점[E3:E9] 중에서 가장 큰 값을 구하여 최고점수[D11]에 표시하시오.
▶ RANK.EQ, MAX, MIN 중 알맞은 함수를 선택하여 사용

| | A | B | C | D | E |
|---|---|---|---|---|---|
| 1 | 경진대회 성적 결과 | | | | |
| 2 | 성명 | 필기 | 홈페이지 | 검색 | 총점 |
| 3 | 이광수 | 97 | 56 | 99 | 252 |
| 4 | 김동현 | 67 | 78 | 89 | 234 |
| 5 | 이상한 | 70 | 90 | 78 | 238 |
| 6 | 김정숙 | 90 | 92 | 68 | 250 |
| 7 | 한현희 | 92 | 45 | 90 | 227 |
| 8 | 정상두 | 66 | 96 | 70 | 232 |
| 9 | 황석영 | 79 | 90 | 89 | 258 |
| 10 | | | | | |
| 11 | | | 최고점수 | | |
| 12 | | | | | |

◀ 'MAX(예제)' 시트

**정답** [D11] 셀에 「=MAX(E3:E9)」를 입력


## 04 최소값(MIN)을 구하자.

| 형 식 | =MIN(값1, 값2, ...) | |
|---|---|---|
| 사용방법 | =MIN(10,20,30) | → 10 |

① 상담개론[B3:B8], 영업실습[C3:C8], 어학[D3:D8] 성적의 최고 점수와 최저 점수의 점수차이를 구하여 [B9:D9]에 표시하시오.
▶ MAX와 MIN 함수 사용

| | A | B | C | D |
|---|---|---|---|---|
| 1 | | 연수 성적 | | |
| 2 | 사원명 | 상담개론 | 영업실습 | 어학 |
| 3 | 김덕우 | 77 | 98 | 83 |
| 4 | 남효수 | 100 | 88 | 99 |
| 5 | 정지용 | 67 | 45 | 77 |
| 6 | 탁호영 | 94 | 76 | 58 |
| 7 | 구연아 | 56 | 90 | 34 |
| 8 | 김미나 | 82 | 73 | 84 |
| 9 | 점수차이 | | | |
| 10 | | | | |

◀ 'MAX,MIN(예제)' 시트

**정답** [B9] 셀에 「=MAX(B3:B8)-MIN(B3:B8)」를 입력하고 [D9] 셀까지 수식 복사

## 05 데이터 범위에서 몇 번째 큰 값(LARGE)을 구하자.

| 형 식 | =LARGE(범위, 순위) | |
|---|---|---|
| 사용방법 | =LARGE(A1:A10,3) | [A1:A10] 영역에서 3번째 큰 값을 구함 |

① 이용일수[B3:B11] 중에서 4번째로 이용일수가 많은 회원이름을 고객명[C14]에 표시하시오.

▶ VLOOKUP과 LARGE 함수 사용

| | A | B | C | D |
|---|---|---|---|---|
| 1 | | 회원별 콘도 이용일수 | | |
| 2 | 지역명 | 이용일수 | 회원이름 | 분류 |
| 3 | 서울 | 25 | 서현순 | 특별회원 |
| 4 | 제주 | 18 | 하지훈 | 일반회원 |
| 5 | 서울 | 32 | 안동수 | 특별회원 |
| 6 | 서울 | 21 | 김갑철 | 일반회원 |
| 7 | 제주 | 13 | 사랑해 | 특별회원 |
| 8 | 제주 | 22 | 현금보 | 특별회원 |
| 9 | 서울 | 19 | 김인철 | 일반회원 |
| 10 | 제주 | 28 | 유인국 | 일반회원 |
| 11 | 제주 | 20 | 서수남 | 특별회원 |
| 12 | | | | |
| 13 | | | 고객명 | |
| 14 | | | | |
| 15 | | | | |

◀ 'LARGE(예제)' 시트

**정답** [C14] 셀에 「=VLOOKUP(LARGE(B3:B11,4),B3:D11,2,FALSE)」를 입력

## 06 데이터 범위에서 몇 번째 작은 값(SMALL)을 구하자.

| 형 식 | =SMALL(범위, 순위) | |
|---|---|---|
| 사용방법 | =SMALL(A1:A10,2) | [A1:A10] 영역에서 2번째 작은 값을 구함 |

① [B3:E7]에서 세 번째로 큰 점수와 두 번째로 작은 점수의 차이를 [D10] 셀에 구하시오.

▶ MIN, LARGE, SMALL, MAX 중 알맞은 함수 2개를 선택하여 사용

| | A | B | C | D | E |
|---|---|---|---|---|---|
| 1 | | | 1학기 성적 | | |
| 2 | 성명 | 어문 | 수리탐구 | 과학탐구 | 전산 |
| 3 | 고아라 | 72 | 78 | 80 | 90 |
| 4 | 나영희 | 88 | 90 | 78 | 44 |
| 5 | 박철수 | 100 | 90 | 96 | 76 |
| 6 | 안도해 | 66 | 62 | 60 | 86 |
| 7 | 최순이 | 78 | 84 | 82 | 92 |
| 8 | | | | | |
| 9 | | | | 점수차 | |
| 10 | | | | | |
| 11 | | | | | |

◀ 'SMALL(예제)' 시트

**정답** [D10] 셀에 「=LARGE(B3:E7,3)-SMALL(B3:E7,2)」를 입력

## 07 수치의 순위(RANK.EQ)를 구하자.

| 형식 | =RANK.EQ(숫자, 범위, 옵션) : 범위에서 지정한 숫자의 내림차순 순위를 구함<br>**옵션**<br>• 0 또는 FALSE : 내림차순(가장 큰 값이 1등) – 생략하면 FALSE가 됨<br>• 1 또는 TRUE : 오름차순(가장 작은 값이 1등)<br>※ 범위는 고정된 영역을 참조해야 하므로 절대 주소 형식을 사용 | |
|---|---|---|
| 사용방법 | =RANK.EQ(D3,$D$3:$D$9) | [D3] 셀이 [D3:D9] 영역에서의 순위를 구함 |

① 기말[D3:D9]에 대한 순위를 구하여 1-3위는 '상위권', 4-5위는 '중위권', 6-7위는 '하위권'으로 평가 [E3:E9]에 표시하시오.

▶ 순위는 기말점수 중 가장 높은 점수가 1위
▶ IF와 RANK.EQ 함수 사용

|  | A | B | C | D | E |
|---|---|---|---|---|---|
| 1 | 기말고사 성적표 | | | | |
| 2 | 학번 | 출석 | 중간 | 기말 | 평가 |
| 3 | 202501 | 8 | 85 | 83 | |
| 4 | 202502 | 9 | 79 | 86 | |
| 5 | 202503 | 10 | 68 | 75 | |
| 6 | 202504 | 7 | 91 | 86 | |
| 7 | 202505 | 9 | 89 | 88 | |
| 8 | 202506 | 10 | 72 | 82 | |
| 9 | 202507 | 7 | 54 | 78 | |

◀ 'RANK1(예제)' 시트

**정답** [E3] 셀에 「=IF(RANK.EQ(D3,$D$3:$D$9)<=3,"상위권",IF(RANK.EQ(D3,$D$3:$D$9)<=5,"중위권","하위권"))」를 입력하고 [E9] 셀까지 수식 복사

② 1학년 신체검사표에서 키[C3:C11]에 대한 순위와 좌석기준표[B14:D15]를 이용하여 배정자리[D3:D11]를 구하시오.

▶ 키순위는 키가 작은 사람이 1위
▶ 키순위가 1~3이면 가열, 4~6이면 나열, 7~9이면 다열로 계산
▶ HLOOKUP과 RANK.EQ 함수 사용

|  | A | B | C | D | E |
|---|---|---|---|---|---|
| 1 | 1학년 신체검사표 | | | | |
| 2 | 번호 | 성명 | 키 | 배정자리 | |
| 3 | 30602 | 오정선 | 166 | | |
| 4 | 30606 | 정현정 | 162 | | |
| 5 | 30610 | 김민정 | 158 | | |
| 6 | 30614 | 장혜련 | 175 | | |
| 7 | 30618 | 한시연 | 163 | | |
| 8 | 30622 | 도연탁 | 168 | | |
| 9 | 30626 | 연기정 | 172 | | |
| 10 | 30630 | 임덕영 | 170 | | |
| 11 | 30634 | 안남정 | 169 | | |
| 12 | | | | | |
| 13 | 좌석기준표 | | | | |
| 14 | 키순위 | 1 | 4 | 7 | |
| 15 | 배정자리 | 가열 | 나열 | 다열 | |

◀ 'RANK2(예제)' 시트

**정답** [D3] 셀에 「=HLOOKUP(RANK.EQ(C3,$C$3:$C$11,1),$B$14:$D$15,2)」를 입력하고 [D11] 셀까지 수식 복사

## 08 표본의 분산(VAR.S)을 구하자.

| 형식 | =VAR.S(수치1, 수치2, ...) | |
|---|---|---|
| 사용방법 | =VAR.S(A1:A5) | [A1:A5] 영역의 분산을 구함 |

① '신체현황'에서 키에 대한 분산을 계산하되 소수 2자리에서 올림하여 소수 1자리로 표시하시오.

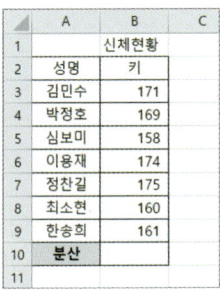

◀ 'VAR.S(예제)' 시트

**정답** [B10] 셀에 「=ROUNDUP(VAR.S(B3:B9),1)」를 입력

## 09 표준편차(STDEV.S)를 구하자.

| 형식 | =STDEV.S(수치1, 수치2, ...) | |
|---|---|---|
| 사용방법 | =STDEV.S(A1:A5) | [A1:A5] 영역의 표준편차를 구함 |

① 워드[C4:C8], 스프레드시트[D4:D8], 데이터베이스[E4:E8] 영역에 대해 각각의 표준편차[C9:E9]를 표시하시오.

▶ VAR.S, STDEV.S 중 알맞은 함수를 사용

◀ 'STDEV.S(예제)' 시트

**정답** [C9] 셀에 「=STDEV.S(C4:C8)」를 입력하고 [E9] 셀까지 수식 복사

**❿ 수치 데이터의 개수(COUNT)를 구하자.**

| 형 식 | =COUNT(값1, 값2, ...) | |
|---|---|---|
| 사용방법 | =COUNT(10,20,30) | → 3 |

① 영어점수[C4:C10]을 이용하여 응시 인원수[E4]를 구하시오.
▶ COUNT, ROUND, ABS 중 알맞은 함수를 사용

| | A | B | C | D | E | F |
|---|---|---|---|---|---|---|
| 1 | | 영어 시험 점수 | | | | |
| 2 | | | | | | |
| 3 | | 이름 | 영어점수 | | 응시 인원수 | |
| 4 | | 강인월 | 90 | | | |
| 5 | | 차영국 | 100 | | | |
| 6 | | 이미자 | 85 | | | |
| 7 | | 류장결 | 70 | | | |
| 8 | | 송태영 | 95 | | | |
| 9 | | 박상영 | 65 | | | |
| 10 | | 최현구 | 80 | | | |
| 11 | | | | | | |

◀ 'COUNT1(예제)' 시트

**정답** [E4] 셀에 「=COUNT(C4:C10)」를 입력

② 방통대 시험 평가에서 과제물[B3:B13], 중간[C3:C13], 기말[D3:D13]의 점수가 모두 존재하면 '이수완료', 그렇지 않으면 '재수강'으로 평가[E3:E13]에 표시하시오.
▶ IF와 COUNT 함수 사용

| | A | B | C | D | E | F |
|---|---|---|---|---|---|---|
| 1 | 방통대 시험 평가 | | | | | |
| 2 | 성명 | 과제물 | 중간 | 기말 | 평가 | |
| 3 | 이천소 | 78 | 85 | 76 | | |
| 4 | 김주영 | 85 | 85 | 54 | | |
| 5 | 박진영 | 89 | | 84 | | |
| 6 | 위청호 | 85 | 78 | 87 | | |
| 7 | 이규병 | | 85 | 65 | | |
| 8 | 현진수 | 82 | 96 | 95 | | |
| 9 | 송채영 | 95 | 85 | 75 | | |
| 10 | 조기남 | 45 | 89 | | | |
| 11 | 황현남 | 75 | 65 | 84 | | |
| 12 | 채진성 | 52 | 45 | 78 | | |
| 13 | 박추영 | 45 | 45 | | | |
| 14 | | | | | | |

◀ 'COUNT2(예제)' 시트

**정답** [E3] 셀에 「=IF(COUNT(B3:D3)=3,"이수완료","재수강")」를 입력하고 [E13] 셀까지 수식 복사

**⑪ 공백이 아닌 데이터의 개수(COUNTA)를 구하자.**

| 형 식 | =COUNTA(값1, 값2, ...) | |
|---|---|---|
| 사용방법 | =COUNTA(가,나,다) | → 3 |

① 1일차부터 3일차까지의 기간[B4:D12]을 이용하여 방학 중 연수 기간 동안의 총 결석 횟수를 구하여 [C14] 셀에 표시하시오.
▶ [표시 예 : 3 → 3회]
▶ COUNTA 함수와 & 연산자 사용

| | A | B | C | D | E |
|---|---|---|---|---|---|
| 1 | 방학 중 연수 참석 현황 | | | | |
| 2 | | | | (결석표시 : X) | |
| 3 | 성명 | 1일차 | 2일차 | 3일차 | |
| 4 | 김성호 | | X | X | |
| 5 | 고준명 | | | | |
| 6 | 강길자 | X | | | |
| 7 | 공성수 | | | X | |
| 8 | 박달자 | X | | | |
| 9 | 정성실 | | | | |
| 10 | 태진영 | | X | X | |
| 11 | 오수영 | | | | |
| 12 | 장영순 | X | X | X | |
| 13 | | | | | |
| 14 | 연수 기간 중 총결석 횟수 | | | | |
| 15 | | | | | |

◀ 'COUNTA(예제)' 시트

**정답** [C14] 셀에 「=COUNTA(B4:D12) &"회"」를 입력

---

**⑫ 공백 셀의 개수(COUNTBLANK)를 구하자.**

| 형 식 | =COUNTBLANK(범위) | |
|---|---|---|
| 사용방법 | =COUNTBLANK(B3:B10) | → [B3:B10] 영역 안에 공백 셀의 개수 |

① 공통필수, 전공필수, 전공선택 각각의 대금을 미납한 학생의 수를 미납자수 [B11:D11]에 표시하시오.
▶ 단, 'O' 표시는 대금을 납부한 것을 의미
▶ COUNTBLANK, COUNT, DCOUNT 중 알맞은 함수를 선택하여 사용

| | A | B | C | D | E |
|---|---|---|---|---|---|
| 1 | 대금 납부 현황 | | | | |
| 2 | 성명 | 공통 필수 | 전공필수 | 전공선택 | |
| 3 | 어동철 | O | | O | |
| 4 | 인당수 | | O | | |
| 5 | 기형도 | O | | O | |
| 6 | 안지만 | O | O | | |
| 7 | 신호연 | | | O | |
| 8 | 윤동훈 | O | O | O | |
| 9 | 임미영 | | O | O | |
| 10 | 구대성 | O | | O | |
| 11 | 미납자수 | | | | |
| 12 | | | | | |

◀ 'COUNTBLANK(예제)' 시트

**정답** [B11] 셀에 「=COUNTBLANK(B3:B10)」를 입력하고 [D11] 셀까지 수식 복사

## 13 조건에 맞는 셀의 개수(COUNTIF)를 구하자.

| 형식 | =COUNTIF(범위, 검색조건) | |
|---|---|---|
| 사용방법 | =COUNTIF(A1:A10,"영진") | [A1:A10] 영역에서 "영진" 문자열이 입력된 셀 개수를 구함 |

① 근무점수[C3:C11]가 70 이상 80 미만인 사람 수를 구하여 [D5] 셀에 표시하시오.
▶ COUNT, COUNTIF, SUMIF 중 알맞은 함수를 선택하여 사용

| | A | B | C | D | E | F |
|---|---|---|---|---|---|---|
| 1 | | 직원 근무 평가 | | | | |
| 2 | 성명 | 입사일 | 근무점수 | | | |
| 3 | 박정호 | 2015-06-06 | 73 | | | |
| 4 | 신정희 | 2020-04-01 | 68 | | 70점대 | |
| 5 | 김용태 | 2019-05-06 | 98 | | | |
| 6 | 김진영 | 2017-11-01 | 65 | | | |
| 7 | 유현숙 | 2021-01-01 | 69 | | | |
| 8 | 최정렬 | 2018-06-10 | 80 | | | |
| 9 | 강창희 | 2016-09-11 | 86 | | | |
| 10 | 천영주 | 2021-06-10 | 70 | | | |
| 11 | 박인수 | 2022-05-06 | 68 | | | |
| 12 | | | | | | |

◀ 'COUNTIF1(예제)' 시트

**정답** [D5] 셀에 「=COUNTIF(C3:C11,"<80")-COUNTIF(C3:C11,"<70")」를 입력하거나 「=COUNTIF(C3:C11,">=70")-COUNTIF(C3:C11,">=80")」를 입력

② '성명'별 '컴퓨터일반', '스프레드시트', '실기' 중 40 미만인 과목이 1개 이상이면 '탈락', 그 이외는 '본선출전'으로 판정[E3:E11]에 표시하시오.
▶ IF와 COUNTIF 함수 사용

| | A | B | C | D | E | F |
|---|---|---|---|---|---|---|
| 1 | 컴퓨터 활용 능력 시험 | | | | | |
| 2 | 성명 | 컴퓨터일반 | 스프레드시트 | 실기 | 판정 | |
| 3 | 나영인 | 45 | 78 | 90 | | |
| 4 | 김민탁 | 87 | 20 | 90 | | |
| 5 | 연제식 | 98 | 89 | 90 | | |
| 6 | 강철민 | 39 | 89 | 65 | | |
| 7 | 소인영 | 78 | 90 | 34 | | |
| 8 | 임인애 | 70 | 90 | 100 | | |
| 9 | 보아라 | 80 | 70 | 90 | | |
| 10 | 전보아 | 76 | 70 | 49 | | |
| 11 | 성수진 | 70 | 45 | 67 | | |
| 12 | | | | | | |

◀ 'COUNTIF2(예제)' 시트

**정답** [E3] 셀에 「=IF(COUNTIF(B3:D3,"<40")>=1,"탈락","본선출전")」를 입력하고 [E11] 셀까지 수식 복사

## ⓮ 중간값(MEDIAN)을 구하자.

| 형식 | =MEDIAN(값1, 값2, ...) | |
|---|---|---|
| 사용방법 | =MEDIAN(10,15,20,30,35) | → 20 |

① 면접점수[B3:B10]가 전체 사원들 면접 점수의 중앙값 이상이면 '합격', 그렇지 않으면 빈칸으로 평가등급 [C3:C10]에 표시하시오.

▶ IF와 MEDIAN 함수 사용

| | A | B | C | D |
|---|---|---|---|---|
| 1 | 사원 모집 | | | |
| 2 | 성명 | 면접점수 | 평가등급 | |
| 3 | 사현희 | 24 | | |
| 4 | 정금배 | 17 | | |
| 5 | 박현만 | 10 | | |
| 6 | 강구태 | 5 | | |
| 7 | 강수연 | 23 | | |
| 8 | 최현민 | 10 | | |
| 9 | 임진아 | 25 | | |
| 10 | 왕선홍 | 14 | | |
| 11 | | | | |

◀ 'MEDIAN1(예제)' 시트

**정답** [C3] 셀에 「=IF(B3>=MEDIAN($B$3:$B$10),"합격","")」를 입력하고 [C10] 셀까지 수식 복사

② 칼로리[C3:C12]의 중간값을 [E3] 셀에 계산하여 표시하시오.

▶ MOD, MODE.SNGL, MEDIAN, MID 중 알맞은 함수를 선택하여 사용

| | A | B | C | D | E | F |
|---|---|---|---|---|---|---|
| 1 | 생선류 칼로리 비교표 | | | | | |
| 2 | 식품 | 분량(g) | 칼로리 | | 중간값(kcal) | |
| 3 | 삼치 | 100 | 178 | | | |
| 4 | 정어리 | 100 | 87 | | | |
| 5 | 연어 | 100 | 166 | | | |
| 6 | 문어 | 100 | 75 | | | |
| 7 | 생새우 | 100 | 82 | | | |
| 8 | 전갱이 | 100 | 80 | | | |
| 9 | 물오징어 | 100 | 75 | | | |
| 10 | 굴 | 100 | 78 | | | |
| 11 | 다랑어 | 100 | 134 | | | |
| 12 | 모시조개 | 100 | 572 | | | |
| 13 | | | | | | |

◀ 'MEDIAN2(예제)' 시트

**정답** [E3] 셀에 「=MEDIAN(C3:C12)」를 입력

### ⓛ 최빈값(MODE.SNGL)을 구하자.

| 형식 | =MODE.SNGL(값1, 값2, ...) | |
|---|---|---|
| 사용방법 | =MODE.SNGL(10,20,40,40,40) | → 40 |

① 경기별 골인수에서 가장 빈번하게 발생한 골인수를 [D11] 셀에 표시하시오.

▶ MODE.SNGL 함수 사용

|  | A | B | C | D | E |
|---|---|---|---|---|---|
| 1 |  |  | 경기별 골인수 |  |  |
| 2 |  |  |  |  |  |
| 3 | 구분 | 잠실경기장 | 수원경기장 | 성남경기장 |  |
| 4 | 제1경기 | 4 | 2 | 4 |  |
| 5 | 제2경기 | 2 | 1 | 3 |  |
| 6 | 제3경기 | 3 | 3 | 2 |  |
| 7 | 제4경기 | 1 | 2 | 0 |  |
| 8 | 제5경기 | 3 | 3 | 1 |  |
| 9 |  |  |  |  |  |
| 10 |  |  |  | 최빈수 |  |
| 11 |  |  |  |  |  |
| 12 |  |  |  |  |  |

◀ 'MODE.SNGL(예제)' 시트

**정답** [D11] 셀에 「=MODE.SNGL(B4:D8)」를 입력

### ⓐ 빈도 분포 값을 수직 배열(FREQUENCY)로 구하자.

| 형식 | =FREQUENCY(데이터 배열, 구간 배열) | |
|---|---|---|
| 사용방법 | =FREQUENCY(A1:A5,B1:B5) | [A1:A5] 자료가 [B1:B5] 간격에 해당한 분포수를 구함 |

① 체중[C4:C11]을 이용하여 체중분포를 학생수[G4:G8]에 표시하시오.

▶ FREQUENCY 함수 사용
▶ 구간 배열은 [F4:F7] 영역 참조

|  | A | B | C | D | E | F | G | H |
|---|---|---|---|---|---|---|---|---|
| 1 |  |  | 학급 체중 분포표 |  |  |  |  |  |
| 2 |  |  |  |  |  |  |  |  |
| 3 |  | 이름 | 체중 |  | 체중 |  | 학생수 |  |
| 4 |  | 김재현 | 55 | 0 ~ | 50 kg |  |  |  |
| 5 |  | 홍민수 | 60 | 51 ~ | 60 kg |  |  |  |
| 6 |  | 박미라 | 70 | 61 ~ | 70 kg |  |  |  |
| 7 |  | 전혜민 | 55 | 71 ~ | 80 kg |  |  |  |
| 8 |  | 이봉주 | 65 | 81Kg 이상 |  |  |  |  |
| 9 |  | 장성환 | 60 |  |  |  |  |  |
| 10 |  | 이재웅 | 70 |  |  |  |  |  |
| 11 |  | 손재완 | 89 |  |  |  |  |  |
| 12 |  |  |  |  |  |  |  |  |

◀ 'FREQUENCY(예제)' 시트

**정답** [G4:G8] 영역을 범위 지정한 후 「=FREQUENCY(C4:C11,F4:F7)」를 입력하고 Ctrl + Shift + Enter

**❶⓻ 조건에 만족하는 모든 셀의 평균(AVERAGEIF)을 구하자.**

| 형 식 | =AVERAGEIF(범위, 조건, 평균을 구할 범위) | |
|---|---|---|
| 사용방법 | =AVERAGEIF(A2:A5,")250000",B2:B5) | [A2:A5] 영역에서 250,000보다 큰 데이터의 [B2:B5] 영역에서 평균을 구함 |

① 출석[B3:B9]일수가 8일 이상인 학생의 중간[C3:C9], 기말[D3:D9] 점수의 평균[B12:C12]을 구하시오.

▶ AVERAGEIF 함수 사용

| | A | B | C | D | E |
|---|---|---|---|---|---|
| 1 | | | | | |
| 2 | 이름 | 출석 | 중간 | 기말 | |
| 3 | 이주아 | 8 | 85 | 83 | |
| 4 | 김민주 | 9 | 79 | 86 | |
| 5 | 박예준 | 10 | 68 | 75 | |
| 6 | 이재원 | 7 | 91 | 86 | |
| 7 | 최준수 | 9 | 89 | 88 | |
| 8 | 강진욱 | 10 | 72 | 82 | |
| 9 | 황환빈 | 7 | 54 | 78 | |
| 10 | | | | | |
| 11 | 출석 | 중간 | 기말 | | |
| 12 | >=8 | | | | |
| 13 | | | | | |

◀ 'AVERAGEIF(예제)' 시트

**정답** [B12] 셀에 「=AVERAGEIF($B$3:$B$9,$A$12,C3:C9)」를 입력하고 [C12] 셀까지 수식 복사


**❶⓼ 여러 조건을 만족하는 모든 셀의 평균(AVERAGEIFS)을 구하자.**

| 형 식 | =AVERAGEIFS(평균범위, 조건범위1, 조건1, 조건범위2, 조건2, ...) | |
|---|---|---|
| 사용방법 | =AVERAGEIFS(B2:B5,B2:B5,")70",B2:B5,"(90") | [B2:B5] 영역에서 70~90의 조건에 해당한 데이터의 평균을 구함 |

① 성별이 '남'이고, 신장이 170 이상인 사원의 체중 평균[D12]을 구하시오.

| | A | B | C | D | E |
|---|---|---|---|---|---|
| 1 | | 비만도 측정 | | | |
| 2 | 성명 | 성별 | 신장 | 체중 | |
| 3 | 한장석 | 남 | 178 | 60 | |
| 4 | 오명희 | 여 | 152 | 58 | |
| 5 | 최철주 | 남 | 169 | 62 | |
| 6 | 마준희 | 여 | 162 | 45 | |
| 7 | 권길수 | 남 | 184 | 82 | |
| 8 | 장도애 | 여 | 175 | 68 | |
| 9 | 조서희 | 여 | 158 | 62 | |
| 10 | | | | | |
| 11 | | 성별 | 신장 | 체중 평균 | |
| 12 | | 남 | >=170 | | |
| 13 | | | | | |

◀ 'AVERAGEIFS(예제)' 시트

**정답** [D12] 셀에 「=AVERAGEIFS(D3:D9,B3:B9,B12,C3:C9,C12)」를 입력

## ⑲ 여러 조건을 만족하는 셀의 개수(COUNTIFS)를 구하자.

| 형 식 | =COUNTIFS(조건 범위1, 조건1, 조건 범위2, 조건2, …) | |
|---|---|---|
| 사용방법 | =COUNTIFS(B5:D5,"=예",B3:D3,"=예") | 모든 조건을 만족하는 셀의 개수를 구함 |

① 근무점수가 60점대인 사원의 수[D5]를 구하시오.

| | A | B | C | D | E |
|---|---|---|---|---|---|
| 1 | 직원 근무 평가 | | | | |
| 2 | 성명 | 입사일 | 근무점수 | | |
| 3 | 박정호 | 2015-06-06 | 73 | | |
| 4 | 신정희 | 2020-04-01 | 68 | 60점대 | |
| 5 | 김용태 | 2019-05-06 | 98 | | |
| 6 | 김진영 | 2017-11-01 | 65 | | |
| 7 | 유현숙 | 2021-01-01 | 69 | | |
| 8 | 최정렬 | 2018-06-10 | 80 | | |
| 9 | 강창희 | 2016-09-11 | 86 | | |
| 10 | 천영주 | 2021-06-10 | 70 | | |
| 11 | 박인수 | 2022-05-06 | 68 | | |

◀ 'COUNTIFS(예제)' 시트

**정답** [D5] 셀에 「=COUNTIFS(C3:C11,">=60",C3:C11,"<70")」를 입력

## ⑳ 숫자, 텍스트, 논리 값 등 인수 목록에서 최대값(MAXA)을 구하자.

| 형 식 | =MAXA(값1, 값2, 값3 …) | |
|---|---|---|
| 사용방법 | =MAXA(0,0,1,TRUE) | 1(True가 1임) |

① 1차~5차까지 평가 점수가 가장 큰 값[G3:G5]을 구하시오.

| | A | B | C | D | E | F | G |
|---|---|---|---|---|---|---|---|
| 1 | | | 프로젝트-T 심사표 | | | | |
| 2 | 심사관 | 1차평가 | 2차평가 | 3차평가 | 4차평가 | 5차평가 | 최대값 |
| 3 | 1심사관 | 0.8 | TRUE | 0.5 | 미실시 | TRUE | |
| 4 | 2심사관 | 0.5 | 0 | FALSE | 0.2 | 중단 | |
| 5 | 3심사관 | 0.6 | 오류 | 0.3 | 0.1 | 0 | |

◀ 'MAXA(예제)' 시트

**정답** [G3] 셀에 「=MAXA(B3:F3)」를 입력하고 [G5] 셀까지 수식 복사

### 기적의 TIP

- 인수는 1개에서 255개까지 사용할 수 있습니다.
- TRUE가 포함된 값은 1로 처리됩니다.

## 정보 함수(정보함수.xlsx 파일 이용)

### 01 공백 셀인지를 조사(ISBLANK)하자.

| 형식 | =ISBLANK(검사대상) | |
|---|---|---|
| 사용방법 | =ISBLANK(I5) | → FALSE(공백 셀이면 TRUE) |

① 수강료의 할인율을 [F2:F10] 영역에 계산하여 표시하시오.
- 각 학생별 '1차', '2차', '3차'의 평균을 구하고 할인율은 [표1]의 [H3:I7] 영역 참조
- '결석일수'의 셀이 공백이면 0.5%를 추가 할인해 줌
- VLOOKUP, AVERAGE, IF, ISBLANK 함수를 사용

| | A | B | C | D | E | F | G | H | I |
|---|---|---|---|---|---|---|---|---|---|
| 1 | 성명 | 결석일수 | 1차 | 2차 | 3차 | 할인율 | | [표1] | |
| 2 | 박연 | 4 | 68 | 55 | 45 | | | 평균 | 할인율 |
| 3 | 이순신 | 2 | 82 | 76 | 78 | | | 0점 이상 | 0.0% |
| 4 | 성삼문 | | 92 | 85 | 91 | | | 60점 이상 | 2.5% |
| 5 | 송시열 | 1 | 73 | 59 | 84 | | | 70점 이상 | 3.0% |
| 6 | 지석영 | 1 | 93 | 87 | 79 | | | 80점 이상 | 3.5% |
| 7 | 임꺽정 | 2 | 46 | 85 | 86 | | | 90점 이상 | 4.0% |
| 8 | 성춘향 | 3 | 76 | 59 | 57 | | | | |
| 9 | 홍영식 | 3 | 82 | 83 | 78 | | | | |
| 10 | 권율 | 2 | 69 | 81 | 45 | | | | |
| 11 | | | | | | | | | |

◀ 'ISBLANK1(예제)' 시트

**정답** [F2] 셀에 「=VLOOKUP(AVERAGE(C2:E2),$H$3:$I$7,2)+IF(ISBLANK(B2),0.5%)」를 입력하고 [F10] 셀까지 수식 복사

② 통과여부[I2:I12]를 계산하시오.
- 통과여부는 3월, 4월, 5월, 6월의 평균이 70 이상이고, 결석이 공백인 경우에는 '통과', 나머지는 '재수강'으로 계산
- AND, AVERAGE, IF, ISBLANK 함수를 사용

| | A | B | C | D | E | F | G | H | I |
|---|---|---|---|---|---|---|---|---|---|
| 1 | 과정명 | 수강생코드 | 3월 | 4월 | 5월 | 6월 | 합계 | 결석 | 통과여부 |
| 2 | 6C-03 | D03-04-09 | 72 | 68 | 88 | 75 | 303 | 3 | |
| 3 | 6C-03 | D03-03-12 | 62 | 83 | 71 | 48 | 264 | | |
| 4 | 5B-02 | D03-03-07 | 83 | 87 | 78 | 56 | 304 | | |
| 5 | 5B-02 | D03-03-09 | 83 | 82 | 87 | 92 | 344 | | |
| 6 | 6B-02 | D03-03-12 | 84 | 68 | 88 | 94 | 334 | 2 | |
| 7 | 6A-01 | D03-03-12 | 88 | 92 | 90 | 88 | 358 | | |
| 8 | 6C-03 | D03-04-10 | 90 | 36 | 53 | 66 | 245 | | |
| 9 | 6C-03 | D03-04-11 | 80 | 86 | 88 | 85 | 339 | 4 | |
| 10 | 5A-01 | D03-03-03 | 83 | 82 | 87 | 92 | 344 | | |
| 11 | 6C-03 | D03-04-12 | 70 | 38 | 65 | 79 | 252 | | |
| 12 | 6C-03 | D03-04-13 | 92 | 86 | 88 | 60 | 326 | | |
| 13 | | | | | | | | | |

◀ 'ISBLANK2(예제)' 시트

**정답** [I2] 셀에 「=IF(AND(AVERAGE(C2:F2)>=70,ISBLANK(H2)),"통과","재수강")」를 입력하고 [I12] 셀까지 수식 복사

## 02 에러 값인지를 조사(ISERROR)하자.

| 형식 | =ISERROR(검사대상) | |
|---|---|---|
| 사용방법 | =ISERROR(SUM(가,나,다)) | → TRUE(SUM함수 인수가 잘못되어서) |

① 생산량과 생산금액을 이용하여 생산단가[D2:D7]에 계산하시오.

▶ IF, ISERROR 함수 사용
▶ 생산단가 = 생산금액/생산량 (단, 계산식에 오류가 있으면 '생산량 없음'으로 표시)

| | A | B | C | D | E |
|---|---|---|---|---|---|
| 1 | 브랜드 | 생산량 | 생산금액 | 생산단가 | |
| 2 | 라네즈 | 100 | 10,000,000 | | |
| 3 | 마몽드 | 450 | 8,700,000 | | |
| 4 | 미로 | | | | |
| 5 | 아이오페 | 500 | 49,000,000 | | |
| 6 | 헤라 | | | | |
| 7 | 오딧세이 | 390 | 5,870,000 | | |
| 8 | | | | | |

◀ 'ISERROR(예제)' 시트

**정답** [D2] 셀에 「=IF(ISERROR(C2/B2),"생산량 없음",C2/B2)」를 입력하고 [D7] 셀까지 수식 복사

## 03 셀에 대한 정보(CELL)를 알아보자.

| 형식 | =CELL(정보 유형 텍스트, [참조할 주소])<br>정보 유형 텍스트<br>• "address" : 참조 영역에 있는 첫째 셀의 주소<br>• "col" : 참조 영역에 있는 셀의 열 번호<br>• "contents" : 참조 영역에 있는 왼쪽 위 셀의 수식이 아닌 값을 반환<br>• "filename" : 참조가 들어 있는 파일의 전체 경로 및 파일 이름<br>• "row" : 참조 영역에 있는 셀의 행 번호<br>• "type" : 셀이 비어 있으면 'b'를, 상수를 포함하면 'l'을, 그 밖의 경우에는 'v'를 반환 | |
|---|---|---|
| 사용방법 | =CELL("row", A20) | → 20 |

① 컴퓨터 활용능력[A2] 셀의 정보유형[C3:C9]을 결과값[D3:D9]에 표시하시오.

| | A | B | C | D | E |
|---|---|---|---|---|---|
| 1 | | | | | |
| 2 | 컴퓨터 활용능력 | | 정보유형 | 결과값 | |
| 3 | | | address | | |
| 4 | | | col | | |
| 5 | | | filename | | |
| 6 | | | protect | | |
| 7 | | | row | | |
| 8 | | | type | | |
| 9 | | | contents | | |
| 10 | | | | | |

◀ 'CELL(결과)' 시트

**정답** [D3] 셀에 「=CELL(C3,$A$2)」를 입력하고 [D9] 셀까지 수식 복사

## 04 참조 값이 #N/A가 오류(ISERR)인지 체크해보자.

| 형 식 | =ISERR(값) | |
|---|---|---|
| 사용방법 | =ISERR("가"/0) | → TRUE |

① 단가[C3:C7]가 오류 값인지를 ISERR[D3:D7]에 표시하시오.
▶ TRUE 또는 FALSE로 표시

| | A | B | C | D |
|---|---|---|---|---|
| 2 | 금액 | 수량 | 단가 | ISERR |
| 3 | 100,000 | 2 | 50,000 | |
| 4 | 69,000 | 3 | 23,000 | |
| 5 | 50,000 | #N/A | #N/A | |
| 6 | 212,000 | | #DIV/0! | |
| 7 | #NULL! | 50 | #NULL! | |

▲ 'ISERR(예제)' 시트

| | A | B | C | D |
|---|---|---|---|---|
| 2 | 금액 | 수량 | 단가 | ISERR |
| 3 | 100,000 | 2 | 50,000 | FALSE |
| 4 | 69,000 | 3 | 23,000 | FALSE |
| 5 | 50,000 | #N/A | #N/A | FALSE |
| 6 | 212,000 | | #DIV/0! | TRUE |
| 7 | #NULL! | 50 | #NULL! | TRUE |

▲ 'ISERR(결과)' 시트

**정답** [D3] 셀에 「=ISERR(C3)」를 입력하고 [D7] 셀까지 수식 복사

## 05 참조 값이 짝수(ISEVEN)인지 알아보자.

| 형 식 | =ISEVEN(숫자) : 짝수이면 TRUE를 반환 | |
|---|---|---|
| 사용방법 | =ISEVEN(6) | → TRUE |

① 반[A4:A13]의 마지막 숫자가 짝수이면 백군여부[D4:D13]에 '백군'이라고 표시하시오.
▶ IF, ISEVEN, RIGHT 함수 사용

| | A | B | C | D |
|---|---|---|---|---|
| 1 | 100M 달리기 대회 | | | |
| 3 | 반 | 이름 | 상 | 백군여부 |
| 4 | 1-1 | 서이현 | 대상 | |
| 5 | 1-2 | 홍석민 | 금상 | |
| 6 | 1-5 | 장나라 | 은상 | |
| 7 | 2-3 | 백태희 | 금상 | |
| 8 | 2-5 | 박보림 | 대상 | |
| 9 | 3-2 | 임진희 | 은상 | |
| 10 | 3-3 | 소지민 | 대상 | |
| 11 | 3-6 | 조의재 | 금상 | |
| 12 | 4-3 | 주형형 | 은상 | |
| 13 | 4-8 | 김현수 | 금상 | |

▲ 'ISEVEN(예제)' 시트

| | A | B | C | D |
|---|---|---|---|---|
| 1 | 100M 달리기 대회 | | | |
| 3 | 반 | 이름 | 상 | 백군여부 |
| 4 | 1-1 | 서이현 | 대상 | |
| 5 | 1-2 | 홍석민 | 금상 | 백군 |
| 6 | 1-5 | 장나라 | 은상 | |
| 7 | 2-3 | 백태희 | 금상 | |
| 8 | 2-5 | 박보림 | 대상 | |
| 9 | 3-2 | 임진희 | 은상 | 백군 |
| 10 | 3-3 | 소지민 | 대상 | |
| 11 | 3-6 | 조의재 | 금상 | 백군 |
| 12 | 4-3 | 주형형 | 은상 | |
| 13 | 4-8 | 김현수 | 금상 | 백군 |

▲ 'ISEVEN(결과)' 시트

**정답** [D4] 셀에 「=IF(ISEVEN(RIGHT(A4,1)),"백군","")」를 입력하고 [D13] 셀까지 수식 복사

## 06 참조 값이 논리 값(ISLOGICAL)인지 알아보자.

| 형식 | =ISLOGICAL(값) : 논리 값의 경우 TRUE를 반환 | |
|---|---|---|
| 사용방법 | =ISLOGICAL(7) | → FALSE |

① 책 제목[A2:A8]이 논리 값인지를 [B2:B8] 영역에 표시하시오.
▶ TRUE 또는 FALSE로 표시

| | A | B | C |
|---|---|---|---|
| 1 | 책 제목 | ISLOGICAL | |
| 2 | 위대한 기업으로 | | |
| 3 | 맥시멈 리더쉽 | | |
| 4 | 마케팅 불변의 법칙 | | |
| 5 | TRUE | | |
| 6 | | | |
| 7 | 경영의 교양을 읽는다. | | |
| 8 | FALSE | | |
| 9 | | | |

▲ 'ISLOGICAL(예제)' 시트

| | A | B | C |
|---|---|---|---|
| 1 | 책 제목 | ISLOGICAL | |
| 2 | 위대한 기업으로 | FALSE | |
| 3 | 맥시멈 리더쉽 | FALSE | |
| 4 | 마케팅 불변의 법칙 | FALSE | |
| 5 | TRUE | TRUE | |
| 6 | | FALSE | |
| 7 | 경영의 교양을 읽는다. | FALSE | |
| 8 | FALSE | TRUE | |
| 9 | | | |

▲ 'ISLOGICAL(결과)' 시트

**정답** [B2] 셀에 「=ISLOGICAL(A2)」를 입력하고 [B8] 셀까지 수식 복사

## 07 참조 값이 문자(ISNONTEXT)인지 알아보자.

| 형식 | =ISNONTEXT(값) : 문자 값이 아니면 TRUE를 반환 | |
|---|---|---|
| 사용방법 | =ISNONTEXT(7) | → TRUE |

① 책 제목[A2:A8]이 논리 값인지를 [B2:B8] 영역에 표시하시오.
▶ TRUE 또는 FALSE로 표시

| | A | B | C |
|---|---|---|---|
| 1 | 책 제목 | ISNONTEXT | |
| 2 | 위대한 기업으로 | | |
| 3 | 맥시멈 리더쉽 | | |
| 4 | 마케팅 불변의 법칙 | | |
| 5 | TRUE | | |
| 6 | | | |
| 7 | 경영의 교양을 읽는다. | | |
| 8 | FALSE | | |
| 9 | | | |

▲ 'ISNONTEXT(예제)' 시트

| | A | B | C |
|---|---|---|---|
| 1 | 책 제목 | ISNONTEXT | |
| 2 | 위대한 기업으로 | FALSE | |
| 3 | 맥시멈 리더쉽 | FALSE | |
| 4 | 마케팅 불변의 법칙 | FALSE | |
| 5 | TRUE | TRUE | |
| 6 | | TRUE | |
| 7 | 경영의 교양을 읽는다. | FALSE | |
| 8 | FALSE | TRUE | |
| 9 | | | |

▲ 'ISNONTEXT(결과)' 시트

**정답** [B2] 셀에 「=ISNONTEXT(A2)」를 입력하고 [B8] 셀까지 수식 복사

## 08 참조 값이 숫자(ISNUMBER)인지 알아보자.

| 형식 | =ISNUMBER(값) : 숫자 값이면 TRUE를 반환 | |
|---|---|---|
| 사용방법 | =ISNUMBER(7) | → TRUE |

① 점수[B3:B10]가 숫자인지를 [C3:C10] 영역에 표시하시오.

▶ TRUE 또는 FALSE로 표시

| | A | B | C |
|---|---|---|---|
| 2 | 이름 | 점수 | ISNUMBER |
| 3 | 서이현 | 95 | |
| 4 | 홍석민 | 결석 | |
| 5 | 장나라 | 98 | |
| 6 | 백태희 | 69 | |
| 7 | 박보림 | 85 | |
| 8 | 임진희 | 88 | |
| 9 | 소지민 | 75 | |
| 10 | 조의재 | 92 | |

▲ 'ISNUMBER(예제)' 시트

| | A | B | C |
|---|---|---|---|
| 2 | 이름 | 점수 | ISNUMBER |
| 3 | 서이현 | 95 | TRUE |
| 4 | 홍석민 | 결석 | FALSE |
| 5 | 장나라 | 98 | TRUE |
| 6 | 백태희 | 69 | TRUE |
| 7 | 박보림 | 85 | TRUE |
| 8 | 임진희 | 88 | TRUE |
| 9 | 소지민 | 75 | TRUE |
| 10 | 조의재 | 92 | TRUE |

▲ 'ISNUMBER(결과)' 시트

**정답** [C3] 셀에 「=ISNUMBER(B2)」를 입력하고 [C10] 셀까지 수식 복사

## 09 참조 값이 홀수(ISODD)인지를 알아보자.

| 형식 | =ISODD(숫자) : 숫자가 홀수이면 TRUE를 반환 | |
|---|---|---|
| 사용방법 | =ISODD(7) | → TRUE |

① 숫자[A2:A8]가 홀수인지를 [B2:B8] 영역에 표시하시오.

▶ TRUE 또는 FALSE로 표시

| | A | B |
|---|---|---|
| 1 | 숫자 | ISODD |
| 2 | 10 | |
| 3 | 11 | |
| 4 | 12 | |
| 5 | 13 | |
| 6 | 14.1 | |
| 7 | 15.6 | |
| 8 | -2 | |

▲ 'ISODD(예제)' 시트

| | A | B |
|---|---|---|
| 1 | 숫자 | ISODD |
| 2 | 10 | FALSE |
| 3 | 11 | TRUE |
| 4 | 12 | FALSE |
| 5 | 13 | TRUE |
| 6 | 14.1 | FALSE |
| 7 | 15.6 | TRUE |
| 8 | -2 | FALSE |

▲ 'ISODD(결과)' 시트

**정답** [B2] 셀에 「=ISODD(A2)」를 입력하고 [B8] 셀까지 수식 복사

### 기적의 TIP

1. 숫자가 홀수이면 TRUE를 반환하고 짝수이면 FALSE를 반환합니다.
2. 정수가 아니면 소수점 이하를 버리고 정수로 변환됩니다.

**⑩ 참조 값이 텍스트(ISTEXT)인지 알아보자.**

| 형 식 | =ISTEXT(값) : 문자 값이면 TRUE를 반환 | |
|---|---|---|
| 사용방법 | =ISTEXT("김") | → TRUE |

① 수강료[D3:D9]가 문자이면 0원으로 계산하여 합계[E3:E9]를 구하시오.
▶ 합계 = 신청인원 * 수강료
▶ IF, ISTEXT 함수 사용

| | A | B | C | D | E |
|---|---|---|---|---|---|
| 2 | 주제 | 강사 | 신청인원 | 수강료 | 합계 |
| 3 | 왕기초 영문법 | 이현진 | 23 | 무료 | |
| 4 | 스크린영어 | 차이성 | 15 | 12,000 | |
| 5 | 원어민 영어회화 | 박현민 | 21 | 무료 | |
| 6 | 불어초급 | 김지형 | 20 | 15,000 | |
| 7 | 니하오 중국어 | 이승현 | 10 | 10,000 | |
| 8 | 곤니찌와 일본어 | 홍성규 | 30 | 무료 | |
| 9 | 중급영어 | 김현규 | 15 | 무료 | |

◀ 'ISTEXT(예제)' 시트

**정답** [E3] 셀에 「=C3*IF(ISTEXT(D3),0,D3)」를 입력하고 [E9] 셀까지 수식 복사

---

**⑪ 셀 값의 유형(TYPE)을 알아보자.**

| 형 식 | =TYPE(값) : 값의 유형을 나타내는 수를 구함<br>숫자는 '1', 텍스트 값 '2', 논리 값 '4', 오류 값 '16' | |
|---|---|---|
| 사용방법 | =TYPE("김") | 2 |

① [A3:A6] 영역 안에 있는 값이 텍스트, 숫자, 논리 값, 또는 오류 값인지 그 TYPE을 [B3:B6] 영역에 표시하시오.
▶ 값의 유형이 1이면 '숫자', 2이면 '문자', 4이면 '논리값', 16이면 '오류값'으로 표시
▶ IF, TYPE 함수 사용

| | A | B |
|---|---|---|
| 2 | 값 | TYPE |
| 3 | 컴퓨터 활용능력 | |
| 4 | 12345 | |
| 5 | TRUE | |
| 6 | #DIV/0! | |

▲ 'TYPE(예제)' 시트

| | A | B |
|---|---|---|
| 2 | 값 | TYPE |
| 3 | 컴퓨터 활용능력 | 문자 |
| 4 | 12345 | 숫자 |
| 5 | TRUE | 논리값 |
| 6 | #DIV/0! | 오류값 |

▲ 'TYPE(결과)' 시트

**정답** [B3] 셀에 「=IF(TYPE(A3)=1,"숫자",IF(TYPE(A3)=2,"문자",IF(TYPE(A3)=4,"논리값",IF(TYPE(A3)=16,"오류값"))))」를 입력하고 [B6] 셀까지 수식 복사

# 기타 함수

### ① 논리식의 역(NOT)을 구한다.

| 형식 | =NOT(논리식) | |
|---|---|---|
| 사용방법 | =NOT(30)=10) | → FALSE(TRUE의 역) |

### ② 논리값(TRUE, FALSE)을 구한다.

| 형식 | =TRUE( ), =FALSE( ) | |
|---|---|---|
| 사용방법 | =TRUE( )<br>=FALSE( ) | → TRUE<br>→ FALSE |

### ③ 여분의 공백을 삭제(TRIM)한다.

| 형식 | =TRIM(문자열) | |
|---|---|---|
| 사용방법 | =TRIM("YOUNGJIN") | → YOUNGJIN |

### ④ 0~1 사이의 난수(RAND)를 발생시킨다.

| 형식 | =RAND( ) | |
|---|---|---|
| 사용방법 | =RAND( ) | → 0.700791(이 값은 실행할 때마다 다름) |

### ⑤ 계승(FACT)을 구한다.

| 형식 | =FACT(수치) | |
|---|---|---|
| 사용방법 | =FACT(4) | → 24(=1 × 2 × 3 × 4) |

### ⑥ 제곱근(SQRT)을 구한다.

| 형식 | =SQRT(수치) | |
|---|---|---|
| 사용방법 | =SQRT(2) | → 1.414214 |

**07 원주율(PI)을 구한다.**

| 형 식 | =PI( ) | |
|---|---|---|
| 사용방법 | =PI( ) | → 3.14159265 |

**08 자연로그의 밑 e(e=2.7182182)의 거듭제곱승(EXP)을 구한다.**

| 형 식 | =EXP(수치) | |
|---|---|---|
| 사용방법 | =EXP(2) | → 7.3890561(= 2.7182182 × 2.7182182) |

**09 거듭제곱승(POWER)을 구한다.**

| 형 식 | =POWER(수치, 지수) | |
|---|---|---|
| 사용방법 | =POWER(2,4) | → 16(= 2 × 2 × 2 × 2) |

**10 몫의 정수(QUOTIENT) 부분을 구한다.**

| 형 식 | =QUOTIENT(분자, 분모) | |
|---|---|---|
| 사용방법 | =QUOTIENT(126,12) | → 10 |

**11 범위를 지정해서 정수의 난수(RANDBETWEEN)를 발생시킨다.**

| 형 식 | =RANDBETWEEN(최소치, 최대치) | |
|---|---|---|
| 사용방법 | =RANDBETWEEN(1,4) | → 1(1 ~ 4의 정수의 랜덤으로 발생) |

**12 기준 셀로부터 지정한 행, 열만큼 떨어진 위치의 셀 범위를 참조(OFFSET)한다.**

| 형 식 | =OFFSET(기준, 행수, 열수, [높이], [폭]) | |
|---|---|---|
| 사용방법 | =OFFSET(A1,4,3) | A1셀에서 4행 아래, 3열 오른쪽으로 떨어진 셀(D5)을 참조 |

## ⑬ 기하(상승)평균(GEOMEAN), 조화평균(HARMEAN)을 구한다.

| 형 식 | =GEOMEAN(숫자1,숫자2, ...) | | |
|---|---|---|---|
| 사용방법 | =GEOMEAN(1,2,3)<br>$\sqrt[3]{1 \times 2 \times 3}$ → 1.81712059 | =HARMEAN(1,2,3)<br>$3 \div \left(\dfrac{1}{1}+\dfrac{1}{2}+\dfrac{1}{3}\right)$ → 1.63636364 | |

## ⑭ 배열(범위)에서 K번째 백분위 수(PERCENTILE.INC)를 구한다.

| 형 식 | =PERCENTILE.INC(배열, K) | |
|---|---|---|
| 사용방법 | =PERCENTILE.INC({1,2,3,4,5},25%) | → 2 |